LES

ALMANACHS FRANÇAIS

(BIBLIOGRAPHIE-ICONOGRAPHIE)

JUSTIFICATION DU TIRAGE

———

1.200 exemplaires numérotés sur beau papier vélin collé.

30 — — sur papier de Chine.

20 — — sur papier du Japon.

Chaque Exemplaire doit être revêtu du paraphe de l'auteur et de l'éditeur.

N° 239

Le Premier Jour de l'An.

La Fête de la Grand Maman.

L'Amant.

La Petite Poste de l'Amour ou l'Arrivée

FIGURES DE L'ALMANACH « LES ÉTRENNES DU JOUR DE L'AN OU LE CADEAU SANS PRÉTENTION. » (1790)

1. Le Premier Jour de l'An, d'après Debucourt. | 3. L'Amant, d'après Williams.
2. La Fête de la Grand-Maman   »   » | 4. La Petite Poste de l'Amour, d'après Boucher.

[Collection du vicomte de Savigny de Moncorps.]

JOHN GRAND-CARTERET

LES

ALMANACHS FRANÇAIS

BIBLIOGRAPHIE - ICONOGRAPHIE

DES

ALMANACHS — ANNÉES — ANNUAIRES — CALENDRIERS — CHANSONNIERS
ÉTRENNES — ÉTATS — HEURES — LISTES
LIVRES D'ADRESSES — TABLEAUX
TABLETTES ET AUTRES PUBLICATIONS ANNUELLES ÉDITÉES A PARIS.

1600 - 1895

Ouvrage illustré de 5 planches coloriées et de 306 vignettes
(Affiches, reliures, titres et figures d'almanachs.)

PARIS

J. ALISIE ET Cie. LIBRAIRES-EDITEURS

176, Rue de Rivoli, 176

1896

A MONSIEUR LE BARON PICHON

PRÉSIDENT D'HONNEUR DE LA SOCIÉTÉ DES BIBLIOPHILES FRANÇAIS

ET

A MONSIEUR LE VICOMTE DE SAVIGNY DE MONCORPS

QUI, CHACUN DE LEUR CÔTÉ, ONT BIEN VOULU ME FAIRE PROFITER,

EN VÉRITABLES MÉCÈNES,

DE LEURS MERVEILLEUSES COLLECTIONS D'ALMANACHS DU XVIII° SIÈCLE,

CE LIVRE EST DÉDIÉ EN TOUTE SYMPATHIE.

J. G-C.

AVANT-PROPOS

COMMENT CE LIVRE PRIT NAISSANCE.
COMMENT IL A ÉTÉ CONÇU.

I

Il y a cinq ans, un jeune libraire, M. Alisié, envoyait aux amateurs de volumineux catalogues, d'une richesse extraordinaire en almanachs et autres volumes similaires. Ces catalogues étaient parcourus par moi avec la plus grande attention ; le hasard me mit en rapport avec leur éditeur et, peu de temps après, ma passion pour les in-24 et les in-32 prenant le dessus, nous esquissions ensemble, le projet d'une petite plaquette bibliographique, — pour mieux dire, un catalogue raisonné, sur le modèle de ceux que le libraires étrangers font avec un soin et une science si remarquables, — entièrement consacrée aux almanachs, avec quelques notes explicatives et quelques pages d'avant-propos sur cette spécialité livresque. Ce devait être un choix, un recueil épuré, une sorte de collection triée sur le volet, le tout pris parmi les milliers de volumes en ce genre que possédait, alors, M. Alisié.

Mais, en feuilletant, en lisant avec soin ces livres aux aspects si différents, une idée plus vaste germa, peu à peu, en mon cerveau. M. Alisié se laissa gagner à mes projets et, d'un commun accord, lui comprenant le profit et l'honneur qu'il pourrait en retirer un jour, moi, ayant le cerveau hanté d'une conception bibliographique nou-

velle, nous décidâmes de faire, non plus un catalogue raisonné, mais
une bibliographie iconographique des almanachs français.

Et voilà comment la petite plaquette rêvée à l'origine, — un classement de quelques jours — se trouva transformée en ce volume
de 800 pages qui constitue la première partie, seulement, de
l'énorme travail arrêté entre nous et dont l'apparition avait été annoncée dès 1893, — des années de' recherches et d'un classement
particulièrement méticuleux. Nous étions partis avec l'intention bien
modeste de doter la librairie française de cette chose qu'elle ignore
encore, — malgré les essais de classement tentés par MM. Leclerc
et Cornuau, Sapin, Alexandre Môre, Chossonnery, Delaroque et
autres (1), — un catalogue consacré en son entier à une spécialité,
dans le genre de ceux que nous envoient les Quaritch de Londres,
les Müller d'Amsterdam, les Rosenthal de Munich, les Baër de
Francfort, les Hirsemann, les Kœhler et les Weigel de Leipzig, les
Paul Neubner, de Cologne, les Scheibele de Stuttgart, les Georg,
les Félix Schneider et les Detloff de Bâle, le *Schweizer. Antiquariat*
de Zurich, les Hœpli de Milan — pour ne citer que ceux-là — et
voici que nous arrivons avec une bibliographie qui, par sa volumineuse ampleur tout au moins, peut être appelée monumentale.
Ainsi vont les choses, dès l'instant qu'on se laisse aller à les approfondir ; tout travail humain obéit aux mêmes lois. On voulait bâtir
une maison, on construit une ville : on voulait écrire un lever de
rideau, on met sur pied un opéra en cinq actes.

Assurément, la *Bibliographie des almanachs français* n'a point
la prétention de se croire impeccable ; on n'est jamais complet en
ce genre de travaux et l'auteur qui ouvre déjà des suppléments aux
égarés, aux inconnus, à tous ceux, encore cachés dans des coins, d'où
ils ne sortiront que par suite de certaines circonstances, de certains imprévus, sait fort bien à quoi s'en tenir sur le véritable
sens de ce « complet », souvent employé avec tant de facilité.

---

(1) Outre leur catalogue ordinaire MM. Leclerc et Cornuau, donnent, tous les deux
mois, sous le titre de *Bibliopoliana*, un choix de livres anciens rares et curieux,
M. Léon Sapin, qui vient d'inaugurer le catalogue avec vignette artistique s'est fait
une spécialité de tout et qui touche au théâtre, à la musique, au journal littéraire
ou illustré, aux almanachs, à la curiosité parisienne, tandis que M. Chossonnery se
confine dans les ouvrages historiques sur Paris et les provinces et que M. Môre
nous donne sur les différentes périodes de l'histoire de France des catalogues qui
pourront être consultés avec fruit.

A ceux qui le liront, il demande, dès à présent, de vouloir bien lui donner les moyens de « compléter » cet ensemble, parvenu à un chiffre respectable, malgré les dires de certains hâbleurs déclarant que le catalogue des almanachs imprimés en français exigerait au moins vingt volumes. D'aucuns n'ont-ils pas poussé la *fumisterie* — c'est le seul terme qui puisse convenir à pareille gasconnade — jusqu'à déclarer qu'ils possédaient sur la matière plus de 20,000 fiches.

Il y a fiches et fiches, et c'est sur ce point que je vais m'expliquer. Ce qui constitue le côté absolument précieux de cette bibliographie c'est qu'elle n'est point faite — comme beaucoup malheureusement — à coup de découpage parmi les numéros que groupent, au hasard de tout ordre, les simples « vendeurs de livres anciens » ; la plupart, que dis-je, presque tous les volumes ont été vus par moi, sont restés plus ou moins longtemps dans mes mains, leur source est toujours soigneusement indiquée, afin qu'on puisse désormais les suivre, afin que ceux qui désireraient les consulter sachent où les rencontrer. Si je n'ai pu les tenir, les placer sous mes yeux, alors les mentions: *d'après un catalogue de librairie, d'après le catalogue de l'éditeur, d'après la Bibliographie de la France*, d'après telle bibliographie spéciale, disent en termes suffisamment explicites, aux bibliographes si souvent déçus, que je n'assume aucune responsabilité, que je n'entends nullement me porter garant des bévues, des erreurs de catalogues rédigés dans un but unique : la vente.

Ce qui constitue le côté entièrement neuf et, j'ose le dire, quelque peu original de cette Bibliographie, c'est qu'elle a voulu être autre chose qu'un pur *catalogue*, qu'un simple alignement de titres rangés les uns au-dessous des autres, autre chose qu'un livre d'entrée inscrivant les volumes pour faciliter les demandes de ceux qui les recherchent. De toutes ces bibliographies-catalogue que reste-t-il, que peut-il rester dans l'esprit de ceux qui s'en servent ? rien autre que la mention d'un numéro ou d'une cote. Et il ne saurait en être autrement puisqu'elles n'ont pas eu autre chose en vue.

Dire d'un livre qu'il a tant de pages, tant numérotées en chiffres romains, tant en chiffres arabes, tant pour les avant-propos, introductions, préfaces, tant pour les tables, donner le chiffre exact des gravures qui s'y trouvent, c'est peut-être fort intéressant pour les coupeurs de fils en quatre, pour les myopes, pour ceux qui se contentent de l'extérieur des choses, qui éprouvent une suprême jouissance à pouvoir, la bibliographie-catalogue en main, inscrire sur leur exemplaire à eux : « collationné avec X.., complet, » mais c'est vraiment bien peu pour ceux qui ont une conception plus élevée du métier et de la science icono-bibliographique.

Et c'est pourquoi je crois devoir m'arrêter avec quelque insistance sur ce point. Déjà le baron Roger Portalis, dans la cinquième édition du Guide Cohen, déjà Paul Lacombe — érudit et travailleur consciencieux, — dans sa *Bibliographie parisienne*, avaient entrevu ce côté nouveau en joignant aux titres, des notes, des aperçus, des renseignements complémentaires. Premier acheminement vers la conception analytique et descriptive.

Aujourd'hui, j'estime avoir donné la note juste, trouvé la forme précise de ce que doit être la bibliographie; non plus une nomenclature sèche, aride, non plus une simple inscription sur une sorte de registre *ad hoc*, mais bien une analyse, une description du sujet des gravures, un dépouillement complet du texte, avec la reproduction des passages curieux pouvant présenter un intérêt pour l'histoire, les modes ou les mœurs ; un aperçu vivant, coloré, une véritable photographie, si l'on ose s'exprimer ainsi, tenant en quelque sorte la place de l'objet lui-même pour celui qui ne le possède point et ne pourrait l'avoir sous les yeux.

Donc, d'une part, la copie minutieuse du libellé, soit de la couverture, soit du titre intérieur, malgré toutes les longueurs de certains sommaires, et avec toutes les excentricités de certaines orthographes — c'est l'objet que l'on présente — et, d'autre part, les curiosités, littéraires ou graphiques, du livre ainsi mis sur la table de dissection. Le titre indique; les notices donnent la physionomie pittoresque. Double travail qui a été poursuivi jusqu'au bout.

II

A la fois alphabétique et chronologique, afin de faciliter les recherches, cette œuvre a été soigneusement étudiée dans ses moindres détails : chaque volume cité est numéroté parce que c'est le moyen le plus pratique pour les citations ; il a son extrait de naissance, par le nom du possesseur mis au bas ; il a son « casier financier » par les prix, également placés au-dessous, — prix de ventes publiques, prix de libraires, prix dus à l'appréciation de l'auteur.— En principe, j'ai donné la préférence, au point de vue des sources, aux établissements publics ; le nom des possesseurs individuels n'a été mis que lorsque le livre n'existait pas dans une quelconque de nos bibliothèques. Si j'ai eu à me louer de la bonne volonté dont ont fait preuve, à mon égard, les fonctionnaires de la Bibliothèque nationale — M. Blanchet aux Imprimés, M. Henri Bouchot, aux Estampes ; — si j'ai à remercier, tout particulièrement, les fonctionnaires de l'Arsenal, de la Mazarine — MM. Paul Cottin et Marais — les directeurs du Musée Carnavalet, M. Jules Cousin et M. Lucien Faucou (1), je ne dois pas oublier, non plus, avec quelle amabilité des amateurs, des collectionneurs de cette spécialité — M. le baron Pichon, le comte de Savigny de Moncorps, M. de Bonnechose, M. Victorien Sardou, M. Ollagnon, M. Arthur Pougin, M. Georges Salomon, M. Gaston Tissandier, M. Paul Lacombe, M. Weckerlin, M. Bégis, M. Paul Eudel, M. Gabriel Cottreau — ont mis à ma disposition leurs richesses, poussant même la gracieuseté jusqu'à se séparer, des semaines entières, de leurs chers almanachs, les confiant à mes soins, afin de me donner ainsi tout le temps nécessaire pour le collationnement et la comparaison entre exemplaires. Quelques libraires aussi se sont fait un plaisir de faciliter mes recherches : tels MM. Morgand, F. Greppe, Leclerc et Cornuau, Bihn, Gougy, Sapin ; je les remercie avec d'autant plus d'empressement que les livres qu'ils amoncellent sont, avant tout, destinés à la vente.

Et ici, il me sera bien permis de rendre à mon éditeur, M. Alisié, libraire lui aussi, cette justice qu'il a patiemment attendu, quatre années durant, l'achèvement de ce travail pour lequel il avait fait de très réels sacrifices pécuniaires, qu'il m'a laissé entreprendre et terminer cette volumineuse Bibliographie dépassant toutes nos prévisions, malgré le surcroit considérable de dépenses qui devait

---

(1) Depuis que cette préface était écrite, M. Lucien Faucou est mort, enlevé en quelques jours, par une terrible maladie. En inscrivant son nom, ici, je ne croyais pas devoir enregistrer, en même temps, sa brusque disparition qui sera vivement ressentie par tous les travailleurs habitués de Carnavalet.

en résulter pour lui. Au lieu d'une œuvre tronquée, réduite à la portion congrue, afin de ménager la bourse du libraire, comme le sont tant de catalogues bibliographiques, parus en ces derniers temps, je puis présenter, aujourd'hui, au public qui me suit, l'œuvre conçue par moi, dans son entier développement.

Nous aurions pu servir à nos souscripteurs la *Bibliographie des Almanachs* par tranches, je veux dire en quatre ou cinq fascicules. M. Alisié ne l'a pas voulu, et sur ce point encore, je ne puis que le remercier, les travaux de cette sorte ne valant quelque chose que lorsqu'ils se présentent complets. Enfin, nous avons voulu qu'elle fût illustrée de nombreuses reproductions de titres, frontispices et autres vignettes, parceque l'image, le document graphique sont absolument indispensables en matière de livre analytique et descriptif. Et ce n'est pas lorsqu'on voit paraître des catalogues édités avec un luxe inouï d'images, comme le catalogue de la vente Heré-dia, par exemple, que l'on pourrait demander aux bibliographies spéciales de négliger un côté aussi important.

Au premier coup d'œil, l'illustration paraîtra avoir été répartie de façon assez inégale : deux reproductions pour le xviie siècle, quelques titres seulement pour la période de 1830 à 1894, c'est, dira-t-on, bien peu de chose ; mais le xviie siècle a été volontairement sacrifié en ce volume, au point de vue graphique, afin de réserver toutes les reproductions documentaires pour les almanachs de Troyes et autres lieux qui constituent une des parties capitales du tome II, une série particulièrement riche, et d'autre part, l'alma-nach moderne, à quelques exceptions près, est, comme valeur d'art, d'une nullité désespérante. On trouvera, ici, des titres dessinés par Girardet, Victor Adam, David d'Angers, Ch. Jacque, Edmond Morin, Cham, Bénassit, Marcelin, Gill, Grévin, Bertall, Nadar, Boutet ; et ces compositions suffisent amplement à représenter la période actuelle, alors surtout que d'autres dessinateurs, tels Stop, Vernier, Patrice Dillon, prennent place dans le chapitre spécial que nous consacrons aux affiches d'almanachs. Tous nos efforts ont donc porté sur l'almanach xviiie siècle qui figure avec des compositions signées Cochin, Gravelot, Eisen, Moreau, Choffard, Monnet, Queverdo, Marillier, Binet, Borel, Dambrun, Desrais, Dorgez, c'est-à-dire les maîtres de la petite vignette destinée à l'in-24 ou à l'in-32 (1). La Révolution a eu, également, sa grande part dans le choix des reproductions, sans que nous ayons négligé, pour cela, le premier Empire et la Restauration, périodes jusqu'alors peu étudiées, dans ce domaine spécial. Enfin, à côté du document prenant place dans le texte, quelques planches tirées à part et coloriées au patron, viennent rehausser la valeur, l'intérêt de cette illustration dont aucun travail similaire, à l'exception du *Bulletin mensuel de la librairie Morgand*, édité avec un soin tout particulier, ou de quelques catalogues de bibliothèques d'amateurs, — tels le *Cabinet d'un Curieux*, du baron Double, le catalogue de la Bibliothèque James de Rothschild savamment rédigé par M. Émile Picot, *Estampes et Livres* de Henri Beraldi, *Mes Livres* de Quentin-Bauchart — n'avait encore eu la faveur.

Notre bibliographie devant comporter deux volumes, l'un consacré à Paris, l'autre aux départements et à l'étranger, une question délicate et assez difficile à résoudre se posait pour nous. De quelle façon comprendre Paris, de quelle façon comprendre la Province ? Fallait-il procéder par endroits, par villes d'impression, ou bien marcher d'après les indications de lieux ou de vente figurant sur la couverture ?

En principe, il peut paraître logique de donner à Lille, à Troyes, à Châtillon-sur-Seine, à Nancy, tout ce qui sort d'imprimeries lilloises, troyennes, châtillonnaises ou nancéennes : dans le fait, ce serait une classification fausse et absolument illusoire. Voici pourquoi. D'abord nombre d'almanachs parisiens sortent d'officines provinciales, ensuite quantité d'almanachs imprimés en province par des imprimeurs-éditeurs locaux — tels Vanackère, Blocquel Castiaux à Lille, Lebœuf à Châtillon-sur-Seine, Anner-André, Baudot à Troyes, Hinzelin à Nancy et bien d'autres — ou portent en premier, le nom d'un libraire parisien, placé là, non comme simple dépositaire, mais comme éditeur, ou se contentent des mentions générales : « Paris, chez les principaux libraires. » — « Paris, au grand dépôt des almanachs. » — Ce qui indique suffisamment l'idée bien arrêtée chez leurs imprimeurs lanceurs, de se réclamer des

---

(1) M. de Savigny de Moncorps, dans son intéressant travail : *Coup-d'œil sur les Almanachs illustrés du XVIII° siècle*, a donné une courte nomenclature des figures qui doivent être attribuées à chacun de ces artistes.

officines parisiennes, de ne point faire œuvre uniquement restreinte à leur région.

Une autre considération était encore à retenir : le point de vue général, le point de vue local. Comment admettre, par exemple, que l'Almanach officiel, aujourd'hui *Almanach national de la République Française*, puisse être considéré comme une publication nancéenne parce qu'il sort des presses de l'imprimerie Berger-Levrault; comment admettre qu'un annuaire intéressant toute la France, fait pour Paris comme pour le reste du pays, appartienne au département où il a été imprimé, et non à la capitale !

En tenant compte de ces observations multiples, nous avons donc procédé comme suit : à Paris toutes les publications d'intérêt général, surtout celles revêtues d'un caractère officiel, même lorsqu'elles portent, sur leur titre, le nom d'une ville de province ; à Paris toutes les publications de colportage, déposées à la Bibliothèque et au ministère de l'intérieur par le fait même qu'elles ont, sur leur couverture, la mention de la capitale.

Toutefois, une exception a été faite pour les almanachs troyens, parce que ceux-ci constituent un ensemble tel qu'il eût été malaisé de les diviser et parce que Troyes fut, réellement, au xviie siècle, le centre de publication de cette littérature spéciale. C'est donc au tome II de notre *Bibliographie* qu'il faudra aller chercher les almanachs sortant des officines troyennes, alors même qu'ils portent sur leur titre : « A Troyes et se vendent à Paris ». Cette mention, du reste, n'était point générale, car dans la série innombrable des *Éphémérides*, des *Almanach Historial*, des *Almanach Royal du Palais*, il m'a été donné de rencontrer les mêmes années avec indications différentes, c'est-à-dire tantôt avec « Troyes » tout court, tantôt avec « Troyes et Paris », ce qui indique bien une sorte de tirage spécial, fait en vue de la vente dans un endroit donné, mais à titre de pur dépôt, quelquefois même par des succursales d'imprimeries dont la maison-mère était à Troyes.

---

(1) « Les Almanachs ordinaires imprimez à Troyes, » nous apprend une note du *Livre Commode*, « se vendent à Paris, en gros et en détail, chez le sieur Raflé, ruë du Petit-Pont, et chez la veuve Oudot, rue de la Vieille Bouclerie. » — J'ajoute que d'autres se vendaient, aussi, chez la veuve Jean Promé, également rue de la Vieille-Bouclerie.

III

De nombreuses critiques seront certainement adressées à cette Bibliographie : je ne veux en retenir que trois.

La première n'est pas sans offrir quelques objections sérieuses ; elle consistera à nous reprocher d'avoir pris comme point de départ le XVIIe siècle, alors que l'almanach naît et triomphe déjà en plein XVIe, mais ce que nous n'avons pas fait, aujourd'hui, nous avons l'intention de le reprendre lorsque les documents, amassés par nous à cet effet, présenteront un ensemble plus complet. Ce sera l'objet d'une plaquette spéciale qui pourra servir d'introduction à la bibliographie actuelle. Ce n'est pas une omission ; c'est un oubli voulu.

La seconde portera sur la valeur, ou plutôt, sur le peu de valeur de certaines pièces cataloguées, mais dès l'instant qu'on entreprend un travail de généralisation, les choix sont la chose la plus arbitraire, la plus fausse qui se puisse imaginer. Il n'y a aucune raison pour rejeter *a priori* les plaquettes populaires, nulles au point de vue littéraire ou artistique, nulles comme prix marchand, et il serait illusoire de vouloir établir entre elles des distinctions : tous les *Liège*, tous les *Prophètes*, tous les *Astrologues*, tous les *Villageois*, tous les *Cultivateurs* ont autant de droits à figurer ici que l'*Almanach prophétique*, l'*Almanach Astrologique* ou l'*Almanach facétieux*. Toutes les publications de colportage se valent. Et puis un travail de cette espèce n'est point fait en vue du présent seulement ; il doit avoir en vue, au même titre, l'avenir. Un annuaire de l'Électricité ou de la Boulangerie, un Almanach de la Coopération, un Agenda des Huissiers ou des Commissaires-Priseurs, datés de 1893 sont, évidemment, pour nous, sans intérêt : dans cent ans il seront recherchés par nos descendants pour mille choses, pour mille petits détails que nous ne sommes pas à même d'apprécier, et cela par la même raison que nous allons, nous, gens de la fin du XIXe siècle, chercher dans les annuaires et calendriers corporatifs du siècle passé des renseignements qui, en dehors des seuls intéressés, étaient, certainement, de nulle valeur pour leurs contemporains.

J'ai donc fait entrer ici, en vertu de ce principe, le seul vrai en la matière, toutes les pièces vues par moi ou saisies au passage, sans m'occuper d'aucune considération bibliographique.

La troisième critique visera un point de vue plus particulièrement technique ; l'explication du mot almanach lui-même. Où
commence, où finit ce genre ? Des volumes s'intitulent almanach
sans présenter aucune des formes extérieures particulières à
cette sorte d'ouvrages : des publications multiples, parues sous un
titre quelconque, se remettent en vente avec un de ces qualificatifs
factices : *Almanach, Calendrier, Étrennes;* on ne pouvait les exclure
puisque, par leur vocable, elles entraient de droit dans notre bibliographie (1). D'autre part, sous le premier Empire, sous la Restauration surtout, nombre de petits volumes destinés aux étrennes se vendaient avec l'adjonction d'un calendrier : par ce fait
même, par le choix de l'époque prise pour leur mise en vente,
ils ne pouvaient pas, non plus, être écartés de notre nomenclature.
D'où la présence, en ces pages, de plusieurs livres que beaucoup
de gens, peut-être, ne pensaient pas devoir considérer comme
tels et qui rentrent, cependant, dans la catégorie des Almanachs
où les avait déjà rangés l'appréciation des contemporains.

J'ai donc considéré comme almanachs : 1º les volumes portant
ce titre générique, 2º les volumes mis en vente avec calendrier, en
vue des étrennes, 3º toutes les publications annuelles, — annuaires, agendas, livres d'adresses, états d'administrations publiques
ou de sociétés, — accompagnées ou non d'un calendrier, paraissant
à date fixe, avec des compte-rendus d'exercice, avec des revues
des événements, avec des listes de membres. En un mot, l'almanach
et l'annuaire, les deux formes du livre destiné à remémorer les
faits passés, à apporter, annuellement, les renseignements et les
documents nécessaires à toutes les classes de la société ou à des
groupes spéciaux de citoyens. Et de la sorte, au moins, toute difficulté d'interprétation est écartée : les amateurs de l'élégant
almanach du XVIIIe siècle y trouveront leur compte tout comme

---

(1) Le qualificatif : *Étrennes* ayant pris, au XVIIIe siècle, un sens très large, nous avons
pensé que mentionner toutes les publications parues sous ce titre générique eût été
quelque peu sortir du cadre que nous nous étions tracé. On ne cherchera donc point,
ici, tous les recueils de vers ou de prose qui, comme les suivants : *Étrennes gentilles
suivies de l'oracle du jour* (1754), *Étrennes pour les Enfants à l'usage des grandes
personnes* (1758), *Étrennes aux amateurs de vers et de prose* (1755), *Étrennes de Clio
et de Mnémosine* (1760), *Étrennes du goût* (1775), *Étrennes fourrées, dédiées aux
jeunes frileuses* (1770) et tant d'autres, n'ont qu'un rapport absolument éloigné avec
les almanachs.

ceux qui voudront rechercher les ancêtres de nos livres d'adresses, qu'il s'agisse des *Didot-Bottin* ou des *Tout-Paris*.

Chose assez rare, ce travail aura eu la bonne fortune d'être cité bien avant son apparition, par des bibliophiles et des bibliographes de marque auxquels je m'étais fait un plaisir de communiquer des bonnes feuilles. C'est ainsi que le baron de Claye lui a fait les honneurs d'un article dans son livre : *La Bibliophilie en 1891-1892*, et que M. Maurice Tourneux, l'auteur de cette œuvre considérable : *Bibliographie de l'histoire de Paris pendant la Révolution*, renvoye sans cesse à mes fiches pour sa partie « almanachs ».

Une bibliographie imprimée se complète tous les jours par les adjonctions manuscrites des uns et des autres : c'est dans ce but, c'est en vue de faciliter ce travail, toujours si précieux, que le présent ouvrage est imprimé sur papier collé, afin que les annotations puissent être écrites à la plume.

Les indications des sources sont conformes à celles généralement employées : B. N. [Bibliothèque Nationale], — B. Ars. [Bibliothèque de l'Arsenal], B. Carn. [Bibliothèque Carnavalet], B. Maz. [Bibliothèque Mazarine] ; inutile donc d'insister autrement sur ce point. Les cotes de la Bibliothèque Nationale n'ont été indiquées que lorsque le volume cité ne se trouve point sur le catalogue imprimé de notre grand établissement public [série allant du chiffre LC 22 au chiffre LC 30]. Avec le catalogue les chiffres peuvent être facilement trouvés par le travailleur lorsqu'il rédige sa fiche de demandes; pour les volumes non catalogués la cote était, au contraire, nécessaire, d'autant plus que quantité d'almanachs ont été rassemblés, à mon intention, de toutes les parties et de tous les coins de la Bibliothèque.

C'est à l'usage que s'apprécient les choses : c'est en se servant de ma bibliographie que amateurs, spécialistes, libraires verront si la forme adoptée par moi est la bonne. Mais, dès à présent, on peut bien le constater, le domaine de la bibliographie pure se trouve élargi par l'adjonction, à la liste des almanachs cités, d'une table analytique dont il n'est pas besoin de faire ressortir l'intérêt. Ce n'est donc plus une sèche énumération de livres, des titres et des prix à l'usage des seuls bibliophiles, mais toutes sortes de documents et de renseignements, touchant aux multiples côtés de la vie que les curieux pourront venir chercher ici et qu'ils trouveront comme en cet admirable livre d'Édouard Fournier : *Le Vieux Neuf*. Ainsi comprise, la *Bibliographie des Almanachs français* n'intéressera pas uniquement les collectionneurs d'almanachs ; elle sera consultée avec fruit par les travailleurs, quel que soit le domaine de leurs études. Et si elle peut, ainsi, aider aux recherches de ses confrères dans le double domaine de l'image et de la curiosité rétrospective, l'auteur s'estimera satisfait : son désir aura été pleinement réalisé.

John Grand-Carteret.

Paris, 1891-1894.

PRÉFACE

L'ALMANACH-LIVRE A TRAVERS LES AGES.

Les Prédictions, Prognostications et Éphémérides du XVIIe siècle. — L'*Almanach Royal* et la *Connoissance des Temps*. — Paris veut avoir ses almanachs. — L'almanach du XVIIIe siècle vise, de plus en plus, à se faire petit. — Prédominance de la note grivoise. — Les almanachs populaires et chantants. — Les almanachs galants, à figures. — Reliures et annonces-réclame. — Persistance de l'almanach illustré sous la Révolution. — Reliures à emblèmes révolutionnaires. — Les almanachs et le calendrier de la Révolution. — Formes diverses de l'almanach, au XIXe siècle. — Almanachs et chansonniers du premier Empire et de la Restauration. — Les cartonnages et les « feuilles de souvenirs. » — Popularité, à nouveau, des almanachs prophétiques. — Les almanachs de politique et de vulgarisation. — Les annuaires. — Tendance à revenir aux publications élégantes du XVIIIe siècle.

'almanach, la véritable Bible de l'humanité ; l'almanach, le livre multiforme, qui a revêtu tous les aspects, pris tous les formats, tantôt instrument de propagande et de vulgarisation, tantôt petit bijou de luxe ; ici, à l'usage des gens des campagnes, là, pour les galants abbés et les coquettes marquises ; — l'almanach, recueil de prédictions, contes, balivernes, coqs-à-l'âne et histoires grivoises ; — l'almanach, choix de poésies galantes, aux titres ornés coquettement enguirlandés ; l'almanach qui, longtemps, fut le livre de chevet des raffinés et des lettrés ; — l'almanach qu'on a pu appeler, avec raison, le seul livre dans lequel puissent épeler les gens qui ne savent pas lire ; — l'almanach qui, plus que tout autre, garde en lui quelque chose de l'humanité, avec ses feuilles de papier blanc destinées à recevoir les pensées, les dates mémorables de la vie ; l'almanach qui nous transmet les impressions, les souvenirs d'inconnus (1) dans l'existence desquels nous prenons, ainsi, plaisir à pénétrer, avec lesquels nous entrons en communion, vivant, pour un instant, de leurs joies et de leurs peines ; — l'almanach, véritable livre-journal, confident de tant de secrets et de récits naïfs ; — l'almanach remis comme don par le facteur de la « petite poste » ; l'almanach offert comme présent d'étrennes en guise de bonbons ou de fleurs ! Tout un monde !

Car les douceurs du *Fidèle Berger*, du *Mouton enguirlandé* ou du *Grand Monarque* ne régnaient pas sans conteste en ce siècle heureux qui précéda le nôtre ; car les « postiers » n'avaient pas encore trouvé l'horrible calendrier de bureau qui se fait petit et glacé pour pénétrer chez les gens du monde, et ce que le *préposé aux boëtes* vous apportait était bien un in-24, affublé du titre pittoresque de : *Le Courrier Vigilant des Étrennes de la Poste, de la Ville et Banlieue de Paris*, et agrémenté d'un couplet-préface au public :

> Recevez ce petit présent,
> C'est l'Étrenne du sentiment ;
> Comptez toujours sur un Facteur,
> Pour vous plein de zèle et d'ardeur ;
> Et n'oubliez pas le Commis
> De la p'tit' Poste de Paris.

« L'Étrenne du Sentiment », qu'en termes galants les « postiers » du XVIIIᵉ siècle savaient faire appel à la générosité du public !

Eh bien ! tout cela, almanachs, annuaires, chansonniers, de tous les formats, de toutes les époques, de tous les genres, va défiler ici dans ce volume, véritable monument élevé à la gloire de l'almanach, malgré son apparence cataloguesque.

Et ce que nous allons esquisser, en ces pages préfaciales, c'est une sorte de physiologie, de physionomie d'une espèce livresque vue à travers les âges.

I

Dix-septième siècle ! Époque de triomphe pour ces grands calendriers en forme d'estampes, quelquefois aussi volumineux que les thèses

(1) Mentionnons, à ce propos, les curieuses annotations de l'avocat Bruneau sur l'*Almanach Historial* des années 1661 à 1663, portant presque toutes sur les événements qui se sont passés à Paris. (Voir *le Manuel du Libraire* de Brunet, tome I, colonnes 1291 et 1292, et tome V, colonne 186.) — Brunet avait acheté à l'étalage de Grandemenge, sur le quai Voltaire, l'almanach de 1665 avec des annotations dudit personnage.

à sujets ornés, créés tout exprès, on pourrait le croire, pour raconter en images les victoires du Grand Roi. Le livre, lui, a les *Prophéties*, les *Prédictions*, les *Prognostications*, les *Éphémérides*, « grandes et petites, amples et mémorables, nouvelles et anciennes, universelles, remarquables, récréatives », et surtout *infaillibles*, prédisant « changemens et mutations de l'air, maladies de notre pauvre nature humaine, fertilité ou infertilité des biens terriens », supputées *sur les figures astrologiques* ou *selon la doctrine secrette des anciens Arabes astrologues et des cabalistes Hébreux.*

Et tous ces « renommés supputateurs d'éphémérides célestes » — ce sont les qualificatifs qu'ils s'octroyent eux-mêmes, en leur modestie, — toujours disciples de Nostradamus, de Thomas Moult ou de Mathieu Lænsberg, quand ce n'est pas d'illustres contemporains inconnus, cherchent avec le plus grand sérieux, à « apaiser les désastres et les malheurs dont les astres menassent », donnent l'indication des « jours heureux et des jours qu'on dit être périlleux », des jours où il faut se raser et se purger, des jours où il faut entreprendre voyage ou affaire, posant même des règles « pour savoir à quelle opération la lune est bonne, quand elle se trouve en chacun des signes du zodiaque (1)». Déjà Nostradamus

---

(1) Voici, comme type du genre, les « règles » données par l'*Almanach de Milan*, de 1679.

Règle pour scavoir à quelle opération la Lune est bonne, quand se trouve en chacun des signes du Zodiaque.

La Lune dans l'Ariés ou Bellier ♈

Est bonne pour semer, se baigner, prendre Remedes, particulièrement pour la teste, gorge, poitrine, et pour les Phlegmatiques, faire Voyages, Dépescher Lettres, Exprés et Courriers.

La Lune dans le Taureau ♉

Est bonne pour vendre, acquérir, contracter, cultiver, bastir, faire alliances et amitiez, se promener, prendre Remedes, Medecines, et se faire baigner.

La Lune dans les Gémeaux ♊

Est propre à contracter, faire étudier les Enfants, et leur apprendre Mestier. Il faut prendre garde à ne se point saigner des bras.

La Lune dans l'Ecrevisse ♋

Bonne à commencer Voyages, s'approprier la teste, en se faisant couper les cheveux; chasser, pescher, semer et planter.

La Lune dans le Lyon ♌

Très bonne pour contracter, vendre et acheter, cultiver, bastir Maisons, fondre Métaux, travailler au feu et aux eaux, chasser, pescher, prendre Remedes, Medecines et Bains pour les tempéramens humides.

La Lune dans la Vierge ♍

Est bonne pour entreprendre Voyages, contracter, vendre, acheter, négocier, s'appliquer aux Sciences et Mestiers selon sa Profession; cultiver, bastir, écrire, chasser, pescher, prendre Medecine, se faire saigner et baigner.

« le grand prophétiseur » avait été quelque peu malmené par les savants du xviie siècle. C'est à son sujet que Guy Patin écrivait : « Tout ce qu'a fait ce Nostradamus ne sont que des rêveries et des rébus de Provence. Je trouve fort bon ce distique (1) que vous m'avez envoyé contre lui, mais il est imprimé autrement dans le recueil des vers du propre auteur, et meilleur, ce me sémble.

> « Nostra damus cum verba damus, non fallere nostrum est.
> « Et quum verba damus nil nisi nostra damus. »

Aussi, malgré les titres pompeux qu'ils se donnent, tous ces faiseurs d'almanachs, tous ces « diligents calculateurs » en chambre n'échappent pas, eux non plus, à la satire, et plusieurs plaquettes, telles les *Grandes et Récréatives Prognostications pour l'année 0814500047*o (voir n° 18), tournent en ridicule une science « qui se puise en les joyeusetés du boire (2) ». Si La Fontaine fait tomber son astrologue dans un puits, pour avoir voulu regarder trop attentivement les étoiles, d'autres, moins respectueux, représentaient ces faux savants rédigeant leurs prophéties, après être « tombés dans un puits de vin ». C'est également à

La Lune dans la Balance ♎

Est propre à faire Voyages, contracter, changer de demeure et de Vestemens, faire alliances et amitiez, couper les cheveux. Ceux qui ont des maux de pierre, ne doivent point se faire tailler.

La Lune dans le Scorpion ♏

N'est bonne qu'à purger les Colériques. Il faut faire abstinence des plaisirs de Vénus. Les maux des Parties honteuses y sont très dangereux, et il faut bien se garder d'y faire aucune incision.

La Lune dans le Sagitaire ♐

Est propre pour acheter Chevaux, les dompter et mettre au Manége, fondre Métaux, purifier l'Or, chasser, pescher, se baigner et faire saigner.

La Lune dans le Capricorne ♑

Est bonne pour saigner les Sanguins et faire Voyages.

La Lune dans le Verseau ♒

Est tres bonne pour cultiver, bastir, prendre Domestiques, faire Nopces, alliances et amitiez, constituer Rentes, étudier aux Sciences, particulièrement à la Chymie.

La Lune dans les Poissons ♓

Est bonne pour contracter, vendre et acheter, faire Mariages et Alliances, entreprendre Voyage de Mer, traiter d'affaires avec les Grands, solliciter les Juges, purifier Métaux, prendre Médecine, se faire saigner et ventouser, à l'exception des pieds.

(1) Ce distique, signé Carolus Utinovius, est attribué à Théodore de Bèze.

(2) On peut également citer, comme exemple de ces satires, la pièce suivante mentionnée par Brunet comme introuvable :

— *Almanach merveilleux pour les jours de Caresme prenant* de cette même année, par le sieur de Peu-de-Soucy, baron d'Aimejoye, au lecteur Chasse-Mélancolie. A Paris, chez P. Chevalier, s. d. (vers 1610). In-8.

ces astrologues *almanackiens* que s'applique l'épigramme de Le Joly
d'Accilly :

> Plus que vous, o vains Interprètes
> Des influences des Planètes,
> Je suis savant à deviner;
> Malgré vos pratiques secrettes
> Je devine assez que vous êtes
> Des Gens qui cherchez à disner.

Et c'est encore, tous ces gens « pronostiquant pour disner » que visera,
au siècle suivant, la satire *Imaginations extravagantes de M. Ouste*,
amusante parodie des tortures intellectuelles subies par les « faiseurs
d'avenir ». En outre, Louis XIV régnait, et le Grand Roi n'avait qu'une
sympathie très modérée pour l'astrologie, pour ces « rimailleurs, » qui,
sous couleur de prédictions, ne craignaient pas de se livrer à des
critiques qu'une rigoureuse administration ne pouvait tolérer, même
présentées sous une forme discrète.

Bientôt, malgré les productions multiples enfantées par les officines
troyennes, les almanachs de tous ces « professeurs ès-sciences célestes » furent considérés comme bons pour les petites gens ; les seigneurs
et les nobles dames qui consultaient souvent l'*Estat de la France dans
sa perfection* et les annuaires officiels de même nature, se prirent d'un
goût tout particulier pour les *Almanach d'Amour*, pour les *Almanach
des Belles* où l'on donnait, avec le plus grand sérieux, les douze signes
et les mois de « l'année d'Amour. »

Du reste, Paris s'était insurgé contre la prétention des imprimeurs provinciaux de vouloir imposer à la capitale des almanachs
« supputés pour les provinces » et, en 1677, l'*Almanach de Paris* inau-
gurait des éphémérides où l'on avait soin de ne prédire « aucune des
choses que l'homme ne peut connoistre ». On a tout lieu de croire que
l'influence du Grand Roi ne fut pas étrangère à cette publication. Enfin,
deux années plus tard, en 1679, se créait sous l'égide de l'Académie des
Sciences, la *Connoissance des Temps*, ces « éphémérides du lever et du
coucher du soleil » dont le titre fut considéré par d'aucuns comme une
allusion à la puissance de Louis XIV, et qui, alors bien plus répandues
qu'aujourd'hui, portèrent un coup direct aux astrologues troyens.
« Permettez, mon ami, qu'avant de vous répondre », écrivait un
conseiller au présidial de Montpellier, « je consulte ma *Connoissance
des Temps* » et souvent, en effet, dans l'entourage de Versailles, l'annuaire pour lequel Lepautre avait gravé un titre, se trouvera feuilleté,

c

invoqué comme une autorité incontestable. Signe des temps; on sortait avec sa *Connoissance des Temps*.

Le XVIIe siècle qui avait créé les « Annuaires officiels » devait également donner les premiers livres d'adresses. Grâce à Nicolas de Blégny, médecin-bandagiste du Roi, les *Adresses de la Ville de Paris* et *Le Livre commode* parurent en 1690 et 1692. (1) Toutefois, la publication-type de cette époque, pompeuse entre toutes, c'est l'*Almanach Royal* qui, par son titre même, confirme la prise de possession du pays par le Roi et relègue à l'arrière-plan l'*État de la France*.

L'in-4, ce format initial de l'almanach, triomphe en sa toute-puissance, mais il semble que le monarque l'ait pris pour lui, l'ait choisi pour en faire sa chose, tandis que les petits formats se multiplient avec les *Étrennes* qui vont devenir le type de toute une série de publications annuelles joignant au calendrier, la généalogie des maisons régnantes, « l'idée générale de la France » — c'est le terme consacré — les gouvernements et les administrations, « l'idée et détail de Paris » — autre qualification employée — des curiosités diverses et une chronologie des choses remarquables.

C'est ainsi que se peut observer la très curieuse évolution subie par l'almanach créé pour prédire, pour «voir dans l'avenir par les astres» et qui, subitement, arrivait à renseigner uniquement sur les choses du temps présent, se contentant d'enregistrer certains faits et de noter certaines découvertes. Caractéristique, également, cette sorte de reprise de l'autorité par le pouvoir royal, car si nombre d'*Historial* de la première moitié du siècle étaient dédiés au Roy Très-Chrétien, contenant à son adresse des quatrains où la flatterie pouvait se donner libre cours, les maisons régnantes ne prenaient, en ces volumes, qu'une place fort restreinte et l'organisation du pays était reléguée à l'arrière-plan. Désormais, les almanachs ce seront le Roi et l'État, idée nouvelle qui n'a point cessé de régner, et qui se retrouve de nos jours, non moins vivace, dans l'*Almanach National, Annuaire officiel de la République française*.

L'*Almanach Royal* d'un côté, et les petits in-24, d'un autre côté, devaient, par cela même qu'ils s'offraient en cadeaux d'étrennes, ou qu'ils constituaient le *Livre du Roy*, développer considérablement le goût des

---

(1) C'est au père de Montaigne qu'appartiendrait la pensée première des livres d'adresses, ou, tout au moins, des livres d'annonces. On peut voir, en effet, ce que Montaigne en a dit au chapitre XXXIV du livre 1 de ses *Essais*. L'idée du père de Montaigne n'était pas vulgaire. Il s'inspirait, sans le savoir, d'Aristote lui-même, déplorant que les hommes n'eussent pas trouvé le moyen de se faire connaître les uns aux autres les objets d'échange qui sont entre leurs mains, et que tant de travail et de productions fussent incessamment perdus, faute d'être mis en évidence.

belles reliures. D'où le luxe des armoiries, des *ex-libris* écussonnés, des fers fleurdelysés ; d'où les reliures en diamant, en or, en argent, les maroquins pleins pour l'*Almanach Royal*, les fantaisies de la mode pour les petits in-24 et même pour ce *Calendrier de la Cour* qui fait du Roi et de sa toute-puissance un objet portatif. Ici, l'almanach de l'intérieur, celui qui doit se laisser voir en bonne place sur la table ; là, l'almanach du dehors, celui qu'on emporte avec soi, qu'on met dans sa poche pour pouvoir, au besoin, le consulter. Une comédie curieuse nous narre le désespoir d'un gentilhomme parti à la campagne sans avoir pris son *Calendrier de la Cour.*

Les habitudes, les formes extérieures même, ne se sont point modifiées. Jadis on réunissait plusieurs de ces publications en un volume et, sous un titre factice : *Recueil d'Almanachs présenté au Roy* (1), on les soumettait au Souverain : aujourd'hui, un écho, inséré à la première page des journaux, apprend au public que les éditeurs ont présenté au chef de l'État, qui a bien daigné en accepter l'offre, le premier exemplaire de l'annuaire officiel.

II

Voici le xviiie siècle, le xviiie siècle avec ses fantaisies qui dégénèrent souvent en folies. Jusqu'en 1750 rien de particulier. Des calendriers historiques, un almanach bibliographique, — saluons au passage cet ancêtre ! — des listes de princes et de seigneurs *qui ont eu l'honneur de manger avec le Roi,* — les journaux donnent bien, de nos jours, en cette démocratique fin de siècle, les noms des convives invités aux banquets du Conseil Municipal, — des almanachs de rébus et de calembours, — généralement se vendant *Nulle part, à X... ville* ou *chez Bon Débit, à l'Esprit de vin* — des almanachs de la table, des agendas du voyageur, des annuaires industriels, — tel l'*Esprit du Commerce;* on dirait, aujourd'hui, *le livre d'or* — des almanachs burlesques ou folichons, — tels l'*Almanach des Cocus ou Amusements pour le beau sexe,* — des agendas de théâtres, des *Étrennes logogriphes* — un genre qui va se développer dans des proportions considérables, — des almanachs consacrés aux « Amusements de Paris » — la vie extérieure commençait à se manifester, — des almanachs de proverbes — encore un genre qui doit fleurir, — des almanachs généalogiques, des états militaires, des calendriers

(1) Voir plusieurs de ces titres, à partir de 1666, à la Bibl. de l'Arsenal et, notamment, le suivant : *Recveil d'Almanachs présenté av Roy* [Par Damien Foucault, imprimeur et libraire ordinaire de Sa Majesté, gendre *de feu* P. Rocolet M.DC.LXVI. (1666-1682). Armoiries sur le titre. Prédictions mensuelles, avec l'Almanach du Palais.

pour les jardiniers et les gens de métiers, tout comme il y en a pour
les princes et la noblesse; — bref, de tout un peu; l'almanach se
généralise, cherche à intéresser toutes les classes, à répondre à
tous les besoins. Mais les deux réelles caractéristiques de cette première période ce sont les publications qui se font l'écho des querelles jansénistes, qui nous donnent les *almanachs du Diable* avec
leurs prédictions carminifiques, l'*Almanach de Dieu*, les almanachs de
pratique, et l'apparition des *Étrennes Mignonnes*, cet élégant in-24, aux
titres gravés, qui engendrera toute une dynastie d' « Étrennes » dont la
popularité ne sera pas sans nuire considérablement aux élucubrations
des astrologues troyens. Avec le XVIIIᵉ siècle Paris reprend définitivement
son rôle : à la capitale, les publications destinées à amuser, à égayer les
masses ; aux provinces, les almanachs locaux.

Après 1750 l'almanach qui s'est fait tout petit, l'almanach qui se
confine dans l'in-32, qui va même jusqu'aux formats pour breloques,
à ces minuscules dont quelques marchands - bijoutiers et certains
graveurs aux indications bizarres ont alors, seuls, la spécialité,
règne sans conteste. D'abord populaire, avec les *Magies*, — magie
blanche, magie noire, magie rouge, tout y passe, — avec les *Tablettes
de Thalie*, avec les *Oracles de Cythère*, avec les *Étrennes emblématiques
et chantantes*, avec les *Almanachs du Sort*, avec les *Almanachs poissards*, avec les *Étrennes badines* ou *bouffonnes*, avec les *Étrennes* qui
« partent du cœur », avec les almanachs des *Amours* et du *Sentiment*,
avec les *almanachs Ramponeau*, « dédiés aux ribotteux et polissons »,
avec les *Espiègleries de l'Amour*, avec les « Perles », avec les « Bouquets », etc., etc. Petit format, petit texte, pages encadrées typographiquement, feuilles de musique se dépliant — car l'on chante partout les
airs des Vauxhalls, ces cafés-concerts du jour, — titres aux formes toujours identiques, rarement encore gravés. Une véritable pluie de publications sortant d'un certain nombre d'officines : — Valleyre, rue de la
Vieille-Bouclerie ; Cailleau, rue du Foin-Saint-Jacques, puis rue
saint-Séverin ; Cailleau fils, rue Galande ; Valade (1), Duchesne, puis son
successeur, la veuve Duchesne, tous deux rue Saint-Jacques ; Grangé,
rue de la Parcheminerie ; Gueffier, parvis Notre-Dame ; Cuissart, puis
Dufour, au milieu du quai de Gesvres ; Langlois, rue du Petit-Pont ;
Tiger, au Pilier littéraire, place de Cambrai ; Fournier, rue du Hurepoix,
près du pont Saint-Michel ; Demoraine, rue St-Jacques (2) ; — le colpor-

---

(1) Valade demeurera, par la suite, rue des Noyers.

(2) Voir, pour les renseignements sur ces libraires, le *Catalogue chronologique
des libraires et libraires-imprimeurs de Paris*, par A. M. Lottin, 1787.

tage de l'époque, le colportage que transportent sur leur dos, en ballots serrés, marchands et marchandes.

Ce sont, au commencement, des jeux innocents, des demandes, avec réponses pour les filles et les garçons — il en est même pour les femmes mariées — mais, peu à peu, la note grivoise prédomine, ainsi qu'on peut le voir dans cette chanson du marchand d'almanachs, un type pris sur le vif dans les *Cris de Paris* de Poisson que croqueront, souvent, les Saint-Aubin et qu'esquissera Eisen :

LE MARCHAND D'ALMANACHS.

Air : *Ramonez ci, ramonez là.*

Approchez, jeunes fillettes,
Fringantes et gentillettes ;
Approchez-vous de ce pas ;
Achetez-ci, achetez-là,
    La, la, la,
Achetez de mes almanachs.

(Il crie : *Almanach des Plaisirs*).

Vous, mesdames les coquettes,
Qui courez toutes les fêtes,
C't almanach vous les dira,
Achetez-ci, etc.

Et vous, mesdames les prudes,
Dont les dehors sont si rudes,
Et le dedans ne l'est pas,
Achetez ci, etc.

(Il crie : *Almanach des bons dîners, galas, et cœtera*).

Vous, à qui la bouch' commande,
Vous, abbés, d'humeur friande,
Pour voir les jours de repas,
Achetez ci, etc.

(Il crie : *Almanach du Palais*).

Pour voir les jours d'audience,
D'vos maris qui caus' l'absence,
Procureuses, venez ça.
Achetez ci, etc.

Vous, monsieur le petit-maître,
Qu'avez besoin de connaître

Les jours où l'mari n'y est pas,
Achetez ci, etc.

(Il crie : *Almanach de Cythère, sans jeûnes ni vigiles*).

C'est l'almanach de Cythère,
Au sexe il est fait pour plaire,
Car tous les jours sont jours gras.
Achetez ci, etc.
                    (Il crie : *Calendrier des Vieillards*).

Quand les hommes ne sont plus jeunes,
Il faut observer des jeûnes
Dont leurs moitiés n' s'arrangent pas.
Achetez ci, etc.

(Il crie : *Almanach du beau sexe, où les jours de lune sont marqués
en lettres rouges*).

Vous qui, si dégoutés êtes,
Vous verrez dans ces tablettes
Les jours où l' y a d' l'embarras.
Achetez ci, etc.

Pour rendr' les fill's humaines,
Faut leur bâiller leurs étrennes,
Autrement cela n'prend pas.
Achetez ci, achetez là,
        La, la, la,
Achetez de mes almanachs.

Littérature bien particulière qui rend admirablement les mœurs de
l'époque, qui nous montre un bas peuple dansant et chantant, des filles
et des garçons se trémoussant et se poussant... sur l'herbe. *Prenez
mon cœur*, dit un de ces petits in-32, tandis que l'autre prétend nous
montrer *Les Colifichets de la Petite Louise*; toujours est-il que, souvent,
on leur voit prendre pour enseigne le *Bijou des Dames* ou le *Galant
Badinage*, à moins qu'ils n'énumèrent les *Délices du Cœur*, ou même
qu'ils n'enseignent l'*École du Plaisir*.

Littérature qui tient à s'affirmer jusque dans les moindres détails,
qui ne se contente pas des indications ordinaires de libraires-éditeurs,
qui éprouve le besoin de préciser, à laquelle il faut, comme dépôt de
vente, des adresses typiques répondant à la tendance générale ; telles les
suivantes : *A Paphos, chez Anacréon, rue de la Flèche, au Carquois; à
l'Isle des Plaisirs; A Cocagne; à Risipolis; A Cythère; Aux Délices;
Chez les Amours, aux dépens des Jeux et des Ris ; A Amathonte, chez*

Flore, au Temple des Grâces; D'autres sortent de l'Imprimerie de la *Courtille*, voire même de la *Basse-Courtille*, ou portent les mentions : *A la Halle, de l'Imprimerie de Mme Gueulette*; *Aux Porcherons, de l'Impression de Marie Bon-Bec*. D'autres encore prennent bravement l'enseigne : *En Suisse, chez le libraire des Petites Maîtresses*. (1)

Titres trompeurs, indications fictives, dira-t-on ; soit. Mais s'ils promettent plus qu'ils ne donnent — ce sont, pour la plupart, des choix de chansons reproduites sous vingt titres divers — ils ne trompent point sur les préférences, sur les plaisirs du moment.

Après les almanachs populaires, les almanachs galants, à figures. Nous sommes en 1770 et Desnos triomphe, « le sieur Desnos, ingénieur-géographe, libraire de Sa Majesté Danoise, » éditeur infatigable qui assourdit les acheteurs du bruit de ses réclames, qui a élevé à la hauteur d'une institution l'art de revendre cinquante fois le même petit volume, sous cinquante titres différents, qui est passé maître dans l'arrangement des recueils factices, (2) dans l'art de constituer des entiers avec des défaits, ajoutant partout des suppléments, des cahiers de chansons nouvelles, vendant, suivant les publics, avec ou sans estampes, annonçant qu'il « distribue gratuitement aux personnes qui lui font l'acquisition de quelques exemplaires », la notice de cent pages et du prix de 1 liv. 4 s. dans laquelle « on donne une idée de chacun de ces volumes, pour déterminer le choix du public ». Notice hélas ! introuvable, malgré toutes mes recherches, malgré les recherches, non moins sérieuses, de M. de Savigny. Desnos aura un imitateur en notre siècle : le

---

(1) Ces indications étaient, du reste, conformes à l'esprit du moment. Tous les petits formats et la plupart des almanachs, même ceux qui avaient la permission d'imprimer, aimaient à se présenter au public sous des noms de villes supposées; cela était plus sonore et plus affriolant. Quand on parcourt la collection des in-32, Duchesne, Cuissart, Gueffier et autres, on trouve sur leurs titres toutes les villes, réelles ou fictives, de l'univers : Londres, Amsterdam, La Haye, Genève, Venise, Leipzig, Constantinople, Anvers, Athènes, Corinthe, Lacédémone, Golconde, quand ce n'est pas Goa ou Monomotapa, si même on ne pousse pas la plaisanterie jusqu'à mettre : *Au Ciel, — Aux Étoiles,— Dans la Lune*. L'on n'en finirait pas si l'on voulait, également, mentionner toutes les approbations et permissions fantaisistes, parodies de la permission officielle : *Permission des jardiniers-fleuristes* ; *permission des marchands d'oranges*; *permission des harengères*;—*Aux dépens des bons vivans*; *aux dépens des amoureux* ; *aux dépens de ceux qui l'achèteront*, etc.. etc.

(2) Desnos ne se contentait pas de vendre vingt fois les mêmes gravures avec un texte différent, ni de constituer des recueils factices au moyen d'un titre nouveau placé sur le dos de la reliure, il avait encore inventé le système de surcharger les titres intérieurs gravés. Comme on le verra par les reproductions, ici données, la lettre était presque toujours entourée d'ornements ou d'un sujet quelconque. Il recouvrait donc, en entier, le titre primitif au moyen d'un second titre, également gravé, découpé en rond, en ovale ou en carré, suivant les dispositions du dessin, et le libellé répondait à une de ces rédactions : *Collection d'Almanachs intéressants*. *Collection d'Almanachs nouveaux. — Choix de nouveautés chantantes*.

napoléonien Pick de l'Isère ; seulement Desnos se contentait de ses
réclames, alors que Pick mettra partout son image.

Pages-titre du *Secrétaire des Dames et des Messieurs* et du *Nécessaire* qui se trouvent dans la plupart
des almanachs publiés par Desnos.

Desnos — et, presque simultanément avec lui, Boulanger et Jubert, (1) —
c'est le règne de l'almanach galant, aux figures légères, composées par
les maîtres vignettistes du moment. L'almanach de poche avec ses
« Nécessaire », avec ses « Secrétaire des Dames et des Messieurs », avec
ses « Tablettes », pouvant se changer à volonté, avec ses « Papiers qui
se lavent », que sais-je encore ! Pour ce faire, il suffit de passer rue
Saint-Jacques, au Globe, dans la boutique du mirifique inventeur de
toutes ces merveilles, qui, par le simple changement du calendrier,
transforme ainsi ces « petits bijoux » en almanachs perpétuels (2).

(1) Quelques autres libraires publieront, également, des almanachs galants, à
figures ; citons notamment La Porte en 1779, Bailly en 1786, Nyon en 1787. Mais
l'on peut dire que ce furent là des tentatives isolées.

(2) En plus des deux reproductions qui figurent ici, je crois devoir donner quel-

Le calendrier! il joue un grand rôle dans toutes ces publications ; imprimé ou gravé, il subit l'influence du siècle, il prend ses élégances, ses joliesses ; ce n'est plus la grande pièce historiée de l'époque de

14

JANVIER.	
PERTE.	GAIN.
1	1
2	2
3	3
4	4
5	5
6	6
7	7
8	8
9	9
10	10
11	11
12	12
13	13
14	14
15	15

Page destinée à l'inscription des pertes et gain au jeu, se trouvant, pour chaque mois, dans la plupart des almanachs du XVIII° siècle.

ques-unes des réclames les plus typiques de Desnos, car elles montrent bien toute l'étendue du commerce auquel se livrait cet éditeur:

— 1er Avis, à la date de 1773 :

« Le sieur Desnos avertit ceux qui auraient acheté chez lui, en 1771, le *Secrétaire des Dames* ou autres Almanachs, avec Tablettes économiques, si bien reçues du public, au point qu'il y a peu de personnes qui n'en soient pourvus (sic), qu'on peut lui envoyer les couvertures qu'on voudra conserver, pour insérer le *secrétaire des Messieurs* faisant suite à celui des Dames, ou autres Almanachs annoncés ci-dessus; toutes ces Étrennes étant de même format et de la même grandeur. Il a aussi des Tablettes disposées pour être ajoutées au *Calendrier de la Cour*, à l'*Extrait de l'Almanach Royal*, aux *Étrennes Mignonnes*, et à toutes sortes de portefeuilles ».

— 2e Avis, à la date de 1780:

« Comme on a répandu dans le Public des Almanachs à peu près semblables à ceux-ci, mais bien différents, tant par le choix des Gravures et des Chansons que pour la Composition du papier et du stylet, et la propreté de la gravure; le sieur Desnos prie les personnes qui en ont fait l'acquisition de ne se prononcer sur ceux-là qu'après les avoir comparés aux siens. Le Calendrier qu'il y joint peut se changer chez lui, chaque année, sans autre dépense. Le Militaire, l'Homme de Robe, le Financier, le Négociant, le Voyageur, l'Artiste, les Amateurs de la loterie Royale de France y trouveront ce qui leur est propre. Les Pères et Mères et autres Personnes chargées de l'éducation des Enfans y trouveront aussi de petits Ouvrages intéressans, concernant la Géographie; le nombre en est si grand qu'il invite les Amateurs à venir les voir, pour en faire eux-mêmes le choix. La Notice des Almanachs du sieur Desnos, petite brochure d'environ cent pages, où l'on donne une idée de chacun pour déterminer le choix du Public, se distribuera gratuitement aux Personnes qui feront l'acquisition de quelques Exemplaires; autrement elle se vendra 1 l. 4 s. »

« Le catalogue général des dits Almanachs se distribue », aussi, *gratis* et indistinctement à ceux qui désireront en prendre connaissance. »

— 3e Avis, à la date de 1786:

« Catalogue d'un nombre de petits Ouvrages nouveaux, très bien exécutés et utiles à tous les états, enrichis de Cartes et d'Estampes, soigneusement gravées, auxquelles on a joint des Tablettes économiques, Perte et Gain, à l'usage de l'un et de l'autre Sexe, avec un Calendrier pour la présente Année, qui se vendent reliés en maroquin, fermés par le stylet avec lequel on écrit, 4 l. 10 s. Ceux dont les figures sont enluminées, 6 livres.

« Chacun des ouvrages en particulier devient perpétuel par la facilité d'y pouvoir changer le Calendrier, tous les ans, sans autres dépenses, et de laver, avec de l'eau seulement, le papier qui compose ces Tablettes. On peut dire que c'est la plus belle collection que l'on puisse désirer, et dans laquelle on peut, à son goût, choisir quelques Bijoux les plus agréables à donner et à recevoir en tout temps, à l'un et à l'autre sexe, etc. » — (le reste comme sur l'avis à la date de 1780).

Louis XIV, il s'est fait petit, lui aussi, il tend, peu à peu, à devenir livre.
Il se découpe, il se divise en autant de petites bandes, de petites lamel‑
les, qu'il y a de mois dans l'année et constitue, ainsi, des sortes de carnets

Les Étrennes d'Amour

Les adieux de Mars

JANVIER 1784			
J.	1	Circoncision	
V.	2	Basile	
S.	3	Geneviève	
D.	4	Rigobert	
L.	5	Siméon	
M.	6	les Rois	P. L.
M.	7	Noces	le 7.
J.	8	Lucien	
V.	9	Julien	
S.	10	Paul Ier	
D.	11	Théodose	
L.	12	Ferjus,	
M.	13	Bapt de N.S	
M.	14	Hilaire	D.Q.
J.	15	Maur	le 15
E	16	Guillaume	
S.	17	Antoine	
D.	18	Ch. de S.Pi.	
L.	19	Sulpice	
M.	20	Sebastien	
M.	21	Agnes	N.J.
J.	22	Vincent	le 22,
V.	23	Fabien	
S.	24	Thimothée	
D.	25	Conv S.Paul	
L	26	Ste Paule	
M.	27	Julien	
M.	28	Charlemagne	P.Q.
J.	29	Fr. de Sal	le 29
V.	30	Bathilde	
S.	31	Pierre Nol.	

MARS			
L.	1	Aubin	
M.	2	Simplice	
M.	3	Cunég. 4. T	
J.	4	Casimir	
V.	5	Colette	
S.	6	Godegrand	P.L.
D.	7	Reminiscere	le 7.
L.	8	Jean de Dieu	
M.	9	Françoise	
M.	10	Droctovée	
J.	11	40 Martyrs	
V.	12	Lubin	
S.	13	Euphrasie	D.Q.
D.	14	Oculi	le 14.
L.	15	Zacharie	
M.	16	Eusébie	
M.	17	Gertrude	
J.	18	Alexandre	
V.	19	Germanique	
S.	20	Vulfran	N.L.
D.	21	Benoît Læta	le 21.
L.	22	Compassion	
M.	23	Eusébe	
M.	24	Cather	
J.	25	Annonciat.	
V.	26	Gontrand	
S.	27	Ludger	P.Q.
D.	28	Passion	le 28.
L.	29	Cyrille	
M.	30	Rieul	
M.	31	Guy	

Type de calendrier XVIIIᵉ siècle, avec petits sujets galants, chaque mois étant découpé de façon à former un cahier oblong. (Collection de M. de Savigny de Moncorps.)

oblongs auxquels on donne une reliure à fines dentelles et à fermoirs.
Sous cette forme, il pourra se glisser commodément dans les poches

intérieures des habits ou se placer sur la toilettes des mondaines. N'est-ce pas une estampe de Chodowiecki, qui montre deux jeunes femmes causant, dont l'une joue négligeamment avec un de ces petits livres, comme elle pourrait le faire avec un éventail.

Le bain amoureux.

La bonne vendange.

JUILLET				OCTOBRE			
J.	1	Martial		V.	1	Remi	
V.	2	Visit.de N D.	P L	S.	2	Anges Gar	
S.	3	Anatole	le 3.	D.	3	Denis Are	
D.	4	Tr. de S Mar		L.	4	François	
L.	5	Zoé		M.	5	Aure	D. Q.
M.	6	Goar		M.	6	Bruno	le 6
M.	7	Aubierge		J.	7	Serge	
J.	8	Elisabeth	D. Q.	V.	8	Brigitte	
V.	9	Cyrille	le 9.	S.	9	S. Denis	
S.	10	7. Frères M.		D.	10	Telchide	
D.	11	Trde S. Ben		L.	11	Pion	
L.	12	Jean Ab.		M.	12	Geraut	
M.	13	Turiaf		M.	13	Edouard	N. L.
M.	14	Bonaventure		J.	14	Califte	le 14.
J.	15	Henri		V.	15	Terefe	
V.	16	Euftate	N L.	S.	16	Bertrand	
S.	17	Sperat	le 17	D.	17	Cerbonnay	
D.	18	Clair		L.	18	Luc Evang	
L.	19	Vincent de P.		M.	19	Savinien	
M.	20	Marguerite		M.	20	Caprais	P Q
M.	21	Victor		J.	21	Ursule	le 21
J.	22	Magdelène		V.	22	Meilon	
V.	23	Apollinaire		S.	23	Hilarion	
S.	24	Christine	P. Q.	D.	24	Magloire	
D.	25	Jacq S Chrift	le 25.	L.	25	Crepins Cr	
L.	26	Tr. S. Marcel		M.	26	Cebnie	
M.	27	Pantaléon		M.	27	Frumen	P. L.
M.	28	Anne		J.	28	Sim. S. Jude	le 28.
J.	29	Marthe		V.	29	Narciffe	
V.	30	Ours		S.	30	Vig. Jeûne	
S.	31	Germain Au		D.	31	Lucain	

Type de calendrier XVIII⁰ siècle, avec petits sujets galants, chaque mois étant découpé de façon à former un cahier oblong. (Collection de M. de Savigny de Moncorps.)

Bientôt, la mode s'en répand partout; ce ne sont plus seulement des reliures ; ce sont aussi des cadres spéciaux, à fronton, à rubans, les

feuilles se pliant, ou se découpant mois par mois. Sous verre, ce n'est
que le calendrier : relié, c'est un petit agenda, avec, au verso de chaque
mois, des poésies se rapportant aux vignettes, quelquefois un titre dans
un cartouche ou une composition en hauteur. Souvent des feuillets
supplémentaires donnent divers renseignements d'un usage quotidien.

Tels l'*Almanach des fêtes du mariage du Dauphin* (n° 506), l'*Almanach où sont les portraits de la famille royale* (n° 544), *Le Bijou de la
Reine* (n° 594).

A la grande estampe ont succédé les petites vignettes, rondes, ovales,
carrées ; des portraits, des actualités, et, pour ne pas en perdre l'habitude, des sujets galants : *Les étrennes d'Amour, le bain amoureux, la
bonne vendange*. Pièces multiples, tantôt en noir, tantôt enluminées,
dont le catalogage serait impossible, peu de ces élégants petits carnets étant parvenus jusqu'à nous, mais qui marquent bien la différence
entre l'époque du calendrier-estampe et l'époque du calendrier-livre.

Combien loin nous sommes, et de l'ancien almanach à prédictions, et
de l'almanach officiel quoiqu'il triomphe toujours, et des almanachs-
annuaires de spécialités, quoiqu'ils ne cessent de se développer. Assurément, la tendance au merveilleux n'a point disparu, mais elle s'est
profondément modifiée : l'astrologie du XVIIe siècle s'est transformée
en une sorte de diseuse de bonne aventure, s'amusant à prédire les
destinées, à prononcer des oracles, à tirer des horoscopes, se canton-
nant dans le domaine des prophéties galantes ou demandant aux
songes des résultats pratiques, pour le choix des numéros de loteries.
Maintenant, dans tous les domaines, l'almanach est un petit livre
précieux qui se donne aux belles dont on « cultive la flamme », les
Étrennes d'Amour (1) : il n'acquiert une date que par l'adjonction
du calendrier mobile, une simple feuille se pliant et se déroulant, ou
un cahier de douze pages répondant aux douze mois. Tout était à
l'almanach, tout prenait la forme de l'almanach ; c'était la passion du
moment. Et ces petits in-24 se groupaient de façon à constituer,
sous la même reliure, un tout varié : on avait ainsi, à la fois, dans sa
poche, le *Calendrier de la Cour*, un chansonnier populaire, un recueil
gravé orné d'estampes ; l'utile et l'agréable. Quelquefois même, la pratique religieuse y trouvait sa place. « En avertissant d'avance, »
disait en un avis notre prodigieux éditeur, j'ai nommé Desnos, qui

---

(1) *Les Étrennes d'Amour* devinrent, même, une sorte de titre passe-partout dont on
se servait pour offrir au public des séries d'opuscules lyriques dans la note amoureuse.
Je signale, entre tous, le titre suivant d'un recueil que j'ai eu en main :

— *Etrennes d'Amour 1780*. Prix : 1 liv. 4 sols. A Paris, chez l'auteur, rue Mazarine,
maison du Parfumeur, près le carrefour de Bussi. In-24.

connaissait bien l'esprit de ses contemporains, « on en fait relier avec de petites Messes à la fin. » Mais ce qu'il n'indique nulle part, et ce que nous savons par les nombreux exemplaires, ainsi constitués, parvenus jusqu'à nous, c'est que cette « trilogie almanachienne » revêtait souvent la forme suivante : un *Calendrier de la Cour*, c'est-à-dire l'indispensable par excellence, un livre de messe et un recueil érotique, le sacré et le profane, la Cour, l'Église et le plaisir des sens. Et c'est ainsi que, tout en remplissant ses devoirs religieux, tout en paraissant des plus attentif au sermon de M. le curé, on pouvait, à part soi, dire la messe de Cythère.

« Petites heures dédiées aux princes », petites Messes, petits carnets de voyages, petits livres de comptes « pour les soins du ménage », tout est en façon d'almanach. La vie mondaine elle-même se résume, se concentre en ce petit bijou, en ces « étrennes » pour toutes les classes, pour tous les sexes. Savoir offrir un almanach devient une science : comme pour donner la main, tendre le jarret, saluer, mettre son lampion sous le bras, il faut passer par l'école; les petits-maîtres excellent en cet exercice d'autant que lesdits recueils abondent, eux-mêmes, en compliments, plus ou moins bien tournés, rédigés à cet usage. Entre tous, je choisis le suivant :

LES QUATRE SAISONS, OU LES ÉTRENNES EN OFFRANT UN ALMANACH.

Air : *Tendre fruit des pleurs de l'aurore.*

Que cet almanach véritable
Nous annonce le jour heureux,
Philis, qui d'un Amant aimable,
Doit enfin couronner les feux.

Qu'un tendre et galant hyménée,
Vienne vous offrir à foison,
Pendant le cours de cette année,
Les douceurs de chaque saison.

Que tout le temps de la froidure
Soit pour vous un long Carnaval :
Chaque jour nouvelle parure;
Ayez toujours concert ou bal.

Ici, quand nous verrons éclore
Les Amours avec le printemps,
Bien plus aimable que n'est Flore
Ayez des amours plus constans.

> En été que toujours la glace,
> En été que souvent le bain
> Vienne rafraîchir votre tasse,
> Vienne rafraichir votre teint.
>
> Que Bacchus, pendant cette automne,
> Presse pour vous son meilleur jus ;
> Si par vos mains, il nous le donne,
> Vous ferez triompher Vénus.
>
> S'il ne faut, Iris, pour vous plaire,
> Qu'un cœur tendre et rempli de feux,
> Je n'aurai plus de vœux à faire,
> Et nous serons tous deux heureux.

En somme, ce sont des motifs sur les airs les plus agréables et les plus nouveaux, des vaudevilles et ariettes, des pots-pourris, des bons mots, des couplets galants accompagnés de figures émoustillantes qui, très certainement, offusqueraient la pudeur de nos modernes Bérenger et qui, invariablement, portent sur *ce qui plait aux dames* (1) — et ne déplait point aux messieurs, pourrait-on ajouter. — Ou bien encore des recueils de « costumes et de coëffures », pour respecter l'orthographe du jour ; « les différents habillements des hommes et des femmes, gravés en miniature et en pied, pour qu'ils se puissent mieux distinguer ». Les marchés de Paris sont mis, ainsi, en chansons et en adorables vignettes, tout comme *Les Belles Marchandes*, ce petit bijou qui nous fait pénétrer dans l'intérieur des boutiques comtemporaines. La toilette et l'amour ; les deux plus puissants objectifs de l'époque, les deux passions maîtresses de la femme !

Plus le siècle touche à sa fin, plus les titres deviennent expressifs ; ces *étrennes érotiques*, comme elles s'intitulaient naïvement, ne sont point « érotiques » dans le sens moderne, mais elles sont ouvertement amoureuses. *L'Amour en bonnes fortunes,* — *L'Amour parmi les Jeux,* — *Étrennes de l'Amour, des Ris, des Jeux et des Plaisirs,* — *Les Ruses de l'Amour,* — *Les Escapades de l'Amour, ou les dissipations de tous les âges,* — *Les Trophées de l'Amour,* — *Les Caprices de l'Amour et de Bacchus, ou chacun à son goût,* — *Les Ruses et les Jeux de l'Amour,* — *Étrennes du Sentiment, de l'Amour et de l'Amitié,* — *L'Amour à l'Olympe, ou le triomphe de Cupidon,* — *Les Bigarrures de Cythère, ou les Caprices de l'Amour,* — *Les filets de l'Amour, ou les pièges tendus à Cythère,* — *Étrennes aux Amateurs de Vénus,* — *Les Lacets de Vénus,* —

---

(1) C'est le titre d'un almanach de 1778.

Les Loisirs de Paphos, — *Les Soirées de Paphos,* — *Les Niches de Cupidon, ou le triomphe des Sens,* — *Le Trottoir du Permesse,* — *Les Fastes de Cythère,* — *Le prix dû à l'Amour je l'offre à vous que j'aime,* — *L'Amour dans le Globe* — les ballons eux-mêmes furent un prétexte à grivoiseries, — autant de titres d'almanachs publiés entre 1778 et 1790, suffisamment éloquents par eux-mêmes, et qui chantent l'amour sur tous les tons, en mode majeur comme en mode mineur. L'amour ! il est caché sous toutes les couvertures : là même où il n'est pas question de lui, c'est encore lui qui règne et qui parle. *Les bords riants de la Seine,* — *Les suppositions de l'enjouement ou les épisodes myto-logiques,* — *Le microscope des vision-naires ou le hochet des incrédules,* — *Étrennes de toute saison,* — *L'opti-misme des nouveautés,* — *La Vie pastorale,* — *La Fête des bonnes gens ou les mœurs champêtres,* — voilà, ce semble, des titres parfaitement inno-cents. Eh bien ! détrompez-vous, le petit dieu malin y dit là, comme partout ailleurs, la messe de Cythère.

Vignette d'almanach, non signée, faisant partie d'une suite inconnue.
(Collection de M. de Savigny de Moncorps).

La galanterie, la polissonnerie n'étaient-elles pas dans le sang de cette époque heureuse ! Si quelques-uns de ces petits volumes incompa-rables chantent les délices de Cérès, de Pomone et de Flore, c'est par pur hasard ; si Cochin grave les figures de l'*Almanach Iconologique,* c'est parce que l'antique exerce encore un puissant attrait sur ce monde enrubanné, mais Gravelot, lorsqu'il des-sine les estampes de l'*Almanach utile et agréable de la Loterie de l'École Militaire,* ne craint pas d'aller jusqu'aux dernières limites du.... gra-veleux.

C'est à peine si, dans cette corbeille d'amours, il reste une place pour noter au passage quelques titres dus à des actualités, — tel l'*Al-manach du Cabriolet,* en 1756, — cette voiture d'un nouveau genre ayant joui, alors, de la même popularité que les « omnibus » et « Dames blanches » sous la Restauration ; — tel l'*Almanach des béquilles du père Barnabé,* en 1733, un capucin tenant une béquille, dont Victor Champair nous donne l'explication en son livre sur les almanachs à estampes (1) — c'est à peine si l'*Almanach des Muses* peut encore nous retenir quelques instants. Et cependant elle rentre bien dans le goût de l'époque pour les petits vers, impromptus, stances, odes, élégies, madrigaux, pour les poésies fugitives, en un mot, cette publication à cheval sur deux siècles, commençant en 1764 pour prendre fin en 1833, où mille poètes invoquèrent, tour à tour, les Flore, les Glycère, les Zélis, les Daphné, les Zelmis, où les plumes françaises sacrifièrent sur tous les autels, depuis Boufflers, Dorat et Florian, jusqu'à Victor Hugo, Alexandre Dumas et Lamartine.

Mais l'almanach du xviii° siècle est un de ces bijoux qu'on ne quitte point facilement. Après avoir parlé de ses éditeurs, de ses titres, de ses estampes, de ses poésies galantes, il faut bien dire quelques mots de son enveloppe, de ses richesses extérieures, de ses vêtements coquets dus à des relieurs-doreurs dont c'était la spécialité (2). « Les uns, » nous dit M. de Savigny de Moncorps, dans son intéressant travail : *Coup d'œil sur les almanachs illustrés du* xviii° *siècle*, « étaient reliés en maroquin rouge ou vert, souvent ornés, sur les plats, d'attributs tels que : colombes se becquetant, instruments de musique, carquois garnis de flèches, cœurs enflammés avec le flambeau allumé de l'hymen, accompagnés de devises : « je brûle pour vous », — « l'amour les couronne », — « agréable à tous », — « il ne m'en faut qu'un », — « Je les aurai tous », etc. (3) Les autres, recouverts de soie peinte

(1) « Au commencement de l'année 1733, » écrit cet auteur, « toutes les étrennes furent *aux béquilles :* les almanachs, les boîtes de bonbons, les tabatières et jusqu'aux morceaux de pain d'épices représentèrent un capucin tenant une béquille. Et pourquoi cela ? Uniquement parce que, l'année précédente, un musicien de l'Opéra, nommé Charpentier, avait retrouvé l'air d'une chanson populaire, vieille déjà de plus de cinquante ans, la *Béquille du père Barnabas*, mettant en scène un capucin qui aurait oublié ses béquilles dans une maison publique. »

(2) Voici une des annonces-réclame de Boulanger, doreur et éditeur, prise dans les *Plaisirs de la Ville et de la Campagne* (1777) :

« Vend différens Almanachs pour les Berloques de Montre, en Papier et en Rubans, et des Vues d'optique, Almanachs pour les Étuis à ressorts, les Piramides et pour les Tableaux, Almanachs pour les Caves, des Nécessaires et pour tous autres Bijoux de Poche, Almanachs de Cabinet de toutes grandeurs, avec figures gravées par d'habiles Artistes, le tout encadré. »

Voici, d'autre part, dans le même genre, une réclame de Janet :

« Janet, Libraire, Marchand de Musique et Doreur sur cuir, fait et tient magasin de toutes sortes d'Almanachs, avec et sans gravures, de jolies couvertures d'Almanachs, maroquins de toutes couleurs, avec glaces et sans glaces, brodés de toute façon, avec médaillons, peintures et cercles. Il tient tout ce qu'il y a de plus nouveau en ce genre et de mieux fait en dedans, le tout avec glaces et petit gousset ; souvenirs de toute grandeur, de toute façon, et à secret, pour mettre un portrait avec glaces. Petit Almanach avec de jolies gravures et glaces pour les Dames. Il pose les chiffres en or et en peinture, ainsi qu'on le désire, des jolis Médaillons et toutes sortes d'inscription sur les Porte-Feuilles et Registres. »

(3) Voir la reproduction de la page 329.

à la gouache, brodée de soie et d'or, ou garnis de paillettes étincelantes ; d'autres, plus riches encore, avec un médaillon contenant une
délicieuse miniature, le tout protégé par un étui de maroquin doublé
de tabis, vert ou bleu. Ceux-là, sans doute, étaient destinés à être
offerts en présent à Céphise, Dorise ou Cydalise. »

Le *Calendrier de la Cour*, surtout, qui, par sa nature spéciale, se
trouvait entre toutes les mains, donne bien l'idée de la hiérarchie de la
reliure à cette époque. « Pour le Roi, la Reine, les Princes de la Maison
Royale, les grands Seigneurs, les gens de qualité, » nous dit, ici encore,
en une notice spéciale, M. de Savigny de Moncorps, « les reliures étaient
à compartiments de pièces de rapport, de différentes couleurs, et ornées
de peintures sous mica réprésentant leurs chiffres et armoiries. Pour les
personnages de moindre importance, dentelles à petits fers, le milieu
des plats orné d'armes poussées en or, d'attributs emblématiques ou
de sujets empruntés, le plus souvent, aux principaux faits de l'année, aux
estampes les plus en vogue. C'est tantôt la figure de Moreau, *les amours
de Glycère*, pour les *Chansons* de Laborde, reproduite sous le nom de :
Sollicitations pressantes, tantôt la France en extase devant Mgr. le
Dauphin couché dans son berceau, tantôt le portrait d'une comédienne dans le costume de son rôle, ou bien l'enlèvement dans les airs
d'un ballon et de sa nacelle, plus tard enfin, la prise de la Bastille, etc.
Les dentelles souvent compliquées, qui servaient d'encadrement à ces
milieux frappés en or plein, étaient de composition très variée, et
venaient d'un seul coup. Tessier, doreur, possédait dans sa *boëte à
dorer* vingt plaques gravées pour les *Collombat*, treize pour les *Étrennes
Mignonnes*, et une cinquantaine de milieux d'almanachs, petits personn-
nages en pied, portraits du Roi et de la Reine, petits et grands bouquets,
groupes d'oiseaux, vases et corbeilles de fleurs, etc... (1).

« Les exemplaires ordinaires étaient simplement reliés en maroquin
de différentes couleurs, doublés de tabis bleu pâle ou rose, en veau façon
écaille, doublé de papier d'ornements à fond d'or, ou simplement encore
couverts de ce même papier et dorés sur les feuillets. »

D'autres étaient avec fermetures, « de manière à ne pas s'ouvrir dans
la poche. » C'était une invention du sieur Desnos qui déclarait, en cela
comme en toute chose, n'avoir pas « d'autre but que la satisfaction du
public. » D'autres avaient des petits goussets ; tous étaient disposés de
façon à recevoir, à l'intérieur, une glace, à l'usage des petites-maîtresses,

---

(1) Voir les motifs pour reliures d'almanachs provenant du *Catalogue des fers qui
sont dans la boëte à dorer de Tessier*, reproduits par M. de Savigny de Moncorps dans
son intéressant article sur cette curiosité unique (*Le Livre et l'Image*, tome I,
fascicule 6, août 1893.)

et non dédaignée des petits-maîtres. Les glaces de volume étaient, alors, un commerce fort achalandé : il ne s'en fabriquait pas moins de huit numéros, dont les prix variaient de 10 sols à 5 livres, suivant le *Tarif des glaces de la manufacture Royale*, imprimé en 1754. Bref, ces petits bijoux avaient, pour toutes les branches, leurs spécialistes choisis parmi les ouvriers les plus renommés. Destinés à un public délicat, ils n'étaient touchés que par des mains délicates.

L'almanach aux figures finement gravées était tellement entré dans les mœurs, que les premiers échos de la Révolution le laissèrent pour ainsi dire insensible. Ne voit-on pas encore apparaître, à la date de 1793, *L'Heureux mariage, Étrennes anacréontiques au goût du siècle d'or*. Il y a plus ; le genre déteignit sur certaines publications politiques. Telles : les *Époques les plus intéressantes des révolutions de Paris* (1790); les *Étrennes Nationales* (1790), avec compositions de Duplessi-Bertaux ; *La Lanterne magique ou Fléau des Aristocrates* (1790) ; l'*Almanach de la Fédération de la France* (1791); *Le Fanal des Patriotes ou les LXXXIII Départemens* (1791) ; *Le Panthéon des Philantropes ou l'École de la Révolution* (1791); *La Réunion des Uniformes ou l'Almanach des Trois Couleurs* (1792); *Les Goguettes Parisiennes* (1792). Jubert et son successeur, Janet, publient même de petits in-32, remplis de vignettes d'actualité dues à Dorgez, au premier rang desquels il faut citer *L'École de la Modestie ou le Manteau civique* (1791), *La Civilogie portative ou le Manuel des Citoyens*, tandis que Moreau grave les figures bien connues de l'*Almanach de la Révolution française*, et que Borel dessine un frontispice pour l'*Almanach du Père Gérard* (1792). Assurément, certaines illustrations montrent, déjà, de façon probante, la décadence de l'art et du goût si caractéristique en ces premières années de transformation ; les compositions ont moins d'allure, les estampes sont gravées moins finement, quoique l'influence du xviiie siècle laisse encore des empreintes ineffaçables sur toute cette littérature politique. Mêmes conséquences dans la reliure : sur les plats, le bonnet phrygien et les attributs du nouveau régime remplacent invariablement l'Amour et son carquois, et le métier, en lui-même, se ressent vivement de ce brusque changement.

On ne se sert plus guère, dit M. Léon Gruel, dans son très intéressant *Manuel historique et bibliographique de l'amateur de Reliures*, que de quelques fers mal dorés, et ce praticien émérite ajoute : « Ainsi, j'ai rencontré un petit volume : *La Constitution française*, présentée le 3 septembre 1791 et acceptée par le Roy, relié en maroquin rouge, présentant au centre de chaque plat, un milieu de ce genre sur fond de mosaïque verte. Le dos, qui reflète déjà l'effervescence des esprits, porte, en guise de titre, cette fameuse devise : VIVRE LIBRE OU MOURIR. — J'ai aussi trouvé l'*Almanach National* de 1793, relié avec les emblèmes alors le plus communément employés ; ce motif (1), répété au dos, dans chaque entre-nerfs, forme l'ensemble de la composition ; les plats sont ornés d'un trois-filets or et, aux angles, figure le bonnet phrygien au bout d'une pique. Au centre et en forme d'armoirie, un milieu, dont le principal sujet est composé d'un faisceau de piques surmonté du bonnet phrygien. Cette reliure, qui était spéciale à ces almanachs, est une des plus soignées de l'époque (1). »

Dans leur ensemble, les almanachs de la Révolution n'ont rien de bien particulier. Ici, ce sont les pamphlets violents ou orduriers contre les gens et les choses de l'ancien régime, tel le *Calendrier du Père Duchesne ou le Prophète sac-à-diable* ; et, dans le même esprit, les satires, les parodies contre les représentants et les institutions du nouveau régime, toutes les *Constitution en vaudevilles*, les *Folies nationales*, les *Lubies d'un aristocrate*, l'*A B C national*, tous les *Almanach des honnêtes gens*, toutes les *Étrennes aux gens de bien*, littérature endiablée qui répond aux massacres par des bons mots, qui transforme l'Assemblée constituante en *Assemblée destituante*, les républicains en *brissoteurs* (on dirait, aujourd'hui, plus prosaïquement : « chapardeurs ») et ne respecte, guère plus, la *Marseillaise* :

> Allons, enfants de la Courtille,
> Le jour de boire est arrivé. (2)

(1) Le Musée Carnavalet possède une intéressante collection de reliures et de fers à dorer de l'époque révolutionnaire. Deux de ces motifs ornant la reliure du petit *Calendrier de la Cour*, l'un à la date de 1791, l'autre à la date de 1792, ont été reproduits par M. Gruel. Le premier représente la prise de la Bastille, dans un médaillon rond orné de petits fers, couronné au sommet par un bonnet phrygien accompagné d'une crosse et d'une épée en sautoir ; dans le bas du terrain on remarque un petit canon braqué sur le monument principal.

Le second nous donne une scène tirée d'un épisode révolutionnaire, alors que le peuple, dans les rangs duquel il y avait beaucoup de femmes, se rendit en masse à Versailles pour réclamer la rentrée du Roi à Paris ; on y voit des femmes en train de boire, ramenées de Versailles à Paris sur les canons de la Garde Nationale. Au-dessous de cette composition, on lit : A LA SANTÉ DU ROI ET DE LA NATION.

(1) Rivarol eut, on le sait, une grande part à la publication de ces pamphlets. Une note du *Discours de la Lanterne aux Parisiens*, de Camille Desmoulins, le constate sous la forme suivante : « On ne peut plus parler d'almanachs, qu'on ne se rappelle le divin faiseur, Monseigneur le comte de Rivarol. On sait tout le mal que lui fait la Révolution et le mélange impur des trois Ordres. Les lettres de Bagnoles mandent que les paysans ont brûlé l'ancien et superbe château de Rivarol... Heureusement la manufacture des almanachs va lui rendre de quoi faire rebâtir un château bien plus magnifique. Voyez quels beaux almanachs vous avez à faire, monsieur le comte : l'Almanach de l'Assemblée nationale, l'Almanach de l'Hôtel-de-Ville, l'Almanach des Districts, l'Almanach des douze mille brochures de cette année, l'Almanach des quarante mille pensionnaires du Roi, l'Almanach des soixante mille filles, l'Almanach des cent mille cocus. »

là, les almanachs purement politiques; ailleurs, les chansonniers, les almanachs techniques. Les chansonniers portent des titres significatifs : *la Gamelle Patriotique; la Muse Républicaine*, publiée par Saint-Just ; *Anthologie patriotique; Les Concerts républicains ou choix lyrique et sentimental*, avec gravures de Queverdo ; *La Lyre de la Raison ; Les petits Montagnards ou le bonheur des habitants des campagnes*, et ce sont, ou des chansons guerrières, sentant la poudre et le salpêtre, ou des hymnes, cantiques, odes et stances à l'Être suprême, « propres, » pour parler le langage du temps, « à former la jeunesse aux vertus civiques et à entretenir dans l'esprit des bons citoyens la gaîté républicaine. »

Les almanachs techniques, géographiques, militaires, agricoles, ont également en vue l'enseignement, l'école et la diffusion des idées nouvelles. Ils affectionnent, toujours, la forme d'entretiens portant sur la morale, sur la justice, sur le gouvernement, sur les questions sociales, sur les vertus républicaines. Beaucoup, il faut le reconnaître, ceux qui s'adressent au cultivateur surtout, sont conçus dans un esprit assez élevé. Après l'almanach galant, l'almanach instrument de propagande et de moralisation. Si, sous le Directoire, l'empire de la beauté et les charmes de la sensibilité reprennent leur influence ; si *Paul et Virginie* est mis en almanach ; si les Incroyables, les Merveilleuses, les Inconcevables, les Raisonnables prennent place, dans les in-32, concurremment avec toutes les folies du jour, il n'en est pas moins vrai que ces deux tendances, la propagande et la vulgarisation, se retrouveront, sans cesse, à certaines périodes déterminées de notre histoire moderne.

Mais la Révolution ne se contenta pas de modifier l'esprit général des anciennes publications; il est un point, capital, celui-là, sur lequel elle fit table rase des usages admis, le calendrier. La réforme officielle, due à la Convention Nationale, fut le germe de toute une série d'almanachs nouveaux, imbus des idées philosophiques, ou inventés par des cerveaux déséquilibrés. Dès 1788, Sylvain Maréchal avait publié son *Almanach des Honnêtes Gens*, daté « l'an premier du règne de la Raison, » et appelé ainsi parce que, aux noms des saints et saintes du calendrier grégorien, se trouvaient substitués des noms d' « honnêtes gens », « dans le but, pensait l'auteur, de rapprocher au moyen d'un lien commun de fraternité, tous les habitants de la terre divisés entre eux par les religions. » Plus tard, d'autres donnèrent aux mois les noms des grands hommes, et remplacèrent les saints par des députés (voir le *Nostradamus moderne*, n° 988). Voilà une idée qui ne nous viendrait plus, aujourd'hui. Certains aussi, personnifièrent les grandes divisions de l'année au moyen de qualifications

génériques, telles la Loi (c'était janvier); le Peuple (février); les Époux
(avril), etc. Mais, chose inconnue, ce genre de calendrier ne datait, en
vérité, ni de Sylvain Maréchal, ni de la Convention; le véritable inventeur, à qui je considère comme un devoir de rendre, ici, publiquement
justice, était l'auteur des *Heures nouvelles à l'usage des Magistrats et
des bons Citoyens* (1776), dans le calendrier duquel prenaient place des
évêques, des graveurs, des historiens, des horlogers, des ministres, des
imprimeurs, des jurisconsultes, des littérateurs, des orfèvres, des médecins, des philosophes, des rois, des savants, et même, chose assez hardie
pour l'époque, des comédiens. Quoi qu'il en soit, ces calendriers de
fantaisie ne survécurent pas à la publication de l'almanach lui-même,
alors que le calendrier révolutionnaire officiel devait se rencontrer, dans
nombre de publications, jusque vers l'an XIV (1).

III

Combien multiple l'almanach du xixᵉ siècle ! Et c'est cette variété
même qui constitue son intérêt. Il a emprunté de tout aux siècles précédents, ayant des recherches d'élégance, visant à un style particulier
durant le premier Empire et la Restauration, popularisant dans les
campagnes les idées ou les créations nouvelles, telles les caisses d'épargne, les assurances, la coopération, les programmes socialistes, les chemins de fer, servant de pamphlet pour ou contre les idées libérales, pour
ou contre l'influence jésuitique : aujourd'hui, républicain-démocratique;
demain, napoléonien ou monarchiste de droit divin. En fait de chansonniers, il laissera une production considérable; en fait d'annuaires, il
a multiplié ce genre dans des proportions telles que, parvenu à l'an de
grâce 1895, on est en droit de se demander si les escarpes, les rouleurs
et les rouleuses du pavé parisien, n'auront pas, eux aussi, demain, leur
annuaire.

Pénétrons plus avant dans cette production, et cherchons à esquisser
les physionomies des genres et des époques.

Sous le premier Empire et sous la Restauration, les almanachs à
figures, encore fort nombreux, abandonnent peu à peu le burin et l'eau-
forte, et se cantonnent dans le pointillé anglais, bien certainement
la chose la plus grise, la plus terne, qu'il soit possible de voir. Les autres,
je veux dire les publications de colportage, perdront leur élégance
relative, comme typographie surtout, préparant ainsi la voie aux

(1) Le calendrier républicain s'ajouta, alors, à une foule de publications qui
n'avaient rien de l'almanach. On le trouve, ainsi, à la suite de la plupart des nombreuses « Constitution française » qui se publiaient dans le format in-32 ou in-64.

horribles petits volumes qui, des années durant, répandront à flots, les mêmes mauvais vers, les mêmes horribles calembours, les mêmes historiettes privées de tout sel. S'ils conservent un frontispice, d'un par tradition, par habitude, ce sera une vignette au coloris grossier, tirage tellement primitif, qu'on hésite un temps avant de se prononcer sur la nature de l'œuvre, avant de pouvoir définir si l'on a devant soi un bois ou quelque cuivre fortement usé.

Le colportage monte et bientôt envahit tout, avec ses éditeurs attitrés encore plus nombreux qu'au siècle dernier.

Jusqu'en 1830, c'est, toujours dans les vieilles boutiques de leurs prédécesseurs, Tiger, rue du Petit-Pont, qui s'intitule tantôt *imprimeur-libraire*, tantôt *rédacteur et éditeur*, Tiger qui aura bientôt pour successeur Demorainc et Boucquin ; Montaudon, successeur de la veuve Quillau, rue Galande ; Caillot, rue du Hurepoix, puis rue Pavée Saint-André ; Stahl, rue St-Jacques ; Aubry, au Palais de Justice ; Marcilly, rue St-Julien-le-Pauvre, faisant à la fois, le luxe et le colportage ; Jourdain, quai des Augustins ; Delarue, quai des Grands-Augustins, qui inondera Paris d'*Étrennes* annuelles (1). — Et après 1830, Gauthier, rue du Marché-Neuf, près le pont Saint-Michel, et son successeur; Derche, Desloges, rue St-André-des-Arts ; Krabbe, rue Dauphine ; Passard, rue des Grands-Augustins ; Vieillot, rue N.-D. de Nazareth ; Durand, rue Rambuteau, jusqu'à ce que Pagnerre, en créant le grand dépôt de tous les almanachs, donne au colportage un centre dont la maison Plon fera, par la suite, un véritable royaume.

De ci, de là, dans la production illustrée qui se respecte encore, quelques réminiscences de la belle époque, *Les Secrets de l'Amour dévoilé* (1802), *Les Costumes des Dames Parisiennes* (1803), *Les Délices de Paris* (1803), *L'Almanach des Modes et de la Parure* (1805), *Le Bijou de l'Amour* (1807), *La Clef des Cœurs* (1807), mais, après 1810, on ne trouverait plus trace des anciens bijoux. Et comme tout cela est lourd, empâté ; comme tout cela indique bien que le secret de ces jolies choses est à jamais perdu.

(1) Mentionnons, ici, à partir de 1825 jusqu'en 1845, les *Etrennes mignonnes, astronomiques et géographiques*, les *Etrennes Astronomiques et Géographiques*, les *Etrennes sans pareilles de Falaise*, les *Etrennes Mignonnes, veritable trésor des marins*, les *Etrennes Militaires*, les *Etrennes désirées des Français*, les *Etrennes morales et religieuses*, les *Etrennes intéressantes des cinq parties du monde*, les *Etrennes d'Or ou la Quintessence des Etrennes*, *La perle des Etrennes; ou le Messager de la Cour*, les *Nouvelles Etrennes Royales*, le *Petit Théâtre de l'Univers*, — toutes dans le classique format in-32, et dans le goût typographique des publications similaires du XVIIIᵉ siècle, ayant, en guise de frontispice, des cartes ou des planches de portraits et d'images populaires se dépliant.

Le triomphe est pour certaines publications spéciales d'une allure tout à fait particulière, une sorte de xviiiᵉ siècle, mis à la portée des idées et des goûts du jour ; les *Almanach des Dames*, avec leurs petits portraits en buste, — les *Ménestrels*, — les *Troubadours*, — les *Chansonnier de la Cour et de la Ville*, — les *Chansonnier de Mars et de l'Amour*, — les *Almanach dédiés aux Dames* ou *aux Demoiselles*, — les *Hommage aux Dames* ou *aux Demoiselles*, — les *Chansonniers*, dédiés aux mêmes, — les *Guirlande des Dames*, — les *Corbeille de Roses*, — les *Abeilles*, — les *Lyres*, aux sons et aux soupirs particuliers, qu'elles soient dédiées aux dames ou consacrées aux théâtres ; — les *Luth*, — les *Romanciers*, toujours « des dames » ou des « demoiselles » ; — les *Pèlerin*, — les *Échos des Bardes*, — et bien d'autres types ou collections,

Frontispice de l'almanach *Le Chansonnier du Jour* (Premier Empire).

sans compter toute la série des « Fleurs » et des « Bouquets » : *Fleur de myrte, la Rose et l'Immortelle, le Lys et la Violette* (almanach politique, cela va de soi), les *Bouquets de roses*, de *pensées*, de *camélias*, de *violettes*. Il y aura des recueils entiers sur les roses ; l'on verra même apparaître l'*Almanach de l'Hortensia*. Jamais encore la fleur naturelle, quelque peu reléguée à l'arrière-plan au siècle précédent, tout occupé à cueillir d'autres fleurs, n'avait joui d'une telle popularité.

Même chose pour la nature, débordant alors de toutes parts, dont les almanachs chanteront les *charmes*, les *douceurs*, les *spectacles*, les *chefs-d'œuvre* incomparables. Conséquence de l'influence exercée sur les idées par Rousseau et Bernardin de St-Pierre (1).

Ajoutez à cela les publications qui subissent l'influence musicale, — encore une chose ignorée des générations précédentes, sous cette forme tout au moins, — *le Grétry des Dames, le Petit Favart, le Rossini*

---

(1) Ces qualificatifs se lisent sur les titres d'almanachs publiés de 1802 à 1810.

français, *le Mozart des Dames*, *le Petit Boïeldieu*, *la Dame blanche*, célèbre comme opéra comique et comme omnibus ; puis toute la série des chansonniers et des recueils de sociétés bachiques, — une vraie pluie — *Caveau, Nouveau Caveau, Caveau Moderne, Enfant lyrique du Carnaval, Soupers lyriques, Dîners du Vaudeville, Soupers de Momus, Soirées de Momus, Giboulées de Mars*, les chansonniers multiples des Variétés ou du Vaudeville, tout cela avec des frontispices, avec une petite vignette gravée sur le titre, servant également d'illustration à une chanson du recueil, tout cela avec des couplets et des rondes d'Armand Gouffé, de Brazier, de Charles Malo, de Désaugiers, de Ducray-Duménil, de Jacquelin, Ourry, Piis, etc., puis les *Almanachs des Gourmands*, auxquels on répondra par l'*Almanach des Affamés* ; et enfin, les almanachs de modes, inaugurés en 1815, avec les dessins au coloris si délicat d'Horace Vernet, constituant, à côté des recueils sur le théâtre : *Étrennes dramatiques, Théâtre des Dames, Musée des Théâtres, Abeille des Théâtres*, une des particularités du jour, et vous aurez la caractéristique exacte de ce premier quart du siècle, qui, lui aussi, Napoléon régnant, eut la manie des Annuaires officiels, des *Indicateurs* et des *Étrennes* donnant les noms des gens en place.

Il convient d'ajouter que la plupart de ces almanachs se remarquent aussi par leur aspect extérieur. Si le maroquin est encore couramment employé pour les petits calendriers de la Cour, tous les autres, in-18 ou in-32, se présentent cartonnés, avec des emboîtages également de carton, recouverts de papiers de toutes couleurs : rose, bleu, vert, gris, jaune, et sur lesquels courent tantôt des figures, femmes ou amours, tantôt des ornements, roses, papillons, oiseaux, cygnes, tantôt des compositions gouachées se détachant sur des fonds blancs et qui présentent, quelquefois, un véritable intérêt documentaire au point de vue des mœurs ou des modes. D'autres sont reliés en étoffe, principalement en velours, alors l'indicateur suprême de la richesse ; d'autres encore montrent, sous

En-têtes de pages de *Souvenir* et de calendrier (Restauration).

verre, des bariolages bizarres qui jouent au véritable tableau. Des glaces avec des appliques de cuivre, comme les commodes, comme les lits (1).

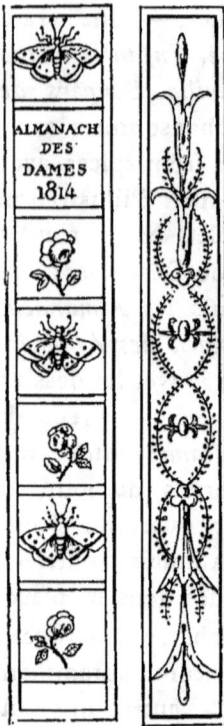

L'almanach traité à la façon d'un meuble. Ce n'est pas positivement joli, mais, avec un pareil vêtement, pas moyen de se tromper sur l'origine. A l'intérieur, ce sont des *Souvenirs* historiés, des têtes de femmes, ou des vignettes, en médaillon, des encadrements de fleurs ou d'ornements, des vues; tout cela au pointillé anglais, toujours lourd, sentant le papier à lettres ou les feuilles de compliment, quoiqu'on y trouve, quelquefois, des perles dans le genre Prudhon (2). Comme l'almanach lui-même, ces *Souvenirs* ont leur titre, mélange de professeur d'écriture et d'ornement, mélange de guirlandes de fleurs et de motifs d'architecture ou de bijouterie, avec

Dos de cartonnages du premier Empire et de la Restauration.

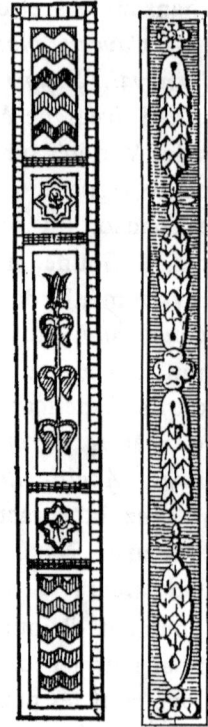

Dos de cartonnages de la Restauration.

(1) Plusieurs de ces spécimens de reliure se trouvent dans la collection de M. Félix Meunié, une des plus riches en almanachs à figures du premier Empire et de la Restauration.

(2) Ces « souvenirs » sont, aujourd'hui, fort recherchés. Voici quelques fiches, empruntées au catalogue du libraire Greppe, qui montreront les prix qu'ils atteignent :

« 12033. — Souvenir. *Paris, Le Fuel, s. d.*, in-18, en feuilles.   8 fr.
   1 titre avec vignette et 12 vign. dans le genre Prudhon. Attributs des arts libéraux. Le calendrier est avant la lettre. »

« 12034. — Souvenir. *Paris, Le Fuel*, s. d., in-18, en feuilles.   8 fr.
   Suite de 1 titre et 13 ff. gravées, avec vignettes allégoriques en médaillon et guirlandes de fleurs à chaque page, avant la lettre. »

« 12036. — Souvenir. *Paris, Le Fuel*, s. d., in-18, en feuilles.   20 fr.
   1 titre avec vignette et 12 ff. pour le calendrier, avant la lettre, avec un portrait de femme illustre en tête de chaque ff. parmi lesquels on remarque Mmes de Sévigné, La Vallière, Ninon de Lenclos, Montespan, Maintenon, etc. »

« 12037. — Suite de 24 feuillets gravés, publiés par Le Fuel, au commencement du siècle, in-18, en feuilles.   5 fr.
   Ces 20 ff. comprennent le calendrier avant toutes lettres ; au haut de chaque page on remarque une vignette allégorique. »

des sphynx, avec des lyres, avec des corbeilles, avec des papillons. Calepin de poche à l'usage des dames, habillé au goût du jour, continuant la tradition du xviiie siècle, accompagné d'un choix de poésies, et transformé en almanach par l'adjonction d'un calendrier.

Titre de « Souvenir » provenant de l'almanach : *L'Eloge des Belles* (1811).

Titre de « Souvenir » provenant de l'almanach : *Hommage aux Dames* (1817).

Et maintenant, si vous voulez savoir ce que contiennent tous ces almanachs, tous ces chansonniers, pénétrez à notre suite, dans la boutique du libraire, guidés par l'auteur du *Tableau du premier jour de l'an pour 1816*, un contemporain qui connaît bien son sujet :

Approchez de la boutique d'un libraire du Palais-Royal, dit-il : elle est chamarrée de toutes sortes de couleurs, comme la palette d'un barbouilleur d'enseignes. Voyez, examinez, et connaissez les prodiges que peut opérer l'amour du gain. Ce livret magnifique, ce volume que l'on n'ose toucher, ces pages qui assureraient la réputation de Didot, ces vignettes qu'on ne peut trop admirer, cette reliûre (*sic*) en taffetas moiré, ouvrage de l'adroit Lefuel, ces peintures délicates qui ornent l'étui de ce chef-d'œuvre, ce bijou enfin qui fera sourire les grâces auxquelles il est destiné, tout cela, hélas! n'aboutit qu'à nous faire voir les vers de MM. Moufflé, Brichard, Brulebœuf, Broisse, Cochet, Charamond, Dochelet, Durzi, Fauchou, Gallimée, Guiet, Hédouin, Juhé, Labitte, Malignon, Soulié et Bizien du Lézard. On rapporte que les fameuses pyramides d'Égypte n'ont été élevées que pour servir de

« 12038. — Suite de 12 ff. grav., Le Fuel, commencement du siècle.   6 fr.

Calendrier avant la lettre, avec un joli portrait de femme à chaque mois et médaillons allégoriques. »

tombes. Les beaux-arts se seraient-ils donc réunis pour ensevelir les grands poètes que je viens de nommer ? O perfides beaux-arts ! vous ferez bien vendre leurs vers, mais je vous défie de les faire lire. Jolis *Almanachs dédiés aux Dames*, vous entrerez dans la gibecière des élégantes ; mais elles ne perdront pas leur temps à connaître les richesses que vous renfermez : elles s'en tiendront à la couverture. C'est tout ce que veut Lefuel, qui vous vend ; c'est tout ce que veulent les galans qui vous achètent.

Titre de « Souvenir » provenant de l'alma-nach : *Hommage aux Demoiselles* (1825).

C'est un spectacle vraiment curieux que la boutique d'un libraire, le matin du jour de l'an ; la foule s'y presse ; vous croiriez que chacun court après l'instruction, et craint d'arriver trop tard. Écoutez un peu : cet homme qui donne vingt francs d'un brillant Almanach, ne voudrait pas payer dix sous le même ouvrage s'il était imprimé comme on imprime ordinairement Bossuet et Corneille. Il veut faire un cadeau, et il achète une reliure. Ce jeune homme qui, placé devant l'étalage, écarte avec crainte les feuillets non coupés du *Chansonnier des Grâces*, est l'auteur de deux couplets qu'il a envoyés à l'éditeur, en le priant de les insérer dans son recueil, *s'il les en trouvait dignes ;* il tremble de ne pas voir figurer son nom inconnu parmi les noms si célèbres qui font la gloire et la fortune de cet almanach ; c'est à la table alphabétique qu'il apprendra son sort ; malheureusement c'est là que les feuillets ne sont point coupés ; que faire ? Achètera-t-il ? C'est qu'il est bien dur de payer trois francs les vers de ces Messieurs. Il s'ingénie, il élève le volume au-dessus de ses yeux, il place le feuillet recéleur à l'opposite du jour, il découvre... Oh ! comme son cœur palpite ! comme le jour lui couvre les jours ! Il tire son argent, paye sans demander combien, sans même s'inquiéter si MM. *Mouffle et Bizien du Lézard* ont contribué à grossir le précieux volume ; et, bientôt retiré en quelque coin, il lit avec avidité les deux couplets que son génie ait créés ; il les contemple bien imprimés ; il lit, il épelle son glorieux nom pour bien s'assurer que c'est le sien ; il est heureux..... heureux comme un sot.

Parmi cette multitude d'Almanachs qui apparaissent un moment, à la fin de l'année, il en est un qui vit encore, mais qui n'a guère conservé que son nom : c'est l'*Almanach des Muses*. Il est toujours aussi gros que de coutume ; je vois toujours une liste d'auteurs aussi étendue ; il est encore couvert de son modeste papier bleu : rien n'y est changé..... *hormis les vers*. Mais c'est la faute du temps qui nous a emporté tant de bons poètes, et qui ne nous a laissé que MM***. C'est aussi la faute du public, qui n'aime plus les vers ; il lui faut de la prose ; cela lui suffit.

Que dis-je de la prose ? il lui faut des chansons.

Voyez comme il accueille le *Caveau moderne*, où l'on répète avec tant d'esprit : *Buvons et mangeons ;* où l'on se bat si bien les flancs pour dire : *Soyons gais ;* c'est maintenant le trésor du Parnasse. Il n'est plus question de poème épique, de tragédie; on ne connaît que la *chanson*. La *chanson !* Écoutez un de ces messieurs qui *soupent* ou qui *dînent* poétiquement, et puis vous saurez avec quel respect on doit parler de la chanson. Boileau n'avait pas une plus haute admiration pour le *sonnet*. La chanson a ses *Homère* et ses *Virgile*, et l'on ne peut nommer *Panard, Collé* et *Piron* sans se découvrir aussitôt. N'allez pas croire que ce dernier soit révéré à cause de sa *Métromanie*, ou de quelques-unes de ses épigrammes, c'est pour avoir fait deux ou trois bons couplets ; car

> A peine en compte-t-on deux ou trois entre mille.

Fuzélier a aussi ses admirateurs, et nos neveux rediront un jour les grands noms de *Désaugiers, Bérenger, Gouffé* et *Brazier*. Ils diront : c'étaient les plus illustres chansonniers du xixᵉ siècle ; c'étaient les seuls hommes qui soutenaient dignement notre gloire littéraire. En effet, la *chanson* est une grande consolation pour tout ce que nous avons perdu.

Voilà, appréciée par un contemporain, la production littéraire des Le Fuel, des Janet, des Marcilly, des Rosa, ces héritiers des élégances et du procédé de Desnos. Voilà le petit bijou du jour de l'an (1) dont le calendrier et le souvenir se changent à volonté, qui s'offre aux élégantes accompagné d'un cornet de papillotes et dont les titres, souvent étranges, remplissent les pages des catalogues spéciaux imprimés, pour la circonstance, par les libraires à la mode (2).

L'almanach se promène ainsi jusqu'en 1830, continuant à cultiver les Grâces et la Galanterie, se laissant même facilement aller, peut-être parce que troubadouresque, aux gauloiseries sur les trous, quittant les attraits du sexe charmant, pour chanter le retour des Lys, en 1816, ou les exploits des braves de la grande armée devenus officiers à demi-solde, pour donner les derniers coups de pied de l'âne au César tombé, pour conseiller les électeurs et populariser la Charte, pour critiquer les députés « dont le seul objectif est de venir, à la tribune,

---

(1) Les in-32 et les in-16 de ces libraires-éditeurs étaient surtout destinés aux étrennes à l'usage du beau sexe. Sur un tirage à 1.000 exemplaires, par exemple, 600 recevaient des reliures élégantes et des cartonnages de fantaisie avec adjonction d'un calendrier, tantôt en un cahier de 12 pages, tantôt sous forme d'une feuille ajoutée et repliée. Les autres restaient brochés, recouverts d'un papier de couleur, quelquefois d'un titre imprimé, destinés à quelques acheteurs que ne tentait point l'habit du jour de l'an, ou attendant l'occasion pour être, à leur tour, luxueusement habillés. Des soldes de chez Le Fuel sont ainsi sortis, ces dernières années, des arrière-boutiques de quelques libraires; certains avec l'adjonction d'un second titre destiné à rendre plus facile l'écoulement d'un produit ancien. J'ai ainsi en main *Le Petit Rôdeur ou l'Ecouteur aux Portes*, de chez Le Fuel (1828), avec titre factice de chez Delarue, quai des Augustins, ainsi libellé : *Le Petit Rôdeur de Société, Recueil d'historiettes intéressantes.*

(2) Je signale, entre autres, d'après les indications de la *Bibliographie de la France*, les pièces suivantes : — *Catalogue des Almanachs et autres livres de Lefuel*, imprimerie de Fain (1814). In-4. — *Notice des Almanachs et livres nouveaux qui se trouvent en vente pour l'époque du jour de l'an 1818*, chez Rosa. In-4 (la même pour les années 1819 et 1820).

déclamer des phrases », pour servir les passions des partis politiques, pour flageller les ultra et les jésuites, les ventrus et les girouettes.

Frontispice d'un almanach politique de la Restauration.

Dans cet ensemble, ce qui se développe, surtout, ce sont trois spécialités, d'ordre bien différent, les almanachs de modes, les étrennes religieuses, les annuaires de médecine.

Après 1830, l'*Almanach de France* inaugure les publications dont l'objectif sera d'apprendre aux Français leurs devoirs, leurs droits, leurs intérêts ; peu à peu, la tendance à ressusciter l'astrologie, tout en remplaçant les anciens pronostiqueurs par des prophètes soi-disant plus véridiques, plus sincères, se fera jour ; on cherchera même à substituer « des choses tant soit peu raisonnables aux folles et absurdes prédictions du temps passé » (1), et tandis que les courses de chevaux auront, à partir de 1834, leur calendrier officiel, les questions sociales et les souvenirs napoléoniens deviendront, aux approches de 1840, la grande préoccupation des faiseurs d'almanachs. Communistes, fouriéristes, socialistes, démocrates exposeront, ainsi, leurs doctrines *coram populo* en des petites brochures aux couvertures imprimées, et d'aspect peu séduisant. Après avoir été aristocratique, mondain, galant, l'almanach se popularisait, abandonnant toute originalité, vivant d'emprunts, se contentant de réunir, de grouper, de couper ce qui avait déjà eu les honneurs de je ne sais combien de reproductions. Auguste Lireux, dans un article publié par l'*Almanach*

(1) A vrai dire, les « prédictions » du temps passé avaient toujours leur public. Les almanachs dits « de Liège », notamment, peuvent être considérés comme n'ayant jamais cessé de paraître, imprimés à Paris, à Troyes, à Lille, et autres lieux. En 1817, Tiger avait inauguré le *Double Almanach Liégeois*; en 1819, Stahl entreprenait *Le Double Liégeois*. L'éditeur Pagnerre, en créant, en 1837, *Le Petit Liégeois*, *Le Triple Liégeois*, le *Double Almanach français ou le nouveau Nostradamus*, voulut réagir contre les prédictions absurdes, contre les mensonges éhontés de tous les éditeurs-astrologues spéculant sur l'ignorance, sur la crédulité du public. Ses entreprises, dans cet ordre d'idées, paraissent avoir été accueillies favorablement (voir, au supplément, sous la rubrique *Petit Liégeois*, les explications fournies par l'éditeur).

du jour de l'An de 1846, a pu définir ainsi, avec exactitude, ces banales publications :

« Voyez tous ces petits livres, jaunes, verts, gris, bleus, qui prennent un petit air sournois sous leurs couvertures imprimées. L'aspect est séduisant. On ne s'y trompe pas, ces petits livres sont des almanachs ; les almanachs seuls se présentent chez les libraires avec cette outrecuidance friponne, qui n'appartient qu'aux petits livres à peu près certains d'être vendus et achetés. Ouvrez-les maintenant. Oh ! décidément, ce sont bien des almanachs ; tous commencent par un calendrier. — Continuez... sous prétexte d'almanach, voici que vous trouvez : — ou bien un certain morceau de roman qui n'a encore été publié que sous trois ou quatre formes diverses de publication ;— ou bien la brave histoire des braves grognards de ce brave Napoléon, la même qui causa tant d'aise aux braves lecteurs du brave journal *Le Siècle*, et dont le succès fut si grand, que les braves porteurs eux-mêmes de ce brave journal, entraînés par l'enthousiasme, furent rencontrés à midi, en plein soleil, assis sur des bornes, et achevant de lire ces braves feuilletons dont l'intérêt les emportait au point de leur avoir fait oublier le service des braves abonnés.

« Ces Almanachs-là sont faits pour plaire particulièrement à ceux qui aiment à lire plusieurs fois la même chose. On a trouvé, d'ailleurs, le moyen de leur donner une grande actualité, c'est de mettre en vente, au mois d'août de l'an 1845, les almanachs de l'an 1846.—Il est probable qu'en 1846, c'est avant la fin de janvier qu'on fera paraître ceux de 1847. — Et enfin la concurrence pourra en faire paraître quatre ou cinq d'avance, et d'une fois, pour quatre années à venir. La rédaction ne retardera pas les astrologues. Les vieux feuilletons, les vieux romans sont tout prêts, un coup de ciseau suffit. Jamais on n'a servi plus à souhait un public aussi peu impatient. »

Mais la caractéristique de cette époque troublée qui va de 1835 à 1852, c'est bien réellement l'almanach astrologique, prophétique, astronomique, dressant un piédestal aux astrologues du passé. Nostradamus eut, à nouveau, ses partisans, ses fanatiques, et l'on peut dire que les almanachs des dernières années du règne de Louis-Philippe, en réveillant les prophéties et les superstitions napoléoniennes, contribuèrent grandement au rétablissement de l'Empire. (1) On cherchera ainsi, pour employer les expressions d'un pronostiqueur contemporain, « à frapper la conscience des hommes du jour les plus incrédules sur la grandeur des événements qui se préparent », on annoncera pour les années à venir, 1842 notamment, de terribles catastrophes, on ira jusqu'à affirmer que la mort du duc d'Orléans avait été prédite dans une des *Centuries* de l'astrologue provençal. L'*Almanach*

---

(1) Signalons ici, parmi ces publications significatives : le *Messager du Grand Homme* (1849), le *Neveu du Grand Homme* (1850 et 1851), l'un par Mathieu Laënsberg, l'autre par Nostradamus, le *Prophète français* (1849), le *Vœu de la France* (1852 et 1853) et tous les *double* et *triple Almanach Napoléonien*, à l'imitation des « Liège », à partir de 1853.

prophétique fondé en 1841, publiera des « prophéties algébriques » révélant les événements futurs, politiques et religieux, et, douze ans après, avec la plus entière bonne foi, avec une conviction digne d'un meilleur sort, il s'évertuera à démontrer le bien fondé de ses prévisions.

« Si les recherches de ceux qui s'occupent de l'avenir sont encouragées par l'approbation de quelques penseurs sérieux », lit-on en tête de l'année 1853, « en revanche, elles rencontrent bien des incrédules, toujours prêts à fermer leurs yeux à la lumière. Le meilleur ou plutôt le seul moyen de convaincre ces sceptiques endurcis, c'est de leur prouver, par des faits précis, que la science prophétique n'est pas vaine, que ses calculs atteignent souvent leur but, et que les choses futures cessent d'être un mystère pour ceux qui les abordent avec une foi sincère et un esprit droit.

« Qu'on parcoure la collection de l'*Almanach prophétique*, déjà composée de douze volumes, et l'on y trouvera, presque à chaque page, des prophéties clairement énoncées, concluantes, dont l'avenir s'est chargé de justifier l'exactitude.

« Qu'on lise l'Almanach de 1842, p. 18, 19 et 33; celui de 1843, p. 56; celui de 1844, p. 14 et 30; celui de 1846, p. 34, 35 et 36; celui de 1848, p. 41, 48 et suiv.; celui de 1850, p. 38 et 48; celui de 1851, p. 60, 85 et 86; celui de 1852, p. 33, 35 et 71, et il sera impossible de douter du caractère grave et utile des travaux de l'*Almanach prophétique*. »

Faut-il ajouter foi aux déclarations, aux affirmations de tous ces modernes pronostiqueurs, lorsqu'ils nous disent que le marchand accoudé sur son comptoir, l'ouvrier courbé sur son métier, tous, aux approches de 1851, croyaient à un je ne sais quoi devant sauver la société. On ne saurait trop se prononcer. Mais un fait certain, c'est que les événements aidèrent singulièrement le prince Louis-Napoléon dans ses préparatifs de coup d'état.

L'astrologie, le magnétisme, la chiromancie, la phrénologie se donnaient la main : il y avait du Diable dans l'air, une sorte d'influence satanique pesait sur tout le colportage (1). Les almanachs publiaient, très sérieusement, « l'explication des charmes, maléfices, philtres et talismans », l'histoire du Diable, des dictionnaires des songes, et même, discutaient sur la bête de l'Apocalypse. Comme un retour au moyen âge, aux années sombres des siècles encore plongés dans l'ignorance. A ce point de vue, la publication des almanachs prophétiques jette un jour particulier sur la littérature populaire de 1840 à 1855. Les Mathieu Laënsberg, les Liège, les Nostradamus, poussaient drus, simples, dou-

---

(1). Voir, notamment, au cours de notre Bibliographie : *La queue du Diable* (1846). — *Étrennes de Satan* (1847). — *Almanach du Diable amoureux* (1849). — *Conseils de Satan aux Jésuites* (1849). — *Le Diable rouge* (1850). — *Le Diable vert* (1854). — *La malice du Diable.*

bles, triples, vrais, véridiques, indispensables, venant de tous les coins de France, pénétrant partout, se plaçant sous l'égide du grand homme, du grand prophète (1). C'était comme une trainée cabalistico-napoléonienne à travers les villes et les campagnes.

Battant la grosse caisse, vantant leurs prédictions, les almanachs menaient grand bruit autour de leurs blagues : ils forçaient le public à se retourner, quand ils n'attiraient pas sur eux l'attention de la Censure, de cette même Censure qui ne leur fut point tendre, sous la Restauration (2), qui, bientôt, allait les détruire à coups de jugements (3), ou lancer contre eux la gendarmerie des divisions militaires (4). Du reste, ils répondaient d'eux-mêmes, en publiant le « grrrrand jugement, condamnation et exécution de tous les almanachs pour l'année 1847 », ou la « discussion et controverse entre prophètes almanachiens ». Théâtre, chanson, caricature, toutes les productions leur réser-

L'AVANT-GARDE DES ÉTRENNES

Vignette de Cham

L'Almanach comique. — Achetez-moi, je suis le plus cocasse.
L'Almanach pour rire. — Ne l'écoutez pas, le vrai farceur, c'est moi.
L'Almanach prophétique. — Prenez-moi ! je suis un almanach sérieux.
L'Almanach lunatique. — C'est un vieux blagueur ! adressez-vous à moi.
Chœur des Almanachs. — Donnez-moi la préférence.
Le Bourgeois ahuri. — Pour l'amour de Dieu ! laissez-moi tranquille, je vous prends tous !

(1) Derche, Demoraine et Boucquin, Moronval furent les éditeurs de tous ces nouveaux « Liégeois », à partir de 1844.

(2) La censure de la Restauration frappa les almanachs politiques, surtout à cause de leurs prédictions libérales et napoléoniennes.

(3) Sous la présidence du prince Louis-Napoléon et durant les premières années de l'Empire, l'autorité s'attaqua, surtout, aux publications démocratiques. Des jugements ordonnèrent la destruction de l'*Almanach-Catéchisme* (1854), de l'*Almanach de la France démocratique* et de l'*Almanach populaire de la France* (1852), tous deux par Bouton, de l'*Almanach de l'Organisation sociale*, par Dezamy.

(4) Plusieurs compositions de Vernier, dans le *Charivari*, feront allusion à ces rafles d'almanachs opérées par la gendarmerie. (Voir la collection de ce journal entre 1849 et 1853).

vaient une place : plus rien ne se faisait sans le couplet, le chapitre ou la vignette des almanachs. En 1838, Clairville qui avait débuté l'année précédente, à l'Ambigu, avec *Mil huit cent trente-six dans la lune*, faisait jouer *Mathieu Laënsberg est un menteur*, amusante revue mêlée de couplets ; en 1845, une autre revue à succès : *Vl'à ce qui vient de paraître*, contenait toute une curieuse scène sur les avant-coureurs des étrennes; au Palais-Royal, Levassor chantait *Le véritable Mathieu Laënsberg*, tandis que Cham, Vernier et autres, dans leurs mois comiques, paraphrasaient par le crayon, les prédictions des nouveaux prophètes. Bientôt tout Paris répéta avec Levassor les paroles de Bourget, chansonnier aujourd'hui bien oublié :

« Or, écoutez, petits et grands ; car je vais lire dans les tems, moi. Pour vous prédire je braque ma lorgnette sur le zodiaque et je lis : oui ! je lis : le Verseau, les Poissons, le Bélier, et je dis : Tous ceux qui naîtront sous ces signes seront des personnes malignes ne craignant rien en se disant : Petite pluie abat grand vent.

(*Agitant sa baguette divinatoire, et d'un air inspiré*). « L'horizon s'obscurcit... les ombres de la nuit dérobent à ma lunette... le temps qui fuit... et l'année nouvelle commence le premier janvier. »

« Orage et giboulée d'Étrennes ! Averse de Pralines ! Pluie de Papillot (*sic*). —Désespoir d'une danseuse après avoir reçu des bijoux de six milords.— Apparence d'une gelée qui ne gèlera rien... la Seine y sera prise.—Inauguration de la statue de Molière sur la fontaine, avec une certaine pompe.— Plusieurs rivières, fatiguées de leurs eaux dormantes, sortiront de leur lit. — Malgré la loi sur le duel, un locataire froissé demandera à son propriétaire une réparation.

« Apparition subite d'une comète dans le Firmament; les Astronomes qui seront sur la trace distingueront sa voie dans le ciel où elle causera de la pluie et du beau tems. »

Refrain :

« C'est le destin qui se prononce. Par la suite on découvrira que tout ce que je vous annonce, tôt ou tard arrivera; et, d'ailleurs, comme le dit un adage fort sage : Qui vivra verra !... »

Le « véritable Mathieu Laënsberg » ira si loin, dans ses prédictions fantaisistes, que, quelques années plus tard, c'est-à-dire en 1854, Nadar, Commerson, Vachette, pourront hardiment lancer l'*Almanach du Tintamarre* rédigé par *Mathieu Lanceblague* (1).

(1) Les plaquettes et placards satiriques poussaient depuis 1840 avec une rapidité vertigineuse. A toutes les prédictions froidement sérieuses des almanachs prophétiques répondaient autant de prédictions comico-facétieuses. Le bon sens protestait contre les entorses que de soi-disant « astrologues véridiques » prétendaient lui infliger, et l'on verra, par les citations suivantes, que le rire n'avait point perdu ses droits. Écoutons Maître Vilhelmus, de Dantzick, d'après le très intéressant placard qu'a bien voulu me communiquer M. Maindron :

L'humaine nature se plaît aux contrastes. Tandis que tous les pronostiqueurs, en des prédictions historiques, astronomiques et même comiques, continueront à intriguer les masses, faisant appel à ce vieil instinct du merveilleux, toujours vivace chez les foules, les penseurs, les réformateurs se serviront de l'almanach, aux approches de 1848, pour chercher à éclairer le peuple, pour vulgariser leurs idées humanitaires. « Après s'être évertué à créer des livres à l'usage du peuple » disait M. Anatole Jamais, dans sa préface à l'*Almanach-Revue de Paris* (1844), « et avoir fait des essais presque toujours infructueux, on

« *Prédictions certaines, positives, infaillibles et vraisemblables, déduites de l'observation du soleil, de la lune, des planètes, comètes, et autres astres, appliquées à l'art magique au moyen des sciences occultes et de mystérieuses spéculations ; par maitre Vilhelmus, de Dantzick, dernier et unique successeur d'Alcofribas, Nostradamus, Cagliostro, Campabollino-Romani, Mathæus-Caffski, Mathieu Laënsberg et autres : pour l'an de grâce 1840.*

« Au liseur bénévole, salut et paix.

« Il ne sera tenu de croire aux présentes que quand il en aura vu l'effet.

Accourez à toutes jambes,
Tronçons, bancroches, boîteux,
Culs-de-jatte, vieux goutteux,
Et pieds-bots, non moins ingambes,
Écoutez, tous, mes discours,
Et rapportez-les aux sourds.

Enfin voici l'an quarante,
Attendu depuis cent ans ;
On disait à tous venants :
« Attendez à l'an quarante. »
On tiendra donc cet an-ci,
Ce qu'on promettait ainsi :

L'on verra les incurables
Guéris dès le sept janvier ;
En foule iront s'acquitter
Les débiteurs insolvables ;
Les poules auront des dents,
Et les merles seront blancs.

Lors, on verra d'une pomme
Un poisson se soucier ;
Ce qui devra bien vexer
Victor Hugo, ce grand homme !
Dorénavant, son beau vers
Sera compris à l'envers.

Sur l'air de Femme sensible
On chantera Marlborough,
Et le rat mort en la boue,
A l'odorat moins sensible,
Plairont plus que rose, œillet,
Ambre, vanille ou muguet.

L'on mettra plus d'un cautère
Sur une jambe de bois ;
L'on verra, du haut des toits,
Tomber trois couvreurs par terre ;
Plusieurs marins se noieront
Quand dans l'onde ils périront.

. . . .

Au milieu de l'obélisque
Un crocodile éclora.
Alors on s'apercevra
Qu'il était venu d'Égypte,
Étant encore dans son œuf,
Et cela paraitra neuf.

Ce monstre couvert d'écailles,
Et même assez étonnant,
Dévorera en naissant
L'invalide sans défense
Qui faisait voir aux Anglais
L'intérieur de l'objet.

. . . .

On construit un grand navire
A Nevers, en Nivernais,
Pour couper l'isthme de Suez
(Chose facile à prédire)
Au moyen d'un grand rasoir
Mis à l'avant du bossoir.

. . . .

Sous forme d'épidémie,
Un mal fréquent de nos jours
Poursuit son terrible cours ;
Cette affreuse maladie
Règne généralement.
Elle a nom : Faute d'argent.

PAGE DE TITRE DESSINÉE PAR BOUCHOT (VERS 1844).

Le calendrier apparait assez souvent dans la chanson : il y a là, au point de vue biblio-iconographique, une mine précieuse à explorer. Contentons-nous de mentionner que, vers la même époque, parurent : *Le véritable Nostradamus*, *Couplets prophétiques d'un vieil astrologue*, *Les grandes blagues et autres mensonges*, *prédictions des diseurs de vérités*, *Le grand*, *l'illustre et seul vrai prophète*, *M. Napoleonski*. Et, invariablement, le vieil astrologue classique figure sur les couvertures de ces chansons, avec son livre ouvert, sa baguette divinatoire, le hibou symbolique perché sur le dossier de sa chaise. Quant aux étoiles, comme l'a spirituellement dit Clairville, « elles filaient toujours..... ainsi que de vulgaires changeurs. »

en est revenu aux traditions du passé, et l'on a reconnu que nos pères avaient eu raison de composer, pour répandre les lumières dans les campagnes, de petits livres renfermant beaucoup de matières et coûtant peu d'argent ». — D'où la quantité d'almanachs à tendances réformatrices, philosophiques, éducatrices, que virent paraître les années antérieures et postérieures à 1848 : — *Almanach de l'Émancipation des peuples,* — *Almanach de l'ère nouvelle,* — *Almanach démocratique et social,* — *Almanach de la vraie science,* — *Almanach des associations ouvrières,* — *Almanach des Opprimés,* — *Almanach des Réformateurs,* — *Almanach du nouveau monde,* — *Almanach du peuple,* — *Almanach d'un Paysan,* — *Almanach des corporations nouvelles,* — *La République du peuple,* — *Almanach du bien-être universel,* etc., etc... L'état-major, le ban et l'arrière-ban des écrivains républicains, des représentants du peuple, bientôt *proscrits,* fournissaient la copie de ces recueils annuels qui auront, que dis-je, qui ont déjà leur importance dans l'histoire de l'évolution des idées humaines.

C'étaient Louis Blanc, Étienne Arago, Pierre Leroux, le colonel Charras, André Cochut, Pierre Dupont, Lachambeaudie, Littré, Michelet qui, en des pages élevées, devait exposer l'almanach conçu par lui, pour les besoins et les progrès de notre époque, Edgard Quinet, Jules Simon, Robinet, Proudhon, Victor Considérant, de Girardin, Raspail, Hippolyte Magen, Martin Bernard, Armand Barbès, Barthélemy, le sergent Rattier qui aimait à s'intituler *collègue* du général Changarnier, Charles Fauvety, Alphonse Esquiros, Greppo, Joigneaux, Ledru-Rollin, Nadaud, Félix Pyat, Toussenel, l'auteur des *Juifs rois de l'époque,* un livre autrement sérieux, autrement pensé que toutes les attaques personnelles du *journaliste* Drumont, Lamennais, Cabet, de Pompery, — et, du côté des femmes, George Sand, Louise Colet, Desbordes-Valmore, Adèle Esquiros, Clémence Robert, Pauline Rolland. Tout un groupe de penseurs dont l'influence fut, à la fois, politique et sociale, qui s'était donné la double mission de combattre les *Prophètes,* les *Astrologues,* les *Mathieu Laënsberg,* les *Nostradamus,* et la candidature du prince Louis-Napoléon Bonaparte. Tout un groupe qui, mettant en pratique cette affirmation d'Émile de Girardin : « quinze millions de Français n'apprennent que par les almanachs l'histoire et les lois de leur pays, les événements du monde, les progrès des sciences et des arts, leurs devoirs et leurs droits », opposait au Livre-Trompeur ce qu'il estimait être le Livre-Vérité.

Quel chemin parcouru depuis 1770! au xviiie siècle, l'almanach est un prétexte à figures et à poésies délicatement gravées; en 1850, le voici devenu instrument de propagande, véhicule d'idées nouvelles, sans nul souci, désormais, du côté extérieur, du décor. Jadis, il créait pour l'amusement d'une élite : aujourd'hui, il ramasse, il compile pour l'ins-truction des masses, pour la défense et la propagation de réformes et de personnalités politiques. Il vit de la desserte des grands journaux illustrés et des clichés vendus au poids par les feuilles comiques : telles le *Charivari*, la *Caricature*, le *Caricaturiste*, la *Silhouette* et autres de même nature. Jadis, il recherchait les papiers de luxe ; aujour-d'hui, aucun papier à chandelles ne l'effraye. Il est devenu pratique : il a subi la loi des siècles.

Que dire de plus ! N'est-il pas, en 1895, ce qu'il était en 1848 ! Tous les nouveau-nés des années intermédiaires entre 1841 et 1870 ne sont-ils pas encore sur la brèche ! Les principaux, du moins ; ceux qui avaient en eux ce qu'il faut, aux choses comme aux hommes, pour braver le cours des ans : *Almanach Astrologique*, *Almanach Prophétique*, *Almanach pour Rire*, *Almanach Comique*, *Almanach Lunatique*, *Almanach Parisien*, *Almanach Amusant*, *Almanach du Charivari*, *Almanach de l'Illustration*, *Almanach des Parisiennes*, *Almanach Chantant*, *Almanach proverbial*, *Almanach du Calembour* ; éternels recueils de prédictions bouffonnes, d'historiettes parisiennes, de scènes de mœurs, de drôleries de la correctionnelle, servant les arti-cles et les images, lus et vus un jour, pour être oubliés le lendemain.

Il convient, cependant, de noter au passage quelques particularités : les essais de pamphlets directs contre le prince-président, en 1851 ; tel le très curieux *Almanach des Débiteurs* dont on trouvera, plus loin, la reproduction (voir page 587) — l'affluence des publications napolé-oniennes, militaires, parisiennes, les tentatives d'almanachs du grand monde, du monde élégant, des salons, — pour la plupart de vulgaires réclames — l'abondance de recueils de faits divers se pré-sentant, toujours identiques, sous cinquante titres différents — la re-prise du procédé dans lequel avait excellé Desnos — et surtout la vulgarisation de ces almanachs de spécialités dont le XVIIIe siècle avait eu la primeur.

IV

Politique ou sociale, musicale ou littéraire, l'actualité devait influer considérablement sur l'almanach du XIXe siècle. Après avoir noté les tendances générales des époques, il ne sera pas sans intérêt de jeter un coup d'œil sur les particularités du colportage, sur ces in-32 dont la spécialité appartient aux libraires déjà cités.

Dans la première moitié du siècle, encore toute à l'idylle, Florian, Gessner, Bernardin de St-Pierre, donnent leur nom aux petits recueils qui charment les élégantes : on voit apparaître *le Petit Florian, le Petit Gessner, le Nouveau Gessner, Paul et Virginie.* — *Le Mérite des femmes,* de Legouvé, se transforme en chansonnier et donne naissance au *Mérite des Demoiselles*, tandis que l'*Amour maternel*, de Millevoye, se prête à toutes les combinaisons. La physiognomonie dont l'influence fut alors profonde revit dans *le Petit Lavater des Dames*, tandis que l'Atala de Chateaubriand et la Corinne de Mme de Staël se retrouvent sur les vignettes et dans presque toutes les romances du jour. Plaisirs ou malheurs, jeux, opéras, vaudevilles, chansons qui s'accompagnent sur la harpe ou sur la guitare, tout laisse sa trace. Le *Jeu du Diable* est porté par le colportage, aux quatre coins de la France. Le maître-écuyer Franconi apte, sans doute, à dresser l'amour comme les chevaux, se retrouve dans le *Petit Franconi de Cythère*, tout comme les premiers essais de locomotion individuelle feront surgir le *Vélocifère de la gaieté*, tout comme les expériences d'aérostation se perpétueront avec l'*Homme Volant*, chansonnier pour 1812.

En 1825, M. de Montyon, homme vertueux, aura son almanach, chose bien méritée, avouons-le; en 1822, M. Brunet, homme d'affaires, créera l'*Almanach matrimonial*, réclame pour son singulier petit commerce; en 1820, Bolivar, le libérateur, grâce à la vogue de certain couvre-chef, verra également son nom servir d'enseigne à un de ces produits populaires; Bobèche, lui, une célébrité non dédaignée des souverains alliés, en 1815, offrira des *Étrennes* aux Parisiens, comme jadis Tabarin. L'ours Martin, les éléphants du Jardin des Plantes, bêtes vertueuses citées en exemple, autres prétextes à almanachs. Comment la Girafe qui donna son nom à tant de choses, n'a-t-elle pas eu son petit recueil chantant : très certainement il a dû rester dans l'arrière-boutique de quelque libraire du quartier des Augustins. Les Cosaques servirent d'enseigne; cela ne doit point surprendre : plus tard, l'Algérie sera bien un qualificatif pour agendas et portefeuilles. Lorsque tout fut à la Charte, l'almanach ne chantait-il point *la Constitution des Amours.*

Mais, jusqu'en 1835, ce qui prévalut, ici comme partout ailleurs, ce qui fut, par excellence, le fournisseur des titres d'almanachs, après avoir servi d'enseignes aux magasins de nouveautés, c'est le théâtre et la chanson. Le Pied de mouton, Fanfan la Tulipe, le petit Chaperon Rouge, M. Dumollet, le bon roi Dagobert, M. et Mme Denis, ces deux époux à l'ancienne mode, Fanchon la vielleuse, Cendrillon, Madame

Grégoire, se lisent, gravés ou imprimés, sur nombre d'in-32 ; *Bélisaire de Jouy* (1818) et *les Templiers* de Raynouard (1805) ne rougissent point de se trouver en pareille compagnie. Ici, ce sera *Joconde ou les coureurs d'aventures*, suivant l'opéra-comique de Nicolo (1814) ; là, le *Chien de Montargis ou la forêt de Bondy*, inspiré par le drame de Pixérécourt (1814) ; ailleurs *Jean de Paris*, descendu de l'Opéra chez Janet et chez Le Fuel (1814) ; plus tard, la *Dame Blanche* et *Fra Diavolo*.

Malgré le chiffre des années, les titres nagent en pleine fantaisie XVIII° siècle. Les titres, c'est tout un poème ; quelque chose comme la parade d'un vendeur d'orviétan, comme le cri d'un colporteur poussant à la vente, comme l'affiche de la pièce à la mode. Ouvrez les yeux : voici ce qui s'étale à la devanture des papetiers, dans les quartiers populeux. Prêtez l'oreille, voici ce que vous entendrez annoncer : *Flore et Zéphire ou les aventures d'un bouton de rose. — La joûte amoureuse ou récréation des jeunes beautés. — Annette ou le plaisir des jeunes bergères. — L'ingénue de quatorze ans et le plaisir de la vie. — L'amour ramoneur ou le petit séducteur. — Le galoubet des boulevards. — Sophie ou la petite marchande dans les cafés. — La consultation ou le pèlerinage à la chapelle de l'Amour. — La fin du jour ou les amans surpris. — La belle Emma. — Ernest et Pauline. — Le boudoir de Mélanie.* — Ouvrez un catalogue de Caillot, ou de Tiger, vous trouverez mieux encore : *Les amans en voyages* (sic) *ou l'amour satisfait* (quand on a tant voyagé, c'est bien le moins !) — *Jeannette à l'heure du rendez-vous. — Les baladins. — La partie carrée. — Azoline ou la jolie Italienne.* — Que vous faut-il de plus ! *L'enfant de la joie* et le *baiser de l'amour* couvrent de leur folle jeunesse tout ce que le colportage répand à foison. Pour 20 centimes, Stahl vous fait entreprendre un voyage à *l'île de Cythère*, et pour un demi-franc Janet vous donne les conseils du *Docteur de Cythère*, — car tous ces cahiers chantants, *pour la présente année*, sont à la dévotion des plus petites bourses.

Laissons s'écouler quelques années. Vers 1840, changement complet dans les noms et dans les idées, auquel répond, non moins caractéristique, un changement dans les titres. Anacréon et les Grâces s'affichent encore quelquefois, mais ce sont de vieilles perruques. Les échos du théâtre n'emplissent plus l'almanach. Par contre, voici deux titres significatifs : *Les Grisettes* (1838), *Almanach de la rive gauche* (1842), rive perdue, sortant de ses cendres, et s'insurgeant contre les vices de la rive droite. L'année d'après, *les Gaudrioles de M. Gaillard* se font condamner pour outrage à la morale publique, et le règne de Louis-Philippe ne se termine pas sans nous donner, en un almanach spécial, les commandements du garde national (1843). C'était justice. Lui aussi, le classique pipelet avait tenu une trop grande place dans les romans de l'époque pour ne pas avoir son bréviaire : 1844 vit apparaître l'*Almanach des Concierges* par M. Taillengros.

Vive la joie, la danse règne en souveraine. Théâtre et bals du pays latin — c'était alors plus qu'un quartier — grisent toutes les têtes folles ; les entrechats de « l'immortelle » Clara Fontaine, et les exploits du père Lahire, cet ancêtre du Père La Pudeur mettent la jeunesse en ébullition. Voici le *Chansonnier de la guinguette,* — l'*Almanach de la polka,* — l'*Almanach dramatique, pittoresque et physiologique des Écoles,* — *Étudiants et lorettes.*

Les « physiologies », cette littérature si particulière, ne pouvaient laisser l'almanach indifférent : on vit un *Paris Voleur* (1845) tandis que, la même année, Gavarni faisait naître l'*Almanach du Diable à Paris*. A son tour, Eugène Sue dotera le colportage de plusieurs *Juif-Errant*, sans compter l'*Almanach des mystères de Paris*, et très certainement les grosses farces de Paul de Kock ne durent pas être étrangères à l'*Almanach des Cocus*, à l'*Almanach des Prédestinés*, à toute la production cocufière de l'époque. A l'opposé, comme titre, apparaît, l'*Almanach de l'amour conjugal*.

1847 — Le peuple, mis en coupe réglée par les gens de bourse, s'arrache les *Étrennes à Rothschild*, que pourchassent les intéressés.

1850. — Dès lors le colportage descend encore d'un degré comme forme et comme fond : peut-être faut-il remercier le papier et l'impression de rendre, aujourd'hui, si difficile la lecture de ces canards à calendrier. Trois tentatives, cependant, méritent de ne pas être oubliées : *Jean Guétré, almanach des paysans, des meuniers et des boulangers*, par Pierre Dupont (1853), l'*Almanach de Jean Raisin* par Gustave Mathieu (1854), l'*Almanach Parisien* par Fernand Desnoyers (1860) : le reste n'a que faire quand il s'agit d'écrire la caractéristique d'une littérature.

Par contre, une nouveauté, une particularité de l'époque qui, dès lors, ira sans cesse en se dévelopant, c'est l'almanach publié, lancé par les journaux : à ce point de vue, l'*Almanach du Figaro* (1856) est une date.

Le règne de Louis-Philippe avait vu surgir les almanachs africains : tels *Victoires et Conquêtes en Afrique* (1851) ; le second Empire vit l'*Almanach de Sébastopol* (1856), le *Grand Almanach de la France et de l'armée d'Italie* (1859), l'*Almanach des gloires de là France impériale* (1862), sans parler de l'*Almanach de la Guerre*, de l'*Almanach des conquêtes de l'Empire*, du *Troupier*, du *Vieux Troupier*; toute une longue file de plaquettes guerrières se terminant, en 1870, par l'*Almanach des Victoires de Napoléon III*. A la veille des défaites, quelle ironie du destin ! Louis-Philippe n'eut les honneurs d'un almanach qu'une fois détrôné (voir *Almanach Louis-Philippe pour* 1851); Napoléon III, l'Impératrice, le petit prince impérial virent des centaines d'almanachs répandre leur biographie et leur portrait. Mais, en dehors de cette propagande bien naturelle, propagande qui certainement fut pour quelque chose dans la très réelle popularité dont jouissait, alors, la famille impériale, l'almanach à partir de 1850, se cantonne essentiellement dans les actualités de la littérature, de la mode, ou de la nouveauté parisienne.

En 1850, les œuvres de Raybaud susciteront un mauvais placard populaire : *Jérôme Paturot dans la Lune ou la République des femmes;* en 1854, l'engouement pour Mme Beecher - Stowe se traduit par l'*Almanach de l'oncle Tom*. Et il en sera ainsi pour toutes les œuvres marquantes. Veuillot amènera l'*Almanach des Odeurs de Paris;* les romans épiques de Victor Hugo, mis en parodie, se retrouveront dans l'*Almanach des Misérables*, et dans l'*Almanach de l'homme qui rit;* les thèses d'Alexandre Dumas donneront naissance à l'*Almanach de l'homme-femme;* les succès de Lecocq produiront l'*Almanach de Madame Angot*. Les grandes figures du siècle lègueront, même, leur nom à la postérité : il y aura l'*Almanach de Béranger* et l'*Almanach de Victor Hugo*, comme les victoires de 1866 feront surgir l'*Almanach à aiguille* et l'*Almanach Bismarck;* comme, plus tard, le rôle considérable joué par M. Thiers, durant les événements de 1870, amènera la publication de l'*Almanach du Petit bonhomme*. Personnages ou choses d'inégale valeur, mais l'almanach, en baptisant ses sujets, considèrera avant tout l'attraction exercée par eux sur les mœurs ou les idées : c'est ainsi qu'on verra un premier *Almanach des Chemins de fer*, avec les amusantes caricatures de Cham, un *Almanach de la Crinoline*, un *Almanach du zouave guérisseur*, lorsque le zouave Jacob faisait courir tout Paris avec ses cures soi-disant merveilleuses, un *Almanach de Thérésa*, lorsque les salons parisiens se disputaient cette étoile de la chanson, un *Almanach des petits crevés*, un *Almanach des Petites Dames*, un *Almanach des Cocottes*, au moment où ces personnages commençaient à prendre, dans la société, la place considérable qu'ils ne cesseront d'occuper dès lors.

La satire, elle aussi, eut sa part dans cette nombreuse floraison. Pour protester contre les mièvreries des époques antérieures, le siècle commençant avait transformé l'*Almanach des Grâces* en un calembourdier *Almanach des Grasses;* de nos jours, au *Journal des Abrutis* répondra l'*Almanach des Aliénés;* à l'*Almanach des 500,000 adresses,* Touchatout opposera l'*Almanach des 500,000 maladresses.*

Comme forme extérieure, l'almanach du xix° siècle perd, en quelque sorte, tout caractère durant la période qui va de 1830 à 1875; le *Comic Almanack* de 1842, orné de compositions de Trimolet et de Vernier, est

Encadrement de calendrier typographique, dessiné par E. Coindre

la seule tentative digne d'être mentionnée : un instant, avec les publications de la Librairie du *Petit Journal,* dont les titres et les vignettes sont dus à Benassit et à Félix Régamey, alors débutant; un instant encore, avec les frontispices de Bertall et de Lix, pour les publications de la librairie Bellaire, il reprit une certaine allure, — allure relative, — mais cela fut de courte durée. Bien vite, la vulgarité l'emporta à nouveau.

Cependant, le second Empire vit réapparaître le calendrier orné, je veux dire le calendrier entouré d'encadrements originaux,

pour les mois de l'*Almanach de la Vie parisienne* (1870).

ou accompagné de vignettes. Ce ne furent plus, suivant la tradition du siècle précédent, également suivie par le premier Empire et la Restauration, des médaillons servant d'en-têtes, des encadrements de feuillages, mieux encore des arceaux et des porches aux réminiscences gothiques, mais bien des compositions décoratives rappelant plutôt, à l'aide des procédés modernes, la conception du xvie siècle. Et puis, ce calendrier fait corps avec l'almanach proprement dit, les divisions de l'année se présentant soit fractionnées mensuellement, soit groupées par trimestres (1). En un mot, l'ancienne habitude d'illustrer les mois de vignettes répondant aux occupations du moment, semble vouloir renaître : de l'almanach elle a même passé dans les publications à images, c'est ainsi qu'on a vu, soit l'*Illustration*,

DÉCEMBRE

D 1 Avent
L 2 se Aurélie
M 3 s. Franç. X.
M 4 se Barbe
J 5 s. Sabas
V 6 s. Nicolas
S 7 se Fare, v.
D 8 Conception
L 9 se Léocadie
M 10 se Eulalie
M 11 s. Daniel
J 12 s. Maxence
V 13 se Luce
S 14 s. Nicaise
D 15 s. Mesmin
L 16 se Adélaïde
M 17 s. Lazare
M 18 Quatre-Temps
J 19 s. Meuris
V 20 se Philogone
S 21 s. Thomas
D 22 s. Honorat
L 23 se Victoire
M 24 s. Del. v. j.
M 25 NOEL
J 26 s. Etienne
V 27 s. Jean, évang.
S 28 ss. Innocents
D 29 s. Thomas C.
L 30 s. Sabin
M 31 s. Silvestre

JEUX DU MOIS
—
COLLIN-MAILLARD
MARELLE
QUATRE COINS
—
HYGIÈNE
BAINS CHAUDS

Excellente chose qu'un bain chaud, ou plutôt qu'un bain tiède. A une température trop élevée, il ne tarde pas en effet à être suivi d'une grande faiblesse et peut même occasionner des oppressions, de violents maux de tête, surtout si l'on n'a pas soin d'agiter l'eau afin de répartir une température uniforme dans toutes ses couches.

N'y restes pas non plus trop longtemps; une demi-heure suffit, et en en sortant, essuyez-vous rapidement avec des linges chauds et secs.

Dr TANT-MIEUX.

LA NUIT DE NOEL A LONDRES

Encadrement de mois pour l'*Almanach du Chérubin* (1867)

(1) L'habitude de joindre des almanachs-feuille aux petites publications d'étrennes, si répandue au xviiie siècle et jusqu'en 1840, disparut lorsque la mode des recueils annuels de poésies et des petits livres dont les Janet, les Le Fuel, les Marcilly avaient la spécialité, prit fin à son tour. C'est la transition caractéristique entre l'almanach-cadeau d'étrennes, et l'almanach de propagande, entre le petit Bijou, pouvant être de tous les temps, de toutes les saisons, et la publication suscitée par l'actualité.

soit le *Monde Illustré* publier, mensuellement, des allégories d'Edmond Morin, ce dessinateur modeste qui sera, quelque jour, considéré comme un de nos plus grands artistes.

Caractéristiques ces pages où les mois apparaissent avec les attributs qui leur sont propres; où les plaisirs des saisons se trouvent représentés avec une grâce, avec un charme particuliers.

Composition d'Edmond Morin pour « Les Mois », publiée dans le *Monde illustré.*

Dans l'almanach, comme partout ailleurs, un renouveau se manifeste : les dernières années ont vu apparaître quelques sérieuses tentatives dans l'esprit aristocratique et luxueux du siècle antérieur. Telles, à partir de 1880, les *Étrennes aux Dames* (1881), le *Carnet mondain* (1883), l'*Almanach des Spectacles* (1874), l'*Almanach du Vieux-Paris*

(1884), le *Calendrier Parisien* (1886) devenu, l'année suivante, *Almanach Henri Boutet*, l'*Almanach national de Jeanne d'Arc* (1891) sur le modèle des publications allemandes, au point de vue du style et du format, l'*Almanach de l'Escrime* dû, comme texte et illustrations, à deux spécialistes, également impeccables, A. Vigeant et Frédéric Régamey ; l'*Almanach Cycliste* (1894), l'*Almanach Parisien* (1895) ; tentatives plus ou moins heureuses, qui durèrent un certain temps ou disparurent aussitôt, mais qui, toutes, laissent entrevoir la même recherche d'élégance.

D'autre part, l'*Almanach Hachette*, véritable encyclopédie pratique, avec son abondance de renseignements dans tous les domaines, pour toutes les circonstances de la vie, semble avoir réalisé l'idéal de notre société d'égalité et de suffrage universel, le livre écrit pour tous, lu par tous, dans les campagnes et dans les villes, dans les châteaux et dans les chaumières, en même temps que, par son enveloppe, par sa très harmonieuse couverture due à Giraldon, il répond à certaines tendances esthétiques nouvelles. C'est bien le livre qu'il fallait à une société qui vit de notions générales sans tenir à rien connaître, sans vouloir rien étudier de façon approfondie.

V

Mais l'almanach proprement dit n'est pas tout : à ses côtés, on a vu naître et grandir deux périodiques annuels, de nature bien différente, le Calendrier, agenda ou portefeuille, et l'Annuaire : c'est de ces spécialités qu'il me reste à parler.

Autrefois, on le sait par les Desnos, tout almanach se doublait, en quelque sorte, d'un agenda, c'est-à-dire que des feuilles pour l'inscription des notes et dépenses se joignaient au texte gravé ; l'agenda-calpin, le *nécessaire*, comme on l'appelait, était chose rare. Peu à peu, avec le siècle, l'agenda tendit, au contraire, à se vulgariser ; le premier Empire, avec son esprit précis, méthodique, semble avoir exercé une influence décisive sur le développement de ce recueil annuel qui n'est, après tout, qu'un livre de comptes, quoique l'on ait déjà essayé et qu'on semble, à nouveau, vouloir essayer d'en faire une sorte de livre de raison, pour les notes et les pensées individuelles. (Voir, entre autres, l'*Agenda Général* pour l'année 1814). — *Portefeuille avec calendrier, Almanach* ou *calendrier portatif, Souvenir, Agenda du commerce, Almanach de poche, Almanach journalier très régulier, Almanach de Cabinet, Agenda mignon ;* autant de livres destinés à qualifier la même chose.

Jadis papetiers et libraires, éditeurs de colportage, éditeurs de grande marque même, tels les Didot, publiaient des agendas. Aujourd'hui, à part les classiques petits portefeuilles des papetiers faisant le registre, ils sont devenus la propriété presque exclusive des magasins de nouveautés, et ils s'illustrent soit de petites vignettes, prises un peu de tous côtés, soit de grandes compositions sur les mois; et ils donnent des menus, des conseils d'hygiène, des recettes, des renseignements multiples.

Signalons, entre tous, le très remarquable calendrier pour 1886 avec des encadrements en couleurs de Grasset se rapportant à la flore de chaque mois, exécuté pour le *Bon Marché* (1).

Après l'Agenda, l'Annuaire, l'annuaire qui se contente d'abord de donner des renseignements généraux concernant le commerce et l'industrie, qui, peu à peu, englobe toutes les branches de l'activité humaine, qui sert de recueil aux sociétés savantes pour la publication annuelle de leurs travaux, qui maintenant, s'étend à toutes les associations fraternelles, de camaraderie, de secours mutuel ou d'encouragement, à toutes les corporations, à tous les groupes de fonctionnaires, à toutes les divisions administratives, à tous les cercles, à tous les clubs, à tous les sports, qui leur donne des agendas spéciaux, des vademecum; qui multiplie les listes de noms, les recueils de lois, d'arrêtés, de règlements, dans les domaines les plus différents, qui morcelle à l'infini ce qu'on avait jusqu'alors, tout au contraire, cherché à centraliser (2). L'annuaire, il semble que ce soit devenu le livre de

---

(1) Voir *Agenda-Foyer de la maison du Petit-Saint-Thomas, Agenda-Buvard du Bon-Marché, Agenda des Grands Magasins du Louvre, Agenda de la Place-Clichy* et les publications, annuelles d'industriels comme l'*Entrepôt des charbons d'Ivry*, par exemple, agendas-annuaires à la fois livres de comptes, de renseignements et de notices diverses. Quelques-uns, ceux du *Louvre* notamment, ont eu, à plusieurs reprises, des compositions pour les saisons, tirées en couleurs ou coloriées au patron, dues à Ferdinandus et à Mars; d'autres fois, ce furent des reproductions d'estampes de Lancret ou de Boucher. On a vu également, pour les annuaires de la *Place Clichy*, des encadrements, avec poésies de Jean Richepin, Armand Silvestre et autres.

(2) Ce serait un travail, long et peu intéressant, que de donner la liste complète de tous les annuaires de sociétés, d'associations ou d'industries spéciales, publiés depuis le commencement du siècle. Contentons-nous de quelques courtes notes bibliographiques, plusieurs figurant déjà dans les colonnes de cet ouvrage.

I. — ANNUAIRES DE CERCLES, DE SOCIÉTÉS ARTISTIQUES ET D'ASSOCIATIONS AMICALES. — *Almanach du Club de Valois* (1790, voir n° 964). — *Annuaire de la Société des Arts Graphiques* (1809). — *Annuaire de la Société des Amis de l'Humanité* (1809). — *Annuaire de la Société des secours mutuels dite calcographique* (1814). — *Almanach du Cercle du Commerce de Paris* (1818). — *Annuaire de la Société du Bon-Henri* (1823). — *Annuaire de la Société de Messieurs les Choristes* (1823). — *Annuaire de la Société des Arts graphilantropiques* (1826). — *Annuaire de la Société Polygraphique*

famille, en quelque sorte, de tous ceux qui appartiennent à un même groupe, le livre que l'on consulte pour les états de service, pour les origines, pour les renseignements personnels, le livre où

(1826). — *Annuaire de la Société royale des Bonnes-Lettres* (1826). — *Annuaire du Cercles de Arts* (1836). — *Annuaire du Cercle agricole* (1835). — *Annuaire du Cercle des Conducteurs des Ponts-et-Chaussées et des gardes-mines* (1856). — *Annuaire du Cercle des Chemins de fer* (1856). — *Annuaire du Cercle de la Voile de Paris* (1856). — *Annuaire du Cercle de l'Union artistique.* — *Annuaire du Cercle des Patineurs.* — *Annuaire du Cercle Saint-Simon.* — *Annuaire du Cercle des Beaux-Arts.* — *Annuaire du Cercle des Deux-Mondes. Annuaire du Cercle de la Presse.* — *Annuaire du Cercle National des armées de terre et de mer.* — *Annuaire de l'Union des femmes de France.* — *Annuaire du Photo-Club de Paris.* — *Annuaire de la Société de tir au canon de Paris* (1892). — *Annuaire de l'Académie d'Armes.* — *Annuaire des Maîtres d'escrime des armées de terre et de mer* (1894). — *Annuaire des Sociétés de tir, civiles et militaires, de France et des Colonies.* — *Annuaire de la Société fraternelle des anciens officiers des armées de terre et de mer membres de la Légion d'honneur.* (Depuis 1875, nombre d'officiers de régiments, dans la territoriale, particulièrement, ont formé des réunions amicales dont la nomenclature n'aurait que faire ici). — *Annuaire de l'Association des artistes inventeurs et industriels* (1850). — *Annuaire de l'Association des Voyageurs* (1857). — Tous les annuaires des associations amicales d'anciens élèves des écoles du gouvernement (Prytanée militaire de la Flèche, École des mines, École Polytechnique, Faculté des lettres, Faculté des sciences et de droit, École de Saint-Cyr, etc.) Chaque promotion de cette dernière école a son annuaire particulier : citons, entre toutes, les promotions du *Djurjurah* (1856-58), de l'*Indoustan* (1857-59), de *Turquie* (1853-55), de *Nice* et de *Savoie* (1859-61), d'*Ajaccio* (1864-66), de la *Vénétie* (1865-67), du *Sultan* (1866-68), de *Mentana* (1867-69), de *Suez* (1868-70), de la *Revanche* (1870-72), de la *Dernière de Wagram* (1875-71), des *Kroumirs* (1880-82). — Tous les annuaires des associations amicales d'anciens élèves des lycées et collèges de Paris, des lycées départementaux et communaux, des écoles et facultés libres.

— II. ANNUAIRES DE SPÉCIALITÉS INDUSTRIELLES OU COMMERCIALES. — *Guide de l'Acheteur* (H. Agnus) (1855). — *Annuaire de l'Ameublement et de l'Ebénisterie* (1862). — *Annuaire des Chiffoniers français* (1865). — *Annuaire Brierre: Cuirs, peaux, chaussures et industries qui s'y rattachent.* — *Annuaire de la Bonneterie et du Tricot*, édité par « le Moniteur de la Bonneterie ». — *Annuaire du commerce de la Boucherie française*, publié par la chambre syndicale de la Boucherie de Paris, faisant suite aux anciens annuaires sur la matière. — *Annuaire de la Brasserie et de la malterie.* (1894). — *Agenda-Répertoire de l'Épicerie.* — *Annuaire technique, industriel et commercial, de la Savonnerie et de la parfumerie.* — *Annuaire de la Boulangerie de Paris* (faisant suite aux anciens annuaires sur la matière). — *Annuaire de la Chambre syndicale de la charcuterie* (faisant suite aux précédents annuaires). — *Annuaire des ports de la navigation intérieure servant à l'approvisionnement de Paris*, publié par les Syndicats réunis des commerces de bois (vers 1855). — *Annuaire de la Bourse du Travail.* — *Annuaire de l'Union des syndicats du Commerce et de l'Industrie.* — *Annuaire de l'Industrie Française et du commerce d'exportation.* — *Annuaire de la Société d'encouragement pour l'industrie nationale.* — *Annuaire de la réunion des fabricants de bronzes.* — *Annuaire du Syndicat professionnel des industries électriques.* — *Annuaire du Syndicat général des grains, graines et farines.* — *Annuaire des Jouets et jeux français.* — *Annuaire des Laitiers-Nourrisseurs.* — *Annuaire de la Quincaillerie et des Métaux.* — *Annuaire des pâtissiers et boulangers-pâtissiers.* — *Annuaire des produits chimiques.* — *Annuaire de la Teinture, de l'impression, etc,.* — *Annuaire de la Verrerie et de la Céramique.* — *Annuaire de la Filature et du Tissage.* — *Annuaire de la Carrosserie, de la Sellerie, etc.* — *Annuaire des Transactions commerciales, industrielles et financières.* — *Annuaire de la Meunerie française.* — *Annuaire géologique universel.* — *Annuaire des Concours hippiques.* — *Annuaire du Cuir et de la Chaussure* (Ch. Vincent). — *Annuaire de la Chambre syndicale des marchands de beurre, œufs, fromages et crémiers de Paris*, et toute la série des *Annuaires par professions* (parfumerie, coiffure, verrerie, jouets, etc.) publiés sous la rubrique :

chacun, noyé dans le grand tout démocratique, espère laisser une trace
quelconque de son passage. Jadis, c'étaient les calendriers, les indicateurs de la Cour, un personnel trié sur le volet : aujourd'hui, c'est
tout le monde jusqu'au plus infime.

Et ces annuaires que multiplie à l'infini une soif de classement et
d'enregistrement, très curieuse à noter, permettent encore de constater
l'apparition puis le développement des grandes découvertes scientifiques, de certaines industries nouvelles, de certains goûts particuliers.
En notre siècle, les chemins de fer, le télégraphe, et, plus près de nous,
l'électricité, la photographie, la vélocipédie, les courses, le yachting,
tout ce qui, de près ou de loin, touche aux sports athlétiques.

Jadis, les « États » des corporations, souvent pleins de renseignements
curieux, qui se présentaient sous l'aspect coquet d'un in-24 : aujour-
d'hui, d'énormes annuaires in-8, de 4 à 500 pages, dans lesquels l'annonce, la réclame tiennent une place considérable. L'esprit commercial
a remplacé l'esprit d'élégance et, déjà, on peut prévoir le moment où le
commerce également, peu à peu, remplacera la fantaisie : les annuaires
de l'épicerie, de la savonnerie, du fabricant de sucre ont tué le petit
Almanach lilliputien (1) qui se portait en breloque ou se plaçait dans le

Guides de poche Dentu. (Voir, à ce sujet, la liste des annuaires que donnent régulièrement le Bottin et les publications de même nature).

    — III. Annuaires de sociétés de prévoyance ou de secours mutuels. — *Annuaire
de l'Association générale de prévoyance et de secours mutuels des médecins de
France* (1859). — *Annuaire de l'Association générale des pharmaciens de France.* —
*Annuaire de l'Association amicale des fonctionnaires du ministère des affaires étran-
gères.* — *Annuaire de la Société de secours mutuels des corroyeurs-maroquiniers et
autres professions.* — *Annuaire de la Société de secours mutuels des enfants de la
Nièvre.* — *Annuaire de la Société du Diner ardennais* (1888) (avec gravures). —
Annuaire de l'Auvergne, Société amicale de secours mutuels et de retraites (1882).
— *Annuaire de l'Association amicale béarnaise et basquaise* (1881). — *Annuaire
de la Société amicale et philantropique de Saône-et-Loire.* — *Annuaire de l'Association Vosgienne de Paris* (1866). — *Annuaire de la Pomme*, société littéraire
et artistique (1877). (L'annuaire publie des nécrologies). — *Annuaire de la Société de prévoyance et de secours mutuels des Alsaciens-Lorrains* (1873). — *Annuaire de l'Association amicale du Calvados* (1885). (L'annuaire de 1892 contient une
notice sur les origines du département du Calvados.) — *Annuaire de l'Association
Corrézienne* (1870). (Depuis 1880 le bulletin annuel publie la biographie d'un homme
illustre de la Corrèze.) — *Annuaire des Gaudes, société franc-comtoise* (1881). (L'annuaire de 1893 a publié des notices nécrologiques, des rapports sur les concours
artistiques ouverts par la société, et les compte rendus de quelques-uns des dîners
mensuels). — *Annuaire de la Société amicale des enfants de l'Isère* (1881). — *Annuaire de la Société amicale des Foréziens* (1885). (L'annuaire publie des chroniques
sur les œuvres littéraires et artistiques des Foréziens habitant Paris.) — *Annuaire
de la Société amicale de la Marne* (1883).(L'annuaire publie, quelquefois, les discours
prononcés aux banquets.)

    (1) Plus privilégié que d'autres, le calendrier lilliputien n'a point entièrement dis-
paru ; mais, lui aussi, il a dû se commercialiser ; c'est ainsi qu'à côté du *Guide-Bijou
de Susse*, mentionné plus loin, (voir page 625), du *Porte-Bonheur* d'Alphonse
Giroux (voir supplément, année 1854) chaque année voit apparaître des petits minus-

f

nécessaire des dames, les jolis petits recueils gravés qui charmaient à la fois la vue et l'esprit, les chansonniers qu'on glissait si facilement dans la poche.

A part une ou deux publications de colportage, la chanson elle-même, la vieille chanson française n'a plus place dans nos almanachs. Et, chose à peine croyable, alors que les « années », ces sortes de revues spéciales, ces publications intermédiaires entre l'almanach et l'annuaire, surgissent de toutes parts, littéraires, géographiques, musicales, industrielles, politiques, scientifiques, photographiques, vélocipédiques même, l'image n'a pas encore son organe attitré.

L'almanach tel que le concevaient nos pères, l'almanach que recueillent aujourd'hui, pieusement, les amoureux des élégances passées, semble avoir à jamais disparu, et c'est l'annuaire qui a profité de tout le terrain perdu par lui.

Dès maintenant, la parole est au xxᵉ siècle. Je laisse la plume à celui qui, dans cent ans, épris de la même passion que moi, voudra bien continuer mon œuvre ; à celui qui voudra bien prendre en main mon héritage littéraire. Puisse mon souhait se réaliser, comme je viens de répondre, en dressant ce monument, au désir jadis émis par M. de Bois-Jourdain, comme j'ai fait mon possible pour combler la lacune « Brunet » signalée par Brunet lui-même, dans sa savante bibliographie.

---

cules, imprimés et distribués par des papetiers, des parfumeurs, lesquels ont, tout naturellement, inventé la spécialité des petits almanachs parfumés (voir, à ce sujet, au supplément, l'*Almanach-Bouquet* pour 1868), des confiseurs, des tailleurs, des cordonniers, des bouchers, des magasins de nouveautés. Un de ces industriels offrit même, en 1893, à sa clientèle, un calendrier gastronomique sur lequel chaque jour était représenté par un plat particulier. Et, d'autre part, en 1891, un journal, l'*Écho de Paris*, fit distribuer à ses abonnés un ravissant petit calendrier orné de compositions de Lucien Métivet, tandis que le chocolatier Lombart, reprenant la tradition du xviiiᵉ siècle, joignait à ses sacs de bonbons un petit bijou gravé.

Peut-être l'imprimerie Pairault qui a entrepris, ces dernières années, la publication d'une collection de minuscules, voudra-t-elle bien nous doter d'un almanach lilliputien conçu avec goût sur le modèle des publications du temps jadis. Tentative intéressante et bien faite pour charmer les curieux !

LES AFFICHES D'ALMANACHS.

Les affiches d'almanachs depuis la Révolution. — Leur importance en librairie. — Leur intérêt au point de vue document, renseignement, pour les actualités et les modes du jour. — Description iconographique des principales suites annuelles.

L'histoire de l'affiche de librairie n'a pas encore été faite et il n'entre point dans mon intention de l'entreprendre ici : ce que je veux, simplement, c'est dresser une sorte de catalogue, une iconographie détaillée, si l'on préfère, des affiches d'intérieur destinées à annoncer les almanachs. Durant tout le XVIIIe siècle c'est, purement et simplement, le prospectus-affiche, le petit carré sur papier vergé, qu'il s'agisse d'un livre ou d'une attraction nouvelle de la foire Saint-Germain. A la Révolution la petite feuille, imprimée tantôt en largeur, tantôt en hauteur, s'agrandit, et atteint au format des affiches ordinaires, politiques ou autres. Même aspect extérieur, même typographie soignée ; encore toutes les élégances de la belle époque. L'emploi de l'elzévir, le mélange heureux des caractères donnent à ces placards une couleur très spéciale. Leur arrangement général indique bien l'usage auquel ils sont destinés : d'aucuns conservent la mise en pages d'un livre, et présentent même tout l'aspect d'un titre ; telles les deux pièces ici reproduites dont l'une, avec son appel caractéristique : *Avis à la Nation*, laisse déjà entrevoir les formes nouvelles de la publicité. Ce n'est plus seulement l'appel aux « citoyens-libraires », — souvent rencontré sur les prospectus de l'époque, — c'est l'appel à tout le monde indistinctement, au public, dans son ensemble.

Sous le premier Empire, sous la Restauration, l'annonce de librairie, après s'être élevée jusqu'à l'affiche, paraît vouloir revenir à des proportions plus modestes : une annonce de Treuttel et Würtz, pour l'*Almanach des Dames*, et différentes petites feuilles-affiches imprimées chez les Didot, destinées à d'autres publications similaires, m'ont passé sous les yeux, dans des formats dont on ne se soucierait plus guère, aujourd'hui. Et, à vrai dire, jusque vers 1840, l'affiche consacrée au livre, peu nombreuse du reste, n'offre qu'un médiocre intérêt. Les seuls ornements qu'elle se permette sont les encadrements typographiques, ces mêmes encadrements que l'on peut voir sur certaines couvertures de l'époque.

Mais, à partir de ce moment, l'affiche devient, pour ainsi dire, obligatoire, en même temps qu'elle se présente illustrée, et les almanachs, qui poussent drus, prennent l'excellente habitude d'annoncer leur apparition au moyen de placards annuels offrant, chaque fois, une composition nouvelle.

C'est l'iconographie de ces pièces, la description de ces feuilles volantes d'un intérêt tout particulier que j'ai donc entrepris de donner ici, comme j'ai cru devoir, plus haut, entrer dans quelques détails sur les cartonnages, c'est-à-dire sur l'enveloppe extérieure des almanachs, et sur les calendriers destinés à leur être adjoints.

ALMANACH
MILITAIRE
DE LA GARDE
NATIONALE - PARISIENNE.
CONTENANT

1° Les noms & adreſſes des Adminiſtrateurs du Département de la Garde-Nationale, & des autres Départemens, compoſant la Municipalité ; avec les détails relatifs tant aux Bureaux de ces divers Départemens qu'à ceux de l'État-Major général ;

2° Le nom de MM. les Officiers, leur rang & leur demeure. Cette Partie eſt arrangée de manière à faire connoître la place de chaque Officier dans ſes Diviſion, Bataillon & Compagnie ;

3° Un Précis du Réglement de formation des différens Corps qui compoſent la Garde Nationale-Pariſienne, avec le Tableau général de leur compoſition, le Tarif des Appointemens & Solde, & celui de la retenue des journées d'Hôpitaux ; les Inſtructions concernant l'Habillement, Armement, Equipement, nomination d'Emplois & marques diſtinctives de tous les Grades, tant de l'Infanterie que de la Cavalerie ;

4° Le nom des Caſernes, celui des Compagnies ſoldées qui les occupent, les rues où elles ſont ſituées, & les noms des lieux d'Aſſemblée de chaque Bataillon, ainſi que ceux des différens Poſtes de la Garde journalière, &c. &c.

POUR L'ANNÉE 1790.

Nota. On n'a rien négligé pour rendre cet Almanach auſſi curieux qu'utile ; il a l'avantage d'avoir été rédigé d'après les notes les plus exactes & les renſeignemens les plus ſûrs.

Il pourra paroître Vendredi 9 Janvier.

Petit in-12, broché, 1 liv. 4 ſols.

A PARIS,

Chez J.-R. LOTTIN *de S.-Germain,* Imprimeur Ordinaire de la VILLE, rue S.-André-des-Arcs, N° 27

De l'Imprimerie de LOTTIN l'aîné, & LOTTIN de S.-Germain Imprimeurs-Libraires-Ordinaires de la Ville, rue S.-André-des-Arcs (N° 27), 1790.

Affiche d'intérieur pour les libraires et les envois aux particuliers, imprimée sur gros papier bleuté.

[Collection de l'auteur.]

Au point de vue matériel et au point de vue artistique, tout à la fois, ces affiches tiennent une grande place dans l'histoire du placard imprimé, car elles donnèrent une impulsion considérable à la spécialité du livre : d'aucunes, fort rares, sont des papiers peints, ayant arboré, pour la circonstance, des formats plus maniables que les immenses personnages des magasins de confections dont l'ampleur s'étalait sur les murs, en plusieurs morceaux ; les autres sont des lithographies en couleurs, genre peu répandu,

---

AVIS A LA NATION.

ÉTAT MILITAIRE

DE LA GARDE NATIONALE

DE FRANCE,

CONTENANT le Tableau des Officiers, Bas-Officiers, & la Récapitulation des Troupes Patriotiques de chaque Ville & gros Bourg du Royaume, la couleur des Uniformes, l'empreinte des Boutons, la Devise des Drapeaux, & un Précis de la Révolution particuliere à chaque Province.

Fort Volume in-12, *Prix*, *3 liv. franc de Port*, *pour tout le Royaume.*

CET Ouvrage, qui réunit l'ensemble de la Garde Nationale d'environ trois mille Villes ou Bourgs, paroîtra du 15 au 20 de ce Mois. Il ne fera pas mis en vente, & ne fera délivré qu'aux Souscripteurs.

On souscrit à Paris, chez LE TELLIER, *Libraire*, *quai des Augustins*, *N°. 50.*

ÉTAT CIVIL DE LA FRANCE.

CONTENANT 1°. Les noms des honorables Membres de l'Assemblée Nationale;
2°. Ceux des Membres des Assemblées Provinciales;
3°. Des Officiers de Municipalités & de Communes actuellement existantes;
4°. Des principaux Officiers de Justice;
5°. Des Sociétés Littéraires, Savantes, d'Agriculture & de Bienfaisance;
6°. L'État Ecclésiastique de chaque Diocèse;
7°. Enfin le Tableau du Commerce des principales Villes du Royaume, avec les noms & opérations des principaux Négocians; le tout accompagné d'une analyse exacte & précise des Coutumes, Réglemens, & Evenemens particuliers à chaque Province, des Opérations & Décrets annuels des Assemblées primaires & secondaires.

Autre Vol. petit in-12, d'environ 500 pag. même prix, & se trouve à la même adresse que l'ÉTAT MILITAIRE NATIONAL.

A PARIS, De l'Imprimerie de VALLE/RE, rue de la vieille Bouclerie.

Affiche destinée à annoncer deux publications du libraire Le Tellier
et imprimée également sur gros papier bleuté.

[Collection de l'auteur.]

Cette affiche acquise par moi, tout récemment, m'a fait connaître ces deux « États » dont j'ignorais l'existence.

jusqu'alors, réservé aux publications d'une valeur plus considérable. « Les reports », dit M. Maindron, dans sa dissertation sur les affiches illustrées, « n'y sont pas toujours parfaits, les teintes rouges, bleues et noires qui les composent y sont quelquefois confondues, mais pourtant l'harmonie n'y est point trop maltraitée. Cette collection spéciale aurait, aujourd'hui, une réelle valeur. De ces premiers essais, nécessairement incomplets, presque informes, si on les compare aux résultats remarquables qu'on obtient aujourd'hui, date l'entrée en ligne de la branche lithographique. »

Intéressantes comme métier, toutes ces pièces sortant des ateliers de Ch. Fernique, ne sont pas moins précieuses à feuilleter, si l'on veut étudier le développement du sentiment artistique dans la publicité commerciale. D'abord signées de Vernier, de Cham, de Quillenbois (M. de Sarcus), d'Henri Émy, de Bertall, de Benjamin Roubaud, elles auront une ou deux belles pièces en noir d'Edmond Morin et de Nadar ; elles donneront lieu à une production nombreuse de Stop, elles verront successivement Grévin, Henry de Montaut, Hadol, Mars, Draner, Frédéric Régamey leur apporter le concours de talents et de sentiments divers dans le domaine de la décoration ou de la fantaisie, jusqu'à ce que — dernière incarnation — des jeunes, tel de Feure, y fassent pénétrer le style fin de siècle.

Au point de vue du document, du renseignement, elles ne conserveront pas, jusqu'à nos jours, le même intérêt. A l'origine, l'on peut dire de 1840 à 1870, elles constituent une sorte de galerie illustrée par la plume et le crayon des nouveautés, des curiosités, des passions et des folies du moment. Quillenbois, Cham, Vernier, Bertall se servent de ces affiches-réclame pour donner libre cours à leur esprit inventif, et l'on ne sera pas peu surpris de voir, en les feuilletant une à une, que bien des choses alors prédites, sous une forme satirique, ont, depuis, pris corps et sont devenues des réalités. D'une lecture facile, comme toutes les estampes, elles offrent ce grand avantage de présenter ainsi, sous une forme condensée, les engouements et les ridicules humains, qu'ils soient éternels ou simplement particuliers à certaines périodes : ici, les extravagances des modes, les outrances de la gloriole militaire ; là, la ballonomanie, la coursomanie. Le Léviathan, cet ancêtre des cuirassés, les omnibus, les chemins de fer, les vélocipèdes, tiendront une grande place à côté des rêveries socialistico-humanitaires ou de la fièvre de l'or suscitée par la découverte des mines de Californie ; Abd-el-Kader et M. Prudhomme s'y rencontreront avec les planètes de M. Leverrier ou les lions de M. Crockett ; la muselière des chiens viendra fréquemment rappeler que la peur de la rage canine fut, de tout temps, une obsession bien humaine ; les Aztecs et les Turcos permettront à Cham de donner libre cours à sa verve : la pieuvre de Victor Hugo, le fusil à aiguille des Prussiens, le canon rayé des Français serviront ainsi à caractériser certaines années, et le cheval Gladiateur dont les couleurs furent, un instant, si recherchées, passera à la postérité sur le même rang que le colonel Armstrong.

Mais, peu à peu, depuis 1870, cette excellente habitude de présenter en quelques rapides croquis, une revue de l'année, a disparu ; les éditeurs ont remplacé la primitive affiche annuelle par des compositions allégoriques destinées à jouer le rôle de passe-partout, deux ou trois médaillons servant uniquement à enregistrer les nouveautés du moment. Et c'est ainsi qu'à une période, à la fois documentaire et pittoresque, a succédé, pour l'affiche d'almanach, la période banale en laquelle nous nous trouvons, aujourd'hui.

Dans la description qui va suivre, on s'est donc surtout attaché aux pièces enregistrant les curiosités et les extravagances annuelles ; les autres dont l'intérêt n'est que secondaire ont été sommairement indiquées. Il suffisait grandement de constater leur existence pour ceux qui, se souvenant de l'opinion émise, en 1886, par M. Maindron, ont été pris, depuis quelques années, de la passion de collectionner les affiches. Et puisque je cite, à nouveau, le nom de ce collectionneur émérite, je tiens à le remercier de l'amabilité avec laquelle il a bien voulu me montrer ses richesses, en ce domaine spécial. Ses pièces réunies à celles de ma collection, à celles obligeamment prêtées par le libraire Sapin, à celles que j'ai pu trouver au Cabinet des Estampes de la Bibliothèque Nationale (1) m'ont permis de constituer l'ensemble, assez important, dont la description suit (2) :

Almanach Astrologique.

— 1848. Composition de Bertall.

Un astrologue, à cheval sur la mappemonde. De petites vignettes personnifient la France, l'Angleterre, l'Italie, la Bavière, l'Espagne, tandis que tous les peuples s'inclinent devant une statue du veau d'or. Dans le haut, à gauche, la lune en femme ; à droite, le soleil, avec un lorgnon.

— 1851. Composition de Henri Émy.

Trois personnages s'élevant en ballon : l'un d'entre eux est monté sur un âne.

— 1863. Composition de Cham.

« La santé de la Lune donnant des inquiétudes, s'adresser, pour voir son bulletin, chez M. Pagnerre, rue de Seine, 18 ». (Un astrologue tâtant le pouls à la Lune.)
Tout autour petites vignettes : « Les habitants de la Lune envoient des pommes cuites aux astronomes ». — « La Lune en prenant à son aise maintenant que le gaz fait son ouvrage, etc. »
Litho noire et rouge.

Almanach Comique.

1847. Composition de Cham.

Reproduction d'après un original en couleurs.

(1) Le Cabinet des Estampes ne possède aucun recueil spécial consacré aux affiches d'almanachs ; rien ou presque rien au dossier de dépôt des imprimeurs : c'est donc dans l'œuvre des artistes qu'il faut chercher ; mais à part Cham, assez copieusement représenté, à part deux ou trois pièces de Bertall et de Henry de Montaut, l'affiche est, en ce domaine, d'une déplorable pauvreté.

(2) En principe, toutes les affiches, ici décrites, sont des lithographies. Lorsqu'il en est autrement une note l'indique. En principe, également, elles sont tirées en deux couleurs, bleu et rouge. Toutes également sont en largeur, à moins d'indication spéciale.

Au milieu l'*Almanach Comique* en train de souffler le feu sous une marmite pour brûler tous les restes de l'année 1846.

Autour petites vignettes, avec légendes :
— *Le Constitutionnel* mourant d'une maladie de croissance.
— Martin écrivant ses mémoires pour le *Constitutionnel*.
— Le comte de Monte-Cristo prenant en pitié la misère de M. de Rothschild, etc...

— 1848. Composition de Cham.

L'*Almanach Comique* assis, affalé, contre son propre volume, à côté d'un flacon d'éther.
Petits sujets en images :
— Napoléon, poursuivi par le violon d'Adam, abandonne le cirque Olympique.
— M. Rogers éteignant un concurrent. (Il le couvre d'un chicot en guise d'éteignoir.)
— Désirant entretenir la curiosité publique, M. Leverrier ajoute une queue à son étoile.
— M. Roqueplan cherchant à relever l'Opéra.
— O. — Dividende d'une compagnie de chemins de fer.

— 1849. Composition de Quillenbois.

La Caricature debout, enfonçant son crayon dans les feuillets de l'*Almanach Comique*. Légende :
« Pas de grâce ! cette année j'y mets tout le monde. »
Petites vignettes :
— Dédié à M. Pierre Leroux (un peigne et une brosse).
— Exilés par M. Proudhon pour avoir voulu continuer la famille (coq, poule et poussins).
— Arrivée en Icarie. Les Peaux-Rouges mis au régime de la viande blanche, par M. Cabet (ils lui sautent dessus).
— Sous l'éteignoir (le prince Louis Napoléon disparaissant sous le chapeau de Napoléon Ier).
— M. Leverrier cherchant à faire croire à sa planète.
— Le communisme appliqué à l'astronomie. (Les astres sont coupés en deux.)

— 1850. Composition de Cham.

L'*Almanach Comique* déguisé en sauvage. Au-dessous, on lit : « La véritable Californie S'adresser, pour les renseignements, 14 *bis*, rue de Seine, à la librairie chargée de l'exploitation des mines d'almanachs, 1850 ». Autour de lui, personnages piochant dans des mines d'où d'autres remontent avec des provisions d'almanachs portés en brouette ou sur des crochets.
Légendes des petites vignettes :
— Le président du Congrès donnant le baiser de paix à une quakresse (il disparaît sous les profondeurs de son chapeau-capote).
— Un dégraisseur perdant son latin (il essaye en vain de dégraisser la redingote de Pierre Leroux).
— L'empereur Nicolas obligé de suivre la classe de langue universelle instituée par Richard Cobden (prononcez Gobe Tout).
— Pierre Leroux chevauchant sur son chval Triade (un cheval à trois queues).
— Résultat obtenu par le Congrès de la Paix (chat et rat se donnant la patte).

— 1851. Composition de Cham.

L'*Almanach Comique* en train de dessiner son affiche ; à ses côtés, le Temps qui lui parle en ces termes : — « A ça ! dites-donc farceur ! ce sera donc toujours la même chose ? Vous vous moquerez donc de moi tous les ans. »
Tout autour petites vignettes, avec légendes :
— Le cheval de M. Poitevin témoignant de l'inquiétude chaque fois que son cavalier quitte la selle (allusion aux expériences aérostatiques de ce personnage).
— Train de plaisir. 5 francs tout compris, ballotage, cahotage et inconvénients de toutes espèce (caricature sur les ballons).
— 3 heures du matin. Arrivée d'un voyageur à Dieppe, par le train de plaisir (il est en pleine obscurité).
— La société humanitaire de Londres, obligeant M. Green à modifier son ascension équestre de façon à ce que le cheval ne sorte pas de ses habitudes.
— L'astronomie constatant que, depuis les ascensions équestres, la lune est abimée de coup de pied de cheval.

— 1852. Composition de Cham.

L'*Almanach Comique* regardant dans le sac que lui ouvre le Temps. « Oh ! là ! là ! les drôles de choses que vous avez dans votre sac pour l'année 1852. »
Vignettes d'actualité:
— Ingénieux système de l'homme qui vole (charge sur les nouveaux systèmes de ballons).
— M. Cobden, je vous défends d'y toucher ! (moutard, avec un sabre de bois et un chapeau en papier, posté devant un soldat anglais).
— Les volatiles prenant le parti d'aller à pied depuis que les hommes vont en l'air.
— Un monsieur tenant à la main un moutard à tête monstrueuse: « C'est mon fils, j'avais eu le malheur de mener sa mère voir la pièce du *Monstre*, à l'Ambigu. »

— 1853. Composition de Cham.

Au milieu l'*Almanach Comique* donnant sa raclée annuelle au spleen.
Autour, petites vignettes d'actualité :
— Comme quoi la trompette exige une vue aussi longue que l'instrument, si l'on veut parvenir à déchiffrer sa musique. (caricature sur les instruments Sax.)
— Le Juif-Errant continuant son tour du monde pour se reposer de ses fatigues théâtrales.

— Vos papiers ! ou je cogne (personnage devant un chien : à propos des arrêtés sur les chiens).
— Gênés dans la conversation (chiens muselés).
— Mᵐᵉ Saqui est-elle chez elle !... Oui, monsieur, donnez-vous la peine de monter ! (on aperçoit la célèbre danseuse au haut de la corde raide), etc...

— 1854. Composition de Cham.

Un caricaturiste mettant le feu, avec son crayon, à un canon qui lance le boulet *Almanach Comique*. — Tout autour 7 sujets en images.

— 1855. Composition de Cham.

M. Prudhomme se gendarmant contre l'*Almanach Comique*. « Canaille de Caricature ! me fourrer là-dedans pêle-mêle avec les Aztecs ! moi, un homme établi ! vous n'en faites jamais d'autres ! »
Petites actualités en images :
— Apprenant ses lettres pour être à même de prendre l'omnibus (allusion au numérotage des lignes d'omnibus effectué à la suite de la fusion des différentes compagnies).
— Les arbres des Champs-Elysées pleurent en se voyant numérotés comme des fiacres.
— Le Monsieur qui a le n° 47 pour la prochaine voiture, dans un bureau d'omnibus.
— Conséquences du livre de M. Flourens (livre sur la quadrature du cercle : M. Prudhomme jouant au cerceau).
— Les Aztecs ayant eu l'imprudence d'aller visiter le Palais des Singes, manquent d'être reconnus par un de leurs oncles.

— 1857. Composition de Cham.

Au milieu l'*Almanach Comique*, une casserole à la main, se préparant à faire sauter une jeune fille qui personnifie l'année 1857. « — 1857. — Je suis curieuse de savoir à quelle sauce il va me mettre, ce farceur d'*Almanach Comique*. »
Autour petites vignettes, avec les légendes suivantes :
— Comment on se représente un gosier qui contient 30,000 fr. (Allusion aux appointements exagérés que l'on commençait à donner aux chanteurs).
— Un savant qui sort de mon écurie ! mon cheval est mangé, c'est sûr !
— Retour du marché. (Paysanne ayant au bras un panier duquel sort une tête de cheval.)

— 1858. Composition de Cham.

L'*Almanach Comique* transperçant le Temps de son crayon. « Le Temps. — Ce mâtin-là me turlupinera donc toujours ??? »
Petites vignettes : Charges sur les modes et sur le tourniquet « instrument de torture inventé en 1857. » — Un jupon. — *Nota*. Le reste sera publié l'an prochain (allusion aux grandes crinolines).

— 1859. Composition de Cham.

Au milieu l'*Almanach Comique* devant un arbre enveloppé de bandelettes : — L'Arbre :
— « Allons bon !! voilà l'*Almanach Comique* qui va se moquer de moi, comme si je n'étais pas déjà assez malheureux de me voir fagoter de la sorte ! »
Autour petites vignettes avec légendes, la suivante seule présentant un intérêt rétrospectif.
— L'homme-Canon est-il chez-lui ? – Mais non ! midi vient de sonner, il est parti ! — Ah ça ! il est donc comme le canon du Palais-Royal ?

— 1860. Composition de Cham.

L'*Almanach Comique* croquant l'année 1860 au berceau. Derrière lui, le Temps, debout : « Tiens ! 1860 n'est pas encore né et le voilà qui fait déjà sa charge !! »
Petites actualités en images :
— Portrait commandé par M. Velpeau (un noir).
— L'humanité exigeant que l'on mette un flacon de chloroforme sous le nez de l'Isthme de Suez, au moment de lui percer le flanc.

— 1861. Composition de Cham.

L'année 1861 succombant sous le poids des blagues qu'on lui met sur le dos : « Il ne se gêne pas l'*Almanach Comique* ! m'en met-il sur le dos, ce gaillard-là ! il va me casser les reins, c'est sûr ! »
Petites vignettes d'actualités :
— Un moutard qui aime le gigot (il mord après les manches d'un monsieur à la mode).
— Une dame et sa suite (robe à longue traîne).
— Comme quoi on peut obtenir des prix sans être fort en thèmes (un animal gras couronné de lauriers).

— 1862. Composition de Cham.

L'*Almanach* transperçant de son crayon un personnage : « Satané *Almanach Comique* ! va ! nous arrrange-t-il nos effets, ce gueusard là !! »
Petites actualités en images :
— Le Kanguroo du jardin d'Acclimatation mettant la main à la poche pour secourir un pauvre.
— Membre du Jockey-Club montant un cheval rayé avec lequel il gagne les courses.
— Un monsieur, très riche, posant à la Photographie hippique : « Les chevaux c'est bon pour les pauvres diables » (il est monté sur un éléphant).
— Devant la trirème de Saint-Cloud. — La vapeur s'imagine qu'elle n'a plus qu'à se croiser les bras. Allons donc ! mademoiselle !

— 1863. Composition de Cham.

L'Almanach, crayon en main, visant plusieurs personnages : « Saperlotte ! nous sommes perdus !! il a une plume et un crayon Armstrong. »
Petites vignettes sur le colonel Armstrong.
— Le Soleil profitant de ce que Nadar est dans son voisinage pour lui reprocher d'avoir voulu le supplanter en photographie par la lumière électrique.

— 1864. Composition de Cham.

L'Almanach Comique debout, armé de sa plume et de son crayon, s'adressant aux excentriques du jour, à genoux devant lui : « Faut que je vous embroche ! il n'y a pas à tortiller, choisissez du crayon ou de la plume ? » — « En voilà une grâce ! l'un pique autant que l'autre. »
Tout autour, les petits sujets habituels : — Nouvelle méthode pour toujours monter le cheval gagnant (jouer dessus à saute-mouton). — M. Crokett mettant son lion dans sa bouche afin de varier ses exercices, etc.

Affiche tirée en bleu, rouge et noir.

— 1866. Composition de Cham.

L'Almanach Comique, baisant les mains à une élégante du jour : « Que vous êtes donc bonne et gentille d'être ridicule comme ça ! Quelle mine pour mon Almanach ! »
Petits sujets en images :
— Dites donc ! vous et le charbon de terre vous vous traitez de pays ? (apostrophe d'une nourrice à un turco).
— La mode ayant du bon pour les femmes qui ont besoin que leur mari leur tienne la bride ! (mari tenant sa femme par son suivez-moi jeune homme).
— Inconvénient de la célébrité ! (chacun voulant un crin de la queue de Gladiateur).
— Cette pauvre Albion ne sachant à qui s'en prendre de sa défaite. (battue aux courses, elle tape à bras raccourcis sur le Lion britannique.)
— La Lune enviant le Soleil ! Il voit courir Gladiateur, lui !

— 1867. Composition de Cham.

L'Almanach Comique se préparant pour l'Exposition de 1867. Assis sur un in-4, il est en train de se faire friser.
Tout autour, petites vignettes.
— Le Soleil lisant la Lune. — La Lune lisant le Soleil-(allusion aux deux nouveaux journaux qui venaient d'être fondés).
— L'Empereur de Chine demandant à son fidèle mandarin où est son peuple : « Sire, tous à l'Exposition universelle de Paris. »
— Condamnée au boulet (femme succombant sous le poids de sa coiffure : charge sur les gros chignons).
— Ceylon admettant à porter ses couleurs (charge sur les chevaux de course).

Affiche tirée en bleu, rouge et noir.

— 1868. Composition de Cham.

L'Almanach Comique, l'arme au bras, son crayon en guise de sabre, son carton à dessin faisant fonction de giberne, devant un pioupiou crânement campé : « C'est pas amusant !... Mais faut bien qu'un Almanach puisse causer un peu du fusil à aiguille. »
Petits sujets en images :
— Les autres statues faisant comme Boissy d'Anglas, afin d'éviter les rhumes de cerveau (allusion au grand chapeau girondin dont le buste du conventionnel, inauguré cette année même, se trouve orné).
— Ils prennent notre veste ! pourvu qu'ils ne prennent pas aussi nos pourboires ! (apostrophe d'un garçon de café devant un cocodès à la mode du jour).
— Il y a des choses si tristes dans la vie, faut bien des chapeaux comme ceux-là pour rire un peu (allusion au petit chapeau bas des cocodès).
— Mais va donc ! ce chien ne veut rien faire, je commence à croire qu'il a des rentes (chasseur menant son chien sous le nez d'un lapin).

— 1870. Composition de Cham.

L'Almanach Comique, faisant office de tailleur, en train de prendre mesure à un petit crevé : « Ça ne vous amuse pas ! mais je vous prends mesure tout de même. Tous les ans, je vous fournis habit, veste et culotte ! »
Petits sujets en images :
— Pourvu qu'c'te couleur de figure ne devienne pas d'ordonnance pour toute l'armée française. (réflexion de Dumanet devant un turco.)
— Avant d'acheter un vélocipède, s'informer de son caractère.
— L'éleveur. — Je l'élève ! et lui me descend ! (propriétaire faisant une chute de cheval.)
— Du moment qu'on mange du cheval on doit manger du vélocipède ! (cuisinier se préparant à plonger dans une casserole un de ces bi..roues).
— Diable de mode ! j'y verrais si bien sans lorgnon. (allusion au classique monocle, jouant le rôle d'un carreau dans l'œil.)

— 1879. Composition non signée.

Un ménage couché voyant, en rêve, s'agiter tout ce que le dessinateur a évoqué autour de lui, en une série de diablotins.
A partir de 1881 le même sujet, avec petites vignettes prophétiques, remplaçant les diablotins.
« Nana fera crédit. — L'Académie finira son fameux Dictionnaire. » etc...

— 1883. Composition de Henriot.

> Au centre, l'*Almanach Comique* appuyé sur son crayon. Tout autour, ronde de personnages, représentant les choses et les hommes de l'année.
> La même pour 1884.

— 1891. Composition de Draner.

> L'*Almanach Comique* jouant des cimbales et battant de la grosse caisse : autour, personnages de toutes classes, hommes et femmes, riant aux éclats à la lecture de l'almanach.
> Cette affiche sert maintenant, toutes les années, sans modifications.

Almanach d'Illustrations modernes.

— 1859. Affiche typographique.

> Imprimée en largeur, ayant au milieu une composition : *la nouvelle année*.

Almanach de Jean Raisin.

— 1854. Composition de Nadar.

> Même sujet que la couverture de l'almanach (voir, plus loin, page 603).
> L'affiche elle-même a été reproduite dans *Les Affiches Illustrées* de Ed. Maindron (page 134).

Almanach de la bonne cuisine et de la maîtresse de maison.

— 1858. Composition non signée.

> A droite, une cuisinière devant ses fourneaux. A gauche, une maîtresse de maison écrivant ses comptes. — Pièce en largeur et coloriée au patron.

— 1883. Composition non signée.

> Une maîtresse de maison apportant à sa cuisinière la médaille d'honneur de cordon bleu : dans le fond, convives à table.

— 1891. Composition de Mars.

> Cuisinière, élégamment costumée, goûtant à son fricot.

Almanach de la chanson, par des membres du Caveau.

— 1859. Composition de Cham.

> Au centre, contre une table un personnage chantant :
>> Il aime à boire, il aime à rire
>> Il aime à chanter comme tout.
>
> Tout autour petits personnages personnifiant divers types de la chanson : orgue, chanteuse des rues, ténor comique et perroquet.
>
> Affiche rouge et noire.

Almanach de la Littérature, du Théâtre et des Beaux-Arts.

— 1853. Composition typographique.

> Portraits et vignettes empruntés à l'almanach lui-même.

Almanach de la Mère Gigogne.

— 1851. Composition non signée.

> La Mère Gigogne distribuant son almanach. — Ce sera toujours, plus ou moins, le même sujet.

— 1870. Composition non signée.

> Enfants se précipitant au-devant de la bonne mère pour recevoir l'almanach.

Almanach de la Vigne (4ᵉ Année de l'*Almanach Bourguignon*).

-- 1860. Composition de Mouilleron, lithographiée par Cham.

> Ronde de personnages dansant autour du titre.
>
> Affiche rouge, bleue, noire.

Almanach de l'Illustration.

> Les affiches destinées à annoncer cet almanach ont paru, chaque année, avec différentes vignettes provenant de la publication elle-même.
> Pour 1853, c'est une ronde de personnages avec, au milieu, la citation suivante de La Fontaine, sous le titre de : *La Comédie humaine.*
>> Lynx envers nos pareils et taupes envers nous,
>> Nous nous pardonnons tout, et rien aux autres hommes :
>> On se voit d'un autre œil qu'on ne voit son prochain.

Almanach de la Société des Aqua-fortistes.

— 1866. Composition de E. Ulm (Pièce gravée à l'eau-forte).

Almanach des Dames et des Demoiselles.

— 1856. Composition de Ch. Vernier.

Jeunes filles arrangeant des chapeaux ; femme en crinoline. Glace dans le fond.

— 1870. Composition de Ch. Vernier.

Femme se coiffant devant une glace, tandis que, à ses côtés, une *femme de chambre*, à genoux, lui prépare un châle de dentelles.

Almanach des Fleurs.

— 1851. Composition signée : A. Farcy.

Trois femmes habillées en fleurs.
Pièce en hauteur, coloriée au patron, et ayant servi durant plusieurs années.

Almanach des Rieurs.

— 1847. Composition non signée.

Le titre est écrit sur un rideau derrière lequel apparaît une figure de Pierrot. Sur le devant, saltimbanques à la parade, l'un deux montrant l'affiche avec une baguette. Au premier plan, public se précipitant pour acheter l'almanach
Pièce en hauteur. Lithographie en noir assez largement traitée.

Almanach du Charivari.

— 1860. Composition de Cham.

Deux crayons plantés en terre servant à tenir une corde : au milieu un Monsieur se faisant balancer.
« — Quelle satanée balançoire !!! il y fera passer tout le monde. »

Autour petites vignettes, avec les légendes suivantes :
— La vue du Leviathan ayant agi sur le cerveau affaibli du vieux Neptune.
— Les Sirènes forcées de chanter dans des porte-voix, pour se faire entendre à bord du Léviathan.
— Le boulet qui porte de Douvres à Calais.

— 1862. Composition de Cham.

L'Almanach, assis, mettant son crayon et sa plume au pied de deux personnages : « Ont-ils une peur ! ces malheureux ! ! »
Petites vignettes :
— Avantage de la coupe européenne (soldat français tirant un Chinois par sa queue).
— Ct'e pauvre Zémire, qui fait aussi sa petite trirème !
Autres sujets insignifiants.

— 1863. Composition de Cham.

— Au milieu Cham, remuant la foule dans un saladier, avec ses crayons. — « Tous en salade ! et croqués sur place ! ! — (Nota). On n'écoute pas les réclamations. »
Autour petites vignettes, avec les légendes suivantes :
— Parfaitement maître de son cheval, se faisant jeter à terre quand bon lui semble.
— Les modistes montant par trop la tête à ces dames (caricatures sur les hautes capotes).
— J'ai vu des femmes avec des fleurs dans les cheveux, mais jamais des marmites (allusion à la forme des chapeaux).

— 1864. Composition de Cham.

La folie, à cheval, lançant son lasso sur les grotesques de l'année : « Je n'en manque pas un ! décidément j'en aurai une jolie collection pour mon Almanach de 1864. »
Petits sujets en images :
— Gredine de banquette Irlandaise ! Gare au premier Irlandais qui tombe sous ma main.
— M. Hostein, le directeur du théâtre du Châtelet, ne craignant pas de mettre ce pauvre *Rothomago* sur les dents (on lit sur les murs du théâtre : « 6078ᵉ représentation »).
— Pas possible ! c'est pour empêcher les bonnes de faire des sottises ! (effarement d'une nourrice devant la tête d'un turco.)
— M. Crokett continuant de faire de la peine à ce pauvre Anglais qui espérait le voir croquer.

— 1870. Composition de Cham.

Le Temps lui-même venant se renseigner auprès de l'*Almanach du Charivari* pour savoir ce qu'il doit faire en 1870. (Le Temps auprès d'un personnage ayant la physionomie de Cham).
Petites vignettes autour : homme en vélocipède ; M. Prudhomme ne voulant marcher qu'avec le progrès ; femme avec coiffure aux nues, cheval de course, fourrure de cocher et bonnet à poil de grenadier.

Almanach du Mois illustré.

— Almanach ayant paru vers 1869.

Affiche en hauteur, sur papier vert. Composition d'ornement, avec petits médaillons allégoriques pour les mois, signée : A. Demarle, Poteau.

Almanach du Siège de Paris.

— 1872. Composition de Rosambeau.

La ville de Paris tirant l'oreille au général Trochu.

Reproduction d'après une épreuve coloriée au patron. (Collection E. Maindron.)

Almanach du Fumeur et du Priseur.

— 1859. Affiche typographique, avec vignettes provenant de l'almanach.

Reproduction d'après un original en noir (Vignette de Bertall).

Almanach du Tintamarre.

— 1853. Composition de Nadar.

Au milieu d'un cadre, formé par une collection de têtes qui rient, le *Tintamarre*, en astrologue, tenant sa baguette et un numéro du journal. Dans le fond la pleine Lune, une pipe à la bouche, et un quartier qui fait son nez.

Lithographie en noir.

Almanach du Voleur illustré.

— 1859. Affiche, avec vignettes sur bois empruntées à la publication.

Almanach Espatrouillant de la Lanterne des Curés.

— 1885. En vente chez tous les Libraires. Calendrier Républicain. Noms des grands hommes. Date de leur naissance, de leur mort. Collaborateurs : Clovis Hugues, H. France, C. Lamour, Lefèvre, Paul Lafargue, Pottier.

Curé en homme sandwich. Sur l'affiche qu'il porte se trouve écrit le titre de l'almanach tel qu'il est, ici, transcrit.

Affiche en hauteur, rouge et noire.

Almanach illustré à l'usage des jeunes mères. Hygiène de l'Enfance.

— 1875. Composition non signée.

Une jeune mère assise, à laquelle la grand'maman présente le dernier poupon. Sur le devant petite fille.

Affiche en hauteur.

— 1890. Composition de Mars.

Mère tenant un poupon, debout, sur ses jambes : berceau à côté.

Almanach illustré du Sport.

— 1859. Affiche, avec vignettes sur bois empruntées à la publication.

Almanach pittoresque, comique et prophétique.

— 1851. Composition de Quillenbois.

Astrologue, à cheval sur un crayon, auquel est attaché un ballon portant le titre de l'almanach. Petits sujets en images :
— Il y aura une grande éclipse (le chapeau de Napoléon I*er* venant éclipser la Constitution).
— Excellentes mines à exploiter (allusion aux mines de Californie).
— Un train qui n'est pas de plaisir. Débarquement d'un convoi d'Anglais (ils arrivent tous avec une note à la main : allusion, très certainement, aux fonds que le prince Napoléon était accusé avoir reçu de l'Angleterre).
— Les doctrines montagnardes suivant Proudhon (une blague à tabac).
— Les manchettes de ces dames (d'énormes bouillonnés ayant la forme de manchons).
— Impression de voyage en ballon. Retour au village (la tête en bas).
— Le grand Victor étudiant un nouveau tour de force (V. Hugo, coiffé du bonnet rouge, jonglant avec le sophisme, le paradoxe et la blague).
— Un rayon de la bibliothèque du citoyen Flocon (trois pipes).

Almanach National de France.

— 1884. Composition non signée.

Au centre, la France casquée et ailée, tenant des couronnes de lauriers pour ses morts, Gambetta et le commandant Rivière, dont les portraits figurent, au-dessus, dans deux médaillons. Sur les côtés, la revue du 14 juillet et des souvenirs de la guerre de 1870.

— 1891. Composition de Frédéric Régamey.

Deux soldats de l'armée coloniale, en pied ; ornements de style tout autour.

Affiche en hauteur.

Almanach pour Rire.

— 1850. Composition non signée. Ronde de grotesques.

— 1851. Composition de Edmond Morin.

Même sujet que la couverture de l'almanach lui-même, reproduite plus loin (voir, page 583). L'affiche elle-même a été publiée dans : *Les Affiches Illustrées* de E. Maindron (page 126).

Pièce en hauteur.

— 1855. Composition de Cham.

Un caricaturiste, grotesquement costumé en sauvage, transperce de sa plume et de son crayon un brave bourgeois qui lui sert de cible.

— 1857. Composition non signée.

L'*Almanach pour Rire* traînant avec lui un canard sur lequel se lisent : « Charges — Blagues. — Farces. — Quolibets. — Plaisanteries. » Dans le fond un bœuf, avec l'indication de tous les morceaux.

Affiche tirée en rouge.

— 1858. Composition de Cham.

Les lettres du titre sont écrites sur des petits ballons rouges que tiennent un camelot et un groupe de moutards. L'*Almanach pour Rire* s'élance, avec son crayon, sur le camelot.

Affiche tirée en rouge.

ALMANACH
Pour
RIRE
— ● —
1850
— ● —
50 CENTIMES

SE VEND ICI

Reproduction de l'affiche de l'*Almanach pour Rire* de 1850 (papier peint bleu) : le milieu est la reproduction même de la couverture de l'almanach. — Collection E. Maindron.

— 1859. Composition de Cham.

L'*Almanach pour Rire* en clown, les jambes en l'air, tenant sur la plante des pieds M. et Mme Prudhomme. Le titre est écrit sur un drap.

— 1860. Composition de Cham.

L'*Almanach pour Rire* faisant sauter de vieux messieurs, par dessus son crayon. — « Hop là ! !.. vous passerez tous par là, mes petits amis ! »

— 1861. Composition de Cham.

« Farceur d'*Almanach pour Rire* ! ! !... il va les attraper à l'autre bout du monde, cette année ; il a mis son crayon rayé ! ! »
Cham en train de lancer le crayon de la satire sur la foule — le Temps est assis à côté du canon

— 1862. Composition de Cham.

Cham dans un bateau, son crayon et sa plume lui servant de rames ; plusieurs personnages cherchant à s'y cramponner pour ne pas être noyés. — « Trop heureux encore ! que je veuille bien les repêcher ! ! »

— 1863. Composition de Cham.

Un bonhomme se cachant dans la cheminée d'un cuirassé. L'Almanach lui lance sa plume et son crayon : « Ils ont beau se cuirasser, ce farceur d'*Almanach pour Rire* les pince tout de même ! ! »

— 1864. Composition de Cham.

Cham montrant à des lions des croquis, qui les font éclater de rire. — « Pends-toi Crokett ! tu n'aurais pas trouvé celle-là ! »

— 1867. Composition de Cham.

L'*Almanach pour Rire*, armé de son crayon, partant en guerre contre une pieuvre. Légende :
« L'*Almanach pour Rire* voulant se procurer une pieuvre pour l'amusement de sa nombreuse
clientèle. »

Affiche rouge, bleue et noire.

— 1868. Composition de Cham.

Affiche de Cham. Reproduction d'après un original en couleurs.

Almanach prophétique.

— 1842. Composition de Benjamin.

En haut, le buste d'un personnage jouant à l'astrologue et criant dans un porte-voix : « Prophé-
ties pour 1842 ! La queue de Robespierre ! L'année fatale ! » tandis que sa main gauche indique, à
l'aide d'une baguette, le prix de l'almanach : 50 centimes.
Légendes des petites vignettes :
— On inventera des corsets qui rendront bossues.
— Mme Lafarge sera canonisée.
— Parapluies modèles pour 1842 (formant gouttière sur les chapeaux.)
— Les directeurs de théâtres vendront des rubans.
— Les ingénues seront couronnées rosières.
— On inventera de nouvelles chemises.
— On trouvera un nouveau système de fusils économiques (fusils éclatant dans la figure.)
— On boira malgré soi de l'eau du puits de Grenelle (le puits inondant Paris.)

— 1843. Composition de Charles Vernier. (*Voir la reproduction de l'affiche à la
page suivante*).

— 1844. Composition de Charles Vernier.

Un astrologue regardant les étoiles avec une lunette. Prédictions figurant, tout autour, en petites
vignettes.
— Les critiques mariés et les dramaturges se serreront la main.
— Alcide Tousez et Debureau seront de grands personnages.
— Un prodige de l'art musical (un pianiste cassant toutes les notes de son instrument par la
vigueur de son jeu).
— Les lorettes recevront une carte... de visite.

— 1846. Composition de Ch. Vernier.

A droite l'astrologue, debout, braquant sa lunette. — Prophéties représentées par des images :
— Les marchands ne voleront plus.. au contraire.
— L'électricité sera appliquée à la culture.
— Les rosières manquant, on couronnera les rosiers.
— Abd-el-Kader sera conduit de brigade en brigade jusqu'à Ste-Pélagie (Motif central.)

— 1847. Composition de Ch. Vernier.

Dans le fond, l'Astrologue apparaissant derrière le monde, les deux bras tendus et laissant
échapper de ses mains les sujets suivants :

— Habitants de la France éloignés des chemins de fer (tout nus, en sauvages).
— Fusil-gibus pour la garde nationale.
— Chemin athmosphérique de la terre à la lune, trajet direct.
— Un seul tableau au Salon de 1847 (toile microscopique).
— Gentilshommes de 1847 (charges sur les modes masculines).
— L'innocence continuera à être opprimée dans les bals publics.
Et, comme sujet central :
— Les magasins deviendront tellement grands qu'un service d'omnibus y sera établi.

Affiche de Charles Vernier pour l'année 1843 (D'après un original en couleurs).

— 1849. Composition anonyme.

L'astrologue met le feu à un canon qui lance la contrainte par corps, les pommes de terre malades, le choléra, la guerre.
Dans le fond, à droite, les tours de Notre-Dame. Dans le bas, série de petits sujets
— Ce bon M. Proudhon devient féroce propriétaire.
— De jeunes personnes très comme il faut sollicitent l'emploi de cantinières.
— Les états de luxe réclament le droit au travail.

— 1851. Composition de Charles Vernier.

L'astrologue dans la nacelle d'un ballon sur lequel est écrit le titre de l'almanach.
Toutes les petites vignettes de l'affiche sont relatives aux ballons.
— Création d'une gendarmerie aérostatique (2 ballons intitulés, l'un : *le gendarme*, l'autre, *le brigadier*).
— Un célèbre astronome retrouvant sa planète égarée (il est monté sur un ballon.)
— Une nouvelle proposition du général de Grammont : projet en l'air (palais avec 3 ballons sur lesquels on lit : *Gouvernement. — Guerre. — Siège de la justice.*)
Deux ballons situés vis-à-vis l'un de l'autre : *M. Jobard et sa famille, Le Fra Diavolo.* Légende : « lequel on courre risque de rencontrer entre deux nuages. »

— 1852. Composition de Cham.

L'astrologue tenant son almanach ouvert : assise, à ses côtés, une femme représentant l'année 1852 et regardant dans le livre. Le titre est dans un rond figurant un ballon : au-dessus, les puissances étrangères. Dans le bas, les représentants de tous les partis politiques français, chacun avec un petit ballon (Appel au peuple. — Joinville. — Régence. — Prorogation.) Légende : « Chacun dit : le mien seul peut nous sauver ! » En haut, à droite, sur le côté : « Résultat des 30 jours de plaisirs », à propos des élections générales. Dans le haut, un ballon intitulé *Le Lingot d'or* (nom d'une loterie qui fit, alors, grand bruit).

— 1858. Composition de Cham.

Au milieu, toutes les actualités du jour, politiques, littéraires, picturales, sans oublier la comète, présentées par un docte personnage au prophète et à une petite fille représentant l'année nouvelle. Légende : — « 1858 n'acceptant l'héritage de 1857 que sous bénéfice d'inventaire. »
Sur un des côtés, petites vignettes en images :
— Un prodige (enfant nouveau-né jouant du piano.)
— Le raisin se portera tellement bien, qu'on le transportera avec les plus grandes difficultés.

— 1860. Composition de Bertall.

— « Le Temps en 1860 sera calme et sans agitation aucune. » Il est assis, les bras croisés, avec un canon de vin, « les seuls canons dont on se servira en 1860 ».
Une bonne à côté d'un zouave arrosant l'olivier français. — « La jeunesse française à l'ombre de l'olivier protecteur poussera comme un champignon et développera, de plus en plus, ses vigoureuses crinolines. » — « Comme jadis elle avait le Soldat Laboureur, la France aura le Zouave Cultivateur et Jardinier. Il cultivera l'amour et l'olivier de la même main qui a su cueillir si vigoureusement le laurier des combats. »
Dans le coin, à droite, un glaive suspendu : « On suspendra définitivement et à un clou solide le glaive des combats. »

Lithographie bleue et rouge.

— 1859. Composition de Stop.

L'astrologue tenant un stéréoscope au travers duquel une jeune fille regarde les événements à venir.

— 1860. Composition de Stop.

Le Diable, un cigare à la main, le coude appuyé sur un appareil photographique à la lunette duquel vient regarder le vieil astronome. Tout autour petits sujets.

— 1861. Composition de Stop.

Précédé du monde passé et du monde futur, par M. Babinet, de l'Institut, l'astrologue montre avec sa baguette les prédictions de l'année à venir (petites vignettes sans intérêt documentaire).

— 1863. Composition de Stop.

L'astrologue, en costume de fantaisie, ayant autour de lui une série de petits médaillons consacrés à des prophéties en images.

Affiche de Stop. Reproduction d'après un original en couleurs.

— 1864. Composition de Stop.

Le jeune Farfadet, arrière petit-neveu du célèbre Nostradamus, promène l'*Almanach Prophétique* sur la lunette de son grand-oncle et lui en fait voir de toutes les couleurs :

— Les coiffures biscornues continueront à être très bien portées par l'un et l'autre sexe.

— Il y aura une exposition de la race féline. Le grand prix sera remporté par un chat de Perse.

— Le macadam entrera, de plus en plus, dans nos mœurs et dans nos chaussures.

— Un Turco épousera une blanchisseuse qui lui lavera la tête.

— 1866. Composition de Stop.

Quatre gros chiffres rouges figurant l'année, ayant au-dessus des petites vignettes comiques : un astronome en chemise, des diables, des étoiles. Derrière, la faulx et le sablier du Temps.

— 1870. Composition de Grévin.

L'éternel astrologue : devant lui une femme sur un vélocipède, jouant avec un bilboquet dont la boule porte le mot : *Avenir*.

— 1874. Composition anonyme.

Un livre ouvert tenu par un astrologue : de chaque côté une femme montrant du doigt ce qui est écrit sur le livre : « Cy le grand Livre du Destin où chacun connaistra ce qu'il lui doibt advenir à la bonne heure et à la male heure : Nostradamus ». Au-dessus, petites vignettes dans des médaillons.

— 1875. Composition de Hadol.

Femme assise, coiffée à la mode du jour, regardant, au travers de la lunette de l'avenir que lui tient un astrologue, les choses les plus caractéristiques de l'année représentées en petits médaillons.

— 1877, 1880-1882, 1884. Composition anonyme.

A partir de cette date, comme sujet principal, une sorcière, au classique hibou sur le dos du fauteuil, tenant en main un flacon. Sur le devant, une femme en toilette venant la consulter.

Les prédictions de l'année se trouvent sur les côtés en petites vignettes.

— 1891 et suite. Composition anonyme.

Le sujet s'est encore plus simplifié. Ce sont de simples attributs placés au-dessous du titre : une lunette, un hibou posé sur une tête de mort, un sablier, des sorcières et toute une collection d'âmes en peine, revêtues d'un grand linceul, entreprenant un voyage circulaire à la terre.

L'Année Comique.

— 1846. Composition anonyme.

Série de sujets. — St Sylvestre emportant les restes de l'année 1845 (il est drapé dans un numéro du journal *L'Epoque*, journal de bruyante mémoire qui avait eu la prétention d'être une encyclopédie quotidienne). — Tour de Babel ou la confusion des consciences. — Revue de Némésis. — Départ des Jésuites. (Une grande Vérité, nue, une torche à la main, ornée d'une écharpe sur laquelle on lit : « Le travail rétribué. Plus de Judas. »)

Grande pièce en noir. Lith. Rigo.

Le Double Almanach Mathieu de la Drôme.

— 1870. Composition de A. Grévin.

Deux femmes figurant la pluie et le beau temps, avec le buste de Mathieu de la Drôme sur un socle.

— 1874. Composition de Stop.

Sur un fond bleu, destiné à figurer le ciel, la nouvelle Lune entourée de comètes et d'astres, tous étant figurés par des femmes planant dans les airs.

— 1875. Composition anonyme.

Au milieu, ouvert, sur un socle, l'almanach : de chaque côté se hissant, pour en voir les prédictions, un personnage, (une femme élégante et un paysan) ; autour d'eux, public.

Au-dessus, deux petits médaillons : « Noé vient fonder un prix pour l'extinction du philloxera ».

— « Cauchemar d'un vigneron. Combat contre un philoxera. »

Pièce tirée en bleu et rouge.

— 1884. Composition de Draner.

Un garde champêtre tenant l'almanach en main et annonçant ce qui suit, au son du tambour :

« Avec c't'Almanach-ci, z'enfants, pas moyen d'vous trompais pour rentrais l'foin ou la moisson. Vous savez d'avance l'temps qui f'ra toute l'année. »

— 1888. Composition de Draner.

Un gros cultivateur montrant aux paysans, qui accourent, des poires, des asperges, des melons énormes : « Si vous voulez réussir, mes amis, faites comme moi, lisez cet almanach, et profitez de ses conseils. »

Cette affiche sert, depuis lors, toutes les années, sans changement aucun.

Affiche de Grévin. Reproduction d'après un original en couleurs.

Calendrier illustré des Connaisssances utiles.

— 1845. Composition anonyme.

Apothicaire à figure de singe se préparant à donner un lavement à un personnage couché dans un lit. Au-dessous de cette vignette, sommaire des matières de l'almanach.

Pièce en noir. Lith. Rigo.

Le Grand Albert.

— 1856. Composition illustrée.

Le Grand Albert entouré de sorciers et autres personnages d'importance : un seigneur jurant sur une tête de mort.

Mauvaise lithographie populaire provenant de la maison Destouches, rue Paradis.

Pièce en hauteur.

Jérôme Paturot dans la Lune, ou la République des femmes.

— 1850. Composition typographique.

Pièce en hauteur : aux quatre coins un petit bois quelconque ; au milieu, Paturot escaladant la lune, grimpé sur une échelle. Tout autour, sommaire du texte et des chansons.

Paris-Comique. Almanach pour 1847.

1847. — Composition illustrée.

A droite, un personnage soulevant un rideau derrière lequel apparaissent une série de croquis, occupant toute la largeur de l'affiche et représentant les évènements de l'année écoulée.

Affiche en noir, signée : Cal. — Lith. de Prudhomme, pl. Du Doyenné.

Petit Almanach Impérial.

— 1863. Composition de Stop.

Dans le fond, de chaque côté, deux Renommées à la haute stature tenant, à bras tendus, un médaillon encadré de lauriers dans lequel se voit un sujet de bataille. Sur le devant, à gauche, soldats de l'ancienne garde impériale ; à droite, soldats de la nouvelle garde. Dans le bas, au-dessous du titre, 2 médaillons — avec des scènes officielles, — sur lesquels plane un aigle.

— 1864. Composition de Stop.

En haut, aigle couronné reposant sur des foudres. Sur les côtés, cavaliers et fantassins de l'armée impériale entourés de trophées de drapeaux. Au-dessus, deux petits médaillons représentent les guerres de Cochinchine et du Mexique.

Cette composition servira jusqu'au bout : seuls les médaillons changeront, représentant, chaque fois, les événements les plus importants de l'année.

Petit Almanach National.

— 1873. Composition de Henry de Hem (H. de Montaut).

Au premier plan, un marin et un paysan se donnant la main. Sur les côtés, cavaliers et fantassins, chacun ayant, au-dessus, un médaillon (à gauche : *Réorganisation de l'armée*, — à droite : *La Fortune souriant encore à la France*).

— 1874. Composition de H. de Hem.

Une Alsacienne, la tête étoilée, apparaissant au seuil d'une porte et portant dans son tablier la paix, la fortune, tandis qu'un petit troupier s'élance dans l'espace. Un petit paysan et un petit marin la saluent, le chapeau à la main : Légende : « Entrez, Mlle Mil-huit-cent-soixante-quatorze ! Qu'est-ce que vous apportez ? »

— 1875. Composition de H. de Hem.

Dans les cieux, le bon ange tenant entre ses bras un soldat français blessé, et lui donnant une épée. Dans le bas, défilé de l'armée réorganisée.

— 1876. Composition de H. de Hem.

Un artilleur et un paysan se donnant l'accolade fraternelle. Sur les côtés, 2 figures allégoriques assises, l'Abondance et la Fortune.

— 1882. Composition de H. de Hem.

Dans le haut, l'Abondance et la Paix assises. Cette dernière donne un marteau à un soldat appuyé sur une enclume. Au premier plan attributs militaires et zouave.

Pièce en hauteur.

Paris-Almanach (1895)

Petit almanach avec lithographies de Patrice Dillon et texte de Émile Goudeau.

Affiche de De Feure. Reproduction d'après une épreuve d'état, en noir.

La Science du Diable.

— 1851. Composition anonyme.

Le Diable occupé à rédiger son almanach, dans son officine, plongeant sa plume dans la chaudière de l'enfer où son digne satellite est en train de précipiter des humains.

Au-dessus, et tout autour de cette vignette centrale, le sommaire détaillé des matières contenues dans l'almanach.

Pièce en hauteur.

Le Triple Almanach Mathieu de la Drôme.

— 1864. Composition de Stop.

Deux fées, en jupe, représentant la pluie et le beau temps, semant une pluie d'étoiles sur le buste de Mathieu de la Drôme, lequel repose sur un globe terrestre orné des signes du Zodiaque. Tout autour, série de petits sujets sans grand intérêt. Un seul à signaler (un paysan fumant) « Culture intensive. Il faut fumer, je fume ! »

— 1871-1872. Composition de Henri de Hem.

Une femme masquée, un sac à la main, tendant sa main à l'astrologue pour qu'il lise dans ses lignes. Série de petites vignettes. Tout autour : Trône à louer. — Transportation. — Misère. — La Colonne. — Chute du Prussien. — Drapeau français victorieux, etc...

— 1871-1872. Composition de Henri de Hem.

Affiche destinée à remplacer la précédente dont la publication n'avait pas été autorisée par la censure.

Des dames tenant des cerceaux, personnifiant les mois, au travers desquels passent des écuyères.

— 1873. Composition de Hadol.

La mer, avec des quais de chaque côté. A gauche : le beau temps. Femme en toilette et 2 petits médaillons, (bonne récolte, — bonne vendange), et au-dessous la légende : « Ont consulté leur almanach Mathieu de la Drôme. »

A droite, le mauvais temps : une femme ayant son chapeau enlevé par le vent et 2 petits médaillons. (vin à 2 fr. le litre. — Sol ingrat! épizootie.) Légende : « N'ont pas lu l'Almanach Mathieu de la Drôme. »

— 1874. Composition anonyme.

« Le Temps cherchant sur son triple almanach ce qu'il fera Dimanche!! » A ses côtés, des amours ; à gauche, se livrant à la chasse aux papillons, à droite, se chauffant.

Pièce en largeur, tirée en bleu et rouge.

Affiche pour les Almanachs de chez Plon. D'après un original en noir.

— 1875. Composition de Henri de Hem.

Un Dieu terme, à deux faces, l'été tenant une corbeille de roses, l'hiver, au nez rouge, ayant en main une note de médecin et de pharmacien.

Pièce tirée en bleu et rouge.

— 1877. Composition de Henri de Hem, ou de Hadol.

La Fortune sur sa roue distribuant des almanachs à la foule.

Affiche tirée en bleu et rouge.

— 1891. Composition de B. Gautier.

La Renommée couronnant le buste de l'astronome. Sur le devant livre ouvert. Composition figurant le beau et le mauvais temps.

Affiches pour les Almanachs de chez Plon.

— 1881. Affiche dessinée par Bertall.

Le Temps vidant le contenu de sa corne d'abondance de laquelle sortent tous les almanachs du jour. L'*Almanach Lunatique* est penché sur la pointe, tandis que l'*Almanach pour Rire* regarde le défilé du bout de sa lorgnette.

— 1891. Affiche dessinée par Draner.

(*Voir la reproduction à la page précédente.*)

Se vendent ici Almanachs Liégeois

— 1848. Composition typographique.

Affiche sur papier jaune, avec petites vignettes extraites de la série des « Liégeois. »

Almanachs Liégeois.

— 1858. Composition de Cham.

Un paysan s'accrochant au vieil astrologue liégeois : « Mon brave Mathieu Lænsberg, je ne te lâcherions point pour tous les nouveaux Almanachs, quelque biaux qu'ils soient ». Une pluie d'almanachs de toute espèce lui tombe sur le dos.

Petites vignettes sur les côtés:

— Si jamais je pincions ce M. Oïdium dans ma vigne.

— Est-il malhonnête ce paysan! voilà deux heures que je lui fais des saluts sans qu'il me les rende! (personnage devant un mannequin destiné à faire peur aux oiseaux).

— C'est plein de courage la pomme de terre! c'est malade, et ça ne pousse pas une plainte!

I. — BIBLIOGRAPHIE DES OUVRAGES ET ARTICLES

RELATIFS AUX ALMANACHS

Je n'ai point la prétention de dresser une bibliographie complète de tout ce qui a pu être écrit sur les almanachs depuis deux siècles, d'autant plus que les almanachs eux-mêmes contiennent souvent, sur ce sujet, des articles plus ou moins fantaisistes, plus ou moins documentés que l'on rencontrera au cours de cette bibliographie. Souvent aussi, la presse a profité de l'apparition de ces « messagers d'hiver, arrivant avec l'automne, » pour publier des articles, mais ces articles d'une banalité courante, ne donnant aucune indication nouvelle, n'auraient que faire ici. Je me suis donc contenté de signaler, d'abord, les bibliographies générales ou spéciales, ayant fait entrer dans leur cadre cette littérature, puis de donner les titres des publications ou des études visant l'almanach plus particulièrement, ainsi que les livres et périodiques dans lesquels l'on trouve soit des chapitres, soit des articles d'un intérêt général ou spécial, à ce point de vue.

Ce travail est très certainement incomplet, mais, même sous cette forme sommaire, il sera, je crois, d'une certaine utilité pour ceux qui voudraient remonter aux sources ou avoir quelques indications sur les études inspirées par l'almanach depuis son origine.

BIBLIOGRAPHIES GÉNÉRALES

— *Mercure de France* (1769-1792).

A la fin de chaque volume mensuel se trouve l'annonce et l'analyse des ouvrages nouveaux, parmi lesquels figurent nombre d'almanachs.

— *Catalogue hebdomadaire, ou liste des livres, estampes, cartes, qui sont mis en vente* chaque semaine, tant en France qu'en pays étrangers. Publication entreprise d'abord, par le libraire Despilly et continuée, à partir de 1774, par M. Pierres, imprimeur du Roi. Prit en 1782 le titre principal de *Journal de la Librairie*. Paris, (1763-1782).

Ce recueil contient un grand nombre d'almanachs faciles à trouver, étant classés sous ce titre générique à la table universelle des matières.

— *Bibliographie parisienne, ou Catalogue d'ouvrages de sciences, de littérature* et de tout ce qui concerne les Beaux-Arts, imprimés ou vendus à Paris, année 1770, 6 vol. Paris, chez Desnos.

Ce recueil bibliographique donne la description d'un certain nombre d'almanachs, calendriers et étrennes provenant de chez Desnos lui-même (voir tome I, pages 11 à 42.)

— *Cours de bibliographie, ou Nouvelles productions des sciences, de la littérature et des arts,* par M. Luneau de Boisjermain. A Paris, 1788.

Contient à leur ordre alphabétique quelques almanachs, calendriers, états et étrennes.

— *Feuille de correspondance du Libraire* (juin 1791 à décembre 1792) et la suite : *Nouveautés politiques et littéraires* (1793). A Paris, chez Aubry.

Un avis de la page 333 porte : « Nous prévenons que nous n'annoncerons que les almanachs évidemment utiles ou en possession de plaire au public. » Ils sont placés sous les rubriques générales des genres auxquels ils appartiennent.

— *Journal typographique et bibliographique,* publié par P. Roux, puis par Dujardin-Sailly. (1797-1810).

Recueil important à parcourir pour la période du premier Empire. Tous les almanachs chansonniers, étrennes, sont soigneusement mentionnés. Les almanachs se trouvent facilement aux tables des matières.

— *Journal général de l'Imprimerie et de la Librairie,* fondé par Pillet (février 1810 — septembre 1811).

— *Bibliographie générale de la France, Journal général de l'Imprimerie et de la Librairie,* par M. Beuchot (suite du n° précédent).

De 1810 à ce jour, tous les Almanachs, Annuaires, Calendriers et Étrennes, figurant au Dépôt du Ministère de l'Intérieur.

Voir les tables annuelles.

— *Journal général de la littérature de France.* Treuttel et Würtz (1798-1831).

Mentionne quelques almanachs. principalement ceux imprimés chez Treuttel et Würtz.

— *Annuaire de la Librairie*, par Guillaume Fleischer. Chez Levrault frères. An X-1802.

. Quelques almanachs répartis dans les différentes classifications établies par l'auteur et assez difficiles à trouver.

— *Dictionnaire de Bibliographie française.* Au bureau de *Bibliographie française.* Paris, 1812. Tomes I et II (les deux seuls parus).

Publication de Guillaume Fleischer faite avec grand soin.

Voir : *Almanachs* et *Annuaires.*

— *Catalogue général de la Librairie française*, par Otto Lorenz (1840-1865) et par ses continuateurs (1870 à ce jour).

Répertoire minutieusement dressé donnant, çà et là, les titres de quelques almanachs qui ne figurent point dans la *Bibliographie de la France.*

— *Dictionnaire des ouvrages polyonymes et anonymes de la littérature française,* par Quérard (1700-1845). Paris, 1846. (240 pages seules ont paru).

Nombreux Almanachs et Annuaires.

— *Catalogues de la Bibliothèque Impériale* 1855 (Département des Imprimés).

I. — Catalogue de l'*Histoire de France* (Tome IV).

Section III. Cotes de Lc ^{22} à Lc ^{37}. Annuaires politiques, historiques, religieux, constitutionnels, administratifs, militaires, archéologiques, diocésains, de mœurs, de modes, nobiliaires, biographiques, géographiques. — Pour les annuaires archéologiques, voir dans le même volume, les publications de Sociétés (Lc ^{18}).

II. — Catalogue des Sciences médicales (Tome I : 22ᵉ de la série).

Section VII. Cotes de T ^{47} à T ^{54}. Annuaires des sciences médicales, d'hygiène, de médecine militaire, d'homéopathie, de magnétisme, de balnéologie et d'hydrologie, de pharmacie, de médecine vétérinaire.

— *Description historique et bibliographique de la collection de feu M. le comte H. de la Bédoyère sur la Révolution française, l'Empire et la Restauration.* 1862.

Almanachs historiques, critiques, satiriques et facétieux, nᵒˢ 1076 à 1096. Calendriers nᵒˢ 1110 et 1111. Chansonniers, nᵒˢ 1220 à 1227.

— *Essai d'une Bibliographie générale du Théâtre,* ou Catalogue raisonné de la Bibliothèque d'un amateur complétant le catalogue Soleinne, par J. D. F. Paris, Tresse et Aubry. 1861.

Contient, classée chronologiquement, une assez grande collection d'almanachs et d'annuaires concernant le théâtre et la musique, surtout dans les deux parties suivantes : *Histoire du Théâtre.* — *La musique et les opéras.*

— *Guide de l'Amateur des Livres à gravures du XVIIIᵉ siècle,* par Henry Cohen (5ᵉ édition, revue par le baron Roger Portalis). Rouquette. 1887.

La série *Almanachs illustrés* va de la colonne 6 à la colonne 23.

— *Bulletin mensuel de la Librairie Morgand et Fatout* [puis D. Morgand seul]. Paris, 1882 à ce jour.

Publication faite avec grand soin, luxueusement éditée, contenant un assez grand nombre d'almanachs, principalement du XVIIIᵉ siècle, à figures.

— *Les Supercheries littéraires dévoilées,* par J. M. Quérard. Paris, Paul Daffis. 1845-1856.

On y trouve la mention de quelques almanachs publiés par des auteurs, déguisés sous des noms d'emprunt, initialismes, anagrammes, pseudonymes ou autres.

BIBLIOGRAPHIES SPÉCIALES

— *Bibliographie astronomique,* avec l'histoire de l'Astronomie depuis 1781 jusqu'à 1802, par Jérôme De La Lande, ancien Directeur de l'Observatoire. A Paris, Imprimerie de la République, An XI. 1803.

Contient, depuis 1684, le sommaire détaillé de la *Connaissance des Temps*, pour un certain nombre d'années. Donne également quelques annuaires d'astronomie qui ne se rencontrent pas autre part.

— *Bibliographie historique et topographique de la ville de Paris,* ou Catalogue de tous les ouvrages imprimés en français, relatifs à l'Histoire de Paris, par Girault de Saint-Fargeau. Paris, chez l'auteur. 1847.

Mentionne quelques annuaires intéressants au point de vue des spécialités.

— *Bibliographie des ouvrages relatifs à l'amour, aux femmes et au mariage,* et des livres facétieux, pantagruéliques, scatologiques, satyriques, etc., par M. le C. d'I***. Turin et Londres, 1871-1873. 6 vol.

Voir les titres : *Almanachs, Calendriers, Chansonniers, Etrennes.*

— *Bibliographie des Sociétés savantes de la France,* par Eugène Lefèvre-Pontalis. Paris, Imprimerie nationale. 1887.

Mention de toutes les publications entreprises par les Sociétés savantes et, par conséquent, des *Annuaires.*

— *Bibliographie artistique, historique et littéraire de Paris avant 1789,* par l'abbé Valentin Dufour. Paris, Laporte. 1882.

Quelques almanachs, mais sans aucun document inédit.

— *Essai d'une Bibliographie des ouvrages relatifs à l'histoire religieuse de Paris pendant la Révolution* (1789-1802), par Paul Lacombe, Parisien. Paris, Poussielgue, 1884.

Quelques calendriers et almanachs.

— *Bibliographie Aéronautique.* Catalogue de livres d'histoire, de science, de voyages et de fantaisie, traitant de la navigation aérienne ou des aérostats, par Gaston Tissandier. Paris, Launette et Cⁱᵉ. 1887.

Un paragraphe spécial est consacré aux almanachs et aux articles sur les ballons parus dans les almanachs (16 numéros).

— *Bibliographie générale des ouvrages sur la Chasse, la Vénerie et la Fauconnerie*, par R. Souhart. Paris, Rouquette. 1882.

Quelques almanachs.

— *Bibliographie de l'Histoire de Paris pendant la Révolution française*, par Maurice Tourneux. Tomes I et II. Paris, Imprimerie Nouvelle (1890-1894).

Tome I. — Préliminaires. La Révolution considérée dans son ensemble. Almanachs présentant un intérêt général.

Tome II. — Organisation et rôle politiques de Paris. Almanachs politiques, historiques et satiriques (nᵒˢ 11712 à 11775.)

Le tome III. — Monuments, mœurs et institutions, doit contenir une bibliographie des almanachs de mœurs.

— *Bibliographie sportive. Les courses de chevaux en France* (1651-1890), par le comte G. de Contades. Paris, Rouquette. 1892.

Mentionne quelques calendriers et annuaires sur les courses.

— *Les Œuvres du protestantisme français au XIXᵉ siècle,* publiées sous la direction de Frank Puaux. Paris, 1893.

Une courte bibliographie donne les titres des annuaires et almanachs protestants.

— *Bibliographie gastronomique,* par Georges Vicaire. Paris, Rouquette. 1894.

Voir les titres : *Almanachs, Annuaires, Étrennes.*

DICTIONNAIRES

— *Encyclopédie des gens du Monde.* Paris, Treuttel et Würtz, 1833.

Tome I, article : *Almanachs.*

— *Annuaire Encyclopédique,* publié par les directeurs de l'Encyclopédie du XIXᵉ siècle (1859-1860.)

— Tome I. Almanach (article de Firmin-Maillard, résumant de façon assez pittoresque l'histoire des almanachs.)

— *Dictionnaire critique de biographie et d'histoire,* par Jal. Paris, 1850.

Voir page 29, quelques notes sur une traduction de l'*Almanach de Milan* (1688), publiée à Paris par Riboust.

— *Dictionnaire de la Conversation et de la Lecture.* Paris, 1853.

Tome I : Articles *almanach* et *annuaire.* L'article almanach, donne une particularité curieuse au sujet des dernières années de l'*Almanach des Dames.* « Les éditeurs à la fin » y lit on, « ne faisaient plus réimprimer qu'une feuille qui, répartie au commencement, au milieu, à la fin d'une année ancienne, changeait les titres, la table, la première pièce et quelques autres de l'ouvrage, et en faisait un livre nouveau. »

— *Dictionnaire des Ouvrages anonymes et pseudonymes,* par A. Barbier (3ᵉ édition). Paris, Paul Daffis. 1871.

Voir les titres : *Almanachs, Annuaires, Calendriers, Chansonniers, Etats, Etrennes,* etc.

— *Dictionnaire de l'Administration française,* par Maurice Block. Paris, Berger-Levrault.

Contient quelques notices sur les Annuaires administratifs : *Annuaire de la Marine, Annuaire militaire,* etc.

— *Dictionnaire de Pédagogie et d'instruction primaire* publié sous la direction de F. Buisson. Paris, Hachette et Cⁱᵉ, 1882.

Contient, dans sa 1ʳᵉ partie, quelques notices sur les almanachs de l'enseignement : *Almanach de l'Université, Annuaire de l'Instruction publique, Annuaires pédagogiques.*

— *La Grande Encyclopédie. Inventaire raisonné des Sciences, des Lettres et des Arts.* Paris, Lamirault et Cⁱᵉ.

Plusieurs notices fort bien faites, donnant, en un court résumé, un historique complet de tout ce qui touche aux almanachs.

— Tome II. Almanachs (article de généralité), par Maurice Tourneux. — Almanachs de théâtre, par A. Pougin.

— Tome III. Annuaires (étude générale sur les annuaires politiques, administratifs, provinciaux, de sociétés savantes, historiques, et annuaires divers).

Articles spéciaux sur l'*Annuaire Militaire ;* l'*Annuaire du Bureau des Longitudes ;* l'*Annuaire de l'Economie Politique* (ces deux derniers articles par M. Paul Lafargue) pouvant être consultés avec fruit pour l'histoire de ces publications spéciales.

— Tome VIII. Étude très complète sur le *Calendrier* et sur les calendriers, anciens et modernes, des différents peuples.

PUBLICATIONS SPÉCIALES

SUR LES ALMANACHS

(Livres et plaquettes)

— *Dissertation sur les Calendriers, les Étrennes et les Éphémérides* par le président Durey de Moinville.

Table alphabétique des calendriers et almanachs publiée à nouveau dans l'*Almanach nouveau pour l'année 1762*, œuvre du même. Ni la *Dissertation*, ni l'*Almanach* ne se trouvent à la Bibliothèque Nationale.

— *L'esprit des Almanachs*. Analyse critique et raisonnée de tous les almanachs tant anciens que modernes. Paris, la veuve Duchesne, libraire, rue Saint-Jacques, 1783.

Volume publié par Le Camus de Mézières (1721-1789), l'architecte de la halle aux blés, Description d'une série d'almanachs allant de 1712 à 1786. C'est, très probablement, le même qui fut réimprimé en 1789, en 2 vol. ornés de frontispices gravés par Coiny.

— *Notice scientifique et historique sur le calendrier et les calendriers*, les almanachs, les éphémérides ou annuaires, anciens et modernes, par M. Arago.

Article publié dans l'*Annuaire du bureau des Longitudes* (Année 1851).

— *Recherches sur les almanachs et calendriers historiés du XVI° au XVII° siècle*, avec descriptions et notices bibliographiques et iconographiques, par F. Pouy. Amiens, chez Glorieux. 1874.

Étude assez sommaire sur les almanachs de Paris et de la province.

— *Nouvelles recherches sur les Almanachs et Calendriers* à partir du XVI° siècle, avec descriptions et notes, par F. Pouy. Amiens, chez Douillet. 1879.

Deuxième étude aussi peu sérieuse que la première. M. Pouy ne fit jamais qu'effleurer les sujets en de petits opuscules plus prétentieux que documentés.

— *Documents inédits sur les prophéties de Nostradamus et sur Vincent de Sève son continuateur*, suivis de la critique de l'« Almanach Nostradamus pour 1878 », par Victor Advielle. Paris, librairie Aubry. 1878.

Plaquette de 58 pages.

— *Les Almanachs de la Révolution*, par Henri Welschinger. Paris, Librairie des Bibliophiles. 1884.

L'auteur, un travailleur consciencieux, analyse nombre d'almanachs parus entre 1788 et 1800 et donne un essai de bibliographie des principaux almanachs de cette période.

— *Les anciens Almanachs illustrés*. Histoire du Calendrier depuis les temps anciens jusqu'à nos jours, par Victor Champier. Paris. L. Frinzine et Cie. 1886.

Reproductions d'almanachs-estampes s'ouvrant par une étude sur les almanachs-livres dans laquelle l'auteur décrit quelques unes des productions les plus intéressantes du XVIII° siècle.

— *Coup-d'œil sur les almanachs illustrés du XVIII° siècle*, par le vicomte de Savigny de Moncorps, de la Société des Bibliophiles français. Paris, librairie Techener. 1891.

Plaquette de 27 pages, extraite du *Bulletin du Bibliophile*, tirée à 100 exemplaires, ayant pour frontispice la reproduction, en héliogravure, d'une reliure exécutée par Dubuisson (1753).

2° édition, également en 1891, « augmentée de la description des vingt plus jolis d'entre eux. » 82 pages. Comme frontispice : « L'Amour libraire, » gravure des *Étrennes Lyriques* de 1789, d'après Cochin.

— *Almanachs illustrés de la Révolution* (1790-91), par M. de Savigny de Moncorps. Paris, librairie Techener. 1893.

Plaquette de 26 pages, extraite du *Bulletin du Bibliophile*.

— *A propos de l'Almanach Dauphin* (1782) par M. de Savigny de Moncorps. 1893.

Plaquette de 26 pages. Nouvelle série de notes bibliographiques sur quelques almanachs illustrés du XVIII° siècle, depuis 1759.

— *Quelques mots sur différentes reliures du Calendrier de la Cour au XVIII° siècle*, par M. de Savigny de Moncorps. 1893.

Tirage à part du *Bulletin du Bibliophile*. 14 pages, sans titre.

— *Des Almanachs gastronomiques*, par Henri Cherrier.

Article publié dans l'*Annuaire de la Société des Amis des livres* (année 1893; -- pages 67 à 91.)

— *Études sur quelques almanachs prophétiques*, par Gaston Tissandier.

Étude publiée dans les *Annales littéraires et administratives* de la « Société des Bibliophiles contemporains » (année 1892).

— *Livres Minuscules*. La plus grande bibliothèque des plus petits livres du monde. Collection de M. Georges Salomon, par Gaston Tissandier. Paris, Masson. 1894.

Article extrait du journal *La Nature*, avec la reproduction d'un certain nombre de minuscules « reproduits en vraie grandeur. »

— *Camoëns dans l'Almanach des Muses*. Recueil des poésies contenues dans les *Almanachs des Muses* sur Camoëns et son œuvre, précédé de la vie du grand poète, par M. Ferdinand Denis. Paris, librairie S. Pitrat.

Recueil tiré à 140 exemplaires numérotés : 5 sur japon, 3 sur chine, 12 sur hollande.

— *Essai d'un Almanach perpétuel international,* suivi de quelques recherches philosophiques, matérialistes et rationalistes, se rapportant à la question sociale, par A.-J. Crollard. Paris, l'auteur, 110, rue de Rivoli.

LIVRES CONTENANT DES ARTICLES
SUR LES ALMANACHS

— *Tableau de Paris,* de Mercier, 1783.
> — *Tome IV.* Almanach royal.
> — *Tome VI.* Almanach des Muses.
> — *Tome XII.* Calendriers, Almanachs pour Janvier.

— *Mélanges historiques, satiriques et anecdotiques de M. de B(ois)-Jourdain.* Paris, Chevre et Chanson, 1807.

Tome III, page 60. — *Recherches sur les almanachs les plus curieux qui ont paru depuis la mort de Louis XIV jusqu'à la fin de 1740.* (Courte notice sur quelques almanachs de l'époque.)

— *De Paris, des mœurs, de la littérature et de la philosophie,* par J. B. Salgues. Paris, 1813.

Un chapitre sur l'*Almanach des Dames.* — Un chapitre sur l'*Almanach des protestants.*

— *Le Rôdeur francais, ou les Mœurs du jour,* par B. de Rougemont. Paris, 1826.

Tome I.— Les visites, ou l'*Almanach Royal.*

— *Paris Démoli,* par Édouard Fournier. Paris, Auguste Aubry, 1855.

Chapitre II. — L'*Almanach des adresses de Paris sous Louis XIV,* 1690-92. (pages 15-59).

— *Ombres et vieux murs,* par Auguste Vitu. Paris, Poulet Malassis et de Broize. 1859.

Recueil d'études sur Paris. Tout un chapitre sur l'*Almanach Royal* (pages 275 à 295.)

— *Légendes du Calendrier,* par J. Collin de Plancy. Paris, Henri Plon, 1863.

Ouvrage contenant la légende du temps, le calendrier astrologique, les légendes de la semaine et les saints des sept jours, les légendes des saisons, les légendes et éphémérides des mois, le calendrier catholique, le calendrier de l'ancienne Rome, le calendrier des Gaules païennes, le calendrier Janséniste. Quatrains à propos des horoscopes.

— *Histoire des Livres populaires ou de la littérature du colportage depuis l'origine de l'Imprimerie jusqu'à l'établis-* sement de la Commission d'examen des livres du colportage (30 novembre 1852), par Charles Nisard. Paris, Amyot, 1854, 2 volumes in-4. 2ᵉ édition, E. Dentu, 1864, 2 vol. in-8.

L'histoire des almanachs occupe toute une partie du tome I (chap. I et II, — pages 1 à 120, avec nombreuses reproductions de titres ou gravures de publications populaires).

— *Les Sociétés badines et bachiques, chantantes et littéraires.* Leur histoire et leurs travaux, par Arthur Dinaux. Paris, Bachelin-Deflorenne, 1867. 2 vol.

Quelques notes, çà et là, malheureusement trop brèves, sur les publications annuelles des sociétés chantantes : *Le Caveau, le Nouveau Caveau,* etc., mais *les Enfants du Caveau, les Enfants de Momus* et quantité d'autres n'y figurent même pas.

— *La Publicité en France. Histoire et jurisprudence,* par Émile Mermet. Paris, impr. centrale des chemins de fer. 1879.

Chapitre IV. — Almanachs, Annuaires, Guides. Etudes faites avec soin et contenant quelques précieux renseignements.

— *La Mesure du Temps,* par Alfred Franklin, 1ᵉʳ volume de la série sur *La Vie privée d'autrefois.* Paris, Plon, Nourrit et Cⁱᵉ. 1888.

Nombreux renseignements sur le calendrier, les jours, les mois.

— *Variétés historiques et littéraires,* par Édouard Fournier. Paris, P. Daffis. 1856. 7 volumes.

Cet intéressant recueil de pièces rares contient quelques satires relatives aux almanachs.

— *Tome II.* Rencontre et naufrage de trois astrologues judiciaires, Mauregard, J. Petit et P. Larivey nouvellement arrivez en l'autre monde. Paris, 1634.

— *Tome IV.* Les plaisantes Ephémérides et pronostications très certaines pour six années. A Sifra, par Jean Béguin, 1619.

— *Tome VI.* Le Carquois Satyrique, par Antoine Gaigneu, avec une satire « contre les astrologues qui se mêlent de prédire les choses futures. »

— Consulter également l'édition des *Caquets de l'Accouchée* donnée par Edouard Fournier (voir, pages 65 et 66, notes sur le curé de Melmont).

ARTICLES PUBLIÉS DANS LES REVUES

— *Gazette des Beaux-Arts.*

— Tome I (1859) p. 221. *La Curiosité, les Artistes et les Beaux-Arts à Paris, sous Louis XIV.* Extraits du « Livre Commode ou Trésor des Almanachs » du faux Abraham du Pradel. Article de M. Le Roux de Lincy.

— Tome V (1860) p. 356. Trois almanachs des Artistes, au XVIIIᵉ siècle. Article de M. Alphonse Feillet sur les Almanachs de 1753, 1776 et 1777.

— *Magasin Pittoresque.*

— Tome XXI, page 352. Almanach du sieur Morgard (quelques notes).

— *L'intermédiaire des Chercheurs et des curieux.*

Quelques notes, bien incolores, sur les publications suivantes : *Almanach des Cumulards* (tome V, p. 52, 217.) L'*Almanach de Madame de Fontanges* (tome VII, p. 459, 513). *Almanach des centenaires* (tome XIV, p. 585). *Almanach des Prisons* (tome XIV, p. 285, 314). *Almanach des Prosateurs,* (t. XIV, 585, XV, 177). *Alm. des Rues et des Bois* (tome XVI, pages 12. 86, 119). *Hommage aux Dames,* (tome XIX, pages 73, 158, 183).

— *Bulletin historique et littéraire de l'histoire du protestantisme français,* Année 1879.

Le Calendrier historial. Étude sur les almanachs protestants, par M. Charles Frossard, pasteur, pages 129 et 176.

Le même auteur a donné, sous le titre de : *Calendrier historial réformé* (in-18, de 44 pages), une réimpression d'anciens almanachs.

— *Le Livre. Revue du Monde littéraire* (1880-1889). Partie rétrospective.

— Tome IV. *Les Protecteurs des lettres au XIXᵉ siècle.Pick de l'Isère,* par Champfleury (Biographie amusante de ce grand « pondeur d'almanachs » devant Dieu et devant les hommes.

— Tome V. *Les Étrennes littéraires,* par Antoine Fureteur. Essai bibliographique.

— Tome X. *Un Almanach des Muses de 1789,* par Octave Uzanne et A. Robida (fantaisie littéraire sur cette publication, avec croquis de Robida).

— *Moniteur du Bibliophile* (juin 1880).

Article de M. Thoinan sur l'*État actuel de la musique du Roi.*

— *Revue Rétrospective* (Tome XIV : Janvier-Juin 1891).

Curiosités des vieux almanachs : Extraits des *Etrennes Mignonnes* pour l'année 1797 et du *Calendrier républicain et grégorien* pour l'an VI.

— *Le Figaro* (29 octobre 1892 : supplément hebdomadaire du samedi, n° 44).

Ce que je rêvais dans l'église d'Engelberg.

Article de Michelet sur les almanachs, critiquant les vieux calendriers « confus et absurdes, » et donnant le programme d'un almanach populaire, moderne, pouvant être lu et compris par la classe ouvrière.

II. — CATALOGUES DE VENTES AVEC ALMANACHS.

Habent sua fata libelli ! Les livres n'ont pas seulement leur destin ; ils ont aussi leurs périodes de vogue et d'oubli qui, souvent, ne sont point en raison directe du plus ou moins de succès qu'ils rencontrent lors de leur publication. Tel est le cas pour les almanachs, pour les almanachs galants du XVIIIe siècle, tout particulièrement, dont le débit fut relativement considérable, que tous les grands seigneurs et les grandes dames achetaient et qui ne se rencontrent, cependant, dans aucune des ventes contemporaines. L'on peut parcourir tous les catalogues de l'époque depuis 1770, — époque où les Desnos et les Boulanger commencèrent à affluer, — sans trouver nulle part, trace de leur passage ; on ne les voit figurer, même à l'état d'unités, ni chez le comte de Lauraguais (1770), ni chez le duc de La Vallière (1772-1783) (1), ni chez M. Perrot, maître des comptes (1776), ni chez M. Randon de Boisset (1777), ni chez M. de Saint-Céran (1780-1791), ni chez le duc d'Aumont (1782), ni chez le marquis de Courtanvaux (1783), ni chez le prince de Soubise (1788), ni chez Loménie de Brienne (1791), etc. Si la bibliothèque du libraire Lottin en contient un certain nombre ce ne sont que des almanachs de spécialités.

Même absence durant le Consulat et le premier Empire, si l'on fait exception pour la vente M. Méon (1803) qui vit quelques pièces, comme l'*Almanach des aristocrates* et l'*Almanach au Trou Madame* (1791) vendus tous deux, 11 fr. 60, ou comme l'*Almanach de l'abbé Maury* (1792) coté 4 fr ; ils n'apparaissent, en quelque sorte, qu'aux approches de 1830, et ne se trouvent en collection que dans le catalogue Leber (1839), document précieux, que l'on peut toujours consulter avec fruit ; et encore, ne sont-ce point les almanachs à figures mais des pièces historiques, ou satiriques. Tels le *Petit Almanach de nos grands hommes*, l'*Almanach des Prisons*, les *États de la France*, l'*Almanach des centenaires*, les *Étrennes de l'Institut National* qui passent à la vente de feu Barbier, ex-bibliothécaire du Conseil d'État (1828) et se vendent pour rien. Les almanachs et annuaires de théâtres se présentent assez souvent, mais il faut la vente de Soleinne (1843), pour les voir figurer en nombre. En 1845, le catalogue de feu L.-A. Constantin, le bibliographe, contient, également, plusieurs de ces ouvrages de spécialité et les prix qu'ils font sont plutôt dérisoires. L'*Almanach des Spectacles de Paris* (1751-1815), collection rare pourtant, — le catalogue le reconnaissait lui-même, — atteint 21 fr., l'*État actuel de la musique de la chambre du Roi* (5 vol.), ne dépasse pas 6 fr. 50 ; l'*Almanach général de tous les spectacles de Paris*, de Froullé (1791-92), se vend 5 fr. 50 ; des lots de 5 ou 6 pièces font, avec peine, de 3 à 4 fr. L'*Almanach des proverbes* pour 1745, de Grandval, joint à plusieurs pièces de Boutreux de Montargis, n'est pas plus heureux, il atteint 3 fr.; les almanachs et chansonniers de la Révolution sont encore plus maltraités : 14 volumes (voir le n° 492 du catalogue), font 6 fr.; l'on a l'*Almanach de l'abbé Maury*, l'*Almanach d'Aristide*, l'*Almanach Républicain*, l'*Almanach des gens de bien*, l'*Almanach Violet*, l'*Almanach de l'an passé*, pour 1 fr. 50. Et, à l'exception de quelques pièces très rares, il en sera plus ou moins ainsi jusqu'à ces dernières années. L'almanach n'avait pas trouvé les gens capables de l'apprécier, ni au point de vue de son intérêt artistique, ni au point de vue des renseignements, pourtant si précieux, qu'il fournit sur les modes, les usages ou les idées politiques du moment.

Subitement très recherché par quelques collectionneurs raffinés, l'almanach galant, à figures, qui semblait oublié dans les châteaux, dans les maisons ou dans les arrière-boutiques des marchands de province, a fait son apparition chez les libraires

---

(1) Le catalogue de La Vallière ne contient que trois almanachs: *Almanach bachique qui durera autant que le bon vin,* — l'*Almanach merveilleux pour les jours de Carême prenant,* — et l'*Almanach des Abusez.*

et les marchands de curiosités de Paris ; en ces dernières années, toute un bourse s'est créée autour de lui : au début, il se vendait 2 ou 3 louis, aujourd'hui, il atteint facilement 2 à 3oo fr., et déjà le xviiie siècle n'est plus seul à jouir des faveurs du public· amateur. Les almanachs du Consulat et du premier Empire, les almanachs de modes de la Restauration, eux aussi, ont rencontré leurs passionnés ; bientôt on sera à toutes les raretés du siècle dans ce domaine. Autrefois, l'almanach ne se trouvait nulle part ; aujourd'hui, bien rares sont les ventes qui ne contiennent pas deux ou trois spécimens, au moins, de cette littérature spéciale. Le lilliputien, lui-même, a ses fanatiques ; jadis objet de commerce, tenant à la fois du livre et du bibelot, il a pris place, maintenant, dans les vitrines et les tiroirs de quelques collectionneurs, friands de toutes les curiosités point banales.

C'est pourquoi, suivant l'exemple de mon confrère, Maurice Tourneux, j'ai cru devoir mentionner, ici, non point toutes les ventes dans lesquelles figurèrent quelques almanachs, mais bien les catalogues contenant des séries, des groupes intéressants à consulter pour suivre la progression de cette littérature particulière, au point de vue de la valeur marchande (1).

— *Catalogue des Livres de la bibliothèque de M. Augustin Martin-Lottin*, dont la vente commencera le lundi 28 avril 1783 et jours suivants.

Nombreux almanachs mentionnés ici au supplément. *Almanach Royal* de 1685 à 1782, *Etrennes mignonnes* de 1724 à 1731.

— *Catalogue des Livres précieux, singuliers et rares, tant imprimés que manuscrits* qui composent la bibliothèque de M. Méon (15 novembre 1803 et jours suivants). Bleuet jeune.

Quelques almanachs dans la série : *histoire* (nos 3680 à 3690).

— *Catalogue des livres de la bibliothèque de feu M. A.-A. Barbier*, ex-administrateur des bibliothèques particulières du Roi. (25 février 1828 et jours suivants). Barrois l'aîné.

Quelques almanachs épars dans les différentes séries.
(Voir nos 679, 680, 1017, 1033, 1035, 1047, 1055, 1722, 1931.)

— *Catalogue des Livres de la Bibliothèque* de feu M. de La Mésangère (14 novembre 1831 et jours suivants). De Bure.

Quelques almanachs isolés dans différentes séries, notamment l'*Alm. du Mariage* et l'*Alm. des Demoiselles*. (Nos 936, 937, 938, 994, etc.)

— *Catalogue des livres imprimés et manuscrits, et autographes* composant la bibliothèque de M. Brueres de Chalabre (29 avril 1833 et suite). J.-S. Malin.

Quelques pièces en bel état : nos 274 (*les vrayes centuries de Nostradamus*) ; 632, 633 bis. (*Alm. merveilleux pour l'année 1749*, manuscrits portant l'opprobation autographe de Crébillon et sa signature, avec permis d'imprimer).

— *Catalogue des Livres Imprimés, Manuscrits, Estampes, Dessins et Cartes à jouer*, composant la bibliothèque de M. C. Leber ; avec des notes par le collecteur. Téchener, puis Jannet, 1839-1852. 4 vol.

Intéressante collection, la plus précieuse du commencement du siècle, au point de vue des almanachs, lesquels se trouvent répartis dans les tomes I et II.

Tome I : *Astrologie judiciaire*. — *Almanachs vulgaires*.

— *Facéties en formes d'Almanachs et autres Almanachs singuliers*. (Nos 2535 à 2567.)

Tome II : *Collection d'écrits publiés sous le titre d'Almanachs, Vaudevilles et Catéchismes, relatifs aux affaires du temps*. (Nos 4948 à 5008.)

Voir également, à la table des ouvrages anonymes, les titres : *Almanachs, Calendriers, Etats, Etrennes*.

— *Bibliothèque dramatique de M. de Soleinne*. Catalogue rédigé par P.-L. Jacob, bibliophile, l'un des directeurs de l'Alliance des Arts. 1843-45. 6 volumes.

Collection précieuse.

Voir tome V (1re partie), *Almanachs et Annuaires dramatiques* (nos 302 à 316) et parcourir la table générale.

— *Catalogue des livres composant la bibliothèque de M. Beuchot*, bibliothécaire honoraire de l'Assemblée nationale (25 novembre 1850 et jours suivants). L. Potier.

Voir la série : *Histoire des Théâtres en France* (nos 201 à 222) ; puis les nos 325, 452, 492, 493, 497.

— *Catalogue d'une curieuse collection de Livres, Estampes et Médailles concernant l'histoire de Paris*, composant la bibliothèque de M· F*** (14 avril 1853 et jours suivants). J. F. Deléon.

Collection de M. Faucheux, la plus importante de l'époque sur l'histoire de Paris. Série d'almanachs (nos 811 à 830). Plusieurs almanachs se trouvent également dans les autres séries.

(1) La Bibl. Nat. possède une collection assez importante de catalogues de vente des xviiie et xixe siècles, faisant partie du fonds Jullien (Q) et constituée par échange.

— *Catalogue de la bibliothèque théâtrale de M. Joseph de Filippi* (27 mai 1861 et jours suivants). Vente à la salle Silvestre. Aubry et Tresse.

Calendriers, almanachs, annuaires relatifs à l'histoire des théâtres dans sa généralité (nos 387 à 423). Almanachs de musique (nos 624 à 632).

— *Catalogue de la Bibliothèque de M. Favart.* Musique. Ouvrage sur les Arts. Poésie. Théâtre. Histoire de France. (24 novembre 1864 et jours suivants). Tross.

Voir les séries : *Chanson, Théâtre, Introduction, Histoire.*

— *Catalogue de la Bibliothèque musicale, théorique et pratique,* de feu M. A. Farrenc, ancien professeur et éditeur de musique. (16 avril 1866 et jours suivants.) J.-F. Delion.

Voir la série : *Almanachs et Annuaires* (nos 263 à 275).

— *Catalogue de la bibliothèque théâtrale de M. Léon Sapin,* 1re partie (22 février 1877 et jours suivants). Voisin 1877.

Almanachs, Annuaires, Calendriers (nos 232 à 277).

— *Catalogue de la bibliothèque théâtrale de M. Léon Sapin.* 2me partie (25 février 1878 et jours suivants). Voisin, 1878.

Chansonniers (nos 1455 à 1473).

— *Catalogue de la Bibliothèque musicale de feu M. J.-Adrien de la Fage,* ancien maître de chapelle. (15 décembre 1882). L. Potier.

Voir la série : *Almanachs et Annuaires* (nos 443 à 463) et la série : *Chansons, Vaudevilles* (nos 1294 à 1334).

— *Catalogue des livres manuscrits et autographes sur la Révolution française* composant la bibliothèque de feu M. Pochet-Deroche (20 mars-1er avril 1862). Antonin Chossonnery.

Série : *Almanachs* (nos 943 à 978) et série : *Poésies révolutionnaires, Chansonniers* (nos 979 à 991).

— *Catalogue d'une collection importante sur la Révolution française* provenant de la bibliothèque de M. le comte de Nadaillac (19-29 janvier 1885). Antonin Chossonnery.

Almanachs, calendriers, catéchismes, étrennes (nos 829 à 880). *Poésies révolutionnaires, Hymnes, Chansons* (nos 890 à 920).

— *Catalogue des livres anciens et modernes composant la bibliothèque musicale et théâtrale de feu M. Martin,* ancien directeur du Conservatoire de musique de la ville de Marseille (16-27 novembre 1885). Ch. Porquet.

Voir la série 6 : *Histoire de la musique dramatique, ouvrages concernant le théâtre.*

— *Catalogue de livres relatifs à la Ville de Paris et de ses environs,* composant la bibliothèque de l'abbé L. A. N. Bossuet (9 avril 1888 et jours suivants). D. Morgand.

Almanachs ecclésiastiques (nos 424 à 434).

— *Catalogue de livres rares et précieux* composant la bibliothèque de M. Hippolyte Destailleur, architecte du gouvernement (13-24 avril 1891). D. Morgand.

Série : *Almanachs* (Almanachs illustrés du xviiie siècle) et quelques autres pièces dans les diverses séries du catalogue.

— *Bibliothèque de M. Auguste Vitu.* (7 au 12 décembre 1891). Jules Martin.

Série *Almanachs* (nos 1247 à 1268) et quelques almanachs spéciaux dans les séries, *Histoire de la Révolution française, — Histoire de Paris, — Noblesse.*

— *Catalogue de bons livres anciens et modernes. Almanachs, Calendriers, Etrennes mignonnes,* etc. (30 novembre 1892). Ch. Porquet

Collection intéressante, provenant de M. de la Bassetière, riche surtout en almanachs de la Révolution.

— *Catalogue de la bibliothèque de M. le baron Taylor.* (27 novembre — 13 décembre 1893). Techener.

Sans parler des *Étrennes* et autres publications annuelles, qui se trouvent dans différentes parties de cette collection, il faut mentionner la série *Almanachs et Annuaires dramatiques* (nos 2541 à 2553).

— *Catalogue de livres et estampes relatifs à l'histoire de la ville de Paris et de ses environs,* provenant de la bibliothèque de feu M. Hippolyte Destailleur, architecte du gouvernement (28 novembre 1894 et jours suivants). D. Morgand.

Guides et almanachs dans tous les domaines.

— *Catalogue des livres composant la bibliothèque militaire et musicale de feu M. le général Mellinet* (26 novembre-6 décembre 1894). Honoré Champion.

États et Annuaires militaires (nos 410 à 482). Voir également dans la division : *Géographie, Voyages, Marine et Colonies.*

— *Vente de petits almanachs anciens ornés de gravures* (26 décembre 1894). Sanoner et Gandouin.

30 numéros (Calendriers de la cour, Étrennes mignonnes, Gotha, Almanachs Desnos, à figures, Almanachs des Dames, etc.)

— *Belles reliures anciennes, coffrets, ridicules, éventails, almanachs, livres minuscules.* Collection de Mme G*** (26 décembre 1893). Sanoner et Gandouin.

33 numéros. Calendriers de la cour et Almanachs divers.

h

— *Catalogue d'un choix de livres rares et curieux* provenant de feu M. D. L. R. et du cabinet de M. G. (25-3o juin 1894). A. Claudin.

Almanachs, chansonniers et principalement almanachs de la Révolution, Etats des princes et des Cours, de la noblesse et du clergé. Almanachs illustrés.

— *Catalogue de la Bibliothèque* de feu M. Charles Cousin, vice-président de la Société des Amis des livres (8 avril 1895 et jours suivants), A. Durel.

Numéros 23 à 3g.

— *Catalogue d'un petit choix de livres et figures du* xviiie *siècle. Collection remarquable d'almanachs à figures* provenant de la Bibliothèque de M. A. B. (15 novembre 1894), A. Durel.

Une cinquantaine de pièces en cinq numéros, parmi lesquelles des microscopiques et plusieurs Desnos.

— *Catalogue d'une importante collection sur la Révolution. Almanachs, journaux, caricatures,* etc., provenant de la bibliothèque de M. Charles Renard, bibliophile caennais. (Décembre 1895). Paul Massif, Caen.

Paris, province et étranger, depuis l'année 1710. — N°s 87 à 421.

CATALOGUES

D'ÉDITEURS D'ALMANACHS

— Série de Catalogues du libraire Desnos, de 1770 à 1785, sous les titres de : *Catalogue général d'Almanachs* ou *Catalogue d'un nombre de petits ouvrages nouveaux, très bien exécutés et utiles à tous les états,* ou *Catalogue des ouvrages du fonds de Desnos.*

Ces catalogues donnent les titres tantôt de 100, tantôt de 123, tantôt de 152 almanachs, et de 60, 68 et même 70 autres petits volumes « façon d'almanachs ».

[B. N. — Δ 1189-1200]

— *Notice des Almanachs et livres nouveaux qui se trouvent en vente pour l'époque du jour de l'an 1818.* Paris, chez Rosa, brochure in-4.

La même notice a été annoncée dans la *Bibliographie de la France* pour les années 1819, 1820, 1821.

(*Voir, pour ces notices, la note 2 de la page* LII).

III. — NOTES SUR LE TIRAGE DES ALMANACHS

Il est fort difficile pour ne pas dire impossible, vu l'absence de tout renseignement précis, de donner une appréciation quelconque sur le tirage des almanachs galants, à figures, du xviiie siècle. Dans un de ses nombreux catalogues, Desnos cite, tantôt le chiffre de 500, tantôt le chiffre de 1,000 exemplaires, mais comme les mêmes almanachs se mettaient en vente des années durant, sous des titres différents (1), l'on peut en conclure qu'en moyenne la consommation de ces divers almanachs atteignait, dans son ensemble, le chiffre de 500 par année.

Quant aux petites publications annuelles dont les *Étrennes mignonnes* de 1725 restèrent longtemps durant le type le plus parfait, on verra par un renseignement reproduit au cours de cette Bibliographie [page 36, n° 107] qu'elles jouissaient d'une circulation assez considérable.

Voici, d'autre part, d'après les déclarations du *Journal de la Librairie*, à cette heureuse époque où les éditeurs annonçaient publiquement le chiffre de leur tirage, quelques indications concernant certains almanachs du commencement du siècle.

— *Chansonnier des Muses* (1801), Tirage à 6,000 exempl.
— *Petit Almanach des Dames* (1811). 750 exempl.
— *Almanach dédié aux demoiselles* (1813), 1,500 exempl.
— *Chansonnier dédié aux dames et aux demoiselles* (1813), 1,500 exempl.
— *Le Chansonnier des Belles* (1813), 1,000 exempl.
— *Le Chansonnier de l'Amour et des Grâces* (1813), 1,000 exempl.
— *Le Diable couleur de rose* (1813), 1,000 exempl.
— *Le Petit Phénix* (1813), 2,000 exempl.
— *Le Calendrier de la Cour* pour 1813, 4,000 exempl.
— *Le Caveau moderne* (1813), 3,000 ex.
— *L'Astrologue parisien* (1813), 2,000 ex.
— *L'Almanach des Dames* pour 1813, 2,500 exempl.
— *Le Petit Théâtre de l'Univers* (1813), 8,000 exempl.

— *Les Étrennes intéressantes des quatre parties du monde* (de chez Janet) pour 1813, 20,000 exemp.
— *L'Hommage aux Dames* (1813), 1,500 exempl.
— *Le Petit Almanach des Grâces* (1813), 1,500 exempl.
— *Almanach de la Cour et de l'Empire* (1813), 1,500 exempl.
— *Petit Almanach de la Cour de France* (1813), 2,000 exempl.
— *L'Almanach des Muses* pour 1813, 3,000 exempl.
— *Le Nouvel Almanach des Muses* (1813), 1,000 exempl.
— *L'Almanach du Commerce de Paris* (1813), 5,000 exempl.
— *Les Étrennes lyriques* (de Charles Malo) pour 1813, 1,500 exempl.
— *Almanach dédié aux dames* pour 1813, 2,000 exempl.
— *Le Mémorial Dramatique* pour 1814, 600 exempl.
— *Tableau des marchands bouchers de la ville de Paris*, pour 1814, 600 exempl.

De ces chiffres, l'on peut conclure que les almanachs de spécialités, les Etats et tableaux, en un mot les annuaires corporatifs, ne dépassaient pas le chiffre de 600 exemplaires, que les recueils annuels de poésies, alors si nombreux, se tiraient entre 1,000 et 2,500, chiffre maximum, que les Bottin avaient déjà un certain écoulement, et que les petites Etrennes populaires, genre *Étrennes mignonnes*, variaient entre 8 et 20,000, chiffre au delà duquel ne devaient pas tarder à s'élever les publications de colportage, si nombreuses à partir de 1830.

Avant 1848, certains almanachs de propagande populaire envoyaient dans les départements plus de 40,000 copies de leur original : tels l'*Almanach démocratique de la France* et l'*Almanach de la France démocratique*. En 1838, l'*Almanach populaire de la France* se vendait à 14,000 exemplaires en dépit des saisies, en 1846, il accusait le chiffre de 38,000 exemplaires.

Depuis lors, l'almanach de colportage s'est répandu par centaines de mille et la plus récente des publications entreprises dans un but de vulgarisation, c'est-à-dire l'*Almanach Hachette* a trouvé plus de 200,000 acheteurs.

Ce genre de littérature n'est donc point près de disparaître faute de lecteurs.

---

(1) Une annonce de Desnos dans le *Journal de Paris* de 1789 ne laisse aucun doute à cet égard, puisqu'on y voit encore figurer des almanachs parus de 1772 à 1785.

IV. — ALMANACHS FIGURANT SUR DES CATALOGUES D'ÉDITEURS

ET NON DÉCRITS DANS LA PRÉSENTE BIBLIOGRAPHIE

ALMANACHS

PUBLIÉS CHEZ LANGLOIS, RUE DU PETIT-PONT
(1765) — TOUS FORMAT IN-32.

— *La Grécanicomancie ou l'Amusement des Belles.* Etrenne à la Grecque. Almanach chantant.

— *L'Inventaire du Pont-Saint-Michel,* Pièce nouvelle, en un acte. Almanach chantant.

— *L'Ouvrage à la Mode,* ou Recueil des Amusements du temps. Almanach chantant.

— *Les Papillotes ou extrait de recueil de M. de ***.* Le Perroquet ou les masques levés. Almanach chantant.

— *Tout ce qu'il vous plaira.* Almanach chantant.

— *Le Badinage Amusant.* Almanach chantant.

— *Le Calendrier des Amis.* Almanach chantant.

— *Les Caractères ou la Pure Vérité.* Almanach chantant.

— *Chiffon ou la Chiffonnière de Vénus.* Almanach chantant.

— *Je ne sçaurais me taire.* Almanach chantant.

ALMANACHS

PUBLIÉS PAR DESNOS, ENTRE 1772 ET 1787.
TOUS FORMAT IN-24

* Très probablement plusieurs des almanachs dont nous donnons ici les titres sont les mêmes que ceux décrits dans notre bibliographie sous d'autres vocables, mais il y avait intérêt quand même à recueillir ceux qui, après un minutieux dépouillemeut des catalogues, ne figuraient point sur notre travail.

— *Almanach physico-pratique,* ou Idée générale des principales expériences de Physique mises à la portée de tout le monde et d'une exécution facile.

— *L'Ami des Femmes.* Réflexions sur le luxe et sur les mœurs, avec une épître de M. Collé à sa femme...... 4 l. 10

— *Anecdotes, Pensées, Maximes et Réflexions de feu Monseigneur le Dauphin, père du Roi,* suivi des époques de l'avènement de Louis XVI au trône. 4 l. 10

— *L'Art d'embellir les dames, ou les modes de Paphos :* nouvelles variétés de coiffures à l'usage de tous les pays du monde.............·......... 4 l. 10

— *Art de parler et d'écrire correctement le français*................... 1 l. 4

— *Calendrier des Herboristes,* contenant le temps de la floraison de chaque plante, la saison pour en faire la récolte et la manière de les employer.

Annoncé, comme étant sous presse, sur le catalogue du fonds du sieur Desnos (sans date).

— *Chacun à son goût.* Étrennes chantantes ou les Modes variées, faisant suite au : «Qu'en dira-t-on». Avec figures....................... 4 l. 10

— *Les Dons merveilleux de la nature embellis par l'art :* 24 figures ornées de chansons à la louange du beau sexe .... 4 l. 10

— *Le Dieu Mars désarmé.* Allégorie à l'occasion de la Paix (1783).... 4 l. 10

— *Domino en forme de jeu de cartes.* Tablettes et almanach.......... 4 l. 10

— *Étrennes italiennes présentées aux dames qui veulent apprendre cette langue*........................ 3 l. »

— *Les Fantaisies ou Mélange sérieux et comique.* Etrennes françaises et chantantes, dédiées au beau sexe... 4 l. 10

— *Les Fleurs de toutes saisons.* Almanach indispensable pour celles qui ont le bon goût de la Toilette. Figures.... 4 l. 10

— *Les Grelots de la Folie, ou les Gentillesses à la mode.* Fig. et chansons. 4 l. 10

— *Le Hasard du coin du feu. L'Amour en bonnes fortunes*. Almanach chantant, avec figures (chacun)......... 4 l. 10

— *Hommes illustres de Port-Royal et autres*, 40 figures.............. 9 l. »

— *Les Myrtes unis aux Lauriers, ou Triomphe des Lys*. Etrennes aux Beautés françoises. Avec figures.... 4 l. 10

— *Nécessaire aux Nouvellistes*. Précis des découvertes dans les arts...... 4 l. 10

— *Nécessaire au Dessinateur*, où se trouvent les 12 mois, jolis paysages de Percle (ruines de Rome et vues d'Italie)..................... 4 l. 10

— *Nécessaire aux Nouvellistes*. Tablettes aux Ballons à la gloire des Voyageurs aériens. Le sous-titre porte, sur d'autres catalogues : *Almanach du Ballon aérostatique*.................. 4 l. 10

— *La Nouvelle Héloïse, Tribut de l'Amour et de l'Amitié*. Secrétaire galant. Etrennes chantantes au beau sexe. Orné de figures............. 4 l. 10

— *Le Ridicule du Siècle, ou les Panaches à la mode*. Caricature des coiffures, et chansons analogues........ 4 l. 10

— *Les Situations intéressantes*, composées de 12 estampes, gravées par de célèbres Artistes, auxquelles on a joint des fragments de Bernard, Dorat, Colardeau, etc. Reliées en maroquin.. 12 l. »

— *Souvenirs Agréables, les Charmes de l'Amour de la Liberté du Ménage* et autres jolies gravures........ 4 l. 10

— *Souvenir immortel*, avec 12 figures .... 4 l. 10

— *Le Triomphe de la Nature et de l'Art, ou le Règne des Grâces par la Coiffure* et les ajustements, avec chansons analogues..................... 4 l. 10

— *La Vérité des Songes*. Rêveries intéressantes pour ceux à l'usage desquels ils sont destinés. Avec perte et gain. 4 l. 10

— *Le Voltaire galant*, ou les Opuscules qui lui ont échappé en l'honneur des Belles, ornés de jolies gravures. 4 l. 10

Pourrait bien être le même almanach que le *Calendrier de Paphos*. En tête est un portrait de Voltaire.

ALMANACHS

PUBLIÉS CHEZ DEMORAINE (1813). TOUS FORMAT IN-32. AVEC FRONTISPICES COLORIÉS

— *Le Petit Courrier ou le Confident.*

— *La Surprise agréable ou le Mai.*

— *Le Berger galant ou le Mal d'Amour.*

— *La Confidence, ou l'heureux Berger.*

— *L'Innocente Bergère.*

Tirage à 2,000 exemplaires.

ALMANACHS

PUBLIÉS CHEZ TIGER (1813). TOUS FORMAT IN-32. AVEC FRONTISPICES COLORIÉS

— *L'Art de plaire ou Conseil aux Amans*. Alm. chantant.

— *Azoline ou la Jolie Italienne*. Almanach chantant.

— *Les Baladines*. Alm. chantant.

— *Le bon roi Dagobert*. Alm. chantant.

— *Jeannette à l'heure du rendez-vous*. Alm. chantant.

— *Les Loisirs du beau sexe*. Alm. chantant.

— *La partie carrée*. Alm. chantant.

— *Le Passe-Temps des Grâces*. Alm. ch.

— *Le Petit Pêcheur*. Alm. chantant.

— *La Vestale*. Alm. chantant.

Tirage à 2,000 exemplaires.

ALMANACHS

PUBLIÉS CHEZ CAILLOT (1818). TOUS FORMAT IN-32. AVEC FRONTISPICES COLORIÉS

— *Le Baiser de l'Amour*, chansonnier.

— *L'Enfant du plaisir*, chansonnier.

— *L'Enfant de la joie*, chansonnier.

— *Le Nouveau troubadour*, chansonnier.

— *Petit chansonnier bachique.*

ALMANACHS

PUBLIÉS CHEZ STAHL (1818). FORMAT IN-32.

— *Bacchus et l'Amour*, almanach chantant. Prix : 20 centimes.

— *L'Ile de Cythère*. Alm. chantant.

— *Le Portrait des Français*. Alm. chantant.

ALMANACHS

PUBLIÉS PAR ADOLPHE BLONDEAU (VERS 1840)
TOUS DE FORMAT IN-16.

— *Almanach de l'Horticulteur.*
— *Almanach de la Brodeuse.*
— *Almanach de la Blanchisseuse.*
— *Almanach de la Lingère.*
— *Almanach de la Parfaite couturière.*
— *Almanach de la Parfaite modiste.*
— *Almanach des Mères de Famille.*
— *Almanach des Jeux d'Esprit.*
— *Almanach des Dames poètes.*
— *Almanach des Domestiques.*
— *Almanach des Femmes illustres.*
— *Almanach du Danseur.*
— *Almanach du Dessinateur.*
— *Almanach du Coiffeur.*
— *Almanach du Découpeur de fleurs.*
— *Almanach du Peintre.*
— *Almanach du Pianiste.*
— *Almanach du Sculpteur.*

— *Almanach du Parfumeur.*
— *Almanach du Musicien.*
— *Almanach du Pâtissier.*

ALMANACHS

PUBLIÉS PAR DELARUE (VERS 1850). TOUS
DE FORMAT IN-16

— *Almanach de l'amateur de tours de cartes.*
— *Almanach des connaissances utiles et amusantes.*
— *Almanach des Joueurs, ou petite académie des Jeux.*
— *Almanach du magicien de société,* extrait des mille et un amusements.
— *Almanach du Prestidigitateur de bon ton, ou le plaisant escamoteur.*
— *Almanach du Physicien, divertissant.*
— *Almanach magique, récréations merveilleuses et variées.*

ICONO-BIBLIOGRAPHIE

DES ALMANACHS

IMPRIMÉS OU ÉDITÉS A PARIS

(1600-1895)

ALMANACHS DE PARIS

XVIIᵉ SIÈCLE.

1. — LA GRANDE PROGNOSTICA-
TION GÉNÉRALE DU CERCLE SOLAI-
RE, de vingt-huit ans en vingt-huit ans
reformée suyuant le retranchement des
dix jours pour chacune Année à l'aduenir.
Extraicte des anciens philosophes, fort
utile et nécessaire à toutes personnes qui
veulent pourvoir d'heure à la despense de
leurs maisons, et à tous marchans pour
les regler en l'achapt et vente de toutes
sortes de marchandises, tant par mer que
par terre. || A Paris, chez Pierre Menier,
1599. In-12.

Cet almanach renferme les prédictions pour les
années 1599 à 1624.

[20 fr. Cat. Morgand.]

2. — LE GRAND CALENDRIER ET
COMPOST DES BERGERS composé par
le Berger de la Grande Montaigne. Auquel
sont adioustez plusieurs nouuelles Tables
et Figures dont vous trouuerez la décla-
ration en la page suiuante. || A Paris, par
Nicolas Bonfons, demeurant en la ruë
Neuue Nostre Dame, à l'Enseigne Sainct
Nicolas. *S. d.* (1600 et suite). In-4.

Titre avec lettre ornée et grand bois représentant
un berger et ses moutons. Lettres rondes et amusantes figures sur bois. Ce calendrier, imprimé
sur deux colonnes, avait paru pendant une partie du
xviᵉ siècle et on le rencontre durant tout le cours
du xviiᵉ.

Il contient un prologue de l'auteur, les « arbres et
branches des vertus et des vices », les peines d'enfer
« avec les figures », le livre du salut de l'âme, l'ana-
thomie (*sic*) de tout le corps humain, l'art et science
de Fleubothomie (*sic*), le régime et santé du corps,
les iugemens de phisionomie, la pratique pour donner guarison de plusieurs maladies, le reiglement
(*sic*) du berger, comme il doit guérir ses moutons

des maladies qui peuvent leur survenir, comme
aussi se garder de tous sorts des enchanteurs et
méchans sorciers.

Le calendrier est accompagné d'aphorismes et de
quatrains latins et français.

[De 50 à 100 fr. suivant l'état.]

[B. N. — 12278. Année 1602.]

3. — PROPHETIES DE MAISTRE
NOEL LEON MORGARD, professeur ès
Mathematiques presentées au Roy Henry
le Grand, pour ses Estrennes en l'an 1600.
Contreuenat (*sic*) plusieurs predictions sur
l'alliance d'Espagne. (1600.) In-12.

Série de prophéties. A la fin se trouve une
explication des noms employés dans les prophéties,
par laquelle on voit que la Sensue (*sic*) signifie
l'Espagnol ; le Loup, Langlois ; l'Aventurier, le
Pape ; Pourvoyeur, le Dauphin ; Cocodril, traîtres
françois ; L'autheur des maux, la peste ; Mercurial,
Rosny ; Vieil Charron, le Connétable ; Griffon,
l'Empereur ; Éléphant, Le Turc ; Médecin, Henry
le Grand ; Phœnix, De Montmorency.

Le sieur Noël-Léon Morgard, — également
appelé Mauregard, dans plusieurs ouvrages bibliographiques — était un poète et pronosticateur
troyen qui jouissait d'une très grande réputation.
Il publiait à Paris et à Troyes des almanachs dont
il ne nous reste que deux ou trois spécimens(1) et
dont tout souvenir aurait peut-être disparu si par
son almanach de 1614, qui suit, il n'avait pris place
dans les mémoires du temps et passé à la postérité
d'une façon peu agréable pour lui.

[B. N.]

(1) L'almanach du sieur Morgard accompagné
de tous les libelles publiés à son occasion, est
également inscrit au catalogue de la Bibliothèque
Mazarine dressé au siècle dernier par P. Desmarais
sous le numéro 28614.

4. — PRÉDICTIONS POUR CINQ ANNÉES des choses plus Memorables, les quelles nous sont denoncees aduenir par les reuolutions des années, grandes conionctions des plus hautes Planettes, Eclipses, et Cométtes (sic) et autres Metheores (sic) commençant cette présente année mil six cens deux. Composé par le sieur de Billy, Secrétaire de la très illustre Princesse, Madame Célestine Ololampe, Duchesse de Pancosme. || A Paris, pour Nicolas Rousset. Iouxte la copie imprimée à Rouen. 1602. In-8.

Prédictions auxquelles se trouvent « jouxtes les jours heureux et périlleux de l'année revelez par l'Ange au bon Joseph. » Les « Prédictions » du sieur Imbert de Billy paraissaient déjà dans les dernières années du XVIᵉ siècle. Elles se continuèrent jusque vers 1630 sous le même titre de « Prédictions » et quelquefois de «Grandes Prédictions.» Dans un almanach de 1604 intitulé « Grandes Prédictions pour sept années » et imprimé par Abraham de Meaux, le dit sieur s'intitule » Excellent Mathématicien et Supputateur des Éphémérides Célestes. » Il n'est pas sans intérêt de faire observer que cet almanach est dédié « à Monsieur de Vanes, Docteur en Médecine et Médecin du Roy.»

Les mêmes « Prédictions » également pour cinq années, de 1603 à 1607, parurent aussi chez Sylvestre Moreau, libraire.

Du reste, ces sortes de « Prédictions » furent publiées très avant dans le XVIIᵉ siècle.

Deux «Almanach et Prognostication » pour 1592 et 1595 ont figuré à la vente Veinant.

[B. Maz.].

5. — LES ESTREINES DE M. GUILLAUME.

Proche de ces Isles loingtaines,
Où les seuls Bouffons sont admis,
Je vous envoye vos Estreines,
Faictes en part à vos amis.

|| Imprimé à nostre Isle, l'an 1612. S. l. [Paris]. Pet. in-8.

Almanach burlesque. Série de farces sous forme d'étrennes aux hommes et aux femmes. M. Guillaume souhaite aux crocheteurs le Mont Etna, aux ignorants les oreilles de Midas, aux femmes lascives la queue du rossignol d'Apulée, et autres fantaisies abracadabrantes.

Si elles ne sont point bonnes, ces « Estreines », du moins, sont courtes.

[B. N. — Y² 33272].

6.— CENTVRIES DE MORGARD pour l'année mil six cens quatorze. S. l. [Une autre édition parue la même année porte en chiffres : « Povr l'année 1614 ».]

Dans cette plaquette — sept prophéties bien simples en autant de quatrains — Morgard avait en termes fort ambigus, dit-on, mal parlé du Roi et des Princes. Mais, au dire du cardinal de Richelieu, cet écrit « était si pernicieux que l'auteur fut envoyé aux galères. » Et l'instruction de cette affaire ne traîna pas. L'almanach avait paru le 1ᵉʳ janvier 1614 : le 31 janvier suivant, le pauvre pronostiqueur entendait prononcer contre lui la terrible sentence qui le condamnait à tirer la rame pendant neuf ans sur les galères du Roi.

Ainsi malmené par la justice, Morgard ne fut pas mieux traité par ses concitoyens. Voici le titre de deux pamphlets dirigés contre lui et qui se trouvent à la Bibliothèque Nationale :

I. — L'Anti-Morgard. Sur ses prédictions de la présente année mil six cens quatorʒe. || A Paris, de l'imprimerie d'Anthoine du Breuil. M. DC. XIV. In-8 de 16 pages.

II. — L'Anti-Mavregard ou Le Fantosme dv Bien Pvblic. M.DC.XIV. In-12 de 8 pages.

Diatribe en vers de huit pieds d'une assez piètre facture, faisant allusion aux événements qui ont troublé la minorité de Louis XIII, et plaisantant le pauvre Morgard qui a voulu prophétiser le sort des grands et qui n'a pas seulement eu le bon esprit de deviner le triste sort qui allait lui échoir. Écoutez l' « Anti-Mauregard. »

Vn almanach d'un faux prophète
A ses amis sert de trompette.
Aveugles plus que Mauregard
Au sort qui a mauuais regard,
De deviner faisant merveille
Qui n'a pu sçauoir quà Marseille
Il courberait sous l'aviron.
C'est vn pauvre fat, vn liron (1)
Qui s'en repend et qui déteste
L'art qui l'a fait mauuais prophète.
Ce fol toutesfois a soubs mains
Troublé la foire Sainct Germain.

Ce n'est point d'un esprit transcendant. Du reste l'auteur, en terminant, a soin de prévenir ses lecteurs par cette déclaration dénuée d'artifice:

Je n'entends françois ny latin.

Morgard figure encore en un opuscule fort rare que signale M. Émile Socard dans son inté-

(1) Liron, rat des Alpes. « Se laisser prendre comme un liron » Dict. de l'ancien français.

ressant travail sur les Almanachs et les Calendriers de Troyes : « Rencontre et navfrage de trois
astrologves ivdiciaires, Mavregard, Iean Petit et
Pierre Larriuey (1), nouuellement arriuez en l'avtre
monde. A Avtvn, de l'Imprimerie de Blaise Simonnot, 1634. » In-8.

7. — ALMANACH DES ABUSÉS DE CE
TEMS. ‖ A Paris, par Nicolas Alexandre (1615).

D'après un catalogue.

8. — PRÉDICTIONS POVR CINQ
ANNEÉS des choses plus mémorables, qui
nous sont dénoncées aduenir par les reuo-
lutions, grandes conionctions des Planettes et Estoiles, Commettes (sic) et autres
metheores (sic). Ensembles les Eclypses
solaires et Lunaire, commencant en l'an
1617 et finissant en l'an 1621. Par Maistre Iean Petit, Parisien, speculateur és
causes secondes, mouuements et propriété des Astres. Dedié au tres-Chres-
tien Roy de France et de Navarre
Louys XIII. ‖ A Paris, par Pierre Ménier,
Imprimeur et portier de la porte Saint
Victor. In-8.

Sur le titre, marque au chiffre de Louis XIII.
Au verso du titre est le portrait de l'auteur « âgé
de 22 ans » et accompagné de ce distique :

Du docte Iean Petit, en ces traits sont compris
Le nez, la bouche et l'œil d'un Zeuzis bien apris (sic)
Et son divin esprit comprenant tout le monde
Dans les escrits tracez (sic) d'une plume féconde.

Le « docte » Iean Petit eut une grande réputation parmi les astrologues si nombreux du xviiᵉ siècle. Son nom se trouve constamment cité dans les
écrits de l'époque ; sa science est souvent comparée à celle de l'illustre Nostradamus. Le Roman
bourgeois, de Furetière, l'Histoire comique de Fran-
çion, la Comédie des Proverbes, parlent de lui avec
éloges.

Jean Petit s'intitulait « Parisien » : plus tard, nous
verrons apparaître sur les almanachs imprimés
à Troyes, à Rouen ou à Lyon un « Jean Petit Lyonnais (2). »

[B. Maz.]

(1) Nous retrouverons les noms de Jean Petit
et Pierre Larrivey sur les titres de maints almanachs du xviiᵉ siècle.
(2) Voir sur Jean Petit la Nouvelle Biographie
Universelle Firmin Didot.

9. — LES PREDICTIONS DES SIGNES
ET PRODIGES QU'ON A VEU CESTE
PRESENTE ANNÉE 1618. Ensemble de
la Comete cheucluë qui se voit depuis
quinze iours sur ce florissant Royaume de
France. Descrites par le M. Prouençal.
‖ A Paris, chez Nicolas Rousset, en
l'Isle du Palais, viz à viz des Augustins.
M. DC. XVIII. In-8.

Sur le titre profil de la dite comète venue en
novembre 1618.
Comment interpréter « le M. Prouençal » ? Faut-
il lire « le M(aître) Provençal » ou « le M(orgard)
Provençal ? » Certains almanachs imprimés en
province portent, en effet, pendant plusieurs
années : « Par X... Disciple de Mˢ Morgard »,
et même, par le sieur Morgard, alors que le dit
sieur, soit qu'il subissait encore sa peine, soit qu'il
eût passé de vie à trépas, ne devait guère songer à
pronostiquer.

[B. N. ‖ B. Maz.]

10. — LES ETRENNES DV GROS
GVILLAUME à Perrine, Presentees aux
Dames de Paris, et aux amateurs de la
vertu. ‖ A Paris. M.DC.XIX. Pet. in-8.

Facéties dans l'esprit des précédentes, se terminant par l'envoi suivant :

Les biens dont le Ciel m'a fait part,
Ie vous presente en bonne estrenne,
C'est le corps, et l'esprit gaillard,
Qui à vous seruir prendra peine :
Quant est de richesse mondaine,
Sans mentir, ne vous puis faire offre,
Car ma personne, chose certaine,
Ne mis iamais escus en coffre.

La bohème, on le sait, fut de tout temps.

[B. N. — Y² 33273.]

11. — LE CALENDRIER DE TOUTES
LES CONFRERIES DE PARIS : tant de
celles de dcuotion (où toutes personnes
sont receuës) que de celles des Nobles
Communautez, Marchands, Bourgeois,
gens de mestier, Artisans et mecaniques.
‖ A Paris, chez Martin Collet, au Palais,
en la gallerie des Libraires. M.DC.XXI.
In-8.

Sur le titre armoiries royales soutenues par deux
anges. Dédié au Roi Louis XIII et composé par
un de ses aumôniers (J. Bapt. Le Masson, Fore-
sien). Frontispice représentant le crieur de confréries. En tête du calendrier, portraits des apôtres,
d'une gravure très soignée, mais de pure fantaisie,

Toutes les confréries possédant un cachet et un jeton sont marquées d'un signe spécial.

Calendrier très rare dont il a été fait une réimpression par l'abbé Valentin Dufour dans la *Collection des documents relatifs à l'histoire de Paris*, dite collection Willem.

Un exemplaire original — le seul connu — figurait à la vente Faucheux (n° 108).

12. — CENTVRIES PROPHÉTIQUES,

Reuelées par Sacrée Theurgie et secrette Astrologie, à M. Iean Belot Curé de Milmonts, Professeur ès Mathématiques Diuines et Célestes. Ausquelles (*sic*) Centuries est predict les euenements, affaires et accidents plus signalez, qui aduiendront en l'Europe aux années suiuantes iusques en l'an 1626. Dédiées au Roy. ‖ H (*sic*) Paris, chez Anthoine Champenois, ruë vieille Drapperie, deuant le Palais. (1621.) Pet. in-8.

Au verso du titre on lit : « Ne mesprisez point les Prophéties. » Avis au Roy par lequel le sieur Jean Belot lui fait assauoir qu'il est le « Lys odoriférant qui doit remettre l'Empire de Dieu en tout ordre, extirper l'hérésie et déchasser (*sic*) l'hipocrisie. »

De Iupin, Mars, Phœbus, l'heur, le cœur, la Prudence Dorent, unis le sceptre, à ce trois fois grand Roy, Né, choisi, deu, des Cieux pour le bien de sa France, Pour Astres, guerre, paix ranger sage à sa loy.

Prophéties allant de 1621 à 1624.

Les mêmes Centuries ont été imprimées la même année à Rouen chez Jacques Besongne.

Ce sieur Jean Belot, dont plusieurs astrologues invoqueront par la suite le patronage, m'a tout l'air d'un personnage fictif.

[B. Maz.]

13. — LES ÉTRENNES UNIVERSELLES DE TABARIN

pour l'an mil six cens vingt et vn. A toutes sortes d'estatz suivant le Temps qui court, enuoyées en Poste de par de la le Soleil couchant. ‖ A Rouen (1) chez Nicolas Brocard (et à Paris) demeurant devant la chapelle Saint-Marc, près de la rue du Figuier, 1621. Pet. in-8 de 11 pages.

Succession de souhaits de Tabarin dans le genre des « Étrennes » que nos journaux décernent aux célébrités politiques ou littéraires :

----

(1) Quoique imprimées à Rouen, ces « Étrennes » doivent figurer ici avec les autres publications de Tabarin.

Aux chandeliers le suif que les chirurgiens laissent au corps des Anathomies ; — Aux tonneliers le bois qui croît aux camp (*sic*) du Pardon ; — Aux fourreurs de manchons toutes les queues des renards qu'ils prendront en courant, etc.

Réimprimé, ainsi que les suivants, dans les « Œuvres complètes de Tabarin » (Paris, 1858, *Bibliothèque elzévirienne Janet*).

[B. N. — Y² 33274.]

14. — ALMANACH POVR LE TEMPS PASSÉ,

contenant les mutations de l'air et partie des affaires du monde. Composé et calculé par M. Iean Gvérin, Parisien, cy devant Président de la Iustice establie en la cuisine de la Royne Marguerite et à présent Professeur ès Sciences passées et néantmoins cachées à faute d'estre divulguées. ‖ M.DC.XXIII. Pet. in-8.

Contient les « généralles prédictions, tant des mutations de l'air que des accidents du monde, suivant le cours et influences des astres et selon les saisons. » Ces prédictions sont, comme il sied, formulées dans un langage absolument énigmatique qui rappelle les *Fanfreluches antidotées* de Rabelais. Cependant quelques appréciations sont pleines de sens.

C'est ainsi que sous le titre : *Temps pour se marier*, on lit : « C'est une pure folie que de le limiter puisque pendant le caresme et durant l'Advant l'on débauche filles et femmes ce qui est le sujet d'une infinité de procès devant l'Official et devant le Prévost de Paris, partant néant. »

[De 20 à 25 fr. : catalogues Techener et Labitte.]

[B. N.]

15. — ALMANACH PROPHÉTIQUE DU SIEUR TABARIN

pour l'année 1623, avec les prédictions admirables pour chaque mois de l'année, le tout diligemment calculé sur son Éphéméride de la Place Dauphine. ‖ A Paris, chez René Bretet, près le collège de Rheims. In-12.

[Vendu 55 fr. à la vente Solar, m. r. avec l'*Almanach du sieur Jean Guérin*.]

16. — LES ÉTRENNES ADMIRABLES DU SIEUR TABARIN.

Présentées à Messieurs les Parisiens en ceste présente année 1623. ‖ A Paris, chez Lucas Joufflu, à l'Isle de Paris. M.DC.XXIII (8 pages).

Souhaits en langue tabarinique.

17. — PRÉDICTIONS SVR CHACVN MOIS DE LA PRESENTE ANNÉE 1624.

‖ M. DC. XXIIII. *S. l.* (Paris.) In-12.

Simples quatrains prophétiques pour chaque mois de l'année.

Prédictions, en général assez inoffensives, qui se terminent par ces souhaits fantaisistes :

Décembre où finissent tous les mois de l'année,
Nous promet qu'vn grand Roy, auec sa sœur aisnée,
S'esiouyront (sic) d'auoir des enfans qui vn iour
Feront trembler le Turc, bien loing de son séiour.

Avouons que cette façon de souhaiter une nombreuse progéniture au frère et à la sœur était quelque peu compromettante.

[B. N. — Y.]

18. — GRANDES ET RÉCRÉATIVES PROGNOSTICATIONS, pour cette présente année 0814500470. Selon les promenades et beuvettes du Soleil par les douze Cabarets du Zodiaque et envisagement des conjonctions copulatiues des Planetes. Par maistre Astrophile le Roupieux, intendant des Affaires de Saturne, grand Eschanson de Jupiter, premier Escuyer du dieu Mars, Maistre charretier du Soleil, Premier valet de la garderobbe de Cypris, porte-caducée de Mercure, garde des seaux (sic) de la Lune et très grand Contemplateur des Éphémérides Bourrabachales. Dédiées à Jean Potage. *S. l. n. d.* (Paris, 1625). Pet. in-8.

Amusante facétie, tournant en ridicule les faiseurs d'almanachs, réimprimée vers 1630 avec les mots : « A Paris, chez Jean Martin. »

Longue pièce de vers, avant les « Amples prédictions », entièrement consacrée à la femme et à la lune :

La Lune et la Femme légère
Ne diffère pas beaucoup.
Si l'une est prompte en sa carrière,
L'austre a bientôt frappé son coup.

.·.

La Lune seroit tousjours noire
Si le Soleil ne la baisoit,
Et la Femme seroit sans gloire
Si l'homme ne la caressoit, etc.

Vente du duc de La Vallière, 6 fr. — Ex. mar. r., Techener, 1888, 100 fr. — Morgand, ex. dérelié, 60 fr.

[B. Maz.]

19. — LES PRÉDICTIONS REMARQVABLES DE L'ASTROLOGVE FRANÇOIS. Adressées avx Monarques et Potentats de la Chrestienté. ‖ A Paris. M. DC. XXV. In-12.

L'auteur de ces « Prédictions » déclare :

Ie parle tout fasché et à demy recreu (sic)
Des trauaux et des maux que ie vois en ce monde.

Et s'il n'est point cru par tout le monde, cela ne le surprendra point, ajoute-t-il, « puisqu'on ne croit pas Dieu pour qui tout bien abonde. »

Ces « Prédictions » n'ont que quelques pages.

[B. N. — Y.]

20. — ALMANACH POVR L'AN DE GRACE 1632, contenant amples Prédictions des changemens et mutations de l'air, de maladies, fertilité, ou infertilité des biens terriens, supputé sur 52 figures astrologiques par Iean Petit, Parisien, Professeur ès sciences Astrologiques et Mathématiques. Dédié av Roy. ‖ A Paris, chez Jean Promé, en sa boutique, au bout du pont neuf, au coin de la ruë Dauphine. Pet. in-4.

Titre rouge et noir avec portrait de Jean Petit. Contient également « l'Almanach du Palais » et une « recepte véritable contre la peste, approuvée par les Médecins, chirurgiens et barbiers de Paris. »

Plus haut (voir nº 8) nous avons eu le portrait du personnage ; voici maintenant son domicile et l'annonce de son petit commerce tels qu'ils figurent après le calendrier :

« L'avthevr (sic) demevre à Paris ruë Neufve nostre Dame, vis à vis Saincte Geneuiefue des Ardants : et ceux qui seront curieux des plus belles et vtiles parties des Mathématiques le trouueront disposé à leur enseigner fidèlement ; et ceux qui désireront se faire predire ce que le Ciel leur influë, il dressera les Horoscopes sur les natiuitez, tant des hommes que des femmes. »

On ne sauroit être plus aimable et plus... alléchant.

[B. Maz.]

21. — ALMANACH OV EPHEMERIDE POVR L'AN M. DC. XXXIIII. Dans lequel on verra les émerueillables éuenements de la présente année. Le tout supputé selon la science Astrologique des Arabes, Par M. Evstache Noel Curé de saincte Marthe, Mᵉ ès sciences Diuines et Celestes. Auec l'Almanach du Palais, pour sçauoir les iours que la Cour cesse de plaider, en quel temps elle entre, et quand les rolles de chacune Prouince se plaident: mesmement aux Requestes, et Cour des Aydes. Et aussi les iours qu'on ne plaide point au Presidial de Paris et Siege ordinaire, outre les Festes solennelles. ‖ A Paris, Par Fleury Bourriquant, ruë de la Harpe, vis-à-vis l'Estoile d'or, aux Fleurs Royales. Pet. in-8.

Titre rouge et noir, avec un astrologue mesurant une sphère pour vignette.

A l'intérieur, gravure sur bois représentant un chevalier bardé de fer, sur un cheval caparaçonné aux armes de France. Dans le haut on lit : *Galli Leonibvs terrori svnt.* Au bas cette légende :

Au Roy.

Ce belliqvevx Louïs, rare honneur de nos Rois,
En triomphe et bon-heur éternellement viue,
Et tienne en lacqs si forts la discorde captiue,
Qu'elle ne trouble plus le repos des François.

Contient « les noms et figures des douze Signes » du zodiaque, avec « amples et generales predictions des mutations de l'air, et des accidens du monde » pour chaque mois, ainsi que « les iours fortunez et infortunez, selon les cabalistes. »

En tête de chaque mois du calendrier, foires et quatrains.

[B. N. — V. 2635.]

22. — ALMANACH OV EPHEMERIDE POUR L'ANNÉE 1634. Svppvté svr le vray climat et Meridien de Paris. Composé et diligemment calculé par M. Iean Petit, Parisien, Professeur ès sciences Astrologiques. Les vrayes coppies de son Almanach, pour les Années 1634 et 1635, escrites de sa main. Dedié av Roy. ‖ A Paris, chez Iean Promé, en sa boutique, au bout du pont neuf, au coin de la ruë Daulphine. 1634 et suite. Pet. in-8.

Sur le titre, portrait de Jean Petit dans un cadre ovale.

Prédictions générales sur les saisons et pour chaque mois de l'année. Avec l'almanach du Palais.

Le même pour 1635, avec une légère différence dans le titre.

[B. N. — V. 2634, 2640.]

23. — ALMANACH PROGNOSTIC, ET HISTORIAL, POVR L'AN M.DC.XXXIIII. Composé et calculé par M. L. Collvche, Astrologue et Mathématicien, Disciple de M. Iean Belot, viuant Curé de Mil-monts. Auec l'Almanach du Palais, pour sçauoir les iours que la Cour cesse de plaider, en quel temps elle entre, et quand les rolles de chacune Prouince se plaident : mesmement aux Requestes, et Cour des Aydes. Et aussi les iours qu'on ne plaide point au Presidial de Paris, et Siege ordinaire,

outre les Festes solennelles. Dedié au Roy, par trente Anagrammes. ‖ A Paris, Par Fleury Bourriquant, ruë de la Harpe, vis-à-vis l'Estoile d'or, aux Fleurs Royales. 1634 et suite. Pet. in-8.

Titre rouge et noir. Vignette cabalistique sur le titre (mains mesurant une sphère).

Simple calendrier intercalé de pages blanches. En tête de chaque mois sont indiquées, au recto les principales foires de France ; au verso, quatrain sur les productions, les travaux, ou les plaisirs de la saison.

— Le même pour 1637, dédié au Roy Très-Chrestien, Louis le Iuste. Plus est adjousté la manière de planter et semer, etc. ‖ A Paris, De l'Imprimerie de Fleury Bourriquant, Par François Reauplet, deuant le Cheual de Bronze, chez vn peintre.

Pour 1638 l'indication de la demeure est encore plus pittoresque : « En l'Isle du Palais, près le Pont neuf, sur le quay qui regarde la Megisserie, au grand cours de l'eau, à l'enseigne du Roy Dauid. »

Le sieur Louis Colluche qui figure surtout sur les almanachs de Troyes serait, s'il faut en croire M. Émile Socard, le savant bibliographe, un des pseudonymes de l'imprimeur troyen Jean Blanchard. Il se plaçait ainsi sous noble patronage, afin de donner plus de créance à ses prédictions.

[B. N. : Années 1634, 1635, 1637, 1638. — V 2633, 2639, 2645, 2649.]

24. — ALMANACH POVR L'AN DE GRACE SEXTIL MIL SIX CENTS TRENTE-SEPT. Composé et diligemment calculé par Me Eustache Noël, Curé de Saincte Marthe, Professeur ès sciences Astrologiques et Mathématiques. Auec l'Almanach du Palais pour sçauoir les iours que la Cour cesse de plaider [outre les Dimanches et Festes solennelles] (1). Dedié av Roy. ‖ A Paris chez Iean Promé, en sa boutique, au coin de la ruë Dauphine [plus tard : au bout du Pont-neuf]. 1637 et suite. Pet. in-8.

Titre rouge et noir avec un astronome tenant une sphère.

Cet almanach qui est évidemment la suite de l'Almanach ou Éphémérides de 1634, a dû se continuer pendant de longues années, sans grands changements du reste.

Voici les principales modifications des années qui m'ont passé par les mains, le sieur Eustache

---

(1) Les mots entre crochets ne se trouvent que sur le titre de l'année 1637.

Noël se faisant quelquefois appeler avec une légère variante : « Professeur des sciences d'Astrologie et Mathématiques. »

A partir de 1638 jusqu'en 1647 le titre porte en plus : « Et vn abbrégé des choses plus remarquables depuis le Roy Pharamond, iusques à présent. »

Pour l'an de grâce 1651, « plus les foires principales du Royaume de France. »

Enfin pour l'an de grâce 1649, Jacques Oudot à Troyes donnait une édition absolument semblable, si bien que l'almanach du sieur Eustache Noël parut à la fois à Paris et à Troyes, ce qui permet de supposer qu'il jouissait d'un certain succès.

[B. N. : Années 1637, 1638, 1639, 1640, 1642, 1645. — V. 2644, 2648. || B. Maz. Années 1648, 1649, 1651.]

25. — ALMANACH POVR L'AN M.DC. XXXVII. Où se void les Histoires les plvs memorables advenves par tovt le monde en diuers temps. Auec ses amples predictions du changement et mutation de l'air, selon le cours et changement des Astres sur les Lunaisons des 12 mois de l'an. Tres-exactement calculé par M. Avgvstin le Vavassevr, très-renommé supputateur des Ephemerides Celestes, Disciple de M. Evstache Noel, Curé de Sᵗᵉ Marthe. Auec l'Almanach du Palais, et aussi les iours qu'on ne plaide point au Presidial de Paris. || A Paris, chez Denis Hovssaye et Iean Brvnet, ruë neufue S. Louis, à la Crosse. 1637 et suite. Pet. in-8.

Titre rouge et noir, avec vignette astrologique.

Contient un « Discovrs astronomiqve sur le lever et coucher des Estoilles, et de leurs qualités. Le tout seruant de Preface en cet Almanch (sic), et aduertissement aux beneuoles Lecteurs , » des « Predictions amples sur chacun mois, et Lunaisons, » les jours les plus heureux de toute l'année « reuelez par l'Ange au bon Ioseph, » et un « Enseignement povr planter et semer, et pour sçauoir en quel temps il fait bon cueillir les fruicts, et autres choses nécessaires à la nourriture, et vsage de l'homme. »

Les biographies sont muettes sur le disciple comme sur le maître qui s'intitule, quelquefois, « professeur es-sciences astrologiques. »

Devint, en 1638, « Almanach Historial. » (Voir nº 27.)

[B. N. — V. 2643.]

26. — PREDICTIONS THEVRGIQVES, POUR DIX-HUICT ANNÉES. Calculez sur nostre vray Climat, le Polle estant esleué de quarante-neuf degrez, cinquante

et six minutes. Le tout supputé selon la Doctrine plus secrète d'Astrologie, des anciens Arrabes Astrologues, et Cabalistes Hebrieux (sic). Par Mᵉ Evstache Noel, curé de Saincte Marthe, Professeur és sciences diuines et célestes. || A Paris, chez Iean Promé, en sa boutique, au coin de la ruë Dauphine. 1637. Pet. in-8.

Sur le titre, vignette représentant un astrologue mesurant une sphère. Au verso du titre, une rose des vents, également reproduite au verso du dernier feuillet.

L'auteur, dans une préface, dit que la science astrologique, « vray don de Dieu, est certaine entre toutes les autres, et la cognoissance d'icelle nécessaire, specialement au Medecin, pour methodiquement procéder à la cure et guarison des maladies, discerner en quel temps il est bon ou mauuais prendre medecine, vser de sextion de veines, et en quel temps il est périlleux. » Il donne ensuite des prédictions allant de 1637 à 1654 et termine ainsi son ouvrage : « Dieu vueille par sa saincte grace conseruer les biens qui sont au giron de la terre, et iceux faire croistre et multiplier, pour la nourriture de son pauure peuple. Ainsi soit-il. »

[B. N. — V. 2646.]

27. — ALMANACH HISTORIAL POVR L'AN M. DC. XXXVIII. Auec l'Almanach du Palais et les iours qu'on ne plaide point au Présidial de Paris. Tres exactement calculé par M. Avgustin Le Vavassevr, très-renommé supputateur des Ephemerides Celestes, Disciple de Maitre Evstache Noël, Curé de Ste Marthe. || A Paris, chez Pierre Rocolet, Impr. et Libraire ordin. du Roy, et de Messieurs de la Ville [plus tard : aux Armes du Roy et de la Ville.] 1638 et suite. Pet. in-8.

Titre rouge et noir avec portrait du sieur Le Vavasseur. Mêmes matières que le precédent almanach.

[B. N. Années 1638, 1639, 1640, 1642, 1645, 1648. || B. Maz. A. 1648 et 1657, aux armes de Mazarin.]

28. — ALMANACH POVR L'AN DE GRACE MIL SIX CENS QUARANTE-DEUX. Composé et diligemment calculé par Fabien Gvenet : Contenant amples Predictions des changemens et mutations de l'air, de santé, maladies et autres accidents. Auec les Foires franches, et Marchez francs, les plus communs de ce Royaume. || A Paris, chez Iean Promé,

en sa boutique au coin de la ruë Dauphine.
Pet. in-8.

Encore un astrologue inconnu et qui, du reste,
fit peu parler de lui.

Sur le titre, vignette cabalistique, dans laquelle
on remarque plusieurs cœurs.

En tête de chaque mois, quatrain sentencieux
ayant la mort pour sujet. Voici celui d'octobre :

La vie que tu vois n'est qu'une Comedie,
Où l'vn fait le Cesar, et l'autre l'Arlequin :
Mais la Mort la finit tousiours en Tragedie,
Et ne distingue point l'Empereur du faquin.

Contient les prédictions ordinaires et se termine
par les Foires du Royaume de France.

[B. N. — V. 2664.]

29. — ALMANAH *(sic)* POUR L'AN DE
GRACE BISSEXTIL 1644, ov la Concordance des Mvtations de l'Air auec les
mouuements des Astres : En laquelle pour
la Postérité, le mois de septembre est
nommé du nom de Bovrbon. Dédiée et
présentée au Roy Très-Chrestien Lovis
XIV De Diev-Donné. Par I. Mittanovr
Professeur aux trois parties de la Philosophie. [*Item* : La Porte du Ciel : Dédiée
au très-serenissime Armand de Bovrbon
Prince de Conti, etc. Par le mesme I. Mittanovr.] ‖ A Paris, chez Pierre Targa,
Imprimeur ordinaire de l'Archeuesché de
Paris, ruë S. Victor, au Soleil d'Or [puis
dès 1645 chez Iean Promé, au bout du
Pont-Neuf.] M.DC.XLIV. 1644 et suite.
Pet. in-8.

Titre rouge et noir.

Vignette : astronome assis devant une table et
mesurant une sphère.

S'ouvre par une dédicace en vers français et
latins au Roy Très Chrestien :

Si sextil est nommé d'Auguste,
C'est un effatum bien plus iuste ;
En vous lisant aux Astres Bon,
De nommer Septembre Bovrbon.

« La Porte du Ciel » qui se retrouve dans nombre d'almanachs de l'époque est une sorte de traité
cabalistique, instructions pour tous les métiers.

Quant au sieur Mittanour qui figure sur plusieurs
almanachs parisiens je n'ai pu trouver aucun renseignement sur sa personne.

[B. N. — V. 2667. ‖ B. Maz.]

30. — ESTAT DES OFFICIERS, DO-
MESTIQUES ET COMMENSAUX DES
MAISONS, Du Roy, de la Reine Régente,

de Monseigneur le Duc D'Orléans, de Madame, de Mademoiselle, et de Monseigneur le prince de Condé. Extraict et tiré
des derniers Estas *(sic)* envoyés et reçeus
en la Chambre des Comptes et Cour des
Aydes de Paris. ‖ Ensemble vn Extraict
des Privilèges et Exemptions accordée *(sic)*
aux Officiers domestiques des Maisons
Royales, depuis l'année 1288 iusques en
1648. ‖ Comme aussi vn Traité concernant la fonction des principaux Officiers
desdites Maisons Royales. Le tout mis en
ordre par le sieur de La Marinière. —
Imprimé en l'année 1649. *S. l.* (Paris.)
In-12.

Très intéressant à cause des noms et du chiffre
des appointements. On y apprend que les secrétaires de la Chambre, alors Messieurs Phelippeaux
de la Vrillière, du Plessis-Guenegaud, le Tellier de
Brienne, touchaient chacun 1200 livres. Le premier Médecin, M. Jacques Cousinot était mieux
payé : il recevait 3.000 liv. D'autre part, les médecins « sans quartier » n'étaient point « tirez à
gaiges. » Et à côté des médecins, apothicaires, chirurgiens, figuraient encore des renoüeurs dont un
« opérateur pour la pierre. »

A l'office de la cuisine commune on trouve des
verduriers à 200 liv. de gage et des « aydes pour
aller quérir des fruits en Provence et Italie et
pour les confitures » à 300 liv. par tête.

Les dames d'honneur de la Reine étaient médio-
crement appointées.

Sa première dame, la marquise de Sennecey, recevait 1200 livres et Mme De la Flotte « Dame
d'attour » 600 liv.

En cela comme en beaucoup d'autres choses nous
avons « moult » progressé.

[B. N.]

31. — ALMANACH POUR L'AN DE
GRACE 1647, OV LA DISPOSITION DU
CIEL. Dédiée *(sic)* au Roy Tres chrestien
Lovys XIV de Diev-Donné. Item : La Porte
dv ciel tres-vtile et nécessaire à tout le
monde. Dédiée au très-Sérénissime Armand
de Bovrbon Prince de Conti, etc., par
I. Mittanovr Professeur aux trois parties
de la philosophie. ‖ A Paris, chez Iean
Promé, en sa boutique, au bout du Pont-
neuf. 1647. Pet. in-8.

Titre rouge et noir avec vignette (astrologue
montrant une mappemonde.)

Le même almanach existe avec titre tiré en noir
et sans vignette.

[B. Maz.]

32. — ALMANACH SPIRITUEL de l'an 1647 pour la Ville et Fauxbourgs [et ès environs (1)] de Paris, où sont marquées les Festes, Confrairies, Prédications, Assemblées et Conférences de piété, qu'il y aura chaque jour de cette année dans les Églises et Paroisses et Monastères de Paris. A l'vsage des personnes dévotes, par le P. Martial dv Mans, Religieux Pénitent. || A Paris, chez Georges Iosse ruë St Jacques, à la Couronne d'Espines, [et plus tard, chez Despilly.] 1647, 1700 et suite. Pet. in-8.

Cet almanach religieux dont l'origine est peut-être antérieure à 1647 et qui parut durant tout le xviiie siècle, doit être considéré comme le Bottin officiel des choses religieuses.

Un « avis au lecteur » informe que le livre est dressé en faveur des bonnes âmes qui travaillent à l'acquisition de la bienheureuse éternité. Il contient en effet des indications sur les offices, sermons, conférences, journaliers, hebdomadaires et mensuels. Un calendrier détaille par le menu les divers moyens d'honorer le saint de chaque jour. Au dimanche de Quasimodo, on voit qu'il y a exposition de l'hostie miraculeuse à St Jean en Grève et « Sermon et procession aux Billettes où il y aura aussi grande feste à raison du saint Canivet teint du sang miraculeux qui sortit de la sainte hostie, poignardée par le juif en ce même lieu. » — La Bibl. Nat. possède les années 1651, 1652 (avec cette adjonction au titre « l'an bissextile »), 1654, 1667, 1670, 1672 « an de grâce et bissexte, » 1691. A partir de cette dernière année le titre se modifie comme suit :

— L'Almanach spirituel de Paris pour l'année M.DC.CXI, où sont marquées les solennités, prédications, indulgences, qu'il y aura dans les Eglises. — Sur la page un cartouche représentant une couronne d'épines avec la devise : In spinis collige rosas ! Le nom du P. Martial du Mans disparait. On trouve à la Bibl. Nat., avec le titre ainsi modifié, les années 1697, 1716, et 1728 (bissext.)

Nombre d'années du xviiie siècle ont, en plus, sur le titre : « On y a ajouté les fêtes et concours de dévotion de plusieurs Eglises de la Campagne et des environs de Paris. »

Les années 1647 et 1666 qui figuraient dans la collection de l'abbé Bossuet, ont été vendues 39 et 38 francs.

Sur l'année 1757, également à la vente Bossuet, une note manuscrite portait : « Almanach dit des Larrons parce qu'il indique les lieux, les jours et

(1) Les mots : « Et ès environs » ne se trouvent qu'à partir de 1660.

les heures où il faut qu'ils se trouvent pour couper des bourses. »

Les années courantes du xviiie siècle se vendent entre 6 et 10 fr.

[B. N. Années citées — B. 4615.]

33. — ALMANACH POUR L'AN BISSEXTIL MIL SIX CENS QUARANTE-HUICT, par M. Qvestier, Parisien, Spéculateur des Ephemerides Celestes. Aux remarques duquel se verra les choses émerueillables qui arriueront en icelle Année. Revev et Corrigé par l'avthevr (sic). Avec l'Almanach du Palais. Dédié av Roy. || A Paris, chez Ravlin De La Haye, au Mont S. Hilaire, rue d'Ecosse. M.DC.XLVIII. 1648 et suite. Pet. in-8.

Titre rouge et noir avec portrait de Questier, en habit taillardé, long et large collet à la Richelieu. A la fin des prédictions est une prière de Questier au Seigneur pour « appaiser les désordres et les malheurs dont les astres nous menassent. » Jours heureux et jours « qu'on dit estre périlleux. »

Le même pour l'an de grâce 1649, chez Pierre Dupont, au Mont St Hilaire, rue d'Ecosse.

Le même pour l'an de grâce 1651 chez Pierre Dupont, rue des Sept-Voyes. Également pour l'an de grâce 1653 « Revev, corrigé exactement et augmenté par l'autheur. » — Pour 1655, 1657, 1659 et 1660, chez la Veuve Jean Promé.

Maître Mathurin Questier, qui nous apprendra en plusieurs almanachs que l'anagramme de son nom fait : « Mars qvi tient vertv », aimait à se représenter sous un costume galant et avec une allure matamoresque. C'est l'oracle à la mode, aux moustaches retroussées à la royale, en feuille d'artichaut, n'ayant en aucune façon l'aspect rébarbatif de certains « spéculateurs ès-éphemerides célestes. » Aussi ses oracles furent-ils sans cesse servis au public, et son nom put-il se voir longtemps après sa mort, sur des almanachs parisiens ou troyens.

Maître Mathurin Questier a dû mourir vers 1650.

[B. N. Années 1657, 1659, 1660. || B. Maz. A. 1648, 1649, 1651, 1653, 1655.]

34. — ALMANACH POVR L'AN BISSEXTIL MIL SIX CENTS QUARANTE-HUICT. Composé et diligemment calculé par Me I. L. B. Disciple de I. Petit Parisien, Professeur ès-Sciences Matémathiques. || A Paris chez Iean Promé, en sa boutique, au bout du Pont-neuf 1648 et suite. In-8.

Titre rouge et noir avec portrait de M. Jean Petit, Parisien. Toujours mêmes matières. La dernière page, sous le titre de : « Choses remarquables et dignes de mémoire,» donne un résumé des actions de Philippe-Auguste.

— Le même pour l'an de grâce 1649.

[B. N. || B. Maz.]

35. — ALMANACH POVR L'AN BIS-SEXTIL MIL SIX CENTS QUARANTE-HUICT. Diligemment calculé par M. I. Colvche, Astrologue et Mathematicien, Disciple de M. I. Belot viuant Curé de Milmonts. Auec l'Almanach du Palais, pour sçavoir les iours que la Cour cesse de plaider. Dédié av Roy. || A Paris, chez Jean Promé en sa boutique, au bout du Pont-neuf. In-8.

Titre rouge et noir avec un astronome assis tenant une sphère en main. La dernière page donne dés remèdes « très utiles et nécessaires pour la conservation du corps humain. »

[B. N. || B. Maz. ex. aux armes de Mazarin.]

36. — ESTAT DE LA FRANCE COMME ELLE ESTAIT GOUVERNÉE EN L'AN M.DC.XLVIII. Où sont contenuës diuerses remarques et particularitez de l'Histoire de nostre Temps. M.DC.XLIX. || *S. l. ni ind.* (Paris). In-12.

État donnant des renseignements et des noms, mais sans offrir le caractère d'annuaire de l'« État » de la Marinière. (Voir nº 3o.)

[B. N.]

37. — ALMANACH DE LA COUR POUR L'AN 1649, fait par François Le Vaultier, grand spéculateur des choses présentes. 1649. || *S. l. ni ind.* (Paris.) In-4 de 6 pag.

Dans cet almanach le cardinal Mazarin représente Janvier, Gaston Février, Condé Mars, Conti Avril, Longueville Mai, les princes Lorrains Juin, Chavigny Juillet, La Meilleraye Août, Grammont Septembre, Le Tellier Novembre, et La Rivière Décembre.

Il existe de cette mazarinade plusieurs éditions également imprimées en 1649. Dans l'une, l'auteur est appelé Le Vérittier ; dans l'autre, le titre est ainsi complété « Almanach de la Cour *qui dit tout,* » et l'almanach est suivi du « Le Tout en tout du temps. »

L'auteur de la *Bibliographie des Maʒarinades* se demande s'il faut voir en ce Le Vaultier un astrologue à la façon de Jacques Mengau le grand « tireur de prédictions » du moment, ou bien si c'est

un nom pris à l'effet de tourner en ridicule François Vautier, médecin de Louis XIV.

[A passé à deux reprises depuis dix ans dans des catalogues de librairie : coté 5 à 6 fr.]

38. — L'ASTROLOGUE FRANÇAIS, prédisant les événements singulier *(sic)* et universels des Etats et empire du monde, selon le changement des globes célestes dans la présente année astronomique. || Paris, Claude Morlot. 1649. In-4.

Mazarinade de 8 pages.

[B. Maz.]

39. — ALMANACH POLITIQVE, marqvant ce qv'on doit attendre de l'estat présent des Affaires du Monde suiuant la Constellation de chaque Royaume. || *S. l. ni d.* (1649). In-4 de 8 pages.

Considérations politiques sur les constellations d'Allemagne, de Pologne, d'Italie, d'Espagne, de France, d'Angleterre, de Turquie. L'auteur, en terminant, dit qu'il ne donne « rien pour asseuré pource que les Estats sont gouvernez aujourd'huy d'une façon si irrégulière qu'on ne scauroit garder de règle à en considérer les suites. »

40. — PRÉDICTIONS DE L'AN M.DC. XLIX. || *S. l.* [Très certainement imprimé à Paris.] Pet. in-4.

Prédictions violentes, en vers, contre tous ceux qui doivent leur fortune au dol, à la fraude et autres forfaits. Citons parmi les morceaux de ce pamphlet : Réjouissance pour la France. — Contre d'Hemery, chassé de la surintendance. — Désespoir de Mazarin. — Advis général contre les maltotiers.

Pièce composée de quelques pages.

[B. N. — Ye 4016.]

41. — PREDICTION DE L'ANNÉE 1649. Svr l'emprisonnement dv prince dv sang, surnommé La Cvirasse. || M.DC.L. *S. l.* (Paris). Pet. in-4.

Prédictions en vers, commençant par l'avertissement suivant :

Prince que l'on nomme du Sang,
N'épuise pas celuy de France,
Sous vn prétexte de vengeance,
Ou bien tu y perdras ton Rang.

[B. N. — Ye 4017.]

42. — ÉTRENNES BURLESQUES pour le premier jour de l'an mil six cent cinquante. ‖ Paris, J. Didin. In-4.

Simple mazarinade dans le genre des nombreux « Avertissements » de Jacques Mengau qui ne sont que des prédictions fantaisistes.

[B. Maz.]

43. — ESTAT DE LA FRANCE COMME ELLE EST GOUUERNÉE A PRÉSENT. [Reveu, corrigé et augmenté de beaucoup en cette dernière Édition.] ‖ A Paris, chez Edme Pépingvé, en la grand'-salle du Palais, du costé de la Cour des Aydes. M. DC. L. In-12.

Écusson royal sur le titre.

La dédicace est signée : LA MARINIÈRE, comme dans le précédent « État des Officiers. » Mais l'Avertissement de l' « État de la France » publié en 1722 par Frère Ange, appelle l'auteur PINSON DE LA MARTINIÈRE, et c'est ainsi qu'il figure sur le frontispice de son ouvrage intitulé : La Connétablie et Maréchaussée de France.

— Même ouvrage : « A Paris, chez Michel Bobin, en la grand' Salle du Palais, au troisième Pillier. »

Publié également la même année sous cet autre titre :

— Le vrai Estat de la France comme elle est gouvernée en cette présente année 1650 sous le Règne de Lovis XIV, où sont obseruées plusieurs particularitez et remarques de l'Histoire de nostre Temps. ‖ A Paris, chez Charles de Cercy, au Palais, en la Salle Dauphine, à la bonne Foy couronnée.

« Espuré des fautes » dit un avis au lecteur, « par la plume d'un gentilhomme de la Maison du Roi. »

[B. N.]

44. — LE VRAY ESTAT DU GOVVERNEMENT DE LA FRANCE, ov se voyent les Rangs et dignitéz que tiennent les Princes, Ducs et Pairs, et Officiers de la Couronne. Ensemble l'estat de la Maison du Roy et de la Reyne, sous le règne du très-puissant Monarque Lovys XIV, dit Dieudonné, à présent Régnant. Nouvelle édition en cette présente année 1651. ‖ A Paris, chez G. Loyson, au Palais, en la Gallerie des Prisonniers, au nom de Jésus, et I. B. Loyson, en la salle Dauphine, à la Croix d'Or. M.DC.LI. In-12.

Avec privilège pour dix ans. Suite des précédents « États. »

[B. N.]

45. — LE VRAI ESTAT DE LA FRANCE, dans la maiorité dv Très puissant Monarque Lovys XIV, en cette présente année 1652. Ov se voyent les Rangs et Dignitéz que tiennent les Princes, Ducs et Pairs, et Officiers de la Couronne. Ensemble l'estat de la Maison royalle auec plusieurs particularitez de l'Histoire du temps. ‖ A Paris, chez G. Loyson, au Palais, etc... M. DC. LII. In-12.

L'éditeur dit qu'on a ajouté en cette nouvelle édition nombre de choses que les curieux seront fort aises d'y trouver, « specialement en ce qui est des gens de Lettres qui ont l'honneur d'être au service de Sa Majesté. »

Parmi les officiers ordinaires du Roi et de la Reine figurent un horloger, un premier Médecin, un Apothicaire de S. M., un apothicaire du Commun, un chirurgien du Corps du Roi ou de la Reine, trois autres chirurgiens, deux barbiers (deux aussi pour la Reine), un oculiste, un étuviste.

Heureusement, le mot « barbier » n'avait pas alors strictement notre sens moderne.

[B. N.]

46. — DESCRIPTION DE L'ESTAT PRÉSENT DE LA FRANCE, Assavoir celvy de la présente année M. DC. LII. Où il est traitté des principaux points du Gouuernement de ce Royaume, Auec plusieurs recherches curieuses et très-vtiles pour l'intelligence de l'histoire de France, Et particulièrement de celle de nostre temps, par Antoine Marchais, Professeur des Mathématiques et des Langues... Le tout reconnu par son Autheur, corrigé, augmenté, et mis dans vn meilleur ordre que tout ce qui a iusques à présent paru sous le mesme ou semblable Tictre, ainsi qu'il est plus amplement déduit dans la Préface. ‖ A Blois (1), par F. de La Savgère, imprimeur du Roy et de Son Altesse Royalle. 1652 et suite. In-12.

Annuaire officiel divisé en trois livres, « Le Roy, la Reine et les trois « Estats » de la France en général, » mais conçu plutôt sous la forme descriptive.

[B. N. Années 1652 et 1654.]

_____

(1) Nous faisons figurer cet « État » ici, quoique imprimé à Blois, parce que c'est un Annuaire officiel.

47. — ESTAT GÉNÉRAL DES OFFI-CIERS, DOMESTIQUES ET COMMAN-ÇAUX (*sic*) DE LA MAISON du Roy, de la Reine, et de Monsieur le Duc d'Anjou, qui doiuent jouir des priuilèges. Extraict du Greffe de la Cour des Aydes. Ensemble l'Ordre et règlement qui doit estre obserué en la Maison de Sa Majesté, tant pour le faict et despense d'icelle que des deuoirs que les Officiers ont à rendre chacun en l'exercice et fonction de leurs charges. ‖ A Paris, chez Marin Le Ché, Imprimeur et Libraire ordinaire du Roy, au premier Pillier de la grand' Salle du Palais, vis-à-vis la Chapelle. M.DC.LII. 1652 et suite. In-8.

Véritable État officiel, véritable Almanach Royal avec les noms et les appointements des officiers et domestiques. On y trouve jusqu'aux valets de chiens, jusqu'aux « chastreux de chiens et guérisseurs de rage, » jusqu'aux valets ordinaires « couchant avec les chiens. »

Dans la maison du Roi figurent, aux côtés des historiographes et « orlogers et valets de chambre », des cordonniers, des « peintres et valets de chambre, » des peintres et gens de métier tant perruquiers que tailleurs en jaye, marchands de soie ou coffretiers. Et tout cela est appointé à raison de 30 liv. par an.

Dans les éditions postérieures ne figurent plus sur le titre que les gens de la Maison du Roi.

[B. N. Années 1652, 1653, 1657, 1660.]

48. — ALMANACH JOVRNALIER, ov observations astrologiques pour l'an de grâce 1653. Par lesquelles on pourra cognoistre les changemens de l'air, les Maladies qui doiuent régner, affaires du monde, et autres particularitez qui doiuent arriuer en l'Europe de cette présente Année. Diligemment supputé par Maistre François Commelet, Professeur es sciences Célestes, natif du Bassigny au Comté de Champagne. Avec les iours heureux et périlleux et toutes les Foires de France et autres villes hors le Royaume. ‖ A Paris, chez Pierre Du Pont, rue des Sept-Voyes. Pet. in-8.

Titre rouge et noir avec portrait du sieur Commelet qui n'oublie jamais de faire suivre son nom de l'indication de son lieu de naissance. Mais ne disait-on pas, alors déjà, « menteur comme un astrologue. » Commelet semble avoir été fort recherché également des imprimeurs troyens.

[B. Maz. aux armes de Mazarin.]

49. — ESTAT ET GOUVERNEMENT DE FRANCE, Comme il est depuis la majorité du roi Lovjs (*sic*) XIV, à présent Régnant. Où sont contenues diverses remarques et particularités de l'histoire de notre Temps, avec les Noms, Dignités et Familles principales du Royaume, et leurs alliances. [Septième édition, revue, corrigée et augmentée.] ‖ A Amsterdam, (1) J. Ravestein. 1653. In-12.

Annuaire comme les précédents, plutôt sous la forme descriptive, qui a dû paraître dès 1640.

[B. N.]

50. — LE VÉRITABLE ESTAT DE LA FRANCE, Et comme elle est gouuernée à présent. Ensemble Les Rangs, Préséances, Dignitez que tiennent les Princes, Ducs et Pairs, et Officiers de la Couronne. Auec l'extrait des Officiers Commençaux des Maisons du Roy, de la Reyne, et leurs principales fonctions. ‖ A Paris, chez Jean Gvignard, au Palais, au premier Pillier de la grand'Salle. M.DC.LIII. In-12.

Annuaire rédigé par le sieur De La Lande.

Le titre de départ porte : « Estat de la France, comme elle est gouvernée en l'année mil six cent cinquante-vn. »

Le libraire avertit le lecteur que « Monseigneur le Chancelier a bien pris la peine de corriger lui-même les fautes qu'il a trouvé sujetes (*sic*) à réforme. »

Peut être considéré comme faisant suite à « L'Estat de la France » paru en 1651.

[B. N.]

51. — ALMANACH POUR L'AN 1654. Diligemment calculé par M. I. Colvche Astrologue et Mathématicien, disciple de M. Iean Bellot viuant curé de Milmonts. Auec l'Almanach du Palais [suit le détail.] De plus est adiousté la Maniere de Semer et Replanter toutes sortes d'Herbes Potagères et Salades. Desdié au Roy Tres Chrestien Louis 14 Dieu-donné. ‖ A Paris, chez Thomas La Carrière sur le quay de Gesvres, à La Caille. Pet. in-8.

Sur le titre, vignette sans personnification. Suite de l'almanach de 1648 (n° 35) qui deviendra plus tard « prognostic et historial » (Voir n° 61.)

[B. Maz.]

_____

(1) Même observation que pour le n° 46.

52. — LE VRAI ESTAT DE LA FRANCE COMME ELLE EST GOUVERNÉE A PRÉSENT. Où il est traité des principaux points du gouvernement de ce Royaume. Avec plusieurs recherches curieuses et très-utiles pour l'intelligence de l'histoire. [Nouvelle Édition, reveue, corrigée et augmentée; et mis dans sa perfection.] Ensemble l'Estat de la Maison de Monseigneur le duc d'Anjou, par le sieur Du Verdier, historiographe de France. || A Paris, chez Jean Promé, etc., 1654. In-12.

Concurrence à la publication de Antoine Marchais. Ce dernier, du reste, se plaignait dans la préface à son édition de 1654 de la concurrence qui lui était faite.
La 1ʳᵉ édition doit remonter à 1648 ou 1650.
La B. N. possède encore l'édition suivante :

— *Le Vrai et Nouveau Estat de la France,* comme elle est gouvernée en cette présente année 1656... Nouvelle Édition, reveue, corrigée et augmentée ; et mis dans sa perfection... Par le sieur Du Verdier... — A Paris, chez L. Chamhoudry, in-12.

[B. N.]

53. — ALMANACH POUR L'AN DE GRACE MIL SIX CENS CINQUANTE CINQ, par M. Qvestier, Parisien, Spéculateur des Ephemerides Celestes. Auec l'Almanach du Palais, pour scauoir les jours que la Cour cesse de plaider. Dedié av Roy, || A Paris, chez la Vefue Jean Promé, [demeurant en la] rue de la Vieille Bouclerie. 1655 et suite. Pet. in-8.

Titre rouge et noir. Portrait de Mathurin Questier, Parisien. Avec prédictions générales et prédictions pour chaque mois, et la brève nomenclature « des jours heureux et périlleux, revelez par l'Ange au bon Joseph le juste. » Calendrier interfolié de pages blanches.
Selon M. Emile Socard (Etude sur les Almanachs et les Calendriers de Troyes), cet almanach était imprimé à Troyes par I. Blanchard.

[B. N. || B. Ars]

54. — CALENDRIER HISTORIAL DE LA TRÈS-SAINTE VIERGE, avec les Festes des Saints de chaque jour. || *S. l. ni d.* (vers 1655). In-12.

En tête, petite vignette sur bois représentant un sujet religieux.
Il donne les fêtes de chaque jour de l'année avec leur origine.

[B. N.]

55. — LE PARFAIT ESTAT DE LA FRANCE, comme elle est gouvernée à présent... Dernière Édition, augmentée des Blasons, Armes et Fonctions des principaux Officiers de la Couronne... || Paris, chez Cardin Besongne, dans la galerie des Prisonniers, au Palais, 1656. In-12.

Nouveau recueil des noms et des fonctions, dû à N. Besongne, clerc de Chapelle et d'Oratoire du Roi.
Autre édition, absolument identique, imprimée « chez Pierre David, proche la grande porte des Augustins. »
(Voir, pour la suite, le n° 66.)

[B. N.[

56. — ALMANACH DES COQVETTES pour l'année 1657. Où sont contenuës les bonnes et mauuaises rencontres de l'Amour en tous les mois de l'Année. || A Paris, chez Cardin Besongne, dans la galerie des Prisonniers et chez Ch. de Cercy, dans la salle Dauphin, au Palais. M. DC. LVII. In-12.

Cet almanach doit servir de type à toute une série de publications 'amouroso-fantaisistes qui obtenaient alors un grand succès.
En tête se trouve la dédicace suivante :

AUX PLUS ILLVSTRES COQVETTES

L'Almanach que ie vous dédie
Ne vous predit rien que d'heureux,
Il menace les Amoureux
De l'amoureuse maladie.
Si pourtant vous vous en fâchiez,
Belles, pour peu que vous tâchiez,
Vous détourneriez l'infortune,
Et cet Aduis rencontreroit
Entre les Coquettes quelqu'vne
Qui sans doute en profiteroit.

« L'Indiction Coquette » nous apprendra que jusqu'à quinze ans l'on n'est pas capable de fleurettes, et que, « deux fois quinze ans après, les Roses seront gratecus. »
Prédictions amoureuses en vers pour chaque saison et pour chaque mois.

MAY.

May qui ramène le beau temps
Y rendra les désirs contens ;
Les cabales mieux assorties,
Et qu'on sçait triés au volet,
Y feront les douces parties
De Saint Clou, Ruel, Bagnolet.
Là l'Amant comme à force ouuerte
Y donnera la cotte verte,
S'il y tient la Dame à l'écart,

Mais Nostradamus, ce me semble,
Seroit ici venu bien tard
Dire ce qu'ils feront ensemble,
Sur tout quand ils reuiennent tard.

IVILLET.

Juillet pour divertissement
Cherche le rafraischissement...
L'on verra là qu'à la sortie
La Coquette fera partie
D'aller se baigner à minuit.
Sa Tente à l'Isle Maquerelle
Seruira d'amoureux reduit,
Où cette Naïde nouuelle
Recevra son Triton sans bruit.

[B. N.]

57. — LE GRAND ALMANACH
D'AMOUR, où sont contenues les Prédictions générales de l'amitié et de chaque
saison en particulier, avec un moyen très
nécessaire pour semer et cultiver toutes les
choses qui servent en amitié et en amour,
et une facile méthode pour guérir l'indifférence. ‖ Paris, 1657. In-8.

[Bibliogr. du comte d'I***.]

58. — L'ESTAT DE LA FRANCE DANS
SA PERFECTION et Comme elle est à présent gouuernée. Où a été ajouté plusieurs
recherches curieuses et nécessaires pour
l'intelligence de l'Histoire, jusques à
présent. Avec les Blasons, Armes et
Fonctions des principaux Officiers de la
Couronne, et de plusieurs grandes et
illustres Maisons de ce Royaume. Ensemble les Estats des Maisons du Roi,
de la Reine, de M. le duc d'Anjou et de
M. le duc d'Orléans. Le tout reveu, corrigé et augmenté d'un traité des Conseils du Roi et des personnes qui les composent. ‖ A Paris, chez E. Loyson, en la
salle Dauphine, 1658. In-12.

Autre publication officielle due à La Marinière,
l'auteur des « États » qui figurent sous les nos 30
et 43.

[B. N.]

59. — ESTAT GÉNÉRAL DES GOUVERNEURS DES PROVINCES et des
principales Villes de France. Ensemble
la liste des Villes réduites à l'obéissance
du Roi... ‖ A Paris, chez Marin le Ché,

Imp. et Libraire ordinaire du Roy.
M.DC.LVIII et suite. In-4.

Simples plaquettes de dix pages, simples listes
de noms, dont la B. N. possède les années 1658 et
1662.

60. — LE GRAND ALMANACH DE
L'AMOVR, POUR L'ANNÉE 1659. Où
sont contenus les bonnes et mauvaises
rencontres de l'Amour en tous les mois
de l'année. ‖ M.DC.LIX. S. l. (Paris.)
Pet. in-8.

Réimpression, sous un autre titre et dans un
autre format, de l'*Almanach des Coquettes* de 1657.
Le texte est identique ; on y trouve seulement en
plus un « Moyen pour compter svivant la chronologie d'Amour » qui se termine par ces vers :

Car dans ce siècle si peruers
Grands Esprits et faiseurs de Vers
On se rit de vostre poësie ;
Aucun obiet n'est indulgent,
Et si vous n'auez point d'argent
N'aguere (sic) de vostre beau Genie.

Et, d'autre part, le sonnet placé à la fin du dit
almanach n'a point été réimprimé.

[B. N. — V. 2712.]

61. — ALMANACH BISSEXTIL ET
HISTORIAL POUR L'AN MIL SIX CENS
SOIXANTE. Diligemment calculé par
M. L. Collvche, Astrologue et Mathématicien, disciple de M. Jean Bellot, viuant
Curé de Milmonts. Auec l'Almanach du
Palais, pour sçauoir les iours que la Cour
cesse de plaider, en quel temps elle
entre, et quand les Roolles de chaque
Prouince se Plaident, mesmement aux
Requestes, Cour des Aydes, Présidial et
Siège Ordinaire du Chastelet de Paris.
De plus est adiousté la Manière de Semer
et Replanter toutes sortes d'Herbes Potagères et Salades. Dédié au Roy Très-Chrestien Louis XIV, Dieu-donné. ‖ A
Paris, par Thomas La Carrière, sur le
Quay de Gesvres, au Rossignol. 1660 et
suite. Petit in-8. (Suite du n° 51.)

Titre rouge et noir. Vignette astronomique sur
le titre.
Les prédictions contiennent l'abrégé des choses
les plus mémorables survenues en France depuis
Pharamond.
L'année suivante, cette publication prend le titre
de : *Almanach prognostic et historial*, le mot « prognostic » remplaçant le mot « bissextil » sans que

rien autre soit changé dans la disposition typographique de la page.

A partir de 1665 l'almanach s'imprime également
à Paris et à Troyes. Sur les deux exemplaires de
la dite année que possède la B. N., on lit sur l'un :
« Almanach Prognostic et Historial, » sur l'autre
« Almanach ou Prognostic et Historial. »

[B. N. Années 1665, 1667, 1668, 1669, 1671.
|| B. Ars. A. 1661 à 1666.]

62. — ALMANACH HISTORIAL POUR L'ANNÉE BISSEXTILE MIL SIX CENS SOIXANTE, par M. Qvestier Parisien, Speculateur des Ephemerides Célestes. Auec l'Almanach du Palais pour scauoir les iours que la Cour cesse de plaider. Dédié av Roy. || A Paris, chez la Vefue Jean Promé, demeurant en la rue de la vieille Bouclerie. 1660 et suite. Pet. in-8.

Titre rouge et noir. Portrait de Questier sur le
titre. Même matière que le précédent almanach de
Questier. (Voir n° 53.)

Le titre de l'année 1668, quelque peu différent,
est libellé comme suit :

— Almanach Historial pour 1668. Exactement
supputé et calculé par Maistre Mathurin Qvestier,
grand Astrologue et bon Auteur. Et les festes retran-
(chées). Ensemble les Festes de toutes les Parois-
ses de Paris. Avec l'Almanach du Palais. || A
Paris, chez la Vevve Dv Pont.

[B. N. Années 1668, 1678, 1680. || B. Ars. A.
1660, 1661, 1662, 1663.]

63. — ALMANACH, POVR L'AN DE GRACE ET DE BISSEXTE MIL SIX CENS SOIXANTE. Aux remarques du-quel on connoistra par chacun iour les changement (sic) de l'air, et autres choses que les Astres produisent. Exactement su-puté (sic) suiuant les Tables de Thico Brahé, et interpreté selon la doctrine des meilleurs Autheurs (sic) qui ont escrit de cette science, par M⁰ François Commelet, Professeur ès Mathématiques, natif du Bas-signy au Comté de Champagne. Auec l'Al-manach du Palais, pour scauoir les iours que la Cour cesse de plaider. Et le Ca-lendrier Historial. || A Paris, chez la Vefue Jean Promé, en la ruë de la Vieille Bouclerie, près le pont Saint-Michel. 1660 et suite. Pet. in-8.

Titre rouge et noir. Portrait de Commelet sur le
titre. Certaines années sont appelées : « Almanach

Historial » (Voir le n° suivant.) A partir de
l'année 1665, on a placé en petits caractères,
au-dessus de « A Paris » la mention « à Troyes, et
se vendent à Paris. » L'année 1666 porte une
sorte de faux-titre dédicatoire ainsi redigé :

Almanach pour l'An 1666. Présenté AV ROY
|| Par Damien Fovcavlt Imprimeur et Libraire
ordinaire de Sa Majesté. Gendre de feu P. Rocolet.
M. DC. LXVI.

Voir aux Almanachs de Troyes (Tome II), le
même à la date de 1658.

[B. N. Années 1661, 1663, 1664, 1665, 1666,
1667, 1669. || B. Ars. A. 1660 à 1666.]

64. — ALMANACH HISTORIAL POUR L'AN DE GRACE MIL SIX CENS SOIXANTE ET VN. Ov abrégé de l'his-toire de France. Aux remarques duquel on connoistra par chacun iour sur les changements de l'air et autres choses que les Astres nous menassent icy bas. Exacte-ment supputé et calculé par M. François Commelet professeur ès Mathématiques. Avec l'Almanach du Palais. || Paris, chez Pierre Dv Pont, ruë d'Écosse, proche Sainct Hylaire. 1661 et suite. In-4.

Sur le titre portrait de Commelet. Suite de
prédictions. Feuille blanche, à chaque mois, pour
l'inscription des observations ou des dépenses.

Le même almanach sera également imprimé à
partir de 1672 chez Nicolas Oudot, à Troyes,
avec la mention: « Et se vendent à Paris,
chez Nicolas Oudot. » Il n'y existe guère entre
les deux éditions que des différences typographiques.

Un autre imprimeur troyen Louis Blanchard,
offrira également au public, à partir de 1674, un
almanach du sieur Commelet. (Voir au tome II la
division Troyes-Paris.)

[B. N. Années 1669, 1671, 1672, 1673, 1681.
|| B. Ars. A. 1661 à 1672.]

65. — ALMANACH POUR L'AN DE GRACE MIL SIX CENS SOIXANTE ET UN. Composé par M. Mathvrin Qvestier Parisien, spéculateur des Ephémerides Célestes. Ensemble les Festes de toutes les Paroisses tant de la Ville que Faux-bourgs de Paris, et Diocèse. Et les iours heureux et périlleux de toute l'année. Avec l'Almanach dv Palais. || A Paris, chez Pierre Dv Pont, ruë d'Escosse, proche Sainct Hilaire. 1661 et suite. Pet. in-8.

Suite de l'Almanach de 1660 (n° 62).

Titre rouge et noir, avec portrait de Questier.
Le privilège avait été accordé à Pierre du Pont

pour dix ans. En 1662, l'Almanach se trouve à nouveau intitulé « Almanach Historial » et le titre reçoit quelques changements sans importance. Mathurin Questier y est appelé « grand astrologue et bon Autheur (sic). »

[B. N. || B. Ars.]

66. — L'ESTAT DE LA FRANCE, novvellement corrigé et mis en meilleur Ordre. Ov l'on voit de svite tovs les Officiers de la Courône (sic), avec leurs Armoiries. Ensemble les Noms des Officiers de la Maison du Roy, et le quartier de leur service; avec leurs gages et privilèges, et l'explication des Fonctions de leurs Charges. Comme aussi des Officiers des Maisons Royales, de la Reine et de Monsieur, etc. Avec plusieurs Traittez particuliers. Le tout enrichy d'un grand nombre de Figures, et dédié av Roy, par N. Besongne, clerc de Chapelle et d'Oratoire du Roy et A. D. S. M. (1) || A Paris, chez la Vefve Pierre David, proche la grande porte des Augustins, au Roy David, M.DC.LXI. (1661-1752.) In-12. (Suite du n° 55.)

L'auteur, dans une préface intitulée « Aux Lecteurs » dit :

« Je suis bien ayse de vous avertir au commencement de ce Livre de la différence qu'il y a entre cet Estat nouvellement corrigé et ceux qui ont paru cy-devant remplis de fautes et de faussetez; et qui ont mesme été depuis peu r'imprimez sur les vieux, avec les mesmes fautes. Il y avoit une si grande confusion que les principaux officiers de la Maison du Roy, estoient l'un devant l'autre, sans garder aucun ordre, et sans avoir égard à la dignité de leur charge.

« Ce petit volume est distingué en trois Livres :
I. — « Dans le premier Livre, après quelques Chapitres de Prolégomènes, qui regardent en général cette Monarchie, ou les Rois qui la gouvernent, on vient au Roy à présent régnant, puis à tous les Officiers de sa Maison. Viennent ensuite les autres Maisons Royales, la Maison de la Reine-Mère, puis la Maison de la Reine d'à présent, et la Maison de Monsieur. On y a joint les Officiers de Guerre, les Gouverneurs des Provinces et places frontières.
II. — « Dans le second Livre, la France est divisée en trois Estats. Le Clergé, où est le dénombrement des Archeveschez et Éveschez. La Noblesse, où après les Princes et les Ordres de Chevalerie, on voit un beau recueil des armories (sic) de la Noblesse de France, et par ordre Alphabétique.

Le Tiers Estat, qui est encore divisé en quatre, scavoir le corps de Iustice, les Vniversitez, les Corps des Marchands, et pour quatrième membre le Paysan.
III. — « Le troisième Livre ne comporte que quelques feuillets, seulement, pour représenter en gros l'Estat des affaires de France. »

Quelques années possèdent un frontispice sur bois représentant Louis XIV en médaillon. On trouve dans cet ouvrage la reproduction des armes des principaux Officiers du Roi, ainsi que des remarques intéressantes sur le gouvernement, les charges et dignités, suivant les détails qui viennent d'être donnés.

Le privilège est daté des 14 août 1651 et 16 février 1656, pour 7 ans, à compter du jour où ledit ouvrage sera achevé d'imprimer. L'extrait du privilège placé à la fin porte : « Achevé d'imprimer avec les Armes et Blasons, pour la première fois, le 1er Mars 1656. » En 1660, il fut renouvelé pour 15 ans.

Les éditions des années 1699-1718 ont été rédigées par L. Trabouillet, celles de 1722 par frère Ange, celles de 1727 par le Père Simplicien, celles de 1736 par les religieux Augustins déchaussés, enfin celles de 1749 par les religieux Bénédictins de la Congrégation de Saint-Maur. (D. Bar, D. Jalabert, D. Pradier.)

De 1661 à 1752 l'Estat général de la France a passé entre les mains de différents imprimeurs-éditeurs : E. Loyson, Cardin-Besongne, J. Ribou, H. Loyson, C. Osmont, G. de Luynes, J. Le Gras, T. Guillain, J. Guignard, N. Gosselin, C. Prud'homme, Robustel, de Heuqueville, D. Mouchet, M.-E. David, Le Breton. L'année 1752, en 6 volumes, fut éditée à Londres chez Wood et Palmer. Certaines années sont en 3 volumes, d'autres en 6. Quelques prix d'après des catalogues. A. 1674, 7 fr. — A. 1692, 6 fr. — A. 1694, 6 fr. — A. 1702, 9 fr. — A. 1718 (avec armes sur les plats), 12 fr. — A. 1736, 18 fr. — A. 1749, 18 fr. (la plupart de ces volumes en veau.)

[Coll. nombreuse à la B. N. Celle-ci possède également un exemplaire de l'année 1722, ayant appartenu à Clérembaut, enrichi d'un grand nombre de lettres autographes des principaux personnages de l'époque.]

67. — LA NAISSANCE DE L'AN NOVVEAU MIL SIX CENS SOIXANTE-QUATRE. Histoire allégorique. || M. DC. LXIV. S. l. (Paris.) 8 pages.

Sur le titre cartouche fleuronné. Texte mêlé de prose et de vers sur le mouvement des astres, les données mythologiques relatives au soleil et aux planètes, sur la réforme du calendrier, la construction de Troye, la lettre dominicale, la division de l'année, etc.

[B. Carn.]

(1) Auditeur de Sa Majesté.

68. — ALMANACH D'AMOUR POUR L'AN DE GRACE 1665. Par le Grand Ovide Cypriot, Speculateur des Ephémerides Amoureuses. Aux Remarques duquel se verront choses merveilleuses qui arriveront cette année. Dédié à Cupidon. S. l. In-12.

Ce curieux almanach qui fait partie des *Poésies de Mᵐᵉ de La Suʒe* (1665) et qui porte en cette œuvre la pagination 81, est de Bussy-Rabutin. Les lunes sont remplacées par des cœurs avec les désignations : *premier quartier d'amour, dernier quartier d'amour, pleine (sic) amour.*

On y voit également les douze signes d'Amour (en lieu et place du Zodiaque) et les mois de « l'année d'Amour. » D'autres têtes de pages portent : « Pour les Quatre-Temps il n'y en a point en Amour. — En Amour il n'y a ni Festes, ny Dimanches. — Le Nombre d'Or en Amour ne se peut définir, etc. »

Temps pour jouir de ses Amours. « Par l'ordonnance du Conseil de Cypre, il est permis à toutes personnes passionnées de recevoir la dernière faveur, excepté depuis le premier d'Indifférence, jusques au dernier de Tendresse inclusivement. »

[40 à 50 fr.]

69. — ALMANACH D'AMOUR POUR L'AN DE GRACE M. DC. LXVIII. Par le grand Ovide Cyproit (*sic*), Speculateur des Ephémerides Amoureuses. Aux Remarques duquel se verront choses merveilleuses qui arriveront cette année. Dédié à Cupidon. ‖ A Cypre, chez Castelle, ruë du Paradys, à l'enseigne du Cœur nauré. M. DC. LXVIII. Pet. in-12.

Sur le titre deux pigeons se becquetant. Même almanach que le précédent, dont il a été fait, pendant plusieurs années, de nombreuses réimpressions. On y a ajouté les foires du Royaume d'Amour. « C'est un fort grand commerce que celui de l'Amour » y lit-on, « il n'y a pourtant point de foires que dans ses six derniers mois de l'année, et particulièrement en Hyver. Dans les foires d'Amour l'on trafique fort de Cœurs, et de Libertés, mais les Marchands y sont de mauvaise foy et font comme les Bohémiens qui changent la pièce. L'on donne toujours son Argent et l'on n'a jamais la Marchandise. »

70. — ANNÉE SAINTE OU BREF MARTYROLOGE, propre pour les paroisses et familles chrétiennes, par un docteur en théologie, de la faculté de Paris. ‖ A Paris, chez Josse, aux Colombes, 1668. In-12.

« Espèce de calendrier », dit Sylvain Maréchal, dans les notices sur quelques almanachs, placées à la fin de son *Dictionnaire des Honnêtes Gens*, et comme spécimen de l'esprit de cette publication, il donne les deux passages suivants, en les faisant suivre de remarques de sa façon :

« 12 Janvier. Il est aujourd'hui S. Arcade gentilhomme qui rendit à Dieu ce qui appartenoit à Dieu et à César ce qui appartenoit à César. »

Mon Dieu ! donnez cette grâce à la noblesse.

« 12 Mars. Il est aujourd'hui Stᵉ Mahault, mère de l'empereur Othon ; humble dans les grandeurs, pieuse à la Cour et fort magnifique à l'Église. »

Mon Dieu ! donnez ces vertus aux dames. »

71. — LE CVRIEVX ALMANACH pour l'an de grace Mil six cens septante et vn. Composé par Damoiselle Armande des Iardins, Baronne de Neuf-Chasteau, Natiue de Monts en Hainaut, grande Astrologue et versée dans les Mathématiques, la Physique et les choses [causes] Naturelles et Secondes. Avec les Curiositez tirée de la mesme Damoiselle, sur l'antiquité des Royaumes et des Empires, de celuy des Amazones ; des premiers Roys du monde, des Sibylles, des sept Merueille du Monde, de l'inuention des Arts et Sciences, etc. [Epigr :] Sapiens dominabitur Astris. ‖ A Paris, chez la Veuve Dv Pont, ruë d'Escosse, proche S. Hilaire. 1671 et suite. Pet. in-8.

Titre rouge et noir, avec le portrait de ladite « Damoiselle » occupée à mesurer une sphère.

La noble Damoiselle Armande des Jardins, baronne de Neuf-Chasteau, qui se disait versée en tant de sciences, est très certainement un personnage fictif dont le nom paraît pour la première fois sur cet almanach, et dont les imprimeurs troyens firent grand usage, trouvant un certain piquant à placer leur marchandise sous l'étiquette d'une personne aussi scientifique censée appartenir au sexe féminin et « daignant se produire en public » ; en effet, la même année, cet almanach paraissait à Troyes, chez Nicolas Oudot, sous un titre absolument identique. [Voir tome II, à Troyes.]

— Le même pour 1675 avec les mots « *et historial* » en plus sur le titre. La partie comprise depuis *Avec les curiosités* est remplacée par : « Et les Foires du Royaume de France. Avec l'almanach dv Palais. »

[B. N. — V. 2836.]

72. — ALMANACH HISTORIAL POVR L'AN DE GRACE 1674. Exactement supputé et calculé par Maistre Michel Nostre Damvs, grand Astrologue, natif de Salon en Provence. Avec l'Almanach du Palais. De plus est adjousté la manière de semer et replanter toutes sortes d'herbes potagères, et de Sallades tant en Hyver qu'en Esté. ‖ A Paris, chez la Veuve Dv Pont, ruë d'Ecosse, près le Puits Certain. 1674 et suite. Pet. in-8.

Titre rouge et noir avec vignette représentant un astrologue mesurant la sphère.

Contient les prédictions ordinaires et quelques événements de l'histoire de France.

Nostradamus était mort en 1566 : plus d'un siècle après, les imprimeurs prenaient encore son nom, donnaient son portrait, et trouvaient des clients pour ajouter foi à ces prédictions *post mortem*.

[B. N. Années 1674 et 1677. — V. 2841, 2846.]

73. — ALMANACH DES BELLES pour l'année 1676, par Pierre Corneille Blessebois. *S. l.* Pet. in-12.

Plaquette en vers avec dédicace à Mesdemoiselles Jearny, « filles de l'illustre M. Jearny, major de Tournai. » Suivent : Les quatre Saisons de l'Année et Prédications sur les douze mois. En plus 4 sonnets adressés à différentes personnes. Se trouve dans l'édition complète des « Œuvres de Corneille Blessebois ». D'après Charles Nodier, aurait été imprimé à Leyde, chez la veuve de Iean Elzévier.

[B. N. Réserve.]

74. — ALMANACH DE MILAN POUR L'ANNÉE M.DC.LXXVII OU LE PESCHEUR FIDÈLE. Observations sur l'année de la Création du Monde, 5626. De l'Incarnation, 1677. De la Correction Grégorienne, 95. Du règne de Louis-le-Grand, 35. Traduit de l'Italien en François (1). ‖ A Paris, chez Iean Ribou [puis chez Thomas Guillain son successeur], dans la Salle Royale, à l'Image de Saint-Loûis. [Sur le quay des Augustins, audessus de la Grand'Porte de l'Église, à la Descente du Pont-Neuf.] M. DC. LXXVII. 1677 à 1700 et suite.

Almanach dont le privilège fut accordé le 19 décembre 1675 à un sieur de La Sourbe, lequel céda

son droit à Jean Ribou. Prophéties et indications usuelles toujours disposées « dans la même parfaite régularité pour en faciliter l'usage à toute sorte (sic) de personnes. » Sur le titre de la seconde année on lit : « Présenté à la Reyne » et en tête, se trouve une dédicace en italien à Marie-Thérèse d'Autriche, reine de France et de Navarre. Chaque année s'ouvrait généralement par une « Lettre d'une personne de qualité » à l'auteur, qui passait en revue les prédictions de l'année écoulée. Voici le sommaire des principales matières « Règle pour sçavoir à quelle opération la Lune est bonne quand elle se trouve en chacun des signes du Zodiaque; Table pour connoistre sur

ALMANACH
DE MILAN,
POUR L'ANNEE M. DC. LXXIX.
OV
LE PESCHEUR
FIDELE.
OBSERVATIONS
SUR L'ANNEE
DE LA CREATION DV MONDE, 5628.
DE L'INCARNATION, 1679.
DE LA CORRECTION GREGORIENNE, 97.
DV REGNE DE LOUIS LE GRAND, 37.

Traduit de l'Italien en François.

A PARIS,
Chez JEAN RIBOU, dans la Salle Royale;
à l'Image de Saint Loüis.

M. DC. LXXIX.
AVEC PRIVILEGE DV ROY.

quels royaumes et villes président les signes célestes; Discours général sur l'année ; Détail des mois; Jours des naissances de plusieurs princes, princesses et seigneurs qui vivent aujourd'hui et dont l'autheur (sic) a fait les naissances (sic) ; Jours de vacations de toutes les juridictions et Foires de France. »

Un pauvre auteur faisant ainsi les naissances royales, cela ne pouvait se voir, assurément, qu'en 1677 !

Cet almanach, publié dans tous les pays, comme le « Liégeois », a dû paraître à Paris jusqu'en 1710 (1).

[B. N. Années 1678, 1682, 1685, 1686, 1688, 1689, 1701.]

---

(1) L'almanach italien portait le titre de *Il Pescatore Fidele.*

(1) Il ne figure pas, en tout cas, au nombre des almanachs, sur le catalogue des livres publiés au 1er janvier 1713 que donne le « Kalendrier Historique »

75. — PRÉDICTIONS POUR HUIT ANNÉES, à commencer à l'année mil six cens septante-sept, jusques à l'année mil six cens quatre-vingts-quatre, par lesquelles on peut voir les choses plus memorables qui doivent arriver.

Outres les Propheties et les Centuries de ce grand Auteur Nostradamus, vous y trouverez à la fin le Calendrier des Laboureurs, et la manière de semer et planter toutes sortes de graines. ‖ A Paris, chez la Veuve Dvpont, ruë d'Ecosse, près le Puits Certain. Pet. in-8.

Almanach contenant les prédictions ordinaires.
Le permis d'imprimer est du 10 octobre 1672.

[B. N.]

76. — ALMANACH DE PARIS OU EPHÉMÉRIDES des divers changemens de l'Air. Avec les differents movvemens du Termomettre (*sic*) de la presente année M.DC.LXXIX. ‖ A Paris, chez Thomas Moette, au bas de la ruë de la Harpe, près le Pont Saint Michel, à Saint Alexis. M.DC.LXXIX. In-12.

En tête se trouve une préface de laquelle nous extrayons les passages suivants :

« Il est à remarquer que le débit que l'on fait à Paris de tous les Almanachs supputés pour différentes Provinces est tout à fait contre les règles de l'Astrologie, puisque chaque Païs a son Méridien, qui doit être jugé et supputé différemment d'un autre ; l'on ne doit plus s'estonner si toutes les prédictions s'en trouvent fausses.

« C'est une faute ordinaire aux plus habiles Astrologues de ne point distinguer, ce qui est certain, d'avec ce qui ne l'est pas : ils se sont meslés de prédire les choses qu'ils ne pouvoient pas connoistre aussi bien que celles qu'ils pouvoient sçavoir, et ce mélange defectueux a rendu cette Science méprisable : il est donc nécessaire de séparer les prédictions assurées d'avec les conjecturales. C'est pourquoi on a bannit (*sic*) de cet almanach les prédictions des choses où la volonté de l'homme a quelque part. »

[B. N. — V. 29985.]

77.— LA CONNOISSANCE DES TEMPS ou Calendrier et Ephémerides du lever et du coucher du Soleil, de la Lune, et des autres Planètes, avec les Éclipses, pour l'an M. DC. LXXX, calculées sur l'élévation et le méridien de Paris et la manière de s'en servir pour les autres Elévations. Avec plusieurs autres Tables et Traitez d'Astronomie et de Physique, et des Epheme-rides de toutes les Planètes, en figure. ‖ A Paris, chez Jean-Baptiste Coignard Imprimeur du Roy. A la Bible d'Or. (1679 et suite à ce jour). In-18, puis gr. in-8.

Le faux titre gravé, signé : Le Pautre *inv. et fecit*, représente une horloge sur un haut piédestal. De chaque côté deux femmes tenant une feuille dépliée sur laquelle se lit le titre.

La première année est de 1679. Cette éphéméride n'a jamais souffert d'interruption : elle en est aujourd'hui à son 215e volume.

En 1702 le titre se trouva ainsi modifié :

— Connoissance des Temps pour l'année 1703. Au méridien de Paris. Publiée par l'ordre de l'Académie R. des Sciences et calculée par M. Lieutaud, de la même Académie. ‖ A Paris, chez Jean Boudot, Imprimeur du Roy et de l'Académie Royale des Sciences, rue Saint Jacques, au Soleil d'Or. Pet. in-8.

Pendant quelques années, le titre gravé de Lepautre fut encore employé concurremment avec le titre imprimé, mais sans le nom du dessinateur.

Les premiers volumes furent rédigés par Picard, un des plus habiles astronomes du XVIIe siècle, et par Jean Lefebvre, celui-là même qui, de tisserand, devint membre de l'Académie des Sciences (1679 à 1701). Puis la rédaction fut confiée en 1702 à Lieutaud ; en 1730 à Godin, l'astronome envoyé au Pérou avec La Condamine pour déterminer la figure et la mesure de la terre ; en 1735 à Maraldi qui y travailla pendant vingt-cinq années consécutives ; en 1760 à Lalande ; en 1776 à Jeaurat professeur de mathématiques à l'École militaire ; en 1786 à Méchain, l'illustre astronome qui s'est spécialement occupé de la recherche des comètes. En 1794, Lalande reprit la direction de l'annuaire qu'il conserva jusqu'à sa mort en 1807, et lui donna définitivement la forme sous laquelle il continue encore à paraître.

Pendant près d'un siècle, cet annuaire fut purement mathématique, c'est-à-dire qu'on y trouvait seulement l'explication et l'usage des tables avec quelques cartes (carte des étoiles, carte de la figure de la lune pleine, et carte de France dressée par Guillaume de l'Isle, en 1703). A partir de 1760 on commença à y insérer des Mémoires d'astronomie et des Tables auxiliaires : tout ce qui se produisit d'intéressant dans les pays où l'astronomie est cultivée y fut soigneusement noté.

A partir de l'An XIV l'ouvrage se trouve divisé en deux parties : l'une à l'usage spécialement des navigateurs (du prix de 2 fr.) ; l'autre avec des additions d'une plus grande utilité pour les astronomes (du prix de 4 fr.). La première page de chaque mois renferme le calendrier.

Voici, du reste, le titre porté par la publication depuis la période révolutionnaire, lors de la création du Bureau des Longitudes, en 1795 :

— La Connoissance des Tems ou les Mouvements célestes à l'usage des Astronomes et des Navigateurs pour l'An XIV de l'Ère de la République française. Publié par le Bureau des Longitudes. A Paris, de l'imprimerie de la République. Nivose An XII. (1804.)

Ce sera surtout à partir de la période contemporaine que la « Connaissance des Temps » recevra de nombreuses additions et des perfectionnements dont l'historique se trouve dans les volumes des années 1808, 1817, 1820, 1832, 1838, 1840, 1849, 1862, 1863, 1864 et 1869.

Depuis 1889, cet ouvrage donne un Tableau contenant les époques des phénomènes les plus importants de l'année. Il a été fait, également, ces dernières années, un *Extrait de la Connaissance des Temps*, à l'usage des Écoles d'Hydrographie et des marins du Commerce.

Il n'existe nulle part, pas même au Bureau central de Météorologie, une collection complète de la *Connaissance des Temps*. Quelques années seulement sont à la Bibliothèque Nationale.

(Voir *l'Annuaire de la Rép. Franç. vrésenté par le Bureau des Longitudes*, 1796.)

78. — PRÉDICTIONS VÉRITABLES ET TRES REMARQUABLES DE CE GRAND AUTEUR NOSTRADAMVS où se voit l'entière Description des Signes épouvantables, arrivez en plusieurs endroits, tant par le sang, que par les tremblemens de terre et innondations, dont vous en avez entendu les effets funestes. Avec l'explication de la Comette que l'on a veuë les festes de Noel au grand étonnement de tout le monde. ‖ A Paris, chez la Veuve Dvpont. (1680.) Pet. in-8.

Si l'auteur annonce beaucoup de choses, il a soin de ne pas sortir du domaine de la banalité. C'est toujours : « Le Printemps sera froid, l'Esté sera pluvieux, l'Automne sera sombre. » Pareilles prédictions ne devaient guère compromettre les faiseurs de pronostics et pouvaient, invariablement, s'appliquer à toutes les années.

[B. N — Rz. 3139.]

79. — ALMANACH PERPÉTUEL D'AMOUR selon les observations Astronomiques de Cupidon, diligeamment supputé et réduit au Méridien du cœur, par Joly Passioné, professeur es-mathématiques d'Amour. ‖ A l'Isle d'Adonis, par Fidelle Soûpirant, à la ruë des Belles, à l'Enseigne de Vénus, l'an 1681. Pet. in-12, réglé.

Almanach imprimé en Hollande selon Brunet (1), mais mis en vente à Paris et composé très probablement par un Gascon si, comme le fait observer Pixérécourt, on prend garde à l'accentuation des mots. Il est, du reste, rédigé dans le même esprit que les précédents « Almanachs d'Amour. » On y trouve de curieuses matières, fort bien appropriées au titre : — Vacances du Parlement d'Amour, les mois et saisons de l'Amour, les semences et le temps propre pour semer en amour, la culture du parterre d'Amour pour connoistre les heures du jour et de la nuit, avec leurs explications, les noms des heures du jour et de la nuit, les foires d'Amour, les maximes de sagesse d'Amour, la tisane de santé d'Amour.

Voici, pour faire plus ample et décisive connaissance avec cette sorte de littérature la description du cadran d'Amour.

Heures du Jour

1. Propreté.
2. Civilité.
3. Estime.
4. Offre de Service.
5. Recherche.
6. Souriz.
7. Billets doux.
8. Yeux mourans.
9. Petites Libertés.
10. Rendê-vous (*sic*).
11. Confidence.
12. Consentement.

Autrement l'heure du Berger. Mydy (*sic*).

Heures de la Nuit :

1. Lassitude.
2. Renouvellement des forces.
3. Nouveaux désirs.
4. Belles Idées.
5. Crainte.
6. Courage.
7. Espérence (*sic*).
8. Impatience.
9. Persévérence (*sic*).
10. Complaisance.
11. Petite Oyë.
12. Joüissance.

Heure méridionalle de la nuit.

L'article « Foires d'Amour » passe en revue tous les pays au point de vue des femmes, certaines places, dit l'auteur, pouvant être considérées comme des foires perpétuelles. « Toute la terre estant du domaine d'Amour, chacun a fait gloire de demander des privilèges à ce Dieu ou d'avoir la liberté d'avoir des marchés certains jours de la semaine. »

_____

(1) Ce qui est certain c'est que cet almanach a eu la même année, une édition hollandaise.

Extrait des « Règles de santé d'Amour » : — « Règle tes assauts, crainte de foyblesse ou de maladie. — Ne t'aproche jamais de ce que tu aymes que trois heures après les repas. — Füis le caffé parce qu'il desseiche trop. — Ne te remplis jamais de vin ny d'eau-de-vie. »

[Vendu 3 fr. 8o à la vente Pixérécourt (nᵒ 1514); 53 fr. relié par Trautz-Bauzonnet, à la vente Nodier; catalogué 40 fr. en 1857 par Alvarès. Un très bel exemplaire, entièrement non rogné, relié par Trautz-Bauzonnet, a été catalogué 35o fr. par Morgand en 1879.]

80. — HEVRES DE COVR contenant les sept offices de la Semaine, les 7 pseaumes, Vespres, Hymnes, et les Litan. Avec les Prières du Matin et du Soir et les Oraisons devant et après la Communion. ‖ A Paris, chez I. Chardon, rue de la Bucherie Saint Louys. M. DC. LXXXII. In-64.

Avec calendrier et un tableau des fêtes mobiles allant de 1682 à 1688.

[Coll. Georges Salomon.]

81. — ALMANACH OU CALENDRIER POUR L'ANNÉE MIL SIX CENS QUATRE-VINGT-TROIS. Exactement calculé sur l'élévation du méridien de Paris, où sont marqués les jours de foires, les fêtes qui se gardent au Palais et au Châtelet, et le départ des Courriers ordinaires pour le dedans et le dehors du Royaume. ‖ A Paris, chez Laurent D'Houry, rue Saint Jacques, devant la Fontaine Saint Séverin, au Saint Esprit. 1683-1699. Pet. in-4.

Sur le titre entrelac de fleurons, couronné. Ce titre a reçu chaque année quelques modifications ou, pour mieux dire, quelques augmentations au point de vue du sommaire. Comme matière on y trouve, outre le calendrier, des observations médicales, l'indication du temps qu'il faut choisir pour se couper les cheveux, pour se purger, des conseils sur l'agriculture, les vacations des tribunaux, les rues et demeures des messagers et rouliers, l'ordre des courriers. En résumé, matière ordinaire à tous les almanachs du XVIIᵉ siècle.

D'après Édouard Fournier la première année de cet almanach qui allait bientôt devenir l'*Almanach Royal* remonterait à 1679. J'ajoute que, malgré toutes mes recherches, je n'ai pu trouver ni dans les collections publiques, ni dans les collections privées, aucun almanach antérieur à 1683, et cette date est, du reste, conforme à la date donnée par les éditeurs de l'*Almanach Royal* dans l'avis qu'ils ont publié à plusieurs reprises.

[Année 1698 aux armes du Duc d'Orléans, 2o fr.]

[B. N.]

82. — HEVRES DE COVR (même titre que le numéro 8o). ‖ A Paris, chez D. Joliet, près Saint Étienne du Mont. M. DC. LXXXIX. In-64.

Avec tableau des fêtes mobiles de 1689 à 1700. Les deux « Heures de Cour » ici cataloguées sont mentionnées à seule fin de pouvoir constater la présence de calendriers dans les livres de piété. On en trouve, en effet, dans quantité d' « Heures Particulières », d' « Heures Gravées » et autres Heures à l'usage de Paris ou de Rome, provenant des officines des sieurs Angot, Josset, Foucault, Hérissant et autres.

[Coll. Georges Salomon.]

83. — ALMANACH DOMESTIQUE ou Calendrier pour l'Année 1691. Exactement calculé pour l'élévation et le méridien de Paris. Où est marqué le mouvement de la Lune, les Éclipses, les Élections, du temps propre pour médiciner, seigner *(sic)*, semer, planter, etc., avec le départ des Couriers. Journal du Palais. ‖ A Paris, chez Estienne Michallet, premier Imprimeur du Roy, ruë Saint Jacques, à l'Image Saint-Paul. M. DC. LXCI. Pet. in-4.

Monogramme de l'imprimeur sur le titre. Le permis d'imprimer est du 12 novembre 1689. Le calendrier est interfolié de pages blanches.
Concurrence à l'almanach de 1683.

[B. Ars.]

84. — LES ADRESSES DE LA VILLE DE PARIS AVEC LE TRÉSOR DES ALMANACHS. Livre Commode en tous lieux, en tous temps et en toutes conditions. Par Abraham Du Pradel, astrologue Lionnois. ‖ A Paris, chez la veuve de Denis-Nion, Marchand-Libraire, sur le Quay de Nesle, au coin de la ruë de Guenegaud, à l'Image Sainte Monique. M.DC.XCI. In-8.

Le privilège est du 14 juillet 1690 et sous le nom de Du Pradel il faut lire, comme on le sait, Nicolas De Blégny, médecin-bandagiste du Roi. L'année précédente notre médecin-astrologue avait déjà

fait paraître sous le titre de « Trésor des Almanachs » ainsi qu'il le dira lui même, en 1692,
un essai imprimé à Troyes « sur une simple permission, avec assez de négligence. » Donc l'année
1691, complétée des « Adresses de Paris », constituerait la seconde année de la publication.

Ceci dit, entrons dans quelques détails :

Le livre est divisé en 39 chapitres donnant depuis « les connaissances nécessaires aux personnes
de piété qui résident à Paris » jusqu'aux adresses
des voitures, carosses de routes, messageries, roulliers, et maîtres ès arts tenant pensionnaires, » en
passant par toutes les branches du commerce et
sans oublier le laboratoire établi par l'éditeur,
« faubourg Saint-Antoine, Grand'rue de Pincourt,
soit pour la préparation des panacées, élixirs et
grands remèdes de la médecine, soit pour les soins,
à raison de un écu par jour et même de quarante
sous. »

La seconde partie, le « Trésor des Almanachs »,
est destinée à servir à toutes espèces de négociations utiles.

Ce curieux recueil n'était encore qu'une sorte
d'essai, qu'un pur livre d'adresses marchandes et
industrielles, de réclames personnelles habilement
cachées sous les réclames faites aux autres; l'année
suivante, titre et matière seront considérablement
augmentés et les deux publications *Adresses* et
Trésor des Almanachs paraîtront indépendantes
l'une de l'autre (voir les nos 86 et 87).

La publicité était alors chose si nouvelle que
beaucoup de marchands se plaignirent d'avoir été
nommés sans leur permission.

On remarquera les changements de qualificatifs
pris par le sieur Du Pradel. D' « Astrologue Lionnois », qu'il est ici, il deviendra en 1692, « philosophe et mathématicien. »

[Ex. mar. r. dos orné, cat. Morgand, 800 fr.]

[B. Maz.]

85. — HEURES LATINES ET FRANÇOISES à l'usage de ceux qui assistent au Service de l'Église, avec des Prières et des Réflexions morales sur les Évangiles des Dimanches et Fêtes de l'Année, le tout tiré de la sainte Ecriture et des Saints Pères. ‖ A Paris, chez Claude et Nicolas Hérissant (1692). In-12.

Simple livre d'heures qui fut réimprimé en 1702
sous le titre suivant :

— *Heures à l'usage de ceux qui assistent au
service de l'Église.* Avec les Vêpres des Dimanches et des Fêtes, les Antiennes et Hymnes
nouvelles de toute l'année. ‖ A Paris, chez François H. Muguet, Imprimeur et Marchand Libraire,
ruë Nôtre-Dame, à la Croix d'or. M.DCC.III. In-12.

86. — LE LIVRE COMMODE contenant les Adresses de la ville de Paris et Le Trésor des Almanachs pour l'année bissextile 1692, avec les scéances (*sic*) et les vacations des Tribunaux, l'ordre et la discipline des exercices publics, le prix des Matéreaux (*sic*) (1) et les Ouvrages d'Architecture, le Tarif des nouvelles Monnoyes, le Départ des Courriers et des Voitures de Routes, et généralement toutes les commoditez sujettes aux Mutations. Par Abraham du Pradel, Philosophe et Mathématicien. ‖ A Paris, chez la veuve de Denis-Nion, Marchand-libraire sur le quay de Nesle, devant l'Abrevoir de Guénégaud, à l'Image Sainte Monique. M.DC.XCII. In-8.

Dans un curieux avertissement, l'auteur se félicite
du succès de la publication de son almanach. Il
redoublera d'efforts pour satisfaire de mieux en
mieux ses lecteurs, tout en déclarant qu'il ne veut
nuire à personne et que, se confinant strictement
dans les « choses sujettes à mutations », il ne donnera aucune description des « édifices de Paris. Il
parle ensuite des succez (*sic*) des remèdes qu'il a
indiqués l'année précédente, notamment de celui
destiné à combattre ce qu'il appelle « la grosse
maladie. » Sous la rubrique: « Exercices de Piété »
se trouvent indiqués les noms des seigneurs et
grandes dames qui secourent les pauvres et les
jours où ces secours sont distribués. Suivent les
noms et adresses de tous les personnages importants, ecclésiastiques, magistrats, membres des
diverses administrations publiques, etc., etc. Renseignements sur les collèges, conférences, académies, hôpitaux, médecins, bains, libraires, professeurs, dames curieuses (amateurs-collectionneurs),
collectionneurs, bijoutiers, jardiniers, tapissiers
commerçants et ouvriers de toute sorte.

Ce « Livre Commode », par son esprit commercial, est bien réellement le premier Bottin. Il
ne donne, en effet, que les adresses « des personnes renommées. » Il n'est pas permis à l'auteur,
dit son éditeur, d'y ajouter celuy dont on n'a pas
encore parlé, « quand même il appartiendrait au
plus digne homme d'une profession. » Les renseignements sont également choisis dans le même
esprit.

En sa qualité de médecin-bandagiste, le sieur De
Blégny ne voit pas de « besoins plus pressants que
ceux qui concernent le rétablissement de la santé »

----

(1) Édouard Fournier dans le titre qu'il a réimprimé donne ici « Matéraux », mais l'exemplaire
que j'ai eu sous les yeux porte bien « Matéreaux » ;
d'où l'on peut conclure qu'il y a eu soit seconde
édition, soit réimpression du titre.

et on ne peut que le féliciter de l'intérêt dont il faisait preuve pour «l'humanité souffrante». Mais il est, *en même temps, réclamier empirique et certains de ses boniments* seraient dignes de figurer aux côtés des prospectus de la douce Revalescière.

L'avertissement et quelques autres passages du « Livre Commode » ont été reproduits dans la *Nouvelle Revue de Poche* de 1868 (Tome I).

Le mieux, du reste, pour cette intéressante publication, est de renvoyer à l'article si curieusement *documenté, publié par Édouard Fournier dans son Paris Démoli* (1855) : « L'Almanach des Adresses de Paris sous Louis XIV. »

[Vente Pixérécourt, 60 fr. — Vente Le Roux de Lincy (1870) n° 1944, 220 fr. — Vente du baron J. P(ichon), 1869, 350 fr.)

[B. N.]

87. — LE TRÉSOR DES ALMANACHS pour l'année bissextile 1692. Avec une exacte description de l'œconomie universelle et des parties principales du monde. Un abrégé de la science des temps, le lever et le coucher du Soleil, le Tarif des nouvelles Monnoyes, l'ordre du département (*sic*) des couriers et diverses autres pièces également utiles et curieuses. Par Abraham Du Pradel, Philosophe et Mathématicien. ‖ A Paris, chez la veuve de Denis-Nion, Marchand-libraire sur le quay de Nesle, devant l'Abreuvoir(1) de Guenegaud,

---

(1) Les noms sont orthographiés tout différemment dans l'almanach qui précède.

à l'Image Sainte-Monique. M.DC.XCII. In-8.

Dans un avertissement, l'auteur rappelle qu'il a déjà publié à Troyes, en 1690, un *Trésor des Almanachs* qui ne se distinguait pas des *Adresses de la ville de Paris*. Il a pris le parti de publier séparément le *Trésor* et les *Adresses* afin de donner satisfaction aux gens qui, dans le courant de l'année, désirent des Almanachs séparés «pour le commerce et pour des présens ». En outre des matières figurant sur le titre, cet almanach donne, avec un calendrier, des détails sur les foires, la liste des membres de l'Académie française depuis 1676, et la liste des avis du Bureau d'adresse.

Le *Livre Commode* et le *Trésor des Almanachs* ont été soigneusement réimprimés en 1878 par Édouard Fournier, dans la Bibliothèque Elzévirienne Paul Daffis (deux volumes). En tête se trouve une très substantielle notice dans laquelle, entre autres choses curieuses, Édouard Fournier nous apprend que l'édition de 1692 fut saisie comme ayant empiété sur les choses que, par privilège, l'*État de la France* pouvait seul publier.

88. — ÉTAT DES OFFICIERS DES GARDES DU CORPS DU ROI, par brigades et par ancienneté, en janvier 1694. ‖ De l'Imprimerie de la veuve Le Mercier. Paris. M.DC.XCIV. In-24.

Noms des officiers formant les compagnies, sans autres renseignements. Première forme des publications qui doivent paraître dans cet esprit durant le XVIIIe siècle.

[B. N.]

XVIIIe SIÈCLE.

89. — ALMANACH DE POCHE OU ABRÉGÉ CURIEUX DE TOUT CE QUI CONCERNE LE COMMERCE DU MONDE pour l'année Mil sept cens. || A Paris, chez Antoine Warin, libraire, rue St-Jacques, proche la Fontaine St-Severin, au Scapulaire. In-32 elzévir puis carré. 1700-1744 (?).

Réimprimé plusieurs fois avec la mention « nouvellement corrigé et augmenté. » Le privilège étant accordé pour plusieurs années, le texte restait le même durant les années du privilège. Seul le calendrier se renouvelait. Il est à remarquer que le privilège porte sur une « Instruction à la vie intérieure et le bonheur d'une âme qui a trouvé Dieu, avec un Almanach de poche. » Curieux petit volume qui donne l'état de l'Église, les 12 anciens pairs de France, les Universités, les gouvernements des provinces, les parlements, les juridictions du ressort du Parlement de Paris, la Maison de Ville, les juridictions consulaires, la Chancellerie, les vacations du Palais, les sommes à payer pour les contrats comme droit du sceau, les poids et mesures, les choses curieuses qui se passent tous les ans à Paris à certains jours de l'année. Il se termine par des instructions concernant les écoles de Théologie et de Droit (cours et frais), à la fin desquelles on peut lire : « Les jeunes gens font quelquefois monter les dépenses à des sommes excessives, aussi bien que les menus frais, consistans en papier, image et impression des thèses, tentures, et quelques autres semblables frais, sur lesquels il seroit bon que les parens consultassent ceux qui enseignent le Droit en particulier à leurs enfans. »

L'art de carotter les parents n'est donc pas un art moderne; sur ce chapitre comme sur bien d'autres points, l'humanité est éternelle.

On y trouve encore un tarif pour le papier et parchemin timbré suivant les formats, et un alphabet de plusieurs graines avec leurs vertus et propriétés.

A partir de l'année 1707 on lit sur le titre, après la mention de l'année : « Dédié à leurs Altesses Royales Monseigneur le Duc et Madame la Duchesse de Bourgogne. » Et, d'autre part, un frontispice représente le duc de Bourgogne tenant sur une table le portrait de sa femme qu'il montre au public.

A la suite d'un nouveau privilège en date du 3 décembre 1742, le titre se modifia quelque peu. En voici la teneur exacte :

— Almanach de Poche ou Abrégé très-utile au Commerce du monde. Pour l'année M.DCC.LXIII. Du Fonds d'Antoine Warin, ruë saint Jacques. || A Paris, chez Thomelin, ruë des Noyers, près la ruë saint Jean de Beauvais, au Scapulaire. M.DCC.XLIII. In-24.

On lit dans l'avis placé en tête :

« L'ancienneté dans ces petits ouvrages mérite assez la préférence, c'est la meilleure preuve de leur utilité, ou de leur agrément, sur-tout lorsque le débit n'en diminue point, par la curiosité qu'excite ordinairement les Almanachs.

« Celui-ci, malgré le prix que la nouveauté leur donne, a toujours satisfait le public, et c'est plus pour l'utilité du monde, que par nouveauté qu'on en a changé l'ordre ayant paru depuis 1700, et les années suivantes. »

Cet almanach est rarissime.

[A. 1701 à l'auteur; A. 1707 à M. Cottreau; A. 1709 et 1711 au baron Pichon; A. 1710 à M. de Bonnechose; A. 1716 à la B. Maz.; A. 1743 à la B. N.]

90. — ALMANACH DOMESTIQUE ET CURIEUX POUR L'AN SANS BISSEXTE M.DCC. Accompagné d'un Extrait d'Astrologie naturelle, et d'un Prognostic perpétuel des jours et des heures Planétaires, par lequel chacun pourra connaître son penchant et ses inclinations, et même les divers changemens de l'air qui arriveront dans l'Année. [Traduit de l'Italien de *Livio Agrippa*, fameux Naturaliste de Pavie.](1) || A Paris, chez Laurent d'Houry, à l'entrée de la rue Saint-Jacques, devant

----

(1) Les mots entre crochets disparaissent du titre des autres années sur lequel on lit en lieu et place : « Avec une table propre à régler les pendules. »

la Fontaine S. Severin, au Saint-Esprit. 1700 et suite. Pet. in-12.

Le privilège est du 30 octobre 1693 : je ne crois donc pas qu'il s'agisse d'une suite à l'Almanach de 1691 (voir plus haut n° 83). Le texte, du reste, n'est pas le même, car cet almanach est presque entièrement occupé par une sorte d'extrait d'astrologie naturelle. On y traite, en effet, de la nature et complexion de l'homme, des diverses significations qu'on peut tirer des parties de sa tête par rapport aux planètes ; de l'influence des signes du Zodiaque sur les mois ; du globe, des étoiles, de la distance entre la terre et les sphères célestes, de la nature et de la vertu des planètes, etc.

Contrairement aux habitudes de l'époque, cet almanach ne donne aucun renseignement sur les choses de la Cour et du Palais. Je ne sais s'il a paru pendant de longues années, mais il ne figure pas sur le catalogue des livres imprimés en France en 1713.

[A. 1700 au baron Pichon.|| 1701 à la B. N.]

91. — ALMANACH ROYAL pour l'année mil sept cens sans bissexte, exactement supputé sur le méridien de Paris. Où l'on marque les Éclipses, le lever et le coucher du soleil, le mouvement de la Lune, les jours de foire, le Journal du Palais, la demeure des messagers, le départ des Courriers, le tarif des monnaies, et la liste des Bureaux de Messieurs des finances et leurs départemens ; avec ceux des Fermiers généraux, et autres particularitez. || A Paris, chez Laurent d'Houry, rue St-Jacques [dont l'adresse en 1702 se trouve ainsi modifiée « cy-devant rue St-Jacques et présentement rue St-Séverin, au St-Esprit, devant la rue Zacharie »]. 1700-1792 : soit 93 années. Pet. in-4.

L'Imprimeur Laurent d'Houry étant mort en 1725, l'Almanach de 1726 parut avec la rubrique : « Chez la veuve d'Houry et Charles Maurice d'Houry seul imprimeur de Mgr le duc d'Orléans » (1). En même temps, au verso du titre, se trouvait imprimé l'avis suivant qui resta en place plus de cinquante ans, avec nombreuses variantes et modifications de rédaction :

« Feu Laurent d'Houry, imprimeur-libraire à Paris, imagina cet ouvrage, qu'il donna dans son commencement sous le titre d'*Almanach* ou de *Calendrier*.

---

(1) Il est bon de remarquer que sur les avis des années postérieures à 1746, Le Breton s'attribue la paternité de la publication dès 1726.

« Louis XIV, de glorieuse mémoire, ayant souhaité cet almanach, le fit demander à l'auteur, qui eut l'honneur de le présenter à Sa Majesté dès 1699 ; c'est ce qui le détermina à le donner sous le titre d'*Almanach Royal*, et à faire sa principale occupation de ce travail. »

M. Ch. d'Houry n'ayant survécu qu'une année à son père, son nom disparut dès l'année suivante. De 1727 à 1745 l'Almanach ne porta qu'un seul nom d'imprimeur, celui de la veuve d'Houry. A partir de 1746 il fut publié conjointement par la veuve, et par Le Breton, petit-fils d'Houry. Mais la

ALMANACH ROYAL.

POUR L'AN MIL SEPT CENS NEUF. CALCULÉ AU MERIDIEN DE PARIS,

Où l'on marque le lever & le coucher du Soleil, les lieux de la Lune ; le Clergé de France ; les Conseils du Roy ; les Finances ; les Départemens des Secretaires d'Etat, & des Intendans ; la Chancellerie & ses Officiers ; le Grand Conseil ; le Journal du Palais, le Parlement, la Chambre des Comptes, la Cour des Aydes, celle des Monnoyes, le Châtelet & autres Cours Souveraines &c. Le départ des Courriers, les routes des Messagers, les Foires & les Postes du Royaume ; les Payeurs des Rentes de l'Hôtel de Ville, leurs Controleurs & leurs Syndics ; les noms, demeures & regies des Fermiers Généraux & autres Compagnies de remarque, avec quelques additions nouvelles.

A PARIS, RUE S. SEVERIN, Chez LAURENT D'HOURY, Imprimeur-Libraire, au Saint Esprit, vis-à-vis la rue Zacharie. *Avec Privilége du Roy.*

Réduction au quart du titre de l'Almanach

veuve d'Houry étant morte à son tour, en 1750, Le Breton resta seul éditeur jusqu'en 1779, année de sa mort. Pendant sept ans, soit de 1780 à 1786 la direction de l'Almanach passa aux mains de Laurent Charles d'Houry autre petit-fils de Laurent. A sa mort, survenue en 1786, ce fut son gendre, François-Jean-Noël de Bure, qui hérita de la succession, mais pas pour longtemps, car en 1791 l'Almanach est à nouveau signé par une veuve D'Houry, la veuve de Laurent-Charles.

Le titre primitif de l'année 1700 reçut plusieurs adjonctions durant le cours du siècle, le nombre des matières ayant augmenté sans cesse. Peu à peu, en effet, d'une sorte de calendrier qu'il était à l'origine, se contentant d'un « discours général sur les changements de l'air et autres événemens de l'année » et de quelques prédictions politiques plus ou moins banales, l'Almanach devint un véritable annuaire officiel, n'ayant plus que faire des « discours » et des « prédictions. » En 1705 il donne la liste des chevaliers du St-Esprit, des pairs et des maréchaux de France ; en 1712, il annonce la naissance des souverains, des princes et princesses de l'Europe ; en 1716, il publie la liste des membres composant le conseil de la maison d'Orléans, puis, plus tard, (1723) la maison du Roi et en 1726 la maison de la Reine et des princes.

L'année 1728 porte : « nouvellement augmenté des noms de MM. les abbez commendataires, Colonels, Généraux, Lieutenants généraux des armées navales et des Galères, Chefs d'Escadres, etc... et de la date de la Nomination et Réception de tous les officiers. »

A partir de 1735 les mots : « supputé et calculé sur le méridien de Paris » disparurent.

Voici, textuellement reproduit, le titre de l'année 1748, un des plus complets, qui, dès lors, ne subit que des modifications sans importance, et cela en conservant dans les parties essentielles la physionomie de l'original :

— *Almanach Royal*, année Bissextile M.DCC. XLVIII, contenant les Naissances des Princes et Princesses de l'Europe. Les Archevêques, Évêques, Cardinaux, et Abbez commandataires. Les Maréchaux de France, les Lieutenans généraux, Maréchaux de camp, et Brigadiers des Armées ; les Lieutenans généraux des armées navales, chefs d'escadres ; les chevaliers, Commandeurs et officiers des Ordres du Roy ; les Gouverneurs et Lieutenans généraux des provinces, etc. Les conseils du Roy ; des Départemens des Secrétaires d'Etat, et des Intendans des finances , les Conseillers d'Etat, les Bureaux du conseil, les Maîtres des Requêtes, les Intendans des Provinces, la Grande Chancellerie, le grand Conseil.

Le Parlement, la Chambre des Comptes, la Cour des Aydes, toutes les Cours et juridictions de Paris.

L'Université, les Académies, les Bibliothèques publiques, etc. Les Fermiers généraux, les Receveurs généraux des finances, les Trésoriers des Deniers royaux, les Payeurs des Rentes et leurs contrôleurs, la Compagnie des Indes, etc.

A Paris, chez la veuve d'Houry, imprimeur ; et Le Breton, petit-fils d'Houry, imprimeur ordinaire du Roy, rue de la Harpe, au St-Esprit. 1748.

Mais, même avec ce sommaire de près de vingt lignes, on n'a encore qu'une idée incomplète des matières contenues dans l'Almanach Royal.

Prenez ce même Almanach de 1748, vous y trouverez, en plus de tous les hauts et puissants Seigneurs qui figurent sur le titre, les hôpitaux, l'Hôpital des Petites Maisons avec son amusante nomenclature (il renferme, dit la notice, quatre objets : « le premier, ce sont les quatre cens vieilles gens qui y sont reçus ; le second, les insensez ; le troisième, les malades de la maladie vénérienne qui y sont pansez ; le quatrième, ceux affligez de la teigne qui y sont guériz ».) ; — les Tontines depuis celle de 1689 avec toutes ses héritières, 1696, 1709, 1733, 1734, les deux de 1743, 1744 ; — la liste complète des secrétaires du Roi depuis 1702 ; — les banquiers « pour les traites et remises de place en place » (à observer que beaucoup déjà sont suisses ou hollandais) ;— les Censeurs Royaux, personnages d'importance et de nombre qui sont nommés pour la théologie, la jurisprudence, l'histoire naturelle, la médecine et chimie, la chirurgie, les mathématiques, les belles-lettres et l'histoire, la géographie, la navigation et les voyages, les estampes, et atteignent au chiffre de 105 ; — les Académies du Roy pour l'éducation des gentilshommes ; — les experts-jurés créés par édit de 1690 ; — les bibliothèques ; — les Médecins de la Faculté de Paris, du Roi (bon nombre sont de la Faculté de Montpellier) de la Reine, de M. le Dauphin, de Mᵐᵉ la Dauphine, du Grand Conseil de la Cour, du Parlement, les Médecins et chirurgiens du Roi au Châtelet, les Médecins et Chirurgiens du Roi dans chaque département (militaire) ; — les Chirurgiens, les Maîtres en l'art et science de chirurgie de la ville de Paris, depuis 1696, les Apothicaires depuis 1703.

Est-ce tout ? Non, voici encore : « Les Pompes du Roy, Publiques, pour remédier aux incendies, sans que le Public soit tenu de rien payer, » et les « Guides pour les Cérémonies à observer dans la réception de quelque charge ou emploi que ce soit Robe ou Épée. »

Des indicateurs de maintien

Même après Vitu, il restait, on le voit, forces choses à glaner dans ce Bottin officiel.

Et l'Almanach Royal contient encore quelques renseignements curieux.

Sur la Cour d'abord :

« Le Mardi-gras, le Vendredi de l'Octave de Pâques, et le jour de la Saint-Nicolas, en Mai, la Cour se lève le matin à neuf heures et n'entre point de relevée, » lit-on dans l'année 1702. Et le rédacteur officiel, après avoir donné ce détail, ajoute :

« De là vient le proverbe : Quand la Cour se lève matin, elle dort l'après dînée. »

Sur les agents de change ensuite :

« Les agens de change s'assemblent tous les jours ouvrables vers le midy à la place de change, joignant la conciergerie du Palais. Le public peut s'adresser à leur clerc qui y demeure, pour faire avertir lesdits Messieurs des billets perdus, lettres de change ou autres billets négociables. »

D'où l'on peut conclure que la Bourse était alors une place, une voûte près d'une prison. En notre temps de changeurs filants il faut reconnaître que cette proximité offrirait de grands avantages.

Sur le service des postes, enfin, pour lequel on pourra consulter avec intérêt l'année 1723.

On ne saurait dire : tel commencement, telle fin. L'Almanach Royal qui n'était à l'origine qu'une brochure de mince étendue, finit par devenir un volume de poids. Et, d'autre part, lui qui avait inauguré le siècle avec un titre pompeux disparut sous une modeste enseigne. Voici le titre pour l'année 1792 :

— *Almanach Royal, année bissextile M.DCC. XCII.* Présenté à Sa Maj. pour la première fois en 1699, par Laurent d'Houry, Éditeur. Paris, de l'Impr. de Testu, successeur de la veuve d'Houry.

On a beaucoup écrit sur l'Almanach Royal, mais l'article de Mercier dans son *Tableau de Paris* me paraît avoir une importance capitale, car il montre sous son véritable jour ce Bottin officiel, cette sorte de Tout-Paris avant la lettre, en même temps qu'il fait le procès au régime qui emplissait 500 pages des noms de ses commis. Et pourtant, en présence du fonctionnarisme actuel c'était encore l'âge d'or. Voici, du reste, dans son intégrité, l'article de Mercier :

« Il a près d'un siècle. Il indique l'existence des dieux de la terre, des ministres, des hommes en place, des maréchaux de France, des premiers magistrats, etc. Il marque leur demeure, le jour et l'heure où il est permis de les aborder et de brûler l'encens dans leur anti-chambre. Tous les favoris de la fortune sont inscrits dans ce livre, et les moindres oscillations de sa roue y sont marquées. Ceux qui se sont jetés dans les routes de l'ambition, étudient l'Almanach royal avec une attention sérieuse.

« On y lit depuis le nom des princes jusqu'à ceux des huissiers audienciers du Châtelet. Malheur à qui n'est pas dans ce livre ! Il n'a ni rang, ni charge, ni titre, ni emploi. Heureux les gros décimateurs ; ils sont encore plus riches que ne le dit l'almanach.

« Que de noms divers sont renfermés sous la même couverture ! Le greffier ne tient pas plus de place que le président, ni l'exempt de robe courte que le gentilhomme de la chambre. C'est presque l'image de ce qu'ils seront un jour dans le tombeau.

« On y voit la liste des conseillers du roi, qui n'ont jamais conseillé le monarque, et qui ne lui parleront jamais ; la liste des secrétaires du roi, qui n'ont jamais écrit une *panse d'a* sous sa dictée.

« Plus d'une belle consulte l'Almanach royal pour voir si son amant est lieutenant ou brigadier, conseiller ou président, agent de change ou banquier. Le nom d'un secrétaire de ministre se grave bien plus avant dans la mémoire que celui d'un académicien, et tout le monde achète cet almanach pour savoir au juste à quoi s'en tenir. L'un tombe, et l'autre s'élève ; les noms culbutés sont comme des noms décédés : plus de considération pour ceux que Plutus ou Thémis ont chassés de leurs temples.

« Une fameuse courtisane avoit chez elle un Almanach royal. Quand il arrivoit quelqu'un, il falloit qu'il lui montrât son nom ; s'il n'y étoit pas,

elle jugeait ce vulgaire mortel indigne de ses faveurs, et dès lors la porte lui était fermée.

« Fontenelle disoit que c'étoit le livre qui contenoit le plus de vérités.

« Que de réflexions on fait en parcourant cet almanach ! on frémit, quand on voit seize colonnes en petit caractère, chargées de noms de procureurs, lorsqu'on suit la liste de deux cents médecins, de cent cinquante apothicaires, sans compter les huissiers exploitans. On se perd dans le nombreux domestique de la maison des princes. Quelle valetaille sous tant de noms divers, et qui cherchent à parer leur servitude.

« Plus bas vous verrez combien le public entretient de notaires, d'avocats, de greffiers et autres gens de plume. Il faut que tout cela vive. Quel régiment dévorateur !

« Calculez ensuite combien de *mille livres* chaque évêché enlève tous les ans à la terre et aux pauvres cultivateurs, les sommes immenses que coûtent les successeurs des humbles apôtres ; vous serez vraiment effrayé ; on ne l'est pas moins, lorsqu'on monte aux classes supérieures : ces personnages n'ont que des titres qui annoncent l'oisiveté, et tout l'or de la maison les couvre. Que de bouches sucent et rongent le corps politique ! C'est le *Catalogue des Vampires*.

« Ceux qu'on voit sur cet almanach ne sont ni cultivateurs, ni commerçans, ni artisans, ni artistes, et c'est néanmoins la partie de la nation qui régit entièrement l'autre. Anéantissez en idée tous ces noms, la nation ne subsisteroit-elle pas encore ?... Oh ! très bien, je vous l'assure.

« Cet almanach rapporte près de quarante mille francs par année. Jamais l'*Iliade* ni l'*Esprit des loix* (sic) n'ont rapporté autant à leurs imprimeurs. Homère eût-il imaginé qu'on imprimeroit tant de noms destinés à mourir dans la plus profonde obscurité, malgré le titre qui sembloit devoir les protéger contre le néant ?... Que je crains que l'almanach présent et tout entier n'y descende avant la révolution du siècle ! Voyez les almanachs précédens depuis 1699, et comptez les noms qui survivent ; comptez, vous dis-je, par curiosité, ou par spéculation. »

Voilà ce qui s'appelle démontrer l'inanité des choses humaines au travers de la pompe d'un annuaire officiel.

Les années les plus recherchées de l'almanach sont celles qui portent les millésimes suivants : 1715, mort de Louis XIV ; 1774, mort de Louis XV (cette année est la seule qui mentionne l'existence de la fameuse charge de « trésorier des grains au compte du Roi » et le titulaire est un « M. Demirlavaud rue St-Martin, vis-à-vis la fontaine Maubué ») ; 1754, 1758, 1775, à cause des troubles parlementaires ; 1788 et 1789, à cause des États-Généraux ; 1790 et 1791 à cause des modifications profondes que l'organisation nouvelle vint introduire dans l'administration générale du pays.

L'année 1791 donne la carte des quatre-vingt-trois départements. L'Assemblée Nationale y vient après le clergé et occupe la place autrefois réservée paru plus convenable de le supprimer entièrement pour cette année que de le présenter d'une manière inexacte. »

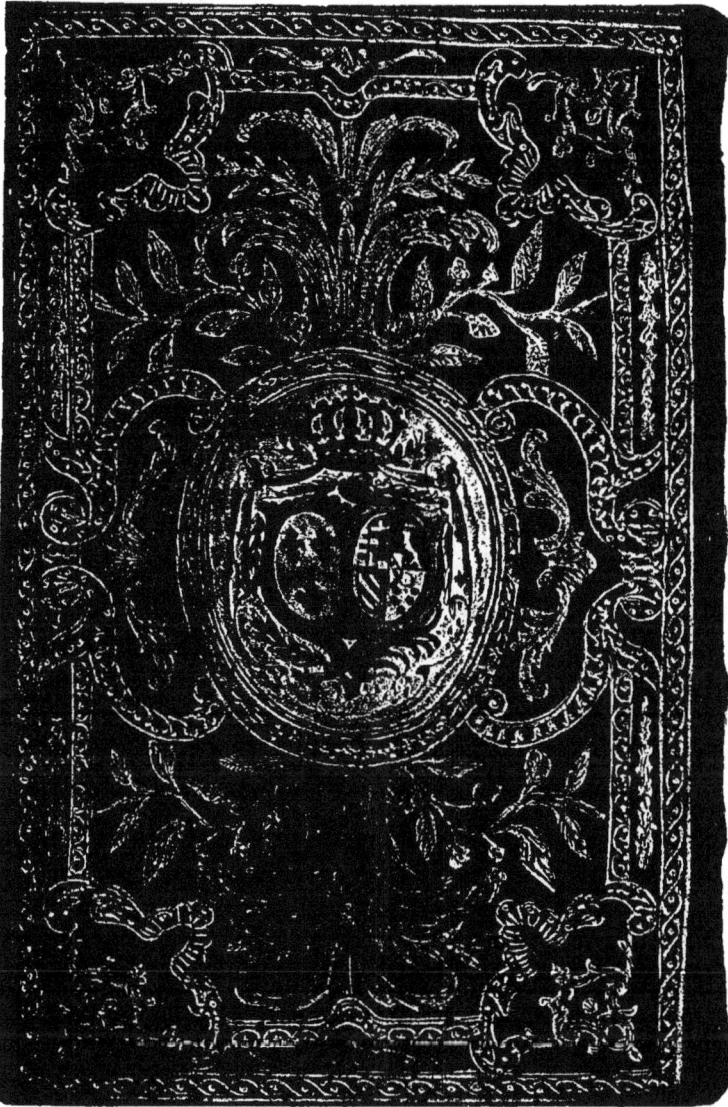

Reliure aux armes de Marie-Antoinette, sur un « Almanach Royal » de 1778.

aux maisons du Roi et de la Reine, soit vingt-quatre pages. En note se lisent les observations suivantes :

« Le nouvel ordre que Leurs Majestés se proposent d'établir dans leur maison, ainsi que les princes de la famille royale, devant occasionner incessamment des changements multipliés dans les détails contenus ordinairement en cet article, il a

C'est le commencement de la fin. Adieu, aumôniers, chapelains, premiers gentilshommes, grands maîtres, capitaines des gardes du corps, écuyers, pannetiers, grands veneurs, grands sauciers et autres !

Enfin, l'Almanach de 1792 reproduit la Constitution acceptée par le Roi, et la Déclaration des Droits de l'Homme et du Citoyen. C'est lui qui ferme la marche, qui termine la longue série des Almanachs Royaux publiés avec approbation et privilège du Roy. Camille Desmoulins dira à ce propos dans sa *Lanterne aux Parisiens* : « Il est vrai que la Révolution porte un coup mortel à l'*Almanach Royal*. Adieu le privilège de M. d'Houry, mais M. Baudouin nous imprimera un *Almanach National*. » C'est le premier successeur de l'Almanach Royal dont on trouvera la bibliographie à la période révolutionnaire.

Comme tous ses congénères, l'Almanach Royal eut, dès l'origine, des feuillets blancs intercalaires entre chaque *feuille du calendrier*, occupant vingt-quatre pages non paginées.

Jusqu'en 1745 la plupart des années portent sur le titre le prix, soit « quatre livres broché. » Des reliures uniformes ou, plutôt, plusieurs types de reliure étaient exécutés par l'éditeur. Ces reliures courantes, mais non ordinaires, étaient en veau ou en maroquin plein, presque toujours rouges — assez rarement vertes — avec filets ou ornements de bordure sur les plats, une fleur de lys se trouvant quelquefois aux quatre encoignures. Les maroquins sont, invariablement, doublés des beaux papiers gaufrés, d'or jaune et vert à reflets, qui servaient également à décorer les murs et les « boëtes. »

A l'exemple du Roi et des personnages de la Cour, toute famille de quelque importance voulut avoir son « Almanach » à ses armes ; de là la quantité considérable d'exemplaires armoriés provenant de collections privées qui se rencontrent dans les ventes.

En plus de la collection mise à la disposition du public, la B. N. possède dans sa Réserve quelques exemplaires de provenance historique :

Années 1773-1780 et 1782-1784, rel. mar., aux armes de Bignon ; année 1788, rel. mar., aux armes de Mme Victoire ; deux exemplaires de l'année 1791, rel. mar., le 1er aux armes de Mme Victoire, le 2e aux armes de Marie-Antoinette, portant sur le titre la griffe : *Ex libris Nau-Deville*, et, immédiatement au-dessous, la note manuscrite suivante : « Cet almanach, pris dans l'appartement de la reine le 21 juin 1791, après son départ avec le roi et sa famille pour Varennes, fut acheté le même jour à un garde national sur la place du Carrousel, pour un écu de 3 livres, à dix heures du matin. Au même instant, le duc d'Orléans, en mauvais cabriolet qu'il mène, un petit jockey derrière, traverse lentement la foule sur cette place. On lui crie : Ça ne prendra pas. — *Testimonium crede.* »

Les prix de ces exemplaires reliés ont fort augmenté depuis quelques années. Dans son article sur l'Almanach Royal publié dans *Ombres et Vieux Murs*, Aug. Vitu écrivait : « N'assure-t-on pas qu'un jour, en vente publique, une collection de l'Almanach grand papier, reliée en vélin blanc, aux armes de France, a été adjugée pour vingt-cinq francs, à un Auvergnat qui l'a mise au feu. » Et, en effet, les prix que donnait en 1860 le *Bulletin du Bouquiniste* d'Aubry, étaient des prix fort modérés : je vois ainsi de beaux exemplaires, en maroquin, aux armes, catalogués de 2 à 4 fr. 50.

Quelle hausse depuis lors ! Les moindres reliures sont cotées suivant les années 10 et 15 fr. et voici les prix de quelques exemplaires de choix :

A. 1721 aux armes de J.-B. Colbert, marquis de Torcy, 30 fr. ; A. 1760 aux armes de Fouquet de Belle-Isle, maréchal de France, 40 fr. ; A. 1765, aux armes de Louis-Joseph de Bourbon, prince de Condé, 40 fr. ; A. 1766, aux armes de la Reine Marie Leczinska, 120 fr. ; A. 1771, aux armes de Pajot, comte d'Ons-en-Bray, 80 fr. ; A. 1780, aux armes de Le Noir, lieutenant de police, 50 fr. ; (exempl. catalogués par Morgand).

A. 1778, aux armes du comte d'Artois (plus tard Charles X) 50 fr. ; A. 1779, aux armes du Roi 50 fr. ; A. 1766, aux armes de C. Trudaine, conseiller d'État, 50 fr. ; A. 1771, aux armes de Poisson, marquis de Marigny, frère de Mme de Pompadour, 32 fr. ; A. 1756 aux armes de Jean de Boullongne comte de Nogent, cons.au Parlement de Metz, 30 fr. (Exempl. catalogués par Techener.)

A. 1759, aux armes du comte de Saint-Florentin depuis duc de la Vrillière, peintes en miniature sur les plats, 54 fr. ; A. 1780, aux armes de la Reine Marie-Antoinette, 190 fr. (vente du baron J. P.[ichon] 1869.)

A. 1787, aux armes de Papillon de la Ferté, 25 fr. A. 1757, avec armoiries, 30 fr. ; A. 1761, avec arm. 28 fr. ; A. 1788, avec arm. 28 fr. (Exempl. catalogués par J. Alisié). Une collection complète a été vendue tout récemment par ledit libraire 3500 fr.

A. 1754, armes en mosaïque de Joly de Fleury 139 fr. ; A. 1762, aux armes de la duchesse de Choiseul-Praslin, 25 fr. ; A. 1763 (et 4 autres années) aux armes du duc de Penthièvre, une autre aux armes du duc de la Vrillière), 87 fr. (Vente Destailleurs, 1891.)

Collection complète de 1702 à 1852 moins les années 1711, 1720, 1721, 1743, presque tous les volumes en veau, 955 fr. ; A. 1734 mar. avec armoiries, 35 fr. (Vente Auguste Vitu, 1891.)

[Collection complète à la B. N. à la disposition du public.]

Voir pour la suite, l'*Almanach National*, *1793*.

92. — CALENDRIER DE LA COUR [tiré des Ephémérides] contenant le lieu, le lever et le coucher du soleil et de la Lune pour l'année mil sept cent avec la naissance des Rois, Reines, Princes et Princesses etc. *Imprimé pour la famille Royale et maison de Sa Majesté.* ‖ A Paris, de l'Imprimerie de Jacques Colom-

RELIURE AUX ARMES DU MARQUIS DE MARIGNY, DIRECTEUR DES BATIMENTS CIVILS.
Sur un « Almanach Royal » de 1761.

bat, impr. ordinaire du Roy, rue St-Jacques. 1700-1792. In-18, elzévir.

Calendrier « inventé par le sieur Jacques Colombat, » spécialement destiné aux rois de France, qui fut imprimé successivement par J. Jacques Etienne Colombat, puis par Hérissant et la veuve Hérissant. Il donnait l'état du ciel et des maisons souveraines, suivant les propres termes d'un de ses avis, tout en faisant observer qu'il s'était surtout attaché à l'exactitude des calculs et des dates.

En tête de l'année 1731 on lit : « On m'avait toujours recommandé de rendre cet ouvrage conforme au Livre des Ephémerides, mais je ne l'ay pu faire qu'en 1730, n'y ayant point eu jusque-là dans l'imprimerie des Caractères Astronomiques assez petits. Il m'a fallu du temps pour les graver et les faire fondre. »

En outre des renseignements mentionnés sur le titre, on y trouve tout ce qui est relatif à l'organisation du royaume : Maison du Roi, cousins du Roi, Départements des Secrétaires (État, Finances, Commerce), députés des villes et des colonies pour le Commerce, huissiers des conseils, clergé, ordres, etc. Il est généralement imprimé sur papier bleuté.

A la fin du calendrier sont une série de feuilles pour l'inscription, jour par jour, des pertes et des gains.

Ce calendrier, comme l'Almanach Royal, est un précieux document pour l'histoire officielle de la Cour ; il réapparaîtra en 1814 dans le même format, après avoir été « Calendrier de la République » et « Calendrier de la Cour Impériale. » (Voir, plus loin, ces titres.)

Les exemplaires avec reliures à emblèmes ou à armoiries sont également très recherchés. En maroquin rouge, avec dentelles sur les plats, ils valent de 15 à 20 fr.

[La B. N. ne possède aucun exemplaire antérieur à 1739: de 1751 à 1770 sa collection ne va à peu près que de deux ans en deux ans, mais à partir de 1770 elle est complète.]

93. — LE FLEURISTE DU PARNASSE. — Entretiens au sujet du Réparateur des Brodequins d'Apollon. Avec les Rondeaux Prophétiques pour l'année 1702 [Epigraphe :] I Liber et gratus melioribus utere fatis. || A Paris, chez Martin et George Jouvenel, ruë de la Vieille Bouclerie, à l'Image St-Augustin. In-12.

Entretien, mélange de prose et de sonnets, occasionné par la muse naissante du « sieur Sellier » suivi de la pièce « Ésope à la Cour » et des rondeaux prophétiques pour chaque mois.

[B. Maz.]

94. — L'ORACLE DES TEMPS OU ALMANAC ROYAL pour l'année mil sept cent trois. || A Paris, chez la veuve Thiboust et Pierre Esclassan, place de Cambray, vis-à-vis le Collège Royal. In-16.

Double titre. Titre gravé, avec allégorie mythologique au-dessus, et titre imprimé. 12 petites vignettes allégoriques pour les mois, chacune ayant, dans le haut, la déesse de la saison. Calendrier, foires, tarifs pour les écus blancs et les louis d'or.

[B. Ars.]

95. — ÉTAT DU CIEL pendant l'année de grâce Mil sept cent six ou Journal de ce qui arrivera chaque jour de plus considérable dans le mouvement des Astres. Avec les ascensions droites du Soleil et celles des principales Étoiles pour avoir l'heure pendant la nuit. Et une méthode pour réduire le lever et le coucher des Étoiles [plus tard « du Soleil »] et les Crépuscules du matin et du soir, calculez pour Paris, à l'horison de toutes sortes d'autres lieux, et [pour dresser les Thêmes Célestes avec] (1) les Équations pour régler les Pendules. Par le sieur Desplaces. || A Paris, de l'Imprimerie de Jacques Collombat I. Imprimeur ordinaire du Roy, etc., ruë S.-Jacques, au Pélican. M.DCC.VI. 1706-1757 (?). In-24 (2).

Frontispice gravé avec le titre : État du Ciel, sur une pyramide. Femme assise personnifiant les étoiles et petit amour regardant les constellations au travers d'une lunette.

Le calendrier ne donne que les saints dont on fait l'office ou seulement mémoire aux Églises du diocèse de Paris. Explication des tables employées, usage de la carte du Zodiaque. Immersions et émersions des quatre satellites de Jupiter pendant l'année.

Sorte de concurrence à la Connoissance des Temps. J'ignore si cet almanach a paru après 1757.

[B. N. Années 1706 et 1712. Cette année se trouve rédigée par le P. Pingré de l'Académie des Sciences et bibliothécaire de Sainte-Geneviève.]

96. — LES ADRESSES DE LA VILLE ET FAUXBOURGS DE PARIS. || A Paris, Ch. Saugrain. 1708. In-12.

Cité dans le Supplément au « Manuel du Libraire » de Brunet, avec l'observation suivante : « C'est un

---

(1) Ces mots disparurent sur les titres des années suivantes.

(2) Le titre ici détaillé est celui de l'année 1712.

autre ouvrage que le « Livre Commode » de Pradel.
Un exemplaire en maroquin s'est vendu 50 fr. à la
vente Giraud, et serait vendu plus cher aujour-
d'hui. »

**97. — LISTE GÉNÉRALE DES
POSTES DE FRANCE** dressée par Ordre
de Monseigneur le Marquis de Torcy
Ministre et Secrétaire d'Estat et des Com-
mandemens de sa Majesté, Chancelier de
ses Ordres, Surjntendant General de
ses Postes et Relais de France. Pour le Service du Roy et pour la commodité du
Public. On est averti qu'à l'entrée et à
la sortie des Villes de Paris et Lyon et
des endroits ou le Roy fait son séjour
les postes se payent doubles. || A Paris,
Chez le Sʳ Jaillot, Géographe ordinaire de
Sa Majesté joignant les grands Augustins,
aux deux Globes. (1708-1786) In-12.

Simple liste des postes, mais avec un caractère
d'annuaire. Texte gravé jusqu'en 1771, imprimé
à partir de 1772. Le prix des volumes gravés était
de 35 sols brochés et 50 sols reliés, avec cartes ;
celui des volumes imprimés, de 24 sols brochés, et
36 sols reliés avec carte. Le titre ne subit aucune
modification durant tout le cours du siècle ; le
seul changement fut celui du nom des surinten-
dants (de Torcy, cardinal de Fleury, etc.) Il y eut
des publications non officielles faisant concurrence
à cette Liste des Postes ; aussi le public était-il
prévenu de ne se fier qu'aux renseignements fournis
par la « Liste gravée. »

A. 1743 aux armes du Cardinal de Fleury,
12 fr. à la vente Destailleurs.

[Voir pour la suite : *État Général des Postes,*
1787-An X.]

[Coll. à peu près complète à la B. N.]

**98. — ALMANACH BIBLIOGRAPHI-
QUE POUR L'ANNÉE M.DCC.IX** conte-
nant le Catalogue des livres imprimés
dans ce royaume pendant l'année 1707 ;
les Titres des Edits et Declaration du Roy
de la mesme année ; les Archevêchez et
Evêchez de France, avec le temps de leur
érection, et les Noms et qualitez de ceux
qui les possèdent. Un Calendrier des
Saints dont on célèbre les Festes en
France, et le temps de leur mort ; les
Phases de la Lune, etc. On y a joint un
Vocabulaire de la Langue des Sauvages
qui habitent les Terres Magellaniques. ||
A Paris, chez Charles Huguier, ruë de

la Huchette, à la Sagesse. M.DCC.IX.
In-12.

Recueil bibliographique religieux publié par
l'abbé de la Morlière, docteur en Sorbonne, qui
ne paraît pas avoir eu de suite.

[B. N.]

**99. — ALMANACH EN FORME DE
TABLETTES,** coïnmode aux Gens d'Affaires, de Négoce et de Voyage, pour
l'année M.DCC.XI. Après le Calendrier
l'on trouvera plusieurs particularitez
utiles et nécessaires. || A Paris, au bas
de la rue de la Harpe, chez Laurent
d'Houry, au Saint-Esprit, devant la rue
St-Séverin. 1711 et suite. In-12.

Calendrier, avec pages blanches pour l'inscription
des notes. Les « particularitez utiles et nécessaires »
sont les poids, mesures, prix de la pinte de vin,
guide des chemins de France, départ des courriers,
monnaies, parlements, termes de commerce, bureaux des corps des marchands.

Le privilège est de septembre 1710.

**100. — KALENDRIER HISTORIQUE
OU ALMANACH POUR L'ANNÉE MIL
SEPT CENT TREIZE.** Contenant par
ordre de Date les Événemens les plus
remarquables, arrivez dans tous les États
et Empires du Monde pendant l'année
M.DCC.XII. Avec l'Extrait du Prononcé
des Édits, Déclarations et Arrests dans la
même Année. Et une Table Alphabétique
des Matières. || A Paris, chez Delaunay,
ruë Saint Jacques, à la Ville de Rome,
près la Fontaine St-Severin ; et Rondet,
ruë de la Harpe, à la Longue-Allée, devant la ruë du Foin. M.DCC.XII. In-8.

Le privilège de cet almanach en deux parties est
au nom du Sieur Noël Du Trainard lequel fit
abandon de son privilège au libraire Rondet. La
seconde partie intitulée : *Suite du Kalendrier Historique* donne, en plus, un catalogue des livres
imprimés en France depuis le commencement
de 1713.

Cet almanach est précédé d'une longue introduction dont j'extrais les passages suivants :

« Le but que je me suis proposé dans cet Ouvrage, auquel j'ai donné le nom de *Kalendrier
Historique,* a esté de faire un recit succint (*sic*) de
tous les Événemens qui sont arrivez chaque jour,
depuis le commencement de l'Année 1712, dans
tous les Estats et Empires du Monde.

« Sous ce mot d'Événemens je comprens les Mouvemens des Troupes que les Princes arment pour

la défense de leurs intérêts, les Batailles, les Sièges, les Prises de Ville ; les Conférences faites pour différens sujets ; les Audiences accordées aux Ministres envoyés près des Têtes couronnées ; la Naissance, les Mariages, et la Mort des Princes, Princesses, Seigneurs, Dames et autres Personnes Illustres ; les Promotions aux Charges et Dignitez Ecclésiastiques, Civiles et Militaires ; et enfin tous autres Faits servans à l'Histoire de nôtre temps.

« A ces Faits j'ay joint un Extrait du Prononcé des Édits, Déclarations et Arrests du Conseil et des autres Cours Souveraines, lesquels ont esté rendus publics. Je sçay que la lecture de ces Arrests plaira aux uns et ennuiera les autres : c'est dans cette idée que je les ai fait imprimer en Caractère Italique, afin que ceux qui n'ont aucun interest puissent se dispenser de s'y arrêter, et que ceux au contraire qui peuvent en avoir besoin, les trouvent facilement au milieu de tant de Faits Historiques. »

Cette manière de faire avaler les pilules est assez pittoresque.

Après chaque jour se trouve un espace blanc pour l'inscription des notes personnelles.

[Coll. de Bonnechose]

101. — ALMANACH TERRESTRE OU PRÉDICTIONS CRITI-COMIQUES POUR L'ANNÉE SUIVANTE (1714). ‖ A Paris, chez Pierre Prault, à l'entrée du Quay de Gesvres, du côté du Pont-au-Change, au Paradis. M.DCC.XIII. In-12.

Quoique l'auteur de cet ouvrage (l'abbé Bordelon) n'ait eu aucun dessein, dit l'éditeur, de parler des mouvemens célestes, le libraire a cependant cru nécessaire de placer en tête un calendrier complet pour 1714.

Et l'auteur, à son tour, dit que puisqu'on aime les prédictions il va en faire à sa mode. Il intitule son almanach « terrestre » parce que les sources où il puisera sont à la portée de tout le monde : « J'examinerai ce qui s'est passé sur notre globe terrestre, grossier et véritablement matériel, ce qui s'y passe tous les jours, et comme je remarque que dans tous les temps, tout se conduit par les mêmes principes, par les mêmes mobiles, par les mêmes ressorts, je concluëray que l'année prochaine, l'année qui suivra cette prochaine, celle qui suivra cette suivante, et ainsi d'année en année, on pensera à peu près ce qu'on pense aujourd'huy, on dira ce qu'on dit, on fera ce qu'on fait, on écrira même ce qu'on écrit. Différences de visages, de noms et d'habits, voilà tout. Mon observatoire, c'est mon cabinet. »

Donc recueil de prédictions mondaines et amusantes.

Exemplaire avec notes et corrections manuscrites de l'abbé Sépher, vendu 5 fr. à la vente Veinant, en 1860 ; 8 fr. par Aubry la même année.

[B. N. — Z 333. ‖ B. Maz.]

102. — ALMANACH DE RÉBUS. 1716.

Almanach dessiné par Oudry, le peintre en animaux, celui-là même qui peignit, depuis, les chiens du Roi et tous les grands tableaux de chasse pour Sa Majesté.

Il est cité dans les *Mélanges historiques, satiriques et anecdotiques* de M. de Bois-Jourdain (t. III, p. 60), mais il ne se trouve dans aucune collection publique ou particulière.

103. — LISTE DES PRINCES ET SEIGNEURS Qui ont eu l'honneur de manger avec Le Roy. *S. l. ni ind.* 1723. In-12.

Il ne s'agit point ici d'un almanach mais d'une sorte de publication officielle qui donnait par ordre, et sans aucun autre détail, les noms des seigneurs admis à la table du Roi. Il est permis de supposer que cette liste devait être dressée annuellement, et c'est pourquoi je la fais figurer ici, afin du reste de rester conforme à la classification de la B. N.

[B. N. Années 1723 et 1735.]

104. — LE MIROIR DE L'UNIVERS, ou Calendrier et Almanach curieux. Paris, 1723. In-8.

Figures et entourages à chaque page.

[D'après un catalogue de libraire.]

105. — CALENDRIER PERPÉTUEL ECCLÉSIASTIQUE ET CIVIL, dédié et présenté au Roy par le sieur Beaurain, Géographe de S. M. ‖ A Paris, chez l'Auteur, ruë Pavée, proche S.-André-des-Arcs (1724).

[Mercure de France.]

106. — ÉTRENNES EN ÉCRANS, pour rafraichir la mémoire des Lectures qu'on a faits en toutes sortes de Manières. ‖ *Etat de ce qui est contenu dans les seize Ecrans donnez jusqu'à ce jour au Public.* — I. Événements remarquables extraits de l'Histoire de France. — II. Histoire de France. Première et Seconde Race, précédée de Vers Techniques, qui donnent une idée des Trois Races. — III. Histoire de France. Troisième Race, jusqu'à présent. — IV. Principaux offices de France. — V. Histoire de l'Ancien Testament, depuis la Création du Monde jusqu'à la Dédicace du Temple. — VI. Histoire de l'Ancien Testament depuis la Dédicace du Temple jusqu'à la naissance de Jésus-Christ. — VII. Vers choisis des

meilleurs Auteurs modernes. — VIII. Sentences, Bons Mots, etc. *Sept contiennent par ordre Alphabétique* les Évenements du Règne de Louis XIV, consistant principalement en plus de 400 Prises de Places, et 130 Combats, tant de Terre que de Mer ; par les armées d'Allemagne, des Païs-Bas, d'Italie, d'Espagne, et autres. *Le dernier contient, d'un côté*, L'Origine de la Maison du Roy Stanislas, avec les noms des personnes les plus considérables de cette Famille. *Et, de l'autre côté*, La Tige de la Princesse Marie-Sophie-Félicité Lesczinska ; D'où sont issus au même Degré les Ducs de Bourgogne, d'Orléans, et de Bourbon ; Réunis par le Mariage de cette Princesse avec Louis XV. ‖ A Paris, Chez Rondet, Libraire-Imprimeur, ruë Saint-Jacques, près la Fontaine Saint-Severin, au Compas. M.DCC.XXV. In-4.

Cet almanach contient 27 tableaux relatant les différentes matières annoncées sur le titre. Ces tableaux ont un cadre orné, avec le titre de chacun des articles. Le texte est disposé sur deux colonnes.

[B. N.]

107. — ÉTRENNES MIGNONNES pour l'Année 1725. Augmentées de plusieurs Curiositez Utiles. ‖ A Paris, chez François Jouenne, rue S.-Jãques, à S.-Landry. 1725 et suite. Pet. in-32.

Ces « Étrennes » ont dû paraître dès 1716 jusque vers 1845.

Titre gravé, cartouches et soleil au haut. Frontispice avec le portrait du Roi, composé de 2 médaillons. En haut Louis XV entouré du *Domine salvum fac Regem* « la Prière de l'Église pour la conservation de Sa Majesté » ; Au-dessous les attributs des bonnes étrennes : « Ici sont encloses bonnes Étrennes » (deux mains se pressent en tenant un cœur) et la légende : « Constant, tendre, fidèle. Aujourdhuy et toujours ».

Le titre gravé variait alors chaque année et, presque toujours, l'année nouvelle portait : « Augmentées et plus curieuses que l'Année dernière » ou quelque addition analogue.

L'année 1726 (titre double sur les 2 pages) donne les portraits en médaille du Roi et de la Reine.

A partir de l'année 1728 le titre se complète ainsi : « Étrennes Mignonnes, Curieuses et Utiles » (le frontispice donne les portraits accolés du Roi et de la Reine et de Mesdames de France.)

Sur le titre de l'année 1736 se trouvent diverses épigraphes : « J'aprête (*sic*) à penser » — « Étrenne

bien qui aime bien. » Frontispice allégorique (un ange venant couronner le Roi et la Reine).

« Les Étrennes, » lisait-on à l'intérieur, « seront agréables à ceux qui les recevront, il y a bien des articles nouveaux. Elles apprêtent à penser à bien des choses utiles ou nécessaires dans le cours de la vie et font souhaiter d'acquérir ce qui sert à orner l'esprit. Elles vous offrent sincèrement :

> Un cœur constant, tendre et fidèle
> Et qui toujours se renouvelle. »

Chaque année avait, soit une carte de France (ecclésiastique, civile ou militaire,) soit une carte des environs de Paris. Le texte, en plus des fonctions officielles, donne l'origine de différentes cu-

Titre dessiné par Cochin et gravé sur bois.

riosités, des usages, des arts, une chronologie des choses remarquables. On y trouve quelquefois un article intitulé : « Idée et détail de Paris. » L'année 1726 publie la liste des bibliothèques « où les Gens de Lettres sont reçus obligemment. » — *Obligemment* est un rêve.

D'autres années abondent en renseignements curieux sur des découvertes ou des inventions dans les domaines les plus divers. Témoin les lignes suivantes qui se rencontrent dans l'almanach de 1776 : « Le sieur de Fasting, colonel d'un régiment d'infanterie nationale, natif de Berghen, en Norwège, a inventé une arme à feu avec laquelle on peut tirer 18 à 20 coups dans une minute ; l'arme n'est pas plus pesante qu'un fusil ordinaire, et il s'occupe actuellement d'une autre machine à peu près semblable, avec laquelle on pourra tirer 30 coups dans une minute. »

L'année 1741 a une figure de Cochin, dont le sujet se trouve ainsi expliqué dans le catalogue de l'œuvre de ce peintre, publié par Jombert en 1770 (p. 31) : « Un frontispice où l'on voit l'histoire qui s'élève par le moyen du Temps jusqu'à l'éternité et un cartel environné de petits amours. Comme ces estampes devaient être tirées au nombre de quarante ou cinquante mille, M. Cochin a gravé sur le même cuivre quatre fois ces mêmes dessins. »

L'année 1742 donne comme frontispice « Monseigneur le Dauphin présentant ses respects au Roi pour la nouvelle année. »

Frontispice gravé sur bois pour les *Étrennes Mignonnes* de 1741.

L'année 1743 (Collection du baron Pichon), a un frontispice plus une gravure : « Audience donnée par le Roi à l'ambassadeur de la Porte ». Ces deux estampes sont sans signature.

A partir de 1750 on ne rencontre plus ni titre gravé, ni frontispice. Mais, imprimé, le titre ne varia pas moins. Tantôt, ce sont, sans autres détails, les mots « Étrennes Mignonnes », quelquefois avec l'épigraphe *Nec mandare libris voluminosis* ; tantôt, c'est un sommaire, avec force détails, des principales matières.

Sur le titre de l'année 1792 on lit : « Étr. Mign., etc., contenant les événements les plus remarquables et les principaux décrets de l'Assemblée Nationale, et Augmentées des Prédictions du véritable Almanach de Liège. »

A partir des premières années du XIXe siècle, elles sont appelées : « Curieuses, Utiles, et Amusantes. »

Imprimées depuis l'origine en petit texte avec encadrement à chaque page, les *Étrennes Mignonnes* ne modifièrent jamais leur aspect typographique.

Après Jouënne elles furent éditées chez Lambert et Durand (en la boutique de M. Jouënne), chez Claude-Jacques-Charles Durand, rue du Foin-St-Jacques, à St-Landry et au Griffon [plus tard : au Griffon seul], par la suite Crapart et Durand, puis, à partir de 1787, chez Guillot, libraire de Monsieur, rue St-Jacques, (ensuite rue des Bernardins,) enfin chez Demoraine, aux Associés, rue du Petit-Pont. C'est là que nous les retrouverons au XIXe siècle.

Les *Étrennes Mignonnes* se vendaient 8 sols brochées.

On rencontre quelquefois des exemplaires du XVIIIe siècle avec une petite glace. Ces exemplaires, très rares, valent de 40 à 45 fr. Presque toujours ils sont cartonnés, avec des figures en couleurs sur les plats. C'est ainsi que M. Gaston Tissandier possède un exemplaire orné d'amusants dessins populaires : au-dessous de deux personnages allant puiser de l'eau on lit, ainsi coupée, la légende suivante :

> Toutes les fois que je
> Suis au puits, votre
> Bidet à la pépie.

[B. Ars. A. 1725, 1726, 1735, 1741. || B. N. A. depuis 1800.]

108. — ALMANACH DE LA TABLE
1726 et 1729.

Almanach donnant de précieux détails sur les vins, viande, gibier, primeurs, qui peut être considéré comme le précurseur de la publication de Grimod de La Reynière. Il était publié par l'abbé Chérier « examinateur des feuilles qui ont besoin de la permission de la police, » nous apprend M. de Bois-Jourdain, dans sa courte notice sur quelques almanachs de l'époque.

109. — ALMANACH DE PARIS OU CALENDRIER HISTORIQUE pour l'année 1726, contenant les choses les plus singulières qui se passent à Paris, à certains jours de l'Année, l'Origine et l'Institution des Fêtes, l'extrait de la Vie des principaux Saints et Saintes, les lieux où sont leurs Reliques. Les Séances et Vacations des Tribunaux, Académies, Bibliothèques, Conférences et des principales Foires de France. || A Paris, chez Jacques Chardon, ruë St-Séverin du côté de la ruë de la Harpe, à la Croix d'Or. 1726 et suite. In-8.

Rédigé par Maupoint, avocat.

Avec une préface historique sur les calendriers.

Jour par jour y sont notées les choses curieuses et plus spécialement les « curiosités religieuses ». On y trouve toutefois, de temps à autre, des indications amusantes dans le genre de la suivante :

« Après la Toussaint, les Médecins et Chirurgiens peuvent se servir de cadavres pour démontrer l'Anatomie et les opérations de Chirurgie jusqu'au premier Avril de l'année suivante. » Ce « après la Toussaint » me laisse rêveur.

Le titre de l'année 1729 (collection Paul Lacombe) a quelques modifications concernant le sommaire des matières insérées.

Cet almanach a dû paraître pendant de longues années. J'ai eu entre les mains un almanach de l'année 1774 appartenant à la même série.

[A. 1729, 21 fr. à la vente Bossuet ; une copie manuscrite a été payée 10 fr. à la même vente.]

[B. Carn.]

110. — VÉRITABLE CALENDRIER CHRONOLOGIQUE pour l'année 1726 contenant à chaque jour l'Epoque des événemens les plus mémorables et les plus intéressans, arrivez depuis l'établissement de la Monarchie Françoise. Ensemble les élections des Papes, leurs naissances, celles des Rois, Princes et Princesses de France, les Sacres, les Mariages, Morts, etc. || Chez Gissey Libraire-Imprimeur, au milieu de la ruë de la Vieille Draperie, à main gauche, en descendant par le pont St-Michel. 1726 et suite.

Cet almanach, réimpression d'une précédente édition, est augmenté, nous apprend la préface, des antiquités de plusieurs édifices de Paris, des établissements qui se sont faits dans le royaume, des faits les plus curieux de l'histoire et de ce qui s'est passé de plus remarquable depuis la dernière édition de l'ouvrage.

[Année 1732 à M. de Bonnechose, avec rel. aux armes du cardinal de Rohan-Soubise.]

111. — AGENDA DU VOYAGEUR POUR L'ANNÉE 1727 ou Journal instructif de ce qui se passe de curieux à Paris et à la cour. Par M. S. de Valhébert, ... || A Paris, chez Des Hayes. 1727 et suite. In-18.

Devint en 1732 :

— Agenda du Voyageur, ou le Calendrier des fêtes et solennités de la cour et de Paris. Dressé en faveur des étrangers, revu et augmenté pour l'année bissextile 1732. Par M. S. de Valhébert. ||

A Paris. Chez la veuve de Laulne, rue Saint-Jacques. (1732-1736) In-12.

Les années 1733-1735 n'ont pas été publiées.

D'après M. Paul Lacombe, l'auteur serait mort en 1720. Ce serait donc une publication posthume.

[B. N. (annoncé au catalogue) années 1727, 1732, 1736.]

112. — PETIT ALMANACH DE PARIS. Avec l'explication des douze signes du Zodiaque pour l'Année mil sept cent vingt-sept. Dessiné et gravé en bois par J.-M. Papillon, ruë S.-Jacques [puis ruë St-Louis près le Palais,] au Papillon. || A Paris, chez J. Chardon, ruë S.-Severin, à la Croix-d'Or. 1727 et suite. In-32.

Titre gravé sur bois, le titre même de l'almanach étant dans un encadrement orné et la mention, « à Paris, etc. » dans un cartouche-console au-dessous. Avant ce titre particulier à l'almanach, un premier titre, plus général, porte : « Ces estampes sont inventées et gravées en bois, par J.-M. Papillon. A Paris, rue St-Louis etc. » Et, en effet, en outre des 12 figures pour chacun des mois de l'année, ce petit volume contient des fleurons, culs-de-lampe, armoiries, sujets religieux, si bien qu'il constitue une sorte d'ensemble de l'œuvre de Papillon.

Cet almanach — publication curieuse qui a commencé par être une simple fantaisie-réclame de graveur — a dû paraître très certainement dès les premières années du siècle et s'est continué jusque vers 1745. Le texte est un peu dans le genre des Étrennes Mignonnes. En plus des renseignements officiels on y trouve des nouvelles, des vers galants et des secrets de toutes sortes.

On peut voir au cabinet des Estampes, à l'œuvre de Papillon, les titres des années 1732, 1734-35, (le titre porte : « Augmenté ; Parfait de toutes les planches des mois. Pour l'année..... A Paris, par J.-M. Papillon. Et se vend à Liège chez J.-P. Gramme, Graveur en bois. ») et 1744.

L'année 1733 reliée en maroquin rouge a été vendue il y a une dizaine d'années par un libraire 225 francs. Année 1741 cataloguée par Alisié 90 fr. [exemplaire dans un très curieux cartonnage de l'éditeur avec un dauphin et, sur les plats, les chiffres entrelacés de Papillon.]

[A. 1729. Coll. baron Pichon.]

113. — ALMANACH DES DAMES SAVANTES FRANÇAISES pour l'An de Grâce 1728 contenant un ordre alphabétique des Dames qui se sont renduës recommandables par leur *Sçavoir* depuis le commencement de la Monarchie jusqu'à présent. Avec l'abrégé de leurs *Vies* et

le Catalogue de leurs *Ouvrages*. || A Paris, chez Vatel, puis Charles Guillaume, près le Pont St-Michel et chez P. Gandouin. 1728 et suite. In-24, in-18 et in-32.

Almanach rédigé par Coquelet puis par Charles Guillaume.

Suite de biographies classées par ordre alphabétique. Parut en 1728, en 1729, en 1732, en 1735. Le texte est à peu près identique. Il n'y a de changé que le calendrier.

Quérard, dans son supplément à la *France Littéraire* (ouvrages polyonymes), mentionne les années 1736 et 1742, mais il ignorait les précédentes. L'année 1728 me paraît bien être, en tout cas, la *tête de la collection*.

L'almanach de 1729 fut supprimé à la demande de Mᵐᵉ du Cort, sœur de M. de Nocé, pour un dixain de Fontenelle sur elle (galant et voilà tout).

En tête de l'année 1735 se trouve une préface indiquant les augmentations et les corrections faites à un ouvrage qui, dit l'éditeur, « était rempli de fades louanges, d'épithètes ennuyeusement répétées, et, en même temps, plein de fautes contre la grammaire. »

[A. 1732 B. Carn. || A. 1734, 1735 au baron Pichon.]

114. — ALMANACH DU PARNASSE

pour l'année 1728 contenant le nom de tous les poëtes vivants, avec un catalogue exact de leurs ouvrages, par Parfait. || Paris chez la veuve Pissot. In-24.

Frontispice représentant le mont Parnasse. Apollon préside entouré des neuf Muses dont l'une lui présente le nom de J.-B. Rousseau ; deux génies portent les œuvres de Voltaire et de Crébillon, alors que les noms et les œuvres des autres poëtes gisent, pêle-mêle, dans la poussière et dans la boue.

Par « poëtes » il faut entendre ici les poëtes dramatiques spécialement.

Quoi qu'ait pu penser le rédacteur du catalogue de la Bibliothèque dramatique de M. de Soleinne, cet almanach est bien l'œuvre des frères Parfaict et non de l'abbé de Laporte.

[Il y a eu un autre *Almanach du Parnasse*. Voir plus loin à 1758.]

[B. Ars.]

115. — COUP D'ŒIL SUR TOUT L'UNIVERS.

Et le *Calendrier* des plus curieux et raisonné, enrichi de l'Abrégé de l'Histoire du Monde entier où se verra tout ce qu'il y a de plus rare, de plus singulier et de plus merveilleux dans le Ciel et sur la Terre, et généralement tout ce qui s'est passé et se passera de plus remarquable depuis le commencement jusqu'à la fin des tems. A l'usage de tous les siècles futurs. || A Paris, De l'Imprimerie de Gabriel Janot, rue St-Jacques, à St-Jérôme. M.DCC.XXVIII. In-12.

Petit livre contenant des observations sur les choses les plus diverses, sur les années, sur les singularités les plus remarquables de certaines villes, sur la fondation des paroisses, monastères, etc.

Cet almanach a dû paraître pendant plusieurs années sans modifications dans le texte. On se contentait seulement de changer le titre : du moins c'est ce qu'il est permis de supposer en présence des deux années qui se suivent ici. Voici le second titre d'après un exemplaire de la B. N., antérieur d'une année :

Coup d'Œil sur tout l'Univers et sur les Siècles entiers. Avec un Calendrier des plus curieux et raisonné, enrichi d'observations également satisfaisantes et utiles et des plus intéressantes singularités de Paris. A l'usage de tous les ans futurs. Par M. N. Raoul, pour 1727 jusqu'à 1737. || A Paris, de l'imprimerie de Gabriel Janot, rue St-Jacques, à St-Jérôme M.DCC.XXVII.

[B. Carn. || B. N.]

116. — L'ESPRIT DU COMMERCE

pour l'année 1729. Par M. Roslin Expert-Ecrivain et Arithméticien Juré à Paris, ruë St-Martin, près celle de Venise. || A Paris, chez Quillau père, rue Galande, M.DCC.XXIX [et plus tard chez la Vᵛᵉ Ganeau puis chez Ganeau, ruë St-Séverin, aux armes de Dombes.] 1729-1760. In-24.

Petit livre contenant d'après l'annonce du *Mercure de France*, en plus du calendrier, « le rapport des Livres et celui des Septiers, les noms des Espèces servant aux Ecritures dans l'Europe, les changes étrangers, les titres de fin, les réductions d'argent, plusieurs règles conjointes avec la manière de les faire, etc. »

Plus tard le titre devint :

— *L'Esprit du Commerce Pour l'Année 1748.* Rendu aussi utile que nécessaire par M. Roslin, ancien syndic des Experts Écrivains de Paris [ruë St-Martin], etc.

En plus des objets déjà indiqués, on y trouve les banquiers, les noms des quarante agens de change « qu'on peut voir tous les jours à la Bourse, rue Vivienne, depuis midi jusqu'à une heure, » les boëtes des tontines, les noms et adresses des manufactures (porcelaines, couvertures, plomb laminé, poudre pour faire l'encre indélébile, bougie, fil et coton, meubles vernis de Chine. pompes, colle forte, cuirs de Russie, toiles cirées, étoffes, gases (sic), les noms et adresses des bureaux (boutiques) où se vendent les produits, les eaux de table, baumes (un sieur Muthelé du Chevalier annonce un « Baume philosophique » qui a la propriété de purifier le sang ; un sieur *Charlier* a *une pommade de simples pour les rhumatismes qui guérit aussi les maux de tête et les fluctions; sans compter tous ceux qui débitent des onguents, avec privilège, pour la guérison des écrouëlles) et autres objets. Il y a plus de vingt-cinq maîtres de musique, nombre de parfumeurs (au « Magasin de Montpellier »; au « Multier de Montpellier »,) toute la liste des graveurs « qui vendent leurs estampes » et des graveurs « tenant magasin d'estampes et imaiges. »

On y trouve encore la liste des ouvrages nouveaux nécessaires aux commerçants, imprimés pendant l'année, le prix des halles et des vins.

L'Année 1747 donne la liste des vins et des liqueurs de l'étranger qui se trouvent « chez le sieur Bondu, au Magasin Royal, rue St-Antoine, près les Jésuites ; » liste intéressante à consulter pour les noms et les prix. (Vin de cerise, liqueurs de Lunéville, Bois d'Inde. Kerswacher (sic) Flipendula des Isles, Eau-de-vie de Bologne, etc.)

D'année en année ce petit « Esprit » se développe. En 1754 il donne les « épiciers négocians faisant la traite des marchandises directement, » les gardes du corps des marchands, les joailliers, confiseurs, magasins d'éventails, les industriels inventeurs de procédés nouveaux, rangés sous la dénomination pittoresque de : *personnes à talens;* enfin les industriels et négocians des villes de province.

[Année 1748 au baron Pichon.]

117. — CALENDRIER CHOISI pour l'année mil sept cent trente. Enrichi de Cartes Géographiques et d'un nouveau Plan de Paris. Et nouvellement augmenté de plusieurs Articles utiles et curieux. || A Paris, chez Jean Villette Fils, rue Saint-Jacques, à Saint-Bernard. M.DCC.XXX. In-24.

Donne les événements et naissances de chaque mois, les marées dans les principaux ports de France, d'Angleterre et de Hollande, les lieues, poids et mesures, les tarifs pour les bois de charpente, les collèges, académies et bibliothèques publiques.

Cet almanach qui paraissait antérieurement à 1730 a été mis en vente également avec un second titre gravé ainsi libellé :

— *Calendrier Choisi* enrichi de cartes Géographiques. A Paris, chez la Veuve Spé, ruë Saint-Jacques, à la Visitation.

118. — ALMANACH ASTRONOMIQUE GÉOGRAPHIQUE, HISTORIQUE, MORAL... par M. Constantin Fleurlurault, Mathématicien. || Paris, chez Antoine de Heuqueville, Libraire. 1731. Pet. in-32.

Almanach de prédictions comiques et de satires sur les mœurs dont le titre « n'est peut-être qu'un masque » dit l'auteur qui ajoute : « la Vérité est aujourd'hui comme le *Quinquina*, il faut l'envelopper, l'adoucir, la préparer, si l'on veut qu'elle passe. »

On peut juger par ces prédictions générales, de l'esprit de la publication :

Bien des gens de différens âges,
Cet An, ne seront pas plus sages,
Quoique plus vieux de douze mois.
Bien des Filles feront un choix
Sans aller le dire à leurs Mères.
Bien des Enfans auront des Pères
Lesquels ils ne connaîtront pas.
Bien des Chanoines, gros et gras,
Préfèreront à l'ordinaire
Un bon Repas à leur bréviaire.

Les prédictions des quatre saisons et des douze mois sont dans la même note. Qu'on en juge : « *Janvier* : les Manchons, manteaux et redingotes pourront servir à ceux qui les porteront. — *Février*, on brûlera plus de charbon chez les Traiteurs que chez les Poëtes. — *Juillet* : Plusieurs femmes, grosses de neuf mois accoucheront à terme, etc. »

Cet almanach contient encore les Centuries chantantes de Mᵉ Michel Nostradamus, avec air noté. — Calendrier.

119. — ALMANACH DU MARIAGE pour l'Année 1732. Ouvrage instructif et Epigrammatique par un Philosophe garçon. || A Paris....., 1732. In-24.

Almanach curieux dont une nouvelle édition avec figures parut en 1734. (Voir n° 125).

120. — ALMANACH BURLESQUE ET POURTANT VÉRIDIQUE contenant maintes joyeuses prédictions et plusieurs secrets admirables, très utiles à ceux qui n'en ont que faire. Imprimé l'année des mal assortis mil sept cent trop tôt, le premier jour du mois que l'on livre la soupe aux bœufs et la clef du charbon aux filles pour donner l'avoine aux chiens, la semaine des trois jeudis, un vendredi sans soleil. || Paris (1733). In-16.

Almanach facétieux attribué à Coquelet.

121. — ÉTRENNES JANSÉNISTES ou Journal des principaux faits de l'histoire du prétendu Jansénisme. Depuis son Origine; et des miracles operez par l'intercession du B (ien) H (eureux) Pâris, en forme d'Almanach, pour l'année M.DCC.XXXIII. *S. l.* (Paris). In-18.

Préface mystique inspirée par l'esprit de repentance et de résignation chrétienne. Suit un calendrier contenant le résumé de la lutte des Jésuites contre les partisans de Jansénius et un exposé des fastes jansénistes et des miracles accomplis sur le tombeau du diacre Pâris, le tout disposé par ordre de succession mensuelle.

Cet almanach, dit la préface, a été écrit pour exciter, entretenir et augmenter dans (*sic*) les Fidèles l'esprit de gémissement (*sic*) en leur faisant l'historique des maux dont ils sont accablés.

Par les frères Quesnel d'après Barbier.

[10 fr.]

122. — LE VÉRITABLE ALMANACH NOUVEAU POUR L'ANNÉE 1733, ou le nouveau Calendrier jésuitique Extrait de leur Martyrologe, Méneloge et Nécrologe. [Épigraphe:] Imple facies eorum ignominia. || A Trévoux, pour la plus grande gloire de la Société. In-24.

Préface et avis de l'éditeur expliquant le but de la publication qui est de se railler des Jésuites « lesquels dans leur morale non seulement excusent mais canonisent même les plus grands excès. »

Avec 12 petites figures non signées, images ayant au-dessous un texte également gravé : Flagellation du B (ienheureux) Inigo. — Entrée de Careme-Prenant dans Paris. — Frère Baltazar, (jésuite mort à Grenade en odeur de chasteté entre les bras d'une jeune femme.) — Les Poudres en Angleterre. — Enterement (*sic*) du P. Mena. — Expulsion de D. B. de Cardenas évêque du Paraguai. — Le P. Girard, (restaurateur de l'ordre des Jésuitesses en Provence.) — J.-B. Guignard et J. Chatel. — Exil du Parlement. — Le R. P. Martinus, l mandarin Jésuite en Chine. — Le Père Marion (à Avignon.) — La Ripaille des quarante, (Régal chez la belle Éminence le cardinal de Rohan.)

Ephémérides Jésuitiques, abrégé de la doctrine des Jésuites tiré des livres mêmes de leurs casuistes, arrêts contre les Jésuites, le tout se terminant par les vers suivants :

Sauterelles des noirs abimes,
Empoisonneurs empoisonnés,
Tigres de rage forcenez
Contre d'innocentes victimes,
Pouvez-vous sans impiété,
Vous dire la Société
D'un Dieu tout bon, tout charitable!
Seroit-ce parce qu'au désert,
Jésus autres fois a souffert
D'avoir pour compagnon le Diable.

Ces vers d'un poète connu expriment admirablement pour l'auteur l'idée qu'on se doit former de la « Société. »

Pamphlet très rare attribué par les uns au janséniste Nicolas Jouin, banquier à Paris, mort en 1757, et par les autres aux frères Quesnel de Dieppe.

[B. Carn. || B. N. || Coll. auteur.]

De 20 à 25 fr.

123. — ABRÉGÉ DE LA CARTE GÉNÉRALE DU MILITAIRE DE FRANCE, Depuis l'Établissement de la Monarchie jusqu'au 20 Février 1734, jour de la Promotion des Officiers Généraux et des Brigadiers des Armées du Roy, avec les nouveaux Colonels d'Infanterie, et les Mestre de Camp de Cavalerie et de Dragons, Compris le Supplément aux mutations et augmentations des Troupes, et la distribution des Officiers Généraux des Armées, conformément aux Ordonnances de Sa Majesté, Pour la commodité des Officiers et du Public. Presenté au Roy, Par P. Lemau de la Jaisse, de l'Ord. de S. Lazare. Le prix est de vingt-quatre sols, broché. || A Paris, chez L'Auteur, Rue et près la Fontaine de Richelieu. Quillau, Imp. Juré-Lib. de l'Univers. rue Galande. Briasson, Libraire, rue S. Jacques, près S. Severin. Jaillot, Géogr. du Roy, attenant les Grands August. M.DCC.XXXIV. 1734-1741. In-8.

Contient des renseignements sur l'armée, la maison militaire du Roi, un abrégé historique de l'institution des divers Ordres, les événements principaux arrivés dans le royaume pendant l'année, et à partir de 1736 des notes sur les troupes de mer.

La 1re année donne les « conquestes et événemens mémorables, pendant soixante-douze années trois mois et dix-huit jours, du Glorieux Règne de Louis le Grand », avec les dernières paroles à son arrière petit fils, le roi Louis XV.

On y trouve aussi une histoire abrégée de ce dernier.

Le titre des différentes années subit quelques légères modifications; voici celui de l'année 1739 :

— *Abrégé de la Carte générale du Militaire de France, Sur Terre et sur Mer*, Depuis Novembre 1737 jusqu'en Décembre 1738. Divisé en trois Parties. Avec la suite du Journal historique des Fastes de Louis XV. Et les augmentations de l'Année 1738, détaillées dans l'Avertissement qui suit. Compris le nouveau Calendrier de la Paix pour l'An de grace 1739. Présenté au Roy. Par Lemau de la Jaisse, de l'Ordre Royal de S. Lazare. Le prix est de 24 s. en brochure, et 36 s. relié en veau. || A Paris, chez Gaudouin, etc. M.DCC. XXXIX.

Le calendrier joint à l'ouvrage sous le titre caractéristique de « Calendrier de la Paix, à la Gloire du Roy et de la France », feuille pliée la 1ʳᵉ année, est, pour les autres années, imprimé dans le texte même.

L'année 1739 contient également une planche gravée sur bois, représentant les « Attributs honoraires de l'ordre Royal et Militaire de Saint Louis. »

Cet *Abrégé* est fort intéressant ; on y trouve l'origine des divers régiments de toutes armes avec leur effectif, leur uniforme, leur quartier.

Les années sont qualifiées : « *Deuxième Abrégé, Troisième Abrégé,* » etc.

[B. N.]

124. — ALMANACH DE PRATIQUE POUR L'ANNÉE 1734 ou le Calendrier historique des grands Personnages de Port-Royal qui ont éclairé l'Eglise par leurs ouvrages ou qui l'ont édifié par leur conduite. || Aux Granges, proche Versailles, M.DCC.XXXIV. In-8.

Au verso du titre de cet almanach janséniste on lit : « *Vivent nomina eorum in sœculum sœculi.* Leurs noms vivront éternellement et leur mémoire sera en bénédiction dans l'Assemblée des Saints. » La préface est fort curieuse. C'est une violente satire contre le *Calendrier jésuitique* et « les personnages aussi constants dans le mal (lisez : les jésuites) que le soleil l'est dans sa course. »

En revanche, on y célèbre avec emphase les louanges des « illustres personnels (c'est-à-dire les jansénistes), qui ont été regardés comme les balayeurs du monde, mais qui ont sauvé l'Église. »

On y trouve l'histoire de Port-Royal, tandis que sous la rubrique des divers mois de l'année, des notices donnent les biographies des principaux jansénistes : Lemos, Edmond Richer, les Arnaud, Nicole, Anne de Chiverne, Pasquier, Le Maistre de Sacy, M. Racine, etc.

[B. Carn. || B. Maz.]

125. — ALMANACH DU MARIAGE pour l'Année 1734. Ouvrage instructif et Epigrammatique. Nouvelle édition augmentée de la carte de l'Isle du Mariage, avec la description littérale du Pays. Dédié à la Jeunesse amoureuse par un Philosophe garçon. || A Paris, chez Charles Guillaume, quai des Augustins, du côté du Pont St-Michel, à S.-Charles. M.DCC.XXXIV. In-24.

Cet almanach fut saisi à cause de son frontispice, petite taille douce polissonne dont il sera fait souvent usage dans le cours du XVIIIᵉ siècle. Cette figure est divisée en deux parties. A droite, avec

l'inscription : *magasin de cornes*, est une femme assise dans une sorte de comptoir orné d'emblèmes cornus, distribuant des cornes à tous ceux qui se présentent. Une autre femme placée au-dessous d'elle l'aide dans cette laborieuse distribution. A gauche est un coin de forêt : de derrière les buissons sortent quatre jambes entremêlées mais placé s assez distinctement pour laisser voir que là se fabriquent d'autres cornes.

Cet almanach, sous ses deux formes, fit grand bruit. Il donna lieu à une critique éditée chez Pierre Baudouin et chez Charles Guillaume sous le titre de : « *Critique adressée à l'auteur par une dame de province,* » 24 pages in-12 (1732).

En outre du frontispice l'*Almanach du Mariage* contient 12 planches gravées pour les mois, chacune représentant le signe et les occupations de chaque mois. Deux autres petites planches reproduisent les douze signes du mariage, les six premiers marquant le cocuage et les six derniers l'humeur noire.

La carte de l'Isle du Mariage, grande planche se dépliant, comprend, en outre de cette île principale, l'Ile des Têtes à Têtes (*sic*), l'île des Caresses, l'île de la jeunesse, l'île des vieillards, l'île de l'indifférence, l'île des infirmités, l'île du Divorce, l'île des procès. Ces îles sont baignées par l'Océan mélancolique, par la mer de l'Espérance, par la mer du Dégoût, par la mer des Visions. La terre ferme est le pays du veuvage occupé par le royaume des Plaisirs et par le royaume de la Liberté.

Comme texte, cet almanach est un curieux mélange de renseignements et de facéties sur la matière cornifère (une partie est la reproduction textuelle des publications du XVIIᵉ siècle.) Le calendrier est très sérieux ainsi que les indications sur les quais, places, fontaines, bibliothèques, académies, etc. de Paris. Il s'ouvre par une amusante facétie : *Placet des Maris cocus au Libraire* qu'on rencontrera, plus ou moins longue, dans toutes les publications identiques de l'époque, et dont on trouvera le texte complet à l'*Almanach des Cocus* (Voir plus loin n° 147).

Du reste, pour le plus grand désappointement des curieux d'aujourd'hui, on n'y saurait voir aucun nom appartenant à la noble lignée du cocuage.

Quérard mentionne un « Almanach du Mariage pour 1735 » ; sans doute la réimpression du présent volume.

[Vente Pixérécourt n° 1517 : 10 fr. L'exemplaire du célèbre auteur dramatique qui provenait de Méon a été vendu 31 fr. à la vente du baron J. Pichon) en 1869 et, tout récemment, 80 fr.]

126. — ALMANACH MILITAIRE OU LE CALENDRIER DES OFFICIERS ET GENS DE GUERRE pour l'année 1734. ||

A Paris, chez Prault fils, Libraire, quay de Conty. 1734.

« Cet Almanach, lit-on dans l'*Abrégé de la Carte générale du Militaire* de 1734, n'est qu'une copie informe de la *Carte du Militaire de France*, et faite mal à propos contre son Privilège général. La Cour a bien voulu en révoquer le Privilège particulier, avec défenses à l'Éditeur de l'exposer en vente, ce à quoi il s'est soumis d'obéir le 26 janvier 1734. »

127. — ALMANACH ROYAL, pour l'année M.DCC.XXXIV. || A Paris, de l'Imprimerie de Le Breton, Imprimeur ordinaire du Roy, au bas de la rue de la Harpe. 1734-1791. In-16.

Cet almanach, abrégé du grand Almanach Royal a commencé à paraître en 1734.

Il contient les naissances des princes et princesses de l'Europe ; les Archevêques et Evêques ; les Maréchaux de France, les Colonels-généraux, Lieutenants-généraux, Maréchaux de camps et Brigadiers des Armées du Roi ; les Gouverneurs des Provinces du Royaume ; les Chevaliers Commandeurs et Officiers de l'Ordre du St-Esprit ; les chevaliers français de la Toison d'Or ; les Conseils du Roi ; les Départements des Secrétaires d'État, du Controleur général, des Intendants des finances et des Intendants du Commerce ; les Conseillers d'État ; la Marine ; les Intendants de la Marine et des Colonies ; les maisons du Roi, de la Reine, de la Dauphine, de Mesdames de France ; les Ministres du Roi et ceux des Cours étrangères.

Cet almanach possède un calendrier.

[B. N. Années 1756, 1765, 1768, 1771 à 1776.]

128. — ÉTRENNES LOGOGRIPHES DU THÉÂTRE ET DU PARNASSE. Avec un Calendrier pour l'Année Mil sept cens trente-quatre. || A Paris, chez Prault, imprimeur des Fermes du Roi, Quai de Gèvres, au Paradis et à la Croix-Blanche. M.DCC.XXXIV. (1734 et suite). In-16.

Sur le titre marque de l'imprimeur : «Au Paradis — Prosperat in eo P. P. » (Le Seigneur au milieu des cieux). — Calendrier. Quatrains sur les auteurs des pièces de théâtre et autres, sur les acteurs et actrices de la Comédie-française, sur la Comédie italienne, sur l'Opéra, sur les danseurs et les danseuses, avec la clef des logogriphes (soit les noms des personnes citées dans les quatrains.) L'auteur de ces « Étrennes » était, d'après Barbier, Charles-François Pannard.

Le titre de l'année 1741 a pour vignette une sphère et porte en plus ces mots : « Avec la clef (des logogriphes) pour en faciliter l'intelligence. » Comme indication : A Sipra [Paris.]

Quérard cite l'année 1744.

[10 à 15 fr. l'année.]

[B. Ars.]

129. — L'AGENDA HISTORIQUE ET CHRONOLOGIQUE DES THÉÂTRES DE PARIS. || A Paris, au Palais, chez Flahault, Galerie des Prisonniers. M. DCC. XXXV. 1735-1737. 3 années in-32.

Almanach publié par François Parfaict, et très vraisemblablement, le premier essai d'un almanach de théâtre. On peut le croire, tout au moins, en lisant dans l'avis de la publication le passage suivant : « Je m'en rapporte aux auteurs de l'*Histoire du théâtre françois*. Quel trésor pour eux qu'un renseignement pareil à celui-ci commençant en 1402. » Or les auteurs de cette histoire c'étaient justement notre François Parfaict et son frère Claude Parfaict. Si une publication antérieure conçue dans le même esprit avait existé, ils n'eussent pas manqué de la signaler.

L'avis placé en tête de l'année 1735 disait : « Si cet ouvrage plaît, on continuera d'année en année. Celle-ci aura pardessus (*sic*) celles qui la suivront, *un petit abrégé historique des différens théâtres de Paris.* » Les trois années ci-haut mentionnées constituent-elles la collection complète, c'est ce qu'on ne saurait dire, d'autant plus qu'il n'existe plus qu'un seul exemplaire — connu tout au moins — de cet «Agenda » ; l'exemplaire provenant de la vente Favart fils en 1864, aujourd'hui en possession d'Arthur Pougin.

Il a été fait, par les soins de ce dernier, une réimpression textuelle, à 100 exemplaires, des trois années, reproduction d'une scrupuleuse exactitude au point de vue typographique, donnant jusqu'aux fautes d'impression de l'édition princeps. En voici le titre : « Agendas des Théâtres de Paris, 1735, 1736, 1737, par François Parfaict. Réimpression exacte du seul exemplaire existant, avec préface par Arthur Pougin. || Paris, Jules Bonnassies, Libraire-éditeur, 32, rue Serpente. »

[Exemplaire original : 25 fr. à la vente Favart. La réimpression, très rare, se paie de 10 à 20 fr.]

130. — LE CALENDRIER ECCLÉSIASTIQUE pour l'année 1735 (avec le Nécrologe des personnes qui depuis un siècle se sont le plus distinguées par leur piété, par leur attachement à Port-Royal et par leur amour pour les vérités combattues), et un Abrégé chronologique des principaux événements qui ont précédé et suivi la Constitution *Unigenitus*. || A

Utrecht, aux dépens de la Compagnie. 1735-1757. In-18.

Ce calendrier donne au complet les noms de tous les ecclésiastiques persécutés.

L'Abrégé chronologique remonte jusqu'à l'origine de l'Église. A la fin, paginée séparément, se trouve la Constitution *Unigenitus* avec une suite de réflexions.

Cet almanach a encore reparu en 1757, avec le titre ainsi modifié :

— *Le Calendrier Ecclésiastique pour l'année 1 7 5 7*, avec un Abrégé des principaux événements qui ont précédé et suivi la bulle *Unigenitus*, où sont insérés, dans le même ordre, les arrêts rendus par les parlements contre le schisme et les persécutions inouïes qu'ont souffert de la part des évêques, curés, etc., les personnes attachées aux vérités combattues. Utrecht, 1757, pet. in-12.
[B. N. Années 1736, 1737, 1738, 1741.]

[5 à 6 fr.]

131. — ALMANACH OU JOURNAL DES AMUSEMENTS DE PARIS, pour l'année bissextile 1736, ouvrage en vaudevilles, dédié à tout le monde. || A Plaisance, chez Roger Bontems, libraire de Momus, à la Calotte. 1736. In-24.

Almanach comme il s'en présentera tant dans le courant du XVIIIᵉ siècle, qui donne la distribution des plaisirs de chaque mois.

[B. Carn.]

132. — LE CALENDRIER DES FOUS. || A Sultomonice, chez Mathurin Petit, Maistre Imprimeur et libraire-juré des Petites Maisons, dans la rue des Écervelés, A l'Enseigne de la Femme sans tête. L'an depuis qu'il y a des fous, 7736 et 7737 (1736-1737). In-24 et in-12.

Recueil de facéties plus ou moins graveleuses par Coquelet, anecdotes et lazzis. Sur le titre, une lune à moitié dans l'ombre.
Calendrier ordinaire à l'usage des gens raisonnables.
On y trouve les histoires d'un certain nombre de « Fous plaisans, » M. Gaulard, L'Angely, Patz, bouffon de la Reine Elisabeth d'Angleterre, Brusquet, bouffon de François Iᵉʳ, Polyte, Pape-Thenu, Marets, Drumoinet, divers traits de folie, sans oublier le médecin des fous et les folies des jeunes seigneurs pour les filles de théâtre, les questions du baron de *Fripesausse*, la folie des « gros cus et des gros ventres » (modes sous Charles IX pour ses femmes et pour les hommes), enfin quelques notes sur la fête des Fous et la fête des Innocents.

Le Calendrier des Fous paraît avoir donné lieu à des poursuites. On lit, en effet, dans les *Mélanges* de M. de Bois-Jourdain: « La veuve Amoulry, libraire sur le quai des Augustins, fut arrêtée et conduite au Fort-l'Évêque, pour lui avoir trouvé dans ses poches 52 almanachs des Fous. Le premier Dimanche de Janvier 1736, un colporteur en débita une douzaine à 3 liv. pièce à cinq ou six petits-maîtres. »

[Coll. baron Pichon.]

133. — CALENDRIER PERPÉTUEL, contenant les années Grégoriennes et les Italiennes, dont celles-ci commencent à la naissance de Jésus-Christ, et celles-là au mois d'octobre 1582. Par M. Sauveur, fils de défunt M. Sauveur, Chevalier de l'Académie Royale des Sciences, Maitre des Mathématiques des Rois d'Espagne, d'Angleterre, et des Enfants de France, Examinateur des Ingénieurs. || A Paris, chez Jean Barbou, rue Saint-Jacques, aux Cigognes, et chez Joseph Bullot, rue de la Parcheminerie, près Saint-Severin, à l'Image Saint-Joseph (1736). In-fol.

18 feuilles 1/2 d'impression et deux tables gravées.
Le prix était de 12 livres relié en veau.

[D'après un catalogue de l'époque.]

134. — CALENDRIER PERPÉTUEL, dédié à M. d'Ormesson, Conseiller d'Etat, etc. par M. Gausse l'ainé. || A Paris, chez l'Auteur, rue de la Verrerie, vis à vis la rue du Cocq, et chez Bailleul graveur, rue Galande (1736'.

[D'après le catalogue Monchablon.]

135. — ALMANACH DU DIABLE, contenant des prédictions très curieuses et absolument infaillibles pour l'année 1737. Par M. de Castres du Crenay. Aux Enters. [Une réimpression faite à la même date porte : « Nouvelle édition revue et augmentée. »] In-18.

Curieux pamphlet en vers qui eut une vogue extraordinaire, qui assaillit de ses épigrammes tous les personnages du moment, magistrats, prélats, hommes littéraires et académiques, sots, fripons, femmes coquettes, qui ne ménagea même pas le Roi et qui eut de nombreux imitateurs. On n'y trouverait, du reste, ni Fêtes, ni Saints, ni Calendrier, mais des prédictions dont la clef est au Diable. Le privilège est octroyé par Lucifer, « par la colère de Dieu souverain des Enfers. »

L'auteur était, paraît-il, l'abbé Quesnel, neveu du célèbre Père Quesnel, qui depuis, passa en Hollande. Mais d'après les registres de police un nommé Bellemare dit Quinet ou Quesnet, fut arrêté et mis à la Bastille le 11 avril 1738, comme soupçonné d'en être le véritable auteur.

136. — ALMANACH DU DIABLE.
Contenant des Prédictions très Curieuses et absolument infaillibles pour l'Année 1737. (1737-1738.) S. l. In-24.

Le titre est dans un cartouche soutenu par le diable embouchant une trompette d'où sortent ces mots : *Ridendo mores castigat*. Au-dessous une chaîne de montagnes avec le gouffre de l'Enfer, les Diables répandus dans les champs dansent et cabriolent aux abords de leur gîte. En face est un frontispice représentant un observatoire surmonté d'un échafaudage terminé par une logette du haut de laquelle plusieurs diables, armés de longues-vues, interrogent le ciel et la terre, tandis que d'autres montent dans l'intérieur. Sur la place de l'Observatoire vont et viennent quelques personnages, dames et messieurs.

L'approbation est signée : « Fait en la Chambre du Conseil Infernal l'an de notre damnation 5736 : De Mogorgon, Belzébut, Satan, Belial, Astaroth, Leviatan, Gog, Magog, Fergalus. »

Cette série de prédictions carminifiques contient, en vers légers, beaucoup de choses piquantes. Voici une citation prise en février qui en définira nettement le caractère :

Pour avoir fait un malheureux Poupon
Une Vestalle (*sic*) aussi grande que belle
Voudra déguerpir (*sic*) la Maison,
Et quitter un état trop pénible pour Elle.
Si l'on donnoit mêmes permissions
A celles qui pourroient imiter son exemple
Pauvre Vesta ! bien-tôt je t'en répons
Tu n'aurois plus ni Prêtresse ni Temple.

Suivent quatre feuillets gravés donnant les conjectures instructives, soit la clef des personnages visés.

Cet almanach parut encore pour 1738 avec un texte différent et entièrement gravé.

137. — ALMANACH DU DIABLE OU PRÉDICTIONS CARMINIFIQUES dont la Clef est au Diable, imprimé dans les Enfers et permis de distribuer dans les Royaumes et Villes. Signé : Pluton, avec Paraphe et, plus bas, Léviatan.|| L'explication des Aditions (*sic*) sont à la fin de l'ouvrage. || A Amsterdam, chez Monsieur Lucifer. M. DCC. XXXVII.

Pas de frontispice. Un avis en tête porte : « Le Diable a emporté les vignettes. »

Notons, d'autre part, parmi les pamphlets et explications publiés à la suite de ces almanachs :

— *La critique et la contre-critique de l'Almanach du Diable pour l'année 1737*. Imprimé aux Enfers (réponse à l'Almanach de l'abbé Quesnel), et :

— *Clef des Prédictions Carminifiques de l'Almanach du Diable*. De l'Enfer par un courrier extraordinaire, — donnant les noms plus ou moins écorchés des personnages visés par de simples initiales dans les *Prédictions Carminifiques*.

138. — CALENDRIER HISTORIQUE AVEC LE JOURNAL DES CÉRÉMONIES
et Usages qui s'observent à la Cour, à Paris et à la Campagne. || A Paris, chez Jacques Chardon, Imprimeur-Libraire, rue Galande, à la Croix-d'Or, [puis rue S. Séverin] et chez Durand, rue St-Jacques, au Griffon. 1737, 1741 et 1744. In-12.

Il indique, pour chaque jour de l'année, « l'institution des fêtes, les cérémonies et usages pratiqués en ces jours solennels, les Processions et l'ordre qu'on y observe, les Évangiles ; toutes les cérémonies civiles qui méritent le plus l'attention du public ; les naissances, les morts des personnages illustres, les audiences, les principaux marchés de l'Ile de France, et les noms des Seigneurs, des Villages, Bourgs et Paroisses. »

Ce Calendrier fort intéressant par les détails qu'il donne sur les Cérémonies religieuses, paraît être le même que l'*Almanach de Paris* décrit plus haut (Voir n° 109).

On le retrouve, du reste, à nouveau en 1740 sous le titre de : « Concordance des Bréviaires de Rome et de Paris avec le Journal des Cérémonies, etc. »

[Vente Le Roux de Lincy, n° 1943, 8 fr. — Vente Bossuet, n° 431, 14 fr.

139. — ALMANACH DU DIABLE POUR L'ANNÉE 1738. Aux Enfers, avec Privilège. S. l. (1). In-24.

Cet almanach entièrement gravé, avec titre et frontispice illustrés, est identique comme texte au précédent « Almanach du Diable » pour 1737. La publication ayant eu du succès on l'écoulait sous toutes les formes. Le titre représente un Diable qui sème sa marchandise de par le monde ; il vole dans les airs, et la terre est inondée de ses papiers.

Dans un cartouche, au bas de la page, se lisent les vers suivants :

Je rôde par tout ce bas monde
Et ne m'arreste en aucun lieu,
Si ce n'est pour y rire un peu
Des foux dont je vois qu'il abonde.

_____

(1) M. F. Poüy mentionne un « Almanach du Diable » en 1788. Est-ce une erreur de date ou une réimpression ?

Le frontispice représente une grande glace ayant, au-dessus, l'inscription : *Ridendo dicere verum*. Contre la glace une console avec les mots : *Vide Te* (c'est-à-dire « regarde-toi dans la glace »). La mention « Aux Enfers » se trouve placée au bas, dans un cartouche.

En tête est une introduction « à très haute et très puissante » dame La R** de H' signée: Asmodée. En une préface quelque peu confuse le Diable définit ainsi son rôle sur terre : Brouiller les sou-

C'est, du reste, comme les précédents, une collection de prédictions mensuelles carminifiques, à la fin desquelles on lit, sous le titre *Palinodie* : « Hé bien ! ne voilà pas encor (*sic*) la même bévue que l'an passé ! Au Diable les Graveurs, Imprimeurs, Relieurs et autres asnes etc... » *et suit un nouveau privilège — satirique naturellement — signé Griffart, souhaitant à tous ceux qui les présentes verront, bon appétit et gousset bien garni. Une grande planche également gravée, se*

Titre et frontispice de l'*Almanach du Diable* pour 1738, d'après un exemplaire appartenant à M. Paul Lacombe.

verains, mettre en feu toute l'Europe, entretenir des jalousies et des haines parmi les courtisans, entretenir des Discordes dans les Etats, ... servir l'orgueil des Jésuites, l'incontinence des Carmes, l'intempérance des Cordeliers... coëffer des milliers de Maris, semer des zizanies dans toutes les familles et *alia id genus*, voilà *l'exercice journalier* d'un Diable qui veut bien remplir ses devoirs. »

Et plus loin : « Mon intention n'a jamais été de vous donner ce qu'il y a de plus fin en Poésie, mais bien ce que vous *apelez* vous même des vers à la Diable. » Ce discours « diabolique » se termine par l'indication suivante: « Les exemplaires seront fournis aux curieux. »

dépliant, donne les *Conjectures sur les prédictions de l'année 1738.* On y trouve les noms de tous les personnages et objets visés dans le texte.

[B. N. || Coll. Paul Lacombe.]

140. — LES AGRÉMENS DE PARIS OU L'ÉCHANTILLON, Almanach pour l'année 1738. In-16.

[B. Ars.]

141. — ALMANACH DE DIEU pour l'année 1738, dédié à M. Carré de Mont-

geron, conseiller au Parlement de Paris.
Au Ciel (Paris). In-32.

Titre gravé dans un cartouche : la Religion en
deuil pleurant la destruction de Port-Royal.

Almanach janséniste donnant pour chaque mois
de l'année les éphémérides qui peuvent intéresser la
secte. Il est, en outre, orné de douze portraits reproduisant les principales figures du parti janséniste, chaque portrait ayant, au-dessous, une scène
de la vie du personnage représenté. Ces douze
portraits sont : Thomas Lemos, Jansénius, Angélique Arnaud, Duvergier de Hauranne, Blaise Pascal, la duchesse de Longueville, Arnaud d'Andilly, Le Maistre de Sacy, Antoine Arnaud, Le
Nain de Tillemond, Pierre Nicole, Pasquier,
Quesnel.

142. — CALENDRIER HISTORIQUE, par l'abbé le Gros. || Paris…. 1738. In-24.

[D'après la *France Littéraire*, 1769.]

143.— ÉTRENNES HISTORIQUES OU MÉLANGE CURIEUX. Pour l'année 1738. Contenant plusieurs Remarques de chronologie et d'Histoire ; ensemble les Naissances et Morts des Rois, Reines, Princes et Princesses de l'Europe, accompagnées d'Époques et de Remarques que l'on ne trouve point dans les autres Calendriers : Avec un Recueil de diverses Matières variées, utiles, curieuses et amusantes. || A Paris, du fonds du sieur Gissey, chez Valleyre père, rue Saint-Severin, à l'Annonciation. M.DCC.XXXVII. 1738 jusque vers 1775. In-24.

Ce calendrier contient, en plus des matières annoncées sur le titre, un « Journal Historique » des
principaux événements de l'année ; la liste des
Archevêchés et Évêchés avec les noms des titulaires et le montant des revenus ; différents tableaux des Poids et des mesures, des monnaies ;
les particularités de la ville de Paris et l'état des
Troupes de France.

Petit ouvrage qui recevait, chaque année, des
augmentations et qui se proposait d'offrir à peu de
frais aux curieux une chronologie « propre à rafraichir la mémoire ou à l'amuser et récréer. »

[A. 1766. Coll. de Bonnechose.]

144. — ALMANACH NOCTURNE à l'usage du Grand Monde à l'instar de l'Almanach de Liège pour l'année M.DCC. XXXIX. Enrichi de seize Centuries, d'une Historiette Nocturne à la fin de

chaque mois, de Prédictions nouvelles,
de Remarques curieuses et d'Énigmes
Nocturnes. Par Madame la Marquise D.
N. N. C. || Imprimé à Nuitz chez Scrotin
Luna, au Vesper 1739. (Paris, Morel)
1739-1742, 4 années in-12.

Recueil d'histoires et de fantaisies parisiennes
(une pour chaque mois) : Le Gâteau des Rois, Le
tour de Carnaval, Le poisson d'Avril, La fine
veuve, Le faux prince allemand, etc. Sous le titre
« Fastes nocturnes » sont rangés une série
de petits racontars de la vie mondaine. On y
trouve également des « Énigmes Nocturnes » empruntées à un précédent recueil de même nature
publié en 1633.

Le calendrier est conçu dans la forme satirique
alors fort à la mode, c'est-à-dire qu'il annonce
des éclipses de Raison, des éclipses de Bourse, des
éclipses de Filles et autres de même sorte, puis des
prédictions générales par les songes dans le genre
de la prédiction suivante : « Une jeune pensionnaire
rêvera qu'elle va à Rome avec un cavalier frère
d'une de ses compagnes, elle en rira avec celle-ci
et dira qu'on fait beaucoup de chemin en songe.
Quelques mois après, elle verra que ce rêve avait
raison et que ce cavalier l'aura menée loin en peu
de temps. »

Almanach publié par le chevalier de Neufville-
Montador et dont la marquise du Châtelet fut, un
instant, soupçonnée d'être l'auteur. Cette supposition ne lui plut guère et elle protesta ainsi qu'on
peut le voir dans ses lettres. (p. 133-153).

L'auteur avait eu soin, du reste, de s'envelopper
d'un anonymat pouvant prêter à double entente. En
tête de l'année 1741 se trouve une préface dans
laquelle, tout en critiquant les « écrivains femelles,
fléaux de tous ceux qui les fréquentent, prétendant,
seuls, à l'esprit et aux hommages de l'univers, »
il continue à se faire passer pour femme.

145. — ÉTRENNES D'UNE JEUNE MUSE AU PUBLIC. Par M. Pesselier, Auteur de la Comédie de *L'Ecole du Temps*. Le prix est de 24 sols. || A Paris, Chez Prault Père, Quay de Gêvres, au Paradis. M.DCC.XXXIX. In-8.

Recueil de pièces de vers. Il s'ouvre par une
« Dédicace au Public » que voici reproduite :

> C'est au Public intelligent,
> Bien moins qu'au public indulgent,
> Que je consacre ces Étrennes :
> Quoique fort au dessous de lui,
> S'il les goûte, dès aujourd'hui
> Je compte avoir reçu les miennes.

L'auteur Joseph Pesselier, de l'Académie de
Nancy, a publié nombre de recueils poétiques.

[B. N.]

146. — ALMANACH DE PRIAPE POUR L'ANNÉE M.DCC.XLI (sans indication de lieu). In-24.

Almanach érotique entièrement gravé, titre, texte et figures. Il s'ouvre par une pièce de vers : *Sacrifice à Priape* et se termine également par des vers : *Carte de Vénus*. A la fin est une grande planche se dépliant : *Carte des Voyages de Vénus*. Chaque page est avec entourage et petit sujet gravé dans la note des compositions de Gravelot.

[Coll. Régis.]

147. — ALMANACH DES COCUS OU AMUSEMENS POUR LE BEAU SEXE, pour l'année M. DCC. XLI. Auquel on a joint un Recueil de Pièces sur les Francs-Maçons. Ouvrage Instructif, Épigrammatique et Énigmatique, dédié à la Jeunesse Amoureuse, par un Philosophe Garçon. ‖ A Constantinople (Paris), de l'Imprimerie du Grand Seigneur. M. DCC. XLI. Avec approbation des Sultanes. In-12.

Le frontispice *Forges à Cornes* (4 jambes entrelacées émergeant de derrière un fourré) est la reproduction, sous une autre forme, de la célèbre gravure dite *Des petits pieds* qui se trouve à la fin de « Daphnis et Chloé, » édition du Régent. Nous trouverons, du reste, cette gravure dans nombre d'ouvrages galants de la fin du XVIIIe siècle.

Ce livre dans lequel on voudrait, au lieu du calendrier habituel, un « Calendrier des Cocus », s'ouvre par une amusante pièce de vers intitulée : « Placet des Maris Cocus au Libraire. »

Plaise à Monseigneur le Libraire,
Qui doit faire voir la lumière
A l'Almanach des Mariés,
Que les noms de gens en ménage
Comme suspect (*sic*) de cocuage,
En soient tout à l'heure rayés ;
Vous même, Monsieur le Libraire,
Peut-être êtes-vous dans le cas.
Brûlés (*sic*) ce caustique exemplaire,
Ou du moins ne l'imprimés (*sic*) pas,
Car aujourd'hui c'est même chose,
Que mariés, et que Cocus :
Pouvez-vous souffrir que l'on glose,
Tant de Cornards qui sont connus,
N'en faites rien, laissés (*sic*) ce livre,
Evoyés (*sic*) paître son autheur (*sic*) (1),
Sur le commun il aime à vivre.
Le Mariage lui fait peur ;

(1) Le placet mis en tête de l'*Almanach du Mariage* (voir n° 125) s'arrête à ce vers et la réponse du Libraire suit comme ici.

Vous avés payés (*sic*) sa copie,
Hé bien, nous vous rembourserons,
Sauvés (*sic*) aux Maris mil affrons,
Notre Bourse est des mieux garnie,
Que chacun de nous seulement,
Donne pour sa part une obole,
Votre fortune en un moment
Sera faite sur ma parole.

RÉPONSE DU LIBRAIRE.

Messieurs, j'ai la Permission
Néant, vite à l'Impression.

En plus du calendrier ordinaire, chaque mois contient des épigrammes et des énigmes se rapportant en général à la constellation. Ces épigrammes qui seront souvent prises par les publications du même genre, sont assez amusantes. En voici quelques-unes :

Janvier. Quand Dieu bénit le Mariage
L'eau devient vin, et tout est beau,
Mais lorsque sans lui l'on s'engage
Le meilleur vin se change en eau.

Février. Pour qu'un Ménage soit tranquille
Et que tout aille à l'unisson,
La femme doit être docile
Et muette comme un Poisson.

Mars. Ce signe du Belier n'est pas favorable
A l'honneur de certains Époux :
Pour plusieurs il est profitable.
Il est cruel pour les Jaloux.

Août. L'on doit à Dieu le plus beau cierge,
Quand on trouve un objet dont la vertu
[tient bon :
Mais qui prétend n'épouser qu'une Vierge,
Peut, sur ma foi, rester garçon.

Après toute la partie consacrée aux francs-maçons — discours et chansons — qu'on est assez surpris de trouver ici en aussi étroite union avec les cornards, vient, à nouveau, une « Description de l'Isle du Mariage et des Iles adjacentes, » reproduction de l'*Almanach du Mariage*, avec un calendrier complet sur le même sujet, donnant : Épactes, Jours de repos, (Ils ne sont que trop fréquents dans le calendrier des maris, nous apprend le rédacteur qui paraît plein de compassion pour ces pauvres femmes,) les douze mois, les douze signes, des prédictions générales pour les maris, etc.

Cet almanach, avec le même frontispice, existe pour les années 1742 et 1743. Toutefois ce dernier contient une variante dans l'adresse de publication. Au lieu de : « A Constantinople » on lit « A Pékin, chez Jean Cornar, *imprimeur de l'Empereur de la Chine, au Soleil couchant.* »

[La collection des trois années est de toute rareté. L'année 1742, presque introuvable, a passé deux fois en vente depuis 1875 et a été payée 80 fr.

brochée, non rognée, 3o fr. rel. en mar. En 1827 l'exemplaire de Charles Nodier, (A. 1743) ne dépassait pas 20 fr. Aujourd'hui ces almanachs se paient de 40 à 5o fr.]

148. — ALMANACH GALANT. ‖ Paris, Gueffier, 1741.

D'après un catalogue de libraire.

149. — ALMANACH OU PRÉDICTIONS GÉNÉRALES ET PARTICULIÈRES pour l'année M. DCC. XLI et autres. ‖ A Paris, chez Tel, à la Sibylle. M. DCC. XLI. In-18.

Recueil d'énigmes, mélange de prose et de vers, n'ayant, en somme, d'almanach que le nom. La préface porte le titre de : « Songe. » A la fin se trouve une clef des énigmes, lesquelles sont relatives à Crébillon, à des Touches, à J.-B. Rousseau, à Voltaire, au caffé Procope, à l'abbé des Fontaines, à Mᵐᵉ Foussan.

Voici une prédiction, toujours d'actualité, qui se trouve dans ledit almanach :

Mainte Pucelette abusée
Pour son malheur écoutera
La Kirielle empoisonnée
De maint trompeur qui s'en rira
Et la pauvrette détrompée
En vain sous l'orme l'attendra.

[B. Ars.]

15o. — ÉTRENNES DE L'AMOUR ET DE L'AMITIÉ Aux Jeunes Personnes de l'un et de l'autre sexe. Avec une Épitre contre les Cérémonies du Jour de l'An. Pour l'Année M.D.CC.XLI. Par M. A. S. L*** [Épigraphe :] Utile Dulci. ‖ A Paris, chez Pierre Clément, Libraire, au coin du Quay de Gêvres, du côté du Pont Notre-Dame. In-8.

D'après la *France Littéraire* l'auteur était un M. Alexandre-Simon Le Tort-Roy « Parisien » et maître de pension à Tours.

Contient, en outre des matières indiquées sur le titre, le « Voyage de l'Amour et de l'amitié aux Étrennes », les « Conseils de l'Amour et de l'Amitié. »

[B. N.]

151. — NOUVEAU CALENDRIER PERPÉTUEL COMPOSÉ EN FAVEUR DES CURIEUX, suivant les hypothèses Julienne et Grégorienne comprenant des Instructions chronologiques, Astronomiques, Astrologiques, Géographiques et Hydrographiques. Ensemble l'art de Fortifier, d'Arpenter et de réduire toutes les espèces de Bois d'œuvre : avec Un catalogue des plus célèbres Historiens qui ont traité de l'Antiquité, contenant un petit sommaire de leurs Ouvrages, suivi d'un Traité affectif à l'Histoire, au Commerce et à la Banque des différens États de l'Europe. Le tout conclu par de sages Maximes pour la pratique et l'usage du Monde. Enrichi de Figures et Cartes en Taille Douce. Dédié à Monseigneur le Marquis de Breteuil. ‖ A Paris, chez Mesnier, libraire-Imprimeur ruë Saint-Séverin, au Soleil d'Or, ou en sa Boutique, au Palais. M. DCC. XLI.

Par Du Tille Duvivier. Frontispice allégorique : Une femme embouche la trompette de la Renommée et des amours se précipitent sur la Gaule. Une légende porte : *Dant otia fructus.*

Le privilège est de 1737.

152. — HEURES DE COUR, contenant les Offices, Vêpres, Hymnes et Prières de toute l'année. ‖ A Paris, chez la Vᵛᵉ Cuissart, ruë N. Notre-Dame. M.DCC.XLII. In 32.

Donnant, avec le calendrier, les fêtes mobiles de 1742 à 1751.

[Coll. Georges Salomon].

153. — ÉTAT DES ARCHEVÊCHEZ, ÉVÊCHEZ, ABBAYES ET PRIEVREZ DE FRANCE. Tant d'Hommes que de Filles, de Nomination et Collation Royale. Dans lequel on trouve l'Histoire, la Chronologie et la Topographie, et dix-huit Cartes Géographiques. Avec une table générale des Abbaies et Prieurés de Filles, qui comprend aussi le Revenu, le nom des Titulaires, avec la date de leur Nomination. ‖ A Paris, chez Antoine Boudet, Imprimeur-Libraire, ruë S. Jacques. M.DCC.XLIII. 2 vol. in-16.

Recueil publié par D. Beaunier dont la B. N. ne possède que ces deux volumes, mais qui a pu paraître soit antérieurement, soit postérieurement, et qui, en somme, a toutes les apparences d'un annuaire.

[B. N.]

154. — ÉTRENNES LIBERTINES pour l'année 1743 contenant le Libertin puni, la Femme forcée, conte, etc. || Cythère, chez la Reine d'Amathonte, à l'Enseigne des Plaisirs, avec privilège de la mère d'Amour. *S. l. ni d.* In-8.

Almanach plus que libertin, avec frontispice obscène.

[Bibliogr. du comte d'I····.]

155. — ALMANACH DES THÉATRES pour l'année bissextile 1744. || Paris, chez Ballard fils. 1744. In-12.

Almanach fort rare qui n'a eu qu'une seule année et qui donne l'origine et le tableau des théâtres.

156. — ALMANACH DES PROVERBES, pour l'année 1745. Composé, supputé et calculé exactement par le [très célèbre et très] scientifique [Docteur] (1) Cartouchivandeck, astronome privilégié suivant les Astres. Seconde Édition, revue et corrigée. || A Anvers, rue des Quinze-Vingts, à l'Enseigne des Rats. M.DCC. XLV. (On lit à la fin : A Paris, chez Prault père, Quay de Gèvres, et Le Clerc, Grand'Salle du Palais). Se vend vingt-quatre sols en brochure. In-8.

Almanach dû à Granval, l'auteur du poème de *Cartouche*, et rédigé dans un esprit satirico-comique. Comme dans les vrais almanachs on y trouve le nombre d'Or, l'Épacte, les Éclipses, les Foires, mais le tout sous forme tintamarresque. C'est ainsi que les foires annoncées sont :

Foire de mines et d'œillades aux Thuilleries.
Foire de mariages, chez les femmes d'intrigue.
Foire d'envie, chez les Auteurs.
Foire de tromperie, à la Cour.
Foire de tendres sornettes, à l'Opéra. etc...

Déjà les belles-mères étaient passées à l'état de proverbe, car on lit quelque part en cet almanach : « Que de belles-mères plus méchantes qu'ânes rouges ! »

Cartouchivandek, en ses prédictions, ne ménage personne : des enfants d'Apollon aux danseuses, tous y passent. Voici pour les élèves d'Hippocrate :

Quand (vous prenant pour franches buches)
Un Médecin gravement vous dira :
Que quelque mal qui vous viendra,
A coup sûr il vous guérira;
Répondez : *Achetez des cruches.*

(1) Les mots entre crochets ne figurent point sur le titre de l'exemplaire de la B. N.

L'almanach se termine par une approbation fantaisiste.

[Coll. baron Pichon. || B. N.]

157. — CALENDARIUM MEDICUM AD USUM SALUBERRIMÆ FACULTATIS PARISIENSIS. In quo habentur Quœstiones propositæ, tam in Thesibus, quam in Actibus Vesperiarum, Doctoratûs et Pastillariæ. Aliaque quàm plurima, in eâdem Facultate, tum publicè, tum privatim, Anno Academico proximè elapso, celebrata. || Additur Series Doctorum ejusdem Facultatis, cum designatione Æduem. || Parisiis, M.DCC.XLV. 1745 et suite. In-18.

Cette sorte d'annuaire officiel de la Faculté de médecine de Paris a dû paraître bien antérieurement. On y trouve les noms des docteurs de la Faculté, les thèses présentées, les actes de la Faculté. Certaines années contiennent les noms des recteurs depuis l'origine (1275) et des censeurs de l'Académie depuis 1601, ainsi que les noms des docteurs dont les bustes se trouvent à l'École. Sur le titre, armoiries de la corporation flanquées de 2 masses, et la légende : *Urbi et Orbi salus.*

Chaque année s'ouvre par un avis (Monitum.)

Quelques années donnent aussi les noms des eaux minérales qui se vendaient alors à Paris, avec les prix par pinte. C'est ainsi qu'on voit figurer en 1785 les eaux de Balaruc, Barèges, Châtel-Guyon, Contrexeville, Forges, Pougues, Pouillon, Sedlitz, Spa, Vals (2 liv. 8 s.), Vichy (1 liv.) Les eaux anciennes de Passy étaient cotées 6 sols ; les plus chères, celles de Seydchutz, valaient 5 liv. 10 sols la pinte 1/2.

A partir de 1780, le bas du titre porte : « *Typis Quillau Universitatis et Facultatis Medicinæ Typographia Viâ du Fouare.* »

Interrompue par la Révolution, cette publication fut reprise sous le Directoire. Sur les premières années du siècle, au lieu de : *ad usum saluberrimæ Facultatis parisiensis*, on lit : *ad usum parisiensis Academiæ.* Edente D. M. A. Petit.

La publication en latin a duré jusque sous la Restauration.

[B. N. Années 1745, 1757, 1760, 1762, 1763, 1764, 1767, 1768. || B. Fac. Médecine A. 1780, 1785. || B. Carn. A. 1809.]

158. — ÉTAT DU RÉGIMENT DES GARDES FRANÇOISES, par rang de compagnies et par ancienneté de Messieurs les officiers et Sergens. || A Paris, de l'Imprimerie de Thiboust, Imprimeur du Roi [et de son Régiment des Gardes Françoises.] Place de Cambray. M.DCC. XLIV (1744-1790). In-18.

I.   4

Les mots entre crochets ne se trouvent qu'à partir de la seconde année.

A partir de 1766, la plupart des années portent en plus : Gardes Françoises « du Roy, A la Revue de Sa Majesté, le 2 juin 1766. » (La date étant différente pour chaque année.) A Paris, chez G. Lamesle, Imprimeur [des Fermes du Roi, et] du Régiment des Gardes Françoises, Hôtel de Bretonvilliers. Les mots « des Fermes du Roi » disparaissent dans les dernières années.

Cet almanach donnait régulièrement la liste des Officiers.

[B. N. Collection complète de 1744 à 1787, moins les années 1754 et 1755.]

Voir les nᵒˢ 181 et 190.

159. — ALMANACH DES PLAIDEURS

pour l'année 1745 par M. J. B. procureur au Châtelet de Paris. || A la Sphère. *S. l.* (1745). In-12.

L'auteur était Jean-Baptiste Denisart, procureur, qui devait publier, par la suite, une collection de décisions et de notions relatives à la jurisprudence.

160. — ALMANACH ET CALENDRIER

JOURNALIER perpétuel et universel, par Larcher. || Paris, 1747. In-12.

[Quérard.]

161. — ALMANACH GÉNÉALOGIQUE,

CHRONOLOGIQUE ET HISTORIQUE pour l'année bissextile M.DCC.XLVII, contenant : la Succession des principaux Souverains du monde tant anciens que modernes, les Princes et Princesses, Ducs et Duchesses avec leurs enfans et collatéraux, les Maréchaux de France, Grands d'Espagne, François, Chanceliers, Gardes des Sceaux et Secrétaires d'État, les Ambassadeurs de France dans les Cours étrangères, ceux des Cours en France, les Doges de Venise et de Gênes, les Grands-Maîtres de Malthe (*sic*), les Stadhouders de Hollande, les Conciles œcuméniques, les Victoires et les Traités de paix mémorables depuis 1600, jusqu'à présent, par M. l'abbé ***. [Epigraphe :] In tenuitate copia. || A Paris, de l'imprimerie de Ballard fils, au bas de la rue Saint-Jean-de-Beauvais, à Sainte-Cécile. 1747-1750. In-24 (1).

L'auteur de cet almanach était l'abbé Jacques d'Estrées.

(1) Le titre ici reproduit est celui de l'année 1748.

En tête de l'année 1747 se trouve une préface « Au lecteur, qui n'est point sot » disant qu'à Paris comme en province, chacun doit avoir besoin d'un tel almanach.

Pour faire suite, l'abbé d'Estrées publia le *Mémorial de Chronologie, Généalogique et historique* 1752-1765. (4 années, in-12.)

B. Ars. Années 1747 et 1749.

[De 8 à 10 fr. en reliure de l'époque.]

162. — CALENDRIER HISTORIQUE

ET CHRONOLOGIQUE DE L'ÉGLISE DE PARIS, contenant l'origine des Paroisses, abbayes, monastères, prieurés, collégiales, etc. de Paris ; la mort des Evêques, Archevêques, et des hommes illustres du diocèse, les événements dignes de remarque ; la Prélature parisienne. || Le tout sous le titre de patrons de chaque Église... Avec une table alphabétique par M. Lefèvre. || A Paris, chez Herissant fils. 1747. In-12.

Almanach intéressant pour ses renseignements historiques sur l'Église de Paris.

[Voir, pour les prix, vente Faucheux, nᵒ 6, et vente Bossuet, nᵒ 424.]

163. — LE CALENDRIER CURIEUX

ET UTILE Pour l'année bissextile 1748. || A Paris. [Au-dessous, dans une tablette, se trouvent les vers suivants :]

Au Lecteur

Si le ciel que j'implore, est sensible à mes vœux,
En santé, dans la joye et parmi l'abondance,
Vous coulerez des jours incessamment heureux ;
Et les Parques sur vous n'auront point de puissance.

1748 et suite. In-32.

Titre dans un cadre, gravé sur bois. Frontispice également sur bois représentant un festin. A la fin se trouvent deux autres compositions représentant : l'une, la plantation d'un mai ; l'autre, les plaisirs des champs pendant la moisson.

Chaque saison se trouve accompagnée d'une notice amusante indiquant, sous une forme humoristique, les particularités de l'hiver ; voici notamment celle qui est consacrée à l'hiver :

« Ce dernier, avec sa mine refroignée, semble né pour ne faire du bien à personne. C'est l'épouvantail des hommes et des bêtes, on tremble à sa figure hideuse, son air froid rebute tout le monde. Ses expressions glacées et sa mine gelée le font considérer comme une pelotte de neige : il se coëffe ordinairement d'un bassin noir, et les pincettes lui tiennent lieu de contenance ; il n'ambitionne que le feu, et l'eau-de-vie est sa boisson favorite ; son fauteüil est la cheminée, et son cabi-

net le poile (*sic*) : ses meubles sont des fourrures, et
ses carosses des traîneaux, ses courtisans sont des
Suédois, et ses pages des Lapons ; ses rossignols
des Danois, et ses papillons des Moscovites. »

Cet almanach, qui donne les naissances des princes et princesses, les archevêchés, les cardinaux,
les conseils du Roi, les légionnaires du Saint-Esprit, la maison du Roi et de la Reine, des notices
historiques et diverses, a dû paraître sans interruption pendant une suite d'années et très probablement avant 1748 déjà.

[Coll. de Bonnechose.]

164. — ÉTAT GÉNÉRAL DES TROU-
PES DE FRANCE, sur pied en Mai 1748.
Avec le traitement qui leur est fait, tant
en quartier d'hiver qu'en campagne, sui-
vant les ordonnances du Roi. Par le sieur
J. B. V. ‖ A Paris. M.DCC.XLVIII. In-8.

État destiné à remplacer une publication dite
« Carte du Militaire de France » qui ne paraissait
plus depuis quelques années. Les vieux Régiments
sont tirés de l'abrégé de la Carte et les nouveaux
sont placés suivant la date de leur création. Les
noms des premiers officiers du Corps n'y figurent
point, mais à la place on y trouve le traitement fait
aux Troupes tant en quartier d'hiver qu'en campagne. C'est, en somme, un précieux annuaire
militaire.

[B. N.]

165. — ÉTRENNES DU SENS COM-
MUN pour l'année 1748 et pour les années suivantes, dernière édition avec
l'errata. ‖ A Bone (A Paris chez Cailleau),
sur la copie de 1748. Petit in-8.

D'après un catalogue.

Barbier mentionne sous le même titre l'année
1750, avec cette addition : « Dédiées à M. de
Guebriant par M. D. V. (de Vaulabrée) » à Londres (Francfort).

166. — LE TABLEAU DES THÉÂ-
TRES, ALMANACH NOUVEAU pour
l'année M.DCC.XLVIII, où l'on trouve
leur origine, le nom des Acteurs, Actrices, Danseurs, Danseuses, et des Personnes qui y sont attachées, avec les
Pièces qui ont été représentées pendant l'année et le nom des Auteurs. ‖
A Paris, rue du Foin Saint-Jacques. Chez
la veuve Delormel et fils, Imprimeurs-Li-
braires de l'Académie Royale de Musique,

à Sainte-Geneviève. M. DCC. XLVIII.
1748-1755. In-24.

Dédicace aux amateurs. Portraits, en quatrains,
des acteurs, actrices, danseurs et danseuses de l'O-
péra, des Italiens et des Français. Les vers suivants à l'adresse de la Camargo suffisent à fixer sur
la valeur littéraire de cette petite plaquette :

> Les yeux éblouis, sur tes traces,
> N'en suivent qu'à peine le cours,
> Tes pas enviés par les Grâces
> Sont applaudis par les Amours.

Les autres années portent sur le titre : « Revû,
corrigé et augmenté de plusieurs Portraits nouveaux. »

M. Thoinan, dans son article du *Moniteur du
Bibliophile* (Juin 1880) sur « l'État actuel de la Musique du Roi », ne fait aller le « Tableau des Théâtres » que jusqu'en 1752.

[B. Ars. Années 1750 et suite.]

167. — TABLETTES ET ÉTRENNES
GÉNÉALOGIQUES, HISTORIQUES ET
CHRONOLOGIQUES, contenant la suc-
cession des Papes, Empereurs, Rois,
Ducs, Comtes et autres Souverains depuis
J. C. jusqu'à l'année bissextile M.DCC.XL
VIII. Avec la Chronologie de toutes les
anciènes (*sic*) Monarchies, des Princes de
l'Empire et des Ordres Militaires de Che-
valerie. Précédée d'un Calendrier chrono-
logique. ‖ A Paris, chez Le Gras, au Pa-
lais, à l'L couronnée (*sic*) et chez la veuve
Lamesle, rue Vieille Bouclerie. M.DCC.
XLVIII. 1748-1753. In-12.

Le calendrier présente ceci de nouveau qu'il
indique l'année de la mort de chaque saint. L'auteur était Louis Chazot de Nantigny.

[B. N. Année 1748.]

168.—ALMANACH DES CURIEUX pour
l'année mil sept cens quarante-neuf.
Où les Curieux trouveront la Réponse
agréable des Demandes les plus divertissantes, pour se réjouir dans les Compagnies. ‖ A Paris, de l'imprimerie de Gissey,
rue de la Vieille Bouclerie, à l'Arbre-de-
Jessé. 1749 et suite. In-32.

Au verso de ce titre se trouve une gravure
populaire sur bois, de même hauteur, ayant en
haut un Amour qui tient un cadran (la Roue de
la Fortune) au milieu duquel on lit : « Almanach de
lamour (*sic*) et de la Fortune. » Au bas un homme
et une femme se rencontrant sur la terrasse d'un
parc Louis XIV. Chacun d'eux tient en main

un long bâton avec une devise ainsi conçue *le cherche lamor* — *Et moy la Fortune.* Sur le privilège le titre est libellé : « Almanach des Curieux ou le hasard de la Fortune. »

Almanach de questions et de réponses sur des sujets populaires (Si votre femme est enceinte d'un fils ou d'une fille ; Si votre maîtresse vous aime mieux que votre rival ; Si l'affaire que l'on vous a proposée réussira ; Si votre servante boit votre vin, et autres enfantillages du même genre.) C'est la roue de Fortune de l'image qui, avec ses douze nombres, doit donner la réponse aux *questions.*

Cet almanach parut jusqu'à la fin du XVIIIᵉ siècle. On le retrouve, pour 1789, chez la veuve Duchesne, avec le titre suivant :

— *Almanach des Curieux ou le Hasard de la Fortune* pour la présente année. Avec 60 questions ayant chacune 12 réponses différentes.

169. — ALMANACH DE TABLE pour l'année 1750, contenant un détail exact de tout ce qui sert à la vie de l'homme et à la bonne chère dans chaque saison de l'année. || Paris, veuve Noël Pissot. 1749. In-12.

Almanach de spécialités.

[De 7 à 8 fr.]

170. — LE CALENDRIER DE LA COUR DE PARLEMENT, pour l'année 1749. Contenant Plusieurs Notes intéressantes sur l'origine de chaque Roïaume ou Souveraineté, un Abrégé Chronologique et Historique du Parlement, avec un Journal des Audiences du Palais, etc. || Imprimé Pour les Supôts de Thémis. (A Paris). In-24.

Cet ouvrage s'ouvre par une préface intitulée « Au Lecteur » dont voici quelques extraits :

« Il est dans le centre de cette Capitale (Paris) une sorte d'Empire (le Palais de Justice) composé de différentes Nations. Une seule Souveraine (la Loi) y commande. Cette Reine puissante est absolue et inexorable, quoique d'un naturel doux et pacifique. Elle est crainte et respectée par tous ses sujets (les Plaideurs), qui cependant, par une singularité, qui n'a point d'exemple, ne laissent pas d'être souvent rebelles à ses volontez. Elle a beau les punir, elle ne les corrige point. Un esprit de vertige et de révolte les excite sans cesse à la désobéissance. Une guerre intestine, qui pour n'être pas sanglante, n'en est pas moins cruelle, agite continuellement ces Peuples. Ils cherchent tous à se détruire sans néanmoins attenter à leur vie. Certaine espèce de Monstre (la chicane), que je nommerai génie, enfant de cette guerre, se nourrit

de leur mésintelligence ; c'est lui qui l'excite, et il l'entretient par les subtilitez d'un Art (la Procédure), qui fut fait pour le bien, mais dont il abuse au préjudice de ces malheureux.

« Des Ministres (les Magistrats) sans nombre, dépositaires des volontés de la Souveraine, revêtus même de tout son pouvoir, travaillent sans cesse à pacifier tous ces différends, afin de rétablir la paix parmi ces peuples indociles, mais c'est à quoi ils ne parviendront jamais, tant que ces derniers seront inspirés par le dangereux génie. L'insatiable, dans la vûë d'empêcher un dessein si salutaire, a trouvé le moïen d'introduire dans le langage, qui jadis était simple et uniforme dans tout l'Empire, certains mots de cabale, si barbares et si obscurs, qu'il en est enfin devenu inintelligible à ceux qui ne sont point initiés dans ses mistères... C'est à tous les Peuples de ce vaste État que j'ai destiné cet Ouvrage. »

Contient en plus des matières indiquées sur le titre ; les Parlements de Province et l'étendue de leur ressort ; un abrégé historique du Parlement de Paris, ses accroissements et son état présent ; le *Catalogue des livres les plus nécessaires* à la profession d'Avocat, avec leur prix.

[B. N.]

171. — ÉTRENNES A MM. LES RIBAUTEURS, les suppléments aux Écosseuses, ou Margot la Mal-peignée en bel humeur et ses qualités. || *S. l.* (Paris, chez Cailleau). 1749 et suite.

Recueil de pièces poissardes, attribué à Vadé, faisant partie de la littérature de colportage et qui, comme les publications de l'époque, contient quelquefois un calendrier au milieu.

[D'après un catalogue.]

172. — ÉTRENNES AUX FRANCS-MAÇONS. Pour l'Année 1749. [Épigraphe :] Amicitia pares aut accepit, aut facit. || M.DCC.XLIX. *S. l.* [Paris, chez Duchesne.] 1749 et suite. In-32.

Frontispice allégorique sur bois.

Texte composé de chansons ayant toutes pour sujet la franc-maçonnerie.

Parut, dès 1750, sous le titre suivant :

— *Étrennes curieuses et utiles aux Francs-Maçons.* Pour l'Année M.DCC.L. [Épigraphe :] Dulce ridentes socios amabo, Dulce loquentes : Hor. *S. l.* [A Londres et à Paris.]

Avec titre et frontispice gravés, variant chaque année, mais invariablement composés d'attributs maçonniques : laurier, truelle, équerre, compas. Sur le titre de 1750, dans un nuage, quatre mains se serrant. Le frontispice de 1754, plus orné, représente au milieu d'un salon deux hommes, dont l'un, maçon novice, les yeux bandés, est conduit par son aîné ; comme légende ces deux vers d'Horace :

> Ne fidos inter amicos
> Sit, qui dicta foras eliminet.

Le texte est un mélange de prose et de chansons; les mêmes articles se retrouvent quelquefois dans des années différentes, citons : Extrait de l'histoire particulière des francs-maçons de la Grande-Bretagne ; Formule d'un discours prononcé pour l'institution d'une loge ; Vers maçonniques correspondant aux signes de chaque mois :

Ici les Gémeaux :

... Tous les bons maçons sont des frères *Gémeaux* Qui se reconnaîtront par d'infaillibles marques.

Là la Balance :

Vous l'avez exilée (Thémis) et ne la verrez plus; Mais sa Balance et tous ses attributs Sont mis entre les mains de la Maçonnerie.

[B. N. Années 1749 et 1750.|| A. 1754 au baron Pichon.]

Voir, pour la suite, nᵒ 208.

173. — ÉTRENNE GALANTE, contenant le Calendrier pour l'Année 1749. Et un Nouveau Receuil (*sic*) De Vaudevilles, Muzettes, Parodies, Ronde de Table, Récit de Basse, etc. || A Paris, chez Daumont rue de la Ferronnerie, à l'Aigle d'Or. In-18.

Titre gravé dans un cadre orné.

Almanach entièrement gravé, chansons, musique et calendrier.

C'est la seule publication que j'ai vue avec le nom de cet éditeur.

174. — NOUVELLES ÉTRENNES UTILES ET AGRÉABLES, contenant un recueil de Chansons morales et d'Emblesmes, sur de petits Airs et Vaudevilles connus, notés à la fin pour en faciliter le Chant; Avec le Calendrier pour l'Année 1749. [Épigraphe :] Utile dulci. || A Paris, chez Ph. N. Lottin et Jacques H. Butard, Imprimeur-Libraire, rue Saint-Jacques, près celle de la Parcheminerie, à la Vérité. M.DCC.XLIX. In-24.

Recueil moral comme l'indique le titre, pouvant faire suite, quoique n'étant pas du même auteur, aux petites Fables en Vaudeville. L'éditeur dans un préavis s'élève contre les galanteries dangereuses, contre les obscénités, contre les équivoques indécentes des chansons en vogue, causes, dit-il, des plus pernicieux effets dans la société. D'après l'éditeur également, l'ouvrage serait « de la façon d'une Dame, irrévocablement fixée par état dans la province, assez loin de la capitale, nourrie de la lecture assidue des auteurs. »

Ce ne sont, du reste, que chansons contre le vice et la volupté; luxe, danse, spectacles, etc...

175. — LE CALENDRIER DES JARDINIERS, qui enseigne ce qu'il faut faire dans le Potager, dans les Pépinières, dans les Serres, et dans les Jardins de Fleurs tous les Mois de l'année. Traduit de l'Anglois, de M. Bradley, de la Société Royale de Londres, et Professeur de Botanique dans l'Université de Cambridge. Plus une Description des Serres, et la manière de cultiver les Ananas en Hollande et en Allemagne. Avec des Planches et une Instruction pour construire et gouverner lesdites Serres. Ouvrage utile aux Jardiniers, et à tous ceux qui ont des Jardins Potagers, des Pépinières, des Parterres et des Fleurs. || A Paris, chez la Veuve Piget, quay des Augustins, à S. Jacques; Durand, rue S.-Jacques, à S. Landry. M.DCC.L. 1750 et suite. In-12.

Le privilège étant de 1738 l'almanach a dû paraître antérieurement. S'il ne se débitait pas chaque année en édition nouvelle, en tout cas il a paru postérieurement, car la *France Littéraire* de 1785 annonce « Le Calendrier du Jardinier » également de M. Bradley, chez Guillot, rue Saint-Jacques. Les planches sont gravées par Scotin sur les dessins de M. Galiléi.

176. — CALENDRIER DES PRINCES ET DE LA NOBLESSE pour l'année 1750.|| A Paris, chez Delaguette, Imprimeur-Libraire, rue Saint-Jacques, à l'Olivier. M.DCC.L.

Avis de l'Imprimeur indiquant que cet almanach vient pour remplacer l'*Almanach Généalogique*. Liste des rois et reines de France. Liste alphabétique des maisons honorées par les charges de la Couronne. « C'est le calendrier des vivants » dit-il, « on n'a point voulu faire de nécrologe. »

[Voir, plus loin, nᵒ 329.]

177. — CALENDRIER HISTORIQUE POUR L'ANNÉE M. DCC. L. Avec L'Origine de toutes les Maisons Souveraines, Tirée Du nouvel Abrégé Chronologique de l'Histoire de l'Europe. || A Paris, chez Jean-Noel Leloup, à l'entrée du quai des Augustins, à S.-Chrysostome. In-24.

Attribué à Lenglet-Dufresnoy.

Le texte est un extrait du *Nouvel Abrégé Chrono-logique de l'Histoire de l'Europe*, publié par le même éditeur. Il donne la France, et devait être suivi successivement par l'Italie, l'Allemagne, et les autres Monarchies, « chacune desquelles, lit-on dans l'avis, fera deux volumes ».

Malgré l'approbation donnée par le censeur en Juin et Octobre 1749, le volume fut supprimé par arrêt du conseil le 3 Janvier 1750, à la suite des plaintes portées par l'Ambassadeur d'Angleterre. Des poursuites furent dirigées contre Lenglet-Dufresnoy, le libraire Leloup, et deux Écossais qui avaient plus ou moins prêté leur nom pour l'obtention du privilège. Le véritable auteur serait, du reste, l'écossais Gosford. (Voir, au sujet de cet almanach, le *Journal Historique* de l'avocat Barbier.)

178. — ALMANACH DAUPHIN, OU HISTOIRE ABRÉGÉE DES PRINCES qui ont porté le nom de Dauphin, par le sieur C*** G***. Trois livres avec les portraits, vingt-quatre sols sans portraits. || A Paris, chez Ch. Guillaume. 1751. In-8.

Volume fort curieux orné de 23 portraits par S. Desrochers, lesquels représentent Charles V, premier Dauphin, Charles VI, Charles VII, Louis XI, Charles VIII, Anne de Bretagne, Henri II, Catherine de Médicis, François II, Marie Stuart, Louis XIII, Anne d'Autriche, Louis XIV, Marie-Thérèse, le Dauphin fils de Louis XIV, Christine de Bavière, Louis duc de Bourgogne, Marie-Adélaïde, duchesse de Bourgogne, Le Roi et la Reine (Louis XV et Marie Leczinska), Marie - Thérèse Infante d'Espagne, Marie-Joseph de Saxe, Dauphine de France, Jeanne d'Arc dite la Pucelle d'Orléans.

Comme frontispice le dauphin Louis, né à Versailles en 1729.

Chacun de ces portraits est dans un médaillon ovale avec cadre, — le nom et les titres soit dans le cadre soit dans un ornement spécial, — le tout reposant sur une tablette dans laquelle figurent quatre vers plus ou moins élogieux à l'adresse du personnage.

On pourra être surpris de trouver Jeanne d'Arc parmi ces dauphins et dauphines. Voici les vers qui se lisent au bas de son portrait :

Par le bras de cette Amazone
Le Ciel Secourut les françois ;
Remit Charle Sept sur le Trône
Et nous délivra des Anglois.

Plusieurs de ces portraits, — tous faisant partie de la suite Desrochers, et ayant paru précédemment comme feuilles-volantes — portent la mention : *Stepha. Desrochers sculpsit, 1697.*

Le texte se compose de très courtes notices biographiques.

[Rare : de 80 à 100 fr. Un exemplaire avec très élégante reliure de Dubuisson a été catalogué 350 fr. par Morgand.]

[B. N.]

179. — CALENDRIER HISTORIQUE DES THÉATRES DE L'OPÉRA et des Comédies Françoise et Italienne et des Foires. || A Paris, chez Cailleau, Libraire, rue St-Jacques, à St-André. M.DCC.LI. Petit in-12.

CALENDRIER HISTORIQUE des Théatres de L'Opera, Et des Comédies Françoise Et Italienne Et des Foires.

A PARIS Chez Cailleau Libraire rue St Jacques a St André. M.DCC.LI.

Avec Aprobation et Permisson

Titre gravé avec frontispice allégorique ; des Amours, casqués pour la plupart, signé Danarceau *inv.* Fessard *sc.* Rédigé par l'abbé de La Porte. Seule année parue.

S'ouvre par une épître à MM. les comédiens et des remarques sur les spectacles. En un avertissement l'éditeur dit qu'il n'a rien *négligé* pour rendre cet ouvrage plus parfait que ceux qui ont paru les années précédentes. En fait, il donne le catalogue de toutes les pièces adoptées et la liste de celles jouées en 1750.

[B. N. || Coll. Arthur Pougin.]

180. — ALMANACH HISTORIQUE ET CHRONOLOGIQUE DE TOUS LES SPECTACLES. || A Paris, chez Duchesne Libraire, rue St-Jacques, au-dessous de la Fontaine St-Benoît, au Temple du Goût. 1752-1794, 1800-1801 et 1815, soit

46 années formant 48 volumes pet. in-12. Se vendait 1 liv. 4 sols.

Titre de la première année, gravé, avec un frontispice de Eisen. Dédicace à Messieurs les Comédiens. L'almanach, au lieu des saints du mois, donne la nomenclature des pièces représentées chaque jour de l'année.

Collection intéressante pour l'histoire du théâtre, des concerts et autres divertissements publics à Paris, destinée d'abord aux trois grands

tera, avec quelques légères adjonctions, le titre suivant :

— Les Spectacles de Paris ou Suite du Calendrier historique et chronologique des Théâtres. | Troisième partie | qui doit servir pour l'année 1754. || A Paris, chez Duchesne.

Quelques années plus tard, en 1760, le titre considérablement augmenté, donnait la nomenclature de toutes les matières contenues dans le volume, et au lieu de : « Suite du Calendrier » on

Titre et frontispice de l' « Almanach Historique de tous les Spectacles ».

spectacles de la capitale. Les années sont appelées : « Parties » à partir de 1754.

Dès la troisième année le titre change et l'almanach devient :

— Calendrier Historique des Théâtres de l'Opéra et des Comédies Française et Italienne et des Foires || A Paris, chés Duchesne etc...

Le titre de départ est très différent; il porte : « Nouveau Calendrier historique et chronologique des Spectacles de Paris. »

Titre gravé avec un nouveau frontispice. La raison de ce changement est toute simple. L'abbé de Laporte apportait à Duchesne le titre de la publication entreprise par Cailleau pour l'année 1751 sans esprit de suite. Une fois le « Calendrier » Cailleau (voir le nᵒ précédent) fondu dans le « Calendrier » Duchesne, la publication put se généraliser et, désormais, la collection entière por-

lisait « Ou Calendrier. » (1) A partir de 1779 les matières se trouvèrent classées avec des numéros d'ordre, comme suit :

1ᵒ Les noms et les demeures des principaux Acteurs, Danseurs, Musiciens et autres Personnes employées aux Spectacles; 2ᵒ Le Catalogue de toutes les Pièces qui se jouent sur les différents Théâtres; 3ᵒ Les Anecdotes auxquelles ces différentes Pièces ont donné lieu; 4ᵒ Les noms des auteurs vivans, Poètes et Musiciens qui ont travaillé dans le genre dramatique; 5ᵒ Un Précis de toutes les pièces nouvelles, jouées pendant l'année; 6ᵒ Les noms des Acteurs et Actrices qui ont débuté dans l'année.

A partir de 1788 les titres des pièces non jouées

(1) Les années 1761 et 1762 portent encore « Ou suite du Calendrier. »

sur un des trois grands spectacles, ainsi que les noms des auteurs, furent supprimés. L'année 1791 relate tout au long les dissentiments qui éclatèrent cette même année au théâtre de la Nation. En 1792, l'Almanach étendit son domaine des spectacles de Paris aux spectacles de toute la France (cette modification est indiquée sur le titre). Cette même année 1792 donne une sorte de récapitulation du théâtre en France depuis les origines. « Nous avons pensé », lit-on dans l'avis des éditeurs, « qu'à cette époque où l'influence d'un Peuple libre et le bienfait de la concurrence ont multiplié le Théâtre, où le génie des Auteurs peut s'élever à toute sa hauteur, puisque le suplice (sic) de la censure s'est aboli, il serait piquant de retracer l'espace que chaque théâtre a parcouru, pour arriver à cette époque glorieuse. »

Voici, d'autre part, pour que l'on puisse avoir une idée complète de la publication, le titre exact de la dernière année, avant la suspension, laquelle année se trouve divisée en deux parties formant ainsi deux volumes.

Titre de la 1ʳᵉ partie :

— *Les Spectacles de Paris, et de toute la France ou Calendrier Historique et Chronologique des Théâtres*; Contenant les nouveaux Décrets relatifs aux Théâtres, à la propriété des Auteurs et Artistes en tout genre, et à la Composition, ainsi qu'au régime des différens Spectacles anciens ou *nouveaux*. Le précis de leur existence depuis qu'ils sont établis. La Nécrologie des Auteurs et Acteurs morts l'année dernière ; le Tableau des Acteurs morts depuis plus de cinq ans, et dont les œuvres sont devenus (sic) une propriété nationale. Le Répertoire de chacun des Spectacles. Les nouveautés et débuts de l'année 1793, avec un examen critique de chaque ouvrage. Le tableau des Spectacles établis dans les principales villes de France ; enfin des Anecdotes et un résumé de l'Histoire dramatique de l'année dernière. Quarante-Troisième partie, Pour l'Année 1794, Seconde de la République. || A Paris Chez Duchesne, Libraire, rue St-Jacques, nᵒ 47.

Titre de la 2ᵉ partie :

— *Les Spectacles de Paris et de toute la France* ou Calendrier Historique et Chronologique des Théâtres, suite de la quarante-troisième partie contenant particulièrement un Répertoire de toutes les Pièces Patriotiques qui peuvent se jouer sur le Théâtre du Peuple. Pour l'année 1794, Seconde de la République. || A Paris, chez Duchesne, Libraire, rue Jacques, nᵒ 47.

En tête se trouve un avis que je reproduis sans y rien changer :

« Diverses circonstances ayant retardé cet Almanach, qui a été commencé en Vendémiaire dernier, il est survenu, pendant le cours de son impression, plusieurs décrets relatifs aux Spectacles, et que nous donnerons à la fin de cette seconde partie, avec une liste alphabétique de toutes les pièces

patriotiques, jouées sur les divers théâtres de Paris, et qui peuvent former un Répertoire civique. Ce répertoire révolutionnaire est extrêmement essentiel pour remplacer le Répertoire ancien, que nous relatons exactement à chaque théâtre, invariablement pour l'histoire littéraire et dramatique, mais dans lequel il y a une foule de pièces qui ne peuvent plus se jouer devant un peuple libre et régénéré. »

Ceux qui voudront se pénétrer encore plus profondément de la couleur locale n'auront qu'à lire ledit « Répertoire civique proposé pour le *théâtre du peuple* qui doit être dans chaque grande commune. » Mieux vaut ici reproduire quelques passages du long article consacré au Vaudeville, lequel donne une idée précise du sentiment de l'époque :

« De tous temps le *vaudeville* a été cher aux Français ; de tous temps le *vaudeville* leur a servi, soit à chanter ses (sic) plaisirs, soit à peindre ses malheurs ; et, dans l'ancien régime, il avait plus de regrets à former que de bonheur à célébrer ; aussi, comme il n'osait pas tout dire, le vaudeville était aiguisé par une pointe épigramatique (sic) qui, bien souvent, a fait pâlir le despote sous son dais, et l'oppresseur sous la pourpre. C'était avec des chansons qu'on critiquait les opérations mercantiles et vexatoires des Ministres ; c'était avec des chansons qu'on persifflait les courtisans des tyrans et leurs vils flatteurs. Tout finissait par des chansons, parce que tout ne pouvait pas encore finir par une vigoureuse résistance à l'oppression ; les hommes n'étaient pas encore mûrs pour frapper de grands coups, mais ces chansons ont plus d'une fois prouvé aux monstres qui dévoraient la substance du Peuple, que le Peuple connaissoit leurs forfaits, et que s'il sentait jamais sa force et sa dignité, il pourrait bien les attaquer un jour avec du canon, plutôt qu'avec des épigrammes.

« C'est sur tout depuis la Révolution que le Vaudeville a repris sa force et son véritable caractère. C'est le vaudeville qui anime nos guerriers au combat, c'est le vaudeville qui atteint sur leurs trônes les despotes liguées contre nous, et que nos armes vont punir de leurs forfaits ; c'est enfin le vaudeville qui fait sourire nos Législateurs, au milieu des grandes affaires qu'ils traitent avec la Nature et la Postérité. »

Assurément le vaudeville ne s'attendait guère à tenir pareille place dans l'histoire ; et encore moins à intervenir au milieu des affaires « traitées avec la Nature et la Postérité. »

Repris en 1800 le Calendrier revint à son ancien titre et s'intitula : *Almanach des Spectacles de Paris ou Calendrier Historique et Chronologique des Théâtres*. Cet almanach, comme le porte le titre, « a rempli le vuide qui se trouve depuis sa cessation en 1794. » Il était en vente chez Duchesne et chez Moutardier.

Intéressant par ses documents sur le théâtre, l'*Almanach des Spectacles* est encore bien curieux à

parcourir au point de vue du pittoresque et de la naïveté des adresses officielles des messieurs et dames de
la rampe ; qu'il s'agisse des principaux sujets ou
des simples figurants. De 1752 à 1787 on voit une
grande partie de ce monde, hommes ou femmes,
chanteurs ou danseurs, choristes ou musiciens
d'orchestre, loger à la butte Saint-Roch. Le corps
de ballet de l'Opéra semble ne pas avoir quitté la
rue Ste-Anne, attiré vers les petites maisons de la
colline à la mode et par la présence de ses reines,
et par la proximité de son théâtre, de son administration, et par la facilité des mœurs du quartier.

De la rue Ste-Anne à la rue de la Lune, en passant par le quartier Montmartre il y eut là toute
une colonie qui a fourni à l'*Almanach des Spectacles* de bien amusantes adresses dont la naïveté
surprend d'autant plus que vers 1787 la numérotation des maisons était presque partout générale.
Qu'on en juge par ce petit lot choisi au hasard :

« Mlle Joséphine, porte S. M. (Saint-Martin) vis
à vis l'allé (*sic*) du second réverbère, chez un Marchand de vin, à côté du cul-de-sac de l'Égout.

» Mlle Esther, *rue Poissonnière, vis-à-vis le
corps de garde des Suisses.*

« Mlle Courtois cadette, rue Froidmanteau, chez
le marchand de cors (autrement dit le tailleur pour
dames, le *cors* étant le vêtement qui prenait le
corps).

« Mlle Hortense F. S. D. (Fossés St-Denis),
près le laissez passer.

« Mlle Dubuisson, la 3ᵉ porte à droite en entrant dans le F. St-M. (Fossé St-Maur) à côté du
perruquier.

« Mlle Henriette, rue St-Louis St-Honoré, dans
la porte cochère. » — Ce « dans » fait rêver.

Et le côté des hommes n'est pas moins gai : l'un
demeure rue de la Lune, chez un épicier, l'autre rue
d'Argenteuil, maison Neuve, à côté d'un vitrier, un
troisième rue Bourbon-Villeneuve, la seconde porte
cochère après celle de St-Philippe, etc. Voilà,
certes, un succès *post mortem* auquel n'avaient point
songé les éditeurs de l'*Almanach des Spectacles*.

La plus grande partie de cet almanach a été
rédigée par l'abbé de Laporte, de 1752 à 1778
inclusivement, tout au moins.

Toutefois, l'on peut voir par la lettre suivante
que Favart n'a pas été sans 'y collaborer. Voici,
en effet, ce qu'il écrivait au comte de Durazzo, en
date du 4 janvier 1761 : « L'Almanach des
Théâtres contient plusieurs anecdotes sur les auteurs dramatiques ; je l'envoie à V. E. qui m'a
demandé tout ce qui est relatif aux spectacles.
L'abbé de La Porte est l'auteur de ce petit ouvrage.
Depuis quatre à cinq ans je lui ai fourni des matériaux et j'ai tâché, autant qu'il m'a été possible,
de rectifier les erreurs qu'il avait faites dans les
années précédentes. Les circonstances fâcheuses où
je me suis trouvé depuis six mois m'ont empêché
de donner mes soins à son dernier almanach de

1761, où il s'est glissé de nouvelles fautes. Je ne
les relèverai point, parce qu'il doit faire paraître
dans quelques jours le « Tableau des Théâtres »
qui sera beaucoup plus correct. »

Vers 1789 il fut rédigé par Ducray-Duménil.
L'année 1794 est de Collot d'Herbois. Les volumes
de l'An VIII et de l'An IX sont de Guilbert de
Pixérécourt.

L'almanach n'a pas paru pendant les années 1795,
1796, 1797, 1798 et 1799. L'année 1815 qui remplit le vide existant depuis 1800, est, à la fois, la
première de la réapparition et la dernière de la
publication. Le titre est simplement : « Almanach
des Spectacles de Paris » chez Duchesne. (suit le
sommaire.)

L'année 1751, c'est-à-dire le *Calendrier Historique*, est presque impossible à rencontrer. Déjà du
vivant de la publication elle était rarissime, mais
comme on la demandait, paraît-il, souvent, l'éditeur prit le parti de la réimprimer en extraits à la
suite de l'année 1761 qualifiée de *dixième partie*.
(Voir l'avertissement en tête de la dite année.)

[La collection complète est aujourd'hui très rare
et très recherchée. En bel état de reliure elle se
paie 300 fr. et même plus. L'exemplaire de la vente
Sapin composé de volumes brochés et reliés non
uniformément s'est vendu 105 fr.]

[B. N. An IX, 1815.]

**181. — ÉTAT DES COMPAGNIES
ÉCOSSOISE et 1ʳᵉ Compagnie Françoise
des Gardes-du-Corps du Roy.** || (*S. l.*).
In-12.

Avec un calendrier, un « Essai de remarques
chronologiques » sur ce corps de troupes, et un
extrait des édits, déclarations, arrêts et règlements
rendus en faveur des commensaux.

Cet « État » a dû paraître antérieurement, mais
l'année 1751 est la seule qui me soit connue.
D'autre part c'est la tête de la publication qui
paraîtra désormais sans interruption durant le
siècle entier sous le titre de : « État des Gardes
du Roi. » (Voir le n° 190.)

[B. N.]

182. — HEURES A LA CAVALIÈRE.
|| A Paris, chez T. de Hansy, à St-Nicolas.
1751. In-32.

Avec calendrier et tableau des fêtes mobiles de
1751 à 1670.

[Coll. Georges Salomon.]

**183. — NOUVEAU CALENDRIER DU
DESTIN** précédé de tous les Amusements
de Paris pendant l'année. || A Paris,
chés (*sic*) Duchêne, Libraire, rue St-Jac-

ques, au dessous de la Fontaine St-Benoit
(12 sols). 1751-1762.

Titre gravé sur une feuille pliée en trois enveloppant l'almanach, avec musique au verso, et à la
fin. Un second titre imprimé porte : « *Nouveau
Calendrier du Destin, Chantant. Pour l'Amusement
des Compagnies dans l'Oisiveté.* || En Province et
se trouve chez Duchesne. » Au verso de ce second
titre est un avertissement disant : « Nous autres Libraires de Province, ne jugeons des bons ouvrages
qu'autant que le débit répond à notre espérance. »

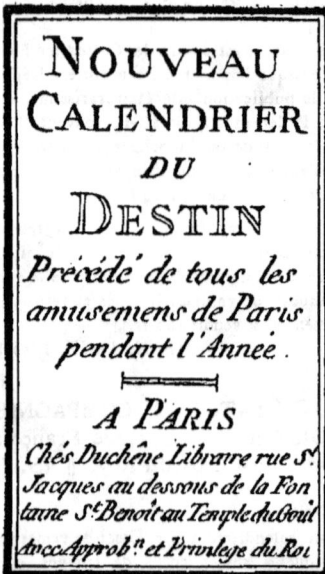

NOUVEAU
CALENDRIER
DU
DESTIN
*Précédé de tous les
amusemens de Paris
pendant l'Année.*
A PARIS
*Chés Duchêne Libraire rue S.^t
Jacques au dessous de la Fon
taine St Benoit au Temple du Goût
Avec Approb.^on et Privilege du Roi*

Cet almanach est donc très bon puisqu'il a été
imprimé quatre fois.» C'est du reste la réapparition,
sous un nouveau titre, d'un précédent almanach et
sans un mot sur les amusements de Paris. Sur les
catalogues Duchesne figure encore un « calendrier
du Destin, » (1753) très probablement le même.

184. — ALMANACH DES BEAUX-
ARTS, contenant les Noms et les ouvrages des Gens de Lettres, des Sçavants
(sic) et des Artistes célèbres qui vivent
actuellement en France. Avec des Vaude-
villes Allégoriques sur les Beaux-Arts. ||
A Paris, chez Duchesne, Libraire, rue
St-Jacques, au-dessous de la Fontaine St-
Benoît, au Temple du Goût. M.DCC.LII
(1752-1754). In-24.

Précieux almanach fondé et rédigé par Duport
du Tertre, qui devait être pour les arts et les lettres, le pendant de l'*Almanach des Spectacles,*

malheureusement, il n'eut pas la vie longue, même
après sa transformation en *France Littéraire.*

La première année fait connaître l'anonymat de
certaines œuvres, ce qui ne se présenta presque
plus par la suite. On lit, en effet, dans l'avertissement de la 2ᵉ année : « Il m'est arrivé quelquefois de mettre sous le nom d'un Auteur certains
ouvrages que les bonnes raisons l'obligeoient de
désavouer. Il n'y a eu en cela aucune mauvaise
intention de ma part, et j'aurai soin dans la suite
qu'on ne puisse se plaindre de moi à ce sujet. »

Comme artistes figuraient seuls, dans la première année, les peintres, sculpteurs, et graveurs
de l'Académie Royale.

L'année 1753, la plus complète comme texte,
donne des notes sur les Académies, l'Architecture,
la Jurisprudence, la Censure, la Musique, la
Comédie, la Grammaire, la Gravure, l'Histoire,
l'Horlogerie, le Journal, les Orateurs, la Peinture,
le Dessin, les Opéras, la Philologie, la Philosophie, la Poésie, les Romans, la Sculpture, la Théologie, la Tragédie. A la suite de ces petites
notices se trouvent les noms des spécialistes les
plus connus avec le titre de leurs œuvres. La
façon dont l'auteur raconte la création du journal
vaut la peine d'être reproduite : « Les journaux, »
dit-il, « ont été inventé pour la commodité des
personnes qui sont trop occupées ou trop paresseux pour lire les Livres entier » (*sic*). La première année seulement a des tables donnant les
noms des gens de lettres qui figurent dans l'almanach.

Les chirurgiens et médecins-auteurs prirent
place, eux aussi, en 1753, dans cette sorte de
Bottin, avec la liste de leurs œuvres.

D'autre part, une particularité assez curieuse du
caractère d'alors nous est révélée par l'avis de
l'année 1753 : « Il y a des gens de qualité, » y lit-
on, « qui cherchent à briller dans la République
des Lettres et qui rougissent ensuite de se voir
sur la liste des Auteurs comme si la science dégra-
dait la noblesse. »

Enfin dans l'avertissement de cette même année
on lit encore ce qui suit : « Il y a quelques auteurs
qui voudroient que l'on fit mention de leurs moindres ouvrages, et qui exigent qu'on entre dans le
plus grand détail. Si j'avois rapporté tous les titres
de chacune de leurs productions, au lieu d'un
Almanach, j'aurois fait un *in-folio.* D'autres Écrivains, au contraire, trouvent mauvais qu'on mette
sous leurs noms certains Ouvrages que le Public
n'a pas reçu favorablement et dont ils sont fâchés
qu'on rappelle le souvenir. »

D'où il faut conclure que les susceptibilités et les
exigences littéraires ne datent pas d'aujourd'hui.

Les vaudevilles sur les beaux-arts qui terminent
l'almanach sont de M. Nau le fournisseur attitré
des publications de Duchesne. Chaque partie se
trouve ainsi avoir sa petite poésie. L'éditeur prétendait amuser après avoir instruit.

L'année 1753 se termine par un supplément de 11 pages. Voir, pour la suite, la *France Littéraire* (nᵒ 2o3.)

[B. Carn.]

185. — ALMANACH DES DESSERTS, par M. Nau (vers 1752).

Série de couplets et vaudevilles.

[D'après la *France Littéraire*.]

186. — ALMANACH DES RUELLES ou Calendrier galant et historique de l'île de Cythère (par Aublet de Maubuy). *S. l. n. d.* In-8.

Publié vers 1752, d'après une note de d'Hemery, alors inspecteur de la librairie.

187. — ALMANACH EMMÉNOMAN-TIQUE, par M. Nau.

Recueil de vaudevilles, également, qui a dû paraître entre 1748 et 1757.

[D'après la *France Littéraire*.]

188. — ALMANACH HISTORIQUE DES DUCS DE BOURGOGNE contenant l'histoire de la Naissance des premiers Fils des Dauphins de France, portants (*sic*) aujourd'hui le nom de *Duc de Bourgogne*, et la Relation succincte des Fêtes générales et particulières données à ces occasions, suivie de l'Abrégé de la vie de ces Princes. Avec le calendrier pour l'An 1752. Par LL. FF. LL. (Les frères Lottin). || A Paris, M.DCC.LII. Petit in-24.

Sur le titre, écusson de France entouré d'un faisceau d'armes et de drapeaux. Almanach publié à l'occasion de la naissance du duc de Bourgogne. « Ce n'est point un événement ordinaire disent les auteurs, les frères Lottin, car il y a près de 70 ans qu'il n'est survenu, et depuis 40 ans on ne compte que quatre Princes qui aient pu porter ce nom. » C'est pourquoi ils ont eu l'idée de cet essai présenté sous le nom d'Almanach. « L'on ne peut, à notre avis, disent-ils, entrer mieux dans l'esprit de la fête qui nous occupe tous depuis trois mois, que de rapporter fidèlement et en racourcis, ce que nos Ancêtres ont fait en pareille occasion, pour exprimer leur joye. »

[B. N.]

189. — CALENDRIER POUR L'ANNÉÉ M.DCC.LII A L'USAGE DES COMÉDIENS FRANÇAIS ordinaires du Roy contenant un répertoire de plusieurs pièces de leur théâtre et le nom des Per-sonnages de chaque pièce. || A Paris, de l'Imprimerie de Sébastien Jorry, quai des Augustins, proche le Pont St-Michel, Aux Cigognes. M.DCC.LII. Petit in-12.

Almanach publié par le chevalier de Mouhy, de l'Académie de Dijon, auteur de nombreux volumes de mémoires.

[B. Ars.]

190. — ÉTAT DES GARDES DU ROI pour l'année 1752. || A Paris, de l'Imprimerie de Moreau, puis chez Knapen, père et fils, Libraire-Imprimeur de MM. les Gardes du Corps du Roi, au bas du Pont St-Michel. A Versailles, chez Desforges, au Sallon (*sic*) des Marchands, [puis chez Sévère Dacier.] 1752-1789. In-12 et in-24.

Donnait annuellement l'état des troupes formant la Garde du Corps, soit la Compagnie Écossaise, et les trois Compagnies Françaises dites, du nom de leurs capitaines, de Beauveau, de Villeroy, de Luxembourg. En tête se trouve un calendrier.

[A. 1752 et 1788 à la B. N. || A. 1778 à M. de Bonnechose. || A. 1783 au baron Pichon.]

191. — TABLETTES DE THALIE, ou Calendrier de l'Esprit et du Cœur. || A Paris, chez Duchesne, Libraire, rue St-Jacques, au-dessous de la Fontaine St-Benoît, au Temple du Goût (1752). In-32.

La déesse Thalie a donné son nom, comme on le verra, par la suite, à nombre de publications de chez Duchesne.

Se vendait 12 sols.

[D'après un cat. Duchesne.]

192. — TABLETTES DRAMATIQUES contenant l'Abrégé de l'Histoire du Théâtre François, l'Établissement des Théâtres à Paris, un Dictionnaire des Pièces, et l'abrégé de l'Histoire des Auteurs et Acteurs. Dédiées à S. A. S. M. le Chevalier de Mouhy. || Le prix six livres broché. || A Paris, chez Sébastien Jorry, Quai des Augustins, près le Pont St-Michel, Aux Cygognes. M.DCC.LII.

L'Almanach a paru identique comme texte avec la date de 1753. Son auteur était le chevalier de Mouhy lui-même.

Il existe des suppléments aux « Tablettes Dramatiques » pour les années 1752 et 1753 (chez la veuve Pissot, Jorry et Duchesne), 1753 et 1754,

1754 et 1755, 1755 et 1756, 1756 et 1757, 1757 et 1758. Ces suppléments furent très vite épuisés. Ils étaient remis à tous ceux qui se présentaient comme ayant acheté l'ouvrage. Aujourd'hui ils sont forts difficiles à rencontrer.

[B. Ars.]

193. — ALMANACH CHANTANT, suivi des Étrennes Magiques. || A Paris, chez Duchesne, Libraire, rue St-Jacques, au dessous de la Fontaine St-Benoît, au Temple du Goût (1753).

Rondes et chansons sur divers sujets.

[D'après un catalogue de l'époque.]

Dansant, Chantant, suivi de l'Électricité Allégorique et des Bigarrures Divertissantes. »

« L'Électricité Allégorique » est un dialogue de MM. Nau et Valois, entre un Maître de musique un maître de physique et Lysimon leur écolier. Il est précédé d'un « discours préliminaire » donnant une idée de l'électricité et de ses principaux phénomènes lesquels, depuis 1746, préoccupaient partout vivement l'opinion publique.

Ce petit opuscule donne bien l'idée des almanachs Duchesne sous leur forme première, c'est-à-dire avec des titres gravés. On le retrouvera à la date de 1761, n'ayant plus, alors, qu'un simple titre imprimé.

Se vendait 12 sols.

[Coll. baron Pichon.]

Titre et frontispice de l' « Almanach Dansant, Chantant ».

194. — ALMANACH DANSANT CHANTANT, contenant Plusieurs Rondes et autres Chansons Nouvelles sur les plus beaux Airs. || A Paris, chez Duchène, Libraire, rue Saint-Jacques, au-dessous de la Fontaine St-Benoît, au Temple du Goût (1753). In-32.

Titre gravé orné d'un violon et de divers autres instruments de musique. Frontispice représentant un salon brillamment éclairé avec des lustres, tandis que dames et seigneurs dansent le quadrille. Second titre imprimé ainsi rédigé : « Almanach

195. — ALMANACH DES CORPS DES MARCHANDS ET DES COMMUNAUTÉS DES ARTS ET MÉTIERS DE LA VILLE ET FAUXBOURGS DE PARIS. L'origine historique de chaque Corps, un Abrégé de leurs Statuts ; la manière dont ils se gouvernent ; le nombre de leurs Gardes, Adjoints ou Jurés ; augmentés des Règlemens pour l'administration des deniers communs des Communautés et la reddition des Comptes. || A Paris, chez N. B. Duchesne, libraire rue St-Jacques, au-dessous de la Fontaine St-Benoist, au Temple du Goût. 1753. (Se vendait 1 liv. 4 sols). 1753-1768. In-24.

Publication précieuse pour l'histoire des communautés parisiennes, donnant tous les détails de leur organisation, publiée par de la Chesnaye-Desbois. On voit par l'introduction de l'année 1758 que les Chirurgiens se plaignirent d'avoir été rangés parmi les corps de marchands. Considérés comme « Art libéral », érigés en Académie Royale, ils semblaient ne plus se souvenir de leurs origines corporatives et de leurs commencements forts obscurs. Pour répondre à leur désir l'éditeur les fit disparaître de son almanach l'année suivante.

Certaines années portent la mention : « Nouvelle édition considérablement augmentée, et dans un autre ordre » ; ce sont les années réellement nouvelles. A celles simplement réimprimées, on ne faisait que changer le calendrier.

En 1766, l'almanach fut publié sous le titre de : « Guide des Corps des Marchands » et étendu à toutes les communautés et métiers du Royaume.

En 1768 il deviendra *Almanach général des six corps de Marchands, Arts et Métiers, etc.*, et sera publié par Roze de Chantoiseau.

[Voir, plus loin, *Essai sur l'Almanach Général d'Indication*, n° 413.]

196. — ALMANACH DES FINANCES

pour l'année M.DCC.LIII contenant sommairement la nature et les principales particularités des affaires de finance, les noms et demeures des intéressés, les Bureaux, jours d'Assemblées, Tribunaux où se portent les contestations et autres éclaircissements à ce sujet, utiles et nécessaires à toutes sortes de personnes. || A Paris, chez Laurent Prault, Cour du Palais, dans le passage St-Barthélemy, A la Source des Sciences (1753). In-18.

Almanach de nature spéciale qui a paru pendant plusieurs années.

[B. N. années 1753, 1755, 1757.]

197. — ALMANACH LYRICO-MYTHIQUE ou Fables mises en Vaudevilles sur des airs choisis et connus. || A Paris chez Duchêne, Libraire, rue St-Jacques, au-dessous de la Fontaine St-Benoît, au Temple du Goût. 1753-1754. In-32.

Publié par François Nau.

Plusieurs almanachs de fables adaptées au chant ont été mis ainsi en vente. Quelques-uns portent des titres plus spéciaux dont voici l'exacte reproduction :

1° Almanach Lyrico-mithique. Première Partie ou les Fables d'Ésope. Titre gravé dans un encadrement rocaille.

2° Almanach Lyrico-mithique. Seconde Partie ou Les Fables de Phèdre et de M. de La Fontaine, en Vaudevilles par M. Nau. Même titre gravé dans un encadrement rocaille. Frontispice représentant Ésope et La Fontaine (c'est le frontispice de la première partie, le cuivre a été retouché et La Fontaine a pris la place de quelques animaux).

Ces almanachs se vendaient 1 liv. 4 sols.

198. — LES BERGERIES. Étrennes aux Dames, Suivies du Soupçon jaloux. Pastoral (*sic*) en un Acte Par M. C·**. Pour l'année M.DCC.LIII. || A Paris, chés la Veuve Quillau, rue Gallande, à l'Annonciation. In-18.

Titre gravé dans un encadrement rocaille.

Recueil de chansons dans la note champêtre des bergeries, avec une épitre dédicatoire aux Dames :

> Mes Dames je vous adresse
> Dans cet almanach nouveau,
> De l'amour, de la tendresse,
> Et du laid comme du beau ;
> Je désire votre suffrage,
> Voici le premier ouvrage,
> Qui sortit de mon cerveau.
> Ah ! que s'il pouvait vous plaire
> Je m'estimerois heureux !
> Ma muse à vous satisfaire
> Travailleroit encore mieux.

[Coll. de Bonnechose.]

199 — ÉTAT GÉNÉRAL DES TROUPES FRANÇOISES, tant de la Maison du Roi, qu'Infanterie, Cavalerie, Dragons, Troupes Légères, Milice et Invalides, sur pied en janvier 1753. *S. l.* (Paris). In-8.

Cet almanach donne la composition et l'effectif de tous les corps de troupes français.

Voici ce que dit l'auteur dans la Préface :

« Le Livre, qui se présente ici, est composé et rédigé par un ancien militaire, qui en connaît tous les détails, il s'est servi de l'ancien Almanach militaire, des Ordonnances du Roi, des États de la Cour, et de ses Connaissances particulières.

« On y trouvera le nom des premiers Colonels de chaque corps et de tous ceux qui l'ont été depuis le commencement de la guerre de 1740.

« Les curieux y verront avec plaisir la composition détaillée de tous les Corps François et Etrangers, ainsi que de la Maison du Roi : ils y trouveront aussi les Drapeaux, Etendarts et nouveaux Uniformes. »

Dans le tableau récapitulatif placé à la fin de l'ouvrage on voit que l'effectif total des troupes françaises de terre était de 441.758 hommes.

[B. N.]

200. — LES PARTIES DE PLAISIR DE LA BOURGEOISIE, Almanach pour l'année 1753. Dédiées aux nouveaux Mariés. Contenant une explication de tous les endroits qui font l'objet de la curiosité du Public ; avec quelques Chansons sur des airs les plus connus. || A Paris, chez Guillyn, Quai des Augustins, au Lis d'Or. M.DCC.LIII. In-24.

Au verso du titre sont, en vers, des conseils aux nouveaux mariés, puis l'almanach s'ouvre par une « Chanson ou Compliment » de celui qui donne cet Almanach pour Étrennes à une Demoiselle :

Que cet Almanach véritable,
Nous annonce le jour heureux,
Philis qui d'un amant aimable
Doit couronner les tendres feux...

Nomenclature des plaisirs de chaque mois. Février, temps du carnaval, sont les assemblées, les bals avec le titre de nombreuses contredanses « rappelées au lecteur » : L'Angloise, La Boulangère, La Racrocheuse, La Course Italienne, Le Cotillon couleur de rose, Les Carmes, Le Cordon-Bleu, La Mode à l'envers, La Troteuse, La Queue du Chat. A la fin est un avis au public donnant la nomenclature des meilleures marchandises, soit des industries, par quartiers de Paris.

[Coll. baron Pichon.]

201. — ALMANACH VIEUX OU CALENDRIER POUR L'ANNÉE 1754. || A Paris, chez Joseph Barbou, Imprimeur-Libraire, rue Saint-Jacques, près Saint-Benoît. M.DCC.LIV. In-32.

Gentil petit almanach imprimé en rouge et noir, pages encadrées, en rouge, avec feuilles perte et gain. Quatrain et énigme pour chaque mois, remarques sur les naissances, poésies, etc.

202. — ÉTRENNES GENTILLES, suivies de l'Oracle du Jour. [Par A.-C. Cailleau.] || Paris, 1754. In-12.

[D'après Barbier.]

203. — LA FRANCE LITTÉRAIRE OU ALMANACH DES BEAUX-ARTS (1), [ou Les Beaux-Arts] (2), contenant les Noms et les Ouvrages des Gens de Lettres, des Sçavans et des Artistes célèbres qui vivent actuellement en France. || A Paris, chez Duchesne, libraire, rue Saint-Jacques, au-dessous de la fontaine Saint-Benoît, au Temple du Goût. 1754-1778. In-24, puis in-12 et in-8. [Se vendait 36 sols, puis 1 liv. 4 sols, puis 3 liv.]

Suite de l'*Almanach des Beaux-Arts* (voir n° 184), rédigé à partir de 1757 par les abbés d'Hébrail et de La Porte.

L'année 1756 porte en outre sur le titre : « Augmentée du Catalogue des Académies établies tant à Paris, que dans les différentes Villes du Royaume. » C'est, du reste, le premier essai d'un travail d'ensemble sur les Académies de province.

En 1757 les sous-titres disparaissent entièrement, en 1758 l'ouvrage se trouve augmenté « d'un Catalogue alphabétique des titres de chaque ouvrage suivi du nom de son auteur. » D'autre part le format est agrandi (1).

En fait, si la *France Littéraire* n'est plus, à proprement parler, un almanach avec calendrier comme l'*Almanach des Beaux-Arts*, elle n'en conserva cependant pas moins le caractère d'un annuaire, d'une sorte de dictionnaire alphabétique des auteurs et des productions littéraires. Elle fut vivement malmenée dans le *Mercure* de février 1756 par M. de Boissy, furieux de se voir attribuer des ouvrages, en réalité bien de lui, mais publiés sous le manteau de l'anonymat.

Il existe des suppléments à la *France Littéraire* pour les années 1757, 1759, 1760, 1762, 1764. Un nouveau volume, entièrement refondu, avait été annoncé pour 1767 ; il ne parut qu'en 1769. A vrai dire, ce dernier ouvrage publié en deux volumes, est une publication différente tant par le fait de l'agrandissement du format que de la multiplicité des matières nouvelles. Voici, du reste, son titre exact :

— *La France Littéraire*, contenant : I. Les Académies établies à Paris et dans les différentes Villes du Royaume. — II. Les Auteurs Vivans, avec la liste de leurs Ouvrages. — III. Les Auteurs Morts, depuis 1751 inclusivement avec la liste de leurs Ouvrages. — IV. Le Catalogue alphabétique des Ouvrages de tous ces Auteurs. || A Paris, chez la veuve Duchesne, libraire, rue Saint-Jacques, au-dessous de la Fontaine Saint-Benoît, au Temple du Goût. M.DCC.LXIX.

Cette publication en deux volumes in-8°, est précieuse par les documents qu'elle fournit et sur-

(1) Sous-titre de l'année 1755.
(2) Sous-titre de l'année 1756.

(1) L'année 1758 est divisée en trois parties : I. Les Académies. — II. Les auteurs vivants. — III. Catalogue alphabétique des ouvrages, — lesquelles ont, chacune, une pagination particulière.

tout par la quantité d'ouvrages anonymes qui s'y trouvent classés. Elle fut elle-même suivie, quelques années plus tard, d'un supplément qualifié : *Tome troisième*.

— *Supplément à la France Littéraire*, contenant : 1° Les changements arrivés dans les Académies ; 2° Les Auteurs morts, et ceux qui ont donné des Ouvrages nouveaux depuis 1768 ; 3° Le Catalogue Alphabétique de ces mêmes Ouvrages. Tome troisième. ‖ A Paris, chez la Veuve Duchesne, libraire, rue Saint-Jacques, au Temple du Goût. M.DCC.LXXVII.

Document précieux pour la littérature du XVIIIᵉ siècle, la *France Littéraire* est assez recherchée : les premières années valent de 7 à 8 fr.

[B. N. Années 1755, 1756, 1758, 1769 (2 vol. et Supplément). ‖ B. Carn. Supplément pour 1784.]

204. — AGENDA DES AUTEURS, ou Calpin Littéraire, à l'usage de ceux qui veulent faire des livres ; ouvrage didactique pour le XVIIIᵉ siècle. ‖ Au Parnasse, de l'Imprimerie d'Anonime Fertile. 1755. In-12.

Par Raynaud de Saint-Sauveur, intendant du Roussillon.

[D'après des catalogues.]

205. — ALMANACH CHANTANT [du Beau Sexe] avec une nouvelle éthomancie des Dames ou divination de leurs caractères, par M. Nau. ‖ A Paris chez Duchesne, Libraire, rue St-Jacques, au-dessous de la Fontaine St-Benoît, au Temple du Goût. 1755 et suite. In-32.

Se vendait 12 sols. Recueil de chansons et vaudevilles, comme toutes les publications de M. Nau. Voir plus loin, du même auteur et sur le même sujet, l'*Almanach des Dames et des Messieurs* (n° 229) et le *Nouvel Almanach chantant du Beau Sexe* (N° 245.)
Paraissait encore en 1765.

[D'après un catalogue de l'époque].

206. — ALMANACH CHANTANT ou Nouvelles allégories. ‖ A Paris chez Duchesne, Libraire, rue St-Jacques, au-dessous de la Fontaine Saint-Benoît, au Temple du Goût. 1755. In-32.

Se vendait 12 sols. A dû également paraître pendant plusieurs années.

207. — ALMANACH DE PERTE ET DE GAIN, avec un indice alphabétique de tous les jeux qui se jouent en Europe.

‖ A Paris, chez Duchesne, Libraire, rue St-Jacques. 1755. In-32 (1 liv. 4 sols).

Almanach contenant en plus des notices sur les jeux, une série de pages blanches pour l'inscription des pertes et des gains.

[Figure sur les catalogues Duchesne.]

208. — ALMANACH DES FRANCS-MAÇONS. ‖ A Paris, chez Duchêne, Libraire, rue St-Jacques, au-dessous de la Fontaine St-Benoît, au Temple du Goût. (1755). In-32 (12 sols).

Paraît être la suite des *Étrennes aux Francs-Maçons* de 1749. (Voir n° 172.)
[D'après un catalogue de l'époque.]

209. — ALMANACH ECCLÉSIASTIQUE contenant la succession chronologique des Papes et Patriarches depuis J.-C., les Conciles les plus célèbres, l'État présent du sacré Collège, le nombre des Archevêchés et Évêchés de l'Univers, et les noms des Archevêques et Évêques de France. ‖ A Paris, chez Duchesne, Libraire, rue St-Jacques, au-dessous de la Fontaine St-Benoît, au Temple du Goût. M.DCC.LV. 1753 et suite. In-24.

Le privilège est daté de 1752. L'almanach ne semble pas avoir paru très régulièrement. (Voir, pour la suite, n° 353).

210. — CALENDRIER HISTORIQUE DE L'UNIVERSITÉ DE PARIS, par M. Le Fèvre. Paris, 1755 et suite. In-24.

Antoine-Martial Le Fèvre, Parisien et bachelier en théologie, suivant les qualifications qu'on lui donnait, est l'auteur d'une série de calendriers parisiens.

[D'après la *France littéraire*, 1758.]

211. — ÉTRENNES DES AMANS, CHANTANTES. ‖ A Paris, chez Duchesne, Libraire, rue St-Jacques, au-dessous de la Fontaine St-Benoît, au Temple du Goût. 1755. In-32 (12 sols).

Recueil de couplets galants.

[D'après un catalogue de l'époque.]

212. — LA MAGIE NOIRE. ‖ A Paris, chez Duchesne, Libraire, rue St-Jacques, au-dessous de la Fontaine St-Benoît, au Temple du Goût. 1755. In-32.

Quoique la magie jouât encore un grand rôle, l'on se tromperait fort si l'on croyait trouver en ce recueil un traité de secrets magiques. Les faiseurs d'almanachs employaient le mot *Magie* avec la même facilité que le mot *Oracle*, simplement pour donner à leurs fantaisies une allure plus doctorale.

[D'après un catalogue de l'époque.]

213.—LE NOSTRADAMUS MODERNE EN VAUDEVILLES ou les Oracles chantant. ‖ A Paris chez Duchesne, Libraire, rue St-Jacques, au-dessous de la Fontaine St-Benoît, au Temple du Goût. 1755. In-32 (Prix : 12 sols).

Encore un almanach dû à M. Nau.

Figure sur les catalogues de la Veuve Duchesne en 1765 sous le titre de : *Almanach de Nostradamus moderne. In-24.*

214. — NOUVELLE LOTERIE D'É-TRENNES MAGIQUES. ‖ A Paris, chez Duchesne, Libraire, rue St-Jacques, au-dessous de la Fontaine St-Benoît, au Temple du Goût (1755). In-32 (12 sols).

Recueil de chansons avec questions pour les dames et les messieurs.

[D'après un catalogue de l'époque.]

215. — NOUVELLES TABLETTES DE THALIE ou les Promenades de Paris. ‖ A Paris, chez Duchesne, Libraire, rue St-Jacques, au-dessous de la Fontaine St-Benoît, au Temple du Goût, 1755. In-32.

Très probablement, le même almanach que les *Tablettes de Thalie* avec un sous-titre différent et par conséquent des couplets nouveaux.

Se vendait 1 livre 4 sols.

[D'après un catalogue de l'époque.]

216. — L'ORACLE DE CYTHÈRE ou l'Almanach du Berger. ‖ A Paris, chez Duchêne, Libraire, rue St-Jacques, au-dessous de la Fontaine St-Benoît, au Temple du Goût (1755). In-32 (12 sols).

Nombre d'almanachs populaires se posèrent, alors, en « Oracle de Cythère ». Voir, notamment, l'*Almanach des Soirées* ou l'Oracle de Cythère (n° 305). Du reste, recueil de couplets galants, sans grand intérêt.

[D'après un catalogue de l'époque].

217. — ALMANACH DU CABRIOLET Avec un Pot-pourri en Vaudeville sur des Airs choisis et connus, Pour la présente année. Par M***. ‖ A Paris chez C. P. Gueffier, Libraire, Parvis Nôtre Dame, à la Liberalité (1756). In-32.

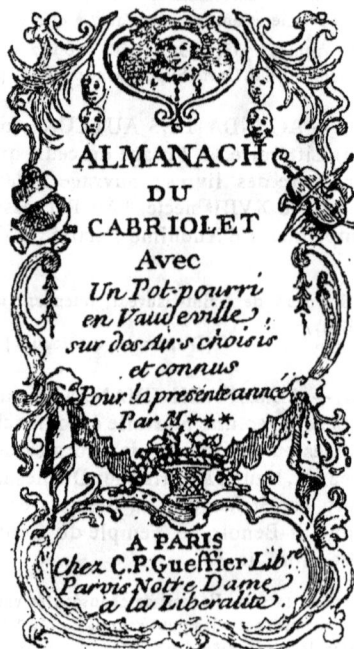

Titre gravé avec ornements. Frontispice signé : A. Humblot *del.* Maisonneuve *sculp.* et représentant un cabriolet dans un cadre orné. Calendrier.

Cet almanach est un curieux recueil de couplets se rapportant presque tous au cabriolet qui venait de faire son apparition et était alors la voiture à la mode. L'auteur, très probablement Marescot, à qui l'on devait *Le Cabriolet*, « conte allégorique et méchanique », débute par une épitre dédicatoire à l'amour sur l'air : « Du haut en bas ».

De nos remparts,
Amour on te croit le Génie,
Sur les remparts
On te fête de toutes parts :
C'est donc à toi que je dédie
Cette voiture si chérie
Sur les remparts.

Suit un acrostiche intitulé « Eloge du Cabriolet »
dont voici l'exacte reproduction :

C 'est du cabriolet que naît le vrai bonheur ;
A ux champs comme à la ville, il conduit la fortune,
B annit de tous les cœurs la tristesse importune,
R end aux Vieillards cassés sa première vigueur,
I rrite les désirs d'une folle jeunesse,
O uvre à la volupté le chemin le plus doux ;
L e Sage en fait son Char, de même que les Foux,
E t par son vol léger, imite la tendresse
T ant en règne à présent, et surtout parmi nous.

A. Humblot del.   Maisonneuve sculp.

Frontispice de l' « Almanach du Cabriolet ».

Ce petit almanach est, du reste, rempli de pié-
cettes sur la voiture qui faisait, alors, « plus de tapage que Phaëton » et dont l'origine se trouve ainsi
expliquée :

      Cabriolet, ce nom est drole,
      Son origine, s'il vous plaît ;
      D'un T. mis après cabriole
      On en a fait Cabriolet.

Au provincial ne dit-on pas :

      D'un cabriolet fais l'achat
      C'est la voiture à la mode.

Voici, sur un char qui conduit à Cythère les
amants heureux, un dernier pot-pourri :

      Du Français c'est l'image,
      Par sa légéreté

      Ce brillant équipage
      Plaît par sa nouveauté ; ·
      Il est si fort en mode
      Ce Char colifichet
      Qu'enfin tout s'accommode
      A la Cabriolet.

                          [Coll. de Bonnechose].

218. — ALMANACH FOLICHON OU
LE JOUJOU DES DAMES, Etrennes galantes pour la présente année. ‖ En
Suisse, chez le libraire des Petites Maîtresses. A Paris chez Cuissart, libraire,
quai de Gesvres, A l'Ange Gardien. (1756)
In-32.

Frontispice gravé, signé Sauffay *inv*. M. Sollin
sculp. représentant au premier plan, l'auteur accoudé
sur un bureau, à ses pieds des instruments de musique, tandis que, plus loin, des amours dansent
sous un arbre.
Paraissait encore en 1762.

219. — ALMANACH MILITAIRE, contenant la Liste Générale des Troupes de
France, sur pied en Janvier 1756, les
différens quartiers et garnisons qu'elles
occupent ; avec les Noms et Rang des
Régimens, tant François qu'Étrangers,
l'année de leur création ; les Noms et
Grades de leurs Colonels, etc. ‖ M.DCC.
LVI. *S. l. ni ind.* In-24.

Almanach populaire imprimé à Genève chez les
frères Cramer. Chaque mois contient, à côté du
calendrier, une page de perte et de gain.
Dans le *Mercure* du mois de Mai 1756 se trouvent quelques observations à son adresse sous la
forme de « Lettre à M. de Boissi par un Anonyme
de province. » On remarque qu'il donne peu de détails sur l'organisation militaire et presque rien sur
la marine, « ce qui ne s'explique pas à la veille des
brouilleries avec les Anglais. »
Il contient à peu près l'essentiel, dit-on, de ce
que M. le Mau de la Jaisse donnait autrefois, avec
sa « Carte du Militaire. »

                          [Coll. de Bonnechose.]

220. — ALMANACH POÉTIQUE ET
ÉNIGMATIQUE pour l'année 1756, orné
de figures ; Dédié à Son Altesse Serénis-
sime Madame la Duchesse d'Orléans, par
M. Deschamps de Sainte-Suzanne. ‖ A
Paris, chez Babuty père, rue St-Jacques,
à S. Crysostome. In-32.

Encore un auteur qui ne figure point sur la
France Littéraire.

I.   5

Titre gravé, signé Eisen *inv.* de Ferth *sculp.*
Pour chaque *mois* une petite composition très
finement gravée — haut de page — avec texte imprimé au-dessous. Ces compositions sont également
toutes signées de Eisen et de différents graveurs
Lafosse, Lempereur, Aliaumet. Le texte se compose, comme l'indique le titre, d'une série d'énigmes dont une table donne l'explication.

221. — LE BON JARDINIER, (1) Almanach pour l'année 1756, contenant une idée
générale des quatre sortes de Jardin, les
règles pour les cultiver, et la manière
d'élever les plus belles Fleurs. [Nouvelle
édition considérablement augmentée et
dans laquelle la partie des Fleurs a été
entièrement refondue par un Amateur.] ||
A Paris, chez Guillyn, Quai des Augustins, du côté du Pont Saint-Michel. Au
Lys d'Or [et plus tard chez Eugène
Onfroy, rue du Hurepoix, qui reprit,
par la suite, la librairie du Lys d'Or]
M.DCC.LXIV. [1755 jusqu'à nos jours.]
In-24, puis in-18, in-12 et in-8.

Plusieurs années à partir de 1780, portent la
mention : « cet almanach a paru depuis plus de
vingt-cinq ans. » Quoi que je n'aie pu trouver aucune année antérieure à 1764 — c'est la première
en date de la collection Delzant, la plus complète
en la matière, — il est certain que *Le Bon Jardinier*
a dû paraître, pour la première fois, en 1755, et
non en 1754 date donnée par Barbier. Le privilège
est, en effet, daté du 14 décembre 1754.

Almanach fondé par Pons-Aug. Alletz qui le
publia jusqu'en 1781 (et non 1782 comme dit
Barbier). Après lui Thomas-François de Grace,
ex-censeur royal, le continua jusqu'en 1796.
(L'année 1782 porte : « Avec un supplément par
M. de Grace, amateur et cultivateur, ») puis il fut
pris par Mordant De Launay, l'un des bibliothécaires du Muséum d'Histoire Naturelle.

Le Bon Jardinier qui paraît encore de nos jours
a eu un nombre considérable de rédacteurs. Citons
entre tous Loiseleur-Deslonchamps, Levêque de
Vilmorin, L. Noisette, J.-J. Deville, Pirolle,
Pierre Boitard, L. Eustache Audot, Louis Vilmorin, Neumann, Joseph Decaisne, Ch. Naudin.

Informe à son origine, cet almanach s'est rapidement développé. A partir de 1788 le plan,
modifié, fut conçu d'après l'ordre alphabétique,
et le nom latin fut joint, pour chaque plante,
au nom français. « Le Bon Jardinier » eut déjà
au XVIIe siècle les honneurs d'une contrefaçon par
un libraire de Liège. En 1805 on publia, pour lui

faire concurrence, un « Calendrier du Jardinier »
ayant absolument même format et même épaisseur.

Quoique paraissant annuellement, il ne subissait
guère de modification que dans son calendrier.
Tout ce que l'auteur découvrait de nouveau pour
le potager, le fruitier, les plantes d'agrément faisait la matière d'un supplément. Seules, les années
1784 et 1788 ont un texte original.

*Les quatre sortes de jardin dont le titre fait tou-
jours mention sont le jardin d'ornement, le jardin
fruitier, le jardin potager, le jardin de fleurs. Le
sommaire des matières variait quelquefois.*

Le « Bon Jardinier » se vendait 36 sols relié.

Voici, d'autre part, le titre complet de la nouvelle
série :

— *Le Bon Jardinier*, Almanach Pour l'Année 1806, contenant des Préceptes généraux de
Culture ; l'Indication, mois par mois, des travaux
à faire dans les Jardins ; la Description, l'Histoire
et la Culture particulière de toutes les Plantes
potagères, utiles, ou propres aux Fourrages ; des
Arbres fruitiers de toute espèce, avec la manière
de les bien conduire et l'indication des meilleurs
fruits ; des Oignons et Plantes à fleurs et d'Ornement, même les plus rares ; et des Arbres, Arbrisseaux et Arbustes utiles ou d'agrément ; suivis
d'une Table très complette de tous les noms de
chaque plante ; et précédés d'un Vocabulaire explicatif des termes de Jardinage ou de Botanique
ayant besoin d'interprétation. Dédié et présenté à
Sa Majesté l'Impératrice-Reine, Par M. De
Launay. || A Paris, chez Onvroy, Libraire, rue
St-Victor, No 22 ; et au 1er Avril, rue St-Jacques, No 51, près celle des Noyers. In-12.

L'année 1811 porte « Dédié à L'Impératrice-
Reine Joséphine. »

A partir de 1806 (augmentation des matières et
du format) le prix se trouva porté à 5 fr. puis 6 fr. ;
aujourd'hui il coûte 7 fr.

[B. N. Quelques années du XIXe siècle. || Coll.
Delzant.]

222. — CALENDRIER PERPÉTUEL,
avec l'explication, par M. Hugnin. 1756.

L'auteur, l'abbé Al. François Hugnin, n'est pas
autrement connu.

[D'après la *France Littéraire.*]

223. — ÉTRENNES MILITAIRES, pour
l'Année 1757. Tirées du *Dictionnaire Militaire*, [corrigées et augmentées ;] Utiles à
toutes les Personnes qui se destinent à
prendre le Parti des Armes. || A Paris
chez Gissey, rue de la vieille Bouclerie.
La Veuve Bordelet, rue St-Jacques. La

_____

(1) Le titre ici reproduit est celui de l'année 1764.

Veuve David, Quai des Augustins. Duchesne, rue St-Jacques. M.DCC.LVII.

Fut publié pour la première fois en 1756. Le
privilège est daté du 7 novembre 1755 et est au
nom de Michel-Etienne David le Jeune avec mention des parts accordées par ce dernier à ses trois
associés.

Cet almanach donne l' « Origine des grands et
premiers officiers Militaires » : maires du palais,
sénéchaux, connétables, etc. ; la liste de chacun des
régiments avec le nom du colonel et la description
de l'uniforme affecté à chacun d'eux. En tête des
corps de troupes : Cavalerie, Hussards, Dragons, etc.
se trouve une petite notice donnant quelques
détails historiques sur ces corps. On y trouve
aussi la liste des troupes d'Autriche, d'Espagne,
de Danemarck, de Saxe, de Hanovre, de Prusse,
des renseignements sur les ordres militaires français, etc.

Etait rédigé par De La Chesnaye-Desbois.

[B. N. Années 1757-1758.]

**224. — PETITES ÉTRENNES EM-
BLÉMATIQUES ET CHANTANTES** par
le sieur Bresson de Maillard, découpeur
ordinaire et privilégié de Mgr le duc de
Bourgogne et des Enfants de France, rue
St-Jacques à Paris, maison de M. Lam-
bau.

Ces « Étrennes » sont une sorte de cours de découpage à l'usage des amateurs. Le sieur Bresson
apprenait, en effet, à découper pour appliquer les
vignettes avec le secours d'une brosse, sur toute
espèce d'objets, puis à peindre des tapisseries en
toile ou en papier et même des robes.

[D'après Victor Champier.]

**225. — ALMANACH CHANTANT DE
MOMUS**, Dédié aux Dames. ‖ A Paris,
chez Duchesne, Libraire, rue St-Jacques,
au-dessous de la Fontaine St-Benoît,
au Temple du Goût. 1757 et suite.
In-32.

Almanach populaire qui se vendait 12 sols.
Momus et la Folie vont commencer, dès ce moment, à faire concurrence à Cythère.

226. — ALMANACH DE LA FOLIE ou
les Foux (sic) en belle humeur, par
M. Nau. ‖ A Paris chez Gueffier, Libraire, Parvis Notre-Dame, à la Libéralité.
1757. In-32.

Recueil de chansons et vaudevilles.
Un almanach du même titre figure en 1755 sur
le catalogue de Duchesne.

**227. — ALMANACH DE PARIS, OU
CALENDRIER HISTORIQUE** des Parisiens illustres. Année 1757. ‖ A Paris,
chez Vincent, rue St-Severin. In-32.

Calendrier ayant, à chaque jour du mois, en
place des noms des saints, les noms de Parisiens
illustres, non seulement ceux à qui leur naissance
ou leurs grandes dignités donnent naturellement
ce titre, mais encore tous ceux qui se sont distingués et se sont fait un nom célèbre par leur mérite et leurs talents en quelque genre que ce soit,
et cela parmi les personnages de l'un et de l'autre
sexe. L'éditeur dit, d'autre part, dans un avertissement au public : « Il ne m'a pas été possible de
fixer dans mon nouveau Calendrier chaque Parisien illustre au jour de sa mort. Il aurait fallu
pour cela que chaque jour de l'année eût été réellement celui du décès de quelqu'un d'eux ; et c'est
ce qui n'est point encore arrivé, ou du moins ce
que je n'ai point remarqué dans les livres que j'ai
consultés pour la composition de ce petit Ouvrage. »

A la suite du calendrier se trouve la biographie
des Parisiens qui y ont pris place et le volume se
termine par une table alphabétique des noms,
véritable macédoine dans laquelle on rencontre
des personnages de toute espèce ; des évêques,
des historiographes, des savants, des parlementaires, des peintres, des poètes, des demoiselles
illustres par leur esprit et leur érudition comme
dame Marie de Costeblanche.

Cet almanach a dû paraître antérieurement.

D'après la *France Littéraire* l'auteur était dom
A. N. Dupuis.

**228. — ALMANACH DES BONS EN-
FANTS** ou la Loterie des bijoux chantants.
‖ A Paris, chez Langlois père et fils Libr.
32 rue de la Harpe, à la Couronne d'Or.
1757 et suite. In-32.

« Loterie des Bijoux Chantants » (sic) avec couplets
pour les dames et les messieurs. Pronostications
générales pour les douze mois. 3 feuillets de musique et calendrier.

[Coll. baron Pichon]

**229. — ALMANACH DES DAMES ET
DES MESSIEURS OU ALPHABÉTO-
MANTIE.** ‖ A Paris, chez Duchesne, Li-
braire, rue St-Jacques, au-dessous de la
Fontaine St-Benoît, au Temple du Goût.
1757. In-32.

Almanach avec couplets pour les dames et les
messieurs, dans leurs différentes situations, qui eut
un certain succès auprès du populaire, et qui se continua, plus tard, sous le titre de : *Nouvel Almanach
des Dames et des Messieurs*, puis de : *Nouvelle
Alphabétomantie* (voir n° 341.)

230. — ALMANACH DES PLAISIRS, Utile et Agréable. Pour tous les États. ‖ A Paris, chez Duchêne, Libraire, rue St-Jacques, au-dessous de la Fontaine St-Benoît, au Temple du Goût (1757). In-32.

Titre gravé. Recueil de chansons encore dû à M. Nau : sur une feuille se repliant, airs notés. A la fin se trouvent « différents secrets d'utilité et d'agrément » tels que « Secret infaillible pour chasser les Mouches des Apartements, pour faire venir beaucoup de poissons à l'endroit où l'on veut pêcher, pour faire prendre à toute sorte de bois une belle couleur d'épine, » etc.

Se vendait 12 sols.

231. — ALMANACH DU MARC D'OR, D'ARGENT ET DES DIAMANTS, suivi d'un Agenda. ‖ A Paris, chez Duchesne, Libraire, rue St-Jacques, au Temple du Goût. 1757 et suite. In-32 (12 sols).

Sorte d'almanach-agenda à l'usage des commerçants.

[Figure sur les catalogues Duchesne.]

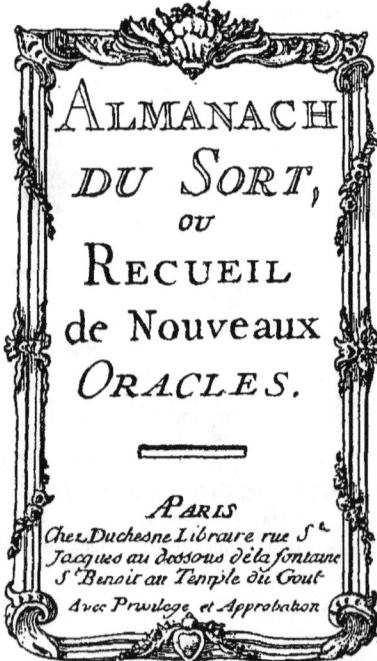

232. — ALMANACH DU SORT, ou Recueil de nouveaux Oracles. ‖ A Paris,

chez Duchesne, Libraire, rue St-Jacques, au-dessous de la Fontaine St-Benoît. 1757. In-32 (12 sols).

Titre gravé dans un cadre rocaille et frontispice : une femme en grande toilette, dans un jardin, arrachant le masque de l'hypocrisie. Second titre imprimé avec le nom de l'auteur des couplets,

Frontispice de l' « Almanach du Sort ».

M. Desroches. Almanach de questions pour les dames et pour les hommes : « Si l'amant de la Dame est fidèle ? — Ce que la Dame deviendra dans la journée, etc. »

Calendrier [pour 1757.

[Coll. baron Pichon.]

231. — ALMANACH POISSARD ou Étrennes Polissonnes. ‖ A Paris, chez Cailleau Imprimeur Libraire, rue St-Séverin, A la Rapée. 1757. In-32.

Barbier mentionne l'année 1760. C'est, je crois, un des premiers almanachs rédigés dans le style que Vadé avait mis à la mode. Il est à remarquer que la date de cette publication est également celle de la mort du · Corneille des Halles ainsi que d'aucuns l'avaient appelé.

234. — ALMANACH POISSARD ou le nouveau Ramponneau, enrichies (sic) de plusieurs chansons distinguées sur des airs connus. || Paris, chez les libraires associés. 1757. In-32.

Almanach composé comme le précédent, de pièces de Vadé et autres auteurs « forts en gueule. »

235. — ALMANACH RÉCRÉATIF, en vers et en prose. || A Paris, chez Cuissart,

Il a également été mis en vente sous le titre suivant quelque peu modifié : *Almanach Turc ou Tableau des mœurs et usages des Turcs, ainsi que des intrigues du sérail.* Son auteur était l'abbé De La Porte, très entendu en ce genre de supercheries.

[B. N.]

237. — LA BAGATELLE, Étrennes à Tout le Monde, par M. Coppier, suivie d'Épigrammes traduites de Martial et mi-

Le titre et la musique ne constituent qu'une seule et même feuille qui se replie.

Libraire, quai de Gesvres, à l'Ange Gardien. 1757. In-32.

Figure sur des catalogues de l'époque.

236. — ALMANACH TURC ou Tableau de l'Empire Ottoman, où l'on trouve tout ce qui concerne la religion, la milice, le gouvernement civil des Turcs, et les grandes charges de l'Empire, ainsi que les intrigues du sérail. || A Paris, chez Duchesne, rue St-Jacques. 1757-1785. In-24 (se vendait 1 liv. 10 sols).

Copié en partie sur le volume *La Cour ottomane* paru en 1673, et n'ayant d'almanach que le titre, mais on y joignait quand même un calendrier.

ses en chant (sic). Et des Couplets sur les gages touchés. || A Paris, chez Duchesne, Libraire, rue St-Jacques, au Temple du Goût (1757). In-32 (12 sols).

Le permis d'imprimer date du 1ᵉʳ décembre 1754 : il y a donc tout lieu de croire que le présent almanach a paru pour la première fois en 1755.

Je vous offre la bagatelle
Qui (direz-vous) n'est pas nouvelle,
J'en conviendrai, mais, entre nous,
Sans croire que trop je m'abuse,
Faut qu'elle ait du nouveau pour vous ;
Car, sans cesse, elle vous amuse.

Les couplets sur les gages touchés qui se trouvent dans nombre d'almanachs de Duchesne visent tous les gages qui se donnaient alors au jeu fort à la mode « de pince sans rire » et autres du même genre. Mouchoir, manchon, ruban, nœud d'épée, ciseaux, clef, lunette, flacon, jarretière, boëte à bonbons, bague, bourse à argent, bourse à cheveux, boutons, miroir de poche, sachets, tabatière, tablettes (de perte et de gain) etc... tels étaient les objets offerts sur lesquels portaient les « rimailles. »

Cet almanach a également paru en 1755 sous le titre de : *Étrennes à tout le Monde ou La Bagatelle*.

D'autre part, sur les catalogues Duchesne, figure, à la date de 1760, un almanach intitulé : *Almanach du Gage touché*, qui doit être très certainement celui qu'on trouvera décrit sous le n° 292.

[B. Ars.|| Coll. baron Pichon.]

238. — CES ÉTRENNES PARTENT DU CŒUR, Almanach lyrique. ‖ A Paris chez Valleyre. 1757. In-32.

Recueil de chansons dans l'esprit des précédents.

[B. Ars.]

239. — ÉTRENNES BADINES. ‖ A Paris, chez Valleyre. 1757. In-32.

Recueil de chansons dans la note familière.

[B. Ars.]

240. — ÉTRENNES CHANTANTES ET PROPHÉTIQUES. ‖ A Paris, chez Cailleau, Imprimeur-Libraire, rue St-Séverin. 1757. In-32.

Recueil de chansons et d'énigmes.

[B. Ars.]

241. — ÉTRENNES DU JOUR. — Amathonthe Anacréon. (Paris). 1757. In-32.

Recueil de chansons provenant de chez Valleyre ou de chez Cailleau.

[B. Ars.]

242. — L'EUROPE ECCLÉSIASTIQUE OU ÉTAT DU CLERGÉ, contenant : I. L'Église universelle ; la cour de Rome ; les archevêques et évêques des États catholiques ; les ordres religieux ; les Universités de l'Europe. II. Le clergé de France ; les évêques ; les vicaires généraux ; les dignitaires des cathédrales ; le gouvernement temporel du clergé ; les abbés commendataires ; les chapitres nobles ; les collégiales ; le clergé régulier ; les

Universités. III. Le clergé de Paris, le séculier, le régulier ; les chapitres ; les paroisses ; les monastères ; la Faculté de théologie, tous ses docteurs ; celle des arts. IV. La chapelle du Roi ; ses dignités la chronologie de ses principaux officiers ; les prédicateurs du Roi ; les maisons Royales. Avec toutes les notions d'histoire, de chronologie et de géographie qui concernent chaque objet. ‖ A Paris (1757).

Une seconde édition fut publiée sous le titre suivant :

—*Abrégé de l'Europe Ecclésiastique*, ou État actuel du clergé séculier et régulier, des ordres religieux, militaires et des Universités : la 1re partie pour l'Église universelle ; la IIe pour le clergé de France ; la IIIe pour celui de la Cour et de Paris ; avec les changements et les corrections nécessaires, et des additions considérables pour servir de supplément à la première édition. (*1758*.)

243. — LES FLEURS, ÉTRENNES GALANTES ET ALLÉGORIQUES. ‖ A Paris, chez Langlois père et fils, Libraires, rue de la Harpe, à la Couronne d'Or. 1757. In-32.

[B. Ars.]

244. — LA MAGIE BLANCHE ou Les Devises. ‖ A Paris, chez Duchesne, Libraire rue St-Jacques, au-dessous de la Fontaine St-Benoît, au Temple du Goût. (1757.) In-32.

Publication destinée à faire suite à *La Magie Noire* (n° 212).

[D'après un catalogue de l'époque.]

245. — NOUVEL ALMANACH CHANTANT DU BEAU SEXE ou Apologie des Dames, par M. Nau. ‖ A Paris, chez Duchêne, Libraire, rue St-Jacques, au-dessous de la Fontaine St-Benoît (1757). In-32.

Titre gravé sur une feuille se dépliant, avec musique au verso. Suite de couplets et de poésies sur les qualités et les vertus du beau sexe, agréments du corps, charmes de l'esprit, bonté du cœur, douceur de caractère, grâce dans les manières, etc... Il est vrai qu'en tête on peut lire ce couplet qui avait paru vers 1750 :

Dans l'enfance la femme est une fleur naissante ;
Cultivons la :

Dans son adolescence une barque flottante ;
    Arrêtons la :
Dans un âge plus mur, une vigne abondante ;
    Vendangeons la :
Dans la vieillesse, hélas ! une charge pesante ;
    Supportons la.

Contient en outre des « Traits historiques » :
Hortensia et Aspasie.

246. — NOUVEL ALMANACH DANSANT ou les Plaisirs du Bal. ‖ A Paris, chez Duchêne, Libraire, rue St-Jacques, au-dessous de la Fontaine St-Benoît, au Temple du Goût (1757). In-32. (12 sols).

Très probablement la suite ou la réimpression, avec un titre nouveau, du précédent « Almanach Dansant » de chez Duchesne (voir n° 194.)

[D'après un catalogue de l'époque.]

247. — NOUVEL ALMANACH DE PARIS ou Calendrier des Parisiens illustres. ‖ Paris, 1757. In-24.

Par Dom Alexis Nicolas Dupuis. Cet almanach doit être une concurrence à l'*Almanach de Paris* paru la même année (Voir n° 227.)

[D'après Fleischer.]

248. — NOUVEL ALMANACH DES FRANCS MAÇONS ET DES FRANCHES MAÇONNES. ‖ A Paris, chez Duchêne, Libraire, rue St-Jacques, au-dessous de la Fontaine St-Benoît, au Temple du Goût (1757). In-32 (12 sols).

Suite à l'*Almanach des Francs Maçons* de 1755 (voir n° 208). Avec quelques couplets nouveaux.

[D'après un catalogue de l'époque.]

249. — ALMANACH DES PLAISIRS DE LA TABLE, par M. Nau. ‖ A Paris, chez C.-P. Gueffier, Libraire, Parvis Notre-Dame, à la Libéralité. 1757. In-32.

[D'après les catalogues de l'éditeur.]

250. — LES LOISIRS DU JOUR DE L'AN, par M. Nau. ‖ A Paris, chez C.-P. Gueffier, Libraire, Parvis Notre-Dame, à la Libéralité. 1757. In-32.

[D'après les catalogues de l'éditeur.]

251. — ALMANACH DE CAPRICE, ÉTRENNES AMUSANTES, par M. Gaudet. ‖ A Paris, chez C.-P. Gueffier, Libraire, Parvis Notre-Dame, à la Libéralité. 1757. In-32.

François-Charlemagne Gaudet dont les premiers « Essais de Poésies » parurent en 1745 fut avec M. Nau un des plus féconds « pondeurs » d'almanachs lyriques.

[D'après les catalogues de l'éditeur.]

252. — ALMANACH VILLAGEOIS, ou les Plaisirs champêtres. ‖ A Paris, chez C.-P. Gueffier, Libraire, Parvis Notre-Dame, à la Libéralité. 1757. In-32.

[D'après les catalogues de l'éditeur.]

253. — ALMANACH DU QU'EN DIRA-T-ON ? par M. Gaudet. ‖ A Paris, chez C.-P. Gueffier, Libraire, Parvis Notre-Dame, à la Libéralité. 1757. In-32.

[D'après les catalogues de l'éditeur.]

254. — L'ALMANACH DES BÊTES, avec de jolies Gravûres (*sic*). ‖ A Amsterdam [Paris, chez Cuissart]. *1758 et suite*. In-32.

Cet almanach, très probablement, devait contenir des fables en chansons. L'éditeur annonçait trois parties.

[D'après un catalogue de l'époque.]

255. — ALMANACH DU PARNASSE OU TABLETTES DES MUSES ; contenant une idée des Sciences, de la littérature, et des arts en France, avec un tableau des plus grands hommes dans tous les genres et des inscriptions en leur honneur. ‖ A Paris, chez Cuissart, quai de Gèvres, à l'Ange Gardien. 1758. In-32.

Paraissait encore en 1762.
Recueil de brèves notices destinées au populaire. Almanach rédigé dans un esprit un peu plus élevé que tous les précédents, quoique étant également une publication de colportage.

[Mercure de France.]

256. — LES BAGATELLES CHANTANTES. ‖ A Amsterdam (Paris, Langlois ou Cuissart), 1758. In-32.

[D'après un catalogue de l'époque.]

257. — LES BOULEVARDS CHANTANS : Anecdotes de tout ce qui s'y passe pendant l'année. ‖ A Amsterdam (A Paris, chez Langlois père et fils, libraires, rue de la Harpe, à la Couronne d'Or). *1758 et suite*. In-32.

[D'après un catalogue de l'époque.]

256. — CALENDRIER DE CYTHÈRE ou l'Almanach Galant. ‖ A Paris, chez Gueffier, Parvis Notre-Dame, à la Libéralité. 1758. In-32.

Chansons sur des airs choisis et notés par Gaudet.

259. — CALENDRIER HISTORIQUE DE LA SAINTE VIERGE, par M. Le Fèvre. 1758. In-12.

[D'après la *France Littéraire*, 1758.]

260. — LES ENFANS DE LA JOYE sur des airs connus, par Sans-Chagrin. Almanach pour 1758. ‖ A Amsterdam [A Paris, chez Cuissart, quai de Gèvres, à l'Ange Gardien.] In-32.

[D'après un catalogue de l'époque.]

261. — ÉTAT MILITAIRE DE FRANCE, contenant l'état actuel des troupes, les uniformes et les noms des principaux Officiers de chaque corps, les Gouvernements des provinces et États-majors des places, et le précis des ordonnances de l'année 1758, concernant le militaire, par les Sieurs de Montandre-Lonchamps, et chevalier de Montandre. ‖ A Paris, chez Guillyn, puis Onfroy. 1758-1793 : 1re à 35e édition formant 35 années in-12. Se vendait broché 2 livres 15 sols.

Rédigé à partir de 1761, par De Montandre et De Roussel, et, à partir de 1776, par De Roussel seul, (le titre de l'année 1793 porte : par le citoyen Roussel). Une table des neuf premières années a été publiée en 1766.

En tête de l'année 1791 se trouve un avertissement dans lequel on lit :

« Cette Édition ne ressemble à aucunes de celles qui ont paru depuis 1763. On ne peut mieux connoître cette différence qu'en la rapprochant article par article, avec celle de 1790, qui devient pièce essentielle de comparaison. »

L'*État Militaire* est le véritable annuaire officiel de l'armée sous l'ancien régime.

[B. N. Années diverses.]

262. — ÉTRENNES CHRONOMÉTRIQUES OU CALENDRIER POUR L'ANNÉE M.DCC.LVIII. Contenant Ce qu'on sçait *(sic)* de plus intéressant sur le Temps, ses divisions, ses mesures, leurs usages, etc., par M. Le Roy l'aîné fils, de l'Académie Royale d'Angers. ‖ A Paris, chez l'Auteur, aux Galeries du Louvre, chez Prault père, Nyon et Lambert. 1758-1761 (?). In-18.

Vignette fleurdelysée sur le titre. L'auteur en un avertissement dit que les productions de l'horlogerie jouissant d'une considération toute particulière, son écrit ne pourra manquer d'être favorablement accueilli. Il est divisé en 8 parties consacrées aux mesures sous toutes leurs formes. Devait avoir un frontispice de Gravelot gravé par Le Mire qui manque presque toujours. On le trouve en tête de l'année 1760, la plaque portant gravée la date de 1758.

Ce frontispice dû, en effet, à Gravelot représente la fameuse colonne de l'Hôtel de Soissons érigée en 1572 par Catherine de Médicis (1), (celle qui a disparu tout récemment avec l'ancienne Halle aux Blés) ayant sur le haut un médaillon de Louis XV et servant à un cadran solaire, c'est-à-dire marquant les heures, les quarts, ainsi que la longueur du jour et de la nuit durant tout le cours de l'année. « Ce serait une chose curieuse, utile au Public, et qui sans beaucoup de dépense contribuerait à orner la Ville de Paris » dit l'auteur de ce projet singulier.

[8 à 10 fr. avec le frontispice.]

263. — ÉTRENNES DU CHRÉTIEN. ‖ A Paris, chez Barbou, rue Saint-Jacques, [et plus tard rue et vis-à-vis la Grille des Mathurins.] M.DCC.LVIII. 1758 et suite.

Chaque année avait un calendrier et donnait les prières et offices. Les « Étrennes du Chrétien » paraissaient encore en 1773.

264. — ÉTRENNES LYRIQUES ou Almanach des Songes, par Gaudet. ‖ A Paris, chez Gueffier, Libraire, Parvis Notre-Dame, à la Libéralité. 1758. In-32.

[B. Ars.]

265. — ÉTRENNES MILITAIRES utiles à toutes personnes qui se destinent à prendre le parti des armes. ‖ A Paris, chez Langlois père et fils, rue de la Harpe, puis chez Duchesne, rue Saint-Jacques. 1758-1762. In-24.

Publication populaire sans intérêt.

_____

(1) Elle était alors au milieu d'un vaste emplacement vide.

266. — NOSTRADAMUS EN BEL AIR
ou les Oracles du Pont-Neuf. Almanach
Menteur (Almanach poissard). ‖ A
Amsterdam [A Paris, chez Cuissart, quai
de Gèvres, à l'Ange Gardien.] 1758. In-32.

Encore un almanach populaire dans le style
des halles.

[D'après un catalogue de l'époque].

267. — LE PLUS AMUSANT QU'ON
PUISSE DONNER, Suivi des Portraits.
Almanach du Tems pour 1758. ‖ A
Amsterdam [A Paris, chez Cuissart, li-
braire, quay de Gesvres, à l'Ange Gar-
dien]. In-32.

Recueil de chansons plus ou moins amusantes,
quoi qu'en dise le titre.

[D'après un catalogue de l'époque].

268. LE PLUS DIVERTISSANT DES
ALMANACHS CHANTANS. Étrennes du
Cœur. ‖ A Amsterdam [A Paris, chez
Cuissart, quai de Gesvres, à l'Ange Gar-
dien.] 1758. In-32.

Recueil de couplets galants.

[D'après un catalogue de l'époque].

269. — LES PRÉSENTS DE FLORE
ou les Bouquets pour toutes les Festes de
l'Année. Almanach Rondeau, dédié aux
Belles par M. Taconet. ‖ A Amsterdam
[A Paris, chez Langlois ou Cuissart] 1758.
In-32.

Bouquets, avec des rondes, et un calendrier pour
1758.

[D'après un catalogue de l'époque].

270. — TABLETTES DES MUSES ou
l'Origine et Progrès des Sciences et des
Arts en France, avec une notice des
Grands Hommes. ‖ A Amsterdam [A
Paris, chez Langlois ou Cuissart] 1758.
In-32.

Même almanach que le nº 255, mis en vente
avec un titre différent.

[D'après un catalogue de l'époque].

271. — VARIÉTÉS CHANTANTES.
Avec des remarques sur les naissances
des hommes et des femmes par chaque
mois de l'année. ‖ A Amsterdam [A

Paris, chez Langlois ou Cuissart]. 1758.
In-32.

Chansons, énigmes et questions, avec table pour
les réponses.

[D'après un catalogue de l'époque].

272. — ABRÉGÉ DU DICTIONNAIRE
MILITAIRE, pour servir d'Étrennes à
Messieurs les Officiers, contenant des dé-
tails utiles pour ceux qui se destinent à
prendre le parti des Armes. Année
M.DCC.LIX. ‖ A Paris, chez la Veuve
Bordelet, rue Saint-Jacques, La Veuve
David, quai des Augustins, Duchesne,
rue Saint-Jacques, au Temple du Goût.
M.DCC.LIX. In-24

Réimpression abrégée, sous forme d'almanach,
avec un calendrier, du Dictionnaire Militaire et
Elémens Militaires publié vers 1750. C'est du
reste, à quelques changements près, le même ouvrage que les Étrennes Militaires de 1757. (Voir,
plus haut, nº 223.)

273. — ALMANACH DU BERGER. ‖
A Paris, chez Ph.-D. Langlois, libraire,
rue du Petit-Pont, entre celles de Saint-
Séverin et de la Huchette, au Saint-Esprit couronné (1759).

Chansons et rondes plus ou moins champêtres.

[D'après un catalogue de l'époque].

274. — ALMANACH DU PLAISIR,
dédié aux Grâces, par M. Brison. ‖ A
Paris, chez Ph.-D. Langlois, libraire, rue
du Petit-Pont, entre celles de Saint-Séverin et de la Huchette, au Saint-Esprit
couronné (1759).

Ce « M. Brison » ne se trouve pas parmi les
auteurs que cite la France littéraire.

[D'après un catalogue de l'époque].

275. — ALMANACH HOLLANDOIS.
‖ A Paris, chez Ph.-D. Langlois, li-
braire, rue du Petit-Pont, entre celles de
Saint-Séverin et de la Huchette, au Saint-
Esprit couronné (1759).

Se publiait avec et sans figures. N'est, du reste,
« Hollandais » que par le titre, la Hollande étant
alors à la mode.

[D'après un catalogue de l'époque].

276. — ALMANACH POLISSON ou
Étrennes Bouffonnes et Poissardes. ‖ A

la Courtille, chez Boniface Crouton, un des forts de la Halle, avec permission des Blanchisseuses. [Paris, chez Cailleau] 1759. In-32.

[D'après le catalogue Cailleau.]

Nombre de publications de colportage parurent alors, avec des permissions fantaisistes appropriées à la nature du sujet. Et déjà, le titre faisait tout, d'autant plus que le texte était nul.

277. — ALMANACH UTILE ET AGRÉABLE DE LA LOTERIE DE L'É- COLE ROYALE MILITAIRE pour l'an- née 1759. Où l'on voit son origine, ses progrès, son établissement en France et la façon de placer le plus avantageusement sa mise. Enrichi de quatre-vingt-dix figu- res en taille douce, qui pourront servir de devises. || A Amsterdam et se vend à Paris, chez Prault père, quai de Gèvres, et chez Laurent Le Clerc. In-24.

Titre imprimé sans intérêt.

Frontispice gravé : la Fortune tirant d'un tam- bour des billets de loterie qu'elle jette à la foule. Curieux et rarissime almanach illustré s'ouvrant par une préface destinée à montrer les avantages de la loterie établie pour fonder l'École royale militaire. « Le but de cet ouvrage » y lit-on « a été uniquement de procurer le même amusement qu'on se procure en Italie, à l'occasion de cette loterie et où, dans toutes les villes où elle est établie, on a affecté à chaque nombre, depuis 1 jusqu'à 90, différentes figures soit d'art, soit de métiers, soit d'animaux, soit de fleurs ou de fruits, suivant le goût particulier de chacune de ces villes ou pro- vinces. Par exemple, Rome ayant choisi les arts, la figure d'une danseuse est au n° 1 ; à Naples, qui a choisi les animaux, c'est celle d'un éléphant ; à Gennes celle d'une rose ; celle d'un tailleur à Venise. » Conçu dans le même esprit, « l'Alma- nach de la Loterie de l'École Militaire » pensa que pour traduire l'esprit du pays il fallait avoir recours à des compositions féminines. « En don- nant en France une manière de s'amuser appro- priée aux principes de cette Loterie, qui ne fait que d'y naître, » dit encore la préface « on n'a eu égard dans le choix des figures, qu'à la Galan- terie qui est naturelle à cette nation : ces figures sont inventées par M. Gravelot qui a bien voulu composer les petits quatrains qui les accompa- gnent et elles sont gravées par M. Le Mire, un des plus habiles artistes en ce genre. »

Cette loterie consistait, je l'ai dit, en 90 numéros. A chaque tirage on en tirait cinq seulement, au hasard. Il y avait 8 tirages par an. On mettait à cette loterie de trois manières différentes : par Extrait, par Ambe, et par Terne (1).

Dessins et légendes versifiées, tout est donc l'œu- vre de Gravelot dans les quatre-vingt-dix compo- sitions que nous allons énumérer, compositions un peu mignardes, d'une monotonie quelquefois fati- gante, mais très habilement exécutées avec leurs mélanges de crayon et de lavis et qui représen- tent l'histoire de la femme depuis sa naissance jusqu'à son mariage. Chaque sujet est renfermé dans un

Frontispice de l' « Almanach de la Loterie de l'Ecole Royale Militaire ». — Dessin de Grave- lot, gravure de Le Mire.

encadrement formant trumeau. En tête, sur un étroit cartel, est inscrite, en lettres majuscules, une légende expliquant le sujet, tandis qu'en bas, c'est-à-dire au-dessous du dessin, se trouve sur une plus grande tablette un quatrain explicatif. Dans un cercle placé au milieu du cadre qui accom-

_____

(1) La loterie « accordée par Sa Majesté à son École Royale Militaire » était basée sur les prin- cipes de celles établies depuis longtemps à Gênes, à Rome, à Venise, à Milan, à Naples, dans les États héréditaires d'Allemagne et à Prague.

Par Extrait, c'est placer une somme quelconque sur un seul numéro ; par Ambe, c'est placer cette somme sur deux numéros ; par Terne, c'est la placer sur trois numéros.

pagne le dessin est le numéro d'ordre de chaque estampe.

Voici, du reste, l'explication des figures.

1. L'Etrenée (sic).

D'un Almanach on vous étrenne ;
L'Objet est de vous amuser ;
Belles, quelque soin qu'on y prenne,
On est trop payé d'un baiser.

18. L'Amusée (petite fille élevant un château de cartes). — 19. La Complaisante (elle traîne sa petite sœur en voiture). — 20. La Poliçonne (sic) (petite fille jouant à la toupie). — 21. La Paresseuse. — 22. La Friande (de raisins).

En fait de plaisirs, dites-moi,
Belle Agnès, sont-ce là les vôtres ?
On répond oui, de bonne foi,
Mais un jour on en aura d'autres.

La planche de gauche porte le titre « LA CURIEUSE » et le numéro 25, avec la légende :

Pour épier ces deux Amans,
La Petite, a l'œil à la porte :
Nature! Sur ce point, tu rends
Leur curiosité bien forte.

La planche de droite porte le titre « LA MODESTE » et le numéro 36, avec la légende :

Belle, tenez-vous avertie,
Pudeur est votre gouvernail :
Mais quelquefois la modestie
Voit à travers de l'éventail.

Planches de Gravelot pour l' « Almanach de la Loterie de l'École Royale Militaire ».

2. La Criarde (poupard dans son berceau). — 3. La Contente (enfant mangeant la bouillie). — 4. L'assurée (petite fille conduite en lisière). — 5. La Glorieuse (est encore à l'a, b, c. et ne veut plus être appelée petite fille). — 6. La Honteuse (avec un bonnet d'âne). — 7. La Bien-Elevée (petite fille faisant sa prière). — 8. L'Affairée (habillant sa poupée). — 9. La Bien-Instruite (disant son benedicite). — 10. La Bien-Faisante (donnant la becquée à un oiseau). — 11. La Désolée (elle pleure l'oiseau volé par le chat). — 12. La Bien-Conseillée (petites filles jouant à Colin-Maillard). — 13. La Badine (elle fait faire la révérence à son chien).— 14. L'Eventée (petite fille en balançoire). — 15. La Petite maîtresse.

C'est Lise ici qui montre à lire,
Ce qu'elle même ne sçait pas :
Mais quand elle vous prête à rire,
Combien de gens sont dans ce cas.

16. La Rieuse (riant de la chute de son petit frère). — 17. L'Espiègle (derrière une haie, armée d'une seringue, elle asperge les petits enfants). —

23. La Grondeuse (elle gronde sa petite sœur).— 24. L'Isolée (petite fille jouant au volant). — 25. La Curieuse (l'œil à la porte pour épier deux amants). — 26. La Mal à son aise (au jeu de la main chaude). — 27. L'Avertie (cueille des roses et trouve des épines). — 28. L'Occupée (fait de la tapisserie). — 29. La Comédienne. — 30. La Maraine.— 31. L'Attentive (au catéchisme plus occupée de rubans que de la leçon). — 32. L'Endoctrinée (leçon de style). — 33. L'Electrisée.— 34. L'Écolière (leçon de danse).— 35. La Fille à talent (au piano). — 36. La Modeste (jeune personne placée devant un petit garçon obéissant aux lois naturelles). — 37. L'Envieuse. — 38. La Matineuse.— 39. L'Attrapée (au jeu).— 40. La Fêtée (recevant des fleurs). — 41. La Rêveuse (regardant des pigeons se becqueter). — 42. L'Ennuyée (Lise bâillant). — 43. La Langoureuse, à qui l'on conseille

Quitter l'antique médecine
Et prendre jeune Médecin.

44. L'Agaçante. — 45. La Voluptueuse. — 46. La Dévote (belle allant à l'Église). — 47. La

Charitable (une belle faisant l'aumône). — 48. La Bichonnée (belle à sa toilette).— 49. La Coquette. (une personne qui, d'un côté, laisse baiser sa main, et donne un billet doux de l'autre). — 50. La Jalouse. — 51. La Parée (personne essayant une robe). — 52. La Parleuse. — 53. La Joueuse. — 54. L'Intéressée. — 55. La Frileuse :

> Phisicien ni Géomètre,
> En voyant se chaufer (sic) Babet,
> Je sçais juger du froid qu'il fait :
> Son jupon est mon termomètre (sic).

56. La Baigneuse. — 57. La Déguisée. — 58. La Dormeuse (au sermon). — 59. La Chasseuse. — 60. La Liseuse. — 61. La Sçavante (sic). — 62. La Pèlerine (ayant la mine d'une personne qui va faire une station à Cythère). — 63. La Bouquetière. — 64. La Bohémienne. — 65. La Vielleuse. — 66. La Charmante Catin (la poupée qu'on fait marcher). — 67. La Preneuse d'Oiseaux. — 68. La Jardinière. — 69. La Pêcheuse.— 70. La Fermière. — 71. La Moissoneuse (sic). — 72. La Vandangeuse (sic). — 73. La Bergère. — 74. La Trayeuse (sic) de vaches. — 75. La Crémière. — 76. La Fileuse. — 77. La Blanchisseuse. — 78.La Tricoteuse. — 79. La Buraliste (jolie débitante des billets de la Loterie). — 80. La petite Marchande (dans un café). — 81. L'Hirondelle de Caresme (belle présentant sa bourse à un cavalier). — 82. La Sœur du Pot (petite sœur allant visiter les malades). — 83. La Fille de Chambre. —84. La Cuisinière.—85. La Couturière.— 86. La Coëffeuse. — 87. La Ravaudeuse (prêtant l'oreille à un Laquais). — 88. La Poissarde. — 89. La Hardie (belle signant son contrat de mariage). — 90. La Mariée.

Tel est, dans son ensemble, cet almanach, un des plus rares du XVIIIe siècle. M. Villot disait à son sujet dans le catalogue de sa vente de livres d'art en 1870 : « Il n'en est point passé d'exemplaires que nous sachions, dans les ventes, depuis quarante-cinq ans ; la plupart des amateurs et des marchands ne l'ont jamais vu. » J'ajouterai que depuis la vente Villot deux seulement, dont un incomplet encore, ont vu le feu des enchères. Par contre, des planches détachées se rencontrent quelquefois dans les cartons des marchands d'estampes. Deux exemplaires sans les titres et sans la préface ont passé par mes mains.

Il existe un tirage à part, sur grand papier, des 90 planches (20 pièces au Cabinet des Estampes.) Un dessin du frontispice de Gravelot est au Musée Carnavalet : il a été acquis par lui au prix de 60 fr. Le plus bel exemplaire est, très certainement, celui du baron Pichon.

[Payé à la vente Villot (1870) 105 fr., à la vente La Béraudière (1885) 250 fr., à la vente Destailleurs, 165 fr.]

[Cat. Morgand, ex. en veau 180 fr.]

278. — ÉTAT ACTUEL DE LA MUSIQUE DE LA CHAMBRE DU ROI ET DES TROIS SPECTACLES DE PARIS, contenant les Noms, et Demeures de toutes les Personnes qui y sont attachées, le Catalogue des Pièces que l'on représente et le Nom de leurs auteurs. || S. l. [Paris, chez Vente] 1759-1760. 2 années pet. in-8.

Publication entreprise par les intendants des Menus-plaisirs et dédiée à Mesgrs les premiers gentilshommes de la Chambre du Roi. Une partie de l'avertissement ayant été supprimée par les éditeurs, il existe des exemplaires avec carton. La partie supprimée, très curieuse, déclare que nombre d'amateurs eussent voulu avoir la demeure des figurantes de l'Opéra « mais la mobilité de ces Demoiselles et le goût qu'on leur connaît pour la variété les ont mis dans l'habitude de changer d'air si souvent que cet article aurait besoin tous les 15 jours d'un errata et les méprises qui en résulteraient, pourraient occasionner des méprises nuisibles à l'éducation de la jeunesse et à sa sûreté publique. »

Des curieux eussent aussi voulu avoir l'âge des personnes du sexe comprises dans cet « État », mais, malgré l'amabilité des sujets, les auteurs reconnaissent que c'est là chose impossible, un tel travail demandant au moins autant de temps et de sagacité que l'éclaircissement de la chronologie chinoise.

Articles sur l'origine et les progrès de la musique en France, sur la naissance de la Tragédie, sur l'origine des spectacles, histoire de l'Opéra, etc. Divisé en 4 parties, cet almanach n'offre aujourd'hui quelque intérêt que par les états des personnels. Attribué par Arthur Pougin au libraire Vente qui en avait le privilège.

Le titre de la première année est imprimé ; celui de la seconde année, gravé, est une assez jolie composition à l'eau forte du vignettiste Martinet. La seconde année n'est, du reste, qu'une édition remaniée, avec un ou deux articles différents, et les modifications forcées par suite des décès et des changements de personnel.

(Voir, pour la suite, n° 396).

[B. N. Année 1759. || Coll. Arthur Pougin.]

279. — ÉTAT DES NOMS, SURNOMS ET DEMEURES DE MESSIEURS LES GRANDS MESSAGERS JURÉS DE L'UNIVERSITÉ DE PARIS pour l'année 1759. || A Paris, de l'Imprimerie de Grangé, rue de la Parcheminerie, [puis Imprimerie de Veuve Simon et fils]. 1759 et suite. In-16.

Sur le titre les armoiries de l'Université de Paris. En 1771, cet annuaire qui contenait un calendrier, prit le titre de : « *Calendrier et Liste des Noms* » et ajouta à son titre cette mention : « Avec l'état des Diocèses affectés aux Grands-Messagers-Jurés et auxquels nomment les quatre Nations de la Faculté des Arts. » A la fin de chaque volume se trouve un précis historique de la Compagnie des Grands Messagers. Publication de toute rareté qui devait paraitre avant 1759 et dont, en plus de cette année, la bibliothèque du *Musée Carnavalet* possède une suite allant de 1779 à 1787 inclusivement.

On trouve dans cet annuaire la liste chronologique des Grands Messagers depuis 1729.

[B. N. Année 1771. || B. Carn.]

280. — ÉTRENNES SPIRITUELLES. LE CALENDRIER DE SOPHIANNE, ou Les Sentences Diurnales selon la vie des Sages, pour toute l'année, suivies des Prières de la Sainte Messe, des Prières pour le Roi et pour la Reine, et de plusieurs autres Prières de Piété. En Vers François. || A Paris, de l'Imprimerie de Ballard, Imprimeur du Roi, rue Saint-Jean-de-Beauvais, à Sainte-Cécile. 1759. In-24.

Paraphrases sur les prières de la Sainte-Messe, en vers, avec les fêtes pour l'an de grâce 1760.

[Coll. baron Pichon].

281. — TABLEAU DE PARIS POUR L'ANNÉE 1759. FORMÉ, D'APRÈS LES ANTIQUITÉS, L'HISTOIRE, LA DESCRIPTION DE CETTE VILLE ; contenant un Calendrier civil, qui indique ce qu'il y a de curieux à voir dans Paris, dans certains jours de l'année. Le précis de l'Histoire de cette Ville, un état abrégé du ministère ; les noms, les demeures et les districts de tous les premiers Commis des quatre Secrétaires d'État, du Lieutenant Général de Police, du Prévôt des Marchands, du Controlleur (*sic*) Général et des Intendants des Finances. Le gouvernement [et la suite chronologique des Gouverneurs de Paris, des premiers Présidens du Parlement, et des Prévôts des Marchands] (1). Les divers établissemens pour les Sciences et Arts libéraux. La demeure des Maîtres dans les langues, Sciences et dans les beaux Arts.

Les Spectacles, les noms et demeures des Acteurs. Les cabinets de tableaux, de médailles, d'antiques, d'histoire naturelle, jardin de Botanique, et autres curiosités. Les manufactures, la Compagnie des Indes, la Bourse et définition des effets qui s'y négocient. Les Foires. La Liste des Baigneurs étuvistes, et le prix des bains. Le Bureau des Domestiques, les Bureaux des Nourrices ; les Bureaux des Voitures, tant pour aller dans Paris que pour aller à la Cour, avec le prix de ces Voitures, etc., vol. in-12, broché 2 liv. relié, 2 liv. 10 sols. Port franc par la Poste, broché 2 liv. 10 sols. *Ouvrage utile aux uns, nécessaire aux autres.* || A Paris, chez C. Hérissant, rue Notre-Dame. M.DCC LIX. 1759 et suite. In-18.

Le « Tableau de Paris » sorte d'Almanach-Guide Bottin, avec calendrier, peut être considéré comme faisant suite à un précédent annuaire l'*État de Paris*, publié également chez Claude Hérissant, en 1757, lequel lui-même faisait suite au *Journal du Citoyen* (La Haye, 1754), ouvrage admirablement rédigé, plein de documents curieux, et traitant de Paris à tous les points de vue.

On trouve dans ces volumes des renseignements absolument uniques et du plus haut intérêt, sur les marchandises et objets de l'époque, sur leurs noms et leurs prix : Étoffes, toiles, velours, papiers, drogueries, épiceries, cuirs, tout défile ainsi sous les yeux du public, en même temps que les théâtres, les plaisirs et les moyens de locomotion de la capitale. Jour par jour, on a, chaque mois, ainsi que dans les petits almanachs portatifs, les curiosités à visiter.

[B. N. — L.K 76023. || B. Carn. || Coll. Paul Lacombe]. — Voir pour les prix, vente Faucheux, n°s 476 et 477.

Ce précieux annuaire devait se continuer sous la forme suivante :

— *État ou Tableau de la Ville de Paris*, considérée relativement au Nécessaire, à l'Utile, à l'Agréable, et à l'Administration. [Épigraphe :]

..... Hæc tantum alias inter caput extulit Urbes, Quantum lenta solent inter viburna Cupressis.

VIRGIL., *Eglog.*

Sur les autres Cités cette Ville l'emporte, Autant que d'auprès les superbes rameaux S'élèvent au-dessus des faibles Arbrisseaux.

Le prix est de 4 livres 10 sols broché. || A Paris, chez Brault père ; Valat-Lachapelle, Quai de Sèvres, au Paradis ; Guillyn, Quai des Augustins, près le Pont S. Michel ; Duchesne, rue S. Jacques, au-dessus des Mathurins ; Lambert, rue et près la Comédie Francoise. M.DCC.LX. gr. in-8.

---

(1) La partie entre crochets ne figure pas sur le titre de la première année.

Par le sieur Jeze, Avocat en parlement et Censeur Royal. Le privilège est du 2 mai 1757 et le permis d'imprimer du 25 février 1760.

Contient un plan de Paris.

Quoique n'ayant pas de calendrier, cet « État » peut être considéré comme un véritable annuaire, car il donne tous les renseignements habituels des publications de cette espèce sur le Paris d'alors : liste des rues, ruelles, cours, barrières, fontaines, noms des médecins, chirurgiens, professeurs, marchands de chevaux ; liste des couvents ; articles sur le commerce, l'industrie, écrits périodiques, journaux, fonds publics, théâtres, postes, ministères, etc., etc.

Il est dit dans un « Discours préliminaire » que « l'État » peut se renouveler tous les ans, suivant l'importance des changements survenus, et en effet, il a paru à nouveau en 1761, 1762, 1763 et 1765.

[B. N. Année 1766. || B. Carn. Années 1760, 1761, 1762, 1763.]

282. — TABLETTES DE FORTUNE ou Petit Mémorial des Pertes et Gains, pour chaque mois de l'année. || A Paris, chez Ph.-D. Langlois, libraire, rue du Petit-Pont, entre celles de Saint-Séverin et de la Huchette, au Saint-Esprit couronné (1759).

Sorte d'almanach-agenda, comme il en paraissait alors toutes les années.

[D'après un catalogue de l'époque].

283. — TABLETTES DE TOILETTE ET DE COMPAGNIE, dédiées au Beau Sexe. || A Paris, chez Ph.-D. Langlois, libraire, rue du Petit-Pont, entre celles de Saint-Séverin et de la Huchette, au Saint-Esprit couronné (1759).

Recueil de chansons sur la femme, la toilette et l'amour.

[D'après un catalogue de l'époque].

284. — TABLETTES LYRIQUES, par T.-G. Taconet. || Paris, 1759. In-12.

[D'après un catalogue de l'époque].

285. — ALMANACH CHANTANT ou les Soirées Amusantes par M. T*** (Taconet). || A Paris, chez Duchesne, Libraire, rue St-Jacques. 1760. In-32.

Chaque mois a des prophéties en vers. Recueil de chansons avec un calendrier au milieu. Deux feuilles de chansons notées, se dépliant, enveloppent l'almanach (l'Hiver, le Printemps, l'Été, l'Automne). Elles portent le titre suivant : *L'Oracle de*

Cythère, Almanach des Soirées qui appartient à la plaquette décrite sous le n° 205, d'où l'on peut conclure que ces feuilles de chansons s'ajoutaient indifféremment à nombre de publications du même éditeur.

L'approbation du censeur est de 1758, et il a en effet paru pour la première fois en 1759.

[Coll. Weckerlin. A. 1759.]

286. — ALMANACH DE CUISINE, qui explique les productions des alimens de chaque mois et leur apprêt. || A Paris, chez Leclerc, Libraire, quai des Augustins, à la Toison d'Or (vers 1760).

Donne des recettes pour la préparation des aliments et des desserts.

A la même date fut publié chez le même éditeur un *Almanach d'Office.*

287. — ALMANACH DES AMOURS. || A Paris, chez Duchesne, Libraire, au-dessous de la Fontaine St-Benoît, au Temple du Goût (vers 1760). In-24.

Recueil de chansons galantes.

Le même figure sur un catalogue de Langlois, à la date de 1759.

[D'après un catalogue de l'époque.]

288. — ALMANACH DU SENTIMENT présentable aux personnes délicates. || A Paris, chez Duchesne, Libraire, rue St-Jacques, au-dessous de la Fontaine St-Benoît, au Temple du Goût (vers 1760). In-32.

[D'après un catalogue de l'époque].

289. — ALMANACH GÉOGRAPHIQUE DU COMMERCE. || A Paris, chez Duchesne, Libraire, rue Saint-Jacques, au Temple du Goût. 1760. In-32.

Annoncé sur certains catalogues Duchesne.

Était destiné à donner quelques brèves notions géographiques.

290. — ALMANACH POUR SERVIR DE GUIDE AUX VOYAGEURS contenant un détail de tout ce qui est nécessaire pour voyager commodément, utilement et agréablement. || A Paris, chez Duchesne, Libraire, rue Saint-Jacques. 1760. In-24. (Prix, 1 liv. 4 sols.)

Intéressant pour les distances, les longueurs des trajets, les routes et les diligences.

291. — BAGATELLES A TOUT LE
MONDE OU LES GAGES TOUCHÉS :
en couplets Galants, A propos des Gages
que l'on a donnés, et à l'honneur de la
Dame qui les distribue. Par M. Meunier.
|| A Paris, chez Duchesne, Libraire, rue
St-Jacques, au Temple du Goût. 1760.
In-32 (12 sols).

Série de couplets sur des gages.
Almanach conçu dans le même esprit que celui
précédemment publié sous le titre de : La Bagatelle, Étrennes à tout le monde. (Voir nº 237).

292. — LE CALENDRIER DES VIER-
GES, dédié aux Vestales de vingt ans.
1760. In-12.

Almanach mentionné par Sylvain Maréchal.
« On y trouve » dit-il, « une épitre dédicatoire aux
Vestales, en grands vers assez bien faits, deux
vaudevilles qui ne sont pas mal ; ensuite une histoire de Florine dans le style des romans lestes de
Crébillon et enfin douze devises ou quatrains, presque tous des épigrammes. » — Avec airs notés.

293. — ÉTRENNES AUX BIBLIOGRA-
PHES ou Notice Abrégée des Livres les
plus rares. Avec leurs prix. || A Paris, chez
Duchesne, rue St-Jacques, et chez Mérégot
père. M.DCC.LX. In-24.

Avec un calendrier et la nomenclature alphabétique de quelques ouvrages rares.
L'auteur, l'abbé de Monlinot, annonçait des
suppléments : j'ignore s'ils parurent.
[B. N.]

294. — ÉTRENNES GÉOGRAPHI-
QUES. Royaume de France divisé par
généralités, subdivisé par élections, diocèses, bailliages, etc., par L.-A. Ducaille,
gravé par Lattré. || A Paris, chez Bal-
lard, libraire, et aux Spectacles. In-18
carré (1760).

Titre gravé par Choffard avec un frontispice de
Tardieu et 30 cartes.
[R. mar. 30 fr.]

295. — NOUVEAU JOURNAL DES
POSTES, ET TARIF DES PORTS DE
LETTRES ; contenant les jours de départ
des Courriers de Paris; pour les différentes Villes et Lieux du Royaume et des
Pays Étrangers, et de leur arrivée à
Paris ; les noms des Routes qu'ils tiennent ; des endroits où on adresse les
lettres, et des Royaumes, Provinces ou

Pays où ils sont situés ; les Bureaux de
Poste du Royaume ; la distance de Paris
à chaque endroit; le nombre de jours que
les Lettres sont en route ; les endroits
des Pays Étrangers pour lesquels il faut
affranchir les Lettres, et la taxe des
Lettres et Paquets, suivant le dernier
Tarif. || A Paris, chez Duchesne, rue St-
Jacques. M.DCC.LX. 1760 et suite. In-24.

Simple liste postale donnant les départs et
arrivées avec les taxes des lettres, mais qui, par
le fait de sa publication annuelle, avait tout le
caractère d'un annuaire.
[B. N.]

296. — ORDO OU DIRECTOIRE PER-
PÉTUEL selon le Rit du Bréviaire et
Missel Romain, par un Religieux Béné-
dictin de la Congrégation de Saint-Maur.
|| A Paris, chez Duchesne, Libraire, rue
Saint-Jacques, au Temple du Goût. 1760.
In-12 (Prix : 2 livres, 10 sols).

Figure sur quelques catalogues Duchesne.

297. — LES TABLETTES DE
L'AMOUR ou le Nouvel Oracle de
Cythère ; dans lequel on peut trouver
son Horoscope sur des Airs connus :
Ouvrage très agréable aux personnes
heureuses et orné d'une Préface intéressante (sic) pour l'acheteur, par
M. D*** || A Paris, chez Duchesne, Li-
braire, rue St-Jacques, au-dessous de la
Fontaine St-Benoît, au Temple du Goût.
1760. In-32.

Almanach de versiculets dus à M. Desroches,
fournisseur de chansons, peu connu, qui, lui non
plus, n'a pas eu les honneurs de la France littéraire. Dans une préface assez prétentieuse on lit :
« Le titre m'a beaucoup coûté, il en falloit absolument un galant : c'est la caution du Libraire et j'ai
fait en sorte de m'y conformer. A l'égard de mes
Oracles je ne scais s'ils plairont : ils sont entre-
mêlés de bien et de mal, quelquefois assez maussades, mais toujours relatifs à la galanterie. »

298. — ALMANACH CHANTANT DES
PLAGIAIRES ou Recueil des Pièces tou-
tes faites à l'usage de ceux qui ne savent
pas en faire, par un Plagiaire anonyme. ||
A Paris, chez Duchesne, Libraire, rue St-
Jacques. 1761 et suite. In-24.

Recueil de chansons et vaudevilles dus à différents fournisseurs de la maison Duchesne, et des-

tinés à répondre aux « nécessités de l'amour et de la table. »

Cet almanach a paru pendant plusieurs années. Quérard cite l'année 1764 et j'ai vu l'année 1767.

299. — ALMANACH CHANTANT OU TABLETTES D'UN PHILOSOPHE. || A Paris, chez Duchesne, Libraire, rue St-Jacques, au-dessous de la Fontaine St-Benoît, au Temple du Goût. 1761. In-24.

Recueil de chansons à la Roger Bontemps.

[D'après un catalogue de l'époque].

300. — ALMANACH CHINOIS ou Idée abrégée des Mœurs, Usages, Coutumes de cette nation. || A Paris, chez Duchesne, Libraire, rue Saint-Jacques. 1760-1761-1766, 6 vol. in-24.

Cet almanach qui se vendait 12 sols et dont l'éditeur fut l'infatigable abbé De La Porte parut ainsi successivement sans aucune modification de texte. Le titre de quelques années se trouve modifié comme suit : « Almanach Chinois ou Coup-d'Œil curieux sur la Religion, les Sciences, les Arts, le Commerce, les Mœurs, et les Usages de l'Empire de la Chine. A Pékin et se trouve à Paris. »

[B. N. Année 1766.]

301. — ALMANACH DE COMPAGNIE, Chantant, ou Étrennes Amusantes dédiées à tout le monde, par M. D***. || A Paris, chez Duchesne, Libraire, rue St-Jacques, au-dessous de la Fontaine St-Benoît, au Temple du Goût. 1761. In-32.

Recueil de chansons pour la table et la société.

302. — ALMANACH DE LA VIEIL-LESSE, ou Notice de tous ceux qui ont vécu cent ans et plus. || A Paris, chez A.-M. Lottin, libraire et Imprimeur de Monseigneur le Duc de Berry, rue Saint-Jacques, près S. Yves, au Coq. 1761. 1761 à 1773 : 12 années in-18 (il n'existe pas d'année 1763).

Collection assez curieuse donnant de nombreux documents sur les centenaires historiques et contemporains, publiée par Aug.-Martin Lottin. Changea son titre en 1764, et parut jusqu'à la fin sous la forme suivante :

— *Almanach des Centenaires* ou Durée de la Vie Humaine au delà de Cent ans demontrée par des Exempl. sans nombre, tant anciens que modernes, avec le Calendrier de l'année 1764. Second sup-

plément. | Sic vivite, juvenes, ut senes, senes ut seniores fiatis. | A Paris, chez Lottin (la suite comme plus haut.)

Sur le titre un coq (marque du libraire). L'épigraphe latine variait chaque année. L'avertissement placé en tête indique les motifs qui ont engagé les éditeurs à changer le titre de leur publication. « Le mot de Vieillesse pouvant déplaire, disent-ils, a été remplacé par celui de Centenaire, suivant le désir d'un lecteur transmis du fin fond de l'Allemagne. » Puis les auteurs se demandent si c'est un bienfait de vivre vieux. « Dans une ville telle que Paris où, chaque demi-heure, la mort enlève une de ses victimes, il ne faut que vivre 55 ans pour voir disparaître d'autour de soi un million d'hommes. Ce tableau doublera peut-être l'avantage de parvenir à 110 ans puisqu'il en aura coûté pour ainsi dire la vie à 2 millions d'hommes, pour jouir de la faveur d'un si grand âge. »

La préface de l'année 1767 se plaint que, malgré des demandes réitérées, les dépositaires des Registres mortuaires n'envoyent aucune notice de centenaires. Elle se plaint des centenaires eux-mêmes qui ne fournissent aucun renseignement, alors que leur nombre est, en France, de 157. Le plus actif collaborateur de l'almanach paraît avoir été un M. Lamothe, médecin à Bordeaux, des Facultés de Paris et de Montpellier. Cette même année donne également la chronologie des Lieutenants généraux de police de Paris parce que leur origine est de cent ans, travail d'autant plus à signaler qu'il est le premier existant sur ce sujet.

L'année 1770 s'ouvre par un Éloge de la Vieillesse.

L'année 1771 contient des remarques historiques sur les noms, prénoms, surnoms et particularités des Rois, princes et princesses de Sang Royal et des remarques sur les Reines de France qui ont porté le nom de Blanche.

L'année 1773 contient un essai sur la population de Paris appliquée à chaque paroisse et donne une table générale et sommaire des matières contenues dans les volumes de la collection.

[Se vendait 24 sols broché. Vaut, aujourd'hui, suivant l'état, de 5 à 6 fr. le volume.]

[B. Ars. Intéressante collection.]

303. ALMANACH DE M. RAMPONEAUX, en vers et prose. || A la Basse-Courtille, (Paris) 1761. In-32.

Ramponneau, le fameux cabaretier (né le 6 octobre 1724, mort le 4 avril 1802) donna lieu à des plaquettes, à des chansons et à des almanachs; malheureusement la plupart des pièces sur ce personnage ont disparu.

[B. N.]

304.— ALMANACH DE TABLE CHAN-
TANT, LES PLAISIRS DE BACHUS
(sic). ‖ En Bourgogne, et se trouve chez
Duchêne, Libraire, rue St-Jacques. 1761
et suite. In-32.

Titre gravé sur une feuille se repliant, avec
musique (comme pour certains almanachs déjà
mentionnés plus haut). Le titre intérieur, imprimé, porte Les Plaisirs de Bacchus et de l'Amour.
Recueil composé de chansons prises de côté et d'autre. Le libraire, dans un avertissement, dit qu'il
avait chargé du soin de faire un almanach consacré aux plaisirs de la table son chansonnier ordinaire, M. N. (Nau) « mais sa paresse est si grande
qu'il auroit mis dix ans pour une douzaine de
rondes. »

[B. Ars. Années 1761 et 1762.]

305. — ALMANACH DES SOIRÉES
ou l'Oracle de Cythère. ‖ A Paris,
chez Duchesne, Libraire, rue St-Jacques,
au-dessous de la Fontaine St-Benoît, au
Temple du Goût. 1761. In-32.

[D'après un catalogue de l'époque].

306. — ALMANACH DU CHANSON-
NIER FRANÇOIS. Étrennes aux Dames.
‖ A Paris, chez Duchesne, Libraire, rue
St-Jacques, au-dessous de la Fontaine St-
Benoît, au Temple du Goût. 1761. In-32.

Recueil de chansons, rondes et vaudevilles ayant
déjà paru dans des publications de chez Duchesne.

[D'après un catalogue de l'époque].

307. — ALMANACH PARISIEN EN
FAVEUR DES ÉTRANGERS ET DES
PERSONNES CURIEUSES. Indiquant
par ordre alphabétique tous les monumens des Beaux-Arts, répandus dans la
ville de Paris et aux environs. Ce qui a
pour objet les lieux remarquables, ou par
la grandeur du dessin, ou par les morceaux de peinture et de sculpture qu'on y
voit, Édifices sacrés, châteaux et maisons
royales, Palais, Hôtels, Ouvrages publics;
Maisons de plaisance, etc. ‖ A Paris,
chez Duchesne, Libraire, rue Saint-Jacques,
au Temple du Goût. 1761-1799 (chaque
année en 2 parties). La 1ʳᵉ année in-32,
les autres in-24.

Avis du libraire constatant qu'on a épuisé la
série des almanachs, que tout a été fait dans ce
genre de publication; mais l'auteur a voulu « créer
une commodité que l'on n'avait pas encore, » en
réunissant dans le même almanach tous les avantages possibles. Le royaume est le rendez-vous de
nombreux étrangers, accourus pour « examiner
tout ce qui est digne de leur admiration. C'est ce
goût qu'on a eu le désir de satisfaire en présentant
toutes les indications désirables sur les attraits de
la capitale et de ses environs. »

Ce titre ne servit que pour la première année.
Dès 1762, il se compléta ainsi :

— Almanach Parisien en faveur des Étrangers et des
personnes curieuses, [A partir de 1785, au lieu : des
personnes curieuses on lira : des Voyageurs] indiquant
par ordre Alphabétique :

1º. Tous les Monumens des Beaux-Arts répandus dans la Ville de Paris.

2º. Les Spectacles, les Promenades, et généralement tous les endroits dignes de curiosité.

3º. Les Châteaux, Parcs, Maisons Royales et
Maisons de Plaisance, qui environnent la capitale
à 15, et 18 lieues.

4º. Tout ce qui peut être utile et nécessaire à
savoir pour un Voyageur qui séjourne à Paris.

5º. Un Recueil d'Anecdotes intéressantes et plaisantes, de Traits piquants, d'Épitaphes, etc. Le
tout relatif aux différens Établissemens, Monumens et Édifices de la Capitale.

Edition ornée de jolies gravures. Pour l'an-
née 1762. ‖ A Paris, chez la Veuve Duchesne,
Libraire, rue Saint-Jacques, au-dessous de la place
Cambray.

Jusqu'en 1790 le calendrier est à la fin de la
2ᵉ partie.

En tête se trouve, pour chaque mois, une liste
des choses remarquables à voir tant à Paris qu'aux
environs, (fêtes, concerts, processions, bals à l'Opéra, grandes eaux, etc.)

Cet almanach a paru pour les années 1762, 1763,
1764, 1766, 1774, 1782, 1784, 1787, 1788, 1789,
1791, 1793, 1799. Le texte de certaines années est
identique, le titre porte seulement : « Nouvelle
édition. »

Les figures (vues de Paris) ne se rencontrent pas
souvent dans les premiers volumes, et sont les
mêmes pour toutes les années.

Rédigé par Hébert et Alletz, et par Hébert seul,
après la mort de ce dernier survenue en 1785.

Il se vendait 3 livres les deux volumes (soit les
2 parties AL-MV) reliés en un seul.

La 1ʳᵉ année est difficile à rencontrer et vaut
10 fr.; les autres années de 5 à 6 fr. suivant
l'état.

[B. Ars. A 1773. ‖ Coll. Bégis : Exemplaire
aux armes de M. et de Mᵐᵉ de Sartines.]

308. — ALMANACH POINTU ou
Tablettes nécessaires, en vers et en prose. ‖ A Paris, chez Cailleau, Impri-

meur-Libraire, rue St-Séverin. 1761.
In-32.

Encore un almanach plus ou moins poissard,
empruntant ses qualificatifs à Thomas Diafoirus.
L'Almanach Pointu fit du bruit. On en parla
dans les petits pamphlets de l'époque.

[D'après un catalogue de l'époque].

309. — L'AMBIGU DU PARNASSE,
Chantant. || A Paris, chez Duchesne, Li-
braire, rue St-Jacques, au-dessous de la
Fontaine St-Benoît, au Temple du Goût.
1761. In-32.

[D'après un catalogue de l'époque].

310. — LES AMOURS DE CORINNE,
Chantant. || A Paris, chez Duchesne,
Libraire, rue St-Jacques, au-dessous de la
Fontaine St-Benoît, au Temple du Goût.
1761. In-32.

[D'après un catalogue de l'époque].

311. — AMUSEMENS DES SOCIÉTÉS,
NOUVEL ALMANACH CHANTANT DES
EMBLÈMES OU SYMBOLES. || A Paris
chez Duchesne, Libraire, rue St-Jacques.
1761. In-32.

Couplets à tirer au hasard faisant allusion aux
différents caractères des hommes et des femmes, en
prenant pour symbole des animaux. « Je n'ai fait
que *deux classes* » dit l'éditeur, « *l'une pour les
femmes,* l'autre pour les hommes. Je n'ai point
distingué les états de virginité, de mariage ou de
viduité. On s'imaginera pour l'instant être dans les
circonstances que le couplet suppose. » Un rêve!
*Que de vierges « d'occasion » durent ainsi se ren-
contrer* !
Veut-on un spécimen de ces animaux symboliques? Je prends le limaçon (à l'usage des
hommes).

> Si vous avez affaire en Ville,
> N'enfermez point votre moitié..,
> Mais l'honneur du sexe est fragile,
> Me direz-vous... Quelle pitié !
> Ce seroit le moyen, pauvre homme,
> Étant sorti de la maison,
> De n'y jamais rentrer que comme
> Sort de la sienne un Limaçon.

Plusieurs pièces à la fin parmi lesquelles deux
vaudevilles chantés chez Ramponeaux par Babet
Belle-Humeur et par Madame Saumon, marchande
de marée.
Très probablement c'est le même almanach qui
avait paru antérieurement sous le titre de: *Almanach chantant des Emblèmes ou Symboles.*

312. — L'ANNÉE GALANTE, Almanach
chantant. || A Paris, chez Duchesne,
Libraire, rue St-Jacques, au-dessous de la
Fontaine St-Benoît, au Temple du Goût.
1761 et suite. In-32.

[D'après un catalogue de l'époque].

313. — ÉTRENNES JÉSUITIQUES
POUR L'ANNÉE 1761. Les Jésuites dé-
masqués ou Annales historiques de la So-
ciété. || Cologne, aux dépens de la Com-
pagnie. [Indication factice pour éviter la
censure]. 1760. In-18.

Les « Étrennes Jésuitiques » sont une sorte de
chronique scandaleuse des faits et gestes des Pères
depuis 1540 jusqu'au milieu du XVIIIe siècle, n'ayant
rien d'un almanach.

314. — LA GAGEURE ou Almanach
chantant. || A Paris, chez Duchesne,
Libraire, rue St-Jacques. 1761. In-32.

Recueil de rondes sur les gages touchés et de
questions diverses.

[B. Ars].

315. — LES LOISIRS DE L'AMOUR,
Almanach chantant. || A Paris, chez
Duchesne, Libraire, rue St-Jacques. 1761-
1762. In-32.

[D'après un catalogue de l'époque].

316. — MON JOLI PONT-NEUF. || A
Paris, chez Duchesne, Libraire, rue St-
Jacques, au Temple du Goût. 1761-1762.
In-32.

[D'après un catalogue de l'époque].

317. — LA MUSE BOUQUETIÈRE,
Chantant. || A Paris, chez Duchesne, Li-
braire, rue St-Jacques, au Temple du
Goût. 1761. In-32.

[D'après un catalogue de l'époque].

318. — NOUVELLES ÉTRENNES DU
JOUR DE L'AN ou l'Almanach chantant.
|| A Paris, chez Duchesne, Libraire, rue
St-Jacques, au Temple du Goût. 1761.
In-32.

Énigmes, souhaits et vaudevilles.

[B. Ars.]

319. — ALMANACH DE LA DIVER-
SITÉ. ‖ A Paris, chez Dufour, Libraire,
fonds de Cuissart, au milieu du quai de
Gesvres, à l'Ange Gardien, en face de
Guyon, bijoutier (1762). In-32.

Recueil de chansons.

[D'après un catalogue de l'époque.]

320. — ALMANACH DE LA FRIVO-
LITÉ, dédié aux petits-Maîtres et enrichi
des Oracles cabalistiques pour les Messieurs et les Demoiselles. Par M. Gaudet.
‖ A Paris, chez Valleyre fils, rue St-Jacques, près la Fontaine S. Severin, au Bon
Pasteur. (1762). In-32.

Recueil de chansons, oracles par questions et
réponses.

[D'après le *Censeur Hebdomadaire*.]

321. — ALMANACH DES BEAUX-
ARTS ou Description d'Architecture,
Peinture, Sculpture, Gravure, Histoire
Naturelle, Antiquités et dates des Éta-
blissements de Paris, pour l'année M.
DCC.LXII. *Dédié à M. le Marquis de
Marigny*. Trente sols broché. ‖ A Paris,
chez Claude Hérissant, Imprimeur-Li-
braire, rue neuve Notre-Dame, à la Croix-
d'Or et aux Trois-Vertus (1762). In-24.

La dédicace au marquis de Marigny, « généreux
Mécène d'un Monarque plus chéri que ne le fut
Auguste, qui, sensible aux gémissements de ses
citoyens, rendit à l'habitation de nos Rois la
splendeur et la magnificence que portent partout
leur puissance et leur nom » est signée Hébert.
La seconde année 1, du reste, sur le titre, l'indication « par M. Hébert. » Mais, comme texte, c'est
absolument la même publication à laquelle on a
ajouté un titre et un calendrier nouveaux, un supplément pour 1763, et une table des matières
paginée à la suite. Le supplément est consacré aux
principales œuvres du Salon du Louvre en 1761.
Cet almanach ne donne pas seulement les noms
des peintres, graveurs, sculpteurs de toutes les
écoles, il est encore précieux pour ses renseignements sur les hôtels et maisons particulières de
l'époque. Il fut publié à nouveau en 2 volumes,
en 1776, sous le titre de : *Dictionnaire pittoresque
et historique ou Description d'architecture*, etc... et
devint en 1780, l'*Almanach pittoresque, historique
et alphabétique des riches monumens de Paris*. (Voir
nº 609).

322. — ALMANACH DES GENS D'ES-
PRIT, par un homme qui n'est pas sot,
Calendrier pour l'année 1762, et le reste

de la vie, publié par l'auteur du *Colporteur*. ‖ Toujours à Londres, chez l'éternel
M. Jean Nourse, septembre 1762. In-12.

Anecdotes satiriques sur la société, principalement sur les gens de lettres, sur le monde de la
galanterie et des théâtres. Cet almanach qui,
comme l'indique l'avertissement placé à la fin du
volume, est de Chevrier, fut saisi lors de son apparition. Il figure dans les œuvres de Chevrier sous
le titre de : *Calendrier pour toute la vie publié en
l'année 1762.*
Le même existe avec un calendrier pour l'année
1763.

323. — ALMANACH HISTORIQUE ET
CHRONOLOGIQUE DU CORPS ROYAL
D'ARTILLERIE, par Aug. François-Jean-
Antoine de Labroue, baron de Vareilles-
Sommières. ‖ A Paris, 1762. In-12.

A dû paraître antérieurement.

[Quérard.]

324. — ALMANACH MIGNON, badin
et divertissant, dédié à tout le monde. ‖
A Paris, chez Valleyre fils, rue St-Jacques,
près la Fontaine St-Séverin, au Bon
Pasteur. 1762. In-32.

Recueil de couplets.

[D'après le *Censeur Hebdomadaire*.]

325. — ALMANACH NOUVEAU POUR
L'ANNÉE 1762 avec une Dissertation sur
les Calendriers, les Almanachs, les
Étrennes et les Éphémérides. ‖ A Paris,
chez Le Prieur, Libraire. 1762. In-16.

Cet almanach publié par le Président Durey de
Noinville contient en outre de la « Dissertation »
mentionnée sur le titre, une table alphabétique de
tous les calendriers et almanachs, rédigée à l'instar
des autres tables alphabétiques précédemment
publiées par cet auteur.
Il est mentionné différentes fois dans des volumes de l'époque, mais je n'ai pu le trouver dans
aucune collection, publique ou privée.

326. — ALMANACH POUR LES JEU-
NES GENS QUI SE DESTINENT A
ENTRER DANS LE MONDE, ou les
Complaisances amoureuses. ‖ A Paris,
chez Duchesne, Libraire, au dessous de
la Fontaine St-Benoît, au Temple du Goût.
(1762). In-32.

Recueil de chansons galantes.

[D'après un catalogue de l'époque.]

327. — ALMANACH SINGULIER ou les Délices de la bonne Compagnie. ‖ A Paris, chez Cuissart, Libraire, au milieu du quai de Gesvres, à l'Ange Gardien. (1762). In-32.

Recueil de chansons de table et autres qui figure déjà sur la liste des almanachs du *Censeur Hebdomadaire* pour 1760.

[D'après un catalogue de l'époque.]

328. — L'AMOUR POÈTE ET MUSICIEN. ‖ A Paris, chez Cuissart, Libraire, au milieu du quai de Gesvres, à l'Ange Gardien. (1762). In-32.

Frontispice gravé allégorique : des Amours symbolisant les arts.
Recueil de chansons galantes avec pages de musique gravée.

[Coll. de Bonnechose.]

329. — CALENDRIER DES LOIS DE FRANCE [puis CALENDRIER DES RÈGLEMENS] ou Notice des Édits, Déclarations, Lettres - Patentes, Ordonnances, Règlements et Arrêts, tant du Conseil que des Parlemens, Cours souveraines et autres Juridictions du Royaume, qui ont paru pendant l'année 1762, par M. Vallat-La-Chapelle. ‖ A Paris, chez Vallat-La-Chapelle, Libraire, au Palais, sur le Perron de la Sainte-Chapelle, au château de Champlâtreux. 1762-1765 (?). In-18.

Le *Journal des Savants* ayant critiqué le titre de *Calendrier des Lois* pris, la première année, par l'éditeur, celui-ci, dès l'année suivante, mit à la place le mot « Réglemens » ; ces derniers, expliquait-il, portant toujours la date du jour et du mois où ils ont été rendus.
On y trouve les règlements et arrêts sur toutes matières, soit générales, soit particulières, guerre, marine, blés, domaines, gabelles, messageries, librairie, rentes, tabacs, etc. Au paragraphe : « Médecins chirurgiens, » on ne lira pas sans intérêt le curieux arrêté sur l'inoculation rendu par l'avocat général Joly de Fleury le 8 juin 1763.
D'après la *France Littéraire* l'éditeur était A. C. Cailleau.

[Année 1762 à M. de Bonnechose.]

330. — CALENDRIER DES PRINCES ET DE LA NOBLESSE contenant l'État actuel des Maisons Souveraines Princes et Seigneurs de l'Europe et de la Noblesse [de France], par ordre alphabétique ; Extrait du Dictionnaire Généalogique, Héraldique, Historique et Chronologique : Avec des additions, changemens et augmentations par le même auteur, pour l'année 1762. ‖ A Paris, chez Duchesne, Libraire, rue St-Jacques, au dessous de la Fontaine St-Benoit. (1762-1770). Relié 3 livres. In-12.

Liste de la noblesse par ordre alphabétique, sous forme de dictionnaire, par de la Chesnaye-Desbois, auteur du *Dictionnaire de la Noblesse*, l'œuvre la plus considérable du XVIIIe siècle dans ce domaine. Le titre se trouve abrégé dès la seconde année, mais avec l'adjonction du mot « de France » après « la noblesse ». Chaque année présente de nouveaux articles, et, d'autre part, nombre de familles nobles qui figurent sur le calendrier de 1762 ne sont pas répétées dans les volumes suivants.
Cet almanach fut repris après de la Chesnaye, sous le même titre.

[Voir plus loin n° 577 et, plus haut, n° 176.]

331. — CALENDRIER PERPÉTUEL, Almanach du Ménage où l'on trouve sa devise. ‖ A Paris, chez Dufour, Libraire, fonds de Cuissart, au milieu du quai de Gesvres, à l'Ange Gardien, en face de Guyon, bijoutier. (1762). In-32.

Chansons, devises et énigmes.

[D'après un catalogue de l'époque.]

332. — COLLECTION LYRIQUE. ‖ A Paris, chez Cuissart, Libraire, au milieu du quai de Gesvres, à l'Ange Gardien. (1762). In-32.

Recueil de chansons de toutes sortes.

[B. Ars.]

333. — LE COMPÈRE ET LA COMMÈRE ou la Royauté de Jacot. ‖ A Paris, chez Cuissart, Libraire, au milieu du quai de Gesvres, à l'Ange Gardien. 1762 et suite. In-32.

Recueil de chansons qui figure déjà sur la liste d'almanachs pour 1760, dressée par le *Censeur Hebdomadaire*.

[D'après un catalogue de l'époque.]

334. — LE DESSERT DES BONNES COMPAGNIES, par M. D***. ‖ A Paris, chez Cuissart, Libraire, au milieu du quai

de Gesvres, à l'Ange Gardien. (1762).
In-32.

Recueil de chansons dû sans doute à M. Desroches, et dont le titre visait à faire concurrence à
l'*Almanach des Desserts* de M. Nau.

[Voir plus haut, nº 185.]

335. — ÉTRENNES D'APOLLON. ‖ A

Paris, chez Dufour, Libraire, fonds de
Cuissart, au milieu du quai de Gesvres,
à l'Ange Gardien, en face de Guyon,
bijoutier. (1762). In-32.

Recueil de chansons qui a dû paraître, pour la
première fois, en 1759.

[D'après un catalogue de l'époque.]

336. — ÉTRENNES ECCLÉSIASTI-

TIQUES HISTORIQUES ET TOPOGRA-
PHIQUES DE L'ARCHEVÊCHÉ DE
PARIS et des Beautés que l'on y admire.
On y trouve dans le plus grand détail
les environs de la capitale à 12 et 14
lieues à la ronde, avec toutes les routes
de cette distance, en 18 cartes, suivis
d'une Description des principales Villes,
et on a joint à chaque Carte une Table
Alphabétique pour trouver aisément tous
les lieux qu'on souhaite y voir tels que
les Abbayes, Chapitres, Cures, Prieurés,
Bénéfices simples, Chapelles, les Châteaux, Maisons de plaisance et particulières. On a eu en vue de donner une Division
exacte de l'Archevêché de Paris en ses trois
Archidiaconés, ses deux Archiprêtrés et
par subdivision ses sept Doyennés ruraux.
Ouvrage utile et dédié au clergé du diocèse. ‖ A Paris, chez Delalain, libraire, Desnos, ingénieur géographe, pour les globes
et sphères, à l'Enseigne du Globe, rue
St-Jacques. Si le public accueille favorablement cet ouvrage, on donnera tous
les Archevêchés de France dans le même
ordre. Voyès l'Avertissement, après le
Frontispice. Vol. in-12. Broché, les cartes
coloré, enluminé (sic), 5 liv. Idem sans
enluminures, 4 liv. 10 sols. 1762. In-12.

Ce titre qui est gravé, forme carte. Il est plié
en deux. Suit un plan de Paris et de ses faubourgs,
colorié, et une série de cartes donnant la description
minutieusement détaillée des environs. Quoique
le titre indique 18 cartes, les exemplaires à moi
connus n'en possèdent que 16.

Les *Étrennes Ecclésiastiques* ne sont pas autre
chose que la mise en vente sous un titre nouveau,
de l'ouvrage : « L'*Archevêché de Paris*, divisé en
ses trois archidiaconés », publié vers 1760.

[Voir, plus loin : *Almanach des environs de Paris*,
nº 462.]

337. — ÉTRENNES HISTORIQUES ET

CHRONOLOGIQUES DE LA VILLE DE
PARIS, Avec les armes du Gouverneur,
Lieutenant-Général, Prévôt, Echevins,
Conseillers et Quartiniers. Dédié à Monsei-
gneur le duc de Chevreuse, gouverneur
de Paris. ‖ A Paris, chez Lebreton, Impr.
ordinaire du Roi, et chez Durand. 1762.
In-12.

Tableau de tout ce que la ville de Paris renferme de beau et de remarquable. Description par
quartiers. Une partie est consacrée à l'Hôtel-
de-Ville et donne les noms, armes et blasons des
magistrats. Jolies petites planches d'armoiries.
Par MM. Defehrt et P. L. Cor.
Existe en deux états, avec et sans les planches
d'armoiries.

[B. Carn. ‖ Coll. Paul Lacombe.]

338. — ÉTRENNES MARITIMES, pour

l'année 1762, Contenant Des Idées générales de la Marine et des Vaisseaux, Et
l'État des Officiers de la Marine, à la fin
de 1761. ‖ A Paris, chez Nyon, quai des
Augustins, à l'Occasion. 1762 et suite.
In-24.

Almanach très bien imprimé et orné d'estampes
soigneusement gravées. Il contient des renseignements sur la marine, son ancienneté, ses avantages ; il donne la description des différents genres
de navires de guerre et le nom des « divers bâtiments qui sont d'usage à la mer ».
L'année 1765 contient 6 planches représentant
des vaisseaux en construction, des coupes de vaisseaux et des vaisseaux entièrement achevés.

[B. N. Année 1765.]

339. — LES ÉTRENNES NOCTURNES,

ALMANACH DU JOUR. ‖ A Paris, chez
Cuissart, Libraire, au milieu du quai de
Gesvres, à l'Ange Gardien. (1762). In-
32.

Recueil de chansons grivoises dont l'esprit se
trouve surtout dans le titre. Il était destiné à faire
concurrence aux *Étrennes du Jour*.

[Bibliogr. du Comte d'I***.]

340. — LES FOLIES CHANTANTES, Étrennes à la Mode. ‖ A Paris, chez Langlois, Libraire, rue du Petit-Pont. (1762). In-32.

Recueil de chansons provenant du fonds Cuissart et ayant paru pour la première fois en 1759.

[B. Ars.]

341. — GÉOGRAPHIE DES DAMES OU ALMANACH GÉOGRAPHIQUE-HISTORIQUE. Où l'on a mis tout ce qu'on doit sçavoir de la Géographie moderne, en 55 cartes, dont plusieurs semi-Topographiques pour les Environs de Paris ; Avec une Table Alphabétique des principales villes du monde, et un Calendrier dressé pour 12 ans. 1762. ‖ A Paris, rue Saint-Jacques, chés (sic) Pasquier, vis-à-vis les Jésuites ; Denis, à côté de la veuve Bordelet. In-32.

Titre en lettres gravées. Almanach composé de cartes géographiques coloriées, avec explications également gravées. Il contient en outre un plan de Paris et de ses environs, en 23 feuillets, avec les distances en toises, comptées à partir de l'Observatoire de Paris ; il se termine par une table alphabétique et historique des principales villes du globe.

L'auteur, dans un avis placé en tête du volume, nous annonce qu'il « fait paraître ce petit ouvrage sous les auspices des dames, principalement pour leur épargner l'embarras des longues recherches ou des détails minutieux. » On lit, d'autre part, dans une préface, gravée, comme toute la publication :

« Tous les jours en lisant une histoire, une Gazette etc., ou dans une conversation, l'on se trouve embarassé (sic) par quelque difficulté Géographique, et l'on n'a pas sous ses mains les Cartes et les Livres nécessaires pour éclaircir le point. Les Dames et les Jeunes Gens surtout, que nous avons principalement en vue, quelquefois même des Personnes, d'ailleurs, très instruites, sont arrêtées et commettent des bévues grossières, vous transporte¹ en Amérique ce qui s'est passé aux Indes orientales, ou placent dans la Bohême une Ville de Westphalie, ignor¹ le cours des rivières, etc. Delà combien de mauvaises conséquenses, de fausses suppositions et de raisonnemens ridicules !

« Il nous a paru qu'un Abrégé portatif tel que celui-ci pourroit aider la mémoire des gens éclairés, et mettre les autres à même de voir d'un coup d'œil la position juste des Lieux. Et comme nous n'avons rien oublié pour le rendre aussi utile et curieux qu'il est commode. Nous avons lieu de croire qu'il sera reçu favorabl¹ du Public et

qu'il tiendra son rang parmi cette multitude infinie d'*Almanachs* de toutes couleurs et de toutes formes dont l'objet est beaucoup moins intéressant pour la plus part (sic). Nous pourrons du moins nous flater (sic) d'en avoir augmenté le nombre sans aucun danger pour les bonnes mœurs, avantage rare dans ce genre de composition. Au contraire la description du Globe ne doit-elle pas élever l'âme jusqu'au Créateur à la vue des merveilles dont nous présentons le tableau en raccourci (sic). »

Dans le calendrier, pouvant servir comme l'indique le titre, pendant 12 ans, les jours de la semaine sont remplacés par les 7 premières lettres de l'alphabet.

(*)

342. — MÉLANGE AGRÉABLE ET AMUSANT. ‖ A Paris, chez Dufour, Libraire, au milieu du quai de Gesvres, à l'Ange Gardien. (1762) In-32.

Recueil de chansons déjà publiées dans différentes petites plaquettes et réunies ainsi sous un titre nouveau.

[B. Ars.]

343. — MOMUS FABULISTE ou la Folie raisonnable. ‖ A Paris, chez Valleyre. 1762. In-32.

Recueil de chansons.

[B. Ars.]

344. — LE NOUVEAU CHANSONNIER DE PÉGASE. ‖ A Paris, chez Dufour, Libraire, au milieu du quai de Gesvres, à l'Ange Gardien. (1762) In-32.

Recueil de chansons.

[B. Ars.]

345. — NOUVELLE ALPHABÉTO-MANTIE ou Almanach des Dames, sans oublier les Messieurs,

Car que feroient
Refrain :
Les unes sans les autres,
Lon, la,
Les unes sans les autres,

‖ A Paris, chez Duchesne, rue St-Jacques, au dessous de la Fontaine St-Benoît, au Temple du Goût. 1762. In-32 (12 sols).

Suite à l'*Alphabétomantie* de 1757 (voir n° 229) avec de nouveaux couplets dans le même goût, et décents. « Sur cet article je ne crains aucun reproche, » dit l'auteur. « Si j'ai tâché de plaire, ce n'a jamais été aux personnes qui n'aiment que les couplets au gros sel. Le Madrigal ne doit point être un aiguillon pour la débauche, ni l'Épigramme un sarcasme. »

« Des 24 lettres de l'alphabet les 12 premières ren-
voyent aux amours de la dame, les 12 autres regardent son mariage ; les 24 indiquent les couplets sur
son caractère ou ses vérités. » Même distribution
pour le « côté des hommes. »

[B. Ars. || Coll. baron Pichon.]

346. — LE PASSE-TEMS GALANT. ||
A Paris, chez Dufour, Libraire, au milieu
du quai de Gesvres, à l'Ange Gardien.
(1762) In-32.

Recueil de chansons.

[B. Ars.]

l'Ange Gardien, en face de Guyon, bijoutier. (1762). In-32.

Recueil de chansons avec énigmes et questions.

[D'après un catalogue de l'époque.]

349. — LE TRIOMPHE DE BACCHUS.
Almanach Ramponeau Dedié aux Ribot-
teux et Polissons. || De l'Imprimerie de
la Courtille, à la Renomée du Tambour.
(Paris, Cuissart). (1762). In-32.

Titre et frontispice du « Triomphe de Bacchus », d'après un exemplaire de la collection de Bonnechose.

347. — LES PLAISIRS DE LA NOU-
VEAUTÉ. || A Paris, chez Dufour, Li-
braire, fonds Cuissart, au milieu du quai
de Gesvres, à l'Ange Gardien, en face
de Guyon, bijoutier. (1762). In-32.

Recueil de chansons dont la tête doit remonter
à 1759.

[D'après un catalogue de l'époque.]

348. — PROPHÉTIES GALANTES. ||
A Paris, chez Dufour, Libraire, fonds
Cuissart, au milieu du quai de Gesvres, à

Titre gravé. Frontispice représentant une scène
bachique.

Au titre gravé est joint un titre imprimé dont
voici la reproduction :

— Le Triomphe de Bacchus, Almanach rampo-
neau, Dedié au Riboteurs. Pour la présente Année.
Sur des Airs connus. Par M. D***. || Au Parnasse
Moderne, Et se trouve à Paris, chez Cuissart,
Libraire, au milieu du quai de Gesvres, à l'Ange-
Gardien.

Recueil de chansons bachiques dû, très certainement, à M. Desroches, qui s'ouvre par des vers aux
lecteurs dont nous extrayons les sixains suivants :

Composant cet Almanach,
Apollon n'est point mon guide,
Je suis plus fin que cela,
Bacchus à mes Écrits préside,
Lorsque je veux travailler,
Je prends grand soin de m'enyvrer.

.·.

Travaillant dans mon caveau,
Je suis toujours à mon aise;
Mon pupitre est un Tonneau,
Un Broc renversé fait ma chaise,
Mon encrier est à plomb,
Il est caché dans le Boudoir.

.·.

Un habit couleur de Vin
Fait mon unique parure,
Je prends soin chaque matin
De le remettre à la teinture;
De plus j'ai le vrai secret
D'avoir mes cheveux en faucet.

.·.

Bien loin d'être pointilleux
Et de craindre la critique;
Je me ris des envieux
Comme de l'Almanach qui picque *
Mon soin est quand je suis soul
De ne me point casser le cou.

* Allusion l'*Almanach pointu*, paru en 1761.
(Voir n° 308.)

[Coll. de Bonnechose.]

350. — UN PEU DE TOUT, ou le Véritable et bon Parisien. ‖ A Paris, chez Dufour, Libraire, fonds Cuissart, au milieu du quai de Gesvres, à l'Ange Gardien, en face de Guyon, bijoutier. (1762) In-32.

Recueil de chansons de 64 pages (c'est le chiffre indiqué par le *Censeur Hebdomadaire*) ayant déjà paru en 1759.

[D'après un catalogue de l'époque.]

351. — ALMANACH DE LA SANTÉ ou Coup-d'œil salutaire sur les moyens de se la conserver, en connaissant les maladies les plus fréquentes et en évitant les pièges du charlatanisme. ‖ Paris, chez Panckoucke. 1763. In-18.

Publication populaire sur la médecine, comme il en paraîtra, alors, un assez grand nombre, et dont le texte se trouve être plus ou moins la reproduction des ouvrages de l'époque.

Voir plus loin n° 373.

[Quérard.]

352. — ALMANACH DE MÉDECINE. ‖ A Paris, chez Grangé et Dufour. 1763. In-32.

Cet almanach devait, très probablement, faire concurrence à la publication latine de l'Académie de médecine et sans doute il a dû aussi paraître pendant plusieurs années, mais il ne se trouve dans aucune bibliothèque.

[Quérard.]

353. — ALMANACH DU TABLEAU DE L'UNIVERS qui marque la distance de Paris à toutes les villes les plus remarquables du Monde, 1763. ‖ A Paris, chez Guillyn, quai des Augustins, du côté du pont Saint-Michel, au Lys d'Or. 1763 et suite. In-32.

En guise de frontispice, la Mappemonde se repliant. Le titre devint, par la suite :

— *Le Petit Tableau de l'Univers*, Extrait du grand « *Tableau de l'Univers* », 4 vol. in-12. Almanach pour 1770, qui comprend la description de tous les pays et villes du Monde, leurs positions et distances de Paris, les grandes routes de terre, de mer et de rivières de France, l'étendue des côtes des mers avec les royaumes et villes qui y sont situés, le cours des rivières, les hautes montagnes, les gouvernemens de France, les Ordres de chevaliers et religieux de l'Europe, et les Écrivains profanes de tous les siècles de l'Ère chrétienne. Ouvrage utile aux Négocians et Voyageurs. Prix : deux livres, relié.

354. — ALMANACH ECCLÉSIASTIQUE, HISTORIQUE ET CHRONOLOGIQUE, pour l'année 1764, contenant l'état actuel de la Cour de Rome, le clergé de France en général et particulièrement de Paris et de la Cour. ‖ A Paris, chez Duchesne, Libraire, rue St-Jacques, au-dessous de la Fontaine St-Benoît, au Temple du Goût. 1762-1767. In-24.

Se vendait 1 livre 4 sols.
D'après Quérard paraît être la suite de l'*Almanach Ecclésiastique* de 1754.

[Voir n° 209.]

355. — ÉTAT DE LA MARINE. Année 1763. ‖ A Paris, De l'Imprimerie de Nyon. [A partir de 1784 : chez D'Houry, Imprimeur de Mgr le Duc d'Orléans, rue Hautefeuille, au coin de celle des Deux-Portes.] 1763-1790. In-24 et in-18.

Sur le titre, petite vignette représentant une ancre sur un rocher; au fond, dans le lointain, un vaisseau. Au-dessus, dans les nuages, l'écusson fleurdelysé et couronné.

Almanach composé uniquement de l'état officiel de la Marine (gardes du pavillon, commandants des ports et directeurs généraux, direction de l'artillerie, ingénieurs-constructeurs, académie royale de marine, composition des escadres, etc...) auquel se trouve ajouté, la plupart du temps, à partir de 1778, l'*Almanach des Colonies*. (Voir n° 589.)

L'*État de la Marine*, intéressant surtout pour les renseignements qu'il fournit sur certaines familles de l'ancienne France, sera lui-même continué par l'*État général de la Marine* (voir plus loin.)

[De 8 à 10 fr. l'année, en reliure de l'époque. Il y existe des reliures « à la poupe de navire » comme on verra des reliures au ballon.]

356. — ÉTRENNES AUX DAMES,
avec le Calendrier de l'Année 1763. Première Partie : Notice des femmes illustres dans les belles-lettres. Seconde Partie : Notice des livres composés par des femmes. ‖ A Paris, chez Musier fils, quai des Augustins, au coin de la rue Pavée, à St-Etienne. M.DCC.LXIII. 1763 et suite. In-16.

Petite vignette sur les titres, chaque partie ayant sa numérotation spéciale. « Si ce petit ouvrage, lit-on dans l'avertissement, a le bonheur d'être agréé, nous pourrons le continuer d'année en année en adoptant les augmentations convenables.» Jolies têtes de chapitre gravées par de Sève.

J'ai sous les yeux l'année 1764 contenant quelques additions qui, au dire de l'éditeur, devaient l'améliorer. En cette seconde édition la vignette du titre a disparu. J'ignore si cette publication, due à J.-B. Guillaume Musier, s'est continuée plus avant dans le siècle.

357. — ÉTRENNES AUX PAILLARDS.
Janvier 1763.

Petit almanach contenant 26 couplets sur 26 danseuses de l'Opéra et leurs entreteneurs, « couplets fort méchants et fort bien faits dans leur espèce » disent les *Mémoires Secrets*, qui ajoutent : « Mlle Lany ouvre le bal. Cet Almanach est arrivé de Saint-Denys, par la poste, à plusieurs personnes. »

358. — ÉTRENNES POISSARDES ET
POLISSONNES, contenant plusieurs Scènes facétieuses et gaillardes, avec des Énigmes. Tant en chansons grivoises qu'en style Poissard. Le tout précédé d'un Bouquet poissard chantant. Dédiées à

Mme Policarpe, marchande de marée, et l'une des plus fortes gueules de la Halle. ‖ Aux Porcherons, de l'Impression de Marie Bonbec, la poule à ma tante. Avec permission des Marchandes d'oranges. (A Paris, chez Gueffier, puis chez Cailleau). 1763-1776. In-32.

Dédicace à Madame Policarpe, marchande de marée dont la place est le rendez-vous des maîtres d'hôtel les plus huppés. Complimens du jour de l'an entre Mesdames les marchandes d'Oranges et Mesdames les Bouquetières en allant boire le rogome à cinq h. du matin. La Ravaudeuse, scène poissarde etc... Calendrier.

Almanach qui a dû paraître pour la première fois en 1761 et qui a eu de nombreuses imitations.

Voir les *Nouveaux Bouquets poissards*, le *Goûter des Porcherons*, le *Nouvel Almanach polisson*, l'*Almanach des Halles et des Ports.*

359. — LA FRANCE ECCLÉSIASTIQUE, ou État présent du Clergé Séculier et Régulier, des Ordres Religieux-Militaires, et des Universités. Contenant, 1° La Cour de Rome ; les Archevêques et Evêques et les Généraux-d'Ordres de l'*Eglise Universelle.* 2° Les Vicaires-Généraux et Secrétaires des Sièges ; les Officiaux, Promoteurs et Greffiers ; les Séminaires ; les Chanoines des Églises-Cathédrales; le patronage des Canonicats; les principaux Patrons et Collateurs de tous les Diocèses de *France.* 3° Les Chapitres Nobles ; les Abbayes Commendataires et Régulières ; les Prieurés à nomination Royale ; les Collégiales, avec le patronage des Canonicats; les Ordres Religieux-Militaires ; les dignités séculières possédées par personnes Ecclésiastiques ; les Chambres Supérieures et Diocésaines; les Supérieurs-Généraux et Provinciaux du Clergé Régulier ; les Universités de France. 4° Les chapitres, Paroisses, Séminaires, Couvens et Université de *Paris,* avec le patronage des Canonicats et des Cures de cette Capitale. 5° Le Clergé de la Chapelle et de la Maison du Roi. 3 l. broché, et 3 l. 10 s. franc de port par tout le royaume. ‖ A Paris, chez G. Desprez, Imprimeur du Roi et du Clergé de France, rue S. Jacques. M.DCC.LXIII. 1763-1790 (1). In-12.

_____

(1) Le titre ici transcrit est celui de l'année 1768.

Cet almanach a dû paraître pour la première fois en 1763 ; le privilège est daté du 15 octobre 1762, et l'éditeur, dans un avis placé en tête de l'année 1768, parle d'une modification qu'il « a déjà annoncée dans la dernière édition de ce Recueil. »

[B. N. || B. de l'Archevêché : Années 1786, 1787, 1790.]

360. — GUIDE DES LETTRES, Contenant l'Ordre général du Départ et de l'Arrivée des Courriers des Postes, dans toutes les Principales Villes de France. Au moyen duquel on peut facilement connaître, en quelque Ville que l'on soit, les Jours et Heures du Départ des Lettres, et ceux de leur Arrivée au Lieu de leurs destinations. Présenté à Messieurs les Administrateurs généraux des Postes et Messageries de France. Ouvrage utile et nécessaire à touts (sic) ceux qui sont en commerce de Lettres. Par M. Guyot, de la Société Littéraire-Militaire et Directeur au Bureau Général des Postes. Prix broché 6 L. et 7 L. 10 s. Relié. || Se vend à Paris chez l'auteur, à l'hôtel des Postes, Guyot tenant la seule manufacture d'Encre rue des Arcis, à la petite Vertu.(1763-1791) In-4, puis in-16 et in-12.

Texte gravé, variant peu dans ses différentes publications ; le tableau de départ et d'arrivée des courriers était renouvelé à chaque tirage.

La *France Littéraire* annonce à la même date les *Étrennes des Postes* ou *Petit Guide des Lettres* également par M. Guyot. C'est donc, très certainement, la même publication qui se vendait peut-être déjà sous deux titres différents. En tout cas, en 1773, elle devint :

— *Petit Guide des Lettres* Pour l'Année 1773. Contenant les Jours et Heures du Départ et de l'Arrivée des Couriers (sic) au Bureau Général des Postes de Paris, la Taxe des Lettres, le Prix de l'Affranchissement et le Tems qu'elles sont en Route. Présentées à Messieurs les Intendants et administrateurs généraux des Postes de France Par M. Guyot, de la Société Littéraire Militaire et Directeur au Bureau Général des Postes. Prix 1 L. 4 s. en Blanc.|| Se Vend à Paris chez l'Auteur, rue Mauconseil, vis-à-vis la rue Francoise. In-16.

Puis en 1781 il reprit son ancien titre :

— *Guide des Lettres pour l'année 1781...* || Paris, chez l'auteur, et chez Gueffier. In-12.

A partir de l'année 1788, il se trouve rédigé par M. Dagaud.

[B. N. Intéressante collection.]

361. — ALMANACH CHANTANT DE LA COURTILLE. || A Paris, chez Duchesne, Libraire, rue St-Jacques, au Temple du Goût (1764). In-24.

Recueil de chansons ayant pris le titre, alors fort à la mode, de la Courtille.

[D'après un catalogue de l'époque.]

362. — ALMANACH CHANTANT DES PAROISSES. Almanach à la grecque, chantant. || A Paris, chez Duchesne, libraire, rue St-Jacques, au Temple du Goût. (1764) In-24.

Les almanachs, comme l'architecture, comme les coiffures, éprouvèrent le besoin d'être à la grecque.

Et quel mélange ! après la Courtille, les paroisses et la grecque.

[D'après un catalogue de l'époque.]

363. — ALMANACH CHANTANT POUR LES JEUNES GENS.|| A Paris, chez Duchesne, libraire, rue St-Jacques, au Temple du Goût. (1764) In-24.

[D'après un catalogue de l'époque.]

364.— ALMANACH DE LA CI-DEVANT SOCIÉTÉ DE JÉSUS, avec des notes très curieuses. || Paris, Villette. 1764. In-24.

Les Jésuites avaient été, cette année même, bannis de France. Cet almanach devait donc être, très certainement, un pamphlet.

[Quérard]

365. — ALMANACH DE LA TOILETTE. || A Paris, chez Gueffier, Libraire. (1764). In-32.

Devait être, très probablement, une publication populaire, mélange de conseils sur l'hygiène et la toilette.

[D'après un catalogue de l'époque.]

366. — ALMANACH DES COMMERÇANS contenant l'indication des Villes commerçantes de l'Europe, le détail de leurs Manufactures, le cours du change avec la France, les monnoyes étrangères, le rapport des mesures et des poids, les choses dignes de curiosité qu'on y trouve, et les routes de Paris à chacune de ces Villes; Avec des instructions pour voyager utilement, commodément et agréablement. || A Paris, chez Duchesne, Libraire,

rue Saint-Jacques, au Temple du Goût.
M.DCC.LXIII. 1764, 1766, 1767, etc.
In-24.

Le privilège daté de novembre 1763 donne pour
titre à ce volume : *Almanach du Commerce et des
Voyageurs.*

« Si les instructions pour le voyage sont utiles à
bien des gens, » pense l'éditeur, « elles le sont
infiniment davantage aux Commerçants de quelque
profession qu'ils soient ; c'est donc à eux surtout
que s'adresse le présent ouvrage donnant la
nomenclature des villes par ordre alphabétique. »

Renseignements souvent intéressants au point de
vue du commerce et de l'industrie, mais on se demande pourquoi le rédacteur de cet almanach appelle Genève « belle et riche ville d'Italie, capitale
de la République du même nom » !

**367. — ALMANACH DES MADRI-
GAUX DE Mme DE LA SABLIÈRE. || A
Paris, chez Duchesne, Libraire, rue St-
Jacques, au Temple du Goût. 1764. In-24.**

Gentille petite plaquette imprimée en rouge.
Avait paru précédemment en 1761, sous le titre
de : *Les Madrigaux de Madame de La Sablière.*

[D'après un catalogue de l'époque.]

**368. — ALMANACH ENCYCLOPÉDI-
QUE ou Chronologie des Faits les plus
remarquables de l'Histoire universelle
ancienne et moderne, enrichie d'Anecdotes
curieuses pour l'année 1764. Prix : vingt-
quatre sols. || A Amsterdam, et se trouve
à Paris, chez Valleyre fils, Imp. libraire,
rue de la Vieille Bouclerie, à l'Arbre de
Jessé. In-12.**

Chronologie, d'abord classée sans ordre, puis
divisée par la suite en une longue succession
de matières différentes. Curiosités diverses. Réflexions sur la vie des hommes. Inventions du
siècle. Ordres de chevalerie. Bibliothèques publiques et particulières, etc.

Voir pour la suite : *Nouvel Almanach Encyclopédique,* (n° 451).

[B. Ars. Année 1764.]

**369. — ALMANACH HISTORICO-PHY-
SIQUE ou Manuel des Curieux, Pour l'Année 1764. Par M. Belanger. [Épigraphe :]**

La nature est mon livre, et je prétends y voir
Moins ce qu'on a pensé que ce qu'il faut savoir.
                    Volt. Disc. sur la Moder.

**|| A Paris, chez Duchesne, Libraire, rue
Saint-Jacques, au Temple du Goût. L'Auteur, rue et la première porte cochère**

après le petit St-Antoine. M.DCC.LXIV.
In-24.

Almanach consacré à des questions d'Histoire Naturelle, dédié aux dames physophiles (*sic*), et dont
le titre de départ porte : « Almanach Historico-
Physique ou la Physiosophie des Dames. »

Il donne les cours publics de physique expéri-
mentale, de chimie, d'histoire naturelle, de botanique,
les indications de promenades pour herborisations,
les noms des coquilles et des pierres, les noms des
auteurs anciens qui ont écrit sur l'histoire naturelle, les noms des villages aux environs de Paris
où l'on trouve des morceaux d'histoire naturelle,
l'explication des mots les plus usités en la matière,
les cabinets publics et particuliers d'histoire naturelle, les noms et adresses des marchands.

Avec un calendrier.

[Coll. de Bonnechose.]

**370. — ALMANACH ICONOLOGIQUE
OU DES ARTS pour l'année 1764, orné
de figures, avec leurs explications, par
M. Gravelot. || A Paris, chez Lattré,
graveur, rue St-Jacques, à la Ville de
Bordeaux. Petit in-18.**

Almanach entièrement gravé. Titre par Legrand,
frontispice par Lemire. Voici, d'autre part, le détail des 12 planches de Gravelot, la plupart datées
1763 et gravées par Choffard, Baquoy, Prevost,
de Longueil, Lemire : 1. Agriculture.— 2. Poésie.
— 3. Musique. — 4. Danse. — 5. Éloquence. —
6. Écriture. — 7. Architecture. — 8. Sculpture. —
9. Peinture. — 10. Navigation. — 11. Art militaire. — 12. Chirurgie.

[Voir le n° 379.]

**371. — ÉTRENNES DE MARS POUR
L'ANNÉE 1764.**

[D'après un catalogue de l'époque.]

**372. — ÉTRENNES SALUTAIRES ou
Précis de ce qu'il est à propos d'éviter et
de faire pour se conserver en bonne
santé et prolonger sa vie. Avec des augmentations pour cette Année 1764. [Épi-
graphe :] O sanitas ! tu maximum omni-
bus bonum. || A La Haye et se trouve
à Paris, chez P. Fr. Didot le jeune, Quai
des Augustins, près du Pont Saint-Michel.
M.DCC.LXIV. 1764 et suite. In-24.**

Dans un avertissement l'éditeur dit qu'il se sert
de la forme de l'almanach,— les almanachs se vendant mieux que tout autre publication,— pour populariser des vérités utiles et intéressantes. C'est,
du reste, un extrait de l'ouvrage *Le Conservateur de*

la Santé par M. Lebègue de Presle. Conseils sur la température, les aliments, l'exercice, le sommeil et le coucher, sur les passions et les habitudes. Préjugés et précautions contraires à la santé. Pratiques salutaires pour tous les jours.

D'après la *France Littéraire* paraissait encore en 1770.

373. — ORDRE CHRONOLOGIQUE DES DEUILS DE COUR, qui contient un précis de la vie et des ouvrages des Auteurs qui sont morts dans le cours de l'année 1763 ; suivi d'une Observation sur les Deuils. || A Paris, De l'Imprimerie de Moreau, rue Galande. M.DCC.LXIV. 1764 et suite. In-12.

Dans l'avis placé en tête, l'éditeur dit que « cet ouvrage, qui paroitra régulièrement tous les ans, est consacré à la mémoire des hommes illustres dans les sciences et dans les arts. » Poëtes, Orateurs, Historiens, etc. ; Peintres, Sculpteurs, Musiciens, Architectes, etc. ; Acteurs et Actrices célèbres ; toutes les personnes enfin qui auront mérité pendant leur vie l'attention de leur siècle, recevront ici un tribut d'éloges et de regrets capable d'exciter l'admiration de ceux qui voudront, à leur exemple, se distinguer dans la même carrière.

« On y trouvera aussi une récapitulation historique des princes morts pendant l'année ».

Notices nécrologiques à signaler: Marivaux et Bougainville (A. 1764), Rameau, Racine (A. 1765), Guyot de Merville, Clairaut, Carl Van Loo, (A. 1766).

[B. N. Années 1764, 1765, 1766.]

374. — ALMANACH AMBIGU DU PARNASSE. || A Paris, chez la veuve Duchesne, libraire, rue St-Jacques, au Temple du Goût. 1765. In-24.

Recueil de chansons mentionné par Quérard.

375. — ALMANACH CHANTANT A LA NOUVELLE MODE. || Paris, veuve Duchesne, puis Valade, puis Desnos, puis Girard. In-24. 1765-1784, soit 20 années. In-24.

Recueil de chansons qui fut publié par divers éditeurs.

[D'après des catalogues de l'époque.]

376. — ALMANACH DE L'ANNÉE GALANTE. || A Paris, chez la veuve Duchesne, Libraire, rue St-Jacques, au Temple du Goût. 1765 et suite. In-24.

Sous les mêmes date et adresse, cet almanach a été publié sans changement aucun avec des titres entièrement différents : *Almanach des Oracles et de*

l'Amour, — *Almanach des Plaisirs,* — *Almanach du beau sexe ou Apologie des Dames,* — *Almanach des loisirs de l'Amour,* — *Almanach d'Ainsi va le Monde,* — *Nouvel Almanach des Dames et des Messieurs,* etc. Tous ces petits almanachs sont rares sans présenter, toutefois, rien de particulier, comme intérêt.

Ils ont continué à paraître pendant plusieurs années. On les retrouve, en effet, en 1775.

377. — ALMANACH DES MUSES [ou Recueil de poësies fugitives de nos différents poëtes qui ont concouru en 1764]. || A Paris, chez Delalain, libraire, rue de la Comédie Françoise. M.DCC.LXIV [plus tard, Delalain l'aîné et fils, rue St-Jacques, 240 (1) ; à partir de 1795, chez Louis, rue Severin n° 29, puis rue de Savoie ; en 1817 chez Lefuel et Delaunay ; en 1823, chez A. Eymery et, en dernier lieu (1825), chez Bouquin de la Souche, boul. St-Martin. — Il existe pour l'année 1768 des titres portant : « A Berlin et se trouve à Paris, chez De Lalain »]. 1765-1798 et 1800-1833, 69 années pet. in-12.

La première année a été réimprimée en 1765 avec des augmentations. Le titre de départ jusqu'en 1794 (inclusivement), porte toujours : « Almanach des Muses ou Choix des Poésies fugitives de 17.." [Suit le millésime].

C'est Sautereau de Marsy qui conçut l'idée de ce recueil ; c'est lui qui le dirigea de 1765 à 1793 avec la collaboration de Jos. Mathon de la Cour pour les années 1766, 1767, 1768 et 1769. En 1794 il passa aux mains d'Étienne Vigée qui le rédigea jusqu'à sa mort en 1820, et qui, du reste, paraît en avoir été l'éditeur responsable dès 1789. De 1820 à 1833 il eut pour inspirateurs différents hommes de lettres.

De l'origine jusqu'en 1794 le titre est gravé. Chaque année c'est une composition nouvelle, presque toujours dessinée et gravée par Poisson, la plupart du temps des lyres, des chalumeaux, des rubans avec un encadrement décoratif, le titre étant souvent dans un médaillon rond ou ovale. Le titre de 1767 représente Pégase s'élançant du haut d'un rocher, le titre de 1794 (le dernier) les neuf muses en autant de petits médaillons, au-dessus desquels est le buste d'Apollon (2). A

_____

(1) L'année 1794 porte rue Jacque n° 140. Souvent à partir de 1780 le nom de l'éditeur est orthographié ainsi : de Lalain.

(2) Ce titre a été reproduit dans *Le Directoire* de Paul Lacroix ainsi que le titre de l'année 1808 dessiné par Marillier (Érato faisant boire l'Amour à la fontaine d'Hippocrène).

partir de 1795 un frontispice se place en regard du titre imprimé ; toutefois les années 1807, 1808 ont à nouveau un titre gravé. Ces frontispices, toujours allégoriques, — des Liberté couronnant Apollon, des divinités annonçant la Paix, des Érato faisant boire l'Amour à la fontaine d'Hippocrène — sont de Queverdo, Maréchal, Monnet, Marillier, et la gravure en est assez lourde : le plus curieux de tous, curieux et comique à la fois, est celui de l'année 1803 signé Émile Dupré et représentant, suivant l'explication fournie par la légende elle-même, des religieuses qui affublent un Amour de tout l'attirail monastique. Mais, à leur tour, les

A PARIS
Chez DELALAIN. Libraire Rue de la
Comedie Françoise.

frontispices, déjà irréguliers à dater de 1803, disparaissent : à partir de 1815 l'*Alm. des M.* n'en possède plus. On est revenu au titre gravé, mais au lieu des ornements ce ne sont plus que des lettres avec la traditionnelle petite vignette, généralement un Amour tenant une lyre (sujet de Lambert ou de Chasselat.)

Des airs gravés se rencontrent dans nombre de volumes dès 1767. La même année supprime les lettres capitales du commencement de chaque vers et il fallut la Révolution, c'est-à-dire l'année 1795, pour les rétablir. « On a tenté cette innovation dans le *Journal des Dames* » disait l'éditeur et on en a donné les raisons dans le volume de janvier 1766.

D'après un avis placé en tête du volume pour 1794, le recueil devait paraître chaque année à l'équinoxe de printemps mais on jugea, paraît-il, plus convenable d'en fixer la publication au commencement de l'année républicaine. « Sans afficher le titre de « Républicain » disaient les éditeurs, l'*Al. des Muses* l'a été véritablement depuis le commencement de la Révolution (on n'est pas plus naïf !) l'éditeur ayant toujours inséré de préférence les meilleures pièces patriotiques, il le sera plus spécialement par la suite ».

L'almanach ainsi décrit de forme et d'aspect, typographiquement et iconographiquement, passons au côté littéraire. Tout le monde connaît plus ou moins cette macédoine poétique, riche surtout en stances, couplets, odes, élégies, dithyrambes, madrigaux, conçus la plupart du temps en un langage précieux, invoquant, sans cesse, les Flore, les Glycère, les Zélis, les Daphné, les Zelmis, sacrifiant sur les autels de tous les amours, de toutes les opinions. Ce recueil de poésies fugitives est cependant, quelquefois, précieux à parcourir, ne serait-ce que pour les notices de la fin mentionnant les œuvres poétiques parues ou représentées sur les différentes scènes pendant l'année.

Pour ne pas dresser une liste sans grand intérêt qui prendrait, certainement, plusieurs colonnes de cet ouvrage, voici les noms les plus marquants des poètes qui figurent dans l'almanach : Andrieux, Boufflers, Berquin, Berchoux, les Chénier, Chamfort, Collin d'Harleville, Cérutti, M. le Chevalier de Cubière, « écuyer de Madame, Comtesse d'Artois », des Augiers fils, Delille, Ducray-Duminil, Ducis, le président Dupaty, François de Neufchâteau, de Fontanes, M. le Chevalier de Florian, Ginguené, de La Harpe de l'Ac. Fr., Lebrun, secrétaire des commandements de M. le prince de Conti, Grand-Prieur de France et, de plus, fabricant breveté d'odes et de cantates, Legouvé, Lemazurier, le chevalier de Meude-Monpas, Millevoye, Marmontel, Parny, Piis, Piron, Pons de Verdun, de Sade, Saint-Lambert, Thomas de l'Ac. Fr., Turgot, Vigée, secrétaire du cabinet de Madame, le marquis de Ximenez, un fidèle des petits recueils, Voltaire et Frédéric II lui-même, et aussi, sa sœur Ulrique, reine de Suède.

L'année 1793 offre ceci d'amusant que, dénommés « Monsieur » au bas de leurs pièces, les honorables poètes se voient à la table transformés en « citoyens ». On rencontre ainsi le cit.Boufflers et le cit. Florian. Une note explique cette bizarrerie : « on ne les a pas appelés « citoyens » dans le cours du volume parceque l'impression en était commencée avant que cet usage fut généralement établi ». Impossible d'être plus naïfs !

En fait, les « chevaliers de la Rime » quittèrent sans nullement se faire tirer l'oreille les rivières aux eaux murmurantes, le gazon, l'herbe tendre, les chalumeaux et les berquinades. Les odes aux États généraux et à l'Assemblée Nationale remplacèrent les Odes à la Reine. L'année 1793 s'ouvre par l' « Hymne des Marseillois » de M. Rougez, officier de génie, suivi du « Couplet des Enfans » (Nous entrerons dans la carrière, etc.) ajouté à la pièce lors de la fête civique du 14 octobre. Ce texte est intéressant à consulter parce qu'il présente quelques variantes avec le texte adopté par la suite. Du reste, de 1792 à 1795, ce ne sont que couplets sur le calendrier républicain, ou sur l'autel de la patrie, des hymnes à la liberté, des odes patriotiques, des quatrains gravés sur des pierres de la Bastille, des chants guerriers et, même, des vers sur certains « brigands aristocrates ». Et ceci, chose caractéristique, n'empêchera pas le C. Ducis de chanter « le Saule de l'Amant » et le « Saule du Sage », le C. Lonchamps d'adresser des invocations

à l'Amour et les fables du cit. Florian de prendre place aux côtés de dialogues pour la fête de Barra et de Viala ou encore de distiques pour Lepelletier et Marat.

Les volumes de l'An II et de l'An III ont tous les hymnes de Marie-Joseph Chénier ; celui de l'An IV, donne « la Jeune Captive » d'André.

La Révolution est passée, les noms nouveaux abondent : Ancelot, Baour-Lormian, de Bonald, Capelle, Gouffé, Mme de Salm (ci-devant Constance Pipelet), Alex. Dumas, Lamartine, Saintine, Chateaubriand, Corbière, Desbordes - Valmore, Miger, Pongerville, Victor Hugo, etc.

L'Almanach des Muses a été pris souvent à partie dans les publications du XVIIIe siècle, et notamment dans le Petit Almanach de nos Grands Hommes (voir le n° 879) qui n'est pas tendre pour la plupart de ses poètes attitrés. Dans ce recueil annuel qui eut des commencements assez minces,

dit Rivarol, on a eu des années sans tache ; on ne pourrait guère reprocher à celle de 1788 que les strophes de M. Le Brun, (sans doute « l'Ode à M. de Buffon sur ses détracteurs ».)

Mercier dans son Tableau de Paris lui a consacré deux pages qu'on ne lira pas sans intérêt et qui, de toute façon, ont leur place indiquée ici :

« ALMANACH DES MUSES. »

« C'est une corbeille de fleurs poétique, que Frère-Quêteur au Parnasse offre tous les ans au public. On appelle ainsi le rédacteur, parce que pendant toute l'année il sollicite les faveurs

des enfans d'Apollon, qui contribuent de leurs travaux à former son recueil et son patrimoine. Il vit de quête.

« Frère-Quêteur prend et entasse au hasard toutes ces fleurs, sans assortir les couleurs ; il en compose un énorme bouquet, à peu près comme le fait un paysan mal-adroit à la fête de son bailli, puis il le jette au nez du public la veille du jour de l'an. Les fleurs vives, les fleurs pâles, les fleurs inodores, les fleurs odoriférantes, les orties mêmes y sont mêlées indistinctement. Mais qu'importe au rédacteur ? Son bouquet n'est-il pas fait ?

« On s'occupe de ce recueil les quinze premiers jours du mois de janvier ; puis, semblable à certains insectes éphémères, il pâlit et disparoît.

« Rien ne prouve mieux combien il y a de petits talens à Paris que cette foule prodigieuse de petits vers. Plusieurs petites réputations se contentent d'y briller une fois l'an ; et comme ces auteurs ont de l'esprit pour le premier janvier, ils persuadent facilement leurs petites coteries qu'ils en ont ou peuvent en avoir toute l'année.

« Il y a des tics littéraires qu'il est si facile d'imiter, qu'ils deviennent épidémiques. C'est ce qu'on remarque en lisant cet almanach, composé par tant de plumes différentes ; c'est une couleur, un ton uniformes. Vous jureriez que la moitié du livret est de la même main. On y apperçoit (sic) le même tour, la même manière, la même prétention à l'esprit ; et jusqu'au choix des mots et des images, tout vous répète l'accent du persiflage à la mode.

« Tout auteur veut y paroître libertin, léger, quoique souvent il ne soit ni l'un ni l'autre. Ces poëtes parlent des ris, des jeux et des grâces, qu'ils n'enchaînent que dans leurs hémistiches. Ils vous entretiennent de leurs fêtes et de leurs plaisirs, sans vous donner envie d'y assister ; car tout en disant aux autres, allons, mes amis, rions, chantons, abandonnons la gloire pour les beaux yeux de nos maîtresses, leur visage s'alonge (sic) et fait la moue.

« On pourrait dire à ces muses grimacières ce qu'un homme disoit à une femme qui faisoit des mines : trompeuse, tu mens au rire.

« Ce recueil annuel et inégal, est suivi de petites notices sur les ouvrages de poésie et de théâtre, bien tranchantes, bien courtes, et toujours vuides d'esprit.

« Ce rédacteur est de plus compilateur de son métier, n'importe de quoi. Il va louant sa plume à tout journaliste pressé, ainsi qu'un manœuvre va cherchant un maître maçon. C'est l'emploi de ces écrivailleurs qui, bientôt désespérés de leur radicale impuissance, se font jugeurs ».

La peinture en est vive et quelque peu cruelle, surtout si l'on songe qu'il s'agit ici de l'Almanach des Muses d'avant la Révolution. Qu'auroit dit Mercier aux approches de 1820, alors que le pauvre « Almanach » n'était plus que l'ombre de lui-même. Reconnaissons du reste que les écrivains du premier Empire et de la Restauration, Jouy notamment, ne furent pas plus tendres pour cet ancêtre de la poésie.

Pour ce siècle voir les années 1820, 1821 et 1822 avec poésies de Casimir Delavigne, Désaugiers, Lamartine (Le Lac), Legouvé (La mort de Laocoon), Saintine, l'année 1823 avec La Fille d'Otaïti de Victor Hugo, l'année 1824 avec Le Papillon de Lamartine et plusieurs pièces de L. Halévy, l'année 1825 qui donne Les funérailles de Louis XVIII et l'ode sur le sacre de Charles X par Victor Hugo, enfin l'année 1830 avec nombreuses poésies de V. Hugo, Alex. Dumas, Lamartine, Saintine.

L'almanach se vendait 2 livres [quelques années 1 liv. 10 sols] Il fut fait, pendant plusieurs années, un tirage à 500 exemplaires sur Hollande lesquels, se vendaient, brochés, 4 livres. Par la suite l'éditeur annonça les prix suivants pour un ensem-

ble de volumes : les 15 premières années (1765-1779) pouvaient être achetées pour 19 livres 16 sols ; les 20 premières années (1765-1785) 27 livres 10 sols ; les 30 premières années 54 livres. L'année 1784 en indiquant les prix des 20 volumes parus à ce moment, nous apprend qu'il y avait des collections en maroquin, en veau fauve doré, en veau écaille doré, en veau rouge sur tranches, lesquelles valaient de 80 à 40 livres.

Voici, d'autre part, quelques plaquettes se rapportant à cette volumineuse collection.

1. Pièces échappées aux seize premiers volumes de l'Almanach des Muses (recueillies par Sautereau de Marsy). Paris, 1781. In-12.

2. La Pantoufle d'Apollon ou Examen critico-comico-impartial du plus élégant des volumes de la Bibliothèque bleue vulgairement appelé Almanach des Muses, avec des gravures en taille-douce, si fines qu'elles ne seront visibles qu'aux yeux de l'imagination, par un commerçant d'ouvrages d'esprit. A Bibliopolis, chez les march. de nouv., rue de la Critique, 1781. Petit in-12.

C'est la critique de plusieurs pièces contenues dans l'Almanach des Muses pour 1781.

3. Dialogue entre l'Almanach Royal et l'Almanach des Muses, 1781.

Consulter également « Esprit de l'Almanach des Muses depuis sa création jusqu'à ce jour » (par René Allisson de Chazet). Paris, Chaumerot. S. d. 2 vol. in-18.

[Collection complète en bonne reliure, de 50 à 60 fr. Quelques années séparées (A. 1793, 1825, 1830), de 5 à 10 fr.

[B. N. Années 1765 (réimpression), 1788, 1820 à 1826.]

378. — ALMANACH DU WHISK (sic), ou Traité du Jeu du Whisk, contenant les Loix de ce Jeu et des Règles pour le bien jouer par Edmond Hoyle. Traduit de l'Anglois. [Nouvelle Édition, revue, corrigée, augmentée.] ‖ A Amsterdam, Et se trouve à Paris, chez Musier fils, Libraire, Quai des Augustins, au coin de la rue Pavée. Et chez Fournier, Libraire, rue du Hurpois, à la Providence. M.DCC.LXV. In-24.

Le titre de départ porte : « Traité du Jeu du Whisk » et la page est numérotée 11. L'introduction du volume a été remplacée par un calendrier.

En somme, c'est la mise en vente sous forme d'almanach d'un traité relatif à ce jeu spécial, qui a dû paraître déjà antérieurement. On se contentait de changer le calendrier.

[Coll. de Bonnechose.]

379. — ALMANACH ICONOLOGIQUE pour l'année 1765 orné de figures avec leurs explications par M. Gravelot [et Cochin](1). ‖ A Paris, chez Lattré graveur, rue St-Jacques, à la Ville de Bordeaux, (1766-1781 : 17 années). In-24.

Le texte de cette intéressante suite est également entièrement gravé. Il y a un frontispice général et un portrait de Gravelot en tête de l'année 1765. Le frontispice porte : « Iconologie. Première suite des Arts, dédiée à M. le Marquis de Marigny, conseiller du Roi... par ses très humbles et très obéis. serv. Gravelot et Lattré ». Indépendamment de cela, chaque année contient un titre gravé, 12 figures et 1 calendrier, à l'exception toutefois, de l'année 1766 qui forme deux parties ayant, la première 12 figures, la seconde 8. Les titres des dix premières années sont différents : à partir de l'année 1775 le même titre sert jusqu'à la fin. Au total 12 titres et 204 figures.

Les dessins de Gravelot et de Cochin ont été gravés par Aliamet, Baquoy, Choffard, Duclos, Duflos, Gaucher, de Ghendt, Godefroy, Halbou, Ingouf, de Launay, Legrand, Lemire, Le Roy, Leveau, Lingée, de Longueil, Masquelier, Massard, Née, Nicollet, Ponce, Mᵐᵉ Ponce, Prévost, Rousseau, de Saint-Aubin, Simonet, Vauvillé.

Voici, d'autre part, les titres des figures de ces 17 années ou parties :

I. Les Arts : Agriculture, Poésie, Musique, Danse, Éloquence, Écriture, Architecture, Sculpture, Peinture, Navigation, Art militaire, Chirurgie.

(Réimpression du précédent almanach, nº 370).

II. Les Sciences : 2 parties — 1ʳᵉ partie (1766) Étude, Grammaire, Logique, Mathématique, Histoire, Médecine, Théologie ; — 2ᵉ partie (année 1774) : Théologie, Métaphysique, Rhétorique, Physique, Astronomie, Arithmétique, Géométrie, Chimie, Botanique, Optique, Perspective, Méchanique ; la première partie de Gravelot, la seconde de Cochin.

III. Les Vertus : Vérité, Raison, Liberté, (tenant en main un bonnet qui ressemble déjà fortement au bonnet phrygien), Sagesse, Loi, Justice, Force, Prudence, Religion, Foi, Espérance, Charité.

IV. Les Êtres métaphysiques : Nature, Instinct, Génie, Art, Théorie, Politique, Pratique, Mémoire, Jugement, Imagination, Doctrine, Science, Société.

V. Les Muses : Les Muses (figure d'ensemble). Apollon, Clio, Melpomène, Thalie, Euterpe, Terpsicore, Erato, Calliope, Uranie, Polymnie.

VI. Les Elémens, les IV Parties du Monde, les Saisons : Air, Eau, Terre, Feu, — Asie, Afrique, Europe, Amérique, — Printems, Été, Automne, Hiver.

VII. Les XII Mois : Janvier à Décembre.

VIII. L'Homme : Vuë, Ouie, Odorat, Goût, Toucher, Plaisir, Douleur, Expérience. — Le Colérique, le Sanguin, le Flegmatique, le Mélancolique.

IX. Les Êtres Moraux : Intelligence, Occasion. Fortune, Noblesse, Gloire, Renomée (sic), Paix, Abondance, Amitié, Fidélité, Secret, Indigence.

X. à fin. Les Vertus et les Vices — 1775 : Abstinence, Affabilité, Affection, Amitié, Allégresse, Bénignité, Célérité, Chasteté, Clémence, Concorde, Confiance, Constance. — 1776 : Courage, Désir, Dévotion, Discrétion, Docilité, Douceur, Économie, Éducation, Émulation, Équité, Espérance, Éternité. — 1777 : Fécondité, Félicité, Fidélité, Finesse, Générosité, Génie, Gouvernemens, La Grâce, Les (trois) Grâces, Gratitude, Gravité, Guerre. — 1778 : Himen (sic), Humanité, Humilité, Impétuosité, Inclination, Indulgence, Industrie, Innocence, Intrépidité, Liberté, Libre-Arbitre, Louange. — 1779 : Magnanimité, Magnificence, Modestie, Méditation, Obéissance, Opinion, Oraison, Partialité, Patience, Pénitence, Penser, Perfection. — 1780 : Philosophie, Piété, Prospérité, Providence, Prudence, Pureté, Raison, Récompense, Religion, Repentir, Réputation, Richesse. — 1781 : Sagesse, Santé, Silence, Simplicité, Sincérité, Sobriété, Sommeil, Sûreté, Tempérance, Vérité, Vigilance, Zèle.

Chaque planche est accompagnée d'une ou deux pages de texte donnant l'explication de l'allégorie.

Les figures de l'Almanach Iconologique ont servi à une nouvelle édition dite « Iconologie par figures ou Traité complet des Allégories » qui peut être considérée comme une sorte de remise en vente ou d'écoulement des défaits, d'autant plus que l'état des planches, — état pur et état de tirage, — y est fort inégal (édition parue en 1790 en 4 vol. in-12 ou in-8°). On est même surpris d'y trouver sans lettre des estampes précédemment parues avec lettre, ce qu'il faut attribuer soit à des grattages opérés sur les cuivres, soit à des restants d'états mélangés avec d'autres pour arriver à constituer des exemplaires complets. En tout cas, la véritable raison ne résiste pas à un examen quelque peu attentif.

Voici, pour terminer, quelques renseignements sur la valeur de cette collection. D'après Cohen, de 350 à 400 fr. en état ordinaire. L'exemplaire de la vente de Béhague, incomplet des calendriers, a atteint 400 fr. ; l'exemplaire de la vente Le Barbier de Tinan ne contenant que 15 années s'est également bien vendu. Enfin, la librairie Rouquette a mis en vente en 1888, un exemplaire complet coté 1500 fr.

[B. N. Années 1765 à 1781. ‖ Coll. Henri Béraldi.]

(1) Les dix premières années par Gravelot, les sept autres par Cochin.

COMPOSITIONS DE GRAVELOT POUR L' « ALMANACH ICONOLOGIQUE. »

Gravées par Le Roy, de Ghendt et Prévost. (Titre des A. 1769 et 1771, figures de l'A. 1771.)

380. — CALENDRIER DE L'UNIVER-
SITÉ, Contenant le Tribunal, les quatre
Facultés, les Indications et Instructions
aux Candidats, pour passer dans les dif-
férents degrés des Facultés, Les Collèges
et Collèges réunis, les nominateurs des
Bourses, le Bureau d'Administration et de
Discipline du Collège de Louis le Grand.
Année 1765. Composé par Le Page. Gravé
par Coulubrier. || A Paris, chez Langlois,
Libraire, au bas de la rue de la Harpe, et
chez l'Auteur, Courier de l'Université,
même rue. In-12.

Almanach entièrement gravé. Calendrier donnant pour chaque mois les messes des facultés de
Théologie et des Arts de toutes les Nations (Nation
de France, Nation de Normandie, Nation de
Picardie, Nation d'Allemagne). Cet almanach est
précieux par ses renseignements sur tout ce qui
tient à l'éducation. On y trouve jusqu'aux noms
des maîtres-ès-arts tenans (sic) Pansions (sic), fai-
sans (sic) la répétition des leçons publiques sous la
protection de l'Université. Il donne également le
coût des droits de la Faculté de droit. C'est un
véritable annuaire de l'instruction publique sous
l'ancien Régime.

[Coll. Paul Lacombe.]

381. — CALENDRIER POUR L'ANNÉE
1765. AVEC LA LISTE DE MESSIEURS
LES OFFICIERS DU CHASTELET DE
PARIS. || A Paris, de l'Imprimerie de J.
G. A. Stoupe, rue de la Harpe, puis de
l'imprimerie de Clousier, rue de Sorbonne.
M.DCC.LXV. (1765 et suite). In-24.

Le calendrier avec pages blanches, indique, à
chaque mois, les vacations du Châtelet. C'était, en
quelque sorte, le calendrier officiel de la corporation. Peut-être a-t-il paru bien antérieurement ;
cela me paraît même fort probable, mais il ne se
trouve dans aucun dépôt public.

[Coll. Pichon. A. 1765, 1774, 1776, 1785.]

382. — ÉTRENNES GÉOGRAPHI-
QUES ET PITTORESQUES DU VOYA-
GEUR PARISIEN pour l'année mil sept
cent soixante cinq. Contenant un Plan
gravé de la Ville de Paris, la distribution
des Quartiers ; l'indication des Bibliothèques Publiques et Particulières, les Cabinets Curieux, les Monumens et Places
remarquables en Architecture, Peinture
et Sculpture qui décorent la Ville, le
Tableau alphabétique des Rues, Carre-
fours, Places Publiques, Enclos, Cours,
Cloîtres, Quais, Ruelles et Culs-de-Sacs
de la Ville et des Fauxbourgs, par tenans
et aboutissans, avec les numéros des Quar-
tiers. || A Paris, de l'imprimerie de Grangé,
Imprimeur de la Poste de Paris, rue de
la Parcheminerie. M.DCC.LXV. In-12.

Comme frontispice, un plan de Paris se vendant
chez Desnos. Étrennes utiles aux étrangers et
même « aux Citoyens ». « Si ces Étrennes sont
agréables au Public, » dit l'imprimeur, « j'y mettrai
chaque année de la variété et je tâcherai de les rendre de plus en plus intéressantes. »

[Coll. Paul Lacombe.]

383. — ÉTRENNES SPIRITUELLES,
dédiées aux Dames, contenant l'office
Latin et François, Suivant Le Nouveau
Bréviaire et Missel de Paris, et de Rome.
Ornées de devises chrétiennes. || A Paris,
chez Louis-Guill. de Hansy, Au milieu du
Pont au Change, à St-Nicolas. 1765. In-18.

Frontispice sur bois, par Papillon. Dans
un cartouche placé au bas on lit : « Étrennes spirituelles présentées à Mgr le Dauphin. »
Furent continuées sous le titre de : Nouvelles
Étrennes spirituelles.

[Voir n° 452.]

384. — LES PHILOSOPHES EN QUE-
RELLE, Étrennes encyclopédiques. Pour
l'Année 1765. Par M. Dauptain, Teneur
de Livres, etc. || A Leipsick, Et se trou-
vent à Paris, chez Durand, Libraire, rue
St-Jacques, à l'Espérance. M.DCC.LXV.
In-24.

Almanach composé de petites notices relatant
les discussions que les savants ont eu entre eux,
depuis l'origine du monde, soit pour défendre leurs
opinions, soit pour attaquer celles d'autrui, soit
pour se faire un nom, depuis Homère et Horace
jusqu'aux inoculateurs et à leurs adversaires. Il est
vrai qu'on y trouve également la querelle entre le
nommé Gaudon, entrepreneur d'un théâtre des boulevards, et le célèbre cabaretier Ramponeau qui,
ayant signé un engagement avec le dit personnage,
refusa, au dernier moment, de jouer.

[Communiqué par M. Sapin.]
[Catalogué 10 fr.]

385. — ALMANACH DES BATIMENS,
augmenté de l'Almanach journalier. || A
Paris, chez Hérissant, 1766. In-24.

Voir, plus loin, un second Almanach des Bâtimens
(n° 504.)

[Quérard.]

386. — CALENDRIER DES DAMES, ou les Véritables secrets de la Toilette. || A Paris, chez la veuve Duchesne, Libraire, rue St-Jacques, au Temple du Goût. (1766) In-24.

Se vendait 1 liv. 4 sols.

Alors, comme aujourd'hui, fards et cosmétiques constituaient le secret de la beauté des dames.

[D'après un catalogue de l'époque.]

387. — CALENDRIER PERPÉTUEL OU ALMANACH JOURNALIER avec une Table Chronologique des Calculs faits depuis l'An mil un de Jésus-Christ, jusqu'a l'An deux mil, pour l'Ancien et le Nouveau Calendrier. Ouvrage très-utile et nécessaire aux Magistrats, Gens de Justice, Hommes de Lettres, Chronologistes, Navigateurs, Curieux, et à toutes sortes de Personnes. Par le sieur Duplessis. || A Paris, chez Grangé, Imprimeur-Libraire, au Cabinet Littéraire, Pont Notre-Dame, à côté de la Pompe, chez la veuve Duchesne. Et chez l'Auteur, rue du Petit-Carreau, presque vis-à-vis la rue Thévenot. M.DCC.LXVI. In-4.

Calendrier faisant connaître, dit l'éditeur, le passé, le présent, l'avenir, et se composant de 35 calendriers particuliers, avec une table perpétuelle des nouvelles Lunes et quartiers de chaque mois.

388. — ÉTRENNES A LA JEUNESSE DE L'UN ET DE L'AUTRE SEXE. Utiles et Agréables, pour former le jugement, orner l'esprit, et perfectionner le corps. Le Tout tiré des meilleurs Auteurs. || A Paris, chez la Veuve Duchesne, Libraire, rue St-Jacques, au Temple du Goût. 1766 et suite. In-24.

Almanach publié par M. Alletz et destiné à inculquer de bons principes à la jeunesse. On lit dans l'avertissement placé en tête :

« Obligés de nous resserrer dans des bornes aussi étroites que le sont celles de ces petits livres, nous avons cru qu'il falloit réduire toute notre matière à trois objets principaux et qui sont les plus importants dans la vie civile. Sçavoir :

« I. Les moyens de perfectionner le jugement, et de se conduire avec prudence dans le monde. II. Ceux de cultiver et d'orner l'esprit. III. Par quels moyens on peut se procurer un maintien convenable dans l'extérieur, et qui puisse nous attirer un bon accueil dans le monde. »

Ces différentes parties contiennent des articles sur la vertu, le courage, les passions, le point d'honneur, le bonheur, la religion, l'art de plaire, les femmes, le jeu, la danse, etc.

Paraissait encore en 1782.

[B. N.]

389. — ÉTRENNES FRANÇOISES DÉDIÉES A LA VILLE DE PARIS pour l'année jubilaire du Règne de Louis le Bien-Aimé, par l'abbé De Petity, Prédicateur de la Reine. || A Paris, chez Pierre Guillaume Simon, Imprimeur du Parlement. M.DCC.LXVI. Petit in-4.

Avec un calendrier pour 1766. Volume dédié au prévôt des Marchands et échevins de la Ville de Paris dont les armoiries gravées occupent deux planches, concurremment avec les armoiries de la Ville de Paris et du duc de Chevreuse, gouverneur de Paris. Toutes les pages sont encadrées.

Cinq planches entièrement gravées, médaillons ovales avec une vingtaine de lignes explicatives au-dessous, dessinées par St-Aubin, gravées par Littret, Duclos et Chenu. — 1. Médaillon pour l'année jubilaire ou cinquantième du règne de Louis XV. 2. Établissement de l'École Royale militaire. 3. Inauguration de la statue équestre de Louis XV. 4. Nouvelles Halles aux grains et farines. 5. Pose de la première pierre de la nouvelle Église de Sainte-Geneviève.— Une sixième planche (sans texte) signée « l'abbé de Petity *invenit*, Gravelot *delineavit*, P.Chenu *sculpsit*, » est un tableau allégorique pour l'année jubilaire du règne de Louis le Bien-Aimé. Ce tableau, réduit en miniature, fut présenté au Roi en Janvier 1766 par le prévôt et les échevins de la ville (1).

Presque tous les exemplaires ont été reliés, avec armes de France et de la ville de Paris sur les plats. Il existe, cependant, des exemplaires brochés.

[B. Carn. || B. Ars.]

Cet ouvrage, en quelque sorte officiel, fut, par la suite, vendu chez Desnos, sous le titre suivant :

— *Étrennes Françoises sous le Règne de Louis–le–Bien-Aimé.* Comprenant les Monumens Mémorables et récents érigés dans la Capitale. Dédiées à la Ville de Paris et augmentées d'un nouveau Plan de cette Ville. || A Paris, chez le sieur Desnos, Libraire et Ingénieur-Géographe pour les Globes et Sphères, Rue St-Jacques, à l'Enseigne du Globe et de la Sphère. = Avertissement = [Ces Étrennes distinguées et auxquelles toutes autres doivent céder n'ont été présentées qu'à Sa Majesté et aux Chefs de la Capitale pour l'Année Jubilaire de Notre Auguste Monarque. On a laissé subsister le même Calendrier en mémoire de cette illustre Époque, et l'on en a gravé un nouveau pour la présente Année 1768.]

(1) Sur le catalogue de la vente Veinant figure un *Tableau Allégorique pour l'Année jubilaire* (n° 885) qui, très certainement, doit être la même publication.

Si quelques-uns des premiers Exemplaires ont passé entre d'autres mains, celles qui les ont reçus l'ont regardé comme une faveur singulière [dans le sens de rare]. Aujourd'hui, nous désirons que tous les Citoyens deviennent Propriétaires de ces Étrennes, et nous les leur annonçons avec cette joye que le Patriotisme et l'ardent désir de mettre en commun ce qu'il y a de plus rare et de plus utile, peuvent faire naître dans les cœurs les plus sensibles et les plus tendres pour la Société. Prix Broché, 3 Liv. Ceux qui ont acquis cette Étrenne sans le nouveau plan de Paris, en rapportant leur Exemplaire chez le sieur Desnos, on leur placera pour le prix de 1 Liv. 4 s. 1768 et 1773.

Toute cette longue énumération constitue le titre gravé. Le calendrier ajouté, également gravé, est sur deux feuilles, avec petits sujets au haut de chaque mois. Au bas des estampes on a ajouté la mention : « A Paris, chez Desnos, rue St Jacques, au Globe. » Ces planches en second tirage sont généralement fatiguées.

Cette réimpression a été écoulée plusieurs années durant ; on se contentait de gratter le millésime du titre, en ne laissant subsister que les mots : « pour la présente année. »

Les planches gravées ont été également employées par Desnos dans son *Plan de Paris* de Deharme (édition de 1770).

Enfin, il existe encore de cette publication un troisième tirage, augmenté de portraits et de compositions allégoriques, dus également à l'abbé de Petity, et publiés à l'occasion du mariage du Dauphin et de Marie-Antoinette. En voici le titre :

— *Étrennes Françaises pour l'Année 1771.* Comprenant les Monumens mémorables et récens érigés dans la Capitale pendant le Règne de Louis XV le Bien-Aimé. Augmentées Des 6 Médaillons allégoriques représentant les Vœux de la France et de l'Empire pour le Mariage de Monseigneur le Dauphin, présentés à la cour par le même Auteur et des deux Portraits de Monseigneur le Dauphin et de Mᵐᵉ la Dauphine. A Paris, chez Desnos, Libraire et Ingénieur-Géographe pour les Globes et Sphères. Rue St-Jacques, au Globe et à la Sphère. Prix des 14 Estampes Brochées, 6 liv.
— Avertissement : Comme il s'est vendu depuis quelques années un très grand nombre d'Almanachs encadrés sous Verre les personnes à qui les cadres seront restés, pourront y substituer cette Année les 6 Médaillons que nous annonçons, et changer tous les 2, 3 ou 6 mois, à volonté, l'aspect du dit Almanach, en proportion du Calendrier qu'elles désireront adapter au bas du Médaillon : tels sont ceux qui se vendent chez le sieur Desnos. Si l'on ne veut point se donner la peine d'insérer soi-même ces 6 Estampes, le dit sieur les encadrera, en lui envoyant les anciens Almanachs, il y ajoutera le Calendrier convenable avec ces mêmes Estampes. [| Nota. Comme l'explication des Allégories desdits Médaillons est très étendue, et qu'elle forme un

Recueil particulier d'une très belle Impression, aussi sous le titre d' «Étrennes Françoises présentées à la Ville de Paris », on pourra se le procurer chez ledit sieur Desnos. Ceux qui ont acquis les Estampes des Étrennes Françoises pourront se procurer celle des Vœux de la France et de l'Empire, pour ajouter à leur Volume. Prix : 3 liv.

Titre gravé.

Portraits de Louis XV, de Louis-Auguste, Dauphin, de Marie-Antoinette, et du comte d'Artois dans de ravissants médaillons sur tablettes, avec fond entièrement gravé.

Aux médaillons des deux autres éditions se trouvent donc ajoutés 6 nouveaux médaillons allégoriques relatifs à la famille des Bourbons, avec les devises suivantes : *Simul et Semper. Has habet et superat. Tædis Felicibus. Honor, Amor, Virtus. Hilaritas Universa. Jam illustrabit Omnia.* Dans un de ces médaillons où figurent nombre de représentations allégoriques, Mᵐᵉ la Dauphine apparaît sous les traits de Lucine, épouse de Jupiter.

[B. Ars.]

390. — LE GUIDE PARISIEN OU ALMANACH DES RUES DE PARIS, de ses fauxbourgs ; Contenant par ordre alphabétique: Dans la première partie les Rues, Carrefours, Places publiques, Culs de sac, Cloîtres, et généralement tout ce qui contient plusieurs habitations et qui ne désigne aucun domicile particulier. Et dans la seconde partie les Églises, Collèges [Palais, Hôtels, Académies], et généralement tout ce qui désigne un Édifice et une habitation particulière. [Avec un plan gravé des vingt Quartiers.] Pour l'Année 1766. || A Paris, chez Valleyre père, rue Saint-Severin, à l'Annonciation, puis chez Langlois père et fils, Libraire, rue du Petit Pont, près la rue St-Séverin. 1766-1785. In-12.

Carte gravée comme frontispice, avec l'emplacement des 20 quartiers de Paris. Dans la seconde partie on trouve, en plus de ce qui figure sur le titre, les bureaux de papiers et parchemins timbrés, les hôtels particuliers. Plus tard, on y joignit la liste de tous les bureaux d'adresses et de corporations.

Ouvrage destiné à faciliter la connaissance de Paris aux étrangers. Un avis à la suite des fêtes porte : « Les douze mois de l'année sont à la fin de cet almanach ».

Ce Guide-Almanach a certainement dû paraître jusqu'en 1790, mais sans être réimprimé annuellement. On se contentait de faire fabriquer un nouveau titre portant simplement, au lieu d'année fixe les mots : « pour la présente année ».

391. — LES GRANDS HOMMES. Étrennes pour 1766. In-12.

Almanach dans le goût de l'*Année Savante* ou du *Calendrier de Philadelphie*, dit Sylvain Maréchal, mais bien inférieur à ce dernier. « Ces Étrennes sont composées de cent trente anecdotes ou sentences d'autant de grands hommes. C'est un extrait des dictionnaires historiques ».

[D'après Sylvain Maréchal.]

392. — LE REVEILLE-MATIN. Almanach pour l'Année 1766. Gravé par Cocquelle, rue du petit Pont, chez un Limonadier. AP. (A Paris). In-128.

Petit almanach breloque de 2 cent. en hauteur sur 1 cent. 4 mill. en largeur, avec chansons. Il contient, en plus, un calendrier et des sujets gravés, 10 vignettes représentent des cris de Paris : la marchande d'orange (sic), la marchande de melon,

d'allumettes, de vieux chapeaux, de plaisirs, de macraux (sic), le porteur d'eau, le remouleur, la bouquetière, le facteur de la petite poste.
Le sieur Cocquelle, dont on trouvera l'adresse sur un almanach postérieur, paraît avoir inventé et gardé la spécialité de ces petites publications durant le XVIIIᵉ siècle.
C'est jusqu'à ce jour, du reste, le premier spécimen connu de ces almanachs lilliputiens qui se rencontreront en si grand nombre par la suite.

[Coll. baron Pichon.]
[De 60 à 80 fr.]

393. — ALMANACH DES DAMES ou Description de ce qu'il y a de plus curieux dans les mœurs, les usages et la figure des femmes, chez tous les différents peuples de l'Univers, suivi d'un Recueil de secrets pour maintenir la beauté des dames dans toute sa fraicheur, où l'on trouve tout l'art de la toilette. || A Paris, chez la Veuve Duchesne, Libraire, rue St-

Jacques, au Temple du Goût (1767). In-18.

Paraît être la même publication que le *Calendrier des Dames* figurant plus haut, sous le n° 386.
[D'après un catalogue.]

394. — ALMANACH DES ENFANTS. Premier et deuxième recueils. || Amsterdam et Paris, chez la Veuve Duchesne, Libraire, rue St-Jacques, au Temple du Goût. 1767-68, 2 vol. In-18.

Recueil de fables et de contes en vers, de nouvelles en prose, et de petites pièces de théâtre. « Le second volume que nous avons eu entre les mains, » dit Quérard, « est composé en grande partie par Villemain d'Abancourt, ce qui nous porte à croire qu'il est l'auteur de cet almanach. »
« On trouve dans le deuxième volume la *Mort d'Adam*, poème dramatique, imité de l'allemand de Klopstock, en vers, par Villemain d'Abancourt.
« Cet almanach a été reproduit pour l'année 1777. »
[Quérard.]

395. — ALMANACH PHILOSOPHIQUE, en quatre part. suivant la division naturelle de l'espèce humaine en quatre classes, à l'usage de la Nation des Philosophes, du Peuple des sots, du petit nombre des Scavans et du vulgaire des Curieux, par un auteur très-philosophe. Première partie. || A Goa, chez Dominique Férox, Imp. du Grand-Inquisiteur, A l'Auto-da-fé, rue des Foux. Pour l'an de grâce M.DCC.LXVII. Pet. in-12.

Par Jean-Louis Castillon. Pamphlet contre les philosophes, qui, ceci est un comble, fut attribué à Voltaire. Il s'ouvre par une épître dédicatoire « à Mᵐᵉ Geneviève Sara, à Mᶫᶫᵉ Cathérine (sic) l'Etoile, à Messieurs Félix Jéricho, Claude l'Egout, Antoine Gomorrhé etc., tous descendant de l'illustre Mathieu Laensberg, en son vivant, prophète de la noble Cité de Liège ». Calendrier pour chaque mois, avec, toujours, une appréciation quelconque dirigée contre les philosophes. Ainsi : « Fêtes du mois de Mars indiquées ici à la demande des Philosophes. Fêtes du mois d'Avril chantées par les Philosophes. Fêtes du mois de Mai, observées à la grande... satisfaction des Philosophes, etc... » Une amusante préface s'élève contre les philosophes qui, « entre autres mauvais offices qu'ils ont rendus à la société, ont proscrit les almanachs. Ils ont tant déclamé, contre ces livres excellents, ils les ont si cruellement dénigrés, déchirés, calomniés, que tout le monde s'est soulevé contre eux, en sorte que, au scandale de la raison, aujourd'hui, un faiseur d'almanachs est regardé ou comme un imposteur ou comme un imbécile. » — Suit un chapitre sur l'antiquité, l'excellence et la nécessité des almanachs, des notices sur l'origine et l'histoire de chaque mois, puis des dissertations soumises aux philosophes. Qu'il me suffise de citer la suivante : « Quelle est la qualité naturelle qui distingue essentiellement l'espèce humaine, brute ou civilisée, de l'espèce animale ? Tiré des manuscrits de Mlle Levasseur, gouvernante de J.-J. Rousseau, de Genève ».

L'ouvrage, divisé en deux parties, se termine par des observations générales sur ce qui s'est passé de plus intéressant du 1er janvier au 1er juillet 1766. L'auteur, vu le succès étonnant, prodigieux, inconcevable que devait très certainement rencontrer son almanach, prenait « l'engagement de le continuer pendant un siècle seulement, soit jusqu'à fin décembre 1867 ».

Hélas ! les souscriptions qu'il demandait n'abondèrent très certainement point, car je ne connais que l'année 1767.

[B. N.]

396. — ÉTAT ACTUEL DE LA MUSIQUE DU ROI, et des Trois Spectacles de Paris. ‖ A Paris, chez Vente, Libraire, [des Menus-Plaisirs] au bas de la Montagne de Ste-Geneviève [près les R.R. P.P. Carmes]. M.DCC.LXVII. 1767-1778. 12 années. In-12, (de 1767 à 1774), puis in-16.

Reprise du précédent État (voir n° 278), avec un titre composé et gravé par Moreau le jeune, daté 1766 ; colombes se becquetant comme motif de milieu. Le premier volume a une dédicace à Mgr. le duc de Fronsac, premier Gentilhomme de la Chambre du Roi. Calendrier théâtral indiquant les jours de relâche, avec lignes en blanc pour l'inscription des notes personnelles. Observations sur le costume, histoire abrégée de la musique en France, État de la musique du Roi, Académie de Danse, Opéra, Comédie française, Comédie italienne, « alors la plus fréquentée ».

— A. 1768. Titre tiré en rouge. L'article sur la Comédie italienne dû au sieur Poinsinet malmène assez vivement les acteurs de ladite Comédie, qui se plaignirent, à ce que raconte Bachaumont, et ce qui donna lieu à un carton.

— A. 1769. Nouvel encadrement pour le titre, également gravé par Moreau le jeune. En outre l'almanach est illustré de quatre gravures allégoriques. La première, servant ici de frontispice, représente, dans un jardin, deux femmes, l'une jouant de la viole devant un clavecin, l'autre, debout à ses côtés, et chantant. Elle est signée C. P. Marillié, inv., C. Baron, sculp. Les trois autres sont placées en guise de titres gravés, devant les articles : Opéra, Comédie française, Comédie italienne. Elles sont

également de Marillier : cependant la dernière ne porte pas de signature.

— A. 1770. Frontispice d'Eisen gravé par Baron : composition allégorique à peu près identique à celle qui figure en tête du poème de Dorat sur la Déclamation théâtrale (1766). Autre composition, d'Eisen également, femme jouant de la harpe, pour l'Opéra. Le frontispice de Marillié pour l'année 1769 se trouve placé en tête de La Musique du Roi. Les deux autres figures sont à la même place.

— A. 1773. Au verso du titre, se lit la notice suivante, curieuse à plus d'un titre : « Le magistrat de police a fait faire devant lui par le sieur Mora, Commandant des Pompiers, l'épreuve d'une Pompe établie dans l'intérieur de la Comédie Italienne pour prévenir tout incendie. On va prendre les mêmes précautions pour les autres Spectacles ».

A signaler également, les notices, assez complètes, sur quelques musiciens de la Cour, et un article nécrologique sur Mme Favart.

— A. 1774. Frontispice de Cochin gravé par Masquelier, composition allégorique très chargée, faisant allusion au grand événement de l'année passée, c'est-à-dire à l'arrêt de Louis XV abolissant les privilèges de la corporation des musiciens tant hauts que bas. « On y voit l'Ignorance, une viole près d'elle, un rebec à trois cordes à la main, foudroyée par la Justice et écrasée sous des décombres, en compagnie d'un ours et de deux chiens savants, tandis que la Musique, lyre en main, s'élève vers le ciel où elle est accueillie par des anges exécutant un concert sous un soleil à trois fleurs de lys ».

Dans le texte se trouve un article historique assez étendu sur la *Ménestrandie*.

— A. 1775 (1ʳᵉ du format réduit). Le titre gravé est remplacé par un titre imprimé. Les gravures servant d'allégories aux parties du volume ont disparu. Le frontispice, signé Gravelot *inv.*, C. Baron, *sculp.*, est une scène de la *Partie de Chasse de Henri IV*, de Collé, représentée pour la première fois au Théâtre Français, en 1774.

— A. 1776. Le frontispice reproduit une scène du *Pygmalion* de J.-J. Rousseau, joué en 1775 à la Comédie française.

— A. 1777. En tête de cette année qui reprend le premier titre gravé de Moreau, on lit : « La nouvelle forme donnée à cet Almanach en 1775 a paru plus commode et plus portative, et l'honneur que l'auteur a de le présenter tous les ans à Leurs Majestés et à la Famille Royale est un motif bien puissant pour lui de chercher à rendre son Ouvrage de plus en plus utile et agréable ».

Dans le texte est un intéressant article pour l'histoire des Musiciens de la Cour, extrait de Pierre de l'Etoile.

Le volume a le frontispice d'Eisen pour 1770 et les quatre autres figures des années antérieures.

— A. 1778. La notice de l'année précédente ne porta pas bonheur à la publication, car elle disparut avec ce volume. Le titre de Moreau est, comme en 1768, tiré en rouge, mais les gravures intérieures n'y figurent plus.

Le texte donne, au complet, le personnel du Concert spirituel.

La collection de l' « État Actuel de la Musique » est non seulement difficile à rencontrer, mais la plupart des exemplaires isolés que l'on trouve sont incomplets des titres gravés et des planches au burin. Tel est le cas, par exemple, pour les années faisant partie des collections de la Bibliothèque de l'Arsenal. Coll. complète cat. 200 fr.

[B. N. A. 1777. || B. Ars. Années diverses. || Coll. Ernest Thoinan. A. 1773, aux armes du duc de Richelieu. || Coll. Arthur Pougin.]

397. — LES LOISIRS DE LA RAISON. Almanach chantant, par M. Gr... || A Paris, chez la veuve Duchesne, Libraire, rue St-Jacques, au Temple du Goût.(1767) In-24.

Très probablement, un recueil de pièces de Grandval.

[B. Ars.]

398. — LE MAGAZIN DES MODERNES. Almanach curieux, Où l'on trouve autant d'esprit qu'il en faut pour se faire une réputation auprès des femmes. L'an de Grâce 1767. [Épigraphe :] De me supercilio nubem. Horat. Epist. 18. || A La Haye,

chez Propice, Imprimeur ; et se trouve à Paris, chez la veuve Duchesne, Libraire, rue St-Jacques, au Temple du Goût. 1767 et suite. In-24.

Recueil de déclarations de toutes sortes, adaptées, comme le dit l'avertissement, à tous les caractères, pour les savantes, pour les prudes, pour les tendres, pour les coquettes. On y trouve, en plus, quelques vaudevilles, des couplets galants « que l'on pourra chanter en se grattant le front, pour retirer des gages que l'on aura fourni à dessein dans les jeux de société, et quelques énigmes. »

[Coll. de Bonnechose. || Le même pour 1768 à M. Weckerlin.]

[Catalogué : 7 et 8 fr.]

399. — LE PROVINCIAL. Almanach chantant. || A Paris, chez la veuve Duchesne, Libraire, rue St-Jacques, au Temple du Goût. (1767) In-24.

Recueil de chansons diverses.

[B. Ars.]

400. — ALMANACH RÉCRÉATIF ET INGÉNIEUX. Par M. Turben.||Paris, 1768.

François Turben, auteur de : *Les Faveurs du Sommeil, les Songes du Printems*, etc., et également fournisseur de couplets pour almanachs.

[D'après la *France Littéraire*.]

401. — CALENDRIER DE L'ALMANACH SOUS-VERRE, avec l'Indication des Articles de la Grande Notice des Associés, pour l'année 1768. || A Paris, chez Demoraine, puis chez F.G.Deschamps, Libraire, rue Saint-Jacques, aux Associés, en dernier lieu chez Demoraine et Boucquin. M.DCC.LXIX (1768-1831).

Le calendrier de l'*Almanach Sous-Verre*, appelé quelquefois, suivant la mode de l'époque, « calendrier curieux » se distribuait avec une brochure, grand in-4 de quarante colonnes, dite « Notice de l'Almanach Sous-Verre » et qui paraissait régulièrement, les premiers jours de décembre de chaque année.

Qu'était ce calendrier ? un simple almanach qui, au lieu d'être collé sur le recto et le verso d'un carton, constituait un fascicule broché en hauteur (24 centimètres en hauteur sur 8 de large), par colonnes de mois. Mais il avait un titre et donnait, en outre, le répertoire indicatif des articles de la notice.

Et maintenant, pourquoi était-il appelé « Sous Verre » ? Simplement, parce que chaque mois se plaçaient sous glace, ainsi que cela se rencontre encore quelquefois dans les campagnes, ces colonnes

« calendaires » ayant, de loin, l'aspect de quelque thermomètre. Peut-être aussi, les éditeurs le livraient-ils sous verre, mais ceci est une simple supposition.

Les dix premières années de la « Notice de l'Almanach Sous Verre », déjà épuisées au XVIII° siècle, ne se trouvent dans aucun dépôt public; force m'est donc de donner le titre de la réimpression de 1778 :

— *Notices* [des dix premières années] *de l'Almanach sous Verre des Associés*, rue du Petit-Pont, à Paris, contenant les Découvertes, Inventions, ou Expériences nouvellemment faites dans les Sciences, les Arts, les Métiers, l'Industrie, etc., etc. || Chez Demoraine, Imprimeur-Libraire.1778. In-4.

Un avis, en tête, porte ce qui suit : « Ces notices des dix premières années, qui formaient une petite brochure oblongue, se trouvant épuisées, on vient de les réimprimer du même format in-4. Celles de 1778, jusques et compris l'an sixième sont du prix de 24 sols. Elles se vendent ensemble ou séparément, pour la facilité des personnes qui ont les premières et qui désirent compléter la collection. — Il reste encore quelques notices aérostatiques avec fig. Le prix est de 30 sols. »

Cette intéressante publication, due au sieur Deschamps libraire, peut être considérée par son format et par son texte comme une sorte de journal d'industrie et d'annonces. On y trouve, en effet, une quantité de documents précieux et de recettes pratiques, de secrets en matière d'invention, de physique, d'histoire naturelle, de chimie, de médecine, de chirurgie, de pyrotechnie. Les arts libéraux et les lettres y ont également leur place, ainsi que la géographie, l'art militaire, l'économie domestique.

En parcourant les notices de l'*Almanach sous Verre* on rencontre l'origine de la plupart de nos industries. C'est ainsi, par exemple, que l'année 1768 mentionne la « *Platterie Anglaise*, c'est-à-dire la vaisselle de cuivre revêtue dans son extérieur d'une lame d'argent de peu d'épaisseur », autrement dit le doublé. En 1782, il est question d'une lampe brûlant de l'air inflammable, c'est-à-dire du gaz inventé par un M. Fürstemberger, physicien très éclairé de Bâle (*sic*), etc.

Chaque fascicule avait une table annuelle donnant les noms, qualités et demeures des artistes, des inventeurs, des mécaniciens dont il était question dans les notices. En plus de cela, il existe une Table alphabétique et analytique de la « Notice historique » depuis l'origine, publiée en 1813 par J. B. Nougaret. Le nombre total des pages de la publication, de l'origine jusqu'en 1810, est de 1364 (numérotation par colonnes).

L'*Almanach sous Verre* est-il antérieur à la date ici donnée, ou a-t-il eu un prédécesseur? C'est la question qu'il faut se poser après avoir lu la note suivante du *Censeur Hebdomadaire* de 1759: « L'Almanach sous Verre est de deux prix différents, 30 sols et 18 sols. Il se trouve à Paris, chez

Doury, imprimeur-Libraire, et chez l'Auteur, au bas de la rue St-Jacques, à l'enseigne des Associés. L'année révolue, on fournira aux mêmes adresses un livret nouveau pour la suivante. » Serait-ce un premier essai qui ne réussit point et fut repris en 1768 ?

[B. Carn. || Coll. Paul Lacombe. || L'exemplaire de Carnavalet s'arrête à l'An IX : celui de M. Paul Lacombe va de 1768 à 1810. Les 36 premières années et les suites 44, 48, 49, 57 se sont vendues 35 fr. à la vente Eugène Piot.]

402. — LE CALENDRIER POLITIQUE ou Prédictions véritables pour les temps écoulés. || A Paris. 1768. In-12.

Attribué, d'après la *France Littéraire*, à Voltaire. On sait que parmi les écrits attribués au philosophe de Ferney, se trouve un « Calendrier » dont on n'a pas pu retrouver la trace.

403. — ALMANACH CHRÉTIEN ET MORAL composé de cantiques sur les mystères et sur la mort de la Reine, par M. l'abbé du R*** 1769. || Paris, In-24.

Ne serait-ce point une publication de l'abbé de Raynal?

[D'après la *France Littéraire*.]

404. — ALMANACH DANSANT, ou Positions et Attitudes de l'Allemande, avec un discours préliminaire sur l'Origine et l'Utilité de la Danse. Dédié au beau Sexe par Guillaume, Maître de Danse, pour l'année 1769, où se trouve un Recueil de contre-danse et Menuets nouveaux par La Hante, aussi Maître de Danse. || A Paris, chez l'auteur, rue des Arcis, maison du Commissaire. Berthault graveur, rue des Grands Degrés, près celle de Bièvre, vis-à-vis un Grenetier. In-8 carré.

Le titre est gravé par Berthault. Le texte se compose d'un discours sur l'origine et les avantages de la danse et d'une explication des pas de l'Allemande. Le discours, ainsi qu'a soin de l'indiquer l'éditeur, est en partie extrait du Traité de la Danse, de M. de Cahusac. « Si ce petit Ouvrage est assez heureux pour plaire au public, lit-on dans l'avertissement, je me propose d'en donner un nouveau tous les ans sur la même matière. »

Suivent avec un titre spécial, également gravé, 12 estampes, autrement dit douze tableaux représentant deux danseurs, un cavalier et sa dame, exécutant les figures de l'Allemande, montrant la façon de passer de l'un à l'autre, enfin, encore avec un autre titre gravé, un Receuil (*sic*) de contredances françoises, allemandes, Angloises et Menuets par M. La Hante, avec la description des figures par M. Landrin, aussi Maître de Danse. Quérard cite sous le même titre un almanach pour l'année 1770 (Paris, Dufour) et une réimpression (Paris, Valade, 1777), du reste sans mentionner aucunes figures.

[Très rare : 60 à 80 fr.]

405. — ALMANACH DE L'INDICA-TEUR FIDÈLE pour l'année 1768, ou Guide des Voyageurs, qui enseigne toutes les routes Royales et particulières de France, et les Chemins de Communica-tion. Détaillé topographiquement où les amateurs trouveront tout ce qu'ils peu-vent désirer. ‖ A Paris, chez Desnos, Ingé-nieur-Géographe du Roi de Danemark, rue St-Jacques, au Globe. 1769 et suite. In-4.

Se vendait : Relié en veau 6 liv., en maroquin avec tablettes, 7 liv. 4 sols.

Figure et cartes avec table des routes. Réim-primé de nouveau en 1771 et 1777 sous les titres de : *Étrennes pour l'année 1771*, et *Étrennes Utiles et nécessaires aux Commerçans et Voyageurs.*

[Voir plus loin nᵒˢ 447 et 581.]

406. — ALMANACH DE L'ORDRE DE MALTE pour l'année 1769, à l'usage de la noblesse qui se destine à entrer dans cet ordre. ‖ A Paris, de l'Imprimerie de Le Breton, premier Imprimeur ordi-naire du Roi et Ordinaire de l'Ordre. 1769. Petit in-8.

Ouvrage attribué au marquis de Beauharnais et destiné aux familles qui voulaient faire entrer leurs enfants dans l'Ordre, donnant tout ce qui a trait à l'établissement, aux Statuts, à la Constitution, à l'état du gouvernement de l'Ordre ; avec la liste des chevaliers des trois Langues de France (Langue de Provence, Langue d'Auvergne, Langue de France). Chaque année devait paraître une nou-velle édition, avec les changements survenus dans l'état des chevaliers, prêtres et servants d'armes. Notices historiques sur l'établissement, liste des Grands Maîtres, des hommes illustres, des exploits de l'Ordre. Curieux à consulter pour les charges et offices. On voit ainsi, parmi les dignitaires, un maître d'hôtel de campagne, un contrôleur de l'argen-terie, un « Prudhomme d'infirmerie ». On apprend que « tout Chevalier qui ne mange pas à l'auberge tire du Trésor pour ses tables (*sic*) quatre Salmes de blé (la salme valant 10 écus), deux casis d'huile, et trente-quatre écus, dix tarins, le tout allant aux environs de deux cents livres de France. » L'état des troupes est également précieux à parcourir. Celles-ci se subdivisent en Gardes du Maréchal, en Gardes de la Bulle, en Compagnies des Auberges ;

leurs fonctions consistant « à faire la garde dans les appartements, à faire la garde aux portes, à accompagner le Grand Maître quand il voyage, à garder les Tours. »

Enfin, et ceci n'est pas le moins intéressant, on y trouve l'état de ce qu'il en coûtait pour obtenir un bref de Grand-Croix. Depuis Rome jusqu'à « l'Esclave de la recette » c'est tout un monde de droits à payer, allant de 300 à 2 écus. Maître Ecuyer, Chambrier, Ecrivain de la recette, Garde robe et Garçons de S. E., estaffiers, cochers, por-teurs, esclaves de la chambre, gardiens et forçats de St-Jean eux-mêmes, toutes les fonctions y avaient vent leur part.

[Broché, vaut de 10 à 15 fr. ‖ Vente Sellière, ex. maroquin, armoiries sur les plats, 45 fr.]

[B. N. — Lc³S.]

407. — ALMANACH DE LA GAYETÉ. ‖ A Paris, chez Gueffier père, Parvis Notre Dame, à la Libéralité. (1769). In-32.

Recueil de chansons galantes.

[D'après un catalogue de l'époque.]

408. — AMOUR POUR AMOUR. ‖ A Paris, chez Gueffier père, Parvis Notre Dame, à la Libéralité. (1769). In-32.

Recueil de chansons sur les femmes et l'amour.

[D'après un catalogue de l'époque.]

409. — LE BIJOU MIGNON DES DAMES. Almanach pour 1769. ‖ Gravé par Cocquelle, rue du Platre, la première porte à gauche en entrant par la rue St-Jacques. (Paris). In-128.

Cet almanach du sieur Cocquelle est un peu moins minuscule que le précédent (voir nᵒ 392). Il a 3 cent. 4 mill. de haut sur 2 cent. 2 mill. de haut.

Il comprend, en plus du calendrier, 6 figures allégoriques, — La Peinture, L'Art militaire (des amours casqués), La Sculpture, La Musique, L'Ar-chitecture, La Griculture (*sic*) — le graveur était sans doute ennemi des apostrophes — des chan-sons et devises pour les demoiselles et garçons. Un avis indique que le sieur Cocquelle vendait « dif-férents Almanachs pour les Berloques de Monte en papier et en Rubans, et aussi des Optiques, Almanachs pour des Étuis à Ressort, etc. »

[Coll. Gaston Tissandier.]

[De 70 à 80 fr.]

410. — CALENDRIER OU ESSAI HIS-TORIQUE ET LÉGAL SUR LA CHASSE. ‖ Paris. 1769. In-12.

Mise en vente comme almanach, c'est-à-dire avec adjonction d'un calendrier, de l'*Essai historique et légal sur la Chasse* de M. Marchand. (Londres et Paris, Le Jay.)

[D'après la *France Littéraire*.]

411. — LE DÉLASSEMENT DE L'ÉTUDE. || A Paris, chez Gueffier père, Parvis Notre-Dame, à la Libéralité. (1769). In-32.

Sur un catalogue Cailleau, à la date de 1774, figure un almanach, très probablement le même, orthographié ainsi : *Les Délassemens de l'Étude.*

[D'après un catalogue de l'époque.]

412. — LES DÉLICES DE L'AMOUR, ou le Gage d'un cœur tendre. || A Paris, chez Gueffier père, Parvis Notre Dame, à la Libéralité. (1769) In-32.

Nombre d'almanachs furent alors publiés sous ce titre général. Chansons sur les gages.

[D'après un catalogue de l'époque.]

413. — [ESSAI SUR] L'ALMANACH GÉNÉRAL D'INDICATION (1), d'Adresse personnelle et domicile fixe, des six corps, Arts et métiers ; contenant Par Ordre *Alphabétique* les Noms, Surnoms, État et Domicile actuel des principaux NÉGO-CIANS, MARCHANDS, AGENS d'affaires, COUR-TIERS, ARTISTES et FABRICANS les plus *notables* du Royaume, pour servir à *l'In-dication* de chacun de ceux qui, par un mérite *distingué*, Cures *extraordinaires*, Innovation d'*Etablissement*, possession de Secrets *approuvés* et autres objets *utiles* à la *Société Civile*, se seroient acquis des *récompenses* et *privilèges* de SA MAJESTÉ, ou dont les talens *supérieurs* auroient seuls fait la *réputation* et la *célébrité*. Le prix de cet Ouvrage, in-8 broché, est de 3 liv. pour les Souscripteurs et de 4 liv. pour ceux qui n'auront pas sous-crit. || A Paris, chez la veuve Duchesne, rue St-Jacques, au Temple du Goût, chez Dessain et Lacombe. Pour l'Année M.DCC.LXIX. (1769-1771). In-8.

L'auteur, le sieur Roze de Chantoiseau, ayant son bureau rue St-Honoré, à l'hôtel d'Aligre, an-nonçait un supplément, pour les acheteurs ou sous-cripteurs seulement, qui se peut voir en effet dans les exemplaires reliés. Bottin très précieux, admi-rablement imprimé, sous forme de tableau, le texte de chaque page étant dans un cadre, divisé en plu-sieurs colonnes, avec titre.

En tête est un calendrier avec une colonne, « Passe-temps agréable », indiquant les fêtes, messes, processions, foires, parades bouffonnes, spectacles, rentrées des Académies, cortèges, fêtes patronales, rentrées du Parlement, amusements aux environs, bals et feux d'artifices. Quelques-unes de ces petites notices sont précieuses pour la vie de l'époque. En voici deux que je reproduis :

« Avril (7). — En ce mois l'ouverture des Boule-vards, promenade très agréable par sa situation et la variété des amusemens qui s'y rencontrent. De superbes Caffés vous offrent, non seulement tous les rafraîchissemens que l'on peut désirer, mais encore l'on y jouit gratuitement de Concerts en différens genres, où des femmes, payées à cet effet, représen-tent les Ariettes les plus nouvelles et les plus à la mode. »

« Juin. — Les Cabinets curieux des sieurs Comus et Pelletier consistent en diverses expériences physiques et magnétiques. On y voit un petit cygne sur l'eau qui se promène (sic), et indique la carte qui auroit été touchée autour de son bassin. Une pendule qui marche ou s'arrête au commandement. Des balances très justes qui emportent le poids à volonté, etc... »

Dans un avis au lecteur l'auteur explique qu'il a voulu donner un pendant à l'*Almanach Royal*, c'est-à-dire former un ouvrage qui servît pareille-ment pour les négociants, marchands fabricants, et pût permettre de « recouvrer le domicile de ceux qui se seroient transplantés d'un lieu à un autre. » Architectes, armuriers, artificiers, batteurs d'or, marchands de bois, bonnetiers, bouchers, bouchon-niers, bourreliers, brasseurs, brodeurs, brossiers, ceinturonniers, chandeliers, charcutiers, charpen-tiers, chaudronniers, cloutiers, cordiers, cordon-niers, couteliers, meistres de danse, doreurs, dra-piers, écrivains-jurés, émailleurs, épiciers-droguis-tes, éventaillistes, fayenciers, horlogers, orphèvres (sic), rouliers, sages-femmes, tabletiers, marchands de vin, vinaigriers, etc., toutes les corporations figurent dans ce livre d'or du commerce, du tra-vail et de l'industrie. A chaque page est une colonne qui, sous le titre de « Enseignes et Anec-dotes particulières », donne les enseignes et note les particularités, soit de fonctions (juré, ancien juré, ancien garde, doyen, syndic), soit de spécialités. Ces renseignements font de ce livre un guide absolument unique à travers le Paris de 1769.

A la rubrique : *Libraires et Imprimeurs*, nous apprenons que la vente de livres anciens s'appelait *tenir magasin de livres de hasard*. A la rubrique : *Merciers*, nous trouvons un sieur Avice marchand-mercier, bijoutier, qui « suit la Cour et les foires les plus considérables », un sieur Marion tenant « manufacture de plomb coulé sur coutil » (sic), et le *Chat Noir* (encore existant) de la rue Saint-Denis.

Notons, comme particularité, point d'enseigne aux sages-femmes, tandis que tous les rouliers « pour

(1) Les mots « Essai sur » disparaissent aux éditions suivantes.

transport de caisses et gros ballots » en ont une. La liste des limonadiers nous fait connaître tous les cafés portant un nom : *Café de Belle-Vue*, sur les boulevards, *Café Allemand*, rue Croix des Petits-Champs, *Café de Toulouse*, place des Victoires, *Café des Mousquetaires*, rue du Bac, *Café Procope*, A la bonne foi rue Richelieu, et, surtout, le *Café Militaire*, rue St-Honoré, sur le compte duquel la notice s'exprime ainsi : « Ce café est sans contredit un des plus beaux de la capitale. Sur le plafond est cette jolie épigraphe : *Hic virtus bellica gaudet*. » Même chose pour les marchands de vin : *A la Providence*, rue de Bourgogne, *Au Petit St-Jean*, rue St-Martin, *Au Soleil d'Or*, rue de la Cossonnerie, *A l'Isle d'Amour*, rue St-Honoré. Malheureusement, la colonne consacrée aux numéros est, d'un bout à l'autre du volume, entièrement vierge, ce qui rend les recherches, quant à la situation exacte des magasins, quelque peu difficiles.

Comme réclame amusante il faut mentionner celle du sieur Raux, rue du Petit-Lion-St-Sauveur, Emailleur du Roi, « qui fait et vend des yeux d'émail imitant admirablement la nature et qui pousse la générosité *jusqu'à en faire et donner gratis aux pauvres, le lundi*. » — Cette distribution gratuite, le lundi, d'yeux d'émail, devait être pittoresque.

Enfin, une liste bien curieuse à parcourir est celle des *Traiteurs, Aubergistes et hôtels garnis*, parce qu'on trouve pour chaque « tenancier » le prix des logements et des repas. Le minimum du manger paraît avoir été de 3 sols et le minimum du coucher 2 sols par nuit, à l'*Image de la Vierge* (rue de la Magdeleine, faub. St-Honoré), s'il vous plaît. *La Pucelle d'Orléans*, rue St-Martin, prend par repas depuis 4 jusqu'à 10 sols. Quant à la spécialité *comme restaurateur* elle est au sieur Roze, à l'Hôtel d'Aligre, tout nouvellement rue St-Honoré, « seul inventeur et possesseur de l'art de faire les véritables consommés de prince, nourrissants et rafraîchissants. A telle enseigne que son établissement est connu sous le nom de *Maison de Santé* ». Une Revalescière XVIIIᵉ siècle !

Cet almanach contient encore des notices faisant connaître l'organisation de chaque communauté d'arts et métiers, une liste alphabétique des rues de Paris, les voitures publiques pour la France et l'étranger, le départ et l'arrivée des courriers, les foires les plus considérables, et il se termine par des remèdes et spécialités qui nous font pénétrer dans le secret des inventions du jour. Contre la fièvre, contre le scorbut, contre les migraines, contre la teigne, contre les vapeurs des femmes (il suffit d'un emplâtre quatre fois répété) ; il y a remède pour tout. La perle, comme trouvaille, appartient au sieur Bacquoy, maître de danse, qui, « sans rien emprunter à la Chirurgie, est sûr de mettre un jeune homme boiteux de naissance en état de marcher et de danser, sans qu'on s'aperçoive qu'il ait une jambe plus courte que l'autre. »

Quoique Quérard indique l'année 1768, je crois bien que la présente année est la première.

[Voir pour la suite *Almanach Dauphin* nº 460.]

[Catalogué 60 fr.]

414. — ÉTRENNE A LA GRECQUE. ‖ A Paris, chez Gueffier, Parvis Notre Dame, à la Libéralité. (1769). In-32.

Recueil de chansons. Gueffier voulut, comme Duchesne, avoir son almanach « à la grecque. »

[D'après un catalogue de l'époque.]

415. — ÉTRENNE ÉPIGRAMMATIQUE. ‖ A Paris, chez Gueffier, Parvis Notre Dame, à la Libéralité. (1769). In-32.

Recueil de chansons et d'épigrammes.

[D'après un catalogue de l'époque.]

416. — L'ÉTRENNE RÉCIPROQUE DES AMANS, ou l'Almanach du Commerce Amoureux. Avec des Devises nouvelles sur des airs choisis et connus. Pour la présente année. Par M. Dumenil. ‖ A Paphos, [chez les Amours, aux dépens des jeux et des ris] et Se Vend à Paris, chés (*sic*) Gueffier père, Parvis Notre Dame, à la Libéralité. (1769). In-32.

A ce titre gravé est joint un titre imprimé différant seulement par les mots ajoutés ici entre crochets et par le nom de l'auteur qui y est écrit, Dumeny. Recueil de chansons.

[Coll. de Savigny, ex. relié en soie brodée d'or, genre rocaille, miniatures sur les plats, 75 fr.]

417. — LES ÉTRENNES DE CE QUE L'ON AIME. ‖ A Paris, chez Gueffier père, Parvis Notre Dame, à la Libéralité. (1769) In-32.

Recueil de chansons.

[D'après un catalogue de l'époque.]

418. — ÉTRENNES DE SANTÉ ou l'Art de se la conserver, par les préceptes qui donnent la vie la plus longue et exempte de maladies ; précédées de moyens sûrs pour remédier promptement aux différens accidens qui menacent la vie, et à une foule d'incommodités dont on est journellement attaqué. ‖ A Paris, chez Cailleau, Libraire, rue St Séverin. 1769 et suite. In-24.

Cet almanach rédigé par un médecin, M. Hauset de Nengui, est divisé en 3 parties : 1º éducation physique des enfants, 2º éducation physique des adultes, choix des aliments, 3º remèdes pour les cas qui demandent un prompt secours. Cette dernière partie, indiquant jusqu'au prix des drogues, présente un côté documentaire amusant.

Les *Étrennes de Santé* se publiaient encore en 1784.

Le prix était de 12 sols.

419. — ÉTRENNES HISTORIQUES ou Mélanges Curieux pour 1769. || A Paris.

Recueil de chansons.

[D'après un catalogue de l'époque.]

420. —LES PLAISIRS DE LA SOCIÉTÉ, ou le Gage de l'Amitié. || A Paris, chez Gueffier père, Parvis Notre Dame, à la Libéralité. (1769) In-32.

Recueil de chansons. Après les gages du cœur ou de l'amour, les gages de l'amitié ! Tout, en ces petits almanachs, devenait matière à gage.

[D'après un catalogue de l'époque.]

421. — LES TABLEAUX AMOUREUX. Sur des airs choisis et connus. || A Paris, chez Gueffier père, Parvis Notre Dame, à la Libéralité. (1769) In-32.

Recueil de chansons.

[D'après un catalogue de l'époque.]

422. — ALMANACH ANTHOLOGIQUE ou Recueil des plus jolies chansons imprimées en Musique. || A Paris. 1770. In-24.

Recueil de chansons, avec airs notés, provenant de chez Duchesne ou de chez Gueffier.

[D'après la *France Littéraire*.]

423. — ALMANACH DES CALEMBOURGS, enrichi de charades; dédié à M. de Bois-Flotté, ci-devant étudiant en droit fil, et actuellement docteur en soupe salée. || Paris, veuve David, 1770. In-24. [2º édition in-18, en 1771.]

Attribué au marquis de Bièvre alors âgé de quinze ans.

Voir nº 438.

[Quérard.]

424. — ALMANAC (sic) DES MARCHANDS, NÉGOCIANS ET COMMERÇANS de la France et du reste de l'Europe. Contenant, par ordre alphabétique, les principales Villes Commerçantes, les Adresses des principaux Négocians, Commerçans, Fabricans et Manufacturiers de l'Europe aussi par ordre alphabétique; la nature de leur commerce, les voies les plus faciles et les moins dispendieuses pour le transport des marchandises ; la réduction des Poids, Mesures et Aunages à ceux et à celles de Paris; la réduction des Monnoies Étrangères au cours de celles de France; les Usances des Lettres de Change de chaque Ville Commerçante, les jours de grâce que l'on y accorde et les diligences à faire en conséquence, etc. Par M. Thomas. || A Paris, chez Valade, Libraire, rue St-Jacques, vis-à-vis celle de la Parcheminerie. Et dans toute l'Europe, chez les libraires indiqués à la tête de cet Ouvrage. M.DCC.LXX. In-8.

Privilège daté du 8 avril 1770. La *France Littéraire* mentionne pour 1769 un *Almanach des Marchands, Négocians, Commerçans, Fabriquants et Magasiniers de la France et de l'Europe* [par M. Thomas]; très probablement l'almanach ici décrit qui parut, suivant l'usage, une année à l'avance.

Ne contient, du reste, que ce que le titre indique très exactement.

(Voir, pour la suite, *Almanach Général des Marchands* nº 439.)

[B. N. — V. 2728 a 8.]

425. — ALMANACH ENCYCLOPÉDIQUE DE L'HISTOIRE DE FRANCE, où les principaux Evénemens de notre Histoire se trouvent rangés suivant leurs dates, sous chacun des jours de l'année. Année M.DCC.LXX. || A Paris, chez Vincent impr.libraire, rue des Mathurins, hôtel de Clagny [et, plus tard, chez Méquignon le jeune, Libraire, au Palais Marchand.] 1770-1778. In-18.

Ouvrage publié par J. F. Delacroix, s'adressant à tous, et notant, par ordre, non seulement les faits historiques et militaires, mais tout ce qui est relatif à la fondation des monuments, aux événements remarquables, fêtes, cérémonies publiques, etc... A partir de 1772, fut augmenté d'un tableau chronologique des rois de France et d'une histoire de France publiée successivement par époques.

De 3 à 4 fr. le volume.

[B. Ars. Année 1772. || B. N. Années 1774, 1775, 1776, 1777, — LC²⁷ 318.]

426. — ALMANACH GÉOGRAPHIQUE OU PETIT ATLAS ÉLÉMENTAIRE composé de Cartes générales et particulières des différens Empires, Royaumes et Républiques de l'Europe et des autres Parties de la Terre. Suivi de Descriptions sous le titre d'Idée Générale de la Géographie et de l'Histoire Moderne. ‖ A Paris, chez Desnos, Libraire et Ingénieur Géographe de Sa Majesté Danoise, rue St-Jacques, au Globe. [2 volumes, avec tantôt 48, et tantôt 3o cartes (1). Se vendait relié en maroquin 12 livres.] 1770 et suite. In-24.

Titre gravé, avec ornements rocaille. En regard un frontispice-dédicace, rideau entouré d'ornements et surmonté de l'écusson danois, sur lequel on lit : « Dédié à Sa Majesté le Roy de Dannemarck et de Norwège par son très humble et très obéissant serviteur, Desnos, » Cet almanach contient, en outre, un merveilleux portrait du roi Christian VII, gravé par Savart.

Le texte se compose d'un calendrier perpétuel et historique, dans lequel les événements remplaçent les noms des saints, et d'une « Idée générale de la géographie et de l'histoire moderne. ›

Le privilège pour dix ans est du 17 novembre 1768.

Quérard n'a pas connu d'année antérieure à 1772. L'année ici cataloguée paraît être la tête de la collection. Du reste, cet almanach a été reproduit chaque année, jusqu'en 1789, avec des titres différents (Voir, plus loin, nᵒ 618 bis.)

Très certainement il a été, plus tard, scindé en plusieurs parties, car les catalogues Desnos pour 1781 mentionnent un Calendrier perpétuel et historique, et une Idée géographique avec Calendrier perpétuel. Il a également servi à des publications géographiques d'actualité (voir Nouvel Almanach Intéressant, nᵒ 930).

[6o à 8o fr. en maroquin.]

427. — ALMANACH NOUVEAU. ‖ S. l. n. d. (Paris, vers 1770). Pet. in-8.

Cet almanach, publié vers 1770, est composé de 24 feuillets portant chacun une jolie vignette en tête, dans le genre de Gravelot, coloriée, avec explication ou conte en vers au-dessous. Chaque page est comprise dans un encadrement imprimé en rouge au fronton.

[Cat. Morgand : 15o fr.]

(1) Le catalogue de Desnos pour 1772 annonce 32 cartes.

428. — ALMANACH POÉTIQUE HISTORIQUE. Avec figures. ‖ A Paris (vers 1770).

[D'après la France Littéraire.]

429. — ALMANACH POUR TROUVER L'HEURE PAR TOUS LES DEGRÉS DE HAUTEUR DU SOLEIL. Pour l'Année M.DCC.LXX. ‖ [S. ind.] (A la fin on lit:) A Paris, chez J. Th. Hérissant, Imprimeur ordinaire du Roi, Maison et Cabinet de sa Majesté. M. DCC. LXX. In-4.

Almanach composé de tables destinées à donner à chacun la possibilité de régler les montres dans la journée, à deux heures différentes, « autres que celle du midi. »

[B. N. — Vz. 11o3.]

43o. — ANNALES HISTORIQUES ET PÉRIODIQUES. Où l'on donne, par ordre chronologique, une idée exacte, fidèle et succincte, de tout ce qui s'est passé de plus intéressant dans tout le monde connu, touchant la paix et la guerre, les traités et les alliances ; les différentes sortes d'établissemens concernans (sic) le Commerce, les Arts et les Sciences ; les Ordonnances, Édits, Déclarations ; les découvertes, les tremblements de terre et les autres phénomènes de la nature ; la naissance, les mariages, la mort des personnes les plus illustres; les charges, les honneurs qui leur sont accordés ; les présentations même aux Souverains : enfin où l'on observe tout ce qui a quelque rapport à la politique, au Commerce et aux Finances; et où l'on trouve un Précis de l'état actuel du Gouvernement des principales Cours de l'Europe. Depuis le premier Septembre 1768. Par M. Renaudot, Avocat. ‖ A Paris, chez Saillant, Libraire, rue St-Jean-de-Beauvais. Brocas, Libraire, rue Saint-Jacques, au chef Saint-Jean, [puis la veuve Duchesne]. M.DCC.LXX. In-18.

Sorte de journal, rédigé jour par jour, des événements qui se sont passés dans l'année.

A également paru pour l'année 1771.

Le privilège est du 18 novembre 1769.

[B. N.]

431. — CALENDRIER INTÉRESSANT POUR L'ANNÉE 1770, ou Almanach Physico-Économique, contenant une

Histoire abrégée et raisonnée des indications qu'on a coutume d'insérer dans la plupart des calendriers ; un recueil exact et agréable de plusieurs opérations physiques, amusantes et surprenantes, qui mettent tout le monde à portée de faire plusieurs secrets éprouvés, utiles à la Société, etc., etc., etc., par M. S. D. || A Bouillon [et à Paris] aux dépens de la Société Typographique. 1770. (1770-1786). In-24.

Les secrets « utiles et récréatifs » dont l'efficacité, au dire des éditeurs, est parfaitement assurée, portent aussi bien sur la manière d'allumer l'air inflammable que sur la chasse aux canards sauvages ; sur les remèdes contre tels ou tels maux que sur les moyens d'enlever les taches, de fabriquer du chocolat économique ou de conserver les haricots. Une panacée universelle à tous les usages !

D'après la *France Littéraire* l'auteur de cet opuscule serait Jean-René Sigaud de La Fond.

On lit dans l'almanach de 1772 : « On a refait cette année tous les problèmes contenus dans le Précis historique afin de rendre la solution relative à la présente année. On aura la même attention pour les années suivantes. On se propose même à commencer l'année prochaine d'étendre tous les ans et développer un des articles du Calendrier, afin de donner à la longue, à cette matière, tout le développement qu'elle comporte ».

Le prix était de 18 sols broché, et de 24 sols relié, franc de port, par la poste.

[B. N. Années 1772, 1780, 1781, 1786.]

[Voir plus loin, n° 494, un autre almanach publié sous le même titre.]

432. — CALENDRIER RÉCRÉATIF ou Choix d'Anecdotes curieuses et de Bons-Mots. || A Amsterdam ; et se trouve à Paris, chez la veuve Duchesne, Libraire, rue Saint-Jacques, au Temple du Goût. 1770-1789. In-24.

« Nous n'avons mis dans ce recueil », dit l'éditeur, « que ce qui est bon-mot, réponse heureuse, saillie d'esprit : c'est le suc de bien des volumes dans lesquels étaient noyées toutes ces bonnes choses. » Le recueil s'ouvre par une dissertation sur les almanachs.

Avec un calendrier.

Cette publication a dû, non seulement se vendre tel que pendant plusieurs années, mais elle a eu une suite, car il existe d'autres volumes avec un texte entièrement différent, ayant simplement en plus, sur le titre, les mots : « pour servir de suite à celui de l'Année précédente ».

433. — ÉTRENNES DE LA NOBLESSE ou État actuel des familles nobles de France, et des Maisons et Princes Souverains de l'Europe, pour l'année M.DCC.LXX. || A Paris, chez Lacombe, puis chez Des Ventes de la Doué, Libraire, rue Saint-Jacques, vis-à-vis le collège de Louis-le-Grand, puis chez Desnos, Libraire-géographe. 1770-1778. Pet. in-12.

Faussement attribué à de La Chesnaye-Desbois. Ouvrage embrassant toutes les familles ou maisons nobles du Royaume. « On supplie avec instance », disait l'éditeur dans un avis, « tous ceux en faveur desquels on entreprend cet ouvrage, de ne point s'envelopper d'une modestie qui s'opposerait à des vues si utiles. On leur proteste d'avance qu'en faisant usage de leurs Mémoires, on se soumettra à toutes les loix qu'ils voudront prescrire ».

A partir de 1775 ce titre est gravé dans un encadrement dessiné par De Sève.

L'année 1776 annonçait pour 1777 des notices sur les littérateurs nobles de naissance, au nombre desquels MM. de Gresset et de Buffon, mais ces notices n'ont point paru.

[Catalogué 4 à 5 fr. l'année.]

[Voir, plus loin, n° 615.]

434. — ÉTRENNES DU PARNASSE. [Choix de (1)] Poésies. [Épigraphe :] Erat quod tolle revelles. (*Horat.*)||A Paris ; chez Fetil, Libraire, rue des Cordeliers, près celle de Condé, au Parnasse Italien, puis chez Couturier fils, quai et près l'Église des Augustins. M.DCC.LXX (1770-1780). Pet. in-12. [Se vendait 1 liv. 4 sols, puis 1 liv. 10 sols.]

Le libraire, dans un avis placé en tête, dit : « Sous le titre d'*Étrennes du Parnasse*, nous donnons deux Ouvrages tout-à-fait distincts. L'un est une Notice des Poëtes de chaque Nation, contenant la vie de chaque Poëte, les jugemens sur ses ouvrages, avec un choix des plus beaux morceaux, traduits ou imités en vers François. L'autre, un Recueil de Poësies fugitives, que le Public n'a pas jugé indigne de servir de Pendant « à l'Almanach des Muses. »

Ce recueil qui visait, en effet, à faire concurrence à l'*Almanach des Muses*, n'atteignit jamais à la notoriété de ce dernier. Il paraissait bien à la fin de chaque année, mais sans calendrier. Entrepris par M. Milliet, attaché à la Bibliothèque du Roi, il fut, celui-ci étant mort en juillet 1774, conti-

----

(1) Adjonction au titre de l'année 1774.

nué, à partir de cette époque, par une société de gens de lettres. Sur le titre de l'année 1782, on lit : « par M. le Prevost d'Exmes. »

Chaque année, les éditeurs éprouvaient le besoin d'une préface, d'une sorte d'entretien avec le public. Dans celle de 1774 se trouve cette affirmation bien caractéristique : « C'est peut-être ici le lieu d'observer qu'en général on fait beaucoup mieux les vers en province qu'à Paris, que les idées sont plus nettes, le goût plus sain, l'expression plus simple, la langue plus respectée. Dans la capitale, on est ébloui, dans la Province on est éclairé ». — Ceci est un rêve, vraiment. Il est vrai qu'à certaine poésie, il faut, et pour cause, l'atmosphère provinciale.

A partir de 1777 les *Étr. du Parnasse* publièrent, mélangées aux productions françaises, des poésies italiennes, et, dès l'année suivante, celles-ci constituèrent une partie à part du recueil, sous le titre de : « Choix de poésies Italiennes ». Plus tard même, elles ne se bornèrent plus à l'italien et publièrent des poésies imitées de l'Allemand, de l'Anglais, du Latin, du Grec. De fait, c'est un recueil assez fade, engendrant facilement l'ennui.

[B. N. Années 1774-1786.]

[Voir, plus loin, nº 826.]

435. — ÉTRENNES DU SENTIMENT. Almanach chantant de la Sagesse. L'amour vous le donne. || Chez Cailleau, rue du Foin-St-Jacques, à Paris. Pour la présente année (1770, 1777, 1783 et années suivantes). In-32.

Titre gravé. Suit un titre imprimé, ainsi conçu :

— *Le Triomphe du Sentiment*, Almanach des chieurs, contenant ce qu'il y a de plus agréable sur cette matière utile, précieuse et odoriférante. Enrichi de la Foiropédie et de Chansons choisies et de goût. Suivi de l'Art de Péter. Le tout dédié à tous les nez et aux lécheurs. || A Merdiphopolis, chez Foirencul, rue des Étrons moisis, à la Bouche ouverte. Avec permission des Vuidangeurs.

Comme on le voit, ces « Étrennes du Sentiment » ne sont pas d'un sentiment absolument délicat et surtout inodore. C'est un choix, d'une lecture quelque peu embrenante, d'odes et d'épigrammes, sur la nécessité de ch... On y respire même le parfum de la nature en une poésie qui tombe à plat :

Agréable et verd Boccage
Qu'avec l'Art Nature orna !
Vous qui retracez l'image
Des riants sommets d'Ida
    Beaux lieux !
    Beaux lieux !
Qu'il est doux sous votre ombrage,
De faire à loisir Caca.

O beautés de la nature ! O charmes du sentiment ! O mystères des bosquets parfumés !

[Voir les nᵒˢ 505 et 529.]

436. — LES JEUX DE LA PETITE THALIE, Théâtre de la Vie Humaine, représentée Par les Jeux de l'Enfance, ou les Amusemens de la Jeunesse, Nouvelles Variétés Amusantes de l'Ambigu-Comique. Étrennes chantantes, convenables aux deux Sexes de tout âge, composées de Devises propres à tirer l'horoscope des Dames sur les numéros de la Loterie Royale de France, en cinq parties, qu'ils vendent ensemble ou séparément, avec Tablettes économiques, Perte et Gain, et Stylet pour écrire. || A Paris, chez Desnos, Ingénieur-Géographe et Libraire de S. M. le Roi de Danemark, rue S.-Jacques, au Globe. (1770.) In-24.

Recueil de 90 poésies, destiné à accompagner l'*Almanach de la Loterie de l'École Royale Militaire*. Le titre, avec sa succession de qualificatifs, donne bien l'idée du pathos dans lequel se complaisait souvent l'éditeur Desnos.

437. — ALMANACH COULEUR DE ROSE, ou les plus jolies étrennes chantantes, Sur des airs choisis et nouveaux, avec des énigmes. || A Amathonte, chez Flore, au Temple des Grâces, et à Paris chez Cailleau (1771-1778, 8 années). In-24.

Frontispice gravé. L'almanach est entièrement imprimé en rouge.

Fut remplacé en 1778 par le suivant :

— *Nouvel Almanach couleur de Rose*, par M. Cailleau. Paris, 1778. In-32. — lequel se vendait 12 sols, et paraissait encore en 1784.

438. — ALMANACH DE CALEMBOURGS contenant des détails historiques, civils, militaires et monastiques (*sic*). Enrichi de charades dédiées à M. de Boisflotté. || A Paris, chez Bon-Débit, rue Barbe, à l'Esprit-de-Vin. 1771. In-12.

Avec la clef des charades. — Très probablement le même que l'Almanach du marquis de Bièvre (Voir nᵒ 423).

Cat. 5 et 6 fr.]

439. — ALMANACH GÉNÉRAL DES MARCHANDS, NÉGOCIANS, ARMATEURS, ET FABRICANS de la France et de l'Europe, et autres parties du monde ; Année 1774. Contenant l'état des principales villes commerçantes, la nature des Marchandises ou Denrées qui s'y trouvent, les différentes Manufactures ou

Fabriques relatives au Commerce ; Avec les noms de leurs principaux Marchands, Négocians, Fabricans, Banquiers, Artistes, etc. Dédié à Monseigneur Trudaine, Conseiller d'État et ordinaire au Conseil Royal du Commerce, et Intendant des Finances. Prix 4 livres 10 sols , broché. ‖ A Paris, chez Grangé, Libraire, au Cabinet Littéraire, Pont Notre-Dame, Près la Pompe. (1771 à 1784, puis 1785 et suite). Gr. in-8.

Les premières années contiennent l'hommage à Trudaine, signé : « Les auteurs de l'Almanach général des Marchands ». L'année 1776 a sur le titre la mention : « Nouvelle édition, revue, corrigée et augmentée ». L'avis des éditeurs pour les années 1771 à 1774 porte textuellement : « L'almanach ne doit être encore regardé que comme des essais que le temps seul peut perfectionner ». L'avis de l'année 1776 se plaint que beaucoup de négocians aient négligé de répondre aux demandes de renseignements qui leur avaient été adressées.

L'esprit de cette publication annuelle se trouve ainsi exposé dans un discours préliminaire : « Former, de tous les Négocians nationaux et étrangers, une seule et même famille, faciliter entre les membres actifs de cette famille une correspondance qui soit également utile au Cultivateur, au Négociant, au Fabricant et au Consommateur ; indiquer les nouvelles fabriques, les nouvelles productions que l'industrie a produites, pour contenter les besoins du citoyen ; exciter ses désirs, augmenter sa jouissance ; enfin rassembler les richesses du Commerce, en donner un détail satisfaisant à ceux qui sont intéressés à en connaître la bonté et la qualité ; indiquer les Manufactures, les Comptoirs et les Atteliers (sic) les plus accrédités : voilà le plan que nous nous sommes proposé de remplir dans l'Almanach général des Négocians et Fabricans...

« Un avantage considérable que présente notre Ouvrage est d'indiquer les Artistes, les Fabricans ; enfin les premières mains d'où sortent les marchandises qui circulent dans le Commerce ; cette indication ne peut être que très agréable au Marchand détailleur et à tous Citoyens, qui souvent sont obligés de payer les marchandises un tiers de plus parce qu'ils ignorent la fabrique d'où on les tire, l'Artiste ou le Fabricant qui les mettent en œuvre : ils sont obligés de s'adresser à des Commissionnaires intéressés, et toujours attentifs à laisser ignorer l'ouvrier industrieux, pour le retenir dans une espèce de dépendance. Ces Commissionnaires se placent entre le Cultivateur, le Fabricant et le Consommateur qui, non seulement, paye les objets de commerce à un plus haut prix, mais est encore privé de la liberté du choix ».

On peut voir par ces quelques extraits que l'idée de lutter contre les intermédiaires n'est point une idée moderne, et que, de très longue date, on s'était enquis des moyens pour mettre en rapports directs le producteur et le consommateur.

Cet almanach est divisé en deux parties. La première donne des notions générales : commerce de la France, consuls étrangers, juridictions consulaires, monnaies et changes des principales places, escomptes, poids et mesures, foires et marchés. La seconde donne une liste, classée alphabétiquement par villes, des négocians et fabricants. Il y a là de précieuses notices sur les industries spéciales à chaque contrée, qui peuvent être consultées avec fruit, aujourd'hui encore, et qu'on ne trouverait nulle part ailleurs.

Les adresses de Paris sont bien curieuses à parcourir. Ici, c'est un cordonnier qui recommande ses bottes « dont les semelles passées au suif, d'une manière qui lui est particulièrement connue, les rend très souples, à l'épreuve de l'eau » : là, c'est un coutelier « inventeur des rasoirs à rabot, qui possède le secret de polir l'acier à telle perfection », dit-il, « qu'il en forme des miroirs dont la réflexion est aussi naturelle que celle des plus belles glaces de Venise » ; ailleurs, c'est un diamantaire en pierres fausses travaillant « une composition qu'il fait avec des pierres dont il possède le secret, les pierres sont aussi brillantes que le diamant » (comme on le voit, rien n'est nouveau sur terre : le diamant de Bluze a des prédécesseurs) ; autre part enfin, c'est un ferblantier qui se dit « auteur des petites lanternes que l'on met à la boutonnière », un fabricant de papier qui « pose le papier sans le coller », un autre qui vernit les papiers, et « on peut les laver quand ils sont sales ».

Tout un côté de la vie intime se trouve ainsi mis au jour par ces almanachs.

D'après Quérard cet almanach de Grangé se serait continué sous le même titre : c'est ainsi qu'il indique les années 1785 et 1786, éditées par un M. E.-J. Bouillot, avec « Supplément à l'édition de l'année 1786 », puis « l'Almanach général des Marchands et négocians de la France et de l'Europe », par MM. G. R. L. V. (Grangé, Rei et Le Vent). Paris, chez Grangé, 1788, in-8°.

Enfin, en 1788, l'almanach aurait été repris par un M. Gournay et publié par lui sous le titre de :

— Tableau général du Commerce, des Marchands, etc., connu ci-devant sous le nom d'Almanach général du Commerce, pour les années 1789 et 1790.

Une collection complète ne s'est pas encore rencontrée en vente publique. Les années se paient séparément 30 et 40 fr. [Année 1776 : 20 fr. Cat. Alex. Môre ; 34 fr. Cat. Alisié. Année 1781 : vente Vitu, 10 fr. (n° 1153)]—[Exemplaire relié de l'année 1774, aux armes de M. de Sartines, avec les petites sardines sur le dos, chez M. Bégis.]

[B. N. Années diverses, depuis 1778].

(Voir, d'autre part, le n° 470).

440. — LES AMOURS DE VILLAGE, OU LE DEVIN VILLAGEOIS. Almanach chantant. Pour la présente Année. Par M. B*** habitant des bois, qui dit ce qu'il pense. || A Venise, Et se trouve à Paris, Chez la Veuve Duchesne, Libraire, rue Saint-Jacques, au Temple du Goût. (1771). In-32.

Recueil de couplets en forme d'oracles, conçus dans un esprit léger, et divisés en cinq classes : pour les Femmes mariées, pour les Hommes, pour les Filles, pour les Garçons et pour les Veuves. Voici, à titre de curiosité, quelques couplets qui montreront l'esprit dans lequel étaient conçues les publications de cette espèce, si nombreuses au XVIIIᵉ siècle :

Pour les Hommes.

La Fontaine nous dit,
Que n'est nullement sage,
Qui pour femme volage
S'attriste ou se maigrit.
Vois le ridicule
D'en prendre souci;
Gobe la pilule,
Prends ton parti.

Pour les Femmes mariées.

Un pucelage
N'est pas un mets d'époux,
Cet avantage,
Amants, est fait pour vous :
Le premier jour,
Ton mari fit tapage;
Mais tu calmas bientôt l'orage;
Et ce fut ton tour.

Pour les Filles.

Pourquoi montrer tant de dédain ?
A Dorimon donnez la main.
Faut-il être si difficile ?
Ne ressemblez pas au héron,
Qui méprisant carpette, anguille,
Se contenta d'un limaçon.

[Coll. de Bonnechose.]

441. — LES BONNES ÉTRENNES, UTILES AUX CHRÉTIENS, ou le Bon Paroissien à l'usage de Rome et de Paris, [Dédié à M. le Marquis de Miromenil.] || A Paris, chez Valade, Libraire, rue Saint-Jacques. (1771 et suite). In-24.

L'épître dédicatoire à M. le marquis de Miromesnil se termine ainsi :
« Quel que soit l'état auquel la Providence daigne un jour vous destiner, vous vous souviendrez de vos anciens Émules; et pourriez-vous les oublier d'après l'exemple que vous en donne un Père chéri de toute la France? c'est pour vous apprendre à marcher de bonne heure sur ses traces qu'il veut que vous restiez avec nous, afin de naturaliser dans votre âme ces sentimens d'égalité, de bienveillance et de modestie, qui sont, avec la science et la vertu, la véritable et la seule Noblesse à laquelle tous les bons Citoyens ont droit de prétendre. »

[Coll. de l'auteur.]

442. — CALENDRIER PERPÉTUEL ET TABLETTES POLYPTIQUES et Économiques pour l'année 1771. || A Paris. In-8.

[D'après la *France Littéraire*.]

443. — CALENDRIER RÉCRÉATIF ou Choix d'Anecdotes curieuses et de bons mots. || A Amsterdam et se trouve à Paris chez la Veuve Duchesne, Libraire, rue St.-Jacques, au Temple du Goût. 1771. In-24.

En tête de l'ouvrage se trouve une dissertation sur les almanachs et leur origine, dissertation peu intéressante du reste.

444. — ÉTRENNES A LA POSTÉRITÉ, ou Calendrier Historique et Généalogique de toutes les Maisons Souveraines de l'Europe, depuis J.-C. jusqu'à la présente année. Précédé D'une autre Chronologie de toutes les anciennes Monarchies avant Jésus-Christ. || A Paris, chez J.-P. Costard, rue Saint-Jean-de-Beauvais. (1771). In-18.

Extrait d'un *Essai d'Histoire Universelle* que l'auteur de ces « Étrennes » devait publier plus tard. C'est une simple liste chronologique des souverains européens. En tête on trouve une chronologie des anciens royaumes indiquant seulement le premier et le dernier souverain.

[B. N.]

445. — ÉTRENNES DE CES MESSIEURS POUR CES DEMOISELLES. Dédiées aux vestales de 20 ans. || A Paris, chez Cailleau, la présente année 1771. In-32.

Recueil de chansons avec 1 feuille de musique gravée.

[D'après un catalogue de vente.]

446. — ÉTRENNES DES SAISONS ou Extraits des plus beaux endroits de

tous les poèmes connus sur les Saisons. Dédié à Madame la Dauphine. || A Paris, chez le S͏ʳ Desnos, Ingénieur-Géographe et Libraire de Sa Majesté Danoise, rue St-Jacques, au Globe. (vers 1771.) In-24.

Titre gravé avec cadre. Frontispice très finement exécuté (Portrait de la Dauphine) signé : « Victoire Neviance *fecit.* » En voici la légende :

Cette Princesse a mérité
Les honneurs que le sort dispense ;
Aux droits que donne la naissance,
Elle joint ceux de la beauté.
Par M. Nougaret.

Dans un médaillon placé au-dessous ͏on lit : « *Née à Vienne le 2 nov. 1755.* »
Cet almanach est orné de 4 gravures. — 1. Le Printemps. — 2. I.'Été. — 3. L'Automne. — 4. L'Hiver.
Texte composé de vers sur chacune des saisons.
Les *Étrennes des Saisons* furent mises en vente pendant plusieurs années : on les retrouve sur un catalogue Desnos de 1781 dédiées, alors, à la Reine, et sous le titre de : *Poème des Saisons.*

[Coll. de Savigny.]

447. — ÉTRENNES POUR L'ANNÉE 1771 ou Petit Indicateur fidèle enseignant toutes les Routes Royales et particulières de la France et les chemins de communication qui traversent les grandes Routes, les Villes, les Bourgs, les Villages. || A Paris chez Desnos, Ingénieur-Géographe du Roi de Danemarck, rue St-Jacques, au Globe. 1771. In-24.

Réimpression sous un format différent de l'*Almanach de l'Indicateur fidèle* (voir n° 405).

448. — ÉTRENNES UNIVERSELLES, Utiles et Agréables, Contenant l'état présent du Monde, ou de l'Univers en général, un mélange curieux d'Histoire et de Géographie, un précis d'événemens et choses remarquables, etc., etc. Pour l'année mil sept cent soixante-onze. || A Falaise(1), chez Pitel-Préfontaine. A Paris, chez Langlois, rue du Petit-Pont. Deschamps, rue S. Jacques [puis Cailleau]. Et dans les principales Villes de l'Europe

chez différens Libraires. 1771 et suite. In-32.

Premier type des petites « Étrennes » dont Falaise eut pendant longtemps la spécialité. Avec des cartes géographiques se dépliant.
Voir plus loin : *Almanach Universel ou Étrennes comme il y en a peu*, n° 853.
[B. N. Années 1771, 1772, 1773, 1775, 1776, 1777.]

449. — EXTRAIT DE L'ÉTAT MILITAIRE Pour l'année 1771. || A Paris chez Guillyn, quai des Augustins, puis chez Langlois, Libraire, rue du Petit-Pont, et chez Onfroy, quai des Augustins, au Lys d'Or. 1771-1791 : soit 21 années. In-12.

Par M. de Roussel. Un avertissement placé au verso du titre dit : « On pense que cet Extrait fera plaisir à MM. les Officiers. Plus portatif que « l'État Militaire » il en indiquera facilement l'ordre. »

450. — LES INSPIRATIONS AMOUREUSES. Étrennes Amicales, Almanach chantant de l'Oracle des Destins, sur Les Airs Choisis et Nouveaux. || A Paris, chez Cailleau, rue du Four St-Jacques (1771). In-32.

Recueil de chansons.
Titre en lettres gravées dans un encadrement de feuillage. Le nom du libraire est inscrit dans un cartouche figurant une coquille. Au-dessous se trouvent les mots : « Pour la présente année, » ce qui permettait d'écouler toujours le même recueil en changeant simplement le calendrier.

[B. N.]

451. — NOUVEL ALMANACH ENCYCLOPÉDIQUE ou Chronologie Des faits les plus remarquables de l'Histoire Universelle, Tant Ancienne que Moderne. [Revu, corrigé et considérablement augmenté d'Anecdotes curieuses, utiles et intéressantes.] Année M.DCC.LXXII. || A Amsterdam (1). Et se trouve à Paris, chez Pillot, Libraire, rue Saint-Jacques, à la Providence. M.DCC.LXXII. [1771 et suite.] In-12.

Suite du n° 368.
Un avertissement placé au verso du titre porte : « Cet Almanach a paru en l'année 1764. L'accueil

(1) Nous faisons figurer ces « Étrennes » à Paris quoique éditées à Falaise, à cause de leur intérêt général.

(1) Cette mention disparaît du titre en 1776.

que lui a fait le Public s'est manifesté par le débit rapide de l'Édition qui fut tirée à trois mille exemplaires. L'Éditeur s'était proposé d'en faire une seconde l'année suivante avec des changements, lorsque des affaires intéressantes pour lui, l'ont forcé d'abandonner son projet : il le reprend aujourd'hui. »

Chaque année contient des événements différents. Calendrier.

[Coll. baron Pichon, A. 1772. || B. Ars. A. 1773, 1778.]

452. — NOUVELLES ÉTRENNES SPIRITUELLES, Contenant les Vêpres de toute l'année et les Messes des principales Fêtes, en latin et en français, à l'usage de Paris et de Rome; Ornées de Figures [et augmentées de Prières et Méditations chrétiennes]. || A Paris, Chez Dehansy, Libraire, rue de Sorbonne, Nº 1 (1771). In-18.

Avec un second titre gravé sur bois par Papillon. Le calendrier a six petits médaillons allégoriques, également gravés sur bois, représentant des proverbes illustrés : — 1. Il révère le soleil levant (un éléphant devant le soleil).— 2. Mon élévation est cause de ma perte. — 3. C'est du feu que vient toute ma force. — 4. Il se répand également. — 5. Le soleil l'obscurcit. — 6. Je vais où l'on me conduit.

A l'intérieur, vignettes représentant des scènes de la vie de Jésus.

Ces « Étrennes » ont paru pendant fort longtemps; elles étaient réimprimées tous les 4 ou 5 ans avec une nouvelle permission de l'Archevêque de Paris.

Suite des *Étrennes Spirituelles* de 1765. [Voir nº 383.]

[Coll. de l'auteur.]

453. — PETITES ÉTRENNES SPIRITUELLES. A Madame la Dauphine. Contenant les Prières et Offices et la Messe Latin-François. A l'usage universel. || A Paris, chez L.-G. Dehansy l'aîné, Pont-au-Change, à S. Nicolas (1771). In-24.

Frontispice : portrait assez ressemblant de la Dauphine à son Prie-Dieu, signé : « Mlle Foubonne *sculp.* » avec la légende :

Cette auguste Princesse est pour nous un modèle, Imitons, en priant, sa ferveur et son zèle.

En plus de la Messe et des Offices se trouve un calendrier.

[Coll. Bégis.]

454.— L'AGENDA OU MANUEL DES GENS D'AFFAIRES, ouvrage fort inté-ressant et très utile au Public, à tous les Marchands, Commerçans, Banquiers, Négocians, Praticiens et généralement aux personnes de tous États. Auquel on a joint : 1º Différens Tarifs très nécessaires au commerce et à la vie ; 2º Des Explications particulières des divers commerces des principales Villes d'Europe, France et Allemagne, avec la distance d'un endroit à un autre, présenté sur trois Tableaux géographiques ; 3º Un état des Foires et Marchés de l'Europe, par ordre alphabétique, avec les routes désignées pour y aller et leur distance de Paris. || A Paris, chez Phil. Denis Langlois, libraire, rue du petit Pont, près la rue S. Séverin, au S.-Esprit couronné. M.DCC.LXXII. In-8.

Par M. Roussel, d'après la *France Littéraire*.

Contient des tarifs relatifs aux prix et qualités des marchandises, une description des principales manufactures de France et d'Europe, l'égalité des aulnages, un état des foires et marchés de France et d'Europe avec leur distance de Paris ou des villes voisines; une instruction sur la connaissance du commerce, un tarif des Escomptes, la connaissance et la taxe des Actes de procédure ordinaires et extraordinaires dans différents cas relatifs au Commerce. On y trouve aussi les salaires des huissiers, le tarif des exploits, le salaire des Procureurs, Substituts, Notaires, les droits des Clercs, Greffiers, Commissaires, Géoliers, Receveurs, la taxe des Voyages suivant la qualité des personnes, etc.

[B. N.]

455. — ALMANACH CHRONOLOGIQUE DES ROIS DE FRANCE pour l'année 1772. || A Paris, chez Dufour, puis chez Desnos. 1772-1786, 16 années. In-24.

Le texte de cet almanach n'a, très probablement, jamais dû varier. Peut-être même a-t-il fini par se confondre avec le suivant. [Voir nº 473.]

[D'après la *France Littéraire*.]

456. — ALMANACH CONTENANT LES OPÉRATIONS TOUTES FAITES POUR LA RÈGLE DU CENT, faisant suite aux comptes-faits de Barème, par M. J. Cl. de Lille. Avec Tablettes. || A Paris, chez Desnos, Ingénieur-Géographe et Libraire de Sa Majesté Danoise, rue St Jacques, au Globe. 1772. In-24.

Se vendait 3 liv. relié en veau.

[D'après un catalogue Desnos.]

457. — ALMANACH DAUPHIN OU TABLETTES ROYALES DU VRAI MÉRITE DES ARTISTES CÉLÈBRES ET D'INDICATION GÉNÉRALE des principaux Marchands, Banquiers, Négocians. Artistes et Fabricans des Six-Corps, Arts, et Métiers de la Ville et Fauxbourgs de Paris, et autres Villes commerçantes du Royaume, etc. Présenté et dédié à Monseigneur le Dauphin, pour la première fois en 1772. ‖ A Paris, chez Lacombe, Libraire, rue Christine, Edme, rue St Jean de Beauvais, et l'Auteur au Bureau d'Indications et Négociations Générales rue Comtesse d'Artois, vis-à-vis celle de la Comédie Italienne. 1772-1791. In-8.

Le prix était de 6 livres relié et de 4 liv. 10 sols broché.

L'ancien « Almanach d'Indication » (n° 413), devenu« Dauphin » du jour où le Dauphin en accepta la dédicace parut, pendant dix-sept ans sans autre changement que quelques modifications dans les adresses des éditeurs. Frontispice reproduit en tête de plusieurs années : Une femme symbolisant l'industrie et remettant une médaille à un jeune apprenti des corporations qui lui présente le chef-d'œuvre (Légende : *Digniori*, Marillier *inv.* J.-P. Lebert, *sculp.*).

Avec un calendrier « curieux, instructif et amusant », sorte d'éphémérides historiques et pittoresques. Avec les édits sur les corporations, l'état des Six-corps de marchands et des Communautés d'artisans, avec des notices sur chaque corps et les noms des plus connus parmi les exerçants.

Plusieurs années comportent des suppléments.

L'Épître dédicatoire au Dauphin qui figure sur toutes les éditions est signée en 1772 « Roze de Chantoiseau, *Ancien Directeur du Bureau Général d'Indication* ». D'autre part, un avis placé à la fin du volume de 1777 porte textuellement : « Le Sr Roze de Chantoiseau et Compagnie se proposent d'établir incessamment dans un lieu agréablement situé un Cabinet de réunion d'Artistes célèbres et de Commerçants à l'effet d'y disserter sur les moyens de résoudre et d'exécuter toutes les demandes qui pourraient être faites. »

Texte sur 2 colonnes avec encadrement typographique et très belle impression.

Par la suite cet almanach parut en deux parties, soit en 2 volumes, l'un purement commercial, l'autre pour les adresses des professions libérales, des financiers, et de certains particuliers, architectes, médecins, etc... En même temps, il se développait et englobait aussi l'étranger. Voici, du reste, à cet égard, le titre de la partie commerciale de l'année 1789, soit tome I :

— *Almanach Dauphin ou Tablettes Royales de Correspondance et d'Indication générale*, des Principales Fabriques, Manufactures et Maisons de Commerce de Paris, autres Villes du Royaume, et des Pays Étrangers. Avec une notice des motifs qui rendent ces Maisons recommandables. Ouvrage utile. Dédié et Présenté à Monseigneur le Dauphin. — Partie du Commerce.— 1re *Tablette :* La Draperie, Soierie, Toilletie (*sic*), Bonneterie, Chapellerie, Pelleterie, Papeterie, Librairie, etc ; 2e *Tablette :* Mercerie, Orfèvrerie, Joaillerie, Bijouterie, Horlogerie, Clincaillerie ; 3e *Tablette :* Épicerie, Droguerie, Parfumerie, Grains, Fruits, Vins, Liqueurs, Eaux-de-vie, etc. ‖ Le Prix de l'Abonnement est de six livres chaque partie, ou 3 liv. par Tablette, brochée séparément. ‖ A Paris, au Bureau d'Indication et négociations générales, Cour du Commerce Saint-André-des-Arts, où l'on reçoit tous les abonnemens, avis, observations et changemens relatifs à cet ouvrage. Et chez tous les Libraires et Directeurs des Postes du Royaume. 1789.

Avec un calendrier et l'Épître Dédicatoire au Dauphin signée de l'éditeur, Roze de Chantoiseau. A la fin se trouvent quelques renseignements sur les théâtres et autres attractions.

Ainsi que l'indique le titre, ce volume se fractionnait en parties (tablettes) embrassant spécialement un ensemble de métiers. On rencontre des années avec 3 tablettes, d'autres avec 6. Chaque partie vendue à part recevait un titre particulier, mais le titre général « Almanach Dauphin » disparaissait complètement. (Voir plus loin les *Tablettes de Renommée des Musiciens*, les *Tablettes de Renommée des Fabriques et Maisons de Mercerie*, etc., les *Tablettes de Renommée des Artistes Célèbres*.)

[B. Carn. Années 1772, 1773, 1774, 1777. ‖ Coll. baron Pichon.]

De 30 à 40 fr. l'année.

458. — ALMANACH DE LA POSTE DE PARIS, par une Société de Gens de Lettres. Pour l'Année M.DCC.LXXII. ‖ A Paris, de l'Imprimerie de Grangé, Imprimeur de la Poste de Paris, rue de la Parcheminerie. (1772-1780). In-32.

Le privilège de cet almanach est du 25 sept. 1771. Il s'ouvre par une pièce de vers « Étrennes du Facteur » laquelle variait chaque année.

Au verso du titre est une gravure sur bois. Si l'on veut bien remarquer que la vignette de l'année 1770 est la même que celle de l'almanach *Le Courrier Vigilant* pour la dite année (voir plus loin n° 563), il est permis de supposer que ces deux petites plaquettes étaient une publication identique.

Cet almanach donne de précieux renseignements sur le service des postes. On y trouve notamment la « position des boëtes » dans les différents quartiers, — il y avait alors 15 puis 20 quartiers postaux — et l'on apprend que ces « boëtes » étaient placées de côté et d'autre, chez un herboriste, chez un limonadier, chez un marchand de tabac, chez les suisses des princes, chez un marchand de vin, chez un chandelier et même chez le portier de M. Maire. Après ces renseignements se trouvent des « Essais sur l'histoire de France ».

ALMANACH
DE
LA POSTE
DE PARIS,
PAR UNE SOCIÉTÉ DE GENS
DE LETTRES.
POUR L'ANNÉE
M. DCC. LXXVI.

A PARIS,
De l'Imprimerie de GRANGÉ,
Imprimeur de la Poste de Paris.

Avec Approbation & Permiffion.

[B. N. Années 1772, 1774, 1775, 1776, 1778, 1779, 1780.]

459.— ALMANACH DE VINGT CORPS D'ARTS ET MÉTIERS qui s'exercent à Paris. En estampes enluminées. ‖ A Paris, chez Desnos, Ingénieur-Géographe et Libraire de Sa Majesté le Roi de Danemarck, rue St Jacques, au Globe. 1772. In-24.

Se vendait 12 sols et devait exister à la fois en feuilles, et sous forme d'almanach.

[D'après un catalogue Desnos.]

460. — ALMANACH DES ENVIRONS DE PARIS contenant la Topographie de l'Archevêché et des différens Endroits du Diocèse, Augmenté de Tablettes de Papier nouveau sur lesquelles on peut écrire sans encre ni crayon, avec une pointe quelconque, même une Épingle, des caractères aussi distincte (sic) qu'avec la plumes (sic). Ces Tablettes peuvent servir aussi à recevoir les observations que les Citoyens et les Étrangers feront en visitant ce qui se trouve de curieux dans les environs de Paris à près de XV lieux (sic) à la ronde. Détaillés de manière qu'on n'aura rien à y désirer. On y trouvera avec la plus grandes Exactitudes (sic) les Routes, les Bois, les Montagnes, les Villages et les Hameaux, les Châteaux, Maisons de Plaisance et particulière (sic) ; avec une Cartes (sic) générale dont chaque Carré indique celui du lieu que l'on désire. Ouvrage Nécessaire à toutes personnes employées à la Recette des Deniers Royaux et aux Habitants des Environs de la Capitale. ‖ A Paris, chez le sieur Desnos, Ingénieur-Géographe pour les Glôbes (sic) et Sphères, et Libraire de S. M. Danoise, rue St-Jacq. Au Glôbe et à la Sphère. 1772. In-12.

Se vendait, relié en veau, avec tablettes et stylet pour écrire : 6 liv.

Calendrier se dépliant en guise de frontispice. Le titre forme carte. Série de seize cartes coloriées. Point de texte. Cet almanach est à proprement parler une reprise, une utilisation sous une forme nouvelle, des cartes des *Étrennes Ecclésiastiques*. (Voir n⁰ 335). D'autre part, il a dû paraître antérieurement, car le *Bulletin du Bouquiniste* d'Aubry (A. 1860) donne le titre suivant :

— *Almanach des Environs de Paris* avec la description des beautés qui s'y trouvent, rendus portatifs en 16 cartes topographiques qui peuvent se coller ensemble. ‖ A Paris. 1768. In-12.

(De 20 à 25 fr.)

[Coll. Paul Lacombe. Année 1773.]

461. — ALMANACH DES MUSES ALLEMANDES 1772. ‖ Leipzig et Paris, Ruault. 1772-1775, 4 années. Petit in-8.

Almanach destiné à populariser en France la poésie allemande.

[Quérard.]

462.— ALMANACH DES TROIS FORTUNES contenant tous les avantages qu'on peut retirer de la Loterie de l'École Royale Militaire. [Nouv. édition.] ‖ A Paris, chez Desnos, Ingénieur-Géographe et Libraire de Sa Majesté Danoise, rue St-Jacques, au Globe. 1772. In-24.

Peut être considéré comme faisant suite à l'*Almanach de la Loterie de l'École Royale Militaire*.

Se vendait, broché 1 liv. 10 sols; relié 2 livres 5 sols.

(Voir plus loin l'*Oniroscopie*, n° 487.

[D'après un catalogue Desnos.]

463. — ALMANACH DU CHASSEUR
[ou Calendrier Perpétuel] [[à l'usage des personnes qui aiment la Chasse]] (1)|| A Paris, chez Pissot, Libraire, quai de Conti, à la descente du Pont-Neuf, puis chez Lamy, puis chez Royez. 1772-1785. 14 années. In-12.

Réimpression du même texte sous des dates différentes.

Titre frontispice gravé par Choffart. L'éditeur Charles-Jean Goury de Champgran, dit, dans un avertissement qui ouvre le volume : « La Chasse est presque le seul sujet qui soit échappé jusqu'à présent aux faiseurs d'Almanachs et mon goût décidé pour cet exercice me pique à un tel point contre ces Messieurs, que sans avoir jamais formé le projet d'être l'émule de Colombat, ni de Mathieu Lœnsberg, je veux néanmoins me faire astronome tout comme un autre. La connaissance des Astres et des Saisons est, je crois, plus nécessaire à un chasseur qu'à un Artiste, à un Cuisinier, à une petite Maîtresse, à un Chanteur, à un Danseur, etc. Faisons donc un Almanach de Chasse : ceux qui le trouveront mauvais seront les maîtres de se rabattre sur celui de Liège ou sur celui de la petite Poste de Paris. »

Almanach avec un calendrier destiné à pouvoir servir jusqu'à la fin du siècle, contenant des remarques sur les différentes espèces de chasses, un Dictionnaire des termes de vénerie, de fauconnerie, et une série de 37 planches de musique, gravées, donnant les différentes fanfares telles qu'on les sonne.

Volume précieux pour la chasse au XVIIIe siècle publié à nouveau, en 1780, sous le titre de : « *Manuel du Chasseur*, ou Traité complet et portatif de vénerie, de fauconnerie, etc. Précédé d'un calendrier perpétuel et suivi d'un Dictionnaire des termes de chasse, de pêche... par M. de Champgran. Paris, Saugrain et Lamy, 1780 », c'est-à-dire que l'éditeur fit graver ce titre à son nom et supprimer l'avertissement et le privilège afin de laisser croire au public qu'il s'agissait d'un livre nouveau. Le frontispice est rectifié : il porte la date de 1780 et le nom de Lamy.

[Les exemplaires non rognés, valent de 15 à 20 fr. rognés, 8 à 10 fr.|| A la vente Yéméniz a figuré un

(1) Les mots : « Ou Calendrier Perpétuel », ne figurent que sur le faux-titre. La partie entre deux crochets se lit sur les titres de quelques réimpressions.

exempl. aux armes d'Orléans. || Vente Bartel, Avril 1789, 15 fr.}

[B. Ars. exempl. aux armes de France.]

464. — ALMANACH ET CALENDRIER PERPÉTUEL suivi d'une instruction raisonnée pour faire soi-même le calendrier de chaque année, avec tablettes. || A Paris, chez Desnos, Ingénieur-Géographe et Libraire de Sa Majesté Danoise, rue St-Jacques, au Globe. 1772. In-24.

Se vendait 3 liv. relié en veau de diverses façons.

[D'après un catalogue Desnos.]

465. — ALMANACH ET CURIOSITÉS DE LA FRANCE. Contenant ce qu'elle renferme de plus intéressant dans l'Histoire Naturelle, les Manufactures, le Commerce, les Eaux minérales, Académies, etc., etc. || A Paris, chez Desnos, Ingénieur-Géographe et Libraire de Sa Majesté Danoise, rue St-Jacques, au Globe. 1772. In-24.

Sorte de géographie et d'annuaire de la France vendu sous forme d'almanach par l'adjonction d'un calendrier.

Se vendait 4 liv.

[D'après un catalogue Desnos.]

466. — ALMANACH ET DISSERTATION HISTORIQUE sur l'invention des lettres et caractères d'écriture, sur les instruments dont les Anciens se sont servis pour écrire. || A Paris, chez Desnos, Ingénieur-Géographe et Libraire de Sa Majesté Danoise, rue St-Jacques, au Globe. 1772. In-24.

Recueil historique.
Se vendait 4 liv. relié avec tablettes.

[D'après un catalogue Desnos.]

467. — ALMANACH ET TABLETTES ÉCONOMIQUES ou Dépositaire secret et fidèle des pensées. || A Paris, chez Desnos, Ingénieur-Géographe et Libraire de Sa Majesté Danoise, rue St-Jacques, au Globe. 1772. In-24.

Tablettes Desnos avec un recueil de chansons.
Se vendait, relié en veau 3 liv., en maroquin 4 liv., et « avec aiguille à tête de diamant » 6 liv.

[D'après un catalogue Desnos.]

468. — ALMANACH ET TABLETTES GÉOGRAPHIQUES. ‖ A Paris, chez Desnos, Ingénieur-Géographe et Libraire de Sa Majesté Danoise, rue St-Jacques, au Globe. 1772. In-24.

Almanach qui était également débité par fragments, ainsi qu'on peut s'en rendre compte en parcourant les autres publications géographiques de Desnos parues en cette même année 1772. (Voir nᵒˢ 471 et 472).

Se vendait 12 liv. relié en maroquin, les cartes enluminées.

[D'après un catalogue Desnos.]

469. — ALMANACH ET TABLETTES URANOGRAPHIQUES destinées à recevoir des observations astronomiques pour connoître l'État du Ciel, à la portée de tout le monde. ‖ A Paris, chez Desnos, Ingénieur-Géographe et Libraire de Sa Majesté Danoise, rue St-Jacques, au Globe. 1772. In-24.

Se vendait, relié à l'allemande, 3 liv. 12 sols.

[D'après un catalogue Desnos.]

470. — ALMANACH GÉNÉRAL DES MARCHANDS, NÉGOCIANS ET COMMERÇANS DE LA FRANCE ET DE L'EUROPE. Contenant l'état des principales Villes commerçantes, la nature des marchandises ou Denrées qui s'y trouvent, les différentes Manufactures ou Fabriques relatives au Commerce. Avec les noms de leurs principaux Marchands, Négocians, Fabriquants, Banquiers, Artistes, etc. Et une Table générale, par ordre alphabétique, de tout ce qui a rapport au Commerce. Pour l'Année 1772. ‖ A Paris, chez Valade, Libraire, rue Saint-Jacques. Gr. in-8.

Cette publication paraît être soit une concurrence déjà antérieure à l'Almanach général des Marchands publié par Grangé [voir nᵒ 439], soit la suite de cette publication pour 1772. Quoi qu'il en soit, voici ce qu'on lit dans l'approbation du Censeur Royal placée à la fin de l'ouvrage :

« J'ai lu par ordre de Monseigneur le chancelier l'Almanach général des Marchands et Négocians de la France et de l'Europe. Il m'a paru que cet Ouvrage n'avoit fait que gagner en passant dans des mains habiles. Donné à Paris le 3 d'Avril 1772. Philippe de Prétot. »

Le privilège est daté du 15 mars 1771.

L'avertissement placé en tête de cet almanach est du reste conçu dans le même esprit que celui de Grangé ; en voici quelques extraits :

« Ce serait un projet assez intéressant, que celui qui tendroit à rassembler des diverses extrémités de l'Europe tous ceux qui ont quelque part au Commerce, à les rapprocher les uns des autres, à les mettre à portée de conférer ensemble, de s'interroger, de se communiquer leurs demandes, de se faire connaître leurs besoins, à mesure qu'ils naîtroient, de se présenter réciproquement les moyens qu'ils auroient d'y satisfaire.

« Tous ceux qu'on peut regarder comme les vrais Agens du Commerce, doivent recevoir avec empressement un Ouvrage dont le but et l'effet doivent être de lever le voile que de petits Monopoleurs pourroient avoir intérêt d'étendre sur certaines parties du Commerce ; de montrer à découvert les productions et les richesses de chaque contrée, d'indiquer tous ceux qui mettent des valeurs dans le commerce, soit par les productions qu'ils cultivent, soit par celles qu'ils arrachent des entrailles de la terre, soit par la forme qu'ils donnent aux matières.

« C'est dans cette vue qu'on a hazardé l'effet que l'on présente ici ; on ne se flatte pas d'avoir encore atteint le but : l'exécution d'un plan aussi vaste n'est pas l'ouvrage d'une année. »

Le texte se compose d'une liste, classée alphabétiquement par villes, des négociants et fabricants, avec de précieuses notices sur les industries spéciales à chaque contrée.

A la fin se trouve une liste alphabétique des « Objets particuliers, Établissemens de Commerce, Découvertes nouvelles, Secrets et Recettes », assez curieuse à parcourir.

[Coll. baron Pichon.]

471. — ALMANACH-GÉOGRAPHIE en deux parties, avec description relative aux cartes. ‖ A Paris, chez Desnos, Libraire et Ingénieur-Géographe de Sa Majesté Danoise, rue St-Jacques, au Globe. 1772. In-24.

Avec frontispice, se vendait 8 liv., et en veau de diverses façons, doré sur tranche, 12 liv.

[D'après un catalogue Desnos.]

472. — ALMANACH GÉOGRAPHIQUE OU FAMILIER DU TOUR DU MONDE, ou Tableau précis et général du globe terrestre. ‖ A Paris, chez Desnos, Ingénieur-Géographe et Libraire de Sa Majesté Danoise, rue St-Jacques, au Globe. 1772. In-24.

Se vendait 2 liv. — Avec tablettes, relié en veau de diverses façons, 2 liv. 10 sols.

[D'après un catalogue Desnos.]

473. — ALMANACH HISTORIQUE, ICONOLOGIQUE DE TOUS LES ROIS DE FRANCE et de tous les autres souverains de l'Europe, avec leurs portraits. || A Paris, chez Desnos, Libraire et Ingénieur-Géographe de Sa Majesté Danoise, rue Saint-Jacques, au Globe. 1772. In-24.

En tête, comme frontispice, est le portrait de Louis XV. Tous les autres souverains sont représentés par un portrait en médaillon.

[D'après un catalogue Desnos.]

474. — ALMANACH NUMÉRIQUE ou Étrennes de la Fortune, Aux Amateurs de la Loterie de l'École Royale Militaire. Prix, 1 liv. 16 sols. || A Paris, chez Langlois, Libraire, rue du Petit-Pont, au Saint-Esprit couronné. Et chez Le Boucher, Libraire, quai des Augustins, près la rue Pavée, à la Prudence. M.DCC.LXXII. In-12.

Almanach donnant les mêmes renseignements que l'Almanach de la Loterie de l'École Royale Militaire.

[B. N.]

475. — ALMANACH OU ÉTRENNES DES MESSIEURS et Secrétaire économique, utile et nécessaire aux militaires, Gens d'affaires, Négocians, Voyageurs et à tous les états. || A Paris, chez Desnos, Ingénieur-Géographe et Libraire de Sa Majesté Danoise, rue St-Jacques, au Globe. 1772. In-24.

Simple recueil de notes et de renseignements qui, par la suite, se développera (voir n° 489), et que l'éditeur publiera également avec de nombreux titres spéciaux (voir n° 604.)
Se vendait, relié en maroquin 4 liv.

[D'après un catalogue Desnos.]

476. — ALMANACH OU ÉTRENNES ET MÉMORIAL DES GENS D'ESPRITS (sic). || A Paris, chez Desnos, Ingénieur-Géographe et Libraire de Sa Majesté Danoise, rue St-Jacques, au Globe. 1772. In-24.

Même composition que le précédent almanach.
Se vendait, relié en maroquin, avec tablettes, 4 liv.

[D'après un catalogue Desnos.]

477. — ALMANACH OU ÉTRENNES ET SECRÉTAIRE DES DAMES, aug-

menté d'épigrammes, madrigaux, fables, etc., etc. et des promenades des environs de Paris, ou de Lyon, de Rouen. || A Paris, chez Desnos, Ingénieur-Géographe et Libraire de Sa Majesté Danoise, rue St-Jacques, au Globe. 1772. In-24.

Comme l'Almanach des Messieurs, mais avec un texte en plus.
Se vendait, relié en veau 3 liv. ; en maroquin 4 liv. ; avec fermeture et pointe à diamant et tablettes de perte et gain 6 liv. (Voir, plus loin, n° 604.)

[D'après un catalogue Desnos.]

478. — ALMANACH OU LE PROPHÈTE TROP VÉRIDIQUE, Bijou curieux à l'usage des Dames. || A Paris, chez Desnos, Ingénieur-Géographe et Libraire de Sa Majesté Danoise, rue St-Jacques, au Globe, 1772. In-24.

Recueil de chansons. — Se vendait broché 12 sols.

[D'après un catalogue Desnos.]

479. — ALMANACH OU PETIT-BARÊME contenant les Comptes-faits, avec tablettes. || A Paris, chez Desnos, Ingénieur-Géographe et Libraire de Sa Majesté Danoise, rue St-Jacques, au Globe. 1772. In-24.

Almanach destiné aux gens d'affaires et à ceux « pour qui le calcul est une nécessité. »
Se vendait 3 liv.

[D'après un catalogue Desnos.]

480. — ALMANACH UTILE A LA JEUNESSE ou Idée générale de la géographie de l'histoire moderne ; contenant la description historique de l'Europe. || A Paris, chez Desnos, Ingénieur-Géographe et Libraire de Sa Majesté Danoise, rue St Jacques, au Globe. 1772. In-24.

Se composait de trois parties, vendues ensemble 12 liv. reliées en maroquin.

[D'après un catalogue Desnos.]

481. — CALENDRIER DES HÉROS, ou le Manuel des Militaires par M. de G*** || A Paris chez la veuve Duchesne, rue St-Jacques. 1772. In-8.

L'auteur, M. de Gency, substitue dans son calendrier les Saints aux gens de Guerre et donne un précis de leur vie. Ce livre était destiné à l'éducation de la noblesse militaire : il n'en a paru qu'un volume composé seulement des six premiers mois de l'année.

[D'après Sylvain Maréchal.]

482. — CATALOGUE ET ALMANACH DU GOUT ET DE L'ODORAT, Donné par La Faye, Marchand. Pour l'année Bissextile 1772. || A Paris, De l'Imprimerie de Grangé, rue de la Parcheminerie. In-32.

Curieux almanach de réclame marchande qui montre que les fabricants du savon du Congo n'ont rien inventé en faisant appel au talent des poètes. Au verso du titre est l'enseigne du magasin du sieur La Faye parfumeur : « Aux armes de Soubise ». (Dans l'exemplaire que j'ai eu sous les yeux,

la carte-réclame gravée de l'industriel avait été collée sur cette page). Chaque mois contient une petite réclame rimée dans le goût des suivantes :

Janvier.

Ce Magasin vous offre, pour Étrennes,
    Du curieux et du galant,
    De l'utile, du surprenant.
Embarrassés du choix, sortez-en les mains pleines.
    Dans les cercles répandez-vous,
    Et faites votre cour aux Dames.
    Souvent par de simples Bijoux
    On sçait gagner le cœur des femmes.

Avril.

En Avril, la terre travaille :
    Alors on fume, on greffe, on taille ;
La sève monte ; on voit l'arbre qui s'en nourrit,
    Se préparer à nous donner son fruit.
Pour nourrir vos cheveux, l'ornement de la tête,
    Elaguez-les, humectez-les aussi ;
Prenez Poudre, Pommade, et surtout joignez-y
    L'Eau merveilleuse que j'apprête.

Octobre.

En Octobre comme en tout tems,
    Des Poudres, des Peaux balsamiques
Pour Corbeilles, Sachets, Sultans ;
    Porte feuilles aromatiques
    Auront votre approbation.
    Nouvelle en est la composition ;
Le goût des plus nouveaux : c'en est assez, je pense,
    Pour mériter la préférence.

Carte-réclame du sieur La Faye.

Et le tout se termine par un pot-pourri dans lequel on nous dit :

    Comme à tous on veut plaire,
    On est accommodant ;
    On ne sçait point surfaire
    On échange, on reprend, etc.

Voilà pour la poésie (!!). Après quoi, le sieur La Faye nous apprend qu'il est natif de Grasse en Provence, qu'il est parfumeur et distillateur de S. A. Mgr le Prince de Soubise, qu'il travailla dès sa plus tendre jeunesse « dans la chymie du Goût et de l'odorat tant pour ce qui peut flatter nos sens, que pour la propreté du corps en général. » Et le boniment se termine par cette affirmation gigantesque : « Ses ouvrages sont tellement variés que

l'Arabie Heureuse n'a rien produit de si parfait. »
Suit, du reste, un catalogue de ses différentes productions.

D'après une fiche du baron Pichon ce « Catalogue-
Almanach » aurait été distribué pendant plusieurs
années par le sieur La Faye.

En fait de publicité voila certes un aïeul respectable des petits almanachs Susse et autres.

[Communiqué par M. Sapin.]

[De 50 à 60 fr.]

483. — ÉTRENNES D'UN PÈRE A SES ENFANS; OU ALMANACH DU PRE-MIER AGE. Pour cette Année.

[Épigra-
phe :] Il faut semer, lorsqu'on veut recueillir. ‖ A Amsterdam, et se trouve à Paris
chez Grangé, Imprimeur-Libraire, au Cabinet Littéraire, Pont Notre-Dame.
M.DCC.LXXII. In-24.

« Si ce petit Almanach paraît de quelque utilité
pour l'instruction de la jeunesse » dit l'éditeur,
« nous nous ferons un devoir d'en donner un pareil
toutes les années et d'y présenter des explications
succinctes de toutes les choses qui peuvent frapper les yeux des enfants, et qu'on devrait avoir
soin de ne leur pas laisser ignorer. »

S'ouvre par des « Conseils à la gouvernante de
mes Enfants » et se compose d'une série de dialogues entre grandes personnes et enfants.

J'ignore si ces « Étrennes » ont continué, cependant Barbier indique les années 1770 et 1773.

484. — ÉTRENNES DU SENTIMENT,

ou Porte-Feuille d'un homme amoureux:
Recueil de poésies, agréables et galantes,
Dédiées aux Dames. ‖ A Amsterdam. Et
se trouve, A Paris, chez Desnos, Libraire,
Ingénieur-Géographe du Roi de Dane-
marck, rue St-Jacques, au Globe et à la
Sphère. M.DCC.LXXII. In-18.

Frontispice allégorique personnifiant le mariage
ou l'amour bénissant les époux unis de cœur. Une
autre figure, également allégorique, représente la
glorification de la femme.

Simples tablettes suivies d'un cahier de poésies,
« pouvant former par la suite un recueil de pièces
fugitives ». Chaque année, le sieur Desnos plaçait
des vers nouveaux en tête de ces tablettes.

Cet almanach est accompagné du « Secrétaire
des Dames et des Messieurs » avec un titre gravé
dont voici la reproduction :

— Le Secrétaire des Dames et des Messieurs ou
Tablettes Polyptiques et Économiques composées
d'un nouveau Papier Pour Écrire et Dessiner
aussi distinctement qu'avec la Plume sans Encre
ni Crayon et seulement avec une Pointe d'un
métal de composition ou une tête d'épingle, tracer

et effacer à volonté toutes sortes d'Écritures et
écrire de nouveaux Caractères. ‖ A Paris, chés (sic)
Desnos, Ingénieur-Géographe et Libraire de Sa
Majesté Danoise, rue St-Jacques, au Globe.

Ce « Secrétaire » paraîtra par la suite, isolément,
avec un titre plus détaillé (voir n° 604).

Catalogué par Morgand 170 fr.

[Coll. de Savigny.]

485. — ÉTRENNE PARISIENNE ou

Plan Topographique, Historique, Chronologique de Paris, Pour servir de Conducteur fidèle à ceux qui ont des affaires dans
cette grande Ville. Avec Tablettes pour
écrire les remarques que l'Étranger fera
dans chaque Quartier. ‖ (A Paris) Chez
Desnos, Libraire-Ingénieur-Géographe du
Roi de Danemarck, rue St-Jacques, au
Globe et à la Sphère. 1772. In-32 carré.

Titre gravé. Frontispice : plan de Paris, se dépliant et également orné d'un encadrement. « C'est
la difficulté de trouver dans les Plans de Paris les
Edifices remarquables, les rues, les culs-de-sac,
les Places, qui a fait naître l'idée du Guide Etran-
ger qui malgré sa petitesse réunit les avantages
des autres ouvrages ».

Avec une série de petits plans gravés, très intéressants pour la topographie.

[Se vendait, relié, avec tablettes 3 liv.]

[Coll. Paul Lacombe.]

486. — MÉMORIAL DE LA COUR

contenant les différens événemens et
morts, arrivés en l'année 1772. Dressé
par Desaint Lepage, Courier (sic) de
l'Université et de la Cour, Guide pour
les Cérémonies, fait part des Mariages des
Seigneurs, et les fait écrire pour toutes
sortes d'événemens. Il demeure rue Saint-
Jacques, au Collège de Louis-le-Grand.
M.DCC.LXXIII. (1772-1786). In-24.

Écusson armorié entouré d'ornements rocaille,
sur le titre. Feuilles de perte et de gain pour chaque mois. A partir de 1786 le nom de Desaint
Lepage est remplacé par celui de Le Jeune Page.
De 1780 jusqu'à la fin, chaque année contient une
table chronologique des maréchaux de France.

[B. Ars. 13 Années, reliure aux Armes de France.
‖ B. N. A. 1774, 1776, 1778, 1779 et 1783.]

487. — L'ONIROSCOPIE ou Applica-

tion des Songes aux numéros de la Loterie
de l'École Royale Militaire, tirée de la
Cabale italienne et de la sympathie des
nombres. Ornée de jolies figures analo-

gues au sujet et de Tablettes de papier composé très essentielles à cet ouvrage. || A Paris, chez Desnos, Libraire et Ingénieur-Géographe du Roi de Danemarck. M.DCC.LXXII. In-24.

Petit opuscule qui sera réimprimé à plusieurs reprises avec des titres différents, notamment sous le Directoire (les planches des tirages de cette époque sont complètement effacées). Le texte, consacré en entier à la loterie, est accompagné de 4 figures : 1. l'Interprète des Songes, 2. La Cabale, (un savant sur son observatoire, examine les astres à travers un télescope : ceux qui l'entourent jettent à la foule les petits papiers notant le résultat des observations, et celle-ci s'empresse de mettre à profit les combinaisons pour sa fortune), 3. La belle Receveuse. 4. Le tirage (dans la grande salle de l'Hôtel de Ville de Paris).

Calendrier se repliant. — Se vendait, broché, 1 liv. 10 sols.

Une nouvelle édition de Desnos parue en 1788 porte le titre de *Livre de Rêves ou l'Onéiroscopie*. Notons, du reste, que cet infatigable « lanceur d'almanachs » a fait de nombreuses éditions et de nombreuses coupures de cet opuscule, sous des titres entièrement différents. Citons ainsi : *Étrennes aux Amis de la Loterie Royale*, — *Manière de placer avantageusement sa mise*, — *Combinaison de la Loterie Royale*, — *La Clef du Trésor*. Ces almanachs figurent sur différents catalogues aux prix de 1 livre 16 s.

1ʳᵉ Édition : De 50 à 60 fr.

[Coll. de Savigny et de Bonnechose.]

488. — QUEL TEMS FERA-T-IL CE MATIN, CE SOIR, DEMAIN, ETC. ? Présages utiles aux Laboureurs, Jardiniers, Voyageurs, Chasseurs, Promeneurs, etc., etc. Suivis des Prédictions de l'Ombre de Mᵉ Rabelais. Pour l'année bissextile M.DCC.LXXII. || A Londres, et se trouve à Paris, chez la veuve Duchesne, Libraire, rue Saint-Jacques, au Temple du Goût. In-24.

Calendrier. Naissances des princes et princesses. Table de la durée des *jours* pour tous les mois, et présages tirés du soleil, de la lune, des étoiles, des vents, des nuages, du brouillard, des pluies, etc. Présages pour les récoltes. Moyen de connaître l'heure du jour par les fleurs, quand elles s'épanouissent, quand elles se ferment. Les prédictions de « l'Ombre de M. Rabelais » sont, est-il besoin de le dire, des prédictions plus que comiques.

[Curieux : 10 à 15 fr.]

[Coll. baron Pichon.]

489. — LE SECRÉTAIRE DES MESSIEURS, ou Recueil de Poësies agréables, etc., etc. Avec Tablettes Économiques. Pour servir à déposer comme dans le sein d'un Ami fidèle les secrets et les sentiments du cœur. || A Paris, chez Desnos, Libraire, Ingénieur-Géographe du Roi de Danemarck, rue St-Jacques, au Globe et à la Sphère. Pour la présente année (1772). In-18.

Se vendait, relié en veau 3 liv., en maroquin 4 liv., et avec fermeture et pointe à diamant 6 liv.

Frontispice allégorique signé Derais *inv.* et Wallaert *sc.* (Jeune homme écrivant devant une table tandis qu'un petit Amour lui lance une flèche). Titre gravé auquel est joint un titre imprimé.

En tête est une curieuse préface que je crois devoir reproduire *in extenso* :

« L'accueil que le Public a bien voulu faire au *Secrétaire des Dames*, nous engage à lui présenter actuellement le *Secrétaire des Messieurs*. Nous désignons, par ce titre, des Tablettes dans lesquelles on peut déposer, comme dans le sein d'un ami fidèle, tous les sentiments, tous les secrets de son cœur.

« Des Tablettes sont, en effet, le confident assuré de nos pensées. Si les Dames n'en avoient pas d'autres, elles craindroient moins les indiscrétions.

« Nous conseillons aux Hommes à bonnes-fortunes, aux agréables du siècle, et même aux amoureux, de ne découvrir leurs pensées qu'à des tablettes. Si le conseil que nous donnons pouvoit être suivi, quelle obligation ne nous auroit pas la Société ! A quel débit prodigieux le Libraire de ce petit ouvrage auroit-il lieu de s'attendre !

« Ces Tablettes sont composées d'un papier d'une nouvelle invention, sur lequel on peut écrire, ainsi qu'effacer, tout ce qu'on voudra. On écrit avec un stilet (sic) fait exprès, adapté à chacune de ces tablettes ; et l'on efface par le moyen d'une légère éponge imbibée d'eau ; en sorte qu'une page noircie par la couleur du stilet, peut être rétablie dans sa première blancheur, et souffrir jusqu'à huit, dix lavages et plus, et recevoir autant de fois les caractères qu'on désirera y tracer, sans la moindre altération du papier. L'utilité dont le tout a déjà paru au Public, nous dispensera d'un détail plus étendu.

« Nous observerons que nos Tablettes en général jouissent d'un avantage unique et qui les distingue singulièrement. Elles sont le type de l'instabilité du cœur humain, qui change à tout moment d'idées, et dans lequel un sentiment est bientôt effacé par un autre plus vif. On aura donc l'agrément de les voir se prêter à notre inconstance naturelle, et se pénétrer, pour ainsi dire, de nos pensées dans l'instant qu'elles nous affectent ; précieuses qualité que n'ont pas toujours les amis qui deviennent nos confidens.

« Comme l'amour est le sentiment auquel les hommes résistent le moins, et qu'il est le plus doux d'éprouver, nous avons crû ne rien devoir hazarder (sic) en mettant dans des Tablettes destinées pour *les Messieurs,* quelques expressions d'un cœur tendre. Un Auteur connu nous a ouvert son porte-feuille; et nous espérons qu'on distinguera ses Vers de ceux qui remplissent ordinairement les Almanachs.

« Mais on ne confiera pas seulement à nos Tablettes des secrets amoureux : on peut encore les faire dépositaires de toute autre chose; et nous répondons de leur fidélité : quel est le Secrétaire dont on ose rendre un pareil témoignage avec autant de certitude?

« Nous croyons ne pouvoir mieux faire que de renvoyer nos lecteurs au *Secrétaire des Dames,* qui est la première partie du *Secrétaire des Messieurs,* et qu'on trouvera augmenté de Poésies agréables. Chaque année nous ferons en sorte d'ajouter de nouvelles choses à nos Tablettes. »

Cette publication est accompagnée d'un cahier de poésies. C'était, en somme, la forme primitive de ce qui devait être, par la suite, les « almanachs Desnos. »

[Coll. de Savigny.]

490. — ALMANACH ANECDOTIQUE DU RÈGNE DE LOUIS XV jusqu'en 1772. Orné du portrait de S. M. ǁ A Paris, chez Desnos, Libraire de S. M. Danoise, rue Saint-Jacques, au Globe. 1773. In-24.

Figure sur quelques catalogues de Desnos sous le titre différent de : *Les Anecdoctes de Louis le Bien-Aimé.*

491. — ALMANACH D'AGRICULTURE, nécessaire à tout laboureur, fermier, cultivateur, où l'on expose par chapitres, tous les éléments de cette science; tout ce qui peut concerner les bestiaux, la culture des terres, les engrais, les labours, les semailles, les récoltes, la conservation des grains, et généralement tout ce qui a rapport aux différents travaux de la campagne. ǁ A Paris, chez Despilly. 1773-1775, 3 années. In-12.

Les années portent la mention : *premier cours, second cours, troisième cours.* Sur le titre de ce dernier on lit : « par M. P. D. L. B. »

Cet almanach est mentionné dans la *France Littéraire* pour 1772 : il a pu paraître antérieurement.

492. — ALMANACH DE PARIS, Contenant la Demeure, les Noms et Qualités des Personnes de Condition dans la Ville et Fauxbourgs de Paris : Pour l'Année bissextile mil sept cent soixante-douze. ǁ A Paris, chez Moreau, Libraire-Imprimeur, rue Galande, et à l'Hôtel de Toulouse. M.DCC.LXXII. 1773-1790. Pet. in-12.

Avec un calendrier. « Si l'Almanach dont on présente l'essai, » dit l'avertissement, « peut paroître utile et agréable à la Noblesse, les Personnes qui voudront bien y prendre quelque intérêt, sont suppliées d'envoyer leurs Noms, Demeures et Qualités, chez le sieur Courtin, Suisse de son Altesse S. Mgr. le Duc de Penthièvre à l'Hôtel de Toulouse; L'auteur ne négligera rien pour sa perfection. »

Ainsi s'annonçait sous une forme plus ou moins anonyme, l'utile publication due à un sieur François Claude Mangeot, premier « Tout-Paris », élégamment imprimé, avec encadrement typographique à chaque page, et d'un format assez restreint pour être porté avec soi.

L'année suivante, on lisait sur le titre les mots « Corrigé et Considérablement augmenté », le prix 20 s. broché et 30 s. emboîté, puis, à la suite du nom du libraire-imprimeur Moreau, les mentions : « Et à l'Hôtel de Toulouse, chez Mme Mangeot, Femme de l'Auteur, sous le Péristile, et à Mademoiselle de La Marche, au Palais Royal ». L'auteur, « le sieur Mangeot qui a dirigé l'Almanach », porte l'avertissement, remercie ceux qui ont bien voulu faire parvenir leurs noms, un tel ouvrage étant l'œuvre du public lui-même.

Pour l'année 1774, dont le prix se trouve porté à 24 sols broché et 36 sols relié, la seule différence consiste dans un changement d'imprimeur. Au lieu de Moreau c'est Cailleau, rue St-Séverin, « dans la porte cochère à côté du Papetier, vis-à-vis des murs de l'Église ».

En 1775, changement d'imprimeur et d'aspect typographique, les encadrements disparaissent. D'autre part l'éditeur Mangeot est mort, enfin les prix sont encore remaniés : 30 sols broché, 40 s. relié. Voici, du reste, les indications d'adresses : « A Paris, chez Didot l'aîné, Imprimeur, rue Pavée, Humaire, Libraire, rue du Marché Palu, Gobreau, Libraire, quai des Augustins. Madame Mangeot veuve de l'Éditeur, à l'Hôtel de Toulouse, sous le péristile, recevra les observations sur les noms et demeures. »

1776 : 36 sols broché, 42 sols relié. Pas d'autre changement. En 1778 le titre est modifié comme rédaction et typographie. En voici la reproduction exacte :

— *Almanach de Paris,* contenant La Demeure, les Noms et Qualités des Personnes de Condition et autres vivant noblement. Pour l'année 1778. Broché 36 s. relié 44 s. et en maroquin 3 liv. ǁ A Paris, chez Quillau Imprimeur-Libraire, rue du Fouare ; la veuve Mangeot, Hôtel Toulouse, sous le Péristile, en vend toute l'année.

La veuve Mangeot, s'il faut en croire l'avertissement, ne serait plus qu'une simple dépositaire de l'almanach et cependant le privilège, renouvelé cette année même, est toujours à son nom. En effet, voici ce qu'on lit en ce dit avertissement : « Le nouveau rédacteur de cet Almanach a l'honneur de prévenir le Public qu'il contient cette année au moins 6000 adresses qui en rendent l'utilité incontestable. Il en garantit l'exactitude autant qu'on peut répondre de celle des Suisses et Portiers auxquels on s'est adressé. » D'autre part, le renseignement suivant est bien curieux comme faisant connaître les moyens qui servaient alors à l'orientation :

« Les chiffres qui suivent certaines adresses sont ou celui des lanternes les plus proches de la personne dénommée ou celui de l'Hôtel qu'elle habite lorsque ces demeures se trouvent dans des Faux-bourgs où les maisons sont numérotées. Il seroit à souhaiter qu'elles le fussent toutes, ainsi que les hôtels, à l'instar de la nouvelle halle ; on éviterait les méprises qu'occasionne la ressemblance des Noms des différentes personnes qui habitent ces mêmes rues. »

En 1779 le nom de le Veuve Mangeot disparaît entièrement. L'éditeur, quoique son nom ne figure nulle part, paraît être un sieur Kremfeld, « attaché à la diplomatie pour l'électeur de Cologne » premier moteur, suivant Barbier, du numérotage des maisons de Paris.

On fait disparaître du titre, après « des personnes de Condition », les mots : « et autres vivant noblement », et l'adresse de vente est « chez le sieur Lesclapart fils, libraire, au milieu du quai de Gèvres, A la Sainte-Famille, vis-à-vis le Roi de Pologne », lequel restera éditeur de la publication jusqu'à la fin. Le calendrier contient des choses curieuses de chaque mois. Les renseignements, d'après l'avis, devaient être adressés au sieur Lesclapart.

A partir de 1782 cette publication devient encore plus précieuse ; elle se double, je veux dire que l'almanach est divisé en 2 parties, l'une mondaine, l'autre commerciale, et se publie en 2 volumes dont voici les titres :

I. — *Almanach de Paris.* Première Partie contenant la Demeure, les Noms, et Qualités des Personnes de condition, etc. Seconde Partie contenant les Noms et demeures des principaux Artistes, Marchands, Fabricants, etc... Broché 36 s. relié 44 s. et en maroq. 3 liv. Pour l'année 1783. || A Paris, chez Lesclapart, Libraire de Monsieur, à la Sainte-Famille, rue du Roule, n° 11.

II. — Le second volume, lui, a son titre ou plutôt le même titre débarrassé de toute la première partie et des mots : *seconde partie,* de façon à pouvoir se vendre seul, comme publication séparée. Il a même son calendrier.

Parlons un peu de ce « Tout-Paris commercial. »

Dans chaque classe de marchands ne figurent que les plus connus par leurs talents ou l'étendue de leur commerce, mais les divers états sont rangés par ordre alphabétique, et à la fin se trouve une table des métiers. Il y a là des divisions précieuses pour l'histoire du commerce en gros et au détail.

C'est ainsi qu'on y trouve, au point de vue instrumental, des facteurs de clavessins, de corps-de-chasse (*sic*), d'instruments à vent, d'orgues, de forte-piano, de harpes, de serinettes, puis des papetiers et même des papetiers pour meubles.

Jusqu'en 1789 cette forme ne subit aucune modification, mais l'année 1790 vit, quoique publiée en 2 volumes, inaugurer une division toute différente. (Voir, pour la suite, *Almanach des Adresses de Paris et des Députés de l'Assemblée Nationale* n° 950.

[B. Carn. Années 1773, 1774, 1775, 1777 : collection complète depuis 1781. || Coll. baron Pichon. || Coll. Paul Lacombe.]

493. — ALMANACH FORAIN, OU LES DIFFÉRENS SPECTACLES DES BOULEVARDS ET DES FOIRES DE PARIS, Avec un catalogue des pièces, farces et parades tant anciennes que nouvelles, qui y ont été jouées et quelques anecdotes plaisantes qui ont rapport à cet objet. || A Paris, chez Valleyre l'ainé, Imprimeur-Libraire, rue de la Vieille Bouclerie, à l'Arbre de Jessé. Et chez les libraires qui débitent les Nouveautés. 1773-1775, 3 années. In-24.

Cette première année ne contient que le calendrier, les noms des acteurs et actrices de l'Ambigu Comique, les titres des pièces jouées audit théâtre, les noms des grands danseurs de corde, quelques anecdotes, une note sur « l'Eléphant vivant qui fut transporté des Indes jusqu'à Paris » et, enfin, le divertissement comique intitulé : *Les Farces de l'Amour et de la Magie.* Rédigé par Arnould Mussot. D'après Pougin, Barrett, auteur de pièces de théâtre et de diverses plaquettes, (1728-1795) y aurait également collaboré.

A partir de l'année 1775 le titre fut complété comme suit :

— *Almanach Forain ou les différens Spectacles des Boulevards et des Foires de Paris,* Avec le catalogue général des Pièces, Farces et Parades, tant anciennes que nouvelles, qu'on y a jouées; l'Extrait de quelques-unes d'entre elles; des Anecdotes plaisantes et des recherches sur les Marionnettes, les Mimes, Farceurs, Baladins, Sauteurs et danseurs de corde, anciens et modernes. Troisième Partie. Pour l'année 1775. || Le prix est de 24 sols broché. || A Paris, chez Quillau, libraire, rue

Christine, au Magasin littéraire. Veuve Duchesne, libraire, rue St-Jacques.

En tête se trouve un avertissement dont nous extrayons les lignes suivantes : « Ce petit ouvrage n'a aucun rapport avec l'*Almanach des Spectacles de Paris*. On ne parle dans celui-ci que des spectacles subalternes ; c'est-à-dire de ceux dont il n'est point fait mention dans l'autre. On y verra chaque année tout ce qui concerne un genre d'amusement très curieux et qui distingue autant la capitale de la France que toutes les beautés qu'elle renferme. C'est surtout de l'*Ambigu Comique et des grands sauteurs et danseurs de Corde* que nous nous proposons particulièrement de parler. La partie du Public qui se plaît à ces deux spectacles, où l'on trouve toujours la gaieté, nous sçaura peut-être gré de lui en offrir un détail amusant, et de conserver ce qu'ils offrent d'intéressant chaque jour. »

[B. Carn. Années 1773, 1775. || Coll. Arthur Pougin.]

[Les trois années de 150 à 200 fr. — Année 1773 Vente Sapin 38 fr.]

[Voir, pour la suite, nº 568.]

494. — CALENDRIER INTÉRESSANT OU ALMANACH PHYSICO-ŒCONOMIQUE par M. R***. Prix : 20 sols broché, 28 sols relié. || A Paris, de l'Imprimerie de Quillau, rue du Fouare, à l'Annonciation. M.DCC.LXXIII. In-24.

Almanach de même genre, de même nature, — de même titre du reste, — que celui figurant sous le nº 431. « Collection de secrets », disent les éditeurs, « que nous avons nous-mêmes éprouvés ou qui ont été communiqués par la voie des ouvrages périodiques. Nous ne craignons pas de dire que nôtre almanach est fait avec beaucoup plus d'exactitude que celui de la Société typographique de Bouillon : nous nous sommes bien gardés de chercher à accréditer la possibilité de la pierre philosophale. »

[Coll. de l'auteur.]

495. — LA CHRONOLOGIE RENDUE SENSIBLE ; ou Nouveau Calendrier perpétuel, enrichi d'observations intéressantes sur les années des Anciens et des Modernes, sur leurs mois, leurs semaines et leurs solennités; sur les constellations, sur les phases des corps célestes, et sur les divers points du Ciel, dont la connaissance est essentielle à la Chronologie. — Ouvrage distribué dans la forme la plus commode et la plus simple, en faveur des enfants de l'un et de l'autre sexe auquel il est principalement destiné.

— Prix 36 sols broché. || A Paris, chez tous les marchands de Nouveautés. (1773-1777.) In-18.

Petit volume avec texte encadré, donnant la méthode d'un calendrier réellement perpétuel à la portée de tous, pouvant « rendre un compte exact et fidèle de toutes les opérations qu'on désirerait faire depuis le commencement de l'Ère chrétienne jusqu'à la fin du monde. » Resterait à savoir ce que l'auteur entendait par « la fin du monde. » Au texte est ajouté un tableau de concordance perpétuelle des dénominations des jours avec les lettres dominicales sous forme de roue qu'un mécanisme permet de manœuvrer. Derrière se trouvent deux autres roues. C'est une curiosité pour l'histoire des calendriers perpétuels.

[De 6 à 8 fr.]

496. — LE COURTISAN SANS ART OU LES COMPLIMENS SANS FARD, Étrennes agréables aux uns et utiles aux autres. Avec des Tablettes de nouveau Papier, pour y inscrire le jour de la Fête des personnes à qui on devra le (*sic*) souhaiter, ainsi que les différentes idées que la lecture de ces Compliments pourrait faire naître, et tout autre memento. [Épigraphe :]

> Un rien paraît extrême,
> Reçu de ce qu'on aime :
> Beaucoup est moins que rien,
> Si le cœur n'aime bien.
>
> Accard.

|| A Paris. Chez Desnos, Libraire, Ingénieur-Géographe du Roi de Danemarck, rue St-Jacques, au Globe et à la Sphère. M.DCC.LXXIII. In-24. Relié veau 3 liv. maroquin avec tablettes 4 liv.

Avec frontispice et 3 planches [accompagnées d'une page d'explication également gravée], que nous retrouverons par la suite, dans d'autres almanachs de chez Desnos.

Le frontispice représente la Fortune assise sur des nuages et distribuant aux humains les richesses qu'elle tire d'une corne d'abondance. Légende :

> De l'un et de l'autre Pole
> Accourez jeunes et vieux,
> Ici les eaux du Pactole
> Rendent tout le monde heureux.

Puis suivent : *Les dépêches du nouvel an* (un petit maître sur le pas de sa porte prêt à acheter tout ce qu'on lui présente pour faire des étrennes aux uns et aux autres); *Les Étrennes* (Le courtisan sans art présentant à une petite maîtresse son almanach pour étrennes et lui faisant le compliment le plus tendre); *Une Fête* (partie fine à la campagne pour la *fête* d'une maîtresse) :

> De l'Amour et du Dieu du vin
> Goûtons ici la gentillesse ;
> Amis buvons à la maîtresse
> Qui sait si bien les mettre en train.

Choix de compliments de bonne année d'une versification généralement assez faible et quelque peu monotone, suivis d'un calendrier et avec une assez longue préface dont j'extrais les passages suivants :

« On défigure aujourd'hui tellement les Almanachs, qu'on est forcé d'instruire le Lecteur en lui en présentant un nouveau ; car qui pourrait deviner ce que c'est que l'Almanach des *Fariboles*, l'Almanach *à la Grecque*, l'Almanach *Grossier*, l'Almanach *Dansant*, l'Almanach *Poissard*, etc. ? Cent titres, tous plus ridicules les uns que les autres, font un contraste absurde avec le détail des semaines et des mois auxquels on prétend les associer.

« Sans courir après d'élégantes chimères, qui ne laissent pas d'éblouir les uns, et d'en imposer aux autres, nous offrons aujourd'hui un Almanach de Complimens, soit pour la *Nouvelle Année*, soit pour présenter un *Bouquet*, faire la cour à quelqu'un, exprimer une tendresse, en un mot le *Courtisan sans art*, ou *les Complimens sans fard*.

« Les révolutions d'une année, étant pour tous les hommes un cours varié de bonheurs ou de malheurs, il nous a paru conforme à l'antique usage de retracer des cérémonies qui y sont consacrées depuis si longtemps et auxquelles nous nous assujétissons encore.

« En effet, il est naturel à tous les âges de faire des souhaits, de former des vœux le premier jour de chaque année ; et c'est en quelque sorte par les Étrennes que les amis s'empressent à se témoigner la plus vive tendresse. »

> Recevez, pour ce nouvel An
> Les Compliments sans fard
> Du plus sincère Courtisan,
> Du Courtisan sans art.

Dans cet almanach le « Papier de la nouvelle composition du sieur Desnos » dont il y a « une quantité suffisante pour servir de tablettes pendant le cours de l'année » est entièrement blanc, sans aucune des inscriptions qui se liront par la suite.

Quérard mentionne le même almanach à la date de 1777.

[Coll. baron Pichon.]

497. — ETRENNES A MES AMIS. Par S***. [Épigraphe :]

> De blâmer des vers, ou durs, ou languissans,
> De choquer un Auteur qui choque le bon sens,
> De railler d'un plaisant qui ne sçait pas nous plaire,
> C'est ce que tout Lecteur eut toujours droit de faire.
>
> Boil. Sat. X.

‖ A Monomotapa, Et se trouve à Paris, chez Mademoiselle La Marche, Marchande de nouveautés, dans le passage du Palais-Royal, du côté de la rue de Richelieu. M.DCC.LXXIII. In-8.

Opuscule satirique visant Voltaire, Diderot, Sedaine, et autres, auquel on ajoutait un calendrier. Il se termine par ces vers :

> Adieu, Messieurs les Disputeurs,
> Adieu, fidèles Sectateurs,
> De l'*Ardente* Philosophie ;
> Je vous souhaite à tous heureuse et longue vie
> De grâce n'allez point, *Sages intolérans*,
>   Envenimer les traits plaisans
>   Répandus dans cet opuscule.
>   Avec courage avalez la *pilule*,
> Et songez qu'en un mot des *héros* tels que vous
> Doivent tout écouter sans se mettre en courroux.

[B. N.]

498. — ÉTRENNES DE FLORE AUX DAMES ET MESSIEURS. Contenant Tout ce qui a rapport à la Santé, aux Aliments, à la Toilette, et à l'Économie Champêtre ; la manière de préparer les Médicamens les plus simples, les plus salubres et les plus usuels, ou Collection De Secrets et Recettes pour la Médecine, l'Art du Distillateur, du Confiseur, du Parfumeur, tels que les préparations du Fard, des Pommades, Eaux de senteur et Cosmétiques, Bains, Ratafiat, Confitures, etc., etc. Avec Tablettes Économiques et un Stilet pour écrire d'autres secrets et ce que l'on désirera. ‖ A Paris, chez Desnos, Ingénieur-Géographe et libraire du Roi de Danemarck, rue St-Jacques, au Globe. (1773.) In-24.

Frontispice allégorique. Contient exclusivement une série de recettes et de conseils pratiques, conformes aux indications du titre. En plus une carte coloriée, avec encadrement, de Paris distribué en six divisions militaires.

[B. Carn. ‖ Coll. de Savigny.]

499. — ÉTRENNES DE MINERVE AUX ARTISTES. Encyclopédie économique, ou Alexis moderne. Contenant différens secrets sur l'Agriculture et les Arts et Métiers, où l'on a rassemblé tout ce qui se trouve de plus important, extrait de plus de neuf cents Auteurs. Ouvrage de la plus grande utilité pour les différens états. Première Partie. ‖ A Paris, chez

Desnos, Libraire, Ingénieur-Géographe du Roi de Danemark, rue St-Jacques, au Globe et à la Sphère.(1773 et suite.)2 vol. In-24.

Recueil de recettes concernant les arts.

L'éditeur se proposait de faire paraître tous les trois mois un volume analogue.

Le titre de cette publication, complète seulement en 1781, a subi de nombreuses modifications. Sur les catalogues de Desnos elle est appelée tantôt « Alexis Moderne », tantôt « Encyclopédie Économique », conformément aux sous-titres de l'almanach lui-même.

Voici le titre de l'année 1777 :

— *Almanach Encyclopédique de secrets importants sur tous les Arts ou Étrennes de Minerve aux Artistes.* || A Paris, chez Desnos, etc. 1777. In-24.

Contenait 1500 différents secrets sur l'agriculture, les arts et métiers, extraits de plus de mille auteurs et des meilleures recettes. C'est du moins ce qu'annonce l'éditeur.

La collection, à cette date, formait 8 vol. qui se vendaient : brochés 8 liv. ; reliés en 2 vol. 10 liv.

[B. N. Année 1773.]

500. — LE PETIT RIEN, Almanach chantant ou Recueil de Chansons nouvelles sur des airs connus, pour l'année 1773 et les suivantes [Épigraphe :] Nos otia vita solamur cantu. || A Gnide, et se trouve à Paris chez Monory, Libraire de S. A. S. Monseigneur le Prince de Condé, rue et vis-à-vis la Comédie-Française. M.DCC.LXXIII. In-18.

Couplets à rire destinés à égayer les convives, mais s'ouvrant par une pièce sur le mariage de M. le Dauphin. Ce recueil de chansons grivoises est précieux par le choix des morceaux dont plusieurs visent les choses du jour ou les habitudes parisiennes : notamment la foire des boulevards, le bœuf gras du Carnaval, le Bois de Boulogne où préside Cupidon, où « deux font trois. »

> Et fille, à la passade
> D'amour y prend leçon.
> Sur ce bois, la maman
> Sermone en vain sa fille ;
> N'y vas pas, mon enfant,
> De serpents il fourmille :
> Craignant peu la piqûre,
> Rosette ne la crut,
> Et par neuf mois d'enflure
> Paye bien son début.

A la fin se trouvent une série de curieux couplets grivois sur les cris de Paris, le Gagne-petit, le porteur d'eau, la marchande de vieux chapeaux, le raccommodeur de faïences, le marchand de baromètres, le marchand d'oiseaux, la bouquetière, le marchand de tisanes, de cerises, la marchande de fraises, d'abricots, etc.

Avec un calendrir et 7 pages de musique gravée.

[Coll. de Bonnechose.]

501. — L'ABEILLE OU LES BONBONS. || A Paris, chez Cailleau, Libraire, rue du Foin S. Jacques (1774). In-32.

Recueil de chansons.

[D'après un catalogue de l'époque]. ,

502. — LES ABRICOTS DE CYTHÈRE. || A Paris, chez Cailleau, Libraire, rue du Foin S. Jacques. (1774.) In-32.

Recueil de chansons galantes.

[D'après un catalogue de l'époque].

503. — ALMANACH DE SANTÉ [Épigraphe :] Hæc bene si serves, longo tu tempore vives. || A Paris, chez Ruault, Libraire, rue de la Harpe. M.DCC.LXXIV. In-16.

Contient des préceptes sur les moyens propres à se conserver la santé, quelques règles d'hygiène, des notices sur les principaux médicaments, sur les eaux minérales, et un aperçu sur les maladies des bestiaux.

[B. N. — T. 47.]

504. — ALMANACH DES BASTIMENS, Pour l'Année M.DCC.LXXIV. Contenant les noms et demeures de Messieurs les Architectes, Experts-Bourgeois, Experts-Entrepreneurs des Bâtimens, Greffiers des Bâtimens, Maîtres Maçons, Charpentiers, Serruriers, Couvreurs, Plombiers, Menuisiers, Sculpteurs-Marbriers, Peintres en Bâtimens, Vitriers, Potiers de terre; Carreleurs, Paveurs et Vuidangeurs ; le tout par ordre alphabétique, avec un calendrier journalier. Par le Sieur Fr. Journault, Concierge de la Compagnie de Messieurs les Architectes Experts du Roi, et de Messieurs les Greffiers des Bâtimens, en leur Bureau, rue de la Verrerie, vis-à-vis l'Hôtel Pomponne, chez qui l'on en trouvera. || A Paris, de l'Imprimerie de J. G. A. Stoupe, rue de la Harpe, [puis chez l'Auteur,

puis chez Méquignon et Lesclapart.]
1774-1792. In-24.

Sorte de frontispice allégorique, pouvant être
considéré comme une réclame : sur une tablette
grise on lit en effet le nom de l'auteur, avec la
mention de l'industrie qu'il exerce, « Journault,
Toise et Vérifie tout ce qui concerne le Bâtiment. »

A partir de 1787, le titre porte en plus : « Avec
plusieurs Tarifs et détails intéressans que l'on y a
joint cette année. »

Cet almanach est précédé d'un calendrier avec
nombreuses pages blanches pour les notes quotidiennes, chaque jour ayant sa place régulière.
Tiré sur papier bleuté. Il servait à la fois aux spécialistes du bâtiment et à ceux qui faisaient bâtir, et
se vendait 1 liv. 16 sols, relié.

Il sera repris sous la même forme en 1808 (voir
plus loin).

[B. N. Années 1774, 1790. — vᵒ 29997.]

505. — L'ALMANACH DES C*.**
Étrennes Anonymes. ‖ A Paris, chez
Cailleau, Libraire, rue du Foin S. Jacques.
(1774). In-32.

Recueil de pièces légères appartenant au domaine
foiropédique.

[Voir, plus haut, nᵒ 435, et plus loin, nᵒˢ 529 et
633.]

[D'après un catalogue de l'époque.]

**506. — ALMANACH DES FÊTES DU
MARIAGE DU DAUPHIN (Louis XVI.)
(1774.)**

Titre supposé d'un almanach consacré à la représentation des fêtes de la Cour et des réjouissances
populaires qui en furent l'occasion, dont M. de
Savigny possède les 11 estampes suivantes dessinées et gravées par Baquoy filius. 1. Le Couple
adoré (Le Dauphin et la Dauphine). — 2. Les hommages sincères. — 3. La Soirée brillante. — 4. Le
Banquet Royal. — 5. Le Bal majestueux. — 6. La
Nouvelle Halle. — 7. La Place de Louis XV. —
8. Le Palais-Bourbon. — 9. La Place Royal (sic). —
10. La Place des Victoires. — 11. La Place Dauphine.

Très certainement, la douzième figure ou, plutôt,
la première devait être le titre gravé.

**507. — ALMANACH DES HALLES ET
DES PORTS** ou nouveaux Entretiens
Poissards et facétieux, orné de Chansons,
de Vaudevilles grivois et de plusieurs
rondes de tables, sur des airs choisis.
‖ Au Gros Caillou, de l'Imprimerie de
Pierre le Blanc Charbonnier. Avec Per-

mission des Bateliers. (A Paris, chez
Cailleau.) In-24. 1774.

Chansons poissardes et grivoises dans la note de
Vadé ou de Lécluse. Frontispice gravé, petite
vignette, avec la légende : « Sixième Entretien ».

**508. — ALMANACH DES MUSES
GRIVOISES.** Étrennes du Waux-hall
populaire et poissardi-lyri-comique, en
forme de Poëme. ‖ A Paris, 1774. 1 liv.
4 sols.

Recueil de grivoiseries, très certainement le
même que Le Waux-hall populaire.

(Voir, plus loin, nᵒ 536.)

**509. — ALMANACH DES TROIS
RÈGNES, En huit Parties. Première
Partie. Almanach de Flore.** ‖ S. l. (A
Paris, chez Hérissant). 1774. In-24.

A la suite du titre ci-dessus, du calendrier et du
privilège, se trouve un titre en lettres gravées
dont voici la reproduction exacte :

— Almanach de Flore. Gravé et orné de plus de
50 Planches en taille-douce, dessinées et colorées
d'après nature avec le plus grand soin, contenant
48 Devises et autant d'Horoscopes pour tous les
États et tous les Ages. Ouvrage d'un gout entièrement nouveau et aussi utile qu'agréable. Pour
l'année 1774. [Épigraphe :]

On baille en écoutant : ce qui frappe les yeux
Aiguillonne l'esprit et s'y grave bien mieux.
                                    Imit. d'Hor. Art Poët.

Prix : 9 livres relié et 7 livres 4 sols broché. ‖ A
Versailles, sur le Grand Escalier du chateau et chez
Blaizot, au Cabinet Littéraire. A Paris Chez la
Veuve Hérissant, Imprimeur du Cabinet, Maison
et Bâtimens du Roi, rue St Jacques. (1774).
In-24.

Frontispice gravé signé D. (Douin) inv. Chevalier fecit, représentant le soleil qui darde ses
rayons sur un tournesol, avec cette légende :

L'Astre est constant,
La Fleur fidelle (sic).

En face du frontispice, buste de femme dans un
médaillon rond avec attributs galants, et légende
de 7 vers « A la plus Belle. »

Cet almanach est orné de 50 planches en taille-
douce, coloriées ; elles sont dessinées et gravées
par M. Chevalier, Lieutenant d'Infanterie, ancien
Ingénieur des Camps et Armées du Roi. Le texte,
également gravé, est de M. D. (Douin), Capitaine
d'Infanterie.

En tête se trouve un avis de l'éditeur donnant sur
la publication quelques renseignements précieux :

« Un coup d'œil sur cet Ouvrage suffira pour que l'on puisse juger de la différence qui se trouve entre l'*Almanach des trois Règnes*, dont celui de *Flore* est la 1ʳᵉ Partie, et un nombre infini de Productions du même genre. On n'a rien épargné pour le rendre utile et agréable : on a eu soin de dessiner, graver et colorer toutes les Fleurs et les Feuilles d'après nature. Cette édition est tout entière exécutée en Gravure, et on ose assurer qu'elle est infiniment supérieure à la prétendue exactitude des meilleures Imprimeries. Elle est ornée de 50 Planches en Taille-douce colorées, et cependant chaque Exemplaire relié ne coutera que 9 livres et broché 7 livres 4 sols, prix bien modique, eu égard aux dépenses et à l'élégance de cette édition.

« Qui ne sera charmé de se procurer un Recueil qui, au milieu d'un Parterre émaillé de fleurs, en indique et les noms et les qualités, surtout de celles qui ne sont pas généralement bien connues.

« Dans l'espérance que cet Essai plaira au Public on a fait les dispositions nécessaires pour donner de suite les autres parties contenant les almanachs suivants, tous ornés du même nombre de Planches, composé de la même quantité de Devises et Horoscopes, enfin sur le même Plan et le même format que celui-ci, savoir :

« L'*Almanach de Pomone* (Des Fruits.)
    —   de *Cérès*   (Des Grains et Légumes.)
    —   d'*Hercule* (Des Quadrupèdes.)
    —   de *Jupiter* (Des Oiseaux.)
    —   de *Neptune* (Des Poissons.)
    —   d'*Esculape* (Des Reptiles et Insectes).

« Et, malgré l'ingratitude presque invincible du Sujet,

« L'*Almanach de Vulcain* (Des Métaux et Minéraux.)

« Tous ces Almanachs, y compris celui de Flore, en composeront un seul, sous le nom bien mérité d'*Almanach des trois Règnes*, savoir, *Animal, Végétal et Minéral*, lequel contiendra plus de 400 planches en taille douce dessinées et colorées d'après nature. »

Les devises contenues dans l'*Almanach de Flore* servent à former des horoscopes. Il y a 48 planches de fleurs, accompagnées chacune d'un distique : en regard, se trouve l'horoscope, composé sur des airs de l'époque. Voici, à titre de curiosité, quelques-uns de ces distiques :

Le Lis.

Ce Lis vous ressemble Clarisse,
Son cœur lui donne la jaunisse.

La Violette.

Symbole des feux inconstans,
Je nais et meurs dans un Printems.

La Bourache.

La Bourache, par boutade,
Est Médecine ou Salade.

L'Œillet.

En Courtisan, comme en Œillet,
Le plus double est le plus parfait.

Le Muguet.

Le Muguet est la Fleur des Dames,
Un Muguet est l'Homme des Femmes.

La Belle de Nuit.

Si je sais voiler mes appas,
C'est que le jour ne me plaît pas.

Le Pavot.

Ami, mon talent le plus doux
Est d'endormir un vieux jaloux.

La Mélisse.

Pour m'avoir de la bonne espèce,
C'est aux bons Carmes qu'on s'adresse.

La Jonquille.

Tel qui critique ma couleur,
N'a jamais senti mon odeur.

Le Pissenlit.

Au Diable le faquin qui, me donnant son nom,
Noircit d'un Sobriquet ma réputation.

J'ignore si les autres parties annoncées ont jamais paru.

                      [B. N.]

510. — ALMANACH LYRIQUE, choix des plus jolis airs notés, ou Passe-temps du jour. || A Paris. 1774. In-24.

Almanach Lyrique, Calendrier Lyrique, Tablettes Lyriques, autant de titres différents qui contenaient peut-être les mêmes chansons.

[D'après la *France Littéraire*.]

511. — ALMANACH NOUVEAU, composé de jolies ariettes et autres chansons connues, pour l'année 1774. || A Paris.

De nombreuses publications parurent alors, sous ce titre commode qui, plus d'une fois, servit de passe-partout à d'anciens almanachs.

[D'après la *France Littéraire*.]

512. — ALMANACH NOUVEAU OU RECUEIL des plus jolies Coëffures à la mode, dessiné et gravé par M. Davault, Coëffeur. 1774 et suite. In-18.

Ce M. Davault était un « appareilleur » de l'époque. Cet almanach devait donc présenter un certain caractère de réclame.

[D'après la *France Littéraire*.]

513. — ALMANACH PERPÉTUEL, PRONOSTICATIF, PROVERBIAL ET GAULOIS, d'après les Observations de la

docte Antiquité; Utile aux Savans, aux Gens de lettres, et intéressant pour la santé. ‖ A Wiflispurg; Et se trouve à Paris, rue S. Jacques, chez Desnos, Libraire, Ingénieur-Géographe de S. M. Danoise, au Globe. Et chez Pyre, Libraire, près les Jacobins. 1774. In-24.

Almanach de facéties, de proverbes, de chansons, de dictons populaires et de pronostics pour chaque mois de l'année, publié par L. F. Doire.

Voici ce que dit l'auteur dans sa préface :

« Tout faiseur d'Almanach est menteur. Vérité incontestable fondée sur ce proverbe :

D'un Almanach ne mal ne bien,
Pour bien faire n'en croyez rien.

« Comme l'Almanach que l'on présente au Public est le recueil des observations de nos pères, il a pour lui une certitude morale ; il est d'ailleurs invariable, et en cela différent des autres qui, ne servant que pour une année, ont donné lieu à cette historiette :

« L'épouse d'un Avocat se plaignait amèrement de ce que son mari, studieux par goût, ne quittait presque point son cabinet. « Que ne puis-je devenir livre », lui dit-elle un jour.

« Deviens donc Almanach, répondit-il, j'y consens,

Et j'y consens en homme sage,
J'en tirerai cet avantage,
C'est qu'on en change tous les ans. »

Cet almanach a été réimprimé et contrefait à plusieurs reprises, avec de légères variantes dans le titre. Contentons-nous de citer la suivante :

— *Almanach Perpétuel* de nos Aïeux, à l'usage de leurs neveux ; Utile aux savans, aux gens de lettres et intéressant pour la santé.]‖ A Wiflispurg, et se trouve à Paris, chez les marchands de nouveautés. Petit in-12.

[Coté sur des catalogues 5 et 6 fr.]
[B. N.]

514. — CALENDRIER LYRIQUE ou Les chansons sur les douze mois de l'année. ‖ A Paris. 1774. In-24.

[D'après la *France Littéraire*.]

515. — CALENDRIER PERPÉTUEL RENDU SENSIBLE, ET MIS A LA PORTÉE DE TOUT LE MONDE : ou Nouveau et Vrai Calendrier Perpétuel, Dont chacun peut se servir comme d'un Almanach ordinaire, et sans aucun calcul, précédé d'un Traité succinct de tout ce qui a rapport au Calendrier. Par M. G. S. H. ‖ A Paris, De l'Imprimerie de P. Fr. Gueffier, Libraire-Imprimeur, rue de la Harpe. M.DCC.LXXIV. Petit in-12.

Dans un long avertissement, l'éditeur, après avoir fait ressortir les défauts des almanachs dits perpétuels, présente le sien comme beaucoup plus parfait. En réalité, il donne, comme tous ceux de la même espèce, des tables perpétuelles du Cycle solaire, des Cycles lunaires, de la fête de Pâques, des fêtes mobiles, et le moyen de rétablir les concordances entre elles.

[B. N. — V. 23369-21637.]

516. — CE QUI PLAIT AUX DEMOISELLES ou l'Art de les amuser en chantant. ‖ A Paris, chez Cailleau, Libraire, rue du Foin S. Jacques. (1774.) In-32.

Recueil de chansons galantes.

[D'après un catalogue de l'époque.]

517. — LES DÉLICES DE CÉRÈS, DE POMONE OU DE FLORE ; ou la Campagne utile et agréable, avec un précis des travaux de l'Agriculteur, du Jardinier et du Fleuriste, contenant le temps des semailles, de la floraison de chaque plante, et celui des Récoltes. Ornées de 12 Estampes relatives aux amusements de la ville pendant chaque mois. Suivies de Tablettes pour écrire et dessiner en se servant de telle pointe que l'on voudra, même d'une épingle. ‖ A Paris, chez Desnos, Libraire et Ingénieur-Géographe de S. M. Danoise, rue St. Jacques, au Globe. Pour la présente année (1774). In-24.

Frontispice représentant les délices de Cérès, de Pomone et de Flore. Un vendangeur et une vendangeuse faisant leur dernier voyage et une femme portant un fagot sur sa tête ; plus loin, un homme labourant et un autre semant. Dans les airs quatre femmes symbolisant les quatre Saisons « avec leurs attributs ».

12 ravissantes estampes, sujets de la vie, chacune ayant en haut, dans un médaillon formant dessus de porte, le portrait du Dieu ou de la Déesse qui caractérise la mois, quelquefois sous les traits et sous le nom de personnages vivants. C'est ainsi qu'on y voit Louis XVI, Marie-Antoinette, le comte d'Artois et la comtesse de Provence. 1. Le Gateau des Rois (portrait de Janus). — 2. La Foire S. Germain (la garde arrête deux filles du monde qui ont volé une marchande de modes : les autres marchandes leur rient au nez et leur font des cornes.) Medaillon : port. de Pluton. — 3. Un jardin potager et fleuriste — intéressant pour les travaux de

la campagne à cette époque.— (Médaillon : la déesse Pérenne.) — 4. L'Assemblée à Lonchamps (la promenade des carrosses, des calèches et des cabriolets). Méd. : Vénus sortant des eaux. — 5. Les effets de la sève (une jeune villageoise et son amant, sur un banc, se tenant la main et fixant deux colombes qui se becquètent). Méd. : Le Taureau avec les sept étoiles appelées les Pléiades. — 6. L'accident prémédité (Cabriolet renversé par un « Diable » sur le grand boulevard). Méd. : Hébé déesse de la Jeunesse. — 7. Le Rendez-vous au Colisée (représentant la cour d'entrée du Colisée, cercle de conversation de dames et de Messieurs). Méd. : Jules César allaité par sa mère. — 8. Le Sallon (sic) des Tableaux au Louvre (on y remarque les tableaux de l'histoire de St. Louis pour l'École Royale Militaire). Méd. : l'empereur Auguste. — 9. La Partie interrompue (Plusieurs petits-maîtres et jolies femmes descendant de carrosse. Un des jeunes gens est surpris par son père qui le retient par le bras, au moment où il entrait chez le sieur Torré (traitant célèbre). Le personnage du médaillon est la comtesse de Provence habillée en Cérès. — 10. Les Plaisirs de la vendange (comme médaillon le comte d'Artois, en habit de chasseur, recevant du Dieu Bacchus une grappe de raisin.) — 11. Les Travaux de la campagne (comme médaillon, Madame la Dauphine recevant un bouquet de Mgr le Dauphin à l'occasion de sa naissance). — 12. La Saison des Bals (une salle de bal avec danseurs et danseuses). Méd. : Momus, marotte en main, levant son masque. — Cet almanach figure encore en 1778 sur le catalogue de Desnos.

[Cat. Morgand ex. cart. non rogné, 70 fr. — Vente Destailleurs 175 fr.]

[Coll. baron Pichon. || Coll. de Savigny.]

518. — LE PETIT ALMANACH A L'USAGE DE Mᵐᵉ LA COMTESSE DU BARRY, orné des plus jolies ariettes pour l'année 1774. || A Paris, chez Mlle Gérard. 1774. In-24.

[Quérard.]

519. — L'ESPIEGLERIE AMOUREUSE OU L'AMOUR MATOIS, Opéra bouffon comico-poissard, en un acte. || A Paris, chez Cailleau, Libraire, rue du Foin S. Jacques (1774). In-32.

Recueil de chansons et de vaudevilles.

[D'après un catalogue de l'époque].

520. — ÉTRENNES DE CLIO ET DE MNÉMOSINE. || A Paris. 1774. In-12.

Recueil de poésies qui a dû paraître pendant quelques années.

[D'après Barbier.]

521. — ÉTRENNES DE L'AMOUR SENSITIF. || A Paris, chez Cailleau, Libraire, rue du Foin S. Jacques. (1774.) In-32.

Recueil de chansons galantes.

[D'après un catalogue de l'époque.]

522. — ÉTRENNES DE LA COUR-NEUVE. Pour l'année 1774 : Dédiées à M. de la Garde, Maître des Requêtes. [Épigraphe :] Deus hæc nobis otia fecit. Virg. || A La Cour-Neuve. 1774. In-8.

Contient une dissertation historique sur l'ancienne origine du village de la Cour-Neuve, et sur les révolutions qu'il a éprouvées, puis quelques pièces en vers et en prose.
La Cour-Neuve est le nom d'une petite localité aux environs de Paris.

[B. N.]

523. — ÉTRENNES ÉPIGRAMMATIQUES. || A Paris, chez Cailleau, Libraire, rue du Foin S. Jacques (1774). In-32.

Recueil d'épigrammes.

[D'après un catalogue de l'époque.]

524. — ÉTRENNES ORIENTALES, POUR L'ANNÉE 1774 : Contenant un choix d'Histoires récréatives, curieuses et morales, extrait et recueilli de différentes Anecdotes et bons Mots de Sadi, célèbre Poëte Persan; précédé de la Vie de cet illustre Sage. || A Schiras, et se trouve à Paris, chez Cailleau, Imprimeur-Libraire, rue Saint-Séverin, dans la Porte cochère à côté du Papetier, vis-à-vis des murs de l'Église. In-18.

L'auteur dit qu'il a fait en sorte de ne point effacer le coloris oriental qu'autant qu'il pourrait être incompréhensible pour nous.
Avec un calendrier.

525. — LES FOLIES AMOUREUSES. || A Paris, chez Cailleau, Libraire, rue du Foin S. Jacques. (1774.) In-32.

Nombre d'almanachs parurent sous ce titre, alors fort à la mode.

[D'après un catalogue de l'époque.]

526. — LE GOUTER DES PORCHE-RONS. || A Paris, chez Cailleau, Imprimeur-Libraire, rue Saint-Séverin (1774). In-32.

> Almanach poissard qui, très certainement, devait avoir sur le titre une « permission fantaisiste. »
>
> [D'après un catalogue de l'époque.]

527. — NOUVEAUX BOUQUETS POISSARDS, suivis de Bouquets grivois chantans. || A Paris, chez Cailleau, Imprimeur-Libraire, rue Saint-Séverin (1774). In-32.

> Recueil de littérature à la Vadé.
>
> [D'après un catalogue de l'époque.]

528. — NOUVEL ALMANACH POLISSON contenant Margot la Bouquetière, Farce chantante et grivoise en un Acte; Mêlé d'Ariettes et de Chansons nouvelles, sur le ton poissard, et terminé par un Vaudeville. || A La Halle, de l'Imprimerie de Mᵐᵉ Gueulette, Maîtresse Bouquetière. Approuvé par les Jardiniers Fleuristes, 6 sols. 1774. (Paris, chez Cailleau.) In-32.

> Toujours même genre de farce dialoguée avec les personnages mis à la mode par Vadé ; L'Enflammé porteur d'eau, Sacavin soldat, Gueulette, Bon Bec, Margot, bouquetières, et autres freluquets et freluquettes.
>
> [Coll. baron Pichon.]

529. — LA PERLE DES ALMANACHS CHANTANS, suivie de la Foiropédie, Étrennes odoriférantes. || A Paris, chez Cailleau, Imprimeur-Libraire, rue Saint-Séverin. (1774). In-32.

> Se vendait 6 sols.
> Très probablement le même almanach que les *Étrennes du Sentiment* et l'*Almanach des C**** (voir, plus haut, nᵒˢ 435 et 505) dont l'éditeur changeait le titre pour faire croire à une nouvelle publication.
> On peut voir également la même année sur le catalogue de Cailleau : « *La Chiropédie*, nouvel Almanach des Chieurs. Étrennes m..... » *S. l. n. d.* In-32, 6 sols.
> Voir, plus loin, la *Foiropédie*, nᵒ 633.
>
> [D'après un catalogue de l'époque.]

530. — LE PETIT THRÉSOR OU LE PORTEFEUILLE D'IRIS. || A Paris,

chez Cailleau, Imprimeur-Libraire, rue Saint-Séverin. (1774). In-32.

> Se vendait 6 sols. — Recueil de chansons.
>
> [D'après un catalogue de l'époque.]

531. — LE PLUS JOLI ALMANACH A VOTRE GOUT. || A Paris, chez Cailleau, Imprimeur-Libraire, rue Saint-Séverin (1774). In-32.

> Se vendait 6 sols. — Recueil de chansons.
>
> [D'après un catalogue de l'époque.]

532. — LE PLUS LAID DES ALMANACHS CHANTANS et le moins curieux. || A Paris, chez Cailleau, Imprimeur-libraire, rue St-Séverin (1774). In-32.

> Recueil de chansons. Le titre, comme on le voit, tenait à être la contre-partie du précédent.
>
> [D'après un catalogue de l'époque.]

533. — SOUVENIR DU VOYAGEUR, contenant l'État actuel, et les Routes du Royaume de France. Avec Tablette Économique, Utile et nécessaire. Pour écrire et dessiner avec une pointe quelconque les Observations que le Commerçant et le Voyageur se proposeront de faire sur l'Itinéraire de la France, extrait de l'*Indicateur fidèle* publié par le S. Desnos. Avec deux Cartes. Contenant l'une les Gouvernemens militaires, l'autre les Routes de France. Et une Table alphabétique pour que le Voyageur puisse aisément trouver la Route qu'il a à suivre. Les noms des Provinces y occupent la première colonne : ce qui rend ce petit Ouvrage plus intéressant qu'aucun autre de ce genre. || A Paris, chez Desnos, Ingénieur-Géographe pour les Globes et les Sphères, et Libraire de Sa Majesté Danoise, rue St-Jacques, au Globe. Pour la présente année (1774 et suite). Relié en maroquin 4 liv. 10. In-24.

> A ce titre gravé est joint un titre imprimé dont voici l'exacte reproduction :
>
> — *Souvenir du Voyageur*, composé d'un papier nouveau, chimique et Économique ; Également propre pour écrire et dessiner les Observations que le Commerçant et le Voyageur se proposeront de faire sur l'Itinéraire de la France, extrait de

«l'Indicateur Fidèle» publié par le sieur Desnos. Avec une Carte divisée par Gouvernemens militaires, et une Table alphabétique, pour que le Voyageur puisse aisément trouver la Route qu'il a à suivre. || A Paris, chez Desnos, Ingénieur-Géographe pour les Globes et Sphères, et Libraire de Sa Majesté Danoise, rue St-Jacques, au Globe. Pour la présente Année.

Ainsi, contrairement au premier titre, ce second titre n'indique plus qu'une carte. Il ne faut point s'étonner pour si peu. Desnos en fera voir bien d'autres à ses acheteurs.

Avec un frontispice qui représente des voyageurs à cheval s'arrêtant pour boire à une élégante auberge. Dans le fond, un carrosse conduit par deux chevaux.

Itinéraire dressé par M. Brion, Ingénieur-Géographe, et comprenant tous les lieux, même les plus petits, où s'arrêtaient les diligences et les carrosses publics pour « le dînée et la couchée.» Le dernier feuillet est en quelque sorte consacré à un nouveau titre portant : « Almanach pour la présente année, utile aux Voyageurs. »

Figure encore sur les catalogues de Desnos en 1781.

[Coll. baron Pichon.]

534. — LA TENDRESSE DÉLICATE.
|| A Paris, chez Cailleau, Imprimeur-Libraire, rue Saint-Séverin (1774). In-32.

Recueil de chansons.

[D'après un catalogue de l'époque.]

535. — VOILA VOS ÉTRENNES ou le don de l'Amitié. || A Paris, chez Cailleau, Imprimeur-Libraire, rue Saint-Séverin (1774). In-32.

Recueil de chansons.

[D'après un catalogue de l'époque.]

536.— LE WAUX HALL POPULAIRE ou les Fêtes de la Guinguette ; Poëme grivois et poissardi-lyri-comique, en 5 chants. || A Paris, chez Cailleau, Imprimeur-Libraire, rue Saint-Séverin (1774). In-32.

Publié sous forme d'almanach, c'est-à-dire avec un calendrier ajouté. (Voir, plus haut, n° 508.)

[D'après un catalogue de l'époque.]

537.— A LA PLUS DIGNE DE PLAIRE, Almanach utile et amusant, avec tablettes économiques. Pour la présente Année. || A Amsterdam. Et se trouve à Paris, chez

Desnos, Libraire, Ingénieur-Géographe du Roi de Danemarck, rue St-Jacques, au Globe et à la Sphère (Vers 1775). In-24.

Titre imprimé dans un encadrement typographique.

Almanach orné de 11 gravures non signées, avec légendes sur tablettes grises, et dont voici les titres : 1. Le Baiser et l'Éventail. — 2. Le Clair de Lune. — 3. Le Poëte inspiré. — 4. Le Dormeur éveillé. — 5. Le Spectacle de la Nature. — 6. La Bergère qui se défend mal, ou Les Frais inutils (sic). — 7. Le Frelon ou la Piqûre. — 8. Le Beau Jour ou le Temple de Gnide. — 9. L'Embarras du choix. — 10. La Dame Convaincue. — 11. La Matinée à la Mode, ou les Bonnes Fortunes.

Recueil factice de chansons dont les illustrations sont empruntées à un autre almanach.

538. — ALMANACH CHRÉTIEN ET MORAL. || A Paris, chez Humaire et Gobreau. 1775.

Peut-être une réimpression avec adaptation différente, de l'almanach de 1769, publié sous le même titre (voir n° 403).

[D'après un catalogue.]

539. — ALMANACH DE LA FOLIE, contenant tout ce qu'on peut lire de plus fou ; suivi d'un Almanach de la Sagesse, où l'on trouvera des maximes propres à inspirer le goût de la vertu. || A Paris, chez Edme. 1775. In-24.

Recueil de facéties dans le goût de l'époque.

[Quérard.]

540. — ALMANACH DE LA GALANTERIE SANS APPRÊTS. || A Paris, chez Esnault et Rapilly. 1775. In-24.

Avec six jolies vignettes qui représentent les étrennes de l'amour. Cet almanach a été publié aux mêmes date et adresse sous des titres différents : Le Petit Séducteur, L'Almanach des Plaisirs, etc.

541.— ALMANACH DU COMPTABLE, utile à toutes sortes de personnes, Et principalement aux Pères de Famille, Rentiers, Intendans, Économes, Gens d'Affaires, etc. Pour l'Année 1775.|| A Paris, rue Saint-Jacques, chez la veuve Hérissant, Imprimeur du Cabinet du Roi,

Maison et Bâtimens de Sa Majesté. M.DCC.
LXXV. In-8.

Agenda servant à écrire les recettes et dépenses
journalières, auquel est joint un tableau de la division du temps, des mesures et des poids.

Le permis d'imprimer est daté du 15 novembre 1774.

[B. N.]

542. — ALMANACH ICONOLOGIQUE
DE LA PREMIÈRE RACE DE NOS
ROIS. ‖ A Paris. 1775. In-24.

Peut-être cet almanach était-il une partie de
l'*Almanach Iconologique des Rois de France* décrit
plus haut. (Voir nº 473).

[D'après la *France Littéraire*.]

543. — ALMANACH MUSICAL POUR
L'ANNÉE MIL-SEPT-CENT-SOIXANTE
ET QUINZE. ‖ Paris, au Bureau de
l'Abonnement Littéraire, rue St-André
des Arts, Ruault, puis Delalain. 1775-1783.
Petit in-12.

Cet ouvrage commencé en 1775, ayant paru successivement en 1776, 1777, 1778, 1779, (l'année
1780 ne fut publiée que plus tard avec l'année
1781) et en 1782, se compose de 9 parties.

Les premières années ont été rédigées par Mat-
ton de la Cour, les trois dernières par Luneau de
Boisjermain. On y trouve toutes les découvertes en
musique, les extraits des pièces, les débuts des
acteurs et actrices, les compositeurs et les maîtres
de chapelles, les organistes, professeurs, copistes,
graveurs, luthiers, facteurs, marchands de musique,
et une bibliographie détaillée des ouvrages sur
l'art musical, les chansons, romances, ariettes
mises ou à mettre en musique, ainsi que des œuvres
pour violon, clavecin, guitare, flûte, clarinette,
basson, cor de chasse, harpe, etc.

L'éditeur a égayé son recueil par des chansons
empruntées aux auteurs les plus connus en ce
genre : on y rencontre ainsi des productions de
Boufflers, Collé, Cubières, Piis, Beaumarchais,
etc.

L'année 1783 est en 2 volumes. Elle a de plus
un calendrier mentionnant tous les offices avec
musique des Églises et l'entreprise du concert Spirituel au Château des Tuileries.

[B. N. Année 1781. ‖ Coll. E. Thoinan. Coll.
Arthur Pougin.]

544. — ALMANACH OU SONT LES
PORTRAITS DE LA FAMILLE
ROYALE, en médaillons. ‖ Paris, chez

Esnault et Rapilly, Libraires. 1775.
In-24.

Cet almanach paraît appartenir à l'espèce des
calendriers qui se détaillaient, à la fois, en feuilles
et en livre.

[Quérard.]

545. — ALMANACH POUR L'ANNÉE
1775 ET COLLECTION DES TARIFS
des Droits des Lettres de ratification sur
les transports des Rentes, sur les Aides et
Gabelles ; avec le détail des circonstances
qui font varier ces Droits. Nouveau Tarif
de l'Argenterie. Tarif des Droits des Lettres de ratification sur les Ventes d'immeubles. Tarif des Droits attribués aux
Notaires, pour les Extraits des Actes sujets
au Centième denier. Tarif des Dixième et
Quinzième sur les Rentes. Modèles de
toutes les Quittances de Rentes sur le
Roi. Tarif du Poids et des Espèces.
Tableau des Impositions Royales, etc. —
Prix, 24 sols, broché. ‖ A Amsterdam et
se trouve à Paris, chez P. M. Delaguette,
Imprimeur-libraire, rue de la Vieille Draperie. In-18.

Almanach précieux pour le détail des titres de
rente de l'époque (Aides et Gabelles, Tontines et
Accroissemens, rentes sur le Clergé, sur les Tailles, Dettes du Canada, Colonies, Cuirs, Offices
municipaux, Actions des Fermes, Postes, Anciennes Constitutions, Flandre maritime, Dettes de la
Guerre, Alsace, Loterie Royale, États de Bretagne,
Compagnie des Indes) donnant, en outre, le tableau
annuel des impositions royales depuis 1710, et les
tarifs des prix du tain et des glaces. — Texte
encadré sous forme de tableaux.

546. — LE BON ASTROLOGUE. ‖
A Paris, chez Langlois, Libraire, rue du
Petit-Pont. 1775 et suite. In-24.

Par M. D***,
Très certainement recueil de chansons.

[D'après un catalogue de l'époque.]

547. — ÉTAT ACTUEL DE LA
FRANCE, ET SOUVENIR DU VOYA-
GEUR, Utile et nécessaire aux Gens
d'affaires, Négotians (*sic*), Militaires et à
tous les États. Augmenté d'une Tablette
Œconomique, etc. (1). ‖ A Paris, chez

_____

(1) Suit la longue formule, souvent employée
par Desnos, sur la composition de son papier.

Desnos, Imp.-Géog. et Libraire de S. M. Danoise, rue Saint-Jacques, au Globe. (1775) In-24.

Titre gravé dans un encadrement. Frontispice : une femme montre le portrait de Henri IV à un petit enfant qui tend les bras vers un médaillon de Louis XVI tenu par deux femmes dont l'une personnifie la France. Légende :

Quel prodige nous frappe ! C'est Henri
Ressucité sous les traits de Louis.

Cet almanach est accompagné de deux cartes, et donne des renseignements sur les provinces de France et leurs principales villes.

548. — LES ÉTRENNES BABILLAR-DES. || A Paris, chez Langlois, Libraire, rue du Petit-Pont. 1775 et suite. In-24.

Recueil de chansons par Taconet.

[D'après un catalogue de l'époque.]

549. — ÉTRENNES DE L'AMITIÉ, Ou Nouvel Almanach des Francs-Maçons.

Odi profanum vulgus et arceo.

|| A Paris, chez la veuve Duchesne, rue St-Jacques. 1775. In-24.

Couplets, chansons et cantiques purement symboliques par M. Nau.
Un almanach avec un titre identique se trouve sur un catalogue Desnos, en 1781, ayant en plus la mention « fig. agréables ».

550. — LES ÉTRENNES DE LA MA-NICLE.|| A Paris, chez Langlois, Libraire, rue du Petit-Pont. 1775 et suite. In-24.

Recueil de chansons par Taconet.

[D'après un catalogue de l'époque.]

551. — ÉTRENNES D'UN MÉDECIN. Ouvrage où l'on donne les moyens sûrs de remédier promptement aux différents Accidents qui menacent la Vie, tels que ceux qui sont causés par les Poisons, les Vapeurs vénéneuses, etc. et à une foule d'Incommodités dont on est journellement attaqué. Année M.DCC. LXXV.·|| A Paris, chez Vincent, Imprimeur-Libraire, rue des Mathurins, hôtel de Clugny. 1775 et suite. In-12.

Almanach destiné à faire connaître les premiers soins à apporter dans les cas de mal subit où les secours viendraient trop tard si l'on attendait l'arrivée d'un médecin ou d'un chirurgien. Sorte de dictionnaire portatif et alphabétique de la médecine avec table des matières. Calendrier.

Voir plus loin d'autres Étrennes d'un Médecin (n° 846) qui paraissent être la suite de cette première publication.

[B. N. Années 1775, 1782.]

552. — LES FOLIES DE COMUS, suite du Manuel des Gourmands. || A Paris, chez Langlois, Libraire, rue du Petit-Pont. 1775 et suite. In-24.

Recueil de chansons. Par M. D***.

[D'après un catalogue de l'époque.]

553. — L'INVENTAIRE DU PONT SAINT-MICHEL.|| A Paris, chez Langlois, Libraire, rue du Petit-Pont. 1775 et suite. In-24.

Recueil de chansons par M. C***.

[D'après un catalogue de l'époque.]

554.— LES ORIGINAUX.|| A Paris, chez Langlois, Libraire, rue du Petit-Pont. 1775 et suite. In-24.

Recueil de chansons par M. D. V. D.

[D'après un catalogue de l'époque.]

555. — LE PETIT RAMEAU ou Principes courts et faciles pour apprendre soi-même et en peu de temps la Musique; avec Tablettes de Papier nouveau, pour écrire ou noter tout ce que l'on désirera. || A Paris, chez Desnos, Libraire et Ingénieur-Géographe de S. M. Danoise, rue St-Jacques, au Globe. Pour la présente année (1775 et suite). In-24.

Frontispice représentant un personnage (Rameau), fort ressemblant, du reste, se promenant sous les arcades d'une galerie. Quelques pages de principes de musique puis un poème en musique : Les Quatre parties du Jour, avec 4 figures gravées : — Le Matin — Le Midi — Le Soir — La Nuit ; et l'ariette de la Fée Urgèle.
Cet almanach, dont le privilège est du 11 juin 1772, parut d'abord sous le titre de Étrennes d'Euterpe ou Le Petit Rameau. Du moins c'est ainsi qu'il figure sur un catalogue de Desnos pour 1772. Il dut être mis en vente durant plusieurs années successives, car on le trouve encore sur les listes d'almanachs de 1778.
Se vendait relié en veau 4 liv., en maroquin 4 liv.

[Coll. Paul Eudel.]

556. — LE PETIT SÉDUCTEUR. ‖ A Paris, chez Langlois, Libraire, rue du Petit-Pont. 1775 et suite. In-24.

Recueil de chansons par M. D. V. D.

[D'après un catalogue de l'époque.]

557. — LE SORCIER DE CYTHÈRE ou les Amusemens de Vénus. Étrennes récréatives pour la présente année, Sur des airs choisis et connus par M. D... ‖ A Paphos, et se trouve à Paris, chez Ph. D. Langlois, Libraire, rue du Petit-Pont entre celles de St-Séverin et de la Huchette, au St-Esprit couronné (1775). In-32.

Recueil de chansons, d'anecdotes et de bons mots.

[Coll. de Savigny : exemplaire avec reliure en soie brodée d'or et de soie bleue ; sur les plats, miniatures peintes en bleu, et ornées de devises.]

558. — ALMANACH CONTENANT LE PRÉCIS DE L'AGRICULTURE du jardinier-fleuriste, semaille et récolte, avec Tablettes. ‖ A Paris, chez Desnos, Libraire et Ingénieur-Géographe de S. M. le roi de Danemarck, rue S.-Jacques, au Globe. 1776. In-24.

Concurrence au *Bon Jardinier*.

[D'après un catalogue de l'époque].

559. — ALMANACH DE NUIT, à l'instar De celui de la Marquise D.N N C. Utile aux Dames Du Grand Monde, et aux Petits-Maitres. Pour l'année bissextile M.DCC.LXXVI. Contenant des Anecdotes nocturnes, des Prédictions nouvelles et autres choses. Par M. De La... Chevalier des Rou... [Épigraphe :] — Cedo Nulli ‖ Imprimé aux Étoiles, chez Vesper, rue du Croissant, à la Lune. 1776. In-24.

Almanach conçu dans le même esprit que l' « Almanach Nocturne » [Voir, plus haut nᵒ 144.] Il est dédié aux dames du grand monde, devant être, pour elles, un « meuble de toilette », avec un calendrier donnant mensuellement la durée des nuits, puisque « les *Gens d'une certaine façon* ne veulent plus du jour dont tout le monde se sert. » A l'article « Éclipses » on lit : « Il y aura cette année grand nombre d'éclipses de Femmes et de Maris. Plusieurs éclipses de Négociants et de chevaliers d'industrie. Elles ne seront visibles que dans un autre hémisphère. Les éclipses de Bourses et de Raison seront de longue durée. »

Les prédictions pour chaque mois sont « calculées à l'Observatoire des Mœurs, Coutumes et Passions du siècle ». Les renseignements journaliers indiquent comme aux précédents almanachs de la même espèce les beaux jours d'Opéra, du Waux-Hall, à la Comédie, aux boulevarts, au Colisée, à la Comédie italienne, à Passi, de concert aux Thuileries etc... En marge se lisent encore des observations de ce genre : « Débauches remarquables », « Mauvais jour pour les bouquetières », « Fête des moines et des financiers à cause du cochon », etc.

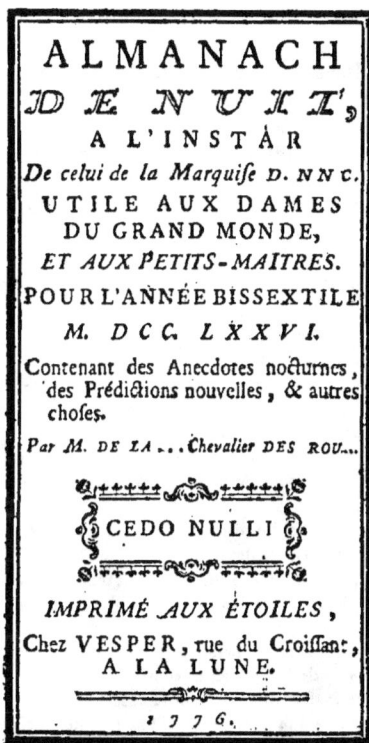

L'almanach donne, d'autre part, un compte rendu de la première course de chevaux qui avait eu lieu, on le sait, le 4 octobre 1775, dans la plaine des Sablons.

Très rare, vaut de 40 à 50 fr. suivant l'état.

[Coll. de l'auteur.]

560. — ALMANACH DE POCHE DU JARDINIER, contenant les méthodes les plus approuvées de cultiver les plantes utiles, et d'ornement pour le jardin potager et le parterre; par Thomas, maître jardinier du lord-Évêque de Lin-

coln, traduit de l'anglais. ‖ Paris. 1776.
In-12.

Tout ce qui tenait au jardinage anglais était
alors fort à la mode ; d'où cette traduction.

[Quérard.]

561. — ALMANACH HISTORIQUE ET
RAISONNÉ DES ARCHITECTES, PEIN-
TRES, SCULPTEURS, GRAVEURS ET
CIZELEURS (1) : contenant des notions
sur les cabinets des Curieux du Royaume,
sur les Marchands de Tableaux, sur les
Maîtres à dessiner de Paris, et autres renseignements utiles relativement au Dessin ; Dédié aux amateurs des Arts. [Épi-
graphe:] Faunâ celebrantur, propagantur.
Cic. de Nat. Deor. — Année 1776. ‖ A
Paris, chez Delalain, rue de la Comédie-
Françoise, Legay, veuve Duchesne, (2ᵉ
année chez la veuve Duchesne seule)
1776-1777. 2 années. In-12.

D'après Fleischer l'auteur de cet almanach serait
le peintre Le Brun, mais c'est là une erreur, car
le privilège est au nom d'un sieur Abbé Le Brun,
ce qui n'est point tout à fait la même chose. En
plus des matières mentionnées sur le titre il contient un discours relatif aux arts, les productions
des artistes, leurs découvertes et l'annonce des
ouvrages publiés sur ces matières. On y trouve
également des renseignements sur les académies de
province.
La 1ʳᵉ année a un discours sur les principes
relatifs au dessin et la deuxième année sur l'invention. Ce premier article qui s'élevait contre les
mièvreries de certaines écoles, contre les faux principes des jeunes peintres n'ayant pas encore une
juste idée des anciens, peignant sans cesse Vénus
sous les traits de l'impudicité, contre la vanité du
luxe, contre la frivolité de l'esprit des peintres du
jour, donna lieu à la publication d'une riposte ainsi
conçue : « Le désaveu des Artistes, ou lettres à
M*** servant de réfutation à l'Almanach historique
et raisonné des Architectes. » 1776 in-8°.
Voici comment il fut répondu à ce pamphlet dans
l'introduction de la deuxième année :
« Nous nous serions certainement dispensés de
« donner une sorte de vie à la prétendue réfutation
« de l'Almanach des Artistes de l'année dernière,
« si la petite cabale qui l'a furtivement mise au
« jour, ne nous y avoit accusés de malhonnêteté

----

(1) Une bien jolie coquille que je ne puis résister
au plaisir de citer figure ici dans Quérard : au lieu
de « cizeleurs » ont lit : oiseleurs.

« envers des Artistes dont nous n'avons parlé
« qu'avec éloge.
« Selon la Logique des Réfutateurs, avoir pris
« la liberté de dire aux Artistes en général qu'il
« falloit soutenir l'éclat des talens par la pratique
« des vertus morales, ça été vouloir les convaincre
» des vices les plus odieux. Une telle incrimina-
« tion n'aurait besoin, pour être anéantie, que du
« désaveu d'un citoyen honnête. Mais, crainte que
» quelqu'un parmi ces Artistes n'eut été séduit,
« et ne prit notre silence pour une adhésion, nous
« les prions de prendre la peine de lire ce que
« nous avons dit de très bonne foi, soit dans le
« discours préliminaire, soit dans le courant de
« l'ouvrage : et ils conviendront qu'il faut associer
« des humeurs bien acariâtes (sic) et bien corro-
« sives, qu'il faut être né penseur bien gauche ou
» bien ennemi de l'ordre public, pour être choqué
« de l'invitation au bonheur moral. »
Gens irritable genus ! Jadis comme aujourd'hui.

[B. N. Année 1776.]

562. — CALENDRIER DES ANEC-
DOTES ou choix Des Faits singuliers
arrivés pendant l'année 1775, et des plus
agréables Anecdotes tirées des Livres
nouveaux. ‖ A Genève, et se trouve à
Paris, chez Lejat, Libraire, rue Saint-
Jacques, au Grand Corneille. M.DCC.
LXXVI. In-18.

Court avertissement suivi d'un calendrier, puis
une série de Faits singuliers rapportés depuis le
1ᵉʳ novembre 1774 jusqu'en 1775 et, enfin, des
anecdotes tirées des livres nouveaux. Au début de
cette dernière partie une curieuse notice sur le
feu pape, Clément XIV, deux autres sur Catinat
et sur Marie-Thérèse.
Le calendrier est pour 1775.

[B. Carn.]

563. — LE COURIER (sic) VIGILANT
ou Étrennes de la Poste de la Ville et Banlieue de Paris pour l'année M.DCC.LXVI.
‖ A Paris, de l'imprimerie de Grangé,
rue de la Parcheminerie. Aux Dépens
des Facteurs (1776). In-32.

Comme frontispice une petite gravure sur bois
représentant le Courrier Vigilant (un facteur qui
reçoit dans sa boite une lettre que lui jette une
dame du haut d'un balcon). Au verso du titre deux
« couplets au Public. »

Recevez ce petit présent
C'est l'Étrenne du sentiment ;
Comptez toujours sur un Facteur
Pour vous plein de zèle et d'ardeur ;
Et n'oubliez pas le Commis
De la p'tit'Poste de Paris.

Calendrier donnant, en plus, le détail des neuf bureaux de poste, soit arrondissements postaux existant à Paris, le nombre des facteurs et « la position des Boëtes'». Très probablement, ce devait être « l'étrenne des facteurs au public. »

[B. Ars.]

564. — ÉTAT DE MÉDECINE, CHIRURGIE ET PHARMACIE, EN EUROPE. Pour l'année 1776. Présenté au Roi. Prix, 3 liv. broché, et 3 liv. 12 sols relié. [Épigraphe :]... acquiret eundo. Virg. || A Paris, chez P. Fr. Didot jeune, Libraire de la Faculté de Médecine, quai des Augustins. M.DCC.LXXVI. 1776-1777. In-12.

Contient un abrégé historique de la Médecine, l'édit de 1707 pour l'exercice de la Médecine, l'état des *Médecins, Chirurgiens, Dentistes, Sages-femmes*, Apothicaires, Herboristes, les médecins et chirurgiens du Roi, de l'Armée, la liste des ouvrages de médecine publiés en 1775.

On lit, d'autre part, dans la préface :

« Il a paru à Bouillon en 1772 un État des Médecins et des Chir. de France, 172 pages, pet. in-12. qui n'a pas eu de suite. »

L'année suivante, cette publication parut sous le titre de :

— *État de la Médecine, chirurgie et Pharmacie, en Europe, et principalement en France,* pour l'Année 1777. Dédié à Mgr. le Comte d'Artois, Par une société de Médecins. Prix 3 liv. Broché. || A Paris, chez la veuve Thiboust, Imprimeur, place de Cambrai. M.DCC.LXXVII. In-12.

Cette année,d'après la *France Littéraire*, avait été rédigée par MM. Goulin, Horn, et de la Servole. En outre de la nomenclature des médecins, chirurgiens, etc., elle renferme un « Essai sur la médecine allemande » et la liste des médecins des rois de France depuis 1461.

J'ignore si la publication a eu d'autres années, mais je ne le crois pas.

[B. N. Années 1776, 1777.]

565. — ÉTAT DES MARÉCHAUSSÉES au 1er Janvier 1776. || A Paris, de l'Imprimerie Royale. M.DCC.LXXVI (1776-1789). In-8.

Publication officielle qui contient les noms des officiers de chaque compagnie. L'année 1776 donne, en outre, la description de l'uniforme de la maréchaussée.

Le titre devint plus tard :

— *État de la Maréchaussée* au 1er janvier [1780]. || A Paris, de l'Imprimerie Royale, M.DCC. LXXX. In-8.

[B. N. Années 1770, 1780 à 1789.]

566. — HEURES NOUVELLES, A L'USAGE DES MAGISTRATS ET DES BONS CITOYENS. [Épigraphe :] Diligite Justitiam, qui judicatis Terram. Sap. Cap. I. — M.DCC.LXXVI. *(S. l. ni ind.)* Pet. in-12.

Très curieux almanach dont il est question dans les Mémoires de Bachaumont, inspiré par un pamphlet contemporain qui faisait alors grand bruit, la *Messe de l'abbé Perchel*. Les évènements y sont représentés sous les différentes formes de la liturgie catholique. Dans la grande messe chantée par un conseiller-clerc figurent les commandements de Henri IV à son petit-fils Louis XVI, et le commandement de Louis XVI à M. de Miroménil garde des sceaux. Puis vient l'Oraison funèbre de feu les gens tenant les conseils supérieurs établis en France par M. de Maupeou (historique sur les Parlements), les Vêpres (Éloge des Parlements, de Henri IV et de Louis XVI), des hymnes pour quelques époques remarquables, des cantiques joyeux chantés dans toutes les provinces à l'occasion du retour des Parlements, le sermon après vêpres qui est un éloge de Louis XVI, le tout terminé par une prière pour le Roi.

Mais ce qui constitue surtout la particularité de cet almanach, c'est le calendrier donnant, au lieu des noms des Saints, les noms des hommes illustres dans tous les domaines, ambassadeurs, architectes, comédiens, ministres, historiens, horlogers, imprimeurs, littérateurs, médecins, nobles, philosophes, rois, savants, voyageurs, etc. C'est, très certainement, la première tentative de ce genre, tentative restée inconnue, puisqu'on attribue toujours la paternité de cette idée à Sylvain Maréchal.

L'auteur développe ainsi l'idée qui a présidé à la constitution de ce calendrier : l'universalité du génie de la France, véritable métropole de l'Europe. « Notre langue » dit-il, « est devenue universelle,il n'est aucune Nation étrangère qui ne s'empresse de l'apprendre pour pouvoir s'instruire dans les chefs-d'œuvre des grands hommes qui ont été nos concitoyens; et c'est un bienfait constant et inaltérable. Nos artistes célèbres n'ont pas été oubliés en ce calendrier; les écoles d'Italie sont aujourd'hui bien inférieures à l'école Française. Qu'il soit permis d'en citer un exemple. L'impératrice de Russie veut-elle orner son cabinet ? Écrit-elle à Venise ou à Rome ? Non, elle s'adresse à Greuze, à Lagrenée, etc. »

Dans ce calendrier ne figurent que les noms des morts : toutefois exception a été faite pour Voltaire.

[Coll. de l'auteur.]

567. — LE PETIT BABILLARD OU
LES HOROSCOPES CHINOIS; Étrennes
récréatives pour la présente année. ||
A Paris, chez Langlois, Libraire, rue du
Petit-Pont. 1776. In-32.

Recueil de chansons par Taconet.

[D'après un catalogue de l'époque].

568. — LES SPECTACLES DES FOI-
RES ET DES BOULEVARDS DE PARIS
OU CALENDRIER HISTORIQUE ET
CHRONOLOGIQUE DES THÉÂTRES
FORAINS. 4ᵉ Partie (avec le Catalogue
général des pièces, farces, parades et pantomimes, tant anciennes que nouvelles,
qu'on y a jouées: l'extrait de quelques-
unes d'entre elles, des anecdotes plaisantes et des recherches sur les marionnettes,
les mimes, farceurs, baladins, sauteurs et
danseurs de corde, anciens et modernes).
|| A Paris, chez J. Fr. Bastien, libraire,
rue du Petit Lion, fauxbourg St.-Germain.
1766 [Il faut lire 1776, le permis d'imprimer étant du 16 décembre 1775.] 3 années. In-16.

Publié par J.-B. Nougaret.

Même avertissement, que pour la 1ʳᵉ année de
l'*Almanach Forain* [Voir, plus haut, nº 493] avec
quelques modifications sans importance dans la
rédaction.

De fait cet almanach, sous ses titres multiples, est le plus intéressant recueil qui existe
sur les plaisirs des foires et des parades alors
goûtés par un nombreux public. C'est le véritable
Journal du Plaisir de l'époque. *Musicos*, c'est-à-dire
cafés du boulevard dans lesquels on entend de la musique (1) (le sieur Goussin, le sieur Armand, la Dame
veuve Alexandre), aubergistes et traiteurs, Waux-
Halls, spectacles des nouveaux boulevards, courses
de chevaux du sieur Hyam, célèbre écuyer anglais,
spectacles des foires (foire St. Ovide, foire St. Germain, foire de Versailles etc...), spectacle Méchanique (*sic*) du sieur Jacquet Droz artiste du comté
de Neufchatel en Suisse, grand cabinet d'optiques
mécaniques du sieur Zaller, Colisée etc. on y
trouve tous les spectacles, toutes les fantaisies à la
mode.

Les « Recréations de la Chine » du sieur Ambroise ne sont pas oubliées; en termes emphatiques
on nous apprend qu'on y voit « la voûte azurée et
l'aurore s'annoncer par l'épanouissement des rayons
d'un Soleil Levant » (il faut admirer, sans chercher

_____

(1) L'expression est restée en Belgique.

à comprendre). Du reste, le dit sieur Ambroise,
peintre, cumulait. Un avis avait soin de porter à la
connaissance du public qu'il « pouvait également
être occupé à peindre des tapisseries et d'autres
ouvrages. »

Mais la palme reste au Waux-Hall du sieur Torré
artificier du Roi, « séjour du bon goût et de la magnificence », dont les fêtes étaient embellies par des
illuminations à l'anglaise et se terminaient par une
Loterie de bijoux ayant pour gros lot un cabriolet
attelé d'un cheval anglais (un bijou de cabriolet,
sans doute), si bien qu'à ces fêtes on pouvait s'enrichir tout en s'amusant. C'est du moins ce qu'estime
le rédacteur de ces pittoresques notices.

De 1778 à 1785, l'Almanach suspendit sa publication. Il ne reparaîtra qu'en 1786 sous un titre
nouveau. (Voir nº 834.)

[Vente E.-M. Bancel, mar. Thibaron-Joly. 135 fr.
|| Années 1776 et 1777 30 fr. à la vente Sapin. ||
Salle Sylvestre, février 1891, 70 fr. (exempl. de la
vente Bancel.) || B. N. Année 1776. || B. Carn.
Années 1776 et 1777.]

569. — ZÉMIRE, ÉTRENNES A LA
PLUS DIGNE DE PLAIRE, Petit Favori
des Dames, Tablettes Économiques, Perte
et Gain. || A Paris, chez Desnos, Ingénieur-
Géographe et Libraire de Sa Majesté
Danoise, rue St-Jacques, au Globe (vers
1776). In-24.

Titre gravé dans un encadrement.

Almanach orné d'un frontispice gravé — une
jeune femme assise à un bureau et tenant un
livre à la main, — et de deux gravures, dont l'une
représente l'Amour offrant des fleurs à Ismène et
l'autre Mercure présentant une pomme à Thémire.
Ces deux estampes sont accompagnées chacune
d'une pièce de vers gravée.

Recueil de couplets, épigrammes, stances, madrigaux, etc.

[Communiqué par la librairie Techener.]

570. — ALMANACH DE L'AUTEUR
ET DU LIBRAIRE contenant : 1° le nom
des Ministres et Magistrats qui sont à la
tête de la Librairie, ceux des Censeurs et
des Inspecteurs; 2° un Traité abrégé des
formalités qu'on doit remplir pour obtenir les différentes permissions d'imprimer, de faire venir des Livres étrangers,
de suivre les procès pendant en la Commission ou au Conseil, et enfin de ce
qu'il faut faire pour parvenir à être reçu
Libraire ou Imprimeur; 3° un Tableau
de tous les Libraires et Imprimeurs de

Paris, avec la distinction du genre de Livres que chacun d'eux a adopté ; 4° un Tableau de tous les Libraires et Imprimeurs du Royaume ; 5° un Tableau des Libraires les plus *accrédités* des principales Villes de l'Europe. On y trouve aussi une liste complète de tous les Ouvrages périodiques qui se chargent d'annoncer les Livres nouveaux. ‖ A Paris, chez la veuve Duchesne, Libraire, rue St-Jacques, au Temple du Goût. M.DCC. LXXVII. In-18.

Recueil purement documentaire, précédé d'un titre gravé intitulé : « *Manuel de l'Auteur et du Libraire.* » — Calendrier.

Voir, plus loin, n° 588.

[B. Ars.]

571. — ALMANACH DE L'HEUREUSE ANNÉE, ou les Souhaits de la France accomplis par la fécondité de la Reine, avec figures, Chansons Analogues, perte et gain. ‖ A Paris, chez Esnault, puis Desnos. 1777-1781, 5 années. In-24.

Frontispice représentant la France assise à côté du berceau royal, adressant ses vœux à l'hymen pour la naissance d'un prince. Mercure lui apporte *Mgr. le Dauphin que les ris et les jeux s'empressent de recevoir.*

572.—ALMANACH DE LA TOILETTE ET LA COËFFURE DES DAMES FRANÇOISES, SUIVIE D'UNE DISSERTATION SUR CELLE (*sic*) DES DAMES ROMAINES. Souvenir à l'Angloise (1). Orné d'un Frontispice qui représente la manière dont se coëffaient les Femmes sous différens règnes ; et autres gravures. ‖ Avec Tablettes Économiques, à double usage, Perte et Gain, et Stylet pour écrire, chaque jour, ses rendez-vous et secrets particuliers ; ce qui s'effacera à volonté avec une éponge mouillée. ‖ A Paris, chez Desnos, Libraire, Ingénieur-Géographe du Roi de Danemarck, rue St-Jacques, au Globe et à la Sphère. 1777. In-24.

Frontispice représentant une femme sortant d'un bain, que deux servantes sont occupées à éponger.

(1) Quoique je n'aie pas pu rencontrer une seconde partie, il est très certain qu'il a dû en exister une.

Après le titre est une estampe documentaire : quatre femmes, dont trois avec les coiffures des règnes précédents (Louis XIII, Louis XIV, Louis XV), et une avec la coiffure actuelle (Louis XVI). Cette gravure accompagne un long article historique sur la toilette et la coiffure, puis viennent 24 planches de femmes en buste dont voici la description :
1. *Coëffure en cheveux frisés du règne de Henri IV.* — 2. *Coëffure de Marie de Médecis.* — 3. *Coëffure du règne de Louis XIII.* — 4. *Coëffure d'Anne d'Autriche.* — 5. *Coëffure du règne de Louis XIV.* — 6. *Coëffure en cheveux bouclés du règne de Louis XIV.* — 7. *Coëffure de 1711 à 1718.* — 7. *Autre coëffure, de la même époque.* — 9. *Coëffure du règne de Louis XV, de 1720 à 1740.* — 10. *Coëffure au petit bonnet et à barbes pendantes, de 1740 à 1750.* — 11. *Coëffure de 1750 à 1770.* — 12. *Autre coëffure de la même époque.* — 13. *La Daphné en 1774.* — 14. *Coëffure en plumes en 1774.* — 15. *Chapeau à la Henri IV en 1775.* — 16. *Coëffure en plumes en 1775.* — 17. *Chapeau à l'Angloise en 1776.* — 18. *Le Lever de la Reine en 1776.* — 19. *Baigneuse à la Frivolité en 1776.* — 20. *Chapeau à la Henri IV en 1776.* — 21. *Le Chien couchant du côté droit en 1777.* — 22. *Bonnet au Colisée en 1777.* — 23. *L'Hérisson en 1776.* — 24. *Le Chien couchant du côté gauche, en 1777.*

Ces figures, gravées avec soin, sont toutes dans un médaillon ovale à cadre orné reposant sur un fond au burin. Les légendes sont placées audessous, sur une tablette-console.

[Très rare : de 150 à 200 fr.]

[Coll. baron Pichon.]

573. — ALMANACH ET MÉMOIRE DES GENS D'AFFAIRES, pensées badines, avec Tablettes de Perte et de Gain. ‖ A Paris, chez Desnos, Libraire de S. M. Danoise, rue St-Jacques, au Globe et à la Sphère. 1777. In-24.

[D'après un catalogue de l'époque.]

574. — ALMANACH LITTÉRAIRE OU ÉTRENNES D'APOLLON ; Contenant l'éloge historique de Corneille par Voltaire ; le Fontenelliana, où l'on trouve grand nombre de réparties de Fontenelle qui n'ont jamais été imprimées ; plusieurs bons mots de Piron, Crébillon, l'abbé de Voisenon et de Voltaire ; des Anecdotes intéressantes, etc. ‖ A Athènes, et se trouve à Paris chez la veuve Duchesne rue St-Jacques, chez Valleyre l'aîné, chez Prault fils aîné, chez Durand neveu, chez

Le Jay, etc. M.DCC.LXVII. 1777-1793 17 années. Petit in-12.

Se vendait broché 1 livre 4 sols puis 1 livre 6 sols.

Jusqu'en 1784 le titre se trouve ainsi agrémenté d'un long sommaire des matières contenues dans le volume. Ce sommaire avait même pris une telle étendue que la nomenclature habituelle des libraires se trouva remplacée par ces mots : « Chez les Libraires des Années précédentes. »

Elle attend de lui son bonheur :
En viendra-t-il a son honneur ?
de Bür. Étren Lyriq. 1788.

Frontispice de l'année 1781.

D'autre part, le verso du faux-titre servait de réceptacle à toutes espèces d'annonces fort peu littéraires ; on y voyait des « pilules antimoniales » et les vinaigres et moutardes du sieur Maille « connu pour son humanité et sa bienfaisance ». etc.

Jusqu'en 1784, également, la publication resta anonyme. Son « arrangeur » était un compilateur-poëte, M. Daquin «rédacteur d'Almanachs », ainsi que Grimm l'appelle quelque part, qui se faisait un plaisir de modifier sans cesse la physionomie de son nom. A partir de 1785 ce dernier figura régulièrement sur le titre ; d'abord « D'Aquin de Château-Lyon » puis « D'Aquin cousin de Rabelais », (1791) et enfin, « Rabelais d'Aquin », ce qui est un comble.

A partir de 1785 aussi le titre modifia sa physionomie, enlevant tout sommaire, et en 1789 il devenait :

— Almanach Littéraire ou Étrennes d'Apollon ; Contenant de jolies Pièces en prose et en vers, des saillies ingénieuses, des variétés intéressantes e beaucoup d'autres Morceaux curieux. Avec une Notice des Ouvrages nouveaux [remplie d'Anecdoctes piquantes]. Par M. D'Aquin de Château-Lyon. || Chez Mme la veuve Duchesne, rue St-Jacques ; et Defer de Maisonneuve, rue du Foin, à l'Hôtel de la Reine Blanche.

Quelques années contiennent un frontispice allégorique lequel, généralement dû à Eisen ou à Marillier, est un petit bijou, gravé avec un soin infini. Voici la mention de quelques-uns de

un froid mortel glace Bélise, elle essaye de se lever,
et tombe évanouie aux pieds de Damon.

Frontispice de l'année 1791.

ces frontispices : Année 1777, Apothéose du grand Corneille (Eisen del. Lingée sculp.) — A. 1781 : Figure de Cochin pour une poésie de Piis. — A. 1789 : La Virginité (Marillier inv. De Ghendt sculp.) : La Fécondité remettant non sans une certaine satisfaction entre les bras du jeune époux, l'épouse qu'il attend. — A. 1790 : L'amour rassemblant des bergers et des bergères dans un riant bocage (Marillier, De Ghendt). — A. 1791 : ravissante figure destinée à illustrer « Les amis d'autrefois », anecdote historique par M. Ponce.

L'Almanach Littéraire dont les petites pièces de vers et les récits en prose étaient pris, ainsi que l'indique l'avertissement des éditeurs, soit dans les livres rares, soit dans les portefeuilles des amateurs, ne présente pas grand intérêt au point de vue de l'inédit, mais avec ses traits piquants, ses saillies, ses anecdotes plaisantes, il offre une variété d'aspect que n'a point l'Almanach des Muses, bien vite monotone à parcourir. Et l'on a sous la main, grâce à lui, quantité de documents qu'il faudrait, autrement, aller chercher de côté et d'autre, dans les petites feuilles de l'époque. A signaler dans l'année 1785 trois lettres inédites de Voltaire; dans l'année 1789 des vers de Dorat à Marillier, l'illustrateur auquel les poésies du premier doivent tant, une satire contre un « grand homme du Petit Almanach » (voir plus loin n° 879) c'est-à-dire Rivarol, et un article de Pons, « les Révolutions des Modes françaises. »

L'*Almanach Littéraire* donnait une très grande place à la critique des principaux ouvrages parus dans l'année : quelquefois cette notice occupe la moitié du volume.

Il est intéressant à parcourir pendant la Révolution, parce que, tout en notant les faits historiques du jour, il continuait à publier des bouquets et des bons mots. Comme l'*Almanach des Muses* il sut mélanger agréablement l'Amour et la Politique.

En tête de chaque année se trouve un calendrier : 1777, tête de la collection, a été réimprimé.

La collection complète, rare à rencontrer, vaut de 80 à 100 fr.

Les années séparées se paient suivant l'état du frontispice. L'année 1789, cartonnée, non rognée, a été cotée par Morgand 25 fr.

[B. Ars. 11 années. || Coll. de l'auteur.]

575. — ALMANACH OU ÉTRENNES FRANÇAISES, où sont représentées en médaillons les plus beaux monuments de Paris, suivies des Vœux de la France et de l'Empire. || A Paris, chez Desnos, Libraire de S. M. Danoise, rue St-Jacques, au Globe. 1777. In-24.

Se vendait 4 livres 16 sols.

Figure déjà sur les catalogues de Desnos en 1772.

Ne serait-ce pas une nouvelle forme des *Étrennes Françaises* ?

576. — ALMANACH POUR L'ÉTRANGER QUI SÉJOURNE A PARIS. Année M.DCC.LXXVII. — Prix : 12 sols, broché. || A Paris, chez les Marchands de Nouveautés. (1777 et suite). In-32.

Un avertissement placé en tête dit : « Cet Almanach sera très exactement renouvelé tous les ans ». Les notes et communications devaient être adressées au sieur Delabre. C'est, du reste, une suite de renseignements officiels et autres sur les cabinets littéraires, jardins, journaux, loteries, manufactures, voitures, etc. On y trouve tout, jusqu'au prix des chaises dans les promenades publiques, pour lesquelles on donnait, alors, des abonnements à l'année; jusqu'au prix des bains qui était de plus de 3 livres équivalant à près de 10 fr. de notre monnaie. La propreté, alors, n'était pas à la portée de tout le monde.

A paru antérieurement, mais je n'ai pas pu trouver la tête de la collection.

[B. Carn.]

577. — CALENDRIER DES PRINCES pour la présente année (1777) contenant la chronologie des Rois de France, la naissance des Princes et Princesses de la Cour, la règle du jeu de whisk, avec un perte et gain. || A Paris, chès Vallet, graveur. Pet. in-12.

Cet almanach est orné de 2 cartes coloriées, de vignettes dans le texte, et de 28 portraits gravés en médaillon.

Il ne faut point le confondre avec le *Calendrier des Princes* de la Chesnaye-Desbois. (N° 330.)

[Coté 20 fr.]

[D'après un catalogue de libraire.]

578. — ÉTRENNES AUX JOLIES VOIX. Almanach chantant; Pour la présente Année. || A Amsterdam. Et se trouve à Paris, chez la veuve Duchesne, Libraire, rue St-Jacques, au Temple du Goût. 1777 et suite. In-32.

Recueil de chansons, ariettes, vaudevilles, impromptus.

Cet almanach parut pendant plusieurs années, en modifiant plus ou moins son titre principal. Voici, notamment, le titre de 1786 :

— *Almanach Chantant* ou Étrennes aux jolies Voix. [Épigraphe :] Morit Amphion lapides canendo. Horace, Ode VIII, Liv. III. — Prix 12 sols. || A Paris, chez la veuve Duchesne, Libraire, rue St-Jacques, au Temple du Goût; Lesclapart, Brunet, Petit. M.DCC.LXXXVI. In-24.

579. — ÉTRENNES DES POETES ou Recueil de pièces de vers, extraits de plus de deux cens manuscrits du dix-septième siècle, second recueil. || A Paris, chez Lesclapart. 1777 et suite. Pet.in-12.

Poésies choisies, avec une foule d'épigrammes, dont quelques-unes assez piquantes. Je n'ai pas trouvé la mention du premier recueil.

[D'après l'*Alm. des Muses* de 1778.]

580. — ÉTRENNES GALANTES OU L'INSTANT HEUREUX DE CYTHÈRE.

Dédié aux deux sexes. || A Paris, chez Desnos, Ingénieur-Géographe et Libraire de Sa Majesté Danoise, rue St-Jacques, au Globe. 1777. In-24.

Almanach entièrement gravé, texte et pages de souvenir (Secrétaire des Dames et des Messieurs). A la fin est un calendrier imprimé, pour 1777.

Il est orné d'un titre (médaillon entouré d'amours et de tourterelles) et de 11 gravures non signées, ravissantes compositions dans la note légère du moment gravées par des burins différents et dont quelques-unes reproduisent les sujets bien connus de Freudenberg et de Moreau. Voici, du reste, la description de ces estampes d'après les légendes placées en tête du volume :

1. Les aveux mutuels (Céphise et Lindor se déclarant une flamme éternelle). — 2. La Toilette de la Mariée (une de ses femmes la coiffe du *Chapeau de la Mariée*, tandis que son amant lui pose le bouquet). — 3. Le Coucher de la Mariée (entourée de sa mère qui la console et de son époux à genoux). — 4. Le Lever de la Mariée (visite de la mère aux nouveaux époux). — 5. Les Charmes de l'Amour (Clitandre et Philis enchaînés de fleurs par l'Amour et regardant deux tourterelles se becqueter). — 6. Le Repos interrompu (L'amant pénétrant chez Glycère endormie). — 7. Les Charmes de la Liberté (scène de la vie champêtre). — 8. La Femme mal gardée (image en partie double) :

Pendant qu'il (son époux) s'enivre de vin
Elle s'enivre de tendresse.

— 9. Les Charmes du Ménage (époux au milieu de leurs enfants). — 10. Les Amours nocturnes (Le beau Lindor s'introduisant chez la belle Glycère au moyen de la classique échelle). — 11. La Liberté perdue (Emilie venant de s'abandonner à son amant).

Cet almanach a subi de nombreuses transformations; tantôt les figures dont il est orné ont passé dans d'autres publications de chez Desnos, tantôt il a été mis en vente, sans changement aucun, sous un titre différent. Je signale ainsi :

— *Les Heureux Momens de Cythère.*

— *Le Tableau de l'Hymen et de l'Amour ou Manuel des Époux et des Amans* (1777).

— *Étrennes Galantes ou Tableau de l'hymen et de l'Amour, Chansonnier françois.* Élite des meilleurs chansons, romances, vaudevilles, etc. des auteurs les plus estimés de ce genre, etc. (Dixième partie d'*Anacréon en belle Humeur*) — [voir plus loin n° 626.)

Enfin j'ai eu sous les yeux un exemplaire avec calendrier pour 1786, ayant, en plus du titre gravé, le titre imprimé : *Le Tableau de l'Hymen et de l'Amour*, etc.

Généralement le texte des chansons se rapporte aux estampes avec des titres identiques, mais d'une rédaction différente.

[Coll. de Savigny. || Coll. de l'auteur.]

581. — ÉTRENNES UTILES ET NÉCESSAIRES AUX COMMERÇANS ET VOYAGEURS OU INDICATEUR FIDÈLE Enseignant toutes les Routes Royales et particulières de la France, et les Chemins de Communication qui traversent les grandes Routes : les Villes, Bourgs, Villages, Hameaux, Châteaux, Abbayes, Hôtelleries, Rivières, Bois et les Limites de chaque Province, distinguées. DÉDIÉES AU ROI. Ouvrage « *Rendu* » si complet, tant pour le détail topographique, que pour l'exécution, que les Amateurs y trouveront tout ce qu'ils peuvent désirer. || A Paris, chez le sieur Desnos, Ingénieur-Géographe et Libraire de S. M. Danoise, Rue St-Jacques, au Globe. [Dernière Edition corrigée et augmentée en 1777]. In-24.

Réimpression de l'*Almanach de l'Indicateur Fidèle* (voir n° 405), qui aurait déjà paru sous ce titre dès 1773. Frontispice représentant un coin de pays ; sur le haut, on lit : *Routes de France*. Le titre gravé est encadré. Cette publication comprend 150 pages de cartes et la table des routes contenues dans le recueil. L'édition ici décrite possède en plus un supplément avec 6 cartes et une nouvelle table alphabétique des villes et des bourgs.

Cet itinéraire se vendait comme les précédents : relié en maroquin 7 liv. 4 d.; relié en veau 6 liv.

Catalogué 10 et 15 fr.

[Coll. Paul Eudel.]

582. — LISTE DES SIX VINGT SEULS HUISSIERS-COMMISSAIRES-PRISEURS vendeurs de biens-meubles, reçus et immatriculés au Châtelet de Paris. || A Paris, chez Knapen, Libraire-Imprimeur de la Compagnie, rue St-André des Arcs, vis-à-vis le pont St-Michel. De 1777 (?) a 1790. In-24.

Il est fort possible que cette sorte d'annuaire officiel ait paru dès 1750, mais je n'ai trouvé à cet égard aucun renseignement positif. Les années 1777, 1778, 1779 sont sans calendrier. Calendrier avec pages blanches à partir de 1780 commençant en juillet et allant jusqu'à fin juin 1781. (Cet annuaire paraissait donc au milieu de l'année.) On y trouve la liste des huissiers divisés en 3 classes, le tableau par ordre de réception des anciens et actuels officiers de la Communauté, les noms des

Vétérans et ceux des officiants dans la banlieue de Paris. A la fin est un tarif de la vaisselle d'argent établi au 15 septembre 1771. Curieux pour la délimitation des banlieues.

Le titre de l'année 1789, très augmenté, porte :

— *Liste des seuls Huissiers, Commissaires-Priseurs*, Vendeurs de Biens-Meubles de toutes les Cours et Juridictions de la Ville, Fauxbourgs et Banlieue de Paris, ayant droit, par suite, d'Inventaire et de Vente dans tout le Royaume, etc.

[B. N. Année 1781.|| A. 1777 coll. Paul Eudel.|| A. 1789 coll. baron Pichon.]

[25 à 3o fr. l'année.]

583. — LE PARFAIT MODÈLE. Orné d'estampes qui représentent plusieurs beaux traits tirés de la « Partie de chasse de Henri IV. » || A Paris, chez Desnos, Ingénieur-Géographe et Libraire de Sa Majesté Danoise, rue St-Jacques, au Globe. (1777). In-24.

En regard de ce titre gravé, placé à gauche comme un frontispice, se trouve, dans un médaillon orné, le portrait d'Henri IV. L'almanach entièrement gravé, composé de scènes lyriques dues à M. Nau, est accompagné de 12 estampes de Gravelot servant à « illustrer » ces scènes. Trois de ces estampes représentent Henri IV et Sully, d'autres le bon Roi faisant la cour à « Catau », le bon Roi à la table d'un meunier et de sa famille, le bon Roi s'intéressant au sort d'une pauvre fille. Et la dernière estampe réunit dans un moulin, aux genoux d'Henri, tous les personnages de la pièce :

« Quoi ! c'est là le Roi ? c'est là notre bon Roi, notre grand Roi ? »

Le « Parfait Modèle » que Quérard fait précéder du qualificatif « Almanach Intéressant » figure encore sur les catalogues Desnos en 1781. Assurément c'était une publication destinée à compléter cet autre almanach « Les Beaux traits de Henri IV » que l'on trouve également sur les catalogues du même éditeur.

[80 à 100 fr.]

M. de Savigny possède un exemplaire avec calendrier pour 1775.

584. — LES PLAISIRS DE LA VILLE ET DE LA CAMPAGNE, Nouvel Almanach dédié aux deux Sexes. || A Paris, chez Boulanger, rue du Petit-Pont, Maison de M. Dufresne, M^d Mercier. 1777. In-32.

Almanach entièrement gravé, orné de 18 ravissantes figures, non signées, mais selon toute pro-

babilité, de Queverdo, sujets de la ville et de la campagne, avec des encadrements de formes

Mars. — La Foire Saint-Germain.

Septembre. — Les Plaisirs de la Vendange.

[Figures avant toute lettre, — D'après une suite appartenant à M. de Savigny.]

variées. Titre ayant comme ornement, sur les côtés, 12 petits médaillons ronds dans lesquels sont figurés les signes du zodiaque. Voici le détail des figures :

1. Janvier. Les visites du jour de l'An. — 2. Février. La toilette du Bal. — 3. Mars. La foire St-Germain. — 4. Avril. Les œufs cassés. — 5. Mai. Le joli Mai. — 6. Juin. La jolie Bouquetière. — 7. Juillet. Les Bains de Zelmis. — 8. Aoust. Le Diner des Moissonneurs. — 9. Septembre. Les Plaisirs de la Vendange. — 10. Octobre. Le Plaisir de la chasse. — 11. Novembre. La marchande de marrons. — 12. Décembre. La Veillée villageoise.

En plus de ces vignettes pour les mois se trouvent, avec encadrements différents, six illustrations dont voici également les légendes :

13. Le Repas frugal. — 14. La Meunière reconnoissante. — 15. La Crédule. — 16. La Constante. — 17. La Complaisante. — 18. Le Rosier dangereux.

Texte composé de chansons se rapportant aux images. Derrière chaque estampe se trouve encore un quatrain sur le même sujet.

Comme toujours, ce sont de petites poésies légères imprimées dans cette langue inimitable du XVIIIe siècle. Voici quelques passages du morceau sur la foire Saint-Germain :

Aux caffés (sic) beaucoup de pratiques
Et souvent trop pour emprunter.
La foule entre dans les boutiques
Pour regarder tout et ne rien acheter,
Mais tout le monde aimant à rire,
L'indigent comme l'opulent,
Le spectacle attire tout l'argent.

Puis le quatrain du verso de l'image sur la vendange :

Goutez tous les plaisirs d'une agréable orgie,
Buvez Damon, buvez Sylvie,
Et de lierre et de myrthe ornez votre tonneau ;
Que Bacchus et l'amour versent le vin nouveau.

Et, pour rester dans l'esprit du siècle galant, cette comparaison entre l'innocence et les œufs cassés dont, de tout temps, le théâtre feraun si large usage (quatrain pour la figure d'avril, Les œufs cassés) :

Ainsi que l'œuf l'innocence est fragile :
Jeunes beautés, sachez la conserver,
C'est un beau vase : hélas ! il est d'argile ;
Qu'on a de peine à pouvoir le sauver !

Ce joli petit almanach paraît être le premier de cette série de véritables bijoux qui doit constituer la collection Boulanger.

[Communiqué par M. Bihn.]

[Cat. 150 fr.]

Le même pour 1778 avec 12 figures nouvelles pour les mois (le titre et les six autres figures sont identiques ; seulement, ces dernières sont placées

dans un ordre différent). Les 12 figures ont pour légende, chacune un des mois de l'année ; en face se trouve la chanson à laquelle elles se rapportent. En voici, du reste, le détail :

1. Janvier [Les Vœux sincères]. — 2. Février [Le Savetier galant]. — 3. Mars [Le Pillage.] Deux dragons détroussant une fille qui leur dit :

Vous pensez à la dragone,
Et moi j'aime mon prochain.

— 4. Avril [Le Poisson d'Avril]. — 5. Mai [Les Bouquets]. — 6. Juin. [La naissance de l'Amour.] — 7. Juillet [La Peur du Coup]. — 8. Août [Le Fort pris d'assaut] :

Sur un rempart de foin Nanette
Se deffendoit contre Lucas.
Elle en arrache et le lui jette
A la tête à force de bras.

.·.

Le foin diminuoit à vue
Car Nanette en jettoit toujours.
A monter Lucas s'évertue,
Voyant descendre ses amours.
Il tient la guerrière, l'embrasse
Et, sans écouter la pitié,
Entre dans la place
De plein pié (sic).

— 9. Septembre [L'Agnès]. — 10. Octobre [La Ribotte.] Partie fine dans un cabaret champêtre. — 11. Novembre [L'heureuse Dédicace]. — 12. Décembre [Le Veuvage expirant].

[Coll. Roux, architecte.]

Le privilège de cet almanach qui a pu ainsi paraître pendant plusieurs années est du 31 janvier 1776.

585. — TABLEAUX DE LA COMMUNAUTÉ DES MAITRES DANS L'ART DE CHARPENTERIE De la Ville, Fauxbourgs et Banlieue de Paris : seuls en droit de donner des Quittances d'Emploi et de Subrogations, pour raison de leur entreprise, pour sûreté de ceux qui prêtent leur argent pour la construction des Bâtimens. Rédigé suivant l'Édit du Mois d'Aout 1776. || (A Paris) Année M.DCC.LXXVII. In-24.

Publication donnant les noms des Maîtres, des Députés, Veuves des Maîtres, Officiers de la Communauté, Conseillers du Roi, et de la plupart des Menuisiers.

Sorte de Bottin de la corporation, avec un calendrier.

586. — LE TRIBUT DU CŒUR. Almanach chantant. Par M. R. D. S. [Épigraphe :]

Le cœur est simple, et son langage
Vaut mieux que celui de l'esprit.

‖ Se vend à Paris, chez Valade, Libraire, rue Saint-Jacques, vis-à-vis celle des Mathurins, à Saint-Jacques. (1777) In-32.

Recueil de chansons, s'ouvrant par des couplets sur l'avènement de Louis XVI, où se trouvent également des couplets pour le comte de Provence et le comte d'Artois, et se terminant par un bouquet à la Reine.

587. — LES VŒUX DE LA NATURE ou l'Hommage que l'on doit aux Jolies femmes, orné de 4 figures. ‖ A Paris, chez Desnos, Ingénieur-Géographe et Libraire de S. M. Danoise, rue St-Jacques, au Globe. 1777. In-24.

[Quérard.]

588.—ALMANACH DE LA LIBRAIRIE, contenant 1° Les noms des Ministres et Magistrats qui sont à la tête de la Librairie, ceux des Censeurs et des Inspecteurs, 2° Un Traité abrégé des formalités qu'on doit remplir pour obtenir les différentes permissions d'imprimer, de faire venir des Livres étrangers, de suivre les procès pendans en la Commission ou au Conseil, et enfin de ce qu'il faut faire pour parvenir à être reçu Libraire ou Imprimeur, 3° Un tableau de tous les Libraires et Imprimeurs de Paris et du Royaume, 4° Un tableau des Libraires des principales villes de l'Europe, 5° Un tableau des Graveurs d'Histoire, de paysages, de portraits établis à Paris, suivi de celui des Marchands d'estampes et de dessins, 6° Les noms et adresses des Graveurs en Lettres et en Musique de Paris et des principales villes du Royaume, 7° Les foires de librairie, 8° Le départ des Messageries, des Coches d'eau et des Rouliers et enfin les nouveaux Règlemens. ‖ A Paris, chez Moutard, Imprimeur-Libraire de la Reine, rue des Mathurins. 1778 et suite. Pet. in-12.

Le titre suffit amplement à faire connaître l'almanach dont l'éditeur était un nommé Ant. Perrin et qui paraît être la suite de l'*Almanach de l'Auteur et du Libraire* (voir n° 570). A paru de nouveau en 1781 et 1784, sa périodicité se trouvant bornée à l'apparition de règlements nouveaux.

Un ex. de l'année 1781, aux armes de Lenoir, lieutenant de police sous Louis XV, a été catalogué 100 fr. par Morgand : Ex. ord. 10 fr.

589. — ALMANACH DES COLONIES. ‖ A Paris, de l'Imprimerie de L. d'Houry, Impr. de Mgr. le Duc d'Orléans. (1778-1790). In-24.

Sur le titre écusson fleurdelysé. Simples documents officiels sur les colonies (gouvernements coloniaux, état des officiers du régiment de l'artillerie des colonies, état des Consuls de France, etc.)

[Cat. 8 et 10 fr.]

590. — ALMANACH DES FRANCS-MAÇONS, contenant leur calendrier; un enthousiasme poétique (*sic*); une lettre en introduction à l'éloge du vénérable grand-maître du Grand-Orient ; et l'éloge de ce grand maître; par le frère Jakinet, servant du Grand-Orient. ‖ Paris, Boudet. 1778. In-32.

Voir, pour les précédents almanachs sur les francs-maçons, les n°ˢ 172, 208, 248, et, plus loin, n° 710.

[D'après Quérard.]

591. — ALMANACH DU COMESTIBLE, NÉCESSAIRE AUX PERSONNES DE BON GOUT ET DE BON APPÉTIT ; qui indique généralement toutes les bonnes choses qu'on pourra se procurer à la Halle et chez certains Débitans, dans le courant de chaque mois de l'année : En grosse Viande, Volaille, Gibier, plume et poil, Oiseaux de Rivière, Poisson de mer et d'eau-douce, frais et salé, Légumes verds (*sic*) et secs, farineux. Fruits précoces cruds (*sic*), confits secs; Vins de France et Étrangers; Liqueurs et Ratafiats (*sic*), Café, Chocolat, etc. Les Personnes qui aiment la Bonne-Chère (*sic*) y trouveront de quoi satisfaire leur goût; et celles qui aiment leur santé y trouveront des préceptes pour la conserver. ‖ On a joint à cet Ouvrage tout ce qui peut égayer le Lecteur et ceux qui aiment la joie dans les Repas. — Pour la présente Année. ‖ A Paris, chez Desnos, Ingénieur-Géographe et Libraire de Sa Majesté Danoise, rue St-Jacques,

au Globe et à la Sphère. (1778) 2 parties In-24.

Frontispice s'ouvrant de manière à former double page, et représentant une table entourée de convives des deux sexes. En haut de l'estampe, sur un ruban, on lit : *Almanach du Comestible.*

Dans un avis aux lecteurs l'éditeur dit : « Nous avons fait en sorte de rendre cet Almanach aussi amusant qu'utile, en cherchant partout ce qui a rapport aux mois et aux Saisons, et en l'y adaptant. Nous avons pour cet effet, mis à contribution les poëmes connus de M. le C. D. B. et de M. de Saint-Lambert, et nous en avons seulement extrait ce qui caractérise chaque mois ou chaque saison. Nous avons aussi tiré de nos anciens poëtes et de nos écrivains ce qui peut amuser un lecteur raisonnable et curieux. »

A la suite de ces « Mois gourmands » se trouvent diverses listes des vins de France « et autres vins, faits avec les fruits rouges », une nomenclature des liqueurs, une table pour l'art du confiseur, le moyen de reconnaître les vins lithargés.

La table des liqueurs fines et communes est particulièrement intéressante à parcourir. On y trouve des liqueurs portant ces noms singuliers : Ah qu'il est bon ! — Belle de nuit. — La Colombine. — Coquette flatteuse. — Délices des Dames. — Eau de Franchipane. — Eau de Pucelle. — Eau du Père André. — L'Émilie. — Le Fort en Diable. — Gouttes de Paphos. — La Grisette flatteuse. — Huile d'Amour. — Je bois à toi. — Larmes de Malte. — Nectar de Cupidon. — Retournons-y. — Rosée de Mai, etc.

A cet almanach ayant 120 pages est joint un supplément dont voici le titre exact :

— *Supplément à l'Almanach du Comestible.* Contenant les noms et demeures des Fournisseurs, les noms des choses qu'ils peuvent fournir de leur composition et invention ; ou du cru des Provinces et de l'invention des autres, tant de France que des Isles Françoises et autres Pays Étrangers, mis dans un ordre commode. || A Paris, chez Desnos, Ing.-Géographe.

Ce supplément de 56 pages parut quelques années plus tard. On y trouve les comestibles rangés par ordre alphabétique, avec le nom des marchands.

Puis suit une seconde partie dont les matières sont ainsi développées sur le titre :

— *Almanach du Comestible, contenant une suite de Notices sur les Repas des Anciens et des Modernes,* les cérémonies qui s'observoient autrefois et qui s'observent aujourd'hui aux Repas Publics des Empereurs, des Rois et des Princes Souverains qui règnent en Europe, en Asie, en Afrique, et en Amérique : avec un Précis sur les alimens, tiré de la Gazette de Santé, morceau précieux pour les personnes qui veulent manger les choses de goût

sans faire tort à leur santé, avec quelques préceptes. — Seconde Partie. || A Paris, chez Desnos, etc.

Comme tous les recueils de chez Desnos, cet almanach contient des tablettes économiques composées du fameux papier sur lequel on peut écrire et effacer à volonté. Le calendrier placé à la fin du volume pouvait se remplacer chaque année. Le même almanach a paru longtemps, jusqu'en 1791, sans modifications et sans date, avec la mention toujours identique : « Pour la présente Année ». Il est bon de remarquer que l'année 1785 a été mise en vente à nouveau au XIXᵉ siècle avec un calendrier pour 1811 : c'était alors la vogue de l'*Almanach des Gourmands* et, très certainement, on avait eu l'idée de lui faire concurrence.

[Cat. Morgand, 1877, 30 fr.]

592. — ALMANACH POUR LA PRÉSENTE ANNÉE. LA GALERIE DES FEMMES ILLUSTRES ou Éloge de celles qui se sont fait un Nom. Avec des Chansons à la louange du Beau Sexe, faisant suite aux Figures dessinées et gravées par Label, dont le mérite est connu, qui se vendent séparément. || A Paris, chez Desnos, Ingénieur-Géographe et Libraire de Sa Majesté le Roi de Danemarck, rue Saint-Jacques, au Globe. (Vers 1778). In-24.

Avec un frontispice, *L'Apothéose,* (les Grâces tenant et couronnant de fleurs le portrait de Marie-Antoinette) qui se retrouve dans d'autres almanachs. (Voir n° 748).

Cette série de planches gravées sur les femmes illustres contenant, sur la même page, un portrait avec quelques courtes notices, va de Sémiramis et de Mammia à Anne d'Autriche. Dans le coin à droite, en haut, se lit, chaque fois, un mot qui caractérise la nature ou l'existence de la personne citée : *heureuse, malheureuse, vaillante, galante, impudique, pieuse,* etc.

En somme, il s'agit ici d'une publication qui parut d'abord sous le titre : « Galerie des femmes illustres ou Le Triomphe des Dames » et qui fut aussi écoulée sous forme d'almanach.

On rencontre également des exemplaires avec titre quelque peu différent :

— Les Femmes Illustres ou Éloge de celles qui se sont fait un Nom, Étrennes chantantes, ornées de Figures. Avec Tablettes Économiques, Perte et Gain, Petit Secrétaire à l'usage des Dames et des Messieurs. Chez Desnos. 1780.

[Cat. Morgand, 30 fr.]

593. — ANNALES POÉTIQUES, OU ALMANACH DES MUSES, depuis l'ori-

gine de la poésie française. ‖ Paris. 1778-88. 40 vol. petit in-32.

Rédigé par Sautreau de Marsy et Imbert. Ce titre fut ensuite abandonné. Cette collection, formée, comme tête, de l'*Almanach des Muses*, a 40 volumes. *Reproduisons à son sujet ce que dit Quérard :* « M. Beuchot n'en a jamais vu davantage ; mais feu Barrois l'aîné, mort il y a environ dix-sept ans, le libraire le plus instruit qu'il eût connu, lui a assuré que les tomes XLI et XLII avaient été imprimés, et qu'ils avaient été donnés ou retenus en gages. Qu'est devenu ce dépôt ? Se retrouvera-t-il jamais ? Depuis soixante ans rien n'a transpiré, et l'on peut raisonnablement s'en consoler. »

Nous nous en consolerons d'autant plus volontiers, qu'il ne s'agit que de l'*Almanach des Muses*, sous une forme différente.

[D'après Quérard.]

594. — LE BIJOU DE LA REINE. ‖ S. l. n. d. (Paris, 1778). In-32 oblong.

Almanach factice, de la nature de ceux décrits dans la préface, qui pouvait, à volonté, s'encadrer ou se relier. Relié, on lui créait une sorte de titre. Ici, la page initiale a une vignette signée : « *Desrais 1772, E. Voysard sc.* » et un sonnet, la France au Roi. Chaque feuillet est gravé et se compose d'un des mois du calendrier, avec, au-dessus, un petit portrait-médaillon.

1. Janvier : Louis XVI. — 2. Février : la Reine. — 3. Monsieur. — 4. Madame. — 5. Mgr. le comte d'Artois. — 6. Mme la comtesse d'Artois. — 7. Louis XV. — 8. Mme la Princesse de Piémont. — 9. Mme Elisabeth. — 10. Mgr. le duc de Chartres. — 11. L'Empereur d'Autriche. — 12. Henri IV.

Au verso, gravés également, sont des vers sur différents sujets : Chanson pour le Roi et la Reine, couplets sur l'entrée de Madame, quatrains pour les portraits du Roi et de la Reine, etc.

Très certainement, cet almanach est le même que *Les Portraits de la famille Royale*, figurant sur un catalogue de Boulanger, à la date de 1786.

[Coll. de Savigny, ex. mar. r. avec portr. de Louis XVI et de Marie-Antoinette sur les plats. ‖ Vente de La Béraudière, 1879, 615 fr.]

595. — CALENDRIER DE PHILADELPHIE, ou Constitution de Sancho-Pança et du Bon-Homme Richard en Pensylvanie. ‖ M.DCC.LXXVIII. S. l. (Londres et Paris). In-12.

Le faux titre porte « Calendrier de Philadelphie ou Sancho-Pança législateur en Amérique. »

Sorte de manuel de morale dans le genre et à l'imitation du « Bonhomme Richard » de Franklin. Dans une longue introduction, Sancho, après

avoir régi comme on sait, l'île Barataria, se rencontre avec le *faiseur d'almanachs* et tous deux cherchent les moyens de ramener l'Amérique à ses mœurs premières. D'où, après avoir pris conseil de deux amis du bonhomme Richard, — un homme et une femme, au grand étonnement de Sancho — s'ensuivit le traité de morale dit « Calendrier de Philadelphie », donnant à chaque jour du mois, une sentence plus ou moins heureuse, plus ou moins longue, presque toujours imbue de l'esprit philosophique du moment.

D'après la *France Littéraire* ce recueil serait dû à Jacques Barbeu du Bourg.

Voir le même à la date de 1779 (N° 612.)

[Coll. de Bonnechose.]

596. — LE CROUSTILLEUX OU LE FRIAND RÉPERTOIRE. Étrennes pour la présente année. ‖ A Paris, chez Valleyre, rue de la Vieille-Bouclerie, à l'Arbre de Jessé. (1778). In-32.

Croustilleux, soit, puisque tel est son nom ; mais peu croustillant. S'ouvre sur une pièce contre les singeries du jour de l'an.

Le permis d'imprimer est daté du 20 août 1772 ; il se peut donc qu'il ait paru antérieurement.

[Coll. baron Pichon, avec calendrier pour 1778.]

597. — L'ENFANT GÉOGRAPHE, ÉTRENNES INTÉRESSANTES. Petite introduction à la Géographie et Géométrie ; Divisée par leçons, Demandes et Réponses, Méthode si simplifiée que l'on pourra apprendre en peu de tems ces Sciences et toutes les différentes positions de la Sphère, sans le secours d'aucun Maître, avec Fig. pour que chacun puisse écrire ce qu'il désirera. ‖ A Paris chez Desnos, Ingénieur-Géographe et Libraire de Sa Majesté Danoise, rue St.-Jacques, au Globe. (1778). In-24.

Titre gravé. Frontispice avec même cadre que le titre reproduisant la sphère de Ptolémée. Texte : introduction à la géographie et à la géométrie, et 24 planches gravées.

Cet almanach a été vendu à nouveau sous la Révolution, ayant, contre les feuilles de garde, une carte de la France divisée en 83 départements et la liste des départements avec les chefs-lieux.

598. — ÉTRENNES GALANTES. ‖ Chez Vallages, marchand bijoutier, rue du Roule. (Vers 1778). In-64.

Avec deux petites estampes d'un pouce carré, dont l'une, figurant un Amour, est de Cochin fils.

599. — ÉTRENNES INTÉRESSANTES DES QUATRE PARTIES DU MONDE pour l'année 1778. Enrichies de Cartes Géographiques contenant diverses connaissances aussi curieuses qu'utiles, et un État très exact de toutes les troupes de France [ce qui rend ces Étrennes essentiellement différentes de toutes celles qui ont paru en ce genre jusqu'à présent]. ‖ A Paris, chez Langlois, Libraire, rue du Petit-Pont, et chez Deschamps rue St.-Jacques [plus tard, chez Louis Janet, successeur de son père, rue St.-Jacques.] 1777-1854. In-32.

Les détails du titre ont subi quelques modifications par la suite. Sur l'année 1804 on lit : « Contenant la Population de l'Univers, les Ephémérides, les Puissances de l'Europe, et toutes les Autorités civiles et militaires de l'Empire français, » et ce sera encore le titre de l'année 1826, avec cette différence qu'il faut lire Royaume au lieu d'Empire français. Elles étaient alors publiées par P. E. Janet. A l'origine, elles étaient surtout destinées aux mouvements, appointements et solde des troupes ; par la suite, elles reçurent un plus grand développement. Matières principales : Astronomie, Géographie, Chorographie, Topographie.

Chaque année a, en tête et en queue, une carte se dépliant. Texte encadré, en petits caractères. On y trouve, en outre, des secrets et remèdes, des instructions sur le commerce, les foires, des extraits de voyages, etc. Au XIXe siècle, on y joindra quelquefois de mauvaises gravures sur bois.

[Cat. 3 et 6 fr. l'année, suivant la reliure et l'époque.]

600. — ÉTRENNES PITTORESQUES, ALLÉGORIQUES ET CRITIQUES ; Opuscule mélangé, dont une partie peut faire suite et matière aux Annales de nos Beaux-Arts. [Épigraphe :] Ed io Anche. Prix 1 liv. 4 sols, broché. ‖ A Paris, chez la veuve Duchesne, Libraire, rue Saint-Jacques. Cailleau, Imprimeur-Libraire, rue Saint-Séverin. M.DCC.LXXVIII. In-12.

S'ouvre par une épître dédicatoire A nos maîtres :

Tout Livre doit Titre et Préface avoir,
Épitre aussi, c'est usage et devoir :
Or, à qui donc faut-il se la dédie ?
Qui la voudroit, ma folle rapsodie ?
Quel Protecteur ?.... Ma foi, je n'en sais rien ;
Mais de quelqu'un disons toujours du bien :
Accumulons vertu, nom, rang et titre,
Puis nous verrons à qui donner l'Épitre...

Suit une préface dialoguée entre l'auteur et l'imprimeur et une série de dialogues humoristiques, en prose et en vers, sur les Salons, soit : « Les ventes de tableaux ou les colloques de l'hôtel d'Alègre, — Le souvenir du dernier Salon de peinture, etc. »

[B. N.]

601. — LES LOISIRS GALANS. ÉTRENNES AGRÉABLES, avec Tablettes Économiques, Perte et Gain. ‖ A Paris, chez Desnos, Ingénieur-Géographe et Libraire de Sa Majesté Danoise, rue St.-Jacques, au Globe. (1778). In-24.

Titre gravé. Frontispice avec ornements en forme de médaillon représentant, sur le devant, deux amours qui s'embrassent, puis deux estampes dont voici l'explication, suivant le texte même du volume : — « 1. Le Messager fidèle. Eglé donne à l'Amour un billet pour son amant. Aux pieds de la belle est un chien symbole de la fidélité. — 2. Hommage rendu au beau sexe dans le Temple de Vénus. Un amant, aux pieds de sa maîtresse, lui présente un bouquet d'une main, et, de l'autre, lui met une couronne sur la tête. La Belle est assise près de l'Autel de Vénus. L'Amour est représenté au haut de l'Estampe décochant un de ses traits, et sur l'Autel de sa mère offrant à la Déesse les deux cœurs qu'il vient de blesser. Dans le fond on voit des colonnes ornées de guirlandes, de fleurs, des vases et parfums. »

Recueil de chansons. Figure encore sur le catalogue de 1781.

[Coll. baron Pichon.]
[Cat. 30 à 50 fr. suivant la reliure.]

602. — MANUEL DES TOILETTES, DÉDIÉ AUX DAMES. ‖ A Paris, chez Valade, Libraire, rue St-Jacques. A Liège, de l'Imprimerie de J. Jacques Tutot, 1778. In-24.

Titre gravé et colorié à la main. Petit recueil publié en quatre fascicules intitulés : premier cahier, deuxième cahier, etc., le premier ayant paru en Septembre 1777. Chacun contient un calendrier pour trois mois, un frontispice (le même pour les 4 parties) et 13 figures de coiffures, coloriées à l'aquarelle, avec quelques lignes explicatives.

Coeffures à l'Angélique, à la Circassienne, à la Triomphale, à la Syracusienne, à la Zéphyre, à la Sylphide, à la Sabine, en ailes de Papillon panaché, à la Dorlote, à la toque chevelue, à la Diane, à la Cérès, à la Persanne (sic), à la Dauphine, à la Calipso ; toutes les excentricités de l'époque se rencontrent parmi ces 56 figures. Égarée dans ce dédale féminin, une coiffure d'homme : à la Prussienne.

[Vente Destailleur, ex. mar. vert : 500 fr.]

602 *bis*. — LE PETIT CHANSONNIER FRANÇOIS, ou choix des meilleures chansons, sur des airs connus. || A Genève. (Paris). M.DCC.LXXVIII. In-18.

Recueil de chansons, avec calendrier.

603. — LE PETIT NOUVELLISTE, tant ancien que moderne; Almanach intéressant, pour la présente année; ou Précis des découvertes principales dans les Sciences, les Arts utiles et dans la Méchanique, depuis plusieurs siècles, et notamment depuis François I, Henri IV, Louis XIII, Louis XIV, Louis XV, et Louis XVI heureusement régnant; par ordre alphabétique, avec le nom des Auteurs connus, dont les Ouvrages sont approuvés par l'Académie Royale des Sciences, et autres inventions particulières. Ouvrage qui peut servir de suite aux « Étrennes de Minerve ». Dédié aux Artistes. || A La Haye, et se trouve à Paris, chez Desnos, Ingénieur-Géographe pour les Globes et Sphères, et Libraire de Sa Majesté Danoise, rue St-Jacques, au Globe et à la Sphère (1778). In-24.

Précis en forme de dictionnaire, avec une préface historique sur la découverte et les progrès des arts.

604. — LE SECRÉTAIRE DES DAMES ET DES MESSIEURS, le plus utile des Almanachs, Petit Nécessaire de tous les jours, et Rendez-vous des Gens d'Affaires, Négocians, Voyageurs, Militaires et de tous états. Nouveau Porte-feuille dans lequel chacun trouvera ce qui lui sera nécessaire. Avec Tablettes Économiques. Les Étrangers y trouveront des Cartes faites avec grand soin, celle de France avec les Routes, le Plan de Paris, celui de Versailles, les distances itinéraires des Villes, les Rivières navigables et la Carte des Finances du Royaume, avec une Table d'Escompte. || A Paris, chez le sieur Desnos, Libraire, Ingénieur-Géographe de Sa Majesté Danoise, rue St-Jacques, au Globe, où l'on trouvera des Almanachs de toutes les espèces, très intéressans. (Vers 1778). In-24.

Titre gravé. Frontispice représentant un poëte, assis devant sa table de travail, la plume à la main. Un jeune amour dirige sur lui les flèches de son arc tandis que, sur une feuille de papier, on lit : *Phœbus obligeant.*

Devant la table d'escompte qui a un titre, également gravé, est une seconde figure, la France, versant les richesses enfouies dans sa corne d'abondance.

Par la suite, Desnos coupera cette publication en plusieurs parties. C'est ainsi qu'on peut voir annoncés sur son catalogue de 1781 : — *Rendez-vous des gens d'affaires.* — *Routes de France, Distances des Villes, Rivières navigables* etc. D'autre part, le titre *Secrétaire des Dames et des Messieurs* disparaîtra et la publication s'appellera, afin de pouvoir satisfaire toutes les classes : *Nécessaire du Militaire.* — *Nécessaire du Financier.* etc. (Voir les nᵒˢ 475, 476, 477, 484, 489.)

[Catalogué 20 à 30 fr. suivant reliure.]

605. — ALMANACH DE L'AMOUR ET DE LA FORTUNE pour l'année 1779, contenant diverses réponses aux demandes que pourraient faire les personnes curieuses de connaître l'avenir. || A Delphes (Paris), par ordre du Destin. In-32.

Almanach conçu dans le même esprit que l'*Almanach des Curieux* (voir nᵒ 168) ayant dû paraître déjà bien antérieurement et qui se réimprimait sans cesse avec certaines modifications sans importance sur le titre. Voici la reproduction de quelques éditions postérieures :

— *Almanach de l'Amour et de la Fortune* pour 1788 où les curieux trouveront la Réponse agréable des Demandes les plus divertissantes pour se réjouir dans les Compagnies. || A Paris, avec permission.

— *Almanach de l'Amour et de la Fortune* pour l'année 1793, où les curieux trouveront les réponses les plus divertissantes aux 60 questions énoncées dans la table ci-après. || Paris, 1793.

Le frontispice est, presque toujours, la reproduction de la même gravure sur bois représentant un homme et une femme, avec un drapeau sur lequel on lit : « Je cherche l'Amour — (La Dame :) Et moy la fortune. » (C'est le frontispice de l'*Almanach des Curieux* de 1749.)

[Catalogué 8 à 10 fr.]

606. — ALMANACH DE L'EUROPE contenant l'état de cette partie du monde ; on y trouve l'étendue, les productions, les forces de terre et de mer, le nombre des habitans, les mœurs et usages de chaque pays. On y a ajouté une liste chronologique des monarques des différents empires et des différents royaumes.

|| A Paris, chez la veuve Duchesne, Librai-
re, rue St-Jacques. 1779. In-24.

[D'après un catalogue.]

607. — ALMANACH. LA SURPRISE
NOCTURNE, OU LES AH! AH! Aven-
ture Plaisante, Avec Figures. Tablettes
Économiques, Perte et Gain, et stylet
pour écrire. || A Amsterdam, Et se trouve
à Paris, chez Desnos, Libraire, Ingénieur-
Géographe du Roi de Danemarck, rue St-
Jacques, au Globe et à la Sphère. (1779).
In-24.

Frontispice gravé (vigneron dans sa cave, nar-
guant un petit Amour accroché au haut d'une
poulie). Ce frontispice est une allusion à Bacchus
et à l'Amour.

Le texte se compose uniquement d'un conte plaisant, lequel est accompagné d'une composition de
Moreau le jeune datée 1773, gravée par Née (la
même que celle des *Historiettes* de M. Imbert).

Le reste de l'almanach est rempli par le « Secrétaire des Dames. » Il figure encore sur le catalogue
Desnos de 1781.

[Cat. Alisié, 40 fr.]

608. — ALMANACH OU CALENDRIER
VÉRITABLE sur le modèle de l'ancien
calendrier des Romains, fait et conservé
par les Pontifes. Par M. Legall. || A Paris,
chez l'Auteur, rue St-Antoine, Maison du
Café Militaire, chez Cailleau et chez la
veuve Duchesne. M.DCC.LXXIX. (1779).
In-8.

L'auteur de cet almanach est une femme, si l'on
en juge tout au moins par la préface dont j'extrais
les lignes suivantes : « Chacun veut avoir un
almanach ; que dis-je un, on en a souvent jusqu'à
vingt, tout regorge d'almanachs, il en est de toutes
les couleurs et de toutes les sortes ; Comment faire
pour donner du nouveau ; par où intéresser le Public ? Ah ! le voici ! A force de lire des Almanachs,
la mémoire se surcharge, on perd ou on confond
les connaissances qu'on y avoit acquises, faute
d'une table générale on ne sait plus où reprendre
un trait dont on peut avoir besoin. Pour remédier
à cet inconvénient, j'ai pris dans tous les autres, ce
que j'ai cru propre à rendre le mien utile et agréable. J'ai mis tous les Almanachs à contribution.
Le titre de Compilateur est peu glorieux, je
l'avoue, mais je n'en mérite pas d'autre. »

Ce calendrier, disait un bibliographe de l'époque,
« apprendra aux habitants de Paris beaucoup de
cérémonies qu'ils ignorent. »

[B. Ars.]

609. — ALMANACH PITTORESQUE
HISTORIQUE ET ALPHABÉTIQUE
DES RICHES MONUMENTS que ren-
ferme la ville de Paris, pour l'année 1779,
à l'usage des Artistes et Amateurs des
beaux Arts contenant une Description
exacte de ce qu'il y a de plus curieux
dans cette Capitale, relatif à l'Architecture, Peinture, Sculpture et gravure ; Précédée d'un Discours sur chacun de ces
Arts, par M. Hébert, amateur, et servant
de suite à l' « Almanach des Beaux-Arts »
publié par le même auteur en 1762 et
années suivantes. Prix : 36 sols, broché. ||
A Paris, chez l'Auteur, place du Chevalier du Guet, même maison de M. Chau-
vin, Marchand Épicier et de Liqueurs en
gros, chez Musier, Gueffier, Esprit et
Lamy, Libraires. M.DCC.LXXIX. In-12.

Dans une assez longue préface l'auteur espère
que le public voudra bien faire un accueil favorable à son ouvrage, malgré la multitude d'almanachs
publiés chaque année « et les plaintes trop méri-
tées que la plupart occasionnent par le peu d'utilité qu'ils procurent. »

Comme le porte le titre c'est la suite de l'*Almanach des Beaux-Arts* (voir plus haut, n° 321), mais
une suite entièrement refondue « par la quantité
des matières instructives et de monuments nouveaux qui embellissent la ville de Paris. Les discours sur les quatre arts sont plus longs. »

Cet ouvrage était annoncé comme devant être
périodique ; c'est-à-dire que chaque année devait
décrire « les nouvelles beautés de chacun de ces
arts, et de nouvelles matières, tant anciennes
que modernes, relatives aux sciences et aux beaux-
arts. » — Avec calendrier.

Le volume pour l'année 1780 est qualifié tome II.

[B. Ars.]

610. — L'AMOUR A L'ÉPREUVE Ou
Le Bijou bien Gardé. Étrenne amusante
Dédiée aux deux Sexes. || A Paris, chez
La Porte, Libraire, rue des Noyers, Hé-
rou Doreur sur Cuirs, même rue, et chez
Maillet, Imprimeur, rue St-Jacques. 1779.
In-32.

Titre gravé orné de feuillages. 18 gravures dans
un encadrement varié, avec le nom de chaque mois
en haut du cadre, (pour les douze premières), et
légendes dans le bas, sur tablette grise : — I. Janvier. Le Bijoux (*sic*) bien gardé :

Vous avez, belle Brunette,
Un bijou délicieux,

Dont je voudrais faire emplette :
Pourquoi cet air sérieux ?
Ma demande est-elle étrange !
Pour un joli petit cœur
Je vous propose en échange
Ce que j'ai de meilleur.

— 2. Février. Le Retour Imprévue (sic) (Un mari trouvant un galant auprès de sa femme). — 3. Mars. La Recrue d'Amour (Amour conduisant une troupe d'hommes et de femmes). — 4. Avril. Le Trompeur Trompé :

La première fleur d'un jardin
Nulle part ne s'achette (sic) :
Et c'est Pierrot ou c'est Colin
Qui la cueille en cachette ;
Le Crésus se présente après,
Et paie un prix insigne
Pour un trésor qu'il n'a jamais
Et dont il n'est pas digne.

— 5. Mai. Sacrifice à l'Amour. (Un galant et sa maîtresse faisant brûler des parfums devant un amour). — 6. Juin. Comme il te fait, fais lui :

O ma tendre Bergère,
Tu défends ton moineau !
A mes yeux ta colère
Le rend encor plus beau.

. . . .
Mais laisse-moi le prendre,
Il fera mon bonheur.

— 7. Juillet. Le Triomphe de l'Amour (Amour sur un char traîné par des papillons, à la tête d'un

cortège de beautés.) — 8. Août. Le Bijoux (sic) mal Gardé (Scène galante entre un amant et sa maîtresse). — 9. Septembre. Le Mal sans Remède :

Agathe, vous êtes folle !
A quoi sert tout ce fracas ?
Est-ce ainsi qu'on se désole
Pour avoir fait un faux pas ?

— 10. Octobre. — Le Mépris des Richesses :

AIR : Attendez-moi sous l'orme.

L'Homme.

La belle Vendangeuse,
Vous êtes bonne à voir !
Votre mine joyeuse
M'inspire un vif espoir.
D'une offrande plus noble
Donnez-moi le pouvoir ;
Voyons votre vignoble,
Voyons votre pressoir.

La Femme.

Mais voyez donc la joie
De ce plumet doré !
Gardez votre monnoie
Vous êtes trop ambré.
Non, je ne suis pas fille
A souffrir un intru (sic) ;
Mon Jacquot seul grapille
Sur le vin de mon cru.

Morale.

AIR : Iris demande son portrait.

Sagesse, habite les hameaux,
Elle en fait son délice :
Simplicité, devoir, travaux,
En écartent le vice.
Elle y prend pour premier soutien
La fuite des largesses ;
Et pour son plus sûr gardien,
Le mépris des richesses.

— 11. Novembre. Les Effets de l'Absence :

AIR : Reçois dans ton galetas.

Notre femme, ventrebleu,
Vous n'êtes pas ménagère,
Et vous faites trop grand feu
D'un bois qui ne vous coûte guère ;
Tandis que je sers le Roi
Vous vous passez très-bien de moi.

..

Jarni, je ne m'attendois pas,
En revenant en sémestre,
De trouver au premier pas
Chez moi le paradis terrestre,
Où, grâce au ciel, doucement
Le bien me vient tout en dormant.

..

En regardant ce marmot
Je me réjouis ma commère,
Et je sens qu'on est bien sot
De désirer tant d'être père,
Puisque l'on a le pouvoir
D'y parvenir sans le savoir.

∴

Je vais chez M. le Curé
Le remercier de ma gloire;
Et, puisque le vin est tiré,
Allons, ma reine, il faut le boire :
Ma foi, ma femme, en honneur,
Tu me reçois comme un seigneur.

— 12. Décembre. La Marchande d'Amour.
(Jeune fille offrant un Amour à deux amants). —
13. Après la Pluye vient le beau Tems. — 14. Généalogie Universell (sic). — 15. Malheur à qui
envie le Bonheur d'Autrui. — 16. Les Adieux
Amoureux. — 17. La Consolation Champêtre
(Bergère gardant ses moutons). — 18. L'Heureux
Début (jeune homme courtisant une bergère).
Au verso des 12 premières gravures se trouve le
mois du calendrier répondant au sujet de l'illustration. Les 6 autres estampes se rapportent aux
chansons qui constituent le texte de l'almanach.
A la fin est un curieux « Avertissement », sur
l'air des Insulaires, dont voici l'exacte reproduction :

La petitesse est ma devise;
Vois-le, Lecteur, par ce recueil :
Mais s'il se trouvoit à ta guise,
Prouve-le moi par ton accueil,

Et j'en promets une reprise (1
Pour tes étrennes désormais,
Petits portraits,
Petits couplets,
Le tout petit, si petit, si petit,
Que je ne crains pas que l'on dise
Que je lasse ton appétit.

Deux cartes se dépliant ouvrent et ferment l'almanach.

[Coll. de Savigny, seul exemplaire connu.]
[350 fr.]

611. — CALENDRIER DE PAPHOS.
Dédié (2) aux Jolies Femmes. Recueil de
pièces en vers, les plus ingénieuses et les
plus galantes, faites par les Dames ou en
leur honneur. Avec les noms des Auteurs.
Suivi de Tablettes Économiques. Perte et
Gain. ‖ A Paris, chez Desnos, Ingénieur-
Géographe et Libraire de S. M. Danoise,
rue St-Jacques, au Globe. 1789. In-24.

Frontispice : la Muse couronnant un buste qui a
des ressemblances avec Piron. En face de l'épître

(1) En note, on lit : « L'Éditeur se propose, tous
les ans, de donner une semblable collection avec
des soins et une attention toujours nouvelle.»
(2) Sur certains exemplaires réimprimés, on a
gratté à la planche du titre le mot « Dédié », qui se
trouve remplacé par ceux-ci : « Élite des Poisies
(sic) Fugitives. »

dédicatoire est une figure gentiment gravée : élégant faisant la cour à une dame qui lit un volume placé sur une table. Le sujet est dans un médaillon ovale reposant sur une tablette, avec Amours sur les côtés.

Recueil de chansons avec texte, tantôt gravé, tantôt imprimé, accompagné d'estampes se rapportant aux sujets suivants : — 1. Ballade de Mᵐᵉ Deshoulières. — 2. Sur M. l'Abbé T****.

L'Aventure est trop ridicule,
Pour ne pas la faire savoir.
Il offroit à Dame incrédule,
Sa chandelle, et la faisoit voir,
Sans s'émouvoir, sans s'émouvoir,
La follette tira sa mule,
Et la fit servir d'éteignoir.
Au lieu de venger cette injure,
Les Amours à malice enclins,
Rioient entre eux de l'aventure
Du Doyen des Abbés blondins.
Ces Dieux badins, ces Dieux badins
Se disoient : Vois-tu la coëffure
Qu'on a mise au Dieu des jardins.

Mᵐᵉ Deshoulières.

— 3. Rondeau, de Mᵐᵉ Deshoulières. — 4. A la Folie, de Mᵐᵉ la comtesse de B***. — 5. Hymne à la Beauté, de Bernard. — 6. Ode de Sapho, de Boileau. — 7. Sur une demoiselle qui aimoit éperdument un moineau franc, de Chaulieu.

Ces mêmes estampes se retrouvent dans les *Caprices de l'Amour et de Bacchus* [voir n° 819.]

Entre les deux parties du « Calendrier de Paphos », on a placé, aux exemplaires imprimés, 24 pages de musique gravée.

[80 à 100 fr.]

612. — CALENDRIER DE PHILADELPHIE EN PENSYLVANIE. || A Philadelphie. (Londres et Paris). M.DCC.LXXIX. In-12.

Même calendrier que celui de 1778 (n° 595), mais avec une introduction de 41 pages absolument différente, dans laquelle il n'est plus question ni de Sancho Pança ni du bonhomme Richard. On ne peut dire toutefois si l'on se trouve en présence d'une réimpression ou d'une concurrence, le calendrier étant absolument identique comme typographie et nombre de pages (118).

L'introduction parlant des événements survenus dans le nouveau monde donne une description de la Pensylvanie, une description de Philadelphie et un récit de la Révolution agrémenté de quelques-unes des épigrammes ou pasquinades qui couraient alors à Londres, notamment sur les exploits du général Burgoyne (le général anglais qui dut capituler devant le général Gates, un des chefs des Américains insurgés.) Cette introduction se termine par une scène détachée d'*Albion ou l'Humiliation méritée*, tragi-comédie ; autant d'amusantes satires anglaises

dont on chercherait vainement, autre part, la traduction.

[Coll. de Bonnechose.]

613. — LES DANGERS DE L'AMOUR, ses Peines, ses Tourmens. Étrennes aux Amans Malheureux et Rebutés. Avec Tablettes et Stylet, utiles à l'un et à l'autre Sexe. [Épigraphe :] L'Amour est à craindre. Zaïde, opéra. || A Amsterdam, et se trouve à Paris, chez Desnos, Libraire, Ingénieur-Géographe du Roi de Danemarck, rue St-Jacques, au Globe et à la Sphère. Pour la présente année (1779). In-24.

Pièces de vers : les âges de l'Amour, les Saisons, les quatres parties du jour, les éléments.

Figure encore sur le catalogue de 1781.

[Coll. de Savigny.]

614. — DESCRIPTION DES DIAMANS, DES PERLES ET DES PARFUMS LES PLUS PRÉCIEUX : Où l'on trouve une connoissance des uns et des autres : Ouvrage utile à toutes personnes, et faisant suite à l' « Almanach de la Toilette et de la Coiffure des dames Françoises et Romaines ». Avec Tablettes Économiques, Perte et Gain, et Stylet pour écrire. || A Paris, chez Desnos, Libraire, Ingénieur-Géographe du Roi de Danemarck, rue St-Jacques, au Globe et à la Sphère. (1779). In-24.

Petit fascicule détaché de l' « Almanach de la Toilette et de la Coiffure » publié ainsi séparément et donnant, en plus des diamants, des renseignements sur quelques parfums. Sur le catalogue Desnos de 1781 il est appelé *Connoissance des Diamans*, avec la mention : figures, mais d'après la description donnée par M. de Savigny, (Voir : *A propos de l'Almanach Dauphin*, supplément au *Coup-d'Œil sur les Almanachs illustrés du XVIIIᵉ siècle*) ces figures seraient tout simplement celles du *Pot-Pourri Agréable* (Voir, plus loin, n° 616.)

J'ajoute que l'exemplaire de M. de Savigny porte en plus le titre général « Almanach de la Toilette et de la Coiffure » comme le n° 572 décrit plus haut.

[Cat. ex. sans fig. 12 fr. ; avec fig. 125 fr.]

615. — ÉTRENNES A LA NOBLESSE contenant l'État actuel des maisons des Princes Souverains de l'Europe et des Familles nobles de France d'après le Dictionnaire de la Noblesse. Pour servir de suite au [*Calendrier des Princes et de la*

Noblesse de France, interrompu en 1769, inclusivement, et aux *Étrennes à la Noblesse* commencées en 1770. Par M. de la Chenaye-Desbois, Auteur du *Dictionnaire de la Noblesse* et des Supplémens [pour y servir de suite] qu'on va mettre sous Presse. Pour l'année 1779. Prix : 3 liv. broché. [Le titre de 1780 porte ; 4 liv. relié en veau, et 3 liv. 8 sols relié en carton]. ‖ A Paris, de l'imprimerie de Valade, rue des Noyers, 1779-1780. Petit in-12.

Deux titres, l'un imprimé, (celui qui est ici reproduit] l'autre gravé, qui ne contient que la première phrase du présent.

En tête se trouve un long *Avis à la Noblesse* :

« Lors de la publication des premiers volumes du *Dictionnaire de la Noblesse*, qui forme aujourd'hui douze volumes (non compris quatre de supplément) j'avertis le Public que l'entreprise d'un si grand Ouvrage me forçait d'interrompre en 1770 le *Calendrier des Princes et de la Noblesse de France*, contenant l'État actuel des Maisons souveraines de l'Europe et des Familles nobles du Royaume, commencé en 1762.

« Pendant cet intervalle de tems (c'est-à-dire, depuis 1770), il a paru chez la dame Desventes de la Doué, des *Étrennes à la Noblesse* du même format que le *Calendrier des Princes*, dont on m'a cru l'auteur ; mais j'en ai détrompé le Public par plusieurs Avis qui se lisent à la tête des premiers volumes de mon *Dictionnaire*. Aujourd'hui, pour répondre à l'empressement qu'on m'a fait paroître de voir la continuation du *Calendrier des Princes*, je reprends ce petit Ouvrage sous le titre d'*Étrennes à la Noblesse*, pour en servir de suite. Ces *Étrennes à la Noblesse*, avec le *Calendrier des Princes*, ne formeront désormais qu'un seul et même Ouvrage, qui se renouvellera tous les ans.

« Mais comme il n'est pas possible que dans un petit in-12, je puisse faire entrer l'état actuel des Familles nobles du Royaume, rapportées dans le *Dictionnaire de la Noblesse*, je me suis borné d'abord, comme il est juste, pour cette année 1779, à donner l'état actuel des Princes souverains de l'Europe, des grandes et anciennes maisons du Royaume, et de celles qui ont une origine certaine, dont presque toutes sont souscripteurs et du Dictionnaire et des Supplémens. »

Dès l'année 1781 les *Étrennes à la Noblesse* se transformèrent en *État de la Noblesse*.

[Voir plus haut, nº 433, et plus loin, nº 651.]

[Coté de 5 à 6 fr. l'année.]

616. — POT-POURRI AGRÉABLE, ou Doxologie de Cythère ; Avec Discours relatifs aux Figures, à la gloire, à l'honneur et aux hommages dus au Beau-Sexe. Avec Tablettes, Perte et Gain. ‖ A Paris, chez Desnos, Libraire, Ingénieur-Géographe du Roi de Danemarck, rue St-Jacques, au Globe et à la Sphère (1779). In-24.

Frontispice allégorique à la louange de la femme :

Par vos attraits, de la Machine ronde
Vous effacez tous les êtres divers ;
Pour vous offrir mon encens et mes vers,
Je reviendrais cent fois de l'autre monde.

Recueil de 11 ravissantes estampes avec explications, également gravées, chacune formant une page.

1. La Guerre et la paix se donnent la main ; la Prudence prodigue des avis à la Folie, le sceptre s'unit à la houlette,

Et l'Amour sourit en cachette
D'amuser les humains d'un pareil pot-pourri.
Ne comptons point sur lui, c'est un enfant volage
Qui va toujours du blanc au noir
Et qui détruit souvent, le soir,
Du matin son plus bel ouvrage.

2. La Beauté entourée des trois Grâces. — 3. Hommage rendu au beau sexe dans le Temple de Vénus. — 4. La dame au bain et l'indiscret (une jeune femme faisant chasser par sa femme de chambre un coureur de ruelles) :

Allez, allez à l'opéra :
C'est là qu'on vous accueillera
Comme papillon de toilette.

5. Les jeunes époux. — 6. L'Amour médecin. — 7. Cléandre et Céphise. — 8. Cydalise à sa toilette. — 9. L'Amour messager. — 10. La brebis perdue et retrouvée. — 11. L'Amour rendant des oracles.

Sur les catalogues Desnos cet almanach est appelé simplement : « Doxologie de Cithère. »

[150 à 200 fr. suivant l'état et la reliure.]

[Coll. de Savigny.]

617. — LE TRÉSOR DES ALMANACHS, ÉTRENNES NATIONALES, Curieuses et Nécessaires, enrichies de Figures, pour l'année mil sept cent soixante dix-neuf. [Épigraphe :] In tenuitate copia. ‖ Chez Cailleau, Imprimeur-libraire, rue St.-Séverin, [puis rue Gallande, 64], à Paris. Prix : 8 sols brochées. (1779-1793), 15 années. In-32.

Almanach imprimé en très petits caractères, titre rouge et noir avec écusson fleurdelysé, pages encadrées d'un double filet, et dont le créateur fut le sieur Cailleau. Chaque année a un frontispice (gravure sur bois populaire) : de petites vignettes également sur bois, placées au-dessus des mois, représentent tantôt des sujets allégoriques, tantôt des curiosités parisiennes, tantôt des événements du jour, tantôt des épisodes de l'histoire de France. Précieux pour l'imagerie populaire, cet almanach, malgré ses illustrations toujours horriblement mal tirées, paraît avoir eu un grand succès de vente (1).

A noter les frontispices suivants : A. 1779. La France embrassant les médaillons de ses derniers Rois, ce qui signifie, disent les éditeurs, que ces « Étrennes » sont spécialement destinées à la Nation. — A. 1780. L'Amour présentant à la France le médaillon de Louis XVI. — A. 1787. Hommage des Américains à la France sous le règne de Louis XVI pacificateur des Deux Mondes. — A 1791. Louis XVI, roi des François, faisant le serment de soutenir la Constitution. — A. 1792. La France annonçant à l'Europe qu'il n'est

Frontispice de l'année 1780.

rien qu'elle n'entreprenne pour conserver sa liberté. — A. 1793. Les Américains venant féliciter la France de ce que, à leur exemple, elle a arboré le bonnet de la Liberté.

En 1794 le mot « Républicaines » se trouve ajouté au titre « Étrennes Nationales. » Le frontispice « le Génie de la France présentant à la République les médaillons de Le Pelletier, Marat, Chalier, morts victimes de leur patriotisme » est, tout simplement, le frontispice de l'année 1779 avec une adaptation nouvelle. Les profils des « monarques aimés » se sont miraculeusement changés en profils des « grands patriotes ».

_____

(1) Le débit en a été prodigieux, dit l'*Almanach Littéraire* de 1780. Et en 1789 : « Toujours un grand débit, et de plus en plus mérité. »

Quelques articles se trouvent intégralement reproduits dans une suite d'années. Ces « Étrennes » renferment, du reste, nombre de petits détails sur les côtés intimes de la vie parisienne : amusements, voitures, départs des courriers, bibliothèques, bureaux des maîtrises, etc. On y trouve, également, les divisions ecclésiastiques, les gouvernements militaires, la juridiction parlementaire, les intendances et généralités, les universités, etc.

A partir de 1788 le titre : « Le Trésor des Almanachs » ne se trouve plus que sur le faux-titre et les « Étrennes » au lieu d'être « Curieuses et nécessaires » se trouvent être « Curieuses et instructives ». L'année 1791 donne « la dénomination historique des 83 départements, leurs districts, et le nom des provinces où ils sont renfermés. »

[A. 1779 au baron Pichon. || A. 1787 à M. Gaston Tissandier. || De 1788 à 1793 collection de l'auteur. || Les années se vendent de 5 à 15 fr. suivant l'état. Elles se rencontrent, souvent, en reliures molles].

Voir, plus loin, à 1799, *Nouveau Trésor des Almanachs*.

618. — ALMANACH ASTRONOMIQUE ou Abrégé élémentaire de la Sphère et des différens systèmes de l'Univers, Principalement de celui de Copernic, avec les usages des Globes artificiels : Ouvrage mis à la portée de tout le monde et orné de Figures gravée *(sic)* en Taille-Douce, par M. Brion, Ingénieur-Géographe du Roi, professeur de Géographie et d'Histoire. || A Paris, chez Desnos, Ingénieur-Géographe pour les Globes et Sphères, et Libraire de S. M. Danoise, rue St-Jacques, au Globe, n° 254 (1780). In-24.

Frontispice représentant une fort belle sphère et 9 planches astronomiques. Cet almanach a été rédigé en partie d'après l'astronomie de M. de Lalande.

Le calendrier s'ajoutait à la fin. J'ai vu un exemplaire avec calendrier de 1784 et un autre avec calendrier de 1790.

Selon toute probabilité cet almanach a dû être publié vers 1780. Lui aussi, comme tant d'autres, fut morcelé à l'infini. On trouve sur les catalogues Desnos : *Usages des Globes et Sphères.* — *Explication du système de Copernic.* — *Tablettes Astronomiques ;* évidemment autant de ses membres épars.

618 *bis*. — ALMANACH DE GÉNÉALOGIE ET CHRONOLOGIE DES PRINCIPAUX ÉTATS DE L'EUROPE, avec l'Extrait des Traités, le Tableau en raccourci de chacun de ces États, et l'Indica-

tion des auteurs à consulter sur l'histoire
et le droit public; dédié à S. E. M. le
marquis de Vergennes, Ambassadeur près
le Corps Helvétique; première partie contenant le Danemarck, la Norwège et la
Suède. || A Paris, chez Desnos, Libraire
de S. M. le Roi de Danemarck. 1780.
[1782 et 1783, chez De Seinne]. In-12.

Très probablement le même almanach que celui
précédemment décrit sous le n° 426.

[Quérard]

619. — ALMANACH DE MONSIEUR
pour l'Année bissextile 1780. Présenté
pour la première fois à Monsieur par
Pierre-François Didot le jeune, Directeur
de son Imprimerie. || A Paris, de l'Imprimerie de Monsieur. M.DCC.LXXX (1780-
1788.) In-8.

Écusson fleurdelysé sur le titre.

Almanach admirablement imprimé, donnant le
détail de tous les départements des maisons de
Monsieur et Madame, noms, qualités et demeures
des officiers. Chaque année contient le tableau
historique d'une province de l'apanage de Monsieur
(histoire, mœurs, coutumes). Ont ainsi paru l'Anjou,
le Maine, le Vendômois, le Perche et l'Alençon.
On y trouve également un nécrologe de la maison
de Monsieur, soit des notices sur les hauts personnages décédés. L'année 1781 a un frontispice : portrait d'Hélie, comte du Maine, père d'Eremburge
dont le mariage avec Foulques V, comte d'Anjou,
fut cause de la réunion des deux provinces. La
1re année possède un « Almanach Nécessaire ou
Portefeuille de tous les jours, utile à toutes personnes,
permettant d'inscrire les souvenirs, observations,
rendez-vous pour les 53 semaines de l'année. » Cet
almanach-portefeuille avec poches, pour serrer les
billets et lettres, se vendait, également, détaché, et
plus complet. (Voir n° 623.)

[B. Ars. Années 1780 à 1783.]
[De 8 à 10 fr. en reliure ordinaire.]

620. — ALMANACH DES JEUX, ou
Académie portative, contenant les Règles
du Wischt (sic), du Reversis, du Tre-sette
et du Piquet. Avec Perte et Gain. || A
Paris, chez Fournier, Libraire, rue du
Hurepoix. M.DCC.LXXX (1780-1808).
In-18.

Cet almanach se compose d'une série de plaquettes réunies ensemble et remises en vente sous le
titre spécial d'« Almanach des Jeux. » On y a ajouté
un calendrier et des tablettes de perte et de gain.

A paru pendant plusieurs années avec de légères modifications. Voici le titre de l'année 1784 :

— *Almanach des Jeux ou Académie Portative*, contenant les règles du Reversis, du Wisk, du Tresette, du Piquet et du Trictrac. Nouvelle Édition
augmentée des Jeux du Maryland et du Wisk bostonien. || A Paris, chez Fournier, Libraire, rue du
Hurepoix, près du Pont S.-Michel, à la Providence.
M.DCC.LXXXIV.

Réimprimé à nouveau en 1791 et en 1808, avec la
mention, sur le titre, « par M. Philidor. »

[B. N. Années 1784 et 1786.]
[Cat. 4 et 5 fr.]

621. — ALMANACH DU VOYAGEUR
A PARIS, Et dans les lieux les plus remarquables du Royaume. Année M.DCC.
LXXXI. Prix: 12 sols broché. || A Paris,
chez Hardouin, Libraire, rue des Prêtres
S. Germain l'Auxerrois, vis-à-vis l'Église.
(1780-81). In-12.

Le privilège de cet almanach daté de 1778, est
au nom du sieur Delacroix, le même qui publiait
les *Femmes Illustres* (c'est, du reste, à la fin de ce
volume que se trouve le dit privilège), et autres
publications annuelles de l'époque. Delacroix avait
pris possession du titre, mais l'avait tout aussitôt
cédé au libraire Hardouin (Janvier 1779) : il est
donc fort probable qu'il resta étranger à la publication de ce petit ouvrage.

L'*Almanach du Voyageur*, sorte de guide avec
calendrier, donne la nomenclature des établissements utiles, monuments, curiosités, places publiques, promenades, jardins, bibliothèques, spectacles, divertissements, les demeures et audiences des
ministres et personnes en place, les noms des notabilités dans les lettres et dans les arts que « le voyageur peut avoir le désir de visiter », les bureaux
où « il peut avoir affaire », (bureaux du ramonage
des cheminées, des fiacres, des brouettes, des chaises à porteur, des falots, des « tonneaux pour l'eau
de Seine clarifiée » etc.), enfin la liste des fontaines
avec l'indication de l'eau fournie par elles.

Ce guide-calendrier est quelquefois accompagné
d'annonces-annexes assez amusantes, entre autres
une d'un sieur Guédon, professeur de langue
anglaise, enseignant la langue française (sic) aux
étrangers et aux dames (!!). En 1783 l'*Almanach
du Voyageur* se transforma et prit une tout autre
extension.

[Voir, plus loin, n° 734.]

622. — ALMANACH HISTORIQUE DE
LA COUR DU PALAIS. || A Paris, chez
Hardouin, 1780. In-12.

[Quérard.]

623. — ALMANACH NÉCESSAIRE OU
PORTE-FEUILLE DE TOUS LES JOURS,
pour l'Année 1780, Contenant les articles

suivans : I. Le Calendrier. — II. Un tableau divisé par semaines pour les souvenirs, et pour les sommes à payer ou à recevoir. — III. Tableau des souverains de l'Europe. — IV. Tableau de la Maison Royale de France. — V. Conseils du Roi. — VI. Spectacles établis à Paris. — VII. Juridiction consulaire de Paris. — VIII. Banquiers des principales villes de France. — IX. Tableau des jours de grâce. — X. Tableau d'escompte. — XI. Tableau des sommes à recevoir, réduction des Impositions Royales, etc... — XVI. Postes aux lettres. — XVII. Carosses de Places. Prix : reliure ordinaire, 3 livres. || A Paris, chez Didot jeune, Libraire Imprimeur, quai des Augustins. M.DCC.LXXX. 1780-1790. In-8.

Véritable almanach-agenda destiné, à la fois, à la comptabilité personnelle, à l'inscription des notes quotidiennes, et à servir de Guide pour les renseignements nécessaires dans la vie journalière. C'était, en quelque sorte, le précurseur des agendas in-8°, dont les papetiers ont eu si longtemps le monopole avant la concurrence des grands magasins.

Les feuilles blanches destinées aux notes manuscrites portaient pour titres : « Souvenir.— Observations et Rendez-vous.— État des sommes reçues, payées ou prêtées. » Tantôt elles précédaient, tantôt elles suivaient les renseignements officiels.

Une note placée au bas des préfaces nous apprend que l'Almanach Nécessaire se vendait : « Broché, 2 liv. 5 s. — Mouton maroquiné en porte-feuille avec cordons, 3 liv. — Mouton maroquiné avec secrets d'Angleterre, en acier, 5 liv. — Maroquin avec soufflets de tabis (pochettes pour les papiers) 7 liv. 10 sol. »

Beaucoup de personnes ayant, paraît-il, trouvé l'agenda trop grand et trop épais on en fit rogner des exemplaires presque à la lettre afin de les rendre plus portatifs. « Nous en tiendrons des brochés », ajoutaient les éditeurs « pour qu'on puisse nous déterminer la manière dont on désirera que nous les fassions rogner. »

[B. N. Années 1787, 1788, 1789.]

624. — ALMANACH POUR LA PRÉSENTE ANNÉE. PETIT MANUEL GÉOGRAPHIQUE DE LA GÉNÉRALITÉ DE PARIS. Composé de Cartes très détaillées des Élections comprises en chacun des XII départemens de l'Assemblée Provinciale de l'Isle de France, avec le tableau des personnes qui composent ces différantes (sic) Assemblées. || A Paris, chez le Sieur Desnos, Ingénieur-Géographe et

Libraire de Sa Majesté Danoise, rue St-Jacques, au Globe. (Vers 1780). In-24.

A ce titre gravé, orné du sceptre et de la main de justice, est joint un titre imprimé dont voici l'exacte reproduction :

— Almanach pour la Présente Année. Petit Manuel Géographique de la Généralité de Paris, composé de Cartes Topographiques des Élections comprises en chacun des douze Départements de l'Assemblée Provinciale de l'Isle de France, Détaillées de manière à en reconnoître les Limites, ainsi que les Villes, Bourgs, Villages, Hameaux, Châteaux, et toutes les routes des Élections qu'ils renferment. Avec les Cartes des Généralités, Pays d'État, chefs-lieux des Élections, Bailliages du Royaume, et autres Cartes très intéressantes. Précédé du Tableau des Personnes qui doivent composer ces différentes Assemblées. On a joint à cet Ouvrage des Tablettes Économiques, Petit Nécessaire de tous les jours, Secrétaire Fidèle et Discret, utile aux Financiers, Gens d'Affaires, Négocians et Voyageurs. || A Paris, chez Desnos, Ingénieur-Géographe et Libraire du Roi de Danemarck, rue Saint-Jacques, au Globe, N° 254.

Frontispice représentant la France sous la forme d'une femme couronnée, assise sur le trône, le glaive en main. A ses pieds sont la balance de la Justice et le globe fleurdelysé. Le seul texte est un tableau des Président, Officiers et membres de l'administration provinciale de l'Isle de France siégeant à Melun, avec les noms des personnes formant les Assemblées des douze Départements qui en dépendent (Clergé, Noblesse, Tiers État).

Desnos a également publié un almanach spécial pour chacun des Départements de l'Assemblée Provinciale de l'Isle de France.

Voici, d'autre part, les publications de la même espèce qui figurent son catalogue de 1781 :

— Lieutenants Généraux, Maréchaux de France. — Villes de Guerres (sic), Places fortifiées. — Généralité. Élections du Roi. — Bailliages, chefs-lieux, Élection. — Prévôté. Subdélégations, avec cartes. — Pairies de France. — Capitaineries des chasses, chasses des Princes. — Duchés.

Et encore, dans l'ordre judiciaire :

— Les Tribunaux du Royaume, carte. — Parlemens, Chambres des Comptes.— Cours des Aides, les Monnois (sic), Présidiaux.

[De 15 à 30 fr. suivant la reliure.]

625. — L'ALMANACH VÉRIDIQUE SUR LES MŒURS DU TEMPS pour l'année M.DCC.LXXX. || A Genève, et se trouve à Paris, chez les marchands qui vendent les Nouveautés. 1780. Petit in-8.

Contient une série de portraits à la La Bruyère, tonne contre les vices et les travers de l'époque.

Le style est de la bonne école du XVIII° siècle. Il y a quelques heureuses saillies, notamment dans le portrait d'un ancien laquais devenu marquis. « Vous aurez été comptable et vous n'avez pas tout compté.» Tel portrait, enlevé en quelques coups de plume, paraît une œuvre de maître. Ce petit volume ne porte malheureusement aucun nom d'auteur.

626. — ANACRÉON EN BELLE HUMEUR [OU LE PLUS JOLI (1)] CHANSONNIER FRANÇOIS.

Élite de Chansons, Romances, Vaudevilles, etc. des Auteurs les plus agréables en ce genre. || A Paris, chez Desnos, Ingénieur-Géographe et Libraire du Roi de Danemarck, rue Saint-Jacques, au Globe. Vers 1780. 12 parties publiées en plusieurs années, de 1780 à 1785. In-24.

Broché, 16 liv. 16 sols ; relié en maroquin, 4 livres 10 sols.

Sous ce titre général — première forme de la publication — parurent 12 fascicules ayant tous le même nombre de pages (96), cadre typographique, sans estampes et, la plupart du temps, sans musique gravée. — Chacun de ces fascicules avait un sous-titre spécial, et donnait les noms des auteurs dont les chansons figuraient dans le recueil.

Mais, au fur et à mesure de leur publication, l'éditeur Desnos faisait servir ces fascicules à un autre usage. Il leur adjoignait un texte gravé, chansons et musique, 12 estampes, des feuilles de perte et de gain, son fameux « secrétaire inusable », un calendrier, et constituait ainsi des almanachs élégants à l'usage des petits maîtres et des petites maîtresses, qu'on a pu voir ou qu'on verra successivement défiler sous les titres suivants : *L'Aimable Fou* (Année 1786). — *Les Caprices de l'Amour et de Bacchus* (A. 1786). — *Les Escapades de l'Amour* (A. 1785). — *Les Espiègleries de l'Amour* (A. 1783). — *Étrennes Galantes ou Tableau de l'Hymen et de l'Amour* (Voir « Étrennes Galantes ou l'Instant heureux de Cythère », 1777, mais sous ce titre ne parut que vers 1785). — *Les Grâces en Goguettes* (A. 1784). — *Les Muses à Cythère* (A. 1785). — *Les Niches de Cupidon* (A. 1785). — *La Semaine d'un enfant de la Joie* (A. 1785). — *La Soirée de Paphos* (A. 1787). — *La Veillée de Vénus* (A. 1784).

Quelquefois le titre « Anacréon » se trouve conservé et on lit, alors, comme sur les parties originales : *Anacréon en Belle-Humeur ou les Escapades de l'Amour*, — *Anacréon en Belle-Humeur ou les Grâces en Goguettes*, — mais, plus généralement, il disparaît.

« Les jolies femmes » disait le rédacteur de l'*Almanach Littéraire*, « ont fait la fortune de l'« Anacréon en Belle-Humeur » ; il est sur leur toilette, elles l'apprennent par cœur, et savent en tirer parti dans les petits soupers. »

[Il ne s'est pas encore rencontré en vente publique, une collection complète des 12 parties d'*Anacréon*. Les fascicules se vendent, suivant l'état de la reliure, de 10 à 30 fr.]

627. — BEAUCOUP D'AMOUR, ÉTRENNES AUX BELLES.

Almanach chantant, pour la présente année. || A Paris, chez la Veuve Duchesne, rue S. Jacques, au Temple du Goût. (1787). In-32.

Recueil de chansons et de pièces de vers, destiné à « offrir aux belles l'encens le plus pur. » — Calendrier.

628. — ÉTRENNES DE LA MARINE,

ou Connoissances nécessaires pour l'intelligence de la Guerre Maritime ; Ce qui a pour objet : La Mer et ses dépendances, les Vents, les Vaisseaux de guerre, leur Armement, l'ordre des batailles Navales, l'explication des termes des Marins. On y a ajouté un petit tableau des Possessions des États-Unis dans l'Amérique Septentrionale, celles des Anglois, des François, des Espagnols ; un état des plus célèbres Victoires et Combats. || A Paris, chez la Veuve Duchesne, Libraire, rue Saint-Jacques, au Temple du Goût. M.DCC. LXXX. In-24.

Pas de calendrier. Le privilège ne mentionne pas les mots « Étrennes à la Marine » et ne donne aucun nom d'auteur. Du reste, d'un intérêt très spécial.

[Coté 5 à 6 fr.]

629. — ÉTRENNES DE LA VERTU

contenant les Actions de Bienfaisance, de Courage, d'Humanité qui se sont passées dans le courant de l'année 1779, auxquelles on a joint quelques autres Anecdotes intéressantes. || A Paris, chez Savoye, libraire, rue St.-Jacques, à l'Espérance. (1780-1793). In-18.

Nombreuses anecdotes et traits de courage de Paris et des provinces, recueillis soit par les papiers publics soit par d'autres voies, classés par mois, avec un choix d'anecdotes anciennes. Cette « compilation du bien » visait à inspirer à la jeunesse le goût des mœurs et de la vertu.

A partir de 1791 les « Étrennes » négligent quel-

---

(1) Cette adjonction figure sur les éditions postérieures à 1780.

que peu les traits particuliers de bienfaisance pour ne plus s'occuper que des traits de dévouement à la chose publique.

[Collection complète rare à rencontrer. || Cat. Techener. A 1793 d. r. mar. bl. 12 fr.]

[B. N. Années 1782 à 1792. — R. 2982.]

630. — ÉTRENNES DRAMATIQUES. || A Paris, chez Bradel, Libraire, rue du Théâtre-François et à l'Arsenal, cour des Célestins (vers 1780). In-24.

Ce catalogue composé, dit l'avant-propos, « par un amateur qui fait ses délices de jouer la comédie dans son château » c'est-à-dire par le marquis de Paulmy lui-même, donne en quelques lignes l'analyse des pièces de genre, des rôles, leur caractère, le nombre d'hommes et de femmes nécessaire pour chaque pièce, etc.

631. — FABLES CHOISIES D'ÉSOPE mises en chansons, avec figures dessinées et gravées par M. Chevalier. || A Samos,

Mon Livret, en ces jours de Fêtes,   Le Sage, même, à cinquante ans,
Ne convient pas aux seuls Enfans;   Proffite à l'école des Bêtes.

Frontispice des « Fables choisies d'Ésope », dessiné et gravé par J.-A. Chevalier.
(Grande planche se repliant.)

Publication entreprise par le marquis de Paulmy.

Les *Étrennes Dramatiques* ne se trouvent ni à la Bibl. de l'Arsenal ni à la Bibl. Nationale :

Par contre, l'Arsenal possède le supplément pour les années 1783-84 publié sous le titre suivant :

— *Étrennes aux Sociétés qui font leur amusement de jouer la Comédie*, ou Catalogue raisonné et instructif de toutes les Tragédies, Comédies des Théâtres François et Italien, Actes d'Opéra, Opéra-Comiques, Pièces à Ariettes et Proverbes, qui peuvent facilement se représenter sur les Théâtres particuliers. || A Bruxelles, et se trouve à Paris, chez Bradel Libraire, rue du Théâtre-François, et à l'Arsenal, cour des Célestins (1783).

et se trouve à Paris, chez Méquignon le jeune, Libraire au Palais Marchand, Perron S. Barthélemy. M.DCC.LXXX. In-16. — Se vendait, relié, 3 liv.

Après le calendrier est une planche double portant pour titre : *Étrennes d'Ésope aux François*, puis une série de fables, texte et gravures. Ces dernières, au nombre de 60, signées « J.-A. Chevalier *inv. sculp.* 1774 », sont accompagnées d'une longue légende également gravée, — légende en prose rimée — je ne présume pas que leur auteur ait eu la prétention de donner des vers. Du reste, j'en fais juge le lecteur en reproduisant la légende du frontispice et en copiant textuellement celle de la première planche : La Fontaine et la Marre (*sic*).

> Ésope est la Nature : Moi
> Pour mes Fables, non sans effroi,
> Je suis l'Eau que la pluie amène
> Et La Fontaine est La Fontaine.

Pauvre Ésope! Pauvre La Fontaine! Quel crime commîtes-vous pour être ainsi torturés.

Il se peut que *le sage profsite* (*sic*) à l'école des bêtes, mais assurément, les faiseurs d'almanachs n'y apprenaient point l'orthographe « puérile et honnête. »

Le même recueil a paru la même année sous le titre de :

— *Étrennes d'Esope aux François* pour la présente année (1780). Athènes et Paris, chez Bleuet.

D'autre part, Desnos annonce également sur son catalogue de 1781 des *Fables d'Ésope mises en chansons*. Très certainement la même publication.

La librairie Techener a mis en vente un exemplaire orné de 62 figures.

[Cat. 30 à 50 fr.]

632. — LES FEMMES ILLUSTRES, Étrennes et Bouquet A présenter aux Dames en tout tems. Prix 12 sols broché. || A Paris, chez Hardouin, Libraire, rue des Prêtres Saint-Germain-l'Auxerrois, vis-à-vis l'Église. M.DCC.LXXX. In-18.

Almanach dédié aux dames, dont *l'éditeur était le sieur Delacroix*, le même qui publia l'*Almanach du Voyageur à Paris*. « Les dames verront peut-être avec plaisir », lit-on dans l'avertissement, « que ce n'est point par des paroles mais par des faits authentiques que leur sexe est vengé des inculpations de faiblesse et d'incapacité qu'on lui fait tous les jours... Déjà, depuis longtemps, parmi la noblesse, nos dames se montrent jalouses de cette gloire qui résulte des belles connaissances et qui est le fruit d'une éducation distinguée. Les hommes destinés par la nature à parcourir la carrière des sciences et des arts n'ont jamais prétendu que l'entrée en fut interdite aux femmes de tous les temps. »

Cette sorte de répertoire des *femmes illustres* est divisé, comme les saisons, en quatre parties : Les Belles, Les Courageuses, Les Savantes, Les Sages.

Le libraire annonçait des exemplaires intercalés de feuillets blancs « pour la commodité de ceux qui voudraient placer à la main quelques Dames de leur connaissance dans l'une des quatre classes. »

Avec un calendrier.

[Coll. de Bonnechose.]

633.— LA FOIROPÉDIE, ALMANACH DES CHIEURS, ou le Passe-Temps de la garde-robe, Étrennes odoriférantes dé-

diées à tous les nez. || *S. l. n. d.* (Paris, Cailleau. 1780-1790). In-32.

Titre gravé et frontispice non signés. Chansons et poème.

Cette réimpression des précédents almanachs de Cailleau (voir, plus haut, nᵒˢ 435, 505 et 529) devint, en quelque sorte, le manuel à la mode. Carrière-Doisin dit, à son sujet, dans *Les Étrennes de mon Cousin* « la plus jolie femme, le petit maître le plus musqué s'en amusoit dans les cercles, on ne badinoit plus que foiropédiquement ». Le même almanach parut à plusieurs reprises sous des titres nouveaux ; citons entre tous le suivant de la collection Bégis, avec calendrier pour 1786.

— *La Foiropédie, Almanach des Chieurs*, contenant ce qu'il y a de plus agréable sur cette matière aussi utile que précieuse. Enrichies (*sic*) de plusieurs Odes philosophiques sur la Chiropédie. Et suivies de Vaudevilles et de Chansons de goût. || Par Toute la Terre, Dans toutes les Villes, Bourgs, Villages et Hameaux. In-24.

Ce traité des matières... *grasses et odoriférantes* sera, du reste, réimprimé à nouveau sous la Restauration (voir plus loin.)

[Une réunion de 5 de ces almanachs s'est vendue 32 fr. à la vente Veinant, en 1860.]

634. — LE FOND DU SAC, Ou Ce qui reste des Productions d'un Bel Esprit. Bons Mots, Chansons, et tout ce qu'on

voudra. ‖ A Paris, chez Desnos, Ingénieur-Géographe et Libraire de Sa Majesté Danoise, rue St-Jacques, au Globe. (vers 1780). In-24.

Titre gravé. Recueil de chansons accompagné de six estampes non signées, mais dessinées dans l'esprit de Marillier, se rapportant aux sujets. — L'Aimable Épicurien, Le Triomphe du Plaisir,

Figure de l'almanach « Le Fond du sac. »

La Leçon d'Amour, La Chaise renversée, L'Éloge de la Folie. — Nombre de publications galantes du xviiie siècle paraîtront sous ce titre, et nombre d'almanachs reproduiront les figures de ce gentil petit opuscule. (Voir *La Corbeille de Glicère*, n° 768).

[Cat. Alisié : 80 fr.]

635.—PETITES ÉTRENNES AUX ARTISTES pour la présente Année où sont représentés en Médaillon les Monumens remarquables érigés dans Paris depuis plusieurs Siècles. Notamment sous les règnes de Louis XIV, Louis XV, et Louis XVI, actuellement régnant. ‖ A Paris, chez Desnos, Libraire et Ingénieur-Géographe de Sa Majesté le Roi de Dan-

nemarck, Rue St-Jacques, au Globe et à la Sphère. — Cette Collection peut faire suite à « l'Almanach Parisien » et autres Ouvrages curieux, en faveur des Étrangers (vers 1780). In-24.

Suite de petites vues des monuments de Paris dans des médaillons ovales, avec encadrement de fond et guirlandes de fleurs. Almanach sans texte. Titre également gravé.

[De 60 à 80 fr.] [Coll. de Savigny.]

636. — LE PETIT ŒDIPE ou le Jeu des Énigmes; Almanach de Société, chantant, Récréatif et Divertissant. Contenant des Énigmes et Logogriphes en chansons, et autres, sur les airs les plus nouveaux et les plus agréables. Avec Tablettes économiques, Perte et Gain. ‖ A Paris, chez Desnos, Ingénieur-Géographe, Libraire du Roi de Danemark, rue S. Jacques, au Globe (vers 1780). In-24.

Recueil d'énigmes dont la clef, contrairement à l'usage, se trouve à la fin de chacune d'elles, en sorte que pour deviner l'énigme, point n'est même besoin de retourner la page. Ce sont des énigmes « à la portée de toutes les vues. »

[Coll. de Savigny.]

637. — LES PROGRÈS DE L'AMOUR ou le Jeu de ses Flèches, Almanach Chantant, orné de figures. ‖ A Paris, chez Jubert (vers 1780). In-16.

Recueil de chansons dans la note habituelle, avec frontispice et 12 figures.

[Vente Destailleur : 75 fr.]

638. — RECUEIL DE CHANSONS DES MEILLEURS AUTEURS : Diversités galantes. Journal d'Amour avec Tablettes économiques. Perte et Gain. ‖ A Paris, chez le Sr Desnos, Ingénieur-Géographe et Libraire de Sa Majesté Danoise, rue St-Jacques, Au Globe (vers 1780). In-24.

Titre gravé dans un encadrement à attributs rustiques. Nom de l'éditeur dans le bas, sur une tablette.

639. — RECUEIL DES CŒFFURES DEPUIS 1589 JUSQU'EN 1778. Avec des vers analogues à chaque costume. Collection fort désirée des Dames et la plus complète qui ait encore paru en ce genre, Suivie du Secrétaire à la mode, à l'usage

du Beau-Sexe. || A Paris, chez Desnos, Ingénieur-Géographe, et Libraire de Sa Majesté Danoise, rue St-Jacques, au Globe. (1780). In-24.

Suite ou plutôt complément de l'*Almanach de la Toilette* (Voir, plus haut, n° 572) avec le même frontispice — quatre femmes en costume de différentes époques —, avec la planche « La Sortie du Bain. » (L'Amour armé de son carquois, folâtrant autour de Chloris pendant que ses femmes s'empressent à la bien essuyer), mais au lieu de 24, comme plus haut, les estampes sont au nombre de 48.

Les 24 premières ayant été déjà décrites dans l'*Almanach de la Toilette*, je me contente de donner ici les titres des 24 dernières lesquelles ont dû paraître également séparément :

25. Cœffure au Colisée en 1777. — 26. Bonnet à la Gabrielle de Vergy. — 27. Cœffure à la Minerve en 1777. — 28. Bonnet au Hérisson. — 29. Hérisson et Chignon frisé, orné d'un Bandeau d'amour. — 30. Chien-couchant avec un Pouf. — 31. Le Croissant ou la Diane. — 32. La Corne d'Abondance en 1777. — 33. Cœffure en échelle de 5 Boucles, avec le Bonnet à la Glaneuse. — 34. Le Bandeau d'amour ou Ruban en Bannière.— 35. Hérisson avec 3 boucles détachées. — 36. Bonnet du jour. — 37 Bonnet à la Candeur. — 38. Bonnet dans le costume Asiatique, dit au Mystère. — 39. Baigneuse d'un nouveau goût. — 40. Le Parterre galant. — 41. Toque lisse avec trois boucles détachées. — 42. Cœffure en crochets avec une échelle de boucles. — 43. Bonnet au Levant. — 44. Pouf d'un nouveau goût. — 45. Cœffure en rouleaux avec une boucle. — 46. Toque à l'Espagnolette. — 47. Chapeau d'un nouveau goût. — 48: Chapeau tigré.

Quant à la singulière poésie qui accompagne ces planches — vers analogues à chaque costume suivant le titre — les deux morceaux suivants suffiront amplement à en faire connaître le caractère.

Pour une cœffure en plumes de 1774 :

Le ridicule et la folie
Brillent ici dans tout leur jour :
Ah ! mesdames, la modestie
Fut toujours le plus bel atour.
D'attraits quand on est si pourvue,
Que peut-on désirer de mieux ?
Songez que d'une gorge nue
Le sage détourne les yeux.

Et en face du bonnet asiatique dit au mystère (n° 38) :

C'est donc un bonnet mystère,
En Asie il enfante vraiment
Du mystère : en France, au contraire,
On fait l'amour ouvertement.
Plus d'un mari benin, commode,
Qui sent du bois sur le front,

Loin de s'irriter de l'affront
Dit : il faut bien être à la mode.

[Communiqué par M. F. Greppe. Cat. de 350 à 400 fr.]

640. — RECUEIL GÉNÉRAL DE COSTUMES ET MODES CONTENANT LES DIFFÉRENS HABILLEMENS et les cœffures les plus élégantes des hommes et des femmes ; gravées en miniature et en pied pour distinguer les habillemens. Ouvrage fort désiré de l'un et l'autre Sexe et faisant suite à celui de la « Toilette des Dames Françaises et Romaines » et qui se vend séparément. Avec Tablettes Économiques, Perte et Gain.|| A Paris, chez Desnos, Ingénieur-Géographe et libraire de Sa Majesté Danoise, rue Saint-Jacques, au Globe et à la Sphère. (1780 et suite). In-24.

Titre gravé, ayant en face, comme frontispice, dans les années qui suivirent, un autre titre : *Almanach pour la présente Année*, également gravé. A l'exception d'un calendrier cet almanach se compose uniquement de planches de costumes, plus une femme en buste, médaillon ovale, *Cœffure à la Belle-Poule*, le tout traité dans le genre de Desrais, les planches 13 et 14, « Dame de la suite de la Reine en robe de Cour » et « Grand seigneur vêtu d'un habit de velours cerise brodé autour », étant censées représenter le Roi et la Reine se trouvent dans nombre d'exemplaires placées au commencement, et avant la cœffure à la Belle-Poule. Hommes et dames de qualité, abbés, jolies demoiselles, petits-maîtres, hommes du bon ton, élégants du siècle, bourgeois et bourgeoises aisés, dames de la suite de la Reine, Officiers, apparaissent ainsi successivement en pied et brillamment costumés.

Ce « Recueil » a été quelquefois publié en deux almanachs, l'un pour 1781, l'autre pour 1782, de chacun 24 planches. Il existe des exemplaires avec costumes coloriés.

On retrouvera, par la suite, ces planches dans d'autres almanachs de Desnos (Voir, plus loin, n° 796). Elles ne sont du reste que la mise en vente sous forme d' « Étrennes » de la célèbre publication : « Recueil général des Cœffures de différens goûts » de format gr. in-8, qui parut, à l'origine, en feuilles détachées.

Ces publications ont été également mélangées et publiées sous des titres différents. Je signale le suivant qui a figuré à la vente Destailleur (n° 404) :

Étrennes chantantes, avec des couplets analogues aux *Modes Parisiennes*, enrichies de nouvelles cœffures les plus galantes et habillemens les plus en usage. || Paris, Desnos. — Avec 24 planches de costumes d'hommes et de femmes. (Vendu 155 fr).

[Vente Destailleur, ex. figures coloriées, mar. r. 300 fr.)

641. — SOUVENIR A L'ANGLOISE et Recueil de Coiffures. Dédié aux Dames de Bon goût. Avec tablettes ; Perte et Gain. || A Paris, chez Desnos, Ingénieur-géographe et Libraire de Sa Majesté Danoise, rue St Jacques, au Globe. 1780. In-24.

Titre gravé : rideau retombant sur la glace d'une table de toilette (La même planche, avec le rideau un peu relevé, sert de titre à l'almanach). D'après M. de Savigny de Moncorps, en regard du titre, serait la planche : soubrette coiffant sa maitresse à laquelle un personnage présente un livre. Cet almanach n'est, du reste, qu'une mise en vente, sous un titre nouveau, ou plutôt sous l'ancien sous-titre transformé en titre principal — de la 2ᵉ partie de l'*Almanach de la Toilette et de la Coëffure des Dames françaises*, dont il contient les planches numérotées de 13 à 24, (voir l'*Almanach de la Toilette*, nᵒ *572*.)
Il est à remarquer — car c'est là, je crois, un exemple unique pour une publication de l'époque — que le mot : « Coiffures », sur le titre, est orthographié à la moderne.

[Cat. Morgand.]

642. — LE TRIBUT DES MUSES ou Choix de pièces fugitives, tant en vers qu'en prose, dédié aux mânes de Voltaire, première partie. || Pétersbourg, et à Paris, chez Grangé. (1780). Pet. in-12.

Qualifié par le rédacteur de l'*Alm. des Muses* d'espèce de nouvel « Almanach des Muses ». Il devait paraître un volume tous les six mois.

643. — ALMANACH DE LA PETITE POSTE DE PARIS, Réunie à la Grande Poste le premier Juillet 1780, Par Arrêt du Conseil d'État du Roi. Pour l'Année M.DCC.LXXXI. || A Paris, de l'Imprimerie de Grangé, Imprimeur de la Poste de Paris. (1781-1789.)

Suite de l'*Almanach de la Poste de Paris* (voir nᵒ 458) mais avec un caractère plus officiel que précédemment, jusqu'au jour où, l'ancienne « Petite Poste » étant elle-même supprimée, tous les services se trouveront entre les mains de la Direction Générale des Postes. Voici le titre ainsi complété et rectifié à partir de 1789 :

— *Almanach de la Poste de Paris*, Réunie à la Direction Générale des Postes, Par Arrêt du Conseil d'Etat du Roi, Pour l'Année M.DCC. LXXXIX. Contenant le détail du nouveau Service, soit pour la distribution plus prompte des Lettres des Provinces et Pays Étrangers, que de celles écrites de Paris pour Paris, avec la nomenclature, par ordre alphabétique, des Rues de la Capitale, leurs Tenans et Aboutissans ; le Départ des Couriers (sic) pour les Provinces de France et Pays étrangers. Le tout dressé par *ordre* de M. le Baron d'Oigny, Intendant-Général des Postes de France, sous les yeux de MM. les Administrateurs. Prix, 1 liv. 4 s. broché. || A Paris, chez Grangé, Imprimeur de la Poste de Paris, rue de la Parcheminerie. (In-16 carré).

Ces almanachs, comme les précédents, donnent la « position des boëtes aux lettres » dans les différents quartiers de Paris.

[B. N. Années 1787 et 1789.]
[Cat. 5 à 15 fr. suivant l'état et la reliure.]

644. — ALMANACH DES ORIGINAUX || A Paris, chez Hardouin, 1781.

Almanach mentionné au verso du titre de l'*Almanach du Voyageur*.

645. — ALMANACH DU BON FRANÇOIS ou Anecdotes, Pensées, Maximes et Réflexions de Monseigneur le Dauphin, père du Roi. Avec un Recueil Anniversaire d'Allégories des principales Époques de l'Avènement de Louis XVI au Trône. Orné de figures. || A Paris, chez le Sʳ Desnos, Ingénieur-Géographe et Libraire de Sa Majesté Danoise, rue St-Jacques, au Globe. 1781. In-24.

Titre gravé, orné de feuilles de laurier et d'allégories.
Almanach composé en quelque sorte de deux parties. La première avec un frontispice qui représente Henri IV montrant à Louis XVI l'empire du monde (Brion *del*, Lachaussée *sculp*.) comprend, sous ce titre, la vie et les mémoires de M. le Dauphin (53 pages imprimées).
La seconde avec les allégories déjà indiquées sur le premier titre, mais sous un nouveau titre spécial, avec frontispice et nombreuses figures. En voici le détail :

— *Étrennes Patriotiques* ou Recueil anniversaire d'Allégories, sur les époques du Règne de Louis XVI. Première et seconde Partie. Composées et dédiées au Roi par son très soumis et très zélé sujet le Chᵉʳ de Berainville || A Paris, chez Desnos, Ingénieur-Géographe et Libraire de Sa Majesté Danoise, rue Saint-Jacques, au Globe.

Le titre, avec de très jolis ornements, est au chiffre de Louis XVI (deux L. entrelacées ayant au milieu le chiffre XVI.) — Frontispice (dont la légende se trouve inscrite au milieu même, sur un rideau) représentant un Génie allégorique qui grave sur les ailes du temps les époques du Règne de Louis XVI. Puis suivent 15 compositions signées : P. de Berainville *inv.* Voysard *sculp.*, toutes relatives aux événements du règne de Louis XVI, accompagnées de pages d'explications, également gravées, et dont voici les sujets et légendes :

1. Avènement de Louis XVI au Throne (*sic*).
(La France pleurant, consolée par l'Espérance).
France épargne à ton cœur des regrets superflus,
S'il perdit un Nestor, il retrouve un Titus.

2. La félicité que promet au Royaume l'alliance de Louis XVI avec Marie-Antoinette d'Autriche (La Reine figurée par l'Aurore répand sur la France une rosée de fleurs et de l'urne du temps coule un fleuve d'or).

3. L'Inoculation de Louis XVI (Juin 1774).

4. Rappel du Parlement de Paris (12 novembre 1774).

5. Le Sacre de Louis XVI (11 Juin 1775). Il est couronné par la Religion et gardé par la Justice.

6. Mariage de Madame Clotilde, sœur du Roi, avec Charles Emmanuel, prince de Piémont.

7. Rétablissement de la santé de la Reine (Septembre 1776).

8. La naissance de Mgr le Dauphin (22 Octobre 1781.

9. Bienfaisance de Louis XVI pendant le grand hiver de l'année 1776.

10. Incendie du Pallais (*sic*) de Themis à Paris (Janvier 1776).

11. Institution de la Loterie Royale par Louis XVI, en 1776.

12. La fête des Bonnes Gens instituée par Monsieur, Frère du Roi, à Brunnois, en 1776.

13. La liberté rendue aux arts libéraux par Louis XVI, en 1777.

14. La création d'un Conseil des Finances par Louis XVI, en 1777.

15. Le Voyage de l'Empereur Joseph II en France, en 1777.

Au dessous de chaque estampe se trouve gravée une légende en vers. Cet almanach figure sur le catalogue Desnos de 1781 sous le titre de : « Époques de Louis XVI. »

La B. N. possède la première partie des *Étrennes Patriotiques* à la date de 1777.

[Cat. Morgand ; ex. mar. rouge, dos orné, 125 fr.]

646. — ALMANACH ÉDIFIANT ou nouvelles Vies des Saints à l'usage des jeunes personnes de l'un et de l'autre sexe. ‖ A Paris, chez Hardouin, Libraire, rue des Prêtres St-Germain l'Auxerrois. 1779, 1781 et suite. In-18.

Notices, jour par jour, sur tous les saints du calendrier, dues à M. Delacroix.

[B. N. A. 1779. — H. 2330 G.]

647. — ALMANACH POUR LA PRÉSENTE ANNÉE. ‖ *S. l. n. d.* (Paris, Desnos, 1781). In-24.

Le titre de départ porte : *La quintessence des Almanachs.* Ce n'est du reste que cette publication présentée sous le titre plus général de « Almanach » afin de laisser croire au public qu'il s'agissait d'un opuscule nouveau.

Titre gravé par Desrais dans un encadrement de feuillage avec tablette grise réservée pour l'indication de l'éditeur.

Frontispice et 6 jolies gravures, également signées Desrais, sans légendes.

Les planches et le texte de cet almanach sont identiques aux planches et au texte imprimé des *Étrennes de toute Saison* (1789), avec cette différence que le frontispice doit former la planche 6 des *Étrennes de toute Saison* et que les autres planches se trouveront placées dans l'ordre inverse. Voici, du reste, les sujets auxquels se rapportent ces gravures avec le n° d'ordre correspondant aux gravures des *Étrennes de toute Saison* : — 1. A la maîtresse que j'aurai (5). — 2. Une heure après (4). — 3. Sur un baiser, par J. B. Rousseau (3). — 4. Épitre des Vous et des tu, par Voltaire (7). — 5. L'Amant heureux, par J. B. Rousseau (2). — 6. L'Amour dévoilé, par J. B. Rousseau (1).

Texte en vers. Cahier de perte et gain.

648. — L'AMBIGU-COMIQUE OU LE VÉRITABLE REMÈDE A L'ENNUI ; Étrennes récréatives aux jolies Femmes

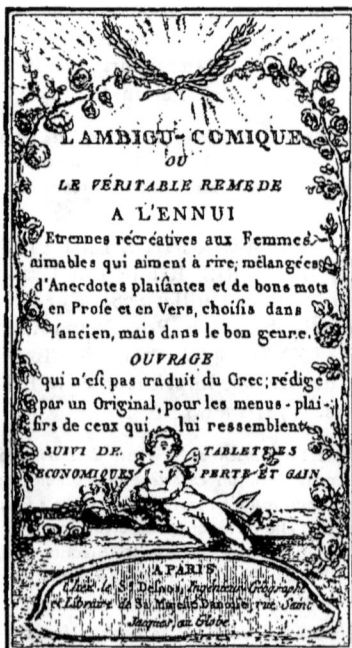

qui aiment à rire, mélangées d'Anecdotes plaisantes et de bons mots en Prose et en Vers, choisis dans l'ancien, mais dans le bon genre. Ouvrage qui n'est pas traduit du Grec ; rédigé par un Original, pour les menus-plaisirs de ceux qui lui ressemblent, [enrichi de figures en Taille-douce]. || A Paris, chez Desnos, Ingénieur-Géographe, Libraire de Sa Majesté Danoise, rue Saint-Jacques, au Globe. (1781). In-24.

Recueil de fariboles en prose et en vers, avec un avant-propos au beau sexe. « Nous aurions intitulé notre nouvel almanach, *Almanach pointu* » dit l'éditeur « si de graves Littérateurs ne nous avoient observé qu'il en existe déjà un sous ce titre, on ne peut plus analogue à celui-ci. »

Cet almanach existe sous deux formes, avec titre imprimé et avec titre gravé (voir la planche ici reproduite.) Au lieu de : « Étrennes récréatives aux jolies femmes qui aiment à rire », le titre gravé porte, comme on peut le voir : « Étrennes... aux femmes aimables... » et ne mentionne pas de gravures.

649. — APOLOGIE DES DAMES, LES JOLIES FRANÇAISES, leurs Coëffures, et Habillemens. Étrennes à la Beauté.

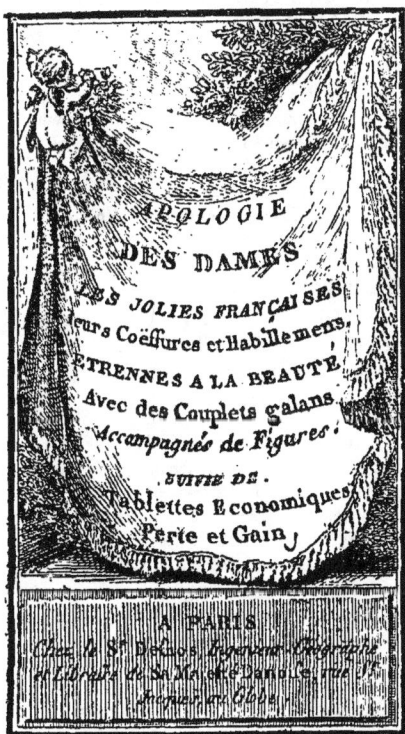

Avec des Couplets galans accompagnés de Figures. Suivie de Tablettes Économiques : Perte et Gain. || A Paris, chez le Sʳ Desnos, Ingénieur-Géographe et Libraire de Sa Majesté Danoise, rue St-Jacques, au Globe. 1781. In-24.

Titre gravé. Frontispice représentant des femmes en grand atour contre un portique agrémenté d'une niche dans laquelle se trouve une petite statuette de l'Amour. Au premier plan, devant elles, un abbé galant.

Texte des chansons, également gravé, avec 11 figures reproduisant les coiffures à la mode : 1. A la Zaïre. — 2. A la Folette. — 3. A la Félix. — 4. A la Sultane. — 5. A la Zémire. — 6. A la Salency. — 7. A la Coquette. — 8. A la Cloris. — 9. A la Déesse. — 10. A la Colette. — 11. A la Chouchou.

Ces figures proviennent du *Recueil des Cœffures* de Desnos.

[150 à 250 fr. suiv. reliure.]

650. — LA BIGARRURE, Embellie d'idées exalées(1) du cerveau d'un Cousin

(1) Sur un second exemplaire que j'ai eu entre les mains ce mot était orthographié : exilée.

au quatorzième degré de l'immortel Liégeois Mathieu Laensbergh et d'Anecdotes
Théatrales. Ouvrage périodique, pour la
présente Année [Épigraphe :] Ce seroit
une grande injustice. d'interdire aux
Gens-de-Lettres un peu de badinage pour
se délasser un peu l'esprit. Érasme. ‖ A
Paris, chez Desnos, Ingénieur-Géographe
et Libraire de Sa Majesté Danoise, rue
Saint-Jacques, au Globe (1781). In-18.

Bons mots, anecdotes théatrales, poésies fugitives, idées singulières, traits historiques, historiettes, recettes, moyen de se garantir de la foudre
(seule chose utile en ce livre). le tout emprunté aux
opuscules du moment. « Que ce petit Livre soit
rangé ou non dans l'honorable classe des Almanachs et des Étrennes » dit son éditeur, « il n'en
vaudra ni plus ni moins. »
Et c'est également l'opinion du bibliographe.

651. — ÉTAT DE LA NOBLESSE,

Année M.DCC.LXXXI contenant 1° L'État
actuel de la Maison Royale de France.
2° Celui des Maisons Souveraines de
l'Europe dans leur ordre alphabétique.
3° Les Noms et Surnoms de toutes les
Personnes nobles du Royaume et des
Pays étrangers; leur Généalogie et le
renvoi aux Ouvrages dont il est parlé.
4° Les changements arrivés dans la
Noblesse pendant le cours de l'année, etc.
Pour servir de continuation aux 9 premiers Volumes des « Étrennes à la Noblesse » et de supplément à tous les
Ouvrages Historiques, Chronologiques,
Héraldiques et Généalogiques. Par M. de
la Chesnaye-Desbois. — Prix 3 liv. broché; et 3 liv. 10 sols relié. ‖ A Paris,
chez Onfroy, Lamy, Libraires, Quai des
Augustins. M.DCC.LXXXI. (1781-1784 :
4 années et 9 volumes). In-12.

En outre des matières indiquées sur le titre on y
trouve la liste des personnes auxquelles le Roi
a accordé les grandes et petites Entrées, les noms
des personnes présentées à la Cour, des personnes
décorées, des personnes dont le Roi ou la famille
Royale ont signé les contrats de mariage.
S'il faut en croire les notes manuscrites des
exemplaires de la B. N. et la notice du catalogue de
cette même Bibliothèque l'année 1782 serait de
Waroquier, les années 1783 et 1784 de Saint-
Pons.
Quelques modifications sur le titre de l'année
1782 composée de 5 volumes, 3 de texte et 2 de
planches. Deux de ces volumes portent le titre

« État » et trois le titre : « Armorial », ainsi
que l'indique l'avis suivant de l'éditeur :
« État de la Noblesse, année 1782, 2 volumes
brochés, 4 liv. 10 s.
« Armorial, ou explication du blazon, qui fait le
tom. 3 se vendra avec les tom. 4 et 5 qui contiennent les blazons et armes des familles Nobles ; les
3 vol. br. 9 liv. »
Voici, du reste, le titre exact de ces volumes :
— Armorial des principales maisons de France et
étrangères, et de plusieurs Villes du Royaume;
Avec un abrégé des différens degrés d'élévation de
la plupart des anciennes Maisons : Enrichi de près
de quatre cents figures en taille-douce, pour l'intelligence des différentes Armoiries, le tout pour servir
de supplément à la collection des Étrennes à la
Noblesse, depuis 1771 jusqu'à présent.
[Voir, plus haut, Étrennes à la Noblesse, n° 615.]

652. — ÉTRENNES A LA JEUNESSE, OU ALMANACH DE COMPLIMENS

Pour le nouvel An, Fêtes et Bouquets à
ses Parens, ses Protecteurs et autres;
Auquel on a joint quelques Pièces de
vers choisies, propres à orner la Mémoire,
avec Tablettes Économiques, Perte et
Gain. ‖ A Paris, chez Desnos, Ingénieur-
Géographe et Libraire de Sa Majesté le
Roi de Danemarck, rue Saint-Jacques,
au Globe. 1781. In-24.

Frontispice : une femme assise devant sa toilette recevant les compliments écrits que lui passent
des amours. Cet almanach qui a encore un second
titre : Les complimens selon le Costume ou les souhaits sincères n'est que la mise en vente, avec un
titre nouveau, du Courtisan sans Art. (Voir, plus
haut, n° 496.)

653. — ÉTRENNES GALANTES DES PROMENADES

et Amusemens de Paris
et de ses Environs. ‖ A Paris, chez Boulanger, rue du Petit-Pont, près le Petit-
Châtelet. 1781. In-32.

Titre gravé, signé : F. M. Queverdo fec. 1780,
avec, dans le haut, deux amours tenant une draperie
sur laquelle on lit : Bijou des Dames.
Cet almanach, entièrement gravé, un des plus
élégants du XVIII° siècle, a 12 ravissantes compositions de Quéverdo destinées aux douze mois de
l'année. En voici les titres :
1. Le Contrat de mariage. — 2. Théâtre des Variétés Amusantes (intérieur de la salle : la scène est
occupée par un personnage, lanterne en main, causant avec une jeune femme à sa fenêtre.) — 3. Promenade de Longchamps. — 4. Grands Boulevards
(sous les grands arbres le beau monde assis et cau-

sant tandis que, plus loin, la foule regarde les parades). — 5. Palais-Roïal. — 6. Fêtes de Sceaux. —
7. Champs-Élisées. — 8. Salon du Louvre. —
9. Fêtes de Saint-Cloud. — 10. Vendanges de
Vanvres. — 11. Marrons et desserts (pendant
qu'une servante fait griller des marrons un jeune
élégant prend.., son dessert en lutinant la maîtresse
du logis). — 12. Académie de jeux (Joueurs autour
d'une grande table).

F. M. Queverdo fec. 1780

Quelques-unes de ces estampes — véritables
bijoux — sont précieuses pour fixer l'aspect des
endroits alors à la mode. Des pièces de vers accompagnent les gravures. Au sujet des grands boulevards, on lit :

Ceux qui n'ont pas beaucoup d'argent
S'amusent à voir les parades,
Et plus d'un Gascon indigent
Y fait mainte et mainte passades...
Sur les chaises sont des abbés
Occupés à lorgner des Belles.

Cet almanach contient encore plusieurs pages de
musique, notamment la romance de J.-J. Rousseau « Au fond d'une sombre allée, etc. »

[De 150 à 300 fr. suivant l'état et la reliure.]

654. — ÉTRENNES LYRIQUES, ANA-
CRÉONTIQUES pour l'année 1781. Pré-
sentées à Madame, Sœur du Roi [depuis à
Madame la Comtesse de Provence], pour

la première fois, le 25 décembre 1780
[Épigraphe :]

Les Vers sont Enfans de la Lyre
Il faut les chanter, non les lire.
Lamotte-Houd.

‖ A Paris, chez l'Auteur, rue des Nonan-
dières, au coin de celle de la Mortellerie.
M.DCC.LXXXI. (1781-1794 puis 1803 et
suite.)

Recueil publié par M. Cholet de Jetphort, avocat,
qui fut honoré, pendant onze années consécutives,
du suffrage de la comtesse de Provence. En tête de
chaque volume se trouve un frontispice différent, le
sujet de la gravure étant toujours choisi parmi
les pièces dont le sujet prêtait le plus à l'illustration.
D'abord par Cochin, ces frontispices furent ensuite
dessinés par Monnet. Il existe pour les dix premières années des exemplaires sur Hollande
(tirage à 50) avec épreuve de l'estampe avant la
lettre. Calendrier.
Ce recueil qui paraît avoir joui d'une façon assez
suivie de la faveur du public contient des poésies de
Andrieux, Beaumarchais, Boufflers, Céruti, Collé,
Cubières, Desessarts, F. Nogaret, de La Louptière,
Marssollier, Nerciat, Pastoret, de Piis, Regnault de
Chaource, etc. La chanson de Gorsas L'Heureuse
apparition, publiée dans le volume de 1787, fut l'occasion du fameux dessin de Cochin gravé par
Gaucher.
Les « Étrennes Lyriques » furent reprises au
XIXe siècle par Charles Malo « convive des soupers
de Momus ». Pendant cette nouvelle série le titre
est gravé et le calendrier disparaît.
L'année 1812 contient trois chansons originales
de Béranger.

[Catalogué 3 à 5 fr. suivant les années. Collection complète, rare.]

655. — ICONOLOGIE DES EMPIRES,
ROYAUMES ET RÉPUBLIQUES DE
L'EUROPE, et des autres États des
quatre parties du Monde : avec le Costume et les Habillemens de cérémonie,
suivant le goût de chaque Nation. On a
joint au bas de chaque Estampe, une
description Géographique intéressante.
Ouvrage actuellement complet dont chaque partie se vendra séparément. Avec
Tablettes Économiques, perte et gain, à
l'usage de l'un et de l'autre Sexe. ‖ A
Paris, chez le Sr Desnos, Ingénieur-Géographe et Libraire de Sa Majesté Danoise,
rue Saint-Jacques, au Globe. (1781).
In-24.

52 planches gravées, en couleur, représentant les
costumes de toutes les Nations, avec une courte

notice géographique, également gravée, pour chaque nation représentée.

Tablettes de perte et gain et calendrier.

656. — LES MODES PARISIENNES ou Manuel de Toilette, avec Tablettes économiques. || A Paris, chez Desnos, Ingénieur-Géographe et Libraire de Sa Majesté Danoise. (1781). In-24.

Frontispice, titre gravé, et 12 jolies figures de coiffures coloriées faisant partie du précédent *Recueil des Cœffures* (Voir n° 639). Chansons se rapportant aux estampes.

[Vente Destailleur, ex. mar. r. 400 fr.]

657. — LE PLUS UTILE DES ALMA-NACHS, ÉTRENNES DE SANTÉ, ou Moyen de vivre longtems par le choix des alimens ; contenant un précis de leurs propriétés utiles ou dangereuses, suivant les principes adoptés des plus Célèbres Medecins, avec Tablettes Économiques Perte et Gain. || A Paris, chez le Sʳ Desnos, Ingénieur-Géographe et Libraire de Sa Majesté Danoise, rue S.-Jacques, au Globe et à la Sphère. (vers 1781). In-24.

Titre gravé dans un cartouche orné, le nom de l'éditeur étant placé sur une tablette au-dessous. Frontispice : médecin assis sur un banc contre un arbre. Le texte n'est que le « Précis des Alimens et préceptes de santé » placé à la suite de l'*Almanach du Comestible* (Voir, plus haut, n° 591), et il figure ici, sans pagination nouvelle, si bien que l'almanach commence à la page 124. C'est là un des moyens dont Desnos se servait pour écouler ses nombreuses publications.

Sur certains catalogues il est annoncé : *Moyens de vivre longtemps*.

Reparut à nouveau à différentes époques et notamment en 1807.

658. — LES SENS, PETIT BIJOU pour la présente année. Avec Tablettes Économiques, Perte et Gain. || A Paris, chez le Sʳ Desnos, Ingénieur-Géographe et Libraire de Sa Majesté Danoise, rue S.-Jacques, au Globe. 1781. In-24.

Ravissant titre gravé en forme de cœur. Le frontispice : *Tot Capita, tot sensus*, est une mise en action du précepte : « autant de gens, autant de sens. » Huit figures de Marillier dont voici les sujets : 1. La Vue (Un jeune seigneur contemplant les appas d'une belle étendue sur son divan). — 2. L'ouïe. — 3. Le toucher. — 4. Le goût. — 5. L'o-

dorat. — 6. L'offrande à l'Amour. — 7. L'Union parfaite. — 8. La Jouissance :

> Combien on dirait de choses
> Sur tant de félicités !

Ces estampes sont ravissantes. Au bas de chacune d'elles est une tablette destinée à recevoir les légendes. Elles existent en plusieurs états, avec

la tablette grise, avec la tablette blanche. Texte des couplets gravé. Calendrier.

[Coll. baron Pichon. || Dessins originaux de Marillier chez M. de Savigny.]

[De 150 à 200 fr.]

659. — ALMANACH AMÉRICAIN, [Asiatique et Africain] (1) ou État physique, politique, [et militaire de l'Amérique], ecclésiastique et militaire des Colonies d'Europe, en Asie, en Afrique et en Amérique. Ouvrage qui comprend les forces, la population, les lois, le commerce, l'administration de chaque pro-

---

(1) Les mots « Asiatique et Africain » n'existent sur le titre qu'à partir de 1785.

vince de ces trois parties du monde, le Tableau de ceux qui y figurent par leurs charges et leurs dignités, etc. par M. P. D. L. || A Paris, chez Lamy, Leroy et chez l'Auteur. 1782-1787. 6 années. In-12.

Cet almanach n'a d'almanach que le nom (il était également sans calendrier). Il avait pour auteur M. Poncelin de la Roche-Tilhac, Conseiller du Roi. Chaque année constitue une édition nouvelle, augmentée de renseignements inédits, mais le fond du livre ne varie pas.

[B. N. A. 1784, 1785, 1786, 1787, — P. 498.]

[Cat. 5 et 6 fr.]

660. — ALMANACH CONTEUR ou mes trente-six contes et tes trente-six contes, avec un essai sur le conte. || Paris, chez Mérigot père, Libraire, 1782. In-8.

Par A. Jacques-Louis Chevalier dit du Coudray. Avec 1 frontispice et 4 figures signées : Scotin sc. Cet opuscule n'est que la reproduction, avec le titre d'almanach, de l'opuscule *Mes trente-six Contes et tes trente-six Contes* paru en 1772.

[Cat. 8 à 10 fr.]

661. — ALMANACH D'AMUSEMENS RÉCRÉATIFS : Étrennes énigmatiques et lyriques, suivies de quelques Logogryphes chantans et autres.

Une belle est souvent une énigme elle-même,
Qu'on ne devine point qu'elle ne dise : j'aime.

|| A Plaisance et à Paris, chez Cailleau, libraire, rue St-Severin. (1782). In-32.

« Amusements récréatifs » ! J'avoue, pour ma part, que cette longue succession d'énigmes me parait, à la lecture, d'un médiocre amusement.

662. — ALMANACH DE LA GAIETÉ, Étrennes Lyri-comiques, contenant l'Illustre Voyageur, ou la Paysanne savante, comédie allégorique en vers libres, mêlés d'Ariettes et autres Chansons non moins agréables.

Dans le nombre des Almanachs,
Celui-ci ne déplaira pas.

|| A Paris, chez Cailleau, imp.-lib., rue St-Sévérin. 1782 et suite. In-32.

Almanach fait à l'occasion du voyage de l'Empereur Joseph II, en 1779.

Pour ploire, on voit qu'il est né :
Et quand Falkenstein se montre,
Il est toujours couronné.

663. — ALMANACH DE LA NAISSANCE DE MONSEIGNEUR LE DAUPHIN. || A Paris, chez Boulanger, rue du Petit-Pont, à l'image Notre-Dame (1782). In-32 oblong.

Formait également almanach de cabinet, en petit, d'après un catalogue de Boulanger à la date de 1786. Le seul exemplaire qui m'ait passé sous les yeux est celui de M. de Savigny qui en donne lui-même une description dans son intéressante plaquette *Coup d'œil sur les Almanachs illustrés du XVIIIe siècle*.

Français, vos vœux ardents sont enfin accomplis,
D'un monarque adoré, voici la vive image.
Dans un Dauphin le Ciel nous donne un nouveau
[gage
De gloire et de bonheur pour l'empire des lys.

Voici, du reste, la nomenclature des figures :

1. L'arrivée du courrier (il passe à travers la foule, porteur de la bonne nouvelle). — 2. La France, couronne en tête, revêtue du manteau fleurdelysé présente à l'Autriche, assise sous un palmier, Mgr le Dauphin couché sur des branches d'olivier.—3. La Reine, en jolie toilette d'accouchée et le Roi, debout auprès du lit royal, reçoivent le Dauphin qui leur est présenté par la comtesse de Polignac, gouvernante des Enfants de France, suivie de quelques grandes dames. — 4. L'Inauguration du Dauphin (on lui remet le grand-cordon du Saint-Esprit). — 5. La bonne Nourrice (elle allaite le royal enfant).— 6. L'offrande de Mars (il présente une palme au Dauphin assis sur les genoux de la France). — 7. L'Enfant des dieux (la Reine, sur son trône, présente le Dauphin à Louis XVI). — 8. L'Action de grâce (le clergé, sur le parvis de Notre-Dame, recevant le Roi). — 9. Les Dons de Minerve (Minerve présentant une branche d'olivier au Dauphin dans son berceau). — 10. La joie publique (feu d'artifice tiré devant l'Hôtel de Ville). — 11. La Reine-Mère (La Reine assise sur le trône, avec le-dauphin dans ses bras). — 12. Le Présent de Vénus. (Dans sa conque, autour de laquelle joue un dauphin, elle fait à la France présent du trident de Neptune.)

Suivent un cahier de perte et gain et des vers de circonstance.

L'exemplaire de M. de Savigny, le seul connu, est relié en maroquin rouge avec emblèmes frappés sur les plats. (Un Dauphin surmonté d'une couronne et, sur le second plat, les mots : « Vive le Dauphin ! »)

664. — ALMANACH DE LA REINE, Orné de Stances, Sonnets, Épigrammes, Quatrains, Madrigaux, Odes, Dialogues, Songes et autres différentes Productions des meilleurs Poëtes, mises au jour à l'occasion de la naissance de Monseigneur

Le Dauphin, le 22 octobre 1781.|| A Paris, et se trouve à Malines, chez P. J. Hanicq, Imprimeur-Libraire. (1782). In-18.

« Pièces faites à l'occasion de la naissance de Monseigneur le Dauphin », tel est le titre courant de cet almanach qui contient un calendrier pour 1782 et qui s'ouvre par le songe de Madame de France à l'occasion de la naissance de son frère.

Du commencement à la fin c'est un pompeux éloge de la famille royale.

> Un lis manquoit au bonheur de la France
> Le Ciel vient de le faire fleurir.
>> François, vous êtes heureux
>> C'est un p'tit Dauphin.

Les Grâces et Cythère, le jeune Corylas et l'amoureux Sylvandre, Daphnis et Lycidas ne sont pas seuls, en cet almanach, à chanter l'illustre enfant que se disputent Hercule et Mars; le charbonnier et la poissarde, dans la langue de M. Vadé, eux aussi parlent de la naissance,

> De c'biau Dauphin qu'est v'nu lundi
> Sur les deux heur's après midi.

Et voici de quelle façon ils le chantent :

> Si l'Roi z'est notre Per à tous
> La Rein z'est aussi not Mère ;
> Mes gas réjouissons-nous,
> A viant d'nous bailler un p'tit Frère.
> N'Sra pas du Pié qui s'mouchra,
> Messieurs l's Anglois vous verrez ça.

Mais c'est surtout à l'égard de Marie-Antoinette, femme et mère d'un Louis, que les couplets sont élogieux.

> « Elle est belle, elle est sage et n'en est pas plus
> La rareté... »   [vaine,

[Cat. 10 fr. r. mar. r.]

665. — ALMANACH DE PERTE ET DE GAIN suivi d'un extrait des jeux les plus connus en France, par ordre alphabétique et d'un agenda.

> Le jeu rassemble tout : il unit à la fois
> Le turbulent Marquis, le paisible Bourgeois.

|| A Paris, chez la Veuve Duchesne, rue Saint-Jacques. 1782 et suite. In-32.

Almanach composé, à l'exception des notices, de papier blanc.... bleu, pour conserver la juste appellation des couleurs.

Suite du précédent almanach. (Voir, plus haut, n° 207).

[Cat. 5 et 7 fr.]

666. — ALMANACH DES MARCHÉS DE PARIS. Étrennes curieuses et comiques avec des Chansons intéressantes. Dédié à Marie Barbe, Fruitière Oran-

« La Marchande d'abricots ».— Figure de Queverdo, d'après une épreuve à l'état d'eau-forte, et avant la lettre. (Coll. de Savigny.)

gère, Dessiné et gravé par M. Queverdo. || A Paris, chez Boulanger, rue du P^t Pont, à l'Image Notre-Dame. (1782). In-32.

Almanach entièrement gravé, chansons et estampes, avec 24 pages de musique, parmi lesquelles une romance de J.-J. Rousseau, qui se retrouve dans plusieurs almanachs de chez Boulanger. Les planches, chef-d'œuvre de gravure, sont très curieuses pour la physionomie des petits métiers et des cris de Paris à cette époque. Elles avaient déjà paru, en 1780, dans l' « *Itinéraire descriptif de Paris* avec indications quotidiennes. Débit des Comestibles les plus abondants et les plus recherchés de chaque saison. » En voici le reste, la nomenclature précise : 1. Janvier. Le bon Portugal : oranges fines ! (Sur le Pont Neuf, derrière la statue de Henri IV). — 2. Février. La Vallée, marché à la volaille. — 3. Mars. Marché au Poisson (attrapage de poissardes). — 4. Avril. La Rue au Fer, Marché aux fleurs. — 5. Mai. Les Écossoises (Vadé à la Halle, voyant les objets sur nature). — 6. Juin. Les gros Gobets à la courte queue (marchande de cerises, avec une note égrillarde). — 7. Juillet. La Marchande d'Abricots (un beau jeune homme, un de ceux que rien n'arrête, prend les... abricots de la marchande). — 8. Août. La Marchande de crème :

> Le plaisir, elle le donnoit
> Mais sa crème elle la vendoit.

— 9. Septembre. Vlà le Melon, vlà le sucré. — 10. Octobre. Mᵈ de chasselas à la livre. — 11. Novembre. Marrons bouillis, ils brûlent la poche. — 12. Décembre. Du bon Boudin gras et salé.

Il n'est pas sans intérêt de signaler la reproduction moderne de ces estampes, en gravures sur bois, avec encadrement spécial, dans l'*Almanach de l'Illustration* pour 1858.

Les petites poésies qui accompagnent ces estampes sont des modèles de finesse et de polissonnerie galante.

(Coll. baron Pichon.)
[De 200 à 250 fr. suiv. la reliure.]

667. — ALMANACH DES QUATRE SAISONS ET DES QUATRE HEURES DU JOUR. ‖ A Paris, chez Boulanger, rue du Petit Pont, à l'Image Notre-Dame. (Vers 1782.) In-32.

Almanach entièrement gravé, avec 12 figures se rapportant aux saisons et aux heures, publié sous deux formes : 1° en grand, comme almanach de cabinet ; 2° en petites bandes coupées, de format in-32, destinées par conséquent à former volume.

Desnos annonce également sur ses catalogues, à la même date, « Les Quatre Saisons » — « Les Quatre Heures du Jour. »

[D'après un catalogue de Boulanger, en 1786.]

668. — ALMANACH DU SORT, chantant et amusant. ‖ A Paris, chez Valade,

Imprimeur-Libraire, rue des Noyers. 1782. In-32.

Chantant, soit. Amusant, c'est une autre affaire.

> Cher lecteur, vous n'ignorez pas
> Qu'il est d'assez sots Almanachs,

ainsi que le sieur Valade ne fait nulle difficulté de le reconnaître lui-même.

[Un *Almanach du Sort* figure, en 1784, sur un catalogue Cailleau.]

669. — ALMANACH GALANT DES COSTUMES FRANÇAIS Des plus à la Mode. Dessinés d'après nature. Dédié au Beau Sexe. ‖ A Paris, chez le Sʳ Boulanger, rue du petit-Pont, près le petit Châtelet. (1782). In-32.

Almanach entièrement gravé, planches et texte, figurant sur les catalogues de l'éditeur sous le titre de : *Almanach des Cœffures et Costumes.* Sur le titre deux petits amours nus, coiffés de chapeaux. Recueil de costumes dont voici la liste :

1. Dame de Cour en grand Étiquet (*sic*). — 2. Dame en Camisole de nuit qui se baigne (Femme quelque peu nue, prenant un bain de pieds). — 3. Dame en pelisse, chapeau en Soleil. Le poëte trouve ses appas par trop cachés, car il lui dit :

> Jamais marchand ne vend rien
> S'il ferme son Magasin.

— 4. Dame en lévite, fourreau à l'anglaise. —

5. Dame mettant sa jarretière. — 6. Dame en robe à l'anglaise. — 7. M. l'Abbé. — 8. Le Bourgeois marchand (Ses mains disparaissent dans un énorme manchon). — 9. L'officier en redingote verte, galonnée en or. — 10. L'homme de Robe en habit de velours ciselé (sic). — 11. Le Petit Maître en Gillet (sic) blanc, culotte de nanquin (sic). — 12. Le Financier en habit de velours, brodé en or. — 13. Demoiselle habillée galamment, coiffée en pouf. — 14. Demoiselle en Polonoise, en Pouf. — 15. Dame en déshabillé, coiffe à la paysane (sic). — 16. Dame en Lévite, coiffée en pouf galant. — 17. Dame en robe de satin, coiffée à la paysane. — 18. Paysane des environs de Paris, en habit des Dimanches.

[Coll. baron Pichon.]

[M. de Savigny possède un exemplaire dans lequel la planche 14 : *Demoiselle en polonoise*, — évidemment la vraie planche — est remplacée par une « *Dame arrosant des fleurs.* »]

[De 200 à 250 fr. suiv. la reliure.]

670. — ALMANACH PENSANT ou Étrennes aux Philosophes [Épigraphe :] Quidquid præcipies esto brevis. Horace, Art poétique. Prix 12 sols. ‖ A Paris, chez la Veuve Duchesne, Libraire, rue S. Jacques, au Temple du Goût; Lesclapart, Libraire de Monsieur, rue du Roule, n° 11; Brunet, Libraire, rue Marivaut, près la nouvelle Comédie Italienne; Petit, Libraire, quai de Sèvres. M. DCC. LXXXVI. In-16.

Almanach composé d'un choix de pensées des plus grands philosophes sur une infinité de sujets rangés alphabétiquement. L'éditeur, M. de la Croix, dit dans un avertissement : « L'ingrat peut y trouver à rougir de son ingratitude, l'avare de sa dureté, l'envieux de sa bassesse, le libertin de ses vices ». Calendrier pour 1786.

[B. N. — R. 2848. ‖ Coll. de Bonnechose.]

671. — ALMANACH PLAISANT ou Étrennes aux beaux Esprits [Épigraphe :] Linque severa. Hor. Ode VIII, Liv. III. ‖ A Paris, chez la Veuve Duchesne, rue Saint-Jacques. [1782]. In-32.

Bons mots, plaisanteries, épigrammes et pièces de vers. Un des moins mauvais parmi les nombreuses productions du même genre. Du reste, il n'était pas seulement plaisant mais encore philosophique.

Une pensée au hasard : « Un mari se plaignoit de l'infidélité de sa femme ; c'est un mal d'imagi-

nation, dit Santeuil, peu en meurent, beaucoup en vivent ! »

Toujours vrai.

[Coll. Weckerlin, le même pour 1786.]

672. — ALMANACH SUR L'HEUREUX ACCOUCHEMENT DE LA REINE, les réjouissances qui l'ont suivi, et sur l'entrée de Leurs Majestés dans la Capitale. ‖ A Paris, chez Boulanger, rue du Petit-Pont, à l'Image Notre-Dame. (1782).

Ceci est le titre qui figure sur les annonces des publications de Boulanger, mais, très certainement, ce n'est point le titre exact. Il s'encadrait, dit l'annonce, par 1, par 2 et 3 mois, ou se vendait relié en maroquin, avec glace ou sans glace.

Il était illustré de 12 compositions de Queverdo et contenait des vers en l'honneur de la Reine.

673. — ALMANACH VÉTÉRINAIRE, ou Abrégé de l'Histoire des progrès de la Médecine des Animaux, depuis l'établissement des Écoles Royales Vétérinaires. Année 1782. ‖ A Paris, chez la Veuve Vallat-la-Chapelle, Libraire, grande Salle du Palais. (1782-1790). In-8.

La première École « s'occupant de la connaissance et du traitement des maladies qui attaquent les animaux domestiques » s'ouvrit le 1er. janvier 1762, à Lyon, puis devint en 1780 l'École Royale du château d'Alfort. L'almanach donne la description de l'École, de ses salles, et l'énumération du personnel. Il contient également les observations faites sur la maladie de la Sologne, et différents traités sur les maladies.

L'*Almanach Vétérinaire* dû à MM. Chabert, Flandrin et Huzard, a eu trois éditions successives, de 1782 à 1790. Le titre de la dernière porte : « On y a joint la description et le traitement de plusieurs maladies des Bestiaux, la notice de quelques ouvrages sur l'art vétérinaire, etc. »

Il fut réimprimé en 1809 sous le titre de : *Instructions et Observations sur les Maladies des animaux domestiques.*

[B. N. A. 1782.]

674. — L'AMI DU CŒUR, Étrennes galantes et chantantes, sur des airs nouveaux, connus et choisis, avec Orphée et Euridice, parodie nouvelle, en Vaudevilles, de l'opéra de ce nom. ‖ Chez Langlois, Libraire, rue du Petit-Pont. (1782). In-32.

Almanach composé de pièces plus ou moins intéressantes, se terminant par la parodie énoncée.

675. — L'AMOUR HERMITE (sic) OU LE JOU-JOU DE L'AMOUR. ‖ A Paris, chez l'Auteur (1), rue Saint-Jacques, vis-à-vis celle des Mathurins. Vers 1782. In-32.

Recueil de chansons, avec figures. Au bas du titre gravé, on lit : *Des. et gravé par Queverdo.* Toutes les estampes chantent l'Amour par le burin ; toutes les estampes sont des expositions d'oranges ou de pêches en plein vent, suivant le mot d'un galant abbé. Les petites nouvelles de l'époque l'appelaient « l'Almanach des mappemondes. »

Voici d'autre part, les titres, bien innocents, de ces ravissantes gravures : 1. L'Amour Hermite (sic). — 2. Le Portrait de plus d'une jolie femme. — 3. La petite Marguerite. — 4. Le Labyrinthe. — 5. Aline ou le Pot au Lait renversé. — 6. C'est surement un songe ou l'extase d'une dame qui veut en revenir. — 7. La nouvelle Adeline. — 8. La Fête de l'Amour ou l'Enfance heureuse. — 9. Le Tonnerre. — 10. Ismène ou la plus belle des Bergères. — 11 et 12. La Rose Pillée ou la fille du Berger.

[Catalogué 175 fr. rel. mar. r.]

676. — LES A PROPOS DE SOCIÉTÉ. [Épigraphe :] Hos genuit occasio cantûs. Sur des airs choisis. ‖ A Paris, chez la Veuve Duchesne, Libraire, rue Sᵗ Jacques. (Vers 1782.) In-32.

A propos amoureux et galants... naturellement. Le baiser n'est-il pas toujours d'à propos ?

677. — L'ASTRONOMIE GALANTE, Étrennes au beau sexe, contenant une explication allégorique des planettes, des signes du zodiaque et des saisons en chansons, et suivies de vaudevilles et ariettes, sur les airs les plus connus.

Les Belles lisent mieux dans les yeux d'un Amant, Que l'Astronome expert ne lit au firmament.

‖ A l'Observatoire, et se trouve à Paris chez Cailleau, Imprimeur-Libraire, rue Saint-Severin. 1782 et suite. In-32.

Se vendait 6 sols, prix modique pour un petit recueil aussi précieux, dont le titre, à lui seul, donnait l'énumération de toute l'astronomie galante.

678. — BALIVERNES AMOUREUSES dédiées aux Acheteurs, pour la présente année. ‖ A Cythère, et se trouve à Paris, chez Valade, rue des Noyers. (1782).

Balivernes sans grand intérêt. L'auteur se plaint d'avoir, en trois jours, perdu deux bêtes, sa cuisinière et son chat.

Béranger et mère Michel tout à la fois.

679. — LE BIJOU DES DAMES, Étrennes Astrologiques, Alphabétiques, critiques, morales et chantantes, sur des airs connus et choisis, par M. D. V. D. ‖ A Londres, et se trouve à Paris, chez Langlois, Libraire, rue du Petit-Pont. (1782).

Recueil de chansons dû à un des fournisseurs habituels de l'éditeur Langlois. Avec toutes les qualités ainsi énumérées il pouvait bien prétendre à être le Bijou des Dames, malheureusement le contenu ne répondait point au contenant.

680. — LES BOUQUETS DE FAMILLE ET D'AMITIÉ. ‖ A Paris, chez Gueffier père, libraire, Parvis Notre Dame, à la Libéralité. (1782). In-64.

[D'après un catalogue de l'époque.]

681. — CALENDRIER DAUPHIN contenant le Tableau historique des Princes issus de la *tige royale de France*, nés Dauphins, depuis l'an 1349, époque de la cession du Dauphiné, faite par Humbert II à Philippe VI dit de Valois, jusqu'au 22 octobre 1781, avec un choix de Pièces en l'honneur de Monseigneur le Dauphin. ‖ A Paris, chez Lottin l'aîné, Libraire, rue Sᵗ Jacques. Prix : 12 sous. 1782.

« On n'a mis, » dit l'auteur, « aucune prétention à cet opuscule : on s'est borné à donner de l'aliment à la curiosité naturelle des François pour tout ce qui a trait à leurs Maîtres. »

Cet almanach ne parut qu'une seule année sous ce titre. Il se transforma immédiatement en *Almanach Dauphin.* (Voir, plus loin, n° 757.)

682. — LE CALENDRIER GALANT ou les Hommages du cœur. Nouvelles

---

(1) Comment faut-il interpréter ce « chez l'auteur » ? Queverdo, l'auteur des compositions dessinées, ne demeurait point là. Donc, ou il élisait domicile chez l'éditeur, ou bien ce dernier, qui n'est autre que Jubert, tenait à se faire passer pour l'auteur, soit l'arrangeur, le « metteur en scène » de certains almanachs. Ce qui est certain, c'est que nous retrouverons cette qualification sur d'autres publications sortant de son officine.

Étrennes par M. P. D. ‖ A Paris, chez Langlois, Libraire, 1782. In-32.

[D'après un catalogue de l'époque.]

683. — CALENDRIER HISTORIQUE ET PATRIOTIQUE DES FRANÇOIS, augmenté, et contenant la Chronologie des Rois de France, une idée de la France, de ses différentes Provinces et de son Gouvernement Civil, les Gouvernemens Militaires, les Intendances et les particularités qui y sont relatives, avec un coup-d'œil sur le Sallon du Louvre, et l'éloge abrégé des Grands Hommes dont les statues ont été exposées en 1781; suivi d'un Précis sur l'origine et les progrès de la guerre de l'Asie et de l'Amérique. ‖ A Paris, chez Valleyre, rue de la Vieille Bouclerie. 1782 (?) - 1790. In-24.

Ce petit almanach a dû commencer à paraître vers 1770. Chaque année le sommaire changeait : toutefois, à partir de 1787, le titre ne fait plus mention des matières.

Édits, arrêts, événements remarquables, anecdotes, inventions nouvelles, secrets utiles, il donnait tout ce que publiaient les almanachs de cette espèce.

En 1789 le mot : *Patriotique* se trouve remplacé par ce qualificatif, alors fort à la mode : *Politique*, mais cela fut de courte durée, car, dès l'année suivante, le mot « Patriotique » revenait à sa place.

684. — CE QUI PLAIT AUX DAMES. ‖ A Paris, chez Gueffier père, libraire, Parvis Notre Dame, à la Libéralité. (1782). In-64.

Avec figures.

Nombre d'almanachs de l'époque eurent la prétention d'être ce « qui plait aux dames. »

[D'après un catalogue.]

685. — LE CHANSONNIER GALANT, Almanach chantant. ‖ A Paris, chez Valade, Imprimeur-Libraire, rue des Noyers. (1782). In-32.

Galantes chansons en lesquelles on offre des fleurs et des ...cœurs.

686. — LES COLIFICHETS DE LA PETITE LISE, Almanach chantant et amusant. ‖ A Paris, chez Valade, Imprimeur-Libraire, rue des Noyers. (1782). In-32.

Petit recueil de chansons et de romances rendues souvent incompréhensibles par les méfaits des typographes.

687. — LE COMPAGNON DE BELLE HUMEUR, Étrennes gaillardes et chantantes, sur des airs nouveaux, connus et choisis, avec la parodie en vaudevilles, de l'Opéra de Céphale et Procris, Ballet héroïque. ‖ A Londres, et se trouve à Paris, chez Langlois, Libraire, rue du Petit-Pont. (1782). In-32.

Recueil de huit chansons et d'une mauvaise parodie. Surtout, bibliographes, n'allez point chercher dans un dictionnaire des opéras « Céphale et Procris, » œuvre de l'imagination du faiseur.

688. — LES COMPLIMENTS DU NOUVEL AN. ‖ A Paris, chez Gueffier père, libraire, Parvis Notre Dame, à la Libéralité. (1782). In-64.

Avec figures.

[D'après un catalogue de l'époque.]

689. — LE CONSEIL D'AMOUR. ‖ A Paris, chez Gueffier père, Libraire, Parvis Notre Dame, à la Libéralité. (1782). In-64.

[D'après un catalogue de l'époque.]

690. — LES DÉFINITIONS ou l'Art de se récréer d'une manière utile; Almanach dédié à M. de V**, par son ami M*** A. C. S. S. ‖ A Paris, chez Méquignon le jeune, Libraire, au Palais Marchand. (1782). In-16.

Almanach composé de 80 charades dont le mot se trouve aux tables et qui commence par la déclaration suivante :

La charade a son prix, si c'est un temps perdu ;
L'énigme ou logogriphe ont-ils plus de vertu ?

On ne saurait être plus éclectique.

[Catalogué 6 fr.]

691. — LES DÉLICES DU CŒUR, Étrennes à ma Belle, contenant les chansons les plus agréables, sur les airs les plus nouveaux.

C'est depuis que j'ai vu vos charmes,
Qu'à l'Amour j'ai rendu les armes.

|| A Paris, chez Cailleau, rue Saint Seve-
rin. 1782 et suite. In-32.

Recueil de chansons, avec calendrier.
[B. N. Année 1784. — Ye, 19774.]

692. — LE DON DE L'AMITIÉ. Étrennes à ma bonne amie; Almanach chantant, sur des airs parodiés d'après les
plus jolies ariettes.

> Iris, le plus pur sentiment
> A fait cet Almanach chantant.

|| A Amathonte, et à Paris, chez Cailleau,
rue Saint-Séverin. 1782 et suite. In-32.

Se vendait 6 sols. — Nous entrons ici dans la
série des « Dons » qui fut réellement tructueuse à
cette époque.
S'ouvre par une pièce, « La fille prudente », qui
indique bien l'esprit de la publication :

> En m'ordonnant, ma mère,
> D'éviter tout amant
> Vous acceptez, j'espère
> Un ami complaisant.

Comment donc, mademoiselle! On n'a jamais
trop d'amis complaisants.

693. — LE DON DE L'AMOUR.
Étrennes lyri-comiques, dédiées au beau
sexe. || A Golconde et à Paris, chez
Cailleau, Libraire, rue Saint-Séverin.
1782 et suite. In-32.

Une farce de tréteaux, L'Amour au Village,
constitue le fond de ces Étrennes.
Se vendait 6 sols.

694. — LE DON DU CŒUR. Ou les
Étrennes de l'Amitié et de la reconnaissance.

> Puisse ce don être à jamais le gage
> De mon respect pour vous et de mon tendre
> Hommage.

|| A Lacédémone, et à Paris, chez Cail-
leau, rue Saint-Séverin. 1782 et suite.
In-32.

« Des almanachs chantans voici la perle. »
Ainsi s'exprime, en un épilogue, l'auteur que,
très volontiers, nous croirons sur parole.
Se vendait 6 sols.

695. — LE DON DU SENTIMENT.
Étrennes expressives du cœur; Almanach chantant, contenant des vaudevilles

parodiés sur les ariettes les plus jolies
et les plus nouvelles.

> Puissent, Iris, ces petites Étrennes,
> Vous engager à me donner les miennes.

|| A Paphos, chez Anacréon, rue de la
Flèche, au Carquois (A Paris, chez Cailleau). 1782 et suite. In-32.

Allons! voilà ce qui s'appelle offrir un œuf dans
l'espérance d'avoir un bœuf.
Cueillons, en ce carquois, un parallèle entre
l'amour et l'amitié, tout à l'avantage de cette
dernière.

> L'amitié sincère a des charmes
> Qui valent bien ceux de l'Amour :
> Elle ne cause point d'alarmes ;
> Les amis jouissent *toujours*.

Se vendait 6 sols.

696. — LE DROLE DE CORPS. Al-
manach chantant sur des airs nouveaux
et choisis, par M. D. V. D***. || A l'Isle des
Plaisirs, et à Paris, chez Langlois, rue du
Petit-Pont. (1782). In-32.

Mauvais petits vers. Cette *Déclaration d'amour*
fixera sur le genre d'esprit de M. D. V. D***,
fabricant attitré de Langlois :

> Sans badiner, je vous aime Lisette :
> Et vous aimant, je vous voudrais badiner ;
> En badinant je voudrais vous donner
> Un gage sûr de mon ardeur parfaite.

Lecteurs, ne cherchez point la nature de ce gage
éternel et vieux comme le monde.

697. — L'ÉCOLE DU PLAISIR.
Étrennes à la mode, composées de Parodies, d'Ariettes nouvelles et de Vaude-
villes, choisis par M. D. V. D***. || A Paris,
chez Langlois, rue du Petit-Pont. (1782).
In 32.

[D'après un catalogue de l'époque.]

**698. — L'ENCYCLOPÉDIE DES BEL-
LES.** Étrennes amusantes, enrichies du
Petit Prophète.

> De sciences et d'arts entretenir les belles
> C'est le moyen d'être mal venu d'elles :
> Voulez-vous plaire et faire votre cour ?
> Amusez-les et parlez leur d'amour.

|| A Paris, chez Cailleau, Imprimeur-
Libraire, rue Saint-Séverin. 1782 et suite.
In-32.

Le *Petit Prophète* est un cahier de prophéties
abracadabrantes joint aux vers de l'auteur.
Se vendait 6 sols.

699. — LES ENFANTS DE LA JUBI-
LATION, Étrennes chantantes avec la
Guérison mortelle, nouvelle parodie, en
vaudevilles, de l'Opéra d'Alceste, sur des
airs nouveaux, connus et choisis, par
M. D. V. D***. || A l'Isle des Plaisirs, et
se trouve à Paris, chez Langlois, Libraire, rue du Petit-Pont. (1782). In-32.

La majeure partie de cet almanach est occupée
par un dialogue entre la Déesse de la joie, un
enfant de la Jubilation et son maître d'école.

700. — ÉTAT MILITAIRE DU CORPS
ROYAL [puis Impérial] DE L'ARTIL-
LERIE DE FRANCE. Pour l'année 1782.
|| A Paris, rue Dauphine, Chez Jombert
jeune, Successeur de Ch. Antoine Jombert, son père, Libraire du Roi pour
l'Artillerie et le Génie (1782-1850 et suite
à ce jour.) In-18.

Cet « État militaire » a dû paraître antérieurement à 1782. Il n'était pas édité régulièrement
tous les ans. Voici, du reste, ce qu'on lit dans la
préface de 1782 :
« Plusieurs officiers désiraient trouver dans cet
État Militaire un Calendrier; plusieurs autres
que j'ai consultés n'ont pas cru que ce fût sa
place, parce que cet État ne se réimprime ni tous
les ans exactement, ni pour le premier jour de
l'an. Je me suis rendu d'autant plus volontiers au
sentiment de ces derniers, que j'ai pensé que ne
trouvant point de Calendrier dans cet Ouvrage,
on perdroit insensiblement l'habitude de lui donner le nom d'Almanach qui ne lui convient en aucune façon, et par lequel on n'a jamais dû ni pu
désigner un État Militaire. »
En tête de chaque année se trouve invariablement un « Essai Historique Sur le Corps-Royal
de l'Artillerie de France ». Suit la liste des officiers du Corps de l'Artillerie pour chaque régiment.
Il fut interrompu en 1791 et reparut en 1802,
chez Magimel, quai des Augustins, n° 73. Plus
tard, il redevint la propriété de Didot jeune, qui
l'avait déjà eu concurremment avec Jombert, de
1786 à 1791, et parut sous le titre de : État Militaire du Corps Impérial de l'Artillerie de France.
A partir de 1815, jusqu'en 1847, il reprend son
ancien titre État militaire du Corps Royal de
l'Artillerie de France.
En 1849, le titre change de nouveau et devient :
— État militaire du Corps de l'Artillerie de
France. Publié sur les documents du ministère de
la guerre et avec autorisation du Ministre. || A
Strasbourg, Vᵉ Levrault, Éditeur de l'Annuaire
militaire de France, A Paris, A son Dépôt Géné-

ral, chez P. Bertrand, Libraire, rue Saint-André-
des-Arcs, 65. (1849 et 1851-1854). In-12.

On y trouve, en tête, la « Liste des maîtres et
grands-maîtres de l'Artillerie. Extrait d'un Ouvrage du Président de la République, Louis Napoléon Bonaparte ». Vient ensuite la liste des
officiers d'artillerie.

[B. N. Années 1782, 1786 à 1788, 1802, 1807,
1811, 1812, 1815 à 1847, 1849, 1851 à 1854.]

701. — ÉTRENNES A LA VERTU.
|| A Paris, chez Cailleau, Imprimeur-li-
braire, rue Saint-Séverin (1782). In-32.

Publication de colportage et recueil de chansons
qu'il ne faut point confondre avec les Étrennes de
la Vertu.
Se vendait 6 sols.

[D'après un catalogue de l'époque.]

702. — ÉTRENNES A MA BIEN AI-
MÉE. Almanach posthume d'un Chan-
sonnier vivant en dépit de Minerve. ||
A Corinthe, et à Paris, chez la Veuve Du-
chesne, rue Saint-Jacques. 1782. In-32.

C'est, en effet, en dépit de Minerve et du bon
sens, que la plupart des pièces de ces « Étrennes »
sont rimées.

703. — ÉTRENNES BACHIQUES ou
les plaisirs de la table, Almanach chantant.
     Boire, chanter, aimer et bonne table
     Pour un mortel quelle vie agréable!
|| A Cocagne, et à Paris, chez Cailleau,
rue Saint-Severin. (1782 et suite.)

Le vin donne de l'esprit, dit-on. Le XVIIIᵉ siècle
il est vrai, en avait sans cela. Et Cupidon, plus
que Bacchus encore, fut son Dieu. Mais ici on ne
chante que des hymnes bachiques et l'on montre
même Bacchus vainqueur de l'amour.
Se vendait 6 sols.

704. — ÉTRENNES BOUFFONNES.
Parodie chantante de toutes les Étrennes
du Jour, sur des airs connus et choisis,
pour la présente année, par M. D. V. D***.
|| A Paphos, et se trouve à Paris, chez
Langlois, libraire, rue du Petit-Pont, près
la rue Sᵗ Séverin. (1782.) In-32.

[D'après un catalogue de l'époque.]

705. — ÉTRENNES DE FÉLICITA-
TIONS ET DE COMPLIMENS. || A Pa-

ris, chez Cailleau, Imprimeur-Libraire, rue Saint-Séverin (1782). In-32.

[D'après un catalogue de l'époque.]

706. — ÉTRENNES DE L'AMOUR. Almanach chantant, joyeux, tendre, critique et anecdotique. || A Paris, chez la Veuve Duchesne, rue Saint-Jacques. (1782). In-32.

Pièces de toutes sortes, quelques-unes légères, mais peu intéressantes, et manquant, en général, du sens commun le plus ordinaire.

707. — ÉTRENNES DU PRINTEMS. Aux Habitans de la campagne et aux Herboristes, ou Pharmacien champêtre, à l'usage des pauvres et des Habitans de la campagne, par M. P. P. Buch'oz, Médecin de Monsieur, Membre du Collège Royal des Médecins de Nancy, et de plusieurs Académies. || A Paris, chez Lamy, quai des Augustins, prix 36 sols broché, et 3 l. relié en maroquin. 1782. In-18.

Petit almanach indiquant aux habitants de la campagne les propriétés des végétaux qui les environnent et propres à leur fournir des médicaments. Sorte de pharmacie populaire.

— Le même avec calendrier pour 1783.

708. — ÉTRENNES ÉNIGMATIQUES ou Recueil d'énigmes Choisies pour la présente année. || A Amsterdam, et se trouve à Paris, chez Fournier, libraire, rue du Hurepoix, près du Pont Saint-Michel, à la Providence. 1782. In-18.

Recueil populaire d'énigmes, au nombre de 193, dont l'explication est donnée à la fin du volume, par ordre de numéros. — Avec calendrier.

Un autre almanach du même titre se trouve sur un catalogue Cailleau, également en 1782.

709. — IL FAUT LE VOIR, Almanach chantant et divertissant par M. B**. || A Risipolis, et se trouve à Paris, chez Langlois, rue du Petit-Pont. (1782). In-32.

Recueil de romances et de couplets dont l'Amour fait les frais.

710. — MANUEL DES FRANCS-MAÇONS ET DES FRANCHES-MAÇONNES. Nouvelle Édition enrichie de plu-

sieurs cantiques analogues à ces deux ordres.

> Avoir des mœurs, être droit et sincère,
> C'est d'un Maçon l'aimable caractère.

|| A Philadelphie, chez Philarite, rue de l'Équerre, au Compas [et à Paris, chez Cailleau, Imprimeur-Libraire, rue Saint-Séverin.] (1782). In-32.

Catéchisme, réception du compagnon, cantiques, etc... On y trouve également des couplets au beau sexe.

Se vendait 12 sols et contenait un calendrier. (Voir le n° 590).

[Catalogué 3 et 4 fr.]

711. — LE GALANT BADINAGE, Almanach nouveau. || A Paris, chez Valleyre l'aîné, rue de la Vieille Bouclerie. (1782). In-32

Il badine avec toutes les filles, Lise, Climène, Zéphirine, en termes d'une galanterie plus ou moins surannée.

712. — LA GRANDE ROUE DE FORTUNE. || A Paris, chez Cailleau, Imprimeur-Libraire, rue Saint Séverin. (1782).

Devait être, très certainement, un almanach relatif à la loterie, et se vendait 12 sols.

[D'après un catalogue de l'époque.]

713. — LE HOUSARD ou le petit Maraudeur, Renforcé d'un Dictionnaire à l'usage de ceux qui voient plus loin que le bout du nez. || A Paris, chez Valleyre, rue de la Vieille Bouclerie. (1782). In-32.

Choix de poésies « maraudées dans le champ du voisin » par un housard — sans scrupules aucuns, suivant l'habitude particulière aux soldats de cette arme. — Le petit dictionnaire est un ancêtre des *Formules du Dr Grégoire* et des *Pensées d'un Gamin de Paris.* Voici, du reste, pour en juger, deux de ses pensées :

— *Babil,* patrimoine des femmes sur lequel bien des hommes ne cessent d'empiéter. — *Mariage,* espèce de loterie où les bons billets sont bien rares.

714. — MÉMORIAL DES JOUEURS, ou Almanach des Pertes et Gains, Contenant les Règles du Jeu de Piquet, pour la Présente Année. || A Paris. (1782). In-32.

Texte dans un encadrement typographique, contenant une dédicace à « Messieurs les Joueurs » signée : Guy ; quelques couplets intitulés : Mémorial des Joueurs ; et, comme le titre l'indique, les règles du jeu de Piquet « avec les Décisions des meilleurs Joueurs sur les coups les plus difficiles. »

[Cat. 4 et 5 fr.]

715. — LE PETIT DEVIN DE CYTHÈRE, Ou le plaisir des belles. ‖ A Paris, Chez Cailleau, Imprimeur-Libraire, rue Saint Séverin. (1782). In-32.

Série de couplets galants dans un esprit un peu plus relevé que toutes les publications de l'espèce.

> Pourquoi cherchez-vous à savoir
> Si votre époux s'amuse en ville ?
> S'il fait avec vous son devoir,
> Votre recherche est inutile.

716. — LE PETIT DIABLE. Étrennes magiques de l'Amour, Almanach chantant. ‖ A Paris, Chez Cailleau, Imprimeur-Libraire, rue Saint-Séverin. 1782 et suite. In-32.

Couplets chantants à la portée de la multitude, s'ouvrant par un vaudeville sur la bonne et la mauvaise aventure.

> Écoutez, Abbé Poupin,
> A la leste vêture :
> Près du sexe *féminin*
> Vous cherchez soir et matin,
> La bonne aventure.

Se vendait 6 sols.

717. — LE PETIT FABULISTE chantant, ou l'Ésope moderne. Étrennes récréatives et morales. ‖ A Paris, chez Cailleau, Imprimeur-Libraire, rue Saint-Séverin. (1782). In-32.

Fables et contes. Pour devenir chantantes, les fables de La Fontaine ont été singulièrement travesties.

718. — LE PETIT FOLATRE. ‖ A Paris, chez Cailleau, Imprimeur-Libraire, rue Saint Séverin. (1782). In-32.

Se vendait 6 sols, ce qui n'était point un prix « folâtre. »

[D'après un catalogue de l'époque.]

719. — LE PETIT GLANEUR. ‖ A Paris, chez Cailleau, Imprimeur-Libraire, rue Saint-Séverin. (1782). In-32.

Se vendait 8 sols, contrairement à tous les almanachs de cette espèce dont le prix est de 6 sols.

[D'après un catalogue de l'époque.]

720. — LE PETIT GRIMOIRE. ‖ A Paris, chez Cailleau, Imprimeur-Libraire, rue Saint-Séverin, (1782). In-32.

Se vendait 6 sols.

[D'après un cat. de libraire.]

721. — LE PETIT POLISSON. Almanach de mode, badin et chantant sur des airs nouveaux, connus et choisis, par M. D. V. D. ‖ A Paris, chez Langlois, rue du Petit-Pont. (1782). In-32.

N'avait, en somme, de polisson que son titre, quoique l'auteur de l'*Esprit des Almanachs* le considère comme un chardon au milieu des roses.
Que de chardons alors ! parmi les roses du siècle passé.

722. — LE PETIT RAISONNEUR. ‖ A Paris, chez Cailleau, Imprimeur-Libraire, rue Saint-Séverin. (1782). In-32.

Se vendait 6 sols.

[D'après un catalogue de l'époque.]

723. — LE PLAISIR DES BELLES. Almanach Androgine, poëtico-chantant. ‖ A Paris, chez la veuve Duchesne, Libraire, rue St-Jacques. (1782). In-32.

Est-ce parce qu'il se qualifiait « Androgine » qu'il pensait faire le « plaisir des belles. » Du reste ses vers étaient bien féminins, qu'on en juge par ce madrigal :

> Ton tendre cœur, ami, voilà mon bien suprême,
> L'Univers est à moi, si tu me dis je t'aime.

724. — LE QUART D'HEURE DES JOLIES FRANÇAISES. Étrennes aux Dames, mêlées de Couplets sur les airs les plus agréables. Avec Tablettes, Perte et Gain. ‖ A Paris, chez Desnos, Ingénieur. Géographe, et Libraire de Sa Majesté Danoise, rue St-Jacques, au Globe. (1782). In-24.

Almanach entièrement gravé. Le frontispice représente un jeune seigneur lisant le livre du jour à une jeune femme à sa toilette. Les planches, souvent d'un tirage fatigué, ayant toutes la légende sur une tablette, représentent : 1. Le Génie et les Grâces. — 2. Le Réveil. — 3. Le Lever. — 4. Le Déjeuner. — 5. La Toilette. — 6. Le Dîner. — 7. Le Jeu. — 8. La Promenade. — 9. Le Spectacle. — 10. Le Cercle. — 11. Le Bal. — 12. Le Coucher. Elles sont surtout intéressantes comme modes, décor, scènes de la vie intime, et peuvent, à ce point de vue, se ranger avec les Moreau et les Freudenberg.

Cet almanach, qui paraît avoir été fort goûté du public, sera publié à nouveau quelques années plus tard sous nombre de titres différents (voir, plus loin : *Le Passe-Temps des Jolies Françaises* et *La Journée d'une Jolie Femme*). Nᵒˢ 833 et 851.

[Coll. baron Pichon.]

[De 150 à 250 fr. suiv. reliure.]

725. — LE RÉPERTOIRE DES BELLES.
Étrennes érotiques et critiques.

> S'il est doux de plaire et charmer,
> Il est encor plus doux d'aimer.

|| Aux Délices, et à Paris, chez la Veuve Duchesne, rue Saint-Jacques. (1782). In-32.

[D'après un catalogue de l'époque.]

726. — LE RIEUR ÉTERNEL. Almanach chantant. || A Paris, chez Gueffier père, Libraire, Parvis Notre Dame, à la Libéralité. 1782. In-64.

[D'après un catalogue de l'époque.]

727. — LES RÉJOUISSANCES PARISIENNES. || A Paris, chez Cailleau, Imprimeur-Libraire, rue Saint Séverin (1782). In-32.

Se vendait 6 sols.

[D'après un catalogue de l'époque.]

728. — SOUVENIR A LA HOLLANDOISE enrichi de nouvelles Coëffures les plus galantes, où se trouve celle à l'Insurgente. Dédié aux Dames. Avec Tablettes, Perte et Gain. || A Paris, chez Desnos, Ingénieur Géographe et Libraire de Sa Majesté Danoise, rue St Jacques, au Globe. 1782. In-24.

Titre gravé avec texte et douze planches de « coëffures » extraites de la première partie de l'*Almanach de la Toilette et de la Coëffure*, planches numérotées de 1 à 12 (voir plus haut, nᵒ 572).

C'était ce que Desnos, pour mieux affrioler son public, appelait de « Nouvelles Coëffures galantes. » La présence de cet almanach confirme ce que je disais à la note de la page 141 (*Almanach de la Toilette*) et permet de supposer aussi qu'il y a eu encore d'autres titres factices, sous le qualificatif de « Souvenir ».

Comme le précédent *Almanach Hollandais* (voir nᵒ 275) ce titre avait sa raison d'être dans la popu-

larité que les luttes maritimes des Hollandais avec l'Angleterre donnaient alors aux choses de ce pays.

[Vente Destailleur, ex. mar. r. avec fig. coloriées, 200 fr.]

729. — TABLEAU GÉNÉRAL DE TOUS LES MAITRES MARCHANDS ORFÈVRES-JOYAILLIERS BIJOUTIERS ; Maîtres reçus en vertu d'Arrêt du Conseil et Lettres-Patentes, Privilège des Galleries du Louvre, Manufacture Royale des Gobelins, Hôpital de la Trinité et École gratuite de Dessin ; ensemble la Communauté des Tireurs et Batteurs d'Or, réunie au Corps des Marchands Orfèvres par Édit du Roi, au mois d'Août 1776 ; et ensuite celle des Maîtres Lapidaires et Joyailliers, par Lettres-Patentes de Sa Majesté, du 17 Mars 1781, enregistrées au Parlement le 25 Mars suivant, le tout avec leurs noms, surnoms et demeures, suivant l'ordre de leurs réceptions audit Corps ; arrêté au Bureau de la Maison commune des Marchands Orfèvres, Joyailliers, Tireurs et Batteurs d'Or, le 10 Décembre 1781. || A Paris, chez P. M. Delaguette, Imprimeur de la Cour des Monnoies, rue de la Vieille-Draperie. M.DCC.LXXXII. (1782 et suite). Pet. in-12.

Sur le titre vignette aux armes de la corporation : *In sacra in que Coronas*. Ce tableau qui se publiait annuellement a dû paraître dès la seconde moitié du siècle, toutefois M. Paul Eudel, qui en possède plusieurs années, n'en a pas d'antérieure à 1782. La Direction des Monnaies n'en possède aucun exemplaire.

A partir de 1783 le titre se trouve ainsi modifié et simplifié :

— *Tableau Général de tous les maîtres et marchands Orfèvres-Joyailliers-Bijoutiers, batteurs et tireurs d'or.* Suivant l'ordre de leurs Réceptions. Année 1786. || A Paris, chez P. M. Delaguette, Imprimeur, rue de la Vieille-Draperie.

Sous la Révolution le « Tableau » devint :

— *Liste de Messieurs les Orfèvres Joyailliers, Bijoutiers, Batteurs et Tireurs d'Or.* Les armes de la corporation sont naturellement remplacées par des vignettes au goût du jour. En 1793, le titre porte : « *Liste des Citoyens* » et les mots « La Loi et le Roi » flanqués de trois fleurs de lis, qui se trouvaient dans une couronne de lauriers, disparaissent.

Enfin, le titre adopté sous le premier Empire fut « Tableau des Symboles de l'Orfèvrerie », mais, dès lors, l'annuaire ne parut plus annuellement.

[Coll. Paul Eudel : années diverses. || Année 1786 : 24 fr. vente Bossuet.]

730. — LE TRÉSOR SPIRITUEL DE LA JEUNESSE. || A Paris, chez Cailleau, Imprimeur-Libraire, rue Saint Séverin. (1782). In-32.

Se vendait 6 sols. Certes, la jeunesse ne pouvait pas se plaindre d'avoir à si bon compte un « trésor d'esprit. »

[D'après un catalogue de l'époque.]

731. — LE VRAI PRÉSENT DE LA GAIETÉ. Étrennes Chantantes. || A Paris, chez l'Esclapart fils, Libraire, Pont Notre-Dame. (1782). In-32.

Voici un almanach d'une gaieté assez particulière, peu commune, en tout cas, au XVIIIe siècle. Il s'agit, en effet, en ce « présent », de cantiques édifiants, de sentiments pieux, de prières ferventes présentés à la jeunesse sur des airs agréables et connus.

732. — ALMANACH BIENFAISANT ou Étrennes aux belles âmes. [Épigraphe :] Imperat aut servit collecta pecunia cuique. Horace, Ep. X. Liv. 1. || A Paris, chez la Veuve Duchesne, rue Saint-Jacques. 1783-1787. In-24.

Recueil de traits de bienfaisance choisis en vue d'émouvoir l'âme. « Chaque siècle a ses vertus particulières » dit l'auteur, « le nôtre préconise l'humanité, la bienfaisance. »

[B. N. Année 1787.]

733. — ALMANACH DES VARIÉTÉS AMUSANTES, contenant des Tableaux changeans gravés en taille douce. || A Paris, chez Crépy. 1783 et 1784. 2 années. In-24. Prix : 1 fr. 20.

Très certainement, devait être, comme les publications détaillées plus loin (Voir nos 821 et 822,) une série de planches gravées donnant, par superpositions, des sujets différents.

[D'après un catalogue de l'époque.]

734. — ALMANACH DU VOYAGEUR A PARIS, Contenant une description intéressante de tous les Monuments, Chefs-d'œuvre des Arts et Objets de curiosité que renferme cette Capitale; Ouvrage utile aux Citoyens et indispensable pour l'Étranger. Par M. T***** Année 1783. = Prix cinquante sols broché. || A Paris, chez Hardouin, Libraire, rue des Prêtres St Germain l'Auxerrois, Et à Versailles, chez Poinçot. (1783-1787 : 5 années). In-12.

En tête de l'année 1783 est un avis de l'Éditeur disant que l'almanach, bien différent de celui qui a paru, sous le même titre, les années précédentes, (voir plus haut n° 621) a rassemblé des notes intéressantes sur les Académies, sur les Arts, sur l'Éducation et des détails sûrs et exacts sur les monuments. Il invite les Architectes qui seraient chargés de quelques ouvrages publics à lui en faire parvenir les détails.

Rédigé par Luc-Vincent Thiéry. Plusieurs notices sont dues aux architectes Chalgrin, Cherpitel, Brongniard, Louis, le Noir, le Romain. On y trouve, rangés par ordre alphabétique, — rues, choses et gens, — tout ce que contiennent nos guides modernes, et de précieux détails sur les cabinets de tableaux et de curiosités. Calendrier.

[Catalogué 4 et 5 fr. suivant l'état.]

735. — L'AMOUR JUGE ou le Congrès de Cythère, Traduit de l'Italien de M. le comte Algarotti. Étrennes pour la présente année. [Épigraphe :] Il est mille façons d'aimer. || A Cythère, Et se trouve à Paris, chez Onfroy, Libraire, quai des Augustins. 1783. In-18.

Ravissant frontispice, signé Queverdo Del. et Sculp., représentant le Congrès de Cythère (Femmes en costumes Louis XVI, devant le tribunal de l'Amour).

Calendrier pour 1783.

[Coll. de Savigny.]

736. — ANNÉE HISTORIQUE OU CALENDRIER EN FORME DE JOURNAL, dédié à Monseigneur le Duc d'Orléans, premier prince du Sang, pour l'année M.DCC.LXXXIII. || A Paris, chez la Vve d'Houry et Fils, Imprimeurs-libraires de Mgr le Duc d'Orléans et de Mgr le Duc de Chartres, rue Saint-Séverin et de Hautefeuille, près celle des Deux Portes. In-24.

C'est un calendrier contenant diverses indications sur les révolutions planétaires, le comput, la durée du jour, etc. La nomenclature des saints de chaque mois est suivie d'un certain nombre de pages blanches. Vient ensuite un tableau des « Fastes de la maison d'Orléans », et, rapprochement piquant, diverses indications sur la rente, le revenu et le fonctionnement des fonds d'État.

737. — LES BELLES MARCHANDES.
Almanach Historique, Proverbiale (*sic*) et
Chantant. ‖ A Paris, chez Jubert, rue
Sᵗ Jacques, la Porte Cochère vis-à-vis
les Mathurins. 1783-1784. 2 années. In-32.

Voilà, certes, une des plus intéressantes, une des
plus gracieuses publications de l'époque sous la
forme d'almanach. C'est, à la fois, plein de charme
et plein d'esprit, bien fait pour les petites maîtresses et les galantins qui n'admettaient que le livre
de poche.

Chaque année est ornée de douze charmantes
gravures, d'une très jolie exécution, non signées,
d'une jeune dame, la cliente sans doute, tandis qu'un
jeune galantin lutine une ouvrière). — 6. La Cha-
pelière (Un jeune homme essaye un chapeau
devant un miroir, la marchande lui sourit agréablement). — 7. La Bijoutière (Une jeune fille
essaye une croix dite *à la Jeannette* et la laisse
tomber dans son sein : son amant met à profit
l'occasion pour fourrager dans ses charmes, sous
prétexte de paraître obligeant). — 8. La Boulangère (Elle offre des petits pains à un jeune homme
qui lui montre du doigt ceux dont il est le plus
affamé). — 9. La Marchande d'œufs frais (Une
jolie paysanne défendant son innocence). — 10.
La Belle Foureuse (*sic*). — 11. La Limonadière

A Paris chez Jubert, rue Sᵗ Jacques la
Porte Cochère vis-avis les Mathurins.

Les Marchandes de Modes.

mais dans la note de Quéverdo. Ces gravures,
précieuses au point de vue des modes et des
types, peuvent être considérées comme un véritable document sur les marchandes et les boutiques, au XVIIIᵉ siècle, malgré une certaine part
accordée à la fantaisie. En voici, du reste, la nomenclature :

= *Année 1783*. — 1. Titre. Boutique de marchande (la boutique dans sa généralité). — 2. La
Marchande de Plaisirs (comme il fallait s'y attendre, c'est un prétexte à scène de galanterie dans un
jardin public). — 3. La Jardinière. — 4. Les Marchandes de Modes (Intérieur de boutique à auvent,
avec un public d'acheteuses : dames et seigneurs,
voiture devant la porte). — 5. La Couturière (Elle
essaye une robe sur un mannequin, en présence

(Tandis qu'un vieux financier contemple les
grâces de la dame de comptoir, une grisette,
assise à sa table, donne furtivement rendez-vous à
son jeune amant). — 12. La Parfumeuse (Une
jeune dame obsédée des importunités d'un vieillard qui prétend en vain à ses faveurs, lui montre
un masque auquel on voit un pied de nez). — 13.
La Belle Fruitière (Des dames marchandant des
fraises chez une fruitière, fournissent au mari
l'occasion de quelques plaintes auxquelles la
femme répond par un bon conseil).

= *Année 1784.* — Il paraît avoir été fait, de
cette année, deux tirages différents. En effet, on rencontre des exemplaires avec titre gravé et d'autres
avec titre imprimé seulement. Le titre gravé
porte :

— *Les Belles Marchandes* DE PARIS (1). IIe Partie. Almanach Chantant sur les plus jolis airs. || A Paris, chez l'Éditeur, rue St Jacques, vis à vis les Mathurins, n° 37.

Le titre imprimé est rédigé comme suit :

— *Les Belles Marchandes de Paris.* Seconde partie. Almanach chantant sur les plus jolis airs. Enrichi de petits Chefs-d'œuvres (*sic*) par Voltaire, Fontenelle, Dorat et M. le chevalier de Boufflers : Avec 12 jolies Estampes en taille-douce. (Même adresse).

Un avertissement en tête indique que la troisième partie de l'Almanach paroîtra « l'année prochaine 1784. » (?).

— 4. La Miroitière ou les Glaces.

> Prestige inventé par les Graces
> Pour multiplier la beauté.

— 5. La Fourbisseuse (Jeune armurière présentant des épées à trois galants seigneurs). — 6. La Lingère (Dissertation morale sur les toiles des Pays-Bas). — 7. L'Orlogerie (*sic*) (tandis que l'horloger montre ses marchandises, l'horlogère se laisse serrer la main par un jeune seigneur). — 8. La l'Hutière (*sic*) ou l'accord parfait. — 9. La Bottière ou la Botte galante (Un jeune seigneur faisant essayer ses bottes par la gentille marchande et se préparant à emporter, dans ses bras, la dame

La Restauratrice.

La Confiseuse.

Planches de l'Almanach « Les Belles Marchandes ». — Année 1784.

Indication des estampes : 1. La Marchande d'étoffes de soies (*sic*) ou La double intrigue. — 2. La Restauratrice ou le Partage bien entendu (la dame à son comptoir est entourée de ses deux amants ; chacun lui tient une main : dans la salle, public de consommateurs). — 3. La Confiseuse ou le Bonbon d'étrennes :

> Le bonbon qui vient de vos âmes,
> Mérite-t-il d'être sucé ?
> Dites, Mesdames ?

ainsi bottée. — 10. La Bonnetière ou les Bonnets (Un vieux garçon

> courant chez Madame La Planque
> Prendre des bonnets de coton....
> .... l'époux dans sa boutique,
> Dès le lendemain, put avoir
> Un bonnet d'une autre fabrique,
> Que de celle qu'il fait valoir.)

— 11. La Jolie Chandelière ou les Chandelles (la chanson qui accompagne l'estampe se fait un plaisir d'insister sur tenir la chandelle, voir trente-six chandelles, par les deux bouts brûler la chandelle, etc.). — 12. La Vitrière ou le portrait manqué.

(1) Les mots « de Paris » ne figurent pas, on peut le voir, sur le titre de la première année.

L'Orlogerie.

La Bottière.

La Bonnetière.

La Jolie Chandelière.

PLANCHES DE L'ALMANACH « LES BELLES MARCHANDES ». — ANNÉE 1784.

Les estampes de la 2ᵉ année sont de purs petits chefs-d'œuvre.

Cet almanach obtint un succès si considérable que, d'emblée, il fut contrefait en Hollande, c'est-à-dire que les planches de la seconde année, gravées à nouveau par un artiste hollandais, constituèrent l'*Almanach de l'Amour*. (Voir, tome II, Hollande).

[Coll. de Savigny, Années I et II. || Le baron Pichon possède un exemplaire de la deuxième année avec reliure populaire rehaussée de broderies d'or, paillettes, fond soie et appliques de verrotrie, dont les plats sont ornés de médaillons sous verre.]

[Les deux années, 4 à 500 fr. — 2ᵉ année seule, 250 à 300 fr.]

738. — LE CALENDRIER DES LOISIRS, par M. D. V. D***. || A Paris, chez Ph. D. Langlois, Libraire, rue du Petit-Pont, entre celles de la Huchette et de S. Séverin, au S. Esprit couronné. (1783). In-32.

[D'après un catalogue de l'époque.]

739. — CALENDRIER POUR L'ANNÉE 1783, A l'usage des Élèves qui fréquentent l'École Royale gratuite de dessin ; avec le Plan et l'Élévation de la dite École. || A Paris, aux Écoles de Dessin, rue des Cordeliers. 1783. In-8.

Calendrier suivi, tout aussitôt, d'un « Mémoire sur l'administration et la manutention de l'École » donnant les statuts, les noms des fondateurs qui ont contribué à sa dotation, l'état des gravures destinées à l'instruction des élèves, les noms des élèves qui ont remporté des maîtrises.

En tête est un frontispice représentant les bâtiments de l'École Royale (ancien amphithéâtre de Saint-Côme).

Cette école qui doit son origine et ses progrès aux soins de M. Bachelier fut ouverte dès 1766 et placée sous l'inspection de M. le Lieutenant-Général de Police (M. de Sartines).

[Vente Faucheux, nᵒ 857.]

[B. N.]

740. — LES CAPRICES DU SORT, par M. D. || A Paris, chez Ph. D. Langlois, Libraire, rue du Petit-Pont, entre celles de S. Séverin et de la Huchette, au S. Esprit couronné. (1783). In-32.

[D'après un catalogue de l'époque.]

741. — COMMUNAUTÉ DES MAITRES ET MARCHANDS TABLETIERS, LUTHIERS, ÉVENTAILLISTES, De la Ville, Fauxbourgs et Banlieue de Paris, créée par Édit du mois d'Août 1776. || A Paris, De l'Imprimerie de P. M. Delaguette, rue de la Vieille-Draperie. M.DCC.LXXXIII. In-24.

Calendrier avec agenda, donnant les tableaux de la communauté et l'ordonnance de police y relative. A dû paraître, très certainement, depuis 1777. Publication similaire à toutes celles des autres corps de métiers.

[Coll. de Bonnechose.]

742. — LES ÉNIGMES, par M. D. || A Paris, chez Ph. D. Langlois, Libraire, rue du Petit-Pont, entre celles de S. Séverin et de la Huchette, au S. Esprit couronné. (1783). In-32.

[D'après un catalogue de l'époque.]

743. — L'ESPRIT DES ALMANACHS. Analyse critique et raisonnée de tous les Almanachs tant anciens que modernes. || A Paris, chez la Veuve Duchesne, Libraire, rue Sᵗ Jacques, au Temple du Goût, Barrois l'aîné, libraire, Morin, Imprimeur Libraire, etc. M.DCC.XXXIII. In-12.

Recueil, avec un calendrier pour 1783, destiné, dit l'auteur, d'une part, à faire connaître cette nouvelle branche de littérature, d'autre part, à arrêter les progrès du mauvais goût.

Titres, appréciations et extraits des principales publications dans ce domaine. L'auteur annonçait un volume tous les six mois, mais il n'en a jamais paru qu'un seul donnant l'analyse de 81 almanachs.

[Coll. de l'auteur.]

744. — ÉTAT DE LA FRANCE contenant le clergé, la noblesse et le Tiers-État. Recueil de devises héraldiques. Par M. le comte de W. de M. de C. [Waroquier de Méricourt, de Combles]. || Paris, chez l'auteur. 1783-1785. In-12 (2 parties).

[Figure sur le catalogue imprimé de la B. N.]

745. — ÉTRENNES AUX BELLES, DONNÉES PAR VOLTAIRE quinze jours avant sa mort. || A Paris, chez la veuve Guillaume, Libraire, rue Saint-Honoré, à côté de l'hôtel d'Aligre. M.DCC.LXXXIII. In-12.

Frontispice gravé, signé N. Ransonnette *fecit*, représentant Voltaire lisant des vers à une

dame. Dans le fond, deux autres dames causent entre elles.

Le nom de Voltaire apparaît quelquefois, on l'a
vu, sur les titres des almanachs. On veut, du reste,
que le fécond écrivain ait composé dans ses dernières années un « Almanach du Cultivateur » dont
le manuscrit n'a jamais été retrouvé.(Voir *Intermédiaire des Chercheurs et des Curieux*, 1874, p. 113
et « Avant-propos aux *Lettres et Poésies inédites* de
Voltaire, par Vict. Advielle, 1872 »).
Recueil de pièces en vers. — Calendrier.

[Cat. 20 fr. ex. m. r.]

746. — ÉTRENNES D'IRIS; Almanach
bleu, dédié à l'Amour. Contenant des
Anecdotes, Bons Mots, Contes, Épitaphes,
Traits de Vertu, Superstitions, Phénomènes, Merveilles, Explication de la
Fable, Emblèmes, Énigmes, Recettes,
Table de Multiplication, Tableau de la
sortie des Numéros de la Loterie Royale
de France, depuis son origine, etc. Pour
l'année 1783. ‖ A Paris, chez Cuchet, rue
et Hôtel Serpente. In-32.

Almanach imprimé en bleu, ainsi que l'indique
son titre, contenant, en plus des matières indiquées
sur le titre, un calendrier et les naissances royales.

[Coll. de Bonnechose.]

747. — ÉTRENNES SINCÈRES, OU
LA MISANTROPIE (sic). Almanach nou-
veau, Mêlé de Vers et de chant. Dédié
aux Esprits bien faits. Par M. Taconet.
[Épigraphe :] Ludendo Verum. ‖ A Lon-
dres, et se trouve à Paris, chez Ph. D.
Langlois, Libraire, rue du Petit-Pont,
entre celles de S. Severin et de la
Huchette, au S. Esprit couronné. (1783).
In-32.

Recueil de chansons avec calendrier. On y trouve
une suite de 12 poésies sur les âges de l'homme,
symboles ou allégories sur les mois de l'année, avec
lesquelles l'éditeur proposait au public de faire une
loterie.
Nombre de poésies du recueil sont des satires.

748. — LA FLEUR DES PLAISIRS ;
Étrennes chantantes à la mode, Dédiées aux
Grâces. Enrichies de figures et suivies du
Gazetier chantant. Avec Tablettes Écono-
miques, Perte et Gain. Petit secrétaire à l'u-
sage des Dames.‖A Paris, chez le sieur Des-

nos, Ingénieur-Géographe et Libraire de
Sa Majesté Danoise, rue St-Jacques, au
Globe. (1783). In-24.

Titre en lettres gravées et chansons gravées.

Almanach orné de 12 jolies figures, non signées,
et qui ne sont que l'utilisation sous un nouveau
titre, et dans un ordre différent, des figures d'un
précédent almanach, *A la plus digne de Plaire*
(Voir n° 537). Les légendes sont les mêmes, seulement les images se trouvent placées dans un ordre
différent.

En voici les légendes : 1. L'Apothéose, les grâces
entourant de guirlandes le portrait de Marie-Antoinette (frontispice) (1). — 2. Le Poëte inspiré.
— 3. La Dame Convaincue. — 4. La Matinée à
la Mode, ou les Bonnes Fortunes (un jeune homme
sur le bord d'un lit, aux côtés d'un gentil minois,

> Qui trouve un matin, dans le lit,
> Beaux yeux et gorge ravissante,
> A raison d'être en appétit.

— 5. Le Baiser et l'Éventail. — 6. L'Embarras du
choix. — 7. Le Frelon ou la Piqûre. — 8. Le Dormeur éveillé. (Un jeune homme étendu sous un
arbre voyant venir à lui une femme, un panier sur
la tête, avec un Amour couvert du masque.) — 9. La
Bergère qui se défend mal, ou les Frais inutils (sic).
— 10. Le Spectacle de la Nature (Amoureux s'embrassant sur l'herbe.) — 11. Le Clair de Lune. —
12. Le Beau Jour ou le Temple de Gnide.
Ces figures paraissent être de Dorgez.

Cet almanach était suivi d'une des plaquettes que
Desnos ajoutait, quelquefois, à ses almanachs : le
Gazetier chantant, le *Petit chansonnier français*, etc.

[Vente Destailleurs, ex. mar. r. : 160 fr.]

749. — LE GAZETIER CHANTANT,
ou Recueil des principaux événemens,
Anecdotes curieuses et intéressantes de
l'année présente. Étrennes aux Politiques.
Ouvrage qui paroîtra annuellement. ‖ A
Paris, chez Desnos, Ingénieur-Géographe
et Libraire de Sa Majesté le Roi de Danemarck, rue St-Jacques, au Globe. (1783).
In-24.

Recueil de chansons imprimées que Desnos
ajoutait à la suite d'autres almanachs, ainsi
qu'on peut le voir par le précédent numéro ; et ce
afin de leur donner un regain d'actualité.

(1) Ce frontispice manque à la plupart des
exemplaires de l'almanach *A la plus digne de plaire*
(n° 537). Cependant j'ai vu entre les mains de
M. Bihn un exemplaire qui le possédait. Il figure
également en tête de *La Galerie des Femmes Illustres* (N° 592).

750. — LE MANUEL DES GOUR-
MANDS. ‖ A Paris, chez Ph. D. Langlois,
Libraire, rue du Petit-Pont, entre celles
de St-Séverin et de la Huchette. (1783).
In-32.

Comme il y a eu des « Don » et des « Recueil »
on verra de même défiler sur certains catalogues
des séries de « Manuel. »

[D'après un catalogue de l'époque.]

751. — LE MANUEL DES GRACES.‖
A Paris, chez Ph. D. Langlois, Libraire,
rue du Petit-Pont, entre celles de St-Séverin et de la Huchette. (1783). In-32.

[D'après un catalogue de l'époque.]

752. — LES MUSES A CYTHÈRE ou
Élite de Chansons et Figures analogues,
avec Tablettes Économiques. Perte et
Gain. ‖ A Paris, chez Desnos, Libraire de
S. M. Danoise, rue St-Jacques, au Globe.
(1783 et suite.) In-24.

Titre gravé. Texte des chansons, également gravé,
et plusieurs pages de musique. Frontispice représentant la leçon d'amour, et 11 estampes dont voici
les sujets : 1. La Chaise renversée. — 2. L'Éloge
de la Folie. — 3. Le Triomphe du plaisir. —
4. L'Aimable Épicurienne. — 5. Le viol de Lucrèce. — 6. Le Marquis de *** ou la bonne leçon.
— 7. Le Pêcheur pris par l'Amour. — 8. L'Argument bien fort. — 9. Le Lit de Myrthe. — 10. La
Guirlande. — 11. Le preneur d'oiseaux.
Cet almanach qui fait partie d'Anacréon en Belle
Humeur a été également publié avec un titre imprimé dont la rédaction est quelque peu différente,
(frontispice enluminé) : Les Muses à Cythère ou les
Plaisirs de toutes Saisons. Chansonnier François.
D'autres exemplaires ont, en plus, le titre imprimé:
Anacréon en Belle Humeur, 3ᵉ partie.

[De 100 à 150 fr. suivant l'état.]

753. — PETIT MANUEL MYTHOLO-
GIQUE ou Almanach moral et poétique
de la Fable. ‖ A Paris, chez le sieur Des-
nos, Ingénieur-Géographe et Libraire de
Sa Majesté Danoise, rue St-Jacques, au
Globe. (1783). In-24.

Avec un calendrier à la date de 1783. Titre
gravé, avec un frontispice et 8 figures dessinées par
Brion, gravées par Lachaussée. Ces gravures se
rapportent toutes à la mythologie.
Le faux-titre porte : « Almanach de la Fable. »
Au titre gravé est joint un titre imprimé dont
voici la reproduction exacte :

— Petit Manuel Mythologique, ou Almanach moral
et poétique de la Fable ; Mélange de Vers relatifs
aux sujets de la Mythologie, par nos meilleurs
Poëtes : Dédié aux Dames, Pour leur faciliter l'intelligence des Drames qu'on représente journellement sur nos Théâtres, et dont les sujets sont tirés
de l'Histoire Poëtique; et aussi des Poëmes, des
Tableaux, des Tapisseries qui ont rapport à la
Fable; avec des Tablettes pour y écrire les remarques qu'elles pourront faire. ‖ A Paris, chez Desnos, Ingénieur et Libraire de Sa Majesté le Roi de
Danemarck, rue St-Jacques, au Globe.

Texte entouré d'un cadre typographique.
Cet almanach est suivi du Secrétaire des Dames
pour 1790.]

[Coll. de Savigny, exemplaire avec calendrier
[De 60 à 80 fr. suivant l'état et la reliure.]

754. — LES PLUS COURTES FOLIES
SONT LES MEILLEURES, ou le passe-
temps des dames. ‖ A Paris, chez Desnos, Ingénieur-Géographe et Libraire de
S. M. Danoise, rue St-Jacques, au Globe
et à la Sphère. (1783). In-24.

Almanach orné de 12 vignettes.

[D'après un catalogue. ‖ Ex. avec figures avant
la lettre cat. 70 fr.]

755. — LE PLUS JOLI CHANSONNIER
FRANÇOIS. En quatre parties. La
1ʳᵉ Anacréon en belle humeur, la 2ᵉ Les
Grâces en goguette, la 3ᵉ Les Muses à
Cythère, et la 4ᵉ Les Espiègleries de
l'Amour. Élite de Chansons, Romances,
Vaudevilles, etc., etc., des meilleurs Au-
teurs en ce genre. ‖ A Paris, chez le sieur
Desnos, Ingénieur-Géographe et Libraire
de Sa Majesté Danoise, rue St-Jacques, au
Globe et à la Sphère. (1783). In-24.

Titre gravé, dans un médaillon dont le cadre
est formé d'un serpent, reposant sur une tablette.
Frontispice : le buste d'Anacréon couronné par les
Muses.
Titre et frontispice sont en quelque sorte factices.
Ils ont servi à la mise en vente des quatre pre-
mières parties d'Anacréon en Belle Humeur. (Voir,
plus haut, n° 626.)

[Coll. de Savigny.]

756. — LA VIE, LES AVENTURES ET
LA MORT DE MARLBOROUGH, avec
Tablettes Économiques, Perte et Gain,
Petit Secrétaire fidèle et discret. ‖ A
Paris, chez le sieur Desnos, Ingénieur-
Géographe et Libraire de Sa Majesté Da-

noise, rue St-Jacques, au Globe. (1784).
In-24.

Cet almanach contient un précis de la vie du
général Marlborough, et plusieurs chansons récréatives. Il a figuré sur un catalogue de libraire sous le
titre de « Almanach à la Marlborough », ce qui me
paraît être la même publication.

[Cat. de 7 à 8 fr.]

757. — ALMANACH DAUPHIN, Contenant l'Anniversaire de Monseigneur le
Dauphin, Cantatille; avec un Plan d'un
Cours nouveau de Littérature Françoise
à l'usage de ce Prince. Par M. Poullin de
Fleins, ancien Correcteur des Comptes. ‖
A Paris, chez Guillot, Libraire de Monsieur, Frère du Roi, rue St-Jacques, vis
à vis celle des Mathurins. M.DCC.LXXXIV.
De l'Imprimerie de L. Jorry, libraire-
imprimeur de Monseigneur le Dauphin,
rue de la Huchette. 1784-1789. 6 années.
In-16.

En marge de ce calendrier, sous le titre de :
Journal curieux se trouve, ainsi que dans nombre
d'almanachs antérieurs, l'indication des promenades, divertissements, fêtes, revues du Roi, etc.
en un mot les actualités intéressantes de Paris
pour chaque mois. L'auteur, M. Poullin de Fleins,
conseiller du Roi, était né à Chartres en 1745. Le
Dauphin était, alors, Louis-Joseph de France,
second enfant de Louis XVI, qui devait mourir le
4 juin 1789.
C'est la suite du *Calendrier Dauphin* par A. M.
Lottin. (Voir, plus haut, n° 681).

[Cat. Techener, 12 fr.]

758. — ALMANACH D'IDALIE, ou la
bigarrure galante. Étrennes chantantes mêlées d'anecdotes et enrichies de
nouvelles coëffures. ‖ Paris, Jubert.
(1784). In-24.

12 portraits imaginaires de femmes, destinés à
montrer des coiffures à la mode. Texte, vers et
anecdotes.
Calendrier gravé pour 1784.

[Cohen: de 15 à 20 fr.]

759. — ALMANACH DES BALLONS,
OU GLOBES AÉROSTATIQUES; Étrennes du Jour Physico-Historiques, et
Chantantes, Pour l'An. (*sic*) Biss. M. DCC.
LXXXIV. [Épigraphe :] Plurima jam
fiunt, fieri quæ posse negabant...... Sic
itur ad astra. ‖ A Annonay, Et se trouve

A Paris, Chez Langlois, Père et Fils, (1)
Libraires, rue du Petit-Pont. M.DCC.
LXXXIV. In-32.

Le texte se compose d'une série de relations succinctes d'expériences faites avec les ballons ; il
donne tout d'abord l'origine des globes aérostatiques et les premières tentatives hasardées,
puis vient le compte rendu des expériences
faites en grand et en petit par MM. de Montgolfier, Pilâtre de Rozier, le marquis d'Arlandes,
Charles et Robert, et quelques autres. Il se termine par quelques plaisanteries sur les ballons,
écrites sous forme de lettres, et trois chansons se
rapportant également aux ballons, dont les extraits
suivants seront, sans doute, lus avec intérêt :

PREMIÈRE CHANSON

Air : *Le premier du mois de Janvier.*

L'autre jour, quittant mon manoir,
Je fis rencontre sur le soir
D'un Globiste de haut parage ;
Il s'en allait tout bonnement,
Chercher un lit au firmament,
Et moi je lui dis, bon voyage.

Dans sa poche un bonnet de nuit,
Pour la Lune un mot de crédit,
C'était hélas ! tout son bagage ;
Mais, pourvu d'électricité,
Il s'élançait avec fierté,
Sûr de mettre en fuite un orage.

Le vent devint son postillon,
Un nuage, son pavillon,
Chacun l'accablait de louanges :
D'après ce secret merveilleux,
On s'en va dîner chez les Dieux,
Prendre son Café chez les Anges.

. . . .

Lise disait à son Époux,
Qui se plaignoit des rendez-vous
Donnés sur des barques volantes ;
Ah ! Monsieur, pourquoi tant crier ?
Je vais, au signe du Bélier,
Vous chercher des armes parlantes.

De tous les Voyages divers,
Celui qui se fait dans les airs
Est la plus plaisante aventure :
Conduit par les simples hazards,
De Saturne on passe dans Mars,
De Vénus, enfin, dans Mercure.

(1 L'exemplaire décrit par M. G. Tissandier
(Voir *Bibliogr. Aéronautique*) porte: « à Paris,
chez Desnos. »

Que les Globes auroient de prix,
S'ils pouvoient de nos beaux esprits
Emporter la troupe légère;
Pour loger leurs jolis talents,
Il leur faut des Palais volants
Qui les éloignent du vulgaire.

Reliure au ballon. — D'après un almanach
appartenant à M. Gaston Tissandier.

AUTRE.

AIR : *Eh! mais, oui-dà.*

L'Empereur de la Chine
Attendoit, l'autre soir,
La burlesque Machine
Qu'enfin il ne pût voir.
    Eh! mais, oui-dà,
Comment peut-on trouver du mal à ça ?

Par trop grande vitesse,
Elle alla, sçavament (*sic*),
Tomber juste à Gonesse
Dans deux heures de tems,
    Eh! mais, oui-dà, etc.

Mais, (chose bien plus drôle),
Blanchard, sans s'effrayer,
Du Cabinet d'Éole
Va s'établir Courier,
    Eh! mais, oui-dà, etc.

Il n'a pour équipage,
Qu'un modeste zéphir ;
Oh ! le joli voyage !
On revient sans partir,
    Eh! mais, oui-dà, etc.

Sur un Globe bizarre,
Chacun, dorénavant,
Plus assuré qu'Icare,
Dirigera le vent,
    Eh! mais, oui-dà, etc.

Ah! si l'Académie
Venait à s'y loger,
Nul Vaisseau, je parie,
Ne seroit si léger,
    Eh! mais, oui-dà, etc.

Les Curés de Village
Sauront, (grace au Journal,)
Qu'un Globe qui voyage
N'est point un Animal,
    Eh! mais, oui-dà, etc.

. . . .

Paris crie au miracle,
Sans songer que *Nollet* (1)
Nous donna ce spectacle,
Et qu'il en plaisantoit,
    Eh! mais, oui-dà, etc.

Mais Paris inflammable,
Paris rempli de vent,
Retrouve son semblable
Dans ce Globe mouvant,
    Eh! mais, oui-dà, etc.

Tout Globe est fait pour plaire,
(N'en soyez pas surpris)
Ce qu'on aime à Cythère,
Est aimé dans Paris.
    Eh! mais, oui-dà,
Comment peut-on trouver du mal à ça ?

MES ADIEUX A LA TERRE.

AIR : *Vous qui du vulgaire stupide* ou *Avec les*
jeux dans le Village.

Adieu, pauvres voisins des Gnomes,
Je m'accroche au premier Ballon ;
Sur Terre gobez vos atomes ;
De ma part un coup de talon
Est, ma foi, ce qu'elle mérite :
Vous m'ennuyez par vos travers ;
On ne sauroit vous fuir trop vite
A moins de se rendre pervers.

.·.

Adieu, Messieurs les gobe-mouches ;
Vous qui des divers Potentats,
Quoique plus bêtes que des souches,
Prétendez *régir les états.*

(1) Nom de l'aéronaute qui avait tenté une
ascension.

Vous aussi, Messieurs des Gabelles,
Qui, tout bouffis d'un dur orgueil,
N'écoutez guère que vos belles,
En digérant dans un Fauteuil.

.*.

. . . .
Adieu, sur-tout, la gent maudite
De tous Huissiers, de leurs recors,
Qu'un sage débiteur évite
Pour la liberté de son corps.
Et vous, fripons, que je déteste,
Croyez que vos vins frelatés,
Qui sont bien pires que la peste,
Ne feront plus rougir mon nez.

.*.

Adieu, précieuses Donzelles;
Fou, qui de vous est enchanté;
Pour d'autres jouez de vos prunelles,
De vous je ne suis plus tenté.
Tout sot mérite qu'on l'étrille
D'une belle et bonne façon,
Ou qu'on le fourre à la Bastille,
S'il se prend à votre hameçon.

.*.

Adieu, dans les airs je m'élance,
Rendant hommage à *Montgolfier;*
C'est au signe de la Balance
Que je reverrai *de Rozier,*
D'Arlandes, Charles, Robert jeune,
Par des *Sylphides* caressés :
Ce qui vaut bien mieux que le jeûne
D'ici-bas pour les gens blasés.
　　　　Par M. B. de la Tour.

Cet amusant petit almanach d'actualités aéro-statiques contient 2 gravures sur bois représentant, l'une une Montgolfière, l'autre un Ballon (avec nacelle).
　　　　　　　　　　　　[B. N.]

760. — ALMANACH DES DILIGEN-CES ET MESSAGERIES ROYALES DE FRANCE, Pour l'année 1784. Contenant les jours et heures du Départ et de l'Ar-rivée des Diligences et des Voitures à journées réglées, tant de Paris que des Provinces, ainsi que des Coches d'eau. Avec un Tableau des Villes où la Ferme générale a des Directeurs ou Correspon-dans, pour y recevoir les Marchandises, bagages, le montant des Billets, Lettres-de-change et autres Effets commerçables, pour lesquels elle ne perçoit que le port du retour de l'argent, en assurant le pro-têt en cas de non-payement. On trouvera dans cet Almanach le Service général des Voitures publiques dans les princi-pales Villes du Royaume; la correspon-dance de l'une à l'autre, et celle avec l'Étranger. Par M. P. D. Y. (Papillon de la Tapy). || A Paris, Chez Prault, Impri-meur du Roi, quai des Augustins, à l'Immortalité. 1784-1787. In-18.

Un avis placé au verso du titre porte : « Cet al-manach sera renouvelé tous les ans, relativement aux changements et augmentations que l'on se propose d'y faire et que l'administration des Mes-sageries a projetés ». Il était publié par M. Papil-lon de la Tapy, qui fut directeur général des Mes-sageries Royales jusqu'en 1789 (l'Hôtel des Messageries était déjà rue N. D. des Victoires). On y trouve la nomenclature de toutes les dili-gences, carosses et fourgons partant chaque semaine de Paris, et des différentes villes du Royaume.
　A la fin est un calendrier donnant, à chaque mois, des feuilles blanches pour la dépense journa-lière en route. Deux colonnes spéciales portent en tête : *Dinée* — *Couchée* (sic).
　En 1786 l'almanach agrandit son format, pu-blia une carte des correspondants des Messageries, et augmenta comme suit son titre :

— *Almanach des Diligences et Messageries Royales de France*, contenant le détail de l'Admi-nistration, l'Extrait des principaux Arrêts et Règlemens qui la concerne (sic) et des Avis inté-ressans au Public sur les précautions qu'il a à prendre, Les Départs et arrivées des Diligences et des Voitures à journées réglées pour les prin-cipales Villes du Royaume, le nombre et le genre des Voitures, avec le prix des Places, celui du Port des Paquets, et le nombre de jours en route : Le Service général des dites Voitures, avec leur marche de Paris aux principales Villes du Royaume et les Communications de ces mêmes Villes, dans l'intérieur des Provinces et dans l'Étranger; le Service général de la Navigation de France. Et le Tableau des autres villes de France et de l'Étranger qui communiquent avec les dites Messageries. Avec une Carte Géographi-que indiquant les principaux Endroits où la Ferme générale a des Directeurs ou Correspondans, pour y recevoir les Marchandises, Bagages, etc., le montant des Billets, Lettres de Change et au-tres Effets commerçables, pour lesquels elle ne perçoit que le port du retour de l'argent, en assu-rant le protêt en cas de non paiement. Par M. P. D. Y. || A Paris, chez Prault, Imprimeur du Roi, Quai des Augustins, à l'Immortalité, et chez Les Suisses (concierges) de l'Hôtel royal des Messageries. (1787) in 12.

Les notes historiques sur l'origine des Messa-geries qui étaient absolument sommaires en 1784 sont très augmentées dans cette année.

[B. N. A. 1787. || Coll. Pichon. A. 1784.]

[Voir, plus loin, nᵒ 844]

761. — ALMANACH DES GRACES, ÉTRENNES ÉROTIQUES CHANTANTES. Dédié et présenté à Madame, Comtesse d'Artois, par M. C. membre du Musée de Paris, pour l'année 1784. [Épigraphe :] Il n'appartient qu'aux Grâces De régner sur les cœurs. ‖ A Paris, chez Cailleau fils, rue Gallande. (1784-1795 et 1804-1807). Pet. in-12.

Chaque année a un frontispice gravé (dessins de Marillier le jeune, et autres) et donne la musique de plusieurs chansons, « chansons décentes et agréables qui doivent mériter au recueil la préférence sur tous ceux du même genre », ainsi que veut bien le reconnaître le Royal Censeur en accordant son approbation. Ce ne sont, du reste, en ces 26 volumes, que soupirs, reproches, sanglots amoureux, plaintes de bergère indécise, complaintes des maîtresses sur le départ de l'amant, baisers ravis, roses fanées, modestes aveux, conseils aux amants, prières à l'amour. « En vous offrant l'*Almanach des Grâces*, disait l'éditeur au sexe adorable, nous ne vous offrons que ce qui vous appartient. » Aussi, même après 1789, même pendant les années terribles, l'almanach n'abandonne pas son genre : il est toujours aux bergers, aux fleurs et aux serins. Pour qu'on s'aperçoive de la Révolution, il faut des pièces comme *La Cocarde nationale*, *L'Avocat de l'amour à l'Assemblée Nationale* ou les couplets patriotiques sur la bénédiction des drapeaux.

C'est aux Grâces qu'on fait appel en commençant ; c'est elles qu'on invoque en terminant. Et jusqu'en 1792, ce sont elles, également, que représentent invariablement les frontispices dessinés par Marillier le jeune : tous les Apollons du Ciel déposent des lyres entre leurs mains. Comme le porte la légende de l'estampe de 1789 :

> Ce sont trois Grâces en beau
> Ce sont les trois Grâces en une.
>
> Que de grâce et que de maintien !

En 1791 « Madame, comtesse d'Artois, » devient sur le titre « Madame d'Artois. »

Les vers sont signés : Baugin, de Bruix, de Beauchesne, Boinvilliers, de Chanely, de Conjon, de Cubières, Ducray du Minil, Fabre d'Olivet, Godard, Lagrange, Laisné, de Boisléger, Lecaché, Lefranc, Maton de la Varenne, Merard Saint-Just, Meude-Monpas, Plouvié, de Sancy, de la Viéville, Volgar.

762. — ALMANACH DES MONNOIES, année 1784, [Épigraphe :] Nummus quæsitus et comparatus est, ut omnium rerum quodam modo sit medius seu mensura (Aristote, Etich. Nicoma. Lib. V. Cap. 8). ‖ A Paris, chez Méquignon, libraire au Palais. 1784 et suite. In-12.

Chaque année contient plusieurs planches reproduisant, les unes des monnaies, les autres les poinçons des communautés d'orfèvres (l'année 1785 donne toutes les marques). Titres gravés : la première année a un simple balancier pour vignette, les autres années ont un encadrement spécial avec cornes d'abondances sur les côtés, desquelles s'échappent de nombreuses pièces d'or. Tous les poinçons ont été gravés par Bernier, graveur particulier de la Monnaie.

Rédigé par Noël-François-Mathieu Angot des Rotours, l'*Almanach des Monnaies* contenait l'État de l'administration générale des Monnaies, des Communautés d'Orfèvres, une notice des autres Communautés qui emploient les mêmes matières, les rapports des poids étrangers avec le marc de France, le détail historique de tous les changements survenus dans la dénomination, le titre, le poids et la valeur numéraire des espèces qui ont eu cours dans le royaume depuis l'avènement d'Henri IV.

On y trouve également le recueil complet des édits, déclarations, lettres patentes et arrêts, sur les monnaies, depuis le commencement du règne de Louis XVI, et le détail des monnaies étrangères.

[De 5 à 6 fr. l'année.]

763. — ALMANACH PARISIEN. ‖ A Paris 1784. 2 volumes. In-24.

Rédigé par J.-B. Simonnet de Maisonneuve.

[D'après la *France Littéraire*.]

764. — L'AMOUR DANS LE GLOBE ou l'Almanach Volant, composé de petites Pièces fugitives, légères ou galantes, en Prose et en Vers. Avec un Précis historique de l'origine du Globe Aérostatique, des Expériences du Champ de Mars, de Versailles, de la Muette et des Tuileries, ainsi que Vers et Chansons y relatifs. Le tout enrichi de figures. ‖ A Paris, chez Jubert, rue St Jacques, la porte cochère vis-à-vis la rue des Mathurins. (1784). In-24.

Ce petit almanach, rarissime, est orné de planches se dépliant et représentant : 1. Expériences du Champ de Mars (Les personnages officiels sont dans une enceinte protégée par des palissades). — 2. Alarme causée par la chute du ballon à Gonesse. — 3. L'expérience faite à Versailles en présence du Roi, par M. de Montgolfier. — 4. Le Globe de la Redoute ou le triomphe du Vent.

Le texte se compose de détails sur les expériences et d'une série de pièces de vers parmi lesquelles plusieurs relatives aux ballons : la Machine d'Amour, les Globes à la mode, Le triomphe du Vent. C'est là que se peuvent lire des vers de cette façon :

Elle sera de même, en l'air, un jour
De nos Amans la voiture publique.

Il existe de cet almanach une seconde année, encore plus rare, avec un titre quelque peu différent. (Voir plus loin, n° 791.)

[Coll. Gaston Tissandier.]

[De 75 à 150 fr. suivant l'état et la reliure.]

sa mère. — 4. Le Traité d'Amour. — 5. La Vallée de Tempé, ou Thaïs et Lindor. — 6. Le Vieillard trop crédule. — 7. L'Orage. — 8. Faites le lit, maman. — 9. L'Aiguille au Cadran du Berger. — 10. La Bergère qui s'y connoit. — 11. La Lettre qui brûle.

Ces estampes, comme on le verra plus loin, (voir nᵒˢ 774 et 857) ont figuré sous plusieurs titres différents, mais toujours sans la douzième pièce : *Les Amans* (une des planches d'*Anacréon en Belle Humeur*, et des *Étrennes de toutes saisons*.)

L'almanach est accompagné du « Secrétaire des Dames et des Messieurs ».

[Cat. Techener ex. mar. r. 125 fr.]

Le Cheval Fondu.

La Bascule.

Compositions de Queverdo pour l' « Amour parmi les Jeux », d'après une suite avant la lettre.
[Coll. baron Pichon.]

765. — L'AMOUR EN BONNES FORTUNES (*sic*). Étrennes chantantes avec figures et Tablettes Économiques, Perte et Gain à l'usage de l'un et l'autre Sexe. ‖ A Paris, chez le sieur Desnos, Ingénieur-Géographe et Libraire de Sa Majesté Danoise, rue St-Jacques, au Globe. (1784). In-24.

Titre gravé dans un médaillon sur tablette. Texte gravé et encadré avec figures se rapportant aux chansons : 1. La Chanson de Raymonde. — 2. La Préférence. — 3. La jeune fille grondée par

766. — L'AMOUR PARMI LES JEUX. Le souvenir du bon temps dédié aux belles. ‖ A Paris, chez Boulanger, relieur et doreur, rue du Petit Pont, maison de l'Image Notre-Dame. (1784). In-32.

Titre gravé, ainsi que le texte des chansons, 12 ravissantes figures de Queverdo, gravées par Dambrun, représentant sous une forme quelquefois légère et toujours spirituelle, les différents jeux. (Le titre est dessiné et gravé par Queverdo seul). Chaque planche porte, en haut, le nom du mois, et en bas, dans un étroit espace, entre filets, le nom du jeu. Voici, du reste, les légendes des différents sujets : 1. Les Quilles. — 2. La Cligne Musette. — 3. La courte paille. — 4. Le pied de bœuf. — 5. Le gage touché. — 6. Les quatre coins. — 7. Le cheval fondu (une femme tombant à la renverse, au moment où elle va sauter par dessus un jeune berger et étalant ainsi ses charmes les plus secrets). — 8. Le Billard. — 9. Le colin maillard. — 10. Bascule (une polissonne de planche fait basculer les charmes d'une jeune beauté, et il y a là un tableau du genre... léger dont la vue n'est pas perdue pour tout le monde). — 11. Le cachecache. — 12. La main chaude.

[Vignettes à l'état d'eau-forte pure, et avant la lettre, chez M. de Savigny.|| Suite avant la lettre, travail au burin achevé, chez le baron Pichon.]

[Cat. Morgand : 150 fr. (les estampes seulement) — Ex. dans sa reliure, avec médaillons, 200 fr.]

767. — LES AVENTURES PARISIENNES. Almanach Nouveau, galant, historique, moral et chantant sur les plus jolis airs, mélangé de nouvelles chansons, d'Anecdotes plaisantes, de Contes, d'Épigrammes, de Bons Mots, etc. Première partie. || A Paris, chez Jubert, rue St-Jacques, la porte cochère vis-à-vis les Mathurins. 1784. In-24.

Avec 12 compositions non signées, mais dans le genre et dans le style des dessins de Binet : 1. La Préférence au mérite. — 2. Le Bal de l'Opéra (un couple montant en carosse pour se rendre au bal). — 3. Le Mécompte ou la Dame qui sait compter (sujet galant). — 4. Le Sallon (sic) de Curtius (personnage à table dans une salle où sont des têtes, parodie sur le statuaire qui se faisait fort de remettre les cerveaux). — 5. Le Faux médecin ou l'Argus dépisté (sujet galant). — 6. La Jeune musicienne ou le faux mendiant. — 7. L'Ami des femmes. — 8. Les deux Amants ou l'heureuse fuite (scène d'enlèvement). — 9. L'Abbé congédié. — 10. Le Nouveau Turcaret ou recette pour avoir de l'argent. — 11. Le Porteur d'eau. — 12. L'Antre de la rue Fromenteau (suite du Porteur d'eau).

Ces deux dernières estampes sont accompagnées d'une chanson un peu leste à laquelle l'auteur a donné le titre d'aventure burlesque. (On sait que la rue Froidmanteau était peuplée de filles). C'est, du reste, un ravissant petit morceau que je reproduis ici pour l'égaiement du lecteur.

Le Loutre (1) rue Fromenteau,
Crioit, en portant son sceau :
    A l'eau,
    A l'eau,

Montez, montez chez nous,
Lui dit une belle aux yeux doux.
Montez, montez, montez chez nous.

L'Auvergnat monte avec joie,
Et lui trouvant mille appas,
A son service il s'emploie,
Et lui donne mainte voie
De son eau dont on fait cas.

Depuis ce tems, chaque fille
Qui loge rue Fromenteau,
Voudroit que ce fût ce Drille
Qui lui remplit son tonneau.
Mais pour des bras invalides,
Quel dur travail à fournir !
Le tonneau des Danaïdes
Pourroit plutôt se remplir.

Mesdames, leur dit le Loutre,
Excédé d'un tel métier ;
Je suis plus las qu'une Loutre,
Et je ne puis passer outre,
Sans les pompes de Périer (1).

Le titre de l'almanach porte, comme on l'a vu : « Première Partie ». Il y a-t-il eu une suite, c'est-à-dire d'autres années ? Je l'ignore, mais l'avertissement dit à ce sujet. « On a l'honneur de dire au public que voici la première partie des « Aventures Parisiennes ». C'est lui en promettre une bien longue suite qui, toutefois, n'aura lieu qu'au renouvellement de chaque année. »

[Coll. baron Pichon : même collection, exemplaire du même almanach avec reliure de l'époque et calendrier pour 1785, mais sans frontispice ni autres gravures.]

[De 200 à 250 fr. suiv. l'état.]

768. — LA CORBEILLE DE GLYCÈRE, BOUQUETIÈRE A LA PORTE DU TEMPLE DE VÉNUS A ATHÈNES. Chansons choisies sur les airs les plus agréables [Épigraphe :]

Toi dont le teint est plus frais que tes fleurs
Toi que l'Amour nomma sa Bouquetière,
Qui, près du Temple embelli pour sa mère,
Vends tes bouquets, et voles tous les cœurs
Ecoute-moi, mon aimable Glycère.
                Épître d'Alcibiade à Glycère.

|| A Paris, chez le sieur Desnos, Ingénieur-Géographe et Libraire de Sa Majesté Danoise, rue St-Jacques, au Globe et à la Sphère. (1784). In-24.

Titre gravé orné ainsi libellé : *Le Bijou du jour de l'An ou les Étrennes à la Mode.*

(1) Porteur d'eau.

(1) Industriel de l'époque, inventeur d'appareils perfectionnés.

Le porteur d'eau.

Suite du porteur d'eau.

Le faux Médecin ou
Largus dépisté.

Les jeunes amans ou l'heureuse
suite.

FIGURES DE L'ALMANACH « LES AVENTURES PARISIENNES » (1784).
[D'après un exemplaire appartenant au baron Pichon.]

Almanach composé de chansons imprimées et de chansons gravées. Légendes des planches :

1. La Leçon d'Amour. — 2. La chaise renversée. — 3. L'éloge de la Folie. — 4. Le Triomphe du Plaisir. — 5. L'aimable Épicurien. — 6. Le viol de Lucrèce. — 7. Le Marquis de " ou la bonne leçon. — 8. Le Pêcheur pris par l'Amour. — 9. L'Argument bien fort. — 10. Le lit de Myrthe. — 11. La Guirlande (Zélis portant une guirlande en offrande à l'autel du Dieu des cœurs). — 12. Le preneur d'Oiseaux.

Plusieurs de ces planches figurent déjà dans *Le Fond du Sac* (voir nº 634).

[De 150 à 200 fr. suivant l'état et la reliure.]

769. — ÉTRENNES DE L'AMOUR, DES RIS, DES JEUX ET DES PLAISIRS.

Almanach chantant orné de gravures faites par un célèbre artiste. || A Paris, chez Boulanger, relieur et doreur, rue du Petit-Pont, à l'Image Notre-Dame. (1784). In-32.

Titre gravé dans un médaillon ovale (guirlande de fleurs), l'adresse de l'éditeur étant sur une tablette, à fond carré. Almanach orné de 12 ravissantes gravures, dessinées par Queverdo, dont voici les légendes : 1. Janvier. Les Étrennes d'amour.

Les Étrennes d'Amour, par Queverdo.

— 2. Février. La Toilette d'une jolie femme. — 3. Mars. Le Rafraîchissement de la Chasse. — 4. Avril. L'Agrément de la Pêche. — 5. Mai. Le May (scène champêtre amoureuse : le may enguir-landé est planté sur le lit, un jeune amoureux se tenant aux côtés d'une femme en déshabillé galant). — 6. Juin. La Promenade sur l'eau. — 7. Juillet. Zélis au bain. — 8. Août. Les Moissonneurs. — 9. Septembre. Le Plaisir de la Chasse. — 10. Octobre. La Guinguette. — 11. Novembre. La Marchande d'Huîtres. — 12. Décembre. L'Heureux ménage.

Texte gravé, calendrier, et 24 pages de musique. [M. de Savigny possède quatre états des illustrations de cet almanach : eau-forte pure, figures avant la lettre, figures en noir, figures coloriées. Son exemplaire colorié est relié en soie blanche richement brodée de paillettes or et couleur. Médaillons sur les plats, avec personnages en grisaille.]

[De 250 à 300 fr. suivant l'état et la reliure.]

770. — ÉTRENNES DU SENTIMENT

dédiées aux âmes bienfaisantes. || A Paris, chez Boulanger, rue du Petit-Pont, maison de M. Petit, à l'Image de Notre-Dame. (1784). In-32.

Titre gravé : Amours tenant un rideau sur lequel se lit le titre. Petit almanach conçu dans la note sentimentale alors si fort à la mode. Voici le titre des gravures : — 1. Janvier. La bonne Année sans politique. — 2. Février. Le Seigneur bienfaisant. — 3. Mars. Les Rivaux blessés. — 4. Avril. La Dame bienfaisante. — 5. Mai. Le Mai ou la fête de la Dame du château. — 6. Juin. La Rosière ou le Prix de la vertu. — 7. Juillet. L'Incendie. — 8. Août. La Récompense du bon cultivateur. — 9. Septembre. Le Braconnier. — 10. Octobre. Les Vendanges. — 11. Novembre. La Double récompense. — 12. Décembre. Le Retour du mari.

Cet almanach est entièrement gravé ainsi que le calendrier et les pages de perte et gain. A la fin, intéressante annonce de l'éditeur.

A la fin de l'exemplaire de M. de Savigny se trouve la première page du privilège (le verso n'est pas gravé) pour l'*Almanach Galant moral et critique*, de la composition du sieur Boulanger. (Voir, plus loin, nº 813.) On peut donc en conclure que cet almanach a paru antérieurement à 1786, date à laquelle il figure ici.

[Coll. baron Pichon. || Coll. de Savigny].

[De 150 à 200 fr. suivant l'état et la reliure].

771. — ÉTRENNES PORTATIVES A L'USAGE DES DAMES, pour 1784. || Paris, chez Boulanger, rue du Petit-Pont, chez un Papetier. In-64.

Almanach gravé, de format minuscule [20 mill. sur 15], ayant, très certainement, servi de breloque. Chansons et calendrier avec planches au trait, très grossièrement exécutées. En outre : devises pour les Demoiselles et devises pour les Garçons.

[Coll. Salomon.]

772. — LES FANTAISIES AIMABLES ou Les Caprices des Belles. Représentés par les Costumes les plus Nouveaux. || A Paris, chez Jubert, rue St-Jacques, vis à vis les Mathurins. (Vers 1784). In-18.

Titre gravé dans un encadrement orné. 12 gravures représentant des personnages dans les costumes de l'époque, et dont voici les légendes : — 1. Le Galant Coëffeur (sic). — 2. La Belle Chasseresse. — 3. Le retour ou la fête des deux amans. — 4. L'extase du beau Léandre vis-à-vis de la charmante Zirsabelle. — 5. L'Enfance de l'Amour. — 6. Le Rapprochement ou le Bouquet de Suzette.

4. La réponse de Zirsabelle — Robe anglaise retroussée.

5. La Scrupuleuse — Caraco au charme d'amour.

6. L'Abbé Madrigal — Lévite à trois collets.

7. Le rapprochement — Robe au plaisir du cœur.

8. L'enfance de l'amour — Dame en chambrelaine.

9. Extase du beau Léandre — Chemise à la Guimard.

10. Le retour — Robe à la circassienne.

11. La belle chasseresse — Amazone galante.

12. Le galant coëffeur — Mantelet au nouveau goût.

[Coll. de Savigny.]

La Guinguette.

La Marchande d'Huîtres.

Compositions de Queverdo pour les « Étrennes de l'Amour, des Ris, des Jeux ». [Figures avant la lettre d'après un exemplaire appartenant à M. de Savigny.]

7. L'Abbé Madrigal. — 8. La Scrupuleuse. — 9. La Réponse de Zirsabelle au beau Léandre. — 10. La rencontre. — 11. Le Bal. — 12. La Présidente et le Conseiller.

Texte imprimé, composé de chansons se rapportant aux estampes et de petites nouvelles.

Ces mêmes figures se retrouvent dans un autre almanach de chez Jubert, retournées, placées dans un ordre inverse, et avec légendes différentes. En voici, du reste, l'exacte nomenclature :

1. La présidente et le conseiller — Robe au plaisir des dames.

2. Le bal — Domino et capote de bal.

3. La rencontre — Robe à la turque.

773. — FIGARO, BLAISE ET BABET dédiés à Mlle Contat et à Mme Dugazon. || A Paris, chez Boulanger, rue du Petit-Pont, maison de l'Image Notre-Dame. (Dessiné et gravé par Quéverdo). (1784). Pet. in-32.

Titre gravé avec 13 ravissantes figures représentant six scènes de « Figaro » et autant de « Blaise et Babet. » Airs gravés et chansons relatives aux sujets.

[D'après F. Pouy.]

774. — LES GRACES EN GOGUET-

TES (sic); Chansonnier François, Élite de Chansons, Romances et Vaudevilles par MM. l'abbé de Lattaignant, la Motte-Houdart, Auvrai, Masson de Morvilliers, Collé, Autereau, Nau, Moncrif, Chaulieu, Maréchal, etc... Avec Tablettes, Perte et Gain; Petit secrétaire à l'usage de l'un et l'autre sexe. || A Paris, chez le sieur Desnos, Ingénieur-Géographe et Libraire de Sa Majesté Danoise, rue St-Jacques, au Globe. 1784. In-24.

Seconde partie d'*Anacréon en Belle Humeur* soit du « Plus Joli chansonnier François, » ainsi que le porte le titre imprimé qui précède le titre gravé.

Frontispice : Anacréon et les Grâces et 11 ravissantes compositions : 1. La Chanson de Raymonde. — 2. La Préférence. — 3. La Jeune fille grondée par sa mère. — 4. Le Traité d'Amour — 5. La Vallée de Tempé ou Thaïs et Lindor. — 6. Le Vieillard trop crédule. — 7. L'Orage. — 8. Faites le lit, maman. — 9. L'Aiguille au cadran du Berger. — 10. La Bergère qui s'y connoit. — 11. La lettre qui brûle.

Ces estampes, dont aucune ne correspond aux titres des chansons, ont déjà servi pour *L'Amour en bonnes fortunes*. (N° 765) et figurent ici avec les mêmes titres et dans le même ordre.

Dans une manière de préface, l'éditeur dit que « cet Almanach, sous l'air du badinage le plus décidé, ne contient que la morale la plus pure et la plus austère. »

J'ai eu sous la main, à la date de 1789, un exemplaire absolument identique comme figures et texte, ayant en plus 8 pages de musique gravée se rapportant aux chansons, et dont le titre imprimé était libellé et orthographié comme suit :

— *Les Grâces en Goguette, ou Le Passe-Temps Agréable. Chansonnier François.*

Le frontispice, quoique identique comme sujet, est cependant différent de composition et gravé à l'aquatinte.

[Coll. de Savigny, exemplaire avec 8 figures avant la lettre.||Coll. baron Pichon (ex. ici décrit). || De 150 à 250 fr. suivant l'état et la reliure.]

775. — PETIT CHANSONNIER. Calcas Moderne, Diseur de Bons Mots, Prophète Véridique, Oracle Divertissant en Société, avec Tablettes Économiques, Perte et Gain. || A Paris, chez le sieur Desnos, Ingénieur-Géographe et Libraire de Sa Majesté Danoise, rue St-Jacques, au Globe. (1784). In-24.

Ce premier titre, gravé, avec ornements, est suivi d'un second titre simplement gravé en lettres courantes : « *Le Calchas Moderne* ou L'Oracle Divertissant réduit en quinze réponses ou demandes qui lui seront faites par soi-même ou telle autre personne à qui il plaira de l'interroger. »

Devant chacun de ces titres se trouve un frontispice. Le premier est une ravissante vignette représentant des chanteurs ambulants qu'écoute un nombreux public; le second, — personnage à l'esprit doctoral, assis contre un arbre — figure déjà dans *Le plus Utile des Almanachs*. (Voir n° 657.)

Les dix estampes de Desrais qui ornent l'almanach sont empruntées à différentes publications de chez Desnos.

D'après Quérard, qui donne, du reste, un titre tronqué, cet almanach aurait déjà paru en 1777 : « Almanach et Prédictions du Calcas moderne, ou Oracle divertissant et amusant des Sociétés. »

D'autre part, il a été vendu, par la suite, des exemplaires n'ayant que le titre : « Calchas moderne ».

[Coll. de Savigny. || Vente Destailleurs, ex. mar. r. avec 14 figures, 150 fr. || Cat. Alisié ex. mar. r. (à la date de 1787) 160 fr.]

776. — LE PETIT ALMANACH D'IDALIE. 1783.

Sous ce titre, M. Pouy, dont les titres sont toujours quelque peu fantaisistes, mentionne un almanach, avec des estampes « parodies de modes et de coiffures ». S'il en est réellement ainsi, ce serait donc la charge de l'*Almanach d'Idalie*, mais ceci n'est qu'une simple supposition.

777. — LE PETIT FARCEUR. || A Paris, chez Cailleau, Imprimeur-Libraire, rue Saint-Séverin. (1784). In-32.

Se vendait 6 sols. Nouvelle série, nouveau genre de titres.

[D'après un catalogue de l'époque.]

778. — LE PETIT GRAPILLEUR. || A Paris, chez Cailleau, Imprimeur-Libraire, rue St-Séverin. (1784). In-32.

Se vendait 6 sols.

[D'après un catalogue de l'époque.]

779. — LE PETIT THÉATRE DE L'UNIVERS, Étrennes Naturelles, Précieuses, Instructives et Amusantes. Avec figures. Pour l'Année bissextile M.DCC. LXXXIV. [Épigraphe :] Utilia omnibus præferenda. || A Paris, chez Langlois père et fils, Libraires, rue du Petit-Pont, près la rue S. Severin. (1784 et suite). In-32.

Frontispice gravé sur bois représentant les animaux faisant leur cour à Ésope, avec la légende suivante :

> Ésope est le meilleur Auteur,
> D'un bon esprit et d'un bon cœur.

Texte imprimé dans un encadrement typographique. En face de chaque mois du calendrier se trouve une fable avec vignette populaire en tête.

Cet almanach, accompagné de tableaux se dépliant, contenant des indications sur les 32 Gouvernements des Provinces de France, était une publication populaire dans le genre des *Étrennes Nationales* ou des *Étrennes Mignonnes*. On y trouve un abrégé géographique par demandes et par réponses, de toutes les nations, tout ce qui est relatif au gouvernement de la France, des anecdotes, des pensées, etc.

[Coll. de Savigny.]

780. — LE PORTEFEUILLE D'IRIS. || A Paris, chez Cailleau, Imprimeur-Libraire, rue Saint Séverin. (1784). In-32.

Se vendait 8 sols.

[D'après un catalogue de l'époque.]

781. — LE SIÈCLE DES GLOBES OU LES PLAISIRS DES ENVIRONS DE PARIS, Étrennes dédiées aux beautés parisiennes. Almanach pour 1784. || Paris, 1783.

[*Bibliogr. Aéron.* de G. Tissandier.]

782. — TABLEAU HISTORIQUE DE LA NOBLESSE MILITAIRE par M. de Combles, officier d'infanterie. || Chez l'Auteur, rue des Cordiers, n° 4, près la place de Sorbonne, et chez Royez, Libraire, quai des Augustins. (1784). In-8.

Cet ouvrage donnant les noms, qualités, date des grades, actions, sièges, campagnes, blessures des officiers au service de Sa Majesté, ainsi que les noms et qualités des chevaliers de tous les ordres existant en Europe, devait paraître régulièrement tous les ans au mois de décembre.

Chaque volume devait, en outre, contenir un certain nombre d'ordonnances militaires de façon à donner, par la suite, une collection complète de règlements sur la partie.

[D'après l'*Almanach Littéraire* de 1785.]

783. — LE TRIOMPHE DU BEAU SEXE OU L'HONNEUR DES DAMES VENGÉ. Petit Secrétaire à leur usage, avec Tablettes Économiques, Perte et Gain. || A Paris, chez le Sʳ Desnos, In-

génieur-Géogr. et Libraire de Sa Majesté Danoise, rue Sᵗ Jacques, au Globe, 1784. In-24.

Titre et texte gravés dans un double cadre. En guise de frontispice se trouve ce second titre : « *Adélaïde ou l'Innocence Reconnue,* enrichie de figures gravées en taille douce. »

Cet almanach reproduit, en effet, les scènes de la pantomime représentée le 26 juillet 1780 sur la scène du Théâtre des Élèves de l'Opéra, puis, en Juin 1781, sur le Théâtre des Grands-Danseurs du Roi sous le titre de *Sophie de Brabant.* Le tout est précédé d'un avertissement et de la romance de Berquin : l'*Innocence Reconnue,* 9 compositions non signées, avec tablette grise, reproduisant les principaux sujets de la pantomime, plus une vue de la façade du théâtre.

Avec calendrier pour 1784 et tablettes.

Cet almanach a aussi paru sous le titre de *Le Triomphe des Grâces ou Éloge du beau Sexe.*

784. — LA VEILLÉE DE VÉNUS ou Les plaisirs de la société. Chansonnier françois. Élite de chansons, romances, vaudevilles, etc., des Auteurs les plus distingués dans ce genre, tels que Le Grand, L. Le Brun, Renier, Desmarais, Dorat, MM. le Chev. de Boufflers, de la Chabaussière, Regnault de Chaource, Laus de Boissy, Favart, Laujeon, Collé, Damas, de Piis, etc., etc. || A Paris, chez Desnos, Ingénieur-Géographe et Libraire du roi de Danemarck, rue Saint-Jacques, Au Globe. (Vers 1784). In-24.

Fait partie d'*Anacréon en Belle Humeur.*

Titre gravé. Frontispice enluminé : 11 figures avec légende sur une tablette, mélangées de gravure et d'aquatinte et destinées à accompagner les chansons. 8 pages de musique, gravées. Les costumes des figures sont de 1779 à 1784. Les vignettes paraissent être de Dorgez. Il existe des exemplaires avec titre imprimé, mis en vente sous le premier Empire, ayant un calendrier à la date de 1808, et portant au bas : « A Paris chez Demoraine, impr. libraire, rue du Petit-Pont. » Le titre et le calendrier sont d'un papier bleu, de nuance identique.

[Ex. mar. r. Cat. Morgand, 120 fr.]

785. — ALMANACH ANACRÉONTIQUE OU LES RUSES DE L'AMOUR. || A Paris, chez Boulanger, rue du Petit Pont, Mᵒⁿ de l'Image N. Dame. Dessiné et Gravé par Queverdo. (1785). In-32.

Titre gravé, médaillon ovale, orné de fleurs, sur lequel se jouent les Grâces et les Amours, et

12 figures pour les douze mois de l'année : 1. Le Jour de l'An ou les Étrennes dangereuses. — 2. Les plaisirs de l'Hyver ou la timidité dangereuse. — 3. Le Prix du Courage. — 4. L'Amour à la pipée. — 5. Le Nid d'Amour. — 6. L'Amour échanson ou les Bergères trop crédules. — 7. L'occasion fait le larron. — 8. L'Orage favorable. — 9. L'Heureux sommeil. — 10. L'Amour en vendange. — 11. La Coquette punie, ou qui mal veut mal lui tourne. — 12. L'Hospitalière de l'Amour.

Ravissants petits sujets qu'on pourrait appeler les douze mois de l'Amour, le petit Dieu fripon apparaissant à chaque composition. Texte des chansons gravé.

[De 150 à 200 fr. suivant l'état et la reliure.]
(Coll. Paul Eudel.)

786. — ALMANACH DES GLOBES ou Recueil d'expériences physiques ou aérostatiques, dédié à M M. Montgolfier. ‖ Paris, 1785.

[*Bibliogr. Aéron.* de G. Tissandier.]

787. — ALMANACH DU GLOBE pour 1785. Dédié au Roi de Prusse. Orné de gravures. 1785.

[*Bibliogr. Aéron.* de G. Tissandier.]

788. — ALMANACH DU PALAIS-ROYAL, pour l'année 1785. Utile aux Voyageurs (1). ‖ A Paris, chez Royez et chez Morin, libraire au Palais-Royal. Prix : 1 liv. 4 sols, broché. [Chez Royez Libraire, quai des Augustins,] (2) et chez les autres Libraires. 1785 et 1786. 2 années. In-24.

Le texte de la 2ᵉ année s'ouvre par une « Chanson-Préface de l'Almanach, chantée par lui-même à ses lecteurs. » On y trouve, à côté de la généalogie et chronologie des princes ducs d'Orléans, la liste des personnes qui habitent dans le Palais-Royal, l'histoire du Palais-Royal (bâtiments et jardin), la liste des collections du duc d'Orléans, la liste des spectacles, musées, ombres chinoises, sociétés, Sallon (*sic*) du Sieur Curtius, Clubs (Club Politique ; Sallon (*sic*) des Arts ; Club des Planteurs ; Club militaire ; Société des amateurs d'échecs ; Société Olympique, etc.), la liste des cafés, billards, jeu de vénerie. Les bains, hôtels meublés, restaurateurs, ont également leur place.

(1) Cette mention ne se trouve plus sur le titre de l'année 1786.
(2) Indication pour l'année 1786.

Enfin, le tout se termine par une longue et curieuse liste des marchands, non point une nomenclature banale, comme on pourrait le croire, mais des notices accompagnées souvent de couplets galants : Ainsi, au nom de « Mˡˡᵉ Barre, couturière, Pavillon de la Providence, » on lit :

Pourquoi mettre dans un corset
Ce beau corps à la torture ?
Amour rompra le lacet,
  Turelure ;
Vénus n'a qu'une ceinture
  Robin turelure.

Parmi les curiosités du moment, il faut citer le *Caffé méchanique*, situé alors au nº 131 des Galeries, et bien digne de passer à la postérité pour la façon originale dont on y était servi. « Les pieds des tables », lit-on dans la notice, « sont deux cylindres creux, dont le prolongement communique au laboratoire qui est sous la salle. Il suffit, pour avoir ce que l'on désire, de tirer un anneau adapté au devant de chaque cylindre ; cet anneau répond à une sonnette qui avertit dans le laboratoire, alors s'ouvre sur la table une soupape pour recevoir la demande ; cette soupape se referme aussitôt et ne s'ouvre plus que pour laisser passer une servante à double étage. »

Bien curieux le règlement « auquel le public doit se conformer au Palais Royal » et qui se trouve à la fin de la 1ʳᵉ année. Défense était faite de laisser entrer, en ce jardin royal suisses de porte, servantes, femmes en tablier, nulle personne en bonnet ou en veste portant paquets, crochets, hottes : nul écolier, polisson et gens sans aveux, aucun chien, avec permission de les faire tuer (*sic*), etc.

[B. Carn.]

789. — ALMANACH ÉLÉMENTAIRE ou tableau général de l'histoire de France, Contenant la suite des principaux événemens, selon l'ordre des règnes et l'ordre chronologique, depuis l'établissement de la Monarchie, jusqu'au temps actuel. [Augmenté d'une Tablette Œconomique], etc. ‖ A Paris, chez Desnos, Ing. Géogr. et Libraire de S. M. Danoise, rue Sᵗ Jacques, au Globe. (1785). In-24.

Titre gravé dans un cadre orné. Frontispice allégorique. Cet almanach n'est que la réimpression du « Tableau Général de l'Histoire de France » par M. Maclot, Professeur de Cosmographie, publié en 1771 et faisant suite à l' « Idée générale de la Géographie et de l'Histoire Moderne. » — Avec un calendrier pour 1785.

790. — ALMANACH NOUVEAU DE L'AN PASSÉ OU ALMANACH PUCE, où

l'on annonce les choses arrivées et qui arriveront encore ; ouvrage curieux et profond, proposé par souscription [Épigraphe :] Transcurramus solertissimas nugas, (Senec. épist. 117). || A Genève, et dans tous les pays où l'on imprime. [Paris, 1785 et 1786.] 2 années. In-18.

Les 2 années de ce recueil de contes en prose et en vers, (La Folle de Saint-Joseph ; Les Amours du Pervertisseur ; L'Origine des Truffes,) de bons mots, charades et petites affiches d'un genre original, — le tout satirique, libre et assez spirituel — sont tomées n° 1 et n° 2. D'après le comte d'Ideville, Vasselier en serait l'arrangeur.

Au verso du titre se trouve l'avis suivant : « Cet ouvrage périodique paroîtra régulièrement tous les premiers jours de l'année. On s'abonnera chez les libraires qui débitent les Nouveautés. CONDITIONS de l'abonnement. On paiera 40 sous en recevant le premier volume broché ; et on continuera ainsi en recevant tous les autres. » — Préface : « J'avais la fureur de faire un livre, je voulais être auteur. D'abord mon génie me portait à tout ce qu'il y a de plus élevé ; malheureusement, le grand Dictionnaire de l'encyclopédie était fait ; et de tous les sujets importants ou sublimes que mon imagination put me présenter, je n'en trouvai aucun qui n'eût déjà été traité par d'excellentes plumes ; j'aurais jeté la mienne, si ma considération et mon attachement pour le public ne m'eussent fait une loi d'écrire. J'en avais contracté intérieurement l'engagement avec lui, c'était une dette ; et ma conscience m'aurait reproché ce vol fait à ses plaisirs ou à son instruction. J'ai donc écrit..... un Almanach. Mon livre sera court, mais précieux ; et peut-être la plupart des plus grands ouvrages eussent-ils gagné à n'avoir que cette forme-là. »

D'autre part, une préface en tête du tome 2 s'exprime ainsi : « Tout le monde sait que je suis mort l'année dernière, mais qu'un faiseur d'Almanachs se survit à lui-même, témoin Jean Moult, Mathieu Laënsberg, je continue donc à vous instruire des choses qui sont arrivées et de celles qui arriveront. »

Et sur ce, l'Almanach Puce part en guerre contre les manies et les travers du jour. « On veut paraître instruit » dit-il, « c'est le ton. Un jeune homme sort-il du collège ? il faut qu'il soit dans la même année, Peintre, Chymiste (sic), Musicien, Botaniste, Architecte, Décorateur, Agronome, Médecin, c'est-à-dire qu'il doit savoir le jargon de tous les arts et en parler à tort et à travers. »

Quant aux prédictions, elles sont bien dans l'esprit du temps. Jugez-en plutôt : « Ménages d'inclination, peu. — Ménages de calcul, beaucoup. — Époux mécontens, trop. — Plaisirs à la cour, festins en ville, danses dans les villages, masques, partout. »

Je n'ai pu découvrir le motif qui fit appeler ce volume : Almanach Puce. Un instant, j'avais pensé que c'était en raison de la couleur de sa couverture, mais plusieurs exemplaires broché m'ont passé dans les mains, revêtus d'un papier rose. Telle n'est donc point la vraie raison.

[B. N. || B. Carn.]

791. — L'AMOUR DANS LE GLOBE. || A Paris, chez Jubert, rue St-Jacques, la porte cochère vis-à-vis celle des Mathurins. (1785). In-24.

Titre gravé, avec un ballon, suivi immédiatement d'un second titre imprimé dont voici le libellé exact :

— La Colombe de Vénus ou la Beauté Triomphante, seconde partie de l'Amour dans le Globe ou l'Almanach Volant ; contenant des chansons sur des Airs choisis et nouveaux avec l'Histoire exacte et détaillée des Voyages aériens faits dans toutes les parties du Monde depuis le premier janvier 1784, avec des Réflexions physiques et critiques. Le tout enrichi de Figures. || A Paris, chez Bailly, Libraire, rue St-Honoré, Barrière des Sergens.

Un avertissement placé en tête du volume

s'exprime comme suit au sujet de cette seconde année plus rare que la première, et que ne possédait pas encore Gaston Tissandier lorsqu'il publia sa *Bibliographie des ouvrages relatifs aux Ballons*. « Le succès favorable que le Public a daigné faire à « l'Amour dans le Globe » excitoit trop la reconnaissance de son Éditeur pour qu'il crût pouvoir se dispenser d'en donner une suite dans laquelle on a réuni les voyages aériens entrepris postérieurement. »

, Cinq grandes planches gravées, sans légendes, se dépliant, et représentant — 1. une expérience à Philadelphie (1784), — 2. l'aérostat du Champ de Mars, — 3. l'expérience de la machine aérostatique de Dijon (12 juin 1784), — 4. les expériences aérostatiques de Bordeaux (juin-juillet 1784), — 5. le double aérostat du jardin du Luxembourg (juillet 1784), la nouvelle hilarité (à propos d'une expérience des Robert.)

Série de chansons dont les ballons font les frais: L'Origine de la Colombe, Le Globe des Breteaux, Les Aéronautes bretons, La Montgolfière Antoinette, Les nouveaux aéronautes ou le retour des trois Aigles.

[Coll. G. Tissandier. || Coll. baron Pichon.]
[75 à 150 fr. suiv. la reliure.]

792. — ANACRÉON EN BELLE-HUMEUR, OU LA SOIRÉE DE PAPHOS.

Chansonnier François. Élite de chansons, Romances, Vaudevilles, etc., des Auteurs les plus distingués dans ce genre, savoir : Dorat, Vadé, Moncrif, Lattaignant, Dauchet, Grécourt, Gallet, Taconnet, etc., et MM. Damas, Collé, Costard, de Saint-Ange, Knapen fils, etc. || A Paris, chez Desnos, Ingénieur-Géographe et Libraire du Roi de Danemarck, rue Saint-Jacques, au Globe. (1785). In-24.

Frontispice gravé (la déclaration d'amour). Almanach orné de 12 gravures non signées, se rapportant au texte, avec légendes sur tablette grise : 1. Les Amans. — 2. L'Ivrogne raisonnable. — 3. Les Tablettes. — 4. Les Portes fermées. — 5. Le Mari confiant. — 6. Le prix du Baiser. — 7. La belle Bouquetière. — 8. Ce qui plait aux Dames. — 9. Le Rendez-vous nocturne. — 10. Le Défi. — 11. Le Peintre d'Amour. — 12. La Puce à l'oreille.

Texte imprimé dans un encadrement typographique et suivi du « Secrétaire des Dames et des Messieurs. » — Calendrier pour 1785.

Ce même almanach a paru avec nombre de soustitres différents, car on trouve dans les notices de l'*Almanach des Muses* pour 1785 : « Anacréon en Belle-Humeur ou les petits Soupers de Vénus, Chansonnier François. » Paris, chez Desnos. 1784.

[Avec la mention : 6 parties] et, d'autre part, j'ai eu sous les yeux cet autre titre : « Anacréon en Belle-Humeur ou les Espiègleries de l'Amour. »

[Coll. de Savigny, ex. avec reliure de luxe. || Cat. Techener, ex. mar. r. 150 fr.]

793. — LE BIJOU DU JOUR DE L'AN OU LES ÉTRENNES A LA MODE. || Paris 1785. In-24.

Avec deux mots de l'éditeur, en guise de préface, aux dames et messieurs, disant qu'il leur présente « des Étrennes, bien sans prétention, mais non certainement sans mérite. »

Recueil de chansons qui s'ajoutait aux almanachs du sieur Desnos.

794. — CALENDRIER PERPÉTUEL

ou Recueil de XXXV Calendriers précédés d'une table calculée pour 2200 années, dont chacune renvoie par un n° à celui de ces 35 calendriers qui lui convient. De l'Imprimerie de Didot l'aîné.||A Paris, chez Jombert jeune, libraire pour l'artillerie et le génie. 1785.

Ce calendrier, dont il fut fait plusieurs éditions, se vendait 9 livres, encadré, et « avec la boîte pour serrer les 34 calendriers complétant le recueil. » Il se vendait également 5 liv. broché et 6 liv. relié en veau.

[Cat. 5 fr.]
                    [B. N. — V. 2348, 21123.]

795. — CONFESSION DE L'ANNÉE

1785. || A Paris, chez Buisson, Libraire, Hôtel de Mesgrigny, rue des Poitevins, N° 13. 1785. In-18.

Devint l'année suivante :

— *Confession générale de l'année 1786.* (La Confession de l'Année 1785 se trouve à l'adresse ci-dessous). || A Paris, chez Buisson, Libraire, Hôtel de Mesgrigny, rue des Poitevins, N° 13. 1786.

Le texte se compose d'un dialogue humoristique entre Saturne et l'année 1786 ; l'auteur y passe en revue tous les faits accomplis, au point de vue mondain, dans le courant de l'année.

                    [B N. Année 1786.]

796. — ÉLITE DES ALMANACHS OU LES AGRÉMENS DE LA PARURE. Les Nations en Gaieté; ou Les peuples Chantant. Conversation des Dames et des Messieurs sur leurs nouveaux habillemens. Avec chansons. || A Paris, chez Desnos,

Ingénieur-Géographe et Libraire de Sa
Majesté Danoise, rue St-Jacques, au Globe.
(1785). In-24.

Titre gravé avec ornements : le nom du libraire
est sur une tablette. Frontispice. Cet almanach
composé de textes différents, partie imprimés, partie gravés, est accompagné de 22 costumes d'hommes et de femmes avec chansons se rapportant à
ces habillements, lesquels avaient déjà paru dans
le *Recueil Général de Costumes et Modes* de 1780.

Des deux exemplaires de cet almanach qui m'ont
passé sous les yeux, l'un avait un almanach pour
1785, l'autre pour 1789. D'autre part, le catalogue
Desnos pour 1781 mentionne des « Conversations
sur les Modes » qui, évidemment, doivent être
la même chose que l'almanach ici catalogué.

[Cat. Morgand ex. mar. r. dos orné, à la date
de 1785, 200 fr.]

797.—LES ESCAPADES DE L'AMOUR
OU LES DISSIPATIONS DE TOUS LES
AGES. Chansonnier françois. Élite
de Chansons, Romances, Vaudevilles,
des auteurs les plus distingués dans ce
genre, tels que J. B. Rousseau, Guyot,
de Merville, Le Grand, Danchet, D. Le
Brun, etc. MM. le chev. de Boufflers,
d'Arnoud, le Comte de Tressan, de la
Louptière, Maréchal, de Piis, Barré, Masson, de Morvilliers, de Sᵗ Ange, Mérard
de Sᵗ Just. || A Paris, chez Desnos, Ing.
Géographe et Libraire du Roi de Danemarck (vers 1785). In-24.

Huitième partie d'*Anacréon en Belle-Humeur*.
Frontispice enluminé (Jeune femme à la balançoire). Huit planches avec légendes se rapportant
aux chansons et dix pages de musique gravée.
Texte également gravé. Les gravures (à l'exception
du frontispice) ont déjà figuré dans l'almanach
Les Sens, 1781 (voir n° 658). Ce sont, du reste,
les huit compositions célèbres de Marillier : La
Vue, l'Ouïe, le Toucher, le Goût, l'Odorat, etc.,
reproduites simplement avec des légendes différentes.

[De 100 à 150 fr. suivant l'état et la reliure.]

798. — ÉTRENNES CHRONOLOGI-
QUES ET HISTORIQUES, dédiées à
Mˡˡᵉ de Matignon. Année M.DCC.LXXXV.
|| A Paris, chez Méquignon le jeune, Li-
braire, au Palais Marchand, grand'salle
des Libraires. M.DCC.LXXXV. In-18.

Sorte de résumé chronologique de l'histoire des
différents peuples, « pour aider la mémoire, rappeler aux personnes versées dans la chronologie

ce qu'elles ont vu et lu, et donner aux jeunes
gens le goût de l'étude. » — Avec un calendrier.
Ouvrage publié par M. Villette ; le manuscrit
primitif avait pour titre : *Mémorial chronologique
et historique.*

[B. N.]

799. — ÉTRENNES DE POLYMNIE.
Recueil de Chansons, Romances, Vaude-
villes [avec de la musique gravée], etc.
|| A Paris, au Bureau de la Petite Biblio-
thèque des Théâtres, rue des Moulins,
Butte Saint-Roch, N° 11, Et chez les
Marchands de Nouveautés. 1785-1790.
In-18.

« Dans la foule des Recueils lyriques qui paroît
maintenant, chaque année, il faut distinguer celui
que nous annonçons, tant pour la partie typographique, que pour le choix des chansons qui y sont
recueillies. Nos meilleurs musiciens en ont composé les airs. On en trouve de MM. Albanèze,
Desaugiers, Audinot, Guichard, Martini, Mé-
reaux, Fodor, Porro, Mˡˡᵉ Gavaudan cadette, S.
Georges, etc. MM. le Chevalier de Cubières, de
Florian, Maréchal, Boufflers, etc., ont fourni la
plus grande partie des chansons. » Ainsi s'expriment les éditeurs de cette publication, suite à la
« Petite Bibliothèque des Théâtres. »

La 1ʳᵉ année est entièrement gravée (texte et
musique) et possède un frontispice. A partir de
la 3ᵉ année le texte des chansons est imprimé :
seule la musique est gravée.

Les années 1787 et 1788 ont été mises en
vente à nouveau sous la Révolution avec le titre :
Recueil de Chansons ou Étrennes de Polymnie et la
date 1792.

[De 3 à 4 fr. : seule, la 1ʳᵉ année est recherchée.]

800. — ÉTRENNES LITTÉRAIRES ou
Almanach offert aux amis de l'humanité,
par M. R*** Pour l'année 1785. || S. l.
(Paris). M.DCC.LXXXV. In-8.

Almanach publié par M. Riboud, ancien procureur du roi, à Bourg en Bresse, ayant, comme
les « Heures Nouvelles », remplacé les Saints
du Calendrier romain par des grands hommes
connus de l'histoire universelle, et se trouvant
ainsi précéder l'*Almanach des Honnêtes Gens* de
Sylvain Maréchal. En face de chaque nom est
une fête spéciale répondant au caractère du personnage. « J.-J. Rousseau : fête des âmes sensibles. — Montaigne : fête des philosophes. — Galilée : fête des gens de lettres persécutés. —
Héloïse : fête des femmes savantes. — Buffon : fête
de la nature, etc. »

L'auteur estimait que son almanach pourrait
devenir un recueil historique et instructif. « En se

rendant compte chaque jour, écrivait-il, des travaux de l'homme de lettres ou du savant indiqué dans les Étrennes, on fera des réflexions utiles sur ce qu'il a fait, et peu à peu, on s'enrichira de connaissances qui ne le seront pas moins. »

[B. N.]

801. — LES NICHES DE CUPIDON OU LE TRIOMPHE DES SENS. || Chansonnier François. Élite de Chansons, Romances, Vaudevilles des auteurs les plus agréables en ce genre (suivent les noms). || A Paris, chez Desnos, Ingénieur-Géographe et Libraire du Roi de Danemarck, rue St-Jacques, au Globe. (1785). In-24.

Partie d'*Anacréon en Belle-Humeur.*

Frontispice allégorique à la manière noire et en couleur. 8 pages de musique gravées et 12 compositions : 1. La Nouvelle Grâce ou la belle Tourrière (*sic*). — 2. Le Plongeon ou la Nymphe qui prend sa revanche. — 3. Le Pas glissant. — 4. L'Alliance de Mars et de Bacchus. — 5. La Beauté du Bal. — 6. Le Buveur rêveur. — 7. La Fuite nécessaire. — 8. La Jeune fille tourmentée. 9. La Science inutile. — 10. Le Loup ou le Clair de lune. — 11. Les Verroux ou le Sommeil de Florine. — 12. La Coëffure ou l'ouvrage d'un moment.

Le texte se compose d'une partie gravée et d'une partie imprimée.

[De 150 à 200 fr. suivant l'état et la reliure.]

802. — LA PYRAMIDE DE NEIGE, Almanach nouveau pour l'Année M.DCC. LXXXV. Enrichi de Figures en taille-douce, Contenant La Description du Monument élevé pendant l'hiver de 1784, en l'honneur de Louis XVI et de son auguste Épouse, avec toutes les Pièces tant Latines que Françoises attachées à cette Pyramide ; précédées d'un extrait du Discours de M. le Recteur de l'Université de Paris, prononcé le 19 Mars, à l'occasion de cette Pyramide, et suivies d'un Recueil de Chansons pastorales. [Épigraphe :] Factus homo Princeps || Se trouve à Paris, chez Crapart fils, Libraire, Place St Michel, Maillet, Imprimeur en Taille-douce, rue St Jacques, et Héron, Doreur. (1785.) In-32.

Très curieux petit almanach destiné à perpétuer les souvenirs de la Pyramide de neige élevée en 1784 par les habitants de la rue du Coq-S. Honoré; pyramide de 12 à 15 pieds, surmontée d'un globe,

avec quatre bornes à chaque angle de la base. Cet obélisque était chargé de nombreuses inscriptions en prose latine et en vers français, qui exprimaient les sentiments de reconnaissance du peuple à l'égard de Louis XVI et de Marie-Antoinette pour leurs bontés durant les rigueurs de cet hiver exceptionnel (il y eut en février et mars 1784 des débordements de rivières qui emportèrent nombre de villages). C'est ainsi qu'on y lisait des poésies de cette nature :

Pyramide vue du Louvre.

Auguste Louis, source de bienfaisance.
Tu seras à jamais l'idole de la France.

∴

Au Monarque.
Louis n'étoit qu'un Prince et je le vois un Dieu.

∴

Louis, les indigens que ta bonté protège,
Ne peuvent t'élever qu'un monument de neige;
Il plaira davantage à ton cœur généreux
Que le marbre payé du pain des malheureux.

∴

Laissons ce monument se fondre sous nos yeux,
Du cœur de notre Roi ce n'est point un emblème ;
Pour son auguste Épouse et ses sujets qu'il aime,
Louis, du tendre amour réunit tous les feux !

Feux de paille! pourrait-on ajouter, quand on songe aux événements de 1793.

Cet almanach est orné de cinq compositions assez gentiment gravées par C.-F. Maillet. Deux reproduisent la Pyramide, l'une vue de la rue Sᵗ Honoré, l'autre vue du Louvre (celle ici reproduite). Voici le sujet des trois autres:— Le cri de la reconnaissance (allégorie occasionnée par les rigueurs de l'hiver). — Secours procurés aux malheureux par Monsieur Le Noir (alors lieutenant-général de police).— L'Intrépide Messaget M. Pilatre de Rozier, 1ᵉʳ navigateur aérien (ascension du 19 octobre 1783).

[Coll. baron Pichon, seul exemplaire connu. De toute rareté : 200 fr.]

803. — LE TABLEAU DE PARIS. ÉTRENNES AUX BEAUTÉS PARISIENNES. ‖ (S. l. ni date). A Paris, vers 1785. In-32.

Petit almanach entièrement gravé, avec 12 compositions plus ou moins légères, quelques-unes érotiques. 1. La Blanchisseuse de Linge. — 2. Le lever de l'ouvrière en dentelle (elle met ses bas, ayant à ses côtés un beau jeune homme). — 3. La toilette à prétention. — 4. La jeune Bouchère en passe-tems ou le Choix heureux (image d'une activité parlante). — 5. La Parfumeuse inhumaine. — 6. La jolie limonadière en partie fine (et active). — 7. La leçon de géographie moderne ou les Globes séduisans (ravissante estampe). — 8. Le Musicien aux pieds de l'écolière. — 9. Le Peintre trompé par son élève. — 10. La belle Pâtissière parvenue (à se faire donner par son vieux galant bourse bien garnie.) — 11. Le Cordonnier galant (sujet d'éternelle actualité). — 12. Le financier chez Mˡˡᵉ des Faveurs, ou Suzette la Trotteuse (nous dirions aujourd'hui : le trottin).

Avec feuilles de perte et de gain.

[Coll. Bégis. ‖ De 250 à 300 fr.]

804. — TABLETTES DE RENOMMÉE DES MUSICIENS, Auteurs, Compositeurs, Virtuoses, Amateurs et Maîtres de Musique vocale et instrumentale, les plus connus en chaque genre. Avec une Notice des Ouvrages ou autres motifs qui les ont rendus recommandables. Pour servir à l'Almanach Dauphin. ‖ A Paris, chez Cailleau, Libraire, rue Galande, chez la Veuve Duchesne, rue Sᵗ Jacques, Royer, quai des Augustins, etc., Et au Bureau d'Indications Générales, etc., rue Sᵗ Honoré, à côté de l'Hôtel des Américains, où l'on reçoit les Abonnemens, Observations et Avis relatifs à cet Ouvrage. M.DCC.LXXXV. In-8.

Extrait de l'Almanach Dauphin. C'est une des parties dont j'indique l'origine à l'Almanach Dauphin. (Voir, plus haut, n° 457.)

Ces tablettes contiennent des listes alphabétiques d'artistes musiciens (compositeurs, virtuoses, amateurs, chanteurs), avec des notices indiquant leurs principales œuvres ou leurs spécialités, et leurs adresses. On y trouve, de plus, la liste des copistes, éditeurs, graveurs, marchands de musique, marchand de papiers à musique, imprimeurs, fondeurs de caractères, luthiers. A remarquer : la liste des cantatrices les plus connues de l'époque ; quelques-unes ont de courtes notices dont voici un spécimen :

« Todi (Madame), une des plus célèbres Cantatrices de l'Europe, s'est fait entendre plusieurs années avec un égal snccès au Concert Spirituel.

« Cette virtuose joint au plus bel organe une âme sensible et un goût exquis. Sa voix tendre et plaintive fait retentir au fond du cœur le cri de la nature, et met en action tous les ressorts de l'âme. »

Elles contiennent encore les listes des Maîtres de chant, des cantatrices de l'Opéra, des acteurs et actrices du Théâtre-Français et du Théâtre Italien, toujours avec des notices sur chaque artiste mentionné, et leurs adresses.

[Coll. Arthur Pougin.]

805. — LES TROPHÉES DE L'AMOUR ou les Plaisirs en Liberté. Étrennes du Vaudeville aux Enfants de la Joie. ‖ A Paphos. (Paris, 1785). In-32.

Titre gravé dans un cadre de feuillage. 12 gravures légères, de Dorgez, dont voici les légendes 1. Le Curieux indiscret. — 2. Les Délassemens de la Chasse. — 3. Le rendez-vous. — 4. La Faute pardonnée. — 5. L'Amant congédié. — 6. La Curiosité. — 7. Le Maître Galant. — 8. Il était temps. — 9. Je ne m'y attendais pas. — 10. La Gageure. — 11. Ha! le bon tour. — 12. Chacun a le sien.

La 1ʳᵉ gravure « le Curieux indiscret », est la même que la 4ᵉ gravure « la Dame au bain et l'Indiscret », du Pot-Pourri Agréable (1779) [Voir n° 616]. Texte gravé, composé de chansons badines. Calendrier se repliant, pour 1785.

Quoique le titre ne porte aucune indication, cet almanach doit venir de chez Desnos.

[Coll. de Savigny.]

[De 100 à 150 fr. suivant l'état.]

806. — L'AIMABLE FOU OU LA RAISON QUI BADINE. Avec Chansons et Figures, suivi du Secrétaire des Dames et des Messieurs. Composé d'un Papier Nouveau, etc. (suit la formule, si souvent

employée par Desnos, pour son fameux papier chimique). || A Paris, chés (sic) Desnos, Ingénieur-Géographe et Libraire de Sa Majesté Danoise, rue S. Jacques, au Globe et à la Sphère. (1786). In-24.

Frontispice représentant la Folie avec des Amours, dans une bibliothèque. Almanach orné de 12 gravures, non signées, et très finement gravées avec légendes sur tablette grise. 1. La Femme de Chambre qui sait vivre. — 2. La Sourde Oreille (une mère qui laisse conter fleurette à sa fille). — 3. La Fille à confesse. — 4. Le Sermon trop long. — 5. La nouvelle Pénélope. — 6. L'Ane mort. — 7. Apelle et Campaspe. — 8. La Science inutile. — 9. L'Amour et le Tems ou le Dessous de Carte (sic). (Dans l'angle, à droite, est un massif duquel sortent quatre jambes galamment occupées : l'Amour, en petit polisson, écarte les branches). — 10. Le Péché de Lise (le cordelier qui la confesse, lui dit :

    ....Revenez-y, ma poulette,
    Et Dieu vous le pardonnera.)

— 11. Les petites Maisons. — 12. L'excuse de Nanette toute trouvée :

    Qu'a fait la petite Nanette
    Pour la gronder aussi longtems?
    Elle est toujours à sa toilette ;
    Est-ce un si grand mal à quinze ans.

Texte entièrement gravé avec pages de musique.

                [Coll. de Savigny.]

[De 100 à 200 fr. suivant la reliure.]
Voir plus loin, n° 837.

807. — ALMANACH DE LA COMÉDIE DE FIGARO. || A Paris, chez Boulanger, rue du Petit-Pont, Mⁿ de l'Image N. Dame. (1786). In-32.

Paraît être le même que celui catalogué plus haut, sous le n° 773.

Avec 12 figures.

        [D'après un catalogue de l'époque.]

808. — ALMANACH DES AMOURS, Dédié aux Jolies femmes, sur des airs choisis et connus, par M. Gaudet. || A Paris, chez Gueffier. (1786). In-32.

Titre et frontispice gravés, signés : A. Humblot, délin., Maisonneuve, sculp. Le frontispice représente un Amour tirant de l'arc sur un cœur accroché à un arbre : au fond, un bâtiment surmonté d'un dôme.

        [D'après Victor Champier.]

809. — ALMANACH DES BIENFAITS FRANÇAIS. || A Paris, chez Desenne. 1786. In-24.

                 [Quérard.]

810. — ALMANACH DES FOLIES MODERNES, ou Les Étrennes du Jour. Contenant quantité de Chançons (sic) nouvelles relatives aux fantaisies à la mode. || Chez Bailly, Libraire (1), rue St-Honoré, et chez Hardouin, au Palais Royal. A Paris. (1786). In-32.

Titre gravé avec sujet (la Folie devant le Globe Terrestre). Cet almanach qui, comme le titre l'indique, chansonnait, ridiculisait les inventions, les folies modernes, est orné de 5 gravures sans légendes, se rapportant au texte. Naturellement, ce sont surtout les ballons et le magnétisme qui font les frais de cette satire. Voici, dans leur partie essentielle, les poésies qui s'y rapportent :

1. *Le Goût du Merveilleux. (Ballon enflammé.)*

    Qu'un Ballon parvienne à Gonesse
    A force de voyager loin,
    Qu'en l'air un pauvre mouton paisse,
    Et que tout Paris soit témoin
    D'hommes guindés (sic) dans l'atmosphère,
    Droit sur les tours et la rivière :
    C'est merveilleux, c'est inoui,
    Voilà ce qu'il faut aujourd'hui.

            •ₓ•

    Quand on vit sur un char, sans aile,
    Aller aux cieux, Charle et Robert,
    Pour descendre aux plaines de Nesle,
    Ce jour mit tout Paris en l'air.
    A la Ville, aux Champs, ce spectacle
    Fut pour le peuple un vrai miracle.
    Le merveilleux et l'inoui,
    Est tout ce qu'il faut aujourd'hui.

            •ₓ•

    Blanchard alloit avec ses ailes
    Diriger son Vaisseau volant
    Et maîtriser les vents rebelles.
    Las! il part privé d'instrument...
    Eh bien ! l'on prétend que sans aile
    Il a dirigé sa nacelle,
    Tant le merveilleux apparent,
    Séduit les hommes d'aprésent. (sic)

            •ₓ•

    Qu'au *Merveilleux* accoutumée,
    Au lieu d'un ballon qu'elle attend,
    La multitude ait la fumée,
    Et les Physiciens l'argent,
    Des sarcasmes les plus insignes,
    Janinet, Miollan sont dignes,
    Et chacun à coup de sifflet
    Bat Miollan et Janinet.

_____

(1) Ce libraire ne paraît pas avoir été un éditeur aussi fécond que Desnos, car c'est le seul almanach que j'aie rencontré avec son nom.

.˙.

Pour nous, une honte certaine,
Fut de croire un jour, qu'on alloit
A pied sec traverser la Seine.
Puisque dans les airs on voloit,
Ne pouvoit-on marcher sur l'onde?
Qui fut la dupe? Tout le monde.
Le Public berne Janinet :
C'étoit le Public qu'on bernoit.

2. *Le Goût du Merveilleux.* (*Baquet de Mesmer*).

Le *Merveilleux* est notre idole.
Pinetti vient, se montre et plaît.
Vrai Sorcier, dont Paris raffole;
Jadis on l'eut brûlé tout net.
Tel croit, à la foule éblouie,
Dévoiler la *blanche Magie;*
Qui, du Sorcier, dupe à son tour,
N'a mis que sa bévue au jour.

.˙.

Mais un Magicien d'importance,
C'est Mesmer, dont l'attouchement
Fait qu'un Mélancolique danse,
Sans savoir pourquoi, ni comment.
Son tact, aux maux est le remède ;
Et sous son tact, à qui tout cède,
Le Patient ne sent plus rien,
Et l'homme sain se porte bien.

.˙.

Sur les bords duquel le malade
Applique le côté souffrant :
Là, sous la force qui le presse,
Le pied du Boiteux se redresse;
Et du dos frappant le *baquet,*
Le Bossu crêve son paquet.

.˙.

Au prix de cent louis par tête,
Cent personnes, sous le secret,
Ont la connoissance parfaite
Du Magnétisme qu'il transmet.
Le Galant court mettre en pratique
Les leçons que Mesmer explique,
Le Provincial, chez les sots,
Va faire des Mesmer nouveaux

.˙.

Puis viennent, toujours plus ou moins dans la même note :

— 3. La chasse au miroir. — 4. La Bouteille légère (repas galant). — 5. Le Singe savant.

Venez voir voler sur terre
    Un singe savant,
Sans cependant savoir faire
    De ballon volant.
Vous le verrez contrefaire
    Le chat Miaullant. (1)
Venez-voir ce Singe là,
    Venez voir ce Singe.

.˙.

La Bouteille légère.

Le Baquet de Mesmer.

Le *Charlatan* fait sa parade
Autour d'un *baquet* imposant,

(1) Jeu de mots sur le physicien Miollan.

> A voler si haut vraiment
>   On a le vertige ;
> Sur la corde, franchement,
>   Dans l'air il voltige.
> Vous ne payez, qu'en sortant
>   De voir le prodige,
> Venez voir ce Singe là,
>   Venez voir ce Singe.

.·.

> Contrefaisant la grimace
>   D'un maître Jongleur,
> Et le ton grave et l'audace
>   De ce fier Docteur,
> La baguette en main, il passe
>   Pour son serviteur,
> Venez voir ce Singe là,
>   Venez voir ce Singe.

.·.

> A son approche une femme,
>   Se sent trémousser,
> Sans conséquence il la pâme
>   Par son seul toucher.
> Ah ! Messieurs, le cœur s'enflamme,
>   Rien que d'y penser,
> Venez voir ce Singe là,
>   Venez voir ce Singe.

Le reste du texte se compose soit de chansons galantes, soit de morceaux également relatifs aux expériences aérostatiques.

[Coll. de Savigny : seul exemplaire connu.] [250 fr.]

811. — ALMANACH DES RENDEZ-VOUS. ‖ Paris, Imprimerie de Lambert, imprimeur-libraire. 1786. In-24.

[D'après un catalogue de l'époque.]

812. — ALMANACH ÉPIGRAMMATI-QUE ET LYRIQUE, Contenant plusieurs autres petites Pièces de Poésies par M. L. G. F.... pour la présente année [Épigraphe :] Sublato jure nocendi. ‖ A Amsterdam, et se trouve à Paris, chez Valleyre l'aîné, Imprimeur-Libraire, rue de la vieille Bouclerie. (1786). In-32.

Petit almanach rempli d'épigrammes spirituelles et fort méchantes. Qu'on en juge par les deux pièces suivantes :

I. Réflexion sur les notaires comparés aux apothicaires :

> Les Pardevant réitérés,
> En tout tems sont très-bien payés ;
> Un Notaire a le stratagème
> D'arbitrer, se taxer lui-même :
> Quant à ces donneurs d'anodins,
> Qui contrefont les Médecins,

> Leur tarif ne diffère guère,
> Quoiqu'ils annoncent par derrière.

II. Sur le Chat d'un Greffe Criminel :

> Il s'agiroit de décider
> Si d'un Chat mis pour ne garder
> Que les criminelles Archives
> De ceux qui vont voir d'autres rives,
> Les griffes seroient plus au fait
> De piller par un tour adroit
> Qu'un Greffier à main agile.;
> Ceci n'est pas bien difficile,
> Faisant cette distinction,
> Pour des rats, oui : de l'argent, non.

813. — ALMANACH GALANT, MORAL ET CRITIQUE EN VAUDEVILLES, Orné de gravures. ‖ A Paris, chez Boulanger, rue du Petit-Pont, à l'Image Notre-Dame. (1786). In-32.

Titre, dessiné par Berthaut, gravé par Queverdo, sur une draperie ornant un magasin de librairie. 12 gravures non signées, une pour chaque mois de l'année. En voici les légendes :

1. Janvier. La boutique du Confiseur. — 2. Février. Les Patineurs. — 3. Mars. Les Masques. — 4. Avril. La Bouquetière. — 5. Mai. La Danse. — 6. Juin. Le Bain. — 7. Juillet. La Cavalcade. — 8. Août. La Moisson. — 9. Septembre. Les Parades de la Foire. — 10. Octobre. Les Buveurs. — 11. Novembre. La Marchande

RELIURE EN SOIE DE L' « ALMANACH GALANT, MORAL. » (1786)

Peinture des plats suivant les modèles vendus couramment.
[Collection du vicomte de Savigny de Moncorps.]

de Marrons. — 12. Décembre. Le Départ de Campagne.

Texte gravé, composé de chansonnettes, dont quelques-unes légères. Calendrier pour 1786, également gravé.

La Boutique du Confiseur. — D'après une épreuve avant la lettre.

> Qui veut acheter du bonbon ?
> Messieurs, ouvrez vos escarcelles.
> Qui veut de friand macaron ?
> Mettez-vous en frais pour vos belles.

Les catalogues Desnos, à la date de 1781, mentionnent déjà un « Almanach galant, moral et critique. »

[Coll. de Savigny, ex. avec reliure en soie blanche et peintures à la gouache sur les plats.] (Voir, ci-contre, la planche coloriée.)

[Cat. ex. aux armes de Louis XVI, 250 fr.]

814. — ALMANACH POUR LA PRÉSENTE ANNÉE, ou Petit Recueil d'estampes représentant la Mythologie, avec chansons analogues, etc. || A Paris, chez Desnos. (1786). In-18.

Le frontispice dessiné par Desrais, gravé par Patas, porte : « Les Métamorphoses d'Ovide en chansons ». On peut donc en conclure que ce n'est qu'une mise en vente, à nouveau, de ce petit recueil composé de 52 figures à l'eau-forte, dont quelques-unes, très jolies, non signées, mais dues également à Desrais et Patas.

[Coté de 15 à 25 fr.]

815. — ALMANACH UNIVERSEL ou Étrennes comme il y en a peu, Utiles et Amusantes. Contenant l'Idée du Monde, des Chansons nouvelles, des Pensées, Maximes, Réflexions, un État des Troupes, etc., etc. Pour l'Année 1786. || A Falaise (1), chez Bouquet, Impr. libr., et chez tous les Libraires et Mᵈˢ d'Almanachs. (A Paris, chez Demoraine, rue St-Jacques. (1786-1819). In-32.

Pas de frontispice. Matières suivant le détail des titres qui ne subirent, du reste, que des modifications sans importance. Tables diverses.

Tantôt « utiles et amusantes », tantôt « utiles et agréables », les *Étrennes de Falaise* conservèrent ce titre principal « Almanach Universel » pendant 14 ans. Avec l'An IX (Falaise et Paris, chez la citoyenne Pitel, veuve Bouquet), elles renversèrent l'ordre des facteurs et devinrent « Étrennes Universelles, ou Almanach comme il y en a peu, etc... » Avec l'An XI elles arborèrent fièrement leur origine et furent les « Étrennes Universelles de Falaise »; du reste, toujours « utiles et agréables. »

Cet almanach se continuera, par la suite, sous le titre de : *Nouvelles Étrennes de Falaise.*

[B. N. Collection depuis l'an VIII jusqu'en 1819 : manquent les années 1817 et 1818.]

816. — L'AMI DES DAMES ou Amusement de la toilette. Almanach pour la présente année, sur des airs choisis et notés par M. Gaudet. || A Amsterdam, et se trouve à Paris, chez Gueffier père, parvis Notre-Dame. 1786. In-32.

Titre et frontispice gravés. Le frontispice représente une dame à sa toilette : à gauche, un personnage assis, chantant à la belle l'air à la mode dont il tient la musique en main.

817. — L'AMI DES FEMMES, OU LE VRAI MODÈLE DE LA GALANTERIE, contenant : 1° Un Éloge en Vers du Beau-Sexe; 2° Une Apologie de la Toilette, par Madame de Bourdié ; 3° Des Réflexions sur le Luxe et sur les mœurs des Femmes ; 4° Une Épître à une Femme, par M. Collé, auteur de la « Partie de Chasse d'Henri IV. » Étrennes charmantes aux Jolies Femmes, petit

_____

(1) Quoique imprimé à Falaise cet almanach doit figurer ici à cause de son intérêt général. Du reste, par la suite, il portera l'adresse de Paris.

Secrétaire à leur Usage avec Tablettes Économiques, Perte et Gain. || A Paris, chez Desnos, Ingénieur-Géographe et Libraire de Sa Majesté le Roi de Danemarck, rue St Jacques, au Globe. 1786. In-24.

Dans un avertissement en manière de préface, l'éditeur dit : « C'est un ami tendre, vrai et plein de délicatesse, qui prend la liberté de risquer quelques avis qui tournent tous à l'avantage des dames et dont l'observation ne peut que préparer leur bonheur, en faisant celui de leurs époux et de ceux qui doivent le devenir. La mode (qui subjuguera éternellement les Femmes), ainsi employée, tournant toute entière au profit des agrémens de l'esprit et du corps, embellit à la fois l'un et l'autre ; et peut-être est-ce de cette manière qu'un Politique adroit peut souvent faire de la chose du monde la plus indifférente, l'instrument de la félicité de toute une nation. »

Frontispice représentant, dans un jardin, un abbé devant plusieurs dames parées, et 12 planches de modes, accompagnées de chansons gravées : 1. La Gabrielle d'Estrées. — 2. Le Juste à la Baigneuse du matin. — 3. Le Caraco à la mode :

En Corset blanc, en Jupon court,
On court plus vite après l'Amour.

— 4. La Lévite matinale. — 5. La Lévite champêtre. — 6. La Lévite galante. — 7. La Pelisse polonaise. — 8. La Polonaise galante. — 9. La Robe du jour. — 10. La Robe à l'Angloise. — 11. La Robe retroussée. — 12. La Robe d'hyver. Planches en hauteur, figures en pied, avec légende sur tablette grise.

A été annoncé sur les catalogues Desnos, sous le titre de : « Étrennes aux jolies femmes. »

[De 125 à 180 fr. suiv. état et reliure.]

[Coll. Paul Eudel.]

818. — LES AMUSEMENS DE PARIS,

Almanach Lyrique et Galant. || A Paris, chez Jubert, Doreur, rue St Jacques, vis-à-vis les Mathurins. M.DCC.LXXXVI. In-24.

Titre gravé et 12 jolies figures par Dorgez. 1. Le Dessert à la mode. (Marchand de marrons autour duquel le public se presse.) — 2. Les Rencontres Inopinées. (Double rendez-vous.) — 3. Les Rafraîchissemens utiles. (Consommateurs attablés au café de Foi :

..... Sa salle est pleine
Ainsi que son pavillon verd.)

4. Les Plaisirs de la Jeunesse. (Garçons et fillettes s'amusent tandis qu'un abbé conte fleurette à deux élégantes.) — 5. L'Heureuse Surprise. —

6. L'Étonnement Mutuel. (Deux dames, en noble compagnie, rencontrent mutuellement leurs antiques époux.) — 7. Le Tableau du Bonheur. — 8. L'Amant Sot et Timide. — 9. La Promenade Délicieuse. (Le Palais Royal.) — 10. La Liqueur Spiritueuse. — 11. Le Triomphe de la Gaîté (scène de théâtre : Pluton, Proserpine et Arlequin.) — 12. Le Passage difficile. (Un pont rompu.)

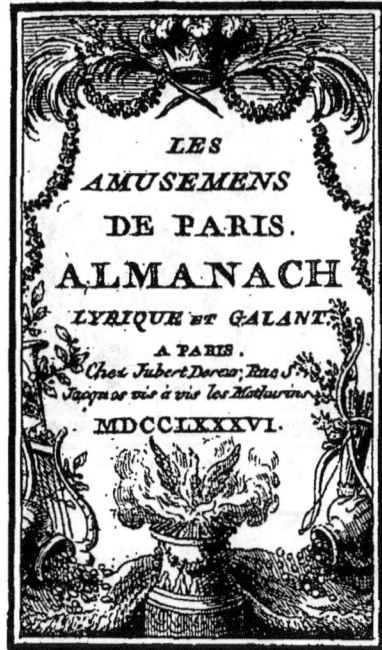

La plupart de ces vignettes, — toutes gravées avec un soin infini, — ont pour décor un coin du Palais-Royal. La « liqueur spiritueuse » montre ainsi élégants et élégantes au café du Caveau, où se trouvaient, alors, les bustes de plusieurs personnages célèbres et, notamment, celui de Glück.

Ce ravissant petit almanach est accompagné de 24 chansons sur les choses du jour, 12 se rapportant aux estampes dont je viens de donner le détail. Voici les titres des 12 autres :

1. Le Marchand de Gaufres. — 2. Le Bureau de Confiance. — 3. Les Salles de Bains. — 4. Le Cabinet de Curtius. — 5. Le Libraire. — 6. Le Miroitier. — 7. Le Bijoutier. — 8. Le Marchand de Toile Cirée. — 9. Le Fripier. — 10. Le Restaurateur. — 11. La Marchande de Modes. — 12. Le Billard Ovale.

Les Amusemens de Paris furent un de ces petits bijoux qui ne quittaient pas les poches des élégantes. Tout Paris, du reste, chanta la Liqueur Spiritueuse :

Les Rafraîchissemens utiles.

La Liqueur Spiritueuse.

Compositions de Dorgez pour l'almanach « Les Amusemens de Paris. » — D'après l'exemplaire appartenant à M. de Savigny.

LA LIQUEUR SPIRITUEUSE.

AIR : *Je n'ai jamais chéri la vie d'Alceste.*

De ce Compositeur unique
Remarquez la perfection.
Ah ! de quelle admiration
On est *rempli* par sa Musique !
Oui, de Glück les heureux travaux
Charmèrent l'Allemagne et la France :
Dans tout l'Univers on l'encense,
Jusqu'au plus brillant des Caveaux.

C'est là qu'on voit le Nouvelliste
L'Écrivain avec l'Amateur,
En critiquant un Orateur,
De ses défauts *grossir* la Liste,
Tandis que de parfait Amour
Un Élégant à deux Coquettes
En débitant maintes fleurettes,
Offre des Verres tour à tour.

Il leur parle de sa tendresse
Du ton le plus avantageux ;
Même à paroître courageux
Il sait *briller* avec adresse :
Loin de pousser de longs Soupirs,
Dont l'usage a banni la mode,
Suivant la nouvelle Méthode,
On ne parle que de Plaisirs.

Au premier abord on arrange
Très facilement un Duo :
Mais faire un amoureux Trio
C'est un *Accord* vraiment étrange ;
A ce Chef-d'Œuvre de son Art
Ne doutant de rien il aspire,
Hélas ! Je tremble qu'il n'expire,
S'il n'y réussit par hazard (*sic*).

[Coll. de Savigny.] | Vente Destailleurs, 170 fr.

819. — CALENDRIER PHILANTRO-PIQUE pour l'Année 1786. || A Paris, 1786 à 1793 et suite. In-12.

Sur le titre : insignes de la « Société philantro-pique de Paris », une main tenant un arrosoir et le vidant à grande eau, sur les champs, avec la de-vise : *Donec e cœlo descendat* (autrement dit : jusqu'à ce que la rosée bienfaisante descende du ciel!) et la date : *Maison philantropique de Paris, 1781.*

Il s'agit, ici, d'une institution de bienfaisance fon-dée en 1780 (1), qui avait des sortes de succursales

(1) La Société Philanthropique existe toujours. C'est elle qui a organisé les intéressantes Exposi-tions de *L'Art sous Louis XIV* et des *Portraits du Siècle.*

en province, à Versailles, Senlis, Bordeaux, Besançon, Annonay, et qui avait spécialement en vue les classes infortunées pour lesquelles l'établissement des hôpitaux, les aumônes distribuées dans les paroisses, les observations des Académies ne pouvaient être d'aucune utilité : elle secourait les ouvriers octogénaires, les aveugles-nés, les femmes enceintes de leur sixième enfant, les familles composées de neuf enfants et les ouvriers estropiés qui en avaient trois. De plus, elle s'intéressait, en faveur des enfants aveugles, aux « Écoles de lecture et de filature » sous la direction de Hauy.

Ce calendrier, imprimé sur beau papier, donnait, chaque année, l'administration, le personnel, les réglements et une table alphabétique des membres, avec la division de la ville en un certain nombre de départements, administrés chacun par un comité. Nombre de grands personnages et d'économistes faisaient partie de la Société.

On y trouve, également, des renseignements précieux sur le nombre des individus secourus : en 1788, 1789 et 1790 de mille à douze cents ; en 1791, 980; en 1792, 920. « Cette diminution, » dit l'introduction de l'année 1793, « n'a pu provenir que des événements publics qui ont occasionné l'éloignement d'un grand nombre de personnes et qui ont diminué presque toutes les fortunes. » C'est à cette cause, du reste, plutôt qu'à l'inconstance, que la Société attribuait la retraite de ses membres.

A partir de 1789 le titre se complète ainsi : « A Paris, Imprimé par Clousier, impr. du Roi et membre de la Société philantropique, rue de Sorbonne. » L'année 1793 porte : « Maison Philantropique de Paris, établie en 1780. »

Il est possible que ce calendrier ait paru dès 1780 : toutefois, je n'ai pas pu rencontrer d'année antérieure à 1786.

[B. Ars. || B. N. Années 1787, 1789, 1793.]

Voir, plus loin, l'*Annuaire de la Société philantropique.*

820. — LES CAPRICES DE L'AMOUR ET DE BACCUS (*sic*) OU CHACUN A SON GOUT. Chansonnier françois. Élite de Chansons, Romances, Vaudevilles, des Auteurs les plus agréables en ce genre, notamment Saurin, Marivaux, Piron, Vadé, Renier-Desmarais, Lattaignant, d'Orneval, Ponteau, d'Alembert, le présid. Hénault, Favart, Collé, le chev. de Boufflers, de Beaumarchais, de Piis, Fr. de Neufchâteau, Maréchal, le chev. de Cubières, Andrieux, Madame Deshoulières, etc. || A Paris, chez Desnos, Ingénieur-Géographe et Libraire du Roi de Danemarck, rue Saint-Jacques, au Globe. (1786). In-24.

Cinquième partie d'*Anacréon en Belle-Humeur.*

Huit pages de musique, gravées, sept gravures (sujets galants), sans légendes, accompagnant les chansons. Texte gravé. Frontispice (Le retour du soldat au pays), signé Borel *inv.*, gravé par L. M. Halbou et daté : 1789 (donc, planche ajoutée par la suite).

Voici les sujets des gravures : 1. Le festin de noces. — 2. La soirée heureuse. — 3. La fuite inutile. — 4. La raison séduite. — 5. L'agréable souvenir. — 6. Le parfait accord. — 7. La solitude délicieuse.

J'ai eu entre les mains plusieurs exemplaires de cet almanach avec des frontispices différents, mais, chose assez singulière, sans jamais plus de sept figures, ce qui n'est pas un compte exact pour les almanachs de Desnos. Les planches sont, avec les légendes différentes, les mêmes que celles du *Calendrier de Paphos.* (Voir n° 611).

Cet almanach était encore en vente en 1789.

[De 75 à 100 fr. suivant l'état et la reliure.]

821. — LES DÉLASSEMENS DE LA BEAUTÉ. Petites Étrennes Lyriques et Anacréontiques; Contenant des Chansons agréables sur des airs choisis. || En France, Chez toutes les Belles, à l'enseigne du Miroir. (A Paris, chez Cailleau, 1786). Prix : 6 sols. In-32.

Recueil de chansons, avec calendrier (Chanson pour ma ravaudeuse, La défiance d'une jeune marchande de modes, Margot la poissarde, La coëffeuse, La rosière de Salency, Couplets à une petite marchande, La marchande de crème, La blanchisseuse, La ravaudeuse, La charmante Catin, La jolie vielleuse). — Babet, Lise, Lison et Lisette y sont, comme on le voit, chantées sur tous les tons.

[Coll. de Bonnechose.]

822. — LES DÉLICES DE CYTHÈRE, ou l'École de l'Amour. Étrennes aux Grâces. [Épigraphe :]

J'enseigne de Vénus les plus sacrés Mystères,
Ses doux enchantemens, ses larcins volontaires.
Art d'Aimer, Chant Ier.

|| *S. l. ni d.* (Paris, 1786). In-18 carré.

Almanach factice composé d'un calendrier et d'une feuille de gravures. Le calendrier porte cette indication : « A Paris, chez Vallette l'aîné, rue de la vieille Boucle (*sic*). » La feuille de gravures se compose de 4 sujets donnant lieu, en se repliant par le haut et par le bas, à 12 transformations successives des 4 premières estampes.

En tête de chaque gravure se trouvent les légendes suivantes :

1. A la Beauté si l'on offre des fleurs,
   C'est qu'elles sont l'emblème des faveurs.

2. Embarquez-vous pour l'Ile de Paphos.
   Ce Pilotin [l'Amour] commande aux vents, aux
   [flots.

3. Sans cesse avec ma Serpe et mon Rateau,
   Je vais soigner maint et maint Arbrisseau.

4. En l'honneur du plus charmant des Dieux,
   Je pose ici ce flambeau radieux.

Couplets au verso des parties de gravures se repliant.

[Un almanach de cette espèce, passé en vente en 1891, a atteint 250 fr.]

[Coll. de Savigny.]

823. — LES DÉLICES DU PALAIS-ROYAL. Musée et Arts. || A Paris, chez Boulanger, rue du Petit-Pont, à l'Image Notre-Dame. (1786). In-32.

Le titre-frontispice, dessiné et gravé par Queverdo, est composé d'une série de petits cartouches sur lesquels on lit les noms des divertissements que le voyageur rencontre au Palais-Royal.

Dessiné et gravé par Queverdo.

Cet almanach, entièrement gravé, texte et calendrier, est orné de 12 figures très finement dessinées par Dambrun, reproduisant, toutes, des vues ou des sujets du Palais-Royal : 1. Le Marchand de marrons. — 2. Galleries ou Arcades. — 3. La soirée au Jardin. — 4. Les Ombres Chinoises. — 5. Le caffé du Caveau. — 6. Bains de Santé. — 7. Variétés Amusantes. — 8. Sallon de Curtius. — 9. Les Boutiques de bois. — 10. Les Comédiens de bois. — 11. Pavillons de treillage. — 12. Vue générale du jardin.

Les Délices du Palais-Royal peuvent être considérés comme un des petits bijoux du XVIIIe siècle.

Voici la chanson des « Galleries » qui énumère tout ce qu'on rencontrait en ce séjour enchanteur :

LES GALLERIES. (sic)

AIR : *On compterait les Diamans.*

Des plaisirs, des jeux et des ris
Ici la troupe se rassemble ;
Ici pour embellir Paris
On les voit s'accorder ensemble,
Le commerce encore au berceau
Sourit au (sic) efforts de Mercure :
Tout est tranquille, tout est beau
Sous cette vaste architecture.

Les Ombres, les Variétés,
Et les enfans de Terpsicore (sic)
Offrent aux regards enchantés
Des beautées (sic) qu'ailleurs on ignore,
Et Curtius, un moule en main,
L'œil fixé sur votre figure,
Fera plus par son art divin
Que ne fit pour vous la nature.

Chez la Marchande de Bijoux
Mille jeux percent le vitrage,
A prendre part à ses ragouts
La Gaufrière vous engage ;
Si dans un moment de loisir
Quelque Souci vous importune,
Quatre Billards vont vous ouvrir
Trente chemins à la fortune.

Nous égayant par ses bons mots,
Momus badine avec Thalie ;
Les brouhahas de ses grelots
Réveillent l'aimable folie ;
Il faut sourire malgré soi
A sa gentille extravagance ;
Rions, faisons-nous cette loi,
On est malheureux quand on pense.

Hâtons-nous de le dire : les vers ne sont pas à la hauteur des estampes, mais, en cet almanach, tout est frais et coquet, même les reliures qui, quelquefois, en guise d'armoiries, ont des vues-médaillons du Palais-Royal. Le calendrier se trouve divisé en deux parties : les six premiers mois au commencement, les six derniers à la fin.

[250 à 300 fr. suivant l'état et la reliure.]

[Coll. de Savigny.

824. — ÉTRENNES ANACRÉONTI-
QUES. ‖ A Paris, chez Boulanger, rue
du Petit-Pont, Maison de l'Image Notre-
Dame. (1786). In-32.

Avec figures.

[D'après un catalogue de l'époque.]

825. — ÉTRENNES AUX VIVANS,
ou l'Art de vivre agréablement, sans nuire
à sa santé. ‖ A Paris, chez Ch.-Guill.
Leclerc, libraire, quai des Augustins, à la
Toison d'or. M.DCC.LXXXVI. In-24.

Contient des articles sur l'art culinaire : la propriété de chaque mets, les indications de marque de
bonté de chacun d'eux et la meilleure manière de
les accommoder.

[B. N.]

826. — ÉTRENNES DU PARNASSE.
Choix de Poésies, recueillies par M.
Mayeur de Saint-Paul. [Épigraphe :] Erat
quod tollere velles. (Horat.) Prix, 1 liv.
10 sous. ‖ A Paris, chez Belin, libraire,
rue Saint-Jacques, près Saint-Yves ; et
chez Brunet, libraire, rue de Marivaux,
place du Théâtre-Italien. M.DCC.LXXXVI.
(1786-1790). Pet. in-12.

Titre gravé avec des attributs poétiques.
Pièces de poésie, dans le genre des *Étrennes du
Parnasse* de 1770 dont elles sont, du reste, la con-
tinuation. (Voir, plus haut, n° 434.)
La publication se termine par une « Notice de
quelques-uns des ouvrages qui ont paru dans
l'année. »
Le titre de l'année 1790 est quelque peu différent :
— *Étrennes du Parnasse.* Avec Mélanges de
littérature françoise et étrangère, par M. Baude De
La Croix. Année 1790. [Épigraphe :] Floriferis ut
apis saltibus omnia libat. *Lucr.* ‖ A Paris, chez
Belin, Libraire, rue Saint-Jacques, près Saint-Yves.
Dans un avertissement de l'éditeur placé en tête
de cette année 1790, on lit :
« Nous n'avons pas cru devoir suivre d'une manière servile le plan adopté par les éditeurs précédens des *Étrennes du Parnasse.* Nous avons pensé
que la lecture de ce recueil deviendroit plus agréable, en la rendant plus variée ; pour y parvenir
nous ne nous sommes pas bornés à y mettre des
poésies fugitives, nous y avons aussi inséré des
mélanges de littérature françoise et étrangère, en
prose. »

[B. N. Années 1786 et 1790.]

827. — ÉTRENNES DU SENTIMENT
DE L'AMOUR ET DE L'AMITIÉ réu-

nissant l'honnêteté et le bon goût dans le
choix des Chansons qui les composent et
des Estampes qui les accompagnent. Almanach pour la présente Année, avec Tablettes Économiques, Perte et Gain. ‖ A
Paris, chez le sieur Desnos, Ingénieur-
Géographe et Libraire de Sa Majesté Danoise, rue Saint-Jacques, au Globe et à la
Sphère. 1786. In-24.

Titre gravé avec encadrement orné. Dans le
haut, un Amour vise une pomme qui se trouve au
bas et sur laquelle est écrit : *A la plus Belle.* Second
titre imprimé, avec l'adresse de Desnos, « Au Globe »
seulement. En plus, on lit : « Première année.
L'accueil que l'on fera à ces Étrennes déterminera
les éditeurs à les continuer tous les ans. » Furent-
elles continuées, je l'ignore, n'ayant jamais rencontré que cette première année ?
En tête se trouve une préface indiquant qu'on a
voulu offrir à la jeunesse des Étrennes capables de
l'amuser sans la corrompre. Et l'éditeur assure
qu'elles remplissent bien leur titre, pouvant être
mises sous les yeux des Grâces, sans craindre de les
faire rougir. Toutefois, nombre de gravures et de
chansons peignant l'amour d'une façon assez leste,
on ajoute tout aussitôt : « Peut-être ne hasarderons-
nous pas trop d'appliquer à quelques chansons de
ce recueil ce vers de la *Métromanie* :

La mère en prescrira la lecture à sa fille.

Si cette application se trouve en défaut eu égard
à quelques autres chansons, nous nous en excuse-
rons sur la nécessité de plaire aux deux sexes pour
lesquels ces Étrennes ont été composées. » Ceci est
curieux à enregistrer, comme notation du sentiment
exact de la Pudeur, au XVIII° siècle.
Cet almanach n'a pas de texte gravé. Voici,
d'autre part, les légendes des 12 figures : 1. Le
Beau Jour ou le Temple de Gnide (Frontispice).—
2. Le Baiser et l'Éventail. — 3. L'Embarras du
choix. — 4. La Bergère qui se défend mal, ou les
Frais inutiles.— 5. La Dame convaincue.— 6. La
Matinée à la Mode ou les Bonnes fortunes.— 7. Le
Clair de lune. — 8. Le Poëte inspiré. — 9. Le Dormeur éveillé. — 10. Le Frelon ou la piqûre.—
11. L'Apothéose.— 12. Le Spectacle de la Nature.
(De 80 à 120 suiv. la reliure.)

[Coll. Paul Eudel.]

828. — ÉTRENNES FOLICHONNES,
suivies de la Bohémienne, le tout sur des
airs choisis et notés par M. Gaudet. ‖
Amsterdam et à Paris, chez Gueffier,
1786. In-32.

Titre et frontispice gravés. Le frontispice représente la Bohémienne, dans un salon, disant la bonne aventure à un homme et à une femme.

[D'après Victor Champier.]

829. — ÉTRENNES FRANÇAISES.
Tribut d'un Amateur à sa Nation. Pour l'année M.DCC.LXXXVII. [Par Mademoiselle de Barle] (1). [Épigraphe :] Amicis et urbi. ‖ A Paris, chez Royez, Libraire, quai des Augustins. 1786 et suite. In-24.

Almanach composé de 2 parties avec cxviij et 196 pages. La 1ʳᵉ partie est entièrement consacrée aux mois et donne pour chacun d'eux les usages anciens et modernes, une anecdote historique, les loisirs du cultivateur et les loisirs du Parisien. Dans la seconde partie, on trouve le tableau du Sacré Collège, les noms des ministres de France près les Cours étrangères, les membres de l'ordre de Saint-Hubert du Barrois, la maison de France et toutes les maisons d'Europe, les ducs et pairs de France, l'assemblée du clergé, les conseils du Roi, les maréchaux, les intendants, les universités, etc., le personnel des colonies, puis suivent quelques notices et le détail complet des postes, messageries et diligences.

Plusieurs des notices changeaient annuellement.

Cet almanach a dû paraître bien antérieurement.

830. — ÉTRENNES GÉOGRAPHIQUES
pour l'année 1786. ‖ A Paris, chés (sic) Lattré, rue Saint-Jacques, à la Ville de Bordeaux. In-18.

Titre gravé, signé : Arrivet inv. et sculp. auquel est joint un second titre, également gravé, non signé, dont voici l'exacte reproduction :

— Atlas géographique, contenant la Mappemonde et les quatre Parties avec les différents États d'Europe. Dressé sous les yeux de M. Rizzi Zannoni, de la Société Roïale de Gottingue, 1786. ‖ A Paris, chez Lattré, Graveur, rue Saint-Jacques, à la ville de Bordeaux.

Almanach entièrement composé de cartes géographiques, très bien gravées, et sans texte aucun.

[Cat. 50 et 80 fr. suiv. reliure.]
[Coll. de Savigny.]

831. — ÉTRENNES MORALES, UTILES AUX JEUNES-GENS. [Épigraphe:]
La mollesse est douce, et la suite est cruelle. Voltaire. ‖ A Lacédémone, et se

(1) Le nom de l'auteur figure sur le titre de l'année 1788.

trouve à Paris, chez la veuve Duchesne, Libraire, rue Saint-Jacques, au Temple du Goût. Pour la présente année. (1786). In-24.

On lit dans l'avertissement placé en tête de l'ouvrage : « Dans tous les temps, les Nations se sont éclairées les unes les autres ; et quoique l'Empire François ait acquis, en matière de police, des avantages infinis sur ses Voisins, l'on ôse dire qu'il n'est point encore parvenu à ce point de perfection, qui contient tous les citoyens dans les bornes de la décence convenable à leur état. C'est cette observation qui a engagé un Anglois, domicilié depuis longtemps à Paris, à tracer une esquisse du régime des Femmes avec lesquelles il a vécu, et dépensé un argent immense : son objet a été de prémunir la Jeunesse contre des écueils destructifs de l'honnêteté publique... Son manuscrit fut trouvé et saisi dans sa chambre après sa mort, par un clerc de notaire, qui inventorioit ses effets. »

Avec un calendrier pour 1786.

[B. N. — R. 35, 401.]

832. — LA NOUVELLE OMPHALE.
Comédie Représentée par les Comédiens Italiens Ordinaires du Roi, devant leurs Majestés, le 22 novembre 1782, et à Paris le 28 du même mois. Dédié aux Femmes Vertueuses. ‖ S.l.ni d. (Paris, Valleyre l'aîné, rue de la Vieille-Boucle(sic).) 1786. In-24.

Almanach composé de quatre gravures se dépliant et se repliant, combinées de façon à en former huit nouvelles, comme dans Les Délices de Cythère. [Voir nᵒ 822.]

Vers au haut et au bas de chaque estampe.

Calendrier se dépliant, pour 1786, avec le titre : « Almanach d'Agenda. »

Voici l'explication de deux de ces figures et leur décomposition :

— Le Chevalier :

Pour voir dans ce château l'admirable Camille,
J'abandonne les Lieux où si souvent je brille.

Deux galants seigneurs devant les murs d'un château. On lève la feuille et l'on voit apparaître dans l'intérieur, la belle, la sémillante Camille.

— Le Chevalier (chapeau bas devant une pimpante marquise) :

Madame, vous voiez le célèbre Valsac
Qui met et les Cités et les Belles à sac.

On lève la feuille et on le voit aux pieds de la belle en compagnie de son mari.

[B. N. — V. 2348 L. 1.]

833. — LE PASSE-TEMPS DES JOLIES FRANÇAISES. Étrennes aux dames, réunissant l'utile et l'agréable par les estampes et chansons qu'elles contiennent. ‖ A Paris, chez Desnos, Ingénieur-géographe et Libraire de Sa Majesté Danoise, rue Saint-Jacques, au Globe. 1786. In-18.

Titre gravé sur un rideau cachant en partie une toilette garnie de tous les ustensiles à l'usage des jolies femmes.

Texte également gravé, comprenant 12 chansons, accompagnées, chacune, d'une estampe : 1. Le Génie et les Grâces. — 2. Le Réveil. — 3. Le Lever. — 4. Le Déjeuner. — 5. La Toilette. — 6. Le Diner. — 7. La Promenade. — 8. Le Jeu. — 9. Le Spectacle. — 10. Le Cercle. — 11. Le Bal. — 12. Le Coucher.

C'est le même almanach que *Le Quart-d'heure des Jolies Françaises* (voir, plus haut, n° 724, et, plus loin, n° 851), et très probablement aussi, le même que l'*Almanach le plus utile aux dames*, titre qui figure sur le catalogue Desnos de 1781.

[De 100 à 200 fr. suivant l'état et la reliure.]

833 bis. — LE PETIT BOCCACE. Recueil des plus jolis Contes en vers, et des meilleures Épigrammes. Agréable Passe-Temps de l'un et de l'autre Sexe. Almanach Récréatif avec Figures. Amusement de société. Avec Tablettes Économiques, Perte et Gain. Petit secrétaire à l'usage des Dames et des Messieurs. ‖ A Paris, chez le Sr Desnos, Ingénieur-Géographe et Libraire de S. M. Danoise, rue St-Jacques, au Globe et à la Sphère. (1786). In-24.

Recueil de chansons avec frontispice et 8 figures empruntées aux illustrations d'*Anacréon en Belle-Humeur*, (voir, plus haut, n° 792.) figurant ici dans l'ordre suivant : 1. Les Tablettes (n° 3 d'*Anacréon*). — 2. Les Amans (1). — 3. Les Portes fermées (4). — 4. L'Ivrogne raisonnable (2). — Le prix du Baiser (6). — 6. Le Mari confiant (5). — 7. Le Défi (10). — 8. La Puce à l'Oreille (12).

Le frontispice représente un amoureux allant trouver sa belle.

[Cat. Techener, ex. mar. r. 48 fr.]

834. — LES PETITS SPECTACLES DE PARIS ou Calendrier historique et chronologique de ce qu'ils offrent d'intéressant, avec l'Extrait des Pièces, Farces et Pantomimes qu'on y a jouées ; des Observations curieuses ou amusantes sur les Animaux et autres objets de Physique et de Méchanique qu'on montre dans la Capitale, les Provinces, et les pays Étrangers ; des Anecdotes plaisantes et des Recherches sur les Marionnettes, les Mimes, Farceurs, Baladins, Sauteurs et Danseurs de corde, anciens et modernes. 7e Partie. Pour l'année 1786. Prix : vingt-quatre sols, broché. ‖ A Paris, chez Guillot, Libraire de Monsieur, Frère du Roi, rue Saint-Jacques, vis-à-vis celle des Mathurins. 1786-1787 : 2 années. In-24.

Almanach rédigé par Nougaret seul, faisant suite à l'*Almanach Forain* et aux *Spectacles des Foires*. (Voir, plus haut, n°s 493 et 568). Le choix des matières est toujours à peu près semblable. Toutefois, ces deux volumes contiennent, en plus, des notices sur les petits spectacles de la province et de l'étranger.

[L'année 1786 a été payée 43 fr. à la vente Sapin.]

[B. Carn.]

835. — LES RUSES ET LES JEUX D'AMOUR. Almanach Érotique. ‖ A Paris, chez Ardouin, Libraire, au Palais-Royal. [Et au-dessous du titre :] Jubert, Doreur, 7 rue Saint-Jacques, vis-à-vis les Mathurins. (1786). In-24.

Titre gravé avec allégories. 12 gravures non signées, dont voici les légendes : 1. La Chasse aux Amours. — 2. Cupidon captif (il est emmailloté dans un filet). — 3. L'Amour châtié (Cythère le fouette avec des roses). — 4. La Guirlande préférée. — 5. L'Agréable occupation. — 6. L'Heureux séjour. — 7. L'Ardeur mutuelle. — 8. L'Amour échapé (sic). — 9. Les Trois couronnes. — 10. Le Triomphe de la beauté. — 11. Les Tendres aveux. — 12. L'Accord des cœurs.

Texte imprimé dans un cadre typographique.

[De 100 à 200 fr. suivant l'état et la reliure.]
[Coll. de Savigny, ex. avec estampes coloriées.]

836. — ACHETEZ CES ÉTRENNES, Elles pourront être agréables aux dames, elles seront utiles à plus d'un poëte. ‖ Partout et pour tous les temps. (Paris, 1787). In-18.

« Étrennes agréables », dans lesquelles l'auteur chante à la fois Bacchus, Momus, l'Amitié, l'Amour et les Grâces. Plaquette attribuée à Mérard de Saint-Just.

[Cat. 8 à 10 fr.]

837. — L'AIMABLE FOU OU LA
GAIETÉ PARISIENNE. Petit Chanson-
nier françois. Élite de chansons, roman-
ces, vaudevilles, etc., par Crébillon père,
Racine, Panard, etc. || A Paris, chez
Desnos, Ingénieur-Géogr. et Libraire, rue
Saint-Jacques, au Globe. (Vers 1787). In-24.

Même almanach que l'*Aimable Fou ou la Raison
qui badine* (voir nᵒ 806), ayant les mêmes
12 figures mais avec un frontispice différent.
Gravé à la manière noire et colorié, il représente,
ici, la Folie jetant du haut du ciel son sac à
malices à des petits Amours.

D'autre part, il constitue, sous cette forme, la
septième partie d'*Anacréon en Belle-Humeur*. « On
peut vous assurer », dit l'éditeur dans un avertissement, « que le plus joli Chansonnier françois paroitra successivement et avec toute la célérité qu'il
sera au pouvoir de l'éditeur de lui donner. »

[De 80 à 100 fr. suivant l'état et la reliure].

838. — ALMANACH DE LA SAMARI-
TAINE, avec ses prédictions. Pour l'an-
née 1787. A MM. les Parisiens. || Au Châ-
teau de la Samaritaine ; Et se trouve à
Paris, Hôtel de Mesgrigny, rue des Poi-
tevins, et chez les Marchands de Nouveautés. 1787-1788 : 2 années. In-18.

Frontispice de l'Année 1788.

Publié lorsqu'on fit disparaître l'horloge de la
Samaritaine. « Ne pouvant plus ni marquer les
heures ni les sonner », dit la préface, « j'ai voulu
faire un Almanach. Il y a tant de connexité entre
une Horloge et un Almanach qu'on ne me repro-
chera pas d'avoir changé de profession. »

Prédictions amusantes pour chaque mois, dans
le genre des prédictions de nos almanachs chariva-
riques, avec quelques détails pittoresques sur la vie
intime parisienne.

La seconde année contient un frontispice représentant l'Horloge de la Samaritaine avec la légende que l'on peut voir sur la figure. Comme suite
à cette publication, il faut mentionner :

— *Almanach en réponse à celui de la Samaritaine.*
A MM. les Parisiens. || Au Château de la Samari-
taine et à Paris, chez Vérité, 1788. Pet. in-12.

[Cat. 8 à 12 fr. les 2 années. || Vente de La Bas-
setière, Décembre 1892. Année 1787, 15 fr.

[B. N. A. 1787.]

839. — L'AMOUR A L'OLYMPE, ou le
Triomphe de Cupidon sur les Dieux et les
Déesses. Almanach Érotique. || A Paris,
chez Jubert, Doreur, rue Saint-Jacques,
nᵒ 37. (1787). In-24.

Titre gravé. Almanach orné de douze figures par
Dorgez, intéressantes au point de vue du nu, et
dont voici les légendes : 1. Vénus et Mars.— 2. Jupiter et Calisto. — 3. Pluton et Proserpine. —
4. Vénus et Comus. — 5. Le Triomphe de la
Beauté. — 6. Bacchus et Ariane. — 7. L'Aurore et
Céphale. — 8. L'Amour et Psyché. — 9. *Diane et
Endimion.*— 10. Neptune et Amymone. — 11. Vénus et Adonis. — 12. Junon et Ixion.

Almanach gravé, avec plusieurs pages de musique,
et dont tout l'érotisme consiste, suivant l'esprit du
jour, en ce qu'il y est question d'amour.

(Vente Gaillard, 106 fr.)

840. — LE BABILLARD INSTRUIT,
ALMANACH QUI N'EN EST PAS UN :
contenant un choix de choses qu'il est le
plus important de ne pas ignorer, avec
des Anecdotes et des observations intéressantes sur les mœurs et le génie de différens peuples, notamment des François,
des Anglois, des Espagnols, etc., terminé
par quelques Anecdotes de la jeunesse de
feu M. de Voltaire. || A Paris, chez Des-
nos, Ingénieur-Géographe et Libraire du
Roi de Danemarck, rue Saint-Jacques, au
Globe. (1787). In-24.

Almanach orné d'un frontispice représentant une
réunion dans un salon et de 10 gravures, non signées,
sans légendes, se rapportant aux chansons qui suivent : 1. L'Age d'or.— 2. Des Arabes.—3. Des Foires

et de leur institution. — 4. Modèles de galanterie. — 5. Procès singulier. — 6. Le Tableau du couvent des Carmes. — 7. Ignorance des choses les plus simples. — 8. Généreuse extravagance. — 9. Plaisante excuse. — 10. Des inhumations précipitées.

Texte imprimé dans un encadrement typographique. Calendrier pour 1787.

Certaines de ces estampes sont très intéressantes pour les modes et usages de l'époque. C'est ainsi que le n° 3 donne la physionomie des boutiques du Palais-Royal. Quoique non signées, elles paraissent être de Queverdo. Ces planches se retrouveront dans *La Lanterne magique*. [Voir, plus loin, n° 852.]

[De 100 à 150 fr. suivant l'état et la reliure.]
[Coll. de Savigny.]

841. — LES BIGARRURES DE CYTHÈRE OU LES CAPRICES DE L'AMOUR. Étrennes galantes sur les airs connues et choisie (*sic*). || A Paris, chez Jubert, Doreur, rue Saint-Jacques, la Porte Cochère vis-à-vis les Mathurins. (1787). In-24.

Titre gravé dans un encadrement orné. 12 figures galantes, gravées par Dorgez, dont voici les légendes : 1. La Théméride. — 2. Le Temple de l'Amour. — 3. Le Moyen d'attraper les Belles. — 4. Julie ou la nouvelle Ève. — 5. Le Fat puni ou la ressource des Dames. — 6. La Richesse des Foux (*sic*). — 7. Le Bouquet de l'Amour et de l'Amitié. — 8. La Fille de 15 ans, malade. — 9. L'Accord des Talens et des Grâces. — 10. Les Femmes telles qu'il faut les voir. — 11. La Vénus de Praxitèle ou l'artiste en défaut. — 12. Le Pouvoir des chansons.

Texte, musique et chansons, entièrement gravé. Calendrier imprimé pour 1787.

[De 100 à 150 fr. suivant l'état et la reliure.]
[Coll. de Savigny.]

842. — LES COLIFICHETS LIRICO-GALANTS OU LA FOLIE AMOUREUSE D'UN PEINTRE. Almanach orné de jolies gravures. || A Paris, chez Jubert, doreur, rue Saint-Jacques, vis-à-vis les Mathurins, n° 36. 1787. In-24.

Titre gravé (Petit Amour, sur le devant, temple dans le fond), et 12 compositions gravées par Dorgez : 1. Épitre à celle que j'aime. — 2. La Rose. — 3. L'Azile (*sic*) des plaisirs mystérieux. — 4. Le Peintre amoureux. — 5. Les Baisers d'Amour. — 6. Hymne (*sic*) à la Beauté. — 7. Les Cinq Sens. — 8. Requête à ma Belle. — 9. Les Quatre Saisons. — 10. Le Pierrot envolé. — 11. Les Songes de

Tircis. — 12. Envoi à MM. les Aéronautes (tandis que, sur la terre, de jeunes seigneurs serrent de près les femmes qu'ils courtisent, dans les airs, un ballon prend feu et les personnages qui le montaient sont précipités à terre.) — La planche 4 « Le Peintre Amoureux » se trouve également dans les almanachs de chez Desnos sous le titre de : « Le Peintre d'Amour ».

Recueil de chansons gravées.

Cet almanach, comme grand nombre du même genre, s'est vendu pendant plusieurs années. M Gaston Tissandier possède le même avec un calendrier pour 1790 et une planche différente pour le n° 5, soit : *Le Pouvoir d'Amour*.

M. de Savigny possède, d'autre part, un très curieux exemplaire, à la date de 1791, avec reliure à la Prise de la Bastille.

[De 100 à 150 fr. suivant l'état et la reliure.]

843. — ÉTAT GÉNÉRAL DES POSTES DE FRANCE, dressé par ordre De Monseigneur Armand-Jules-François, Duc de Polignac. Pour l'année 1787. || A Paris, de l'Imprimerie de Philippe Denys Pierres, Premier Imprimeur du Roi et Ordinaire des Postes de France. (1787 — An X). In-12.

Une notice, en tête de la 1ʳᵉ année, indique que l'*État Général* est la suite de la ci-devant *Liste* et s'imprimera toutes les années avec les changements et les nouveaux établissements.

Après la Révolution il devint « État Général des Postes », tout court. Voici, du reste, le titre complet de la dernière année :

— *État Général des Postes*. Dressé par ordre du Conseil d'Administration des Relais, suivi de la Carte Géométrique des Routes de la République Française, desservies en Poste, avec désignation des Relais et des distances, et d'un État Général de la Poste aux Lettres. Pour l'An X. || A Paris, chez Favre, Libraire, Palais du Tribunat, Galeries de Bois, n° 220, aux Neuf Muses.

Bonnet phrygien et faisceau de licteurs sur le titre. Un avis portait que tous les exemplaires devaient être revêtus de la griffe de l'éditeur et de l'imprimeur.

[Voir, pour la suite, le *Petit Livre* et le *Livre de Poste*.]

844. — ÉTAT GÉNÉRAL DU SERVICE DES DILIGENCES ET MESSAGERIES ROYALES DE FRANCE, contenant le Détail de l'Administration, l'Extrait des principaux arrêts et Règlemens qui la concerne et des Avis intéressans

au Public sur les précautions qu'il a à prendre. Les Départs et Arrivées des Diligences pour les principales Villes du Royaume, etc... Avec une carte géographique... Par M. P. D. Y. || A Paris, chez Prault, Imprimeur du Roi, Quai des Augustins, à l'Immortalité, et chez les Suisses (concierges) de l'Hôtel royal des Messageries. 1787-1793. In-12 et in-8, (à partir de 1792).

Suite de l'*Almanach des Diligences* (Voir nº 760), par Papillon de la Tapy. A partir de 1789, par le nouveau directeur des Messageries, Bar-Durban.

[B. N.]

845. — ÉTRENNES AUX AMATEURS DE VÉNUS. Calendrier pour 1787. || A Paphos (d'autres fois à Cythère). (A Paris). 1787-1788. In-24.

Almanach obscène, entièrement gravé (avec double titre). Texte composé de chansons, lesquelles, sans les images placées vis-à-vis, pourraient passer quelquefois pour absolument innocentes. Témoin la suivante :

L'autre jour la jeune Suzon
Au bord d'une fontaine
Y péchoit d'un certain poisson
En prenoit par douzaine,
    Charmée de cela
    La Belle chanta :
Grand Dieu, la bonne aubaine.

Quant aux douze figures elles sont absolument... indescriptibles.

Cet almanach est accompagné d'un « Calendrier pour 1787. » C'est même le premier titre qui se lise en ouvrant le volume.

Publié à nouveau en 1790 et en 1806. Condamné le 19 mai 1815.

[Coll. baron Pichon.]

845 bis. — ÉTRENNES AUX ÉCOLIERS. Ouvrage propre à leur inspirer l'amour de l'Étude et de la Bienfaisance. Un volume in-12, 1 liv. 4 s. br. || A Paris, chez Leroy, Libraire, rue Saint-Jacques, vis-à-vis celle de la Parcheminerie. 1787-1790. 4 années. In-12.

On y trouve une notice sur les collèges de Paris, avec l'établissement des bourses et la distribution des prix de l'Université faite le 9 août 1787.

Modifications dans la rédaction du sous-titre pour les années suivantes. La 1re année a une dédicace à « Messieurs les Jeunes Élèves ». Nombreux morceaux sur l'éducation, historiettes et proverbes.

L'année 1788 contient une intéressante notice : l'histoire abrégée des principaux collèges de l'Université, le nombre des bourses affectées à chaque collège et leurs nominateurs.

La 4e année a, en tête, un long avis, portant que les « Etrennes » seront à l'avenir destinées à l'éducation particulière des jeunes personnes ; ni les écoliers des collèges, ni leurs maîtres, ni leurs disciples ne s'étant intéressés à la publication d'un ouvrage qui « pouvait devenir le leur. »

[B. Carn. || B. N.]

846. — ÉTRENNES D'UN MÉDECIN ou Description alphabétique et raisonnée des Maladies les plus communes, et des divers accidens auxquels on est exposé ; suivie des Moyens les plus prompts, les plus sûrs, les plus faciles de les prévenir ou d'y remédier avec succès. Ouvrage où la Médecine pratique est mise à la portée de tout le monde, et qui est particulièrement nécessaire aux Pères de famille, aux Curés, aux Chefs de communautés et à toutes les personnes qui vont en voyage. Pour la présente année. || A Paris, chez Méquignon le jeune, Libraire, au Palais-Marchand. 1787-1789. [L'année 1789 porte : A Paris, chez Volland.] In-18.

Petit traité de médecine pratique, s'élevant contre les recettes des charlatans et des gens à secrets, et recommandant de n'employer qu'avec beaucoup de précaution les remèdes pompeusement appelés : *Remèdes universels.*

[Voir, plus haut, nº 551.]

[B. N. Année 1787.]

847. — LES ÉTRENNES DE MON COUSIN ou l'Almanach pour rire. Année 1787. Par M. C. D. [Épigraphe :]

Héraclite en pleurant corrigea-t-il les mœurs ?
Non, ses concitoyens n'en furent pas meilleurs.
Rions donc ; c'est l'avis du joyeux Démocrite ;
C'est celui du Cousin, qui l'approuve, l'imite.

|| A Falaise, et se trouve à Paris, chez De Senne, au Palais-Royal, chez Le Roi, rue Saint-Jacques, chez Les Marchands de Nouveautés. 1787-1789. In-12.

Par Carrière-Doisin. Orné de 3 figures dont 2 planches satiriques sur les ballons — sur les globes, comme porte la légende, — et un frontispice caricatural « un vrai portrait de famille », dans lequel plusieurs voulurent se voir.

Quelques détails du calendrier sont d'un modernisme qu'on croirait du jour. Lisez plutôt :

« *Les fêtes mobiles.* Il n'y en a plus ; chacun n'est occupé qu'à courir après l'argent et je lui en souhaite.

« *Signes du Zodiaque et leur Rapport.* — La *Vierge :* Annette âgée de six ans. — *La Balance :* Son intérêt d'abord. — *Le Scorpion :* Les fausses Prudes. — *Le Capricorne :* Toujours les Maris »

— Année 1788. — Sur le titre : « Souvent, tout en riant, on dit des vérités. »

Orné de 2 figures (dont l'une sert de frontispice), illustrant une pièce burlesque en 5 actes qui se trouve dans le volume : « Roméo et Paquette, traduction amphigouri-criti-comique de « Roméo et Juliette. »

L'auteur, dans un « entretien préliminaire », dit : « Non-seulement on voit, au commencement de chaque année, pleuvoir de toutes parts une multitude d'écrits éphémères, mais MM. les Journalistes ne manquent pas de donner l'énumération de tous les Almanachs possibles ; en sorte que la liste seule de ceux du sieur Desnos suffiroit pour effrayer le curieux le plus intrépide.

« Il est si difficile d'attirer la foule ! Il faut absolument une parade à la porte, si l'on veut décider les gens à entrer. Je voudrais, mon cher lecteur, m'y prendre cette année un peu décemment. En vous donnant vos étrennes, il faut que je reçoive les miennes ; donc, pour y parvenir, vous aurez une lettre de ma part, mais c'en sera une de change, ce style a son mérite. »

Et, conséquemment, l'auteur donne une lettre de change de « trente-six sols, en monnoie ayant cours, pour les *Étrennes de mon Cousin,* année 1788, et trente-six autres sols pour 1787. »

Plus loin, il dit :

« Les Almanachs, ces jolis riens que l'industrie et la galanterie françoise savent varier si agréablement au renouvellement de chaque année, forment réellement une branche de commerce plus importante qu'on ne pense ; aussi, les Marchands toujours actifs, ne manquent-ils pas de spéculer à l'envi sur cet article... En effet, ainsi que tout Paris s'est porté en foule à la taverne de Ramponneau, n'avons-nous pas vu le public s'arracher, pour ainsi dire, « l'Almanach de la Foiropédie » ?

— Année 1789. — Sur le titre : « Il faut pour réussir, souvent paraître fou, mais se conduire en sage. »

Orné d'un frontispice satirique sur Rivarol et Champcenetz, auteurs du *Petit Almanach de nos Grands Hommes,* avec la légende suivante :

Honneur à Messieurs Casserole et Chambre nette, Gobe-mouche littéraire et gobe-mouche sans souci.

Et, à chaque mois, se trouve une étude sur les différentes espèces de gobe-mouches.

[Les trois années réunies : cat. de 20 à 25 fr.]
[B. N. Années 1787-1788.]

848. LA FÊTE DES BONNES GENS, OU LES MŒURS CHAMPÊTRES. || A Paris, chez Boulanger, rue du Petit-Pont, près le Petit Châtelet, à l'Image Notre-Dame. (1787). In-32.

Dessiné et gravé par Quéverdo

Titre dans un encadrement avec sujet pastoral (moutons et petits bergers), dessiné et gravé par Queverdo. Cet almanach est orné de 12 gravures dont voici les légendes : 1. La Fête des Rois. — 2. Le Retour du Bucheron. — 3. La Fille grondée. — 4. Le Retour de la Ville. — 5. L'Amant trouvé dans la Huche. — 6. Le Bon ménage. — 7. Les Accords villageois. — 8. La Paille découverte. — 9. La Mère bien-aimée. — 10. Rosine et Collas. — 11. La Belle-mère. — 12. La Fête du Père de Famille.

Texte, chansons et musique, entièrement gravé.

Parmi les vaudevilles qui, avec les romances, constituaient le texte, se trouve celui de Pierre-le-Grand :

Jadis un célèbre empereur
Remit le soin de son empire
Entre les mains d'un sage gouverneur,
Pour courir le monde et s'instruire.

Les trésors, le rang, les grandeurs,
Ne font pas toujours le bonheur.

Il prit l'habit d'un charpentier
Afin de cacher sa naissance,

Et visita jusqu'au moindre chantier
De l'Angleterre et de la France.

Le Retour du Bucheron.

Les Accords villageois

Compositions de Queverdo pour l'almanach « La Fête des Bonnes Gens. » — D'après un exemplaire appartenant à M. de Savigny.

Les trésors, le rang, les grandeurs,
Ne font pas toujours le bonheur.

∴

Grands Rois, superbes potentats,
Quittez vos Cours, vos diadèmes,
Ainsi que lui sortez de vos états,
Voyagez, travaillez vous-mêmes,

Et vous verrez que la grandeur
Ne fait pas toujours le bonheur.

Cet almanach fut publié à nouveau après 1789, sous le titre de : *Almanach dédié aux Bons Citoyens.* An II. (Voir plus loin, n° 1075.)

[De 150 à 200 fr. suivant l'état et la reliure.]

[Coll. de Savigny.]

849. — LES FILETS DE L'AMOUR ou les Pièges tendus à Cythères. *(sic)* ‖ A Paris, chez Jubert, Doreur, rue Saint-Jacques, la Porte Cochère vis-à-vis les Mathurins. (1787). In-24.

Titre gravé avec sujet (colombes posées sur un coussin et se becquetant).

Almanach orné de 12 ravissantes figures dont voici les légendes : 1. Le Bouquet déchiré. — 2. L'Enlèvement nocturne. — 3. La Chasse. — 4. L'Échange flatteur. — 5. Le Pêcheur malin. — 6. La Folie Amoureuse. — 7. Le Choix embarrassant. — 8. La Lecture favorable. — 9. Le Sallon (sic) de la redoute. — 10. La Soirée des Thuillerie (sic). — 11. Le Mouton dérobé. — 12. La Matinée villageoise.

Texte gravé composé de chansons.
Calendrier se dépliant pour 1787.

[De 100 à 150 fr. suivant l'état et la reliure.]

850. — LE GRIVOIS OU LE MILITAIRE. Almanach pour rire, et chantant. ‖ A La Grenade, et se trouve à Paris, chez Tiger, au Pilier Littéraire, place de Cambrai. Et chez les marchands de nouveautés. (1787). In-32.

Frontispice gravé (jeune homme embrassant une jeune femme décolletée.)

Recueil de chansons grivoises et bachiques données, dit la préface, par un brave militaire « à une jolie petite bourgeoise qui avait eu pour lui quelque attention ». Avec un calendrier.

[B. N.]

851. — LA JOURNÉE D'UNE JOLIE FEMME. Les Loisirs de la Beauté, ou le Lever de l'Aurore et le Coucher du Soleil, Orné de douze Gravures et Chansons analogues; Avec Tablettes Économiques, Perte et Gain, Souvenir et Nécessaire le plus agréable qu'on puisse offrir aux Dames. ‖ A Paris, chez le sieur Desnos, Ingénieur-Géographe et Libraire de Sa Majesté Danoise, rue Saint-Jacques, au Globe. (1787). In-24.

Titre gravé tenant lieu de frontispice. Almanach orné de 12 gravures, non signées, dont voici les légendes (Ces dernières existent en deux états; sur tablette grise et sur tablette blanche): 1. Le Génie et les Grâces. — 2. Le Réveil. — 3. Le Lever (ou la question intéressée). — 4. Le Déjeuner (ou la Dame poussée à bout). — 5. La Toilette (ou la Dame excédée):

6. Le Dîner. — 7. Le Jeu (et ses obligation (sic) ou le train des joueuses). — 8. La Promenade (ou la consultation):

Docteur qui prescrit l'exercice
Me verra penser comme lui:
Avant que le sommeil saisisse,
Dérobez vos sens à l'ennui.
Pour le fuir, à la promenade
Sauvez-vous vite avec ardeur.
Le plaisir ne rend point malade;
Croyez-en l'avis du docteur.

9. Le Spectacle. — 10. Le Cercle (ou avis aux bonnes sociétés). — 11. Le Bal. — 12. Le Coucher. — A la suite se trouve: Le Petit Œdipe ou le Jeu des Énigmes, Almanach de Société, chantant, récréatif et divertissant.

Texte gravé. Même almanach que Le Quart d'Heure et Le Passe-Temps des Jolies Françaises.

Figures de l'almanach « La Journée d'une Jolie Femme. » [D'après un exemplaire appartenant à M. de Savigny de Moncorps.]

Combien tout cela m'importune!
L'Abbé n'a que de la fadeur.
Midas lourd comme sa fortune
Vient-il me donner de l'humeur?
Cléon fait encor le jeune homme.
Le bel embarras (sic) que j'ai là!
En vérité cela m'assomme?
C'est à qui le mieux m'ennuiera.

[Voir plus haut, nos 724 et 833 et, plus loin, nº 877.]

[De 100 à 150 fr. suivant l'état et la reliure.]

852. — LA LANTERNE MAGIQUE SUIVIE DU PETIT CHANSONNIER FRANÇAIS. Élite de Chansons, Roman-

ces, Vaudevilles (suivent les noms des auteurs dont les pièces figurent dans l'almanach). ‖ A Paris, chez Desnos, Ingénieur-Géographe et Libraire du Roi de Danemarck, rue Saint-Jacques. (1787). In-24.

Almanach accompagné de 12 gravures dont voici les titres : 1. L'Age d'or (frontispice). — 2. Le Mérite récompensé. — 3. L'Abbé Parodiste. — 4. Les Pèlerins. — 5. L'Abbé gobe-mouche. — 6. La Cuisine du Diable. — 7. L'Époux de Séville. — 8. La Dissertation inutile. — 9. Le Portrait de Zélie. — 10. L'Arioste moderne. — 11. La Femme ressuscitée. — 12. Le Salon ou la lecture.

Ces douze estampes sont les mêmes que celles du *Babillard instruit* (nᵒ 840), seulement, pour ledit almanach, elles sont, comme on l'a vu, sans légendes, tandis qu'ici, elles se rapportent au texte. [Coll. de Savigny ; ex. av. calendrier pour 1792.]

853. — LES LACETS DE VÉNUS. ‖ A Paris, chez Bailly, Libraire, rue Saint-Honoré, Barrière des Sergens. (1787). In-24.

Titre gravé, (Des Amours courant après des cœurs ailés qui viennent se prendre dans un filet), au haut duquel on lit, en grosses lettres : « Jubert *fecit* ». L'almanach est entouré d'un calendrier se dépliant. Poésies accompagnées de 12 planches de modes (coiffures), très gentiment gravées, femmes en buste dans un médaillon ovale, avec cadre et légende au-dessous, sur une tablette blanche. Voici les légendes de ces figures :

1. Chapeau à la Benwillers. — 2. Chapeau à la Genlis. — 3. Chapeau à la d'Oliva. — 4. Baigneuse à la Cagliostro. — 5. Chapeau à la Mexborough. — 6. Chapeau à la Newmarkett. — 7. Pouf à la Virginie. — 8. Bonnet-chapeau. — 9. Chapeau à la Courville. — 10. Bonnet à la Sultane. — 11. Bonnet négligé à la Matineuse. — 12. Bonnet négligé du petit jour. [Coll. baron Pichon.‖Coll. Gaston Tissandier. ‖ ex. avec fig. coloriées. Vente Destailleur, 426 fr.]

854. — LES LOISIRS DE PAPHOS. Étrennes Érotiques et lyriques. ‖ A Paris, chez Nyon, Libraire, quai des Quatre-Nations. 1787. In-24.

Titre gravé et 12 compositions non signées : 1. Les Enfans de l'Amour. — 2. La Promesse de l'Amour. — 3. La Rencontre inattendue. — 4. Le Joli Poisson. — 5. Le tems d'aimer. — 6. Le Bouquet envié. — 7. La Glaneuse fortunée. — 8. Le Carquois. — 9. L'Heureux troupeau. —

10. La Belle solitaire. — 11. L'Accident favorable. — 12. L'Insensibilité. — Ces estampes sont des sujets galants, dans la note du jour, avec des belles, les seins au vent, et des petits Amours voltigeant de toutes parts.

Au texte imprimé est joint un fascicule de pièces gravées, avec musique des principales romances. Quelques-unes de ces compositions et, notamment, *La Rencontre inattendue*, sont les mêmes que celles des *Intrigues de la Capitale*. (Voir, plus loin, nᵒ 876.)

[De 100 à 150 fr. suivant l'état.]
[Coll. Paul Eudel.]

855. — NOUVEAU CHANSONNIER. Étrennes les plus agréables aux Dames de bonne humeur. Tablettes Économiques, Perte et Gain. ‖ A Paris, chez le sieur Desnos, Ingénieur-Géographe et Libraire de Sa Majesté Danoise, rue Saint-Jacques, au Globe. (1787). In-24.

Frontispice gravé (Amour écrivant devant une table. Derrière, une jeune élégante au chapeau monumental, accoudée au fauteuil de l'Amour et tenant à la main l'enveloppe, très probablement destinée au billet doux). 8 gravures à l'aquatinte, non signées, avec tablettes dans le bas. Titre des chansons se rapportant aux figures : 1. L'Amant trompé par l'Amour. — 2. Le Bouquet de Roses. — 3. Avis aux Belles. — 4. L'Opérateur des Ombres Chinoises. — 5. L'Aveu sincère. — 6. La Méfiance. — 7. L'Amant impatient. — 8. L'École des Jaloux.

Cet almanach est suivi de la septième partie d'*Anacréon en Belle Humeur*, et du « Secrétaire des Dames et des Messieurs. »

Ce même almanach se rencontre également avec 12 figures de modes, gravées à l'aquatinte dans des cadres ovales, et dont voici les légendes : 1. A la Collette. — 2. A l'Agnès. — 3. A la Chouchou. — 4. A la Follette. — 5. A la Zémire. — 6. A la Coquette. — 7. A la Cloris. — 8. A la Salency. — 9. A la Félix. — 10. A la Déesse. — 11. A la Sultane. — 12. A la Zaïre.

Ces jolies petites figures à mi-corps proviennent du *Recueil des Coeffures* de Desnos et se trouvent, déjà, dans l'*Apologie des Dames* (Voir, plus haut, nᵒ 649).

Même texte que les *Escapades de l'Amour* (3ᵉ partie d'*Anacréon en Belle-humeur*.)

Cet almanach sera remis en vente, par la suite, en prenant le titre de la première chanson : *L'Amant trompé par l'Amour* (Voir, plus loin, nᵒ 1104).

[De 125 à 200 fr. suivant l'état et la reliure.]

[Coll. de Savigny : ex. av. les fig. de modes.]

856. — LE RÉPERTOIRE AMUSANT,

Étrennes dédiées aux gens de goût. || A Paris, Fournier. (1787). In-12.

[D'après l'*Alm. des Muses.*]

857. — LA SOIRÉE DE PAPHOS, ou les Plaisirs de la Table. Chansonnier François. Élite de Chansons, Romances Vaudevilles, etc., des auteurs les plus distingués dans ce genre, savoir : Dorat, Vadé, Moncrif, Lattaignant, Dauchet, Grécourt, Gallet, Taconnet, etc., et MM. Damas, Collé, le D. de N***, de ***, Thiriot, Costard, de Saint-Ange, Knapen fils, etc. || A Paris, chez Desnos, Ingénieur-Géographe et Libraire du Roi de Danemarck, rue Saint-Jacques, au Globe, (1787). In-24.

Almanach identique, comme texte, à *Anacréon en Belle-humeur ou La Soirée de Paphos* (voir n° 792), mais dont les illustrations ne se rapportent pas au dit texte imprimé. Il est accompagné d'un cahier de chansons, gravées et encadrées, avec les figures des almanachs : *Les Grâces en goguette*, l'*Amour en bonne fortune* (n° 765 et n° 774). 1. La Vallée de Tempé, ou Thaïs et Lindor (frontispice). — 2. La Chanson de Raymonde. — 3. La Préférence. — 4. La jeune fille grondée par sa mère. — 5. Le Traité d'Amour. — 6. Le Vieillard trop crédule. — 7. L'Orage. — 8. Faites le lit, maman... — 9. L'Aiguille au cadran du Berger. — 10. La Bergère qui s'y connoit. — 11. La Lettre qui brule (sic).

[De 80 à 150 fr. suivant l'état et la reliure.]

858. — TABLEAU ALPHABÉTIQUE DES L.L.˙. DE LA CORRESPONDANCE DU G.˙. O.˙. DE FRANCE. || V.M.DCC. LXXXVII. S. l. ni ind. (A Paris, 1787). In-24.

Ce petit almanach qui donne le comput maçonnique pour 1787-88, se trouvait au Secrétariat du G. O., rue du Pot-de-Fer, faubourg Saint-Germain. Les trois grands officiers étaient, alors, le duc d'Orléans, le duc de Luxembourg et le duc de Crussol.

C'est le Bottin de l'Ordre.

[Voir, sur la Franc-Maçonnerie, les n°° 710 et 590.]

859. — TABLEAU DE LA COMMUNAUTÉ DES MAITRES DANS L'ART DE CHARPENTERIE de la Ville, Fauxbourgs et Banlieue de Paris, seuls en droit de donner des Quittances d'Emploi et de Subrogations, pour raison de leur entreprise, pour sûreté de ceux qui prêtent leur argent pour la construction des Bâtimens Rédigé suivant l'Édit du mois d'août 1776. Année M.DCC.LXXXVII. In-18.

Annuaire corporatif donnant les noms des maîtres, des députés, V°°° des maîtres, officiers de la Communauté, Conseillers du Roi, etc., dont la tête doit être antérieure à 1780.

Cette publication, qui se trouve souvent jointe à l'*Almanach des Bâtiments*, parut en 1789, sous le titre suivant :

— *Tableaux de la Communauté des maîtres menuisiers-ébénistes tourneurs et layetiers de la Ville, Fauxbourgs et Banlieue de Paris*, suivant leurs Réceptions, conformément à l'article 15 de l'Édit d'août 1776, avec une table alphabétique : Et des Particuliers qui se sont fait enregistrer à la police en vertu des Édits de Février et Août 1776 et qui ont payé le dixième de la fixation de la Maîtrise. Pour l'année 1789. || A Paris, de l'imprimerie de Chardon, rue de la Harpe. In-18.

A la fin du volume se trouve un calendrier.

[Cat. de 10 à 12 fr.]

860. — ALMANACH DE CHARADES. || Palais-Royal. (Paris), 1788.

[Quérard.]

861. — ALMANACH DES HONNÊTES GENS. L'An premier du règne de la Raison. [Épigraphe :] Dis-moi qui tu hantes, je dirai qui tu es (Prov.) || Pour la présente Année (1788). Pet. in-12.

Almanach de cabinet publié par Sylvain Maréchal, qui ne rentre pas positivement dans la série des almanachs ici décrits, mais que je crois devoir faire figurer à cause de son importance. Dans ce calendrier, premier germe, première inspiration du calendrier révolutionnaire, l'année commence au mois de Mars décoré du nom de *Princeps*, puis suivent : Alter (Avril), Ter (Mai), Quartile, Quintile, Sextile, Septembre, Octobre, Novembre, Décembre, UnDécembre (Janvier), DuoDécembre (Février). Enfin, aux noms des saints et saintes du Calendrier grégorien, se trouvent substitués des noms d'« Honnêtes Gens. » Sylvain Maréchal pensait ainsi rapprocher par un lien commun de fraternité tous les habitants de la terre divisés de culte. On sait de quelle façon sa paisible innovation a été accueillie : l'*Almanach des Honnêtes Gens* fut condamné à être détruit.

862. — ALMANACH GRAMMATICAL ou Méthode pour aprendre à bien parler;

Le Temple de l'Amour.

La double Victoire.

La Fête Navale.

Le Jardin dangereux.

FIGURES DE L'ALMANACH « LES BORDS RIANS DE LA SEINE. »
[D'après un exemplaire appartenant à M. Paul Eudel.]

ouvrage utile aux personnes qui n'ont pas appris de langue par les principes, par Pollet. ‖ A Paris, 1788. In-12.

[Fleischer.]

863. — ALMANACH SATIRIQUE. 1788.

[D'après F. Pouy.]

864. — ALMANACH TACHYGRAPHIQUE ou de l'Art d'écrire aussi vite qu'on parle, selon la Méthode approuvée par l'Académie des Sciences, par Coulon de Thévenot. ‖ (A Paris.) 1788. In-12.

[Fleischer.]

865. — L'ABRÉGÉ DU GRAND TOUT. ‖ A Paris, chez Jubert, Doreur rue St-Jacques. 1788. In-24.

Almanach gravé, avec figures.

[D'après un catalogue.]

866. — L'AMOUR BADIN OU LES RUSES DE CUPIDON dédiées à la jeunesse. ‖ A Paris, chez Boulanger, rue du Petit Pont, à l'Image Notre-Dame (1788). In-32.

Titre gravé et 12 jolies figures dessinées par Quéverdo.

[Vente Destailleurs, 100 fr.]

867. — L'ANNÉE GALANTE OU LES CAPRICES DE LA RAISON : Étrennes Séduisantes, Recréatives et Chantantes. Enrichie de figures. Avec Tablettes, Perte et Gain. ‖ A Paris, chez Desnos, Ingénieur-Géographe et Libraire de S. M. le Roi de Danemarck, rue St-Jacques, au Globe. (1788). In-24.

Frontispice : Le Temps soutenant sur ses épaules l'horloge de l'année, avec les signes du Zodiaque tout autour. Personnages et ornements allégoriques.

Les 12 compositions et le texte gravé sont la reproduction de l'almanach Les Délices de Cérès, de Pomone et de Flore (voir, plus haut, n° 517). Dans ce nouveau tirage les cuivres sont fatigués.

On y a ajouté quelques feuillets de chansons, imprimés.

[De 70 à 100 fr, suivant l'état et la reliure.]

(Coll. Paul Eudel.)

868. — LES BORDS RIANS (sic) DE LA SEINE ou les Environs de Paris. ‖ A Paris, chez Jubert, Doreur, rue St-Jac-

ques, la Porte Cochère vis-à-vis les Mathurins, n° 36 (1788). In-32.

Titre gravé (au bas, avec le terre-plein du Pont-Neuf, la statue de Henri IV), et 12 charmantes vignettes en taille-douce, non signées, mais que M. Eugène Paillet attribue à Binet, et dont voici les légendes : 1. Le Temple de l'Amour. — 2. Les Tributs légitimes (hommages à la Beauté et à Henri IV.) — 3. La d'ouble (sic) Victoire :

Du coup le plus beau
L'osqu'au (sic) Jardin de l'Arquebuse
On abbat (sic) l'Oiseau,
En devenant la Souveraine
Pour un an, de maint Chevalier
C'est d'une désirable chaîne
Qu'à son Char on veut le lier.

.˙.

Celui d'entre eux de qui l'adresse
Se fait couronner
Avec la nouvelle Princesse
Doit se promener,
Tous les deux marchent en cadence
Au son de plusieurs instrumens.

4. Le Taciturne déridé. — 5. La Fête Navale :

De Berci le charmant Rivage
Paroit s'embellir en ce jour,
Grace au séduisant assemblage
De maints objets dignes d'Amour.
Ce Dieu malin tire avantage
Des agrémens de ce séjour
Et dans le Parc la plus Sauvage
Sous ses traits succombe à son tour.

6. La chute avantageuse. — 7. Le Grand Boulevard (chute d'un cabriolet). — 8. Les Contemplateurs (Les astronomes contemplent les astres tandis que, dans les coins, les simples mortels contemplent les charmes des beautés.) — 9. Le Jardin dangereux :

Que ce lieu favorable
Aux doux loisirs
Soit l'Asile agréable
De nos plaisir (sic).

10. L'heureuse attente. — 11. La Course originale (Course au chapeau par trois belles en jupon court, devant un public nombreux de consommateurs, dans une guinguette.) — 12. Les Petits Canadiens (Scène de danse dans une guinguette, avec une « vielleuse » pour orchestre).

Almanach entièrement gravé, avec chansons et musique, consacré aux plaisirs et aux petites scènes joyeuses de l'époque. Avec calendrier et le « Nécessaire des Dames et des Messieurs ou Dépositaire fidèle et discret. »

[Coll. Eugène Paillet. ‖ Coll. Paul Eudel, avec calendrier se dépliant pour 1788.]

[De 150 à 200 fr. suivant l'état et la reliure.]

869. — CALENDRIER MUSICAL UNI-
VERSEL contenant L'indication des Cérémonies d'Église en Musique, les Découvertes et les Anecdotes de l'année; un
choix de Poésies adressées à des Musiciens; la notice des Pièces en musique
représentées à Paris, à Versailles, à
Saint-Cloud, sur les différens Théâtres
de l'Europe, tels que ceux de Londres, de
Vienne, de Saint-Pétersbourg et des
principales villes d'Italie, le relevé des Ouvrages sur la Musique et des productions
musicales publiées à Londres et à Paris;
la liste des Professeurs, des Marchands de
Musique; Luthiers, Facteurs d'instrumens, Graveurs-Imprimeurs, Copistes, etc.
Pour l'année 1788. ‖ A Paris, chez Prault,
imprimeur du Roi, quai des Augustins,
A l'Immortalité, et chez Leduc, au Magasin de Musique et d'Instrumens, rue du
Roule. [La seconde année porte: chez
l'Auteur, maison de M. Le Duc.] 1788-
1789 : 2 années. In-12.

L'auteur, Framery, compositeur, était connu pour
ses traductions d'opéras italiens, et pour son opéra,
La Sorcière par Hasard. Almanach fort bien fait
qui devait donner un catalogue général de toute
la musique existant à Paris, mais ce travail considérable resta à l'état de projet.

Le calendrier, proprement dit, est destiné particulièrement aux personnes qui suivent les organistes.

Très complet sur les théâtres étrangers, cet almanach donne, également, quelques détails, clair-
semés malheureusement, sur les théâtres de province, « les Directeurs n'ayant pas pris la peine de
fournir à l'auteur les renseignements demandés. »

Pour les demeures des musiciens il faut surtout
consulter la seconde année.

[B. N. ‖ Coll. Arthur Pougin.]

870. — LE CHOIX DU SENTIMENT
ou le Secrétaire aussi utile qu'agréable,
contenant des bouquets, des compliments
de nouvelle année, des remerciements
tant en vers qu'en chansons, avec des
airs notés. Almanach pour la présente
année 1788. ‖ A Paris, chez Mérigot.
In-18.

Frontispice gravé par Ransonette, « graveur ordinaire de Monsieur », et représentant des Amours
qui cueillent des fleurs dans un jardin. Almanach
publié par un nommé Boutillier et dédié par lui à
la marquise d'Usson.

[D'après F. Pouy.]

871. — ÉTAT DE LA MAGISTRA-
TURE EN FRANCE. Tome premier. Année
1788. ‖ A Paris, chez l'auteur, quai des
Miramionnes, n⁰ 44, chez Royez, Libraire,
Quai des Augustins, près le Pont-Neuf.
M.DCC.LXXXVIII. 1788-1789. In-8.

L'auteur est M. Duhamel. L'ouvrage se vendait
5 liv. en feuilles, et 6 liv. broché.

Il contient, outre les noms des magistrats et des
officiers composant les cours souveraines et autres
tribunaux, « 1⁰ l'époque de la création de tous les
tribunaux supérieurs; 2⁰ l'étendue du ressort de
leur justice; 3⁰ la description de tous les sièges
subalternes qui en dépendent; 4⁰ Une notice claire,
précise, instructive, des Coutumes observées dans
chaque ressort, ou des Règlements particuliers qui
y dérogent. » — Chaque tribunal et chaque
charge sont précédés d'une notice historique.

Carte du Parlement de Paris et de toutes ses
juridictions.

Devint l'année suivante :

— *État de la Magistrature en France*. Pour l'Année 1789. Publié pour la première fois en 1788.
On y joindra successivement une Carte du Ressort
de chaque Parlement. ‖ A Paris, chez l'Auteur, etc.
M.DCC.LXXXIX. In-8.

Avec la carte du Parlement de Toulouse.

[Cat. de 6 à 8 fr., broché.]

872. — ÉTRENNES COMME IL Y EN
A PEU, pour 1788. ‖ A Paris, chez Laurens junior, rue Saint-Jacques, en face de
celle des Mathurins. 1788-1790.

Mélange de traits, de bons mots, et de récits en
tous genres. Publié par une dame Bouquet, Auteur-
Libraire, à Falaise, en Normandie. Voici ce qu'on
lit à son sujet dans le *Petit Almanach de nos
Grandes Femmes* : « Cette muse originale nous a
déjà régalés d'une foule de chansons frappées au
bon coin; mais le meilleur plat de son métier est un
Almanach pour l'année bissextile 1788, intitulé :
« Étrennes comme il y en a peu », on pourrait dire :
comme il n'y en a point. C'est une encyclopédie en
miniature. Prose, vers, astronomie, géographie,
physique, bons mots, anecdotes curieuses, tout s'y
trouve : en un mot, c'est le vade-mecum des plus
grands connoisseurs de Falaise. »

873. — ÉTRENNES DE MNÉMOSYNE,
ou Recueil d'Épigrammes et de Contes en
vers. ‖ A Paris, chez Knapen et fils, rue
Saint-André-des-Arcs, en face du Pont-
St-Michel. 1788-1790 : 3 années. In-12.

Tous les journaux de l'époque parlèrent avantageusement de ce recueil, de ses contes et de ses

épigrammes. La déesse de Mémoire ne craignait pas les petites pièces agréablement tournées. En voici une d'un M. Knapen, de l'Académie d'Arras, qui renseignera sur le ton général du recueil :

> Monsieur Tartuffe un jour entra chez Lise
> A pas de loup, et sans être attendu.
> La voyant dans les bras d'un amant... qui l'eut cru ?
> O Ciel ! s'écria-t-il, que veut-on que je dise ?
> La Dame répartit, s'étant un peu remise,
> Hé, mais ! dites, Monsieur, que vous n'avez rien vu.

874. — ÉTRENNES DES ENFANTS D'ESCULAPE, dédiées au beau sexe. [Épigraphes :]

Sunt bona, sunt quædam mediocria, sunt mala multi
Quæ legis, hic aliter non fit, amice, liber.

> L'Ouvrage que tu vois paroître
> A du bon, du passable et du méchant aussi ;
> Le méchant excède peut-être ;
> C'est le sort de ces Livres-ci.

‖ A Londres, et se trouve à Paris, chez Maradan, libraire, et chez Debray. (1788). In-18.

Satire assez piquante contre les médecins et les coquettes. Les docteurs tels qu'il nous les faut, les vapeurs, les charlatans, etc... Cet almanach est orné d'un frontispice : *Les Docteurs à Longchamps*, (grande gravure se repliant), avec une légende en vers burlesques dont voici la reproduction :

> D'abord Esculape en brouette,
> Six opérateurs à cheval,
> Chacun sonnant de la trompette
> Sous un habit de carnaval....
> Douze excellents fumigateurs,
> Deux fiacres remplis d'accoucheurs !....
> Enfin, tout récemment frotté,
> Un vieux carrosse de remise,
> Où, sur un siège épousseté,
> On voit la médecine assise,
> Au milieu de quatre docteurs.
> Après viendront les fossoyeurs.

Le frontispice a été reproduit dans les *Almanachs de Champier*.

875. — LES FARIBOLES DU PARNASSE. ‖ A Paris, chez Jubert, Doreur, rue St-Jacques, vis-à-vis les Mathurins. (1788). In-32.

Recueil de chansons, avec *titre gravé et 12 ravissantes compositions signées de Dorgez*, dont voici les légendes :

1. Le tête à tête Bacchique. — 2. *La Déclaration efficace.* — 3. Le Sabot cassé. — 4. Le Retour désiré. — 5. L'Hommage agréé. — 6. Le Départ favorable. — 7. Les écarts permis. — 8. L'Anglais à Paris. — 9. La Belle Jambe :

> Lorsque Fillette gentille
> Fait voir la jambe qu'elle a,
> Feu d'amour alors pétille
> Dans les yeux de qui voit ça.
> Le cavalier qui la guette
> Admire ces charmes-là !
> Il lui dit qu'elle est bien faite...
> Quel mal trouver à cela ?

— 10. La Belle nourice (*sic*). — 11. Les Tablettes de l'Amour. — 12. Le Mouton chérie (*sic*).

[Communiqué par M. Bihn.]

876. — LES INTRIGUES DE LA CAPITAL (*sic*) Accompagnées de plusieurs autres. ‖ A Paris, chez Jubert, Doreur, rue Saint-Jacques, la Porte cochère vis-à-vis les Mathurins (1788). In-32.

Almanach orné de 12 compositions dessinées par Binet, gravées par Dorgez : 1. L'Anti-mesmériana ou le Docteur pour lui-même. — 2. Le Danger de l'exemple. — 3. La Constance rêvée. — 4. Le Doute légitime. — 5. La Morale de Cythère :

La Double infidélité.

Composition de Binet. — D'après une épreuve grossièrement coloriée (Coll. de Savigny.)

> Quand on s'aime d'amour sincère
> Pourquoi ne pas se rendre heureux ?
> Plus on attend, plus on diffère,
> Plus les regrets sont douloureux

Si la vertu, si la Sagesse
Doit avoir du prix à nos yeux,
C'est dans l'âge de la Vieillesse
Où l'on ne sauroit faire mieux.

6. Le Dédain bien Placé. — 7. Les Bois (une femme qui montre sa jambe pour relever son bas : de toutes parts surgissent des... amateurs qui contemplent, même à l'aide de lorgnettes, les charmes cachés) :

Tandis qu'avec son chien Damon
Folâtre sur l'Herbette,
Sa gentille épouse Alison
Fait voir jambe bien faite.
Désir de voir ces charmes-là
Fait braquer la lorgnette
On lorgne jambe et Cœtera,
On voit et l'on regrette.

8. Le Mercier ambulant ou le refus intéressé :

Rien ne me tente,
Dit Célimène à son époux,
Qui lui présente
Quelques bijoux.

∴

Après semblable apparence
D'un sincère attachement,
Croira-t-on d'intelligence
Célimène et le Marchand ?
La chose est pourtant certaine,
Elle en reçoit sourdement,
Malgré l'époux qui la gêne,
Un billet de son amant.

9. Le Pouvoir de la Beauté. — 10. La Double infidélité. — 11. La Rencontre inattendue. — 12. Le Vieillard comme il n'en est pas.

La description des figures de cet almanach, dans Champier, est absolument erronée. L'auteur a mélangé les planches de deux publications différentes.

De 100 à 200 frs suivant l'état et la reliure.

[Vente Paul Lacroix. || Coll. de Savigny : ex. avec figures coloriées et ex. en noir.]

[B. N. — Ye 24401 *bis*.]

877. — LA JOURNÉE D'UNE JOLIE FEMME, SUIVIE DU PETIT CHANSONNIER FRANÇOIS. Élite de Chansons, Romances, Vaudevilles (suivent les noms des auteurs dont les chansons figurent dans l'almanach). || A Paris, chez Desnos, Ingénieur-Géographe et Libraire du Roi de Danemarck, rue Saint-Jacques, Au Globe. (1788). In-24.

Mise en vente, à nouveau, de *La Journée d'une Jolie Femme* » de 1787, (Voir plus haut, nᵒ 851) ayant, en plus, un frontispice à l'aquatinte et un cahier de chansons imprimées.

878. — LES MUSES PROVINCIALES ou Recueil des meilleures productions Du génie des Poëtes des Provinces de France. || A Paris, chez Leroy, Libraire, rue St-Jacques, vis-à-vis celle de la Parcheminerie. Royez, Libraire, quai des Augustins. (1788). In-12.

Le privilège du 6 août 1787 indique comme auteur de la publication Mˡˡᵉ B... de B...
Poésies de Fabre d'Eglantine, Félix Nogaret, Fréron, etc... — Se termine par une « Notice sur les Académies des Provinces qui ont un concours ouvert pour des prix de Poésie. »

[B. N.]

879. — L'OPTIMISME DES NOUVEAUTÉ (*sic*) ou L'Effusion sentimentale. Almanach nouveau. || A Paris, chez Jubert, Doreur, rue St-Jacques, la Porte Cocher (*sic*) vis-à-vis les Mathurins (1788). In-24.

Titre gravé, avec ornements divers, lauriers, corne d'abondance, lyre, lis et fleurs, 12 figures d'une composition assez heureuse et d'une excellente exécution, dues à Dorgez, très certainement, et dont deux se rapportent à l'œuvre philantrophique des enfants aveugles instruits par M. Haüy, interprète du Roi. Voici, du reste, les légendes : — 1. Hommage à la philantropie présenté par les enfans aveugles devant leurs Majestés et la Famille Royale à Versailles, le 26 décembre 1786 :

Pour nous quelle douce espérance,
Nous serons aussi bienfaisans.

2. L'Aveugle amoureux :

Savoir aimer et ne pouvoir pas plaire,
Autant vaudroit ne jamais être né.

3. Épitre à la bonne Mère :

Nous aurons soin des malheureux,
Il est doux de sécher leurs larmes.

4. L'Apologie du beau sexe :

Pour vous mon sabre a brandi
Gaudeant bene nati.

5. Le Législateur sensé ou la Loi désirée

Mais l'on *ne devenoit Mari*
Qu'après être devenu Père.

6. La Femme adroite :

Et j'en connois que l'on muguette
Qui pourroient ne la valoir pas.

7. L'Apologie inattendue :

Et si l'on doit quelque mépris
C'est à celui qui le condamne.

8. L'Enfant perdu ou la Marâtre Provinciale:

    A celui qui l'enrollera
    Je promets une récompense.

9. La Juste comparaison

    Iris, de la fleur nouvelle
    A l'éclat et la fraîcheur.

10. Le Danger de la satyre :

    Les Serpens de la Pâle envie
    Les Harcelent matin et soir.

11. Le changement par vengeance :

    En pareil cas le plus fidelle (*sic*)
    Peut bien changer.

12. Le nouveau Don-Quichotte, ou le Preux Chevalier :

    Pour venger ma belle outragée
    Armez-vous, sensibles mortels.

Texte entièrement gravé avec « Nécessaire des dames et des messieurs. »

[De 150 à 200 fr. suivant l'état et la reliure.]
[Coll. de Savigny.]

880. — LE PETIT ALMANACH DE NOS GRANDS-HOMMES. 1788. [Épigraphe :] Dis Ignotis. || *S. l. ni ind.* (Paris.)

Titre gravé, ayant comme ornements un autel, un encensoir, des couronnes de laurier. Dédicace satirique à M. de Cailhava de L'Estandoux (1), président du grand Musée de Paris. « Si l'Almanach Royal », disent les auteurs, Rivarol et Champcenetz, « seul livre où la vérité se trouve, donne la plus haute idée des ressources d'un État qui peut supporter tant de charges, croit-on que notre Almanach puisse être indifférent à votre gloire et à celle de la Nation, quand on y prouve qu'un Président de Musée peut prélever plus de cent mille Vers par an sur la Jeunesse Françoise, et marcher dans la Capitale à la tête de cinq ou six cents Poëtes ? » — Avec calendrier.

Qu'ils l'aient voulu ou non, Rivarol et Champcenetz ont bien réellement « élevé un monument à l'honneur de tous les Écrivains inconnus » — quoi que nombre de connus figurent, toutefois, dans leur amusant dictionnaire — c'est-à-dire de ceux qui ne sont jamais sortis des petits recueils. La fin de la préface, — chef-d'œuvre de fine ironie, — porte : « Cet Almanach paroîtra chaque année, et afin que la Nation puisse juger de notre exactitude, le Rédacteur, armé d'un microscope, parcourra les recueils les moins connus, les musées les plus cachés et les sociétés les plus obscures de Paris. Nous nous flattons que rien ne lui échappera. On invite tout Homme qui aura laissé tomber son nom au bas du moindre couplet, soit dans les journaux de Paris, soit dans les affiches de Province, à nous envoyer des renseignemens certains sur sa personne ; nous

recevrons tout avec reconnaissance, et, selon notre plan, les articles les plus longs seront consacrés à ceux qui auront le plus écrit. Un compliment, un placet, un mot, seront de grands titres à nos yeux.

« Les gens de Lettres qui auront été oubliés pourront se faire inscrire à notre petit Bureau qui sera ouvert, à toute heure, au Palais-Royal. On n'exigera qu'un sou par tête, afin qu'on ne nous accuse pas d'avoir estimé les objets au-dessus de leur valeur. »

Nombre de gens de lettres malmenés dans le *Petit Almanach* par Rivarol et Champcenets devaient réellement compter quelque jour, si ce n'est parmi les grands hommes du XVIIIe siècle, tout au moins parmi les écrivains marquants. Et il ne faudrait point accuser les auteurs d'avoir, en s'exprimant ainsi sur leur compte, manqué de flair. C'est volontairement, sachant leur valeur, que leur ironie les poursuivait. Signalons, entre tous, Baculard d'Arnaud, Berquin, M. Chénier, La Clos, Fabre d'Églantine, Ginguené, Legouvé, Legrand d'Aussi, Philipon de la Madelaine, Vigée, Mercier, Rétif de La Bretonne.

Mais, par contre, que d'illustres nullités spirituellement raillées ! Voici un M. Pruneau qui a fait une pièce aux Français, puis s'est tenu coi. « Il a juré », disent les auteurs de l'almanach, « qu'il ne ferait une seconde pièce que lorsqu'on aurait oublié la première. » Voici un M. Lalleman, poète érotique et anacréontique, « dont les œuvres sont très rares » ; un M. Langon dont les couplets et les impromptus ont une grâce si particulière « qu'il faudrait faire une poétique exprès pour bien les analyser » ; un M. Sainté resté inconnu malgré argent, travaux, menaces même, les journalistes ayant déclaré qu'ils n'étaient pas délateurs ; un M. de Pilhes, laborieux commerçant de poésie ; un M. Perreau, dont les « œuvres sont déposées aux Français » ; un M. Gaigne qui « a fait une chanson à lui seul. »

Le Petit Almanach de nos Grands Hommes a droit à toute une bibliographie spéciale. La première édition — celle avec le titre gravé — est suivie d'un supplément, avec l'épigraphe « Plus on en loue et plus il s'en présente », et d'un errata (en tout 236 pages). La même année, parut une édition avec titre imprimé ayant, en tête, un « Avis sur cette nouvelle édition, ou Lettre d'adieu à nos amis et lecteurs », et répondant déjà aux nombreux pamphlets suscités par le *Petit Almanach*, « pierre à aiguiser, qui ne coupe pas, mais qui fait couper ».

D'autre part, voici les titres des différents opuscules qu'il fit naître et dont plusieurs sont, également, de Rivarol :

— 1. Supplément de la nouvelle édition du Petit Almanach de nos Grands Hommes, Considérablement augmenté de l'Arche de Noé et de plusieurs Pièces fugitives ; Adressées aux estimables Rédacteurs du Petit Almanach. || A Liège, chez Bollen, Libraire 1788. = Même avis, même épitre que la 2e édition du *Petit Almanach*. Biographies nouvelles

également satiriques. Pamphlet rédigé par P. L.
Manuel et se terminant par le quatrain suivant :
« Vers adressés à la brocheuse du Petit Almanach
des Grands Hommes, fille d'un Relieur » :

> Vous avez beaucoup de fraîcheur,
> La gorge belle et la peau blanche ;
> Mais votre sourcil, par malheur,
> Annonce un C... doré sur tranche.

— II. Sur le Petit Almanach de nos Grands-
Hommes. A mon cousin L. O. N. C. H. A. M. P,
dit Comte de R. I. V. A. R. O. L, et audit sieur
Marquis de C. H. A. M. P. C. E. N. E. T. Z,
son ami.

— III. Dialogue au sujet du Petit Almanach de
Nos Grands-Hommes, par M M. Briquet et Bra-
quet.

— IV. Recueil d'Épigrammes, Chansons et Pièces
Fugitives contre l'Auteur ou les Auteurs du Petit
Almanach de nos Grands Hommes (1788). — Série
de pièces mordantes et fort spirituelles.

— V. Lettre d'une Muséenne à M. Manuel, auteur
du Supplément au Petit Almanach des Grands
Hommes, adressé à M M. de Rivarol et de Champcenetz.

— VI. La Confession du comte Grifolin. Facétie
et dialogue. Par M. de Maribarou. 1788.

— VII. Dialogue du Public et de l'Anonyme.
Par M. J. de Chénier.

Ajoutons enfin que Le Petit Almanach de nos
Grands Hommes a été réimprimé en 1808. (Paris,
Léopold Collin, in-8), avec tous les suppléments et
autres pièces de Rivarol formant le tome V des
Œuvres du célèbre écrivain.

[Édit. orig. avec les pamphlets, cat. de 7 à 9 fr.]
[B. Carn. Coll. de l'auteur.]

881. — LE TROTTOIR DU PERMESSE
ou le Rimeur Fantastique. ‖ A Paris, chez
Jubert, Doreur, rue St.-Jacques, la Porte
cochère, vis-à-vis les Mathurins (1788).
In-24.

Titre gravé et 12 ravissantes figures par Dorgez
entièrement dans la note de Binet, c'est-à-dire avec
les figures en lame de couteau et les petits pieds.
Voici, d'autre part, les titres des chansons et les
vers servant de légendes aux compositions :

1. Chanson de Table :

> ..... c'est l'amitié qui nous traite,
> Elle doit faire ici la loi.

2. L'admirable Recette :

> Promettez-moi, ma chère Enfant,
> D'être toujours discrète.
> J'ai d'un spécifique excellent
> L'admirable recette.
> Gardez-vous d'en parler, surtout.
> Ce doit être un mystère.

> Fille en pareil cas promet tout,
> C'est ce que fit Glycère.

∴

> Elle a recouvré sa couleur,
> Grâce aux soins de Valère,
> Mais elle éprouve un mal de cœur
> Qui n'est point ordinaire.
> Ce tendre Amant l'en guérira,
> Tout le monde l'espère.
> Honni soit qui mal pensera
> Est-ce là notre affaire ?

3. La double Yvresse :

> Ce Correcteur du genre humain
> Leur rendra l'âme plus humaine.

4. L'inconstance de l'Amour :

> Mais, de tout tems, plus que sa vie
> Amour aima le changement.

5. Il faut aimer un jour :

> Toujours la gent humaine
> Aima comme aimera.

6. L'erreur de l'optimisme :
(Allusion à la doctrine du docteur Pangloss)

> Mais quand Iris comble mes vœux,
> Alors je dis : tout est au mieux.

Promettez-moi, ma chère Enfant,
D'être toujours discrète.

L'admirable Recette.

Composition de Binet, gravée par Dorgez. —
D'après un exemplaire appartenant à M. de Savigny.

Je réponds de votre entretien .
Si vous m'êtes Constante.

L'aveu débonnaire.

Mais que je hais l'Infantrie !.

Le penchant pour la Cavalerie.

Figures de l'almanach : « Le Trottoir du Permesse. » [Dessin de Binet, gravure de Dorgez.] —
D'après un exemplaire appartenant à M. de Savigny.

7. L'aveu débonnaire :

> Je réponds de votre entretien
>   Si vous m'êtes Constante.
> Et je simplifierai le mien
>   Pour vous rendre contente ;
> Mais je vous le dirai cent fois :
>   Consultez bien votre ame ;
> Qui veut me fixer sous ses loix,
>   Doit bannir toute flâme.

8. L'Hermaphrodite

> Que veut donc dire Hermaphrodite ?
> Un jour la jeune Éléonore
> Disoit à sa chère maman ;
> Permettez-moi, novice encore,
> De vous questionner souvent.
> Que veut donc dire Hermaphrodite !
> Ce mot est-il Grec ou Latin ?
> Je me tourmente et je m agite
> Pour le deviner... c'est en vain.

⁂

> Beaucoup trop sage pour en rire,
> La Maman se tait un instant ;
> Ce mot, que moi-même j'admire,
> Ma Fille, est rare, assurément.
> Hermaphrodite signifie :
> Fillette comme il en est tant,
> Qui n'est ni laide, ni jolie,
> Ressouviens-t'en, ma chère Enfant.

⁂

> Le lendemain, Éléonore,
> Convive d'un brillant repas,
> Voit comparer à ceux de Flore,
> Ses tendres et naissans appas.
> Je n'eus jamais tant de mérite,
> Répond la Belle ingénûment :
> Je suis au plus Hermaphrodite,
> Demandez plutôt à maman.

9. Le désespoir modifié :

> Du moins je Vois l'insensible
> Et je ne la verrois pas.

10. Le penchant pour la Cavalerie :

> La jeune et charmante Émilie
> Disoit à son amant Damon :
> Que j'aime la Cavalerie !
> Pourquoi ne suis-je pas Garçon ?
> Mais que je hais l'Infantrie !

⁂

> Charmé de son goût Militaire
> Son tendre amant la caressa.
> Si le service a su te plaire,
> Dit-il, on te satisfera.
> D'un homme elle endosse la mise
> (Et l'on dit que rien n'y manqua)
> Et du même pas, à Soubise,
> Ce joli Couple s'enrolla.

11 Les charmes de l'illusion :

> Tu vins; et mes sens éperdus
> Ont repris leur funeste Empire.

12. Le danger des appas :

> Les Dieux ont marqué nos destins
> Et notre amour fut leur ouvrage.

[Coll. de Savigny. || Vente Destailleurs, 210 fr.]

882. — LA VIE PASTORALE. Étren-
nes dédiées à l'Amour. || A Paris, chez
Boulanger, rue du Petit-Pont, maison de
l'Image Notre-Dame. (1788). In-32.

Titre dessiné et gravé par Queverdo (attributs
galants dans un cadre orné) et 12 gravures dont voici
les légendes : 1. Cécile à sa toilette. — 2. Les Rats
de cave. — 3. L'heureuse rencontre. — 4. La jolie

Les Rats de cave.

Composition de Queverdo, d'après une épreuve
avant la lettre. [Coll. de Savigny.]

Meunière. — 5. La Balançoire de l'Amour. —
6. L'Amant en Hermite. — 7. La Mère surveil-
lante. — 8. Les Jeux dangereux. — 9. L'Amour
pris dans le Puits. — 10. L'Amour pris au filet.
— 11. La Mère persuadée. — 12. Les Bains inter-
rompus.

Texte gravé, chansons. Cahier de Perte et Gain,
également gravé.

[Coll. de Savigny, ex. avec figures avant la lettre
et ex. colorié, avec reliure en soie brodée de paillettes d'or. Sur chaque plat, ravissante miniature
sous verre.]

**883. — LES VISITES DU JOUR DE
L'AN, ou les Étrennes de 1788. || A
Londres, Et se trouvent A Paris, chez
Gastelier, Libraire, rue neuve Notre-Dame,
nᵒ 18, en face du balcon des Enfans-
Trouvés. 1788. In-8.

Contes et prédictions humoristiques pour chacun
des mois de l'année.

[B. N.]

884. — L'AFFAIRE DU MOMENT.
Almanach chantant. || A Paris, chez Lan-
glois fils, Libraire, rue du Marché-Palu,
au coin de la rue du Petit-Pont. (1789).
In-24.

[D'après un catalogue de l'époque.]

885. — L'ALMANACH BIEN FAIT.
Almanach chantant. || A Paris, chez
Langlois fils, Libraire, rue du Marché
Palu, au coin de la rue du Petit-Pont.
(1789). In-24.

[D'après un catalogue de l'époque.]

**886. — ALMANACH BRULÉ OU A
BRULER. || S. l. (Paris, 1789). In-12.

[D'après les Almanachs de la Révolution, de Welschinger.]

**887. — ALMANACH CUL A TÊTE OU
A DEUX FACES, pour contenter tous
les gouts. || A Wasquehal, à la foire, au
bas de la vallée, avec l'approbation des
vidangeurs. (1789). In-32.

Ce singulier almanach est, comme le titre l'indique, imprimé cul à tête, c'est-à-dire que chaque
page se trouve imprimée en sens contraire, le recto
de haut en bas, le verso de bas en haut. Il n'y a
donc pas de sens pour ouvrir le livre, puisque, quelle
que soit la page prise, la lecture peut toujours en
être effectuée, en haut comme en bas.

**888. — ALMANACH DE L'ASSEM-
BLÉE PROVINCIALE, orné de cartes,
qui comprend chaque département. ||
Paris (1789). In-24.

Doit être, très certainement, une publication de
chez Desnos.

[D'après un catalogue de l'époque.]

**889. — ALMANACH DE VINCENNES
OU LE GENTIL SORCIER. Pour l'année

1789. || A Belgrade, Et se trouve à Paris chez Maradan, Libraire, rue des Noyers, n° 33. 1789 et 1790. In-12.

Avec une très longue introduction dans un style impossible, faisant connaître « le gentil Sorcier qui doit évoquer les Mois et les faire parler, afin de savoir d'eux-mêmes si 1789 serait aussi chargé d'événements que 1788, s'il y aurait autant de scènes tragi-comiques, s'il fallait s'attendre à voir de semblables révolutions. »

Recueil de prédictions fantaisistes n'ayant d'almanach que le nom.

Sur le titre de l'année 1790 on lit : « par l'Auteur de l'Almanach de la Samaritaine. »

[Vente de la Bassetière, 50 fr.]

[B. N. Année 1790.]

890. — ALMANACH DES COMPAGNIES D'ARC, ARBALÈTE ET ARQUEBUSE, ou les Muses chevalières pour l'année 1789 : par M. Pelletier, de l'ancienne Académie Royale d'Écriture, chevalier de l'Arc de la ville de Paris. || Au Champ-de-Mars, et se trouve à Paris, chez l'auteur, rue et hôtel de l'Oursine, fauxbourg Saint-Marcel, et chez la veuve Hérissant et Fournier, Libraires. 1789. In-12.

Avec épître dédicatoire au Cardinal de Bernis, ambassadeur de France à Rome, Grand Maître et Juge souverain de tous les Jeux d'Arc du Royaume, en sa qualité d'abbé de Saint-Médard de Soissons. L'auteur, dans un avertissement, annonçait qu'il ferait imprimer un abrégé de cet almanach pour l'année 1790, afin de le mettre à la portée de tout le monde. Il priait, d'autre part, les compagnies des provinces de lui envoyer, tous les ans, après le tirage de leur oiseau (c'est ainsi qu'on appelait le prix annuel) le tableau de chacune de leur Compagnie avec les noms, titres, qualités et dates des réceptions; avec la date de leur création et l'énumération de leurs privilèges. Enfin, il émettait également l'intention de faire graver les portraits des « Empereurs de chaque Compagnie », J'ignore si cette année 1790 a paru mais, malgré toutes mes recherches, il m'a été impossible de la rencontrer.

Composé, à la fois, de notices historiques sur les Compagnies Royales de l'Arc, de l'Arbalète, de l'Arquebuse, et de chants joyeux, rondes de table et autres pièces fugitives, cet almanach est encore précieux par ses tableaux des officiers de chaque corps.

[Coll. baron Pichon.]

891. — ALMANACH DES PETITS JEUX DE SOCIÉTÉ. || (Paris, 1789). In-24.

[D'après un catalogue de l'époque].

892. — ALMANACH DES TRADITIONS POPULAIRES. || S. l. (1789).

[D'après les Almanachs de la Révolution, de Welschinger.]

893. — ALMANACH DES VIGNERONS DE TOUS LES PAYS, par M. Maupin. || A Paris, chez l'Auteur. 1789. In-8.

[D'après un catalogue de l'époque.]

894. — ALMANACH GREC OU LE SALMIGONDIS, par un Badaud. || A Paris, 1789. In-24.

[D'après un catalogue de l'époque.]

895. — L'ALMANACH SANS TITRE. Almanach chantant. || A Paris, chez Langlois fils, Libraire, rue du Marché-Palu, au coin de la rue du Petit-Pont. (1789). In-24.

[D'après un catalogue de l'époque.]

896. — AMUSEMENTS HÉROÏQUES ET GALANS. Orné de jolies gravures. || A Paris, chez Jubert, Doreur, rue St.-Jacques, vis-à-vis les Mathurins, n° 16. 1789. In-12.

Compositions et romances consacrées à des épisodes chevaleresques. Almanach entièrement gravé avec pages de musique. Le titre représente un tournoi. Voici les légendes des 12 estampes : 1. L'heureuse réunion. — 2. La Coupe enchanteresse. — 3. Les Plaisirs du temps passé. — 4. Le Rameau d'or. — 5. Le Danger de la pluralité. — 6. Le Pardon bien mérité. — 7. Le Pouvoir des Guerriers. — 8. Le Privilège des Amans. — 9. Les Deux rivaux. — 10. Les Droits de la beauté. — 11. La Victoire satisfaisante (Chevalier luttant contre un tigre). — 12. La Couronne justement offerte.

Rien n'est amusant comme l'anachronisme de ces compositions : les chevaliers sont bien couverts d'éclatantes armures — sur ce point rien à dire — mais les belles dames et les monuments sont, eux, du plus pur XVIIIe siècle.

C'est une des premières manifestations de l'esprit troubadour.

[Coll. Paul Eudel. || Cat. Morgand, ex. mar. rouge. 60 fr.]

897. — L'ANNÉE FRANÇOISE, ou Vies des Hommes qui ont honoré la France, ou par leurs talens, ou par leurs services,

et surtout par leurs vertus. Pour tous les jours de l'année. Par M. Manuel. [Épigraphe :] Suum cuique decus posteritas rependit. Tac. [Tome premier]. Prix 12 liv. les 4 vol. rel. ‖ A Paris, chez Nyon l'aîné et fils, Libraires, rue du Jardinet. M. DCC. LXXXIX. In-8.

L'auteur, dans la préface de cet ouvrage, dit : « Mon intention n'a été, en composant l'*Année françoise*, que de fournir aux générations naissantes, sur-tout, des préceptes et des exemples. J'en ai formé le projet et le plan à la Bastille, où le seul moyen de se consoler de l'oubli des hommes est de s'occuper d'eux. »

Cet ouvrage se compose de 4 volumes, un pour chaque trimestre, et relate, pour chacun des jours de l'année, la vie d'un Français s'étant acquis quelque renommée, soit dans l'armée, soit dans la politique, soit dans les arts, les lettres ou les sciences. C'est ainsi qu'on voit défiler : Louis XII, D'Estrées, Malouin, Molé, de Sacy, Luxembourg, Fénelon, Boufflers, Fontenelle, Suger, Le Brun, Turenne, Chevert, Rollin, Turgot, l'Hôpital, La Condamine, Pellisson, Vaugelas, Dupleix, La Bourdonnaye, Riquet, Cochin, Cujas, Claude Perrault, Gassendi, Quinault, Piron, d'Alembert, Boileau, Crillon, Richelieu, Lamoignon, Condé, Le Nostre, J.-J. Rousseau, Turenne, Diderot, Biron, Condillac, Séguier, Malherbe, Colbert, Sully, Massillon, Bayard, Lesdiguières, Palissy, Bossuet, Lanoue, Vauban, Turgot, de Thou, d'Argenson, Marillac, Clairaut, Fabert, Gourville, etc.

[B. N.]

808. — L'APOLOGIE DE LA TENDRESSE ou le pouvoir de l'amitié. Almanach orné de jolies Gravures. ‖ A Paris, chez Janet, rue St.-Jacques, no 31. (Vers 1789.) In-32.

Almanach entièrement gravé, avec 12 compositions non signées : 1. Le Pouvoir de l'amitié. — 2. Le Bouquet de famille. — 3. Suite du Bouquet de famille : à mon oncle. — 4. Le Conseil de l'expérience à deux jeunes mariés. — 5. Le Bouquet d'un ami. — 6. La surprise agréable. — 7. L'Amante comme il en est peu. — 8. La dernière leçon d'un vieillard. — 9. L'apologie de la tendresse. — 10. La Précaution inutile. — 11. L'Amant favorisé. — 12. La double enceinte.

Mis en vente à nouveau avec un calendrier pour l'An III et un fascicule de chansons patriotiques : La France rendue libre, Les Citoyennes laborieuses, etc...

899. — BIJOUX DE LA REINE, avec glaces et compartimens. ‖ (A Paris, 1789).

[D'après un catalogue de l'époque.]

900. — LE CHANSONNIER PARISIEN. Almanach chantant. ‖ A Paris, chez Langlois fils, Libraire, rue du Marché-Palu, au coin de la rue du Petit-Pont. (1789). In-24.

[D'après un catalogue de l'époque.]

901. — LE CHANSONNIER PÉRIODIQUE OU TOUS LES ANS MEILLEUR OU PIRE. Almanach orné de Jolies Gravures. ‖ Chez Jubert, Mme Doreur, rue St-Jacques, la Porte Cocher (sic) en face des Mathurins. A Paris (1789). In-24.

Calendrier. — Titre gravé et 12 compositions très finement gravées par Dorgez, pour les chansons suivantes : 1. Le portrait rendu mais les présens gardés. — 2. Le mari pusillanime. — 3. N'y a plus d'enfans. — 4. Le Seigneur bienfaisant. — 5. Le villageois patriotique. — 6. Le chanteur discret. — 7. Le prêteur intéressé. — 8. Il a grand tort. — 9. Les trois sœurs sensibles à la perte. — 10. L'effet de la complaisance. — 11. La double perte. — 12. La sagesse indispensable.

Cet almanach se compose de 2 cahiers : l'un avec les estampes de Dorgez, l'autre avec des pages de musique. Il est du reste entièrement gravé.

Les figures existent en 2 états : avant toute lettre et avec une légende de 2 lignes, soit 2 vers de chaque chanson.

[Cat. Morgand, ex. mar. r., dos orné, riche reliure sur les plats : 80 fr.]

902. — LES CHARMES DE LA VIE et autres Sujets agréables. Extraits des trois Muses réunies ; mis en musique par les plus célèbres compositeurs modernes : Enrichies de Figures, chaque Partie se vend séparément. Avec Tablettes Économiques, Perte et Gain. ‖ A Paris, chez le Sr Desnos, Ingénieur-Géographe et Libraire de Sa Majesté Danoise, rue St-Jacques, au Globe (1789). In-24.

Ce titre, absolument factice, est gravé dans un médaillon rond collé sur le titre de l'*Apologie des Dames*.

Frontispice gravé : un abbé devant des dames en grande toilette, la même planche que le frontispice de *L'Apologie des Dames*. (Voir no 649).

Almanach orné de 8 gravures sans légendes, se rapportant au texte, et dont voici les sujets principaux : 1. Les Charmes de la Vie. — 2. Le Tendre Aveu. — 3. La Retraite de l'Amour. — 4. Les Amans satisfaits. — 5. Le Tribunal de l'Amour.

— 6. L'Heureuse Nuit. — 7 et 8. Figures sans légende.

Recueil gravé, chansons et musique, avec un cahier imprimé, suivi des *Grâces en Goguette ou le Passetems agréable*.

[Communiqué par M. Greppe.]

903. — COLLECTION COMPLETTE *(sic)* DES ROMANCES D'ESTELLE, par M. de Florian, de l'Académie Françoise. Mises en musique par les plus célèbres compositeurs modernes, et faisant suite aux Trois Muses réunies, qui se vendent séparément. || A Paris, chez Desnos, Ingénieur-géographe et Libraire de Sa Majesté Danoise, rue St-Jacques, au Globe, n° 254. 1789. In-24.

Frontispice allégorique : la musique couronnant la muse de la poésie. Poésies et musique gravées. En plus, également gravées, 12 romances en musique, avec leurs figures : 1. Ce qui plaît aux Dames. — 2. Les Tablettes. — 3. La Puce à l'oreille. — 4. La Belle Bouquetière. — 5. Le Défi. — 6. Le Peintre d'Amour. — 7. Le Rendez-vous nocturne. — 8. Le Prix du baiser. — 9. Les Amans. — 10. Le Mari confiant. — 11. L'Ivrogne raisonnable. — 12. Les Portes fermées.

Recueil évidemment factice ayant, en outre, des feuilles imprimées, dont les romances et les estampes se retrouvent dans d'autres almanachs publiés par Desnos. Les figures ici décrites sont celles de l'almanach *Anacréon en belle humeur ou La Soirée de Paphos*, (voir nos 792 et 833 *bis*) simplement placées dans un ordre différent.

[Coll. baron Pichon, ex. avec calendrier pour 1793, c'est-à-dire de l'année même où Florian était exilé de Paris comme noble, puis incarcéré.]

[De 75 à 125 fr. suivant l'état et la reliure.]

904. — LES COMPLIMENTS DU NOUVEL AN. Non chantans. || A Paris. chez Langlois fils, Libraire, rue du Marché-Palu, au coin de la rue du Petit-Pont. (1789). In-24.

[D'après un catalogue de l'époque.]

905. — CUPIDON LOGICIEN. Almanach nouveau. || A Paris, (1789).

Avec figures.

[D'après un catalogue de l'époque.]

906. — LES DÉPÊCHES DU JOUR DE L'AN; Almanach chantant avec Prédictions. Pour la présente année 1789. || A Cunus, (Paris) 1789. In-32.

Recueil de chansons, avec « horoscopes en Vaudevilles, pour tout âge et pour tout sexe. » Calendrier.

Le texte de cet almanach (qui a dû paraître antérieurement) n'est pas encadré, contrairement à l'habitude.

907. — LE DOYEN DES ALMANACHS, Utile aux Antiquaires, aux Gens de Lettres, et aux Amis de leur santé. || A Cosmopolis, et à Paris, chez les Marchands de Nouveautés. M.DCC.LXXXIX. In-18.

Au recto du titre se trouve cette épigraphe :

Sapientiam antiquorum exquiret sapiens.

Les anciens sages doivent servir de modèle aux modernes.

Et, pour se conformer à la devise, ce recueil de prédictions, proverbes et dictons, s'appliquant à chaque mois de l'année, n'est, en effet, que la réimpression des facéties et jeux de mots ayant déjà traîné dans tous les almanachs du XVIIe siècle.

Toutefois, ce recueil est intéressant à consulter parce que, pour chaque saint, pour chaque jour de la semaine, il donne l'ensemble des dictons qui le concernent.

908. — ÉTAT DES TROUPES ET DES ÉTATS-MAJORS DES PLACES. || Paris, Imprimerie royale, 1789. In-8.

[D'après le cat. de la B. N.]

909. — ÉTAT GÉNÉRAL DE LA FRANCE, Enrichi de Gravures, contenant : 1° les qualités et prérogatives du Roi... 2° Les Troupes de la Maison du Roi... 3° Le Clergé de France... 4° Les Duchés et Pairies de France, les Ordres... 5° Les Officiers de terre et de mer... 6° Les Conseils du Roi... Dédié au Roi, Par Messire Louis-Charles, Comte de Waroquier, Chevalier, Sieur de Méricourt, de la Mothe, de Combles, Officier des Grenadiers-Royaux de la Picardie. || A Paris, Maison de l'Auteur, rue Gille-Cœur, n° 18 ; Chez Nyon, la Vve Duchesne, Mme Lesclapart, Dufresne. A Versailles, chez Waflard. M.DCC.LXXXIX. In-8.

Suite aux précédents « État de la France. » Une grande planche gravée reproduit les armes de

France, tandis que de petites vignettes sur bois donnent les blasons des prince s.

On y trouve, entre autres curiosités, les noms des personnes présentées à la Cour depuis 1779 ou qui ont eu l'honneur de monter dans les carrosses du Roi, de suivre S. M. à la chasse, enfin de celles qui ont obtenu les entrées de la Chambre.

[B. N.]

910. — ÉTRENNES AU PUBLIC. [Épigraphe :] Erubuit, salva res est (Com. de Térence). || Paris, 1789. In-8.

Petit pamphlet littéraire dû à Cérutti, dans lequel on peut chercher de l'esprit, mais où l'on ne trouverait pas toujours du sens et du goût.

J'ai rencontré des exemplaires avec un calendrier pour 1789.

911. — ÉTRENNES AUX UNS ET AUX AUTRES, Par quelqu'un qui a fait connoissance avec eux. Année 1789. [Épigraphe :]

Vingt têtes, vingt ans ; nouvel an, nouveau goût ;
Autre ville, autres mœurs ; tout change, on dé-
[truit tout.
M. de Rhulières. Pièce des Disputes.

|| A Paris, chez un Imprimeur. In-12.

Recueil de chansons, contes, anecdotes, « opinions sur la plupart des nouveaux esprits » et histoires légères, par J. F. N. Dusaulchoy de Bergemont, « étant « dit spirituellement l'auteur », pour les uns et les autres, comme Mme la comtesse de M... »

[Coll. de l'auteur.]

912. — ÉTRENNES D'EUPHÉMIE, Nourrice des Muses. Année 1789. || A Paris, chez Langlois fils. In-12.

Annoncé dans les notices de l'*Almanach des Muses*.

913. — ÉTRENNES DE TOUTE SAISON, réunissant l'utile et l'agréable, et le bon gout *(sic)* dans les Chansons qui les composent et les gravures qui les accompagnent. Avec Tablettes Économiques composées d'un Papier nouveau, etc. || *S. l. ni d.* [Paris, chez Desnos, 1789.] In-24.

Recueil, plus ou moins factice, avec 8 pages de musique gravée et une planche *Les Amans*, faisant partie d'*Anacréon en Belle-Humeur*, avec un cahier imprimé «La quintessence des Almanachs,» la première partie d'*Anacréon*, et une suite de jolies compositions, signées légèrement à la pointe : Desrais *inv.*, lesquelles sont accompagnées de chansons également gravées. Voici les sujets de ces estam-

pes, sans légendes : 1. L'Amour clairvoïant. — 2. — L'Hommage sincère. — 3. La rencontre heureuse. — 4. Les Amans fidèles. — 5. La beauté triomphante. — 6. Le Téméraire dédaigné. — 7. Le gardien vigilant.

Avec le « Secrétaire des dames et des messieurs » et un calendrier pour 1789.

[Cat. Alisié, sous le titre général La Quintessence des Almanachs, (1781) ex. r. 200 fr.]

914. — ÉTRENNES FINANCIÈRES, ou Recueil des matières les plus importantes en finance, banque, commerce.. etc. 1789. Première année... Avec le portrait de M. Necker... || A Paris, 1789 et 1790 : 2 années. In-8.

Publication rédigée par D. Martin, n'ayant pas de calendrier. On y trouve nombre de renseignements intéressants sur les établissements financiers de Paris. : Bourse, Mont-de-piété, Loteries, etc.

[Cat. 6 fr. l'année.]

[B. N.]

915. — ÉTRENNES GALANTES DE FLORE, ou le bouquet parlant, dédié aux belles. || Paris, 1789. In-16.

Avec frontispice et fig. en couleur.

[D'après un catalogue de librairie.]

[Cat. 5 fr.]

916. — ÉTRENNES POUR L'ÉDUCATION DE LA JEUNESSE. || Paris (1789). In-24.

[D'après un catalogue de l'époque.]

917. — LES FASTES DE CYTHÈRE. Almanach chantant. || A Paris, chez Langlois fils, rue du Marché-Palu, au coin de la rue du Petit-Pont (1789). In-24.

[D'après un catalogue de l'époque.]

918. — LE GAILLARD DE BONNE HUMEUR, ou les plus courtes Folies sont les meilleures *(sic)*. || A Paris, chez l'Auteur, rue St.-Jacques, vis-à-vis les Mathurins, n° 37 (1). In-32.

Ravissant petit almanach dans la note légère, avec 12 compositions très finement gravées : 1. Les Avantures (sic). — Le Jardin de Cithère. — 3. L'Embarquement de Cithère. — 4. L'Emploi du Tems. — 5. La Montre à répétition. — 6. La Petite résolue. — 7. La Sauteuse. — 8. Trop de pétulance gâte tout. — 9. Les Souhaits. — 10. Cela

_____

(1) Même observation que pour l'*Amour Hermite*, n° 676.

ou le fin mot. — 11. La Navette. — 12. Le Bœuf gras du carnaval, (planche intéressante au point de vue du document parisien).

[De 100 à 150 fr. suivant l'état et la reliure.]
[Coll. baron Pichon.]

919. — LE GRIMOIRE D'AMOUR. Almanach chantant. ‖ A Paris, chez Langlois fils, Libraire, rue du Marché-Palu, au coin de la rue du Petit-Pont. (1789). In-24.

[D'après un catalogue de l'époque.]

920. — LES HYMNES DE PARIS. Almanach chantant. ‖ A Paris, chez Langlois fils, Libraire, rue du Marché-Palu, au coin de la rue du Petit-Pont. (1789). In-24.

[D'après un catalogue de l'époque.]

921. — L'ISLE DE CYTHÈRE. Almanach chantant pour la présente Année. ‖ A Paris, chez Mme Vve Bouquet-Quillau, Imprimeur-Libraire, rue Galande, n° 37. (Vers 1789). In-32.

Recueil de poésies populaires.

[Coll. de l'auteur.]

922. — LE JARDIN DES AMES SENSIBLES. Almanach orné de jolies gravures. ‖ A Paris, chez Janet, doreur, rue St-Jacques, vis-à-vis les Mathurins, n° 36. 1789. In-32.

Titre gravé représentant des personnages, hommes et femmes, en promenade dans un jardin, 12 jolies compositions de Dorgez : 1. Le Tribut indispensable. — 2. Le Danger du célibat. — 3. L'Histoire de l'humanité. — 4. L'École des parents. — 5. Le Vieillard comme il en est peu. — 6. Les Adieux héroïques. — 7. Le Bon père. — 8. Le Noble encouragement. — 9. L'Épitaphe redoutable. — 10. La Sage définition. — 11. L'Hermite à Paris. — 12. Les Confidences.

Almanach dont le texte est entièrement gravé, avec 2 pages d'airs notés. J'en ai rencontré 2 exemplaires avec calendrier pour l'an III (1793-1794), mais l'édition de le calendrier de 1789 est bien à la date de l'apparition.

[Coll. de Savigny exemplaire avec calendrier pour 1802.]

[De 80 à 150 frs, suivant l'état et la reliure.]

923. — LA JARDINIÈRE DE VINCENNES. Almanach orné de gravures. (1789).

[D'après un catalogue de l'époque.]

924. — LA JEUNE PARISIENNE ENLEVÉE PAR UN AMÉRICAIN. Almanach chantant. Orné de gravures.‖(Paris, 1789).

[D'après un catalogue de l'époque.]

925. — LE JOUJOU DES CŒURS SENSIBLES. Almanach nouveau, pour 1789.

[D'après un catalogue de l'époque.]

926. — LE LOTO MAGIQUE. Almanach chantant. ‖ A Paris, chez Langlois fils, Libraire, rue du Marché-Palu, au coin de la rue du Petit-Pont. (1789). In-24.

[D'après un catalogue de l'époque.]

927. — LE MÉDECIN GALANT. Almanach chantant, et Agréable. ‖ A Ratopolis. Et se trouve à Paris, chez Tiger, Rédacteur et Éditeur, au Pilier Littéraire, Place de Cambrai. Et chez les Marchands de Nouveautés. (1789). In-32.

Recueil de chansons, de pièces de vers et d'anecdotes, se rapportant, pour la plupart, à l'amour. Toutefois, les médecins font les frais de quelques-unes de ces pièces.

LA CONSULTATION.

L'on demandait au plus grand Médecin
Dont la Seine s'enorgueillisse,
En quel temps le repas à l'homme étoit plus sain ?
Le riche peut manger averti par la faim,
Répondit-il, c'est le moment propice :
Le pauvre, quand il a du pain.

[Coll. de Bonnechose.]

928. — MERLIN BAVARD. Almanach chantant. ‖ A Paris, chez Langlois fils, rue du Marché-Palu, au coin de la rue du Petit-Pont. (1789). In-24.

[D'après un catalogue de l'époque.]

929. — LE MICROSCOPE DES VISIONNAIRE (sic) OU LE HOCHET DES INCRÉDULES. Almanach orné de jolies gravures. ‖ A Paris, chez Jubert, Maître Doreur, rue Saint-Jacques, la Porte cochère en face des Mathurins. 1789. In-24.

Titre gravé dans un encadrement (Colombes se becquetant). Texte également gravé, avec plusieurs pages de musique. 12 compositions pour les chansons, sujets de mœurs assez libres. Les costumes sont de 1788. A la fin se trouve un almanach pour 1789.

Voici, d'autre part, les sujets des estampes qui appartiennent aux plus jolies pièces de l'époque et qui doivent être attribués à Binet.

1. La Recette merveilleuse :

 Rien n'est aussi simple à présent
  Que de devenir opulent.
 Prenez Femme avant son Printems
 Dont les appas encor naissans
  Inspirent la tendresse.
 Surtout que ses yeux agaçans
 Ne convoitent que des amans
  De la plus vieille espèce.

2. Les Vœux indiscrets (un mari demandant au Dieu du jour qu'il rende à sa femme la parole et les yeux). — 3. La Copie sans modèle (Belle occupée à peindre l'objet chéri loin d'elle). — 4. Le Borgne aveugle :

 Et ce pendant sans qu'il s'en doute,
 On fait disparoitre l'amant.

5. La Juste apologie :

 Le Dieu qui forma la Nature
 N'a jamais deffendu (sic) d'aimer.

6. Le Dénouement à la mode :

 Il dit qu'il veut perdre la vie
 Oh! comme il ment! oh! comme il ment!

Le Dieu qui forma la Nature/
N'a jamais deffendu d'aimor

La Juste Apologie

9. Le Jaloux corrigé :

 Il allait se livrer, sans doute,
 Au plus cruel emportement,
 Lorsque le rival qu'il redoute
 Lui découvrit son sein charmant.

10. La Victime de l'Amour. — 11. Le Coup manqué :

 Un chercheur de bonne aventure
 Rencontra Fille en son chemin
 De qui la taille et la figure
 Offroient un Chef-d'œuvre Divin.
 Fille des dieux, Beauté Céleste,
 Lui dit-il, d'un air plein d'ardeur,
 Ma témérité vous atteste
 L'effet de vos traits sur mon cœur.

   ⁂

 Tout en prononçant ce langage
 Il falloit voir l'Aventurier
 Porter le plus hardi ravage
 Sur son fichu, sur son Collier,
 Et même... Alte là (sic), la décence
 Prescrit des bornes à ma voix.

Dès-lors moins jaloux et plus sage
Il crut sa femme sans détour

Le Jaloux corrigé.

Compositions de Binet, pour l'almanach « Le Microscope des Visionnaires. » [D'après un exemplaire appartenant au baron Pichon.]

7. Les Conseils d'un bon père :

 De l'époux que le Ciel vous donne
 Prévenez toujours les besoins.

8. La Philosophie en Peinture :

 Sachez que ce n'est qu'en Peinture
 Que j'ai vu tous ces gens de bien.

 Pour le bonheur de l'innocence
 Il faut se taire quelquefois.

   ⁂

 En butte à de vives alarmes,
 Iris défendoit ses appas
 Mais l'assaillant avoit des charmes
 Et l'Amour secondoit son bras.
 C'en étoit fait de la Pauvrette,

Elle eût perdu sans les passans,
La fleur qu'à la Ville on achette (*sic*)
Et qui toujours se donne aux Champs.

11. Le Tendre enlèvement. — 12. L'intérêt sacrifié.

· [Coll. baron Pichon. || Cat. Morgand : ex. avec riche reliure, 140 fr.]

930. — LES MOIS A LA MODE OU L'AN DES PLAISIRS. Almanach pour la présente Année. Partagé en 12 temps différens relatifs aux Saisons, et composé de 12 Estampes et de 24 Chansons analogues au sujet, et adaptées à une musique moderne des plus célèbres Compositeurs. || A Paris, chez Langlois fils, Libraire, rue du Marché-Palu, au coin de la rue du Petit-Pont. 1789. In-24.

« Il ne faudrait point croire », dit sérieusement l'éditeur, en une préface, « que les mois sont, en ce recueil, traités dans leur essence et offrent des renseignements instructifs sur les travaux de la ville et de la campagne. Chaque mois a reçu, dit-il, « un titre fort galant analogue aux divertissements, avec nombre d'allusions piquantes sur les diverses occasions où le beau sexe arrive souvent sur le bord du précipice ». Voici les sujets des 12 estampes : 1. Le Jour de l'An : un enfant récite à sa maman des vers mis en chanson, composés par son précepteur. — 2. Le Carnaval : scène au bal de l'Opéra. — 3. Le Mariage en peinture : deux jeunes amants jouant au *Jeu du Mariage*. — 4. Prière de l'Amour au Soleil :

O soleil sans ta présence
Que deviendrait ma puissance.

5. Les Danses printanières. — 6. Les Glaces du Palais-Royal :

Quelle glace peut amortir
Les feux que l'amour fait sentir ?

7. Les Plaisirs de la campagne. — 8. La Moisson de l'Amour :

Amans qui désirez jouir,
Il faut semer pour recueillir.

9. La Fête de Saint-Cloud (Messieurs et dames conduits au Parc en bateau). — 10. Les Vendanges de l'Amour. — 11. La Main-Chaude :

Redoutez la flamme électrique
Que la main au cœur communique !

12. Le Danger des patins (patineuses sur le bassin des Tuileries) :

On risque ici bien moins, fillette,
Que d'aller glisser sur l'herbette.

Compositions d'une gravure ordinaire et très mal tirées. Le texte et la musique sont imprimés. Il en

est de même des tablettes qui accompagnent l'almanach et dont voici le titre exact : *Les Tablettes utiles et nécessaires aux Dames et aux Messieurs contenant : 1° Les 12 mois de l'Année pour écrire sa perte ou son gain, avec une récapitulation. — 2° Les 7 jours de la Semaine, pour les Rendez-vous, Pensées, Pièces fugitives, etc.*

Les almanachs de chez Langlois cherchant à imiter les Desnos, se fermaient également à l'aide d'un stilet, mais ils leur étaient inférieurs à tous les points de vue. Ce n'était pas pour les raffinés.

[Vente Destailleurs, 70 fr.]

931. — MON PETIT SAVOIR-FAIRE. Almanach chantant. || A Paris, chez Langlois fils, Libraire, rue du Marché-Palu, au coin de la rue du Petit-Pont. (1789). In-24.

[D'après un catalogue de l'époque.]

932. — LE NANAN DES CURIEUX. Almanach chantant. || A Paris, chez Langlois fils, Libraire, rue du Marché-Palu, au coin de la rue du Petit-Pont. (1789). In-24.

[D'après un catalogue de l'époque.]

933. — NOUVEL ALMANACH INTÉRESSANT pour les Circonstances présentes ; Petit Atlas Géographique, qui contient principalement le Théâtre de la Guerre Actuelle, entre les Turcs, les Russes et l'Empereur, Et autres Cartes de l'Europe. Petit Nécessaire à double usage, avec Tablettes Économiques, renfermant tout ce qui est utile non seulement aux militaires, mais encore aux Commerçants et aux Voyageurs. || A Paris, chez le sieur Desnos, Ingénieur-Géographe et Libraire de Sa Majesté Danoise, rue Saint-Jacques, au Globe et à la Sphère, n° 254. On trouvera chez le même Géographe, toutes les Cartes relatives à la guerre présente. (1789). In-24.

Contient 4 cartes géographiques : Turquie, Russie, Hongrie, Pologne.
Calendrier pour 1789.

[B. N.]

934. — ON NE VEUT QUE CELUI-LA. Almanach chantant. || A Paris, chez Langlois fils, Libraire, rue du Marché-Palu, au coin de la rue du Petit-Pont. (1789). In-24.

[D'après un catalogue de l'époque.]

935. — LE PANTHÉON LITTÉRAIRE sous l'invocation des Neuf Muses etc., pour l'année 1789. || Paris, chez Maradan. In-12.

Avec un frontispice. Figure dans les notices de l'*Almanach des Muses*.

936. — LE PETIT ALMANACH DE NOS GRANDES FEMMES, accompagné de quelques Prédictions pour l'année 1789. [Épigraphe :] Notum quid fœmina possit. Virg. Œneid. || A Londres, [Paris, sans indication d'éditeur.] In-18.

Almanach satirique sur les femmes de lettres dont le titre est pris par opposition au célèbre almanach de Rivarol. « Nous avons remarqué, » dit la préface, « que nos observations de l'an passé n'avoient annoncé que des phénomènes d'une seule espèce ; savoir de l'espèce masculine. Nous nous sommes promis une nouvelle conquête plus glorieuse peut-être, mais certainement plus difficile ; savoir l'espèce féminine. » Et les auteurs font part du gigantesque projet qu'ils avaient eu : dresser quarante fauteuils de plus à l'Académie française où seroient venues s'asseoir quarante femmes d'un mérite reconnu. Malheureusement, ils ont dû renoncer à leur projet, les Amours ne voulant pas abandonner les femmes. Or, « les fauteuils une fois occupés par les Amours, ne tarderoient guère à se transformer en canapés, et les pauvres maris compteroient désormais les naufrages de la vertu de leurs savantes moitiés par les séances académiques.»

Si cet almanach a la méchanceté du *Petit Almanach de nos grands hommes*, il est loin d'en posséder l'esprit et le ton enjoué. Mᶫᶫᵉˢ Aurore, de Montoire, de Kéralio, Mᵐᵉˢ de Beauharnois, de Bourdic, Dufresnoy, Laffitte, Bouquet, de Guibert, de Lille, Mérard de Saint-Just, de Montenclos, de Sillery (de Genlis), de Rossi, de Mortemart, Monnet, Riccoboni, et nombre d'autres auxquelles on eût pu appliquer ces deux vers de Lebrun :

...Eglé n'a que deux petits travers :
Elle fait son visage, et ne fait pas ses vers.

ne sont pas épargnées.

Les prédictions, pour lesquelles « on n'a point consulté les cieux », sont entièrement relatives à des ouvrages...fictifs, à voir naître. Une seconde édition avec supplément et diverses pièces inédites a été publiée en 1808.

[Cat. 5 fr.]

937. — LE PETIT CHOUCHOU. Almanach chantant. || A Paris, chez Langlois fils, libraire, rue du Marché-Palu, au coin de la rue du Petit-Pont. (1789). In-24.

[D'après un catalogue de l'époque.]

938. — LE PETIT DÉSIRÉ DES FRANÇOIS. Étrennes historiques [et morales] contenant les Sciences physiques et métaphysiques, l'Histoire, l'Agriculture et la Connoissance des Temps ; pour l'année 1789. || A Paris, chez Langlois fils, Imprimeur-Libraire, rue du Marché-Palu. 1789 jusque vers 1830. In-32.

Almanach donnant, comme le *Trésor des Étrennes*, *Les Étrennes Intéressantes* et autres petits in-32 une série de renseignements divers : État de la France ; départements ; antiquités de Paris ; Maréchaux de France ; Rois de France (avec le symbole de leurs armes) ; monnaies diverses, Foires, Postes, notions sur les Royaumes de l'Europe.

Enfin, en tête de l'année 1811 se trouve un avis ainsi conçu : || Avis. Cet Almanach a paru pour la première fois en 1789 ; il a continué de paroître chaque année, sans interruption, sous différentes formes ; mais il est irrévocablement fixé d'après le plan et les matières ci-après contenues. (4 parties suivant le détail du titre.)

En 1792, le titre se modifia comme suit :

— Le Petit Désiré des Français ; Étrennes de la Liberté pour l'Année Bissextile 1792. [Épigraphe :] Omnibus prodesse, nemini nocere. || A Paris, chez Langlois fils, Imprimeur-Libraire, rue du Marché-Palu, au coin du Petit-Pont.

Frontispice sur bois avec cette légende :

Je ne suis point Atlas ; je suis la Nation
Qui porte sur son dos la Constitution.
Le monarque en soutient le nouvel édifice ;
Voilà des Citoyens : qui ne l'est pas, périsse !

En tête, deux feuilles se dépliant, contenant les Tribunaux, les Ministres, les Métropoles, les Gens en place, la Haute Cour nationale et les 48 sections de Paris.

[B. N. Année 1792.]

939. — PIERROT-GAILLARD. Almanach chantant. || A Paris, chez Langlois fils, Libraire, rue du Marché-Palu, au coin de la rue du Petit-Pont. (1789). In-24.

[D'après un catalogue de l'époque.]

940. — LE PLAISIR SANS FIN. Almanach chantant. || A Paris, chez Langlois fils, Libraire, rue du Marché-Palu, au coin de la rue du Petit-Pont. (1789). In-24.

[D'après un catalogue de l'époque.]

941. — LE PORTEFEUILLE DES FEMMES GALANTES. Almanach chan-

tant. || A Paris, chez Langlois fils, Libraire, rue du Marché-Palu, au coin de la rue du Petit-Pont. (1789). In-24.

[D'après un catalogue de l'époque.]

942. — LE PORTEFEUILLE DU DESTIN. Almanach chantant. || A Paris, chez Langlois fils, Libraire, rue du Marché-Palu, au coin de la rue du Petit-Pont. (1789). In-24.

[D'après.un catalogue de l'époque.]

943. — LE PROPHÈTE AU GRAND-BONNET. Almanach chantant. || A Paris, chez Langlois fils, Libraire, rue du Marché-Palu, au coin de la rue du Petit-Pont. (1789). In-24.

[D'après un catalogue de l'époque.]

944. — LE PROTOTYPE DES AMES SENSIBLES, ou les Épargnes de La Pudeur. Almanach Nouveau, orné de Jolies Gravures. || A Paris, chez Jubert, doreur, rue St-Jacques, la Porte cochère vis avis (sic) les Mathurins. (1789). In-24.

Titre gravé avec sujet (Amours accrochant des guirlandes de roses). Texte également gravé. 12 ravissantes gravures dont voici les légendes :

1. L'esprit des vrais amans :
   Suivons leurs traces, et sans disgrâces,
   Nous aimerons jusqu'au tombeau.

2. Le repas des Bons Cœurs :
   Sensible amitié tu leur restes,
   N'est-ce point une indemnité ?

3. La Nièce reconnoissante :
   Encor chez nous c'est moins le parentage
   Que l'amitié qui serre nos liens.

4. Le Retour d'un bon Père :
   Loin d'un Père qu'on aime
   Tous plaisirs sont Languissans.

5. Le Seigneur Généreux :
   Le petit qu'oblige un plus grand
   Contracte une dette agréable.

6. Projet de Reconnaissance :
   Ce brave et malheureux Seigneur
   Avoit tué son adversaire.

7. Un Bienfait n'est jamais Perdu :
   Il est déjà loin d'un pays
   Qu'il n'ose appeler trop sévère.

8. La Jouissance de l'Honnête Homme :
   Bientôt leurs cris de désespoir sont
   Changés en cris d'alégresse (sic).

9. Le Dénouement satisfaisant :
   Le moindre bienfait que l'on répand
   Asses (sic) souvent on le retrouve.

10. La Vaine Espérance :
    Asses (sic) souvent compte deux fois,
    Celui qui compte sans son Hôte.

11. La Marche à la mode. Mais ne vous y fiez pas :
    Clopin Clopant, Cahin Caha,
    C'est ainsi que le monde va.

12. Le Gascon Désintéressé :
    Je la prends pour cinquante mille.

[Coll. Victorien Sardou. || Coll. de Savigny, ex. avec figures coloriées.]
[De 100 à 150 fr. suivant l'état et la reliure.]

945. — LA PYTHONISSE DE LUTÈCE ou Les Secrets découverts. Almanach orné de jolies gravures. || A Paris, chez Jubert, doreur, rue St-Jacques, la porte cochère vis-à-vis les Mathurins. (1789). In-32.

Titre gravé dans un cadre orné. Almanach orné de 12 jolies gravures non signées et sans légendes, intéressantes pour les costumes. Dans un avertissement placé en tête de l'ouvrage, on lit : « Chaque Estampe représente les différents sujets compris dans les pronostics que renferment deux pages. » Texte gravé composé de couplets se rapportant aux pronostics qui forment le sujet de l'almanach. Calendrier se repliant, pour 1789.

[De 100 à 150 fr. suivant l'état et la reliure.]
[Coll. de Savigny.]

946. — LA RÉCOLTE DES PETITS-RIENS. Almanach chantant. || A Paris, chez Langlois fils, Libraire, rue du Marché-Palu, au coin de la rue du Petit-Pont. (1789). In-24.

[D'après un catalogue de l'époque.]

947. — LE RÉVEIL FAVORABLE AU BERGER. Almanach orné de Gravures. || (A Paris, 1789).

[D'après un catalogue de l'époque.]

948. — ROSE ET COLAS. Almanach récréatif orné de Gravures. ||(A Paris, 1789).

[D'après un catalogue de l'époque.]

949. — LES SOUPERS DU JEUDI, ou Étrennes à ces Dames. Pour l'année 1789.

|| A Genève, Et se trouve à Paris, chez Prault, Imprimeur du Roi, Quai des Augustins, à l'Immortalité, et chez les Marchands de Nouveautés. 1789. Petit in-12.

C'est en se réunissant tous les jeudis soir, dit un avis placé en tête, que les auteurs de ce petit recueil formèrent le projet de publier des débris de leurs portefeuilles. D'où le titre générique « Soupers du Jeudi. »

Ce recueil, bien heureusement pour la poésie française, ne fut pas continué.

[Cat. 5 fr.]

950. — LES SUPPOSITIONS DE L'ENJOUEMENT OU LES ÉPISODES MYTOLOGIQUES *(sic)*. || A Paris, chez Jubert, Doreur, rue St-Jacques, la Porte cochère vis-à-vis les Mathurins. (1789). In-24.

Titre gravé et 12 compositions, non signées, mais très certainement de Binet, ainsi qu'on peut le voir par les figures en lames de couteau, par les yeux à la chinoise, par les petits pieds, par les tailles prêtes à se casser, représentant les sujets suivants : 1. La Fête de Vénus. — 2. Les Jardins de Paphos. — 3. La Cour d'Amour. — 4. Le

La Cour d'Amour

Négligé galant. — 5. Le Pledoyer *(sic)* badin. — 6. L'Aimable chasseuse.—7. Le Séducteur adroit.

— 8. Les hommages enviés. — 9. Lapothéose *(sic)* des talens. — 10. Les Plaisirs variés. — 11. Les

Les hommages enviés

Lapothéose des Talens

Jaloux attrapée *(sic)*. — 12. L'Ingénieuse Amante.

Compositions, texte, musique, cet almanach est entièrement et très finement gravé. Les femmes des estampes sont, toutes, en grande toilette, ce qui rend les images d'autant plus intéressantes à consulter au point de vue mode.

L'amour voltige souvent auprès des belles promeneuses s'appuyant sur leurs hautes cannes ou traînant en laisse le petit bichon à figure d'homme *affectionné des illustrateurs de la fin du XVIIIe siècle.*

[Coll. baron Pichon. || Coll. Roux. Arch.]
[*De 100 à 200 fr. suivant l'état et la reliure.*]

951. — TABLEAU DE NOS POETES VIVANS, Par ordre alphabétique. || Année 1789. || A Londres, et se trouve à Paris, chez l'auteur, Hôtel de la Fautrière, rue des Fossés-Saint-Germain des Prez, et chez les marchands de nouveautés. 1789. 2 années. In-8.

Ce n'est pas, à proprement parler, un almanach, mais une sorte de nomenclature annuelle des poëtes, cette « classe d'hommes que le Gouvernement a eu la fausse politique de laisser avilir. »

Notice composée « des poëtes qui ont fait preuve de vrai talent ou de ceux dont la réputation établie n'a pas permis de contester les titres, ou de ceux qui, ayant peu écrit mais paraissent appelés à cultiver le genre dans lequel ils ont écrit, ont besoin, pour cela, d'attirer les regards du Public. Nous n'avons point prétendu mettre au même rang les auteurs de tragédies et les auteurs de chansons, mais nous avons dû porter notre attention sur chacun d'eux. »

On y trouve les noms de plusieurs collaborateurs de l'*Almanach des Muses.*

[3 fr. br. : 5 à 6 rel. anc.]
[Coll. de l'auteur.]

952. — TABLETTES ROYALES DE CORRESPONDANCE, ET D'INDICATION GÉNÉRALE, DES MANUFACTURES, PRINCIPALES FABRIQUES ET MAISONS DE COMMERCE, de Draperie, Soierie, Toilerie, Bonneterie, Chapellerie, Pelleterie, Papeterie, Librairie, Imprimerie, etc. Avec une notice des motifs qui rendent ces Maisons recommandables. Dédié et présenté à Monseigneur le Dauphin. Prix... 3 livres, broché, par abonnement. || A Paris, Au Bureau d'indication et négociations générales, Cour du Commerce Saint-André-des-Arts, où l'on reçoit tous les abonnemens, avis, observations et changemens relatifs à cet Ouvrage. Et chez tous les Libraires et Directeurs des Postes du Royaume. M.DCC.LXXXIX. In-8.

Avec calendrier. Partie commerciale de l'*Almanach-Dauphin* (voir, plus haut, n° 457.)

953. — TABLETTES ROYALES DE CORRESPONDANCE ET D'INDICA-

TION GÉNÉRALE DES PRINCIPALES FABRIQUES, MANUFACTURES ET MAISONS DE COMMERCE d'Épicerie. Droguerie, Cirerie, Couleurs, Vernis. Grains, Vins, Fruits, Liqueurs, Eaux-de-Vie, et autres Comestibles de Paris et autres Villes du Royaume et des Pays Étrangers. Avec une notice des motifs qui rendent ces maisons recommandables. Présenté et dédié à Monseigneur le Dauphin pour l'année M.DCC.LXXXIX. Prix : 4 liv. 4 sol. broché. || A Paris, chez Royez, Bailly, Desnos, Vve Duchesne et au Bureau d'Indication et négociations générales, *Cour du Commerce St-André-des-Arts.* 1789. In-8.

Avec calendrier. Épitre dédicatoire au Dauphin signé de l'éditeur, Roze de Chantoiseau.

Autre partie commerciale de l'*Almanach-Dauphin* (voir, plus haut, n° 457).

954. — LES VRAIS SECRETS DE NOSTRADAMUS. Almanach chantant. || A Paris, chez Langlois fils, Libraire, rue du Marché-Palu, au coin de la rue du Petit-Pont (1789). In-24.

[D'après un catalogue de l'époque.]

955. — L'ABEILLE ARISTOCRATE OU ÉTRENNES DES HONNÊTES GENS. [Épigraphe :] Sic vos non vobis mellificatis Apes. || A Rome ; et se trouve à Paris, chez les Libraires qui vendent les nouveautés. 1790. In-8.

Vignette sur le titre. Frontispice au pointillé représentant un personnage du Tiers (Mirabeau ?) foulant aux pieds la couronne et venant de poignarder la France monarchique qui gît inanimée à ses côtés. Recueil de pièces très violentes, contre les révolutionnaires, prose et vers. — La plupart de ces derniers sont autant de parodies, de centons et de rébus.

[De 5 à 6 fr.]
[B. N. — Lc 22, 11.]

956. — ALMANACH DES ADRESSES DE PARIS ET CELLES DES DÉPUTÉS DE L'ASSEMBLÉE NATIONALE, par ordre alphabétique ; En deux parties. Pour l'année 1790. Broché, 3 livres 12 sols. || A Paris, chez Madame Lesclapart, Libraire de Monsieur, à la Sainte-Famille. 1790-1791. In-12.

Suite du précédent almanach (voir n° 492).

Sur le titre, fleurs de lys comme vignette. — Les parties ne sont plus divisées en « personnes de condition » et en « artisans ». — Nobles et vilains — signe des temps, — sont mélangés et la coupure des deux parties [A.-K. || L.-W.] est purement alphabétique.

Le titre de l'année 1791 est quelque peu modifié pour les indications des libraires. On lit, en effet : « Paris, pour les Libraires, au bureau dudit Almanach, au troisième au dessus de l'entresol, rue Coquillière, n° 10, et pour les particuliers, chez MM. Benoist frères, parfumeurs, même rue et même numéro. »

Ces deux années sont très rares.

[Voir, pour la suite, n° 1002.]

[B. N.]

957. — ALMANACH DES ADRESSES DE PARIS ET CELLES DES DÉPUTÉS DE L'ASSEMBÉE NATIONALE LÉGISLATIVE, par ordre alphabétique, suivies de l'État des Sections de Paris, des Hôtels garnis, du Tableau des départs et arrivées de la Poste aux Lettres pour la France et pour l'Étranger, du départ et arrivée des Voitures publiques, et du départ des Coches d'eau, Pour l'Année 1790. Broché 3 liv. || A Paris, chez Lemoine, Libraire, Jardin des Feuillants, Galerie de l'Assemblée Nationale ; et au Bureau dudit Almanach, au troisième au dessus de l'entresol, rue Coquillière, n° 10. 1790-1793. In-12.

Concurrence au précédent l'Almanach. L'année 1792 donne, presque partout, les n^{os} des domiciles. Le manque de numérotation et les doubles emplois avaient, paraît-il, assez vivement contrarié le public, car on lit dans l'avertissement de 1792 : « L'Auteur avait pris, en 1791, l'engagement de se conformer aux observations et même aux injonctions qui lui avaient été faites d'y satisfaire en 1792. Il sera aisé à ceux qui s'étaient permis l'impératif, de voir que le but de leur vœu est rempli. »

[Cat. de 20 à 30 fr.]

958. — ALMANACH DES DÉPUTÉS A L'ASSEMBLÉE NATIONALE. || S. l. ni ind. (Paris 1790.) In-12.

Les députés, dans cet almanach, sont classés par provinces, suivant l'ordre des sénéchaussées et bailliages qu'ils représentent. L'auteur ne se prive en aucune façon de faire sur ces personnages des réflexions ironiques, plus ou moins spirituelles, et finissant toujours par des jeux de mots.

Le même almanach a été publié pour 1791.

[Cat. 20 fr. || Vente de La Bassetière, 1 décembre 1892, 2 fr.]

959. — ALMANACH DES DOUZE MINISTRES, pour l'année 1790.|| A Paris, rue St-André-des-Arts, Hôtel Châteauvieux. 1790. In-18.

Frontispice non signé, donnant sous forme d'arbre généalogique dont la base est un lion, les portraits des douze ministres, de Richelieu à Malesherbes, « qui soufflèrent le froid et le chaud, qui mentirent, pillèrent, véxèrent, » avec la légende :

Les voilà ces jolis tyrans
Jamais portraits ne furent plus parlants.

L'almanach publie la biographie de ces douze ministres, à savoir Richelieu, Mazarin, Louvois, Dubois, Fleury, Saint-Florentin, Terray, Meaupou, Saint-Germain, Calonne, Brienne, Lamoignon de Malesherbes.

[Cat. de 6 à 7 fr.]

[B. N.]

960. — ALMANACH DES FRANÇOISES CÉLÈBRES par leurs vertus, leurs talens ou leur beauté. Dédié aux Dames Citoyennes qui, les premières, ont offert leurs dons patriotiques à l'Assemblée Nationale. || A Paris, chez Lejay fils, Libraire, rue de l'Echelle Saint-Honoré. M.DCC.XC. Pet. in-12.

A ce premier titre est joint un titre gravé et un frontispice, lesquels manquent à certains exemplaires. Ce second titre, renversant l'ordre des facteurs, est intitulé : *Almanach des Célèbres Françaises*. Ainsi que le frontispice, il est relatif à la scène dès ce moment historique, du 7 septembre 1789, représentant les femmes d'artistes qui viennent déposer leurs bijoux sur l'autel de la Patrie. *Le frontispice reproduit le fait historique lui-même* ; les dites femmes, Mesdames Moitte, Vien, Fragonard, en tête, venant se défaire de leurs bijoux ès mains du président de l'Assemblée Nationale. Le titre exprime le même sujet sous une forme allégorique. — Calendrier.

L'ouvrage s'ouvre par la jolie « Épitre aux hommes, » de Mme de Beauharnais et donne une série de notices, divisées en 12 parties sous le vocable des douze mois, sur plus de 300 femmes célèbres depuis l'origine de la monarchie. C'est une véritable macédoine de qualités et d'éloges — éloges relatifs, du reste — classée sans ordre, ni alphabétique ni chronologique. Dans un avertissement l'éditeur dit : « Le lecteur s'appercevra (sic) que les qualités respectables et si rares de nos jours, qui constituent la bonne mère ou l'épouse vertueuse, ont obtenu les hommages de notre cœur : les talens de l'esprit nous les avons loués avec amour ; et la beauté, quand elle n'a été que belle et fameuse, a obtenu notre encens pour ainsi dire en passant. »

Se termine par la liste des dames et demoiselles qui ont fait le don patriotique de quelques bijoux jusqu'au 28 septembre. Imprimé sur fort papier bleu vergé.

[Cat. 20 fr. || Vente de La Bassetière, 10 fr.]
[Coll. Victorien Sardou.]

961. — ALMANACH DES HONNÊTES-FEMMES pour l'année 1790. [Épigraphe :] Et lassata viris nondum satiata recessit (Juv.) || De l'Imprimerie de la Société Joyeuse (Paris). In-8.

Frontispice, figure libre, représentant la duchesse de Polignac, la pipe à la bouche, dans une posture indécente et deux personnages à ses côtés.

Dans un préambule l'auteur, (on a faussement attribué à Sylvain Maréchal la paternité de ce pamphlet ordurier) déclare qu'il a relégué les saints en paradis auprès des onze mille vierges et que chaque jour de son almanach prendra le nom d'une des beautés à la mode. « Malgré les décrets de l'Assemblée Nationale qui détruit les distinctions, je fais les honneurs du nouveau calendrier aux duchesses et aux marquises qui ont toujours donné le signal du plaisir ; et j'ai laissé les jours maigres aux bourgeoises accoutumées à vivre dans l'abstinence. »

« Dans cette nouvelle astronomie », ajoute l'auteur, « nous entendons par planètes les femmes qui n'offrent aucunes parties saillantes. M. Bailli ne connaît que sept planètes, Herschel en connaît huit : J'en offrirai des milliers. »

Chaque mois porte un titre se rapportant au genre de volupté des héroïnes qui y figurent : Fricatrices. — Tractatrices. — Fellatrices. — Lesbiennes. — Corientiennes. — Samiennes. — Phœniciennes. — Siphniassiennes. — Phicidisseuses. — Chalcidisseuses. — Tribades. — Hircinnes. En face de chaque mois des « notes historiques » (sic) sur les principales femmes ainsi appelées à l'honneur de ce calendrier pornographique. Les fêtes sont dans le même esprit : fêtes du Prépuce, de Priape, des jeanf..., des rapts, du Pucelage perdu, des Cocus, du Palais-Royal « On chômera, en ce jour, toutes les saintes du Jardin lubrique : l'office se célébrera gratis, et les assistants y gagneront des indulgences plénières. »

Plus de cent femmes de la haute aristocratie sont ainsi traînées dans la boue. Avec une telle variété de qualités pour les honnêtes femmes, que pouvait-il bien rester aux autres ?

Une réimpression a été entreprise en 1868 par l'éditeur Sacré-Duquesne : un arrêté du tribunal de Lille, en date du 6 Mai de la même année, a ordonné la destruction des exemplaires. Ces derniers portent le titre : « Avec une gravure satirique originale du temps, sur la duchesse de Polignac. »

[De 25 à 40 fr. || Vente de La Bassetière, ex. mar. brun, sans frontispice, 11 fr.]
[B. N. — Lc 22, 13.]

962. — L'ALMANACH DES MÉTA-MORPHOSES NATIONALES, pour l'année 1790. || A Paris, chez les Marchands de Nouveautés. 1790. In-12.

Pamphlet accompagné d'un calendrier. L'auteur qui se qualifie de *divin* prédit l'âge d'or pour 1790. « On verra, » dit-il, « les financiers réduits à la médiocrité, la haute magistrature à son taux, les ministres, gens de bien, les capucins sans barbe, les prélats sans queue, les grands transformés en bourgeois, etc. C'est donc bien une métamorphose ! » Chacune de ces prédictions figure sous la rubrique d'un des mois de l'année.

[Cat. de 4 à 5 fr.]
[B. N.]

963. — ALMANACH DES PATRIOTES FRANÇAIS, ou Précis des Révolutions de 1789. || A Paris, chez Lagrange, Libraire, rue Saint-Honoré, vis-à-vis le Palais-Royal. 1790. In-18.

Cet almanach, rédigé dans la note patriotique du moment, donne un précis des événements qui se sont accomplis du 12 juillet 1789 (renvoi de Necker) au 6 octobre de la même année (journée du 6 octobre : le peuple va chercher la famille royale à Versailles pour l'amener à Paris). C'est une réunion d'articles patriotiques choisis principalement dans *La Chronique* et *Le Modérateur*, avec des pièces fugitives, en prose et en vers, ayant toutes trait aux événements de la révolution ; on y remarque, notamment, les Commandements de la patrie, la « Liste des Prélats et Abbés qui possèdent plusieurs bénéfices, contre les loix des Saints Conciles, » l'Etat du Clergé de France, la « Journée de Jean-Baptiste Humbert, horloger, qui, le premier, a monté sur les tours de la Bastille, » les portraits (littéraires) de MM. Bailli, La Fayette et Necker, avec un précis de la révolution de Toulon, etc., et un appendice reproduisant *la prise des Annonciades*, petit pamphlet connu.

Voici l'exacte reproduction des « Commandements de la Patrie. »

Avec ardeur tu défendras
Ta liberté, dès à présent ;

Du clergé tu supprimeras
La moitié nécessairement ;

De tous moines tu purgeras
La France irrévocablement,

Et de leurs mains tu reprendras
Les biens volés anciennement.

Aux gens de loi tu couperas
Les ongles radicalement ;

Aux financiers tu donneras
Congé définitivement.

De tes impôts tu connoîtras
La cause et l'emploi clairement,

Et jamais tu n'en donneras
Pour engraisser un fainéant.

De bonnes loix tu formeras,
Mais simples, sans déguisement.

Ton estime tu garderas
Pour les vertus et non l'argent.

Aux dignités tu placeras
Des gens de bien soigneusement.

Et sans grâce tu puniras
Tout pervers indistinctement.

Ainsi faisant, tu détruiras
Tous les abus absolument ;

Et dès lors, tu deviendras
Heureux et libre assurément.

[Cat. de 4 à 5 fr.]
[B. N.]

964. — ALMANACH DU CLUB DE VALOIS. || Paris. 1790. Se vend au Club, passage de Valois, arcade du Palais-Royal, 177. In-18.

Intéressant par les détails qu'il donne sur l'organisation des cercles à cette époque. Chaque membre payait un abonnement annuel de 4 louis, plus 6 livres pour les garçons. Les députés y étaient admis sans contribution.

Nous voyons sur la liste des membres le duc d'Orléans, le duc de Fitz-James, le duc de Biron, le baron de Staël, Target, Chamfort, Guillotin, Dorat-Cubières, etc.

965. — ALMANACH GÉOGRAPHIQUE ou Tableau précis et général du globe terrestre, pour l'intelligence facile, prompte et durable de la géographie moderne ; nouvelle méthode d'enseigner cette science, propre à donner en peu de temps des idées justes des différentes parties de la terre ; adoptées dans les collèges, pensions, maisons d'éducation et par les instituteurs. Dédié à la jeunesse. || A Paris, chez Desnos, Ingénieur-Géographe et Libraire du Roi de Danemarck. 1790. In-18.

Publié par Brion De La Tour. Une réimpression visant l'actualité fut faite, en 1804, sous le titre suivant :

— *Almanach Géographique ou Petit Atlas intéressant* pour les circonstances présentes, composé de plusieurs cartes où se trouvent les côtes d'Angleterre, depuis Douvres jusqu'au cap Lézard ; et celles de France, depuis Dunkerque jusqu'à l'île d'Ouessant ; comprenant la Normandie et la Bretagne, aujourd'hui le théâtre de la guerre. 1804. || Paris, chez Desnos, in-18.

966. — ALMANACH HISTORIQUE DU DISTRICT ET DU BATAILLON DE SAINT MARTIN DES CHAMPS. || S. l. (Paris). 1790.

[D'après Henri Welschinger, *Almanachs de la Révolution.*]

967. — ALMANACH MILITAIRE DE LA GARDE NATIONALE PARISIENNE, contenant les noms et adresses des administrateurs du département de la garde nationale et des autres départements composant la municipalité ; avec les détails relatifs, tant aux bureaux de ces divers départements qu'à ceux de l'état-major général ; 2° le nom de MM. les officiers, leur rang et leur demeure ; 3° un précis du réglement de formation des différents corps qui composent la garde nationale parisienne avec le tableau général de leur composition, le tarif des appointements et solde, et celui de la retenue des journées d'hôpitaux ; 4° le nom des casernes, celui des compagnies soldées qui les occupent, les rues où elles sont situées, et les noms des assemblées de chaque bataillon, ainsi que ceux des différents postes de la garde journalière. || A Paris, chez Lottin de Saint-Germain. 1790. In-18.

Almanach purement administratif.

[Coll. Paul Lacombe.]

968. — ALMANACH MILITAIRE NATIONAL. || S. l. ni ind. (Paris) 1790.

[D'après Henri Welschinger, *Almanachs de la Révolution.*]

969. — ALMANACH NATIONAL pour l'Année 1790, contenant 1° Les époques des États Généraux anciens ; la liste des Membres de l'Assemblée nationale ; le journal de ses travaux, depuis le 27 Mai ; les arrêtés et décrets qui en sont émanés.

2° Les noms des Membres des Départemens et des Municipalités des villes principales du Royaume; les arrêtés et réglemens relatifs à leur régime intérieur et aux localités.

3° L'État militaire de la Garde nationale de Paris et des Milices patriotiques établies dans les diverses villes.

4° Les Sociétés de bienfaisance qui se sont formées dans la Capitale et ailleurs, avec la liste de ceux qui les composent, l'esprit de leurs réglemens et les résultats de leurs opérations. (|A Paris, chez Cuchet Libraire, rue et hôtel Serpente. In-8.

Almanach fort intéressant au point de vue historique et administratif. Dans un avertissement les éditeurs disent qu'il est l'ouvrage de la *Nation*, qu'il met en rapport toute la *Nation*, que c'est un répertoire consignant tous les travaux de la *Nation*.

Plusieurs des matières qui s'y trouvent sont extraites d'ouvrages spéciaux. La 4° partie est très précieuse pour avoir un aperçu d'ensemble sur l'état de la charité en 1790 [En tout, trois Sociétés: *Société philanthropique de Paris, Association de bienfaisance judiciaire, Société de la Charité maternelle.*]

Les Municipalités, districts et assemblées de départements, n'étant pas encore en activité en 1789 n'ont pu prendre place dans l'année 1790. Pour les Gardes Nationales, de même, les renseignements sont incomplets, les milices n'étant pas encore organisées partout. On y trouvera, par contre, l'uniforme de toutes celles qui figurent dans l'almanach.

Chaque partie a sa pagination spéciale et, à la fin, se trouve une table générale.

[Cat. de 15 à 25 fr.]
[B. N.]

970. — LES BÊTISES. Almanach pour l'année 1790. || *S. l.* (A Paris). In-8.

Plaquette satirique, composée de 8 pages, n'ayant ni titre ni faux-titre. Voici ce qu'on lit en tête:

« Il nous a paru essentiel de donner un Almanach qui remplaçât l'énorme volume de M. Laurent d'Houry. Il y a tant de réformes en France depuis six mois; et il restera si peu de choses de l'ancien régime, que quelques pages suffiront. Plus de clergé, plus d'états provinciaux, plus de parlemens, plus de finances, plus d'intendans; cela met un royaume bien à l'aise. S'il nous reste peu de places, nous avons encore moins d'hommes.

« Nous n'avons point mis les douze mois de l'année au commencement de cet *Almanach*, et cela même est une *bêtise*; mais, en revanche, on ne trouvera pas des gravures ridicules et indéchiffra-

bles, comme dans les « Etrennes nationales », qui nous ont servi de modèle. »

Voici le titre des alinéas dont se compose ce curieux petit pamphlet:

Éclipses. Nouvelle Topographie. Consommations. Merveilles de la Nature et de l'Art, et tous les jours qu'elles sont visibles à Paris. Places Vacantes. Suppressions. Foires et Marchés. Naissances. Poids du Marc d'Or et d'Argent (Le billet noir vaut 1000 livres; le billet rouge 300 livres, le billet vert 200 livres). Observations consolantes pour l'humanité (le septier de blé revenant à 36 livres, fait que la livre de pain ne revient qu'à 6 liards et quelque chose; et voilà pourquoi nous ne le payons que 3 sols ou 3 sols et demi.) Manufactures. Noms des personnes en Place, et de leur jour d'audience (M. Bailly et M. le Marquis de la Fayette, M. le Marquis de la Fayette et M. Bailly tous les samedi (*sic*). Quant au principal ministre des finances, cela est annoncé dans le *Journal de Paris.*)

[B. N. — Lc 22, 461.]

971. — BON JOUR, BON AN, Vive la Liberté. Étrennes patriotiques [Épigraphe:]

Dieu, les loix et mon Roi, l'honneur, la liberté,
Voilà les seuls trésors dont mon cœur soit tenté.

Par M. C. Prix 1 liv. 4 Sols. || A Paris, chez Laurens junior, Libraire, Imprimeur de la Nation, rue Saint-Jacques, vis-à-vis celle des Mathurins, n° 87. Les Marchands de Nouveautés, 1790. In-8.

Frontispice gravé (armes satiriques) avec cette légende:

Nul, ici-bas, n'est excepté,
Nous avons tous notre Marotte;
Aussi chacun naît breveté
Du Régiment de la Calotte.

L'auteur demande qu'on fasse revivre le *Régiment de la Calotte* dont la gaieté, « loin de nuire dit-il, *aux opérations* qui doivent assurer notre liberté servirait, au contraire, à maintenir chacun dans ses devoirs, à dérouter les intrigues, à châtier les mauvais citoyens par la Satire. » Et, mois par mois, ce sont ainsi des sortes de pamphlets écrits dans le style ampoulé de l'époque. A la suite se trouvent une série de petites pièces de vers, trois comédies, d'une lecture pénible: « L'Académie de Minerve », « Le Foyer en Délire », « Le Triomphe de la Générosité », et, pour terminer, des fables d'actualité.

[Voir, plus loin, n° 993]

[Cat. 4 et 5 fr.]
[B. N.]

972. — LE CALENDRIER DE MINER-
VE, ou le Joujou de l'Innocence. || Paris,
chez Jubert, Doreur, rue St Jacques,
vis-à-vis les Mathurins, n° 36 (1790).
In-32.

Titre et 12 ravissantes compositions signées :
Dorgez *sculp.* 1. L'heureuse adoption. — 2. La
double contrainte. — 3. La Bague trouvé. (*sic*) —
4. Le débat généreux. — 5. La surprise agréable.
— 6. La petite babillarde. — 7. Les regrets bien
méritoires. — 8. Le présent désintéressé. — 9. La
conquête bien méritée. — 10. Les vœux d'un bon
fils. — 11. La nièce comme il n'en est guère. —
12. Le véritable Amie (*sic*).

Chansons et calendrier.

Ce petit almanach est certainement un des plus
jolis parmi les nombreux que doit alors graver
Dorgez.

[De 60 à 100 fr. suivant l'état et la reliure.]
[Coll. baron Pichon.]

973. — CE QUI PLAIT AUX DAMES
OU LE PLUS JOLI DES ALMANACHS ;
Chansons, Ariettes, Vaudevilles, Airs
d'Opéra avec des Romances composées
dans le genre d'Estelle, Mis en musique
par les plus célèbres Compositeurs modernes : Enrichis de Sujets gravés par les
meilleurs Artistes en ce genre. Avec
Tablettes Économiques. Perte et Gain. ||
A Paris, chez Desnos, Ingᵣ.-Géographe
et Libraire du Roi de Danemarck, rue
St. Jacques, Au Globe. 1790. In-24.

Almanach gravé, avec plusieurs pages de musique. En plus, un fascicule de chansons, imprimé.

> Demandez ce qui plait aux Dames
> Voltaire dit, tout bonnement,
> Que le seul plaisir de leurs âmes
> Est d'avoir le commandement.
> Voltaire ne vous l'a pas dit,
> Ce qui plait aux dames,
>   C'est un bon lit.

.˙.

> Clitandre, un jour, sur la fougère
> Surprit Justine qui dormait ;
> L'endroit était propre au mystère
> Et le drole à son but allait :
> La Belle, alors, crainte de blames,
> S'éveille, le repousse et dit :
> « Ce qui plait aux Dames,
>   C'est un bon lit. »

Légendes des figures :

1. Ce qui plait aux Dames. (Frontispice.) —
2. Les Tablettes. — 3. La Puce à l'Oreille. —
4. La Belle Bouquetière. — 5. Le Défi. — 6. Le

Peintre d'amour. — 7. Le Rendez-vous nocturne.
— 8. Le prix du Baiser. — 9. Les Amans. —
10. Le Mari confiant. — 11. L'Ivrogne raisonnable. — 12. Les Portes fermées.

Ce qui plait aux Dames

Ces compositions sont les mêmes que celles
d'*Anacréon en Belle-Humeur*, (n° 792) du *Petit
Boccace* (833 *bis*), et de la *Collection complète des
Romances d'Estelle* (n° 903).

[De 50 à 100 fr. suivant l'état et la reliure.]
[Coll. Paul Eudel.]

974. — LA COCARDE CITOYENNE.
Étrenne dédié à la Nation. || A Paris,
chez Jubert, Doreur, rue St. Jacques,
vis-à-vis les Mathurins, n°36, (1790). In-32.

Titre gravé avec fusil, piques, drapeaux et autres
emblèmes nationaux et 7 jolies figures, non signées,
qui peuvent être attribuées à Dorgez. — 1. Soiré (*sic*)
des Thuilleries du 12 juillet 1789 (la charge du
prince de Lambesc, au Pont Tournant,) — 2. Prise
des armes aux Invalides, le 14 Juillet 1789. — 3.
Prise de la Bastille, le mardi 14 Juillet 1789. —
4. Arrivé (*sic*) des Députés à Paris, le 15 Juillet.
— 5. Arrivé (*sic*) du Roi à Paris. — 6. Retour et
arrivé (*sic*) de M. Neker à l'Hôtel de Ville. — 7.
Offrandes des Dames Françaises aux représentans
de la Nation.

Cet almanach, sorte de précis historique des événements, s'ouvre par une préface dont voici la substance :

« Cet Almanach, qui ne contient point *des Chansons*, mais bien les grands événemens de la restauration de vos libertés, ne sera pas sans faire aussi quelque chemin... Ainsi les succès de la *Cocarde Citoyenne* feront nécessairement celui (*sic*) de notre Almanach ; Ainsi cet Almanach fera fortune en dépit des envieux (autant dire des Aristocrates) puis qu'il est, pour ainsi dire, aussi indispensable dans la poche de tous les vrais Citoyens et Citoyennes que la *Cocarde* l'est à leurs chapeaux. »

Calendrier pour 1790 se dépliant et entourant l'almanach.

[De 100 à 150 fr. suiv. l'état et la reliure.]
[Coll. de Savigny.]

975. — LA COPIE DE MILLE ORIGINAUX. Almanach orné de Jolies Gravures. || A Paris, chez Jubert, Doreur, Rue St. Jacques, vis-à-vis les Mathurins, n°36. (1790). In-24.

Titre gravé, signé Mariage, dans un encadrement avec sujet. Almanach orné de 12 gravures, également de Mariage, dont voici les légendes : — 1. La copie de mille originaux (l'auteur décrivant les êtres de sa maison) :

> Quatorze Enfans, de chiens autant,
> Criant de joie ou de tristesse,
> Les uns les autres s'agaçant,
> Battus, battant, grondés sans cesse, etc.

2. Suite de la copie :

> Un Artiste de quatre pieds,
> Mais gendre des Propriétaires,
> Plus âpre que des sous fermiers,
> Pour le loyer des Locataires ;
> Quittant son Burin fréquemment,
> Pour épargner à son Beau-Père,
> L'emploi d'un Peintre en Bâtiment,
> D'un Maçon ou Tailleur de pierre.

3. La Vengeance à la mode.—4. La Métamorphose raisonnée (l'homme changé en femme). — 5. Le faible des Vieillards. — 6. Les pleins vidés et les vides remplis. — 7. La nécessité d'un Médecin. — 8. Le Mausolée et le Philosophe. — 9. La vaine Précaution. — 10. Le Supplice sans exemples. — 11. L'ordonnance redoutable. — 12. La condition bien dure, ou le pardon pire que l'offense. Quelques-unes de ces estampes sont assez gentilles et piquantes comme sujet.

Texte *entièrement gravé*. — *Calendrier pour* 1790.

[De 100 à 150 fr. suivant l'état et la reliure.]
[Coll. de Savigny.]

976. — LE CROQUIS DES CROQUEURS, Pot-Pouri (*sic*) National, ou Almanach Croustillant, Pour la présente Année. || A Croque-Marmot, chez Croquant, Libraire, rue Croquée, vis-à-vis d'une Marchande de Croquets. 1790. In-24.

Cet ouvrage s'ouvre par une « *Dédicace nationale* » que voici reproduite :

« Aux Éminences Ecclésiastiques, hautes et basses ; aux Princes, Ducs, Comtes, Marquis, Barons et autres Gentilshommes de la Noblesse Françoise.

« A Nosseigneurs des XIII Parlemens ; aux Intendans, Fermiers et Receveurs généraux, aux Aidiers et Gabeleurs, aux Pensionnés, en général à tous les Supprimés, ou menacés de l'être ; aux Négocians, Spéculateurs, Agioteurs et autres, dont le commerce est arrêté ; aux Artistes et Ouvriers, qui n'ont plus d'occupation ; enfin, à la Nation entière. »

Couplets divers dont chacun porte en tête le nom d'un homme du jour : Mirabeau, Deprémesnil, madame Lejay, l'abbé Maury, le cardinal de Rohan, Boufflers, Barnave, Guillotin, La Fayette, Bailly, Volney, Malouet, etc. Ces couplets sont satiriques et se rapportent au personnage placé à leur tête.

> Dans dix ans
> O le bon tems
> François, nous serons contens ;
> Plus de soucis, ni d'allarmes.

Hélas ! hélas !

[Cat. de 3 à 5 fr. || Vente de La Bassetière, 2 fr.]
[B. N. — Ve 19,338.]

977. — ÉPOQUES LES PLUS INTERESSANTES DES RÉVOLUTIONS DE PARIS, ou le Triomphe de la Liberté. Dédiées aux bons Citoyens. || A Paris, chez Boulanger, rue du Petit-Pont, à l'Image Notre-Dame (1790). In-32.

Almanach pour l'année 1790 entièrement gravé, avec musique, et 14 jolies figures non signées, attribuées par Cohen à Dambrun.

Le titre gravé représente la France accueillant la Liberté. Dans le haut une draperie autour de laquelle de petits cartouches sur lesquels on lit : Armes aux Invalides. Prise de la Bastille. Députation à Paris. Le Roi apporte la paix. Ret (our) de M. Nek (er). Paris à Versailles. Le Roi à Paris. Constitution. Députés à Paris. Dans le bas, sur une tablette, le coq gaulois surmonté d'un bonnet phrygien, avec ces mots : « La France libre, le Despotisme détruit, les fers de la féodalité sont brisés, la Nation attend le bonh (eur) de la Liberté et de la bonté du Roi. »

La France libre brise les fers de la Liberté et... | le Despotisme de la féodalité sont attendus le bonh?. de la boute du Roi

A Paris, chez Boulanger, rue du Petit Pont, à l'Image Notre-Dame

Voici, d'autre part, les légendes des figures :

1. La Famille Royale venant à Paris est gardée par les Parisiens et les Parisienes. (sic) — 2. Le Roi convoque les États Généraux, la Vérité répand sa lumière sur les Députés. — Le Prince de Lambesc assassine un vieillard au Jardin des Thuilleries. — 4. Le Curé de St Etienne du Mont court aux Invalides prendre des armes. — 5. Le

Les Dames de la Halle complimentent Leurs Majestés à leur arrivée à Paris.

Prévot des Marchands convaincu de trahison est massacré à la Grève. — 6. Prise de la Bastille, le 14 Juillet 1789. — Le Gouverneur décapité à la place de Grève. — 7. Triomphe du brave grenadier qui est monté le premier à la Bastille. — 8. Le Roi apporte la paix à Paris, et les clefs lui sont présentées par M. Bailli. — 9. Foulon accroché à la lanterne : il voulait nourrir le peuple avec de l'herbe. — 10. L'Intendant de Paris conduit à l'Hôtel de Ville et le Peuple l'attache à la Lanterne. — 11. La ville de Paris nomme Commandant de sa milice M. le marquis de La Fayette. — 12. Les Dames de la Halle complimentent Leurs Majestés à leur arrivée à Paris. — 13. La Garde nationale parisienne ayant prêté serment passe sous les drapeaux. — 14. Le Roi promet à la troupe nationale de venir à Paris avec son auguste famille.

Les chansons se rapportent aux épisodes dont les gravures représentent le sujet et s'ouvrent par la pièce suivante :

ÉPITRE A LA LIBERTÉ.

Qu'un silence pusillanime
Consacre la neutralité
De tout bon citoyen qui du crime
Redoute encore l'activité :
Moi, qui ne tiens à l'existence
Que pour la perdre au lit d'honneur,
J'attends tout avec assurance,
Et ma voix répond à mon cœur.

C'est à toi, Liberté chérie
Que ma muse offre ses accens :
Ton bras qui sauva la Patrie
La défendra dans tous les tems !
Non, rien n'impose à mon langage :
Pour toujours, tu brisas nos fers :
Et le rhythme (sic) de l'esclavage
Ne doit pas régner dans nos vers.

Avant que la juste vengeance
Vint rompre nos honteux liens,
La faim, la mort ou le silence
Etaient le lot du plébéïen :
Aujourd'hui, nous marchons sans crainte
Et sans anéantir les loix,
Ce qui respire en notre enceinte
De l'homme a repris tous les droits.

Grace à Louis, grace à tes armes
Nos bienfaisans cultivateurs
Ne verront plus baigné de larmes
Le pain qu'on doit à leurs sueurs.
Le Français respire un air libre ;
Et, par des soins bien entendus,
Il va maintenir l'équilibre
Dans la balance des vertus.

Avec calendrier et un cahier de « Perte et Gain. »
[De 150 à 250 fr. suivant l'état et la reliure.]
[Coll. de Savigny.]

978. — L'ESPRIT DU SIÈCLE ou Les Prestiges de l'Imagination. Almanach orné de jolies gravures. [] A Paris, chez Jubert, Doreur, rue St-Jacques, vis-à-vis les Mathurins, n° 36 (1790). In-24.

Titre gravé par Dorgez, dans un encadrement

amoureuses. — 10. Le Fou raisonnable. — 11. Le Voyage interrompu, [avec des couplets bien dans « l'esprit du siècle. »] — 12. La Lettre de change. Texte, chansons et musique, entièrement gravé.

Les pauvres Parens ont beau faire,
Le plus fin d'entre eux n'est qu'un sot

le Batelier vindicatif .

les Folies-amoureuses ;

Figures de Dorgez pour l'Almanach « l'Esprit du Siècle. »
[D'après un exemplaire appartenant à M. de Savigny de Moncorps.]

avec sujet, et 12 ravissantes gravures, signées Dorgez : 1. Inkle et Yarico. — 2. Le Vieillard véridique. — 3. Les Trois définitions inutiles. — 4. L'Aveugle et le Boiteux. — 5. Les cinq Fauvettes. — 6. L'Esprit du Siècle. (Le jeu, la gratte, l'amour.) — 7. Le Batelier vindicatif :

... au milieu de la rivière
Pierre suspend son aviron,
Et demande pour son salaire
Ce que l'on accorde à Damon ;
Sous peine encor d'être noyée ...
On pense bien qu'en pareil cas
Toute fille est trop effrayée
Pour ne pas céder ses appas.

．∴．

Voilà donc Lucette rendue
Et le Batelier satisfait ;
Mais personne ne l'avait vu,
Et Pierre est un garçon discret.
« Au bout du compte, se dit-elle,
Je ne vois pas le mal si grand ;
Car, sans compter la bagatelle,
Il m'a donné passage franc. »

8. Le Conseil facile à suivre. — 9. Les Folies

Auprès de l'Enfant de Cythère
Qui cependant n'est qu'un marmot.
Quand fille est dans l'âge de plaire
En vain combat-on son penchant,
Nature a parlé la première,
Et l'Amour est son élément.

．∴．

A deux Amans tout sert d'asile
Pourvu que le mystère y soit.
Assez souvent d'un pas agile
On les voit grimper sur le toit ;
Une autre fois c'est dans la cave
Qu'ils vont rafraichir leur ardeur ;
En un mot, il n'est point d'entrave
Dont l'amour ne soit le vainqueur.

．∴．

Orgon cherche partout sa Fille ;
De la Cave il monte au Grenier ;
A l'appeler il s'égosille ;
Rien ne répond à l'Hôtellier :
Il fait courir dans le Village,
Aux environs... On n'a rien vu.
Il cherche encore... Il fait tapage,
Rien n'éclaircit son cœur ému.

le Voyage interrompu.
Figure de Dorgez.

Quel est celui qui s'imagine
Que, parmi ce trouble effrayant,
Dans l'enceinte d'une Berline
Lise étoit avec son Amant ?
Tous deux voyageoient à Cythère,
Orgon le surprit en effet ;
Mais de quoi servit sa colère ?
Le voyage alors était fait.

Cet almanach est suivi du « Nécessaire des Dames. »

Calendrier imprimé pour 1790.

[De 100 à 150 fr., suivant l'état et la reliure.]
[Coll. de Savigny.]

979. — ÉTRENNES A LA VÉRITÉ, ou Almanach des Aristocrates, orné de deux gravures en taille-douce et allégoriques. Pour la présente année, Seconde de la Liberté, 1790. [Épigraphe de Cicéron, en latin et en français :] Leurs noms et leurs forfaits gravés sur l'airain, seront en horreur à la postérité. ‖ A Spa, chez Clairvoyant, imprimeur-libraire de Leurs Altesses Royales et Sérénissimes, Nosseigneurs les princes fugitifs, à l'Enseigne de la Lanterne. In-8.

Pamphlet des plus violents, dont les détails sont forts libres, contre le roi, la reine, la noblesse, la magistrature, la finance et le clergé, avec des notes sur tous les représentants de la Commune. Les deux gravures annoncées sur le titre et qui ne figurent pas dans tous les exemplaires sont deux compositions allégoriques. La première servant de frontispice a, en haut, un médaillon entouré de fleurs, ornements et attributs, retombant sur les côtés. Dans le médaillon on lit : *Dédié à toutes les Nations, amies de la Vérité et de la Liberté.* Au bas, un bonnet phrygien planté sur une pique, dominant casques, drapeaux, canons et boulets, avec cette légende, sous forme de palette : *Je me ris des despotes.* Cette gravure est, très certainement, un ancien cuivre. La deuxième représente une hydre dont les quatre têtes personnifient la noblesse, le clergé, la finance, la magistrature. Sur la gauche, un reverbère, avec l'inscription : Vengeur de la Patrie. Légende : *Les fripons craignent les reverbères.*

Cet almanach annonce en son calendrier aristocratique les prochaines éclipses de tous les droits féodaux et publics, les noms de ceux qu'il faut supprimer. Ses prédictions sont riches en pendaisons et en mises à la lanterne.

Renseignements amusants sur les foires principales de Paris ; « mise en vente de toutes les antiquailleries de l'ancien régime, des Croix de Saint-Louis, du Saint-Esprit, de Malte, de croix pectorales, de cuisses, de jambes, de bras, de cœurs, et même, des prépuces des saints. »

Les *Étrennes à la Vérité* eurent le sort de l'*Almanach des Honnêtes Gens* de Sylvain Maréchal. Par arrêt du 2 janvier 1790 elles furent brûlées au pied du grand escalier de la Cour du Parlement de Rouen. (Voir la pièce : *Arrêt qui condamne un imprimé ayant pour titre Étrennes à la Vérité.*)

[Cat. de 10 à 15 fr. ‖ Vente de La Bassetière, ex. cart. non rogné, 16 fr.]

[B. N. — Lc 22, 18.]

980. — ÉTRENNES AUX AMATEURS DE VÉNUS. ‖ A Paphos (Paris), 1790. Pet. in-12.

Almanach également obscène, composé de chansons. Titre gravé, frontispice et 12 gravures libres, non signées.

Quelques exemplaires portent : « A Paphos ou Cythère. »

[Cat. par Cohen de 50 à 60 fr. ‖ Ex. rel. veau, cat. Morgand : 120.]

981. — ÉTRENNES AUX FOUTEURS DÉMOCRATES, ARISTOCRATES, IMPARTIAUX, OU LE CALENDRIER DES TROIS SEXES. Almanach lyrique, orné de figures analogues au sujet. ‖ Sodome et Cythère, (A Paris), et se trouvant plus qu'ailleurs dans la poche de ceux qui le condamnent. 1790. Pet. in-12.

Avec 9 figures libres, non signées. Almanach

obscène dirigé contre plusieurs personnages de l'époque, et, tout particulièrement, contre Marie-Antoinette.

Réimprimé et publié à nouveau en 1792 et 1793.

[Cat. par Cohen 5o à 6o fr. || Vente de La Bassetière, 1892, ex. veau fauve, 25 fr.]

[Coll. Bégis.]

982. — ÉTRENNES AUX GRISETTES, pour 1790, [Épigraphe :] Raisonnable ou non, tout s'en mêle, [faux-titre — le titre suit à la première page du texte] : Requête présentée à M. Sylvain Bailly, Maire de Paris, par Florentine De Launay, contre les Marchandes de Modes, Couturières, Lingères et autres Grisettes, commerçantes sur le pavé de Paris. || *S. l.* (A Paris). Petit in-8.

Curieuse et rarissime facétie ornée d'une figure gravée représentant un âne conduit par un individu cornu ; une femme est sur l'âne, tournée du côté de la queue, et tenant cette dernière en guise de bride.

C'était, on le sait, la punition infligée pendant le moyen âge aux maquerelles et femmes de mauvaise vie, lesquelles, en ce singulier « chevauchement », devaient faire le tour de la ville.

Florentine De Launay, ici nommée, était la cessionnaire de Rose Gourdan, propriétaire du célèbre « Grand Balcon », sis rue Croix des Petits Champs St-Honoré. Le but de la « Requête » est de protester contre les marchandes de modes, couturières, lingères et autres grisettes qui, en faisant le commerce permis aux seules filles de joie, portent préjudice à ces dernières et violent les règlements de police.

Suit la liste, noms et demeure, des grisettes pour lesquelles on réclame l'inscription sur le registre des filles de joye. Si les marchandes de modes y dominent, l'auteur cependant ne craint pas d'y inscrire des chanteuses et des actrices (Beaumesnil, les sœurs Colombe et Pitrot des Italiens, les Contat, la Dorival, Desgarcins, la Fleury, la July, Raucour, des Français, etc...) Et, à la suite de chaque nom, on peut lire : « entretenue par X..., entretenue par Z... »

M. Paul Lacombe en sa *Bibliographie Parisienne* (voir n° 324), indique deux *éditions* originales se distinguant l'une de l'autre par les caractères différents employés pour les mots : *Requête* et *Launay*, sur le titre. Ce nom serait même sur l'un des 2 tirages orthographié : De Launay. Une réimpression textuelle de l'édition originale, avec fac-similé de la gravure, a été faite en 1872 à Neuchâtel, par Gay, et tirée à 100 exemplaires pour la Société des Bibliophiles Cosmopolites. Mais, antérieurement,

déjà, une réimpression avait eu lieu en 1835 sous le titre de *Almanach des Grisettes.*

[Exempl. relié par Capé, cat. Morgand, 100 fr. || Vente de La Bassetière, 1892, 6 fr.

[Édition originale : 18 à 25 fr. — Réimpression : 7 à 10 fr.]

[B. N.]

983. — ÉTRENNES AUX PARISIENS PATRIOTES, ou Almanach Militaire National de Paris, Contenant les noms, demeures et décoration patriotique, de MM. les Officiers, bas-Officiers, Soldats, etc., formant le corps de l'Armée Parisienne. Précédé d'un Précis sur sa composition et organisation, avec un résultat général de ses forces. Rédigé sous l'autorisation de M. le Marquis de La Fayette, et dédié à ce Général. Par MM. Bretelle et Alletz, Soldats Citoyens. Prix 48 s. broché. [Épigraphe :] Ignorant ne datos ne quisquam, serviat enses ? Médaille Patriotique. || A Paris, chez Gueffier Jeune, Libraire, quai des Augustins, n° 17. 1790. In-12.

Ce volume qui a pour frontispice un portrait de Lafayette en profil, dans un médaillon signé Lefebvre *fecit,* contient les noms de plus de 30,000 volontaires parisiens.

C'est, à proprement parler, le Bottin de la Garde Nationale.

(Vente Faucheux, n° 452).

[B. N].

984. — LES ÉTRENNES DU JOUR DE L'AN OU LE CADEAU SANS PRÉTENTION. || A Paris, chez Le Vachez, marchand de Tableaux et d'Estampes, sous les colonnades du Palais-Royal, n° 258 (1790). In-24.

Très curieux almanach, un des deux seuls publiés, je crois, par Le Vachez, connu comme éditeur d'estampes et non comme libraire. Titre gravé (une table sur laquelle sont des jouets : poupée, cheval de bois, chapeau à plumes, manchon, images, etc.) et 12 illustrations, véritables estampes tirées en couleurs dans le genre des Debucourt et réductions de sujets alors à la mode.

1. Janvier : Le premier jour de l'An. D'après l'estampe de Debucourt, *Les Compliments du jour de l'An.* — 2. Février : Les Cadeaux (réduction du *Bouquet inattendu* de Mlle Gérard). — 3. Mars : L'arrivée du petit frère ou l'amour fraternel, d'après Greuze. — 4. Avril : Éloge de la Campagne, d'après la gravure anglaise *The rural Amusement.*

— 5. Mai : La leçon du vieillard, d'après la gravure anglaise *The Moralist*, par Smith. — 6. Juin : La Jardinière, également d'après une gravure anglaise de Morland. — 7. Juillet : La Petite Poste de l'Amour ou le Départ, d'après l'estampe bien connue de Boucher. — 8. Août : La Fête de la Grand-maman, d'après Debucourt. — 9. Septembre : L'Amant, réduction d'une gravure anglaise de Williams. — 10. Octobre : La petite Poste de l'Amour ou l'Arrivé (*sic*), également d'après l'estampe de Boucher (pendant du n° 7). — 11. Novembre : Le Mari, réduction d'une gravure anglaise de Williams. — 12. Décembre : L'Amour Hermite, d'après l'Hermite de Greuze.

Le texte entièrement gravé ainsi que le calendrier, divisé en 2 parties, se compose de chansons.

[Vente de la Béraudière, ex. relié satin blanc avec broderies, 122 fr. || Cat. 400 fr. en 1890.]

[Coll. de Savigny.]

985. — ÉTRENNES NATIONALES, dédiées à la Liberté françoise, ornées de huit portraits de MM. les Députés à l'Assemblée Nationale, et de sept gravures représentant les principaux événements arrivés depuis l'ouverture des États-Généraux jusqu'au mois de Décembre, avec leur explication ; Contenant les noms, qualités et demeures de MM. les Députés par ordre alphabétique de Baillages et Sénéchaussées. || A Paris, Le Mercier, rue des Cannettes, à côté de la rue Guisarde, et chez les Marchands de Nouveautés. Année 1790. In-12.

Titre gravé signé : Sandoz *invenit*. Frontispice allégorique : Minerve appuyée contre un piédestal où sont les bustes du Roi et de M. Necker, foule aux pieds l'hydre de l'aristocratie, en dirigeant sur elle une lance ornée du bonnet phrygien.

Les huit portraits sont ceux de La Fayette, Bailly, Pétion, Le Chapellier, Mirabeau, l'abbé Dillon, l'abbé Grégoire, Buzot. Ils sont exécutés à l'aquatinte, en bistre, dans un médaillon rond, avec cadre enguirlandé reposant sur une tablette dont la partie blanche est occupée par les noms.

Les six gravures, — le frontispice constituant la septième, — représentent : 1. La Procession à l'ouverture des États-Généraux. — 2. Le Serment du Jeu de Paume. — 3. La Charge du Prince de Lambesc. — 4. La Prise de la Bastille. — 5. L'Offrande des bijoux faite par les dames artistes, à l'Assemblée Nationale, le 7 septembre 1789. — L'Arrivée du Roi à Paris, le 6 octobre 1789. Toutes ces planches sont gravées au burin, en travers, par Duplessi-Bertaux et accompagnées de longues explications historiques.

Cet almanach qui ne paraît pas avoir eu de calendrier, contient la liste complète, par ordre alphabétique de bailliages et sénéchaussées, des Députés à l'Assemblée Nationale. Il ne doit pas être confondu avec les « Étrennes nationales, » suite du *Trésor des Almanachs*, publication annuelle depuis 1779.

[Cat. par Cohen, de 30 à 40 fr.]

[Coll. baron Pichon.]

986. — GALATHÉE, PASTORALE. A VOUS QUE J'AIME. || A Paris, chez Boulanger (1), rue du Petit-Pont, à l'Image de Notre-Dame. 1790. In-32.

Ravissant titre dessiné et gravé par Queverdo, avec 12 figures non signées, mais également du même artiste. Suite de romances dans la note pastorale de Florian : couplets entre Élicio, berger des rives du Tage, Tircis, autre berger galant, la charmante Philis, un ermite et autres personnages de circonstance. Les figures se rapportent au récit.

Au verso du titre se trouvent des « remarques pour la présente année 1790 ».

L'almanach entièrement gravé, contient également la musique de plusieurs romances et un cahier de pertes et gains. Il est entouré d'un calendrier se dépliant.

[Cat. Alisié, ex. mar. bl. av. orn., reliure ancienne, 175 fr.]

987. — LA LANTERNE MAGIQUE OU FLÉAUX (*sic*) DES ARISTOCRATES. Étrennes d'un patriote dédiées aux Français libres. Ouvrage dans lequel on verra tout ce qui s'est passé de plus remarquable depuis l'Assemblée des Notables jusques à présent. Orné d'estampes et de couplets analogues. || A Berne, (Paris) 1790. In-32.

A la fin de cette rarissime plaquette on lit : « Se vend chez Madame Dubois, Libraire, boulevard du Temple. »

Avec 12 estampes gentiment gravées, chacune étant suivie d'une notice et d'une chanson. En voici les sujets : 1. La déesse de la Vérité levant le rideau qui couvre la lanterne. — 2. Les aristocrates appliquant un bandeau sur les yeux de Louis XVI et la Polignac mettant la main sur ceux de la Reine. — 3. Le Char de la prodigalité conduit par une

_____

(1) J'ai eu sous les yeux un exemplaire avec l'indication : « chez Blanmayeur » lequel fut, on le sait, le successeur de Boulanger.

La déesse de la Vérité levant le rideau qui couvre la lanterne d'où vont sortir les tableaux. — Frontispice de *La Lanterne Magique*).

Les arcades du café de Foy. — Figure de l'almanach *La Lanterne Magique*.

femme qui sème l'or autour d'elle. — 4. Aristocrates forgeant sur une enclume des fers pour la Nation. — 5. Le Roi rendant à Necker son portefeuille. — 6. Aristocrates aiguisant des poignards et broyant des poisons. — 7. Les arcades du café de Foy (la scène historique de Camille Desmoulins, au Palais-Royal). — 8. Aristocrate arrêté dans sa fuite par le peuple armé. — 9. Le génie bienfaisant arrachant à Louis XVI le bandeau qui couvrait ses yeux. — 10. Louis XVI remettant à M. de Liencourt 6,000 livres pour la veuve du boulanger François. — 11. Le Génie de la Liberté terrassant l'hydre de l'aristocratie. — 12. La Constitution placée sur un piédestal élevé et tenant les balances de l'Égalité.

Comme les gravures, le texte s'efforce de démontrer que le roi et la reine ne voient pas les déprédations de leurs courtisans et qu'il est du devoir des citoyens de les leur signaler.

Ces gravures existent en trois états : 1° avec la tablette blanche ; 2° avec la tablette couverte de traits au burin ; 3° avec la lettre.

[Cat., en bel état, de 50 à 60 fr. || Vente de la Bassetière, 1 déc. 1892, ex. mar. ch. violet, 30 fr.] [Coll. Victorien Sardou || Coll. de Bonnechose.]

988. — LE NOSTRADAMUS MODERNE, Almanach national et patriotique, Avec des changemens notables dans le Calendrier, et des Prédictions pour chaque mois ; Enrichi d'anecdotes et de traits remarquables, etc. Pour la présente année 1790. [Épigraphe :] Ecce apum stimulus et mel. || A Liège, et se trouve à Paris. In-18.

Cet almanach, avec une couverture aux trois couleurs, peut être considéré comme une imitation de l'*Almanach des Honnêtes Gens*. Il donne, en effet, les mois de l'année d'après la réforme préconisée par Sylvain Maréchal, c'est-à-dire que chaque mois porte le nom d'un personnage illustre : Voltaire pour Janvier, Montesquieu pour Février, Turenne pour Mars, J.-J. Rousseau pour Avril, Jeanne d'Arc pour Mai, Corneille pour Juin, Louis XVI pour Juillet, Henri IV pour Août, Bernardin de Saint-Pierre pour Septembre, Bayard pour Octobre, Fénelon pour Novembre, Sully pour Décembre. D'autre part, le Bélier se transforme en Vicomte de Mirabeau, le Taureau en Foucault l'Ardim, les Gémeaux en Lally et Mounier, L'Écrevisse en Malouet, le Lion en comte de Mirabeau, la Vierge en cardinal de Rohan, la Balance en Boisgelin, le Scorpion en d'Esprémesnil, le Sagittaire en Gouy d'Arcy, le Capricorne en De Virieu, le Verseau en Duc d'Orléans, les Poissons en Marquis et Baron de Juigné. Il en est de même des planètes : Saturne se transforme en Meaupeou, Jupiter en Broglie, Mercure

TITRE ET COMPOSITIONS DE QUEVERDO POUR L'ALMANACH « LE PRIX DU A L'AMOUR. »
[D'après un exemplaire appartenant à M. Paul Eudel.]

en Vermont, Vénus en Agnès B***, Mars en Lambesc, *La Lune* en d'*Entraigues*, *Herchell* en Luxembourg. Seul le Soleil, pleurant la mort du grand Roi, n'est représenté par personne.

A chaque nom de saint on a substitué un nom de député. C'est ainsi qu'au nom de Guillotin on lit : « Ce brave docteur ne suit point du tout la route ordinaire. Il a inventé une machine ingénieuse pour ôter promptement la vie aux criminels. » A la fin d'un préambule rédigé dans un esprit quelque peu satirique, se trouve l'avis suivant : « Le *Nostradamus Moderne* paroîtra régulièrement chaque année, vers la mi-décembre. Il parviendra franc de port dans toutes les villes du monde et l'on recevra les souscriptions chez tous les Libraires de l'Europe. On aura soin d'en faire tirer 1200 exemplaires, en papier fin, pour MM. les Députés. »

[Voir, plus loin, n° 1027, un autre « Nostradamus. »]

[B. N.]
[Cat. de 8 à 10 fr.]

989. — LE PANORAMA DES MOIS. ‖ A Paris, chez Janet, libraire et marchand de musique, rue Saint-Jacques, n° 59. 1790. In-32.

Almanach orné de 6 gravures.

990. — LE PETIT CADEAU NATIONAL ou Étrennes à la belle jeunesse. Mélange original et récréatif, par M. Déduit, auteur patriote. ‖ Paris, Laurent, premier Imprimeur de la Nation. 1790. In-32.

Mélange plus récréatif qu'original dans lequel on trouve des vers, de la prose, des dialogues, et jusqu'à un dictionnaire philosophico-national.

991. — LE PRIX DU A L'AMOUR Je l'offre à Vous que j'aime. ‖ A Paris, chez Boulanger, Relieur et Doreur, rue du Petit-Pont, à l'Image Notre-Dame. 1790. In-32.

Ravissant titre portant au bas : « Queverdo *del* et *sculp.* 1788. » Almanach entièrement gravé avec musique, et 12 figures galantes, très certainement dues au même artiste. Voici les légendes de ces charmantes petites vignettes qui se rapportent aux chansons : 1. Le Bois de Boulogne :

De ces nouvelles cavalcades
Les dames font tout l'ornement,
On les voit dans les promenades
Monter un coursier élégant.

2. Le Jardin de Cythère. — 3. La Fête du Château. — 4. Beau coup d'œil (Jeune femme remettant sa jarretière.) — 5. Le Messager fidèle. — 6. L'Amant *Hermite* (*sic*). — 7. Les Amans surpris :

Dans un bosquet qu'en son enceinte
Enferme un parc délicieux,
Loin de la sévère contrainte
Ces deux amans étoit (*sic*) heureux,
A travers un épais feuillage
Tout-à-coup la mère paroit
L'amant s'enfuit... mais le dommage
Étoit....... déjà fait.

8. L'Amant de Justine. — 9. L'Heureuse rencontre. — 10. L'Isle des Amans (ou la partie carrée.) — 11. La Double jouissance (planche polissonne dont le XVIIIᵉ siècle a fait grand usage : tandis que, sur le devant, deux amants en sont aux doux préparatifs de l'Amour ; dans le fond, derrière un buisson, quatre jambes montrent qu'on n'est point inactif.)

Puisqu'on doit aimer ici-bas
On désire la jouissance,
En nous flattant par ses appas,
Elle propage l'existence ;
Et l'on puise dans le désir
La nécessité du plaisir.

Quand je vois de jeunes amans
Dans un bosquet, sur la verdure,
Se livrer aux éclats charmans
Que leur suggère la nature ;
Mon cœur, hélas! pour les blâmer
Sent trop combien il faut aimer.

12. L'Amour d'intelligence.

Comme sur tous les petits almanachs de chez Boulanger, on lit au verso du titre : « Remarques pour la présente année (1790.) »

[De 80 à 120 fr., suivant l'état et la reliure.]
[Coll. de Savigny. ‖ Coll. Paul Eudel.]

992. — RECUEIL DE CONTES LYRIQUES sur les Aventures du Jour. Extraits des Après-Soupés (*sic*) de la Société. ‖ S. l. ni d. (Paris, Jubert, 1790). In-18.

Titre gravé dans un encadrement, avec sujet. Almanach orné de 6 gravures, non signées, et sans légende. Voici les sujets auxquels elles se rapportent : — 1. Les Confidences à la mode. — 2. L'abbé qui veut parvenir. — 3. La Femme de bon appétit. — 4. Madame Collet monté ou le jeune homme bien corrigé. — 5. L'École des jaloux ou le mari de bonne compagnie. — 6. Le jeune seigneur bien poli.

Cet almanach, qui ne porte aucune indication de lieu, est suivi d'un « Souvenir des dames et des messieurs, édité à Paris, chez Jubert, Doreur, rue

Saint-Jacques, la porte cochère vis-à-vis les Mathurins. »

Texte en vers, suivi d'airs détachés notés en musique.

Calendrier pour 1790.

[De 40 à 70 fr. suivant l'état et la reliure.]

[Coll. de Savigny.]

993. — LE RÉGIMENT DE LA CALOTTE, Étrennes patriotiques Dédiées à tous les ordres Religieux réformés. Voyez page 31 (sic). [Épigraphe :]

Se prévenir d'abord et juger sur le mot,
Lecteur, vous le savez, c'est le propre d'un sot.
Or, n'écoutez donc point la cohorte ennemie,
Lisez et moquez-vous de l'aristocratie.

|| A Paris, chez Laurens junior, Libraire-Imprimeur de la Nation, rue Saint-Jacques, vis-à-vis celle des Mathurins, n° 37. Et chez les Marchands de Nouveautés. 1790. In-8.

Frontispice, gravé et colorié, représentant un gros abbé se prélassant dans un fauteuil et un abbé maigre près d'une table sur laquelle se trouvent une bouteille et un morceau de pain. En voici la légende :

L'Abbé d'Autrefois. L'Abbé d'Aujourd'hui.
J'ai perdu mes six bénéfices,
Chères Cousines, quel malheur !
Dire moi-même mes offices,
Mais ! c'est se moquer, en honneur.

Même texte que *Bon Jour Bon An.* [Voir, plus haut, n° 971.]

[B. N.]

994. — LE RÉPERTOIRE DES VOYAGEURS. || A Paris, chez Jubert, Doreur, rue St-Jacques, vis-à-vis des Mathurins. 1790. In-64.

Recueil de chansons, avec 8 figures et un calendrier.

[Coll. Gaston Tissandier.]

995. — LA SOIRÉE DU BOIS DE BOULOGNE. Almanach pour rire et chantant. || A Mégare ; et se trouve à Paris, chez Tiger, Rédacteur et Éditeur, au Pilier Littéraire, place de Cambrai. Et chez les Marchands de Nouveautés. 1790. In-32.

Frontispice gravé, colorié (jeune femme au bois).
Recueil populaire de pièces diverses, prose et vers.

996. — TABLETTES DE RENOMMÉE OU DU VRAI MÉRITE, et d'Indications Générales des Artistes célèbres et autres personnes d'un mérite distingué en chaque genre : Avec une notice des ouvrages, inventions, nouvelles découvertes et autre motifs qui les rendent recommandables; Les remèdes et secrets approuvés; Le départ et arrivée des couriers (sic) et voitures publiques, la taxe des lettres, le prix des places, celui des effets, la distance des lieux de chaque Ville à la capitale et autres objets de goût, de modes, d'économie, d'agrémens et d'utilité; Pour servir à l'Almanach Dauphin. Prix 6 livres. || A Paris, chez La Vve Duchesne, rue St-Jacques, au temple du gout. Bailly, rue St. Honoré, vis-à-vis la barrière des Sergens. Au Palais-Royal, chez tous les Marchands de Nouveautés, les Libr. et Directeurs des postes du royaume. Et au bureau d'Adresses et d'Indications Générales, rue et Hôtel de Bussy, où l'on reçoit tous les abonnemens, avis, observations et changemens de domiciles relatifs à cet ouvrage. M.DCC. XCI. In-8.

Ces « Tablettes » annoncées en tête de l'*Almanach Dauphin* de 1785 ont dû paraître cette même année ainsi qu'on peut le voir par les *Tablettes de Musique* (voir, plus haut, n° 804). Elles formaient le complément de la partie commerciale, « une partie libérale », pour ainsi dire, et devaient se composer de six parties :

1. — *Tablettes de l'Université.* (Orateurs célèbres, professeurs d'éloquence, de Mathém. d'Astron. de Phys. d'Hist. nat. de Géogr. Maîtres de langues, de pensions, etc.)

2. — *Médecine.* (Médecins célèbres, chimistes, Chirurg. avec notices des ouvrages, cures et Opérations qui leur ont mérité la confiance publique.)

3. — *Agriculture.* (Ouvrages les plus estimés, procédés les plus utiles, et tout ce qui peut tendre à l'économie rurale et à la culture des terres, pépinières, jardins fruitiers et potagers.)

4. — *Architecture.* (Architectes, ingénieurs, constructeurs, entrepreneurs, arpenteurs, toiseurs, Vérificateur et les plus habiles peintres, Sculpteurs Dessinat. et Graveurs. Avec une notice des Ouvrages qui leur ont acquis de la célébrité.)

5. — *Musique.* (Auteurs, compositeurs, Virtuoses et Amateurs, facteurs d'Instrumens, Copistes et Marchands de Musique, avec un tableau sommaire des Spectacles et des plus habiles commédiens (sic) en chaque genre.)

6. — *Arts Méchaniques.* (Horlogers, Opticiens,

Serruriers-Méchaniciens et autres Artistes d'un mérite distingué, avec une notice des Objets de goût, de modes, d'agrément, d'utilité et le prix de ceux qui en sont susceptibles, tels que les Tables d'hôtes, les Hôtels garnis, les Pension (sic) Bourgeoises, les Voitures publiques, et autres objets divers.

[B. N.]

997. — LE TRIOMPHE DU SENTIMENT OU LES MŒURS CORRIGÉES, Almanach orné de jolies gravures. || A Paris, chez Janet, successeur du sieur Jubert, rue St-Jacques, vis-à-vis les Mathurins. 1790. In-32.

Almanach entièrement gravé, avec quelques planches de musique. Titre, relevé d'aqua-tinte, avec Amour, colombes et autres attributs et douze compositions dont voici le sujet : 1. Le Triomphe du sentiment. — 2. La Tourterelle et le Rossignol. — 3. L'Heureux retour. — 4. La Jouissance des vieillards. — 5. La Véritable philosophie. — 6. L'Homme sensible. — 7. Le Prix de la bienfaisance. — 8. L'Homme content de tout. — 9. L'Heureuse réconciliation. — 10. Le Conseil difficile à suivre. — 11. L'Amant respectueux. — 12. Le Hasard au coin du feu.

Victor Champier, dans ses brèves notes sur les almanachs, ne mentionne que 8 planches : l'exemplaire vu par lui était sans doute incomplet. A la planche 2 il donne comme légende : La *Turlurette et le Rossignol*. Je pense que c'est une erreur de composition et non une légende modifiée.

J'ai rencontré cet almanach avec un calendrier pour 1792.

[De 60 à 120 fr., suivant l'état et la reliure.]
[Coll. Paul Eudel, ex. cartonnage populaire.]

998. — ALMANACH D'ÉDUCATION ou Abrégé de toutes les Sciences à l'usage des Enfans de Six ans jusqu'à Douze et au dessus. || A Paris, chez le Vachez, au Palais-Royal, n° 258. 1791. In-24.

Titre gravé en bistre, les lettres étant dans un médaillon avec attributs, et deux gravures également en bistre : 1. Le prix des Vertus. — 2. Le prix des Talens.

Causeries (par demandes et réponses) sur la Géographie, l'Histoire, les Sciences, la Constitution française. Gentil almanach comme toutes les publications de Levachez.

Calendrier pour 1792.

[B. N. — p R 63 Réserve.]

999. — ALMANACH DE LA FÉDÉRATION DE LA FRANCE. Dédié à la

Nation. || A Paris, chez Blanmayeur Successeur du Sʳ Boulanger, rue du Petit-Pont, à l'Image N.-Dame. (1791.) In-32.

Titre gravé avec attributs patriotiques, bonnet de la Liberté, coq gaulois, etc. Recueil de chansons

A PARIS,
Chez Blanmayeur, Successeur du
Sʳ Boulanger, rue du Petit-Pont,
à l'Image N. Dame.

La Française Patriote.

avec 12 planches très soigneusement gravées intéressantes pour les modes, ornements, et détails d'intérieur du jour : 1. Le Bouquet volé. — 2. Le Maire citoyen. — 5. Les Travaux du Champ de Mars. — 4. La Fête des Champs-Élysées. — 5. L'Amour patriote. — 6. La Françoise patriote. — 7. Les jeunes soldats Parisiens. — 8. Le Récit attendrissant. — 9. Le Pacte fédératif. — 10. Ici l'on danse. — 11. La Lecture des Droits de l'Homme. — 12. Le Double serment.

[De 80 à 120 fr., suivant l'état et la reliure.]

[Coll. Victorien Sardou.]

1000. — ALMANACH DE TOUS LES SAINTS DE L'ASSEMBLÉE NATIONALE qui doivent se réunir dans la Vallée de Josaphat après la Constitution. Année 1791. || A Paris, Et en Province, chez les principaux Libraires. L'an 2ᵉ de la Liberté. In-18.

On lit, dans l'avertissement placé en tête du volume : « Pour le calendrier, au lieu des noms de Saints auxquels on ne croit guères, nous avons pris des noms de Constitution auxquels il faut qu'on croye. Au lieu de Saint Mathieu le Publicain, nous (car nous sommes plusieurs) avons mis M. Dupont de Nemours , M. Guillotin a pris la place de la décollation de Saint Jean Baptiste.

« Pour remplir les 365 jours, nous aurions désiré ne mettre que ceux qui ont été distingués par l'Assemblée, pour être mis dans ses Comités, Présidences et Secrétariats ; mais ce nombre n'étant pas suffisant, nous en avons choisi quelques autres que nous a dénoncé la voix publique, comme Saint Maury, Saint Mirabeau-Bacchus, Saint Lambert, ci-devant Normand, Saint Roi et Saint Guilhermy. Nous avons ajouté certaines petites notes et anecdotes critiques sur quelques-uns de nos augustes Législateurs. »

[Cat. 5 à 6 fr.]

[B. N.]

1001. — ALMANACH DES ADRESSES DES DEMOISELLES DE PARIS, DE TOUT GENRE ET DE TOUTES CLASSES, ou Calendrier du Plaisir, contenant leurs noms, demeures, âges, portraits, caractères, talens et le prix de leurs charmes, enrichi de Notes curieuses et Anecdotes intéressantes. || A Paphos, de l'Imprimerie de l'Amour. 1791-1792. In-12. (96 pages.)

« Peu d'Almanachs », dit la préface de ce petit opuscule rarissime, « offrent autant d'utilités que celui-ci, principalement pour les étrangers toujours appelés dans la capitale par l'attrait du plaisir, etc. Ce petit livre pare à tout, répond à tout et prévient tout. Un étranger, un provincial, ou un parisien,

ont-ils un désir à satisfaire, un cœur à soulager, notre petit livre est là qui leur tend les bras, ils n'ont qu'à le parcourir, consulter leur bourse et jeter le mouchoir. C'est un sérail portatif ; pour 24 sols un simple citoyen devient un véritable sultan. » Dans ce Bottin des artistes et « non des amateurs », ainsi qu'on a soin de nous le faire savoir, figurent, en effet, nombre de femmes, quelques-unes fort connues. C'est un véritable guide de l'amour.

Cet almanach rencontra, paraît-il, d'assez nombreux acheteurs, car il en fut fait une nouvelle édition pour 1792 et une réimpression en 1793.

Voici le titre complet de la seconde année :

— *Almanach des Demoiselles de Paris, de tout genre et de toutes les classes*, ou Calendrier du Plaisir contenant leurs noms, demeures, âges, tailles, figures et leurs autres appas, leurs caractères, talens, origines, aventures, et le prix de leurs charmes. Corrigé, augmenté et suivi de recherches profondes sur les filles Angloises, Espagnoles, Italiennes et Allemandes. || Chez tous les marchands de nouveautés. A Paphos, de l'Imprimerie de l'Amour. M.DCC.LXXXXII. In-12 (120 pages au lieu de 96.)

Cette année contient, en plus, les adresses des Demoiselles du Palais-Royal avec leurs qualités et leurs défauts et les principales adresses de Cithère (pensionnaires des maisons de joie.)

On peut juger par les extraits suivants de son esprit : « Contat, rue des Saints-Pères ; son histoire est coulée à fond, il est inutile d'en parler ; nous dirons seulement qu'elle quitte le théâtre pour se vouer entièrement au culte de Vénus : 15 louis. Desbrosses, place du Théâtre italien, aimable bredouilleuse extrêmement naïve (de taille s'entend), embonpoint succulent, c'est un vrai matelas de plumes : 10 louis. Julie, rue de Beaujolais, 74, 26 ans, mince et blonde, marchande en gros et en détail, dont le magasin est bien fourni , on ne garantit rien ; une salade et 3 livres, etc., etc. »

L'échelle des prix est assez curieuse à suivre : on y voit des filles pour 50 sols et pour 3 livres, tandis que d'autres sont cotées 12, 24 et 30 livres, sans compter les autres petites douceurs.

L'année 1792 est, peut-être, plus intéressante, parce qu'elle donne des renseignements complets. Du reste, nombre de publications, faites depuis, se trouvent calquées sur ces singuliers recueils.

Peu nombreux sont les exemplaires connus de l'*Almanach des Demoiselles* et cette littérature, il y a quelques années peu recherchée, est aujourd'hui fort prisée. En 1858, l'année 1791 était cataloguée par Techener 6 fr. Depuis lors, le prix des « Demoiselles » a quelque peu augmenté, même sous la forme Almanach, et ces plaquettes se paient de 50 à 120 fr. suivant l'état et la reliure.

[A. 1792. mar. r. 100 fr., cat. Morgand. || Vente de La Bassetière, 1 Déc. 1892 : Année 1792, ex. mar. bleu, non rogné, 36 fr.]

[Coll. A Bégis.]

1002. — ALMANACH DES DEMEURES DES CI-DEVANT NOBLES résidants à Paris, et celles des avocats, notaires, procureurs, etc. || A Paris, chez Mᵐᵉ Lesclapart, Libraire de Monsieur. 1791-1792. 2 années. In-12.

Suite de l'*Almanach des Adresses de Paris* (voir, plus haut, n° 956.)

[Cat. de 10 à 20 fr.]

1003. — ALMANACH DES 83 DÉPARTEMENTS ou Almanach National géographique, utile aux Citoyens de toutes les Classes et de tous les Départements, Dédié aux Défenseurs de la Liberté, aux Amis de la Révolution et, particulièrement, aux Dames, par M. Champin, pour l'année *1791*, première *Législature de la Constitution françoise*. || A Paris, chez la veuve Duchesne Fils. 1791-1792. In-12.

L'année 1792 est sans nom d'auteur.

Cet almanach consacré aux renseignements administratifs officiels, est orné d'une carte coloriée du département de Paris divisé par districts et cantons, donnant la division de la capitale en 48 sections et d'une carte de la France en départements.

Il se vendait sous deux formes : 1° broché avec cartes en noir, 1 l. 10 sols; 2° relié avec cartes lavées, 2 l. 8 sols.

A la fin est un calendrier ayant pour chaque mois des tablettes ou souvenirs dont l'utilité est expliquée *comme suit par l'auteur* :

« Chacun prenant part aux affaires publiques, il s'ensuit une somme d'idées plus considérable à saisir et à retenir.

« Dans la crainte de les laisser échapper de sa mémoire, il est nécessaire de pouvoir s'en assurer au moment même le souvenir. Un papier isolé s'égare trop souvent ; c'est pour obvier à cet inconvénient, et faciliter un genre d'utilité qui devient générale, qu'on a conservé une page blanche à côté de chaque mois du calendrier, pour tenir lieu de tablettes, bien autrement nécessaires que celles qui servoient jadis à rimer un bouquet à Sylvie. »

[Cat. de 10 à 12 fr.]
[B. N.]

1004. — ALMANACH DES TRIBUNAUX et Corps administratifs du Département de Paris pour 1791. || Paris, chez Pain. 1791-1792. 2 années. In-12.

Cet almanach purement administratif, mais dont le classement laissait, paraît-il, fort à désirer, ne rencontra pas auprès du public spécial un très chaud accueil.

Dès l'année suivante, il lui vint, sous le titre de « Almanach Royal des Tribunaux, » une concurrence qui fut plus heureuse. [Voir, plus loin, n° 1045.]

1005. — ALMANACH DU THÉATRE DU PALAIS-ROYAL. Prix broché : 24 sols, par Levacher de Charnois. Année 1791. || Paris, de l'Imprimerie de Cussac, Libraire, au Palais-Royal, n°ˢ 7 et 8. In-18.

Almanach spécial au Théâtre du Palais-Royal, comme l'indique le titre, et qui a dû paraître dès 1786, chez Royer. Historique du théâtre depuis son origine, description de la salle nouvelle, acteurs et personnel, catalogue des pièces jouées depuis l'origine, aux Boulevards, pièces montées en 1790, noms des auteurs qui ont travaillé pour *le théâtre*.

[Coll. A. Pougin.]

1006. — ALMANACH DU TROU-MA-DAME, Jeu très-ancien et très-connu, Et la cause de presque toutes les Révolutions. || A Paris, chez Cuchet, Libraire, rue et Hôtel Serpente. 1791. Pet. in-12.

Almanach libre et satirique n'ayant, du reste, d'almanach que le nom. Très amusante introduction dans laquelle l'auteur développe sa théorie des Trous « qui maintiennent et qui donnent le ressort à ce vaste univers. » Rien ne s'opère que par les trous ; ce sont eux qui maintiennent l'ordre, la société, la liberté, les monarchies, les républiques. « Une chambre, une voiture, une armoire, ne me serviraient de rien sans les trous ; la fenêtre, la cheminée reçoivent l'air et le feu par des trous. Je joue au biribi, au loto, au trictrac, et me voilà tout à coup arrêté s'il n'y a des trous. Une bouteille, un verre, une tasse, autant de trous nécessaires pour humecter le gosier, et le gosier lui-même est un trou, qui conduit à l'estomac qui est un autre trou, et qui, de trou en trou, conduit on sait bien où, et c'est encore un trou. »

L'almanach se compose de douze histoires, une pour chaque mois, et toutes relatives au Jeu du Trou-Madame, « ce jeu dont le despotisme voulut souvent disposer à son gré. »

Quelques rares exemplaires possèdent un frontispice, figure légère, mais nullement érotique.

Une réimpression a été entreprise en 1870, par Gay, à Turin, avec une notice bibliographique. [5 Ex. sur Chine.]

Vente Leber, n° 2566. || Vente Lefebvre d'Alleranges, mar. 50 fr. || Vente Veinant, d. rel. 32 fr.

[Édition originale, 20 à 40 fr.]
[B. N. — p. R. 64.]

1007. — L'ALMANACH EUROPÉEN,
ou l'Europe donnant pour Étrennes des
Décrets de l'Assemblée Nationale relatifs
aux besoins de ses enfants, connus sous
les noms d'Italie, d'Angleterre, d'Allemagne, de Prusse, d'Espagne, de Portugal, de
Suède, de Danemarck, de Pologne, de
Russie, de Turquie, etc. || A Paris, chez
Cuchet, Libraire, rue et hôtel Serpente.
M.DCC.XCI. In-18.

Ouvrage politique, contenant un article pour
chacun des mois de l'année et se terminant par
quelques prédictions humoristiques. Le titre de
départ, légèrement différent, est rédigé comme suit :
« Almanach des Nations pour l'An 1791, ou
l'Europe donnant des Étrennes Françoises à ses
Enfants. » Dans une suite de longues tartines filan-
dreuses, l'Europe est censée s'adresser à tous les
pays donnant à chacun, à tour de rôle, un gage de
son amour, de sa tendresse maternelle, sous forme
de conseils, en énumérant tout au long les choses à
faire et les choses à éviter.

Cet almanach (appelons-le ainsi pour rester conformes à son titre) est écrit dans un esprit très
accentué de modération et de conciliation.

[Cat. 4 et 6 fr.]
[B. N.]

1008. — ALMANACH GÉNÉRAL DE
TOUS LES SPECTACLES DE PARIS ET
DES PROVINCES, pour l'année 1791.
Contenant une notice exacte de tous les
Spectacles de la Capitale (1) [depuis
l'Opéra jusqu'aux cafés les plus célèbres],
Les noms des Directeurs, Musiciens, Employés ; la critique impartiale de toutes
les Pièces jouées à Paris en 1790 ; le nom
des Auteurs et Compositeurs ; l'emplacement et la description des Salles ; le prix
des places ; des anecdotes et des réflexions
relatives à tous les Spectacles en général,
et à chacun en particulier ; un tableau philosophique de l'utilité générale et particulière de chaque Théâtre, de leurs succès
relatifs, des obstacles qui peuvent s'opposer
à leurs progrès, etc. et généralement de
tout ce qui contribue aux progrès de
l'art dramatique en France. || Ouvrage

(1) Le sommaire de la seconde année contient, en
plus, ici, les mots : « Et des Provinces » et les mots
entre crochets n'y figurent point. D'autre part, au
lieu : « Des Provinces », le titre général porte :
« De la Province. »

absolument nouveau dans ce genre, nécessaire à tous ceux qui ont des relations
avec les Théâtres ; curieux pour tous les
Amateurs et utiles (sic) à tous les Étrangers.

Par une Société de Gens de Lettres et
d'Artistes. Prix : 36 s. broché et 48 s.
relié. || A Paris, chez Froullé, Libraire,
quai des Augustins. M.DCC.LXXXXI.
1791-1792. 2 années. In-18.

Calendrier grégorien. Préface dans laquelle les
auteurs — Lebrun et autres — constatent que la
Révolution qui a tout changé n'a presque fait
encore aucune sensation dans la République des
Beaux-Arts. « Il est surprenant qu'au milieu des réformes les lettres subissent encore le même sort
qu'autrefois, que le joug avilissant du despotisme
pèse toujours sur le talent et sur le génie. Des
théâtres continuent à être le foyer des cabales, des
injustices, des vexations, des caprices et de l'orgueil de certains despotes. D'une part, des écrivains intrigants accaparent un théâtre ; d'autre
part, des comédiens prévenus accaparent une société
d'auteurs ; ici, tel théâtre accapare tel journaliste ;
là tel flatteur intéressé accapare le directeur. »

Les auteurs protestent contre l'exclusivisme de
l'Almanach des Spectacles et déclarent qu'ils parleront avec la même précision, avec la même impar-
tialité de tous les théâtres. Ce qui est certain, c'est
que depuis l'Opéra jusqu'aux Ombres Chinoises du
Palais-Royal, rien n'y manque. Les Ménageries
elles-mêmes y ont leur place ainsi que les théâtres
de société, le Cirque National où siégeaient alors les
« Amis de la Vérité » avec l'abbé Fauchet, Astley,
le célèbre écuyer Anglais, avec ses pantomimes et
ses courses de chevaux, le Waux-Hall d'Été où
l'on représentait, alors, en artifice, la prise de la
Bastille, Ruggiéri, qui n'avait plus, à ce moment,
son succès d'autrefois, les deux théâtres en bois de
la place Louis XV, « refuge des auteurs sur le
pavé, » où les places allaient de 2 sous jusqu'à 18 ;
les concerts où les jeunes talents peuvent s'essayer
en public ; les bals publics qui se sont considérablement multipliés depuis la Révolution (un au Temple, chez M. Desbordes, un rue de Lancry, chez un
marchand de vin, « c'est une fille qui en a l'inspection », un très beau et très suivi, rue de la Tixeran-
derie, et plus de 400 autres) ; jusqu'au cabinet d'optique du sieur Prévost (boul. du Temple), jusqu'au
Fantocchini Chinois, ou Salon de Curtius « natura-
lisé Français par son domicile depuis nombre d'années et encore plus par son patriotisme », mais qui,
l'année suivante, sera accusé de s'être déshonoré en
insultant des hommes estimables et en couronnant des
êtres que la postérité ne nommera qu'avec mépris,
et sans oublier le Café des Arts, boulevard du
Mesnil-Montant, près du Café Turc, formant
l'équerre en deux belles salles d'égale grandeur, le

Café National où l'on fume, où l'on boit, où l'on danse, le *Café Yon*, boulevard du Temple (premières places : dans l'intérieur — une bouteille de bière ou un petit verre ; — secondes places, au grand air, sur le boulevard, *gratis*), et le *Café Godet* « formant une triple galerie exposée sur le boulevard, où il y a chanteurs, chanteuses, orchestre. »

Voici encore le Théâtre de Neuf Millions, ainsi nommé parce qu'il était encore sans nom (il s'agit du projet de la Montansier de réunir tous les théâtres en un seul sous le titre de *La Réunion des Arts*), le théâtre de la Concorde, rue du Renard-Saint-Merri, spectacle de société qu'on essaya vainement d'ériger en spectacle payant, d'où querelles sans nombre qui le transformèrent en « théâtre de la Discorde » ; le théâtre de Molière, rue Saint-Martin, dirigé par le sieur Boursault-Malherbe « qui déshonore à la fois le bon goût et le bon sens par ses pièces patriotico - révolutionico - lanternières, produits des cerveaux turbulents de la démagogie » ; le théâtre d'Émulation, rue Notre-Dame de Nazareth, destiné à donner aux jeunes gens des leçons de goût et de morale ; le théâtre d'Henri IV, alors en construction, dans la cité, en face du Palais, non loin de la statue du Roi, et enfin tous les théâtres du boulevard (Ambigu-Comique du sieur Audinot, Théâtre du Lycée Dramatique, Théâtre Patriotique du sieur Sallé, Théâtre des grands danseurs du Roi, Théâtre des petits Comédiens Français, spectacle d'enfants où le plus âgé des acteurs a douze ans, Théâtre des Élèves de Thalie, également pour les petits enfants, Théâtre du Délassement-Comique dont on dépeint les directeurs comme des « chefs-d'œuvre ambulants de ridicule et d'absurdité, avec leur air de suffisance et leur folle présomption. »

Cet almanach qui avait été attribué au *Cousin Jacques* était rédigé par une société d'écrivains, choisis parmi ceux n'ayant jamais rien produit dans l'art dramatique, afin de ne pas être accusés d'être juges et parties. Voici, du reste, d'après l'avant-propos de la seconde année, les noms des collaborateurs : Etienne Le Brun, directeur de la Société, Louis Roux, François Toustain, Joseph Dubois, Jacques-Nicolas Paignot, Barthélemy Nis, Auguste Piat Dumortier, Claude Favier d'Abancourt, Martin Joseph Lefebvre d'Aussy, Philippe-Louis-André Roblot, et Michel Plottier Des Bordes, secrétaire.

D'autre part, les couvertures imprimées de la 2ᵉ année (le seul exemplaire connu en cet état a passé à la vente Vizentini) portaient le titre suivant : *Almanach Général de tous les Spectacles de l'Empire Français pour l'année 1792*, ce qui a donné lieu à nombre d'erreurs. Les uns ont cru qu'il s'agissait d'un autre almanach, et les mots : *Empire Français* ont fait croire à d'autres que ces couvertures avaient été ajoutées après coup, sous l'Empire, pour écouler les invendus. Or, il n'en est rien, ce sont les couvertures originales, le terme « Empire Français » s'employant alors, souvent, dans un sens républicain.

Enfin, il n'est pas sans intérêt de constater que l'éditeur Froullé alla porter sa tête sur l'échafaud.

[Années 1791 et 1792. Cat. Sapin, 80 fr. || Vente de La Bassetière, 1 déc. 1892, 7 fr.]

[B. Ars : Année 1791. || Coll. A. Pougin.]

1009. ALMANACH GÉNÉRAL DU DÉPARTEMENT DE PARIS, pour l'année 1791. Dédié à M. Bailli, Maire. || A Paris, chez le Rédacteur, rue Dauphine et chez Beuvin, Libraire, au Palais-Royal. Premier Janvier 1791. In-18.

Frontispice : carte coloriée, en rond, du Département de Paris, divisé en 3 districts, 48 sections, 16 cantons, et 6 tribunaux. — Noms et demeures de tous les fonctionnaires de la municipalité : limites et intérieur des sections.

1010. — ALMANACH MYTHOLOGIQUE représenté en 12 figures des principaux Dieux de la Fable et accompagné d'un texte explicatif de chacune des figures. In-8. Prix 3 liv. broché. || A Paris, chez Belin, Libraire, rue Saint-Jacques M.DCC.LXXXXI.

12 figures en pied de Barbier retraçant les principales figures de l'antiquité classique : Vénus, Ganymède, Hébé, Iris, Mercure, Erigone, Baccus, Mars, Bellone, Neptune, Amphitrite. C'est une sorte d'histoire de la mythologie écoulée sous forme d'almanach, avec un calendrier.

[Vente Gaillard, 15 fr. || Cat. Fontaine, 25 fr.]

1011. — ALMANACH POUR 1791. || Paris. In-18.

[D'après Welschinger : *Alm. de la Révolution.*]

1012. — CALENDRIER DU PÈRE DUCHESNE, OU LE PROPHÈTE SAC A DIABLE ; Almanach pour la présente année 1791. Contenant la Liste d'une grande partie des Citoyens jean-foutres actifs, éligibles et Volontaires bleus, et d'une certaine quantité de foutues coquines de la Capitale ; Quelques Énigmes de ma façon ; Des Variétés et des Avis divers qui ne sont foutre pas à dédaigner ; Enfin, des Prophéties pour les douze Mois de l'Année. || A Paris, de l'Imprimerie du Père Duchesne ; Et se trouve chez le Portier de certain Marquis au bleu, monté

RELIURE EN SOIE DE L'ALMANACH « LES CONTRASTES, OU SPECTACLE A LA MODE. » (1791)

Peintures des plats, avec rehauts de gouache, attribuées à Queverdo, sur un exemplaire offert à S. A. la comtesse d'Art[o]
[Collection du vicomte de Savigny de Moncorps.]

EMBOITAGE EN OR D'UN ALMANACH-BRELOQUE

« Le Réveil Matin » (de 1781), grandi au double.
[Collection du comte de Saint-Saud.]

sur blanc, qui me fout bien malheur. (1791)
Pet. in-12.

Frontispice gravé représentant le Père Duchesne observant le Ciel. Au-dessous on lit :

« Père Duchesne Lisant aux astres.
Triste nom d'un Tuyau, dans mon observatoire
Que de sots, de fripons, au temple de mémoire. »

Calendrier dans lequel les noms des saints sont remplacés par ceux des « citoyens jean-foutres actifs », suivant la qualification qui leur est donnée sur le titre même de l'almanach. Les « Foutues coquines » y figurent, pour leur part, avec des épithètes salées : « p.... à laquais » ou « commis à calotte » sont les moindres. Et les libraires les plus connus de l'époque, y compris « cette sacrée tête à perruque de Cailleau » (un des féconds pondeurs de petits almanachs, ainsi qu'on l'a vu,) ne sont pas plus épargnés.

Pere Duchesne lisant aux astres.

En cet horrible almanach, saints d'autrefois et saints du jour sont également malmenés; car, si les fêtes religieuses sont traînées dans la boue, les choses et les gens du moment sont accommodés à toutes les sauces du Zodiaque. Qu'on en juge par les citations suivantes, donnant les noms et demeures des personnages :

« — La Fayette fin politique. Appartement de la Reine.

« — Louis XVI (tout aussi bête que Saint Louis son patron), être indéfinissable, où on le pose.

« — Mercier journaliste-démoniaque à son b... de Montrouge.

« — Talma riveur de chicot, chez la Desgarcins.

« — Dugazon, farceur dégoutant, chez les plus sales toupies (ou Hôtel de Bouillon).

« — Emilie Contat, p.... comme sa sœur, au Théâtre-Francais.

« — La Lesclapart (femme du libraire du même nom), gourgandine à soutane, rue du Roule. »

L'Almanach se termine par les « Commandements du Père Duchesne aux fidèles croyans. »

[Coll. Bégis, ex. avec frontispice érotique (figure de l'Arétin français.) || Coll. de l'auteur.]

[Cat. 10 à 20 fr. || Vente de La Bassetière, 5 fr. 50.].
                                    [B. N. — Lc ²² 625.]

1013. — LES CAPRICES DE VÉNUS. ||
A Paris, chez Jubert, Doreur, rue S. Jacques, vis à vis les Mathurins. (1791). In-64.

Titre gravé dans un paysage. Almanach orné de 12 gravures, non signées, dont voici les légendes : — 1. Le Triomphe de l'Amour. — 2. Les Fruits de la Tendresse. — 3. L'Amour mutuel. — 4. Tendre Aveu. — 5. L'heureuse Famille. — 6. La première Faveur. — 7. Le Coquet surpris. — 8. Le Jaloux trompé. — 9. Les Tourterelles amoureuses. — 10. L'Agnès précoce (sic). — 11. Les Charme (sic) de l'Amour. — 12. L'Heureux paysan.

Texte imprimé, composé de chansons.

[De 80 à 120 fr. suivant l'état et la reliure.]
                                    [Coll. de Savigny.]

1014. — LES CONTRASTES ou Spectacles à la Mode. Almanach orné de jolies Gravures. || A Paris, chez Janet, Doreur, Beau-Frère et Successeur du Sʳ Jubert, rue S. Jacques, vis-à-vis les Mathurins, nº 36. (1791). In-32.

Titre gravé avec sujet champêtre. Almanach orné de 12 gravures dans la note galante, et dont voici les légendes : — 1. Le débat des deux Frères. — 2. Les plaintes d'une jolie femme. — 3. Le Quiproquo. — 4. L'Homme sensible. — 5. Qui répond paye. — 6. La vengeance naturelle. — 7. L'Analyse (cinq petits médaillons ovales et qui reproduisent en réduction les cinq précédentes figures.) — 8. Le Rendez-vous. — 9. Le Bal masqué. — 10. Le repas des Amans. — 11. Les Étrennes. — 12. Les Proverbes ou le repas interrompu.

Texte gravé, composé de chansons. — Calendrier se repliant, pour 1791.

[Coll. de Savigny, exempl. avec figures coloriées.]
[De 100 à 150 fr. suivant l'état et la reliure.]

1015. — DICTIONNAIRE DES HONNÊTES GENS, Rédigé par P. Sylvain Maréchal; pour servir de correctif aux Dictionnaires des Grands hommes. *Précédé d'une nouvelle édition de l'Almanach des Honnêtes Gens* [Épigraphe:] Dis-moi qui tu hantes, Je dirai qui tu es. || A Paris, chez Gueffier jeune, Libraire-Imprimeur, Quai des Augustins, n° 17. 1791. In-8.

Nouvelle édition de l'*Almanach des Honnêtes Gens* de 1788, sous le titre de *Dictionnaire*, augmentée de l'arrêt de la Cour du Parlement condamnant l'œuvre de Sylvain Maréchal, d'une notice sur quelques almanachs ou dictionnaires ayant certains points de rapport avec l'Almanach de Maréchal. Le calendrier pour 1791 (feuille se repliant) est daté, comme précédemment : « L'an premier du règne de la Raison. »

[Cat. 10 à 15 fr.]
[Coll. de l'auteur.]

1016. — L'ÉCOLE DE LA MODESTIE ou le Manteau Civique. Dédié aux Enfans de la Nation. || A Paris, chez Janet, doreur, successeur du Sʳ Jubert, Rue St. Jacques, vis-à-vis les Mathurins, n° 36. (1791). In-32.

Titre gravé avec un calendrier pour 1791. 12 planches servant d'illustrations à des chansons patriotiques: — L'École patriotique. (Le père apprenant à ses enfants à bénir Louis.) — Le cri du Villageois (Le villageois se réjouissant de ne plus être grévé du poids de la féodalité et engageant le seigneur à se réjouir comme lui.) — L'Union tant désirée (Chanson : les 3 ordres ne font qu'un.)

l'Union tant desirée.

— Le vœu des dames françaises. (L'Amour se réveille, et les femmes qui l'entourent, lui disent :

Mais surtout ne reprends tes armes,
Que pour punir les cœurs méchans.
La France a vu couler des larmes ;
Sévis contre tous ses tyrans.

— L'Égalité satisfaisante (sur la destruction du

droit d'aînesse.) — L'Encouragement héroïque (La maîtresse encourageant son amant qui part pour combattre les ennemis du diadème), etc.

Patrie et Amour, comme tous les almanachs de l'époque.

[De 50 à 80 fr. suivant l'état et la reliure.]

1017. — LES ESPIÈGLERIES DE L'AMOUR ou le Triomphe des Sens. Almanach. || A Paris, chez Desnos, Ingénieur-Geographe et Libraire de Sa Majesté Danoise, rue St. Jacques, Au Globe. (1791). In-24.

Almanach orné d'un frontispice et de 12 figures faisant partie d'*Anacréon en Belle-Humeur* et ayant paru bien antérieurement (voir plus haut n° 626), mais que je laisse à la date du calendrier de l'exemplaire que j'ai rencontré.

1018. — ÉTRENNES A LA NOBLESSE ou Précis Historique et Critique, Sur l'origine des ci-devant Ducs, Comtes, Barons, etc. Excellences, Monseigneurs, Grandeurs, demi-Seigneurs et Anoblis. || A Londres, Et se trouve à Paris, chez Jean Thomas, Imprimeur-Libr., rue des Cordiers, hôtel de Rouen. L'An Troisième de la Liberté· (1791-1794). In-8.

Frontispice gravé, représentant une femme (la Constitution) l'épée d'une main, le flambeau de l'autre, qui marche sur des couronnes et des blasons brisés, avec cette légende : Étrenne à la Nobles. (*sic*). Quelquefois cette figure est coloriée. Du reste, elle manque dans nombre d'exemplaires.

Cet ouvrage, rédigé par J.-A. Dulaure, est le même que celui intitulé : *Liste des noms des ci-devant Nobles*. Il donne des renseignements sur l'origine des principales familles nobles de France, et ces renseignements servent à démontrer, comme il est dit en la préface « qu'il en est qui ne doivent leur élévation qu'à un ancêtre qui, Par ses sales emplois s'est poussé dans le monde. »

[B. N. — Lb ³⁹, 4479.]

1019. — ÉTRENNES AUX AMATEURS DE LA PROPRETÉ ET DE LA CONSERVATION DES DENTS. Année 1791. Première Année. || Par L. Laforgue, Chirurgien-Dentiste, rue des Fossés-St-Germain-des-Prés, à Paris. In-24.

Sorte de dialogue entre un paillasse et un arracheur de dents, qui débitent un boniment sur les dents.

Parut aussi en 1792.

[B. N. — T. 48.]

1020. — MES ÉTRENNES AUX DOUZE CENTS, ou Almanach des Députés à l'Assemblée Nationale. Avec des Notes critiques et aristocratiques. || *S. l.* (Paris), 1791. In-12.

Simple recueil contenant des notes critiques et humoristiques sur chacun des membres de l'Assemblée Nationale. Calembours et jeux de mots y tiennent également une certaine place.

[B. N. — Lc ²² 30.]

[Cat. de 4 à 5.]

1021. — ÉTRENNES GÉOGRAPHIQUES NATIONALES ou Tableau portatif de la France Divisée en 83 Départemens. Année M.DCC.LXXXXI. Dédiées aux Patriotes François, par M. Rémy, Maître de Géographie. || A Paris, chez l'Auteur, rue Comtesse d'Artois, n° 75, et chez tous les Marchands de Nouveautés. In-32

Avec une carte de la France divisée en dix arrondissements métropolitains 'et en 83 départements, et avec une table alphabétique des noms des villes citées.

[Cat. de 5 à 8 fr.]

1022. — ÉTRENNES PATRIOTIQUES AUX CITOYENS SUR LES DANGERS DU MOMENT. || Paris, chez Guillot, Imprimeur, Libraire de Monsieur, rue des Bernardins, vis-à-vis Saint-Nicolas-du-Chardonnet. 1791. In-12.

Ouvrage rédigé par Coste, qui dans une sorte de discours adressé aux Parisiens, les exhorte à conserver la liberté qu'ils viennent de conquérir, et à se prémunir contre l'envahissement du territoire par les autres nations européennes.

Avec calendrier.

[B. N. — Lb ³⁹, 4478.]

1023. — LE FANAL DES PATRIOTES OU LES LXXXIII DÉPARTEMENS. Almanach orné de jolies Gravures. || A Paris, chez Janet, Beau-Frère et successeur du Sʳ Jubert, Doreur, rue St. Jacques, vis-à-vis les Mathurins, n° 36. (1791). In-24.

Titre gravé par Dorgez, portant en tête la devise *Vivre Libre ou Mourir*. Au milieu, un Amour plantant sur le globe fleurdelysé la pique au bonnet phrygien. Suivent six ravissantes compositions, également gravées par Dorgez, qui font de ce petit almanach un des plus olis recueils de l'époque.

1. — Les Droits de l'Homme : Les Hommes naissent et demeurent libres et égaux en droits.

RÉPONSE DU ROI A Mʳ DE LA FAYETTE.

(Une République assise et appuyée sur un faisceau montre les Droits de l'Homme : deux enfants s'approchent pour lire, tandis que, sur le devant, un grenadier et sa femme donnent des signes non équivoques de leur joie.) — 2. Anecdote Patriotique : — Ma Bonne, voilà un bien jeune Patriote ! — Nous le sommes tous en naissant. — (Gravure faisant allusion à l'anecdote si connue du Dauphin et de Mme de Tourzel.) — 3. L'Arrivée des Députés : On se reçoit, on s'embrasse, on s'empresse, Tambours battans. — 4. Réponse du Roi à M. De La Fayette : Redites à vos Concitoyens,... Que je suis leur Père, leur Frère, leur Ami.... — 5. Pacte fédératif : Je jure d'être fidèle à la Nation, à la Loi et au Roi (La cérémonie du Champ de Mars.) — 6. Louis XVI couronné par la Nation (Son médaillon est tenu par des gardes françaises sur l'autel de la Patrie.)

Comme texte, l'almanach s'ouvre par une « Épitre dédicatoire aux contre-révolutionnaires », épitre riche en *dans*, ce qui fait dire à un patriote : Tant mieux, elle en mordra davantage. Puis viennent le texte des Droits de l'Homme, des couplets patriotiques, le Pot-Pourri national (Les 93 départements), des Stances à Louis XVI, sur l'air : « Je l'ai planté, je l'ai vu naître. »

[De 80 à 100 fr. suivant l'état et la reliure.]
[Coll. Victorien Sardou.]

1024.—LA FRANCE TELLE QU'ELLE SERA, ou Almanach des trois ordres, contenant les noms de M M. les Membres du Clergé, de la Noblesse et du Tiers-État qui, fidèles au Roi et à l'honneur, n'ont accepté aucune place dans le nouveau régime.|| Paris, rue Hautefeuille, 12. 1791. 3 vol. In-8.

Annoncé dans la *Feuille de Correspondance du Libraire* pour 1792. Cet almanach paraît ne jamais avoir paru.

[Communiqué par M. Maurice Tourneux.]

1025. — LE GUIDE NATIONAL, OU L'ALMANACH DES ADRESSES, A L'USAGE DES HONNÊTES GENS, pour faire suite à l'Almanach des Aristocrates. Suivi d'un recueil d'épigrammes, de chansons, de couplets et de vers en l'honneur de l'Assemblée Nationale.|| Imprimerie de la Liberté, et se trouve à Paris, chez les marchands de nouveautés, sur-tout chez les apothicaires de l'aristocratie, An dernier de la despotico-Jacobinocratie. In-12.

Almanach royaliste conçu dans le même esprit que le petit Almanach des Aristocrates. Frontispice représentant Targinette en goguette (la nouvelle Constitution, sous les traits d'une femme en galante aventure.)

TARGINETTE
EN GOGUETTE
Frontispice de l'Almanach « Le Guide National. »

Cet amusant guide humoristique des adresses qui sera tant de fois imité de nos jours place le ci-devant roi de France en prison aux Tuileries, l'Assemblée Nationale rue de la Grenouillère, les agents du clergé rue de l'Hôpital, les maréchaux de France au Garde Meuble, les électeurs de Paris rue des Frondeurs, les payeurs de rente rue d'Argencourt, le Peuple rue des Marionnettes hôtel du grand Comus, les Bagages de l'Armée parisienne au Mont-de-Piété, le Tiers-État rue de la Force, hôtel des Victoires, les Vainqueurs de la Bastille rue des Portes ouvertes, etc.

Parmi les personnalités, on remarque : Camille Desmoulins rue des Asnes ; Chabroud, blanchisseur national, rue des Dégraisseurs, au *Nègre blanc* ; Thouret, rue des deux Visages, au petit Arlequin national ; Robespierre, rue des Chandeliers, à Arras ; Madame de Staël, rue des Vieilles-Garnisons, à l'Hospice National ; Custine, rue du Verbiage, à la Vessie pleine de vent ; Madame Bailly, place des Voitures publiques, etc.

Ce guide est suivi d'une série de variétés (341 pages) quatrains, bouts rimés, charades, madrigaux sur les hommes et les choses de l'époque, pièces légères et souvent fort spirituelles :

Pour consoler dans sa disgrâce
Mons d'Orléans, on va, dit-on,
Le proclamer *chef de division* ;
Il n'aura pas changé de place.

Il existe de ce même almanach une édition avec titre quelque peu différent :

— *Le Guide des Aristocrates ou l'Almanach des Adresses*, à l'usage des Honnêtes gens, par l'auteur de l'Almanach des Aristocrates. [Le reste comme plus haut.]

[Cat. de 5 à 10 fr.]

[B. N.]

1026. — LE NARCOTIQUE DES SAGES, OU LE VÉHICULE DE LA FOLIE, Almanach orné de jolies Gravures. || A Paris, chez Janet, Beau-Frère et Successeur du Sʳ Jubert, Doreur, rue Saint Jacques, vis-à-vis les Mathurins, n° 36. (1791). In-32.

Titre gravé (un pont sur un fleuve : allusion, sans doute, au cours de la vie) ; dans les coins, sur le devant, la statue de la Folie et la statue de Minerve. Chansons gravées avec cahier de chansons, imprimé. Figures dans le style de Binet : 1. L'Amante délaissée. — 2. Les Larcins. — 3. Les Baisers rendus. — 4. Le Retour du printems. — 5. La Nymphe scrupuleuse. — 6. La Veuve consolée. — 7. La Rupture. — 8. L'Amour à la Mode. — 9. Les Désirs. — 10. La Juste Comparaison. — 11. L'Échange. — 12. Le Nouvel Orphée.

Très certainement, ces figures et le texte gravé qui les accompagne sont antérieurs à 1791 ; du reste, le tirage des planches, fatigué, indique, ainsi que les modes, une date plus ancienne.

[Coll. Paul Eudel : exemplaire (avec calendrier pour l'an IV et pour l'Ère vulgaire du 23 Septembre 1795 au 21 Sept. 1796. Chez Janet, *rue Jacques* (sic),) recouvert de broderies d'or fond toile peinte en bleu, sur laquelle se détachent des compositions (petit Amour s'élançant vers une femme : « Si je parviens à toucher votre cœur, je me réputerai le plus heureux des hommes. »)

|| Coll. de Savigny, exemplaire relié en soie, avec paillettes.]

[De 80 à 150 fr. suivant l'état et la reliure.]

1027. — NOSTRADAMUS MODERNE, ou Almanach Prophétique des grands événemens pour l'année 1791. Enrichi d'Anecdotes et de Notes intéressantes pour la Nation Française. || A Chambéri, et se trouve A Paris, chez tous les Marchands de Nouveautés. In-12.

Frontispice dans quelques exemplaires seulement ; mauvaise gravure sur bois, représentant un astrologue avec la légende : « Je prévois l'avenir. »

Le calendrier intitulé : « Calendrier des mauvais citoyens » donne, à chaque jour, le nom d'un des personnages de la contre-révolution. C'est le duc d'Orléans qui ouvre la marche et Beaumarchais qui la ferme.

A la suite sont des notes sur ceux des « mauvais patriotes » dont les noms étaient marqués d'une étoile : le duc d'Orléans, Calonne, Deprémesnil, de Castries, Necker, la Fayette, de Lévis, d'Escars, d'Artois, de Bouillé, de Crosne, Rohan, de Luynes, d'Affry, de Toulongeon, l'abbé Maury, prince de Condé, Beaumarchais dit le Roué, Saint-Priest, de Montboissier.

Pamphlet quelquefois très violent.

[Voir, plus haut, n° 988.]

[B. N.]

1028. — LE PANTHÉON DES PHILANTROPES, OU L'ÉCOLE DE LA RÉVOLUTION, Almanach orné de Jolies Gravures. [Épigraphe :] Hommes, aimez les Hommes, soyez libres, et ouvrez à tous les portes de la Patrie. || A Paris, chez Janet, successeur du sieur Jubert, rue St. Jacques, vis-à-vis les Mathurins. 1792. In-24.

Joli petit almanach orné de huit ravissantes compositions gravées par Dorgez et datées 1791. — 1. (Titre) Serment à la Constitution par deux soldats tandis que, sur des écussons placés en haut, on lit : *Fidélité à la Nation. — Au Roi. — A la Loi.* — 2. Le général Paoli à l'Assemblée Nationale. — 3. Oraison funèbre de M. Franklin par l'abbé Fauchet. — 4. Anecdote patriotique (Dialogue entre un seigneur et son valet.) — 5. Le Cabinet des patriotes (public contemplant dans un Musée patriotique les six têtes de Franklin, Washington, Robespierre, Loustalot, Grégoire et Péthion) :

Voilà les mortels qu'on révère
Dans le siècle de la raison.
Ceux qui, formés sur leur modèle,
Comme eux servent l'humanité,
Sont les seuls qu'un burin fidèle
Doit peindre à la postérité.

6. Analyse de la Révolution française (Représentation, dans six petits médaillons ronds, groupés autour du faisceau de la République, des principaux événements de la Révolution, à ce moment : Prise de la Bastille. Le peuple se rendant à Versailles. Arrivée du Roi à Paris. La fête de la fédération, etc.)

Vive le Roi
S'il est de bonne foi !

Dilemme. — Ou le roi est de bonne foi ou il ne l'est pas.

Question. — Dans les deux cas Louis XVI mérite-t-il une couronne ?

Réponse. — Oui. Dans le premier, la couronne civique, la seconde se devine aisément.

7. Promulgation de la Constitution française. (charmante composition allégorique : la République est assise sur un trône fleurdelysé.) — 8. Louis XVI acceptant la Constitution, le 14 Septembre 1791 : la Révolution de France a commencé sous le signe du Lyon (*sic*) qui désigne la force, elle a été terminée sous celui de la Balance, qui désigne la Justice.

Le texte de ce véritable petit bijou républicain *est imprimé. Dans un avant-propos, on lit:* « Sous le règne du Despotisme il étoit aussi rare de trouver de bonnes choses dans un Almanach que de bons Ministres dans le Gouvernement.

« C'étoient, à proprement parler, des minuties annuelles dont le Calendrier faisoit tout le mérite ; la raison en est simple : c'est qu'alors l'esprit étoit entre les mains des Censeurs *gagistes*, comme le sentiment entre celles des personnes qui distribuoient les premiers emplois. » Et l'auteur dit en matière de conclusion : « Je livre à l'opinion publique un Almanach qui ne se sentira ni de la vénalité d'une plume famélique, ni de la crainte pusillanime d'un Patriote ombrageux. C'est dans les cœurs des Hommes vraiment libres que je puise les traits qui caractérisent cet opuscule. »

Le texte est, du reste, un mélange de prose et de poésie républicaines ; on y trouve même des « débats patriotiques » sous forme de dialogue, des entretiens entre maîtres et domestiques montrant aux nobles comment ils devraient être.

[De 50 à 100 fr. suivant l'état et la reliure.]
[Coll. Paul Eudel.]

1029. — LE PORTEFEUILLE DU BONHOMME. || Londres, 1791. In-18.

[D'après Henri Welschinger, *Almanachs de la Révolution.*]

1030. — LE TÉLESCOPE DES CLAIRVOYANS. || A Paris, chez Janet, Beau-Frère et successeur du sieur Jubert, rue St-Jacques, n° 36. (1791). In-64.

Avec 8 figures au trait, destinées à servir d'images aux chansons de ce petit almanach minuscule. Devises pour les demoiselles et pour les garçons. Calendrier.

[Coll. baron Pichon. || Coll. Nauroy.]

1031. — ALMANACH DE COBLENTZ, ou le plus joli des Recueils catholiques, apostoliques et françois. A l'usage de la belle Jeunesse, émigrée, émigrante et à émigrer. [Épigraphe :] Le pur sang des Bourbons est toujours adoré. Vive le Roi.

|| A Paris, chez Lallemand, Libraire, au Pont-Neuf. M.DCC.XC.XII. In-24.

Joli frontispice anonyme (mélange de pointillé et de burin), représentant Louis XVI, Marie-Antoinette et le Dauphin. Trois médaillons sur un fond, suspendus les uns au-dessus des autres, deux en haut, un en bas, avec, en haut, l'inscription : « Domine Salvum fac Regem. » Au-dessous de ces portraits, sur une tablette, est le quatrain suivant :

Reçois mes vœux, famille infortunée.
Tout ce qui n'est pas corrompu
Déplore, comme moi, ta triste destinée
Et tu jouis au moins des pleurs de la vertu.

Texte entièrement composé de poésies et chansons royalistes : « Étrennes à la Reine, Étrennes à Louis XVI », un « Tableau de la France » morceau en vers de 22 pages, etc. Les sections saisirent cet almanach avec une véritable fureur. Les exemplaires en sont aujourd'hui très rares.

[Cat. de 10 à 15 fr. || Vente de La Bassetière 1 décembre 1892, ex. mar. violet, jaune. 6 fr. 50.

[B. N. — Lc 22, 31.]

1032. — ALMANACH DE L'ABBÉ MAURY, ou Réfutation de l'Almanach du père Gérard, couronné par la Société des Amis de la monarchie, séante à Coblentz. || A Coblentz, et se trouve à Paris, chez tous les libraires royalistes. (1792). In-32.

Un autre tirage, in-32 également, porte comme mention : « A Coblentz et à Paris, chez Laurent jeune (1792) » Frontispice : Beau portrait, à la manière noire, de Jean Sylvain Maury, député de Péronne : comme légende son nom et la date de sa naissance. Avec un calendrier. Réfutation littérale de l'Almanach de Collot, « conservant inconstitutionnellement le surnom d'Herbois », par un royaliste qui déclare « n'avoir pas travaillé en vue de gagner vingt-cinq louis. » Cette parodie n'est pas seulement de même format, elle a recours aux mêmes interlocuteurs, est également divisée en douze entretiens, et chacun de ces entretiens porte le même titre que dans l'Almanach réfuté.

Le personnage mis en place du Père Gérard représente également un homme sage, retiré à la campagne, y vivant en solitaire, méritant l'admiration et l'attachement des villageois.

De ces deux éditions la première a 260 pages, la seconde 144. D'autre part, cette dernière ne comprend ni le portrait ni le calendrier, mais, à la suite du dernier « entretien », se trouve la pièce suivante non mentionnée à la table : « Grande séance de la grande Assemblée », parodie en vers et en prose d'une séance des Jacobins.

[Cat. de 5 à 10 fr. suivant l'état.]
[B. N.]

A Paris chez JANET, Successeur du Sʳ Jubert, Rue
Sᵗ Jacques vis-à-vis les Mathurins. Nᵒ 36.

Le Cabinet des Patriotes.

Promulgation de la Constitution Françoise.

La Revolution de France a commencé sous le Signe du Lion
qui désigne la force, elle a été terminée sous celui de la
Balance, qui désigne la Justice.

TITRE ET COMPOSITIONS DE DORGEZ POUR L'ALMANACH « LE PANTHÉON DES PHILANTROPES. »
[D'après un exemplaire appartenant à M. Paul Eudel.]

1o33. — ALMANACH DES ÉMIGRANS.
[Épigraphe :]

Jeunes héros, volez où l'honneur vous appelle ;
Vengez Dieu, ses Autels, la Noblesse et les lys ;
De tous les scélérats purgez votre pays
Et revenez brillans d'une gloire immortelle.

|| A Coblentz, de l'Imprimerie des Prin-
ces. 1792. In-12.

Frontispice : allusion politique aux événements
du jour. Au bas de la gravure se lit cette légende,
en vers :

De la France aujourd'huy voila la triste Image.
Des brigands furieux, l'ont mis toute au pillage,
Ils emportent notre Or, laissant des Assignats,
Nos cris sont étouffés par des Assassinats.

et, plus loin, est une longue explication dont voici
l'exacte reproduction :

« Un grand Hôtel, nommé la *France libre*, et dont
M. *Gros-Louis* étoit ci-devant propriétaire, est
consumé par les flammes. Les Brigands qui y ont
mis le feu, profitent du désordre pour piller et voler. Ils pendent même un des serviteurs de M. *Gros-
Louis*, qui vouloit sauver son maître. A la sortie
de l'Hôtel, on apperçoit (*sic*) l'ami *Briss*... qui, à
l'occasion d'un porte-feuille qu'il a brissotté, fait
une savante dissertation sur la liberté de la presse.
A ses pieds est M. *de Montesq*... qui rumine ses
comptes et son plan des finances sur des sacs d'argent dont il remplit ses poches par distraction.
Plus loin, on apperçoit M. *Peth*... qui, une écharpe
à la main, encourage le duc de Ravaillac qui, sauf
respect, a fait caca dans ses culottes. A côté, on
distingue *Chapel*..., *Béribi* et *Néroucis-Barnav*...,
qui se partagent le numéraire enlevé. Tout près
d'eux, *Dubois crossé*, qui tient à la main des Croix
de St-Louis qu'il a volées, les distribue à des Es-
crocs, des Joueurs et autres gens de ce calibre. A une
des fenêtres de l'Hôtel, on apperçoit le jeune Mathieu de Montmoren..., qui jette des titres de Noblesse. Enfin on voit, dans l'enfoncement, des
Sans-Culottes, armés de piques, qui, mourant de
faim, crient : *Vive la Nation.* »

Calendrier et épître dédicatoire au comte d'Artois. Suit la « Galerie des principaux factieux qui
déchirent la France », dont quelques-uns se trouvent
ainsi martyrisés par les rédacteurs des *Étrennes aux
Émigrans : Faux Chef, Condorsix, Bis-Sot, Bête-Jon,
Dubois-Crossé*, puis des chansons, bons mots, couplets civiques, le tout se terminant par le testament
de Mirabeau et par la Déclaration des droits de la
femme et de la citoyenne (satire des Droits de
l'Homme), avec un article ainsi conçu : « Les dames
du Palais-Royal, ci-devant destinées à des services
d'utilité publique, sont à la disposition de la Nation ».

Cet almanach obtint un succès considérable et
fut réimprimé, du reste, sans changemens aucuns.

Le titre porte seulement les mots : « Seconde Édition », « Troisième Édition », et le tirage du frontispice est mauvais. Les exemplaires de la quatrième
édition n'ont plus de frontispice.

[1re édition, de 9 à 15 fr.]
[B. N.]

1o34. — ALMANACH DES GARDES
NATIONALES divisé en trois parties :
La première contenant la Constitution
française acceptée par le Roi, avec le Discours du Roi ; La seconde, le Catéchisme
militaire ou Instruction simple et facile
pour apprendre de soi-même à faire l'exercice, etc. [suit le détail du dit « Catéchisme »], La troisième, l'organisation de
la garde nationale. || A Paris, chez Guef-
fier, Imp.-Libraire, quai des Augustins,
n° 17. 1792. In-12.

Almanach théorique avec 3 planches pliées (sur
gros papier bleuté), représentant l'exercice du fusil
en 21 figures et toutes les pièces qui composent le
fusil.

[Cat. 10 fr.]
[Coll. Paul Lacombe.]

1o35. — ALMANACH DU BATAILLON
DES VÉTÉRANS DE LA GARDE NA-
TIONALE PARISIENNE. Avec leurs
noms, leurs demeures et la date de leur
réception, Précédé d'un précis historique
sur l'origine des Vétérans ; Dédié à M. Callières de l'Étang, ancien Avocat au ci-devant
Parlement de Paris. [Épigraphe :] Pro
Patria vivere et mori. || A Paris, de l'Im-
primerie de Guillaume *junior*, rue de Sa-
voye, n° 17. (1792.-An XI.) In-18.

Frontispice gravé représentant un vétéran vo-
lontaire.

La dédicace à M. Callières de l'Étang, fondateur du bataillon des Vétérans à Paris — exemple
dès ce moment suivi par presque toutes les villes de
France — est signée : « Vos Serviteurs X. X. X.,
tambours du Bataillon des Vétérans de la Garde
Nationale Parisienne. » Puis vient une Ode au
Roi.

Dans le tableau du corps, les pontonniers sont
appelés : *spontonniers* et une note dit : « Cette dénomination est employée pour conserver l'expression de l'Assemblée Nationale, sur l'armure des
Vétérans. »

Au-dessous des noms des 2 tambours, Jean-
Hubert Auguin et Louis Farelle, on lit : « Rédigé
par le quatrième maître, au profit des Tambours, »
c'est-à-dire par le « Quartier Maître. »

Par la suite, le titre fut modifié comme suit :

— *Almanach du Bataillon des Vétérans Volontaires*
De la Garde Nationale sédentaire du Canton de
Paris. Avec leurs noms, demeures et la date de
leur réception. Rédigé par le Quartier-Maître au
profit des Tambours. [Épigraphe:] Pro patriâ
mori ! || A Paris, de l'imprimerie de E. Becq, vé-
téran de la 3ᵉ comp., rue Jean de Beauvais, nᵒ 13.
An huitième.

Même frontispice que les précédents.

Contient un précis historique de la vie du citoyen Callière de l'Étang, instituteur des vétérans
volontaires du canton de Paris, l'histoire de l'institution de ce bataillon, et la liste des vétérans.

L'an XI est dédié à Bonaparte, Premier Consul,
par le citoyen Baron, commandant, ex-juge de
paix.

[Année 1792, très rare : de 15 à 20 fr.]
[B. N. Ans VIII, IX et XI.]

1036. — ALMANACH DU JURÉ FRAN-
ÇAIS pour l'année 1792, de la Liberté la
quatrième, par Osselin, homme de loi,
l'un des électeurs réunis au 14 juillet
1789, Électeur de 1790 et 1791, ancien
administrateur du département de la
Garde Nationale Parisienne. Présenté à
l'Assemblée Nationale Législative. || A Pa-
ris, chez l'auteur, rue de Bourbon, nᵒ 688,
Rochette, rue St-Jean-de-Beauvais, Leprieur, Desenne. (1792-1793.) 2 années
In-24.

Almanach accompagné d'un calendrier destiné à
défendre et à populariser l'institution du Jury, l'auteur s'étant efforcé de montrer combien simples et
faciles sont les notions qui forment et constituent ce
corps.

Une seconde édition, revue, corrigée et augmentée parut l'année suivante. C'est, en somme, le
même almanach avec les modifications suivantes,
conséquences du nouveau régime.

La rue de Bourbon, demeure de l'auteur, est
qualifiée, sur le titre : « Rue de l'Ile ci-devant de
Bourbon », et, au verso du dit titre, on a placé
cette « observation essentielle ».

« Les termes, Roi, Commissaire du Roi, Royaume
étant écrits dans la loi du 29 septembre 1791,
puisque la France était encore sous le despotisme
à cette époque, nous n'avons pas pu les effacer du
texte, mais nous prévenons nos lecteurs de substituer les mots : République et Commissaire du
Procureur (sic) exécutif, partout où il y a Royaume
et Commissaire du Roi. »

La seconde année contient également, en plus,
quelques formules techniques.

[Cat. 4 et 5 fr. l'année.]
[B. N.]

1037. — ALMANACH DU PÈRE DU-
CHESNE, ou le Calendrier des bons
citoyens, Ouvrage bougrement patriotique ; Dans lequel se trouve le récit de
tous les grands événemens de l'année
précédente, tous les détails de la Fédération, et un Recueil de Pièces de Vers,
Chansons, Vaudevilles et Couplets qui
ont été faits en l'honneur de la révolu-
tion. || A Paris, De l'Imprimerie de
Tremblay, rue Basse porte S. Denis,
n. 11 ; Et se trouve, Chez tous les marchands de nouveautés. Par permission
du père Duchesne. (1791.) In-16.

Frontispice représentant le père Duchesne assis
sur un coffre où figurent un blason et une fleur de
lis renversés, le bras appuyé sur un fourneau et
les yeux fixés sur le globe de l'Univers. A côté
de lui plusieurs fourneaux et un chat dormant sur
un escabeau. L'épître du fougueux sans-culotte,
après avoir donné sa revue à sa façon des grands
événements de 1790, se termine par ces mots :
Si l'ouvrage est mauvais, l'intention est bonne,

Et je me f... de ce qu'on en dira.

Curieux comme document, quoi qu'en pensent
les Père Duchesne modernes, ce dont, à mon tour,
je me f... b...

Qu'en un langage plat ces jurons sont écrits !

[Cat. de 5 à 10 fr.]

1038. — ALMANACH DU PÈRE GÉ-
RARD pour l'Année 1792, la troisième
de l'Ère de la Liberté, Ouvrage qui a remporté le prix proposé par la Société des
Amis de la Constitution, séante aux Jacobins, à Paris, par J. M. Collot-d'Herbois,
membre de la Société. || Se vend à Paris,
au secrétariat de la Société, au bureau du
Patriote français, et chez Buisson, rue
Hautefeuille. 1792. In-12.

Édition originale de cet almanach dont la popularité fut si grande, qui fut publié, presque simultanément, dans des formats différents, qui eut dans
les départements, un nombre considérable de réimpressions, dont plusieurs en patois (voir le tome II),
et qui fut même traduit en langues étrangères, tout
au moins en anglais et en allemand.

L'almanach s'ouvre par le rapport fait aux *Amis
de la Constitution*, par Dusaulx, au nom des exami-
nateurs du concours, lesquels étaient Grégoire,
Condorcet, Polverelle, Clavière, Lanthenas et ledit Dusaulx. 42 ouvrages avaient été envoyés au
concours. En outre de l'ouvrage primé il y eut
deux accessits et le rapport mentionna six manuscrits comme plus particulièrement *dignes d'éloges*.

Le rapport nous apprend, également, que parmi les concurrents il y eut « un honnête garçon cordonnier. »

L'almanach de Collot-d'Herbois est trop connu pour entrer ici dans de plus amples détails ; c'est, on le sait, une série de dialogues supposés entre le père Gérard, député bas-breton, et les gens de son village.

Cette édition a 84 pages ; au bas de la page 84 se trouve cette déclaration : « J'atteste que la présente édition est conforme au manuscrit de l'ouvrage qui a obtenu le prix proposé par la Société. Signé J. M. Collot d'Herbois. »

Une réimpression eut lieu presque aussitôt, en même temps que paraissait l'édition illustrée, car la rubrique de cette édition porte, comme avis d'éditeur : « Se vend à Paris, au Secrétariat de la Société, et pour l'édition avec figures chez Maillet, Imprimeur, rue Saint-Jacques, n° 45. » (Voir le n° suivant.)

Cette réimpression se rencontre quelquefois avec un frontispice, mais, en principe, comme le premier tirage, elle ne comportait pas de figure.

L'Almanach du Père Gérard sera encore imprimé à nouveau au XIXe siècle, dans le format in-12. Il existe ainsi une édition de 1830 (Paris, chez l'Éditeur, 65, rue Montmartre), contenant, en plus, la Charte constitutionnelle du 7 août 1830.

[La B. N. possède de cet almanach plusieurs exemplaires dont un imprimé sur fort papier bleuté provenant de la bibliothèque de Renouard, avec planches ajoutées, et élégante reliure en maroquin bleu marine, gardes en satin aux trois couleurs. Réserve Lc ²² 36 B.]

ALMANACH
DU
PERE GÉRARD
POUR L'ANNÉE 1792,
IIIe DE LA LIBERTÉ.
OUVRAGE qui a remporté le prix
proposé par la SOCIÉTÉ DES
AMIS DE LA CONSTITUTION
séante aux Jacobins à Paris.
PAR J. M. COLLOT D'HERBOIS,
Membre de la Société.

A PARIS,
Chez BUISSON, rue Hautefeuille, n° 14.
1792.

1039. — ALMANACH DU PÈRE GÉRARD pour l'année 1792, IIIe de la Liberté. Ouvrage qui a remporté le prix proposé par la Société des Amis de la Constitution, séante aux Jacobins, à Paris. Par J. M. Collot d'Herbois, Membre de la Société. || A Paris, chez Buisson, rue Hautefeuille, n° 14. 1792. In-32.

Frontispice de Borel, gravé par De Launay. (Le père Gérard, au milieu d'un groupe de paysans.) En tête du texte est le rapport présenté aux Amis de la Constitution. Cette édition a 160 pages.

Une autre édition, également in-32, et de 1792 porte comme mention : « A Paris, chez les marchands de Nouveautés, 1792. » Le frontispice identique, mais non signé, est à l'aquatinte. C'est, en fait, une copie de la planche gravée par De Launay.

La figure de Borel se rencontre en trois états : 1° avant toute lettre ; 2° avec lettre gravée à la pointe ; 3° avec lettre imprimée. La légende est toujours identique : « Le Père Gérard tient le livre de la Constitution et l'explique à ses Concitoyens. »

La planche est plus ou moins usée suivant les tirages. Cette édition se vendait 6 sols.

[Ex. mar. anc. cat. de 4 à 6 fr.]
[B. N.]

1040. — ALMANACH DU PÈRE GÉRARD pour l'Année 1792, la troisième de l'Ère de la Liberté, orné de 12 figures en taille-douce ; Ouvrage qui a remporté le

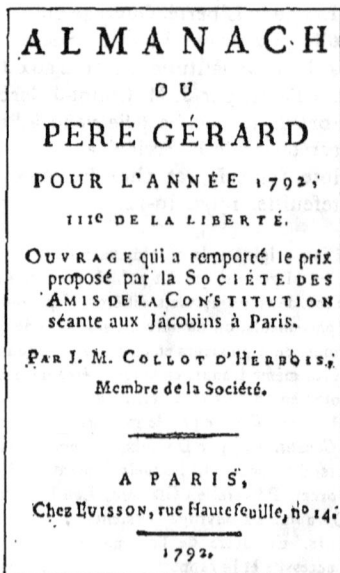

Borel del. De Launay sc.
Le Père Gérard tient le livre de la Constitution
et l'explique à ses Concitoyens

prix proposé par la Société des Amis de
la Constitution, séante aux Jacobins, à
Paris, par J. M. Collot d'Herbois, membre
de la Société. Prix, trente sols. || Se vend
à Paris, chez Maillet, rue Saint-Jacques,
n° 45 ; Au secrétariat des Amis de la Constitution, rue Saint-Honoré ; Au Bureau du
Patriote François, Place du Théâtre-Italien. 1792. In-12.

Les « figures en taille-douce » mentionnées sur le
titre sont de Charpentier. Il en existe deux états :
l'un gravé par Bovinet, Duval, Le Roy, Michon,
l'autre par Michon seul. Les 12 figures répondent aux 12 entretiens. En voici les titres :
1. De la Constitution. — 2. De la Nation. —
3. De la Loi. — 4. Du Roi. — 5. De la Propriété.
6. De la Religion. — 7. Des Contributions publiques (les paysans venant apporter leur part des
500 millions). — 8. Des Tribunaux (le 14 juillet
on brûle toutes les procédures devant le bonnet de
la Liberté). — 9. De la Force armée (les paysans
ayant fait l'exercice viennent trouver le Père Gérard dans son jardin). — 10. Des Droits de chaque
citoyen et de ses devoirs. — 11. De la Prospérité
publique. — 12. Du Bonheur domestique. Au dessous de chaque figure est une légende explicative.

A la fin de ces « Entretiens » on a placé la même
déclaration que sur les précédentes éditions ; soit
l'attestation de Collot-d'Herbois jointe à cette autre
attestation : « La vraie édition avec figures est signée Maillet. » A la suite se trouvent dix pages de
chansons patriotiques.

[Vente de La Bassetière, 1 déc. 1892, ex. demi-rel.
mar. brun, 60 fr.]

[B. N.]

1041. — ALMANACH DU PEUPLE
pour l'année 1792. Par Joseph F. N. Dusaulchoy. [Épigraphe :] Pour qu'il soit
juste, humain, éclairez son esprit. [Le
prix est de 12 sous pour Paris, et de 16
sous franc de port, par la poste, pour les
départemens.] || A Paris, Au Bureau des
Révolutions de France et de Brabant, rue
Guénégaud, n° 24. Et chez les Marchands
de Nouveautés. [La seconde année porte :
chez Desenne, Lalin, la citoyenne Lesclapart.] 1792-1793. 2 années. In-18.

Chaque année possède un frontispice gravé différent.

— A. 1792. La Vérité apparaissant et mettant en
fuite la réaction. Légende :

Auguste Vérité ! quand tu luis à nos yeux,
La tyrannie expire et le peuple est heureux.

— A. 1793. La Liberté, l'Égalité, l'Indivisibilité,
la Loi, signé Blanchard *f.* Figures allégoriques

devant lesquelles on brûle les titres de noblesse et
les différents ordres s'inclinent.

Almanach destiné « à apprendre au peuple ses
droits et ses devoirs ; à l'éclaircir (*sic*) et à le rendre
meilleur. » Dans la préface de 1793, l'auteur dit :
« J'ai vu avec plaisir nombre de municipalités de
campagne me demander l'Almanach du Peuple. J'ai
reçu avec attendrissement les lettres de plusieurs
pasteurs vénérables, qui m'annonçaient qu'ils avaient
lu à leurs paroissiens un écrit où je démasquais le
despotisme religieux, où je montrais au peuple la
nécessité de s'instruire. Mon travail a fructifié,
l'Assemblée Nationale Législative a adopté les
mesures que j'avais indiquées relativement aux
prêtres intolérans et séditieux. »

Il est à remarquer que le calendrier publié est le
calendrier grégorien.

[Cat. de 4 à 5 fr.]

[B. N.]

1042. — ALMANACH HISTORIQUE DE LA RÉVOLUTION FRANÇAISE pour
l'année 1792, rédigé par M. J.-P. Rabaut
[De Saint-Étienne]. Ouvrage orné de
gravures, d'après les dessins de Moreau.
|| Paris, Onfroy, et Strasbourg, J.-C.
Treuttel. 1792. In-18.

Un des plus connus et des plus jolis almanachs
de la Révolution. Le frontispice gravé par Simonet représente le Génie de la Liberté, l'adolescent
nu ailé que Prud'hon popularisera comme emblème
des Lois.

Il vint après mille ans
Changer nos lois grossières.

Détail des six compositions : 1. Serment du Jeu
de Paume. — 2. Prise de la Bastille, gravé par L.
M. Halbou. — 3. Entrée du Roi à Paris, gravé par
J. J. Hubert. — 4. Confédération des Français,
gravé par Coiny. — 5. Le Roi acceptant la Constitution, gravé par de Longueil.

D'autres exemplaires de 1ᵉʳ tirage portent, au
lieu de la mention ci-haut : « Paris, de l'Imprimerie de Didot l'aîné. »

Il existe des exemplaires sur vélin, en petit et
en grand papier.

L'Almanach Historique a eu des éditions augmentées et diverses réimpressions. Dans ces tirages
postérieurs, les planches 1, 3 et 5 sont en contre-
partie. Les titres portent :

1° Almanach historique, etc. « On y a joint
l'acte constitutionnel des Français, avec le discours
d'acceptation du Roi » — Cette édition a, presque
toujours, les planches en bon tirage.

2° Almanach historique... ayant en plus :
« Réflexions politiques sur les circonstances présentes, servant de supplément à la 1ʳᵉ édition de

l'Alm. Hist. de la Révolution française par J. P. Rabaut. » Paris, Treuttel et Wurtz. 1793. In-18.

3º Une édition identique à la 1ʳᵉ, de format in-24.

[Exemplaire sur vélin, in-18, vente Lamy : 50 fr. In-24, également sur vélin : 15 fr. || Cat. Morgand, ex. vélin, fig. de Moreau avant la lettre, 100 fr.]

[Coll. baron Pichon, exemplaire avec les originaux des six dessins de Moreau, acquis par lui à la vente Renouard (1854).]

1043. — ALMANACH HISTORIQUE ET CRITIQUE DES DÉPUTÉS, A LA PREMIÈRE ASSEMBLÉE LÉGISLATIVE, pour l'année 1792. Avec gravure analogue à leur mérite. [Épigraphe :] Toutes peines méritent récompense. || A Coblentz, de l'imprimerie des Princes, françois, sous les yeux de MM. l'abbé Maury et marquis de La Queille, et se trouve en France chez tous les libraires monarchiques. In-12.

L'épître à M. le président de l'Assemblée nationale est signée : Mˢ. de S. G...

Almanach de toute rareté, dont les nombreuses biographies ne sont que de violentes satires contre les députés classés par départements.

Qu'on en juge par ce seul exemple : « Lacépède. Excellent naturaliste. Il a fait une histoire des animaux. On prétend qu'il travaille à celle des membres de l'Assemblée. » — C'est du Rivarol qui conduira aux *Fleurs et Fruits* d'Alfred Le Petit ou à *La Ménagerie Politique*, par Léo Taxil.

Frontispice représentant au préliminaires de la pendaison d'une douzaine de députés et portant : « *Étrennes à nos Législateurs pour l'année 1792.* » Au-dessous de la planche est une liste donnant, à l'aide de numéros répondant aux figures, les initiales ou les premières et dernières lettres des noms desdits députés : Ga... de Co... [Garan de Coulon], Is... d [Isnard], l'évêque F... t [Fauchet], Ba...e [Bazire], Br...t [Brissot]. L'abbé Maury et le cardinal de Rohan font fonction d'aumôniers, tandis que le roi de Suède préside à l'exécution, ayant avec lui un peloton de cavalerie dans lequel sont désignés le comte d'Artois, le vicomte de Mirabeau, le marquis de Bouillé, le prince de Condé, le maréchal de Broglie, etc.

[Cat. 15 à 20 fr.]
[B. N.]

1044. — ALMANACH NATIONAL GÉOGRAPHIQUE, utile aux citoyens de toutes les classes et de tous les départements, avec une carte du département de

Paris. || Paris, chez la veuve Duchesne. 1792.

[D'après Henri Welschinger, *Almanachs de la Révolution*.]

1045. — ALMANACH PHILOSOPHIQUE, ou *Réflexions historico-philosophico-comiques* sur le costume ecclésiastique et les cérémonies religieuses, par Barbet, dernière victime du dernier des tyrans de la France. [Épigraphe :] Veritas filia temporis non Autoritatis. || Il se vend à Arras (1) chez l'auteur, à Paris, chez Buisson, rue Hautefeuille, à Tours, etc. L'An premier de la République française. (1792.) In-12.

Curieux calendrier philosophique donnant « les noms précieux au souvenir des hommes. » Avec dédicace à J. Lebon « ci-devant Prêtre et maintenant redevenu homme. »

Barbey né à *Tours, en 1770, désavoua en être* l'auteur. On ne peut donc dire exactement quel est le Barbet qui figure sur le titre.

[Cat. 4 et 5 fr.]

1046. — ALMANACH ROYAL DES TRIBUNAUX ET CORPS ADMINISTRATIFS DU DÉPARTEMENT DE PARIS, Avec un tarif du droit de timbre sur les billets à ordre et lettres-de-changes (*sic*), et sur les quittances de rentes, présenté à M. Duport, ministre de la justice. Mis en ordre, vérifié et publié, pour la première fois, par J. L. Mascré, citoyen français, l'an quatrième de la liberté, 1792. Prix : 1 livre 16 sols. || A Paris, chez l'auteur, rue des Poulies, nº 8, maison de M. Legrand, marchand mercier. Fiévée, Imprimeur, rue Serpente, nº 17. M. de Bray, libraire, au Palais-Royal, galleries de bois, nº 235. Méquignon, libraire, au Palais. De l'Imprimerie de Fiévée, rue Serpente, nº 17. In-12.

On lit dans un *Avis de l'Auteur* placé en tête de l'ouvrage : « Il parut l'année dernière une brochure ayant pour titre : *Almanach des Tribunaux*, (Voir plus haut, nº 1004), les matières y étoient arrangées avec tant de confusion et il y régnoit un

(1) Même observation que pour les précédents almanachs portant en tête le nom d'une ville de province. Il doit figurer ici, à cause de son intérêt général

tel désordre qu'il ne fut pas favorablement accueilli du public ; l'ordre dans lequel l'auteur a arrangé les matières de cet ouvrage, et l'exactitude qu'il a apporté dans la vérification des noms et demeures, pourront satisfaire le public. »

Liste des membres de la magistrature et des corps administratifs.

[B. N.]

1047. — ALMANACH ROYALISTE ou la Contre-Révolution prédite par Michel Nostradamus, pour l'année 1792. ‖ S. l. (Paris).

[D'après H. Welschinger, *Almanachs de la Révolution.*]

1048. — L'AMI DU ROI, Almanach des Honnêtes gens. Avec des Prophéties pour chaque mois de l'année. [Épigraphe :] *Ah ! si le Roi le savoit !* disoit autrefois le peuple. *Ah ! si le peuple le savoit !* peut dire aujourd'hui le Roi. Mais le peuple ne sait rien, il concourt lui-même à ses maux avec une grande avidité. ‖ A Paris, chez l'Apothicaire de la Démocratie, au Palais-Royal (1792). In-18.

Frontispice représentant les trois têtes du Roi, du Dauphin et de la Reine se détachant en médaillon sur un ovale à fond noir, ravissante gravure tant de fois reproduite. A quelques exemplaires se trouve ajoutée la jolie figure de Dorgez : *Le Cabinet des Patriotes faisant partie de l'almanach.* Le texte, souvent assez violent, est dirigé contre les républicains et contre « les misérables philosophistes qui ont fait des habitants des campagnes, des rebelles, des meurtriers, des incendiaires. » Les députés de l'Assemblée Nationale sont classés en serpents « suivant les recherches du serpent à sonnette Lacépède. »

On y trouve, également, plusieurs romances sur les malheurs du Roi et de sa famille, les couplets que chantent les émigrés français à Tournai, Ath, Bruxelles, Worms, Coblentz, la reproduction de la Constitution en vaudevilles de Marchant, des prédictions générales et un calendrier pour 1792. Quelquefois, c'est un calendrier plié venant de chez Jubert.

Il y a eu deux éditions, l'une de 102 pages, l'autre de 106 pages (non compris la table). Cette dernière n'a pas de calendrier.

[Cat. de 5 à 10 fr.]
[B. N. ‖ Coll. de l'auteur.]

1049. — LES AMOURS D'HÉLOÏSE

ET D'ABEILARD. Dédiées aux âmes sensibles. [Épigraphe :]

Gémissons sur leur tombe,
Et n'aimons pas comme eux.

‖ A Paris, chez Esnauts et Rapilly, rue Saint-Jacques, à la Ville de Coutances. (1792.) In-18.

Titre gravé, avec sujet (femme pleurant sur une tombe). Cet almanach est orné des portraits d'Abeilard et d'Héloïse, dans un médaillon à fond carré, chacun ayant au-dessous un huitain. 12 gravures non signées, dont voici les légendes : — 1. Première entrevue des deux Amants à Paris, chez Fulbert, oncle d'Héloïse. — 2. Les leçons d'Abeilard et de l'amour. — 3. L'union secrette (sic) des deux Amans. — 4. Les deux Amans surpris par Fulbert. — 5. Héloïse déguisée échappe à la fureur de son oncle par les soins d'Abeilard. — 6. Les deux Amans, dans le jardin de leur sœur, en Bretagne. — 7. Les deux Amans jouissent des douceurs de la paix. — 8. La vengeance de Fulbert sur Abeilard à son retour à Paris, après son mariage. — 9. Héloïse, pour complaire à son amant devenu jaloux, se fait religieuse à Argenteuil. — 10. Abeilard, devenu abbé de Saint-Gildas de Ruis, revoit Héloïse au Paraclet, après nombre d'années. — 11. Héloïse, ayant vécu 21 ans à son époux, meurt au Paraclet en 1163. — 12. Rencontre des deux Amans aux Champs-Élysées.

Le texte, entièrement gravé, se compose d'une notice de cinq pages relatant la vie d'Héloïse et d'Abeilard, et de chansons.

Calendrier gravé pour 1792.

[Coll. de Savigny, ex. avec grav. en couleur.]
[Cat. Techener, ex. mar. r. av. fleurons, 70 fr.]

1050. — LES BIENFAITS DE L'ASSEMBLÉE NATIONALE ou Entretiens de la Mère Saumon, Doyenne de la Halle, suivis de Vaudeville. ‖ Paris, au Palais-Royal, et chez tous les marchands de nouveautés. 1792. In-32.

Avec un frontispice dont l'explication est ainsi donnée dans le volume. Plusieurs boules de neige montées les unes sur les autres sont censées figurer la Constitution française. La foule inférieure représente les Droits de l'Homme. Le soleil du Patriotisme les éclaire et les échauffe de ses rayons bienfaisants. Les autres boules sont la Nation, la Loi, le Roi. Autour de ces boules trois personnages, le Père Gérard expliquant les différents titres de la Constitution, « tandis que le divin Fauchet et le savant Collot, sous l'habit de sauvages, jouissent des précieux avantages de la Loi agraire en partageant comme frères l'herbe du champ du gros François. »

Dans une préface l'auteur « qui ne concourt pas pour des prix » envoye quelques traits malicieux à l'*Almanach du Père Gérard*. Collot s'était adressé aux campagnards ; lui fait parler les harengères.

Calendrier.

[Vente de la Bassetière, déc. 1892, 3 fr.]

1051. — LE BONNET ROUGE ou Le Retour du Siècle d'Or. Almanach républicain, pour l'an 2 de la République Françoise. Contenant le nouveau calendrier tel qu'il a été décrété par la Convention nationale. Recueil de Chansons patriotiques, Pots-pourris, Romances, Poésies Érotiques et diverses. [Épigraphe :] L'ennui naquit un jour de l'uniformité. — Dédié à la plus belle moitié des Sans-Culottes. || Se trouve à Paris chez Guiart, éditeur, cloître St-Benoist, n⁰ 361, chez la veuve Langlois, Devaux et Janet. (1793.) In-32.

Frontispice : même dessin que celui du *Fanal des Patriotes* (voir n° 1023), mais planche très grossièrement gravée et avec la différence suivante :

Dans la gravure du premier almanach, le grenadier tient au bout de son fusil un bonnet à poil, tandis que, ici, c'est un bonnet rouge.

Mélange de chansons politiques et de romances sentimentales, s'ouvrant par les dix commandements de la République française, les six commandements de la Liberté, et une poésie sur le nouveau calendrier des Français républicains signée : « le citoyen J. P. Mérard St-Just, poëte et soldat invalide. »

La plupart des pièces sont signées Racine et Guiart, celui-là même à qui il fallait s'adresser pour l'insertion des poésies.

Le Bonnet Rouge a également paru pour 1794, avec des poésies différentes.

[An II au baron Pichon.||An III à la B. N. — Lc²², 580.]

1052. — LA CIVILOGIE PORTATIVE OU LE MANUEL DES CITOYENS, Almanach Lyrique orné de jolies Gravures. || A Paris, chez Janet, successeur du S. Jubert, Rue St-Jacques, vis-à-vis les Mathurins. 1792. In-32.

Titre gravé et 12 jolies compositions signées Dorgez. Le titre est excessivement curieux : sur le globe fleurdelysé se trouve le bonnet phrygien. C'est un des rares almanachs qui, dans le texte et

dans les images, présente, à la fois, la note galante et patriotique.

Titres des gravures : 1. L'Encouragement Patriotique. — 2. Les Regrets bien méritoires. — 3. Le Bal National. — 4. Le danger du Duel. — 5. L'aniversaire (*sic*) du 14 juillet 1789. — 6. L'Animadversion d'un patriote (des enfants devant les bustes de Rousseau et de Voltaire). — 7. L'Exemple à suivre. — 8. Les effets de la Constitution :

On vante l'ambroisie
Qui fait le repas des Dieux.
Notre table est servie
De mets aussi précieux.
Un travail que rien n'enchaîne
Les obtient heureusement.
Quand le produit suit la peine,
Le cœur est toujours content.

9. La Licence corrigée par la Liberté (deux femmes en posture galante). — 10. L'accord sentimental. — 11. Le Prix de mémoire. — 12. Le Repentir d'un fugitif :

L'Amour, autant que le civisme,
Me remet enfin dans tes bras.
Là, j'abjure le despotisme
Et tous les citoyens ingrats.
Que mon exemple les anime,
Et que, répentans à leur tour,
Ils viennent expier leur crime,
Aux pieds des Lois et de l'Amour.

[Catalogué, 100 fr.]

[Coll. Salomon.]

1053. — LA CONSTITUTION EN VAUDEVILLES, Suivie des Droits de l'Homme, de la Femme, et de plusieurs autres vaudevilles constitutionnels. Par M. Mar-

FIGURES DE DORGEZ POUR « LA CIVILOGIE PORTATIVE »
[D'après l'exemplaire rarissime et quelque peu fatigué, appartenant   M. Salomon.]

chant. || A Paris, chez les libraires roya-
listes. 1792. In-32.

Le faux-titre porte l'indication : « Almanach
civique pour l'année 1792. »

Frontispice au pointillé, tantôt en bistre, tantôt
à la sanguine, tantôt en couleurs (en cet état avant
la lettre), que Cohen paraît attribuer à Debucourt.
Il représente un patriote s'amusant au jeu de l'émigrette. Avec un calendrier.

En tête de l'ouvrage : « Épître dédicatoire à
MM. les Émigrés, » signée : L'Éditeur de la Constitution en Vaudeville. Puis on lit sous forme
d'*avertissement:*

« Comme ma qualité de citoyen passif m'engage
à faire quelque chose pour la nation, je ne crois
pouvoir rien faire qui lui soit plus agréable que
de mettre sa constitution en vaudevilles. Par ce
moyen elle se trouvera à la portée de tout le
monde ; ceux qui ne l'auroient jamais lue la chanteront, s'il est vrai qu'on chante ce qui ne vaut
pas la peine d'être lu.

« Si, comme on l'a dit, tout finit par des chansons, et si, par un de ces événements que la sagesse
humaine ne peut prévoir, la constitution françoise
devenoit un ouvrage inutile, la mienne pourroit se
chanter, tandis que celle de l'Assemblée nationale
ne trouveroit pas un lecteur. En attendant le
triomphe d'une de ces deux constitutions sur
l'autre, je vais présenter la mienne à ma section,
où j'espère qu'elle me tiendra lieu de don patriotique et de contribution mobilière. »

C'est une des plus spirituelles parmi les nombreuses parodies de l'époque. Voici notamment de
quelle façon se trouve ridiculisée la déclaration
des droits de l'homme :

> Ou sensés ou nigauds,
> Les hommes sont égaux
> A la qualité près.
>
> . . . .
>
> Ils sont tous indistinctement
> Fils d'un papa, d'une maman ;
> Peupler et cultiver la terre
> Voilà quel est leur ministère.
> Mais tous n'ont pas l'heureux talent
> De pouvoir faire également
> Tout ce qu'on a fait pour les faire.

Parmi les « vaudevilles constitutionnels » il faut
mentionner la Promenade civique de l'incomparable M. Voidel au bois de Boulogne, les Jacobins
et les Capucins, les chemises à Gorsas, une chanson sur Carra, etc.

Cette petite plaquette bien connue, a été réimprimée par Jouaust en 1882, avec une notice par
Jules Kergomard.

[La B. N. possède un exemplaire de choix
avec 2 tirages en couleurs du frontispice, dont
l'un sur satin. || Coll. Victorien Sardou, ex. avec
front. en couleurs.]

Cat. de 8 à 10 fr.

1054. — LA CONSTITUTION FRAN-
ÇAISE Décrétée par l'Assemblée Nationale
Constituante, aux années 1789, 1790 et
1791 ; Acceptée par le Roi, le 14 septembre
1791. || A Paris, de l'imprimerie Didot
jeune. Chez Garnery, rue Serpente, n° 17.
1792. In-32.

Le faux-titre porte : « La Constitution française,
Almanach nécessaire pour l'année 1792. »
Contient la Constitution.

[Communiqué par M. Bihn.]

1055. — LE DIVIN CONSOLATEUR,
Étrennes nécessaires aux fidèles, dans les
malheureux jours de schisme. || A Paris,
chez Lepetit. 1792. In-12.

[B. N.]

1056. — LES ENTRETIENS DE LA
MÈRE GÉRARD EN FRANCE, aux dé-
pens de toutes les sociétés fraternelles. ||
S. l. (Paris). 1792. In-32.

Autre parodie de l'*Almanach du Père Gérard.*
L'auteur fait observer qu'il n'a pas remporté de
prix aux Jacobins, mais qu'il en propose un de
100,000 fr. à qui exterminera la gent jacobine.

On y trouve en contre-partie, la parodie des
divers conseils du Père Gérard.

1057. — ÉTRENNES AU BEAU SEXE
OU LA CONSTITUTION FRANÇAISE
MISE EN CHANSONS, suivie de Notes et
Vaudevilles constitutionnels. [Épigraphe :]
Tout finit par des chansons. || Paris, De
l'imprimerie royale. 1792. In-16.

Avec un frontispice allégorique (rats dans une
montagne) et une planche représentant Brissot qui
s'enfuit avec nos colonies qu'il vient de *brissoter ;*
légende : La constitution au club des Jacobins.

Almanach divisé en trois parties : 1°. La Constitution en chansons ; 2°. les Notes y relatives ;
3°. Un Recueil de tout ce qui a paru de mieux en
Chansons constitutionnelles pendant 1791.

Cet ouvrage est dédié aux jeunes demoiselles.

[Cat. 3 et 5 fr.]
[B. N.]

1058. — LES ÉTRENNES DE FÉLI-
CITÉ || Cythère (Paris) 1792. In-12.

Par Bayard de Plainville député de la Somme
au Conseil des Cinq-Cents. Félicité, c'est
Mme Bayard, et ce petit volume qui n'est nulle-

ment un almanach n'a été tiré, nous apprend Charles Nodier dans le catalogue de la vente Crozet,
qu'à un très petit nombre d'exemplaires et seulement pour la famille.

1059. — ÉTRENNES POUR LES CI-
TOYENS-SOLDATS ET LES SOLDATS-
CITOYENS ; Pour l'An III de la Liberté.
Contenant la Déclaration des Droits de
l'Homme, avec des réflexions philosophiques. Et la Constitution française,
Accompagnée des entretiens du père
Gérard, par M. Collot; des Lois concernant la Paix et la Guerre, le serment à
prêter par les Troupes, l'organisation de
l'Armée, la discipline militaire, et chansons patriotiques. On y a joint un livret
des Postes pour toutes les routes de
l'Empire. || A Paris, chez Dufart, impri-
meur-Libraire, au bureau des nouveaux
livres classiques, rue Saint-Jacques, n°157;
Favre, libraire au Palais-Royal, et chez
les Marchans de Nouveautés. 1792. In-12.

Frontispice personnifiant le triomphe de la
Constitution sur l'ancien régime.
Deux autres vignettes représentent l'une : le
Triomphe de Louis XVI, l'autre le père Gérard
expliquant la constitution à ses concitoyens.

[B. N. — Lc 2 2 319.]

1060. — ÉTRENNES SPIRITUEL-
LES, tirées des monuments de l'Église
et adressées au clergé et au peuple catho-
lique de France. || Paris, Crappart, 1792.

Publication avec calendrier, due à l'abbé Buée.

1061. — FOLIES NATIONALES, Pour
servir de suite à la Constitution en Vau-
devilles. Par M. Marchant. || A Paris,
chez les Libraire Royalistes. 1792. In-32.

Frontispice gravé : un citoyen aristocrate debout, prenant de la main droite une marotte placée sur une table, à côté d'un poignard. Dans le
fond, une bibliothèque. Au-desssous, cette légende :

La marotte est pour moi,
Le poignard pour les autres.

Almanach conçu dans le même esprit que la
Constitution en Vaudevilles. Il est dit, dans un avertissement, que les éditeurs veulent, sous le masque
de la folie, éclairer leurs concitoyens sur leurs
vrais intérêts. « Il faut rire, c'est ce que dit tout le
monde, et cependant on n'a jamais si peu ri qu'à
présent. Il est vrai que les circonstances ne sont

pas très riantes, mais qu'importe ! Nous voulons
rendre les Français à leur ancien caractère. » C'est
pourquoi on offre au public « un nouveau recueil,
un nouveau choix des œuvres de M. Marchant en
les présentant sous un format plus commode et
plus portatif. » Contient, entre autres pièces : « Le
nouveau Don Quichotte, Les marionnettes nationales, Le petit ménage de M. Audouin journaliste
et sapeur du bataillon des Carmes, un Dialogue
assignatico-patriotique entre M. Camus et M. Robespierre, la superbe et magnifique séance du
Club des Jacobins. »
Morale : alors on ne pouvait guère rire ; aujour-
d'hui, cela ne fait plus toujours rire.

[B. N. || Coll. de l'auteur.]

1062. — LA GAIETÉ FRANÇOISE ou
Étrennes de la Liberté. Almanach nouveau, chantant et décent pour la présente
année. Dédié aux Amis du Plaisir. [Épi-
graphe :] Le plaisir rend heureux :
Épicure. || A Athènes, et aux dépens des
Épicuriens Avec approbation de la Liberté.
(1792.) In-32.

Une des très rares publications de l'époque contenant sur son titre la satire des anciennes approbations royales. On remarquera également le mot
« décent » mis à la place du terme « Galant » si
universellement employé pour les chansonniers du
XVIIIe siècle.
Du reste, simple recueil de chansons banales, avec
calendrier, s'ouvrant par une chanson sur les nouveautés du jour : « Qu'y faire, qu'y faire ! ».

[Coll. Weckerlin.]

1063. — LES LUBIES D'UN ARISTO-
CRATE, Almanach Nouveau, Pour l'Année 1792. Avec un Livret des Postes, très
exact des Routes, et la distance pour
l'allée et la venue en poste à Paris des
Villes frontières, ainsi que des autres principale Villes du Royaume. = Prix 24 sous.
|| A Paris, chez Francion, entre les rues
Royale et du Dauphin, au Panache blanc.
In-18.

Frontispice assez gentiment gravé, représentant
des personnages occupés à dépendre des écussons
royaux. Au-dessous on lit : « Ainsi que l'Église
dans les jours de pénitence voile l'image du Christ
et des Saints ; de même dans ces jours de calamité,
nous voilons tout ce qui pourrait rappeler à nos
sens l'éclat de la Majesté Royale. »
En plus de cette légende gravée il fut distribué
sur papier volant une « Explication imprimée de la
gravure. » Cette explication que je possède sur mon

exemplaire porte : « La Nation en déshabillé arrache les panonceaux des grilles des Notaires, la couronne et les armes de France aux enseignes des marchands, et placarde en noir le mot « Royale » Sur le plafond des Buralistes. »

Par « Plafond » il faut entendre ici les grandes enseignes en bois placées au haut des boutiques et portant les inscriptions « Débit Royal » — « Loterie Royale », etc...

Chaque mois du calendrier a, devant lui, un agenda pour les notes manuscrites.

L'auteur de ce recueil de poésies d'actualité qui s'ouvre par une « Épître dédicatoire aux douze cens virs » dit dans un préambule : « Nous serons toujours satisfaits de la destinée de cet ouvrage, s'il peut, quelque jour, servir de fallot pour allumer un feu capable d'anéantir à jamais cette multitude innombrable de productions infernales, de pamphlets ridicules, de brochures et de journaux insipides qui n'annoncent que trop depuis quelques tems la perversité des cœurs, la destruction des mœurs et la décadence du bon goût.

Série de petites pièces assez amusantes dans l'esprit du moment.

— Sur la proclamation du 20 Juin :

Nous, Souverains de ce Royaume,
Qui ne croyons ni Roi, ni Dieu ;
Avons fait serment en ce lieu,
De jouer la France à la paume.

— Sur le départ de Constituants :

Enfin à des Jongleurs nouveaux
Ils abandonnent leurs tréteaux ;
Pour les voir déguerpir du Diable si je bouge.
Que va-t-il nous rester de leurs sombres travaux ?
Des milliards d'assignats, quelques quarts d'écus
                                    [faux,
Et force sous de cuivre rouge.

La plaquette se termine par une Approbation et Permission rédigée dans un esprit satirique :

« Nous soussignés, délégués par le Comité pie, pour farfouiller toutes les paperasses soumises à nos recherches ; déclarons avoir scrupuleusement épluché celles-ci dans lesquelles nous n'avons rien trouvé qui puisse en retarder la circulation. L'an troisième de l'Ère de la liberté.

Signé : COCHON et consorts, garçons chiffoniers de la Propagande.

Cet almanach se rencontre quelquefois avec un autre frontispice grossièrement enluminé qui n'est point le sien : l'Amour tendant sa flèche à une femme assise.

[B. N. || Coll. Victorien Sardou. || Coll. de l'auteur.]

[De 10 à 15 fr. broché.]

1064. — LE MAGICIEN RÉPUBLICAIN ou Organe des événements dont l'Europe et particulièrement la France

sera le théâtre, en 1793, par Rouy l'aîné, auteur des deux éditions des prédictions des événements de 1792. [Épigraphe :]

Plus je m'enfonce dans le cahos (sic) de l'avenir,
Plus je vois de merveilles et de tyrans périr. (1)

|| A Paris, chez l'Auteur, rue des Lombards, n° ci-devant 29, allée du premier marchand de vin à droite, en entrant par la rue Saint-Martin, au deuxième sur le devant ; et chez les Libraires en nouveautés. In-18.

Recueil de prédictions plus ou moins fantaisistes. [Voir, plus loin, n° 1145.]

1065. — MANUEL DES AMIS DE LA CONSTITUTION contenant le livre des Postes pour l'allée et la venue de Paris à toutes les Villes de France. La Constitution française précédée d'une Introduction et Réflexions philosophiques et accompagnée des Entretiens du père Gérard par M. Collot ; de Chansons patriotiques et des Lois relatives aux Troupes Nationales. Avec trois figures allégoriques. Prix : 1 liv. 10 s. broché. || A Paris, chez Fr. Dufart, Imprimeur-Libraire, au Bureau des nouveaux Livres classiques, rue St-Jacques, et chez Bossange, rue des Noyers. 1792. In-18.

Recueil rarissime qui ne se trouve dans aucune de nos bibliothèques publiques. Les trois figures allégoriques annoncées sur le titre et gravées avec une grande finesse de burin, sont :

1° Frontispice. — Du Temple de la Constitution sur lequel veille la Divinité tenant en main les Droits de l'Homme, temple soutenu par des colonnes aux inscriptions significatives « Liberté-Propriété. Sureté. Résistance à l'oppression », sortent les troupes de la Nation, commandées par Rochambeau, La Fayette, Lückner. Sur leur drapeau on lit : Vivre libre ou mourir. Sur le côté droit de la gravure défilent, en longueur, les troupes de la Réaction, à l'enseigne Alleluia ! Alleluia ! Alleluia ? commandées par Condé et Royal-Bonbon. Le Souverain de l'Ancien Régime qui domine cette armée de toute sa hauteur, c'est la Mort, avec ses banderolles aux inscriptions significatives : Maquereaux, Catins, Valetailles, Fermiers, Princes, Clergé.

_____

(1) Deux vers de treize pieds (la faute, sans doute, à l'année dix-sept cent quatre-vint-treize).

2° *Triomphe de Louis XVI.* — La France sur un trône, sabre nu en main, couronne le buste de Louis XVI. A ses côtés est une inscription : *Tous à la loi seule.* Debout au premier plan, sur la droite, une autre femme personnifiant la Liberté et l'Égalité tient un drapeau dont la pique est surmontée du bonnet phrygien, 14 sept. 1791.

3° *Le Père Gérard tient le Livre de la Constitution et l'explique à ses Concitoyens* (la planche connue, en grand format, pour l'édition in-18).

Les « Entretiens du Père Gérard » sont suivis du rapport fait par Dusaulx à la Société des Amis de la Constitution, au nom de MM. les Examinateurs-Juges du Concours de l'Almanach Patriotique.

Cette troisième partie a sa pagination spéciale : c'est le volume in-18 du « Père Gérard » adjoint tel que, sans titre, au « Manuel des Amis de la Constitution. »

Les deux exemplaires qui m'ont passé entre les mains étaient reliés et portaient sur le dos l'un *Étrennes*, l'autre *Étrennes Françaises.*

[Cat. 15 à 20 fr.]

1066. — LES MŒURS DES PREMIERS AGES ou l'École de l'Antiquité. Almanach Moral et Lyrique, orné de jolies gravures. ‖ A Paris, chez Janet, successeur du Sʳ Jubert, rue St-Jacques, vis-à-vis les Mathurins, n° 36 (1792). In-24.

Titre gravé avec sujet biblique. Almanach orné de 6 gravures dont voici les légendes : — 1. Adam et Eve . — 2. Le Massacre d'Abel. — 3. La Résignation d'Abraham. — 4. Le Sacrifice de Jephté. — 5. Le Pauvre bienfaisant. — 6. Le Père de Famille.

Texte gravé, chansons et musique. Calendrier pour 1792.

[Coll. de Bonnechose.]

1067. — LE NÉCESSAIRE D'UN HOMME DE BIEN. ‖ A Paris, chez Janet, successeur du sieur Jubert, rue St-Jacques, n° 36. (1792.) In-64.

Almanach minuscule mesurant 0.021 sur 0,016 mill. Avec 8 vignettes sur bois, quatrains et devises pour les filles et les garçons. La première gravure représente un conscrit dont un officier soutient le fusil. En face on lit :

Ce ne sont plus des jeux d'enfants
Qui des nôtres font le bien être,
Chez nous tout s'escrime à présent,
On est soldat ou l'on veut l'être !

Avec calendrier pour 1792.

[Coll. marquis de Fayolle.]

1068. — LES PERFIDIES SUPPOSÉES OU LES MÉDISANCES PARDONNABLES. Orné de jolies gravures. ‖ A Paris, chez Janet, successeur du sieur Jubert, rue St-Jacques, vis-à-vis les Mathurins, n° 36. (1792.) In-24.

Titre gravé : Amours se lutinant sur un pont et dans l'eau. Compositions de Dorgez pour accompagner les chansons. — 1. Le Rideau entr'ouvert. — 2. Autres temps, autres mœurs (allusion à l'Antiquité). — 3. Le Cheval fondu. — 4. La Substitution. — 5. L'Amour Dragon. — 6. Le nouveau Colin-Maillard (encore, sous une autre forme, la planche des quatres jambes actives : ici c'est contre la porte).

... le bandeau par adresse
Echut au pauvre Mari.
Tandis qu'il cherche et tâtonne,
Son infidelle moitié
A l'Amant qui l'environne
Prouve sa vive amitié, etc.

7. Le Besoin des deux Sexes. — 8. Les Vœux téméraires. — 9. Le Mari surveillant. — 10. L'Échelle rompue. — 11. La Vengeance pardonnable. — 12. Le Cent de fagots.

Quelques-unes de ces compositions sont fort jolies. Texte gravé avec pages de musique et feuilles « Perte et Gain ». Le calendrier qui se trouve à la fin est intitulé : « An de Grâce 1793 »; l'éditeur fait observer que les almanachs se débitant dans plusieurs diocèses on n'y a mis que les jeûnes généraux.

[De 80 à 150 fr. suivant l'état et la reliure.]

[Coll. Paul Eudel.]

1069. — LE PETIT ALMANACH DES GRANDS SPECTACLES DE PARIS. [Épigraphe :] ridendo dicere verum Quis prohibet ? Horace. ‖ A Paris, chez Maret, Libraire, Au petit-fils de Henri IV, sous la voûte de la cour des fontaines, au Palais-Royal ; Et chez tous les Marchands de Nouveautés. 1792. In-24.

Attribué à Rivarol. « L'art de la comédie », dit l'auteur dans une préface, « est devenu le plus nécessaire et le plus agréable de tous. Pourquoi donc a-t-on gardé jusqu'à présent le plus profond silence sur ceux qui le professent ? » C'est pour venger les comédiens des injures des journalistes et des huées d'un public capricieux et méconnaissant que l'auteur publie son almanach en suivant modestement les traces du *Petit Almanach des Grands Hommes.* Notices satiriques sur les théâtres et sur les principaux comédiens, connus, en effet, dans le même esprit. Qu'on en juge par ces quelques citations :

— M. *Renaud* (Opéra). Talent qui s'élève de jour en jour, et qui finira par se perdre dans les airs. La voix du public saura à coup sûr l'arrêter. *Rue lignon, à l'Inutilité.*

— *Figurantes.* Vingt-cinq jeunes filles, élevées presque toutes au couvent, et dont on apprécie tous les jours le mérite. Elles se rassemblent tous les soirs, avant ou après le spectacle, sur le boulevard du Temple où on peut se procurer leurs adresses.

— M. *Dupont* (Th. Français). Jeune débutant qui ne promet pas beaucoup. Nous prononcerons sur lui quand il se fera mieux connaître. *Rue du Théâtre Français, à l'Espérance.*

[Coll. Paul Lacombe.]

1070. — LE PLUS PRÉCIEUX DES ALMANACHS, Contenant des moyens sûrs pour se garantir des faux Assignats, ou Collection de tous les procès-verbaux dressés jusqu'à ce jour, pour constater les signes caractéristiques, auxquels on peut reconnoître la falsification des Assignats depuis 5oo liv. jusqu'à 5 liv. Livre Nécessaire à tous les Français. Seconde Édition. ‖ A Paris, chez Patris, Imprimeur, rue Saint-Jacques, Zoppi, au caffé Procope, rue de la Comédie Française, Devaux au Palais Égalité, n° 181. Garnéry, rue Serpente. (1792.) In-18.

Ne contient, comme le titre l'indique, que des procès-verbaux sur la falsification des Assignats.

[Cat. 4 et 5 fr.]
[B. N.]

1071. — LA RÉUNION DES UNIFORMES ou l'Almanach des trois Couleurs et Variétés, Orné de Jolies Figures. ‖ A Paris, chez Janet, Doreur, Beau-frère et Successeur du sieur Jubert, Rue Saint-Jacques, vis-à-vis les Mathurins, n° 36. (1792.) In-32.

Titre gravé avec sujet (deux gardes françaises tenant l'un un fusil, l'autre un drapeau déployé orné du bonnet phrygien), 12 gravures, non signées, sans légendes, ravissantes comme dessin et comme exécution, et dont voici les sujets : — 1. La préférence patriotique. — 2. La double épreuve. — 3. La simplicité désirable. — 4. Le moyen de s'en défendre. — 5. Le marin philosophe. — 6. Le portrait des vieillards. — 7. Le désespoir bien légitime. — 8. La méthode des amans. — 9. La Grotte mystérieuse ou le Fantôme. — 10. Les charmes de

tête-à-tête. — 11. Les plaisirs villageois. — 12. Les rendez-vous.

Texte entièrement gravé, chansons et musique, avec un calendrier, se dépliant, pour 1792, et un cahier de tablettes.

Quelques-unes de ces pièces sont dans la note patriotique du jour.

On peut en juger par les vers suivants empruntés à la première chanson :

Depuis l'heureux instant qu'en France
Tout est armé pour sa défense ;
Depuis que les soldats Français
Ont encouragé nos succès,
L'uniforme a la préférence.
Il est l'habit par excellence
Le Sexe en chérit la couleur,
Et qui le porte est son vainqueur.

[De 15o à 200 fr. suivant l'état et la reliure.]
[Coll. de Savigny.]

1072. — LA RÉVOLUTION FRANÇAISE EN VAUDEVILLES, Depuis le commencement de l'Assemblée destituante jusqu'à présent. ‖ A Coblentz, 1792. In-32.

Frontispice représentant la France qui arrache le bandeau lui couvrant les yeux, elle implore à genoux la vengeance du Ciel, sa prière est exaucée. Un coup de tonnerre frappe et détruit la Constitution sous l'emblème d'une pyramide renversée, posée sur un affut de canon et soutenue par plusieurs fusils. Au-dessous se lit cette légende :

Espérons des jours plus paisibles,
Les Dieux ne sont point inflexibles,
Puisqu'ils punissent leurs Forfaits.

Satires très violentes sur les deux premières législatures, avec une série de pièces détachées.

Pourquoi donc nos soldats nationaux
N'ont-ils pas des culottes ?
Nous avons des milliers de drapeaux,
Qu'avaient faits nos patriotes ;
Ça ferait aux soldats nationaux
De fort bonnes culottes.

.˙.

On verroit les couleurs d'Orléans
Décorer leur derrière ;
Et bientôt, du héros d'Ouessan,
Égalant la vertu guerrière,
Ils feroient quatre pas en avant
Et cent mille en arrière.

Quelques exemplaires ont un calendrier.

1073. — LES SOIRÉES DE CÉLIE, ou Recueil de chansons en vaudevilles et arriettes (sic). Orné de jolies gravures. ‖ A Paris, chez Janet, successeur du sieur Jubert, rue St-Jacques, vis-à-vis les Mathurins, n° 36 (1792). In-24.

Titre gravé avec sujet (Amour soutenant un jet d'eau sur lequel sont des cœurs).
Douze gentilles illustrations dont voici les sujets : — 1. Le chercheur de merles. — 2. Mirlimimi Zacatara (scène de Charlatan sur la place publique). — 3. L'amant serrurier. — 4. La déclaration muette. — 5. La Bergère. — 7. La jolie Boulangère. — 7. Les pleurs séchées. — 8. La Méchante. — 9. La Chasse. — 10. La Marchande de Chapeaux (intéressant comme intérieur de boutique). — 11. La Danse. — 12. Chacun s'ocupe (sic) (les enfants s'amusent, les grands se font la cour, un personnage regarde au loin avec une lorgnette).
Texte gravé.

[Ex. mar. vert. cat. Morgand, 75 fr.]

1074. — LE TRÉSOR DES DÉVINATIONS OU LE PORTEFEUILLE DE JÉROME SHAPP. ‖ A Paris, chez Janet, successeur du sieur Jubert, rue Saint-Jacques, n° 36. 1792. In-24.

Almanach faisant connaître la manière de tirer les horoscopes. Sur le titre gravé se trouve l'hexagone avec les n° donnant les réponses aux ques-

tions posées. Il est orné de 10 jolies compositions gravées par Dorgez : — 1. La Vérité. — 2. Le Hazard. — 3. La Fortune. — 4. Le Destin. — 5. La Bonne fée. — 6. Le Bon génie. — 7. La Sybile. — 8. Nostradamus. — 9. La Mère sçait tout. — 10. Mathieu Laensberg.

Texte imprimé. Les réponses — qui ne sont jamais que des réponses à côté, est-il besoin de le dire ? — sont des poésies chantantes.

A la fin se trouve le conte : *Le teinturier malade*, reproduit depuis tant de fois :

Votre mal est, mon cher, le pourpre ou la suette,
Disoit à son malade un grave Médecin ;
J'en juge à la couleur et rouge et violette,
Que j'apperçois sur votre main....
Eh ! je suis teinturier, répond l'homme en souf-
[france ;
Et de sucs innocens monsieur est imbibé...
Vous êtes Teinturier ? Louez la Providence,
Sans cela vous étiez flambé.
[De 40 à 80 fr. suivant l'état.]

[Coll. Paul Eudel.]

1075. — ͺALMANACH A DEUX TÊTES, en deux parties. ‖ S. l. 1793. In-32.

[D'après H. Welschinger, *Almanachs de la Révolution*.]

1076. — ALMANACH ASTROLOGIQUE ET PHILOSOPHIQUE. A l'usage des Cultivateurs et de tous les Citoyens du Monde. Par les associés interprêtes du livre de Thot. [Épigraphe :] « En tout et par-tout, les dieux apprennent beaucoup de choses aux hommes ». Aratus. ‖ A Paris, De l'Imprimerie Célère, rue Galande, maison Châtillon, n° 63 et 79. (An II.) In-12.

Frontispice gravé représentant, d'après l'explication placée en tête de l'ouvrage, l'invention de l'Agriculture.
Contient des indications utiles aux cultivateurs : signes des changements de temps, instructions médicinales sur l'emploi de certaines plantes d'après leur ressemblance avec les différentes parties du corps humain, instructions sur l'agriculture et le jardinage. On y trouve, de plus, quelques données astrologiques pour les 12 mois de l'année, ainsi que la Déclaration des droits de l'homme.
Calendrier rural pour l'an II, les noms des Saints étant remplacés par ceux des produits de la terre.

[Cat. de 3 à 4 fr.]

1077. — L'A-B-C NATIONAL, dédié aux républicains par un royaliste. || A Paris, chez les Marchands de Nouveautés. 1793. In-32.

Série de quatrains, de poésies et de jeux de mots sur l'alphabet, lettres et mots.

Frontispice représentant un personnage assis devant un tableau sur lequel sont tracées les trois premières lettres de l'alphabet et qui se trouve appuyé contre le faisceau des licteurs. Légende :

L'un le dit ou l'écrit, quant à moi je le chante,
Tandis qu'à le penser, un autre se contente.

La citation suivante suffira à donner une idée de la pauvreté littéraire de ce petit recueil :

K. Lettre qu'on ne trouve pas
Au milieu de tant d'embarras
Loulanladerirette
Et qui va comme ce tems-ci :
Loulanderire.

[Cat. 4 et 5 fr.]

1078. — ALMANACH CHANTANT pour l'An II. || Paris, chez Dupont. An II (1793-1794). In-8.

[D'après H. Welschinger, *Almanachs de la Révolution*, et attribué par lui à Saint-Just.]
[Voir, plus loin, n° 1146.]

1079. — ALMANACH DÉDIÉ AUX BONS CITOYENS. || A Paris, chez Blanmayeur (1), Rue du Petit-Pont, Maison de l'Image-Notre-Dame. (An II, 1793-94.) In-32.

Titre, dans un encadrement avec sujet pastoral, (moutons et petits bergers), dessiné et gravé par Queverdo. Almanach orné de 12 gravures dont voici les légendes : 1. La Fête des Citoyens. — 2. Le Retour du Bûcheron. — 3. La Fille grondée. — 4. Le Retour de la Ville. — 5. L'amant trouvé dans la Huche. — 6. Le bon ménage. — 7. Les Accords villageois. — 8. La paille découverte. — 9. La Mère bien aimée. — 10. Rosine et Colas. — 11. La Belle-Mère. — 12. La Fête du Père de Famille.

Texte, chansons et musique, entièrement gravé.
Calendrier se dépliant, pour l'an II avec la concordance grégorienne.
Cet almanach dont les sujets furent très populaires au XVIIIᵉ siècle, n'est que la mise en vente,

à nouveau, sous un titre au goût du jour, de *La Fête des Bonnes Gens*, publié antérieurement chez Boulanger (voir, plus haut, n° 848). Il n'est pas sans intérêt de remarquer que le mot « Rois » dans la légende de la première planche a été recouvert d'une bande portant le mot « Citoyens ».

[Coll. de Savigny.]

1080. — ALMANACH DE J.-J. ROUSSEAU ou des bons ménages, par Bulard. || Paris, Caillot. (1793.) In-24.

[Quérard.]

1081. — ALMANACH DE LA MÈRE GÉRARD, Pour l'Année bissextile 1792, ou les Droits de l'Homme et du Citoyen. Mis en vaudevilles, Suivis de Noels Civiques et Patriotiques, pour l'amusement et l'instruction des petites-filles de la Mère Gérard. || A Paris, chez les Marchands de Nouveautés. L'an III de la Liberté. In-32.

Frontispice gravé, représentant la mère Gérard instruisant ses filles, avec cette légende tirée des couplets du volume :

Tandis que Gérard explique
Les décrets à nos garçons,
Mes soins aux filles j'applique,
Et les instruis par des chansons.

Cet almanach qui s'ouvre par des couplets de la Mère Gérard est une adaptation en vaudeville des Droits de l'homme. Sur les pages de gauche sont les articles des Droits de l'homme ; en face, un couplet–vaudeville s'y rapportant.

Ces vaudevilles, dit l'éditeur en un avis au verso du titre, sont le fruit des loisirs d'un bon patriote.

Viennent ensuite les *Noëls Patriotiques*, composés de chansons diverses ayant toutes trait à la révolution : Portrait d'un roi constitutionel ; Idée de l'ancien régime ; Le Pacte fédératif ; Invitation aux Emigrés ; Départ des Patriotes pour les frontières ; etc.

Le même almanach se trouve sans le frontispice et sans les *Noëls Patriotiques*, c'est-à-dire ne contenant que les *Droits de l'homme en vaudevilles*. En voici le titre sous cette forme :

— *Almanach de la Mère Gérard, Pour l'Année bissextile 1792*, ou les Droits de l'Homme et du Citoyen, mis en vaudeville, et dédiés à la Mère Gérard, pour l'amusement et l'instruction de ses petites-filles. || A Paris, Chez Bouqueton, Imprimeur–Libr., rue Saint-Martin, n° 226. L'an III de la Liberté. In-32.

[B. N. — Lc²² 39 et 39 A.]

---

(1) Blanmayeur est le successeur de Boulanger.

1082. — ALMANACH DE LA RAISON, pour l'an II de la République Française, une et indivisible. Rédigé par le républicain Ésope Desloges, sourd et muet, habitant la maison nationale de Bicêtre. ‖ Paris, chez le citoyen Desloges. An II. (1793-94.) In-12.

Curieux almanach dans lequel les fautes d'orthographe tiennent une certaine place et qui donne un abrégé du catéchisme moral pour l'instruction républicaine.

[B. N.]

1083. — ALMANACH DE LA RÉPUBLIQUE FRANÇAISE, Pour l'année 1793; Dédié aux Hommes Libres. [Épigraphe :] L'Instruction est le premier bien. Prix, 15 Sols. ‖ A Paris, chez Lefuel, Doreur, rue de la Harpe, nº 187. Dufay, passage du Saumon et chez les Marchands de Nouveautés. L'an Iᵉʳ de la République. (1792.) In-32.

Frontispice allégorique, avec cette légende : « La Liberté foudroye les abus et l'ignorance, qui se précipitent dans une Caverne. »

Almanach rédigé sous forme de dialogue entre un républicain et un monarchiste. « Cet almanach, » lit-on dans la préface, « destiné à passer dans les mains d'hommes libres, est rédigé par un républicain, qui se met lui-même aux prises avec un monarchiste ; du choc de ces deux opinions, il espère que la vérité sortira. » Après 131 pages de longues discussions tous les deux semblent être, enfin, tombés d'accord. Voici du moins la conclusion :

« — Le Monarchiste : Mon cher républicain, vous avez fait passer dans mon âme le feu dont la vôtre est animée; je suis satisfait de vous avoir un peu poussé à bout, vos réflexions m'ont fait plaisir; car il faut que je vous accuse la vérité : je n'étois Monarchiste que par habitude, et j'avois honte de rejetter des principes que mes pères m'ont transmis ; mais, grâce à vous, toute honte cesse, et vous avez fixé mon irrésolution. Je vous donne le baiser de paix : soyons amis ; les hommes sont faits pour l'être. »

Heureux temps où l'illusion était encore telle qu'on conservait l'espérance de voir toutes inimitiés cesser à l'aide d'une simple discussion contradictoire!

[B. N.]

1084. — ALMANACH DES BERGERS, Pour l'année M.DCC.XCIII contenant Deux Méthodes faciles, l'une pour connoître l'heure de la nuit à l'aspect des Étoiles, et l'autre pour connoître la position des Planettes chaque jour de l'année. [Épigraphe :]

Quel bras peut vous suspendre, innombrables
[Étoiles !
Nuit brillante, dis-nous qui t'a donné tes voiles ?
      RACINE, Poëme de la Religion.

‖ A Paris, chez Pellier, Imprimeur, rue des Prouvaires, nº 527, Et Demoraine, Libraire, rue Saint Jacques, vis-à-vis la Fontaine Saint-Séverin, aux Associés. 1793, An premier de la République française. (1793 et suite.) In-18.

Débute par une « Adresse aux Bergers et aux Cultivateurs, » pour leur démontrer que l'astronomie est une science qui leur est utile, et qu'elle est, de plus, une récréation universelle parmi les Bergers.

Deux cartes contenant les étoiles visibles sur l'hémisphère nord.

Sur le titre de l'An II on lit, en plus : « Suivi d'un Essai sur les moyens de se procurer les Trésors du Pérou ». Welschinger dans ses Almanachs de la Révolution mentionne l'An III.

[B. N. Année 1793 — Vz 2284.]
Z z. c. 140

1085. — ALMANACH DES CATHOLIQUES ROMAINS, ou Recueil de traits de Piété et de morale chrétienne, Pour l'an de grâce 1793. [Épigraphe :] Et ascendet sicut virgultum in conspectu Domini. Isaïe. ‖ A Paris, chez Debarle, Imprimeur-Libraire, rue du Hurepoix, quai des Augustins, nº 17, au Bureau-Général des Journaux. In-24.

Almanach catholique, avec calendrier pour l'an VI contenant les jours correspondants de l'ancien calendrier.

[B. N. — Lc ²³.]

1086. — ALMANACH DES FRANÇAIS pour l'An Second de la République, Rédigé conformément au Décret de la Convention Nationale [Avec les noms des Mois et des jours de la Décade] (1). [Épigraphe :]

Magnus ab integro seclorum nascitur ordo.
.... Novi incipiunt procedere menses.

‖ A Paris, chez Du Pont, Imprimeur-

_____

(1) Sur certains exemplaires la partie entre crochets n'existe pas.

Libraire, rue de Richelieu, n° 14. II. (1793-94). In-24.

Calendrier républicain avec le rapport de Romme. L'ancien calendrier a été conservé à côté pour la commodité du public.

[B. N. — Lc²² 35.]

1087. — ALMANACH DES HON-NÊTES GENS, Contenant des prophéties pour chaque mois de l'année 1793, des anecdotes peu connues sur les journées des 10 août, 2 et 3 septembre 1792, et la liste des personnes égorgées dans les différentes prisons. [Épigraphe :]

Ils prétendent conduire à la félicité
Les nations tremblantes
Par les routes sanglantes
De la calamité.

Volt.

|| A Paris, chez tous les marchands de nouveautés. 1793. In-12.

Frontispice, non signé, représentant la Justice, la Religion et la Vérité se retirant au Ciel, tandis que sur la terre livrée aux horreurs de la guerre civile, des bourreaux achèvent leurs victimes.

Frontispice de l' « Almanach des Honnêtes Gens. »

Le calendrier se trouve précédé d'un article Éclipses qui se termine ainsi : « Le satellite surnommé Mars, parce qu'il a mis les peuples en

guerre, et a promis Mons et merveilles éteindra son disque d'un rouge noirâtre dans les flots de sang qu'il aura fait verser. Tous les autres satellites disparaîtront à l'horison, en même tems que l'astre éphémère et multiple qui les y a fait monter. »

Dans le texte se trouve, en outre d'anecdotes sur les horreurs commises en septembre 1793, une « Complainte sur les événements relatifs à Mlle de S** (Sombreuil) qui a sauvé son père d'une Saint-Barthélemy (sic) » ; un article avec romance, La République des Animaux et un dialogue entre Mirabeau et Larochefoucauld.

Jusqu'à ce jour cet almanach avait été souvent attribué à Sylvain Maréchal. Maurice Tourneux dans son travail si précieux et si complet : Bibliographie de l'histoire de Paris pendant la Révolution en rend définitivement la paternité à Louis Ventre de La Touloubre dit Galard de Montjoye.

Planche à l'intérieur représentant les massacres de l'Abbaye (page 52). Cette planche ne se trouve que dans quelques rares exemplaires.

Cet almanach obtint un très grand succès et eut plusieurs éditions contenant des addenda.

En voici les titres :

— Almanach des Honnêtes Gens (le reste comme ci-haut). Seconde édition ornée de deux figures et augmentée de la liste des personnes égorgées à Versailles. 1793. In-12.

L'une des figures est le frontispice décrit ci-dessus ; l'autre, qui se rencontre quelquefois avant la lettre, représente les massacres dans la prison de l'Abbaye.

— Almanach des Honnêtes Gens. — Sixième et septième édition, augmentée de la liste des prisonniers d'Orléans égorgés à Versailles. 1793. In-12.

A part quelques exemplaires de 1er tirage le frontispice est toujours horriblement mal tiré, et sur très mauvais papier, à l'exception toutefois de la 7e édition beaucoup plus soignée. La seconde figure, au contraire, est d'un tirage meilleur.

[1re édition, très rare : 20 fr. || 2e édition également rare : 15 fr.]

(B. N. — Lc²², 33 B.]

1088. — ALMANACH DES JEUX, ÉTRENNES AUX JOUEURS, contenant les Règles des Jeux de Piquet, De la Carambole et de la Guerre. Pour la présente année. || A Paris, A l'Académie des Jeux (1793-99). In-32.

Frontispice sur bois, colorié, représentant une querelle amenée par le jeu et dégénérant en bataille.

Règles des principaux jeux de cartes.

Calendrier républicain et calendrier grégorien. [Exemplaire pour 1799, avec amusant cartonnage populaire, communiqué par M. Bihn.]

[Voir, plus haut, sur les jeux, n° 620.]

1089. — ALMANACH DES PLUS BELLES PENSÉES DE ROUSSEAU, suivi Du Rapport fait au nom du Comité d'Instruction publique, et des sublimes Cérémonies observées à la Translation de ses cendres au Panthéon, le second décadaire de Vendémiaire, l'an 3ᵉ de la République une et indivisible. Du Nouveau Calendrier, contenant les anciens jours de la Semaine ; le départ des Postes et Messageries ; le Comparatif des 24 heures anciennes avec les nouvelles décimales ; le nouveau Système des poids et mesures; le tableau des 90 Départements; les Pays qui se sont réunis à la République. ‖ A Paris, Chez Prévost, rue Jacques, N° 195, près la Fontaine Séverin ; et à compter du 25 Vendémiaire, rue de la Bouclerie, vis-à-vis la rue Macon, N° 126 (1793). In-24.

Contient une notice sur la vie de J.-J. Rousseau, un recueil de ses plus belles pensées, le rapport sur J.-J. Rousseau fait au nom du comité d'instruction publique, par Lakanal.

A la fin se trouve un tableau des mesures linéaires, les poids, les foires, les messageries et les départements.

Calendrier pour 1793.

[B. N. — Lc²² 369.]

1090. — ALMANACH DES RÉPUBLICAINS, Pour servir à l'Instruction Publique ; Rédigé par P. Sylvain Maréchal, Auteur de l'Almanach des Honnêtes-Gens. ‖ A Paris, chez les Directeurs de l'Imprimerie du Cercle Social, rue du Théâtre-François, n° 4. 1793. In-18.

Titre encadré d'un ornement typographique. Ce nouveau calendrier républicain de Sylvain Maréchal contient la mention des grands événements à la fois au point de vue de la liberté et des hommes célèbres. La division de la France en 83 départements, l'abolition de l'infâme attachée aux peines, le testament d'Eudamidas, la fête de la Rosière, l'amende honorable pour les Vêpres Siciliennes, la consécration du Panthéon, l'oubli de la loi... Deuil à Paris (2 et 3 septembre), etc., prennent place ainsi aux côtés des illustrations de toutes les époques. Les mois, tout en conservant leur ancienne dénomination, sont appelés La Loi,

Le Peuple, Les Pères, Les Époux, Les Amans, Les Mères de famille, Les Hommes libres, Les Républicains, Les Égaux, La Raison, Le Bon voisinage, Les Amis.

Cet almanach s'ouvre par une sorte d'adresse aux citoyens, célébrant la liberté des Suisses sur un mode dithyrambique. Les premières phrases permettront de juger du style dans lequel le volume est écrit :

« Le Calendrier de la République Française, le martyrologe de la liberté, ne doivent pas ressembler aux almanachs de cabinet de l'église apostolique et romaine.

« Aujourd'hui, à Rome, et encore ailleurs, mais ce ne sera plus pour longtemps, on fête la cérémonie de la circoncision ; c'est-à-dire, à pareil jour, dans Jérusalem, on coupoit le petit bout du prépuce de Jésus nouveau-né.

« Eh bien! aujourd'hui, à pareil jour aussi, Guillaume Tell, en Suisse, coupoit bien autre chose à un faquin d'aristocrate, que cette canaille de maison d'Autriche avoit envoyé aux braves montagnards de l'antique Helvétie, pour leur faire porter le joug sous lequel gémissoit lâchement l'Europe. »

Parmi les notices consacrées, chaque mois, aux personnages du calendrier, les deux suivantes méritent d'être reproduites :

« — Philoxène, poëte et martyr. Il se conduisit autrement à la cour du roi Denis, que Voltaire à celle du roi Frédéric. Sa franchise lui valut le châtiment des carrières.

« — Jésus-Christ, martyr. Ce Juif fut condamné au gibet par les aristocrates et les calotins, pour avoir tenté une sainte insurrection parmi les sans-culottes de Jérusalem. Au reste, il donna lieu au proverbe : nul n'est prophète impunément dans son pays. Pardonnons à Jésus-Christ le charlatanisme de sa vie, en mémoire de sa mort, qui fut assez belle. »

Après cela, il faut tirer l'échelle. Quelques très rares exemplaires avaient comme frontispice la célèbre gravure, Voltaire, Rousseau et Francklin dans un médaillon rond, avec la devise : Le Flambeau de l'Univers.

[B. N. ‖ Coll. de l'auteur, avec frontispice.]
[De 5 à 10 fr., suiv. l'état.]

1091. — ALMANACH DU BONHOMME ou Petit Dictionnaire, très utile pour l'intelligence des affaires présentes. ‖ Paris, chez les marchans de nouveautés et maison de l'Égalité. 1793. In-18.

Avec un calendrier grégorien, plié. Définitions humoristiques conçues dans le sens des idées nouvelles, et choix de chansons. En tête des « États Généraux de Bacchus » on lit : « Nous croyons ne pouvoir mieux terminer cet ouvrage que par quelques couplets assez gais, chantés à une grande table en présence d'une illustre compagnie, et que nous croyons n'avoir jamais vue le jour. »

[B. N. — Lc²² 45.]

1092. — ALMANACH DU NOUVEAU MONDE. ‖ *S. l.* (Paris, 1793).

[D'après H. Welschinger, *Almanachs de la Révolution.*]

1093. — L'ALMANACH DU RÉPUBLICAIN, L'an second de la République Française, Par les citoyens Rousseau-Jacquin et Étienne Dupin [Épigraphe:] Vitam impendere Patriæ. ‖ A Paris, chez Rousseau-Jacquin, imprimeur et rédacteur du « Journal du matin, de la République Française, » rue St. Nicaise, n° 502. — Firmin Didot, rue de Thionville. Et chez tous les libraires et directeurs des postes de la république. (1793-94.) In-12.

Publication mensuelle, dont le prix était de 1 l. 10 sols le numéro. Les auteurs adoptent la méthode Sylvain Maréchal et donnent pour l'année une galerie philosophique des hommes les plus célèbres.

[B. N.]

1094. — ALMANACH HISTORIQUE OU RECUEIL VÉRIDIQUE ET CHRONOLOGIQUE DE TOUS LES GRANDS ÉVÉNEMENS qui sont arrivés jour par jour dans les armées, à la Convention Nationale, dans les départemens et autres gouvernemens de l'Europe, depuis le jour de l'abolition de la royauté jusqu'au 21 Septembre 1793, deuxième année de la République française; le tout rangé dans l'ordre chronologique des jours; avec les noms des endroits où les évènemens se sont passés, ainsi que le récit des traits de courage et d'héroïsme qui ont eu lieu dans les combats. Ouvrage très curieux, instructif et utile à tous les citoyens. Dédié et présenté à la Convention Nationale, par Rouy l'aîné, auteur du « Magicien Républicain. » ‖ Paris, chez l'Auteur; Basset; Janet; Laurent; Chéreau... et les marchands de nouveautés. (1793.) In-12. 1 l. 10 sols broché, et 2 l. 10 sols relié.

Il existe de cet almanach une seconde partie contenant les quatre premiers mois de la 2ᵉ année de la République et publiée assez longtemps après, l'auteur ayant subi un emprisonnement de sept mois, par le fait, dit-il, « d'ennemis particuliers, dont quelques-uns complices de l'infâme Robespierre ». Les huit mois restants parurent avec la 3ᵉ année de la République, dans la troisième partie du recueil.

En tête de chaque volume figure un frontispice, identique pour les deux parties. Il représente un noble et un prêtre passant sous le niveau égalitaire tenu par la République et par un sans-culotte. Au-dessous ce distique, à la rime peu riche :

La nature à ses droits nous ayant fait égaux,
Orgueilleux, courbez-vous au-dessous du niveau
(sic).

Le titre de la seconde partie contient quelques variantes peu importantes.

[Cat. de 5 à 10 fr.]

1095. — ALMANACH ILLUSTRÉ DU BULLETIN DES HALLES. ‖ Paris, 1793.

[D'après H. Welschinger, *Almanachs de la Révolution.*]

1096. — ALMANACH MILITAIRE POUR LA GENDARMERIE de la 35ᵉ Division et 7ᵉ de Paris, formée des vainqueurs de la Bastille. Dédié à ses frères d'Armes, par Lamotte. ‖ (A Paris) Pour l'Année 1793, seconde de la République Française. In-12.

Au verso du titre se trouve une liste : Appointemens des Gendarmes, Calendrier républicain. Donne les noms et demeures des vainqueurs de la Bastille et le tableau desdits « citoyens Vainqueurs » reconnus d'après la vérification faite par MM. les Commissaires nommés à cet effet parmi les Électeurs de la ville de Paris et par les Commissaires adjoints choisis parmi les citoyens Vainqueurs reconnus les premiers.

Plaquette très rare.

[Cat. 25 fr.]
[Coll. Paul Lecombe.]

1097. — ALMANACH NATIONAL DE FRANCE, Année commune M.DCC.XCIII. L'an IIᵉ de la République. ‖ A Paris, De l'Imp. de Testu, successeur de la veuve D'Houry, rue Hautefeuille, n° 14. (1793-1804) 11 années in-8.

Sur le titre un bonnet phrygien surmontant un faisceau. Au-dessous les mots: Patrie, République française.

Carte des départements suivant les décrets de l'Assemblée Nationale.

ALMANACH

NATIONAL

DE FRANCE,

ANNÉE COMMUNE

M. DCC. XCIII.

L'AN IIᵉ DE LA RÉPUBLIQUE.

A PARIS,

De l'Imp. de TESTU, succeſſeur de la veuve D'HOURY, *rue Hautefeuille, n° 14.*

Premier volume de ce successeur de l'*Almanach Royal* renfermant la liste des citoyens députés à la Convention (par ordre alphabétique), les ministères publics, l'état des sections, les bibliothèques, les tribunaux et les noms des magistrats. La liste des curés de Paris figure sous la forme suivante : « *Notre-Dame* : le citoyen évêque métropolitain. — *Saint-Sulpice* : le citoyen Mathieu. — *Saint-Ambroise* : le citoyen Côme-Annibal Pompée Varlet, » etc. — La place réservée autrefois aux rois, et princes de l'Europe est occupée par une notice sur quelques puissances amies. On y trouve encore un tableau approximatif de l'étendue et de la population des 83 départements du « Royaume ».

L'Almanach de l'An III contient le nouveau calendrier républicain et la liste des membres du tribunal révolutionnaire. En revanche, évêques et curés assermentés ont disparu de ses pages. Pour l'An IV, le titre se trouve rédigé comme suit :

— *Almanach National de France.* L'an quatrième de la République françoise, une et indivisible. || A Paris, chez Testu, successeur de la veuve D'Houry, rue Hautefeuille.

Vignette : Liberté tenant une pique surmontée du bonnet phrygien et entourée de drapeaux.

Tout ce qui touche à l'administration des postes et

des messageries est fort intéressant à parcourir. A la fin se trouvent la liste des membres composant la *Société libre d'institution et vérification d'Écriture, Arts et Belles-Lettres*, liste précieuse pour avoir les noms des hommes de lettres, artistes, vérificateurs (experts en écriture), graveurs de l'époque, puis les annonces des agences, s'occupant de la liquidation des charges et offices supprimés.

Les nouvelles Constitutions défilent au fur et à mesure dans cette suite d'almanachs où l'élément militaire prend, à partir de l'An V, une place considérable.

A partir de 1802 se trouve au verso du titre un avis du Secrétaire d'État Hugues Maret, faisant savoir à l'éditeur Testu que les ministres ont reçu du Gouvernement l'ordre de fournir *pour l'Almanach National seul*, tous les renseignements propres à assurer l'exactitude du travail.

[Cat. 12 et 20 fr., suivant les années et l'état.]
[B. N. An IV et suite.]

1098. — ALMANACH NATIONAL PORTATIF. Année M.DCC.XC.III. A l'Usage de Paris et des Départements. Prix 2 livres 10 sols, broché, pour Paris, et 3 liv. franc de port par toute la République. || A Paris, chez Briand, Libraire, quai des Augustins, N° 50. In-18.

On trouve, dans cet ouvrage, tout ce qui concerne la Convention Nationale, le Conseil exécutif, les Départemens et Bureaux des six Ministres, les Tribunaux, leur institution, et la demeure de ceux qui y sont attachés; la justice de Paix; le Tribunal de Commerce; les Chefs-Lieux et Arrondissemens des Départemens de la République; les Évêques; les Curés de Paris; la Trésorerie Nationale; la nouvelle dénomination des 48 sections de Paris, et leurs limites; les Bureaux des payeurs de Rentes, le jour de leurs payemens, et les parties par où ils commencent; la demeure des Notaires, Huissiers-Priseurs, Banquiers, Agents-de-Change; les Bureaux et Établissements publics; des renseignements sur les Postes, Messageries, Voitures Publiques avec le prix des places; un Précis sur les Contributions Foncière et Mobilière, ainsi que sur le droit de Patentes, et une table alphabétique des Députés à la Convention.

[Cat. 5 et 6 fr. || Vente de La Bassetière, 4 fr.]
[B. N.]

1099. — ALMANACH NOUVEAU DES CITOYENNES BIEN ACTIVES DE PARIS, CONSACRÉES AUX PLAISIRS DE LA RÉPUBLIQUE. Avec ou sans figures. Contenant la notice exacte des Femmes dévouées à la paillardise par tempérament, par intérêt et par besoin. Leurs noms, qualités, âges, demeures, et le tarif de leurs appas, tant à prix fixe qu'en casuel. Édition considérablement augmentée. Dédiée aux Citoyens de moyenne vertu. Par un Greluchon des Entresols du ci-devant Palais-Royal. Pour l'an de grâce 1793 et premier de la République. || De l'Imprimerie de Blondy et Consœurs, et se vend chez tout le monde. An I. In-18.

Frontispice érotique (reproduction de la planche déjà utilisée pour les *Travaux d'Hercule*). Mois par mois, jour à jour, on trouve les noms des citoyennes de Paris « dévouées à la paillardise. » Après les prédictions pour les quatre saisons viennent les « Curiosités remarquables soustraites à la vente publique des effets précieux des émigrés et émigrées et qu'on peut voir aux endroits désignés. »

Cet almanach est accompagné d'un supplément paginé à la suite. « Décret solennel rendu par l'Assemblée légalement convoquée des Maquerelles et Marcheuses, Bourgeoises et demi-Bourgeoises... fixant le droit et les honoraires des Femmes, Filles et Veuves dévouées aux plaisirs publics », illustré de 2 planches érotiques.

[Cat. de 50 à 60 fr. Les exemplaires sans le frontispice se vendent de 15 à 20 fr.]

[Coll. A. Bégis.]

1100. — ALMANACH PACIFIQUE OU l'ÉCOLE DE LA VERTU Tiré des plus Beaux Endroits de l'Écriture Sainte. || A Paris, chez Janet, Successeur du Sʳ Jubert, Doreur, Rue St-Jacques, Nᵒ 36. (1793.) In-32.

Titre gravé. Almanach entièrement gravé, orné de onze vignettes, avec un texte explicatif du sujet, et des poésies se rapportant à l'histoire sainte. Voici les légendes des figures : 1. Piété de Seth et d'Énos. — 2. Le Déluge. — 3. La Tour de Babel. — 4. Séparation d'Abraham et de Loth (avec musique.) — 5. Abraham ramenant Loth de captivité. — 6. Destruction de Sodome. — 7. L'Épouse vertueuse (Rebecca demandée en mariage). — 8. Réconciliation de Jacob et d'Ésaü. — 9. Job sur le fumier. — 10. Triomphe de Gédéon. — 11. Clémence de David. — 12. Triomphe de la Vertu (Judith coupe la tête d'Holopherne).

Cet almanach est accompagné d'un calendrier et du « Nécessaire des Dames et des Messieurs. »

Dans une réimpression faite en 1797 on a enlevé du titre les mots : Successeur du sʳ Jubert.

[Cat. 35 fr.]

[Coll. de Bonnechose.]

1101. — ALMANACH PATRIOTIQUE [Troisième Édition], contenant un Ca-lendrier orné de nouveaux Saints; un Précis des causes qui ont amené la dernière Révolution; un Abrégé de l'Histoire des six iᵉʳˢ mois de la guerre de la Liberté; un Recueil des traits de dévouement, de bravoure, de courage et d'intrépidité qui ont honoré l'un et l'autre sexe; des anecdotes sur la cause des guerres passées et sur d'autres objets d'intérêt actuel. Enfin l'Hymne des Marseillais. Par un citoyen de Domfront. [Épigraphe :]

« ..... La liberté, que tout mortel adore,
« Donne à l'homme un courage, inspire une gran-
　　　　　　　　　　　　　　　　　[deur
« Qu'il n'eut jamais trouvé dans le fond de son
　　　　　　　　　　　　　　　　　[cœur.

VOLTAIRE, Brutus.

|| A Paris, chez Varin, libraire, rue du petit Pont, nᵒ 22, au bas de celle St-Jacques; Et chez les Marchands de Nouveautés. Pour l'année 1793, La seconde de la République. In-24.

Le calendrier à côté de quelques saints, et des principales fêtes conservées, donne les noms d'événements historiques (batailles gagnées, villes prises) et de personnages célèbres.

Beaucoup d'articles sont relatifs aux femmes.

[B. N.-Lc²² 370.]

1102. — ALMANACH POUR L'AN II de la République Française. || London. In-12.

Almanach rédigé en français et en anglais.

[D'après H. Welschinger, *Almanachs de la Révolution*.]

1103. — ALMANACH RÉPUBLICAIN PERPÉTUEL DES CULTIVATEURS, par un professeur d'architecture rurale. || Paris. An II, 1793. In-4.

Publié par François Cointereau.

[D'après Barbier.]

1104. — ALMANACH SANS TITRE OU ÉTRENNES AUX GENS DE BIEN, par un honnête homme. [Épigraphe :] Vale sed incultus infelix habitunt temporis hujus habe. Ovide. Tristia. || Paris, de l'imp. des échappés aux massacres des

2, 3, 4, 5 et 6 septembre derniers, rue de la Truanderie (1793). In-24.

D'après les *Nouveautés politiques et littéraires* du 25 mars 1793.

[Communiqué par M. Maurice Tourneux.]

1105. — ALMANACH SUR L'ÉTAT DES COMÉDIENS EN FRANCE ou leurs droits défendus comme citoyens, précédé d'une chanson sur le courage et les victoires des Français, dédié à la Liberté et à l'ardente jeunesse. Par l'Auteur de l'*Ami des Loix*. || Paris, Laurent jeune, février 1793. In-18.

Almanach publié par J.-L. Laya, que l'on peut comparer avec la brochure de Chénier : *Courtes réflexions sur l'état-civil des Comédiens*.

[Cat. 4 et 5 fr.]

1106. — L'AMANT TROMPÉ PAR L'AMOUR, et autres sujets agréables, Extraits des Trois Muses Réunies; mis en musique par les plus célèbres Compositeurs Modernes : Enrichies de figures. Chaque partie se vend séparément, avec Tablettes économiques Perte et Gain. || A Paris, chez le Sʳ Desnos, Ingénieur-Géographe et Libraire de Sa Majesté Danoise, rue Saint-Jacques, au Globe. (1793.) In-24.

Cet almanach, avec parties gravée et imprimée, est identique comme figures au premier *Nouveau Chansonnier* décrit plus haut (Voir nº 855). Calendrier gravé pour 1793.

[Cat. Techener. Ex. mar. rouge, dos orné, fig. coloriées, 150 fr.]

1107. — ANNETTE ET LUBIN, ou les Délices de la Campagne. Almanach chantant. || A Paphos; Et se trouve à Paris, chez la Veuve Tiger, Rédacteur et Éditeur, au Pilier Littéraire, Place de Cambrai. Et chez les Marchands de Nouveautés. (1793.) In-32.

Almanach orné de 6 gravures représentant des sujets champêtres, dont une sert de frontispice. Texte imprimé en rouge avec encadrement typographique à chaque page.

Il est suivi des « Avantages de la vie champêtre » s'ouvrant par un dialogue entre un seigneur et un paysan, intitulé : Le Bonheur champêtre. Ce dialogue est assez amusant à parcourir, parce que

l'auteur a mis dans la bouche du paysan des paroles à l'honneur de la noblesse :

Souvent tandis que l'on danse dans nos fêtes,
Au feu de cent cànons ils exposent leurs têtes;
Le Noble qui nous juge ou qui nous défend tous,
N'a-t-il pas son fardeau à porter comme nous?
Il fait nôtre besogne et nous faisons la sienne,
Eh! Monsieur, comme on dit, chaque état a la
                                    [sienne.

[De 50 à 80 fr. suivant l'état et la reliure.]
[Coll. de Savigny, ex. avec gravures coloriées.]

1108. — ANNUAIRE DU RÉPUBLICAIN, OU LÉGENDE PHYSICO-ÉCONOMIQUE. Avec l'explication des trois cents soixante-douze noms imposés aux mois et aux jours : ouvrage dont la lecture journalière peut donner aux jeunes citoyens et rappeler aux hommes faits les connoissances les plus nécessaires à la vie commune, et les plus applicables à l'économie domestique et rurale, aux arts et au bonheur de l'humanité. On y a joint le Rapport et l'Instruction du Comité d'Instruction publique, dans laquelle se trouve la nouvelle division décimale des jours et des heures. Par Eleuthérophile Millin, [Professeur de Zoologie à la Société d'Histoire Naturelle et au Lycée des Arts] (1). [Seconde Édition, Revue et corrigée par l'Auteur.] || A Paris, chez Marie-François Drouhin, rue Christine, nº 2. L'an II de la République Française. In-12.

Un frontispice, dessiné par Monet, gravé par Levasseur, représente le temple de l'année, dédié aux mois et aux jours. Il est rond pour indiquer le retour périodique des saisons et est soutenu par douze colonnes d'ordre de Pestum. Sur le devant du temple se tient la Liberté, tandis que la Raison traverse la foule des Papes, des tyrans, des moines. De son côté, la Nature présente aux deux Déesses un laboureur appuyé sur un bœuf (2).

L'Annuaire, comme l'indique le titre, donne l'explication des 372 noms appelés à remplacer les noms des saints, nomenclature curieuse à parcourir, bien oubliée de nos jours, dans laquelle on trouve jusqu'aux mots : Canard, Truffe, Écrevisse, Topi-

----

(1) Les qualificatifs entre crochets ne figurent pas sur le titre de la 2ᵉ édition.
(2) Ce frontispice ne figure pas sur les exemplaires de second tirage.

nambour, Chat, Bouc, Raiponce, Cochon. Ces notices sont assez bien rédigées.

C'est la mise à application des principes exposés par Fabre d'Églantine dans son rapport : « Nous ne pouvons plus compter les années où les Rois nous opprimaient comme un temps où nous avions vécu. Les préjugés du trône et de l'Église souillaient chaque page du calendrier dont nous nous servions. »

[Cat. de 4 à 5 fr.]

[B. N. — Lc² ² 460]

1109. — ANNUAIRE OU CALENDRIER pour la seconde année de la République Française. || A Paris (1793-1794).

Cet almanach fait observer que le calendrier républicain fut inauguré le 22 septembre 1792, à neuf heures dix-huit minutes trente secondes du matin. Comme l'ère de Seleucus (312 ans avant l'ère vulgaire), cette réforme commençait à l'équinoxe vrai d'automne.

[B. N.]

1110. — BRUTUS OU TABLEAU HISTORIQUE DES RÉPUBLIQUES tant anciennes que modernes, où l'on voit leur origine et leur établissement, ainsi que les causes de leur décadence et de leur ruine, précédé d'observations sur la réforme de l'ère vulgaire et du nouveau Calendrier, par le citoyen Bulard, de la section de Brutus. || Paris, An II (1793-1794). In-18.

[H. Welschinger, *Almanachs de la Révolution.*]

1111. — CALENDRIER A L'USAGE DU COLLÈGE DE CHIRURGIE DE PARIS pour l'année M.DCC.XCIII. || A Paris, de l'imprimerie de Clousier, Imprimeur du Collège de Chirurgie, rue de Sorbonne (1793). In-32.

Texte encadré. Calendrier grégorien. Précis historique sur le Collège de Chirurgie. Avec le tableau des membres du Collège, noms, surnoms, qualités, demeures et la liste des maîtres par ordre de réception (aucun maître ne fut reçu depuis 1790). A paru antérieurement quoiqu'il n'y ait pas eu d'almanach en 1792.

[Bibl. Fac. de Médecine.]

1112. — LE CALENDRIER D'ÉMILIE, pour 1793, contenant des Chansons et autres Poësies fugitives qui n'ont pas encore été imprimées; suivies d'un choix de Pensées agréables, extraites des Auteurs anciens et modernes les plus estimés. || A Paris, chez Frechet, Libraire, rue Sulpice, ci-devant du Petit-Bourbon, n° 718, Faubourg Germain. 1793 et suite. In-18.

L'auteur demande que le nom d'Émilie annonce désormais cette saison agréable où la nature semble renaître :

Belle Emilie, avec raison,
Vous vous plaignez que votre nom
Ne se rencontre pas parmi ceux que l'on donne
Aux jours que nous devons fêter.
C'est une erreur : pour l'éviter,
Je vous choisis pour ma patrone.

[Coll. de Bonnechose, ex. avec calendrier pour l'an VIII.]

1113. — CALENDRIER DE LA RÉPUBLIQUE FRANÇAISE, précédé du décret sur l'ère, le commencement et l'organisation de l'année, et les noms des jours et des mois, avec une instruction qui en fait connoître les principes et l'usage. Imprimé par ordre de la Convention Nationale. || A Paris, de l'Imprimerie Nationale, l'an second de la République. In-8.

Simple calendrier. Sur le titre vignette sur bois, d'après Prud'hon.

[Cat. de 7 à 8 fr.]

1114. — CALENDRIER DE LA RÉPUBLIQUE FRANÇOISE, Tiré des Éphémérides, Pour l'Année Mil sept cent quatre-vingt-treize; Contenant Le Lieu du Soleil, son Lever, son Coucher, sa Déclination; le Lever de la Lune et son Coucher, etc. || A Paris, Chez la Vᵉ Hérissant, Imprimeur, rue de la Parcheminerie. M.DCC.XCIII (1793-1803). In-32.

Suite du *Calendrier de la Cour.* [Voir plus haut n° 92.] L'Éditeur, en tête du volume, dit :

« Ce calendrier connu sous le nom de *Collombat* ou *Calendrier de la Cour,* depuis le commencement du siècle, a été suspendu en 1792, par les circonstances de la Révolution. »

Il contient l'État actuel du Ciel, l'Administration actuelle de la République françoise, les Noms des membres composant le Tribunal de cassation, le tableau des 83 Départements et leur population, les Villes métropolitaines et Épiscopales de la République, un tableau de la population de l'Univers, un abrégé d'Arithmétique politique et d'économie politique, etc.

[Voir, plus loin, *Calendrier de la Cour Impériale pour l'An XIII*.

[B. N.]

1115. — CALENDRIER DES RÉPUBLICAINS FRANÇAIS commençant le 22 septembre 1793 et finissant le 21 septembre 1794. Précédé du rapport de Fabre d'Églantine. || Paris, An II.

Simple calendrier.

[B. Carn. 18173.]

1116. — CALENDRIER DU RÉPUBLICAIN FRANÇAIS. || Paris, place des Quatre Nations. An II. In-18.

[D'après H. Welschinger, *Almanachs de la Révolution*.]

1117. — CALENDRIER POUR 1793. || Paris, Vᵛᵉ Guillot. In-32.

Par Rouy l'aîné. Le verso du titre contient une curieuse liste des almanachs en vente chez le même libraire.

1118. — CALENDRIER RÉPUBLICAIN décrété par la Convention nationale pour l'an II de la République française. || A Paris, chez Laurens jeune, Libr. Impr. rue St Jacques, nᵒ 37. In-8.

Avec l'extrait du rapport de Fabre d'Églantine.

[Cat. 3 fr.]

1119. — CATÉCHISME DE LA CONSTITUTION FRANÇOISE Nécessaire à l'éducation des Enfans de l'un et de l'autre sexe, par le Citoyen Richer, Auteur de la Vie des plus célèbres Marins et de plusieurs autres ouvrages de littérature. Avec figure. || A Paris, chez Rochette, imprimeur, rue Beaurepaire, ci-devant Sorbonne, Leprieur, libraire, rue de Savoie, etc. L'an deuxième de la Rép. française. Pet. in-12.

Frontispice : Les Droits de l'Homme et l'Acte Constitutionnel présentés par le Génie de la France qui montre, en même temps, la statue de la Liberté.

1120. — LE CHANSONNIER DE LA MONTAGNE ou Recueil de Chansons,

Vaudevilles, Pots-Pourris et Hymnes patriotiques; par Différens Auteurs. || A Paris, chez Favre, Libraire, maison Égalité, galeries de bois, nᵒ 220. L'an 2. In-18.

Titre et frontispice gravés, en plus du titre ordinaire. Calendrier. Recueil d'hymnes révolutionnaires pour les fêtes, les grandes cérémonies funèbres, les actions d'éclat, les triomphes militaires (reddition de Lyon, blocus de Valenciennes, défense de Lille, etc.). On y trouve jusqu'aux couplets chantés à la barre de la Convention par des artistes de la Comédie-Italienne.

Le titre gravé donne les portraits des sept martyrs : Viala, Marat, Barra, Chalier, Pelletier, Moulin, Bauvais, en autant de médaillons. Au milieu une urne ayant pour inscription : « Aux Manes des grands hommes. » Le frontispice représente un citoyen conduisant un jeune enfant par la main et lui montrant le soleil. L'indication de vente porte : « A Paris, chez Favre, Libraire, Maison Egalité. Galeries de Bois, nᵒ 220. »

Le même Chansonnier a été publié pour l'an 3, avec « l'avertissement » en moins.

[Cat. de 10 à 15 fr.]

1121. — LA CONSTITUTION DES AMOURS, ou leur *nouveau et meilleur Régime pour le bonheur des Amans*. || A Paris, chez Froullé, Imprimeur-Libraire, quai des Augustins, 39. 1793. In-32.

Satire amusante de la Constitution française, ou plutôt application au domaine de l'Amour des choses de la politique, s'ouvrant par une épître signée Plaisant de la Houssaye et par un avant-propos. On y voit, énumérés avec le plus grand sérieux, les Droits des Amans, le pouvoir législatif et exécutif entre amants, etc... Se termine par une succession de pièces sous le titre de *Variétés légères*.

[Cat. 5 et 6 fr.]

1122. — LES CONTRE-TEMS OU LES DISGRACES DE CYTHÈRE. Almanach lyrique, orné de jolies gravures. || A Paris, chez Janet Doreur, rue Sᵗ Jacques, vis-à-vis les Mathurins, nᵒ 36. 1793. In-32.

Titre gravé au milieu d'un paysage. Texte des chansons également gravé et 12 compositions dont voici les légendes : 1. La cruelle attente. — 2. Le joueur. — 3. L'épouse trahie (planche polissonne). — 4. La sentinelle en défaut. — 5. Le médecin véridique. — 6. Le père dénaturé. — 7. L'officier téméraire ou le coup manqué. — 8. L'extase bien naturelle (fille en contemplation devant le portrait de son bien-aimé.) — 9. Le contre-tems. — 10. Le mariage interrompu. — 11. Les leçons d'une bonne mère. — 12. Mélanie.

> On voulut contraindre ses sens,
> Elle osa s'arracher la vie.

Calendrier se dépliant et enveloppant l'alma-nach.

[De 80 à 150 fr., suivant l'état et la reliure.]
[Coll. baron Pichon.]

1123. — DÉCADAIRE FRANÇAIS pour l'An II de la République commen-çant le 22 septembre 1793 et finissant le 21 septembre 1794. Rédigé conformé-ment aux décrets de la Convention Na-tionale. || A Paris, chez Aubry, Libraire, et Directeur du Cabinet bibliographique, rue Baillet, n° 2. An II de la République. In-32.

On y a joint le décret de la Convention sur le maximum du prix des denrées et marchandises de première nécessité.

1124. — DÉCADAIRE RÉPUBLICAIN OU CALENDRIER DES VERTUS, par le citoyen Desforges. || Paris, chez Pain. An II. In-12.

Calendrier donnant, pour chaque jour de l'année, le nom d'une vertu à pratiquer, en opposition à l'erreur, au crime, à la faiblesse, « vices monar-chiques. »
Le citoyen Desforges, « homme de lettres » croyait-il véritablement pouvoir ainsi réformer l'humanité par son « Annuaire des vertus. » ?

1125. — LE DEVOIR DES ENFANS. || A Paris, chez Esnauts et Rapilly, rue St Jacques, n° 359. (1793.) In-32.

Titre gravé. Almanach orné de 12 gravures, non signées, dont voici les légendes : 1. Le Nou-vel an. — 2. L'École. — 3. A confesse. — 4. Les Vacances. — 5. La Confirmation. — 6. La Bonne Fête. — 7. La Leçon de Danse. — 8. Le Prix du Catéchisme. — 9. La Première Communion. — 10. Les Oreilles d'Ane. — 11. La Sainte Cathe-rine. — 12. La Leçon d'Écriture.
Texte gravé. Ce petit almanach, rédigé par Sylvain Maréchal, se compose de couplets enfan-tins et d'exhortations en prose indiquant aux enfants la manière dont ils doivent se conduire envers leurs parents et envers les personnes chargées de leur éducation. Il débute par un cou-

plet de bonne année d'un fils à son père, sur l'air de Rousseau : Je l'ai planté :

> Cher papa ! d'un regard prospère,
> Daigne agréer mes vœux ardents ;
> La Bénédiction d'un père
> Est le trésor de ses enfants.

Calendrier gravé, pour 1793.
[De 20 à 50 fr. suivant l'état et la reliure.]
[Coll. de Savigny, ex. avec gravures coloriées.]

1126. — ÉPITRES ET ÉVANGILES DU RÉPUBLICAIN POUR TOUTES LES DÉCADES DE L'ANNÉE, A l'usage des jeunes Sans-Culottes, Présentés à la Con-vention Nationale, par Henriquez, Cito-yen de la Section du Panthéon Français. Prix : Quinze Sols. || A Paris, chez Valère Cailleau, Imprimeur-Libraire, rue de Bièvre n° 37. In-32.

Eucologe républicain. A certains exemplaires se trouve joint un calendrier.

[Cat. 5 et 6 fr.]

1127. — L'ESPRIT DES AMANS OU LES AMOURS DU SIÈCLE. Almanach orné de jolies gravures. || A Paris, chez Janet, successeur du Sr Jubert, rue St Jacques, vis-à-vis les Mathurins. In-32.

Petit almanach de chansons légères, entièrement gravé, avec musique, est accompagné de 12 es-tampes dont voici les légendes : 1. L'heureux téméraire. — 2. La Saison des plaisirs. — 3. Le Fossé de Cythère. — 4. Le Cu-pidon de Lisette. — 5. Le Bien Suprême. — 6. Le Beaume (sic) de Vie. — 7. L'amant désespéré. — 8. Les Amours du Siècle. — 9. Le Vieillard pré-somptueux. — 10. Le Parti qu'il faut prendre. — 11. Le fuseau. — 12. Le Tribut des Adolescens.

[Cat. Techener, ex. mar. r. avec 4 fig. seu-lement, 45 fr.]

1128. — ÉTRENNES AUX ÉMIGRÉS ou les Émigrans en route (par Jacque-mart). || Paris, 1793. In-12.

[D'après Henri Welschinger, *Almanachs de la Révolution*.]

1129. — ÉTRENNES DE L'ORATEUR DU GENRE HUMAIN AUX COSMOPO-LITES (par Anacharsis Clootz). || Paris, 1793. In-8.

Pamphlet politique.

[D'après un catalogue.]

1130. — ÉTRENNES DRAMATIQUES
A L'USAGE DE CEUX QUI FRÉQUEN-
TENT LES SPECTACLES, par un ama-
teur. || A Paris, chez Garnier, rue St
Martin, n⁰ 72. 1793, an VI. In-18.

Almanach rédigé par Fabien Pillet qui parut à
nouveau, peu après, sous le titre de : « Vérités à
l'ordre du Jour, ou Nouvelle critique raisonnée
tant des Acteurs et Actrices des théâtres de Paris
que des pièces qui y ont été représentées (chez le
même éditeur) *Panem et Circenses*. »

Compte-rendus sous forme de lettres à une dame
sur les Spectacles.

[Coll. Arthur Pougin.]

1131. — ÉTRENNES DU MOMENT,
OU ALMANACH DES SANS-CULOT-
TES. [Épigraphe :]

L'amour de la patrie et de la liberté
    Est le sentiment qui m'inspire;
    Et je ne reconnois d'empire
Que l'empire des lois et de l'égalité.

|| A Paris, chez Demoraire jeune, Libraire,
successeur du Sʳ Deschamps, rue Saint-
Jacques, n⁰ 5. La veuve Guillaume, Lib.,
rue Saint-Honoré, n⁰ 662. Et chez les
Marchans de Nouveautés. 1793. In-18.

Frontispice à l'eau-forte, signé Joliet, D. D.,
représentant des sans-culottes discutant entre eux.
Sous le titre de « Époques les plus remarquables
pour le Français libre, » c'est une série d'entretiens
patriotiques sur la politique et les questions
sociales entre plusieurs personnages dénommés
Bastien, Roch, Teramène, Timoléon. Et du commencement à la fin, ces dialogues se trouvent être
une véritable déification du sans-culottisme.

L'auteur qui se cache sous le pseudonyme du
principal interlocuteur, Timoléon, ne serait autre
que l'abbé Mulot.

[B. N.]

1132. — ÉTRENNES DU PARNASSE
ET RÉPUBLICAINES, avec mélanges de
littérature française et étrangère et des
anecdotes qui répandent un jour sur les
circonstances du temps. || (Paris) *S. l.*,
1793. In-12.

[D'après H. Welschinger, *Almanachs de la Révolution.*]

1133. — ÉTRENNES EN VAUDEVIL-
LES LÉGISLATIFS. || Paris, chez les
Marchands de Nouveautés. 1793. In-18.

Satires assez violentes contre la Constitution et

contre la « tyrannie du jour », dues encore au chansonnier Marchand. Droits de l'homme, mariage
civil, nouveaux costumes, ampleur du langage, tout
est passé au crible de la raillerie.

    Ou sensés ou nigauds
    Les Hommes sont égaux
    A la qualité près.

Avec un frontispice représentant la Constitution
au Club des Jacobins : les différents partis veulent
avoir la gloire de l'abattre, dit la légende, mais ils
s'en disputent auparavant les lambeaux.

A la suite de ces légères épigrammes se trouve
un recueil de chansons constitutionnelles et civiques ayant paru pendant l'année 1791.

[B. N. — Ye 21,656.]

1134. — ÉTRENNES NATIONALES à
l'usage des Dames Patriotes pour 1793. ||
A Paris, chez Blanmayeur, rue du Petit-
Pont, chez un Papetier. In-128.

Petit almanach assez grossièrement gravé avec
6 figures accomodées au goût du jour : 1. La
Marchande d'oranges des bons François. — 2. La
Marchande de Plaisirs des Dames Patriotes. —
3. La Vivandière de la troupe Nationale des Frontières. — 4. La Marchande de chapeaux des bons
patriotes. — 5. La Marchande d'allumettes de la
Garde Nationale parisienne. — 6. La Liberté fait
mon désir (personnage lanterne à la main).

Chansons, devises pour les demoiselles et les
garçons, et calendrier.

[Cat. rel. mar. 40 fr.]
[Coll. Gaston Tissandier.]

1135. — ÉTRENNES OU MÉMOIRE
DE MARAT ET LEPELLETIER, Martyrs
de la Révolution, contenant des chansons
républicaines, suivi du Nouveau Calen-
drier. || A Paris, chez Laurens jeune, Lib.-
Imprim., rue Saint-Jacques, n⁰ 37, vis-à-
vis celle des Mathurins. (1794-95.) In-16.

Frontispice gravé : quatre médaillons ovales,
surmontés du bonnet phrygien, et représentant les
bustes de Marat, Pelletier, Chalier, Barat *(sic)*.
Au-dessous, cette légende :

De ces quatre Martirs *(sic)*, honorons la mémoire,
Portons-les en triomphe au temple de la gloire.

Recueil de chansons patriotiques, choix de vers
à Marat et à Lepelletier. A la fin, se trouvent la
Déclaration des droits de l'homme, et trois idylles
en prose.

C'est l'apologie par la poésie des Martyrs de la
Révolution auxquels l'image avait déjà élevé un
véritable monument. Parmi ces pièces, quelques-

unes sont caractéristiques par leurs titres. Celle-ci notamment :

« Vers pour mettre au bas du portrait de Marat et vers envoyés chez Roland et mis dans un pâté le jour qu'il donnait un grand repas à une trentaine de crapauds du Marais, par le citoyen Després-Valmont. »

Et comme titres de chansons, signalons : « Le Salpêtre républicain, » couplets chantés sur le théâtre de l'Opéra-Comique, « La Liberté de nos colonies », « Les ressources du peuple français », « Hymne à l'Égalité », etc.

Quant aux titres des « idylles », ils ne sont pas moins significatifs : Le Chêne de la Liberté ou la Prière civique. — Le retour du vieux père. — L'hospitalité ou le bonheur du vieux père.

Et le tout se termine par des vers à Jean-Jacques.

[Cat. 10 et 12 fr.]

[B. N.]

1136. — ÉTRENNES PATRIOTIQUES aux Armées françaises ou Recueil des plus beaux traits de Courage, de bravoure, de Patriotisme des Armées de la République; avec gravure en taille-douce. || A Paris, chez Girod et Teissier, Libraires, rue de la Harpe, n° 162. 1793. L'an deuxième de la République. In-32.

Ravissant frontispice de Queverdo représentant la Liberté, à ses côtés un garde française portant le drapeau aux trois couleurs, avec cette légende : Guerre aux Tirans! Paix et Liberté aux Peuples.

Poésies diverses et prose, le tout se rapportant aux actions d'éclat des armées et aux exploits personnels de Beaurepaire, Custine, Beurnonville, Kellermann, David, Dumouriez, etc.

[Cat. 7 et 9 fr.]

[B. N.]

1137. — ÉTRENNES POÉTIQUES ET MORALES, par une Citoyenne, dédiées à la Convention Nationale. Pour l'an II° de la République, Ère Vulgaire 1793 et 1794. Prix 25 sols. || A Paris, chez l'auteur, boulevard Montmartre, n° 541, et chez Raimond et Villier, Libraires, quai des Augustins, n° 41. An deuxième de la République. In-18.

Couplets, épîtres et maximes. S'ouvre par une motion en faveur du sexe. (Le bonheur des femmes doit-il être seul dépendant des hommes?)

A signaler parmi les poésies : Anniversaire des têtes coupées, Tableau de Paris sous l'ancien Régime, etc.

[Cat. 5 fr.]

[B. N.]

1138. — ÉTRENNES SANS-CULOT-TIÈRES, Mignonnes et Chantantes, pour l'an II. || Paris, 1793. In-18.

— Ex. mar. r. avec les mots : Donné par l'Amitié, en lettres d'or, sur les plats, 5 fr.

[D'après un catlaogue de libraire.]

1139. — L'ÉVANGILE DES RÉPUBLI-CAINS, Précédé du Rapport fait par le citoyen Fabre d'Églantine, sur le nouveau Calendrier décrété par la Convention Nationale. || A Paris, chez Lallemand, Libraire sur le Pont-Neuf, n° 19. L'an deuxième de la République Française, une et indivisible. In-32.

Frontispice glorifiant la Révolution sous la forme d'un monument : Hercule, sur un piédestal, couronne de lauriers la République qui tient à la main les tables de la Loi et les Droits de l'homme. A ses pieds sont enchaînés rois, nobles, évêques, hydres de la tyrannie, tandis que des débris de mitres, de crosses, de spectres, gisent épars çà et là.

Quant à l'Évangile du citoyen Salles, il est formulé ainsi en une préface « Au français libre : Plus de rois, plus de prêtres; la liberté, l'égalité, la République une, indivisible, ou la Mort! Voilà ton Évangile et le mien. Salut! »

Recueil de chansons patriotiques et dans la note sans-culottière, composées, pour la plupart, par le citoyen Salles.

Calendrier rural pour l'an II.

[Cat. 8 et 10 fr.]

1140. — LA GAMELLE PATRIOTI-QUE, Almanach chantant, Pour l'an II° de la République Française une et indivisible. Suivi du nouveau Calendrier comparatif et des Droits de l'Homme et du Citoyen. [Épigraphe :]

Mangeons à la Gamelle,
Vive le son du chaudron.

|| A Paris, chez Barba, rue Gille-cœur, n° 15; Dien, rue Saint-Séverin, n° 116; V° Langlois, à la Renommée. L'an 2. In-32.

Frontispice colorié représentant deux soldats mangeant dans une gamelle, auprès d'une tente, avec cette légende : « Allons! mangeons à la gamelle. » Recueil de chansons parmi lesquelles se trouvent deux pièces : « aux Anglais », « Hymne à la Liberté » sur l'air de la Marseillaise, l'hymne à la Raison de Chénier (sur l'air de Rousseau : Je l'ai planté). « La Gamelle dédiée à la nou-

LA GAMELLE

PATRIOTIQUE,

ALMANACH CHANTANT,

POUR L'AN IIᵉ.

DE LA RÉPUBLIQUE FRANÇAISE
UNE ET INDIVISIBLE.

Suivi du nouveau Calendrier
comparatif et des Droits de
l'Homme et du Citoyen.

Mangeons à la Gamelle,
Vive le son du chaudron.

A PARIS,

Chez { Barba, rue Gille-cœur, n°. 15.
Dien, rue St-Severin, n°. 116.
Ve. Langlois, a la renommee

L'AN 2.

velle réquisition » se chantait sur l'air de la Carmagnole :

Savez-vous pourquoi, mes amis,
Nous sommes tous si réjouis ?
C'est qu'un repas n'est bon
Qu'apprêté sans façon,
Mangeons à la gamelle,

Vive le son,
Mangeons à la gamelle,
Vive le son du chaudron.

. . . .
Nous faisons fi des bons repas,
On y veut rire, on ne peut pas ;
Le mets le plus friand,
Dans un vase brillant,
Ne vaut pas la gamelle.

Vous qui bâillez dans vos palais
Où le plaisir n'entra jamais ;
Pour vivre sans souci,
Il faut venir ici
Manger à la gamelle.

[Cat. : 40 fr.]
[Coll. de Bonnechose.]

1141. — GILLES-LE-NIAIS OU LA
FILLE BIEN GARDÉE ; Almanach chan-
tant et récréatif, contenant un peu de
tout. || A Paris, chez la Veuve Tiger,
Rédacteur et Éditeur, au Pilier Littéraire,
Place de Cambrai. Et chez les Marchands
de Nouveautés. (An IIᵉ.) In-32.

Recueil de chansons, accompagné du « Tableau
du Maximum des denrées et Marchandises, Décrété le 29 Septembre 1793, l'An deuxième de la
République Française, une et indivisible », donnant les prix de 1790 et 1793. Cet almanach contient en outre la comédie : « La Fille bien gardée » à laquelle il a, du reste, emprunté son nom.

1142.—LES GOGUETTES PARISIEN-
NES ou l'Almanach jovial, dansant, chantant et même buvant. Orné de jolies gravures par un Citoyen de bonne compa-
gnie. || A Paris, chez Janet, successeur du
Sʳ Jubert, rue St-Jacques, vis-à-vis les Mathurins, n° 36. (1793.) In-24.

Titre gravé avec fleurs et arbres. Recueil de
chansons gravées accompagné de 10 compositions,
assez finement exécutées, dans la note de Queverdo : 1. La Léthargie. — 2. Le Fichu de Lisette. — 3. Le Beau songe. — 4. Le Nouveau
Mai. — 5. Le Bon buveur. — 6. L'Amant Espagnol. — 7. L'Amant raisonnable. — 8. Le Château assiégé ou la dame conquise. — 9. La Fin des
choses. — 10. Le Panier de fraises.
Calendrier se dépliant. Tablettes de perte et de
gain.

[Coll. Baron Pichon, exemplaire recouvert en
soie avec paillettes de cuivre et appliques de verre
imitant les pierres précieuses. Sur les plats deux
médaillons, peintures gouachées sous verre.]

[De 50 à 80 fr. suivant l'état et la reliure.]

1143. — LES GOGUETTES PARISIEN-
NES (même titre que le n° précédent).

Dans la collection de M. de Savigny se trouve,
sous ce même titre, un almanach absolument différent comme planches et comme texte. Les figures,
au nombre de 12, représentent des sujets militaires
galants, dans la note alors fort à la mode. En
voici les légendes : 1. Les Vigies diligens. —
2. L'agréable faction. — 3. Le combat gracieux. —
4. Les Amours en maraudes. — 5. Les approches
difficiles. — 6. Les contributions galantes. — 7.
L'heureux Ralliement. — 8. La double attaque. —
9. La circonvallation. — 10. La double surprise.
— 11. La capitulation. — 12. La prise d'assaut.

le Combat gracieux

les Contributions Galantes

la Capitulation

FIGURES DE L'ALMANACH « LES GOGUETTES PARISIENNES. »
[D'après un exemplaire appartenant à M. de Savigny de Moncorps.]

Les poésies suivantes permettront, d'autre part, d'apprécier l'esprit des chansons qui accompagnent les figures.

LE COMBAT GRACIEUX

Air : *Ce mouchoir belle Raimonde.*

Ce lieu, qui d'une victoire
Porte l'emblême fameux,
Est sans doute dans l'histoire,
Pour instruire nos neveux :
On y vit combattre et vaincre
Nos Ancêtres valeureux :
Mais nous allons nous convaincre
Qu'on y peut voir des heureux.

⁂

Dans une nouvelle lice
A l'envi marchons tous deux :
En vain finesse et malice
Pétillent dans de beaux yeux.
Fillettes trop séduisantes,
Cédez à nos tendres feux,
Et devenez les Amantes
De Chevaliers belliqueux.

⁂

Sur les traces de Bellone,
En bravant tous les hasards,
Le terrible Mars couronne
Les émules des Césars :
Mais c'est en vain que la gloire
Nous a proclamés vainqueurs,
Si vous ne daignez en croire
Les vifs élans de nos cœurs.

⁂

Incapables d'escapade,
Quoique fort audacieux,
Sans essayer l'escalade,
On peut s'élever aux cieux :
Moi, comme mon camarade,
Combattons, sans nous lasser,
Ni faire aucune incartade,
A qui mieux vous embrasser.

LES CIRCONVALLATIONS

Air : *du Vaudeville de la folle Journée.*

En vain vous fuyez Glaneuses,
Devant deux chefs de Houzards,
Arrêtez, jeunes peureuses,
Sans redouter les hasards,
Quelques branches ombrageuses
Qui paroissent vous cacher;
De vous ils vont s'approcher. (*Bis.*)

⁂

Tous deux en traçant leur ligne
De circonvallation,
Détruiront, beautés malignes,
Vos fortifications :
Si vous ne faites les signes
Qu'exige un vainqueur altier,
N'espérez point de quartier. (*Bis.*)

⁂

D'une place qu'on assiège,
En s'approchant pas à pas,
On ne craint aucun piège,
Et l'on brave le trépas.
Pour abréger le siège,
Quand on peut l'escalader,
C'est à la ville à céder. (*Bis.*)

⁂

Soumettez-vous donc, fillettes,
A de fiers et bon grivois.
Quand on est si gentillettes
De l'Amour on suit la voix.
En sortant de vos cachettes,
Où l'on pourroit vous punir.
Ce Dieu va nous réunir. (*Bis.*)

[Cat. suivant l'état et la reliure, de 80 à 150 fr.

1144. — L'HEUREUX MARIAGE. Étrennes anacréontiques au Goût du Siècle d'Or. ‖ A Paris, chez Esnaut et Rapilly, rue Saint-Jacques, près la fontaine Saint-Séverin, n° 259. (1793). In-32.

Titre gravé avec sujet : l'Amour allumant le flambeau de l'hymen sur un autel entouré de guirlandes de fleurs; cœurs accolés et tourterelles se becquetant, comme ornements.

Cet almanach est orné de 11 ravissantes figures dont 9 sont des réductions des estampes connues de Moreau et Le Bouteux pour les chansons de Laborde. En voici les légendes : 1. L'Heureux Mariage. — 2. Le Bal d'Amour. — 3. Les Plaisirs du Printems. — 4. Le 1ᵉʳ Soupir de l'Amour. — 5. La Soirée du Village. — 6. La Dormeuse. — 7. Le Jardin d'Amour. — 8. Le Droit de Péage. — 9. Le Déclin du Jour. — 10. Le Danger du Tête-à-tête. — 11. Le Concert.

Les planches 3, 5, 6, 7, 8 et 9 sont de Moreau (1ᵉʳ volume des Chansons de Laborde, où le Jardin d'Amour est intitulé les Jardins de Marly.) Les planches 1, 2, 10 et 11 sont de Le Bouteux. (2ᵉ volume des chansons de Laborde).

Texte également gravé, composé de chansons et romances, se rapportant aux gravures.

[De 100 à 150 fr. suivant l'état et la reliure.]
[Coll. de Savigny.]

1145. — LE MAGICIEN RÉPUBLICAIN ou Almanach des oracles des événements dont l'Europe sera le théâtre en 1794, 2ᵉ année de la République française; ouvrage curieux et instructif, dans lequel on trouve la suite des prophéties de M. Nostradamus, ainsi que le récit exact de la conduite qu'ont tenue Louis XVI, dit Capet, et Marie-Antoinette d'Autriche, sa femme, depuis leur jugement, jusqu'au moment de leur décapitation, avec plusieurs autres anecdotes très curieuses sur le même objet. Par Rouy l'aîné, auteur du « Magicien républicain » de 1793, de la « Chronologie républicaine », etc. || A Paris, chez l'auteur; Basset; Janet; Laurent; Chéreau; Vve Guillot; Onfroy; et les Marchands de nouveautés. In-18.

Frontispice anonyme représentant l'auteur devant sa table de travail; au-dessus de sa tête le génie de la Liberté s'appuyant sur les Droits de l'Homme; au-dessous, ce distique :

  Par la Philosophie, ô sainte Liberté !
  Extermine les rois... Vive l'Égalité !

Cet almanach a titre et faux-titre. Sur le faux-titre on lit : *Dédié et présenté à la Convention Nationale.* En tête se trouve, sans pagination, le calendrier républicain édité chez Laurens jeune.

Au point de vue du texte, cet opuscule est surtout intéressant par les détails que le citoyen Rouy, qui aimait à s'intituler *témoin oculaire,* donne sur le drame du 21 janvier, sur la toilette du condamné et sur la ronde dansée par des spectateurs autour de l'échafaud, après que la tête de Louis XVI fut tombée.

                              [Voir, plus haut, n° 1064.]
                                    [Cat. de 5 à 6 fr.]

1146. — LA MUSE RÉPUBLICAINE.
Almanach chantant pour l'année 1793, deuxième de la République Française. || A Paris, chez Rochette, Imprimeur, rue Saint-Jean-de-Beauvais, n° 38. 1793. In-24.

Almanach publié par Saint-Just, dédié au peuple français « qui sait combattre, vaincre et célébrer ses victoires », contenant le *Ça Ira,* la *Marseillaise,* le *Bonnet de la Liberté,* la *Carmagnole, Veillons au salut de l'Empire,* l'*Hymne à la Liberté* de Chénier-Gossec.

En outre des chansons patriotiques, on y trouve un précis historique sur l'origine et l'établissement de la République française. Il se termine par la note suivante :
« Comme, à l'instant où nous finissons ce petit ouvrage, la Convention nationale n'a encore rien statué sur la nouvelle Constitution qu'elle veut donner à la République française, nous nous réservons à l'année prochaine, pour en donner l'historique en entier, ainsi que du procès de Louis XVI ».

        [Voir, plus haut, n° 1078.]
                              [B. N.]

1147. — LES MYSTÈRES DÉVOILÉS TANT MIEUX TANT PIS OU LE PRÉVERTIQUEUR VÉRIDIQUE. Almanach orné de Jolies Gravures. || A Paris, chez Janet, rue Saint-Jacques, n° 36. (1793.) In-24.

Encore un almanach d'horoscopes. Titre gravé avec un devin occupé à contempler les astres. A la page 4, est un tableau avec des chiffres. Le chiffre touché va se chercher à son ordre numérique « pour les différens sexes ou les différens états (*sic*) »; c'est-à-dire, pour les Dames, pour les Hommes, pour les Demoiselles et pour les Garçons.

12 jolies figures de Dorgez, sans légendes, se rapportant aux pronostics, toujours en vers, lesquels se chantaient sur des airs à la mode. L'almanach est entièrement gravé. Calendrier pour 1794.

[De 50 à 80 fr. suivant l'état et la reliure.] || Cat. Rondeau ex. mar. rouge fil. 150 fr.]
                              [Coll. Paul Eudel.]

1148. — NOUVEAU CALENDRIER DE LA RÉPUBLIQUE FRANÇAISE, Conforme au Décret de la Convention Nationale. || A Paris, chez l'Auteur, rue et Porte Honoré, N° 27. (An II, 1793-94.) In-8.

Simple calendrier avec la concordance, par Gracchus Babeuf.

                              [B. N.]

1149. — NOUVEAU CALENDRIER POUR L'AN II de la république Française, commençant le 22 septembre 1793, anniversaire de la fondation de cette république et finissant le 21 septembre 1794. || A Paris, chez Aubry, an II de la République. In-32.

                [D'après un catalogue de libraire.]
                                    [Cat. 3 et 5 fr.]

1150. — NOUVEAU CALENDRIER POUR L'AN II DE LA RÉPUBLIQUE FRANÇAISE, Décrété par la Convention Nationale, Avec les noms des mois et jours correspondans de l'ancien Calendrier. || A Paris, chez Laurens jeune, Libraire-Imprimeur, rue Saint-Jacques, n° 37, vis-à-vis celle des Mathurins. In-32.

Sur le titre, bonnet phrygien avec le mot : *Loi.*

1151. — NOUVEAU CALENDRIER POUR LA SECONDE ANNÉE DE LA RÉPUBLIQUE FRANÇAISE, une et indivisible. Datant du 22 septembre 1793, finissant le 21 septembre 1794. ‖ A Paris. Égalité, Liberté. In-32.

Sur le titre, bonnet phrygien. Donne, en plus du calendrier, la déclaration des Droits de l'homme et une « Idée de la France ».

[Cat. de 3 à 4 fr.]

1152. — LE NOUVEL ALMANACH DE POCHE POUR L'AN 1793. De la création 5593, etc. ‖ A Paris, et se trouve à Lille, chez Vanackere, libraire, rue de la Grande-Chaussée. In-48.

Comme frontispice, cadres typographiques populaires avec le titre : Étrennes Curieuses. Au milieu des pages du calendrier, deux portraits sur bois de Louis XVI et de Marie-Antoinette.
Naissances des Rois, Reines, Anecdotes, Maximes, etc. A la dernière page, est une vignette d'astronome avec vers au-dessous.

1153. — LE PORTEFEUILLE D'UN ÉMIGRÉ, Almanach un peu philosophique, distribué alphabétiquement, par M. de L... ‖ A Paris, chez les Marchands de Nouveautés. (1793.) In-18.

On y trouve une amusante parodie de la Marseillaise, satire bien innocente, comme on le verra par le couplet suivant, à côté des parodies actuelles :

Allons, enfans de la courtille,
Le jour de boire est arrivé.
C'est pour nous que le boudin grille,
C'est pour nous qu'on l'a préparé; (bis).
Entendez-vous dans la cuisine
Rôtir et dindons et gigots ?
Ma foi, nous serions bien nigauds,
Si nous leur faisions triste mine.
A table, citoyens, vuidez tous les flacons,
Buvez, buvez, qu'un vin bien pur abreuve nos pou-
[mons. (bis.)

A part cela, l'almanach ne contient que de simples articles, sur la fille La Brousse, l'illuminée, sur les catholiques, calvinistes, Quakers, sur Kellermann, sur Louis XVI, sur Mirabeau, etc. Calendrier.

[B. N. — Lc²² 336.]

1154.—LE PORTEFEUILLE DU SANS-CULOTTE ou Almanach Républicain

Contenant un choix de chansons Nouvelles. ‖ A Paris, chez Laurens jeune, Lib. Impr. rue Sᵗ Jacques, en face de celle des Mathurins, n° 37 (1793). In-32.

Avec un frontispice gravé représentant la France couronnée par la Liberté :

O France tu perds ta Couronne,
Si la Liberté t'abandonne.

Chansons dans l'esprit de tous les almanachs révolutionnaires.

[Cat. 7 fr.]

1155. — LES PROPHÉTIES GALANTES, ou le Palais du Sort et de l'Amour, Suivi de Chansons et Bouquets. Almanach intéressant, Pour la présente année. ‖ A Paris, chez Laurens jeune, Imp. Lib. Rue S. Jacques, n° 37, vis-à-vis celle des Mathurins. (An IIᵉ, 1793-1794.) In-32.

Au titre de départ on lit : « Le Palais du Sort et de l'Amour, ou Recueil d'horoscopes nouveaux, En prose et en vers. »
Cet almanach se compose d'une série de questions à chacune desquelles correspondent douzé réponses prophétiques, et de quatre chansons. Il est accompagné du nouveau calendrier pour la même époque, également publié chez Laurens.

[Cat. 7 et 9 fr.]
[Coll. de Bonnechose.]

1156. — LE RÉPUBLICAIN FRANÇAIS, Almanach très-utile. Pour l'année 1793. Contenant les Droits de l'Homme, un petit Calcul de comptes faits très-utile, un Calendrier très-intéressant, la Liste par Départemens des Membres qui composent la Convention Nationale, avec leur demeure : une Description exacte et très-détaillée de la journée du 10 ou de Saint-Laurent. Ce détail est suivi d'un Recueil de Chansons patriotiques bien choisies, et cet ouvrage est terminé par un tableau de toutes les Conquêtes de la République. ‖ A Paris, de l'imprimerie de P. Provost, rue Mazarine, Nᵛ 1709. In-32.

En tête, feuille se dépliant, contenant les Droits de l'homme et du citoyen.
Le calendrier placé en tête, qualifié de « très intéressant » sur le titre, n'est autre chose que le calendrier catholique ordinaire auquel est ajoutée

une colonne contenant les faits remarquables arrivés pendant le mois, et les foires de France.

Donne la liste des députés à la Convention Nationale, l'historique de la Journée des Tuileries (10 août 1792) et se termine par un Recueil de Chansons Patriotiques en tête desquelles figure la « Marche des Marseillois » suivie d'une parodie dans laquelle la plupart des couplets sont conservés presque intacts. Le côté satirique n'existe que dans le refrain.

Victoire Citoyens ! célébrons nos vengeurs ;
     Chantons, dansons ;
Qu'un doux nectar réjouisse nos cœurs.
     Chantez, dansez,
Qu'un doux nectar réjouisse vos cœurs.

On y trouve également un « Cantique national » sur l'air de la Marseillaise.

A a fin, sur une feuille se dépliant, « Tableau des Conquêtes de la République française ». Très certainement, cet almanach devait se continuer ou s'est même continué, car voici ce qu'on lit dans un avis placé à la fin :

« Le *Républicain*, espère, que l'année prochaine, non seulement il n'y aura pas de vuide dans ce tableau, mais même qu'il ne pourra contenir les noms des peuples qui arboreront l'étendard tricolor (*sic*) ; il s'en repose moins encore sur la valeur des françois que sur les loix sages de la convention, qui va présenter aux peuples la liberté et l'égalité, armes plus funestes aux despotes que les fusils et les canons. »

[B. N. — Lc²² 578 *bis*.]

1157. — LA RÉPUBLIQUE EN VAUDEVILLES, précédée d'une notice des principaux événements de la Révolution pour servir de Calendrier à l'année 1793. ‖ Paris, chez les marchands de nouveautés. 1793. In-32.

Par François Marchant, l'auteur de la *Constitution en vaudevilles*. Publication royaliste non moins violente. Éphémérides révolutionnaires.

Le frontispice, mauvaise figure à l'aqua-tinte, tirée en bistre, représente un sans-culotte déguenillé avec cette légende : *Dansons la carmagnole*.

[Cat. 6 et 10 fr. suivant l'état.]

1158. — LES TABLEAUX DE L'EXPÉRIENCE ou le Gymnase des Adolescens. Almanach orné de jolies gravures. ‖ A Paris, chez Janet, Doreur, rue Sᵗ Jacques, vis-à-vis les Mathurins, nº 36. 1793. In-32.

Frontispice gravé et 12 compositions signées Dorgez.

1. L'Amour désarmé. — 2. L'Agneau perdu. —

3. L'École des Enfans. — 4. Lucas et Ismène. — 5. Les Tableaux à la mode. — 6. La leçon d'un vieillard (deux jeunes enfants tenant un oiseau enfermé dans une cage). — 7. L'offre sensible (des enfants offrant à un vieillard de porter le fardeau sous le poids duquel il succombe). — 8. Le quiproquo. — 9. L'École des Filles. — 10. La juste récompense. — 11. L'École des Époux. — 12. L'Agneau retrouvé.

Recueil de chansons. Almanach précieux pour les tendances de l'époque, par son côté sententieux et secourable.

[De 40 à 50 fr. suivant l'état.]

1159. — LE TRIOMPHE DE LA LIBERTÉ ET DE L'ÉGALITÉ, Almanach républicain. Chansons nouvelles et analogues aux années 1789, 90, 91, 92. Par la citoyenne veuve Ferrand. ‖ A Paris, chez Laurens jeune, rue Saint-Jacques, en face de celle des Mathurins, nº 37. (1793). In-32.

Recueil composé de nombreuses chansons ayant trait à la Révolution depuis l'origine.

[Vente de La Bassetière, 15 fr.]
[B. N. — Y²², 535.]

1160. — LES VEILLÉES DE LA BONNE MÈRE GÉRARD. Traduit du bas-breton par un des amis de la Constitution à Bernay. ‖ A Paris, chez Froullé, quai des Augustins. (1792.) In-32.

Almanach inspiré, comme les précédents de la même espèce, par l'*Almanach du Père Gérard*.

1161. — ALMANACH D'ARISTIDE, OU DU VERTUEUX RÉPUBLICAIN ; Pour l'an III de la République. [Présenté à la Convention nationale.] [Épigraphe :]

Heureux le peuple qui a des vertus !
                              FÉNELON.

Par le C. Bulard, de la section de Brutus.‖ A Paris, chez Caillot, imprimeur-libraire, rue du Cimetière-André-des-Arcs, nº 6. (1794-1795.) In-32.

Joli frontispice signé : F. M. Queverdo, *inv.*, C. S. Gaucher, *inc.*, avec cette légende : « Aristide expliquant les principes de la morale. » Hommes, femmes, enfants, se pressent autour de l'antique et vertueux précepteur habillé à la mode du jour.

Texte composé de douze entretiens entre Aristide et divers interlocuteurs. Ces entretiens portent sur la morale, la justice, le gouvernement, les questions sociales ; le tout se termine par une conclusion sur la vertu en général. Dans un avant-propos l'auteur affirme s'être contenté de transcrire les entretiens d'un citoyen bon patriote, excellent républicain, peu fortuné mais honnête et vertueux, père de douze enfants, et demeurant à Enencourt-Lèage, district de Chaumont, département de l'Oise.

Instale expliquant les principes de la morale.

Cet almanach fut, sans doute, encouragé en haut lieu, car il existe un second tirage portant, en plus. sur le titre la mention : « Présenté à la Convention Nationale. » Dans cette édition le tirage de la planche est très mauvais et les noms des artistes ont été grattés.

[Cat. de 6 à 8 fr.]

[B. N. || Coll. de l'auteur.]

1162. — ALMANACH DE LA CONVENTION NATIONALE POUR L'AN III DE L'ÈRE RÉPUBLICAINE où l'on trouve : 1º Le véritable Décadaire, avec le lever, le coucher du soleil et de la lune ; 2º La connaissance des Tems ; 3º Le langage des signaux à feu et du télégraphe ; 4º Les noms des 88 Départemens et de toutes les villes de districts avec les nouveaux noms; 5º La liste des représentants du peuple à la Convention Nationale, le nom de leurs départemens; 6º Les moyens faciles de connaître

promptement les faux assignats et tableau des nouveaux poids et mesures. Avec figures. || A Paris, chez Dufart Imp. Libraire, chez Basset, Caillot, Langlois fils, Demoraine, etc. IIIᵉ Année de l'Ère Républicaine. In-18.

Frontispice de Queverdo, avec légende ainsi libellée : « Le Génie des Français aporte (sic) des nouvelles. » Allusion à la découverte toute récente du télégraphe. (Le Génie ailé tient, d'une main, un flambeau et, de l'autre, un papier sur lequel on lit : Convention Nationale. A la page 63 est une

Queverd inv del. an IIIᵉ.
Le génie des français aporte des nouvelles.

figure représentant des « signaux par le feu », figure « due à Chevalier, ingénieur, qui décrit un instrument dont parle Polybe. »

[B. N.]

1163. — ALMANACH DES ARISTOCRATES, ou Chronologie Épigrammatique des apôtres de l'assemblée nationale. || A Rome (Paris), l'An III de la Barnavocratie. In-18.

Au verso du titre se trouve la « Prédiction de Mathieu Lænsberg pour 1791 extraite du Journal de la Cour et de la Ville du 17 décembre. » Ainsi que l'indique l'avis au lecteur « c'est une sorte de recueil de cantiques en l'honneur des

I.

apôtres de l'Assemblée ». Le calendrier, satirique, comme dans nombre d'almanachs de l'époque, au lieu des saints, donne les noms des hommes, députés, journalistes et autres, qui ont le plus *contribué au succès de la Révolution*. « *Leurs prodiges sont innombrables*, » dit l'auteur, « *empressons-nous de leur dresser des autels sur leurs places publiques*. » Ce calendrier fantaisiste est une longue succession de calembours. Qu'on en juge les qualifications attribuées à quelques-uns de ces nouveaux saints :

« S. Lami trompeur. — S. Le Clerc, de notaire. — S. Tallon crotté. — S. Grenier à rats. — La *Poulle mouillée*. — S. Dupré à faucher. — S. Bouche impure. — S. Tripot municipal. — S. Marquis supprimé. — S. Melon de Cantalou. — S. Guillotin, méchanicien. »

Plusieurs pièces sont empruntées aux *Actes des Apôtres*.

Cet almanach est orné de 2 figures, l'une qui sert de frontispice représentant « L'aristocratie vengée », l'autre s'appliquant à une chanson du recueil « La justice démaillotée » (à la page 144). Cette dernière est, très certainement, une planche antérieure, dont on s'est servi à nouveau, en modifiant le titre. Elle accompagne les vers suivants :

> En justice, en finance,
> L'esprit réformateur
> A décidé qu'en France
> On n'aurait plus d'honneur.

[Cat. Rondeau, à 10 fr.]

[B. N.]

1164. — ALMANACH DES CAMPAGNES, OU L'AMI DU CULTIVATEUR ; Ouvrage dans lequel les Habitans des Campagnes trouveront des moyens de cultiver avec fruit, et des motifs d'aimer l'Agriculture. [Épigraphe :] Assez longtemps on vous a nourris d'absurdités, Il est tems qu'on vous parle le langage de la vérité. ‖ Chez Meurant, Libraire, cloître Honoré. An Troisième de la République. (Sextile.) In-16.

Frontispice représentant un laboureur ; dans le haut, sur un nuage, la déesse Cérès.

Donne, pour chaque mois, des conseils sur l'agriculture et des dissertations sur les animaux, conçus dans un esprit assez élevé. Calendrier.

[B. N. — $\frac{L\ 2284.]}{Zd\ 2066.}$

Cat. 4 fr.]

1165. — ALMANACH DES PLUS JOLIES FEMMES DU PALAIS-ÉGALITÉ OU LES PLAISIRS DE L'AMOUR. A l'usage des jeunes Filles et Garçons. Manière de faire de bonnes fréquentations. *Modèle de lettres amoureuses.* Choix d'Histoires tragiques occasionnées par l'Amour rebuté et la jalousie. Chansons plaisantes. Plusieurs secrets curieux. Moyen de deviner le nom, l'âge, le jour positif de la naissance d'une personne. Et un Traité des Songes. Et les meilleurs numéros de la Loterie (Voyez la Table ci-derrière) [Épigraphe :] J'instruis en amusant. ‖ A Paris, chez la Citoyenne Prévost, au dépôt des Nouveautés, rue de la Harpe, n° 150, vis-à-vis celle *Poupée* et chez tous les Marchands de Nouveautés. (Vers 1794.) In-18.

Frontispice représentant une femme en pied, avec la légende suivante : « Lucile, qui en voulant sauver son amant, fut cause qu'il se poignarda et elle ensuite, en présence d'un père barbare qui fut aussi poignardé. A la fin de l'almanach se trouve une mauvaise gravure en bois représentant la Fortune sur sa roue, et une feuille repliée donnant un choix des noms d'hommes et de filles.

[Cat. par Claudin en 1860, 10 fr. 50.]

[Coll. Bégis.]

1166. — ALMANACH DES PRISONS, ou Anecdotes sur le régime intérieur de la Conciergerie, du Luxembourg, etc., et sur différens prisonniers qui ont habité ces maisons, sous la tyrannie de Robespierre, avec les chansons [lettres et] couplets qui y ont été faits. ‖ A Paris, chez Michel, rue des Prouvaires, n° 54. L'an III de la République. In-18.

Quatre éditions de ce curieux almanach qui se vendait 35 sols franc de port, furent enlevées durant l'année 1794. La 2ᵉ et la 3ᵉ ne portent que la mention du chiffre. Seule la 4ᵉ a, au-dessous, les indications classiques : « revue et corrigée », mais le nombre des pages est toujours régulièrement de 178. Le calendrier non paginé, (grégorien et républicain) est tantôt en tête, tantôt en queue du volume.

Le frontispice, bien connu, représente la place de la Révolution jonchée de cadavres, et Sanson qui, ne trouvant plus de têtes à faire tomber, se guillotine lui-même. Au-dessous ce quatrain, non moins connu :

> Admirez de Sanson l'intelligence extrême :
> Par le couteau fatal il a tout fait périr.
> Dans cet affreux état, que va-t-il devenir ?
> Il se guillotine lui-même.

Cette estampe porte pour titre, fait assez caractéristique, tantôt: *Gouvernement de la Révolution*,
tantôt : *Gouvernement de Robespierre*. Cette der-

(La Scene se passe sur la place de la Révolution)

nière légende est très certainement, celle du premier état.

Un avertissement de l'éditeur indiquait que les
personnes qui pourraient donner quelques renseignements, notes, anecdotes, devaient les envoyer
franc de port au citoyen Mercier, rue des Prouvaires. Sur les éditions suivantes, le nom de Mercier est remplacé par celui de Michel. D'après
Maurice Tourneux, l'auteur de ces articles serait
un nommé Philippe-Edme Coittant, détenu, du
6 septembre 1793 au 20 août 1794, dans différentes
prisons.

On joint quelquefois à cet almanach le « Tableau
des Prisons de Paris sous le règne de Robespierre »
qui s'intitule lui-même : « Pour faire suite à l'Almanach des Prisons ».

Voir sur ce sujet la *Bibliographie de l'Histoire
de Paris* par Maurice Tourneux.

[Vaut, suivant l'état, de 5 à 10 fr. Les exemplaires, avec le frontispice bien tiré, sur papier
fort, sont de toute rareté.]

Le catalogue Baur mentionnait en 1881 une
réimpression à la date de l'an VII (1799). N'est-
ce pas une erreur ?

[B. N. || Coll. de l'auteur.]

1167. — ALMANACH DES RÉPUBLI-
CAINS FRANÇAIS contenant le *nouveau
Calendrier*, commençant le 22 septembre
1794 et finissant le 21 septembre 1795,
avec les mois et noms des jours, imprimé
d'après celui de la Convention; précédé
du Rapport du citoyen Fabre d'Églantine,
Député. || Se vend à Paris. Chez les Im-
primeurs Réfugiés Liégeois, Place des
Quatre-Nations, nᵒ 1889. — An III de la
République. In-18.

Hymnes, couplets et poésies patriotiques.
[Coll. Paul Lacombe, curieux exemplaire cartonnage à fond jaune avec filets rouges et bleus. Sur
le plat on lit : « Unité, Indivisibilité de la République. Liberté, Égalité, Fraternité ou la Mort ».
[Vente de La Bassetière, 2 fr. 50.]

1168. — ALMANACH DES RIMES, de
l'An III. || Paris.

[D'après un catalogue de libraire.]

1169. — ALMANACH DES SANS-
CULOTTES. Par Gassier et Théodore. ||
A Paris, au Bureau des ouvrages d'instruc-
tion publique, rue Glatigny, Nᵒ 10, en la
Cité, au bas du pont de la Raison. (An
III.) In-24.

Frontispice gravé non signé.

S'ouvre par une pièce de vers que voici reproduite :

> Sans-culottes, voilà vos droits;
> C'est l'hommage d'un frère.
> En vain les tyrans aux abois,
> Nous déclarent la guerre :
> Soyons toujours républicains,
> Opposons à leurs sots refrains,
> Nos droits et notre pique !
> De notre sénat les bienfaits
> Sont célébrés dans ces couplets :
> Chantons : (bis) vive la République !

Suivent en 35 préceptes la déclaration des droits
de l'homme et du citoyen, maximes en prose et en
vaudevilles. On y trouve également la chanson sur
le salpêtre au refrain connu : *Ce qu'il nous faut,
c'est du salpêtre;* la Montagne, des maximes philosophiques et morales et le décadaire pour l'an III.

L'éditeur de cet almanach était le citoyen Chemin fils qui tenait magasin d'ouvrages sur l'instruction publique, accueillis favorablement par la
Convention Nationale, ainsi que de chansonniers
républicains, de portraits des grands hommes et
de gravures patriotiques pour les écoles.

*Le vertueux sans-culotte se délasse
des travaux de la journée, en chantant
dans le sein de sa famille, les droits
de l'homme et du Citoyen.*

Quant aux citoyens Gassier et Théodore ils
étaient les auteurs attitrés d'une quantité de petits

ouvrages patriotiques, hymnes, morales, catéchismes, également à l'usage des républicains.

[Cat. 15 fr.]

[Coll. de Bonnechose.]

**1170. — ALMANACH DES SANS-
CULOTTES. ‖ Paris, 1794. In-18.**

Almanach rédigé par l'abbé Fr.-Valentin Mulot.

[D'après Henri Welschinger, *Almanachs de la
Révolution.*]

**1171. — ALMANACH HISTORIQUE
DE LA RÉVOLUTION pour l'An III de la
République, contenant les grandes époques de la Révolution et les principaux
événements et décrets, jour par jour, de
l'an IIe, par Théodore. ‖ Paris. In-18.**

Figure allégorique. Almanach rédigé par l'auteur déjà nommé de l'*Almanachs des Sans-Culottes.*

[D'après un catalogue de libraire.]

**1172. — ALMANACH HISTORIQUE
ET RÉVOLUTIONNAIRE, ou Précis de
toute la Révolution Française et des
opérations des armées, jusqu'à la chute
du tyran Robespierre. Par le C. André. ‖
A Paris, chez Barba (1), libraire, rue Gît-
le-Cœur, No 15. Et chez Aubril, rue Christine, No 8. L'An III de la République
Française. In-18.**

Curieux frontispice représentant la nuit du 9 au
10 Thermidor, arrestation de Robespierre, avec
cette légende :

Peuples séduit (*sic*), Victimes Immolées,
Vos clameurs ont du monstre hâté les destinées.

Contient un résumé historique des principaux
événements de la Révolution.

Calendrier républicain pour l'an IV.

[Cat. de 5 à 6 fr.]

[B. N. — Lc²² 384.]

**1173. — ALMANACH INDICATIF DES
RUES DE PARIS, suivant les nouvelles
dénominations, par ordre alphabétique,
Précédé de l'énumération des quarante-
huit sections et de leurs chefs-lieux, d'une
idée sommaire des différents comités, des**

(1) D'autres exemplaires portent la mention
Paris, André.

Corps Législatifs, des bureaux du Pouvoir Exécutif, des Autorités constituées, etc. || A Paris, chez Janet, l'an IIIᵉ. In-18.

Intéressant, parce qu'il fait connaître les modifications apportées aux dénominations de certaines rues, places et établissements.

En tête est un plan colorié de la Commune de Paris divisée en 48 sections, dressé par le C. Poirson, Ingénieur-géographe, et gravé par P. Tardieu.

[Cat. 7 et 10 fr.]

[B. N.]

1174. — ALMANACH POUR LA TROISIÈME ANNÉE RÉPUBLICAINE ou Nouveau Calendrier, suivi d'un Recueil de Traits héroïques et civiques, d'Anecdotes, etc., de divers articles importans, de Couplets et autres bagatelles poétiques. Par le Rédacteur de la Gazette des Tribunaux. || A Paris, au Bureau de la Gazette des Tribunaux, rue du Four-Germain, n° 111, Section de l'Unité. In-24.

Traits héroïques et civiques avec quelques couplets d'actualité. Calendrier républicain.

[B. N. — Leᵃᵃ 385.]

1175. — ALMANACH RÉPUBLICAIN, dans lequel on a substitué le nom des hommes célèbres à celui des ci-devant martyrs, vierges, confesseurs, anachorètes, etc. Enrichi du Tableau de la Division de la République française; d'une Instruction sur les nouveaux Poids et Mesures, et de plusieurs Hymnes et Chansons républicaines. Dédié à tous les amis de la révolution. Par H. Blanc et P. F. X. Bouchard, Instituteurs à Franciade (1). || A Paris, chez la veuve Hérissant, Imprimeur, rue de la Raison, ci-devant Notre-Dame, L'an troisième de la république. In-32.

Avec des notices sur les grands hommes du calendrier de cet almanach. Le texte se compose d'abord d'une série de couplets ayant trait à l'une des fêtes décrétées par la Convention, puis suivent les hymnes et chansons. Parmi ces derniers, l'on trouve « l'Hymne aux Marseillais », que publiaient alors tous les recueils, une longue pièce : « Grand Bal donné aux tyrans coalisés par les armées de la Rép. française », et l'Hymne à la Victoire sur la bataille de Fleurus, par Lebrun, musique de Catel, chanté au Concert du peuple, le 16 messidor.

[Vente de La Bassetière, 3 fr. 50.]

[B. N.]

1176. — ANNUAIRE DU CULTIVATEUR, pour la IIIᵉ année de la République, Présenté le 30 Pluviôse de l'An IIᵉ à la Convention Nationale, qui en a décrété l'impression et l'envoi, pour servir aux Écoles de la République; par G. Romme, Représentant du Peuple. Les citoyens qui ont concouru à ce travail, en communiquant les vérités utiles qu'ils doivent à leur expérience et à leurs méditations, sont : Cels, Vilmorin, Thouin, Parmentier, Dubois, Desfontaines, Lamark, Préaudaux, Lefebvre, Boutier, Chabert, Flandrin, Gilbert, Daubenton, Richard et Molard. || A Paris, de l'Imprimerie et au Bureau de la Feuille du Cultivateur, rue des Fossés-Saint-Victor, n° 12, et chez Debray, Francart, Firmin Didot. An IIIᵉ de la République. In-8.

Frontispice signé Le Barbier l'aîné Inv. L. M. Halbou, sc. représentant Cincinnatus, avec cette légende : Républicains Français, voilà votre modèle!... »

En tête de l'ouvrage se trouve l'avertissement suivant :

« Peu de jours après la présentation de cet ouvrage à la Convention nationale, G. Romme est parti pour une mission qui a duré sept mois. Dans l'impression qui a été faite pendant son absence, Prairial a été omis en entier, et plusieurs fautes se sont glissées dans les autres mois. Le Comité d'Instruction publique, sur le compte qui lui en a été rendu, a arrêté, le 6 Frimaire de l'an IIIᵉ, la réimpression de l'ouvrage, dont plusieurs articles ont été retouchés, quelques-uns refaits en entier : on y a ajouté une table des pesanteurs spécifiques, une explication de quelques mots peu usités de l'Annuaire, et une table alphabétique. »

Cet ouvrage fut distribué par la Convention aux autorités, au nombre de 2.000 exemplaires. Calendrier comprenant, à la place des saints, les produits de la terre et les instruments aratoires.

[Vente Bergeret : 12 fr. || Vente de La Bassetière, 8 fr. 50.]

[B. N.]

(1) Franciade était le nom nouvellement donné à la commune de Saint-Denis.

1177. — ANNUAIRE DU LYCÉE DES ARTS pour l'An III⁰ de la République française, avec les noms et adresses des Professeurs et Membres du Directoire, ainsi que des Artistes couronnés ; précédé du Calendrier républicain [par Gaulard de Saudrais]. (1) || A Paris, chez le concierge du Lycée des Arts et chez Gosset et Debray, Libraires, sous les galeries de Bois, Palais-Égalité, puis chez Laurens. 1794-1805. In-12.

Se vendait 2 fr. 5o et 1 fr. 80 suivant les années.

A l'Annuaire se trouve joint un calendrier républicain avec titre spécial et épigraphe : « Les Arts nourrissent l'homme et le consolent. »

Le « Lycée des Arts » fut, à l'origine, lors de la suppression de l'Université, une école publique et gratuite, des sciences, des lettres et des arts, une sorte de jury examinant et discutant inventions et perfectionnements. Il distribuait, comme on le sait, en séance publique, des couronnes, des médailles, et à son tour, fut couronné par la Convention Nationale, le 14 Vendémiaire An IV. La plupart de ses membres contribuèrent à la création de l'Institut National. En l'an X, son nom ayant été spécialement appliqué aux grands établissements d'éducation, il devint « l'Athénée des Arts » et l'Annuaire prit également ce titre.

L'Annuaire du lycée des Arts parut, avec des sommaires modifiés, pour les Ans IV, VI, VII. On y trouve les inventions et découvertes nouvelles, des renseignements sur toutes les branches du Lycée : arts utiles, danse, théâtre, concerts, l'indication des cours et le détail des séances publiques.

Voici le titre de l'année 1805.

— Annuaire de l'Athénée des Arts. Pour l'an 1805. || A Paris, chez le concierge de l'Athénée, à l'Oratoire, près de la rue Saint-Honoré.

Année précieuse à consulter pour la liste des membres qui figurent avec tous leurs titres officiels.

[B. N. Ans III, IV, VI. — Lc²² 641 et V. 2728 A. 5. q. 25856.]

[Années séparées, cataloguées de 3 à 5 fr.]

1178. — ANTHOLOGIE PATRIOTIQUE, ou Choix d'hymnes, chansons, romances, vaudevilles et rondes civiques, extrait des recueils et journaux qui ont paru dans la Révolution, et un calendrier comparatif pour l'an III. || A Paris, chez Pougin, an III. In-18.

Avec frontispice.

Simple recueil de pièces de vers intéressant par son choix.

[Cat. 5 fr. || Vente de La Bassetière, 2 fr. 5o.]

1179. — LES BUCOLIQUES DE CYTHÈRE ou les Travaux des Bergers Amoureux. || A Paris, chez Janet, Doreur, rue Saint-Jacques, n° 31. (L'An Trois de la Rép. française.) In-24.

Titre gravé avec des couronnes de fleurs retombant sur les premières lettres, si bien que ce titre pastoral pourrait être pris pour « Les Coliques de Cythère ». 10 compositions dans la note de Dorgez : 1. L'Heureuse Audace. — 2. Les Pipeurs. — 3. La double Union. — 4. Le Songe embarassent (sic). — 5. L'Aveu Favorable. — 6. La Noce troublée. — 7. L'Accident réparé. — 8. L'Architecte galant. — 9. La fausse Allarme (sic). — 10. Les Justes lots.

[Cat. 3o fr.]

1180. — CALENDRIER PERPÉTUEL. || Paris, chez Bourgoin. An III.

[D'après Henri Welschinger, Almanachs de la Révolution.]

1181. — CALENDRIER POUR L'AN III DE LA RÉPUBLIQUE FRANÇOISE. Et le Rapport avec l'Ancien Style, Précédé de l'annonce des Éclipses, et suivi des 36 Fêtes décadaires. || A Paris, chez Basset, rue Jacques, au coin de celle des ci-devant Mathurins. L'an III de la République française, une et indivisible. In-32.

Simple calendrier.

[B. N.]

1182. — CALENDRIER RÉPUBLICAIN, DÉCRÉTÉ PAR LA CONVENTION NATIONALE, pour la IIIᵉ année de la République française ; Avec les mois et les jours de la nouvelle ère française correspondans (sic) à l'ancien calendrier. Suivi d'un recueil d'hymnes et chansons patriotiques ; du rapport de la Commission chargée de la confection du calendrier ; et de la Constitution républi-

_____

(1) Le nom de l'auteur ne se trouve pas sur toutes les années

caine du peuple français. ‖ A Paris, 1794-1795. In-16.

Contient un recueil d'hymnes et chansons patriotiques, parmi lesquelles se trouve l'hymne à J.-J. Rousseau, de Piis. En face de chaque hymne, feuille de musique gravée donnant l'air : L'Adoption, par Desfontaines, musique de Jadin ; Stances contre le luxe, de Piis, musique de Solié ; Stances contre l'athéisme, du même ; et L'inutilité des prêtres, etc.

[B. N. — Lc²² 469.]

1183. — CHANTS RÉPUBLICAINS ET POÉSIES PATRIOTIQUES du Citoyen Person, Ingénieur et Mécanicien, Membre de la Société Républicaine des Arts, Auteur de diverses Machines utiles présentées à la Convention Nationale : Avec le nouveau Calendrier pour l'An troisième de la République Française. ‖ A Paris, chez Basset, Mᵈ d'Estampes, rue Jacques, nᵒ 670, et chez Dufart, Imprimeur Libraire, rue Honoré (An III). In-18.

Frontispice donnant, dans un grand médaillon rond, les portraits ovales des quatre citoyens suivants : Lajouski et Pajot au milieu, Moulin à gauche, Richer à droite.

Poésies destinées au culte civil républicain (couplets sur le vrai culte, hymnes à l'Être Suprême, *Chants de triomphes*, *couplets sur les dangers de la Patrie*, Sans-culotines (*sic*), hymnes funéraires, etc.).

Peut-être ne lira-t-on pas sans intérêt, aujourd'hui encore, ce « couplet villageois sur la ci-devant Justice vénale » :

Avoir affaire à la Justice,
En vérité, c'est un supplice.
A peine a-t-on un p'tit comptant,
Le Diable est là qui vous le prend (*bis*).
Faut aller de Caïphe à Pilate ;
Et l'on finit par avoir tort :
La raison se donne au plus fort (*bis*).

[Coll. de l'auteur.]

1184. — CHANSONNIER DES AMATEURS, dédié aux amis de la République. ‖ Paris, An III. In-18.

Avec figure.

[D'après un catalogue de libraire, 9 r.]

1185. — LE CHASSEUR ET LA MEUNIÈRE, Almanach chantant. ‖ A Paris, chez Demoraine, Impr.-Libraire, rue du Petit-Pont, 99. Aux Associés. (1794.) In-24.

Petit almanach accompagné d'un calendrier pour l'an IV avec les noms de saints, et composé de couplets assez lestes, à l'exception d'une seule pièce sérieuse. Le frontispice colorié représente, suivant le titre, le tendre accord du chasseur et de la meunière.

[Cat. 15 fr.]

1186. — LES CONCERTS RÉPUBLICAINS ou Choix lyrique et sentimental. Ouvrage orné de 4 gravures dessinées et gravées par Queverdo. ‖ A Paris, chez Louis, Libraire, rue Séverin, 79, et se trouve chez Charon, libraire et marchand d'estampes. An III, Ère vulgaire 1795. In-12.

Recueil d'hymnes, odes, romances et chansons, qui devait paraître d'une façon plus ou moins périodique, formé par Mercier, de Compiègne.

Les figures de Queverdo, gravées avec un soin extrême, peuvent être rangées parmi les plus gracieuses de la période révolutionnaire. Voici leurs légendes : 1. La liberté guide nos pas. — 2. Les concerts républicains, l'an III (2 petits Amours coiffés du bonnet phrygien, se tenant aux côtés de l'autel de la Patrie, sur lequel on lit : « Amour sacré de la Patrie »). — 3. Le Tombeau du jeune Sylvain (composition sentimentale). — 4. Le Serment des Français (scène patriotique).

[Vente de La Bassetière, 4 fr.]

1187. — LES CURIEUX PRÉCOCES. ‖ A Paris, Chez Janet, Successeur du Sieur Joubert (*sic*), Rue Saint-Jacques, nᵒ 36. (1794.) In-128.

Almanach entièrement gravé, ayant 23 m. sur 18. Recueil de chansons et de devises, orné de 8 figures, avec calendrier.

A la fin curieuse annonce de l'éditeur disant qu'il « fait les armes en or, miniatures, chiffres des princes et seigneurs. »

[Cat. 30 fr.]

[Coll. Gaston Tissandier.]

1188. — DÉCADES DES CULTIVATEURS, par Sylvain Maréchal. ‖ *S. l.* An III. In-18.

[D'après Henri Welschinger, *Almanachs de Révolution.*]

[Vente de La Bassetière, 4 fr.]

1189. — LES DÉLASSEMENS D'UNE PHILOSOPHE; Almanach dédié à la *Convention Nationale; Pour faire suite aux Étrennes poétiques et morales; Par une pensionnaire de la République.* Prix, trente sous. ‖ A Paris, chez Favre, Libraire, Palais de l'Égalité, sous les galeries de bois, n° 220. An Troisième de la République. (1794-1795). In-18.

Almanach accompagné d'un calendrier républicain, attribué à Mercier de Compiègne. Mélange de prose et de vers : Couplets à l'Éternel pour la fête du 20 Prairial ; Les Inutiles ou le ci-devant Palais-Royal ; L'Héroïne républicaine, comédie en prose, mêlée d'ariettes ; Les hommes comme ils devroient être, etc.

[B. N. — Lc^aa 377. ‖ Coll. de Bonnechose.]
[Cat. 5 fr.]

1190. — L'ÉCOLE DE LA BIENFAI-FAISANCE. *Almanach Philantrope. Tiré des exemples qu'on en trouve (*sic*) dans l'Évangile. Avec Gravures.* ‖ A Paris, chez Janet, Doreur, Rue Saint-Jacques, vis-à-vis les Mathurins, N° 36. (An III, 1794-1795). In-32.

Titre gravé. Curieux almanach orné de douze vignettes dont voici les légendes : 1. La nouvelle Lumière (*naissance du Christ*.) — 2. La vrai (*sic*) Science. — 3. La source des Vertus. — 4. Le plus doux breuvage. — 5. Le pouvoir de la Grâce. — 6. La Bénédiction Céleste. — 7. La Foi récompensée. — 8. La clémence Divine. — 9. Le séducteur confondu. — 10. La plus grande Victoire (Jésus ressuscitant.) — 11. Le triomphe Divin (Jésus remontant au Ciel.) — 12. L'Espérance comblée.

Texte entièrement gravé, composé de dissertations religieuses se rapportant aux vignettes ; chaque morceau est suivi d'une chanson sur le même sujet.

Calendrier également gravé pour l'An III et pour l'ère vulgaire.

[Cat. 30 fr.]

[Coll. de Bonnechose.]

1191. — ÉTRENNES DES RÉPUBLI-CAINS FRANÇAIS. *Contenant le nouveau Calendrier, avec les Fêtes décadaires, décrétées par la Convention nationale, et un Recueil d'Hymnes, Odes, Chansons patriotiques, propres à former la jeunesse aux vertus civiques, et à entretenir dans l'esprit des bons citoyens, la gaîté républicaine. Suivies Du Caté-*chisme militaire, pour apprendre, sans maître, l'exercice en peu de temps. Et du Code Pénal militaire, ouvrage utile aux officiers de tout grade.* ‖ A Paris, chez Gueffier, Imprimeur-Libraire, rue Gît-le-Cœur, n° 16 (An III). In-16.

Chansons républicaines. — Calendrier pour l'an III.

Le *Catéchisme militaire,* ou *Instruction simple et facile pour apprendre l'exercice en peu de temps,* est dû au citoyen Flamant, ci-devant chasseur au Régiment d'Auvergne, et est accompagné de 3 planches représentant le fusil et son mécanisme avec les différentes positions du soldat.

Le tout se termine par les décrets relatifs à l'organisation des Tribunaux criminels militaires et du Code Pénal militaire.

Henri Welschinger mentionne l'An II.

[B. N. — Lb41 4062]

1192. — LE GAILLARD DE BONNE HUMEUR. *Almanach chantant et divertissant, Contenant un peu de tout.* ‖ A Ratopolis, et se trouve à Paris, chez la Vve Tiger, Rédacteur et Éditeur, au Pilier Littéraire, place de Cambrai (An III). In-32.

Frontispice colorié.

Recueil populaire de chansons et d'oracles à l'usage des dames et des messieurs. Avec calendrier. N'a de commun que le titre avec la publication parue en 1789 (voir n° 918).

[Vente de La Bassetière, 6 fr.]

1193. — HYMNES POUR LES TRENTE-SIX FÊTES DÉCADAIRES; *Par le C. Sylvain Maréchal, suivi d'un Calendrier pour l'an III de la République.* ‖ A Paris, chez Basset, marchand d'Estampes, rue Jacques, n° 670, et chez Dufart, Libraire, rue Honoré, Maison d'Auvergne. An III. In-18.

Avec un frontispice, *Hommage à l'éternel,* un laboureur invoquant le soleil personnifié par le triangle égalitaire orné d'un œil ; petit sujet gravé dans une ligne, ornée, sur les côtés, du drapeau tricolore et du bonnet phrygien.

Cueillons dans ce choix de poésies l'hymne adressé à la Postérité, qui, comme tel, peut avoir pour nous un intérêt particulier :

> Vous, générations futures,
>   Nos chers Neveux,
> Dans de nouvelles conjonctures
>   Ferez-vous mieux;
> Contentez-vous d'être doublures
>   De vos ayeux.

.˙.

Sans Rois, Nobles, Robins, ni Prêtres
    Nous vous laissons;
Tous égaux, tous frères, tous maîtres,
    Nous vous laissons,
Profitez, s'il reste des traîtres,
    De nos leçons.

.˙.

Tu nous dois sans doute un hommage
    Postérité!
Autant que nous sois toujours sage
    En vérité,
Et sache qu'un si grand ouvrage
    Nous a coûté.

[Cat. de 5 à 6 fr.]

[Coll. de l'auteur.]

1194. — IL EST JOLI COMME UN CŒUR, ou Le Porte-Feuille d'Anacréon. Étrennes aux Grâces. ‖ A Paris, chez Janet, Rue Jacques, Nº 31. — (An III. 1794-1795). In-24.

Titre gravé dans un encadrement avec sujet (berger et bergère) et 12 gravures, non signées, dont voici les légendes : 1. Les Convives d'Anacréon en Belle humeur. — 2. Les nouveaux Revenans. — 3. Nymphale ou le Tombeau de Misis. — 4. La Fille sincère. — 5. La Folie (nom de la maison de campagne de deux sœurs, les plus aimables de Paris, sans faire tort aux autres). — 6. Les Oiseaux. — 7. Les affaires et les allures de ce Monde (Adam et Ève au Paradis). — 8. A quoi servent les regrets? — 9. L'Amour éveillé. — 10. Aglaé à Vénus. — 11. Le Tableau animé. — 12. Le Charme de la Folie.

Cet almanach est accompagné d'un « Nécessaire. » Calendrier pour l'an III.

[Coll. de Savigny.]

[Cat. 5o fr.]

1195. — JEAN ET GENEVIÈVE, OU L'AMOUR FILIAL. ‖ A Paris, chez Janet, successeur du Sieur Jubert, Rue S. Jacques, nº 36. (Vers 1795.) In-128.

Almanach entièrement gravé, orné de 8 gravures.

Recueil de chansons et de devises, avec calendrier.

[Coll. Gaston Tissandier.]

1196. — LA LYRE DE LA RAISON ou Hymnes, Cantiques, Odes et Stances à l'Être Suprême, Pour la célébration des Fêtes Décadaires de l'An III de la République. ‖ A Paris, Chez Dufart, Imprimeur-Libraire, rue Honoré, près le Temple à l'Être-Suprême, ci-devant église Roch. Basset, rue Jacques, au coin de celle des Mathurins. Caillot, Libraire, rue du Cimetière-André-des-Arts. Demoraine, Libraire, rue du Petit-Pont. Louis, Libraire, rue Severain. IIIᵐᵉ ann. de l'Ère rép. In-12.

Calendrier-recueil de cantiques et d'hymnes, la plupart adressés à l'Être Suprême, chantés sur l'autel de la Patrie ou aux sections, de couplets-impromptu chantés sur le théâtre de l'Opéra ou sur le théâtre de l'Égalité. Nombreux couplets à J.-J. Rousseau.

La plus curieuse de toutes ces pièces est, très certainement, l'hymne à l'Éternel par « le citoyen Augustin Ximenez, âgé de 69 ans et mis en réquisition par le Comité de Salut public pour être employé à composer des pièces patriotiques. »

Offrons nos cœurs à l'éternel et que nous nos doigts divins s'élancent les cœur mélodieux de nos lyres.

Frontispice dessiné et gravé par Queverdo : une femme tenant en main et montrant à des Amours un cœur.

[Vente de La Bassetière, 3 fr. ‖] Cat. de 5 à 7 fr.]
[B. N. — Ye 26,926. ‖ Coll. de l'auteur.]

1197. — LA LYRE RÉPUBLICAINE ou Recueil des Hymnes et Chansons patriotiques. [Épigraphe :]

> Les vers sont enfans de la Lyre,
> Il faut les chanter, non les lire.
>   LAMOTTE.

Avec Figure. ‖ A Paris, A l'Imprimerie des Écoles Républicaines, rue Martin, N° 51. L'an III⁰ de la République Française. In-12.

Sur le titre, bonnet phrygien.

Frontispice gravé : personnages à genoux autour d'une statue de la Liberté tenant en main la pique révolutionnaire surmontée du bonnet phrygien. Au-dessous, comme légende : « Liberté, liberté que tout mortel te rende hommage ! »

On lit dans un avertissement : « Les Éditeurs de ce Recueil, pressés par le vif désir d'électriser toutes les âmes du feu du Républicanisme, ont fait un choix de tout ce qui a paru le plus propre à piquer le goût des amateurs. Rien n'y est entré qui ne porte le cachet du Civisme et des bonnes mœurs. Des deux bouts de la France, on a entendu célébrer l'Être Suprême, nous avons inséré ici les hymnes les mieux accueillis dans ce jour solennel...

« Ce recueil paroîtra tous les ans. »

Les hymnes à l'Être-Suprême n'empêchent point les romances et les vaudevilles d'y prendre également place. J'ignore s'il a paru d'autres années. Calendrier.

[B. N. — Ye 26,958.]

1198. — LA MUSE RÉPUBLICAINE, ou Mélange d'hymnes républicains, Chansons guerrières et patriotiques, par le C. Christophe, Employé dans les Bureaux du Département de Paris. Avec un Calendrier pour l'An III de la République française. ‖ A Paris, Chez Basset, Marchand d'Estampes, rue Jacques, au coin de celle Chalier. Et Dufart, Libraire, rue Honoré, vis-à-vis Roch, maison d'Auvergne. An III de la République. In-12.

Frontispice allégorique, assez finement gravé, dont voici la légende : « La Victoire appelle les sans-culotes (sic) Sur ses traces glorieuses. »

Recueil de chansons patriotiques dans le goût de l'époque; l'ouvrage débute par « L'Élan, dédié aux Sans-Culottes de l'Univers », inspiré par la Marseillaise; il continue par « La Coalition », la « Chanson sur les Émigrés », « La Patrie par-dessous tout », l' « Hymne à l'Être Suprême » de Chénier, etc.

Calendrier pour l'an III

1199. — OBSERVATIONS SUR LE CALENDRIER RÉPUBLICAIN. ‖ S. l. (Paris), an III.

[B. Carn. — 1856.]

1200. — OFFICE DES DÉCADIS PROVISOIRES ou Discours, hymnes et prières en usage dans le temple de la Raison, par les citoyens Chénier, Dulaurens, etc. ‖ Paris 1794. In-8.

[D'après H. Welschinger, Almanachs de la Révolution.]

1201. — PETIT DÉCADAIRE D'INSTRUCTION PUBLIQUE pour l'an III sextile. Contenant le nouveau Calendrier accompagné d'une explication sommaire des objets d'Économie Rurale remplaçant les saints. On y a joint XXI Tables propres à faciliter l'application du nouveau Système Décimal aux poids, aux mesures, aux monnoies, et une concordance des anciens jours de la semaine, pour connoître le départ des Postes et des Messageries ainsi que les jours de Foires et de Marchés. ‖ A Paris, chez Aubry, Libraire, rue Baillet, n° 2, entre celles de la Monnoie et de l'Arbre-Sec. An III de la République. In-32.

Almanach de quelques pages ne contenant que ce qui est indiqué sur le titre.

1202. — LE PETIT SANS-CULOTTE, Almanach chantant, Pour la présente année. Dédié Aux belles républicaines. ‖ A Paris; chez Le Prieur, Libraire, rue de Savoie, N° 12, chez la veuve Langlois, rue St-Jacques, à la Renommée. Et aux Associés, rue St-Jacques. (Vers 1794). In-32.

Hymnes et chansons patriotiques.
Almanach de quelques pages seulement.

[B. N.]

1203. — LE PETIT SANS-CULOTTE DE L'ARMÉE DU NORD. ‖ S. l. n. d. (vers 1794.) In-32.

Petit recueil de chansons patriotiques composées après la victoire de Valmy.

[Cat. 5 fr.]

1204. — LES PETITS MONTAGNARDS, ou le Bonheur des habitans

des campagnes. Almanach chantant et patriotique. || A Paris, Chez la veuve Triger, Rédacteur et Editeur, au Pilier littéraire, Place de Cambrai. Et chez les Marchands de Nouveautés. (An III, 1794-1795.) In-32.

Frontispisce gravé, colorié (scène villageoise). Recueil de chansons dans la note champêtre.

LA DÉCADE DU CANONNIER

I

C'est aujourd'hui la décade
Prenons tous le verre en main,
Je porte ma rasade,
A toi, peuple souverain,
La décade est par sa gaîté,
L'âme de la liberté.

II

Je n'ai ni richesse ni grade,
Sans-culotte est mon vrai nom.
Plus je bois à ma décade,
Mieux j'ajuste mon canon.

III

Belles, fêtez la décade,
Venez au bruit des tambours.
Une pique, une cocarde,
Ne déplaît point aux amours.

IV

Citoyenne, la décade
Sans vous n'auroit point d'appas,
Recevez notre accolade,
Et laissez-vous mettre au pas,
La décade est par sa gaîté
L'âme de la liberté.

Publication de colportage.
[Coll. de Bonnechose, An III. || B. N. An IX.]

1205. — RECUEIL D'HYMNES RÉPUBLICAINS et de chansons guerrières et patriotiques, par le citoyen Sylvain Maréchal et autres auteurs. || Paris, an III, In-18.

Avec figure et calendrier. L'un des plus rares chansonniers de cette époque.

[Cat. 8 fr.]

1206. — LES RÊVERIES ORIENTALES ou Les Miracles de l'Ancien Monde. Almanach Tiré du Cabinet des Fées. Ornés (sic) de 12 gravures. || A Paris, chez Janet, Doreur, Rue S. Jacques, vis-à-vis les Mathurins, Nᵒ 36. (1794.) In-24.

Titre gravé dans un paysage.
Almanach orné de 12 gravures de Dorgez, dont

voici les légendes : — 1. Éretzine et Parelin. — 2. Merveilleux et Charmante. — 3. Le Chevalier fortuné. — 4. Constancio et Constancia. — 5. Le Prince Marcassin. — 6. Aboulcasem Basry. — 7. La Princesse Malika. — 8. Le souper de Dilara. — 9. Le Prince Calaf. — 10. Florine. — 11. Tongluk et la Princesse Gulcheuraz. — 12. Les Conseils d'une bonne Mère.

Texte composé de chansons gravées, dont quelques-unes avec musique.
Calendrier républicain et grégorien.

[Ex. colorié, communiqué par M. Greppe.]

1207. — LE TRIOMPHE DES DAMES OU LES MÉTAMORPHOSES. Almanach orné de jolies gravures. || A Paris, chez Janet, successeur du sieur Jubert, rue Saint-Jacques, vis-à-vis des Mathurins. (An III.) In-32.

Titre gravé et 12 jolies figures, non signées, dont voici les légendes : 1. Hercule près d'Omphale. — 2. Le Couvent séduisant (femme aux seins nus jouant du piano et chantant). — 3. Pygmalion et sa statue. — 4. L'enlèvement d'Adonis. — 5. Samson et Dalila. — 6. Yphis et Anaxarette. — 7. Apollon et Daphné. — 8. L'Amant fâché et payé pour se taire. — 9. Persée et Andromède. — 10. Arcis et Galathée. — 11. Pandore et les Dieux. — 12. La modestie des Amans (Jeunes gens montant à l'assaut des belles qui du haut d'une tour leur jettent le mouchoir; ils grimpent, mais ne peuvent les atteindre, les échelles dressées n'étant pas assez hautes).

[Cat. Morgand. Ex. mar. r. 50 fr.]

1208. — LES VRAIS AMANS ou la Constance Récompensée. Étrennes aux Cœurs Sensibles. || A Paris, chez Janet, Doreur, Rue S. Jacques, vis-à-vis les Mathurins, Nᵒ 36. (1794.) In-32.

Titre gravé. Recueil de chansons, gravé, orné de douze vignettes se rapportant aux chansons et dont voici les légendes : — 1. Les dons du nouvel an. — 2. Les plaisirs de l'Hyver. — 3. Le véritable honneur. — 4. Les justes regrets. — 5. Le dangereux (sic) hazard. — 6. Le Songe effraïant. — 7. La victoire signalée. — 8. L'Artifice détruit. — 9. L'utile Héroïsme. — 10. L'heureuse entreprise. — 11. La double justice. — 12. Le plus doux triomphe.

Cet almanach, accompagné de deux calendriers, l'un pour l'An III et l'autre pour 1794, est dans la note patriotique du jour. C'est l'histoire d'un jeune citoyen qui quittant Hortense et son aimable fille pour voler au secours de la Patrie, se couvre de gloire, voit ses exploits publiés partout, reçoit la couronne civique et, rentré dans sa patrie, obtient la main de celle qu'il aime.

[Coll. de Bonnechose.]

1209. — ALMANACH DES GENS DE BIEN (1), Contenant des anecdotes peu connues, pour servir à l'histoire des évènemens de ces derniers tems; l'arrivée de Carrier aux enfers; des observations sur le même; son épitaphe; deux dialogues de morts, un entre J.-J. Rousseau et Malesherbes, l'autre entre Favras et Bailli; les médecins, histoire véritable; des prédictions pour tous les mois de l'année, etc., etc. [Épigraphe :]

Je vois un nouveau peuple orner cette contrée,
Du sein des cieux Thémis descend avec Astrée :
Saturne sur nos champs revient régner encor,
Et ramène aux mortels les jours de l'âge d'or.

GRESSET.

|| A Paris, Chez Pichard, Libraire, rue de Thionville, vis-à-vis la rue Christine. (1795.) In-12.

Frontispice satirique sur Carrier. Moitié homme, moitié monstre, vomissant des piques, repoussé des flots, il est foudroyé par la Justice. La légende porte : « Le flot qui l'apporta recule épouvanté ».

Le flot qui l'apporta recule épouvanté.

(1) Le faux-titre porte : pour l'année 1795 vieux style).

Premier almanach d'une série qui doit se continuer pendant quatre ans et qui est attribuée à Galard de Montjoye.

On trouve dans cet almanach le précis des événements du 9 thermidor au 23 fructidor An III, des sujets de méditations, philosophiques et politiques, des apologues et diverses anecdotes dont une sur le mariage de Camille Desmoulins.

Avec le calendrier romain et le calendrier républicain pour l'An III et IV. Croyant devoir expliquer les raisons qui lui ont fait donner un calendrier pour l'an de grâce 1795, l'éditeur dit : « Le calendrier romain est reçu dans toute l'Europe ; les voyageurs, les personnes même qui ont des relations commerciales avec les étrangers, ne peuvent se dispenser de le connoître ; il est également nécessaire pour l'étude de la chronologie, pour la lecture de l'histoire et des livres qui ont paru jusqu'à ce jour. »

La figure existe en plusieurs états.

[B. N. — Lc²² 34.]

[De 4 à 8 fr. non rogné.]
[Voir, plus loin, n° 1224.]

1210. — ALMANACH OU ABRÉGÉ CHRONOLOGIQUE DE L'HISTOIRE DE LA RÉVOLUTION EN FRANCE, Contenant les causes et les principaux détails de ce grand Évènement, Pour l'an IV de la République françoise, ou 1796 de l'Ère vulgaire; Par le citoyen Richer, Auteur de plusieurs ouvrages de littérature. || A Paris, chez Rochette, Imprimeur, rue Chalier, maison Sorbonne, N° 382. L'Auteur, rue Jacques, vis-à-vis celle du Plâtre, N° 285. Lepetit, Libraire, quai des Augustins, N° 32. In-18.

Le faux-titre porte : *Almanach de la Révolution française.*

« C'est, dit l'avertissement, un coup d'œil rapide sur les causes et les principaux détails du plus grand évènement, dont les annales du monde fassent mention. On y voit l'Assemblée constituante lutter, avec force et courage, contre l'impérieux tyran, l'audacieux clergé et l'orgueilleuse noblesse ; on y voit qu'elle les abat tous et ouvre au peuple le chemin à la liberté: on y voit l'Assemblée législative lui succéder et marcher sur ses traces; on y voit arriver, ensuite, l'Assemblée conventionnelle, qui, d'une main sûre et hardie, prend la massue terrible du peuple ; renverse le trône, écrase la tyrannie ; érige la France en République, et avertit tous les peuples de la terre que l'Éternel les a créés pour être libres, non pour être les esclaves de vils tyrans. »

Certains catalogues annoncent un frontispice : il ne se trouve point dans l'exemplaire de la Bibl. Nationale.

A été réimprimé, avec la disparition du mot « Almanach », et augmenté de différentes matières, avec la mention : « par feu Richer, auteur de plusieurs ouvrages de littérature; continué par Brument, auteur « d'Henriette de Wolmare. » Paris, Rochette, Leprieur, an IV, an V et an VI. » Cette réimpression contient un frontispice : Un homme, dans une chambre, écrivant ses mémoires à côté d'un lit, avec la légende latine : Indocti discunt et ament meminisse periti.

[B. N. || Coll. de l'auteur.]

1211. — CALENDRIER DE POCHE pour l'ère républicaine et l'ère vulgaire. Ans IV à XII. || Paris, Demoraine. In-32.

Simple calendrier.

[B. Carn. — 16711.]

1212. — CHANSONNIER DÉCADAIRE ou recueil choisi d'hymnes, d'odes et de cantates, adressées à l'Éternel. — || Paris, In-18.

Avec figure.

[D'après un catalogue de librairie.] [Cat. 5 fr.]

1213. — ÉTRENNES AUX AMATEURS DU BON VIEUX TEMPS ou le Mathieu Lansberg Anti-Jacobite. Pour l'Année de Grâce 1795.|| S. l. (Paris.) In-18.

Almanach en vers et en prose.

« Nous jouissons de la liberté des opinions, « dit l'auteur, « on ne trouvera pas mauvais que j'en use en fait d'astronomie » et, conséquemment, il fait un almanach pour le 1ᵉʳ de janvier. A la fin du volume, curieuses notices sur quelques gens de lettres révolutionnaires (Florian, Berquin, Sylvain Maréchal, M.-J. Chénier, Beaumarchais, Fabre d'Églantine, Garat, Chamfort, etc.).

[Cat. 5 et 6 fr. || Vente de La Bassetière, 2 fr.] [B. N.]

1214. — LES IMAGINATIONS ASIATIQUES ou Les Prodiges Indiens, Arabes et Chinois. Almanach orné de Jolies Gravures. || A Paris, chez Janet, Rue Jacques, vis-à-vis les Mathurins, Nᵒ 31. (An IV, 1795-1796.) In-24.

Titre gravé avec sujet. Almanach orné de 12 gravures, non signées, dont voici les légendes : —1. Malek volant.—2. Schirine exaltée.—3. Canzade renaissante. — 4. Canzade s'immolant. — 5. Rouzvanchad accablé. — 6. Chéheristani contente. — 7. Dilara répudiée. — 8. Coulouf Hulla.

— 9. Aboulcasem désespéré. — 10. Adis vieilli. — 11. Cadige rajeunissante. — 12. Dardané satisfaite.

Texte entièrement gravé, chansons et musique. Cet almanach est suivi du Nécessaire des Dames et des Messieurs. Calendrier imprimé pour l'an IV.

[Cat. de 25 à 30 fr. suivant l'état et la reliure.] [Coll. de Savigny.]

1215. — LES LEÇONS PASTORALES DES FAVORIS DU DIEU DES CŒURS ou l'École de la Tendresse. || A Paris, chez Janet, rue St-Jacques, Nᵒ 31. (An IV, 1795-96.) In-64.

Titre gravé dans un cadre orné. 12 gravures non signées, dont voici les légendes : 1. Acanthe et Céphise. — 2. Aline et Saint-Phar. — 3. Astrée et Céladon. — 4. Laure et Pétrarque. — 5. Brocolin et Nina. — 6. Amaryllis et Myrtille. — 7. Muguet et Jacinthe. — 8. Silvandre et Thémire. — 9. Lindor et Zirphé. — 10. Colinette et Lucas. — 11. Luzette et Colinet. — 12. Hilas et Sylvie.

Texte composé de chansons.

[Coll. de Savigny, ex. avec figures coloriées. Cat. Techener ex. mar. r. 60 fr.]

1216. — NOUVELLES ÉTRENNES POISSARDES pour l'an IV de la République, contenant l'Écuelle, poème en trois chants, bouquets, chansons et cantique poissard par le petit neveu de Vadé. || Aux Porcherons, l'an de la gaîté. In-32.

Avec calendrier.

[D'après un catalogue de librairie.] [Cat. 6 fr.]

1217. — LE PETIT BADIN. Étrennes Lyriques et Nouvelles. Dédiées à qui l'on voudra, aux dépens de la jeunesse. Pour la présente année. || A Badinopolis (Paris). An IV. In-32.

Recueil de chansons populaires. Calendrier pour l'An IV, avec les noms des saints.

[Vente de La Bassetière, 2 fr.]

1218. — LE RECUEIL D'APOLLON ou Galerie Littéraire, choix de vers, bons-mots, historiettes, poésies, chansons, etc. || (Paris, Mayeur.) An IV. (1795-1796).

[D'après l'Almanach des Muses.]

1219. — LES ROBERSPIERROTS ou Le Triomphe de la Liberté sur la Tyrannie. Almanach nouveau chantant et à l'ordre du jour; Enrichi de leurs portraits en vers, et d'un précis de leur conspiration, etc. || A Paris, chez les Marchands de Nouveautés. An IV.

[D'après un titre servant de feuille de garde à un autre almanach de l'époque.]

1220. — LE TRIOMPHE DES GLOBES OU LE BALLON. Almanach chantant. Pour la présente année. || A Paris, chez Desventes, Libraire. (1795.) In-32.

Cet almanach renferme 3 chansons aéronautiques : Le Triomphe des Globes; Globe des Thuilleries (sic); Le Char volant.

[Cat. 12 fr.]

[Coll. Gaston Tissandier.]

1221. — ALMANACH DE SANTÉ, ou Annuaire pour l'An Vᵉ de la République Française. Où l'on donne le tableau des maladies régnantes dans chaque mois, avec les moyens préservatifs et le traitement méthodique des maladies les plus communes, suivi d'observations phisiologiques (sic) et diététiques. Par J.-B. Lecouteux, Médecin des Hôpitaux Militaires. || A Paris, chez l'Auteur, rue de la Loi, Nᵒ 206. Et Pàris, Libraire, rue des Mathurins, près celle des Maçons, Nᵒ 454. (1795-1796.) In-18.

Contient quelques remèdes médicinaux et d'utiles notions d'hygiène. Cet almanach a paru durant plusieurs années, mais sans que j'aie pu en trouver une collection suivie.

[Voir, pour la suite, *Almanach de Santé ou Étrennes d'Hygie*, Année 1811.]

[Années diverses, cat. de 2 à 4 fr.]

1222. — LES ADIEUX DE MARIE-THÉRÈSE-CHARLOTTE DE BOURBON; Almanach pour l'année 1796, Contenant une Vie de Marie-Thérèse-Charlotte [de Bourbon, fille de Louis XVI (1)]; un Recueil de Romances, de Chansons,

d'Idylles, d'Allégories; des Anecdotes sur le Temple, avec la Description de cette prison; l'Histoire des Négociations pour l'échange de l'illustre prisonnière, et le Récit de son départ. Par M. d'Albins. || A Basle (1), chez Tournesen, Libraire, 1796. Pet. in-12.

Frontispice : portrait-profil de Marie-Thérèse-Charlotte, médaillon rond, au pointillé, surmonté d'étoiles, tête tournée à droite. Ce portrait existe en deux états : en noir et en couleur. On le rencontre également tourné à gauche dans les réimpressions ou seconds tirages.

Recueil de poésies fugitives et de pièces diverses (Étrennes à Marie-Thérèse, pour 1796, romance; Les Soupirs d'une jeune captive; Le jeune Lis; Romance sur le chien et la chèvre élevés par Marie-Thérèse au Temple;

> La fille des rois est bergère,
> Une chèvre forme sa cour;
> Elle a conservé l'art de plaire,
> Elle est encor reine d'amour:
> Flore lui cède sa couronne,
> Son sceptre est un bouquet de fleurs,
> Le frais gazon forme son trône,
> Et son empire est dans nos cœurs.

Anecdotes sur les prisonniers du Temple; Histoire des négociations pour l'échange de Marie-Thérèse.)

[Coll. de l'auteur.]

[1ʳᵉ édition, cat. de 10 à 12 fr. suivant l'état de la figure.]

1223. — ALMANACH DES BIZARRERIES HUMAINES, ou Recueil d'anecdotes sur la Révolution Destiné à l'instruction des petits et des grands enfans, Dédié par un homme qui a peu de mémoire à ceux qui n'en ont point du tout. || A Paris, chez Antoine Bailleul, imprimeur, rue Hautefeuille, 22, et chez les marchands de nouveautés, l'an V de la République (1796-1797). In-18.

Opuscule qui n'a d'almanach que le titre et la forme. En réalité, c'est un récit de la captivité du conventionnel Bailleul, avec les portraits de plusieurs personnages historiques et des appréciations sur les bizarreries de la nature humaine.

« J'ai intitulé mon livret : *Almanach des Bizarreries humaines*, » dit l'auteur, « parce qu'en effet, il y a

---

(1) Les mots entre crochets n'existent que sur les réimpressions.

(1) Même remarque que pour plusieurs autres almanachs. Quoique portant la mention d'un libraire de Bâle, en Suisse, cet almanach doit figurer parmi les pièces parisiennes.

beaucoup de choses bizarres, absurdes, affligeantes même, et quand on aura chanté avec un autre almanach, je veux qu'on réfléchisse avec le mien. »

Avec des maximes pour chaque jour de la décade et un calendrier.

A été réimprimé par l'éditeur Jouaust dans sa collection des petites Curiosités.

[B. N. — Lc ²² 334.]

[Cat. 4 à 5 fr. || Vente de La Bassetière, 2 fr. avec une fig. de Couché ajoutée.]

1224. — ALMANACH DES GENS DE BIEN pour l'année bissextile 1796. Contenant des observations historiques sur le Calendrier, un précis des événemens arrivés depuis le 6 sept. 1795 jusqu'au 28 octobre 1795, ou 5 Brumaire au 4ᵉ Zéphire ; les Girouettes et les Vents, fable ; Épitre à ma dernière Cravate ; la Planche après le Naufrage ; des Prédictions pour tous les mois de l'année, etc., etc. [Épigraphe :]

> Le passé n'est pour nous
> Qu'un triste souvenir ;
> Le présent vaut-il mieux ?
> Quel sera l'avenir ?
>   VOLT.

|| A Paris, chez les marchands de Nouveautés. In-12.

Une note au verso du faux-titre porte : « Voici le quatrième almanach de ce genre que l'on donne au public (1). Jusqu'à présent on en avoit orné le frontispice d'une estampe ; c'en étoit là comme la physionomie, et il faut convenir que ce petit air de luxe ne messied point à ces sortes d'écrits. Cette parure seroit aujourd'hui beaucoup trop onéreuse au lecteur qui, comme il est juste, doit, lui seul, en supporter les frais. Le papier, le dessin, la gravure, l'impression, tout cela augmenteroit considérablement le prix de cet Almanach, et aux jours où nous sommes arrivés, il convient d'alléger le fardeau de l'acheteur au lieu de l'aggraver. L'Almanach des Gens de bien paroîtra donc, cette année, sans autre ornement, sans autre titre de recommandation que lui-même ; il tirera tout son mérite de son propre fond. »

[B. N.]

[Voir, plus haut, nᵒ 1209.]

1225. — ALMANACH DES VRAIS ROYALISTES FRANÇOIS. Pour l'année bissextile 1796. 2ᵉ Année du règne de Louis XVIII. [Épigraphe :] Une Foi, une

Loi, un Roi. || A Paris, chez les libraires du Roi. (1796.) In-18.

Almanach conçu, comme son titre l'indique suffisamment, dans un esprit royaliste. Il contient un tableau des différentes parties du monde, des notions sur les États de l'Europe, la liste de leurs souverains, les évêchés de France, les ducs et pairs, les gouverneurs des provinces, les commandeurs de l'ordre du Saint-Esprit, le « Caractère de Louis XVIII, Extrait d'une Gazette angloise, *the St. James Chronicle* du 23 Juin 1795 ¹, un récit de la Guerre de Vendée, la « Liste exacte des députés régicides, qui ont voté pour la mort de Louis XVI ». Cette liste se termine par l'observation suivante : « Sur les 433 députés qui ont voté pour la mort du Roi, il y en avait au 15 octobre 1795 cinquante-quatre qui sont morts, dont 48 de mort violente, et 65 déportés ou décrétés d'arrestation, ce qui fait déjà 119 régicides de punis. »

Calendrier grégorien pour 1796.

Rapport de l'argent de France avec celui des autres pays.

[Cat. Téchener, 1888, 14 fr. || Vente de La Bassetière, 7 fr.]

[Coll. Victorien Sardou.]

1226. — ALMANACH DU BON HOMME MISÈRE. Détail de sa Généalogie. — Epoque de sa naissance. — Relation des moyens qu'il a employés pour se rendre immortel. — Détail intéressant de la naissance de son fils unique. — Relation de ses derniers Voyages et le nom des pays où il s'est fixé. — Les moyens immanquables qu'il a employés et employent (*sic*) encore tous les jours pour prendre asile chez les nouveaux Riches. — Détail intéressant de tous les événemens remarquables qu'il (*sic*) lui sont arrivés dans le cours de la vie. — Moyens que doivent employer ceux qui ne veulent point qu'il entre chez eux, et la manière de le connaître. || A Paris, de l'Imprimerie d'Aubry, Palais de Justice (An V). In-32.

Au verso du titre, planche sur bois représentant le Bonhomme Misère et un nouveau riche. Au-dessous, on lit :

« Reconnois-moi, je suis *Misère*, tu as tort de te flatter que je n'entrerois jamais chez toi ; souviens-toi bien que je pénètre partout, apprends (*sic*) qu'il faut soulager le malheureux quand on le peut ; et n'oublie point que le bien mal-acquit ne profite jamais. »

---

(1) Je n'ai pu en trouver qu'un d'antérieur.

Almanach rédigé par Collinger fils, montrant, sous forme d'historiette, que la Misère pénètre partout. Il se termine par ces vers :

Je suis connu par tout le monde,
Et renommé par mes exploits,
Sur la terre ainsi que sur l'onde
Chacun doit écouter ma voix,
Je pénètre dans les chaumières
Et dans les beaux palais des grands;
Souvenez-vous bien que Misère
Vivra jusqu'à la fin des tems.

[B. N. — R. 26370.]

1227. — ANNUAIRE DE LA RÉPUBLIQUE FRANÇAISE, PRÉSENTÉ AU CORPS LÉGISLATIF PAR LE BUREAU DES LONGITUDES, pour l'année V de l'ère française.|| A Paris, de l'Impr. de la République, l'an IV (1796-1797), puis de l'Imprimerie Impériale, puis chez Courcier, puis chez Bachelier et finalement chez Gauthier-Villars et fils, quai des Grands-Augustins. 1796 à ce jour. In-18.

Cet annuaire, qui se continue encore aujourd'hui, subit de nombreuses modifications dans son titre; c'est ainsi que pour l'an XII, au lieu de « présenté au Corps Législatif », on lit : « présenté au Gouvernement », pour l'année 1810, « présenté à Sa Majesté l'Empereur et Roi », pour l'année 1813 « présenté S. Exc. le ministre de l'Intérieur », puis, à partir de 1815 jusqu'en 1848 invariablement « présenté au Roi ». Toute formule de présentation disparaît à partir de 1849.

Dans une note de cet Annuaire, il est dit que « le Bureau des Longitudes, établi par la loi du 7 messidor an III (25 juin 1795), est chargé par l'article IX de son règlement de présenter chaque année au Corps législatif un Annuaire propre à régler ceux de toute la République. » Arago commet donc une erreur quand, dans ses notices, il fait remonter l'almanach à 1798.

Ces Annuaires furent rédigés par Jérôme de la Lande, jusqu'à l'année de sa mort, en 1807, par Mathieu et par Arago. Jusqu'en 1824 ils ne donnaient en quelque sorte que des tables, grandes marées, calcul de l'heure, mortalité et mouvement de la population, hauteurs des principales montagnes du globe, et se contentaient, comme texte, de reproduire des articles empruntés aux ouvrages de Lalande ou Laplace. De 1817 à 1828 chaque année donne la table chronologique des principales découvertes en géographie et en astronomie. En 1829 il faut signaler une intéressante note de la durée des générations viriles dans la ville de Paris durant le XVIIe siècle. D'autre part, mentionnons parmi les nombreuses notices scientifiques de M. Arago publiés depuis en volumes, celles qui suivent : Sur les machines à vapeur (A. 1829-

1830, 1837). Des comètes en général, et en particulier sur la comète de 1832 (A. 1832). — Si la lune exerce sur notre atmosphère une influence appréciable (A. 1833 et 1840). — Si l'état thermométrique du globe terrestre a varié depuis les temps historiques (A 1834). — Sur les puits artésiens (A. 1836). — Éloge historique de James Watt (A. 1839). — Analyse historique et critique de la vie et des travaux de Herschell (A. 1842). — Notice sur les principales découvertes astronomiques de Laplace (A. 1844). — Sur le calendrier (A. 1851). — Le fondateur de l'École polytechnique extrait de la biographie de Monge (A. 1850). — Notice sur les observations qui ont fait connaître la constitution physique du Soleil et celle des diverses étoiles. Conjectures des anciens philosophes et données positives des astronomes modernes. (A. 1852). — Biographie de Jean-Sylvain Bailly lue à l'Académie des Sciences, le 26 février 1844. (A. 1853.) Ce travail est certainement un des plus remarquables du célèbre astronome.

Après Arago, vinrent les notices de MM. Janssen Cornu, Tisserand et autres.

1224. — LE CHANSONNIER DES GRACES, avec la musique gravée des airs nouveaux. || A Paris, chez Louis, libraire, rue de Savoie, n° 12 (puis n° 6), puis rue du Paon, n° 2, puis rue Hauteville. An V (1796-1797). De 1796 à 1833 : 37 années. In-18.

Un des chansonniers les plus populaires parmi les nombreux recueils de l'espèce, qui publiait, à la fois, des romances plaintives et des chansons gaies. Bacchus, Comus, Momus étaient également bien reçus des Grâces. Chaque année porte la mention : « deuxième, troisième, quatrième, etc., volume de la collection. » A partir du 8e volume (An XII), on lit sur le titre : « Choisis et rédigés par M. Beauvarlet-Charpentier, professeur. » En 1807, cette annotation disparaît.

On y trouve des pièces de Fanny Beauharnais, Delahaye, des Islets, Guichard, Adr. Lambert, Lézay-Marnesia, L. Millevoye, Pixérécourt, Rougemaitre, Ducray-Dumesnil, Florian, Mme Dufresnoy, Armand Gouffé, Luce de Lancival, Ségur, Théophile Marie, Claude Surville, etc... Chaque année possède un calendrier (dans les dernières années, c'est un calendrier ajouté).

Le Chansonnier des Grâces ne varia guère d'aspect, avec sa petite vignette sur le titre gravé, avec ses frontispices de Monnet, de Ruotte d'après Prudhon, de Lambert, également dans la note de Prudhon, puis de Chasselat et de Devéria. Ces derniers, s'ils n'ont point la saveur du fruit de Bacchus, sont réellement amusants par leur sujet, leur dessin, leur procédé : c'est d'un romantique à vous rendre rêveurs.

Voici, du reste, le détail de quelques-uns de ces frontispices :

A. 1803. — Jeune poëte festinant avec des Muses :

    Je veux mourir buvant à ma Glicère,
    Penché sur elle et baigné de ses pleurs.

A. 1804. — Bonaparte porté en triomphe et couronné par la Victoire :

    On vit toujours d'intelligence
    L'Amour, la Gloire et les Français.

A. 1805. — Jeune femme devant une table, occupée à faire des châteaux de cartes :

    Cupidon qui, pour se venger,
    Lui gardait un dessous de carte,
    A la belle pour voyager
    De Cythère apporta la carte.

A. 1811. — L'Amour aux pieds de sa mère

    Sans la fléchir, à ses genoux,
    Son fils implore sa clémence.

Le *Chansonnier des Grâces* se vendait séparément 3 fr. le volume : des collections complètes étaient annoncées, sur les dernières années, au prix de 80 fr.

Vaut, actuellement, de 2 à 5 fr. le volume, suivant l'année et la reliure.

[B. N. Années 1803, 1804, 1805, 1808, 1816. || Coll. de l'auteur, A. 1817 à 1830.]

1229. — LES CHARMES DE LA SENSIBILITÉ. Étrennes aimables aux Jeunes Cœurs. || A Paris, chez Janet, Rue Sᵗ Jacques, Nᵒ 31. (An V-1796-1797.) In-64.

Titre gravé, au milieu d'un sujet allégorique. Almanach orné de gravures, non signées, mais qui paraissent être de Dorgez et dont voici les légendes : 1. La Morale du Sentiment. — 2. L'Allégorie affligeante. — 3. Le prix du travail. — 4. L'excès du sentiment. — 5. L'Amour et le Monde. — 6. Le model (sic) à imiter. — 7. Le cri du sentiment. — 8. Le tour du Monde inutile. — 9. Les bons et les mauvais ménages.

Publication analogue aux *Étrennes de Minerve* l'adolescence.

Texte composé de chansons se rapportant aux gravures. — Calendrier pour l'An V.

[Cat. de 30 à 50 fr. suivant l'état et la reliure.]
        [Coll. de Savigny.]

1230. — L'EMPIRE DE LA BEAUTÉ PAR LES ÉLÉMENS, LES AGES ET LES SAISONS. Étrenne au beau Sexe. ||A Paris, chez Janet, rue Sᵗ Jacques, vis-à-vis les Mathurins, nᵒ 36. 1796-1797. In-24.

Titre gravé et 12 figures se rapportant aux élé-

ments, aux âges et aux saisons, avec chansons sur les mêmes sujets : 1. Le Feu. — 2. L'Adoles-

l'Automne.

la Maturité.

Figures de l'almanach « L'Empire de la Beauté par les Eléments. » — Coll. Paul Eudel.

cence. — 3. Le Printems. — 4. L'Eau. — 5. La Jeunesse. — 6. L'Été. — 7. L'Air (la planche représente un ballon s'enlevant dans les airs). — 8. La Virilité. — 9. L'Automne. — 10. La Terre. — 11. La Maturité (Couple turbulent dansant l'Allemande) :

> Un couple turbulent folâtre
> Tourmente l'accord musical
> Par une danse de théâtre :
> C'est l'Allemande où de leurs bras
> Ils font cent tours de passe passe,
> Dont aucun n'égale le pas
> Du Menuet fait avec grâce.

— 12. L'Hyver.

Avec plusieurs pages de musique, texte gravé et feuilles de « Gain et Perte. » C'est un des jolis almanachs de l'époque.

[Cat. de 50 à 80 fr. suivant l'état et la reliure.]
[Coll. Paul Eudel.]

1231. — L'ENCHANTEUR OU L'AL-MANACH SANS-PAREIL. || A Paris, chez Janet, Libraire. (Vers 1796.) In-16.

Almanach de chansons, entièrement gravé, avec titre et 12 planches : 1. Le troubadour nocturne. — 2. Le retour à la vertu. — 3. L'amour marchand de cœurs. — 4. L'heure dont il faut profiter. — 5. Le doux souvenir. — 6. Valcour et Zélia. — 7. Oh ! qu'il est à plaindre. — 8. Le dernier baiser. — 9. La peur mal entendue. — 10. L'amour à genoux. — 11. Les fleurs de tout âge. — 12. Trop de femmes et pas assez.

Valcour et Zélia.

Les exemplaires reliés ont une charmante reliure molle avec fers dorés ; médaillon sur les plats, un Amour déposant un cœur sur un autel, avec la légende : Agréable à tous.

Le même almanach fut remis en vente quelques années plus tard, avec un supplément d'ariettes nouvelles, 24 pages imprimées.

[Coll. de Savigny, exemplaire avec calendrier pour 1800.]

[Cat. Morgand : 100 fr.]

1232. — LES ÉTRENNES DE PO-LYMNIE ou choix d'Ariettes nouvelles de l'Opéra-Comique et du Vaudeville. || A Paris, chez Janet, Libraire et Md de Musique, rue St Jacques, no 59. (Vers 1796.) In-32.

Titre gravé sur une draperie, avec attributs.

Almanach orné de 6 gravures, non signées, dont voici les légendes : — 1. Françoise de Foix. — 2. Ninon chez Mme de Sévigné. — 3. Le Petit Courier. — 4. La Rose rouge et la Rose blanche. — 5. Les avant-Postes du Maréchal de Saxe. — 6. La Chaumière Moscovite.

Texte gravé, chansons et musique, se rapportant aux estampes. Au texte gravé est joint un cahier imprimé de chansons, identiques comme titres à celles du texte gravé, mais différentes comme vers.

[Cat. de 30 à 50 fr. suivant l'état et la reliure.]
[Communiqué par M. Greppe.]

1233. — ÉTRENNES DES BONS FRAN-ÇAIS pour l'Année 1797. || S. l. (Paris). De l'imprimerie de Fidèle Prospère. In-32.

Recueil de chansons et de morceaux choisis.

1234. — ÉTRENNES DES HONNÊTES GENS, ou Recueil amusant de romances, chansons et vaudevilles des meilleurs opéras joués sur les différens théâtres de Paris, pour l'année 1797. || A Paris, chez tous les marchands de nouveautés. 1797. Petit in-12.

Avec un frontispice.

Recueil composé en dehors des préoccupations politiques du moment.

[Cat. 8 fr. || Vente de La Bassetière, 2 fr.]

1235. — LES FASTES RÉPUBLI-CAINS ou les heureux Présages des

Triomphes Civiques. Étrennes aux bons Français. || A Paris, chez Janet, Rue Jacques, nº 31 (1796). In-32.

Titre gravé avec allégories, et, dans le fond, le soleil républicain, œil et triangle. — Chansons, partie gravées, partie imprimées ; quelques-unes accompagnées de la musique. 12 compositions dans le genre de Dorgez, pour les mois (ce sont des sujets répondant d'une façon indirecte aux préoccupations du moment). — 1. Le Banquet Vendémiaire. — 2. Le Trajet Brumaire (un brave marin entreprenant un trajet périlleux). — 3. La Conquête Frimaire. — 4. Nivôse subjugué (les Francs affranchissant les rivages du cap Nord). — 5. Ventôse dompté (vaisseaux bravant la tempête.) — 6. Pluviôse dédaigné (les braves soldats de la République bravant les rivières de Pluviôse et pénétrant dans les plus sombres souterrains). — 7. L'Espoir Germinal. — 8. L'Augure Floréal (des Français abordant sur les rives de la mer Blanche reçoivent d'une mariée son bouquet nuptial). — 9. Le Sentiment Prairial (des marins échappés aux vents trouvent un asile sur une terre hospitalière). — 10. Le hardi Messidor (combat sur mer). — 11. L'exalté Thermidor (un héros abordant par eau, met le feu aux remparts d'une forteresse). — 12. Le Glorieux Fructidor.

A Paris chez JANET, Rue Jacques, Nº 31.

Les poésies de cet almanach sont un précieux

spécimen des libertés littéraires et orthographiques de l'époque :

> Au nom de la République.
> Je te garde se (sic) Trésor ;
> C'est la Couronne Civique,
> Qu'un grand cœur préfère à l'or.
> Tu vas soumettre Neptune
> Au Pavillon Tricolor,
> Cupidont et la fortune
> T'en doivent un prix encor.

[Cat. 40 fr.]

[Coll. de l'auteur.]

1236. — IL A LE DIABLE AU CORPS, ou Le Galimathias de Polichinel, Avec ses Prédictions, etc. Almanach Singulier, Facétieux, récréatif et chantant, sur les plus jolis airs nouveaux. || A Paris, Chez Janet, Libraire, rue Jacques, nº 31, vis-à-vis celle des Mathurins. (An V, 1796-1797.) In-32.

Frontispice gravé (femme sur une estrade retenant Polichinelle qui va être emporté par le diable).

Recueil de chansons diverses.

1237. — NOUVELLES ÉTRENNES CURIEUSES DES INCROYABLES, Merveilleuses, Inconcevables, et des Raisonnables de Paris, mêlées de Chansons, Historiettes, et Plaisanteries amusantes : la Notice de 30 différentes Perruques à la Mode, adoptées par le Beau-Sexe, dans des Pays divers ; et des chansons récréatives analogues aux Perruques, Par C*** Raisonnable, ami d'un Incroyable. || A Paris, chez les Libraires des Raisonnables. (1796.) Petit in-12.

Le titre intérieur à mi-page porte : « Almanach Nouveau des Incroyables, etc., ou la Folie du Jour. » — Recueil sur les exagérations de la mode, sur les caricatures et chansonnettes légères. Précieux à parcourir pour les mœurs et les extravagances du moment.

[Cat. de 15 à 20 fr.]

1238. — PAUL ET VIRGINIE. || A Paris, Chez Janet, Libraire, rue Sᵗ Jacques, nº 59. (Vers 1796.) In-32.

Titre en lettres gravées avec sujet (deux enfants, Paul et Virginie, sous un palmier).

Almanach orné de 8 gravures, non signées, représentant des épisodes de Paul et Virginie, et dont voici les légendes : — 1. Paul et Virginie surpris par un orage. — 2. Paul cueillant des Dattes. —

3. Humanité de Virginie. — 4. Domingue retrouve Paul et Virginie. — 5. Triomphe de Virginie. — 6. Regrets de Paul. — 7. Dévouement de Paul (naufrage du St-Géran). — 8. Virginie sauvée.

Texte gravé composé de chansons se rapportant aux sujets des estampes et accompagnées d'autres chansons. Au milieu est joint un cahier imprimé de chansons. Il existe des exemplaires coloriés.

[Communiqué par M. Greppe.]
[Voir, sur le même sujet, le n° 1262.]

1239. — LE PETIT CUISINIER ÉCONOME ou l'Art de faire la cuisine au meilleur marché, mis à la portée de chacun. ‖ A Paris, chez Janet, Libraire, rue Jacques, vis-à-vis celle des Mathurins. (1796.) In-32.

Almanach culinaire, avec un calendrier pour 1796.
[Cat. 5 fr.]

1240. — LE PORTEFEUILLE D'UN CHOUAN par Villiers. [Épigraphe :] Périssent à jamais les cannibales qui règnent encore sur nous ! ‖ A Pentarchipolis (Paris), de l'Imprimerie des Honnêtes Gens. 1796. In-18.

Satires d'une violence extrême contre les hommes et les choses de la République dont le dialogue suivant, entre un citoyen et un garçon du café de Foy, pourra donner une juste idée :

Le Citoyen. — Dites-moi, garçon, les Jacobins osent-ils venir encore ici ?

Le Garçon. — Oh ! mon Dieu ! oui.

Le Citoyen. — Prennent-ils quelque chose au café ?

Le Garçon. — Oui, Monsieur. Il y en a un, l'autre jour, qui a pris..... six cuillères d'argent.

Henri Rochefort verra par là qu'il n'avait rien inventé de bien neuf quand, dans sa « Lanterne », il lançait les mêmes accusations contre certaines personnalités politiques.

[Cat. de 6 à 10 fr.]
[Coll. de l'auteur.]

1241. — AH ! QUE C'EST DROLE ! OU LE CABINET DES MODES ; Description des Costumes nouveaux, entremêlée de Vaudevilles et de Facéties. Étrennes assez plaisantes. ‖ A Paris, chez Ouvrier, Libraire, rue St André des Arcs, n° 41. (An VI. 1797-1798.) In-32.

Frontispice gravé grossièrement exécuté ; œuvre de quelque burin populaire. Choix de notices de toutes sortes sur les particularités de la mode talons plats, spencers, toquets, colliers montants, les thés, Tivoli, Le Carrick, le concert Feydeau, le glacier Garchy, aperçu sur les spectacles. Plusieurs des chansons sont dans un esprit de satire très accentué.

Qu'on en juge par la suivante :

Sur la Réforme des Poches.

Jadis on portait des poches,
  C'était par utilité ;
On rapportait dans ses poches
L'argent qu'on avoit prêté :
L'on faisait sonner ses poches
Partout avec sûreté.

∴

Quand l'on a vidé nos poches,
  Pour la Sainte Liberté ;
D'autres volaient dans les poches,
  Par esprit d'égalité.
L'on n'a pas besoin de poches
Grâce à la fraternité...

∴

Belles qui sortez sans poches,
  Avec de l'humanité ;
Comment, n'ayant point de poches,
  Faites-vous la charité ?
L'Amour cherche dans sa poche,
L'Indivisibilité.

Almanach non moins précieux que le n° 1237.
[Cat. de 10 à 20 fr.]

1242. — ALMANACH CHANTANT DES PLUS BELLES FILLES DE PARIS QUI CHERCHENT A SE MARIER ou Les Plaisirs de l'Amour Honnête. A l'usage des jeunes Filles et Garçons, suivi du Calandrier (sic) contenant les prédictions, variations des tems, lunaisons. Manière de gouverner le cœur humain. Explication des principaux rêves que l'on est sujet à faire et les n°ˢ de la Loterie qui y correspondent. ‖ A Paris, chez Prevost, rue de la Harpe, n°ˢ 5 et 150, près le pont Michel. (Vers 1797.) In-12.

Gentil frontispice au pointillé, montrant, dans un médaillon ovale, un jeune garçon qui embrasse une belle fille à l'air déluré et les seins au vent, un Watteau Directoire. L'almanach publie une liste « des plus belles filles qui témoignent le désir d'être mariées » et quelques poésies de circonstance.

[Coll. Bégis.]

[Cat. 30 fr.]

1243. — ALMANACH DES FEMMES CÉLÈBRES [Essai de Philologie]. Par leurs vertus, leur science et leur courage. Dédié aux Femmes intéressantes, Pour l'an 6 de la République Française (1797 et 1798, an vulgaire). Par J.-P.-L. Beyerlé. || A Paris, chez l'Auteur, rue et maison des Filles S. Thomas, n° 88; Mˡˡᵉ Durand, Libraire, au palais Égalité, galeries de bois, et chez tous les Marchands de nouveautés. In-18.

Almanach divisé en 2 parties, avec dédicace à Mᵐᵉ Félicité Duthil née L'Hoste, et avec une intéressante préface sur les almanachs. Dans cette préface, l'auteur défend Sylvain Maréchal et lance les accusations les plus violentes contre « l'impur Séguier. » Il s'élève également contre les auteurs du calendrier de 1793 érigeant en saints l'âne, le cochon, le dindon, les choux, les pommes de terre, et fait ressortir le grotesque des almanachs mixtes alors à la mode, accolant le calendrier vulgaire au calendrier républicain, plaçant sainte Catherine à côté du cochon, les Innocents près du fumier, et sainte Agathe avec une chèvre. Parlant des almanachs constitués selon les noms des personnes célèbres, Beyerlé explique l'esprit du sien, hommage à la plus belle moitié du genre humain, destiné à élever l'éducation des filles : « Elles sauront que leur sexe a eu comme les hommes, ses artistes, ses poètes, ses philosophes, ses politiques, ses héroïnes, ce génie rare qui conduit au temple de mémoire. »

Considérant les femmes dans la vie privée et sur le théâtre d'une plus bruyante célébrité, il divise ainsi son année : Vendémiaire à la Pudicité, Brumaire à la Charité, Frimaire à la Douceur, Nivôse à la Piété, Pluviôse à l'Amour Conjugal, Ventôse à la Sagesse, Germinal à l'Esprit, Floréal à la Science, Prairial à la Philosophie, Messidor à l'Héroïsme, Thermidor au Mérite rare, Fructidor à la Célébrité.

En dehors du calendrier, cet almanach est un véritable cours d'éducation : on y trouve, notamment, une « Exposition du système du monde » par le savant Cousin.

[Cat. 4 fr. || Vente de La Bassetière, 2 fr.]
[B. N. — Lc²² 390.]

1244. — ALMANACH DES GENS DE BIEN contenant des anecdotes peu connues sur des personnages qui se sont rendus fameux dans notre Révolution; un précis historique de 1796; la liste des conventionnels qui ont voté la mort de Louis XVI, etc. [Épigraphe :]

O mœurs du siècle d'or, O Chimères aimables,
Ne saurons-nous jamais réaliser vos fables !

Bernis. — Prix : 24 sous pour Paris, et 30 sous pour les départements. || A Paris, au bureau du Journal Général de France, rue Neuve-Saint-Augustin (1797). In-12.

Comme frontispice, une curieuse figure représentant l'attaque du camp de Grenelle par les « Enfants perdus de Drouet. » D'après un avis au verso du faux-titre, cet almanach serait le cinquième. Le même avis annonce que l'édition des trois premiers est absolument épuisée. Dans les indications barométriques on trouve les renseignements suivants « Les Assignats au vent, le Peuple au très sec, le Patriotisme à la glace. » Calendrier républicain et romain. [Voir, plus haut, nᵒˢ 1209 et 1224.]

[Cat. : de 5 à 8 fr.]

[B. N. — Lc²² 34.]

1245. — ALMANACH DES GENS DE BIEN, Pour l'année 1797. [Épigraphe :] République et misère. Apophthegme de Saint-Just. || A Paris, chez tous les Marchands de nouveautés. In-12.

Almanach publié sous le même titre et la même année, mais ne faisant pas partie de la même suite.

Frontispice gravé représentant la République sous la figure d'une Furie tenant d'une main une torche, un poignard de l'autre; vêtue d'une robe sur laquelle se dessinent des têtes de morts t foulant à ses pieds une croix, une bible, une tiare, une mitre, une couronne et un sceptre. Derrière elle, on voit, d'un côté, une église en flammes, tandis que, de l'autre, un bourreau sur l'échafaud tient de la main une tête ensanglantée. Au-dessous, cette légende : « La République ».

On y trouve la liste des conventionnels qui ont voté la mort de Louis XVI, et des renseignements sur leur situation présente.

On rencontre, d'autre part, des exemplaires avec la mention « Deuxième » ou « Troisième Édition ».

[B. N. — Lc²² 34.]

1246. — ALMANACH DES HONNÊTES GENS DE 97. Contenant un Tableau de l'Anarchie, suivi de plusieurs Histoires qui ne sont pas des Contes, et de plusieurs Contes qui sont des Histoires; de diverses Prophéties anciennes et modernes, du Thermomètre du jour, de nouvelles de l'autre Monde, etc., etc., etc... [Épigraphe :]

Au retour des honnêtes gens,
Le règne des méchans comme un torrent
S'écoule.

Par P. Salles. || Se trouve à Paris, A l'Imprimerie de la Société Typographique des

Trois Amis, rue St-Jacques, n° 51, au-dessus de la Place Cambrai, Et chez tous les Libraires qui vendent des Nouveau-tés. 1797. In-18.

Frontispice : vignette non signée, faisant allu-sion, à la fois, à la Saint-Barthélemy et au 13 Ven-démiaire. Au-dessous de la fenêtre historique du Louvre, on lit : « C'est de cette fenêtre que l'in-fâme Charles IX tira sur le peuple. » Et au bas de la planche, comme légende :

> ....quis talia fando
> temperet a lacrimis?.........

Le *Thermomètre du Jour* est, sous forme de petites annonces, une satire violente contre les mœurs de l'époque « qui n'ont rien gagné, qui plutôt, ont tout perdu à la révolution. »

« On recommande aux personnes qui ont la manie de se croire bonne compagnie, d'apprendre au moins, à parler français.

« On a découvert un mari et une femme qui s'aiment et s'estiment depuis huit ans; on nous promet une dissertation sur ce prodige. »

En plus des sujets énumérés sur le titre, on trouve la liste des citoyens condamnés par les Commissions militaires de Vendémiaire et acquit-tés par le Tribunal Criminel; la liste des citoyens arrêtés au camp de Grenelle; « un Bulletin du Temple », etc.

En tête, après les éclipses ordinaires, mention est faite des éclipses extraordinaires : « Il y aura deux Éclipses, la première, du numéraire, qui, d'après Figaro Beaumarchais, est le seul et vérita-ble soleil du Monde; la seconde des Rentiers et des pauvres Commis supprimés, qui mourront de faim.

« Ces deux Éclipses seront visibles nuit et jour dans toute la France. »

L'almanach s'ouvre par une longue pièce de vers *L'Anarchie*, épître aux honnêtes gens, dans laquelle l'auteur, le citoyen Salles, qui, jadis, en son « Évangile des Républicains », avait demandé le massacre des prêtres et des Rois, flétrit les excès de « la cabale sanguinaire qui a remplacé le Roi par un bourreau. »

[B N.]

[Cat. broché, de 7 à 10 fr.]

1247. — ALMANACH DES TRIBU-NAUX pour l'An 1797. || Paris. In-12.

[D'après H. Welschinger, *Almanachs de la Révo-lution.*]

1248. — ALMANACH DU COM-MERCE DE LA VILLE DE PARIS, Pour l'An Sixième de la République Française, Contenant les noms et de-meures de tous les Marchands de la ville de Paris, — Négocians, — Banquiers, — Agens-de-Change, — Notaires, — Agens d'Affaires, — Médecins, — Offi-ciers de Santé, — Pharmaciens, — Institu-teurs, — Maisons garnies, — Les Tribu-naux et leurs attributions, dans lesquels sont compris ceux de Commerce, de Paix et de Conciliation, — Les Hommes de Loix, attachés à ces différens Tribu-naux, — Les douze Arrondissemens ou Municipalités de Paris, — Les limites et intérieurs de chaque Section, — L'Ad-ministration du Département, — Le Bu-reau Central, — La Commission des Con-tributions, — Les Receveurs du Droit d'Enregistrement, — des Contributions et des Domaines, — Les Postes et Message-ries, etc., etc., etc. Suivi d'un Tarif sur les Pièces de 5 l. 1 s. 3 d. Et du Tableau de dépréciation du Papier-Monnoie, fait et arrêté par le Département de la Seine, le 28 Fructidor an 5. — Nota. Les change-mens dans les Tribunaux et au Départe-ment étant survenus après l'impression, on les trouvera, par Supplément, à la fin de l'Almanach. || A Paris, Au bureau de l'Almanach et de la feuille du Marchand, rue J.-J. Rousseau, n°° 12 et 351. De l'Im-primerie de Valade (1797-1798). 1798-1840. Gr. in-8.

L'éditeur, dans un avis, annonce que deux citoyens (Duverneuil et de la Tynna) ont entrepris cet ouvrage à la sollicitation de divers négo-ciants, car « il manquait à Paris un Alma-nach de Commerce, que toutes les grandes villes marchandes de l'Europe », telles que Londres, Amsterdam et autres, possèdent. L'éditeur ajoute que cet ouvrage, qui est bien plus étendu que ceux qui existent dans les villes citées ci-dessus, paraîtra tous les ans au 1er vendémiaire.

D'emblée, l'almanach obtint un tel succès qu'il vit, tout aussitôt, une concurrence s'établir à ses côtés et sous le même titre générique. (Voir, plus loin, n° 1273.)

Dès la seconde année, états et professions fu-rent classés séparément.

Dans l'almanach de l'An IX, la liste par état est précédée d'une liste générale en un seul alpha-bet. L'An X donne des renseignements sur la Lo-terie Nationale.

L'An XI commence à s'occuper aussi des dépar-tements, on y trouve la liste des fabricants d'étof-fes et marchands de soie de Lyon. L'An XII donne des notes sur toutes les Bourses de Com-merce de la France et des principales villes de l'étranger, les voies de communication, etc.; enfin pour l'An XIII, le titre se modifie et se généralise comme suit :

— *Almanach du Commerce et de toutes les Adresses de la Ville de Paris, des Départements de l'Empire français et des principales villes de l'Europe.* An XIII (1805). — *Paris.* Manufacturiers, Banquiers, Négocians, Agens de Change, Libraires, Marchands de tous les états, Médecins, Notaires, Jurisconsultes, etc.; Membres des premières Autorités et des grandes Administrations résidant à Paris : Banque de France, Messageries, etc... — *Départements.* Étendue, population, Sièges des Tribunaux relatifs au Commerce, résidences des Conservateurs des hypothèques, grandes routes, rivières navigables, canaux; Manufacturiers, Banquiers, Négocians... Chambres et Bourses de Commerce, Commissaires des relations commerciales des Puissances étrangères, principales Foires de l'Empire. — *Villes de l'Europe.* Situation, Industrie, Commerce, principaux banquiers et Négocians, etc... (8 fr. pour Paris). ‖ Paris, chez Duverneuil et De La Tynna, rue J.-J. Rousseau, n° 386, propriétaires-rédacteurs. Pet. in-8°.

En 1807, le titre porte « par Y. de la Tynna, membre de la Société d'Encouragement pour l'Industrie Nationale ». — En 1810, le prix est fixé à 10 fr. au lieu de 8, par suite de l'augmentation de plus de 6.000 adresses. Auberges, cafés et curiosités des grandes villes viennent prendre place dans l'année 1811, avec la liste des brevets d'invention accordés en 1810.

En 1819, l'Almanach qui ne comprenait encore que 116 pages en petit texte passe aux mains de M. S. Bottin qui, auparavant, s'était occupé de statistique. Afin que nul ne l'ignorât il avait eu soin d'ajouter à son nom et à ses titres, en tête de l'édition de 1818, la mention : « auteur du premier annuaire statistique qui ait été publié en France. » A partir de 1828 l'*Almanach du Commerce* donne la statistique des départements considérés sous les rapports topographique, agricole, industriel, commercial, administratif, publie une revue statistique commerciale des principaux États du monde et complète son ancien titre par cette adjonction : *Statistique annnelle de l'Industrie.* A partir de cette époque, également, il vit, de plusieurs côtés, se créer des concurrences, plusieurs redoutables, et en 1840, son directeur, pour éviter toute confusion, rejetait l'ancien titre et prenait hautement le qualificatif de *Almanach-Bottin.* (Voir, pour cette nouvelle série, l'*Almanach-Bottin* de 1840.)

[B. N. Années 1798, 1799 $\frac{V^{2734}}{Brti}$ (27654)]

[Cat. Alisié, A. 1813., rel. anc. aux armes impériales, 18 fr.]

1249. — ALMANACH THÉOCRATIQUE ou les Leçons divines choisies dans l'Évangile pour en faciliter l'intel-

ligence et l'imitation. ‖ A Paris, chez Janet, Rue St Jacques, n° 31. (Vers 1797.) In-32.

Titre gravé avec sujet. Gravures dont voici les légendes : — 1. Au commencement était le Verbe. — 2. Je vous salue ô pleine de Grâce (la Visitation). — 3. C'est maintenant, Seigneur, que vous laisserez mourir en paix votre serviteur (la Présentation au Temple). — 4. Maître, nous périssons (Jésus apaisant les flots). — 5. Seigneur, nous sommes bien ici (entrevue de Jésus avec Moïse et Élie). — 6. Le Model (*sic*) d'Équité (Jésus et Pierre acquittant le Tribut). — 7. Béni soit celui qui vient au nom du Seigneur (Jésus entre dans Jérusalem). — 8. Ma Maison est une Maison de prière (Jésus chasse les vendeurs du Temple).— 9. Prenant le Calice, il rendit grâces (la Cène). — 10. Si je ne vous lave, vous n'aurez point de part avec moi (Jésus lavant les pieds de ses disciples). — 11. La parfaite Résignation (Jésus est conduit en prison). — 12. La fin des Choses (Résurrection de Jésus-Christ).

Texte, vers et prose, entièrement gravé, se rapportant à l'Évangile.

A cet almanach est joint un cahier imprimé se composant de cantiques et de chansons pieuses.

[Coll. de Savigny.]

1250. — LES BOCAGES, Almanach des Bergers. ‖ A Paris, chez Ouvrier, Libraire, rue St André des Arcs, n° 41. 1797. In-32.

Titre figurant sur un catalogue du libraire Ouvrier.

1251. — LES BOSQUETS DE CYTHÈRE ou le Triomphe de l'amour et de la fidélité, Almanach composé de chansons, contes et anecdotes joyeuses. ‖ A Paris, chez Ouvrier, Libraire, rue St André des Arcs, n° 41. 1797. In-32.

Titre figurant sur le catalogue d'Ouvrier.

1252. — CALENDRIER AVEC L'ANCIEN ET LE NOUVEAU STYLE, A L'USAGE DE LA SOCIÉTÉ DE MÉDECINE DE PARIS, séante au Louvre. Année 1797. ‖ A Paris, de l'Imprimerie de la Société de Médecine, rue d'Argent, n° 211. Ve année de la République. In-24.

Dans un intéressant avant-propos, l'auteur de ce calendrier, — très probablement le secrétaire de la Société, — fait l'historique de la Société de Médecine de Paris, créée en 1796 par quelques membres des anciennes compagnies de médecine, de chirurgie et de pharmacie. Voici, du reste, de quelle façon il s'exprime, à ce sujet : « Il entroit dans leur plan de faire une riche combinaison de toutes les connoissances qui ont des rapports directs avec l'art de guérir; et ils s'adjoignirent des naturalistes, des physiciens, des observateurs météorologiques et des artistes vétérinaires.

« Ce fut le 22 mars 1796 — 2 germinal an IV — que la Société tint sa première séance, sous l'autorité de l'art. 300 de la constitution. Elle prit d'abord le titre de « Société de Santé », pour se conformer au langage adopté pendant la révolution. Mais comme, chez les peuples de la plus haute antiquité, le mot « médecine » avoit toujours désigné l'art de guérir, pris dans sa plus grande latitude, et que c'étoit abusivement qu'il avoit été attribué depuis à une seule de ses branches, la Société résolut de rendre à ce mot sa pureté primitive et s'intitula « Société de Médecine. »

« Le Lycée des Arts, par l'organe de Ch. Desaudray, son fondateur, s'empressa d'offrir l'hospitalité à la Société naissante. Il correspondit avec elle. Cet exemple fut suivi par toutes les Sociétés savantes déjà établies, et par celles qui se formèrent depuis. Tous les associés et collaborateurs de la Société royale de médecine et de l'Académie de chirurgie supprimées dans les tems d'anarchie, offrirent à la nouvelle Société, les tributs qu'ils étoient accoutumés de payer à ces compagnies fameuses.

« Au mois de vendémiaire de l'an V — octobre 1796 — la Société fit paroître le premier cahier du recueil périodique qu'elle publie tous les mois depuis cette époque.

« La première séance publique de la Société eut lieu le 27 prairial an V — 15 juin 1797. Elle y proposa, pour sujet du prix à adjuger dans sa séance publique du 15 floréal an VI — 4 mai 1798, — la question suivante : Quels sont les avantages et les inconvéniens des diverses méthodes de traiter l'anévrisme ? »

Vient ensuite le calendrier (grégorien et républicain) indiquant les jours où ont lieu les assemblées générales, les réunions des différents comités et les consultations gratuites. Le reste de l'almanach est occupé par le Règlement de la Société de Médecine, le Règlement pour la police intérieure, la Liste alphabétique des membres de la Société (présidents et correspondants) et le Tableau des Comités de la Société de Médecine (comité d'anatomie, de physiologie et de physique médicale; comité d'histoire naturelle, de topographie médicale et d'hygiène; comité de pharmacie et de chimie; comité de clinique externe; comité de clinique interne; comité de littérature médicale).

Ce premier bureau de la Société de Médecine se composait des citoyens Sabatier, Sédillot jeune, Allan, Deyeux, Bouillon-Lagrange et Delaporte. Le citoyen Desessartz était qualifié de « Secrétaire pour les maladies régnantes. »

[Coll. de Bonnechose.]

1253. — LE CHRÉTIEN INSTRUIT DE SA RELIGION, de l'Écriture-Sainte et de l'histoire de l'Église, Et particulièrement de l'Église de France; ou Journée d'un Chrétien pour l'année 1797. Avec une indication de courtes Lectures à faire chaque jour, matin et soir, après la prière de famille. ‖ A Paris, chez Leclere, Libraire, rue St Martin, n° 250, et à l'imprimerie chrétienne [an de J.-C, 1797], 5e Année Républ. In-18.

Contient pour chaque jour de l'année deux courtes lectures chrétiennes.

[B. N.]

1254. — LA CLEF DU PARADIS DE MAHOMET, avec l'Horoscope de chaque mois de l'année, comparé aux douze signes du Zodiaque, avec les prédictions de chaque. ‖ A Paris, chez Ouvrier, Libraire, rue St André des Arcs, n° 41. 1797. In-32.

Titre figurant sur le catalogue d'Ouvrier.

1255. — ÉTRENNES DES BONS FRANÇAIS, Pour l'Année Mille sept cent quatre vingt dix-sept. [Épigraphe :] Aimer son Roi, c'est aimer sa patrie. ‖ De l'Imprimerie de Fidele-Prospere. S. l. (Paris). 1797. In-24.

La couverture imprimée sert de titre.

Chronologie des rois de France, Naissance des rois, reines, princes et princesses de l'Europe, les événements remarquables accomplis depuis l'ouverture des États-Généraux, les décrets rendus par les Assemblées et la Convention, les Batailles, etc. Il se termine par quelques pièces de vers.

Une autre édition portant sur le titre : « Seconde édition, corrigée et augmentée », possède, comme frontispice, un portrait de Louis XVIII jeune, avec cette légende : ...Qui oseroit se venger quand le roi pardonne? Ce portrait est identique à celui placé en tête de l'Almanach des Mécontents, avec cette seule différence que le profil est tourné à gauche au lieu d'être tourné à droite comme dans l'Almanach des Mécontents.

[B. N. 1re et 2e édition. — Lc²² 617 et Lc²² 458.]

[Cat. 6 fr.]

1256. — LES ÉTRENNES DU PEUPLE AU DIRECTOIRE, aux deux Consuls et à l'ami Cochon. ‖ S. l. (Paris). 1797.

Force invectives contre les membres du Directoire et contre le citoyen Cochon de l'Apparent.

J'ai eu sous la main un exemplaire avec calendrier.

1257. — LES FINESSES COUSUES DE FIL BLANC OU LES AVENTURES AMOUREUSES. Almanach charmant et chantant. || A Paris, chez Janet, rue Jacques, nᵒ 31. 1796-1797. In-32.

Titre gravé représentant des femmes et des Amours et, au-dessous, ce vers de Favart : « Tout peint l'Amour, tout n'est qu'amour. » 12 figures finement gravées dans le goût de Dorgez : 1. Le Crime du château. — 2. Qu'est-ce donc que cela ? — 3. Le Jeu bien joué. — 4. Les Aventures de Blaise. — 5. La Ruse d'amour. — 6. L'Amant mémoratif. — 7. Le Pot au lait et l'Anon. — 8. Les fredaines d'Amour ou les Amans de la Guinguette. — 9. Les Pêcheurs. — 10. Les symptômes de l'Amour. — 11. La jeune fille difficile. — 12. L'Accord de l'Amour et de Bacchus.

Les figures, comme toujours, répondent à autant de chansons, romances ou ariettes.

[La description donnée par V. Champier est incomplète : il ne cite que 9 figures.]

[Coll. baron Pichon, ex. avec la reliure ici reproduite.]

[Cat. : 50 fr.]

1258. — LES FLÈCHES D'APOLLON ou nouveau recueil d'Épigrammes piquantes, à l'ordre du jour. || A Paris, chez Ouvrier, Libraire, rue St André des Arcs, nᵒ 41. 1797. In-32.

Titre figurant sur le catalogue d'Ouvrier.

1259. — LES JEUX DE POLYMNIE ET D'ERATO || A Paris chez Janet, rue Jacques nᵒ 31 (1796-1797). In-24.

Très joli titre gravé. Texte entièrement gravé (recueil de chansons). Six figures, avec lettre au-dessous du cadre, dessinées par Berthet. 1. Le Club.

le Club

— 2. Le Petit Matelot. — 3. Claudine. — 4. Télémaque. — 5. Toberne. — 6. Honorine. Chansons légères et politiques. Parmi ces dernières est le vaudeville d'Honorine :

Le régime affreux du terrorisme
Chez les Français enfin n'existe plus
Et de ce nouveau despotisme
Tous les supots (sic) ont disparu.

Avec tablettes économiques, à la fin. Janet, successeur de Jubert, a seulement modifié le titre de ces feuilles d'un emploi alors si original. Au lieu de « Le Secrétaire » on lit : « Le Nécessaire des Dames et des Messieurs. »

Calendrier au commencement et à la fin du volume (l'un républicain, l'autre grégorien).

On rencontre quelquefois des exemplaires incomplets d'une figure.

[Cat. Techener : ex. mar. r. fil. 90 fr.]

1260. — MANUEL DE L'AMOUR OU LES JEUX DE L'UNION ET DU HA-

SARD, mêlés de devises, pots-pourris. ||
A Paris, chez Ouvrier, Libraire, rue St-
André des Arcs, n° 41. 1797. In-32.

Titre figurant sur un catalogue d'Ouvrier.

1261. — MANUEL DES AUTORITÉS
CONSTITUÉES DE LA RÉPUBLIQUE
FRANÇAISE. *Contenant* : Le Calendrier
républicain, avec un discours sur les Institutions sociales ; la Constitution de
l'an 3, avec des notes instructives et les
lois y relatives; les noms des Directeurs
exécutifs, des Ministres, leurs demeures,
leurs jours et heures d'audience; une instruction suffisante pour terminer promptement les affaires que l'on a dans les
bureaux des diverses Administrations, etc.;
Orné d'une carte générale de la France,
d'après la nouvelle division ; de figures
représentant les attributs des fêtes décadaires, les costumes coloriés des Législateurs, Directeurs, Juges, etc., etc. *Présenté* aux deux Conseils et au Directoire
exécutif. || A Paris, chez Dufart, Impri-
meur-Libraire, rue des Noyers, n° 22.
Dessenne, Libraire, palais Égalité. An 5
(v. st. 1797). In-18.

Frontispice allégorique, dessiné par Quéverdo,
gravé par Blanchard, représentant le Temps se
préparant à inscrire sur un livre ouvert les noms
des défenseurs de la Patrie. Devant lui, le coq
gaulois sur une faux. Derrière lui, l'Amour, coiffé
du bonnet Phrygien, écrasant avec une massue
l'hydre de l'anarchie. Dans le fond, les emblèmes
républicains rayonnant dans un soleil.

On lit dans l'Avertissement :

« L'ouvrage que nous offrons au Public ne doit pas
être confondu avec la foule d'Almanachs qui paraissent, et qu'il est nécessaire de renouveler tous les
ans. Le Calendrier républicain, la Constitution, le
Gouvernement, les Autorités constituées et leurs
diverses attributions, sont des *choses* que leur
nature ne soumet pas au changement, comme les
Personnes, desquelles il est beaucoup trop question
dans l'*Almanach national*, dans ceux qui contiennent
les noms des Députés, et autres. »
Cet almanach est orné de 18 planches, gravées
par Quéverdo, et formant 36 sujets allégoriques,
pour les Décadaires. Voici quelques-unes des légendes : 1. A la Nature. Au Genre humain. —
2. Au Peuple Français. Aux Bienfaiteurs du Genre
humain. — 3. Aux Martyrs de la liberté. A la
Liberté et l'Égalité. — 4. A la République. A la
liberté du Monde. — 5. A l'Amour de la Patrie.
A la haine des tyrans et des traîtres. — 6. A la

Vérité. A la Justice. — 7. A la Pudeur. A l'Immortalité. — 8. A l'Amitié. A la Frugalité. —
9. Au Courage. A la Bonne foi.

Autre suite de décades :

1. A l'Héroïsme. Au Désintéressement. — 2. Au
Stoïcisme. A l'Amour. — 3. A la Foi *conjugale.*
A l'Amour Paternel. — 4. A la tendresse Maternelle. A la Piété filiale. — 5. A l'Enfance. A la Jeunesse. — 6. A la Virilité. A la Vieillesse. —
7. Au Malheur. A l'Agriculture. — 8. A l'Industrie. A nos Ayeux (*sic*). — 9. A la Postérité. Au
Bonheur.

Une note placée à la fin des Décades dit :

« C'est après le Décadi du *Malheur* que celui du
Bonheur doit être placé ; et c'est le Décadi de la
Postérité qui doit terminer. » (Il y a donc eu inter-
position de clichés.)
En outre de ces estampes allégoriques, il contient
les portraits, en pied et coloriés, de tous les personnages officiels, reproduction des costumes connus de David :

1. Membre du conseil des Cinq-Cent (*sic*). —
2. Membre du Conseil des Anciens. — 3. Membre
du Directoire Exécutif dans son Costume ordinaire. — 4. Membre du Directoire Exécutif dans
son grand costume. — 5. Secrétaire du Directoire
Exécutif. — 6. Ministre. — 7. Messager d'État.
— 8. Huissier du Directoire Exécutif et du Corps
Législatif. — 9. Membre de Haute Cour de Justice. — 10. Membre du Tribunal de Cassation. —
11. Membre du Tribunal Criminel. — 12. Membre du Tribunal Civil. — 13. Juge de Paix. —
14. Membre d'Administration Départementale. —
15. Président d'Administration Municipale.

[B. N. — Lc²² 573. || Coll. de l'auteur.]
[Catalogue Rondeau, 30 fr.]

1262. — LE MIROIR DES JEUNES
DEMOISELLES, ou Paul et Virginie. || A
Paris, chez Jagot, Rue St-Jacques, en face
le Collège de l'Égalité, ci-devant Louis le
Grand, N° 614. (An VI, 1797-98.) In-32.

Titre en lettres gravées avec cadre-filet. Frontispice tiré du roman de *Paul et Virginie*, signé
Giraud *sculp.* et représentant Paul et le Vieillard. Cet almanach est orné de 8 gravures, toutes
relatives à l'ouvrage si connu de Bernardin de
St-Pierre, et dont voici les légendes : — 1. La
Naissance de Virginie. — 2. L'Opulente Urbanité
(intérieur d'une case). — 3. Les Justes Regrets
(Paul et Virginie retrouvés par Dominique, leur
serviteur). — 4. Les Plaisirs Purs (réunion de famille sur un rocher, au bord de la mer). — 5. La
Franche Gaîté. — 6. La Terreur excusable (orage).
— 7. Le Danger Intéressant (naufrage du *St-Géran*).
— 8. L'Espoir de la Douleur (Paul retrouve le
corps de Virginie).

Texte gravé composé de chansons relatives à Paul et Virginie et de prose tirée du roman de Bernardin de St-Pierre expliquant le sujet des gravures.

Calendrier grégorien, gravé, pour 1798 et calendrier républicain se repliant.

[Coll. de Savigny : Ex. avec reliure en soie blanche, brodée de paillettes de métal, et médaillons gouachés sur les plats.]

[Voir, plus haut, nᵒ 1238.]

1263. — NOUVELLES ÉTRENNES VÉRITABLES DES HONNÊTES GENS. || Londres, Vienne et Paris. 1797. In-18.

Almanach contenant l'histoire en prose et en chansons des « sept cent cinquante souverains dont la France s'honore. » On y remarque, entre autres, la légende de « nos augustes représentants, mise en chanson, qui va très bien sur l'air des *Pendus.* »

[D'après H. Welschinger, *Almanachs de la Révolution.*]

1264. — L'ORACLE FRANÇAIS ou Prédictions des Événements dont la France et autres États du Globe éprouveront les effets en l'an VI de la République française (1798). Ensemble plusieurs passages de la Bible concernant les révotions présentes et futures, etc., par Rouy l'aîné, mathématicien, auteur des Prédictions et Oracles publiés de 1791-95. || Paris, chez l'auteur, chez Demoraine, Chereau et les marchands de nouveautés. An VI-1797. In-18.

Avec un frontispice qui est la reproduction de celui du *Magicien Républicain* de 1794 (voir nᵒ 1145).

1265. — QUELLE FOLIE! ou Galerie des Caricatures depuis les *Incroyables* jusqu'au *Bœuf-à-la-Mode*. Étrennes assez piquantes [dédiées aux mécontens], pour la présente année. || A Paris, chez Ouvrier, Libraire, rue Saint-André des Arcs, nᵒ 41. 1797. In-32.

En tête se trouve un Avis au Lecteur dont voici l'exacte reproduction : « Presque aussi nombreuses que les affiches, les caricatures se succèdent si rapidement, que le lendemain on ne trouve plus celle de la veille; les réunir, les classer, en analyser le sujet, sera donc un travail utile pour ceux qui voudront se les procurer. » Au verso l'adresse des marchands vendant les caricatures décrites dans la plaquette.

Catalogue précieux pour l'imagerie de la période révolutionnaire.

Calendrier pour l'an VI.

Cette plaquette a été publiée à nouveau en 1799, avec un frontispice reproduit dans mon volume *Les Mœurs et la Caricature en France* (page 73).

1266. — LES SOUVENIRS DE L'HISTOIRE, ou le Diurnal de la Révolution de France, pour l'An de grâce 1797.|| Chez Bridel. 1797. In-12.

Publié en deux parties.

[D'après H. Welschinger, *Almanachs de la Révolution.*]

1267. — LE TEMPLE DE LA RELIGION rouvert à la piété, ou la religion nécessaire au bonheur de l'homme. || A Paris, chez Ouvrier, Libraire, rue St-André des Arcs, nᵒ 41. 1797. In-32.

Titre figurant sur un catalogue d'Ouvrier.

1268. — TOUJOURS DE L'AMOUR. Almanach nouveau sur les plus jolis Airs. || A Paris, chez Janet, Libraire, rue St-Jacques, nᵒ 31. An VI (1797-98). In-32.

Titre gravé : femme dans un jardin, tenant d'une main un livre ouvert, et de l'autre, un petit Amour. 12 compositions dont voici les sujets : 1. La Chapelle des Amours (on dépose des cœurs en offrande sur l'autel du temple de Cybèle). — 2. La malice des Filles. — 3. L'Amant devenu buveur. — 4. Les Amoureux transis. — 5. La Dame conquise. — 6. La nouvelle métamorphose de l'Amour, ou l'oiseau changé en serpent. — 7. L'Ami des femmes. — 8. Le Repentir inutile. — 9. Le Triomphe de l'esprit. — 10. Les Femmes et la rose. — 11. La Sagesse d'une Dame. — 12. La cage et l'Oiseau.

Vignettes très gentiment gravées, dans la note de Dorgez, et qui mettent en scène, sous toutes les formes, le petit polisson d'Amour.

Quelques pages de texte, gravées, avec musique des airs d'*Alceste* et de *La petite Nanette*.

Cet almanach avait paru antérieurement ; on peut donc croire qu'il fut publié annuellement durant quelques années. Voici, en effet, le détail des planches qui se trouvent dans un exemplaire pour 1792 annoncé par la librairie Rondeau : 1. Cléonce. — 2. Le gentil Troubadour. — 3. La bonne manière d'aimer. — 4. Le nouvel ordre de choses. — 5. L'Heureux prestige. — 6. Les Lovelaces confondus. — 7. L'Holocauste de l'Amour. — 8. Le Poëte Amant. 9. Ce qui arrive tous les jours. — 10. La Paix faite. —

11. L'Art d'aimer comme il faut. — 12. Les Amants buveurs.

[A. 1792. Cat. Rondeau, ex. rel. en étoffe avec encadr. de paillettes, 50 fr.]

[A. 1797. Coll. baron Pichon.]

1269. — LA VOIE DU SALUT ou Les Portes du Ciel ouvertes aux Amis de Dieu (1797-1798). || Paris. In-32.

Série de cantiques religieux. Avec un calendrier grégorien.

1270. — ALMANACH DE LA LOTERIE NATIONALE DE FRANCE, ou les Étrennes nécessaires aux Receveurs et Actionnaires de ladite Loterie; Contenant l'extrait des loix sur la Loterie; l'organisation de l'Administration; les noms et demeures des Administrateurs, etc.; le Calendrier; les Fêtes natienales; des Observations essentielles pour les Actionnaires; les différentes manières de faire des mises avantageuses; les Calculs progressifs des chances; toutes les Tables nécessaires à son instruction; des exemples simples et faciles pour trouver la quantité d'ambes, de ternes, que peuvent produire tels nombres de numéro dont on voudra avoir les résultats : Les Tableaux de tous les Tirages, depuis la création en 1758, jusques et compris le dernier de l'an 6, avec le nombre de fois que chaque numéro est sorti à sa sortie désignée; le Tarif du produit des lots, etc. — An VII. || A Paris, chez le cit. Renaudière, Imprimeur, rue Croix des Petits-Champs, n° 69, vis-à-vis la rue Coquillière. Et chez les Receveurs de la Loterie. (1798-1799 et suite.) In-12. (1 fr.)

Suite aux précédents almanachs sur la même matière. Etablie en 1776 la Loterie Nationale de France avait été supprimée le 16 octobre 1793. Elle fut rétablie en frimaire An VI. D'où la réapparition du présent almanach.
Devint sous l'Empire :
— Almanach de la Loterie Impériale de France pour l'An XIII (avec des pages en blanc à l'usage des tirages futurs.) Chez N. Renaudière Impr. et propriétaire de cet almanach, rue des Prouvaires, n° 564 et 16. 1804-1813.

[B. N. Ans IX, X, XII, XIII, XIV.]

1271. — ALMANACH DES FEMMES OU GALERIE DES PLUS AIMABLES COQUINES DE PARIS. Dédié aux Amateurs par un connoisseur-juré, Associé de l'Académie d'Anières, Secrétaire honoraire du Lycée des Ahuris de Chaillot. N° I. || A Paphos et aux numéros 123, 18, 156, 148, 167, etc., des galeries du Palais-Égalité. L'an 200. (1798.) In-12.

Vers érotiques, épigrammes et listes de femmes, parmi lesquelles se trouvent, avec force détails privés, des « nobles dames » connues comme La Duthé, la Maillard, la St-Huberty.
Les numéros qui figurent sur le titre correspondaient à autant de mauvais lieux du Palais-Royal.

[Coll. Bégis.]

1272. — ALMANACH DES GENS DE BIEN, ou Étrennes à la Gaîté française. Pour l'année 1798 (VIe de la République). || A Paris; chez Delorme, rue Helvétius, N° 622. Poignée, rue Christine, N° 11. An VI-1798. In-12.

Frontispice signé « Canu fecit » représentant en 4 petites vignettes carrées le Français en 1788 (La Folie); le Français en 1789 (un garde-française); le Français en 1793 (piquier sans-culotte); et le Français en 1798, sous les traits d'une femme, la corne d'abondance en main, s'appuyant sur la Constitution de l'An III.
Almanach composé de mélanges en prose et en vers. On y trouve, entre autres, la Requête du quartier de l'hôtel de Télasson aux dames du Lycée, les Ambitieux et les agioteurs (« ils existeront tant qu'il y aura un emploi et un écu »), scène entre un débiteur très puissant et ses créanciers, pauvres et sans moyens. Tableau des bals d'hiver et autres documents intéressants pour les modes et les mœurs de l'époque.
Calendrier grégorien et républicain.

[B. N. — Lc²² 34.]

1273. — ALMANACH DU COMMERCE ET DE TOUTES LES ADRESSES DE LA VILLE DE PARIS. Pour l'an VII (un volume in-8 de 700 pages, divisé en deux parties) : classé par ordre d'États, Professions, Arts et Métiers, *savoir* : Agents, Banquiers, Commissionnaires, Courtiers, Négocians, etc., etc., etc., etc., auxquelles on a join (*sic*) les Noms et Demeures des Représentans du Peuple et leurs Départemens, le Directoire, les Ministres, les Tribunaux de cassation, Civils, de Commerce, Criminel et de Police-Correction-nelle, les Administrations Municipales et leurs Arrondissemens, les Bureaux-Centraux des Contributions, les Receveurs du Droit d'Enregistrement, des Patentes et des Domaines Nationaux, l'Administration des Postes aux Lettres, le Départ et l'Arrivée des Courriers, la Distribution des Bureaux de ladite Poste dans Paris, les Bureaux de Papier-Timbré, de la Loterie-Nationale, les Écoles-Centrales, les Instituteurs et Institutrices et tout ce qui est relatif à l'Instruction, les Administrations des Diligences de Terre, celles des Coches d'eau, les Bureaux des Hypothèques, les Jours d'Entrée dans les Bibliothèques Nationales, ainsi que les Cabinets d'Histoire-Naturelle et de Curiosités, et généralement tous les Établissemens qui peuvent intéresser le Commerce ainsi que les Étrangers qui désirent connoître Paris. ‖ A Paris, chez Favre, Libraire, rue Traversière-Honoré, Nᵒ 845, et au Palais-Égalité, galeries de bois, Nᵒ 220, aux Neuf-Muses ; et B. Duchesne, Imprimeur (tenant Magasin de Papiers pour les Bureaux), rue du Mail, Nᵒ 12. (1798-1799.) In-8.

Concurrence au précédent *Almanach du Commerce* (voir, plus haut, nᵒ 1248).

Dans un avis placé en tête, il est dit que cet ouvrage a été fait sur le relevé des rôles des patentes de l'an VI, et d'après l'autorisation du citoyen Baudin, alors commissaire du Directoire-Exécutif près cette administration.

« Bottin » donnant, par professions, les noms des négociants de Paris. On y trouve, également, un tableau de dépréciation du papier-monnaie, du 1ᵉʳ janvier 1791 au 1ᵉʳ thermidor an IV, et les adresses de toutes les corporations ouvrières de la capitale.

[B. N. — $\frac{V2734}{Bzt}$]

1274. — ALMANACH DU DÉPARTEMENT DE LA SEINE, Pour l'an VIIᵉ de la Républiq. F. Contenant un état des principales puissances de l'Europe, Républiques, Empires, Royaumes, Principautés souveraines, etc. — La Division du Territoire de la République française en Départemens, en Cantons, leur population et leur superficie. — Tous les détails relatifs aux premières Autorités constituées, ayant leur résidence à Paris, le

Corps législatif, le Directoire exécutif, les Ministres et leurs attributions, le Tribunal de Cassation, les Ambassadeurs et autres agents français et étrangers, etc. — Ceux relatifs à l'Administration centrale, au Bureau central, aux Municipalités des 17 Cantons qui forment l'arrondissement du Département de la Seine, aux Tribunaux, à la force Armée, aux Administrations générales et particulières, aux Établissements publics, Musées, Écoles Centrales, Spéciales et Primaires, Bibliothèques, Hospices, etc., avec les noms et demeures de tous les Citoyens qui remplissent les fonctions publiques, ainsi que celles des Notaires, Banquiers, Agens de change, Directeurs, Administrateurs et Artistes des différents Théâtres de la Commune de Paris. Ouvrage utile aux citoyens de tous les Départements. ‖ A Paris, chez Moutardier, Imprimeur, Quai des Augustins, Nᵒ 28. Lefort, Libraire, grande Place du Carousel, au coin de la rue Nicaise. An VIIᵉ de la République (1798-1799). In-18.

Almanach plein de renseignements plus ou moins curieux sur l'époque. Sorte d'annuaire administratif, rédigé par le citoyen Perrin et qui a également paru pour l'An VIII.

[B. N. — Lc³ᵒ 420.]

1275. — ALMANACH TYPOGRAPHIQUE, ou Répertoire de la Librairie. ‖ A Paris, chez Henry Tardieu, Libraire et Commissionnaire, rue des Mathurins. L'an VII de la République Française (1798-1799). In-8.

Sorte de Bottin donnant les noms et adresses des fabricants et industriels de Paris dont les professions suivent : Graveurs et fondeurs en caractères, libraires, marchands de musique, marchands de papiers, dessinateurs, graveurs d'histoires (*sic*) et portraits au burin, graveurs de paysages, graveurs de vignettes, graveurs au pointillé, au burin, graveurs d'écriture, relieurs, etc. On y trouve également les noms de tous les libraires des départements et de l'étranger.

Avec un calendrier.

L'éditeur, Henry Tardieu, annonçait l'intention de donner chaque année un supplément.

[Coll. de Bonnechose.]

1276. — ALMANACH VIOLET, pour l'an 1798, contenant un précis historique

de la journée du 18 fructidor; des anecdotes ; une aventure de l'autre monde,
quelques détails sur les théophilanthropes;
un dialogue entre deux morts; la lettre
d'un fameux voleur ; des prédictions
pour tous les mois de l'année, etc. ||Paris,
chez les marchands de nouveautés,
in-18.

Frontispice anonyme représentant les députés
quittant le Temple.
Allusions déguisées à la tyrannie du gouvernement. Un dialogue supposé entre Robespierre et
Cromwell dans lequel le dictateur anglais
se montre peu tendre pour l'ancien conventionnel. Quelques détails curieux sur les théophilanthropes.
[B. N.]

[Cat. 5 fr.]

1277.— L'AMI DES CHANSONNIERS.
|| Paris, an VII. In-18.

Avec figure.

[D'après un catalogue de librairie.]
[Cat. 4 fr.]

1278. — LE BOUQUET DE ROSES OU LE CHANSONNIER DES GRACES.
|| A Paris, chez Favre, Libraire, aux
Neuf-Muses, Palais-Égalité, Galeries de
bois, N°° 220. An VI (1798). (An VI et
suite.) In-18.

Frontispice gravé, qui variait chaque année.
Celui de la seconde année est signé Binet del.
Bovinet, sculp.; il représente l'Amour, la gaîté, le
bon vin, la folie, dansant et chantant autour du
dieu Momus.
Recueil de chansons par Legouvé, Mercier, Deschamps, Barré, Philippon de la Madelaine, Fabien
Pillet, Antignac, Piis, faisant suite, dit l'éditeur,
au Chansonnier Français « dont la collection complette présente des roses à l'amateur, et à l'observateur le tableau des variations qui éprouve, chaque
année, le caractère national toujours influencé par
les modes, les romans, les pièces de théâtre et les
événemens politiques. » Le rédacteur était le
citoyen Chazet. Se vendait 1 fr. 20.

1279. — CALENDRIER DE ROME ANCIENNE ET MODERNE [pour l'an-
née 1798], Suivi d'une Dissertation sur le
Calendrier Romain ancien, et d'un Dictionnaire abrégé des Dieux, des Fêtes,
des Cérémonies et des Usages des Ro-
mains, par J. P. L. Beyerlé. || A Paris,
chez l'Auteur, rue et maison des Filles

S. Thomas, n° 88, et chez Mlle Durand,
Libraire, au Palais Égalité, galeries de
bois. (1798.) In-18.

Donne le calendrier romain depuis Jules César,
la concordance du calendrier romain moderne et
de l'annuaire républicain avec le calendrier ancien,
et le nécrologe des grands de la terre.

1280. — CUPIDON VAINQUEUR DES HÉROS ET DES DEMI-DIEUX. Alma-
nach érotique avec figures. || A Paris,
chez Janet, rue Jacques, n° 31. (1798.)
In-32.

Almanach entièrement gravé qui n'a d' « érotique » que l'épithète du titre. Le sujet gravé du
titre représente Hercule sur les genoux de Vénus,
laquelle tient la massue du héros. 13 compositions
représentant toutes des sujets mythologiques. —
1. Ulysse et Circé. — 2. Achille et Briséis. —
3. Castor et Telaïre. — 4. Alcione et Ceïx. —
5. Protesilas et Laodamice. — 7. Télémaque et
Eucharis. — 8. La Conquête de la Toison. —
9. L'Infidélité punie. — 10. La Constance couronnée. — 11. Énée et Lavinie. — 12. Le Mariage
impromptu. — 13. La Belle Bachante.
Calendrier pour 1798.

1281. — LES DONS DE L'AMOUR ET DE L'AMITIÉ. Almanach nouveau sur
les plus jolis airs. || A Paris, chez Janet,
Libraire, rue St-Jacques, n° 31. An VI,
1798. In-32.

Titre gravé, avec sujet, allégorique et 12 figures
non signées : 1. La chapelle des Amours. — 2. La
malice des filles. — 3. L'amant devenu buveur. —
4. Les amoureux transis. — 5. La dame conquise
(une armée fait l'assaut d'un château-fort, la dame
se rend et conduite par l'Amour, traverse le pont-
levis au-devant du capitaine ennemi). — 6. La
nouvelle métamorphose de l'Amour. — 7. L'ami
des femmes. — 8. Le repentir inutile. — 9. Le
triomphe de l'esprit. — 10. Les femmes et la rose.
— 11. La sagesse d'une dame. — 12. La cage et
l'oiseau. Ce sont les figures de l'almanach Toujours
de l'Amour (voir, plus haut, n° 1268). Calendrier
grégorien et républicain.

[Coll. de Savigny.]

1282. — ÉTRENNES AUX AMIS DU DIX-HUIT, ou Almanach pour l'an de
grâce mil-sept-cent-quatre-vingt-dix-huit.
[Épigraphe :] Le vrai seul est aimable.
Art Poétique. || A Paris, de l'Imprimerie
des Théophilanthropes, à l'enseigne de

Polichinel. An VII de la République. In-18.

Almanach royaliste rédigé par l'abbé Guillon de Montléon. Avec un frontispice : Mahomet Théophilantrope, dont l'explication se trouve au verso du titre et qui est une très amusante caricature sur La Réveillère-Lepeaux. « Polichinel, costumé en Directeur et placé sur son point chéri du calendrier républicain, tient d'une main la France en équilibre et la fixe de l'autre main avec un sceptre de fer. Sa jambe, encore en l'air, vient de donner un coup de pied à la Constitution dont un feuillet précieux se déchire et s'envole. On voit, derrière lui, la chute de son prédécesseur. A droite est une botte de paille enflammée sur laquelle on lit, pour cause, 5oo. Le tas de buches qui se trouve à gauche, s'appelle, dit-on, les 25o. »

Le texte, consacré en entier aux événements du 18 fructidor, s'ouvre par une amusante épître dédicatoire signée « Polichinelophilos à Polichinel, Directeur (des Marionnettes s'entend, car on sait bien qu'il n'y a pas plus de Polichinel que de Scapin, ni de Paillasse, au Directoire de la République). »

De 15 à 20 fr. non rogné.

[B. N. — Lc²², 391.]

1283. — LES ETRENNES DE L'AGE D'OR OU LES MUSES BERGÈRES. ‖ A Paris, chez Janet, Libraire, rue Jacques, nº 31. (An VII, 1798-1799.) In-64.

Titre gravé et 12 compositions de Dorgez, représentant : 1. Les Muses bergères. — 2. L'innocence de la vie pastorale. — 3. Le Règne de la Vertu.— 4. La Parrure (sic) de l'Innocence. — 5. Regrets sur l'âge d'or. — 6. Les Plaisirs de l'Amitié. — 7. Le bon oiseleur. — 8. L'Art de retenir les oiseaux. — 9. Les soins récompensés. — 10. Les charmes de l'étude. — 11. Les pleurs de la nature. — 12. L'azile (sic) des Muses. — Aux illustrations correspondent des poésies portant les mêmes titres.

[Cat. 60 fr.]

1284. — LES ÉTRENNES DE L'INSTITUT NATIONAL [ET DES LYCÉES](1) ou la Revue Littéraire de l'an VII. [Épigraphe :] On sera ridicule, et je n'oserai rire ! Boileau. ‖ A Paris, chez les Marchands de Nouveautés, puis chez Moller, Ans VII-IX. In-18.

Revue critique des principaux ouvrages parus pendant l'année.

L'auteur commence ses Étrennes par une dédicace satirique : « Aux Membres de l'Institut. Grands Hommes des trois classes.

« Je voulais dédier mon livre au plus riche de nos crésus, croyant que je m'en trouverais bien, car vous savez, mieux que moi, que toute peine mérite son salaire ; mais il a refusé mon hommage. Les nouveaux riches ne lisent pas, ET POUR CAUSE.

« Je l'ai offert à un magistrat puissant, espérant que, pour prix d'une grande bassesse, il m'offrirait une petite place. Hélas ! même refus. Il m'a tourné le dos, quand il a vu que cet ouvrage était une critique. Les hommes puissans n'aiment pas la critique, ET POUR CAUSE.

« Las ! où courir dans mon destin maudit ! Je me rendis chez un ministre qu'on disait protecteur des beaux-arts ; ses manières honnêtes et son air douceureux me firent croire, un instant, que j'allais avoir part à ses dépenses, si bien nommées Secrètes. Quelle était mon erreur ! Ce ministre bénin, voyant que je ne flattais pas les mauvais poètes, se fâcha, ET POUR CAUSE.

« Je traversai une petite rue, et j'allai demander audience à un autre ministre... Une certaine habitude des affaires fit présumer à monseigneur qu'il s'agissait d'un marché à conclure, et, en conséquence, il crut devoir me demander un Pot de vin. Je sortis indigné, et reprenant l'attitude d'un homme libre, je résolus de ne plus m'humilier. C'est aux talens seuls que je dois offrir mon hommage, c'est donc à vous qu'il appartient, savans illustres, penseurs profonds, poëtes du premier mérite ; daignez regarder d'un œil favorable la Revue littéraire de l'an VII, dans laquelle vous devez nécessairement jouer un grand rôle. Je ne vous

(1) Cette adjonction au titre ne figure qu'à partir de la seconde année.

demande pas pour récompense une place dans votre académie, mon sort ferait trop d'envieux, et Palissot, qui ne veut pas mourir sans avoir été votre collègue, me donnerait une petite loge dans sa Dunciade.

« Je prie seulement le citoyen Mentelle de dire de mon livre ce qu'il dit de ses propres ouvrages.

« Je prie Isaïe Lalande, qui, malgré le proverbe, est prophète dans son pays, d'en annoncer le succès dans le *Journal de Paris*.

« Je prie sur-tout Mercier d'en dire un peu de mal.

« Alors, pénétré de reconnaissance, j'élèverai jusqu'aux nues vos moindres productions, et si le courage ne me manque pas, je ferai plus, je les lirai. »

La dédicace de l'an IX conçue dans un esprit peut-être encore plus satirique, porte pour titre : « A l'Institut, L'élite de la Nation française, la lumière du monde, le bras droit de la Vérité. » Elle est signée : Jacques l'Inconnu.

[B. N. An VII, An IX. — $\frac{Z\ 2284}{S.\ i.\ 2}$]

1285. — LES FEMMES OU MESDAMES VOILA VOS ÉTRENNES. || A Paris, chez Janet, rue St-Jacques, nº 59. (Vers 1798.) In-32.

Titre gravé : trois femmes, au premier plan, les mains pleines de roses ; dans le fond, à gauche, le temple de l'Amour. 12 compositions dont voici les sujets : 1. Mesdames, voilà vos Étrennes. — 2. La Précieuse instruite à ses dépens. — 3. La Rose préférée. — 4. La Veuve Espagnole. — 5. Le Printems et la Violette. — 6. Le Oui et le Non des Dames. — 7. La Forêt périlleuse. — 8. La Rencontre heureuse. — 9. Madame Mathieu. — 10. L'Amitié consolante. — 11. Le Congé pris de bonne grâce. — 12. La Dame indulgente.

Comme toujours, à ces vignettes correspond un *texte gravé* de chansons, avec supplément imprimé. Suit le Secrétaire ou Dépositaire fidèle.

[Cat. de 30 à 40 fr. suivant l'état.]

1286. — LES GRANDS EXEMPLES, suite des Parfaits Modèles Choisis dans les saints Personnages. Étrennes Édifiantes. || A Paris, chez Janet, Libraire, rue St-Jacques, nº 31. (Vers 1798.) In-32.

Petit almanach religieux avec titre gravé et 12 compositions dont voici les sujets : 1. Saint Étienne (lapidé). — 2. Sainte Anne. — 3. Conversion de saint Paul. — 4. Sainte Clotilde (*sic*). — 5. Saint Charlemagne. — 6. Sainte Agnès. — 7. Saint Grégoire. — 8. Sainte Élisabeth. — 9. Saint Nicolas. — 10. Sainte Cécile. — 11. Saint Martin (partageant son manteau avec le pauvre). — 12. Sainte Agathe (mise en croix).

1287. — INDICATEUR DRAMATIQUE OU ALMANACH DES THÉATRES DE PARIS, Contenant les noms et demeures des administrateurs, artistes, musiciens, etc. L'analyse des pièces nouvelles et les débuts qui ont eu lieu pendant l'an VI. Présenté au Ministre de l'Intérieur François (de Neuf-Château), Membre de l'Institut National. Prix : 1 fr. 25 centimes. || A Paris, chez Lefort, Libraire, place du Carrousel, etc. An VII. In-18.

Almanach dû à Fabien Pillet. Avec un calendrier des beaux-arts où figurent nombre d'acteurs et actrices : la Saint-Huberti, Lekain, Vestris, Pérignon, Maillard, etc. « J'ai cru, » dit l'auteur, « qu'on se rappellerait avec plus de plaisir le courage de Marceau, la vertu de Malesherbes, l'aimable Ninon, le talent de Saint-Huberti, les charmes et l'esprit de Beauharnais (Bonaparte) que l'abandon de Marie l'Égyptienne, les tours de force de Siméon Stilite.

L'introduction mentionne l'existence à Paris de 26 spectacles. L'almanach qui se termine par quelques poésies fugitives porte, en 1re page, cette dédicace au citoyen François (de Neuf-Château) :

Quand les uns sur un ton guerrier
Avec les filles de mémoire
Célébrant Mars et la Victoire
Chantent Bonaparte et Berthier ;
Dans le silence, il en est d'autres
Qui compilent des *Almanachs*.
Je vous offre le mien, ne le dédaignez pas ;
Nul, plus que moi, ne croit aux vôtres.

Les acteurs, *hommes et femmes*, sont appelés : Citoyens artistes et citoyennes artistes. Il est fait exception pour les danseuses qui, on ne sait trop pourquoi, ne sont pas gratifiées de cette qualification.

[Cat. 4 fr.]

[B. N. || Coll. Arthur Pougin.]

1288. — MELPOMÈNE ET THALIE VENGÉES ou Nouvelle Critique impartiale et raisonnée, Tant des différents Théâtres de Paris que des Pièces qui y ont été représentées pendant le cours de l'année dernière. Deuxième année. || A Paris, chez Marchand, Libraire, Palais-Égalité, Galerie Neuve, nº 10. An VII. In-18.

Suite des *Étrennes Dramatiques* (c'est dans ce sens qu'il faut interpréter la mention du titre : Deuxième année). Le titre courant est ainsi libellé : « Mémoires historiques et critiques sur les théâtres de Paris. » Frontispice de Binet gravé par Bovinet : Melpomène et Thalie s'enfuyant avec effroi poursuivies par le Drame qui, une torche et une épée en main, semble vouloir les anéantir. Derrière le Drame les personnages des pièces contemporaines, avec leurs costumes habituels, le Moine, Victor, Robert, la Nonne sanglante, Montoni, Frédégilde. Comme les *Étrennes Dramatiques* c'est

Le Barbare! il a juré leur ruine, il la consommera.

B. noirl su¹.

une série de lettres sur les théâtres, sur Tivoli, Mousseaux, l'Élysée et autres jardins champêtres, « dont on peut regarder le règne comme à présent passé », dit l'auteur, « et qui n'auraient plus aucune vogue sans les tours de force des entrepreneurs, » sur les Fantoccini, les Ombres Chinoises « spectacle favori des bonnes et des enfants ». Le théâtre des Marionnettes était établi depuis peu.

Se termine par un catalogue de toutes les pièces jouées de décembre 1797 à décembre 1798.

[Coll. Arthur Pougin.]

1289.— PETIT THÉATRE DU MONDE, ou Étrennes politiques de l'Univers. ‖ (Paris, Demoraine, 1798-1799.) In-32.

Frontispice allégorique avec cette légende :

La fortune ne suit que son caprice, mais
Tout lieu lui est égal, Cabanes et palais,
Range-toi seulement, beau compère, de sorte
Que tu puisses la voir lorsqu'elle est à ta porte.

Contient quelques notions sur les états de l'Europe et des petites anecdotes.

Calendrier extrait de la « Connoissance des temps », pour la VIIᵉ année de la République.

[B. N. — Lcᵃᵃ 642.]

1290. — RÉPERTOIRE OU ALMANACH HISTORIQUE DE LA RÉVOLUTION FRANÇAISE contenant tout ce qui s'est passé dans la Révolution depuis 1787 jusqu'à ce jour. [Épigraphe :] Currit eundo. ‖ A Paris, Moutardier, puis Lefort. Ans VI-VII, 1798 et suite. 6 vol. In-18.

Attribué par Barbier à Hullin de Boischevalier.

Il a été publié en l'an IX par le même une suite sous le même titre, « contenant ce qui s'est passé depuis l'an VII jusqu'à la paix générale et au rétablissement du culte. » Le second volume a des notices sur les revenus et charges publiques.

[Vente Vitu.]

1291. — LES SECRETS DE L'AMOUR DÉVOILÉS, ou le Mot pour Rire. Almanach nouveau chantant, pour les amans et les maîtresses. Étrennes amusantes et récréatives à nos jolies concitoyennes. Pour la présente année. ‖ A Paris, chez Ouvrier, Libraire, rue André-des-Arcs, nº 41 (an VII, 1798-1799). In-32.

Le calendrier forme, au milieu, un cahier à part, avec la loi sur les fêtes nationales.

1292. — SOUVENEZ-VOUS-EN, OU ÉTRENNES DE MADAGASCAR, Pour l'Année 1798. An VI de la Rép. Contenant un Précis des événemens arrivés depuis 1789, jusqu'en 1797. ‖ A Paris, chez les Marchands de Nouveautés. In-18.

Avec la devise: « Aux Français. Peuple insouciant, il te faut des almanachs. Eh bien ! lis. Celui que je t'offre est écrit avec ton sang. »

Résumé historique, mois par mois, des principaux événements de la Révolution, avec extraits de discours, proclamations et autres actes officiels.

Calendrier grégorien et républicain.

[Cat. de 3 à 4 fr.]

[B. N. — Lcᵃᵃ 387.]

1293. — L'UNION DE L'AMOUR ET DES ARTS, ou l'Empire des talens. ‖ A Paris, chez Janet, Libraire, rue St-Jacques, 31. 1798-1799. In-24.

Titre gravé : Amours peignant, sculptant et bâtissant. Gravures d'un burin assez faible, dont voici les légendes : 1. L'Union de l'Amour et des Arts. — 2. L'Amour exclusif ou tout pour Thémire. — 3. La Brune et la blonde ou le choix décidé. — 4. L'Amant peintre et poëte. — 5. La Guérison impossible ou les feux de l'Amour. —

6. Avis aux Compatissans ou la Compassion fatale. — 7. La Séduction involontaire. — 8. Le Berger bien attrapé. — 9. Le Prix de l'Inconstance. — 10. Les Remors (sic) de l'infidélité.

Le texte, imprimé, est un choix de fades pastorales.

Calendrier et feuilles de « perte et gain » avec les jours et les mois suivant le calendrier républicain, fait qui se présente rarement pour ces sortes de tablettes.

[Cat. 25 fr.]

[Coll. Paul Eudel.]

1294. — LES VAUTOURS DU XVIIIe SIÈCLE ou les Crésus Modernes au Tribunal de l'Opinion publique. Almanach orné de Gravure. *Dédié à cette Classe de bons Français qui abhorent (sic) le crime et aiment sincèrement leur Patrie. Par A.-A. Denis.* [Épigraphe :] Dicam illis non quod volunt audire (Senec.). *Je leur dirai ce qu'ils ne veulent pas entendre.* || Paris, à l'Imprimerie de la Société typographique des Trois-Amis et chez tous les Libraires qui vendent des nouveautés. An VI de la Rép. Fr. 1798. In-18 (1).

Avec un frontispice au burin représentant un personnage soutenu par une femme (personnification de la République) qui vomit dans un coffre

les écus par lui indûment amassés. Comme légende on lit :

> Les Veautours (sic) (2) du XVIIIe siècle.
> La Justice offre ici la preuve manifeste
> Que le bien mal acquis est toujours indigeste.

Le texte de l'almanach est, du reste, un violent pamphlet contre les agioteurs, contre tous les enrichis du temps :

> ..... cette vile engeance
> De qui le luxe scandaleux
> Insulte à la probe indigence.

Un long catalogue fantaisiste énumère les richesses artistiques et autres des modernes Crésus, tandis que les pronostications pour 1798 annoncent la recrudescence des haines, jalousies et défiances réciproques.

On y trouve encore un couplet en faveur de Buonaparte, favori de Mars et de Vénus, à propos de l'île de Ceriga (ou Cythère) acquise à la France. Puis vient, comme document, le Tableau nominatif des membres du nouveau Tiers, exclus du Corps législatif, par suite des journées des 18 et 19 fructidor, la nomenclature des journaux supprimés, les noms des rédacteurs déportés.

Voici, d'autre part, le morceau étant assez curieux, et faisant bien connaître l'esprit des publications satiriques de l'époque, quelques extraits du soi-disant catalogue des richesses d'un ancien *fermier général.*

« Catalogue de quelques Tableaux, Dessins, et d'une nombreuse et belle collection d'Estampes, en feuilles et en recueils, provenant de la succession d'un moderne Fermier-Général, natif de Saint-Flours, département du Cantal; dont la vente se fera le premier janvier 1798 (v. st.) et jours suivans de relevée, dans l'hôtel du défunt, rue.....

« Depuis la vente de M. Mariette, il ne s'en est pas fait une aussi considérable, pour le choix et la *quantité* des estampes, que celle que nous offrons aujourd'hui aux amateurs. C'est le fruit d'un travail de plus de deux ans, pendant lequel on n'a rien négligé pour rendre précieuse cette collection. En général, les épreuves y sont belles et bien conservées; le recueil des portraits, surtout, y est très étendu. Nous pouvons dire, avec vérité, que le défunt était connoisseur, qu'il était doué d'une grande probité, et jouissait de l'estime générale. Il est encore regretté des personnes dont il faisoit les commissions, et chez lesquelles il étoit chargé d'apporter de la véritable eau de la Seine.

TABLEAUX.

1. Un Renard et un chat faisant la chasse à des poules, par Nicasius.

2. Le portrait d'une dame vêtue en satin ; elle est assise et vue jusqu'aux genoux. A côté d'elle sont ses premiers habits que l'on reconnoît pour

---

(1) Sur un autre tirage figure seulement la date 1798.

(2) Un errata à la fin du volume rectifie cette orthographe fantaisiste.

avoir été ceux d'une marchande harangère. Par J. B. N. A. Ricco.

3. Jésus-Christ chassé du Mont-Valérien avec les deux larrons. Tableau sur toile mesurant 3 pieds de haut sur 2 pieds 5 pouces de large.

Deux tableaux pendans; l'un représentant Carybde, et l'autre Sylla.

DESSINS EN FEUILLES

Neuf dessins, formant un même sujet; c'est la Descente de l'agiotage aux enfers, par le Guide.

Le Jugement dernier, par Huret.

80775 Académies d'hommes, de femmes et d'enfans, à la sanguine, par Boucher, Lemoine, le Lorrain, etc., etc.

ESTAMPES ENCADRÉES.

La Chute des rentiers, imité de Rubens.

Le Père de famille, lisant à ses enfants *le moyen de parvenir.*

Vignettes pour l'histoire de France, par Cochin, au nombre de 78000 pièces, pour l'édition in-folio.

ESTAMPES EN FEUILLES.

L'Enlèvement des farines; le Jugement de Paris, avant la lettre.

Recueil de têtes. Quatre-vingt-dix-neuf estampes. Épreuves.

La chute des Géans, par Pasinelli.

L'Enlèvement d'*Europe*, la mort de Charlotte Corday, les Noces d'un banquier, le Divorce d'un agioteur, la Mort du frère d'Abel, les Riboteuses françaises, la Toilette d'une petite maîtresse, la Main dans le sac; de différens auteurs.

Quatre-vingt-deux Estampes, dont les caractères des passions, habillemens grecs et hollandais, avec des figures françoises; l'Enseigne de Lyon, les Sermens, l'Académie des Sciences, avant l'ombre continuée, par Sébastien Leclerc.

Les Vendeurs chassés du Temple; et la Guérison des malades; d'après le tableau des Chartreux, par Jouvenet.

La Fortune distribuant ses dons au perron du Palais-Royal, imité de Bernard Picard; Comparaison du portrait de l'agioteur avec celui du Seigneur Quinquempoix, par le même.

Soixante-six animaux, dont le plus féroce est représenté sous la figure d'un usurier, par O. Fialetti, Bamboche, etc., etc.

Quarante-un Almanachs, servant à l'histoire de France et des autres états de l'Europe.

Un Porte-feuille, contenant 294 pièces, et deux suites d'estampes pour servir à l'histoire des modes de France dans le XVIIIᵉ siècle, par Trouvain, Bonnart, Lingée, Malœuvre, etc.

Mariages, Divorces, Ambassadeurs, Fêtes, Cavalcades, Sièges, Batailles;

Pompes funèbres, Tombeaux, Charges, Plaisanteries, Cris divers;

En tout 1584 pièces, renfermées dans six porte-feuilles.

[B. N. — Lc²² 71.]

1295. — L'ALMANACH DES FLEURS ou les Charmes de l'Amour et du Printems. || A Paris, chez Janet, Libraire, Rue St-Jacques, Nᵒ 31. (1799). In-24.

Titre gravé, avec personnages. Almanach orné de 12 gravures allégoriques, non signées, représentant pour la plupart des femmes entourées de fleurs et d'Amours, et dont voici les légendes : — 1. Les Fleurs. — 2. Adine et la Rose. — 3. La Culture des Fleurs. — 4. La Rose et le baiser. — 5. Les Fleurs et le Printems. — 6. Le Charme des Fleurs. — 7. Les Fleurs au lever de l'Aurore. — 8. Les Roses. — 9. La Rose et le Bouton. — 10. Le débat des Fleurs. — 11. Le Rosier image de la vie. — 12. Les Roses et l'Étourneau.

Ces estampes, d'un dessin assez ordinaire, sont lourdement gravées.

Texte composé de chansons avec musique (morceaux d'Alceste, d'Anacréon, de Roméo et Juliette, de Lise et Colin.)

Deux calendriers, l'un grégorien pour 1799, l'autre républicain pour l'an VII. C'est une date factice : la publication est antérieure et doit remonter à 1791 ou 1792.

[Coll. de Savigny.]

1296. — ALMANACH DES HONNÊTES GENS POUR L'AN VIII. Dédié aux Belles. Par un Déporté. Avec la pronostication pour chaque mois envoyée à l'auteur par maitre Mathieu Laensbergh par J. L. C. || A la Cayenne, et se trouve à Paris, chez les marchands de nouveautés. (1799.) Prix : 75 cent. In-18.

Almanach de poésies légères par Cotinet.

Frontispice, personnage assis devant un poële, dans un café. La légende porte :

Il dit d'un ton civique :
Eh bien ! la pauvre République !

[Cat. 4 fr.]

1297. — ALMANACH DES HONNÊTES GENS POUR L'ANNÉE M.DCCC ou Calendrier pour l'An VIII de la Bienheureuse République. || S. l. (Paris, 1799). In-18.

Avec un frontispice anonyme, de forme ovale, représentant le général Jourdan à cheval sur une écrevisse et entouré de lièvres portant des piques. Comme légende : « Et tu Jordanis quia conversus es retrorsum? » Il existe plusieurs états de cette caricature, une des plus populaires de l'époque, qui, avant de prendre place dans les almanachs, fut d'abord publiée en feuille volante, dans tous les formats, et sous toutes les formes.

Dans le texte, rédigé par Cotinet, on trouve quelques notes sur la situation des conventionnels qui votèrent la mort de Louis XVI et une lettre de l'abbé de Tressan sur l'arrivée de Madame Thérèse de France à Mittau et sur son mariage avec le duc d'Angoulême. Voir, plus loin, n° 1340.

[Cat. de 6 à 7 fr.]

[B. N.]

1298. — ALMANACH DU BON VIEUX TEMPS. || S. l. (Paris) An VIII.

[D'après H. Welschinger, *Almanachs de la Révolution.*]

1299. — ALMANACH GÉOGRA-PHIQUE ET CHRONOLOGIQUE, avec la population des quatre parties du monde pour l'an VIII (1799-1800). Avec le lever du soleil. || Paris, 1799. In-18.

Almanach publié par Jérome de La Lande, l'illustre astronome qui rédigeait alors la *Connaissance des Temps.*

[Cat. 5 et 6 fr.]

1300. — L'ALMANACH LE PLUS JOLI OU LE PETIT GRAIN DE FOLIE DE LA RAISON, Étrennes aimables. || A Paris, chez Janet, libraire, rue St-Jacques, n° 31 (an VIII, 1799-1800). In-18.

Titre gravé : une femme à une sorte de comptoir ; les Amours la couronnent de fleurs ; devant elle trois autres femmes, debout, vêtues à la mode du jour. Almanach orné de douze gentilles vignettes, non signées, dont voici les légendes : — 1. Le nid des Amours. — 2. La Coquette déroutée. — 3. Le silence expressif. — 4. Le Tran-tran des jeunes filles. — 5. La Rêverie d'une Bergère. — 6. L'Espoir du village. — 7. La Jeune fille qui dort. — 8. Le droit de passe aquitté (*sic*). — 9. L'art d'économiser la jeunesse. — 10. Le manchon regretté. — 11. Le tapis de verdure ou la saison des Amours. — 12. La mort telle que je vous la souhaite. — Calendrier.

Texte gravé, avec cahier de chansons imprimé.

[Ex. mar. r. cat. Morgand, 100 fr.]

1301. — ALMANACH NOUVEAU. Étrennes à des Parens. (1799-1800).

Recueil de poésies de circonstance.

[Coll. Weckerlin.]

1302. — ANNUAIRE RÉGULATEUR DES FONCTIONNAIRES PUBLICS, ou Notice Chronologique des Lois, et Arrêtés du Directoire exécutif, depuis 1789 jusques et compris l'an 7. Où il se trouve des dispositions qui déterminent, à des époques fixes de Mois, de Décade et de Jours, des fonctions à remplir par les membres de toutes les autorités constituées. Suivi d'un plan de classification des Lois et de tous les Écrits publiés depuis 1789, relativement à la législation et aux événements et faits historiques de la Révolution. || A Paris, chez Rondonneau, au Dépôt des Lois, Place du Carrousel. An VIII. In-8.

Donne, pour chaque mois, la substance des principales lois à l'usage des fonctionnaires publics.

Cet annuaire est intéressant à consulter au point de vue des décrets et règlements d'ordre édictés par le Gouvernement de la première république : chacun des articles est suivi de la citation de la date des lois ou des arrêtés du Directoire et du numéro du Bulletin officiel où ils se trouvent.

[B. N. — Lc²² 76]

1303. — LES BALIVERNES AMUSANTES et récréatives ; Étrennes charmantes, ornées de très jolies Figures. || A Paris, chez Janet, Libraire, rue St-Jacques, vis-à-vis celle des Mathurins, n° 31. An VIII. 1799. In-18.

Frontispice représentant une chasse au cerf, avec la légende : « Partout on entendait : Tayaut ! » et 4 planches destinées à illustrer un poème. L'almanach « qui n'est point », dit l'éditeur, « un de ces livres insignifiants que la routine sous l'ancien régime consacrait au désœuvrement des grisettes, « se compose de deux parties : 1° une féerie, *Les prodiges de la Fidélité*, 2° un mélange de chansons choisies pour l'amusement « et même pour l'instruction du beau sexe », aux titres caractéristiques : *Il faut aussi penser aux femmes, Les droits de la femme, La femme que tout le monde voudroit avoir, Le triomphe des femmes, Le charme des baisers*, etc. Calendrier pour l'an VIII.

[Coll. de Bonnechose.]

1304. — CADEAU DES MUSES, ÉTRENNES UTILES ET AGRÉABLES pour l'an VII (1799) [Épigraphe :] Et prodesse volunt et delectare Camenœ. || A Falaise, chez Brée frères, Imprimeur-Libraire. Et se trouve, à Paris, chez Marcilly, rue Saint-Julien-le-Pauvre, 14 ; à Rouen, chez Legrène-Labbey, rue Grosse-Horloge. 1799-1855. In-32.

Frontispices allégoriques, représentant toujours

des Muses, Uranie ou un Pégase ailé, gravures sur bois populaires. Avant le titre, cartes diverses et chansons. Emplacement des troupes.

A partir de 1814 le titre augmenté devient : « Cadeau des Muses ou Almanach Universel », etc., (la suite, comme plus haut), par Brée l'aîné.

[Cat. de 1 à 3 fr.]

1305. — CALENDRIER PERPÉTUEL à l'usage des catholiques romains, 2ᵉ édition, augmentée d'un entretien avec Dieu. || Paris, 1799. In-8.

D'après un catalogue de libraire.

[Cat. 4 fr.]

1306. — LA CONSTITUTION EN VAUDEVILLE, Œuvre posthume d'un homme qui n'est pas mort, publiée par lui-même et dédiée à Madame Buonaparte. || A Paris, de l'Imprimerie de la Constitution. An VIII. In-32.

Almanach par Villiers. Le frontispice, gravure au pointillé, représente une femme à la mode du jour et d'une grandeur peu commune, portant dans un ridicule la nouvelle Constitution et foulant à ses pieds les précédentes Constitutions.

Frontispice de « La Constitution en Vaudeville. »

Le texte est une sorte d'annotation en vers de tous les articles de la Constitution, et pouvant se

chanter sur les airs à la mode. Au titre : *Du Gouvernement*, pouvoir du Premier Consul, on lit :

> En quatre mots je vais vous conter ça :
> Ce monsieur d'abord placera
> Tous ceux qu'il lui plaira,
> Ceux capables de bien faire
> Tant en mer que sur la terre etc...

Autre :

> On borne sa dépense
> A cinq cent mille francs ;
> Avec cela, je pense,
> On a d'heureux momens, etc

Le titre : « De la responsabilité des fonctionnaires publics » a une chanson qui, en maintes circonstances, aurait pu être encore d'actualité :

> Défense est faite à tous soldats
> Servant la République,
> De se mêler dans aucun cas
> D'affaire politique.
> Oh ! oh ! oh ! oh ! ah ! ah ! ah ! ah !
> C'est un petit mal que cela.
>   Ah ! ah !
> Oh ! oh ! oh ! oh ! ah ! ah ! ah !
> Nous avons vu le mal de ça.

Il ne faut pas confondre cette plaquette, presque toujours sans almanach, avec *La Constitution en Vaudevilles* de Marchant (voir plus haut nº 1053.)

[Cat. 10 à 12 fr. broché.]

1307. — ÉTAT MILITAIRE DE LA RÉPUBLIQUE FRANÇAISE POUR L'AN VIII, par plusieurs Officiers. Avec approbation du Ministre de la Guerre. Prix : 4 fr. broché. || A Paris, chez Onfroi, libraire, quai des Augustins, nº 35. De l'Imprimerie d'Emm. Brosselard, rue André-des-Arts, nº 73. (Ans VIII-XII). In-12.

Almanach fort intéressant au point de vue des renseignements et qui n'est que la reprise des anciens *États Militaires*. Il contient la liste des officiers de toutes armes et donne l'annonce et l'analyse des ouvrages militaires français et étrangers qui ont paru dans le cours de l'année.

Rédigé par plusieurs officiers généraux entre les mains d'un sieur Rousselet, il fut publié ensuite par l'adjudant-commandant Champeaux, ainsi que le porte le titre de l'an X :

— *État militaire de la République Française*, pour l'an X. Par l'adjudant-commandant Champeaux, employé à l'état-major général de la 1ʳᵉ division militaire. Prix : 4 fr. broché ; et 5 fr. relié, pris à

Paris. || A Paris, Au Bureau de l'État-Militaire, rue du Four-Saint-Germain, n° 174, près l'Abbaye, puis chez l'Auteur. An X-1802. In-12.

Les années XI et XII portent, en plus, sur le titre : « Dédié au Premier Consul, d'après son autorisation. »

[B. N. Ans VIII, X, XI, XII.]
[Cat. Alex. Môre ; An XII : 20 fr.]

1308. — ÉTRENNES DE BONAPARTE AUX FRANÇAIS ou Constitution française, suivie de la liste des membres du Gouvernement, du Sénat, du Corps Législatif, des Tribunaux. || A Paris, chez Marchant. An VIII. In-18.

En tête une gravure ovale, signée J.-B. Bigaut : la République appuyée sur un faisceau de licteurs, surmontée du bonnet rouge, lançant des foudres sur le sceptre et la tiare. Dans un cartouche :

Le peuple par ses rois fut longtemps abusé.
Il terrassa l'erreur, le sceptre fut brisé.

On trouvera du reste tout au long, dans cet almanach, la composition du nouveau gouvernement : Ministres, Conseil d'État, Sénat conservateur, Corps législatif, Tribunat.

[Cat. 6 et 7 fr.]

1309. — ÉTRENNES DES TROUBADOURS, Chansonnier lyrique et anacréontique pour l'an VIII. || Paris, chez Caillot, An VIII. In-12.

Avec un frontispice gravé par Chaillou.

[D'après un catalogue de libraire.]
[Cat. 3 fr.]

1310. — LES PROCÉDÉS GALANTS OU LES EXPLOITS DES AMANS BRAVES ET GÉNÉREUX. || A Paris, chez Janet, Libraire, rue St-Jacques, n° 31. (1799). In-24.

Titre gravé : 12 jolies figures représentant des scènes de chevalerie dans la note moyen âge du jour et dont voici les légendes : 1. Le Pas dangereux. — 2. L'Amour mérité. — 3. La cruelle séparation. — 4. La Réunion inattendue. — 5. Le plus grand effort. — 6. L'Héroïsme de l'amitié. — 7. La fermeté à l'épreuve. — 8. L'Heureuse Métamorphose. — 9. Le désespoir Héroïque. — 10. L'Espoir satisfaisant. — 11. La juste vengeance. — 12. Le Prix de la Valeur.

Texte, également gravé, composée de chansons. Calendrier.

[Cat. Morgand : ex. mar. r. dos orné, 40 fr.]

1311. — LA REVUE DES THÉATRES ou suite de « Melpomène et Thalie vengées. » [Épigraphe :] Mihi Galba, Otho, Vitellius, nec beneficio, nec injuriâ cogniti. Tacit. Troisième année. || A Paris, chez Marchand, Libraire, Palais Égalité, Galerie Neuve, n° 10. An VIII. In-18.

Avec figure. — Suite de *Melpomène et Thalie*. Almanach rédigé comme les précédents sous forme de lettres, se terminant par quelques notices sur les nouveaux ouvrages dramatiques et une nécrologie. Le catalogue des pièces représentées sur les différents théâtres du 1er décembre 1798 au 1er janvier 1800 s'élève à 375 environ.

[Coll. Arthur Pougin.]

XIXᵉ SIÈCLE.

1312. — L'ABEILLE OU L'ALMA-NACH DES GRACES, DES MUSES ET DE POLYMNIE. || Paris, An VIII (1800). Pet. in-12.

Avec figures. D'après un catalogue.

1313. — L'ABEILLE OU L'ALMA-NACH DES GRACES ET DES MUSES pour l'An IX (1800) contenant... un recueil des plus jolies chansons nouvelles, une belle gravure (sic) et plusieurs charades, énigmes et autres pièces agréables. || Paris, Mongie l'aîné. 1800. In-18.

La « belle gravure » est une composition dans la note anacréontique du temps.

[Quérard.]

1314. — LES AGRÉMENS DU SPEC-TACLE OU RECUEIL D'ARIETTES LES PLUS NOUVELLES. || A Paris, chez Janet, Libraire, rue Saint-Jacques, n° 31. 1800-1801. In-32.

Almanach, avec texte et musique gravés, auquel se trouve ajouté un cahier de chansons imprimé, ayant 2 calendriers, et accompagné de 6 estampes : 1. M. Guilleaume (sic) à M. de Fierville. — 2. Tableau des Sabines (à propos du tableau du Poussin). — 3. Ariodant. — 4. Marcellin (il s'agit, ici, de la romance de Marcelin qui obtenait, alors, grand succès à l'Opéra). — 5. Les deux journées (illustration, également, pour une romance, celle des « Deux journées ».) — 6. Le Maréchal d'Anvers (autre ariette à la mode).

[Coll. baron Pichon.]

1315. — ALMANACH DE LA SAGESSE ET DE LA VERTU. || A Paris, chez Janet, Libraire, rue Saint-Jacques, n° 59. An IX. In-32.

Almanach orné de 12 figures coloriées.
[Cat. Techener (5129) : ex. reliure mar. r. entiè-rement dorée, avec médaillon, un Amour couron-nant un cœur et, au-dessous, la devise : « Agréable à tous ». 50 fr.]

1316. — ALMANACH DES MÉCON-TENS Armés pour le Roi dans plusieurs Villes de France. Contenant la division de l'année; Le Comput ecclésiastique (sic) et les Fêtes mobiles; Le Calendrier gré-gorien; Les Chronologies du Monde, des Rois et des Papes; Tableau des Maisons des Rois, Reines, principaux Princes et Princesses de l'Europe, des Archevêques et Évêques de France; Époques des évé-nemens mémorables pendant le cours de la Révolution Française ; Notices des Brefs du Souverain Pontife Pie VI; Réfu-tation des Faux Brefs introduits en France; Anecdotes concernant Louis XVIII et les Princes français, etc., etc., etc.; pour l'année 1800. [Épigraphe :] Aimer son Roi, c'est servir sa patrie. || De l'Im-primerie de l'Armée royale. 1800. In-18.

Le faux-titre porte : *Almanach de l'Armée royale, dite des Mécontens.*
Frontispice gravé représentant Louis XVIII, profil blanc sur fond noir, dans un médaillon orné, surmonté de la couronne, avec cette légende : « Qui oserait se venger quand le Roi pardonne ? »
Almanach conçu dans un esprit monarchiste ; en tête se trouve un avis dont voici la reproduc-tion :

« Français! nous suspendons un instant nos tra-vaux militaires, pour nous occuper de la rédaction d'un Almanach pour l'an de grâce 1800. Tous nos vœux, en ce renouvellement du siècle, tendent vers notre bonheur commun, la Religion sainte et an-tique, le Roi, digne successeur d'Henri IV, la paix, l'anéantissement des brigands de toute es-pèce, et la cessation des malheurs qui désolent notre patrie depuis onze années consécutives. Que Dieu daigne écouter nos prières et seconder nos armes, et bientôt cette horde impie et sacrilège disparaîtra, et bientôt vous jouirez du calme que des insensés vous ont ravi; bientôt enfin, vous éprouverez que les miséricordes du Seigneur ne sont pas épuisées.

« Nous avons cru important de rappeler les époques de quelques événemens qui ont eu lieu dans le cours de l'année 1799, à dater de la reprise des hostilités; ils suivent les époques antérieures et mémorables qu'il n'est pas permis d'oublier.

« Nous espérons que l'accueil de notre nouvel Almanach deviendra un nouveau témoignage de votre reconnaissance envers les fidèles sujets de Sa Majesté Louis XVIII, Roi de France et de Navarre. »

Les exemplaires de cet almanach furent saisis par la police du Consulat.

[Cat. de 8 à 12 fr. en bel état.]
[B. N. Lc²² 458.]

1317. — ALMANAC DES PHYSICIENS, Par le citoyen Lalande, Astronome. ‖ A Paris, au dépôt des bonnes nouveautés. Chez Laurens jeune, imprimeur-libraire, rue Saint-Jacques, vis-à-vis celle des Mathurins, n° 32. (1800-1801). In-18.

Recueil d'observations physiques, et d'expériences, pouvant être considéré comme faisant suite au précédent almanach de Lalande (Voir n° 1299.)

[B. N. — { R 2321 / C. a. / 12635 }

1318. — ALMANACH DES RENTIERS, dédié aux Affamés; pour leur servir de passe-temps; par un Auteur inscrit sur le Grand-Livre. [Épigraphe :]

> Il se passe de dîné,
> Et soupe à la diable,
>   O gué!
> Et soupe à la diable.

‖ Paris, chez Cailleau, Imp.-Lib. [En bas, en note : Les exemplaires ont été fournis à la Bibliothèque nationale.] 1800. In-18.

Le frontispice représente un personnage assis, dans une chambre, en train de lire une gazette. Légende : « C'est de la viande creuse!!... » Texte assez curieux (prose et vers), attribué à l'éditeur lui-même, Cailleau.

[Cat. de 6 à 8 fr.]

1319. — ALMANACH PARISIEN ou Guide de l'Étranger à Paris, contenant une indication des choses les plus curieuses et les plus intéressantes, qui méritent de fixer l'attention d'un étranger. ‖ A Paris, chez Barba, libraire, palais du Tribunat, galerie derrière le théâtre de la République, n° 51. An IX (1800-1801). In-18.

Petit guide assez amusant par le C. Dumaniant, précédé de quelques notices officielles et d'un calendrier. L'auteur, en plusieurs endroits, manifeste hautement son antipathie à l'égard des Anglais. Ainsi, à propos des demandes de renseignements sur les rues, il écrit : « Rien de plus ordinaire que de voir une jolie marchande quitter son comptoir pour indiquer la route qu'on lui demande. Il n'en est pas de même à Londres où les grossiers habitants de cette ville enfumée se font un malin plaisir de fourvoyer à dessein les pauvres étrangers. » Marchés, halles, marchands de comestibles, promenades, bains, jardins, voitures, cabriolets, cafés, journaux, bibliothèques, bals, théâtres, maisons de jeu, on y trouve tout et, quelquefois, une observation amusante empruntée, du reste, aux ouvrages de l'époque.

Devait avoir une figure qui ne se rencontre presque jamais.

[Cat. de 5 à 7 fr.]

1320. — LES AMANS TROMPÉS, Almanach chantant et récréatif. ‖ A Paris, chez Tiger, Imp.-Lib., Place Cambrai, au Pilier Littéraire. Et chez les marchands de nouveautés. (An IX, 1800-1801.) In-32.

Frontispice gravé, colorié, représentant trois amants offrant des fleurs à une beauté.

Recueil de chansons, avec calendrier pour l'an IX. Publication de colportage.

[B. N. — Y.]

1321. — L'ANNÉE THÉATRALE ou Almanach des Spectacles de Paris pour l'An VIII; Rédigé par un Observateur impartial. ‖ A Paris, chez Cailleau, Imprimeur-Libraire, rue de la Harpe, n° 461. An VIII-1800. In-18.

Frontispice représentant l'incendie de l'Odéon. Notices sur les 22 théâtres alors existant, examen critique des pièces, noms des acteurs et des actrices, lois et arrêtés relatifs aux spectacles ou aux propriétés dramatiques, nécrologie, etc. Tous les petits théâtres d'amateurs y sont mentionnés. A la fin se trouvent quelques brèves notes sur les jardins et amusements publics : Tivoli, Mousseau, Monplaisir (faub. Honoré), Frascati (Pavillon d'Honoré), Idalie, Jardin Turc, Paphos.

Incendie de l'Odéon.

D'après un avis de l'éditeur, cet almanach devait paraître tous les ans et avoir, en tête, une vignette sur l'événement le plus remarquable arrivé dans l'année.

[Coll. Arthur Pougin.]

1322. — ANNUAIRE MÉTÉOROLOGIQUE POUR L'AN VIII DE LA RÉPUBLIQUE FRANÇAISE, par Lamarck [complété immédiatement ainsi :]

Annuaire météorologique pour l'an IX de la République française, faisant suite à celui de l'an VIII, et contenant de nouvelles recherches sur ce qu'il y a de régulier et de constant dans les principales variations de l'atmosphère dans notre climat, et sur les moyens de parvenir à le déterminer. Ouvrage périodique, dédié aux Amateurs de la Météorologie, aux Agriculteurs et aux Médecins. Par J.-B.-P.-A. Lamarck. ‖ A Paris, chez l'Auteur, puis chez Maillard, puis chez Treuttel et Würtz, Dentu et Gérard (prix 1 fr. 50, 2 fr. et 2 fr. 50). 1800-1810. 1ʳᵉ année in-12, 2ᵉ année in-18, années suivantes in-8.

Cet annuaire, ainsi que l'indique le titre, était rédigé par J.-B. Lamarck, chargé par le Ministre de l'Intérieur de diriger la correspondance météorologique nouvellement établie. Le titre fut plusieurs fois modifié; c'est ainsi que, pour l'an XIV, on lit : « à l'usage des Agriculteurs, des Médecins, des Marins, etc. Présentant : 1° l'indication de l'époque où, dans le cours de l'an XIV, les influences de la lune sont dans le cas d'occasionner de mauvais temps; 2° une esquisse historique de la Météorologie, et différentes considérations sur cette histoire; 3° un système général de Météorologie. » L'auteur, dans la préface de l'année 1810, dit que c'est le dernier numéro de l'Annuaire qu'il lui est possible de publier, son âge, la faiblesse de sa santé, et ses affaires le mettant malgré lui dans la nécessité de cesser de s'occuper de cet opuscule périodique.

[D'après Fleischer.]

1323. — CALENDRIER A L'USAGE DES MEMBRES DU COLLÈGE DE PHARMACIE et de leurs élèves pour l'an IX de l'ère républicaine, 1800 et 1801 de l'ère chrétienne. A Paris, chez Quillau, Imp. du Collège de Pharmacie, rue du Fouare, n° 2. An IX. In-24.

Pièces historiques sur le Collège de pharmacie établi en 1777, coup d'œil sur les travaux. Lectures faites durant l'année, etc. Très certainement, ce calendrier a dû paraître antérieurement.

[Bibl. Faculté de Médecine.]

1324. — CALENDRIER MILITAIRE ou Tableau sommaire des Victoires remportées par les Armées de la République française, depuis sa fondation (22 septembre 1792), jusqu'au 9 floréal, an 7, époque de la rupture du Congrès de Rastadt et de la reprise des hostilités; Précédé de l'État nominatif des Armées que la République française a mises sur pied, des Généraux en chef et autres commandans les différentes expéditions qui y sont rapportées, avec les dates exactes du jour et de l'année, et suivi d'une table des matières. ‖ A Paris, chez Moutardier, Imprimeur-Libraire, quai des Augustins, n° 28. An VIII de la République Franç. (1800 et suite.) In-12. (Prix 1 fr. 50).

En tête de l'ouvrage on lit :

« Gloire immortelle aux Armées de la République française! elles ont rempli avec une inconcevable rapidité la plus belle et la plus étonnante carrière.

« Honneur et reconnaissance sans bornes aux chefs intrépides dont le génie et l'activité ont dirigé leur marche, et qui, au milieu des plus grands périls, créant des ressources imprévues, ont su, par leurs savantes dispositions, maîtriser la fortune, enchaîner la victoire et couvrir le nom français d'un éternel éclat.

« Tels sont les sentiments que doit inspirer à tous les Français la lecture de l'Almanach que nous leur offrons, et qui réveille à chaque page le souvenir de tant d'actions mémorables. »

Parut l'année suivante sous le titre de : *Almanach militaire*, avec de légères modifications dans le sommaire du titre.

[B. N. — Lc²² 379 et Lc²² 373.]

1325. — LE CHANSONNIER DU JOUR, Étrenne (1) au beau sexe; Suivi du calendrier. [Épigraphe :] Sans chanter peut-on vivre un jour? *Mélomanie.* || A Paris, chez les Marchands de nouveautés. [Au Magasin général des Nouveautés, sur le Pont-Neuf.] An IX et suite. In-12.

En tête de chaque année se trouve un frontispice gentiment gravé. Celui de l'an IX signé : Challiou, *del.*, Bovinet, *sculp.* représente un élégant assis sur un banc et chantant, à côté d'une jeune femme qui joue de la mandoline. Légende : « Femme sensible, entends-tu le ramage. »

Recueil de chansons diverses, romances et sujets bachiques, toutes sans noms d'auteurs.

[Coll. de l'auteur.]

1326. — ÉTRENNES HISTORIQUES, contenant l'État présent du Monde et de l'Univers en général, un mélange d'Histoires curieuses, un Précis de géographie, d'Histoire Naturelle, d'Événemens curieux et beaucoup de choses remarquables, rédigées par l'Auteur de l'Étrenne Universel (*sic*), avec la Liste des Députés au Corps Législatif. Pour l'An VIII de la République Française. Année 1800. || A Paris, chez la cit. Pitel, v. Fouquet, Imprimeur-Libraire, rue Galande, n° 47, ci-devant à Falaise. In-32.

Contient les noms des ministres, la division du globe, quelques articles d'histoire naturelle, et différentes pièces satiriques. Sous le titre de *Nouvelle feuille périodique*, il raille ainsi, à nouveau, les mœurs du jour en ayant recours au procédé des annonces humoristiques déjà employé par

l'*Almanach des Honnêtes Gens de 97* et autres publications de l'époque (voir, plus haut, n° 1246). Ce sont, du reste, les mêmes choses sous une forme différente.

OFFICES A VENDRE.

Emploi d'un homme à la mode, à vendre pour un ridicule.

Emploi d'honnête homme à céder.

Charge de bel esprit à troquer contre de la fumée.

DEMANDES.

Une femme à la mode demande le moyen de bannir l'ennui, sans être obligée de médire ni de jouer.

Un vieillard cherche une jeune fille qui soit amoureuse de lui, il lui donnera un état, des diamans, et lui racontera tous les soirs l'histoire de sa jeunesse.

MARIAGES.

Il s'est fait plusieurs marchés, auxquels on a donné le nom de mariages.

Une jeune fille vient d'épouser un emploi.

Un jeune homme s'est marié à un coffre-fort.

Un homme singulier s'est marié pour lui.

MORTS.

Un fat est mort pour s'être connu.

COURS DES CHANGES ET EFFETS COMMERÇABLES.

Depuis long-temps la vertu, les bonnes mœurs perdent beaucoup.

L'ambition et la cupidité sont dans la plus grande valeur.

Le talent est à cent pour dix.

Le bon sens à dix pour cent.

CHANGES.

L'honneur, pour l'or.

Le bonheur, pour l'opinion.

Les grâces, pour les minauderies.

L'esprit, pour le jargon.

Le goût, pour la mode.

La volupté, pour la débauche.

On y trouve aussi des renseignements sur les messageries, coches et diligences, et un tableau des foires.

Calendriers républicain et grégorien.

Sur 2 feuilles se dépliant, la liste des représentants du peuple aux Conseils des Anciens et des Cinq-Cents.

[B. N. — V2348 $\frac{\text{Lb}+1}{21,174}$

1327. — LISTE DES DIVERSES AUTORITÉS du Gouvernement de la République Française, Thermidor an VIII. || Paris, de l'Imprimerie nationale (An VIII — An XII). In-24, puis in-18.

Simple liste alphabétique des membres du Sénat,

_____

(1) Sur le titre des années suivantes « Etrenne » est au pluriel.

du Corps législatif, du Tribunat, du Conseil d'État, préfets, magistrats, etc.

Cet annuaire paraissait à des dates variables : celui de l'an XI parut en floréal, celui de l'an XII, en germinal.

[B. N.]

1328. — LA LYRE D'ANACRÉON. Choix de Romances, Vaudevilles, Rondes de Tables et Ariettes des Pièces de Théâtre les plus nouvelles et les meilleures dont tous les airs sont notés dans les pages de musique qui sont à la fin de ce recueil (1). || A Paris, chez Favre, Libraire, Palais Égalité [Galerie de Bois, n° 220, Aux Neuf Muses.et à son magasin, rue Traversière-Honorée, n° 845, vis-à-vis celle de Langlade.] An IX. 1800-1807 et 1810-1812. In-18.

Titre gravé dans une lyre, signé Deshayes *inv.* C... *sc.* Au-dessous on lit le quatrain suivant :

La sévère Raison ne vaut pas son délire,
L'Amour retient ses accords enchanteurs,
Et des sons brillants de sa Lyre
L'Écho retentit dans nos cœurs.

Recueil de chansons, avec musique gravée, par Armand Gouffé, de Piis, Désaugiers, Millevoye, Belle aîné, Dupaty, de Ségur, Comtesse de Salm, Cousin d'Avallon, Coupart.

Cet almanach « embelli par les couplets les plus piquants des charmans auteurs des *Diners du Vaudeville* » et qui « remplacera l'*Almanach des Grâces* dont il a le format et la belle exécution », disaient les Éditeurs, fut rédigé d'abord par Mercier, de Compiègne, puis, par Chazet.

Il eut également, par la suite, des frontispices représentant plus ou moins Anacréon, Bacchus et Vénus.

On trouve dans l'année 1812, parmi les chansons de Désaugiers : Vivent les Grisettes ! — Portrait de Mam'selle Margot la ravaudeuse, par son cher Zamant Dubelair.

Calendrier.

[Coll. Olagnon, Années 1800 à 1812.]

[B. N.]

1329. — LA LYRE D'ÉRATO ou Apollon en délire. Chansonnier composé de Romances nouvelles, Françaises, Italiennes et Languedociennes, Chansons de tables et autres, extraites des meilleurs Auteurs modernes. (Prix : un franc). || A Paris, chez les Marchands de Nouveautés. (Vers 1800). In-12.

Frontispice gravé, représentant une parade.
Recueil de chansons.

[Communiqué par M. Greppe.]

1330. — MANUEL PORTATIF, CONTENANT LA CONSTITUTION FRANÇAISE DE L'AN VIII, Précédée et suivie des Discours de Boulaye (de la Meurthe), et de celui de Jacqueminot ; la Liste des Noms et Demeures des Membres du Consulat, des Ministres, du Conseil d'État, du Sénat conservateur, du Tribunat et du Corps Législatif ; les Lois sur l'acceptation et la mise en activité de la Constitution ; les jours et heures d'Audience des Ministres, ainsi que ceux où la Bibliothèque et le Muséum sont publics ; les nouveaux Poids et Mesures ; le Calendrier Républicain et Grégorien ; le Départ des Coches d'eau, etc., etc. || A Paris, Imprimerie de Chaignieau aîné, l'An VIII. (1800 et suite). In-18.

Frontispice allégorique, signé Monnet, *del.* Il parut de l'an IX à l'an XI avec un titre légèrement modifié dont voici la reproduction :
— *Manuel portatif pour l'an IX*, contenant la Constitution Française ; les Noms et Demeures des Premières Autorités de la République ; avec l'indication des Villes où siègent les Tribunaux d'Appel, Criminels et de Première Instance ; et les Chefs-lieux de Préfectures et sous-Préfectures de la République ; ainsi que les Noms et Demeures de toutes les Autorités Judiciaires et Administratives, et de tous les Fonctionnaires et Officiers publics du département de la Seine ; enfin, une nouvelle Instruction sur les Poids et Mesures, [d'après les Résultats définitifs de la Commission chargée de ce Travail. Troisième édition, considérablement augmentée] (1). || A Paris, Imprimerie de Chaignieau aîné, l'An IX. (1801.)

[B. N.]

1331. — MISANTROPIE ET REPENTIR OU LES ÉPOUX RÉUNIS. Suivi d'un choix de jolies Ariettes nouvelles. ||

_____

(1) Le titre de l'an XII est, tout simplement, « La Lyre d'Anacréon, avec quarante-quatre airs gravés. »

(1) La partie entre crochets n'existe pas sur les exemplaires des Ans X et XI, qui n'ont pas de frontispice gravé.

A Paris, chez Janet, rue Saint-Jacques, n° 31. (1800-1802.) In-24.

Titre gravé et 6 compositions, non signées, illustrant les romances du jour, le titre de l'almanach étant, lui-même, emprunté à la pièce dont le succès était alors si grand : 1. Adolphe et Clara. — 2. L'auteur dans son ménage. — 3. Il n'est plus pour moi de repos. — 4. Mon Eulalie! embrasse ton époux. — 5. L'Opéra-Comique. — 6. La Dot de Suzette.

Texte gravé, avec musique, accompagné d'un cahier de chansons imprimé. Calendrier grégorien et républicain.

Les figures assez lourdement gravées, comme toutes les estampes de l'époque, sont cependant intéressantes au point de vue de la décoration des intérieurs.

[Coll. baron Pichon, calendrier pour 1800.]
[Coll. Paul Eudel, calendrier pour 1802.]

1332. — LES NŒUDS DE L'HYMEN SERRÉS PAR LA TENDRESSE, OU LES ÉPREUVES DU SENTIMENT. ‖ A Paris, chez Janet, Libraire, rue St. Jacques (1800). In-24.

Avec 12 jolies figures gravées par Dorgez.

Ce petit almanach contient un calendrier pour l'an IX, et forme carnet de jeu, ainsi que beaucoup de ses congénères. J'ai rencontré le même avec un calendrier pour 1813.

[Cat. Morgand, ex. mar. r., dos orné : 50 fr.]

1333. — NOUVEAU TRÉSOR DES ALMANACHS. Étrenne Française, Curieuse et Instructive, Contenant une Notice historique des Départemens par ordre alphabétique, la distance de Paris à leur chef-lieu, leurs productions, leur commerce, leur population ; les villes remarquables et leurs curiosités ; la division de Paris et les autorités constituées ; les établissemens publics; les Foires, les Voitures publiques, etc., etc. Pour l'an VIII. ‖ A Paris, chez Caillot, Imprimeur-Libraire, rue du Cimetière-André-des-Arcs, n. 6. 1800-1840. In-32.

Suite du *Trésor des Almanachs* de 1779. (Voir, plus haut, n° 617).

En 1805, il subit une nouvelle modification et parut définitivement sous le titre suivant :
— *Trésor des Almanachs, Étrenne Française [Impériale, puis Royale, jusqu'en 1820], Curieuse et instructive*, contenant [les cérémonies du sacre et du couronnement de S. M. à Paris et à Milan; les autorités civiles et militaires

de l'Empire; les titres et qualités qu'on doit donner à toutes les personnes en place, soit en leur parlant, soit en leur écrivant, etc. (V. la table à la fin)] (1) (1805 et 1806, ans XIV et XV.) L'An deuxième de l'Empire. ‖ Paris, chez Caillot, Impr.-Libraire, rue du Hurepoix, quai des Augustins, n. 9 et 17; puis rue Pavée-Saint-André, n. 9.

De 1808 à 1820, les titres portent en plus : *Rédigé et publié par Caillot*. A partir de 1820, le titre porte simplement : *Étrenne Curieuse et instructive*. En 1837 le sous-titre disparaît.

La plupart des années possèdent, en tête, une ou deux feuilles se repliant qui contiennent soit des données sur l'histoire ancienne avec la nomenclature des mois chez différentes nations, soit les portraits gravés du Roi et de sa famille avec une carte de France, soit une mappemonde ou un plan de Paris. Ces feuilles se répétaient.

A partir de 1816 on y trouve une chronologie des faits et événements remarquables ayant eu lieu en Europe, du 1er septembre de l'année précédente aux 31 août de l'année courante.

L'éditeur annonçait la collection de ces almanachs moyennant 0 fr. 50 cent. par année commandée.

[B. N. Lc² ⁵ 32.]

1334. — LES NOUVELLES FOLIES PARISIENNES ou Les Caricatures à la Mode. ‖ Chez Marcilly, Rue Julien le Pauvre, n°⁸ 14 et 16, Et Demoraine, rue du Petit-Pont n° 99. (An IX) 1800-1801. In-32.

Titre gravé. A l'intérieur est un second titre : *Calendrier Républicain et Grégorien pour la neuvième année de la République française*, avec les fêtes nationales. ‖ A Paris, chez Marcilly, Marchand Papetier, rue Saint Julien-le-Pauvre, n° 14 (à remarquer que le vocable « Saint » se trouve rétabli ici.)

Texte gravé avec addition d'un cahier imprimé. 12 compositions reproduisant les plus célèbres caricatures de l'époque sur les Muscadins et les Merveilleuses, la plupart d'après C. Vernet :

1. Les Merveilleuses. — 2. La folie du Jour (La danse). — 3, Hélas! nous ne nous ressemblons pas (d'un côté le rentier ruiné et, de l'autre, le nouvel enrichi tenant les clefs du coffre aux ducats). — 4. Les Inconcevables. — 5. L'Incroyable à cheval. — 6. L'Impayable Rentier de l'État. — 7. Les Croyables au Perron (du Palais-Royal). — 8. Ma chevelure s'en va (Le merveilleux à cheval, perdant

_____

(1) La partie entre crochets, contenant le sommaire des matières, changeait chaque année.

sa perruque). — 9. Pas possible (historiette morale)

> ... Faites voir à la poulette
> De l'or ou de l'argent comptant ;
> Elle s'adoucit et répète :
> « C'est très possible, assurément. »

10. Faites la Paix ! (deux muscadins ferraillant pour une femme). — 11. C'est Inconcevable ! tu n'es pas reconnaissable. — 12. Les Incroyables.

Cette rarissime petite plaquette peut être considérée comme faisant suite aux almanachs *Nouvelles Étrennes curieuses des Incroyables* et *Quelle Folie !* (voir, plus haut, nº 1237 et nº 1265).

[Coll. de l'auteur.]

1335. — PORTE-FEUILLE FRANÇAIS pour l'An VIII, Ou Choix d'Épigrammes, Madrigaux, Couplets, Impromptus, Anecdotes, Bons mots, etc., tant en vers qu'en prose. Rédigé par C*** [Épigraphe :] Il faut chanter, il faut rire. *Mélomanie.* 1ʳᵉ Année. || A Paris, chez Capelle et Renaud, Libraires, rue J.-J. Rousseau nº 6. An VIII. 1800. Vers 1815. In-12.

Mélange de bons mots, de contes, romances et autres actualités « d'esprit » empruntées aux feuilles quotidiennes, publié par Capelle. Chaque année a un frontispice, gravé par Macret ou autre, mais qui n'offre pas un égal intérêt. — Calendrier.

L'année 1807 s'ouvre par cet avant-propos :

> On nous blâme depuis sept ans
> De faire entrer dans cet ouvrage
> Des contes, des bons mots connus depuis long-tems ;
>   Et cependant tel est l'usage,
> Que lorsque nous joignons un volume au recueil
>   (Quand la fin de l'année approche)
> On court le demander, et le plus doux accueil
>   Vient lui tenir lieu de reproche.
> Tourmentez-vous donc bien, creusez-vous le cerveau
> Pour donner au public un livre *tout nouveau*,
> Régulateurs du goût, censeurs atrabilaires,
> Qui voulez à votre art mettre tout de niveau !
>   Et nous en manquons bien souvent :
> Nous ne prétendons point au titre de savant ;
>   Mais pour nous, ignorans libraires,
> L'ouvrage le meilleur est celui qui se vend.
>   Les Éditeurs.

Jusqu'en 1806 le *Portefeuille Français* publia régulièrement le tableau analytique des ouvrages dramatiques joués dans le courant de l'année sur les différents théâtres. En 1807, prétextant que l'année 1806 avait vu plus de chutes que de succès, il remplaça cette partie par des chansons des auteurs à la mode.

Ce recueil se vendait : sur papier ordinaire 1 fr. 50 ; sur papier fin, relié en veau, et doré sur tranche, 4 fr. 50.

1336. — LA REVUE DE L'AN HUIT, ou les Originaux du palais Égalité. || Paris, 1800. In-18.

Avec calendrier.

[D'après un catalogue de libraire.]
[Cat. 4 fr.]

1337. — LES TABLETTES HISTORIQUES ET GÉOGRAPHIQUES FRANÇAISES, ou Recueil synthétique de tout ce qui concerne la politique et la législation, la diplomatie et la jurisprudence, l'histoire et la géographie, les sciences et les arts, en France. Cet ouvrage offre en même temps la galerie des hommes célèbres qui ont paru dans chaque département jusqu'en vendémiaire an IX, et celle de ceux que l'on distingue aujourd'hui dans les différentes classes de la société. [Épigraphe :] Crescit eundo. Prix, deux francs cinquante centimes. || A Paris, chez N. Renaudière, Imprimeur et Propriétaire des *Tablettes historiques*, rue des Prouvaires, à côté de celle du Contrat-Social, nº 564. An IX de la République. In-18.

Contient une « esquisse raisonnée, quoique succincte, » de ce qu'était la France avant le 18 Brumaire, et de ce qu'elle est aujourd'hui.

On y trouve aussi le texte de la Constitution, la liste des membres du Gouvernement, la loi sur l'organisation des tribunaux, etc.

[B. N.]

1338. — LA VENDANGEUSE D'AMOURS, Almanach chantant et récréatif. || A Paris, chez Tiger, Impr.-Libr. place Cambrai, au Pilier Littéraire. Et chez les marchands de nouveautés. (an IX, 1800-1801). In-32.

Frontispice sur bois, colorié (vendanges).
Recueil de chansons avec calendrier. Du reste, simple publication de colportage.

[B. N. — Y]

1339. — ALMANACH DES CATHOLIQUES, pour l'année 1801, Contenant : 1º l'état actuel de la Religion dans les différents pays de l'Europe ; 2º l'état de la Religion et du Clergé en France, avant et depuis la Révolution ; 3º une Notice assez étendue sur les papes Pie VI et Pie VII ; 4º des anecdotes sur les anciens Évêques de France. || A Paris, chez Mestayer, Libraire, rue de Grammont, N° 12, près le Boulevard. Année 1801. In-12.

Contient des aperçus historiques sur la religion des différents états de l'Europe ; donne les noms des évêques et archevêques de France et rapporte des extraits de lettres ou mandements de quelques-uns d'entre eux. On y trouve, aussi, un résumé historique du pontificat de Pie VI, le discours de Bonaparte aux Curés de Milan, (5 juin 1800) et une pièce de vers « Le jour des morts dans une campagne », par Fontanes.

Se vendait 1 fr. 80.

[B. N.]

1340. — ALMANACH DES HONNÊTES GENS, pour l'année M.DCCCI. || A Paris, chez Michel, rue des Moulins, n° 531, près la rue Thérèse. (1801). In-18.

Suite de l'almanach de 1800, également publié par Cotinet.

Frontispice gravé représentant deux animaux : un singe, en main un pot de chambre et personnifiant le Directoire, et un lion personnifiant le Consulat. On lit sur des banderoles que le Directoire signifie : otages, déportation, fusillade, emprunt forcé, et le Consulat : justice, confiance, liberté des cultes (sic), crédit public.

Le texte se compose de pièces détachées, en

Frontispice de l' « Almanach des Honnête Gens »

prose et en vers, se rapportant à différents sujets relatifs principalement aux modes et aux mœurs de l'époque. Quelques-uns de ces morceaux sont assez curieux ; voici, notamment, celui intitulé : *Bulletin de mon Baromètre.*

Les Consuls........	*au beau fixe*
Le Corps législatif........	*au tempéré*
Les Poëtes..............	*à la glace*
Les Armées.............	*à la foudre*
La Coalition.............	*au dégel*
Le Peuple..............	*au calme plat*
Les Rentiers.............	*au très-sec*
Madame Tal...	*au variable*

Les anciens Directeurs....	*à la boue*
Les Jacobins............	*à la tempête*
Les Théophilantropes....	*au brouillard.*

Chaque mois contient, outre une petite dissertation humoristique, des prédictions rédigées dans un esprit quelque peu satirique. C'est ainsi qu'en Janvier, après avoir annoncé des étrennes étonnantes de la part des nouveaux riches (plus d'amabilité et moins d'impertinence), on lit dans une note : « Le citoyen Michel a l'honneur de prévenir les citoyens fraîchement enrichis, qu'ils trouveront chez lui des alphabets et des barêmes pour étrennes ». L'almanach se termine par une notice sur les *illuminés, relatant le « terrible et authentique serment que prêtent les initiés à ces* exécrables mystères ».

Calendrier républicain avec la concordance grégorienne (1800-1801).

[Cat. Rondeau, 6 fr.]

[B. N.]

1341. — ALMANACH DES PROSATEURS OU RECUEIL DE PIÈCES FUGITIVES EN PROSE. Rédigé par les C.C. (itoyens) Fr. N. [François Noël],Inspecteur général des Études, et P.-B. Lamarre. || A Paris, chez Léger, Libraire, quai des Augustins, N° 44, puis chez Louis Dentu, puis Nicolle. An X. 1801-1809, 8 volumes petit in-12. [1 fr. 80 les quatre premières années, et 2 fr. les quatre dernières].

En tête de chaque année est un *frontispice dû au burin populaire et naïf de J. B. Compagnie.* Le premier volume est imprimé sur papier très bleuté. — Calendrier.

A partir de la quatrième année l'almanach fut rédigé par Noël seul ; les années 5 et 6 sont anonymes, enfin les deux dernières années portent le nom de Leclerc (sans doute Joseph Victor Leclerc, l'érudit, alors âgé de vingt ans). On trouve dans ce recueil des articles de Ségur, Michaud, D. Genlis, Mercier, La Harpe, et de nombreux récits humoristiques. Le volume de 1806 contient une étude sur Voltaire et Molière considérées sous le rapport du comique dans l'art dramatique.

L'Almanach des Prosateurs était destiné à servir de pendant à l'*Almanach des Muses,* sans prétendre à aucune rivalité avec lui, ainsi que les éditeurs l'annonçaient, mais la prose eut la vie moins dure que la poésie.

[De 2 à 3 fr. l'année.]　　[Coll. de l'auteur.]

1342. — ALMANACH DES QUATRE COULEURS ou les Loisirs de M. Fagotin; Étrennes lyriques et comiques sur les plus jolis airs; ornées de jolies figures en taille-douce. ‖ A Paris, chez Demoraine, Imp.-Libraire, rue du Petit-Pont, n° 99, aux Associés. (1801). In-32.

Almanach orné de quatre gravures en taille-douce, tirées en bleu, dont une sert de frontispice. En voici les légendes : — 1. (femmes couronnant un chevalier vainqueur dans un tournoi) :

> Sexe puissant que voyaient nos climats
> Régler jadis les jeux et les combats.

— 2. Chantons, dansons, amusons-nous (fête au village). — 3. La Chandelle :

> Un amant est souvent trompé,
> Quand il court (*sic*) une jeune fille ;
> Il ne voit pas qu'il est dupé
> Parce qu'il voit qu'elle est gentille.
> S'il avait le soin de prévoir
> Que la friponne est infidelle (*sic*)
> Le jeune imprudent, pour mieux voir,
> Allumerait de la chandelle.

— 4. Les Nouvelles Bourbonnaises (bal masqué). Texte, composé de vers et de prose, imprimé en quatre couleurs : rouge, vert, bistre, bleu. Calendrier pour l'an X (1801-1802.)

[Coll. de Savigny.]

1343. — ALMANACH DES REVENANS, Pour l'année 1801. ‖ A Paris, de l'Imprimerie des Sourds-Muets, rue de l'Oratoire du Louvre, n° 146. An IX. In-18.

Contient une histoire de revenant dont les chapitres portent, pour titre, les 12 mois de l'année.

A la fin est un calendrier avec case vide correspondant à chaque jour du mois, « destiné », lit-on dans la préface, « à marquer le jour heureux qui doit remettre entre les bras d'une tendre mère, un fils absent depuis long-tems ; ou bien rendre un époux à sa compagne gémissante, et éterniser, pour ainsi dire, l'époque de ces retours heureux. »

Allusion à la France « désertée sous la Terreur et se repeuplant à ce moment, de plus douces loix faisant rentrer dans son sein les exilés. »

[B. N. — Lc²² 335.]

[Cat. 4 fr.]

1344. — ALMANACH DES RIDICULES, Pour l'année 1801. Prix, 1 franc. ‖ A Paris. De l'Imprimerie des Sourds-Muets, rue de l'Oratoire du Louvre, n° 146. An IX. In-12.

Joli frontispice (costumes d'incroyables) avec cette légende : « Magazin de Ridicules et d'Indispensables. » signé : G. Kok — PL'E.

Magazin de Ridicules et d'Indispensables.

Le calendrier renvoie, pour chaque jour de l'année, à l'une des historiettes du texte, égales en nombre, par conséquent, au total des jours de l'année, qui se trouvent ainsi tenir lieu et place des saints habituels.

Cet almanach reparut l'année suivante (An X) sous le titre de : Testament de Madame Angot ou le fond du sac de ses Calembours. L'éditeur annonçait que pareil recueil — chansons, madrigaux, anecdotes, historiettes — serait, à l'avenir, publié chaque mois. Mais je ne crois pas que ce « Testament » ait eu de suite.

[Cat. 4 à 5 fr.]

[B. N. — 8° Z 1724.]

1345. — ALMANACH DU XIXe SIÈCLE OU ÉTRENNES DU BON VIEUX TEMS. ‖ A Paris, chez Michel, rue des Moulins, n° 531, près la rue Thérèse (An IX) 1800-1801. Petit in-12. Se vendait 1 fr. 50.

Frontispice représentant « la Folie conduite par la Sagesse ». Celle-ci, la Minerve historique, la tient par le bras et l'arrache aux folies politiques représentées par un personnage au bonnet rouge portant en main le drapeau de la Révolution.

Adieu Paniers, Vendanges sont faites.

Cet almanach clôt la série des pamphlets politiques dirigés contre la Révolution. Mélange de prose et de poésie, de satires politiques et d'observations assez intéressantes sur les mœurs nouvelles. En tête se trouve une sorte de revue, mois par mois, des choses curieuses de l'ancien temps, sous le titre de : *Paris en 1788.* Calendrier grégorien et républicain.

[Cat. de 3 à 4 fr.]

[B. N. — V 2348 Rc. || Coll. de l'auteur.]

1346. — ALMANACH DU XIX' SIÈCLE. 1801. || Paris. In-18.

Autre almanach sous le même titre composé de 6 parties en 3 vol.

[Quérard.]

1347. — ALMANACH DU THÉATRE DES JEUNES ÉLÈVES, De la rue de Thionville. Dédié aux Jeunes Élèves; Pour l'An IX. Contenant des vers, des Couplets, des Bons-Mots et des Anecdotes; Précédés d'une Notice sur les principaux Élèves, et sur les Ouvrages nouveaux qui ont paru sur ce Théâtre dans le cours de l'an VIII. Par un obser-

vateur impartial, qui ne connoit ni Pierre ni Jacques. || A Paris, chez Hugelet, Imprimeur, rue des Fossés Saint-Jacques, n° 4. Et au Théâtre, rue de Thionville. An IX. In-18. 60 centimes.

Frontispice allégorique (Arlequin et Pierrot jouant la comédie. Sur un rideau, on lit : Crescit Eundo.) avec les mots : « Almanach des Jeunes Élèves. An IX, » sur une tablette grise.

Notices sur les acteurs et actrices de ce théâtre, sur les pièces jouées dans le cours de l'an VIII; différents fragments littéraires et un précis des journaux qui font mention des spectacles.

Le Théâtre des Jeunes Élèves, situé dans l'ex-rue Dauphine, avait pour directeur le citoyen Belfort et comme instituteur le cit. Volméranges (il remplaçait Dorfeuille) auteur d'ouvrages qualifiés, alors, « estimables. »

[B. N. — $\frac{8°\ Yf}{223}$]

1348. — ALMANACH ÉDIFIANT, OU NOUVELLES VIES DES SAINTS, à l'usage des pensions et écoles. || A Paris, chez Duchesne, 1801. Pet. in-12. Prix : 1 fr. 20 cent.

D'après un catalogue.

1349. — ALMANACH LITTÉRAIRE OU ÉTRENNES D'APOLLON. Choix de productions en vers et en prose, faisant suite aux « Étrennes d'Apollon » qu'a rédigées pendant vingt ans d'Aquin de Château-Lyon, par C.-J.-B. Lucas de Rochemont, Membre de la Société libre des Belles-Lettres de Paris. Année 1801. || A Paris, chez Moller, puis au Dépôt Gén. des Livres nouveaux, chez Laurent jeune, Imp.-Libraire, rue Saint-Jacques, n° 32, et à la Librairie Économique (Guillaume). 1801-1806, 6 volumes petit in-12.

Chaque année a un frontispice gravé à la manière noire. Les deux dernières ne contiennent pas le nom du directeur et n'ont pas été rédigées par Lucas de Rochemont.

Recueil assez varié dans lequel se trouvent des œuvre de Arnault, Aubert, Baour-Lormian, Boufflers, Deguerle, Parny, Ducis, Florian, de Neufchâteau, Armand Gouffé, Lebrun, Legouvé, Millevoye, Lemazurier, Ségur, etc...

L'almanach ne s'est pas continué au delà, mais à partir de 1808 les années parues ont été successivement écoulées avec des calendriers nouveaux. Les six années se vendaient 10 fr. 80.

[Coll. de l'auteur.]

1350. — ANNÉE THÉATRALE. Almanach pour l'an IX. Contenant une Notice
sur chacun des Théâtres de Paris, les
Acteurs, les Pièces nouvelles et les débuts.
[Épigraphe :] La critique est aisée et l'art
est difficile. ‖ A Paris, à l'ancienne Librairie de Du Pont, rue de la Loi, n° 1231.
(Les autres années portent : Chez Courcier, quai des Augustins.) (An IX à an XII :
1801-1804,) 4 années. In-18.

Almanach fort intéressant, rédigé par Fabien
Pillet, contenant, chaque année, un calendrier
(celui de l'an IX est dans le style républicain).
L'auteur fut accusé d'avoir voulu renverser, par ses
critiques, « notre premier théâtre lyrique ». La
préface de l'an X porte sur la véritable liberté à
désirer pour les théâtres : ni indépendance absolue,
ni privilèges exclusifs (il était alors question, on le
sait, de rendre au théâtre ses anciennes entraves).
A la fin de chaque année est une nécrologie.

[Vente Sapin, 26 fr.]

1351. — ANNUAIRE DE L'INSTRUC-
TION PUBLIQUE pour l'an IX de l'ère
française et l'année 1801 de l'ère chrétienne. ‖ A Paris, chez Duprat. 1801-
1805. In-18.

En 1804, le titre fut ainsi complété :

— Annuaire de l'Instruction publique pour l'an XII,
ou Recueil complet des lois, arrêtés, décisions et
instructions concernant l'établissement et le régime des lycées, des écoles primaires, secondaires
et des écoles spéciales; avec l'état général et nominatif de tous les établissemens et de tous les
fonctionnaires dépendans de la direction de l'instruction publique; publié avec l'autorisation spéciale de M. le Conseiller d'État chargé de cette
direction. ‖ Paris, Courcier, 1804.

L'année suivante, l'Annuaire se transforma en
« Manuel de l'Instruction publique ».

1352. — ANNUAIRE DE LA MARINE
DE FRANCE pour l'An IX (1801 v. st.),
par l'Historiographe de la Marine et des
Colonies. Prix : deux francs 50 cent.
broché. ‖ A Paris, de l'Imprimerie de la
République. 1801-1803. In-18.

Publication faisant suite à l'État de la Marine de
1763. (Voir, plus haut, n° 355.) Un avertissement
fait observer que, depuis 1790, l'on n'avait plus
aucun annuaire sur la marine et les colonies, d'où
la nécessité de reprendre une tradition interrompue.
La première année donne, après les renseignements
officiels, la notice des ouvrages publiés sur la

matière depuis 1790, et les années suivantes contiennent un relevé des publications annuelles.

A l'annuaire se trouve jointe comme précédemment cette autre publication :

— Annuaire des Colonies françaises pour l'An IX
(1801 v. st.), par l'Historiographe de la Marine et
des Colonies. [De l'Imprimerie de la République.]

La première année donne la liste nominative des
colons-propriétaires qui, conformément au vœu de
la loi, restés fidèles à la patrie, pouvaient par eux-
mêmes ou leurs fondés de procuration, rentrer de
droit dans leurs possessions.

Reprit en 1803 l'ancien titre d'« État. » [Voir
plus loin n° 1414.]

1353. — [ANNUAIRE DE] L'INSTITUT
NATIONAL DES SCIENCES ET DES
ARTS. ‖ Paris, Beaudouin, Imprimeur de
l'Institut national des Sciences et arts
(Puis Firmin Didot.) Vendémiaire an IX à
ce jour. In-18.

Annuaire avec l'organisation, les règlements officiels, et les noms des membres de l'Institut, devenu successivement impérial, royal, national et,
à partir de 1853, tout simplement Institut de France.
La vignette du titre a également varié suivant les
régimes, mais depuis 1832 c'est uniformément la
tête de Mercure actuelle entourée d'une couronne
de lauriers.

[B. N.]

1354. — ANNUAIRE, OU TABLEAU
DU PALAIS DU TRIBUNAT; Contenant
l'historique des divers changements qu'il
a éprouvés depuis deux siècles; la description détaillée de ses Bâtimens, Jardin,
et dépendances; les noms et adresses des
Marchands, Artistes et Artisans, avec la
nomenclature des objets de leur commerce, etc.; terminé par la table alphabétique des personnes qui l'exercent,
avec renvoi à leurs numéros et pages. Par
J.-F. Normant, Archiviste de la Société
libre du point central des Arts et Métiers.
[Épigraphe :]

De-même-que Paris est la capitale de l'Univers;
De-même le Palais c. d. R. est la capitale de Paris.

Prix : un franc 20 cent. ‖ A Paris, chez
Favre, Libraire, Palais du Tribunat.
Galerie de bois, n° 220, aux Neuf-Muses,
et à son magasin, rue Traversière-Honoré,
n° 845, vis-à-vis celle Langlade. An X.
In-18.

Frontispice gravé : Vue du Jardin du Palais du
Tribunat (grande planche se dépliant.)

Contient, lit-on dans la préface, « des détails historiques et une description soignée de tout ce qui a rapport à l'ancien Palais-Royal. »

Il renferme, en outre, l'indication générale de tous les marchands et artisans établis dans le Palais-Royal (aussi bien ceux des galeries de pierre que ceux des galeries dites de bois et de la galerie vitrée), l'historique et la description du théâtre de Mlle Montansier, l'indication des artistes et la nomenclature de leurs ouvrages contenus dans les tableaux qui font l'ornement desdites galeries, le tout terminé par la description du jardin avec l'historique des changements qu'il a éprouvés.

Comme ses prédécesseurs du XVIIIe siècle, ce curieux almanach demande à être lu, car il contient des choses fort amusantes en fait de réclames.

En voici quelques-unes cueillies au hasard :

Tout d'abord sur le magasin de confiance du C. Corcelet : « Il continue de garantir toutes les marchandises que l'on achète dans son magasin, » lit-on, « et l'on ne peut lui faire un plus grand plaisir que de lui rapporter celles dont, par hasard, on ne serait pas content. »

Voilà, certes, un marchand accommodant. Ce n'était pas encore : « On rend l'argent », mais bien déjà « on reprend les marchandises ». Il est vrai que Corcelet n'était pas au coin du quai !

Puis Mme Lisfrand, marchande de modes, (A la Renommée) tenant dépôt de pommade, de rouge et de blanc, annonçant des remises « aux personnes qui en prennent par pacotilles ». « Le plafond d'enseigne de cet intéressant magasin », lit-on, « est peint avec beaucoup de vérité. Les belles femmes et les belles marchandises qu'il représente ne sont que de faibles échantillons de celles que l'on voit au naturel, dans l'intérieur. Nous invitons les amateurs à le visiter et, surtout, à faire emplette. » Diable ! Diable !

Ici c'est Kiggen, bottier (A la Botte Anglaise) qui compose une eau pour mettre les revers de bottes à neuf (sic), ou le citoyen Roblot qui lève (sic) les cors aux pieds, ou encore la veuve Craen, marchande de perruques tenant, derrière, une autre boutique, dite « âtelier (sic) de propreté pour les bottes et souliers, maison ornée de glaces, qui ne désemplit pas. Cette boutique a un agrément de plus, vous en sortez brillant et propre par l'effet de la cire luisante que l'on y emploie. On y trouve habituellement cinq à six ouvriers très intelligents, mis très décemment. »

O naïveté des anciens âges ! Aujourd'hui on « vous passe à tabac » ; alors, on vous passait à la cire.

Tous les commerçants font ressortir la grande beauté de leur boutique ; tous déclarent qu'il faut en visiter l'intérieur.

Chez nombre d'entre eux se trouvaient en dépôt, sous verre, dans la montre, des portraits en miniature, — la grande industrie du moment, — exécutés par des artistes plus ou moins célèbres logés dans les maisons environnantes. L'un d'entre eux, une Dame, déclare « faire des portraits ressemblants et s'engage à retoucher ceux qui ne le sont pas. » Où frémit en pensant au nombre des miniatures qui durent lui être laissées pour compte.

Mais le comble, le voici : c'est à propos des industries logées dans les deux pavillons qui fermaient le passage communiquant à la grande cour du Tribunal :

« L'un de ces pavillons est occupé par le corps de-garde ; dans l'autre sont des latrines publiques Cet établissement se trouve on ne peut plus à-propos dans un palais où il y a tant de restaurateurs ; mais la construction à jour de ces latrines, et sur-tout dans un endroit très-resserré, leur fait exhaler une vapeur fétide et très-désagréable pour le voisinage et pour les passants. Une chose étrange, et qu'il est à propos de remarquer, c'est qu'on a adossé à ces cabinets un magasin de tabac, qui s'annonce être sans mélange. Voilà, sans doute, pour dédommager les nez offensés par l'établissement dont nous venons de parler. »

Fleur de la Havane et Cie Richer ; parfums pénétrants du Palais-Royal, où êtes-vous ?

Alors, il est vrai, les commerçants ne se plaignaient point et ne demandaient pas qu'on fît passer une rue à travers les allées du jardin !

[B. N.]

[Ex. cart. cat. 15 fr.]

1355. — L'ART DE PLAIRE AUX BELLES, ou le Vrai Bijou des Amans ; Étrennes charmantes et chantantes, mêlées de pièces agréables et amusantes.

On attire par la figure,
Mais on conserve par l'esprit.

|| A Paris, chez Janet, Libraire et Doreur, rue Jacques, n° 31. (An IX.) In-32.

Recueil de chansons.

1356. — ASINIANA OU L'ASNE PARLANT, Étrennes mignonnes pour l'année 1801. || A Paris, 1801. In-18.

Publication populaire composée d'anecdotes plus ou moins spirituelles, avec frontispice colorié ayant pour légende : L'Ane parlant. (Un âne, dans une chaire, tenant, entre ses pieds, un livre).

Sur la couverture rouge (cartonnage de l'époque) un âne portant un sac.

A été publié à nouveau sous le titre suivant :

— Asiniana, ou Recueil de Naïvetés et d'Aneries, Dédié à l'Athénée de Montmartre. || A Avignon, chez J.-A. Joly, Imprimeur-Libraire. 1813.

[B. N. réimpression de 1813.]

1357. — LES AVENTURES DE DON QUICHOTTE, ornées de jolies Gravures.

|| A Paris, chez Marcilly, rue St-Julien le Pauvre, nᵒˢ 14 et 15. In-32.

Avec un calendrier pour l'An IX. Titre gravé, et 12 planches pour accompagner une suite de chansons, également gravées, sur les Aventures de Don Quichotte. En plus, un cahier imprimé.

1358. — LE BOUQUET DE ROSES, ou le Chansonnier des Grâces. || A Paris, chez Favre, Libraire, Palais-Égalité, Galeries de Bois, aux Neuf Muses. An IX. In-18.

Recueil de chansons, fables, contes, madrigaux, rédigé par Chazet et, d'après l'avis de l'auteur, paraissant pour la première fois. Titre gravé par Deshayes.

[Ex. br. cart. 4 fr.]

1359. — LE CHANSONNIER DES DAMES, ou les Étrennes de l'Amour

Tout ressent ton pouvoir suprême,
Amour! tout reconnaît ta loi :
Tu ne dépends que de toi-même,
Tous les cœurs dépendent de toi. (1)

|| A Paris, chez Pillot, Libraire, sur le

Le baiser d'Amour

Frontispice de l'année 1802

(1) L'épigraphe variait chaque année.

Pont Neuf, [nᵒ 5 puis nᵒ 12], et chez tous les Marchands de Nouveautés. De l'Imprimerie de Moller, [en 1810, Au Magasin Général de Nouveautés]. An IX-1801 (1801-1810 ?). In-18.

En tête de chaque année se trouve un frontispice : les premières années ce sont des gravures assez amusantes, dans la note érotico-amoureuse de l'époque ; puis, peu à peu, elles perdent de leur intérêt pour devenir à la fin, tout à fait banales. Je signale ainsi :

— A. 1801. Étrennes de l'Amour (L'Amour offrant l'Almanach aux Trois Grâces). Binet *del.*, Bovinet *sculp.*

— A. 1802. Le Baiser d'Amour. Binet *del.*, Bovinet *sculp.*

— A. 1803. L'Amour pour vous, Iris, de flore
[le reçoit,
Recevez de ma main ce que l'amour
[vous doit.

(Jeune homme offrant un bouquet à une femme. Dans le fond, temple de l'Amour.)

Frontispice de l'année 1807

— A. 1804. Vers le bonheur en cette vie,
Chacun fait route à sa façon.

(Gravure symbolisant la philosophie, la guerre, l'amour.)

— A. 1805. Il faut te perdre pour la vie!
Je me donne à Dieu sans retour.

(Femme contemplant, pour la dernière fois, le portrait de son amant.)

— A. 1806. Sapho. Nanine Valin *del.*, Monsaldy *sc.*

Poésies de Coupart, Coupé, Cousin d'Avallon, Ducis, Étienne, Grétry neveu, Grille, Lemercier,

Lebrun, Collin d'Harleville, Armand Gouffé, Désaugiers, Mme de Montenclos, Philidor, Philippon la Madelaine, Rougemont, Constance de Salm, Ch. Nodier, Dusaulchoy, Legouvé, Millevoye, Béranger, Radet, Ségur.

Calendrier à chaque année.

[Coll. de l'auteur.]

1360. — CHANSONNIER DES MUSES, Pour l'An IX (1800), Rédigé par C***. [Épigraphe :]

> Tout ce qui prête enfin
> Au refrain,
> Chez nous on le chansonne.
> Val-de-Vire.

|| A Paris, chez Capelle, Libraire-Commissionnaire, rue J. J. Rousseau, n° 346. An IX (1801). In-18. (1801-1807) (?)

Chaque année possède un frontispice gravé par Canu, représentant invariablement des Muses et des Amours. Recueil de chansons d'Armand Gouffé, Piis, Désaugiers, Radet, Étienne, Martainville, Philippon La Madelaine, Ségur, Coupé, Sartrouville, Ducray-Duménil, Brazier, Capelle, etc...

Calendrier en tête de chaque année. Ce chansonnier se vendait 1 fr. et tirait à 6000 exemplaires, si l'on en croit la réclame des éditeurs.

[Coll. de l'auteur.]

1361. — LE CHARMANT PETIT CONFIDENT. Étrennes aux Cœurs honnêtes et sensibles. || A Paris, chez Janet, Libraire, rue St-Jacques, n° 31. In-32.

Avec un Calendrier pour l'An IX. Titre gravé (Un petit Amour présentant le calendrier à une femme assise et appuyée contre un arbre) et 12 planches assez finement gravées. Recueil de chansons.

1362. — ÉTRENNES DES ENFANS ET DES ADOLESCENS, ou Le Calendrier du Jeune âge; Contenant des anecdotes piquantes et morales, des notions familières sur l'histoire naturelle; des traits historiques, de petites fables, de petits jeux, etc., etc. || A Paris, chez Demoraine, Imprimeur-libraire, rue du Petit-Pont. (Ans X-XI). In-32.

Frontispice différent pour chaque année. (Celui de la 1re année représente un père avec ses enfants.) Contes et historiettes.

[B. N. — $\frac{R. 2990}{Ga}$]

1363. — ÉTRENNES DRAMATIQUES Pour l'année 1801. || A Paris, chez Mi-

chel, rue des Moulins, n° 531, près celle Thérèse. In-12.

Frontispice de Canu représentant en quatre petites vignettes les Français de 1788, 1789, 1793 et 1801 avec des costumes divers, selon ces dates; en fou, en garde française, en piquier bonnet rouge, en élégant. Les trois premières de ces vignettes sont la reproduction exacte du frontispice de l'*Almanach des Gens de Bien* de 1798.

Compte rendu des principales pièces jouées durant l'année, avec quelques notices nécrologiques par J. A. Ségur.

[Coll. Arthur Pougin.]

1364. — ÉTRENNES LYRIQUES ET THÉATRALES pour l'an IX. || A Paris, chez Billois, libraire, quai des Augustins, n° 32, Vente libraire, boulevard des Italiens, n° 340. An IX. In-18.

Recueil de chansons, romances et récits sur les spectacles. Frontispice gravé à la manière noire pour « Le Presbitère de l'Amour » du citoyen Gassicourt, musique de Saint-Amans.

« Le petit Dieu se met en oraison » devant une femme nue assise sur un piedestal. A ses côtés, un livre ouvert sur les feuillets duquel on lit : Bertin, Parny, Dorat, Grécourt, Bréviaire de l'Amour.

[Coll. Arthur Pougin.]

[Cat. 5 fr.]

1365. — ÉTRENNES MIGNONNES, Pour l'an dixième de la République française; Dédiées aux Prêtres de toutes les couleurs. Par A. L. S. T. D. B. [Épigraphe :] Point d'action sans réaction. || A Berne, Et à Paris, chez les Marchands de Nouveautés. In-16.

Contient pour chaque jour des réflexions satiriques contre les prêtres et la religion.

« Tout prêtre vit de l'autel ; et voilà précisément pourquoi il y a un autel.

« Les prêtres ont fait de la religion un commerce, et du temple une boutique où ils vendent le paradis au plus offrant, etc. »

Et il y en a 365 dans le même style.

[B. N. — Lc²³ 44.]

1366. — ÉTRENNES RELIGIEUSES POUR L'AN DE GRACE MIL HUIT CENT UN, An premier du dix-neuvième siècle. An second du Pontificat de Pie VII. [Épigraphe :] Au Roi immortel des siècles, seul vrai Dieu, honneur et gloire dans les siècles des siècles. Ainsi soit-il !

I. Ep. à Tim. ch, 2. In-12. 1801 et
suite. || Paris.

Avec le portrait du Souverain pontife Pie VII
pour frontispice. Nombreux articles sur des questions religieuses : Puissance spirituelle et temporelle des Papes. Notice historique des Papes du
XVIIIe siècle. Notices sur le pontificat de Pie VI
et sur les premiers actes de Pie VII. État actuel de
la religion en Europe. Influence de la religion sur
le bonheur des hommes. Exemples de charité chrétienne durant la peste de Marseille en 1720. Établissements de charité créés par St-Vincent de
Paule. Hospice du Grand Saint-Bernard. Notions
générales sur la conjuration de la secte des prétendus Philosophes contre la Religion. Diverses
prédictions sur la Révolution. Traits édifiants tirés
de la persécution du XVIIIe siècle. Anecdotes et
maximes.

Almanach conçu dans un esprit essentiellement
réactionnaire, ainsi que le prouve suffisamment cet
extrait des principales matières, s'élevant non seulement contre les Philosophes, mais encore « contre
les ministres impies et perfides de Louis XV et de
Louis XVI ».

*Les années suivantes ont pour frontispice des
sujets religieux historiques ou des portraits.*

Voir les autres « Étrennes Religieuses » au cours
de ce volume.

                    [B. N. — Lc ² 337.]

[De 2 à 3 fr. l'année.]

1367. — L'INDISPENSABLE OU LE MANUEL DES JOLIES FEMMES. Alma-
nach chantant avec l'ancien et le nou-
veau Calendrier, pour l'An IX (1801) et
une jolie gravure. Prix 24 sols et 30 s.
franco. || A Paris, chez Mlle Goullet, Li-
braire, Palais du Tribunat, Galerie des
Offices, n° 4, et chez les Marchands de
nouveautés. An IX. Pet. in-12.

*Frontispice signé Binet del. Bovinet sculp. repré-
sentant une femme et un homme dans une pièce.
La femme assise, tenant en main un livre, l'Indispensable sans doute, dit : « C'est chamant, en véité. »*
Recueil de chansons.

                    [Coll. Bégis.]

1368. — LES OMBRES, OU LES VI-VANS QUI SONT MORTS. Fantasmago-
rie littéraire. Almanach pour l'an X.
[Épigraphe :]

*Tenez, vous croyez vivre ; on s'y trompe souvent :
Vous êtes morts, très-morts, et Voltaire est vivant.*

|| A Paris de l'Imprimerie de la rue Cas-
sette, n° 913. An X-1801. In-12.

Grand frontispice gravé, se dépliant, signé Des-

rais *del.*, Benoist *sculp.*, représentant un magicien
évoquant des personnages.

    Au-dessous cette légende :

— Mais tous ces Personnages-la sont Vivants.
— Vous vous trompez ils sont morts et très morts
                                        [je vous jure.

Sorte de dictionnaire donnant des renseignements
satiriques sur les écrivains, comédiens et artistes
de l'époque : *Fabien Pillet,* ironiquement surnommé
le Martial français, qui « rampe tellement à plat
que l'écraser est impossible » ; Madame Pipelet
(depuis princesse de Salm) « une femme pédante
qui veut fuir les Grâces mais que les Grâces ne
veulent pas encore quitter » ; Luce, qui depuis
la chute de quelques tragédies a pris le surnom de
Lancival afin de faire voir que s'il perdait d'un
côté il gagnait de l'autre » ; David, « à qui l'on peut
reprocher d'ignorer l'histoire en grande partie,
mais on connaît son mérite comme bon calculateur
par les pièces de 30 sols qu'il a su tirer du public
en exposant son tableau des Sabines ; Lebrun-
Pindard s'élevant quelquefois si haut qu'il perd
tout à fait de vue la grammaire, » etc. Avec un
supplément.

Calendrier républicain et grégorien.

                    [B. N. — Lc ²² 349.]

1369. — LES PARFAITS MODÈLES Choisis dans les Saints Personnages.
Étrennes Édifiantes. || A Paris, chez Janet,
Libraire, rue St-Jacques, n° 31. (An X.
1801-1802). In-24.

*Titre gravé, signé Bovinet s. (deux anges appuyés
sur une croix tenant un linceul sur lequel se lit le
titre ; au pied de la croix, personnages avec divers
objets en main, un calice, un cœur, etc.)*
Almanach orné de 10 gravures (épisodes de la
vie des saints) dont voici les légendes : — 1. Saint
Jean-Baptiste. — 2. Sainte Hélène. — 3. Saint
Denis. — 4. Sainte Catherine. — 5. Sainte Marguerite. — 6. Saint Ambroise. — 7. Sainte Adélaïde. — 8. Saint Charles Borromée. — 9. Sainte
Geneviève. — 10. Saint Louis.
Le texte se compose des Prières de la Messe et
des Vêpres, et de notices biographiques accompagnées de cantiques sur les saints et saintes représentés en gravures.

Calendrier républicain et grégorien.

                    [Communiqué par M. Greppe.]

1370. — LE PETIT LAVATER OU TA-BLETTES MYSTÉRIEUSES. Almanach
dans lequel on trouve : la Lunette de
l'Astrologue, la Diseuse de bonne aven-

ture, l'Art de tirer les cartes, les vers cabalistiques, etc. ‖ Paris, an IX. In-12.

Recueil de prédictions diverses publié sous un titre alors à la mode. Avec frontispice gravé. (Voir plus loin, n° 1554.)

[Cat. 3 fr.]

1371. — LE ROMANCIER OU DÉLASSEMENS DES CŒURS SENSIBLES, orné de cinq gravures enluminées. [Épigraphe :] La mère en prescrira la lecture à sa fille. Première année. ‖ A Paris, chez Rochette, Imprimeur, rue et maison de Sorbonne, n° 382. An X. In-12.

Publication se proposant de réagir contre les nombreux recueils de chansons licencieuses et voulant offrir au public un choix de poésies « respirant le véritable amour, la franche amitié, la constance et la fidélité ». — L'enluminage des gravures (lisez : barbouillage et placage) est un véritable rêve.

Calendrier pour l'An X.

[Cat. 5 fr.]

[Coll. Olagnon.]

1372. — LE SUPRÊME BON-TON OU ÉTRENNES DE LA MODE. Aux personnes curieuses de leur Parure. ‖ A Paris, chez Janet, Libraire, rue St-Jacques, n° 31. (1801-1802.) In-32.

Titre sur un rideau tenu par des Amours. Calendrier rép. et grégorien, avec figures gravées se rapportant aux chansons du recueil : 1. Le Suprême Bon-Ton ou les Travers de la mode. — 2. La Conversation intéressante. — 3. C'est en vain, ou l'Inconstance de la mode. — 4. Le charme de la mélodie ou le mouchoir retourné. — 5. Le messager fidèle ou la mode favorable. — 6. Elle va fleurir (la rose), ou l'heureux emblème de la mode. — 7. Elle est prête à cueillir, ou la mode en défaut. —

La Course à Longchamps. — Figure du « Suprême Bon-Ton. »

8. Les cerises ou la mode gênante. — 9. La Valse, ou la Danse à la mode. — 10. Tenez-vous droit, ou la Gimblette et le petit chien. — 11. Le chiffre d'Amour, ou le Retard au rendez-vous. — 12. La Course à Long-Champ, ou les faux Cheveux.

Ces estampes, presque toutes à deux personnages, sont extrêmement précieuses au point de vue de la mode. A la suite de la partie gravée (texte et figures) se trouve une série de notices imprimées sur la mode.

[Ex. mar. r. cat. 180 fr.]

[Coll. de Savigny.]

1373. — ALMANAC AMÉRICAIN pour l'année 1802. ‖ A Philadelphie (1). (1802 et suite.) In-18.

Almanach porte-feuille comme il s'en faisait alors beaucoup, en Allemagne principalement, avec poche pour les papiers et porte-crayon. En tête de l'avertissement on lit : « Le succès qu'ont eu depuis plusieurs années, en France et en Allemagne, différens Almanacs littéraires, nous a persuadé qu'un ouvrage de ce genre pourroit obtenir la même faveur auprès du public de l'Amérique. »

Avec frontispices et planches de costumes très gentiment coloriés.

Le frontispice de 1802 représente la Liberté en Déesse tendant à l'aigle antique une coupe qui le ranime. Au fond, dans les nuages, le bonnet phrygien placé sur le drapeau américain. L'année 1802 contient également un portrait de Washington, une vue de la campagne du grand homme et une vue de la ville de Berne.

[Cat. de 15 à 25 fr.]

[Coll. de l'auteur.]

1374. — ALMANACH DE PHILADELPHIE OU LA CONSTITUTION DE SANCHO PANÇA ET DU BON-HOMME RICHARD. ‖ A Paris, chez les marchands de nouveautés. 1802. In-18.

Réimpression de l'almanach déjà publié au XVIIIe siècle sous le titre de Calendrier de Philadelphie (voir, plus haut, n° 595).

Ce même almanach fut publié à nouveau, sous la Res-

(1) « A Philadelphie » peut être considéré comme une indication fictive, l'almanach ayant dû, très certainement, être publié à Paris, quoiqu'il n'y ait aucun nom d'imprimeur ou de libraire.

tauration, en 1823, avec un portrait lithographié de Francklin comme frontispice et avec quelques modifications dans le texte :

— *Almanach de Philadelphie* ou Constitutions de *Sancho Pança et du Bonhomme Richard*. Dédié aux bons citoyens. || Paris, chez tous les marchands de nouveautés.

[Cat. de 3 à 5 fr.]

1375. — ALMANACH DE SANTÉ pour l'An 1802, à l'usage des gens du monde, par une société de médecins de Vienne; traduit par D.....s, médecin. || Paris, Poignée. An X. 1801. In-12. (Prix 1 fr. 50.)

Avec le portrait de John Brown.

1376. — ALMANACH DES ACTIONNAIRES ; Pour l'An XI. Contenant : Les 12 mois de l'année, avec indications des jours de clôtures, des tirages des cinq Loteries, et des Nᵒˢ très heureux appliqués aux jours de clôtures, pour toute l'année. Plus : des cadres pour inscrire commodément les Tirages qui se feront à Paris, Bruxelles, Lyon, Strasbourg et Bordeaux, séparément, Et en outre : les tirages de ces Loteries, les uns sous les autres, comme n'en formant qu'une : Des Tables de progression; Des Tables de perte et gain. || A Paris, A l'Imprimerie du Journal l'Observateur, Rue S.-Antoine, Nᵒ 324. In-8.

Pur almanach de renseignements, publié par un sieur Cocatrix [d'après Quérard.]

[B. N.]

1377. — ALMANACH DES DAMES Pour l'An XI 1802 et 1803. Avec Figures [Épigraphe :] Diversité c'est ma devise (1). || A Tubingue, chez J. G. Cotta et à Paris chez Fuchs, Libraire, rue des Mathurins, Levrault frères et Henrichs [pour 1809, chez Lefuel et Delaunay au Palais-Royal; à partir de 1811 : A Tubingue, chez Cotta, à Paris, chez Treuttel et Würtz, Libraires. Sur quelques années : « A Paris » se trouve avant « A Tubingue »]. 1802-1840, 38 années. In-18.

A l'exception de la 1ʳᵉ année le titre est toujours gravé et a un petit sujet. Ce petit sujet, la plupart du temps un amour, est, en général, très finement

(1) Les mots « Avec figures » ainsi que l'épigraphe disparaissent du titre des années suivantes.

exécuté, surtout quand il est dû au burin de Lambert.

Comme texte, c'est un recueil de romances, élégies épitres, fables, stances, contenant les œuvres les plus diverses, beaucoup dues à des femmes et sur les femmes. On y rencontre ainsi des poésies de Ducis, Mᵐᵉ Dufrénoy, Esmenard, Ginguené, de Jouy, Millevoye, Mᵐᵉ de Montolieu, Mollevault, Parny, Parseval-Grandmaison, comtesse de Salm, Alexandre Soumet. Géraud. Ch. Malo, Ponger-

ALMANACH DES DAMES.

pour l'an 1809

A TUBINGUE
Chez J. G. Cotta Libraire.

Almanach des Dames, pour l'An 1827

A PARIS, Chez Treuttel & Würtz Libraires.
Rue de Bourbon. 17.
A TUBINGUE, Chez J. G. Cotta, Libraire.

ville, Baour-Lormian, Béranger (les deux chansons
« Ma vocation » et « Les Gueux » parurent, pour la
première fois, dans l'année 1814), Boucher de
Perthes, Mme Desbordes-Valmore, Victor Hugo,
Lamartine, Casimir Delavigne, de Ségur, Chene-
dollé, Mlle Delphine Gay, Ulric Guttinguer, Nep.
Lemercier, Aug. Moufle, Saintine, Eug. Scribe,
A. de Vigny, etc. Les premières années ont, sous
forme de lettres, des notices sur la littérature et les
spectacles.

Comme illustrations les premières années contiennent 6 planches gravées (reproductions de tableaux du Muséum de Paris, ou de ceux ayant
obtenu le plus de succès à l'Exposition annuelle,
dit l'Avis), mais à partir de 1810 il y a invariablement 8 planches, 6 reproductions de tableaux
anciens ou contemporains gravés par Delvaux, et
2 portraits.

Voici la liste de ces derniers, intéressants à noter
pour ceux qui se livrent à des recherches iconographiques sur les femmes; liste toutefois incomplète,
une collection de l'*Almanach des Dames* n'existant
nulle part :

A. 1811 : Mme de Sévigné et Mme de Maintenon,
reproduction des peintures de Mignard (Lambert
sc.).—A. 1813 : Mme du Deffand (Carmontelle *pinxt.*,
Forssell *sc.*);Mme Geoffrin (Robineau *pinx.* Forssell
sc.) — A. 1814 : Mme de Tencin et Mme du Bocage
(Forssell *sc.*) — A. 1815 : Mme de Graffigny (Fors-
sell *sc.*) Mme du Chastelet (Lair *pinx.* Forssell *sc.*)
— A. 1819 : Jeanne d'Arc et Blanche de Cas-
tille (Bein *sc.*).— A. 1820 : Mme de la Suze, Mme de
la Vallière (Bein *sc.*) — A. 1822 : Marguerite de
Provence et Jeanne Laisné (soit Jeanne Hachette),
Manceau *sc.*— A. 1823 : Renée de France, fille de
Louis XII, (Convaset *del.*,) et Clémence Isaure
(Jacob *del.*, Delvaux *sc.*) — A. 1824 : Mme Roland
et Mme Campan, d'après d'anciens portraits
(Delvaux *sc.*) — A. 1825 : Mme Lebrun par
elle-même, et Mme de Genlis (A. Delvaux *sc.*)
— A. 1826 : Mlle Mayer, Mme Dufrenoy. —
A. 1827 : Mme de Salm-Dyck (Girodet *pinx.*)
et Mme J. de Montolieu (Ruth *pinx.*), tous deux
gravés par Delvaux. — A. 1828 : Mme Le Prince
de Beaumont, d'après le pastel de La Tour (1762), et
Mme Benoist peintre, par elle-même (Delvaux *sc.*)
—A. 1829 : Mme Guizot (Scheffer *pinxit*, Delvaux
sc.), Julie Candeille (Mlle C. Lombard *del.*, Delvaux *sc.*) — A. 1830 : Mme de Motteville (Taraval
pinx., Delvaux *sc.*) — A. 1832 : Mlle de l'Espi-
nasse, d'après Carmontelle (1760) et Mme de Souza,
d'après Chrétien (A. Delvaux *sc.*) — A. 1835 :
Mme d'Abrantès d'après Gavarni ; Mme Haude-
bourt-Lescot, peintre, par elle-même (Delvaux *sc.*)
— A. 1840 : Mme Ancelot (J. Gigoux *del.*, A. Delvaux *sc.*) Mlle Bertin, auteur des opéras *Le Loup-
Garou, Fausto, Esmeralda* (Ingres *del.*, Delvaux *sc.*)

L'*Almanach des Dames*, qui a très rarement des
feuilles de souvenirs (même dans les exemplaires
de luxe), et, en ce cas, elles sont gravées par Pomel,

fut imprimé d'abord par Ch. Fr. Cramer puis par
Leblanc et enfin par Didot.

Il est le premier en date de cette longue suite de
publications, toutes plus ou moins calquées sur lui,
qui parurent de 1810 à 1840, sous les titres de
Almanach dédié aux Dames (1807), *Petit Almanach
des Dames* (1810), *Almanach dédié aux Demoiselles* (1812), *Hommage aux Dames* (1813), *Almanach des Demoiselles* (1814), *La Guirlande des
Dames* (1815), *Le Mérite des Demoiselles* (1817),
Hommage aux Demoiselles (1818), etc. (Voir ces
titres divers.)

Brochés, cartonnés, reliés, les « Almanachs des
Dames » se rencontrent dans tous les états, avec ou
sans étuis. Cartonnés, ils sont avec des ornements
au fer ou des compositions spéciales, mélange de
roses et d'Amours. Reliés, ils sont en maroquin
rouge ou vert à longs grains (quelques-uns, vers
1830, ont des reliures à la cathédrale) ou bien
encore recouverts de soie ou de velours. Ils valent
ainsi de 4 à 12 fr.

Quelques prix catalogués : A. 1801-02. Cat.
Techener, ex. mar. r., dos orné, tabis, 10 fr.;
A. 1827, mar. r., 10 fr. ; A. 1814, mar. vert.
5 fr.; A. 1807, mar. r., 4 fr. 50; A. 1820, v. fauve,
4 fr. ; A. 1826, cart. 3 fr. 50; A. 1830, rel. à la
cathédr. 20 fr.

[Coll. de l'auteur.]

1378. — ALMANACH ECCLÉSIAS-
TIQUE DE FRANCE pour l'an XI de la
République et pour l'année 1802 et 1803
de l'ère chrétienne contenant l'état exact
de l'Église de Rome; la liste des archevêques et évêques de France, des vicaires-
généraux, chanoines, curés et dignitaires;
les noms des trente-mille succursales ; le
clergé de la Cour; les établissements de
bienfaisance ; la note des lois, arrêtés,
décrets et décisions concernant le culte
et ses ministres: l'instruction à Messieurs
les curés et desservants sur les formalités
à remplir pour toucher leur traitement.
|| Paris, Adr. le Clère, Vinçard, veuve
Nyon, H. Nicolle, et Adr. le Clère. [De
l'Imprimerie de Mame frères] 1803-1804.
1803 et suite. In-18.

Cet almanach, avec une carte géographique de
la France ecclésiastique, a été successivement
amélioré et surtout augmenté, aussi son prix d'origine, qui était de 1 fr. 80, avait-il été élevé, en
1811, à 2 fr. 50.

Comme augmentations il faut signaler une
« Notice sur les principaux ouvrages de religion
et de morale qui ont paru en l'an 1806 » imprimée dans l'année 1807, puis les quatre articles des
libertés de l'Église Gallicane contenus dans la dé-

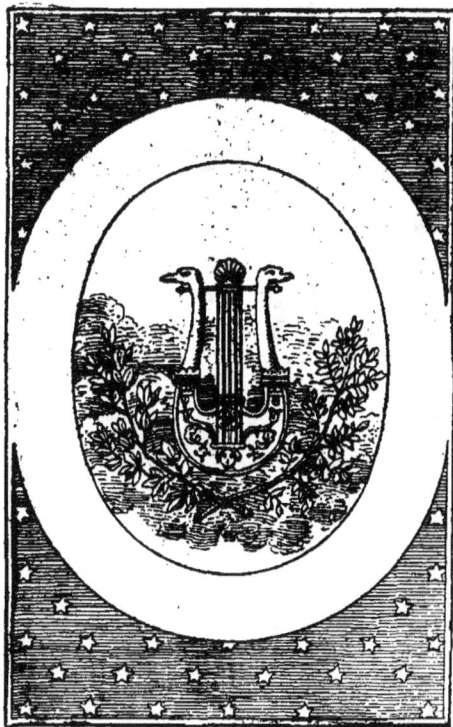

Almanach des Dames. (1814)

Nouvelle Collection de Costumes Suisses. (1825)

Almanach des Demoiselles. (1813)

Les Folies Parisiennes. (1821)

CARTONNAGES D'ALMANACHS DU XIXᵉ SIÈCLE

[Collection de l'auteur.]

claration du clergé de France de 1682, imprimés
dans l'année 1811.

[De 3 à 4 fr. l'année.]

1379. — ALMANACH HISTORIQUE
pour l'an XI, Contenant les Evénements
remarquables de l'an 10, en Politique,
littérature, découvertes intéressantes dans
les sciences et arts, belles actions, phénomènes de la nature, aventures extraordinaires, quelques traits des personnages
célèbres de nos jours, anecdotes diverses, etc., etc. [Épigraphe :] Diversité, c'est
ma devise. Lafontaine. ‖ A Paris, chez
Hedde, Libraire, passage du Perron,
Palais du Tribunal. An XI. In-18.

Cet almanach donne un aperçu de tous les faits
importants qui se sont passés en l'an X au point de
vue de l'histoire, des sciences, des lettres et des
arts.

[B. N.]

[Cat. de 4 à 5 fr.]

1380. — ALMANACH PORTATIF DES
COMMERÇANS DE PARIS, Pour l'an XI
de la République ; Contenant les noms et
demeures des Banquiers, Négocians,
Agens-de-change, Courtiers, Épiciers, Droguistes, Marchands de vin, Fabricans en
tous genres, Marchands en gros et en détail de toute espèce, tels qu'Orfèvres, Bijoutiers, Quincaillers, Drapiers, Merciers, etc., etc. [Avec les changemens de
noms et de demeures survenus pendant
l'an 10 (1)]. Prix : 2 fr. : et franc de port,
2 fr. 30 c. ‖ A Paris, chez Ant. Bailleul,
au bureau du Journal du Commerce ;
Favre et Latour ; Debray. (An X.) 1803 et
suite. In-24.

On lit dans l'avertissement placé en tête de
l'ouvrage : « Un des points les plus importans
était de bien s'assurer de l'exactitude des demeures
et des raisons de commerce. Pour y parvenir avec
plus de certitude, les Éditeurs ont fait vérifier chaque adresse à domicile.

« Ce petit volume est tellement disposé, qu'il
contient l'adresse de toutes les personnes connues
pour faire le commerce en grand et en particulier. »

A partir de l'an XII, il contient en plus : une
Table des Poids, mesures et monnaies des divers
pays, des tableaux de change, et un Tableau des
Echéances, Jours de grâce et Usages des places
de Commerce.

A partir de 1806 la numérotation des maisons
de Paris est donnée conformément aux nouvelles
opérations cadastrales.

[B. N. Ans XI, XII, XIII ; Années 1806,
1807, 1808.]

1381. — ANNUAIRE DE L'HERBO-
RISTE, contenant, 1° Le temps de la
fleuraison des Plantes suivant les différens
mois de l'année, et la récolte de leurs
différentes parties selon les usages qu'on
en veut faire dans la Médecine végétale.
2° La manière de faire cette récolte pour
pouvoir les conserver. 3° L'indication
générale des endroits où on les doit chercher, la couleur de leurs Fleurs, et leurs
descriptions suivant la méthode sexuelle
de *Linnée*, spécialement des plantes qui
se trouvent aux environs de Paris. On y
a joint quatre Dissertations intéressantes
sur l'anatomie des Plantes, leur végéta-
tion, leur génération, et la méthode d'en
faire des Herbiers. Par un Médecin Botaniste. ‖ Paris, Servière, an X-1802. Se vendait 5 francs. In-8.

Annuaire de spécialité qui paraît avoir été écoulé
plusieurs années durant, moyennant un simple changement de calendrier.

1382. — ANNUAIRE DE LA LIBRAI-
RIE. Par Guillaume Fleischer. Première
Année. ‖ Paris, Levrault frères. An X,
1802. In-8.

La première année a seule paru. Elle contient
un Répertoire systématique de la littérature française durant l'an IX, ouvrage précieux à consulter
pour l'époque.

1383. — ANNUAIRE FORESTIER [DE
LA RÉPUBLIQUE FRANÇAISE (1)] pour
l'an X, 1802. ‖ A Paris, chez Goujon fils,
Ans XI, 1802-1803. 1802 et suite. In-18.

Publication officielle indiquée par *Fleischer*,
donnant des renseignements sur le personnel de
l'administration des forêts et sur la division du
pays en « conservations ».

---

(1) Cette observation indique naturellement que
l'almanach avait déjà paru antérieurement.

(1) Les mots entre parenthèses disparurent à
partir de 1804.

La B. N. possède l'année suivante :

— *Annuaire Forestier* Pour l'An XIII, 1805;
Contenant L'État, tant au *Personnel* qu'au *Matériel*,
de toute la partie forestière, au 1er nivose an XIII
(fin de l'année 1804). || A Paris, chez l'Éditeur du
Mémorial forestier, Maison de Goujon fils, rue Ta-
ranne, n° 737. In-18.

Voici, d'autre part, d'après Fleischer, le titre de
l'année 1811 :

— *Annuaire Forestier pour 1811*; suivi d'un
Précis des Lois et Instructions sur l'Administration forestière, jusqu'en 1811; ou Tableau de
l'organisation forestière, contenant les noms, grades
et résidences des Officiers des Eaux et Forêts; des
Officiers du Génie maritime, Chefs d'Arrondissemens forestiers, et des officiers de la Louveterie;
suivi de l'Analyse méthodique et raisonnée des
Lois, Arrêts, Décisions et Instructions en matière
de Forêts, Chasse et Pêche; d'un Traité de Semis
et de Plantations, et d'un Calendrier forestier; par
M. Baudrillart, premier Commis à l'Adminis-
tration Générale des Forêts, etc. || A Paris, chez
Arthus-Bertrand, 1811. In-12 (2 fr. 50).

Cet annuaire fut continué sous la Restauration
puis interrompu pendant de longues années (voir
plus loin *Annuaire des Eaux et Forêts*).

1384. — LE BOUQUET DE PENSÉES
Pour l'An Xme, Rédigé par Servière. || A
Paris, chez Roux, Libraire, Palais du Tribunat, galerie du Théâtre Français An X,
1802.

Frontispice de Binet gravé par Mariage, ayant
déjà servi au *Chansonnier des Grâces*. — Nombre
des chansons de ce recueil sont de Servière lui-
même; les autres sont signées des fournisseurs
habituels de ce genre de publications.

[Coll. de l'auteur.]

1385. — LE BOUQUET DE VIOLETTE,
ou Recueil De chants simples et purs
comme cette fleur. [Épigraphe :]

Lorsque l'on court après l'esprit,
On n'arrive qu'au ridicule.
Le Télégraphe d'Amours, par les cit.
Servière et Henrion.

|| A Paris, chez Surosne, Libraire, Palais
du Tribunat, gallerie de bois, n° 253.
An X, 1802. In-18.

Joli frontispice gravé par Berthet, intéressant
pour les modes du jour. Chansons de Barré,
Campenon, Champdorat, Chazet, Coupart,
Dupaty, Armand Gouffé, Henrion, Jacquelin, Le-

brun, Noël, Philippon la Madelaine, Rougemont'
Vigée, etc.

[Coll. de l'auteur.]

1386. — CALENDRIER POUR L'AN
XI DE LA RÉPUBLIQUE FRANÇAISE.
Avec la date correspondante de l'ancien
Calendrier. || *S. l. ni d.* [A Paris, chez
Janet.] (1802-1803). In-64.

Simple calendrier, avec petites estampes gravées.
1. Les Bons enfans. — 2. Avantages de l'enfance.
— 3. L'amour innocent couronné. — 4. Leçon de
modestie. — 5. Le Portrait d'une mère. — 6. La
Nièce reconnoissante. — 7. La Bague trouvée. —
8. La surprise agréable. — 9. La Vertu récompensée. — 10. L'Utile contrainte. — 11. Le Débat généreux. — 12. La Vraie Consolation.

[Coll. Georges Salomon.]

1387. — DÉJEUNERS DES GARÇONS
DE BONNE HUMEUR. || A Paris, chez
Capelle, Libr-Commissionnaire, 1802.
In-12.

Joli recueil de *contes en vers et chansons avec
musique notée*. On y remarque, notamment, quelques chansons de Désaugiers qui ne figurent pas
dans ses œuvres complètes. — Calendrier.

[Cat. 6 fr. 50.]   [Coll. Olagnon.]

1388. — LES DOUCEURS DE LA
NATURE. Étrennes aux Ames honnêtes.
|| A Paris, chez Janet, Libraire, rue

St-Jacques, nº 31. [Avec un calendrier pour l'An XI de la République] (1802-1803). In-64.

Titre gravé avec 12 figures signées Dorgez et datées 1797. 1. Les délices de la Solitude. — 2. Le parfait Bonheur. — 3. Les Plaisirs vrais. — 4. Le rappel (sic) à la Ville. — 5. Le danger de la Campagne (les conséquences de l'occasion et de

Dont l'âme est au moins mercenaire,
Veut faire de vous un Docteur :
  C'est pis qu'une galère !

∴

A peine l'homme est-il parfait,
Que son cœur s'ouvre à la Nature :
L'Amour le dévore en secret.
Est-il plus affreuse torture ?
Il cède aux plus fougueux désirs ;

FIGURES DE DORGEZ POUR L'ALMANACH « LES DOUCEURS DE LA NATURE »
[D'après un exemplaire appartenant à M. Georges Salomon.]

l'herbe tendre). — 6. Le Charme de la Beauté. — 7. La galère de la vie humaine :

  On nous campe dès en naissant
  Dans une petite brassière ;
  Et tout le tems qu'on est enfant,
  On nous conduit à la lisière :
  Puis un maussade précepteur,

Il invite ses père et mère :
Croyant goûter les vrais plaisirs,
  Il rame à la galère.

∴

Ensuite viennent les procès,
Puis l'ambition des richesses
L'intrigue croise vos succès :

Le triomphe est pour les bassesses.
Condamnés à toujours souffrir,
Nous terminons notre carrière.
Vaut-il mieux naître que mourir,
Pour être à la galère ?

— 8. La tourterelle. — 9. Le Tableau de Famille. — 10. La véritable Beauté. — 11. La petite actrice de société. — 12. La douceur du Printems. — Texte composé de chansons.

[Coll. Georges Salomon.]

[Ex. mar. r., cat. 120 fr.]

1389. — LES ÉCHOS DES BOCAGES. Étrennes Pastorales et Chantantes. ‖ A Paris, chez Janet, rue St-Jacques, n° 31. In-64.

Avec un calendrier pour l'An XI. Titre gravé, 12 planches. Recueil de chansons.

[Coll. Georges Salomon.]

1390. — ÉTRENNES HISTORIQUES, MORALES ET LITTÉRAIRES, contenant Des faits curieux et intéressans, les noms et adresses des Membres du Gouvernement, du Conseil d'État, du Sénat conservateur, les jours d'audiences des Ministres, les Traités de Paix, la Notice des Lois rendues par le corps Législatif... les Archevêchés et Évêchés de France, Cures et succursales de Paris... des morceaux de Religion et de Morale, Anecdotes, Poésies, etc. Pour l'An XI (1802 et 1803). ‖ A Paris, chez Pitel, veuve Bouquet, Libraire, rue du Marché-Palu, n° 10, près le Petit-Pont. Et Amiot propriétaire de l'*Étrenne Universelle*, ci-devant à Falaise. In-32.

Calendrier républicain et grégorien. Cartes se dépliant et enveloppant l'almanach.

Pour l'An XIII, par Pitel veuve Bouquet (Quillau) éditeur et propriétaire. A Paris, chez Dubois, Libraire, rue du Marché-Palu.
Pour l'An XIV, chez Mᵐᵉ Vᵛᵉ Bouquet-Quillau, Libraire, rue Galande, n° 37.
1812, chez Montandon, rue Galande, 37. En 1816, Mᵐᵉ Bouquet-Quillau étant morte sans doute, son nom disparaît, et on lit, au bas : Chez Montandon successeur de Pitel, veuve Bouquet, quai des Grands-Augustins, 15.
Le sommaire varie un peu suivant les années. Quelques-unes ont, en plus, des poésies.

[B. N. — Années diverses.]

1391. — LES JEUX DE CYTHÈRE, ou les Confessions du jour; Chansonnier pour l'an X. ‖ Paris, 1802. In-18.

Avec frontispice.
[D'après un catalogue de librairie.]

[Cat. 3 fr.]

1392. NOUVEL ALMANACH DES MUSES, pour l'An Grégorien 1802. ‖ A Paris, chez Barba, Libraire, palais du Tribunat, puis chez Brasseur, puis chez Capelle et Renaud, et la dernière année chez Moronval. An X, 1802-1813 : 12 volumes pet. in-12. [Prix : 1 fr. 80.]

Dans une assez longue notice l'éditeur, qui n'était autre que Barba, explique que ces étrennes viendront souhaiter la vraie bonne année, celle du premier jour du vieux mois de Janvier. Elles n'ont, dit-il, rien de commun avec le recueil publié il y a trois mois sous le titre de : « Almanach des Muses pour l'An X, 38ᵉ volume de la collection » : il juge inutile, du reste, de se justifier du crime de lèze-typographie dont on chercherait à l'accuser. « Tout le monde peut faire des histoires de France après celle de Mézerai de Daniel et de Vely. A plus forte raison on ne peut interdire à personne la faculté de compiler l'esprit des autres, de faire le métier de l'abbé Trublet, des *Almanachs* et des *Ana*. »

Chaque volume devait être orné du portrait d'une *Muse française vivante*. Mais trois Muses seulement virent le jour : Fanny Beauharnais, dont tous les recueils publiaient les traits à l'envi ; Fortunée Briquet, auteur d'un *Dictionnaire des Françaises et des étrangères naturalisées*, paru en 1804, et Mˡˡᵉ Duchesnois, « Muse d'un genre spécial ». Les autres années ont des frontispices allégoriques dessinés par Mars, gravés par Macret.

Les quatre premiers volumes ont été rédigés par M. Armand Charlemagne, l'année 1805 par Millevoye et Capelle, les années 1806 à 1812 par Beuchot. C'est à cet érudit bibliographe que sont dues également les « Notices nécrologiques » publiées à la fin de chaque volume, notices remplies de renseignements intéressants.

Le *Nouvel Almanach des Muses*, qui publia pour la première fois l'ode d'André Chénier *La Jeune Captive*, avait pour collaborateurs, soit pour fournisseurs attitrés, MM. Andrieux, Armand Gouffé, Boufflers, Boinvilliers, Capelle, Joseph Chénier, Désaugiers, Casimir Delavigne, Delille, Ducis, Dusaulchoy, Fontanes, François de Neufchâteau, Ginguené, Jouy, La Madelaine, Laujon, Millevoye, Parny, Piis, Mᵐᵉ de Salm, Eusèbe Salverte et même feu Cabanis et feu Rivarol.

L'année 1812 contient *Les deux Missionnaires, ou Laharpe et Naigeon*, la piquante satire de Joseph

Chénier, anéantie par l'auteur lui-même tout aussitôt après la mise en vente.

[Cat. de 2 à 3 fr. suivant les années et l'état.]

1393. — LE PAPILLON, OU RECUEIL de Chansons, Romances et Pièces fugitives. [Épigraphe :]

Je suis chose légère, et vole à tous sujets :
Je vais de fleur en fleur et d'objets en objets.
                                        LAFONTAINE.

Première Année. ‖ A Paris, chez Gueffier jeune, Libraire, boulevard Cérutti, n° 21, vis-à-vis la rue de Choiseul. De l'Imprimerie de Langlois fils, rue de Thionville, n° 1840. An X (1802) et suite. In-18.

Chansons et poésies de différents auteurs; Armand Gouffé, Boufflers, Colin d'Harleville, Coupé de Guerle, Delille, de Nieulant, Desaugiers, Dupaty, Étienne, Hoffman, Lebrun, Luce de Lancival, Philippon La Madelaine, Piis, Ségur, Vigée. En tête de la 2ᵉ année est un frontispice gravé par Briou. A la fin se trouve le compte rendu des pièces données sur les différents théâtres de Paris. (Théâtre des Arts, Théâtre-Français, Opéra Comique, Opéra Buffa, Vaudeville, Théâtre Louvois, Montansier, Théâtre Mozart, à la Cité).

[Coll. Olagnon. A. 1803. ‖ Coll. de l'auteur. A. 1802.]

1394. — LE PETIT CONTEUR AMUSANT ET CHANTANT. Étrennes d'un nouveau genre. ‖ A Paris, chez Janet, Libraire, rue St-Jacques, n° 31. 1802. In-24.

Titre gravé : allégorie composée d'une série de personnages en costumes XVIIᵉ et XVIIIᵉ siècles censés représenter les maîtres du conte. 12 compositions dont les légendes suivent : 1. Les Contes qui ne finissent point. — 2. La Peureuse. — 3. La Maison de Paris. — 4. Le Bouquet de Jasmin. — 5. La Paix du Ménage :

> Cassandre épousa l'autre jour
> La jeune et fraîche Guillemette :
> Ne pouvant lui faire l'amour,
> Il lui fit mainte et mainte emplette.
> Voudrais-tu point un Caraco
> De cette belle étoffe rose?
> Oui, lui dit-elle, mais tout beau !
> Je veux encor bien autre chose.

> ⁂

> « A ton doigt l'anneau que voici
> Va briller avec tant de grâce! —
> — Oui, mais je voudrais voir aussi
> Chaque chose mise à sa place. —

> — Si ma montre peut t'arranger,
> Parle, aussitôt je te la donne. —
> — Qu'à l'instant l'heure du berger
> Sous mes doigts, y résonne ! »

> ⁂

> Le vieux Cassandre à cette fois
> N'eut pas la force d'aller contre,
> Mais, dès le soir même, il fit choix
> D'un bon ami de rencontre.
> Si jeunes que soient les maris
> Lorsqu'une femme est par trop tendre,
> Ils doivent, surtout à Paris,
> Agir comme Monsieur Cassandre.

6. Au feu ! (le feu prenant à l'île de Cythère.) — 7. La Musette du berger Lubin. — 8. L'Espérance. — 9. Les Couches de Vénus. — 10. Le Rouge de la pudeur. — 11. La Balançoire. — 12. La corde cassée.

Texte gravé, avec cahier imprimé d'ariettes nouvelles. Calendrier pour l'An X et pour 1802. Les pages du secrétaire sont aux jours et aux mois du calendrier révolutionnaire. Les vignettes, très gentiment exécutées, doivent être d'un artiste de la fin du XVIIIᵉ siècle : elles ont, en tout cas, le charme et le cachet de l'époque.

Cat. Morgand : ex. mar. vert, 60 fr.]

[Coll. Victorien Sardou.]

1395. — LE PETIT GESNER OU LE CHANTRE DES PASTEURS ET DES CAMPAGNES. Étrennes aux âmes sensibles et honnêtes. ‖ A Paris, chez Janet, rue St-Jacques, n° 31. 1802-1803-An XI. In-64.

Titre gravé (pâtres au milieu des montagnes, avec un Amour jouant du chalumeau). Calendrier républicain et grégorien.

Almanach dans la note des bucoliques et des bergeries, avec chansons imitées de Gesner et autres chantres de l'Églogue. 12 figures non signées : 1. Le fils que les dieux béniront. — 2. La Voix de la Nature ou l'orage. — 3. La Matinée d'automne (Vendanges). — 4. Le bonheur d'être époux et père. — 5. Les Alpes. — 6. Le Ruban. — 7. Le Charme de la bienfaisance. — 8. Laurette et Mirtil. — 9. Le chanteur plus docile. — 10. Le saule (d'après la tragédie d'Otello). — 11. La promesse mal tenue. — 12. Chacun à son tour ou l'Amour qui passe et qui reste. — Jolies figures finement gravées.

Avec un cahier imprimé d'ariettes nouvelles.

[Ex. mar. rouge, 50 fr.]

1396. — LE PRÉSENT DE NOCES ou Almanach historique et moral des

Époux. || Hyménopolis et Paris, Fuchs. 1802. In-18.

D'après Barbier, aurait eu pour auteur l'abbé J. A. Guyot.

1397. — LES SECRETS DE L'AMOUR DÉVOILÉS. Étrennes nouvelles et Chantantes. || A Paris, chez Marcilly, rue Julien le Pauvre, nos 14 et 15. 1802. In-32.

Titre gravé : petits amours s'embrassant, et dévoilant ainsi à deux primitifs, Adam et Ève selon toute probabilité, les mystères de la nature.

A Paris chez Marcilly, Rue Julien le Pauvre Nº 14 et 15.

12 compositions qui semblent être d'époques différentes, provenant, en tout cas, de burins différents. 1. La Fête de village. — 2. La plus belle des femmes ou le portrait anacréontique. — 3. Almène et Seymour ou la nouvelle épreuve du sentiment. — 4. Le sage qui devient fou. — 5. La Séduction sans malice ou le Séducteur innocent. — 6. La nouvelle Psyché ou l'indiscrétion pardonnable. — 7. L'adresse bien choisie. — 8. La Vengeance inutile. — 9. Les Aveux singuliers. — 10. La Bergère qui ne peut pas se fâcher. — 11. L'Opticien savant. — 12. Le Mariage heureux (cette dernière composition, de tous points ravissante, paraît être de Queverdo). La figure 3 (Almène et Seymour) est signée : J. B. Gatine, celui-là même qui se rendra célèbre par ses gravures de modes.

Calendrier pour l'An X et pour 1802. [Coll. Victorien Sardou. || Coll. baron Pichon.] [Cat. de 60 à 80 fr.]

le Sage qui devient fou.

l'Adresse bien choisie.

Figures de l'almanach « Les Secrets de l'Amour. »

1398. — LES SOIRÉES CHANTANTES ou Le Chansonnier Bourgeois, Formé du Choix de tous les Vaudevilles, Couplets, Romances, Rondes, Scènes chantantes Du Cousin-Jacques. [Recueil revu, épuré par l'Auteur, avec les Airs nouveaux, notés]. Tome premier. || A Paris, Chez Moutardier, Libraire, Quai des Augustins, N° 28. An X-1802. In-12.

Frontispice colorié.

Recueil de chansons avec musique.

A paru, pour la 1re fois en 1802, et pour la seconde en 1805 (an XIII).

[Communiqué par M. Greppe.]

1399. — UN MOT SUR TOUT LE MONDE ou la Revue de Paris pour l'An dix ; Almanach chantant par les auteurs des « Dîners du Vaudeville ». || A Paris, chez Favre, Libraire, Palais-Egalité, Galeries de Bois (1802). In-18.

Chansonnier accompagné d'un almanach.

[Ex. broché, cat. 4 fr.]

1400. — ALMANACH DES ARTS, PEINTURE, SCULPTURE, ARCHITECTURE ET GRAVURE pour l'An XI. || A Paris, chez C. P. Landon, éditeur des Annales du Musée. Prix : 2 fr. 40. 1803-1805. In-18.

Almanach publié par C. P. Landon, qui prit l'année suivante, le titre de « Almanach des Beaux-Arts », et qui donne la liste complète des écoles ou établissements concernant les arts, les noms des peintres, sculpteurs, mouleurs, graveurs, avec le catalogue des ouvrages relatifs aux arts.

Chaque année a un frontispice gravé au trait : celui de l'An XII signé Boutrois sculp., représente la fontaine de Desaix, élevée alors place Dauphine, d'après les dessins de Percier.

[Cat. 4 à 5 fr. l'année.]

1401. — ALMANACH DES GOURMANDS OU CALENDRIER NUTRITIF, servant de guide dans les moyens de faire excellente chère ; Suivi de l'Itinéraire d'un Gourmand dans divers quartiers de Paris, et de quelques Variétés morales, apéritives et alimentaires, Anecdotes gourmandes, etc., Par un vieux amateur. [Épigraphe :] Tanquam leo rugiens, circuit quærens quem devoret. S. Petr. epist., cap. VI, vers 8. || A Paris, chez

Maradan, libraire, rue Pavée Saint-André-des-Arts, n° 16. An XI (1803), 1803-1812, 8 années. In-18.

Chaque volume a sur le titre une devise latine différente et un frontispice dont le sujet était invariablement fourni par l'auteur lui-même, Grimod de la Reynière. Dessinés par Demant, ces frontispices sont gravés par Maradan. Seul le dernier est dessiné par Charles et gravé par Mariage (1). Voici, d'autre part, le sujet de ces vignettes, d'une exécution assez lourde, et toutes chargées de détails culinaires pour faire venir l'eau à la bouche des illustres gourmands auxquels l'almanach se trouvait chaque année dédié. Il est amusant de voir avec quel enfantillage Grimod de la Reynière s'est appliqué à décrire minutieusement les détails des estampes. Cochons de lait, pâtés, cervelas, têtes de veau, chapons, dindes truffées, jambons de Bayonne, friandises de toutes espèces, bouteilles de vin et de liqueurs, rien n'est oublié. Voici, du reste, les titres des frontispices qui correspondent aux différents volumes :

— Année 1803. — Bibliothèque d'un gourmand du XIXe siècle (au lieu de livres ce sont des provisions alimentaires).

— Année 1805. — Dédiée à Camérani, semainier perpétuel de l'Opéra-Comique. Les Audiences d'un gourmand (il est assis à son bureau et reçoit diverses personnes chargées de victuailles).

— Année 1805. — Dédiée à Corbin-Bartinazzi, dernier arlequin de la Comédie italienne à Paris. Séance d'un jury de gourmands dégustateurs (un scribe assis à une table séparée dresse le procès-verbal des jugements).

— Année 1806. — Les Méditations d'un gourmand (il est en train d'écrire, mais vient d'interrompre son travail pour réfléchir sur les matériaux qui font l'objet).

— Année 1807. — Le premier devoir d'un Amphitrion (il est dans sa cuisine, et reçoit des mains de son chef le menu du jour).

— Année 1808 — Les Rêves d'un gourmand (voluptueusement étendu dans un lit, il rêve aux bonnes choses dont le crayon du dessinateur a généreusement garni la pièce, tout cela sous la garde d'une chatte aimable et vigilante qui est, nous apprend-on, celle de l'auteur, «et dont la moindre qualité est d'être angora blanche et superbe ».

— Année 1810 — Dédiée aux mânes de Albouis

_____

(1) Il existe un frontispice de 1803 signé N. Delin. M. sculps. Je n'ai pu retrouver le nom du dessinateur commençant par un N. mais, en tout cas, il ne faut point traduire ce N. delineavit, Maradan sculpsit, comme l'a fait M. Pouy : « N. Delin maître sculpteur », ce qui montre chez l'auteur des Recherches sur les Almanachs plus de fantaisie que de savoir artistique.

d'Azincourt, en son vivant acteur-sociétaire de la Comédie-Française. *Le Lever d'un gourmand*, (on vient lui présenter le menu du dîner qu'on lui prépare.)

— Année 1812 [devait paraître en 1811, mais fut retardée, sans doute par suite de difficultés particulières à l'auteur]. — Dédiée à l'ombre du grand Vatel. Frontispice représentant le plus mortel ennemi du dîner.

L'*Almanach des Gourmands* que certains regardaient comme le livre le plus délectable sorti de la main des hommes, créa pour ainsi dire la littérature culinaire, car s'il a eu des prédécesseurs (voir, plus haut, l'*Almanach du Comestible* n° 1) aucun n'avait auparavant vulgarisé pareillement le goût des choses de la cuisine. Aujourd'hui encore, il peut être en quelque sorte considéré comme le véritable Évangile de l'art alimentaire par ses recettes, par ses considérations, par ses petits traités sur toutes les branches de la gourmandise.

Chaque volume de l'almanach se vendait 1 80, et la collection complète des sept volumes 12 fr. 60. Plusieurs années, les trois premières notamment, obtinrent un très grand et très prompt succès, et ont été réimprimées avec des interversions dans le titre.

Il existe une affiche imprimée annonçant la vente de l'*Almanach des Gourmands* pour 1808.

Il a été publié, également, un tableau allégorique du jury *dégustateur en exercice auprès de l'*Almanach des *Gourmands* (grande planche in-folio avec épreuves en noir et en couleur). Ces pièces sont très rares.

A mentionner parmi les plaquettes publiées en réponse à l' « Almanach des Gourmands » : *Merdiana ou Suite de l'Almanach des Gourmands*.

Enfin, dernier renseignement, l'almanach de Grimod de la Reynière, dont la personnalité est entrée dans le domaine de la grande curiosité depuis les études de Charles Monselet et de Desnoiresterres, a été traduit en allemand et parut en cette langue, en 1804, à Hambourg, sous le titre de *Almanac der Læcker-Maüler* avec nombre de pièces et de poésies ajoutées par le traducteur.

[Collection, en bon état, cat. de 20 à 25 fr.]

1402. — ALMANACH DES ŒDIPES, ou Recueil des Énigmes les plus ingénieuses, Publiées par les meilleurs poëtes. || A Paris, chez Marcilly, Papetier, rue Saint-Julien-le-Pauvre, n° 14, et rue du Marché-Palu, n° 14. (An XII, 1803-1804). In-18.

Avec un calendrier n'ayant rien des Œdipes et une dédicace en forme d'énigme dédiée à Mlle Pauline ***. Recueil de 86 énigmes ayant, à la fin, une table des mots.

[Cat. 3 fr.]

[Coll. de Bonnechose.]

1403. — ALMANACH DES OISIFS DE PARIS. || A Paris, chez les marchands de nouveautés. An XII (1804). Pet. in-12.

Renseignements sur les lieux de plaisir de la capitale et sur le public qui les fréquente.

[D'après un catalogue.]

1404. — ALMANACH DES VOLUPTUEUX ou les Vingt-quatre heures d'un Sybarite par un Épicurien. || A Paris, chez Bertrandet, Imp. Libr., place St Michel, n° 780, et à Avignon, chez le même, Place de l'horloge. An XII — 1804. Se vendait 1 fr. In-18.

Frontispice : femme nue à mi-corps, tenant une coupe de laquelle s'échappe un papillon. Tableau de mœurs, dans la note légère de l'époque. C'est bien, en quelque sorte, l'histoire, heure par heure, des vingt-quatre heures de la journée offrant, depuis le matin jusqu'au soir, aux voluptueux tout ce qu'il est possible de réunir en fait de plaisirs, commençant à une heure du matin par le bal et finissant à minuit par le délire, et cela sous la forme d'un récit. Vient ensuite, une description, mois par mois, des plaisirs des différentes époques de l'année ou plutôt des saisons qui semblent inspirer le plus la volupté, le tout se terminant par des principes généraux.

Voici, du reste, comment s'exprime la préface, curieuse à plus d'un titre :

« S'il faut attribuer le succès de l'*Alm. des Gourmands* au nombre d'amateurs qui sont dans cette ville, on doit beaucoup espérer de l'*Alm. des Voluptueux* car le nombre de ces derniers est plus considérable.

« Qu'on ne s'imagine pas que ce petit ouvrage renferme des pensées obscènes, des images dégoutantes. Le mot de *Volupté* si joli, si doux à prononcer, ne doit inspirer que des idées aimables. S'il nous peint une réunion de tous les plaisirs, ce ne sont pas de ces plaisirs que le vice et l'horrible débauche inventent pour profaner le culte le plus délicieux, mais ce sont les jouissances réunies du cœur, de l'esprit, de l'âme et du corps. »

— Suivent des conseils pour chaque mois et des principes généraux :

« On indique comme des excitatifs de nos sens, les truffes, les écrevisses, les vins d'Alicante, de Madère, le café, le chocolat, et surtout les liqueurs.

« Il ne faut jamais prendre une femme blonde quand on veut lui livrer de fréquents assauts. En général, ces femmes-là sont d'un faible tempérament. Elles ont les dehors de la volupté, mais elles sont aussitôt froides qu'animées.

« Les femmes brunes, dont l'œil est brillant, le sourire agaçant, sont de véritables prêtresses. Elles mourraient sur les autels.

« Le meilleur tems pour suivre les lois de la
Nature, c'est le matin : on est frais et dispos.

« Jeunes Sybarites, suivez ces conseils ; un ami
vous les donne. »

Cet almanach paraît avoir rencontré un certain
succès, car il eut de nouvelles éditions en l'An XIII
et en l'An XIV.

[Cat. de 8 à 10 fr.]

1405. — ALMANACH DU PALAIS, Et
Agenda pour les Gens d'Affaires et Ju-
risconsultes ; utiles pour les Affaires
civiles près les Tribunaux et pour les
Rendez-Vous. ‖ A Paris, Chez Hacquart,
Imprimeur des Tribunaux et de la
Chambre des Défenseurs - Avoués, rue
Gît-le-Cœur, n° 16 ; La veuve Dufresne,
Libraire, au Palais de Justice, galerie
des Prisonniers. An XII et suite. In-12.

Simple liste d'adresses des magistrats, avoués,
notaires, etc., avec un agenda pour prendre des
notes. — Calendrier se dépliant.

[B. N.]

1406. — ALMANACH DU VOYAGEUR
ET DU COMMERÇANT, tant à l'intérieur qu'à l'extérieur de Paris et des départements. Pour l'an 1806. ‖ A Paris,
chez Ad. Garnier, imp.-lib., cul-de-sac
de la Monnaie, n° 3 (1803-1809). In-12.

Contient l'état général des Diligences, Messageries et autres voitures publiques ; les postes,
la navigation, les foires de la France et des
principales villes d'Europe, les conditions et
taxes des voitures dites Fiacres et les places où
elles stationnent, les notaires, banquiers, agents
de change, ministres, ambassadeurs, écoles, etc.

Se vendait 1 franc, puis 1 fr. 20.

Quérard indique les années 1803, 1805, 1808,
1810.

[B. N. Années 1806-1809.]

1407. — ALMANACH PERPÉTUEL
DES PAUVRES DIABLES, pour servir
de correctif à « l'Almanach des Gourmands », dédié à M. d'Arnaud Baculard,
par un amateur peintre, musicien et
poète. [Épigraphe :] Panis sacra fames. ‖
A Paris, chez Mme Caillot, galerie du
Théâtre de la République. An XI. 1803.
In-18.

Frontispice gravé représentant un auteur debout
dans sa bibliothèque, tenant un morceau de pain

à la main et montrant un verre et une carafe
d'eau posés sur son bureau, avec l'inscription :
Voilà donc le prix des talents.

Cette sorte de protestation contre l'esprit de
jouissance et de goinfrerie de l'époque était, alors,
fort à la mode. Les estampes montraient à l'envi
les artistes travaillant pour la gloire, la misère et
la famine. Voir notamment la série : *Vie d'un
artiste.*

[B. N. — Lc ²² 381.]

[Cat. Rondeau, 8 fr.]

1408. — L'AMI DE BACCHUS, ou Re-
cueil de Chansons de Table. Pour
l'an XI. [Épigraphe :]

Eh ! pourquoi ne boirais-je pas,
Tandis que tout boit dans le monde ?
ANACRÉON.

‖ A Paris, chez Lemarchand, Libraire,
place de l'École, n° 1 (An XI.-1803).
1803 et suite. In-12.

Chansons d'Armand Gouffé, Luce de Lancival,
Piis, Philipon-la-Madelaine, Coupé, Ségur, etc.

A dû paraître pendant plusieurs années.
M. Weckerlin possède 1806 avec un frontispice.

1409. — LE BOSQUET D'IDALIE ou
L'Amant heureux et discret. Almanach
nouveau et chantant. [Épigraphe :] A la
plus aimable. ‖ A Paris, Chez Marcilly,
Papetier, rue Saint-Julien-le-Pauvre,
n° 14. (An XI-1803). In-32.

Recueil de chansons populaires sur l'amour e
les amants.

1410. — LE BRÉVIAIRE DE MOMUS
ou L'Arrivée de Fanchon en Olympe.
Almanach chantant pour l'An XII. Avec
figure. ‖ A Paris, chez Vve Lepetit jeune,
libraire, rue Pavée-Saint-André-des-Arcs,
n° 28, Galland, libraire, Palais du Tribunat, galerie de bois, n° 223. An XII-
1803. In-18.

Frontispice signé Brion f. : Momus, marotte et
bréviaire en main, avec la légende : « Sans chanter
peut-on vivre un jour ? » Chansons d'Antignac
Piis, Legouvé, Armand Gouffé, Dusaulchoy, Ségur, etc. Curieuse pièce intitulée : Les Amours
de Bonaparte.

[Coll. Olagnon.]

1411. — LE CHANSONNIER DE L'AMOUR dédié aux Grâces. ‖ Paris, an XI. In-18.

Avec frontispice.
[D'après un catalogue de libraire.]

[Cat. 4 fr.]

1412. — LES COSTUMES DES DAMES PARISIENNES, ou l'Ami de la Mode. ‖ A Paris, chez Janet, Rue St Jacques, n° 31 (1803). In-18.

Titre gravé sur un rideau avec amours et attributs se rapportant à la mode. 12 gravures, non signées, représentant des personnages costumés selon le goût de l'époque et dont voici les légendes : — 1. Décence et Pudeur. — 2. L'Empire de la mode :

Autrefois voilant ses appas,
Le sexe était trop ridicule :
Il montre aujourd'hui sans scrupule,
La jambe, le sein et les bras.
Toutes nos Dames *sont sans gêne*,
Leurs costhumes (*sic*) sont très décens,
Et l'on regrette le vieux tems,
Comme si c'en était la peine !

A Paris chez JANET Rue St Jacques N.31.

.[.].

Molière en peignant à grands traits
Nous rendait toujours la Nature,

Mais nous, nous faisons des portraits
Tout exprès pour la mignature (*sic*).
En nous dispensant du bon sens
Votre esprit si loin nous entraîne
Qu'on bâille à celui du vieux tems!
Comme s'il donnait la migraine.

— 3. *La Mode mieux réglée* :

En descendant trois doigs (*sic*) plus bas,
Que la taille soit embellie :
Pour que la main soit plus jolie,
Que l'étoffe couvre le bras.
Que le sein, sous un léger voile,
Palpite toujours en secret :
Le désir est bien moins discret
Quand l'œil s'arrête sous la toile.

.[.].

Un seul jupon est trop léger
Quand la mousseline est trop claire.
A qui voit trop rien ne peut plaire.
Et l'œil de l'amour veut chercher.
Ah ! que sous tunique flottante
Il voie un pied mignon... Bientôt
Le désir ne fera qu'un saut,
Dans son ardeur impatiente.

. . . .
Pour que l'amour tombe en extase

l'Empire de là Mode.

Dans son lien toujours nouveau,
Il faut qu'il se mette un bandeau
Quand le plaisir ôte la gaze (*sic*).

— 4. La Mode transparente :

Pour être prise haut ou bas,
Votre taille est-elle embellie ?
Et lorsqu'on vous voit le bras,
La main est-elle moins jolie ?
Il peut palpiter en secret
Le sein que couvre un léger voile :
L'amour n'est jamais moins discret
Que quand l'œil s'arrête à la toile.

.·.

Je supprime jupon léger ;
Je veux une étoffe très claire :
Surtout j'aime à voir voltiger
Dans ses plis l'enfant de Cythère :
Pied mignon fait bien mieux un saut,
Sans jupon, sous robe flottante :
Le désir va de bas en haut,
Dans son ardeur impatiente.

.·.

Mesdames ! ah ! ne soyez pas,
Plus que nous, sur cela, sévère (sic) :
A nous dévoiler vos appas
Ne mettez donc point de mistères (sic).
Cédez toujours au goût nouveau ;
Quand pour vous un époux s'embrase,
A l'hymen mettez un bandeau,
Qui ne soit point de gaze (bis).

— 5. La Mode bergère ou la nouvelle Geneviève.
— 6. Le Mensonge de la Mode :

Fard pour blanchir,
Fard pour rougir,
On ne peut rien de plus commode !
Voulez-vous maigrir
Ou grossir ;
Prenez des Spencers à la mode.
Gorges d'emprunt, fichus menteurs,
Perruques de toutes couleurs.

— 7. La Mode au Bal. — 8. Le Voile Importun :

C'est la mode ! Est-ce une raison
Pour ensevelir sous la gaze
Ce doux minois, cet œil fripon,
Qu'on ne saurait voir sans extase ?
On doit montrer avec orgueil
Teint de rose et gente figure ;
Et sous noir crêpe du deuil,
Ne pas enterrer la nature.

.·.

Du soin de voiler ses Esclaves
Le Français ne veut point d'entraves.
Soit-il amant, soit-il époux,
Des charmes de sa douce amie
Sans obstacle il aime à jouir :
Or je suis Français, ma Zélie :
De la mode ose t'affranchir.

— 9. L'Age mûr à la mode. — 10. Le Ton de Paris.
— 11. L'Insolent ou la Coquette. — 12. Le Modèle des Amours.

Texte gravé composé de chansons se rapportant aux estampes.

A cet almanach est joint un cahier imprimé, composé de 12 feuillets, et ayant pour titre : « Nouveaux mélanges curieux et intéressans, sur la mode, le costume, etc. » Il débute par un Éloge de la Mode, en vers, dont j'extrais les passages suivants :

La mode est un tyran des mortels respecté,
Digne enfant du dégoût et de la nouveauté ;
Qui de l'État français, dont elle a les suffrages,
Au-delà des deux mers disperse ses ouvrages...
Son trône est un miroir dont la glace infidèle
Donne aux mêmes objets une forme nouvelle.
Les Français inconstans admirent dans ses mains
Des trésors méprisés du reste des humains.
Assise à ses côtés, la brillante parure
Essaie, à force d'art, de changer la nature.
La beauté la consulte, et notre or le plus pur
N'achète point trop cher son or et son azur.
La mode assujettit le sage à sa formule :
La suivre est un devoir, la fuir un ridicule.

Suivent de courtes notices dont quelques-unes ont déjà figuré dans de précédents almanachs de la même nature : Manières et modes françaises adoptées en Europe, les modes et la civilisation, aimable bigarrure de la mode, perfection des costumes, activité de l'industrie française, obligations que les femmes et les hommes ont à la mode, effets, avantages des manières françaises.

[Cat. 85 fr.]

[Coll. de Savigny.]

1413. — LES DÉLICES DE PARIS. ‖ A Paris, chez Janet, libraire, rue St Jacques, n° 31. (1803). In-32.

Petit almanach gravé, orné des figures suivantes : 1. Les Étrennes (chez le Confiseur.) — 2. Le Carnaval. — 3. La Marchande de Modes. — 4. La Guinguette. — 5. La Femme à deux maris. — 6. Frascati. — 7. Dîners du Vaudeville. — 8. La Maison de Prêt. — 9. Les Thuilleries (sic). — 10. Salon des Arts (le principal tableau reproduit est la Phèdre de Guérin). — 11. Le Bal de l'Opéra. — 12. Le Mariage.

Certaines de ces planches sont aussi intéressantes pour la physionomie de l'époque que les gravures de l'almanach Les belles Marchandes pour le XVIIIe siècle. Les chansons se rapportent comme toujours aux figures.

[Cat. de 30 à 40 fr.]

[Coll. de l'auteur.]

LES DELICES DE PARIS

a Paris
chez Janet
Libraire

Rue St Jacques No 31.

Les Etrennes.

La Marchande de Modes

Frascati.

PLANCHES DE L'ALMANACH: « LES DÉLICES DE PARIS. »
[Collection de l'Auteur.]

1414. — ÉTAT GÉNÉRAL DE LA MA-
RINE [Et des Colonies (1)]. Pluviôse An XI.
‖ A Paris, De l'Imprimerie de la République [puis chez Testu, Imprimeur de
l'Empereur, puis de l'Imprimerie Royale,
de l'Imprimerie Nationale et à nouveau
de l'Imprimerie Impériale.] An XI (1803-
1851). In-18 et in-8 (à partir de 1820.)

Suite de l'*État de la Marine* de 1763 et de l'*An-
nuaire de la Marine de France* de l'an IX (nº 1352),
donnant les mêmes renseignements officiels.
A partir de 1813, le titre porte : « Imprimé par
ordre du Ministre. » 1816 et 1817 ont paru réunis.
Exceptionnellement l'année 1842 parut sous le
titre de « *État du Personnel de la Marine et des
Colonies.* 1ᵉʳ Janvier 1842. ‖ Paris, Imprimerie
Royale. »
Il existe un supplément pour l'année 1849.
Les années 1849 et 1850 se vendaient chacune
1 fr. 50 brochées.
Plusieurs années se rencontrent imprimées à
grandes marges, format in-4, concurremment avec
l'édition ordinaire (An XIII, années 1824 et
1828).

[Cat. Alisié, exemplaires en veau vert, rose,
grenat ou fauve, avec ornements ou attributs spéciaux sur les plats, de 3 fr. 50 à 4 fr. Ex. en
grand papier, de 8 à 9 fr.]

[Voir, pour la suite, l'*Annuaire de la Marine* de
1852.]

[B. N.]

1415. — LES ÉTRENNES DE CUPI-
DON OU LE CHANSONNIER DU PLAI-
SIR. ‖ A Paris, chez les Marchands de
Nouveautés. An XI-1803. In-32.

Recueil de chansons dans la note du jour. Avec
un frontispice anacréontique.

1416. — LES ÉTRENNES PAR EXCEL-
LENCE, ou Le petit trésor des sociétés
aimables. Almanach nouveau, chantant
et amusant. ‖ A Paris, chez Marcilly,
Papetier, rue Saint-Julien-le-Pauvre,
nº 14, et rue du Marché-Palu, nº 14.
(An XI). In-32.

Recueil de chansons populaires sur l'amour et
de chansonnettes champêtres. (Le Prône de

l'hymen, Conseil à deux jeunes mariés, L'Ile singulière ou la Revue des amours, etc.)

[Cat. 4 fr.]

1417. — LE JOUJOU AMUSANT. Almanach nouveau pour l'année 1803. ‖
A Paris, chez Marcilly, rue S.-Julien-le-
Pauvre, nᵒˢ 14 et 15. In-128 (0,29 mill.
sur 0,20).

12 grav. sur bois avec autant de chansons en
regard, divisées en deux parties par le calendrier.
La première gravure représente un enfant jouant
du tambour de basque :

Vive mon petit Savoyard
Aux manières toujours gentilles,
Toujours frais, dispos et gaillard,
Toujours faisant danser les filles !
Savez-vous d'où lui vient cela ?
C'est qu'il garde l'argent qu'il a.

[Coll. marquis de Fayolle.]

1418. — LE JOYEUX AMI DU CAR-
NAVAL, ou L'aimable Enfant de la Folie;
Nouvelles Étrennes chantantes, amu-
santes et récréatives. Aux amateurs de
bonne compagnie. Avec des Notices,
Anecdotes, Variétés, etc., d'un genre
nouveau et intéressant, etc., etc. ‖ A
Paris, Chez Marcilly, Papetier, rue Saint-
Julien-le-Pauvre, nº 14, et rue du Marché-
Palu, nº 14. (An XI.) In-32.

En tête est un avis essentiel de l'éditeur au
public, dont nous extrayons les passages suivants : « Le Carnaval, plus brillant que jamais,
va dorénavant éclipser les fêtes les plus solennelles et les plus fastueuses; et nous n'avons
pas encore un seul Almanach digne de cet *aimable Enfant de la Folie* à offrir à ses nombreux et
zélés sectateurs!... Cette idée, qui depuis longtemps nous chagrinait, nous a inspiré celle plus
heureuse de ces nouvelles étrennes, qui *sentent
et signifient au moins quelque chose*. Nous pen-
sons très naturellement et avec raison que le mérite de ce joli Almanach, d'un genre absolument
nouveau, et qu'on s'est efforcé de rendre le plus
substantiel et le plus succulent possible, sera
aussi parfaitement senti que les *matières* qu'on y
a traitées sous tous les rapports qui peuvent le
rendre agréable et piquant pour les personnes de
bonne compagnie. »
Les matières du dit almanach sont, est-il besoin
de le dire ? tout particulièrement grasses. Les
5 chapitres contiennent, en effet, des anecdotes

dont on pourra facilement dégager l'esprit par le seul énoncé des titres : le Pet, le Cul tourné à la mariée, Il a chié au lit, La jolie couturière, Margot la malpeignée, et autres vieilles histoires à la Vadé.

[Cat. de 6 à 8 fr.]

1419. — LE LEVER DU RIDEAU DES SPECTACLES DE PARIS, ou Étrennes Lyriques Théâtrales. || A Paris, chez Janet, rue St Jacques, n° 31. (1803.) In-24.

Titre gravé sur un rideau : au-dessous Polichinelle, Arlequin, Pierrot, le ténor, la première chanteuse, et autres personnages classiques du théâtre. Cet almanach est orné de 6 gravures dont voici les légendes : 1. L'Opéra (allégorie).— 2. Théâtre Français (avec personnages des comédies classiques). — 3. L'Opéra-Comique National (également avec personnages d'opéras, Annette et Lubin, Babet et l'Irato), — 4. L'Opéra Buffa (allégorie). — 5. Théâtre Louvois (intéressante planche donnant l'extérieur du théâtre, sous les portiques).— 6. Le Français né malin créa le Vaudeville (allégorie : Piron et Panard devant Érato et Thalie).

A Paris chez Janet, Rue St Jacques N.° 31.

Texte, chansons et musique, également gravés se rapportant à des sujets à la mode.

A cet almanach est joint un cahier de chansons imprimées, et un Secrétaire avec Tablettes, Perte et Gain.

[Cat. Rondeau ex. mar. rouge, avec calendrier pour 1812, 40 fr.]

Calendriers pour 1803 et pour l'an XI.

[Coll. de Savigny.]

Théâtre Louvois

Figure du » Lever du Rideau des Spectacles de Paris ». Le même sujet existe en grande planche coloriée.

1420. — LE NOUVEL ALMANACH DES AMIS DU VIEUX DIMANCHE pour l'An XI, augmenté de quarante couplets et de vingt quatrains sur le Concordat. || Paris, l'an XI. (1803). In-8.

Il y a eu, précédemment, un Almanach des Amis du Vieux Dimanche dont celui-ci se trouve être une sorte de réimpression.

[Catalogué par Alvarès en 1857, 6 fr. 50].

1421. — L'OPINION DU PARTERRE ou Censure des acteurs, auteurs et spectateurs du Théâtre-Français, par Clément Courtois. [Épigraphe :]

C'est un jeune fou qui se croit tout permis
Et qui pour un bon mot va perdre vingt amis.

(Boileau.)

|| A Paris, chez Martinet, Libraire, rue du Coq-St-Honoré. (1803-1813 : 10 années.) In-18.

Collection publiée par Lemazurier, la premièr

année sous le pseudonyme de Cl. Courtois, la deuxième et troisième année sous le pseudonyme de Valleran ; les autres années sont anonymes.

Le titre a été modifié à deux reprises, comme suit :

Années 1804 à 1808 : — « L'*Opinion du Parterre* ou Revue des Théâtres Français, de l'Opéra, de l'Opéra-Comique national, de Louvois, de l'Opéra Buffa et du Vaudeville » [puis des Variétés, de la Porte-St-Martin, de l'Ambigu et de la Gaieté.]

Années 1809 à 1813 : — « L'*Opinion du Parterre* ou Revue de tous les théâtres de Paris », sans autres détails. Toutefois, la 10ᵉ et dernière année donne le sommaire des matières contenues.

La première année surtout [un peu plus petite de format] est intéressante. Elle contient un avant-propos plein de verve à l'adresse des « hauts et puissants seigneurs, très redoutés et très orgueilleux Messieurs les comédiens français, » et est consacrée en entier à des notices sur les acteurs, les auteurs, les spectateurs. *Les violences de cet article contre la Comédie-Française font croire à quelques biographes de théâtres que les deux premières années ne doivent pas être de Lemazurier, lequel avait, alors, une situation officielle à l'Académie. Ce qui est certain, c'est que M. Clément Courtois ne se montra pas clément à l'égard de « messieurs de la Comédie »* et qu'il ne fut même pas toujours courtois. On ne pouvait pas trouver un nom plus franchement ironique. Quoi qu'il en soit, voici ce qu'on lit dans le *Nécrologe des Auteurs vivans* au mot Courtois :

« L'*Opinion du Parterre*, satyre pitoyable. Quand on se donne les airs de critiquer auteurs, acteurs, il faut avoir mission pour cela ; il faut savoir pourquoi. M. Courtois n'a point ce qu'il fallait, son œuvre tout entière est restée chez le libraire ; il croyait sans doute qu'elle ferait du bruit, qu'elle ferait époque, que sur lui Courtois tous les regards allaient se fixer ; le voilà détrompé : fortune, célébrité littéraire, tout est évanoui. »

Conclusion : Qui a mordu sera mordu.

Une note au verso du faux titre de l'année 1810 apprend que l'année 1803, fort recherchée, se vendait alors 4 fr.: chacune des autres 2 fr.

[La collection vaut de 25 à 30 fr.]

[Coll. Arthur Pougin.]

1422. — LE PETIT FLORIAN ou Recueil de Romances Pastorales. [| A Paris, chez Janet, libraire, rue St-Jacques, nº 59. 1803. In-32.

Almanach gravé avec, « Le petit Secrétaire », et un cahier imprimé d'ariettes nouvelles. 12 figures non signées : 1. Le Chevrier (planche déjà parue dans un almanach du XVIIIᵉ siècle). — 2. Le Troubadour. — 3. Musette, imitée de Monte Mayor. — 4. Le Pont de la Veuve. — 5. Chimène et le Cid.

— 6. Les deux Amours. — 7. Le Ramier de la montagne. — 8. Le Novice de la Trappe. — 9. Ganzul et Zélinde. — 10. Marie Stuard (*sic*). — 11. Nelzis et Semire. — 12. L'Amour et l'Hyménée.

[Collections Paul Eudel et de Savigny, avec un calendrier pour 1807.]

[Cat. Rondeau ex. avec cal. pour 1810, mar. à grain orn. sur les plats, 35 fr.]

1423. — LE PETIT GRIMOIRE. Almanach des Curieux pour l'An XII. [| Paris, 1803-1804. In-24.

Frontispice.

[D'après un catalogue de libraire.]

1424. — LE PETIT LIVRE DE POSTE, ou Départ de Paris des Courriers de la Poste aux Lettres. [Imprimé avec autorisation de l'Administration générale des Postes. Prix : un franc (1).] [| A Paris, [chez Lecousturier l'aîné, rue J.-J. Rousseau, nº 9 ou 358, en face la Poste aux Lettres, au Pèlerin-Blanc.] Prairial an XI. (Juin 1803). Ans XI-XIII à 1830. In-8.

Fait suite à l'*État général des Postes de France* (voir plus haut, nº 843.)

Ouvrage rédigé par Lecousturier l'aîné, « chef du Bureau de la Direction des lettres mal-adressées », donnant la nomenclature des bureaux de poste ; il se continua jusqu'en 1829 avec les changements suivans sur le titre :

— *Le Livre de Poste*, ou Départ de Paris des Courriers de la Poste aux Lettres, dressé, avec autorisation de M. le Directeur général, Par A. F. Lecousturier l'aîné, Chef du Bureau de la Direction des lettres mal-adressées. [| A Paris, chez l'Auteur, rue de Lancry, nº 18. Dans les Départements, s'adresser à Messieurs les Directeurs des Postes. Janvier 1817. Valade, Imprimeur du Roi et de S. A. R. Madame. 1811-1829. In-8.

[B. N. — Lc ²³ 3 et 4.]

1425. — LE PETIT MAGASIN DES DAMES. [Épigraphe :]

> Il en est de l'esprit des hommes
> Par rapport à celui des femmes
> Comme du rouge à l'égard de la rose.
>   Sainte-Foix (2).

Première Année, Paris, chez Solvet, Li-

---

(1) Les parties entre crochets ne se trouvent que sur le titre de l'an XIII.

(2) Chaque année avec nouvelle épigraphe.

braire-Éditeur, rue du Coq-Saint-Honoré, puis chez Delaunay, chez Debray et chez Perronneau imprimeur. An XI. 1803-1810. In-12.

Publication uniquement consacrée aux dames, contenant des poésies et des mélanges en prose : sur le style des femmes, sur la peinture cultivée par les femmes, liste des ouvrages publiés par les femmes ou relatifs à elles, nécrologie féminine. Les deux premières années n'ont pas de calendrier ; les autres, au contraire, portent sur le titre : « Avec un Calendrier. »

Frontispices, portraits de femmes célèbres gravés par Mariage et autres artistes : Mme du Bocage (1803) ; — Mlle Clairon et Mlle Dumesnil, 2 médaillons ovales accolés (1804) ; — Héloïse et Mlle de La Vallière, 2 bustes se faisant face (1805) ; — Mme Roland (1808) ; — Catherine II Impératrice de Russie (1810).

On y trouve des articles (prose ou vers) de Mme de Condorcet, de Mme Joliveau, de Mme Des Roches, de Mme de Staël, de Mme de Vannoz, de Mlle de Montferrier, de Mme Montanclos, de Mme Dufresnoy, de Mme de Chastenay, de Mme de Jaucourt. L'année 1810 contient une description d'Ermenonville par Fayolle, étude insérée, dit l'auteur, « parce qu'il y est beaucoup question d'un homme (J. J. Rousseau) qui a plaidé si éloquemment la cause du beau sexe. »

D'après Barbier, cet almanach était recueilli par l'éditeur lui-même, P. L. Solvet.

[Cat. de 3 à 4 fr. l'année.]

[Coll. de l'auteur.]

1426. — LE TRIOMPHE DE L'ESPRIT, des Graces et du Sentiment. Étrennes. Avec Gravures. ‖ A Paris, chez Janet rue St Jacques n° 31. (1803-1804). In-64.

Titre gravé, suivi immédiatement d'un « Calendrier pour l'An XII avec la date correspondante de l'ancien calendrier. » Gravures avec chansons (texte imprimé). 1. Les Fleurs comparées. — 2. Le triomphe de l'Esprit :

Aux sons bruyans de la trompette
Parmi les éclairs et le bruit
Se faire un nom que l'on répète,
C'est le triomphe de l'esprit :
Mais dans sa modeste chambrette,
S'il montre une heureuse lueur,
Sur tout si son œuvre s'achète,
C'est le triomphe de l'auteur.

— 3. Les avantages des Grâces. — 4. Le conseil d'un bon père. — 5. L'abus des mots. — 6. Le pauvre vieillard. — 7. Les nœuds du mariage. — 8. Les deux petits Bergers. — 9. L'espérance trop douce. — 10. Les oiseaux aimables. — 11. Le bonheur d'être sensible. — 12. Le Besoin de sentir.

A Paris chez Janet rue St. Jacques N° 31.

Les Avantage des Graces.

Les figures 1 et 7 se trouvent répétées deux fois.
[Ex. r. mar. Cat. 70 fr.]

[Coll. Georges. Salomon.]

1427. — LA VÉRITÉ DANS LE VIN, ou L'union de Bacchus et de L'Amour. Nouvelles Étrennes Bachiques, érotiques et lyriques, etc. Pour les Personnes qui aiment à rire et à chanter à table. ‖ A Paris, chez Marcilly, rue Saint-Julien-le-Pauvre, n° 14, et rue du Marché-Palu, n° 14. (An XI.) In-32.

Chansons bachiques et amoureuses, la plupart provenant des anciens petits recueils du XVIIIe siècle.

[Cat. de 3 à 4 fr.]

1428. — ALMANACH DE LA LITTÉ-
RATURE ALLEMANDE. || Coblenz (1),
chez Lassaulx, n° 402. Paris, chez Pougens,
quai Voltaire, n° 10. An XII, 1804-1805.
In-16. [Prix 1 fr. 25 cent.]

Recueil de pièces fugitives tirées des auteurs dont
les productions obtenaient alors le plus de succès en
Allemagne. On y trouve des extraits de Meissner,
Rabener, Jean-Paul, Pfeffer, Auguste Lafontaine.
Avec un calendrier.

[Cat. 3 fr.]　　　　　　　　　　　　　　[B. N.]

1429. — ALMANACH DE SANTÉ POUR
L'AN XII, Par J.-M. Lambon, ancien
chirurgien de l'Hôtel-Dieu et de l'Hôpital
Saint-Louis de Paris, Professeur d'accouchemens, des maladies des femmes et des
Enfans, Auteur de Plusieurs Ouvrages
de Médecine, rue des Prêtres-St-Germain
l'Auxerrois, n° 9, près le Louvre, au coin
de la rue de l'Arbre-Sec. A Paris. || Se
délivre gratuitement, A la Bibliothèque
des Grands-Hommes, place St-Germain
l'Auxerrois ; chez le Libraire, barrière
des Sergens, rue St-Honoré, n° 27; Hedde
aîné, Libraire, Passage du Péron, Palais
du Tribunat; Renard, Libraire, rue Cau-
martin. (An XII, 1804, An XIV, In-32.

Simple brochure de 24 pages, à laquelle était
joint un calendrier, et qui se distribuait gratuitement. Elle était destinée à servir de réclame à la
maison de santé de l'auteur et à un certain élixir
« cordial et fortifiant » guérissant les maladies
d'estomac.

Même texte pour 1805. En 1806, l'auteur, se
basant sur « l'accueil flatteur » fait par le public
aux deux premières éditions, en fit paraître une
troisième plus étendue, et contenant quantité de
préceptes et de formules.

Voici le titre de cette 3e année :

— Almanach de Santé, pour l'an XIV, Contenant
le caractère des Maladies, leurs causes et les
moyens de les guérir, augmenté d'un petit Formulaire Domestique de ce qui convient de faire pour
éviter d'être malade. Par J.-M. Lambon, Médecin-
Accoucheur, ancien Chirurgien à l'Hôtel-Dieu de
Paris, Professeur d'Accouchemens, de Maladies des
Femmes et des Enfans, Auteur de plusieurs Ou-
vrages de Médecine. || A Paris, chez Levacher,
rue du Hurpoix, n° 12, l'Auteur, rue St-Thomas-
du-Louvre, n° 19, près le théâtre Vaudeville, en
face du Palais Royal. (Ans XII-XIV). In-32.

[B. N.]

(1) Nous faisons figurer cet almanach ici parce-
qu'il était évidemment destiné à Paris.

1430. — ALMANACH DES GRACES,
ou Les Hommages à la Beauté. Première
Année. || A Paris, chez Pillot, jeune,
Libraire, Place des Trois-Maries, n° 2, vis-
à-vis le Pont-Neuf. Imprimerie de Chaignieau jeune, rue Saint-André-des-Arcs,
n° 97. An XII-1804, [puis chez Chaignieau
seul]. 1804-1809. 6 années. In-12.

Cet almanach, publié par J.-A. Jacquelin, peut
être considéré comme faisant suite au précédent
« Almanach des Grâces ». En tête de chaque
année se trouve un frontispice représentant
presque toujours l'Amour entouré de femmes, ou
offrant à Diane son carquois et ses flèches. D'autres fois, ce sont les Grâces offrant un prix au
chantre moderne de la beauté, ou bien encore des
femmes jouant de la lyre et de la harpe.

Quelques frontispices sont signés « Mlle Vallin
del., Mariage sc. »

Poésies de Dusaulchoy, Ducis, Favart fils, Lebrun, de Rougemont, etc.

Avec calendrier en tête.

Se vendait 1 fr. 50. Il existe des exemplaires
avec frontispice avant la lettre.

[B. N. || Coll. Olagnon.]

1431. — ALMANACH DES LYCÉES,
pour l'An XII, contenant les réglements de
l'instruction publique, l'organisation des
lycées dans toute l'étendue de la France,
avec la liste des livres adoptés par le Gouvernement pour l'enseignement. Ouvrage
donnant annuellement les fastes de l'instruction publique, et propre à exciter et à
diriger utilement l'émulation de la Jeunesse, par les traits moraux, les beaux
exemples, etc. Rédigé par un professeur. ||
De l'imprimerie de Guilleminet, Paris,
1804. Se vendait 1 fr. 80. In-12.

Avec un frontispice signé Gatine fecit : l'Instruction, accompagnée de la Religion, de la Justice
et de la Force, accueillant les enfants et leur montrant le Temple de la Gloire, au pied duquel sont
les neuf Muses. Au-dessus, le génie de la France
tenant en main le médaillon de Bonaparte.

Intéressant volume imprimé sur papier quelque
peu bleuté, accompagné d'un calendrier, et donnant
des notices sur les enfants célèbres depuis l'antiquité.

[B. N.]

1432. — ALMANACH ROMAIN DE LA
LOTERIE IMPÉRIALE DE FRANCE,
Contenant différentes instructions sur les
Loteries, les noms des Membres de l'Em-

pire français, ceux des Administrateurs et chefs de bureaux et l'adresse de tous les Receveurs de Paris. || A Paris, chez M. Menut, Imprimeur et Auteur, rue St-Denis, cour Batave, n° 17, et chez tous les Receveurs de la Loterie. An XIII, 1er de l'Empire français. 1804 et suite. In-12.

Ce M. Menut était Menut de St-Mesmin.

Quant à l'almanach lui-même, il ne doit pas être confondu avec celui que publiait simultanément le citoyen Renaudière. (Voir plus haut n° 1270).

Il parut pendant nombre d'années avec la mention : « Revu, corrigé et augmenté des Tableaux d'ambes non sortis à la Générale et de la sympathie universelle. » — Avec les armes de l'Empire puis du Royaume, sur le titre.

[B. N.]

[De 2 à 5 fr. l'année.]

1433. — ALMANACH ROYAL, pour l'An XIII [puis Impérial], présenté à Sa Majesté l'Empereur [et Roi à partir de 1806] par Testu (avec le calendrier républicain.) || Chez Testu, Imprimeur de Sa Majesté. 1805 à 1814, 10 vol. In-8.

Suite de l'*Almanach Royal* et de l'*Almanach National*. Armes impériales sur le titre. En 1806 le mot royal est remplacé par « Impérial » et le soustitre porte « Présenté à S. M. l'Empereur et Roi. »

Ces dix années, difficiles à rencontrer réunies, offrent dans leur ensemble un état officiel de la Cour et de tous les personnages du règne de Napoléon Ier. L'année 1814, tout particulièrement rare, est très certainement le document le plus topique sur les changements de gouvernement dont la France fut alors la victime. Voici la reproduction exacte du titre et des avis :

— *Almanach royal pour les années M.DCCC.XIV et M.DCCC.XV*, Présenté à sa Majesté par Testu. A Paris, chez Testu et Cie, rue Hautefeuille, n° 13. || Testu, Imprimeur de LL. AA. SS. Mgr le duc d'Orléans et Mgr le prince de Condé. In-8.

Vignette sur le titre : ancien trophée de drapeaux avec canons, contre lequel on a accolé les armoiries royales. Au verso du titre se lit la note suivante :

« Avis des Éditeurs.

« L'Almanach pour l'année 1815 était prêt à être publié, lorsqu'une révolution à jamais mémorable rendit à la France son légitime Souverain. Tout le travail déjà fait est devenu inutile ; les dépenses qu'il avait occasionnées ont été perdues. Il en est résulté pour nous un dommage considérable ; mais nous en avons été consolés par l'espoir d'un heureux avenir. Cet espoir, partagé par tous les bons Français, se réalise de jour en jour sous le gouvernement paternel de Louis XVIII. Qu'il nous soit permis de consigner ici l'hommage de notre fidélité, de notre amour et de notre profonde reconnaissance pour cet auguste Monarque, qui nous a donné une preuve signalée de sa justice et de sa bienveillance en nous assurant, pour vingt années, la possession du droit exclusif à l'édition et à la vente de l'*Almanach Royal !* Nous tâcherons de nous rendre de plus en plus dignes de la gracieuse faveur de Sa Majesté en redoublant de zèle et de soins pour l'exécution de cet ouvrage. Comme son objet est de présenter, au moment de sa publication, le tableau fidèle de toutes les parties de l'administration de la France dans ses rapports intérieurs et extérieurs, il a fallu recomposer suivant le nouvel ordre de choses l'Almanach qui devait paraître au commencement de l'année 1814. Le changement de Gouvernement et le dernier traité de paix qui a fixé de nouvelles limites à la France ont nécessité une réorganisation de l'administration générale ; et cette réorganisation, qui ne pouvait se faire qu'avec le temps et successivement, a retardé la confection de l'almanach de 1814 jusqu'au dernier mois de cette même année : aussi l'Almanach que nous allons publier servira tout à la fois pour les années 1814 et 1815. *Nous nous sommes conformés pour sa rédaction aux ordres supérieurs que nous avons reçus.* »

A cet almanach se trouve joint un supplément de 36 pages portant pour titre :

— *Notice servant de supplément aux Almanachs de France pour l'An 1815 :* || Contenant les naissances et alliances des Souverains de l'Europe ; la Maison de l'Empereur ; la Garde Impériale ; les Noms des Ministres et leurs jours d'Audience ; le Conseil d'État, la Légion d'Honneur, les nouveaux Changements opérés dans le Gouvernement et dans les différentes administrations ; les nouvelles Nominations des Maréchaux de France, Lieutenans généraux, Maréchaux de Camp, des Préfets des Départemens ; les Décrets impériaux qui maintiennent ou annulent différentes Institutions ; les Changemens survenus dans toutes les parties de l'Administration Civile, Militaire, Judiciaire et Commerciale, etc., etc. || Prix : 1 franc. — Paris, au bureau de distribution, rue de la Convention, n° 14, près le Palais des Tuileries, et à la porte d'entrée de la Salle de l'Assemblée du Champ de Mai.

Armes impériales sur le titre. Au verso un avis portant : « Les changements occasionnés par le retour de S. M. l'Empereur depuis le 1 mars, dans toutes les parties de l'Administration, nous ont engagés à publier un supplément aux Almanachs de 1815....

« *Nota.* — Cet ouvrage ne contient que les noms des fonctionnaires destitués sous le gouvernement précédent, et qui ont repris leurs fonctions, ainsi que les nouvelles Nominations. Ceux dont il n'est point fait mention ont conservé leurs emplois. Voir à cet effet les Almanachs de 1815. »

En tête de la généalogie de la famille Impériale on lit : « Omis dans les Almanachs de 1815. »

Impossible d'être plus girouette! Impossible de s'exécuter avec plus de grâce!

Les almanachs « royaux » du premier Empire sont peu recherchés et se vendent communément de 3 à 4 fr. Seule l'année 1814-1815 est cataloguée de 15 à 20 fr. suivant l'état. — A. 1806, veau, dos orné, av. emblèmes impériaux, cat. 10 fr.

[Voir pour la suite à 1815.]

1434. — ANNUAIRE DES PONTS ET CHAUSSÉES, Ports maritimes, Architecture civile, hydraulique et géométrique, Pour l'An XIII (1804) et Premier de l'Empire Français. || A Paris, chez Mᵐᵉ Plauzoles, rue de l'Arbre sec, n° 189, Desenne, au Palais du Tribunat, etc. 1804 (1ʳᵉ édition), 1807 (2ᵉ édition). In-12.

Annuaire rédigé par H**** (Houart).

[B. N.]

[Voir plus loin, *Annuaire du Corps Impérial des Ponts et Chaussées*, n° 1485.]

1435. — LE BIJOU DES DAMES. || A Paris, chez Lefuel, rue St-Jacques, n° 54, près celle du Foin (Vers 1804). In-32.

Titre gravé, en lettres capitales, dans une couronne de roses (Blanchard *sc*). Au-dessous, deux personnages, une femme personnifiant la Folie, un Amour flambeau en main, tenant une lyre. Dans le fond autel sur lequel brûlent des cœurs. Texte en chansons, également gravé, accompagné de six figures par Blanchard. 1. La Folie. — 2. La Main chaude. — 3. La Musique (personnage jouant de la guitare). — 4. Le Colin Maillard (L'Amour couvert d'un bandeau, poursuivant Vénus et les trois Grâces) :

Combien d'époux Colin-Maillard
Qui le seront longtems encore!

5. L'Embarras du choix (jeune garçon monté sur un arbre hésitant entre Philis et Rosette). — 6. La Danse :

... la danse est tout ce que j'aime,
Elle offre des plaisirs divins.

Cahier de chansons imprimées ajouté (Les Vélocifères, l'Amour et les Grâces, Le désir et le plaisir, Sur l'usage que suivent les femmes de placer leur montre dans leur sein :

Plus d'une coquette en profite,
Et dans un amoureux débat,
Elle croit que son cœur palpite,
Lorsque c'est sa montre qui bat !

L'Amant dans sa bouillante ivresse
Ne craint plus de la déranger,
Et le ressort que sa main presse
Fait sonner l'heure du berger.

[Cat. 12 fr.]

[Communiqué par M. L. Gougy.]

1436. — CALENDRIER DE LA COUR IMPÉRIALE pour l'an XIII (1804-1805), IIᵉ de l'Empire Français, contenant L'État de la Maison de l'Empereur, de l'Impératrice et de la Famille Impériale ; les Ministres et leurs attributions; le Sénat; le Conseil d'État, le Corps Législatif, etc., etc. || A Paris, A la Librairie de A. G. Debray, rue Saint-Honoré, Barrière des Sergens [puis chez Janet, rue St Jacques, n° 59.] 1804-1815. In-16, puis in-32.

Suite du *Calendrier de la République française* (voir, plus haut, n° 1114). Armes impériales sur le titre. Cartonnage rouge.

Le titre de la seconde année est quelque peu différent :

— *Calendrier de la Cour Impériale* pour l'année mil huit cent six, IIᵉ de l'Empire Français, contenant le Lever et le Coucher du Soleil, le Lever et le Coucher de la Lune, etc. L'État de la Maison de l'Empereur et Roi, de la Famille Impériale, avec la naissance des Rois, Reines, Princes et Princesses de l'Europe, etc. || A Paris, Librairie de A. G. Debray, rue Saint-Honoré, vis-à-vis celle du Coq. M.DCCC.VI.

Le faux-titre porte : « Calendrier de la Cour Impériale, ou le nouveau Colombat. »

Ce calendrier donne, en plus des pièces officielles, des notices sur les travaux du Simplon, les Télégraphes, etc.

A partir de 1807 :

— *Calendrier de la Cour Impériale, Tiré de « La Connoissance des Temps,* » contenant les Lieux, les Levers, et les Couchers du Soleil et de la Lune, la Hauteur des Marées, etc... Avec la Naissance des Souverains, etc...

Le « Calendrier Hérissant » ayant été repris en 1815, comme on le verra plus loin [voir n° 1696], l'année 1815 s'intitula « Le Calendrier de la Cour », et l'avis placé en regard du titre eut soin de stipuler que le Calendrier inventé en 1700 par Collombat reparaissant depuis l'année 1805 reprenait cette année sous le règne de Louis XVIII sa publication interrompue par la Révolution. Le titre a un écusson fleurdelysé, et l'indication du bas porte : « A Paris, chez Janet, Libraire, rue Saint-Jacques, n° 59. »

Toutefois l'ancien *Calendrier de la Cour Impé-*

riale, malgré cet essai de transformation, doit disparaître devant la reprise du privilège de la Ve Hérissant.

Il existe une réimpression de l'année 1815, chez Janet.

[B. N. — Années 1804, 1808, 1811, 1812, 1813, 1815.]

1437. — CALENDRIER POUR L'AN DOUZIÈME DE LA RÉPUBLIQUE FRANÇAISE, Avec les Jours correspondans de l'ancien calendrier 1804. || A Paris, chez Janet, Libraire, rue St-Jacques, n° 31. (An XII.) In-64 oblong.

Simple calendrier républicain, avec la concordance grégorienne et les phases de la Lune.

[Communiqué par M. Bihn.]

1438. — CALENDRIER POUR LA XIIIe ANNÉE DE LA RÉPUBLIQUE. || Paris, An XIII. In-32.

A la suite du calendrier se trouve « *L'Art de tirer les cartes ou le Moyen de lire dans l'avenir.* A Memphis, en Égypte, 1804, » avec un tableau se dépliant, indiquant les emblèmes des 32 cartes et le *Tableau des Progressions de la Loterie Nationale.*

[Cat. Rondeau, ex. mar. vert, 15 fr.]

1439. — CHANSONNIER DE FAN-CHON LA VIELLEUSE, ou Étrennes pour tout le monde. || A Paris, chez tous les Marchands de nouveautés, 1804. In-18.

Frontispice colorié représentant Fanchon jouant de la vielle :

Fanchon, jeune, aimable et jolie,
Sous les traits de Belmont est encore embellie.

(Le même que celui de la plaquette *Fanchon la Vielleuse du boulevard du Temple* publiée en 1801.

Chansonnier factice, c'est-à-dire mis en vente antérieurement sous un autre nom, auquel on a enlevé les 36 premières pages pour les remplacer par des couplets et des romances de « Fanchon ». Calendrier pour l'An XII.

[Cat. de 3 à 4 fr.]

[Coll. de l'auteur.]

[Voir, plus loin, les autres almanachs relatifs à Fanchon la Vielleuse, n°s 1469 et 1474.

1440. — CHANSONNIER FRANÇAIS, OU ÉTRENNES DES DAMES. 1re Année. || A Paris, chez Caillot, Imprimeur-Libraire, rue du Hurepoix, n° 9. [puis

rue Pavée-Saint-Andrée, n° 19.] 1804-1824. 20 années. In-18.

Chaque année possède un frontispice différent gravé par Massard et autres. A partir de 1810 le titre porte la mention : « Dans lequel on trouve

On ne rend pas l'argent quand la toile est levée.

Frontispice de l'année 1805

Quand chez l'Amour on a diné.
On est sur de plaire à sa Mère.

Frontispice de l'année 1815

des chansons et couplets de MM. de Châteaubriant, Désaugiers, Armand Gouffé, Félix Nogaret, Rivarol, Brazier fils, Chazet, Coupart, Jouy, Piis,

Ourry, Jacquelin, et nombreux couplets d'opéras comiques et de vaudevilles. L'année 1808 a pour frontispice l'entrevue des deux empereurs Napoléon et Alexandre sur le radeau du Niémen (1807), et contient de nombreux couplets et impromptus sur la dite entrevue.

On y rencontre souvent des poésies portant en entier sur un mot donné.

[De 3 à 4 fr. l'année.]

1441. — LE GHARMANT PETIT CONFIDENT. Étrennes aux cœurs honnêtes et sensibles. || A Paris, chez Janet, Libraire, rue St-Jacques, 31. (An XIII.) In-32.

Recueil de chansons, avec 12 vignettes dont les légendes suivent : 1. Le premier enfant. — 2. Le doute résolu. — 3. Bon époux et bon père. — 4. L'emblême du sentiment. — 5. Les plaisirs de l'innocence. — 6. Le berceau enchanté. — 7. La fée brillante. — 8. Le captif et le spectre. — 9. Les nouvelles visions. — 10. Le bonheur des premiers âges. — 11. L'enfance du monde. — 12. Le prix de la délicatesse.

La plupart de ces sujets représentent des scènes enfantines.

[Cat. 40 fr.]

1442. — LE DESSOUS DES CARTES, ou les Intrigues Galantes des Dames de Paris. || A Paris, chez Janet, Libraire, rue St-Jacques, n° 59. (An XIII, 1804-1805.) In-24.

Titre gravé avec sujet.

Almanach orné de 12 vignettes (sujets de fantaisie). Texte gravé composé de chansons.

1443. — ÉTRENNES AUX JOLIES FEMMES, Chansonnier pour l'an XIII, précédé d'un calendrier rédigé par L. P**. [Épigraphe :]

> Ma Muse à près de soixante ans
> Sut plaire encore à ma Délie.

|| A Paris, chez les Marchands de Nouveautés. An XIII-1804 et 1805. [An XIII à 1810.] In-8.

Recueil de pièces de vers de différents auteurs. Voici la description des frontispices des deux années que j'ai eues entre les mains :

A. 1804. — Frontispice, signé Challiou *del.*, Bovinet *sculp.*, représentant un Amour donnant une leçon de flûte à une jeune femme, avec cette légende :

> Ma Flûte, que conduit l'Amour,
> Au loin fait entendre ma peine.

A. 1808. — Frontispice, signé Huot, *délinea.*,

Delignon, *sculp.*, et ayant pour légende : « Étrenne à la Beauté. »

Ainsi que le porte le titre de l'année 1808, cet almanach se vendait 1 fr. 25.

[Cat. Rondeau. A. 1808, cat. 5 fr.]

[B. N. — Années 1804, 1808.]

1444. — ÉTRENNES IMPÉRIALES, Contenant la situation, l'étendue et la superficie de la France. Un précis de son origine et des mœurs de ses habitans ; sa population. Le nom et la description de ses montagnes, fleuves, rivières, lacs, canaux et forêts ; ses ports et les lieux où ils sont situés. Ses possessions lointaines et ses relations commerciales avec les quatre parties du monde. Le nom de ses animaux domestiques et sauvages. Ses institutions civiles et honorifiques. Les grandes charges de l'État et les attributions de chaque autorité ; l'évaluation des revenus et dépenses annuelles de la France. Ses monnaies, poids et mesures, ses productions, son commerce, ses forces de terre et de mer, etc. Par M. Et. Gérard. || A Paris, chez Mad. Cavanagh, Libraire, nouveau passage du Panorama. An XIII-1804. In-32.

Frontispice gravé, avec vignette représentant, suivant la légende, le « sceau de l'Empire ». Le texte se compose d'une série de renseignements officiels, conformément à la nomenclature qui figure sur le titre.

[B. N.]

1445. — ÉTRENNES LYRIQUES. Almanach Portatif pour l'An 1804. || A Paris, chez Janet, Libraire, rue St-Jacques, n° 31. In-128.

Le titre « portatif » fait l'effet d'une plaisanterie en présence du format lilliputien dont il s'agit. Almanach entièrement gravé, chansons et calendrier, avec 8 figures. En plus : Devises pour les garçons. Devises pour les demoiselles.

[Ex. mar. vert. cat. 30 fr.]

1446. — LA GUIRLANDE OU CHOIX DE CHANSONS NOUVELLES. Dédié au Beau Sexe (*sic*) [Épigraphe :]

> Les vers sont Enfants de la Lyre,
> Il faut les chanter, non les lire.

|| A Paris, chez Fréchet, Libraire, rue du Petit-Bourbon-Saint-Sulpice [n° 718, près celle de Tournon et rue du Roule n° 291,

près celle Saint-Honoré] (1) An XII-1804, 3 années. In-18.

Recueil de chansons. En tête de chaque année, un frontispice dans la note anacréontique. Le titre, gravé avec attribut, est signé Berthe *sculp.*

[Coll. Olagnon.]

1447. — LE JOLI PETIT BIJOU. Almanach chantant pour l'année 1804. ‖ A Paris, chez Marcilly, Rue Saint Julien-le-Pauvre, n° 14 et 15. In-128.

Almanach minuscule gravé, 10 figures avec chansons : La Petite Fille, Voilà Lucile, Le Petit Chasseur, etc. — Calendrier.

[Coll. Georges Salomon.]

1448. — LE JOURNAL DE POCHE, [NÉCESSAIRE] (2), SURNOMMÉ L'IN-DISPENSABLE, à l'usage des deux sexes [Épigraphe :] Un peu de tout. Annuaire pour l'An XII de la République française, 1804. ‖ Paris, chez A. G. Debray, place du Musée Napoléon [puis rue St-Honoré, ci-devant Barrière des Sergens] et chez Janet. 1804-1805 : 2 années. In-16 carré.

Frontispice colorié : *Avez-vous lu le Journal de Poche ?* Renseignements de toute espèce, avec des pages blanches pour souvenirs et pour la comptabilité mensuelle. *Le Journal de Poche* se vendait 2 fr. 40 sur papier ordinaire et 6 fr. sur vélin, relié en maroquin, avec peau d'âne pour les notes.

En plus des adresses officielles, on y trouve un choix des noms à donner, le calendrier des plaisirs, le prix de la journée des ouvriers, les ordonnances de l'An IX sur les carrosses de place et le salaire des cochers ainsi que sur les cabriolets, « l'Empire de la Nature » extrait du système de Linné, la chronologie des découvertes, inventions et événements remarquables depuis la création du monde, un tableau des mœurs, usages et caractère des cinq principales nations de l'Europe.

Le titre de l'année 1804 est gravé, celui de l'année 1805 imprimé, avec la mention : « Annuaire pour l'An XIII (1805), deuxième de l'Empire Napoléon. » Cette dernière année, qui n'a pas de frontispice, est divisée en 4 sections : « Calendrier, cultes et objets y relatifs. — Gouvernement français et statistique des puissances. — Sciences,

arts, instruction. — Industrie, commerce et agenda des gens d'affaires. »

Le Journal de Poche, qui reçut les encouragements flatteurs des journaux et périodiques de l'époque, qui fut surnommé par eux « l'Indispensable », a paru antérieurement, mais je n'ai pas pu retrouver la tête de la publication.

[Coll. de l'auteur A. 1804. ‖ B. N. A. 1805.]

[Cat. de 4 fr. à 6 fr.]

1449. — LE MESSAGER DE FLORE, ou Recueil de Couplets, Poésies et Compliments sur toutes sortes de sujets, pour le jour de l'An, les Fêtes, etc. (*V. la table à la fin.*) ‖ A Paris, chez Caillot, Impr.-Libr., rue du Cimetière-St-André, n° 6. (1804.) In-32.

Frontispice gravé et colorié : Flore s'envolant avec une corbeille de fleurs sur la tête. Publication de colportage, avec un calendrier pour l'an XII.

[Cat. 4 fr.]

[Coll. de Savigny.]

1450. — PAUL ET VIRGINIE. ‖ A Paris, Chez Janet, Successeur du Sieur Jubert. Rue St-Jacques, vis à vis les Mathurins, n° 36. (Vers 1804.) In-128.

Avec 12 petites vignettes se rapportant aux chansons du texte. Le titre indique l'influence prise dans la société d'alors par le roman de Bernardin de St-Pierre, mais il n'y est pas plus question de Paul que de Virginie, contrairement aux précédents almanachs publiés sous le même titre. (Voir n°s 1238 et 1262.)

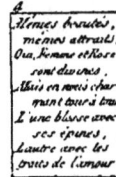

Reproduction fac similé du titre et de 2 pages de l'almanach.

[Coll. Tissandier.]

[Ex. mar. r., cat. 50 fr.]

1451. — LE PETIT ALMANACH DES DAMES ou Mélange portatif de Chansons et Devises. Orné de Gravures. An XIII. ‖ A Paris, chez Janet, rue St Jacques, n° 31. (1804-1305.) In-64.

Avec un calendrier, pour l'An XIII, 12 plan-

---

(1) La partie entre crochets disparaît du titre à la seconde année

(2) Le mot « Nécessaire » disparaît du titre de l'an XIII.

ches (L'Hippocrisie. — Aux Plaideurs. —
La Tabatière. — Le Retour (nécessaire). — L'avis
salutaire. — La morale. — La définition. —
Le contraste. — La conséquence. — La comparaison. — L'emblème. — Les savetiers.) et des
devises pour demoiselles et pour garçons. Recueil
de chansons. Cet almanach, dont les gravures
sont d'une exécution assez lourde, a un très joli
cartonnage dessiné par Dorgez et se trouve
enfermé dans un étui avec compositions du même
artiste. Ce sont les figures 6 et 7 pour la couverture, 3 et 11 pour l'étui de l'almanach Les Douceurs de la nature (voir, plus haut, nº 1387), trois
des dites figures se trouvant également parmi les
planches reproduites à cette place.

[B. N. || Coll. Georges Salomon.]

**1452. — LE PETIT ALMANACH DES
MONNAIES** pour l'An XII, contenant les
lois, instructions et arrêtés du Gouvernement publiés sur les monnaies, avec
les tarifs pour servir à l'évaluation des
louis faibles et écus rognés, et de toutes
les pièces d'or et d'argent, vaisselle, bi-
joux, etc. || Paris, A. G. Debray, 1804.
In-18 : 75 cent.

Simple almanach de renseignements officiels.

[Quérard.]

1453. — LES ROSES DE L'AMOUR.
Étrennes chantantes pour la présente
année. || A Paris, et se trouve chez les
principaux libraires. (Vers 1804.) In-32.

Almanach chantant dans lequel se trouvent des
couplets de « Misantropie et Repentir », la pièce
qui, depuis plus de cinq ans, avec sa femme coupable, humiliée devant l'époux, faisait couler tant
de larmes.

[Ex. mar. vert. cat. 15 fr.]

**1454. — ALMANACH DES MODES
ET DE LA PARURE.** || A Paris, chez
Marcilly, Rue St-Julien-le-Pauvre, nº 14
et 15. (1805). In-24.

Titre gravé : un Amour que l'on coiffe d'une
toque impossible, à la mode du jour, — véritable
casquette, — et qui se mire dans une glace que lui
présente un autre Amour. Voici la nomenclature
des gravures, assez mauvaises, mais précieuses
pour les renseignements qu'elles fournissent sur
les modes du jour : 1. La Toilette des Élégantes
de Paris :

L'Olympe est-il donc transporté
A la toilette de nos Belles ?
Apollon de douceurs nouvelles,

Vient y flatter leur vanité.
D'Amour les fleurs y sont l'hommage
Plutus dit : « Prenez ces bijoux »;
Et pour le soir un rendez-vous
Grâce à Mercure s'y ménage.

A Paris chez Marcilly, Rue St Julien-
le-Pauvre Nº 14 et 15

— 2. Le Charme de la parure. — 3. Les quatre

la Toilette des Élégantes de Paris.

saisons de l'Amour et de la Mode. — 4. La Mode et l'Amour, avec des Conseils aux coquettes :

Prête à la mode ta folie,
Amour qui mets ton nez partout :
De tes mains la Grâce embellie
S'admire en admirant ton goût.
Inventeur des formes nouvelles,
C'est toi dont la légèreté
Place les plumes de tes ailes
Sur les cheveux de la Beauté.

— 5. La Magie de la Mode ou l'Illusion. — 6. La jolie Colerette ou la ruse un peu forte. — 7. L'usage et la mode. — 8. Le petit jour nécessaire aux Grâces. — 9. La coëffure à la Malicieuse. — 10. La Danse à la mode ou le bal. — 11. L'aveugle à la mode ou l'excuse des lunettes. — 12. La parure de la Modestie et de la Gaîté. (Des amours venant présenter à des femmes des parures de toutes sortes.)

Des chansons imprimées accompagnent ces gravures, quoique n'ayant avec elles qu'un rapport très lointain. A la suite se trouvent une dizaine de notices historiques sur la toilette, les modes, la parure, les ajustements; notices, pour la plupart déjà connues.

Calendrier pour l'an XIII (1804-1805).

[Coll. de Savigny. || Coll. baron Pichon].

[Cat. de 60 à 80 fr.]

1455. — ALMANACH DES OUVRIERS, Pour l'An XIII de la République, Et le 1er de l'Empire Français ; Contenant la désignation des professions comprises dans chaque classe. — Les noms et demeures des Commissaires de police chargés de la délivrance des livrets. — Les noms et adresses des personnes nommées par le Conseiller-d'État, Préfet de police, pour le placement des ouvriers. — Les Rétributions fixées pour chaque placement. — Un Calendrier avec l'ancien et le nouveau style. || A Paris, chez Bertrand-Pottier et Félix Bertrand Imprimeurs-Libraires, à l'Abeille, rue Galande, n° 56. In-32.

Cet almanach fut publié à la suite de l'arrêté du 9 frimaire An XII et de l'ordonnance de police du 20 frimaire, assujettissant les ouvriers à l'obligation du livret.

[B. N. — V. $\frac{2348}{Y}$]

1456. — ALMANACH DU PONT DES ARTS, Contenant un Recueil de vers et de couplets à la louange des jolies femmes qui s'y promènent tous les soirs. [Épigraphe :] Diversité, c'est ma devise. An XIII-1805. L'an 1er de l'Empire Français. || A Paris, Chez Bertrand-Pottier, et Félix Bertrand, Imprimeurs-Libraires, à l'Abeille, rue Galande, n° 56. In-32.

Frontispice gravé représentant un chanteur populaire sur le pont des Arts.

Recueil de chansons populaires, avec calendrier.

[B. N. — V. $\frac{2348}{Z}$]

1457. — ANNUAIRE ADMINISTRATIF ET STATISTIQUE DE PARIS ET DU DÉPARTEMENT DE LA SEINE pour l'An 1805, par P. J. H. Allard, Membre du Collège Électoral du Département de Seine-et-Oise, Inspecteur Suppléant et Premier Commis de la Direction des Contributions du Département. Prix : 6 fr. broché ; 7 fr. 50 relié. || A Paris, de l'Imprimerie Bibliographique, Rue Gît-le-Cœur. 1805-1808 (3 années, la 1re année ayant paru en 2 volumes). In-8.

Le titre de la seconde année se trouve ainsi modifié :

— Annuaire ou Almanach de Paris. Calendrier avec notices spéciales.

L'ouvrage rappelait chaque année, l'ordre et la suite des faits mémorables. Il est divisé en trois parties : I. Gouvernement de Paris. II. Statistique sommaire du département de la Seine. III. Paris considéré comme capitale de l'Empire (toute l'organisation officielle).

La seconde partie donne des renseignements intéressants sur Paris en prenant comme base le plan de Verniquet (1791) rectifié. On y trouve le nombre et le numérotage des maisons d'après le décret du 2 février 1805, la nomenclature des Halles (dont une halle au pain), des 22 marchés, des ponts, quais, jardins publics, etc...

Voici enfin le titre de la 3e et dernière année :

— Almanach de Paris, Capitale de l'empire, et Annuaire administratif et statistique du département de la Seine, pour l'année 1808. Par P.-J.-H. Allard, Inspecteur des Contributions de la Seine. || A Paris, chez l'auteur, De l'imprimerie de la compagnie des notaires. In-18.

Cet annuaire se vendait 3 fr.

1458. — ANNUAIRE DE LA LÉGION D'HONNEUR, Pour l'an XIII (1805), Le

1ᵉʳ du règne de Napoléon, Contenant :
1° Les Lois, les Décrets impériaux, et
Arrêtés relatifs à l'organisation de la
Légion, et à l'administration de ses biens;
2° La description des Cérémonies qui
ont eu lieu à Boulogne et à Paris, pour
la distribution des Aigles de la Légion,
avec les Discours prononcés par son
Excellence M. le Sénateur Lacépède,
grand Chancelier ; 3° Les États nomina-
tifs de tous les membres de la Légion
d'honneur, nommés jusqu'à l'époque du
Couronnement de sa Majesté Impériale.
Dédié au Grand Conseil de la Légion.
Par MM. Lavallée et Perrotte, membres
des Bureaux de la grande Chancellerie. ||
A Paris, Chez Rondonneau, au Dépôt des
Lois, ci-devant place du Carrousel,
maintenant hôtel de Boulogne, rue Saint-
Honoré, N° 75, près Saint-Roch. In-8.

Recueil des arrêtés concernant la Légion
d'Honneur et liste de ses membres.
Seule année parue. Mentionné par Guigard.
[Voir plus loin, n° 1506 et à 1847. *Almanach de
la Légion d'Honneur.*]

[B. N. — Lc³⁵ 12.]

1457. — ANNUAIRE DES CONTRI-
BUTIONS DIRECTES DE L'EMPIRE
FRANÇAIS ; par T. H. Saint-Léger, chef
des Bureaux de la Recette générale du
département de la Seine. || A Paris, chez
l'Auteur, 1805. In-8. (5 fr.)

Pur annuaire de statistique. Le premier qui ait
été publié dans ce domaine, D'autres lui succéde-
ront par la suite.

[Mentionné par Fleischer.]

1458. — ANNUAIRE DRAMATIQUE
[OU ÉTRENNES THÉÂTRALES], contenant les noms et demeures de tous les
Directeurs, Acteurs, Musiciens et Employés de tous les théâtres de Paris ; le
Répertoire de chacun d'eux, ainsi que la
date de la Représentation de toutes les
Pièces, et les Noms de leurs Auteurs,
morts ou vivans ; un Précis de l'histoire
des principaux Spectacles ; un Tableau
indicatif des rétributions que les Auteurs
doivent toucher dans les différentes villes
de France où il y a un ou plusieurs
Théâtres établis, suivant le nombre
d'actes, le genre de leurs Ouvrages, ou
l'ordre du lieu où se donnent les Représentations. Ouvrage nécessaire aux Au-

teurs, Acteurs, etc. Première Année. —
Prix un franc. || A Paris, chez Mᵐᵉ Ca-
vanagh, Libraire, passage du Panorama
[Libraire du Théâtre des Variétés, boulevard Montmartre, n° 2, au *second*, en
face du Théâtre.] (A partir de 1813, chez
Delaunay, Galeries de bois, Lelong, *id.*, et
chez Vente, boul. des Italiens.) 1805-
1822. 18 années. In-32.

A partir de la 13ᵉ année on a ajouté sur le titre :
« Seul autorisé par M. l'Intendant des Menus-
Plaisirs du Roi. » Intéressante publication rédigée
par Armand Ragueneau, de la Chesnaye et Audiffret, dont voici le détail, texte et portraits,
chaque année étant dédiée à l'actrice dont le portrait sert de frontispice.

Iʳᵉ Année : 1805.—Portrait de Mˡˡᵉ Duchesnois.
—Donne le tableau de tous les théâtres de la
France, le tarif du produit des pièces, l'ordre de
la ville où elles sont jouées.

IIᵉ Année : 1806. — Portrait de Mˡˡᵉ Georges. —
Extrait du règlement sur l'admission des ouvrages
à l'Acad. Imp. de Musique.

IIIᵉ Année : 1807. — Portrait de Mˡˡᵉ Bourgoin.

IVᵉ Année : 1808. — Portrait de Mˡˡᵉ Clotilde.
— Décrets et arrêtés concernant les théâtres de
France, depuis le 24 fructidor An 12 (11 sept.
1804).

Vᵉ Année : 1809. — Portrait de Mˡˡᵉ Émilie
Levert. — Modèle du brevet accordé par S. E. le
Ministre de l'Intérieur aux 24 personnes choisies.

VIᵉ Année : 1810. — Portrait de Mˡˡᵉ Volnais.
— Décret de 1809 concernant les prix décennaux
et les droits des auteurs à Paris.

VIIᵉ Année : 1811. — Portrait de Mᵐᵉ Joly
St Aubin. — Avec les noms des auteurs qui ont
souscrit pour le buste de Dalayrac.

VIIIᵉ Année : 1812. — Portrait de Mᵐᵉ Duret
St Aubin.

IXᵉ Année : 1813. — Portrait de Mᵐᵉ Branchu.
— Avec l'ordonnance sur la police des spectacles
de Paris.

Xᵉ Année : 1814. — Portrait de Mˡˡᵉ Paulin. —
Avec le décret de Moscou sur l'organisation du
Théâtre-Français, le journal du voyage des ac-
teurs de ce théâtre à Dresde.

XIᵉ Année : 1815. — Portrait de Mˡˡᵉ Mars. —
Prix des places dans les théâtres de Paris.

XIIᵉ Année : 1816. — Portrait de Mᵐᵉ Catalani.
—Nomenclature de tous les auteurs vivants. Notices
pour la direction des troupes ambulantes.

XIIIᵉ Année : 1817. — Portrait de Mˡˡᵉ Bigottini. — Lettre de l'Intendant des Menus-Plaisirs
aux cinq théâtres royaux et au rédacteur de l'*Annuaire*, avec les couplets auxquels on a dû l'ajour-
nement de la retraite de M. Fleury.

XIVᵉ Année : 1818. — Portrait de Mᵐᵉ Gavaudan. — Sur les Écoles de danse de l'Opéra.

XVᵉ Année : 1819. — Portrait de Mˡˡᵉ Rose Dupuis. — Organisation de l'École R. de Musique et de Déclamation.

XVIᵉ Année : 1820. — Portrait de Mᵐᵉ Paradol. — Tableau des installations des comédiens italiens en France. — *Emplois* des comédiens du Second Théâtre Français.

XVIIᵉ et XVIIIᵉ Années : 1821-1822. — Portrait de Mᵐᵉ Regnault-Lemonnier.

Chaque année contient, en outre, les travaux des théâtres pendant l'année, soit la liste des pièces jouées (premières ou reprises), une nécrologie et un calendrier.

Les portraits, tous médaillons ovales, sont assez gentiment exécutés : une note de l'éditeur disait qu'ils étaient toujours exactement faits d'après nature, ou copiés sur les originaux des meilleurs peintres. *Ils se vendaient également détachés, dans tous les formats, coloriés et non coloriés.*

Les 7 premières années furent mises en vente au prix de 2 fr. Ce prix fut abaissé à 1 fr. 25 en 1812. Les 15 premiers volumes se vendaient 25 fr. chez l'éditeur.

[52 fr. à la vente Sapin.]

[B. N. — A 1805, 1821, 1822.]

1459. — BOUQUETS DE FAMILLE ET DE SOCIÉTÉ. Cueillis par A. S... Première année. || A Paris, chez Tiger, Imprimeur-Libraire, Place Cambray, au Pilier Littéraire. (An XIII-1805.) In-18.

Frontispice gravé, représentant un jeune homme offrant un bouquet de roses à une jeune femme. Recueil de chansons.

[B. N. $\frac{Y^c}{16059}$.]

1460. — CHANSONNIER DES DEMOISELLES (1). || De l'Imprimerie de Doublet. A Paris, chez Caillot, Libraire, rue Pavée Sᵗ André, n° 19 [et, plus tard, chez Janet.] 1805. (1805-1824.) In-18.

En tête de chaque année se trouve un frontispice généralement dessiné par Sophie Delvaux. Le frontispice de 1813 est sur le Jeu du Diable; celui de l'année 1815 représente des jeunes filles venant présenter des fleurs et leurs hommages à la duchesse d'Angoulême ; celui de 1820 est consacré à Jeanne Hachette.

A partir de la XIVᵉ année le titre porte en plus la mention: « Rédigé par quelques convives du Caveau Moderne et des Soupers de Momus. »

———

(1) Quelques années donnent, après le titre, les noms des auteurs dont on trouve des chansons dans le volume.

Lorsque la publication vint aux mains de Janet, le titre se trouva gravé et les frontispices furent des gravures dans le genre anglais.

Chansons et couplets de Chazet, Coupart, Désaugiers, Brazier, Capelle, Coupé, Dupaty, Charles Malo, Martinville, Millevoye, de Piis, Rougemont, etc...

Le *Chansonnier des Demoiselles* se fondit avec le *Chansonnier Français* dans le *Barde Français*. (Voir ce dernier à 1825.) — Calendrier à la fin du volume.

[Cat. de 2 à 4 fr. l'année, suivant l'état.]

[Coll. Olagnon. || Coll. de l'auteur.]

1461. — LE CHANSONNIER DU VAUDEVILLE, ou Recueil de chansons inédites de MM. Piis, Barré, Radet, Desfontaines, Dieu-la-Foi, Laujon, Demonfort, Ph. la Madelaine, Ségur, Armand Gouffé, Maurice Séguier, Bouilly, Joseph Pain, Dupaty, Moreau, Tournay, Lonchamp, Jouy, Raboteau, Dubois, Lombard (de Langres), Sewrin, Thésigny, Bourguignon, Ernest Fontenille et Saint-Félix, tous convives des *Dîners du Vaudeville*, ou auteurs de ce théâtre, pour faire suite aux « Dîners du Vaudeville ». Première Année. || A Paris, chez Léopold Collin, libraire, rue Git-le-Cœur, n° 18. An XIII (1805). 1805-1809. In-18.

Recueil s'ouvrant par une préface sous forme de lettre à Monsieur V***, auteur d'un article sur les Chansons publié dans le *Journal de Paris*.

J'emprunte le passage suivant à cet intéressant document :

« Que si vous persistez, Monsieur, à vouloir être le grand inquisiteur des almanachs, nous userons de stratagème pour échapper à l'auto-da-fé : nous vous démontrerons que nos couplets se lancent dans la Société sans être précédés d'un calendrier et d'une gravure, et sans être suivis d'une notice critique des ouvrages qui ont paru dans l'année. Donc les faiseurs de points ne diront pas que nous nous sommes réservé une *planche* en cas de naufrage ; donc les littérateurs ne nous reprocheront pas de les juger tout vivans ; donc nous n'offrirons point un almanach en offrant la suite des Dîners du Vaudeville: du bacchique et de l'anacréontique, voilà notre tâche. »

Désormais nombre de chansonniers s'intituleront « du Vaudeville ». Voir, plus loin, *Les Roses du Vaudeville* (1806), *La Fleur du Vaudeville* (1816).

[Coll. de l'auteur.]

1462. — LE CHANSONNIER SENTIMENTAL, ou choix de Poésie (*sic*), Propre à former les qualités du cœur. Dédié à la Jeunesse. [Épigraphe :] La vertu naît du sentiment (1). ‖ A Paris, chez Pitel, veuve Bouquet, Libraire, rue du Marché-Palu, n° 10. 1805 et suite. In-16.

Frontispice champêtre. Recueil de couplets, chansons, romances.

[Coll. de l'auteur.]

1463. — LES CHARMES DE L'OPÉRA-COMIQUE OU CHOIX DE NOUVELLES ARIETTES. ‖ A Paris, chez Janet, Libraire et M^d de Musique, rue St Jacques, n° 31. (1805.) In-24.

Titre gravé sur un rideau que tient un Amour, et 6 planches. En plus les airs notés de plusieurs romances. Le texte est également gravé. Les figures sont pour *La tapisserie de la Reine Mathilde, Une heure de mariage, Aline ou la Reine de Golconde, Le Médecin Turc, La Jeune Prude,* et *La Romance.*

Calendrier pour l'an XIII et pour 1805.

[Cat. 18 fr.]

1464. — CONCORDANCE DES CALENDRIERS RÉPUBLICAIN ET GRÉGORIEN, depuis 1793, jusques et compris l'an XIV..., (par Louis Rondonneau.) ‖ A Paris, chez Rondonneau, An XIV, 1805. In-8.

D'après un catalogue de librairie.

[Cat. 6 fr.]

1465. — LES DÉLICES DE LA MODE ET DU BON GOUT. ‖ A Paris, chez Janet, Librairie et M^d de Musique, rue St-Jacques, n° 31. In-32.

Frontispice et 12 gravures curieuses pour les costumes de l'époque. — Calendrier pour l'an XIII. (1804-1805.)

[Ex. mar. plein, cat. 20 fr.]

1466. — L'ENFANT DU TROUBA-DOUR. Almanach chantant. ‖ A Paris, chez Mme veuve Bouquet-Quillau, Imprimeur-Libraire, rue Galande, n° 47. (1805-1806.) In-32.

Frontispice sur bois, colorié (couple offrant des roses à une statue de l'Amour).
Recueil de chansons avec calendrier.
Publication de colportage.

[B. N. Ye / 21160.]

1467. — ÉTAT MILITAIRE DE L'EMPIRE FRANÇAIS, Pour l'An Treize, Dédié à S. M. l'Empereur, d'après son autorisation, Par l'Adjud^t-Commandant Champeaux, Officier de la Légion d'honneur, Employé à l'État-Major général de la sixième division. ‖ A Paris, Chez l'Auteur, rue du Four Saint-Germain, N° 174, près l'Abbaye. Leblanc, Imprimeur-Libraire, Abbaye St-Germain-des-Prés, N° 1121. An XIII.-1805 (1805-1814). In-12.

Suite de l'*État militaire de la République française.* (Voir, plus haut, n° 1307)

[B. N.]

1468. — ÉTRENNES DE LA VERTU, Ouvrage destiné à rappeler les faits et les pensées des hommes qui ont le plus honoré l'humanité, particulièrement en France ; les belles actions les plus récentes, les découvertes et établissemens utiles ; la vie des personnes mortes depuis peu, et recommandables par leurs vertus, leurs talens ou leurs services (1). Par Ch. D... P... S., instituteur. [Épigraphe :] L'honnête homme est celui à qui le récit d'une bonne action rafraîchit le sang. Mairan. ‖ A Paris, Chez Demoraine, imprimeur-libraire, rue du Petit-Pont-St-Jacques. 1805-1812, 8 années. In-18.

[Voir plus haut, n° 629, la suite d'almanachs déjà publiés sous le même titre.]

Chaque année possède un frontispice dont le sujet est pris dans les anecdotes de l'ouvrage. Sous les initiales du titre, il faudrait lire, suivant Barbier, J.-B. Chemin-Dupontès.

Rapporte les traits remarquables, faits et pensées des personnages les plus célèbres de l'histoire, principalement de l'histoire de France.

Le titre des dernières années est fort écourté. Voici celui de 1812 :

— *Étrennes de la vertu,* ou choix de traits d'Histoire, Contes moraux, et Anecdotes instructives et amusantes, Par Ch... D... P...S., instituteur, etc.

Parmi les renseignements d'un intérêt général on trouve la description de la fontaine de la place du Grand-Châtelet, du bas-relief du grand fronton de la colonne du Louvre, des notes sur Greuze et une série de petits faits.

[B. N. Coll. complète.]

---

(1) L'épigraphe variait chaque année.

(1) Le titre ici reproduit est celui de la 5e année.

1469. — FANCHON LA VIELLEUSE. Étrennes du Vaudeville. ‖ A Paris, chez Janet, Libraire et Mᵈ de Musique, rue Sᵗ Jacques, nᵒ 31. (Vers 1805.) In-32.

Almanach entièrement gravé, texte, estampes et musique, avec plusieurs airs de *Fanchon la Vielleuse*, les couplets de *Ma Tante Aurore*, la romance du *Séducteur Amoureux*. Cahier de chansons imprimées, ajouté.

Six estampes, dont trois relatives à Fanchon la Vielleuse.

> Au boulevard du Temple,
> Le Jeudi l'on contemple
> Tous les gens du bon-ton.
> Pourquoi la mode a-t-elle
> Fait choix de ce lieu ?... C'est, dit-on,
> Pour entendre la Vielle,
> La Vielle de Fanchon

Les trois autres estampes sont pour *Ma Tante Aurore*, *Michel-Ange*, le *Séducteur amoureux*.

[Voir plus haut, nᵒ 1439, et plus loin, nᵒ 1474.]

1470. — LE PETIT ALMANACH DES DAMES Pour l'Année 1805. 1ʳᵉ Année. ‖ A Paris, Chez Janet, Libraire, Rue Sᵗ Jacques, nᵒ 59. 1805 et suite. In-64.

Almanach publié la même année chez le même éditeur, sous le même titre, que l'almanach qui figure plus haut, sous le nᵒ 1451. Mais d'autant plus différent qu'il s'agit ici d'une publication annuelle.

Chaque année se trouvait ornée de 8 gravures au pointillé.

Texte entièrement gravé, chansons, avec calendrier également gravé.

[8ᵉ année, 1812, Bihn, cat. 15 fr]

1471. — LE PETIT MANUEL DU BOUDOIR. ‖ Paris. (Vers 1805.) In-32.

Petit almanach chantant avec 6 figures attribuées à Desrais : 1. Hommage aux Dames. — 2. Le temple de l'Amour. — 3. Les fêtes de Village. — 4. Les grâces et la beauté. — 5. La Bergère appaisée (sic). — 6. Trop de hardiesse.

Titre et figures de l'almanach « Petit Manuel du Boudoir » — Reproduction d'après les dessins originaux au lavis.

1472. — LE PETIT NÉCESSAIRE, OU

MANUEL DES GENS D'AFFAIRES,
Contenant les naissances et alliances des
Princes et Princesses de l'Empire Français; l'état de la Maison civile et militaire de l'Empereur; celles de l'Impératrice et de la Famille impériale; les
Grands Dignitaires de l'Empire et Grands
Officiers de la Légion d'Honneur; les
Ambassadeurs, les Ministres, et leurs
jours d'audience; le Sénat, le Conseil
d'État, le Corps Législatif, le Tribunat;
les Notaires, Banquiers, Agents-de-Change,
Courtiers de Commerce, etc. || A Paris,
chez Caillot, Imprimeur-Libraire, rue
du Hurepoix, quai des Augustins, nº 17.
(1805-1806.) In-24.

Simple annuaire de renseignements officiels,
avec une série de pages blanches à la fin, pour
l'inscription des souvenirs personnels.

[B. N.]

1473. — LES PLAISIRS PURS OU LE
BONHEUR DE VIVRE A LA CAMPA-
GNE. || A Paris, chez Janet, Libraire,
rue Sᵗ Jacques, nº 31. In-32.

Avec un calendrier pour l'An XIII. Titre gravé
et 12 planches retraçant, toutes, des sujets champêtres. Recueil de chansons.

Le même almanach a dû être vendu tel que
plusieurs années durant, car il se trouve dans la
collection de M. Georges Salomon avec un calendrier pour l'année 1812.

[Ex. mar. r., cat. 22 fr.]

1474. — LE PORTEFEUILLE LYRI-
QUE, OU FANCHON LA VIELLEUSE,
recueil contenant les couplets de la pièce
de Fanchon, et autres ariettes et chansons
nouvelles, calendrier pour l'an quatorze
(1805-1806), avec la date correspondante
de l'ancien calendrier. || A Paris, chez
Caillot. In-32.

Avec figure, comme toujours relative à Fanchon.
[Voir, plus haut, nᵒˢ 1439 et 1469.]
D'après un catalogue de libraire.

[Ex. v. fauve, cat. 5 fr.]

1475. — LES SOIRÉES CHANTANTES
ou le Chansonnier bourgeois, par le cou-
sin Jacques. Tome 1ᵉʳ. || Paris, 1805.
In-18.

Avec musique notée.
D'après un catalogue de libraire.

[Cat. 3 fr. 50]

1476. — LE SPECTACLE DE LA
NATURE. || A Paris, chez Marcilly, rue
Sᵗ Julien le Pauvre, nᵒˢ 14 et 15. (1805.)
In-32.

Petit almanach avec feuilles de perte et de gain.
Titre gravé et 12 compositions, œuvre d'un
burin populaire représentant des sujets agrestes:
1. Le point du jour dans la Campagne. — 2. L'Aurore et les fleurs. —3. Les travaux de la Campagne,
le Soleil. — 4. Le Ruisseau, les fourmies (sic). —
5. Les chenilles. — 6. Les Abeilles. — 7. Gouvernement des abeilles. — 8. Les oiseaux. — 9. Midy
ou l'Instinc (sic) des animaux. — 10. La Promenade du Soir. — 11. La Tempête, le Naufrage. —
12. La Nuit, (rentrée à la maison aux flambeaux).
Calendrier (feuilles se dépliant).

[Catalogué 7 fr.]

1477. — LA VÉRITÉ DANS LE VIN OU
L'UNION DE BACCHUS ET DE L'AMOUR
Nouvelles Étrennes Bachiques, érotiques
et lyriques etc... Pour les Personnes qui
aiment à rire et à chanter à table. || A Pa-
ris, chez Marcilly, papetier, rue St Julien-
le Pauvre, nº 14. (1805.) In-32.

Petit chansonnier à pages encadrées. Au milieu
et non paginé un calendrier pour l'année 1805.
Le même pour 1811. Publication de colportage
avec une mauvaise gravure coloriée pour frontispice.

[Cat. de 3 à 4 fr.]

1478. — ALMANACH CONSTITUTION-
NEL DE L'EMPIRE FRANÇAIS pour l'an
1806; Contenant: 1º un précis historique
des formes politiques du Gouvernement français sous les trois dynasties royales; 2º La vie de Napoléon Iᵉʳ
jusqu'à son avènement au trône impérial; 3º Toutes les Constitutions de l'Empire Français depuis celle de l'An VIII
inclusivement; 4º Le tableau de la France
organisée dans toutes ses parties; 5º Toutes
les lois relatives à la tenue des assem-
blées cantonales et électorales. || A Paris,
chez Dubroca, Libraire, rue Christine,
nº 10. 1806. In-18. (Prix: 2 fr. 50.)

Avec un portrait de S. M. l'Empereur. Cet
almanach, publié par J.-F. Dubroca, a paru à
nouveau avec un calendrier pour 1807, et sans le
portrait.

[B. N. — Année 1806. Lc ²⁴.]

1479. — ALMANACH DE FAMILLE, ou Choix de bouquets de fêtes, couplets, vers pour différentes circonstances, telles que Jour de l'An, Naissance, Anniversaire, etc., pour les enfants à leurs grands-pères, grand'mères, pères, mères, oncles, tantes, parrains, marraines, parents, parentes, protecteurs, protectrices, instituteurs, institutrices, etc. A l'usage des pensionnats. Précédé d'un Calendrier. || Paris, Guillaume, 1806. In-18. (Prix : 1 fr. 50.)

Avec figure. Cet almanach, qui date de 1806, a été renouvelé les années suivantes, jusqu'en 1811, avec le seul changement du calendrier.

(Voir, plus loin, n° 1501.)

1480. — ALMANACH DE LA COUR, DE LA VILLE ET DES DÉPARTEMENTS. Pour l'année 1806. Orné de jolies gravures. || A Paris, chez Janet, Libraire et marchand de musique, rue St Jacques, n° 59, et chez Janet et Cotelle, rue Neuve des Petits Champs, puis chez la Vve Janet. 1806-1848. 39 volumes in-24 et in-32.

Titre en lettres gravées, puis imprimé. A

ALMANACH
DE LA COUR
de la Ville
et des Departements.
— Pour l'Année 1812. —
Orné de jolies Gravures.

A PARIS
Chez Janet Libraire, Rue St Jacques, N.º 59.
Et chez Janet & Cotelle, Rue Neuve des Petits Champs, N.º 17.

partir de l'année 1809, il porte l'aigle impériale, d'abord aigle simple, puis sur fond, avec les armoiries de l'Empire. A partir de 1815 c'est l'écusson fleurdelysé et, plus tard, le coq gaulois.

Les planches des premières années sont des reproductions de tableaux célèbres, quelques-unes très finement gravées à l'eau-forte par Duplessi-Bertaux. Durant le premier Empire, on trouve à la fin de chaque année la liste des dignités conférées par l'Empereur, donnant de nouveaux noms à leurs titulaires.

Après 1814 l'illustration change de genre, le portrait remplace les reproductions de tableaux. Voici la nomenclature des suites les plus intéressantes :

Année 1815. — Portraits, tous gravés par Fr. Janet : 1. Louis XVIII le Désiré. — 2. Saint Louis, d'après Lebrun. — 3. Henri IV, d'après Porbus. — 4. Louis XIV, d'après H. Rigaud. — 5. Louis XVI, d'après Callet.

Cette année donne la composition de la maison du Roi et de toute l'administration de Louis XVIII (Conseil du Roi, Conseil d'En haut ou des ministres, etc.). Au retour de l'île d'Elbe, tout ce qui était en librairie fut saisi par ordre de l'Empereur et rigoureusement détruit, si bien que cette année est très rare à rencontrer.

Année 1819. — Portraits de Catinat, Maréchal de Luxembourg, Maréchal de Saxe, Villars.

Année 1821. — Portraits de Bayard, Lamoignon, premier Président du Parlement, Louis XII, Mathieu-Molé.

Année 1822. — Portraits de La Rochejacquelin, de Lescure, Desaix, Kléber.

Année 1823. — Portraits de Montesquieu, d'Aguessau, Tronchet, Malesherbes.

Année 1824. — Portraits de Vauban, Mme de Staël, Mme de Sévigné, maréchal Lannes.

A partir de 1825, nouvelles modifications dans l'illustration : ce sont des vues de villes et de châteaux. A signaler en cette série :

Année 1825 : (vues des châteaux de Pau, Versailles, Saint-Cloud, Meudon). — Année 1827 : (Porte St-Denis, Porte St-Martin, boulevard des Italiens, hôtel du Ministère des affaires étrangères). — Année 1828 : (Églises Ste-Geneviève, St-Étienne-du-Mont, Val-de-Grâce, Dôme des Invalides). — Année 1829 : (Châteaux de Neuilly, d'Avaray, de Lucienne (sic) et de Rosny. — Année 1830 : (Châteaux de Chenonceaux, de Maintenon, de Lud et de Montmaur). — Année 1831 : (Vues des ports de Boulogne, Calais, Havre, Dieppe).

A partir de 1832 jusqu'à la fin de la publication, ce ne sont plus que des vues de villes, françaises et étrangères, sans aucun intérêt iconographique.

L'Almanach de la Cour se vendait sous l'Empire

avec des cartonnages ornés aux armes impériales surmontées de la croix de la Légion d'honneur ; plus tard de simples cartonnages dépourvus de tous ornements, mais toujours dans leur emboîtage. On faisait également relier des exemplaires en maroquin.

[Suivant leur état les années se vendent : de 1806 à 1816, 8 et 9 fr. en maroquin ; de 1817 à 1832, 5 et 6 fr. ; à partir de cette date, 2 et 3 fr. Cartonnées, avec étui, les années valent de 2 fr. 50 à 4 fr.

1481. — ALMANACH DES AMOURS, Étrennes chantantes. || Paris, 1806. In-18. (2 fr. 50.)

[Coll. Weckerlin.]

1482. — ALMANACH DES FABRI-CANS TRAVAILLANT EN MATIÈRES D'OR, argent et autres Métaux, contenant les noms et demeures de MM. les Horlogers, Fabricans de boîtes, d'Aiguilles de montres, Graveurs sur métaux, Guillocheurs, Émailleurs, Orfèvres, Joailliers, Bijoutiers, Lapidaires, Ciseleurs, Monteurs, Doreurs, Argenteurs, Brunisseurs, Commissionnaires en bijouterie, orfèvrerie et bronze, Arquebusiers, Fourbisseurs, Couteliers, Tourneurs sur métaux, Lamineurs et Plaqueurs [et généralement tous les états qui ont rapport aux métaux...] par J.-A. Azur. || A Paris, au Bureau de placement des Ouvriers des dits états, rue Sᵗ Martin, près celle aux Ours, n° 127. 1806-1845. 22 années. In-12.

Annuaire officiel, un des premiers qui aient remplacé les publications des anciennes corporations, connu partout sous le nom de *Almanach-Azur* et qui devait, par la suite, modifier ainsi son titre :

— *Almanach de la Fabrique de Paris*, faisant suite à l' « Almanach des Fabricants », par le même, (de 1828 à 1834), puis, à partir de 1835, considérablement augmenté, amélioré par Émile Leriche. — Paris, place Bertin-Poirée, 1828-1845, 19 années, in-12.

C'est le Bottin de la Bijouterie ayant, chaque année, un calendrier.

1483. — ALMANACH DES TEMPLIERS, Précédé d'un Précis historique sur leur création et leur chute. Dédié à Mademoiselle Georges. [Épigraphe :] Je me trouve toujours du parti qu'on opprime.

Tragédie des Templiers, Acte 2, scène I. || A Paris, Chez Gauthier, Imprimeur, rue de la Huchette, N° 32. An XIV. — (1806.) In-12.

Frontispice gravé représentant le Grand-Maître des Templiers.

Contient une *notice historique sur les Templiers*, avec quelques extraits de la tragédie des *Templiers*, de Raynouard, jouée en 1805 au Théâtre-Français, avec un succès considérable, et dans laquelle Mˡˡᵉ Georges tenait le principal rôle. Cet almanach fut publié pour répondre à l'historien Daniel, qui avait fait des Templiers « des moines crapuleux et scélérats. »

Calendrier.

[B. N. — H. 12025.]

1484. — ALMANACH DES VÉTÉRANS BOURGEOIS, GARDES D'HONNEUR DU SÉNAT-CONSERVATEUR ; Contenant le nom, la demeure de ses Membres et la date de leur entrée au Corps, avec des notes historiques sur le Bataillon. An 1806. [Épigraphe :] Pro patria mori. || A Paris, de l'Imprimerie de Le Becq, capitaine de la 3ᵉ Comp. rue Sᵗ Jean de Beauvais, n° 27. 1806-1807. In-18.

Avec frontispice gravé représentant un vétéran bourgeois garde d'honneur, signé : Blanchon *excudit*. L'almanach s'ouvre par un calendrier. Suivent des notes historiques sur le corps des Vétérans et sur son régime intérieur (en plus du Sénat, il était chargé de la garde de l'Institut National, et avait envoyé 4 députés au sacre de Napoléon), puis les noms des Sénateurs.

L'année 1806 donne les discours prononcés pour l'installation des commandants au Conseil d'administration. Dans l'année 1807 se trouvent des couplets à S. A. Imp. Madame, Mère de l'Empereur, sur la bataille d'Austerlitz.

[B. N. — Lc 2⁶.]

[Voir, plus haut, n° 1035.]

1485. — ANNUAIRE DU CORPS IMPÉRIAL [PUIS ROYAL] DES PONTS ET CHAUSSÉES, POUR L'AN 1806 ; Présenté à M. le Conseiller d'État Commandant de la Légion d'Honneur, Directeur Général des Ponts et Chaussées, Par Gœury. || Paris, chez Gœury, Libraire de l'École impériale [puis Royale] des Ponts et Chaussées, quai des Augustins, N° 41. 1806, à ce jour. In-18.

Cet almanach qui, comme tous les annuaires

officiels, fut successivement impérial, royal, national, a subi différents changements, sans importance du reste, dans la rédaction des sous-titres.
Sous la Restauration, il engloba également le corps
des Mines, ainsi qu'on peut le voir par les titres
de l'époque. Il contient les décrets, et des notices,
tableaux, renseignements propres à intéresser les
ingénieurs et autres agents de l'administration.

Frontispice de l'année 1806.
[Collection de l'auteur.]

Les premières années ont des frontispices assez
gentiment gravés représentant des chaussées, des
ponts, des canaux, des aqueducs, des ports. En
tête de l'année 1814 se trouve une gravure d'actualité : « Vue du port de Calais, le 25 avril 1814. »
Cette même année contient une curieuse circulaire à MM. les préfets pour la transformation en
fleurs de lis des aigles des bornes départementales.

[B. N. Année 1806. || Coll. de l'auteur. A.
1806, 1807, 1808, 1814-15.]

**1486. — LES A-PROPOS DE L'OPÉRA-
COMIQUE ET DU VAUDEVILLE.** || A
Paris, chez Jubert, doreur, rue Sᵗ Jacques,
Nᵒ 37 (1806). In-32.

Titre gravé dans une lyre.
Almanach avec planches se rapportant à des
scènes des pièces représentées à ces deux théâtres.
Texte, chansons et musique, également gravé, et
cahier de chansons imprimé.
Calendrier pour l'an XIV-1806.

[Ex. mar. r. cat. 18 fr.]

**1487. — LES AVANTAGES DE LA
CONSTANCE, Variétés Lyriques.** || A
Paris, Chez Janet, Libraire, rue Sᵗ Jacques, nᵒ 31. 1806. In-24.

Titre gravé représentant une femme appuyée
contre une colonne, avec un amour, et 12 figures
assez finement exécutées : 1. Le Danger de l'exemple (amants se courtisant.) — 2. Le Danger de la
jalousie. — 3. Les Apparences sont trompeuses.
— 4. La Morale à la mode (Myrtil, aux pieds
d'un saule, soupirant et versant des larmes). —
5. Les Proverbes. — 6. Le Soldat de la tour. —
7. Un Bienfait n'est jamais perdu. — 8. Chacun a
son entente. — 9. Le plus grand des Maux. —
10. L'Amour auteur. — 11. Le Miroir qu'il faut
consulter. — 12. Tous les jeux sont dangereux.
Toutes ces estampes sont dans la note amoureuse de l'époque.

[Cat. Morgand : ex. mar. r. 40 fr.]

**1488. — LE CALENDRIER GRÉGO-
RIEN** rétabli, ou Concordance des dates
avec l'Annuaire de la République, de
l'an 2 à l'an 15. Auquel on a joint un
Précis chronologique des Événemens remarquables depuis l'ouverture des États
Généraux en France jusqu'à présent :
Almanach pour l'année 1806. || A Paris,
chez Janet, Libraire, rue Sᵗ Jacques,
nᵒ 59. In-18.

Petit almanach très bien imprimé comprenant
strictement ce qui figure sur le titre. Chaque
page est dans un cadre typographique. (Voir,
plus loin, nᵒ 1576.)

[Cat. de 3 à 4 fr.]

[Coll. de l'auteur.]

**1489. — LE CHANSONNIER DE
BACCHUS** ou les Étrennes du Jour de
l'An. || A Paris, chez Pillot jeune, Li-
braire, place des Trois Maries, nᵒ 4, vis-à-
vis le Pont-Neuf, et Palais du Tribunat.
M.D.CCC.VI. In-18.

Chansons bacchiques et autres. Frontispice
représentant Bacchus sur un char aux côtés de
Vénus.
Calendrier pour 1806. Le même almanach se
trouve avec des calendriers pour 1808 et 1809.

[Coll. Olagnon.]

**1490. — LES ÉTRENNES DU TACHY-
GRAPHE,** 1ʳᵉ année, dédiées à Son Altesse le Prince archichancelier, par
Mˡˡᵉ Coulon de Thevenot. || Paris, 1806-
1809. Pet. in-8 carré.

Ce recueil renferme différentes œuvres connues,

en caractères sténographiques, notamment : « Les quatre parties du jour » du cardinal de Bernis, et un Traité de l'art de parler au public par un célèbre comédien.

[Cat. 5 fr.]

1491. — NOUVELLES ÉTRENNES IMPÉRIALES, ou Calendrier de la Cour et de la Ville, pour l'an 1806. Déposées à la Bibliothèque nationale, avec Titres de Propriété. || A Paris, chez Tiger, Imprimeur Libraire, Place Cambray, au Pilier Littéraire et chez les Marchands de Nouveautés. 1806-1814. In-32.

En manière de frontispice est un mauvais bois populaire représentant Napoléon Ier et l'Impératrice Joséphine. Après le calendrier, en tête du texte, se trouve encore un portrait de Napoléon Ier.
Texte encadré d'un double filet.
Cette publication, du même genre que les *Étrennes mignonnes* et le *Trésor des almanachs*, donne toutes sortes de renseignements concernant l'empire français : les ministres, maréchaux, grands-officiers, le Sénat, le Corps législatif, la maison militaire de l'Empereur, le tableau des Agents de Change (la Bourse était alors aux Petits-Pères, place des Victoires), les Messageries, la Poste.
En 1810 le mot « Nouvelles » disparaît du titre et l'almanach devient :
— *Étrennes impériales, ou Calendrier de la Cour et de la ville.* || Paris, Tiger. (1811-1814.)

[B. N.]

[Cat. de 2 à 4 fr., suivant l'état.]

1492. — NOUVELLES ÉTRENNES PARTICULIÈRES ET UNIVERSELLES. Almanach comme il n'y en a point. || A Paris, chez Tiger, Imprimeur-Libraire, rue du Petit Pont St Jacques, au coin de celle de la Huchette, au Pilier Littéraire, puis chez Demoraine et Boucquin. 1806-1840. 35 Années. In-32.

Autre publication, du même genre que la précédente.
A partir de 1811 le mot : « Nouvelles » disparaît du titre. Se vendaient dorées sur tranches et cartonnées (un cartonnage gaufré). Contenaient en plus des renseignements officiels (famille Impériale, puis Royale, ministres, enseignement, état ecclésiastique, solde des troupes), des poésies et des récits (curiosités diverses).
Texte des pages encadré d'un double filet.
[Cat. de 1 fr. 50 à 3 fr., suivant l'état.]

1493. — LE PETIT PAROISSIEN DE L'ENFANCE. || *Paris, chez Marcilly,*

(Firmin Didot Impr.). (1806.) In-128. (26 mill. de hauteur.)

Imprimé en caractères microscopiques, avec 5 figures.
[B. N.]
[Ex. mar. r., Morgand, 25 fr.]

1494. — LE PLUS PETIT CHANSONNIER. Almanach pour l'année 1806. || A Paris, chez Janet, Libraire, rue St Jacques, n° 31. In-128.

Almanach gravé. Chansons, et calendrier avec 8 petites figures. En plus : Devises pour les Demoiselles, Devises pour les Garçons.
[Cat. Techner. Ex. mar. r., attributs sur les plats, 15 fr.]

1495. — LES ROSES DU VAUDEVILLE, OU LE CHANSONNIER DU JOUR. || A Paris, chez Pillot Jeune, Libraire, Place des Trois-Maries, n° 2, vis-vis le Pont-Neuf, [puis chez les Marchands de Nouveautés. 1806] et suite. In-12.

Recueil de chansons, avec frontispice et calendrier. Poésies roulant presque invariablement sur l'Amour, l'hymen, Églé ou la rose de Colette ; toujours le sexe charmant et les galants ébats. On y trouve des pièces des deux Ségur, Philipon La Madelaine, Désaugiers, Armand Gouffé, Em. Dupaty, Berchoux, l'auteur de la *Gastronomie*, Hoffmann, Barré, etc.
Le frontispice de la première année, très jolie figure, représente les Muses couronnant les bustes de Favart, Collé, Piis, Barré, Pannard. Le frontispice de 1808, montre un homme échangeant la rose du Vaudeville avec la rose qui orne le corsage d'une dame.

[Coll. de l'auteur.]

1496. — LE SOUPER CHAMPÊTRE, ou l'Art de se récréer. Dédié à la Jeunesse. || A Paris, Chez les marchands de Nouveautés (1806). In-32.

Frontispice gravé, colorié (joueuse de guitare).
Publication de colportage.
Recueil de chansons.
[Communiqué par M. Bihn.]

1497. — LE SECRET DE PLAIRE. Almanach chantant pour la présente année. || A Paris, chez Caillot, Imp.-Libraire, rue du Cimetière-André, n° 6 (1806). In-32.

Frontispice populaire colorié : personnages s'embrassant. Publication de colportage dont la plupart des chansons sont consacrées à l'amour.

1498. — SUZETTE AU BOIS DE BOU-
LOGNE. Almanach chantant et récréatif.
|| A Paris, chez Tiger, Imprimeur-Li-
braire, place Cambray, au Pilier Littéraire. (1806.) In-32.

Frontispice colorié (enluminage grossier) représentant un monsieur et une dame à cheval. Recueil
de chansons : publication de colportage.

[Cat. 3 fr. 50.]

1499. — TABLE GÉNÉRALE DU
RAPPORT DU CALENDRIER RÉPUBLI-
CAIN, depuis le 1er vendémiaire (22 septembre 1793), an II, époque à laquelle il
a commencé à être en usage, jusques au
11 nivôse, an XIV (1806), époque à la-
quelle il a été aboli. || Paris, 1806. In-12.

D'après un catalogue de libraire.

[Cat. 3 fr.]

1500. — ALMANACH CHANTANT pour
1807, ou Choix de Chansons et poésies
légères tant anciennes que modernes. ||
Paris. In-32.

[Coll. Weckerlin.]

1501. — ALMANACH DÉDIÉ AUX
DAMES pour l'An 1807. || A Paris, chez
Le Fuel, Doreur et relieur, puis chez
Le Fuel et Delaunay. An 1807. — 1807-
1830 (1), 23 volumes in-16.

Titre gravé avec vignette. Feuilles de notes
pour les mois. « Nous prévenons nos Lecteurs »,
dit l'éditeur, en un avant-propos, « que le recueil
que nous leur offrons peut être laissé dans toutes
les mains. La jeunesse n'y trouvera rien de dangereux n'y d'équivoque. »

La petite vignette du titre varie chaque année,
mais il est rare que l'Amour n'y figure pas d'une
façon quelconque. A noter, à l'année 1826, un
petit buste de Marie Stuart ; en 1822, le portrait
de la duchesse d'Orléans, duchesse de Savoie
(1648-1664). Les pointillés sont quelquefois assez
gentils. La 1re année a un frontispice et pas de
planches. Les autres années ont régulièrement six
compositions gravées sur acier (reproductions de
tableaux des écoles française, flamande et italienne).

Les volumes en grand papier ont des feuilles de
souvenirs gravées, d'une exécution plus ou moins
artistique : on y rencontre cependant, quelquefois,
de jolies têtes en médaillons, des allégories et des
vues (villes ou paysages).

----

1) Et non 1826 comme l'indique Quérard par
erreur.

Comme texte cet almanach, ainsi que tous ses
congénères, se composait de morceaux de poésies,

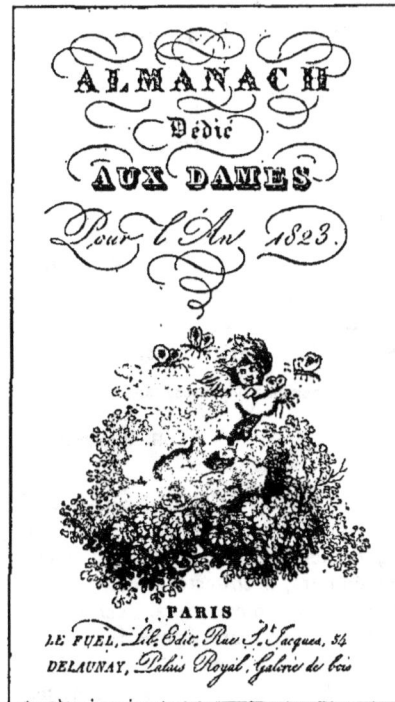

de chansons et d'ariettes à la mode et même de
récits en prose. On y rencontre les noms de D'Arnaud, Armand Gouffé, Boufflers, André Chénier, Desforges, Mme Dufrenoy, de Jouy, Le
Filleul, Pons de Verdun, comtesse de Salm,
Vigée, Tissot, Ancelot, Baour-Lormian, de Neufchâteau, Desbordes-Valmore, Delphine Gay, Guiraud, Victor Hugo, Ch. Nodier, Parceval-Grand-
maison, de Ségur, Alex. Soumet, Alf. de Vigny,
C. Delavigne, Mme Tastu, Saintine, etc.

Le prix du volume ordinaire, dans son étui de
carton, était de 4 fr. Mais les exemplaires de luxe
reliés en plein maroquin rouge anglais à dentelles, et renfermés dans un étui, également en
maroquin, se vendaient 10 et 12 fr. L'éditeur
exécutait également pour cet almanach des reliures
de haute fantaisie, soit en velours avec coins en
métal, soit en satin blanc, bleu ou rose, avec ornements en couleur. Ces petits volumes, lorsqu'ils
se rencontrent en cet état, se paient fort cher.

[Cartonnés de 2 fr. 50 à 3 fr. : reliés, en veau
4 à 5 fr., en maroquin, 7 à 8 fr. : reliés, velours
ou satin, avec emboîtage, de 20 à 25 fr.]

1502. — ALMANACH DE FAMILLE, ou
Choix de Bouquets de Fêtes, Couplets pour
différentes circonstances, telles que Jour
de l'An, Mariages, Naissances, Anniver-

saires, etc. || A Paris, à la Librairie Éco-
nomique, Rue de la Harpe, n° 94, ancien
collége d'Harcourt (1807). In-18.

Frontispice (jeune enfant venant souhaiter la
fête à son grand-père). Recueil comme il en a été
publié beaucoup à cette époque et qui, à partir de
1809, complètent son titre, quelque peu insipide,
de bouquets et de compliments, commençant par
les vers d'une demoiselle à sa mère en lui envoyant
pour étrennes un ouvrage de tapisserie.

(Voir, plus haut, n° 1479 et, plus loin, n° 1551.)
                              [Coll. Olagnon.]

1503. — ALMANACH DES ENFANS
SANS SOUCI. || Paris. In-18.

Recueil de chansons joyeuses dans la note du
jour.
                              [Coll. Weckerlin.]

1504. — ALMANACH GÉNÉRAL DES
CONSTRUCTIONS CIVILES, pour l'an
1807 ; contenant les noms et demeures
des ingénieurs, architectes, dessinateurs,
entrepreneurs, menuisiers, serruriers,
couvreurs, carreleurs, paveurs, plom-
biers, carriers, plâtriers, salpêtriers, épin-
gliers-treillageurs, cloutiers, fumistes,
marbriers-sculpteurs, vitriers, peintres-
doreurs, mécaniciens, tourneurs, miroi-
tiers, ventillateurs, marchands de fer, de
tuiles, de bois de charpente et de menui-
serie, toiseurs, contrôleurs, et vérificateurs de tous les ouvrages qui ont
rapport aux constructions ; le lieu des
dépôts, magasins et chantiers, avec le
tarif des matériaux ; le vocabulaire des
nouveaux poids et mesures, suivi de leur
rapport réciproque avec les anciens ; détails et avis intéressants ; enfin, les ingénieurs et entrepreneurs des ponts et
chaussées, et autres artistes résidants (sic)
dans les divers départements de l'inté-
rieur. || Paris, Demoraine, 1807. In-12.
(Prix : 2 fr.)

Pur almanach professionnel qui a dû paraître
pendant de nombreuses années.

1505. — ALMANACH LYRIQUE DES
SPECTACLES ou Choix de Nouvelles
Ariettes. || A Paris, chez Janet, Libraire
et Mᵈ de Musique, rue Sᵗ Jacques,
n° 59 (1807). In-24.

Petit almanach avec musique, entièrement gravé,

à l'exception du calendrier qui le précède et des
feuilles d'ariettes nouvelles ajoutées.

Les planches reproduisent les sujets des principales romances : 1. Gulistan. — 2. Uthal. —
3. Agnès Sorel. — 4. La Jeune Mère. — 5. Monsieur Deschalumeaux. — 6. Le vieux chasseur.

Ces gravures sont d'un burin pénible et ennuyeux.
                              [Cat. 7 fr.]

1506. — ANNALES NÉCROLOGIQUES
DE LA LÉGION D'HONNEUR, ou Notices sur la vie, les actions d'éclat, les
services militaires et administratifs, les
travaux scientifiques et littéraires des
membres de la Légion d'Honneur, décédés depuis l'origine de cette institution : Dédiées à S. M. l'Empereur et
Roi, chef suprême de la Légion d'Honneur, et rédigées d'après des mémoires
authentiques, Par Joseph La vallée,
chef de Division à la Grande chancellerie, etc. (Avec quinze Portraits de
Légionnaires, gravés en taille-douce.)
|| A Paris, Chez F. Buisson, Libraire,
rue Gît-le-Cœur, n° 10, ci-devant rue
Hautefeuille, n° 20. 1807. In-8.

Conformément au titre, ce sont, en effet, de simples notices biographiques sur les membres de la
Légion d'Honneur morts depuis son institution
jusqu'en 1807.
Le titre annonce 15 portraits : l'exemplaire de
la B. N. n'en contient aucun.
                      [B. N. — Lc ²⁵ 12.]

1507. — ANNUAIRE OU RÉPER-
TOIRE ECCLÉSIASTIQUE A L'USAGE
DES ÉGLISES RÉFORMÉES et protestantes de l'Empire français, Contenant
une Notice historique sur la Situation
civile, politique et religieuse des Réformés en France depuis l'Édit de 1787 ;
l'Organisation de toutes les Églises réformées et protestantes d'après la Loi
du 18 Germinal an 10 ; les Lois et Décrets rendus en leur faveur depuis 1787 ;
leur Discipline ; le Tableau de tous les
Pasteurs, etc., etc. Par M. Rabaut le
Jeune, Ex-législateur, membre de la
Légion d'Honneur, et Conseiller de préfecture au département de l'Hérault.
[Épigraphe :] Deus nobis hæc otia fecit.
De l'Imprimerie de Brasseur aîné. || A
Paris, chez M. le Pasteur Rabaut-Pomier,
rue Neuve-Saint-Roch, N° 32 ; ou chez le
Concierge du Temple Saint-Louis, rue

Saint-Thomas-du-Louvre. Et à Montpellier, chez l'Auteur. 1807. In-8.

Il est dit dans la préface « qu'il ne faut pas penser que cet Ouvrage paraisse toutes les années ; nous ne réimprimerons pas ce qui l'aura été, nous bornant à vous offrir les seuls objets nouveaux qu'il sera intéressant que vous connaissiez. Ce Répertoire sera très utile aux Consistoires pour l'administration des Églises ; depuis longtemps nos frères les Catholiques Romains en ont un. »

Donne la liste des Églises Consistoriales, avec le nom de leurs pasteurs, et une notice historique pour chacune de ces Églises. On y trouve tous les Décrets et Lois relatifs à la Religion réformée. [Voir, plus loin, n° 1530.]

[B. N.]

1508. — APOLLON ET LES MUSES, Calendrier pour l'Année MDCCCVII. Dédié et Présenté à Sa Majesté l'Impératrice et Reine Joséphine. ‖ A Paris, Chez Chaise Jⁿᵉ, Éditeur, Mᵈ d'Estampes, Rue Nᵛᵒ des Petits Champs, vis-à-vis le Ministre (sic) des Finances, n° 53. In-4.

Titre en lettres gravées, avec lyre.

Almanach orné de 11 gravures au pointillé, signées Laffitte *del.* Parfᵗ Augrand, *Sculp.* La 1ʳᵉ est une sorte de frontispice allégorique placé en regard de la lettre dédiant l'ouvrage à l'Impératrice ; on voit de jeunes enfants offrant le recueil à un buste de l'Impératrice, avec une couronne de lauriers. Les autres gravures représentent Apollon et les neuf Muses dans des médaillons ronds, au-dessous desquels se lit le nom de la divinité représentée. Voici l'ordre dans lequel elles se trouvent : 1. Apollon. — 2. Calliope. — 3. Clio. — 4. Érato. — 5. Thalie. — 6. Melpomène. — 7. Terpsichore. — 8. Euterpe. — 9. Polymnie. — 10. Uranie.

Texte, notices sur Apollon et les Muses.'

[Communiqué par M. Greppe.]

1509. — BABIOLES AMUSANTES. Petites Étrennes nouvelles pour l'An 1807. ‖ A Paris, chez Marcilly, rue Sᵗ Julien le Pauvre, nᵒˢ 14 et 15. In-64.

Almanach gravé. Chansons et calendrier avec 12 petites figures.

[Ex. mar. r. 26 fr.]

1510. — LE BIJOU DE L'AMOUR OU L'ALMANACH DES CŒURS, hommage de la Galanterie à la Décence et à la Beauté. ‖ A Paris, chez Janet, rue Jacques, n° 31 (1807). In-32.

Titre gravé au milieu d'une composition allégo-

rique : l'Amour, un cœur en main, debout sur le monde à côté de deux femmes. Dans le haut, guirlande d'amours. Poésies de Boufflers, Favart, Florian. 12 figures, dont voici les légendes :

— 1. (Amours forgeant des cœurs :)

    ... Que deviendraient les familles
    Si les cœurs des jeunes garçons
    Étaient faits comme ceux des filles ?

— 2. Le poison du cœur. — 3. La culture du cœur. — 4. Les saisons du cœur :

    Quand les mains vides l'on s'approche
    De quelque Lyrique tendron,
    Son cœur est plus dur qu'une roche ;
    Le mouton devient un dragon.
    Mais quand le beau métal arrive,
    A l'aspect de ce factoton,
    La raison fuit, l'honneur s'esquive,
    Le dragon devient un mouton.

— 5. Le papillon et l'homme. — 6. Les cœurs fripons et heureux :

    Rappelle-toi ces Couplets qu'à ta gloire,
    En impromptu, je chantai dans le bois ;
    Je t'enchantai, l'éloge est doux à croire :
    Eh bien ! ces Vers m'avaient servi dix fois.
    N'oublions pas cette grande tempête,
    Quand pour fléchir ton amour outragé,
    D'un pistolet je menaçais ma tête ;
    Eh bien ! d'honneur, il n'était pas chargé.

— 7. Le cœur d'une jeune fille. — 8. Les cœurs tels qu'ils sont :

    Maris, vous vous fâchez à tort
    De ce qu'on vous met à la mode ;
    Un logis dont votre ami sort
    Est-il pour cela moins commode ?
    Au Palais qu'habitent les Rois
    La jeune coquette ressemble :
    Petits et Grands, Princes, Bourgeois,
    Pêle-mêle, tout s'y rassemble.

    ... C'est par le Port à l'Anglais
    Qu'il faut s'embarquer pour Cythère.

— 9. Le cœur tourmenté. — 10. Le cœur d'un bon fils. — 11. Le cœur maître de soi-même. — 12. Les cœurs captifs :

    Que je voudrais pouvoir, comme l'amour,
    En avoir mille à t'offrir, ma bergère !

Dans nombre de ces vignettes voltigent des petits amours, messagers des cœurs. Texte gravé, accompagné d'un cahier d'ariettes nouvelles de *la Tapisserie.* — Calendrier se dépliant, pour 1807. [Coll. de Savigny.]

[Ex. mar. r. cart. 80 fr.]

1511. — LE BOSQUET D'AMA-THONTE, Étrennes lyriques par MM. F. S*** et C. P***. ‖ A Paris, chez Tiger,

A Paris, chez JANET.
Rue St Jacques, N.º 31

Les cœurs fripons et heureux.

Les cœurs tels qu'ils sont.

Le cœur maître de soi-même.

PLANCHES DE L'ALMANACH « LE BIJOU DE L'AMOUR ».

[Collection du vicomte de Savigny de Moncorps.]

imprimeur-libraire, place Coudray, au Pilier littéraire (1807). In-24.

Avec un frontispice représentant des amoureux dans un bosquet : dans le fond, femme nue entourée d'amours dardant sur elle leurs flèches. Calendrier.

[Coll. Olagnon.]

1512. — LE BOUQUET DE JASMIN, Chansonnier Dédié au beau Sexe. ‖ A Paris, chez Caillot, Imprimeur-Libraire, rue du Cimetière-St-André, n° 6. (1807.) In-18.

Frontispice ; un homme offrant un bouquet de jasmin à deux femmes assises dans un jardin. Recueil de poésies avec un calendrier, s'ouvrant par une épître au jasmin :

Aimable fleur ! auprès de ma Clémence,
Mêle ta neige à celle de son sein ;
Prends son éclat, elle ton innocence,
Et tous les goûts seront pour le Jasmin.

.·.

Pour ces couplets ayez de l'indulgence :
L'auteur espère un fortuné destin,
Puisque des dieux la douce bienveillance
N'a point donné d'épines au jasmin.

[Coll. de l'auteur.]

1513. — CALENDRIER IMPÉRIAL, pour l'an 1807 : Contenant l'état de la Maison Impériale, des grands Dignitaires, Ministres et Grands Officiers de l'Empire et de la Couronne ; les Maisons Civile et Militaire de l'Empereur, de l'Impératrice et des Princes ; l'organisation des Ministères et Administrations publiques ; leurs jours d'audience et ouverture de leurs bureaux, l'État-Major-général des armées de terre et de mer, et les noms des Colonels de tous les corps, la liste et demeure des Sénateurs, Conseillers d'État, Maîtres des requêtes, Auditeurs, Tribuns, Législateurs, Juges de toutes les Cours et Tribunaux siégeant à Paris ; des Notaires, Avoués, Banquiers, Agens de Change et Courtiers de Commerce ; des Cardinaux, Archevêques et Évêques de France ; l'organisation du gouvernement de Paris, de ses Préfectures et Administrations locales ; Établissemens d'Instruction et Hospices ; accompagné des jours et heures des séances des Sociétés savantes, des Cours publics, de l'ouverture des Bibliothèques et Musées, du départ des Courriers et Diligences, etc. Prix 1 fr. De l'Imprimerie de Moronval,

Place St-André-des-Arcs, n° 30. ‖ A Paris, Chez Tardieu, libraire, passage du Panorama ; Chez Chaumerot, libraire, palais du Tribunat, première galerie de bois, près le passage de Valois, n° 188 ; Et chez tous les marchands de Nouveautés. 1807. In-18.

Concurrence au *Calendrier de la Cour Impériale*. — J'ignore si cette première année a eu une suite.

[B. N.]

1514. — LE CALENDRIER TRANSFORMATEUR, contenant les tables de conversion des nouveaux poids, mesures et monnaies. ‖ A Paris, chez Dubroca, Libraire, rue Christine, n° 10 (vers 1807). In-18.

Se vendait 75 cent. D'après un catalogue de l'éditeur.

1515. — LE CAVEAU MODERNE OU LE ROCHER DE CANCALLE (sic) (1), Chansonnier de table, Composé des meilleures Chansons de l'ancien Caveau, des Dîners du Vaudeville, de la Société Épicurienne, dite des Gourmands, etc., etc. Par les auteurs du Journal des Gourmands et des Belles. [Épigraphe :] (2).

Sur le plan du vieux Caveau
Fondons un Caveau nouveau :
Là, qu'une ivresse unanime
Un jour par mois nous anime.

DE PIIS, *Grande Ronde du petit Vaudeville*.

‖ A Paris, au Bureau du Journal des Gourmands, chez Capelle et Renaud, Libraires-Commissionnaires, rue J.-J. Rousseau, n° 6, [puis chez Alexis Eymery, rue Mazarine, n° 30]. 1807 (1807-1817). 11 années. In-12.

Chaque année a un frontispice se rapportant à une des chansons du volume ; dessiné par Fontaine ou Touraty, gravé par Mariage ou Lerouge. Celui de la première année représente les membres du Caveau à table, avec la légende :

Pour voir de bons refrains éclore,
Buvons encore.

Le titre des premières années est imprimé ; à partir de l'année 1808, il est gravé, avec une petite vignette se rapportant également à une des chansons.

Le Caveau Moderne, qui tire son sous-titre du restaurant où se réunissaient ses adhérents (le restaurateur Balaine, situé rue Montorgueil, au

---

(1) A partir de la 8e année tous les détails du titre disparaissent.

(2) L'épigraphe variait chaque année.

coin de la rue Mandar) vint remplacer les *Dîners du Vaudeville* disparus en l'an X. Cette société nouvelle, autrement dit la *Société Épicurienne* surnommée des *Gourmands*, eut d'abord pour organe le *Journal des Gourmands et des Belles*, fondé en janvier 1806 et se réunit sous la présidence de Laujon. *Le Caveau Moderne* fut donc une publication annuelle donnant des chansons empruntées aux œuvres des meilleurs auteurs morts et aux membres contemporains de la société : Laujon, de Piis, Armand Gouffé, Philipon de la Madelaine, Demantort, Despréaux, Désaugiers, Antignac, Brazier, Ducray-Duménil, Coupart, Jacquelin, Ourry, etc... L'année 1815 donne l'édition originale de 8 chansons de Béranger qui ne devaient paraître que l'année suivante dans le premier recueil des chansons du poète. D'emblée, les éditeurs avaient déclaré que leur publication ne devait pas être confondue « avec les almanachs chantants apparaissant chaque année, et que l'on remplit de chansons bachiques, anacréontiques ou morales, bonnes ou mauvaises » ; c'était, bien réellement, un choix de ce qui, durant le cours de l'année, avait eu le plus de succès dans le *Journal des Gourmands.* « Sans vouloir publier un almanach », ajoutaient-ils, « nous croyons néanmoins devoir choisir, pour faire paraître notre Recueil, une époque voisine du jour de l'an, afin de mettre les Amis de la *Table* et des *Belles* à portée d'offrir cet ouvrage comme Étrenne, s'ils le jugent à propos. »

Chaque année se vendait 1 fr. 80.

[Coll. Olagnon. || Coll. de l'auteur.]

1516. — LA CLEF DES CŒURS OU AMOUR ET FOLIE. Almanach précieux. || A Paris, chez Janet, libraire, rue St-Jacques, nº 59. (1807.) In-32.

Titre gravé : un rideau portant le nom de l'almanach. En haut, un cœur ailé, avec une clef fichée dedans.

Gravures accompagnées d'un texte de chansons, gravé. 1. Tenez, voyez celui-là, le titre le jugera (un personnage achetant des livres à la vitrine d'un libraire) :

> A présent en littérature
> On juge tout par la gravure:
> Offre-t-elle un tableau sanglant,
> Oh! le livre est intéressant (*bis*)!
> Ici ce n'est pas mêmes choses
> On voit un amour et des roses :
> La rose tombe au gré du vent,
> L'Amour n'est pas toujours charmant.

2. L'Amour en perspective ou Lise et son chat. — 3. L'enlèvement d'Europe. — 4. Le feu partout ou l'Amour des amans. — 5. Le dîner d'amis.

> Quatre ou six amis bien semblables
> Ayant bon cœur, peu de désirs,
> A se voir mettant leurs plaisirs,

> Rassemblés à frugales tables,
> Est-il un bonheur plus parfait?
> N'est-ce pas là le bien suprême?
> Le riche en vain le chercherait,
> Il n'a pas de second lui-même.

— 6. La confession difficile ou l'ortographe

A Paris chez Janet Libraire Rue St Jacques Nº 59

le Dîner d'Amis.

change tout. — 7. Le mari de retour ou la contrition conjugale. — 8. Le portrait de Bélise. — 9. L'ouvrage au rabais. — 10. Le singe en cornette. — 11. Lise et ses deux amans. — 12. Les Noces du genre humain.

> De Père en Père en remontant
> Jusqu'au premier des Hommes,
> La Sainte histoire nous apprend
> Que, tous tant que nous sommes,
>
> > Chacun, tour à tour,
> > Nous devons le jour
> > Au nœud du mariage ;
> > Nous ne serions pas
> > Si nos bons Papas
> > N'en avoient fait usage.
>
> ⁂
>
> Faisons ce qu'ont fait nos Parens
> Pour grandir leur famille,
> Et faire éclore des Enfans,
> Marions Fils et Filles.
>
> > A nos successeurs
> > Donnons-les douceurs
> > Qu'offre le mariage, etc.

Cahier d'ariettes nouvelles ajouté.
[Coll. Victorien Sardou. || Coll. baron Pichon.]

1517. — LES DOUX LOISIRS DE LA VILLE ET DE LA CAMPAGNE. || A Paris, chez Janet, libraire et marchand de musique, rue St-Jacques (1807). In-24.

Recueil de chansons avec almanach. Titre gravé et 12 figures : 1. Les Oiseaux du bocage. — 2. Le sage emploi de la jeunesse. — 3. Les Rigueurs de la bise. — 4. Les deux enfants. — 5. La Rose d'amour. — 6. L'Indulgence par amour. — 7. L'Union pastorale. — 8. La Tourterelle du bosquet. — 9. Quelque chose et peu de chose. — 10. Le Brave Berger récompensé. — 11. Les Tendres reproches. — 12. La Bonne épouse et son bon cœur.

Texte gravé, avec un cahier imprimé d'ariettes nouvelles. Romances sentimentales et amoureuses dans la note de l'époque.
[Cat. de 20 à 25 fr.]

1518. — ÉTRENNES SANS PAREILLES OU LES AMUSEMENS DU CŒUR ET DE L'ESPRIT. || A Paris, chez Marcilly, Md Papetier, rue St-Julien-le-Pauvre, nos 14 et 15, et rue du Marché-Palu. In-32.

Avec un calendrier se dépliant, pour 1807. Titre gravé et 12 compositions d'une assez bonne exécution : 1. Les Étrennes Charmantes. — 2. La Jeune Péruvienne. — 3. Les premières amours. — 4. Le sentiment à la mode. — 5. St-Preux et

Julie. — 6. Le chasseur et le tourtereau. — 7. La douce épreuve. — 8. L'heureux retour. — 9. Les Amours ennuyeux. — 10 La perte irréparable. — 11. Anacréon avec ses amis. — 12. L'Esprit et l'Amour.
[Cat. 20 fr.]

1519. — LA LYRE ENCHANTÉE, ou Recueil annuel des meilleures chansons et romances. An 1807. || A Paris, chez Ch. Villet, Libraire, rue Hautefeuille, n° 1. M.DCCC.VII. In-12.

Frontispice gravé (la déesse Flore et les Amours), avec cette légende :
> *Flore, en chantant, fait des dons aux amours ;*
> *Elle ouvre ainsi la saison des amours.*

Recueil de chansons se proposant d'offrir, chaque année, au public ce que les chansonniers ont produit « de plus ingénieux et de plus digne d'être conservé ». J'ignore s'il existe d'autres années.

1520. — MANUEL POUR LA CONCORDANCE DES CALENDRIERS RÉPUBLICAIN ET GRÉGORIEN, ou Recueil complet de tous les Annuaires depuis la première année républicaine. [Troisième édition, dans laquelle les Tables de concordance sont portées jusqu'à l'an XXXIV-1826.] || A Paris, chez Antoine-Augustin Renouard, rue St-André-des-Arcs, n° 55. M.DCCC.VII. In-12.

Cet almanach contient, outre la concordance des dates, les décrets relatifs à l'établissement de l'ère républicaine et le Sénatus-Consulte sur le rétablissement du calendrier grégorien, du 22 Fructidor an XIII.
[Coll. de l'auteur.]

1521. — MÉMORIAL DRAMATIQUE OU ALMANACH THÉATRAL pour l'an 1807 contenant l'analyse raisonnée et critique de toutes les Pièces jouées aux différens Théâtres de la Capitale, en l'An 1806, les Noms de leurs Auteurs et la date des Représentations, le Précis historique des principaux Spectacles, les Noms des Acteurs et Actrices attachés aux dits Théâtres, et un Calendrier pour la présente année. Dédié à M. Talma et orné de son portrait. — Prix : 1 fr. 25 cent. || Paris, Hocquet et Cie, imprimeurs, rue du faubourg Montmartre, n° 4, au coin du boulevard, Frechet, libraire-commissionnaire, rue du Petit-Bourbon-St-Sulpice. [A partir de la 3e année, Frechet est

VIGNETTES DES MOIS POUR UN ALMANACH DE LA RESTAURATION (1817).

remplacé par Barba.] M.DCC.VII. 1807-
1819 : 13 volumes in-24.

Almanach rédigé par MM. Warez, ancien
régisseur de l'Ambigu, et Charrin chansonnier,
auteur dramatique, qui paraissait chaque année,
au 1er janvier. En tête, un calendrier. Cette publication n'a guère changé d'aspect pendant toute sa
durée. Seuls les « contenant » du titre ont reçu
quelques adjonctions, du reste sans importance.

Les trois premières années contiennent des
portraits, lesquels sont mentionnés sur la couverture de la façon suivante :

Ire Année (1807). Dédié à M. Talma et orné de
son portrait. Figure ovale tournée de 3/4 à gauche (physionomie expressive mais remarquable-
ment laide). Légende :

Des replis de nos cœurs peintre unique et fidèle,
Du plus rare talent il est le vrai modèle.

IIe Année (1808). Dédié à M. Vestris et orné
de son portrait (figure dans un ovale).

IIIe Année (1809). Dédié à Mme Belmont et
orné de son portrait (médaillon à l'antique, profil
tourné à droite).

[La collection des 13 années, qui se vendait
18 fr., a atteint 35 fr. à la vente Sapin.]

1522. — NÉCROLOGE DES AU-
TEURS VIVANTS. Ci-gissent...... par
L. M. D. L**** ‖ Paris, Frechet, Libraire-
Commissionnaire et Directeur du Gla-
neur Littéraire, rue du Petit-Bourbon-
St-Sulpice, n° 21. M.DCCC.VII. In-18.
(Publié à 1 fr. 80.)

Avec un calendrier. Les littérateurs ne figurent
point seuls dans ce nécrologe. Pour faire taire
toutes les jalousies, artistes, peintres, musiciens y
avaient aussi leur place. Le recueil devait « paraître tous les ans et peut-être tous les six mois ».
Toutefois, je ne connais que l'année 1807.

Petits ou grands, les écrivains de l'époque y sont
assez fortement malmenés. Quelques noms, glanés
de ci, de là :

« — Gilbert de Pixérécourt. La représentation de
ses mélodrames vaut à M. de Pixé. soixante mille
francs par an. Et Homère parcourait la Grèce pour
vendre ses vers.

« — Suard. Ses titres se bornent à des traductions.
Quiconque ne fait que traduire ne sera jamais
traduit.

« — Bertin. A tout seigneur tout honneur.
Place dans notre Nécrologe, place à M. Bertin,
auteur de la Caverne de la Mort, roman effroyable.

« — Rosny. Sa fécondité tient du prodige ! un
roman tous les mois ; au bout de l'année, douze.
Il y a dix ans qu'il écrit, comptez.

« — Villiers. Des épigrammes, quelques opuscules
en prose, en vers, et le Panier de Chiffons. Il n'y a

qu'une voix sur le mérite des productions de M. Villiers, c'est la sienne.

« — Chateaubriand. Des pages superbes; malheureusement des remplissages, des longueurs, vingt
feuillets, trente feuillets à passer. Mais chut! Malgré sa mission apostolique, malgré son départ
pour la Terre-Sainte, on dit M. de Chateaubriand
très susceptible, irascible même. »

Tous les personnages cités sont jetés pêle-mêle
dans ce tombeau de la littérature. Heureusement
l'ouvrage possède une table alphabétique.

[Cat. de 3 à 4 fr.]

1523. — LE PANORAMA DE MOMUS
‖ A Paris, chez Janet, Libraire et M^d. de
musique, rue St-Jacques. (1807.) In-24.

Titre gravé : le temple de Momus, devant lequel
se trouve la Folie agitant ses grelots et six figures
représentant toutes les sujets de comédie, à l'exception de la première purement allégorique :
1. Le panorama de Momus (personnages dansant
en ronde dans un jardin). — 2. Les Maris garçons. — 3. Les Innocens. — 4. Le Séducteur en
voyage. — 5. Amour et mystère. — 6. Les Pages
du duc de Vendôme.

Texte gravé, avec un cahier imprimé d'ariettes
nouvelles.

[Cat. 40 fr.]
[Coll. baron Pichon.]

1524. — LE PASSE-TEMS DE TOUS
LES AGES ou le Monde comme il va.
‖ A Paris, chez Janet, Libraire, rue
St-Jacques, n° 59. (1807.) In-32.

Avec un calendrier pour l'An 1807. Titre gravé.
12 compositions reproduisant des sujets de chansons. 1. Les visites du jour de l'an. — 2. La témérité justement punie. — 3. Les yeux de la foi. —

4. Les différents effets de l'absence. — 5. Les Ressemblances. — 6. Boutade contre la raison. —

7. Les dettes payées. — 8. Le tête-à-tête. — 9. Le

Les dettes payées

rendez-vous infructueux. — 10. Le premier pas.
— 11. L'occasion. — 12. L'heureux ménage.

[Coll. Victorien Sardou.]

**1525. — PETIT ALMANACH DE LA
COUR DE FRANCE.** || A Paris, chez Le
Fuel, Rel.-libraire, rue St-Jacques, n° 54,
et chez Delaunay. 1807-1828, 21 années.
In-24 et in-32 (à partir de 1816).

Chaque année a deux titres : un titre gravé, puis
un titre imprimé donnant, tout au long, le sommaire des matières contenues. La 1re année parut
ainsi, avec la mention sur ce second titre « considérablement augmenté et l'explication de la
gravure et autres planches en taille-douce ». Voici,
du reste, l'iconographie des années les plus intéressantes :

— *Année 1807*. L'Empereur des Français
donnant sa croix au plus brave militaire de la
garde impériale russe (Frontispice). — Tableau
de l'écu de l'Empire français : 23 blasons coloriés.

— *Année 1810*. 1 frontispice et 4 charmantes
vignettes, pour les mois, dans le genre de Prudhon.

— *Année 1817*. 4 planches : petits médaillons
ronds surmontés d'une couronne; au-dessous, ornement formant tablette. — 1. S. A. R. Madame à
Bordeaux (Frontispice). — 2. S. A. R. Madame
la Duchesse de Berry. — 3. S. A. R. Monseigneur le Duc d'Angoulème à Montélimar. — 4.
Le Retour du Roi (Entrée de Louis XVIII à
Paris).

— *Année 1818*. — 4 vues des principaux ports
de France gravées et dessinées par Couché.

— *Année 1825*. — Portrait de Charles X, en
pied.

Le *Petit Almanach de la Cour de France*, comme
toutes les publications similaires, se vendait relié

en maroquin ou cartonné, et toujours dans un
étui. Les cartonnages du premier Empire sont
particulièrement décoratifs.

[Les volumes reliés en maroquin valent aujourd'hui, suivant les années et l'état, de 6 à 8 fr.]

**1526. — LE SENTIMENT ANALYSÉ
OU L'ÉCOLE DE L'ADOLESCENCE.**
|| A Paris, chez Janet, Libraire, rue Saint-
Jacques, n° 31. In - 32.

Titre gravé et 12 compositions sans grand inté-
rêt. Recueil de chansons.
Calendrier pour l'An 1807 (avec l'adresse de
Janet, rue Saint-Jacques, n° 59).
Le même almanach a paru en 1808 mais sous le
titre seulement de : « Le Sentiment Analysé »
Calendrier pour l'An XIV de la République fran-
çoise.

**1527. — LE TRIOMPHE DES DAMES
OU LE MIROIR DES JEUNES ÉPOUSES.**
|| A Paris, chez Janet, Libraire, rue Saint-
Jacques, n° 59. (1808). In-16.

Titre gravé avec sujet (Femme dans un char
traîné par deux anges; un ange lui tend un miroir).
Douze figures non signées, dont voici les légendes : — 1. Les filles à marier. — 2. La jeune
mariée bien instruite sur l'effet de ses charmes. —
3. Les Oracles de l'amitié. — 4. Les avantages de
l'esprit. — 5. L'absence et le retour. — 6. Il faut
en rester là. — 7. Le prix d'une fidèle amie. —
8. L'homme ramené à ses devoirs par l'amitié. —
9. Le joli projet du voyage ou l'île de la volupté.
— 10. Le pied de nez ou Mesdames prenez-y
garde. — 11. L'abus de la raison ou l'utilité de la
folie. — 12. L'Hymne des Amans.
Texte gravé, avec cahier de chansons imprimé.
Calendrier.

[Cat. Morgand, ex. rel. anc. 30 fr.]

**1528. — L'AIMABLE SORCIER OU
L'ORACLE INFAILLIBLE DES SOCIÉ-
TÉS FACÉTIEUSES;** Almanach où chacun peut trouver, par un moyen simple
et facile, sa bonne aventure, et généralement toutes les vérités plaisantes qui le
concernent, avec un Calendrier pour l'an-
née 1808. || Paris, Dubroca, 1807. In-32.

Nouvelles éditions en 1808 et 1811 augmentées
du « Petit Escamoteur » du « Directeur des jeux de
société » et du « Convive facétieux ». Paris, chez
Fabre, 1811, in-32. 1 fr. 75 cent.

[Quérard.]

1529. — ALMANACH CATHOLIQUE pour l'année 1808, orné de 375 figures en bois représentant le Mystère ou le Saint du jour par le célèbre Papillon. Précédé des prières du matin et soir et de l'ordinaire de la Messe, en latin et en français. || A Paris, chez la Vᵛᵉ Gueffier, puis chez Delance, 1807 et suite. [Se vendait broché 1 fr. 50 et 3 fr. sur papier vélin.] In-24.

Cet almanach a paru également en 1809, 1810, 1811, avec le seul changement de calendrier ; mais alors les figures en bois du « célèbre Papillon », fatiguées par de nombreux tirages, ne montrent plus que... la corde du bois.
Du reste. publication populaire qui se rencontre presque toujours reliée en maroquin vert.

[De 4 à 7 fr.]

1530. — ALMANACH DES BATIMENS, pour l'An 1808, Divisé en trois parties par F. M. Garnier. || Prix : 3 fr. 50 cartonné, et 3 fr. broché. A Paris, chez l'Éditeur, rue Sainte-Croix de la Bretonnerie, n° 6, chez Martinet, au Bureau des Entrepreneurs organisés, etc. 1808-1830. 22 années. In-18.

Les trois parties sont les administrations officielles et les écoles, les noms et demeures des architectes et de toutes les professions relatives aux bâtiments, les noms des manufacturiers, fabricants, fondeurs et marchands.
Un chap.tre intéressant à parcourir est celui des droits de la petite voirie, donnant les prix alors fixés pour l'abat-vent des boutiques, les barreaux, les bornes appuyées contre le mur, les bouchons de cabarets, les bustes formant étalage, les étalages, les échoppes, les potences de fer ou de bois, les sièges, les tableaux et volets servant d'enseigne.

[Coll. de l'auteur.]

1531. — ALMANACH DES CONSTITUTIONS DE L'EMPIRE FRANÇAIS, pour l'An 1808 ; contenant, 1° un précis historique des formes politiques du Gouvernement français sous les trois dynasties royales ; 2° la vie militaire de Napoléon Iᵉʳ ; 3° toutes les Constitutions de l'empire depuis celle de l'an VIII inclusivement ; 4° un tableau de la France organisée dans toutes ses parties ; 5° le code des assemblées cantonnales et élec-

torales. || A Paris, chez Dubroca, libraire, rue Christine, nº 10. 1808. In-16.

Le faux-titre est intitulé simplement : « Les Constitutions de l'Empire Français ». La 4ᵉ partie donne, en plus de l'organisation complète du pays, le détail de toutes les institutions scientifiques et littéraires.

[Cat. 2 et 3 fr.]
[B. N.]

1532. — ALMANACH DES EMBELLISSEMENS DE PARIS, ou Exposé des Travaux au moyen desquels la Capitale surpassera les Villes les plus célèbres ; Avec le Détail des Ouvrages exécutés pendant les deux derniers siècles, et particulièrement sous le règne de Napoléon Iᵉʳ. Prix : 1 fr. || A Paris, Au Grand Buffon, Librairie de A.-G. Debray, rue Saint-Honoré, vis-à-vis celle du Coq. 1808. In-18.

Sorte d'exposé des embellissements dont l'auteur croit Paris susceptible.
Cet almanach a été refondu dans le Cicerone Parisien ou l'Indicateur en faveur de ceux qui fréquentent la capitale, paru également en 1808, chez le même éditeur. Dans l'Avis de l'éditeur, il est dit, du reste, qu'« on ne présente dans cet Almanach que le chapitre qui traite des embellissements de Paris, car un ouvrage plus considérable sur le même sujet, est actuellement sous presse ».
Vente Le Roux de Lincy, Nº 1734.

[B. N. || Coll. de l'auteur.]
[Cat. de 3 à 4 fr.]

1533. — ALMANACH DES INVENTIONS, AVEC BREVETS, pour l'An 1808, faisant suite au Répertoire général de ces mêmes Inventions, qui a paru en l'an 1806. || Paris, Pougin, 1807. In-12. (75 cent.)

Almanach contenant, en plus des lois relatives aux inventions, la désignation exacte des brevets d'invention depuis juillet 1806, une table alphabétique et raisonnée des objets de ces inventions, la liste des artistes et inventeurs brevetés.
Avec un calendrier.

[Quérard.]

1534. — ALMANACH DES RÉFORMÉS ET PROTESTANS DE L'EMPIRE FRANÇAIS, pour l'an bissextile 1808. Contenant : Le Code Protestant, ou Recueil des Lois, Décrets, Arrêtés et Lettres ministérielles concernant les Réformés et Protestans de l'Empire français, précédé d'un Aperçu de leur situation en France, depuis la révocation de l'Édit de Nantes, jusqu'à ce jour, suivi de l'Organisation des Églises consistoriales réformées et de la *Confession d'Augsbourg*, par ordre alphabétique des Départements, avec la Nomenclature des Pasteurs et des Anciens dont chaque Consistoire est composé, accompagné d'Observations locales et de notes historiques sur ces Églises, et terminé par l'Indicateur Impérial et Royal. Rédigé et mis en ordre par P.-A.-M. M*** || A Paris, à la librairie protestante de Gautier et Bretin, Libraires, rue Saint-Thomas du Louvre, n° 30. Prix 2 fr. 50. M.D.CCC.VIII (1808-1810, 3 années). In-18.

D'après M. Lods, qui s'occupe tout particulièrement de l'histoire du protestantisme français, l'auteur de cet almanach serait le pasteur Marron. Il s'ouvre par un avant-propos sur le protestantisme dans lequel on rend justice aux idées généreuses de Napoléon Ier en faveur de la liberté des cultes, et donne des notices intéressantes sur l'état du protestantisme dans chaque département.

Les années suivantes, le mot « Réformés » disparut du titre, afin d'effacer toute distinction entre les protestants des diverses confessions. Voici, du reste, le titre de l'année 1809 :

— *Almanach des protestans de l'empire français*, pour l'an de grâce 1809, divisé en deux parties, la première contenant : 1° les lois et actes relatifs au culte et à l'instruction publique, émanés du Gouvernement, pendant l'année 1808 ; 2° l'Organisation des Églises consistoriales et oratoriales, avec la Nomenclature de leurs pasteurs et de leurs anciens ; 3° les Annales protestantes, ou Mémorial des événements et des traits les plus remarquables arrivés dans les églises protestantes dans le cours de l'année révolue. La seconde partie contenant : 1° un Précis historique et apologétique de la vie et du caractère de Jean Calvin, avec le Catalogue raisonné de ses ouvrages, par M. J. Senebier, ministre du Saint-Evangile, et bibliothécaire à Genève ; 2° des Mélanges relatifs au protestantisme. Seconde année, rédigée et mise en ordre par M. A.-D. G. Orné du portrait de Calvin, dessiné et gravé par d'habiles artistes, d'après le tableau original déposé à la bibliothèque publique de Genève. || Paris, Gautier et Bretin, 1809. In-18. Prix 3 fr.

Le même almanach pour 1810 [modifications sans importance sur le titre] contient la vie de Martin Luther, traduite du latin de Mélanchton, avec des notes par M. Charles Villers et un portrait de Luther d'après Luderiz.

L'année 1808 fut mise en vente à nouveau, sans calendrier, sous le titre de : « Manuel Portatif des Réformés et Protestans de l'Empire Français. »

[Vente Lutteroth, 1889 (n° 856) 9 fr.]
[B. N. || Coll. A. Lods.]

1535. — ANNALES DE L'INANITION, pour servir de pendant à « l'Almanach des Gourmands », avec le portrait de l'auteur (Grimod de La Reynière). || Paris, 1808. Petit in-12.

Au bas du portrait de l'auteur se trouve cette légende : « Du pain, de l'eau !... et l'Almanach des Gourmands ! »

Le texte cherche à donner un tableau des souffrances occasionnées par la faim, puis il mentionne les nombreux actes de charité accomplis par la « Société gastronomique », qui, au milieu de l'abondance, n'oubliait pas les pauvres.

D'après M. F. Pouy il existerait un *Almanach du pauvre désolé*,.... peut-être le même que les présentes *Annales de l'Inanition*.

[Cat. de 5 à 6 fr.]

1536. — LE CHANSONNIER DES LURONS, dédié aux buveurs et aux rieurs. || Paris, 1808. In-18.

[D'après un catalogue de librairie.]
[Cat. 4 fr.]

1537. — LE CHANTEUR PARISIEN Recueil des chansons de L. A. Pitou, avec un Almanach-Tablette des Grands Événements depuis 1787 jusqu'à 1808, chaque fait placé à son rang de date et de jour, ou Calendrier Éphéméride pour l'année 1808, par Louis-Ange Pitou dit *le Chanteur*, auteur du *Voyage à Cayenne*. [Épigraphe :] Jadis j'ai vendu des chansons et d'excellentes aventures. || Paris, chez L.-A. Pitou, Libraire, rue Croix-des-Petits-Champs, n° 21, près celle du Bouloy. De l'Imprimerie des frères Mame, rue du Pot-de-Fer. 1808. In-18.

Dans une préface intitulée : « Comment je m'étais fait chanteur », Pitou donne d'intéressants détails sur ses chansons et sur sa vie, de 1795 à 1797. « Si mon retour fait croire aux revenants » y lit-on (il avait été déporté à Cayenne), « c'est que je suis revenu d'un autre monde avec la même gaieté que j'avais avant mon départ. Comme l'originalité est mon lot, je me suis établi libraire dans la rue Croix-des-Petits-Champs, près la place des Victoires. Du seuil de ma porte je vois l'ancien théâtre en plein air où j'ai chanté les *mandats*, les *patentes*, le *père Hilarion*, les *incroyables*, les *collets noirs* et autres vaudevilles accompagnés de commentaires, qui m'ont valu la déportation. »

Ce recueil se compose des anciens vaudevilles de Pitou, des romances de son exil, de chansons érotiques et critiques des anciens et des modernes.

Parut également l'année suivante, avec un titre un peu modifié :

— *Le Chanteur parisien avec un Almanach-tablettes des grands événements*, depuis 1789 jusqu'à 1792 ; chaque fait placé à son rang de date et de jour, ou Calendrier Historique pour l'année 1809 ; par L.-A. Pitou, dit *le Chanteur*, auteur du *Voyage à Cayenne*. [Épigraphe :] Jadis j'ai vendu des chansons et d'excellentes aventures. — Prix : 2 fr., et par la poste 2 fr. 60 cent. || Paris, chez L.-A. Pitou.

Comme le précédent, cet almanach se compose de deux parties, séparées du reste l'une de l'autre par des titres, et ayant chacune leur pagination. La première contient des ariettes et un résumé des événements mémorables de l'année dans tous les domaines. La seconde se compose des Tablettes historiques divisées en périodes de quatre ou de huit années. L'éditeur a, suivant ses dires, « soigneusement exclu de son recueil les niaiseries et les chansons trop libres ».

Cette année contient deux gravures, un frontispice et une illustration pour une des chansons. Le frontispice représente Pitou monté sur un tréteau et débitant ses chansons en son lieu favori, la place Saint-Germain-l'Auxerrois (Lauxerrois suivant l'orthographe de la vignette). La composition, due à lui-même, est signée : « Pitou *del.* et *sculp.* »

[Cat. de 4 à 6 fr. suivant l'état]
[Coll. de l'auteur.]

1538. — LES DOUX LIENS DE FAMILLE. Etrènes, Bouquets et Complimens. Pour l'An 1808. || A Paris chez Marcilly, Rue Sᵗ. Julien le Pauvre, n° 7. In-64.

12 figures représentant, la plupart du temps, des petits garçons et des petites filles. Calendrier.
[Coll. Georges Salomon.]

1539. — ÉPHÉMÉRIDES POLITIQUES DE L'EMPIRE FRANÇAIS, contenant les principaux événements qui ont eu lieu depuis le mois de mai 1789 jusqu'au 27 août 1807, par Gabr. Bordes, ex-employé. || Paris, C. Villet, 1808. In-12.

Chaque jour du mois contient la nomenclature des événements qui s'y rapportent durant cette période.

1540. — ÉTAT DU CORPS [IMPÉRIAL PUIS ROYAL] DU GÉNIE. || Paris,

Anselin, (successeur de Marginel), Libraire pour l'art militaire, rue Dauphine, N° 9. 1808-1870. In-8 et in-18 (en 1832).

Fait suite à une précédente publication, aujourd'hui rarissime, *État des Officiers de l'arme du Génie*, imprimée chez Valade, An XII.

Paraissait dès 1808, mais ne se trouve plus, à cette date, aujourd'hui, dans aucun dépôt public. Voir l'avertissement en tête de la 2ᵉ partie de 1836, la notice la plus ancienne que possède la Bibliothèque. — Le mot royal disparaît du titre de 1832 à 1841, puis de nouveau à partir de 1849. — Le titre de l'année 1836 porte en plus : « suivi du précis de l'histoire des arts et des institutions militaires en France, par le chᵉʳ Allent » ; ceux des années 1838 et 1840 : « suivi des lois et ordonnances » ; ceux des années 1841-1856 : « suivi des principales dispositions des lois, décrets, arrêtés et ordonnances concernant les officiers et les gardes du génie. »

Contient les noms des officiers, avec les actes officiels et toutes les modifications concernant le corps du Génie.

[B. N. Années 1829 à 1856.]

1541. — ÉTRENNES AUX DAMES pour l'An 1808, suivies de quelques mots sur le beau sexe. || Paris. In-18.

Recueil publié par Mᵐᵉ de Morency.
[D'après un catalogue de libraire.]
[Cat. 6 fr. 50.]

1542. — ÉTRENNES IMPÉRIALES ET ROYALES, Pour l'année 1808 ; Contenant les Naissances et Alliances des Princes et Princesses de France ; les maisons de l'Empereur, de l'Impératrice et de la Famille impériale ; les grands Dignitaires et grands Officiers de l'Empire ; les noms et demeures des Membres du Conseil d'État, du Sénat Conservateur ; l'Emplacement et la Solde des Troupes, les principales Puissances de l'Europe, etc. Par Pitel, veuve Bouquet-Quillau, éditeur et propriétaire. Déposées à la Bibliothèque Nationale. || A Paris, chez Mᵐᵉ Vᵉ Bouquet-Quillau, Imprim.-Libraire, rue Galande, n° 37 [puis chez Montaudon]. 1808-1813. In-32.

Chaque année contient deux feuilles se dépliant : Mappemonde et Carte d'Europe. Les années 1809, 1810, 1811 et 1812 contiennent en plus un portrait différent de Napoléon Iᵉʳ et de l'Impératrice.

Mêmes matières que les *Étrennes Mignonnes*, le *Petit théâtre de l'Univers*, les *Nouvelles Étrennes particulières et Universelles* et autres de ce genre.

Plusieurs autres almanachs, ceci est à noter, parurent sous ce même titre (voir plus loin nᵒˢ 1653 et 1624).

[B. N.]

1543. — LA GUIRLANDE DE ROSES. Étrennes aux Dames. Almanach moral et lyrique. || Paris, chez Le Fuel. In-64.

Titre gravé, vignette et 12 petites vignettes hors texte. — Calendrier pour 1808.

[Exempl., cartonnage avec sujets, dans un étui, cat. 5 fr.]

1544. — LE LAVATER PORTATIF, Avec Trente-deux planches || A Paris, chez Madame Veuve Hocquart, Libraire, rue de l'Éperon, nᵒ6. An 1808. In-18 carré.

Avec un calendrier et, suivant l'indication du titre, 32 figures coloriées donnant des études de physionomies d'après Lavater. Tout ce qui touchait à ce genre était alors fort à la mode. (Voir plus haut *Le Petit Lavater*, nᵒ 1370.)

[Communiqué par M. Lucien Gougy.]

1545. — LE PARNASSE DU SENTIMENT, ou Calendrier des Familles, de l'Amour et de l'Amitié. Recueil de Bouquets et Complimens rédigés Mois par Mois et *pour chaque jour de l'année*, dans l'ordre établi par le Calendrier Grégorien, contenant plus de quatre cents sujets différens pour le jour de l'An, les Fêtes, les Mariages, les Anniversaires, et généralement toutes les *occasions* qui se présentent de fêter ses Parens, Amis, Époux, Bienfaiteurs et autres. || A Paris, chez Delaunay, libraire, Palais-Royal. Lefuel, rue Saint-Jacques, nᵒ 54. (Vers 1808 et suite.) In-24.

Recueil de compliments destinés à s'adapter à toutes les circonstances de la vie, comme il était alors à la mode d'en publier, divisé en douze parties placées chacune sous le vocable d'un des mois de l'année et qui dut son succès, si l'on en croit son éditeur, à ce qu'il avait été combiné de manière à pouvoir servir pour toutes sortes de circonstances.

Frontispice de 1808 signé : Rochu *inv.*, De Launay, *sc.*, figurant un personnage qui présente ses complimens à une dame, avec cette légende : « La Cinquantaine. » En haut de ce frontispice se trouve le titre suivant : *Almanach de Famille et de Société.* Et, effectivement, le frontispice provient d'un des

volumes publiés sous ce dernier titre. Frontispice de 1809 (famille avec un jeune enfant venant offrir des fleurs à une déesse assise et couronnée.)

[Cat. 3 et 4 fr.]

[Coll. Olagnon.]

1546. — PARTERRE DES MUSES, dédié aux Grâces, ou le Nécessaire absolu des hommes de bonne compagnie. || Paris, pour la présente année et pour tous les temps, 1808. In-18.

Frontispice. Recueil de chansons.

[D'après un catalogue de libraire.]

[Cat. 3 fr.]

1547. — LE PETIT CHARADISTE OU RECUEIL D'ÉNIGMES, LOGOGRIPHES ET CHARADES, qui n'ont point encore paru, composés par un grand nombre d'Amateurs de la Capitale et des Départements, et à la solution desquels sont destinés un grand nombre de prix. || Almanach des Œdipes, première année. A Paris, chez Le Normant (1809 et suite). In-18.

Publication entreprise par un nommé Pillet et qui eut un certain succès. Mais, c'est égal, on avouera qu'il fallait une fière constance pour, prenant part à un concours de charades, attendre une longue année la publication du nom des vainqueurs. Timothée Trimm et Dumas, s'étaient amusés, sous le second Empire, à donner des bouts-rimés, qui amenèrent la publication par le *Petit Journal*, de tout un volume de Rimailles, Charaderie et Bouts-rimés. Cela se tient de près !

[Cat. de 3 à 4 fr.]

1548. — LE PETIT FAVORI, ou Ce qui plaît aux Dames. || A Paris, chez Janet, Libraire et Mᵈ de Musique, Rue Saint-Jacques, Nᵒ 59. (1808.) In-32.

Titre gravé dans un ovale avec sujet au bas (Amours). Almanach orné de 12 gravures, représentant l'Amour sous toutes ses faces depuis sa naissance. Elles sont assez bien exécutées ; c'est, du reste, un mélange d'eau-forte et de burin. Les sujets sont également ovales avec fond carré à tailles transversales. En voici les légendes : — 1. Naissance de l'Amour. — 2. Enfance de l'Amour. — 3. L'Amour armé. — 4. Le Trait qu'il faut craindre (l'Amour montrant sa flèche). — 5. Garde-à-vous (l'Amour tendant son arc). — 6. L'Amour en voyage. — 7. Exercice de l'Amour (il a transpercé une colombe d'une de ses flèches). — 8. L'heureuse découverte (l'Amour aperçoit un cœur au haut d'un rocher). — 9. L'Amour désolé (il ne

peut atteindre le cœur qu'il vient d'apercevoir).—
10. L'Amour inventif (il apporte une ancre). —
11. L'Amour vainqueur (assis sur son ancre, il est

A Paris, chez Janet Libraire et Md de
Musique Rue St Jacques N°59

arrivé à transpercer d'une flèche le cœur qu'il a
rencontré sur sa route). — 12. Le Sacrifice des
cœurs.

Texte entièrement gravé dans des ovales identiques à ceux des estampes. En tête se trouve une dédicace dont voici l'exacte reproduction :

AUX DAMES.

AIR : L'avez-vous vu mon bien-aimé.

Sexe charmant, sexe enchanteur,
Toi que j'ai pris pour guide,
Daigne honorer de ta faveur
    Une muse timide.
A ton suffrage j'ai recours,
Sur lui seul je me fonde ;
« Ce qui plait aux Dames toujours
« Doit plaire à tout le monde. »

Cet almanach est suivi d'un « Souvenir des Dames », également gravé, et d'un calendrier imprimé, pour 1808.

[Cat. de 8 à 12 fr. suivant le cartonnage.]

1549. — LE RENDEZ-VOUS DE LA COLLINE ou les Échos des Campagnes. || A Paris, chez Janet, Libraire, rue Saint-Jacques, N° 59 (1808). In-24.

Titre gravé dans un paysage.

Almanach orné de 12 gravures dont voici les légendes : — 1. Les rendez-vous de la Colline. —

2. Le Succès. — 3. Le prix de la bienfaisance. — 4. Le baume salutaire. — 5. La bonté poussée trop loin. — 6. L'Amour bien singulier. — 7. Les Victimes de l'Amour. — 8. Le Naufrage. — 9. La Leçon prise dans la Nature. — 10. Le modèle de perfection. — 11. Le bonheur et le Mistère (sic). — 12. Les conseils indiscrets.

Recueil de chansons gravées, avec cahier imprimé.

Il est suivi du Souvenir ou Dépositaire fidèle et Discret.

[Cat. Greppe : Ex. mar. r. formant calepin, avec son crayon, 50 fr.]

1550. — LE TROUBADOUR OU LES ÉTRENNES D'ÉRATO; Avec la musique des airs choisis ou composés par M. Beauvarlet-Charpentier, professeur; précédé d'un Calendrier pour l'an 1809. || A Paris, A la Librairie Économique, rue de la Harpe, n° 94, ancien collège d'Harcourt. 1809. In-18.

Frontispice dessiné par Rœhn et représentant un troubadour qui joue de la harpe, dans le fond un tournoi. Avec 63 pages de musique gravée donnant les airs notés de romances de Beauvarlet-Charpentier, Lamparelli, Plantade, Haydn, de Piis, —

LE TROUBADOUR.

Romance de Troubadours, le Troubadour et le Pèlerin, le Troubadour infidèle, le Souhait d'un vieux troubadour, — et de chants de triomphe à la gloire de Napoléon Iᵉʳ. C'est un curieux mélange de troubadourisme moderne et ancien, car on y trouve les airs de plusieurs chansons de trouvères du XIIIᵉ siècle. — Calendrier.

[Cat. de 3 à 4 fr.]

[Coll. de l'auteur.]

1551. — ALMANACH DE FAMILLE ET DE SOCIÉTÉ, ou Choix de Bouquets de Fêtes, Vers et Chansons pour différentes circonstances, telles que Jour de l'An, Naissance, Anniversaire, Réunion, Mariage, Gâteau des Rois, Voyage, Retour, Baptême, etc., etc., pour un mari à sa femme, une femme à son mari, un amant à sa maîtresse, un ami à son ami, etc., etc. A l'usage de l'âge mûr. || A Paris, à la Librairie Économique, rue de la Harpe, nᵒ 94, ancien collège d'Harcourt. 1809. In-18. (Prix : 1 fr. 80.)

Même frontispice : un petit garçon venant souhaiter la bonne année à son grand-père.

Même almanach que celui précédemment décrit (voir nᵒ 1502), qui fut, à son tour, renouvelé pour 1810 et 1811, en changeant le calendrier.

1552. — ALMANACH DE L'AMOUR ET DE L'AMITIÉ. || Paris, Chaumerot, Libraire, palais du Tribunat, 1809. In-18.

Avec figure. Publié par Jacq.-André Jacquelin, cet almanach ne parut qu'une fois. Se vendait 2 fr. sur papier vélin.

[Cat. de 3 à 4 fr.]

1553. — ALMANACH DE LA NOBLESSE de l'Empire français pour 1809, Contenant les Statuts, Décrets et Règlemens relatifs à l'établissement des Titres héréditaires, les Ducs, Comtes, Barons, Chevaliers et Majorats, créés soit en vertu des Décrets généraux, soit du propre Mouvement de S. M. I. [Épigraphe :] « La création des Titres de Noblesse a environné le trône d'une nouvelle splendeur : elle fait naître dans tous les cœurs une louable émulation ; elle perpétuera les souvenirs des plus illustres services payés du prix le plus honorable. » *Exposé de la situation de l'Empire pour 1808 par S. Ex. le ministre de l'Intérieur.* || A Paris, chez Fain, Imprim. de l'Univers. Impériale, 1809-1810. In-18.

Devait être publié tous les ans, mais aucun dépôt public n'en possède des exemplaires après 1810.

Calendrier-Almanach composé d'après les listes communiquées au Sénat.

[Cat. de 7 à 8 fr.]

1554. — L'ALMANACH DE SOCIÉTÉ ou Le Chansonnier des Belles. || Paris, 1809. In-12.

Recueil de chansons diverses.

[Coll. Weckerlin.]

1555. — ALMANACH DES CAMPAGNES, pour l'An 1809, contenant de petites histoires religieuses et morales, à la portée des jeunes villageois; [par l'auteur des « Contes dans un nouveau genre »]. || Paris, Gabr. Dufour et Cⁱᵉ, 1809-10, 2 années. In-18. [Se vendait : 1 fr. 50.]

L'Auteur des « Contes » mentionnés sur le titre, faits à l'usage des enfants, et parus en 1807, était une demoiselle Deleyre.

La deuxième année de cet almanach contient une figure.

[B. N. — R. 26363.]

1556. — ALMANACH DES HOMMES DE LETTRES, BIBLIOGRAPHES ET TYPOGRAPHES, contenant : 1ᵃ le Programme de la fête de Saint-Jean-Porte-Latine ; 2ᵒ la Liste des Littérateurs, Rédacteurs, Professeurs, Censeurs et Auteurs, avec l'Indication de leurs principales Productions Littéraires ; 3ᵃ celle des Libraires et Imprimeurs de Paris ; 4ᵒ L'Art du Typographe mis en vaudevilles, etc. Par Vinçard, Typographiste. || A Paris, chez l'Auteur, rue du Marché-Neuf, nᵒ 3. Et chez les principaux libraires. 1809. In-18.

Le sieur Vinçard qui tenait un cours de typographie publia cet almanach pour proposer aux hommes de Lettres, Libraires et Imprimeurs de se réunir en vue de célébrer, comme autrefois, la fête de St-Jean-Porte-Latine, et de remettre en ce jour au Souverain six des plus beaux ouvrages imprimés l'année précédente, « lesquels auront reçu la sanction publique », et de décerner trois médailles en or à un typographe, à un bibliographe et à un auteur.

Cet almanach, précieux à plus d'un titre, donne la liste de MM. les littérateurs, rédacteurs, professeurs, censeurs, auteurs (vivants ou morts depuis peu) avec l'indication de leurs principales productions et fait en outre connaître les hommes de lettres, ducs, sénateurs, députés, dignitaires de l'Empire, ministres, conseillers d'état. On y trouve galement, les membres de l'Institut, le conseil de l'Université, le collège de Franc e, le corps enseignant des lycées, les professeurs de l'école de médecine et de l'école de droit. Une liste spéciale est consacrée aux femmes-auteurs, ainsi qu'aux imprimeurs et libraires.

A la suite de l'almanach se trouve « l'Art du typographe mis en vaudevilles, » couplets bourrés de mots techniques suivant le mode du jour et d'une sorte de cantate « *Gloire aux savants du XIXᵉ siècle.* »

[Coll. Weckerlin.]

1557. — ALMANACH DES SPECTACLES DE PARIS pour l'an 1809. 1ʳᵉ année.||Paris, chez Léopold Collin, Libraire, rue Gît-le-Cœur. In-24.

Rédigé par Hipp. Audiffret. État du personnel et catalogue des pièces de tous les théâtres. Sans intérêt littéraire. (Seule année parue.) Se vendait 1 fr. 25.

[3o fr. à la vente Sapin]

'Coll. Arthur Pougin.]

1558. — ALMANACH DU COMMERCE DE LA CHARCUTERIE DE LA VILLE [ET FAUBOURGS (1)] DE PARIS, contenant les Noms, Prénoms et Demeures des Marchands Charcutiers de ladite Ville et fauxbourgs, avec les Lois, Ordonnances de police, et les Instructions nécessaires et relatives au dit Commerce. || A Paris, au Bureau du Commerce de la Charcuterie, rue des Cinq-Diamans, nº 10, près celle des Lombards, et chez M. Dumer, agent dudit commerce, rue Saint-Denis, nº 155. 1809 (1809-1849). In-18.

Pur almanach professionnel : en quelque sorte, le Bottin de la Charcuterie, contenant : Les indications sur les administrations, les conseils et les autorités administratives et locales ; les lois, ordonnances, arrêtés et circulaires concernant le commerce ; les listes générales de MM. les charcutiers ; la constitution syndicale et ses statuts ; un tarif pour les droits d'octroi, les foires franches et tout ce qui concerne le commerce des porcs, etc.

L'année 1817 a sur le titre un écusson fleurdelysé, en 1825 avec drapeaux et canons pour le fond. En 1831, Coq gaulois sur un clairon, à partir de 1833 les nouvelles armoiries, c'est-à-dire à la Charte de 1830 entourée de drapeaux et a partir de 1847 l'écusson de la ville de Paris. En 1848, le titre se modifie et se complète comme suit :

— *Almanach et Annuaire général du commerce de la charcuterie de la ville de Paris,* contenant : 1º Les indications utiles concernant les administrations, les conseils et les autorités administratives et locales ; 2º Les lois, ordonnances, règlements, arrêtés et circulaires concernant le commerce ; 3º Les listes générales de MM. les charcutiers, par ordre alphabétique et par arrondissement ; 4º La constitution syndicale et ses statuts ; 5º Une relation importante des questions jugées pendant l'année ; Les adresses et renseignements de toute nature qui peuvent être utiles au commerce, etc., un tarif, dit *Barême* des comptes faits pour le paiement des droits d'alcool. A Paris, au Bureau du commerce de la charcuterie, rue des Deux-Écus, nº 5, 1848.

[Cat. Lucien Gougy, collection de 40 années cat. 5o fr.]

1559. — ALMANACH HISTORIQUE, nommé le Messager Boîteux, contenant des observations astrologiques sur chaque mois ; le cours du soleil et de la lune, et le changement de l'air de jour en jour exactement calculé, pour l'an de grâce 1809, avec les foires de France, d'Allemagne, de Suisse, etc., enfin une relation exacte et curieuse des choses les plus remarquables, tirées du grand livre du monde, l'année précédente, par Antoine Soucy, astrologue et historiographe. || A Paris, chez Maugeret fils, Impr.-Libraire, rue Saint-Jacques, nº 38. 1809. In-8.

Il est assez curieux de voir le titre et le type du *Messager Boîteux,* apparaitre ainsi à Paris, au commencement du siècle. Antoine Soucie « astrologue et historiographe », comme il s'intitule, était le nom de l'auteur du célèbre *Messager Boîteux de Bâle,* en 1706. Se vendait 0 fr. 30

[D'après le catalogue du *Calendrier de la Sagesse,* 1809.]

1560. — ANACRÉON OU L'AMOUR VAINQUEUR DE TOUS LES AGES. || A Paris, chez Janet, Libraire et Mᵈ de Musique, rue St-Jacques, nº 59. (1809.) In-32.

Titre gravé dans un paysage.

Almanach orné de 12 gravures dont voici les légendes : — 1. L'Amour méprisé. — 2. Climène languissante. — 3. Le choix d'un époux. — 4. La Magicienne déguisée. — 5. L'Amour rebelle. — 6. Le Moyen d'être heureux. — 7. Le Chasseur

(1) A partir de 1817.

dangereux. — 8. Craignez un faux serment. — 9. La crainte de déplaire. — 10. La déclaration ingénue. — 11. L'amour en courroux. — 12. Ils sont d'Accord.

Texte gravé, composé de chansons auxquelles est joint un cahier de chansons imprimées.

Calendrier se dépliant.

[Communiqué par M. Bihn.]

1561. — ANNUAIRE HISTORIQUE DES FÊTES CÉLÉBRÉES CHEZ LES NATIONS ANCIENNES ET MODERNES, avec des notes curieuses sur l'origine de toutes les cérémonies religieuses, sur leurs motifs, les époques auxquelles elles étoient célébrées, etc. ‖ A Paris, chez Maugeret fils, 1809-1810. In-18. (0 fr. 75.)

Le titre de l'année 1810 fut ainsi modifié :

— *Annuaire historique des Fêtes célébrées chez toutes les Nations anciennes et modernes.* Seconde année. ‖ A Paris, chez Maugeret fils. — Avec un calendrier pour 1810.

[D'après Fleischer.]

1562. — ANNUAIRE MÉDICAL OU ALMANACH DES MÉDECINS, CHIRUR-GIENS, etc. Prix 3 fr. 50 et 4 fr. par la poste. ‖ Paris, chez Croullebois, Éditeur, Libraire de la Société de Médecine et du Conseil des Mines, rue des Mathurins-Saint-Jacques, n° 17. M.DCCC.IX. 1809-1810, 2 années. In-18.

Était destiné, selon le prospectus, à remplacer l'*État de Médecine, Chirurgie et Pharmacie en Europe,* 1776-1777 (Voir, plus haut, n° 564) et devait avoir, en tête, un tableau des révolutions et des progrès de la Médecine depuis 1789. « Des circonstances particulières » est-il dit dans l'avis, « ne permirent pas d'en faire usage. » Fait suite au « Calendrier » que publiaient l'ancienne Faculté de Médecine, la Société Royale et l'Académie de Chirurgie.

Voici les articles qu'il contient :

Enseignement de la médecine ; Écoles spéciales de pharmacie ; Cours particuliers à Paris sur diverses parties de la médecine ; Liste des médecins, chirurgiens, officiers de santé du département, Médecins attachés à la personne de S. M.; Hospices civils ; Décrets ; Ordonnances; Prix proposés par les Sociétés savantes sur divers objets de science médicale ; Tableau méthodique de tous les ouvrages de médecine, chirurgie, publiés en 1808 ; Nécrologie (on y trouve l'éloge de Cabanis);Variétés, faits remarquables et instructions sur les champignons.)

Il était rédigé par J. P. Maygrier, Dr en Méde-

cine, Professeur d'Anatomie et d'accouchement dont le nom figure, du reste, sur le titre del seconde année.

Sur cette année, le sous-titre disparaît.

[B. N. — A. 1809 et 1810.]

1563. — LES BEAUX CAPRICES D'UN JEUNE POETE. Étrennes du Cœur. ‖ A Paris, chez Janet, Libraire (1809). In-64.

Suivi immédiatement d'un almanach avec titre : « Calendrier pour l'an 1809. » Recueil de chansons, le titre et les figures étant gravés comme le titre, c'est-à-dire dans une sorte d'ovale coupé sur les côtés par un filet. 1. Péristère(nymphe antique)

— 2. Péristère changée en colombe. — 3. L'Espérance. — 4. Attalente et Hypponne (le texte porte Hyppomène). — 5. Vénus désarmant son fils. — 6. La Petite Laitière. — 7. L'Amour et la Folie. — 8. Castor et Pollux. — 9. Psiché et l'Amour. — 10. Daphnis frappée (sic) d'aveuglement. — 11. L'Amour et la Bergère. — 12. Silène et Bacchus.

Les gravures sont d'un burin assez lourd.

[Coll. Georges Salomon.]

1564. — LE BRÉVIAIRE DES TOILETTES. ‖ A Paris, chez Lefuel, rue St-Jacques, n° 54. In-32.

Avec un calendrier pour l'an 1809. Titre gravé, dans un esprit un peu différent des autres almanachs de l'époque, représentant une dame à sa toilette. 8 planches : La constance à la mode, La fauvette, La violette, Il faut aimer, etc. Recueil de chansons.

[Ex. cart. cat. 20 fr.]

1565. — CALENDRIER DE LA SAGESSE ET DES BONNES MŒURS, Pour l'an 1809, ou Étrennes du Sentiment, à l'enfance et à la jeunesse des deux sexes. De l'Imprimerie de Maugeret fils. || Paris, chez Maugeret fils, Impr.-Libraire, rue Saint-Jacques, n° 38. 1809. In-16.

Le faux-titre porte : *Étrennes à l'enfance et à la jeunesse.* Morceaux détachés, en prose et en vers, à l'usage de la jeunesse.

[B. N. — $\frac{R\ 2982}{19aa}$]

1566. — CALENDRIER DES NÉGOCIANS ET MARCHANDS, contenant, outre l'annuaire et les lunaisons, l'indication des principales foires autorisées par le Gouvernement, qui auront lieu en 1809, dans les principales communes de l'Empire Français; et un tableau comparatif de la livre tournois en francs, depuis un centime jusqu'à trois milliards. || A Paris, chez Maugeret, fils, Impr.-Libraire, rue Saint-Jacques, n° 38. 1809. In-18.

Se vendait 1 fr.

[D'après le catalogue du *Calendrier de la Sagesse*, 1809.]

1567. — CALENDRIER DES SEPT SAGES DE LA GRÈCE Pour l'Année 1809; Contenant les meilleures Maximes extraites de leurs Ouvrages (*sic*), avec un Abrégé de la Vie de chacun d'eux. De l'imprimerie de Maugeret, fils. || Paris, chez Maugeret, fils, Impr.-Libraire, rue Saint-Jacques, N° 38. 1809. In-18.

Frontispice représentant les sept Sages de la Grèce, en médaillons, et contenant les Maximes et la Vie de ces sept Sages. — Se vendait 1 fr.

[B. N. — $\frac{R\ 2371}{1}$]

1568. — LE CHANSONNIER DU BON VIEUX TEMPS, ou recueil choisi de romances, chansons et vaudevilles. || Paris, 1809. In-18.

Avec frontispice et calendrier.

[D'après un catalogue de libraire.]

[Cat. 5 fr.]

1569. — ÉTAT DE LA NOBLESSE EN FRANCE, de la Légion d'Honneur, des Français décorés d'Ordres étrangers, des Majorats, des personnes qui ont reçu des titres, du style dont on se sert avec les membres des autorités, soit en écrivant, soit en parlant. Pour l'an M.D.CCC.IX. || A Paris, Au Grand Buffon, Librairie de A.-G. Debray, rue Saint-Honoré, vis-à-vis celle du Coq. In-18.

Contient, en outre des matières indiquées sur le titre, un extrait de l'Étiquette du Palais Impérial et un chapitre sur les Deuils de Cour.

[B. N.]

1570. — LE FAVORI DES ENFANS. Almanach pour 1809. || A Paris, chez Janet, Libraire, rue Saint-Jacques, n° 59. In-28 (24 mil. de haut).

8 planches, avec Devises pour Demoiselles et Garçons.

[Ex. mar. rouge, cat. Morgand, 20 fr.]

1571. — LE JOLI TEMPLE DE FLORE, ou Choix de Complimens et de Chansons pour le Jour de l'an et pour les Fêtes. Par M. D. G. M. [Épigraphe :] On n'épuise jamais la richesse du cœur. || A Paris, chez Mme Ve Bouquet-Quillau, Imp.-Lib., rue Galande, n° 37. (1809.) In-32.

Frontispice sur bois, colorié (berger et bergère), avec cette légende : « Je vous salue, ô lieux charmants... »
Recueil de pièces de vers : compliments et chansons.
Publication de colportage.

[B. N. — Ye 24582.]

1572. — LA LYRE MAÇONNIQUE : ÉTRENNES AUX FRANCS-MAÇONS et à leurssœurs pour l'année M.DCCC.IX composée des Cantiques des F.·. Antignac, Armand-Gouffé, Barré, Brazier, Cadet-Gassicourt, Condorcet, Chazet, Delorme, Dieulafoy, Fréderic Bourguignon, Guichard, J. A. Jacquelin, Pessey, Piis, Pradel, Rochelle, Servières, etc. Redigée par le F.·. J. A. Jacquelin officier dign.·. de la R.·. L.·. de Saint Eugène à l'O.·. de Paris ; et dédié à la R.·. L.·. de Sainte-Joséphine, par le F.·. Chaumerot, R.·. C. || A Paris, chez J. H. Chaumerot, Libraire, palais du Tribunat, galerie de bois, n° 188. 5809. (1809 et suite.) In-12.

Quelques années ont un frontispice gravé. C'est, comme le titre l'indique, un recueil de chansons dû à Jacquelin un des fournisseur attitrés de tous les chansonniers de l'époque.

Curieux recueil dédié aux belles, dans lequel l'Amour tient une grande place.

> Pour la beauté chante un Maçon
> Mais s'il lui chante : *Je vous aime*
> Oh ! ce n'est point une chanson !

L'Amour maçonnique, la maçonnerie de Cythère, Chant d'Amour, Cantique et autres titres du même genre indiquent suffisamment l'esprit de cette publication.

[Cat. Claudin sur la franc-maçonnerie, années diverses à 2 fr. 50 et 3 fr. Voir pour la suite *le Chansonnier franc-maçon* n° 1725].

1573. — LE MESSAGER DE LA COUR IMPÉRIALE, contenant Les Naissances et Alliances des Princes et Princesses de l'Europe; les Maisons de LL. MM. I. et R.; les Grands-Dignitaires, les Ducs, Comtes, Barons et Chevaliers de l'Empire; les Ambassadeurs; les Ministres; les Cardinaux; la Légion d'honneur; les Ordres étrangers; le Sénat; le Corps Législatif; la Cour des Comptes; la Cour de Cassation, etc., Lycées; les Musées; les Bibliothèques, et généralement tout ce qui a rapport au Gouvernement, etc. || A Paris, chez Mᵐᵉ Vᵉ Bouquet-Quillau, Imprim.-Libraire, rue Galande, n° 37. (1809.) In-32.

Frontispice gravé : portrait de l'Empereur et de l'Impératrice, chacun dans un médaillon ovale; le même que celui des *Étrennes Impériales de 1810.*

[B. N.]

1574. — MES RÊVERIES. Almanach chantant, orné de Jolies Gravures. || A Paris, chez Janet, Libraire et Mᵈ de Musique, rue Saint-Jacques, n° 59. In-32.

Avec un calendrier pour l'an 1810. Titre gravé écrit en lettres anglaises, et texte des chansons également gravé. 12 compositions, presque toutes sur l'Amour.

1575. — LE PETIT CHASSEUR, Almanach pour l'Année 1809. || A Paris,

chez Le Fuel, rue Saint-Jacques, n° 54. In-128 (24 mill. de haut).

12 planches, avec calendrier et chansons. Almanach minuscule, gravé.

[Cat. Techener ex. mar. r. 20 fr.]

1576. — PRÉCIS CHRONOLOGIQUE DES ÉVÉNEMENS REMARQUABLES, depuis l'ouverture de la 1ʳᵉ assemblée des notables en France, jusqu'à présent; Suivi du Calendrier Grégorien rétabli, ou Concordance des dates, avec l'Annuaire de la République, de l'an II à l'an XVIII. [Nouvelle Édition, considérablement augmentée]. || A Paris, chez Janet, Libraire, rue St-Jacques, N° 59 (1809) Pet. in-18.

Almanach conçu dans le même esprit que le *Calendrier Grégorien* de 1806 (Voir n° 1488), dont il paraît être une *nouvelle édition*, avec cette différence que, ici, les évènements sont plus détaillés.

1577. — ALMANACH DE BACCHUS, ou Élite de Chansons et rondes Bachiques composées depuis l'origine de la poësie française, Par Adam, Lamotte, Panard, Fuselier, Gallet, Piron, Grécourt, Collé, Favard, de l'Attaignant, Rochon de Chabanes, Crébillon fils, Bernard, Dorat, de Nivernais, Imbert, etc., etc., et par MM. Laujon, de Ségur, François de Neufchateau, de Piis, Barré, Radet, Desfontaines, Philipon-la-Madelaine, Despréaux, Armand Gouffé, Desprez, Désaugiers, Deschamps, Chazet, de Jouy, Millevoye, Labbé, Coupigny, Despaze, etc., etc. Prix : deux francs. || A Paris, chez Bechet, libraire, quai des Augustins, n° 63, vis-à-vis le Pont-Neuf; Et chez L. Mongié jeune, libraire, Palais-Royal, galerie de bois, n° 208. Imprimerie de Pelletier père et fils, Rue du Petit-Lion-Saint-Sauveur, n° 9. An 1810. In-18.

Frontispice anacréontique par Macret (l'Amour couronnant Bacchus).

> Vive le vin, vive l'amour !
> Amant et buveur tour à tour,
> Je nargue la mélancolie.

Intéressant pour l'étude des productions de l'ancienne et de la nouvelle école bachique.

[Coll. Olagnon.]

[Cat. par Alvarès en 1855, 6 fr. 50.]

1578. — ALMANACH DE L'UNIVER-
SITÉ IMPÉRIALE. Prix : 2 fr. 5o c.
Année 1810. || A Paris, chez Brunot-
Labbé, libraire de l'Université impériale,
quai des Augustins, n° 33. (1810-1812,
1822-1848.) In-18.

Contient une notice historique sur l'Université,
les membres de l'Université, les Lycées, Collèges,
décrets et règlements concernant l'instruction
publique, etc. La notice n'existe que dans la
1ʳᵉ année.
Il fut interrompu après 1813, jusqu'en 1822, et
reparut alors, sous le titre de :
— Almanach de l'Université Royale de France,
1822-1848, avec tous les documents officiels sur
l'Université.

[B. N.]

1579. — ALMANACH DU BEL AGE,
ou les Charmes de la Bienfaisance. || A
Paris, chez Le Fuel, Libraire, rue Saint-
Jacques, n° 54. (Vers 1810.) In-32.

Recueil de chansons, avec titre gravé & figures.
[Cat. 3 fr.]

1580. — ALMANACH JUDICIAIRE, à
l'usage des cours et des tribunaux de
l'Empire français, Pour l'Année 1810;
Ouvrage utile aux Juges, aux Avocats,
aux Avoués, aux Notaires, aux Agens
d'affaires, aux Huissiers. [Épigraphe :]
Les bonnes lois sont le plus grand bien
que les hommes puissent donner et
recevoir; elles sont les sources des
mœurs, le palladium de la propriété et la
garantie de toute paix publique et parti-
culière. Prix : 3 francs 5o centimes. ||
Paris, chez Lenormand, rue des Prêtres-
Saint-Germain-l'Auxerrois, N° 17. L'Éditeur, rue Voltaire, N° 1, près l'Odéon.
Waré oncle, libraire, successeur de
Mᵐᵉ veuve Dufresne, galerie des Prisonniers, Palais de Justice. Delaunay, libraire,
au Palais-Royal, Galerie de Bois, N° 243.
1810. In-8.

Publication donnant tous les renseignements
officiels sur les lois et la magistrature, qui a dû
se continuer durant plusieurs années.
Une note manuscrite de l'exemplaire de la B. N.
indique comme auteur-éditeur M. Lefebvre, avocat.

1581. — ALMANACH NOUVEAU DE
L'ANTECHRIST. — pour l'an de grâce

1810. Imprimerie Bibliographique. ||
Paris, 1810. In-12.

D'après un catalogue de libraire.

[Cat. 4 fr.]

1582. — ANNUAIRE D'HERCULE ET
LE VŒU DES DIEUX, contenant plus de
quatre cents faits militaires, civils et politiques, depuis 1796 jusqu'à la fin de
1809, avec une Conférence des dieux
présidée par Jupiter accompagné d'Apollon et des Muses, par M. Lecomte,
auteur de plusieurs ouvrages littéraires.
|| Paris, Tiger, 1810. In-12.

La seconde édition publiée chez Tiger et Le
Normand, contient, seule, un calendrier.

1583. — CALENDRIER MAÇONIQUE,
à l'usage des Loges de la Correspondance
du G.·. O.·. de France. Pour l'an de la
V.·. L.·. 5810 (1810 et suite). || A Paris,
de l'Imprimerie du G.·. O.·. de France,
rue du Cimetière-Saint-André, n° 5.
In-18.

Le Calendrier est le Comput Maç.·. indiquant
les jours des Tenues Ordinaires du G.·. O.·. et
de ses divers ateliers, et commençant au mois de
Thisri vulgairement Mars. A chaque année se
trouve ajouté le premier mois de l'année suivante
afin que, pendant la lacune entre l'impression et la
distribution aux L. L.·., le service puisse être
toujours indiqué.
Chaque année donne les noms des grands premiers Dignitaires, des grands Officiers d'honneur,
des Officiers en exercice, le tableau des Loges
régulières de France, etc... Il s'ensuit que ces
almanachs sont précieux à parcourir au point de
vue des noms.
Sous l'Empire on voit comme Grand-Maître
Joseph Napoléon, roi d'Espagne ; Cambacérès,
archi-chancelier de l'Empire et Joachim Napoléon,
roi des Deux-Siciles, étant Grands-Maîtres-Ad-
joints. Kellermann, Masséna, Lacépède, Junot duc
d'Abrantès, Maret duc de Bassano, Regnaud de
Saint-Jean-d'Angély, Fouché duc d'Otrante, Auge-
reau duc de Castiglione, Macdonald duc de Ta-
rente, François de Beauharnais, Brune, Mortier
duc de Trévise, Soult duc de Dalmatie, Régnier
duc de Massa, François de Neufchâteau, Chaptal,
Laplace, etc., sont parmi les hauts dignitaires.
A partir de la Restauration, la mention des
Grands-Maîtres disparaît, et, peu à peu, arrivent
les noms du comte Rampon, du duc de Cazes, de
Lafayette, du comte de Nicolaï, du marquis de
Maison, de Mayne-de-Biran, de Moreau de Saint-

Mery, du marquis de Dessolles, de Lauriston. Les médecins, les avocats, les juges, les négociants, les rentiers, commencent à se trouver en nombre sous Louis-Philippe.

Très nombreux dans les corps militaires sous le premier Empire, les francs-maçons ne se rencontrent plus qu'en très petit nombre dans l'armée, à partir de la Restauration.

La vignette emblématique du titre varie suivant les années. C'est tantôt le triangle, le compas et le mètre, entouré ou non d'une couronne de lauriers; tantôt un triangle avec les lettres G. O. F. à l'intérieur, entouré de rayons. Les mentions d'imprimeur ont varié. A partir de 1812 les almanachs portent : « De l'imprimerie de Poulet » ; à partir de 1823 : « Imprimerie de Dondey-Dupré ». A partir de 1830 chaque année donne la récapitulation du nombre des ateliers tant en activité qu'en sommeil portés dans l'Annuaire.

Les « Calendriers Maçoniques » se rencontrent souvent reliés avec des emblèmes spéciaux : tables de la loi, marteau, compas, triangle, œil, etc...

[Coll. de l'auteur.]

Voir, plus loin, *Étrennes Maçonniques.* N° 1626.]

1584. — CENDRILLON OU LE PETIT SOULIER vert. || A Paris, chez Le Fuel, rue Saint-Jacques, n° 54 (vers 1810). In-32.

Avec titre gravé et petites vignettes.

[Voir plus loin, sur *Cendrillon*, les n°s 1617, 1630, 1663, 1792.]

[Cat. 10 fr.]

1585. — LE CHANSONNIER DE LA COUR ET DE LA VILLE, Composé de Chansons de MM. Andrieux, Antignac, Armand Gouffé, Baour-Lormian, Brazier, Carnot, Chazet, Constant Dubos, Désaugiers, Despréaux (Étienne), Ducis, Ducray-Duménil, Dupaty, Étienne, Guillard, Hoffmann, Jacquelin, Jouy, Laujon, Longchamps, Luce de Lancival, Martainville, Millevoye, Ourry, Pain (Joseph), Parny, Ph. de Lamadelaine, Piis, Pons (de Verdun), Prévost d'Ivay, Rougemont, Ségur, Servières, Sewrin, etc., Et orné de huit Gravures. Première Année. || A Paris, chez Chaumerot, Libraire, Palais-Royal, Galerie de Bois, n° 188. (1810.) In-18.

Frontispice gravé, au pointillé anglais :

Rions, chantons, aimons, buvons;
Voilà toute notre morale.

Les gravures, également au pointillé, sont sans légendes; elles sont au nombre de 7 et se rap-

portent aux sujets suivants : — 1. Le naufrage de l'Amour (amour naviguant sur son carquois).

Ses mains ont bientôt arraché
Le carquois qui flottait à son dos attaché,
Et sur la vague le dieu lance
Cette nef, sa seule espérance :
Son arc lui sert de mât, de voile son bandeau.

— 2. La descente d'Orphée aux enfers. — 3. La fortune aveugle l'Amour (elle lui met un bandeau sur les yeux). — 4. L'Amour soutient le monde. — 5. L'Amour pris à la pipée. — 6. Les roses et les pensées. — 7. L'Amour soumet la fierté (il marche sur la queue d'un paon).

Texte composé de chansons de tout genre; on y remarque une pièce de Carnot : « Les Mœurs de mon village » :

Autrefois dans mon village
On en usait sans façon.
. . . .

On avait la bonhomie
Avec peu d'être content;
On passait toute la vie
A rire et chanter gaiment.
. . . .

En hibou dans son ménage
Chacun faisait des enfants.
Les femmes étaient sauvages,
Les maris récalcitrants.
. . . .

La timide pastourelle
Ignorait le nom d'amour,
N'osait lever la prunelle
Et travaillait tout le jour :
Maintenant elle est subtile,
S'enflamme à commendement,
Et sait comme à la ville,
Vous aimer pour votre argent.

[Ex. cart., cat. 6 fr.]

[Coll. de l'auteur.]

1586. — LE CHANSONNIER DES GRASSES, OU LES DAMES DE LA HALLE EN BELLE HUMEUR, Dédié aux amis de la Joie. Par leur très-humble serviteur Lefort, atriste (sic) de d'ssus l'carreau d'la halle aux cuirs, etc. Membre honoraire de l'âne-tenez de Montmartre. Pour la présente année. || A Paris, chez Aubry, Imprimeur, au Palais de Justice, salle Neuve. (1810.) Pet. in-12.

Almanach populaire qui, par son titre, visait à être une satire du *Chansonnier des Grâces* et de l'*Athénée* de Paris. Frontispice gravé représentant des dames de la Halle près de la fontaine du marché des Innocents : le texte s'ouvre par un dialogue entre ces trois harengères. Les chansons sont signées P. Colau, Jame, M. Décour, Cossard, le berger Coridon, le berger Sylvandre, P. Ledoux. Calendrier pour 1810.

1587. — LE CHEF-D'ŒUVRE DE LA NATURE ou le Modèle de la Perfection. Étrennes lyriques. || A Paris, chez Marcilly, rue Saint-Julien-le-Pauvre, nᵒˢ 14 et 15 (1810). In-64.

Almanach composé d'un récit en vers donnant au volume son titre et d'une série de chansons. Avec 12 compositions : 1. Le Chef-d'Œuvre de la Nature. — 2. La nouvelle Création. — 3. Le dernier coup de Pinceau. — 4. Célestine ou l'Ouvrage parfait. (Ces 4 figures sont pour le « Chef-d'Œuvre de la Nature.) » — 5. L'Oiseleur. — 6. Le Sort de la plus belle des Fleurs. — 7. Espoir flatteur. — 8. La Plainte du Berger. — 9. Le Papillon et la Jeune Fille. — 10. Le Pot au noir. — 11. Le Berger savant. — 12. Le Livre de la Nature.

[Coll. Georges Salomon.]

1588. — LES DÉLICES DES CHAMPS. Étrennes Chantantes pour l'An 1810. || A Paris, chez Marcilly, rue Saint-Julien-le-Pauvre, nᵒ 7. In-64.

12 figures avec calendrier et chansons.
Le même almanach existe pour l'année 1811.

[Coll. Georges Salomon.]

1589. — ESPRIT ANACRÉONTIQUE DES POÈTES FRANÇAIS. || A Paris, chez Lefuel, Libraire-Relieur, rue Saint-Jacques, nᵒ 54, et Delaunay, Libraire, au Palais-Royal. In-32. (1810.)

Titre gravé avec vignette emblématique. Choix de poésies depuis Marot et Racan jusqu'au premier Empire, précédé d'un calendrier accompagné de huit gentilles petites figures allégoriques gravées à la manière anglaise par Charlin (femmes et amours). Le frontispice représente un Amour apportant à Minerve une couronne de lauriers.

[Coll. de l'auteur.]

1590. — ÉTRENNES AUX SECTATEURS DE L'ART ROYAL, suivies de la Chronologie des Ères Maçonniques et Juives. || Paris.

Dédié aux officiers du G. O. de France. Mais le G. O. non seulement n'accepta pas l'hommage de ce Calendrier, mais encore inséra dans le *Calendrier Maçonnique* de 1810 un avis pour prévenir les Ateliers réguliers contre toute surprise.
Doit être considéré comme une publication dissidente.

[D'après un catalogue.]

1591. — ÉTRENNES DE L'AMOUR, Chansonnier nouveau, Pour l'an 1810. || Paris, Chez Caillot, Imprimeur-Libraire, quai des Augustins, nᵒ 9. 1810 et suite. In-16.

Frontispice gravé (jeune femme jouant de la guitare) avec cette légende :

Sa grâce ajoute un nouveau prix
Aux doux accords de la guittare.

Recueil de chansons par Armand Gouffé, Brazier, Désaugiers, Ducis, Dufresnoy, Coupart, Guillebert-Pixérécourt, Revoil, Martainville, Étienne, Jouy, etc. — Avec calendrier.

[A. 1810. Coll. de l'auteur. || A. 1811. B. N. —
Y 6087/566]

1592. — ÉTRENNES DE L'ESPRIT ET DU CŒUR. || A Paris, chez Le Fuel, Rue Saint-Jacques, Nᵒ 54. (1810.) In-32.

Titre gravé dans un paysage.
Almanach orné de 6 gravures dont voici les légendes : — 1. Mes Vœux remplis. — 2. La Résolution. — 3. Une Femme à son Amie. — 4. L'Épicurien. — 5. Les Regrets. — 6. A une aimable mère.
Chansons gravées avec musique.
A cet almanach est joint un cahier de chansons imprimées.

[Communiqué par M. Bihn.]

[Cat. 6 fr.]

1593. — LES ÉTRENNES DE POLYMNIE, ou choix d'ariettes nouvelles de l'Opéra comique et du Vaudeville. || A Paris, chez Janet, Libraire, rue Saint-Jacques, n° 59. 1810. In-32.

Almanach partie gravé, partie imprimé, avec 6 gravures se rapportant aux pièces à la mode jouées dans les théâtres mentionnés sur le titre.

[Cat. 6 à 8 fr.]

1594. — ÉTRENNES NAPOLÉONIENNES, IMPÉRIALES ET ROYALES. 6° Année du Règne Napoléonien. Pour l'Année 1810. Contenant les Naissances et Alliances des Princes et Princesses de France; les maisons de l'Empereur, de l'Impératrice et de la Famille Impériale; les Grands Dignitaires et Grands Officiers de l'Empire; [les noms et demeures des membres du conseil d'État, du sénat conservateur, l'emplacement et la solde des troupes, les principales puissances de l'Europe, etc., etc.], [Par Aubry, éditeur propriétaire.] || A Paris, chez Aubry, Imprimeur-Libraire, au Palais de Justice, 1810-1814, 5 années. In-32.

Aigle impériale sur le titre. Comme toujours, pour ces petits almanachs, chaque page est encadrée. Quoique de petit format, cette publication est imprimée en caractères moins lilliputiens. Voici du reste, ce qu'on lit à cet effet dans l'avertissement de l'éditeur :

« L'on a toujours exigé que ce genre d'Almanach tienne peu de place dans la poche. Aussi les Imprimeurs ont-ils choisis (sic) le plus petit caractère possible : qu'en est-il résulté ? la difficulté de s'en servir sans une bonne vue et des lunettes grossissantes; l'Éditeur des *Étrennes Napoléoniennes* a pensé qu'en présentant au Lecteur un caractère moitié plus gros que celui dont on se sert, en y ajoutant, en plus, un nombre de pages pour y insérer autant d'articles qu'en contiennent les Étrennes qui paraissent annuellement, et n'en augmentant pas le prix connu, le Public y trouverait plus de commodité pour la lecture et moins de fatigue pour sa vue ».

[B. N.]

1595. — LES FLEURS DU SENTIMENT : ÉTRENNE DE L'AMITIÉ. Bouquets, Complimens et Lettres pour fêtes et bonnes années. Par A. S. || A Paris, chez Tiger, Imprimeur-Libraire, rue du Petit-Pont, au coin de celle de la Huchette, en bas de la rue Saint-Jacques. Au Pilier Littéraire. (1810.) In-18.

Frontispice gravé représentant un jardin : sur le devant, enfants apportant des fleurs à leurs parents dans le fond, jeunes gens s'embrassant.

Recueil de poésies avec un calendrier pour 1810.

Coll. de l'auteur.]

1596. — LE FRANC GAILLARD, Almanach chantant, pour la présente Année. || A Paris, au Palais-Royal (chez Tiger, Imp. Libraire). (Vers 1810.) In-32.

Almanach de colportage, chansons, énigmes et bons mots, avec frontispice colorié (un jeune galant cueillant des fleurs pour venir les offrir à une femme qui se tient sur un perron).

[Cat. E. Rondeau, 4 fr.]

1597.— LE FRANCONI DE CYTHÈRE. || A Paris, chez Janet, Libraire. (Vers 1810). In-32.

Vignette sur le titre gravé, et couplet-préface, en regard, également gravé.

De not'*Franconi de Paris*
Sans doute on admire l'adresse;
On n'peut voir sans être surpris
Son agilité, sa souplesse.
Mais un Écuyer plus léger,
Et beaucoup plus connu sur terre
Pour fair (sic) des tours, pour voltiger...
C'est *Le Franconi de Cythère*.

Six planches dessinées par Séb. Leroy, gravées par Fr. Janet, représentant toutes, invariablement, l'Amour conduisant un char romain auquel sont attelés tantôt des chevaux, tantôt des chiens, tantôt des lions, des cerfs et autres animaux.

A la fin, notes et calendrier, sous le titre : *Petit Souvenir des Dames.*

. [Coll. de l'auteur.]

1598. — LE GALANT CHANSONNIER pour 1810. || A Paris, chez les Marchands de Nouveautés, 1810. In-12.

Frontispice représentant les Trois Grâces, un chanteur à leur côté. Recueil de poésies diverses avec calendrier.

[Coll. Olagnon.]

1599. — LES GRACES A CYTHÈRE, chansonnier pour l'an 1810. || Paris, 1810. In-18.

Avec figures.

[D'après un catalogue de libraire.]

[Cat. 3 fr.]

1600. — L'HORTENSIA. Almanach chantant. || A Paris, chez Janet, Libraire, rue St-Jacques, n° 59. (1810.) In-32.

Almanach gravé, avec adjonction d'ariettes nouvelles imprimées : chansons et gravures se rapportant toutes aux fleurs. Sur le titre, un hortensia dans une caisse. Voici, d'autre part, le titre des 12 compositions : 1. L'embarquement ou l'heureux voyageur (faisant la conquête du pays du beau sexe et des fleurs). — 2. Le pouvoir de Flore. — 3. La leçon de botanique ou l'origine des fleurs. — 4. L'Hortensia ou la fleur à la mode. — 5. La Rose et sa rivale. — 6. Point de saisons : toujours des fleurs. — 7. La Violette. — 8. Le Mirte ou le vainqueur des belles. — 9. La Pensée ou la fleur facile à cueillir. — 10. La sensitive et la pervenche ou fleurs des jardins et des champs (personnage un bouquet à la main, à Ermenonville, à côté du tombeau de Rousseau).

> Une seule (fleur) je réserve,
> Et c'est la fleur de Rousseau :
> La Pervenche se conserve
> Comme le rare et le beau.

11. Les Papillons. — 12. Les Abeilles. [Coll. baron Pichon. || Coll. de l'auteur.]

[Cat. de 18 à 25 fr.]

1601. — L'INDICATEUR IMPÉRIAL, ou Calendrier Pour 1810. || A Paris, chez Moronval, Imprimeur, rue des Prêtres-Saint-Séverin, n° 4. (Ci-devant place St-André des Arcs.) M.DCCC.X. 1810-1813. In-18.

Sorte d'Indicateur de toutes les personnes possédant un emploi dans le gouvernement. On y trouve même les Docteurs en médecine, les Notaires, Agens de change, etc.

L'année 1811 eut une seconde édition.

L'année 1813 contient, en frontispice, un portrait de Napoléon le Grand, signé : Compagnie sculp. Les mots : « Ou Calendrier » ont disparu du titre et ont été remplacés par un long sommaire.

[B. N.]

1602. — PETIT ALMANACH DES DAMES, 1ʳᵉ année. || A Paris, chez Rosa, Rel.-Libraire, rue de Bussy, n° 15. (1810.) 22 Années. (1811-1832.) In-18.

Titre gravé avec petite vignette : Amours, femme jouant de la harpe, ou zéphirs, d'après Prudhon. Chaque volume est orné de six gravures (cuivres carrés et, la plupart du temps, placés en travers), quelquefois sept, reproduction de tableaux ou de grandes estampes. Le calendrier est généralement imprimé, quelquefois cependant il se trouve gravé et, suivant l'habitude alors, avec des vignettes de petites circonstances. Il existe des exemplaires avec feuilles blanches pour les mois, mais ces pages sont ornées de motifs communs. La plupart des exemplaires sont reliés (reliure de l'éditeur, en veau, avec ornements extérieurs dorés). Les cartonnages, papier ou soie, sont assez rares dans cette collection. Tous possèdent un étui. L'almanach, broché, se vendit d'abord 2 fr. 50, plus tard 3 fr. sur papier fin, et enfin 4 fr. sur papier vélin.

Composé de morceaux de poésie et de prose (cette dernière peu nombreuse), inédits ou peu connus, ce recueil eut pour collaborateurs tous ceux dont on voyait, alors, les noms figurer sur les almanachs : Andrieux, Mᵐᵉ de Beauharnais, Chênedollé, Delille, Ducis, Mᵐᵉ Dufresnoy, Mᵐᵉ de Genlis, Ginguené, Miger, Millevoye, Mollevaut, de Pompignan fils, Pons, Verneuil, Vial, etc. Ce n'était ni meilleur ni plus mauvais.

[De 3 à 10 fr. suivant l'état, cartonné ou relié. || A. 1316, cart. tr. dorée avec étui, 4 fr. 50.]

1603. — LE PETIT BIJOU. An 1810. || A Paris, chez Le Fuel, Libraire, rue Saint-Jacques, n° 54. In-128.

Almanach minuscule. Titre gravé avec sujet : Amour tenant un papier déroulé sur lequel se lit le titre; 12 figures dont 7 pour une poésie « La

Rose » et 5 pour une autre poésie « L'Amour papillon. »

[Voir, plus loin, n° 1699.]

[Coll. *Georges Salomon.*]

1604. — LA PETITE MYTHOLOGIE DES DAMES. || A Paris, chez Lefuel, rue St-Jacques, n° 54, entre la rue du Foin et celle des Mathurins. (1810.) In-32.

Titre gravé dans un sujet allégorique.

Almanach orné de 12 gravures dont voici les légendes : — 1. La petite Mythologie des Dames (Vue de l'Olympe). — 2. Les Noces d'Hercule. — 3 et 4. Vénus et Mars. — 5 et 6. L'Aventure d'Orphée et d'Euridice. — 7. La curiosité trop punie (Orphée perdant Euridice). — 8. Les Soupirs d'Euridice. — 9. Achille à la Cour de Lycomède. — 10. Les Amours d'Achille. — 11. Ruse d'Ulysse. — 12. Achille Reconnu.

Texte en vers, entièrement gravé.

[Communiqué par M. Bihn.]

1605. — RAPPORT ET COMPTE RENDU [puis ANNUAIRE] (1) DE LA SOCIÉTÉ PHILANTHROPIQUE DE PARIS. || Paris, au siège social, 1810 à ce jour. In-8.

Suite du *Calendrier de la Société Philanthropique* au XVIIIᵉ siècle (voir plus haut n° 819) qui avait repris sa publication à partir de 1800. Les anciennes années ont des calendriers, les dernières ne sont plus que des rapports.

A partir de 1845, on trouve dans ces volumes, variant comme importance de cent vingt à trois cent cinquante pages, des renseignements sur les soupes économiques, sur la gélatine, sur les sociétés de prévoyance, sur les asiles, sur les méthodes d'enseignement, sur les fourneaux, etc...

En feuilletant ces rapports et ces annuaires, on rencontre les noms de quantité de célébrités contemporaines dans tous les genres depuis le commencement du siècle. Citons entre autres : Bitaubé, Brongniart, Cadet de Vaux, Chabrol, Choiseul-Praslin, de Candolle, de Lasteyrie, Delessert, Dupont de Nemours, François de Neufchâteau, Frochat, les la Rochefoucauld, les Montmorency, Parmentier, Maréchal Serrurier, Pelet de la Lozère, et parmi les médecins, Alard, Corvisart, Dubois, Dupuytren, Laënnec, Lerminier, Lisfranc, Parent-Duchâtelet, Pinel, Récamier, Thouret, Velpeau, etc.

1606. — LE RÉVEIL DE L'AMOUR, Étrenne pour la présente année. || A Pa-

ris, et se trouve à Cythère. (1810.) In-32.

Publication de colportage. Recueil de chansons et romances.

1607.—TABLEAU DES AVOCATS A LA COUR IMPÉRIALE DE PARIS. || Paris, Vᵛᵉ Delaguette. 1810 à ce jour. In-8°.

Simple liste avec les règlements de l'ordre et les actes officiels.

Deviendra plus tard :

1. *Tableau des Avocats à la Cour Royale.* || Paris, Simonet-Delaguette. In-8. (1816-1847.)

2. *Tableau des Avocats à la Cour d'Appel de Paris.* (Années judiciaires 1847-1852 : 5 volumes in-8.)

3. *Tableau des Avocats à la Cour Impériale de Paris.* (1852-1870.)

4. *Tableau des Avocats à la Cour d'Appel de Paris.* (1871 à ce jour.)

[B. N.]

1608. — LES TABLEAUX DE L'EXPÉRIENCE ou le Gymnase des adolescens. || A Paris, chez Janet, Libraire. (Vers 1810.) In-32.

Recueil de chansons avec titre gravé et 10 jolies figures.

[D'après un *catalogue de librairie.*]

[Ex. mar. vert, cat. 35 fr.]

1609. — TABLETTES DES BOUDOIRS, recueil de contes, historiettes, fabliaux en vers. || Paris, 1810. In-18.

Avec un calendrier pour 1810 et avec figures de Chasselat.

D'après un catalogue de librairie.

[Cat. 4 fr.]

1610. — LE TALISMAN DES GRACES. Chansonnier Nouveau ; Par A. M. J. P. de Verceil, de l'Athénée des Arts, Secrétaire de la Société lyrique des Bergers de Syracuse. Dédié à Mariette. || A Paris, chez Delacour, Imprimeur-libraire, rue J.-J.-Rousseau, n° 14, Martinet, Libraire, Caille et Comp. 1810. In-18.

Avec un frontispice représentant les Trois Grâces dans tout l'éclat de leurs charmes.

Recueil dû en entier au dit sieur Verceil qui pensait peut-être avoir trouvé avec les Grâces le Talisman de l'Immortalité.

Quand l'amour vous aura, ce soir,
Remis ce présent du mystère,

(1) A partir de l'année 1845.

Mesdames, au fond du boudoir,
Fuyez des jaloux l'œil sévère;
Quoi! vous le tenez... C'est bien lui :
Le temps presse... On est sur vos traces...
Vite, serrez dans son étui
  « Le Talisman des Grâces. »

  [Coll. de l'auteur.]

                    [Cat. 4 fr.]

1611. — AGENDA DES COMMER-ÇANS. Pour l'Année 1811. || A Paris, chez Janet, Libraire, rue St-Jacques, nº 59, et Janet et Cotelle, Libraires et Mds de Musique, Rue Neuve-des-Petits-Champs, nº 17. In-12.

Titre en lettres gravées.

Agenda et calendrier gravés avec une petite vignette pour chaque mois, représentant des vues de différents châteaux de France.

Feuilles pour la recette et la dépense également gravées.

Suit une liste des principaux négociants de Paris, des renseignemens sur la Banque, la Bourse, etc. — pour toutes les villes des départements et de l'étranger ; — les consuls et les messageries.

            [B. N. — V. 29759.]

1612. — AGENDA HIPPOCRATIQUE, ou Tablettes à l'usage des Médecins. Pour la Présente Année. [Épigraphe:] La vie est courte, l'art est étendu, l'occasion est rapide, les expériences sont fautives, le jugement est difficile. Ce n'est pas assez que le médecin fasse ce qui convient; il faut qu'il fasse concourir à ses soins le malade, les assistants et les divers agens environnans. Hipp. Aphor. 1. S. 1. || A Paris, chez Croullebois, Libraire, rue des Mathurins, nº 17. (1811-1814.) In-12.

Titre latin en regard du titre français. Simple volume composé d'un feuillet blanc pour chaque jour de l'année, en tête duquel sont des préceptes de médecine en latin et en français.

Calendrier

                [B. N.]

1613. — ALMANACH DE SANTÉ OU ÉTRENNES D'HYGIE AUX GENS DU MONDE. Avec gravure. [Épigraphe :]

Fungar vice cotis, acutum
Reddere quæ ferrum valet, excors ipsa secandi.
              HORAT.

|| Paris, Barba, Libraire, Palais-Royal, der-rière le Théâtre Français, nº 51, D. Colas, rue du Vieux-Colombier, nº 26. Janvier 1811. In-18.

Frontispice : Hygie aux doubles mamelles couronnant le buste d'Hippocrate posé sur un socle, au bas duquel on lit : *Natura.* Sur le devant des volumes aux titres significatifs : *Émile, Tissot, Buchau, Gazette de Santé.* L'Ignorance, aux oreilles d'âne, est renversée à terre. Au verso du titre on lit : « Cet ouvrage qui paraîtra dorénavant le premier de novembre de chaque année est mis sous la sauve-garde des lois ; les huit exemplaires exigés par le décret sur l'organisation de l'Imprimerie ont été fournis, et le manuscrit soumis à la censure. — Prix : trois fr. à Paris. » — Calendrier.

Avec une dédicace à une Excellence anonyme signée « l'Auteur anonyme de l'*Almanach de Santé* ». D'autre part, la préface, *Avant-propos, Avis, Tout ce que l'on voudra* — ce sont ses propres titres — a pour signature *Mathanasius Sincerus Ubiquista, Doctor in utroque*, titre, on le sait, qui se donnait, autrefois, aux docteurs en théologie n'étant attachés à aucune maison particulière. « Chaque année », y lit-on, « voit colporter tant d'erreurs sous le titre innocent d'almanach que le nom de Bibliothèque bleue est resté affecté de droit aux recueils de contes populaires, et il m'a paru piquant de réhabiliter cette couleur en me présentant au public des vérités utiles sous la même forme que celle consacrée à lui débiter des futilités. Je sais bien que je me constitue le rival *obligé* de Mathieu Laënsberg et compagnie : qu'importe, pourvu que je le devienne jusqu'à obtenir avec lui la concurrence? Si la Folie peut emprunter les traits de la Sagesse pour usurper son Empire, pourquoi la Sagesse ne pourrait-elle pas emprunter à son tour le masque de la Folie pour repousser ses envahissements? »

L'auteur ne se dissimule point les inimitiés qu'il va encourir de la part de tous les *docteurs* de nouvelle fabrique : chirurgiens, apothicaires, herboristes, droguistes, épiciers, officiers de santé, majors, infirmiers, mèges, fraters, maréchaux, charlatans doctorisés à peu de frais de science et d'argent. L'*Almanach des Gourmands*, dit-il, prouve par la multiplicité de son débit que cette secte est bien plus étendue qu'on ne le croit ordinairement. L'*Almanach de Santé* sera donc « et l'antidote des poisons charmans que recommande le coryphée des gastronomes, et le guide discret des malheureux possesseurs de ces estomacs délabrés qui veulent ou jouir du bonheur de manger, ou faire sans danger parade d'appétit ». Ce guide est également à l'usage de la famille et doit permettre au père de donner à son fils d'utiles leçons d'hygiène. « J'entends quelquefois crier contre les dangers de populariser la Médecine », dit l'auteur, « mais quelquefois aussi on a vu des fripons se plaindre de l'institution des reverbères. » Notre auteur n'est, du reste, pas tendre pour ce qu'il

appelle « l'intervention funeste de la Médecine ».
Écoutez-le : « Les maladies sont un moyen
employé par la nature pour opérer des crises
utiles. Les médicamens qu'on prend s'opposent à
ce travail de notre bonne mère, et tel n'est mort
que d'une maladie tronquée par la Médecine, qui
serait plein de vie, si elle eût eu son libre
cours. »

La diète et l'eau, telle est la médication recom-
mandée par notre « Doctor in utroque »; lorsqu'on se
sent incommodé : saignées, purgatifs si c'est le
prélude d'une affection grave, ne peuvent, au contraire, d'après lui, qu'aggraver la crise.

Cet almanach paraissait en novembre et non en
janvier, — malgré la date portée sur le titre —
pour rester fidèle au système d'Hippocrate qui
commençait par l'automne son année médicale,
et parce que, voulant indiquer des préservatifs
plutôt que des moyens curatifs, il fallait être là
avant l'hiver, la saison la plus féconde en maladies.

Le calendrier, à côté des noms des Saints, donne
des indications sur les plantes, les fruits, les légumes, les animaux.

Principales matières : L'hygiène en général et
en particulier. De la médecine populaire. Charlatanisme et empirisme. Bibliographie médicale.
Thèses soutenues aux écoles de médecine de la
France. Nécrologie des savants depuis 1808.

(Voir plus haut, n° 1221.)

[Coll. de l'auteur.]

1614. — ANNUAIRE DE L'INDUSTRIE FRANÇAISE, ou Recueil par ordre alpha-bétique des Inventions, Découvertes et Perfectionnemens dans les arts utiles et agréables, qui se font à Paris et dans les Départemens; contenant l'état actuel des Manufactures, Fabriques, Ateliers, et autres Établissemens d'industrie française, avec les noms et adresses des Inventeurs, les prix des différens objets, leur emploi ou leur application à divers usages. Par C. S. Sonnini et Thiébaut de Berneaud. Année 1811. Première Année. || A Paris, chez D. Colas, Imprimeur-Libraire, rue du Vieux-Colombier, 26. In-12.

Dans une assez longue préface, l'éditeur constate
que la France a enfin rompu « le joug honteux »
qui la rendait tributaire au point de vue industriel
de ses voisines, et surtout de l'Angleterre. La
Société d'encouragement établie à Paris est devenue
le centre du mouvement imprimé à toutes les
branches du commerce. De toutes parts les arts,
les sciences et l'industrie ont répondu à l'appel du
souverain. L'auteur, Thiébaut de Berneaud, connu
par de nombreux ouvrages, a visité pour cet Annuaire (M. Sonnini, quoique en nom, ne put s'en oc-

cuper), les ateliers, a interrogé les chefs et examiné
les objets. Cet Annuaire a été classé par ordre
alphabétique sous la forme d'un Dictionnaire et se
termine par une table des différentes branches de
l'industrie auxquelles se rapportent les articles du
Dictionnaire. Il aspirait à être le Tableau annuel
de nos richesses commerciales et des nouvelles
conquêtes de notre industrie. » J'ignore s'il a eu
une suite, mais l'année 1811 est très intéressante
à parcourir. Je note, entre tous les articles : Duri-
voires (voitures montées sur trois roues), Fauteuils
promeneurs, Fayences, Garde-robes hydrauliques,
Glaces peintes, Gravure sur pierre, Habit sans cou-
ture, Lampes astrales et autres, Musique imprimée,
Petit Nécessaire, Papiers peints, Photophore,
Pipes en acier, Quinquets, Schals. C'est, on le voit,
un véritable état des découvertes de l'industrie
en 1811.

[Coll. de l'auteur.]

1615. — ANNUAIRE MAÇONNIQUE à l'usage des L. L∴ du Rit Écossais, à l'O∴ de Paris, pour 1811 et 1812. || Paris, In-18.

[Cat. Claudin sur la Franc-Maçonnerie, 1 fr. 50.]

1616. — LE BOUQUET DE PENSÉES, Étrennes Morales. || A Paris, chez Le Fuel, rue Saint-Jacques, n° 54. (1811.) In-24.

Titre gravé avec sujet et figures se rapportant
aux chansons.

Cette publication qui paraît avoir duré plusieurs
années, toutes portant aux nues la grandeur de
Napoléon, le courage et les vertus des armées
françaises. Passa, très probablement, par la suite,
entre les mains du libraire Marcilly, car je possède
à la date de 1824 le même almanach ayant comme
titre courant : « Le Bouquet de Pensées, Recueil
lyrique », avec musique gravée et feuilles de souvenirs.

[Ex. cart., tr. dorée, cat. de 2 à 4 fr.]

1617. — CENDRILLON, OU LES ÉTRENNES DE LA MODESTIE A LA BEAUTÉ. || Paris, chez Marcilly, rue Saint-Julien-le-Pauvre, n° 7. (1811.) In-24.

Titre gravé avec sujet (Cendrillon dansant).
Douze jolies figures se rapportant toutes à Cendrillon, l'opéra alors à la mode, et poésies chantantes.

[Cat. Morgand, ex. mar. vert, 20 fr.]

[Voir, sur Cendrillon, plus haut, n° 1584, et,
plus loin, n°s 1630, 1663, 1792.]

1618. — CHANSONNIER DE L'AMOUR ET DES GRACES pour l'Année 1811. || A Paris chez J. Chaumerot, puis chez Rosa, Libraire, Gᵈᵉ Cour du Palais-Royal. 1811 et suite. In-12.

Recueil de chansons dans le goût du jour, avec des frontispices dessinés par Chasselat et autres.

Certaines années paraissent avoir été les mêmes que *Le Chansonnier des Belles*.

Ces deux almanachs ne seraient donc qu'une seule et même publication mise en vente sous deux titres différents.

[Voir, plus loin, n° 1673.]
[Coll. Olagnon A. 1813.]

1619. — LE CHANSONNIER DE MARS ET DE L'AMOUR, Ou choix de Chansons joyeuses et militaires. || A Paris, chez Pigoreau, Libraire, place Saint-Germain-l'Auxerrois. 1811. In-18.

Frontispice représentant un Amour coiffé d'un chapeau de général, sabre au côté, soutenu par une *guirlande de roses, venant chanter devant Mars la* gloire de Napoléon :

> Ainsi donc toute la *terre*
> Retentit de ses hauts faits.

Recueil de chansons militaires par Barré, Brazier, Coupart, Delorme, Désaugiers, Desfontaines, Francis, Moreau, Panard, Picard, Piis, Radet, Rougemont, Henri Simon.

> Pour atteindre tous les poltrons,
> Pour livrer gaiement des batailles
> Pour enfouir des cadavres.
> Pour renverser tant de murailles,
> Pour braver bombes et boulets,
> N'y a que les Français.
>
> Pour être jaloux de son nom
> Pour bien faire honneur aux guinguettes,
> Pour danser au bruit du canon,
> Pour bien empaumer des fillettes
> Et les quitter pour leurs mousquets.
> N'y a que les Français.

Nombre de chansons de ce curieux chansonnier sont extraites des vaudevilles guerriers de l'époque : *L'Hôtel de la Paix, la Colonne de Rosbach, les Bateliers du Niémen, l'Hôpital Militaire, Maître André, Enfin nous y voilà.*

[Coll. de l'auteur.]

[Cat. de 4 à 5 fr.]

1620. — L'ÉLOGE DES BELLES A LA BEAUTÉ || A Paris, chez Janet, Libraire, Rue Saint-Jacques, n° 59. (1811.) In-32.

Titre en lettres gravées avec sujet (Amour dans une rose). Almanach orné de 6 gravures au poin-

tillé, sans *légende, signées Séb. Leroy del., Jane dirext*, et se rapportant au texte.

Recueil de chansons.

A la fin: Petit souvenir des dames, et calendrier.

[B. N. — Ye 21109.]

1621. — L'ESPRIT DES ÉTRENNES : Nouveau Trésor des Almanachs, présent des neuf Muses. Pour l'an 1811. || A Paris, chez Tiger, Imprimeur-Libraire, rue du Petit-Pont-Saint-Jacques, au coin de celle de la Huchette. Au Pilier Littéraire. Et chez les Marchands de Nouveautés. (1811-1813.) In-32.

Publication appartenant à la série des *Étrennes Mignonnes*, du *Trésor des Almanachs*, et autres petits recueils annuels.

En tête : feuilles se dépliant et donnant les indications pour le départ des courriers. Contient, outre les renseignements ordinaires, quelques anecdotes.

[B. N.]

1622. — ÉTRENNES DE MINERVE A L'ADOLESCENCE. || A Paris, chez Janet, Libraire, Rue Saint-Jacques, N° 31. (1811.) In-64.

Titre gravé, non signé, sur un fond représentant un paysage. Cet almanach est orné de 12 gravures qui doivent être toutes, ainsi que le titre, attribuées à Dorgez, bien que quelques-unes ne soient pas signées. En voici les légendes : — 1. Les bons Enfants (signée Dorgez, an 7). — 2. Avantages de l'Enfance. — 3. L'Amour innocent couronné. — 4. Leçons de Modestie. — 5. Le Portrait d'une Mère. — 6. La Nièce reconnoissante. — 7. La Bague trouvée. — 8. La Surprise agréable. — 9. La Vertu récompensée. — 10. L'Utile contrainte (signée D.). — 11. Le Débat généreux. — 12. La vraie Consolation. — Plusieurs planches portant la date de l'an 7, ainsi que je l'ai fait observer pour le n° 1, il est permis de supposer que l'almanach a dû paraître bien avant.

Texte composé de chansons se rapportant aux gravures. — Calendrier pour 1811.

[Coll. de Savigny.]

1623. — ÉTRENNES DES MUSES AUX GRACES pour l'année 1811. || Amsterdam et Paris. In-16.

Recueil de chansons, avec 8 gravures.

D'après un catalogue de librairie.

[Ex. cart., tr. dorées, cat. 3 fr. 50.]

1624. — ÉTRENNES IMPÉRIALES DE FRANCE, Contenant les Éphémérides, la Famille Impériale, leur Maison, les Ordres français et étrangers, et toutes les premières Autorités. Pour l'année 1811. || A Paris, chez Langlois, Imp.-Libraire, rue du Petit-Pont, Nᵒ 20. In-32.

Frontispice sur bois : portraits de Napoléon et de l'Impératrice.

Feuilles se dépliant : tableau statistique des départements.

[B. N.]

1625. — ÉTRENNES INSTRUCTIVES, MIGNONNES ET AGRÉABLES pour l'an 1811. || A Paris, chez Tiger, Imprimeur-Libraire, rue du Petit-Pont-Saint-Jacques, au coin de celle de la Huchette. Au Pilier Littéraire. Et chez les Marchands de Nouveautés. 1811 et suite. In-32.

Cet almanach donne les naissances et alliances des princes et princesses de France, l'état ecclésiastique de France, la préfecture de la Seine, les mairies et justices de paix de Paris, les commissaires de police, bibliothèques, musées, etc. Il contient, en outre, quelques récits de différents genres empruntés soit à l'histoire, soit aux lettres, soit aux sciences.

Chaque année a une carte, se dépliant, presque toujours la même : carte des royaumes d'Espagne et de Portugal, ou Plan de Paris, ou carte d'Europe.

L'année 1818 contient 12 médaillons sur bois représentant les portraits d'Henri IV et de ses successeurs jusqu'à Louis XVIII, avec les membres de la famille de Louis XVIII.

[Ex. cart. cat. 3 et 4 fr.]
[B. N.]

1626. — ÉTRENNES MAÇ.·., A l'usage de tous les rits. Or.·. de Paris. || (Paris) Imprimerie de Bertrand-Pottier. M.DCCC.XI. In-12.

Calendrier maçonnique, auquel est joint : 1º le nécrologe et quelquefois la naissance de plusieurs personnages célèbres dans les fastes du monde; 2º des notes et concordances sur les divers calendriers; 3º l'abrégé chronologique de la Maç.·. en Angleterre et en France, depuis l'époque où elle a paru sous cette dénomination; 4º l'ère de la grande maîtrise en France; 5º la correspondance Maç.·.

[Voir, plus haut, *Calendrier Maçonnique*, nᵒ 1583]
[B. N. — Hp. 678.]

1627. — LA JOURNÉE DES MUSES ou Choix de Récits en vers. || A Paris, chez Le Fuel, Libraire, rue Saint-Jacques, nᵒ 54. (1811.) In-18.

Titre gravé avec sujet : des femmes groupées personnifiant les Muses. Recueil de poésies : « pour lier ces divers récits », dit l'éditeur, « on suppose que les Neuf Sœurs célèbrent sur le Parnasse la fête d'Apollon et qu'elles racontent alternativement un fait épisodique. » Avec 9 figures dont voici les légendes :

1. Amélie et Volnis. — 2. Yvain et Rosamonde. — 3. La Brunette anglaise. — 4. Thaïs et Elinin. — 5. Nina. — 6. Salix et Pholoé, ou l'origine du Saule. — 7. Azéline. — 8. Les deux Frères. — 9. Le pouvoir de la Poésie (cette dernière figure est destinée à illustrer la seconde partie, recueil de poésies diverses).

[Coll. Weckerlin.]

1628. — LE PETIT PAGE OU LE MESSAGER FIDÈLE. || A Paris, chez Janet, Libraire, rue Saint-Jacques, nᵒ 59. [Un second titre porte : « Calendrier pour l'An 1811, chez Janet, Libraire et marchand de musique »]. In-64.

Sur le titre est une colombe « messagère fidèle » tenant en son bec une lettre. Série de chansons, avec 6 planches au pointillé, se rapportant à ces chansons (Le petit Page, La Rose ou la femme jolie, Le billet, Le pouvoir de l'Amour, etc.), mais, contrairement à l'habitude, ne portant aucun titre gravé.

1629. — LE PHÉNIX DES ALMANACHS pour l'An 1811. || A Paris, chez Le Fuel, Libraire, rue Saint-Jacques, nᵒ 54, près celle du Foin. Pet. in-12.

Sur le titre portant « Écrit par Sampier », sont deux petits Amours, télescope en main. Ce « Phénix des Almanachs » est une sorte d'Almanach-carnet avec crayon, glace à l'intérieur, et sans texte aucun, destiné donc à la poche, pour noter simplement les emplettes et les rendez-vous. Calendrier gravé, de 12 pages, chaque mois ayant, en tête, une petite vignette allégorique. Puis, suit un Souvenir avec jolis sujets, gravés au pointillé gris par Pomel.

[Ex. mar. r. cat. 18 fr.]

1630. — LES PLAISIRS DE CENDRILLON, ou Choix des plus jolis morceaux de ce charmant opéra; Suivi d'un Recueil de Chansons. || A Paris, Chez tous les Mᵈˢ de Nouveautés (M.DCCC.XI). In-32.

Recueil de chansons, comme l'indique le titre, sur la petite Cendrillon. Frontispice : gravure en bois, coloriée, représentant Cendrillon au coin de son feu. Publication de colportage, donnant les couplets d'une quantité d'opéras alors à la mode. Avec calendrier pour 1811.

(Voir plus haut, nᵒˢ 1584, 1617, plus loin, nᵒˢ 1663, 1792.)

[Ex. mar. r., cat. 12 fr.]

1631.—LE RETOUR DES GUERRIERS

recueil de chansons, almanach pour la présente année. || A Paris, chez Montaudon Libraire, Successeur de Mᵐᵉ veuve Quillau, rue Galande, nᵒ 37. (1811.) In-32.

Avec frontispice grossièrement enluminé :

Jeunes héros, entrez dans vos foyers ;
Abandonnez les champs de la victoire.

Publication de colportage avec poésies de circonstance. Calendrier.

[Coll. de l'auteur.]
[Cat. 3 fr.]

1632. — LE SOUPIR DES MUSES.

Almanach pour 1811. || A Paris, chez Janet, Libraire. In-18.

Recueil de chansons. Titre gravé et figures.
D'après un catalogue de librairie.

[Ex. mar. rouge, avec étui, cat. 5 fr.]

1633. — LES SOUVENIRS DE M. ET

Mᵐᵉ DENIS, ou Recueil de Chansons choisies. || A Paris, chez Mᵐᵉ Caquet, rue des Martyrs, 1701. (1811.) In-24.

Frontispice gravé sur bois et colorié, dont voici la légende : Monsieur Denis allant rejoindre son épouse. Ce frontispice est reproduit sur la couverture, sans légende et en noir.

Recueil de chansons populaires, dont plusieurs ont pour sujet M. et Mᵐᵉ Denis. A la fin se trouve la célèbre chanson : « M. et Mᵐᵉ Denis, époux du dix-septième siècle, s'étant couchés de bonne heure, parce qu'ils n'avaient pu aller faire leur partie de loto chez Mᵐᵉ Caquet, sage-femme, rue des Martyrs. »

Texte dans un encadrement typographique.
Calendrier pour l'an 1811.

[Coll. de Savigny.]

1634. — ALMANACH DÉDIÉ AUX

DEMOISELLES. || Paris, chez Louis Janet, Libraire, rue Saint-Jacques, nᵒ 59. 1812 (?)-1826 ? In-18 (1).

Titre gravé avec petite vignette. Quelquefois celle-ci est fort jolie : il en est même de Prudhon et de Gérard jusqu'en 1821. Le faux-titre était également gravé et avait un couplet-préface dont le suivant, emprunté à l'almanach de 1816, pourra donner l'idée :

Il est mille bavards maudits
Qui médisent des Demoiselles.
Que prouvent tous ces étourdis
En déclamant ainsi contr'elles ?
C'est que l'on doit respect, amour,
Non pas un hommage éphémère,
A qui pourra porter un jour
Le titre d'Épouse et de Mère.

Le calendrier se trouve toujours en tête, imprimé et non gravé. Chaque volume a six gravures, tantôt des reproductions de tableaux, tantôt des sujets, dans la note du jour, dessinés par Desenne Les premiers pas de l'enfance, La leçon maternelle, L'illustre infortunée, Le baiser, La surprise, etc... Régulièrement, à la fin du volume, les feuilles de Souvenir, soit avec le classique et presque toujours uniforme encadrement de l'époque, soit avec des petits sujets de la vie gravés au-dessus du titre des mois.

Almanach
— Dédié —
aux Demoiselles

Ayez pitié de moi.

A PARIS
Chez Janet, Libraire, Rue St. Jacques, Nᵒ 59.

Le rédacteur de cette publication était Charles Malo. Elle insérait vers et proses. En outre de Malo on y trouve des pièces de Ducray-Duménil, Dusaulchoy, H. de Sazerac, Ducis, Fr. de Neufchâteau, Mouffle, Miger, Lingay, et autres plus ou moins connus, Armand Gouffé, J.-P. Brès, Desbordes-Valmore, Mᵐᵉ de Genlis, Scribe.

---

1) Quérard ne mentionne que l'année 1825.

Mᵐᵉ Tastu, de Lamartine, C. Delavigne, Paul de Kock, Debraux, Alfr. de Vigny.

Les exemplaires, cartonnés avec fers d'ornements très simples, — jamais de sujets ou de personnages, — sont dans un étui.

[Le prix varie, suivant les années, entre 5 et 10 fr. || A. 1826, cart., étui, cat. 8 fr.]

1635. — ALMANACH DE LA COUR ET DE L'EMPIRE FRANÇAIS pour l'Année 1812. Orné de Jolies Gravures. || A Paris, chez Rosa, Rel.-Libraire, rue de Bussy, n° 15. 1812-1819. In-12.

Titre en lettres gravées avec sujet (aigle impériale tenant une branche de laurier, puis, l'année suivante, l'écusson impérial, remplacé plus tard par les trois fleurs de lys).

Après 1814, le titre devint, du reste, *Almanach de la Cour et du Royaume de France*.

Chaque année possède un frontispice gravé, différent, représentant généralement un monument de Paris. Quelques années contiennent, en outre, diverses gravures (reproductions de tableaux).

Renseignements administratifs, civils et commerciaux.

Se vendait broché 1 fr. 80 c. Cartonné avec étui et doré sur tranche, 2 fr. 50. — Avec vignettes, imprimé sur du papier couleur fine, 3 fr. 50 c. — Maroquin, étui papier maroquin, 6 fr. — Étui maroquin, 9 fr.

[B. N.]

1636. — ALMANACH DES AMANTS. || Paris, 1812. In-24.

Très certainement la réimpression d'une publication de colportage du XVIIIᵉ siècle.

D'après un catalogue.

1637. — ALMANACH DES FILLES A MARIER. || Paris, 1812. In-24.

D'après un catalogue.
Même observation que pour le précédent.

1638. — L'AMI DES MUSES. || A Paris, chez Marcilly aîné, Libraire, Rue Saint-Jacques, n° 10. (Vers 1812.) In-18.

Titre gravé et 6 figures avec 76 pages de musique notée. A la fin, Souvenir des Dames orné de petites vignettes et accompagné de feuillets blancs pour les choses à noter quotidiennement. Cartonnage.

[Cat. 5 fr.]

1639. — L'ANACRÉON DES DEMOISELLES. Calendrier pour l'Année 1812. ||

A Paris, chez Janet, Libraire, rue Saint Jacques, n° 59. In-64.

Titre gravé et 6 petites figures. Recueil de poésies chantantes.

1640. — L'ART DE PLAIRE. || A Paris, chez Janet, Libraire, Rue Saint-Jacques, n° 59. De l'Imprimerie de P. Didot aîné. (1812.) In-32.

Titre en lettres gravées avec sujet (armes romaines : bouclier, épée et casque, duquel sort un Amour).

En regard du titre, pièce de vers : Envoi à Julie de *l'Art de plaire*.

Almanach orné de gravures sans légendes, au pointillé anglais, se rapportant au texte, et dont voici les sujets : 1. Charles VII et Agnès Sorel. — 2. François Iᵉʳ et la Belle Féronnière. — 3. La Belle Gabrielle. — 4. Henri IV et la Belle Gabrielle. — 5. Louis XIV et Mˡˡᵉ de la Vallière. — 6. Bayard et Mᵐᵉ de Randant.

Recueil de chansons.

Petit Souvenir des Dames et calendrier.

On rencontre quelquefois des exemplaires reliés dans une monture en cuivre doré avec verres sur les plats ; quelquefois aussi, avec un titre différent sur la couverture, notamment : *Almanach lyrique des Dames*. Ce fait se présente, du reste, assez souvent parmi les publications de l'époque.

C'est ainsi que, plus loin, on verra *L'honneur et les Dames* (1822), dans une reliure identique à celle que nous venons de signaler, porter le titre de : *Les Poètes et les Belles*.

[Cat. de 4 à 5 fr.]
[B. N. — Ye, 14412.]

1641. — L'ASTROLOGUE PARISIEN OU LE NOUVEAU MATHIEU LAENSBERGH, à l'usage des habitans de la France ; Contenant : 1° des Prédictions sur le Beau Temps, la Pluie et l'Apparition des Astres, avec des Pronostics infaillibles et l'explication de divers Phénomènes célestes et terrestres ; 2° des Prophéties sur les ouvrages de Littérature, de Sciences et d'Arts, qui doivent paraître dans le courant de cette année 1812, avec l'indication exacte des Pièces qui seront représentées et l'annonce des succès et des chutes ; 3° des Anecdotes et fragmens sur le Temps passé, extraits de la Correspondance d'un homme célèbre du dernier siècle avec le secrétaire d'un prince d'Allemagne ; 4° Le Voyageur dans les Landes, nouvelle historique. Orné de Figures par A. B. C. D... etc. ‖ A Paris, chez Madame Vᵛᵉ Lepetit, Libraire, rue Pavée-Saint-André-des-Arcs, nº 2. Pour l'année 1812, 1812-1817. In-32 carré (in-24 selon l'éditeur). Se vendait 1 fr.

Chaque année, certaines parties du sommaire se modifiaient conformément au texte. — 4 figures y compris le frontispice.

A. 1812. — Le frontispice représente l'Astrologue, la lorgnette braquée sur la comète, le pied gauche au bord d'un puits.

A. 1813. — Frontispice : L'Astrologue croyant fixer sa lunette sur un astre et regardant une demoiselle qu'un jeune garçon tient à la hauteur de son télescope. Légende :

C'est singulier! voilà un Astre
Qui ressemble à une Demoiselle.

Autres figures : L'Ascension du Diable (c'était alors le jeu à la mode) exécutée publiquement aux Champs-Élysées et en particulier dans divers jardins. A cet effet, une ficelle unie longue de 60 à 80 pieds est fixée en terre, par ses deux bouts, à deux pieux ou à deux arbres placés à une distance de deux tiers environ de cette longueur; une perche relève cette ficelle par son milieu et la tend en lui faisant faire un angle obtus. Le joueur met le diable en train avec les baguettes ordinaires.

A. 1814. — Frontispice : J'interroge le passé pour connaître l'avenir (astrologue dans les catacombes).
Une figure « Le Somnambulisme magnétique » nous fait assister à une représentation dans un salon.
Dans les pronostics littéraires on lit : «Beaucoup de romans. Plusieurs de détestables, quelques-uns de médiocres, peu d'intéressans... Deux fort remarquables et qui auront la vogue. » Déjà alors, cette sorte de littérature encombrait le marché, brillant plus par le nombre que par la qualité.

A. 1815. — Frontispice : L'Astrologue Parisien aidant la Vérité à sortir de son puits. Une planche sur les modes : « Échangeons et modifions nos Modes ».

A. 1816. — Frontispice : planche se repliant et représentant en dix tableaux les grandes aventures du grand Nicolas, plus célèbre sous le nom de Napoléon Buonaparte. *Ce frontispice* figure une de ces grandes toiles peintes que les chanteurs des rues déroulent sur les places publiques en montrant avec le bout d'une longue baguette chacun des tableaux, en adressant un petit préambule aux auditeurs et en chantant ensuite le couplet de la chanson qui se rapporte à l'action figurée. Au tableau qui représente la eunesse de Nicolas, la mitraillade de Toulon, la journée du 13 Vendémiaire, la fuite d'Égypte, la journée du 18 Brumaire, le retour de Moscou, la fuite près de Leipzick, Napoléon à l'île d'Elbe, son arrivée aux Thuileries (*sic*), la Chambre dite des Représentants en juillet 1815, *l'Astrologue Parisien* a ajouté la « Complainte véritable, remarquable, et même déplorable, par M. Jolicœur, aujourd'hui chanteur, ci-devant passeur et blanchisseur, au *Petit Bonheur*, à la Râpée. Suivie de notes historiques et critiques par Ignace Belleplume, le premier écrivain public de Paris... en entrant par la barrière Saint-Jacques ». Il s'agissait, en effet, d'une véritable complainte destinée à être chantée sur les places publiques.

L'Astrologue Parisien, qui avait, à plusieurs reprises, dans ses précédentes années, esquissé des prédictions contre l'usurpateur, contre le démon de l'orgueil et de l'ambition, affichait ainsi bien haut ses sympathies royalistes.

A. 1817. — Frontispice : La fin du monde. Taches du soleil (astrologue regardant le soleil). Cette année contient une lettre du Trénis (c'est-à-dire d'un danseur) des environs de Paris indiquant les époques précises de toutes les fêtes et réunions publiques des environs de la capitale, avec les traits caractéristiques des plaisirs qu'on peut trouver dans chacune d'elles (fêtes de Sceaux, des Loges, de Saint-Cloud, de Berci, de Bagnolet, de Châtillon, d'Ivri, d'Antoni). Avec une planche : le Trénis des Environs de Paris, par A. B. C. D.

Voir plus loin, nº 1839, *Le nouvel Astrologue Parisien*.

[Coll. Paul Lacombe.]
[Cat. 2 à 4 fr. l'année.]

1642. — BOUQUET DE VIOLETTES ET ROMANCE D'ESTELLE. ‖ A Paris, chez Janet, Libraire, rue Saint-Jacques, nº 59. (1812.) In-64.

Titre gravé et 6 petites figures.
Réimpression de pièces de la fin du XVIIIᵉ siècle. Tout était alors aux violettes, la fleur à la mode entre toutes.

1643. — LES BOUQUETS DE FAMILLE, D'AMOUR ET D'AMITIÉ. Étrennes pour la présente Année. ‖ A Paris, chez Janet, Libraire, rue Saint-Jacques, nº 59. (1812.) In-64.

Titre gravé et 6 petites figures. Recueil de poésies chantantes.

Le libraire Janet paraît avoir été, en cette année 1812, d'une fécondité véritablement remarquable ainsi qu'on pourra le voir par les publications qui suivent.

1644. — CE QUI PLAIT AUX DAMES.

|| A Paris, chez Janet, Libraire, rue Saint-Jacques, n° 59. In-64.

Titre gravé et 6 petites figures. Recueil de poésies chantantes.

1645. — CHANSONNIER DE SOCIÉTÉ OU CHOIX DE RONDES. Publié pour servir de suite et de complément à tous les *Savans de Société* anciens et modernes, et autres Recueils de *Jeux innocens*, nés ou à naître. [Épigraphe :]

> Amusais-vous,
> Trémoussais-vous,
> [Ronde du départ de Saint-Malo.]

|| Paris, Delaunay, libraire au Palais-Royal, Galerie de bois, n° 242. 1812. In-12.

Frontispice : Jeunes enfants buvant et chantant.

> Rions, chantons, aimons, buvons,
> Voilà toute notre morale.

Choix de rondes comme l'indique le titre (Rondes satyriques, rondes villageoises, rondes naïves, bachiques, grivoises et rimes blanches.)
[Coll. Olagnon.]

1646. — LES COMPLIMENS DU NOUVEL AN POUR LES JEUNES ENFANS. Étrennes pour la présente Année. || A Paris, chez Janet, Libraire, rue Saint-Jacques, n° 59. (1812.) In-64.

Titre gravé et 6 petites figures.

1647. — LE CONSEIL D'AMOUR. || A Paris, chez Janet, Libraire, rue Saint-Jacques, n° 59. (1812.) In-64.

Titre gravé et 6 petites figures.

1648. — L'ENFANT CHÉRI DES DAMES. || A Paris, chez Janet, Libraire, rue Saint-Jacques, n° 59. (1812.) In-24.

Almanach entièrement gravé. Sur le titre : l'Amour les yeux bandés et carquois en main. Plus 8 gravures : l'Amour militaire, — l'Amour négociant, — l'Amour horloger, — l'Amour chapellier (*sic*), — l'Amour serrurier, — l'Amour cordonnier, — l'Amour notaire, — l'Amour médecin, — représentant toutes le petit polisson joufflu, dans un costume d'une simplicité paradisiaque. La palme revient à l'Amour militaire, arme au bras, casque en tête, cartouchière en bandoulière. Cet habillage en « nu » est d'un comique achevé.

L'almanach s'ouvre par une pièce faisant allusion aux almanachs déjà publiés par Janet dans le même esprit : *le Mérite des Femmes*, *l'Éloge des Belles*, etc...

> Enfant chéri des dames
> Je plais, j'ai des succès,
> Le mérite des femmes
> Est peint dans mes couplets, etc.

Avec calendrier pour 1812, et feuilles de « Souvenirs ».

Cet almanach paraît être la première production poétique de Pierre-François–Albéric Deville, futur médecin, alors à peine âgé de vingt ans, qui s'est fait surtout connaître par ses petites poésies galantes sur les fleurs et l'amour. [Voir, plus loin, les nos 1740, 1765, 1808.]

1649. — L'ENFANT DE LA JOIE, OU LE PETIT VADÉ, et autres Chansons. Avec six jolies Gravures. || A Paris, chez Rosa, Libraire, rue de Bussy, n° 15. (1812.) In-32.

Frontispice signé Macret *sculp.* représentant une jeune femme dans un parc.

Almanach orné de 5 gravures sans légendes, également signées Macret, dont les 4 premières se rapportent à la *Pipe cassée*, le célèbre pot pourri, en 4 chants, de Vadé.
Calendrier.
[B. N. — Ye, 21158.]

1650.—ÉPHÉMÉRIDES POLITIQUES, LITTÉRAIRES ET RELIGIEUSES présentant pour chacun des jours de l'année un tableau des événemens remarquables qui datent de ce même jour dans l'histoire de tous les siècles et de tous les pays, jusqu'au 1er janvier 1812. || A Paris. 1812.

Ouvrage en 12 volumes, intéressant à consulter au point de vue des simples éphémérides.
[Cat. de 10 à 12 fr.]

1651. — ÉTRENNES A FINETTE OU LE BEAU SEXE VAINQUEUR. || A Paris, chez Janet, Libraire, rue St-Jacques, n° 31. In-32.

Avec un calendrier pour l'année 1812. Titre gravé représentant un Amour au milieu des fleurs, et 12 compositions d'une assez bonne exécution : Le nouvel An favorable, La promesse du médecin, la chanson de la vigne, etc.
[Ex. cart. cat. 18 fr.]

1652. — ÉTRENNES DE CHARITÉ.
Pour l'année 1812. Contenant les Règlemens et la première Liste des Dames de
la Société Maternelle, du Conseil général
et du Comité central, avec une Notice
sur les Établissements de Bienfaisance
publics et particuliers, et sur les Sociétés
de Charité de la ville de Paris. Prix :
2 fr. en beau papier, 1 fr. 25 c. papier
ordinaire, et 25 c. de plus pour les départemens. ‖ A Paris, chez Petit, Libraire,
Palais-Royal, galerie de bois, n° 257;
Leclerc, Imp.-Lib., quai des Augustins;
Nicolas-Vaucluse, Impr.-Libr., rue Neuve-
St-Augustin, n° 5. In-16.

Contient des détails nombreux et intéressants
sur les hospices et les diverses associations de
charité.

[B. N.]

1653. — ÉTRENNES IMPÉRIALES ET
ROYALES pour l'année 1812 contenant
les naissances et alliances des princes et
princesses de France; les maisons de
l'Empereur, de l'Impératrice et de la
famille Impériale; les grands dignitaires
et grands officiers de l'empire; les noms
et demeures des membres du sénat, du
corps législatif et du conseil d'État; les
principales puissances de l'Europe; les
ministres ; les grands officiers de la
Légion d'honneur, etc., etc... ‖ A Paris,
chez Demoraine. (1812-1814 : 3 années.)
In-32.

Almanach avec cartes se dépliant. Concurrence
aux précédentes *Étrennes impériales*. (Voir plus
haut, n° 1542.)

[B. N.]

1654. — ÉTRENNES MIGNONNES
pour 1812. ‖ A Paris, chez Janet, Libraire,
rue St-Jacques, 59. In-128.

Texte gravé. Chansons accompagnées de 8 figures, avec des devises pour les demoiselles et des
devises pour les garçons.
Cet almanach minuscule a dû se vendre pendant
plusieurs années, car on le trouve avec des calendriers différents.

[Coll. G. Salomon.]

1655. — LES FÊTES DU HAMEAU
OU LES BAGATELLES LYRIQUES. ‖

A Paris, chez Le Fuel, rue Saint-Jacques,
n° 54. In-64.

Titre gravé au milieu d'un encadrement champêtre : lyre, houlette, chalumeau, suspendus à deux
arbres placés de chaque côté. Suivi d'un calendrier
pour 1812.
12 figures illustrant le texte (chansons imprimées)
1. Hommage à l'amitié. — 2. L'Espérance (femme
tenant une lyre).— 3. Le Destin consulté. — 4. Le
Peu. — 5. Portrait (jeune artiste dessinant une
jolie femme). — 6. Allégorie. — 7. Le Français
(un conquérant devant la statue de Mars et de
Vénus). — 8. A Sophie. — 9. Le Hameau. —
10. L'Inconstance. — 11. Le Buveur. — 12. Avis
aux belles.

[Coll. Georges Salomon.]

1656. — FLORE ET ZÉPHIRE OU
LES AVENTURES D'UN BOUTON DE
ROSE; Almanach anacréontique, sur des
airs connus : pour la présente année. ‖
A Paris, chez Langlois, Imprimeur-
Libraire, rue du Petit-Pont, n° 25. (1812.)
In-32.

Recueil de chansons, romances et « couplets
érotiques » d'un sentimentalisme piquant. Imprimé
avec encadrement typographique. Le calendrier
placé à la fin porte l'adresse de Janet.
Frontispice colorié : *Le tête-à-tête dangereux*.

[Ex. mar. cat. 12 fr.]

1657. — LE GALANT MORALISTE.
Pour la présente année. ‖ A Paris. (Vers
1812.) In-128.

Petit recueil minuscule, gravé avec 6 figures, dont
une amusante « L'Amour chapelier ».

Bien que ce détail soit énorme,
Cupidon fait seul tous les frais
De mettre et de remettre en forme
Les chapeaux qu'il repasse après.

[Coll. Georges Salomon.]

1658. — HOMMAGE A L'AMITIÉ OU
LA VERTU RÉCOMPENSÉE. Dédié aux
gens aimables. ‖ A Paris, chez Le Fuel,
relieur et doreur, rue Saint-Jacques n° 54.
(1812.) In-32.

Titre gravé sur un rideau, au haut duquel se
tient un cygne. Historiettes en prose et en vers
dans la note sentimentale, avec 6 gravures d'une
exécution naïve : 1. Le petit garçon bienfaisant. —
2. Le chasseur égaré. — 3. Diane et Dragone
(ou les deux chiennes). — 4. L'oiseau plumé (ou le

petit garçon méchant). — 5. Les tombeaux. —
6. Les deux bossus (ou visite chez le diable).
Avec cahier de perte et gain.

[Ex. cart. cat. 4 fr.]
[Coll. de l'auteur.]

1659. — LISTE IMPÉRIALE, ou L'In-
dicateur des Gens en place. || A Paris,
chez Aubry, Libraire, au Palais de Justice, salle Neuve des Marchands, n° 37.
(Vers 1812.) In-18.

Mêmes matières que l'*Indicateur Impérial* de 1810.
[B. N.]

1660. — LE MÉRITE DES FEMMES.
|| A Paris, chez Janet, Libraire et Md de
Musique, rue St-Jacques, n° 59. (1812.)
In-32.

Sur le titre, lyre avec quenouille. Calendrier,
entièrement gravé, avec Souvenir des Dames,
consacré à chanter et célébrer les femmes, illustré
de six compositions au pointillé anglais, dessinées par Sébastien Leroi, gravées par Massol. —
1. L'Amour maternel (Indienne du Canada répandant sur le tombeau de son enfant le lait de ses
mamelles). — 2. L'origine du dessin (Femme
traçant au moyen de l'ombre le portrait de son
amant). — 3. Les trois âges de la vie. — 4. Chant
d'amour d'un troubadour. — 5. Louis XIV aux
genoux de Mlle de La Valière. — 6. Sargine ou
l'élève de l'amour.

> L'aimable reine de Cythère
> Reçut la pomme de Pâris ;
> Mais il en obtint pour salaire
> Celle dont il était épris.
> J'aime beaucoup son aventure,
> Et je donnerais en ce jour
> Cent pommes d'or, je vous le jure,
> Pour avoir deux pommes d'amour.

On ne saurait être plus galant.

[Ex. mar. vert. cat. 9 fr.]
[Coll. de l'auteur.]
[Voir plus loin, n° 1778, un autre almanach pu-
blié sous le même titre.]

1661. — LA MORALE DU CŒUR.
Calendrier pour l'année 1812. || A Paris,
chez Janet, Libraire, rue St-Jacques, 59.
In-64.

Titre gravé et 6 petites figures dans le goût de
l'époque. Recueil de poésies chantantes.

1662. — LE PETIT ZÉPHIR. An 1812.
|| A Paris, chez Lefuel, Libraire, rue
St-Jacques, n° 54. In-128.

Almanach minuscule qui se rencontre, lui aussi,
avec calendriers à des dates différentes.

Poésies : La Rose, L'Amour Papillon avec 12
figures représentant des Amours, des femmes,
des enfants. — Calendrier.

[Coll. Roux.]

1663. — LA PETITE CENDRILLON.
Almanach chantant et de société. || A
Paris, chez Tiger, Imprimeur-Libraire,
rue du Petit-Pont-Saint-Jacques, au coin
de celle de la Huchette. Au Pilier-Littéraire. (1812.) In-32.

Avec un frontispice gravé et grossièrement
colorié (Jeune homme courtisant une fille à la fontaine). Publication de colportage placée, elle aussi,
sous le vocable à la mode.

> Je suis modeste et soumise,
> Le monde me voit fort peu,
> . . . .
> Voilà pourquoi l'on m'appelle
> La petite Cendrillon.

[Cat. de 4 à 5 fr.]
[Voir plus haut, n°s 1584, 1617, 1630, plus
loin, n°s 1792, 1803.]

1664. — LES PETITS RIENS. || A
Paris, chez Janet, Libraire, rue St-Jacques, n° 59. (1812.) In-32.

Titre gravé avec sujet (Amour puisant de l'eau à
une fontaine). Recueil gravé de chansons avec
adjonction d'un cahier d'ariettes nouvelles, et
8 figures. 1. Fidélité. — 2. Le Pêcheur. —
3. Tout est dit. — 4. La revanche. — 5. Mes
regrets. — 6. Les âges de l'homme. — 7. L'é-
clipse de lune. — 8. Les maris.

C'est, comme l'indique le titre, une série de
petits riens :

> Un petit Rien
> Fait tout dans l'amoureux mystère ;
> Un petit Rien
> Irrite ou calme une Bergère ;
> Souvent on voit la plus sévère
> Prendre plaisir à l'entretien
> D'un amant qui n'a pour lui plaire
> Qu'un petit Rien.

[Ex. mar. vert avec étui, cat. 10 fr.]
[Coll. Victorien Sardou.]

1665. — LE RETOUR DE L'AGE
D'OR. || A Paris, chez Marcilly, rue
St-Julien-le-Pauvre, n°s 14 et 15. (1812.)
In-18.

Titre gravé, 6 figures se rapportant aux chansons et les 12 signes du Zodiaque en tête de chaque mois du « Souvenir des Dames. »

[Ex. mar. r. av. étui, cat. 7 fr.]

1666. — LE RIEUR ÉTERNEL, Almanach chantant pour la présente année. ‖ A Paris, chez Janet, Libraire, rue St-Jacques, nº 59. (1812.) In-64.

Titre gravé et 6 petites figures. Chansons.

1667. — LES RIS, LES JEUX, LES PLAISIRS. Étrennes charmantes. An 1812. ‖ A Paris, chez Marcilly, rue St-Julien-le-Pauvre, nº 7. In-128.

Almanach minuscule. 8 figures avec chansons dans l'esprit du jour : Annette, L'Oiseleur, Bouquet de Fanfan, etc... Calendrier.
[Coll. Georges Salomon.]

1668. — LA VERTU RÉCOMPENSÉE ou Esther Femme d'Assuérus. Gravé par Huët l'aîné. ‖ A Paris, chez Marcilly, rue St-Julien-le-Pauvre, nˢ 14 et 15. (1812.) In-32.

Titre gravé avec sujet.

Texte, vers et prose, se rapportant entièrement à Esther. Toute l'antiquité classique sera mise ainsi en calendrier par le fécond Marcilly (voir plus loin, notamment, Phèdre et Hyppolyte, nº 1749).
Almanach orné de 12 vignettes dont voici les légendes : — 1. Le Couronnement d'Esther. — 2. Pompe et faste orgueilleux d'Aman. — 3. Plaintes des jeunes Filles d'Israël. — 4. Esther à sa Toilette. — 5. Esther évanouie devant Assuérus. — 6. Triomphe de Mardochée. — 7. Cantique des jeunes Filles de Sion. — 8. Repas d'Esther avec Assuérus. — 9. Cantique des jeunes Compagnes d'Esther. — 10. Punition d'Aman. — 11. La Vertu récompensée ou la justice d'Assuérus. — 12. Actions de Grâces des jeunes Filles Juives.
Le même, avec un calendrier se repliant, pour 1817.
[Ex. avec cart. cat. 7 fr.]

1669. — AGENDA POUR L'ANNÉE 1813. Avec la Liste de MM. les Magistrats et Officiers ministériels Près les Cours de Cassation, Impériale, Tribunal de 1ʳᵉ Instance et Justices de Paix du Département de la Seine. ‖ Paris, se trouve à la Chambre des Avoués, au Secrétariat. 1813-1870. In-18.

Simple agenda servant à prendre des notes, auquel sont ajoutés les noms des Magistrats.
Doit encore se continuer.
[B. N.]

1670. — ALMANACH DU VOYAGEUR, ou Guide du Négociant dans les Départemens, contenant un tableau général de toutes les villes de l'Empire Français par départemens et par ordre alphabétique, avec l'état (sic) de leur population, leur distance de Paris, les indications des principaux hôtels et auberges, où les voyageurs peuvent trouver l'agréable réuni à l'utile, suivi d'un choix de chansons propres à égayer la fin d'un repas. On y a aussi ajouté le tableau des principales villes de la Suisse, où peuvent être appelées les personnes qui voyagent, soit pour leur plaisir ou affaires de commerce. Dédié aux Voyageurs Par C. D. L. C, voyageur. ‖ A Paris, chez Delacour, Libraire, rue St-André-des-Arts, nº 65, au 1ᵉʳ, [puis chez Beaucé, libraire du duc d'Angoulême, rue Guingand.] 1813. 1813-1817. In-18.

Titre de la 1ʳᵉ année en lettres gravées.

Frontispice gravé, non signé, représentant des voyageurs arrivant en diligence devant un café à l'enseigne significative « Café des Voyageurs. » Au-dessous, on lit :

Bonne chère, bon vin, bon lit, hôtesse aimable,
Rendent au voyageur le chemin agréable.

Les autres années possèdent le même frontispice, avec différents changements opérés sur le cuivre ; le café est devenu hôtel sans enseigne, et un des bâtiments de derrière a disparu pour faire place à une bergère conduisant un dindon.
Ouvrage destiné à donner aux voyageurs les renseignements qui peuvent leur être utiles, et à leur indiquer les meilleurs hôtels « où l'on peut dépenser son argent avec plus de sûreté et plus d'agrément. » — Avec un calendrier.
Certaines parties du texte se retrouvent dans une publication postérieure, le Code du Commis-Voyageur (Paris, 1830).
[B. N. Années 1813, 1816, 1817. ‖ Coll. de l'auteur. A. 1816].

1671. — ANNUAIRE DE L'IMPRIMERIE ET DE LA LIBRAIRIE de l'Empire Français, pour l'année 1813. ‖ Paris, chez Pillet, impr.-libraire, rue Christine. 1813 et suite. In-18. (Prix : 2 fr. 50.)

Imprimé par ordre du Directeur général de l'Imprimerie et de la Librairie (baron de Pommereu). Contient l'organisation des bureaux, les noms des Censeurs, la liste des imprimeurs et libraires (Paris et départements), la désignation de tous les journaux et le texte complet de toutes les lois depuis le 19 juillet 1793 jusqu'à ce jour.

[Coll. de l'auteur.]

1672. — CHANSONNIER DÉDIÉ AUX DAMES ET AUX DEMOISELLES. Pour l'An 1813. || Paris, Le Fuel, Libraire, rue St-Jacques. Delaunay, Palais-Royal, Galerie de bois. In-24.

Titre en lettres gravées, avec sujet. Almanach orné de 6 gravures au pointillé anglais, signées Séb. Le Roy, *delt* et Noël *jne scl* : la première, servant de frontispice, représente un Amour en train de peindre un portrait. Au-dessous se trouve le quatrain suivant :

> Par ses grâces, par ses attraits,
> Dans la Grèce il se fit connaître;
> Chacun admirait ses portraits;
> Chacun voulait l'avoir pour maître.

Les autres gravures se rapportent aux chansons du texte.
«Souvenir des Dames» avec vignettes allégoriques pour chaque mois, ayant trait au Commerce, à la Navigation, etc., et également personnifiées par de petits Amours.

[Coll. Weckerlin.]

1673. — LE CHANSONNIER DES BELLES pour l'année 1813. || Paris, chez Rosa, libraire, rue de Bussy, n° 15 [puis chez Louis, rue Hautefeuille, à partir de 1813-1823. In-18.

Titre gravé avec vignettes variant chaque année. Le frontispice de l'année 1813 est gravé par Bosselman; les frontispices des dernières années sont de Nargeot et d'un troubadourisme étonnant :

> Chevalier, à vous je recours :
> Protégez, sauvez l'innocence.

L'année 1820 contient de la musique gravée, Calendrier.

[Coll. Olagnon.]

1674. — L'ÉDUCATION DE L'AMOUR. || A Paris, chez Marcilly, rue St-Julien-le-Pauvre, n° 7. (1813.) In-18.

Titre gravé avec sujet (Amour tenant deux papillons attachés chacun par un fil). Almanach orné de 8 gravures au pointillé anglais, sans légendes, se rapportant aux sujets suivants : — 1. L'Amour nourri par l'Espérance. — 2. Les Flèches de l'Amour. — 3. L'Amour corrigé. — 4. L'Amour suppliant. — 5. L'Amour précepteur. — 6. L'Amour dérobe le Tems (Amour enlevant au Temps endormi son sablier et sa faux).

— 7. L'Amour fixé par le Tems (le Temps, armé de sa faux, coupe les ailes de l'Amour). — 8. L'Amour et l'Hymen.

En tête de l'ouvrage, composé de chansons, se trouve une épître dédicatoire à la jeunesse.
Cet almanach est suivi d'un « Souvenir des Dames » avec vignettes gravées pour chaque mois, représentant des Amours.
Calendrier pour 1813.

[Ex. mar. r., cat. 15 fr.]

1675. — ÉTRENNES DE LA ROSE. || A Paris, *chez Le Fuel*, relieur-libraire, rue Saint-Jacques, n° 54. (1813.) In-64.

Titre gravé avec sujet : un Amour dépliant un papier sur lequel on lit : « la Fleur la plus belle ». Recueil de chansons avec 12 gravures d'une exécution assez lourde et d'un dessin naïf :
1. Le premier baiser :

> Couleur, haleine parfumée,
> Bonheur qui ne paraît qu'un jour,
> Tout se peint à l'âme enflammée
> Dans le premier baiser d'amour.

2. Le Repos (chanson de table) :

> Il faut aimer, c'est le vrai bien.
> Suivons, amis, ces lois divines ;
> Aimons toujours notre prochain,
> En commençant par nos voisines.

3. Mode du jour (homme). — 4. La mère et sa fille (les deux fêtées). — 5. L'amante trahie. — 6. La rose :

> Rose est des dieux la fleur choisie,
> L'ornement du jardin d'amour;
> Des nymphes l'innocent atour,
> Des mortels Rose est l'ambroisie.

7. Portrait de Julie. — 8. Mode du jour (femme). — 9. L'amour incurable. — 10. Le papillon.

[Coll. Georges Salomon.]

1676. — ÉTRENNES DES JEUNES FIDÈLES contenant l'Office des Dimanches et Fêtes de l'Année selon le Bréviaire de Paris et de Rome. || A Paris, chez Le Fuel, Libraire, rue St-Jacques, n° 54. (1813.) In-32.

Avec un tableau des fêtes mobiles de 1813 à 1822. Frontispice : La Samaritaine et 6 planches représentant La Messe, La Circoncision, Les Vendeurs chassés du Temple, La Transfiguration, La Piscine, La Fête-Dieu.

[Coll. Georges Salomon.]

1677. — ÉTRENNES EN MINIATURES

pour l'année 1813. || A Paris, chez Janet, libraire, rue Saint-Jacques, nº 59. In-128.

Almanach minuscule. 8 figures avec airs. Devises pour demoiselles et garçons. Calendrier.
[Coll. Georges Salomon.]

1678. — LA FLEUR DES CHAMPS. || A Paris, chez Janet, Libraire, rue St-Jacques, nº 59. In-32.

Avec un calendrier pour l'année 1813. Titre gravé ayant pour vignette une jeune femme qui arrose des fleurs, et six compositions déjà dans le goût et dans l'esprit de la Restauration : 1 La Fleur des Champs. — 2. La Leçon. — 3. Le Souvenir. — 4. Dieu, le Roi et l'Amour. — 5. Encore trois ans. — 6. La Fête de Rose.
[Ex. mar. vert, cat. 7 fr.]

1679. — LA FLEUR DU VAUDE-VILLE, Ou Choix des plus jolis Couplets chantés sur ce Théâtre, pendant les Années 1813, 1814 et 1815 : Dédié à M. Désaugiers, directeur, Par un Membre du Caveau moderne. [Épigraphe :]

Le Français né malin créa le vaudeville.

|| Paris, Le Dentu, libraire, passage Feydeau, nº 28. 1816. In-18.

Frontispice représentant une scène de la Vénus hottentote (Choquet del, Bovinet sculp.) vaudeville de Théaulon, Dartois et Brazier, le grand succès du moment :

Vraiment, ce n'est point un jeu !
Déjà tout Paris la vante.
Cette femme est étonnante :
D'abord elle parle peu.
Son chant semble barbaresque,
Sa danse est vive et burlesque,
Sa figure un peu grotesque,
Sa taille d'un beau contour.
On dit que l'Hymen l'engage ;
Mais cette Vénus, je gage,
Ne fera jamais d'Amour.

Ce chansonnier contient des couplets des pièces suivantes : La Vénus Hottentote. — Le mariage extravagant. — La mort et le bûcheron. — L'écharpe blanche. — Le courtisan dans l'embarras. — Les charades en action. — Le nécessaire et le super-flu. — Le boghey renversé. — Brelan de valets.— Robert le Diable. — Les maris ont tort. — Nous aussi, nous l'aimons. — Le voile d'Angleterre.— Les rendez-vous de minuit. — Bayard page. — Les clefs de Paris. — La route de Paris. — Paris volant. — La tour de Witikind. — La bouquetière

anglaise. — Le prince chéri. — Grétry chez Madame Dubocage. — La pompe funèbre. — L'arbre de Vincennes.— L'appartement à deux maîtres. — Turenne. — Une nuit de la garde nationale.— Le château et la chaumière. — L'hôtel du Grand-Mogol. — Un petit voyage du Vaudeville. — Les bêtes savantes. — Les trois Saphos lyonnaises. — Nº 13. — Elle et lui. — Les Caméléons.
[Coll. de l'auteur.]

1680. — HOMMAGE AUX DAMES. || A Paris, chez Janet, libraire, rue Saint-Jacques, nº 59. De l'imprimerie de Richomme. 1813-1830. In-18.

Titre en lettres gravées avec petits sujets variant chaque année. En face, en guise de frontispice, se trouve un court couplet-préface, également gravé Voici celui de la deuxième année :

De cet Hommage les essais
Parurent la dernière année ;
Nous vîmes d'un brillant succès
Notre entreprise couronnée.
Pour plaire au beau sexe, aujourd'hui,
Nous offrons ce nouvel Hommage ;
Il doit être digne de lui,
Car il est toujours son ouvrage.

Chaque année se trouve ornée de 6 figures, reproductions de tableaux, généralement gravées à l'eau-forte par Duplessi-Bertaux.

A PARIS
Chez Janet, Libraire Rue St Jacque Nº 59.
De l'imprimerie de Richomme.

Charles Malo était le rédacteur de ce recueil, qui contient des pièces diverses de Armand Gouffé,

Chenédollé, Delille, Mme Dufrénoy, Millevoie, Ourry, C. de Salm, Alexandre Soumet, et de nombreuses œuvres anciennes. Avec calendrier et « Souvenir. »

[A. 1813, ex. rel. mar. orné, 15 fr. — A. 1819 cart. tr. dor. 4 fr. — A. 1823. 3 fr. — A. 1828. cat. Techener, cart. avec ornements dits à la cathédrale, figure coloriée sur chaque plat, 10 fr.]

1681. — LE PETIT BÉLISAIRE. || Paris, Le Fuel, Libraire, rue St-Jacques, n° 54. (1813.) In-32.

Titre en lettres gravées.
Recueil de chansons, orné de 5 gravures au pointillé, sans légendes, se rapportant au texte.
Calendrier se dépliant.

[B. N.]

1682. — LE PETIT MESSAGER IMPÉRIAL, OU ÉTRENNES DE LA COUR, pour l'année 1813; contenant les Naissances et Alliances des Princes de l'Europe; les maisons de LL. MM. II.; la chronologie des Papes; un Tableau des noms des villes de l'Empire Français, leur population, leur distance de Paris, etc.; la Concordance du Calendrier Grégorien avec l'annuaire de la République, et le nouveau Tarif des Poids et Mesures, etc. Première année. || A Paris, chez Montaudon, Libraire-éditeur, rue Galande, n° 37. 1813-1814. In-32.

Le faux-titre porte : Étrennes de la Cour.
Frontispice gravé : « portrait de Napoléon le Grand, Empereur des Français. »
Feuilles se dépliant : tableaux géographiques; poids et mesures.
Devint en 1815 :
Le Petit Messager de la Cour de Louis XVIII. [Voir plus loin, n° 1748.]

[B. N.]

1683. — LE PETIT PHÉNIX. Almamanach d'un nouveau Genre. || A Paris, chez Janet, Libraire, rue St-Jacques, n° 59. (1813 et suite.) In-32.

Almanach de format oblong, dont le titre se développe dans un rond ayant l'aspect d'une cible. Au milieu, une petite vignette. Série de chansons accompagnée de 10 compositions dont voici les titres : 1. Les Voyageurs. — 2. Le Bon Ménage.

— 3. Le Chasseur. — 4. Les Patineurs. — 5. La petite Villageoise. — 6. Les Bergers. — 7. La Vielle (sic) Ferme. — 8. Le départ au Marché. — 9. Le Meunier. — 10. Le Hameau.

Le même se rencontre avec calendrier pour 1815.
[Coll. Georges Salomon.]
[Ex. mar. vert. cat. 13 fr.]

1684. — SOUVENIR POUR L'AN 1813 contenant les Naissances et Alliances des Princes et Princesses de l'Empire français, le nom des Souverains de l'Europe, le Calendrier avec toutes les Époques, la Chronologie des Rois de France, les Monumens publics et leurs jours d'ouverture. || A Paris, chez Caillot, Libraire, rue Pavée-St-André-des-Arts, n° 19. — Format oblong en hauteur. (In-24 coupé)

Simple calendrier avec les renseignements officiels, qui était destiné à se mettre dans la poche, et qui a dû évidemment paraître pendant nombre d'années.

[Coll. Georges Salomon.]

1685. — LES ABANDONS. Chansonnier pour M.D.CCC.XIV par Antoine Dida. [Épigraphe :]

Nargue des peines du destin,
Suivons d'un heureux jour la trace ;
Si sans cesse le temps nous chasse,
Sans cesse chassons le chagrin !

|| Paris, chez Martinet, Libraire, rue du Coq, et chez les Marchands de Nouveautés. 1813. In-12.

Recueil de poésies diverses.

[Coll. Ollagnon.]

1686. — ALMANACH ADMINISTRATIF, ou Chronologie historique Des Maîtres de Requêtes, des Auditeurs au Conseil d'État, des Intendants de Généralités, des Préfets, des Secrétaires et des Conseillers de Préfecture, des Sous-Préfets, depuis leur établissement jusqu'à ce jour ; précédée de notions générales sur les prérogatives et les attributions de ces places. Par M. S. A*** ‖ A Paris, chez Audibert, libraire, rue de la Colombe, n° 4, dans la Cité, et rue Saint-Jacques, n° 141. 1814. In-18.

Almanach purement administratif avec calendrier, rédigé par Vitou de Saint-Allais.

Se vendait 3 francs.

[B. N.]

1687. — ALMANACH DES MODES. Première année. ‖ A Paris, chez Rosa, libraire, Grande Cour du Palais-Royal, 1814. (1814-1822 : 9 années.) Se vendait 5 fr. broché. In-12.

Titre gravé avec vignette en couleur, dans le genre des Prudhon. 6 figures de modes coloriées, gravées par Blanchard fils (4 de modes françaises, 2 de modes étrangères), — ce sont, pour la première année, des costumes chinois. — Notice intéressante sur les choses les plus remarquables du moment : théâtre, salons, rue, boulevards. On y trouve, chaque année, les adresses des modistes, fleuristes, couturières, lingères, etc., et une étude complète sur la vie et les mœurs du peuple auquel la mode fait plus particulièrement des emprunts pour la forme et la matière des costumes.

L'Almanach des Modes devint l'année suivante :

— *Almanach des Modes et Annuaire des Modes réunis.* Deuxième année. ‖ A Paris, chez l'Éditeur. rue Montmartre, 183, au bureau du *Journal des Dames* et chez Rosa, libraire.

Titre imprimé. Six ravissantes planches dessinées par Horace Vernet, gravées et coloriées par Gatine : 1. La Toilette (frontispice). — 2. Le Matin. — 3. Le Midi. — 4. Le Soir. — 5. La Nuit. — 6. Anglaises à la Promenade. — Dans les « Macédoines » sont des notices sur les caricatures, sur deux enseignes peintes, sur les fleurs à la mode, et autres particularités de l'époque, etc.

— Année 1816 : *Almanach des Modes, suivi de l'Annuaire des Modes.* A Paris, chez Rosa. Vignette coloriée sur le titre. Quatre planches : l'Hiver, le Printemps, l'Été (trois femmes arrosant des fleurs), l'Automne (homme et femme à la promenade) et 2 planches de costumes écossais. Gravures non signées mais très gentiment coloriées et d'une bonne exécution.

— Année 1817. Vignette coloriée sur le titre. Quatre planches de modes françaises : pour l'Enfance, la Jeunesse, le moyen âge (*sic*), la vieillesse, deux gravures de costumes hindous. Les gravures, non moins jolies comme exécution, sont signées : Ch. *del.*, Blanchard fils.

— Année 1818. Le titre se modifie encore une fois et devient :

Almanach des Modes et des mœurs parisiennes, [*suivi d'une description des caractéres, des mœurs, des costumes et des danses espagnols.*] Quatre planches : 1. Toilette du matin d'une femme à la mode (montagnes russes dans le fond). — 2. Une soirée d'Eté. — 3. La Journée de chasse. — 4. Un bal paré, — et deux planches de costumes espagnols. Les gravures, toujours très soigneusement exécutées, sont signées : Blanchard fils *sculp.*

Dès lors, le titre reste identique, ne variant que par le pays dont on décrit les mœurs et les costumes : Portugal, Russie, Grèce, Turquie, etc. Dès lors aussi, le frontispice de chaque volume donne des modes de chapeaux. Les planches, toujours assez bien coloriées, sont dessinées et gravées avec plus ou moins de soin. Celles de l'année 1821, signées A. de V. (de Valcourt très probablement) *del.*, A. G. *sculp.*, rappellent presque les Vernet.

Les années 1815, 1816, 1821 sont les plus recherchées de cette intéressante collection. Elles valent de 25 à 30 fr. chaque.

[B. N. — A. 1815, 1816, 1818, 1819, 1821.|| A. 1817, coll. baron Pichon. || A. 1815 à 1819, coll. de Savigny.]

[Collections complètes, en bel état, cataloguées de 120 à 180 fr. || Cat. Alisié, collection brochée, non rognée, av. couv. impr., 250 fr.]

1688. — ALMANACH DU VIEUX ASTROLOGUE, Contenant Les Naissances des Princes de l'Europe, un léger Conte et Prophéties pour l'année 1814. [Épigraphe :] Vivent les Bourbons! Prix : 30 sols. || A Paris, chez Petit, Libraire, Palais-Royal. De l'Imprimerie de L. G. Michaud. Rue des Bons-Enfants, n° 34. In-12.

Simple almanach auquel est joint un conte : « *Le Gâteau des Rois, ou la Fantasmagorie royale. Vivent les Bourbons !* » *Ce conte est dédié* « *à l'adorable princesse qui va réunir tous les cœurs, comme elle unit les lis et les roses, madame la duchesse d'Angoulême.* »

[B. N.]

1689. — ALMANACH LÉGISLATIF, Contenant Un précis Chronologique sur les États-Généraux qui ont eu lieu depuis le commencement de la monarchie jusqu'en 1789; sur l'Assemblée constituante, l'Assemblée législative et la Convention ; sur le Conseil des Cinq-Cents, le Sénat conservateur, le Tribunat et le Corps législatif; avec les noms des Députés, des Sénateurs et des Législateurs, qui ont été appelés à ces diverses assemblées constitutionnelles. Par M. de St-A***. || A Paris, chez Audibert, libraire, rue de la Colombe, n° 4, dans la Cité, et rue St-Jacques, n° 141. 1814. In-18.

Almanach rédigé par Vitou de St-Allais. Notices historiques sur les États-Généraux.

[B. N.]

1690. — ALMANACH LYRIQUE DES DAMES. Pour l'Année 1814. || A Paris, chez Janet et Cotelle, Rue Neuve des Petits Champs, n° 17, et Rue St-Honoré, n° 125. Et chez Janet, Libraire, Rue St-Jacques, n° 59. (1814 et suite.) In-32.

Titre en lettres gravées, avec sujet (Amour jouant de la lyre).

Almanach orné de 4 vignettes au pointillé, sans légendes, signées : Seb. Le Roy *del.*, Massol *sculp.*, et destinées à servir d'illustrations aux chansons suivantes : *Blanche Marguerite*, musique de Desorgues, *Le vaillant Troubadour* de Sauvan, *Phœbé* de Dugazon, *La Molinera* de Paësiello.

Recueil de chansons entièrement gravé, paroles et musique.

[Cat. de 5 à 7 fr.]

[Coll. de l'auteur.]

1691. — ALMANACH MINISTÉRIEL, Contenant : La Chronologie historique de tous les principaux dépositaires de l'autorité publique en France, tels que les Régens, Ministres et Secrétaires d'État, Conseillers d'Etat, Prévôts et Lieutenans civils de Paris, Prévôts des Marchands, Lieutenants-Généraux de Police, Préfets de Police, Maires de la ville de Paris, etc., etc., etc., depuis le commencement de la Monarchie jusqu'à ce jour, et indiquant les améliorations, les Établissemens utiles et les embellissemens dont la France est redevable à leur administration; Par M. de S. A***. || A Paris, chez Audibert, libraire, rue de la Colombe, n° 4, dans la cité, et Rue St-Jacques, n° 141. 1814. In-18.

Almanach rédigé par Vitou de St-Allais. Notices historiques. — *Calendrier.*

[B. N.]

1692. — ANNUAIRE DES MODES DE PARIS orné de 12 gravures (1re année, 1814). || Paris, au bureau du Journal des Dames. In-12.

*A partir de 1815 fut réuni à l'*Almanach des Modes. *(Voir, plus haut, n° 1687.)*

1693. — CHANSONNIER DES BOULEVARDS, des Ponts, des Quais et des

Halles. || A Paris, chez Tiger, Imp.-Lib. Rue du Petit-Pont, n° 10. In-18.

Chansonnier populaire, réimpression de pièces déjà publiées au XVIIIe siècle.

Frontispice grossièrement enluminé.

[Voir, plus loin, *Le Favori des Quais*, année *1823*.]

[Cat. 4 fr. 50]

1694. — CHANSONNIER DES JOYEUX, Première année. Rédigé par Armand Séville, Propriétaire-Éditeur. [Épigraphe:] Encore un sujet de rire. || Paris, chez Tiger, Impr.-Libr., Rue du Petit-Pont, n° 10. Et chez tous les Marchands de nouveautés. 1814. In-18.

Titre gravé. Frontispice signé Defresne *del.* Delignon *sculp.*; Bacchus et l'Amour sur les marches d'un temple dédié à Épicure, ayant sur son fronton les mots : Aimer, chanter, rire et boire. Sur le devant, Momus poursuivant Héraclite :

> Momus règle sa conduite
> Et ce Dieu, marotte en main,
> Chasse le triste Héraclite
> Qui pleure sur son chemin.

Convive des « Soupers de Momus », Armand Séville avait créé la société des « Joyeux de Paris », réunion de bons vivants, de sans-soucis, d'aimables convives chantant tant bien que mal, sans morgue, sans envie, se réunissant tous les seconds jeudis de chaque mois, l'hiver rue Montorgueil, au parc d'Étretat, l'été boulevard du Jardin des Plantes, au *Feu Eternel de la Vestale*. Elle obtint d'emblée un très grand succès, car plusieurs villes de France eurent leur « Société joyeuse » à l'instar de celle de Paris.

Du reste, aux côtés d'Armand Séville, plusieurs noms connus figurent dans ce recueil : tels Armand Gouffé, Brazier, Capelle, Désaugiers, Étienne Jourdan, Harvant dit le petit-neveu de Vadé, Jacquelin, Lemazurier, C. Malo, Martainville.

[Coll. Olagnon.]

1695. — LES COSAQUES, Scènes patriotiques; mêlées de couplets. Par Cadot. Suivi de la Lyonnaise. Almanach chantant pour la présente année. || A Paris, Chez Stahl, Libraire, rue St. Jacques, N° 38. (1814.) In-32.

Frontispice sur bois, colorié, représentant un grenadier français aux prises avec un cosaque.

Dans le texte, pièce de théâtre dont la scène se passe à la Villette.

Publication de colportage, avec calendrier pour 1814.

[B. N. — Ye 16435.]

1696. — L'ÉCHO DES BARDES, ou chansonnier dédié aux demoiselles. || Paris, s. d. In-18.

Chansons avec figures et musique.

[Voir, plus loin, *L'Écho des Bardes ou Le Ménestrel* n° 1831.]

[Cat. 4 fr.]

[D'après un catalogue de librairie.]

1697. — L'EMPLOI DU TEMPS. Étrennes enfantines pour l'an 1814. || A Paris, chez Marcilly, rue St Julien le Pauvre, n° 7. In-128.

Recueil de chansons, orné de huit gravures représentant des sujets enfantins. Calendrier.

[Coll. Georges Salomon.]

1698. — ÉTAT GÉNÉRAL DE LA LÉGION D'HONNEUR, depuis son origine... publié par autorisation de S. E. M. le comte de Lacépède,... grand-chancelier de la *Légion d'honneur*... || Paris, (1814).

Simple liste des légionnaires.

[B. N.]

1699. — ÉTRENNES A MES PETITS AMIS. An 1814. || A Paris, chez Lefuel, rue St Jacques, n° 54. In-128.

Huit gravures avec chansons. Même titre et même almanach que *Le petit Bijou* de 1810 (voir plus haut, n° 1603)

[Coll. Georges Salomon.]

1700. — ÉTRENNES DE L'AMOUR. Chansonnier nouveau, pour la présente année. De l'imprimerie de Doublet. || A Paris, chez Caillot, Libraire, rue Pavée-Saint-André, n° 19. (1814.) In-16.

Frontispice gravé, signé Delvaux, *inv.*, et portant en haut ces mots : « Chansonnier des Demoiselles. »

Recueil de chansons diverses par Charles Malo, Coupart, Dusaulchoy, Mme de Genlis, *etc.*

Calendrier.

[B. N. — Ye 21644.]

[Cat. 3 fr.]

1701. — ÉTRENNES MIGNONES (*sic*) PARISIENNES, instructives et amusantes, Contenant différentes Anecdotes sur les antiquités de Paris, Historiettes, Bons-Mots, Calembourgs, Couplets pour les fêtes, Énigmes, Logogriphes, Naissances et Alliances des Princes et Princesses de la Famille Impériale, les noms et demeures des personnes en place, des Notaires, Avoués, etc., etc. Pour l'année 1814. || A Paris, chez Aubry, Imprimeur-Libraire, au Palais de Justice, n° 37. In-32.

Petit almanach populaire entouré de feuilles se dépliant : cartes géographiques.

[B. N.]

1702. — HEURES IMPÉRIALES ET ROYALES à l'Usage de la Cour. || A Paris, chez Le Fuel. (1814.) In-32.

Avec un calendrier et 6 figures gravées.

1703. — INDICATEUR ROYAL DE LA COUR DE FRANCE et des Départemens, Première Année (1814). || A Paris, chez Tiger, Impr. Libraire, rue du Petit-Pont St Jacques, au coin de celle de la Huchette. Au Pilier Littéraire. 1814-1833, 20 années. In-16.

Les premières années ont une couverture imprimée rouge, donnant le contenu du volume (Maison du Roi et celles de Messieurs les Colonels Généraux, la maison Militaire, les jours d'audience des Ministres, la liste des Pairs de France et celle des Députés, l'Ordre de St Louis, les diverses décorations).

D'abord imprimé, le titre fut, par la suite, gravé, avec les armes de France surmontées de la couronne fleurdelysée.

La première année, précieuse à tous égards, contient les portraits sur bois, — petites gravures populaires de la grosseur d'une pièce de 40 sols, — de tous les Bourbons depuis Henri IV, y compris Monsieur, le duc d'Angoulême, la duchesse d'Angoulême, le duc de Berri, le prince de Condé. Au-dessous de ces médaillons sont quelques brèves notices conçues dans l'esprit suivant :

« Monsieur, — Généreux, bienfaisant, il accourut le premier embrasser le trône de ses pères, versa des larmes de joie en revoyant *ces* voûtes sacrées, le berceau de son enfance, ramena ces manières aisées, cette amabilité inconnue en France depuis plus de vingt ans. »

Ces notices, qui, par leur *rédaction*, admettent l'interrègne, jurent étrangement avec les listes des fonctionnaires officiels qui semblent n'avoir subi aucun intervalle depuis 1792. Toutefois, nombre de fonctions se trouvent encore vierges de tout titulaire. La page des ambassadeurs est en blanc. Je me trompe : on y voit briller le nom de M. l'archevêque de Tir, nonce du pape. L'année se termine par une notice plus qu'élogieuse sur Louis XVIII, « prince accompli, envoyé par le Roi des Rois », par une adresse de l'Académie des jeux floraux et par une analyse du rapport de M. de Montesquiou à la Chambre des Députés sur la situation de la France.

Le mot « Royal » disparut du titre dès la seconde année, parce qu'il n'y avait, dès lors, plus à craindre la concurrence du mot : « Impérial ».

Les « Indicateurs » des règnes de Louis XVIII et de Charles X sont encore curieux à parcourir au point de vue des titres et des charges. C'est ainsi qu'on y trouve le « Gobelet du Roi », ayant ses chefs, ses élèves, ses garçons d'office, ses éplucheurs, ses garçons à la Porcelaine ; la « Bouche du Roi », avec son préposé à l'achat du poisson, son garçon du garde-manger, ses petits garçons, ses hommes de force. Le service de la Faculté n'est pas moins riche que le service de la Table ; on y rencontre jusqu'à un chirurgien-renoueur. Dans la maison de Madame (la duchesse de Berry) sont des *feutiers* (domestiques chargés de l'entretien des feux) et des « chefs frotteurs ». Le duc de Bordeaux n'était pas moins bien traité : en parcourant la liste des officiers de sa maison, on trouve un *bougiste*.

Après 1830, le titre fut ainsi modifié :

— *Indicateur de la Maison du Roi, de la Capitale et des Départements.* || Paris, Vve Demoraine et Boucquin, successeurs de Tiger.

Le titre n'est plus gravé et les armes de France sont remplacées par un coq tenant dans sa patte un rameau d'olivier.

La plupart de ces volumes se rencontrent en demi-reliure ordinaire, dos en veau, la tranche jaune. Ils valent de 4 à 5 fr. jusqu'en 1830, et 3 fr. à partir de cette époque.

1704. — JEAN DE PARIS ET JEANNE D'ARC. || A Paris, chez Janet, Libraire, Rue Sᵗ Jacques, n° 59. De l'Imprimerie de P. Didot. (1814.) In-32.

Titre en lettres gravées, avec petite vignette de Sébastien Le Roy, gravée par Massol: Amour tenant un masque d'une main et un flambeau de l'autre. Extraits d'opéras et choix de chansons. 6 figures au pointillé anglais, 2 pour l'opéra *Jean de Paris* 2 pour *Jeanne d'Arc*, Le Magicien sans magie, La Corbeille d'oranges.

[Coll. Weckerlin.]

1705. — LE NOUVEAU CHANSON-NIER DU VAUDEVILLE, Composé de Chansons, Couplets, Rondes et Vaude-villes de MM. Antignac, Armand Gouffé, Armand Séville, Barré, Brazier, Casimir, Charles Malo, Chazet, Coupart, Dartois, Désaugiers, Desfontaines, Despréaux, Dieulafoi, Ducray-Duménil, Dupin, Du-mersan, Dumolard, Dupaty, Francis, Gentil, J.-A. Jacquelin, Étienne Jourdan, Jouy, De Lafortelle, Martainville, Merle, Moreau, Ourry, Philippon de la Made-laine, Piis, De Radet, Rougemont, Théau-lon, etc., etc. Pour 1814. || Paris, Chaumerot jeune, Libraire, Palais-Royal. In-18.

Frontispice (illustration pour une des chansons). Chansons joyeuses sur les mœurs, l'actualité, et quelques particularités parisiennes.

[Coll. de l'auteur.]

1706. — L'OURS MARTIN ET UN HABITUÉ DU JARDIN DES PLANTES. Dialogue mêlé de couplets. Par Cadot. Almanach chantant pour la présente année. || A Paris, Chez Stahl, Libraire, rue Saint-Jacques, n° 38. (1814.) In-32.

Frontispice sur bois, colorié. (L'ours Martin étranglant un grenadier descendu dans sa fosse.) Au-dessous, on lit : Martin.
Dialogue, entremêlé de couplets, entre l'ours Martin et un habitué. — Calendrier.
Publication de colportage due au même éditeur

que *Les Cosaques* (Voir, plus haut, n° 1695) et arrangée par le même « faiseur d'almanachs ».

[B. N. — Ye 16438.]

1707. — PETIT ALMANACH ROYAL, Pour l'année 1814. Contenant : Des remarques astronomiques, historiques et chronologiques, avec le tableau des principales puissances de l'Europe. Dédié à la Famille Royale. De l'Imprimerie de Doublet. || A Paris. En dépôt : chez Marcilly, rue Saint-Julien-le-Pauvre, n° 7. In-32.

Renseignements administratifs, notices sur Louis XVIII et la famille royale, anecdotes, chansons.

[B. N.

1708. — LE PETIT COURIER (*sic*) **DE FAMILLE.** || A Paris, chez Le Fuel, libraire, rue Saint-Jacques, n° 54. (Vers 1814.) In-128.

Almanach lilliputien, 12 vignettes se rapportant à chacun des mois de l'année : 1. Les almanachs. — 2. Les bals. — 3. Le carême. — 4. Le printems. — 5. Les fleurs. — 6. Les prairies. — 7. La moisson. — 8. La chaleur. — 9. La vendange. — 10. La chasse. — 11. La neige. — 12. La glace.

[Coll. Georges Salomon.]

1709. — LE POUVOIR DES DAMES. || A Paris, chez Janet, Libraire, Rue St-Jacques, n° 59. (1814.) In-32.

Titre gravé avec sujet (Amour saisissant un papillon). Almanach orné de 6 vignettes au pointillé anglais, signées : Seb. *Leroy Del.* Massol *Sculpsit*, sans légendes, et dont voici les sujets : — 1. Chactas et Atala. — 2. Trait de Charles-Quint. — 3. Ovide. — 4. Stances (Un Indien, tenant une femme évanouie, montre le poing à un Espagnol). — 5. Roxelane. — 6. Marie Stuart.
Recueil de chansons.
Cet almanach est suivi d'un « Souvenir des dames ».— Calendrier pour 1814.

[Ex. mat. r., cat. 6 fr.]

1710. — LES ROSES, Étrennes aux Dames. || Paris, E. Hocquart, édit., rue d'Enfer St-Michel, n° 14. Et Delaunay, lib. Palais-Royal, Gal. de bois, n° 243. 1814. In-12.

Sur le titre, vignette en couleur (Amour se préparant à arroser un plant de roses).

Frontispice en couleur : Rose bicolore et 11 planches représentant des variétés de la reine des fleurs, coloriées à la main, avec grand soin. — 1. Rose à Cent feuilles. — 2. Rose de Provins. — 3. Rose panachée. — 4. Rose des quatre saisons panachée. — 5. Rose blanche. — 6. Rose jaune. — 7. Rose Muscate. — 8. Rose canelle. — 9. Rose du bengale. — 10. Rosier multiflore. — 11. Rose à Bractées.

Description des différentes espèces de roses. Pièces de vers sur les roses. Ce charmant petit recueil obtint un très grand succès et fut réimprimé à plusieurs reprises, sans changement aucun. Le titre porte seulement : 2e édition (1815), 3e édition (1818). Ces dernières ont, toutefois, un changement d'éditeur. Sur le titre on lit, en effet : « A Paris, chez Rosa, Libraire, au Cabinet Littéraire, Grande Cour du Palais-Royal. »

D'autre part, voici de quelle façon l'éditeur Rosa, à la suite du recueil *Les Lys* publié en 1815 [voir plus loin n° 1743], annonçait *Les Roses* :

« La première édition de ce joli recueil fut enlevée en quinze jours ; c'est la seconde édition corrigée que nous offrons au Public pour 1815. »

Se vendait 6 francs.

1711. — LES SOUPERS DE MOMUS. Recueil de chansons et de poésies fugitives. [Avec musique et accompagnemens de guitare, par MM. F. Carulli et A. Lhoyer (1) (Année 1814).] A Paris, chez Barba, Libraire, Palais-Royal, derrière le Théâtre-Français, n° 51, puis chez Arthus Bertrand, rue Haute-Feuille, n° 23, puis chez Alexis Eymery, rue Mazarine, 1814. (1814-1830.) In-18.

En tête de chaque volume se trouve un frontispice servant d'illustration pour une des chansons, dessiné et gravé par E. Jourdan, Couché fils, Bergeret, Choquet, etc. Celui de la première année représente un jeune Amour ayant en main la marotte de la Folie et montrant le temple, orné des bustes de Panard et de Piron, sur le fronton duquel on lit : « Soupers de Momus » :

> Entrez, entrez, Enfans de la folie,
> Plus on est de foux (sic) plus on rit.

A partir de la 2e année le titre est gravé et donne un petit sujet également emprunté à une des chansons du recueil.

(1) Dès la seconde année on lit sur le titre : « Recueil de chansons inédites », et la partie entre crochets disparaît ainsi que les pages de musique, gravées, du reste. A partir de 1822, il n'y a plus aucun sous-titre.

La 1re année s'ouvre par une dédicace, un avertissement, une préface, un avant-propos, une introduction, un discours préliminaire, le tout dans

un esprit satirique, pour tourner en ridicule l'habitude des notices préliminaires, alors fort à la mode. Le recueil est également précédé d'un « Essai sur la chanson ».

Ses éditeurs, les convives de Momus, furent une des sociétés chantantes les plus en vogue sous la Restauration, qui se réunissait d'abord chez Beauvilliers, à la Grand-Taverne de la rue Richelieu, puis à la mort de ce dernier (1819), chez le sieur Lemelle, passage Montesquieu. Toutefois, la joyeuse société lyrique ne fit pas un long séjour dans ce passage, car, en 1823, on la retrouve à la rue Richelieu, chez le disciple et successeur de l'illustre Beauvilliers, M. Lenglet.

C'est dans ce recueil que prit place la chanson d'Armand Gouffé « Plus on est de fous plus on rit », qui devait obtenir partout un succès si considérable. Du reste, toutes les chansons sont dues à des convives, à des membres correspondants ou à des invités des *Soupers de Momus*, Béranger, Belle, Brazier, Coupart, Désaugiers, Dusaulchoy, Étienne Jourdan, Lelu, Martainville, Merle, Ourry, B. de Rougemont, etc...

Certaines années portent sur la couverture les noms des auteurs des chansons du recueil.

[Coll. de l'auteur.]

1712. — LE SOUVENIR DES MÉNES-
TRELS. || A Paris, chez l'Éditeur, au
Magasin de musique de Mᵐᵉ Bénoist, rue
de Richelieu, n° 20, puis Palais-Royal,
Galeries de bois, n° 254, et plus tard, au
Magasin de la Lyre Moderne, rue Vi-
vienne, n° 6 (1814-1828)? In-18.

Titre avec sujet gravé : un ménestrel composant assis sur un tertre, devant un château et une
chapelle gothique. Un second titre imprimé porte
en outre comme indications : « Contenant une
Collection de Romances inédites ou choisies
parmi celles qui ont paru dans l'année. Le tout
recueilli et publié par un Amateur. Ce Recueil
paraît tous les ans au 1ᵉʳ janvier. »

Cette publication, entièrement gravée, à l'exception du calendrier et des introductions, donnait la
musique de toutes les romances (1) et était ornée
de compositions dessinées et gravées par les artistes les plus en renom de l'époque : Chasselas,
Garnerey, Patras, Horace Vernet, Delvaux, Lambert, P. Berton (tantôt 12, tantôt 10, tantôt
8 gravures). L'année 1823 se fait remarquer par
des lithographies de Dhardiviller d'une assez
jolie exécution, mais il faut croire que ce genre
ne charma point les lecteurs, car, dès l'année suivante, l'on voit revenir les classiques burins.
Comme poésies, on y trouve les noms de Caigniez,
Frédéric de Courcy, Désaugiers, Dupuys-des-
Islets, Armand Gouffé, Grétry neveu, Jadin,
Millevoye, Martainville, de Montolieu, Ourry,
Charles Lafillé, le directeur de la publication,
Étienne Arago, Béranger, Casimir Delavigne, de
Jouy, Simart, etc. Quant à la musique, elle est
signée des grands musiciens du jour : de Beau-
plan, Berton père, surintendant de la musique du
Roi, Boïeldieu, Catel, Cherubini, Duvernoy,
Garaudé, Grétry, Gossec, Jadin, les deux Kreut-
zer, Ladurner, Naderman, Pacini, Pleyel, Rigel,
Grast, Chénié, Garat, Romagnesi.

Dans les dernières années se trouvent des romances anglaises ou allemandes et des canzon-
nettes italiennes.

Le Souvenir des Ménestrels, qui chanta tour à
tour la victoire les amours et les belles, qui permit
au musicien d'unir sa gloire à celle du poète,
restera donc, très certainement, la publication la
plus caractéristique de l'époque : poésie, musique,
dessins, tout y est d'un troubadourisme inouï, et
l'ossianesque y tient, à coup sûr, une plus grande
place que le contemporain. Chacune des 9 premières années se trouve dédiée à une célébrité

musicale dont le nom est inscrit sur le titre dans
l'ordre suivant : Monsigny, Ducis, Gossec, Mar-
sollier, de Vivetières, Champein, Raynouard,
Berton, Hoffman, Garat aîné. A partir de la
10ᵉ année le titre porte simplement : « Dédié aux
Amateurs. »

LE SOUVENIR
DES
MÉNESTRELS.

A PARIS,
Chez l'Éditeur, au Magasin de Musique de Mᵐᵉ Bénoist,
Palais Royal Galeries de bois. N° 254.

L'année 1828 annonçait la publication d'un
dictionnaire du titre et du sujet des romances et
gravures (avec noms et notices sur les collaborateurs) contenues dans les 15 volumes de la collection. J'ignore si ce « Dictionnaire » a paru : si
oui, ce devait être un monument, car le nombre
des romances atteignait alors 848 et celui des
gravures 111.

Comme la plupart des almanachs de l'époque,
Le Souvenir des Ménestrels existait en plusieurs
états. En voici le détail d'après les annonces de
l'éditeur lui-même : — Broché, beau papier ord.,
6 fr. — Cartonné, doré, avec étui, 8 fr. — Relié
en maroquin, doré sur tranche, 10 fr. — Broché,
papier vélin, 9 fr. — Relié en maroquin, doré sur
tranche, 12 fr. — Couvert en moire avec étui et
doré sur tranche, 16 fr.

Dans les exemplaires sur papier vélin les gravures sont sans légendes : celles-ci ne se trouvent
que sur les papiers ordinaires et se composent
invariablement d'un ou deux vers de la romance
à laquelle elles sont destinées. Il existe également
quelques exemplaires, très rares, avec les
figures coloriées.

[De 4 à 5 fr. l'année, suivant l'état. Vente
Hulot, 15 vol. mar. r., 45 fr.]

[Coll. de l'auteur, suite complète.]

_____

(1) Le chant et non l'accompagnement, afin, dit
l'introduction de la première année, « de ne pas
froisser les intérêts des éditeurs ». Plus tard,
vinrent les accompagnements de piano et de guitare.

1713. — LE TEMS DES TROUBA-
DOURS. Almanach Chantant. || A Paris,
Chez Janet, Libraire, Rue S' Jacques,
n° 59. (1814.) In-32.

Titre en lettres gravées avec sujet (joueur de
guitare).

Almanach orné de 8 gravures, dont voici les
légendes : — 1. Le Bouclier d'Amour (guerrier
écrivant sur un bouclier). — 2. Le petit Billet
(jeune femme jetant par la fenêtre un billet à son
galant). — 3. La jeune Fille (marchande de plaisirs). — 4. Écrivez-moi (jeune femme donnant sa
main à baiser à un galant, à travers une grille). —
5. La Croix et la Rose. — 6. L'Amour ingénu
(jeune fille à une fontaine, venant de casser sa
cruche). — 7. Mainfroi et Sophie. — 8. La
Bienfaisance (jeune homme et jeune femme faisant
l'aumône à un aveugle).

Texte gravé, composé de chansons.
Calendrier se dépliant.

[B. N. — Y.]

1714. — TOUT AUX DAMES. Alma-
nach Chantant. || A Paris, chez Janet,
Libraire, rue St Jacques, n° 59. (1814.)
In-32.

Titre gravé avec jeune garçon en costume
Troubadour. Le texte des chansons, gravé, est
accompagné de huit estampes, médaillons ovales

La Bohémienne.

sur un fond à tailles de burin représentant soit
des sujets moyen-âge, soit des sujets du jour :
1. Le Colin-maillard. — 2. Fidélité, vaillance. —

3. L'Amour échappé de Cythère. — 4. La Bachelette. — 5. Le Défenseur de la beauté. —
6. La Bohémienne, (une diseuse de bonne aventure
qui parcourait alors les Tuileries en profilant avec
une lanterne magique les figures propices aux amoureux : amant aux pieds de sa belle, belle enlevée
ou couverte de diamants. Naturellement le boniment
marchait avec l'image.) — 7. Le Troubadour croisé.
— 8. Les Petits jeux innocents.

[Ex. cart., cat. 8 fr.]

1715. — LE VÉLOCIFÈRE DE LA
GAITÉ, ou Chansonnier anti-mélanco-
lique, Pour l'Année 1814, dédié aux bons
vivans. Par L.-A. Boutroux. [Épigraphe :]
Joyeuseté c'est ma devise. || A Montar-
gis, Chez Pensier, Imprimeur-Libraire ;
Boivin, Libraire. Et à Paris, chez les
marchands de Nouveautés. 1814. In-18.

Recueil de chansons, avec calendrier.

Les vélocifères, nouvelles voitures, étaient alors
fort à la mode, et nombre de publications se
plaçaient sous leur égide.

De toutes ces plaquettes plus ou moins légères
la plus célèbre sera L'Amour au grand trot ou la
Gaudriole en Diligence par M. Vélocifère, grand
amateur de messageries || An du Plaisir au Galop,
1820.

[B. N. — Ye 16170.]

1716. — ALMANACH DE L'ISLE
D'ELBE, Pour l'An de Grâce 1815. Et le
1er de la Seigneurie de Buonaparte. ||
A Porto-Ferraio, Et se trouve à Paris
chez Chassaignon, Libraire, rue du
Marché-Neuf, n° 3. M.D.CCC.XV. In-32.

Frontispice sur bois : portrait de Napoléon Ier
dans un médaillon ovale.

Anecdotes satiriques sur le séjour à l'Ile d'Elbe
de Napoléon Ier, que l'auteur, suivant le qualificatif alors à la mode, appelle Nicolas.

Calendrier.

[Voir sur Napoléon, le n° 1754.]

[B. N.]

1717. — ALMANACH DES ADRESSES
DE PARIS pour l'année 1815, contenant
les noms et demeures de tout ce que
Paris renferme de personnes distinguées
par leur rang ou par leurs fonctions [et
de celles connues par leurs professions,
états ou métiers qu'elles exercent] (1)

(1) Ce membre de phrase disparut à partir de
1818, c'est-à-dire lors de la création par le même
éditeur de l'Almanach des Commerçants, et le titre
se compléta de toute la partie qui suit sur le titre :

ainsi que des renseignemens sur les objets d'utilité, d'instruction, de curiosité ou de plaisirs qu'il présente, suivi d'une liste alphabétique de MM. les membres de la Chambre des Pairs et de deux listes de MM. les membres de la Chambre des Députés, dont l'une indique les nominations par Départemens, et l'autre les noms des députés classés par ordre alphabétique. Ouvrage utile aux habitans et aux étrangers, par M. H. D*** (Henri Dulac, dont le nom figure en entier sur le titre dès la 3ᵉ année] 1815-1848 : 34 années (1). || Paris, chez C.-L.-F. Panckoucke, Éditeur, rue et hôtel Serpente. In-12.

Dès l'année 1816 devint « Almanach des 25,000 Adresses. »

En 1818 « des 25,000 adresses des Habitans de Paris ». En outre, le titre sommaire reçut les adjonctions suivantes :

« A cette édition on a joint les signes des décorations et les grades de la garde nationale, les désignations des titres d'électeur et d'éligible et celles des ouvrages des hommes de lettres, « savans, peintres et compositeurs qui habitent la capitale ».

En 1829, adjonction de nouvelles matières, ainsi spécifiées sur le titre :

« On y a joint aussi l'indication des voitures publiques qui font le service des environs de Paris, à vingt lieues à la ronde, et des renseignemens sur les nouvelles voitures qui circulent, les lieux où elles stationnent et les lignes qu'elles parcourent dans Paris. »

Enfin, se complétant encore, l'*Almanach des 25,000 adresses* donnait à partir de 1835 un « Tableau des rues de Paris avec leurs tenans et aboutissans revu, chaque année, sur les documents officiels de la Préfecture. »

Dans ces almanachs, très précieux pour le développement de Paris, il est à remarquer que les artistes, gens de lettres, musiciens, médecins, avocats, figurent avec la mention complète de leurs œuvres et de leurs titres. A ce point de vue, ils constituent une source de renseignements absolument unique ; mais la présentation par ordre strictement alphabétique des habitants de Paris, commerçants ou non, avait quelque peu froissé les idées encore singulièrement aristocratiques de l'époque. Le *Nain Jaune*, dans son nᵒ du 20 février 1815, se faisait un malin plaisir de constater ce mélange, cette confusion : « Tel élé-

gant », y lisait-on, « se trouve placé immédiatement après le tailleur auquel il doit tout son mérite, et tel poète musqué à côté de son parfumeur. Les rapprochements sont même, quelquefois, si plaisants, qu'on serait tenté de croire que l'auteur y a mis de la malice. M. Auger a pour accolyte un épicier ; M. Durdent est à côté d'un maître d'école, et M. l'abbé de Feletz s'offre à nos yeux entre une actrice de Feydeau et une danseuse de l'Opéra. » C'est évidemment pour remédier aux inconvénients de ces mélanges que l'auteur entreprit en 1818 l'*Almanach des Adresses de tous les Commerçants.*

En tête de l'année 1824 se trouvent les prospectus de la Lithochromie, l'invention du lithographe Malapeau, qui devait, pendant des années, couvrir Paris de tableaux fixés sur toile, avec les couleurs mêmes dont se servent les peintres. Portraits, sujets religieux, clairs de lune, marines, fleurs, fruits, traits de courage ou de bienfaisance, que ne vit-on pas dans ce domaine ! Un catalogue descriptif indique plus de 37 sujets qui se vendaient, alors, couramment.

Les 30 premières années (1815-1830) furent publiées sans interruption par Henry Dulac. De 1831 à 1845 l'éditeur fut M. Corby aîné. Le nom de Panckouke resta également sur la couverture jusqu'en 1830. A partir de ce moment l'indication est : « Au Bureau de l'Almanach, 11, rue des Maçons-Sorbonne. »

[L'Almanach coûtait 5 fr. 50 pour les souscripteurs et 7 fr. pour les non souscripteurs. Aujourd'hui, il est assez rare ; les dix premières années surtout sont fort recherchées et valent, la première, 15 fr., les autres, de 10 à 5 fr.]

[B. N. || B. Carn. Collection intéressante.]

[Voir plus loin, nᵒ 1820 et à l'année 1849.]

1718. — ALMANACH DES FABULISTES avec des notes, et orné de Gravures ; Dédié à Mademoiselle D'Ordre, par Louis-Alexandre Duwicquet, Ancien Capⁿᵉ au Régᵗ de Picardie, actuellement de la Garde Nationale Parisienne. Iʳᵉ Année. [Épigraphe :]

Jamais la vérité n'entre mieux chez les Rois,
Que lorsque de la fable elle emprunte la voix.
[BOURSAULT.]

|| Paris, se vend chez Barba, Libraire, Palais-Royal ; au Cabinet Littéraire, rue des Francs Bourgeois Saint Michel, et chez les Marchands de Nouveautés [pour la deuxième année, chez Martinet et chez Barba, pour la troisième année, chez J. J. Paschoud, rue Mazarine, et à Genève.] 1815-1816 et 1820. Trois années. In-18.

Almanach rédigé tout spécialement en faveur

---

(1) D'après Quérard les initiales H. D. devraient être attribuées à M. Henri Wissemans, compositeur dans l'Imprimerie Panckoucke. Le nom de Dulac ne serait donc qu'un pseudonyme.

des dames, pour lesquelles l'auteur affichait un culte romanesque. Dans son entrée en matière, après avoir *disserté sur les almanachs*, il demande que le gouvernement s'occupe un peu plus des représentants du beau sexe ; qu'il leur confie certaines fonctions administratives, qu'il leur accorde quelques-uns des honneurs exclusivement réservés aux hommes. C'est, du reste, à une femme-auteur que chacun des volumes de la collection se trouve dédié.

En plus des pièces à lui adressées, l'auteur ouvrait, chaque année, un concours de fables sur des sujets donnés, et il insérait tout, bon ou mauvais, ne relevant que les fautes de langue.

En tête se trouve un calendrier donnant, outre les renseignements habituels, l'indication des fêtes religieuses et civiles conservées ou supprimées, les fêtes célébrées par les artistes et les artisans et certains anniversaires remarquables.

Chaque année est illustrée d'un frontispice et de trois autres planches dessinées par M. Roger (l'illustrateur des *Contes d'Hoffmann*). Le frontispice de la première année représente La Fontaine, Florian, le duc de Nivernois, la Mothe coiffé de son bonnet de nuit, Ésope et Phèdre.

La première année a un vocabulaire des hommes, femmes et enfants célèbres de la France *indiquant leurs état, profession, caractère* ; d'autres devaient donner des notices sur tous les écrivains ayant laissé des recueils de fables.

La seconde année, dédiée à Mme de la Féraudière, se trouve divisée en trois parties comprenant : 1° des fables d'auteurs décédés ; 2° des fables extraites des volumes d'auteurs contemporains ; 3° des fables inédites.

Dans l'avertissement l'auteur s'élève assez violemment contre la censure, et il s'étonne qu'on n'ait pas plus tourné en ridicule « les approbations encore nécessaires pour les ouvrages imprimés ».

La troisième année parue sous le titre de « *Souvenir des Fabulistes*, avec des notes, et orné de gravures. Dédié à Madame A. Joliveau » donne les anniversaires remarquables des cantons de la Confédération helvétique.

Parmi les fabulistes contemporains dont les apologues ornent ce recueil, citons Mlle D'Ordre, Mmes de Genlis, Joliveau, de la Feraudière, qui avaient publié dans ce domaine des recueils spéciaux, MM. Gauldrée Boilleau, Aubert, Chaponnière et Gaudi de Genève, A. Deville, De Pioger, Didot l'aîné, Le Bailly, Ginguéné, Arnault, Vitalis, Boisard le peintre, et autres dont le nom ne brilla jamais d'un très grand éclat.

L'*Almanach des Fabulistes*, frère de l'*Almanach des Muses* et de l'*Almanach des Prosateurs* se tirait sur papier ordinaire au prix de 3 fr. l'exemplaire, et sur vélin à 5 fr.

[Cat. de 2 à 3 fr. l'année.]

[Coll. de l'Auteur.]

1719. — ALMANACH DES GIROUETTES ou Nomenclature d'une grande quantité de personnages marquans dont la versatilité d'opinions donne droit à l'ordre de la Girouette. Avec leurs écrits en parallèle. || Paris, chez L'Écrivain, libraire, 1815. In-18 et in-8.

Il existe de cet almanach connu deux éditions : 1° in-18, avec frontispice colorié (les coloris sont très différents), représentant M. Caméléon moitié tricolore, moitié blanc, présentant d'une main une adresse à l'Empereur et, de l'autre, un placet au Roi ; 2° in-8, sans frontispice.

[Cat. de 3 à 5 fr.]

1720. — ALMANACH DES PLAISIRS DE PARIS ET DES COMMUNES ENVIRONNANTES Contenant les époques des fêtes citadines et champêtres, et de tous les amusemens qui appellent et réunissent les habitans de la ville et de la campagne dans le courant de l'année ; l'indication des jeux, danses et spectacles qui en font l'ornement, avec la désignation des lieux, des routes, des meilleurs traiteurs et des moyens de transport ; divisé en deux parties ; savoir : Plaisirs d'Hiver et Plaisirs d'Été. [Épigraphe :]

> Léger d'argent, riche d'honneur,
> Fidèle au Roi plus qu'à sa belle,
> Du sein des maux ou du bonheur,
> Le Français court où le plaisir l'appelle.

|| A Paris, chez Goujon, Libraire, rue du Bac, n° 33. 1815. In-18.

Très précieux almanach divisé, conformément au titre, en deux parties, qui peut être considéré comme la nomenclature la plus complète, la plus précise, des plaisirs de la capitale. Bals, musées, jardins, cafés, restaurants, tous les établissements jouissant alors d'une vogue plus ou moins méritée, y sont soigneusement notés. Les bals surtout tiennent une place considérable : bal du Cirque des Muses, rue Saint-Honoré ; bal de l'Hermitage, rue de Provence ; bal de Therpsychore, au carré St-Martin ; bal du Jardin des Princes, boulevard du Temple ; bal du Salon de Flore, bal du Musée, rue Dauphine ; Wauxhall français, quai Voltaire ; bal du Grand-Salon, rue Coquenard ; Salon des Redoutes, Tivoli d'Hiver, Wauxhall du boulevard de Bondi, etc., etc.

La partie consacrée aux plaisirs d'été contient d'intéressantes notices sur le Bois de Boulogne, les Champs-Elysées, le Palais-Royal, le Jardin du Roi, le Jardin de Tivoli, rue St-Lazare ; le Jardin des Princes, boulevard du Temple ; le Jardin des

Marronniers, faubourg du Temple, et sur toutes les fêtes des environs de Paris.

L'*Almanach des Plaisirs* a été rédigé par Cuchet et Lagarencière.

[Cat. de 8 à 10 fr.]
[Coll. baron Pichon.]

1721. — LES AMUSEMENS DU PAR-NASSE. || A Paris, chez Michaud frères et Brunot-Labbé. (Vers 1815.) In-18.

Recueil de poésies qui fut repris par Le Fuel et publié sous le vocable suivant, avec un titre gravé :

— *Les Fleurs du Parnasse.* Almanach Lyrique des Dames. || A Paris, chez Le Fuel, rue St-Jacques, n° 54.

[Coll. Olagnon.]

1722. — ANNUAIRE GÉNÉALOGIQUE ET HISTORIQUE par Viton de Saint-Allais. || Paris, Maza, 1815-1822 4 vol. In-18.

Nouvelle publication de l'intrépide historiographe.

Donne de nombreux détails sur les maisons souveraines et sur les maisons nobles.

1723. — LE BON VIVANT. Recueil de chansons bachiques et gastronomiques ; Almanach chantant Pour la présente année. De l'Imprimerie de Doublet. || A Paris, chez Caillot, libraire, rue Pavée St-André, n° 19. (1815.) In-32.

Avec un calendrier pour 1815. Frontispice populaire colorié.

[Cat. 4 fr. ex. avec cartonnage.]

1724. — CALENDRIER DE LA COUR, pour l'Année 1815, Contenant le Lieu du Soleil, son Lever, son Coucher, sa Déclinaison ; le Lever et le Coucher de la Lune, etc. Avec la Naissance des Rois, Reines, Princes et Princesses de l'Europe : Imprimé pour la Famille Royale et Maison de Sa Majesté. || A Paris, chez Madame Hérissant, Libraire, rue St-Marc, n° 24. Avec autorisation du Roi, [puis chez Le Doux Hérissant, seul éditeur breveté, et chez Pélissier.] 1815-1830. In-24.

Sur le titre écusson de France surmonté de la couronne, soutenu par deux Amours, avec drapeaux ;

puis l'écusson avec le sceptre et la main de justice en sautoir.

Reprise, par privilège royal, du *Calendrier de la Cour* de 1700. (Voir, plus haut, n° 92.) En regard du titre, on lit « TITRE DE PROPRIÉTÉ. — Le Roi ayant rendu, le 25 Mai 1814, à Madame Hérissant le droit de faire imprimer le « Calendrier de la Cour », ainsi que les prérogatives dont elle jouissait sous Louis XVI, ce calendrier est le seul authentique et reconnu par Sa Majesté. » Il y eut donc pour 1815 deux « Calendrier de la Cour », Janet ayant prétendu continuer sous le nouveau régime la publication du *Calendrier de la Cour* repris en 1804-05 pour le Gouvernement impérial.

Les exemplaires en maroquin rouge avec dentelles valent de 5 à 10 fr. [Années 1818, 1820, 1825, aux armes de la duchesse de Berry, vendues en 1885, 20 fr. chaque.]

1725. — LE CHANSONNIER FRANC-MAÇON par J. A. Jacquelin || Paris. (1815-1816.) In-8.

Suite de la *Lyre Maçonnique* (voir plus haut n° 1572] publiée également par le même chansonnier. Avec frontispice.

[Cat. Claudin sur la franc-maçonnerie, 2 fr. 50.]

1726. — CHANSONNIER ROYAL. || A Paris, chez Rosa, Libraire, Cabinet Littéraire, Grande Cour du Palais-Royal. 1815. In-12.

Avec 4 figures. Se vendait 3 fr.

[D'après le catalogue de Rosa.]

1727. — LE DÉSIRÉ DES FRANÇAIS, Étrennes Historiques et Morales, contenant le Calendrier, les naissances et alliances de la famille royale, des souverains de l'Europe, etc. Pour l'année 1815. De l'Imprimerie de Richomme. || A Paris, chez Janet, Libraire, rue St-Jacques, n° 59. (1815-1848.) In-32.

A partir de 1841 on lit sur le titre : « Par P. C. L. Janet. » D'après un avis placé en tête, cet almanach parut pour la première fois en 1789 ; ce serait donc très probablement la suite du *Petit Désiré des Français* de 1789 (voir plus haut n° 938.)

Nombre d'almanachs de 1815 à 1824 trouveront, du reste, moyen de faire figurer sur leur titre les mots *Désiré des Français*, pour mieux afficher leur sympathies royalistes. Louis XVIII n'était-il pas partout appelé « le Désiré » ? Il fallait donc bien se mettre au diapason.

Renseignements administratifs ordinaires, avec divers articles : relations de faits politiques, chroniques, anecdotes, etc.

[Années 1815 à 1826 cart. cat., 3 et 4 fr.]

[B. N.]

1728. — LE DIABLE COULEUR DE ROSE ou Le Jeu à la Mode. || A Paris, chez Janet, Libraire, rue Saint-Jacques, nº 59. (1815.) In-32.

Almanach accompagné d'un petit souvenir à l'usage des dames et d'un calendrier pour 1815, entièrement consacré, dans sa partie illustrée tout au moins, au jeu du Diable. Sur le titre gravé est un petit enfant tenant en mains le dit objet, et cinq planches, gravées au pointillé, représentent des messieurs et des dames faisant manœuvrer le Diable dans tous les sens.

> Sous mille formes à présent
> Se feproduit le *diable :*
> En dessin Martinet le vend,
> C'est un assez *bon diable.*
> ...Mis en Almanach
> On prétend qu'il a
> De l'esprit comme un *diable.*
> Le *diable* si laid,
> De noir qu'il était,
> Devient *couleur de rose.*

A noter que les cartonnages des deux seuls

exemplaires qui m'aient jamais passé entre les mains étaient *verts.*

[Coll. baron Pichon.]

1729. — LE DON DU CŒUR. Étrennes aux Demoiselles. || A Paris, chez Marcilly, Rue St-Jacques, nº 21. (1815.) In-32.

Titre gravé avec sujet (Amour sacrifiant sur l'autel du culte).

Recueil de vers, orné de 6 gravures au burin mélangées de pointillé anglais, sans légendes, et se rapportant au texte : — 1. Portrait de l'Amour. — 2. La Bohémienne. (même figure que celle de *Tout aux Dames,* voir nº 1714). — 3. Le loquet. — 4. L'offre avantageuse. — 5. Le Voyage à Guide. — 6. Le Bien vient en dormant.

Cet almanach est suivi d'un « Souvenir des dames ». Calendrier pour 1815. Il se rencontre également avec calendrier à des dates postérieures. J'ai eu ainsi sous la main 1817.

[Ex. mar. r. cat. 14 fr.]

1730. — DOUBLES ÉTRENNES FRANÇAISES, DE LA COUR ET DE LA VILLE. Pour l'année 1815. || A Paris, chez Aubry, Imprimeur-libraire, au Palais de Justice, nº 3. In-32.

Renseignements administratifs et commerciaux. Contient deux bois, signés Duronchall, représentant « Louis XVIII, surnommé le Désiré, et Marie-Thérèse-Charlotte de France, Duchesse d'Angoulême, fille de Louis XVI. »

En tête : feuilles se dépliant ; cartes et tableaux géographiques.

J'ignore si ces « Étrennes » ont continué à paraître.

[B. N.]

1731. — ÉTRENNES DE FRANCE, Contenant la situation, l'étendue et la superficie de la France. Un précis de son origine et des mœurs de ses habitans, sa constitution et sa population. Le nom et la description de ses montagnes, fleuves, rivières et canaux. Ses ports et les lieux où ils sont situés. Ses possessions lointaines, et ses relations commerciales avec les quatre parties du monde. Le nom de ses animaux domestiques et sauvages. Les institutions civiles et honorifiques ; les attributions de chaque autorité ; l'évaluation des revenus du royaume pour l'année 1815. Ses monnaies, poids et mesures ; ses productions, son commerce,

ses forces de terre et de mer. Une table
chronologique des Rois de France, etc., etc.
Par M. Et. Gérard. || Paris, chez les Mar-
chands de nouveautés. 1815. 1815-1816.
In-18.

Suite des *Étrennes Impériales* du même auteur
publiées chez Mᵐᵉ Cavanagh. [Voir, plus haut,
nº 1444.]

[B. N.]

1732. — ÉTRENNES DE FRANCE,
Pour l'Année 1815; Contenant les principales Puissances de l'Europe, les Colonels-
généraux, les Maréchaux de France, les
Ministres, les Maisons du Roi et de la
Famille royale, les pairs de France, les
Conseillers-d'État, la Maison militaire du
Roi, les Ordres de France, la Légion
d'honneur, la Chambre des dépu-
tés, etc., etc. || A Paris, chez Demoraine,
libraire, rue du Petit-Pont, Aux Associés.
1815-1816. In-32.

Autre almanach, quoique publié sous le même
titre principal que le précédent.
Frontispice sur bois : portrait de Louis XVI.
En tête, feuille se dépliant : Plan de Paris et car-
tes géographiques. Renseignements administratifs;
anecdotes diverses.
On lit dans un avis de l'éditeur :
« Cet almanach a paru pour la première fois en
1789; il a continué de paraître chaque année sans
interruption. »
Cet avis est identique à celui du *Désiré des
Français*.
Mais aucun dépôt public ne possède une année
antérieure à 1815.

[B. N.]

1733. — ÉTRENNES DE L'AMOUR,
Recueil choisi de Chansons, Roman-
ces, etc. || A Paris, chez les marchands de
Nouveautés. (1815). In-32.

Frontispice colorié. Recueil de chansons populaires, avec calendrier pour 1815.
[Coll. de Savigny.]

1734. — ÉTRENNES DE PARIS, Contenant ce qu'il y a d'utile, de curieux et
d'intéressant dans cette Capitale. Pour
l'an 1815. (On trouve dans cette Étrenne
le Tarif des droits qui se perçoivent aux
entrées de la Ville). || A Paris, chez Tiger,
Imprimeur-Libraire, rue du Petit-Pont-
Saint-Jacques, au coin de celle de la

Huchette, Au Pilier-littéraire. Et chez les
Marchands de Nouveautés. 1815-1832.
In-32.

En tête, feuille se dépliant, contenant soit les
portraits de la famille royale, soit des cartes ou
des tableaux géographiques, soit un plan de
Paris.
Renseignements administratifs, avec une description de l'Arc de triomphe du Carrousel, qui se
répéta pendant longtemps, et fut remplacée, plus
tard, par une notice sur Paris et ses embellissements, puis par la description des Tuileries.

[B. N.]

1735. — ÉTRENNES MILITAIRES,
CIVILES ET COMMERCIALES, Pour
l'Année 1815. Contenant la description des
Quatre Parties du Monde, les tables du
lever, du coucher du Soleil et de la Lune;
la marche des Comètes, le tableau des
diverses Puissances de l'Europe, et des
Princes des familles régnantes, la liste des
Princes et Princesses de la Famille Royale
de France, la maison militaire du Roi, les
Maréchaux de France, les Ministres et leurs
attributions, les Ministres et Conseillers
d'État, les Pairs de France, les Préfets et
les Départements, les Évêques et Archevêques, les Villes de Tribunal, de Bourse,
de Lycée, etc.; l'Institut, les Académies;
le Tableau des armées Françaises, Infanterie, Cavalerie et Artillerie, du Génie, de
la Marine ; la Charte constitutionnelle;
une Instruction sur les billets à ordre et
les lettres de change, etc., etc. || A Paris,
chez les Marchands de Nouveautés. (1815.)
In-32.

Feuilles se dépliant : carte de France par départements, ou Mappemonde.
Renseignements administratifs, militaires et
commerciaux; notices géographiques.

[B. N.]

1736. — ÉTRENNES MONARCHI-
QUES, Pour l'Année 1815; Contenant les
Naissances et Alliances des Princes et
princesses de France ; les maisons du
Roi et de la Famille royale; les grands
Officiers du Royaume; les Maréchaux;
les noms et demeures des Membres du
Conseil d'État ; la Solde des Troupes ; les
principales puissances de l'Europe; des
Anecdotes, Faits historiques, etc., etc., etc.

Par Pitel, veuve Bouquet-Quillau, Éditeur et Propriétaire. || A Paris, chez Montaudon, Libraire, quai des Grands-Augustins, n° 19. De l'Imprimerie de Cellot. 1815-1817.

En tête : portraits de Louis XVIII et de Madame, lesquels se retrouvent dans les autres années. Feuilles se dépliant : cartes et tableaux géographiques, plan de Paris. En plus des renseignements officiels on y trouve des odes et poésies diverses.

Suite des *Étrennes impériales et royales* de 1808 (voir, plus haut, n° 1542).

[B. N.]

1737.— ÉTRENNES OU CALENDRIER DE LA COUR ET DE LA VILLE, Pour l'an 1815. || A Paris, chez Tiger, Imprimeur-Libraire, rue du Petit-Pont-Saint-Jacques, au coin de celle de la Huchette. Au Pilier-Littéraire. Et chez les Marchands de Nouveautés. 1815-1825. In-32.

Suite des *Étrennes Impériales* et *Calendrier* de chez Tiger.

En tête, sur une feuille se dépliant, portraits de la famille royale.

Quelques années possèdent un portrait gravé de Louis XVIII (en pied).

Renseignements administratifs.

[B. N.]

1738. — ÉTRENNES ROYALES DE FRANCE pour l'année 1815 ; Contenant les principales Puissances de l'Europe, les Ministres, les Maisons du Roi et de la Famille royale, le Conseil du Roi, les Conseillers d'État, les Pairs de France, la Chambre des Députés, etc. || A Paris, chez Demoraine et Thébaud. (1815-1848.) In-32.

Vignette sur le titre : globe fleurdelysé, avec sceptre et main de justice. Cartes et plans. Frontispice : portraits-médaillons du Roi et de la Reine. (gravure sur bois, populaire).

Collection faisant suite aux *Étrennes Impériales et Royales* de Demoraine (voir plus haut, n° 1653) qui prit elle-même, à partir de 1831, le titre de *Étrennes Nationales et Royales*.

[B. N.]

1739. — LE GOUT DES DAMES. || A Paris, chez Janet, Libraire, rue St-Jacques, n° 59. In-32. (1815.)

Almanach entièrement gravé s'ouvrant par la chanson « Le Goût des Dames ».

Que dans les bornes du respect
Un amant trouve sa tendresse ;
Qu'il soit timide, circonspect,
Nous estimons tant de sagesse :
Mais qu'il nous lâche lestement
Un Calembourg, une Saillie,
Il est unique, il est charmant,
Oh ! nous l'aimons à la folie.

Avec huit gravures (sujets ovales sur fond carré au trait) se rapportant aux chansons : 1. La jardinière. — 2. Troubadour et bergerette. — 3. Rose pompon. — 4. Gérard. — 5. Le page blessé à Pavie. — 6. L'Amour chez moi (jeune homme se présentant à la porte d'une jeune femme, un Amour à la main). — 7. Souvenir de Berthe. — 8. Le tournois.

Avec un cahier ajouté de chansons imprimées. Calendrier pour 1815 (le même almanach se retrouve avec des calendriers pour 1820 et 1825).

[Ex. satin avec ornements en cuivre doré, miniatures sous verre sur les plats, glace à l'intérieur.] Cat. 40 fr. || Ex. mar. r. fil et dent. 18 fr.

[Coll. de l'auteur.]

1740. — LA GUIRLANDE DES DAMES. || A Paris, chez Marcilly, rue St-Jacques, n° 21. (1815-1829.) In-18.

Titre en lettres gravées avec sujet (presque toujours des femmes). Les premières années ont, en plus, un titre imprimé, avec la mention : « Dédiée à Son Altesse Royale Madame, Duchesse d'Angoulême ». Chaque année était ornée de 6 gravures, reproductions de tableaux anciens et modernes dus à des femmes. Le texte ne contenait également que des productions poétiques d'auteurs féminins. Voici ce qu'on lit dans l'Avant-Propos :

« Le goût national étant vivement prononcé pour la poésie lyrique, ce sont surtout les recueils de ce genre qui font fortune au jour de l'an. Malheureusement, ils se ressemblent presque tous, et malgré la variété de leurs titres, les aînés diffèrent peu des cadets. Il manquait à cette nombreuse famille un ouvrage entièrement féminin, et, nous présentons ce nouveau-né sous le nom de *Guirlande des Dames*. C'est un hommage que nous rendons au Beau Sexe, dont l'esprit et les talens contribuent tant au charme de la Société. »

Chaque volume contient plusieurs pages de musique gravée et a un « Souvenir des Dames » avec calendrier. L'éditeur était M. A. Deville, le médecin poète dont il a été déjà question plus haut (voir n° 1648).

Parmi les muses qui faisaient l'ornement de ce recueil, il faut citer Mmes Beauharnais, Desbordes, Desroches, Dudeffant, Dufresnoy, Genlis, Girard, Montanclos, Mlle Ninette, « artiste du Mont-Parnasse », Sabran, de Salm, de Boufflers, d'Hautpoult, Dubocage, de Louvencourt, de la Suze, de Saint-Génois, de Valory.

[Cat. Techener, 13ᵉ année : cart. avec figure coloriée sur chaque plat : 10 fr. || Cat. Libr. 5ᵉ année : 4 fr. avec étui.]

[B. N. — Ve 23926. || Coll. del'auteur, années diverses.]

1741. — L'INDICATEUR GÉNÉRAL DE L'EMPIRE FRANÇAIS, Offrant le Tableau exact du Gouvernement impérial, des Ministères, Administrations générales et particulières, des Cours et Tribunaux, avec leurs jours d'audiences et d'ouverture de leurs bureaux, des Avocats, Notaires, Avoués, Banquiers, Agents de change, Courtiers de commerce, des Médecins et Chirurgiens les plus renommés, des principaux Manufacturiers et Fabricans, des Marchands les mieux assortis et des Ouvriers les plus habiles en tout genre; la Liste complète des Hôtels garnis, celle des Restaurateurs et Marchands de Comestibles les mieux famés, l'indication des Spectacles et Curiosités de la Capitale, les jours des Fêtes champêtres des environs, les jours et heures du départ des Voitures publiques, etc., etc. Prix broché, 2 francs. || A Paris, chez Lebègue, Imprimeur-Libraire, rue des Rats, n° 14, près la place Maubert. Mai 1815. In-18.

Annuaire officiel publié pendant les Cent jours.

[B. N.]

1742. — JOCONDE OU LES COUREURS D'AVENTURES. || A Paris, chez Janet, Libraire, Rue St-Jacques, n° 59. 1815 et suite. In-24.

Titre gravé. Recueil de chansons, avec 6 figures de Sébastien Le Roy gravées par Massol, publié au moment du grand succès de *Joconde.* Au verso du faux-titre se trouve gravé l'avis suivant de Joconde au Public :

> Quand de *Jean* la Muse féconde
> Vous traça jadis mon portrait,
> Pouvait-il penser que *Joconde*
> Sur la scène un jour paraîtrait ;
> Qu'y faisant, tous les soirs, sa ronde,
> On dirait tant de bien de lui,
> Et qu'un Almanach, même aujourd'hui,
> Monsieur, voudrait courrir (*sic*) le monde ?

Voici, d'autre part, les légendes des figures : 1. Robert-Edile (Duo de *Joconde*). — 2. Jeannette et Lucas. — 3. Le Couronnement de la Rosière. — 4. Les Clefs de Paris (Duo entre un paysan et Henry IV). — 5. Le nouveau Seigneur de Village. — 6. Psyché. — Calendrier.

M. Weckerlin possède de ce même almanach un exemplaire avec calendrier pour 1821.

[Ex. mar. r. cat. 7 fr.]

1743. — LES LYS, ÉTRENNES AUX DAMES. Dédié à Madame, Duchesse d'Angoulême. Orné de 12 jolies gravures. || A Paris, chez Rosa, Libraire, Cabinet Littéraire, Grande Cour du Palais-Royal. 1815. In-12.

Titre en lettres gravées avec branches et fleurs de lys en couleur.

En tête, se trouve une dédicace en vers à S. A. R. Madame, Duchesse d'Angoulême, par le chevalier Armand de Séville :

> De lis ce brillant assemblage
> Satisfait à la fois et le cœur et les yeux :
> Le Français y trouve le gage
> De l'avenir le plus heureux,
> Et dans leur nombre il voit l'image
> Des vertus, des dons précieux
> Qui des Bourbons sont l'apanage,
> Et qui, transmis par vos aïeux,
> Sont devenus votre illustre héritage.

L'éditeur, dans un avertissement, dit : « Ce petit ouvrage est destiné à faire suite à un recueil sur les Roses qui parut l'année dernière. Nous espérons que le Public ne l'accueillera pas avec moins de faveur. Les lis que renferme ce recueil ont été dessinés d'après nature, gravés avec soin, imprimés en couleur, et retouchés au pinceau par M. Langlois. »

L'ouvrage se divise en 2 parties : la 1ʳᵉ comprend

la description des principales espèces de lis avec les planches suivantes : lis blanc, lis panaché, lis bulbifère, lis de Philadelphie, lis de Pomponne, lis des Pyrénées, lis Martagou, lis superbe, lis de Calcédoine, lis tigré, lis de la Caroline, lis à fleurs pendantes; la 2ᵉ est un recueil de poésies ayant soit le lis, soit une fleur quelconque ou un bouquet, pour sujet.

Calendrier grégorien, calendrier protestant (*sic*) et calendrier russe. Se vendait 6 fr.

[Cat. Libraire 7.]

[B. N. — Yᵉ 26970.]

[Voir plus haut, n° 1710.]

1744. — MADAME ÉLISABETH DE FRANCE, Sœur du Roi. || A Paris, Chez Le Fuel, Libraire Relieur, Rue St-Jacques, n° 54, près celle du Foin. (1815.) In-18.

Titre gravé. Frontispice : Portrait de Mᵐᵉ Élisabeth, signé Seb. Le Roy *del*, Pomel, *sc*. et 4 figures au pointillé anglais, sans légendes, retraçant des épisodes de la vie de Madame Élisabeth, dues aux mêmes artistes.

Cette publication fut également mise en vente pendant plusieurs années et existe avec gravures en noir et en couleur.

[Ex. cartonnés. cat. de 3 à 6 fr.]

[Coll. de l'auteur.]

1745. — MARIE-ANTOINETTE, Archiduchesse d'Autriche, Reine de France. || A Paris, chez Le Fuel, Libraire Relieur, rue St-Jacques, n° 54, près celle du Foin. (1815.) In-18.

Almanach fort rare, de la même série que le précédent, orné d'un portrait de la Reine et de 4 figures gravées au pointillé anglais, signées Séb. Le Roy *del*, Noël *sc*. se rapportant à la vie de Marie-Antoinette.

Le calendrier est dans un très curieux encadrement gravé. Cette publication, comme toutes celles de Lefuel fut mise en vente pendant plusieurs années : on changeait seulement le calendrier.

[Ex. cart. tr. dor. 9 fr. || Ex. reliure soie, 21 fr.]

[Coll. de Savigny, ex. av. fig. coloriées. || Coll. de l'auteur.]

1746. — LE NOUVEAU CHANSONNIER DES VARIÉTÉS, ou Choix de Couplets chantés à ce Théâtre, et tirés des pièces de MM. Dessaugiers (*sic*), Gentil, Sevrin, Merle, Brazier, Lafortelle,

Moreau, Francis, etc., etc. Pour l'an 1815. || Paris, L'Ecrivain, Libraire, boulevard des Capucines, n° 1 ; Ledentu, Libraire, passage Feydeau; Delaroque, Libraire, boulevard Montmartre, à côté des Variétés. In-12.

Frontispice colorié se dépliant, représentant une scène de la *Jeunesse d'Henri IV*.

[Communiqué par M. Greppe.]

1747. — PETIT ALMANACH DES PRINCES, Pour l'année 1815. Contenant : Des remarques astronomiques, historiques et chronologiques, avec le tableau des principales puissances de l'Europe. Dédié à la Famille Royale. || A Paris, chez Marcilly, rue Saint-Julien-le-Pauvre, n° 7. In-16.

Cet almanach donne la chronologie des Rois de France, la maison du Roi et celle des membres de sa famille; la maison militaire du roi, les ministres, Conseillers d'État, la chambre des pairs, le tableau des principales puissances de l'Europe et des notices historiques sur les Ordres français d'après la date de leur institution (ordres de St-Michel, du St-Esprit, de St-Louis, du Mérite militaire, de la Légion d'Honneur).

[B. N.]

1748. — LE PETIT MESSAGER DE LA COUR DE LOUIS XVIII, Étrennes pour l'année 1815; Contenant une description des Villes départementales, avec des Anecdotes sur chacune; les Naissances et Alliances des Princes de l'Europe; la Maison du Roi et celles de la famille Royale ; un Tableau des noms des villes de France, d'après les nouveaux changemens, leur population, leur distance de Paris, etc. ; la Concordance des Calendriers, et le Nouveau Tarif des Poids et Mesures, etc. Troisième Année. || A Paris, chez Montaudon, Libraire-Éditeur, quai des Grands-Augustins, n° 19. 1815-1817. In-32.

Suite du *Petit Messager impérial* (voir plus haut, n° 1682.) En tête, portrait gravé de Louis XVII.

Renseignements administratifs; description des villes de France, Anecdotes et poésies.

[B. N.]

1749. — PHÈDRE ET HYPOLITE (sic). || A Paris, chez Marcilly, rue St-Julien le Pauvre, n°⁸ 14 et 15. (1815.) In-18.

Almanach entièrement consacré, texte et figures, à l'histoire de Phèdre et d'Hyppolite. Les poésies sont d'une lecture quelque peu indigeste, et les compositions ne sont guère plus attrayantes. C'est le burin lourd et sans esprit de l'époque dans toute son étendue. Voici les légendes des planches : 1. Amour d'Hyppolite pour Aricie. — 2. Phèdre coupable et infortunée. — 3. Absence de Thésée et inquiétude d'Hyppolite. — 4. Emportement honteux de Phèdre. — 5. Phèdre abandonnée à sa douleur. — 6. Accusation d'Œnone. — 7. Hyppolite accusé. — 8. Imprécations de Thésée. — 9. Remords de Phèdre. — 10. Hyppolite défendu. — 11. Fin tragique d'Hyppolite. — 12. Mort de Phèdre.

[Communiqué par M. Bihn. Cat. : 15 fr.]

1750. — PLAISIR ET BONHEUR, Étrennes sentimentales sur les plus jolis Airs. Dessiné et gravé par Huet l'aîné. || A Paris, chez Marcilly, Md. Papetier, rue St-Julien le Pauvre. (1815.) In-32.

Recueil de chansons, imprimées dans un encadrement avec 12 compositions allégoriques : 1. Le Plaisir. — 2. Le Bonheur. — 3. L'Amour. — 4. L'Amitié. — 5. La Constance. — 6. La Fidélité. — 7. Le Désir. — 8. L'Espérance. — 9. L'Étude. — 10. La Science. — 11. Le Courage. — 12. La Gloire.
Certaines de ces compositions sont dans un esprit purement antique. La dernière, la Gloire, représente la France couronnant les bustes d'Homère et de Bonaparte :

O Gloire, unique objet des vœux
D'un héros que la France admire,
Redis à nos derniers neveux
L'enthousiasme qu'il nous inspire!

[Cat. E. Rondeau, 12 fr.]

1751. — PORTEFEUILLE GALANT. || A Paris, chez Rosa, Libraire, Cabinet Littéraire, Grande cour du Palais-Royal. (1815.) In-18.

Avec figures. Se vendait 4 fr.

[D'après un catalogue de Rosa.]

1752. — LE RETOUR DES LYS. || A Paris, chez Janet, Libraire, rue St-Jacques n° 59. (1815.) In-32.

Titre gravé avec sujet.

Almanach orné de 7 figures dont voici les légendes : 1. L'Antique Française. — 2. Henry IV et Sully. — 3. Louis XVI accordant une grâce. — 4. Henri IV et le duc de Savoie. — 5. Louis XIV et Corneille. — 6. Louis XVI faisant grâce à trois déserteurs. — 7. Louis XVIII et le Maréchal Moncey.
Texte gravé, composé de prose et de vers : anecdotes, chansons, poésies.
A cet almanach se trouve joint un cahier de chansons imprimées.
Calendrier se dépliant.

[Communiqué par M. Bihn.]

1753. — SOUVENIR DES GRACES. || A Paris, chez Rosa, Libraire, Cabinet Littéraire, Grande cour du Palais Royal. (1815.) In-18.

Avec 6 figures. Se vendait 4 fr.

[D'après un catalogue de Rosa.]

1754. — ALMANACH DE L'ILE SAINT-HÉLÈNE. Pour l'An 1816. Contenant une Description de cette Ile, une Histoire singulière, le Rêve, plus singulier encore, de l'un de ses Habitans. || Paris, chez Chassaignon, Libraire, rue du Marché-Neuf. N° 3. In-32.

Sur le titre, vignette sur bois : Vue de l'Ile Saint-Hélène. Frontispice, également sur bois, représentant Adam et Eve chassés du Paradis.
Almanach satirique, analogue à celui de l'Ile d'Elbe (voir plus haut n° 1716, et plus loin, n°⁸ 1774 et 1775), et contenant la « singulière histoire du Nain Ajouton, enfermé dans une souricière par ceux qu'il avait avalés. »

[B. N.]

1755. — ALMANACH DE LA GARDE NATIONALE DE PARIS. Pour l'année bissextile 1816, contenant Les Notions les plus essentielles sur l'Organisation, l'Administration, la Discipline et le Service de ladite Garde ; Et les Noms, Grades, Décorations et Demeures de MM. les Officiers de l'État-Major général et des Légions ; De MM. les Sergens-Majors et Caporaux-Fourriers des Compagnies. Prix : 2 fr. broché, et 3 fr. relié. || A Paris, chez Lefebvre, Imprimeur de l'État-Major général de la Garde nationale de Paris, rue Bourbon, n° 11, F. S.-G. ; Rondonneau et Dècle, Propriétaires du Dépôt des Lois, place du Palais de Justice, nº 1; Et à l'État-Major général, Bureau du Personnel. (*1816.*)(*1816-1831.*) In-12 et in-18.

Contient une notice sur la Garde Nationale, les noms des Officiers et l'ordonnance du 5 février 1816 qui remplace la décoration du Lis accordée à la Garde nationale par une autre décoration.

A partir de 1817 le format devient in-18 et le sommaire est quelque peu modifié. Le prix est de 1 fr. 50 broché et 2 fr. 50 relié.

A partir de 1818, la publication s'étend de Paris au département et le titre porte :

— *Almanach des Gardes Nationales du Département de la Seine.* Pour l'an 1818. Prix : 1 fr. 50 broché, et 2 fr. 50 relié.

[B. N.-L. 400 || B. Carn. || Coll. de l'auteur, Année 1818.]

[Ex. broché, 1817, cat. 4 fr.]

1756. — ALMANACH DE LA GARDE NATIONALE PARISIENNE, pour l'année bissextile M. DCCC. XVI. Contenant l'État-Major, et les États-Majors des Légions, Bataillons et Compagnies. || A Paris, chez Testu et Cie, rue Hautefeuille. In-12.

Simples renseignements administratifs, concurrence à la précédente publication, qui s'explique par la popularité dont jouissait alors tout ce qui touchait à la Garde Nationale.

[B. N.]

1757. — ALMANACH JUDICIAIRE. Pour l'année 1816. || A Paris, chez Nève, Libraire de la cour de Cassation, au Palais de Justice. In-18.

Cet almanach donne la liste des ministres, des conseillers d'État, des avocats et des membres de la Cour Royale de Paris et du Tribunal Civil.

[B N.]

1758. — ALMANACH ROYAL pour l'Année 1816, présenté à Sa Majesté par Testu. || A Paris chez Testu et Cᵉ, rue Hautefeuille, nº 13, puis chez Scribe (1816-1847). In-8.

Suite de l'*Almanach impérial.* La première année parut sous la première Restauration (Voir, plus haut, nº 1433).

Sur le titre, cartouche fleur de lys, qui changera simplement de forme et de grandeur, puis la Charte et le Coq Gaulois.

Durant toute cette période l'Almanach Royal n'offree rien d'intéressant.

[A. 1820, vélin blanc dent. Aux armes de la duchesse de Berry. Cat. 10 fr. — A. 1832, aux armes de Louis-Philippe. Cat. 12 fr.]

[B. N.]

1759. — ANNUARIUM MEDICUM, AD USUM SALUBERRIMÆ PARISIENSIS ACADEMIÆ, Exhibens Doctorum Academicorum et Sociorum correspondentium nomina, res in Academiae gremi gestas, meteoronosologicas observationes, necrologium (moreque antiquo), aquas minerales naturales, aut arte compositas, quae Parisiis distribuuntur. Edente D. Le Seure [Épigraphe :] Ut doctrina aemulatione crescat, honestas autem exemplo et pudore servetur. || Parisiis, Typis A.-P. Delaguette, Academiæ Medicinæ Typographi, viâ Sancti Mederici, nº 22. Anno 1816. (1816-1817.) In-12.

Annuaire officiel de l'Académie de Médecine (suite des précédentes publications) mais rédigé en latin suivant l'antique usage, donnant les noms des membres de la Facultés, les actes et les nécrologes.

Voici le titre de l'année *1817,* quelque peu différent :

— *Annuarium Medicum, ad usum saluberrimæ parisiensis Academiæ,* Exhibens Doctorum Academicarum et Sociorum *correspondentium* nomina, res in Academiâ gestas, meteoro-nosologicas observationes, necrologium (moreque antiquo), aquas minerales naturales, aut arte compositas, quae Parisiis distribuuntur. Ab Arnulpho Leseure, Societ. ncad. Secret et 8 legionis par. Med. || Parisiis, E. Prelis L. P. Sétier, viâ dictâ Claustri Sancti Benedicti, Nº 23. Anno 1817,. In-24.

[B. N. — V. $\frac{647}{17}$]

1760. — LES BIJOUX INDISCRETS. Almanach chantant. Pour la présente année. Dédié aux Coquettes. || A Paris, chez Aubry, Imprimeur-Libraire, Palais de Justice. (1816.) In-32.

Recueil de chansons. — Publication de colportage.

[Communiqué par M. Greppe.]

1761. — BLANCHE DE CASTILLE, Reine de France, Mère de St Louis. || A Paris, Chez Le Fuel, Relieur-Libraire. Rue St Jacques, nº 54, près celle du Foin. (1816.) In-18.

Titre en lettres gravées. Frontispice gravé au

pointillé, signé Bosselman *del.* et *scu.*, représentant Blanche de Castille dans un médaillon ovale. Almanach faisant partie de la même collection que *Marie-Antoinette* et *Madame Elisabeth*, orné de 4 gravures au pointillé représentant des épisodes de la vie de Blanche de Castille.

Le texte donne l'histoire de la Mère de Saint Louis.

[Cat. de 3 à 6 fr.]

1762. — BOUQUET POÉTIQUE, OU TOUTES LES FLEURS EXCEPTÉ LE PAVOT. Étrennes galantes pour 1816, avec trois Romances gravées pour piano ou harpe. Musique de M. Doche, chef d'orchestre du Vaudeville. [Épigraphe :]

Rire, Chanter, Aimer et Plaire.

|| A Paris, chez Lemercier, Libraire, Rue neuve de Seine, près le Marché St Germain, 1816. In-18.

Frontispice à sous-entendu graveleux représentant une servante se baissant pour tirer du vin à un tonneau. Légende :

Je vois le trou, ma chère :
C'est par ici que mon vin a passé.

Recueil de stances, épîtres, contes, anecdotes, romans, vers dédicatoires, rondeaux, triolets, distiques, quatrains, etc. Les trois planches de musique, annoncées sur le titre pour des morceaux de la composition de Doche, sont : L'heure du berger.— Quand je t'aimais.— Qu'on est heureux.

Une préface annonçait que ce recueil devait paraître tous les ans; mais j'ignore si, effectivement, il a eu une suite.

Avec un calendrier pour 1816.

[Coll. Olagnon.]

1763. — LE CHANSONNIER DE LA MÈRE RADIS ou les Coquettes de la Villette et des Faubourgs. || Paris, 1816. In-18.

Recueil de chansons avec frontispice. Publication populaire sous un titre qui devait être souvent pris et repris.

[D'après un catalogue.]

[Cat. 2 fr.]

1764. — CHANSONNIER DU ROYALISTE ou l'Ami des Bourbons. || A Paris, chez Lefuel, Libraire-Relieur, Rue St Jacques, n° 54. (Vers 1816.) In-18.

Frontispice gravé, signé Wexelberg sc, représen-

sentant Louis XVIII en pied. Au-dessous, légende :

Ah ! c'est bien notre père
De Gand,
Ah ! c'est bien notre père.

Recueil des chansons et vaudevilles chantés dans les salons, lors du retour « du Corse » aux Tuileries.

[Ex. br.; cat. 4 francs.]

1765. — LA CORBEILLE DE ROSES ou la Jolie Rosière. || A Paris, chez Marcilly, rue St Jacques n° 31. (1816.) In-18.

Titre gravé avec une vignette, Minerve couronnant une jeune personne. Au-dessous on lit : « Girardet fecit, 1816. » Vis-à-vis du titre est un hommage aux dames, également gravé :

Sexe charmant, la Rose a vos attraits.
Dans tous les tems ce fut son apanage :
Vous en offrir les plus jolis bouquets
C'est vous présenter votre image.

Gentilles figures dessinées et gravées par Girardet. Le texte, dû au médecin Albéric Deville, celui-là même qui avait déjà publié plusieurs petits almanachs (voir n°ˢ 1648 et 1740), est un mélange de poésies sur les roses d'après différents auteurs grecs, avec un conte en prose : *Rose ou le triomphe de la reconnaissance.*

A paru pendant plusieurs années. Morgand a annoncé un exemplaire, avec calendrier pour 1820, contenant l'histoire de la Rosière de Salency.

Les exemplaires étaient revêtus d'un cartonnage avec bouquets de roses sur les plats.

[Cat. 10 à 15 fr.]

1766. — L'ENFANT LYRIQUE DU CARNAVAL 1816. Choix des meilleures chansons joyeuses, anciennes, modernes et inédites, par M. Ourry, Membre du Caveau Moderne. 1re année 1816. || A Paris, chez Alexis Eymery, Libraire, rue Mazarine, 3o. 1816-1819, 4 années. In-18.

Titre gravé avec petite vignette ayant trait à une des chansons de ce recueil, qui paraissait le 10 novembre. Chaque année a un frontispice qui se rapporte également à une des chansons du volume.

1re Année. — Jeune femme abandonnant son vieil époux au lit :

Il dort enfin ce bon Époux que j'aime :
Dorlis m'attend, vite courons au Bal.
Avec l'Hymen c'est toujours le Carême,
Avec l'Amour toujours le Carnaval !

2e A. — Frontispice sur les montagnes russes.
3e A. — Le Combat des montagnes.
[Coll. Olagnon.|| Coll. de l'auteur.]
[Voir, plus loin, le *Nouveau Caveau*, n° 1865.]

1767. — ÉTRENNE A LA BEAUTÉ. || A Paris, chez Marcilly, Rue St-Julien-le-Pauvre, n° 7. (1816.) *In-32*.

Titre gravé représentant un homme qui offre à une femme assise « l'Étrenne à la Beauté ». Recueil de chansons orné de 12 figures amusantes, exécutées avec un certain soin, et dont voici les légendes : 1. L'origine de la beauté. — 2. Le Tems et l'Amour. — 3. L'Innocence et la Pudeur. — 4. La *Fleur chérie* (jeune homme serrant de près une femme). — 5. La cachette des Grâces (femme assise, ayant une lyre à ses côtés). — 6. La Rose et le Plaisir. — 7. Le Lit (un personnage couché : à travers la fenêtre ouverte de la chambre on aperçoit un petit Amour). — 8. Le noviciat d'Annette. — 9. L'Amour et le Monde. — 10. La Mode (femme se mirant dans une glace, tandis que, accroché au mur, on aperçoit un tableau aux modes fort antérieures). — 11. Le Mariage. — 12. L'Amour, le Désir et la Jouissance.

[Coll. Weckerlin.]

1768. — LES ÉTRENNES DE BOBÈ-CHE, Avec des prédictions originales et infaillibles pour la présente année. Dédiées A très-grand, très-haut et très-puissant Seigneur, monseigneur le Public. [Épigraphe :] On n'est queut'fois pas si bêt' qu'on en a l'air. || A Paris, chez Tiger, Imprimeur-Libraire, rue du Petit-Pont, n° 10. (1816.) In-32.

Frontispice sur bois (Bobêche) avec cette légende : « Les uns disent *ci* ; les autres disent *ça* ; moi j'dis ça ou ci. »

Recueil de boniments et de farces en prose et en vers, avec prédictions comiques.

Calendrier. — Publication de colportage.

[B. N. — Ve 21,640.]

1769. — ÉTRENNES ROYALES, contenant la Maison du Roi et celle (*sic*) des Princes, les Conseils et Conseillers d'état ; les divers Ministères. Les Présidents de la Chambre des Pairs, de celle des Députés des Départemens, des Cour Royales, etc. Pour l'Année 1816. || A Paris, chez L. Saint-Michel, Libraire quai des Augustins, n° 23; Et à Lyon, chez Ayné Frères, Libraires, rue St-Dominique, n° 17. (1816-1827.) In-32.

Cartes se dépliant, Europe et France.

[B. N.]

1770. — ÉTRENNE VÉRIDIQUE DES ORACLES, ou Le Magicien consulté par l'Amour et la Fortune. Contenant 108 questions divisées en IX classes composées chacune de XII oracles, avec la manière de trouver la réponse à chaque question. [Nouvelle édition, revue et corrigée]. || A Paris, chez Caillot, Libraire, rue Pavée-Saint-André, n° 19. (1816.) In-32.

Frontispice sur bois (magicien ayant à *droite* de sa table l'Amour, à *gauche* la Fortune).

Oracles en vers. Calendrier.

Publication de colportage à nouveau réimprimée et mise en vente avec le même frontispice en 1825.

$$\left[\text{B. N.} - \text{Ye } \frac{21.666}{21.667}\right]$$

1771. — LES FLEURS. || A Paris, chez Janet, Libraire et Md. de Musique, rue St-Jacques, n° 59. (Vers 1816.) In-32.

Sur le titre, une corbeille de fleurs. Cet almanach est accompagné de six figures sans légende, gravées au pointillé anglais, et se rapportant aux sujets suivants : 1. Narcisse. — 2. Clytre. — 3. Daphné. — 4. Adonis et Vénus. — 5. Mort d'Hyacinthe. — 6. Origine de la Rose rouge. Ces gravures sont signées Leroi *del.* Vandenberghe *sc.*

A la suite se trouve un « Petit Souvenir des Dames » et un calendrier. Texte composé de poésies.

[Cat. 6 fr. cart. tr. dorées.]

1772. — LE GALANT TROUBA-
DOUR, OU AMOUR ET PLAISIR,
Chansonnier pour la présente année.
Dédié à la plus aimable et au plus Vail-
lant. || A Paris, A la Librairie du Lys-
d'Or, chez H. Vauquelin, quai des Au-
gustins, n° 11. (1816.) In-12.

Frontispice gravé, signé Massard *del*, Prot *sculp.*
représentant deux amants observés par un chasseur.
Recueil de chansons, avec calendrier.
[B. N. — Ve 22,955.]

1773. — GALERIE LYRIQUE. || A Pa-
ris, chez Janet, rue Saint-Jacques, 59.
(Vers 1816.) In-24.

Ce petit memento, commode, portatif et élégant,
est orné d'un frontispice allégorique gravé et de
six estampes au burin, sans nom de graveur, portant les titres qui suivent : 1. Haine aux femmes.
— 2. Un jour à Paris. — 3. Mademoiselle de
Guise. — 4. La Vallée de Barcelonnette. —
5. Menzicof et Fœdor. — 6. Une journée chez Bance-
lin (à la Courtille).

Ces petits sujets correspondent, dans le texte, à de
tendres romances, à diverses poésies, parfois bachiques et grivoises au point que je n'oserais transcrire ici, notamment, deux couplets intitulés :
Mlle de Guise. Cette poésie légère rappelle par
trop les écarts du roi galant.
[Ex. cart., tr. dorées, cat. 7 fr. 50.]

1774. — LE JOYEUX BOUTE-EN-
TRAIN, ou le Chansonnier grivois. || A
Paris, chez les amis de Piron. In-64.

Cet almanach est orné d'une caricature de
Napoléon Ier gravée sur bois. L'Empereur a derrière lui une potence à laquelle un pendu est accroché ; on lit au bas : « Le Consolateur des veuves. »
La seconde estampe de ce livret est d'un tout
autre caractère : elle représente une vue de ville,
en avant de laquelle sont plusieurs jeunes femmes
qui ont l'air de demander quelques informations.
La réponse consiste sans doute dans cette inscription qui est au bas de la planche : « Belles, ne
vous informez plus de ce pauvre Monsieur S... »
[Ex. mar. vert, cat. 8 fr.]

1775. — LE LIS ET LA VIOLETTE,
chansonnier royal, contenant divers
Poëmes et Couplets satiriques sur *Buonaparte*, recueillis pendant son dernier
règne ; Par un Ami du Roi. Suivi de
Chants patriotiques sur le Retour des
Bourbons en France. [Troisième Édition.

Revue, corrigée et augmentée.] || A Paris,
chez Caillot, Libraire, rue Pavée-Saint-
André, n° 19. (1816.) In-12.

Frontispice gravé représentant un lys avec trois
fleurs dans les branches duquel se voient les figures de Louis XVI et de Louis XVIII.

Recueil comprenant : 1° Des chansons patriotiques sur les événements du jour ; — 2° Une série de
chants patriotiques sur le retour des Bourbons.
En tête de cette deuxième partie, une gravure donnant les portraits de la famille royale.

Ce chansonnier eut un succès considérable puisqu'il en parut trois éditions, avec fort peu de changements dans le texte.

Voici la reproduction d'un morceau en prose
intitulé « Vente après mauvaises affaires » :

« 1° Un sceptre de fer, presque usé.

« 2° Une main de justice, qui n'a jamais servi.

« 3° Cinq couronnes en faux brillants ; celle de
diamant retirée de la vente.

« 4° Un costume de cour et divers décors encore
propres à servir au théâtre quand on les aura fait
détacher.

« 5° Des titres de noblesse tous neufs, avec des
dotations à prendre en Espagne, en Italie, en
Allemagne, en Belgique, en Westphalie, en Prusse ;
voir (sic) même sur les brouillards de la Bérésina,
un restant de Jambe de bois, en bloc, avec les
récompenses militaires.

« 6° Une bibliothèque composée de plusieurs millions de volumes, reliés en peau humaine : on y
trouve un Traité complet de tyrannie ; une Discussion

savante sur le parjure ; des Excommunications inédites du pape Pie VII ; un grand Portefeuille rempli de condamnations, toutes signées, portant le
nom de plusieurs individus très–connus ; un Essai
sur le Gouvernement, Prix remporté par L. de
Bourbon (cet ouvrage est relié en chagrin) ; un
Essai sur la destruction humaine, Prix remporté
par Napoléon ; une brochure, non coupée, sur les
idées libérales ; enfin, un Manuscrit sur la vie d'un
homme célèbre, écrit par lui–même, pendant son
séjour dans l'île d'Elbe, en caractères de sang.

On fournira la peau de l'auteur, pour le relier.
La Vente se fera au profit d'une Famille malheureuse,
              Au comptant et en *Louis*.
Voici, d'autre part, la reproduction d'une chanson
intitulée : *Les Prédictions*

          Napoléon s'avance,
          Disoit–on l'autre jour :
          Il promet à la France
          ·Le plus ardent amour.
      Oui, mais... Ça n'dur'ra pas toujours.

                  .·.
          Le choix de ses ministres
          Est bien digne de lui :
          Des méchants et des cuistres
          Il est le ferme appui.
      Mais... Ca n'dur'ra pas toujours.

                  .·.
          Le printemps fit éclore
          Violette à foison ;
          Mais le Lis croît encore
          Dans toutes les saisons.
      Certainement, et ça durera toujours.

Ce recueil est, du reste, des plus précieux pour les
sentiments de l'époque. C'est là qu'on trouve : Dieu !
rends–nous notre père de Gand. — La Violette et la
Pensée. — Va-t-en voir s'ils en veulent, Jean. — La
Confession générale de B. — L'z opinions d'un malin d'la Halle sur l'coco qu'est z'aux Tuileries pour
l'instant (avril 1815). — Buonaparte et l'écho. —
Les sabres et les moustaches. — L'appel aux braves
par le grand Nicolas. — Invitation à l'ogre de
Corse. — Champ (*sic*) plaintif sur la disparition du
Lis, — et tous les couplets sur la renaissance des
lis.

Cet almanach se vendait encore en 1817, en
1818 et même en 1823 : on le trouve, en effet,
avec des calendriers à ces dates.

[Ex. broché cat. 6 fr ; mar. r. plats ornés, 14 fr.]

          [B. N. — Ye $\frac{26,600}{26602}$ || Coll. Olagnon.]

**1776. — LISTE ARRÊTÉE PAR LE
ROI, DES OFFICIERS MILITAIRES
QUI COMPOSENT LE CORPS DE LA
MARINE ; Conforme à celle imprimée à
l'Imprimerie royale, et précédée de l'or-**

donnance du 29 novembre 1815, en exécution de laquelle la présente Liste a été ar-
rêtée. || Paris, chez Bachelier, Libraire
pour la Marine, quai des Augustins, n° 55.
Janvier 1816. In-12.

Cet annuaire contient l'ordonnance de 1815,
sur la nouvelle formation du Corps des Officiers
de Marine, puis la liste de tous les Officiers du
dit corps.

                          [B. N.]

1777. — LE MÉNESTREL FRANÇAIS.
Dédié aux Gardes Nationales de France ;
Par M. de Piis, secrétaire-interprète de
S. A. R. Monsieur, frère du Roi ; Guyon,
officier d'infanterie, Regnault de Warin ;
le chevalier de Greslan, et feu le cheva-
lier de Paruy. Musique de MM. Beauvar-
let-Charpentier, J.-B. Pollet, Kretschmer,
de Piis, etc. 1re année. || A Paris, chez
Plancher, éditeur, rue Serpente, n° 14 ;
Eymery, Libraire, rue Mazarine, n° 30 ;
Delaunay, libraire, au Palais-Royal. 1816.
In-12.

Frontispice gravé se dépliant : Les gardes nationaux jurant fidélité. Au–dessous, on lit : « Nous le
jurons : Nous serons Fidèles !!! »

Le titre de départ porte : Les chants nouveaux
du chevalier Français.

Recueil de chansons, dont quelques–unes avec
musique. Calendrier.

                  [B. N. — Ye 27,608.]

1778. — LE MÉRITE DES FEMMES
par Charles Malo. || A Paris, chez Janet,
Libraire, rue St Jacques n° 59. (1816.)
In-16.

Titre gravé avec petite vignette : une femme
conduisant un aveugle par la main, et six figures,
médaillons ronds entourés de sujets allégoriques.
1. Rollon et Poppa. — 2. Sancie de Navarre. —
3. Dévouement maternel (mère sauvant son enfant
des flammes). — 4. Jeanne Hachette. — 5. Mme
Leclerc de Lesseville donnant sa fortune pour le
bon roi Henri. — 6. Lafontaine et Mme Edwart.
Ces gravures existent en noir et en couleur.

Ce petit volume s'est vendu de 1816 à 1825
avec des calendriers à différentes dates.

                  [Ex. cart. cat. 9 fr.]

Voir plus haut, n° 1660, l'almanach publié sous
le même titre.

1779. — LE PETIT BIJOU DES EN-

FANS. Année 1816. || A Paris, chez Mar-cilly, rue St Jacques, n° 21. In-128.

Almanach gravé. Chansons et calendrier, avec 8 petites figures.

[Coll. Georges Salomon.]

1780. — LE PETIT ÉCHO DE MO-MUS. 1816. || Paris, chez Le Fuel, libraire, rue St Jacques, n° 54. In-128.

Almanach gravé. Chansons et calendrier, avec 12 petites compositions ; série d'Amours au poin-tillé (ces planches sont gravées avec plus de soin que les compositions habituelles).

[Coll. Georges Salomon.]

1781.— LA RENAISSANCE DES LYS ou le petit Chansonnier royaliste. || A Pa-ris, chez Le Fuel, Libraire-relieur, rue St Jacques. In-32.

Almanach pour 1816, sans calendrier, mais ayant des feuilles de souvenirs avec petits en-têtes gra-vés pour les 12 mois.
Le frontispice représente le Génie de la France sonnant de la trompette. Au-dessous, émergeant d'un nuage, les trois bustes de Louis XVI, de Louis XVIII et de Henri IV. 4 gravures au poin-tillé par Bosselnard pour des pièces du chanson-nier.
Petite publication assez recherchée, surtout avec la reliure au lis.

[Ex. mar. vert, cat. 8 fr.]

1782. — TABLEAU DE LA MAISON CIVILE ET MILITAIRE DU ROI, et celles des Princes et Princesses ; indiquant la demeure des Personnes en Place, et pré-cédé de la Charte constitutionnelle de l'État. || A Paris, chez Lécrivain, Libraire, Boulevard des Capucins, n° 1. 1816. In-32.

Titre en lettres gravées.
Frontispice : « Portrait de S. M. Louis XVIII, Roi de France et de Navarre. Né à Versailles, le 17 Novembre 1755. »

[B. N.]

1783. — VIVE LE PRINTEMS. || A Paris, chez Janet, Libraire, rue St Jac-ques, n° 59. (1816.) In-32.

Titre gravé : Femme cueillant des fleurs à un vase. Le texte est également gravé, avec adjonction d'un cahier imprimé de chansons. Avec huit com-positions : sujets en forme de médaillon ovale, les

tailles du burin formant cadre aux quatre coins : 1. Le premier Mai. — 2. Dodo. — 3. Projet de

Constitution. — 4. Le Bonheur conjugal. — 5. L'Anglaise désabusée :

Tendre Anglaise, dans ses beaux jours,
Ne sent que des ardeurs fidèles ;
Mais jeune Français a toujours
Autant de cœurs qu'il voit de belles.
Non, non, je ne veux plus aimer :
L'amour français est trop volage,

6. Herminie. — 7. L'Amour et le Vin. — 8. Mettons à profit le Tems.

Nombre de chansons se ressentent des événements du jour. C'est ainsi que la planche représentant un lancier et ses amours porte pour titre *Projet de Constitution.*

> A l'Amour demandons un Code
> Qui consacre notre union :
> Il faut bien, pour être à la mode,
> Faire sa Constitution.
>
> .·.
>
> S'il faut adopter le système
> D'un état représentatif,
> Je serai de tout ce qui t'aime
> Le seul représentant actif.
> Il faut traiter avec mystère
> Et les amours et les travaux.
> N'ayons point deux chambres, ma chère,
> Et délibérons à huis-clos.

[Cat. 25 fr.]

[Coll. de Savigny.]

1784. — ALMANACH CRITIQUE ET LITTÉRAIRE DE PARIS pour l'An de Grâce 1817, contenant ce qui s'est passé de plus singulier à Paris en 1816 quant aux hommes, aux événemens et à la littérature, avec des Couplets analogues, etc... par Anglès, homme de lettres. ‖ A Paris, chez Plancher, Libraire rue Serpente. (1817.) In-18.

L'auteur, connu par différentes plaquettes de la Restauration, disait dans sa préface : « Liège a depuis longtemps son Almanach : pourquoi Paris n'aurait-il pas aussi le sien ? » De là son « Almanach critique et littéraire », qui s'ouvre et se termine par des couplets sur les actualités. On y remarque, notamment, une épître à M. Alexandre Duval au sujet de son procès avec Picard (Juillet 1816).

Notices sur les jongleurs indiens qui amusaient Paris en 1816, sur le crocodile « vivant » débarqué la même année, sur quelques ouvrages du jour. On y trouve également des articles relatifs à M. de Lasalle et à l'*Almanach de l'autre Monde.* (Voir plus bas, n° 1786.)

[Cat. de 3 à 5 fr.]

1785. — ALMANACH DE FLORE, ou Description de douze plantes rares des jardins de la Malmaison : suivie de plusieurs morceaux de poésie. Orné de gravures coloriées. ‖ A Paris, chez Rosa, libraire. 1817. In-32.

Suite aux almanachs précédemment publiés par le même éditeur sur les fleurs. Les poésies se rapportent au sujet. « Ces douze plantes ont été choi-sies, dit l'avant-propos, parmi les plus recherchées de la Chine et du cap de Bonne-Espérance : ce sont la rose-thé, la rose du Japon panachée, le lupin, le laurier-camphre, le laurier-canelle, l'avocatier, le sassafras, la surelle, la jetrapha, le ricin, la gentiane printanière, et différentes espèces de bruyère. » Les plantes, très gentiment coloriées, sont signées P. Bessa. Avec souvenir portant *en tête de chaque page* une *allégorie rustique* et avec calendrier.

Cartonnage rose ou bleu avec ornements spéciaux sur les plats et le dos, tranches dorées.

[Cat. de 10 à 15 fr.]

1786. — ALMANACH DE L'AUTRE MONDE pour l'An du Diable 1817; Bluette Satirique, Anecdotique et Morale, contenant le calendrier de l'autre Monde, son Conseil, son Académie, les Séances publiques d'un Revenant, la Revue de l'île des Fous, son Journal, son Vaudeville, les événemens mémorables qui ont eu lieu aux enfers en 1816, etc., par P. de Lasalle. ‖ A Paris, chez Plancher, Libraire, rue Serpente, n° 14, Delaunay, Libraire au Palais-Royal. 1817. In-18.

Almanach satirique qui devait paraître toutes les années et dont l'auteur Pierre de Lasalle, éditeur du dernier *Almanach des Honnêtes Gens,* passait depuis quelque temps pour mort (1). Son retour dans la capitale ayant causé l'étonnement que pouvait inspirer un revenant, il conçut dès lors le projet de composer un almanach « de l'autre monde ».

Après le calendrier ordinaire se trouve un calendrier de l'Autre Monde, notant à chaque jour les noms des personnages illustres décédés; puis viennent un compte-rendu à Lucifer sur l'état politique de la France et des prédictions infernales pour 1817.

Curieux pamphlet royaliste, dans lequel Napoléon Ier est traité de « fils du Diable, vomi par ce dernier dans sa colère », et qui se trouve tout particulièrement dirigé contre trois folliculaires, dont le célèbre Cornet d'Incourt.

M. de Lasalle eut, du reste, à propos de cet almanach de virulentes polémiques avec la *Gazette* et le *Constitutionnel.*

Avec une planche gravée pour frontispice.

[Cat. 5 fr.]

_____

(1) M. de Lasalle rédigea l'*Aurore*, les *Annales monarchiques* et certain journal girondin qui faillit l'envoyer dans l'autre monde. D'où le titre de son almanach.

1787. — ALMANACH DE PARIS pour l'année 1817 destiné aux fournisseurs du roi, des princes, des administrations royales et des brevetés; par Mᵐᵉ L.-C.-C. Vᵉ Reeve. Première année. |‖ Paris, rue de Chartres, 8. In-12.

Almanach de renseignements et d'adresses.
[B. N.]

1788. — ALMANACH DES MUSES LATINES, Par M. Servan de Sugny. ‖ A Paris, Chez Audin, libraire, quai des Augustins, n° 25. A Lyon, Chez l'Auteur, quai de Retz, n° 53. Année 1817. In-8.

L'auteur dit dans la préface, écrite en un style pompeux, qu'il « a voulu concourir à faire refleurir les bonnes études et le goût de la littérature ». Il dédie son volume à M. Barbin-Vénard, rédacteur de l'*Hermès*.
Morceaux de poésie française traduits en latin. On peut juger par l'extrait suivant du *diapason* auquel l'auteur était monté : « Muses, je vous chéris à jamais. Vous serez la consolation de ma vieillesse. Vos vertes couronnes seront suspendues à côté de mes cheveux blancs. Vos accents mélodieux adouciront pour moi l'amertume des dernières pensées. A votre vue, la mort s'éloignera peut-être quelques momens, et craindra de troubler vos accords enchanteurs ».
[Coll. de l'auteur.]

1789. — ALMANACH DU BEL AGE, ou Les Charmes de la Bienfaisance. ‖ A Paris, chez le Fuel, Relieur et Doreur, rue St Jacques, n° 54. (1817.) In-32.

Titre gravé sur une draperie : au-dessous, un personnage faisant l'aumône à trois enfants.
Almanach orné de gravures non signées, se rapportant au texte, et dont voici les légendes : — 1. La petite Fille charitable. — 2. La Vertu récompensée. — 3. Le Berceau des fleurs. — 4. Le Vieillard et son fils. — 5. Le petit Bucheron. — 6. La Tempête.
Le texte se compose d'historiettes enfantines terminées par des couplets.
[Ex. cart., tr. dorées avec étui, cat. 15 fr.]

1790. — LES AMOURS DE DIANE ET D'ENDYMION ‖ A Paris, chez Marcilly, rue Saint-Julien-le-Pauvre. (1817.) In-32.

Recueil de chansons accompagné de 12 figures dont les titres suivent : 1. L'Exposition du sujet des amours (1ʳᵉ partie). — 2. La Pruderie déconcertée (2ᵉ partie). — 3. L'Entrevue et la Fuite. —

4. La timidité vaincue. — L'Amour pillé par les Grâces. — 5. L'Oiseau en liberté ou les Souvenirs charmans. — 7. L'Inconstance fixée ou le Zéphir et l'Amour. — 8. Le Coup imprévu. — 9. Rosier ou le lit de verdure. — 10. Le Réveil (suite du Rosier). — 11. Le prix du premier soupir. — 12. L'Amour comme on a tort de le faire.
Avec un calendrier.
[Cat. Rondeau, 12 fr.]

1791. — CALENDRIER VÉRIFICATEUR EXACT DES COMPTES D'INTÉRÊT ou d'Escompte, et de Décompte de Rentes, Pensions, Loyers, Fermages, Traitements, Appointements d'Employés, gages des Domestiques, salaires d'Ouvriers, etc., etc., d'après leur montant par année, par mois et même par quinzaine, en espèces ou en nature; soit selon la division ordinaire de l'année en 365 jours, soit selon sa division commerciale en 360 jours : Par l'Auteur de la Concordance de l'Annuaire et du Calendrier pour cinquante années; et des Tablettes commerciales, ou Comptes Faits auxquels leur disposition donne une étendue que n'ont pas les barêmes les plus volumineux. ‖ A Paris, chez Firmin-Didot, imprimeur du Roi, de l'Institut et de la Marine, rue Jacob, n° 24. 1817. In-8.

Tables servant à faire rapidement les calculs d'intérêt et d'escompte.
[B. N. — V. 33782.]

1792. — CENDRILLON OU LA PETITE PANTOUFFLE DE VERRE. Chansonnier nouveau Pour la présente année. ‖ A Paris, chez Aubry, au Palais-de-Justice. (Vers 1817.) In-32.

Au verso du titre : bois colorié représentant une danseuse qui tient un tambourin.
Recueil de chansons. Publication de colportage.
[Voir plus haut, nᵒˢ 1584, 1617, 1630, 1663, plus loin, n° 1803.]

1793. — LE CONSEILLER DES GRACES. Dédié aux Dames. Année 1817. ‖ A Paris, chez Marcilly, rue Saint-Jacques, n° 21. In-128.

Almanach minuscule de 64 pages. Chansons avec huit compositions gravées et calendrier.
[Coll. Georges Salmon.]

1794. — LES DÉGUISEMENTS DE L'AMOUR. ‖ A Paris, chez Marcilly, rue Saint-Jacques, n° 10. (Vers 1817.) In-32.

Recueil de chansons avec titre gravé et six figures représentant l'Amour sous toutes les faces : l'Amour avocat, l'Amour ermite, l'Amour joueur, l'Amour fleuriste, l'Amour tournant la roue de fortune. Chaque figure est dans un encadrement composé de carquois, de flambeaux et de l'arc classique.

[Coll. de l'auteur.]

1795. — DIEU, L'HONNEUR ET LE ROI. Almanach pour l'année 1817. ‖ A Paris, chez Janet, libraire, rue Saint-Jacques, n° 59. In-24.

Recueil de chansons royalistes d'actualité, avec figures.

(Cart. tr. dorées, fr. 4.)

1796. — L'EMPIRE DE LA MODE. ‖ A Paris, chez Janet, libraire, rue Saint-Jacques, n° 59. (1817.) In-32.

Titre en lettres gravées avec sujet (jeune femme se regardant dans un miroir.)

S'ouvre par une dédicace « Aux Dames » placée en regard du titre, et gravée :

Mesdames, c'est trop peu d'aimer :
Un tel sentiment est vulgaire....

Par vos grâces il faut charmer
Et par vos attraits il faut plaire.
Appelez à votre secours
L'art des toilettes si commode...
Car, pour briller, femme toujours
Cède à l'*Empire de la mode*.

La Toilette

La Promenade

(Compositions dessinées par Horace Vernet.)

Mélanges de petites notices en prose se rapportant aux figures et de poésies sur les fantaisies de la mode (les plumes, le bonnet rond, les gants, l'épingle, etc.).

Almanach orné de 4 ravissantes gravures au

pointillé, sans légendes, signées H. Vernet *del.*, Fr. Janet *sc.*, et se rapportant aux sujets suivants : — 1. La Toilette. — 2. La Promenade. — 3. L'Équitation. — 4. La Marchande de Modes.

Texte, prose et vers, se rapportant aux modes dans leur ensemble : la toilette, l'origine de l'éventail, le miroir, la marchande de modes, la danse, etc.; texte sans intérêt du reste. A la fin est un petit Souvenir des dames.

Calendrier.

[B. N. — Ve 21141 || Coll. de Savigny.]
[Ex. mar. r. superbe état, cat. 68 fr.]

1797. — ÉTRENNES A LA NOBLESSE imprimées en 1782, suivies d'un Almanach pour 1817, contenant : 1° un répertoire de plus de six mille familles illustres dont les articles sont dans les 15 volumes de la collection des « Étrennes à la Noblesse » et dont la plupart des originaux ont été miraculeusement conservés; 2° une petite Nomenclature des termes héraldiques dont la connaissance est indispensable; 3° un Abrégé alphabétique de l'Armorial des principales familles françaises. || Paris, Lamy, 1817. In-12.

L'éditeur annonçait deux volumes; le premier seul a paru.

1798. — ÉTRENNES AUX JACOBINS ou Petit Catéchisme des grands patriotes de 1793 et de 1816, dédié aux journalistes, par Rougemaître (de Dieuze). || Paris, 1817. In-18.

Ardent pamphlet royaliste, avec un frontispice allégorique et satirique représentant un diable ailé et cornu, dans une main une torche et dans l'autre des vipères; au-dessous, des personnages en costume de sénateurs qui tiennent un drapeau sur lequel on lit : *L'Égalité ou la Mort.*

[Cat. 6 fr.]

1799. — ÉTRENNES RELIGIEUSES ET INSTRUCTIVES, Pour l'An de grâce 1817. || Paris, L. Saint-Michel, libraire, à la Société typographique, quai des Au-

Oh! oh! oh! oh! ah! ah! ah! ah!
« Votre bon vivant le voila! »

Frontispice de l'Almanach « Les Giboulées de Mars » (n° 1800).

gustins, n° 49 (ci-devant place Saint-Sulpice). 1817. In-12.

Frontispice gravé représentant une femme qui remet un placet à S. A. R. Madame, duchesse d'Angoulème, au moment où elle passe devant la Conciergerie, afin de détourner sa vue du lieu où avait souffert sa mère infortunée.

Au-dessus, on lit : « Je supplie votre Altesse Royale de lire avec attention le détail de mes infortunes. »

Recueil d'anecdotes concernant la famille royale; notices sur les missions; recueil authentique des Indulgences.

[B. N.]

1800. — **LES GIBOULÉES DE MARS**
Chansonnier des Soirées de Momus, Orné
de musique. [Épigraphe :]

> « Il faut rire jusqu'au tombeau,
>> Et vogue la galère ! »

‖ Paris, Martinet, rue du Coq-saint-Honoré,
Delaunay, Palais-Royal, Galerie de Bois,
Pélicier, Petit, Guitel. Mars 1817. In-18.

Avec un frontispice (planche en largeur) représentant la joyeuse réunion des chansonniers de
Momus. Introduction dans la note du jour :

> Un jour, après avoir humé
> Le jus divin de la Champagne,
> . . . . ,
> Des amateurs de la chanson
> S'écrièrent à l'unisson :
> « Amis, pour embellir la vie,
> « Au dieu de l'aimable folie
> « Erigeons un temple charmant ! »
> On voulut que le Desservant
> Ne montât jamais dans la chaire
> Que pour prêcher joyeuseté ;
> Qu'un chansonnier fût son bréviaire !
> Que son calice fût un verre ;
> Que nous en eussions tous de la même manière ;
> Qu'en sablant le nectar maint couplet fût chanté
> Pour Oremus et pour Antiennes ;
> Qu'on y rendît un culte à la Beauté;
> Que tout fidèle avec légèreté
> Fît danser les paroissiennes.

Chansons de Armand Séville, Berger fils, Boucher, Pierre Colau, de Conclois de Mailly, d'Or-
feuil, Félix, Festeau, Gatayes, Gombault, Le Bailly,
Quesnel, tous membres ou invités des *Soirées de
Momus*.

> [Cat. 4 fr.]
> [Coll. de l'auteur.]

1801. — **HEURES ROYALES.** Gros caractères. Ornées de gravures. ‖ A Paris,
chez Louis Janet, libraire, rue Saint-Jacques, n° 59. (1817.) In-18.

Calendrier et tables des fêtes mobiles. Avec 5
images de sainteté : Jésus-Christ, sainte Clotilde,
saint Pierre, saint Jean-Baptiste, la sainte Vierge,
médailles ovales dans des encadrements.

> [Coll. de l'auteur.]

1802. — **LA JAMBE DE BOIS** ou Loisirs
d'un officier à demi-solde, Chansonnier
par C. S. D. ‖ A Paris, chez Tiger, imprimeur-libraire, rue du Petit-Pont-Saint-
Jacques. In-18.

Chansons se rapportant aux événements du jour.

Frontispice représentant un vieux soldat de l'Empire et un soldat de la Cour de la Restauration
avec la légende suivante (dialogue entre les deux
personnages) :

> — « Oui, j'ai perdu ma jambe à son service
> Sans obtenir la décoration.
> — « Je la reçus en sortant de l'Office
> Après avoir prêché la Passion. »

> [Coll. Olagnon.]

1803. — **LA JOLIE VIELLEUSE.** Almanach chantant. ‖ A Paris, chez Madame veuve Quillau, rue Galande, n° 37.
(Vers 1817.) In-32.

Recueil de chansons, dont le titre évoquait
encore Fanchon la Vielleuse. (Voir plus haut,
n° 1792.)

Publication de colportage.

1804. — **LA JOUTE AMOUREUSE** ou
Récréations des Jeunes Beautés. Almanach
chantant. ‖ A Paris, chez Tiger, Imprimeur-Libraire, rue du Petit-Pont-Saint-
Jacques, au coin de celle de la Huchette.
(1817.) In-32.

Publication de colportage. Frontispice grossièrement enluminé. Recueil de chansons, avec calendrier.

> [Coll. Weckerlin.]

1805. — **LES LEÇONS DE L'AMOUR
ET DE LA RAISON.** Étrennes Amusan-
tes et Morales. ‖ A Paris, chez Janet,
Libraire, rue St-Jacques, n° 59. (1817.)
In-32.

Ces « Leçons », d'après une traduction libre de
l'italien, sont accompagnées de 12 figures gravées :
1. Ce que c'était que l'héroïne. — 2. Portrait d'A-
minte. — 3. Le plaisir s'envole. — 4. Lisis remplacé. — 5. Le succès de l'Amour. — 6. La péti-
tion des amans. — 7. Réglement de l'Amour. — 8.
Savent-elles ce qu'elles font. — 9. Effets de racco-
modement (sic). — 10. Petite fille bien contente.
— 11. Fête du château.— 12. Heureuse rencontre.
Titre gravé avec sujet.

Le décor des gravures est toujours dans la note
ancienne et champêtre, tandis que tous les personnages qui se meuvent dans cette sphère sont habillés à la mode du jour.

Gentille publication qui se vendait, tantôt sans,
tantôt avec calendrier. Sous cette dernière forme,
elle recevait un almanach qui enveloppait le petit
volume et fut ainsi écoulée pendant plusieurs
années. C'est ainsi que, sur plusieurs exemplaires,

le frontispice porte comme adresse de Janet : 31, rue St-Jacques, alors que sur le calendrier on lit : rue St-Jacques, 59. (1817.)

[Ex. cart. avec étui, cat. 17 fr.]

A Paris chez Janet Rue St Jacques N.31.

Réglement de l'Amour.

1806. — MADEMOISELLE DE LA FAYETTE. ‖ A Paris, chez Janet, Libraire, rue St Jacques, n° 59. (1817.) In-32

Publication faisant partie de la même série que *Marie–Antoinette* et *Madame Élisabeth*.

Titre gravé ayant, en face, le portrait de M. de La Fayette.

> Modèle de Vertus, de Grâces, de Candeur,
> Elle fut sage autant que Belle ;
> Heureux qui sait comme elle
> Immoler l'Amour à l'Honneur !

Avec 6 compositions de Desenne gravées par Leroux : 1. Mlle de La Fayette et Louis XIII. — 2. Sophie d'Isembourg (roman historique). — 3. Clément Marot et Marguerite de Valois. — 4. La coquette (femme à la mode du jour). — 5. Hilas. — 6. Valentine de Milan.

[Coll. de l'auteur.]
[Cat. 5 et 6 fr. cart.]

1807. — LE MÉRITE DES DEMOISELLES. ‖ Paris, chez Le Fuel, Relieur et Doreur, rue St Jacques. (1817.) In-24.

Avant-propos en lettes cursives.

Almanach entièrement consacré aux actions d'éclat des demoiselles. 6 gravures au pointillé gris : 1. Jeanne d'Arc et Charles VII. — 2. Élisabeth d'Angleterre. — 3. Mlle Deshoulières au tombeau de sa mère. — 4. Mlle Lamoignon. — 5. Mlle Aïssé vendue comme esclave.— 6. Catherine Alexiowna. — Avec calendrier.

[Cat. 4 fr. 50.]

1808. — LES MÉTAMORPHOSES DE L'AMOUR, Chansonnier dédié aux Dames. ‖ A Paris, chez Mˡˡᵉ Deville, rue de Seine, n° 48. M. le Normant, même rue, n° 8. M. Eymery, Rue Mazarine, n° 30. (1817.) In-18.

Titre en lettres gravées avec sujet (Amour à cheval sur un lion au-dessous duquel on lit : « Vince ogni cosa Amore. »)

Almanach orné de 4 vignettes au pointillé, représentant des Amours, et dont voici les légendes :

> 1. Qui que tu sois, voici ton maître,
>   Il l'est, le fut ou le doit être.

— 2. L'Amour comédien. — 3. L'Amour Magnétiseur. — 4. L'Amour Md de Plaisir.

Recueil d'un grand nombre de pièces de divers auteurs publiées par le médecin Pierre–François-Albéric Deville. (Voir, plus haut, les nᵒˢ 1740 et 1765.) Lui–même a rédigé toute une série de pièces sur les transformations du petit dieu Cupidon, et l'on y trouve depuis l'Amour à l'école, jusqu'au testament de l'Amour, l'Amour auteur dramatique, l'Amour bijoutier, l'Amour chanteur ambulant, l'Amour comédien, l'Amour distillateur, l'Amour escamoteur, l'Amour horloger, l'Amour hôtelier, l'Amour magicien, l'Amour marchand de meubles, l'Amour marchand de vin, l'Amour parfumeur, l'Amour peintre, l'Amour vinaigrier. — La parfumerie de l'Amour tournant au vinaigre, un comble !

C'est du reste, on le voit, la reprise, le complément des premières pièces insérées dans l'*Enfant chéri des Dames* de 1812.

Ce recueil se termine par le *Calendrier de Cithère*, dans lequel chaque mois est accompagné d'un horoscope en 6 ou 7 vers.

[Cat. Greppe. ex. avec calendrier pour 1819.]

1809. — LES MUSES ROYALES. Pour 1817. || A Paris, chez F. Louis, Libraire, Rue de Savoie, n° 6. 1817. In-18.

Titre en lettres gravées, avec sujet.

Frontispice : portrait de son Altesse Royale Madame la duchesse de Berri, buste dans un médaillon ovale.

Recueil de chansons royalistes inédites accompagnées des pièces les plus importantes de ce genre publiées dans l'année par MM. Baour-Lormian, Viennet, Chazet. « Ce recueil était annoncé ainsi, en tête du *Chansonnier des Grâces* de 1817 : « Ayant reçu une très grande quantité de pièces en l'honneur du Roi et de la Famille Royale, nous n'avons pu les insérer toutes, nous les avons réunies en un volume »; celui qui fait l'objet de la présente notice.

(B. N. — V.]

1810. — LE PARTERRE DE FLORE. || A Paris, chez Le Fuel, relieur et doreur, rue St Jacques. (Vers 1817.) In-32.

Titre gravé. Recueil de poésies et romances, avec gravures.

1811. — PETIT JARDIN DES ENFANS. Recueil de complimens Pour le Jour de l'An, Fêtes de Père, Mère, Parens, Amis, Bienfaiteurs, Instituteurs, etc., pour la présente année. || A Paris, chez Caillot, Libraire, rue Pavée Saint-André-des-Arcs, n° 19. Imprimerie de Chaignieau jeune. (1817.) In-32.

Frontispice gravé, colorié (deux petits enfants adressant un compliment à leur aïeul).
Pièces de vers : chansons, complimens, etc.
Publication de colportage.

(B. N. — Y.)

1812. — LA PETITE LAITIÈRE OU LE SABOT CASSÉ. Almanach chantant. Pour la présente année. Dédié aux amours. || Paris, chez M. Aubry, Libraire, au Palais de Justice. (Vers 1817.) In-32.

Recueil de chansons. — Publication de colportage. Avec calendrier.

[Ex. cart. cat. 2 fr.]

1813. — LES PLAISIRS DE LA JEUNESSE ou Innocence et Candeur. || Paris, chez Janet, rue St Jacques, n° 59. In-32.

Titre gravé représentant une petite fille baissée qui caresse des moutons, suivi d'un second titre imprimé : « Calendrier pour l'année 1817. »
Chansons avec six compositions gravées se rapportant au texte, sujets ovales sur fond carré à tailles longitudinales : 1. Prière à Marie. — 2. Le Soldat. — 3. L'Orage. — 4. Le vieux châtelain. — 5. Le Repentir. — 6. Le pauvre Petit.

Ex. avec cartonnage en soie, en cat. 7 fr.]

1814. — LE PLUS UTILE DES ALMANACHS, POUR 1817. [Épigraphe :]

..... Le vrai, pour être accrédité,
Aux humains très souvent doit être répété.
Confiance ! confiance et espérance !

ÉTRENNE DU PÈRE DE FAMILLE, POUR 1817, Dédiée et présentée AU ROI ; Ayant pour but d'améliorer le sort des hommes, en mettant constamment à la disposition de la Caisse d'Amortissement d'innombrables millions, à 6 en perpétuel, et à 12 en tontines annuaires, non compris les accroissemens. || Paris, chez Lamy, quai des Augustins, n° 21. In-32.

Curieux petit almanach composé de deux titres. Au verso du second titre, on lit : « En 1818 nous donnerons la liste des Actionnaires de 1817, et le tableau des probabilités de la durée de la vie. Les Tontiniers de 1817 ne feront qu'une seule et même famille héréditaire. Chacun des membres y verra d'un coup d'œil l'accroissement de ses économies. exempt des formalités de successions directes ou collatérales. »

L'éditeur, le sieur Lamy, qui considérait comme un titre de gloire d'avoir publié les œuvres de Bossuet et autres, dédie au Roi ces « Étrennes, » qui doivent, disait-il, produire l'effet du grain semé en bonne terre et donner à l'État des facilités pour soutenir ses charges momentanées. Cette épitre dédicatoire est assez curieuse pour être reproduite ici :

« Sire, Déjà honoré des bontés de *Votre Majesté*, j'ose les solliciter de nouveau en faveur d'un ouvrage jugé utile par les personnes les plus instruites.

« La protection de *Votre Majesté* donneroit une autorité inappréciable à ce jugement. J'ose la solliciter en suppliant *Votre Majesté* que ces Etrennes lui soient dédiées. Elle a bien voulu m'accorder cette faveur pour le 22ᵉ volume de l'édition bénédictine des *Œuvres de Bossuet*, in-4°, que j'ai imprimées. Un tel honneur accordé à un petit traité destiné à produire de grands effets suffira seul pour déterminer l'attention d'un public accoutumé aux bienfaits de *Votre Majesté*.

« J'ai l'honneur d'être avec le plus profond respect,

« Sire,

« De *Votre Majesté*,

« Le très-humble, très-obéissant et très-fidèle sujet,

« LAMY,

« Editeur des *Œuvres de Bossuet*, de Denissart, du *Voyage pittoresque de France*, des *Peintures antiques*, des *Costumes religieux et militaires*, etc., etc. »

Suivent l'exposé du projet et des tableaux des produits de l'économie journalière de différentes sommes de 5 cent. à 3 fr. pendant 60 ans.

[Coll. de Bonnechose.]

1815. — LE TRIOMPHE DE VÉNUS-URANIE. Dédié aux Demoiselles. ‖ A Paris, chez Marcilly, Rue St-Jacques, n° 21. Vers 1817. In-24.

Recueil de chansons avec un ravissant titre gravé par Ab. Girardet et six jolies figures dues également au burin du même artiste.

[Coll. Olagnon.]
[Ex. mar. r. cat. 12 fr.]

1816. — LE TROUBADOUR GALANT, OU LE CADEAU DE L'AMOUR AU BEAU SEXE. Almanach chantant pour la présente année. ‖ A Cythère, Aux dépens de l'Amour. (Paris, Janet, Montaudon; Lille, Vanackere.) (1817.) In-32.

Frontispice sur bois (galant faisant une déclaration à une bergère).
Recueil de chansons, avec musique et calendrier. Publication de colportage.

[B. N. — Y.]

1817. — LES VEILLÉES DE TIBULLE. Chansonnier Érotique. ‖ A Paris, chez le Fuel, Relieur-Libraire, Rue St Jacques, n° 54. (1817.) In-32.

Titre en lettres gravées et 4 figures sans légendes, au pointillé.
Recueil de chansons d'Armand Gouffé, Charrin, Mᶫᶫᵉ Des Bordes, Delcroix, Mayeur, etc., qui n'a d'érotique que le nom.

[Cat. 5 fr.]

1818. — VIVE LE ROI OU LE CRI DE LA FRANCE. ‖ A Paris, chez Janet, Libraire, rue St Jacques, n° 59. (1817.) In-32.

Curieux petit almanach historico-politique avec 8 vignettes relatives aux membres de la famille royale : médaillons ronds au-dessous desquels de plus petits médaillons donnent le portrait du personnage représenté : 1. Le Roi. — 2. Madame. — 3. Le duc de Berry. — 4. Le prince de Condé. — 5. Le duc de Bourbon. — 6. La duchesse de Berry. — 7. Le duc d'Angoulême. — 8. Monsieur.

Le texte gravé est entièrement composé de chansons relatives au retour des Bourbons : « Vive le Roi ! L'amnistie de la violette, Le retour de l'héroïne de Bordeaux, Appel aux guerriers, La rose d'Italie et les français, Aux Bourbons buvons ! Couplets chantés au retour du Roi, de Madame ou de Monsieur, plusieurs signés par un soldat ou par un sous-officier dans la garde nationale ». Au recueil est joint un cahier de chansons nouvelles par E. Destouches. Voici, à titre de curiosité, deux chansons qui eurent, alors, une grande vogue :

L'Amnistie de la Violette
Air : *De Darondeau.*

Que je te plains, modeste fleur des champs :
　Du Corse le sombre délire
En te fondant un chimérique Empire
A détrôné la Reine du Printems.
　　De fuir un éclat qu'elle abjure
　　La vertu s'imposant la loi
Ne fera plus son emblème de toi
　　Ni la Bergère sa parure.

∴

L'ambition sur le front des guerriers
　Vainement te place en trophée :
Bientôt mon œil te voit presqu'étouffée,
Coupable fleur, sous de sanglans lauriers.
　　Tu vas rentrer dans ta retraite
　　Déplorant un affreux succès
Et c'est pour fuir sa honte désormais
　　Que se cache la Violette.

∴

Mais sur la France un nouveau jour a lui,
　Et lorsque chacun t'abandonne,
Dans la bonté de ce Roi qui pardonne,
Fleur de Printems, tu trouves un appui.
　　Un Prince généreux oublie
　　Tous les torts dont nous t'accusons,
Et c'est lui-même en répandant tes dons
　　Qui te comprend dans l'Amnistie !

∴

Mais pour reprendre à l'amour des Fran
　Des droits qui dureront sans cesse,
Implore aussi d'une auguste Princesse
Et le pardon et même les bienfaits,
　　Oui soudain, si sa main chérie
　　Sur son front place tes tributs
Tu redeviens l'image des vertus.
　　Et la fleur de la modestie.

La Rose d'Italie
Et le Lis Français

Sur un sol étranger
Fleurissait une Rose :
Avant que d'être éclose
On la fit voyager.
Comme elle était jolie,
Pour trouver des Sujets
La Rose d'Italie
Vint près du Lis Français.

∴

Le Lis voudrait partir,
Sachant qu'elle s'avance,
Mais du Pays de France
Il ne doit plus sortir ;
Enfin la fleur jolie
Accepte nos bouquets :

La Rose d'Italie
Est près du Lis Français.

∴

Pour bannir le souci
Et causer en voyage,
Une fleur du même âge
Vient avec elle ici.
Las ! le nœud qui les lie
Va se rompre à jamais :
La Rose d'Italie
S'unit au Lis Français.

∴

Bientôt grande rumeur
Dans l'Empire de Flore :
Chaque fleur se colore
D'une fraîche couleur.
Pudeur et modestie
Font rougir à l'excès
La Rose d'Italie
Devant le Lis Français.

∴

Sous des myrthes fleuris
Une noble Immortelle
D'une chaîne éternelle
Serre les nœuds chéris ;
Et l'Enfant d'Idalie
Va dans de verts bosquets
Sur Rose d'Italie
Greffer le Lis Français.

[Ex. mar. r. cat. 12 fr.]

1819. — L'ABEILLE DES DAMES || A Paris, chez Le Fuel, Relieur-Libraire, Rue St Jacques, n° 54. (1818.) In-18.

Petit manuel d'histoire naturelle. « *L'Abeille des jardins*, dit l'éditeur dans un avis, compose son utile butin du suc de toutes les fleurs, l'*Abeille de l'histoire naturelle* s'est plu à rassembler dans un cadre resserré et agréable une légère notion de chacun des règnes de la nature, propre à amuser un moment la plus belle portion du genre humain, la femme. »

Avec 16 planches coloriées reproduisant les types des différents règnes et un titre également gravé synthétisant les règnes.

Exemplaires cartonnés ou reliés en soie, avec calendrier.

[Ex cart., cat. 5 fr.]

1820. — ALMANACH DE LA BONNE COMPAGNIE, ou Anecdotes Tirées des éditions originales de Racine, Madame de Caylus, Hamilton, Madame de Sévigné, La Fontaine, Molière, etc. Avec un *Calendrier* et un *Souvenir* gravés. || Paris, Le Fuel, Libraire, rue Saint Jacques, n°54. Delaunay, Libraire, au Palais-Royal. (s. d.) Vers 1818. In-32.

Frontispice gravé : Idée des Liaisons de Paris : Mme du Deffand et Pont de Vesle. — Recueil d'anecdotes extraites des éditions originales des meilleurs auteurs français.

1821. — ALMANACH DES ADRESSES DE [TOUS LES COMMERÇANS DE] PARIS pour l'année 1818. ‖ Divisé par ordre alphabétique d'états et de noms et contenant des détails sur le commerce des négocians, banquiers, agens d'affaires, libraires, commissaires de roulage et en marchandises, fabricans et marchands de tous genres de Paris et indiquant tous les commerçans compris sur la liste des *éligibles* et tous les *électeurs* faisant partie des collèges électoraux de Paris. ‖ Ouvrage utile aux commerçans et marchands de Paris et de la province, et particulièrement aux étrangers. ‖ Première année : Cet almanach fait suite à l'*Almanach des 25,000 Adresses de Paris.* ‖ Par M. H. D. (Henry Dulac) rédacteur de l'Almanach des 25,000 adresses des non commerçans. Paris, chez C. L. T. Panckoucke, Editeur. 1818-1826. 9 années. In-12.

Véritable tableau de l'industrie parisienne dans toutes ses branches, initiant le public à des métiers depuis longtemps disparus et absolument ignorés de nos jours. Tels, par exemple, les inventeurs fabricans et marchands d'*augustines* (chaufferettes économiques), les fabricans de café-chicorée (quel est le falsificateur, de nos jours, qui oserait avouer pareil mélange ?) le fabricant de chaussures dites *corioclaves*. Les parfumeries sont déjà riches en eaux de toutes sortes, en pâtes, cosmétiques, élixirs. Mais, dans ce charlatanisme encore naïf, la palme revient à ceux qui, de la façon la plus naturelle, mélangent l'art et le commerce. Tel un artiste peintre restaurateur de tableaux, « seul successeur de son père pour la composition d'un beaume propre à guérir en peu de temps un grand nombre de maux externes. »

L'*Almanach des Commerçans* n'a pas de calendrier.

[B. N. — collection.]

1822. — ALMANACH DES SPECTACLES par K et Z [puis K, Y, Z, dès la 2e année]. ‖ A Paris, chez Janet, Libraire, rue St-Jacques, n° 59. [A partir de la seconde année, chez Louis Janet, successeur de son père.] (1818-1825, 8 années.) In-24.

Très intéressant almanach, attribué à Charles Malo suivant M. de Manne, à Lœwe-Weimar suivant M. Filippi, donnant la revue sommaire des scènes parisiennes, des théâtres de province, des jugements sur les pièces et leurs interprètes, des notes sur les débuts et le répertoire.

La première année s'ouvre par un article d'ordre général sur les théâtres :

Au Français, plus que Romain,
Le spectacle suffit sans pain.

« Sans théâtres que de gens ennuyés, j'allais dire ennuyeux ! que de mortels désœuvrés ! que de sujets piquans de conversations, que de malices d'esprit enfin perdus pour nos salons ! Et les journaux eux-mêmes ! à quoi les réduirons-nous ? Otons leur les théâtres, privons-les de cette source pour eux intarissable d'observations, d'à-propos, de gaîtés, d'intérêt, nous les réduirons à un état de langueur voisin de la mort. — Ne vivront-ils que de littérature ? Eh, bon Dieu ! qui de nos jours perd son temps à lire ? — Nous nous moquons vraiment bien des savants et des ouvrages... Il faut qu'on nous amuse. »

Cet almanach récolta soigneusement durant son existence les épigrammes et les bons mots ; il est donc à ce point de vue précieux à parcourir. Du reste ses articles étaient le plus souvent conçus dans un esprit satirique, et aucun théâtre ne paraît avoir échappé aux malices de ses rédacteurs. En 1818 c'était l'Odéon, en 1821 ce fut l'Opéra.

Salle fort belle, acteurs généralement supportables, pièces pour la plupart au-dessus de la médiocrité, on accordait tout cela à l'Odéon, « dont le caissier, un modèle, ne demande que de l'occupation. » « Pourquoi donc l'Odéon est-il abandonné ? Pourquoi ses premières et ses baignoires sont-elles le plus souvent vides ? » C'était déjà le grand mystère de la rive gauche !

L'article sur l'Opéra est assez drôle et vaut la peine d'être reproduit dans ses parties essentielles : on verra ainsi de quelle façon les questions théâtrales étaient alors traitées.

« Les réformes qu'effectue, de jour en jour, M. Viotti, jointes à l'exiguïté présente de la salle de Favart, ont donné lieu de penser que l'Administration se pourrait bien défaire d'une multitude d'objets dont ses magasins sont bien inutilement encombrés. On lui proposa d'abord amicalement de troquer ses partitions d'*Armide*, d'*Alceste*, d'*Orphée*, d'*Iphigénie en Tauride*, contre celles d'autant d'ouvrages italiens pour le théâtre des Bouffons ; le bûcher de *Didon*, contre un poêle pour le grand vestibule de la petite salle Favart ; l'Olympe de *Castor et Pollux*, contre des banquettes rembourrées pour le Paradis de ladite salle ; la grande conque de *Vénus* contre une clayère d'huîtres, pour ces messieurs de la danse et du chant ; le tonneau des *Danaïdes*, contre une pièce de vin de Bordeaux, pour les messieurs de l'orchestre; l'éléphant de *Tamerlan*, contre un chien dogue pour la porte du comité de lecture ; la forêt de la *Jérusalem Délivrée*, contre quelques cordes de bois supplémentaires, attendu qu'on est obligé de faire du feu dans les loges de certains acteurs, été comme hiver; les brouillards *d'Ossian*, contre du papier analogue à la comptabilité ; enfin l'enfer de *Psyché,* contre des fourneaux pour les cuisines de messieurs tels et tels. »

« Plus tard, il a circulé quelques autres listes de ventes, qui ne sont assurément pas officielles ; voici l'une d'elles : *1er Lot* : un Olympe en bon état, si ce n'est qu'il manque à Neptune son trident et à Mercure son caducée ; le premier ayant été emprunté par un aspirant à l'Académie Française entré dans la Société de la fourchette, et le second ayant été pris, lors du déménagement, par un particulier très-connu dans les coulisses de l'Opéra. *2e Lot* : un soleil un peu taché par la pluie; plusieurs lunes, toutes en croissant ; un tonnerre dans son étui, des éclairs en bouteilles ; et un arc-en-ciel aux sept couleurs: ce dernier article pouvant convenir à beaucoup de monde. — *3e Lot* : un trône oriental avec un assortiment de chaînes; la couronne, le sceptre et le manteau de Sémiramis, avec tous les costumes des seigneurs et dames de sa cour, auxquels on pourra joindre des masques de toute espèce et une grande quantité de fil d'archal achetée dans les temps pour le ballet de *Zéphire et Flore.* — *4e Lot* : des vents et des démons, des jeux et des spectres, une Thémis et une Chimère, le tout à bon marché. — *5e Lot* : enfin tout le peuple de Babylone, peint à l'huile, les trois Grâces au vernis.

« *Nota.* Il se trouve, par hasard, une Vertu, mais elle est à la détrempe. »

« Ces divers bruits de vente et d'échange, tout sages qu'ils sont pour le moment, méritent confirmation. Les idées rétrécies de l'administration de Favart n'auront peut-être rien de commun avec celles du directeur de l'Opéra de la rue Grange-Batelière… Espérons tout du temps. »

Après le texte, l'illustration, qui tient une assez grande place et se compose, invariablement, de 12 ou 9 portraits en pied, très finement coloriés, d'acteurs et d'actrices ; chaque année ayant sur le titre même, invariablement gravé aussi, un petit buste de personnage ancien ou d'auteur moderne.

1re Année. — Sur le titre, buste de Melpomène. — 1. Lavigne (Opéra), rôle de Tancrède (*Jérusalem délivrée*). — 2. Bigotini (Opéra), rôle de Nina (*La folle par amour*). — 3. Fleury (Français), rôle du marquis de Moncade (*École des Bourgeois*). — 4. Mlle Mars, rôle de Marie (*Madame de Sévigné*). — 5. Talma (Français), rôle de Manlius. — 6. Martin (Opéra-Comique), rôle du Sénéchal (*Jean de

Paris)—7. Mme Gavaudan, rôle de Margot (*Diable à quatre*). — 8. Mme Catalani (Opéra-buffa), rôle d'Aristea (*Il fanatico per la musica*). — 9. Mme Rivière (Vaudeville), rôle de Lucette (*La jolie Fiancée*). — 10. Joly (Vaudeville), rôle de Gaspard (*Gaspard l'Avisé*). — 11. Pauline (Variétés), rôle d'Henriette (*Jarretière de la Mariée*). — 12. Potier (Variétés), rôle de Lantimèche (*Combat des Montagnes*).

2e Année. — Sur le titre, Amour tenant d'une main une couronne, de l'autre un masque. 1. Dérivis (Opéra), Alemar (*Abencerrages*). — 2. Mme Branchu (Opéra), Hippermnestre (*Danaïdes*). — 3. Paul (Opéra), Zéphire (*Psyché*). — 4. Mlle Duchesnois (Français), Alzire (*tragédie de ce nom.*) — 5. Lafond (Français), Tancrède (*tragédie de ce nom*). — 6. Chenard (Opéra-comique), Prince de Catano (*opéra de ce nom*). — 7. Mlle Fleury (Odéon), Suzanne (*Famille Glinet*). — 8. Mlle Perrin (Vaudeville), Elvina (*Le petit Dragon.*) — 9. Gonthier (Vaudeville), Comte Ory (*vaudeville de ce nom*). — 10. Tiercelin (Variétés), Bonneau (*Les Auvergnats*). — 11. Jenny-Vertpré (Porte-St-Martin), Le petit Chaperon (*le Petit chaperon rouge*). — 12. Mlle Adèle Dupuis (Ambigu-Comique), Celesta (*Fils banni*).

3e Année. — Sur le titre buste de Molière. — 1. Mme Clotilde (Opéra), Calypso (*Ballet de Télémaque*). — 2. Mlle Georges (Français), Athalie (*tragédie de ce nom*). — 3. Mlle Volnais (Français), Eliska (*La Revanche*). — 4. Baptiste aîné (Français), Le Capitaine (*Les deux Frères*). — 5. Elleviou (Feydeau), Pierrot (*Tableau parlant*). — 6. Mlle More (Feydeau), Fanchette (*Les deux Jaloux*). — 7. Clozel (Odéon), Charles Scavrouski (*Menuisier de Livonie*). — 8. Mlle Délia (Odéon), Duchesse de Longueville (*Le chevalier de Canole*). — 9. Laporte (Vaudeville), Arlequin (*Sultan du Havre*). — 10. Henri (Vaudeville), Richelieu (*Soirée des deux prisonniers*). — 11. Brunet (Variétés), Jocrisse (*Jocrisse corrigé*). — 12. Levesque.

4e Année. — Sur le titre, buste de Voltaire : — 1. Mlle Gosselin (Opéra), Bayadère, (*pièce de ce nom*). — 2. Michelot (Français), Mortimer (*Marie Stuart*). — 3. Mlle Paradol (Français), Elisabeth (*Marie Stuart*). — 4. Mlle Palar (Feydeau), Naïr (*Clochette*). — 5. Mlle Guérin (Odéon), Amélie (*Vêpres siciliennes*). — 6. Joanny (Odéon), Procida (*Vêpres siciliennes*). — 7. Philippe (Vaudeville), La Douceur (*Tambour et Vivandière*). — 8. Mlle Flore (Variétés), Mariolle (*Coin de Rue*). — 9. Vernet (Variétés), le comte Delfort (*L'Ennui*). — 10. Philippe (Porte St-Martin), Lord Ruthwen (*Vampire*). — 11. Villeneuve (Ambigu), Calas (*pièce de ce nom*). — 12. Mme Adolphe (Gaîté), Thérèze (*Famille Sirven*).

5e Année. — Sur le titre, buste de Racine : — 1. Lays (Opéra), (*Le bailli du rossignol*). — 2. Mme Boulanger (th. Feydeau), Rose (*Emma*). — 3. Mlle Milon (Odéon), rôle de Félicité (*Voyage à

Dieppe). — 4. Minette (Vaudeville), rôle de Nina
(_Nina de la rue Vivienne_). — 5. Perlet (Gymnase),
rôle de Fringal (_Gastronome sans argent_). — 6. Lé-
ontine Fay (Gymnase), (_la petite Sœur._) — 7. Legrand
(Variétés), rôle de Lesec (_Marchande de Goujons_).
— 8. Lepeintre (Variétés), rôle de Franc-Cœur (_Les
Moissonneurs_). — 9. Philippe (Porte St-Martin),
rôle de Ch. de Bourgogne (_Solitaire_).

6ᵉ _Année._— Buste sur le titre : — 1. Mˡˡᵉ Grassari
(Opéra), Almasie (_La Lampe merveilleuse_). —
2. Damas (Th. Français), Roscius (_Sylla._) —
3. Mˡˡᵉ Duchesnois (Th. Français), Valérie (_Sylla_).
— 4. Talma (Th. Français), Régulus (_tragédie de
ce nom_). — 5. Mˡˡᵉ Georges (Odéon), Salomé (_Les
Machabées_). — 6. Gonthier (Gymnase), Stanislas
(_Michel et Christine_). — 7. Bernard-Léon (Gymnase), Droguignard (_La Demoiselle et la Dame_). —
8. Potier (Variétés), Blousé (_Les Blouses_). —
9. Jenny-Vertpré (Variétés), Lise (_La Fille mal
gardée_).

7ᵉ _Année._ — Sur le titre buste de Corneille : —
1. Mᵐᵉ Pasta (Opéra-Bouffe), rôle de Franecredi
(_Opéra de ce nom_). — 2. Mˡˡᵉ Venzel (Odéon), rôle
de David (_Saül_). — 3. Firmin (_Ambigu_), rôle de
André (_Pauvre Famille_). — 4. Perrier (Odéon), rôle
de l'homme marié (_Le célibataire et l'homme marié_).
— 5. Mˡˡᵉ Chalboz (Variétés), rôle de la Bourguignonne (_Cuisinières_). — 6. Mˡˡᵉ Mante (Français),
rôle de Laure (_L'Éducation_). — 7. Mazurier
(Porte St-Martin), rôle de Polichinelle (_Polichi-
nelle Vampire_). — 8. Bertin (Panorama), rôle de
Zug (_Pauvre Berger_). — 9. Mˡˡᵉ Dejazet (Gymnase),
rôle de Mimi (_La Grisette_).

8ᵉ _Année._ — Sur le titre buste de Casimir Delavigne. — Cette année diffère totalement des
précédentes ; les gravures sont moins nombreuses
et souvent pas coloriées. La Bibliothèque de l'O-
péra en possède un exemplaire avec coloris, mais
ce dernier, lui aussi, n'est point dans la note de
celui des années précédentes : l'aspect des planches
est plus lourd. Quant aux gravures elles réprésen-
tent non plus des acteurs mais des scènes tirées de
pièces représentées dans l'année : 1. _L'école des
Vieillards_, (Th. Français) Les acteurs représentés
paraissent être Mˡˡᵉ Mars et M. Talma. — 2. _La
Neige_, (Th. Feydeau.) — 3. _Le Paria_, (Second
Th. Français). — 4. _Le Baiser au Porteur_, (Th. de
Madame). — 5. _L'homme de soixante ans_, (Th. des
Variétés). — 6. _Le commissionnaire_, (Porte St-
Martin).

La collection complète est assez rare. En bel
état, elle se vend de 150 à 200 fr. — A. 1818. Ex.
cart. soie, 16 fr. — A 1819, br. non rogné, 22 fr.
— A. 1820. Ex. mar. vert, 20 fr. — A. 1819,
1820 et 1821. Cart. ord., 8 et 9 fr. — A. 1823,
16 fr. — A 1824, 10 fr.

[Coll. complète, Bibl. de l'Opéra.]

1823. — L'AMOUR ET LES BELLES,

pour l'année 1818. ‖ A Paris (sans indication d'éditeur). In-128.

Almanach gravé. Chansons et calendrier avec
8 petites compositions.

[Coll. Georges Salomon.]
[Ex. cuir rouge, doré aux petits fers. Vente
M. G. 26 déc. 1893, 30 fr.]

1824. — ANNUAIRE DE L'ORDRE
ROYAL HOSPITALIER-MILITAIRE DU
ST-SÉPULCRE DE JÉRUSALEM, pour
1818. ‖ A Paris, De l'Imprimerie de
Firmin Didot, Imprimeur du Roi et de
l'Institut, rue Jacob, nᵒ 24. (1818.) In-12.

Contient des renseignements sur l'ordre du
St-Sépulcre, avec un extrait du réglement de
1740, des formules de serment, et les formalités à
remplir pour la présentation, l'admission etla réception des chevaliers.
Calendrier.

[B. N.–C. 35 15.]

1825.—ANNUAIRE DES ÉLECTEURS.
Pour 1818 ; Contenant : 1ᵒ La Charte
constitutionnelle ; 2ᵒ L'ordonnance du
5 septembre 1816 ; 3ᵒ La Loi sur les
Elections ; 4ᵒ L'Ordonnance du 27 novembre 1816 ; 5ᵒ Aux Electeurs ; 6ᵒ Les Devoirs
d'un Electeur et d'un Eligible ; 7ᵒ Notice
historique sur les Electeurs de Paris et
des départemens. ‖ A Paris, chez Plancher, Libraire, Rue Poupée, nᵒ 7. In-18.

Almanach rédigé au point de vue politique. Il
donne des conseils aux électeurs pour le choix de
leurs députés, et, dans une notice placée à la fin,
indique la politique suivie par les principaux
députés sortants de Paris et des départements, en
mentionnant les votes remarquables qu'ils ont fait
dans la session, soit pour, soit contre leurs électeurs.

[B. N.]

1826. — ANNUAIRE HISTORIQUE
UNIVERSEL pour 1818, avec un appendice contenant des actes publics, traités,
notes diplomatiques, papiers d'états et
tableaux statistiques, financiers, administratifs et nécrologiques, — une Chronique
offrant les événements les plus piquans,
les causes célèbres, etc., et une revue des
productions les plus remarquables de
l'année, dans les sciences, dans les lettres
et dans les arts, par C. L. Lesur. ‖ A Pa-

ris, chez Thoisnier-Desplaces, rue de Lille.
(1818-1861 avec la date de 1866.) 12 fr.
puis 15 fr. 38 années (44 vol.) In-8.

Annuaire divisé en deux parties, l'une contenant
l'histoire de France, l'autre l'histoire étrangère,
qui obtint un assez grand succès. Les années 1818
à 1823 furent réimprimées en 1825. C'est, du reste,
un répertoire pratique qui peut être utilisé avec
fruit, aujourd'hui encore.

En 1830 il inaugure une deuxième série, et en
1848, une troisième série. Après Lesur, il fut
rédigé, à partir de 1830, par M. Ulysse Tencé,
avocat à la cour de Paris, puis en 1840 par MM.
V. Rosenwald et Desprez; en 1843 par A. Fouquier et Desprez; en 1845 par A. Fouquier seul
jusqu'en 1855, puis à partir de 1859 par V. Rosenwald. — Il était revu et publié par C. L. Lesur. De 1856 à 1859 le titre porte : « Publié par
Thoisnier-Desplaces. »

[B. N., collection complète.]
[Collection en 44 volumes reliés, cat. 140 fr.]

**1827. — L'ARC-EN-CIEL. || Paris. (vers
1818.) In-16.**

Recueil de chansons.
[D'après un catalogue de librairie.]

**1828. — BACHELETTE ET JOUVEN-
CEAU. || A Paris, chez Janet, libraire,
rue St-Jacques, n° 59. (1818.) In-24.**

Sur le titre jeune berger jouant de la flûte au
milieu de ses moutons.
Recueil de chansons champêtres, accompagné
de six figures fort gentiment gravées et dont voici
les légendes :
1. Frontispice, La Bachelette au rendez-vous
— 2. Zila — 3. Gentille Bergerette — 4. Bergerette — 5. Jeannette — 6. Le Nid Sauvé. —
Comme troubadourisme ces vignettes ont droit à
une mention spéciale.
A la fin « Souvenir des Dames », avec encadrement gravé.

[Coll. de l'auteur.]

**1829. — LE CADEAU DES GRACES,
par A. D. || A Paris, chez Marcilly, rue
St-Jacques, n° 21. (1818.) In-32.**

Titre gravé avec sujet (Amour distribuant des
roses) et six figures gravées au pointillé anglais, se
rapportant au texte.
A la suite se trouve un « Souvenir des Dames »
ayant une statue de Henri IV sur le titre, avec 12
vues de Paris comme têtes de pages (ponts,
fontaines, monuments, etc.), parmi lesquelles il

faut noter une Vue du Jardin Beaumarchais et une
Vue du Jardin Baujon (avec les montagnes russes).
[Ex. cart. avec étui (calendrier pour 1819) cat.
18 fr.]

**1830. — LES DANAIDES, ÉTRENNES
MALIGNES pour l'année 1818, contenant
Bobèche à l'Opéra, pot-pourri; les Statuts
pour l'Académie royale de musique;
Pierre Bagnolet aux grands hommes du
jour; l'*Épître du Diable* à Voltaire, et
autres Nouveautés; suivies d'un choix de
Facéties, Quolibets, Jeux de mots, et
nombre de gentillesses anciennes et mo-
dernes; à l'usage des Bobèches tant de la
capitale que des Provinces. || A Paris, chez
Locard et Davi, libraires, rue de Seine,
faubourg Saint-Germain, n° 54; et Palais-
Royal, galerie de Bois, n° 246. 1818.
In-18.**

Publication destinée, dans l'esprit des éditeurs, à
faire pendant aux *Étrennes grivoises* (voir n° 1833).
Bobèche à l'Opéra est une sorte de parodie des
Danaïdes, pièce qui fit alors grand bruit, « avec
des changemens et un enfer tout neuf », dit l'auteur. En une gravure consciencieusement enlu-
minée, aux reflets rougeoyants, le frontispice
montre les horreurs de cet « enfer tout neuf », la
légende en est vraiment amusante :

Il me sembla dans c' gouffre de souffrance,
Considérant tous ces monstres divers,
Qu' beaucoup d' nos hommes d'état d' France
D' leur âme ainsi nous montraient le revers.

Qu'eût dit l'auteur s'il avait vécu en pleine période panamique ?

[Cat. Sapin, 7 fr.].

**1831. — L'ECHO DES BARDES OU LE
MÉNESTREL. Dédié aux Dames. || A
Paris, chez Le Fuel, libraire-éditeur, rue
Saint-Jacques, n° 54. (Vers 1811.) In-32.**

Publication entièrement gravée, recueil de romances, chansons, pastorales et couplets divers, tirés des œuvres des principaux musiciens de l'époque : Boïeldieu, Doche, Ségura, Jadin, Nader-
mann, Élise Voyard, Le Brun, Hérold, Nicolo,
Camille Pleyel, Beauvarlet-Charpentier, Berton,
Chaulieu, Gatayes, Blangini, Plantade, Paër,
Spontini, Amédée de Beauplan, Castil-Blaze, Romagnesi. En tête de chaque cahier de douze pages
se trouve une petite vignette.
L'*Écho des Bardes*, créé pour faire concurrence
au *Souvenir des Ménestrels*, rencontra auprès du
public un chaleureux accueil.

[Coll. de l'auteur.]
[Cat. Rondeau, 12 fr.]

REPRODUCTION DE 4 PAGES GRAVÉES DE L'ALMANACH « L'ÉCHO DES BARDES »

1832. — ÉTRENNE D'EUTERPE. ||
A Paris, chez Marcilly, rue Saint-Jacques,
n° 21. (Vers 1818.) In-18.

Titre gravé : *femme debout déposant une couronne aux pieds d'une statue de l'Amour* (même
titre que celui de la 3ᵉ année de *La Guirlande des
Dames*.) — Avec un « souvenir des Dames ».

[Cat. 4 fr.]

1833. — ÉTRENNES GRIVOISES. OU
LA BONNE GAIETÉ FRANÇAISE RE-
VENUE. Chansonnier pour l'année 1818.
Comprenant, outre un grand nombre de
chansons nouvelles et peu connues, La
Voltairiade de Piron, L'Ancien et le Nouveau Temps de Pannard (*sic*) avec des
pots-pourris du *Jeu de Dominos*, de *Bobèche en vacance* et du *Saut du Nia-
gara*, etc., suivi d'un Calendrier pour la
présente année. || A Paris, chez Locard et
Davi, libraires et imprimeurs en taille-
douce, rue de Seine, n° 54 et Palais-Royal,
Galerie de bois. 1818. In-18.

Frontispice gravé : *grande planche se repliant
et représentant* « *Bobèche faisant le Sot du Nia-
gara avec la Sibylle de la Chaussée-d'Antin* »
(*Scène sur les montagnes russes*) (1).
Recueil de chansons du jour, comiques et satiriques.

[Cat. 5 fr.]
[Coll. de l'auteur.]

1834. — LES GRELOTS DE LA FO-
LIE AGITÉS PAR LA GAIETÉ. Étrennes
nouvelles et chantantes Dédiées aux amis
du plaisir. Pour la présente Année. || Au
Mont-Parnasse, chez les neuf Muses. (Pa-
ris, Janet ; Lille, Vanackere.) (1818.)
In-32.

Frontispice sur bois, représentant la Folie, avec
cette légende :

Ce que l'un appelle Raison,
Un autre le nomme Folie.

Recueil de chansons, avec musique. — Calendrier.
Publication de colportage.

[B. N. — Ye 23576.]

(1) Ce frontispice a été reproduit dans la *Revue encyclopédique* de 1891, page 775, article de
M. Grand-Carteret sur la caricature et l'imagerie
russe.

1835. — HEURES A LA REINE BLAN-
CHE, Avec une notice sur sa vie ; les
principaux offices des Dimanches et Fêtes, en latin et en français. Et six belles
gravures. || Paris, à la librairie d'Éduca-
tion d'Alexis Eymery, rue Mazarine, n° 30.
M DCCC°XVIII. In-16.

Titre imprimé et titre gravé. Frontispice représentant Blanche de Castille à son prie-dieu. Les
figures se rapportant aux grandes fêtes de l'année
sont dessinées dans des encadrements spéciaux par
Desenne, et gravées par C. Johannot.

[Coll. de l'auteur.]

1836. — HOMMAGE AUX DEMOI-
SELLES Rédigé par Madame Dufrenoy. ||
A Paris, chez Le Fuel, Rel.-Libr., rue
Saint-Jacques. [Puis chez Le Fuel et chez
Delaunay.] (1818-1838.) In-18.

Titre gravé avec une petite vignette différente
pour chaque année, bien sentimentale, dans la note
du romantisme troubadour.

Sur le titre de l'année 1826 se trouve le portrait de Mᵐᵉ Dufrenoy (gravé par Geoffroy), enlevée subitement aux Muses, dit un avis de l'éditeur.
Chaque année contient également 5 ou 6 gravures, quelquefois dans le même esprit (scènes historiques ou allégoriques), mais plus généralement

des reproductions de tableaux. A la fin du volume calendrier gravé et feuilles blanches destinées aux notes à prendre, dites : « Feuilles de Souvenir ».

Ces feuilles de souvenir avaient un titre gravé et un ornement à chaque page, c'est-à-dire à chaque mois : attributs des arts libéraux, guirlandes de fleurs, têtes en médaillons (portraits allégoriques ou de femmes illustres, et même des oiseaux). Toutefois, les exemplaires brochés paraissent n'avoir eu ni gravures, ni feuilles de souvenir. Les exemplaires cartonnés, avec fers spéciaux, se vendaient dans un étui. Il a été fait des tirages spéciaux et même avant la lettre des calendriers et des feuilles de souvenir.

Le texte (prose et vers) est de MM. Desbordes-Valmore, François de Neufchâteau, Richomme, Eug. Scribe, de Ségur, Mme Tastu, Béranger, Lamartine, Petit-Senn, Mme de Salm, Ulric Guttinguer, Viennet, Boucher de Perthes, Gaudy, Louis Belmontet, Ancelot, Jacques Delille, etc. Plusieurs volumes ont des romances gravées (paroles et musique).

Mêmes observations que pour les précédentes séries quant aux prix.

Les suites de feuillets gravés (Souvenirs) se vendent entre 6 et 10 fr. Elles sont, du reste, fort rares.

[Ex. catalogués 6 et 7 fr. suivant les reliures, 4 fr. cart.] || Alisié : année 1828, le Souvenir a des oiseaux.

Tr. dorée, 9 fr.

1837. — LES LOISIRS D'UN ÉCOLIER. || A Paris, chez Janet, Libraire, rue Saint-Jacques, n° 59. (1818.) In-32.

Recueil de chansons orné de 6 vignettes gravées se rapportant aux chansons et dont voici les légendes : 1. La Petite Javotte. — 2. Le petit Houzard. — 3. Les premiers pas de l'enfance. — 4. Ne sais pourquoi. — 5. Le Meunier de Cythère. — 6. Petite prophétie.

[Ex. cart. cat. 9 fr.]

1838. — NOUVEAU MESSAGER DE LA COUR || (A Paris.) De l'imprimerie de Doublet. (1818.) In-32.

Sur le titre, écusson fleurdelysé aux L. entrelacées. Des médaillons gravés sur bois donnent les portraits de Louis XVIII, de Madame, duchesse d'Angoulême, de Monsieur, comte d'Artois, du duc d'Angoulême, du duc et de la duchesse de Berry. Cet almanach possède un deuxième titre intérieur dont voici l'exact libellé :

— Nouveau Messager de la Cour de Louis XVIII pour l'année 1818. Avec des portraits de toute la famille Royale (voir la table). — A Paris, chez Caillot, libraire, rue Saint-André-des-Arts, n° 37.

Contient une notice sur Paris avec les rues célèbres, des poésies et des anecdotes diverses.

[Ex. br. cat. 3 et 4 fr.]

1839. — LE NOUVEL ASTROLOGUE PARISIEN, OU LE MATHIEU LAENSBERG RÉFORMÉ. A l'usage des habitans de la France, contenant des Observations sur les mœurs et les usages de la capitale et des campagnes ; une grande vision de l'Astrologue, des Prophéties sur les événements futurs tant politiques que physiques, météorologiques et littéraires ; des Recherches sur l'origine et les progrès de la science astrologique, des Conjectures sur la découverte du passage dans la mer Pacifique par le pôle et beaucoup d'autres choses également curieuses et intéressantes. Orné de figure, par V. X. Y. Z. || A Paris, chez Mme Vve Lepetit, libraire, rue Haute-Feuille, n° 30, [puis à partir de 1825, chez Vernare et Tenon, successeurs de Mme Vve Lepetit]. 1818-1828. In-32 carré.

Suite de l'Astrologue parisien de 1812. (Voir, plus haut, n° 1641.)

Les almanachs de cette nouvelle série n'ont plus qu'une seule planche repliée servant de frontispice. Une partie du sommaire du titre change également chaque année.

Le frontispice de l'année 1819, signé Choquet del., Bovinet sculp., représente la réaction politique, la magistrature, le clergé, armés de piques, de fouets et d'éteignoirs, faisant rentrer la Vérité dans son puits. Légende : « Rentrez, ma chère, il n'est pas encore tems. »

Année 1820. — Frontispice : Les politiciens tirant chacun de leur côté le char de l'État. Légende : « Les uns donneront à droite et les autres à gauche. »

A. 1824. — Les initiales V. X. Y. Z. sur le titre sont remplacées par les initiales J. J. A. M. L... quartier de l'Observatoire.

A. 1825. — Frontispice : Une nymphe de Terpsichore frappant un noble Tartare avec le jonc qui était destiné à caresser ses épaules.

A. 1826. — Frontispice : La comédienne de la rue Richelieu et les ânes de Montmorency. Hocquart jeune sc.

A. 1827. — Frontispice : Le convoi de Talma.

A. 1828. — Frontispice contre les Jésuites.

Le texte du Nouvel Astrologue est conçu dans le même esprit que celui du premier « Astrologue. »

[B. N. A. 1819 et 1820. || Coll. Paul Lacombe.] suite complète.

[Années séparées, cat. 2 fr. 50 et 4 fr.]

1840. — OFFRANDE AUX MUSES. Recueil Lyrique. Première année. || A Paris, chez Tiger, libraire, rue du Petit-Pont, n° 10. (1818 et suite.) In-18.

Recueil de romances, stances, chansons, épigrammes, bouquets, signés de Béranger, Sylvain Blot, Coupigny, Duhamel, Got, Jumel, Mayeur, Ménager, Moufle, Richomme, Touchard-Lafosse, Armand Gouffé, Armand Séville, Brès, Mᵐᵉ Desbordes, etc.

Titre en lettres gravées ; frontispices dans le style troubadour ayant pour initiales JD. *del.*, Mrc. *sculp.*

[Coll. de l'auteur.]

1841. — LE PETIT ALMANACH DES GRACES pour 1818. Recueil de chansons avec 5 gr. en taille-douce. || Paris, chez Janet. In-16.

D'après un catalogue de libraire.

[Cat. 3 fr.]

1842. — LE PETIT CHANSONNIER DES DAMES. || A Paris, chez Janet, Libraire, rue St-Jacques, n° 59. (1818.) In-32.

Titre gravé avec sujet (Joueur de guitare). Almanach orné de 8 gravures dans un médaillon ovale sur fond carré, non signées, et dont voici les légendes : — 1. Le Pèlerin. — 2. Romance favorite de Henry IV. — 3. La Veuve du Guerrier. — 4. L'Ermite. — 5. La Diseuse de Bonne Aventure. — 6. Ma Philosophie. — 7. Sans le Savoir. — 8. Le Bon Chevalier.

Texte entièrement gravé, auquel est joint un cahier de chansons imprimées.

Calendrier se dépliant, pour 1818.

[Coll. de Savigny.]
[Ex. mar. r. cat. 12 fr.]

1843. — LE PETIT MODISTE FRANÇAIS, [Dédié aux Dames.] || A Paris, chez Le Fuel, Relieur-Libraire, rue St-Jacques, n° 54. (1818-1820.) 3 années. In-18.

Titre gravé et colorié représentant un étalage d'étoffes, draperies, chapeaux, ombrelle, éventail, et autres objets de toilette. Le nom de l'almanach s'étale sur un drap. Les mots : « Dédié aux Dames » ne se lisent que sur le titre imprimé. Almanach dont le texte se trouve réparti entre les douze mois de l'année et qui abonde en renseignements curieux sur les modes, mœurs, usages et particularités de l'époque.

Cet almanach est accompagné de 12 planches de « costume Parisien » gravées au pointillé et genti-ment coloriées à l'aquarelle, lesquelles se trouvent reproduites dans la seconde année. Le texte de cette seconde année est aussi le même que celui de la première, à part quelques additions.

L'année 1820 a un titre écrit, gravé dans un ovale sur fond carré à tailles. 12 planches de modes, représentant des costumes d'hommes et de femmes, dont une double et absolument ravissante : la Promenade de Longchamp. Le texte est différent de celui des années 1818 et 1819 : outre les renseignements sur les modes et les usages, il donne, pour chaque mois, un bulletin des différents théâtres. On y trouve aussi quelques pièces de vers, fables et chansons.

[B. N. || Coll. de Savigny.]
[A. 1818. — Ex. av. cart. et étui de l'époque, cat. 40 fr.]

1844. — LE PETIT TROUBADOUR pour l'année 1818 || A Paris (sans indication d'éditeur). In-128.

Almanach gravé, le même que l'*Amour et les Belles*. (Voir plus haut, n° 1823.)

[Coll. Georges Salomon.]

1845. — LES PLAISIRS DE LA JEUNESSE OU INNOCENCE ET CANDEUR. (1818.) || Paris, chez Janet, rue St-Jacques, n° 59. In-64.

Titre gravé avec sujet : Jeune fille caressant des moutons, suivi d'un calendrier pour 1818. Recueil de chansons avec 6 gravures, compositions ovales sur fond au burin : 1. Prière à Marie. — 2. Le soldat. — 3. L'orage. — 4. Le vieux chatelain. — 5. Le Repentir. — 6. Le pauvre petit.

[Coll. Georges Salomon.]

1846. — LES ROSES MATERNELLES. || A Paris, chez Le Fuel. (1818.) In-18.

Titre gravé. Recueil de poésies et romances, avec gravures.

1847. — SOIRÉES DE MOMUS. 1ʳᵉ Année. 1818. || Paris, chez Ladvocat, Libr.-Éditeur des « Fastes de la Gloire .» Galerie de Bois, Palais-Royal, n° 197 [puis chez Rosa]. 1818 et suite. In-18.

Recueil de chansons dans le goût du jour signées des fournisseurs habituels de ces sortes de publications. Frontispices gravés par Chasselat, le plus souvent conçus dans la note épicurienne. Tel celui de la 2ᵉ année :

Sous nos murailles

Retranchons-nous.
Sur nos futailles
Parons les coups.
[Coll. Olagnon.]

1848. — LES SONS DE MA LYRE. ||
Paris, chez Janet, Libraire, rue St-Jacques.
1818. In-16.

Titre gravé. Avec frontispice et 6 jolies figures.
Chansons.
[D'après un catalogue de libraire.]
[Cat. 4 fr. 5o.]

**1849. — ALMANACH D'UN ULTRA-
BAVARD POUR** 1819, par M. Cerf.
[Épigraphe:] Beatus vir ille qui non am-
bulavit in... *concilium.* || Paris, chez les
Marchands de Nouveautés. In-12.

Satire amusante contre les hommes et les choses
du jour, avec un calendrier pour 1819. « Depuis
le Palais-Bourbon jusqu'au Luxembourg », dit
l'auteur, « je ne cesserai de m'écrier: *Tout est bien,*
même la Minerve. » On y trouve une liste fantaisiste d'ouvrages sous presse (Les Académiciens
pour Rire. — Parlons peu, mangeons beaucoup. —
L'Art de se taire, par un député du centre, etc.);
des changements de domicile (Les deux chambres,
barrière du Combat, l'Institut aux Sourds-Muets,
Le Trésor royal rue Percée, le théâtre de la
Gaieté aux Catacombes.) — Série d'anecdotes, dont
quelques-unes assez roides. — Annonces et
demandes diverses. — Étrennes (Des principes aux
Ministériels, — Bon voyage aux Alliés, — Du génie à l'Institut, etc.); les Pourquoi, les Comment ?
[Ex. br. cat. 4 fr.]

1850. — ALMANACH DES BRAVES,
ou Tablettes Historiques, à l'usage des
Vétérans de la Grande Armée, précédé
d'un Calendrier Militaire, ou une Victoire
par jour. [Épigraphe:]

De quel courage héroïque
Nos illustres grenadiers
Dans les champs de la Belgique
Se montrent les héritiers!
Le Français, sans rien entendre,
Bravant l'orgueilleux Breton,
Meurt plutôt que de se rendre,
Et va souper chez Pluton.

|| Paris, L'Écrivain, Librairie-Éditeur,
boulevard des Capucines, n° 1er. (1819.)
In-18.

Frontispice gravé se dépliant, représentant deux
troupiers jouant à la drogue sur un tronc d'arbre.

En haut, on lit : Le jeu de la Drogue. En bas, ces
vers :

Pour ces guerriers ardents au plaisir comme au
[feu,
Prenant d'assaut un cœur comme une citadelle,
Triomphes à la Drogue, aux combats, chez sa
[belle,
Ce n'est qu'un jeu.

Anecdotes et récits militaires.
[B. N.]

1851. — ALMANACH DES FOUS, rédigé
par un extravagant. Dédié à *tout le Mon-*
de. Cet ouvrage contient : un Dialogue
entre deux cochons sur les pommes de
terre; des mélanges saugrenus; la Conspiration des betteraves; des nouvelles des
théâtres; une tragédie pour rire; un journal du Carnaval ; des chansons grivoises,
des énigmes, des charades, des annonces et
des avis burlesques. || A Paris, chez Cail-
lot. 1819. In-18.

Almanach dans le genre des *Danaïdes, Étren-*
nes malignes et des *Étrennes grivoises.* (Voir,
n°s 1830 et 1833.)

**1852. — ALMANACH DES GUER-
RIERS FRANÇAIS,** ou de la gloire tous
les jours. Dédié aux Militaires et aux
bons Citoyens. Anniversaires historiques
des villes prises, Combats et Batailles les
plus remarquables, tant sur mer que sur
terre, où les Armées françaises ont été
victorieuses, depuis la Monarchie, non
compris les guerres civiles et de religion,
par E. G. d'Outrepont, Membre de la
Légion d'honneur, Capitaine de Cavalerie à la demi-solde. Pour l'An 1819:
Prix : 2 fr. et 2 fr. 5o de port. || Paris,
chez Eymery, Libraire, rue Mazarine,
1819. In-18.

Éphémérides quotidiens. L'auteur, dans un avertissement, déclare que son almanach n'est pas
un ouvrage de parti pris; qu'il a cité les victoires
de Charles Martel, de Louis IX, de Louis XIV et
de Louis XV avec autant de plaisir que celles qui
ont étonné l'Europe sous la République, le Directoire et sous « un Homme célèbre. »
[B.N. — Lc 26. || Coll. de l'auteur.]
[Cat. 3 fr.]

**1853. — ALMANACH DU CULTIVA-
TEUR OU l'ANNÉE RURALE DE LA**

FRANCE. Par un Agronome. ‖ Paris, Audat, 1819-1820, 2 années. In-18.

Avec les portraits d'Olivier de Serres et de Bernard de Palissy. Rédigé par le baron J.-B. Rougier de la Bergerie.

[D'après Quérard.]

1854. — LES AMOURS. ‖ A Paris, chez Louis Janet, Libraire, successeur de son Père, rue St-Jacques, n° 59. (1819) In-32.

Titre en lettres gravées avec sujet (amours dans un nid).

Almanach orné de 6 gravures au pointillé, sans légendes, ayant toutes l'Amour pour sujet.

Texte composé de chansons.

A la fin : « Petit Souvenir des dames. » Calendrier.

[B. N. — Ye 14143.]

1855. — ANNALES DE LA MUSIQUE ou Almanach Musical pour l'An 1819. Contenant le Répertoire de la Musique publiée en 1817 et 1818 ; — une liste des Musiciens et Compositeurs de Paris avec le titre de leurs ouvrages ; — les Journaux, Écoles et Abonnemens de musique ; — — la Nécrologie des Artistes ; — les Soirées et Matinées musicales ; — des Ephémérides etc. Dédié à Mme Vve Nicolo et à Mlles Sophie et Nicolette, ses filles, par un Amateur. Première Année. ‖ A Paris, au Bureau des Annales de la Musique, à l'Imprimerie, rue Coquillière, et chez les principaux Libraires et Marchands de musique. 1819-1820 : 2 années. In-18.

Par César Gardeton. On y trouve également une liste des livres sur la musique publiés depuis 1810. Le titre de la seconde année porte :

— Annales de la musique ou Almanach musical de Paris, des départemens et de l'Étranger, suivi d'une Esquisse de l'état actuel de la musique à Londres, par M. César Gardeton, amateur.

[Coll. Arthur Pougin.]

1856. — ANNUAIRE DE L'ÉTAT MILITAIRE DE FRANCE, pour l'année M. DCCC. XIX, publié par ordre de Son Excellence le Ministre de la guerre. ‖ Strasbourg, puis Nancy, chez F.-G. Levrault, Imprimeur du Roi, éditeur et rue des Fossés M. le Prince, n° 33 à Paris 1819

In-12. puis in-8 à partir de 1876. (1819-à ce jour.)

Publication officielle destinée à être pour le XIXe siècle ce que fut l'ancien « État Militaire » pour le siècle précédent.

Ecusson fleurdelysé sur le titre : en 1831 vignette représentant les tables de la Charte. Dès la seconde année, 1820, le sous-titre se trouve libellé ainsi : « Publié sur les documents du Ministère de la Guerre avec autorisation du Roi. »

Devint, en 1848, « Annuaire militaire de la République française, sur les documents communiqués par le Ministère de la Guerre. » (Écusson sur le titre : Liberté, Égalité, Fraternité, remplacés dès 1852 par un aigle sur foudre), et à partir de 1853 « Annuaire militaire de l'Empire français pour l'année 1853. » (Vignette du titre : aigle sur foudre surmonté d'une couronne. A partir de 1854, armes de l'Empire.)

Chaque année entre 1819 et 1869 donne la description complète de l'uniforme des différents corps de l'armée : Gendarmerie. Infanterie de ligne Infanterie légère. Bataillon de tirailleurs d'Afrique. Compagnies de discipline. Zouaves. Cuirassiers. Dragons. Lanciers. Chasseurs d'Afrique. Spahis. Réguliers. Troupes indigènes. Artillerie. Plus tard Régiment des Guides. Garde Impériale. Train des équipages. Gendarmerie et Sapeurs-Pompiers de la ville de Paris. Chasseurs à pied. Régiment étranger. Génie.

Les années 1871 et 1872 n'ont pas paru. A sa réapparition en 1873, « l'annuaire » se transforme et devient :

— Annuaire de l'Armée française pour l'année 1873 publié sur les documents communiqués par le Ministre de la Guerre. ‖ Paris, Berger Levrault et Cie, Libraires-Éditeurs 5 rue des Beaux-Arts. Même maison à Nancy. (Vignette du titre : femme assise tenant un main le faisceau des licteurs et personnifiant la République française.)

Depuis 1876, c'est-à-dire depuis le format in-8 le titre simplifié est devenu : « Ministère de la Guerre. Annuaire de l'Armée française » et l'Annuaire lui-même se publie en deux éditions, dont une à prix réduit pour l'Armée.

En tête de chaque année se trouve une liste chronologique des ministres de la Guerre et le relevé des dons et legs faits à l'armée.

Actuellement l'Annuaire se divise en dix parties : I. Présidence de la République. — II. Ministère de la Guerre. — III. Gouvernements militaires et Commandements des corps d'armée. — IV. État-Majors et services généraux de l'Armée. — V. Troupes. — VI. États-Majors et services particuliers. — VII. Gendarmerie et sapeurs-pompiers. — VIII. Tableau d'avancement des officiers de tous grades. — IX. Hôtel Nat. des Invalides. — X. Armée Territoriale.

De 1819 à 1830, chaque, 10 fr. — De 1831 à 1850, chaque, 5 fr. — De 1851 à 1869, chaque, 4 fr.

1857. — ANNUAIRE DE LA SOCIÉTÉ
PHILANTROPIQUE contenant l'indica-
tion des meilleurs moyens qui existent à
Paris de soulager l'humanité souffrante
et d'exercer utilement la bienfaisance.
[Épigraphe :]

> .... Si quid novisti rectius istis,
> Candidus imperti, sinon, his utere mecum.
> (Horat., Epist. VI, lib. I.)

S'il en est de meilleurs, dis-les de bonne foi,
Sinon de ces moyens fais usage avec moi.

Se vend au profit des pauvres. || A Paris,
chez M. Baron, commissaire de la Société,
rue des Petits-Augustins, 20 ; chez Mᵐᵉ Huzard, rue de l'Éperon. Janvier 1819. In-12.

Écusson fleurdelysé sur le titre et 5 amusantes
lithographies en travers, de Marlet (l'auteur des
Tableaux de Paris) : 1. Le Roi encourageant les
travaux de la Société, dont le bureau lui est présenté. — 2. Monsieur visitant les hôpitaux de
Paris. — 3. Le duc et la duchesse de Berry mettant pied à terre pour porter secours à un dragon
de la garde tombé de cheval. — 4. Le duc d'Angoulême présidant aux exercices de l'École polytechnique. — 5. La duchesse d'Angoulême présidant le Comité de la Maternité.
Cet annuaire, publication unique en son genre,
a été rédigé par le baron Augustin-François de
Silvestre, de l'Institut, bibliothécaire particulier
de Louis XVIII.
Rare, comme tous les volumes avec lithographies.

[A 1819. Coll. de l'auteur, cat. 22 fr.]

1858. — ANNUAIRE FRANÇAIS DU
BONHOMME MICHEL. A l'usage des
Habitans des Villes et des Campagnes.
Pour l'Année 1819. Prix. 1 fr. 25 cent.
pour Paris. || A Paris, de l'imprimerie
de Poulet, quai des Augustins, nᵒ 9. In-18.

Contient la Charte constitutionnelle, suivie
d'une explication religieuse, morale et politique ;
la loi sur les élections, celle sur le recrutement de
l'armée, accompagnées chacune d'un commentaire
tendant à prouver qu'elles sont « un bienfait
signalé que la France doit au Roi ». On y trouve
encore quelques articles sur le Jury, les Libertés
de la Presse et individuelle, l'Esprit Public ; un
extrait chronologique de l'histoire des rois et reines
de France, la Forme des gouvernements de l'Europe, et jusqu'à une notice sur une nouvelle fosse
d'aisance mobile inodore !

[B. N.]

1859. — ANNUAIRE GÉNÉALOGIQUE
ET HISTORIQUE renfermant des détails
sur toutes les maisons souveraines d'Eu-
rope. 1819. ||Paris, à la Librairie Grecque-
Latine-Allemande, rue des Fossés-Mont-
martre. (A partir de la deuxième année
on lit comme mention d'éditeur : Chez
N. Maze, libraire, rue Git-le-Cœur) (1819-
1822, 4 années). In-18.

Titre gravé, avec vignette représentant un arbre
généalogique. Dans une préface, l'éditeur dit qu'il a
attendu pour publier son manuel que « la Providence eût renversé cet échafaudage de gouvernements éphémères érigé par la révolution ». Cet
annuaire a pris pour base le « Catalogue des maisons
souveraines » du professeur allemand Jacobi, lequel
parut en 1816, 1817 et 1818 sous le titre de :
Kronos, et « a rendu inutiles, » dit-il, « toutes les
autres compilations qui, depuis nombre d'années,
paroissoient sous le titre d'*Almanach de Gotha, de
Gœttingen, de Berlin*, etc. » — En tête de chaque
article se trouvent des notices généalogiques destinées à faire connaître l'origine de la maison dont
il est parlé. La maison de Savoie, ceci est à noter,
est rangée parmi les maisons allemandes.
La première année contient deux morceaux historiques traduits de l'allemand, dont une étude fort
intéressante sur les Fugger. Les autres années
donnent des listes de hauts personnages : archevêques, pairs britanniques, etc.
L'éditeur, en terminant sa préface, se plaint des
difficultés qu'on éprouve dans les imprimeries de
Paris à faire composer correctement des ouvrages
hérissés de noms étrangers et de chiffres. En vue
des corrections on a « employé un papier fortement
collé ». Cette préface, dans sa partie essentielle,
est reproduite en tête de chaque année avec un
avis additionnel s'étonnant de l'indifférence des
intéressés à fournir les renseignements demandés.
La collection de ces 4 almanachs est assez rare
elle vaut de 20 à 25 fr. ; les années séparées se
paient 3 et 4 fr.]

1860. — LE BONHEUR DU PEUPLE.
Almanach à l'usage de tout le monde, ||
A Paris, chez Mᵐᵉ Huzard, Libraire, rue
de l'Éperon, nᵒ 7. Colas, Libraire, rue
Dauphine, nᵒ 32. Tiger, Libraire, rue du
Petit-Pont, nᵒ 1, au coin de la rue de la
Huchette. Et les Marchands de Nouveau-
tés. 1819. In-32.

Almanach populaire destiné à démontrer aux
habitants des campagnes la nécessité de l'instruction et les bienfaits qu'elle produit. Il se termine
par le dialogue d'un curé avec ses paroissiens sur
la caisse d'épargne.

[B. N.]

1861. — LA CORBEILLE DE FRUITS par Charles Malo. || A Paris, chez Janet, Libraire, Rue St Jacques, n° 59. (1819.) In-18.

Titre gravé avec sujet en couleur (haute corbeille chargée de fruits).

Almanach orné de 11 gravures, coloriées avec grand soin, représentant différentes espèces de fruits, et se rapportant au texte (Cerises de Montmorency et guignes. — Pommes d'apis. — Groseilles à maquereau, groseilles rouges. — Poires. — Fraises et framboises. — Abricots, Pêches. — Prunes de Reine-Claude. — Figues. — Pêches. — Raisins noir et blanc. — Oranges).

Chaque description donne l'origine, l'espèce, les propriétés et les particularités du fruit.

Avec calendrier.

[Ex. cart. tr. dorées avec étui, calendrier pour 1829, cat. 10 fr.]

1862. — ÉTRENNES INSTRUCTIVES, CURIEUSES ET MIGNONES (*sic*), ou Almanach Sans-Pareil, pour 1819. || A Paris, Au dépôt de Librairie, quai de la Féraille, n° 34. 1819 et suite. In-32.

En regard du titre, carte du globe terrestre, se dépliant de manière à laisser une page blanche sur laquelle se lit le titre : *Étrennes mignones*. Calendrier, renseignements officiels, notices diverses, poésies et quelques expériences de physique amusante. Texte encadré.

1863. — L'INDICATEUR GÉNÉRAL DES SPECTACLES DE PARIS, DES DÉPARTEMENTS DE LA FRANCE ET DES PRINCIPALES VILLES ÉTRANGÈRES ; contenant : 1° tout ce qui est relatif à l'administration, au personnel, aux travaux de tous les théâtres ; les noms, domiciles, des acteurs de tout genre ; ceux des directeurs, régisseurs, chefs d'orchestre, maîtres de ballets, machinistes, peintres, employés, fournisseurs, costumiers ; les prix des places, répertoires, l'analyse des pièces nouvelles, débuts, congés, retraites, décès ; 2° les bureaux d'agence des auteurs et de correspondance théâtrale ; 3° les lois et réglemens relatifs à l'administration des spectacles, aux droits des auteurs ; les tableaux des auteurs dont les droits de représentation ne sont plus exigibles et dont les auteurs, dont les héritiers perçoivent cette rétribution, les petits spectacles, amusemens et curiosités de Paris ; 4° les ouvrages nouveaux relatifs aux spectacles, etc., etc., par D*** et A***. Première année. Prix : 3 fr. || Paris, au bureau de l'Almanach du Commerce, rue J.-J. Rousseau, n° 20. Se trouve aussi au bureau de l'Indicateur général et de la Correspondance Théâtrale, rue Saint-Nicaise, n° 3, et chez les libraires, marchands de nouveautés (1). 1819. 1819-1823 (4 années). In-12.

Annuaire assez précieux, rédigé par Arnaud, qui paraissait de mai à septembre, et non à la fin de l'année civile, afin de pouvoir mieux cadrer avec l'année théâtrale. Au chapitre : « Amusements et curiosités, » on trouve quelques détails intéressants. Ainsi au Jardin Marbeuf, où les spectacles étaient très variés, l'annuaire nous apprend qu'on venait voir « des Provençaux dévider des cocons de soie à la manière de leur pays », aux Montagnes françaises (Jardin Beaujon), c'était le plan en relief du canal des deux mers, avec le mouvement des eaux.

[Coll. Arthur Pougin.]
[Vente Sapin, 32 fr.]

1864. — LE MÉNESTREL FRANÇAIS. Almanach lyrique. Dédié aux Dames. || A Paris, Chez Louis Janet, Libraire, Successeur de son Père, Rue St Jacques, n° 59. (1819.) In-16.

Titre en lettres gravées avec sujet (Joueur de guitare).

Recueil de chansons, dont quelques-unes sont entièrement gravées avec leur musique ; en tête de chaque cahier de musique, petite vignette au pointillé (en tout, vingt).

Calendrier.

[Ex. cart. avec étui, cat. 6 fr. || Ex. cart. avec sujets coloriés et étui, 25 fr.]

[B. N. — Y.]

1865. — LE NOUVEAU CAVEAU pour 1819. Faisant suite au « Caveau Moderne » et à l'Enfant Lyrique du Carnaval. Choix des meilleures chansons, la plupart inédites, des Membres du Caveau Moderne et des Soupers de Momus, etc. Publié par M. Oury (2), Membre de ces deux Sociè-

_____

(1.) Les indications d'éditeur varient chaque année.

(2) Orthographié avec deux *r*, à partir de la seconde année.

tés. ‖ Paris, chez Alexis Eymery, Libraire, rue Mazarine, n° 3o. [Delaunay, au Palais-Royal] (1819). (1819 et suite.) In-18.

Titre gravé avec sujet se rapportant à une des chansons du texte. Frontispice différent pour chaque année, mais ayant trait également aux chansons du volume. Le *Nouveau Caveau*, édité par Ourry contient des chansons diverses d'Armand Gouffé, Béranger, Désaugiers, J.-C. Despréaux, Frédéric de Courcy, Piis, Brazier, Combes jeune, Coupart, Jacquelin, Eugène Scribe, Tournay, etc.

« Conservateur de la gaîté française », assurait la préface « Le *Nouveau Caveau admettra toujours*, comme le faisait L'*Enfant Lyrique*, ces pièces tant soit peu grivoises qui rappellent le bon vieux temps des Collé, des Laujon ; mais il ne bornera pas là sa récolte. »

Les frontispices sont dessinés par Chasselat, Choquet et autres ; certains sont à la manière noire.

[Voir, plus haut, n°s 1515 et 1763.]

1866. — LE PARNASSE DES DAMES. ‖ A Paris, Chez Louis Janet, Libraire, Successeur de son Père, Rue St Jacques, n° 5g. (1819.) In-18.

Joli titre gravé avec sujet (Jeune femme assise et lisant).

Ouvrage orné de 6 figures, reproductions de tableaux, comme les *Almanach des Dames* et autres publications de l'époque. Calendrier pour 1819.

Recueil de pièces de vers de différents poètes anciens et modernes, destiné à former un véritable Parnasse féminin.

[Ex. cart., cat. 5 fr.]

1867. — PETIT ALMANACH DES GRANDS HOMMES DE 1818. Par une Société de Satiriques, 3 fr. [Épigraphe :]

Un sot trouve toujours un plus sot qui l'admire.

(BOILEAU.)

‖ Paris, J.-G. Dentu, Imprimeur-Libraire, rue des Petits-Augustins, n° 5 (ancien hôtel de Persan). 1819. In-12.

Sorte de revue satirique de l'année. Voici, pour commencer, ce qui concerne les députés :

« Qu'ont fait nos députés cette année ? De très beaux discours pour et contre, plus deux lois, dont la plus importante est celle du recrutement. Il faut que l'amour-propre trouve un charme inexprimable dans le plaisir de monter à la tribune, et de déclamer des phrases, des périodes qui seront estropiées dans presque tous les journaux, pour que des hommes qui peuvent vivre tranquillement se

donnent tant de peines, quelquefois tant de ridicules, et souvent fassent tant de frais, afin d'obtenir la faculté de parler en public et de donner des conseils qui peut-être ne seront pas suivis et dont ils n'espèrent aucun émolument. »

On y trouve des notes non moins amusantes sur les journaux de l'époque, l'instruction, les inventions nouvelles (le pain de betteraves, les draisiennes ou vélocipèdes, le kaléidoscope, les fosses mobiles inodores, la canne à naviguer), les mœurs, la littérature. (De mémoire d'homme, dit le rédacteur, on n'a tant imprimé que cette année.) Il est intéressant de noter le nombre des romans : 51, dont douze composés par des dames. L'auteur considérait ce chiffre comme effrayant. Que dirait-il aujourd'hui ?

A signaler encore des notes sur les spectacles (121 pièces nouvelles en 1818), des anecdotes et curiosités.

[B. N.]

1868. — LE PETIT CHANTEUR. Almanach pour 1819. ‖ A Paris, chez Louis Janet, Libraire, rue St-Jacques, n° 5g. In-128.

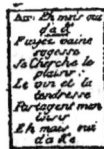

Recueil de chansons et de devises, orné de 8 figures, avec calendrier

[Coll. Gaston Tissandier.]

1869. — LE PETIT VOLAGE. Almanach pour 1819. ‖ A Paris, chez Louis Janet, Libraire, rue St-Jacques, n° 5g. In-128.

Almanach minuscule, chansons, 8 figures et calendrier.

[Coll. Georges Salomon.]

1870. — LES PETITES FAMILLES. ‖ A Paris, chez Le Fuel, Libraire, rue St-Jacques, n° 54, près celle du Foin (1819). In-16.

Recueil de chansons avec 12 gravures au pointillé, coloriées.

[Cat. librairie, ex. soie rose, ornem. à plat et au dos, 12 fr.]

1871. — LES SOUPERS LYRIQUES. Première Année. 1819. || A Paris, chez H. Vauquelin, Libraire, quai des Augustins, n° 11 [puis chez Delaroque, Libraire, boulevard Poissonnière, 23] 1819 et suite. In-18.

Vignette sur le titre reproduisant le sujet des chansons du recueil. Les éditeurs, MM. Pierre T*** et P. Emile D*** avaient cru devoir exposer les raisons qui leur faisaient entreprendre la publication d'un nouveau chansonnier, et, dans une préface prétentieuse, ils déclarent que la libération de la patrie, son inviolabilité jurée par tous les Français, le retour en France de plusieurs hommes illustres leur paraissent une excellente occasion de signaler leur gaîté.

Les frontispices sont particulièrement typiques. Celui de 1819 représente un grenadier accoté à un arbre et tenant dans ses bras un drapeau français qu'il défend contre un groupe de Cosaques. Légende : « Regardez, mais n'y touchez pas. » C'est l'écho des grandes batailles. Celui de 1821, au contraire, est conçu dans un esprit tout pacifique. Légende :

> L'Etendard des Rogers Bontems
> Vaut bien celui des Conquérans.

[Coll. Olagnon.]

1872. — TABLEAU DE LA MAISON MILITAIRE DU ROI, Publié sous l'autorisation de Son Excellence le Ministre de la maison de S. M. ; Par P.-A. Louette, Officier en retraite. || A Paris, de l'Imprimerie de Leblanc. [Puis : Versailles] de l'imprimerie de I. Jacob. 1819. 1819-1820. In-18.

Frontispice gravé représentant un officier de la maison du Roi, qui, de la pointe de son sabre, montre l'écusson royal fleurdelysé reposant à ses pieds. [Reproduit également en tête de l'année 1820.]

Cet ouvrage contient un précis historique sur l'ensemble de l'ancienne Maison militaire, depuis l'époque de son origine jusqu'à la suppression totale des Gardes-du-Corps en 1791 (soit Gardes de la Porte, Sergens à masse, Gardes de la Prévôté de l'Hôtel, Hommes d'armes, Arbalétriers, Cent vingt archers Ecossais, Cent lances des Gentilshommes, Première Compagnie française des Gardes du Corps, Seconde Compagnie, Cent-Suisses Gentilshommes, Cent Maîtres, Vingt-cinq Gardes de la Manche, Dix enseignes à pied, Quarante-cinq gentilshommes Chevau-Légers Gens d'armes, Régiment des Gardes-Suisses, Mousquetaires, Grenadiers à cheval). Ce précis se continue dans le volume de l'année suivante. On y trouve de plus des renseignements sur l'organisation et l'administra-

tion des divers corps de la Maison militaire du Roi, le nom des officiers et des soldats pourvus de brevets suivant l'ordonnance de 1818, des réflexions sur la guerre, accompagnées de la description des sièges et batailles les plus célèbres.

L'auteur, dans l'introduction, annonçait 3 volumes annuels : ce « tableau » a-t-il paru pendant trois ans, je l'ignore.

Avec calendrier.

Se vendait 3 fr. en papier ordinaire et 6 fr. sur vélin.

[A. 1819 br. Cat. 12 fr.]
[B. N.]

1873. — ALMANACH DE LA JEUNESSE, en Vers et en Prose. Orné de Douze Jolies Gravures ; Ouvrage entièrement inédit. Par Mme La Comtesse de Genlis. || A Paris, chez l'Éditeur, rue Neuve des Petits Champs, n° 26, et Alphonse Giroux, rue du Coq-St-Honoré, n° 7. (1820.) In-24.

Titre en lettres gravées, avec sujet au pointillé (Jeune fille priant au pied d'une tombe). Cet almanach est orné d'une vignette, signée Chasselat del., Bovinet sc., et représentant J.-C. au Jardin des Oliviers ; elle est accompagnée de 11 petits médaillons dont voici les sujets : — 1. La Vierge et l'Enfant Jésus. — 2. Ste Anne. — 3. Ste Madeleine. — 4. St Pierre. — 5. St Paul. — 6. St Jean l'Evangéliste. — 7. Ste Véronique. — 8. St Etienne. — 9. Ste Thècle. — 10. Les Anges Gardiens. — 11. Ste Adélaïde.

Le texte se compose d'une série de vers se rapportant aux gravures et destinés aux enfants.

[Ex. cart., cat. 6 fr.]

1874. — ALMANACH DU CLERGÉ DE FRANCE, Pour l'An M. DCCC. XX. contenant L'État de l'Église de Rome ; l'organisation complète de chaque Diocèse de France, les noms des Archevêques et Evêques, des Vicaires généraux, des Chanoines, des Curés et des Desservans ; la Grande Aumônerie ; le Clergé de la Cour ; le Chapitre de Saint-Denis ; les Congrégations religieuses ; les Missions ; les Lois, Arrêtés, Décrets, Ordonnances et Décisions rendues depuis 1789, concernant la Religion ou ses Ministres ; le Tableau général du personnel du Clergé, etc., etc. Publié avec autorisation, Par M. Chatillon, Chevalier de l'Ordre royal de la Légion d'honneur, Chef du Bureau des Affaires Ecclésiastiques au Ministère de l'Intérieur. ‖ A Paris, chez M.-P. Guyot, Éditeur de l'Almanach Royal, rue Hautefeuille, nº 13. 1820-1832. In-12.

A partir de 1825, le nom de l'auteur, M. Chatillon, disparaît du titre.
Renseignements ecclésiastiques.

[B. N.]

1875. — AMOUR ET CONSTANCE OU L'AMANT BIEN ÉPRIS. Étrenne chantante pour la présente Année. ‖ A Paris, chez Marcilly, Libraire, rue St.-Jacques, nº 24, imprimerie de Doublet. (1820) In-32.

Recueil de chansons, avec calendrier pour 1820. Frontispice gravé et grossièrement colorié représentant une bergère jouant de la flute et un berger de la cornemuse, assis auprès d'un arbre; autour d'eux, des moutons et un chien.

[Coll. de l'auteur.]

1876. — L'AMOUR MATERNEL. Poëme Par Millevoye, Nouvelle Édition. ‖ A Paris chez Le Fuel, rue St-Jacques, et De Launay, Palais Royal. (Vers 1820.) In-16.

Petite édition vendue comme «étrenne», avec un calendrier et six figures assez gentiment gravées par Bovinet d'après Hubert. 1. La leçon. — 2. Le Lion de Florence (sauvant un enfant). — 3. La Canadienne (répandant sur le tombeau de son enfant mort le lait qui l'eût nourri). — 4. Agar dans le désert. — 5. La mère bien aimée. — 6. La jeune Indienne.

[Ex. cart., cat. 4 fr.]

1877. — ANNUAIRE FASHIONABLE LA BELLE ASSEMBLÉE. ‖ A Paris, chez Janet, Libraire. (Vers 1820) In-18.

Avec 9 compositions hors texte gravées à la manière anglaise. La même publication, qui n'a, du reste, rien d'un almanach, se rencontre avec interversion dans les titres : La Belle Assemblée, Annuaire fashionable.

[Cat. de 5 à 10 fr.]

1878. — ANNUAIRE NÉCROLOGIQUE, ou Supplément annuel et continuation de toutes les biographies ou dictionnaires historiques, contenant la vie de tous les hommes célèbres par leurs écrits, leurs vertus ou leurs crimes, morts dans le cours de chaque année à commencer de 1820, rédigé et publié par

A. Mahul. 1ʳᵉ Année (1820-1825) ‖ Paris, 1821. In-8.

Intéressant recueil nécrologique, donnant, en outre, une série de portraits au trait des principaux personnages décédés.

[Les 6 vol. en veau fauve, cat. 12 fr.]

1879. — LE BERCEAU D'APOLLON. Almanach chantant. Pour la présente année. Dédié aux Muses. ‖ A Paris, chez Aubry, Imprimeur Libraire, au Palais de Justice, nº 37 (Vers 1820.) In-32.

Recueil de chansons. — Almanach de colportage.

[Communiqué par M. Greppe.]

1880. — CALENDRIER JUDAÏQUE. Pour l'an du monde cinq mil cent quatre-vingt-un. ‖ Paris, chez Sétier, rue du Cimetière Saint-André-des-Arts, nº 7; D. Drach, rue des Singes. (1820 et suite). In-18.

Simple calendrier à l'usage des Hébreux, avec l'explication de quelques termes et une courte notice sur le calendrier lui-même.

[B. N.-Y. 33779.]

1881. — CANDEUR ET BONTÉ OU LES QUATRE AGES D'UNE FEMME. [Épigraphe :] « Voilà la Vie. » Par Augustin Legrand. ‖ A Paris, chez Louis Janet, Libraire, Rue St Jacques, nº 59, et Pelicier, Libraire, Palais-Royal. (1820.) In-12.

Titre gravé, avec couronne de fleurs en couleur au centre. Frontispice gravé et colorié ayant pour légende : Les quatre Ages. Cet almanach est orné de 28 gravures coloriées, intitulées tableaux, dont 4 servent de frontispice pour chacun des âges de la femme.
En voici les légendes : — 1. La jeune enfant (frontispice). Boule de Neige. Naïveté de l'Enfance. — 2. La jeune Enfant. — 3. La Poupée. — 4. Le Devoir Religieux. — 5. Les Amusemens. — 6. La première Communion, — 7. La Jeune Fille (frontispice). Candeur, Élégance. — 8. Quinze ans. — 9. Les Arts, — 10. L'Amitié. — 11. La Mélancolie. — 12. Les Confidences. — 13. La Mariée. — 14. La Femme (frontispice). Rose, Grâces, Eclat, Beauté. — 15. Vingt ans. — 16. Les Occupations. — 17. La Jeune Mère. — 18. Voilà son bonheur. — 19. La petite Famille. — 20. L'Éducation. — 21. Le Triomphe d'une mère. — 22. La Consolation. — 23. La Femme âgée (frontispice). Reine

Marguerite, Automne. — 24. La Bonne Maman.
— 25. Les Petits Enfants. — 26. La Bienfaisance.
— 27. La Vision. — 28. Le Repos (une tombe
entourée d'arbres et de fleurs).

Cet almanach, planches et texte explicatif, est
l'œuvre du graveur Augustin Legrand. Il est précédé d'une préface dont j'extrais les passages suivants :

« Chez tous les peuples, les femmes reçurent les
hommages de la poésie ; nombre d'auteurs respectables les ont chantées ; en Italie, elles ont été
jugées avec *encore plus* d'enthousiasme : pourquoi
donc à mon tour ne crayonnerais-je point de si jolis
modèles ? Je joins donc ici mon humble fleur à ces
couronnes dont les poètes ont orné le front de « la
plus belle moitié du genre humain », suivant l'expression de M. Zacharie, auteur des *Quatre âges
d'une femme*, poème allemand, et je n'ai pas craint
de reproduire une partie des images ravissantes
dont ce poème est rempli. »

Le texte se rapporte aux gravures.

Calendrier pour 1820.

(Coll. de Savigny.]
[Ex. mar. vert., cat. 15 fr.]

1882. — CHANSONNIER LILLIPU-TIEN pour 1820. || A Paris, chez les Marchands de Nouveautés. In-128.

Petit almanach gravé. Chansons avec 8 vignettes : Le petit prédicateur. Le petit maître d'hôtel.
Le petit Gourmet, etc. Avec calendrier et une
table des chansons.

[Coll. Georges Salomon.]
Ex. avec cartonnage, cat. 18 fr.

1883. — CHOIX DE LECTURE POUR LES DAMES, ou Morceaux Choisis des meilleurs Écrivains des Deux derniers Siècles. || A Paris, chez Le Fuel, Libraire, rue St Jacques, n° 54, près celle du Foin. (1820.) In-18.

Avec 6 figures (reproductions de tableaux ayant
déjà servi pour d'autres almanachs) et un calendrier ajouté, si bien que cette publication parut
ainsi, plusieurs années durant, pour les étrennes.
Choix de lectures classiques en prose et en vers.

[Ex. pour 1823, cart. av. étui, cat. 4 f. 50.]
[Coll. de l'auteur.]

1884. — LA DÉCLARATION D'AMOUR. Almanach chantant. Pour la présente année. Dédié à la plus jolie. || A Paris, chez Aubry, Imprimeur-Libraire, au Pa-lais de Justice. (Vers 1820.) In-32.

Recueil de chansons.
Almanach de colportage.

1885. — M. DUMOLET, OU LE DÉ-PART POUR SAINT-MALO. Chanson-nier nouveau. Pour la présente année. || A Paris, chez Aubry, au Palais de Jus-tice. (Vers 1820.) In-32.

Recueil de chansons.
Almanach de colportage.

[Comm. par M. Greppe.]

1886. — L'ÉCHO DES MODES. || Paris, Chez Marcilly, Rue St-Jacques, n° 21. (Vers 1820.) In-32.

Titre gravé avec sujet colorié (Amour à sa toilette), Almanach orné de 6 gravures de modes également coloriées.

Texte composé de vers et de prose, se rapportant
aux modes de l'époque et abondant en renseignements précieux. Voici les titres de quelques chapitres : La Mode ; Modèle de Beauté ; Les Voiles ;
De la Beauté chez les Femmes ; Les Divers Effets
du Miroir ; du Coloris ; le petit Bonnet ; la
petite Maîtresse ; les Cheveux ; les Jarretières ; les
Gants ; etc.

Cet almanach est suivi d'un « Souvenir des
Dames. »

[Collection de Savigny.]
[Ex. anc. cart. soie, cat. 32 fr.]

1887. — L'ESPRIT DES FEMMES. || A Paris, chez Louis Janet, Libraire, Suc-cesseur de son Père, Rue St-Jacques, n° 59. (1820.) In-32.

Titre en lettres gravées avec sujet allégorique
(buste de *femme* sur un socle, avec une lyre au
bas).

En guise de frontispice, un couplet préface gravé :

A qui veut faire un Almanach
Un bon titre est bien quelque chose.....
Quels enthousiasmes l'on a
Quand, d'après ce titre on compose ;
Aussi pour nous, c'est un plaisir
D'offrir ce chansonnier aux Dames,
On est bien sur de réussir
Avec l'*Esprit des Femmes*

Almanach orné de 6 vignettes au pointillé, intéressantes pour le costume de l'époque, et dont voici
les légendes : — 1. Empire des Femmes (galant à
genoux aux pieds d'une belle). — 2. Talents des
Femmes (une femme jouant de la lyre). — 3. Beauté
des Femmes (une femme dérobant la faulx du
Temps). — 4. Puissance des Femmes (jeune femme
suivie d'un Amour tenant une torche). — 5. La
Boudeuse. — 6. La Coquette.

Elle ne me tourne le dos
Que pour faire admirer sa taille

Recueil de chansons ayant toutes rapport aux femmes.

Le volume se termine par l'Apologie des Femmes :

> Si d'une faute irréparable
> Ève rendit Adam coupable,
> Son sexe l'excusait un peu.
> N'était-il pas bien agréable
> De joindre le savoir de Dieu
> A la malignité du diable ?

A la fin se trouve un « Souvenir des Dames », avec petits médaillons pour les mois et un calendrier pour 1820. Le même almanach existe avec le calendrier pour 1821.

[B. N. — Ve 21541. || Coll. de l'auteur.]

1888. — ÉTAT MILITAIRE POUR MDCCCXX. Contenant Le Ministère de la guerre, l'État-Major général de l'armée, les États-Majors de place, les Intendants et Sous-Intendants militaires, la Garde royale, les Légions départementales, le corps Royal d'Artillerie, etc., etc., etc. || A Paris, chez Louis Janet, Libraire, rue Saint Jacques, nᵒ 59. Et chez Cordier, Imprimeur-Libraire de la Garde Royale, rue des Mathurins Saint-Jacques, nᵒ 10. 1820. In-24.

Simples renseignements administratifs. Publication entreprise pour faire concurrence à l'*Annuaire de l'État Militaire* de France (Voir, plus haut, nᵒ 1856), mais qui ne paraît pas avoir eu de suite.

[B. N.]

1889. — ÉTRENNES A MON AMIE, OU LE FIDÈLE BERGER. Almanach Chantant, récréatif et amusant. Pour la présente année. || Dans les bosquets d'Idalie. [Paris, Janet; Lille, Vanackere.] (1820.) In-32.

Frontispice sur bois (berger déclarant son amour à une bergère), le même que celui du *Troubadour Galant*. (Voir, plus haut, nᵒ 1816.)

Au-dessous, les vers suivants :

> Lorsqu'un amant bien tendre
> Pour vous se sent brûler,
> S'il n'ose vous parler,
> Ne pouvez-vous l'entendre ?

Recueil de chansons avec calendrier. — Publication de colportage.

[B. N. — Ye 21633.]

1890. — ÉTRENNES CONSTITUTIONNELLES, OU ALMANACH DE LA CHARTE, Dédiées aux Amis de la Liberté, contenant un Calendrier très libéral, les Listes des Pairs et des Députés ; des Notices sur les Édifices les plus remarquables de Paris, sur les postes ; la conversion des anciennes mesures en nouvelles, etc. ; la Charte, l'ordonnance du 5 septembre, et la Science du bonhomme Richard, par Franklin. || Paris, chez Corréard, Libraire, Palais-Royal, Galerie de bois. Imp. de mad. Jeunehomme - Crémière. (1820.) In-18.

La couverture imprimée sert de titre.

Le calendrier relate, pour chaque jour, un événement ou une découverte importante.

[B. N.]

1891. — ÉTRENNES DRAMATIQUES. Dédiées aux Dames. || A Paris, chez Marcilly, Rue St Jacques, nᵒ 21. (1820.) In-18.

Titre gravé : la Poésie dramatique couronnant le buste d'un auteur du siècle dernier (Beaumarchais ou Marivaux.)

L'avertissement portait : « Si ce petit ouvrage est accueilli avec indulgence, l'homme de lettres qui s'est chargé de sa rédaction fera précéder de son nom les *Étrennes* de 1821. » Je ne crois pas que la dite année ait jamais paru.

Ces « Étrennes » sont divisées en deux parties la première, consacrée à l'examen un peu approfondi des pièces ayant le plus marqué : tragédies, comédies, opéras ; la seconde, contenant de courtes notices sur d'autres œuvres moins importantes, des anecdotes et quelques jugements sur les artistes.

Avec six gravures destinées à accompagner les comptes rendus des pièces suivantes : *Marie Stuart*, les *Vêpres Siciliennes*, le *Folliculaire*, les *Voitures versées*, la *Somnambule*, le *Coin de Rue*, succès de l'année au Premier et au Second Théâtre-Français, à l'Opéra-Comique, au Vaudeville, aux Variétés. Ces gravures sont généralement en noir : il existe, cependant, quelques exemplaires avec des figures coloriées.

Almanach élégamment imprimé, accompagné d'un « Souvenir des Dames » gravé et d'un calendrier.

Les *Étrennes Dramatiques*, aux cartonnages recouverts en soie, se rencontrent avec des calendriers pour 1821 et pour 1822.

[Vente Sapin : 13 fr.]
[Coll. de l'auteur.]

1892. — FLEUR DE MYRTE. || A Paris, chez Louis Janet, Libraire, successeur de son Père, rue St-Jacques, nº 59. (1820.) In-32.

Titre gravé avec sujet : Amour arrosant un vase de myrtes. Recueil de chansons gravées auxquelles se trouve joint un cahier de chansons imprimées. Avec 8 figures gravées : 1. Les Fleurettes. — 2. La Mort de Tircis. — 3. Les Ailes de l'Amour. — 4. L'Innocence et la Pudeur. — 5. Les petits Oiseaux. — 6. L'Innocente. — 7. Le Chien et la Belle. — 8. La Perce-Neige (une femme qui a voulu cueillir une perce-neige et qui se trouve prise dans le filet mis destiné à la protéger).

[Coll. Weckerlin.]

1893. — LES FOLIES PARISIENNES, NOUVEL ALMANACH DES MODES, rédigé par le Caprice, Membre honoraire de toutes les Sociétés, Bals, Cercles, Thés, Réunions de France et dédié aux Dames. || A Paris, chez Louis Janet, Libraire, successeur de son Père, rue St-Jacques, nº 59. (1820.) In-18.

Sur le titre, petite vignette au pointillé de couleur (femme tenant en main la marotte de la Folie). Dans le texte, six ravissantes compositions également en couleurs : 1. Bals de Janvier (jeune homme et jeune femme montant un escalier en se tenant par la main). — 2. La jolie solliciteuse. — 3. Le virtuose de salons (sic.) — 4. Le médecin des boudoirs. — 5. La rose a ses épines (Jeune femme à cheval : sous le coup du vent, cheveux, voile, chapeau, robe, tout s'envole). — 6. Le peintre à la mode.

Petit almanach s'ouvrant par une histoire des modes à différentes époques et rempli de notices curieuses sur les choses et les particularités de l'époque. A signaler les articles Bonbons, Étrennes, Carnaval du peuple, Panorama de Jérusalem, Promenades de Longchamps, Boutade contre les grands chapeaux, Tivoli, Frascati, Mousseaux, Salon de 1819, etc. Calendrier.

A paru pendant plusieurs années : on changeait seulement le calendrier. Cartonné, avec fers spéciaux, il se vendait dans un étui. [Coll. baron Pichon.]|Coll. de l'auteur. ⚌ Le baron Pichon possède également les aquarelles originales des six compositions.]

[Cat. Alisié : ex. cart., 34 et 39 fr.]

1894. — LES GUERRIERS ET LES BELLES, ou les Myrtes d'Amour. || A Paris, chez Tiger, Imprimeur-Libraire, rue du Petit-Pont, nº 10 (1820). In-12.

Frontispice gravé représentant un guerrier et

une belle se donnant la main pour se jurer une fidélité éternelle. Dans le bas, deux colombes se becquetant.

Recueil de chansons diverses, avec calendrier.

[B.N.—Ye 23784.]

1895. — HOMMAGE AUX JEUNES MÈRES. || A Paris, chez Le Fuel, Relieur Libraire, rue St-Jacques, nº 34. (Vers 1820.) In-18.

Titre en lettres gravées.

Almanach orné de 6 figures au pointillé, représentant, en différentes positions, une mère avec son enfant. En voici les légendes : — 1. La Colation (sic). — 2. La Culbute. — 3. Les Cerises. — 4. La Galopade. — 5. La Danse. — 6. Le Sommeil.

Recueil de pièces diverses, prose et vers.

[Cat. 3 fr, br.]
[B.N. — Ye 24,231.]

1896. — L'HOMME GRIS. Almanach français. Orné d'une Victoire par Jour. Dédié aux amis de la liberté de la presse, au commerce et aux braves défenseurs de la Patrie. Pour l'Année bissextille (sic) 1820. Par Cugnet de Moutarlot (Ex-Commissaire des guerres). || A Paris, chez MM. Poulet, Imp.-Libraire, quai des Augustins, nº 9, Brissot-Thivars, rue Neuve des Petits-Champs, nº 22, Delaunay, etc. Et chez tous les Marchands de nouveautés. In-18.

Prédictions « universelles et particulières » ; description de Paris, Tableau des pairs et des « mandataires de la nation » ; monnaies et mesures, anecdotes et chansons nationales.

Chaque jour du calendrier est marqué par une victoire, avec le nom du général qui l'a remportée.

[B. N.]

1897. — LES JEUX DE L'AMOUR. Année 1820. || A Paris (s. autre ind.). In-128.

Petit Almanach entièrement gravé, avec un petit amour sur le titre et 8 figures. Recueil de chansons et calendrier.

[Coll. Gaston Tissandier.]

1898. — MODES PARISIENNES, Almanach Pour l'Année 1820, Orné de trois figures. || Paris, J.-N. Barba, Libraire, Palais-Royal, derrière le Théâtre-

Français, n° 51 ; Ladvocat, Libraire, Palais-Royal, Galerie de bois. 1820. In-18.

Frontispice colorié : Mercure, tenant d'une main une corne d'abondance et de l'autre élevant son caducée, voltige sur les attributs du commerce, de l'agriculture et de l'industrie.
Les deux gravures en couleur représentent : 1. Paysans de Buenos-Ayres et du Chily. — 2. Officier supérieur de l'armée de San Martin. Paysan à la suite de l'armée.
Contient une revue des modes des 4 Saisons, de la littérature, des théâtres ; un long article sur les produits de l'industrie et de l'art français à l'exposition du Louvre, la mention des acteurs ou actrices à la mode en 1819, un article sur les opinions politiques à la mode et quelques notes sur les embellissements de Paris.

[B.N.]

1899. — LE MOZART DES DAMES. ‖ Paris. (Vers 1820.) In-18.

Titre gravé. Recueil de chansons avec musique.

[D'après un catalogue de librairie.]

1900. — PETIT ALMANACH LÉGIS-LATIF, ou la Vérité en riant sur nos députés. ‖ Paris, chez P. Mongie. 1820. In-12.

Plaquette politique assez amusante due à Cauchois-Lemaire, Harel et de Saint-Ange, qui eut un très grand succès. Une 3ᵉ édition publiée en 1821 porte en plus sur le titre : « Revue et augmentée de notes, d'un post-scriptum, de la lettre d'un électeur à M. Chabrol, d'un tableau de la Chambre actuelle et d'un calendrier pour 1821 ».

[Cat. 2 fr. 50.]

1901. — LE PETIT CARILLONNEUR. Chansonnier. ‖ A Paris, chez Lefuel, Libraire, Rue St-Jacques, n° 54. (Vers 1820.) In-32.

Titre en lettres gravées.
Almanach orné de 5 gravures au pointillé, sans légendes, signées : Seb. Leroy del, Dathe sculp., et se rapportant au texte, parmi lesquelles à noter un marchand de coco.
Chansons par Armand Gouffé, Beaumarchais, Charles Malo, Désaugiers, Florian, Millevoye, Mayeur, Piron, Piis, Pons de Verdun, etc.

[B. N. — Y.]

1902. — Le PETIT CHANSONNIER DES SALONS, ou Choix de Chansons et de Romances, orné de Gravures. ‖ A Paris, chez Le Fuel, Relieur Libraire, rue St-Jacques, n° 54, près celle du Foin. (Vers 1820.) In-32.

Titre en lettres gravées.
Almanach orné de 2 gravures au pointillé, sans légendes, mais se rapportant au texte et signées Bosselmann del. et sculp.
Recueil de chansons d'Armand Gouffé, Belle ainé, Charles Malo, F. Mayeur, Ourry, etc.

[B. N. — Y.]

1903. — LE PETIT CHAPERON ROUGE. ‖ A Paris, chez Louis Janet, Libraire, successeur de son Père, rue St-Jacques, n° 59. (Vers 1820.) In-32.

Titre gravé avec sujet.
Almanach orné de 6 gravures dont voici les légendes : — 1. Rodolphe et Nanette. — 2. Alidor et Simplette. — 3. Prenez garde au Loup. — 4. le Talisman de Rodolphe. — 5. Claire et Robert. — 6. Rose d'Amour.
Recueil de chansons avec petit souvenir des Dames.

[Communiqué par M. Bihn.]

1904. — LE PETIT CONTEUR. ‖ A Paris, chez Louis Janet, Libraire, successeur de son père, rue St-Jacques, n° 59. (1820.) In-32.

Titre avec sujet (petit garçon).
A l'intérieur, un second titre sur lequel on lit : « Calendrier pour l'année 1820 »
Cet almanach est orné de 6 vignettes au pointillé, sans légendes.

[Ex. cartonné, cat. 4 fr.]

1905. — LA PETITE ÉCOLE DES MŒURS, Ornée d'anecdotes curieuses et morales. ‖ Paris, chez Louis Janet, Libraire, rue St-Jacques. (Vers 1820.) In-32.

Petit almanach comprenant huit maximes morales accompagnées de 12 jolies vignettes donnant 24 petits sujets gravés, où chaque vertu a sa contre-partie par un défaut commun.

[Ex. cart. tr. dorées, cat. 5 fr.]

1906. — LE PIED DE MOUTON ET LA QUEUE DU DIABLE. Almanach chantant. Pour la présente année. ‖ A Paris, chez Montandon, Libraire, succes-

seur de Madame Vve Quillau, rue Galande, n° 37. (Vers 1820.) In-32.

Recueil de chansons.
Almanach de colportage.

1907. — ROMANCIER DES DEMOI-
SELLES. || Paris, Louis Janet, Libraire,
rue St-Jacques·n° 59. (Vers 1820.) In-18.

Titre gravé avec petite vignette (chien du mont
St-Bernard sauvant un vieillard). Recueil de poé-
sies avec 3 compositions se rapportant au texte ;
1. Le Cid et Ferdinand. — 2. Le maréchal de
Luxembourg. — 3. La Louve de St-Amand.
Poésies d'Armand Gouffé, Boucher de Perthes,
Brès, Cadassol, Ulrich Guttinguer, Grétry neveu,
Legouvé, Ch. Malo, Ch. Nodier, de Ségur, Tastu,
Walter Scott, etc.

1908. — LE TABLEAU DE LA VIE.
Année 1820. || A Paris. In-128 (20^m sur
15).

Almanach orné de 8 figures de mœurs. Recueil
de chansons. Calendrier.
[Coll. Georges Salomon.]

1909. — THÉATRE DES DAMES, ou
Choix de jolies scènes tirées du répertoire
du Vaudeville. || Paris (vers 1820).
In-18.

Recueil dont il existe des exemplaires avec
figures coloriées, comme le Musée des Théâtres et
autres almanachs de la même époque.

1910. — LE TROUBADOUR FRAN-
ÇAIS. Almanach Lyrique. Dédié aux
Dames. || A Paris, chez Louis Janet,
Libraire, successeur de son Père, rue
St-Jacques, n° 59. (1820.) In-24.

Titre en lettres gravées, avec sujet (troubadour).
Recueil de chansons imprimées, avec cahiers de
musique gravée, en tête desquels se trouvent de
petites vignettes. Ces cahiers sont intercalés parmi
ceux imprimés et sont paginés à leur rang.
Recueil de chansons par Armand Gouffé, le
vicomte d'Arlincourt, Mme Desbordes-Valmore,
Ducis, Paul de Kock, Charles Malo, etc.
Calendrier.
[B.N.—Y]

1911. — L'AIMABLE POETE. || A Paris,
chez Le Fuel, Libraire, rue St-Jacques,
n° 54. (1821.) In-64.

Titre gravé au pointillé anglais, avec sujet
(Amour tenant une feuille).

Cet almanach est orné de six vignettes dont
voici les légendes : — 1. L'aimable poète. — 2. La
parure d'hiver. — 3. La question et les réponses.
— 4. Les nouveaux Annette et Lubin. — 5. Anacréon ressuscité. — 6. Le faux pas des belles.
Calendrier portatif se repliant.
[Ex. avec cartonnage, cat. 5 fr.]

1912. — ALMANACH DES CUMU-
LARDS, ou Dictionnaire historique des
dits individus cumulards, avec la note très
exacte de leurs divers appointements, traitements, pensions, le tout mis en lumière
par un homme qui sait compter. 1re année.
|| Paris, Librairie monarchique de Pi-
chard. 1821. In-18.

Avec un curieux frontispice gravé par Giraldon
Bovinet et une couverture imprimée. Le frontispice
est un portrait du cumulard gros et court, palpant
des écus et portant sur sa ceinture : « Vive qui
m'engraisse ! » Au milieu de plusieurs inscriptions
on lit : « Comme le tournebroche, je ne tourne
que bien garni. » Le texte donne la liste complète
de tous les personnages qui « cumulent » et du
chiffre de leurs appointements, « le tout dressé
d'après l'Almanach Royal de 1820 ».
C'est une sorte d'Almanach des Girouettes au
point de vue pratique, et surtout une violente
satire contre MM. Decazes, Villemain, Guizot,
Ampère, Andrieux et autres « cumulards ».
[Cat. de 5 à 6 fr.]

1913. — ALMANACH DES FEMMES
CÉLÈBRES par leurs talents, leur cou-
rage ou leurs vertus. || Paris, Ladvocat,
1821. In-18.

Très probablement une réimpression d'un des
nombreux almanachs de ce genre publiés au XVIIIe
siècle. Avec une figure.
D'après un catalogue de librairie.
[Cat. 3 fr.]

1914. — ALMANACH DU COMMERCE
DE L'ÉPICERIE DE PARIS. Par
M. J. Hardivilliers. || Paris. In-12.

[Bibliographie de Girault de St-Fargeau.]

1915. — ALMANACH ECCLÉSIASTI-
QUE A L'USAGE DU CLERGÉ DE
FRANCE et des personnes pieuses, Pour
l'An de Grâce MDCCCXXI ; Contenant le
Tableau du Clergé de Paris ; l'État de
l'Église de Rome ; les Dignités du Saint-
Siège ; les Diocèses de France, selon l'or-

dre des Provinces ecclésiastiques ; les Archevêques et Évêques du Royaume ; le Gouvernement temporel du Clergé de France, etc. etc. Suivi de Pensées extraites des plus grands écrivains et orateurs sacrés ; de Poésies chrétiennes de nos plus célèbres auteurs ; de Notices religieuses ; de Cantiques nouveaux ; de pieuses Anecdotes, telles que l'aventure authentique et surnaturelle du laboureur Thomas Martin. [Épigraphe :] « In Canticis spiritualibus in gratià cantates. » (Ép. ad. Col., c. 3, v. 16.) Par M. l'Abbé Gir***. Première année. || A Paris, chez Plancher, Libraire, quai Saint-Michel, maison neuve des cinq arcades. Domère, Libraire, même maison. 1821. In-12.

Contient, outre la liste du Clergé de France, quelques morceaux religieux, prose et vers, avec les lois relatives aux donations et legs aux établissements ecclésiastiques.

[B.N.]

1916. — ALMANACH LÉGISLATIF OU LA VÉRITÉ EN RIANT SUR NOS DÉPUTÉS. [Épigraphe :] « Intelligenti pauca ! » [Troisième Edition, Revue et augmentée de Notes, d'un *Post-Scriptum*, de la Lettre d'un Électeur à M. de Chabrol, d'un Tableau de la Chambre actuelle et d'un Calendrier pour 1821.] || A Paris, à la Librairie Universelle de P. Mongie, Boulevart Poissonnière, n° 18. 1821. In-8.

Frontispice : portrait, gravé par Gauthier, d'après le buste de Cortellier. Au-dessous, légende de huit vers.
Le texte se compose d'une sorte de revue critique de tous les députés.

[Communiqué par M. Greppe.]

1917. — ANNETTE, OU LE PLAISIR DES JEUNES BERGÈRES. Almanach chantant et divertissant. || A Paris, Chez Tiger, Imprimeur-Libraire, rue du Petit-Pont-Saint-Jacques, n° 10. Au Pilier Littéraire. (1821.) In-32.

Frontispice allégorique, sur bois et colorié.
Recueil de chansons avec calendrier.

[B.N.—Ye, 14245.]

1918. — BAZAR PARISIEN OU ANNUAIRE RAISONNÉ DE L'INDUSTRIE DES PREMIERS ARTISTES ET FABRICANS DE PARIS, offrant l'examen de leurs travaux, fabrications, découvertes, produits, inventions, etc. Ouvrage utile à toutes les classes de la Société. A la prospérité de l'industrie nationale. || Paris, au bureau du Bazar Parisien, rue des Quatre-Fils, n° 16, [puis rue St-Denis, n° 17.] 1821. 1ʳᵉ année. 1821 et suite. In-8.

La seconde année porte : « Bazar Parisien ou Tableau raisonné » ; à la cinquième année, le sous-titre se modifie encore et devient : « Ou choix raisonné des produits parisiens ». Couverture avec encadrement dans le goût de l'époque, lithographie par Engelmann. La première année est anonyme ; la *seconde* année porte le nom de Ch. Malo ; les autres les noms de MM. Faure, Finant et De Missolz, « collaborateurs de plusieurs journaux scientifiques et littéraires, membres de la société d'Encouragement ». D'après M. Paul Lacombe, il y aurait 5 années, mais, en fait, ce sont plutôt des éditions nouvelles que des années différentes, car l'avertissement du volume de 1825 qualifié *5ᵉ année* porte : « Le *Bazar* ne paraissait, dans le principe, que tous les deux ans, la vive impulsion donnée aux arts et à l'industrie par plusieurs institutions et notamment par les Expositions a rendu *nécessaire* une *publication annuelle*. »
Annuaire précieux pour les industries, donnant des notices sur toutes les fabrications dont il est parlé ; la cinquième année est classée par industries avec une table générale des matières. A ce point de vue, il se rapproche un peu de l'*Almanach sous Verre*. Se vendait 7 fr. broché.

[Coll. Paul Lacombe.]
[Cat. Sapin, 3 fr. 50.]

1919. — LE BON FRANÇAIS, OU LE RETOUR DE L'AMI FIDÈLE. Almanach chantant et récréatif. || A Paris, chez Tiger, Imprimeur-Libraire, rue du Petit-Pont Saint-Jacques, n° 10. Au Pilier littéraire. (1821.) In-32.

Frontispice sur bois, colorié (berger jouant un air de flûte à une bergère qui caresse un oiseau).
Recueil de chansons avec calendrier.
Publication de colportage.

[B.N.—Ye, 15769.]

1920. — CALENDRIER pour l'année 1821. || Paris, Caillot. In-18.

Simple calendrier, 6 charmantes figures et 12 petites vignettes représentant des vues de Paris. Très certainement a dû paraître pendant plusieurs années, comme, plus tard, les « Calendrier » de Louis Janet et les « Guide-Bijou », de Susse.

[Ex. cartonné, tr. dorées, avec étui, cat. 12 fr.]

1921. — LES CHANTS VILLAGEOIS.
|| Paris, Louis Janet, Libraire, Rue Saint-Jacques, n° 59. (1821.) In-32.

Titre gravé avec sujet (un villageois monté sur un banc et jouant du tambourin). Almanach gravé auquel est joint un cahier de « chansons nouvelles ». 8 figures, compositions dans un ovale avec tailles de burin dans les coins formant encadrement. — 1. Zelmis au bord d'un ruisseau. — 2. Colin et Colette. — 3. Les plaintes du berger. — 4. L'amant ingrat. — 5. La pauvre Isaure. — 6. Le vieux troubadour (curieux échantillon de troubadourisme Restauration). — 7. La lyre (un jeune troubadour empanaché assis sur un balcon et chantant :)

> Délices de l'ancienne Grèce,
> Aide-moi, Lyre enchanteresse,
> A fuir les outrages du tems ;
> Sauve-moi du commun naufrage ;
> Et conduis-moi sur ce rivage
> Où tout est gloire, hymne et printemps.

Pas exigeant le troubadour ! — 8. Ismène.

[Coll. de l'auteur.]

[Cat. 6 fr.]

1922. — UNE ÉTINCELLE PAR JOUR.
Première année. || A Paris, chez Lefuel, rue Saint-Jacques ; chez Delaunay, Palais-Royal, et chez Alphonse Giroux, au Magasin d'Étrennes, rue du Coq-Saint-Honoré. 1821. In-32.

Recueil de poésie légère, ancienne et moderne, donnant un morceau par jour. Frontispice représentant l'Amour et les mères des Muses, dessiné par Chasselat. Publication dirigée par un M. Lupin, imprimée avec soin par les Didot, ayant à la fin un agenda dit « de l'Étincelle ».

Suivant un avis de l'éditeur, cette encyclopédie annuelle devait se composer de dix volumes. J'ignore, toutefois, si cette première année a eu une suite.

[Coll. de l'auteur.]

1923. — ÉTRENNES MILITAIRES.
Contenant le Ministère de la Guerre, l'État-major général de l'Armée, les Lieutenants-généraux, les Maréchaux-de-camp, la Garde Royale, etc., etc. Pour l'Année 1821. De l'imprimerie de Richomme. || A Paris, chez Louis Janet, Libraire, successeur de son père, rue Saint-Jacques, n° 59. 1821-1833. In-32.

Renseignements administratifs et militaires, avec un précis chronologique des événements militaires de 1792 à 1815. A partir de 1824 le titre se trouve rédigé comme suit :

—*Étrennes Militaires*. Contenant L'organisation militaire ; l'État-major-général de l'armée ; les Maréchaux de France, les Lieutenants-généraux, Maréchaux-de-camp, les Colonels d'État-major ; les Gouverneurs des Divisions militaires ; la Maison Militaire du Roi ; les Ordres du Saint-Esprit, de Saint-Michel, de Saint-Louis, de la Légion d'honneur ; la Gendarmerie, l'Infanterie, la Cavalerie, avec leurs Colonels et leurs Lieutenants-Colonels, etc., etc. Pour l'Année 1824. || A Paris, chez Méquignon fils aîné, Libraire, rue Saint-Severin ; Et à Avignon, chez Chaillot Aîné, Imprimeur-Libraire, place du Change. 1824-1833. In-32.

En tête, feuilles se dépliant : cartes géographiques, plan de Paris, etc.

[B.N.]

1924. — FANFAN LA TULIPE, Almanach chantant, pour la présente année. || Paris, Stahl, Imprimeur-Libraire, Rue du Cloître-Notre-Dame. (1821.) In-32.

Frontispice sur bois, colorié (déclaration d'amour).

Recueil de chansons, avec calendrier.

Publication de colportage.

[B.N.—Ye, 21895.]

1925. — LA FILLE DISCRÈTE, OU LE VRAI BONHEUR. Almanach chantant et de société. || A Paris, Chez Tiger, Imprimeur-Libraire, rue du Petit-Pont, n° 10. (1821.) In-32.

Frontispice sur bois, colorié. (Couple amoureux s'embrassant.)

Recueil de chansons. — Publication de colportage.

[B. N.—Ye, 22295.]

1926. — LE GALANT MÉNESTREL.
|| A Paris, chez Marcilly, Rue St-Jacques, n° 21. (1821.) In-32.

Titre gravé. Recueil de chansons avec 6 planches non signées, gravées au pointillé anglais : 1. La Reine Marie-Stuart. — 2. Le Lion de Florence. — 3. Agnès Sorel. — 4. François 1er. — 5. Bayard mourant. — 6. Le Discret troubadour.

Le même almanach avec calendrier et Souvenir pour 1829, avec joueur de flûte sur le titre et la mention : « 22, rue St-Jacques, » au lieu de 21.

[Coll. Weckerlin.]

1927. — HOMMAGE AUX GRACES. || A Paris, chez Marcilly, rue St Jacques, 21. In-32.

Calendrier pour 1821. Recueil de chansons avec 6 planches gravées. A la fin est un ravissant « Souvenir des Dames » ayant pour vignette-titre la statue de Henri IV. En tête de chaque mois de l'Agenda-Souvenir, petites vues de Paris.

[Ex. cartonnage soie, cat. 10 fr.]

1928. — L'INGÉNUE DE QUATORZE ANS ET LE PLAISIR DE LA VIE. Almanach chantant et récréatif. || A Paris, chez Tiger, Imprimeur-Libraire, rue du Petit-Pont Saint-Jacques, n° 10, au Pilier Littéraire. In-32.

Frontispice colorié. Publication populaire. Almanach pour 1821.

1929. — LA JOURNÉE DES MUSES, ou le Cadeau des Grâces. Étrennes dédiées aux Demoiselles. Pour la présente année. || Au Mont Parnasse, chez Apollon. [Paris, Janet; Lille, Vanackère.] (1821.) In-32.

Frontispice sur bois (les Muses dansant autour de la statue d'Apollon).

Au-dessous, cette légende :
Les vers sont enfans de la lyre,
Il faut les chanter, non les lire.
Recueil de chansons, avec musique.
Calendrier. Publication de colportage.

[B.N.—Ye, 24674.]

1930. — LE LUTH FRANÇAIS. Almanach Lyrique, Dédié aux Dames. || A Paris, Chez Louis Janet, Libraire, successeur de son Père, rue St-Jacques, n° 59. (1821.) In-32.

Titre gravé avec vignette (jeune femme, un luth entre les bras, se précipitant dans les flots). Almanach entièrement gravé, composé de chansons avec leur musique, qui, très certainement a dû paraître antérieurement à 1821 et qui semble avoir été fondé pour faire concurrence au Souvenir des Ménestrels. Les vignettes se rapportent aux chansons, mais ce sont des petits sujets, en noir ou en couleur, figurant déjà dans d'autres almanachs de chez Janet. Ainsi, en face des romances la Pensée, le Rossignol, la Corbeille de Fleurs, on verra la pensée, l'oiseau, la corbeille de fleurs qui se trouvent sur le titre de l'almanach portant ce dernier nom. (Voir, plus haut, n° 1861).

Ce recueil contient des chansons avec musique de Delvimare, Fabry-Garat, Garat, Gatayes, Jadin, Lamparelli, Naderman, Pacini, Paër, Plantade, Pradher, Rigel, Spontini, etc.

[Cat. Gougy, 20 fr.]

1931. — LA MINERVE DES DAMES. || A Paris, chez Le Fuel, Libraire, Rue St-Jacques, n° 54. (1821.) In-32.

Recueil d'allégories, ornées d'élégants rinceaux, sorte d'iconologie morale avec figures caractérisant les vertus, les vices, les passions, les sciences et les saisons, gentiment coloriées dans le goût de l'époque et dont on retrouve la trace dans la décoration des boutiques de cette période. Avec calendrier pour 1821.

[Coll. Olagnon.]

1932. — NOUVEL ANNUAIRE PROTESTANT, 1821. || A Paris, chez Poulet, Imprimeur-libraire, et au bureau des « Archives du Christianisme ». In-18.

Frontispice : portrait de Ulrich Zwingli, le réformateur suisse, d'après le tableau du peintre zuricois, Hans Asper, gravé par H. Lips.

Suite du travail commencé en 1807 par M, Rabaut-Dupuy et continué par son frère Rabaut-Pommier.

Cet annuaire contient des éphémérides protestantes pour chaque mois de l'année, la liste détaillée des Églises, la collection des lois qui régissent le culte, la Discipline des Églises réformées qui est le vrai code religieux du protestantisme.

L'année 1821, la seule parue, donne les biographies de Zwingli et de Rabaut-Pommier. Une notice assez curieuse fait également connaître les droits que ce dernier aurait à la découverte de la vaccine.

La « Statistique des Églises Réformées de France, » publiée en 1822 par M, A. Soulier, ancien pasteur, vise à être une suite de cet Annuaire.

[Coll. Armand Lods.]

1933. — LE PETIT FABULISTE, Année 1821. || A Paris, chez Marcilly, rue St-Jacques, n° 21. In-128.

Avec un calendrier et 8 planches. Recueil de fables en chansons.

[Coll. Georges Salomon.]

1934. — PETITES ÉTRENNES RÉCRÉATIVES DE LA MODE, par G. Clavelin. Avec gravures. [Épigraphe :]

Aux usages reçus il faut qu'on s'accommode ;
Une femme surtout doit tribu à la mode,

|| A Paris, chez Delaunay, Libraire, au Palais-Royal, et Susse, Papetier, galerie du Panorama. 1821. In-12.

Articles sur la toilette, les ornements de tête, les chevelures artificielles, les bijoux, les dentelles, les gazes et toiles fines, les éventails, jarretières, chaussures, barbe et moustaches, voitures de luxe, danse. Cet almanach est, en outre, orné de curieuses compositions *gravées au trait*, signées : V. Adam *del* et *sculp*. — 1. Frontispice : Chacune à son tour.

Frontispice.

Chacune à son tour

— 2. Modes en retraite (modes dévotes). — 3. Restauration (une belle surannée cherchant à... restaurer son visage devant sa toilette). — 4 Philosophie de la mode (la toile légère s'élevant sur la tête des femmes en turban, sous forme de bec relevé en cornette). — 5. L'heureux quadrupède (Mᶫᶫᵉ Laguerre faisant servir ses chevaux par des valets de chambre). — 6. Déluge dramatique (La mode de pleurer au théâtre).

[B.N. || Coll. de l'auteur.]

[Cat. 25 fr.]

1935.— LA ROSE ET L'IMMORTELLE ou Nouveaux bouquets pour les fêtes, etc. Almanach chantant. || A Paris, chez Tiger, Imprimeur-Libraire, rue du Petit-Pont, nº 10. (1821.) In-32.

Publication de colportage, recueil de chansons.

Frontispice colorié *représentant deux femmes dans un jardin en train de s'offrir des fleurs.*
Calendrier pour 1821.

[Cat. E. Rondeau, 4 fr.]

1936. — LES SAISONS LYRIQUES. Chansonnier dédié aux Dames. Orné de cinq gravures et de quatre Airs notés. || A Paris, chez Pesche, Libraire, rue de Seine St Ger(main), nº 66, Impr. Lith. de A. Cornillon. 1821. In-16.

Recueil de chansons de divers auteurs. Les gravures sont des lithographies (vues et scènes diverses) signées Lemercier *inv. et fecit.*

[Coll. Olagnon.]

1937. — SOUVENIR DE TERPSICHORE, RECUEIL DE CONTREDANSES. Dédié à Mᵐᵉ la Baronne Delage Par F. Leblond. || A Paris, chez Alph. Giroux, rue du Coq-St-Honoré, nº 7, et chez Le Fuel, Libraire, rue St-Jacques, nº 54. In-12 oblong.

Titre gravé avec figures de femmes dansant, trois quadrilles, 4 figures reproduisant des tableaux. Souvenir pour 1821, et calendrier également gravé.

[Coll. de l'auteur.]

1938. — ALMANACH DE L'UNIVERSITÉ ROYALE DE FRANCE et des autres établissements d'Instruction publique. || Paris, Brunot-Labbe, puis Hachette, 1822-1848, 26 années. In-18, puis in-8 à partir de 1836.

Almanach-annuaire donnant les noms du personnel et tous les documents officiels de l'Université.

[Les 13 premières années, cat. 20 fr.]

1939. — ALMANACH DES SPECTACLES pour l'An 1822. Contenant une notice sur les principaux théâtres de Paris, depuis le commencement du xıxᵉ siècle, l'histoire de l'origine et de l'établissement de chacun de ceux qui existent aujourd'hui, personnel, répertoire, pièces nouvelles, nécrologie, débuts, etc., principaux théâtres de France et de l'étranger, jardins, établissements publics de tout genre, prix des places, etc. Ouvrage utile aux étrangers et à toutes les personnes qui fréquentent les spectacles. || Paris, chez J.-

N. Barba, Libraire, Palais-Royal, éditeur, propriétaire des œuvres de MM. Pigault-Lebrun, Picard et Alex. Duval. 1822-31, 1834-1835 et 1837. 12 vol. in-12.

La publication annuelle de cet almanach, commencée en 1822, a continué jusqu'en 1831 sans interruption ; il a paru depuis en 1834, 1835 et 1837.

Le titre de chaque année donne le sommaire des matières contenues dans le volume.

Ces almanachs sont précieux à consulter pour tout ce qui touche au théâtre à Paris, dans les départements, et à l'étranger. Ils ont été rédigés, le premier, par *Pierre-François Camus dit Merville*, le poète-dramatique-comédien puis auteur, et les autres par M. *Coupart*, ex-chef du bureau des théâtres, au ministère de l'Intérieur. La 1ʳᵉ année seule possède un calendrier.

A partir de l'année 1826, le verso du faux-titre contient un avis qui n'est autre qu'une réclame formidable pour Barba, l'éditeur. « Sa réputation bien établie et plus qu'européenne », y lit-on, « lui a valu et lui vaudra toujours la confiance que méritent sa loyauté et la franchise de son caractère. On lui doit trois belles entreprises et trois auteurs contemporains. » — Cette même année 1826 donne une table analytique des lois et réglements relatifs aux théâtres, de 1790 à 1820.

La dixième année, publiée en 1834, explique les motifs de la non-apparition depuis 1831.

« Les théâtres »,lit-on dans l'article d'introduction, « ont eu à lutter contre le choléra, les émeutes et les critiques acerbes de quelques écrivains qui se font un plaisir de condamner toutes les productions nouvelles, et notamment le *vaudeville*, genre auquel ils ont juré une guerre à mort. » — Toutes les nouveautés représentées de 1831 à 1834 figurent dans l'almanach de 1834.

Le titre de l'année 1835 se trouve ainsi modifié : — *Almanach des Spectacles de 1835 et Rappel de 1834. Agenda des Théâtres de France et des théâtres français à l'étranger.* — Même libellé pour 1837.

[Les années séparées se vendent de 2 fr. 50 à 3 fr. La collection complète de 50 à 60 f.]

1940. — L'AMANT DÉLICAT, OU LE SONGE AMOUREUX. Almanach chantant. ‖ A Paris, chez Tiger, Imprimeur-Libraire, rue du Petit-Pont-Saint-Jacques, n° 10. (1822.) In-32.

Frontispice gravé, colorié, représentant le songe amoureux.
Recueil de chansons, avec calendrier pour 1822.
Publication de colportage.

[B. N. — Y.]

1941. — L'AMOUR PIQUÉ PAR UNE ABEILLE. Almanach chantant pour la présente année. ‖ A Paris, chez Caillot, Libraire, rue St-André-des-Arcs, n° 57. (1822). In-32.

Frontispice, gravure sur bois coloriée.
Chansons populaires destinées au colportage. Avec un calendrier.

[Ex. cart. cat. 4 fr.]

1942. — L'AMOUR RAMONEUR, OU LE PETIT SÉDUCTEUR. Almanach chantant et de société. ‖ A Paris, chez Tiger, imprimeur-libraire, rue du Petit-Pont-Saint-Jacques, n° 10. Au Pilier littéraire. (1822.) In-32.

Frontispice sur bois, colorié, (Amour en ramoneur entrant chez trois dames).
Recueil de chansons, avec calendrier.
Publication de colportage.

[B. N. — Y].

1943. — L'ANTI-LIBÉRAL, ou le Chansonnier des honnêtes gens. ‖ Paris, 1822. In-18.

Recueil de chansons politiques conçues dans un esprit conservateur.
[D'après un catalogue de librairie.]

[Cat : 3 fr. 50.]

1944. — LE BIJOUX (*sic*) GALANT. (1822.) In-128.

A la fin se trouve l'indication suivante : « A Paris, chez Marcilly, rue St-Jacques, n° 21. »
Vase de fleurs sur le titre. Almanach orné de 8 planches. Recueil de chansons. Calendrier.

[Coll. Georges Salomon.]

1945. — LES CHANTS VILLAGEOIS OU LE GALANT MÉNESTREL. Étrennes nouvelles dédiées au beau sexe. Pour la présente année. ‖ A Cythère, l'an des plaisirs. [Paris, Janet ; Lille, Vanackere.] (1822.) In-32.

Frontispice sur bois (jeune homme embrassant une jeune femme). Au-dessous, cette légende :

Fille jolie en un jardin,
A la méprise nous expose,
Et l'Amour lui fait le larcin
Que le Zéphir fait à la rose.

Publication de colportage. Recueil de chansons, avec musique et calendrier.

A la fin on lit : « Cet almanach ainsi qu'un grand nombre d'autres fins et communs se trouve : A Paris, chez L. Janet, Libraire, rue St-Jacques. A Lille, chez Vanackere, Imprimeur-Libraire, Grande Place, n° 26, et chez les principaux Libraires du Royaume. »

[B. N. — Ye, 18143.]

1946. — ÉTRENNES DU PAPA MOMUS A SES ENFANTS : Par Soyé. [Épigraphe] :

> Sans la chanson, en France,
> Que deviendrions-nous ?

|| A Paris, chez Martinet, rue du Coq, 3 ; Vente, boulevard des Italiens ; Dentu, Palais-Royal, galerie de bois. 1822. In-18.

Frontispice : Homme assis jouant d'une lyre qu'il a l'air de tenir devant lui comme un sacrement : à ses côtés, une femme avec un châle au vent, qui paraît transportée par les accents harmonieux du « papa Momus ».

Chansons épicuriennes, non signées.

[Coll. de l'auteur.]

1947. — ÉTRENNES LIBÉRALES POUR L'ANNÉE 1822. || Paris, Raynal, libraire, rue Pavée-Saint-André-des-Arcs, n° 13. 1822. In-8.

D'après un avertissement, ces « Étrennes » devaient paraître régulièrement tous les ans. « Ce Recueil patriotique », lisait-on, « sera chaque année, orné d'un portrait : celui d'un grand citoyen, illustre par son caractère et son sincère dévouement à la cause de la philosophie et de la liberté. »

L'année 1822, la seule qui ait, je crois, paru, a pour frontispice le portrait de Dupont (de l'Eure) gravé par Ambroise Tardieu, et contient comme matières : la Charte constitutionnelle ; Épître au Peuple, poésie par Thomas, de l'Acad. française, des poésies diverses, des chansons, des bons mots, anecdotes, faits historiques, pensées, maximes, observations, les Ana de M. de Chateaubriand ; Sur Atala, par Chénier ; le Libéral et la Marquise, dialogue ; Clairbeau, ecclésiastique chouan, condamné à mort en 1801 ; enfin des biographies de députés.

L'éditeur de ces « Étrennes » était un nommé Louis du Bois.

[Coll. de l'auteur.]

1948. — ÉTRENNES ROYALES DE LA COUR, tirées de la Connaissance des Temps, contenant les Lieux des principales Planètes, les Levers et les Couchers du Soleil et de la Lune, la hauteur des Marées, etc. Pour l'an 1822. Avec la Naissance des Souverains, Princes et Princesses de l'Europe, l'Ordre du Saint-Esprit, les Ambassadeurs, les Maisons du Roi et de la Famille royale, etc. || A Paris, chez Louis Janet, Libraire, successeur de son père, rue St Jacques, n° 59. 1822-1832. In-32.

Renseignements administratifs. Concurrence au « Calendrier de la Cour ».

A partir de 1824, le titre se trouve rédigé comme suit :

— *Étrennes royales*. Contenant la maison du Roi et celles des Princes, les Conseils et Conseillers d'État ; les divers Ministères ; la Chambre des Pairs et celle des Députés des Départements ; les Cours royales, etc. Pour l'année 1824. || A Paris, chez Méquignon fils aîné, Libraire, rue Saint-Séverin ; Et à Avignon, chez Chaillot aîné, Imprimeur-Libraire, place du Change. 1824-1848. In-32.

A partir de 1833, il porte : « Étrennes royales de France. »

En tête, feuilles se dépliant : cartes et tableaux géographiques.

[B. N.]

1949. — LE GALOUBET DES BOULEVARDS. Chansonnier nouveau pour la présente année. || A Paris, chez Tiger, Imprimeur-Libraire, rue du Petit-Pont-Saint-Jacques, au coin de celle de la Huchette. Au Pilier littéraire. (1822.) In-32.

Frontispice sur bois, colorié (cérémonie mythologique).

Recueil de chansons, avec calendrier.

Publication de colportage.

[B. N. — Ye, 22975.]

1950. — LE GALOUBET, Chansonnier par L. T. Gilbert. || A Paris, chez Peytieux, libraire, passage du Caire, n° 121. (1822.) In-12.

Recueil de poésies non signées. Titre gravé avec petit sujet. Frontispice : gravure pour une des chansons du recueil.

[Coll. Olagnon.]

1951. — LE GENTIL AYMAR, OU LE CHAPERON DE ROSES. Almanach chantant dédié au beau sexe. || A Paris, chez Tiger, Imprimeur-Libraire, rue du Petit-Pont, nº 10. (1822.) In-32.

Frontispice sur bois, colorié. — Recueil de chansons, avec calendrier.

Publication de colportage.

[B. N. — Y.]

1952. — L'HONNEUR ET LES DAMES. || A Paris, chez Janet, Libraire, Rue St Jacques, nº 59. (1822.) In-32.

Titre en lettres gravées avec sujet (Amour tenant d'une main une épée, de l'autre une couronne de roses).

Almanach orné de 6 gravures signées : Séb. Leroy *inv.* Noël *sculp.*, dont voici les légendes : 1. D'Urfé. — 2. Les Croisades. — 3. Le sire de Joinville. — 4. Tu ne pleureras plus. — 5. Le petit air boudeur. — 6. Le petit nègre.

Recueil de chansons.

On rencontre des exemplaires dans un emboîtage en cuivre avec verres sur les plats, et portant ce titre : *Les Poètes et les Belles.*

1953. — LE JOYEUX BOUTE-EN-TRAIN ET LES FRANCS BUVEURS. Almanach chantant et divertissant. || A Paris, chez Tiger, Imprimeur-Libraire, rue du Petit-Pont-Saint-Jacques, nº 10. Au Pilier littéraire. (1822) In-32.

Frontispice allégorique, gravé et colorié. — Recueil de chansons, avec calendrier.

[B. N. — Ye, 24696.]

1954. — LES JOLIS CAPRICES. || A Paris, chez Louis Janet, Libraire, successeur de son Père, rue St Jacques, nº 59. In-32.

Titre et texte gravés. Recueil de chansons avec 8 jolies figures.

[D'après un catalogue].

[Ex. mar. r. dent. avec étui, cat. 15 fr.]

1955. — LA LYRE FRANÇAISE. || A Paris, chez Louis Janet, Libraire, Successeur de son Père, Rue St-Jacques, nº 59. (1822.) In-24.

Titre en lettres gravées, avec sujet représentant un chevalier moyen âge, au-dessous duquel on lit : Éginard.

Almanach orné de 6 gravures, dont voici les légendes : — 1. Henriette de Volmar.— 2. Serment d'aimer. — 3. Adèle ou la Rose. — 4. L'enlève-

ment nocturne. — 5. La Pastourelle et l'Écho. — 6. Chant d'Eysler.

Recueil de chansons imprimées, à la suite duquel se trouve un cahier de chansons gravées dont la pagination continue celle des cahiers imprimés.

1956. — LES MODES ET LES BELLES. Almanach nouveau, rédigé par le Caprice. || A Paris, chez Louis Janet, Libraire, Successeur de son père, Rue St-Jacques, nº 59. (1822.) In-12.

Titre gravé avec vignettes en couleur, 6 figures de modes coloriées, dont voici les légendes : 1. Le négligé d'une coquette. — 2. La toilette de la mariée.— 3. Jadis et aujourd'hui. — 4. Le maître de danse. — 5. L'observateur aux Tuileries. — 6. Un coëffeur (*sic*) à la mode.

Texte en prose et en vers sur les modes du temps, les lieux fréquentés par les élégants, le goût dans les costumes, etc.

Calendrier pour 1822.

Cet almanach se vendait cartonné et doré sur tranches dans un étui. Cartonnage et étui sont ornés de fleurs et d'arabesques.

[B. N. — Lc 34.]

[Coll. de Savigny.]
[Cat. Techener, ex. cart. étui, 48 fr.]

1957. — LES MOIS OU LEUR ORIGINE figurée en douze gravures. || A Paris, chez Le Fuel, Libraire, Rue St-Jacques, nº 54. (1822.) In-32.

Etude sur les mois, en général et en particulier, en prose et en vers. Chaque mois a un discours en vers, puis des couplets et des historiettes sur certaines de ses particularités. Les 12 gravures, gravées par Pomel et très finement exécutées au pointillé de couleur, représentent : 1. Janvier dans le char de Janus conduit par le Verseau. — 2 Février conduit par les Poissons. — 3. Mars conduit par le Bélier. — 4. Avril conduit par le Taureau. — 5. Mai conduit par les Gémeaux. — 6. Juin conduit par le Cancer. — 7. Juillet ou Jules César conduit par le Lion. — 8. Août ou Auguste, conduit par la Vierge. — 9. Septembre traînant les Balances. — 10. Octobre ou Pomone traînée par le Scorpion. — 11. Novembre, représenté comme le Sagittaire enseignant à Achille l'art de se servir de l'arc. — 12. Décembre conduit par le Capricorne.

[Coll. de Savigny.]

[Cat. 12 fr.]

1958. — LE MUSÉE DES THÉATRES. || A Paris, chez Le Fuel, Éditeur-Li-

braire, rue St-Jacques, n° 54. (1822).
In-18.

Ravissant petit almanach avec frontispice et portraits d'acteurs, coloriés. Le frontispice représente un afficheur placardant l'annonce de la publication ; tout autour sont les affiches des représentations du jour.

A PARIS
Chez LE FUEL. Editeur Libraire, Rue S.¹ Jacques. N.° 56.

Ce texte est un compte rendu, par théâtre et par date chronologique, des pièces représentées dans le courant de l'année, avec les meilleurs couplets des vaudevilles à la mode. L'almanach s'ouvre par un dialogue entre un musard et l'afficheur que je reproduis dans ses parties essentielles, comme amusant spécimen de réclame :

« Le Musard. — Dis-moi, mon ami, qu'affiches-tu donc là ?

« L'Afficheur. — Ne m'en parlez pas, monsieur : voilà deux heures que je colle ; je suis tout en nage.

« Le Musard. — Je vois ce que c'est. Il s'agit d'un chien perdu, d'un serin envolé, ou d'une...

« L'Afficheur (l'interrompant). — Laissez-donc, nous n'allons pas sur les brisées des Petites-Affiches.

« Le Musard. — C'est peut-être un médecin qui change de domicile ?

« L'Afficheur. — Encore moins...

« Le Musard. — Enfin, ta nouvelle annonce ?

« L'Afficheur. — N'intéresse que les Dames.

« Le Musard. — C'est donc quelque cosmétique, l'eau des Odalisques ou l'huile de Macassar ?

« L'Afficheur.—Pas du tout... Tenez, lisez.... C'est le Musée des Théâtres, petit ouvrage dedié au beau sexe...

« Le Musard.—Le Musée des Théâtres ! Diable! le titre promet. Et il se vend ?

« L'Afficheur. — Voyez en bas.

« Le Musard.—Rue Saint-Jacques...'Ça se rencontre bien, j'ai affaire dans ce quartier-là : j'en prendrai six exemplaires en passant.

« L'Afficheur (étonné). — Six exemplaires !

« Le Musard. — Oui, pour mes deux filles, mes trois nièces et ma petite filleule. Cela doit les amuser en les mettant au courant des nouveautés, ne fût-ce que pour faire diversion à leurs lectures ordinaires.

« L'Afficheur. — Que lisent-elles donc ?

« Le Musard. — Lord Byron et Walter Scott.

« L'Afficheur. — Des romans anglais ! (Prenant son pot et son échelle). Monsieur, je vous souhaite bien le bonsoir. »

(Il lui tourne le dos.)

Faisons de même : tournons les pages, ou plutôt notons les portraits qui figurent dans l'almanach : 1. Nourrit (rôle du Tasse dans la Mort du Tasse, Op.) — 2. Martin (rôle du Maître de chapelle, Op.-Com.) — 3. Mᵐᵉ Lemonnier (rôle de Nina dans la Folle par Amour, Op.-Com.) — 4. Mᵐᵉ Perrin (rôle de Cécile dans la Somnambule, Vaud.) — 5. Philippe (rôle de M. Déluge dans le Permese gelé, Vaud.)—6. Mˡˡᵉ Rivière (rôle d'Alphonse dans la Demande en grâce, Vaud.) — 7. Odry (rôle de Blaisot, dans le Paris de Suresne, Var.) — 8. Mˡˡᵉ Flore (rôle de Fraîche-Marée dans la Marchande de Goujons, Var.) — 9. Le Peintre (rôle de M. Lerond, Vaud.) — 10. Mˡˡᵉ Jenny Vertpré (rôle de la Princesse Abricotine dans Riquet à la Houppe.)

[Coll. Sardou.]
[Cat. Sapin, 18 fr.]

1959. — LE PETIT ARLEQUIN pour l'année 1822. ‖ A Paris, chez Le Fuel, rue St Jacques. In-128 (20ᵐⁱˡˡ sur 15).

Arlequin sur le titre. Almanach orné de 11 planches. Le texte est composé de chansons. Calendrier.

[Coll. Georges Salomon.]

1960.— LE PETIT MESSAGER DES GRACES, OU LE PASSE-TEMPS DE LA JEUNESSE. Étrennes dédiées aux Demoiselles, pour la présente année. ‖ Au

Mont-Parnasse, chez les Nœuf Sœurs [Paris, Janet; Lille, Vanackere.] (1822.) In-32.

Frontispice sur bois (l'Amour et les Grâces), avec cette légende :

> Ma foi, Minerve aura beau faire,
> En lui même, dit-il un jour :
> Je reprends mon métier d'Amour,
> Et je m'en retourne à Cythère.

Publication de colportage.
Recueil de chansons, avec musique. Calendrier.

[B. N. — Y.]

1961. — LE PETIT PÉLERIN. ‖ A Paris, chez Louis Janet, Libraire, Successeur de son Père, rue St Jacques, n° 59. (1822.) In-32.

Titre gravé avec sujet au pointillé (un petit pélerin). Almanach orné de 6 gravures au pointillé dont voici les légendes : — 1. Le petit Pélerin (Amour en pélerin sonnant une cloche).— 2. La Pélerine. — 3. Question indiscrète. — 4. Le feu du Ciel.—5. La jeune Pélerine. —6. L'amour mendiant.
Recueil de chansons.
A la fin : « Souvenir des Dames » et calendrier.

[B. N. — Y.]

1962. — LES PETITS MONTAGNARDS. Année 1822. ‖ Paris, chez E. Jourdan, quai des Augustins, 17. In-128.

Petit almanach, de 3 cent. de hauteur sur 25 millim. de largeur, orné de petites gravures se rapportant aux chansons.

[Coll. de l'auteur.]

1963. — ROSE ET PENSÉE. ‖ A Paris, chez Marcilly aîné, Libraire, Rue St.-Jacques n° 10 (1822). In-32.

Recueil de poésies avec titre gravé et 6 figures au pointillé anglais, sans légendes, mais servant d'illustrations aux chansons suivantes : — 1. Robert — 2. L'Amour mendiant. — 3. La sollicitude maternelle. — 4. Le petit balayeur. — 5. Ah ! Colin que vous ai-je fait ? — 6. La pénitence.
Avec un « Souvenir des dames. »

[Coll. de l'auteur.]

1964. — SOPHIE, OU LA PETITE MARCHANDE DANS LES CAFÉS. Almanach chantant pour la présente année. ‖ A Paris, chez Tiger, Imprimeur-Libraire, rue du Petit-Pont-Saint-Jacques, n° 10. Au Pilier littéraire. (1822.) In-32.

Frontispice sur bois, colorié (intérieur de café).
Recueil de chansons, avec calendrier.
Publication de colportage.

[B. N. — V.]

1965. — LE TEMPLE DE VÉNUS, OU L'ILE ENCHANTÉE. Almanach chantant et amusant. ‖ A Paris, chez Tiger, Imprimeur-Libraire, rue du Petit-Pont-Saint-Jacques, n° 10. Au Pilier littéraire. (1822.) In-32.

Frontispice sur bois, colorié (Amours rendant hommage à Vénus).
Recueil de chansons, avec calendrier.
Publication de colportage.

[B. N. — V.]

1966. — ALMANACH DE POCHE DU DUC DE BORDEAUX, contenant des anecdotes nationales et autres. ‖ Paris, 1823. In-32.

Frontispice avec encadrement de fleurs de lis représentant, dans un médaillon, le jeune prince, au dessus duquel est la couronne royale. Avant le calendrier, 4 vignettes emblématiques des Saisons.

1967. — ALMANACH DES MUSES CHRÉTIENNES. ‖ Paris, Lefuel, Libraire. 1823. In-18. Prix 3 fr.

Avec 2 gravures. Fut reproduit l'année suivante sous le titre de :
— Les Muses Chrétiennes ou choix de poésies religieuses et morales. Paris, Masson, 1824.

[Coll. de l'auteur.]

1968. — ALMANACH JUDICIAIRE DU DÉPARTEMENT DE LA SEINE. Contenant les listes de MM. les magistrats et de MM. les Officiers Ministériels près la Cour de Cassation, la Cour Royale, les Tribunaux et Justices de Paix, le tableau de l'Ordre des Avocats, des Notaires, des Commissaires-Priseurs, etc., etc. 1823. [Prix : 1 fr. 50 c.] ‖ Paris, Warée fils aîné, au Palais de Justice, et se trouve au Secrétariat de l'Ordre des Avocats. Et chez Lecomte, Papetier, rue Dauphine, n° 25. 1823-1824. In-18.

Contient les listes des membres du corps judiciaire de France.

[B. N.]

1969. — ANNUAIRE DIPLOMATI-QUE pour 1823 contenant les dates des naissances et mariages des Souverains de l'Europe ; les noms des ministres des diverses Cours, le personnel du corps diplomatique, les noms et les résidences des agens consulaires, les promotions et mutations qui ont eu lieu parmi les fonctionnaires ci-dessus, depuis le 1er janvier 1821, et enfin, une nécrologie des souverains, princes et princesses, ainsi que des premiers fonctionnaires civils et militaires, réunis et classés par le baron Charles de Martens. || A Paris, chez Treuttel et Würtz, Maurice Schlesinger, à Leipzig, chez Brockhaus, etc. In-18.

Ouvrage précieux par son exactitude et par les connaissances spéciales de son auteur dans les questions diplomatiques.

1970. — L'APROPOS (sic) GALANT. Année 1823. || A Paris, chez Marcilly fils, rue St-Jacques, n° 21. In-128.

Almanach gravé, chansons et calendrier, avec 8 petites figures.
[Coll. Georges Salomon. || Coll. Gaston Tissandier. Exemplaire avec l'indication : « A Paris, chez Desrosiers, Rue des Lombards, n° 46. »]

1971. — ÉTRENNES RELIGIEUSES Pour l'an de grâce 1824. An premier du Pontificat de Léon XII. An de la paix rendue à l'Espagne. [Épigraphe :] Jésus-Christ étoit hier ; il est aujourd'hui. S. Paul aux Héb., XIII, 8. || A Lyon, chez Rusand, Libraire-Imprimeur du Roi, puis chez Guyot. A Paris, à la Librairie ecclésiastique de Rusand, rue de l'Abbaye, n° 3. 1823. In-12.

Voici ce qu'on lit dans l' « Avertissement de l'Éditeur » placé en tête de l'ouvrage :
« Les circonstances favorables dans lesquelles nous nous trouvons nous engagent à reprendre l'impression des Étrennes Religieuses, qui avaient été publiées dans un temps avec succès : le même esprit sera conservé dans cette nouvelle collection. »
Le texte se compose d'articles variés redigés naturellement au point de vue catholique.
[B. N. Années 1824, 1825, 1826, 1827, 1829, 1830, 1832, 1837.]

1972. — LA FAVORITE DES QUAIS, DES HALLES ET DES MARCHÉS. Almanach Chantant et Recréatif. || A Paris, chez Tiger, Imprimeur-Libraire, rue du Petit-Pont. Au Pilier Littéraire. (1823.) In-32.

Publication de colportage. Frontispice grossièrement enluminé. Recueil de chansons avec calendrier ; très certainement le même que le Chansonnier des Boulevards de 1814, mis en vente sous un titre nouveau.

[Coll. Weckerlin.]

1973. — LE GRÉTRY DES DAMES. || Paris, Louis Janet, libraire, Successeur de son Père, Rue St.-Jacques, n° 59. (1823.) In-18.

Titre gravé avec sujet (homme assis sur un banc et pleurant, tandis qu'une sœur de charité vient vers lui). Almanach orné de 6 gravures au pointillé anglais, dont voici les légendes : — 1. Le Retour du Croisé. — 2. La Vierge du Vallon (poésie du vicomte d'Arlincourt). — 3. Le Jaloux Trompé. — 4. Le Vieux guerrier. — 5. Le Désert. — 6. Le Paria de Bengalore.
Texte composé de chansons avec musique gravée.
[Ex. en soie rouge, avec larges dentelles sur les plats et étui, cat. 15 fr.]

1974. — LES JOLIS CAPRICES, OU L'APPEL AUX PLAISIRS, Étrennes Dédiées aux Demoiselles, Pour la présente année. || A Paphos, au Temple de l'Amour. [Paris, Janet, et Lille, Vanackere]. (1823.) In-32

Frontispice sur bois (couple se préparant à entrer dans une nacelle dont la voile est tenue par l'Amour). Au-dessous, cette légende :

L'Amour sur toute la nature
De son flambeau lance les feux ;
Le Ciel sourit, l'onde murmure :
Tout subit l'empire amoureux.

Recueil de chansons, dont quelques-unes avec musique. Calendrier pour 1823.
Publication de colportage.
[B. N. — Ye, 24587.]

1975. — MADAME DE LA VALLIÈRE ou Sœur Louise de la Miséricorde. || A Paris, chez Le Fuel, Libraire, Rue Saint-Jacques, n° 54, près celle du Foin. (1823.) In-18.

Titre en lettres gravées. Frontispice gravé au pointillé anglais, signé Séb. Le Roy del. et Massot scul. 4 gravures, également au pointillé, également signées Le Roy et Massot, représentant des épisodes de la vie de Mademoiselle de la Vallière. Comme pour toutes les petites publications de chez Le Fuel, il existe des exemplaires aux gravures coloriées.

Almanach suivi d'un « Souvenir gravé », avec sujet sur le titre et en-tête pour chacun des mois de l'année, faisant partie de la même série que *Marie-Antoinette*.

Calendrier imprimé pour 1823.

[Exemplaire, joli cartonnage avec étui ; sur chaque plat, paysage colorié signé *Couché fils sculp.* cat. 35 fr.]

[Coll. de Savigny.]

1976. — MIROIR DES MODES PARISIENNES. || Paris, Louis Janet, Libraire, Rue St-Jacques, n⁰ 59. (Vers 1823.) In-12.

Titre gravé avec vignette en couleur, représentant la Folie. Almanach orné de six figures de modes coloriées, dont voici les légendes : — 1. Le marais et la chaussée d'Antin (modes anciennes et nouvelles). — 2. Une soirée d'artistes. — 3. La dot et la Prétendue (entrevue d'un oncle et de son neveu). — 4. Une visite au Mont-de-Piété. — 5. L'art de tenir son chapeau. — 6. Voilà bien les femmes (scène entre un amant du xviiiᵉ siècle et sa jeune maîtresse).

Notices intéressantes sur les modes de l'année, pour chaque mois, avec quelques anecdotes et des réflexions curieuses sur les goûts, les amusements et le genre de vie des élégants et élégantes de l'époque.

Cet almanach se vendait cartonné et doré sur tranches, dans un étui. Cartonnage et étui sont ornés de fleurs et arabesques.

[Cat. de 40 à 50.]

[Coll. de Savigny.]

1977. — LE NOUVEL ENFANT DE LA GOGUETTE Pour l'année 1823. Publié par P. E. Debraux. || A Paris, chez Le Couvey, Libraire, Pal. Royal, galerie de bois, n° 227, Sanson, Libraire, Boulevart Bonne-Nouvelle, n° 13, Delarroque, Boulevart Poissonnière, n° 1. 1823. In-12.

Titre gravé avec vignette reproduisant un sujet de la première chanson.

Frontispice *gravé* représentant 3 buveurs, avec la légende suivante : « La Goguette est de tous les âges. »

Recueil de chansons dues, pour la plupart, à Debraux, Fougeray, Demailly, Louis.

1978. — LE RÈGNE DE LA MODE. Nouvel Almanach des Modes, Rédigé par

le Caprice. || A Paris, chez Louis Janet, Libraire, successeur de son père, Rue St-Jacques, n⁰ 59. (Vers 1823.) In-18.

Titre avec une Folie trônant sur son fauteuil, gentiment gravée au pointillé de couleur.

Comme toutes les publications du même genre, cet almanach se compose d'une série de petits articles sur des objets concernant les modes, les mœurs, la société ; le tout divisé par mois, avec un bulletin et le compte rendu des séances de la fameuse Chambre des modes. Articles à signaler : Le Jardin Turc, Les Blouses, Qu'est-ce qu'un Album ? Modes étrangères, Agenda d'une jolie femme, etc.

Il est accompagné de 6 planches très finement coloriées : 1. Le Duel et le déjeuner. — 2. L'écarté. — 3. La Bascule. — 4. La Promenade. — 5. Les Blouses. — 6. La Lecture d'un roman.

[Cat. Alisié : ex. broché pour 1823, 22 fr. || Cat. Techener, ex. cart. étui, 48 fr.]

[Coll. de Savigny.]

1979. — SIMPLESSE ET CANDEUR. || Paris, Janet. 1823. In-32.

Titre gravé. Recueil de chansons avec 6 figures au pointillé.

D'après un catalogue de librairie.

[Cat. 4 fr.]

1980. — TABLETTES ROMANTIQUES, Recueil orné de quatre portraits inédits et d'une vignette lithographiée par MM. Colin et Boulanger. || Paris, Persan éditeur, rue de l'Arbre-sec, n° 22, Pélicier, libraire, place du Palais-Royal, 243. 1823. In-18.

Recueil contenant, suivant l'avertissement de l'auteur, des pièces rares ou inédites et qui inaugura la série qui devait se continuer en 1825 sous le titre de *Annales Romantiques*. On y trouve des productions de tous les auteurs connus de l'époque. La vignette annoncée sur le titre, due à Louis Boulanger, représente la *Muse Romantique* : les quatre portraits sont ceux de Soumet, Guiraud, Nodier et Ancelot.

Avec un calendrier.

[Cat. de 4 à 12 fr.]

1981. — VALEUR ET CONSTANCE. Année 1823. || A Paris, Chez E. Jourdan, quai des Augustins, n° 17. In-128 (20ᵐⁱˡˡ sur 15).

Petit almanach gravé, orné de 8 figures, avec chansons. Calendrier.

[Coll. Gaston Tissandier.]

1982. — ALMANACH DE LA DIREC-TION GÉNÉRALE DE L'ENREGISTRE-MENT ET DES DOMAINES, pour l'année 1824, rédigé, sur des documents authentiques, par M. Godefroy, ancien Vérificateur. 1re année. || Se trouve à Esseys-les-Ponts, chez l'Auteur ; chez MM. les premiers Commis de Direction; et à Paris, chez Lecointe et Durey, Libraires, quai des Augustins, n° 49. In-12.

Prit, l'année suivante, le titre d'Annuaire: *Annuaire de la Direction Générale de l'Enregistrement et des Domaines* (la suite, comme plus haut) M. F. C. Godefroy... (2e-5e années, 1825-1828.)—Paris, Migneret, 3 vol. in-12 et 1 vol. in-8.

Contient l'historique de l'administration et les noms de tous les agents de l'administration.

[B. N.]

1983. — ALMANACH DE LA MAGIS-TRATURE FRANÇAISE, ou Annuaire Général de MM. les membres de l'ordre judiciaire, publié, avec l'autorisation du Gouvernement, par Paul Gervais; Contenant, par départemens, arrondissemens, chefs-lieux de cantons et communes la composition et les attributions des Cours et Tribunaux de France; les noms, titres, qualités ou fonctions et demeures de MM. les Présidents, Conseillers, Juges, Procureurs du Roi et Greffiers près la Cour de Cassation, les Cours royales, les Tribunaux de première instance, Civils, de Commerce, Justices de Paix, etc., etc., MM. les Avocats, Avoués, Notaires, Commissaires-Priseurs, Huissiers-audienciers, Commissaires de Police, Receveurs d'enregistrement, etc., etc. Généralement tout ce qui peut intéresser l'ordre judiciaire. Année 1824. || A Paris, chez l'Éditeur, rue Grange-aux-Belles, 1. 1824-1825. 2 années. In-8.

Frontispice de l'année 1824 : Portrait de Messyre (*sic*) de Peyronnet, Garde des Sceaux, Ministre de la Justice (lithographie de Achard).

Dans une préface l'éditeur dit que cet ouvrage occupait depuis longtemps sa pensée, mais qu'il n'a pu le publier plus tôt à cause des événements. « N'eût-il pas été ridicule de publier un ouvrage sur la justice quand l'anarchie était à son comble; quand *l'homme du pouvoir*, avide de conquêtes, foulait à ses pieds les lois les plus sacrées ?.» Suit un éloge du monarque (Louis XVIII), qui, aux vertus de Marc-Aurèle et de Trajan, unit la prudence des Titus et la sagesse des Salomon (*sic*).

A chaque mois se trouve une brève biographie des juristes les plus célèbres : Montesquieu, Mathieu Molé, Daguesseau, Cujas, etc.

[Coll. de l'auteur.]

1984. — ALMANACH DES DÉPUTÉS, contenant : 1° La Charte constitutionnelle; 2° La liste, par ordre alphabétique de départements, de MM. les députés composant la Chambre pendant les sessions de 1823 et 1824 ; 3° La liste, par ordre alphabétique, de MM. les Députés composant la Chambre de 1824; 4° Les jours de Réception et d'Audiences des Ministères et Directeurs généraux ; 5° Les jours d'entrée aux Bureaux des différents Ministères. || Paris, Ponthieu, libraire, Palais-Royal, Galerie de bois. Dentu, Libraire, même galerie. Delaunay, Libraire, même galerie, 1824. — 1824-1825. In-18.

Liste des Députés.

[B. N.]

1985. — ALMANACH DES ÉLEC-TEURS DE PARIS ET DES DÉPARTE-MENTS. Publié par Léonard Gallois. 1re Année. || Chez les libraires de Paris et des départements. Paris, 1824. — 1824 et 1828. In-18.

Cet almanach eut un grand succès et fut réimprimé l'année même avec la mention : 2e édition. Il s'ouvre par des souhaits de bonne année aux électeurs, souhaits dans un esprit de réformes libérales. Voici ceux de l'année 1828:

Une heureuse convalescence à la Charte ;
Une bonne *instruction* aux gendarmes ;
Du repos aux censeurs;
Et un bon voyage au ministère.

Il contient un traité électoral, la Charte et les lois sur les élections.

« Dieu sait, lit-on en tête de l'année 1828, l'accueil qu'il reçut de MM. les préfets, sous-préfets et gendarmes ! On courut à sa poursuite, on verbalisa contre lui. Mais le petit livre ne laissa pas que de se débiter très bien. Malgré le poison qu'il récélait, il fut jugé innocent par le public ; on le trouva même utile. Il eut l'honneur de plusieurs éditions ; il fut tiré à 20,000 exemplaires. »

Les 2e et 3e années furent publiées sous le titre de : *Almanach de Paris et des Départemens* faisant suite à l'*Almanach des Électeurs*. [Voir, plus loin, n° 2012].

[B. N. année 1828.]

1986. — ALMANACH MÉDICAL, pour l'année 1824, contenant les noms, qualités, demeures et heures de consultations de MM. les Médecins, Chirurgiens, Accoucheurs, Oculistes, Officiers de santé, Dentistes et Pédicures de Paris ; les demeures et qualités de MM. les Pharmaciens ; la composition de la Faculté de Médecine et de l'École de Pharmacie ; l'indication des Cours publics et particuliers que l'on peut suivre ; celle des Sociétés Médicales, des Journaux de Médecine, etc.; le personnel des Hôpitaux et Hospices de Paris ; et enfin beaucoup de renseignements indispensables sur les Établissements publics et privés, relatifs à l'enseignement, l'étude et l'exercice de la médecine à Paris. Prix, broché : 3 fr. 50 c. || A Paris, chez Crevot, Libraire-Éditeur, rue de l'École de Médecine, nº 3, près de celle de la Harpe. 1824-1827. In-12.

Almanach-annuaire contenant exactement ce dont il est fait mention sur le titre.

[B. N. — T. 47.]
20

1987. — LES AMOURS CHAMPÊTRES, Chansonnier du bel âge, pour la présente année.|| Aux dépens de Bacchus. [Paris, Janet ; Lille, Vanackere.] (1824.) In-32.

Frontispice sur bois (danse de village).
Recueil de chansons, avec musique. — Calendrier.

[B. N. — Ye, 14145.]

1988. — LE BIJOU DES ÉTRENNES. || A Paris, chez Marcilly fils aîné, rue St.-Jacques, nº 21. (1824.) In-128. — [3 cent. 1/2 sur 5.]

Titre gravé; texte imprimé s'ouvrant par les vers suivants:

Pour étrennes que reçoit-on ?
Bijou, joujou, bonbon,
Chacun a les siennes.
En fait de joujou,
Voilà le bijou
Des Étrennes.

Avec 4 petites figures se rapportant aux chansons suivantes : 1. La colombe messagère. — 2. Quel est le plus léger ? (personnage pesant un

amour et un papillon). — 3. Amour et Gloire. — 4. Le petit mendiant (l'Amour aveugle).

[Coll. Georges Salomon.]

1989. — CE QUI PLAIT AUX DAMES. Almanach chantant pour la présente année. || A Paris, chez Caillot et fils, Libraires, rue St.-André-des-Arcs, nº 57. (1824.) In-32.

Frontispice gravé, colorié (jeune homme mettant un baiser sur la main d'une jeune femme; en haut, à gauche, amour tenant un flambeau de chaque main.) Au dessous, cette légende : Ce qui plaît aux dames.
Recueil de chansons, avec calendrier.
Publication de colportage.

[B. N. — Ye, 17351.]

1990. — LES CONSEILS, OU L'AMOUR EN SENTINELLE. Almanach contenant des Chansons de table, Romances, Bouquets, etc. || A Paris, chez Demoraine et compagnie, Libraires, rue du Petit-Pont. (1824.) In-32.

Frontispice sur bois, colorié (couple devant une statue de l'Amour.)
Recueil de chansons, avec calendrier.
Publication de colportage.

[B. N. — Y.]

1991. — LA CONSULTATION, OU LE PÉLERINAGE A LA CHAPELLE DE L'AMOUR. Almanach contenant des Chansons de table, Romances, Bouquets, etc. || A Paris, chez Demoraine et compagnie, Libraires, rue du Petit-Pont. (1824.) In-32.

Frontispice sur bois, colorié (deux jeunes femmes faisant une offrande à l'Amour.)
Recueil de chansons, avec calendrier.
Publication de colportage.

[B. N. — Ye, 18981.

1992. — L'ENFANT DES GRACES, ou le réveil de la gaîté. Almanach chantant. Pour la présente année. || A Cythère, aux dépens de l'Amour. [Paris, Janet ; Lille, Vanackere.] (1824.) In-32.

Frontispice allégorique sur bois. — Recueil de chansons, avec calendrier. — Publication de colportage.

[B. N. — Ye, 21159.]

1993. — ÉTRENNES DE FAMILLE. ||
Chez les Marchands de Nouveautés. Paris,
1824. In-16.

La couverture imprimée sert de titre.
Recueil de pièces de vers, avec calendrier.

[B. N. — Ye, 21,645.]

1994. — LES ÉTRENNES DU JOUR.
Almanach chantant. Pour la présente
année. || Au Temple de la Gaité. [Paris,
Janet; Lille, Vanackere.] (1824.) In-32.

Frontispice sur bois (berger faisant une déclaration à une bergère, le même que celui du *Troubadour galant.*)
Recueil de chansons, avec calendrier.
Publication de colportage.

[B. N. — Ye, 21652.]

1995. — ÉTRENNES MIGNONES,
ASTRONOMIQUES ET GÉOGRAPHI-
QUES, véritable trésor des Almanachs
pour l'année 1824. || A Paris, chez Dela-
rue, Libraire, Quai des Grands-Augustins. In-32.

En tête, tableaux statistiques se dépliant, avec
cartes et pavillons des puissances. Texte encadré.

1996. — LE GUERRIER DE CYTHÈRE
OU TOUT AUX DAMES. Étrennes Galantes. Dédiées au beau Sexe, Pour la
présente année. || A Paphos, Au Tem-
ple de l'Amour. [Paris, Janet ; Lille,
Vanackere.] (1824.) In-32.

Frontispice sur bois, représentant des guerriers,
avec cette légende :

Allons, dit-il, à des conquêtes;
Je vais marcher en vrai vainqueur :
Que d'autres cassent bras ou têtes,
Moi je ne vise que le cœur.

Recueil de chansons, avec calendrier.
Publication de colportage.

[B. N. — Ye, 23780.]

1997. — GUIDE DANS LE CHOIX DES
ÉTRENNES. Almanach du Palais-Royal
pour 1824. Orné de notices sur les artistes demeurant au Pal. R. et dans ses
environs, d'une revue succincte des spectacles, établissements de toutes espèces,
d'anecdotes historiques, poésies diverses,
etc., etc., par Albert Bendix. || Paris, De-
launay, Mongie aîné. 1824. In-18.

Avec 2 figures oblongues par Couché fils, assez

gentiment gravées, représentant l'une la place du
Palais-Royal, l'autre le jardin. Almanach pour
1824.
Le texte est une série de notices (43 chapitres
sur les diverses industries exercées au Palais-
Royal, confiseurs, libraires, marchandes de modes,
parfumeurs, restaurateurs, limonadiers, joailliers.
Il y a là plus d'un détail curieux pour l'histoire
des mœurs et des modes durant cette première partie du siècle.
Page 105 est un tableau donnant la liste des
travaux calligraphiques d'un « écrivain rédacteur »
auquel est consacré tout entier le chapitre XIX.

[Cat. avec le calendrier, de 8 à 9 fr.]

1998. — LA LANTERNE MAGIQUE.
|| Paris, Louis Janet, Libraire, rue St-
Jacques, n° 59. (1824.) In-24.

Titre en lettres gravées, avec sujet (Lanterne
magique).
Almanach orné de 5 gravures, dont voici les
légendes : 1. Polichinelle Orateur. — 2. Le Mari
sans défaut. — 3. Voici, voilà les Marionnettes. —
4. Le Grimacier. — 5. Voilà Paris.
Recueil de chansons. A la fin : « Petit souvenir
des Dames » et calendrier.

[B. N. — Ye, 25498.]

1999. — LA LYRE ANACRÉON-
TIQUE, ou les Muses françaises, Étrennes
dédiées aux Grâces. Pour la présente an-
née. || Au Mont Parnasse, chez Euterpe.
[Paris, Janet; Lille, Vanackere.] (1824.)
In-32.

Frontispice sur bois, avec cette légende :

Ici me voilà de retour
Des nobles champs de la victoire ;
J'offre mes lauriers à l'Amour,
Quand j'ai combattu pour la gloire.

Recueil de chansons, avec musique et calendrier.
Publication de colportage.

[B. N. — Y.]

2000. — LA LYRE DE FAMILLE ou
Manuel Poétique de la Nouvelle Année,
des Mariages, Naissances, Fêtes patronales, Anniversaires, etc., précédé du Calendrier de Famille, et suivi des Bouquets
et Complimens en prose, adaptés aux
mêmes circonstances. [Seconde Édition,
revue, corrigée et augmentée.] || Paris,
Ledentu, libraire, quai des Augustins,
n° 31. 1824. In-18.

Frontispice gravé : *Une fête de famille* (des enfants entourés de leur père venant souhaiter la

fête à leur mère qui est au lit.) Le calendrier de famille donne la date précise des fêtes à célébrer pour chaque nom.

2001. — LYRE DES DEMOISELLES. || Paris, Louis Janet, Libraire, rue St-Jacques, n° 59. (1824.) In-24.

Titre gravé avec sujet.
Almanach orné de 4 gravures dont voici les légendes :
1. Le Page de l'Aveugle. — 2. Jeanne d'Arc à Rouen. — 3. Mirza. — 4. Ruben et Bala.
Recueil de chansons, avec calendrier.

[Cat : 5 fr.]

2002. — LA LYRE FRANÇAISE, Pour l'an 1824. Avec des airs gravés. || A Paris, chez l'Éditeur, rue du Pont de Lodi, n° 5, en face de M. Didot l'aîné. 1824. In-12.

Recueil de chansons dues à V. Augier, Béranger, Casimir Delavigne, Pigault-Lebrun, Scribe, Mme Dufresnoy, etc.
A la fin : 8 pages de musique gravées. Calendrier.

[B. N. — Ye, 26941.]

2003. — LE MESSAGER DE LA COUR DE LOUIS XVIII. Contenant les Administrations et autorités civiles et judiciaires, diverses Notices sur le Baptême de S. A. R. Mgr. le Duc de Bordeaux, sur la mort de Bonaparte, sur le Procès de la Conspiration du 19 août 1820, etc. etc. Avec portraits. || A Paris, chez Caillot et fils, Libraires, rue Saint-André-des-Arcs, n° 57. 1824-1847. In-32.

Encore un nouveau « Messager ».
Le nom de Louis XVIII est successivement remplacé par celui de Charles X en 1825, puis par celui de Louis-Philippe Ier, en 1831.
A partir de 1837, l'Almanach paraît sous le simple titre de : « Messager de la Cour. »
Dans le texte, mauvais médaillons sur bois : portraits de la famille royale.

[B. N.]

2004. — MIROIR DES DAMES. || Paris, Louis Janet, Libraire, Rue St.-Jacques, n° 59. (1824.) In-32.

Titre en lettres gravées, avec sujet : miroir entouré d'une guirlande de roses.

Almanach orné de 6 gravures, au pointillé, (dans un médaillon ovale sur fond carré), se rapportant au texte et dont voici les légendes : — 1 La Coquette — 2. Une Dame à son miroir. — 3. Le miroir des Dames (Bergère se mirant dans l'onde d'un ruisseau). — 4. Le Miroir (femme brisant un miroir d'un coup de poing.) — 5. Les Belles (Laure et Pétrarque.) — 6. Les Femmes.
Recueil de chansons.

[B. N. — Ye, 27899.]

2005. — NOUVEL ALMANACH DES GOURMANDS, servant de guide dans les moyens de faire excellente chère. (*sic*.) Dédié au Ventre, par A. B. de Périgord. Première année. || Paris, Baudoin frères, Libraires, rue de Vaugirard, 36. 1824-1826 : 3 années. In-18.

Le frontispice, l'*Inspiration du gourmand*, représente un personnage enfermé dans un cabinet chargé de victuailles et se préparant (la plume en main, à dicter les oracles de la gourmandise. Anecdotes, poésies gourmandes, charte gourmande, avec les droits et les devoirs des convives, aphorismes gourmands, itinéraire gourmand dans les rues de Paris.
Almanach rédigé par Léon Thiessé et Horace Raisson, orné de la carte gastronomique de la France qui se rencontre, quelquefois, tirée sur papier de couleur, donnant par des images parlantes les spécialités des diverses contrées.
En tête se trouve un « Calendrier nutritif » pour les douze mois de l'année. La troisième année fut rédigée par Léon Thiessé seul, Horace Raisson s'étant retiré devant la perspective d'un nouvel almanach que Grimod de La Reynière annonçait vouloir publier pour continuer la série de son ancien Almanach. Mais de cette 9e année il n'existe qu'un prospectus, l'affaire étant restée à l'état de projet.
Le *Nouvel Almanach des gourmands*, non moins spirituel que son aîné, paraissait en novembre et se vendait 3 fr. 50.

[Cat. de 3 à 5 fr. — Les 3 années, 12 fr.]

2006. — LE PETIT PAYSAGISTE pour l'an 1824. || A Paris, chez Le Fuel, rue St-Jacques. In-128 (20^{mill.} sur 15.)

Almanach orné de 12 vues. Recueil de vers. Calendrier.

[Coll. Georges Salomon.]

2007. — LE PETIT POLICHINEL. Année 1824. || A Paris (sans indication d'éditeur : peut-être chez Jourdan.) In-128.

Petit almanach dont le texte se compose de fables ; avec huit figures se rapportant au calendrier.

[Coll. Georges Salomon].

2008. — LE PETIT SOLITAIRE. || Paris, Louis Janet, Libraire, Rue St-Jacques, n° 59. (1824). In-32.

Titre gravé, avec sujet (Solitaire).

Almanach orné de gravures au burin ayant toutes l'amour pour sujet, dans un médaillon ovale sur fond carré, et dont voici les légendes : 1. La Chapelle de l'Amour. — 2. L'Oiseau de Cythère. — 3. Peine d'Amour. — 4. Le Dieu d'Amour. — 5. L'Amour marchand de Fleurs. — 6. L'Amour solitaire.
Recueil de chansons.
Calendrier se dépliant, pour 1824

[B. N. — Y.]

2009. — PLAISIR ET GAIETÉ. 1824. || A Paris, chez E. Jourdan, quai des Augustins, n° 17. In-128.

Almanach gravé, chansons, devises et calendrier, avec 8 petites figures.

[Coll. Georges Salomon.]

2010. — LES POÈTES ET LES BELLES. || A Paris, chez Louis Janet, Libraire, successeur de son Père, Rue St-Jacques, n° 59. (1824.) In-32.

Sur le titre, amour tenant un écriteau sur lequel on lit : Tibulle, Catulle, Le Tasse, Gentil-Bernard, Boufflers, Legouvé.
Chansons avec figures sur acier et calendrier.

[Ex. cartonné avec étui, 10 fr.]

2011. — LA VOLIÈRE DES DAMES, par Charles Malo. || A Paris, chez Janet, Libraire, Rue St-Jacques, n° 31. (Vers 1824.) In-12.

Titre gravé colorié. Texte accompagné de gravures coloriées représentant des oiseaux.

[Ex. cart. cat. 6 fr.]

2012. — ALMANACH DE PARIS ET DES DÉPARTEMENTS, faisant suite à « l'Almanach des Électeurs » (2e année). ||

A Paris, chez Ponthieu, libraire au Palais-Royal, et chez les Libraires des départements. 1825. 1825-1826. In-18.

C'est sous ce titre que parurent la 2e et la 3e année du précédent Almanach. [Voir plus haut n° 1934]. La 4e année reparut avec le titre « Almanach des Electeurs. »
L'année 1825 contient six chansons de Béranger et deux de Rouget de Lisle.
L'année 1826 contient un Calendrier Jésuitique : « Aujourd'hui les jésuites remplacent nos héros, et les missions nos victoires. Nous offrons donc comme un monument de la gloire jésuitique un calendrier intitulé : Un Jésuite par jour. »
D'après une note de l'ouvrage, ce calendrier existe dans la bibliothèque de Nancy.
Cette même année contient des bibliographies financières : Law, l'abbé Terray, Samuel Bernard, Rothschild, de Villèle, de Corbières.

[B. N.]

2013. — ALMANACH INDICATIF DES VOITURES DES ENVIRONS DE PARIS, partant à heures fixes, dans un rayon de 20 lieues. Avec les heures de Départ, le Prix des places, etc. Prix, 1 fr. || Se trouve à Paris, Rue Villedot, n° 13, à l'entresol, au débit de tabac, boulevard St-Martin, n° 4. Au Cabinet Littéraire, rue Ste-Marguerite, n° 37, Faubourg St-Germain. Au café Baillif, rue Croix-des-Petits-Champs. 1825. In-18.

Fut continué sous le titre suivant :
— Annuaire des Voitures des environs de Paris partant à heures fixes, dans un rayon de vingt lieues, etc. — Paris, Mongie, Dentu, 1827. In-18.

[B. N.]

2014. — LES AMOURS. Hommage aux Dames, Pour la présente année. || A Paphos, Au temple de l'Amour. [Paris, Janet, Lille ; Vanackere.] (1825.) In-32.

Frontispice sur bois (l'Amour et les Désirs). Au-dessous, les vers suivants :

Guidé par l'aimable phalange
De ses complices, les Désirs,
Amour s'en allait en vendange.
Il veut toujours nouveaux plaisirs.

Recueil de chansons, avec musique. Calendrier.
Publication de colportage.

[B. N. — Ye, 14163.]

2015. — ANNALES ROMANTIQUES ; Recueil de morceaux choisis de littérature contemporaine. || Paris, Urbain Canel libraire, place St-André des Arts, nº 30, Audin, quai des 'Augustins nº 25, [puis à partir de 1828, Louis Janet, libraire, rue St-Jacques.] M.DCCC.XXV. 1825-1836. In-18.

Suite des *Tablettes Romantiques.*(Voir nº 1980.)

Les trois premières années de cette collection dans laquelle on rencontre bien rarement des calendriers ont une vignette sur le titre et un frontispice. — pour 1825 front. de Devéria, gravé par Fauchery, au-dessous duquel se trouvent quatre vers de Madame Aimable Tastu, tirés d'une pièce intitulée *la Mort;* — pour 1826, *Le Châtelain de Croyan*, dessiné par Desenne et gravé par Leroux ; — pour 1827, l'*Esprit de Dieu*, sujet tiré d'une ode de Lamartine, dessiné par Desenne, gravé par J.-M. Fontaine.

A partir de 1828 la vignette sur le titre et le frontispice disparaissent et, comme l'écrit fort bien Ch. Asselineau dans sa *Bibliographie Romantique*, les *Annales* perdent leur physionomie spéciale, l'illustration se compose uniquement de collections de gravures anglaises intercalées dans les volumes et correspondant, plus ou moins, aux sujets des pièces insérées. Uniformément, jusqu'à la fin, chaque volume contient ainsi 8 vignettes.

Le prix de publication n'a pas toujours été le même : les deux premières années furent lancées à 6 fr., la troisième à 10 fr., les autres à 8 et 9 fr. Il existe de l'année 1828 des exemplaires cartonnés ou reliés, dans les prix de 12 à 36 fr.

2016. — ANNUAIRE MÉDICAL PARISIEN pour l'Année 1825, contenant les noms, le grade médical, les qualités et la demeure de ceux qui exercent à Paris tout ou partie de l'art de guérir, avec l'indication de l'heure des consultations d'un grand nombre d'entre eux ; Les noms, les qualités et la demeure de MM. les Pharmaciens et de Mesdames les Accoucheuses ; Beaucoup de renseignemens sur les Établissemens publics et privés relatifs à l'enseignement et à l'exercice de l'art de guérir et sur les Sociétés médicales; L'annonce des journaux et de plusieurs ouvrages nouveaux importans, concernant la Médecine, la Chirurgie et les Sciences accessoires, avec une Notice critique ou apologétique sur quelques-uns d'entre eux; Et quelques autres renseignemens ayant un rapport plus ou moins éloigné avec l'art de guérir, etc.,

Prix 4 fr. 50 c. || A Paris, chez Prout D. M. P., Éditeur, rue du Monceau St-Gervais, nº 17, et les Libraires de l'École de Médecine. In-12.

Paraît être une concurrence à l'*Almanach Médical* de 1834 [Voir nº 1986.]

[B. N.]

2017. — LE BARDE FRANÇAIS, Faisant suite aux «Chansonniers Français et des Demoiselles», continués pendant vingt années ; Rédigé par quelques convives du Caveau Moderne et des Soupers de Momus. 1ʳᵉ année. || A Paris, chez Caillot fils, Libraire (successeur de son père), Rue St-André-des-Arcs, nº 57. 1825. In-18.

Recueil de chansons, avec calendrier. Comme dans tous les volumes de l'époque, on y trouve les noms d'Antignac, Boucher de Perthes, J.Cabassol, Coupard, Legrand, Dusaulchoy, A. Dartois, Désaugiers, etc.

Les frontispices sont d'amusants spécimens de la conception romantique. — 1ʳᵉ Année : Personnage chantant en s'accompagnant sur un luth, entouré de deux dames et de deux messieurs. — IIᵉ Année : Le Barde Français jouant du luth, sous un palmier, et sous les plis du drapeau blanc.

[Coll. Olagnon.]

2018. — CHANSONNIER DES DAMES. || Paris, Louis Janet, Libraire, Rue St-Jacques, nº 59. (Vers 1825.) In-12.

Titre en lettres gravées, avec sujet : Le Bouquet sous la Croix.

Frontispice gravé, signé: Mᵐᵉ Colin *del*.Rourargue *sc*, avec cette légende : « Le Couvre-Feu. » — De la gravure sur acier dans doute sa banalité.

Recueil de chansons.

2019. — LE CHANSONNIER DES THÉATRES, ou Choix des plus jolis couplets chantés au théâtre de Madame (Gymnase Dramatique), du Vaudeville, des Variétés, de la Porte St-Martin, etc. ; tirés de jolies pièces [des meilleurs vaudevilles] (1) de MM. Béranger, Désaugiers, Scribe, Moreau, Poirson, Merle, C. Delavigne, Francis, Brazier, Théaulon, Melesville, Carmouche, Jouslin de Lasale, Villeneuve, Dupeuty, Maurice Alhoy. Première Année. || Paris, chez l'Édi-

---

1. Rédaction du titre de la 2ᵉ année.

teur, à la Librairie française étrangère, [puis chez Terry] Palais-Royal, galerie de bois, n° 233. 1825. 1825-1827, 2 années. In-18.

Frontispice se dépliant, gravé à la manière noire, et représentant les personnes les plus typiques des principales pièces dont le chansonnier donne les extraits. Non seulement chacune des deux années avait son frontispice, mais encore il existe, pour la première année, deux états différents de la gravure. Le titre de la 2ᵉ année diffère un peu quant aux noms.

[Cat. de 3 à 4 fr.]

[Coll. Olagnon.]

2020. — LE CHANSONNIER DES VARIÉTÉS ou Choix de Couplets chantés à ce théâtre. Et tirés des plus jolies pièces de MM. Brazier, Dumersan, Théaulon, Merle, A. Dartois, Gersin, Gabriel Sewrin, Rougemont, Francis, Carmouche, Ourry, Simonin, Lafontaine, Sauvage, Imbert, Warner, Charles Hubert, depuis 1822 jusqu'en 1824. || A Paris, chez Daubrée, Libraire, passage Feydeau. 1825. In-12.

Avec un frontispice lithographique : « Odry, rôle de La Rose, dans l'*Aveugle de Montmorency* », dessiné par Sébastien Leroy.

[Coll. Olagnon.]

2021. — LES CONTEMPORAINES, Recueil de poésies et Chansons inédites pour 1825, par MM. Népomucène Lemercier, Arnault, Étienne, Ch. Nodier (suivent 11 lignes de noms d'auteurs différents.) || Paris, chez Bouquin de La Souche, Lib.-Éditeur, boulevard St.-Martin, n° 3 ; chez Ponthieu, Libraire, Palais-Royal. 1825. In-12.

Recueil qui a joui d'une certaine célébrité.

[Coll. Olagnon.]

2022. — L'ESPRIT DES CHANSONNIERS, ou Recueil des meilleures chansons et romances qui peuvent être accueillies en société. || A Paris, chez les Marchands de Nouveautés. (1825.) In-32.

Recueil de colportage. Romances, chansons de table et autres se terminant par une pièce sur le bal du Ranelagh :

Si désirez suivre les traces
De nymphes aux pieds délicats,

Dont la pudeur réglant les pas
Les modèle sur ceux des Grâces ;
Venez, le plaisir est ici.
Venez voir le Bal de Passy.

[Cat. : 3 fr.]

2023. — LA FIN DU JOUR OU LES AMANS SURPRIS. Almanach contenant des Chansons de table, Romances, Bouquets, etc. || Paris, chez Vᵛᵉ Demoraine et Boucquin, Libraires, rue du Petit-Pont. (1825.) In-32.

Publication de colportage. Frontispice grossièrement enluminé. Chansons, avec calendrier.

[Coll. Weckerlin.]

2024. — GYMNASE LYRIQUE ; Recueil de chansons et autres Poésies inédites. [orné de deux jolies gravures] 1ʳᵉ Année. || Paris, Jehenne, Libraire, passage Feydeau, (puis Dondey, Dupré père et fils, éditeurs, Rue de Richelieu, n° 47 bis, Terry, et finalement, Ernest Bourdin). (1825.) [Se vendait 3 fr.] 1825-1837. In-18.

Ce recueil, organe d'une société chantante, a paru pendant plusieurs années, avec un frontispice se rapportant à une des chansons de l'ouvrage, et une petite vignette, également de circonstance, sur le titre gravé.

Il contient des chansons de Jules Berthoud, Justin Cabassol, Charles Champion, Louis Festeau, Vaubertrand, Marcillac, Aug. Gilles, Verreaux, Salgat et autres sociétaires, correspondants (parmi ceux-ci Brazié), ou visiteurs de la Société du *Gymnase Lyrique* (1).

Planches dessinées par Hocquart jeune, Vigné, et après 1835, lithographiées de David, Charlet et autres.

[Les années se vendent de 1 fr. 50 à 3 fr.]

2025. — LA JOLIE JARDINIÈRE, Chansonnier nouveau, Pour la présente année. || A Paris, chez Caillot fils, Libraire, Successeur de son Père, Rue Saint-André-des-Arcs, n° 57. 1825. In-12.

Frontispice gravé, ayant en tête les mots : « Tableau du Musée, » représentant Œnone et Paris. Ce frontispice renvoie à la page 144 pour trouver le

1. La Société n'admettait dans son sein que vingt membres résidents.

sujet auquel il se rapporte, et le volume n'a que 108 pages. Mystère et truquage.

Recueil de chansons diverses, accompagné d'un calendrier.

[B. N.— Ye, 24583.]

2026. — LE JOUJOU DES DAMES, Étrennes galantes. Dédiées aux Grâces, Pour la présente année. ‖ A Paphos, Au Temple de l'Amour. [Paris, Janet; Lille, Vanackere.] (1825.) In-32.

Frontispice allégorique, sur bois, avec cette légende :

Non, je ne puis la concevoir,
Tant la chose me semble étrange :
Vraiment il est drôle de voir
Le Diable entre les mains d'un Ange.

Recueil de chansons, avec calendrier.
Publication de colportage.

[B. N.— Ye, 24642.]

2027. — LES MUSES FRANÇAISES. ‖ A Paris, chez Marcilly aîné, Libraire, Rue St. Jacques, n° 10. (Vers 1825.) In-18.

Titre gravé. Recueil de poésies et romances, avec gravures.

2028. — NOUVELLE COLLECTION DE COSTUMES SUISSES, représentée en quarante planches, d'après les dessins de M. F. N. Kœnig. ‖ A Paris, Chez Lefuel, Libraire, rue Saint-Jacques, n° 54. (1825.) In-18.

Recueil accompagné d'un calendrier, orné de 40 gravures reproduisant en petit et au pointillé les costumes suisses dont voici les sujets : — 1. La laitière d'Oberhasli. — 2. Une jeune femme d'Interlaken, en habit de dimanche. — 3. Un jeune paysan de Meyringen, chef-lieu du pays de Hasli.— 4. Une jeune paysanne des environs de Berne. — 6. Paysanne du canton de Berne, en service à la ville. — 6. Le vacher de l'Emmenthal. — 7. Une jeune paysanne des environs de Kybourg. — 8. Une jeune paysanne du Wenthal. — 9. Un paysan du Wenthal. — 10. Un paysan des montagnes de Schwytz. — 11. Paysan du canton de Lucerne. — 12. Habitant d'Entlibuch. — 13 Paysanne du canton de Lucerne. — 14. Femme d'Entlibuch. — 15. Paysan de Merischwanden. — 16. Paysanne de Merischwanden. — 17. Chevrier du canton d'Appenzell. — 18. Brodeuse du canton d'Appenzell. — 19. Paysan des ci-devant Frey-Æmter. — 20. Femme des ci-devant Frey-Æmter. — 21. Paysan des environs d'Arbon (Thurgovie). — 22. Paysanne de la Thurgovie. — 23. Paysanne catholique de St-Gall. — 24. Jeune fille d'Uri. — 25. Homme d'Uri. — 26. Homme d'Unterwald. — 27. Jeune fille d'Unterwald. — 28. Paysan de Morat. — 29. Paysanne du Gouggisberg. — 30. Un Vacher d'Appenzell.— 31. Fille de la vallée de Muotta (Schwytz). — 32. Jeune homme de la vallée de Muotta. — 33. Fille de Buonas (Zug). — 34. Jeune paysan de Buonas (Zug.) — 35. Paysan du Prettigau (Grisons). — 36. Fille du Prettigau. — 37. Montagnard du pays des Grisons. — 38. Jeune fille de l'Engadine (Grisons.) — 39. Paysan du canton de Bâle. — 40. Paysanne du canton de Bâle.

Le texte se compose de la description des costumes qui font le sujet des gravures. Avec calendrier.

[Coll. de l'auteur.]

2029. — LE PETIT DIABLOTIN. ‖ A Paris, chez Marcilly, Rue St-Jacques, n° 21. (Vers 1825.) In-128.

Petit almanach orné de 8 figures et entièrement gravé. Recueil de chansons. Calendrier.

[Coll. Gaston Tissandier.]

2030. — LE PETIT MOISSONNEUR DES THÉATRES, Dédié aux Dames. ‖

A Paris, Le Fuel, Libraire-Editeur, Rue St-Jacques, 54. (vers 1825). In-32.

Titre gravé et titre imprimé.

Nombreuses gravures représentant les princi-paux artistes dramatiques du temps : 1. Lepeintre rôle de M. Pothin dans *le Voisin* (Vaudeville). — 2. Vernet, rôle d'Isidor dans *les Alsaciennes* (Va-riétés). — 3. Gontier, rôle de Chavigny, dans *le Diplomate* (Th. de Madame). — 4. Philippe, rôle de M. Jovial, dans *M. Jovial ou l'Huissier chan-sonnier* (Nouveautés). — 5. Mᵐᵉ Saint-Ange, rôle de Marguerite dans *l'Étameur ou la Place Maubert* (Variétés). — 6. Mᵐᵉ Dussert, rôle de la Mère, dans *la Mère au bal et la Fille à la maison* (Vau-deville). — 7. Brunet, rôle de M. Courtaud, dans *la Journée d'un flaneur* (Variétés). — 8. Mᵐᵉ Guillemin, rôle de Madame Durand, dans *l'Au-vergnate ou la Principale Locataire* (Vaudeville). — 9. Potier, rôle de l'Avocat-contre, dans *les Passa-ges et les Rues* (Variétés). — 10. Mˡˡᵉ Elisa Jacops, rôle d'Anna, dans *le Chàlet* (Variétés). — 11. Ma-dame Carmouche (Jeanny Vertpré), dans *la Reine de 16 ans* (Th. de Madame).

Réunion intéressante « en une seule gerbe », comme dit l'éditeur, des couplets des plus spiri-tuels vaudevillistes. Chaque pièce se trouve pré-cédée d'une courte notice explicative.

Les figures au pointillé anglais se rencontrent soit en noir, soit coloriées.

[Coll. Arthur Pougin.]

[Vente Sapin : 13 fr.]

2031. — LES PRINCIPALES SCÈNES DE L'ANCIEN TESTAMENT. Recueil de 12 figures accompagnées d'un com-mentaire en vers et en prose. (Paris, vers 1825). In-32.

Petit almanach de la collection Janet.

[De 3 à 4 fr.]

2032. — LES ROSES DU VAUDE-VILLE. || A Paris, chez Le Fuel, Libraire-Relieur, Rue St-Jacques, nᵒ 54, près celle du Foin, et Delauney, Palais-Royal (vers 1825.) In-18.

Frontispice colorié. Recueil de couplets extraits des pièces composant le répertoire du Vaudeville et dédié aux Dames. Publication isolée à laquelle on a dù joindre, très certainement, un calendrier dans les exemplaires reliés ou cartonnés, et qu'il ne faut point confondre avec la précédente publi-cation du même nom. (voir, plus haut, nᵒ 1495.)Les pièces dont on trouve des extraits sont : *Le Mariage de Scarron, l'Appartement, Les Deux pères, Au feu!, le Petit Courrier, le Mariage extra-vagant, les Deux Gaspard, Farinelli, Les Gardes-Marine, le Piège, le Pauvre Diable, la Petite Coquette, le Tambour et la Vivandière, le Courtisan dans l'Embarras, la Volière des Frères Philippe, Gusman d'Alfarache, Encore une Folie, le Néces-saire et le Superflu, les Deux Valentin.*

[De 6 à 7 fr.]

2033. — LE TEMPLE DE LA VERTU. || A Paris, chez Le Fuel. 1825. In-32.

Frontispice gravé. Figures et musique.

[D'après un catalogue de libraire.]

2034. — ALMANACH DE M. DE MON-TYON, pour l'année 1826, contenant le récit des prix de vertu décernés par l'Aca-démie française depuis 1820 jusqu'à 1825. Prix 50 c. et 40 fr. les 100 exemplaires. || A Paris, chez Renouard, Libraire, rue de Tournon, nᵒ 6. M. DCCCXXVI. (1826-1828). In-18.

Chaque année on ajoutait « le récit des prix » décernés l'année précédente.

[B. N. — R. 26354.]

2035. — ALMANACH DES BONS CONSEILS pour l'an de grâce 1826. || Paris, Librairie Henry Servier, puis J.-J. Risler, rue de l'Oratoire, Prix : 15 cent. 1823-1845, 22 années. In-18.

Le titre intérieur porte : « Publié par L. S. D. T. R. de Paris »; ce qu'il faut lire ainsi : La Société des Traités Religieux. Vis-à-vis de chaque mois se trouvent des observations sur les travaux des champs mélangés à des citations bibliques, — genre de propagande fort goûté des protestants, — notices sur l'agriculture, l'industrie, l'hygiène; anecdotes. L'*Almanach des Bons Conseils* a subi plusieurs tranformations. Il était, à l'origine, rédigé par M. Edmond de Pressensé.

[B. N. — Années 1826 à 1843. — R. 26360.]

2036. — ALMANACH DU PALAIS, DES COURS ET TRIBUNAUX. || Paris, chez A. Henry, Imprimeur des Tribunaux et de la Chambre des avoués, Rue Gît-le-Cœur, nᵒ 8. 1826 et suite. In-18 et in-16.

Contient les lois et décrets relatifs aux Tribu-naux, la liste des magistrats, etc.

[B. N.]

2037. — ANNUAIRE ANECDOTIQUE OU SOUVENIRS CONTEMPORAINS. || Paris, Charles Béchet, quai des Augustins (1826-1832). In-12 carré.

Publié à 4 fr. Chaque volume contient une his-toire anecdotique et épigrammatique de l'année des mélanges d'anecdotes contemporaines, des sou-venirs de la République, de l'Empire et de la Restauration. Publication annuelle, mais sans alma-nach.

2038. — ANNUAIRE FRANÇAIS, OU JOURNAL DE L'ANNÉE 1825, présentant un compte rendu jour par jour des Evènemens politiques, Discussions législatives, Traités de commerce ou d'alliances, Lois, Ordonnances, Cérémonies publiques, Crimes, Procès, Désastres, Actes de bienfaisance, Publications littéraires, Représentations dramatiques, Séances d'Académie, Inventions, Découvertes, etc., qui ont excité l'attention publique en France pendant l'année 1825, ou dont le souvenir peut être de quelque utilité ; accompagné de notices biographiques sur les personnages remarquables morts dans le cours de cette année, et terminé par un tableau des variations mensuelles du cours de la rente. || Par Alphonse Trognon. (Première année). Paris, Hubert, Libraire, au Palais-Royal, Galerie de bois. 1826. In-18.

Préface faisant ressortir le côté pratique du recueil. Index des noms et des objets à la fin du volume.

2039. — LE BANDEAU DE L'AMOUR, Almanach chantant, contenant des anecdotes. || A Paris, au Palais-Royal. (1826). In-32.

Frontispice colorié. Recueil de chansons contenant quelques anecdotes. Calendrier pour 1826. Texte encadré.

2040. — COLIFICHET. || Paris, Louis Janet, Libraire, Rue St-Jacques, nº 59. (1826.) In-32.

Titre en lettres gravées, avec sujet (Faiseur de bulles de savon).
Almanach orné de 6 gravures se rapportant au texte, et dont voici les légendes : 1. Grand et Petit. — 2. Quand...? — 3. Passez, payez. — 4. Autant nous en pend à l'oreille. — 5. Le savoir-vivre. — 6. Les Apostilles.
Texte composé de chansons.
Calendrier se dépliant.

[B. N. — Ye, 18792.]

2041. — L'ÉCOUTEUR AUX PORTES, Petite Revue Morale et Satyrique. || Paris, Louis Janet, Libraire, Rue St-Jacques, nº 59. 1826. In-24.

Titre gravé, avec petit sujet colorié (un personnage écoutant à la porte). Almanach composé d'une série d'études sur certaines particularités du monde et de la société : Misère et Vanité, un Tête-à-Tête aux Tuileries, le Bureau de Loterie, la Mère comme il y en a, Histoire d'un Châle de mérinos, l'Homme à tout, la Fille romantique, le Bal masqué, la Journée aux aventures, Où se loger à Paris ? Un mois à la Campagne, Les trois Visites Une heure chez Tortoni. La première étude est une satire contre l'amour du luxe, contre la rage de briller à tout prix. Le romantisme y est également tourné en ridicule.

Cet almanach est accompagné de quatre compositions illustrant le texte et très finement coloriées,

[Coll. de Savigny.]

2042. — ÉTRENNES AUX JÉSUITES, pour l'édification des personnes pieuses affectionnées à la Société. Contenant : L'exposé de leurs doctrines, un Calendrier où sont consignés jour par jour les crimes qu'ils honorent comme des vertus et proposent comme des modèles, un Abrégé de l'histoire de l'ordre depuis son institution jusqu'à nos jours, et enfin des Pièces justificatives, la plupart inconnues aujourd'hui. Par M. Thomas. [Épigraphe :] « Tout arbre qui ne produira pas de bons fruits sera coupé et jeté au feu. » (Mathieu, ch. VII.) || A Paris, Charpentier, et compagnie, éditeurs, rue des Fossés-St-Germain l'Auxerrois, nº 24. Ponthieu, libraire, Galerie de Bois, au Palais-Royal. Mongie, libraire, boulevard des Italiens, nº 10. Et chez tous les Marchands de Nouveautés. 1826. In-12.

Almanach rédigé contre les Jésuites. On y trouve un exposé de leurs doctrines et une histoire abrégée de leur ordre. Le Calendrier consigne, jour par jour, « les crimes que les Jésuites honorent comme des vertus, leurs prétendus miracles, des anecdotes jésuitiques », etc.
Parut l'année suivante sous le titre de : Calendrier Jésuitique. [Voir nº 2062.]

[B. N.]

2043. — ÉTRENNES CHANTANTES, ou Petit Chansonnier dédié aux amis de la Gaieté. || A Paris, chez Caillot, Libraire, rue St-André-des-Arcs, nº 57. (1826-1828.) In-32.

A paru pendant plusieurs années. Chaque année avait un frontispice gravé, différent : celui de la seconde année représente un joueur de guitare écouté par une jeune femme à son balcon ; celui de la troisième année, deux amoureux s'embrassant,

Recueil de chansons, avec calendrier.
Publication de colportage.

[B. N. — Ye, 21655.]

2044. — ÉTRENNES DÉDIÉES AUX CATHOLIQUES, contenant les noms des Saints Personnages honorés d'un culte public par l'Église au nombre de près de 3000, avec l'indication du jour où leur fête est célébrée. Ouvrage mis en ordre et publié par Buqcellos. — A Paris, chez Delarue, Libraire, quai des Augustins, n° 15. (1826.) In-32.

Sorte de dictionnaire-catalogue destiné à rappeler aux ecclésiastiques les saints ou saintes dont les noms ne seraient plus présents à leur mémoire. Devait être continué, mais je ne connais que cette année. Calendrier en feuille, à la fin du volume.

2045. — ÉTRENNES RELIGIEUSES ET MONARCHIQUES, contenant, pour chaque jour de l'année, La vie du Saint, une Anecdote historique, et des Sentences religieuses et morales en vers et en prose. Par C.-J. Rougemaître. ‖ Paris, à l'Imprimerie ecclésiastique de Béthune, Imprimeur de la Société catholique, rue Palatine, hôtel Palatin. Décembre 1826. In-18.

Notice biographique sur le Saint de chaque jour conformément au sommaire.

[B. N.]

2046. — ÉTRENNES RELIGIEUSES, MORALES ET INSTRUCTIVES, Pour l'année 1826. ‖ Paris, Marcilly, Libraire, Rue St-Jacques, n° 22. Lille, Vanackère fils, Imprimeur-Libraire, place du Théâtre, 10. 1826-1841. In-32.

L'année 1841 porte : A Paris, chez Delarue. Publication analogue aux *Nouvelles Étrennes Universelles* de 1826, du même éditeur. Le texte se compose de morceaux religieux.
En tête de l'ouvrage : 2 feuilles se dépliant, renfermant, dans des médaillons ovales, des faits tirés de la Bible et de la Vie de Jésus.

[B. N.]

2047. — FLEURS D'AMOURETTES. Almanach chantant Pour la présente année. ‖ Au Temple de Gnide. [Paris, Janet; Lille, Vanackère.] (1826.) In-32.

Frontispice sur bois (berger et bergère). Au-dessous cette légende :

Colette au village
A reçu le jour ;
Colette est bien sage,
Mais gare à l'amour.

Recueil de chansons, avec calendrier.
Publication de colportage.

[B. N. — Ye, 22392.]

2048. — LA NOUVELLE MUSE OU RECUEIL INÉDIT DE POÉSIES ET ROMANCES NOTÉES. Dédié par l'auteur à Mme la comtesse de Genlis. Paroles et Musique de Mlle Félicité Coulon de Thévenot, fille de l'auteur de « l'Art d'écrire aussi vite qu'on parle »,Tachygraphe breveté de L.L. A.A. R.R. Mme la duchesse d'Orléans, Mgr. le duc de Chartres et Mlle Adélaïde, Eugénie d'Orléans, et professeur de Chant, Piano, Harpe et Guitare. 1re Année. ‖ Paris, chez Garnier, Lib.-Éditeur, rue de Valois, n° 1, vis-à-vis la cour des Fontaines. (1826.) In-12.

Ce recueil a deux titres, l'un imprimé (celui dont le texte est ici reproduit), l'autre gravé : *Nouvelle Muse. Recueil inédit, orné de quatre gravures.* Il s'ouvre par une lettre à la comtesse de Genlis.

A la fin, pages de musique gravées.

[Coll. Olagnon.]

2049. — NOUVELLES ÉTRENNES MIGNONNES, Universelles, Royales, Maritimes, Utiles et Agréables. Année 1826. ‖ Paris, Marcilly, Libraire, rue St-Jacques, n° 22. Lille, Vanackère fils, Imprimeur-Libraire, place du Théâtre, n° 10. 1826-1837. In-32.

En tête de chaque année se trouvent 2 feuilles se dépliant qui contiennent les portraits en médaillons de tous les rois de France depuis Pharamond, ainsi qu'une liste des villes de France et de leur position géographique.
Ouvrage rédigé conformément à tous les petits almanachs de l'époque : renseignements administratifs avec quelques variétés scientifiques et littéraires.

[B. N. — Années 1826 à 1837.]

2050. — PARIS ET SES MODES. Nouvel Almanach Rédigé par le Caprice. [Épigraphe :]

(Aux Dames.)
Le petit drôle, est-il gentil !!!
C'est pour ajouter à ses charmes,

Et rendre son feu plus subtil
Que le traître emprunte vos armes.

|| A Paris, chez Louis Janet, Libraire, Successeur de son Père, Rue St-Jacques, n° 59. (1826.) In-18.

Titre gravé, avec petite vignette au pointillé de couleur. Cet almanach, qui fait suite aux *Folies Parisiennes* (voir plus haut n° 1893), est accompagné de 6 compositions coloriées. — 1. Le Cachemire. — 2. Le Bal de l'Opéra. — 3. Le Billet doux. — 4. Le Corset. — 5. La Toilette d Cour. — 6. La Leçon d'escrime.

Chaque mois contient une série d'articles, prose et vers, sur Paris et les modes du jour (les gants, l'art de mettre sa cravate, la coupe des cheveux, le corset, promenade de Longchamps, Tortoni, etc.). Un article « Les Questions » demande : «Qu'est-ce qu'une femme à la mode ? Qu'est-ce qu'un jeune homme de bon ton ? Qu'est-ce que l'artiste par excellence ? Quel est le théâtre le plus en vogue ? la réunion la plus aimable ? etc...» : chaque réponse est une satire sur les travers du jour.

Sous le titre de : « Chambre des modes » se trouve une assez piquante façon de présenter les inventions du jour dans le domaine de la toilette et de la parfumerie, avec les noms des inventeurs. On est censé assister aux discussions d'une assemblée décidant souverainement sur les choses du bon goût et de la toilette.

Avec un calendrier pour 1826.

[Coll. de Savigny.]

2051. — LA PERLE DES ÉTRENNES, ou Le Messager de la Cour et de la Ville. || A Paris, chez Delarue, Libraire, quai des Grands-Augustins, n° 15. (1826-1841.) In-32.

Renseignements administratifs, militaires et ecclésiastiques.

En tête de chaque année : 2 feuilles se dépliant, contenant, soit des cartes géographiques, soit des gravures relatives à différents sujets, soit les listes des départements.

[B. N. — Collection complète, sauf les années 1831, 32, 36, 38.]

2052. — LE PETIT MAGASIN DE MODES, Dédié aux Dames. [Épigraphe:] « La mode règle tout, souvent même le mode de gouvernement. » || Paris, Lefuel, Libraire-Éditeur, Rue St-Jacques, n° 54. (Vers 1826.) In-18.

Almanach orné de 12 gravures de modes, au pointillé gris et rose, dont une sert de titre. Ces gravures représentent des femmes en pied costumées suivant la mode du jour ; le rose est naturellement réservé à la figure et aux mains.

Texte, en prose et en vers, sur les modes ou les actualités parisiennes : Marche du bœuf gras. — Des coiffures. — La grisette. — Noms des actrices à la mode sur les différents théâtres de Paris. — Le revers de la médaille, ou tableau de l'Opéra.

[Coll. de Savigny.]

2053. — AGENDA DU MÉDECIN ET DU PHARMACIEN, Contenant près de trois cents formules, extraites des meilleurs Auteurs, et précédées d'un calendrier nécrologique des grands hommes qui ont illustré la Chimie, la Pharmacie, la Chirurgie, la Botanique, la Physique, la Minéralogie, l'Histoire naturelle, etc.; Par L. P. Première année. || Paris, Béchet jeune, Libraire de l'Académie royale de Médecine, place de l'École de Médecine, n° 4. Lille, Vanackère, fils, Imprimeur-Libraire de S. A. R. Monsieur le Dauphin. Place du Théâtre, n° 10. 1827. In-18.

Le calendrier donne, pour chaque jour, le nom d'un homme célèbre, mort à cette date, et qui, par ses écrits ou ses travaux, se recommande à la postérité.

Formules médicales et pharmaceutiques.

[B. N. — T 47/25]

2054. — ALBUM DES MUSES. || A Paris, chez Marcilly, Rue St-Jacques, n° 21. (1827.) In-24.

Titre en lettres gravées, avec sujet (Amours cueillant des roses).

Almanach orné de 6 gravures au burin se rapportant au texte et dont voici les légendes : — 1. Marie-Stuart. — 2. Valentine de Milan. — 3. Piron. — 4. Deux jeunes filles lisant un billet doux. — 5. Le Compte avec l'hôte. — 6. Alexis. Recueil de chansons, poésies lyriques, fables et contes en vers, avec musique gravée.

Souvenir des dames. — Calendrier pour 1827.

[Communiqué par M. Gougy.]

2055. — ALMANACH GÉNÉRAL DE MÉDECINE, Pour la Ville de Paris. 1827. Par L. Huber, chef des bureaux de la Faculté, secrétaire du Jury médical. Prix : 4 fr. || A Paris, chez l'Éditeur, rue de Savoie, n° 24. 1827. In-18.

Renseignements médicaux. Liste des médecins et pharmaciens, Académie de Médecine, hospices, sociétés de médecins.

[B. N. — T 47/26]

2056. — ALMANACH HISTORIQUE ET COMMERCIAL DU PALAIS-ROYAL, ou Le Conducteur de l'Étranger dans cet édifice, Pour l'année 1827, Contenant : 1° Une notice historique sur ce Palais, depuis sa fondation jusqu'à nos jours; 2° Une Liste de tous les Artistes, Commerçants et Marchands qui en occupent l'enceinte, indiquant le genre de marchandises que tient chacun d'eux; 3° La description de toutes les Curiosités qu'il renferme, etc., etc. Ouvrage indispensable aux étrangers et aux voyageurs qui visitent la capitale. || Paris, les Éditeurs, Cour des Fontaines, n° 7; Sanson, libraire de S. A. R. Mgr le duc de Montpensier, Palais-Royal, gal. de Bois, n° 250; Et tous les libraires, marchands de nouveautés. 1827. (Se vendait 1 fr. 25.) In-18.

Frontispice : lithographie représentant la façade du Palais-Royal, du côté de la place.

D'après un avertissement des éditeurs, cet ouvrage devait être continué tous les ans, et, joignant l'utile à l'agréable, on lui prédisait une durée aussi grande qu'au Mathieu Laënsberg. Chaque année devait également contenir une lithographie représentant toujours le Palais-Royal pris sur un point différent.

La notice historique se termine en vantant le coup d'œil et l'éclat que produisent, le soir, 180 reverbères et les feux d'autant de boutiques.

La liste des marchands est moins amusante à parcourir que celle des précédents Almanachs du même genre. Parmi les curiosités, il faut signaler le Cosmorama (existant depuis le 1er janvier 1808), tableaux se succédant par ordre géographique, les Ombres chinoises de Séraphin, (galerie de Valois n° 151), le café de la Paix, ci-devant théâtre Montansier, où, depuis 1815, l'on jouait des petites pièces (sorte de café-concert), le café des Aveugles, et les serpents vivants de la cour des Fontaines. On y trouve également la maison du duc et de la duchesse d'Orléans.

[B. N.]

2057. — ALMANACH MATRIMONIAL DE M. BRUNET, HOMME D'AFFAIRES. Avec un aperçu sur les avantages du mariage, ainsi que sur les moyens délicats et secrets que l'auteur emploie pour marier les personnes qui l'honorent de leur confiance. || Paris, 1827. In-18.

Almanach curieux et rare, qui était destiné à servir de propagande au « cabinet de M. Brunet. » On sait que ces sortes d'agences, datant du premier Empire, étaient encore de création récente.

2058. — ALMANACH PARISIEN, ou Liste de 55,000 principaux habitants de Paris, classés en deux parties, par ordre de rues et numéros des maisons (et par ordre alphabétique de noms), Avec indication de professions et demeures, Suivi d'une table des rues pour l'année 1827. — Première année. — || Paris, chez les éditeurs, rue des Marais-du-Temple. 1827-1828. 2 années. In-12.

Nouvelle concurrence à l'Almanach de M. Bottin, qui ne paraît pas avoir duré au delà de ces deux années.

La liste des noms par ordre alphabétique n'existe que pour la seconde année, qui contient 60,000 noms. Calendrier en tête, imprimé sur 3 colonnes.

2059. — ALMANACH PHILANTROPIQUE OU TABLEAU DES SOCIÉTÉS ET INSTITUTIONS DE BIENFAISANCE, D'ÉDUCATION ET D'UTILITÉ PUBLIQUE DE LA VILLE DE PARIS, par Eugène Cassin. || Paris, Treuttel et Wurtz. 1827. In-18.

Publication isolée.
[D'après un catalogue de libraire.]

2060. — AMOUR ET GLOIRE. || [A la fin, on lit : Paris, chez E. Jourdan, quai des Augustins, n° 17.] 1827. In-128.

Titre en lettres gravées. Almanach microscopique orné de 8 gravures, sans légendes, se rapportant aux sujets.
Recueil de chansons sentimentales : l'Ingénue, l'Absence, l'Orage.
Calendrier pour 1827.
[Coll. Georges Salomon.]

2061. — ANNUAIRE MÉDICO-CHIRURGICAL ou Répertoire général de clinique, se composant de notes, d'analyses ou d'extraits de tout ce que les journaux de médecine renferment d'intéressant sous le rapport pratique. Par une société de Médecins et de Chirurgiens. Ouvrage très utile aux élèves en médecine et en chirurgie qui suivent la clinique des hôpitaux, et aux médecins, chirurgiens et officiers de santé qui désirent se tenir au courant des progrès de la Médecine et de la chirurgie pratiques. [Épigraphe:] Multa paucis. 1826. || Paris, Crevot, Libraire-Éditeur, Rue de l'École-de-Médecine, n° 3, près celle de La Harpe; Gaban, Libraire, même rue, n° 10 ; Montpellier, le même, Grand-Rue, n° 321; Bruxelles, au Dépôt Général de librairie médicale française. 1827. In-8.

Le but de l'ouvrage était de présenter un tableau fidèle des perfectionnements progressifs apportés, chaque année, dans la médecine et dans la chirurgie expérimentales.
Cet annuaire avait obtenu un succès considérable, que plusieurs circonstances malheureuses vinrent arrêter; il donna lieu, en 1833, à la publication du « Répertoire annuel de clinique médicochirurgicale », rédigé sur le même plan.
[B. N. — $\frac{T \ 47}{22}$]

2062. — CALENDRIER JÉSUITIQUE pour l'année 1827. Pour l'édification des personnes pieuses attachées à la Société ; contenant l'exposé de leurs doctrines, où sont consignés, jour par jour, les crimes qu'ils honorent comme des vertus et pro-

posent comme des modèles, un Abrégé de l'histoire de l'ordre depuis son institution jusqu'à nos jours, et enfin des Pièces justificatives, la plupart inconnues aujourd'hui, par M. Thomas. [Épigraphe :] « Tout arbre qui ne produit pas de bons fruits sera coupé et jeté au feu. » (Mathieu, ch. VII). || A Paris, chez Ambroise Dupont. 1827. In-18.

C'est, comme on le voit, (la même publication que les *Étrennes aux Jésuites*.) (Voir, plus haut, n° 2042) ayant en plus, un frontispice lithographié « Le Père Girard », d'après un portrait original.
[Cat. de 3 à 4 fr.]

2063. — LA CORBEILLE DES MUSES OU LES FLEURS DU PARNASSE, Almanach chantant pour la présente année. || Au Temple d'Apollon. [Paris, Janet ; Lille, Vanackère.] 1827. In-32.

Frontispice sur bois.
Recueil de chansons, avec calendrier.
Publication de colportage.
[B. N. — Ye, 19076.]

2064. — LA DAME BLANCHE, Almanach chantant, pour la présente année. || Paris, chez Stahl, Imprimeur-Libraire, Quai des Augustins, n° 9. (1827.) In-32.

Recueil de chansons, avec calendrier.
Publication de colportage.
Le succès de la *Dame Blanche*, de Boïeldieu, n'avait pas seulement influé sur les modes : il avait eu aussi son contre-coup sur la littérature et l'image. Considérable est le nombre des petites publications qui parurent sous ce vocable.
[B. N. — Ye, 19424.

2065. — LA DOUBLE ÉTRENNE MIGNONNE, ou Nouvel Indicateur pour la ville et les départements. Avec la liste des Pairs de France et des Députés, et leurs demeures. Orné des Portraits de la Famille royale. Prix : 1 franc 25 centimes. || A Paris, chez Locard et Davi, Libraires, quai des Augustins, n° 3. 1827. In-32.

Frontispice sur bois : portraits de la famille royale (quatre médaillons ronds renfermés dans un losange sur fond carré.)
Renseignements administratifs.
[B. N.]

2066. — ÉTAT DE LA MAISON MILI-
TAIRE DU ROI, pour l'année 1827. ‖
A Paris, Chez l'Éditeur, rue Neuve-
Saint-Roch, n° 12; M. Asse, Papetier, rue
de Belle-Chasse, n° 12. A Saint-Germain,
chez M. Dubusc, Libraire, rue au Pain.
(1827-1830.) In-16.

Liste des officiers composant la maison militaire
du Roi.
Fut continué sous le titre suivant :

— *Annuaire de la Maison Militaire du Roi.* Première partie : personnel des corps composant la
maison militaire du Roi ; les pages de Sa Majesté
et le personnel du service administratif. Deuxième
partie : Extraits des ordonnances, réglemens et
décisions concernant ces divers corps, ou qui leur
sont applicables. Par FAUVEL, chef de bureau, à
l'état-major de la compagnie de Grammont. Année
1828. ‖ A Paris, chez l'Éditeur, rue de Beaune,
n° 10; Stahl, Imprimeur-Libraire, quai des
Augustins, n° 9. A Saint-Germain, chez Dubusc-
Dusouchet, Libraire. A Versailles, chez les principaux Libraires. 1828-1830. In-18.

Liste des officiers composant la maison militaire
du Roi, avec un extrait des règlements, ordonnances
et décisions concernant les divers corps de troupes
faisant partie de la dite maison militaire.

[B. N.]

2067. — ÉTRENNES INTÉRESSANTES
DES CINQ PARTIES DU MONDE :
Europe, Asie, Afrique, Amérique et Océa-
nie, Pour l'année 1827. ‖ A Paris, chez
Delarue, Libraire, quai des Grands-Au-
gustins, n° 15. (1827-1840.) In-32.

Contient les puissances de l'Europe, les alliances
des rois et princes, les ministères, la Maison du
Roi et celle des princes, les ambassadeurs français
et étrangers, les pairs de France. On y trouve, en
outre, des chansons, des historiettes et quelques
pièces de vers.
En tête, deux feuilles se déplient sur lesquelles
sont représentés les costumes de diverses nations
et les portraits de quelques hommes et femmes
célèbres : Mathieu Molé, Richelieu, Santeuil,
Rameau, Jeanne Seymour, Elisabeth d'Angleterre,
Angelica Catalani et Jeanne de Navarre.

[Coll. de l'auteur.]

2068. — ÉTRENNES MAÇONNIQUES.
Première année. Par le F∴ J. R***chev∴
R∴ ; Orat∴ Adj∴ du Souv∴ chap∴
d'Arras, et Sec∴ de la R∴ E∴ de Saint-
Antoine du Parf∴ Content∴ Au profit

des Grecs. ‖ Paris, Silvestre, Libraire
rue Thiroux, n° 8. 1827. [Prix broché :
2 francs.] In-18.

Recueil de chansons, spécialement consacré aux
francs-maçons, et visant à être pour eux ce qu'é-
taient pour les profanes les chansonniers annuels.
L'ouvrage contient, en outre, trois discours : le
premier, pour une Fête d'Adoption ; le second,
pour une Quête en faveur des Grecs ; le troisième,
sur la tombe d'un frère.
L'auteur, dans un avis placé en tête du volume,
prévient que « la présente publication se vend au
profit de nos FF∴ en Dieu, les Chrétiens malheureux, les infortunés Grecs. Puissent mes chants leur
procurer de grands secours, et l'indulgence de mes
Lecteurs y pourvoir en leur faveur ! »
Calendrier pour 1827.

2069. — ÉTRENNES MARITIMES,
UTILES ET AGRÉABLES. Dédiées à S.
A. R. M. le Dauphin. Année 1827. ‖
Paris, Caillot, Libraire, rue St-André-des-
Arts, n° 57. 1827-1846. In-32.

En tête, feuilles se dépliant : portraits des rois
de France en médaillons ; puis, plus tard, personnification des puissances des cinq parties du
monde.
Renseignements administratifs, mélanges, poésies.
Un avis placé en tête dit que cet almanach a paru
pour la première fois en 1789 et qu'il a continué
de paraître chaque année, sans interruption. Sus-
pendue en 1837, la publication fut reprise en
1839, sous le titre de : *Nouvelles Étrennes maritimes, utiles et agréables.* ‖ Paris, Delarue, in-32.
(1839-1846.)

[B. N.]

2070. — ÉTRENNES MILITAIRES,
Contenant Les noms des chefs et l'emplacement des troupes des différentes
armes ; la liste des généraux, par rang
d'ancienneté ; les noms des gouverneurs
et des généraux commandant les divisions
ou les subdivisions militaires, ainsi qu'un
grand nombre d'articles utiles ou curieux.
Pour 1827. ‖ A Paris, chez Delarue, Libraire, quai des Grands-Augustins, n° 15.
1827-1850. In-32.

En tête de chaque année, deux feuilles se dépliant
contenant, soit les portraits en médailles des principaux généraux anciens et modernes, soit les pavillons des diverses puissances, soit des tableaux
géographiques, etc.
Renseignements militaires.

Devint en 1847 : *Étrennes Royales, Militaires et Maritimes*, et en 1850 : *Étrennes Intéressantes Militaires et Maritimes*, toujours chez le même éditeur, et sans changer de format.

[B. N.]

2071. — MIROIR DE PARIS ET DES DÉPARTEMENTS, ou un Million d'adresses par listes détachées, des principaux habitants de la France dans le Commerce, l'Industrie, etc. || Paris, 1827. In-32.

Simple annuaire d'adresses.

[D'après Girault de St-Fargeau.]

2072. — LE PETIT FAVART. || Paris, Louis Janet, Libraire, Rue St-Jacques, nᵒ 59. (1827.) In-32.

Titre en lettres gravées, avec sujet (joueur de guitare). Almanach orné de gravures non signées, dans un cadre ovale sur fond carré, et dont voici les légendes : — 1. Obéis et tais-toi (querelle de ménage).— 2. Tu ne l'as plus!, chanson de Meifred, dont voici les deux derniers couplets :

« Je ne l'ai plus, dit la bergère :
« Ah! je l'ai gardé trop long-temps!
« Avec Colin, qui m'a su plaire,
« Mon cœur voyage et court les champs.
    « Je ne l'ai plus, etc. »

« Tu ne l'as plus ! aveu terrible !
« Comme il vient de glacer mes sens !
« Bergerette, ah! qu'il est pénible
« De t'entendre dire à quinze ans :
    « Je ne l'ai plus, etc. »

3. Le Monde. — 4. L'Amour charlatan. — 5. Bon soir, beaux mariés. — 6. Ce n'est pas de l'amour.

Recueil de chansons par Charles Malo, Boucher de Perthes, P.-A. Boïeldieu, Demailly, Mᵐᵉ Desbordes-Valmore, etc.

[B. N. — Y.]

2073. — LE TRIBUT DES MUSES. || A Paris, chez Marcilly fils aîné, Libraire, Rue St-Jacques, nᵒ 21. (1827.) In-18.

Titre en lettres gravées, avec sujet au pointillé (Amour apportant une couronne de roses à une jeune femme assise près d'une table.)

Almanach orné de 6 gravures au pointillé, signées Simonet jeune, et dont voici les légendes : — 1. L'Amour jardinier. — 2. Le Baptême et la mort de Clorinde. — 3. Une jeune femme secourant une famille indigente. — 4. La Maîtresse d'école

de village. — 5. L'Arioste. — 6. Intérieur de l'atelier de Raphaël.

Recueil de chansons, avec 4 pages de musique, gravées, et « Souvenir des Dames », à la fin.

2074. — LES VARIÉTÉS AMUSANTES. Almanach chantant. || A Paris, chez Janet, Libraire, Rue Saint-Jacques, nᵒ 59. (Vers 1827.) In-32.

Titre gravé, avec sujet (Joueur de tambourin). Almanach orné de 8 gravures dont voici les légendes : — 1. La Violette. — 2. Pastorale. — 3. Les Trompeuses. — 4. Le Départ. — 5. La Coquette. — 6. Fuite d'Emma. — 7. La Surprise. — 8. L'arrivée du Troubadour.

Texte gravé, composé de chansons. A cet almanach est joint un cahier de chansons imprimées.

[Ex. cart. cat. 10 fr.]

2075. — L'ABEILLE DES THÉATRES. Chansonnier dédié aux dames. || A Paris, chez Lefuel, libraire éditeur, rue St-Jaques, nᵒ 54, au Bon-Pasteur. 1828. In-12.

Titre imprimé et titre gravé avec vignette coloriée. (Bustes de Favart et de Piron surmontés d'ornements.)

Recueil des plus jolis couplets qui se chantaient alors aux théâtres du Vaudeville, des Variétés, du Gymnase, de la Porte Saint-Martin, de l'Ambigu et de la Gaîté.

7 planches coloriées d'une façon ravissante, reproduisant des scènes de : 1. *Rataplan.* — 2. *La Petite Provence.* — 3. *La Route de Poissy.* — 4. *L'Actrice en voyage.* — 5. *La Chercheuse d'esprit.* — 6. *Le Secrétaire et le Cuisinier.*

[Ex. cart. tr. dorées, avec étui, cat. 15 fr.]

[Coll. de l'auteur.]

2076. — ALMANACH CATHOLIQUE DES VILLES ET DES CAMPAGNES pour l'An de Grâce 1828. [Épigraphe :] Dieu, le Roi, la France et l'Honneur. Première année. || Paris, à la librairie de Belin-Mandar et Devaux, rue du Paon, nᵒ 8, et chez Bricou, rue du Pot-de-Fer. 1828. In-32.

Almanach de propagande qui se vendait *six sous.* Avec un avis au lecteur sur Nostradamus et ses « estimables élèves », signé : Eustache-Jérôme Zozo, astrologue, rue de la Lune, à Paris, et le « vérible portrait dudit Zozo », qui n'est pas un de ces auteurs faméliques chantant « le vin de Surène, les cuisinières et les porteurs d'eau. »

Pensées, réflexions et maximes extraites d'un manuscrit de Nostradamus. Dialogue champêtre, mélanges historiques, anecdotes. Etait destiné à faire concurrence à Mathieu-Lænsberg.

2077. L'AMITIÉ ET L'AMOUR, Almanach chantant, Pour la présente Année || A Paris, chez Caillot, Libraire, rue St-André-des-Arcs, n° 57. (1828.) In-32.

Frontispice sur bois, colorié, représentant un amour dansant en rond avec trois jeunes femmes. Recueil de chansons, avec un calendrier pour 1828.
Publication de colportage.

[B. N. — Y.]

2078. — L'AVOCAT DES DAMES. || || A Paris, chez Louis Janet, Libraire, successeur de son Père, rue St-Jacques, n° 59. (1828.) In-32.

Titre gravé, avec sujet (une femme ayant un carton d'artiste sous le bras). Au titre de départ se trouvent ajoutés les mots : « Ou les délices d'un poète ».
Almanach orné de 8 figures, gravées au pointillé anglais, dont voici les légendes : 1. Le Troubadour. — 2. Souvenir d'Ovide. — 3. Tancrède. — 4. Le vieux Gondolier. — 5. Amour et Dépit. — 6. La Musique et le Vin. — 7. Les effets de la Solitude.—8. Chansonnette.— Texte gravé, accompagné d'un cahier de chansons imprimé.
Les figures, d'un burin lourd, sont dans des ovales encadrés de tailles. Le style répond à la note troubadouresque, sentimentale et pleurnicharde de l'époque.

[Coll. de l'auteur.]

2079. — LA BELLE EMMA, ou la Jeune Bergère, Almanach chantant, Pour la présente Année. A Paris, chez Caillot, libraire, rue St-André - des-Arcs, n° 57. (1828.) In-32.

Frontispice sur bois, colorié (jeune femme assise sur un tertre, au bord d'une pièce d'eau).
Recueil de chansons.

[B. N. — Ye, 15154.]

2080. — LE BOUQUET DE MYRTHE, Almanach chantant, Pour la présente année. || A Paris, chez Caillot, Libraire, rue St.-André-des-Arcs, n° 57. (1828). In-32.

Frontispice gravé, colorié, avec cette légende : La petite bouquetière.
Recueil de chansons, avec calendrier.
Publication de colportage.

[B. N. — Ye, 16062.]

2081.—LA CONFIDENCE DU PATRE, Almanach chantant. Pour la présente an-

née. || A Paris, chez Caillot, Libraire, rue St-André-des-Arcs, n° 57. (1828.)In-32.

Frontispice sur bois, colorié.
Recueil de chansons, avec calendrier.
Publication de colportage.

[B. N. — Ye, 18939.]

2082. — COUR ROYALE DE PARIS. || Paris, imprimerie de P. Renouard. 1828-1829. 1830-1831. In-8.

Liste des avocats à la Cour.

[B. N.]

2083. — LES DESSERTS DE MOMUS, Chansonnier, Dédié aux Enfans de Silène. Prix : 2 francs. 1re Année. || A Paris, chez l'Auteur, Piliers des Potiers d'Étain, n° 14; chez Garnier, libraire, Palais-Royal, vis à vis la Cour des Fontaines. (1828 et suite.) In-12.

Recueil de chansons publié par P. M. France.
[Coll. Olagnon. A. 1828 et 1830.]

2084. — ERNEST ET PAULINE. Almanach chantant, Pour la présente Année. || A Paris, chez Caillot, Libraire, rue St-André-des-Arcs, n° 57. (1828.) In-32.

Frontispice sur bois, colorié, représentant deux amants s'embrassant.
Recueil de chansons, avec calendrier pour 1828.
Publication de colportage.

[B. N. — Y.]

2085. — ÉTRENNES A MA BELLE. Almanach chantant, Pour la présente année. || A Paris, chez Caillot, Libraire, Rue St-André-des-Arcs, n° 57. (1828.) In-32.

Frontispice sur bois, colorié (les Grâces et l'Amour dansant en rond), le même que celui de l'Amitié et l'Amour. (n° 2077.)
Recueil de chansons, avec calendrier.
Publication de colportage.

[B. N. — Ye, 21630.]

2086. — ÉTRENNES ROYALES ET CONSTITUTIONNELLES Pour 1828. Cette étrenne contient : 1° La loi sur le double vote; 2° Celle sur la septennalité ; 3° Celle relative au sacrilège; 4° Celle sur les substitutions ; 5° La Chambre des pairs en 1827, et celle augmentée de 76

membres ; 6° La Chambre des députés
dissoute en 1827, et le nom des nouveaux
élus ; 7° La Charte constitutionnelle, et
les divers serments du Roi et des Princes
qui ont juré de la maintenir; 8° Tous les
renseignements utiles qu'on rencontre or-
dinairement dans un almanach. || A Pa-
ris, chez Delarue, Libraire, quai des
Augustins, n° 15. 1828-1830. In-32.

Renseignements administratifs et notions diverses, conformément au titre.

[B. N.]

2087. — MIROIR DES PASSIONS OU
LA BRUYÈRE DES DAMES. Orné de
Douze Têtes d'expression en couleur, à
la manière d'Isabey. || A Paris, chez
François Janet, Libraire, Rue de la
Harpe, n° 50 bis. (1828.) In-18.

Titre gravé, avec sujet colorié ayant pour légende : La Boëte (Sic) de Pandore. Cet almanach
est orné de 12 têtes coloriées, gravées au pointillé
anglais, et dont voici les légendes : — 1. L'Innocence. — 2. La Modestie. — 3. La Malice. —
4. La Coquetterie.—5. La Fierté. — La Colère. —
7. La Compassion. — 8. La Satisfaction. — 9. La
Mélancolie. — 10. La Douleur. — 11. L'Affliction.
— 12. La Jalousie.
Le texte est une série d'études sur les passions,
précédé d'une introduction sur les passions en général.
Calendrier gravé pour 1828.

[Coll. de Savigny.]

2088. — MORALE EN EXEMPLE. ||A
Paris, chez Janet, Libraire, rue de la
Harpe, n° 50 bis. 1828. In-32.

Petit almanach orné de 4 figures se rapportant
au texte.

[Ex. cart., tr. dorées, avec étui, cat. 4 fr.]

2089. — NOUVELLES ÉTRENNES
ROYALES, INSTRUCTIVES ET CU-
RIEUSES Pour 1828. || A Paris, chez
Delarue, Libraire, quai des Augustins,
n° 15. In-32.

Publication analogue aux Étrennes Royales et
Constitutionnelles de 1828. La seule différence
consiste en ce que les lois sur les élections placées
à la fin de ces dernières se trouvent, ici, remplacées
par des anecdotes.

[B. N.]

2090. — LA PASTOURELLE. || A Paris
chez Louis Janet, Libraire, successeur de
son Père, Rue St-Jacques, n° 59. (1828.)
In-32.

Titre gravé, avec sujet (Bergère ayant à ses
côtés un blanc mouton.)
Cet almanach est orné de six figures, gravées
au pointillé anglais, dont voici les légendes : —
1. Daphnis et Chloé. — 2. Lisis, Myrtil et Ger-
mance.— 3. Alfred et Délie. — 4. Inès et Roger.
— 5. Mon Bouquet. — 6. Laure.
Le texte est composé de chansons.
A la suite se trouve un « Petit Souvenir des
Dames » et un calendrier se repliant.

[Coll. de l'auteur.]

2091. — AGENDA MÉDICAL, Pour l'an
1829. Contenant les noms et l'adresse des
membres de la Faculté de Médecine et de
l'Académie royale de Médecine de Paris,
et un Code Manuel des Lois et Réglemens relatifs à l'exercice de l'art de guérir ; suivi d'un formulaire pratique dans
lequel on a réuni avec soin les formules
des nouveaux médicamens les plus usités.
|| Paris, Béchet jeune, Libraire, Place
de l'Ecole de Médecine, n° 4. 1829. In-18.

Simple agenda, avec un formulaire et quelques
extraits des lois relatives à la médecine.

[B. N. $\frac{247}{27}$]

2092. — ALMANACH CATHOLIQUE
ET MONARCHIQUE, pour l'An de Grâce
1829. [Épigraphe:] Dieu, le Roi, la France
et l'Honneur. Première année. || Paris, à
la Librairie catholique d'Édouard Bricou,
Rue du Pot-de-Fer St-Sulpice, n° 4. 1829.
In-32.

Suite à l'Almanach Catholique de 1828.
Contient un « coup-d'œil » sur les événements
de l'année précédente, ainsi que de courtes dissertations sur les questions du moment.
Devint l'année suivante :
— Almanach Chrétien, Moral et Historique, pour
1830. [Épigraphe :] Dieu et la France. Deuxième
année.|| Au Mans, chez Belon, Imprimeur-Libraire,
place St-Nicolas, n° 2.
Publication de propagande populaire.

[B. N.]

2093. — ALMANACH DES GOUR-
MANDS, servant de guide aux convives
et aux amphytrions. Dédié à M. Rossini

par E. G. Périgord cadet [Épigraphe :]
« La diète est la mère de tous les crimes. »
(Confucius.) 1ʳᵉ Année. || Paris, Beaudoin
frères. 1829. 3 années. In-32.

Articles sur la gastronomie, érudition gourmande, statistique gourmande, etc... La 3ᵉ année a un
frontispice colorié par Grandville, des gourmands
à têtes d'animaux autour d'une table, en train de
manger.

2094. — ALMANACH DES OMNIBUS,
des Dames blanches et autres voitures
nouvellement établies; contenant l'itinéraire de toutes les directions que parcourent ces nouvelles voitures. — Tarif
et règlement de jour et de nuit, pour les
fiacres et les cabriolets. — Indication des
Bureaux de voitures pour les environs.
— Messageries royales. — Entreprise Lafitte et Caillard, et autres, pour la France
et l'étranger. — Origine des Monumens,
Édifices, Musées, Bibliothèques, Manufactures, Théâtres, Fontaines, Ponts anciens et nouveaux, et des principales curiosités de Paris, par arrondissement :
les jours et heures d'entrée. — Ministères,
jours et heures d'audience. — Mairies. ||
Paris, Le Normant fils, Imprimeur du
Roi, rue de Seine, n° 8. (1829). In-18.

Au verso du titre, gravure sur bois représentant
un « omnibus » et une « dame blanche ».
Le succès de ce petit livre fut considérable : il
eut 15 éditions en 1829, et fut réimprimé en 1830,
sous le titre suivant : Panorama parisien, ou nouveau Guide des étrangers, aux monuments publics ;
contenant l'itinéraire de toutes les directions que
parcourent les nouvelles voitures. — Tarif et règlement de jour et de nuit pour les fiacres et cabriolets, etc. — Paris, Le Normant fils, Imprimeur du
Roi, rue de Seine, n° 8. 1829. In-18.
A partir de la 7ᵉ édition, le sous-titre devient :
ou Indicateur général de toutes les voitures anciennes et nouvelles, et à partir de la 9ᵉ: ou Indicateur
général de toutes les nouvelles voitures pour
Paris...

[B. N.]

2095. — COLIBRI. || Paris, Louis
Janet, Libraire, rue St-Jacques, n° 59.
(1829.) In-32.

Titre en lettres gravées, avec sujet (Colibri).
Almanach orné de 6 gravures, dans un médaillon
ovale sur fond carré, se rapportant au texte, et dont
voici les légendes : 1. La colère. — 2. Il est mi-

nuit (jeune femme lisant une lettre : son mari, en
chemise, l'observe, pendant que l'Amour entre par
la fenêtre). — 3. Le Carnaval. — 4. Les Conditions
avant l'Hymen. — 5. Adieu, Suzon. — 6. Les
Lunettes de la Grand'maman.
Texte composé de chansons.
Calendrier se dépliant.

[B. N. — Ye, 18793.]

2096. — L'ÉPICURIEN. Almanach chan-
tant, Pour la présente année. || Paris,
Stahl, Imprimeur-Libraire, quai des Augustins, n° 9. (1829.) In-32.

Recueil de chansons, avec calendrier.
Publication de colportage.

[B. N. — Y.]

2097. — ÉTRENNES CURIEUSES ET
AMUSANTES. Souvenirs offerts par l'année
1828 à l'année 1829. || Paris. In-18.

[D'après un catalogue de libraire.]

[Cat. 2 fr.]

2098. — ÉTRENNES RELIGIEUSES,
Contenant des détails intéressants sur le
St-Siège, le haut Clergé, les Archevêchés,
Évêchés, Séminaires, etc., et terminées
par des Anecdotes religieuses. Première
année, 1829. || A Paris, Chez Louis Janet,
Libraire, successeur de son père, rue Saint-
Jacques, n° 59. In-32.

Renseignements ecclésiastiques, accompagnés
d'anecdotes religieuses.

[B N.]

2099. — IDYLLES DE L'ENFANCE. ||
Paris, Louis Janet, Libraire, rue St-Jacques, n° 59. In-32.

Titre avec vignette. Calendrier, à la fin du recueil, pour l'année 1829. 6 planches gravées : Les
deux frères, Respect à la vieillesse, etc. — Choix de
chansons dans la note sentimentale et à l'usage de
l'adolescence.

[Cat. 3 fr,]

2100. — LA JEUNE ALINE, OU LA
CURIOSITÉ PUNIE, Almanach chantant,
pour la présente année. || A Paris, chez
Caillot, Libraire, rue St-André-des-Arcs,
n° 57. (1829.) In-32.

Publication de colportage. Frontispice gravé,
grossièrement enluminé. Chansons avec calendrier.
[Coll. Weckerlin.]

2101. — LISE ET LUCAS, OU ON EST SI MÉCHANT AU VILLAGE. Almanach contenant des chansons de table, Romances, Bouquets, etc. || A Paris, chez Vᵛᵉ Demoraine et Boucquin, Libraires, rue du Petit-Pont (1829.) In-32.

Frontispice gravé, colorié (couple s'embrassant).
Recueil de chansons, avec calendrier.
Publication de colportage.

(B. N. — Y.)

2102. — MASANIELLO, OU LE PÊCHEUR NAPOLITAIN. Almanach contenant des chansons de table, Romances, etc. || A Paris, chez Vᵛᵉ Demoraine et Boucquin, Libraires, rue du Petit-Pont. (1829.) In-32.

Frontispice sur bois, colorié (pêcheur jouant de la lyre).
Recueil de chansons, avec calendrier.

(B. N. — Y.)

2103. — LE NÉCESSAIRE DU VOYAGEUR, Annuaire Parisien. || Paris, Gardet. 1829-1833. In-32 et in-18 (à partir de la 2ᵉ année).

Renseignements divers sur la capitale.

(B. N.

2104. — NOUVEAU CALENDRIER DE LA COUR Pour l'an 1829. || Paris, Pélicier et Chatet, Libraires, Place du Palais Royal, n° 243. In-32.

Renseignements administratifs, maisons de la famille royale, dignitaires des ordres français, etc.

(B. N.)

2105. — LE NOUVEAU CICERONE PARISIEN, extrait du « Nécessaire du Voyageur ». Jours d'entrée aux Ministères, monuments et établissements publics. Disposé pour être mis dans un portefeuille. || Paris, Gardet. In-32.

Avec un calendrier pour 1830. Publication de même nature que la précédente.

(B. N.)

2106. — L'OMNIBUS, OU L'INDICATEUR DES PERSONNES EN PLACE, Contenant la Maison du Roi et des Princes, les noms et la demeure des Pairs de France et des Députés, les Ministères, les jours d'audience et les principales administrations ecclésiastiques, civiles, militaires et commerciales. Orné des Portraits de la Famille royale. Prix : 1 franc 50 centimes. || A Paris, chez Locard et Davi, Libraires, quai des Augustins, n° 3 ; au 1ᵉʳ avril, même quai, n° 21. 1829. In-32.

Frontispice gravé : portraits de la famille royale (quatre médaillons ronds enfermés dans un losange) le même que celui de la *Double Étrenne Mignonne* (voir, plus haut, n° 2065.) Le titre pris par cette publication, *L'Omnibus*, montre le degré de popularité dont jouissaient, alors déjà, les voitures publiques de ce nom, quoique de création récente.
Renseignements administratifs, civils, militaires et commerciaux.

(B. N.)

2107. — LE PETIT MÉNESTREL. || *S. l. n. d.* [A la fin on lit : Paris, chez Marcilly, rue St-Jacques, n° 21] (1829). In-128.

Almanach minuscule : huit gravures sans légendes avec chansons se rapportant au texte. Calendrier.

[Coll. Georges Salomon.]

2108. — RÉPERTOIRE DES NOTABLES HABITANS DE PARIS, Offrant : 1. Des Renseignements généraux sur le personnel des Maisons du Roi et des Princes. 2. Une Nomenclature générale de tout ce que Paris compte de personnes recommandables par le rang, la fortune, les talens ou des services rendus à la société. La première partie, précédée d'un nouveau plan de Paris, et suivie d'une table des matières. Par Deflandre, M. A. || Paris, au Bureau du Répertoire des Notables, rue des Vieux-Augustins, n° 40. M. DCCC. XXIX. In-8.

Ouvrage divisé en deux grandes parties : 1° un Répertoire du Commerce, contenant des renseignements généraux : agences, assurances, banques, francs-maçons, médecins, ministères, postes, spectacles, etc.; 2° un Répertoire alphabétique contenant le nom et l'adresse des notables habitants de Paris. C'était une sorte de sélection du Bottin, ou, si l'on préfère, une nouvelle tentative de « Tout-Paris mondain.» Voir pour les précédentes publications dans ce domaine, n° 492, 956. 1717 et 1821.

(B. N.)

2109. — TABLEAU DES BOULAN-GERS DE PARIS, pour l'exercice de l'an 1829, précédé des arrêtés, ordonnances, décisions, délibérations et instructions concernant le commerce de la boulange-rie. || Paris, Imprimerie de Lebègue. 1829 et suite. In-18.

Calendrier en tête du volume. — Lebègue était depuis 1817 imprimeur du syndicat des boulangers. Les cent premières pages sont consacrées à une série de renseignements d'un usage courant : dates des principales découvertes géographiques, des observations astronomiques, des instruments d'as-tronomie et de marine. L'année 1829 donne un tableau de la taxation du pain depuis le 1er juil-let 1823, époque de l'établissement de la taxe pério-dique. Les boulangers, divisés en quatre classes, sont classés par ordre alphabétique, puis par quar-tiers.

En 1829 leur nombre était de 600.

Ce « Tableau » avait, très probablement, paru antérieurement.

(Voir, plus loin, sur la même matière, n° 2126).

[Coll. de l'auteur.]

2110. — ALMANACH PERPÉTUEL DES GOURMANDS, contenant le Code gourmand et des applications, règles et méditations de gastronomie transcen-dante (par H. R. Buisson.). || Paris, J. N. Barba, éditeur. 1830. In-18.

Le frontispice gravé est le même que celui du *Nouvel Almanach des Gourmands* (voir, plus haut, n° 2005). L'auteur, dans une dédicace, déclare être certain du succès de son almanach, « les diverses classes de la société étant », dit-il, « composées en totalité de gourmands. »

[De 4 à 5 fr.]

2111. — ANNUAIRE DE LA GARDE NATIONALE PARISIENNE, contenant la composition de l'État-Major général, et les noms et adresses de MM. les Comman-dans, officiers et sous-officiers d'infan-terie, cavalerie et artillerie, classés par légions, bataillons, escadrons et compa-gnies ; Publié avec l'agrément de S. M. et sur documens de l'État-Major, par Louis Menu, Adjudant. || Paris, Anselin, successeur de Magimel, Libraire pour l'Art militaire, rue Dauphine, n° 9. 1830. In-18.

Simple liste des officiers et sous-officiers de la garde nationale.

[B. N.]

2112. — ÉTAT DE LA GENDARME-RIE ROYALE DE FRANCE, pour l'année MDCCCXXX, imprimé par autorisation de S. E. le Ministre de la Guerre. || A Paris, chez Lefebvre, Imprimeur de la Gendarmerie royale, rue de Bourbon, n° 11. 1830. (1830 à ce jour). In-8.

Simple liste des officiers.

Devint en 1833 :

— *État de la Gendarmerie de France*, pour l'année MDCCCXXXII, imprimé par autorisation du Mi-nistre de la Guerre. || A Paris, chez Lefebvre, etc., 1833. In-8.

En 1838 :

— *État général de la Gendarmerie de France* en 1838, imprimé par autorisation de M. le Ministre de la Guerre. || Paris, Imprimerie Troussel, etc. 1838 à 1850. In-18.

Puis, en 1851 :

— *Annuaire de la Gendarmerie de France* publié sur les documents communiqués par le Ministère de la Guerre. || Paris, Léautey, Éditeur, etc. In-8.

Le titre de l'année 1853 porte, en plus : « et des Sapeurs-Pompiers de la ville de Paris. »

Enfin, à partir de 1854 et jusqu'en 1870 :

— *Annuaire de la Gendarmerie impériale et des Sapeurs-Pompiers de la ville de Paris*, Publié sur les documents communiqués par le Ministère de la Guerre. (1er juillet 1854.) || Paris, Léautey, Éditeur, etc. In-8.

2113. — ÉTRENNES CONSTITU-TIONNELLES offertes au Roi et à la Nation, contenant : la Charte de 1814 ; la Charte du 14 août et la déclaration des Chambres du 7 août 1830, qui modifie cette Charte ; le procès-verbal d'accepta-tion de la déclaration des Chambres et de la prestation du serment de S. M. Louis-Philippe Ier, roi des Français, et le Ca-lendrier pour l'année 1831. || A Paris, chez Dautherau, rue Richelieu, 17. In-32.

En tête, portrait-médaille de Louis-Philip-pe.

[B. N.]

2114. — LA FIANCÉE, OU LE CA-PORAL AMOUREUX. Almanach contenant des Chansons de table, Romances, etc. ‖ A Paris, chez Vᵉ Demoraine et Boucquin, Libraires, rue du Petit-Pont. (1830.) In-32.

Frontispice sur bois, colorié (Couple à genoux, devant une statue de l'Amour).
Recueil de chansons, avec calendrier.
Publication de colportage.

[B. N.]

2115. — LE GENTIL TROUBADOUR. Recueil de romances nouvelles. ‖ Paris et Avignon, Pierre Chaillot jeune, Imp.-Lib., Place du Palais. 1830. In-32.

Frontispice sur bois représentant un Troubadour.
Au-dessous, les vers suivants :

Dans l'heureuse et riche Provence,
On vit jadis les troubadours
Dans les combats porter la lance,
Dans la paix chanter les amours.

Recueil de chansons. — Publication de colportage.

[B. N.]

2116. — LE JOLI PASSE-TEMPS, OU ÉTRENNES AUX BELLES pour la présente année. ‖ A Amathonte [Paris, Janet, et Marcilly ; Lille, Vanackère]. (1830.) In-32.

Frontispice sur bois (guerrier couché près d'une forteresse sur les murs de laquelle se trouve une jeune femme), avec cette légende :

Il se lève, et sur une tour
Il voit une femme éplorée :
C'est l'image de Cythérée.
Ruscar va connaître l'amour.

Recueil de chansons, dont quelques-unes avec musique. Calendrier.
Publication de colportage.

[B. N.]

2117. — M. JOVIAL, OU L'HUISSIER EN PRISON. Almanach contenant des Chansons de table, Romances, etc. ‖ A Paris, chez Vᵉ Demoraine et Boucquin, Libraires, rue du Petit-Pont. (1830.) In-32.

Frontispice gravé, colorié (repas).
Recueil de chansons, avec calendrier. — Publication de colportage.

2118. — LES MUSES EN GOGUETTE, choix de chansons et rondes de table,

par Pierre Colau. ‖ Paris. (Vers 1830.) In-18.

Avec un frontispice. A dû paraître à plusieurs reprises, avec un calendrier différent.

[Cat. 7 fr.]

2119. — NOUVELLES ÉTRENNES HISTORIQUES, ou Petit Théâtre de l'Univers pour l'année 1830. — 1ʳᵉ année. ‖ Paris, chez Caillot, libraire, rue St-André-des-Arcs, n° 57. Lille, chez Vanackère fils, Imprimeur-Libraire de S. A. R. Monsieur le Dauphin, place du Théâtre, n° 10. In-32.

Almanach dans l'esprit et dans le format de toutes les petites Étrennes historiques.

[Bibl. de Lille.]

2120. — LE PARFAIT INDICATEUR ou l'Almanach commercial de Paris et de la banlieue, contenant... etc., etc. ‖ Paris, 1830. In-12.

Par M. Pointel.
[D'après la *Bibliographie parisienne* de Girault de St-Fargeau.]

2121. — PETIT CHANSONNIER DE L'ENFANCE. 1830. ‖ (*S. l. n. ind.*) [A la fin, on lit : Paris, chez Porlier, Rue des Cinq-Diamants, n° 8.] In-128.

Petit almanach entièrement gravé, orné de 8 gravures. Recueil de chansons, avec calendrier.

[Coll. Gaston Tissandier.]

2122. — SIGNALEMENT DES GRACES OU CROQUIS DE LA BEAUTÉ. ‖ *S. l. n. d.* (Paris). Vers 1830). In-128.

Almanach minuscule. Titre et texte en lettres cursives. Sans figures. Conformément au titre, donne, en vers, le signalement d'une femme espiègle, le signalement d'une femme aimante, d'une femme capricieuse, d'une femme charitable, d'une femme-auteur, d'une femme aimable.
Les « signalements » étaient alors fort à la mode dans les arts et dans la littérature.

[Coll. Georges Salomon.]

2123. — ALMANACH DU PATRIOTE FRANÇAIS. Année 1831. ‖ Paris, chez Henri, Éditeur, rue d'Erfurth, n° 1. Près l'église de l'Abbaye-Saint-Germain-des-Prés. In-32.

Sur le titre, petite vignette sur bois : pièce de canon avec casque et cuirasse sur un piquet.

Contient la Déclaration de la Chambre des Députés, la Charte et un calendrier.

[B. N.]

2124. — ALMANACH GÉNÉRAL DE MÉDECINE ET DE PHARMACIE Pour la France, l'Algérie et les Colonies. Publié par l'Administration de l'Union médicale. ‖ Paris, aux Bureaux de l'Union médicale, rue de la Grange-Batelière, 11. Chez A. Delahaye et E. Lecrosnier, Libraires-Éditeurs, Et chez les principaux libraires du quartier de l'École-de-Médecine. 1831-1885. In-12.

Almanach de spécialités médicales.

[B. N. Année 1885.]

2125. — ALMANACH NATIONAL pour l'Année 1831. Présenté à S. A. R. le Duc d'Orléans, prince Royal. Première année. ‖ Paris, Charles Heideloff, libraire, quai Malaquais, n° 1. Janvier 1831. In-16.

Vignette sur le titre : écusson de France, fleur-delysé, entouré d'un faisceau de drapeaux. En tête, après le calendrier, est imprimée la Charte. C'est un annuaire officiel.

2126. — ANNUAIRE DU BATIMENT, des travaux publics et des arts industriels pour 1831, par Sageret. ‖ Paris, imprimerie Baudoin, 15, rue du Four-Saint-Germain. (1831 à ce jour.) In-8.

Annuaire faisant suite aux précédents Almanachs des bâtiments (Voir, plus haut, n° 1530), donnant les noms et adresses des entrepreneurs, les arrêtés et actes officiels relatifs à la voirie et aux travaux publics.

[B. N.]

2127. — LE BON FRANÇAIS DU MIDI, Almanach Monarchique pour l'année 1832. [Épigraphe :] La roue de la Fortune tourne..... SENÈQUE. ‖ Paris, à la Librairie Monarchique de Pichard. En Province, au Bureau des Gazettes Monarchiques. 1831. In-18.

Éphémérides historiques « inédites », nouvelles diverses, anecdotes, bons mots, poésies, chansons.

[B. N.]

2128. — LE CABARET DE Mᵐᵉ GRÉGOIRE. Almanach contenant des Chansons de table, Romances, etc. ‖ A Paris, Chez Vᵉ Demoraine et Boucquin, Libraires, rue du Petit-Pont. (1831.) In-32.

Frontispice sur bois, colorié (intérieur de cabaret). Recueil de chansons, avec calendrier.

Publication de colportage.

[B. N. — Ye, 16420.]

2129. — CHANSONNIER DU GASTRONOME, par Messieurs Béranger, Justin Cabassol, Félix Davin, Casimir Delavigne, V. Delacroix, L. Festeau, Fontaney, Victor Hugo, Henri IV, P.-L. Jacob, A. Jay, Amédée Jubinal, Paul Lacroix, Nestor de Lamarque, Charles Lemesle, Louis XVIII, H. Martin, Millevoie, Odry, Ozanneaux, Romieu, E. Scribe, J. Vaissière, etc., etc., publié par Charles Lemesle.

Les animaux se repaissent, l'homme mange ;
L'homme d'esprit seul sait manger.
BRILLAT-SAVARIN.

1ʳᵉ année ,1831. — ‖ A Paris, au bureau du Gastronome, Rue de l'Odéon, n° 38, et chez Eugène Renduel, libraire, Rue des Grands-Augustins, n° 22. In-32.

Frontispice.

Recueil de poésies diverses célébrant, pour la plupart, la bonne table et le bon vin, destiné aux banquets patriotiques, et pouvant devenir, dit l'éditeur Ch. Lemesle, dans une lettre où il célèbre la chanson, sous toutes ses faces, « le vademecum du promeneur aussi bien que de l'homme d'action. »

[Cat 5 fr.]

2130. — ÉTRENNES AUX DEVINS, ou l'Art de tirer les cartes. ‖ A Paris, chez Delarue, Libraire, quai des Augustins, n° 15. (1831.) In-32.

Emblèmes, prophéties. Calendrier se dépliant.

2131. — ÉTRENNES AUX JEUNES MÉNAGÈRES, ou Petit Manuel de propreté et d'économie domestique. ‖ A Paris, chez Delarue, Libraire, Quai des Augustins, n° 15. (1831.) In-32.

Renseignements pratiques sur les soins du ménage.

2132. — ÉTRENNES CONSTITU-
TIONNELLES ET NATIONALES pour
1831. || A Paris, chez Delarue, libraire.
In-32.

Curieux petit almanach, avec couverture tricolore, dite « couverture au drapeau » donnant, en
plus de la partie officielle, des chansons patriotiques, des anecdotes sur les journées de Juillet et
le texte de la Charte constitutionnelle. Cet almanach fait suite aux *Étrennes Royales et constitutionnelles* (Voir, plus haut, n° 2086).

En tête, deux grandes gravures se repliant, donnant
trois épisodes du 28 juillet (prise de la caserne de la
rue de Babylone, prise de l'hôtel de ville, action héroïque du jeune Darcole) et les costumes d'un
garde des communes rurales et d'un garde national parisien.

[Cat. 6 fr.]

2133. — ÉTRENNES DE CYTHÈRE,
ou Les Oracles de l'Amour, Pour la pré-
sente année. || A Paris, chez Delarue,
Libraire, Quai des Augustins, N° 15; Et
à Lille, chez Castiaux. (1831.) In-32.

Petit almanach entièrement en rébus.
Calendrier se dépliant.

2134. — ÉTRENNES DE PSYCHÉ, ou
le Trésor de la Toilette des Dames. || A
Paris, chez Delarue, Libraire, Quai des
Augustins, n° 15. (1831.) In-32.

Renseignements sur les soins à apporter à la
toilette intime.

2135. — ÉTRENNES D'HYGIE, ou le
Médecin de la toilette des Dames. || A
Paris, chez Delarue, Libraire, Quai des
Augustins, n° 15. (1831.) In-32.

Renseignements hygiéniques.

2136. — ÉTRENNES EMBLÉMATI-
QUES, ou le Parterre de Flore. |, A Paris,
chez Delarue, Libraire, Quai des Augustins, n° 15. (1831.) In-32.

Emblèmes et rébus. Calendrier se dépliant.

2137. — ÉTRENNES HYPPOCRATI-
QUES, ou le petit Médecin de poche. ||
A Paris, chez Delarue, Libraire, Quai des
Augustins, n° 15. (1831.) In-32.

« Ces quatre Étrennes réunies (*Étr. aux Jeunes
Ménagères, d'Hygie, de Psyché*, lit-on sur le pros-

pectus, sont un véritable trésor de la toilette, de la
santé et d'économie domestique. On ose affirmer
qu'elles méritent d'être favorablement accueillies. »

2138. — ÉTRENNES PATRIOTIQUES
ET MORALES EN VERS, aux amis de
l'humanité, de la philosophie et des arts.
[Épigraphe :]

Suivre de l'Équité les lois
Fait d'un Peuple libre la gloire ;
Et se vaincre après la Victoire,
C'est avoir triomphé deux fois.
        SÉNÈQ., Ep. VIII et Prov.

|| Paris, chez Delaunay, Libraire, au Pa-
lais-Royal. 1831. In-16.

Ouvrage dédié au comte Alfred de Maussion
fondateur et président de la société générale de
prévoyance, par J. B. M. Gence.
Recueil de pièces diverses en vers. — Calendrier
se dépliant.

[B. N. — Ye, 21662.]

2139. — FRA-DIAVOLO, OU L'AU-
BERGE DE TERRACINE. Almanach
contenant des Chansons de table, Ro-
mances, etc. || A Paris, chez Ve Demo-
raine et Boucquin, Libraire, rue du Petit-
Pont. (1831.) In-32.

Frontispice gravé, colorié (scène de *Fra-Diavolo*).
Recueil de chansons, parmi lesquelles quelques-
unes empruntées à *Fra-Diavolo*.
Calendrier. — Publication de colportage.

2140. — LA LYRE DES FRANÇAIS.
Chansonnier national et patriotique. || A
Paris, chez Ve Demoraine et Boucquin,
Libraires, rue du Petit-Pont. (1831.)
In-32.

Frontispice gravé, colorié (hommes armés).
Recueil de chansons, avec calendrier.
Publication de colportage.

[Cat. 3 fr. 50.]

2141. — NOUVEL ALMANACH CA-
THOLIQUE, ou Annuaire religieux, his-
torique et statistique, pour l'année 1831.
|| Paris, Brion, Éditeur, rue des Petits-
Augustins, n° 21. 1831. In-12.

Observations météorologiques, tableaux statistiques, mélanges politiques, notices historiques et
géographiques, anecdotes.

[B. N.]

2142. — AGENDA DU MÉDECIN. Année 1832. || Paris, Béchet jeune, Libraire, Place de l'École de Médecine, n° 4. 1832. In-18.

Simple agenda, avec la liste des médecins et un memento posologique.

[B. N.]

2143. — ALMANACH DE FRANCE, publié par la Société Nationale [Épigraphe :] « Versez l'instruction sur la tête du peuple, vous lui devez ce baptême. » || Paris, à la direction du Musée des Familles. (1832-1846.) 14 années. Prix, 5o cent. In-16 carré.

Almanach de propagande et d'instruction civique avec, dans le texte, de mauvaises vignettes sur bois empruntées aux publications de l'époque.

2144. — ALMANACH HISTORIQUE, OU UN SOUVENIR POUR NAPOLÉON. Dédié aux vrais Français, par J.-B. Wagner. || S. l. n. d. (Paris, 1832.) In-12.

Plaquette de quatre pages, contenant trois pièces de vers : Hommage au prisonnier de Ste-Hélène, le Rêve de Polignac, la Lanterne Magique (ces deux dernières ont trait à la chute de Charles X). On y trouve encore une description sommaire de Paris et les « Avis d'un père à son fils partant pour Paris, » dans le goût des à peu-près de la fin du XVIII° siècle et de la Révolution.

Mon fils :

Tu logeras rue de la Monnaie,
Et fréquenteras celle des Vertus.
Tu trouveras l'humanité rue des Prêcheurs,
Et la confiance rue Perdue,
La bonne foi quai des Quatre-Vents,
La conscience rue des Juifs,
Les reconnaissances au Mont-de-Piété,
La bourse rue Percée,
Les amis rue du Pet-au-Diable,
Les sages-femmes rue du Nouveau-Monde,
Les coquettes rue Poupée,
Les avocats rue Mauconseil,
Les huissiers rue du Chat-qui-Pêche,
Les usuriers rue Vide-Gousset,
L'espérance à la Grâce-de-Dieu,
Les braves rue des Bons-Enfans,
Les poètes quai des Morfondus,
Les parvenus rue du Paon,
Les poissardes rue des Mauvaises-Paroles,
Les c... rue du Croissant.

2145. — ALMANACH MUNICIPAL ET COMMERCIAL DES COMMUNES DE VAUGIRARD ET DE GRENELLE, Contenant des renseignements de tous genres et d'une utilité générale. Année 1832. || A Vaugirard, chez Delacour, Imprimeur - Libraire- Éditeur, rue du Parc, n° 8. 1832-1833. In-18.

En tête, plan des communes de Vaugirard et de Grenelle.

Contient la loi sur la garde nationale, le tarif des mariages, les noms des commerçants, la demeure des fonctionnaires, etc.

[Voir plus loin, l'*Annuaire des communes de Vaugirard et de Grenelle*, n° 2274.]

[B. N.]

2146. — ANNUAIRE DES ARTISTES FRANÇAIS. Statistique des Beaux-Arts en France. || Paris, 1832-1836.

Notices concernant l'art et les artistes.

[D'après un catalogue.]

2147. — LE CHANSONNIER DE CIRCONSTANCES, recueil de couplets pour accompagner un cadeau, remercier d'u ne faveur reçue, célébrer un événement de Société, repondre à des questions, à des reproches ou à des observations, etc., etc. || A Paris, chez Delarue, Libraire, Quai des Augustins, n° 4. (1832.) In-32.

Frontispice. A la suite des chansons, articles principaux des Annuaires officiels.

La bibliothèque de Lille possède ce chansonnier avec un calendrier pour 1835.

2148. — DIAVOLINO OU LE PETIT CHANTEUR, Almanach chantant pour la présente année. || A Paphos [Au verso du titre on lit : Se trouve à Paris, chez Janet, Libraire, rue St-Jacques, 59, chez Marcilly, Libraire, rue St-Jacques, 21 ; à Lille, chez Vanackère fils, imprimeur-libraire, place du Théâtre, 10, et chez les principaux Libraires du Royaume.] In-32.

Figure au titre. Recueil de chansons. Du reste, simple publication de colportage.

2149. — ÉTAT GÉNÉRAL DU CORPS DES PONTS ET CHAUSSÉES ET DU CORPS DES MINES au 1er mars 1832. (Extrait des Annales des ponts et chaussées.) || A Paris, chez Carilian-Cœury, Libraire-Éditeur, quai des Augustins, n° 41. 1832-1838. In-8.

Fait suite aux précédents annuaires sur la matière. (Voir, plus haut, n° 1434 et 1485).

Contient les noms des agents de l'administration. Devint l'année suivante :

— *État général du personnel de l'Administration et du Corps des ponts et chaussées au 1ᵉʳ mars 1833* (le reste comme plus haut).

[B. N. — 1832-1833, 1834-1838.]

2150. — LIVRE DE POSTE, ou État Général des Postes aux Chevaux du Royaume de France, Suivi de la carte géométrique des routes desservies en poste, avec désignation des relais et des distances ; Pour l'An 1832. || Paris, de l'Imprimerie Royale. *1832. 1832-1854.* In-8.

Suite des précédents *État des Postes* et autres publications officielles sur les Postes. (Voir, plus haut, nᵒˢ 843 et 1424).

En 1839, le sous-titre disparaît et le sommaire est modifié ainsi :

— *Livre de Poste*, Indiquant : 1ᵒ les Postes aux Chevaux du Royaume de France ; 2ᵒ les Relais des routes desservies en poste conduisant des frontières de France aux principales capitales de l'Europe ; 3ᵒ l'organisation du service des Paquebots de la Méditerranée, conformément à l'arrêté du Ministre secrétaire d'État des finances, en date du 17 juillet 1838. Pour l'an 1839. [Prix : 4 fr. broché.] || Paris, Imprimerie Royale, 1839.

[Voir, plus loin, *Almanach des Postes*, nᵒ 2267]

[B. N.]

2151. — LA LYRE ANACRÉONTIQUE ou les Muses Galantes. || A Paris, chez les Marchands de Nouveautés. (1832.) In-32.

Frontispice colorié. Recueil de chansons bachiques et amoureuses, avec calendrier pour 1832.

2152. — LES MODES, ALMANACH DES DAMES. 1ʳᵉ année, 1832 . || A Paris, Gœtschy fils, 61, rue Louis le Grand et chez les marchands de nouveautés. Avec gravure et musique. In-18.

Almanach donnant une analyse de tous les objets d'art et d'agrément du domaine de la femme. Modes nouvelles. De la danse, par M. Alerme, de l'Académie de Musique. *Traité d'hygiène féminine.* Du dessin : dessin des fleurs, broderies, bourses brodées au passé ou bourses de soie, tapis, fleurs et bobèches en pains à cacheter (! !), écrans en papier imitant les dahlias, paniers à ouvrages. Poésies aux titres significatifs : *Il est doux ! Elle est à moi ! Que je te plains, pauvre Colette ! La jeune fille et le peintre.* Voici un madrigal à M*lle Emma Pétronella* S***, *qui m'a fait cadeau d'un*

Indispensable ; madrigal que je juge « indispensable » de reproduire :

O vous dont la main adorable
M'a fait un présent si flatteur,
Croyez que si pour mon bonheur
Une chose est indispensable,
C'est une place en votre cœur.
Signé : Milano de Calcina.

Un cœur méconnu qui, sans doute, à force de brûler…, se calcina. Ce n'était pas « indispensable », mais bien fatal.

Cet almanach se vendait : broché, avec gravure coloriée, 2 fr. 50. ; — cartonné, avec étui et gravure coloriée à l'aquarelle, 5 fr.

[B. N.]

2153. — PETIT ALMANACH DES DAMES pour 1832. Prix : 1 fr. 25. | Paris, chez Binet, éditeur, rue Aubry-le-Boucher, nᵒ 33, et les marchands de nouveautés. In-32.

Même almanach que le précédent, mais sans gravure et sans musique.

2154. — LE JOYEUX MOMUSIEN. Almanach dédié aux Curieux. || A Paris, Au Palais-Royal, chez les Marchands de Nouveautés. (1832.) In-32.

Recueil de chansons, avec calendrier pour 1832. Texte encadré. La dernière page est occupée par un bois populaire : « Vive la Folie ! »

[Cat. 3 fr.]

2155. — L'ALMANACH DE FRANCE, — Santé — Bien-Être — Savoir. — Pour dix sous. —)

indiquant à tous les Français qui savent lire :

LEURS DEVOIRS COMME :	LEURS DROITS COMME :	LEURS INTÉRÊTS COMME :
Père de famille,	Contribuable,	Consommateur,
Garde national,	Électeur,	Agriculteur,
Juré,	Conseiller municipal,	Commerçant,
Militaire,	Maire et adjoint,	Ouvrier.

Avec le Calendrier des Mois, L'explication, les indices et pronostics du Temps, les poids et mesures anciens et nouveaux et leur conversion, le calendrier des travaux de l'Agriculture et du Jardinage, des notions et recettes d'Économie domestique, une Statistique de la France,

terminée par le Tableau des foires et la
Biographie des hommes célèbres morts
en 1832. || Expliqués par 44 figures.
1 vol. de 224 pages (600,000 lettres),
équivalant à un volume in-8 de
30 feuilles et de 6 francs, publié à un
million trois cent mille exemplaires,
par la Société pour l'Émancipation intellectuelle, sous les auspices de 227 membres de la Chambre des Pairs et de
celle des Députés, avec le concours de
100,000 sociétaires correspondans et souscripteurs du *Journal des Connaissances
Utiles*. — || Se vend dans les 38,000 com-
munes de France, Chez tous les Mem-
bres-Correspondans de la Société. 1833.
In-18.

Entreprise due à Émile de Girardin qui, par son
titre, conçu dans cet esprit de réclame et de propagande particulier au célèbre publiciste, dispense de toute autre explication.

2156. — ALMANACH DES VILLES ET
DES CAMPAGNES pour 1834 rédigé par
Michel Sincère, publié par MM. Hachette
et Firmin Didot frères. 1re année. || Paris,
chez les éditeurs. (1833-1834). In-18.

S'ouvre par un « Avis aux lecteurs » de Michel
Sincère annonçant que le vieux Mathieu Laensberg
vient de rendre l'âme entre ses bras, avec le regret
d'avoir abusé si longtemps par ses mensonges de
la crédulité du public. Le nouvel almanach sera
l' « Almanach-Vérité ».

La 1re année de cet almanach a été rédigée par
M. Lorrain ; la deuxième par M. Lamotte.

2157. — ALMANACH POPULAIRE ET
POLITIQUE. Esprit du *Bon Sens*, ou
Extraits des articles publiés dans ce journal, du 29 juillet au 31 décembre 1832,
par V. Rodde, directeur du *Bon Sens*,
éditeur. || Paris, rue du Faubourg-Pois-
sonnière, 14. 1833. In-8.

La quintessence de la vaillante feuille démocratique, la « Domicale populaire, » comme l'appelaient ses rédacteurs eux-mêmes.

[Cat. 2 fr. 50.]

2158. — ANNUAIRE DE L'ÉCOLE
ROYALE POLYTECHNIQUE, Pour l'an
1833. || Paris, Bachelier, Imprimeur-Li-
braire de l'École royale polytechnique

et du Bureau des longitudes, Quai des
Augustins, n° 55. (1833-1894.) In-18.

Contient des articles sur l'organisation, le personnel, les élèves, le régime, l'instruction, et
divers autres objets concernant l'École polytechnique. Cet annuaire fut rédigé par M. Marielle,
garde des Archives, sous la direction du général
commandant l'établissement et suivant le programme approuvé par le ministre de la Guerre.

Il s'est continué depuis, avec de simples modifications sur le titre.

[B. N.]

2159. — ANNUAIRE DES MESSAGE-
RIES ROYALES ET DES MESSAGE-
RIES de MM. Laffitte, Caillard et Cie. ||
Paris, au bureau de l'Annuaire, Hôtel
d'Aligre, Rue St-Honoré, n° 123, et rue
Bailleul, n° 10, chez les Concierges des
messageries, et dans les Départements,
chez les Dteurs des Messageries. Prix,
1 franc. 1834. In-12.

1833. 1re division : Midi de la France.
1834. 2e division : Nord de la France.
1834. 4e division : Est de la France.

Suite des précédents Annuaires de messageries.
Donne un itinéraire détaillé de toutes les routes
de France avec les distances des localités entre
elles, l'indication des lieux où se prennent les
repas et les communications de ces routes avec
les villes principales qu'elles desservent.

[B. N.]

2160. — CALENDRIER S. S. (Saint-
Simonien). 1833. || (Paris), Impri-
merie de Carpentier-Méricourt, Rue
Traînée, n° 15, près St-Eustache. In-18.

Simple calendrier à l'usage des Saints-Simo-
niens.

2161. — ÉTRENNES AUX BONS FRAN-
ÇAIS, Pour l'Année 1833. D. O. M. ||
Paris, chez Meyer et Cie, successeurs de
Rusand et Périsse frères, rue du Pot-de-
Fer-Saint-Sulpice, n° 8. Adrien Le Clerc
et Cie, quai des Augustins, n° 35. Hivert,
quai des Augustins, n° 55. Et au Cabinet
de Lecture, rue du Bac, n° 120. 1833.
In-12.

Abrégé historique de la religion chrétienne.

[B. N.]

2162. — LE JOLI TAMBOURIN, OU LA
DANSE AU VILLAGE. Almanach chan-

tant pour la présente année. || A Paphos, [Paris, Janet, Marcilly ; Lille, Vanackère]. (1833). In-32.

Frontispice sur bois (fête de village), avec cette légende :

Au son du tambourin
Dansez, jeunes fillettes.

Recueil de chansons, avec musique et calendrier. Publication de colportage.

[B. N. — Ye, 24581.]

2163. — MAITRE PIERRE OU LE SAVANT DU VILLAGE, par J. Bœckel et A. L. Buchon. Entretiens sur le calendrier. || Paris, chez F. G. Levrault, rue de la Harpe, n° 81. Strasbourg, même Maison, rue des Juifs, n° 33. 1833. In-32.

L'auteur de ces « Entretiens sur le Calendrier » annonçait l'intention de publier tous les ans un almanach dit : Almanach de Maître Pierre. En ce petit opuscule destiné aux campagnes, il a cherché « s'il n'y avait pas de moyen de substituer dans nos calendriers des choses tant soit peu raisonnables à tant de folles et absurdes prédictions, » en se basant sur l'ouvrage allemand de Steinbeck relatif au calendrier.

Accompagné de nombreuses tables. Je ne sais si cet almanach parut effectivement dès 1834, mais il se trouve à la B. Nat., à la date de 1836. (Voir, plus loin, n° 2207.)

[Coll. de l'auteur.]

2164. — LE PETIT HOMME GRIS, ou le Savant astrologue, almanach utile et amusant pour 1833. Orné de gravures. || A Paris, chez Delarue, libraire, quai des Augustins, n° 4, et à Lille, chez Castiaux, Libraire. (1833-1836.) In-32.

[D'après la Bibliog. de la France.] Prix, 0,60 c.

2165. — RÉPERTOIRE ANNUEL [puis universel] de clinique médico-chirurgicale, ou Résumé de tout ce que les journaux de Médecine, français et étrangers, renferment de neuf et d'intéressant, sous le rapport pratique. Rédigé par Ch.-F.-J. Carron de Villards, docteur en Médecine et en Chirurgie, Membre de plusieurs Sociétés savantes, nationales et étrangères. [Puis par P.-L. Cottereau.] Première Année. || Paris, Librairie des Sciences

Médicales de Just Rouvier et E. Le Bouvier, Rue de l'Ecole-de-Médecine, n° 8. 1833. 1833-1840. In-8.

Ouvrage rédigé sur le même plan que l'Annuaire Médico-chirurgical de 1827. Il se compose d'analyses ou d'extraits de tout ce que les journaux français et étrangers renferment d'intéressant en pathologie et en thérapeutique ; il fait également connaître les diverses méthodes de traitement nouvelles et perfectionnées, et contient quelques notices nécrologiques sur les médecins français et étrangers morts pendant l'année.

[B. N.]

2166. — ALMANACH DE LA MODE DE PARIS, Tablettes du Monde fashionable. 1ʳᵉ année, 1834. [Épigraphe :] Bon goût, utilité et point de politique. || Paris, Au Bureau de la Mode de Paris, Place du Louvre, 18. 1834. (2 fr.) In-18.

Rédigé par M. de Saint-Maurice, et publié par le journal La Mode de Paris, avec 2 gravures. Se vendait 60 centimes et 1 franc par la poste.

Frontispice représentant une jeune élégante tenant en main des gravures de mode.

Titre en lettres gravées.

On y trouve une revue des modes en 1833, remplie de détails intéressants sur les us et coutumes du jour, des articles sur les cannes, les gants, les bains, les masques ; quelques anecdotes et des historiettes.

[B. N.]

[Cat. 5 fr.]

2167. — ALMANACH DE MM. LES FABRICANTS DE BRONZE RÉUNIS DE LA VILLE DE PARIS, ainsi que celui de la Société de MM. les Doreurs, pour l'année 1834, comprenant les noms et adresses des Fondeurs, ciseleurs, tourneurs, monteurs, doreurs et autres faisant partie de la fabrication du Bronze. || Paris, 1834 et suite. In-18.

Fait suite au précédent Almanach des fabricans travaillant en matières d'or (Voir, plus haut, n° 1492.)

[D'après la Bibliographie Parisienne de Girault de St-Fargeau.]

2168. — ALMANACH DES COMMERÇANTS de Paris, des départements de la Seine et du Rhône. || Paris, 1834. In-12.

Par M. Cambon.

[D'après la Bibliographie Parisienne de Girault de St-Fargeau.]

2169. — ALMANACH DE PROVINCE, Publié par le « Moniteur des Villes et des Campagnes » pour 1834. || A Paris, au Bureau du Moniteur des Villes et des Campagnes, rue Cassette, 20. 1834. In-4.

Almanach populaire, monarchiste, destiné à la propagande dans les campagnes, organe du journal de ce nom, créé en 1833. Calendrier donnant, pour chaque jour, les événements et faits historiques.

[Coll. de l'auteur]

2170. — ALMANACH DU CLERGÉ DE FRANCE POUR L'ANNÉE 1834. Publié sur les documens du ministère des Cultes, suivi d'une table chronologique des Édits, Réglemens, Arrêtés, Lois, Décrets, Ordonnances et Décisions concernant la religion, le clergé et les établissemens ecclésiastiques depuis les premiers temps de la monarchie française jusqu'à 1834, avec le texte de tous ceux de ces documens qui méritent quelque attention. Orné du portrait de S. S. Grégoire XVI. Première année. || A Paris, chez Gauthier frères et Cⁱᵉ, Libraires, rue Haute-feuille (sic), n° 18. 1834-1835. In-8.

Le portrait de Grégoire XVI, qui sert de frontispice est une lithographie de Maurin. Cet Almanach doit être considéré comme la suite de l'Almanach du Clergé de 1820 (voir n° 1874).

L'introduction contient une véritable curiosité au point de vue historique : l'annonce, pour 1835, d'un travail de M. J. Grévy, avocat à la Cour d'Appel, Traité de la Législation des paroisses, revu par M. le chanoine Querry, secrétaire de l'archevêché de Besançon.

M. Grévy ne se doutait point, alors, qu'il serait un jour président de la troisième République française, et les Français, eux non plus, ne pensaient guère avoir pour premier magistrat laïque quelqu'un de si versé dans le droit ecclésiastique.

2171. — ALMANACH DU COMMERCE DE LA BOUCHERIE DE PARIS. Suivi des arrêts, décrets et ordonnances concernant le commerce de la Boucherie de Paris. || Paris, 1834 et suite. In-8.

[D'après la Bibliographie Parisienne de Girault de St-Fargeau.]

2172. — ALMANACH DU PEUPLE DES VILLES ET DES CAMPAGNES,

Très utile à toutes les classes de la Société, avec les Tableaux des Archevêchés et Evêchés des Départemens, des Foires, etc. Orné de vignettes. 1834. [Épigraphe :] La voix du peuple est la voix de Dieu. || Paris, chez Hivert, Libraire, Quai des Augustins, n° 55, et chez tous les Libraires de France et de l'Étranger. In-12

Contient un abrégé historique de la religion, quelques notices sur l'agriculture, l'horticulture, la médecine domestique et vétérinaire, l'histoire contemporaine.

Les « gravures » consistent en deux ou trois petites vignettes sur bois placées sur le titre des quatre divisions principales de l'ouvrage.

[B. N.]

2173. — ALMANACH ÉQUESTRE ou Manuel des hommes de cheval, 1ʳᵉ année. || Paris. 1834. In-24.

[D'après un catalogue de libraire.]

2174. — ANNUAIRE-BULLETIN DE LA SOCIÉTÉ DE L'HISTOIRE DE FRANCE. || Paris, 1834 à ce jour. In-8.

Publication annuelle donnant les renseignements habituels sur les membres et sur les travaux de la Société.

Des tables générales des matières ont été publiés dans les volumes des années 1867 et 1886.

2175. — ANNUAIRE DE LA BOULANGERIE DE PARIS pour l'exercice de l'année 1834. Comprenant les arrêtés et décrets, ordonnances, décisions, délibérations et instructions concernant le Commerce de la Boulangerie de Paris. || Imprimerie de Bureau et Cⁱᵉ, rue Gaillon, 14. 1834. In-12.

Chaque année contient un tableau donnant le prix du pain à Paris depuis 1800, la taxe par quinzaine depuis l'établissement de la taxe périodique (1ᵉʳ juillet 1823), les prix-limites, la liste des boulangers par ordre alphabétique (suivant les arrêtés de classement et les règlements tant que le nombre en fut limité), le tableau des anciens syndics, les électeurs-boulangers, etc...

Cet Annuaire a dû, très certainement, paraître bien avant.

2176. — ANNUAIRE ECCLÉSIASTI-
QUE [ET UNIVERSEL] Pour l'année
1834, Contenant : 1° Des plans de Sermons pour l'année ; 2° L'Apologie du
Clergé ; 3° Le Traité de l'administration
des Fabriques ; 4° L'Histoire des services
rendus à l'humanité, pendant le choléra,
par les prêtres et autres personnes de
toutes les classes ; 5° Histoire contemporaine ; 6° Des Anecdotes. Par M. l'abbé
Juin. || Paris, rue des Bernardins, n° 18.
1834-1835. In-16.

Les mots « et Universel » disparaissent du titre
de l'année 1835, dont le sommaire est, du reste,
complètement différent de celui de l'année 1834,
et le nom de l'abbé Juin est remplacé par celui de
MM. les abbés Lachèvre, Veuillot, etc.

[B. N.]

2177. — ANNUAIRE ET LISTE DE
MM. LES PERRUQUIERS ET COIF-
FEURS de la Ville de Paris pour l'an
1834. || Paris. In-12.

[D'après la *Bibliographie Parisienne* de Girault
de St Fargeau.]
[Voir, plus loin, à 1855, l'*Annuaire Beaumont*.]

2178. — ANNUAIRE GÉNÉRAL DE
LA MAGISTRATURE FRANÇAISE, du
Notariat et des Officiers ministériels ;
Dédié à M. le Garde des sceaux, et publié,
avec son autorisation, par MM. Joye, chevalier de la Légion d'honneur, chef du
bureau du notariat au ministère de la
justice, et F... C..., rédacteur au même
ministère. || A Paris, chez M.-H. Duport,
Éditeur copropriétaire, rue Bertin-Poirée,
n° 10. 1834. In-12.

Contient des notices sur la compétence et les
attributions des différents pouvoirs judiciaires, et
donne la liste des magistrats, notaires, avoués,
commissaires-priseurs, etc.

[B. N.]

2179. — BOUQUETS ET COMPLI-
MENTS POUR TOUTES LES FÊTES,
offerts par l'amitié. Étrennes pour la
présente année. || A Paris, chez Delarue,
Quai des Augustins ; à Lille, chez Castiaux, libraire. In-32.

. Recueil de vers de circonstance : réimpression
des pièces qui obtenaient tant de succès sous le

Consulat et l'Empire. — Figure au titre. Calendrier pour 1834 intercalé.

2180. — CALENDRIER DES COURSES
DE CHEVAUX, OU « RACING CALEN-
DAR » FRANÇAIS ; Relation détaillée de
toutes les courses qui ont eu lieu en
France depuis 1776 jusqu'à la fin de
1833. Dédié à la Société (par T. Bryon).
|| Paris, Galignani, 18, rue Vivienne ;
Bennis, librairie américaine, 55, rue
Nve-St-Augustin, et chez l'auteur, à Ti-
voli, 51, rue Blanche. 1834 et suite. In-12.

Premier volume d'une série continuée jusqu'à
nos jours, nous apprend le comte de Contades
dans sa *Bibliographie Sportive*, et contenant les
décrets, ordonnances, arrêtés, règlements concernant les courses de chevaux en France, les noms
des membres du Jockey-Club, les courses de 1776
à 1783, de 1806 à 1817, de 1819 à 1833, la liste
des chevaux gagnants depuis l'origine, la liste des
gagnants des prix du Roi et des Princes depuis
1819, la liste générale des propriétaires et des
chevaux.

Chaque année, dans les premiers temps, était
ornée d'une figure représentant des chevaux de
course. Le premier volume fut mis en vente au
prix de 20 fr., le second au prix de 10 fr. ; à partir de la quatrième année, le prix fut abaissé à
6 fr.

Dès la seconde année le titre fut, comme détail,
borné à l'année même, mais on y ajouta : « Avec
un appendix contenant les courses de Belgique
depuis 1825, et celles d'Aix-la-Chapelle en 1834
et 1835. »

L'auteur, T. Bryon, « agent et gardien des archives de la Société d'Encouragement pour l'amélioration des races de chevaux en France », avait
établi en 1832 à Tivoli, nous apprend M. de
Contades, un tir aux pigeons, aux cailles et aux
pierrots, et s'occupait de la propagation des
chiens de Terre-Neuve.

[Les sept premières années vendues, en 1893,
28 fr.]

2181. — LE CAVEAU [Épigraphe :]

Aime, ris, chante et bois,
Tu ne vivras qu'une fois.

DÉSAUGIERS.

|| Paris, Ébrard, libraire-éditeur, 26, place
St André-des-Arts. 1834. (1834 et suite.)
In-12.

Suite des précédentes publications du *Caveau*
interrompues depuis la mort de Désaugiers en
1827. Poésies des fournisseurs habituels de la
Société du Caveau.

2182. — ÉTAT GÉNÉRAL DU PER-
SONNEL DU MINISTÈRE DES TRA-
VAUX PUBLICS au 1er juillet 1834. ||
Paris, Carilian-Gœury et Vor Dalmont,
Libraires des Corps Royaux des Ponts
et Chaussées et des Mines, Quai des Augustins, nos 39 et 41. (1834-1850 et suite
jusqu'à ce jour.) In-8 et gr. in-8 (à partir
de 1847).

Le faux-titre porte : *Annuaire du Ministère des
Travaux publics.*
Liste du personnel et tableaux administratifs.
[B. N. — Collection.]

2183. — ÉTRENNES ASTRONOMI-
QUES ET GÉOGRAPHIQUES. Annuaire
des marins pour l'année 1834. || A Paris,
chez Delarue, Quai des Augustins, n° 11,
et Lille, chez Castiaux. Prix, 30 centimes.
In-12.

Le même pour 1835.
[D'après la *Bibliographie de la France.*]

2184. — GLOIRE ET INDUSTRIE
FRANÇAISES. 1791-1833. Deux Vic-
toires par jour. Almanach du Peuple et
de l'Armée. || Paris, Ladvocat. 1834.
In-16.

Sur le titre même, au-dessous de deux Renommées, se trouve, formant colonne à droite et à
gauche, toute une succession de noms illustres.
Almanach destiné à l'instruction du peuple, plaçant en regard les gloires civiles et les gloires
militaires. On y trouve victoires, Charte constitutionnelle, traits de courage, petite encyclopédie
des sciences et des arts, science du Bonhomme
Richard, instruction, etc...
[B. N.]

2185. — LE JOUJOU DU BEL AGE,
OU L'AMOUR EN GOGUETTE. Alma-
nach chantant pour la présente année. ||
Au Pays de la Gaieté, chez les amis du
plaisir. [Paris, Janet, Marcilly ; Lille,
Vanackère fils.] (1834.) In-32.

Frontispice sur bois (Amour offrant des plaisirs
à un jeune couple).
Recueil de chansons, avec musique et calendrier.
Publication de colportage.
[B. N. — Ye, 24643.]

2186. — LICE CHANSONNIÈRE. Pre-
mière Année. 1834. || Paris, au Bureau

de l'Album Comique, chez L. Vieillot,
éditeur des chansons de M. L. Festeau,
32, rue Notre-Dame de Nazareth. 1834.
1834-1844. In-32.

Plusieurs années sont avec frontispices lithographiés se rapportant à une des chansons.
Chansons de Bailly, Justin Cabassol, Lachambeaudie, Morizot, Saint-Gilles, Schneitz, Vinçard, etc.

2187. — NOUVELLES ÉTRENNES
DE FALAISE, curieuses et universelles.
|| A Paris, chez Caillot, rue St-André-des-
Arts. Prix : 30 c. (1834.) In-32.

Le même pour 1835.
[D'après la *Bibliographie de la France.*]

2188. — LE PETIT ANACRÉON. ||
A Paris, chez Marcilly, libraire, rue St-
Jacques, n° 10. (1834.) In-64.

Avec un calendrier pour 1834, se dépliant, et
cinq planches gravées, petits personnages. L'état
d'usure des cuivres indique que cet almanach a
dû servir pendant de nombreuses années, antérieurement, sans autre modification que le changement du calendrier.

2189. — TABLEAU DE MM. LES DIS-
TILLATEURS, LIMONADIERS, VINAI-
GRIERS, DÉTAILLANTS D'EAU-DE-
VIE ET DE LIQUEURS, PATISSIERS,
RESTAURATEURS, TRAITEURS ET
ROTISSEURS, pour l'année 1834. || Paris.
In-18.

[D'après la *Bibliographie Parisienne* de Girault
de St Fargeau.]

2190. — ALBUM BIJOU, OU MON
CADEAU D'ÉTRENNES. Vingt lithogra-
phies. || Paris, chez Delarue, libraire,
Quai des Augustins. Lille, chez Blocquel,
Castiaux. (1835.) In-8.

Recueil de 20 lithographies (de David Monnier)
avec légendes.
[Bibl. de Lille.]

2191. — ALMANACH DE LA JEUNE
CUISINIÈRE BOURGEOISE, Recueil de
recettes faciles et clairement expliquées
extraites du Manuel publié par Mlle Ma-
rianne, cordon bleu de Paris, avec la

manière de découper les viandes et le
poisson. ‖ A Paris, chez Delarue, libraire, quai des Augustins, 11. (Vers
1835.) In-18.

Almanach de recettes pratiques, avec figures.

[Bibl. de Lille.]

2192. — ALMANACH ÉLECTORAL
ET PARLEMENTAIRE pour 1835; Comprenant la Statistique électorale, parlementaire et départementale. Ordre des
Matières : 1º La Charte. 2º Le Réglement intérieur de la Chambre des Députés. 3º Le Réglement sur les Relations
des Chambres avec le Roi. 4º Le Réglement intérieur de la Chambre des Pairs.
5º La Loi sur les Élections du 19 avril
1834. 6º Le Tableau complet des 459 élections de députés, relevé sur les procès-
verbaux, etc. 7º Le Résumé total des
Électeurs inscrits sur les listes de tous
les collèges, etc. 8º Le Tableau complé-
mentaire des Élections nouvelles. 9º Les
Élections des Officiers de la Chambre des
Députés, président, vice-présidents, ques-
teurs et secrétaires. 10º Les noms et
adresses de tous les Pairs de France.
11º Le nom, par département, de tous
les Conseillers généraux des départemens.
‖ Paris, Paulin, Libraire-Éditeur, Rue
de Seine r. g., 6. 1835. In-8.

Almanach purement documentaire, rédigé sans
aucune couleur politique, sans le moindre esprit
de parti.

[B. N.]

2193. — ALMANACH GÉNÉRAL PARI-
SIEN, ou Liste des 70,000 adresses de MM.
les habitants de Paris... Par Lutton.... ‖
Paris, passage du Saumon, 26, 1835-
1844 : 10 années. In-8.

A partir de l'année 1837 :

— Almanach général parisien des 100,000 adresses,... et le nom du rédacteur disparaît.

A partir de l'année 1838 :

— Almanach général de la France et de l'étranger.

En 1843 le titre porte : « Rédigé sous la direction de M. Ch. Lamy », et « en 1844 : Rédigé sous
la direction de M. Ulysse Sibille. »

En 1844 il est édité par Daguin frères, 7, quai
Malaquais.

C'est le seul almanach qui donne les adresses de
Paris par rues et par numéros de maison : il contient, en outre, la nomenclature des commerçans
(sic) et principaux habitans (sic) des départements
et de l'étranger.

[Voir, plus haut, pour les annuaires d'adresses,
nᵒˢ 1717, 1821, 2108.]

[B. N.]

2194. — LE BOUDOIR DE MÉLANIE,
Almanach chantant pour la présente
année. ‖ Paris, Chez Gauthier, Éditeur,
Marché-Neuf, nº 34, près le pont Saint-
Michel. (1835.) In-32.

Sujet sur le titre (bois représentant une prome-
neuse lisant). — Frontispice colorié : une jeune
femme au piano, dans son boudoir.
Recueil de chansons, avec calendrier.
Publication de colportage.

[B. N. — Ye, 15969.]

2195. — LE CADEAU DES MUSES,
Hommage aux Grâces. Étrennes lyriques
pour la présente année. ‖ Au Mont-
Parnasse, Chez Apollon. [Paris, Janet,
Marcilly ; Lille, Vanackère.] (1835.) In-32.

Frontispice sur bois (les Muses dansant et
chantant autour de la statue d'Apollon).
Recueil de chansons, avec musique.
Publication de colportage.

[B. N. — Ye, 16430.]

2196. — CALENDRIER DE FRANCE,
Almanach [progressif] du peuple pour
1835, par Jules F. ‖ Paris, aux bureaux de
la Jeune France, rue Feydeau, 22. In-16.

La couverture imprimée sert de titre.
La 2ᵉ année a un titre avec quelques modifica-
tions sans importance.
Almanach rédigé dans un sens catholique.

2197. — LE CHANSONNIER DE BON
TON, dédié aux aimables chanteuses. ‖
A Paris, chez Delarue, quai des Augus-
tins ; à Lille, chez Castiaux. In-32.

Avec frontispice et calendrier.
Simple publication de colportage.

[D'après la Bibliographie de la France.]

2198. — ÉPHÉMÉRIDES UNIVER-SELLES, ou Tableau religieux, politique, littéraire, scientifique et anecdotique présentant pour chaque jour de l'année un extrait des annales de toutes les nations et de tous les siècles depuis les temps historiques jusqu'à nos jours. || Paris, 1835, 13 vol. In-8.

Recueil des événements de l'année, comme il en parut tant à l'époque.

[Coll. complète reliée, cat. 18 fr.]

2199. — ÉTAT MILITAIRE DE L'IN-FANTERIE FRANÇAISE, pour l'année 1835. Précédé des Constitutions de l'armée, comprenant la Charte constitutionnelle, les lois sur le recrutement, l'avancement, l'état des officiers, les pensions de retraite avec tarif, enfin ordonnance concernant la Légion d'honneur, Publié par les Éditeurs du « Journal de l'Armée ». || A Paris, Bureau du Journal de l'Armée, rue Neuve-Saint-Augustin, n° 7. 1835. In-16.

Liste des officiers, avec la constitution de l'armée française.

[B. N.]

2200. — ÉTAT MILITAIRE DE LA CAVALERIE FRANÇAISE, Pour l'Année 1835. Précédé des Constitutions de l'Armée, comprenant les lois sur le recrutement, sur l'avancement, sur l'état des officiers, sur les pensions de retraite, avec tarif, et l'ordonnance concernant la Légion d'honneur. Publié Par les Éditeurs du « Journal de l'Armée. » || Paris, rue Neuve-Saint-Augustin, n° 7. In-16.

Annuaire entrepris par les mêmes éditeurs que le précédent. Contient la liste des Officiers de cavalerie. Il se termine par un traité sur l'anatomie du cheval.

[B. N.]

2201. — LES ÉTRENNES DE L'AMI-TIÉ. Recueil de belles lithographies. || Paris, chez Delarue, quai des Augustins, 11. In-8 oblong.

Même publication que l'*Album Bijou* (Voir plus haut, n° 2190) avec cette différence qu'il ne donne que 16 des 20 lithographies contenues dans le premier.

[Bibl. de Lille.]

2202. — ÉTRENNES PITTORESQUES. Contes et nouvelles par les Bibl. Jacob, Decamps, Arnould, etc., ornés de vignettes. || Paris, 1835. In-12.

Magnifique frontispice à l'eau-forte de Célestin Nanteuil.

[Cat. 4 fr.]

2203. — LES FLEURETTES. || 1835. [A la fin on lit : Paris, chez Marcilly, Rue St-Jacques, n° 10.] In-128.

Almanach minuscule, avec 9 figures assez gentiment gravées.

[Coll. Georges Salomon.]

2204. — NOUVELLES ÉTRENNES MIGNONNES, INSTRUCTIVES ET RÉ-CRÉATIVES pour l'année 1835. || A Paris, chez Delarue, Libraire, quai des Augustins, n° 11. A Lille, chez Castiaux. In-32.

Cet almanach contient la liste des puissances de l'Europe avec leurs maisons royales ; le Conseil des ministres ; il donne une série de petits articles sur l'agriculture, le jardinage, la médecine vétérinaire, l'horticulture, l'économie domestique, etc. Il est illustré de quelques gravures sur bois.

En tête de chaque année, sur une feuille se dépliant, se trouvent soit divers tableaux géographiques avec plan de Paris, soit des illustrations puisées dans un des ouvrages publiés par l'éditeur de l'Almanach, soit enfin des illustrations de sujets curieux.

[Voir les autres *Étrennes* publiées sous le même titre en 1826 et en 1837.]

[B. N. — Collection complète.]

2205. — LE TROUBADOUR FRAN-ÇAIS, Almanach chantant pour la présente année. || Paris, chez Gauthier, Éditeur, Marché-Neuf, n° 34, près le pont Saint-Michel. (1835.) In-32.

Frontispice sur bois, colorié (joueur de guitare). Recueil de chansons, avec calendrier. Publication de colportage.

[B. N. — Y.]

2206. — ALMANACH CATHOLIQUE, OU L'ANNUAIRE DU MONDE RELI-GIEUX. 1836, Année bissextile. || Paris, Librairie catholique d'Ed. Bricou, rue d'Enfer St-Michel, n° 60. In-32.

Articles religieux, anecdotes, recettes, etc.

[B. N.]

2207. — ALMANACH DE MAITRE PIERRE, Pour l'an 1836, utile à toutes les classes de citoyens. || Paris, chez F. G. Levrault, rue de la Harpe, n° 81 ; Strasbourg, même maison, rue des Juifs, n° 33. 1835. In-12.

Contient des conseils aux agriculteurs pour chaque mois, une revue industrielle, un petit manuel du citoyen français, les naissances et alliances des rois, etc.

[B. N. — R. 26353.]

2208. — ANNUAIRE DES ARMÉES DE TERRE ET DE MER, pour l'année 1836. Publié sur les documents fournis par les officiers des armées françaises et étrangères, par J. Corréard jeune, directeur du *Journal des Sciences militaires*. || Paris, J. Corréard jeune, éditeur, rue de Tournon, 20. In-8.

Peut offrir un certain intérêt pour tout ce qui touche la statistique militaire de cette époque.

[B. N.]

2209. — ANNUAIRE HISTORIQUE DE LA SOCIÉTÉ DE L'HISTOIRE DE FRANCE. || Paris, à la Société de l'Histoire de France. 1836-1863. In-12.

Autre publication de la *Société de l'histoire de France*, fondée en 1835. (Voir, plus haut, n° 2174)

2210. — ANNUAIRE PARLEMEN - TAIRE. Recueil de Documents relatifs aux deux Chambres, par Denis Lagarde et Cerclet, secrétaires-rédacteurs de la Chambre des Députés. 1836. 1re année. || Paris, Joubert, Libraire-Éditeur, rue des Grès, 14, près l'École de Droit. MDCCCXXXVI. In-18.

Contient les résultats généraux de la session de 1835, c'est-à-dire le texte des lois qui ont été adoptées par les deux Chambres et sanctionnées par le Roi, avec les explications qu'ont données, à la tribune des deux Chambres, les organes officiels du gouvernement ou des commissions. On y trouve, en outre, les lois relatives aux Chambres et aux élections, avec la liste des Pairs et des Députés.

[B. N.]

2211. — LA FILLE DU PÊCHEUR. Almanach chantant pour la présente année. || Paris, Stahl, Imprimeur-Li-

braire, Quai Saint-Michel, 15. (1836.) In-32.

Recueil de chansons, avec calendrier.
Publication de colportage.

[B. N. — Ve, 22296.]

2212. — LES FLEURS DU PARNASSE, Almanach chantant pour la présente année. || Paris, chez Gauthier, Éditeur, Marché-Neuf, n° 34, près le pont Saint-Michel. (1836.) In-32.

Frontispice sur bois, colorié, représentant une forteresse. — Publication de colportage.
Recueil de chansons, avec calendrier se dépliant.

[B. N. — Ye, 22417.]

2213. — LES JOYEUX ÉPICURIENS, Almanach chantant pour la présente année. || Paris, chez Gauthier, Éditeur, Marché-Neuf, n° 34, près le pont Saint-Michel (1836.) In-32.

Frontispice sur bois, colorié, épicuriens à table.
Recueil de chansons tirées, pour la plupart, des pièces de théâtre alors en vogue.
Calendrier se dépliant — Publication de colportage.

[B. N. — Y.]

2214. — ALMANACH DE LA CAISSE D'ÉPARGNE ET DE PRÉVOYANCE, offert Aux Déposants du 6e Arrondissement par Mr F. Delessert, Député de l'arrondissement, membre du Conseil des directeurs de la caisse d'épargne de Paris. || Paris, Typographie de Firmin Didot frères et Cie, rue Jacob, n° 56. 1837. Ne se vend pas. In-12.

Notices sur les caisses d'épargne, qui prenaient alors un grand développement et, que M. Delessert contribua beaucoup à populariser.

[B. N. — R. 26337.]

2215. — ALMANACH DU BON INDUSTRIEL FRANÇAIS, contenant....., etc. || A Paris, chez Delarue, quai des Augustins. (1837) Prix : 40 cent. In-16 oblong.

[D'après la *Bibliographie de la France.*]

2217. — ALMANACH HISTORIQUE, OU SOUVENIR DE L'ÉMIGRATION

POLONAISE, par Adolphe comte Kros-
nowski. || Paris, à la Librairie Polonaise,
rue des Marais-Saint-Germain, n° 17 *bis*,
et chez l'auteur, rue Dauphine, 35. 1837.
Petit in-12. Prix, 6 fr.

Le but de cet almanach se trouve indiqué
comme suit dans une préface de l'auteur : « Plusieurs mille Polonais, » lit-on, « végètent dans
l'exil. Un jour l'histoire et la postérité demande-
ront leurs noms. Aujourd'hui même, nos compa-
triotes restés sur le sol natal veulent savoir les
*noms de ces exilés qui n'ont pas reculé devant ce
sacrifice*. Arracher à l'oubli ces martyrs de la
cause la plus sainte, offrir leurs noms à l'estime
des nations et à l'espoir de la patrie, tel est le
but que je me suis proposé en publiant cet Almanach qui renferme la liste des Polonais répandus à l'étranger et surtout en France, dans cette
noble France qui, au milieu de nos désastres, s'est
souvenue de sa vieille amitié. »
A la suite de cette préface, en français et en
polonais, l'Almanach publie une notice sur l'armée polonaise de 1830, dont l'effectif était de
35.000 hommes et 9,000 chevaux, la liste de l'émigration, avec, autant que possible, le lieu du
domicile *des personnes mentionnées, les noms des*
Polonais établis en France antérieurement, ayant
pris part à la guerre, les noms des Français, des
morts, des blessés à Fischau en 1832.
Cet Almanach obtint un certain succès — l'on
était alors tout à la Pologne — et fut réimprimé
en 1847 avec le nom de l'auteur ainsi complété :
« Par le Comte de Tabasz Krosnowski, lieutenant-
colonel. || Paris, au bureau de la Pologne Pitto-
resque, 17, rue de l'Est. » L'édition de 1837 a
488 pages ; celle de 1847 en contient 614. Cette
dernière donne, en plus, les noms des femmes
mortes et des établissements polonais (comités,
cercles, librairies, couvents, industries, institutions) à l'étranger. — *Pas de calendrier.*

[Coll. de l'auteur.]

**2217. — ANNUAIRE DE PARIS ET DE
SES ENVIRONS** dans un rayon de dix
lieues. Première année, 1837. Contenant :
un aperçu de l'état ancien et de l'état actuel
de Paris ; la description détaillée de toutes
les communes situées autour de la capitale dans une circonférence de quatre
lieues et demie de rayon; une carte spéciale des environs décrits dans ce premier volume. Par M. Leblanc de Fer-
rière. || Paris, rue Boucherat, 2. Gr. in-8.

Annuaire parisien intéressant pour les annexions
des communes environnantes.

[B. N.]

2218. — ANNUAIRE MUNICIPAL pour
1837. Contenant un calendrier et les devoirs des maires pour chaque mois de
l'année. || Paris, Imprimerie administra-
tive de Paul Dupont et Cie, Rue de Grenelle-Saint-Honoré, 55, hôtel des Fermes,
1837. 1837-1840. In-18.

Annuaire publié par « l'Association municipale
pour le progrès des sciences administratives. »
L'année 1840 contient un article sur l'organisation des perceptions, les statuts de l'Association
municipale et un catalogue des livres nécessaires
à une Bibliothèque administrative.

[B. N.]

**2219. — LE CHANSONNIER DES
AMOURS.** Recueil des plus jolies Ro-
mances, Ariettes des Opéra (*sic*) et
autres chansons choisies. || A Paris, chez
Delarue, Libraire, quai des Augustins,
N° 11 ; Et à Lille, chez Castiaux. (1837.)
In-32.

Recueil de chansons, avec calendrier.— Publication de colportage.

[B. N. — Ye, 17668.]

2220. — L'ÉPICURIENNE. Almanach
chantant pour la présente année. || Paris,
Stahl, Imprimeur-Libraire, quai Napoléon, 33. (1837.) In-32.

Recueil de chansons, avec calendrier. — Publication de colportage.

[B. N. — Y.

2221. — LE GALOUBET, Almanach
chantant pour la présente année. [Épi-
graphe :]

Si ma gaîté peut vous distraire,
Avec moi répétez souvent :
Pan pan, pan pan, pan pan, pan pan.
RONJON.

|| Paris. Chez Gauthier, Libraire, Marché-
Neuf, n° 34, près le pont Saint-Michel.
(1837.) In-32.

Frontispice sur bois, colorié (danseurs).
Recueil de chansons, avec calendrier se dépliant.
— Publication de colportage.
[Voir, plus haut, *Le Galoubet* de 1822, n° 1950.]

[B. N. — Y.]

**2222. — NOUVEL ALMANACH DES
VILLES ET DES CAMPAGNES** pour
1837. || Paris, Delloye, 1836. In-18.

Concurrence à l'*Almanach des Villes et des*

Campagnes, qui avait obtenu un grand succès. [Voir, plus haut, nᵒ 2156.]

2223. — NOUVELLES ÉTRENNES MIGNONNES, CURIEUSES ET INS-TRUCTIVES. Année 1837. || A Paris, chez Caillot, libraire, rue Saint-André-des-Arts, nᵒ 57. In-32.

Concurrence aux nombreux almanachs du même genre publiés depuis 1830.
Contient les renseignements administratifs que l'on trouve dans tous les recueils de ce genre, avec quelques variétés littéraires et scientifiques.
[B. N.]

2224. — PETIT ALMANACH DU PEUPLE, Pour l'an 1837. || Paris, Pagnerre, Éditeur, Rue du Bouloi, 19. In-32.

Contient, outre le calendrier, un abrégé de l'Histoire de France, et une biographie des inventeurs des trois plus fameux almanachs : Mathieu Laensberg, Michel Nostredame et Pierre Larivey.
1ᵒ Alm. p. l'an bissextil 1636. Supputé par Mathieu Laensberg.
3ᵉ Alm. avec grandes prédictions de 1618 à 1647, continué jusqu'à nos jours.
[B. N.]

2225. — VÉNUS ET ADONIS, Almanach chantant pour la présente année. [Épigraphe :]

> Ce feu qui brûle la jeunesse,
> Parfois ranime la vieillesse...
> Tout est l'ouvrage de l'Amour.
>
> *Déguisemens villageois.*

|| Paris. Chez Gauthier, Libraire, Marché-Neuf, nᵒ 34, près le pont Saint-Michel. (1837.) In-32.

Frontispice sur bois, colorié. (Adonis et Vénus tenant l'Amour par la main.)
Recueil de chansons, avec calendrier se dépliant.
Publication de colportage.
[B. N. — Y.]

2226. — ALMANACH DE L'INSTI-TUTEUR PRIMAIRE pour 1838, ou Étrennes Pédagogiques grammaticales, historiques et littéraires. Par M. Bescherelle

aîné, Auteur de la Grammaire Nationale, et M. Ch. Durazzo, Membre de plusieurs Sociétés savantes. [Épigraphe :] « Toutes les professions ont un Almanach : pourquoi l'instituteur n'en aurait-il pas un ? » || Paris, Librairie ecclésiastique, classique et élémentaire de H. Delloye, 13, Place de la Bourse. (1838-1839.) In-12.

Articles de pédagogie conçus dans un esprit de propagande de l'enseignement.
[B. N. — R. 26336.]

2227. — ALMANACH DES INSTITU-TEURS ET INSTITUTRICES pour l'année 1838. Contenant : Des Anecdotes ; quelques Proverbes ; 365 questions aussi neuves qu'intéressantes sur les plus grandes difficultés que présente notre langue dans son Orthographe, dans sa Prononciation et dans sa Syntaxe.— Avec les Solutions qu'en ont données les plus habiles Grammairiens, l'Académie, le Journal de la langue française, et principalement la Société grammaticale de Paris. — Précédé de renseignements utiles et d'un Formulaire pour les pétitions et les lettres diverses que MM. les Instituteurs sont dans le cas d'adresser aux Autorités. — Suivi d'une petite pièce de Comédie intitulée : Une distribution de Prix, Par Ch. Martin, Auteur de l'Art d'enseigner la langue française, Rédacteur-Gérant de l'*Écho des Écoles Primaires* ; Bescherelle aîné, de la Bibliothèque du Louvre, auteur de la Grammaire Nationale ; Gillet-Damitte, Auteur de plusieurs Ouvrages élémentaires, Membre de l'Université. [Épigraphe :] « Presque toutes les connaissances humaines ont un Almanach : pourquoi la langue française n'aurait-elle pas le sien ? » Prix, 1 fr. 50 c. — Par la poste, 2 fr. || Paris, Imprimerie-Librairie spéciale des Écoles Chrétiennes et Primaires, Amédée Saintin et Thomine, rue Saint-Jacques, 38, 1838. In-18.

Contient des renseignements à l'usage des instituteurs et la solution de certaines difficultés de la langue française.
[B. N. — R. 26367.]

2228. — ALMANACH DU MATELOT pour 1838, Indiquant les jours et les mois de l'année, les noms des membres de la famille royale, le personnel du ministère de la marine, des colonies et des ports, donnant le mouvement des marées, les changements de temps, les pronostics que l'on en peut tirer, des notions sur le service à bord, Avec une Carte et l'explication des Pavillons de France. ‖ Paris, chez Postel fils, Éditeur de la France Maritime et du Dictionnaire de Marine, Rue Saint-André-des-Arcs, 45. 1838. In-12.

Frontispice colorié représentant les pavillons d'arrondissement des côtes de France.
Sur le titre gravure sur bois : matelot dans son hamac.
Articles divers sur la marine et les marins, relations des faits maritimes historiques.
Devint, l'année suivante, Almanach du Marin (Voir, plus loin, n° 2238.).

2229. — ALMANACH MANUEL pour 1838, comprenant : Calendrier de 1838, manuel de l'État civil et du solliciteur; manuel des gens de bonne foi, et autres manuels d'utilité pratique, terminé par des variétés et anecdotes amusantes, avec gravures et vignettes, par M. P. Henrichs, fondateur des Archives du commerce, de l'Annuaire général du commerce, et auteur de plusieurs autres ouvrages statistiques et d'économie politique. Prix 50 cent. ‖ Paris, chez Schwartz et Gagnot, Libraires-Commissionnaires, quai des Augustins, 9, et chez Martinon, Rue du Coq St-Honoré, 4. 1838 et suite. In-12.

A partir de 1842, cet almanach fut édité par Guiraudet et Jouaust, libraires-éditeurs, rue St-Honoré, 315, les prédécesseurs de l'imprimeur qui devait laisser un nom célèbre dans la typographie parisienne.

2230. — ANNÉE 1838. ALMANACH OFFICIEL DES OMNIBUS, Comprenant toutes les voitures à 30 cent. circulant dans Paris, et leur correspondance, tant en ville que dans la banlieue, avec un chapitre spécial indiquant les lignes qui ont leur direction vers le chemin de fer, Par un Chef de Station. Prix : 50 cent. [Deuxième Édition, considérablement augmentée et ornée de douze gravures représentant les diverses sortes de voi-

tures.] J. F. Fouet, éditeur. ‖ A Paris, Principal dépôt, au bureau des voitures Dames-Françaises et diligentes, rue Saint-Honoré, n° 202, près le Palais-Royal, et dans la plupart des autres bureaux. In-16.

La couverture imprimée sert de titre.
Notice sur les Omnibus.
Devint en 1843 : Le Livret des Omnibus (Voir, plus loin, n° 2331].

[B. N.]

2231. — ANNUAIRE GÉNÉRAL JUDICIAIRE, LÉGISLATIF ET ADMINISTRATIF DE FRANCE, contenant : la liste générale des membres des ordres législatif, judiciaire et administratif, classés par ordre géographique et départemental... Avec notes succinctes indiquant leur domicile, leur titre ou profession, la date de leur nomination, contenant une mention de leurs travaux législatifs, judiciaires, administratifs ou littéraires... Comprenant, en outre : 1° la liste générale des adresses de Paris... Avec une carte routière de France. Rédigé par plusieurs avocats et anciens magistrats, sous la direction de M. P. Henrichs.... ‖ Paris, au siège de la Société des annuaires, rue du Mont-Blanc, n° 8. 1838. In-8. [Prix 12 fr.]

Sorte de dictionnaire alphabétique des magistrats.

2232. — ANNUAIRE OMNIBUS DE PARIS ET DES DÉPARTEMENTS, Pour 1838. ‖ A Paris et en Province, chez tous les marchands de nouveautés, papetiers, cabinets de lecture, dépositaires de publications, et au Dépôt Général, rue Feydeau, 22, à Paris. In-16.

Concurrence au précédent almanach.
La couverture porte :
« Agenda National. Annuaire Omnibus Pour 1838. Tirage à cent mille exemplaires. Un franc. Par la Poste, 1 fr. 25 cent.—Cartonné à la Bradel, 1 fr. 50 cent. — Relié en maroquin, 3 fr. ‖ Au dépôt général, etc. »
Renseignements administratifs, civils et commerciaux.
D'après un avis placé à la fin, le tirage de cet Annuaire se renouvelait tous les mois.

[B. N.]

2233. — LA FIANCÉE D'APPENZEL.
Almanach chantant pour la présente
année. || Paris, Stahl, Imprimeur-Li-
braire, 33, Quai Napoléon. (1838.) In-32.

Recueil de chansons ayant emprunté son titre à
une pièce du jour. — Publication de colportage.
[B. N. — Ye, 22276.]

2234. — FLORE ET ZEPHIRE. Almanach chantant pour la présente année.
[Épigraphe :]

Ce feu qui brûle la jeunesse
Parfois anime la vieillesse...
Tout est l'ouvrage de l'Amour.
Déguisemens villageois.

|| A Paris, chez Gauthier, Libraire,
Marché-Neuf, n° 34, près le pont Saint-
Michel. (1838.) In-32.

Frontispice allégorique sur bois, colorié.
Recueil de chansons, avec calendrier se dépliant.
Publication de colportage.
[B. N. — Ye, 22473.]

2235. — LES GRISETTES, Almanach
chantant pour la présente année. [Épi-
graphe :]

Aime, ris, chante et bois,
Tu ne vivras qu'une fois.
DÉSAUGIERS.

|| Paris, chez Gauthier, Libraire, Marché-
Neuf, n° 34, près le pont Saint-Michel.
(1838.) In-24.

Frontispice gravé, colorié, représentant un inté-
rieur de grisettes ; l'une joue de la guitare, tandis
que l'autre se mire dans un bout de glace.
Série de chansons sur les grisettes: La Grisette,
Conseils d'une Modiste à son Amie, Ma Grisette,
Le Paradis terrestre, Le jeu de Pantin :

Ah ! mon père !
Qu'il est plaisant
Le petit jeu qui divertit ma mère !
Ah ! mon père !
Qu'il est plaisant !
Que je voudrais pouvoir en faire autant !
Savez-vous bien pourquoi dans sa chambrette
Maman toujours s'enferme le matin ?
C'est que maman fait danser en cachette
Petit joujou qu'on appelle Pantin.
Ah ! mon père ! etc.

Viens ma Lisette ! viens ma Grisette! Air connu,
chanté dans tous les tons et conjugué sous
toutes les formes par nos pères.
[B. N. — Y.]

2236. — ALMANACH DE 1839 conte-
nant l'histoire, jour par jour, de la Révo-
lution française (1789-1800). || Paris,
chez Desloges, Libraire-Éditeur, rue St-
André-des-Arts, 39. In-8.

Avec le calendrier grégorien et républicain.

2237. — ALMANACH DES CHAS-
SEURS pour l'année de chasse 1839-
1840, contenant les opérations cynégétiques de chaque mois... Par Elzéar
Blaze. Première année. || Paris, Elzéar
Blaze et Tresse. 1839. In-12.

Avec petites vignettes et tables pour les pièces
tirées. — Seule année parue de cet almanach, et
devenue très rare.
Il existe quelques exemplaires sur vélin fort.
[Cat. de 4 à 5 fr. || Vente Bartel, 1889, 4 fr.]

2238. — ALMANACH DU MARIN pour
1839. Publié avec l'approbation et sous
le patronage du Ministre de la Marine,
Contenant : Les jours et les mois de
l'année ; calcul de l'heure de la pleine
Mer ; Le lever et le coucher de la Lune ;
une Table pour faire le Point ; les Ministres ; l'État du personnel de la Marine,
des Colonies et des Ports ; les Commissaires de l'inscription maritime ; la liste
des Consuls français à l'étranger. || Pa-
ris, 50 centimes ; Province, 75 centimes.
Pilout, puis Pagnerre, éditeur, rue de
Seine, 14 bis. (1839 à nos jours.) In-16.

Petite vignette maritime au haut du titre et
du calendrier de chaque mois. Suite de l'*Almanach du Matelot.* (Voir, plus haut, n° 2228.)
A partir de 1849, le titre se trouve ainsi complété: « Almanach du Marin et de la France
Maritime. »

2239. — ANNUAIRE DE FRANCE,
Publié en 12 livraisons par la Société du
Moniteur des Départements. Contenant
pour chaque mois : 1° le Calendrier ;
2° l'Indication des travaux d'agriculture
et d'horticulture à exécuter dans le cours
du mois ; 3° l'Indication des foires et marchés ; 4° les Notions d'hygiène et d'économie domestique, spécialement applicables à chacune des douze périodes de
l'année; 5° les Circonscriptions ecclésias-

tiques, judiciaires, administratives, militaires et académiques ; 6° la Statistique industrielle et commerciale de la France ; 7° le Tableau comparatif des poids, mesures et monnaies actuellement en usage avec les anciens ; 8° des Histoires instructives, etc., etc. Prix : 2 francs, franc de port pour toute la France. En plaçant Quatre exemplaires, on en reçoit un Cinquième gratis. Année 1839. || Se trouve à Paris, Au Bureau du « Moniteur des Départemens », rue Cassette, n° 20, et en Province, chez tous les libraires. In-8.

Cet Annuaire était publié par livraisons ; il en paraissait une chaque mois.

[B. N.]

2240. — ANNUAIRE MILITAIRE, HISTORIQUE, TOPOGRAPHIQUE, STATISTIQUE ET ANECDOTIQUE. Par une société de militaires et de gens de lettres, sous la direction de M. le capitaine Sicard,... Membre de l'Institut historique, de la Société française de Statistique universelle et de plusieurs autres Sociétés Savantes, nationales et étrangères. Année 1839. || Paris, bureau de la direction, Rue Plumet, 4 bis ; Renard, libraire, Rue St Anne, 71 ; Anselin et Gaulthier-Lagianie, libraires pour l'art militaire, Passage Dauphine, 36. In-8.

Almanach exclusivement militaire. Devint l'année suivante :

— Annuaire Historique, Militaire, Statistique, Topographique et Littéraire, publié... par une société de militaires et de gens de lettres, sous la direction de M. le capitaine Sicard, chevalier de la Légion d'honneur, Membre de l'Institut historique, de la Société française de Statisque universelle, etc., et de MM. Aymar–Bression et Julien Bouille, membres de plusieurs sociétés savantes. Année 1840. || Paris, chez Aymar-Bression, au bureau de la direction, passage Tivoli, n° 24. In-8.

[B. N.]

2241. — ANNUAIRE STATISTIQUE de l'administration de l'enregistrement et des domaines. (1839.) || Paris, imp. de J.-B. Gros. 1839 et suite. In-8.

Simple brochure avec titre de départ seule-

ment. — Notice historique et liste du personnel (sans calendrier.)

[B. N.]

2242. — ELMIRE LA COQUETTE. Almanach chantant pour la présente année. || Paris, Stahl, Imprimeur-Libraire, 33, quai Napoléon. (1839.) In-32.

Recueil de chansons, avec calendrier.
Publication de colportage.

[B. N. — Ye, 21095.]

2243. — LA PENSÉE, Almanach des gens indépendants. || Paris, A. Philippe, éditeur, 33, rue de Grenelle-Saint-Honoré. MDCCCXXXIX. 1839-1840. In-18.

L'année 1840 a pour sous-titre : « Almanach du Bon Français. »
Almanach populaire ; articles divers, anecdotes poésies, etc.

[B. N.]

2244. — LE PETIT CHANSONNIER DIVERTISSANT. Recueil des plus jolies Romances, Ariettes des Opéra (sic) et autres chansons choisies. || Paris, chez Delarue, Libraire, Quai des Augustins, n° 11. (1839.) In-32.

Frontispice sur bois, colorié, représentant une « Danse Savoyarde ».
Recueil de chansons, avec calendrier. Publication de colportage.
[B. N.—Y. || La Bibliothèque de Lille possède le même almanach à la date de 1857.]

2245. — LE SONNEUR DE SAINT-PAUL. Almanach chantant pour la présente année. || Paris, Stahl, Imprimeur-Libraire, 33, quai Napoléon. (1839.) In-32.

Recueil de chansons, avec calendrier.
Publication de colportage.

[B. N. — Y.]

2246. — LE TROUBADOUR. Almanach chantant pour la présente année. [Épigraphe :]

Aime, ris, chante et bois ;
Tu ne vivras qu'une fois.
DÉSAUGIERS.

|| Paris. Chez Gauthier, Libraire, Mar-

ché-Neuf, nᵒ 34, près le pont Saint-Michel. (1839.) In-32.

Frontispice sur bois, colorié (le même que celui du *Boudoir des Grâces*, nᵒ 2257.)
Recueil de chansons, avec calendrier.
Publication de colportage.

[B. N. — Y.]

2247. — L'ALMANACH DES FAMILLES. Étrennes pour 1840. || A Paris, chez Louis Janet, Libraire, successeur de son père, rue Saint-Jacques, nᵒ 59. In-32.

Devint l'année suivante :
— *Étrennes des Familles.* Par P. C. L. Janet. Contenant le Calendrier, les Naissances et alliances de la famille royale et des souverains de l'Europe, etc. Pour l'année 1841. || Paris, Louis Janet, Libraire, successeur de son père, Rue Saint-Jacques, 59.
Il contient, en outre, quelques recettes et des *réclames pour différents produits pharmaceutiques.*

[B. N.]

2248 — L'ALMANACH DES OUVRIERS EN MÉTAUX. || Paris, 1840 et années suivantes. In-12.

Cet almanach étant publié par Azur doit être considéré comme faisant suite au précédent *Almanach des Fabricants* rédigé depuis 1835 par Emile Leriche. (Voir, plus haut, nᵒ 1482.)

[D'après la *Bibliographie Parisienne* de Girault de St Fargeau.]

2249. — ALMANACH DU DIOCÈSE DE PARIS ET MEMENTO DES PIEUX PAROISSIENS pour l'année 1840. || Paris, Grand, 1840-1844, 5 années. In-16. (Prix, 75 cent.)

Almanach publié par A. Grand, donnant les renseignements officiels sur le clergé, les communautés, les paroisses, les œuvres de charité, les sociétés religieuses, et quelques mélanges historiques.
A partir de l'année 1841, le second titre devient : « Memento du clergé et des pieux paroissiens. »

2250. — ALMANACH ENCYCLOPÉDIQUE, RECRÉATIF ET POPULAIRE

pour 1840, d'après les travaux de savants et de praticiens célèbres. 1840-1861. Avec illustrations. || Paris, Librairie de l'Encyclopédie Roret, rue Hautefeuille. In-16.

Se vendait 50 centimes. Devint, par la suite, « Annuaire » (Voir nᵒ 2363.)

2251. — ALMANACH GÉNÉRAL, Guide commercial, industriel et administratif de la France et de l'étranger, donnant les adresses de Paris, par Rues, et Nᵒˢ de Maisons. || Paris, 1840-44. In-8.

Réuni en 1845 à l'*Annuaire général du commerce.*
[D'après la *Bibliographie Parisienne* de Girault de St Fargeau.]

2252. — ALMANACH MILITAIRE, ou Liste générale par ordre alphabétique des officiers de l'état-major général et des différens corps de l'armée de terre, pour l'année 1840. Par Blot, chevalier de la Légion d'honneur, imprimeur pour l'art militaire, place de l'Hôtel de Ville, 33. || Paris, chez l'auteur. In-16.

Cet almanach a paru fin mars 1840 ; il est dédié à MM. les officiers.
Sur le titre, un coq en train de chanter et posé sur des foudres.

[B. N.]

2253. — ALMANACH SOCIAL pour l'année 1840. || Publié par la Librairie Sociale, 49, rue de Seine. 2 années. In-16.

L'année 1840 contient le portrait de Charles Fourier, d'après le médaillon de M. Arthur Guillot (gravure sur bois). Le sommaire de chaque année se trouve sur la couverture. Principaux articles :
1840. — Biographie de Ch. Fourier. Résumé de sa théorie. — Étude sur Dieu, l'homme et l'univers. — Des circonstances qui rendent le travail attrayant. — État de l'école Sociétaire.
1841. — La liberté selon Fourier. — Organisation du travail par Moïse Bruils. — De la mendicité, par M. Passot. — La Science Sociale, par M. Stourm.
Ces almanachs donnent également la liste des principaux artistes-travailleurs de Paris. L'année 1841 publie la « Souscription universelle pour la fondation du premier Phalanstère. »
[De 2 à 3 fr.]

[B. N.—R. 26379.]

2254. — ANNALES DE LA LÉGION D'HONNEUR. Recueil mensuel des ordonnances, états de services, nominations, etc. Par Guyot de Fère et F. d'Olincourt. ‖ Paris, 1840. In-8.

Un seul volume a paru.

2255. — ANNUAIRE DE L'ASSOCIA-TION DE SECOURS MUTUELS DES ARTISTES DRAMATIQUES pour 1840. ‖ Paris, impr. Morris, 11, Rue Bergère. 1840 à ce jour. In-18.

Liste des membres et rapport annuel sur l'état de la Société.

[Cat. Sapin 1840 à 1851 : 12 fr.]

2256. — ANNUAIRE DE LA SOCIÉTÉ PHILOTECHNIQUE. Année 1840 à ce jour ‖ Paris, libr. Thorin; Delagrave. 3 fr.

Annuaire donnant la liste des membres et le rapport annuel sur l'état de la Société.

2257. — LE BOUDOIR DES GRACES. Almanach chantant pour la présente année. [Épigraphe :]

Aime, ris, chante et bois,
Tu ne vivras qu'une fois.
DÉSAUGIERS.

‖ Paris, Chez Gauthier, Libraire, Marché-Neuf, n° 34, près le pont Saint-Michel. (1840.) In-32.

Frontispice sur bois, colorié (joueur de guitare donnant une sérénade à une femme placée au haut d'une tour). Chansons, avec calendrier.

[B. N. — Ye, 15970.]

2258. — LE CHANTEUR GALANT, almanach chantant pour la présente année. ‖ Paris, chez Delarue, libraire, quai des Augustins, n° 11. (1840.) In-32.

Vignette au titre. Avec calendrier ajouté.

[Bibl. de Lille.]

2259. — ÉTAT MILITAIRE DU CORPS ROYAL D'ÉTAT-MAJOR pour 1840. ‖ Paris, à la librairie de Terzuolo, rue d'Anjou-Dauphine, n° 6. 1840. In-8.

Contient une notice sur le corps royal d'État-major, divisée en 3 parties : 1° Historique; 2° Études, services, travaux ; 3° Besoins et vœux. (modifications et améliorations à apporter dans l'organisation, le service et les attributions de ce corps,) et donne la liste des officiers, ainsi que les

différentes ordonnances royales relatives à ce corps.

[B. N.]

2260. — LE JOLI CADEAU DES MUSES ou Les plus agréables Étrennes, pour l'année 1839. ‖ A Falaise, chez les principaux libraires, A Paris, chez Delarue, Libraire, quai des Augustins. In-32.

Frontispice se dépliant et contenant 5 mauvaises gravures sur bois : 1. L'hirondelle des Marais. — 2. Tête de nègre, employé à la pêche au cachalot, dessiné d'après nature. — 3. Jack, l'orang-outang mort dernièrement au Jardin des Plantes, — 4. Le Paresseux. — 5. Le Morse. La *Bibliographie de la France* note la publication de cet almanach à partir de 1822 jusqu'en 1839.

2261. — NANETTE. Almanach chantant pour la présente année. ‖ Paris, Stahl, Imprimeur-Libraire, quai Napoléon. (1840.) In-32.

Recueil de chansons, avec calendrier. — Publication de colportage.

[B. N. — Ye, 28415.]

2262. — PETIT ALMANACH NATIO-NAL pour Paris et les départements, ou Ce que les Français ont besoin de savoir. 1re année. 1840. ‖ Paris, L. L. Lefèvre, édit., Rue de l'École-de-Médecine, 18, puis chez P.-J. Loss, Libraire, rue Hautefeuille, et au Bureau de l'Alm. National. 1840 et suite. 3 vol. In-16.

L'année 1841 porte en plus du titre : « Recueil composé en commun et publié par une société de patriotes ».

Publication populaire.

[B. N.]

2263. — LES VEILLÉES DU VAUDE-VILLE, Chansonnier des Théâtres. Almanach chantant pour la présente année. [Épigraphe :]

Ma gaîté reprend son empire ;
Moi, je veux chanter, je veux rire !
Le Dîner de Madelon.

‖ Paris, Chez Gauthier, Libraire, Marché-

Neuf, n° 34, près le pont Saint-Michel.
(1840.) In-32.

Frontispice sur bois, colorié, représentant une
danseuse.
Recueil de chansons, avec calendrier.
Publication de colportage.

[B. N. — Y.]

2264. — AGENDA MÉDICAL ET
PHARMACEUTIQUE, ou Tablettes de
Poche à l'usage des Médecins et des Phar-
maciens. 1841. ‖ Paris, chez Charles
Roulhac, Marchand de Papiers, rue de
l'École-de-Médecine, 17. In-18.

Simple agenda avec la liste des Médecins et
Pharmaciens et divers autres renseignements.

[B. N.]

2265. — ALMANACH DÉMOCRATI-
QUE DE LA FRANCE. 1841. Par les
Rédacteurs du « Dictionnaire Politique. »
Prix 50 cent. ‖ Paris, Pagnerre, éditeur,
rue de Seine, 14 bis. In-18.

Le Dictionnaire Politique était une sorte d'encyclopédie abrégée du langage et de la science politiques à laquelle collaboraient H. Carnot, Cormenin, Louis Blanc, Courcelle-Seneuil, Lamennais,
Armand Marrast, Michel de Bourges, Félix Pyat,
Reybaud, Vaulabelle et autres publicistes marquants
de l'époque. L'éditeur voulait que cet almanach
fût pour les sciences morales, politiques, agricoles
et industrielles ce que l'Annuaire du Bureau des
Longitudes est aux sciences physiques et mathématiques.
Entre autres articles, il renferme quelques lignes
sur la garde nationale et une étude de M. Hettmann : « Influence de la Révolution française sur
l'Allemagne. »

2266. — ALMANACH DES HONNÊTES
GENS. Prix : 1 franc. Magnifique édition
in-16, d'environ 300 pages, enrichie de
vignettes allégoriques où se trouvent des
articles extraits des ouvrages et des opinions de MM. de Chateaubriand, de Bonald, Lamennais, Freyssinous, de Quélen,
Boyer (directeur de St-Sulpice), de Conny,
de Brézé, Berryer, Nettement, etc. Tout
ce qui a rapport à l'agriculture est extrait
du Moniteur de la Propriété. On trouvera dans cet Almanach une pensée de

Bossuet sur la Souveraineté populaire,
des prophéties remarquables de Leibnitz
et de J.-J. Rousseau, un jugement de
Napoléon sur la révolution, et d'autres
jugements très curieux, portés par les
hommes d'État du Charivari sur les
événements des temps présents : de plus
encore, avec des anecdoctes diverses,
quelques faits de la vie de Henri IV, qu'il
convient plus que jamais de se rappeler
par les temps qui courent ; ainsi qu'un
article foudroyant de M. Nettement sur
un haut personnage qui a joué un rôle
passablement compromettant dans la
conspiration Didier. ‖ [Épigraphe :] « Il
y a des choses contre lesquelles il faut
s'élever avec force » (VOLTAIRE). ‖ Paris,
chez Laville, libraire, boulevard des Capucines, 25. 1841-1842. 2 vol. In-16.

Imprimé sur 2 colonnes. Almanach contre-révolutionnaire, devenu assez rare.

[Coll. de l'auteur.]

2267. — ALMANACH DES POSTES,
Chemins de Fer, Bateaux à vapeur et
Messageries ; Suivi de l'itinéraire des
omnibus de Paris ; Guide général des
Voyageurs et du Commerce en France et
à l'Étranger, Publié sous la direction de
M. P. Clément, employé à l'administra-
tion des Postes. Année 1841. ‖ Paris,
Auguste Desrez, Éditeur de l'Alma-
nach de France, rue Neuve-des-Petits-
Champs, 50. M.DCCC.XLI. (1841-1847.)
In-18.

Cet almanach contient une histoire sommaire
de l'établissement et du perfectionnement des
Postes et Relais en France, une instruction sur le
Service des Postes, les parcours des malles-postes.
Il donne l'itinéraire des lignes de chemins de fer
construites en 1841. L'auteur annonce dans un
avertissement placé en tête de l'ouvrage « qu'il
publiera, l'année suivante, les itinéraires des chemins de fer de Strasbourg à Bâle, de Paris à Or-
éans, de Bordeaux à la Teste, de Valenciennes à la
frontière belge et quelques autres sans doute. »
L'auteur ajoute cette observation, assez curieuse à
noter : « Ce qui permet de prédire aux chemins de
fer un brillant avenir en France, c'est que les
Français, une fois cette idée trouvée, ne se sont
pas mis à l'exécution avec leur précipitation et
leur fougue ordinaires, précipitation d'où seraient
résultées des fautes capitales, immenses, qui les
auraient dégoûtés des chemins de fer pour cent
ans. »

L'ouvrage se termine par les itinéraires des bateaux à vapeur, des messageries et des omnibus, et le tarif des voitures de place.

[Voir, plus haut, *Livre de Poste* nᵒ 2153.]

2268. — ALMANACH DES PROPRIÉTAIRES, LOCATAIRES, FERMIERS ET CULTIVATEURS, contenant les droits respectifs des Propriétaires et des Locataires, la formule de tous les Baux à loyer, Baux à ferme, Baux à cheptel, Congés, État de Lieux etc. L'art de cultiver toute espèce de Froment ; — de planter et de soigner la Vigne, et de détruire la Pyrale ; de réparer les ravages causés par les Inondations. — Procédé nouveau pour garantir les Arbres fruitiers des Insectes qui les dévorent; Le système métrique mis à la portée de tout le monde ; La naissance de tous les Princes et Princesses des Familles royales et impériales ; La Concordance des Calendriers ; Variétés sur divers sujets, etc. Prix : 50 centimes. ‖ Paris, Librairie de H. Lebrun, rue des Petits-Augustins, 6. 1841. In-12.

Guide des propriétaires et locataires (résumé du contrat de louage). Articles d'agriculture.

[B. N. — V, 27561]

2269. — ALMANACH GÉNÉRAL DES VILLES ET DES CAMPAGNES, publié par la direction de la Revue des Comices. ‖ Paris, Rue Guénégaud, 27. 1841-1845. 5 années in-18. Prix. 50 cent.

A partir de 1843, le titre devient : *Almanach des villes et des campagnes, pittoresque, utile et curieux;* et, à partir de 1845 : *Almanach national des villes et campagnes.* Au Bureau de la Société Bibliophile, 27, rue Guénégaud. (Le titre intérieur porte la même adresse, mais avec un nom différent.)

Almanach traitant de questions politiques, économiques, sociales et religieuses. Il a publié également une pharmacie complète de la médication au camphre d'après la méthode Raspail.

Comme le précédent (voir *Nouvel Almanach des Villes et des Campagnes* nᵒ 2222), essai de concurrence à l'Almanach de 1833.

2270. — ALMANACH ILLUSTRÉ pour 1841. Vignettes par MM. Gavarni, Daumier et Henri Monnier. ‖ Paris, chez Martinon, rue du Coq St-Honoré, et chez Aubert et Cie, Galerie Véro-Dodat. Et tous les principaux dépositaires de publications pittoresques. 1841. In-16.

Couverture illustrée. Les vignettes du texte sont de vieux bois du *Charivari.* Il renferme des notices diverses : sur la Colonie agricole de Mettray, les Funérailles de Napoléon, les Prix de vertu décernés par l'Académie en 1840, la Bataille de Mazagran, la Biographie du Maréchal Soult, des prophéties humoristiques, un article de mœurs parisiennes : les Bals champêtres, etc.

[Cat. de 3 à 4 fr.] [Coll. de l'auteur.]

2271. — ALMANACH PROPHÉTIQUE PITTORESQUE ET UTILE pour 1841. Publié par l'auteur de *Nostradamus* (1), Rédigé par MM. E. Bareste, Bory Saint-Vincent, Michel Chevalier, de Girardin, baron Ladoucette, E. Biot, Saintine, Philipon, etc., etc. (2). Illustré par MM. Henry Monnier, Johannot, Devilly, etc., etc. (3). [Épigraphe :] « Éducation, Amélioration, Progrès. » Prix : 50 cent. ‖ Paris, Lavigne, éditeur, rue du Paon-Saint-André, 1 ; Aubert, Libraire, Galerie Véro-Dodat, [puis Pagnerre et Plon.] 1841 à ce jour. In-32.

L'auteur de *Nostradamus,* Eugène Bareste, en entreprenant cet Almanach, émit la prétention de créer un véritable almanach, c'est-à-dire d'instruire, de plaire et d'amuser. Politique, morale, agriculture, histoire naturelle, météorologie, économie domestique, biographies, voyages, anecdotes, on y trouve de tout ; mais la véritable particularité de cette publication réside dans les études sur les prophéties et dans les prophéties caricaturales annuelles.

Signalons, entre autres, l'explication de l'Apocalypse donnée dès 1841, Napoléon et les prophéties, les prophéties algébriques et les combinaisons numériques, le Musée phrénologique de Paris (article de Bareste), les millésimes terminés par le chiffre 2, le prophète Ezechiel et les machines à vapeur, les prophéties de Thomas Campanella, les prophéties de Chateaubriand, l'étrange prophétie de Mathieu Auclerc (1769), les prognostications de Jean de La Rochetaillade (xivᵉ siècle), une notice sur l'année ancienne et moderne des Égyptiens, les tables tournantes et les hommes tournants (A. 1854).

(1) A partir de 1849, « par un Neveu de Nostradamus. »

(2) A partir de la seconde année, les noms disparaissent ; on lit : « Rédigé par les notabilités scientifiques et littéraires. »

(3) Les noms des dessinateurs changent toutes les années puisqu'il s'agit de vignettes provenant des journaux illustrés.

Vignette sur la couverture à partir de la deuxième année. Les petites gravures sur bois qui illustrent l'almanach proviennent du *Charivari*. De 1860 jusqu'à la fin de l'Empire, on lit sur le titre : « Précédé d'observations astronomiques par M. Babinet, de l'Institut. »

Cet almanach obtint assez vite un très grand succès. D'où la création de l'*Almanach Astrologique* et de l'*Almanach Lunatique* destinés à lui faire concurrence.

[La collection, cat : 25 fr.]

2272. — ALMANACH PROTESTANT, pour l'an de grâce 1841, par J. P. Hugues, pasteur de l'Église de Grand-Gallargues. Première année. ‖ Paris, Librairie protestante de Marc Aurel frères, rue St-Honoré, 158, près du temple de l'Oratoire. Même maison à Valence, Nismes et Toulouse : Prix : 25 cent. 1841-1856 In-18.

Almanach de propagande. Dans un avis, les éditeurs font appel aux lecteurs pour répandre leur publication. On y trouve tout ce qui est relatif à l'Église protestante et aux Sociétés bibliques.
En regard de chaque jour passage de la Bible.
[B. N.]

2273. — ANNUAIRE BIOGRAPHIQUE des artistes français, peintres, sculpteurs, architectes, graveurs, musiciens, contenant : 1° des notices sur les principaux artistes et sur leurs travaux... avec des portraits ou des planches d'après leurs ouvrages ; 2° une liste générale alphabétique de tous les artistes vivants, avec indication de leurs demeures, par Guyot de Fère et B. de B. (Années 1841-1842.) ‖ Paris, au bureau du Journal des Beaux-Arts, rue Boucherat, 18, derrière le Boulevard du Temple. In-8.

Comme frontispice, un portrait de M. Paul Delaroche.
Vu son exiguïté, cet annuaire ne présente qu'un intérêt relatif.
[B. N.]

2274. — ANNUAIRE DES COMMUNES DE VAUGIRARD ET DE GRENELLE, département de la Seine, Arrondissement et Canton de Sceaux. Année 1841. ‖ Publié et Imprimé par J. Delacour, rue de Sèvres, 94, à Vaugirard. In-18.

Contient le plan de Vaugirard et celui de Gre-

nelle. Renseignements administratifs et commerciaux, avec notice historique.
Suite de l'*Almanach municipal et commercial des communes de Vaugirard et de Grenelle*, 1832.
[B. N.]

2275. — ANNUAIRE DU CONSEIL D'ÉTAT, Publié avec l'autorisation de Monsieur le Garde des Sceaux. 1841. ‖ Se trouve aux bureaux du Conseil d'État, rue de Lille ; A la Librairie de Béthune et Plon, rue de Vaugirard, 36. (1841-1848 et suite.) In-12.

Contient la liste du personnel du Conseil d'État, l'historique de ce corps, le costume de ses membres et quelques ordonnances relatives au Conseil.
[B. N.]

2276. — ANNUAIRE STATISTIQUE DE PARIS, extrait de l'Almanach général de la France et de l'Étranger, comprenant des notices sur la ville de Paris, etc. [Suit un long sommaire des matières contenues dans l'Annuaire.] Par M. Ch. Lamy, ancien Employé des Contributions directes, Rédacteur de l'Almanach général de la France et de l'Étranger. Prix : Broché, 1 fr. Cartonné, 1 fr. 25 c. Avec un beau Plan de Paris colorié, en sus : 50 c. ‖ Paris, au Bureau de l'Almanach de la France et de l'Étranger, Rue d'Arcole, 9, près l'Hôtel de Ville. Chez Daguin frères, Libraires, Quai Malaquais, 7. Et chez les principaux Libraires. 1841. In-16 oblong.

Publication extraite de l'*Almanach général de la France et de l'Étranger*, 1838, suite de l'*Almanach général parisien*, 1835. [Voir n° 2193.] Renseignements divers sur Paris (monuments, promenades, théâtres, voitures) et tableau des rues.

2277. — LES CŒURS SENSIBLES. Almanach chantant pour la présente année. ‖ A Paris, chez Delarue, libraire, quai des Augustins, n° 11, et à Lille, chez Castiaux, libraire. (1841.) In-32.

Figure coloriée au titre.
Publication de colportage, avec calendrier.

2278. — ÉTRENNES MILITAIRES, PARTICULIÈRES ET UNIVERSELLES,

Almanach comme il n'y en a point... ‖
Se trouve à Falaise ; et à Paris, chez
Vᵉ Demoraine et Boucquin, puis chez
Boucquin, Libraire, rue du Petit-Pont,
Successeur de Tiger, au Pilier Litté-
raire. 1841-1848. In-32.

Coq gaulois sur le titre. Imprimé en petit
texte, pages encadrées. Avec 2 planches de cartes
se dépliant. Autorités et renseignements officiels.
Almanach dans l'esprit de toutes les *Étrennes
Mignonnes* de l'époque.

[B. N.]

2279. — PARISIANA. Almanach-Livre-
Revue. Memorial Mensuel. Recueil historique, dramatique, littéraire, artistique,
journalistique, drolatique et utile, par une
collection d'hommes de lettres trop connus pour qu'ils aient besoin de se faire
connaître. [Épigraphe :] « Omne tulit
punctum qui miscuit utile dulci » : Pour
réussir, il ne suffit pas d'amuser le lecteur, il faut encore l'ennuyer. (Traduction libre d'Horace.) 1ᵉʳ volume. Prix :
1 fr. Revue de Janvier. Février 1841. ‖
Paris. Ce livre paraît tous les mois et se
vend partout.

Chaque fascicule comprend une histoire du
mois et des prédictions historiques, astronomiques
et autres pour le mois suivant. Calembours, anecdotes, charges, compte rendu des théâtres, etc.

[Coll. de l'auteur.]

2280. — LES ACCORDS ENCHAN-
TEURS, ou le Chansonnier des Belles,
pour la présente année. ‖ Paris, Chez
Delarue, libraire, quai des Augustins,
nº 11. 1842. In-32.

Publication de colportage, avec calendrier
ajouté.]

[Coll. Quarré-Reybourbon, à Lille.]

2281. — L'ADROIT COMPÈRE, Alma-
nach chantant pour la présente année.
‖ Paris, chez Delarue, libraire, Quai des
Augustins, nº 11. In-32.

Publication de colportage à laquelle un calendrier
s'ajoutait chaque année.

[Coll. Quarré-Reybourbon, à Lille.]

2282. — ALMANACH COMIQUE, PIT-
TORESQUE, DROLATIQUE, AMUSANT

ET CHARIVARIQUE, pour 1842. Calembourgs, coqs-à-l'âne, bêtises, bons mots,
blagues, politique ébouriffante, littérature grotesque, etc... Dessins par A.
Beaucé, Daumier, Maurisset, Josquin. ‖
Paris, Charles Warée, puis Martinau.
In-18.

On lit dans l'introduction : « Les bêtises de l'année n'étaient recueillies par personne : il y avait
lacune, nous venons la combler. Et dans cent ans
on dira : petit bonhomme vit encore » (! !) A
partir de 1846 le mot « amusant », sur le titre
fut remplacé par « critique. »
Gravures sur bois et articles du *Charivari*
que le titre annonce pompeusement sous la forme
suivante : « rédigé par », « illustré par ». Le fait
est qu'on y trouve des articles inédits d'Henry
Monnier jusqu'en 1877.
L'Almanach Comique n'a pas encore cent ans,
mais il a déjà franchi gaillardement le cap de la
cinquantaine et semble vouloir rester le plus lu,
le plus prisé, des almanachs populaires.

[Collection cat. de 20 à 22 fr].

2283. — ALMANACH DE LA RIVE
GAUCHE. Première année, 1842. [Épigra-
graphe :] « La rive droite sera détruite. »
Paris, chez tous les libraires et dans tous
les cabinets de lecture de la rive gauche.
In-18.

Sur la couverture, dans des ornements formant
cadre, on lit : « Institut. Beaux-Arts. Cinq ministères. Chambre des Pairs. Chambre des Députés.
Deux chemins de fer. Panthéon. Napoléon. » ; — c'est-
à-dire toutes les merveilles de la rive gauche.

Sur le verso de la couverture, au centre de
laquelle se trouve une urne, on lit : « A la mémoire de la Rive droite. — Charenton. — La Ro-
quette. — Nuits Vénitiennes. — Lions et Lorettes.
— Clichy, la Dette. — Montmartre. — La Bourse.
— Montfaucon. » ; c'est-à-dire toutes les choses
mauvaises et hideuses.

Curieux almanach destiné, ainsi qu'on le voit,
à faire connaître les ressources de la rive gauche,
« de cette rive délaissée et inconnue, plus que la
province, un autre monde ! »

[Coll. de l'auteur.]

[Cat. 5 et 6 fr.]

2284. — ALMANACH DES ENFANTS
ou les Corps célestes, les Météores, les
Plantes à la portée du jeune âge, dessins

de Forest et Ch. Vernier. || Paris, Aubert, Libraire, place de la Bourse, 1. 1842. In-18.

Publication destinée à servir d'amusement scientifique pour la jeunesse. rédigée par T. Dehay.

{Cat. 5 fr.]

2285. — ALMANACH DES JEUNES TOURISTES ou les petits voyageurs dans les cinq parties du monde, dans lequel on trouve la description des principales contrées de l'univers, avec des notices sur les mœurs et les usages des peuples qui les habitent. Orné de gravures. || A Paris, chez Delarue, libraire, Quai des Augustins, 11. (vers 1842). In-18.

Publication conçue dans le même esprit que la précédente.

Avec calendrier.

[Bibl. de Lille.]

2286. — ALMANACH DES JOYEUSES SOIRÉES D'HIVER, explication des jeux agréables et innocents qui font l'amusement des Sociétés choisies, avec la désignation des Pénitences qui s'y ordonnent. || A Paris, chez Delarue, libraire, quai des Augustins, n° 11. In-18.

Avec calendrier. Publication de colportage à l'usage des familles.

[Bibl. de Lille.]

2287. — ALMANACH DU JEUNE NATURALISTE, orné de 80 figures d'animaux choisis parmi les quadrupèdes, les oiseaux, les poissons et les insectes. || A Paris, chez Delarue, libraire, quai des Grands-Augustins. In-18.

Avec calendrier. Publication de colportage.

[Bibl. de Lille.]

2288. — ALMANACH DU SENTIMENT, VÉRITABLE LANGAGE DU CŒUR. Choix de modèles de lettres, de compliments en vers, de couplets, etc., pour le jour de l'an et les fêtes patronales, etc., etc. || A Paris, chez Delarue, Libraire, quai des Augustins, 11. In-18.

Publication de colportage. Avec figure et calendrier.

[Bibl. de Lille.]

2289. — L'ALMANACH GÉNÉRAL DES SCIENCES MÉDICALES. Année 1842. Prix : 50 cent. || Paris, Librairie Médicale et Scientifique de A. Gardembas, Éditeur, Rue de l'École-de-Médecine, 10. 1842. In-24.

Renseignements à l'usage du monde médical Apologie du Rob Laffecteur.

[B. N.]

2290. — ALMANACH-MANUEL DU « JOURNAL DES VILLES ET DES CAMPAGNES » ou Annuaire encyclopédique, religieux, agricole, commercial, industriel, anecdotique, prophétique, littéraire, pour l'année 1843. || A Paris, Pillet aîné, 1842-1845. 4 années in-16. (Prix : 50 centimes).

[D'après Quérard.]

2291. — ALMANACH-MANUEL DES NAGEURS, utile à tout le monde par Roger et Thévenot ; orné de 14 gravures. || A Paris, chez Delarue, libraire, Quai des Augustins, 11. (vers 1842). In-18.

Avec calendrier. Publication de colportage.

[Bibl. de Lille.]

2292. — ALMANACH MULTICOLORE, drôlatique, fabuleux et proverbial, pour la présente année. || Paris, chez Delarue, quai des Augustins, 11. Petit in-16.

Impression originale sur papier de quatre couleurs différentes, d'où le titre générique.

On lit en observation : « Quel que soit le sens dans lequel on ouvre cet almanach, il peut être lu mais arrêté au milieu d'une page. La partie inférieure étant retournée, le lecteur passe à la page suivante. »

[Bibl. Quarré-Reybourbon, Lille.]

2293. — ANNUAIRE ADMINISTRATIF, STATISTIQUE ET HISTORIQUE DE PARIS et du département de la Seine, pour l'année 1842, rédigé sur les documents fournis par les ministères, les préfectures et les administrations publiques, par Victor de Saint-Pierre, auteur de « la France en cent tableaux, » etc., etc., etc. || Paris, P. Bertrand, libraire-édit., 38, Rue St-André-des-Arcs. In-12.

Sorte d'annuaire officiel pouvant faire suite aux publications antérieures sur Paris. (Voir n° 1457)

2294. — LE BON MESSAGER, Almanach pour l'an de grâce 1842. || Paris, Bureau de la Mode. (Et à partir de 1847, chez Dentu, libraire, au Palais-Royal, et au Dépôt de Correspondance Générale, rue du Hasard-Richelieu) 1842-1851 : 10 années. In-18.

Sur le titre une vignette représentant un Mathieu Lænsberg. Almanach royaliste, de droit divin, rédigé par Th. Muret, l'auteur de l'*Histoire du Théâtre*. L'année 1843 porte *in fine* : « *Le Bon Messager* se vend au profit des infortunés royalistes de l'Ouest et des fidèles soldats de Charles V réfugiés en France. » Fut condamné en 1843 à un mois de prison pour publication de vignettes non autorisées. L'année 1847 devait contenir un immense *zéro* avec la légende suivante : « Portrait d'un gros et gras ministre de l'intérieur, énorme *zéro politique* » (le ministre ainsi visé était M. Duchâtel), mais la Censure refusa l'autorisation.

Le titre des années 1847 et 1848 est sans la vignette habituelle (elle réapparut en 1849). A la place on lit :

[En 1847]. « Ici était le *Mathieu Lænsberg* ordinaire ; mais le ministère a refusé positivement d'autoriser ce Mathieu Lænsberg, vu l'opinion et le caractère politique du *Bon Messager*. »

[En 1848]. « Ici serait le *Mathieu Lænsberg* habituel, si la censure n'avait, l'année dernière, refusé l'autorisation de toute espèce de *vignettes* pour le *Bon Messager*. » Le nom de Th. Muret figure sur le titre de l'année 1851.

2295. — CHANSONNIER DES THÉATRES, Almanach chantant pour la présente année.

Ma gaîté reprend son empire ;
Moi, je veux chanter, je veux rire !

|| Paris, chez Derche, successeur de Gauthier, Marché-Neuf, n° 34, près le pont Saint-Michel (1842). In-32.

Publication de colportage. Gravure coloriée pour frontispice, et calendrier sous le titre de : *Souvenir Parisien*. Recueil de 16 chansons.

2296. — LE COMIC ALMANACK. Keepsake comique pour 1842. Par MM. de Balzac, Frédéric Soulié, Maurice Alhoy, Paul de Kock, P. Durand (du *Siècle*), L. Huart, Ed. Lemoine, Ourliac, Marco Saint-Hilaire, H. Monnier, J. Rousseau, etc., etc. Orné de douze gravures à l'eauforte, sur acier, par Trimolet. Et d'un grand nombre de dessins comiques dans le texte, par Ch. Vernier. || Paris, chez Aubert et Cⁱᵉ, éditeurs, place de la Bourse. 1842-43. 2 années. In-18.

Les 12 gravures sont relatives aux 12 mois et représentent : Les Étrennes, le bœuf gras, les Concerts, les Poissons d'Avril, les Parties de campagne, les Bains et promenades sur l'eau, les Fêtes publiques, un orage dans les Champs-Elysées, l'ouverture de la Chasse, le Retour à la ville, les Brouillards et les Patineurs. Le texte est composé d'extraits des *Physiologies* et d'un article : Pluie d'Almanachs.

La deuxième année, avec eaux-fortes représentant des sujets différents, également correspondant au mois, est rédigée par Louis Huart.

Il existe des exemplaires brochés et cartonnés par l'éditeur : ces derniers sont très rares. Ces dernières années, il a été mis en vente des défauts des planches.

[Les deux années : de 40 à 50 fr.]

2297. — ÉTRENNES DÉDIÉES AUX JEUNES MÉNAGÈRES, ou petit manuel de propreté et d'économie domestiques contenant : 1° de nombreux secrets pour enlever les taches de toute nature sur les étoffes de laine, de soie, de lin, colorées en noir, et sur celles brodées en or ou en argent ; 2° des procédés pour assainir les appartements et maintenir la propreté, ainsi que pour nettoyer les meubles et ustensiles de toute espèce ; 3° Les moyens pour détruire les petits animaux incommodes ; 4° une quantité de secrets d'économie domestique, etc, etc, etc. || A Paris, chez Delarue, libraire, quai des Augustins : Lille, chez Castiaux, Libraire. In-32.

Figure au titre. Calendrier pour 1842. Simple publication de colportage.

[Bibl. de Lille.]

2298. — FLEURS ET ÉPINES. Almanach de la Cour et de la Ville. En 12 livraisons. || Paris, rue Monthabor, 38. (1842). In-16.

Petite brochure mensuelle, avec portraits, moitié journal, moitié almanach par le fait qu'au verso du titre se trouvait le calendrier du mois. Donnait des nouvelles des Cours, une revue littéraire et dramatique assez développée, une chronique générale, des « fleurs littéraires » (compte rendus d'ouvrages), le Salon, les bruits des salons.

En somme, plus de fleurs que d'épines, mais c'est, sans doute, la publication qui fut « épineuse » pour les éditeurs.

[Coll. de l'auteur.]

2299. — LES GAUDRIOLES DE M. GAILLARD. Almanach chantant pour la présente année. ‖ Paris, chez les marchands de nouveautés [Second titre : Calendrier grégorien pour 1842. Montbéliard, librairie de Deckherr frères]. In-24.

Petite vignette sur bois, comme frontispice, (bonhomme dans un cadre ovale) avec, au-dessous, les vers suivants :

Écoute-moi, si pour une cruelle
Le Dieu d'amour sur ses traits t'aveugla,
Sur le gazon fais reposer ta belle,
Et par tes pleurs, mon cher, ébranle-la,
Ébranle-la.

Condamné pour outrage à la morale publique par arrêt de la Cour d'assises de la Seine du 30 mars 1843.

[Coll. Bégis.]

2300. — LES GOGUETTES DU VALLON. Almanach chantant pour la présente année. [Épigraphe :]

Aime, ris, chante et bois,
Tu ne vivras qu'une fois.

‖ Paris, Chez Derche, Successeur de Gauthier, Marché-Neuf, n° 34, près le pont Saint-Michel (1842). In-32.

Frontispice sur bois, colorié (deux femmes causant au coin d'une cheminée).
Recueil de chansons, avec calendrier.
Publication de colportage.
[B. N. — Ye, 23416.]

2301. — LES MÉLODIES GALANTES, Almanach chantant pour la présente année. ‖ A Paris, chez Delarue, libraire, quai des Augustins, n° 11. (vers 1842.) In-32.

Publication de colportage imprimée à Lille.
[Bibl. Quarré-Reybourbon, à Lille.]

2302. — LE NOUVEAU CHANSONNIER DES SPECTACLES, recueil de ballades, romances, duo, ariettes des opéras nouveaux, chansonnettes, etc., etc. ‖ Paris, chez Delarue, libraire, Quai des Augustins, n° 11. In-32.

Publication de colportage, avec un calendrier pour 1842.
[Bibl. Quarré-Reybourbon, à Lille.]

2303. — L'ORIGINAL SANS COPIE, almanach chantant pour la présente année. ‖ A Paris, chez Delarue, libraire, quai des Augustins, 11. (vers 1842). In-32.

Figure coloriée représentant le Gastronome anversois. Calendrier. Publication de colportage imprimée à Lille.

[Bibl. de Lille.]

2304. — LE PETIT CHANSONNIER, 1842. ‖ Paris, Marcilly, rue Sᵗ-Jacques, 10. In-128.

Poésies avec 12 petites vignettes : la Paresse, l'Orage, l'Art d'être heureux, Les vendanges, Chacun son tour, etc.

[Coll. Roux.]

2305. — LES PREMIÈRES ADRESSES ET LES DESCRIPTIONS PERMANENTES POUR LES SALONS DES FAMILLES, pour les principaux hôtels et pour les châteaux et maisons de campagne de la France et de l'étranger. 1ʳᵉ édition. 1843. ‖ Paris, aux bureaux des éditeurs réunis. In-8.

La 2ᵉ édition de cet annuaire du grand monde reprenant la tradition des almanachs d'adresses du XVIIIᵉ siècle, parut sous le titre suivant :
—Annuaire biographique et descriptif de la France et de l'étranger. Annuaire des éligibles et des électeurs. Notices biographiques ; descriptions des institutions politiques et scientifiques ; et indications des principaux établissements industriels. Édition de juillet 1843. ‖ Paris, à la direction des Archives du XIXᵉ siècle, 3 parties en 1 vol. in-8.

2306. — LES SOIRÉES CHAMPÊTRES. Almanach chantant pour la présente année. [Épigraphe :]

Ce feu qui brûle la jeunesse,
Parfois ranime la vieillesse...
Tout est l'ouvrage de l'Amour.

‖ Paris, chez Derche, successeur de Gauthier, Marché-Neuf, n° 34, près le pont Saint-Michel, (1842). In-12.

Frontispice gravé (couple assis sur un banc de pierre, dans un jardin).
Recueil de chansons, avec calendrier.
Publication de colportage.
[B. N. — Y.]

2307. — THÉORIE DU CALENDRIER et collection de tous les calendriers des années passées et futures, ouvrage propre aux recherches chronologiques et destiné à tenir lieu des almanachs qu'on est dans la nécessité de renouveler tous les ans. Par L. B. Francœur, Membre de l'académie des Sciences, des Sociétés royale et centrale d'agriculture, d'encouragement, etc., Professeur à la Faculté des Sciences de Paris. || Paris, A la Librairie encyclopédique de Roret, rue Hautefeuille, 10 *bis*, 1842. In-16.

Publication faisant partie de la collection des *Manuels Roret* et composée de 3 calendriers. « Il ne s'agit, dit l'éditeur, pour avoir celui d'une année quelconque, que de chercher dans la table ci-après quel est le numéro qui convient à cette année. On y trouve, en outre, l'épacte et la lettre dominicale. On est donc dispensé du soin de se procurer, chaque année, un nouvel almanach; puisqu'on le trouve, sur le champ, sans aucune peine. »

2308. — ALMANACH DE L'ARMÉE. Pour l'an de Grâce 1843. || Paris, Cabinet de correspondance générale, rue de Rivoli, 14. In-18.

Notice historique sur les armées françaises, écoles militaires, loi sur l'avancement, biographie des militaires célèbres, anecdotes, etc.

2309. — ALMANACH DE L'EXIL pour l'an de grâce 1843. || Paris, Dentu, libraire au Palais-Royal, galerie d'Orléans. In-18

Organe légitimiste, avec articles des personnalités du parti vivant à l'étranger.

[B. N.]

2310. — ALMANACH DE LA COMMUNAUTÉ, 1843. Par divers Écrivains Communistes. Prix : 30 centimes. || Paris, Th. Dezamy, éditeur, rue St-Jacques, 106. Prevot, Libraire, rue Bourbon-Villeneuve, 61, Rouanet, rue Verdelet, 6. In-18.

Almanach publié dans le but de vulgariser la « science sociale. »

[B. N. — R. 26338.]

2311. — ALMANACH DE LA DÉMOCRATIE 1843. [Épigraphe :] « Je vois bien une population qui s'agite, proclame sa jouissance, qui s'écrie : « Je veux, je serai; à moi l'avenir. »

CHATEAUBRIAND.

|| Paris, Mlle Cocault, Libraire, Place Boucherat. In-32. Prix : 50 cent.

On trouve dans cet almanach diverses anecdotes historiques : entre autres la tentative d'évasion du Mont-St-Michel de 4 prisonniers politiques fort connus : Barbès, Martin Bernard, Blanqui et Hubert.

[B. N.]

2312. — ALMANACH DE LA JEUNESSE, moral, instructif, anecdotique, et comique, dédié aux demoiselles et aux jeunes gens. || Paris, bureau du *Journal des Enfants*. 1843. In-32. (75 cent.)

Avec petites vignettes.

2313. — ALMANACH DE LA GARDE NATIONALE pour 1843. Annuaire-Manuel Historique et Pittoresque des Gardes Nationaux; publié avec l'autorisation de M. le lieutenant-général Jacqueminot, commandant supérieur des gardes nationales de la Seine. Dédié à la Garde Nationale Française. || Paris, Charles Warée, Éditeur, 114, rue Montmartre, au premier. In-12.

Almanach orné, dans le texte, de vignettes sur bois.

Il contient les lois et la consigne générale de la Garde nationale; quelques mots d'histoire, des variétés littéraires; des prophéties humoristiques, et les commandements du Garde national, dont voici la reproduction :

1. Un seul chef tu écouteras
   Et aimeras parfaitement.
2. La consigne ne maudiras
   Ni la faction pareillement.
3. Le mot d'ordre tu garderas
   Et ne diras qu'à bon escient.
4. Tes caporaux honoreras
   Afin de vivre longuement.
5. Homicide point ne seras,
   Ni canicide mêmement.
6. Jamais ne te pocharderas,
   Aie de la gaîté seulement.
7. Faction d'autrui tu ne prendras
   Ni le piquet pareillement.
8. Tes camarades ne raseras;
   Ni mentiras aucunement.
9. Œuvre de chair ne feras,
   Au corps de garde assurément.
10. Le lit de camp ne convoiteras
    Pour le garder injustement.
11. Aux parades manœuvreras,
    Selon tous les commandements.

12. Chaque dimanche étudieras
    Ta théorie dévotement.

13. De tes péchés supporteras
    A Bazaucourt le châtiment.

14. Ton tambour tu régaleras
    A tout le moins une fois l'an.

15. De sa peau d'âne entretiendras
    De bons sons le résonnement.

16. Aux jours de revue jeûneras,
    Du matin au soir patiemment.

17. Les petits chiens tu chasseras
    Des Tuilleries soigneusement.

18. Après minuit patrouilleras
    Sans t'arrêter aucunement.

19. Le biset tu dédaigneras
    Et fuiras éternellement.

20. Au corps de garde fumeras...
    Le tabac du gouvernement.

Ces commandements sont, en outre, accompagnés de développements et d'explications également conçus sous une forme amusante. En voici quelques extraits :

« 2. La consigne ne maudiras,
    Ni la faction pareillement.

Le commandement a peu besoin d'explication. La consigne est une chose sainte, à laquelle on doit appliquer par extension l'article 12 de la Charte, elle est inviolable et sacrée. Nous lisons dans le livre de l'Ecclésiaste, chap. 23, « que l'homme qui maudit sa consigne sera rempli d'iniquités. » La faction a été donnée aux gardes nationaux pour faire dans l'isolement des retours sur eux-mêmes, un examen sérieux de leur conscience : la guérite est l'image du confessionnal, elle ne doit faire naître que des pensées salutaires. Il est rapporté par Froissart qu'un enfant s'étant accoutumé à blasphèmer la consigne par le mauvais exemple de son père qui était de la garde nationale, fut emporté par le démon à l'heure de sa mort, qui arriva à l'âge de huit ans.

« 4. Tes caporaux honoreras
    Afin de vivre longuement.

Ce respect et cet honneur que la loi militaire nous recommande de rendre à nos caporaux consistent à les aimer, à leur obéir, à les secourir et à les assister dans le besoin. Il n'y a rien qui doive nous être plus cher que le caporal, parce qu'il tient la place du chef lui-même, et que c'est par lui que nous recevons l'ordre, la consigne et la faction. St Paul a dit, en écrivant aux Éphésiens, chap. 5 : « Citoyens obéissez à vos caporaux, à cause que la loi vous le commande, car cela est juste. »

« 12. Chaque dimanche étudieras
    Ta théorie dévotement.

Un bon garde national doit considérer sa théorie comme un prêtre son bréviaire. Les vertus de la théorie sont comme la violette, cachées sous une couche épaisse de feuilles qu'on n'a pas toujours le courage ou la patience de soulever. Et cependant, St Paul a dit aux Corinthiens : « Hors la théorie, point de salut. »

« 26. Au corps de garde fumeras...
    Le tabac du gouvernement.

Il n'y a pas de feu sans fumée, mais il y a de la fumée sans feu. Il n'y a pas de tabac sans fumée, mais il y a de la fumée sans tabac. Il n'y a pas de tabac sans le gouvernement, mais il y a des gouvernements sans tabac. Il n'y a pas de garde national qui ne fume, et beaucoup de gardes nationaux fument sans tabac. On fume pendant la faction en comptant les secondes, on fume pendant le piquet en marronnant ; on fume pendant les patrouilles de ne pouvoir s'aller coucher chez soi ; on fume au corps de garde quand on n'a pas de place au lit de camp ; on fume de ne fumer que le tabac gouvernement. Mais le gouvernement fumerait bien plus encore s'il n'avait du tabac pour faire fumer les gens. « D. Léopold Stein. »

[Ex. de Jacqueminot, mar. r. dos et plats ornés, gardes en soie avec encad. dorés, cat. 25 fr.]

2314. — ALMANACH DE SANTÉ ou Véritable médecine sans médecin. 1843. ‖ A Paris, chez E. Leriche, Libraire-Éditeur. In-24.

Almanach populaire donnant des indications sommaires sur les principales maladies.

2315. — L'ALMANACH DES CHASSEURS, contenant les opérations cynégétiques de chaque mois de l'année, des pronostications faites suivant les calculs du savant Mathieu Laënsbergh, des anecdotes sur la Chasse, la vie miraculeuse du Grand saint Hubert, patron des Chasseurs. ‖ Paris, au bureau du journal des Chasseurs. 1843. Petit in-18.

Avec, comme tous les almanach spéciaux, des tableaux pour le tir.

2316. — ALMANACH DES COULISSES Annuaire des Théâtres pour 1843. Bruits de foyers, méchancetés comiques et pittoresques, chronologie amusante, écho des Coulisses, nécrologie, calembourgs (sic) dramatiques, bons mots, biographies d'acteurs et d'actrices, anecdotes, histoires pour rire, enfin miroir grotesque des douze mois, avec le Tableau des Troupes de province pour la Campagne 1842-1843, la liste des pièces jouées à

Paris dans l'année et d'autres documents importants, sérieux et indispensables, et un grand nombre de dessins nouveaux. Prix : 5o centimes. || (Paris,) Au bureau, rue de la Tixeranderie, 15 ; Chamerot, quai des Augustins, 33, etc. In-12.

Almanach amusant édité par Couailhac, avec des articles de Th. Gauthier, Alph. Karr, Roger de Beauvoir, empruntés aux journaux du moment.
Les « dessins nouveaux » sont une succession de vieux clichés du *Charivari*.

[De 3 à 4 fr.]

2317. — ALMANACH DES FARCEURS ou les Contes de Jérôme la Pointe, recueillis par un Amateur, pour 1843. || Paris, chez Delarue, libraire, quai des Augustins. In-18.

Frontispice colorié. Publication de colportage avec calendrier, imprimée à Lille.
A la suite, sous une pagination différente : « Contes recréatifs et amusants. »

[Bibl. de Lille.]

2318. — ALMANACH DES GRACES OU DE LA TOILETTE DES DAMES. || A Paris, chez Delarue ; Lille, chez Blocquel-Caviaux. (1843.) In-24.

Frontispice gravé (dame à sa toilette).
Recueil de chansons.
Cet almanach, pensons-nous, n'a pas été imprimé par Blocquel, qui s'est borné à ajouter un *titre* et un *calendrier* à un almanach précédemment édité à Paris.

[Bibl. de Lille.]

2319. — ALMANACH DES POSTES, CHEMINS DE FER, BATEAUX A VAPEUR, MESSAGERIES ET ROULAGE; suivi de l'Itinéraire des omnibus de Paris; Guide général des Voyageurs et des Commerçants en France et à l'Étranger, contenant des notions usuelles sur l'importation et l'exportation, les douanes, les entrepôts, les octrois, les passeports, les monnaies françaises et étrangères, etc. || Paris, à la direction du *Musée des familles*, rue Gaillon, n° 4; Martinon, 1843-45, 3 années. In-16. Prix de chaque année : 75 c.

Almanach dû à l'initiative privée qu'il ne faut point confondre avec le précédent *Almanach des Postes*, publication officielle. [Voir, plus haut, n° 2267].

2320. — ALMANACH DU BON CHRÉTIEN pour 1843. || Paris. In-18

Articles de morale et de religion.

[B. N.]

2321. — ALMANACH DU CONTRIBUABLE ET DE L'ÉLECTEUR, ou Manuel des devoirs et des droits électoraux. Étrennes nationales pour l'année politique 1843. || Paris, à la maison J. Bernard. In-18.

Parut également sous le titre de : « Étrennes Nationales du Contribuable et de l'Électeur ». Almanach politique comme il en fut tant publiés à l'époque.

[B. N.]

2322. — ALMANACH DU JARDINIER par les rédacteurs de la *Maison Rustique du XIXe siècle* [puis de la *Revue Horticole*] pour l'année 1843. Orné de 40 gravures. Prix : 5o centimes. || Paris, Pagnerre, libraire, rue de Seine, 18, Librairie agricole de la Maison Rustique, puis Librairie Plon et Nourrit, (1843 à ce jour). In-16.

Almanach donnant les travaux de chaque mois, et comprenant la Botanique horticole, les Outils et appareils d'horticulture, la culture potagère, l'arboriculture, la floriculture et des variétés.
Concurrence à l'*Almanach du Bon Jardinier*.

2323. — L'ALMANACH DU MOIS, fondé par des députés et des journalistes. 6 fr. par an. || Paris, bureaux, rue Royale-Saint-Honoré, 25. Janvier (1843-1846.) 5 vol. In-12.

Publication mensuelle, avec calendrier, qui, à partir du tome II, prit pour sous-titre : *revue de toutes choses.*
Cet almanach, dont Guillemot était le directeur, avait été fondé en 1844 par cinquante députés et journalistes appartenant à l'opposition libérale. Il était orné de vignettes, et formait tous les trimestres un volume de 220 pages environ; c'était une revue de toutes choses : politique, littérature, théâtre, peinture, roman, critique, etc. La couverture est ornée d'un frontispice signé David d'Angers. Les articles Salon et Beaux-Arts étaient traités par Charles Blanc et Félix Pyat. Ce dernier écrit une lettre curieuse à M. Thiers sur son groupe de Michel-Ange. La partie historique est de Louis Blanc, les sciences par Arago, la politique et les faits divers sont signés d'une

foule de noms connus, parmi lesquels ceux de : Quinet, Carnot, Portalis, Eugène Sue, Altaroche, G. Sand, J. Lacroix, Lamartine. Un petit dictionnaire, non signé, des partis politiques

donne une curieuse définition des noms : conservateurs ou bornes, doctrinaires, constitutionnels, démocrates, dynastiques, impérialistes, légitimistes, néo-catholiques, patriotes. Enfin, Camille Dutheil a inséré dans l'*Almanach du Mois* une remarquable étude sur l'origine des constellations du zodiaque, et sur les animaux sacrés de l'Égypte, avec leur signification symbolique, le tout orné de vignettes à l'appui du texte.

[B. N.]

2324. — ALMANACH ICARIEN, astronomique, scientifique, pratique, industriel, statistique, politique et social dirigé par M. Cabet, Ex-député, ex-procureur général, avocat à la Cour Royale. ‖ (Paris), au bureau du Populaire, rue J.-J.-Rousseau, 1843-1852 (1) : 7 années. In-16 carré. (Prix : 5o cent.)

Sur la couverture servant de titre se lisent tout au long, les principes qui sont à la base de la théorie icarienne : « De chacun suivant ses forces, A chacun suivant ses besoins, Assurance universelle, machines au profit de tous, Répartition équitable des produits, Suppression de la misère, etc. » L'année 1848 a un supplément, avec trois cartes, spécialement consacré à la description du Texas, cette partie des États-Unis dans la-

quelle Cabet allait fonder sa communauté d'Icarie. On y trouve également un chansonnier icarien.

L'exemplaire de la B. N. possède, en plus, l'affiche qui servit à annoncer l'almanach.

2325. — ALMANACH POLITIQUE pour l'an de grâce 1843. ‖ Paris, Cabinet de correspondance générale, Rue de Rivoli, 14. In-18.

Cet almanach, donnant le recensement de la population dans les départements, est dédié aux politiciens de toutes opinions ; il engage ceux-ci à être, avant tout, « bons Français. »

Quoique l'auteur s'efforce d'être impartial, il est manifeste qu'il porte une grande vénération à tout ce qui touche à la royauté.

Dans un « Itinéraire des Étrangers et du Parisien à Paris » on remarque, au milieu de magasins et hôtels recommandés, la curieuse annonce suivante : « — Medecins SURS et exacts : Mr Martin Lauzer, passage Ste-Marie-du-Bac, 5. »

Voilà qui était peu flatteur pour le corps médical du moment.

[B. N.]

2326. — ANNUAIRE [DE LA PAIRIE ET] (1) DE LA NOBLESSE DE·FRANCE et des Maisons Souveraines de l'Europe, [et de la Diplomatie] (2), Publié sous la Direction de M. Borel d'Hauterive, Archiviste-paléographe [Ancien élève de l'École Royale des Chartes] (3). Année 1843. ‖ Paris, au Bureau de la Revue Historique de la Noblesse, rue Bleue, 28 [et, plus tard, au bureau de la publication, rue Neuve-Vivienne, 36, puis rue Richer, 5o]. 1843 à ce jour. In-12.

Chaque année de cette précieuse publication s'ouvre par un almanach et par une préface et contient, en outre des matières toujours reproduites intégralement avec quelques légères modifications, des séries d'études nouvelles et inédites sur un point quelconque touchant à l'histoire de la noblesse (Maison de France, maisons souveraines, état des familles ducales et princières, tablettes généalogiques et nobiliaires, ordres mili-

(1) Ces mots disparaissent sur le titre, à partir de 1849 (7e année).

(2) Ces mots viennent s'adjoindre sur le titre, en 1847 (5e année).

(3) Dès la seconde année, les qualificatifs de l'éditeur devaient se modifier au fur et à mesure, sans qu'il y ait intérêt à les signaler autrement.

(1) Les années 1849-1851 n'ont pas paru.

taires, législation nobiliaire, alliances, revue nécrologique, etc...) Chaque année est, également, illustrée d'un certain nombre de planches de blason.

Exposant les raisons d'être de la publication
qu'il entreprenait, l'auteur s'exprimait ainsi dans
la préface de la première année :

« Le double hommage rendu à la noblesse (publication des Lettres missives de Henri IV et
création du Musée de Versailles) par les sciences
historiques nous a suggéré la pensée d'apporter
aussi une pierre à l'édifice en reconstruction. Le
succès et l'utilité incontestables des *peerages* en
Angleterre et des almanachs de *Gotha* en Allemagne, les encouragements que nous avons reçus
d'avance d'une partie du public, et l'espèce de
chaos qui menace d'engloutir l'ordre nobiliaire en
France, nous ont confirmé dans notre projet et
nous nous sommes mis à l'œuvre. »

Voici, du reste, l'analyse, année par année, des
principales figures et matières.

— *Année 1843* : Planche de blason. — Pairs de
France, de 1814 à 1830. Traité élémentaire du
blason.

— *Année 1844* : 3 planches d'armoiries de familles nobles. — Précis historique de tous les duchés français. Description des écussons des cinq
salles du Musée de Versailles (663 écussons). Suite
du traité du blason (av. planches).

— *Année 1845* : 3 planches d'armoiries de fa-
milles nobles. — Des titres et qualifications de la
noblesse (pairies ducales et marquisats de la
Grande-Bretagne). Liste et précis historique des
fiefs français qui ont porté le titre de *principautés*.
Armorial de la noblesse littéraire (d'Aubigné,
Boileau, Bossuet, Brantôme, Buffon, Bussy, Ra-
butin, Comines, Corneille, Coulanges, Descartes,
Fénelon, Florian, Genlis, Joinville, Lacépède,
Malherbe, Montesquieu, Montluc, Parny, Pas-
quier, Rabutin, Racan, Racine, La Rochefoucauld,
Ronsard, Scarron, Santeuil, Segrais, Sévigné,
Villehardouin, Voltaire.) Suite du traité du blason
(avec planches).

— *Année 1846* : 3 planches d'armoiries de
familles nobles. Dictionnaire héraldique.

— *Année 1847* : 2 planches d'écussons officiels
des grandes puissances ; 2 planches d'armoiries de
familles nobles.

L'Annuaire de la Noblesse s'élève contre une publication qui lui avait fait concurrence sous le titre
de : *Almanach de la Noblesse*. Notice sur le pape
Pie IX et sur le Sacré-Collège. Notice sur la pairie
et sur les pairs de France de 1845-1846. Notices sur
les membres de la Chambre appartenant à la noblesse.

— *Année 1848* : 2 planches d'écussons officiels
ou de maisons souveraines : 2 planches d'armoiries de familles nobles.

Jusqu'alors les planches étaient coloriées au

patron ; à partir de ce moment, elles sont exécutées en chromolithographie. Notice sur la dignité de maréchal-général de France. Deux
nouveaux ordres de chevalerie (Ordre Équestre
de Pie IX, Ordre de Saint-Olaüs de Norwège).

— *Année 1849-1850* : « Que l'on crie au
dehors, Vive le Roi ! ou : Vive la République !
peu importe », dit l'auteur dans sa préface, « l'*Annuaire de la Noblesse* n'en reste pas moins une
œuvre nationale. Plus on accumule les ruines,
plus sa tâche a d'importance et d'actualité...
L'Annuaire ne prétend pas relever les titres ; il
en conserve la tradition comme de choses qui ont
existé. On aura beau décréter que la noblesse est
abolie, on ne l'empêchera pas d'exister (allusion
au décret du 29 février 1848) ; la maison de
Bourbon n'en aura pas moins été la maison royale
de France ». Et, pour mieux prouver que les idées
de noblesse et de gouvernement républicain ne
sont point incompatibles, M. Borel d'Hauterive
cite l'exemple des États-Unis et de la Suisse.

3 planches d'armoiries de familles nobles. —
Notices sur les maisons princières de l'Empire et
du Saint-Siège, maisons ducales ou princières,
non souveraines, notice historique sur la noblesse
de Corse, sur l'origine de la maison Bonaparte,
sur la naissance de Napoléon. Notice historique
sur les honneurs de la Cour et liste de toutes les
maisons qui les ont obtenus, ayant fait, à cet
égard, leurs preuves de noblesse, publiée, pour la
première fois, d'après l'original conservé aux archives.

— *Année 1851* : 2 planches d'armoiries des
provinces ; 2 planches armoiries de familles.
— Notices : Armorial des provinces de France.
Étymologie des mots noblesse et roture. Souvenirs du marquisat d'Arpajon : la chanson des
bourgeois de Chatres.

— *Année 1852* : 3 planches armoiries des villes
de France (les 36 premières) avec prolégomènes
et détails sur l'origine et l'histoire de leurs blasons, 1 planche armoiries de familles. Portrait
lithographié de Marie-Thérèse de France, duchesse d'Angoulême (morte le 19 octobre 1851)
d'après Isabey, et gravure en taille-douce du
château de Brugny, avec notice historique. — Cette
année inaugure également une revue bibliographique des livres publiés sur la noblesse et par
des nobles.

— *Année 1853* : 2 planches armoiries des villes
de France (25) avec la suite de l'Armorial ;
2 planches armoiries de familles nobles. — Maisons ducales de l'Empire français. Armorial de
l'Empire. Notice historique sur la maison de la
Tour-d'Auvergne.

— *Année 1854* : 3 planches armoiries de familles. — Notice historique sur le château de Pommier en Dauphiné, avec 1 vue lithographiée. Premier article sur les nobiliaires de province :

Flandre, Cambrésis et Hainaut français, avec 1 pl. d'armoiries.

— *Année 1855* : 2 planches armoiries de familles, 1 planche armoiries de 12 villes de France. — Suite du Nobiliaire de Flandre (avec 1 planche).

— *Année 1856* : 2 planches armoiries de familles. 1 planche, armoiries de 12 villes de France. Nobiliaire d'Artois (avec 1 planche). — Les fastes militaires de la noblesse de France en 1855.

— *Année 1858* : 2 planches armoiries de familles nobles. 1 planche armoiries de 12 villes de France. Nobiliaire de Flandre et d'Artois (dernier article) avec 1 planche. — Liste des chevaliers des ordres du Roi en 1830, des chevaliers de Saint-Louis encore vivants. Titres français régulièrement obtenus avant 1789, titres et majorats créés sous l'Empire, la Restauration et le règne de Louis-Philippe.

— *Année 1859* : 2 planches armoiries de familles, 2 planches armorial de Paris. — Titres avec dotation impériale ayant encore des représentants, titres éteints. Noms et blasons des prévôts des marchands, noms et blasons des échevins de la ville de Paris.

— *Année 1860* : 2 planches armoiries de familles, 2 planches armorial de Lyon ; avec les noms et blasons des prévôts des marchands de 1596 à 1789. — Notice sur la noblesse titrée du Comtat-Venaissin.

— *Année 1861* : 3 planches armoiries de familles, 1 planche Nobiliaire de Savoie. — Noblesse du Comtat-Venaissin (suite). Additions à la galerie des Croisades. La noblesse de France aux assemblées électorales de 1789 (bailliage de Douai et pays de Bugey). La noblesse de France aux Concours agricoles en 1860. Nobiliaire de Savoie. Liste des anoblissements conférés par Louis XVIII en 1814 et 1815.

— *Année 1862* : 3 planches armoiries de familles, 1 planche Nobiliaire de Provence. — Origine et historique des registres de l'état-civil. Liste des titres concédés pendant les Cent Jours. Titres concédés à des dames sous l'Empire et la Restauration. Titres concédés de 1830 à 1848. De la majuscule ou de la minuscule comme orthographe de la particule. Nobiliaire de Provence. Assemblées électorales de la noblesse de Paris, en 1789.

— *Année 1863* : 2 planches armoiries de familles, 2 planches Nobiliaire de Provence. — Liste des anoblissements conférés de 1815 à 1830. Liste des votants des assemblées de la noblesse de Paris en 1789 (seulement « dix départements » sur vingt). Nobiliaire de Provence.

— *Année 1864* : 2 planches armoiries de familles, 2 planches Nobiliaire de Provence. — Liste des gentilshommes de la Vicomté de Paris

extra muros, qui répondirent à l'appel le 24 avril 1789. Liste des Chevaliers de la Légion d'honneur ayant justifié d'un revenu net de 3,000 francs et dont les descendants sont habiles à revendiquer le titre.

— *Année 1865* : 2 planches armoiries de familles, 2 planches Nobiliaire de Franche-Comté. — Liste des gentilshommes des pays réunis à l'Empire français qui ont demandé des titres impériaux (1808-1815).

— *Année 1866* : 2 planches armoiries de familles, 2 planches Nobiliaire de Franche-Comté (suite). — Notice historique sur la noblesse française aux colonies : familles maintenues dans leur noblesse par le conseil supérieur de la Guadeloupe.

— *Année 1867* : 2 planches armoiries de familles, 2 planches Nobiliaire de Franche-Comté. — Notice sur quelques anciens titres. Notice sur la noblesse du Briançonnais. Liste générale des titres confirmés ou concédés de 1856 à 1865.

— *Année 1868* : 2 planches armoiries de familles, 2 planches Nobiliaire de la Martinique. — Singularités héraldiques. 2ᵉ article sur la noblesse française aux colonies.

— *Année 1869* : 2 planches armoiries de familles, 2 planches Nobiliaire de St-Domingue. — Les nouveaux ordres de Chevalerie : croix de Mentana, Couronne d'Italie, Ordre du Saint-Sépulcre, médaille du Mexique. 3ᵉ article sur la noblesse française aux colonies.

— *Année 1870* : 3 planches armoiries de familles, 1 planche Nobiliaire des Colonies. — Notice historique sur le parlement de Franche-Comté et sur ses privilèges nobiliaires. 4ᵉ article sur la noblesse française aux colonies : Ile-de-France et île Bourbon, la Guadeloupe.

— *Année 1871-1872* : La maison Impériale disparaît des notices généalogiques pour faire place à la maison de France. — 2 planches armoiries de familles nobles, 2 planches noblesse de l'Assemblée Nationale. — Notice historique sur les rois d'Yvetot. La Prusse et l'*Almanach de Gotha* (article contre cet almanach).

— *Année 1873* : 1 planche Armorial de l'Alsace-Lorraine, 2 planches armoiries de familles, 1 planche noblesse de l'Assemblée Nationale. — Souvenirs historiques sur le maréchal d'Ancre. Armorial Alsacien-lorrain.

— *Année 1874* : 2 planches armoiries de familles, 1 planche armorial Alsacien-lorrain, 1 planche noblesse de l'Assemblée Nationale. — Notice historique sur le drapeau de la France : drapeau blanc et drapeau tricolore.

— *Année 1875* : 2 planches armoiries de familles, 1 planche armorial Alsacien-lorrain, 1 planche noblesse de l'Assemblée Nationale. — La noblesse amie des lettres. État et constitution de la noblesse dans les pays étrangers.

— *Année 1876* : 2 planches armoiries de familles nobles, 1 planche armoiries des secrétaires du Roi sous l'ancienne monarchie, 1 planche noblesse de l'Assemblée Nationale. — Notice sur les secrétaires du Roi, leurs fonctions, leurs privilèges, anoblissement par les armes, réception de Racine comme secrétaire, secrétaires honoraires ou en fonctions en 1789.

— *Année 1877* : 1 planche sénateurs nobles, 1 pl. armoiries de familles, 1 planche noblesse de l'Ass. Nat., 1 planche armoiries des secrétaires du Roi. — Les Secrétaires du Roi (2ᵉ article). De la particule dite nobiliaire en Belgique.

— *Année 1878* : 3 planches armoiries de familles, 1 pl. Armorial des Secrétaires du Roi en 1696. — Les secrétaires du Roi (3ᵉ article).

— *Année 1879* : 3 planches armoiries de familles, 1 pl. Secrétaires du Roi. — Notices historiques sur l'ordre de la Croix-Étoilée d'Autriche, de Sainte-Anne de Bavière, de Thérèse de Bavière. Les Secrétaires du Roi (4ᵉ article).

— *Année 1880* : A partir de cette année l'Annuaire ne publie plus que des planches d'armoiries de familles.

— *Année 1882* : Familles belges d'origine française. Les Secrétaires du Roi (suite).

— *Année 1883* : Revue nobiliaire de l'Académie française. — *A. 1884* : Armorial de l'Académie française, avec 1 planche. — *A. 1885* : Suite de l'Armorial de l'Académie française. Sénateurs posthumes du second Empire. — *A. 1886* : Suite de l'Armorial de l'Académie. — Nouveaux ordres de chevalerie. : Le Griffon de Mélusine. — *A. 1887* : Suite de l'Armorial de l'Académie. — *A. 1888* : Suite de l'Armorial de l'Académie. Notices généalogiques sur la famille Denfert de Rochereau et sur la famille Carnot, avec ses armes. Notice sur les comtes romains. Le trafic des décorations. — *A. 1889* : Suite de l'Armorial de l'Académie. — A partir de 1890 l'Annuaire ne contient plus que 2 ou 3 planches d'armoiries.

A partir de 1891 le titre porte : « fondé en 1843 par M. Borel d'Hauterive, et publié sous la direction du Vᵗᵉ Albert Révérend. » et comme mention d'éditeur : « Au bureau de la publication, 1, cité Gaillard. »

Une table générale des 49 premiers volumes doit paraître en 1894 par les soins de la nouvelle direction.

Chaque volume contient, à la fin, une note pour le placement des planches, lesquelles sont numérotées par lettres à la suite de a à z (de 1843 à 1854), Aa à Az (de 1855 à 1864), BA à BZ (de 1865 à 1877), CA à CZ (de 1878 à 1884), DA à DZ (de 1884 à 1891).

Il existe des exemplaires avec planches en couleurs et des exemplaires avec planches en noir. Les volumes des 20 premières années, 10 fr. en noir et 13 fr. en couleur; les autres, 8 et 5 fr. A partir de 1892, 10 fr. et 7 fr. 50.

[1ʳᵉ Année avec pl. en couleurs, 15 à 20 fr. A. 1858, 15 fr. Collection complète, cat. de 250 à 300 fr. Les années séparées, avec pl. en couleurs, de 4 à 5 fr., en noir, de 2 à 3 fr.]

[Communiqué par M. Lucien Gougy.]

2327. — LE CHANSONNIER DE L'HYMEN. Recueil à l'usage des conviés aux repas de noces et aux réunions qui précèdent ou suivent les mariages. ‖ A Paris, chez Delarue, libraire, quai des Augustins, n° 11. In-32.

Frontispice colorié. Publication de colportage, avec calendrier ajouté, imprimée à Lille. A la fin renseignements officiels empruntés à l'Annuaire.

2328. — LE CHANSONNIER UNIVERSEL. Dédié aux amis de Grétri. Étrennes pour la nouvelle année. ‖ Paris, au Temple des Nouveautés. (1843) In-32.

Avec un frontispice représentant les signes du zodiaque. Recueil de chansons et calendrier pour 1843. On y trouve *le Père Trinquefort* d'Amédée de Beauplan; *la Chanson du Charbonnier ou Blanc et Noir* de Loïsa Puget; et autres romances curieuses de l'époque.

2329. — L'ÉCHO LYRIQUE. Almanach chantant pour la présente année. [Épigraphe :]

Ma gaîté reprend son empire ;
Moi, je veux chanter, je veux rire !

‖ Paris, chez Derche, successeur de Gauthier, quai du Marché-Neuf, 34, près le pont St-Michel. (1843) In-32.

Publication de colportage. Gravure sur bois coloriée, pour frontispice, et calendrier sous le titre de : *Souvenir Parisien. Recueil de dix chansons.*

[B. N. — Ye, 21033.]

2330. — LE FACTEUR PARISIEN, Indicateur synoptique Pour chaque Rue ancienne ou nouvelle, Places, Carrefours, Passages, Galeries, Impasses, Quais, Ponts, Boulevards, etc., leurs derniers numéros pairs et impairs; leurs quartiers de police et paroisses pour chacun d'eux; et de plus les bureaux de poste pour chaque Rue, etc., de Paris; Ministères; entrées aux Musées, aux Bibliothèques; itinéraire des voitures à trente centimes; tarif des voitures de place, des chemins de fer; tableau du service de la poste aux lettres ; tableau du prix des places aux principaux théâtres de Paris ; calendrier pour l'année 1843. || Paris, s'adresser chez l'Éditeur, carrefour de l'Odéon, 12, ou à ses collègues Facteurs, à la Poste, et chez tous les Libraires et Marchands de Nouveautés. 1843. In-12 oblong.

Couverture imprimée avec vignette sur bois. Se vendait 75 centimes.

Guide de Paris auquel on ajoutait un calendrier.

[B. N.]

2331. — LE LIVRET DES OMNIBUS, OU GUIDE DES VOYAGEURS DANS PARIS, Comprenant la Marche de toutes les Voitures de Transport en commun en circulation, avec l'Indication de leur Itinéraire... Par un Contrôleur. [Sixième édition, Considérablement augmentée, et ornée de 30 gravures représentant les diverses sortes de Voitures.] Prix, 50 cent. J.-F. Fouet, Éditeur. || Paris, Principal Dépôt, rue Saint-Honoré, 202, près la place du Palais-Royal, au Bureau des Voitures, etc. (1843). In-16.

Suite de l'*Almanach Officiel des Omnibus*. (Voir, plus haut, nᵒ 2230).

2332. — LA LYRE PARISIENNE. Almanach chantant pour la présente année. || Paris, Chez Derche, Successeur de Gauthier, Quai du Marché-Neuf, nᵒ 34, près le pont St-Michel. (1843) In-32.

Frontispice sur bois, colorié (famille réunie dans un salon).

Recueil de chansons, avec calendrier.

Publication de colportage.

[B. N. — Y.]

2333. — LA MINIATURE. 1843. || Paris, A. Marcilly, rue St-Jacques, 10. In-128.

Almanach gravé avec soin : entre les lignes un blanc plus grand qu'à l'ordinaire, ce qui en rend la lecture moins difficile. Chansons avec 6 petites figures et calendrier.

Le même almanach existe avec des calendriers pour 1844 et 1845.

[Coll. Georges Salomon.]

2334. — LA SCIENCE DU DIABLE. Almanach pour 1843. || Paris, rue de Sèvres, 21, et rue Buffaut. [Les années suivantes portent, chacune, une adresse différente.] (1843-1854). In-18.

Almanach intéressant à parcourir pour l'histoire du magnétisme et de la magie. Explications pratiques des phénomènes de la nature. Apparitions, bons et mauvais génies, nouvelles fantastiques.

L'année 1844 contient une biographie de Mˡˡᵉ Lenormand, une notice sur la vie de Gall, avec aperçu sur la phrénologie et des anecdotes curieuses racontées par Gall. — En 1845, en 1851 et en 1852, l'almanach publie un article assez mordant, intitulé : *Les Hommes et les Choses d'ici-bas jugés aux Enfers*, dialogues entre Lucifer et les ministres, Asmodée et Astaroth. — Année 1847 : Du magnétisme animal, Danger des inhumations précipitées. — Année 1849 : article de Henri Delaage « Explication des merveilles opérées par l'action magnétique ». — Année 1851 : « Le somnambulisme et les numéros de loterie » par H. Delaage, « Miracles Magnétiques, par Alphonse Esquiros, Sorcellerie magnétique, Histoire du magnétisme animal, par A. Debay. — Année 1852 : « Comme quoi Napoléon n'a jamais existé ou Confession du Diable converti », Magnétisme et somnambulisme, expériences de l'Académie de Milan. Aérostation, les Ballons par Marie Aycard.

[Coll. de l'auteur.]

2335. — SELAM, Almanach Fashionnable. || Paris, Alph. Giroux. 1843. In-32.

Avec frontispice gravé (Jeune femme tenant en main *le Selam*) et calendrier pour 1843. Contient une étude du langage des fleurs, un vocabulaire emblématique, l'horloge de Flore, c'est-à-dire l'heure du lever et du coucher des plantes, et se termine par une botanique en miniature.

[Coll. de l'auteur.]

[Cat. 4 fr.]

2336. — LA TOILETTE, Almanach des dames pour 1843. || Paris, 1ʳᵉ année. In-24.

Almanach populaire par Eugène Briffault, illustré de bois de Pauquet ayant déjà servi pour d'autres publications.

[Cat. 3 fr.]

2337. — ALMANACH-CATÉCHISME, Manuel du Peuple. Par des infiniment petits. [Épigraphe :] Le Passé enseigne le Présent. Le Présent prépare l'avenir. Liberté, égalité, fraternité. — A l'administration. Avril 1844 : Prix : 15 centimes. || Paris, E. Brée. In-12.

Cahiers A, B, C, D, c'est tout ce qui a paru.

Les cahiers A et B portent : avril 1844, 3ᵉ édition, et les cahiers C et D, 4ᵉ année 1846. La couverture imprimée sert de titre. Une 2ᵉ couverture destinée à relier ensemble les 2 cahiers formant l'année 1844 porte : « *Manuel du Peuple. Liberté, Egalité, Fraternité.* »

Almanach sans cesse poursuivi pour la hardiesse de ses idées et condamné. Imprimé d'abord à Poitiers, puis à Paris. Les épigraphes sont précieux à recueillir comme donnant bien l'idée des revendications de l'époque :

A. — « Le passé enseigne le présent ; le présent prépare l'avenir. »

B. — « But prochain, égalité des droits politiques ; but final et permanent, égalité des conditions sociales. » Voyez d'Argenson, né marquis millionnaire, mort citoyen.

C. — « Partisan du progrès absolu, nous le voulons par la force du droit et non par le droit de la force. »

D. — « Nous voulons non pas raccourcir les habits pour en faire des vestes, mais allonger les vestes pour en faire des habits. — Garnier-Pagès, mort député. »

[B. N.]

2338. — ALMANACH CATHOLIQUE, 1844. ‖ Paris, Daguerre. 1844-1846, 3 années. In-8.

Publication imprimée chez Hoffmann à Colmar, et dans le format du *Messager boiteux*.

2339. — ALMANACH COMMUNAL DE LA FRANCE. Publié par la Société communale. Au bureau de la Société. ‖ Paris, rue du Marché-St-Honoré, 11. 2 vol. (1844-45). In-18.

Publication populaire sans grand intérêt.

[B. N.]

2340. — ALMANACH DE L'ENTRACTE. ‖ Paris, Leclère, boulevard Saint-Martin, 1844. In-32.

Almanach contenant quelques pièces de vers, et qui a dû être publié, très probablement, par le journal *L'Entracte*.

2341. — ALMANACH DE L'HOMME DE GOUT pour 1844. ‖ Paris, Delarue, Libraire. 1844. In-32.

Almanach en prose et en vers, avec 2 vignettes. Le même pour 1845, avec figures.

2342. — ALMANACH DE LA FRANCE PITTORESQUE pour 1844. ‖ Paris, chez Paul Dupont, Imprimeur-Libraire, rue de Grenelle-Saint-Honoré, 55, puis Martinon (1844-1845). In-32.

Contient une description géographique, historique et commerciale de chaque département, avec une petite carte et quelques illustrations représentant les monuments remarquables.

L'année 1845 donne, en outre, l'explication de quelques tours de physique amusante, par M. Comte « physicien du Roi ».

[B. N.]

2343. — ALMANACH DE TOUT LE MONDE, contenant l'histoire de la vie populaire de Molière, par M. Hippolyte Lucas ; des analyses de ses ouvrages ; des anecdotes sur sa vie et sur ses comédies ; des poésies composées en son honneur, la description de la fontaine érigée en sa mémoire ; recueillis par L.-V. Duverger père ; orné de son portrait, du fac-similé de sa signature, d'une vue de son tombeau au Père-Lachaise, et du monument de la Fontaine-Molière... Dédié à MM. les artistes-sociétaires du Théâtre Français. Prix : 60 cent. (1844.) ‖ Paris, Tresse. Libraire, successeur de Barba, Palais-Royal. In-16.

« Tracer l'histoire de la vie de Molière, » disent les auteurs dans un avertissement, « c'est faire l'histoire morale du peuple en la présentant à toutes les intelligences. »

Le portrait qui sert de frontispice est la reproduction du buste de Houdon, lithographié par Ch. Vogt.

[Cat. de 3 à 4 fr.]
[B. N. ‖ Coll. de l'auteur.]

2344. — ALMANACH DES CONCIERGES, par M. Taillengros. ‖ Paris, de l'imprimerie de François. 1844. In-12 oblong.

[D'après un catalogue.]

2345. — ALMANACH DES MYSTÈRES DE PARIS. ‖ Paris, chez Desloges, 1844. 1844-1845. 2 années. Prix : 1 fr. In-18.

Curieux petit almanach avec vignettes sur bois, divisé en 2 parties : *Mystères du mal* et *Mystères du bien*. Il n'est pas sans intérêt d'observer que la première tient 116 pages et la seconde 20 pages seulement, de la petite plaquette.

Publié par un monsieur F. Mesuré.

[Cat. 3 et 4 fr.]

2346. — ALMANACH DES GLOIRES NATIONALES ou Portraits des plus grands hommes qui ont illustré la France par leurs talents, leurs vertus, et leur héroïsme, pour 1844. || Paris, chez Desloges, Libraire-Éditeur, rue St-André-des-Arts, 39. 1844-1845 : 2 années. In-18.

Almanach donnant des extraits de la *Biographie des Gloires Nationales*.

2347. — ALMANACH DES SALONS. LE LION. || Paris, A. Royer. 1844. In-12.

Vignettes sur bois.

[Cat. 6 fr.]

2348. — ALMANACH DU CULTIVATEUR ET DU VIGNERON, Par les rédacteurs du *Journal d'Agriculture pratique*. || Paris, librairie Plon, Nourrit et Cie ; libr. agricole de la Maison rustique. 50 cent. Petit in-16.

Almanach agricole comme l'*Almanach du jardinier,* avec pianches et vignettes.

2349. — ALMANACH DU MONDE ÉLÉGANT, Rédigé par Alfred de Montzaigle. 1844. || A Paris, chez Desloges, Libraire-Éditeur, rue St-André-des-Arts, 39. In-18.

Almanach composé d'historiettes, prose et poésie, n'ayant du « monde élégant » que le nom.

2350. — ALMANACH DROLATIQUE pour 1844. || A Paris, chez Desloges, Libraire-Éditeur, rue St-André-des-Arts, 39. In-18.

Publication populaire avec vignettes extraites du *Charivari* et autres journaux de l'époque ; ce qui n'empêchait pas l'éditeur d'annoncer très beau papier et magnifique impression.

Se vendait 50 cent.

2351. — ALMANACH ENCYCLOPÉDIQUE pour 1844. || A Paris, chez Desloges, Libraire-Éditeur, rue St-André-des-Arts, 39. In-18.

Publication populaire, avec recettes et articles de toutes sortes.

2352. — ALMANACH HORTICOLE POUR L'ANNÉE 1844. Calendrier complet du jardinage comprenant les Travaux mensuels dans toutes les divisions du jardinage, des notions théoriques et pratiques sur l'horticulture, et des faits et renseignements intéressant le possesseur du plus petit comme du plus vaste jardin, par M. V. Paquet, rédacteur du *Journal d'Agriculture pratique*. || Paris, Cousin, 1843-1845, 3 années. In-12.(Prix 75 cent.)

[D'après Quérard.]

2353. — ALMANACH PITTORESQUE DE LA FRANC-MAÇONNERIE, par F.-T. B. Clavel, pour l'année 1844.(1844-1848).|| Paris, Pagnerre, Éditeur, rue de Seine, 14 *bis*. In-16.

L'auteur « maître à tous grades » avait publié une histoire pittoresque de la franc-maçonnerie. Il fut, pour ses diverses publications, frappé de censure par le Grand-Orient. Renseignements intéressants et nombreuses petites vignettes. On y trouve le tableau complet des loges de France, avec nom et profession des « Vénérables » et des « Très-Sages » Le calendrier contient les éphémérides maçonniques, et chaque année donne le résumé des œuvres maçonniques en Europe.

Couverture avec attributs.

[La collection des 5 années vaut de 8 à 10 fr.]

2354. — ALMANACH-REVUE DE PARIS, Résumé complet des travaux politiques, scientifiques, artistiques, littéraires, commerciaux, industriels et agricoles, qui ont eu lieu dans le cours de l'année écoulée, contenant, en outre, des renseignements très utiles sur l'Hygiène, l'Économie domestique, etc., et orné de jolies vignettes sur bois. Par une société de gens de lettres, sous la direction de M. Anatole Jamais. 1844. Prix : 50 centimes. || Paris, A. Heois, Éditeur, rue Richelieu, 53, et au Bureau du Dict. Univ. d'Histoire naturelle. In-18.

Les éditeurs, dit M. A. Jamais, n'ont pas voulu s'adresser seulement aux gens du monde, mais aussi aux classes laborieuses, et ils se sont abstenus de prophétiser « attendu qu'au XIXᵉ siècle, la meilleure prophétie c'est l'expérience. » Du reste, cet almanach est assez bien documenté.

Quant aux « jolies vignettes sur bois » elles se sont déjà promenées dans quelques publications, et ne se sont point embellies durant ces pérégrinations. A signaler, comme documents utiles, la

Chapelle Saint-Ferdinand construite sur le chemin de la Révolte en face le parc de Neuilly, et Notre-Dame-des-Flammes, le petit monument gothique destiné à perpétuer la mémoire du désastre arrivé sur le chemin de fer de Versailles (8 mai 1842).

2355. — ALMANACH SELAMOGRAPHIQUE. Allégorie des Fleurs, des fruits, des animaux, etc., dédié aux dames par Bl***. || Paris, chez Delarue, libraire, quai des Augustins, 11. In-18.

Almanach populaire, imprimé à Lille, avec figures.

[Bibl. de Lille.]

2356. — ANNUAIRE ADMINISTRATIF, indispensable à tous les Fonctionnaires publics. Année 1844. || A Paris, chez Mme Ve Louis Janet, libraire, rue Saint-Jacques, 59. In-32.

Cet almanach renferme un article rédigé par M. de Cormenin, intitulé : « Statistique de la France » et contenant divers renseignements géographiques, politiques, commerciaux, administratifs. On y trouve, de plus, une revue législative (Travaux des Chambres, budget, etc.), des notices historiques, et la relation de quelques événements remarquables.

[B. N.]

2357. — ANNUAIRE DE L'ASSOCIATION DES ARTISTES MUSICIENS (fondée en janvier 1843). Année 1844. || Paris, imprimerie de Jules Juteau, puis imprimerie Chaix, 11, rue Bergère. 1844 à ce jour. In-32, puis in-8.

Donne, chaque fois, le compte rendu de l'assemblée générale annuelle et la liste générale de tous les sociétaires. Simple annuaire.

2358. — ANNUAIRE DE L'ÉCONOMIE POLITIQUE [ET DE LA STATISTIQUE] pour 1844; par les rédacteurs du *Journal des Économistes.* 1re Année. Agriculture. Industrie. — Commerce. — Statistique. — Administration. — Finances. — Instruction publique. — Institutions de prévoyance. — Voies de Communication. — Consommation. etc. || Paris, Guillaumin, Libraire, 14, rue Richelieu. 1844. [Le prix des volumes a varié jusqu'en 1880;

à partir de 1881, 9 fr.] 1844 à ce jour. In-18.

Sur la couverture se trouvent les noms des collaborateurs. Les premières années, de 1844 à 1856, ont été rédigées par MM. Joseph Garnier et Guillaumin, les années 1855 à 1864 par MM. Maurice Block et Guillaumin; à partir de 1865 par M. Maurice Block seul. Les premières années contiennent également un calendrier, et donnent des éphémérides relatant les faits de l'ordre économique, industriel, financier. Les deux premières années se composent d'une série d'articles sur divers sujets dus en grande partie à des rédacteurs du *Journal des Économistes;* les notices statistiques commencent à apparaître dans la troisième année, et, dès la quatrième, la publication prend définitivement son caractère de résumé-manuel de statistique. A partir de 1848 le volume se trouve divisé en quatre parties, puis, à partir de 1865, en cinq parties, ce qui est encore la division actuelle (I. France. — II. Paris. — III. Algérie et Colonies. — IV. Pays étrangers. — V. Variétés).

L'Annuaire contient régulièrement (depuis la deuxième année) une revue des événements économiques, un article sur le mouvement de la population de la France, rédigé d'abord par M. Moreau de Jonnès, puis depuis 1853 par M. Legoyt, un résumé des travaux de l'Académie des Sciences morales et politiques, une bibliographie puis une nécrologie économique. C'est, en quelque sorte, l'inventaire méthodique et continu des forces productives du monde civilisé ; un véritable centre de renseignements exacts et de notions utiles.

Il a été publié, en 1867, une table fort précieuse des matières contenues dans les vingt-quatre premières années. Notons, entre autres articles, l'Éclairage au gaz à Paris de 1830 à 1853 (Année 1865). — L'Émigration au XIXe siècle (A. 1855). — Statistique des enfants trouvés, de 1773 à 1843 (A. 1847). — Les enfants abandonnés à Paris, depuis 1640 (A. 1856). — Esquisse historique des doctrines économiques, par M. Monjean (A. 1844.) — Notice sur la Caisse d'escompte de 1776 par M. Léon Say (A. 1848.) — Historique général de la production dans le monde, par Michel Chevalier (A. 1854). — Du même : Histoire du tarif des douanes (A. 1847) ; Statistique des travaux publics sous le gouvernement de Juillet (A. 1849); Les bateaux à vapeur en France en 1842 (A. 1845). — Articles de ou sur Bastiat (A. 1847, 1848, 1849.) — Articles de Joseph Garnier (A. 1844, 1847.) — Des émigrations, par de Molinari (A. 1850).

2359. — ANNUAIRE DE L'ORDRE JUDICIAIRE DE FRANCE, Publié par un Employé du Ministère de la Justice. 1844. Première Année. || Paris, Imprime-

rie et Librairie générale de Jurisprudence de Cosse et N. Delamotte, Directeur des Journaux du Droit Criminel, des
Avoués, des Huissiers, etc., Place Dauphine, 26 et 27. MDCCXLIV. 1844-1847.
In-18.

Renseignements administratifs judiciaires.
Devint plus tard :

— *Annuaire de l'ordre judiciaire de l'Empire
français.* Rédigé sur les documents officiels par
B. Warée. || Paris, Cosse et Marchal, etc. 1859.
In-18.

Lois sur l'organisation militaire ; ministère de
la Justice ; Conseil d'État ; Cour de cassation ;
Cour des Comptes ; Cour impériale de Paris et
Tribunaux de son ressort.

[B. N.]

2360. — ANNUAIRE DES VOYAGES
ET DE LA GÉOGRAPHIE. Pour l'année
1844. Par une réunion de géographes et
de voyageurs, sous la direction de M. Frédéric Lacroix. 1ʳᵉ année. Prix : 2 francs.
|| Paris, Gide et Cⁱᵉ, Libraires-Éditeurs,
Rue des Petits-Augustins, 5, près le quai
Malaquais [et Guillaumin, Libraire-Éditeur, Rue St-Marc, 10, Galerie de la
Bourse, 5]. 1844. In-18.

Annuaire donnant un résumé des voyages et des
travaux géographiques accomplis dans le courant
de l'année.

2361. — ANNUAIRE DRAMATIQUE.
Histoire des Théâtres depuis leur fondation jusqu'à nos jours, Biographie des
Acteurs et Actrices de Paris et de la
Banlieue. Par Adolphe Bréant de Fon-
tenoy et Étienne de Champeaux. — Pre-
mière Année. 1844-1845. || Paris, chez
l'Éditeur, rue Notre-Dame-des-Victoires,
64, et chez tous les Libraires de Paris et
des Départements, dans tous les cabinets de lecture, et dans tous les dépôts
des publications pittoresques. 1845. In-18.

Introduction constatant que l'histoire des
théâtres, ainsi que celle des acteurs, est encore à
faire. « Il ne faut regarder que comme de simples
documents », disent les auteurs, « et non comme
un corps sérieux d'ouvrages les *almanachs* et les
indicateurs qui ont été successivement publiés,
tantôt à une époque, tantôt à une autre, et cela
sans homogénéité, sans rapports établis. »

Cet almanach paraissait en Avril, époque du
renouvellement de l'année théâtrale. Il ne man-

quait point d'esprit et était fort mordant dans ses
notices sur les acteurs et actrices. On peut en
juger par les citations suivantes :

« *Mˡˡᵉ Irène.* Être figurante, c'est peu ! Être
laide, c'est beaucoup !.. Ces deux qualités réunies
forment un tout dans lequel le public ne trouve
pas son compte, ni l'administration non plus.

« *Mˡˡᵉ Auzy* (Alice). Toute la fatuité, toute la
prétentieuse vanité, moins le talent, des grandes
coquettes de nos premiers théâtres.

« *Bordier.* Depuis 22 ans il est au Gymnase.
Soigneux, et bon père de famille au théâtre, il
compte cependant plus d'années que de succès. »

Après les sujets, les directeurs. Comment trouvez-
vous cette façon de présenter le personnel administratif des Variétés ?

« Directeur. — M. Nestor Roqueplan ; son frère
Camille, est l'un de nos meilleurs peintres.

« Sous-directeur. — M. Henriot, possesseur
d'une barbe magnifique et d'une tête légère.

« Régisseur. — M. Davesne, ex-artiste de l'Ambigu ; il entendrait fort bien la mise en pièce, si les
acteurs des Variétés n'avaient pas contracté la
mauvaise habitude de fermer l'oreille aux meilleurs
conseils. » (Cette « mauvaise habitude » a fait du
chemin depuis 1845 : ce qu'on signalait, alors,
aux Variétés serait, aujourd'hui, à mentionner
partout.)

« Inspecteur de la salle, Directeur au petit pied,
vrai maître Jacques de théâtre, fabricant de réclames, sous-caissier, juge de paix-amateur
accepté par la troupe, grand récipiendaire des
auteurs éconduits et des débutantes admises à
l'essai... M. Palessier, propriétaire à Montmartre,
rue Véron. »

Voilà du moderne ou je ne m'y connais pas.
Les almanachs de théâtre, dès lors, allaient prendre
une allure pittoresque.

[Cat. de 2 fr. 50 à 3 fr.]

2362. — ANNUAIRE DU NOTARIAT,
pour 1844. Indiquant les noms et résidences des notaires de France, la population de chaque résidence d'après le
recensement, la date de la nomination
et le taux des cautionnements. Précédé du
rapport au Roi et de l'Ordonnance
du 4 janvier 1843 de la circulaire de M. le
Garde des Sceaux sur cette ordonnance,
du tarif des commissaires-priseurs du
18 juin 1843 applicable aux notaires, et enfin
de la loi sur les actes notariés du 21
juin 1843. — Publié par M. de Melleville,
Referendaire au Sceau de France, ancien
directeur du Journal le *Conseiller des Notaires* etc. Prix : 2 fr. 50 aux bureaux ;
50 c. en sus par la poste. || Bureaux, Rue

St-Honoré, 274, à Paris. Videcoq Père et fils, libraires, 1, Place du Panthéon. In-18.

Cet almanach contient, par département, le lieu de résidence de chaque notaire (avec le dénombrement de la population), et sa date de nomination.

[B. N.]

2363. — ANNUAIRE ENCYCLOPÉDIQUE, RÉCRÉATIF ET POPULAIRE pour 1844, d'après les travaux de savants et de praticiens célèbres. || Paris, à la Librairie Encyclopédique de Roret, rue Hautefeuille. 1844-1845. In-18.

Suite de l' « Almanach » de 1840 (Voir n° 2250).

Publication composée de notices sur l'agriculture, l'horticulture, l'économie domestique, l'industrie, les voyages, etc.

2364. — ANNUAIRE GÉNÉRAL DU CLERGÉ DE FRANCE. Publié par J. du Jay de Rosoy, 1844. || Paris, A. Leclère, impr. de N. S. P. le Pape et de Mgr. l'Archevêque de Paris, rue Cassette, 29. In-18.

Cet almanach contient uniquement le recensement du clergé de France ; aucun article.

[B. N.]

2365. — ANNUAIRE HISTORIQUE ET BIOGRAPHIQUE DES SOUVERAINS, chefs et membres des maisons princières, des familles nobles ou distinguées, et principalement des hommes d'état, de guerre, etc. || Paris, 1844. Gr. in-8.

Notices biographiques intéressantes.

[Cat. 5 fr.]

2366. — ANNUAIRE NAPOLÉONIEN, ou Historial français contenant 366 faits et gestes du grand homme et de son époque glorieuse, pour les 366 jours de l'année bissextile 1844. Par Ad. Guérard, de Caen. || A Avize (Marne), chez l'auteur. In-16.

Il existe des exemplaires avec une autre couverture portant : A Paris, Poirée, libraire-éditeur, rue Croix-des-Petits-Champs, et avec le sous-titre : « Ou Souvenirs de l'Empire pour 1844 ». C'est ce dernier qui a prévalu pour les années suivantes. Le titre intérieur donne le sommaire avec les mentions : « Illustré d'un grand nombre de gravures, par Ad. Guérard, Licencié ès lettres, à Avise. Prix : 50 centimes. »

Campagnes et actions remarquables sous la République et l'Empire classés jour par jour, Biographie des principaux généraux de l'Empire, Anecdotes, traits de bravoure et de dévouement.

[B. N.]

2367. — LE BON FRANÇAIS, Almanach national pour l'année bissextile 1844. Prix : 50 centimes. || Paris, au Cabinet de Correspondance Générale, Rue Neuve-des-Bons-Enfants, 3. In-18.

Almanach populaire conçu dans un esprit très monarchique. Nombreuses anecdotes, historiques, industrielles et autres.

2368. — LE CHANSONNIER DE LA GUINGUETTE, ou les délices des Buveurs. || Paris, 1844. In-18.

Frontispice. Chansonnier populaire composé d'œuvres diverses.

[Cat. 4 fr.]

2369. — LE CONCERT DES GRACES, Almanach chantant pour la présente année. || Paris, chez Delarue, libraire, quai des Augustins, n° 11. In-18

Publication de colportage imprimée à Lille, avec calendrier pour 1844.

[Bibl. Quarré-Reybourbon, à Lille.]

2370. — LE MESSAGER PARISIEN, Almanach de l'Illustration. Année 1844. || Paris, J.-J. Dubochet et Cie, édit., 33, rue de Seine, et Pagnerre, édit., 14, Rue de Seine. In-4.

Vignettes et articles du journal de ce nom.

A partir de 1845 devint Almanach de l'Illustration.

(Voir, plus loin, n° 2377).

2371. — PETIT ALMANACH DU CHASSEUR, rédigé par un vieux lapin. || Paris, l'Éditeur ; les marchands de nouveautés. 1844. In-32. (30 c.)

La couverture porte : « Précédé des Muses à Paris, poème badin, par P. Dermont. »

[D'après un catalogue.]

2372. — AGENDA DES MÉDECINS ET CHIRURGIENS DE PARIS ET DE

SES ENVIRONS, Pour 1845. Suivi de la Liste des Pharmaciens. || Paris, Labé, Libraire de la Faculté de Médecine, 4, place de l'École de Médecine. Ch. Roulhac, Marchand papetier, 17, rue de l'École-de-Médecine. In-18.

Listes des Médecins, chirurgiens, pharmaciens, etc. Mémento pharmaceutique et posologique. Poisons et contre-poisons.

[B. N.]

2373. — ALMANACH AFRICAIN. || Paris, Leriche, éditeur, place de la Bourse. (1845). In-32.

[D'après le catalogue de l'éditeur.]

2374. — ALMANACH-BARÈME, pour 1845.||Paris, rue Guénégaud, 72. 1844. In-12.

Simple livre de calculs arithmétiques.

[D'après un catalogue de libraire.]

2375. — ALMANACH CATHOLIQUE pour 1845, contenant, outre les détails du calendrier, l'état du clergé romain et français, les associations catholiques, les institutions et œuvres de charité, les progrès de la religion en Europe et en Amérique, la relation de trente-six miracles modernes, l'histoire des saintes robes de Trèves et d'Argenteuil, etc.|| Paris, Waille. In-12.

Simples notices religieuses.

[B. N.]

2376. — ALMANACH CHANTANT DE 1845, cahier de chansons de Gustave Chartrey. || Paris, de l'impr. de Pollet, 1845. Petit in-8.

[D'après un catalogue.]

2377. — ALMANACH DE L'ILLUSTRATION, [illustré de belles et grandes gravures sur bois.] 1844.|| Paris, J.-J. Dubochet et Pagnerre, puis chez Paulin et Le Chevalier. In-4.

Couverture avec une intéressante vignette de Bertall : les fondateurs du journal sur une tribune accotée au Panthéon au fronton duquel se trouve l'inscription : « A l'Illustration la Patrie reconnaissante, » Sur la tribune, tandis que le public se précipite pour avoir des exemplaires, on lit : « Le public est prévenu qu'il n'y a plus que 300,000 exemplaires. »

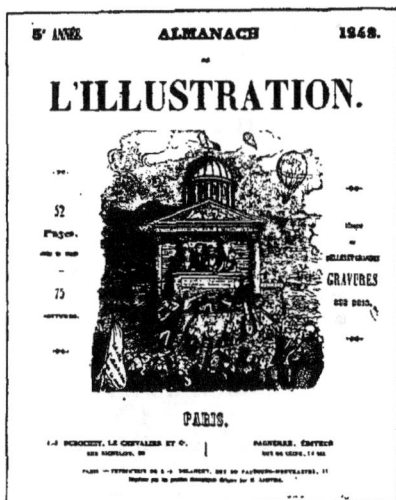

Dans le coin, à gauche, se tient un personnage avec un drapeau portant la devise *Liberté, l'Illustration ou la Mort*; mais, à partir de 1856, les mots « Liberté ou la Mort » se trouvent enlevés.

Agrandit son format en 1859 et devint : «Almanach-Annuaire». En 1867, retour au titre *Almanach*. La vignette de la couverture est remplacée par un autre dessin de Bertall lequel existe encore aujourd'hui, mais depuis 1885, le format a été aug. menté.

Broché et doré sur tranches jusqu'en 1872.

Sous l'habile direction de M. Lucien Marc cet almanach est devenu le plus artistique de tous ceux qui se publient à notre époque.

2378. — ALMANACH DE L'INDUSTRIE FRANÇAISE contenant les noms des Exposants qui ont reçu une récompense nationale. Pour 1845. || Paris. In-18.

Articles divers accompagnés d'illustrations; réclames pour les industries du jour.

2379. — ALMANACH DE L'INDUSTRIE NATIONALE pour 1845. || Paris, Desloges, éditeur, rue St-André-des-Arts, 1844. In-16 : 50 cent.

Articles sur les industries françaises.

2380. — ALMANACH DE LA FRANCE DÉMOCRATIQUE, 1845. Première année. Prix : 5o centimes. || Paris, Victor Bouton, Éditeur, rue Montmartre, 56. 1845-1847. 3 vol. in-24 oblong.

Almanach conçu dans un esprit progressiste très avancé. Articles, prose et vers, de Blanqui, J. Cahaigne, F.-V. Raspail, Alphonse Esquiros, Pierre Lachambeaudie, Nap. Gallois, Cavaignac, Savinien Lapointe, Timon (de Cormenin), Babaud-Laribière.

A noter dans l'année 1846 un article de Raspail : Lettre sur la Religion, du sentiment religieux, côté faible du catholicisme, moyen de lui restituer sa popularité.

L'année 1847 a pour frontispice la reproduction d'un médaillon de David d'Angers, représentant les Quatre Sergents de La Rochelle.

2381. — ALMANACH DE LA POLKA.
1845. || Paris, P. Martinon, Libraire-Éditeur, Rue du Coq-St-Honoré. In-32.

Calendrier. Histoire de la polka en huit chapitres dans lesquels il est longuement question de « l'immortelle Clara Fontaine » et du père Lahire.

Sur la couverture femme exécutant une polka, danse alors fort à la mode qui faisait tourner les têtes et les jambes.

[Cat. 3 et 4 fr.]

2382. — L'ALMANACH DE PARIS.
Almanach des almanachs. Anecdotique prophétique, comique, diabolique, cabalistique et très illustré, etc., etc. || Paris, P.-H. Krabbe, Libraire-Éditeur, 39, rue Dauphine. In-18.

Almanach illustré de petites vignettes sur bois. Il contient des prophéties humoristiques sur les 12 mois de l'année, avec quelques variétés amusantes.

[B. N.]

2383. — ALMANACH DE TOUT PARIS.
1845. || Paris, chez Martinon, Éditeur, rue du Coq-Saint-Honoré, 4. 1845. In-18.

Contient des notices sur le jour de l'an, les bals, les femmes, etc.

[B. N.]

2843. — ALMANACH DRAMATIQUE, PITTORESQUE ET PHYSIOLOGIQUE DES ÉCOLES ou Guide général de l'Étu-
diant pour 1845 [par MM. J. Garnier et A. Bonnin, etc.,] suivi du « Livre des Larmes» par l'abbé Constant.[Épigraphe:] « L'Utile et l'Agréable. » || Paris, chez M. Bureau, imprimeur-éditeur, rue Coquillière. 1845. In-24.

Utile et agréable ! par extraordinaire, l'épigraphe qualifie admirablement le contenu de ce petit livre, ayant pour frontispice une gravure sur bois, au trait, d'une naïveté digne des anciennes Heures à l'usage des étudiants. (Une femme cueillant une rose.)

L'amour pur du travail sanctifiant nos cœurs,
L'étude, chaque jour, y vient cueillir des fleurs.

A. L. G.

Utile, il l'était, puisqu'il donnait à messieurs les étudiants, avant la Chaumière, la liste des cours de toutes les facultés, indiquait les livres à acheter, les démarches à faire pour les inscriptions.

Agréable il pensait l'être, en initiant ses jeunes lecteurs à l'histoire du quartier latin, depuis l'antiquité, en relatant les chroniques de la vieille Université, en peignant les mœurs si pittoresques des camarades « et de ces jeunes filles qu'on n'aime jamais assez et qu'on regrette toujours » (où sont-elles, aujourd'hui, bone Deus!), enfin en leur indiquant les distractions et les bons coins.

De fait, dans cette partie «agréable », on trouve une notice sur le Prado « un des monuments dont Paris s'enorgueillit à juste titre », un extrait du livre de Jacques Arago (Comment les étudiants dînent à Paris), une revue des théâtres et bals du pays latin, un article sur Clara Fontaine.

Ceci peut être « pittoresque, et physiologique » mais n'est pas positivement « guide ». Aussi l'un des éditeurs, M. Jules Garnier, déclarait-t-il, par une notule qui se lit en dernière page « ne prendre aucunement la responsabilité de tout ce qui, dans l'almanach, est étranger aux études. »

Mais ce qui ne contribue pas peu au piquant de ce curieux almanach ce sont les extraits des ouvrages sous presse de l'abbé Constant, ouvrages mystico-philosophiques : l'Assomption de la femme, Le livre des Larmes; car ceci caractérise bien l'esprit de l'époque.

L'abbé Constant, un de ceux, nombreux alors, qui voulaient la réforme dans le catholicisme et par le catholicisme avait débuté par un ouvrage La Bible de la Liberté qui fut condamné pour ses violences.

Le texte de l'Almanach des Écoles n'a pas varié ; la couverture et le calendrier seulement se changeaient.

En 1845, il s'intitule plus modestement : Annuaire des Écoles, Manuel des Étudiants rédigé par A. Luchet, G. Bonnin, A. Constant, (avec le titre des articles que je viens de mentionner).

En Vente, rue Colbert 4, Clément Laloie, A. Esquirs (Notices et tables retranchées : 200 pages au lieu de 208).

[Coll. de l'auteur.]

2385. — ALMANACH DU CLERGÉ DE FRANCE pour l'an de grâce 1844. publié d'après les documents du ministère des Cultes et des secrétariats des Evêchés, suivi : d'une statistique du monde catholique, contenant l'état de tous les évêchés et de leurs titulaires; d'un recueil des lois, ordonnances et décisions concernant le culte catholique. Par M. Auguste Desprez. Troisième série. — Première Année. || Paris, Gaume frères, Éditeurs-Libraires, rue du Pot-de-Fer, 5. Mars 1844. In-8.

Renseignements ecclésiastiques. Suite de l'Almanach de 1834 [Voir, plus haut, nº 2770].

[B. N.]

2386. — ALMANACH DU CRIME ET DES CAUSES CELÈBRES françaises et étrangères pour 1845, contenant un Choix des plus mémorables procès jugés cette année, recueillis et mis en ordre par A. Gardembas. || Paris, Leriche, éditeur, 13, place de la Bourse. 1844. In-18.

Recueil d'articles empruntés aux journaux.

2387. — ALMANACH DU DIABLE A PARIS pour 1845. || Paris, Blondeau. 1844. In-16.

Revue de l'année s'inspirant de la célèbre publication de Gavarni et conçue dans un esprit satirique. Qu'on en juge par l'extrait suivant :

« Montmartre menace de n'être bientôt plus qu'une fonderie, M. Polk est président des Etats-Unis, c'est un avénement tardif, au moment où la *Polka* se laisse détrôner par la *Mazurka*, les banquiers de Londres se laissent voler des millions et la lune nous dérobe, par vanité, ses éclipses, à grand renfort de nuages; M. Dumas et M. Buloz se battent à armes discourtoises; les *escarpes* assassinent, les gentilshommes assassinent, les layetiers-emballeurs les femmes donnent des coups de couteau aux libraires.

[Coll. de l'auteur.]

[Cat. : 4 fr.]

2388. — ALMANACH DU GENDARME pour 1845. Prix : 50 centimes. || Paris, Léautey, Imprimeur-Libraire, Éditeur du

Journal de la Gendarmerie, rue Saint-Guillaume, 21. (1845-1856). In-18.

Le titre des 2ᵉ et 4ᵉ années porte en plus : « et du garde municipal. »

Almanach, dit une introduction, destiné « à intéresser et à instruire la Gendarmerie, quelquefois même à l'aider dans la belle mission que la Société lui impose. La Gendarmerie a parfaitement compris notre but, et grâce à son bienveillant concours, nous pouvons dire avec fierté que notre Almanach est devenu, comme nous l'espérions, le livre indispensable de chaque brigade. »

Recueil de pièces officielles et d'anecdotes diverses.

2389. — ALMANACH DU GRAND MONDE. || Paris, chez Leriche, Éditeur, 13, place de la Bourse. 1845. In-32.

Almanach composé en partie de réclames qui n'a « du grand monde » que le titre. On y trouve, cependant, sans doute pour justifier le qualificatif, des vers du marquis de Foudras.

2390. — ALMANACH DU JUIF-ERRANT Prix : 50 cent. || Paris, P.-L. Krabbe, Libraire-Éditeur, 39, rue Dauphine. 1845. (1845-1846.) In-18.

Almanach assez curieux donnant, en plus des renseignements officiels, une « revue véridique et très scientifique des principaux événements de l'année » et une série de prédictions conjugales, littéraires, politiques, financières et autres. Rédigé par Isaac-Ahasverus Laquedem, vulgairement appelé le Juif-Errant.

L'année 1846 contient des vers à la colonne et les adieux mélancoliques du Juif-Errant à la ville de Paris.

[Cat. 3 à 4 fr.]

2391. — ALMANACH HISTORIQUE, CRITIQUE, POLITIQUE ET ANECDOTIQUE DU JUIF-ERRANT, pour 1845. || Angers, Lebossé, et Paris, Legrand, 1844. In-16. 50 cent.

Almanach conçu dans le même esprit que le précédent. Tout ce qui touchait au Juif-Errant était fort à la mode au moment où Eugène Süe publiait son roman.

[Cat. 3 fr.]

2392. — ALMANACH HYGIÉNIQUE Pour l'année 1849. || Paris, Imprimerie

Le Normant, rue de Seine, 8. 2 années. In-32.

Réclame pour les grains de santé du Dʳ Franck] Calendrier.

2393. — ALMANACH PHALANSTÉRIEN pour 1845. [Épigraphe] :

Fourier nous dit : Sors de la fange,
Peuple en proie aux déceptions ;
Travaille, groupé par phalange,
Dans un cercle d'attractions.
La terre, après tant de désastres,
Avec le ciel forme un hymen ;
Et la loi qui régit les astres
Donne la paix au genre humain.

BÉRANGER.

Prix : 50 centimes. ‖ Paris, à la Librairie Sociétaire, aux bureaux de la Démocratie Pacifique, rue de Seine, 10. 1845-1852, 8 vol. In-16 carré.

Sur la couverture tirée en bistre, petite vignette ovale et oblongue dessinée par Papéty : Jésus-Christ donnant la main à Socrate et à Fourier. Cet almanach destiné à populariser les idées de Fourier et de Considérant contient de la prose et des vers (poésies de Louis Festeau, de Jean Journet, etc.), des dialogues sur les questions d'associations, des articles sur l'industrie, l'agriculture, les machines, etc. Curieux pour l'histoire du mouvement phalanstérien.

2394. — ANNUAIRE DE L'ADMINISTRATION DE L'ENREGISTREMENT ET DES DOMAINES, contenant le Tableau général du personnel de cette Administration pour 1845. Publié Par un ancien Employé du Ministère des Finances. ‖ Dépôt à Paris, chez M. Diolot, rue de la Paix, 10. 1845 et suite. In-8.

Simple état du personnel qui s'est continué, depuis, sous d'autres titres.

2395.— 1845. ANNUAIRE DE L'ASSOCIATION DES ARTISTES PEINTRES SCULPTEURS, ARCHITECTES, GRAVEURS ET DESSINATEURS, fondée le 7 décembre 1844, par le Baron Taylor. ‖ Paris, administration et caisse, Rue Bergère, 25. M. Boy, Agent-trésorier — 1845 à ce jour.

Depuis 1882 le titre porte en plus : « Reconnue d'utilité publique par Décret en date du 8 août 1881 et présidée par M. W. Bouguereau, membre de l'Institut, commandeur de la Légion d'Honneur », le nom du président variant suivant les années.

Donne, chaque année, la liste des dons, le procès-verbal de l'assemblée générale, la liste des sociétaires, les noms des sociétaires décédés.

2396. — ANNUAIRE DE L'ÉCONOMIE MÉDICALE. Pour 1845. Par le Docteur Munaret, Membre de plusieurs Académies et Sociétés savantes, Auteur du *Médecin des villes* et du *Médecin des campagnes* Première année. Droits et devoirs du Médecin. — Dignité et progrès de la Médecine. [Épigraphe :] Medice, cura te ipsum. (Eccl.) ‖ Paris, au Bureau de l'Abeille Médicale, Boulevard des Italiens, nº 9. 1845. In-18.

Articles de médecine.
L'auteur, au cours de l'ouvrage, indique certaines réformes à opérer dans la façon d'enseigner de la Faculté de Médecine.

2397. — ANNUAIRE DES SCIENCES MÉDICALES. Première année. 1845. ‖ Paris. Librairie médicale et scientifique de Gabriel de Gonet, rue de la Harpe, 93 (pass. d'Harcourt). Et à l'Imprimerie de Lacour et Cie, rue Saint-Hyacinthe-St-Michel, 33. 1845. In-18.

Contient la Législation médicale, la liste du monde médical ; des articles de statistique ; de nouvelles formules thérapeutiques ; l'histoire et l'apologie du Rob Laffecteur, avec une histoire de l'annonce et de la réclame médicales et pharmaceutiques dans les journaux, une critique des formulaires de Cadet de Gassicourt et de Bouchardat.

2398. — ANNUAIRE DU 8ᵉ ARRONDISSEMENT... Rédigé par les soins de MM. les maire et adjoints et les administrateurs du bureau de bienfaisance. Se vend au profit des Pauvres. ‖ Paris, au secrétariat de la mairie, place Royale, 14, au secrétariat du bureau de bienfaisance, rue des Minimes, 3, et chez tous les libraires du huitième arrondissement. 1845 1846.

Annuaire purement local.

2399. — LE CHANSONNIER D'AMOUR, recueil de chansons nouvelles. ‖ Paris, quai du Marché-Neuf. 1845. In-32.

Avec une vignette et un almanach. Publication de colportage.

2400. — L'ÉCHO DE LA LICE CHANSONNIÈRE. Almanach chantant pour 1845. Prix : 15 centimes. ‖ Paris, chez les Marchands de nouveautés. 1845. In-32.

Le titre ici reproduit est celui de la couverture imprimée. Le titre intérieur porte : « L'Écho de la Lire chansonnière. » ‖ Nancy, imprimerie de Hinzelin et Cⁱᵉ, rue St-Dizier, 67. 1845.

Recueil de chansons, avec calendrier. Publication de colportage.

[B. N.]

2401. — LA FLORE LYRIQUE. Chansonnier nouveau. Suivi d'un Almanach pour la présente année. ‖ Paris, Derche, Libraire-Éditeur, successeur de Gauthier, Quai du Marché-Neuf, 30. (1845). In-32.

Frontispice sur bois, colorié (jeune femme faisant la sieste, dans un bois).

Recueil de chansons. — Publication de colportage.

[B. N. — Ye, 22474.]

2402. — GRAND ALMANACH DE SANTÉ A L'USAGE DE TOUT LE MONDE, Contenant la description des signes ou symptômes propres à reconnaître toutes les maladies... [Troisième Édition, revue, corrigée et augmentée d'un appendice pharmaceutique].. Par M. Parent-Aubert, Médecin de la Faculté de Paris. ‖ Paris, Librairie de Leriche, éditeur, Place de la Bourse, 13. 1845. In-18.

Frontispice : portrait de M. Parent-Aubert, signé A. Farcy.

Notices médicales.

[B. N.]

[Voir, plus loin, le n° 2583]

2403. — MANUEL ANNUAIRE DE LA SANTÉ, ou Médecine et Pharmacie domestiques... par F.-V. Raspail. ‖ Paris, Chez l'Éditeur, Rue des Francs-Bourgeois-Saint-Michel, 5, derrière l'Odéon, au premier, 1845 à ce jour. In-12.

Publication entreprise par F. V. Raspail et con-

tenant un exposé théorique de sa méthode, avec les indications du traitement des maladies.

[B. N.]

2404. — PARIS VOLEUR, PARIS CURIEUX, ALMANACH 1845, Illustré. ‖ (Paris) Librairie de Commission, 35, rue Richelieu. In-18.

Sur le titre, vignette du *Charivari* (le bonhomme de Philipon battant la grosse caisse). Au verso du titre un avis de l'éditeur déclarant vouloir « présenter Paris tel qu'il est véritablement, c'est-à-dire passablement voleur et quelque peu curieux. Qu'est-ce, en effet, que Paris, si ce n'est le vol, nous dirons presque organisé ? » La plaquette s'ouvre par d'amusantes prédictions rabelaisiennes : — *Du Dieu de cette année* : « Le dieu de cette année aura pour *symbole* une pièce de *Cent sous*; pour autel, celui de la Monnaie; pour prêtres, des banquiers et des agioteurs; pour adorateurs, des voleurs, et pour tabernacle, un coffre-fort. » — *Prédictions supercoquentieuses* : « Les journaux ne fatigueront pas plus la vérité que l'an passé. — La Chine aura moins de vilains magots que la France. — Le peuple paiera l'impôt... plus que jamais. La chambre des députés comptera 10 orateurs et 300 bavards ».... et moult autres prédictions qui se pourraient appliquer également bien à l'année 1895 qui adore, plus que jamais, le même Dieu.

Amusants articles sur les métiers inconnus, (le chantage à la biographie, le maquignon, le casseur d'œufs, les restaurants, les bottiers, les essayeurs d'habits, les tailleurs, les coiffeurs, le vol au chien, le vol au fou, sur les chevaliers d'industrie, sur les roueries parisiennes, sur les fraudes commerciales, sur les mystères de la Bourse, sur les domestiques et leurs bénéfices, sur les abus universitaires, sur les abus de la polka, les bateleurs et les veuves de Paris. A signaler encore *le grrrand tremblement de terre de Montmartre* (prédiction pour 1845) et *Un grotesque contemporain* (éreintement de Théophile Gautier).

[Coll. de l'auteur.]

[Cat. 4 et 5 fr.]

2405. — LES VEILLÉES LYRIQUES. Chansonnier nouveau. Suivi d'un almanach pour la présente année. ‖ Paris, Derche, Libraire-Éditeur, successeur de Gauthier, quai du Marché-Neuf, 30. (1845). In-32.

Frontispice sur bois (Algériens à la chasse.)

Recueil de chansons, avec calendrier. — Publication de colportage.

[B. N. — Y.]

2406. — ALMANACH DE L'INDUS-
TRIE PARISIENNE pour 1846. || Paris,
Desforges, Libraire-Éditeur. 1845. In-16.

Publication avec notices et adresses industrielles.
[D'après un catalogue de librairie.]

2407. — ALMANACH DE LA CENSURE
pour l'année 1846, renfermant le relevé
complet des jugements portés par les
comités de l'Index français sur tous les
ouvrages soumis à leur examen et classés
par ordre d'approbation ou de censure.
Prix : 1 fr. || Paris, aux bureaux de « La
Censure », rue de Grenelle Saint-Germain 39; Palais-Royal, chez Dentu. In-8.

Publication conçue dans un esprit clérical, éditée
par le journal *La Lecture et la Censure*, intéressante par les titres de certains ouvrages qui y figurent.

2408. — ALMANACH DE LA NO-
BLESSE DU ROYAUME DE FRANCE
faisant suite aux « Étrennes de la Noblesse » et à l' « État de la Noblesse » qu'a
publiées de La Chesnaye-Dubois, pour
l'année 1846. Avec figures. || Paris, Aubert,
1846-1848 : 2 années. In-12.

Almanach contenant 3500 noms de personnes de
l'aristocratie, avec leurs adresses, publié par Jacques Bresson.

[Cat. de 4 à 5 fr. l'année.]

2409. — ALMANACH DE LA TABLE
pour 1846. || Paris, Victor Bouton, édi-
teur, rue Montmartre, 55. 1845. In-18.

Almanach avec recettes culinaires et une planche
donnant l'arrangement de la table.

[D'après un catalogue de librairie.]

2410. — ALMANCH DES AMOUREUX,
par Marc Constantin. || Paris, Desloges,
rue St-André-des-Arts. 1846 et 1847.
In-18.

Publication populaire, avec articles et vignettes
provenant du *Charivari* et autres recueils illustrés,
due à l'auteur de nombreux livres et manuels et
qui paraîtra également sous le titre de : *Manuel
des Amoureux*.

[Cat. 3 fr.]

2411. — ALMANACH DES CHEMINS
DE FER, instructif, pittoresque et anecdotique, pour 1846; par une société d'ingénieurs et d'écrivains spéciaux. Première

année. || Paris, l'Éditeur, rue du Hazard-
Richelieu, n° 1. 1845. (prix 50 c.) In-16.

Publication spéciale conçue dans un esprit plus
technique que les précédentes consacrées à la même
matière.

2412. — ALMANACH DES DAMES
Pour l'année 1846. || Paris, au Bureau de
« la Gazette de Femmes », rue de Choiseul,
8, à Paris. 1845-1847. In-12.

Contient les Impératrices, reines et princesses
royales de l'univers, des pronostics et quelques
recettes utiles pour chaque mois. Le tout se termine par « L'Année des Dames, ou une femme
célèbre par jour », notices bibliographiques sur les
femmes les plus célèbres. L'année 1847, au lieu
des pronostics et de « l'année des dames », donne une
histoire des modes et quelques morceaux en prose
et en vers.

[B. N. — R. 26364.]

2413. — ALMANACH DES JÉSUITES,
contenant un Crime ou une sottise Pour
chaque jour de l'année. || Paris, chez Mar-
tinon, Éditeur, rue du Coq-Saint-Honoré.
1846. In-12.

Almanach rédigé contre la Société de Jésus. Il
contient un sommaire chronologique des principaux événements de leur histoire, avec des notes,
documents divers, arrêts, etc. complétant l'ensemble des matériaux utiles à réunir pour composer
une histoire du Jésuitisme.

[B. N.]

2414. — ALMANACH DU BONHOMME
RICHARD; par Fr. Franklin, précédé
d'une Notice historique sur l'auteur, et
suivi de considérations sur l'organisation
du travail, par A.-J. Sanson. || Paris,
l'Éditeur, rue de Richelieu, n° 11. 1846.
In-32.

Publication populaire donnant des extraits des
pensées et des œuvres du grand citoyen américain.
Depuis le commencement du siècle, le « Bonhomme
Richard, se trouvait sans cesse reproduit, sous une
forme ou sous une autre. »

2415. — ALMANACH DU CHASSEUR
DE PAPILLONS ET DE TOUTES AU-
TRES ESPÈCES D'INSECTES. || Paris,
Desloges, Libraire-Éditeur, rue St-André
des Arts, 39. 1846. In-18.

Brochure technique, à l'usage des collectionneurs,
publiée à nouveau sous forme d'almanach, avec un
calendrier.

Publication populaire

2416. — ALMANACH DU DENTISTE pour 1846, par (Laisné dit) Aimé de Nevers. || Paris, Boulanger. 1846.In-32.

Almanach de conseils sur l'hygiène de la bouche et de réclames.

2417. — ALMANACH DU JOUR DE L'AN. Petit Messager de Paris. Le Passé. Le Présent. L'Avenir. Texte par MM. de Balzac, — Léon Gozlan, — Alfred de Musset, — P.-J. Stahl, — Théophile Gautier, — Arsène Houssaye, — Lireux, — Alexandre Dumas fils, — Henry Egmont, — E. de Labédollière, — de Belloy, — vignettes par MM. Bertall, — Lorentz, — Grandville, etc. Première année. || Paris, 1846. Publié par J. Hetzel, rue Menars, 10; rue Richelieu, 76. In-24.

Almanach rarissime, un des plus intéressants de l'époque, contenant les articles suivants : Les Almanachs et le calendrier, par Auguste Lireux. — Le Passé, par Laurent Jan.— Le Présent, par Aug. Lireux. — Le grand jeu des chemins de fer, par Henry Egmont.— Du monde et des gens du monde, par P. J. Stahl. — Le jour de l'an, poésie par E. de Labédollière. — Aux Français, par le marquis de Belloy.— Vers de M. Alfred de Musset trouvés dans la cellule, n° 14, de la maison d'arrêt de la garde nationale. — L'Avenir, par Léon Gozlan. — Une prédiction, par de Balzac. — Épitaphe de Paris, vers en ancien style, par Arsène Houssaye :

Adieu, Paris, où le monde a passé
L'amour, la beauté, la folie,
L'esprit, la grandeur, le génie.
La Bourse a tout remplacé :
            Requiescat in pace.

Les maris, par Alexandre Dumas fils. — Conclusion, les Almanachs et le temps, par Théophile Gautier.
Compositions de pages pour les mois, dessinées par Bertall.
[Ex. r. mar : 120 fr. à la vente Noilly.|| 50 à 60 fr. avec couv. br.]
                          [Coll. de Savigny.]

2418. — ALMANACH IMPÉRIAL pour 1846 [avec pronostics, prédictions et un peu de tout] par Émile Marco De Saint-Hilaire, illustré par Bertran. Prix : 50 centimes. || A Paris, chez Alph. Désesserts, éditeur de la Librairie à illustrations pour la jeunesse, passage des Panoramas et galerie Feydeau. 1846-1856 : 11 années. In-16.

Histoires militaires et légendes napoléoniennes, choses et hommes du premier Empire. Plusieurs

années contiennent des extraits, alors inédits, des ouvrages que devait publier Marco de St-Hilaire, (l'année 1848 a une étude sur les pompiers de la ville de Paris). Cet almanach obtint un très grand succès, si l'on en juge par l'avis placé en tête de l'année 1848 déclarant qu'il avait été vendu 40,000 exemplaires en 1847.
                          [Cat. 3 r. l'année.]

2419. — ALMANACH POPULAIRE DES ASSURANCES pour l'année 1846, par un Paysan des Pyrénées — Prix : 50 centimes : || Paris, Pilout et Cie, rue Saint-Honoré, 70. [Le titre intérieur porte : chez tous les libraires]. 1846. In-18.

C'est tout un cours fait, pendant les veillées d'hiver, aux gens de la campagne, pour populariser parmi eux les assurances.

2420. — ALMANACH POPULAIRE DU MAGNÉTISEUR PRATICIEN pour 1846, par M. J. J. A. Ricard, ancien professeur à l'Athénée royal de Paris, auteur de plusieurs ouvrages philosophiques. [Épigraphe :] « Si les soi-disant savants refusent encore d'avaler la vérité que je proclame avec tant de persévérance, je finirai par la leur ingurgiter. — J.-J.-A. Ricard ». || Paris, F. Briouté, éditeur, et chez tous les marchands de nouveautés. 1846. In-12.

« Almanach destiné, » dit la préface, « à porter à la connaissance de toutes les classes la vérité pure et sincère touchant le magnétisme, le somnambulisme et les effets qui naissent de la magnétisation.»
Article sur le prince Grégoire de Stourdza dans lequel il est parlé de ses relations avec la comtesse d'Ash. Scènes d'extase; effets extraordinaires du magnétisme rayonnant, lettre du bibliophile Jacob à M. Ricard; prédictions somnambuliques pour 1846 qui se rapprochent fort des prédictions des almanachs prophétiques. Mesmer, Swedemborg, Fourier par M. Ch. Fauvetti(le distingué philosophe, Ch. Fauvety); fragments de *L'Ange Moniteur*, ouvrage inédit du sieur Ricard ; détails du procès intenté au même sieur Ricard, directeur de l'*Institut magnétologique des recréations* ; série de mots, plus ou moins heureux, sur le jeu des différences et des rapports entre M. X. et M. Z. ou Mlle A. Mlle Y.
                          [Coll. de l'auteur.]
                          Cat. 3 fr.]

2421. — ALMANACH POUR 1846. HISTOIRE DU JUIF ERRANT, OU EUGÈNE

SUE DÉVOILÉ. ‖ [Paris] Chez tous les libraires 1846. In-12.

Autre publication due au *Juif-Errant* d'Eugène Sue.

Avec gravures sur bois empruntées au *Charivari*. Sur le titre intérieur on a ajouté, après Eugène Sue, les mots : « et les Jésuites. »

[Cat. 4 fr.]

2422. — ANNUAIRE DE MÉDECINE ET DE CHIRURGIE PRATIQUES pour 1846. Résumé des travaux pratiques les plus importants publiés en France et à l'étranger, pendant l'année 1845; Par le Dr A. Wahn, Médecin de l'hôpital de perfectionnement, etc. [Épigraphe :] Multa paucis. ‖ Paris, Germer Baillière, Libraire-Éditeur, 17, rue de l'École-de-Médecine. 1846. In-24.

Exposé des travaux remarquables accomplis dans l'art médical pendant l'année précédente.

[B. N.]

2423. — ANNUAIRE DE THÉRAPEUTIQUE HOMŒOPATHIQUE Pour l'année 1846 par le docteur Roth. Supplément au « Bulletin de la Société Homœopathique de Paris. » ‖ *S. l.* (Paris). In-8.

Résumé de tous les faits pratiques publiés, en France et en Allemagne, du 1er novembre 1844 au 1er novembre 1845.

[B. N.]

2424. — ANNUAIRE DES LETTRES, DES ARTS ET DES THÉÂTRES, avec Gravures et illustrations, 1845-1846. ‖ Paris, Typographie Lacrampe et comp., rue Damiette. 1846-1847. In-8.

Annuaire rédigé par Th. Deaddé dit Saint-Yris. « Il n'était encore venu à l'idée de personne, avant nous, de réunir en un seul et même livre » déclarent les auteurs, en une introduction, « tous les documents relatifs aux *Lettres*, aux *Arts*, et aux *Théâtres* qui, cependant, ont de si intimes et de si étroites affinités entre eux. » On n'ignore pas que depuis 1837 la librairie Barba ne publiait plus aucun almanach de théâtre.

Les illustrations (hors texte) se composent d'acteurs dans les rôles des pièces les plus en vogue et de vues de théâtres.

L'Annuaire, donné en prime à certains abonnés de *L'Époque*, se vendait 7 fr. 50.

Les éditeurs annonçaient l'intention de publier trois autres annuaires devant donner la « bibliothèque complète des annuaires indispensables »

L'Annuaire politique ; — L'Annuaire des Sciences, de l'Université, du Clergé, de l'Armée et de la Flotte ; — L'Annuaire des Chemins de fer, des Travaux Publics, Banque, Industrie et Commerce, J'ignore si ces annuaires ont jamais paru.

[Coll. de l'auteur.]

2425. — ANNUAIRE POLITIQUE DU JOURNAL « LE CONSTITUTIONNEL », 1846-1847. ‖ Paris, typographie Lacrampe fils et Comp., rue Damiette, 2. 1846-1847. In-8.

Renseignements administratifs, politiques et militaires. Revue de l'année dans ces différents domaines.

2426. — PANDEMONIUM FRANÇAIS. Almanach Charivarique de l'Ante-Christ illustré par Porret, pour l'An de Satan 46. Calendrier-Omnibus à l'usage de tout le monde et de plusieurs autres, par un Gaulois [Épigraphe :] « Monstrum horrendum, informe, ingens cui lumen ademptum. » ‖ Paris, aux bureaux de « La Censure », rue de Grenelle St-Germain. In-18.

Conçu dans le même esprit clérical que *l'almanach de la Censure*. Prétendait clouer au pilori les travers, les abus, les trahisons, les lâchetés, les hontes de l'année dans tous les domaines : « La caricature alliée au raisonnement pour flageller avec le fouet de la satire. »

L'auteur, Blanc, fut condamné à un an de prison et 4000 fr. d'amende pour offense envers la personne du Roi et excitation à sa haine.

2427. — LE PETIT VIEUX. 1846. Almanach national par Honoré Arnoul. ‖ Paris, chez tous les libraires. Aux Batignolles, 63, rue de la Paix .In-12

La couverture imprimée porte : « chez Morand, papetier-éditeur, 6, rue Saint-Lazare. »

A dû paraître pour la première fois en 1844, d'après les indications que donne la préface.

Recueil d'articles et de récits sur les choses du jour.

[Cat : 3 fr]

2428. — LA QUEUE DU DIABLE. Almanach diabolique, drolatique et comique, contenant : Un grand nombre d'Anecdotes modernes, orné de gravures, composé, recueilli et corrigé pour l'an 1846. Par un Démon, Auteur des Souvenirs d'un Vieux de la Vieille. Prix : 50 cent.

|| Paris, chez tous les marchands de nouveautés. In-12.

Contient la liste des puissances de l'Europe, avec leurs souverains, et des anecdotes diverses. Les illustrations sont de vieux bois placés en tête de quelques-unes des anecdotes. Frontispice : facteur apportant l'almanach.

2429. — VICTOIRES ET CONQUÊTES EN AFRIQUE, rapports des généraux qui y commandent. — Almanach historique pour 1846, orné de gravures. || Paris, Chassaignon, imprimeur-libraire, rue Git-le-cœur, 7. 1846. In-18.

Détails sur les terribles combats livrés en Afrique. Courage héroïque du brave colonel de Montagnac, se trouvant cerné par 6000 Arabes commandés par Abd-el-Kader. Position désespérée du capitaine de Geraud, se trouvant privé de tout ; sa fin malheureuse. Beau dévouement du capitaine Dutertre, préférant la mort plutôt que de conseiller à ses amis de se rendre ; sa décapitation. Noms des 14 braves échappés à ce carnage. Monument élevé à Djemma-Gazaouart, aux braves morts en soutenant l'honneur de leur drapeau. Dépêches télégraphiques annonçant la fuite d'Abd-el-Kader à la tête de 2000 cavaliers. Razzia opérée chez les Kermausas ; trois Marabouts faits prisonniers. Lettre intéressante de Geffme soldat en Afrique, sauvant la vie à son maréchal des logis, et s'emparant d'un drapeau ennemi, en tuant le chef qui le portait. 3400 Kabyles mis en pleine déroute, laissant un grand nombre de morts sur le champ de bataille et tous leurs fusils : 600 tentes, 3000 bœufs et 3000 moutons restés en notre pouvoir. Terrible leçon donnée à deux Aghas rebelles. Le Goum de Sidi el Aribi rapportant 14 têtes arabes, etc., etc. Noms de tous les braves qui se sont immortalisés, et qui ont bien mérité de la patrie.

2 frontispices, l'un représentant un village algérien, l'autre un astrologue tenant une mappemonde d'une main et un compas de l'autre : ces deux images sont fort grossières.

[B. N.]

2430. — ALMANACH CATHOLIQUE POUR 1847, Publié par M. Adolphe Moreau. [Épigraphe :] « Édifier ! Instruire ! » 1ᵉ année. Prix 50 c. || A la Librairie catholique de MM. Périsse frères, à Lyon, Grande rue Mercière, nº 33 ; A Paris, rue du Petit-Bourbon-Saint-Sulpice, 18 ; Et au dépôt central, rue du Petit-Carreau, 32, à Paris. (1847-1849). In-16.

Almanach rédigé dans un sens catholique.

On rencontre des exemplaires avec un titre quelque peu différent.

[B. N.]

2431. — ALMANACH CHANTANT, PITTORESQUE ET DROLATIQUE, pour 1847. Chansons nouvelles et inédites par MM. Paul de Kock, Labédollière, Achille Oudot, Cahaigne. Prix, 50 centimes. || Paris, Gustave Barba, éditeur, rue Mazarine 34. In-16.

Sur la couverture un paillasse battant la grosse caisse ; petite vignette de Daumier dans le *Charivari*.

Introduction sur la chanson dans laquelle l'éditeur émet le désir de remplacer l'*Almanach des Muses*, le *Caveau Moderne*, l'*Alm. des Grâces* et autres publications du même genre, affirmant en manière de conclusion : « Les chers souvenirs périront, la chanson ne périra jamais !... »

Recueil de couplets de tous genres : sérieux, égrillards, gastronomiques, bachiques, intimes, etc.

[Cat. 3 fr.]

2432. — ALMANACH DE LA LÉGION D'HONNEUR, 1847. || Paris, place Royale, 20. In-18.

Nouvelle publication spéciale relative à l'ordre. (Voir, plus haut nᵒˢ 1698 et 2254).

2433. — ALMANACH DE PARIS. [Épigraphe :] « Utile dulci. » (1847-1848, 1ʳᵉ-2ᵉ années.) || Paris, administration, rue Montmartre, 63. In-16 et in-18.

Le titre de la 2ᵉ année porte en plus le mot : *illustré*.

Mélange de réclames, de renseignements officiels, Histoire sommaire de 1846, Inventions et découvertes, littérature, maximes.

[B. N.]

2434. — ALMANACH DES CHASSEURS ET DES GOURMANDS, chasse, table, causeries. || Paris, au Dépôt de Librairie. 2 années. In-12.

Avec portraits et vignettes.

[D'après un catalogue de librairie.]

[Cat. 10 fr.]

2435. — ALMANACH DES COCUS par un homme grave, membre de l'Académie des Sciences morales..... de Château.

Chinon, Publication nationale et humanitaire. || Paris, Jules Labitte, 1847. In-12.

Publication comique attribuée à Jules Viard, composée d'histoires croustillantes et de bons mots dans le domaine du « cocuage. » [Voir, plus loin, sur le même sujet, les n°ˢ 2473 et 2494].

2436. — ALMANACH DES FEMMES ET DES FLEURS. || Paris. 1847. In-32.

Publication populaire dont le contenu ne répond qu'imparfaitement au titre.

[D'après un catalogue de librairie.]

2437. — ALMANACH DES PETITS MYSTÈRES DE LA BOURSE. || Paris, 1847. In-32.

Almanach consacré aux « trucs » de la bourse et de la finance.

2438. ALMANACH DES RIEURS, critique, comique et prophétique pour 1847 par René Lordereau. Illustré de 100 vignettes par Gavarni, Daumier, Henri Monnier, Marckl, Henri Émy, etc. || Paris, Jules Laisné, éditeur, passage Véro-Dodat. (1847 et suite). In-18.

Pour la 2ᵉ année le sous-titre « comique » est remplacé par « satirique. »
Nombreuses petites vignettes provenant du *Charivari* et autres journaux de l'époque. Publiait des chansons avec musique (on y trouve *Le Réveillon de Paris* de Pierre Dupont, et *Le Bohémien* de Gustave Mathieu).
La première année contient une préface de l'éditeur qui dit avoir compté vingt-trois almanachs nouveaux et venir faire ainsi le 24ᵉ. « Ces petits livres jaunes, bleus, verts, tricolores, personne ne les consulte, « ajoute-t-il, » vu qu'ils n'ont d'almanach que le nom. »

[Cat. 2 et 3 fr. l'année.]

2439. — ALMANACH DU MAGNÉTISME, HYGIÉNIQUE ET POPULAIRE, Pour l'an de grâce, 1847; par Mˡˡᵉ Virginie Plain, somnambule. Prix : 75 c. || Paris, Moreau, Libraire, Palais-Royal, Péristyle Valois, 182 et 183, et chez l'Auteur, 4, rue Neuve-des-Petits-Champs. A Versailles, au Bureau du Journal « l'Impartial », place d'Armes, 17. In-18 carré.

Notices sur le magnétisme, avec la biographie de l'auteur, Mˡˡᵉ Virginie Plain.
Calendrier.

[B. N.]

2440. — ALMANACH DU MONDE ÉLÉGANT, rédigé par Mᵐᵉ R. Lasalle, [Épigraphe :]

L'élégance est un art tout rempli de mystère,
Par le bon goût son code fut dicté.
C'est tout ce qui nous charme et tout ce qui sait plaire,
C'est la grâce, plus belle encore que la beauté.

Th. M. (idy).

Prix : 50 centimes. || Paris, chez Martinon, rue du Coq Saint-Honoré. 1847-1857 In-18.

Calendrier de la maison Susse. Un article *L'hiver à Paris* est une revue des étrennes, livres, musique et bronzes (Michel Lévy, Le Ménestrel, et Susse). La partie intitulée *Revue Commerciale* est imprimée sur papier rose.

L'année 1852 est précédée d'un article : *Les Ballons de 1851* rendant compte des ascensions d'Eugène Godard, par des lettres signées Adolphe Maillet, ami de Godard, et propriétaire des magasins de châles français, dits : *A l'Enfant Prodigue*, qui étaient situés place de la Bourse, si bien que ces lettres se trouvent mélangées aux réclames du dit magasin.

[B. N.]

[Cat. 3 fr.]

2441. — ANNUAIRE-CHAIX. ANNUAIRE OFFICIEL DES CHEMINS DE FER publié sous le patronage de M. Edmond Teisserenc, député, et sous la direction de Messieurs Eugène Prestat, Ancien procureur du Roi, Commissaire royal près la compagnie du chemin de fer du Centre, Petit de Coupray, Ancien élève de l'École Polytechnique, Membre correspondant de plusieurs sociétés savantes. Par l'Imprimerie centrale des chemins de fer. || Paris, Imprimerie et librairie centrales des chemins de fer de Napoléon Chaix et Cⁱᵉ, Propriétaires-Éditeurs, rue Bergère, 8, près le boulevard Montmartre. 1847 à ce jour. In-18.

Contient la législation relative aux chemins de fer, le personnel des différentes compagnies, leurs statuts et cahiers des charges, leurs situations financières, leurs statistiques, etc. Notice historique sur chaque compagnie.

Les noms portés sur le titre ont varié souvent depuis l'origine, mais l'annuaire a toujours conservé son même caractère.

[B. N.]

2442. — BOTANIQUE DES MALADES. Histoire naturelle des Plantes médicales. Almanach populaire de la Santé pour 1847; Par le Chanoine Clavel, Médecin, Reçu à la Faculté de Paris. Prix : 5o c. et 8o c. par la poste. || Se vend à Paris, chez l'auteur, rue Olivier-Saint-Georges, !5. Et chez l'éditeur, impasse du Doyenné; près la place du Carrousel, 5, au bureau d'abonnement à tous les journaux, dirigé par M. *Chéron. In-32.*

Notions sur l'usage des principales plantes employées en médecine.

2443. — CALENDRIER UNIVERSI-TAIRE... (1re-3e années, 1847-1849.) || Paris, J. Delalain, imprimeur de l'Université, rue de Sorbonne et des Mathurins, 3 vol. In-18.

Annuaire donnant l'état du personnel de l'instruction publique. Prit, en 1850 le titre de : — *Annuaire de l'Université* pour l'année 1850. || [Voir, plus loin, n° 2601, *Annuaire de l'instruction publique et des Beaux-Arts.*]

2444. — LA CORBEILLE DE FLEURS. Chansonnier pour la présente année. || Paris, chez tous les marchands de nouveautés (1847). In-32.

Frontispice colorié. Recueil de chansons, avec calendrier pour 1847. Plusieurs de ces chansons ont un caractère d'actualité politique, telles : *l'insurrection des Polonais, la Liberté, le Guérilas,* etc.

2445. — LE DOCTEUR DE CYTHÈRE. Chansonnier pour la présente année. || Paris, chez les Marchands de Nouveautés. (Vers 1847). In-32.

Recueil de chansons populaires, avec frontispice et calendrier.

2446. — ÉTINCELLES LYRIQUES OU NOUVEAU CHANSONNIER DES GRACES ET DE LA BEAUTÉ. Romances, Chansons et Chansonnettes par Emmanuel Destouches. Dédié aux Dames et aux Demoiselles, pour l'an 1847. Orné de Gravures, Vignettes et Musique (2e édition) [Épigraphe :]

Sentiment et gaité
Voila ma devise.

|| Paris, chez les Marchands de Nouveautés. L'Éditeur, rue Saint-Jacques, 209. In-18.

Titre, avec frontispice lithographié, représentant un jeune homme et une jeune femme :

Au pied du tertre solitaire
Où penche une gothique tour
Te souvient-il encor, ma chère,
De nos doux entretiens d'amour.

Ce recueil de poésies de Destouches provient d'une série d'almanachs.

[Coll. Olagnon.]

2447. — L'ÉTOILE DU PEUPLE Almanach des faubourgs (année 1847-48). || Paris, galerie de l'Odéon, Palais-Royal et rue des Gravelles, 25. In-18.

Vignettes dans le texte. Le frontispice représente une femme incarnant la Démocratie, et des ouvriers armés de sabres et de fusils.
Almanach avec de nombreuses anecdotes, la plupart patriotiques.

[B. N.]

2448. — ÉTRENNES A ROTHSCHILD. || Paris, Albert frères. 1847. In-32.

Pamphlet, avec calendrier, dirigé contre « ce vivant fléau qu'on appelle Rothschild » qui venait d'obtenir l'emprunt de 25 millions.

2449. — ÉTRENNES DE SATAN, Almanach des Damnés. || Paris, 1847. In-32.

Il y aurait une étude intéressante à faire sur l'influence de Satan dans la littérature : un fait certain c'est que l'époque affectionnait les titres sataniques. *Satan roi du monde; Satan agent provocateur,* sont des expressions qui se retrouvent, sans cesse, dans les publications du moment.

2450. — ÉTRENNES ECCLÉSIASTIQUES PARISIENNES, pour l'année bissextile 1848. 1re année. || Paris, Devarenne. In-18.
Almanach religieux, avec notices et renseignements concernant le culte.

[B. N.]

2451. — ÉTUDIANTS ET LORETTES, almanach du quartier latin. || Paris, Pourreau, etc. (1847-1855 : 8 années). In-18, in-4 et in-8.

Publication avec petites vignettes provenant des journaux illustrés. Articles sur les bals et les plaisirs du Quartier-Latin.

[B. N.]

2452. — LE PARFAIT ALMANACH DE PARIS ET DE SES ENVIRONS (1847-1848). || Paris, au bureau du « Parfait Almanach », 1847. In-18.

Almanach essentiellement parisien donnant des renseignements divers sur la capitale et sa banlieue.

[D'après un catalogue.]

2453. — PARIS COMIQUE, Almanach pour 1847. Revue drolatique de la défunte année. 5o centimes pour tout le monde. Dix sous (vieux style) pour MM. les députés et militaires non vaccinés. || Paris, Albert frères. In-16.

Amusante revue illustrée, en petites vignettes, de l'année 1847.

[B. N.]

2454. — ALMANACH ASTROLOGIQUE (1), MAGIQUE, PROPHÉTIQUE, SATIRIQUE [et des sciences occultes] pour 1848, rédigé par une Société d'Astrologues, de Magiciens et de Sorciers (2) et par MM. Aug. Vitu, Ch. Villagre, Marie Aycard, Eugène Guinot ; orné de 100 vignettes dessinées par Bertall, Gigoux, Seigneurgens, Geoffroy, C. Vernier, Montjoie, etc. (3). [Épigraphe :] « Nier la force et l'influence des astres, c'est nier la sagesse et la providence de Dieu !» Tiçho-Brahé. Tiré à 100.000 exemplaires. 5o cent. || Paris, chez Comon, libraire, quai Malaquais, 15, et chez P. Martinon (puis chez Pagnerre et chez Plon). In-32.

Vignette sur la couverture que remplace, à partir de 1852, la couverture dessinée par H. Émy (couverture actuelle). Nombreux articles sur le magnétisme, la physiognomonie, l'électricité, la locomotion aérienne et terrestre. Mélange d'articles sérieux et comiques avec vignettes provenant des publications illustrées de l'époque.

2455. — ALMANACH DE L'ARMÉE pour 1848. 1re Année. — Prix : 5o centimes.

|| Paris, Léautey, Imprimeur-Libraire de l'Armée, rue Saint-Guillaume, 21. In-24.

Donne les noms des principaux officiers des différents corps, et contient, en outre, une série d'articles, histoires, inventions, etc., ayant rapport à l'armée.

[B. N. — 1848 à 1853.]

2456. — ALMANACH DE LA GOGUETTE, ou des Lurons en belle humeur, pour l'année 1848. || Paris, rue des Maçons-Sorbonne. 1847. In-24.

Le même almanach a paru sous le titre de :
— Almanach joyeux ou de la Gaieté pour tous les jours de l'année 1848.

2457. — ALMANACH DE LOUIS-NAPOLÉON BONAPARTE, candidat à la présidence de la république. Avec bulletins de vote. || Paris, chez tous les marchands de nouveautés. 1848. In-32.

Almanach de propagande napoléonienne donnant la biographie et le portrait du futur Empereur.

[B. N.]

2458. — ALMANACH DE NAPOLÉON ou des glorieux souvenirs. || Paris, rue des Maçons-Sorbonne, 17. 1848-1856 : 2 années. In-32.

Almanach de propagande napoléonienne, avec articles sur les guerres du premier Empire.

[B. N.]

2459. — ALMANACH DES GRISETTES ET DES BALS DE PARIS pour 1848. Lions, étudiants, reines de Mabilles, lorettes. Tirage à 10,000. Prix : 25 centimes. || Librairie Populaire, rue Rameau, 7. [Le titre intérieur porte : Paris, à la Librairie Littéraire et politique, rue Rameau, 7]. In-32.

Physiologie de l'étudiant et de la grisette. Notes sur les bals de Paris, Mabille, le Ranelagh, bal d'Enghien, le Château-Rouge, le Jardin des Fleurs, la Chaumière, le Prado, la Chartreuse. Les Vierges de l'Opéra. Études physiologiques : l'ami intime, les veuves de Paris. Chansons diverses se terminant par Les Osanores Fattet, scène comique, jouée par un édenté :

C't homm là, voyez-vous, ma chère,
C'est un amour, un Jésus,
Un dentiss' comme y en a guère,
Un dentiss' comme y en a plus ;

---

1. A partir de 1851 on lit, en plus, parmi les qualificatifs du titre : « Astronomique », et plus tard, « physique, anecdotique. »
2. A partir de 1851, le sous-titre porte en plus : [et de savants].
3. Les noms des auteurs et des dessinateurs disparurent par la suite.

Toute l'Europe proclame
A juste titre son nom
Qui, quand s'envol'ra son âme,
Ira droit au Panthéion.

Article amusant comme type de réclame industrielle à cette époque.

**2460. — ALMANACH DES JEUNES
FILLES,** par A. de Saillet. || A Paris, chez
Alph. Désesserts, Éditeur de la librairie
à illustrations pour la jeunesse, passage
des Panoramas et Galerie Feydeau. (1848).
In-18.

A. de Saillet a publié une série de volumes pour
l'enfance et la jeunesse : *Mémoires d'un Centenaire,
Les enfants peints par eux-mêmes, Les Quatre
Saisons ou le bonheur de l'Enfance, Une journée au
jardin des Plantes, Physiologie de la Poupée, Physiologie du grand'papa et de la grand'maman.*

**2461. — ALMANACH DU RICHE ET
DU PAUVRE** pour l'année 1848. [Épi-
graphe:] « Aimez-vous les uns les autres ».
Religion, œuvres de charité, agriculture,
histoire. Patrie, Droit, Biographies nou-
velles. Renseignements divers. || Paris,
chez les Éditeurs, 37, rue Madame. —
In-16. (Prix : o fr. 5o.)

Publication conçue dans un esprit de charité
religieuse, ayant en vue de réunir les hommes au
lieu de les diviser. Se vendait, suivant l'avis préliminaire, au profit des pauvres : « le riche en l'achetant, trouvera un moyen d'être utile à son frère, le
pauvre. »

[Coll. de l'auteur.]

**2462. — ALMANACH DU VRAI RÉ-
PUBLICAIN,** historique, moral, politique, le plus intéressant, le plus utile, le
plus curieux, le plus instructif et le plus
amusant de tous, pour 1848, à partir
du 24 février. Première année. || Paris,
P.-J. Camus. In-16.

Publication populaire et sans intérêt masquée
sous un titre pompeux.

[B. N.]

2463. — ALMANACH DROLATIQUE,
anécdotique, satirique et fantaisiste (1)

pour 1848, par une Société d'Anon...ymes,
5o cent. || Paris, Ledoyen et Giret, li-
braires, quai des Augustins, 7, [puis
Beaulé et Cie, éditeurs, rue Jacques de
Brosse, 10]. (1848-1856.) In-12.

Sur la couverture encadrement fantaisiste de
diables, dessiné par Lesestre. Physiologie de l'année ; histoires de police correctionnelle, bons
mots, fantaisies, de tout un peu. Vignettes de
Nadar, du *Charivari*, et des petits journaux de
l'époque.

Rédigé par Hippolyte Maignand, il contient des
articles de H. Flan, Alexandre Guérin, Ch. Coligny, *Ernest Gebauer, etc.* Le titre de l'année
1854 porte : « par les principaux rédacteurs du
Divan » ; celui de l'année 1855 « par une Société de gens de lettres. » *Le Divan,* journal des
flâneurs, rédigé par Alex. Guérin, une des vail-
lantes feuilles littéraires du second Empire,
publiait des illustrations et annonces coloriées.

[Coll. de l'auteur.]

2464. — ALMANACH RÉPUBLICAIN
pour 1848, par Anaxag. Guilbert, de
Rouen. || Paris, Halley. In-18.

Almanach de propagande républicaine.

[B. N.]

**2465. — ALMANACH SYMBOLIQUE
DES FLEURS** par Mᵐᵉ de Maugirard.
|| Paris, chez Mᵐᵉ Lallemand-Lépine, 1848.
In-18.

Allégorie morale et emblèmes des fleurs.

[D'après un catalogue de librairie.]

**2466. — ANNUAIRE ADMINISTRATIF,
COMMERCIAL ET STATISTIQUE DE
BATIGNOLLES-MONCEAUX.** Année
1848. || En vente chez tous les libraires.
Dépôt à la Mairie. 1848. In-18.

Renseignements administratifs et commerciaux
concernant la commune de Batignolles-Monceaux.

**2467. — ANNUAIRE DE LA SOCIÉTÉ
DES ANCIENS ÉLÈVES DE L'ÉCOLE
NATIONALE DES ARTS ET MÉTIERS.**
|| Paris. Tome I. 1848. In-8.

Annuaire d'association publiant des noms et
des séries de renseignements particuliers aux
élèves de l'école.

---

1. Le sous-titre de l'année 1855 porte : *anecdotique et anti-soporifique.*

2468. — ANNUAIRE DE LA SOCIÉTÉ NATIONALE DES ANTIQUAIRES DE FRANCE. || Paris. In-12.

Nᵒ 1, 1848. — Nᵒ 8, 1855.
Annuaire avec adresses et travaux spéciaux.

2469. — ANNUAIRE DÉSOPILATIF ou le triple almanach comique pour l'année 1848, illustré par cent charges dessinées par un artiste célèbre. || Paris, chez tous les marchands de nouveautés. In-12.

Au bas de la page 105 on lit : « cet almanach a été imprimé par MM. Béthune et Plon, à Paris, moins le titre, les pages du calendrier, et celle-ci. — Nous croyons devoir informer nos lecteurs que cet almanach a été publié, une année précédente, sous le titre : le *Comic Almanach*, mais qu'annoncé trop tard, il n'a été vu que par un petit nombre de personnes. En le reproduisant après l'avoir rajeuni, nous sommes certains d'être agréables à beaucoup d'amateurs qui verront avec plaisir les cent charges ou dessins comiques dont il est illustré et qui sont dus au crayon de M. Ch. Vernier. (Note des éditeurs.) »
Blocquel — car c'est l'imprimeur lillois qui parle ici — s'était, comme on voit, borné à ajouter un titre et un calendrier à cet almanach de l'année précédente ; bien mieux, les pages du calendrier sont collées sur les pages correspondantes du calendrier de 1847.

[Bibl. Quarré-Reybourbon.]

2470. — ANNUAIRE DU CORPS DES OFFICIERS DE SANTÉ MILITAIRE jusqu'au 18 novembre 1848. || Paris, Bureau de l'Écho du Val-de-Grâce, rue d'Enfer, 25 ; et chez Huaquelin, rue de la Harpe, 90. 1848. In-8.

Contient les noms des médecins, chirurgiens, pharmaciens militaires.
[Voir, plus loin, nᵒ 2502.]
[B. N.]

2471. — ANNUAIRE DU FAUBOURG SAINT-ANTOINE, OU GUIDE DES ACHETEURS AU FAUBOURG... !1848. 1ʳᵉ année. || Paris, Renard. In-16.

Annuaire de spécialités industrielles consacré surtout au commerce du meuble.
[B. N.]

2472. — ANNUAIRE MILITAIRE DE LA RÉPUBLIQUE FRANÇAISE... publié sur les documents publics par le Ministère de la Guerre. (Années 1848-

1852.) || A Paris et à Strasbourg, chez la Vᵉ Levrault, rue de la Harpe. (5 vol.) In-12.

Suite de l'*Annuaire de l'État Militaire* (voir plus haut, nᵒ 1856), donnant tous les documents officiels relatifs à l'organisation de l'armée.
[B. N.]

2473. — LES COCUS DE PARIS. Annuaire pittoresque pour 1848. || Paris, à la Librairie Populaire, rue Rameau, 7. In-32.

Publication annoncée sur la couverture de l'*Almanach des Grisettes*, mais je ne puis affirmer si elle a paru.

2474. — LE FIL D'ARIANE, Almanach sans pareil, contenant l'historique des rues de Paris. [Épigraphe :] « Castigat ridendo mores ». 1848. 50 centimes. || Paris, Beaulé et Maignand, imprimeurs-éditeurs, rue Jacques de Brosse [puis Ledoyen et Giret, quai des Grands-Augustins, 7.] 1848-1850 : 3 années. In-16 et in-18.

Cet almanach obtint un très grand succès. D'après une réclame de l'époque il se serait vendu à 75,000 exemplaires. La seconde année est illustrée de petites vignettes sur bois, « dessins splendides dus au spirituel crayon de Lesestre (!!) », dit une note des éditeurs, c'est-à-dire de gravures empruntées aux recueils illustrés de l'époque. Elle contient, également, un récit des journées de juin 1848 et est intitulée :
— *Le Fil d'Ariane ou l'Année Républicaine*, anecdotique, historique et dramatique, rédigée par une Société d'anon...ymes.
Nouveau changement pour la troisième année qui porte : *Le Fil d'Ariane, Almanach Drolatique.*
[Cat. de 2 à 3 fr. l'année.]

2475. — PETIT CONTEUR. 1848. || Paris, A. Marcilly, rue St-Jacques, 10. In-128.

Petit almanach entièrement gravé, orné de 8 figures. Recueil de chansons, calendrier.

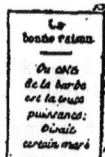

[Coll. Gaston Tissandier.

2476. — LE VRAI TRÉSOR DU PEU-
PLE : Petit Annuaire des 35o caisses
d'épargne de France publié pour l'instruction de tous ceux qui font des épargnes et dans l'intérêt de ceux qui voudraient en faire, par un administrateur
de la caisse de Paris. [Épigraphe :] « La
caisse d'épargne est le véritable trésor du
peuple » (Bened. Delessert). 1848. Prix :
6o centimes. || Paris, chez tous les Li-
braires de France. In-16.

Le titre intérieur donne un sommaire du contenu :
Vie du duc de La Rochefoucauld-Liancourt, fondateur des caisses d'épargne de France, avec son
portrait, en médaillon.— Opinion des plus célèbres
économistes sur les bienfaits des caisses d'épargne.
Texte des lois qui les régissent. — Histoire (1818
à 1847), de leurs premiers pas, de leurs progrès
successifs, de leur prospérité présente.

« On a jusqu'ici composé, pour l'amusement de
certaines classes de la société, bien des almanachs
prophétiques et comiques » dit l'introduction, « les
frivolités n'ont pas même eu, seules, le privilège
de l'in-16, à 5o et 6o cent. Pourquoi donc l'admirable institution des caisses d'épargne, cette
œuvre précieuse de bien-être et de moralisation,
intéressant à la fois 700,000 personnes qui font
des épargnes, 1,500,000 autres qui voudraient
bien en faire, n'auraient-elles pas enfin, aussi, leur
annuaire ? » — Telle est l'origine de cette publication.

2477. — L'AIGLE. Almanach napoléo-
nien des villes et des campagnes pour
1849. Prix : 25 centimes. || [Paris,] G.
Dairnwæll, éditeur, rue de Seine, 15.
In-16.

Bois sur la couverture signé : Tellier inv.,
Cherrier sc, représentant la mort du roi de Rome.
Cet almanach est simplement l'histoire de Napoléon Bonaparte, illustrée de compositions sans
aucun intérêt.

[B. N.]

2478. — ALMANACH DE L'ARMÉE.
1849. Contenant : ministère de la guerre;
lois, décrets et arrêtés sur l'armée de
terre, rendus depuis le 24 février 1848
jusqu'au 1ᵉʳ novembre inclusivement ;
relevé numérique, par arme, des promotions des divers grades de la hiérarchie
militaire, depuis le 24 février jusqu'au
1ᵉʳ novembre 1848; la constitution; biographie du général Cavaignac; histoire
des journées de juin; allocution d'un

vieux de la vieille à ses camarades de
l'ancienne et de la jeune armée, relativement à l'élection du président de la république; les Français à Nicópolis ; un souvenir de 1812; le 48ᵉ de ligne dans les
journées de juin ; histoire de La Ramée;
réforme postale; chansonnier du régiment
pour 1849. || Paris, Martinon, rue du Coq
St-Honoré, 4; Dumineray, rue Richelieu, 52. In-16.

Almanach publié à la fin de novembre 1848, en
vue de la candidature du général Cavaignac à la
présidence de la République, dont l'élection était
fixée au 10 décembre suivant.

Couverture illustrée dessinée par Bertall. Reproduction de caricatures contre le prince Louis-
Napoléon.

[B. N.]

2479. — ALMANACH DE L'ÉMANCI-
PATION DES PEUPLES, pour 1849.
Union et persévérance, 5o centimes. ||
Paris, Barba, Garnot, 7, rue Pavée St-
André-des-Arts. In-8.

Recueil factice, pour lequel on a imprimé un
titre général et un calendrier, contenant plusieurs
ouvrages sur les révolutions dans divers États de
l'Europe.

[B. N.]

2480. — ALMANACH DE L'ÈRE NOU-
VELLE, historique et prophétique pour
1849. — Liberté, Égalité, Fraternité,
Évangile. Prix : 5o cent. || Paris, P.-J.
Camus, rue Cassette, 20, et chez tous les
libraires. 2 années. In-16.

Almanach historique donnant le récit des événements de la révolution de 1849 et des anecdotes
sur ce sujet.

Le titre de la 2ᵉ année porte en plus : de la
France et de l'Algérie.

[B. N.]

2481. — ALMANACH DE LA CONS-
TITUTION FRANÇAISE (Extraite du
Moniteur), précédée d'un calendrier
pour 1849, suivie de la Liste alphabétique des représentants du peuple composant l'Assemblée nationale, avec l'indication de leurs demeures à Paris, terminée
par la Nouvelle taxe des lettres. Prix :
25 cent. || Paris, rue de Vaugirard, 12.

Dépôt, place Maubert, 15. Et chez tous les libraires. In-12.

Almanach ne contenant que ce qui est énoncé sur le titre.

[Cat. 2 fr.]

2482. — ALMANACH DE LA RÉPU-BLIQUE, contenant une Histoire drama-tique de la Révolution de Février 1848, avec les portraits et la biographie des membres du gouvernement provisoire par J. Gronlier, illustré par Victor Adam. Année 1849. Prix : 75 centimes. || Paris, à la Librairie, rue de Savoie, n° 15, et chez Fayé libr.-éditeur, rue St-André-des-Arts. In-18.

Avec une note, très enthousiaste, de l'éditeur demandant à ses lectrices de ne point faire la moue à son petit livre parce qu'il émane d'un jeune rédacteur républicain et annonçant que les gravures qui accompagnent les éphémérides de l'insurrection ont été confiées à M. Victor Adam « artiste justement renommé et chéri du public par la finesse originale et la poésie touchante de son crayon incisif » (sic). Gravures sur bois, ainsi que les portraits des membres du gouvernement accompagnés de quelques courtes notices biogra-phiques.

[Coll. de l'auteur.]   [Cat. 3 fr.]

2483. — ALMANACH DE LA RÉPU-BLIQUE FRANÇAISE ET DES BARRI-CADES (1848) par trois ouvriers. || Paris, Halley, Éditeur, rue Neuve-des-Bons-Enfans, 3, et chez tous les Libraires, Mar-chands de Nouveautés de Paris et des départements. Prix : 25 centimes. In-12.

Les trois ouvriers, c'est Philippe Bosc, Victor Hardy et Paul Jacquet, ouvriers typographes.

Avec chansons dédiées au peuple, un petit caté-chisme républicain et la biographie des membres du gouvernement provisoire.

Voir au sujet de cet almanach : Quérard, *Super-cheries* t. III, 867 b.

[Cat. 3 fr.]

2484. — ALMANACH DE LA RÉPU-BLIQUE FRANÇAISE pour 1849. Rédigé par des représentants du peuple, d'an-ciens ministres, des membres de l'Insti-tut, des littérateurs, etc. || Paris, Pagnerre, libraire-éditeur, 18, rue de Seine. (1849-1852), In-16.

Se proposait de consolider la République par l'instruction du peuple.

2485. — ALMANACH DE NAPOLÉON. Illustré par Charlet et Raffet. 1849-1870. || Paris, boulevard Montmartre, 22. 50 centimes. In-16 carré.

Chaque année, vignette différente sur la couver-ture. En hauteur, à droite et à gauche, on lit : *A l'armée. — Au peuple.*

L'adresse de l'éditeur a changé à plusieurs re-prises. Les vignettes des premières années, seules, sont de Charlet et de Raffet : elles sont emprun-tées aux volumes napoléoniens de l'époque. Le calendrier est un « calendrier napoléonien », c'est-à-dire qu'il donne, chaque jour, un événement remarquable de la vie de l'Empereur.

Titre intérieur de l'almanach.

Napoléon Ier, le roi de Rome, Napoléon III, l'Im-pératrice, le petit prince impérial sont successive-ment le sujet de ces différents almanachs, destinés à populariser dans les masses les hommes et les créations de la famille Bonaparte.

La première année a pour frontispice le portrait de Louis-Napoléon, président de la République, et sur la couverture Napoléon Ier à cheval sur le monde, le front ceint de lauriers et le sceptre en main.

[Coll. de l'auteur.]
[La collection, cat. 10 fr.]

2486. — ALMANACH DÉMOCRATI-QUE ET SOCIAL. Tirage à 100,000 exemplaires. 1849. 1re année, 50 cent. || Paris, chez tous les libraires et au Bureau central. Rigo et Trottignon, 2, place des Victoires. In-16.

Sur la couverture, vignettes sur bois : une femme ailée tenant en main une banderolle (sur laquelle on lit : « Fraternité ») qu'elle montre à la foule vers laquelle descendent des rayons de lu-mière. Sur le titre intérieur, triangle égalitaire surmonté du bonnet rouge. Dans le texte, portrait gravé sur bois de A. Elwart, professeur d'harmonie au Conservatoire, auteur de l'ode-symphonie *Le Triomphe de la République,* reproduite avec la musique. Il existe des exemplaires avec portraits tirés à part, sur papier teinté, de George Sand, Lamennais, Raspail, Barbès, Cabet, Pierre Leroux, Fourier, Proudhon.

Préface de Gustave Mathieu sur le mode dithyrambique, faisant appel aux sources d'amour et de fraternité. Poésies par Lachambaudie, Théodore Banville (*sic,* sans de), (*Chant séculaire*), Charles Gille, Pierre Dupont, Gustave Mathieu. Articles de E. de Pompery, Lamennais, Victor Hennequin, Commerçon (*sic*), A. Rigo.

C'est, du reste, un des almanachs les plus curieux de l'époque.

[Cat. de 3 à 4 fr.]

2487. — ALMANACH DES AMIS DU PEUPLE... rédigé par Raspail, L. Blanc et autres. ‖ Paris, au Dépôt des publications populaires. 1849. In-32.

[D'après un catalogue de librairie.]

2488. — ALMANACH DES CAMPAGNES. 1849. Contenant : travaux du laboureur et du jardinier pour tous les mois de l'année; constitution de la République française; histoire politique de l'année 1848; biographie du général Cavaignac; dialogue politique; décret relatif à l'enseignement agricole; foires des départements; foires principales de France; réforme postale; tableau de réduction des poids et mesures; le chansonnier du village. ‖ Paris, Martinon, rue du Coq-Saint-Honoré, 4, Dumineray, rue Richelieu, 52. In-16.

En frontispice, portrait du général Cavaignac. Comme l'*Almanach de l'Armée* c'était, du reste, une publication destinée à appuyer dans les campagnes, la candidature de ce dernier à la présidence de la République.

En plus, renseignements divers intéressant l'agriculture.

[B. N.]

2489. — ALMANACH DES ÉLECTEURS pour 1849. Première année. ‖ Paris, à la Librairie, boulevard Montmartre, 22. In-18.

Réimpression, avec additions, de la plaquette : *Élections du 10 Mai 1849. Guide impartial des Électeurs.*

[B. N.]

2490. — ALMANACH DES FUMEURS pour 1849, illustré par A. Leroux.‖ Paris, chez tous les libraires et marchands de nouveautés. In-12.

Almanach comique composé d'une série d'articles sur le tabac, les cigares, la pipe, illustré de petites vignettes. (Histoire politique et militaire du tabac. Constitution française des fumeurs. Les ennemis du tabac. « Les rois ont attaqué le tabac, le tabac a vaincu les rois. » Histoire drôlatique du tabacophobe Fattet). Fattet, l'inventeur des *dentiers-Fattet* qui couvrait alors Paris de réclames, qui s'était élevé contre la malpropreté des pipes, qui venait de publier le *Guide du Fumeur,* paraît être l'instigateur de cet almanach, instrument de réclame en sa faveur.

Oyez plutôt ce qui se dit en une préface baptisée « Fumée préliminaire » — : « Périssent toutes les dents et tous les chicots plutôt qu'un principe ! Ayons des *dentiers-Fattet,* s'il le faut, dans la bouche, mais fumons!

« O Fattet ! fallait-il qu'un homme de talent qui n'est ni Anglais ni Autrichien attaquât ainsi la religion des fumeurs ? Fallait-il que le brûlegueule fût sacrifié à la blancheur plus ou moins problématique des dents que nous tenons de la nature ? Non, j'ose le dire, il ne le fallait pas. » — D'où l'*Almanach des Fumeurs.*

[Coll. de l'auteur.]

2491. — ALMANACH DES GIRONDINS (1849). ‖ Paris, à la librairie de Desloges, rue Saint-André-des-Arts, 39. In-12.

Almanach contenant un historique de la Révolution de février et de la séance de la Chambre des députés du 24, différentes anecdotes ou notices se rapportant à ce domaine, des rapports et circulaires officiels, et la biographie des membres du gouvernement provisoire avec petits portraits gravés sur bois.

[Cat. 2 fr.]

2492. — ALMANACH DES MONTAGNARDS (1849). Révélations sur les doctrines des Robespierre, Marat, Carrier, Greppo, L. Blanc, Caussidière, Blanqui, Proudhon, Cabet, Hébert, P. Leroux, Barbès, Raspail, Napoléon, etc. ‖ Paris, Desloges, Éditeur, 39, rue Saint-André-des-Arts. In-18.

Le titre intérieur porte : « Histoire des Montagnards. Doctrines, Principes et But. » Étude comparative sur les révolutionnaires de 1793 et sur ceux de 1848. Dans le texte, mauvaises gravures sur bois. Sur la couverture, portrait, tantôt de Robespierre, tantôt de Marat, tantôt de Carrier.

[Cat. 2 à 3 fr.]

2493. — ALMANACH DES OUVRIERS. 1849. Contenant : grandes prédictions pour 1849; constitution de la République française ; révolution de février 1848 ; des candidatures à la présidence ; décrets relatifs aux ouvriers; enquête sur les travailleurs; associations d'ouvriers ; biographie du général Cavaignac; Jacques Bonhomme aux ouvriers; le saltimbanque de qualité; quelques faits glorieux des journées de février ; tableau de l'histoire européenne; le prince Louis apprécié par les journaux anglais; chansons pour 1849, etc., etc. || Paris, Martinon, rue du Coq-Saint-Honoré, 4 ; Dumineray, rue Richelieu, 52. In-16.

Autre almanach de propagande électorale en faveur du général Cavaignac dont le portrait se trouve, cette fois, au verso de la couverture. A la dernière page, reproduction de vignettes de Bertall contre le prince Louis Napoléon.

[B. N.]

2494. — ALMANACH DES PRÉDESTINÉS (Cocus de Paris) pour 1849. || Paris, Dairnwell, 1848. In-32.

Recueil de facéties, en prose et en vers. Chansons, etc.

2495. — ALMANACH DES TRAVAILLEURS pour 1849. || Paris, Barba, Garnot, 7, rue Pavée-St-André-des-Arts. In-8.

Recueil factice, pour lequel on a imprimé un titre général et un calendrier, contenant les pièces suivantes : 1° *Les travailleurs et les communistes*, Louis Blanc; 2° *Les compagnons du devoir*, Agricol Perdiguier; 3° *La cuisinière républicaine par la citoyenne Charlotte, cordon tricolore, ci-devant cordon bleu*; et 4° *Morceaux d'éloquence civique, flambeau des clubs*, Crémieux.

[B. N.]

2496. — ALMANACH DU BON DIEU OU DE LA FRATERNITÉ, pour 1849. [Épigraphe :] « Aimez votre prochain comme vous-même : ne faites pas à autrui ce que vous ne voudriez pas qu'on vous fît. » || Paris, Barba, Garnot, 7, rue Pavée-St-André-des-Arts. In-8.

Recueil factice, pour lequel on a imprimé un titre général et un calendrier, contenant, en plus

d'ouvrages politiques, la plaquette suivante . « *Pie IX, régénérateur du monde.* »

[B. N.]

2497. — ALMANACH DU BON RÉPUBLICAIN, pour 1849. Respect à la famille et à la propriété. || Paris, Barba, Garnot, 7, rue Pavée-St-André-des-Arts. In-8.

Recueil factice, pour lequel on a imprimé un titre général et un calendrier.

2498. — ALMANACH DU DIABLE AMOUREUX. 1849. || Paris, Librairie, 39, rue Saint-André-des-Arts. In-18.

Publication sous forme d'almanach, c'est-à-dir avec un calendrier, de la plaquette bien connue sur la Grande-Chaumière, le Père Lahire et les célébrités chorégraphiques de l'époque.

[Cat. de 3 à 4 fr.

[Coll. de l'auteur.]

2499. — ALMANACH DU PÈRE DUCHÊNE pour 1849, par le citoyen Thuillier, gérant du *Père Duchêne* et les rédacteurs du même journal. Prix : 25 centimes. || Paris, se trouve au bureau du « *Père Duchêne* », 32, rue Montorgueil. In-18.

En une introduction, l'éditeur dit : « Le Père Duchêne fera un almanach. Tout le monde en fait; seulement il tâchera autant que possible d'en faire un comme tout le monde n'en fait pas; il publiera un almanach instructif, amusant, utile et curieux ». En fait, simple réunion, plus ou moins amusante, plus ou moins utile, plus ou moins curieuse, d'articles démocratiques.

[Cat. de 3 à 4 fr.]

2500. — ALMANACH FACÉTIEUX, RÉCRÉATIF, COMIQUE ET PROVERBIAL pour 1849 : Bons mots, bouffonneries, calembours, énigmes, etc., [illustré de jolies gravures dans le texte] publié par Hilaire Le Gai. || Paris, Pagnerre, puis Passard, libraire-éditeur, 7, rue des Grands-Augustins. In-18. (1849-1853).

Publication sans valeur continuée, en 1854, par l'*Almanach anecdotique et facétieux, comique et moral.* (Paris, Ruel, lib.-édit.)

Cet Hilaire Le Gai qui sera, par la suite, le fournisseur attitré de Passard, cachait la personnalité de M. Grattet-Duplessis, ancien proviseur du collège d'Angers, ancien recteur des Académies de Douai et de Lyon, mort à Paris en 1853. Il a publié, sous son nom, *La Fleur des proverbes français*.

2501. — ALMANACH RÉPUBLICAIN [DÉMOCRATIQUE] (1) pour 1849, rédigé par les citoyens Arnaud (de l'Ariège), Barbès, Louis Blanc, Blanqui, Considérant, Pierre Dupont, Lamennais, Ledru-Rollin, Lachambeaudie, Michel de Bourges, Nadaud, F. Pyat, Edgar Quinet, Raspail, Jules Salmson, Savinien Lapointe. || Paris, Jules Laisné, éditeur, passage Véro-Dodat, Martinon, Ledoyen et Girot. In-16.

Sur la couverture trois femmes personnifiant la Liberté, l'Égalité et la Fraternité. Sur le titre emblêmes révolutionnaires. Dans le texte, petits portraits sur bois des principaux démocrates de l'époque : V. Considérant, Armand Barbès, des trois sergents Commissaire, Rattier, Boichot, portés à la représentation nationale, Raspail, Quinet, Kossuth, Blanqui, Perdiguier, Cabet, James Demontry, Pierre Leroux, Lachambeaudie Jules Favre, Martin Bernard, Proudhon, Guinard colonel de l'artillerie parisienne. A signaler parmi les articles : « Fera-t-on de l'art sous la République ? » par Jules Salmson ; « Supériorité intellectuelle de l'ouvrier sur le bourgeois » par Réméon Pescheux.

[Cat. de 3 à 4 fr.]

2502. — ANNUAIRE DU CORPS DES MÉDECINS MILITAIRES. || Paris, Bureau du « Journal des Médecins militaires », Rue d'Enfer, 25. 1849. In-18.

Publié par l'*Écho du Val-de-Grâce*. Donne les noms des médecins militaires.

[B. N. — T. 49/2.]
[Voir, plus haut, n° 2470.]

2503. — ANNUAIRE MÉDICAL ET PHARMACEUTIQUE DE LA FRANCE, comprenant la législation médicale et pharmaceutique de la France, l'enseignement, les sociétés de médecine de Paris et des départements, les établissements et les emplois médicaux dépendant de l'administration, le personnel médical des armées, la liste générale des médecins, officiers de santé et pharmaciens de toute la France, classés par départements, arrondissements et communes, la statistique des ouvrages publiés dans le cours de l'année, etc., etc., etc., par Le docteur Félix Roubaud, Rédacteur de la *Gazette des hôpitaux*, Membre titulaire

de la Société de médecine pratique de Paris. 1ʳᵉ Année, 1849. || A Paris, chez J.-B. Baillière, Libraire de l'Académie nationale de Médecine, 17 rue de l'École de Médecine. A Londres, chez H. Baillière, 219, Regent-Street. A Madrid, chez Ch. Bailly-Baillière, libraire. 1849 à ce jour. In-12.

Cet ouvrage renferme de curieuses éphémérides médicales et pharmaceutiques ; la statistique des académies, sociétés médicales et hôpitaux ; une revue du monde médical ; un résumé des faits intéressants qui se sont produits dans les hôpitaux ; un historique des travaux médicaux les plus importants, une revue bibliographique de l'année, etc.

Plus tard il fut réuni à l'*Almanach général de l'Union médicale*, et compléta ainsi son titre :

—*Annuaire Médical et pharmaceutique de la France, du Docteur Félix Roubaud, et Almanach général de Médecine et de Pharmacie de l'Union médicale réunis.*

[B. N. — T. 47/49]

2504. — ANNUAIRE PARISIEN DU CULTE ISRAÉLITE pour 5611. A. R. (Septembre 1849 à septembre 1850) contenant la statistique des consistoires et administrations de France et d'Algérie, Histoires, Contes, Littérature, publié par A. Ben-Baruch Créhange. 1ʳᵉ Année || Paris à la Libraire Israélite, 5 rue de Tracy. In-32.

Calendrier israélite. La partie historique est très intéressante à parcourir pour les biographies des anciens moralistes et philosophes juifs, pour l'histoire de leurs croyances et de leurs luttes.

Frontispices, portraits lithographiques de rabbins et de grands rabbins. L'éditeur, Créhange, secrétaire des administrations consistoriales de Paris, est l'auteur de nombreux ouvrages religieux judaïques.

[Voir, plus loin, *Annuaire pour l'an du monde 5612.*]

2505. — L'ASTROLOGUE UNIVERSEL ou le Véritable Triple Liégeois. || Paris, Pagnerre éditeur, rue de Seine, 18 bis. In-32.

Almanach sur le modèle du *Petit Liégeois*, avec pagination marquée. Pagnerre avait ajouté l'épithète « Véritable » pour que sa publication ne fut pas confondue avec les autres nombreux « Astrologue », également « double » et « triple. »

---

(1) Le mot : « Démocratique » ne se trouve que sur le titre de la deuxième année.

2506. — CALENDRIER DE LA CONS-TITUTION (1849). ‖ Paris, Vᵉ L. Janet, libraire, rue St-Jacques 59. In-32.

La couverture imprimée sert de titre.

Calendrier, puis portrait de Louis-Napoléon Bonaparte et extrait de la constitution de 1848.

[B. N.]

2507. — CONSEILS DE SATAN AUX JÉSUITES. Almanach pour 1849, orné du portrait de l'auteur. Prix 1 franc. ‖ Paris. In-12.

Violent pamphlet (signé Satan) contre les jésuites. Les chapitres sont adressés « aux frères ensoutanés », « aux frères cafards », « aux frères éteigneurs », « aux frères mondains ». On y trouve également un chapitre sur les « diverses sortes d'imbéciles dont les académies et autres sociétés savantes et exploitantes sont composées. »

Le portrait (gravure sur bois) vise à être celui d'Eugène Süe.

[Cat. 3 fr.]

(Coll. de l'auteur.]

2508. — CONSTITUTION OCTROYÉE PAR SANCHO PANÇA AUX INSULAIRES DE BARATARIA, ou Almanach consti-tutionnel de Sancho pour l'année 1849; manuscrit découvert à Tolède et publié par F. L. dédié à l'Assemblée Nationale. — [Épigraphe :] « Le sens commun est le génie de l'humanité » : Gœthe. Prix : 25 cent. ‖ (Paris,) chez tous les libraires. In-16.

Recueil de pensées philosophiques, de Franklin et autres.

[B. N.]

2509. — LE DOUBLE ALMANACH FRANÇAIS. ‖ Paris, Pagnerre, Libraire-Éditeur, rue de Seine, 14 bis. In-32.

Almanach de la série des « liégeois » opposant un titre national aux qualificatifs étrangers.

2510. — LES DÉLICES DES FRANCS LURONS. Almanach chantant pour la présente année ‖ Paris, chez Delarue, quai des Augustins, 11 (1849). In-32.

Recueil de chansons populaires existant, également, avec un calendrier pour 1850.

[Bibl. de Lille.]

2511. — ÉTRENNES NATIONALES, PRÉCIEUSES ET INSTRUCTIVES. Petit Théâtre de l'univers. Par P.-C.-L. Janet, contenant le Calendrier, les Naissances et alliances des Souverains de l'Europe, etc. etc., pour l'année 1849. ‖ Paris, Vᵉ L. Janet, 59, rue Saint Jacques. In-32.

Petit recueil donnant, avec la constitution de 1848, la liste des ambassadeurs, généraux, maréchaux, etc. etc.

[B. N.]

2512. — LE GRAND ALMANACH LIÉGEOIS, par M. Mathieu Lænsbergh. ‖ Paris, au grand dépôt de tous les almanachs, cour de Roban 3. In-32.

Publié à 8 sous. Titre pris en opposition directe au Petit Liégeois, et placé sous le vocable du grand pronostiqueur en personne.

2513. — LA LUNETTE DU DONJON DE VINCENNES, ALMANACH DÉMO-CRATIQUE ET SOCIAL DE « L'AMI DU PEUPLE », pour 1849, par F.-V. Raspail, représentant du peuple. [Épigraphe :] « Le socialisme, c'est l'Évangile. Y croyez-vous ? » ‖ Paris chez l'éditeur des ouvrages de M. Raspail. In-18.

Sur la couverture, le donjon du château de Vincennes dessiné par Raspail fils, ainsi que plusieurs des vignettes du volume (Raspail père était alors détenu à Vincennes). Études philosophiques et sociales, remarquables par leur hauteur de vues : Cours succinct d'économie sociale. Définitions administratives. Dialogues et boutades.

Voir plus loin, le nᵒ 2569 et la série des Almanachs Raspail, à partir de 1865.

[Coll. de l'auteur.]

[Cat. 3 fr.]

2514. — LE MARTYR DE PARIS, almanach du bon pasteur. Année 1849. Rédigé par L. C. [Léon de Chaumont]. — Extrait du sommaire : Biographie de Mgr Denis Affre, archevêque de Paris. — Journées de juin. — Lettre du Pape. — Le bon pasteur. — A genoux devant le Christ! — La bonne sœur de Charité. ‖ Paris, chez l'Auteur, rue des Marais. S. G. 17; rue St-Jacques, 41; rue des Gravillers, 25. In-18.

Almanach bonapartiste, avec bois ayant déjà servi à illustrer les almanachs du même auteur.

Sur le titre des anges couronnent et enlèvent au ciel Mgr. Affre.

[B. N.]

2515. — LE MESSAGER DU GRAND HOMME, par M. Mathieu Lænsbergh. ‖ Paris, au grand dépôt de tous les almanachs, 3 cour de Rohan. In-32.

Almanach liégeois à 10 sous. C'était l'apparition de Napoléon dans le domaine de la littérature de colportage, pour mieux frapper les esprits.

2516. — LE NEVEU DU GRAND HOMME, par M. Mathieu Lænsbergh. ‖ Paris, au grand dépôt de tous les almanachs, 3 cour de Rohan. In-32.

Allusion directe au prince président dont l'arrivée au pouvoir aurait été annoncée par les prédictions de Mathieu Lænsbergh.

Almanach liégeois à 10 sous. [Voir, plus loin, nº 2572.]

2517. — LE NOUVEAU DOUBLE LIÉGEOIS ‖ [Paris], Pagnerre libraire-éditeur, rue de Seine, 14 bis. 1849 et suite. In-32.

« Nouveau », pour le mieux distinguer des autres au milieu du tas des Liégeois; « double » parce qu'il est plus gros. Avec pagination.

2518. — LE NOUVEAU TRIPLE LIÉ-GEOIS, par M. Mathieu Lænsbergh. ‖ Paris, au grand dépôt de tous les almanachs, cour de Rohan, 3. 1849 et suite. In-32.

Almanach liégeois à 10 sous, avec pagination.

2519. — LE PETIT LIÉGEOIS, Almanach journalier. ‖ Paris, Pagnerre, libraire-éditeur, rue de Seine, 18 bis. 1849 et suite. In-32.

Almanach-souche de la série des « Liégeois », composé de 28 pages, mais sans pagination marquée.

2520. — LE PEUPLE SOUVERAIN, Almanach permanent dédié à la nation française, pour 1849 et années suivantes. Par les citoyens Ernest Gervaise et F. Étienne. ‖ Paris, chez E. Miault et Cⁱᵉ, Éditeurs, et la Correspondance générale des Théâtres, Rue Lepelletier 25, en face l'Opéra, à l'entresol, et chez les principaux libraires. In-16.

Entretiens sur la constitution républicaine.

[B. N.]

2521. — LE PROPHÈTE FRANÇAIS, par Nostradamus. ‖ Paris, Pagnerre, libraire-éditeur, rue de Seine, 18. In-32.

Les « Prophètes » furent nombreux durant cette période de transition où une sorte de découragement semblait s'être emparé de la société.

Après Mathieu Lænsbergh, Nostradamus, si souvent invoqué, devait, à nouveau, servir d'enseigne.

2522. — LE PROPHÈTE RÉPUBLICAIN. Almanach du peuple. (Année 1849.) Par L. C***. [Léon de Chaumont.] — Extrait du sommaire : Les quatre journées de juin. — L'Archevêque de Paris. — Napoléon prophète de la République. — Mort de Bréa. — Les glorieux martyrs. ‖ Paris, rue de Seine, 32. In-4.

Sur le titre gravure sur bois représentant Napoléon à Sᵗᵉ Hélène, avec des titres d'ouvrages relatifs à Napoléon.

Almanach composé de 8 pages, avec chansons politiques illustrées et calendrier.

[B. N.

2523. — LE SIMPLE ALMANACH LIÉGEOIS. Par M. Mathieu Lænsbergh. ‖ Paris, au grand dépôt de tous les almanachs, 3 cour de Rohan. In-32.

Almanach liégeois à 2 sous, ainsi dénommé parce que c'est le plus petit de la série. Sans pagination.

2524. — LE TRIPLE LIÉGEOIS. ‖ Paris, Pagnerre éditeur, rue de Seine, 14 bis. In-32.

Triple par l'épaisseur, triple par le nombre des pages, qui sont, ici, numérotées.

2525. — LE VÉRIDIQUE LIÉGEOIS par M. Mathieu Lænsbergh. ‖ Paris, au grand dépôt de tous les almanachs, 3 cour de Rohan. In-32.

Almanach liégeois à 10 sous. Il y avait le « vrai », le « véritable », aux prédictions plus ou moins exactes : le « véridique », lui, se chargeait par la seule dénomination de son titre, de démontrer la fausseté des autres « Liégeois ».

2526. — VÉRITABLE ALMANACH LIÉGEOIS. ‖ Paris, Au grand dépôt de tous les almanachs, 3, cour de Rohan. In-32.

Almanach liégeois à 4 sous, qui, par son qualifi-

I.

catif de « Véritable » pensait ainsi opposer une digue infranchissable à la concurrence de tous les autres « Liégeois ».

2527. — VÉRITABLE ALMANACH NAPOLÉONIEN pour 1849. || Paris, au dépôt central. In-16.

Sur la couverture, aux côtés du portrait de Napoléon I, on lit : « 8 fr. le cent, 70 fr. le mille.» Dans ce domaine aussi, la concurrence était si grande, qu'on éprouvait le besoin de recourir aux qualificatifs.

2528. — LE VÉRITABLE DOUBLE LIÉGEOIS. || Paris, Pagnerre, éditeur, rue de Seine, 18. In-32.

Titre quelque peu pompeux, pour un « double » qui n'est guère plus gros qu'un simple.

2529. — VÉRITABLE LIÉGEOIS UNIVERSEL, par M. Mathieu Lænsbergh. Paris, Au grand dépôt de tous les almanachs, 3 cour de Rohan. In-32.

A la fois « véritable » et « universel », ce « Liégeois » pensait, grâce à son titre, avoir un débit plus considérable que les confrères aux titres plus modestes.

2530. — LE VÉRITABLE NOSTRA-DAMUS, par M. Mathieu Lænsbergh. || Paris, au grand dépôt de tous les almanachs, cour de Rohan, 3. In-32.

Almanach liégeois à 10 sous, réunissant sous son vocable les noms des deux plus fameux « pronostiqueurs ».

2531. — LE VIEUX LIÉGEOIS, par M. Mathieu Lænsbergh. || Paris, au grand dépôt de tous les almanachs, cour de Rohan, 3. In-32.

Almanach liégeois à 6 sous, opposant son ancienneté aux qualificatifs multiples des « jeunes »

2532. — LE VILLAGEOIS, Almanach de l'agriculture et des campagnes.|| Paris, Pagnerre éditeur, rue de Seine, 14 *bis*. In-32.

Almanach liégeois, sous un titre plus modeste.

2533. — ALMANACH CALIFORNIEN indiquant les meilleurs moyens d'aller s'enrichir en Californie, suivi d'une notice très curieuse. Prix : 25 cent. || Paris, chez les Libraires. 1850. In-32.

Brochure portant sur la nécessité d'une intervention armée en Californie, à laquelle se trouve joint un calendrier pour 1850. « Si l'on veut s'enrichir, soit en allant en Californie, soit en restant chez soi, il faut s'adresser à M. Ch... »

[Coll. de l'auteur.]

2534. — ALMANACH DE L'ALLIANCE DES PEUPLES, DES ROIS ET DES PRÉSIDENTS DE RÉPUBLIQUE. [Épigraphe :] « Ma patrie c'est l'univers, mes concitoyens sont les hommes d'ordre de tous les pays. » Pour 1850. || Paris, Desloges, éditeur, 39, rue Saint-André des Arts. In-18.

Plaquette légitimiste prêchant l'abolition des frontières et le mépris des révolutionnaires. Intéressante à parcourir par cette période d'anarchie.

2535. — ALMANACH DE L'AMOUR CONJUGAL. || Paris, (vers 1850). In-18.

Publication populaire, qui pourrait bien être la même que celle décrite sous le n° 2588.

[D'après un catalogue de librairie.]

2536. — ALMANACH DE L'ARMÉE FRANÇAISE, Destiné aux Militaires de tous grades et de toutes armes. 1re année 1850. Publié par Pagnerre. || Paris, Pagnerre, éditeur, 14 *bis*, rue de Seine. In-32.

Contient différents articles rédigés à l'usage et au point de vue des soldats, et donne les portraits (sur bois) des principaux généraux de l'époque.

[B. N.]

2537. — ALMANACH DE L'ÉGALITÉ, pour 1850. Par Raginel... || Paris, Raginel. In-16.

La couverture imprimée sert de titre. Publication populaire.

[B. N.]

2538. —ALMANACH DE L'OUVRIER ET DU LABOUREUR, pour l'année 1850. [Épigraphe :] « Si quelqu'un vient vous dire qu'on peut fàire fortune sans travail et sans économie, chassez le; c'est un empoisonneur. » (Franklin) || Paris, imp. de Bailly, Divry et Cⁱᵉ, Place Sorbonne 2. In-32.

Renseignements divers intéressant l'agriculture.
[B. N.]

2539. — ALMANACH DE « LA MODE » (Années 1850-1851.) || Paris, au bureau de la Mode, rue de Choiseul, 16. 2 années. In-18.

L'année 1851 est illustrée et porte, en plus, sur le titre, les mots : Relation du voyage de M. le comte de Chambord à Wiesbaden.

Almanach monarchique. Anecdotes satiriques sur les événements du temps, avec prédictions drolatiques pour l'année suivante.
[B. N.]

2540. — ALMANACH DE LA VRAIE SCIENCE, ou Moyen de doubler et tripler la richesse de la France. [Épigraphe :] Plus de « conscription. Garde nationale volontaire. » Prix : 30 cent. || Paris, Librairie, rue St-André-des-Arts, 39. In-32.

Le titre intérieur porte « par Desloges » (lequel Desloges était l'éditeur de la plupart des publications démocratiques depuis 1830). — Impôt militaire Des moyens de moraliser les peuples par un enseignement régulier. — De la liberté. — Logement des pauvres. — Projet d'une école préparatoire pour les jeunes soldats.
[Coll. de l'auteur.]

2541. — ALMANACH DE TOUT LE MONDE. Petite encyclopédie des connaissances utiles, pour 1850. — Publié par la Société des bons livres et rédigé par Hippolyte Peut. [Épigraphe :] « Quinze millions de Français n'apprennent que par les almanachs l'histoire et les lois de leur pays, les événements du monde, les progrès des sciences et des arts, leurs devoirs et leurs droits. » || Paris, rue du Croissant, 12. 1850-1851 : 2 années. In-24.

Frontispice sur bois représentant le prince-président. Renseignements divers dans le domaine pratique, etc...
[B. N.]

2542. — ALMANACH DÉMOC-SOC DÉDIÉ AUX ARISTOS par Jean Ver-

tot, contenant les surprenantes prédictions de Napoléon et Chateaubriand sur l'avenir de la République et du Monde. || Paris, 1850, Martinon, rue du Coq-St-Honoré, Dumineray, rue Richelieu, 52. 25 centimes. In-32.

Couverture rouge, avec une République à bonnet phrygien. Almanach de propagande, combattant la réaction d'une façon très violente, par la plume et par le crayon. Très nombreuses vignettes sur bois par Nadar, et deux de Bertall provenant des journaux d'Aubert et de Martinon. Histoire politique et philosophique du célèbre Bilboquet (Thiers). Le Congrès d'Ems (histoire-charge sur Henri V). Articles contre l'autocratie autrichienne et russe. Quelques chansons démocratiques.

Fut publié dans le format grand in-32 et petit in-32.
[Cat. 2 à 3 fr.]
[Coll. de l'auteur.]

2543. — ALMANACH DES AMOURS. || Paris, Pourreau. 1850. In-16.

Publication populaire.
[D'après un catalogue de librairie.]

2544. — ALMANACH DES ASSOCIATIONS OUVRIÈRES pour 1850. Publié sous les auspices par l'Union Essénienne, association universelle égalitaire et fraternelle des producteurs et des consommateurs. [Épigraphe :] Vivre en travaillant. Rédigé par G. Duchesne, P. Lachambaudie, A. Faudot, P.-J. Proudhon, Pauline Rolland, L. Vasbenter, Magot, Tristan Leroux, Léon Hocdé, Théodore Six, Sauvage-Hardy, etc. Prix : 50 centimes. || Paris, au bureau de l'Almanach des Associations, 47, quai des Grands-Augustins. In-32.

Dans un avis aux lecteurs, le président de l'Union, M. Léon Hocdé, ancien magistrat, estime que cet almanach sera incontestablement plus instructif que le Mathieu Lænsberg. Les associations étant à l'ordre du jour, il importe de les faire connaître. En réponse au mot de M. Dufaure : Personne, aujourd'hui, ne meurt de faim, l'almanach donne plusieurs récits de gens morts de faim. Statistique des associations ouvrières.
[Coll. de l'auteur.]

2545. — ALMANACH DES CITOYENNES. Amusant et drolatique pour 1850. || Paris, chez tous les Libraires. (Chez Desloges, rue St-André-des-Arts.) In-18.

Petite vignette sur le titre représentant un régiment d'Amours. Publication factice ; c'est la mise en vente, avec un titre nouveau, de fascicules ayant déjà paru dans *Les Citoyennes Lorettes et Grisettes à la recherche d'une position sociale,* dans *Grandeur et Décadence des Grisettes* et autres identiques. Les bois ont figuré également dans nombre de petites plaquettes.

[Coll. de l'auteur.]

[Cat. 3 fr.]|

2546. — ALMANACH DES INSTITUTEURS pour l'année 1850. || Paris, Imprimerie et librairie classique J. Delalain, imprimeur de l'Université, rues de Sorbonne et des Mathurins. 1850-1852. In-18.

Liste des instituteurs, professeurs, etc., avec divers renseignements intéressant l'enseignement.

[B. N.]

2547. — ALMANACH DES LETTRES ET DES ARTS à l'usage des gens d'esprit... et autres. Propriété des Sociétés des artistes peintres, sculpteurs, architectes, graveurs, dessinateurs et des artistes musiciens. Prix : un franc. || Paris, se trouve chez tous les libraires de Paris, de la France et de l'étranger. 1850. In-12.

Almanach publié à l'occasion de la grande loterie des artistes peintres et musiciens dont les lots étaient alors exposés au Bazar Bonne-Nouvelle (plusieurs se trouvent reproduits dans le texte par des petites vignettes).

L'avant-propos signé F. W. est de Francis Wey. Il est, du reste, plein de verve, ainsi qu'on peut en juger par les lignes suivantes : « Vous ne trouverez chez nous, ami lecteur, aucun renseignement sur la saison où il faut tirer les navets, repiquer les choux, semer les poireaux, ni sur l'âge où l'on doit sevrer les jeunes veaux; documents bien utiles, on n'en disconvient pas, à des citadins de Lyon, de Bordeaux, de Marseille, de Nantes, de Lille et surtout de Paris, où les propriétaires agricoles mesurent leurs immeubles entre les deux parois de leur fenêtre, égayée de cobéas et de capucines. Nous ne mentionnons là que la grande culture, le basilic et l'œillet impliquant trop grande division du sol. Mais c'est depuis que l'on pratique tant d'agriculture en petit-romain et en bas-de-casse que les pommes de terre sont malades, » etc...

Un autre article : Coup d'œil sur la situation des lettres et des arts est également signé de M. Francis Wey, tandis qu'une notice explicative sur le « calendrier des Arts et des Lettres » est due à M. Auguste Vitu, auteur dudit calendrier, et d'une chronique des faits les plus importants de l'année,

dans ce domaine. Ces chronologies, très nourries, sont d'excellents documents à consulter. M. Vitu fait observer, avec raison, que si les faits concernant le théâtre et ses interprètes y occupent une grande place, c'est parce qu'il est dans la nature des solennités dramatiques de se fixer par une date formelle.

Cet almanach, qui donne les noms des membres des cinq comités composant la Société des Lettres et des Arts (création Taylor), est accompagné de quelques vignettes sur bois : notons les portraits de Talma et de Victor Hugo.

[Coll. de l'auteur.]

[Cat. 3 fr.]

2548. — ALMANACH DES MILITAIRES FRANÇAIS pour l'année 1850, ou Passe-temps de garnison, publié par Verronnais, imprimeur - libraire, (1re année || Paris, Courcier, Pagnerre; Metz, Verronnais ; Lille, Blocquel - Castiaux. 1850-1855. In-18.

Almanach de propagande bonapartiste relatant les principaux faits militaires de la vie de Napoléon Ier.

[B. N.]

2549. — ALMANACH DES OPPRIMÉS, par H. Magen. Illustré de 50 vignettes par M. Hadamard, gravées par le procédé de MM. Netter et Bernheim. || Paris, rue Thibautodé (1850-1852, 3 années). In-16.

Les années ne sont que des réimpressions avec adresses différentes d'éditeurs. Vignettes très mal tirées, mais intéressantes au point de vue du procédé, alors nouveau.

Pamphlet des plus violent, non seulement contre l'Empire, mais aussi contre le clergé, surtout les Jésuites.

A la suite de cette publication doit prendre place le « Mémoire adressé à MM. les membres de la chambre des mises en accusation de Paris contre l'arrêt de la chambre du conseil, rendu le 23 octobre 1851, relatif à l'« Almanach des Opprimés » pour 1851, par Hippolyte Magen. » ||Paris, imp. de Beaulé. In-16.

— *Le même,* pour 1853. Louis Bonaparte, protecteur des Saints. Histoire du Bas-Empire. Parallèles. Les hommes noirs à travers les âges. La révolution marche. Veillées de Simon le pauvre, par H. Magen. Quatrième année. || Bruxelles 1853, in-12, br., 5 fr.

[Coll. de l'auteur.

[Cat. 6 fr.]

[Voir, plus loin, n° 2580, *Almanach de la Vérité.*

2550. — ALMANACH DES PROSCRITS RÉPUBLICAINS. 1850. Prix : 50 centimes. || Paris, au Bureau du *Nouveau Monde*, rue Richelieu, 102. In-16.

La couverture imprimée, qui sert de titre a pour vignette un personnage debout sur un rocher. Articles de Etienne Arago, Ledru-Rollin, Marc Caussidière, Martin Bernard, Louis Blanc, Watripon, Louis Ménard, Godefroy Cavaignac, Etex (étude sur l'Art et le Socialisme), J. Mazzini, Fiévet, typographe, Albert, le sergent Rattier.

[B. N.]

2551. — ALMANACH DES RÉFORMATEURS. 1850. || Paris, 4, rue du Coq-St-Honoré, puis rue Grange-Batelière, 13, chez Martinon. (1850- 1852, 3 années.) In-18.

Couverture illustrée (dessin de de Caudin) représentant les principaux chefs du mouvement réformateur se chauffant à l'autel du progrès : sous la gravure se lisent les noms de Pierre Leroux, Considérant, Girardin, Raspail, Proudhon. (Les autres paraissent être Robert Owen, Goupy, Duteil, de Caudin). La couverture de 1851 n'est pas illustrée : celle de 1852 reprend les portraits, mais en faisant disparaître les noms. — Quelques petits portraits dans le texte.

Prix :   50 c.
ALMANACH DES RÉFORMATEURS
1850.

Pierre-Leroux. Considérant.   Girardin. Raspail. Proudhon.

Précieux almanachs pour l'histoire des réformes économiques et sociales. Contenant des renseignements sur la doctrine saint-simonienne, le système de Fourier, le communisme de Cabet, le socialisme de Louis Blanc, le système de Robert Owen, la doctrine de Pierre Leroux et de Lamennais, le fusionisme de Toureil, les plans d'Émile de Girardin et les principes de Proudhon. L'année 1850 a une très remarquable étude sur la symbolique chrétienne.

[Coll. de l'auteur.]

2552. — ALMANACH DU CONTRIBUABLE pour 1850. Par Eynard et Escoffier. Sommaire : *Calendrier*, etc. *Impôt.* — Notions de *l'impôt en France.* — Impôt foncier. — Terre labourable. — Portes et fenêtres. — Personnelle et Mobilière. — Patentes. — Professions exemptes du droit de patente. — Prestations pour chemins vicinaux. — Mines. — Poids et Mesures. — Réclamations. — Mutations.— *Enregistrement.* — Tarif des droits d'enregistrement. — Droits fixes. — Droits proportionnels. Prix : 50 centimes. || Paris, L. Maison, libraire, éditeur des « Itinéraires de Richard », 3, rue Christine. Lyon, Ballay aîné ; Ginon, correspond. de l'*Écho des Feuilletons*. 1850 In-8.

Notions sommaires, à l'usage du public, sur l'impôt et sur les droits d'enregistrement.

[B. N.]₁

2553. — ALMANACH DU LOUSTIC FRANÇAIS. Par un habitué des casernes. 1850. [Épigraphe :]

> D'un rire burlesque le plaisir utile
> Épanouit le cœur et chasse la bile.

|| A Paris, chez Delarue, libraire, quai des Augustins, 11. In-18.

Publication populaire, avec figures.
[*D'après la* Bibliographie de la France. ||—Bibliothèque de Lille. Années 1854 à 1857.]

2554. — ALMANACH DU NOUVEAU MONDE, suivi d'un Almanach de 1793, avec le Calendrier Républicain. 1850, Prix : 50 cent. ||Paris, au bureau du *Nouveau Monde*. 1850-1851 : 2 années. In-16.

Vignette de H. Emy sur le titre. Almanach composé d'articles des députés proscrits, Louis Blanc, Étienne Arago, Rattier, Martin Bernard, Barthélemy. Avec *Le Travail*, musique de Victor Lefebvre, poésie d'Étienne Arago. Devait contenir des articles de Barbès et d'Albert qui ne purent arriver à cause de la difficulté des communications avec les prisonniers de Doullens.

Le titre de l'année 1851 porte en plus : « Par Louis Blanc. »

[Coll. de l'auteur.]

[Cat. : 3 fr.]

2555. — L'ALMANACH DU PEUPLE pour 1850. Par MM. J. Bern, commandant l'armée hongroise en Transylvanie, L. Blanc, Charassin, rédacteur de la *Fraternité*, David (d'Angers), membre de l'Institut, Pierre Dupont, Alp. Esquiros, Ch. Fauvety, ancien rédacteur du *Représentant du Peuple*, Greppo, représentant du Rhône, Gilland, représentant de Seine-et-Marne, Joigneaux, représentant de la Côte-d'Or, Savinien Lapointe, Ledru-Rollin, représentant du peuple, Pierre Leroux, représentant de la Seine, Malarmet, ouvrier monteur en bronze, Mazzini, membre du gouvernement exécutif de la République romaine, Monin, graveur, Nadaud, représentant de la Creuse, P.-J. Proudhon, F. Pyat, représentant du Cher, F.-V. Raspail, Robert (du Var), auteur de l'*Histoire de la classe ouvrière*, Savary, employé au gaz, Jules Salmson, statuaire, E. Stourm, Toussenel et F. Vidal, rédacteurs du *Travail affranchi*, P. Vinçard, ancien président des délégués du Luxembourg, etc. Et mesdames Louise Colet, Desbordes-Valmore, George Sand, Adèle Esquiros, Clémence Robert, Pauline Rolland, etc. Prix : 50 centimes. || Paris, Michel, éditeur, rue Sainte-Marguerite-Saint-Germain, n° 21. Et chez Martinon, 4, rue du Coq-Saint-Honoré. In-18.

Préface par Greppo : recueil d'articles en prose et de poésies (parmi ces dernières, le *Chauffeur de locomotive*, de Pierre Dupont). Quelques portraits sur bois.

[Coll. de l'auteur.]

2556. — ALMANACH DU VIEUX CONTEUR, ou Un peu de tout, pour 1850. || A Paris, chez Delarue, libraire, quai des Augustins. In-18.

Recueil d'historiettes et de facéties.

[D'après la *Bibliographie de la France.*]

2557. — ALMANACH D'UN PAYSAN pour 1850; par P. Joigneaux, représentant du peuple, auteur des « Lettres d'un Paysan », et membre des Sociétés d'Agriculture de Semur, Vitteaux, Genlis et Avesnes. Prix : 40 centimes. || Paris, Pillon, éditeur, rue Neuve-Saint-Augustin, 10. In-16.

La couverture imprimée sert de titre. Mélange de politique et d'agriculture pratique présenté au public sous forme de conversations et sous le titre de : « Les Veillées chez M. Mathieu ». Petites vignettes dans le texte.

[Coll. de l'auteur.]

2558. — ALMANACH FANTASTIQUE DES CONTEURS. Dialogues des morts sur les vivants par un homme d'État en disponibilité, qui faisait autrefois la pluie et le beau temps. Romans, contes et prophéties fantastiques par Lireux, Gozlan, Esquiros, Houssaye, Laurent Jan, Delaage, lord Pilgrim. Almanach de l'Amour. Prix : 50 centimes. || Paris, Martinon, libraire, rue du Coq-Saint-Honoré, 4. 1850 In-4.

Vignette de de Beaumont sur la couverture. Petites vignettes, dans le texte, de Nanteuil, de Beaumont et Meissonier. Avec un calendrier républicain dont les saints sont des fleurs, plantes et bêtes à « l'usage des autres. »

Article de lord Pilgrim sur Vadé, Aux versos de la couverture : « prophéties lamentables. »

[Cat. 3 à 4 fr.]

2559. — ALMANACH NATIONAL DE PARIS ET DES DÉPARTEMENTS pour l'année 1850. || A Paris, Vve L. Janet. In-12.

Suite de l'*Almanach de la Cour et de la Ville* (Voir plus haut haut, n° 1480).

[B. N.]

2560. — ALMANACH POUR RIRE. 1850. Texte par MM. Jean Vertot, C. Carraguel, E. de La Bedollière, Gérard de Nerval, A. Fauchery, etc. Dessins par Bertall, Nadard (sic), Fabritzius, Lorenz. || Paris, Aubert et Cie, place de la Bourse, et Martinon, rue du Coq-Saint-Honoré. 50 centimes. In-32.

Les noms des collaborateurs et dessinateurs changent chaque année.

Le titre de la 1re année est tiré en blanc sur fond bleu chromolithographique. Ed. Morin a dessiné, pour la 2e année, une très jolie couverture illustrée (une parade de saltimbanques devant la maison Aubert) que devait remplacer, bientôt, la populaire composition de Cham, seul illustrateur de l'almanach à partir de 1854. Cette composition (le petit personnage monté sur une plume et sur un crayon en guise d'échasses) va jusqu'à 1866, époque à laquelle apparaît le personnage mettant le feu à un encrier qui éclate comme une bombe et fait éclater en l'air tous les bonshommes imaginés par Cham. Après la guerre, le bonhomme aux échasses reprend sa place sur la couverture.

Couverture dessinée par Edmond Morin.

L'année 1879 est illustrée par Bertall, 1880 par Cham et Draner, et, depuis lors, c'est Draner et Mars qui tiennent l'affiche.

[Collection intéressante : premières années rares, 1850 difficile à rencontrer. — Cat. 30 fr.

[Coll. de l'auteur.]

2561. — ALMANACH RÉAC. Année 1850. Rédigé et illustré par une société d'aristos, dessins de Quillenbois. ‖ Paris, chez Martinon, rue du Coq-St-Honoré, 4. In-8.

Amusantes vignettes sur les actualités du jour, politiques et autres.

[Cat. de 2 à 3 fr.]

2562. — ALMANACH SPÉCIAL ET PITTORESQUE DES CHEMINS DE FER, pour 1850, illustré de 12 caricatures par Cham et de vignettes par les premiers artistes. [Prix : 50 centimes.] ‖ Paris, grand dépôt de tous les Almanachs liégeois et pittoresques, 3, cour de Rohan, 3. In-32.

Almanach amusant à parcourir comme toutes les publications relatives à l'origine des chemins de fer. Rien n'égale la naïveté des recommandations faites au bon public sous le titre de : « Avis et Conseils aux voyageurs. » — « Les trains partent à heure fixe », y lit-on, « on ne saurait donc prendre trop de soins pour arriver à l'avance. Le nom et l'adresse inscrits sur une malle doivent être bien lisibles. Présenter son bagage au dernier moment, c'est s'exposer à le voir refuser, faute de temps. Il est imprudent de rester debout dans les voitures. On ne doit descendre, pour quelque nécessité que ce soit, qu'après s'être bien assuré que la halte durera cinq minutes. Le plus sûr est d'attendre que le convoi soit arrêté et de retenir les imprudents qui veulent se précipiter. »

Suivent des notices sur les chemins de fer et leur origine, le récit officiel du voyage du président de la République à Rouen, au Havre et à Ham, l'inauguration des lignes de Paris à Nantes, de Paris à Lyon, de Paris à Chartres.

Cet almanach réfute encore les préjugés sur les dangers des chemins de fer et se termine par une réclame de dentiste : les voyageurs et les maux de dents.

Les amusantes caricatures de Cham ne sont pas moins précieuses, car elles fixent la physionomie des wagons de l'époque et, notamment, des fameux wagons découverts dans lesquels, exposé aux intempéries des saisons, le public était réduit à l'état de colis.

[B. N.]

[Cat. de 3 à 4 fr.]

2563. — LES DÉLICES DES JEUNES PASTOUREAUX, Almanach chantant pour la présente année. ‖ Paris, chez Delarue, quai des Augustins, 11. In-32.

Figure sur le titre. Calendrier pour 1850.

C'est le même almanach que *Les Délices des Francs Lurons*, avec un titre différent.

[Bibl. de Lille.]

2564. — LE DIABLE ROUGE, Almanach cabalistique pour 1850, contenant le tableau des influences qui dominent sur le physique et le moral de l'homme, et accompagné des tables cabalistiques à l'aide desquelles chacun peut tirer son horoscope et prévoir son avenir, ainsi que celui des autres, etc... Dessins par MM. Bertall, Nadard (*sic*), Pastelot, Fabritzius, etc. || Paris, Aubert et Cⁱᵉ, éditeurs, place de la Bourse; Martinon et Dumineray. In-16. (5o centimes).

Publication d'actualité, politique et comique, avec d'amusantes vignettes remettant en honneur la magie blanche, la magie noire, la magie de toutes les couleurs.

[Coll. de l'auteur.]

2565. — LE DIABLE VERT, Almanach satirique, pittoresque et anecdotique, donnant en regard du calendrier grégorien le calendrier républicain, d'après l'Annuaire de la Convention; avec l'explication raisonnée des divisions de l'année, renfermant le lorgnon du Diable Vert, à l'aide duquel on verra le passé, le présent et l'avenir daguerréotypés dans une suite de vignettes par Bertall, Nadard (sic), Pastelot, Fabritzius, etc. || Paris, Aubert, Martinon et Dumineray, éditeurs, place de la Bourse. 1850. (5o cent.) In-8.

Couverture imprimée sur papier vert. Petite vignette, sur le titre intérieur, représentant un Diable posant un lorgnon sur le nez d'un bonhomme. Articles et images passant en revue le passé, le présent et l'avenir. Plusieurs caricatures sur Louis-Philippe, Thiers et le prince-président provenant de la *Revue Comique* et du *Journal pour Rire*.

On lit sur les réclames qui l'annonçaient : « Se moque de tout et de tous : c'est l'almanach des mauvaises langues. »

[Cat. de 3 à 4 fr.]

2566. — ÉTRENNES NATIONALES, contenant l'organisation militaire; les Maréchaux de France; les Divisions militaires; l'Infanterie; la Cavalerie; le Corps de la marine; les Colonies françaises, etc. Pour l'année 1850. || Avignon, Peyri. In-32.

Suite des *Étrennes Royales*.

Divers tableaux, dont ceux des sous-préfectures, portent encore le mot : royal.

[B. N.]

2567. — JÉROME PATUROT DANS LA LUNE, ou la République des femmes. Almanach féerique, comique et chantant. 15 centimes. (Année 1850). || Paris, chez l'éditeur, rue de la Harpe, 90. In-4.

Vignette sur le titre et vignette sur la couverture représentant, l'une Paturot montant à la lune

sur une échelle, l'autre Paturot lancé dans l'espace sur un char traîné par des cygnes. Au bas on lit : « Jérôme Paturot, président de la République des femmes. »

Histoires sur Paturot et la République suivies de trois chansons : l'Amour sourit, Derniers beaux jours de Lisette, Napoléon prophète.

[B. N.]

2568. — LE MESSAGER BOITEUX DE PARIS. || Paris, Aubert et Cⁱᵉ, éditeurs, place de la Bourse. 1850. In-16. (5o centimes).

Publication populaire parisienne sur le modèle des « almanachs boiteux » des départements.

[D'après un catalogue de librairie.]

2569. — LA LUNETTE DE DOULLENS. Almanach démocratique et progressiste de « L'Ami du Peuple » pour 1850, par F. V. Raspail, représentant du peuple à la Constituante. [Épigraphe :] « Sentinelles, prenez garde à vous!!! » || Paris, chez l'éditeur des ouvrages de M. Raspail. In-18.

Vignette sur la couverture : le triangle égalitaire dans un rayonnement, au-dessus de l'urne du suffrage universel. Comme frontispice, un portrait de Raspail. Cet almanach, composé dans la citadelle de Doullens, est daté du 1 juillet 1849.

En outre du calendrier grégorien et de l'annuaire républicain de la Convention, il contient un memento des grands hommes qui ont concouru au progrès de l'humanité et des grandes dates. Articles variés et fort intéressants : notice sur la prison de Doullens, — projet de réforme de la Constitution, — papauté temporelle et papauté spirituelle, — Martyrologe, — Boutade (Philanthropie du Code pénal, philanthropie des prisons.)

[Coll. de l'auteur.]

[Cat. de 3 à 4 fr.]

2570. — NAPOLÉON PROPHÈTE. ALMANACH DU PETIT CAPORAL. 1850. || Paris, rue des Gravilliers, 25. In-18.

Almanach de propagande bonapartiste, sous la forme d'un « liégeois. »

[B. N.]

2571. — NAPOLÉON PROPHÈTE. Almanach du peuple et de l'armée. Année 1850. Par L.-C. (Léon de Chaumont), auteur des « Papillons de la présidence ». || Paris, rue Saint-Jacques 41. In-4.

Almanach publié sous le même titre que le précédent, quoique différent comme texte.

Publication de propagande, également, qui eut un nombre considérable d'éditions. L'auteur avait déjà publié et devait encore publier nombre d'almanachs du même genre.

[B. N.]

2572. — LE NEVEU DU GRAND HOMME. Almanach pour 1850, par Michel Nostradamus. — ‖ Se trouve à Liége; et à Paris, au grand dépôt de tous les almanachs, 3 cour de Rohan. In-32.

Enseignements sur l'agriculture, à l'usage du peuple, et foires des départements. Contient une histoire des rois de France, avec portraits médaillons, et n'oublie pas la biographie du « neveu du grand homme. » [Voir, plus haut, n° 2516.]

Sur le titre, vignette astrologique.

[B. N.]

2573. — NOUVEL ALMANACH POPULAIRE DE LA SANTÉ. Manuel de Médecine domestique pour l'usage des chefs de famille et de toutes les personnes charitables qui se vouent au soulagement des malades et des blessés, publié par les Docteurs B... et G... ‖ A Paris, chez Delarue, Libraire, quai des Augustins, 11. 1850. In-16.

Portrait de Jean de Milan. et gravures sur bois. Almanach populaire, avec notices médicales.

$$\left[\text{B. N.} - \text{T} \frac{47}{51}\right]$$

2574. — LE VRAI RÉPUBLICAIN. Almanach démocratique et journalier pour 1850. ‖ Paris, Dépôt des almanachs populaires des villes et des campagnes, rue du Paon-Saint-André-des-Arts, 8. In-32.

Sur le titre, buste de la République, entouré de drapeaux. Contient une histoire des rois de France, avec portraits médaillons, des mélanges, des horoscopes, et une revue des événements.

[B. N.]

2575. — ALMANACH-ANNUAIRE DE LA BANLIEUE DE PARIS, pour l'année 1851, publié par les soins de la direction du journal *la Presse de la banlieue*.... Première année. ‖ Paris, chez tous les principaux libraires. In-8.

Almanach de renseignements officiels. Devint, en 1854 : *Annuaire administratif de la banlieue*.

[B. N.]

2576. — ALMANACH DE L'APPRENTI ET DE L'ÉCOLIER. Pour 1851. ‖ Paris, Eugène de Sore, imprimeur, rue de Seine, 36 [puis : Dépôt, rue de Furstenberg, 6]. (1851-1870) In-16, puis in-12 (à partir de 1856).

Couverture imprimée avec sujet (ange, puis escamoteur).

Almanach destiné aux écoliers et aux apprentis de Paris et de province. Historiettes et renseignements utiles aux enfants. Seize mille exemplaires de la 1ʳᵉ année furent vendus en quelques semaines. Gravures sur bois dans le texte. Celles de la 1ʳᵉ année sont l'œuvre d'un apprenti graveur de 13 ans, Jules L***.

$$\left[\text{B. N.} - \frac{\text{R}}{26318}\right]$$

2577. — ALMANACH DE L'ATELIER. (Année 1851.) ‖ Paris, Dépôt général, rue Garancière, 6. [Puis : se trouve chez les Libraires du département, et depuis 1855, Dépôt à Paris, rue Furstenberg, 6, et chez Retaux-Bray.] 1851 à ce jour. In-16.

Titre pris sur les couvertures imprimées; les frontispices portent seulement : *Almanach pour l'année...*

Couverture avec vignette représentant des ouvriers de différents corps de métier occupés à leurs travaux.

Evénements historiques, récits, anecdotes. Mauvais portraits sur bois et vignettes diverses.

A partir de 1889, la vignette de la couverture a changé. Au premier plan, des forgerons; dans le fond on aperçoit un vitrier et un menuisier à son établi.

Réimpression des années 1854 à 1856 avec la mention : « Nantes, chez tous les libraires du département. »

[B. N.]

2578. — ALMANACH DE LA CONSTITUTION, OU LUCRÈCE-CONSTITUTION. ‖ Paris, Pourreau, rue de la Harpe, 82. Palais National. Passage Jouffroy, 1851. In-4.

Sur le titre, gravure représentant : « La République à cheval sur les chevaux du roi. » Celle-ci est à califourchon derrière un personnage en habit de cour.

Almanach bonapartiste, illustré de bois ayant déjà servi pour des publications du même parti; à la fin, la Constitution de 1848.

[B. N.]

2579. — ALMANACH DE LA FAMILLE MILITAIRE pour 1851. Vendu au profit de la *Famille Militaire*, Société générale de prévoyance mutuelle fondée en faveur des anciens officiers, sous-officiers et soldats des Armées de terre et de mer, depuis l'Empire jusqu'à nos jours. || Paris, au bureau de la *Famille Militaire*, rue de l'École-de-Médecine, 20, et chez tous les libraires de France et de l'Étranger. In-12.

Récits de différents faits de guerre. Biographie de Louis-Philippe et du maréchal Bugeaud. Conquête des Deux-Siciles par Charles d'Anjou. Fastes de l'Infanterie, campagnes d'Allemagne jusqu'à Marengo.

[B. N. — Lc, 25]

2580. — ALMANACH DE LA VÉRITÉ. (Deuxième *Almanach des Opprimés*) pour 1852. Par Hippolyte Magen. — (Veillées de Simon le Pauvre). Moines, Fantômes, Jésuites et Démons. || Paris, chez l'auteur, 4, rue du Coq-Saint-Honoré, 1851. (Prix : 50 cent.) In-16.

Sur la couverture, vignette représentant des jésuites et des monarques, l'éteignoir en main, foulant aux pieds Rousseau, Pascal, la Bible, et cherchant à éteindre les rayons du soleil.

Contient : *Quatre Veillées*, et, sous le titre de « Martyrologe de la démocratie », des éphémérides, chronique de la contre-révolution du 1er janvier 1849 au 26 octobre 1851. Avec un calendrier.

[B. N.]

2581. — ALMANACH DE LA VILE MULTITUDE, par un de ses membres, suivi de la liste complète des associations ouvrières de Paris et de la banlieue. || Paris, chez Gérard. (1851). In-12.

Vignette sur le titre : *Thiers debout sur la corde raide de la Constitution.*

— *Le même* pour 1852, ayant, en plus, sur le titre : *Guide pour les élections de 1852.* La vignette sur Thiers se trouve reportée à la page 78 (scène d'acrobatisme parlementaire). || Paris, chez Gérard.

Articles de Girardin, Joigneaux, Proudhon, Louis Blanc, F. Pyat, Jean Macé, Lachambeaudie, etc.

[Coll. de l'auteur.]

[Cat. 3 fr.]

2582. — ALMANACH DE LOUIS-PHILIPPE pour l'année 1851. Ses bienfaits pour chacun des jours de l'année. [Épigraphe emprunté à une lettre de Napoléon, de mars 1815.] « Duc de Bassano, voyez ce que le duc d'Orléans écrit à Mortier en quittant la France.. Cette lettre lui fait honneur ! — CELUI-LA A TOUJOURS EU L'AME FRANÇAISE. » Par Louis Tirel, ex-contrôleur des équipages du Roi (décoré de juillet 1830). || Paris, Comon, libraire-éditeur, quai Malaquais, 15. In-16.

Très curieux volume s'ouvrant par la gravure d'un projet de statue à élever à la mémoire de S. M. Louis-Philippe, et avec quelques petites vignettes dans le texte. Observations sur les dons du Roi, sa clémence, les principaux faits de sa vie; martyre de la Royauté; travaux publics· recettes et dépenses de la liste civile sous son règne. Biographie, *en vers*, du roi, de la reine, des princes et des princesses. Demande de rappel des princes et du corps du roi de l'exil (lettre à l'Assemblée nationale législative).

Ce Louis Tirel, qui donne à Louis-Philippe l'épithète de « Napoléon de la Paix », est l'auteur de nombreux pamphlets qui firent, alors, quelque bruit.

Il annonçait l'intention de publier également son almanach en 1852, mais je ne crois pas qu'il ait paru.

[Coll. de l'auteur.]

[Cat. 3 fr. 50.]

2583. — ALMANACH DE SANTÉ pour 1851, par M. Parent-Aubert, médecin de la Faculté de Paris. || Paris, Dépôt principal, Palais-National, Galerie Valois, et chez l'auteur, médecin-consultant. In-18.

Conseils de médecine et d'hygiène.

Publication populaire faisant suite au précédent almanach du même auteur. (Voir, plus haut, n° 2402.)

2584. — ALMANACH DES DAMES ET DES DEMOISELLES pour 1851. || Paris, Pagnerre, Libraire-Éditeur, 18, rue de Seine ; puis Plon, rue Garancière. (1851 à ce jour). In-4

Sur la couverture, composition dessinée par H. Emy, mais, depuis 1870, remplacée par une simple figurine de mode. Collection intéressante à cause de ses nombreuses gravures de modes, et qui se trouve ainsi avoir une certaine valeur documentaire. Travaux de dames, cuisine, dessert, etc...

2585. — ALMANACH DES DÉBI-
TEURS. Dédié au « Neveu » de son « On-
cle » par une Anglaise. [Épigraphe :]
« Rien ne porte malheur comme payer ses
dettes » (Regnard). Prix : 50 centimes. ||
Paris, Willermy, Éditeur, rue Poisson-
nière, 29. 1851. In-18.

1851
ALMANACH
DES
DÉBITEURS

DÉDIÉ

Au NEVEU DE SON ONCLE

Par une Anglaise.

Rien ne porte malheur comme payer ses dettes.
(REGNARD.)

PRIX : 50 CENT.

PARIS
WILLERMY, EDITEUR
Rue Poissonnière, 29.

Sur le titre, personnage debout se frisant les
moustaches, ayant une vague ressemblance avec le
prince-président visé, du reste, assez clairement
par les mots : « neveu de l'oncle » et une « Anglaise »(allusion à miss Howard).

Après le calendrier, d'une correction parfaite,
l'esprit du volume se montre dès les fêtes principales. « Circoncision. Le marchand de meubles
vous apporte son compte et vient savoir si vous
êtes en mesure de payer le terme. — Purification.
Les costumes de bal masqué sont portés au Mont-
de-Piété, malgré la prévoyance sagace des costu-
miers. — Pentecôte. Impossible de manger à l'œil
ce jour-là. »

Cet amusant petit almanach, accompagné de
vignettes de Bertall, Lorentz et autres, contient le
code du débiteur et, sous le titre de « Physiologie », une série d'études de personnages appartenant au monde interlope (le mangeur de blanc,
les lolos, le lézard, l'ami de la maison, le dentiste,

l'avocat sans cause). Suit le Chansonnier et le
vocabulaire spécial à l'usage des débiteurs.

[Coll. de l'auteur.]
[Cat : 4 fr.]

2586. — ALMANACH DES ENFANTS,
ou les Heures de loisir. Jour de l'en-
fance et de la jeunesse. || Paris, chez De-
larue, libraire, quai des Augustins, 11.
In-12.

Publication populaire à l'usage de la jeunesse,
avec figures et calendrier pour 1851.

[Bibl. de Lille.]

2587. — ALMANACH DES MACHOI-
RES. Pour 1851. Par M. Wᵐ Rogers.
Prix : 50 centimes. || Paris, chez l'auteur,
rue Saint-Honoré, 270, et chez tous les
principaux libraires. In-12.

Portrait sur bois de W. Rogers.

Almanach comique de réclame, illustré de nombreuses petites vignettes sur bois. On y trouve un
chapitre intitulé : *Physiologie des Mâchoires*, dans
lequel l'auteur, le dentiste Rogers, divise les mâchoires en mâchoires politiques, parlementaires,
religieuses, universitaires, de bureaux, financières,
militaires, littéraires, amoureuses, etc., etc., avec
des réflexions drôlatiques.

Rogers « inventeur des dents osanores indestruc-
tibles », dont on a déjà pu voir, en différents almanachs, les procédés de réclame, illustrées et autres,
— noter celle du *Charivari* — faisait paraître des
poèmes sur ses inventions, et promenait dans Paris
des voitures avec une capote en forme de mâchoire.

$$[\text{B. N.} - \text{T} \frac{48}{3}]$$

2588. — ALMANACH DES MYSTÈRES
DE L'AMOUR CONJUGAL ET DE L'HY-
GIÈNE DU MARIAGE, par M. Parent-
Aubert, médecin de la Faculté de Paris. ||
Paris, Dépôt principal, Palais-National,
Galerie Valois, et chez l'auteur, médecin-
consultant, rue d'Anjou, 19. (1851, 1852
et 1855). In-18.

Chaque année a, comme frontispice, le portrait
de l'auteur (mauvaise gravure sur bois). La première année contient un tableau des jours et heures
de chaque mois de l'année « considérés comme les
plus favorables au perfectionnement et à la reproduction » et un très curieux « projet de loi sur le
perfectionnement de l'espèce humaine » dans lequel l'auteur demande que des précautions sani-
taires et hygiéniques président au choix des
époux.

La première année eut un grand succès et fut
traduite en langue étrangère.

[B. N.]

2589. — L'ALMANACH DES RIEURS, suivi de « Les Rouges en 1852 », Conte bleu en vers. Extrait d'un *Cauchemar blanc*, par un petit homme gris. Prix : 40 centimes. || Paris, Librairie de la Propagande démocratique, 1, rue des Bons-Enfants, 1851. In-16.

S'ouvre par un avant-propos, en vers, signé E. Berton :

> En *fondant* toutes les couleurs,
> Caméléon fort politique,
> Je veux, dans notre République,
> *Fonder* le parti des rieurs.

Prophéties générales et prophéties mensuelles, également en vers, dont on peut facilement apprécier l'esprit par la citation suivante :

Septembre :

> On apprendra soudain que trois gendarmes morts
> Ont, envers les rieurs, eu le plus grand des torts..
> Ils n'auront pas vécu ! Sale plaisanterie.
> Nul ne saura leurs noms dans la gendarmerie !

Suivent : « Sainte Loterie, litanie omnibus, gaudriole en 1 acte, clairsemée d'esprit et criblée de calembourgs », des chansons, quelques profils politiques des hommes du jour (Baroche, Rouher, Foucher, Changarnier, Cavaignac, etc.) et des « nouvelles à coups de poings »

[Coll. de l'auteur.]

[Cat. 3 fr.]

2590. — ALMANACH DES THÉÂTRES, Pièces nouvelles, Reprises, Débuts, Biographies, Théâtres de la province et de l'étranger. Nouvelles dramatiques. Anecdotes, etc. Octobre 1851. || Paris, Michel Lévy frères, rue Vivienne, n° 1, 1851. In-32.

Almanach publié par Léon Sari.

[Cat. 3 et 4 fr.]

2591. — ALMANACH DES VRAIS SOCIALISTES, pour 1851. Par une réunion de gens de lettres. Prix : 50 centimes. || Paris, Bureau central, rue Guénégaud, 18. In-18.

Sur le titre, balances dans un plateau desquelles se trouve un gros paquet portant la mention : doctrines socialistes. Au-dessous, on lit : « Ce que pèsent les doctrines socialistes. »

Almanach dirigé contre les socialistes-démocrates, contenant, pour chaque mois de l'année, des prédictions comiques se terminant, toutes, par quelques lignes à l'adresse du général Changarnier. « Février. Nous avertissons les barricadeurs que le général Changarnier se portera mieux que jamais. — Avril : le général Changarnier aura les membres paralysés, il chantera la Carmagnole. — Novembre : Nous prévenons les démocrapules que le général Changarnier fait concurrence au Pont-Neuf pour la solidité. »

Avant-propos sur les vrais et les faux socialistes (vrais socialistes, Jésus, Louis XVI, Mgr Affre ; faux socialiste, Louis Blanc.)

Contient, en outre, la liste complète des œuvres de charité consacrées à l'enfance, des portraits socialistes de Francis Lacombe empruntés à son volume : *Études sur les socialistes*, des opinions de Napoléon I, des aphorismes, des anecdotes, des épigrammes.

Quelques vignettes, une entre autres représentant le prince Louis Napoléon sortant du fort de Ham et portant sur ses épaules la planche de salut qui doit sauver la France, et des petites caricatures sur Pierre Leroux et Victor Considérant.

Comme curiosité de haut goût, deux chansons d'un « des plus spirituels, et sans contredit, du plus fécond de nos vaudevillistes », — lisez Clairville, — « Dieu, réponse à un Athée » et « Rétrogradons, chanson communiste. »

Se termine par « Une Laffite et Caillard », de Louis Boyer, « voyage de Paris à Lyon, en 2 nuits, 3 parties et 4 compartiments », amusants dialogues.

[B. N. || Coll. de l'auteur.]

[Cat : 3 fr.]

2592. — ALMANACH DU CLERGÉ DE FRANCE pour l'An de Grâce 1851. Publié d'après les documents du Ministère des Cultes et des Secrétariats des Évêchés ; suivi d'un recueil des Lois, Ordonnances et Décisions concernant le culte catholique. Troisième série. Première année. || Paris, Gaume frères, Libraires-Éditeurs, rue Cassette, 4 (Mars 1851). 1851-1856, 6 années. In-12.

Annuaire purement officiel ne contenant, comme texte, que quelques éphémérides à la fin. Avec une carte de la France divisée par provinces ecclésiastiques.

Voir, plus haut, *Almanach du Clergé pour 1844*, (voir n° 2385).

[B. N.]

2593. — ALMANACH DU DROIT NATIONAL, pour l'année 1851. || Paris, chez Dentu, Galerie vitrée, au Palais-National, et au bureau des journaux du *Droit National des provinces*. Imprimerie de la Province, à Paris, rue Richer, 20. In-16.

Almanach publié par M. Henri Carion, rédac-

teur de l'*Émancipateur*. Contient un petit vocabulaire politique où hommes et choses sont envi-
sagés sous la forme des réalités et des préjugés;
une conversation sur l'autorité et la liberté par
E. de Lavaulx; l'œuvre et les ouvriers par Alexandre Weil; la cause de l'appel au peuple
plaidée devant Henri de France, et des poésies
« le Droit National » par M. D'Urbin; « le 29 septembre », par Henri Carion, etc.

[B. N.]

**2594. — ALMANACH DU LABOU-
REUR** pour l'Année 1851. || Paris, Dépôt
Général, rue Garancière, puis rue Furstenberg, 6. 1851 à ce jour. In-16.

Même ouvrage que l'*Almanach de l'Atelier*,
(voir, plus haut, n° 2577.) la couverture porte
une vignette rurale qui a varié plusieurs fois.
— Titre pris sur les couvertures imprimées;
les frontispices portent seulement : *Almanach pour
l'année...*

Les années 1854 et 1856 ont été également
réimprimées avec la mention : « Nantes, chez tous
les libraires du département ».

[B. N.]

**2595. — ALMANACH DU MAGASIN
PITTORESQUE**, illustré. || Paris, aux
bureaux du *Magasin Pittoresque*, rue
Jacob, 30. 1851 à ce jour. In-18 carré.

Recueil donnant une sorte de résumé de l'année
et des articles divers, avec réductions des gravures
du *Magasin Pittoresque*.
Couverture illustrée. — [La collection complète
des 43 almanachs, parus à ce jour, se vend de 16
à 20 fr.]

**2596. — L'ALMANACH DU VRAI
BLAGUEUR** pour la présente année. ||
A Paris, chez Delarue, libraire, quai des
Augustins, 11. In-32.

Recueil de blagues et de bons mots. Avec un
calendrier pour 1852.

[Bibl. de Lille.]

**2597. — ALMANACH HISTORIQUE
DE LA RÉPUBLIQUE FRANÇAISE** contenant : éphémérides de 1848 ; revue de
1849 et de 1850; mélanges historiques,
la République dans les carrosses du
roi, etc. ; Louis-Philippe et sa famille;
huit jours d'une royale infortune; mort
et funérailles du roi des Français ; Louis-
Philippe et sa liste civile; la reine des

Belges, sa mort, son éloge, deuil de la
Belgique, etc. Publié par un ami de l'or-
dre. (Julien Travers). || Paris, Garnier
frères, Palais-National, 215 *bis*. 1851. In-12.

Julien Travers devait faire paraître plusieurs
publications du même genre, dirigées contre la
République et surtout contre les principes de l'école
socialiste. (Voir au supplément.)

[B. N.]

2598. — ALMANACH NATIONAL.
Annuaire de la République française de
1848 à 1849-1850. Présenté au Président
de la République. || Paris, chez Guyot et
Scribe, 3 vol. In-18. [Se vendait communément 2 fr.]

Suite de l'*Almanach Royal*, devenu *Royal et National* à partir de 1831 (voir, plus haut, n° 1758). La
première année ne parut qu'en 1850, par suite des
événements de 1848 et 1849 qui avaient mis les
éditeurs dans l'impossibilité de continuer la publication. Sur le titre, un aigle, avec faisceaux et
drapeaux, et les mots : *République française* sur
une banderolle. Le titre de l'année 1852 porte :
« Présenté à S. A. le Prince-Président de la République » et la vignette est un aigle aux proportions beaucoup plus grandes, enserrant la foudre
dans ses serres, entouré de drapeaux surmontés
d'aigles.

**2599. — ALMANACH PITTORESQUE
COMIQUE ET PROPHÉTIQUE** pour
1851. Illustré par MM. E. Wattier, Elme-
rich, H. Pessé, Quillenbois, Perrot, peintres
et dessinateurs. MM. Lesestre, Quichon,
Pegard, Delaville, Corbay, Deghouy, gra-
veurs. Prix : 50 cent. || Paris, au grand
dépôt de tous les almanachs liégeois et
pittoresques, 3, cour de Rohan, passage
du Commerce. In-32.

Almanach orné de 150 vignettes sur bois, qui,
soit par la couleur de sa couverture, soit par
l'agencement typographique de son titre, visait à
faire concurrence à l'*Almanach Prophétique*. Anecdotes drôlatiques de politique et de mœurs, et
quelques calculs cabalistiques.
L'éditeur, un M. Bouton, se déclarait, dans un
appel au peuple des villes et des campagnes, ennemi
des Révolutions, souffrance de l'Humanité, et appelait « le je ne sais quoi qui doit sauver la société ».
Ce « je ne sais quoi », c'était, est-il besoin de le
dire, le prince Napoléon.
Comme d'autres almanachs de l'époque, il fut
également publié à l'usage de chaque département.

[B. N.]

2600. — ANNUAIRE DE L'INDUSTRIE FRANÇAISE. 1851. || Paris, Pagnerre, éditeur, rue de Seine, et L. Mathias, éditeur, quai Malaquais. In-16.

Sur la couverture, vignette de l'Exposition universelle de Londres en vue de laquelle cet almanach fut fait. En face de chaque mois est une page blanche pour noter « les affaires importantes ». L'almanach s'ouvre par un article sur les conditions économiques actuelles et l'avenir de l'industrie nationale. Notices sur les établissements industriels et commerciaux, sur les grandes écoles d'arts et métiers, sur quelques inventeurs, résumé des récompenses de l'Exposition française de 1849 et documents sur l'Exposition de Londres.

[Coll. de l'auteur.]

2601. — ANNUAIRE DE L'INSTRUCTION PUBLIQUE, DES BEAUX-ARTS ET DES CULTES pour l'année 1851, rédigé et publié par MM. Delalain, imprimeurs de l'Université. Prix : 5 fr. || Paris, imprimerie et librairie Delalain frères. 1853 à nos jours. In-8.

Annuaire officiel avec les noms de tout le personnel de l'enseignement, les actes officiels, la composition des ministères, etc.

2602. — ANNUAIRE DES PERCEPTEURS, pour 1851, contenant : 1° les chefs-lieux de Perception ; — 2° les noms des percepteurs; — 3° la population des chefs-lieux de Perception; — 4° la distance entre la résidence et le chef-lieu d'arrondissement; — 5° le nombre de communes et d'établissements de bienfaisance composant chaque Perception; — 6° les remises allouées aux Percepteurs, indiquant les classes. Suivi d'un tableau récapitulatif indiquant les noms des Receveurs Généraux et Particuliers des finances, ainsi que le nombre de Perceptions par départements et arrondissements. Par T. Larade, ancien chef de bureau de sous-préfecture. Prix : 3 francs. || Paris, chez l'auteur, rue de Bondy, 7 et dans toutes les recettes générales et particulières des finances. 1851 et suite. In-8.

Simple liste des percepteurs, avec une courte introduction historique, qui s'est continuée jusqu'à nos jours, rédigée par d'autres

Calendrier pour 1851.

[B. N. — Lc 25, 141.]

2603. — ANNUAIRE DU CLERGÉ DE FRANCE pour 1851, par Alphonse Rousset, membre de la Société d'histoire et d'archéologie de Châlon-sur-Saône, de la Société d'émulation du Jura et correspondant de plusieurs sociétés savantes, et publié par Frédéric Gauthier. || Lons-le-Saunier. Imprimerie et lithographie de Fréd. Gauthier, [La seconde année porte comme lieu de publication : à Besançon, à Lons-le-Saunier, à Paris.] 1851-1852, 2 années. In-8.

En tête de l'année 1851 est un portrait lithographié de Pie IX ; en queue les armoiries de quelques archevêques et évêques.

Comme texte, il faut signaler une table chronologique des principaux événements de l'histoire religieuse, le calendrier des saints nés, ayant vécu, ou morts dans les anciens diocèses d'Autun, Macon, Châlon-sur-Saône (A. 1852), des notices biographiques sur des fondateurs et réformateurs d'ordres monastiques depuis le IVe siècle (A. 1852), une notice sur les anciennes corporations industrielles et les confréries religieuses en France (A. 1852); une notice sur les principaux ordres hospitaliers de chevalerie (A. 1852) et de nombreuses études archéologiques. — A. 1851 : Notions pour servir à la description des monuments religieux ; — A. 1852: Questionnaire relatif aux meubles et aux vêtements ecclésiastiques ; — l'histoire des beaux-arts appliqués aux monuments religieux ; — Iconographie chrétienne et Histoire de l'architecture religieuse en France, par Frédéric Moreau, architecte.)

[B. N.]

2604. — ANNUAIRE POUR L'AN DU MONDE 5612 (1851-1852). A l'usage des Israélites. Par A. Ben-Baruch. 50 centimes. || Paris, à la Librairie israélite, 5, rue de Tracy. 1851-1856. In-32.

Almanach publié par Créhange, secrétaire des administrations consistoriales de Paris-
Histoire, littérature, bibliographie, biographie et anecdotes, avec la statistique des consistoires, administrations, etc.
Se vendait 1 fr.

[B. N.]

2605. — CALENDRIER PARISIEN donnant pour chaque jour de l'année la naissance d'un Parisien célèbre. || Chez Jeanneret, éditeur, 31, rue de Navarin. In-12.

Simple calendrier-éphéméride pour 1851.

[Coll. de l'auteur.]

2606. — LE CITOYEN DÉFICIT, Almanach des Contribuables, pour 1851. || Paris, A la Librairie démocratique, rue Fontaine-Molière, 15. Joubert, éditeur, rue St-André-des-Arts. In-18.

Sur le titre, personnage assis sur les marches de la Bourse et représentant le déficit. Ses vêtements sont remplis d'inscriptions portant : « Assignation — Contrainte — Vente judiciaire — Banqueroute etc. » — Contient une histoire du *Citoyen Déficit* (les finances depuis l'antiquité jusqu'en 1851), les financiers de la République, l'impôt monarchique, phénomène de la transfusion du sang, une explication technique des opérations usuelles de la Bourse, le règne de la capacité, la télégraphie escargotique (l'escargot sympathique), la politique des paysans, la taille et la corvée, la charte du paysan. Une pièce de vers : Les nouveaux chrétiens, la Prière des travailleurs, signée J. Lacroix.

Dans le texte, une série de petites vignettes sur bois, reproduction d'estampes de la Révolution.

[B. N.]

2607. — LE CONSEILLER UNIVERSEL. Almanach de la Santé destiné aux familles, pour l'an 1851. || Paris, Gaume frères. libraires-éditeurs, rue Cassette 4. 1851. In-18.

Nombreux articles d'hygiène et de médecine pratique. L'année 1852 contient la description illustrée de toutes les façons d'appliquer les bandages Rigal.

[B. N. — $\frac{\text{T. 47}}{52}$]

2608. — L'EXILÉ, ALMANACH POUR 1851. Rédigé par L. Avril, Boichot, Jannot, Kopp, Félix Pyat, Rolland, représentants du peuple, proscrits..., E. Cœurderoy, G. Naquet, ex-rédacteur du *Peuple Souverain*, Thoré, ex-rédacteur en chef de la *Vraie République*, condamnés de Juin; Ch. Arduini, représentant du peuple à la Constituante romaine, P. Sterbini, ministre de la République romaine, J. Eytel, membre de l'Assemblée fédérale suisse, J.-H. Arney, secrétaire général de l'Association chartiste anglaise, J. Golowine, réfugié russe, Cottet, etc. Chanson de J. Mathieu, et fable de Pierre Lachambeaudie. Prix : 40 centimes.||Paris, chez l'Éditeur, rue St-André-des-Arts, 27.

[un autre tirage porte : chez Joubert, même adresse.] 1850. In-16.

Au haut du titre se lisent les mots : République Universelle. Couverture tirée en rouge avec vignette : proscrit assis sur un banc. Dans le texte, quelques vignettes révolutionnaires également. Très curieux articles, notamment : « Union de la Savoie et de la France révolutionnaires pour la réalisation de la République universelle », par A. Cottet, démocrate savoisien ; « Union de l'Allemagne et de la France pour la réalisation de la République universelle », par J.-Ph. Becker, colonel badois, proscrit; « La Médecine du peuple », par le Dᵣ Cœurderoy.

[B. N.]

2609. — EXTRAIT DE L'ALMANACH NATIONAL. 1848-1849-1850. Gouvernement provisoire. — Assemblée constituante. Commission exécutive. Présidence du général Eugène Cavaignac. — Gouvernement de M. Louis-Napoléon Bonaparte. || Paris, chez A. Guyot et Scribe, éditeurs-propriétaires de l'Almanach National, 18, rue Neuve-des-Mathurins. 1850. 1850-1851-1852 : 3 années. In-8.

Série de renseignements administratifs extraits de l'*Almanach National* et publiés, également, en un seul volume sous le triple millésime.

[B. N.]

2610. — LA FRANCE ECCLÉSIASTIQUE. — Almanach-Annuaire du clergé pour l'an de grâce 1851, contenant : la Cour de Rome; les archevêques et évêques de France; leurs vicaires généraux, leurs officiaux; les dignitaires et chanoines des Églises cathédrales; les supérieurs des séminaires ; les curés et desservants; les cures, succursales et vicariats; les congrégations religieuses; ce qui est relatif au chapitre de Saint-Denis, etc. || A Lons-le-Saulnier, chez l'auteur. A Paris, chez Leblanc, rue des Beaux-Arts, et depuis 1856, à Paris, à la Librairie des livres liturgiques illustrés, de H. Plon, puis E. Plon, Nourrit et Cⁱᵉ. 1851 à ce jour. In-18.

Chaque année contient, en outre, l'état des ministres chargés, depuis l'origine, de l'administration des cultes, et une nécrologie.

[B. N. — 1851-1856.]

2611. — GRAND ALMANACH pour l'année 1851. || Dépôt central, chez Pillet fils aîné, Libraire-Éditeur, rue des Grands-Augustins. In-16.

Almanach de propagande, spécialement pour les départements, comprenant 5 feuilles, plus une ou plusieurs feuilles consacrées à chaque département. Il était publié par le Comité général de « l'Association pour la propagande anti-socialiste et pour l'amélioration du sort des populations laborieuses. »

Avec mauvais portraits sur bois.

Devint la même année :

— *Grand Almanach populaire* pour l'année 1851. || Paris, Pillet fils aîné, 1851-1855 : 5 années. In-16.

On a tiré pour cet almanach des couvertures imprimées au nom de différentes provinces ou départements, avec l'administration régionale et des appendices spéciaux, donnant des renseignements utiles suivant les contrées.

[B. N. — Lc 22, 221.]

2612. — LA MÈRE GIGOGNE. ALMANACH DES ENFANTS pour 1851. || Paris, Pagnerre, libraire-éditeur, 18, rue de Seine ; puis Dépôt central des Almanachs, puis Plon et Cie, rue Garancière. 1851 à ce jour. In-16 jésus.

Avec une couverture illustrée représentant la classique mère Gigogne et ses enfants. Recueil d'histoires et d'historiettes avec nombreuses illustrations. On y trouve, entre autres, l'histoire des animaux domestiques, écrite non sans charme, à l'usage des enfants.

[B. N.]

2613. — MINISTÈRE DES TRAVAUX PUBLICS. PETIT ANNUAIRE indiquant : 1° Les Bureaux de l'Administration centrale, commissions, etc. ; 2° Le Personnel des corps des Ponts-et-Chaussées et des Mines, des Bâtiments civils et Monuments publics ; 3° Les Administrations de Chemins de fer, des Mines, etc., et les Ingénieurs civils. Par D. Charlot et Thiraux, huissiers du Cabinet du Ministre. || Paris, Imprimerie de Henry et Charles Noblet,

rue Saint-Dominique-Saint-Germain, 56. 1851-1853. In-12.

Simples renseignements administratifs.

[B. N. — Lc, 25.]

(Voir plus loin : *État général du Personnel* n° 2644.)

2614. — LE NAPOLÉON, Almanach pour 1851. Prix : 40 centimes. || Paris, chez tous les Marchands de Nouveautés, [puis chez Lebeuf, éditeur, quai des Augustins.] 1851-1856. 6 années. In-16.

« Au rebours de ses nombreux et honorables confrères, prophétiques, comiques, diaboliques, drôlatiques, cabalistiques, instructifs, etc., qui prétendent instruire et moraliser le peuple, qui promettent beaucoup, et qui tiennent... ce que vous savez, celui-ci, affirment les éditeurs en un avis-préface, n'a d'autres prétentions que d'amuser. »

Série d'histoires sans grand intérêt avec, toujours, quelques récits sur Napoléon et les guerres de l'Empire.

Mauvaises vignettes sur bois, dans le texte, et calendrier.

A la fin, avec pagination spéciale, un *Traité des Gloires.*

[B. N.

2615. — PARIS, SES CURIOSITÉS ET SES ENVIRONS, avec un nouveau plan. Annuaire parisien, contenant 25,000 Adresses des fabricants, négociants et commerçants les plus importants. Guide des étrangers. (Années 1851-1852.) || Paris, Charles et Hossfeld. Londres et Leipzig. In-16.

Donne les monuments, les voitures, chemins de fer, les curiosités à visiter, jour par jour, et autres indications diverses. Annuaire sans calendrier.

[B. N. — Lc, 31.]

2616. — LA RÉPUBLIQUE DU PEUPLE. Almanach démocratique, rédigé par MM. Fr. Arago, ancien membre du gouvernement provisoire, Ed. Baillet, E. Caylus, le colonel Charras, André Cochut, Th. Dufour, Pierre Dupont, Léopold Duras, Fleury, ancien membre de l'Assemblée constituante, Saint-Germain Leduc, Gustave Héquet, Pierre Lachambeaudie, E. Littré, membre de l'Institut, J. Mazzini, triumvir de la République romaine, Michelet, le colonel Mussot, Em. Péan, représentant du peuple, Peyssonnel, Ed. Quinet, Alexandre Rey, Edm. Robinet, Jules Simon. Prix : 40 centimes. || Paris, chez Prost, imprimeur-éditeur, 3, rue Le Peletier. 1851-1852 : 2 années. In-16 carré.

Almanach comprenant des articles de politique générale, d'économie sociale, d'histoire, d'agriculture, des variétés (intéressant article, dans l'année 1851, sur les excentriques, dû à Baudelaire), s'ouvrant par une étude de M. Peyssonnel sur l'origine et l'utilité des almanachs. Il était publié par le journal *Le National*.

La seconde année contient quelques vignettes de Nadar et Damourette, gravées par Gilbert.

L'année 1851 obtint un succès considérable ; il en fut publié jusqu'à quatre éditions.

[B. N.]

2617. — L'AIGLE, Almanach national et napoléonien. 1852. || A Paris, chez l'auteur, 91, rue de Seine. In-4.

Almanach publié par Léon de Chaumont, avec articles sur les fastes de l'Empire.

(Voir, plus haut, *L'Aigle* de 1849.)

[Coll. de l'auteur.]

2618. — ALMANACH CHANTANT, illustré. Choix des plus jolis chansons françaises. Gravures par les premiers artistes. Prix : 50 centimes || Paris, Delarue, libraire-éditeur. 1852 à nos jours. In-16.

Vignette coloriée sur la couverture (un vieux maître de danse avec d'énormes lunettes, raclant du violon). Recueil de chansons comiques et populaires, avec vignettes dans le texte, dont la collection constituera un chansonnier de la France pendant la seconde moitié du siècle. Sur le titre intérieur on lit « illustré par H. Émy » puis, quelques années après, « par Telory ».

[Coll. cat. 15 fr.]

2619. — ALMANACH COMMERCIAL ET ILLUSTRÉ DE L'EXPOSITION DE LONDRES, 1852. || A Paris, chez Prevost, 20, rue Cadet. In-18.

Notices et comptes rendus illustrés sur les produits de l'Exposition, avec vue générale de l'Exposition.

[Coll. de l'auteur.]

2620. — ALMANACH DE L'ARMÉE FRANÇAISE pour 1852. (50 centimes.) || Paris, Pagnerre, éditeur, rue de Seine, 18. In-32.

Almanach rédigé, lui aussi, dans un esprit de glorification de l'armée et illustré de vignettes.

2621. — ALMANACH DE L'ARMÉE pour 1852. || A Paris, chez Léautey, rue St-Guillaume. In-16.

Publication destinée aux casernes, rappelant les actions d'éclat de l'armée.

2622. — ALMANACH DE NAPOLÉON, NÉ ROI DE ROME, pour 1852. || Paris, Galeries de l'Odéon. Palais-National. Passage Jouffroy ; Lyon, chez Ballay et Conchon. Prix : 25 cent. In-8.

Sur la couverture, le duc de Reichstadt à son lit de mort ; sur le titre, buste de l'Impératrice.

Contient, en six chapitres, l'histoire et le martyre du roi de Rome. Publication signée L. C. (et attribuée à Léon de Chaumont.

[B. N.]

2623. — ALMANACH DE SUFFRAGE Iᵉʳ, pour 1852. || Paris, galeries de l'Odéon, Palais National, Passage Jouffroy. In-8.

Titre pris sur une couverture imprimée, destinée à rajeunir l'ouvrage précédemment publié : *Histoire merveilleuse de Suffrage I.* — Poésies par M. Adolphe Joly, l'Agonie du Vengeur, Rouget de l'Isle composant la Marseillaise. — Avec calendrier ajouté.

[B. N.]

2624. — ALMANACH DES CORPORATIONS NOUVELLES. 1852 (Société de la Presse du Travail.) [Épigraphe :]

> Je m'en vais conquérir la terre,
> J'ai remplacé Napoléon ;
> Je suis le Prolétaire.
>
> [P. Dupont.]

|| Paris, au bureau de la Société de la Presse du Travail, rue Saint-André-des-Arts, 27. In-12.

Sur le titre, ouvrier en tablier. Derrière lui une locomotive sur laquelle on lit : « Travail. »

Avis aux lecteurs par les auteurs, Panet, Desmoulins, Laugrand. Articles sur les sciences, les arts et l'industrie. (Jurandes et maîtrises, par Louis Blanc ; de l'élément corporatif chez les artistes, par Alphonse Drevet, etc.)

[Coll. de l'auteur.]

2625. — ALMANACH DES FEMMES pour 1852, publié par Jeanne Deroin. (1re Année). Prix : 50 cent. || Se trouve à Paris, chez l'éditeur, 202, faubourg Saint-Honoré. 1851. In-16.

L'auteur, la citoyenne Deroin, déclare en une introduction que l'almanach doit indiquer les variations et les tendances diverses des esprits et le progrès des vérités sociales. Conséquemment, cet almanach porte sur le droit des femmes à la liberté et à l'égalité sociales, sur l'organisation du travail et l'abolition de la peine de mort.

Nombreux articles sur la réforme du costume féminin, sur les femmes, médecins, militaires, pilotes, etc., la plupart extraits de journaux ou revues de l'époque.

Jeanne Deroin ayant été exilée après les événements de 1852, l'*Almanach des Femmes* se transporta à Londres où il parut en anglais et en français (voir tome II, Angleterre.)

[Coll. de l'auteur.]

2626. — ALMANACH DES MÉTIERS pour 1852. || [Paris]. G. de Gonet, éditeur, 6, rue des Beaux-Arts, Martinon, libraire, 4, rue du Coq-Saint-Honoré. In-16.

Couverture dessinée par Geoffroy, représentant les ouvriers des différents corps de métiers. Calendrier des métiers et articles sur les métiers (Patrons, Boulangerie, Boucherie, Imprimerie, Maçons, Peinture et Vitrerie, Maréchaux-ferrants, Compagnonnage, Enfants de Salomon, de maître Jacques, du père Soubise, petits métiers, petits commerces) avec illustrations d'Henri Monnier, provenant du volume de la Bédollière sur les métiers.

[Coll. de l'auteur.]

[Cat. 3 fr.]

2627. — ALMANACH DES RUES DE PARIS, contenant : l'indicateur des rues de Paris... le tarif des voitures de place ; l'itinéraire des omnibus... les édifices... les ministères... les théâtres et les chemins de fer. Prix : 50 cent. || Paris, chez tous les libraires. (1852). In-18.

La couverture imprimée sert de titre. Un des nombreux indicateurs, comme il en fut souvent publié durant la période de 1849 à 1860.

[B. N. — Lc, 31.]

2628. — ALMANACH DES SPECTACLES pour 1852, contenant un Almanach entièrement nouveau, indiquant, jour par jour, la date et les titres de tous les ouvrages représentés pour la première fois en 1851, sur les théâtres de Paris. — Les noms de MM. les auteurs et compositeurs. — Les événements dramatiques remarquables. — La nécrologie. — Les plans exacts des quatorze principales salles de spectacle de Paris, etc. Les théâtres français à l'étranger, etc. [suit une longue nomenclature de matières, sans grand intérêt.] Sous la direction de M. Palianti. — Première année. || Paris, chez E. Brière, 55, rue Sainte-Anne, et chez tous les éditeurs de gravures et libraires. 1852-1853. In-12.

Complément de la publication précédente de Palianti : *Les Salles de Spectacles* (1847). Cet almanach eut un grand succès : en moins de six semaines, la première édition était épuisée. La seconde année contient des renseignements sur la propriété littéraire.

[Coll. Arthur Pougin.]
[Les deux années, cat. Sapin, 10 fr.]

2629. — ALMANACH DES THÉÂTRES, 1852. Calendrier pour 1852. Calembours dramatico - folichonno - littéraires (jeux de mots de MM. Emile Viltard, Christian, Francisque Noël, Lebel, Théol, Pelletier, Boituzet, Markais, Gerpré, Léontine, Brasseur, Boisselot, Edouard Clément, Paul Legrand). — Une visite au palais de Cristal. — Mme Gargouillard en train de plaisir. — La chanson de Mauricette. || Paris, Dechaume, éditeur, rue Charlot, 63. 1852. In-12.

Almanach sans valeur, avec un choix de chansons.

[Coll. Arthur Pougin.]   [Cat. 4 fr.]

2630. — ALMANACH DU BIEN-ÊTRE UNIVERSEL pour 1852. Publié par une association d'ouvriers typographes, avec le concours de plusieurs représentants de la gauche, d'écrivains et d'ouvriers indépendants. || Paris, à l'administration de librairie [ou rue Notre-Dame-des-Victoires, 32.] In-16.

Almanach portant le titre du journal de de Girardin, avec lettre et articles du député de Paris, entrepris par deux ouvriers typographes, les citoyens Subitt et Chaudemanche. Articles de Joret, Agricol Perdiguier (le Code pénal monarchique), Émile Jay (l'association ouvrière), etc., avec éphémérides de 1830 à 1851 et un chapitre spécial consacré aux belles actions du peuple.

[B. N.]

2631. — ALMANACH DU PLAISIR pour 1852. Sport, chasse, théâtres, jeux, gastronomie, eaux, bains de mer, voyages, fêtes, etc. Rédigé par J. Janin, Méry, Léon Gozlan, P. Féval, Comtesse d'Ash, P. Dupont, Eug. Texier, Alf. Bosquet, Comte d'Houdetot, Desbarolles, Julien Lemer. || Paris, Garnier frères et Martinon. 1851. Prix : 50 centimes. In-18.

Almanach avec une série d'études littéraires sur les sujets qu'indique le titre. Plusieurs articles sont inédits; d'autres avaient déjà paru dans des ouvrages spéciaux.

[Cat. 4 et 5 fr.]

2632. — ALMANACH DU TRAVAIL, par des représentants du peuple, des publicistes et des ouvriers. (Année 1852.) || Paris, à l'Union des courtiers, dessinateurs, graveurs, typographes. In-32.

La couverture imprimée porte : *Bibliothèque du peuple...* Sur le titre, gravure allégorique relative au suffrage universel.

Recueil d'anecdotes et de chansons patriotiques, illustré de mauvais bois.

[B. N.]

2633. — ALMANACH DU TROUPIER [de terre et de mer.] Histoires de bord et de garnison. || Paris, Librairie Pagnerre, rue de Seine. (1852-1854 : 3 années.) In-16.

Histoire des différents grades existant dans l'armée française, statistique militaire, relations de batailles, combats mémorables, monuments élevés à la gloire des armées françaises, anecdotes.

[Coll. de l'auteur.]

2634. — ALMANACH DU VILLAGE pour 1852, publié par le citoyen P. Joigneaux, représentant du peuple, avec la collaboration des citoyens Gilland, Mathieu (de la Drôme), Agricol Perdiguier, Curnier, Saint-Romme et Aubry (du Nord), représentants du peuple. Suivi des foires des départements. || Paris, Librairie de la Propagande démocratique et sociale européenne. Secrétariat : rue des Bons-Enfants, 1. In-16.

A signaler parmi les articles :

Les deux agricultures (Saint-Romme). — Les théâtres de la foire (considérations philosophiques,

par Gilland). — Ce que peuvent les paysans avec le suffrage universel (Mathieu de la Drôme.)

[Coll. de l'auteur.]

2635. — ALMANACH HISTORIQUE ET CHRONOLOGIQUE DES BALLONS et des diverses ascensions qui ont eu lieu jusqu'à ce jour, description exacte du navire aérien de M. Pétin, suivie de la mère Godichon au premier départ du navire aérien. Prix : 10 centimes. || Paris. 1852. In-8.

Mentionné par Gaston Tissandier dans sa *Bibliographie Aéronautique.*

2636. — ALMANACH ILLUSTRÉ DU PALAIS DE CRISTAL. 100 dessins par les premiers artistes représentant les chefs-d'œuvre de l'Exposition de Londres. Notice sur l'Exposition et liste des récompenses accordées aux exposants français. Prix : 50 centimes. || Paris, au bureau du Palais de Cristal, 24, passage Jouffroy, P. Martinon, et chez tous les libraires. 1852. In-4.

Cet almanach s'ouvre par une amusante préface-réclame que je crois devoir reproduire ici parce qu'elle donne bien l'impression générale produite par cette première grande exposition universelle :

« Il parait, du moins les affiches et les journaux nous le disent, il paraît qu'il est d'autres almanachs que l'*Almanach du Palais de Cristal !* Il est donc possible qu'en une revue de l'année 1851, il soit question d'autre chose que de l'Exposition universelle ?

« Il est donc possible, dans de telles circonstances, après un tel événement, que l'année 1851 aboutisse à autre chose qu'à l'*Almanach du Palais de Cristal ?*

« Voilà, certes, des prétentions bien étranges !

« Car, dites-moi, pendant toute cette année 1851, a-t-on pu chercher l'univers ailleurs qu'à Londres, dans cette montre gigantesque où il était tout entier, écrémé ou plutôt résumé, quintessencié, puis comprimé, ramassé, étouffé, tassé, écrasé, mais tout entier, comme le géant des *Mille et une Nuits* dans sa cassette, comme Asmodée dans sa fiole ?

« Est-il, dans l'année 1851, d'autres événements que cette course universelle et incessante ?

« Dans tous les steamers à basse ou à haute pression, à roues ou à hélices,
De tous les vaisseaux,
De toutes les frégates,
De tous les bricks,
De toutes les goélettes,
De toutes les chaloupes,
De tous les canots,
De tous les esquifs,

De toutes les pirogues,
De toutes les jonques,
De tous les yachts,
De tous les wagons,
De toutes les berlines,
De toutes les chaises,
De tous les tilburys,
De tous les bogheys,
De tous les traîneaux,
De tous les corricoli,
De tous les voiturins,
De toutes les pataches,
De tous les fiacres,
De tous les cabriolets,
De tous les milords,
De tous les omnibus,
De tous les palanquins,
De toutes les échasses,
De tous les patins,
De tous les ballons,
De toutes les jambes,
De tous les cannes,
De tous les pilons,
De toutes les béquilles,
De toutes les chaises à roulettes,

« De toutes les assiettes à cul-de-jatte, convergeant en hâte vers un seul point, un seul centre, un seul but, un seul rêve, le Palais de Cristal !

« Y a-t-il eu, dites-moi, en 1851, d'autre spectacle que ce kaléidoscope, que cet arc-en-ciel immense, mobile et varié à l'infini, que cet arc-en-ciel ou plutôt cercle miroitant, se reflétant et se développant sans cesse, et fondant en des nuances étincelantes, éblouissantes, et le paletot du continent, et le turban oriental, et le doliman de l'Albanais, et le plaid de l'Écossais, et les espadrilles de l'Espagnol, et l'habit noir d'Albion ?

« Y a-t-il eu d'autre spectacle que ce cercle mobile, porté, traîné, enlevé, naviguant, caracolant à cheval, à dos d'éléphant, de dromadaire, de dauphin, de zèbre, de lion, ou de crocodile : que ce cercle sans cesse élargi, sans cesse se resserrant, puis étreignant, puis envahissant Hyde-Parke, qui, pendant six mois, a tout englouti ?

« Y a-t-il eu d'autre comédie, en 1851, que l'univers blémissant, gémissant, et bien pis encore, avec un entrain, un ensemble de damnés ? Car Londres avait imposé au genre humain tout entier trois heures au moins de mal de mer.

« Y a-t-il eu d'autre bruit que ce bourdonnement universel aux grandes journées de l'industrie? N'est-ce pas là le grand bruit qui a couvert tous les bruits de l'année ?

« Enfin, y a-t-il eu, en 1851, d'autre univers que le Palais de Cristal, d'autre espèce humaine que ses visiteurs ?

« Et il est d'autres almanachs que l'*Almanach du Palais de Cristal ! ! !*

« Démence, dérision !

« Est-ce l'*Almanach Comique*, l'*Almanach Drôlatique*, l'*Almanach Prophétique*, etc...?

« Car nous ne craignons point de leur donner la publicité de nos trois cent mille exemplaires.

« L'*Almanach Comique*, l'*Almanach Drôlatique*, comme si nous étions, en 1852, pour nous amuser !

« L'*Almanach Prophétique*, comme si nous n'étions pas gouvernés par l'imprévu !

« L'*Almanach des Coulisses*, comme s'il y en avait encore.

« L'*Almanach pour rire*. Celui-là, j'espère, nous ne serons pas obligés de le prendre au sérieux.

« L'*Almanach du Diable*, comme si quelqu'un y croyait aujourd'hui !

« Et tous les almanachs qu'il plaira à tous les désœuvrés d'imaginer, comme s'il y avait à cette heure un autre almanach possible que celui qui prétend vous dérouler toutes les merveilles de ce château, ou plutôt de ce septième ciel des contes de fées !

« Non, il ne peut naître, mériter de l'intérêt et prospérer, en incomparable année, d'autre almanach que l'incomparable *Almanach du Palais de Cristal !* »

« ET CET ALMANACH ! !
« LE VOILA ! ! ! »

[Coll. de l'auteur.]

2637. — ALMANACH LÉGISLATIF, 1852. || Paris, F. Prévost. In-16.

Publication concernant la Chambre des députés, avec des études rétrospectives sur le pouvoir législatif.

[D'après un catalogue de libraire.]

2638. — ALMANACH LUNATIQUE. 1852. 25 cent. [puis 50 cent.] || Paris, Pa-

gnerre, libraire-éditeur, rue de Seine, 18, [puis *Dépôt central des Almanachs*, et Plon, rue Garancière.] 1852 à nos jours. Gr. in-18.

Couverture tirée, d'abord en blanc, puis en bleu, à partir de la 12ᵉ année, et dessinée par H. Émy. (Une lune avec des personnages sur le nez, dans les yeux et dans la bouche.) Vignettes de tous les dessinateurs, d'après les clichés des journaux l'*Illustration* et le *Charivari*. Pour les dix premières années, la couverture sert de titre : à partir de 1862, il y a un titre intérieur avec vignettes d'encadrement.

Titre intérieur de l'*Almanach Lunatique*.

Avait d'abord 32 pages, puis 98.

De tous les almanachs populaires, c'est peut-être celui qui, à l'origine, obtint le plus grand succès.

[Coll. de l'auteur.]

2639. — ANNUAIRE DE L'ORDRE IMPÉRIAL DE LA LÉGION D'HONNEUR, publié par les soins et sous la direction de la Grande-Chancellerie. Année 1852. || Paris, Imprimerie Impériale. In-8.

Seul ouvrage officiel publié sur la matière, contenant la liste générale des légionnaires vivant en 1852. Cet annuaire n'a pas été continué.

[Bibl. de la Chancellerie de la Légion d'honneur.]

2640. — ANNUAIRE DE LA MARINE ET DES COLONIES (1). || Paris. Impri-

(1) A partir de 1858, *Annuaire de la Marine*, tout court. En 1870, l'on reprit l'ancien titre « et des Colonies. »

merie nationale [puis chez Paul Dupont et Dumaine; puis chez Berger-Levrault]. 1852 et suite. In-8.

Calendrier avec éphémérides historiques ayant trait à la marine, et chronologie des ministres de la marine depuis 1820. Suite de l'*État général de la Marine* (voir plus haut, nº 1414).

Publication officielle renfermant la liste des officiers, les consulats, l'état des bâtiments, les lois intéressant le personnel de la marine.

Devint, en 1871 : *Ministère de la Marine et des Colonies. État du Personnel de la Marine.* Décembre 1871. || Versailles, Imprimerie nationale. A partir de 1872, reprit son ancien titre.

[B. N.]

2641. — ANNUAIRE DU CORPS DES MÉDECINS MILITAIRES. || Paris, *Revue scientifique et administrative des médecins des armées de terre et de mer*, rue Childebert, 11, près la place St-Germain-des-Prés. 1852. In-8.

Liste du personnel militaire de santé.

$$[\text{B. N.} - \frac{T\ 49}{3}]$$

2642. — ANNUAIRE DU THÉATRE. Répertoire du mois, premières représentations, reprises, analyses des pièces du mois, nouvelles dramatiques, programmes, spectacles, etc. || Paris, 1852, janvier et février. In-8.

Répertoire qui devait paraître mensuellement, mais dont il n'existe que quelques fascicules.

[Cat. Sapin, 6 fr.]

2643. — ANNUAIRE SPÉCIAL DU CORPS DE L'INTENDANCE MILITAIRE... Juin 1852. || Paris, Ladrange, in-8 oblong.

Liste du personnel, avec les règlements et les modifications par lesquelles a passé ce corps.

[B. N.]

2644. — LES CANCANS, Petit almanach de la « Chronique de Paris », par H. de Villemessant. Prix : 1 franc. || En vente : chez Dentu, au Palais-Royal, et aux bureaux de la *Chronique de Paris*, 92, rue de Richelieu. 1852. In-32.

Quintessence des nouvelles à la main insérées, pendant deux ans, dans la *Chronique de Paris*. Historiettes, bons mots, épigrammes.

[Coll. de l'auteur.]

2645. — ÉTAT GÉNÉRAL DU PER-
SONNEL DU MINISTÈRE DES TRA-
VAUX PUBLICS... || Paris, Carilian-
Gœury et V. Dalmont. Vers 1852. In-8
et gr. in-8.

Liste du personnel, avec les règlements généraux, les noms, jours et heures d'audience des
ministres.

{B. N. — Lc, 25.]

2646. — ÉTRENNES A LA JEUNESSE
CHRÉTIENNE. Pour 1852. Par F.-P.-B.
Première année. || Versailles, Beau jeune,
Imprimeur-Éditeur, rue Satory, 28. In-12.

Almanach rédigé par le frère Philippe, qui
devint directeur des Écoles chrétiennes des frères.
Il contient des histoires, récits et anecdotes, destinés à instruire les enfants en les amusant.

{B. N. — R, 35391.]

2647. — LE GRAND ALMANACH DES
SONGES, avec l'explication claire et complète des rêves, visions, etc., pour la pré-
sente année. || Paris, chez Delarue, quai
des Augustins, 11. In-18.

Publication populaire donnant la quintessence
de tous les livres de songes.

[Bibliographie de la France.]

2648. — LE GROS BLAGUEUR, Al-
manach pour la présente année.||A Paris,
chez Delarue, 11, quai des Augustins, 11,
et chez tous les principaux libraires.
1852 et suite. In-32.

Recueil de farces, blagues et bons mots. Publication populaire, avec calendrier.

{B. N. || Bibl. de Lille.]

2649. — LE PEUPLE, Almanach pour
1852. || Paris, à la Librairie, passage
Dauphine. In-32.

Triangle égalitaire sur le titre. La couverture
donne les noms des auteurs des articles : Ledru-
Rollin, Henri Martin, Esquiros, Pierre Leroux,
Schœlcher, Fauvety, Pierre Vinçard, Perdiguier,
Louise Colet, Gustave Mathieu, Étienne Arago,
Félix Pyat, Treilhard, Lachambeaudie.
Médaillon de Ledru-Rollin par David d'Angers,
et vignettes de Marville dans le goût révolu-
tionnaire.

{B. N.]

2650. — AGENDA-FORMULAIRE DES
MÉDECINS PRATICIENS pour 1853 où
l'on trouve : 1° Un petit Dictionnaire de
Médecine et de Matière médicale...; 2°
un Annuaire de Thérapeutique; 3° un
grand nombre de renseignements utiles :
les Facultés, les Sociétés savantes....
4° le Dictionnaire des Rues de Paris, etc.
Publié par le Dr A. Bossu, médecin de
l'hospice Marie-Thérèse... [Nouvelle édi-
tion refondue.] || Paris, au Bureau de
l'Agenda, 31, rue de Seine [puis Delahaye
et Lecrosnier]. 1853-1887. In-12.

S'est continué jusqu'à ce jour, sous le même titre,
mais avec des modifications dans le sommaire.

{B. N. — $\frac{T. 47}{35}$]

2651. — L'AIGLE IMPÉRIALE, ALMA-
NACH NAPOLÉONIEN. (Année 1853.)
|| Paris, Boussard, Libraire-Éditeur, rue
Richelieu, 27. [Puis chez Ruel aîné, rue
Larrey, et, plus tard, chez Renault, rue
d'Ulm.] Prix : 50 centimes. 1853-1861.
In-32.

La première année a le même texte que l'Almanach de la Présidence. (Voir plus loin, n° 2657).
Sur le titre de la deuxième année sont les armes
de l'Empire.
Anecdotes diverses sur les deux Empires. A
partir de la 4° année, les principales matières se
trouvent énoncées sur le sommaire. L'année 1856
contient une intéressante étude sur les types militaires, véritable histoire de l'armée depuis les origines.
Mauvaises vignettes sur bois. Calendrier avec
éphémérides.

{B. N.]

2652. — ALMANACH BIOGRAPHI-
QUE DE S. A. Mgr LE PRINCE LOUIS-
NAPOLÉON, et le Triple Nostradamus
pour 1853. Contenant : 1° une notice biographique sur le prince Louis-Napoléon.—
2° La constitution de la République française. — 3° La loi sur l'organisation de la
garde nationale. — 4° La loi sur les conseils départementaux et municipaux. —
5° Les principales foires, etc. || Paris, chez
Delarue, Libraire, Quai des Augustins,
11. (1852). In-32.

Almanach populaire sans intérêt, avec un mauvais portrait sur bois du prince-président.

{B. N.]

2653. — ALMANACH COMIQUE DES VIVEURS. 50 centimes. || Paris, chez Simon Dautreville (1853-1856). In-18.

Nombreuses vignettes dont plusieurs de Quillenbois. Texte sans intérêt : recueil de farces et bons mots.

2654. — ALMANACH CONSTITUTIONNEL DE L'EMPIRE FRANÇAIS. Avènement de Napoléon III. Recueil intéressant pour 1853. || A Lille, chez Blocquel-Castiaux. [A Paris, chez les marchands de nouveautés]. In-32.

Publication de propagande populaire, donnant le texte de la constitution de 1853 et un historique des événements qui amenèrent le rétablissement de l'Empire.

2655. — ALMANACH DE LA LITTÉRATURE, DU THÉATRE ET DES BEAUX-ARTS, avec une Histoire [dramatique] et littéraire de l'année, par M. Jules Janin, avec huit beaux portraits. || Paris, Pagnerre, éditeur, rue de Seine. 75 cent. 1853-1869, 13 années. Petit in-18 carré.

Couverture allégorique de H. Émy tirée en bleu. Cet almanach est assez précieux pour le mouvement littéraire et dramatique de l'époque et par ses notices nécrologiques. Les portraits de littérateurs et d'artistes qui y figurent sont des gravures sur bois provenant des périodiques illustrés.

[Cat. de 8 à 10 fr. la collection.]
[Cat. Sapin : collection, 15 fr.]

2656. — ALMANACH DE LA POLITESSE. Nouveau guide pour se conduire dans le monde, publié par Louis Verardi. || Paris, Passard, Librairie-Éditeur, 7, rue des Grands-Augustins. 1853 et suite. In-18.

Contient les règles de la politesse et l'art de se conduire dans le monde.
Fut de nouveau publié en 1855-1856 et 1861, sous le titre :
— Almanach du bon Ton et de la Politesse française. Nouveau guide pour se conduire dans le monde.
Le texte restait toujours absolument identique.
[B. N. — R, 26352.]

2657. — ALMANACH DE LA PRÉSIDENCE OU DES 7,500,000 VOTES NA-POLÉONIENS. (Année 1853.) || Paris, A. Courcier, Libraire-Éditeur, 9, rue Hautefeuille. In-16.

S'ouvre par un avis aux lecteurs sur le travail, l'ordre et le respect aux lois, sources de tout bien-être. L'éditeur Charles Ch... déclare qu'il a voulu rendre hommage aux électeurs du prince Napoléon et qu'il espère faire bientôt paraître son almanach sous un titre plus en rapport avec la majesté d'une grande nation, c'est-à-dire sous le titre de : « Almanach de l'Empire français. »
Contient un calendrier : « Gloire de la France sous la République, le Consulat et l'Empire » ; des « Souvenirs historiques d'une ancienne femme de chambre de la reine Hortense » ; des articles sur Napoléon I, sur le prince Louis, roi de Hollande ; sur les généraux Cavaignac, Changarnier, Lamoricière et « ceux qui voulaient faire arrêter le Président de la République », enfin des poésies : Louis-Napoléon, ronde bourguignonne, le Président de la République, chanson normande, cantique militaire des Invalides, en l'honneur d'Émile Marco de Saint-Hilaire.
Avec quelques vignettes assez bien tirées. Sur le titre, en forme de médaille, Napoléon I et le prince-président.
Parut effectivement, l'année suivante, comme le désirait l'éditeur, sous le titre de :
— Almanach de l'Empire français. — Même texte. La seule différence consiste en une nouvelle préface : « Jour glorieux, l'Empire est enfin proclamé. »
[B. N.]

2658. — ALMANACH DE LA PUBLICITÉ, contenant tous les renseignements utiles aux étrangers pour visiter Paris, et les adresses des principaux marchands et fabricants de la capitale. 1853. || Paris, chez H. Citron, Libraire, place Cadet. In-16.

Pur livre de renseignements servant de guide aux étrangers, et destiné à être distribué.
[B. N. — Lc, 31.]

2659. — ALMANACH DE TOUT LE MONDE pour 1853. Prix : 50 centimes. || Paris, chez Mᵐᵉ Bréau, éditeur-libraire, 144, rue du Bac. In-16.

Avec vignettes provenant d'autres publications. Almanach populaire contenant un guide des gardes-malades (recettes pour tisanes), un résumé chronologique des inventions et découvertes, la liste des sénateurs et députés, etc.
Publication n'ayant aucun rapport avec l'almanach du même nom publié en 1850. (Voir nº 2541

2660. — ALMANACH DES ENFANTS. Recueil de compliments et de modèles de lettres, par Hilaire Le Gai. || Paris, chez Passard, Libraire-Éditeur, 7, rue des Grands-Augustins. Prix : 5o centimes. 1853. In-18.

Recueil dans le genre et dans l'esprit de ceux qui paraissaient en si grand nombre sous le premier Empire et la Restauration.

2661. — ALMANACH DES JEUX, par Hilaire Le Gai. || Paris, chez Passard, Libraire-Éditeur, 7, rue des Grands-Augustins. 1853. Prix : 5o centimes. In-18.

Recueil donnant les règles de tous les jeux de société.

2662. — ALMANACH DES MUSES ET DES GRACES. 1853. Collaborateurs : Mmes Louise Colet, Cese d'Ash, Eug. Niboyet, Lesguillon, Roger de Beauvoir, Fanny-Denoix-des-Vergnes; MM. Méry, E. et A. Deschamps, Auguste Barbier, Barthélémy, Lacaussade, O. Lacroix, Edouard Joany, J. Canonge, Louis Esnault, etc. Prix : 1 franc. || Paris, Ledoyen, libraire-éditeur, Galerie d'Orléans. In-12.

Almanach de poésies, les unes inédites, les autres déjà publiées dans divers recueils de l'époque, précédé de notices sur les souverains.
Cet almanach visait à reprendre l'*Almanach des Grâces*, mais sans la grâce et l'élégance du siècle précédent.

[Coll. de l'auteur.]

2663. — ALMANACH DES SOUVENIRS DE L'EMPIRE. Bonapartiana. Anecdotes, Bons mots, Traits sublimes, Saillies, Pensées ingénieuses de l'Empereur Napoléon. Publié par Hilaire Le Gai. (Année 1853.) || Paris, Passard, Libraire-Éditeur, 7, rue des Grands-Augustins. In-18.

Réimpression, sous forme d'almanach, du *Bonapartiana* de Cousin d'Avallon (1833), et choix de pensées de Napoléon, fait d'une façon très judicieuse par M. Hilaire Le Gai.

[B. N.]

2664. — ALMANACH DES THÉATRES, 1853. Contenant les lois, extraits de lois, règlements, ordonnances et décrets concernant les entreprises théâtrales. — La statistique de l'année. — Une notice historique concernant chacun des théâtres de Paris. — Le prix des places. — La composition des administrations et des troupes. — La liste complète des ouvrages représentés à Paris depuis le 1er septembre 1851 jusqu'à ce jour. — Premières représentations. — Débuts. — Rentrées. — Représentations extraordinaires. — Le relevé des recettes dans les théâtres, les bals et les concerts. — Les droits d'auteurs. — Les archives de la Société des Artistes dramatiques. — La Société des Compositeurs et Éditeurs de musique. — Calendrier, etc. || Paris, chez Dechaume, libraire-éditeur, rue Charlot, 63. In-18.

Suite de l'*Almanach des Théâtres* de 1852, mais sans chansons.

[Cat. : 4 fr.]

[Coll. Arthur Pougin.]

2665. — ALMANACH DU BARON DE CRAC, illustré de jolies vignettes dans le texte, publié par Hilaire Le Gai. || A Paris, chez Passard, Libraire-Éditeur, 7, rue des Grands-Augustins. 1853. In-18.

Recueil d'historiettes, de « craques » et de bons mots.
Vendu, comme la plupart des publications de Passard, pour la modeste somme de 5o cent.

[Cat. : 2 fr. 5o.]

[Coll. de l'auteur.]

2666. — ALMANACH DU TINTAMARRE, pour 1853, par Mathieu Lanceblague. Par MM. Commerson, E. Vachette, Salvador, J. Tournachon, Belan, etc. 200 vignettes par Nadar. Prix : 5o centimes. || Chez Martinon, 4, rue du Coq-St-Honoré [puis, 14, rue de Grenelle St-Honoré.] (1853-1856 : 4 années.) In-18.

Le titre est imprimé dans un encadrement de têtes comiques. Pour l'an 1855, il est tiré en rouge. A ajouter aux humoristes dont les noms figurent sur le titre : E. Furpille, Dalès, H. Maxance, H. Briollet. C'est certainement la publication la plus amusante de l'époque, une sorte de crème du « Tintamarre » donnant la quintessence du « citrouillardianisme ». L'almanach, comme le journal, a eu ses petites affiches désopilantes. En pareille matière les titres disent long. Signalons donc, entre tous, « La marchandesoupomanie, Grandeur et décadence de la lorette pour faire suite à la décadence des Romains; Canards des quatre saisons ; Aneries des grands journaux ; Nouveau petit Albert; Recueil de recettes, procédés, moyens

ALMANACH
ᴰᵁ
TINTAMARRE
Pour 1854
ᴘᴀʀ
MATHIEU LANCEBLAGUE,
MM. Commerson, B. Vachette, E. Parfille, J. Tourrachon, Salrador, Dalès, U. Razance, B. Briollet, etc.
ILLUSTRÉ PAR NADAR
ᴘʀɪx: 50 cent.
CHEZ MARTINON, LIBRAIRE,
ʀᴜᴇ ᴅᴇ ɢʀᴇɴᴇʟʟᴇ-ꜱᵗ-ʜᴏɴᴏʀᴇ, 44.

Couverture dessinée par Nadar.

pour rendre l'existence douce et peu coûteuse, dédié aux classes nécessiteuses ; Physiologies diverses. »
[Cat. de 2 fr. 50 à 4 fr. l'année.]

2667. — ALMANACH IMPÉRIAL, pour 1853, présenté à Leurs Majestés. || Paris, chez Guyot et Scribe, puis [à partir de 1867], chez Berger-Levrault. 1853-1870. In-8.

Suite de l'*Almanach National.* (Voir, plus haut, n° 2598). La première année est curieuse, parce qu'elle donne les changements opérés par le nouveau gouvernement impérial.

Sur le titre, les armoiries du second Empire, de grand format d'abord, et, à partir de 1867, du module des pièces de 5 francs.
[B. N.]

2668. — ALMANACH-MANUEL DU JARDINAGE, par M. Ragonot Godefroy. || Paris, chez Passard, Libraire-Éditeur, 7, rue des Grands-Augustins. 1853. In-18.

Almanach de spécialité destiné aux amateurs.
Prix : 50 centimes.

2669. — ANNUAIRE DE BELLEVILLE ET DE MÉNILMONTANT, publié par les soins de l'administration municipale. (1ʳᵉ-2ᵉ années, 1853-1854.) || Belleville. imp. de Galban, 2 vol. In-18.

Simple annuaire local, avec quelques indications historiques.
[B. N.]

2670. — ANNUAIRE DE LA SOCIÉTÉ MÉTÉOROLOGIQUE DE FRANCE, tome Iᵉʳ. 1853. || Paris.

Annuaire donnant les statuts et la liste des membres de la Société et contenant, en outre, des travaux spéciaux.

2671. — ANNUAIRE MILITAIRE DE L'EMPIRE FRANÇAIS, pour l'année 1853. Publié sur les documents communiqués par le Ministère de la Guerre. || Vᵛᵉ Berger-Levrault et fils, Libraires-Éditeurs, rue des Juifs, 33, à Strasbourg. Paris, Dépôt général chez Reinwald. (1853-1870.) In-8.

Suite de l'*Annuaire Militaire de la République Française* (voir, plus haut, n° 2472). Éphémérides militaires et répertoire alphabétique comme pour les années antérieures. Aigle couronné sur le titre.
[B. N.]

2672. — ANNUAIRE THÉATRAL IL-LUSTRÉ, DRAMATIQUE ET MUSICAL. Le personnel des théâtres de Paris et des départements; la nécrologie de la majeure partie des musiciens célèbres ; des anecdotes inédites et autres, et des notices sur les artistes retirés et décédés des premiers théâtres, donnant en illustrations le Monument de Molière, le fac-simile de sa signature, le portrait de Mˡˡᵉ Anaïs, des Français ; celui d'une actrice espagnole et un personnage des *Huguenots* (Saint-Bris), 1ʳᵉ année, 1853. Prix : 1 fr. 25 cent. || Paris, Tresse, Libraire, Palais-Royal ; Charlieu, boulevard Saint-Martin ; M. Lévy, rue Vivienne; Duverger père, 34, rue Sainte-Anne. Décembre 1852. 1853-1854. In-18.

Almanach rédigé par Duverger, ancien directeur de spectacles. Les portraits sont de mauvais bois ou des lithographies.

L'année 1854 donne les portraits de Rachel, une scène des *Médecins* de M. de Pourceaugnac, un nouveau personnage des *Huguenots* (Raoul de Nangis) et une danseuse portugaise.
[Coll. Arthur Pougin.]

2673. — CALENDRIER POUR 1853, par Cham. || Paris, au bureau du *Charivari*. In-4.

Album de caricatures sans texte autre que les légendes, avec le calendrier du mois, à chaque page.

[Coll. de l'auteur.]

2674. — JEAN GUÊTRÉ. ALMANACH DES PAYSANS, DES MEUNIERS ET DES BOULANGERS, par Pierre Dupont. || Paris, J. Bry aîné, libraire-éditeur, 27 rue Guénégaud. 1853-1854 : 2 années. In-12.

Almanach placé par le grand chansonnier populaire sous le vocable de ce type du père de famille de l'ancienne France, s'adressant à ceux qui ensemencent et à ceux qui font vivre l'humanité. Couverture illustrée.

Ce premier essai ne réussit pas et n'eut que deux années. La tentative devait être reprise, en 1860, par l'éditeur Pick (voir, plus loin, n° 2824).

2675. — LE PETIT MÉNESTREL, almanach chantant pour la présente année. Prix : 10 centimes. || Paris, chez Durand, éditeur, rue Rambuteau, 32. (1853). In-32.

Publication de colportage. Petit recueil de chansons, avec calendrier.

[Coll. de l'auteur.]

2676. — SOUVENIRS D'UN GRAND HOMME, Almanach journalier pour l'année 1853. || Au Dépôt central des Almanachs liégeois et autres, chez Pagnerre, éditeur, rue de Seine, 14 *bis*. 1853-1866 : 13 années. In-32.

Almanach populaire dans lequel il est question de tout, sauf des *Souvenirs du Grand Homme*. Ce titre avait donc été pris uniquement pour allécher le lecteur. Foires des départements et histoires diverses. Avec vignettes. Sur le titre, faisceau d'armes.

[B. N.]

2677. — LE TRIPLE ALMANACH IMPÉRIAL, pour l'année 1853. Contenant : les Troupes de France, les Souverains de l'Europe, les Évêques et Archevêques, les Sénateurs, les Représentants à l'Assemblée législative, les Événements remarquables..., des Connaissances utiles, des Anecdotes curieuses et instructives, les Foires, etc... || A Lille, chez

Bauchet-Catel, libraire-papetier, place du Théâtre. 1853-1870. In-32.

Almanach populaire, avec petites vignettes.

[B. N.]

2678. — TRIPLE ALMANACH NAPOLÉONIEN. Véritable Liège impérial, pour l'année 1854. || Lille, imp. de Blocquel-Castiaux. 1854 et suite. In-32.

Avec frontispices se dépliant. Almanach populaire publiant, à la fin, un calendrier historique, éphémérides de France depuis l'établissement de la monarchie.

[B. N.]

2679. — LE TRIPLE LIÉGE, ou Nouvel almanach impérial, pour l'an de grâce 1854. || Se vend à Lille, chez Blocquel-Castiaux. In-32. 1854-1870.

Sur le titre, un Mathieu Laensberg, mauvaise vignette populaire. Chaque mois contient un bois ancien.

[B. N.]

2680. — LE VŒU DE LA FRANCE, Almanach des Français. Prix : broché, 40 cent.; cartonné, 60 cent. || En vente à la librairie de Mᵐᵉ Breau, 144, rue du Bac. 1852. In-12.

Sur le titre, aigle tenant dans son bec une couronne de lauriers, avec l'N.

Prédictions, histoires diverses, maximes, aphorismes, le tout se terminant par une histoire populaire de Napoléon et « le vœu de la France », article signé Charles Mévil (144 pages).

[B. N.]

2681. — LE VŒU DE LA FRANCE, publié par Hilaire Le Gai. || Paris, chez Passard, libraire-éditeur, 7, rue des Grands-Augustins. 1853. In-18.

Almanach de souvenirs napoléoniens, publié sous le même titre que le précédent, et avec le même nombre de pages.

2682. — ALMANACH-ALBUM DE L'ONCLE TOM, pour 1854. Publié par *l'Imagerie Moderne*. || Paris, H. Lebrun, rue de Lille, 3 ; dans les départements, chez tous les libraires. In-4.

L'*Imagerie moderne* était un journal « album livre » qui obtenait un certain succès. Dans un avis, l'éditeur indique qu'il a eu pour initiateur un libraire de Londres qui venait de publier *The uncle Tom's cabin Almanack*. « C'est principalement en vue des campagnes », ajoute-t-il, « que nous publions l'*Almanach de l'Oncle Tom*; il n'est peut-être pas mal que l'on y sache que tout n'est pas pour le mieux dans la société républicaine des États-Unis et, qu'après tout, les nations civilisées de la vieille Europe n'ont rien à envier à la jeune Amérique. On a aussi pensé que la France ne devait pas être accusée d'indifférence envers Mᵐᵉ Beecher-Stowe, « l'apôtre de la liberté. »

Donne une notice historique sur la traite des nègres, et le portrait de Mᵐᵉ Beecher-Stowe.

[Coll. de l'auteur.]

2683. — ALMANACH ANECDOTIQUE ET FACÉTIEUX, pour 1854. || Paris, Larrey. 1854 et suite. 5o centimes. In-16.

Recueil de contes, historiettes et bons mots, qui parut pendant quatre années.

2684. — ALMANACH COMPLET DE LA CUISINE, à l'usage des maîtresses de maison et des cuisinières, contenant, etc. Pour 1855. || Châtillon-sur-Seine, Lebeuf; Paris, chez les principaux libraires. 1854. (1 franc chaque volume.) In-16.

Cet almanach a paru pendant cinq ans jusqu'en l'année 1858 pour 1859.

2685. — ALMANACH DÉDIÉ AUX DUPES. Les ruses des banquistes et des charlatans démasquées, tours de bateleurs, etc. || Paris, chez Delarue, libraire, 11, quai des Augustins, 11. In-24.

Almanach populaire. Frontispice et figures dans le texte. Calendrier pour 1854.

[Bibl. de Lille.]

2686. — ALMANACH DE JEAN RAISIN, joyeux et vinicole, pour l'année 1854. Sous la direction de Gustave Mathieu. Prix : 5o centimes. || Paris, J. Bry aîné, Libraire-Éditeur, 27, rue Guénégaud. 1854-1855 [repris en 1860 par E. Pick, 5, rue du Pont-de-Lodi]. In-12.

Avec un second titre dessiné par Nadar. Vignettes de Nadar, Andrieux, Staal, Gautier, Nombreux articles (prose et vers) par Alf. Baugeart, Delveau, Toussenel, Barthet, Champfleury, Charles Vincent, de la Bédollière, Fernand Desnoyers, Gustave Mathieu, Léon Plée, Max Buchon, Pierre Dupont, Lachambeaudie, Audebrand, Joannis Guigard, Eugène Muller, de La Fizelière,

Glatigny, etc... A signaler : *Le Cabaret du père Cense*, par Delveau; Poésie d'Olivier Basselin, avec musique de Mˡˡᵉ Emilie Mathieu; *Fête des Loges à Saint-Germain*, par J. Guigard; la *Légende de Jean Raisin*, par Ch. Coligny; le *Cabaretier parisien*, par Aussandon.

L'année 1860 contient les portraits de Monselet, Courbet et Champfleury.

Couverture dessinée par Nadar.

Jean Raisin, « compagnon de tous les honorables et honorés buveurs », trinquait à la santé de la France et de l'Italie, à la fraternité de tous les crus et de tous les peuples.

[Coll. de l'auteur.]

2687. — ALMANACH DE L'ADMINISTRATION IMPÉRIALE pour 1854, contenant les noms et adresses des membres du Sénat, du Corps législatif et du Conseil d'État, etc. Suivi d'un Nouveau Guide pétitionnaire. Prix : 25 centimes. || Paris, C. Vannier, Libraire-Éditeur, 16, rue du Croissant. In-16.

Avec un calendrier et quelques anecdotes. Est une partie détachée de l'*Almanach des Archives Impériales*. (Voir, plus loin, n° 2691.)

[B. N.]

2688. — ALMANACH DE L'IMPÉRATRICE... (Années 1854-1855.) || Paris, chez les principaux libraires, 2 vol. In-4.

Publication sans grand intérêt. Vignettes dans le texte.

Le frontispice, bois assez grossier, représente Napoléon III et S. M. l'Impératrice Eugénie.

[B. N.]

2689. — ALMANACH DE LA BONNE SOCIÉTÉ, ou l'Art du Bon ton, de l'élégance, etc..., par Marc Constantin. || Paris, Desloges, éditeur, rue Croix-des-Petits-Champs, 4. In-18.

A la fin de ce petit recueil dû à un homme de lettres qui produisit alors beaucoup pour la littérature de colportage, se trouve une excursion en Allemagne à vol d'oiseau.

[Coll. de l'auteur.]

2690. — ALMANACH DE LA COUR, DE LA VILLE ET DES DÉPARTEMENTS... || Paris, Vᵉ Louis Janet, 59, rue St-Jacques, puis Dentu et Janet. 1854 et suite. In-12.

Suite de l'*Almanach de la Cour* et de l'*Almanach National*. (Voir, plus haut, nᵒ 2559). Armoiries de l'Empire sur la couverture. Certaines années ont des portraits, quelquefois assez intéressants, d'autres de mauvaises petites vignettes donnant des vues de monuments.

[Se vendait 2 fr. broché, et 4 fr. cartonné.]

[B. N.]

2691. — ALMANACH DES ARCHIVES IMPÉRIALES pour 1854. Avec gravures. Contenant : la Famille impériale, la Maison de l'Empereur, de l'Impératrice et de la Famille impériale; les Ministères, le Sénat, le Corps législatif. — Souvenirs historiques et faits remarquables de l'Empire. — Noms et adresses des Membres du Sénat, du Corps législatif et du Conseil d'État; suivi d'un Nouveau Pétitionnaire. || Paris, C. Vannier, Libraire-Éditeur, rue du Croissant, 16. 1854-1855. In-16.

Vignettes sur bois provenant de diverses publications. La couverture de la seconde année est illustrée (gravure sur bois représentant un hussard et un grenadier). Donne les fêtes patronales des corps d'états et des notices sur le calendrier républicain.

[Coll. de l'auteur.]

2692. — ALMANACH DES COMMUNES, année 1854, contenant des Instructions pour l'acquisition des pompes à incendie par les communes et quelques conseils sur la manière de prévenir et maîtriser les incendies. || Paris, au siège de la Société *La Sauvegarde des Communes*, 15, rue Drouot. In-18 carré.

Publication essentiellement destinée, comme on le voit, à la vulgarisation des nouvelles pompes à incendie.

[B. N. — V, 30002.]

2693. — ALMANACH DES FAMILLES, pour l'an de grâce 1854. || Berger-Levrault et Cⁱᵉ, Libraires-Éditeurs, Paris, 5, rue des Beaux-Arts. Strasbourg, puis Nancy, rue Jean-Lamour, 11. In-8.

Almanach destiné au foyer et rédigé dans un esprit protestant.

2694. — ALMANACH DES MÉNAGÈRES ET DES GASTRONOMES POUR 1854. || Paris, Librairie centrale d'agriculture et de jardinage, quai des Grands-Augustins, 41. — Auguste Goin, éditeur. Prix : 50 centimes. In-18.

Almanach de recettes culinaires et de conseils pour l'organisation d'un intérieur, donnant les produits et les provisions de chaque mois. Sorte de supplément à la *Cuisinière de la Campagne et de la Ville*.

2695. — ALMANACH DU BON LABOUREUR, ou les Veillées du village. || A Paris, chez tous les principaux libraires (1854). In-16.

Recueil d'historiettes, de remèdes et de conseils à l'usage des gens de la campagne. Publication populaire.

2696. — ALMANACH DU JARDINIER-FLEURISTE, pour 1854. || Paris, Librairie centrale d'agriculture et de jardinage, quai des Grands-Augustins, 41. — Auguste Goin, Éditeur. Prix : 50 centimes. In-18.

Almanach de spécialité agricole, rentrant dans cette sorte d'encyclopédie générale, dont la Librairie Goin avait entrepris la publication.

2697. ALMANACH DU MAGNÉTISME ET DU SOMNAMBULISME. 1854. Avec un aperçu de l'art de Magnétiser, par

M. Marcillet. **Prix**, 5o cent. || Paris, se vend chez l'éditeur Simon, 5o et 52, passage Jouffroy, chez tous les Libraires et au domicile de l'Auteur, 42, rue Richer. 1854. In-18.

L'auteur, M. Marcillet, « magnétiste », dit qu'il entreprend cette tâche difficile pour lui, à défaut d'un magnétiseur érudit, sa spécialité, à lui, étant d'obtenir des faits, tant magnétiques que somnambuliques. Cet almanach contient différentes études intéressantes : « Mon initiation aux mystères somnambuliques et le somnambulisme à Londres. — Le magnétisme et MM. Jules Simon et Busot. — Le docteur Teste et M. Hennequin. — Leçons analytiques sur la nature essentielle du magnétisme, sur ses effets, son histoire, son application. — Inclairvoyance dupotienne (cet adjectif se rapporte à M. Du Potet). — Le somnambulisme devant les cours d'assises. — *Le Droit* (journal) aux prises avec le somnambulisme. — L'art d'apprendre à magnétiser. — Faits somnambuliques. »

[Coll. de l'autenr.]

2698. — ALMANACH DU MÉDECIN ET DU PHARMACIEN. Année 1854. || Paris, Imprimerie d'Adolphe Blondeau, rue du Petit-Carreau, 26. In-16.

Almanach populaire, avec notices médicales.

[B. N. — T. 47 / 56]

2699. — ALMANACH DU MUSICIEN. || Paris, 1854. In-18.

Almanach destiné spécialement aux musiciens.

[D'après le catalogue Sapin ; cat. 2 fr. 5o.]

2700. — ALMANACH DU SOLDAT, par A. H. **Prix** 10 centimes. || Paris, chez Christophe, rue Rivoli, n° 26. 1854. In-32.

Publication de propagande napoléonienne, ayant également paru sous le titre de : *Le Livre du Soldat*, pour 1854. Simple calendrier, ayant, à la suite, un article : Napoléon et ses maréchaux.

[Voir, plus loin, n° 2739, l'almanach publié sous le même titre, et qui parait devoir être la suite.]

2701. — ALMANACH MAGNÉTIQUE, contenant : (suivant le titre intérieur) Des notions générales sur le magnétisme et ses principes, la pratique du magnétisme, les deux espèces de passes, les agents magnétiques, l'eau magnétisée, un petit aperçu historique, le baquet mesmérien, les arbres magnétisés, la baguette aimantée et tous les agents employés, de ·ous temps, par les principaux adeptes de

cette science : suivi d'anecdotes plaisantes sur le magnétisme et le somnambulisme, de bon mots, de réparties, de saillies et espiègleries magnétiques et somnambuliques, ainsi que des scènes blago-somnambuliques, par le docteur Fluidus, membre de toutes les sociétés savantes de l'Europe et même de celles qui ne le sont pas. || Paris, Delarue, Libraire, quai des Augustins, et chez tous les Libraires de France et de l'Etranger. 1854 et suite. In-16.

Dans une préface, les éditeurs déclarent ne faire ni un plaidoyer en faveur du magnétisme, ni un réquisitoire contre lui. La partie comique a été conçue de façon à « respecter les convaincus, sans jeter le blâme aux récalcitrants. » — Vignette sur la couverture et petites vignettes dans le texte.

Dans les réimpressions, le titre porte : *Nouvel Almanach Magnétique*.

[B. N. — T. 51 / 3]

2702. — ALMANACH MILITAIRE, pour l'année 1854. par Blot, Chevalier de la Légion d'Honneur. || A Paris, Librairie Militaire de Blot, quai de la Grève, près. l'Hôtel-de-Ville. 1854-1857 ; 4 années. In-16.

Donne les batailles et combats, livrés par les Français, depuis 1792 jusqu'en 1815 ; des maximes militaires, les programmes des cours facultatifs, professés dans les écoles régimentaires du 2ᵉ degré, le tarif de la solde de la garde de Paris et des gendarmeries.

Il existe, des années 1854 et 1855, des éditions portant sur le titre *gendarmerie* et spécialement destinées à ce corps. L'année 1855 contient des anecdotes historiques sur Napoléon I, le tableau des maréchaux de l'Empire de 1805 à 1815, avec notices ; l'année 1856, la capitulation authentique de Paris, du 3 Juillet 1815, et la composition exacte du grand conseil de guerre, institué pour juger le maréchal Ney ; la liste chronologique des ministres de la guerre depuis 1589, des conseils d'un vieux chef du bataillon de l'Empire aux jeunes soldats, etc.

Calendrier et gravures sur bois.

[B. N.]

2703. — ALMANACH MUSICAL, par Molèri et Oscar Comettant. **Prix**, 5o cent. || Paris, Collignon, Éditeur, rue Serpente et E. Girard et Cⁱᵉ. 1854 à 1870. (17 années). Petit in-4.

Encadrement et vignette pour la couverture et pour le titre.

Ephémérides musicales, biographies des célébrités de la musique, histoire musicale de l'année, anecdotes, etc., nouveaux morceaux de musique de piano, de chant et de danse; gravures et portraits. Vignettes au-dessus de chaque mois.

2704. — ALMANACH PARISIEN. Revue pittoresque des événements remarquables de l'année écoulée. 1854. || Paris, Ruel aîné, Libraire-Éditeur, 8, rue Larrey. In-8.

La couverture porte l'adresse de *Troyes, Anner-André*, — adresse fictive, puisque l'almanach était imprimé à Paris, chez Walder.

Almanach contenant plusieurs articles intéressants, empruntés à diverses publications et accompagnés d'illustrations. A noter : — L'Épicerie en demi-gros, — Le sportman et le fur-in-hand, — Comme on dine dans la capitale et dans la banlieue, — Paris dansant, — l'écrivain public du passage de l'Opéra, — les omnibus, — liste des théâtres, cafés-chantants et bals.

[B. N.]

2705. — ALMANACH POPULAIRE DE SANTÉ pour 1854. Ouvrage spécialement dédié aux ouvriers des villes et des campagnes. || Paris, chez Victor Mailfert, médecin, rue et île Saint-Louis, n° 52. Eugène d'Arras, rue Aubry-le-Boucher, 11, et chez tous les Libraires de Paris et de la Province. In-16.

Almanach médical populaire. Publication de propagande hygiénique.

[B. N. — $\frac{T. 37}{57}$]

2706. — ALMANACH RURAL pour 1854. || Paris, Librairie centrale d'Agriculture et de Jardinage, Quai des Grands-Augustins, 41. — Auguste Goin, éditeur. Prix : 50 centimes. In-18.

Almanach destiné aux gens de la campagne, publié par les rédacteurs de l'*Horticulteur Français*, et destiné à donner des conseils dans tous les domaines.

(Voir, plus loin, dans le même ordre d'idées, le n° 2729.)

2707. — ANNUAIRE DE L'ADMINISTRATION DE L'ENREGISTREMENT, DES DOMAINES ET DU TIMBRE, pour 1854, par MM. Provensal et collaborateurs. 1854 à ce jour. || Paris, imprimerie Chaix. Châteauroux, M. Provensal. 4 fr. In-8.

Annuaire administratif, avec les actes officiels et les listes du personnel.

2708. — L'ASTRONOMIE PROPHÉTIQUE. Almanach pour 1854. || A Paris, chez tous les principaux libraires. (1854.) In-16.

Recueil de prophéties et d'historiettes comiques, avec mauvaises gravures sur bois. Publication sortant de l'Imprimerie Lebeuf, à Châtillon-sur-Seine, qui lança, à ce moment, toute une série de petits volumes populaires dans les formats in-16 et in-32. Les n°ˢ suivants 2708, 2709, 2710, 2712 à 2720, 2722, 2724, 2730 à 2732, sortent de la même officine.

On intervertissait l'ordre de quelques articles, on ajoutait un article nouveau, en tête de chaque almanach, et le tour était joué.

2709. — L'AVENIR. Almanach mystérieux. || Paris, chez tous les principaux libraires. (1854.) In-16.

Recueil d'historiettes comiques, avec mauvaises vignettes sur bois. Publication de colportage.

2710. — LA BOUFFONNADE. Almanach comique, pour 1854. || Paris, chez tous les principaux libraires. In-16.

Recueil d'histoires comiques, avec mauvaises vignettes sur bois.
Publication de colportage.

2711. — LE CAUSEUR NATIONAL. Almanach pour 1854. || A Paris, chez tous les principaux libraires. (1854). In-32.

Recueil d'historiettes, avec mauvaises vignettes sur bois.
Publication de colportage.

2712. — LE CHANSONNIER POPULAIRE. Recueil de chansons originales qui ont égayé nos pères ou dont le peuple a gardé souvenance. || A Paris, chez Delarue, libraire, quai des Augustins, 11. In-32.

Publication de colportage imprimée à Lille, chez Blocquel, avec un calendrier pour 1854.

[Bibl. de Lille.]

2713. — LE COIN DU FEU DE TOUT LE MONDE. Almanach pour 1854. || A Paris, chez tous les principaux libraires. (1854.) In-16.

Recueil d'historiettes, facéties, bévues, sottises attribuées aux habitants de Baroville, avec mauvaises vignettes sur bois.
Publication de colportage.

2714. — LE DOUBLE NOUVEAU JOURNALIER. Almanach pour 1854. || A Paris, chez tous les principaux libraires. (1854.) In-32.

Recueil d'historiettes, avec mauvaises vignettes sur bois.
Publication de colportage.

2715. — LE FARCEUR. Almanach comique pour 1854. || A Paris, chez tous les principaux libraires. (1854.) In-32.

Recueil d'historiettes, avec mauvaises vignettes sur bois.
Publication de colportage.

2716. — LA FRANCE. Almanach de France et d'Alger... (Années 1854-1856.) || Paris, chez les principaux libraires. A Châtillon-sur-Seine, chez F. Lebeuf, Imprimeur-Éditeur. 1854-1856, 3 années. In-16.

Articles historiques, récits divers, maximes. Avec vignettes sur bois provenant de diverses publications.
Ce même almanach a été publié sous le titre suivant :
— *Le Napoléon–almanach pour l'année 1854.* (Années 1854-1856.) — toujours dans le but de populariser, dans les campagnes, le nom et le souvenir de Napoléon I.
[B. N.]

2717. — LA GAITÉ. Almanach chantant pour 1854. || Paris, chez tous les principaux libraires. (1854.) In-32.

Recueil de chansons. Publication de colportage.

2718. — LE GRAND ERMITE-ASTROLOGUE. || A Paris, chez tous les principaux libraires. (1854.) In-16.

Recueil de prédictions et d'historiettes, avec mauvaises gravures sur bois. Publication de colportage.

2719. — LE GRAND LIÉGEOIS. || A Paris, chez tous les principaux libraires. (1854.) In-32.

Recueil d'historiettes, avec mauvaises vignettes sur bois.
Publication de colportage faisant concurrence aux almanachs liégeois de Lille et de Troyes.

2720. — LE LANTERNIER MAGIQUE. Almanach pour 1854. || A Paris, chez tous les principaux libraires. (1854.) In-32.

Recueil d'historiettes, avec mauvaises vignettes sur bois.
Publication de colportage.

2721. — LA MALICE DU DIABLE. Almanach cabalistique, dramatique et pittoresque. || A Paris, chez tous les principaux libraires. (1854.) In-16.

Recueil d'historiettes, avec mauvaises vignettes sur bois. Publication de colportage.

2722. — LE MÉMORIAL FRANÇAIS. Histoire de l'année, par Em. Vander-Burch et Ch. Brainne. (1854.) Division de l'ouvrage : Evénements politiques. Faits militaires. Actes du gouvernement. Finances, Agriculture, Industrie, Commerce, Littérature, Sciences, Beaux-Arts, Tribunaux. Chronique. Théâtre. Nécrologie. || Paris, chez Firmin Didot frères, éditeurs, Imprimeurs de l'Institut, rue Jacob, 56. M. DCCC. LV. In-8.

Histoire de l'année, conformément aux détails du titre. Se vendait 6 fr. Ne contient pas de calendrier. La deuxième année parut sous le titre suivant :
— *Histoire de l'année 1855, mémorial français* par Vander-Burch et Ch. Brainne... || Paris F. Didot frères. 1856.
[B. N.]

2723. — LE MENTEUR, Almanach des Vérités. || A Paris, chez tous les principaux Libraires. 1854. In-32.

Recueil d'historiettes, avec mauvaises vignettes sur bois.
Publication de colportage.

2724. — MINISTÈRE DE L'AGRICULTURE, DU COMMERCE ET DES TRAVAUX PUBLICS. Petit Annuaire d'adresses indiquant : 1° Les bureaux de l'administration centrale et services divers ; 2° Le personnel des corps des

Ponts et Chaussées et des Mines; 3⁰ Les différentes Commissions ; 4⁰ Les Administrations des Chemins de Fer, des Mines et des Canaux; 5⁰ Les Administrations de Crédit Foncier et Mobilier, le Palais de l'Industrie; 6⁰ Et les Ingénieurs civils, etc. ; Suivi de la Table des matières, par D. Charlot et Thiraux, huissiers du cabinet du Ministre. || Paris, 1854-1855. Henri et Charles Noblet, rue St-Dominique, 56. P. Dupont, rue de Grenelle, St-Honoré, 45. 1855-1869. In-8.

Cet almanach n'est que la suite du précédent : — Petit Annuaire du Ministère des Travaux Publics, par les mêmes personnes. [Voir, plus haut, n⁰ˢ 2613 et 2644.]

2725. — LE NATIONAL, Almanach pour 1854. || A Paris, chez tous les principaux Libraires. (1854). In-32.

Recueil d'historiettes, avec mauvaises gravures sur bois.
Publication de colportage.

2726. — LE NOUVEAU LAENSBERG. || A Paris, chez tous les principaux Libraires. (1854.) In-32.

Recueil d'historiettes, avec mauvaises vignettes sur bois.
Publication de colportage.

2727. — NOUVEL ALMANACH DU MAGNÉTISEUR par A. Ségouin, || Paris, chez tous les libraires. L'auteur, cabinet de consultation et d'expériences magnétiques et somnambuliques, 57, rue Richelieu. 1854. In-18.

Publication, sous forme d'almanach, d'un traité du magnétisme mis à la portée de toutes les intelligences, divisé en six soirées. Avec quelques petites vignettes. Les pages 9 à 12 n'existent pas.
[Coll. de l'auteur.]

2728. — LE NOUVELLISTE. Almanach pour 1854. || A Paris, chez tous les principaux Libraires. (1854.) In-32.

Recueil d'historiettes, avec mauvaises vignettes sur bois. Publication de colportage.

2729. — PETIT ALMANACH DU JARDINIER POTAGER, pour 1854. || Paris, Librairie centrale d'Agriculture et de Jardinage, quai des Grands-Augustins, n⁰ 41. Auguste Goin, éditeur, et chez tous les Libraires de Paris, des Départements et de l'Étranger. Prix : 50 cent. In-18.

Annuaire publié par les rédacteurs de l'Horticulteur français, donnant des indications pour les plantations et l'entretien des jardins potagers.
[Voir, plus haut, Almanach Rural, n⁰ 2706.]

2730. — LE ROGER - BONTEMPS. Almanach grivois et joyeux. || A Paris, chez tous les principaux Libraires.(1854.) In-16.

Recueil d'historiettes comiques, avec mauvaises vignettes sur bois. — Publication de colportage.

2731. — LE TEMPS. Almanach pour 1854. || A Paris, chez les principaux Libraires. (1854.) In-32.

Recueil d'historiettes et revue des événements, avec mauvaises vignettes sur bois.
Publication de colportage.

2732. — LE VACARME. Almanach pour 1854. || A Paris, chez les principaux Libraires. (1854.) In-32.

Recueil d'historiettes et revue des événements, avec mauvaises vignettes sur bois.
Publication de colportage.

2733. — LA VILLETTE. Année 1854. Alf. Lefeuve. Prix de l'ouvrage : 1 fr. 35 c. Tableau des Rues de la Chapelle-Saint-Denis et de La Villette, avec leurs tenants et aboutissants. 25 cent. || Administration pour La Villette, 64, rue de Flandre, chez Mᵐᵉ Beignier (Librairie, Papeterie, Cabinet de lecture.) Paris, chez Charpentier, Libraire, 16, galerie d'Orléans, Palais-Royal. 1854. In-16.

La couverture imprimée porte : « Annuaires des environs de Paris : La Villette. »
Renseignements administratifs et commerciaux; aperçu historique sur La Villette.
[B. N.]

2734. — VILLE DE MONTMARTRE. ANNUAIRE 1854. Montmartre. Administration chez M. Baugé, Papetier-Libraire, Cabinet de Lecture, 20, Chaussée des Martyrs. || Paris, chez Charpentier, Libraire, 16, galerie d'Orléans, Palais-Royal. 1854-1856. In-16.

Le titre de la 3e année, porte : « Ville de Mont-martre-Clignancourt. »

Renseignements administratifs et commerciaux ; notice historique sur la ville de Montmartre.

[B. N.]

2735. — ALMANACH - ANNUAIRE PROTESTANT, Administratif, Statistique et Historique pour 1855. Prix : 25 cent. || Paris, chez Mme Smith-Merché, Libraire-Éditeur, rue Fontaine au Roi. 1855-1861. In-18.

Même publication que l'*Almanach protestant*, augmentée de notes sur les diverses églises protestantes de France.

Sur le titre intérieur une Bible. Donnait purement et simplement la liste des ecclésiastiques.

[B. N.]

2736. — ALMANACH DES ASSOCIATIONS POUR LE REPOS DU DIMANCHE. [Épigraphe :] « En autorisant le repos du Dimanche, vous abolissez le chômage du Lundi. » Prix 50 cent. || Paris, chez tous les Libraires. (1855.) In-16 carré.

Portraits de Pie IX, de Mgr. Affre et de Mgr. Sibour.

Publication de propagande catholique.

2737. — ALMANACH DES CÉLÉBRITÉS CONTEMPORAINES. Panthéon biographique, par Marc Constantin. || Paris, Desloges, Éditeur, rue Croix-des-Petits-Champs, 4. (1855.) In-18.

Mise en vente, avec un calendrier, du *Panthéon contemporain*, « lanterne magique, littéraire et artistique », dans laquelle défile « cette partie de la population parisienne que l'on appelle les artistes, c'est-à-dire ceux qui vivent de gloire et de côtelettes de veau. » Plus de 250 noms, appartenant aux lettres et aux arts. Le texte est illustré de petites vignettes du *Charivari*, n'ayant, du reste, qu'un rapport très éloigné avec les biographies.

[Coll. de l'auteur.]

[Cat. de 2 à 3 fr.]

2738. — ALMANACH DES ÉGLISES. Annuaire du Chrétien pour 1855. Sous le Patronage de plusieurs Cardinaux, Archevêques et Evêques. Rédigé par une Société d'Écrivains appartenant à la presse morale et religieuse. || Paris, Gagne, Grignée et Cie, rue Dauphine, 30. Alph.

Houssiaux, rue du Jardinet, 8. (1855.) In-16.

Avec vignettes sur bois. Biographie de Pie IX. Nouvel itinéraire de Paris à Jérusalem. Le Concordat et l'occupation de Rome, 1801-1849. Vie de Sainte-Eugénie. Sociétés et congrégations religieuses. Les paroisses de Paris.

[B. N.]

2739. — ALMANACH DES PETITS MÉTIERS DE PARIS, suivi de : Une chanson par Métier. 20 cent. || Paris, rue Sainte-Marguerite - Saint - Germain, 16. (1855.) In-8.

Almanach, prose et vers, avec un calendrier, qui devint l'année suivante :

— *Almanach chantant des petits métiers de Paris*, chansons nouvelles, avec musique, épisodes et anecdotes. || Paris, rue de la Harpe, 30. In-8. — (Les petits métiers, les métiers en chanson et chansons des Théâtres.)

Publication populaire.

[B. N.]

2740. — ALMANACH DU PARFAIT VIGNERON. || Paris. In-16.

Encore un almanach agricole.

2741. — ALMANACH DU SOLDAT. Années 1855-1856. || Paris, Douniol. 3 vol. In-16.

Publication populaire, destinée aux casernes.

[B. N.]

(Voir, plus haut, n° 2702.)

2742. — ANNUAIRE-BEAUMONT. Nouveau Guide spécial des Coiffeurs de la France et de l'Étranger, contenant les adresses des Coiffeurs, suivi d'une table géographique. (1855.) || Paris, bureau général de Placement, dirigé par A. Beaumont, professeur de Coiffure, 42, quai des Orfèvres. (1855 et suite.) In-18.

Chaque année contient un article sur un sujet quelconque, se rapportant au commerce, ou à l'histoire de la coiffure. Les listes publiées permettent de suivre la progression du chiffre des coiffeurs existant en Europe, qui dépasse aujourd'hui 8000, dont 2000 pour Paris.

[Coll. de l'auteur.]

2743. — ANNUAIRE DE L'INSTRUCTION PRIMAIRE ET DE LA SOCIÉTÉ DES INSTITUTEURS ET INSTITUTRICES DE LA SEINE, pour l'année 1855, par les membres de la Société et

Messieurs Baget, Boyer, Paul Buessard, Degouy, Delcamp, P. Dupont, Dupuis, Gillet-Damitte, Gross, Jacquet, Lambert, Pierre Larousse, Maupré, Pautex, Prodhomme, Vinot, etc. *Première année.* || Paris, Larousse et Boyer, Libraires-éditeurs, rue Pierre-Sarazin. Janvier 1855. In-18.

Calendrier, avec éphémérides historiques. Articles sur des matières d'enseignement.

[B. N.]

2744. — ANNUAIRE DU CORPS DES OFFICIERS D'ADMINISTRATION DU SERVICE DES HOPITAUX DE L'ARMÉE DE TERRE, établi sur les documents du Ministère de la Guerre. (1855.) || Paris, V. Rozier, Éditeur, rue Childebert, 11, (près la place Saint-Germain-des-Prés.) 1855-1857. In-8 oblong.

Publication officielle, donnant l'état des officiers d'administration.

L'année suivante, le titre fut ainsi modifié :

— *Annuaire du corps de l'Intendance, du personnel de la Santé et des Officiers d'Administration des hopitaux,* — *de l'Habillement et du Campement,* — *des Subsistances, et des Bureaux de l'Intendance de l'Armée de terre,* établi sur les documents du Ministère de la Guerre. (1856.) || Paris, Victor Rozier, Éditeur.

[B. N.]

2745. — ANNUAIRE DU PERSONNEL DE L'ADMINISTRATION DE LA SURETÉ GÉNÉRALE pour 1855. || Paris, 100, rue Saint-Lazare. In-8.

Annuaire donnant les noms et adresses du personnel attaché à ce service et publié comme supplément au *Journal des commissaires de police.*

2746. — CALENDRIER DE L'IMPÉRATRICE, faits et souvenirs. Publié par Michel d'Avernes. Années 1855-1856. || Paris, Imprimerie de Morris. In-4.

Portraits des Souverains : dans le texte quelques mauvaises vignettes sur bois. Également publication de propagande en faveur des hommes et des choses de l'Empire.

[B. N.]

2747. — L'ÉTOILE DE L'EMPIRE. Almanach universel de la France. 10 feuilles, formant 320 pages in-16. Prix :

1 franc. Par A. Guérard. Années 1855-1856. || Paris, Ruel aîné, Libraire-Éditeur, puis Librairie des villes et des campagnes, (1855-1859). 4 années. In-16.

Précis historique de l'année. Guerre d'Orient. Nombreux articles sur Napoléon et les deux Empires. (Parallèle entre les guerres de la Révolution et de l'Empire. Le drapeau de l'Empire. Les orphelins de la Légion d'Honneur, etc.)

Vignettes sur bois, provenant de différentes publications. Portraits de l'Empereur et de l'Impératrice.

[B. N.]

2748. — GUIDE DE L'ACHETEUR, ET ANNUAIRE DES FABRICANTS ET DES COMMISSIONNAIRES EN MARCHANDISES DE PARIS ET DU DÉPARTEMENT DE LA SEINE, paraissant en Janvier et en Juillet : par H. Agnus. || Paris, Imprimerie Baudouin et Cⁱᵉ ; Agnus, 26, rue de Rambuteau ; Librairie Marchal et Billard ; Hennequin. Les principaux libraires de France et de l'étranger. 1855 à ce jour. In-8.

Guide d'adresses relatives, comme l'indique le titre, au commerce des marchandises. Depuis 1855, cet indicateur s'est considérablement augmenté. Il est imprimé, aujourd'hui, sur 3 colonnes et contient des notices et indications préliminaires.

2749. — LE MESSAGER DE L'IMPÉRATRICE, prophétique et pittoresque, comique et sérieux, oriental et patriotique, pour 1855, par Nicolas Bouton, arrière-petit-neveu de Mathieu Lænsbergh. Orné de vignettes. || Paris, chez N. Bouton. In-16.

Encore un almanach de propagande, rédigé dans l'esprit des publications prophétiques et qui se plaçait sous le patronage de l'Impératrice.

2750. — MOLIERANA ET FONTAINIANA. Bons mots, pensées ingénieuses. Saillies spirituelles, anecdotes intéressantes, etc., etc., de Molière et de La Fontaine. Recueillies par Anagramme Blismon. || Paris, chez Delarue, Libraire-Éditeur, quai des Augustins, 11. In-32.

Publication populaire, due à l'imprimeur Bloquel, parue avec un calendrier. D'autres volumes de la collection des *Ana,* parurent ainsi avec l'adjonction d'un almanach.

[Coll. Quarré-Reybourbon.]

2751. — VILLE DE BATIGNOLLES-MONCEAUX. ANNÉE 1855. Célestin. Prix : 1 fr. 25. Tableau des rues, o fr. 10 cent. Plan de Batignolles : 2 fr. 5o. Administration pour Batignolles-Monceaux ; chez M. S. Hardy, Librairie, Papeterie, Cabinet de lecture, Cartes de visite, 13, rue Lemercier. || Paris, 3, rue de Provence (Bureau du *Nouveau journal des connaissances utiles,*) chez M. Célestin, Directeur-Gérant. Dépôt, chez Coulon-Pinaut, Libraire, 16, Galerie d'Orléans, Palais-Royal. In-16.

Renseignements administratifs et commerciaux, avec un aperçu historique sur Batignolles-Monceaux.

[B. N.]

2752. — ALMANACH DE L'OISELEUR ou l'Art de prendre, d'élever, d'instruire les oiseaux en volière, en cage ou en liberté, suivi de l'art de les empailler. || Paris, Desloges, éditeur, rue Croix-des-Petits-Champs. (1856.) In-18.

Le titre intérieur porte : « Manuel de l'Oiseleur » par Ch. Joubert, ex-employé au Jardin des Plantes. C'est, du reste, un manuel vendu sous forme d'almanach, avec un calendrier, comme *l'Almanach du Chasseur de papillons* (voir n° 2415) 24 vignettes, sur bois, d'oiseaux.

2753. — ALMANACH DE LA BOURSE, pour 1856. Conseils aux capitalistes. Abus et réformes. Prédictions financières pour 1857, etc. || Paris, chez Houssiaux et chez Susse, puis chez Collignon. In-16.

Couverture rouge sur laquelle se détache, en blanc, une vignette de la Bourse. Les 3 premières années, contenant des études et des variétés, sont, seules, à signaler. Les autres ne donnent que des colonnes de chiffres.

2754. — ALMANACH DE LA GUERRE pour 1856. || Paris, chez F. Lebeuf, Éditeur, quai des Augustins [puis chez P. Vattier]. 1856-1859. In-16.

Articles divers, bons mots, variétés, empruntés aux journaux de l'époque. Mauvaises vignettes sur bois. Le titre avait été pris pour donner à la publication un caractère d'actualité qu'elle ne comporte point.

[B. N.]

2755. — ALMANACH DE SÉBASTOPOL pour l'année bissextile 1856. Prix : 40 centimes. || Paris, chez les principaux Libraires. In-4.

Almanach populaire, dans l'esprit et dans le format du *Messager boiteux* de Strasbourg. Couverture ayant d'un côté l'Empereur à cheval, et au verso, des prisonniers russes.

Portraits des généraux et grandes planches militaires provenant du « Musée anglo-français ».

A également paru, en 1857, sous le titre de : *Almanach de Sébastopol et de la Paix*, avec planches humoristiques empruntées au *Journal Amusant*.

[B. N.]

2756. — ALMANACH DES JEUNES OUVRIÈRES ET DES APPRENTIES. || A Paris, chez Dillet. 1856. In-16.

Publication populaire ayant eu pour but de donner aux classes féminines ouvrières des lectures intéressantes à bon marché.

[D'après un catalogue de libraire.]

2757. — ALMANACH DU FIGARO. 1ʳᵉ Année. 1856. Prix : 5o centimes. || Paris, Martinon, rue de Grenelle-Saint-Honoré, [puis Pagnerre,] et aux bureaux du *Figaro*, rue Vivienne, puis 3, rue Rossini. (1856-1875.) In-4.

« En publiant *l'Almanach du Figaro*, » disaient les fondateurs, « nous croyons faire quelque chose d'un peu plus varié et d'un peu moins banal qu'un recueil annuel signé de ce nom. » Et ils avaient raison, car, d'emblée, cet almanach se fit remarquer par ses tendances nouvelles. Plusieurs années sont illustrées, la première notamment a des portraits charge d'artistes dessinés par Carjat, gravés par Pothey; l'année 1860, une amusante parodie : *Pardon ! Monsieur Meyerbeer et Pardon de Ploërmel (texte et dessins de Berthall) (sic)*; l'année 1864, des croquis de Marcelin. Vignette sur la couverture (2 types différents, par Valentin et par Marcelin).

Les premières années sont très rares : la collection complète vaut de 20 à 22 fr.

[Coll. de l'auteur.]

2758. — ALMANACH-MANUEL DE LA SANTÉ, Médecin de soi-même, contenant : Des notions sur les maladies en général; l'indication des cas où l'on peut se traiter sans le secours d'un docteur; les soins à donner, dans les cas graves, aux malades avant l'arrivée du médecin; les moyens de conserver, de rétablir et consolider la santé, par l'habitude des soins journaliers. Suivi d'un *Traité des maladies de l'âme*, par le chanoine Clavel, médecin reçu à la Faculté de Paris. Prix : 50 centimes.|| Paris, Delarue, libraire éditeur, 11, quai des Grands-Augustins. [1856.] In-18.

Au milieu de la couverture, armoiries avec la légende : *Clav. et Clavi Salutis Enchoræ.*
Frontispice, portrait du chanoine Clavel. A été réimprimé plusieurs fois : le calendrier, seul, changeait. Ouvrage divisé en courts chapitres, numérotés.

[Coll. de l'auteur.]

2759. — ALMANACH-MANUEL DU CHASSEUR, contenant : La Venerie, les Fanfares de chasse (musique et paroles), un Dictionnaire des termes de chasse... Publié par *Robert Duchêne*, illustré par *Henry Émy*. 50 centimes. || Paris, Delarue, Libraire-Éditeur, 11, quai des Grands-Augustins. 1856 et suite.In-16.

Publication comme il en parut tant à une certaine époque, et qui se renouvelait, chaque année, à l'aide d'un calendrier nouveau.

2760. — ALMANACH NATIONAL ET IMPÉRIAL DE LA FRANCE, pour 1856. || Paris, Librairie populaire, 8, rue Larrey. In-16.

Almanach de propagande populaire qui donnait un récit des événements de l'année et des articles rédigés dans un esprit napoléonien.

[D'après un catalogue de libraire.]

2761. — ALMANACH PERPÉTUEL, SCIENTIFIQUE, AGRICOLE, PROVERBIAL, historique, moral et prophétique, rédigé sur les documents les plus authentiques pour l'usage des savants, des agriculteurs et de toutes les personnes avides de connaissances utiles, reproduit, mis dans un nouvel ordre et considérablement augmenté par Cryptonyme Blismon. || A Paris, chez Delarue, libraire-éditeur, quai des Augustins, 11; Lille, chez Blocquel-Castiaux. In-18.

Almanach de la fabrique de Simon Blocquel qui, non content d'être imprimeur, aimait à jouer à l'astrologue et, surtout, à se parer de noms bizarres et de titres ronflants.

[Bibl. de Lille.]

2762. — ALMANACH POUR 1856, suivi du nouveau Paris. Seul Guide exact et indispensable à tout le monde. || Paris, chez l'auteur, rue de la Calandre, 48; chez Sieurin, libraire, rue Guénégaud, 12; chez E. Pick, libraire, rue Dauphine, 18. In-16.

La couverture imprimée porte en plus : *contenant les divisions municipales de Paris en 12 arrondissements et 48 sections, le dictionnaire des rues,* et autres renseignements à l'usage des voyageurs.

[B. N.]

2763. — ALMANACH POUR TOUS. 1856. || Paris, M. Hubert. Gr. in-8.

Almanach populaire : historiettes, récits, anecdotes.

[D'après un catalogue de libraire.]

2764. — ALMANACH RELIGIEUX. Étrennes catholiques pour l'an de grâce 1856. || Paris, A. Houssiaux, rue du Jardinet, 3, paroisse Saint-Sulpice; puis Collignon, rue Serpente, 31. 1856-1860. In-16.

Frontispice représentant la Terre au milieu des nuages; au-dessus, dans une auréole, une femme assise sur des lauriers tenant une croix; à ses côtés, des épis et la table des commandements, légende : « *L'Église catholique bénit et protège la France.* » Vignettes dans le texte, grossièrement exécutées.
A partir de 1862, il est rédigé par Collignon. Sur le titre une vignette représentant la sainte Vierge au milieu d'une auréole; autour d'elle des têtes d'anges, ailées.

La collection renferme quelques études historiques.

[B. N.]

2765. — ALMANACH THÉATRAL, contenant la biographie des auteurs qui ont illustré la scène française : Corneille, Racine, Crébillon, Voltaire, Molière, Quinault, Panard, etc... ||Paris (1856.) In-18.

Recueil de biographies et de documents sur le théâtre.

[B. N.]

2766. — ANNUAIRE DE L'ADMINISTRATION DES FINANCES. 1856. Par P. Conquet, Employé supérieur des contributions indirectes en retraite. || Paris, imprimerie d'Adolphe Blondeau, 26, rue du Petit-Carreau. 1856 et suite. In-8.

Simple liste des percepteurs avec leur traitement, leur cautionnement et la date de leur nomination.

[B. N.]

2767. — CALENDRIER HISTORIQUE, HÉRALDIQUE ET GÉNÉALOGIQUE des familles nobles de France, pour 1856. Première année. (Par M. Carré de Busserolle.) || Tours, Cattier, Libraire ; Rouen, au bureau de publication. In-18.

Calendrier avec notices sur les familles nobles, une nécrologie et la table des noms cités. Se vendait 2 fr. 50.

[B. N.]

2768. — CARNET DE POCHE DU MÉDECIN. Pour l'année 1856, contenant : 1° un Calendrier à deux jours par page, servant d'Agenda ; 2° les Noms et Adresses de tous les Docteurs en Médecine et Officiers de Santé...; 3° Renseignements de toutes sortes sur les Facultés, les Écoles...; 4° un Recueil de Formules...; 5° Aide-Mémoire de Thérapeutique et de Matière médicale... Par le Dʳ Comet, chevalier de la Légion d'honneur, rédacteur en chef de l'*Abeille Médicale.* ||Paris, impasse Mazagran, 6. 1856-1857. In-18.

Notices médicales, conformément au sommaire détaillé sur le titre.

[B. N. — $\frac{T. 47}{60}$]

2769. — ALMANACH BOURGUIGNON pour 1857. 1ʳᵉ Année. 50 cent. || Paris, Dépôt central des almanachs, rue de Seine 18 ; Beaune, chez A. Lambert, impr-éditeur, place Monge. In-16.

Titre dessiné par Charles Jacques.

Études historiques et agricoles sur le vin et la vigne : pièces et poésies en patois. Éphémérides bourguignonnes. Dans le texte, gravures de Stop. Devint en 1860 : *Almanach de la Vigne.*

2770. — ALMANACH DE L'AGRICULTEUR PRATICIEN, pour 1857. || Paris, Librairie centrale d'agriculture et de jardinage, quai des Grands-Augustins, 41, Auguste Goin, éditeur. 1857 et suite. In-12.

Suite des almanachs ruraux publiés par la librairie Goin.

2771. — ALMANACH POUR 1857. ALMANACH IMPÉRIAL, HISTORIQUE, ANECDOTIQUE ET ÉPISODIQUE DES GRANDES INONDATIONS DE 1856. Précédé d'une Chronologie des Inondations en France et suivi d'une analyse de la lettre de S. M. l'Empereur, relative aux moyens les plus propres à remédier à ces inondations, par E. Pick, de l'Isère. Rédigé sur des documents officiels. || Paris,

Librairie Napoléonienne, rue Dauphine, 18. 1857. In-8.

Almanach dédié aux populations des contrées inondées et conçu dans un esprit de propagande bonapartiste. Vignette sur bois (titre et frontispice) représentant des scènes d'inondations.

[Coll. de l'auteur.]

2772. — AGENDA MÉDICAL HOMŒOPATHIQUE (Exclusivement destiné aux Médecins) comprenant : 1° un Calendrier-Agenda sur deux colonnes ; 2° un Coup d'œil sur les préparations hahnemanniennes et sur la manière de les formuler ; 3° un Mémorial ou Formulaire homœopathique ; 4° l'Indication des premiers secours à donner dans les cas d'empoisonnement et d'asphyxie ; 5° la Liste des médecins homœopathes de la France ; 6° le Tableau des Rues de Paris. Par Catellan frères, Pharmaciens homœopathes, à Paris. || Paris, chez J.-B. Baillière et fils, Libraires de l'Académie impériale de Médecine, rue Hautefeuille, 19. 1858. In-18.

Préparations et formules selon la doctrine d'Hahnemann. (Voir, plus loin, Almanach homœopathique, n° 2827.)

[B. N. — $\frac{T.\ 50}{2}$]

2773. — ANNUAIRE DE LITTÉRATURE MÉDICALE ÉTRANGÈRE, pour 1857, Résumé des travaux de médecine pratique les plus remarquables publiés à l'étranger pendant l'année 1856, traduits de l'anglais, de l'allemand, du hongrois, de l'italien et de l'espagnol, par M. L. Noirot, docteur en médecine de la Faculté de Paris, etc. 1re année. || Paris, Victor Masson, Libraire-Éditeur. Londres, Simpkin, Marshall. Leipsick, F.-A. Brockaus. In-12.

Exposé des principaux travaux médicaux publiés à l'étranger : nouveaux modes d'emploi des médicaments ; observations médicales intéressantes, etc.

[B. N.]

2774. — ANNUAIRE DES FAMILLES, OU ALMANACH DE PARIS. Contenant : Agenda-omnibus ; Hygiène des saisons ; Têtes couronnées de l'univers ; Empire français ; Grands corps de l'État ; Administrations, Institutions et Établissements publics ; Guide médical des Familles. Médecins consultants, classés par spécialités de maladies ; Établissements médicaux ; Produits pharmaceutiques ; Revue des eaux minérales et des bains de mer ; Médecine, chirurgie et pharmacie domestiques ; Substances alimentaires ; Falsifications et formules diverses ; Service des Chemins de Fer et des environs de Paris et autres renseignements utiles à tout le monde. Publication périodique paraissant tous les trimestres. Prix de l'Abonnement d'un an : 3 francs. Nos 1 et 2. — Hiver et Printemps. 1857. || Paris, au Bureau du Courrier des Familles, 1, rue Baillet, près du Louvre, dans les établissements publics et chez tous les libraires de la France et de l'Étranger. In-8.

Cette année contient, en outre des matières figurant sur le titre, la Vie de Mgr Sibour, archevêque de Paris : chaque volume donnait, ainsi, un article différent, mais les renseignements généraux ne subissaient que de légères modifications. Les publications successives portaient la mention : édition.

[B. N. — $\frac{T.\ 48}{6}$]

2775. — ALMANACH CHANTANT, HISTORIQUE, CALEMBOURISTE ET ANECDOTIQUE. Calendrier pour 1858. (Soirées de famille.) || Paris, imprimerie Walder. In-8.

Recueil de chansons, de calembredaines et de bons mots.

[D'après un catalogue de libraire.]

2776. — ALMANACH CHRONOMÉTRIQUE. La loupe de l'horloger pour 1858. || Paris, chez Martinon, rue de Grenelle St-Honoré. In-18.

Articles techniques sur l'industrie horlogère, avec quelques notices.

2777. — ALMANACH DE LA COIFFURE, DE L'HYGIÈNE ET DE LA BEAUTÉ, pour 1858. || Paris, Librairie Lebeuf. In-16.

Publication populaire donnant des recettes empruntées à toutes les anciennes publications parues dans ce domaine.

2778. — ALMANACH DES SALONS, pour 1858 (1ʳᵉ année). Prix : 1 franc. Paris, Pagnerre, Libraire - Éditeur, 18, rue de Seine. Gr. in-4.

Almanach composé, comme celui d'*Illustrations Modernes*, de gravures empruntées à l'*Illustration*, avec contes, nouvelles, actualités historiques. Également doré sur tranche.

2779. — ALMANACH DU VOLEUR, ILLUSTRÉ. Prix : 50 centimes (1858). || Au dépôt central des Almanachs, 18, rue de Seine [puis, aux bureaux du *Voleur*, rue des Saints-Pères]. (1858 à ce jour.) In-4.

Sur la couverture, l'image du petit bonhomme compilant, compilant. Divisé en trois parties : biographique, historique, artistique. Subissant les différentes transformations par lesquelles devait passer ce journal populaire, l'almanach s'est ainsi maintenu jusqu'à nos jours, paraissant, ces dernières années, sous plusieurs titres différents.

2780. — ALMANACH [MANUEL] DE LA BONNE CUISINE ET DE LA MAITRESSE DE MAISON. Rédigé avec le concours des Maîtres d'Hôtel et Chefs de Cuisine des premières maisons de Paris. 1ʳᵉ année : 1858. || Paris, Pagnerre, Libraire-Éditeur, rue de Seine, 18, puis au dépôt central des Almanachs publiés à Paris. Librairie E. Plon et Cⁱᵉ, rue Garancière, 10 (1858 à ce jour). In-16.

Recettes de cuisine. Gravures sur bois dans le texte. Calendrier gastronomique. La couverture a, seule, subi quelques modifications depuis l'origine.

[B. N. $\dfrac{V.\ 2734}{B\ V.20}$]

2781. — ALMANACH-MANUEL DE LA CUISINIÈRE, contenant les recettes les plus nouvelles et les plus simples pour la cuisine, la pâtisserie... l'indication générale des mets, suivant l'ordre de service... avec un grand nombre de gravures sur bois, intercalées dans le texte, etc., etc. 1858. Prix : 50 centimes. || Paris, Delarue, Librairie, rue des Augustins, 3. Et chez tous les libraires de France et de l'Étranger (1858-1883.) In-12, puis in-16.

Couverture en couleur, avec une cuisinière comme vignettes.

Recettes de cuisine. Figures sur bois.

[B. N. — V, 27546.]

2782. — ALMANACH-MANUEL DU MAGICIEN DES SALONS, contenant l'explication de tous les nouveaux tours de Magie Blanche, par M. Delion, professeur de physique amusante, précédé d'une Préface, par Jules Rostaing. || Paris, Delarue, Libr.-Éditeur, rue des Grands-Augustins. Et chez l'auteur, passage Verdeau, 7 et 9. (1858-1883.) In-16.

Sur le titre : table de physicien. — Frontispice allégorique représentant un physicien.

Recueil de tours de physique, avec figures explicatives.

A partir de 1863, on lit sur le titre : « Physicien de son altesse le Prince impérial. »

[B. N. $\left.\dfrac{\text{R. 27562}}{\substack{\text{V. } 2734 \\ \text{Bz}}}\right]$

2783. — ALMANACH POPULAIRE DES FAMILLES. Guide-Manuel de la Santé pour 1858. Conseils hygiéniques sur l'art de conserver la santé et de prolonger la vie par J. Varin, ex-chirurgien-major auxiliaire de la marine impériale, chevalier de la légion d'honneur. 20 centimes. Chez les Libraires, marchands de journaux, gares de chemins de fer, etc., de toute la France. || Paris, F. Bracke, propriétaire-éditeur, rue de Grenelle Saint-Honoré, 25. 1858. In-12 carré.

Principes d'hygiène et notions sur l'usage des principaux médicaments.

[B. N. — $\dfrac{\text{T. 48}}{8}$]

2784. — ALMANACH UNIVERSEL POUR TOUS pour l'an 1858, contenant l'histoire et une carte des Indes et la biographie de Nana-Sahib, celle de Béranger, etc. || Paris, Librairie Hubert Boucquin ; Lyon, Librairie Ballay et Conchon. In-18.

Avec vignettes sur bois : biographies, récits et histoires diverses.

[D'après un catalogue de libraire.]

2785. — ANNUAIRE DIPLOMATIQUE [ET CONSULAIRE] DE L'EMPIRE FRANÇAIS pour l'année 1853. Première année. || Veuve Berger-Levrault fils, libraires-éditeurs, Paris, rue des Saints-Pères, 8, Strasbourg, rue des Juifs. In-12, puis in-8.

Chaque année donne, à côté du calendrier, des éphémérides diplomatiques et historiques, la liste chronologique des ministres et secrétaires d'État des affaires étrangères depuis le 1er janvier 1589 (époque de la création), les cabinets des puissances étrangères, le personnel du ministère et des ambassades, les traités et conventions diplomatiques avec les puissances étrangères, l'exposé de la situation du pays, la nécrologie et la bibliographie dans le domaine diplomatique.

Devenu « *Annuaire de la République Française* » depuis 1871, cet almanach officiel a agrandi son format et augmenté le nombre de ses pages (de 218 à l'origine, il est devenu un énorme volume de 500 pages, avec cartes.)

Il existe, pour la période impériale, des exemplaires cartonnés aux armes de l'Empire.

2786. — ANNUAIRE DU SPORT EN FRANCE. Guide complet du sportsmann, dates des courses. Classement des hippodromes. Liste des chevaux à l'entraînement. Nom des entraîneurs et jockeys. Désignation des couleurs. Théorie des paris de course. Vocabulaire spécial du Turf, etc. Année 1858. || Paris, au bureau du journal *Le Sport*. In-12.

Annuaire publié par M. Eugène Chapus et mentionné par le comte de Contades qui, dans sa *Bibliographie sportive*, le considère comme n'ayant pas eu de suite.

2787. — ANNUAIRE GÉNÉRAL DES SCIENCES MÉDICALES. Par A. Cavasse, Interne des hôpitaux de Paris, Membre de la Société anatomique. Première année. 1857. || Paris, Labé, Libraire de la Faculté de Médecine, place de l'École-de-Médecine. 1858. In-8.

Contient l'indication et l'analyse des travaux publiés sur les sciences médicales pendant l'année 1857.

[B. N. — $\frac{T.\ 47}{64}$]

2788. — ANNUAIRE MÉDICO-HYGIÉNIQUE. Recueil raisonné des préparations spéciales reconnues comme conservatrices de la Santé en général et de chacun des Organes humains en particulier. Suivi des premiers soins intelligents à donner en cas d'accident, d'attaque subite, d'empoisonnement, en attendant l'arrivée d'un médecin d'une part, et de l'autre qu'on ait pu se procurer chez le pharmacien les médicaments prescrits. Par J.-L. Laroze, Chimiste-Pharmacien de l'École supé-

rieure de Pharmacie de Paris. || Aux Palmiers, chez Laroze, Pharmacien, 26, rue Neuve-des-Petits-Champs. Paris. 1858. In-8.

Réclame pour les produits Laroze. Le même, avec quelques légères modifications dans le texte, pour 1861.

[B. N. — $\frac{T.\ 48}{7}$]

2789. — LES ÉTRENNES DU PEUPLE. Almanach pour 1858. Sommaire : Jules Vernier : De l'Almanach — Alfred Deberle : Angèle — Pierre Lachambeaudie : fable inédite — J. Vernier : Alfred de Musset — Eugène Chatelain : Eugène Sue — Ferd. Pouyadou : Manin — Claude Genoux : La Bourse — Adèle Esquiros : La toilette et les femmes — Ernest Chesneau : l'orgue de Barbarie — Lachambeaudie : Victor Hugo à Montmartre, etc... || Paris, à la Librairie, rue de Seine, 11. In-16.

Publication entreprise par M. Eugène Chatelain, et destinée aux classes populaires, mais qui n'obtint pas grand succès auprès de ces dernières, étant rédigée dans un esprit trop élevé.

[Coll. de l'auteur.]

2790. — LES 365, ANNUAIRE DE LA LITTÉRATURE ET DES CONTEMPORAINS, par le dernier d'entre eux. || Paris, Librairie Moderne, boul. Sébastopol, Gustave Havard, Éditeur. 1858. (Prix : 3 fr. 50.) In-12.

Dans un avant-propos, l'auteur, Emile Chevalet, rappelant que, sous le premier Empire, on confectionnait des calendriers où chaque jour du mois était signalé par le souvenir d'une victoire, se demande pourquoi les gens de lettres n'auraient pas le calendrier de la littérature et des auteurs ? Et il prend l'initiative du dit almanach, facile à rédiger, « puisqu'il y a plus d'auteurs dans la République des lettres que de saints dans le paradis et de jours dans l'année. »

Les jours figurant avec leurs saints, les auteurs dont les œuvres sont analysées en ce recueil, se trouvent donc transformés en autant de petits saints.

Critiques assez intéressantes sur les œuvres des contemporains. L'auteur annonçait un second annuaire pour 1859 ; je ne crois pas qu'il ait paru.

[Coll. de l'auteur.]

2791. — ALMANACH ARTISTIQUE ET HISTORIQUE DES HORLOGERS,

ORFÈVRES, BIJOUTIERS, OPTICIENS.
Par Claudius Saunier, Rédacteur en chef
de la *Revue Chronométrique*, Secrétaire
général de la Société des Horlogers, établie
pour l'encouragement de l'art de l'horlogerie, Membre de Sociétés savantes. Avec
la collaboration d'artistes d'élite. Illustré
de gravures. 1859. Première année. ‖ Paris, Ve Vincent et Bourselet, Commissionnaires en librairie, 5, rue Christine.
Au bureau de la *Revue Chronométrique*,
rue Neuve-des-Petits-Champs, 19. Prix :
50 cent. — Province : 60 c. 1859-1861.
In-16.

Mélange d'articles techniques et d'historiettes
sur l'industrie horlogère, avec des notices historiques sur la joaillerie, sur l'origine de l'horlogerie
dans le Jura, etc. Il contient aussi l'historique de
la « Société des Horlogers. »

2792. — ALMANACH D'ILLUSTRA-
TIONS MODERNES : 52 pages dorées sur
tranche, 66 belles et grandes gravures.
1859. 1re Année de la seconde série. Prix :
75 cent. ‖ Paris, Pagnerre, libraire-éditeur, 18, rue de Seine. 1859-1870. In-4.

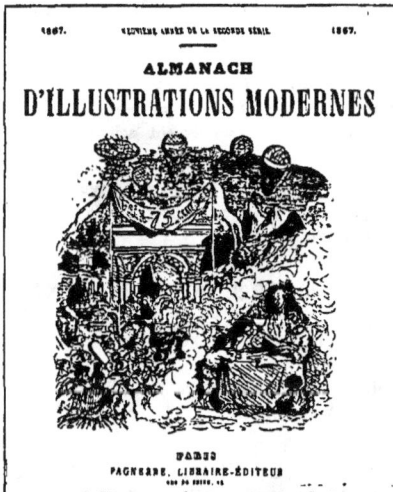

Couverture dessinée par Cham.

Publié avec les vignettes de l'*Illustration* et donnant les scènes illustrées de l'année écoulée.

2793. — ALMANACH DE L'EMPIRE
FRANÇAIS pour 1859. ‖ Paris, chez les
principaux Libraires. (1858.) In-16.

Publication de colportage, imprimée chez
Worms, à Argenteuil.

2794. — ALMANACH DE L'UNIVERS
ILLUSTRÉ. ‖ Paris, chez Pagnerre, puis
au bureau de l'*Univers* et à la Librairie
Michel Lévy. (1859.) In-8.

« Il faut des Almanachs ! » dit l'avant-propos,
« l'*Univers Illustré* ne pouvait se dispenser d'avoir
le sien.» Visa à être un memento historique et
géographique, avec des illustrations, mais ne paraît
pas avoir rencontré un grand succès auprès des
acheteurs de ces sortes de publications.

2795. — ALMANACH DE LA CHAN-
SON, par les membres du Caveau. 1859.
1re Année. Prix : 50 centimes. ‖ Paris,
Pagnerre, libraire-éditeur, 18, rue de
Seine, puis Plon, rue Garancière. 1859
et suite. In-18.

Chansons d'actualité, joyeuses et bachiques, avec
vignettes. Couverture illustrée. La collection est
intéressante à consulter pour ceux qui veulent
avoir une idée des influences subies par la chanson
française durant la seconde moitié du siècle.

2796. — ALMANACH DE LA CRINO-
LINE pour 1859. ‖ Paris, chez les principaux Libraires. (1858.) In-16.

Publication de colportage, imprimée chez
Worms, à Argenteuil, ayant pris le titre du grand
succès du jour pour mieux piquer la curiosité.

2797. — ALMANACH DES CHEMINS
DE FER. ‖ Paris, chez les principaux
Libraires. (1859.) In-16.

Mauvais almanach populaire avec d'anciennes
vignettes et nombre de logogriphes, qui n'a de
« chemins de fer » que la locomotive, placée sur le
titre.

2798. — ALMANACH DES DEUX-
MONDES. ‖ Paris, chez les principaux
Libraires. In-16.

Mappemonde sur la couverture.
Publication de colportage, imprimée chez Worms,
à Argenteuil, avec d'anciens bois du *Charivari* et
autres publications d'avant 1850.

2799. — ALMANACH DU FUMEUR
ET DU PRISEUR. Illustré par..., publié
par.... [Au-dessous, deux personnages fumant, censés représenter le dessinateur et
l'auteur, et assis aux côtés d'une chaire,
dans laquelle, vêtu d'une toge de professeur, fume l'éditeur.] 1re année. 1859.

Prix 5o cent. || Paris, Pagnerre, Éditeur, rue de Seine, 18. (1859-1870 : 11 années.) In-18.

Cet almanach qui parut sans jamais aucunes modifications, c'est-à-dire réimprimé simplement, avec, chaque année, un calendrier nouveau, n'est, du reste, que la mise en vente, sous une forme nouvelle, de la *Physiologie du Fumeur* publiée en 1840, par Bourdin.

L'auteur était M. Théodore Burette, professeur au collège Stanislas, et le ou les illustrateurs : A. Lorentz, Bertall, Gavarni, Maurisset etc.

[Coll. de l'auteur.]

2800. — ALMANACH DU MONDE ILLUSTRÉ. Prix : 5o centimes. 1859. || Au dépôt des Almanachs, 18, rue de Seine, et aux bureaux du *Monde illustré*, à la Librairie nouvelle, boulevard des Italiens, 15. (1859-1869.) In-4.

Vignettes pour les mois : revue de l'année (reproductions de gravures du journal.) Couverture dessinée par Pastelot. Lui aussi, le *Monde Illustré* voulut, comme l'*Univers Illustré*, avoir son almanach, mais aucune des deux publications ne put lutter avec l'*Illustration*.

[Coll. de l'auteur.]

2801. — ALMANACH ILLUSTRÉ DES DEUX-MONDES. Par Oscar Comettant. 75 centimes. || Paris, Pagnerre, Libraire-Éditeur, rue de Seine. (1859-1861.) In-4.

Couverture dessinée, tirée en rouge, représentant des femmes exotiques. Tranches dorées. Cet almanach qui visait à être lu, en deçà comme au-delà des mers, chercha surtout à faire connaître le nouveau monde en Europe. Il fut l'œuvre personnelle d'Oscar Comettant, qui revenait, alors, de ses premiers voyages dans les deux Amériques.

[Coll. de l'auteur.]

2802. — ALMANACH ILLUSTRÉ DU SPORT. Manies et travers du monde équestre. Jockey-Club, Cavalier, Maquignon, Olympique, Canotier, etc. 1ʳᵉ année, 1859. || Paris, Pagnerre, éditeur, rue de Seine, 18, et Bourdin, rue de Seine, 51. In-18.

Recherché pour ses illustrations sur bois, dessinées par Eug. Giraud, Charlet et Tony Johannot, lesquelles sont extraites du volume *La Comédie à cheval*, de Albert Cler, publiée chez Ernest Bourdin.

[Cat. 3 fr.]

[Coll. de l'auteur.]

2803. — ANNUAIRE DE LA SOCIÉTÉ D'ETHNOGRAPHIE. || Paris. Tome 1. (1859 et suite.) In-8.

Recueil annuel d'études spéciales dans le domaine de l'ethnographie.

2804. — ANNUAIRE DES EAUX MINÉRALES [et des Bains de Mer] de la France et de l'Etranger (1), publié par la *Gazette des Eaux*. Première année. 1859. || Paris, au bureau de la *Gazette des Eaux*, rues Jacob, 3o, et de Beaune 12. [puis, Librairie Gauthier Villars et fils.] Prix : 1 fr. 5o. In-18.

Contient, en plus du calendrier et des listes du personnel des eaux minérales, une nomenclature générale des stations d'eaux, indiquant la nature des sources et leurs propriétés médicales, tant en France qu'à l'étranger, et des notices détaillées sur certaines stations.

2805. — ANNUAIRE DU COSMOS. 1859. Première année, par Séguin aîné, avec 1 pl. || Paris, Librairie Germer Baillière, puis A. Tremblay, directeur du *Cosmos*. [1 fr. 5o et 2 fr.] In-18.

Publication scientifique avec tables, comme l'*Annuaire du Bureau des Longitudes* et différentes études sur le mouvement scientifique en physique, chimie, mécanique, etc.

Annuaire publié par le *Cosmos*, revue encyclopédique hebdomadaire des progrès des sciences et de leurs applications.

2806. — L'ASTROLOGUE DE FRANCE pour 1859. || Paris, chez les principaux Libraires. In-32.

Publication de colportage, de l'Imprimerie Worms, à Argenteuil.

2807. — LE CHRONIQUEUR DE FRANCE, pour 1859. || Paris, chez les principaux Libraires. In-4.

Publication de colportage, de l'Imprimerie Worms.

(1) Ces dernières années, la partie entre crochets a été enlevée et le titre continué comme suit : « des Bains de Mer et de l'Hydrothérapie »

2808. — GRAND ALMANACH DE LA FRANCE ET DE L'ARMÉE D'ITALIE, pour 1859, publié sous la direction d'Eugène Pick, avec le concours d'hommes de lettres et d'écrivains militaires. || Paris, Eugène Pick de l'Isère, éditeur, 5, rue du Pont de Lodi. In-18.

Publication d'actualité, avec vignettes relatives à la guerre de 1859.

[D'après le catalogue de l'éditeur.]

2809. — LE GRAND ALMANACH DES FAMILLES, pour 1859. || Paris, chez les principaux Libraires. In-4.

Publication de colportage, de l'Imprimerie Worms.

2810. — LE GRAND DIABLE BLEU, pour 1859. || Paris, chez les principaux Libraires. In-4.

Publication de colportage, de l'Imprimerie Worms. 1848 avait eu des « Diables Rouges » et des « Diables Verts »; 1859 eut les « Grands Diables » de toutes couleurs.

2811. — LE GROS LÆNSBERG, pour 1859. || Paris, chez les principaux Libraires. In-4.

Publication de colportage, de l'imprimerie Worms qui, elle aussi, recourut à tous les Mathieu Lænsbergh d'autrefois.

2812. — LE MESSAGER DES VILLES ET DES CAMPAGNES, pour 1859. || Paris, chez les principaux Libraires. In-4.

Publication de colportage, de l'Imprimerie Worms.

2813. — LE NOUVEAU NATIONAL, pour 1859. || Paris, chez les principaux Libraires. In-32.

Publication de colportage, de l'Imprimerie Worms.

2814. — LA NOUVELLE LANTERNE MAGIQUE, pour 1859. || Paris, chez les principaux Libraires. In-32.

Publication de colportage, de l'Imprimerie Worms.

2815. — LA PATRIE, Almanach Historique pour 1859. || Paris, chez les principaux Libraires. In-16.

Publication de colportage, de l'Imprimerie Worms.

2816. — PETIT ALMANACH IMPÉRIAL, pour 1859. Vignettes par MM. (ici des noms changeant chaque année.) Prix : 50 cent. || Paris, Henri Plon, Éditeur, rue Garancière, et au Dépôt central des Almanachs, publiés à Paris, Pagnerre rue de Seine, 18. In-16.

Suite du *Petit Almanach National*.

Couverture, avec un grenadier et un zouave de la Garde, dessinée par Stop.

Publication consacrée aux sujets et souvenirs militaires et aux voyages du Souverain et de la Souveraine, avec vignettes de Horace Vernet, Beaucé, Bertall, L. Breton, Randon, provenant d'autres publications.

2817. — LE PROPHÈTE DU SIÈCLE, pour 1859. || Paris, chez les principaux Libraires. In-16.

Publication de colportage de l'imprimerie Worms. Le « prophète du Siècle » c'était, dans l'esprit de l'éditeur, Napoléon.

2818. — LA REDINGOTE GRISE ET LE PETIT CAPORAL, Almanach pour 1859. || Paris, chez les principaux libraires. In-18.

Publication de colportage, de l'Imprimerie Worms. Le titre était destiné à frapper l'esprit des campagnards.

2819. — LE TÉLÉGRAPHE ÉLECTRIQUE ET LES CHEMINS DE FER. Almanach de France et d'Algérie pour 1859. || A Paris, chez les principaux libraires. In-4.

Publication de colportage, de l'Imprimerie Worms, prenant pour titre les deux plus grandes inventions du siècle, à cette époque.

2820. — LE TRIPLE BLAGUEUR. Pour 1859. || Paris, chez les principaux libraires. In-32.

Publication de colportage, de l'Imprimerie Worms. Le même éditeur a publié :

  Le Triple Journalier,
  Le Triple Véridique,

almanachs absolument semblables comme texte.

2821. — TURLUTUTU, CHAPEAU POINTU. Almanach pour 1859. ‖ Paris, chez les principaux libraires. In-16.

Publication de colportage, de l'Imprimerie Worms, ayant pris pour titre le refrain d'une chanson alors à la mode.

2822. — LE VIEUX BAVARD. Almanach pour 1859. ‖ Paris, chez les principaux libraires. In-32.

Publication de colportage, de l'Imprimerie Worms.

Les almanachs populaires aimant à « bavarder », nombre de publications de cette espèce auront recours à l'épithète de *Bavard*.

2823. — LE VIEUX TROUPIER. Almanach de l'Armée pour 1859. ‖ Paris, chez les principaux libraires. In-4.

Publication de colportage, de l'imprimerie Worms. Le « troupier » était, alors, à la mode, avec les souvenirs de l'empire.

La plupart de ces almanachs depuis le n° 2809 et, de même, les numéros 2796 à 2798, 2806 et 2807 contenaient invariablement le même texte : seule, la couverture changeait.

2824. — ALMANACH D'HYGIÈNE PRATIQUE ET QUOTIDIENNE, ou Application de produits raisonnés à la conservation des organes accessoires, peau, dents, cheveux (en particulier) et de la santé en général. Par J.-P. Laroze, Chimiste-Pharmacien de l'École supérieure de Paris. ‖ Aux Palmiers, Pharmacie Laroze, Rue Neuve-des-Petits-Champs, 26. Paris, 1860. In-24 carré.

Couverture imprimée servant de titre. Autre publication populaire destinée, comme l'*Annuaire médico-hygiénique*, à servir de réclame pour les produits Laroze.

[B. N. — $\frac{\text{T. 48}}{9}$]

2825. — ALMANACH DE JEAN GUESTRÉ, rustique et guerrier. Année 1860, par Pierre Dupont. [Épigraphe :] Ense et aratro. Prix : 50 centimes. ‖ Paris, Eugène Pick, Libraire-Éditeur, rue du Pont-de-Lodi, 5. In-18.

Reprise par la librairie Pick du précédent almanach de Pierre Dupont (voir le n° 2674), avec la collaboration de Fernand Desnoyers, Adèle Esquiros, Aug. de Châtillon, G. de La Landelle,

Ant. Géhé, C. de Chancel, Pailleron, Lamartinière. Sur la couverture, un paysan breton aux côtés de sa charrue. L'almanach se termine par un article de P. Dupont : *Adieu à Jean Guestré*, dont nous extrayons les passages suivants :

« L'*Almanach de Jean Guestré* avait sa raison d'être, en ressuscitant à un moment où la France vient de faire ses preuves de courage, de patience, d'héroïsme. Ne sont-ce pas les économies de nos pères qui ont rapporté ce milliard de la guerre, qui s'est trouvé par miracle contre l'étranger, comme l'étranger l'avait trouvé chez nous pour payer notre rançon?

« Jean Guestré, le vénérable type du père de famille de l'ancienne France, attaché aux traditions les plus reculées qui remontent jusqu'à la Gaule, Jean Guestré ne doit pas s'isoler des faits nouveaux. L'histoire du temps, guerrière, civile, scientifique, lui appartient. Il faut qu'il apprenne de la bouche de ses enfants mêmes ce qui vient de se passer en Italie, et, pour qu'il soit plus au courant d'une question qui préoccupe tous les esprits, qu'il suive pas à pas la marche de nos ancêtres sur ces champs de bataille où notre génie national s'est efforcé, à toutes les époques de notre histoire, de porter la civilisation.

« Les faits ont parlé trop haut pour que les derniers hameaux ne vibrent pas, toute cette année, du souvenir de ces admirables exploits.

« L'an prochain, la charrue, la serpe, la pioche auront le pas sur la baïonnette et le canon rayé. Nous espérons de cette divine providence qui a mis le courage de notre nation à de si rudes épreuves, qu'elle laissera nos champs et nos laboureurs se reposer.

« Dans l'intervalle, ceux qui fréquentent les académies, les cours publics, les expositions régionales, cantonales ou foraines, tiendront Jean Guestré au courant de toutes les découvertes et de toutes les améliorations qui se seront faites au nom de la science, dans l'intérêt de nos campagnes.

« A l'an prochain donc, et, dès aujourd'hui, bonne année à tous les gens de bonne volonté.

[Coll. de l'auteur.]

2826. — ALMANACH DES CAMPAGNES pour 1860. 1re année. ‖ Paris, Josse. In-18.

Almanach de propagande populaire.

[D'après un catalogue de libraire.]

2827. — ALMANACH DU CHARIVARI pour 1860. 1re année. Prix : 50 centimes. ‖ Paris, au dépôt des Almanachs publiés à Paris, Pagnerre, rue de Seine, 18. 1860 à ce jour. In-16.

Dessins par les illustrateurs habituels, texte par les rédacteurs habituels du *Charivari*. Il y a eu deux couvertures, toutes deux également dessinées par Cham, l'une représentant un bonhomme monté sur des échasses, l'autre un bonhomme assis, tirant un pantin par la ficelle.

2828. — ALMANACH HOMŒOPA-THIQUEOU ANNUAIRE GÉNÉRAL DE LA DOCTRINE HAHNEMANNIENNE. Par MM. Catellan frères, Pharmaciens homœopathes à Paris, Auteurs (avec le Dr Jahr) de la *Pharmacopée et de l'A-genda médical homœopathiques*, Fondateurs, à Paris, de quatre Pharmacies homœopathiques spéciales, Membres des Sociétés homœopathiques de Paris, de Leipsick, de la Haye, etc. Cet ouvrage comprend : 1° un exposé comparatif des principes et des moyens de l'homœopathie et de l'allopathie ; 2° une série d'arguments et de faits qui démontrent la supériorité de la nouvelle doctrine, et constituent des documents à l'usage de ceux qui désirent la propager ou la défendre ; 3° la liste générale des médecins et pharmaciens homœopathes...; 4° un coup d'œil sur la marche de l'homœopathie dans les diverses contrées du globe... || Paris, chez J.-B. Baillière et Fils, libraires de l'Académie impériale de Médecine, rue Hautefeuille, 19. A Londres, chez H. Baillière, 219, Regent Street ; à New-York, chez H. Baillière, 209, Broadway ; à Madrid, chez Bailly-Baillière, calle del Principe, 11. 1860 et suite. In-8.

Almanach destiné à établir la supériorité de l'homœopathie sur l'allopathie.

Devint plus tard :

— *Annuaire homœopathique*, par MM. Catellan frères, etc.

(Voir, plus haut, *Agenda Médical homœopathique.*) no 2771.

[B. N. — T. $\frac{50}{3}$]

2829. — ALMANACH PARISIEN. Lanterne magique, pièces curieuses à voir, pour l'année 1860, publié sous la direction de Fernand Desnoyers, rédigé par Th. Gautier, Banville, H. Murger, Champfleury, Baudelaire, Hipp. Castille, Ch. Monselet, Castagnary, Pelloquet, Alph. Duchesne, Privat D'Anglemont, Firmin Maillard. Dessins par G. Courbet, Bonvin A. Gautier, G. Staal, Léopold Flameng,

Léon Bailly, Casano, Benassis (*sic*). Prix : 50 centimes. || Paris, Eugène Pick de l'Isère, éditeur, rue du Pont-de-Lodi, puis librairie du *Petit Journal*, puis Plon, rue Garancière. 1860 à nos jours. In-18.

« L'*Almanach Parisien*, »dit l'avis aux lecteurs,«eût dû être fondé, avant tous autres, à Paris ; au contraire, il est le dernier venu. Nous le nommons « Parisien » non seulement parce qu'il naît à Paris, mais parce qu'il ne s'occupera exclusivement que des hommes et des choses parisiens. »

Les premières années sont fort intéressantes, le reste n'est plus rien. D'autres écrivains et d'autres dessinateurs collaborèrent également à cet almanach : Arsène Houssaye, Glatigny, Duranty, Dondey-Dupré, De la Bédollière etc. Après la mort de Desnoyers, la publication fut reprise (pour 1871-72) par Alfred Busquet. Elle continue à paraître sans mener grand bruit, quoique consacrant à nouveau un chapitre aux curiosités parisiennes.

A noter : il n'y existe pas d'année 1865 ; l'almanach publié sous cette date est celui de 1860 avec une couverture différente, celui-là même que l'éditeur annonçait *complètement épuisé*. Quoi qu'il en soit, la première année est rare.

L'année 1861 a reparu en 1864, avec une couverture portant : « *Étrennes parisiennes, Petit*

tableau de Paris » ; l'année 1864 s'est transformée en *Almanach des curiosités parisiennes*. Voir, à cette date.

L'ancienne couverture dessinée par Mariani a été remplacé depuis 1870 par une composition de Grévin.

[Coll. de l'auteur.]

2830. — ANNUAIRE ENCYCLOPÉ-DIQUE publié par les directeurs de l'*Encyclopédie du XIXe siècle* || Paris, au bureau de l'*Encyclopédie*. In-8.

Recueil donnant des articles empruntés à cette publication qui fit, alors, quelque bruit.

2831. — DOUBLE ET GRAND ALMANACH DE LA FRANCE IMPÉRIALE, par Eugène Pick. Avec le concours d'une Société d'hommes de lettres et d'écrivains militaires. || Paris Eugène Pick, de l'Isère, éditeur, rue du Pont-de-Lodi. 1860. In-18.

Illustré de vignettes et de portraits.

Qu'il nous suffise de signaler ici, une fois pour toutes, les nombreuses publications de l' « étonnant » Pick, contenant la même matière plus ou moins remaniée et parues sous les titres de :

Étrennes nationales: Les gloires de la France (1862).

Étrennes Impériales : histoires héroïques des Français (1862).

Étrennes populaires : Petit musée populaire, pittoresque et illustré de la France impériale (1862). Il y en a ainsi pour toutes les classes sociales, depuis « Le petit prince Impérial » et jusqu'au *Double Almanach de l'Empire français* (1854).

A remarquer, également, la persistance que mettait Pick à se servir du cliché : « avec le concours ou d'une société d'hommes de lettres et d'écrivains militaires. », ou de savants et d'historiens, ou d'agriculteurs.

2832. — NOTES POUR SERVIR A L'HISTOIRE DU THÉÂTRE ET DE LA MUSIQUE EN FRANCE. Publiées par Alexis Dureau. 1re année, 1860 || Paris. Librairie Claudin, 12, rue d'Anjou-Dauphine. In-12.

L'auteur de cet « annuaire », tiré à 150 exemplaires seulement, se proposait de publier, chaque année, sans esprit de spéculation, quelques documents épars pouvant intéresser les bons esprits, et un jour peut-être, nos arrière-neveux. Toutes les productions du théâtre et de la musique s'y trouvent relatés avec soin et le volume est accompagné de tables analytiques.

2833. — AGENDA MÉDICAL pour 1861, contenant un memento formulaire du praticien, par le docteur Alph. Cazenave, Mémorial thérapeutique des maladies de la 1re enfance, par le professeur Trousseau... etc. Liste des docteurs-pharmaciens, vendeurs des eaux minérales, facultés, etc. . || Paris, P. Asselin, gendre et successeur de Labé. In-18.

Publication, du domaine médical, à l'usage des praticiens.

2834. — ALMANACH DE L'ORACLE DES DAMES ET DES DEMOISELLES. || Paris, Delarue, Libraire-Éditeur, rue des Grands-Augustins, 3. 1861. In-16.

Publication de colportage, avec devinettes. Couverture illustrée.

2835. — ALMANACH DE L'UNION CATHOLIQUE pour l'an de grâce 1861. || Paris, Périsse frères. In-16.

Publication populaire religieuse.

[D'après le catalogue des éditeurs.]

2836. — ALMANACH DU MUSÉE DES FAMILLES. Lectures du Soir. Année 1861. || Paris, au *Musée des Familles*, rue St-Roch, 29, et au Dépôt central des Almanachs. (1861-1870.) In-18.

Couverture dessinée par Beaucé, avec gravures extraites du *Musée des Familles*. Nouvelles, anecdotes, études diverses.

[Coll. de l'auteur.]

2837. — ALMANACH-MANUEL DE LA DANSE. Par Polkarius, précédé d'une histoire anecdotique, théorique et comique de la danse ancienne et moderne, par O. de Seltz. || Paris, Delarue, Libraire-Éditeur, rue des Grands-Augustins, 3 (1861-1883.) In-12.

Couverture, en couleur, avec des danseurs. Sur le titre, vignette représentant un quadrille.

Règles, sous forme d'historiette, des principales danses. Gravures sur bois dans le texte et hors texte.

[B. N. — V. 2734
Da t II
28003]

2838. — ANNUAIRE DES COMMER-ÇANTS, FABRICANTS, MARCHANDS

EN GROS ET AU DÉTAIL, commissionnaires en marchandises, entrepreneurs de bâtiments, officiers ministériels, etc., de Paris, de la Seine, de Seine-et-Oise, de Seine-et-Marne, de l'Oise, d'Eure-et-Loir, et des principales maisons recommandées de France et de l'étranger. 300,000 adresses. Annuaire Lahure. Édition de 1861. || Paris, imp. et lib. Lahure rue de Fleurus. 1861-1893. In-8.

Annuaire destiné à faire concurrence, au point de vue commercial, à « l'Almanach Bottin », d'un format plus commode et d'un prix moins élevé.

2839. — ANNUAIRE DU BIBLIOPHILE, DU BIBLIOTHÉCAIRE ET DE L'ARCHIVISTE, pour l'année 1860, par Louis Lacour. || Paris, Allendin, rue d'Anjou-Dauphine, 12, Magnot, quai Conti, 7, et au bureau des *Annales du Bibliophile*. 1861. In-18.

Publication faite avec soin par un homme du métier, donnant les renseignements officiels, les nouvelles de l'année, renfermant des études intéressantes dans toutes les branches de la bibliologie et de la bibliographie, avec nombreuses reproductions de marques d'imprimeur.

L'*Annuaire* se vendait 3 fr. Il existe de chaque année un tirage à 50 exemplaires sur papier vergé, au prix de 5 fr.

[Cat. de 3 à 4 fr.]

2840. — ANNUAIRE PROTESTANT. Statistique générale des diverses branches du protestantisme français [avec des notes historiques inédites], par Th. De Prat, pasteur. 1861. || Paris, chez Ch. Meyrueis, rue de Rivoli, 174 et chez Grassart, puis chez Sandoz et Fischbacher. 1861 à 1884. In-18.

Cet annuaire parut jusqu'à la mort de M. De Prat, nommé, après la guerre, directeur du Séminaire protestant de Montauban. Dès la seconde année (1862), il devint triennal pour, dit la notice, « faciliter l'écoulement d'une édition tirée à un nombre d'exemplaires qui est loin d'être considérable ». Il est sans calendrier. Chaque édition publie les lois et décrets, une statistique consistoriale, donnant le chiffre détaillé des paroisses, temples protestants et électeurs dans chaque arrondissement consistorial. Quelques notices sur les Églises et quelques nécrologies.

Voici la liste exacte des années publiées : 1862-64, supplément pour 1864 donnant simplement les modifications survenues dans le personnel ecclé-

siastique, 1865-67, 1868-70, 1873 (simple liste des pasteurs), 1878, 1882 et 1884.

[Coll. Armand Lods.]

2841. — CALENDRIER OFFICIEL DES COURSES DE CHEVAUX. 1861, publié par le secrétaire du Jockey-Club. || Paris, au Cercle du Jockey-Club. 1861 à ce jour. In-12.

Sorte d'annuaire de la « coursomanie », donnant le compte rendu des courses. C'est, si l'on veut, le bulletin officiel hippique.

2842. — ÉTRENNES LITTÉRAIRES. Almanach des Curiosités littéraires, historiques et anecdotiques. Par une Société de savants, d'hommes de lettres et d'historiens. Sous la direction d'Eugène Pick. Prix : 50 cent. || Paris, Eugène Pick, de l'Isère, Éditeur, rue du Pont-de-Lodi. In-12.

Articles et vignettes de l'*Almanach Parisien*.

2843. — ÉTRENNES VILLAGEOISES. Almanach agricole de Jacques Bonhomme. Guide rustique, pittoresque et utile, des Villageois et des Cultivateurs. Par une Société d'agriculteurs et de savants. Prix : 40 centimes. || Paris, Eugène Pick de l'Isère, Éditeur, rue du Pont-de-Lodi. In-18.

Articles et vignettes provenant du *Trésor de la Maison*, sorte d'encyclopédie publiée par Pick.

[D'après le catalogue de l'éditeur.]

2844. — NOUVEL ALMANACH DES JEUX DE CARTES, Billard, échecs, dominos, etc., etc., etc. Bésigue. — Cinq cents. — Jacquet. — Piquet. — Piquet normand. — Piquet voleur. — Écarté. — Triomphe. — Reversis. — Mouche. — Boston. — Bouillotte. — Whist. — Vingt-et-un. — Trictrac. — Dames. — Échecs. — Dominos. — Billard. Mis en ordre par Bonneveine. || Paris, Delarue, Librairie-Éditeur, rue des Grands-Augustins, 3. (1861-1883.) In-18.

Couverture imprimée en couleur (personnages de cartes : valet et dame).

A partir de 1871 : frontispice sur bois représentant une partie de cartes.

Règles des principaux jeux. — Calendrier.

Delarue, puis Passard transformeront en almanachs tous leurs traités de jeux. C'est ainsi que l'on verra l'*Almanach du Jeu de Piquet*, l'*Almanach du Jeu de Billard*, avec le simple remplacement du mot : *Traité* par le mot : *Almanach*.

2845. — ALMANACH DE BÉRANGER pour 1862. Avec des chansons et des vers inédits du poëte national, par Paul Boiteau. [Épigraphe :] « Humanité règne ; voici ton âge. » 50 centimes. || Paris, Perrotin, Libraire-Éditeur, 41, rue Fontaine-Molière. (1862-1865.) In-16.

Sur la couverture, petit profil de Béranger et, comme frontispice, portrait en pied. L'avertissement placé en tête de la première année explique, comme suit, le sens de cette publication.

« Ce n'est pas seulement pour honorer et fortifier un livre utile du patronage d'un nom populaire que nous publions cet almanach, sous le nom de Béranger. Nous réalisons, en le publiant, l'une de ses pensées et l'un de ses désirs. Il avait, à plusieurs reprises, songé à réunir autour de lui quelques-uns de ses amis qui aimaient sincèrement le peuple, et à rédiger, chaque année, avec leur aide, un almanach qui instruirait sans fatigue ceux d'entre nous qui ont rarement le temps de lire, et qui, par la variété des matières et par l'exactitude, comme par la simplicité et la clarté des écrits qu'il devait contenir, formerait peu à peu une bibliothèque de science pratique, d'histoire et de morale. »

C'est donc, dans ce but, dans cet esprit, que l'auteur de la *Vie de Béranger* entreprit l'almanach qui a publié, chaque année, quelque œuvre inédite du chansonnier populaire. A partir de la 3ᵉ année, on y trouve des éphémérides (souvenirs et anniversaires.) La collection abonde en notices intéressantes.

[Coll. de l'auteur.]

2846.— ALMANACH DE L'HYGIÈNE. Art de conserver la santé, résumé d'après les travaux scientifiques les plus modernes et les plus sérieux. [Épigraphe :] « Mieux vaut régime que médecine. » *Voltaire.* Prix 50 cent. || Paris, Dépôt central des almanachs, 18, rue de Seine. 1862. In-12.

Almanach populaire, destiné à vulgariser les premiers principes de l'hygiène. Il donne, en outre, quelques notions d'art vétérinaire et d'économie rurale.

2847. — ALMANACH DES GLOIRES DE LA FRANCE Impériale et Guerrière, illustré de 77 vignettes et portraits. | Paris, E. Pick, directeur de la Librairie napoléonienne, 5, rue du Pont-de-Lodi. (1862). In-12.

Almanach de propagande napoléonienne, publié par l'infatigable Eugène Pick.

[Coll. de l'auteur.]

2848. — ALMANACH DES GOURMANDS, par Ch. Monselet, avec le concours de Léon Gozlan, Fernand Desnoyers, Armand Barthet, Edmond Fournier, Bernard Lopez, Pierre Véron, Amédée Rolland, Jules de Goncourt. Prix : 50 cent. || Paris, Eugène Pick, 5, rue du Pont-de-Lodi. 1862-1863. In-16.

Cet almanach que Pick annonçait, sur des catalogues, comme étant publié « avec le concours d'une foule de sommités littéraires et gastronomiques » devait modifier, peu après, son titre et se transformer purement et simplement en *Almanach Gourmand.*

Vignettes de Mariani, Régnier et autres; portrait de Grimod de la Reynière.

Le même pour 1863, in-18 « 2ᵉ édition, à la demande générale » suivant la réclame de l'éditeur.

[Coll. de l'auteur.]

[Voir, plus loin, le *Double Almanach Gourmand.*]

2849. — ANNÉE SCIENTIFIQUE. LE PROGRÈS DES SCIENCES, en 1862. Publié par P. Dehérain professeur de chimie, avec la collaboration de MM. Blazy, Dʳ Brouardel, E. Dally, Gariel. || Paris, Librairie Charpentier. 3 fr. 50 (1862). In-12.

Articles concernant les sciences dans tous le domaines.

2850. — ANNUAIRE DE L'ARCHÉOLOGUE, DU NUMISMATE ET DE L'ANTIQUAIRE pour l'année 1862, publié par A. Berty et Louis Lacour. Première année. || Paris, A. Claudin, rue d'Anjou-Dauphine, 12, E. Marignot, quai Conti, 7, et au Bureau des *Annales du Bibliophile.* 1862. In-18.

Publication sur le modèle de l'*Annuaire du Bibliophile,* donnant le tableau des faits archéologieues de l'année écoulée, une nécrologie et une bibliographie, avec divers renseignements utiles à l'antiquaire et au numismate.

2851. — ANNUAIRE DE LA SOCIÉTÉ NATIONALE D'ACCLIMATATION DE FRANCE. || Paris, 1862. In-8.

Annuaire administratif. Rapports, comptes rendus, noms des membres de la Société.

2852. — ANNUAIRE DES COIFFEURS DE FRANCE ET DE L'ÉTRANGER, publié par M. Cailliaux, pour 1862. || Paris, 7, rue Villedo. 1862 à ce jour. In-18.

Annuaire faisant concurrence à l'*Annuaire Beaumont* de 1855.

2853. — ANNUAIRE DES EAUX ET FORÊTS, contenant le tableau complet du personnel de l'administration des forêts et du service forestier de l'Algérie, la liste des promotions de l'École forestière et de l'École secondaire d'enseignement professionnel, et de nombreux documents statistiques. || Paris, Librairie Rothschild. 1862 à ce jour. In-16.

L'*Annuaire des eaux et forêts*, purement technique et d'adresses, est seulement imprimé pour les abonnés de la *Revue des eaux et forêts*.

2854. — ANNUAIRE MAÇONNIQUE DE TOUS LES RITES par le F.˙. M. Pinon. || Paris. 5862-5868; 4 années. In-8.

[Cat. 6 fr.]

2855. — ÉTRENNES MIGNONNES. — ALMANACH POÉTIQUE ET GAULOIS, 1862. Mes Douze Mois, Recueil de chansons, par Frédéric Degeorge, augmenté de chansons inédites, dédiées à l'auteur, par Émile de la Bédollière, rédacteur du *Siècle*. [Épigraphe :] « Célébrons nos amours! Chanter, adoucit le chagrin. » || Paris, Eugène Pick de l'Isère, Éditeur, rue du Pont de Lodi. In-32.

Préface de l'éditeur protestant contre les poètes bohèmes, « désœuvrés de la littérature, » qui voudraient faire accroire que la poésie est morte. Réponse de Fréd. Degeorge à Pick. Calendrier. Étrennes gastronomiques pour 1862.

[Coll. de l'auteur.]

2856. — GUIDE-BIJOU, 1862. 25 centimes. Susse frères. Répertoire, Fantaisie,

Fabrique de Bronzes d'art. || Place de la Bourse, Paris. 1862 à ce jour. In-64.

Petit almanach de poche contenant l'adresse des ambassadeurs, consuls ; l'indication des monuments et musés, le tarif des spectacles, concerts, le tarif des voitures, l'itinéraire des omnibus, le tarif des postes et télégraphes, et tous les renseignements indispensables aux étrangers. Donne toujours, en frontispice, un des bronzes édités par Susse, les bronzes nouveaux et des petites vignettes pour les principaux monuments.

2857. — AGENDA DU MÉDECIN-PRATICIEN, pour 1863. Contenant : Calendrier, à deux jours par page, pour inscrire ses visites et notes journalières ; formulaire alphabétique, pour l'emploi des médicaments dangereux et des agents nouveaux ; Mémento thérapeutique, indiquant les affections les plus graves, le mode de traitement, etc. ; Dictionnaire des eaux minérales ; et une foule de renseignements utiles au médecin. || Paris, Germer-Baillière, Libraire-Éditeur, 17, rue de l'École de Médecine. In-18.

Notices médicales et pharmaceutiques.

[B. N. — $\frac{\text{T. 47}}{69}$]

2858. — ALMANACH DE LA FAMILLE, pour 1863, comprenant : des instructions nécessaires à connaître pour le calendrier et les mois ; pour les travaux et les intérêts agricoles, pour les principaux faits arrivés chaque mois et les pronostics des temps, avec des notions indispensables d'hygiène, les maladies et les remèdes qu'on peut employer en attendant le médecin, suivi d'une étude sur les plantes alimentaires et sur la manière de faire une bonne et saine cuisine, par Charles Rozières, chimiste à Romainville (Seine). || Paris, typographie de Gaittet, rue Git-le-Cœur. 1863. In-32.

Ce Charles Rozières est l'inventeur « seul fabricant breveté des boules d'oignons, dites Pastilles-Rozières. » Il avait fabriqué, pour transporter ses produits, la *Voiture pot-au-feu*, cet ancêtre des voitures-réclame, moins encombrant que nos voitures actuelles, qu'on vit circuler de 1864 à 1870. L'almanach se termine par une chanson : « Les pastilles–Rozières.» Comme on le voit, le fabricant de pastilles comprenait et employait sur une vaste échelle, la réclame à l'américaine.

[Coll. de l'auteur.]

2859. — ALMANACH DES BÊTES, publié sous le patronage de la société protectrice des Animaux. 1863. || Paris, Humbert, Libraire-Éditeur, rue Bonaparte, 43. 1862. In-4.

Inutile de dire que les bêtes dont il s'agit en ce petit livre ne sont pas des imbéciles, qui du reste, comme le dit fort bien le préfacier, « ne se reconnaîtraient jamais au titre.» C'est une plaidoirie en faveur des frères à quatre pattes, à six pattes, à mille pattes, à bec et à plumes. Conseils, récits, anecdotes, dont un grand nombre sur les chiens. L'auteur montre jusqu'à la façon dont il faut punir les animaux.

[Coll. de l'auteur.]

2860. — ALMANACH DES GLOIRES NATIONALES, 1863. Prix : 5o centimes. || Paris, Collignon, Libraire-Éditeur, rue Serpente, 31. In-16 carré.

Avec un calendrier des fastes militaires, comme celui de l'*Almanach de Napoléon*, une histoire de l'année, des notices et portraits des hommes illustres.

[Coll. de l'auteur.]

2861. — ALMANACH DES OR-PHÉONS ET DES SOCIÉTÉS INSTRU-MENTALES, par Messieurs Camille de Vos, Ch. Coligny, Jules Janin, Arsène Houssaye, Emile Deschamps, Roger de Beauvoir, Em. de la Bédollière, Eugène d'Auriac, A. de Pontécoulant, Léon Escudier, Léon Gatayes, Lomon, Firmin Maillard, Joannis Guigard, Jules Mahias, De Lyden, Eliacim Jourdain, Benjamin Gastineau, sous la direction de J.-F. Vaudin, rédacteur en chef du journal *La France Chorale*. Prix : 5o c. || Paris, Pagnerre, Libraire-Éditeur, rue de Seine. 1863-1864. In-18.

Articles sur Béranger et Wilhem, le créateur de l'Orphéon.— Les journaux et les journalistes de la musique populaire.— Galerie artistique et littéraire de la France chorale (études sur Halévy, Ambroise Thomas, Hector Berlioz, Jean-Georges Kastner, François Bazin, Camille de Vos, Vaudin, Charles Coligny, Abt, Méry, de la Bédollière, Ad. Sax,

Delsarte), d'après les photographies de Nadar et de Pierre Petit.— Les princesses de la Comédie et de la Musique.— La corporation des ménétriers et joueurs d'instruments de Paris.— Rouget de Lisle. — Les festivals de province.— Les muses de l'Orphéon.

Couverture illustrée, avec la devise : « Les cœurs sont bien près de s'entendre, quand les voix ont fraternisé.»

Calendrier avec petites vignettes illustrées.

[Coll. de l'auteur.]

2862. — ALMANACH DU PRINCE IMPÉRIAL pour 1863. [Prix : 5o c.] || Paris, Collignon, Libraire-Éditeur, 31, rue Serpente. In-16.

Vignette sur la couverture : le prince impérial passant la revue des enfants de troupe. Gravures dans le texte et renseignements sur les sociétés placées sous le patronage du petit prince.

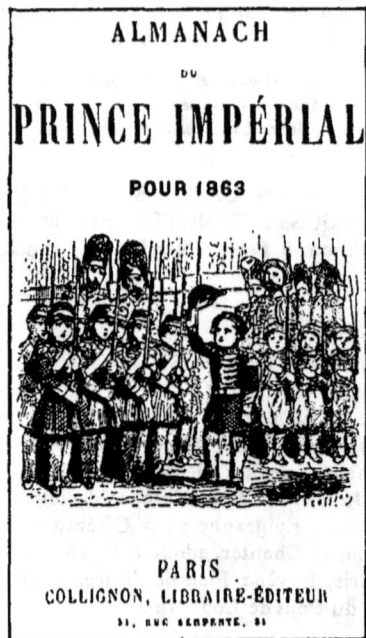

ALMANACH DU PRINCE IMPÉRIAL POUR 1863

PARIS
COLLIGNON, LIBRAIRE-ÉDITEUR
31, RUE SERPENTE, 31

[Coll. de l'auteur.]

2863. — ANNUAIRE DE LA SOCIÉTÉ AMÉRICAINE DE FRANCE. || Paris. In-8.

Tome I (1863-1865). — Tome IV (1876-1878). Comptes rendus et travaux divers.

2864. — ANNUAIRE MATHIEU DE LA DROME, pour 1863. Prix : 1 fr. Paris, Henri Plon, Éditeur, rue Garancière 8, et au Dépôt central des Almanachs publiés à Paris, Pagnerre, rue de Seine. 1863 à ce jour. Gr. in-18.

Annuaire qui, dès l'origine, jouit d'une certaine autorité, son auteur, M. Mathieu (de la Drôme), grâce à une science plus positive, à une autorité mieux établie, que ne devaient pas tarder à consacrer des succès éclatants, ayant émis la prétention de mettre la science à la portée de tous et de contrebalancer l'influence des anciens « pronostics ». Avec nombreuses vignettes. Sur la couverture, portrait de Mathieu de la Drôme.

2865. — DOUBLE MATHIEU DE LA DROME. Indicateur du temps, pour 1863, indispensable aux cultivateurs et aux marins. Prix : 30 centimes.|| Paris, Henri Plon, éditeur, 8 rue Garancière. 1863 à ce jour. In-16.

Le même almanach, moins volumineux, avec vignettes également, et spécialement rédigé pour les gens de la campagne et de la mer.

2866. — LES SONGES DE L'AMOUR, ou le chansonnier galant. || A Paris, chez Delarue, Libraire, quai des Augustins, 11; à Lille, chez Castiaux, Libraire. In-32.

Recueil de chansons, avec un calendrier pour 1863.

[Coll. Quarré-Reybourbon, Lille.]

2867. — TRIPLE MATHIEU DE LA DROME. Indicateur du temps pour 1863, indispensable à tout le monde. 50 cent. || Paris, Henri Plon, éditeur, 8, rue Garancière. 1863 à ce jour. In-16.

Même almanach, « rédigé par des sommités scientifiques et littéraires », orné de vignettes et s'adressant au grand public.

2868. — ALMANACH DE L'UNION PROTESTANTE LIBÉRALE, pour 1864. Première année. || Paris, Librairie Cherbuliez et à l'Agence de l'Union protestante libérale, cité des Beaux-Arts. (1864-1870). In-12.

Almanach de doctrine et de lutte protestante, dans lequel se trouvent quelques articles de M. Étienne Coquerel fils : Une course de taureaux en Espagne (A. 1865). La Fête à Valence et à Munich (A. 1866). De l'esprit de système (A. 1867).

2869. — ALMANACH DE LA JEUNE CHANSON FRANÇAISE. Répertoire chantant, le plus complet des succès populaires, illustré par Cham, Bertall et Célestin Nanteuil. 50 centimes. Première année.|| Paris, Bernardin-Béchet, Libraire-Éditeur, 31, quai des Augustins, L. Vieillot, Éditeur de librairie et de musique, rue N.-D. de Nazareth, 32. 1864 à ce jour. In-16.

Recueil de chansons du jour, avec gravures dans le texte. Sur la couverture, vignette de Cham, coloriée, représentant un joueur d'orgues et une vendeuse de chansons. Les noms des illustrateurs changent sur certaines années. A partir de 1885, on lit : « illustré par Draner ».

2870. — ALMANACH DU PALAIS DE JUSTICE et des curiosités judiciaires, publié par B. Warée. Précédé d'un guide dans le Palais de Justice. Prix : 50 cent. Première année. || Paris, Collignon, Libraire-Éditeur, 31, rue Serpente. 1864. Petit in-18.

Contient différents articles intéressants : Étude sur la cravate blanche, Biographie des anciens bâtonniers, Peines de l'adultère, Délits singuliers La Justice en Chine, Mélanges Judiciaires.

2871. — ALMANACH DES ACTEURS ET ACTRICES DE PARIS, pour 1964 (sic) par Joseph Lavergne et Moretteau. Prix : 30 centimes. || A Paris, chez les principaux Libraires. In-18.

Facétie en vers, publiée en 1864. Sur la couverture, un souffleur à son trou. En guise d'avis aux lecteurs :

Pour dix-neuf-cent-soixante-quatre
Dans cet Almanach de théâtre
Ne pouvant pas, de ce parcours,
Dater les mois, fêtes et jours,
Éclipses de soleil, de lune,
Quand poindra l'aube ou bien la brune;
D'ici là, prenez, chers lecteurs,
Des calendriers aux facteurs.

2872. — ALMANACH DES CURIOSI-
TÉS PARISIENNES, pour 1864, par
Fernand Desnoyers, Prix : 50 centimes. ||
Paris, Eugène Pick, de l'Isère, Éditeur,
5, rue du Pont de Lodi. 1864. In-16.

Publication, sous un titre nouveau, de l'*Almanach
Parisien* de 1860. Sur la couverture, une tête
d'âne avec de grandes oreilles ouvertes, personnifiant ainsi la curiosité.

[Coll. de l'auteur.]

2873. — ALMANACH DES MISÉ-
RABLES. Parodie en vers, par A. Vemar.
50 centimes. || Paris, chez tous les Li-
braires. In-32.

Sur la couverture un horrible Jean Valjean.
Publication, sous forme d'almanach, et avec un
calendrier, de la parodie : *Les Misérables pour Rire*,
parue antérieurement, et divisée en six chapitres :
Fantine; Cosette; Marius; l'Idylle et l'épopée;
Jean Valjean; Argot, art goth.

[Cat. Sapin : 4 fr.]

2874. — ALMANACH DES TOQUÉS,
pour l'année 1864. Publication du journal *Le Hanneton*. Illustré par Gédéon et
Gilbert. Prix : 50 centimes. || Paris, au
dépôt général des Almanachs, Pagnerre,
rue de Seine. In-12.

Sur la couverture, un hanneton debout, portant
sur son dos le titre de l'almanach. Rédigé et illustré par les collaborateurs du journal *Le Hanneton*,
fondé et dirigé par le Guillois. Contient des prophéties pour 1864, la grande revue du Hanneton;
Fantasticanards ne faisant pas suite aux histoires
extraordinaires d'Edgar Poé (conversation entre
spectres, Carvalho, Weber et Berlioz, à propos de la
reprise d'*Obéron*.) Les rats anglais et les rats français; les Maximes de la rue La Rochefoucauld;
Cours d'histoire naturelle à l'usage des pension-
nats de demoiselles.

[Coll. de l'auteur.]

2875. — ALMANACH DU ROI DE LA
FÈVE, ou figures et couplets pour le jour
des Rois. Premier recueil. || Paris, chez
Delarue, Libraire - Éditeur. Lille, chez
Blocquel Castiaux. In-32.

Publication populaire, composée de petites
vignettes avec devises, dans le genre des estampes
sur le même sujet.

[Coll. Quarré Reybourbon.]

2876. — L'ALMANACH ILLUSTRÉ
LE CAGLIOSTRO. 115 gravures. 1864.
Histoire des spectres vivants et impal-
pables. Secrets de la Physique amusante
dévoilés, par M. Robin. || Au dépôt
central des Almanachs, Pagnerre, 18, rue
de Seine, et chez tous les Libraires de
France et de l'Étranger. 1864-1865,
2 années. Petit in-folio.

Almanach publié par Robin, directeur de la salle
Robin, 49, boulevard du Temple, concurrence à
Robert Houdin, dans laquelle, tous les soirs, avaient
lieu des séances de physique, de magie et
d'optique. S'ouvre par une introduction, ayant,
pour en tête, une vignette censée représenter le
cabinet du directeur de l'almanach. « Sous le titre
d'*Almanach de Cagliostro* », dit l'éditeur, « nous
avons l'intention de divulguer et de vulgariser les
secrets de la physique et de la magie, inexpliqués
pour la plupart. Nous nous attacherons à débarras-
ser, sur ce point, bien des esprits de leurs préjugés. En un mot, nous voulons instruire, et instruire
à peu de frais. C'est pour cela qu'à notre texte,
nous joindrons autant de gravures qu'il en faudra
pour en rendre l'intelligence aussi claire que
possible. Ce sera alors, vraiment, un recueil de
connaissances utiles, mises à la portée de tous. »

[Coll. de l'auteur.]

2877. — ÉTRENNES INSTRUCTIVES
ET POPULAIRES. GRAND ALMANACH
DES ALMANACHS, précédé du nouveau
calendrier pour 1864. Recueil universel,
perpétuel et sans pareil, véritable trésor
de la mémoire. 300 articles scientifiques,
utiles à tous, expliqués d'une manière
claire, simple et précise, par le célèbre
Napoléon Landais, auteur du « Grand dictionnaire général des dictionnaires fran-
çais. » Prix : 50 centimes. || Paris, E. Pick
de l'Isère, Éditeur, 5, rue du Pont Lodi.
1864. In-18.

Une introduction de Napoléon Landais expose
le but de l'œuvre : « définir et expliquer tout ce que
les almanachs et les calendriers comportent d'instructif, d'utile, d'intéressant, de curieux.
« Par exemple, on ne lira point dans notre
almanach que tel jour de l'année il doit nécessairement faire *beau* ou *vilain temps*, *pleuvoir* ou
neiger, etc., etc. parce que rien de tout cela ne saurait être prévu ni calculé longtemps à l'avance :
on ne dira donc pas de notre almanach qu'il règle
le temps. Nous ne voulons pas, jusqu'à ce point,
nous moquer des pauvres ignorants, nous venons,
au contraire, les éclairer ; et le moyen c'est de ne
point les entretenir de mensonges. »

Explication, avec les causes et les effets des choses, des termes Cycles, Nombre d'Or, Lettres dominicales, Indictions, Épactes, Éclipses, Marées, Cours du Soleil et de la Lune, etc.

Livre de tous les temps et de toutes les époques.

[Coll. de l'auteur.]

2878. — NOS TOQUADES. Revue de 1863, et Almanach pour 1864. Album Comique, par Baric. ‖ Paris, E. Dentu.

Album de caricatures, avec 2 pages de calendrier, entourées de vignettes.

[Coll. de l'auteur.]

2879. — ANNUAIRE-GUIDE-INDICA- TEUR DES COIFFEURS, publié par les bureaux Robert et Durand réunis, sous la direction de L. Pagès. 1864. 1re année. Paris, 5, rue des Petits-Champs. In-18.

Annuaire d'adresses, d'annonces et de renseignements spéciaux pour l'industrie capillaire.

2880. — ALMANACH CHORAL illustré. 1865. (5 centimes). N° 1 (1er semestre) 1er tirage à 25.000 exemplaires. La Voix de l'Orphéon français. Avec la collabora- tion de MM. Georges Kastner (de l'Insti- tut), E. de Labédollière, Elivart, Gebauer, Lachambeaudie, Laurent de Rillé, Syl- vain, St-Étienne et Stop. ‖ Aux bureaux de l'Orphéon français, grande rotonde Colbert, à Paris, chez A. Vialon. In-4.

Sorte d'almanach-journal, paraissant tous les semestres, destiné à vulgariser le chant populaire, avec une couverture dessinée par Stop, composée d'attributs relatifs à l'Orphéon (en haut un chœur séraphique, en bas une commère de revue couron- nant le buste de Boquillon Wilhem. Dans le texte vignettes, également par Stop, (l'Orphéon en voyage, Lamentations d'un homme de chœur, etc.)

2881. — ALMANACH DE LA CONCI- LIATION DES CROYANCES. Pour l'An- née 1865. Publié par l'Alliance Religieuse universelle. Prix : 50 centimes. ‖ Paris, Thirifocq, Éditeur, rue de la Fontaine- Molière, 39 bis. In-12.

Articles religieux, avec les portraits de H. Carle et de Ludwig Wihl, propagateurs de la concilia- tion des croyances.

La couverture imprimée sert de titre.

2882. — ALMANACH DE LA SOCIÉTÉ DES AQUA-FORTISTES, par A. de Boret et Ulm; vers inédits de Th. de Ban-

ville, pour chaque mois. ‖ Paris, Cadart, 1865 et 1866, 2 années. In-4.

Le texte est entièrement gravé et entouré de charmantes eaux-fortes (sujets de fantaisie).

La 2e année a une introduction de Robert Hyenne. Le mois de mai 1866 représente un défilé de personnages connus, costumés en Amours.

[Cat. 9 fr.]

2883. — ALMANACH DE PARIS. 1865. Annuaire général de diplomatie, de poli- tique, d'histoire, etc., etc. Première année. ‖ Paris, Amyot. 1865-1870. In-16.

Cet almanach orné, chaque année, de portraits, fut un peu, pour le second Empire, ce qu'était sous l'ancienne monarchie, le Calendrier de la Cour et de la Ville.

2884. — ALMANACH DES CARICA- TURES PARISIENNES, pour 1865. Con- tenant un millier de renseignements utiles sur Paris, et ses environs. Prix : 30 centimes. ‖ Paris, 18, rue de Seine, Librairie Pagnerre, F. Bracke et fils, Édi- teurs, boulevard Beaumarchais, 96. In-8.

Recueil composé de clichés d'illustrations, avec réclames commerciales et industrielles, publié par la maison Bracke, qui, depuis plusieurs années déjà, éditait, en plus grand format, un recueil de même espèce intitulé l'Album-Bracke : les carica- tures parisiennes.

[Coll. de l'auteur.]

2885. — ALMANACH DU JOURNAL ILLUSTRÉ, pour 1865. Prix : 50 cent. ‖ Paris, rue Lafayette 61. Gr. in-8.

Almanach publié par le journal de ce nom, avec illustrations et articles ayant déjà paru.

2886. — ALMANACH DU PETIT JOURNAL ET DU JOURNAL ILLUS- TRÉ (1) pour 1865. Prix : 30 cent. ‖ Paris, 112, rue Richelieu, et 21, boulevard Montmartre, à la Librairie du Petit Jour- nal 1865-1870. In-4.

Réunion, en une même publication, des almanachs des deux journaux fondés par Millaud.

La couverture de la première année représente

_____

(1) Millaud ayant fondé, en 1866, un quotidien illustré, le titre porta, en plus, à partir de 1867 : « et du Nouvel Illustré. »

les bureaux du *Petit Journal* (coin du boulevard Montmartre.) Sur le titre, portrait de Timothée Trimm, dessiné par A. de Montaut. S'ouvre par quelques lignes du chroniqueur, alors à la mode. Gravures du *Journal Illustré*, grandes compositions pour les mois et les saisons.

[Coll. de l'auteur.]

2887. — ALMANACH ILLUSTRÉ DES COMMUNES, pour 1865, par Pol de Guy et Lachat, avec Constant Guéroult, Paul de Lascaux, Francis Tesson, E. Boursin, P. Dercy, Ph. de Karadec, Gaston de Tayac, E. Delorme, etc. Prix : 50 cent. || Paris, Librairie des Communes, E. Rome, Éditeur. In-18.

Faits de l'année : Embellissements de Paris, biographies nécrologiques, procès célèbres, etc. Note sur le portrait de Napoléon III, par Mailly (lithographie curieuse par l'étendue de son format ; 2 ᵐ 35 sur 1 ᵐ 35).

[Coll. de l'auteur.]

2888. — ANNUAIRE DE LA PAPETERIE FRANÇAISE ET ÉTRANGÈRE, pour 1865, technique, industriel et commercial. Guide-Annuaire officiel des fabricants de papier et de cartons français et étrangers, publié avec le concours des fabricants et des directeurs de papeteries. Prix : 10 fr. || A Paris, l'Office des fabricants de papier, 18, rue des Pyramides. 1865 à ce jour. In-8.

Annuaire donnant tous les renseignements utiles au commerce de la papeterie et les noms et adresses des fabricants.

2889. — ANNUAIRE DES STEEPLE-CHASES, 1865, publié par Mérelle. || Paris. In-12.

Nouvelle publication relative aux courses. Dès maintenant, ces dernières allaient prendre une place assez considérable dans les recueils annuels. — Annuaire non cité par le comte de Contades, dans sa *Bibliographie sportive*.

[D'après un catalogue de libraire.]
[Cat. de 3 à 4 fr. l'année.]

2890. — PRÉVISION DU TEMPS. ALMANACH ET CALENDRIER MÉTÉOROLOGIQUE, à l'usage de l'homme des mers et de l'homme des champs, par

F.-V. Raspail. || Paris, Librairie Raspail. (1865-1874.) In-18.

Intéressants almanachs, contenant des études sur Rousseau, sur Voltaire, sur Galilée et les dévots modernes, une réhabilitation de Marat, la correspondance, philosophique et républicaine, entre la duchesse de Saxe-Gotha et l'astronome Lalande et sa nièce.

L'almanach pour 1870 contient, en outre du triple calendrier, les éphémérides des hommes et évènements célèbres (reprise de l'almanach de 1850.) En 1873 et 1874, ces éphémérides furent augmentées des évènements de 1870-1871. M. F.-V. Raspail fut poursuivi pour ce fait, et condamné, malgré son grand âge, (il avait alors quatre-vingts ans), à deux ans de prison.

Voir, à ce sujet, le volume : *Procès de l'Almanach Raspail*. Paris, 1874.

[Coll. de l'auteur.]

2891. — AGENDA DES HUISSIERS du département de la Seine. Année 1866. || Paris, Renou et Maulde, rue de Rivoli, 144, Imprimeurs de la Chambre des Huissiers. (1866 et suite.) In-18.

Renseignements administratifs et noms et adresses de ces officiers publics.

[B. N.]

2892. — ALMANACH DE LA FRATERNITÉ pour 1866. Sous la direction de Louis Ariste, rédacteur en chef de *La Fraternité*. Prix : 50 cent. || Paris, Bernardin-Béchet, Libraire-Éditeur, quai des Grands-Augustins, 31 ; et aux bureaux du journal *La Fraternité*, boulevard Saint-Germain, 68. In-18.

Almanach littéraire, publié par le journal de ce nom et destiné à « répandre chez le peuple, avec de sains enseignements, l'amour du vrai, le culte du beau » et à protester « contre les fabricants de divinations, d'horoscopes, qui, dans une grêle d'almanachs, vendent le préjugé à tant la livre. » Prose et poésie. On y trouve des articles signés : Octave Pradel, M.-A. Gromier, Roger Delorme, Vermersch. A signaler : Les mystères des noms propres.

[Coll. de l'auteur.]

2893. — ALMANACH DE LA NOBLESSE A PARIS, par M. Pinard. || Paris, chez l'auteur, boulevard Montparnasse, 49, et chez tous les libraires. 1866. In-24.

La Cour, le Clergé, l'Armée ayant leur almanach, l'auteur qui avait déjà publié les *Tablettes généalogiques de la Noblesse* pensa que la noblesse devait, aussi, avoir son recueil annuel. Cet almanach se compose de deux parties, d'abord les adresses actuelles, ensuite des renseignements biographiques sur les anciens corps nobles. L'année 1866 donne le Sénat du premier Empire, avec notices sur chacun des membres : l'année 1867 devait donner le double tableau de la Pairie héréditaire et de la Pairie viagère sous les Bourbons, mais j'ignore si elle a paru.

[Coll. de l'auteur]

2894. — ALMANACH DE LA POLOGNE. || Paris, Cournol, éditeur, 20, rue de Seine. In-18.

La Pologne était alors à la mode, comme le sera, plus tard, la Russie. D'où la raison d'être de ce titre.

[D'après un catalogue de l'éditeur.]

2895. — ALMANACH DE LA VIE PARISIENNE. 100 dessins, par tous les artistes de la *Vie Parisienne*. Marcelin, directeur. Prix : 50 centimes. || Paris, bureaux de la *Vie Parisienne*, 9, place de la Bourse, Pagnerre, éditeur, 18, rue de Seine. (1866-1870.) In-4.

Vignette sur la couverture, par Marcelin (loge à l'Opéra) : à partir de la deuxième année, composition dessinée par A. Fleury. (*La Vie Parisienne* court vêtue, étalée, les jambes croisées, sur une

chaise longue ; autour d'elle public d'élégants et d'élégantes et des amours.) A partir de la seconde

année, le calendrier a des encadrements de vignettes, dessinés à nouveau, pour chaque mois, par V. Coindre. — Articles et illustrations du journal.

2896. — ALMANACH DE THÉRÉSA pour 1866. || Paris, Le Bailly, éditeur, rue de l'Abbaye Sᵗ-Germain-des-Prés. In-32.

Fait suite à « Thérésa et ses chansons. » Avec un portrait, gravé par Nargeot.
Choix d'œuvres interprétées par Thérésa, « l'étoile dont l'éclat ne se ralentit pas. » Avec un calendrier.

[Cat. de 2 à 3 fr.]

[Coll. de l'auteur.]

2897. — ALMANACH DES COMPTES FAITS DE BARÊME. En francs et centimes. Prix : 40 centimes. || Paris, chez les principaux libraires. (1886). In-18.

Comptes faits auxquels on a ajouté une couverture portant le titre : « Almanach », et un calendrier.

[B. N. — V. 30003.]

2898. — ALMANACH DES IMBÉCILES. 1866. || Paris, F. Cournol, Libraire, 20, rue de Seine. In-12.

Au verso du titre se trouve la note suivante de l'éditeur : « Sous ce titre : *Les Imbéciles*, M. Alfred Sirven a publié, jadis, un volume satirique, dont le retentissement a été grand, et dont le succès, constaté par plusieurs éditions, n'est pas encore épuisé. M. Alfred Sirven nous a autorisé à prendre son titre pour le présent almanach. Puisse l'*Almanach des Imbéciles* être aussi favorablement accueilli que *Les Imbéciles !* »
Amusante couverture dessinée par Hadol : dans le texte, petites vignettes du même. Articles : types et scènes de mœurs, les dames, les raseurs, les bohêmes, les fantaisistes, le bas bleu, le boursicotier, etc...

[Coll. de l'auteur.]

2899. — ALMANACH DES RUES ET DES BOIS, citadin, champêtre et poétique, pour 1866. Indispensable à tous les gens de bien. || A Chaillot, et se trouve à la librairie du *Petit Journal*. 1866-1867, 2 années. In-18.

Recueil de chansonnettes de Monselet, C. Joliet, D'Hervilly. Au lieu de « citadin, champêtre », la seconde année porte l'indication : « A l'usage des poètes. » La première année est imprimée sur papier chamois, la seconde sur papier teinté.

A la fin de la seconde année se trouve, sous le titre de : *Annonces poétiques,* une réclame pour les publications de la librairie dont nous extrayons les vers suivants relatifs aux almanachs :

> En premier lieu se déroule
> Une liste d'almanachs ;
> On peut choisir dans leur foule
> Sans craindre un coup de Jarnac.
> *L'Almanach Gourmand* s'honore
> D'un auteur gras et replet,
> Aussi vermeil que l'aurore...
> On a nommé Monselet.
> Notre Almanach du poète
> Nous arrive tout de go
> De la folle chansonnette
> Qu'inspira le grand Hugo.
> A l'*Almanach militaire*
> Du *Garde-National*
> Préfère-t-on l'*Annuaire*
> De notre *Petit Journal ?*
> Il réunit dans ses pages,
> Avec illustrations,
> Des extraits de bons ouvrages,
> Et quelques échantillons
> De cette littérature
> Dont de populeux auteurs
> Composent une pâture
> A trois cent mille lecteurs...
>
> [Cat. de 3 à 4 fr.]

2900. — ALMANACH ILLUSTRÉ, CHRONOLOGIQUE, HISTORIQUE, CRITIQUE ET ANECDOTIQUE, DE LA MUSIQUE, par un Musicien. 1re Année, 1866, — du 1er septembre 1864 au 1er septembre 1865. || Paris, Ikelmer et Cie, éditeurs, 4, Boulevard Poissonnière. 1866. In-18.

Publication assez bien faite, s'ouvrant par une sorte d'index des almanachs de musique publiés jusqu'à ce jour en France.

« De ces publications », conclut l'éditeur, « il en est qui ne peuvent absolument servir à rien, d'autres qui ne sont qu'utiles ; d'autres, enfin, qui ne sont qu'agréables. Nous, nous prenons pour devise : *Utile dulci,* nous tâcherons de la justifier. »

Notices sur les théâtres et les concerts, avec petites vignettes. Donne, en outre, les listes des opéras français nouveaux, représentés ailleurs qu'à Paris, une bibliographie musicale, très complète, les associations musicales, une nécrologie, et la reproduction de deux morceaux de musique.

[Coll. de l'auteur.]

2901. — ANNUAIRE-AGENDA DES MÉDECINS ET PHARMACIENS du département de la Seine. Pour 1866. || Paris, aux bureaux de la *France Médicale* [E. Simonnet,] 21, rue de la Monnaie. 1866 à ce jour. In-8.

Législation médicale. Liste des médecins etc.

[B. N. — $\frac{\text{T. 47.}}{\text{80}}$]

2902. — ANNUAIRE-BRACKE. 1866. La Famille, la Santé, le Bonheur. || Paris, F. Bracke et fils, Éditeurs, 49, Boulevard Voltaire, et Avenue Parmentier, 10. In-16 carré.

Conseils sur l'hygiène et l'intérieur.

[B. N. — $\frac{\text{T. 47.}}{\text{84}}$]

2903. — ANNUAIRE DE LA SOCIÉTÉ FRANÇAISE DE NUMISMATIQUE ET D'ARCHÉOLOGIE. || Paris. T. I. 1866. In-8.

Recueil annuel composé d'études et de travaux publiés par la société de ce nom.

2904. — CALENDRIER NATIONAL. 1886. || Paris, au bureau du *Progrès de Paris,* rue Richelieu, 110. In-12.

Sorte de manuel populaire d'histoire contemporaine, publié par M. A. Bouinais, donnant, dans un cadre restreint, tout le règne de Napoléon III. « Chacun des jours de chacun des mois de l'année 1866 », dit l'éditeur, « présente, en suivant l'ordre chronologique, l'indication sommaire de tous les actes accomplis au jour et au mois correspondant des années qui précèdent, à partir de l'Empire. »

[Coll. de l'auteur.]

2905. — LE DOUBLE ALMANACH GOURMAND, par Charles Monselet, pour 1866. Prix : 1 franc. || Paris, Librairie du *Petit Journal,* 21, boulevard Montmartre. In-18.

Reprise de l'*Almanach des Gourmands* de 1862. Couverture illustrée par Jules Gras. S'ouvre par un « hors d'œuvre » poétique dont voici la reproduction :

> Monselet fait un almanach
> Gastronomique et littéraire :
> De cette prose culinaire
> Il veut que je sois le cornac.
> Il m'a dit : « En temps que libraire,
> « Défais les cordons de ton sac ;

« Je suis un homme plein de tact :
« Je sais ce que j'en peux distraire. »
Il y puise. Une œuvre légère
Est le produit de ce contact.
Elle est de celles qu'on digère,
Au dessert, avec le Cognac,
Et j'estime qu'elle doit plaire
A l'esprit comme à l'estomac.

Calendrier, avec menus de saison. Articles : De la cuisine moderne, par Roqueplan ; — Lettre de Volney au général Bonaparte ; — La Poularde, par Eugène Chavette ;—Les mémoires d'un oignon, pour faire suite aux mémoires d'un baiser ; — Les morts qui ont bien vécu, par Fulbert-Dumonteil ; — En croquant des bonbons ; — Les cabinets particuliers, par Monselet. — Vers de Monselet, de E. des Essarts, et de d'Hervilly.
Encadrement de volubilis à chaque page.

[Coll. de l'auteur.]

2906. — ÉTAT PRÉSENT DE LA NOBLESSE FRANÇAISE, contenant une étude sur la noblesse ; l'état des souverains, des ambassadeurs, des ministres, des sénateurs et députés ; le dictionnaire de la noblesse, etc. || Paris, Bachelin-Deflorenne. 1866 et suite. In-8.

Publication destinée à faire suite aux précédents annuaires sur l'état de la noblesse, avec nombreuses reproductions d'armoiries, dans le texte.
Plusieurs réimpressions furent faites. Signalons, notamment, la suivante :
—*État présent de la noblesse française*, contenant le dictionnaire de la noblesse contemporaine et l'armorial général de France, d'après les manuscrits de Ch. d'Hozier, les noms, qualités et domiciles de plus de 60.000 nobles, publié sous la direction de Bachelin-Deflorenne. 1883-1887. gr. in-8.
Avec nombreux blasons gravés.

[Cat. 10 fr.]

2907. — L'INDICATEUR DE L'ÉTUDIANT EN DROIT. Prix : 50 cent. || Paris, Imprimerie et Librairie Pichon. 1866 à ce jour. In-18.

Publication de la faculté de droit de Paris, donnant les renseignements officiels.

[*Bibliographie de la France.*]

2908. — AGENDA-COMPTABLE DU MÉDECIN. Pour servir de journal-minute aux registres de comptabilité, publié par M. E. Simonnet, Imprimeur breveté. || (Paris). 1867. In-8.

Simple registre de comptabilité, avec calendrier et pages de notes.

[B. N.]

2909. — ALMANACH AMUSANT pour 1867, contenant le calendrier des Farceurs et les prédictions cacasses (*sic*). Prix : 50 centimes. || Paris, Librairie Centrale, 5, rue du Pont-de-Lodi, puis au Dépôt des Almanachs, chez Plon. 1867 à ce jour. In-12.

Vignette sur la couverture : illustrations, dans le texte, de Humbert et Pépin pour les trois premières années, articles de Paul Mahalin. Depuis 1870, cette publication n'a plus guère vécu que de vieux clichés.

[Coll. de l'auteur.]

2910. — ALMANACH DE L'AGRICULTURE pour 1867. Publié par J.-A. Barral, avec le concours des principaux collaborateurs et fondateurs du *Journal de l'Agriculture.* [Épigraphe :] « Le fumier est la base de l'agriculture. Économie et conservation font richesse. Pratique avec science. Progrès avec prudence. » 1ʳᵉ année. [Prix : 50 cent.] || Paris, aux bureaux du *Journal de l'Agriculture,* 9, rue de Fleurus. In-16.

Almanach orné de figures, destiné à l'instruction des populations rurales.

2911. — ALMANACH DE LA COOPÉRATION pour 1867. Prix : 50 centimes. || Paris, au bureau du journal *La Coopération,* 30, rue Thévenot, 30. 1867. (1867-1870). In-18 carré.

Études sur le crédit et les origines de la coopération, sur les sociétés de l'étranger, par Elie Reclus, P. Joigneaux, Jean Macé, Horn, Hendlé, Henri Brisson.

[B. N. — R, 26340.]

2912. — ALMANACH DE LA LÉGION D'HONNEUR pour 1867. || Paris. In-16.

Publication anonyme, avec les noms des légionnaires.

[Bibl. de la chancellerie de la Légion d'honneur.]

2913. — ALMANACH DE LA MAIN pour 1867, par Desbarolles. Divination raisonnée. Études physiologiques. Chiromancie populaire à la portée de tous. || Paris, Librairie du *Petit Journal.* 1867-1868. In-18.

Au milieu de la couverture, une main.

Les réclames annonçaient cette publication comme « le seul almanach sérieux au point de vue de la prescience humaine ». Principaux articles : La divination à la portée de tous, les tables tournantes, évocation des esprits, le monde du sommeil, la bohème, chiromancie populaire (avec nombreuses vignettes de mains et de doigts), lettre d'Alexandre Dumas, Dumollard devant la science.

[Coll. de l'auteur.]

2914. — ALMANACH DE LA NOUVELLE CHANSON pour 1867. Composé des succès les plus populaires de nos meilleurs chansonniers. Dix dessins par Donjean. — Dix chansons avec musique. || Paris, Le Bailly, Éditeur, rue de l'Abbaye-St-Germain-des-Prés, 2 *bis.* In-16.

Recueil de chansons, avec calendrier (chansons et scènes comiques) donnant un choix des nouveautés de l'année. Publication de colportage.

2915. — ALMANACH DES CAFÉS-CONCERTS pour 1867. || Paris, Ch. Égrot, Éditeur, passage Brady, 68 et 70, In-18.

Lancement, sous le titre d'almanach, de la plaquette *Les Cafés-Concerts,* avec vignettes de Carlo Gripp et de L. Houssot. Calendrier lyrique, avec éphémérides comiques, et les noms des patrons et patronnes de plusieurs artistes :

Sainte-Isabelle, la bouquetière du *Jockey-Club.*
Saint-Alexis, patron de M. Bouvier, auteur.
Saint-Médard, redouté des concerts d'été.
Saint-Ours, patron des chansonniers, etc., etc.

[Coll. de l'auteur.]

2916. — ALMANACH DES MUSICIENS DE L'AVENIR, avec « Les Deux Grenadiers », de Richard Wagner, et « Les Regrets » de Beethoven. Prix : 5o centimes. || Paris, Librairie du *Petit Journal,* 21, boulevard Montmartre. 1867. In-12.

Sur la couverture, les quatre premières mesures de l'introduction de *Tristan et Iseult.*

Quelques articles à signaler : Les spectacles gratuits, Le musicien dans l'embarras, Edmond Roche, Stradivarius, Les musiciens voyageurs. — Reproduction musicale des deux œuvres mentionnées sur le titre.

[Cat. de 3 à 4 fr.]

[Coll. de l'auteur.]

2917. — ALMANACH DU CHÉRUBIN, 1867. || Paris, Arnaud de Vresse. In-4.

Gentil almanach publié pour les enfants par le journal du même nom, et imprimé sur papier rose. Couverture avec cadre dessiné ; illustrations et encadrements pour les mois, de Lévy et Baric.

[Coll. de l'auteur.]

2918. — ALMANACH DU COMIC-FINANCE, par E. Schrameck. ||Au bureau du journal. 1867 à ce jour. In-4.

Almanach ilustré de vignettes et de portraits-charge de financiers, par E. Doré, J.-B. Humbert et Demare. La couverture illustrée varie chaque année.

A pris, ces dernières année, le titre de : *Annuaire financier du Çomic-Finance.* — Se vend 1 fr.

[Coll. de l'auteur.]

2919. — ALMANACH DU GARDE NATIONAL, fortement illustré, par un bizet réfractaire, avec mille renseignements utiles à cette grande institution. || Paris, Librairie du *Petit Journal,* boulevard Montmartre. 1867.

[D'après le catalogue de la librairie du *Petit Journal.*]

2920. — ALMANACH DU HANNETON pour 1867.||[Paris, aux bureaux du journal *le Hanneton*]. In-8.

Recueil faisant suite à l'*Almanach des Toqués* (voir, plus haut, n° 2874). Couverture illustrée par And. Gill, illustrations, dans le texte, de Gill, É. Bénassit, Gédéon, G. Henry, Darjou ; portraits-charge de Girardin, Monselet, Alex. Dumas père, Mélingue, Timothée Trimm, par Gill, sans parler de nombreuses petites vignettes, avec hannetons servant de culs-de-lampe.

Cet almanach, un des plus intéressants du second Empire, s'ouvre par douze sonnets de Vermersch et contient des études parisiennes signées : Nilaham, Colofanelli, M. Vaza, don Guritan, Francis Magnin, Rigoletto, pseudonymes sous lesquels se cachait toute la joyeuse phalange du *Hanneton,* dirigée par Amédée Blondeau.

Titre dessiné par André Gill.

[Cat. de 4 à 5 fr.]

[Coll. de l'auteur.]

2921. — ALMANACH-FORMULAIRE DU CONTRIBUABLE, contenant les formules des différents cas de réclamations relatives aux contributions personnelle, mobilière, des patentes, foncière, des portes et fenêtres, des prestations rurales, de la taxe des chiens, des biens de mainmorte, et au recours en conseil d'État, par Alphonse Roy, percepteur à Bayeux, || Paris, Librairie du *Petit Journal,* boulevard Montmartre. (1867-1868) In-16.

Avec un calendrier. Publication de documents et de renseignements.

[Coll. de l'auteur.]

2922. — ALMANACH GRESSENT pour 1867, essentiellement agricole et horticole, contenant les nouveautés de l'année et les expériences faites en arboriculture, potager moderne et floriculture; par Gressent, professeur d'arboriculture. Prix : 50 cent. || Sannois (Seine-et-Oise),

l'auteur, Paris, librairie Goin. 1867 à ce jour.In-16.

Almanach rural qui a joui, d'emblée, d'une grande popularité auprès du peuple des campagnes.

2923. — ALMANACH HISTORIQUE, ANECDOTIQUE ET POPULAIRE, DE L'EMPIRE FRANÇAIS. || Paris, Renault, 1867. In-12.

Publication destinée à vulgariser les œuvres et les actions d'éclats du second Empire.
[D'après un catalogue de libraire.]

[Cat. 2 fr.]

2924. — ALMANACH SPIRITE pour 1867, entièrement inédit, rédigé par les esprits des meilleurs écrivains connus : Molière, Cervantès, Shakespeare, Corneille, La Fontaine, Voltaire, Diderot, avec des prédictions authentiques par le comte de Cagliostro. || Paris, à la librairie du *Petit Journal.* In-12.

Publication de spiritisme : l'époque était, à nouveau, à tous les mystères, mystères de la main, mystères des esprits, mystères des tables tournantes, etc.

2925. — ANNUAIRE DE L'ASSOCIATION POUR L'ENCOURAGEMENT DES ÉTUDES GRECQUES EN FRANCE. || Paris, A. Durand et Pedone-Lauriel, 9, rue Cujas, puis Maisonneuve, quai Voltaire, et au siège de l'Association, École des Beaux-Arts. 1867 à ce jour. In-8.

Annuaire divisé en deux parties, l'une comprenant les noms des membres et les documents administratifs, l'autre composée d'études spéciales.

C'est, en quelque sorte, une vaste encyclopédie de tout ce qui, de près ou de loin, touche à la langue, aux mœurs, aux institutions, à l'histoire de la Grèce. Signalons, entre toutes, les études suivantes :

— *Année 1869.* Fragment inédit d'Appien. — Prononciation du grec. — Le Parisinus I, d'Eschyle. — Les Estienne.

— *Année 1874.* Le site de Troie, selon Lechevalier ou selon Schliemann. — Étude sur les Géoponiques. — Les oracles de Léon le Sage. — Lettres inédites de l'empereur Michel Ducas Parapenace. — La légende d'Aristote au moyen-âge. — Alexandre Soutzos.

— *Année 1875.* Inscriptions de l'île de Kos. — Lettres inédites de Brunck. — Poème moral de Constantin Manassès. — Machiavel et les écrivains grecs.

— *Année 1877*. Querelle de Callimaque et d'Apollonius. — Lettres inédites de Coray. — Sentences de Théognis. — Les oracles de Thècle. — Coup d'œil sur la balistique et la fortification dans l'antiquité. — Les syllogus en Orient et en Grèce.

— *Année 1878*. Le droit criminel athénien. — Remarques sur les hymnes de Callimaque. — Commentaire sur le livre II d'Hérodote.

— *Année 1879*. De l'art égyptien et de l'art assyrien. — L'élégie alexandrine. — Études grecques au moyen-âge. — Deux dialogues de Lucien. — Le roman d'Achille. — Chanson de maître Jean.

— *Année 1880*. Les questions homériques. — Héro et Léandre. — Homère dans le moyen-âge occidental. — Vies des sophistes de Philostrate. — Textes musicaux de Nicomaque.

— *Année 1881*. Platon à l'Académie. — La prise de Constantinople par les Turcs, en 1453.

— *Année 1882*. Les testaments des philosophes grecs. — Sentences de Théogènes. — Mémoire sur le nombre des citoyens d'Athènes au vᵉ siècle. — La légende de Phidias. — La vie de Platon.

— *Année 1883*. Poésies inédites de Théodore Prodrome. — La presse périodique grecque en 1883. — Aristophon d'Azéma.

— *Année 1884*. Études sur Platon. — Études sur l'Iliade. — Essai sur l'Héroïque de Philostrate. — La loi agraire à Sparte. — Le nombre géométrique de Platon. — Journal de la première expédition de la flotte grecque (avril—mai 1821).

— *Année 1885*. Essais de grammaire néo-grecque. — Notice sur Egger.

L'association pour l'encouragement des études grecques, reconnue d'utilité publique en 1869, compte, parmi ses membres, toutes les sommités scientifiques de la France et de l'étranger. Plusieurs des études mentionnées plus haut sont signées des noms de Henri Houssaye, Miller de l'Institut, Paul Girard, de Rochas, etc.

2926. — ANNUAIRE DES CONSEILS ET COMMISSIONS D'HYGIÈNE DE FRANCE, suivi du Tableau de classement des établissements insalubres, incommodes, d'après le décret de S. M. l'Empereur, par M. A. Chevallier fils, chimiste, Prix : 2 francs. ‖ Paris, Librairie administrative et classique de Paul Dupont, Éditeur du *Moniteur d'hygiène et de salubrité publique*, rue de Grenelle-Saint-Honoré, 45. 1867. In-12.

Indique les noms des membres des conseils et commissions d'hygiène de France.

[B. N. — T. $\frac{48}{13}$]

2927. — LE TRIPLE ALMANACH GOURMAND par Charles Monselet, pour 1867. ‖ Paris, Librairie du *Petit Journal*. 21, boulevard Montmartre. In-18.

Même couverture, mêmes encadrements que le *Double Almanach Gourmand*. En plus du calendrier ordinaire, un calendrier gastronomique. Articles : Nous avons du monde à dîner, par Eugène Chavette; — Dialogue avec une confiseuse; — Alexandre Dumas en tablier blanc; — la Gastronomie et les assignats; — Cabarets à la mode, par Charles Monselet; — Les diners du *Triple almanach Gourmand*.

[Coll. de l'auteur.]

2928. — ALMANACH A AIGUILLE, par le baron de Brisemarque. ‖ Paris, Librairie du *Petit Journal*. 1868. In-12.

Publication illustrée qui, par son titre, sacrifiait doublement à l'actualité, l'almanach à aiguille confirmant les succès du fusil à aiguille, et le baron de Brisemarque étant, à la fois, proche parent de M. de Bismarck et de Gondremark, le personnage, alors populaire, de la *Vie Parisienne*.

[Cat. Sapin, 4 fr.]

2929. — ALMANACH BISMARCK pour l'année bissextile 1868, par Charles Joliet. ‖ Paris, Librairie du *Petit Journal*. In-12.

Cette fois il ne s'agit point, comme on pourrait le croire, d'un almanach consacré aux hauts faits du chancelier allemand, mais bien d'un almanach sur les actualités de l'année, revêtu d'une couverture Bismarck, couleur jaune-marron, alors fort à la mode.

[Cat. de 3 à 4 fr.]

2930. — ALMANACH DE L'EXPOSITION ILLUSTRÉE, 1868. Prix : 1 franc. ‖ Paris, 106, rue Richelieu, aux bureaux de l'*Exposition Universelle Illustrée,* et à la Librairie Pagnerre, rue de Seine, 18. In-8.

Couverture illustrée par Edmond Morin. Almanach publié par le journal de ce nom, reproduisant les principales curiosités de l'Exposition, avec deux curieux dessins d'Edmond Morin ; le prince Impérial présentant à l'Empereur la grande médaille, et les abords de la porte d'Iéna.

[Coll. de l'auteur.]

2931. — ALMANACH DE L'OUVRIER pour l'année 1868. || Paris, librairie Gautier. 1868 à ce jour. Petit in-16.

Almanach de propagande catholique, illustré, et sans intérêt aucun.

2932. — ALMANACH DE LA GAZETTE DE HOLLANDE. || Paris, Librairie du *Petit Journal*. In-12.

La *Gazette de Hollande* était une des nombreuses imitations de publications anciennes entreprises par Monselet. Comme le journal, l'almanach est imprimé en elzévir.

[Cat. de 3 à 4 fr.]

2933. — ALMANACH DE LA LANGUE VERTE, pour l'année bissextile 1868, à l'usage des bons zigues. Prix : 50 centimes. [Épigraphe :] « Tu vas me l'payer ». || [Paris] Librairie du *Petit Journal*. In-12.

Sur la couverture vignette de Félix Rey (Régamey), un titi tenant dans ses mains une cocotte et un petit crevé. Dans le texte petites vignettes, également de Régamey et de Bénassit, plusieurs articles en argot, entre autres *Les Voyous*, dialogue entre Ugène et Erness, les queues de mot pour faire suite au marquis de Bièvre, supplément au Dictionnaire de l'Académie, etc.

[Cat. de 3 à 4 fr.]

[Coll. de l'auteur.]

2934. — ALMANACH DES ALIÉNÉS, par Touchatout, du *Tintamarre*, pour l'année bissextile 1868. Prix : 50 centimes. || Paris, chez les Libraires de France et de l'étranger. In-16.

Recueil de bons mots, blagues et histoires comiques. (L'endroit et l'envers, misanthropie en partie double. Jeux innocents, rébus non illustrés. Les distractions de Cocodin, série de dizains.)

[Coll. de l'auteur.]

2935. — ALMANACH DES AMOUREUX. Année bissextile 1868. Prix : 50 centimes. || Librairie du *Petit Journal*. In-12.

Sur le titre gravure sur bois représentant un couple s'embrassant. Illustrations dans le texte. Historiettes.

[B. N. — R, 26359.]

2936. — ALMANACH DES COCOTTES pour 1868. || Paris, Librairie centrale, 5, rue du Pont-de-Lodi, [puis au dépôt central des almanachs.] 1867 à ce jour. In-32.

Après les *Petits crevés*, après les *Petites dames*, c'était le tour des *crevettes* et des *cocottes*. Les deux premières années eurent une certaine originalité, les autres ne sont plus qu'un ramassis de vieilles histoires et de vieux clichés. Le titre est resté, mais la marchandise ne signifie plus rien.

[Coll. de l'auteur.]

2937. — ALMANACH DES FILLES A MARIER. Indispensable aux jeunes filles qu'il marie dans le courant de l'année. Pour l'année bissextile 1868. Prix : 50 centimes. || Paris, Librairie du *Petit Journal*. 1868. In-12.

Texte composé d'histoires, ayant plus ou moins rapport au mariage, et se retrouvant dans nombre de publications du *Petit Journal* : Conseils à Émilie sur la galanterie. — Cathéchisme à l'usage des filles qui veulent se marier. — Les bals du grand monde. — Les maximes du mariage, avec l'exercice journalier de la femme mariée.
Petites vignettes de Bénassit et Félix Y (Régamey).

[Coll. de l'auteur.]

2938. — ALMANACH DES MUSES, publié par Charles Monselet. || Paris, Librairie du *Petit Journal*. In-12.

Reprise par Monselet de la célèbre publication du siècle dernier, imprimée en elzévir, sur papier de Hollande. Les annonces de la librairie du *Petit Journal* pour 1868, portent : tantôt 94ᵉ, tantôt 104ᵉ année.

2939. — ALMANACH DES ODEURS DE PARIS pour 1868. Prix : 50 centimes. || Librairie du *Petit Journal*. In-12.

Couverture dessinée par Bénassit (tombereau d'ordures et usines fumant dans le fond) et petites vignettes. En prenant ce titre, alors consacré par le succès du volume de Veuillot, les auteurs voulaient donner le fumet de Paris, ce « grand chancre fumeux » d'après Balzac. « S'il arrivait, par malheur, qu'on nous trouvât pâles ou inodores, nous en appellerions à l'avenir. Rien n'est plus facile que de décharger des tombereaux dans un livre. Sans avoir le talent de Jules Vallès et de ses chiffonniers littéraires, rien n'est plus facile que de descendre à leur suite, dans la rue, pour piquer du crochet les curiosités de l'année. S'ils nous enlèvent le papier, il nous restera *les* trognons de choux. L'odeur ne sera pas moindre. »

Librairie du Petit Journal.

Contient : L'atelier d'un maître, dialogue par D.L.F.;— Le jugement dernier, poésie de M. R. ; — Le grand Jacques (Jacques Legrand), par André Laffitte;—Une première représentation au Quartier-Latin ; — Phèdre, d'après le nommé Jean Racine. Un des almanachs intéressants de l'époque.

[Cat. de 3 à 4 fr.]

[Coll. de l'auteur.]

2940. — ALMANACH DES ORPHÉONISTES et des Musiciens de l'avenir. Avec l'histoire du concours musical de l'Exposition universelle de 1867, et dix-neuf pages de musique de chant. Prix : 5o centimes. ‖ Paris, Librairie du *Petit Journal*. 1868. In-12.

Publie également *Les Regrets* de Beethoven et *Les Deux Grenadiers* de Richard Wagner. Articles divers : Concours de bouts rimés, Le Chameau, symphonie orientale, partition de Félicien David (bouffonnerie musicale et littéraire), Monsieur Prudhomme aux représentations d'Henri Monnier, La légende du mancenillier (sur le motif de Gottschalk), Étude rétrospective sur la critique musicale, Chansons populaires.

Se vendit à nouveau, en 1872, avec une couverture de Félix Régamey et quelques lignes sur les orphéons et la guerre de 1870, mis à la place de certains articles de 1868.

[Cat. de 3 à 4 fr.]

2941. — ALMANACH DES PETITS CREVÉS pour 1868. Prix : 5o centimes. ‖ Paris, [Librairie du *Petit Journal*].In-12.

Couverture dessinée par E. Bénassit, amusante par ses types de petits crevés ; croquis dans le texte, dessinés par le même. Texte entièrement consacré aux « petits crevés », les *lions* de 1868 : les petits crevés au bal masqué; Billet d'Arthur de Beauséjour à son ami Lygdamon (réminiscence des fameux couplets de la *Vie Parisienne*); Trois crevés sous la table ; — Les crevés allemands.

[Cat. 4 fr.]

[Coll. de l'auteur.]

2942. — ALMANACH DES PETITES DAMES pour 1868. Prix : 5o centimes. ‖ [Paris], Librairie du *Petit Journal*.In-12.

Couverture illustrée. Cet almanach « fortement illustré », comme le portait l'annonce, fait pendant à l'*Almanach des petits crevés*.

[Cat. 3 fr.]

2943. — ALMANACH DU ZOUAVE GUÉRISSEUR ‖ [Paris],Plataut, Libraire-Éditeur, 8, rue Popincourt, 1868. In-8.

Dessin colorié sur la couverture : tous les béquillards de la terre se mettant à danser au bruit des cimbales du zouave.

PLATAUT, Libraire-Éditeur
8, RUE POPINCOURT, 8

A l'intérieur, portrait authentique (*sic*) du zouave et texte entièrement consacré au récit des miracles opérés par ce « nouveau Christ » dont tout Paris s'occupait, alors.

2944. — ALMANACH FINANCIER pour 1868. Guide des rentiers et capitalistes, publié par la rédaction du *Journal financier*. || Paris, aux bureaux du *Journal financier*, 38, rue N.-D.-des-Victoires. Susse frères, 31, place de la Bourse. 1868 à ce jour. In-18.

Almanach de conseils financiers pour le placement des capitaux, avec études spéciales sur certaines valeurs.

2945. — L'ALMANACH GOURMAND, par Charles Monselet pour 1868. || Paris, Librairie du *Petit Journal*, 21, boulevard Montmartre. 1868-1870. In-12.

Même couverture, mêmes encadrements de page que les précédents *Almanachs Gourmands*, [voir, plus haut, nᵒˢ 2905 et 2927] mais les encadrements changèrent pour 1869 et 1870. Pas de calendrier gastronomique. Principaux articles : — 1868 : les matelotes de Béranger, par Charles Coligny ; Miss Fourchette, par Alfred Delvau ; Le cho-cho chinois, par Francis Magnin ; Le marchand de comestibles, par Fulbert-Dumonteil ; Un proverbe oriental, par E. d'Hervilly ; Comment on mange les pommes dans le Midi, par Jules Troubat. — 1869 : Les souverains modernes à table ; Étude sur la moutarde, par Alexandre Dumas ; Le café Desmares, par Eugène Moret ; Cinq recettes du grand siècle, par Maisonneufve ; Le chasselas de Fontainebleau ; Le macaroni au stuffato, par Alexandre Dumas ; Monographie de l'huître, par Fulbert-Dumonteil. — 1870 : Deux buveurs de bière, par Eugène Chavette ; Un menu du maréchal de Richelieu ; La gastronomie à Toulouse, par Victor Cochinat.

Poésies, dans les trois années, de Monselet, Glatigny et René Ponsard.

[Coll. de l'auteur.]

2946. — ALMANACH - PLUTARQUE DES PIPELETS. Biographie des plus illustres portiers de Paris, suivie du Guide-Ane du Naturaliste parisien, par J. Brantome. || Paris, Passard, Libraire-Éditeur, 7, rue des Grands-Augustins (1868). In-12.

Publication comique, illustrée de petites vignettes de Nadar, ayant jadis servi pour les publications du photographe-dessinateur et faisant office de portraits-charge pour les « types » de concierges et autres, décrits dans le volume. Ouvrage populaire

qu'on a écoulé comme almanach, en y joignant un calendrier.

Le « Guide-Ane » est une sorte de « Buffon des familles », sur les rapports des animaux avec les hommes.

[Coll. de l'auteur.]

2947. — ANNUAIRE DE LA SOCIÉTÉ DES AGRICULTEURS DE FRANCE. 1868. || Paris, hôtel de la Société, 8, rue d'Athènes. In-8.

Annuaire administratif, avec les noms des membres, les comptes-rendus des assemblées, les discours et quelques notices générales.

2948. — LE DIABLE BOITEUX PARISIEN. Almanach pour 1868, rédigé par MM. Ponson du Terrail, Louis Énault, E. Domenech, Morgan, Desmarest. || Paris, Henri Plon, Libraire-Éditeur, rue Garancière. In-12.

Texte composé d'articles littéraires, avec petites vignettes.

2949. — INTERNATIONAL GAZOMÈTR'S ALMANACH, à l'usage des Exposants, des Parisiens et même des étrangers. || Paris, Librairie du *Petit Journal*. In-12.

C'était, comme on le voit, une satire des influences exotico-internationales du moment, suite de l'Exposition de 1867.

[D'après le catalogue de la librairie du *Petit Journal*.]

2950. — YATCH-CLUB DE FRANCE. Société d'Encouragement pour la navigation de plaisance maritime, fondée en 1867. || Paris, Cercle, 1 *bis*, boulevard des Capucines. 1868 et suite. In-12.

Annuaire donnant les statuts et les membres de la Société, la liste alphabétique des yachts portant le pavillon du *Yacht-Club de France* et tous les règlements relatifs à la navigation de plaisance.

2951. — ALMANACH DE BOQUILLON pour 1869. 10 cent. || Paris. In-12.

Rédigé et illustré par A. Humbert. Texte et dessins autographiques. Sur la couverture tirée en bleu, en violet ou en vert, suivant les années, on lit, en style boquillonnesque : « Fêtes principal, équinosque, prédiquecion, temps qu'il fera, enfin des tas d'afaires ! avec des décin estraordinaire que vous n'avez jamais vu un almana pareil. »

2952. — ALMANACH DE L'ENCY-CLOPÉDIE GÉNÉRALE.‖ Paris, Librairie du passage Européen, et Bureau de l'*Encyclopédie*. (1869-1870). 2 années. In-4.

Sorte de revue complète de l'année : littérature, politique, philosophie, médecine, sciences naturelles, sciences physiques, musique, art, industrie, etc., par MM. Michel Alcan, Louis Asseline, Dr Bertillon, Paul Broca, Castagnary, Jules Claretie, Louis Combes, Delescluze, Marc Dufraisse, Amédée Guillemin, Ernest Hamel, Joigneaux, Dr Letourneau, A. Naquet, A. Ranc, Élisée Reclus, Fr. Sarcey, E. Spuller.
Avec le calendrier républicain et le calendrier grégorien.

2953. — ALMANACH DE LA LANTERNE pour 1869, par Henri Rochefort. Prix : 60 centimes. ‖ [Paris] Librairie Centrale, 9, rue Christine, et chez Calvet, 11, rue Notre-Dame-des-Victoires. 2 années. In-16.

Choix de numéros de la *Lanterne*, publiés avec un calendrier, et sous la même couverture rouge que le pamphlet hebdomadaire.
[Coll. de l'auteur.]

2954.— ALMANACH DE LA SOCIÉTÉ DES GENS DE LETTRES (illustré par A. Gill), par H. de Balzac, L. Gozlan, Fr. Soulié, Saintine, Ph. Boyer, Alfred Delvau, Eugène Sue, Ch. Baudelaire, etc., etc. ‖ Paris, librairie du *Petit Journal*. 1869. In-18.

Composé de fragments d'œuvres des sociétaires décédés. Portrait de Balzac et portrait de Gill avec sa maîtresse. (L'artiste, accoudé sur une pierre lithographique, a la main gauche dans la main de sa maîtresse, debout à ses côtés.)
[Cat. de 3 à 4 fr.]

2955. — ALMANACH DES CAFÉS-CHANTANTS, par Jules Célès, rédacteur du *Refusé*. Première année. 50 centimes. 1869. ‖ Lyon, en vente chez tous les libraires ; Paris, Brouillet et Goulon, 57, quai des Grands-Augustins. In-18.

Couverture lithographiée, avec vignettes. Calendrier lyrique « donnant la liste exacte de tous les chérubins ayant peuplé ou peuplant encore les firmaments fumeux des temples de la chanson », c'est-à-dire chansonniers, compositeurs de musique, artistes lyriques. En regard de chaque jour se trouvent des pronostics d'hygiène, rimaille mensuelle en prose. Qu'on juge de leur style :

> Bon manger des pois verts,
> Avoir des aspirations musicales,
> Être chef d'orchestre d'un *beuglant*.
> Toucher 1000 francs par mois,
> Composer des airs de pont-neuf,
> En empoisonner la France,
> Se faire 6000 francs de droits, etc., etc.

Puis suivent : Historique du café-concert, Nos artistes (articles sur Thérésa, Suzanne Lagier, Marie Lafourcade, Augustine Kaiser, Marguerite Baudin, etc.) Nos artistes (côté des hommes). Exposition de binettes, galerie des chansonniers lyonnais.
Un avis à la fin porte : « L'année prochaine, notre almanach s'éditera à Paris », mais je crois fort qu'il ne s'édita nulle part.
[B. N. — V. 30,000.]

2956. — ALMANACH DES ÉCOLES, Illustré, pour 1869. Publié par Eugène Schnerb. Prix : 50 cent. ‖ Paris, à l'Imprimerie générale de Ch. Lahure, et chez A. Sagnier, 9, rue de Fleurus, 9. In-16 carré.

Couverture illustrée par A. Robida.
Illustrations dans le texte par Régamey, Ernst, Ed. Morin et Robida. Articles divers sur des questions d'instruction publique.
[B. N. — R. 26366.]

2957. — L'ALMANACH DES LANTERNES. 40 centimes. ‖ [Paris] En vente chez tous les libraires. 1869. In-18.

Couverture rouge et noir imitant de loin la typographie de la « Lanterne ». Vignettes de Gédéon, Régamey, Pépin, ayant déjà servi à des publications de l'époque. Calendrier démocratique par E.-A. Spoll, article élogieux de Jules Claretie sur Rochefort, articles de Pothey, Durandeau, Lockroy, Victoir Noir, Émile Blondet.
[Coll. de l'auteur.]

2958. — ALMANACH DU PETIT JOURNAL pour 1869. Prix : 50 centimes. ‖ Paris, rue Lafayette, 61, hôtel du Petit-Journal, et à la Librairie du *Petit Journal*, boulevard Montmartre 21. (1869-1872.) Gr. in-8.

Sur la couverture de la première année, portrait en pied de Timothée Trim, par Lemot, tenant d'une main le *Petit Journal*, de l'autre le sol vainqueur. Chaque année la vignette de la couverture variait. Calendrier avec éphémérides historiques. (Calendrier chrétien et calendrier romain). Articles divers d'utilité pratique.

ALMANACH
Petit Journal

[Coll. de l'auteur.]

2959. — ALMANACH DU QUARTIER LATIN. 20 centimes. || En vente, aux bureaux de l'*Éclipse*, 16, rue du Croissant. (1869.) In-18.

Couverture illustrée par Hadol et servant de titre (un étudiant et une étudiante ayant, à leurs côtés, une chope de bière posée sur un traité de droit et d'anatomie). Almanach publié par Eugène Vermersch, avec articles et poésies de B. Maroteau, Paul Verlaine, André Lemoyne, Alb, Mérat, d'Hervilly, Francis Enne.

[Cat. de 3 à 4 fr.]
[Coll. de l'auteur.]

2960. — ALMANACH DU SIÈCLE ILLUSTRÉ, pour 1869. Prix : 50 centimes, par Charles Reinau. || Aux bureaux du *Siècle Illustré*, 1, rue du Pont-de-Lodi. In-8.

Le titre est dans un encadrement dessiné par Pauquet.
Recueil d'articles et d'illustrations provenant du journal *Le Siècle Illustré.*

2961. — ANNUAIRE PUBLIÉ PAR LA GAZETTE DES BEAUX-ARTS, ou-

vrage contenant tous les renseignements indispensables aux artistes et aux amateurs. || Paris, aux bureaux de la *Gazette des Beaux-Arts.* 1869-1870, 2 années. In-8.

Annuaire de documents officiels et d'adresses, avec notices bibliographiques, publié par M. Galichon.

2962. — ALMANACH COMIQUE DES CAFÉS-CONCERTS pour 1870. || Paris, Saillant. In-8.

[D'après un catalogue de libraire.]

2963. — ALMANACH DE L'ÉCLIPSE pour 1870. 50 centimes. || Paris, au bureau de l'*Éclipse*, 16, rue du Croissant. Petit in-12 puis in-8 carré, à partir de 1872.

Articles et illustrations provenant du journal *l'Éclipse*, avec en-têtes de pages pour les mois. Dessins par Hadol, Humbert. Articles de Paul Parfait, Paul Mahalin, Emile Blondet, Ernest d'Hervilly, Léon Bienvenu. Couverture dessinée par Gill et tirée en rouge.

[Coll. de l'auteur.]

2964. — ALMANACH-ALBUM DES CÉLÉBRITÉS CONTEMPORAINES. || Paris, au Dépôt Central des Almanachs. 1869 à ce jour. In-4.

Almanach illustré et doré sur tranches, publiant chaque année, les portraits avec notices biographiques, des célébrités du jour.

2965. — ALMANACH DE LA DÉMOCRATIE pour 1870. Publié par Georges Desroches, avec le concours de MM. D. Bancel, Jules Claretie, Erckmann-Chatrian, Forest, Gambetta, d'Hervilly, Joigneaux, André Lefèvre, Édouard Lockroy, Gustave Mathieu, Eugène Pelletan, E. Quinet, E. Siebecker, Jules Simon, E. Ténot. || Paris. Librairie Centrale, rue Christine. In-16.

Biographies de Bancel et de Gambetta, par Jules Claretie. Le *génie de Corneille*, reproduction de la fameuse conférence faite en mai 1870, au Châtelet, par Bancel. Le général Grant, par Gambetta.

[Coll. de l'auteur.]

2966. — ALMANACH DE LA GARDE NATIONALE MOBILE ET DES COM-

PAGNIES DE FRANCS-TIREURS VO-
LONTAIRES pour l'année 1870. Prix :
2 fr. || Paris, Librairie Levaillant. In-8.

Publication donnant les lois et règlements sur
l'organisation militaire de ces corps.

[D'après un catalogue de libraire.]

2967. — ALMANACH DE LA MAR-
SEILLAISE ET DES CHANTS RÉVOLU-
TIONNAIRES, pour 1870. Prix : 25 cen-
times. || Paris, Librairie Centrale, 9, rue
Christine, et chez Madre. In-16.

Almanach grégorien et républicain. Dans un avis
signé *l'éditeur* on lit : « En publiant, en 1869,
la première année de *l'Almanach de la Marseillaise*, nous espérons ouvrir, pour les années suivantes, une lice aux poètes et aux musiciens
contemporains qui sauront s'inspirer de l'hymne
des Marseillais pour chanter l'élan de la fin du
xixe siècle, comme fut chanté le mouvement de la
fin du xviiie. Il est temps de chanter autre chose
que la *Belle Hélène* et le *Petit Faust !*»

On y trouve, en plus de la *Marseillaise*, le *Ça Ira*,
la *Carmagnole*, le *Chant du Départ*, *Veillons au
salut de l'Empire*.

[Coll. de l'auteur.]

2968. — ALMANACH DE L'HOMME
QUI RIT. Parodie en vers comiques, par
A. Vemar. Prix : 60 centimes. || Paris,
Panis, Libraire-éditeur, 52, rue Lafayette.
In-8.

Vignette de « l'Homme qui Rit » sur la couverture
Plaquette devenue fort rare comme toutes les parodies des œuvres de Victor Hugo, et qui peut
faire suite à l'*Almanach des Misérables*.

[Coll. de l'auteur, 2 à 3 fr.]

2969. — ALMANACH DE LA RÉVO-
LUTION FRANÇAISE, pour 1870. Publié
par Jules Claretie, avec le concours de
MM. Michelet, Louis Blanc, Louis Com-
bes, A. France, E. des Essarts, Marc Du-
fraisse, Eug. Pelletan, Xav. de Ricard,
A. Royannez, E. Spuller, Louis Ulbach.||
Paris, Librairie Centrale, 9, rue Christine.
In-16.

Articles de Jules Claretie sur Le Vengeur, sur le
Journalisme sous la Révolution, sur Mademoiselle
de Sombreuil. Marat voleur de presses, par Louis
Combes. Le libraire Palm et la justice impériale,
par L. Ulbach. Calendrier grégorien et républicains. Éphémérides révolutionnaires.

[Coll. de l'auteur.]

2970. — ALMANACH DE PARIS-
COMIQUE, pour 1870. || Paris, aux bu-
reaux du journal, 6, cité Trévise. In-18.

Almanach publié par le journal de ce nom (une
concurrence au *Journal Amusant*, ayant la première
page coloriée), avec articles et vignettes provenant du journal. Couverture dessinée par C. Gripp.

2971. — ALMANACH DES BADAUDS.
|| Paris, Delarue, Libraire-Éditeur, 3, rue
des Grands-Augustins. In-18.

Titre dessiné par Télory ; un cocodès-badaud,
derrière lui deux cocottes. Imprimé à deux colonnes, sur papier chamois, avec petites vignettes dans
le texte, également dues à Télory. Cet almanach
avait la prétention d'avertir les badauds, des pièges
auxquels ils sont exposés de la part des charlatans, biches, aventuriers et soi-disant industriels.

Réunion amusante de petits accidents, de petites
tricheries de la vie parisienne, depuis les quatre
heures de coupé de la biche jusqu'aux loteries
philanthropiques.

[Cat. 3 fr.]   [Coll. de l'auteur.]

2972. — ALMANACH DES CAFÉS-
SPECTACLES. || Paris, Delarue, Libraire-
Éditeur, 3, rue des Grands-Augustins.
(1870.) In-18.

Almanach consacré au répertoire des cafés-
concerts.

2973. — ALMANACH DES CHAN-
SONS COMIQUES. || Paris, Delarue,
Libraire-Éditeur, 3, rue des Grands-Augustins. In-16.

Recueil de chansons d'actualité, avec illustrations.

2974. — ALMANACH DES CHAN-
SONS DE LA TABLE ET DU VIN. ||
Paris, Delarue, Libraire-Éditeur, 3, rue des
Grand-Augustins. In-18.

Recueil de chansons bachiques comme il s'en
faisait tant autrefois.

2975. — ALMANACH DES CHAN-
SONS DE NOCES. || Paris, Delarue,
Libraire-Éditeur, 3, rue des Grands-Augustins. In-18.

Recueil de chansons pour les gens du peuple et
de la campagne.

2976. — ALMANACH DES CONFÉ-RENCES ET DE LA LITTÉRATURE, par Émile Deschanel. Première année : 1870. || Paris, Librairie Pagnerre, 18, rue de Seine. In-18.

Avec une introduction d'Émile Deschanel expliquant les raisons pour lesquelles il a accepté la proposition de M. Pagnerre. Recueil destiné « à pousser à la propagation de cette excellente méthode d'instruction publique, et à grouper les adhérents de Paris et de la province », contenant un travail historique de M. Deschanel sur les conférences et des extraits des conférences littéraires, de morale, et d'économie politique des plus célèbres conférenciers (Saint-Marc Girardin, Crémieux, Bancel, Legouvé, Ratisbonne, Fr. Sarcey, Crouslé, Lavisse, Aderer, de Lapommeraye, Jules Favre, Jules Simon, Eugène Pelletan, Ed. Laboulaye, Athanase Coquerel, Maria Deraismes.)

[Coll. de l'auteur.]

2977. — ALMANACH DES ÉLEC-TEURS, pour 1870. || Paris, Librairie Centrale, rue Christine. In-16.

Publication populaire et démocratique lancée en vue des élections de 1870.

2978. — ALMANACH DES PARI-SIENNES par A. Grévin. 50 centimes. 1870. || Paris, au Dépôt central des Almanachs. In-18.

Couverture illustrée. La première année a une composition différente qui n'a pas été reprise lors de la réapparition après la guerre.

Il existe, pour les premières années, une petite édition bijou, in-64, qui est excessivement rare. Depuis la mort de Grévin le titre porte « par Grévin et B. Gautier » et les illustrations sont de Draner, avec quelques Grévin.

2979. — ALMANACH DES VIC-TOIRES DE NAPOLÉON III. 1870. || Paris, Delarue, libraire, 3, rue des Grands-Augustins. In-18.

Résumé des guerres du second Empire, avec nombreuses vignettes, fait en vue des circonstances du moment.

2980. — ALMANACH DU GRELOT. 1870. Première année. || Au bureau du journal Le Grelot. 30 cent. In-18.

Publication du journal de ce nom. Seule année parue.

[Cat. de 2 à 3 fr.]

2981. — ALMANACH DU MÉRITE DES FEMMES. La Fleur des Anecdotes sur les Femmes, l'Amour et le Mariage. || Paris, Passard, Libraire-Éditeur, 7, rue des Grands-Augustins. (1870.) In-16.

Plaquette populaire, comme toutes les publications de Passard, à laquelle on a joint un calendrier pour 1870. A la fin, se trouve, avec pagination séparée, le Mérite des Femmes de Legouvé.

[Coll. de l'auteur.]

2982. — ALMANACH DU PETIT JOURNAL COMIQUE pour 1870. || Paris, Aux bureaux du Paris-Comique et du Petit Journal Comique, 6, cité Trévise. In-18 carré.

Petit recueil de réclames illustrées par Carlo Gripp, et publié par le journal de ce nom. Couverture avec vignette coloriée de C. Gnipp.

[Coll. de l'auteur.]

2983. — ALMANACH DU RAPPEL. Victor Hugo, Garibaldi, A. Barbès, Michelet, Louis Blanc, Félix Pyat, V. Schœlcher,

ALMANACH DU RAPPEL

Victor Hugo — Garibaldi — A. Barbès
Michelet — Louis Blanc — Félix Pyat — V. Schœlcher
Edgar Quinet — George Sand
Charles Hugo — François-Victor Hugo
Édouard Lockroy — Paul Meurice — Henri Rochefort
Auguste Vacquerie

ANNÉE 1870   ANNÉE 1870

PARIS
PANIS, LIBRAIRE-ÉDITEUR

Edgar Quinet, George Sand, Charles Hugo, François-Victor Hugo, Édouard Lockroy, Paul Meurice, Henri Rochefort, Auguste Vacquerie. Année 1890. || Paris,

Panis, libraire-éditeur, 52, rue Lafayette. In-12.

Sur la couverture (rouge) et sur le titre, le tambour légendaire battant le rappel, vignette d'Edmond Morin. Almanach d'une très réelle valeur littéraire.

[Coll. de l'auteur.]

[Cat. Sapin : 2 fr. 5o.]

2984. — ALMANACH - GUIDE DE L'IMPRIMERIE, DE LA LIBRAIRIE ET DE LA PAPETERIE, indispensable aux auteurs, éditeurs, libraires, ouvriers d'imprimerie, brocheurs, relieurs, etc ; indiquant la division, le poids, la qualité, le format des papiers, la composition des volumes et les signes de corrections, par J.-B. Munier. ‖ Paris, Librairie Pagnerre, 18, rue de Seine. In-12.

Publication factice. C'est le « Nouveau Guide de l'Imprimerie » auquel on a ajouté un calendrier et un titre spécial.

[Coll. de l'auteur.]

2985. — ALMANACH DES ASSIÉGÉS pour l'an de guerre 1871. ‖ Se vend 3o centimes, aux bureaux du *Petit Moniteur*. In-18.

Sur le titre, petite vignette : artilleur poussant un canon. Dans le texte dessins de Vierge et Darjou ; uniformes français et prussiens. Ce curieux almanach est dédié à M. de Bismarck. « C'est bien le moins que nous lui devions, nous autres Parisiens », porte la dédicace : « sans lui, notre capitale ne serait-elle pas encore la Babylone corrompue qu'il tenait en si pauvre estime ! N'est-ce point à lui qu'elle doit la renaissance de trois vertus qui se faisaient rares : la patience, la discipline, le patriotisme ! » — Intéressants articles sur la poste du siège (ballons, photographies, pigeons), plumes des pigeons voyageurs, avec les timbres de départ, et *portraits des pigeons Gambetta et Kératry*. Scènes et types contemporains. Ce qu'on mange. Dictionnaire de la cuisine du siège.

[Cat. de 2 à 3 fr.]

[Coll. de l'auteur.]

2986. — ALMANACH DES MODES DE LA SAISON, ou le véritable almanach de la mode et de la femme, 1871. Dessins sur bois par les artistes du journal *Les Modes de la Saison*, texte par Mme L. d'Alq. Prix : 1 franc. ‖ Paris, Librairie de la Famille, François Erhardt, éditeur, 28, quai

du Louvre, et au dépôt central des almanachs publiés à Paris, Librairie de E. Plon et Cie, 10, rue Garancière. 1871 et suite. In-8.

Almanach publié par le journal du même nom, édité à Bruxelles. Recueil intéressant pour l'histoire de la mode.

2987. — ALMANACH DES REMPARTS DE PARIS, 1871. Faits, anecdotes et contars (sic) sur la guerre et le siège de Paris, avec la carte de Paris et ses Bastions, par un ancien militaire. ‖ En vente, 33, rue de Beaune, et à la Librairie de Joël Cherbuliez, 33, rue de Seine. In-8.

Almanach dû au Dr Pierotti, ancien commandant du génie italien, comprenant, en outre du calendrier et de la carte, une série de petits faits, relatifs au siège, empruntés aux journaux de l'époque.

[Cat. de 3 à 4 fr.]

[Coll. de l'auteur.]

2988. — ANNUAIRE SPÉCIAL DU CORPS DE SANTÉ DE L'ARMÉE DE TERRE. Établi sur les documents du ministère de la guerre, 1871. ‖ Paris, Librairie de la Médecine, de la Chirurgie et de la Pharmacie militaires, Victor Rozier, éditeur, 75, rue de Vaugirard, près la rue de Rennes. In-8 oblong.

Liste officielle des membres composant le service de santé de l'armée de terre.

[B. N. — T $\frac{49}{4}$]

2989. — L'ABEILLE, almanach rural, 1re année, 1872. Prix : 5o centimes. ‖ Paris, Lachaud et Burdin, Éditeurs, 4, place du Théâtre-Français. In-18.

Almanach de propagande bonapartiste. Recueil d'articles et de faits sur la famille impériale et sur le parti napoléonien, qui a paru pendant quatre ou cinq années.

2990. — AGENDA-ANNUAIRE, OU GUIDE-PRATIQUE DE L'ÉTUDIANT [EN MÉDECINE (1)]. Contenant la législ-

---

(1) Cette mention disparaît sur le titre de la seconde année.

lation des Facultés, l'emploi du temps de l'élève, le personnel, les cours et les prix de la Faculté, la dissection, les cours libres de l'École pratique, les examens, les concours de l'externat, les journaux de médecine et les écoles secondaires ; et, de plus, ce qui concerne les étudiants et médecins étrangers, les officiers de santé, les étudiants en pharmacie et les élèves sages-femmes, par le professeur Vulpes, membre de la délégation de l'Enseignement libre. Première année. ‖ Paris, A. Delahaye, Libraire, place de l'École-de-Médecine. 1872-1873 et suite. In-32.

La première année seule a été publiée sous un pseudonyme ; les autres portent le nom du docteur J.-A. Fort.

Contient tous les renseignements qui peuvent intéresser les étudiants en médecine et donne un plan d'études.

De petites gravures sur bois reproduisent les portraits des professeurs chargés des cours et cliniques.

2991. — ALMANACH ANTI-PRUSSIEN pour 1872. Prix : 50 centimes. ‖ Librairie Centrale, 9, rue des Beaux-Arts. In-32 carré.

Couverture dessinée par H. Meyer (dessinateur du *Petit Journal*) et représentant un bonhomme chassant un Prussien à coups de pied au pr... Publication violente contre l'ennemi. Principaux articles : Petit catéchisme anti-prussien, Décalogue anti-prussien, Statuts de la ligue de la Délivrance Les pertes de la nation, Crimes et assassinats commis par les Prussiens pendant la guerre de 1870-1871, Anti-Prussiana. Noms des principaux Prussiens à Lyon et à Villefranche.

Cette publication, dont le succès fut grand, a eu deux éditions, la première imprimée à Alençon, la seconde à Lille.

[Cat. de 3 à 4 fr.]
[Coll. de l'auteur.]

2992. — ALMANACH DE FRANCE ET DU MUSÉE DES FAMILLES, 1872.‖Paris, au Dépôt central des almanachs, Pagnerre, rue de Seine, 18. In-18.

L'ancien almanach du *Musée des Familles* (voir plus haut, n° 2836) fondu avec l'*Almanach de France*.

2993. — ALMANACH DE L'INSTRUCTION PRIMAIRE pour 1872. Par Charles Defodon, rédacteur en chef du *Manuel général de l'Instruction primaire*, ancien secrétaire général de la *Société pour l'instruction élémentaire*; Auguste Demkès auteur d'ouvrages didactiques, instituteur public à Paris, et A. Pichard, inspecteur des écoles primaires du département de la Seine. ‖ Paris, Librairie Hachette et Cⁱᵉ, boulevard St-Germain, 79. 1872. In-18.

Publication donnant tous les documents officiels relatifs à l'instruction primaire, les noms du personnel, les renseignements techniques sur les écoles et cours. En face des mois sont des éphémérides indiquant la mort des hommes de génie et la date des faits intéressants, dans le domaine de la science et de l'instruction. Suivent des biographies pédagogiques illustrées, des articles sur les événements et questions scolaires et des biographies.

2994. — ALMANACH DE LA PAIX. Pour l'année bissextile 1872. Texte par MM. Frédéric Passy, Michel Chevalier, Édouard Laboulaye, Jean Macé, Henry Richard, Mᵐᵉ L. Ackermann, Henry Bellaire, Jacques Normand, H. Ratel, P. Leroy-Beaulieu, etc. Dessins de MM. Bertall, Ratel et Nino. (1) [1ʳᵉ année]. Prix : 50 cent. ‖ Paris, au dépôt central des alma-

_____

(1) Les autres années portent simplement : « Texte par les meilleurs écrivains, nombreux dessins. »

nachs, Pagnerre, éditeur, rue de Seine, 18;
puis Henry Bellaire. Publications de la
Ligue de la Paix, Pichon et Cie, Éditeurs,
rue Cujas, 14 (puis Librairie Francklin).
1872-1875. In-16.

Couverture imprimée, avec dessin de Bertall,
remplacée, dès la seconde année, par une composition allégorique assez banale.

Couverture dessinée par Bertall.

Almanach publié par la « Ligue internationale
et permanente de la Paix », orné de vignettes.
L'année 1874 contient, notamment, d'assez amu-
santes illustrations satiriques.
(Voir, à 1890, un nouvel *Almanach de la Paix*.
[Coll. de l'auteur.]

2995. — ALMANACH DE LA RÉPU-
BLIQUE FRANÇAISE pour 1872. Prix:
50 centimes. ‖ Paris, 1872 et suite. In-18.

Tête de République sur la couverture. Choix
d'articles, de notices et de variétés. Publication
populaire.

2996. — ALMANACH DE LA RÉPU-
BLIQUE pour 1872. 1ʳᵉ année. 1792-1848-
1880. Publié avec le concours de MM. Jules Barni, Blanc, Michelet, Jules Claretie,
général Faidherbe, Eugène Despois, etc, etc.
Prix : 50 centimes. ‖ Paris, au bureau de
l'*Éclipse*, 16, rue du Croissant, 16. 1872 et
suite. In-16.

Almanach de propagande politique, avec articles
historiques sur les précédents essais de République.

2997. — ALMANACH DE PARIS
BRULÉ (1872), avec plan contenant l'indication des incendies et des dégâts causés par la Commune, du 18 mars au
29 mai 1871. ‖ En vente, 33, rue de
Beaune et chez Joël Cherbuliez. In-16.

Couverture illustrée. Nombreuses petites vignettes sur les hommes et les choses de la Commune.

[Cat. de 3 à 5 fr.]

2998. — ALMANACH DES BAINS DE
MER ET DES VILLES D'EAUX. Sai-
son 1872-1873. Dessins de Lix et Faustin.
Prix 50 c. ‖ Librairie Franklin, Henry
Bellaire, éditeur, 71, rue des Saints-Pères.
In-16.

Couverture verte, avec composition dessinée par
Lix. Sur des banderolles enroulées autour de
mâts, on lit : Vichy, Cabourg, Trouville, Mo-
naco, Biarritz, Arcachon. Articles d'hygiène du
Dʳ Brochard et du Dʳ Dally. L'année du touriste.
Récits illustrés. Petits sujets d'en-tête par Lix.
La librairie Franklin lança, à partir de 1872,
une série d'almanachs d'une allure plus artistique
que les habituelles publications de colportage.
[Coll. de l'auteur.]

2999. — ALMANACH DES CINQ CENT
MILLE MALADRESSES par Touchatout.
‖ Librairie de la Publication, 18, rue de
Maubeuge. Prix 25 centimes. Paris, 1872.
In-18.

Couverture illustrée par Félix Régamey. — Texte
composé de calembours et calembredaines du
Tintamarre, jeux innocents, rébus non illustrés,
500,000 bourdes pour faire pendant aux 500,000
adresses.

3000. — ALMANACHS DES PETITS
SOUFFLÉS ET DES FRANCS-FILEURS.
‖ Librairie de la Publication, 18, rue de
Maubeuge. 1872. In-18.

Couverture illustrée par Félix Régamey. Le
titre intérieur est une reproduction du frontispice de Bénassit pour l'*Almanach des petits-crevés*
dont ledit almanach est, du reste, la suite. — Les
petites vignettes de l'intérieur proviennent, également, de cette publication.

[Cat. de 2 à 3 fr.]

[Coll. de l'auteur.]

3001. — ALMANACH DU GRAND
PROPHÈTE NOSTRADAMUS. 1872. Par

H. Torné-Chavigny, curé de Saint-Denis-du-Pin (ancien curé de la Clotte). Prix : 75 cent. [Épigraphe :] L'arbre qu'estoit par longtemps séché dans une nuict viendra à reuerdir. III. 91. Voir : III, 90-100.

Le ciel même peut-il réparer les ruines
De cet arbre séché jusque dans ses racines ?...
Si du sang de nos rois une goutte échappée !
Joas, Athalie. (RACINE.)

‖ Se vend chez l'Auteur. In-12.

Cet almanach a paru également en 1873, 1877 et 1878. A partir de 1877 le titre fut modifié et devint :
— *Ce qui sera ! D'après le grand prophète Nostradamus, commenté par l'abbé H. Torné-Chavigny.*

Ces volumes contiennent l'explication de quelques-unes des prophéties de Nostradamus, et ces explications sont, toutes, conçues dans un esprit royaliste.

[Coll. de l'auteur.]

3002. — ALMANACH DU SAVOIR-VIVRE pour 1872. Petit Code de la bonne compagnie ; par Mᵐᵉ la comtesse de Bassanville. Illustré par H. de Hem. ‖ Paris, imprimerie et librairie E. Plon, et Cᵢᵉ. 1872 à ce jour. In-32.

Almanach relatif aux usages du monde, sorte de code de la civilité dans tous les rapports et dans toutes les circonstances de la vie usuelle. Se réimprime, toutes les années, avec un calendrier nouveau.

3003. — ALMANACH DU SIÈGE DE PARIS pour 1872. ‖ [Paris], Au dépôt central des Almanachs. In-8.

Couverture illustrée par Paul Nanteuil, avec attributs se rapportant au sujet : articles et gravures sur les *opérations militaires*.

[Cat. de 3 à 4 fr.]

3004. — ALMANACH GAULOIS. ‖ Paris, Librairie de la Publication, 18, rue de Maubeuge. In-18.

Recueil d'historiettes et de récits de toutes sortes, avec illustrations.

3005. — ALMANACH ILLUSTRÉ DE L'HISTOIRE DE LA RÉVOLUTION DE 1870-1871, par Jules Claretie, pour 1872. (50 cent.) ‖ Paris, à la Librairie de l'*Éclipse*. Gr. in-8.

Almanach composé de fragments de l'ouvrage de Claretie, auxquels on a ajouté un calendrier.

3006. — ALMANACH NATIONAL, ANNUAIRE OFFICIEL DE LA RÉPUBLIQUE FRANÇAISE. ‖ Paris, Berger-Levrault et Cᵢᵉ, éditeurs, 5, rue des Beaux-Arts. 1872, à ce jour. (Prix: broché 15 fr., relié 17 fr.) In-18.

Suite de l'*Almanach Impérial* (voir, plus haut, nᵒ 2667).

En tête du premier volume se trouve l'avis suivant :

« Avis des *Éditeurs*. »

« L'Almanach pour 1870 venait de paraître quand éclata la guerre contre la Prusse. Les événements politiques qui suivirent les désastres de notre armée, frappèrent d'inutilité les renseignements laborieusement rassemblés et, dès le 4 septembre 1870, l'Almanach ne présentait plus qu'un intérêt rétrospectif. Après la conclusion de la paix, les Éditeurs songèrent à reprendre leur publication presque deux fois séculaire ; mais leurs efforts n'ont pu triompher des obstacles que leur imposait la complète désorganisation de tous les services, c'est après de laborieux efforts et de grands sacrifices qu'ils viennent offrir au public un ouvrage qui faisait grandement défaut, si l'on en juge par les nombreuses demandes qui leur ont été faites.

« Pour combler autant que possible la lacune qui s'est produite par l'interruption de la publication les Éditeurs ont placé en tête de l'Almanach pour 1872 une *Partie rétrospective*, où chacun pourra retremper et fixer ses souvenirs — des années 1870-1871. — On comprend que, dépourvus d'utilité actuelle, et offrant un intérêt purement historique, ces documents n'aient pas reçu une assez grande extension pour être dits complets ; mais si insuffisants qu'ils puissent paraître à quelques-uns, les Éditeurs espèrent que l'indulgence du public leur tiendra compte des efforts qu'ils ont faits pour le satisfaire. Paris, juin 1872 »

« BERGER-LEVRAULT ET Cᵢᵉ. »

Voici, d'autre part, la nomenclature des principaux chapitres de l'Almanach actuel :

Souverains et Présidents de République. — Sacré-Collège.

Corps diplomatique et consulaire français (y compris les protectorats) et étranger. — Cabinets étrangers.

Présidence de la République. — Conseil des Ministres. — Sénat. — Chambre des députés. — Conseil d'État.

Départements ministériels et Administrations qui en dépendent.

Cour des Comptes. — Liste, par ordre alphabétique, des membres de l'Ordre national de la Légion d'honneur (grands-croix jusqu'aux officiers inclusivement). — Français décorés d'Ordres étrangers. — Étrangers décorés de la Légion d'honneur.

Clergé de France. — Cultes non catholiques. Organisation de la Justice. — Tribunal des conflits; Cour de cassation; Cours d'appel ; Tribunaux de première instance ; Tribunaux de commerce ; Justices de paix ; Officiers publics et ministériels.

Instruction publique. — École normale supérieure; Académies; Facultés ; Lycées ; Instruction primaire. — Composition du Conseil supérieur de l'Instruction publique et composition des Conseils académiques.

Administration départementale. — Conseils généraux ; Préfets; Sous–Préfets; Conseillers de préfecture ; Bureaux des préfectures ; Maires *élus* des chefs-lieux de département, d'arrondissement et de canton (loi du 28 mars 1882).

Armée de terre. — État-major général et Cadres de toutes les armes ; Corps d'armée et divisions territoriales. — Services et Établissements militaires. — Armée territoriale.

Marine. — Corps de la marine ; Troupes ; Établissements et Services maritimes ; Arrondissements maritimes.

Algérie. — Gouvernement général et Haute Administration; Services généraux; Services départementaux : Divisions militaires. — Service judiciaire en Tunisie. '

Colonies. — Gouvernement : Services militaires et maritimes, administratifs, judiciaires et financiers.

Institut de France. — Académie de Médecine. — Conservatoire national de Musique et de Déclamation. — Écoles de Musique. — Théâtres nationaux, etc.

Caisses d'amortissement et des Dépôts et Consignations. — Banque de France. — Crédit foncier de France. — Chambres consultatives d'Agriculture. — Chambres de Commerce. — Chambres consultatives des Arts et Manufactures. — Agents de change, Courtiers, Interprètes et Conducteurs de navires.

Département de la Seine. — Préfecture; Conseil de Préfecture; Conseil municipal et général. — Services de la Préfecture. — Mairies de Paris. — Préfecture de police.

Clergé archiépiscopal de Paris. — Tribunaux. — Officiers publics et ministériels.

Services divers.

Académie de Paris; Facultés; Lycées et Établissements scientifiques. — Chambre de commerce ; Bourse; Agents de change et courtiers.

L'almanach paraît, chaque année, le 1er septembre.

3007. — ALMANACH SCIENTIFIQUE pour 1872. Recueil des principales découvertes et applications de la science à l'industrie et à l'hygiène; par M. Paul Laurencin. Prix : 50 cent. || Paris, impr. et librairie Plon. 1872 à ce jour. In-16.

Articles divers accompagnés de figures. Recueil de vulgarisation scientifique.

3008. — ANNUAIRE DE L'OBSERVATOIRE [MUNICIPAL] DE MONTSOURIS pour 1872; Météorologie, Chimie, Micrographie, Application à l'hygiène (contenant le résumé des travaux de l'Observatoire durant l'année 1872). Première année. || Paris, Gauthier-Villars et fils, imprimeurs-libraires, 55, quai des Grands-Augustins. In-18.

L'Observatoire météorologique de Montsouris créé par M. Duruy, ministre de l'Instruction publique, est, depuis le 1er janvier 1887, un établissement municipal sous le contrôle d'une commission de surveillance. Les travaux que publie l'Annuaire se divisent en trois sections principales (Physique et météorologie — Service chimique — Service micrographique) qui consacrent, surtout, leurs recherches courantes à la climatologie et à l'hygiène de Paris. La collection des bulletins publiés à ce jour comprend de nombreuses études sur l'analyse chimique de l'air et des eaux, sur les poussières organisées, dans la région parisienne, avec quantité de diagrammes, études dues aux chefs des différents services : MM. Léon Descroix, Albert Lévy et Dr Miquel.

3009. — ANNUAIRE DE LÉGISLATION ÉTRANGÈRE, publié par la Société de Législation comparée, contenant le texte des principales lois votées dans les pays étrangers en 1872. 1ro année. Prix : 18 fr. || Paris, Librairie Cotillon [puis F. Pichon, successeur], Libraire du Conseil d'État, 24, rue Soufflot. 1881 à ce jour. In-8.

Publication annuelle d'un intérêt capital pour l'étude des législations étrangères, dans laquelle figurent régulièrement tous les pays européens, et, d'une façon intermittente, les puissances exotiques comme la Chine et le Japon. On y trouve l'analyse de tous les nouveaux codes, les constitutions, une foule de textes intéressants dans tous les domaines de la législation : droit public et administratif, droit civil, droit commercial et industriel, droit pénal. On y trouve, également, pour la plupart des pays, une notice générale sur les travaux parlementaires, durant l'année écoulée, et une notice sur les principales lois et ordonnances. En tête figure le comité de direction pour l'année et la liste des collaborateurs.

3010. — ANNUAIRE DES PERCEP-TEURS ET RECEVEURS MUNICIPAUX pour 1872, publié par l'administration du *Journal des percepteurs*, terminé par une table alphabétique. Prix : 3 fr. ‖ Paris, aux bureaux du *Journal des percepteurs*, 8, rue de Nesle. 1872 à ce jour. In-8.

Annuaire spécial, avec les actes officiels.

3011. — PETIT ALMANACH NATIO-NAL DE LA FRANCE. Prix : 50 centimes. ‖ Paris, au dépôt central des Almanachs, Pagnerre, puis Plon. In-32.

Suite du *Petit Almanach Impérial* (voir, plus haut, nº 2816). Récits et documents historiques, avec vignettes.

3012. — TABLETTES-REVUE. Memento de 1872. ‖ Paris. In-12.

Revue de l'année, avec éphémérides.

3013. — ALMANACH DE L'HOMME-FEMME. Par Badouillard et Alphonse Lafitte. 1873. [Épigraphe :]

  Si ta femme te trompe, *Tue-la !*
                 DUMAS fils.
  Si ta femme te trompe, *Tu l'es !*
                 MOLIÈRE.

‖ En vente 20, rue du Croissant, Paris. In-18.

Couverture humoristique dessinée par H. Demare. Almanach satirique publié à propos de la plaquette d'*Alexandre Dumas, dédié*, dit la préface, non seulement aux hommes, aux femmes et aux auvergnats, mais encore aux femmes-hommes, aux hommes-femmes, aux hommes-filles, voire même aux hermaphrodites.
Principaux articles : L'Homme-femme, l'homme et la femme, notes sur Paris-dansant (Mabille, Bullier), la lettre verte, etc.
Un des almanachs les plus rares de la période moderne.

             [B. N. — R. 26,335.]

             [Cat. 4 à 5 fr.]

3014. — ALMANACH DE L'ORDRE FINANCIER. ‖ Paris, Dépôt central des Almanachs, rue de Seine, 18. In-12.

Publication de finance et d'économie politique.
           [D'après un catalogue.]

3015. — ALMANACH DE LA CHASSE ILLUSTRÉE. Carnet du chasseur. Pour 1873. Prix : 1 franc. ‖ Paris, librairie Firmin-Didot et Cⁱᵉ. 1873 à ce jour. In-8.

Almanach publié par le journal de ce nom et imprimé sur 2 colonnes. Articles sur la chasse, avec nombreuses illustrations.

3016. — ALMANACH DE LA FRANCE ILLUSTRÉE, pour l'année 1873. Publié sous la direction de M. l'abbé Roussel. Texte et illustrations par les collaborateurs ordinaires de « la France Illustrée ». ‖ Paris, Librairie de la *France illustrée*, 40, rue Lafontaine. In-8.

Titre dessiné par Yan Dargent. Almanach conçu dans le même esprit que le journal. Donc, œuvre de propagande catholique.

3017. — ALMANACH DES HONNÊTES GENS, pour 1873, par un enfant du peuple. ‖ A Paris, chez tous les libraires. (1873-1879.) In-16.

Publication monarchiste et cléricale du libraire Grand, répandue à grand nombre. Le tirage a été de plus de 30,000 exemplaires.
       [D'après le catalogue de l'éditeur.]

3018. — ALMANACH DES JEUNES MÈRES ET DES NOURRICES pour 1873. Publié par la Société protectrice de l'Enfance, de Lyon. Texte par MM. les Dʳˢ Brochard, Radet, Fonteret, Berne, Bouchacourt, Chappet, Diday, etc. Dessins de Lix, gravés par Daudenarde. Prix : 75 centimes. ‖ Paris, Librairie Franklin, Henry Bellaire, éditeur, 71, rue des Saints-Pères. 1873 et suite. In-16 carré.

« Le but de cet almanach », lit-on dans une préface du Dʳ Brochard, « est d'enseigner aux mères de famille les devoirs qu'elles ignorent, de leur donner de sages conseils sur la manière d'élever leurs enfants, sur les précautions qu'elles ont à prendre pour les préserver des maladies, sur l'utilité, l'efficacité de la vaccine, etc. »

Les figures de Lix, *Le déjeuner*, *La toilette*, *La promenade*, *Le dîner du Bébé*, etc., donnent un certain intérêt à cette publication, du reste fort bien faite.

3019. — ALMANACH DU TROMBI-NOSCOPE. Cinquante centimes. || Paris

[En vente chez F. Polo, rue du Croissant]. 1873-74; 2 années In-12.

Biographies de célébrités, avec portraits-charge de Hadol et Lafosse, extraits de la publication de Touchatout : *Le Trombinoscope*. Avec calendrier.

[Coll. de l'auteur.]

3020.— ALMANACH DU MONDE CO-MIQUE. 10 cent.|| [Paris, à la librairie de l'*Éclipse*]. In-16.

Couverture illustrée (une femme jonglant avec le monde, servant de titre.) Vignettes de Hadol extraites du *Monde Comique*. Calendrier. Petite plaquette de 16 pages.

3021. — ALMANACH MILITAIRE FRANÇAIS. Contenant la nouvelle loi militaire complète et le code du recrutement de l'armée. Prix : 30 centimes. || Paris, au bureau de la publication, 103, rue Montmartre (1873). In-12.

Contient la loi du 27 juillet 1872 sur le recrutement de l'armée, annotée par Louis Tripier, ainsi que les lois antérieures nécessaires.

3022. — ALMANACH POUR TOUS, par Émile Lefèvre, avec le concours de MM. Jean Macé, Frédéric Passy, Ch. Robert, P.-J. Stahl, Henri Bellaire, etc. Prix : 50 cent. || Paris, Librairie Franklin, 71, rue des Saints-Pères, [puis au dépôt central des Almanachs, Pagnerre, rue de Seine, 18.] 1873. In-16.

Couverture dessinée. Recueil contenant des récits dans tous les domaines et, toujours, dans un but de propagande éducatrice.

3023.— DIEU ET LE ROI. ALMANACH ROYALISTE pour 1873, par Grand. [Épigraphe :] « Hors de la Monarchie héréditaire, il n'y a ni repos, ni grandeur, ni prospérité durable pour le pays, condamné par une nécessité fatale à passer incessamment de la licence à l'oppression, de l'anarchie au despotisme. *28 février 1852.*» || Chez tous les libraires. (1873-1876.) In-16.

Almanach entièrement consacré, prose et poésie, au passé et à l'avenir de la monarchie. Avec plusieurs lettres d'Henri V.

3024. — ALMANACH-ANNUAIRE ILLUSTRÉ DU SOLDAT ET DU MARIN. 1874. 50 cent. || A Paris, n° 13, quai Voltaire. Publié sous le patronage de la réunion des officiers. In-16.

Couverture dessinée par Dick (Dick de Lonlay); le titre est imprimé sur le drapeau français. Calendrier avec éphémérides militaires. 14 portraits de commandants de corps d'armée. Chansons militaires.

3025. — ALMANACH ASTRONOMIQUE DU JOURNAL DU CIEL. Prix : 1 fr. || Paris, au dépôt central des Almanachs, Pagnerre, rue de Seine, 18. In-18.

Recueil de calculs astronomiques et résultats d'observations célestes.

3026. — ALMANACH DES AMIS D'HENRI V, pour 1874. || Chez tous les libraires. In-16.

Almanach monarchique publié par Grand et tiré, comme le précédent (voir n° 3023), à grand nombre d'exemplaires.

3027. — ALMANACH DES DÉFEN-SEURS DE LA RÉPUBLIQUE par Rouquette. || Paris. In-12.

Publication de propagande républicaine, avec vignettes.

[Cat. Sapin : 2 fr.]

3028. — ALMANACH DES POCHARDS, par un rédacteur du *Tam-Tam*, 1874. || Paris, S. Heymann, libraire, 15, rue du Croissant. In-18.

Couverture dessinée par P. Bernay (ivrogne sur un tonneau). Pensées d'un « leveur de coude » et autres pocharderies.

[Coll. de l'auteur.]

3029. — ALMANACH DES SPECTA-CLES [Publié par A. Soubies.] (1), continuant l'ancien *Almanach des Spectacles*, publié de 1752 à 1815. Tome premier (XLIXᵉ de la collection). Année 1874. Un portrait à l'eau-forte par L. Gaucherel. || Paris, Librairie des Bibliophiles, rue St-Honoré, 338. M.DCCC.LXXV. 1874 à 1893 : 20 années. In-24.

Almanach publié par MM. P. Milliet et A. Soubies d'abord, puis par M. Soubies seul, dans le goût et dans l'esprit du XVIIIᵉ siècle, qui a voulu se rattacher à l'Almanach de Duchesne (voir plus haut, nᵒ 180. « Quant à l'époque de la publication de notre travail », disaient les éditeurs dans la préface du tome Iᵉʳ, « nous avons pris celle de nos devanciers, sans nous inquiéter autrement de la signification du mot *Almanach* adopté par eux. » Peut-être eut-il mieux valu prendre, au contraire, au sérieux ce titre d' « Almanach », d'autant plus que la première année Duchesne contient un calendrier spécial pour les choses de théâtre, et certaines autres années des calendriers ordinaires.

Consacré plus spécialement à l'historique des théâtres de Paris, l'*Almanach des Spectacles* se contente, pour la province, de donner la liste des pièces nouvelles jouées. La place la plus large est faite à la Comédie française, « cette institution qui a dans le passé, des racines si profondes, qu'on l'a retrouvée, au lendemain de nos désastres, plus forte et plus florissante que jamais », disent les éditeurs. Mais, malgré cette préférence bien marquée pour la maison de Molière, l'almanach énumère consciencieusement les pièces jouées dans tous les théâtres, grandes salles de spectacle, petits théâtres

de quartier, spectacles divers, et donne, chaque année, une série de documents généraux : liste des écrivains chargés de la critique théâtrale dans les grands journaux, décrets, concours et prix, une bibliographie des livres et des écrits périodiques, enfin une nécrologie.

En tête de chaque année se trouve un frontispice (1884 faisant seul exception), portrait à l'eau-forte du ou des nouveaux sociétaires de la Comédie française reçus dans l'année. Voici, du reste, la nomenclature exacte de ces portraits (noms des personnages et des graveurs) :

A. 1874. Mounet-Sully, par L. Gaucherel. — A. 1875. Sarah Bernhardt, par L. Gaucherel. — A. 1876. Mˡˡᵉ Baretta et M. Laroche, par Gaucherel. — A. 1877. Mᵐᵉ Broisat, par Lalauze, Barré, par Gaucherel. — A. 1878. Worms, par Lalauze. — A. 1879. Samary, par Lalauze. — A. 1880. Coquelin cadet, par L. Gaucherel. — A. 1881. Mˡˡᵉ Lloyd, par Lalauze. — A. 1882. Mˡˡᵉ Bartet, par Lalauze. — A. 1883. Cinq sociétaires ayant été nommés à la fois, les nouveaux élus ont été groupés par Lalauze « dans une pièce classique qu'ils pourraient être appelés à interpréter ensemble ». Le frontispice représente, donc, la scène V de la critique de l'*École des Femmes*, avec MM. Prud'hon et Silvain, Mᵐᵉ Pauline Granger, Mˡˡᵉˢ Tholer et Dudlay. — A. 1884. Pas de frontispice. — A. 1885. Mᵐᵉ Pierson, par Lalauze. — A. 1886. de Féraudy, par Lalauze. — A. 1887. Le Bargy, par Lalauze. A. 1888. Mˡˡᵉ Müller, par Lalauze. — A. 1889. Truffier, par Lalauze. — A. 1890. Mˡˡᵉ Montaland, par Lalauze. — A. 1891. Leloir, par Lalauze. — A. 1892. Albert Lambert, par Lalauze. Cette année donne la table analytique des dix-huit années, récapitulant les titres de 6,255 pièces. — A. 1893. l'*Impromptu de Versailles*, scène groupant les nouveaux sociétaires de la Comédie-Française : Mˡˡᵉ Marsy, J.-P. Mounet, Boucher, Garraud, Baillet. Cette année constitue une sorte de résumé de l'histoire du théâtre en France, de 1871 à 1892, divisée en sept chapitres : I. Au lendemain de la guerre. II. De 1872 à 1874. III. De 1874 à 1892 : la Comédie-Française et l'Odéon. IV. De 1874 à 1892 : les Scènes musicales. V. De 1874 à 1892. Scènes de drame et de genre. Théâtres divers. VI. Les Théâtres de quartier et les cafés-concerts. La Province. VII. L'actualité et les titres.

Les tomes XIX et XX ont été mis en vente en un tirage spécial à 10 francs, avec la réunion d'eaux-fortes prises parmi celles publiées dans les différents volumes.

L'*Almanach des Spectacles*, imprimé avec luxe en elzévir, a été tiré annuellement à 500 exemplaires dont dix sur Chine et dix sur Whatmann. La publication, dans son ensemble, a été couronnée, par l'Académie française.

3030. — ALMANACH DU PEUPLE, par Henry Maret. Prix : 10 centimes. ||

---

(1) Cette indication figure sur le titre à partir du tome V.

Paris, Bureau Central de Vente, 10, rue du Croissant, 10. 1874. In-12.

Publication de propagande politique.

3031. — ALMANACH DU VRAI CA-THOLIQUE pour 1874. || Chez tous les libraires. In-16.

Almanach publié par Grand, auteur de l'*Almanach Royaliste*. Parut aussi en 1875.

3032. — ALMANACH FRANKLIN, ou vade-mecum du bon citoyen. Prix : 3o cent. || Paris, Henry Bellaire, éditeur de la Société des Amis de la Paix, 71, rue des Saints-Pères. In-16.

Recueil donnant des extraits de diverses publications de la librairie Franklin, concernant l'œuvre de la Paix.

3033. — ALMANACH ILLUSTRÉ DE MADAME ANGOT. 1874. 3o cent. Par Georges Pétilleau. Préface rimée par Clairville. Un morceau de musique de Charles Lecocq. || Paris, chez J. Madre, 20, rue du Croissant. In-16.

Couverture avec vignettes. Les vignettes sont de vieux clichés de Humbert ayant déjà servi dans de précédentes publications.

La musique, profession de foi de la Mère Angot, est une réclame pour la *Feuille Angot* créée par Georges Pétilleau.

> Amis, j'ai fait de la dépense.
> Mais, honni soit qui mal y pense !
> Ma feuille hebdomadairement
> Vous en donne pour votre argent.
> Si nous n'parlons pas politiq'
> C'est qu'il faut un cautionnement,
> Quand on veut blaguer le gouvernement,
> C'est la loi de la République.
> De la mère Angot je suis la feuille
> Et la *feuill'* Angot n'est pas bégueule,
> Regardez-moi, — v'là c' qui faut
> Que soit la *feuill'* Angot.
> Ach'tez-moi, v'là c' qui faut.
> Lisez la *feuill'* Angot !

[Coll. de l'auteur.]

[Cat. de 2 à 3 fr.]

3034. — ALMANACH POUR 1874. || Paris, Librairie de la Bibliothèque ouvrière,

57, quai des Grands-Augustins. 3o centimes. In-32.

Publication de la « Bibliothèque Ouvrière », contenant une notice sur le calendrier républicain, par Jean Destrem ; la déclaration des droits, par Ed. Lockroy ; le Syllabus, par A. Gaulier ; le mal que l'Empire a fait à la France, par Louis Asseline ; la question sociale par Louis Pauliat ; des articles sur différentes corporations ouvrières, les ouvriers dans les assemblées nationales depuis 1789, par J. Destrem.

3035. — ALMANACH THÉATRAL. 1874. Par Henri Tessier et L. Marcel. Contenant : l'histoire de tous les théâtres de Paris, leur personnel, les dates de naissance et de mort des comédiens et auteurs célèbres, les éphémérides des pièces lyriques et dramatiques jouées depuis le XVIe siècle, les portraits à la plume des principaux artistes de Paris. Prix : 1 fr. 5o. || Paris, M. Tresse, éditeur. In-12 carré.

Almanach, fort bien fait, qui visait à reconstituer les annales du théâtre en France, à reprendre l'ancien *Annuaire dramatique* des premières années du siècle, malheureusement l'entreprise ne répondit pas aux espérances des fondateurs et il n'y eut pas de seconde année.

[Cat. de 1 fr. 5o à 2 fr.]

3036. — ALMANACH UTILE A TOUS. 1874. HYGIÈNE DU CORPS ET DU CŒUR. Par l'auteur de l'*Ami de l'homme*. [Épigraphe :] « Être utile... » Prix : 3o centimes. || Paris, veuve Pagnerre, rue de Seine, 18. Mâcon, Librairie Laplatte. 1874. In-12.

Contient des principes d'hygiène et d'éducation. Publication populaire.

$$\left[\text{B. N.} - \frac{\text{T. 48}}{7} \right]$$

3037. — L'ANNÉE POLITIQUE, par André Daniel. || Paris, G. Charpentier et Cie, éditeurs, 11, rue de Grenelle. 1874 à ce jour. In-18.

Recueil annuel donnant l'historique de tous les événements importants qui se sont présentés en France et à l'étranger, dans l'ordre politique, économique et social.

3038. — ANNUAIRE DU CLUB ALPIN FRANÇAIS. 1re année, 1874. || Paris, au siège social du Club Alpin Français, 3o, rue du Bac, et à la Librairie Hachette et Cⁱᵉ, boulevard St-Germain. 1874 à ce jour. In-8.

Chaque année forme un gros volume donnant le compte rendu des courses et ascensions, des notices diverses (sciences et arts), des miscellanées, avec une chronique du Club, avec cartes et plans, avec nombreuses illustrations, dans le texte et hors texte, la plupart exécutées d'après des photographies. Ce sera, certainement, la publication la plus intéressante à consulter au point de vue alpestre, étant donnée la place considérable prise, en notre siècle, par la nature et la montagne.

Publié à 20 fr. le volume.

Voici, d'autre part, la mention des études historiques les plus importantes publiées depuis l'origine :

A. 1876. — Dissertation : Du passage à la fin de la période quaternaire des eaux et des alluvions anciennes de la Moselle, dans les vallées de la Meurthe, au-dessus de Nancy et de la Meuse, par la vallée de l'Igressin, par M. D.-A. Godron.

A. 1878. — Le Passage des Alpes par Annibal (conférence du 6 septembre 1878, au congrès international des Clubs Alpins), par M. Charles Durier.

— La Peinture alpestre : un tableau à 1.800 m. d'altitude, par Camille Dunant.

A. 1880. — Esquisse d'une histoire géologique du Mont-Blanc, par Alexandre Vezian.

A. 1882. — Histoire de la chute du Granier en 1248, par M. H. Ferrand.

A. 1886. — Précis d'un voyage à la Berarde, en Oisans, dans les grandes montagnes de la province du Dauphiné (1786), reproduction d'un manuscrit de Dominique Villars, avec une introduction de M. H. Gariod.

A. 1887. — Notice sur la famille, les services et les travaux de Pierre Bourcet, lieutenant-général des armées du Roi, par M. le lieutenant-colonel Arvers.

— Martin Zeiller, auteur du Guide des Voyageurs, en 1632, sa vie, ses ouvrages, par M. Paul Zeiller.

A. 1888. — Comment on voyageait dans l'ancienne France, conférence faite le 20 décembre 1888, à Grenoble, par M. Ch. Fayard.

A. 1889. — Extrait de la relation d'un voyage au Mont Cenis fait en 1787, d'après un manuscrit attribué à Pison du Galland.

A. 1891. — Les glaciers : tentative de mensuration en 1772, par M. le Dʳ Le Pileur.

A. 1893. — Relation inédite d'un voyage aux glaciers de Savoie fait en 1762 par un voyageur français, Louis-Alexandre, duc de Larochefoucauld d'Enneville, avec une introduction et des notes de M. Lucien Raulet.

[Années 1874 à 1886, cat. 100 fr.]

3o39. — ANNUAIRE GÉNÉRAL DE L'INDUSTRIE DE L'ÉCLAIRAGE ET DU CHAUFFAGE PAR LE GAZ, édité par M. Paul Durand, administrateur-gérant du journal le Gaz. (1ʳᵉ année.) Exercice 1874-1875. Prix : 2 fr. ‖ Paris, aux bureaux du journal le Gaz. In-18.

Renseignements financiers, études, recherches et travaux techniques, mélangés de réclames de toutes les industries se rapportant au gaz.

3o4o. — ANNUAIRE SPÉCIAL DE L'ÉTAT-MAJOR GÉNÉRAL DE L'ARMÉE établi d'après des documents authentiques. 1874. ‖ Paris, Léautey, éditeur, imprimeur-libraire de l'armée et de la gendarmerie, 24, rue Saint-Guillaume. In-4 oblong.

Annuaire donnant l'état-major, les généraux, les lois, ordonnances, décrets, décisions depuis 1830, les tarifs de la solde, des indemnités, des pensions de retraite et de réforme de l'état-major, avec la liste des officiers généraux décédés dans l'année.

3o41. — CARNET DU SPORTSMAN. Agenda annuel des Courses et Régates, contenant l'Almanach des Courses de 1874, un Dictionnaire hippique, le tableau explicatif des paris, l'histoire des Courses, etc. ‖ Paris, Librairie centrale des Chemins de fer, Imprimerie A. Chaix, rue Bergère. In-18.

Almanach spécial, avec quelques notices concernant les courses.

3o42. — ÉTRENNES DU PARNASSE pour 1874; illustrées d'eaux-fortes et publiées par les journaux la Renaissance artistique et Paris à l'eau-forte. ‖ Paris, Michel-Lévy frères. In-8 carré.

4 eaux-fortes, dont un portrait de Mac-Mahon par Fréd. Régamey.

[Cat. 2 fr.]

3o43. — L'AIGLE, Almanach illustré du Suffrage universel. 1875. Prix : 5o centimes. ‖ Paris, Lachaud et Burdin, puis Lachaud, Éditeurs, 4, place du Théâtre-Français. 1875 et suite. In-18.

Illustré des portraits des membres de la famille Impériale et des députés impérialistes. L'année

1876 a publié, pour chaque mois, les bienfaits de l'Empire, avec 3 portraits (sur la couverture portrait de M. Paul de Cassagnac).

3044. — ALMANACH DE L'ATLAS NATIONAL, contenant la géographie historique, physique, politique, industrielle, agricole et commerciale de la France, avec la statistique la plus récente, par Jules Trousset. Orné de Cartes. Prix : 5o centimes. || Paris, Anthime Fayard, éditeur, 49, rue des Noyers. (1875). In-32.

Publication factice. Géographie nationale à laquelle se trouve jointe un calendrier pour 1875.
[Coll. de l'auteur.]

3045. — ALMANACH DU PETIT BONHOMME. 3o cent. 1875. [Prix : 3o cent.] || Paris, Périnet, Éditeur, rue du Croissant, 1o. In-16.

Almanach placé sous l'égide de M. Thiers. Sur la couverture on trouve la célèbre caricature de M. Thiers, par Reyem (Meyer) : le chef de l'État, en commissionnaire, portant, sur son crochet, des malles, avec les titres : République française, Libération du territoire. — Texte composé d'actualités et de variétés.

Publié à nouveau en 1876, avec les mentions : 2ᵉ édition, 2ᵉ année.

[Coll. de l'auteur.]

3046. — ALMANACH ILLUSTRÉ A L'USAGE DES JEUNES MÉRES, Hygiène de l'Enfance (1875). || Paris, Au Dépôt central des Almanachs publiés à Paris ; Librairie de E. Plon, Nourrit et Cⁱᵉ, rue Garancière, 1o. In-16.

Conseils aux jeunes mères sur les soins qu'exigent les enfants. Gravures sur bois, dans le texte.

3047. — LES ANNALES DU THÉATRE ET DE LA MUSIQUE, par Édouard Noël et Edmond Stoullig. 1ʳᵉ année, 1875. Prix : 3 fr. 5o. || Paris, G. Charpentier et Cⁱᵉ, éditeurs, 11, rue de Grenelle. 1875 à ce jour. In-18.

Recueil annuel donnant l'analyse de toutes les œuvres représentées sur les théâtres de Paris.

3048. — ANNUAIRE DE LA « CHRONIQUE DU TURF ». Calendrier des Courses de 1875. || Paris, à la Direction de la *Chronique du Turf*, 4, rue de Copenhague. In-32.

Encore une publication sportive ne donnant guère que des noms de chevaux, les résultats des courses et les sommes gagnées.

3049. — ANNUAIRE OFFICIEL DES COURSES AU TROT, Concours hippiques et écoles de dressage, publié sous les auspices de la Société d'Encouragement pour l'amélioration du cheval français de demi-sang, d'après les documents fournis par ladite Société et par l'Administration des Haras, contenant les programmes et les comptes rendus des courses au trot et concours en France, en 1875, par le Directeur-Gérant du *Journal officiel des courses au trot*, secrétaire de la Société d'Encouragement. || Paris, 5, rue Meyerbeer. 1875 à ce jour. In-12.

Publication de même espèce, sous le patronage officieux de la Société d'encouragement.

3050. — DOUBLE ALMANACH DE BOQUILLON. 1875. Première Année.

DOUBLE ALMANACH
DE BOQUILLON
1876
PARIS. — LIBRAIRIE ILLUSTRÉE
16, RUE DU CROISSANT, 16

3o centimes. || Paris, Librairie illustrée, 16, rue du Croissant, [puis au bureau de la *Lanterne de Boquillon*] 1875 et suite. Petit in-8.

Couverture illustrée par A. Humbert, dont le dessin a varié plus d'une fois. Texte composé de boquillonnades, accompagnées des habituelles petites vignettes de ce dessinateur.

Après la mort de Humbert, l'almanach a été publié par Maurice Levallois, écrivain humoristique, et les vignettes dessinées par Pépin.

3051. — AIDE-MÉMOIRE DE PHOTOGRAPHIE pour 1876. Publié sous les auspices de la Société photographique de Toulouse, par C. Fabre. Première année. || Paris, Gauthier-Villars et fils, Libraires-Éditeurs, 55, quai des Grands-Augustins. In-18.

Annuaire destiné à mettre l'opérateur au courant de tout ce qui se fait dans cet art et divisé en trois parties : théorique, pratique et industrielle. Il donne, chaque année, une revue des progrès accomplis en ce domaine, durant l'année écoulée, une liste complète des sociétés et des publications photographiques, la nomenclature des expositions et concours. En tête est un calendrier, avec colonne blanche devant chaque mois, et en queue un agenda pour écrire les notes journalières. Figures dans le texte, et comme frontispice, des spécimens de reproductions par la photographie.

3052. — ALMANACH CHRÉTIEN ILLUSTRÉ. Prix : 30 centimes. || Paris, R. Haton, Libraire-éditeur, 33, rue Bonaparte. 1876 à ce jour. In-16.

Almanach de propagande catholique fondé par « l'Association de St-François de Sales, » avec articles et variétés diverses.

3053. — ALMANACH DES FIDÈLES AMIS DE PIE IX, par le R. P. Huguet. Prix : 50 cent. || Paris, R. Haton, Libraire-Éditeur, 33, rue Bonaparte. In-32.

Publication de propagande catholique.

3054. — ALMANACH DES SAINTS CŒURS DE JÉSUS ET DE MARIE pour 1876 : par Mgr ***, prélat romain. || Paris, imprimerie et librairie Plon, Nourrit et Cⁱᵉ. 1876 à ce jour. In-32.

Almanach de propagande catholique, illustré de petites vignettes.

3055. — ALMANACH DU FIGARO (nouvelle période). || Paris, à l'hôtel du *Figaro* [F. Magnard, de Rodays, Périvier gérants] (1876-1885). In-8.

Almanachs de format, de genre et d'aspect différents, ayant, chaque fois, une couverture nouvelle, qui ont été toujours en se perfectionnant. A signaler, tout spécialement, les années 1882, 1883, 1884, avec musique et nombreuses compositions en chromotypographie. On y trouve des illustrations de Louise Abbéma, J. Blass, Henriot, Jeanniot, Le Natur, Mars, H. Pille, Poirson, Willette, J. Geoffroy, Chéret, Gambard, Rivière, Lunel, Rochegrosse, Roy, Delort, Vogel, etc...

A repris, en 1885, le format de l'ancien almanach et avec de simples illustrations en noir dans le texte, les compositions en couleur étant réservées au *Figaro-Étrennes*.

3056. — ALMANACH DU JOURNAL DES ABRUTIS pour 1876. (10 centimes.) || Paris. En vente chez tous les Libraires de France. In-32.

Almanach publié par le journal de ce nom fondé par Le Guillois, puis rédigé par William Piton. L'année 1887 contient le portrait-charge de Le Guillois. Contes, poésies, jeux d'esprit, bons mots, prédictions abruticales, etc...

3057. — ALMANACH DU TRAVAIL 1876. 1ʳᵉ Année. Prix : 30 centimes. || Paris, Librairie du Suffrage Universel, 14, rue Hautefeuille. In-32.

Publication consacrée à l'étude des questions ouvrières et destinée à inaugurer la *Bibliothèque du Travail*. Principaux articles : Le mandat impératif, par Ed. Lockroy ; La politique du travail, par Yves Guyot ; La Société d'économie charitable, par J. Barberet ; l'Exposition de Philadelphie, par Léon Angevin ; La déportation de l'An IV, par Jean Destrem ; Les mécaniciens de chemins de fer, par J. Barberet.

3058. — ALMANACH ÉLECTORAL RÉPUBLICAIN. 1876. || Paris, Périnet, éditeur, 10, rue du Croissant. In-18.

Documents à l'usage des candidats et des comités électoraux publiés en vue des élections. Almanach de propagande.

3059. — ALMANACH ILLUSTRÉ DE LA FRANCE NOUVELLE pour l'année 1876. || Société générale de Librairie catholique, Paris, Victor Palmé, directeur général. In-18.

Récits et articles divers provenant de journaux catholiques; notes sur les gros bonnets de la République, etc...

3060. — L'ANNÉE MARITIME. Revue des événements et répertoire statistique annuel des faits qui se sont accomplis dans la marine française et les marines étrangères. || Paris, Berger-Levrault et Cie, éditeurs, 5, rue des Beaux-Arts, Nancy, 11, rue Jean-Lamour. 1876. In-12.

Année spéciale conçue dans le même esprit que les années politique, littéraire et autres.

3061. — ANNUAIRE DE L'ARCHÉO-LOGUE FRANÇAIS, par Anthyme St-Paul. || Paris, Quantin, libraire-éditeur, 7, rue St-Benoît. 1876-1886. In-18.

Publication dirigée par Anthyme St-Paul, sur les données et d'après les dernières pensées d'Arcisse de Caumont. Étendit peu à peu son domaine et devint en 1879 :
— L'Année Archéologique, calendrier archéologique. — Centenaires. Revue de l'année en France et à l'étranger. — Mélanges. Bibliographie. Sociétés savantes. Documents administratifs, par Anthyme St-Paul.
Se trouve divisé en neuf parties suivant le sommaire du titre. Contient, en outre, une partie « projets archéologiques », pour l'année à venir. L'année 1880 donne une bibliographie des thèses de l'École des Chartes de 1849 à 1880.

3062. — ANNUAIRE DE LA CONFÉ-RENCE MOLÉ-TOCQUEVILLE (1) pour 1876. || Paris, au siège de la Conférence, 49, rue des Saints-Pères. In-8.

Annuaire publiant, en outre du bureau et des noms des membres de la Société, les comptes rendus des séances et les projets de loi et rapports lus en réunion, avec la liste des propositions faites à la conférence depuis 1832.

(1) La Conférence Molé, fondée en 1832, réunie le 28 avril 1876 à la Conférence Tocqueville, s'occupe des questions de législation, d'histoire et d'économie politique. C'est une sorte de préparation, de tremplin pour les avocats et les hommes politiques, comme un Parlement avant la lettre qui discute les questions d'actualité.

3063. — ANNUAIRE DE LA SANTÉ ET DE L'HYGIÈNE Pour l'année 1876. Recueil de Conseils sur les indispositions ou Maladies auxquelles l'humanité est exposée. Renseignements sur ce qu'il convient de faire en attendant l'arrivée du Médecin. Préceptes d'hygiène et de médecine pratique. — Pharmacie populaire. Ouvrage indispensable aux Familles. || Paris, Librairie de la Publication, rue Lafayette, 61, Hôtel du Petit Journal. In-12.

Notices médicales et hygiéniques. Calendrier.

[B. N. — $\frac{\text{T. 47}}{83}$.]

3064. — ANNUAIRE DES MINES, DE LA MÉTALLURGIE DE LA CONSTRUCTION MÉCANIQUE [ET DE L'ÉLECTRICITÉ]. || Paris, Ernest Kolb, puis E. Bernard, quai des Grands-Augustins. 1876 à ce jour. In-8.

Répertoire complet des adresses ayant rapport à l'Ingénieur, au mineur, au métallurgiste, au constructeur, (plus de 50.000) avec une partie technique (liste des ingénieurs, liste des sociétés industrielles, techniques et savantes), une partie législative, une revue de l'année et les tarifs des douanes françaises et étrangères.

3065. — ANNUAIRE DES SAGES-FEMMES DE PARIS. Publié sous la direction du Dr E. Verrier De Villers, Rédacteur en chef de la Gazette obstétricale de Paris. 1re Année, 1876. Prix : 2 fr. [puis 1 fr.]. || Paris, aux Bureaux de la Gazette obstétricale, 5, rue Royale, 5. In-18.

Notices médicales à l'usage des sages-femmes. A paru pendant plusieurs années.

[B. N. — $\frac{\text{T. 47}}{86}$.]

3066. — ANNUAIRE DU DIOCÈSE DE PARIS pour l'an 1876, contenant l'adresse particulière de chacun des membres du clergé résidant dans le diocèse de Paris. Prix : 80 centimes. || Chez tous les libraires et chez l'auteur, C.-J. Grand, 33, rue Cassette, Paris. In-16.

Personnel du clergé de Paris, avec adresse particulière de chacun des membres, avec la liste de toutes les bonnes œuvres, etc..

3067. — ANNUAIRE SPÉCIAL DE L'ARME DE LA CAVALERIE FRANÇAISE et du service des remontes pour l'année 1876, mis à jour à la date du 15 janvier 1876 inclus. En vente, 24, rue Saint-Guillaume. Prix : 5 fr. || Paris, Léautey, imprimeur-libraire. Grand in-8.

Annuaire donnant tous les renseignements sur cette arme. — Comités et sections techniques, répartition des régiments de cavalerie dans les corps d'armée, lois relatives, listes de classement, détails des régiments, écoles spéciales, listes d'ancienneté, pertes subies chaque année, listes générales des noms des officiers.

3068. — LE GRAND ALMANACH CONSEILLER DES FAMILLES (Paul Dupont) pour 1876. 1ʳᵉ Année. [Épigraphe :] « Je rends au public ce qu'il m'a prêté. J'ai emprunté de lui la matière de cet ouvrage (LA BRUYÈRE.) ». || Administration du *Grand Almanach*, 4, rue du Bouloi. 1876 à ce jour. In-8.

Almanach illustré ; portraits et événements importants. Têtes de page par Le Natur et, chaque jour, une vignette donnant l'état exact de la lune. Illustrations empruntées aux journaux et aux livres.

3069. — GUIDE DES MALADES, des Convalescents, des Infirmes et des Vieillards valides dans les institutions indépendantes de l'Administration de l'Assistance publique, par Le Docteur B.-J. Lapeyrère. Hôpitaux, maisons de santé, dispensaires, etc. Première année. || Paris, chez les principaux libraires. 1876. In-12.

Ouvrage relatant les institutions fondées pour les malades, tant officielles que privées.

3070. — ALMANACH DE LA FRANCE RURALE ET DES SYNDICATS AGRICOLES pour l'année 1877, sous la direction de M. Louis Hervé, rédacteur en chef de la *Gazette des Campagnes*. || Paris, librairie Gautier. 1877 à ce jour. In-16.

Almanach spécial, avec gravures, rédigé dans un esprit conservateur. Publié à 50 centimes.

3071. — ALMANACH DU BON CATHOLIQUE. Pour l'année de grâce 1877. || Paris, au Dépôt central des Almanachs publiés à Paris, Librairie de E. Plon et Cⁱᵉ, rue Garancière, 10. 1877 à ce jour. In-16.

Publication populaire illustrée de gravures sur bois.

Doit être la suite de l'*Almanach du Bon Catholique*, publié à Rouen (1851-1876).

[B. N. — 1891.]

3072. — ALMANACH-GUIDE DE LA MÈRE DE FAMILLE. Recettes utiles. Petits conseils. Par le Dʳ S.-E. Maurin, président de la Société protectrice de l'enfance de Marseille. 1ʳᵉ édition. Prix : 50 centimes. || Paris, Librairie des Familles, rue des Saints-Pères, 71. 1877. In-16.

Almanach illustré de gravures sur bois. Soins à donner aux jeunes enfants.

B. N. — T. $\frac{48}{20}$]

3073. — ALMANACH STÉNOGRAPHIQUE publié par l'Institut Sténographique des Deux-Mondes. || Paris, au siège de la Société, 62, rue Bonaparte. 1877 à 1888. In-8.

Publication intéressante pour l'histoire du développement de la science sténographique, mentionnée par Eugène Lefèvre-Pontalis dans sa *Bibliographie des Sociétés Savantes*.

Voir, à 1889, *Annuaire Sténographique*.

3074. — L'ALOUETTE (LA SAUSETA). Almanach du Patriote Latin pour l'Espagne, la France (celle du Midi ou Occitanie et celle du Nord), l'Italie, le Portugal, la Roumanie et la Suisse. Écrit dans les différents dialectes de ces pays (avec traduction française). Publié par la Société latine « l'Alouette. » Édition française. Prix : 2 fr. 25. || Paris, Sandoz et Fischbacher, rue de Seine, 33. 1877. In-12 carré.

Publication paraissant, à la fois, en français et en provençal, dirigée par Louis-Xavier de Ricard, dans un esprit de fédération de tous les peuples latins, et ayant donné place à toutes les langues, à tous les idiomes, à tous les dialectes romans. On y trouve plusieurs articles intéressants en faveur des Albigeois contre la croisade de Simon de Montfort, contre l'introduction des questions politiques dans le félibrige, en faveur des patois, de très nombreux toasts d'un esprit international, portés aux banquets de l'*Alouette* à Paris, quantité de chansons locales.

Les articles sont signés E. Acollas, Balaguer, Cladel, A. Dusollier, Fourès, Félix Gras, Ladevèze, Mauro-Macchi, Dʳ de Paepe, Napoléon Peyrat, Mario Proth, E. Reclus, Thiaudière, etc.

Pour la troisième année les noms des collaborateurs figurent sur le titre.

3075. — L'ANNÉE MILITAIRE. Revue des faits relatifs aux armées françaises et étrangères, publiée sous la direction de M. Amédée Le Faure, député de la Creuse. || Paris, Berger-Levrault et Cⁱᵉ, 5, rue des Beaux-Arts; Nancy, 11, rue Jean-Lamour. 1877-1880 : 4 années. In-12.

Recueil annuel, sorte de revue des événements et de l'organisation militaires.

3076. — LA MUSE PARISIENNE. Chansons les plus en vogue de nos meilleurs auteurs, illustrées de gravures nouvelles. || (A Paris) Maison Aubert, Ratier, gendre et successeur, 20, rue Domat, 1877. In-12.

Recueil de chansons populaires orné de mauvaises gravures sur bois. — Calendrier.

[B. N. — Ye, 28,281.]

3077. — ALMANACH DE L'HOMŒOPATHIE pour 1878. Rédemption physique de l'humanité. Régénération des hommes, des animaux, des végétaux et de la terre. Solution complète du problème de l'extinction de la misère, par le travail et la santé pour tous. 1ʳᵉ année. || Paris, Typographie F. Debons et Cie, 16, rue du Croissant. In-12.

Almanach destiné à populariser les doctrines homœopathiques du Dʳ Mure.

3078. — ALMANACH DES CHAUMIÈRES pour l'année 1878. 50 centimes. || Paris, librairie Gautier, quai des Grands Augustins. 1878 à ce jour. In-16.

Publication de propagande rédigée dans un esprit catholique.

3079. — ALMANACH DES VIEUX SECRETS et des anciennes recettes, par un chercheur obstiné. || Paris, chez Strauss, rue du Croissant. In-24.

Réunion de recettes pour adoucir les maux et combattre certains inconvénients, avec proverbes illustrés (reproduction de gravures anciennes). Publication curieuse et fort bien faite, due à Lorédan Larchey.

[Coll. de l'auteur.]

3080. — ALMANACH DU PETIT CAPORAL. 1878. Bibliothèque napoléonienne. || Henri Guérard, éditeur, 156, rue de Rivoli. In-16.

Sur la couverture portrait de Napoléon Iᵉʳ. Dans le texte portraits des membres de la famille Impériale et des députés de l'appel au peuple. Calendrier relatant tous les faits militaires de la Révolution, du Consulat, de l'Empire et donnant les noms des généraux vainqueurs.

Devint, l'année suivante, Almanach de l'Aigle et du Petit Caporal.

3081. — ALMANACH DU SOU PROTESTANT. || Paris, au siège de la Société. 1878-1885. In-8.

Publication de propagande protestante donnant quelques indications sur l'œuvre.

3082. — ALMANACH ILLUSTRÉ DES PENSIONS DE JEUNES DEMOISELLES ET DE JEUNES GARÇONS. Pour l'année 1878. Contenant des historiettes, des poésies, des chansons, des compliments pour les principales fêtes de l'année, des morceaux de piano et une pièce de théâtre spécialement écrite pour les maisons d'éducation, avec la musique des couplets sur le texte, et la mise en scène, par un professeur. Prix : 75 centimes. Première année. || Paris, J. Dumont, éditeur, 179, rue de Lafayette. In-16.

Seule année parue. Toutes les matières de l'almanach se trouvent indiquées sur le titre.

[Coll. de l'auteur.]

3083. — ALMANACH SPIRITE pour l'an de l'ère chrétienne 1878. [Épigraphe :] « Hors la Charité, point de Salut ». || Paris, Librairie des Sciences psychologiques, rue Neuve-des-Petits-Champs ; Liège, (Belgique), chez J. Houtain, imprimeur. In-18.

Le calendrier se trouve composé, chaque année, d'une série de noms de grands hommes, dans tous les domaines et de toutes les nationalités. Parmi les fêtes particulières il faut signaler la fête des Esprits élémentaires (mardi-gras) et l'anniversaire du 31 mars 1848, « anniversaire du jour mémorable où, pour la première fois, s'établirent des communications comprises et appréciées entre notre monde visible et le monde spirituel ambiant ». L'événement eut lieu, paraît-il, en Amérique. Articles sur la foi spirite, sur les moyens de communiquer avec les esprits, sur Duguay-Trouin honoré pour sa puissance de divination.

[Coll. de l'auteur.]

3084. — L'ANNÉE ARTISTIQUE. [Les Beaux-Arts en France et à l'étranger]. L'administration. Les musées. Les écoles. Le Salon annuel. Chronique des expositions. Les ventes de l'hôtel Drouot. L'art en province. L'art à l'étranger. Bibliographie et nécrologie. Documents officiels. Par Victor Champier, secrétaire du Musée des Arts Décoratifs. Première année, 1878. || Paris, A. Quantin, imprimeur-éditeur, 7, rue Saint-Benoît. 1878-1882. In-8.

Publication annuelle faite avec grand soin, ayant en tête, à partir de la seconde année, un répertoire qui donne le tableau complet de tout ce qui se rattache officiellement aux beaux-arts en Europe. Ajoutons que les études sur l'art à l'étranger, Angleterre, Allemagne, Autriche, Russie, Suède, Belgique, Hollande, Suisse, Italie, Grèce, Japon, États-Unis, tiennent au moins la moitié de chacun des volumes. C'est, dans cet ordre d'idées, la publication la mieux faite du siècle.

L'année 1881-1882 est illustrée de compositions hors texte représentant, groupées, les principales œuvres d'art du moment.

3085. — L'ANNÉE MÉDICALE. (1878). Résumé des progrès réalisés dans les sciences médicales. Publié sous la direction du docteur Bourneville, rédacteur en chef du *Progrès Médical*. Avec la collaboration de MM. Aigre, A. Blondeau, H. de Boyer, E. Brissand, P. Budin, R. Calmettes, etc. || Paris, E. Plon et Cie, Bureaux du *Progrès Médical*, 6, rue des Écoles. 1879 à ce jour. In-8.

Sorte de revue des travaux médicaux les plus importants exécutés dans l'année.

[B. N. — T. $\frac{47}{90}$]

3086. — ANNUAIRE STATISTIQUE DE LA FRANCE. 5 fr. || Paris, Imprimerie nationale; Berger-Levrault et Cie,

5, rue des Beaux-Arts, les principaux libraires. In-8.

Publication officielle du Ministère du Commerce, de l'Industrie et des Colonies, avec quantité de tableaux de statistique.

3087. — ALMANACH ANTI-CLÉRICAL [ET RÉPUBLICAIN] (1) pour 1879, par Léo Taxil. Première année. [Épigraphe :] « Le Cléricalisme, voilà l'Ennemi ! » (Gambetta). Prix : 60 centimes. || Paris et les départements. En vente chez les principaux libraires. 1879-1881 : 3 années. In-12.

Almanach aussi peu recommandable que son éditeur lequel, après avoir couvert de boue les choses religieuses, essaye, aujourd'hui, de baver sur les libéraux. En outre de quatrains sur les rois de France, on y trouve des articles de cette nature : *Esprit-Saint descends sur Veuillot, La Légende de N.-D. des Commodités* (! !), *La Vermine noire, La Sacrée dèche d'un cœur sacré.*

Almanach à ne pas lire sans pincettes. Du reste, il deviendra rare, les cléricaux le pourchassant jusque dans les boîtes des quais et déchirant tous les exemplaires qui leur tombent sous la main.

Les années 1880 et 1881 donnent les noms des collaborateurs : Charles Tabaraud, Alfred Paulon, M. Irlande (Mélandri), Victor Lenoir, Fernand Laffont, Georges Moynet, Albéric Mortreuil, Édouard Bunel, Louis Gall, etc. La 3e année est illustrée de dessins par Gill et Frid'Rick, (dessins extraits des publications anti-cléricales de Léo Taxil) et d'un portrait du « dit sieur Léo Taxil. »

[Coll. de l'auteur.]

3088. — ALMANACH DE L'ÉCLAT DE RIRE, 1879. || Paris, aux bureaux du journal. In-18.

Almanach financier comique, publié par le journal de ce nom, avec couverture illustrée, et vignettes, dans le texte, dues à Pépin.

[D'après un catalogue.]

3089. — ALMANACH DU PARFAIT RIMEUR pour 1879, par le bonhomme Tityre. [Épigraphe :] « Et m'avez pour excuse si je rhythme en cramoisi... » (Rabelais). || Paris, Berger-Levrault et Cie, 5, rue des Beaux-Arts, même maison à Nancy, 1879. In-18.

Calendrier ayant, en face de chaque mois, une poésie. Au-dessous se trouvent des préceptes dans le goût suivant :

_____

(1) Sous-titre, à partir de la seconde année.

Un bon rimeur, en se levant,
— Ainsi l'ont dit les Décrétales —
Doit réciter d'un ton fervent
Quatre vers des Orientales.

A la suite du calendrier quelques poésies.

3090. — L'ALMANACH DU SANS-CULOTTE, contenant le véritable calendrier républicain de l'An III, par Alfred Le Petit. || Paris, aux bureaux du journal *Le Sans-Culotte.* (1879) In-12.

Vignettes et texte d'Alfred Le Petit. C'est le calendrier avec les noms d'animaux, de légumes, « remplaçant avantageusement », dit la réclame, «ceux des saints et des saintes, avec un tableau comparatif pour changer les dates du calendrier bigot en dates républicaines *et vice-Versailles.* » Articles politiques, sérieux et comiques, « assaisonnés de croquis pleins de chic ». — Se vendait 15 cent.

3091. — ANNUAIRE ARTISTIQUE DES COLLECTIONNEURS, par Ris-Paquot, artiste peintre, chevalier de l'Ordre R. de la Couronne de chêne, etc. Illustré de nombreux dessins. Prix : 6 fr. 1879-1880. || Paris, Librairie Raphaël Simon, 9, quai Voltaire [puis : Abbeville, chez l'auteur ; Paris, Raphaël Simon.] In-8.

A partir de 1885, s'étend à la Belgique.
Calendrier, notices archéologiques et artistiques, adresses de tous les collectionneurs classés par villes, avec répertoire général.
Ont paru : les années 1879-1880, 1882-1883, 1885-1886.
[Voir, plus loin, à 1892, *Répertoire Annuaire général des collectionneurs*].

3092. — CARNET DE L'OFFICIER DE MARINE pour 1879 (1re année). Recueil de renseignements à l'usage des officiers de la marine militaire et de la marine du commerce, suivi d'un état du personnel et de la liste des bâtiments armés, mis à jour au 1er juillet 1880. Prix : 3 fr. 50. || Paris, Berger-Levrault et Cie, Libraires-Éditeurs, 5, rue des Beaux-Arts, même maison à Nancy. In-24.

L'état du personnel et la liste des bâtiments armés étant seuls susceptibles de changements, les années portent le titre : « édition ».

3093. — GRAND ANNUAIRE, ALMANACH ILLUSTRÉ pour toute la France et le... (suit le nom du département). ||

Paris, imprimerie Quantin. 1879-1881. In-8.

Almanach composé de 3 parties, à pagination distincte : 1° l'almanach commun à toute la France, terminé par 16 pages spéciales au département à l'usage duquel l'Annuaire est destiné : 2° une revue de l'année ; 3° un roman.

3094. — AGENDA MÉDICAL pour 1880. 1er trimestre. || [Paris, pharmacie Bonnefond, 57, rue de Rennes]. In-18.

Agenda-réclame, destiné à être renouvelé tous les trimestres.

3095. — ALMANACH DU PÈRE GÉRARD, Pour l'année 1880, An 88 de la République Française. *Illustré de 60 dessins par Léonce Petit. Portraits par A. Rosé. Prix : 30 centimes.* || Aux bureaux du *Père Gérard*, 15, rue Malebranche, à Paris. In-12 carré.

Almanach publié par la gazette de ce nom et rédigé par E. Boursin. Publication destinée aux campagnes. Avec vignettes dans le texte.

3096. — ALMANACH DU TIERS-ORDRE pour l'Année 1880, à l'usage de tous les membres du Tiers-Ordre et de l'archiconfrérie du Cordon. || Paris, René Haton, Libraire-Éditeur, 33, rue Bonaparte. In-32.

Almanach de pratique contenant le calendrier franciscain, le tableau des provinces et couvents de l'ordre séraphique en France (Capucins, Conventuels, Tiers-Ordre, Clarisses), puis des légendes et faits sur les Trois Ordres.

3097. — ALMANACH ILLUSTRÉ DE L'APPEL AU PEUPLE. Publié par le journal *le Petit Caporal.* 40 cent. || En vente chez tous les libraires et à l'administration du *Petit Caporal*, 1, cité Bergère (1880). In-18.

Sur la couverture le portrait du prince Victor Napoléon seul. L'effigie du prince impérial a été supprimée par la censure parce qu'elle était ceinte d'une couronne de lauriers. L'aigle et la couronne impériale ont été, de même, supprimés, ainsi que nombre d'effigies et d'emblèmes destinés à l'illustration du texte.
Portraits de tous les membres de la famille impériale. — Dans le texte : « Qui sera l'Empereur ? » par Jules Amigues.

3098. — ALMANACH ILLUSTRÉ
DE LA GAZETTE DE PARIS. Prix :
3o centimes. Prédictions pour l'an de
grâce 1880. — 5o gravures fantaisistes et d'actualité. — Récits historiques, Pensées, Bons mots, Anecdotes.
— Guide du Capitaliste, des Rentiers et
des Travailleurs. || En Vente, au Dépôt
central des Almanachs publiés à Paris.
Librairie de E. Plon et Cᶦᵉ, rue Garancière, 10. In-8.

Almanach publié par le journal financier du
même nom, illustré de clichés.

3099. — ALMANACH TINTAMARRES-
QUE pour 1880, par A. Paulon. [Épigra-
phe :] « Éviter les hommes graves et les
farineux » (*Le Tintamarre*). Prix : 25 cen-
times. || Dépôt à Paris, 5, rue du Crois-
sant, et chez l'auteur, 9, rue de la Mon-
tagne-Sainte-Geneviève. In-18.

Recueil de calembredaines tintamarresques.

3100. — ANNUAIRE DE L'ARME DE
L'INFANTERIE pour 1880, établi par le
commandant Léon Marseille, comman-
dant le recrutement de Mamers. || Nancy,
imp. et lib. Berger-Levrault et Cᶦᵉ; Paris,
même maison. 1880 à ce jour. In-8.

Publication officielle spéciale à l'infanterie,
venant prendre place aux côtés de la même publication pour la cavalerie, donnant l'emplacement
des troupes, la liste d'ancienneté par grades, les
tableaux d'avancement, les tarifs de solde et des
pensions. (voir, plus haut, nᵒ 3067).

3101. — ANNUAIRE DE LA PAPE-
TERIE UNIVERSELLE. 1ʳᵉ année. || Pa-
ris, Librairie Haumont, 14, rue Saint-
Merri. In-8.

Recueil de renseignements et d'adresses relatives à l'industrie papetière.

3102. — ANNUAIRE DE LA PRESSE
FRANÇAISE, 1880, par Émile Mermet.
Première année. Prix : 6 fr. || Paris,
chez l'auteur, 10, rue Montholon, et
dans les principales librairies. [A partir
de 1889, 80, rue Taitbout, puis, 89, rue Richelieu.] In-18 [puis in-8, à partir de 1890].

Publication du plus haut intérêt dont l'importance ira, chaque année, en grandissant, due à

l'auteur de *La Publicité en France*, un guide manuel qui parut annuellement, de 1878 à 1880,
sous forme d'éditions renouvelées. Chaque année
se trouve accompagnée de la reproduction d'un
certain nombre de titres et pages de journaux,
quotidiens ou hebdomadaires, illustrés ou non,
obtenus au moyen des procédés de réduction photographique. Voici, d'autre part, l'analyse des
principales matières publiées depuis l'origine.

— *Année 1880* : Revue de la publicité en 1879.
Composition et tirage des journaux. Les nouveaux
journaux. Monographie des principaux journaux
français. Nécrologie. Nouveautés scientifiques,
artistiques, industrielles, décrites par la presse.
La publicité en France. Exécution typographique
des annonces. Affiches et prospectus. Guides,
Annuaires, Almanachs. La publicité dans les
journaux anglais. Publicité dans l'Amérique du
Sud et les Antilles. Grands annuaires étrangers.
Avec 2 planches en chromotypo : La publicité
dans les rues de Paris, en 1880; Affiche du *Voltaire*
pour *Nana*.

— *Année 1881* : Ce que coûte un journal.
Biographies de journalistes.

— *Année 1882* : Les nouveaux journaux créés
en 1881. Les procès de presse en 1881. Chroniques et gazettes rimées. La politique en 1881. Les
Beaux-Arts. Le Théâtre. Le Sport. Nécrologie.
Frontispice : portrait de Léon Gambetta, président
du conseil des ministres.

— *Année 1883* : Journaux et journalistes. Le
petit côté du journalisme. Gazettes rimées. Revues de l'année dans tous les domaines. Frontispice : le grand défilé de la presse, par Maurice
Marais.

— *Année 1889* : Par suite de la mort de M.
Mermet, l'*Annuaire* passe aux mains de M. Henri
Avenel. Dans une préface d'Édouard Lockroy, on
lit : « Sous la direction de son nouveau propriétaire, il va commencer d'exister : j'entends par là
qu'il sera complété, amélioré, augmenté, et qu'il
deviendra tout à fait digne de la Presse française.»
Et, en effet, à partir de cette année, l'*Annuaire*
inaugure les portraits de journalistes qui se suivront désormais sans interruption, faisant ainsi
défiler sous nos yeux les figures, plus ou moins
connues, de la presse quotidienne. — Articles : Les
Syndicats de la presse en France. Notes sur quelques-uns des organes les plus connus de la presse
étrangère. Les Sociétés et Associations littéraires
et artistiques. — Portraits : Carnot (frontispice),
MM. Hébrard, Hervé, Mézières et Ranc.

— *Année 1890* : S'ouvre par une préface de
M. Jules Simon défendant, avec son éloquence
habituelle, la liberté de la presse, et contient une
foule de rubriques nouvelles concernant le monde
des journaux, duels de journalistes, pseudonymes
dévoilés, indiscrétions. Avec vingt portraits, hors
texte, de journalistes.

— *Année 1891* : Agrandissement du format.
S'ouvre par une préface de Henry Maret : *le qua-*
trième pouvoir. Le livre d'or de la presse fran-
çaise. Les journaux des départements. Portraits
hors texte : M. Floquet, président de la Chambre
(frontispice), MM. Paul Meurice, Édouard Lockroy, Jules Simon, Francisque Sarcey, Paul de
Cassagnac, Albert Wolff, plusieurs directeurs de
journaux parisiens, sans valeur littéraire, quelques
journalistes de province, et la reproduction du
tableau de Henri Gervex : *A la République fran-*
çaise.

— *Année 1892 et suite* : Devient *Annuaire de*
la Presse française et du Monde politique. Sous
le titre de *Législation comparée de la Presse*, l'année 1893 publie une sorte d'histoire abrégée de
la Presse en France, pendant plus de trois quarts
de siècle, tirée de rapports, complètement inédits,
des Archives de la Chambre des Députés, rédigés
par MM. Lisbonne, Cosson, Eugène Spuller et
Martin-Feuillée, rapports qui n'étaient pas destinés à la publicité et dont la Commission seule
devait avoir connaissance. Ces rapports ont
contribué, à titre de travaux préparatoires, à
l'établissement de la législation qui régit,
aujourd'hui, les journaux en France. En 1894,
il donne en guise de préface, sous le titre de :
Statistique électorale de la France, un aperçu
historique des élections de 1876 à 1893, avec
cartes, diagrammes et tableaux. L'édition de 1895
commence par un avant-propos de A. Mézières,
de l'Académie française, et donne un travail sur
la presse européenne. — Nombreux portraits de
journalistes et d'hommes politiques. En 1893 :
Gustave Isambert, Paul Déroulède, Taine, Anatole France, Louis de Fourcaud, Henry Fouquier,
Buloz, Alfred Mame, Georges Hachette, Lucien
Victor-Meunier. — En 1894 : Eugène Spuller,
Jules Lemaître, Philippe Gille, Alfred de Los-
talot, Édouard Drumont, Paul Ginisty, Henri
Bauër, Louis de Grammont, Georges Montorgueil.
— En 1895 : le Président Félix Faure, Jules Cla-
retie, Henri Rochefort, Henri Brisson, Paul
Bluysen, etc.

3103. — ANNUAIRE DE LA SOCIÉTÉ
FRANÇAISE D'HYGIÈNE. || Paris, au
siège de la Société, 30, rue du Dragon.
1880. In-8.

Annuaire publié par la Société de ce nom,
avec la liste des membres.

3104. — ANNUAIRE DES SPÉCIALI-
TÉS MÉDICALES ET PHARMACEUTI-
QUES. Première année. — Médecins et
Chirurgiens. — Indication de leurs
principaux travaux. — Pharmaciens.

— Spécialités pharmaceutiques. — Enseignement. — Assistance Publique. —
Asiles Publics et Privés. || Paris, Au
Bureau de l'Annuaire, 20, rue de Tournon, [puis Librairie Georges Carré].
1880 à ce jour. In-18.

Revue des recherches et expérimentations faites
dans le courant de l'année.

[B. N. — $\frac{T. 47}{91}$]

3105. — ANNUAIRE GÉNÉRAL DES
DENTISTES. Publié sous le patronage
de la Société syndicale odontologique de
France. || Paris, au Bureau du Journal
La Gazette odontologique. A. Delage et
E. Lecrosnier, Éditeurs, Place de l'École
de Médecine. 1880-1881. In-12.

Annuaire à l'usage des dentistes : articles sur
cette science spéciale ; noms et adresses des prati-
cants.

[B. N. — $\frac{T. 47}{98}$]

3106. — ANNUAIRE HÉRALDIQUE
DE TRIBOULET, 1880. || [Paris]. In-12.

Annuaire illustré de nombreux blasons, réunissant, en un seul volume, tous les mariages et décès
de l'année dans les maisons souveraines, le haut
clergé et la noblesse. C'est la reproduction des
articles publiés dans *Le Triboulet*.

Couverture dessinée par Barabandy.

[Cat : 5 fr.]

[Coll. de l'auteur.]

3107. — ANNUAIRE [puis AGENDA]
PROTESTANT pour l'année1880[Épigra-
phe :] « Que toutes choses se fassent avec
ordre, 1 Corinth. XIV, 40 ».|| Paris, Librai-
rie Fischbacher, 33, rue de Seine. In-18
puis in-12, depuis 1890.

Renseignements officiels, adresses, sociétés,
églises, en France et à l'étranger. L'agenda de 1890
a publié, pour la première fois, la liste alphabétique
des églises protestantes de France.

Annuaire entrepris par M. Franck-Puaux, auquel on doit d'importants ouvrages sur l'histoire
du protestantisme.

3108. — COMPENDIUM ANNUEL DE
THÉRAPEUTIQUE Française et Étrangère pour 1880, par E. Bouchut, Professeur agrégé de la Faculté de Médecine
de Paris, etc. Publication de *Paris Mé-*

dical. || Paris, Librairie J.-B. Baillière et fils, 19, rue Hautefeuille. 1880-1885. In-8.

Ouvrage indiquant les procédés thérapeutiques nouveaux mentionnés dans les divers journaux français et étrangers.

$$\left[\text{B. N.} - \text{T.} \frac{47}{94}\right]$$

3109. — ALMANACH ILLUSTRÉ DE L'AMI DES CAMPAGNES pour 1880, publié sous la direction de J. Gondry du Jardinet. 50 cent. || Paris, aux bureaux du journal l'*Ami des Campagnes*, 13, rue Cassette. In-16.

Almanach de propagande populaire.

3110. — ANNUAIRE STATISTIQUE DE LA VILLE DE PARIS. || Paris, Imprimerie Nationale et Masson. 1881 à ce jour. Gr. in-8.

Publication annuelle donnant des statistiques dans tous les domaines, avec quantité de tableaux.

3111. — GRAND ALMANACH ILLUS-TRÉ DU PETIT JOURNAL. Première année, 1880. Prix : 50 centimes. || Paris, Au *Petit Journal*, 61, rue Lafayette. (1880-1885.) In-4.

La vignette de la couverture et du titre change chaque année. Ont paru ainsi La liseuse du Petit Journal, d'après le tableau de M. Morlon; le peintre d'enseignes dessinant sur le mur l'annonce du Petit Journal, par le même; le porteur du Petit Journal, etc.

Nombreux articles illustrés, assez bien choisis : Les ancêtres de Guibollard par Alfred Barbou; Gaietés funèbres par Dalsème; Les Spectacles populaires (Cafés-concerts) par Victor Nadal; Le Conservatoire de musique, par Alfred Aubert; L'Hôtel de Ville de Paris, par Ed. Drumont; Les loteries, par Louis Bloch; Les rubans des nourrices, par Louis Vermont; Chiffons, chiffonnage et chiffonniers, par J. Dalsème.

3112. — SOCIÉTÉ DES AMIS DES LIVRES. Annuaire. || Paris, Imprimé pour les Amis des Livres. 1880 à ce jour. In-8.

Annuaire (sans calendrier) contenant, en outre des statuts et de la liste des membres de cette importante société, de nombreuses études et communications intéressantes pour les lettres et les arts.

A. 1881 : Jean Henri Jison, poète bourgeois de Paris au xviiiᵉ siècle, par M. Fernand Drujon; Un mot sur l'Histoire de France du Père Loriquet, par M. Eugène Paillet; Lettre de Bernardin de Saint-Pierre au sculpteur Chaudet sur la publication de *Paul et Virginie*. — A. 1882 : Un grand bibliophile, James de Rothschild, par M. Eugène Paillet; Tony Johannot et Gustave Doré, par M. Henri Houssaye. — A. 1883 : Les auteurs amateurs anglais, par M. H. S. Ashbee; Lamartine et ses « Méditations », par M. Eugène Paillet; Bibliothèques imaginaires, par M. Gaston Brunet; *Bibliographie de livres modernes illustrés de dessins originaux.* — A. 1884 : *Essai sur les notes marginales manuscrites*, par M. Octave Uzanne; Victor Hugo et Alexandre Dumas, par M. A. Parran. — A. 1885 : Deux pièces autographes de La Fontaine, en fac similé; Lettres autographes de Gérard de Nerval, Méry et Alfred de Vigny, communiquées par M. Parran; Œuvres inédites de Louis Bouilhet. — A. 1886 : Les catalogues de livres curieux, par M. Charles Cousin; Les Anglais qui ont écrit en français, quelques poètes modernes, par M. H. S. Ashbee. — A. 1887 : Vers inédits de Victor Hugo, 1816; Félicien Rops et son œuvre, par M. E. Rodrigues. — A. 1889 : Curiosités révolutionnaires, notes sur *Maximilien Robespierre et Joseph Lebon*, par M. Alfred Bégis; Honoré Fragonard, du baron *Roger Portalis*. — A. 1890 : Curiosités révolutionnaires, Mˡˡᵉ de Sombreuil et le verre de sang, par M. Alfred Bégis.

Quelques annuaires contiennent des illustrations et des portraits. Citons, parmi ces derniers, Mᵐᵉ Adam, gravé par Lessore (A. 1881); James de Rothschild, par Lessore (A. 1882); le Duc d'Aumale, par Cattelain (A. 1887).

3113. — ANNUAIRE DES POSTES ET TÉLÉGRAPHES. Première année. || Paris, Imprimerie et Librairie classiques et administratives Paul Dupont, 4, rue du Bouloi. 1880 à ce jour. In-8.

Annuaire faisant suite aux précédentes publications et dont il existe deux éditions, l'une à l'usage du commerce, l'autre à l'usage du personnel.

3114. — ALMANACH ILLUSTRÉ DU MONDE PARISIEN. || Paris, aux bureaux du journal *Le Monde Parisien*. 1881. In-8.

Almanach illustré, publié par le journal Le Monde Parisien, journal de caricatures politiques qui eut un certain succès.

[D'après les annonces de ce journal.]

3115. — ANNUAIRE DE L'ASSOCIA-TION POLYTECHNIQUE POUR LE

DÉVELOPPEMENT DE L'INSTRUC-TION. || Paris, au siège de l'association 28, rue Serpente. 1881-1882. In-8.

Annuaire donnant les statuts et noms des membres de cette Société ; avec quelques notices spéciales.

3116. — ANNUAIRE DE LA SOCIÉTÉ DES ARTISTES FRANÇAIS pour 1881. || Paris, Palais des Champs-Élysées. 1881 à ce jour. In-8.

Annuaire officiel donnant la liste des membres et les comptes rendus des séances.

3117. — ANNUAIRE DES JOURNAUX, Revues et Publications Périodiques parus à Paris jusqu'en décembre 1880. Suivi d'une table systématique, publié par Henri Le Soudier. || Paris, Librairie Le Soudier, 174, boulevard St-Germain. 1881 à ce jour. In-8.

Donne les titres complets par ordre alphabétique, le nom des rédacteurs, le format, la tomaison, la date d'origine, le mode de publication, le nombre des pages, etc.

3118. — CALENDRIER HISTORIQUE DE L'ENSEIGNEMENT, et des institutions de la France avant la Révolution, pour 1881. Contenant tout ce qu'il est essentiel de connaître sur : les universités, les collèges, les académies, l'instruction primaire, les jésuites, les congrégations religieuses, la noblesse, le clergé, la magistrature, l'armée, le commerce, l'agriculture, la condition des ouvriers, etc., etc. jusqu'en 1789. || Paris, Bray et Retaux, éditeurs, 82, rue Bonaparte. In-12.

Une courte préface explique, comme suit, la portée de cette publication : « Dans les temps où nous vivons, beaucoup de personnes sont portées à croire que la plupart des institutions qui font la gloire de notre pays ne remontent pas au-delà de 1789. Le but de ce petit travail est de donner par des faits précis une idée exacte de l'état de la France avant la Révolution. »

Imprimé sur deux colonnes, donnant jour par jour, à leur date, des notices sur les faits, les créations, les hommes et les choses de l'ancien régime. En outre des matières énumérées sur le titre, on y trouve encore de précieux renseignements sur les privilèges accordés aux étudiants, et sur l'alimentation.

[B. Carn. — 17211.]

3119. — LE CONTRE-POISON, Almanach illustré pour l'année 1881. || Paris, J.-L. Paulmier, éditeur, 76, rue de Rennes. In-32.

Almanach de propagande catholique, s'élevant contre la corruption d'une France sans Dieu.

3120. — ÉTRENNES AUX DAMES, 1881. || Charavay frères, Éditeurs, Paris. 1881-1885 : 5 années. In-16.

Charmante petite publication imprimée avec grand luxe, bordure à chaque page, tirée soit à la sanguine, soit en or. Le titre de la couverture est dans un cartouche XVIIIᵉ siècle, de style rocaille ou Louis XVI, suivant les années.

Les deux premières années contiennent un « Calendrier des dames françaises » donnant, à chaque mois, des noms de femmes célèbres.

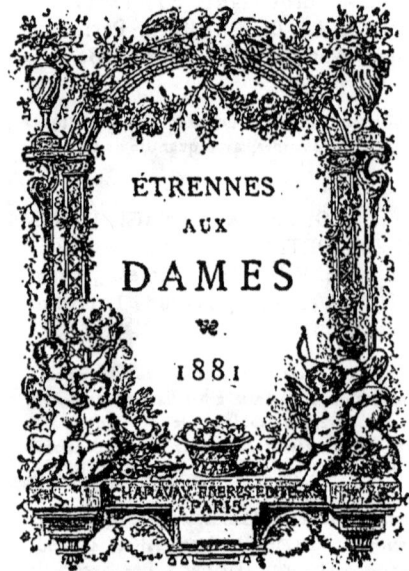

En tête du volume se trouve, comme frontispice, le portrait à l'eau-forte d'une femme connue dans les lettres.

— A. 1881. Mᵐᵉ Henry Gréville, par Frédéric Régamey.

— A. 1882. Mᵐᵉ Juliette Adam, par Boulard fils.

— A. 1883. Mᵐᵉ Judith Gautier, par Boulard fils.

— A. 1884. Mᵐᵉ Alphonse Daudet.

— A. 1885. Mᵐᵉ Georges de Peyrebrune, par Boulard fils.

Le portrait est accompagné d'une biographie.

Articles, vers et proses, par Judith Gautier, Maxime Du Camp, Henry Gréville, Robert de Bonnières, princesse Olga Cantacuzène, Alph.

Daudet, Theuriet, Étienne Charavay, Marius Vachon, Paul Hervieu, Antony Valabrègue, Ernest
d'Hervilly, Jules Claretie, Henry Roujon, Edmond de Goncourt, Maurice Tourneux. A signaler un sonnet inédit de Th. Gautier (A. 1883).

En outre, chaque année contient une ou deux
pages de musique autographe : « Invocation à
Vesta » de *Polyeucte*, par Charles Gounod (A.
1882.) *Érostrate*, par Ernest Reyer (A. 1882).
Suite algérienne, par Saint-Saëns (A. 1882).
Une nuit de Cléopâtre, par Victor Massé (A. 1883).
Romance, par Benjamin Godard. *Lakmé*, par Léo
Delibes (A. 1884).

L'année 1883 contient, d'autre part, la reproduction à l'eau-forte de *Jessy*, composition de
Mᵐᵉ Alma-Tadéma.

Les *Étrennes aux Dames* étaient tirées à 326 exemplaires dont 300 sur Hollande et publiées à
20 fr. (avec couverture de soie et étui, 25 fr.).

L'année 1885 est imprimée à l'encre bleue.

3121. — ALMANACH-ALBUM DE LA
GALERIE CONTEMPORAINE, contenant de nombreux dessins d'artistes en
fac-simile. Les douze mois et les phases
de la lune, par Henri Pille. || Paris, Li-
brairie d'art, L. Baschet, éditeur. 1882.
In-4.

Vignette d'Adrien-Marie sur la couverture.
Portraits d'artistes par de Liphart. Texte par
P. Arène, Jules Claretie, Coppée, Alph. Daudet,
Gust. Droz, Alex. Dumas, Arsène et Henry Houssaye, Huysmans, Jules Vallès, E. Zola, etc...
Almanach publié par le recueil *La Galerie contemporaine* qui, dans chaque livraison de quinzaine, donnait une biographie d'artiste, avec la
reproduction photographique d'une de ses œuvres
les plus importantes.

[Publié à 1 fr. 50.]

3122. — ALMANACH DES NOMS,
contenant l'explication de 2,800 Noms,
par Lorédan Larchey. [Épigraphe :] « Fais
honneur à ton nom et ton nom te fera
honneur. — Il n'est pas de sots noms, il
n'est que de sottes gens. » || Paris, chez
Strauss, Libraire-éditeur, 5, rue du Croissant. 1881. In-18.

Tous les noms de personnes ont un sens souvent difficile à retrouver, parce qu'ils appartiennent à des langues plus ou moins connues, et
parce qu'ils sont plus ou moins altérés par le
temps. C'est pour renseigner le grand public à
cet égard que le savant bibliothécaire a publié
cet almanach, curieux comme toutes les publications dues à sa main.

[Coll. de l'auteur.]

3123. — ALMANACH DU BOUDOIR
pour 1881. Prix : 1 franc. || Paris, au
bureau du *Boudoir*, gazette galante, 15,
rue du Croissant. In-8.

Illustrations de Grivois (Gray), Cabriol, Bachis, tirées en noir et à la sanguine et extraites
du journal *Le Boudoir*. Texte provenant également dudit journal. C'est certainement dans la
note pornographique qui battait, alors, son plein,
la publication la plus curieuse et la plus luxueusement éditée.

[Cat. de 2 à 3 fr.]

3124. — ALMANACH DE LA TE-
NAILLE. 1882. || En vente aux bureaux
de la *Tenaille*. In-18.

Almanach publié par le journal de ce nom.

3125. — ALMANACH DES TRADI-
TIONS POPULAIRES. Première Année.
1882. || Paris, Maisonneuve et Cⁱᵉ, Édi-
teurs, 25, quai Voltaire : 1882 à 1884.
2 années. In-12.

Almanach publié par E. Rolland, « destiné à
servir de lien entre les personnes du monde entier qui s'occupent de la science des traditions
populaires », donnant les adresses des Folklo-
ristes, des chansons populaires, la bibliographie
des ouvrages spéciaux, le compte-rendu des
dîners du Folklore.

A signaler le très curieux calendrier populaire
dans lequel les mois figurent avec leur qualificatif respectif : Janvier le Frileux, Février le court,
Mars le hâleux, Avril gentil, Mai fleuri, Juin le
bien vêtu, Juillet le faucilleux, Décembre le Paresseux, etc. Chaque saint est également flanqué de
ses vertus particulières ; c'est ainsi qu'on voit :
9 février, Sᵗᵉ Apolline invoquée contre le mal
de dents ; — 18 juin, S.S. Gervais et Protais, contre les incontinences d'urine ; — 12 août, Sᵗᵉ Claire,
patronne des blanchisseuses, qui guérit des mau-
d'yeux ; — 3 septembre, S. Remacle, qui rend fé-
condes les femmes stériles ; — 1ᵉʳ octobre, S. Rémy,
patron des débiteurs, qui guérit des maux de
gorge ; — 27 novembre, S. Acaire, qui guérit l'humeur des femmes acariâtres.

Contient également les adresses de toutes les
personnes s'occupant de traditions populaires.

Voir au Supplément, année 1886, *Annuaire des
Traditions Populaires*.

[Les 2 années, cat. 6 fr.]

3126. — ALMANACH DU PARISIEN
ILLUSTRÉ. Texte par Minette, V'lan,
G. Lacroix de Mamers, Mimi Pinson,

Karloment, Charlemont. Prix : 80 cen-
times. || En vente, 10, rue du Croissant.
1882. In-8.

Couverture dessinée par Eschbach. Douze gravures du même pour les mois. Petites vignettes dans
le texte. Publication populaire pornographique.
[Coll. de l'auteur.]

3127. — ALMANACH FANTAISISTE
pour 1882, publié par la Société des
éclectiques. || Paris, Lemerre, passage
Choiseul. In-18.

Tiré à 195 exemplaires numérotés.
Almanach publié par la Société de ce nom, fon-
dée en 1872, par Aglaüs Bouvenne. 3 portraits et
14 eaux-fortes sur chine, par Ch. Fichot, Edmond
Morin, Émile Bin, A. Duvivier, Deroy, Rod. Piguet.
Texte par Edmond Morin, Alexis Martin, Ernest
Cousin, Georges Vicaire.

3128. — ANNUAIRE DU CORPS DU
CONTROLE DE L'ADMINISTRATION
du corps de l'intendance et du corps des
officiers d'administration, des bureaux de
l'intendance, des subsistances, de l'habillement et du campement de l'armée fran-
çaise. || Paris, V. Rozier, éditeur, 26, rue
Saint-Guillaume. 1882 à ce jour. In-8
oblong.

Partie de l'ancien *Annuaire du corps de l'intendance et du personnel de Santé*, publiée désormais
séparément. Listes, bureaux et indications officielles
(Voir, plus haut, n° 2641 et 2643.)

3129. — ANNUAIRE DE LÉGISLA-
TION FRANÇAISE publié par la Société
de Législation comparée, contenant le
texte des principales lois votées en France
en 1882. Première année. Prix : 3 fr. || Pa-
ris, Librairie Cotillon [puis F. Pichon,
successeur], Libraire du Conseil d'État,
24, rue Soufflot. 1882 à ce jour. In-8.

Publication faisant suite à l'Annuaire de Législation étrangère et qui constitue une sorte de
vade-mecum de la législation française. En tête,
après la liste des collaborateurs, est une notice
générale sur les travaux du Parlement et sur les
actes réglementaires du pouvoir exécutif.
Une table décennale a été publiée en 1892.

3130. — ANNUAIRE DES ÉCOLES DE
MÉDECINE. Vade-mecum des Étudiants
en Médecine et des Élèves Sages-Femmes.
Par le Dr Le Noir, professeur libre des
Sciences médicales, ex-professeur de l'U-
niversité. Première année. Année sco-
laire 1882-1883. || Chez l'auteur, 11, rue
de Cluny ; 23, rue du Sommerard. Paris,
In-16.

Renseignements propres aux étudiants en médecine (législation, faculté, examens).
[B. N.]

3131. — ALMANACH DE KATE GREE-
NAWAY pour 1883. || Paris, Librairie
Hachette et Cie. (1883 à ce jour.) In-32.

Charmants almanachs qui seront recherchés pour
leurs illustrations chromotypographiques pleines
de grâce et de naïveté.
Ils sont gravés et imprimés à Londres par E.
Evans. Chaque année, le dessin de la couverture
est différent : cartonnage jaune, très glacé, sauf
l'année 1889, où titre et vignette se détachent en
clair sur fond noir. L'année 1887 est en format
d'album oblong. Les tranches sont vertes, bleues,
rouges, grises ou noires.
[Coll. de l'auteur.]
[La collection, cat. 9 fr.]

3132. — ALMANACH DES COURSES.
1883. Publié par un sportsman. || En
vente chez tous les libraires. In-8.

Grandes planches, avec les types de jockeys aux
couleurs de leurs propriétaires, et histoires de
courses : *La Vengeance de sir Mowbray*, illustrée
par Crafty.
[Coll. de l'auteur.]

3133. — ALMANACH GRÉVIN. CATA-
LOGUE DU MUSÉE GRÉVIN. || Prix :
1 fr. (1883). In-8.

Catalogue donnant la description des œuvres
(scènes et figures) de cet intéressant musée, ouvert
au mois de juin 1882 et dirigé, depuis la mort de
son fondateur, par Chéret. La couverture, ornée
d'une gentille composition du dessinateur de la
Parisienne, représente Grévin, son crayon à la
main, entouré de deux petites cocottes dont une
habillée en japonaise. A la fin, calendrier avec
en-tête, et petite vignette de Grévin à chaque
page.

3134. — ANNUAIRE DE L'ADMINIS-
TRATION DES CONTRIBUTIONS DI-
RECTES et du cadastre pour 1883 (1re
année. || Paris, Impr. nationale. In-8.

Publication officielle du ministère des finances.

3135. — CARNET MONDAIN. 1883. ‖
Paris, G. Charpentier, éditeur. In-12.

Almanach, avec pages blanches pour les notes
manuscrites de chaque jour, et petits conseils ou
renseignements imprimés, accompagnés de 370 petites vignettes d'après les meilleurs artistes. 12 dessins en couleurs (un pour chaque mois) composés
par MM. Ballavoine, Forain, Gaudefroy, Gœneutte,
De Penne, F. Rops, N. Saunier, Vierge. L'almanach est imprimé en 4 couleurs : bleu, vert, sanguine et bistre.

Une poésie pour chaque mois, par Armand
Sylvestre, D'Hervilly, Antoine Cros, Léon Valade, Albert Mérat, Georges Nardin, Antony
Valabrègue, André Lemoyne et Claudius Popelin.

Sera une des petites curiosités du XIXe siècle.

[Cat. de 4 à 5 fr.]

3136. — CLUB-ALMANACH. Annuaire
[international] (1) des Cercles et du Sport.
1883. 1re année. ‖ Paris, Hinrichsen et Cie,
Libraires-Éditeurs, 40, rue des Saints-
Pères [et à Londres, Saint-Pétersbourg,
Berlin, Vienne, Rome, etc.] (Chaque année en 2 volumes). In-18 carré.

Publié et illustré par H. Constantin de Grimm,
sous le patronage du prince de Galles, et spécialement destiné à l'usage de l'homme du monde, en
sa double qualité de *clubman* et de *sportsman*. Donne
des renseignements sur les cercles du monde entier et un aperçu statistique des principaux événements du sport dans ses différentes branches, les
yacht-clubs et leurs pavillons.

On y trouve, également, la liste des pairs d'An-
gleterre, d'Écosse et d'Irlande, des grands d'Espa-
gne, les ordres de chevalerie et d'intéressantes
monographies accompagnées d'armoiries sur les
familles nobles. [Année 1883 : Czartoryski, Doria,
Furstenberg, Galitzine, Hamilton, Hohenlohe, La
Rochefoucauld, Percy, Radziwil, Schwarzenberg.
— Année 1884 : Colonna, Crussol d'Uzès, Howard,
Ligne et Arenberg, Orsini, Rohan et Rohan-
Chabot, Salm, Somerset, Troubetzkoy.]

Avec le calendrier romain et russe donnant, en
regard de chaque jour, les événements remarquables
de l'année.

Chaque année contient des portraits en pied dont
voici la liste : A. 1883 : Prince de Galles, Impératrice d'Autriche (à cheval), Duc d'Aumale.
A. 1884 : comte de Paris, duchesse d'Uzès (à cheval), duc de Beaufort-Somerset.

Publié à 10 fr., avec exemplaires de luxe.

---

(1) Le mot « international » fut ajouté sur le
titre de la seconde année.

3137. — LE SPÉCIALISTE FRANÇAIS.
Memorandum des spécialités médico-chi-
rurgicales et pharmaceutiques de Paris
et des départements. Première année.
Médecins et chirurgiens spécialistes. Maisons de santé. Hydrothérapie. Balnéothé-
rapie. Orthopédie. Gymnastique. Eaux
minérales françaises, etc., etc. ‖ Paris, aux
bureaux du *Journal d'Hygiène*, 30, rue
du Dragon. Vers 1883. In-8.

Annuaire publié par le *Journal d'Hygiène*.

[B. N.]

3138. — AGENDA DE L'ENSEIGNE-
MENT pour l'année scolaire 1884 (1re
année). Carnet de poche pour la préparation des classes, répondant à la circulaire ministérielle du 14 octobre 1881.
‖ Paris, librairie Armand Colin et Cie,
rue de Mézières. In-18.

Annuaire destiné aux élèves et aux professeurs.

3139. — ALMANACH DE LA BA-
VARDE. 1884. Les joyeusetés de l'année,
par L. D'Asco, E. Desclauzas, S. Sabatier,
Karl Munt, Daubruck, Nestor, René Saint-
Savin, Duvergier, Lucciani, Vezon, Dor-
say, Delatour, Méphisto, etc. Prix : 1 fr.
‖ Paris, bureaux, 27, rue de Clignancourt.
In-8.

Sur la couverture, femme en travesti, inscrivant
les noms des collaborateurs. Chaque mois est
agrémenté d'un qualificatif spécial. Ainsi, Janvier,
mois des Mensonges. Février, mois des Frissons.
Mars, mois des Aveux. Avril, mois des Serments.
Mai, mois des Baisers. Juin, mois des Étreintes.
Juillet, mois des Caresses. Août, mois des Abandons. Septembre, mois des Ivresses. Octobre, mois
des Soupçons. Novembre, mois des Gronderies.
Décembre, mois des Ruptures. Le calendrier a ceci
de particulier, qu'à chaque jour de l'année correspond un nom de fille : on y voit des Alice la lyon-
naise, des Jenny l'ingénue, des Andréa Roufla-
quette, Andréa la charmeuse, Jeanne la boulotte,
Julia Malaga, Ma mère m'attend, etc.

Silhouettes de demi-mondaines à la plume et au
crayon (y compris la baronne d'Ange) ; les portraits
sont très mauvais comme exécution. Poésies : Les
Cheveux, Le Peignoir, Les Bottines, La Jarretière,
Au Bal. Renseignements sur les filles des départements.

Sera sans doute, quelque jour, aussi recherché
que les almanachs de la Révolution sur le même
sujet.

[Coll. de l'auteur.]

3140. — ALMANACH DU VIEUX PARIS pour 1884, publié par la Société des Éclectiques. Prix : 10 fr.|| Paris, Lemerre, passage Choiseul. In-8.

Avec un portrait d'Edmond Morin (le même qui figure dans l'almanach de 1882) (voir n° 3127) et 13 eaux-fortes, sur chine, de Morin, Fichot, Deroy, Albert Bertrand, Letourneau, A. Topart, de la Pinelais, Georges Sauvage, P. Gachet, Fréd. Régamey, (paysages et souvenirs parisiens; la place de Grève, l'hôtel de Cluny, l'hôtel de Clisson, Ramponeaux, la porte Saint-Antoine, le passage de la Petite-Boucherie, etc.)
[Coll. de l'auteur.]

3141. — ALMANACH HÉRALDIQUE ET DROLATIQUE pour l'année 1884, par le chevalier de Crollalanza fils. Prix : 10 fr.|| Paris, Plon et Nourrit; Pise, directeur du *Journal Héraldique.* (1884-1886). In-8 jésus.

Splendide publication imprimée en Italie, avec en-têtes et lettres ornées héraldiques. Frontispice en chromo. Texte composé d'articles héraldiques et d'articles littéraires, tous dus à M. Crollalanza, qui s'est fait un nom par ses études dans le domaine de la science héraldique. Calendrier héraldique. Animaux héraldiques; armorial amusant; géographie emblématique; armoiries fabuleuses; enseignes vivantes, varia héraldiana, le blason macabre, proverbes héraldiques et sentences nobiliaires; légendes héraldiques; la croix dans le blason, etc.
[Coll. de l'auteur.]

3142. — L'ANNÉE MUSICALE, par Camille Bellaigue. Prix : 3 fr. 50. || Paris, Ch. Delagrave, Libraire - Éditeur, rue Soufflot. 1884 à ce jour. In-18.

Couverture en couleur, d'après une aquarelle de Dubuffe fils. Volume annuel, sans calendrier, donnant le résumé des nouveautés musicales dans les théâtres et les concerts.

3143. — ANNUAIRE DE LA MAGISTRATURE. France. Algérie. Colonies. Publié par Aug. Pedone. 1re éditon. 1884. || Paris, A. Durand et Pedone-Lauriel, Éditeurs-Libraires de la Cour d'appel et de l'ordre des avocats (G. Pedone-Lauriel, succ.), 13, rue Soufflot. 1884. In-8.

Annuaire publié par le journal *La France judiciaire,* contenant la liste chronologique des gardes des sceaux depuis François Ier, les lois, l'état du personnel, les lieux et dates de naissance de MM. les magistrats, la notice bibliographique des ouvrages composés par eux.

L'*Annuaire* a paru avec la mention « édition » en 1884, 1887, 1891, 1893 et 1895.

3144. — ANNUAIRE DES ARCHIVES ISRAÉLITES, pour l'an du monde 5645. (Du 11 septembre 1884 au 30 septembre 1885.) Administratif, Littéraire et Religieux, contenant : Les Renseignements les plus complets sur le Culte Israélite en France, Alsace-Lorraine, Belgique et Suisse. Des Notices sur les Établissements d'instruction et de Bienfaisance de Paris et des Travaux Historiques sur le Judaïsme, par H. Prague, Rédacteur en chef des *Archives Israélites.* (1re année). || Paris, au bureau des *Archives Israélites,* 9, rue de Berlin. Chez l'auteur, 46, rue Lafayette. In-16.

Annuaire s'ouvrant par une revue de l'année israélite et contenant nombre d'études historiques intéressantes sur le passé, les mœurs et les conditions d'existence des Juifs.

3145. — ANNUAIRE - MANUEL DE LA THÉOPHILANTHROPIE ou Religion Naturelle, pour 1884, publié par le Comité central théophilanthropique de Paris. [Épigraphe :] « Paix aux hommes de bonne volonté. » Prix : 1 fr. 50. || Paris, aux bureaux de la Fraternité universelle, 326, rue de Vaugirard. In-18.

Un avis porte que les communications doivent être adressées à M. Louis de Vallières (pseudonyme pris par l'éditeur Décembre-Alonnier). Notice sur la théophilanthropie. Biographies (Chemin, Hauy, Bernardin de Saint-Pierre), Chants théophilanthropiques, Table alphabétique des localités où se trouvent des adhérents au culte.

3146. — ÉTRENNES A LA NOBLESSE, ou État actuel des familles nobles de France, pour l'année 1884. || Paris, Vve Ad. Lafitte, libraire de la Bibliothèque Nationale, 4, rue de Lille. In-16.

Annuaire héraldique dû à Bachelin-Deflorenne, sous le nom de Gilles le Bouvier.
Contenant l'état présent et l'origine de 300 familles nobles, avec 300 écussons gravés, prises parmi les suivantes : 1° celles maintenues lors de la réformation de 1660 ou qui ont comparu aux Assemblées de la Noblesse, en 1789; — 2° celles dont la généalogie a été publiée dans les Armoriaux ou nobiliaires; — 3° celles qui ont obtenu des titres ou des lettres de noblesse des différents régimes qui se sont succédés depuis le commence-

ment du siècle. — Chaque année devait donner l'état de 3oo nouvelles familles.

[Cat. 5 fr.]

3147. — AGENDA DE POCHE à l'usage des percepteurs, receveurs municipaux pour 1885; par A. Lorrain, percepteur à Trouville-en-Barrois (Meuse). (1ʳᵉ année.) 2 fr. || Nancy, impr. et librairie Berger-Levrault et Cᴵᵉ. Paris, libr. de la même maison. In-32.

Agenda de notes journalières et de tablettes quotidiennes donnant tous les renseignements nécessaires aux percepteurs, avec tableaux et notices.

3148. — AIDE-MÉMOIRE DU CHIRURGIEN-DENTISTE, Publié sous le patronage de l'École Dentaire libre de Paris, par M. M. Paul Dubois, D. E. D. P., chef de clinique à l'École dentaire de Paris, Dʳ A. Aubeau et L. Thomas, professeurs à l'École dentaire de Paris. Annuaire pour 1885. || Paris, Delahaye et Lecrosnier, Place de l'École de Médecine, 23. 1885. In-8.

Ouvrage destiné à présenter au praticien un résumé des connaissances qu'il doit appliquer chaque jour.

[B. N.]

3149. — ALMANACH-ANNUAIRE DE L'ÉLECTRICITÉ ET DE L'ÉLECTRO-CHIMIE, publié par Firmin Leclerc, directeur du *Journal des applications électriques et électro-chimiques*. Année 1885. France, Belgique, Suisse. 1ʳᵉ année. || Paris, 72, rue Louis-Blanc. In-18.

Annuaire composé de notices et d'adresses, ayant à la fois un intérêt théorique et pratique pour tout ce qui touche à l'électricité.

3150. — ALMANACH DE LA LANTERNE DES CURÉS (1885). 5o centimes. || Administration, 10, rue Jean-Lantier, Paris. In-12.

Publication anti-cléricale. Dessin de Pasquin sur la couverture et sur le titre (curé fessant des séminaristes). Petites vignettes dans le texte; articles par Hector France, Clovis Hugues, Eugène Pottier, Paul Lafargue.

3151. — ALMANACH DE LA MODE ILLUSTRÉE et des Mères de Famille. Carnet de la Ménagère. 1885. Première

année. || Librairie Firmin-Didot et Cᴵᵉ, 56, rue Jacob, Paris. 1885 à ce jour. In-8.

Contient, chaque année, des monographies et biographies intéressantes accompagnées d'illustrations provenant des grands ouvrages de la maison Didot. « Le Carnet de la Ménagère » est un calendrier pour l'inscription des recettes et dépenses du ménage.

3152. — ALMANACH DE VICTOR HUGO, par Louis Ulbach. Éphémérides. Avec un beau portrait de Victor Hugo et des fac-similé d'autographes. || Paris, Calman-Lévy, éditeur. 1885. In-8.

C'est le calendrier de l'œuvre de Victor Hugo, c'est-à-dire que chaque jour de l'année est marqué par une œuvre ou un acte de la vie du grand poète.

3153. — ALMANACH-JOURNAL. || Paris, Victor Palmé, 76, rue des Saints-Pères. 1885. In-16.

Publication mensuelle, illustrée, conçue dans un sens catholique.

3154. — L'ANNÉE LITTÉRAIRE, par Paul Ginisty. 1885. Avec une préface de Louis Ulbach et une introduction sur « Le Livre à Paris » par Octave Uzanne. Prix : 3 fr. 5o. || Paris, nouvelle librairie parisienne, Giraud et Cᴵᵉ, éditeurs, 18, rue Drouot, [puis, Charpentier et Cᴵᵉ, 11, rue de Grenelle]. In-18.

Publication annuelle (reproduction des articles publiés par l'auteur dans le *Gil Blas* et le *XIX⁰ Siècle*, faisant suite, en quelques sorte, à l'*Année Littéraire et Dramatique* de Vapereau. Chaque année se trouve préfacée par un écrivain différent, la 2ᵉ année par Henry Fouquier, la 3ᵉ par Jules Lemaître, la 4ᵉ par Jules Claretie, la 5ᵉ par François Coppée, la 6ᵉ par Jean Richepin, la 7ᵉ par Anatole France, la 8ᵉ par Henrik Ibsen, la 9ᵉ par Henry Houssaye.

A la fin de chaque année se trouve la nomenclature des principaux ouvrages parus à l'étranger, une courte nécrologie et l'index des noms cités.

3155. — ANNUAIRE DE L'ENSEIGNEMENT PRIMAIRE publié sous la direction de M. Jost, inspecteur général de l'enseignement primaire, membre du Conseil supérieur de l'Instruction publique. Première année. 1885. || Paris,

Librairie Classique, Armand Colin et Cⁱᵉ, rue de Mézières. 1885 à ce jour. In-12.

Cet annuaire, fort bien conçu, contient, en outre des renseignements officiels sur le personnel et l'organisation scolaire, des articles sur des questions d'enseignement ou de philosophie dûs à MM. Jost, G. Compayré, Jules Steeg, P. Foncin, Buisson, Ch. Defodon, Marion, Mention, une revue bibliographique, une revue géographique, une revue des progrès de la science, les morts de l'année. A signaler : Le français dans la langue allemande par M. Simonnot. L'instruction primaire de 1789 à 1889, par M. Buisson (A. 1889) — J.-J. Rousseau, par J. Steeg (A. 1890) — La situation de l'instituteur à l'étranger : Allemagne, Autriche, Suisse, Angleterre, par M.J. Jost (A. 1888, 1889, 1890, 1891, 1892, 1893). — L'histoire locale et les institutions, par M. Zeller (1885). — La langue française hors de France par M. P. Foncin (A. 1886). — Le département de Seine-et-Durance par M. Lensenne (A. 1888) — Comment les Autrichiens honorent leurs grands hommes, par M. Pacotte (A. 1893) — Ce que l'on chante en Allemagne, par Ris (A. 1895); — L'étudiant à Leipzig, par D. Bessé (A. 1895).

3156. — ANNUAIRE DES CHEMINS DE FER pour 1885, par Eugène Marchal. Prix : 2 fr. ‖ Paris, Librairie Dentu, place de Valois, 3. In-8.

Annuaire contenant, outre la liste nominative des fonctionnaires des administrations des Chemins de fer français et du Ministère des Travaux publics, des renseignements utiles, tels que : Prix des places pour toutes les localités; Lois et ordonnances sur la police, la sûreté et l'exploitation; Code du voyageur indiquant les droits du voyageur vis-à-vis des Compagnies et réciproquement ; Code des signaux ; Carte de chaque réseau ; Statistiques, etc.

3157. — ANNUAIRE PARISIEN DE LA BANQUE ET DE LA BOURSE pour 1885. ‖ Paris, imprimerie Alexandre. 1 fr. 1885 à ce jour. In-16.

Simple annuaire financier.

3158. — CALENDRIER DES PRINCES ET DE LA NOBLESSE pour 1885. ‖ Paris, vᵛᵉ Ad. Labitte, libraire de la Bibliothèque Nationale, 4, rue de Lille. In-8.

Annuaire héraldique dû également à Gilles le Bouvier, accompagné de nombreux blasons et destiné à compléter les *Étrennes à la Noblesse*, en donnant, chaque année, les mariages, naissances, décès,

nominations dans l'armée, les ordres, les écoles, de tous les membres de la noblesse.

[Cat. 10 fr.]

3159. — LE MEMENTO-MORIN. Éphémerides de l'année 1885 par Jules Morin, Secrétaire de la rédaction du *Télégraphe*, avec une préface de C. Le Senne. ‖ Paris, Dubuisson et Cie, imprimeur breveté, 5, Rue Coq-Héron. 1886. In-12.

Contient, au jour le jour, les événements principaux de l'année, événements politiques, mondains, littéraires, artistiques, judiciaires, financiers, gros faits-divers, grands et petits drames. Grâce au double système d'éphémérides et de tables analytiques, les recherches, dans tous les domaines, sont très facilitées. — A chaque page, à côté du texte, se trouvent des annonces.

3160. — TOUT-PARIS. ANNUAIRE DE LA SOCIÉTÉ PARISIENNE. 1885. Contenant 25.000 noms et adresses des Fonctionnaires et Anciens Fonctionnaires, du High-Life, des Notabilités de la Politique et de la Magistrature, du Clergé, de l'Armée, des Sciences, des Beaux-Arts et des Lettres, de la Haute-Finance, des Membres du Corps diplomatique français et étranger, des Propriétaires et des Rentiers, des principaux Membres de la Colonie étrangère habitant Paris, ainsi que les adresses des Étrangers notables lors de leur séjour dans la Capitale. Première année. ‖ A. La Fare, Éditeur, 21, rue Fontaine, puis 55, rue de la Chaussée-d'Antin, Paris. 1885 à ce jour. In-8.

Annuaire s'ouvrant par un agenda-memento pour l'inscription des notes journalières, et donnant les adresses de toutes les notabilités du monde, qui sera aussi précieux pour le xixᵉ siècle que les almanachs des adresses de Paris du xviiiᵉ.

Les noms sont classés par ordre alphabétique général et par rues.

Il fut complété, par la suite, d'un dictionnaire des pseudonymes des artistes et écrivains, des plans des théâtres, des rues de Paris, et d'une foule de renseignements utiles. Restera, certainement, le mieux fait des nombreux annuaires publiés dans ce domaine spécial.

La première année se vendait 10 francs; plus tard, le prix fut porté à 12 francs.

3161. — AGENDA VITICOLE ET AGRICOLE pour l'année 1886, par V.

Vermorel, viticulteur. Avec le concours de MM. Barbut, Battanchon, Grandvoinnet, Rougier, Poncet, Michaut, Robin. ‖ Paris, Librairie centrale des sciences, J. Michelet, Libraire-Éditeur, 25, quai des Grands-Augustins. 1886 à ce jour. In-18.

Publication à l'usage spécial des viticulteurs et agriculteurs.

3162. — ALMANACH VERMOT. Prix : 1 fr. 50. 1886. ‖ Paris, rue Soufflot, 22, puis, 20, rue du Dragon. Gr. in-8.

Almanach populaire d'historiettes et de bons mots accompagné de réclames. Avec vignettes.

3163. — ANNUAIRE D'HOMO-HOMŒOPATHIE ET D'UROSCOPIE, par le docteur M. Couan. [1ʳᵉ année.] ‖ Paris, Librairie J.-B. Baillière et fils, 19, rue Hautefeuille, et chez l'auteur, rue de la Tour, 42. 1886. In-12.

Ouvrage comprenant l'exposé de la doctrine homo-homœopathique, et des observations cliniques.

3164. — CALENDRIER PARISIEN. 1886, douze sonnets d'Ernest d'Hervilly, et treize pointes sèches de Henri Boutet. ‖ Paris, librairie L. Conquet. In-32.

Gentille petite publication, avec cartonnage en satin, rose ou bleu, offerte par la librairie Conquet à ses clients.

Publié à 5 fr. et tiré à 500 exemplaires. Devint, l'année suivante, *Almanach par Henri Boutet.*

3165. — ÉTRENNES SÉRAPHIQUES pour l'année 1886 (1ʳᵉ année). ‖ Paris. Librairie Poussielgue. In-32.

Petit almanach de propagande catholique, avec vignettes.

3166. — ALMANACH [PAR] HENRI BOUTET pour 1887 (1). ‖ Paris, librairie Sagot, puis : chez tous les libraires. 1887-1895. In-32.

Le cartonnage est en papier du japon orné d'une pointe sèche coloriée. Chaque année le dessin et la disposition des lettres du titre diffèrent.

_____

(1) L'année suivante le mot : « par » disparut du titre.

Année 1887. — Texte par Paul Bonhomme. 14 pointes sèches.

Année 1888. — Texte par Hippolyte Devillers. 12 pointes sèches : types de Parisiennes portant, soit des noms de mois, soit des noms quelconques.

Année 1889. — Texte par Arsène Alexandre. 12 pointes sèches portant les titres des articles (toujours des types féminins).

Année 1890. — Texte par Georges Montorgueil. Sur les 12 pointes sèches 4 sont coloriées et représentent les 4 saisons ; les autres portent des titres d'articles. Le texte est, lui-même, rempli de petites vignettes, reproduction au procédé de croquis de Boutet.

Année 1891. — Texte par G. Montorgueil, Paul Bilhaud, Devillers, Maurice Guillemot, André Lemoyne. 10 compositions hors texte, pointes sèches et autres. Encadrements et ornements.

Année 1892. — Texte par Paul Bilhaud, Hippolyte Devillers, Fr. Fabié, Maurice Guillemot, André Lemoyne, Ferd. Reiss. 12 gravures pour les mois et 6 pointes sèches enluminées au patron, types de femmes.

Année 1893. — Texte par Hipp. Devillers. 24 illustrations hors texte. Pointes sèches, eaux-fortes coloriées, et lithographies.

Année 1894. — Texte par H. Devillers. Illustrations hors texte et dans le texte, toutes enluminées au pinceau et tirées en taille-douce.

Année 1895. — Texte par H. Devillers, poésies sur les déesses de l'antiquité. L'illustration se compose de 24 planches gravées hors texte, 12 études de femmes nues d'après les anciennes déesses, 12 études de Parisiennes d'après le dernier cri du jour, les unes tirées en tons de couleurs différentes, les autres enluminées au pinceau.

Ces petits almanachs élégants, grâcieux, bien féminins, témoignant d'une très réelle recherche d'art sont tirés à 1000 exemplaires. Les pointes sèches coloriées des années 1890 et 1894 sont particulièrement intéressantes.

Il existe, pour chaque année, des exemplaires sur Chine et sur Japon.

L'auteur a annoncé pour 1896 une nouvelle série combinant l'almanach avec la revue et prenant invariablement pour sujet la femme.

3167. — L'ALMANACH DES CENTENAIRES pour 1887, par Stan. Champroux. Dédié à M. E. Chevreul (de l'Institut). 1ʳᵉ année. Prix : 50 cent. [Épigraphe :] « L'ivrognerie est le plus grand fléau de l'humanité. » ‖ En vente, chez tous les libraires et marchands de journaux. In-12.

Imprimé à Bruxelles. L'auteur, Stanislas Champroux, habitant à Vimoutiers, dans l'Orne, demandait qu'on lui envoyât tous les renseignements utiles sur les centenaires de tous les pays, morts ou vivants, afin de pouvoir renouveler, chaque année, les informations. Calendrier avec la concordance républicaine, et éphémérides très détaillées. Les centenaires anciens. Les centenaires modernes. Articles divers, chaque page ayant un feuilleton rempli par des bons mots.

[Coll. de l'auteur.]

3168. — ALMANACH ILLUSTRÉ DE LA JEUNE GARDE. Année 1887. Prix : 5o centimes. || En vente chez tous les libraires et aux bureaux du journal. 1887 et suite. In-18.

Almanach du journal de ce nom. Couvertures dessinées par Kab et Gil Baer. En outre du calendrier grégorien chaque année contient des éphémérides bonapartistes, relatant, à chaque mois, les faits importants des deux Empires. Portraits des membres de la famille impériale, des députés et des journalistes du parti de l'appel au peuple.

[Coll. de l'auteur.]

3169. — ALMANACH ILLUSTRÉ DES CÉLÉBRITÉS CONTEMPORAINES. LE GÉNÉRAL BOULANGER, Ministre de la guerre. 1887. Prix : 25 cent. || Auguste Clavel, Imprimeur-Éditeur, 9, cité d'Hauteville, Paris. 1887. In-12.

Couverture avec portrait colorié du général Boulanger. A l'intérieur, gravures sur bois représentant des épisodes de guerre ou des uniformes militaires.
[Voir, plus loin, nos 3166, 3168 et 3200].

3170. — ALMANACH-PORTEFEUILLE de l'Agence des hôtels réunis et du Monde voyageur. || Paris, 9, rue Coëtlogon. In-24.

Couverture illustrée. Renseignements pour les voyageurs (chemins de fer et hôtels). Almanach de réclame destiné à la distribution.

3171. — ANNUAIRE DE LA LÉGION D'HONNEUR, donnant toutes les promotions et nominations de l'année, par Maupetit. || Paris 1887-1888-1889. In-8.

[Bibl. de la Chancellerie de la Légion d'honneur.]

3172. — ANNUAIRE DES ARTISTES DE L'ENSEIGNEMENT DRAMATIQUE ET MUSICAL et des sociétés orphéoniques de France. Première année. Pro-

priétaire-directeur, Émile Risacher ; administrateur général, E. Mangeot. Répertoire complet des documents concernant le théâtre, la musique et la facture instrumentale. Contenant plus de 100,000 noms, adresses, titres et qualités des artistes lyriques et dramatiques, professeurs, auteurs, éditeurs et marchands de musique, facteurs d'instruments et de toutes les individualités se rattachant au monde théâtral et musical ; la nomenclature de tous les théâtres, concerts, cafés-concerts, casinos, conservatoires et écoles de musique, avec leur personnel administratif et artistique ; les associations artistiques, les sociétés musicales ; des notices biographiques, en un mot tout ce qui peut caractériser exactement le *mouvement théâtral et musical,* dans le monde entier. 1887. || Imprimeur-éditeur, J. Montorier, 16, passage des Petites - Écuries. Direction et administration, 167, rue Montmartre, Paris. 1887 à ce jour. In-8.

Annuaire assez volumineux, rédigé avec grand soin.

[Années antérieures, cat. 4 et 5 fr.]

3173. — LE CALENDRIER LITTÉRAIRE contenant un Recueil de Pensées choisies dans les meilleurs auteurs, offert par M. C. Vianey, grand café-concert de Bordeaux, 10, boulevard Bonne-Nouvelle. || Paris. Une Pensée par jour. 1887. In-12.

Calendrier-réclame ayant dû servir à d'autres maisons qui le distribuaient à leurs clients, tout en se faisant ainsi de la publicité.

3174. — ÉTAT DU CORPS DU GÉNIE. 1887. (Arrêté à la date du 25 avril 1887.) || Paris, place Saint-André-des-Arts. Limoges, 46, nouvelle route d'Aix. Imprimerie et Librairie militaire Henri-Charles Lavauzelle, éditeur. 1887. In-18.

État divisé en 5 parties, publié sous les auspices de la direction du Génie, donnant l'état-major, les officiers et adjoints, les professeurs des écoles, les troupes, avec tables alphabétiques.
[Se vend 3 fr. broché, et 4 fr. relié.]

3175. — LE GRAND ALMANACH DE NOTRE-DAME DE LOURDES pour 1887.

(1re année.) 5o cent. || Paris, Librairie Palmé. 1887 à ce jour. Grand in-8.

Almanach relatant annuellement les miracles et autres faits merveilleux qui se sont passés à Lourdes.

3176. — GUIDE ROSENWALD. ANNUAIRE DE STATISTIQUE MÉDICALE ET PHARMACEUTIQUE. 1re partie. Classement, par ordre alphabétique de noms, des médecins et pharmaciens de France et des colonies. — 2e partie. Classement des médecins et pharmaciens de Paris par quartiers ; des départements et colonies par cantons. Mars 1887. || Paris, Lucien Rosenwald, éditeur, 35, rue de Maubeuge. In-8.

Pur annuaire à l'usage des médecins et des spécialités médicales.

3177. — AGENDA DE L'ARMÉE FRANÇAISE. 1888. || Paris et Limoges, imprimerie et librairie militaires Henri-Charles Lavauzelle. In-32.

Calendrier-agenda, avec fiches pour l'état nominatif des hommes et les renseignements officiels, (corps de troupes, approvisionnement.)

3178. — ALMANACH BOULANGER. 20 c. || Paris, au bureau de vente de l'*Intransigeant* et à l'agence Périnet, 9, rue du Croissant. 1888-89. 2 années. In-18.

Couverture en couleurs, avec le portrait du général Boulanger entouré de drapeaux et de devises ; sur l'un en petite tenue, sur l'autre en grande tenue. Dans le texte, biographie du général, portraits des principaux chefs du parti.

En tête de l'année 1889, on lit : « L'Empire d'Allemagne a fait l'honneur à l'*Almanach Boulanger* de lui interdire l'accès de son immense territoire. ... Rien ne pouvait nous être plus agréable ! Ajoutons que si 30.000 *Almanachs Boulanger* ont passé la frontière tudesque en 1887, 60.000 la franchiront en 1888. »

3179. — ALMANACH DE LA RÉVOLUTION pour 1888, par Charles D'Héricault. || Paris, Gaume et Cie, éditeurs, 3, rue de l'Abbaye. 1888 à ce jour. In-32.

Almanach publié contre la Révolution française, avec reproduction d'estampes, de portraits et de miniatures du temps, couverture illustrée, ayant, comme vignette, un sans-culotte à tête de loup, foulant aux pieds la loi, la religion, le crédit public et tenant en main une torche allumée ; derrière, la guillotine. Publication faite avec soin et érudition, comme tous les travaux de M. D'Héricault, donnant des faits, des anecdotes, des renseignements, des chiffres, des documents expliqués par de brèves réflexions.

Dans l'avis des éditeurs on lisait : « Toutes les forces révolutionnaires préparent un effort de publicité pour réchauffer l'enthousiasme populaire, à propos du centenaire de 1789. Prenons les devants : *Montrer la vérité, c'est barrer la route au mensonge.* »

Il existe, pour chaque année, des exemplaires sur japon.

3180. — ALMANACH DES JEUNES MÈRES. 1888. || En vente chez l'auteur, Th. Defresne, 56, rue de la Verrerie, Paris. In-8.

Préceptes d'hygiène pour l'éducation de la première enfance. — Gravures sur bois.

3181. — ALMANACH DU GÉNÉRAL BOULANGER pour l'année 1888. Prix : 5o centimes. || Alphonse Piaget, éditeur 16, rue des Vosges, Paris. In-8.

Sur la couverture, portrait du général par Gaston Vuillier. Articles se rapportant à divers incidents de la vie du général. Les illustrations (types militaires) sont empruntées à différents volumes de l'éditeur.

3182. — ALMANACH DU PETIT PIOUPIOU. 1888. Illustré par Berlureau. || Paris, G. Édinger, éditeur. In-16.

Almanach publié par le journal de ce nom. Chaque mois est accompagné d'une amusante gravure politique se rapportant toujours au général Boulanger.

3183. — ALMANACH MÉDICO-LITTÉRAIRE DU SALVANOS. 1888-1889. In-12.

Réclame-Almanach illustré, pour un dépuratif.

3184. — ANNUAIRE DE THÉRAPEUTIQUE précédé d'une introduction sur les progrès de la thérapeutique, en 1888 ; par le docteur Dujardin-Beaumetz. || Paris, Librairie Doin. In-32.

Annuaire médical donnant, chaque année, un

aperçu d'ensemble sur les progrès accomplis par l'art de guérir.

3185. — ANNUAIRE DES CHATEAUX ET DES DÉPARTEMENTS. 1887. 40,000 noms et adresses de tous les propriétaires des châteaux de France, manoirs, castels, villas, etc., etc. Avec notices descriptives et anecdotiques, illustrées de 220 gravures. (Prix : 25 fr.) || Paris, La Fare, éditeur du *Tout-Paris*, rue de la Chaussée-d'Antin, 55. In-8.

Annuaire formant, en quelque sorte, le second tome du *Tout-Paris*. Les notices concernant les familles et les châteaux sont rédigées avec grand soin. Divisé en deux parties : 1º les adresses par ordre alphabétique ; 2º la nomenclature, par départements, de tous les châteaux compris dans la première partie du volume.

3186. — ANNUAIRE DU CONSEIL HÉRALDIQUE DE FRANCE. Première année. || Paris, Conseil héraldique de France, 21, avenue Carnot [puis 45, rue des Accacias]. 1888 à ce jour. In-12.

Annuaire publié par le vicomte Oscar de Poli, celui-là même qui, vers 1885, avait entrepris la fondation d'une Académie héraldique. C'est, en quelque sorte, une concurrence à l'*Annuaire de la Noblesse* contenant, chaque année, la liste des membres du « Conseil Héraldique », des notices et études diverses, une chronique, une bibliographie des principales publications des membres de la Société, le tout accompagné d'illustrations. Voici, du reste, le détail des volumes parus à ce jour.

Année 1888. — 3 planches (lettre initiale avec Jeanne d'Arc et sceaux). Texte : Barbarismes, solécismes et pléonasmes héraldiques. — Sources des nobiliaires du Poitou. — Examen de la légende du royaume d'Yvetot. — Les oubliettes. — Croisés bretons (1248). — Registre des chevaliers et voyageurs de la Terre-Sainte.

Année 1889. — Planches : portraits de MM. de Poli, de Roquemont, Noël Le Mire, G.-A. Drolet, Henri Caillon, de Ronseray, tous membres du conseil héraldique. Texte : La noblesse de France (1789-1889). — La préposition *de*. — Peiresc généalogiste. — Petits neveux de Jeanne d'Arc au Comté nantais. — Des variantes et modifications introduites dans les armoiries.

Année 1890. — 2 planches d'armoiries. Texte : Notes sur la famille de Jeanne d'Arc. — Le droit d'aînesse en Anjou. — Les armoiries des ordres religieux. — De l'ignorance des nobles au temps passé. — Sources des nobiliaires de Bretagne et de Bourgogne. — Devisaire breton.

Année 1891. — Planches : portraits de MM. Hiort-Lorenzen, de Burey, Taveau de Lavigerie, membres du Conseil héraldique. Texte : De la noblesse maternelle. — Sources des nobiliaires de Guyenne, de Gascogne, de Franche-Comté, de Provence, de l'État d'Avignon.

Année 1892. — Sources du nobiliaire de Périgord, du nobiliaire Orléanais, du Dauphiné, de Corse. — La noblesse et les origines nobiliaires.— Marie, sœur du grand Corneille, et sa postérité.— L'ordre de Saint-Jean de Jérusalem, ses onze premiers grands maîtres. — Législation nobiliaire. — La famille de Bayard.

Année 1893. — Les Colomb au service de France. — Sources généalogiques de la province d'Anjou, du nobiliaire de l'Auvergne et de Normandie. — Les pérégrinations d'un jeune gentilhomme de Provence à la fin du XVIe siècle. — Thomas-Eugène de Watteville, marquis de Conflans. — Les armoiries de Ronsard. — Les Roys d'armes du comté de Corbies.

Année 1894. — Sources des nobiliaires de l'Artois, de Champagne, du Limousin et de la Marche, de l'Angoumois.— Notes et documents sur Samuel de Champlain. — Les du Lys normands au XVIIe siècle. — Documents sur l'ancien ordre de Malte. — L'*ex-libris* de la comtesse de Fuligny de Damas.— Notes sur la famille de saint Vincent de Paul. — Vieilles chevaleries : les ordres de l'épée.

Chaque année se vend 5 fr. ; années 1888 et 1891 épuisées.

[Les 2 premières années, cat. 6 fr.]

3187. — ANNUAIRE DU GRAND ORIENT DE FRANCE, Suprême Conseil pour la France et les possessions françaises pour l'année maçonnique commençant le 1er mars 1888, faisant suite à l'ancien Calendrier (122e année). || Paris, Secrétariat du Grand-Orient, 16, rue Cadet. In-32.

Donne le Calendrier, l'extrait de la Constitution, le conseil de l'Ordre, la Chambre de cassation, le Grand Collège des Rites, les Ateliers de fédération et les puissances maçonniques du monde.

(Voir, plus haut, nº 1583, *Calendrier maçonnique*.)

3188. — NOTRE SOLDAT, par Civis. (Almanach Boulanger pour 1888). || Paris, imprimerie Marot. In-8.

Recueil de chansons.

[Iconographie Ferrari.]

3189. — PETIT CALENDRIER POUR L'ANNÉE 1888, contenant la grrrande complainte sur le crime de Brie-en-Somme. Scie montée par Joseph Morin, voyageur de la Librairie Abel Pilon. || Paris. In-64.

Type de calendrier dans le domaine de la fantaisie commerciale, contenant un almanach avec une scie rimée sur l'air de Fualdès. M. Joseph Morin, voyageur en librairie, présente, chaque année, à sa clientèle un calendrier de cette espèce, en queue duquel se trouve la liste des « principaux ouvrages vendus par ladite librairie à tempérament. »

3190. — ALMANACH-ANNUAIRE DE L'ARMÉE FRANÇAISE pour 1889. Tirage de janvier 1889. 50 cent. || Paris et Limoges, imprimerie, librairie et papeterie militaires Henri-Charles Lavauzelle, éditeur. In-32.

Contient la liste de tous les comités techniques, des commissions, des inspecteurs généraux du ministère de la guerre et du ministère de la marine, la composition des corps d'armée, la justice militaire, etc. Avec calendrier.

3191. — ALMANACH-ANNUAIRE DE LA GENDARMERIE pour 1889. || Paris et Limoges, Imprimerie, librairie et papeterie militaires, Henri-Charles Lavauzelle, éditeur. In-32.

Même almanach que l'*Almanach-Annuaire de l'armée française*, avec quelques adjonctions pour la gendarmerie.

3192. — ALMANACH BOULANGISTE illustré, du [grand] parti national. Prix : 40 centimes. 1889. || Journal *La Cocarde*, Paris, 142, rue Montmartre. In-8.

Sur la couverture, le général Boulanger à cheval. Biographie, discours, œuvre du général, les cinquante-deux semaines du général, éphémérides des réformes ou créations entreprises par ledit dans ses différentes fonctions, etc. Vignettes dans le texte.

3193. — L'ALMANACH DE L'ESCRIME, par Vigeant. Illustrations de Frédéric Régamey. Eaux-fortes de Ch. Courtry. || Paris, Maison Quantin, 7, rue Saint-Benoît. In-8.

Luxueuse publication, tirée à 525 exemplaires numérotés, ayant pour introduction une ballade de François Coppée et une préface dans laquelle l'auteur explique la genèse de son œuvre. Puis suivent, rangés mois par mois, les articles suivants : La Résurrection de Pons, Une compensation, Au Père aux autres ! Un duel militaire, Un duel en salle d'armes, l'Escrime au théâtre, En Dieu mon espérance et mon espée pour ma défense, composition musicale d'Albéric Magnard, Paillotin d'esprit des armes, Une répétition, Deux coups d'épée du chevalier de Malscègne, Un duel corse, l'Académie d'armes.

Le frontispice est une composition allégorique réunissant à la même table les types de l'escrime à travers les âges. Les eaux-fortes de Régamey correspondent aux articles : en tête sont également des sujets de sa composition. Pour chaque mois, un petit calendrier accompagné du portrait en médaillon d'un escrimeur. Portrait en pied de Vigeant, par Chartran.

3194. — ALMANACH DE LA PAIX pour 1889, publié avec la collaboration de MM. Jules Simon, Frédéric Passy, Ferdinand Dreyfus, Ch. Richet, Edmond Thiaudière, Siegfried, etc. (1re année.) [Épigraphe :] « Il faut une propagande incessante contre la guerre ! » P. Leroy-Beaulieu. || Paris, Plon, Nourrit et Cie, rue Garancière, 8. Dépôt place du Théâtre-Français, 4. In-16.

« L'opportunité de notre almanach ne se discute plus, » disent les fondateurs, en une note préliminaire, « le mouvement contre la guerre devient presque irrésistible, il importe d'en rendre populaires les manifestations. Guerre à la guerre. Les jeunes n'avaient pas encore poussé ce cri. »

Fait suite au précédent *Almanach de la Paix* (voir, plus haut, nᵒ 2994), contient chaque année une étude sur le mouvement pacifique dans les deux mondes, des biographies, des articles et des poésies en faveur de la paix et du désarmement. — Avec quelques vignettes.

3195. — ALMANACH DU BON RÉPUBLICAIN pour 1889. || Paris, imprimerie Née, 51, rue Vivienne. In-32.

Publication de propagande républicaine, avec vignettes.

3196. — ALMANACH DU CHAT NOIR. || Paris, au Chat Noir, rue Victor Massé. 1889. In-12.

Publication avec vignettes, servant de guide aux visiteurs en l'hostellerie du *Chat Noir*.

3197. — ALMANACH DU COLONEL RONCHONOT, pour 1889. 10 centimes. || Administration, 15, rue du Croissant. 1889 à ce jour. In-16.

Sur la couverture, type de Ronchonot. Publié par Gustave Frison, éditeur de la lanterne : *Les Aventures du Colonel Ronchonot et du Troupier.* Calendrier avec vignettes, et illustrations tirées de *ces deux publications.*

Chaque année, vignette différente sur le titre intérieur.

3198. — ALMANACH DU JOURNAL LA FRANCE pour 1889. Prix : 50 centimes. || Paris, 144, rue Montmartre ; Bordeaux, 14, rue Cabirol. In-8.

Couverture eu chromolitho : une femme personnifiant la France, en mains un drapeau et une branche de laurier. Choix de récits et de gravures provenant de publications diverses. Une place est faite aux estampes et documents rétrospectifs.

3199. — ALMANACH PATRIOTIQUE DE JEANNE D'ARC, — Aux femmes de France. — Jhésus, Maria. || Année 1889. Librairie de la *France illustrée,* 40, Rue Fontaine [puis : Albert Larcher, rue Bonaparte.] 1889 et suite. In-8.

Couverture illustrée (étendart, fleurs de lys, casques, écussons, avec les devises significatives : Croisades militaires : xi-xve siècles. — Croisade intellectuelle : xixe siècle). Les mois du calendrier sont entourés de compositions relatives à Jeanne d'Arc, et l'almanach lui-même contient, chaque année, une série d'articles sur la pucelle d'Orléans, accompagnés d'illustrations.

3200. — ALMANACH POUR 1889. || (Paris.) In-16.

Almanach de réclame, illustré, publié par le Bazar de l'Hôtel de Ville. Couverture et vignettes de Gil-Baër.

3201. — ALMANACH RÉPUBLICAIN ANTIBOULANGISTE DES ÉTUDIANTS. 1889. Publié par le Comité anti-boulangiste des étudiants de Paris. || Paris, 7, rue Michelet. In-8.

Recueil de chansons et de satires en prose, assez virulentes, extraites, pour la plupart, du journal *Le Réveil du Quartier,* publication entreprise par les étudiants. Couverture imprimée servant de titre, avec une vignette (étudiant tenant en main un drapeau sur lequel on lit : Université de Paris).

3202. — ANNUAIRE DE L'ARMÉE TERRITORIALE. Infanterie. 1er janvier 1889. || Paris, place St-André-des-Arts ; Limoges, Imprimerie et Librairie militaires, Henri - Charles Lavauzelle, 1889-1894 : 3 années. In-8.

Annuaire englobant toutes les armes et tous les services de deuxième ligne, publié à 6 fr. Avec table alphabétique des noms. Il ne rencontra que peu de succès auprès des intéressés et sa publication fut abandonnée par l'éditeur.

3203. — ANNUAIRE DES MAITRES D'ARMES FRANÇAIS. (1889-90.) Préface de M. Aurélien Scholl. Articles de MM. Daressy, de Saint-Albin, Tavernier, de Caters, Louis Grisier, E. André. Illustrations de MM. Carolus Duran, Fréd. Régamey, Brouillet, A. Robert, Lanteri. || Paris, Bureaux de l'*Escrime française,* rue St-Honoré. In-8.

Almanach rédigé et illustré avec grand soin par des spécialistes de la plume et du crayon, publié par le journal l'*Escrime française,* donnant, en plus des études mentionnées sur le titre, les statuts des sociétés d'escrime, le nom des professeurs de Paris et des départements, les salles d'armes, les maîtres d'armes de l'armée, les maîtres français établis à l'étranger. Avec quelques portraits.

[Cat. 1 fr. 50.]

3204. — ANNUAIRE DES SYNDICATS AGRICOLES [ET DE L'AGRICULTURE FRANÇAISE]. 1889. [Publié avec les encouragements du ministère de l'agriculture, par L. Hautefeuille, agent de la Société nationale de l'Agriculture.] || Paris, direction et administration, 38, rue St-Georges, puis 177, rue de Vaugirard. In-16. [Prix : 5 fr.]

Annuaire donnant la liste complète de tous les syndicats agricoles de France, au nombre de 1100 environ, et les noms de leurs présidents, secrétaires et trésoriers. Il fournit aussi des renseignements sur l'importance de ces syndicats et sur la nature de leurs opérations.

Il contient, en outre, les renseignements agricoles pratiques et les renseignements commerciaux destinés à faciliter les opérations des syndicats, et se termine par une bibliographie agricole.

3205. — ANNUAIRE DES SYNDICATS PROFESSIONNELS, INDUSTRIELS, COMMERCIAUX ET AGRICOLES, constitués conformément à la loi du 21 mars 1884, en France et en Algérie. ‖ Paris, Berger-Levrault et Cⁱᵉ, Libraires-Éditeurs ; Nancy, même maison. 1889. In-8.

Publication du Ministère du Commerce, de l'Industrie et des Postes, donnant la législation, les renseignements généraux, la liste de tous les Syndicats par départements, les unions de Syndicats patronaux, ouvriers, agricoles, les établissements divers se rattachant aux syndicats professionnels et une bibliographie de tous les ouvrages ou périodiques relatifs à la matière.

3206. — ANNUAIRE ILLUSTRÉ DE L'ARMÉE FRANÇAISE, par Roger de Beauvoir. 1889. ‖ E. Plon, Nourrit et Cⁱᵉ, Imprimeurs-Éditeurs, rue Garancière, 10. 1889 à ce jour. In-4.

Annuaire composé de renseignements officiels et techniques, avec articles et poésies d'actualité et illustré, soit de reproductions d'œuvres lithographiques dues aux crayons de Raffet, Bellangé, H. Vernet, soit de dessins modernes de Pierre Comba, Armand-Dumaresq, de Hænen, Draner, Louis Malteste, Louis Vallet, etc. On y trouve, également, les portraits des commandants de corps d'armée. Les couvertures dues à Comba, ont varié suivant les années.

L'année 1895 avec 2 aquarelles de Draner reproduisant lanterne, fanions, brassards, plumets distinctifs de l'armée française et les uniformes oubliés, est particulièrement intéressante.

3207. — ANNUAIRE STÉNOGRAPHIQUE INTERNATIONAL, publié par la Société française de Sténographie Duployé, sous la direction de M. J. Depoin, sténographe à la Chambre des Députés. ‖ Paris, au siège de la Société française de Sténographie Duployé, 62, rue Bonaparte. 1889. In-18.

Annuaire donnant les listes des sociétés de Sténographie de province et de l'étranger, et contenant, en plus, en résumé, l'histoire de chacune d'elles.

Un article indique les origines de la sténographie en France et les progrès accomplis jusqu'à ce jour dans ce domaine.

3208. — LE CALENDRIER RÉPUBLICAIN. Iᵉʳ Vendémiaire. ‖ A Paris, chez Dentu et Cⁱᵉ, Palais-Royal (1889-1890). In-8 carré.

Intéressant ouvrage publié en 12 fascicules répondant aux douze mois de l'année républicaine (Vendémiaire — Brumaire — Frimaire — Nivôse — Pluviôse — Ventôse — Germinal — Floréal — Prairial — Messidor — Thermidor — Fructidor.) Texte par Catulle Mendès (sortes de récits sur des sujets de l'époque); illustrations en couleur par Lucien Métivet.

Chaque fascicule contient un titre-frontispice avec le nom du mois, trois planches pour les trois décades mensuelles, une composition se rapportant à un des récits du texte. Tous ces dessins, camaïeu et couleur, sont inspirés des estampes de l'époque et exécutés avec beaucoup de goût. La partie décorative est rehaussée par l'éclat des ors et des argents.

Cette publication, faite à propos du Centenaire de 1789, a été tirée à 2000 exemplaires sur vélin, 250 exemplaires sur papier teinté et 50 sur Japon, avec double suite des aquarelles.

3209. — GRAND ALMANACH FRANÇAIS ILLUSTRÉ. Publié par le *Musée des Familles*. 1889. ‖ Paris, Librairie Charles Delagrave. Gr. in-8.

Le titre est dans un encadrement de style. Toutes les pages sont encadrées. Nombreuses illustrations : portraits, vues, reproductions d'estampes anciennes. Publication faite en vue de la famille.

3210. — LE NATIONAL. Almanach pour l'An 1889, contenant toutes les foires par départements. Prix : 50 cent. ‖ Paris, administration de l'*Almanach-Vermot*, 22, rue Soufflot. In-8.

Couverture en chromo-lithographie et nombreuses vignettes dans le texte. — Publication populaire.

3211. — AGENDA DE MÉDECINE DOSIMÉTRIQUE pour 1890. Par le docteur Burggraeve, auteur de la Médecine dosimétrique. ‖ Paris, Georges Carré, éditeur, rue Saint-André-des-Arts. 1890. In-18.

Agenda avec notices médicales.

3212. — ALMANACH-ANNUAIRE DE LA « RIVE GAUCHE », cantons de Sceaux et de Sèvres), publié sous le patronage des municipalités. ‖ Aux bureaux de la *Rive* *gauche*, 93, rue de Rennes. 3o centimes. In-18 jésus.

Annuaire avec gravures et portraits, donnant tous les renseignements officiels sur ces localités, et quelques notices historiques.

3213. — ALMANACH DE LA DÉMO-CRATIE RURALE, année 1890. Prix : 5o cent. ‖ Paris, Société anonyme de publications périodiques, 13, quai Voltaire. In-32.

Almanach-calendrier publié par le journal de ce nom.

3214. — ALMANACH DES AMOU-REUX pour 1890. ‖ Édité par B. Simon et Cie, rue Saint-Benoît. 1890-1891. In-16.

Se proposait de célébrer, chaque année, l'éternelle jeunesse de la gaîté française. A signaler une intéressante reproduction de 2 lithographies grivoises de 1830.

3215. — ALMANACH DES FOIRES CHEVALINES pour 1890. Indiquant l'époque, la composition des foires et marchés par départements et par races de chevaux, par Charles Du Hays. Prix : 5o centimes. ‖ Paris, E. Plon, Nourrit et Cie, rue Garancière. In-18.

S'ouvre par un article sur l'origine des foires et donne quelques études sur la race chevaline.
Avec petites vignettes de Crafty provenant de publications diverses.

3216. — ALMANACH DU BON FRAN-ÇAIS pour 1890. (1re année.) ‖ Paris, au siège de la Société bibliographique, 5, rue Saint-Simon. In-18.

Publication de propagande catholique, avec gravures et portraits. Couverture dessinée par Adrien Marie, mettant en présence Jeanne d'Arc et un zouave, chacun ayant en main l'étendart de la France.

3217. — ALMANACH DU LABOUREUR ET DU VIGNERON pour l'année 1890, avec gravures. ‖ Paris, librairie Retaux-Bray. In-32.

Almanach conçu dans le même esprit que l'*Almanach de l'Atelier*, s'adressant au peuple des campagnes au lieu du peuple des villes.

3218. — ALMANACH ILLUSTRÉ DE LA PREMIÈRE COMMUNION ET DE LA PERSÉVÉRANCE, pour l'an de grâce 1890. Publié sous la direction de l'abbé Roussel. ‖ Paris-Auteuil, Librairie de la *France illustrée*. In-16 carré.

Chaque mois est accompagné de maximes et bonnes pensées et chaque saint du calendrier a sa qualification. Reproduction de portraits et tableaux religieux.

3219. — ALMANACH ILLUSTRÉ DU PETIT PARISIEN. Prix : 3o centimes. ‖ En vente aux bureaux du *Petit Parisien*, 18, rue d'Enghien, Paris. In-8 carré.

Avec calendrier pratique, recettes économiques, revue de l'année, contes, nouvelles et variétés. Imprimé sur deux colonnes avec illustrations : portraits, reproduction de tableaux, caricatures.

3220. — ALMANACH-NOEL DES AN-NALES POLITIQUES ET LITTÉRAIRES, pour l'an de grâce mil huit cent quatre-vingt-dix. Prix : 1 fr. 5o. ‖ Bureaux des *Annales politiques et littéraires*, 15, rue St-Georges. 1890 à ce jour. In-8.

Couverture illustrée variant chaque année.
Compositions de Giacomelli pour les mois. Portraits des collaborateurs des « Annales ». Récits illustrés, histoires en images de Caran d'Ache, Godefroy, René Bull, musique de Francis Thomé, Massenet, Gounod, Ed. Lalo.
L'année 1892-93 contient un intéressant article de Sergines : *Mon plébiscite*, avec reproduction de nombreuses lettres autographe.

3221. — ALMANACH-SOUVENIR DE L'EXPOSITION UNIVERSELLE de 1889, pour 1890. ‖ Paris, imprimerie Noblet. In-16.

Publication populaire relatant les merveilles de cette grande exhibition internationale.

3222. — L'ANNÉE DES POÈTES (1890). 1er volume. Morceaux choisis, réunis par Charles Fuster, avec pages d'autographes, dessins, portraits et notices bibliographiques. ‖ Paris, au *Semeur*, 92, boulevard de Port-Royal, et à la librairie Fischbacher, 33, rue de Seine. In-8.

Volume imprimé sur papier de Hollande et donnant, annuellement, un choix des œuvres les plus intéressantes (œuvres anciennes et nouvelles) dans la note de l'école idéaliste.

3223. — L'ANNÉE PHILOSOPHIQUE, publiée sous la direction de F. Pillon, ancien rédacteur de la *Critique philosophique*. (1re année, 1890.) || Paris, librairie F. Alcan, boulevard Saint-Germain. In-8.

Publication annuelle rendant compte du mouvement des idées dans ce domaine spécial.

3224. — ANNUAIRE D'ADRESSES DES FONCTIONNAIRES DU MINISTÈRE DES TRAVAUX PUBLICS en résidence à Paris, contenant en outre l'indication des compagnies de chemins de fer, par MM. Dubrot, Hérault et Lelong, huissiers du cabinet du ministre, 1890. || L'annuaire se trouve au bureau des huissiers du cabinet du Ministre, boulevard Saint-Germain, 246. In-12.

Simple liste de fonctionnaires donnant, en outre, la liste des ministres des travaux publics depuis 1840.

3225. — ANNUAIRE DE LA GENDARMERIE DE L'INTÉRIEUR, de l'Algérie, des colonies, de la garde républicaine et de la Gendarmerie maritime. (15 mai 1890.) || Paris, Léautey, éditeur, imprimeur-libraire de la Gendarmerie, rue St-Guillaume, 24. In-8.

Composition et force réglementaire de la Gendarmerie, détail des légions, liste par ancienneté de grade des officiers, et tableau par ordre alphabétique etc.

3226. — ANNUAIRE DES OFFICIERS DE SAPEURS-POMPIERS FRANÇAIS pour l'année 1890-91, rédigé par Émile Fortin, avec la collaboration de MM. : [suivent plusieurs noms]. 5 fr. || Paris, au bureau du journal *Le Bulletin de l'Union des Sapeurs-Pompiers*, 16, boulevard Saint-Michel. In-8.

Annuaire contenant un historique succinct de l'organisatian des corps de sapeurs-pompiers en France, des données sur les associations les concernant, la description illustrée de la tenue, avec listes de noms, indications et règlements, dont il a été tiré 50 exemplaires numérotés sur papier du Japon. Quelques portraits, avec biographies d'officiers.

3227. — ANNUAIRE DU DUEL, par Ferréus (1880-1889). || Paris, Librairie académique Perrin et Cie, 35, quai des Grands-Augustins. 1890. In-16.

Volume donnant une sorte de chronique du duel pendant ces dix années.

3228. — ANNUAIRE GÉNÉRAL DES FINANCES, publié d'après les documents officiels, sous les auspices du ministère des finances. (1re année : 1890-1891.) 1er juillet 1890. || Librairie et imprimerie Berger-Levrault et Cie, Paris, 5, rue des Beaux-Arts ; Nancy, rue des Glaces. In-8.

Annuaire donnant les listes chronologiques des ministres depuis 1515, des autres fonctionnaires depuis 1870, l'administration centrale, les administrations financières, les directeurs généraux des postes, également depuis 1870, le personnel et les attributions de l'administration centrale, des notices individuelles sur les membres de la Cour des Comptes et sur tout le personnel administratif, enfin le détail des administrations départementales.
A la fin série de feuillets pour notes mensuelles.

[Cat. 2 fr. 50.]

3229. — LE COIN DU FEU. Almanach illustré pour l'année 1890. || Paris, librairie Retaux-Bray. In-16.

Almanach de propagande catholique.

3230. — ÉTAT DU PERSONNEL ET ORGANISATION DES BUREAUX DU MINISTÈRE DES AFFAIRES ÉTRANGÈRES, suivis de la liste des agents diplomatiques et consulaires de France, à l'étranger, et de celle des agents diplomatiques et consulaires étrangers en France. (3 juin 1890.) || Nancy, imprimerie et librairie Berger-Levrault et Cie, Paris, même maison. In-8.

Extrait de l'*Annuaire diplomatique et consulaire de la République française*.

3231. — NOUVEAU GUIDE-ANNUAIRE DU MÉDECIN PRATICIEN, par Victor Aud'houi, Médecin de l'hôpital de la Pitié, et des Eaux de Vichy,

Médecin du Ministère des Affaires étrangères. Année 1890. ‖ Paris, Bloud et Barral, 4, rue Madame. In-18.

Notices sur les médicaments, les eaux minérales et les maladies.

[B. N.]

3232.—AGENDA MÉDICAL pour 1891, contenant : 1° Mémorial thérapeutique du Médecin praticien par le Docteur Constantin Paul, Professeur agrégé... 2° Mémorial obstétrical de M. le Professeur Pajot. 3° Formulaire Magistral, par M. Delpech, Pharmacien de première classe... 4° Notices sur les stations hivernales de France et de l'étranger, par le Docteur de Valcourt... etc. ‖ Paris, Asselin et Houzeau, Libraires de la Faculté de Médecine, place de l'École-de-Médecine. In-32.

Notices et formules médicales. Chaque année, en plus des renseignements usuels, contient des articles différents dus à des spécialistes.

[B. N.]

3233. — ALMANACH DE L'AUTORITÉ pour 1891. Prix : 50 centimes. ‖ En vente, à l'Autorité, 4 bis, rue du Bouloi, 9, place de la Bourse. 1891 et suite. In-12.

Portrait de M. Paul de Cassagnac, sur la couverture. Revue satirique des évènements de l'année dans un sens monarchique. Nombreuses caricatures de Blass et Vignola.

3234. — ALMANACH DE LA CITÉ. 1891. ‖ (Paris). In-16.

Almanach de réclame, avec couverture illustrée et vignettes par Gil-Baër, publié par le Bazar de l'Hôtel-de-Ville. Contient un article sur le quartier de la cité et sur le dispensaire X. Ruel.

3235. — ALMANACH DE LA QUESTION SOCIALE ET DE LA LIBRE-PENSÉE (1). Revue annuelle du socialisme international pour 1891. Par P. Argyria-

(1) La 2° année porte pour sous-titre : « Et du Centenaire de la République. »

dès, avocat à la cour d'appel de Paris. [Épigraphe :] « L'almanach est chose plus grave que ne le croient les esprits futiles, » Michelet. ‖ Paris, à l'administration de la Question sociale, 5, boulevard Saint-Michel. 1891 et suite. In-8.

Almanach fort bien fait, dirigé contre la classe bourgeoise, défendant la « sainte cause de l'égalité sociale et de l'affranchissement humain », œuvre de propagande comme l'Almanach du Père Gérard. Il contient un triple calendrier grégorien, républicain et socialiste. « l'Ère nouvelle, dit l'auteur, devant partir, non pas de la Révolution française, mais de la Commune de 1871, triomphe de la Révolution sociale. » Il donne également, pour chaque jour, les éphémérides socialistes et de la libre-pensée, parce que « déjà, dans la pratique, beaucoup de groupements socialistes et libre-penseurs fêtent certaines dates célèbres. »

Voici, d'autre part, la liste des principaux articles publiés jusqu'en 1895 : Étude sur le socialisme scientifique, par P. Argyriadès. Babeuf et sa doctrine. Notes sur le socialisme international. Cent ans de règne bourgeois par P. Argyriadès. Une grève de millionnaires, par B. Malon. Fanatisme religieux, par Aurélien Scholl. Petite histoire de la féodalité capitaliste, par Victor Considérant. Les travailleurs de la terre, par J. Allemane. Le militarisme, par le Dr A. Corre. Le socialisme il y a cent ans, par Ab. Hovelacque. Ne me fais plus d'enfants, poésie de J.-B. Clément. Capital et salaire, par Fréd. Engels. Corsi et Ricorsi, par Ch. Letourneau. Fin de société, par V. Jaclard. La femme et le socialisme (traduction analytique de l'ouvrage de Bebel). Les travailleurs intellectuels. Étude sur le referendum, par Th. Curti. La morale du bouddhisme, par le Dr Letourneau. Si j'étais député, par Touchatout. Cet almanach donne, en outre, la liste des journaux socialistes du monde entier.

En tête de l'année 1892 se trouve la reproduction de la gravure de l'artiste londonien, Henry Schett, « Le triomphe du travail », faite à l'occasion du 1er mai 1891. Depuis 1893 l'almanach est illustré des portraits des principales personnalités du parti socialiste et de gravures ou caricatures d'actualité empruntées aux journaux et publications sur le parti.

3236.— ALMANACH DE LA SOCIÉTÉ DES AGRICULTEURS DE FRANCE. 1re année. 1891. [Prix : 25 cent.] ‖ Paris, Ch. Delagrave, 15, rue Soufflot. In-16.

Almanach publié par la société du même nom, à la suite d'un concours qu'elle avait ouvert en vertu d'un legs de M. de La Rochefoucauld. Contient, en outre, des renseignements pratiques, un calendrier de l'agriculteur.

3237. — ALMANACH DU CONSCRIT. 1891. || Paris, imprimerie du *Soleil*, 123, rue Montmartre. In-16.

Almanach populaire publié par le journal *le Soleil*, lors de l'escapade du jeune duc d'Orléans ; avec portraits des membres de la famille royale, gravures se rapportant aux incidents qui suivirent cet événement, reproduction de tableaux militaires, portraits de généraux et revue comique de l'année par Blass.

3238. — ALMANACH DU JARDINIER AMATEUR pour 1891, par Moléri. 50 cent. || Paris, librairie Bernardin - Béchet et fils. In-32.

Almanach concernant les travaux du jardinage, avec figures.

3239. — ALMANACH HELVÉTIQUE ILLUSTRÉ pour 1891. « Un pour tous, tous pour un ». Publié par la *Croix fédérale*, organe des colonies suisses en France. || Rédaction, 16, rue Rodier, Paris. In-8.

Calendrier, avec éphémérides historiques suisses, publié par M. *Louis Macon*. A signaler une étude sur le ranz des vaches et les *Kuhreihen* (marches des vaches) dans diverses parties de la Suisse, les portraits et les biographies des conseillers fédéraux suisses.

3240. — ALMANACH NATIONAL DE JEANNE D'ARC. 1891. Almanach, composé et dessiné par Auguste Cordier et consacré à la gloire sans tache de Jeanne d'Arc. In-4, en hauteur.

En tête on lit :

« Est ici, jour par jour, racontée la très glorieuse et édifiante existence de Jeanne d'Arc. Lecteur, le Rouge te dira l'année 1429 : la Mission ; le Bleu, en les marges, sa Prison, 1430 ; le Noir, son Procès et sa Passion, 1431. »

Almanach en couleurs, sur le modèle et dans le style des anciens almanachs allemands imprimés à Munich par J. Hirth. En tête de chaque mois, les armes et la signature des principaux contemporains de la Pucelle d'Orléans et, comme supplément, une introduction à la vie de Jeanne d'Arc, par Michelet. — Prix : 2 fr.

3241. — ANNUAIRE DE L'ENSEIGNEMENT SECONDAIRE. Année 1891.

Annuaire des collèges, rédigé et publié conformément au tableau d'ancienneté du personnel enseignant, dressé en exécution des décrets du 20 juillet et du 9 décembre 1889 ; par Henri Lavignon, professeur au collège de Wassy. || Paris, librairie Delagrave, rue Soufflot. In-8.

Annuaire de noms et de renseignements officiels contenant le personnel des collèges communaux. Une seconde partie consacrée aux lycées, porte le titre : *Annuaire des Lycées nationaux*. On doit au même auteur un *Annuaire des Maîtres répétiteurs*. 2ᵉ édition en 1894 et 1895.

3242. — ANNUAIRE DE L'IMPRIMERIE pour 1891, par Arnold Muller, typographe. Prix : 1 fr. 75. || Paris, 9, rue des Beaux-Arts. 1891 à ce jour. In-16.

Avec notices techniques et historiques, biographie des grands hommes de l'industrie du *Livre*, renseignements sur les diverses corporations, et les adresses des imprimeurs, typographes et lithographes de France, de Belgique, de Suisse. Articles de MM. V. Breton, professeur de typographie à l'École Estienne ; Courchinoux, de l'Imprimerie Nationale ; Léon Degeorge, E. Desormes, directeur de l'École Gutemberg ; Flagny, professeur de typographie, A. Labouret, etc.

Cet annuaire d'aspect élégant, et avec cartonnage, est accompagné, depuis 1893, d'un semainier disposé sur 52 pages avec encadrements en couleurs.

3243. — ANNUAIRE DE L'UNION NATIONALE DU COMMERCE ET DE L'INDUSTRIE. (1891) Prix : 3 fr. || Paris, à l'hôtel des Chambres syndicales, 10, rue de Lancry. In-18.

Annuaire corporatif publié par l'association de ce nom fonctionnant depuis plus de 37 ans, avec la composition des membres de toutes les chambres syndicales professionnelles et les adresses des adhérents.

3244. — ANNUAIRE DE LA JEUNESSE, par H. Vuibert. Moyens de s'instruire, choix d'une carrière. [Épigraphe :] « Si quelqu'un vous dit que vous pouvez vous élever autrement que par l'instruction, le travail et l'économie, fuyez-le » Franklin. || Paris, Librairie Nony et Cⁱᵉ, 17, rue des Écoles. 1891. (1891 à ce jour). In-12.

Ouvrage destiné à servir de guide aux jeunes gens et aux pères de famille, en même temps, pour toutes les questions d'enseignement. « La matière dont il traite étant essentiellement mobile, » disent les éditeurs en un avant-propos, « il ne fallait pas songer à faire un livre d'une utilité pratique sans le tenir, à chaque instant, au courant des changements, c'est ce qui explique le titre d'*Annuaire* donné à l'ouvrage. Ce titre ne dit même pas assez, car les tirages du livre seront limités de manière à pouvoir être renouvelés plusieurs fois par an, et toujours avec les modifications utiles. » L'ouvrage lui-même est divisé en trois parties : 1° *Instruction*, donnant un tableau rapide de l'outillage scolaire, destiné aux pères de famille pour diriger et surveiller les études de leurs enfants; — 2° *Écoles spéciales* se distinguant, tout à fait, des ouvrages publiés, jusqu'à ce jour, sur les grandes écoles du gouvernement, laissant de côté le point de vue historique pour ne s'occuper que du présent, insistant sur les moyens de préparation à chacune des écoles et sur la nature des débouchés qui s'offrent à la sortie; — 3° *Carrières et professions* tenant le lecteur au courant des moindres changements.

A signaler les notices sur l'éducation physique et sur l'éducation morale qui servent, en quelque sorte, d'introduction à l'ouvrage.

L'*Annuaire* pour 1895 comprend un texte nouveau donnant tout ce qui a trait aux carrières intéressant le plus grand nombre de jeunes gens : armée, marine, chemins de fer, postes et télégraphes, enseignement, contributions, douanes, avec les conditions d'accès et d'avancement; carrières diplomatiques et consulaires, ponts et chaussées, mines. Renseignements nouveaux sur l'enseignement secondaire des jeunes filles; notions semi-hygiéniques, semi-médicales.

3245. — ANNUAIRE DE LA SO-CIÉTÉ NATIONALE DES CONFÉREN-CES POPULAIRES. (1re année: 1891) || Paris, imprimerie Vᵉ E. Vert, 13, place de la Bourse. In-8.

Publication donnant un résumé des travaux de la Société pendant l'année.

3246. — CARNET DES ABONNÉS DU THÉATRE NATIONAL DE L'OPÉRA. Saison 1891-1892. Abonnés et sous-locataires. Prix : 5 francs. || A. La Fare, éditeur du *Tout-Paris*, 55, Chaussée-d'Antin. 1891 et suite. In-32.

Noms des abonnés et sous-locataires de l'Opéra, avec leur jour et le numéro de leur loge. Intéressant, comme pouvant servir à restituer la physionomie du public mélangé, aristocratie de naissance et aristocratie d'argent, qui fréquente l'Opéra à la fin du XIXᵉ siècle.

S'augmenta, l'année suivante, de la liste des abonnés de la Comédie-Française.

3247. — PARIS-ADRESSES. Annuaire général de l'industrie et du commerce, des administrations, des professions libérales, des propriétaires, rentiers, etc., de Paris et de la Seine. Liste complète des abonnés des téléphones. 210,000 noms et adresses classés par professions et rues. Plans des vingt arrondissements et des théâtres de Paris. Prix : 10 fr. || E. Deussay, éditeur, 21, rue Croix-des-Petits-Champs, Paris. 1891. In-8.

Avec un calendrier et des cartes. Concurrence sérieuse au Didot-Bottin.

3248. — TOUT-PARIS RÉCEPTIONS. || A. La Fare, éditeur du *Tout-Paris*, 55, Chaussée-d'Antin. In-32.

Petit carnet de luxe indiquant les jours de réception des femmes du monde, et reprenant, ainsi, la tradition des tablettes de poche du siècle dernier. Publié à 6 fr.

3249. — AGENDA DE POCHE, A L'USAGE DES MAIRES ET DES SECRÉTAIRES DE MAIRIE, par A. Lorrain, receveur municipal à Trouville-en-Barrois (Meuse), 1re année, 1892. || Librairie administrative Berger Levrault et Cⁱᵉ, Paris, 5, rue des Beaux-Arts, et Nancy. In-32.

Agenda de notes journalières et de tablettes quotidiennes donnant tous les renseignements nécessaires aux dits fonctionnaires, avec une série de tableaux et notices diverses.

3250. — ALMANACH DE L'ABBÉ FORTIN pour 1892. Prix : un franc. || Paris, 13, rue du Croissant, 9, place de la Bourse. 1892 et suite. In-16.

L'auteur de cet almanach, qui a fait quelque bruit, est un simple curé de campagne, près de Montargis, dans le Loiret, qui, à la suite de différentes communications à l'Académie des Sciences, crut pouvoir entreprendre de prédire le temps plusieurs jours à l'avance, autrement dit l'interprétation du temps par les retours périodiques des taches ou tempêtes solaires. Nombre de ses prévisions s'étant réalisées en 1890, le secrétaire perpétuel de l'Académie, M. Bertrand, n'hésita pas à déclarer dans la séance du premier lundi d'août : « Si les faits continuent de donner raison à M. l'abbé Fortin encore pendant trois mois, comme ils viennent de lui donner raison depuis trois mois, la question de la prévision du temps est un problème résolu. »

L'année 1893 contient une étude sur la lumière, a chaleur et les mouvements du soleil.

Portrait de l'auteur sur la couverture.

3251. — ALMANACH DES MISSION-NAIRES FRANCISCAINS pour 1892. || Paris, au siège des missions. In-4.

Almanach donnant le compte rendu des œuvres accomplies par les missionnaires de cet ordre. Avec gravures.

3252. — ALMANACH DES SPEC-TACLES par Albert Soubies, continuant l'ancien *Almanach des Spectacles* (1752 à 1815). Année 1892. Une eau-forte par Lalauze. || Paris, librairie des Bibliophiles. E. Flammarion successeur, rue Ra-cine, 26, près de l'Odéon. M. DCCC. XCIII. In-24.

Continuation de l'Almanach de 1874, nouvelle série. L'année 1892 a un frontispice allégorique sur le théâtre rappelant celui qui avait inauguré, au siècle dernier, la collection Duchesne. Iden-tique comme forme, cette seconde série se dis-tingue par la couleur de la couverture.

3253. — ALMANACH DU « FIN DE SIÈCLE ». Prix : 60 centimes. || [Paris, aux bureaux du Journal] 1892 et suite. In-8.

Almanach léger publié par le journal *Fin de Siècle*.

—A. 1892. Couverture en couleurs dessinée par Paul Balluriau (femme en bas noirs, fort légère-ment vêtue). 4 grandes compositions pour les mois, et dessins de Balluriau, Capy, F. Lunel, Robert Kiss, etc.

— A. 1894. Couverture et frontispice de Lubin de Beauvais (femmes nues offrant une corbeille de feuilles de vigne à M. Bérenger). Calendrier des saisons amoureuses, vignettes de Falco. Dessins de Luc Leguay, Abeillé et P. Balluriau.

3254. — ALMANACH-KNEIPP pour l'année 1892. Rédigé par M. l'abbé S. Kneipp, curé de Warishofen (Bavière). Édition française seule autorisée. || Paris, P. Lethielleux, Libraire-Éditeur, 10, rue Cassette. 1892 et suite. In-16.

Couverture illustrée (portrait de l'abbé), petites vignettes, dessinées par Kreutzberger, Foucher et Gudin. Almanach donnant des conseils d'hygiène pour chacune des saisons, indiquant les maladies prédominantes, et de quelle façon on doit employer l'eau pour le traitement de chaque affection. Se termine par une excursion à Warishofen et par les guérisons obtenues.

3255. — L'ANNÉE ÉPIGRAPHIQUE. Revue des publications épigraphiques relatives à l'antiquité romaine, par René Cagnat, professeur au Collège de France. Prix : 3 fr. || Paris, Ernest Leroux, éditeur, 28, rue Bonaparte. In-8.

Recueil annuel enregistrant, mois par mois, toutes les inscriptions nouvelles. Avec une table analy-tique.

3256. — L'ANNÉE PHOTOGRAPHI-QUE 1891, par Abel Buguet, agrégé des sciences physiques et naturelles. Avec 35 gravures et 12 photographies hors texte. || Paris, Société d'éditions scientifiques, 4, rue Antoine-Dubois. 1892. In-12.

Périodique annuel destiné à préciser les progrès définitivement acquis en photographie et permet-tant soit au chercheur, soit au simple curieux, de retrouver ainsi, plus aisément, les étapes de cet art. Donne, en outre, la nécrologie, la bibliographie des ouvrages français et étrangers, les expositions, concours, monuments, etc. Portraits de Edmond Becquerel et de Gabriel Lipmann.

3257. — ANNUAIRE DE L'ORDRE DU MÉRITE AGRICOLE, publié d'après les documents officiels. Années 1892 et 1893. 1 fr. 25. || Paris, librairie Desaide. In-16.

Annuaire donnant les noms et états des personnes décorées de cet ordre, avec un aperçu historique et un résumé de la législation en vigueur.

3258. — ANNUAIRE DE L'UNION DES SOCIÉTÉS FRANÇAISES DE SPORTS ATHLÉTIQUES. 1892. Prix : 2 fr. || Pa-ris, édité par le journal *les Sports athlé-tiques*, 229, rue Saint-Honoré. In-18.

Annuaire publiant, en outre des statuts, les listes des membres et des sociétés affiliées, le code des courses à pied, le code du football, du lawn-tennis, de la vélocipédie et de l'aviron, ce qui lui donne un certain intérêt pour tout ce qui touche aux exercices athlétiques.

3259. — ANNUAIRE DES CONDUC-
TEURS DES PONTS ET CHAUSSÉES
et des gardes-mines. Personnel des tra-
vaux publics. (1892.) || Paris, impri-
merie et librairie Paul Dupont. In-8.

Simple annuaire de noms faisant suite aux précédents annuaires, donnant les qualités et résidences, avec tableaux par ancienneté dans chaque
grade et dans chaque classe.

3260. — ANNUAIRE DES DÉCORA-
TIONS FRANÇAISES, 1892. Édition il-
lustrée. Première année. Prix : 10 francs.
|| A. La Fare, Éditeur, 55, rue de la
Chaussée-d'Antin, Paris. In-8.

Publication visant à être le « Livre d'Or des Décorés », donnant les noms et états de service des
personnes décorées en 1891, illustrée de portraits, et divisée en trois parties : Légion
d'Honneur, Mérite agricole, Décorations universitaires ou palmes académiques.
Chaque ordre est précédé d'un aperçu historique résumant la législation en vigueur.
L'éditeur de cette publication faite avec grand
luxe, mais qui ne paraît pas avoir rencontré grand
succès, puisqu'elle ne fut pas continuée, commet
toutefois une légère erreur lorsqu'il la qualifie
d'« absolument nouvelle et unique dans son
genre. » En effet, il y a eu, de 1887 à 1889, un
Annuaire de la Légion d'Honneur (voir n° 3171)
et il a été publié, en 1867, un Almanach de la
Légion d'Honneur [Voir, plus haut, n° 2912] sans
parler, bien entendu, des publications antérieures,
datant du premier empire et du règne de Louis-
Philippe, également décrites ici.

3261. — ANNUAIRE GÉNÉRAL ILLUS-
TRÉ DES CYCLISTES FRANÇAIS et
étrangers, pour l'année 1892. [Prix : 5 fr.]
Dressé par Alfred et Maurice Chérié.
|| A Paris, Librairie Vélocipédique uni-
verselle, 36, rue Hallé. 1892. In-8.

Annuaire donnant les noms de tous les adeptes
de ce nouveau sport en France et à l'étranger ;
Bottin, en quelque sorte, du cyclisme militant.
Avec une préface humoristique de M. Baudry de
Saunier, auteur d'une Histoire générale de la
Vélocipédie : « La bicyclette », dit cet écrivain, « a
des réactionnaires, des royalistes qui crampon-
nent leur affection à la locomotive et au fiacre et
ne se rallieront jamais au nouveau drapeau : les
infirmes qu'elle met en rage, les pauvres sans-le-
sou qu'elle met en envie, les commerçants ruinés
par son triomphe qu'elle met en larmes...
« A côté des maussades, les satisfaits sourient :
les mécaniciens, les caoutchoutiers, les restaura-

teurs des environs des grandes villes envoient
des baisers au moindre cycle qui passe !... La révolution cycliste, reconnue aujourd'hui par le plus
rétrograde des hommes, enfonce ainsi son coin
dans nos mœurs, exproprie de vieux propriétaires
de métiers productifs et donne un balcon sur rue
à des modestes qui végétaient à l'ombre. »

En outre de cette curieuse préface l'annuaire
contient un calendrier artistique, 12 compositions dessinées par Lorin, Alb. Guillaume, Fréd.
Régamey, F. Fau, Gaston Noury, Pill, Poirson et Paul Merwart, avec poésie pour chaque
mois. Il donne encore une biographie de la presse
vélocipédique européenne, la liste de toutes les
sociétés vélocipédiques du monde, le tableau des
« records » courus depuis dix-huit ans, des nouvelles et des poésies vélocipédiques (ballade, chanson, sonnet du cycle), les portraits et biographies
des principaux champions.

3262. — ANNUAIRE SPÉCIAL DE
L'ARME DE LA GENDARMERIE, 1er jan-
vier 1892. || Paris et Limoges, Imprime-
rie et Librairie militaires Henri-Charles
Lavauzelle, imprimeur de la Gendarmerie. 1892. In-8.

Donne la composition et force de la gendarmerie (légions et compagnies départementales, gendarmerie d'Afrique et gendarmerie coloniale).

3263. — RÉPERTOIRE-ANNUAIRE
GÉNÉRAL DES COLLECTIONNEURS
DE FRANCE ET DE L'ÉTRANGER
fondé par Ris-Paquot. Première année.
Avec des notices sur le nettoyage des cadres dorés, sur celui des gravures, sur
l'art héraldique et sur les meubles style
Empire. 1892-1893. || Paris, à la Librai-
rie Centrale des Beaux-Arts, A. Levy, 13,
rue Lafayette; Louvain (Belgique), chez
Ch. Fonteyn aîné, rue de Bruxelles. In-8.

Publication faisant suite à l'Annuaire artistique
des collectionneurs de 1879 (voir, plus haut, n° 3091),
conçue sur un plan plus étendu, dirigée par M. Re-
nart, et visant à devenir véritablement le Bottin de
la Curiosité.

3264. — LE SOLEIL. Almanach pour
1892. || Paris, administration, rue Souf-
flot, 22. In-18.

Couverture illustrée et coloriée : homme, femme
et enfant personnifiant le soleil, la lune et les
étoiles. Récits et histoires diverses, avec vignettes

3265. — ANNUAIRE-CHAIX. LES PRINCIPALES SOCIÉTÉS PAR AC-TIONS (Compagnies de chemin de fer, Institutions de crédit, Banques, Sociétés minières, de transport, industrielles, Compagnies d'assurances, etc.). Noms et adresses des administrateurs et des principaux chefs de service ; Dispositions essentielles des statuts; Titres en circulation; Cours et Revenus comparés; Époques et Lieux de payement des coupons, etc. 1ʳᵉ année. Prix : 2 francs. ‖ Paris, Imprimerie et Librairie centrale des chemins de fer, Imprimerie Chaix. 1892. In-18.

Annuaire important au point de vue financier, consacrant une notice à chaque société et donnant la date de sa création.

3266. — ANNUAIRE DE L'UNION FRATERNELLE DU COMMERCE ET DE L'INDUSTRIE. Première année,1892. [Épigraphe :]«Tout par le Sacré-Cœur.»‖ Au Secrétariat de l'Union fraternelle, 14, rue des Petits-Carreaux, Paris. In-8.

Annuaire publié par la Société de ce nom, destiné à établir des rapports de mutuelle confiance entre la clientèle et les commerçants catholiques, donnant ainsi aux familles chrétiennes et au clergé les noms des maisons, partageant leurs sentiments, auxquels ils doivent s'adresser pour leurs achats. Adresses des négociants, propriétaires, architectes, hommes de loi, journaux et bulletins d'œuvres. Donne également le sacré Collège, l'épiscopat français, les œuvres et sociétés catholiques, les cercles catholiques, etc.

3267. — ANNUAIRE GÉNÉRAL DE LA PHOTOGRAPHIE. France. Belgique. Suisse. 1ʳᵉ année, 1892. Orné de plusieurs illustrations et de deux reproductions, par la technographie, de dessins inédits de MM. Édouard Detaille et Gavarni. Rédacteur en chef : M. Marc Le Roux. ‖ Paris, librairie Plon, rue Garancière. In-8.

Annuaire destiné à mettre en rapport tous ceux qui, amateurs ou professionnels, chimistes, constructeurs, s'occupent de photographie. Liste des sociétés françaises et étrangères, revue du mouvement photographique, formules nouvelles, variétés, nécrologie, liste des annuaires et ouvrages photographiques, expositions, congrès, concours, renseignements commerciaux concernant la propriété photographique, jugements faisant jurisprudence.

3268. — ANNUAIRE DE LA VÉNERIE FRANÇAISE (grande et petite vénerie). Ouvrage contenant : les Notions juridiques en matière de chasse à courre, par le comte Le Couteulx de Canteleu; les noms et adresses de plus de 400 maîtres d'équipage; la date de la formation de chaque équipage; les pays où il chasse ; la résidence du chenil; le nombre de chiens et leur race; le nombre de chiens élevés annuellement ; ceux à vendre; la description de la tenue, le bouton, la devise ; les animaux chassés, le nombre de prises annuelles; la liste des personnes qui suivent les équipages ; les noms des piqueurs et valets de chiens. — Terminé par une table de tous les noms cités. Orné de nombreuses gravures par H. Pairault. Prix : 3 fr. 5o. ‖ Paris, Pairault et Cⁱᵉ, imprimeurs-éditeurs, 3, passage Noîlet. 1892 et suite. In-8.

En plus des matières qui figurent sur le titre, la troisième année contient la reproduction, en phototypie, de deux portraits de veneurs contemporains : le comte de Chabot et le comte Le Couteulx de Canteleu. L'annuaire des équipages se trouve illustré d'une série de boutons des tenues, avec les devises. Le titre est tiré sur une couverture ayant, comme fond, les dessins des boutons.

3269. — AGENDA CATHOLIQUE pour l'an de grâce 1893. ‖ Paris, librairie Vic et Amat. In-8.

Publication format portefeuille, donnant tous les renseignements religieux nécessaires aux ecclésiastiques.

3270. — AGENDA DU VÉTÉRINAIRE PRATICIEN pour 1893 ; par Tabourin, ancien professeur de l'École vétérinaire de Lyon. Revu et continué par M. J. Péteaux, professeur à l'École vétérinaire de Lyon. Avec une note sur la désinfection et les désinfectants, par le professeur Ch. Cornevin. Mémorial thérapeutique par M. Trasbot, directeur de l'École vétérinaire d'Alfort. ‖ Paris, librairie Asselin et Houzeau. 1893 et suite. In-12.

Publication technique, avec les renseignements usuels et les adresses relatives au personnel.

3271. — AGENDA PHOTOGRAPHIQUE de 1893 ; par E. Beleurgey de

Raymond, rédacteur en chef des *Annales photographiques*. || Paris, librairie Aivas. In-32.

Compte rendu des travaux de l'année dans ce domaine spécial, avec photographies.

3272. — ALMANACH D'HYGIÈNE ET D'ÉCONOMIE DOMESTIQUE, pour 1893. 50 cent. || Paris, aux bureaux du journal la *Gazette d'hygiène et d'économie domestique*, 110, rue de Sèvres. In-8.

Articles divers empruntés au journal de ce nom. Publication populaire.

3273. — ALMANACH DE L'ÉCHO AGRICOLE pour 1893. || Paris, aux bureaux de l'*Écho agricole*, 29, rue Jean-Jacques-Rousseau. In-32.

Almanach agricole, avec gravures, composé d'articles provenant du journal l'*Écho agricole*.

3274. — ALMANACH DE LA COOPÉ-RATION FRANÇAISE pour 1893. (1re année). Publié par le comité central de l'Union coopérative des sociétés françaises de consommation. Suit la liste des noms des collaborateurs [Épigraphe :] « Tous pour un, chacun pour tous. » || Paris, imprimerie nouvelle, 11, rue Cadet. In-18.

Almanach fort intéressant pour l'histoire du mouvement coopératif en France. Calendrier donnant, en regard de chaque mois, la biographie des douze apôtres de la coopération : Charles Fourier, Buchez, Leclaire, Godin, Robert Owen, le révérend Maurice, Vansittart, Neale, G.-J. Holyoaké, Schulze-Delitzsch, Raiffeisen, Francone Vigano, César de Paepe. Histoire abrégée de la coopération et des principales sociétés de France et de l'étranger depuis les *Équitables pionniers de Rochdale* (1844). Statistique des sociétés coopératives d'Allemagne, d'Italie, d'Angleterre. Liste des établissements où existe la participation du personnel aux bénéfices, liste s'ouvrant par l'imprimerie Nationale (1811) et la Comédie française (An XI), puis par la maison Leclaire (1842) et les papeteries Laroche Joubert (1843). Avec quelques portraits.

3275. — ALMANACH DE LA FERME, DU POIRÉ ET DU CIDRE, pour 1893, publié par Eugène Vimont. Prix : 1 fr.

|| Paris, aux bureaux du journal *Le Cidre*, 15, rue Lebrun. In-18.

Almanach, à la fois technique et littéraire, avec le concours des principaux écrivains pomologistes. La partie littéraire contient une réimpression de la Flore des Cabarets, de Raoul Rosières, la Chatte du père Pichard, conte de loup garou par A. Orain, le Pressoir et la bête, par Paul Sébillot, et autres contes populaires.

3276. — ALMANACH DE LA LIBRE PAROLE pour 1893. Prix : 0 fr. 50. || En vente, aux bureaux de la *Libre Parole*, 14, boulevard Montmartre, Paris. In-12.

Couverture dessinée, avec les portraits d'Édouard Drumont et du marquis de Morès. Donne, dans le texte, les portraits des rédacteurs de la *Libre Parole*, reproduit l'étude *Drumont Intime* publiée dans la *Revue illustrée* et différents articles sur les procès Drumont, Morès et autres.

3277. — ALMANACH DE SAINTE PHILOMÈNE ET DU VÉNÉRABLE CURÉ D'ARS pour l'an de grâce 1893. || Paris, au siège de l'Œuvre de Sainte-Philomène, 3, rue de Dantzig. In-18.

Almanach de propagande religieuse, avec mauvaises vignettes dans le texte.

3278. — ALMANACH DES BOULANGERS, utile et amusant, pour 1893. 50 cent. || Paris, imprimerie et librairie de la Bourse de commerce. In-18.

Publication consacrée aux choses de la boulangerie, avec des renseignements utiles et des histoires amusantes. Gravures dans le texte et portraits.

3279. — ALMANACH DU PETIT JOURNAL DE LA FAMILLE, pour 1893. || Paris, aux bureaux du *Petit Journal de la Famille*, 113, rue de Sèvres. In-8.

Histoires et récits divers, avec gravures, provenant du journal de ce nom. Publication populaire.

3280. — ALMANACH DU VILLAGE ET DU CHATEAU, pour 1893. 50 cent. || Paris, aux bureaux du journal des *Soirées du village et du château*, 113, rue de Sèvres. In-8.

Histoires et récits divers, avec gravures. Publication populaire

3281. — ALMANACH ÉLECTORAL pour 1893. Prix: 1 fr. || Paris, Paul Ruez, éditeur, 43, rue Richer. In-18.

Almanach divisé en 4 parties : 1° principes généraux de la constitution et de l'administration française, avec une étude illustrée sur les origines de l'administration; 2° La législature 1889-1893; 3° Constitutions des puissances étrangères, avec vues des palais des parlements; 4° Les coulisses électorales, pratique des élections. Portraits de membres divers de la Chambre.

3282. — ALMANACH ILLUSTRÉ DU TROUPIER FRANÇAIS, par Gio, 1893. Prix : 60 centimes. || Paris, Paul Dupont, éditeur, 4 rue du Bouloi. 1893 et suite. In-8.

Couverture coloriée (troupier en tenue de campagne). Calendrier avec éphémérides militaires. Articles divers et vignettes. Les drapeaux décorés. Donne, également, l'emplacement des troupes (numéros, résidences, chefs de corps).

3283.— ANNUAIRE ASTRONOMIQUE ET MÉTÉOROLOGIQUE pour 1893, par Camille Flammarion, exposant l'ensemble de tous les phénomènes célestes observables pendant l'année. Avec notices scientifiques. Illustré de figures, cartes et diagrammes. Prix : 1 fr. || Paris, au dépôt central des almanachs, et à la librairie Ernest Flammarion, 26 rue Racine. 1893 à ce jour. In-18.

Annuaire paraissant depuis 1865 sous des formes différentes, dans des publications spéciales, (*Magasin pittoresque, Revue mensuelle d'astronomie*) faisant suite à l'*Almanach astronomique Flammarion* (1864) et publié, dès ce moment, en volume séparé. Publication précieuse dans le domaine spécial de l'astronomie moderne.

3284. — ANNUAIRE DES ASSOCIATIONS AMICALES OU DE BIENFAISANCE DES DÉPARTEMENTS ET DE L'ÉTRANGER, A PARIS, par un Corrézien. || Delhomme et Briguet, éditeurs, Paris, 13, rue de l'Abbaye; Lyon, avenue de l'Archevêché. 1893. In-12.

Notices sur toutes les associations ayant pour base soit la communauté des intérêts professionnels, soit les relations établies dans un même milieu d'éducation, soit les souvenirs du pays d'origine, créées la plupart en 1870, lors du siège, où tous les provinciaux, enfermés dans l'enceinte fortifiée, se sentirent le besoin de resserrer les liens de la première enfance.

L'annuaire fait connaître brièvement les statuts, les moyens d'action, l'organisation, les traits principaux de chaque société ou dîners, tout ce qui constitue l'œuvre en elle-même. Répertoire précieux pour l'histoire de ces groupements classé par ordre alphabétique de département.

3285. — ANNUAIRE DU MINISTÈRE DE L'AGRICULTURE pour l'année 1893. || Paris, Imprimerie nationale. In-8.

Annuaire officiel, avec de nombreux tableaux statistiques.

3286. — ANNUAIRE DU MINISTÈRE DE L'INTÉRIEUR pour 1893. Prix : 7 fr. 50. || Paris, Paul Dupont, éditeur, rue du Bouloi. In-8.

Annuaire officiel, avec les noms du personnel, classés par services et par ancienneté, s'ouvrant par la chronologie du ministère depuis sa création (7 août 1790).

3287. — ANNUAIRE DU PROTESTANTISME FRANÇAIS, par Edmond Davaine, pasteur de l'Église réformée de Privas. Précédé de la Législation des cultes protestants, par Armand Lods, docteur en droit. 1ʳᵉ année. 1893. 5 fr. || Paris, librairie Fischbacher, rue de Seine. 1893 et suite. In-8.

Publication faisant suite à l'*Annuaire* de 1880, donnant les renseignements officiels, les sociétés et églises de France.

3288. — ANNUAIRE GÉNÉRAL DE LA LIBRAIRIE et des professions qui s'y rattachent. (1893.) Tome I. || Paris, Chérié, Libraire-Éditeur, 36, rue Hallé. In-8.

Le titre figure sur un spécimen de reliure exécuté pour Maioli, en 1536. Annuaire donnant les adresses de tous les industriels, artistes et fabricants, tenant, de près ou de loin, à l'imprimerie, au papier, au livre, à l'affiche, au journal, à l'imagerie, etc. Avec quelques portraits d'éditeurs : Charavay, Pierre-Jules Hetzel, Furne, Reinwald. Publié 5 francs.

3289. — ANNUAIRE UNIVERSEL ILLUSTRÉ pour 1893. (1ʳᵉ année.) Revue générale de l'année 1892 (France-Étranger) et Renseignements techniques pour 1893 (budgets, administration, statisti-

ques, etc.). Rédigé par un groupe d'écri-
vains français, avec portraits et planches
en couleurs. Prix : 10 fr. || Paris, à la
Société de l'Annuaire universel, 31, rue
Saint-Lazare. 1893-1894. In-4.

Sorte de résumé, à tous les points de vue, des
événements de l'année précédente, avec quantité de
renseignements dans tous les domaines, divisé en
cinq parties. On y trouve, entre autres : L'année
politique. — L'année parlementaire. — L'Institut. — Les Expositions et les congrès. — Les
causes célèbres. — L'année scientifique, littéraire,
artistique, dramatique, musicale, sportive, financière, comique. — Les lois votées. — Inventions
nouvelles. — Explorations. — Les salons. —
Conservatoire. — La chasse et la pêche. — Catastrophes. — Épidémies. — Hygiène publique.
— Fêtes. — Nécrologie. — La presse et le duel.
— Code civil pratique passant en revue tous les
actes de la vie, de la naissance à la mort. — Patrons et ouvriers, maîtres et domestiques, créanciers et débiteurs, propriétaires et locataires. —
Formules pour les actes les plus usuels, etc.

Une préface en tête de la première année expli-
quait ainsi le but et l'esprit de la publication :
« Nous avons souvent entendu demander que
le bilan général de l'année fut régulièrement
dressé. Beaucoup de nos amis souhaitaient un volume qui condensât discrètement, sans passion, les
faits, les dates, les chiffres utiles à retenir. Synthèse malaisée pour un supplément de journal.

« C'est ce volume, c'est cette synthèse que nous
avons tentés.

« Laissant aux techniciens leurs annuaires professionnels, trop coûteux, trop spéciaux, trop peu
répandus dans le public, nous avons essayé de
passer en revue l'année 1892, à des points de vue
divers, d'après un ordre logique qui rendra les
recherches faciles.

« Glissant à la surface des choses, sans prétention, nous laissons à d'autres plus compétents le
soin d'approfondir les questions.

« Notre travail formera comme un journal annuel survivant aux innombrables feuilles quotidiennes que le vent emporte on ne sait où. Ce
sera l'Encyclopédie populaire, le livre feuilleté
par les innombrables lecteurs qui n'ont à leur
disposition ni les bibliothèques du savant, ni le
temps de les fréquenter. »

3290. — PETIT ALMANACH [ILLUS-
TRÉ PAR] HENRI BOUTET pour 1893.
Première année. || Chez tous les libraires.
1893 et suite. In-32.

Simple calendrier, almanach avec compositions,
coloriées au pinceau, pour les Saisons, les Éclipses,
les nouvelles lunes et les mois. La couverture gravée varie chaque année. L'année 1894 porte, en

plus, sur la couverture : *Étrennes aux Dames.*
Petite publication très coquette, dont il existe pour
*chaque année, 100 exemplaires sur Japon, avec un
titre gravé à la pointe sèche.*

*Les reproductions suivantes donneront une idée
exacte de ce calendrier destiné surtout aux femmes.*

3291. — L'ANNUAIRE LITTÉRAIRE ‖ Paris, Librairie Charles, rue Monsieur-le-Prince, 8. 1893. In-12.

Annuaire donnant sous le titre de : Index du Littérateur, une série d'adresses d'écrivains et de journalistes de Paris et des départements, les correspondants des journaux étrangers, quelques notices sur le mouvement littéraire et une série de poésies.

3292. — PANAMA-ALMANACH. ‖ Nogent-sur-Marne, l'auteur, 46, boulevard de la Marne. 1893. In-16.

Almanach d'actualité, avec vignettes et portraits, publié à propos des affaires du Panama.

3293. — AGENDA-ANNUAIRE DE LA LIBRAIRIE, 1894. 1ʳᵉ année. ‖ Paris, Librairie H. Le Soudier, 174, boulevard St-Germain. In-32.

Livre d'adresses des membres de la corporation, avec agenda, contenant, à la suite de la liste des éditeurs et libraires détaillants de Paris, de la province et des colonies, une foule de renseignements pratiques, d'usage journalier.

3294. — AGENDA VINICOLE ET DU COMMERCE DES VINS ET SPIRITUEUX pour l'année 1894 (1ʳᵉ année), à l'usage des négociants, propriétaires, viticulteurs, maîtres de chais, cavistes, etc., par V. Vermorel, avec le concours de négociants, professeurs, chimistes, viticulteurs et maîtres de chais. 2 fr. 75. ‖ Paris, Librairie centrale des Sciences, J. Michelet, libraire-éditeur, 25, quai des Grands-Augustins. In-18.

Agenda format portefeuille, avec une partie pour les notes journalières et renseignements pour les spécialistes.

3295. — ALMANACH-ANNUAIRE DU MARSOUIN, par Ned. Noll. 1894. 1ʳᵉ année. Illustrations de A. Nayel. Prix : 2 fr. ‖ Paris et Limoges, Henri-Charles Lavauzelle, Éditeur. 1894-1895. In-8.

Annuaire donnant l'état de l'infanterie et de l'artillerie de marine, de la légion étrangère et de tous les corps de l'armée coloniale : gendarmerie, spahis sénégalais et soudanais, tirailleurs sénégalais, soudanais, haoussas, sakelaves, annamites, tonkinois et cipayes. Le dessin de la couverture réunit les différents types ; dans le texte, série de croquis militaires.

En outre de l'histoire militaire des possessions françaises, l'année 1895 donne, sous la rubrique : *Année militaire coloniale*, un résumé des actions de guerre de l'année écoulée.

3296. — ALMANACH CYCLISTE pour l'année 1894. ‖ Paris, G. Boudet, éditeur, 197, boulevard Saint-Germain. In-32.

Petite publication de luxe dont le texte et les dessins sont l'œuvre de M. Léon Lebègue. Chaque page est encadrée en rouge. 50 vignettes tirées en noir et 4 compositions tirées en couleurs représentant les saisons.

3297. — ALMANACH DE L'ŒUVRE DES CAMPAGNES pour 1894. ‖ Paris, Librairie Lecoffre. In-8.

Almanach populaire de propagande religieuse : histoires avec gravures.

3298. — ALMANACH DU PÈRE PEINARD farci de galbeuses histoires et de prédictions épatarouflantes pour 1894. An 102. [Épigraphe :]

> O toi, père paterne
> Qui muas l'eau en vin,
> Fais de mon cul lanterne
> Pour luire à mon voisin,
> RABELAIS.

Prix de l'almanach : 25 centimes. ‖ Dépôt : aux bureaux du *Père Peinard*, 4 *bis*, rue d'Orsel, Paris. In-18.

Couverture illustrée, avec la mention argotique : « Prix : *Cinq pétards*, » représentant un rouge qui saute à la gorge d'un bourgeois pour lui « estourbir sa galette. » Vignettes d'Ibels pour les mois, dessin de Willette provenant du *Pierrot* et gravures du journal *Le Pétard*. Cette publication, qui donne *La Ravachole* sur l'air de la *Carmagnole*, avec le portrait du personnage qui l'inspira, des *ruminades* sur le calendrier et différents articles d'une extrême violence, fut saisie comme anarchiste.

3299. — ALMANACH HACHETTE, 1894. Petite encyclopédie populaire de la vie pratique. Notre avenir. La famille. Les calendriers civils et religieux. L'année 1894. L'univers. Histoire universelle. Géographie. Littérature. Grammaire française. Beaux-arts. Amour, mariage, foyer. Économie domestique. Notre argent. Nos maladies, leurs remèdes. Sciences occultes, etc, etc. L'ouvrage contient plus de trois millions de lettres, 20 cartes et plans et mille trente figures dans le texte ou groupées en tableaux. || Paris, librairie Hachette et Cⁱᵉ, 79 boulevard St-Germain. In-12.

Sur le titre, une balance : dans un plateau l'*Alm. Hachette*, dans l'autre, une série d'encyclopédies et de dictionnaires, avec la légende : « je pèse un poids égal sous un même volume. » Couverture dessinée par Giraldon donnant, au recto, le calendrier. En une préface résumant l'esprit de l'œuvre, les éditeurs disent : « Nous avons touché aux sujets les plus divers, nous nous sommes efforcés de réunir et de condenser sous la forme la plus populaire et la plus brève des matières dispersées dans de coûteux ouvrages techniques ou professionnels. Notre almanach est le *vade-mecum* des gens pressés; on peut le mettre dans sa poche ou sur le coin de sa table. »

Après l'*Almanach de France* publié par Émile de Girardin, en 1840, c'est la seconde tentative du siècle dans cet esprit. L'Almanach Hachette a obtenu un succès tel que, chose assez rare pour ce genre de publications, il a eu des traductions étrangères, et des éditions avec parties spéciales pour la Belgique et la Suisse.

3300. — ALMANACH NATIONAL DE LA RÉVOLUTION FRANÇAISE. Année 1894. Prix : 50 centimes. || Paris, Librairie Furne Jouvet et Cⁱᵉ, éditeurs. Petit in-4.

Scènes et portraits, texte et illustrations.

3301. — ANNUAIRE DE L'ÉCOLE POLYTECHNIQUE pour l'an 1894, avec des notices scientifiques, historiques et statistiques de MM. Cornu, E. Mercadier, A. de Rochas, H. Tarry. Prix : 2 francs. || Paris, Librairie militaire Henri-Charles Lavauzelle, 11, place Saint-André-des-Arts. In-8.

Publication entreprise par M. Harold Tarry, archiviste de l'École Polytechnique, qui a profité du centenaire de l'École pour faire revivre l'ancien annuaire interrompu depuis 1846 (voir, plus haut, nº 2158) et cela sous une forme plus large, c'est-à-dire en introduisant des notices consacrées aux derniers progrès de la science, de manière à présenter, chaque année, des sujets nouveaux.

L'annuaire de 1894, divisé en neuf parties, donne, en outre du calendrier et de tous les renseignements officiels relatifs à l'École (lois et décrets, personnel supérieur, liste des quatre dernières promotions), une étude de M. Mercadier sur les origines de l'École Polytechnique et son véritable fondateur, Monge, une série de documents historiques, la plupart inédits, de l'an II et de l'an III, relatifs à la fondation de l'École, réunis et collationnés par M. Tarry, reproduits sous leur forme primitive, avec les vignettes leur servant d'en-tête, un travail de M. Cornu, membre de l'Institut, sur l'électricité et les unités électriques, enfin un article sur les fêtes du Centenaire.

L'année 1895 a commencé la publication du Répertoire des anciens élèves entrés à l'École, de 1794 à 1894 (16.000 en tout). Les éditeurs se proposent de donner, par la suite, une liste générale alphabétique, des listes par professions et celle de tous les anciens élèves morts au champ d'honneur, depuis la création.

3302. — ANNUAIRE DE L'ENSEIGNEMENT COMMERCIAL ET INDUSTRIEL, publié sous la direction de Georges Paulet, chef du bureau de l'enseignement commercial au Ministère du Commerce. Première année, 1894. Prix : 3 fr. || Berger Levrault et Cⁱᵉ, éditeurs, Paris, 5, rue des Beaux-Arts, et Nancy. In-32.

Sorte de catalogue méthodique, annuel, de toutes les institutions ayant pour objet l'enseignement industriel ou commercial, divisé en 4 parties : renseignements généraux, renseignements spéciaux, législation, bibliographie des ouvrages nouveaux de nature à intéresser les maîtres, les élèves et les anciens élèves.

3303. — ANNUAIRE DE LA GARDE CIVILE INDIGÈNE DU TONKIN ET DE L'ANNAM, depuis la création de cette force de police, du 6 août 1886 au 31 août 1892, par Léon Ressaire, inspecteur de première classe de la garde civile indigène. Prix : 5 fr. || Paris, Augustin Challamel, libraire-éditeur, 5, rue Jacob. 1894. In-8.

Publication donnant les noms des officiers et l'organisation de ces corps spéciaux.

3304. — ANNUAIRE DE LA PUBLICITÉ. Guide pratique de la réclame industrielle et commerciale, en France et à l'étranger. (1ʳᵉ année, 1894). || Paris, librairie Ollendorff, 28 *bis*, rue Richelieu. In-8.

Annuaire de renseignements pratiques sur la publicité, l'affichage et la réclame.

3305. — ANNUAIRE GÉNÉRAL DES FONCTIONNAIRES DE L'ÉTAT et des

Officiers de l'Armée et de la Marine. 1ʳᵉ année. Noms et adresses, classés par départements, du personnel principal des Ministères — Conseil d'État — Cour des Comptes — Cour de cassation — Grandes Écoles et Manufactures nationales — Bibliothèques — Grands hôpitaux — Préfecture de police — Préfectures et Sous-préfectures — Cours et Tribunaux — Cultes — Enseignement — Finances — Enregistrement, Domaines et Timbre — Contributions directes et indirectes — Ponts et Chaussées — Vicinalité — Postes et Télégraphes — Avocats — Avoués — Notaires — Armée, etc., etc. || Paris, E. Brocherioux et Cⁱᵉ, éditeurs, 15, rue des Saints-Pères. 1894 et suite. In-8.

Annuaire centralisant tous les noms du personnel administratif qui se trouvent dans les annuaires spéciaux.

3306. — CALENDRIER POUR 1894. || Paris, 59, rue Violet. In-64.

Simple calendrier de poche.

3307. — AGENDA DU PHOTOGRAPHE ET DE L'AMATEUR DE PHOTOGRAPHIE pour 1895. Prix : 1 fr. || Paris, Charles Mendel, éditeur, 118 *bis*, rue d'Assas. In-8.

Agenda dans le goût de ceux mis en vente par les grands magasins, contenant tous les renseignements utiles et d'application journalière, et un formulaire photographique. Il est orné de nombreuses gravures et des portraits *inédits* de Daguerre, Niepce, Talbot, Poitevin, Marey, Lippmann.

3308. — ALMANACH D'ALSACE ET DE LORRAINE, orné de 60 dessins, autographes et portraits. || Paris, J. Strauss, libraire, 5, rue du Croissant. 1895. In-8.

Almanach, avec illustrations de Benjamin Ulmann, Henner, Reiber, Lix, Yundt, Pille, Ulysse Roy, Merwart, Fréd. Régamey, Detaille, etc., avec autographes de Fr. Coppée, Ambroise Thomas, Gambetta, Jules Ferry, avec la proclamation des représentants du peuple aux femmes de Strasbourg (1792) et le fac-similé de la déclaration des députés d'Alsace-Lorraine à l'Assemblée nationale de Bordeaux. Articles de divers écrivains et extraits des chroniques d'Alsace et de Lorraine.

3309. — ALMANACH NATIONAL ILLUSTRÉ DE JEANNE D'ARC LA VÉNÉRABLE pour l'an de grâce 1895. 1ʳᵉ année. Prix : 50 centimes. || Paris, P. Lethielleux, éditeur, 10, rue Cassette. In-16.

Almanach illustré de nombreuses vignettes, contenant un panégyrique de Jeanne d'Arc par le R. P. Ollivier, des Frères-Prêcheurs.

3310. — ALMANACH OMNIBUS ILLUSTRÉ, pour 1895. Prix : 50 centimes. || Paris, H. Geffroy, éditeur, 222, boulevard Saint-Germain. In-18.

Couverture coloriée et dessinée par Job, 12 portraits et 200 vignettes. Texte composé d'articles divers. Chaque mois, orné d'une petite vignette, donne le mois du parfait jardinier. Almanach rédigé par un nommé Ryc, se posant, à la fois, en « livre instructif et amusant ».

3311. — ALMANACH PARISIEN, pour 1895, par Léon Lebègue. || Paris, Librairie artistique, G. Boudet, éditeur, 197, boulevard Saint-Germain. In-16.

Couverture en couleurs rehaussée d'or et d'argent et 50 illustrations, dont 4 aquarelles hors texte, représentant, sous une forme allégorique, les occupations et les plaisirs de chacune des quatre saisons.

3312. — ALMANACH SOCIALISTE illustré, pour 1895. Prix : 30 centimes. || Paris, Bibliothèque socialiste, 51, rue Saint-Sauveur; *Petite République*, 142, rue Montmartre. In-32.

Articles divers, avec portraits. Almanach de propagande.

3313. — GUIDE PRATIQUE DES FAMILLES AUX BAINS DE MER. « Les petits trous pas chers », avec préface de *Jean-Sans-Terre*, du *Petit Journal*. Description des 300 plages de la Manche et de l'Océan, avec les moyens d'y vivre pour tous les budgets; indications des ressources, des villas ou appartements, avec leurs prix, des hôtels, etc., etc., complétés par un article médical sur le bain de mer, les distractions de la plage, pêche, chasse, photographie au bord de la mer, etc.; heure des marées sur toutes les plages, etc., etc. Prix : 2 fr. 5o. || Paris, A. La Fare, éditeur, 55, Chaussée d'Antin. 1895 et suite. In-8.

Publication annuelle destinée à la classe bourgeoise.

3314. — L'ANNÉE AGRICOLE ET AGRONOMIQUE pour 1895, par Crépeaux (1re année). Prix : 3 fr. 5o. || Paris, Librairie centrale des Sciences, J. Michelet, 25, quai des Grands-Augustins. In-12.

Articles techniques et renseignements divers d'utilité pratique.

3315. — LE JEAN-BART. Almanach des gens de mer pour l'année 1895. || Paris, imprimerie Levi. In-32.

Petite publication populaire, avec vignettes, à l'usage des « Mathurins. »

3316. — LE NOUVEAU CALENDRIER DES GRANDS HOMMES. Biographies des 558 personnages de tous les temps et de toutes les nations qui figurent dans le calendrier positiviste d'Auguste Comte, traduit de l'anglais par Ch. Avezac-

Lavigne. || Paris, Ernest Leroux, éditeur, 28, rue Bonaparte. In-8.

Publication parue en 13 livraisons, de 1893 à 1894.

3317. — PARIS-ALMANACH. 1re année. 1895. Texte par Émile Goudeau. Douze lithographies par H.-P. Dillon. Prix : 6 fr. || Paris, Édouard Sagot, 39 bis, rue de Châteaudun. 1895. In-16.

Almanach tiré à 1.000 exemplaires, avec texte encadré, se proposant de montrer la Parisienne dans son milieu, de noter la mode ou les plaisirs du jour ; malheureusement, le texte n'a aucune valeur documentaire. Voici, d'autre part, la liste des lithographies de Dillon tirées dans une tonalité grise, quelque peu vaporeuse : *Janvier.* Rue de la Paix. — *Février.* Champs-Élysées : Palais de glace. — *Mars.* Les Boulevards : Confettis. — *Avril.* Tour de l'Horloge : Marché aux fleurs. — *Mai.* L'Église Saint-Augustin : Sortie des Communiantes. — *Juin.* Avenue des Champs-Élysées : Cyclistes. — *Juillet.* Longchamps : les Courses. — *Août.* Le Louvre : achats pour les bains de mer. — *Septembre.* Vue du chevet de Notre-Dame : le Port aux vins. — *Octobre.* Théâtre de la Porte-Saint-Martin. — *Novembre.* Chambre des Députés. — *Décembre.* La messe de Minuit.

ALMANACHS DE PARIS

SUPPLEMENT (1649 - 1886)

3318. — ALMANACH CHANTANT DE PARIS, pour l'année 1649. || Paris [1649 et suite]. In-32.

Almanachs, avec figures et musique notée, qui semblent avoir paru régulièrement jusqu'à la fin du XVIIe siècle, qui peuvent être considérés comme les prédécesseurs de toutes les petites publications chantantes décrites au cours de cet ouvrage et dont 26 années figuraient à la vente Favart. C'est, du reste, la seule collection qui les ait jamais possédés : j'ignore où ils ont pu passer depuis, aucun d'eux ne se trouvant à la Bibl. Nat.

3319. — HEURES A L'USAGE DE CEUX QUI ASSISTENT AU SERVICE DE L'ÉGLISE. Avec les Vêpres des Dimanches et des Fêtes, les Antiennes et Hymnes nouvelles de toute l'année. || A Paris, chez François H. Muguet, imprimeur et marchand libraire, rue Notre-Dame, à la Croix-d'Or. M.DCC.III. In-18.

Avec calendrier. Le privilège date de 1691.

3320. — HEURES ROYALES et Prières Chrétiennes. Contenant les Offices qui se disent dans l'Église pendant l'année. Avec les Prières pour la Confession et Communion, les Psaumes de la Pénitence, et plusieurs autres Prières, etc. Le tout mis en François. || A Paris, chez Jacques Collombat, imprimeur ordinaire du Roy [puis chez François Herissant, rue Neuve Notre-Dame, à la Providence.] M. DCC. XVI. In-12.

Heures avec calendrier et avec les hymnes nouvelles à l'usage de Paris, qui ont dû paraître dès 1702 et se sont imprimées durant tout le XVIIIe siècle.

[Coll. de l'auteur.]

3321. — PETIT CALENDRIER CHRONOLOGIQUE ET HISTORIQUE où l'on trouve les principales époques tant sacrées que profanes. || Paris, d'Hotelfort, 1722. In-18.

Recueil de faits et de dates comme il en parut tant à cette époque, avec la chronologie des maisons souveraines.

[D'après le catalogue de la vente Lottin.]

3322. — LE MIROIR DE L'UNIVERS, 1723, ou Calendrier et Almanach curieux, contenant les jours, les mois, et l'année chrestienne. Il y a de belles et curieuses remarques. Avec une Table pour trouver les festes mobiles pendant le cours de douze années. || A Paris, chez l'auteur, A.-D. Ménard, Paroisse et rue Saint-Paul, dans le cloistre des Perr. Jésuistes, (sic) et rue St-Jacques, chez le sieur de Port, à St-Benoît. In-8.

Complément de la fiche 104.
24 planches, pour les mois, entièrement gravées, dans des encadrements de style. En face de chacune, une notice avec vignette allégorique à mi-page, et les jours avec leurs saints.

[Coll. Félix Meunié.]

3323. — LISTE GÉNÉRALE DES NOMS ET SURNOMS DE TOUS LES MAITRES, PEINTRES, Sculpteurs, Graveurs, Étoffeurs, Enlumineurs et Marbriers de la ville et Fauxbourgs de Paris. || Paris, Laisnel, 1728. In-8.

Annuaire de corporation comme il en a été décrit plusieurs au cours de cet ouvrage, qui a dû paraître annuellement jusqu'en 1789, avec l'ordre de réception des maîtres et les édits et lettres-patente du Roi concernant la corporation.

[D'après le catalogue de la vente Lottin.]

3324. — ÉTRENNES DE SALOMON, contenant autant de sentences qu'il y a de jours dans l'année, en distiques françois.‖ Paris, chez Lottin, 1741. In-24.

Par le père Jean-Philippe Valette, doctrinaire.

[D'après Barbier.]

3325. — ALMANACH CHANTANT, OU ÉTRENNES LYRIQUES, ASTRONOMIQUES ET PHYSIQUES pour l'année 1749, par M. Nau. [Épigraphe :] « Utile Dulci.» Hor.‖A Paris, chez Cailleau, libraire, rue S. Jacques, au-dessus de la rue des Mathurins, à St-André. In-32.

Recueil de chansons dû à l'auteur de tant d'autres Étrennes lyriques. (Voir, plus haut, nᵒˢ 185, 187, 197, 205, 229, 245, 249, 250).

3326. — ALMANACH DE POLYMNIE pour l'année mil sept cent quarante-neuf. Contenant la description du Ciel, la vie des Saints, l'Histoire de France sous Louis XV, l'Histoire de l'Avenir et plusieurs choses mystérieuses et incompréhensibles. [Épigraphe :] « Ex magnis componere parva solebam. » ‖ A Paris, chez Cailleau, libraire, rue St-Jacques, au-dessus de la rue des Mathurins, à St-André. M.DCC.XLIX. In-24.

Frontispice signé Beauvais filius *del.*, Tardieu *sculp.* une femme assise sur des nuages, contre un globe terrestre, un livre à la main, et entourée d'Amours.

Contient le calendrier, poème didactique en douze chants, mettant tous les saints de l'année en vers, et le retour de la paix, poème épique, en également douze chants; puis suivent des « prédictions qui seront infailliblement accomplies dans toute la chrétienté, tirées du Livre des Centuries de Gabriel Veradamus, arrière petit-fils de Michel Nostradamus », satire des prédictions almanachiennes, et une série d'énigmes, le tout se terminant par des approbation et privilège dans la note comique.

Je soussigné, sot examinateur,
Petit Censeur et grand Approbateur
Ayant par ordre de l'Auteur,
Lu de ce Livre la Copie,

Sans consulter ni la réflexion
Ni le goût, ni la modestie,
Je l'ay jugé digne d'Impression
Et mis au bas mon approbation.
Est signé l'*Amour propre* et daté de ma chambre,
L'An quarante-huit, à la fin de Décembre.

.·.

A notre aimé Lecteur, cher et Féal,
Sçavoir faisons, qu'à ce petit ouvrage
Court, léger, d'un commode usage,
Donnons un privilège utile et spécial,
Dont plus d'un Livre, hélas, devroit avoir envie
C'est à sçavoir
De ne pouvoir
Qu'un quart d'heure ennuyer, si tant est qu'il
[ennuye,
Signé : le Temps, Roy de la pluye,
Du Chaud, des Vents et des Frimas,
Et Grand Maître des Almanachs.
Lu et approuvé, ce 12 Décembre 1748.

CRÉBILLON.

[Coll. de l'auteur.]

3327. — ÉPHÉMÉRIDES COSMOGRAPHIQUES où le Cours apparent des Planettes est désigné par des Tables, et représenté par des Planches, d'après les observations et calculs astronomiques, pour l'année 1750. ‖ Paris, Durand. In-12.

[D'après la *Bibliothèque annuelle et universelle*.]

3328. — ÉTAT DE LA GENDARMERIE. Du premier Janvier 1750. ‖ A Paris, de l'Imprimerie de Thiboust, Imprimeur du Roi. M.DCC.L. In-18 et in-24.

Annuaire officiel donnant les noms des officiers et maréchaux des logis de chacune des dix compagnies de gendarmes et chevaux-légers, soit : Gendarmes écossais, les plus anciens (corps créé en 1422); Gendarmes anglois (1667), Gendarmes bourguignons (1668), Gendarmes de Flandre (1673), Gendarmes de la Reine (1660), Gendarmes Dauphin (1666) ; Gendarmes de Bretagne ; Gendarmes d'Anjou ; Gendarmes de Berry ; Gendarmes d'Orléans. Avec l'ancienneté des officiers et la paye de la gendarmerie.

Cet annuaire a paru jusqu'en 1790 : les dernières années sont sans indication d'endroit d'impression et contiennent un calendrier.

[Voir, plus haut, nᵒ 565, *État des maréchaussées*.]

[Coll. Gabriel Cottreau, A. 1750 et 1787.]

3329. — LISTE GÉNÉRALE DES NOMS, SURNOMS ET DEMEURES DES MAITRES ET MARCHANDS ORFÈVRES, jouailliers de la Ville et fauxbourg de

Paris, le tout composant le Corps de l'orfèvrerie-joyaillerie. || Paris, Paulus du Mesnil, 1750. In-8.

Annuaire de corporation ayant précédé le *Tableau Général de tous les maîtres marchands orfèvres* de 1782 (voir, plus haut, n° 729), avec l'ordre de réception des maîtres et les édits et lettres-patentes du Roi concernant la corporation.
[D'après le catalogue de la vente Lottin.]

3330. — ALMANACH TRÈS CURIEUX SUR LA CONNOISSANCE DES DIAMANS pour l'année mil sept cent cinquante-un. || Paris, Lesclapart. In-24.

Almanach antérieur à celui que Desnos devait publier, par la suite, sur la même matière (voir, plus haut, n° 614, *Description des Diamans, des perles et des parfums les plus précieux.*)
[D'après le catalogue de la vente Lottin.]
[Ex. relié en veau, cat. 20 fr.]

3331.—ÉTRENNES AUX FEMMES DE GOUT. || A Paris, chez L. Valleyre, rue St-Séverin, Au Bon-Pasteur, 1763. In-8.

Poésies et chansons, avec calendrier.

3332. — PETITES ÉTRENNES, OU EMBLÈMES SACRÉES, sur chaque mois, avec ses petites enluminures. || Chez Maillard de Bresson, rue St-Jacques, au magasin des belles Emblèmes, près la rue des Mathurins. 1763. In-8.

Recueil de poésies et d'emblèmes, rédigé dans un esprit religieux. (Voir, plus haut, n° 224.)

3333. — ÉTAT ACTUEL DE LA DISTRIBUTION DES RENTES DE L'HOTEL DE VILLE DE PARIS : avec les noms et demeures des Payeurs desdites Rentes, et les jours de Payements de ces rentes, et on y joint encore le calendrier pour l'année 1764. || Paris, chez Prault, libraire, quai de Gesvres. In-12.

Très probablement, cet « État » a dû paraître, si ce n'est annuellement, du moins à plusieurs reprises.

3334.—PRÉSENT SPIRITUEL DONNÉ PAR LA PIÉTÉ, contenant : Prières, la Messe Latin-François, et Offices à tout usage. Orné d'emblèmes et devises chrétiennes. || A Paris, chez de Hansy le jeune, Libraire, rue St-Jacques,

près les Mathurins, à Sainte-Thérèse. M.DCC.LXVI. In-24.

Frontispice signé De Seve, *inv.* C. Baquoy, *sculp.*, La Religion tenant en main un livre ouvert sur lequel on lit : « Présent spirituel. » S'ouvre par un sizain de la Piété aux lecteurs. — Avec un calendrier.
[Coll. Gabriel Cottreau.

3335. — ALMANACH ANTHOLOGIQUE, contenant un Recueil de chansons choisies notées sur les airs les plus nouveaux.||A Saumur, chez de Gouy, Libraire-Éditeur ; à Paris, chez Guillyn, quai des Augustins. 1767. In-24.

Chansons du jour, avec un calendrier pour 1767. (Voir, plus haut, n° 422.)

3336. — LA ROSE. Almanach chantant, avec des pronostics les plus heureux pour la présente année, sur des airs connus et choisis par M. P. H. de Navarreux. || A Paris, chez Vente, Libraire, au bas de la Montagne Sainte-Geneviève. 1767. In-24.

Une pièce sur la rose qui se trouve avoir, ainsi, donné son nom au recueil. Avec calendrier.

3337. — CAQUET BON BEC, ALMANACH BAVARD. Étrennes Extravagantes, pour la présente année, Sur des airs connus et choisis, par M. D'''.|| Dans tous les pays, et se trouve particulièrement à Paris, chez Dufour, libraire, quai de Gesvres, la 4ᵉ Boutique à gauche, en entrant par le pont Notre-Dame, au Bon Pasteur. (1768). In-24.

Recueil de 72 horoscopes, avec manière de les tirer, et des petites poésies : Vérités, Conseils, Tapage à la maison, etc.
[Coll. de Savigny de Moncorps.]

3338. — CONDUCTEUR FIDÈLE, ou Plan topographique, historique, chronologique de Paris. || A Paris, chez Desventes de la Doué, Libraire, rue St-Jacques, vis-à-vis le Collège de Louis-le-Grand. 1769. In-32.

Titre gravé dans un encadrement rocaille, signé : Hérisset fils, *invenit et sculp.* Avec dédicace à M. Brallet, écuyer-conseiller du Roi, ancien échevin, ancien consul, signée L. Denis. S'ouvre par un « plan général de Paris pour servir d'intelligence aux 24 plans du *Guide Étranger* », chacun de ces plans étant accompagné d'une table gravée donnant, avec des numéros de renvoi, les noms des édifices, rues, culs-de-sac, places, et de quelques notices, imprimées, sur les édifices les plus remarquables. Le volume se termine par des tables alphabétiques. D'après l'approbation datée du 17 décembre 1763, l'ouvrage se serait appelé le *Guide Étranger de la Ville et des environs de Paris*. J'ajoute que l'exemplaire que j'ai eu entre les mains avait un calendrier pour 1783, ce qui prouve que l'ouvrage se remettait en vente, toutes les années, par l'adjonction d'un almanach nouveau.

Publication faisant concurrence à l'*Almanach de l'Indicateur Fidèle* de Desnos (voir, plus haut, n° 405.)

[Coll. Gabriel Cottreau.]

3339. — LES ÉTRENNES UTILES AUX CHRÉTIENS, à l'usage de Rome et de Paris. || A Paris, chez Valade, rue St-Jacques. (1769). In-24.

Encore un recueil dans la note pieuse du moment.

3340. — PETIT CALENDRIER PERPÉTUEL ET HISTORIQUE, contenant une instruction raisonnée, où l'on trouve l'explication des différentes méthodes qui servent à indiquer perpétuellement la correspondance des jours de la semaine, avec le quantième de chaque mois de l'année, l'âge de la Lune, les Fêtes mobiles, etc. Toutes les éclipses de Soleil, qui seront visibles à Paris pendant le reste de ce siècle, y sont annoncées ; et l'on indique, en même temps, les principaux endroits de la Terre où ces Éclipses se trouveront totales ou annulaires : suivie d'une lettre curieuse sur la nature des comètes et sur les bons ou mauvais effets qu'on doit en attendre, à l'occasion de celle qui a paru dernièrement. || A Paris, chez Desnos, Libraire-éditeur, Ingénieur-Géographe du Roi de Danemarck, rue St-Jacques. (1769). In-24.

Les calendriers perpétuels et historiques se rencontrent déjà en grand nombre, au cours de cette Bibliographie. Desnos en a publié plusieurs, à moins que ce ne fut, ce qui est encore bien possible, toujours le même, paraissant sous des titres différents.

3341. — CALENDRIER EN CHANSONS, pour l'an de grâce 1770. || A Paris, chez Dufour, Libraire, au milieu du Quai de Gesvres, à l'Ange Gardien. In-24.

Recueil de chansons et d'énigmes. Publication populaire.

[D'après le catalogue de la vente Lottin.]

3342. — ÉTRENNES SANS FARD, ou Caractères. || A Paris, chez la Vve David, Quai des Augustins. 1770. In-24.

Recueil de chansons sous un titre qui sera souvent employé à cette époque.

[D'après le catalogue de la vente Lottin.]

3343. — NOUVEAU TABLEAU DES AVOCATS AU PARLEMENT, mis au greffe par M. Rigault, Bâtonnier, le 9 mai 1770. || Paris. In-8.

Annuaire officiel, avec les dates d'entrée en fonction, les arrêtés et règlements, le journal des *audiences du Palais,* qui, très certainement, a dû paraître antérieurement, et qui doit être considéré comme le prédécesseur des *Tableaux de l'ordre des avocats*, publiés en notre siècle.

[D'après le catalogue de la vente Lottin.]

3344. — ALMANACH DE L'ÉTRANGER, pour lui servir à former avec aisance, économie et agrément, son séjour à Paris, par M. de Gaigne. || Paris, Hochereau. 1771. In-18.

Almanach-guide, dans le genre de l'*Agenda du Voyageur* (n° 111), de l'*Almanach pour servir de guide aux voyageurs* (n° 290) ou de l'*Almanach parisien en faveur des étrangers* (n° 307), ou encore de l'*Almanach pour l'étranger qui séjourne à Paris,* (n° 576), abondant en renseignements pratiques et contenant des notices sur tout ce qui peut intéresser l'étranger.

[D'après le catalogue de la vente Lottin.]

3345. — LES BONNES ÉTRENNES Utiles aux chrétiens ; à l'usage de Rome et de Paris. || A Paris, chez Valade, Libraire, rue St-Jacques, vis-à-vis celle de la Parcheminerie. (1771). In-24.

Recueil de pensées et de poésies pieuses.

3346. — ÉTRENNES AUX CÉLIBATAIRES, ou Essai d'Anecdotes curieuses

pour l'année 1771. || A Paris, chez la veuve David, Libraire, quai des Augustins. In-24.

Recueil d'anecdotes amusantes dans la note légère.

3347.— LE JARDINIER PRÉVOYANT, Almanach pour l'année 1771. || A Paris, chez Didot le jeune, quai des Augustins. In-12.

Almanach destiné à faire concurrence au *Bon Jardinier.*

3348. — LE PETIT COMUS. Almanach de société, contenant plusieurs Expériences agréables, Recettes amusantes, Secrets curieux et Tours récréatifs. Pour la présente année. || A Amsterdam, Et se trouve à Paris, chez Nyon le jeune, Libraire, quai des Quatre Nations. (1771.) In-24.

Almanach de tours, expériences, et autres objets de même genre, publié, précédemment, sous le titre de : *Almanach récréatif.*

3349. — LES 4 SAISONS ET LES 4 HEURES DU JOUR. [Avec un second titre intérieur gravé en écriture :] ALMANACH POUR LA PRÉSENTE ANNÉE, OU PETIT RECUEIL D'ESTAMPES, Avec des vers analogues à chaque sujet, suivi de Tablettes sur lesquelles on peut écrire, sans Encre ni crayon, et aussi distinctement qu'avec la Plume, ses Pensées, Souvenirs, Rendez-vous, Billets, Propos Galants, Notes de Missives, Discours agréables, etc... || A Paris, chez Desnos, Libraire-Ingénieur du Roi de Dannemarck (sic), Rue St-Jacques, au Globe et à la Sphère (1773). In-24.

Le premier titre se lit sur une composition signée L. Desrais, *inv.*, Patas, *sculp.* : Apollon, une lyre en main, tenant un médaillon.

8 figures, personnages allégoriques, provenant de différents almanachs : 1. Le Printemps. — 2. L'Été. — 3. L'Automne. — 4. L'Hiver. — 5. Le Matin. — 6. Le Midi. — 7. Le Soir. — 8. La Nuit. — Tablettes et Calendrier.

Suivant un procédé habituel au sieur Desnos, cet almanach sera coupé en deux parties et

constituera ainsi : 1° *Les quatre saisons.* 2° *Les quatre Heures du jour,* chacune avec les figures qui lui sont propres.

[Voir, plus haut, n° 667, l'almanach publié sous le même titre, par Boulanger.]

[Coll. Félix Meunié.]

3350. — LES ENIGMES ET EMBLÈMES LYRIQUES, OU LE PETIT CHANSONNIER ÉNIGMATIQUE. Étrennes galantes, critiques et morales pour la présente année, sur des airs connus et choisis, mis en ordre par M. D*** || A Thèbes, chez Pancrace l'obscur, au Sphinx, et se trouve à Paris, chez Ph. D. Langlois, libraire, rue du Petit-Pont, entre celles de de St-Séverin et de la Huchette, au Saint-Esprit couronné. M.DCC.LXXIV. In-32.

Almanach dû au sieur Dumenil, s'ouvrant par les vers suivants au lecteur, énigme dont le mot est : *Almanach.*

> Je suis jeune, je suis vieux,
> C'est le tems qui me fit naître ;
> Je suis jeune, je suis vieux,
> Et je sers au curieux.
>
> ⁑
>
> Je mens (sic), je dis la vérité,
> Le fait est bien attesté.
> Lecteur, tu dois me connaître,
> Souvent tu m'as visité.
>
> ⁑
>
> Je suis plus mince qu'épais,
> Dans le froid, je viens paraître ;
> Je suis plus mince qu'épais
> Je meurs lorsque je renais !

Avec calendrier pour 1774.

[Coll. de Savigny de Moncorps.]

3351. — ALMANACH DES DIFFÉRENTS CORPS D'ARTS ET MÉTIERS QUI S'EXERCENT A PARIS, qui sont les peintres et sculpteurs, orfèvres, perruquiers, fourbisseurs, vitriers, serruriers, menuisiers, charpentiers, tailleurs, couturières, fripiers, cordonniers, bottiers, savetiers, boulangers, marchands de vin, rôtisseurs, patissiers, fruitiers. orangers, jardiniers-fleuristes et bouquetières. || A Paris, chez Desnos, Ingénieur-géographe et libraire de Sa Majesté

Danoise, rue St-Jacques, au Globe. (vers 1775). In-24.

Complément de la fiche 459.

Almanach qu'il ne faut point confondre avec celui précédemment publié par Duchesne, (voir, plus haut, n°195) qui donnera lieu à des truquages et à des *coupages* sans nombre, vendu à la fois, en livre et en feuilles destinées à être placées sous verre. « Les gravures que l'on y trouve » disait l'éditeur, en un avis, « expriment ces divers arts et métiers avec leurs patrons enluminés. » Cet almanach se trouve, du reste, jusqu'à la fin du siècle, sur tous les catalogues de Desnos.

3352. — CALENDRIER SPIRITUEL ET HISTORIQUE A L'USAGE DE LA PAROISSE DE S.-SULPICE. || Paris, Grappart. 1777. In-12.

Petit recueil, à la fois religieux et profane, intéressant pour l'histoire locale de la paroisse, avec une notice historique sur l'Église au point de vue de l'architecture, des peintures et des curiosités. J'ignore si ce petit calendrier a paru plusieurs années de suite et si la même tentative a été faite, au siècle dernier, pour d'autres paroisses.

[D'après le catalogue de la vente Lottin.]

3353. — L'OFFICE DU MATIN suivant le bréviaire et le Missel de Paris, contenant, en latin et en François, les Primes, Tierces, Processions, Messes et Sextes de tous les dimanches et de toutes les fêtes de l'année, avec les mémoires de toutes les fêtes qui peuvent tomber en ces jours. Imprimé par ordre de Monseigneur l'Archevêque. || A Paris, chez les libraires associés pour les usages du diocèse de Paris. 1777. In-18.

Livre d'office, avec calendrier. Les mêmes éditeurs ont publié *L'office du Soir*.

[D'après le catalogue de la vente Lottin.]

3354. — ALMANACH D'HOROSCOPE, avec un calendrier pour 1778. || Paris.

S'ouvrant par les vers suivants :

Présentant cet almanach,
Vous serez chéri des Belles.
Mais si vous le laissez là,
Vous ne trouverez que cruelles!
Il ne faut point hésiter,
Dépêchez-vous de l'acheter,
Dépêchez-vous de l'acheter.

[Coll. de Savigny de Moncorps.]

3355. — ALMANACH DES JUIFS, pour l'année Lunaire commune 5539 de la Création, inséré dans l'Almanach des Chrétiens, pour l'année solaire 1779, par Mardochée Venture. || Paris, Sorin, 1779. In-24.

Calendrier à l'usage des Israélites, avec des notices se rapportant aux particularités du culte.

[D'après le catalogue de la vente Lottin.]

3356. — ALMANACH SVELTE, par l'Auteur de l'*Almanach des Calembourgs*. || A Ratopolis. [Paris, chez la veuve David, Libraire, quai des Augustins.] 1779. In-24.

« L'almanach svelte », souvent cité dans la petite littérature de l'époque, est un de ces titres pittoresques comme le XVIIIe siècle aimait à en donner, dans le genre de *La Bagatelle* et des *Étrennes badines*. C'est un recueil de bons mots et de charades qui doit donc être attribué, comme le précédent, (voir, plus haut, n° 423), au marquis de Bièvre.

3357. — LES ÉTRENNES DES PLAISIRS, ou Variétés Lyriques et Chantantes, par M. Dumény. || Paris, Hochereau. 1779. In-24.

Recueil de chansons dû au sieur Dumény qui, comme Nau, produisit énormément pour la petite littérature de l'époque.

[D'après le catalogue de la vente Lottin.]

3358. — TABLEAU GÉNÉRAL DU CORPS DES MARCHANDS ÉPICIERS, Grossiers et Droguistes de la Ville, faux-bourgs et Banlieue de Paris. || Paris, Simon, 1779. In-8.

Annuaire de corporation, avec les arrêtés et règlements royaux, avec la liste des maîtres dans leur ordre de réception, et tout ce qui se rapporte à l'organisation du corps.

[D'après le catalogue de la vente Lottin.]

3359. — LE VADE-MECUM, en François et en vers libres, dédié à Monseigneur le Duc de Penthièvre, pour le jour de l'an 1780, par M. Boisset, Avocat au Parlement. || Paris, 1779. Petit in-12.

Recueil de conseils, de pensées et de préceptes dans le genre du *Calendrier Dauphin* (voir, plus haut, n° 681).

3360. — ÉTAT DU CORPS DE LA GENDARMERIE pour l'année bissextile 1780. || A Nancy, de l'Imprimerie de la veuve Leclerc, Imprimeur de l'Intendance. In-24.

Annuaire de la gendarmerie, dite de Lunéville, parce que les huit compagnies qui composaient ce corps, depuis l'ordonnance du 24 février 1776, se trouvaient réunies dans le château de Lunéville, organisé pour « contenir en tous temps ces huit Compagnies d'ordonnance ». Contient les noms de tout le personnel, officiers et soldats, soit gendarmes écossais du Roi, gendarmes anglois, gendarmes bourguignons, gendarmes de Flandre, gendarmes de la Reine, gendarmes du Dauphin, gendarmes de Monsieur, gendarmes d'Artois, avec notices sur l'uniforme, es couleurs de l'étendart, des banderolles, trompettes, épaulettes, chiffre des housses.

Donne, également, l'ancienneté de service de tous les gradés, le prix des charges et la paye.

A dû paraître antérieurement.

[Coll. Gabriel Cottreau.]

[Cat. 22 fr.]

3361. — CARNET POUR Y DÉPOSER LA LISTE DE PARENS, amis et Connoissances residents (sic) à Paris, désignés par l'ordre alphabétique de leurs demeures, pour leur faire parvenir : Billets d'accouchement, Naissance, Mariage, Enterrements et autres avis. Ouvrage utile à toutes les Familles Parisiennes. || Paris, Lottin l'aîné, 1781. 2 vol. in-8.

Véritable almanach-agenda, avec feuilles blanches destinées à l'inscription journalière des avis et renseignements de toutes sortes qui constituent la vie quotidienne. Ce carnet, un ancêtre des nombreuses publications modernes, dans ce domaine, marchait de pair avec l'*Almanach-nécessaire ou portefeuille de tous les jours,* publié en 1780, par Didot (voir, plus haut, n° 623).

3362. — LES VARIÉTÉS AMUSANTES. Étrennes aux gens de Bon goût. || A Paris, chés Crépy, rue St-Jacques, à St-Pierre, près la rue de la Parcheminerie. (1782). In-32.

Titre écrit sur un rideau ayant comme ornement, aux coins du haut, une perruque et un vase de nuit. Sur le côté un personnage.

4 vignettes à transformations, avec l'indication : « il faut d'abord lever le haut de chaque figure ». Un avis de l'éditeur, placé à la fin, indique qu'il se proposait de donner, tous les ans, un « almanach de Variétés amusantes », orné de sujets diversifiés et de chansons toujours différentes. (voir, plus haut, n° 733.)

[Coll. Gabriel Cottreau.]

3363. — VENI-MECUM. ALMANACH Dans lequel on prescrit les règles qu'il faut suivre pendant tout le cours de l'année, pour se conserver le corps sain, et prolonger sa vie. Étrennes salutaires pour la présente année. Par M. D. F. Docteur en Médecine. || A Amsterdam, et se trouve à Paris, chez Dufour, Libraire, rue de la Vieille-Draperie, au coin de celle aux Fèves (vers 1783). In-24.

L'éditeur, dans un avertissement, explique que pour vivre longtemps, il faut connaître les « choses non naturelles », lesquelles se réduisent à six : l'air, les aliments, le mouvement et le repos, le sommeil et la veille, les excrétions et les passions de l'âme.

[Cat. 8 fr.]

3364. — ALMANACH GÉOGRAPHIQUE DU NÉGOCIANT ET DU VOYAGEUR. Enrichi de cartes géographiques très correctes (sic). Augmenté de divers articles très intéressants, et d'un Tableau des villes de la France, avec l'indication des jours de grâce sur les effets commerçables, faits pour valeur reçue en marchandises. Pour la présente année 1784. || [Paris] M. DCC. LXXXIIII. In-32.

Calendrier-almanach divisé en 2 parties : 1° Instructions très utiles aux voyageurs. (Notions sur les voitures, les chevaux, les courses à pied, remèdes pour la route, orientation, monnaies, etc.); 2° Indication des villes commerçantes de l'Europe, par ordre alphabétique.

3365. — ATLAS ECCLÉSIASTIQUE, CIVIL, MILITAIRE ET COMMERÇANT DE LA FRANCE ET DE L'EUROPE pour l'année M.DCC.LXXXIV. Orné de Cartes et de Figures coloriées. || A Paris, chez l'Auteur, maison de M. Lambert, Imprimeur-Libraire, rue de la Harpe, près Saint-Côme [puis chez Beauvais, maison de Mᵐᵉ Lambert]. 1784 et suite. In-24.

Précieux almanach divisé, suivant les indications du titre, en quatre parties, donnant les détails de l'organisation du pays dans les différents domaines, avec les noms des fonctionnaires supérieurs. La partie militaire est intéressante, entre toutes, à cause des figures en pied qui l'accompagnent, reproduisant les principaux costumes des militaires de l'époque. Voici les figurines des années 1786 et 1788, les deux seules qui me soient connues.

— A. 1786. — Gardes françaises, gardes suisses, différents types de l'infanterie française. (Colonel-général. — Lorraine. — Picardie. — Piémont. — Blésois. — Austrasie.— Normandie. — Neustrie. — Forest. — Béarn. — Agenois. — Lyonnois. — Maine. — Perche. — Savoie. — Limousin. — Bretagne. — Turenne. — Aquitaine.— Anjou. — Boulonnois. — Angoumois. — Saintonge). Corps royal d'artillerie; Infanterie suisse; Infanterie allemande. (Alsace. — Salm-Salm.— Bouillon); Infanterie irlandaise, (Dillon.—Walsch-Berwick); Infanterie italienne et corse; Troupes de la marine et troupes des colonies (Saint-Domingue. — Guadeloupe. — La Martinique). — Habits blanc, bleu, rouge ou gris, ne différant entre eux que par la couleur des parements, des revers et des boutons. — Cavalerie : Gardes du corps; Gendarmes de la garde; Chevaux-légers; Gendarmerie de France; Différents types des régiments de cavalerie; dragons et chasseurs. (Colonel-général. — Mestre de camp. — Condé. — Orléans. — Noailles. — Penthièvre. — Artois. — Chasseurs des Vosges), puis hussards (Lauzun).

— A. 1788. — Donne en planches gravées, hors texte, et également coloriées, des figurines équestres représentant les colonels-généraux des différentes armes : I. Infanterie. (Prince de Condé).— II. Infanterie étrangère (Comte d'Artois). — III. Cavalerie française et étrangère (marquis de Béthune).— IV. Hussards (duc d'Orléans). — V. Dragons (duc de Luynes).

L'année 1788, ornée d'un frontispice (la France fleurdelysée et couronnée, assise sur le bord du rivage, ayant à ses côtés les attributs du commerce, de la justice, de la guerre), contient un précieux tableau alphabétique des villes et bourgs de France, leur distance, le départ des courriers, les jours qu'ils restent en route et la taxe des lettres.

Chaque année possède des cartes et publie la description des différents États de l'Europe.

[Coll. Gabriel Cottreau.]

[Cat. 40 fr.]

3366. — TABLEAU DES FRÈRES ET DES SŒURS COMPOSANT LA LOGE DE SAINT-LOUIS, à l'Orient du Régiment d'Infant. du Roi. || A l'Époque du premier jour du 12ᵉ Mois de l'an Maçonnique 5784, style vulgaire 1ᵉʳ février 1784. In-24.

On sait que le régiment d'infanterie du Roi fut tout particulièremet gâté par le souverain. La loge de Saint-Louis était une sorte de maison de retraite. Ce tableau, qui donne les noms de tous les adhérents (frères et sœurs, internes, externes, servants), les noms des loges avec lesquelles celle de Saint-Louis était en correspondance, les députés de la loge, ainsi que le tableau des frères composant la loge de Fabert, a dû paraître antérieurement et, peut-être, toutes les années. Des pages blanches étaient jointes pour les noms à ajouter.

[Cat. 12 fr.]

3367. — ÉTRENNES PROVINCIALES, OU TABLETTES DU CITOYEN, pour l'année M. DCC. LXXXV, contenant : 1° l'état actuel de la France; 2° Tableau très curieux de ce Royaume, suivi de la description générale des Provinces qui le composent, le tout enrichi de Notes et d'Anecdotes historiques; 3° Étendue et Population de chaque Province; 4° Longitudes et latitudes des principales Villes qu'elles renferment, leur distance de Paris, et le nombre de leurs habitans; 5° Caractère des Nationaux; 6° Parallèle historique et critique des loix, usages, mœurs, etc. des premiers Français avec ceux actuels; 7° Description intéressante des Possessions Françoises dans l'Asie, l'Afrique et l'Amérique; 8° Naissances et avènemens des Souverains et Souveraines de l'Europe; 9° Départ des courriers pour toute la France et les autres Royaumes. Prix : douze sols, broché. || A Paris, chez Beauvais, maison de M. Lambert, Impr. Libr., rue de la Harpe; Froullé, Libr., quai des Augustins, au coin de la rue Pavée. In-24.

En tête un avis de l'éditeur porte : « En présentant pour la première fois ces Étrennes au public, on le prévient que leur plan étant susceptible de variétés et d'extension, on s'attachera chaque année à les rendre de plus en plus intéressantes et utiles. » Au-dessous de chacun des mois du calendrier, se trouvent des petites historiettes amusantes.

J'ignore si cette publication, fort précieuse pour la connaissance de l'ancienne France, s'est continuée, comme porte à le croire ledit avis.

[Cat. 15 fr.]

[Coll. Gabriel Cottreau.]

3368. — SOCIÉTÉ OLYMPIQUE pour 1786. || Paris. In-32.

Recueil de chansons avec musique, publié par la Société de ce nom.

[D'après le catalogue Farrenc.]

3369. — LES ESPIÈGLERIES AMOU-
·REUSES, ou les Intrigues de Cythère.
Étrennes Lyriques et Galantes. || A Pa-
ris, chez Jubert, Doreur, rue Saint-Jacques, la Porte cochère vis-à-vis les Mathurins. (1787). In-32.

Titre gravé, avec Amours et attributs divers. 12
ravissantes compositions de Dorgez : 1. La bonne
restitution. — 2. Le faut (sic) muet. — 3. La
double réconcilliation (sic) (deux femmes satisfai-
tes du retour de leur mari) :

> Elles reçoivent leurs maris
> Mieux que par bienséance,
> Et tous quatre, en amans chéris,
> Répareront l'absence.

4. Le bon quart d'heure. — 5. Les deux lutins.
— 6. L'arbre ensorcelé (l'éternelle histoire du
poirier). — 7. L'agréable répétition. — 8. L'a-
droit emprunteur. — 9. L'heureux sacrifice. —
10. Le buveur prudent. — 11. La surprise nocturne. — 12. La duppe (sic) de sa ruse.
Texte gravé, composé de chansons dans la note
légère, comme les vignettes.

[Coll. de L'Empérière du Dézert.]

3370. — LES SIX CALENDRIERS NÉ-
CESSAIRES, contenant les mutations
des charges, avec l'énoncé des édits, arrêts, réglements, lettres-patentes, délibé-
rations, ordonnances rendus pendant l'année 1787, dans les différents départements
du Ministère. || Paris, chez Prault, et chez
les marchands de nouveautés. In-12.

Publication officielle du ministère d'État qui
devait paraître annuellement.

3371. — ALMANACH DES FOLIES
DE L'AMOUR, ou le Tribut de l'Amitié
au beau sexe. || Chez Guillot, Libraire,
rue St-Jacques, vis-à-vis celle des Mathurins. A Paris, chez Jubert, doreur, rue
Saint-Jacques, la porte cochère vis-à-vis
les Mathurins. (1788.) In-32.

Titre gravé : Amours ailés soutenant une couronne de fleurs au milieu de laquelle se détachent,
en lettres entrelacées, les initiales J. L. Les indications d'éditeurs se trouvent sur la tablette placée
au-dessous du sujet. Selon toute vraisemblance, le
premier nom doit avoir été ajouté, par la suite,
étant donnée la hauteur à laquelle il a été gravé
et le fait que le dit Guillot ne se rencontre nulle
part comme éditeur. 12 figures de Dorgez répondant aux chansons gravées de l'almanach.—1. L'A-
mour magnétiseur (devant le célèbre baquet mes-

mérien autour duquel des femmes viennent prendre
place).— 2. La pilule d'Amour (jeune femme faisant
avaler la pilule de la tromperie à son vieux barbon
de mari). — 3. Le Choix du Cœur. — 4. Le baiser envié. — 5. Le Téméraire. — 6. La colère de
Lise (femme se débattant contre les entreprises
d'un galant). — 7. Le chalumeau volé :

> Lucas, un matin, par malice
> Feignait de dormir sous l'ormeau ;
> Lison, en fait d'amour novice,
> Vint lui voler son chalumeau,
> Il la poursuit sous la coudrette.
> L'atteint et la prend dans ses bras ;
> Elle veut crier la pauvrette !
> Paix donc, doucement, dit Lucas,
> > Un peu plus bas,
> > Un peu plus bas.

.·.

> Du vol que tu viens de me faire,
> Je prétens, dit-il, me vanger (sic).
> Pour mon chalumeau, ma bergère,
> Il me faut un nouveau baiser.
> Il presse, on craint, on s'effarouche,
> Enfin, après bien des débats,
> Il cueille un baiser sur la bouche,
> Puis il passe à d'autres appas,
> > Un peu plus bas,
> > Un peu plus bas.

— 8. Le vert gazon. — 9. Les amants muets. —
10. La bergère mourante (Cloris se préparant à
faire mourir d'amour une bergère). — 11. L'amant
vindicatif. — 12. Le passage du bac.
Airs notés pour les chansons. Calendrier se
dépliant.

[Coll. Félix Meunié.]

3372. — LES CHATEAUX EN ESPA-
GNE, OU L'AMOUR PATISSIER. Alma-
nach nouveau, avec gravures. || A Paris,
chez Jubert, doreur, rue St-Jacques, la
porte cochère vis-à-vis les Mathurins.
(1788). In-24.

Titre gravé, 12 figures de Dorgez. — 1. Au Gâteau des Rois (femmes venant acheter des gâteaux
à la boutique tenue par l'Amour). — 2. Hélas !
Hélas ! m'aimera-tu (sic) jusqu'au trépas ? (homme
et femme se jurant fidélité sur l'autel de l'Amour).
— 3. Sans cesse pleurer un mari, est-ce être sage ?
— 4. C'est alors que l'espérience (sic) de ces
leçons tirent le fruit. — 5. S'il est sur terre un
Optimiste, cœurs insensibles c'est pour vous. —
6. Mais l'on n'obtient pour tout retour que ce dont
Bacchus fait usage. (Bacchus devant Cupidon). —
7. Je l'avouerai, me dit Glycère, mais monsieur, il
ne lèche pas (débat entre le chat et le chien, « plus
beau, cent fois plus gras, mais qui ne lèche pas). »

8. Reçois ta Lise dans tes bras, c'est là que la raison s'égare. — 9. J'ai toujours vu que d'une belle l'image était le papillon (belle courant après un papillon). — 10. Tous deux alors ne font qu'une âme et tous deux expirent d'amour (l'effet de la tendresse).— 11. Toute la vie, assurément, à pareil prix on ne peut plaire (femme invitant le paysan Lucas à la joute amoureuse). — 12. Je ne vois que gens insensés qui font des châteaux en Espagne (amants se jurant fidélité éternelle). — Calendrier en feuille pour 1788.

°

3373. — ÉCOLE HISTORIQUE ET MORALE DU SOLDAT ET DE L'OFFICIER; à l'usage des Troupes de France et des Écoles Militaires : avec des portraits. [Épigraphe :] « Il ne suffit pas que les Soldats soient braves, il faut qu'ils soient honnêtes gens ». Tactique de M. le C. de G. — Tome premier. Prix : 9 liv. les trois Volumes reliés. || A Paris, chez Nyon l'aîné et Fils, Libraires, rue du Jardinet. M.DCC.LXXXVIII. In-12.

Ouvrage en trois volumes, chacun renfermant des lectures à l'usage de quatre mois, chaque mois s'ouvrant par un chant sur l'art de la guerre et contenant le récit d'une série d'actions d'éclat, de bravoure, de générosité de toutes les époques. Dans un avertissement, l'auteur indique, ainsi, le but de sa publication : « Les Éloges qu'ont prodigué à ma dernière compilation des Vertus du Peuple, généralement tous les journaux, le prompt débit qui s'en est suivi, et enfin, trois contrefaçons m'ont prouvé d'une manière positive que ce Livre était bon. Plusieurs chefs de famille le font lire tous les soirs à leurs domestiques, et moi-même j'ai eu la douce satisfaction de le retrouver dans des chaumières à cent cinquante lieues de Paris, et dans des chambrées de soldats. D'après ce principe, je crois que « l'École du Soldat et de l'Officier » sera de la plus grande utilité. C'est une espèce de Bréviaire Martial composé d'Hymnes et de légendes, très propres à rallumer le courage, à ramener le patriotisme, et à donner une juste idée de la guerre. Mais j'ose le dire, afin d'en étendre le fruit, il faudroit que le ministère achetât l'édition pour la distribuer aux régimens ; il faudrait qu'il devînt classique dans les écoles, et que chaque compagnie eût son exemplaire : il faudroit, à la suite des Vertus du Soldat, donner un opuscule annuel en forme d'Almanach, distribué de même, où l'on offriroit à l'estime publique les traits de courage, de probité, de dévoûment de cette classe d'hommes. Ainsi se perpétueroient parmi eux les chansons guerrières, les faits patriotiques, les bons exemples. L'émulation les porteroit à se distinguer, car à tout âge et partout l'homme est imitateur. Cet Almanach seroit un nobiliaire pour les troupes françoises. Heureux les officiers qui commanderoient à ceux dont les noms y seroient inscrits. Cela vaudroit peut-être bien l'État Militaire... et en seroit, sans doute, un excellent supplément. Je ne doute pas que ce projet, qu'on doit traiter de rêve comme ceux de ce bon abbé de St-Pierre, premier du nom, ne se réalise l'an du monde 2440. »

L'almanach rêvé par cet éditeur n'a pas eu à attendre l'an 2440, car l'Almanach des Braves, les Tablettes des Guerriers (1819) et l'Almanach des Guerriers français (1819), ont réalisé en partie ses désirs.

[Coll. Gabriel Cottreau.]

3374. — L'ORNEMENT DE LA TOILETTE, ou les Filets de l'Amour. || S. l. ni ind. [Paris, 1788]. In-32.

Recueil de chansons, avec figures « érotiques », c'est-à-dire avec compositions académiques : 1. Le Triomphe de l'Amour. — 2. Les Grâces vaincues. — 3. Le Triomphe des Grâces :

> D'Anacréon suivons les traces,
> Qu'aimer soit notre unique soin.
>
> . . . .
>
> Abjurons la morale austère ;
> Nous somme (sic) tous faits pour aimer :
> Partout nous retrouvons Cytère,
> Et tout est fait pour nous charmer.
>
> La Brune, ou maligne ou piquante
> Éguise le trait du désir,
> Et la Blonde, un peu plus dolente,
> Nous ouvre le Champ du plaisir.

4. L'attente du plaisir.— 5. La nouvelle Psyché. — 6. Ariane et Naxos.— 7. Le don fait à l'Amour. — 8. La récompense de l'Amour. — 9. Vénus et Mars :

> Soyez doux, mais entreprenans.
> Trop tarder est une sottise!

10. L'Amour enchainé. — 11. La toilette de Vénus.

[Coll. Victorien Sardou, fig. coloriées.]

[Cat. 90 fr.]

3375. — ADÉLAIDE, ou l'Honneur des dames vengé. || A Paris, chez Desnos, Imprimeur géographe, rue St-Jacques, au Globe. 1789. In-24.

Frontispice, titre gravé et 12 figures. Recueil de chansons, avec musique, et un cahier de nouveautés, imprimé.

Très probablement même almanach que Le Triomphe du beau Sexe (Voir, plus haut, n° 783).

[Ex. mar. rouge, tr. dorées, cat. 90 fr.]

3376. — LA CONSTITUTION FRAN-
ÇAISE EN CHANSONS. A l'usage des
honnêtes Gens. [Épigraphe:] « Hic piscis
omnium.» || A Paris, chez Gueffier, impr.
lib., quai des Augustins, nᵒ 17. 1792.
In-32.

Choix de poésies satiriques sur les événements
du jour et sur les décrets de l'assemblée : Le Beau-
Varicour, garde-du-corps, romance historique ;
Complainte de Marie-Antoinette, reine de France ;
moralités, épitaphes, nouveaux noms donnés aux
rues de Paris ; petit catéchisme à l'usage des
grands enfants ; le pour et le contre ; anecdotes de
la Chapelle du Roi, au château des Tuileries.

[Coll. Gabriel Cottreau.]

3377. — CODE RÉVOLUTIONNAIRE
PROVISOIRE, suivi du nouveau calen-
drier. || Paris, Basset. (1793). In-32.

[D'après un catalogue de librairie.]

3378. — ÉTRENNES CURIEUSES ET
AMUSANTES, pour l'année 1793. Orné
de 12 estampes. || A Paris, de l'Imprime-
rie des Nouveautés. In-24.

Curieux petit almanach s'ouvrant par un calendrier
qui a, au verso du dernier mois, quelques anecdotes. Puis suivent les douze estampes annoncées sur
le titre et accompagnées d'un long texte : *Explication historique des estampes*. Voici les légendes,
gravées au bas de ces dernières, en tout petit texte,
très serré :
1. Mgr, quand je perds, le bon Dieu envoie toujours quelqu'un pour recevoir ce qui lui revient
(personnage devant une table de jeu). — 2. Est-ce
qu'il n'est pas permis à un bourgeois de Paris
d'avoir peur (personnage devant une patrouille
républicaine). — 3. Elle embrasse ce chat dans la
première effusion de sa douleur.— 4. Mais le trésor
n'y était pas (homme cherchant dans un lit). —
5. Recevez ce billet de 5o louis. — 6. Allons,
M., levez-vous, c'est de par le Roi. — 7. Le bonhomme ouvre le baril de sa brouette. — 8. Bon
voyage, M., il fait beau, j'aime beaucoup à marcher (piétons saluant un personnage dans sa voiture). — 9. Le notaire finissait le contrat lorsque
le mariage rompit sur une paire de pantoufles.—
10. Jettant son chat dans la rivière. — 11. Bon !
c'est vous qui allez tout payer. — 12. Criant à
tue-tête, gare aux passants (accident de voiture :
on aide une femme à se relever).
L'almanach se termine par quelques poésies.
L'indication : Paris, sur le titre, a tout l'air
fictive, si l'on en juge par l'impression du texte et
la gravure des planches.

[Coll. Félix Meunié.]

3379. — LE FIGARO DU PATRIOTIS-
ME. Almanach lyrique, orné de jolies
gravures. || Paris, 1793. In-24.

Recueil de chansons révolutionnaires.

[D'après le catalogue Leber.]

3380. — LE TRIOMPHE DE LA LI-
BERTÉ PATRONE (*sic*) DES FRAN-
ÇOIS SANS-CULOTTES ET RÉPUBLI-
CAINS. || A Paris, chez la veuve Tiger,
rédacteur et éditeur, au Pilier-Littéraire,
place de Cambrai (1793). In-32.

Frontispice enluminé représentant un Sans-
Culotte terrassant l'hydre de l'anarchie, une main
appuyée sur une massue, tandis que l'autre tient
une branche de laurier. Derrière lui, sur un nuage,
la Liberté tenant une corne d'abondance. Très
curieux recueil de chansons patriotiques : la montagne, la gamelle, la carmagnole du siège de Lille,
la carmagnole de Cécile et Julien ou le siège de
Lille, l'anti-fédéraliste, l'inutilité des prêtres,
vaudeville républicain du C. Piis.
Au calendrier est ajouté le tableau du maximum
des denrées et marchandises décrété le 29 septembre 1793.

[Coll. Félix Meunié.]

3381. — ÉTRENNES-PATRIOTI-CO-
MIQUES DE CADET-ROUSSEL, Pour
l'an II de la République française, une
et indivisible. [Épigraphe :] « En tout
temps il est permis de rire. » Dédiées aux
joyeux Sans-culottes. || Se trouve à Paris,
chez les Éditeurs, Quiart, cloître Saint-
Benoît, nᵒ 361 ; Demoraine, rue Saint-
Jacques, nᵒ 5, aux Associés. Et chez la
veuve Langlois, Janet et Laurens jeune,
même rue. In-32.

Frontispice représentant le départ de Cadet-
Roussel (2 soldats prenant congé de deux accortes
servantes, après boire), signé Queverdo *del*. J.-B.
Racine *scul*. Recueil de chansons s'ouvrant par
les couplets suivants de Cadet-Roussel aux Parisiens :

Cadet-Roussel qui fut longtems,
L'objet de vos amusemens,
Vient aujourd'hui vous faire hommage
D'un modeste et joyeux ouvrage ;
  Ah, ah, ah ! oui vraiment,
  C'est là le fait d'un bon enfant.

Vous y rencontrerez du bon,
Mais il n'est pas de sa façon,
Au moins il en fit le triage ;

Pouvait-il faire davantage !
　　Ah, ah, ah ! mais vraiment,
　　C'est là le fait d'un bon enfant.

Quand vous aurez vu ces couplets,
　　Si vous êtes satisfaits,
Enfin si je vous ai fait rire
Mieux que jamais vous pourrez dire
　　Ah, ah, ah! mais vraiment,
Cadet-Roussel est bon enfant.

Série de couplets patriotiques : La patrouille, La nouvelle Carmagnole, Noël, La contribution patriotique ; couplets chantés à des fêtes civiques : La Vierge de la *rue aux Ours*, pot-pourri sur les bals du Musée de la rue Coq-Héron :

On trouve en ces bals charmans
　　Deux choses nouvelles,
Des agnès de dix-huit ans,
　　Des femmes fidelles :
Va-t-en voir s'ils viennent Jean,
　　Va-t-en voir s'ils viennent.

[Coll. *Gabriel Cottreau.*]

[Cat. 40 fr.]

3382. — LE BIJOU DU RÉPUBLI-CAIN (avec almanach pour l'an III). || Paris. (1794) In-32.

Figure de Queverdo, avant la lettre. Chansons.

[Ex. br. 8 fr.]

[D'après un catalogue.]

3383. — LE MONTAGNARD EN BELLE HUMEUR. Almanach patriotique, historique, comique et moral, pour l'an III. || Paris (1794). In-32.

Recueil de chansons patriotiques et satiriques.

[D'après le catalogue Leber.]

3384. — ALMANACH DE LA PAIX, OU LE TRIOMPHE DE BONAPARTE, avec un tableau rapide de ses exploits et son portrait. || A Paris, chez Demoraine, libraire, rue du Petit-Pont, 99. (1797). In-32.

A remarquer que c'est l'unique almanach (avec celui figurant, plus haut, sous le n° 1308) sur le titre duquel se trouve le nom de Bonaparte.

[D'après le *Journal typographique.*]

3385. — LES PETITES HEURES DE CYTHÈRE. Recueil de chansons, Romances, vaudevilles, etc. [Épigraphe :] « Colligit ut spargat ». || A Paris, au Palais-Égalité, et chez les marchands de Nouveautés. An VII. In-12.

Frontispice de Binet, gravé par Bovinet : « Ah ! je vous y prends ! » (Un père trouvant sa fille en conversation avec un amoureux). Chansons légères : L'occasion fait le larron ; Le rendez-vous; Les bains d'amour ; Le mot et la chose ; Les baisers envolés ; Le mal d'amour, etc.

[Coll. Félix Meunié.]

3386. — LA FÊTE VILLAGEOISE, ou le lendemain de noce de Suzon. Almanach chantant. || A Paris, chez Caillot, Imprimeur, rue du Cimetière-André-des-Arcs. An VIII. In-32.

Recueil de chansons populaires, avec frontispice.

3387. — LES RIENS DE L'AMOUR. Almanach chantant, Mêlé de jolis Contes en vers. || A Paris, chez Janet, Libraire, rue St-Jacques, n° 31. (1799-1800). In-32.

Titre gravé : gens de la campagne dansant devant une statue de l'Amour. Figures dont voici les légendes et les sujets : 1. Les riens de l'Amour (jeune homme faisant la cour à une femme au clavecin). — 2. Le lit d'Ismène (songe d'un jeune homme étendu sur un sopha) :

A Paphos même, il est un lit,
Lit charmant où je fus à peine
Que l'Amour souriant me dit :
C'est ici qu'expirait Ismène.

3. L'enthousiasme de l'Amour (ou le lever de l'Aurore). — 4. Le buveur plein de raison (éloge du vin). — La jeune fille bien embarassée (*sic*). — 6. La journée du bûcheron. — 7. Célie et Lindor (ou l'art de lever les scrupules). — 8. Les malheurs de Bobi. — 9. La fille et le baudet. — 10. Le rosier fleuri. — 11. La bonne bouche (conte quelque peu léger.) — 12. La partie de plaisir (voiture qui se renverse et laisse voir :

Des trésors que jamais on ne montre à Lorette,
Et six globes qu'auraient adoré les trois Rois).

Avec un calendrier grégorien et un annuaire pour l'an VIII.

[Cat. 80 fr.]

3388. — ÉTRENNES INTÉRESSAN-TES, HISTORIQUES ET AMUSANTES, DES DEUX ÉLÉPHANS DU JARDIN DES PLANTES, Aux jeunes Parisiennes. (1802, l'an 10°.) || A Paris, chez Marcilly, papetier, rue Saint-Julien-le-Pauvre, n° 14. In-32.

Séries de notices et de pièces de vers sur les deux éléphants ramenés de Hollande, à la suite de nos armées victorieuses, et qui arrivèrent à Paris le 4 Germinal An VI. Voici, du reste, en quels termes galants la poésie du jour saluait l'arrivée des graves pachydermes et de leur cornac :

> Salut quadrupèdes géans ;
> Vivans colosses que la France
> Compte au nombre des monumens,
> Qui, de ses belliqueux enfans,
> Marquent la gloire et la vaillance !
> Salut, robustes éléphans !
> A mes yeux, par vos corps énormes,
> Vous n'êtes pas très-séduisans ;
> Mais, si le ciel vous fit difformes,
> Il vous rendit intéressans.
>
> Le petit nez de Rouxelane
> Tourna la tête à son amant ;
> Dieu, sur un modèle plus grand,
> Tailla pour vous le même organe ;
> Et si cet instrument heureux
> Plaît, aux regards d'un amoureux,
> Moins que le nez de la Sultane,
> Il me parait plus merveilleux.

Avec calendrier pour l'an X.

[Coll. de l'auteur.]

[Cat. 5 fr.]

3389.— LE NAUFRAGE, OU ÉGLÉ ET DAPHNIS. Almanach contenant des Chansons, Romances, Vaudevilles, Épigrammes, Contes, etc. || A Paris, chez Demoraine, Impr.-libr., rue du Petit-Pont, n° 99 (1802-1803). In-32.

S'ouvre par le naufrage, idylle entre Daphnis et Eglé. Choix de romances, la plupart dans la note amoureuse : la fontaine de l'Amour, l'Amour dans une rose, l'Amour et les grâces, etc.

Frontispice gravé et colorié, représentant le naufrage.

[Coll. Gabriel Cottreau.]

3390.— LE PETIT FIGARO, ou Chansonnier pour l'An XI. || Paris, an XI. In-18.

[D'après le catalogue de la vente Sapin.]

3391. — LES MYSTÈRES D'ISIS. Étrennes anacréontiques sur des airs nouveaux et connus ; Pour la présente année. || A Paris, chez Langlois fils, Imprimeur-Libraire, rue de Thionville, cidevant Dauphine, n° 1840. (1803-1804). In-32.

Recueil de chansons s'ouvrant par les Mystères d'Isis, ariette tirée de l'opéra de ce nom. Suivent *Le tapis, La loterie de l'Amour, L'éteignoir, La lampe, La chemise*, et certains couplets d'actualité, notamment au sujet de *la Grippe*, qui venait, alors, d'apparaître et faisait des siennes, comme l'influenza de nos jours :

> Il règne, dit-on, dans Paris,
> Une étonnante maladie,
> La Grippe est son nom, mes amis ;
> Chacun doit craindre sa furie ;
> Car j'ai vu gripper un époux
> Tyran de sa femme jolie.
> Si la grippe en veut aux jaloux...
> Ah ! que n'est-ce une épidémie !

Calendrier pour l'an XII et XIII (1803-1804). Frontispice gravé et colorié ; l'Amour sur un tronc d'arbre entre Bacchus et la Musique

[Coll. Gabriel Cottreau.]

3392. — ALMANACH DES AMBASSADES. Ou liste générale des Ambassadeurs, Envoyés, Ministres, Résidens, Chargés d'affaires, Conseillers et Secrétaires de Légation, Drogmans, Consuls, Commissaires des relations commerciales, et Agens diplomatiques et commerciaux près les puissances et dans les villes, ports de l'Europe, etc.; par A. C. Widerink. Prix 3 fr. || Paris (1805). Petit in-8.

On trouve, dans cet ouvrage, l'indication des postes occupés antérieurement par les diplomates respectifs, les traités remarquables que quelques-uns d'entre eux ont conclu, la part qu'ils prennent aux sociétés littéraires, ainsi que plusieurs notices biographiques les concernant. Il est suivi d'un petit code des traités et des réglements relatifs aux droits des légations et des consulats.

[D'après le *Journal Typographique*.]

3393. — LE DOUBLE ALMANACH, ou concordance des années de l'ère des Français, depuis le 14 vendemiaire An II, conformément à la loi dudit jour (5 octobre 1793), jusqu'au 1ᵉʳ Vendemiaire An XIV; avec les années du calendrier Grégorien, depuis 1793 jusqu'à la fin de 1805. || Versailles, Jacob imprimeur, et Paris, à la librairie économique, rue de la Harpe, n°117. Prix 40 cent. (1805). In-18.

[D'après le *Journal Typographique*.]

3394. — LE PETIT MAGICIEN, ou Les Plaisirs d'après Soupé. Étrennes d'un nouveau genre, récréatives et magique (sic). || A Paris, rue St-Jacques, n° 31, et à Lille, chez Vanackère, Libraire. (1808.) In-32.

Titre gravé. Sur le devant un magicien à côté d'une table d'expérience. Recueil de tours de société, avec une série de planches reproduisant les principales expériences et un calendrier pour l'an 1808.

[Coll. Gabriel Cottreau.]

3395. — LE FLAGEOLET DU VAUDEVILLE, chansonnier des Spectacles. ‖ Paris, 1809. In-18.

Recueil de chansons, avec figures.

[D'après le catalogue de la vente Sapin.]

3396. — MANUEL DU MILITAIRE CHRÉTIEN. Dédié, sous les auspices du Dieu des armées, aux défenseurs de l'Empire français. ‖ A Paris, chez Adrien Le Clire, imprimeur de l'Archevêché, quai des Augustins, n° 35. 1809. In-24.

Sur le titre gravé, labarum avec l'inscription : « Triomphez par ce signe. » Très curieux ouvrage ayant repris quelques articles du *Soldat chrétien* de M. Fleury (1772), s'ouvrant par un extrait du discours de Bonaparte, à Milan, sur la nécessité de la Religion. Accord de la piété avec la profession des armes ; Exposé succinct des devoirs du militaire chrétien ; Prières pour la France, pour l'Empereur, pour la famille impériale, pour la paix après la victoire, etc. A la fin est un calendrier des Saints militaires.

[Coll. Gabriel Cottreau.]

3397. — LES MÉTAMORPHOSES DE L'AMOUR, OU LES PLAISIRS DE CHAQUE MOIS, Dédié au beau sexe. ‖ A Paris, chez Lefuel, Libraire-Relieur, rue St-Jacques, 54. (1809.) In-32.

Recueil de poésies, publié sous le même titre que celui de 1817 (voir, plus haut, n° 1808), mais absolument différent comme texte et comme illustrations. Sujet colorié sur le titre (Amour jouant de la flûte : une femme, à ses côtés, lui tient un cahier de musique), et 12 figures, également coloriées, répondant aux douze mois : — 1. Janvier : Les Patineurs. — 2. Février : L'amour au bal. — 3. Mars : Les petits journaliers. — 4. Avril : La couvée. — 5. Mai : Le premier sacrifice. — 6. Juin : L'Amour et Bacchus. — 7. Juillet : L'amour berger. — 8. Août : Les Baigneurs. — 9. Septembre : La Solitude. — 10 Octobre : L'Amour jardinier.

Chaque vignette représente un Amour ayant, au-dessus de sa tête, un signe du Zodiaque. Calendrier.

[Coll. Félix Meunié.]

3398. — LE PETIT VOLAGE FIXÉ. ‖ A Paris, chez Janet, Libraire et Md de musique, Rue St-Jacques, n° 59. (1809.) In-32.

Titre gravé, avec un petit Amour, au-dessous duquel on lit :

Qui que tu sois, voici ton Maître,
Il l'est, le fut ou le doit être.

Almanach entièrement gravé, avec 12 vignettes, non signées, sans légendes, répondant aux poésies suivantes : 1. L'Amour endormi. — 2. L'Amour trouve un cœur. — 3. L'Amour aiguisant ses traits. — 4. L'Amour manque son but. — 5. L'Amour formant des projets. — 6. Il pleure la perte de ses traits. — 7. L'Espérance et l'Amour. — 8. Le dépit de l'Amour. — 9. Ses armes lui sont rendues. — 10. L'Amour préparant son triomphe (planche en travers). — 11. L'Amour triomphant (planche en travers). — 12. L'Hymen et l'Amour réconciliés (planche en travers). — Calendrier et Souvenir des Dames.

[Coll. Félix Meunié.]

[Ex. cat. 22 fr.]

[Voir, plus haut, page 477, *Le Petit Volage.*]

3399. — TRÉSOR DES ALMANACHS, ÉTRENNE IMPÉRIALE, curieuse et instructive, pour l'an 1810, contenant les Puissances de l'Europe, la Famille Impériale, les Maisons de l'Empereur et de l'Impératrice, les principales autorités de l'Empire français, l'Université, les Académies, Lycées, Musées, Bibliothèques, etc, Les Cultes, les 115 Départements de l'Empire, avec les villes de Préfectures, le nom des Préfets, le siège des Cours des Justices, (sic) l'État militaire et maritime, l'Emplacement des Troupes, le départ des Courriers, Diligences, etc. Rédigé et publié par Caillot. ‖ Paris, chez Caillot, Imprim.-Libraire, quai des Augustins, n° 9. In-32.

En tête feuille se dépliant, donnant les époques auxquelles les principales nations ont commencé ou commencent leurs années.

3400. — L'ABEILLE DU VAUDEVILLE, ou suite de la Guirlande de Fleurs. Chansonnier pour 1811. ‖ Paris, chez les Marchands de nouveautés. 1811. In-16.

Recueil de chansons, avec un frontispice pour *l'Amour Gagne-Petit* et la légende suivante :

Je ne fais jamais de crédit
Mais je suis le gagne-petit.

[Communiqué par M. Sapin.]

3401. — LE PETIT CENDRILLON. ||
A Paris, chez Janet, Libraire, 59, rue St-
Jacques. (1811). In-32.

Almanach publié sous le même titre que celui
précédemment décrit mais différent d'aspect de
texte, et avec illustrations. Titre gravé, avec
buste de Cendrillon entouré de nuages (vignette).
6 figures signées : R..... del F. Janet d (direxit).
— 1. Portrait de Cendrillon. — 2. Le Triomphe
de Cendrillon, ou le Pouvoir de la Danse. —
3. Couronnement de Cendrillon. — 4. Le Sultan du Hâvre. — 5. Les Sabotiers Béarnais. —
6. Monsieur Durelief.
Recueil de poésies.
Petit Souvenir des Dames. Calendrier.

[Coll. Félix Meunié.]

3402. — LES AMANS SURPRIS. Chansonnier nouveau pour la présente année.
|| A Paris, chez Caillot, libraire, rue
Pavée-Saint-André, nº 19. (1812). In-32.

Frontispice enluminé. Chansons joyeuses. Publication de colportage, avec calendrier pour 1813.

3403. — LES AMUSEMENS DE LA
JEUNESSE. Chansonnier nouveau pour
la présente année. || A Paris, chez Cail-
lot, Libraire, rue Pavée-Saint-André,
nº 19. (1812). In-32.

Frontispice enluminé. Chansons joyeuses. Publication de colportage, avec calendrier pour 1813.

3404. — BACCHUS, L'AMOUR ET LES
PLAISIRS, ou Recueil de Chansons ba-
chiques et de Rondes de table. || A Épi-
cure (Paris), chez les Amis du bon homme
Sylène. (Vers 1812). In-32.

Frontispice colorié : deux couples à table, avec
la légende : « A table faut-il boire, je bois ». Texte
imprimé dans un encadrement typographique. Les
chansons ne sont pas signées.

[Coll. Gabriel Cottreau.]

3405. — L'HOMME-VOLANT, suivi de
ce qui plaît aux Dames, ou le Petit Chan-
sonnier du Jour. Prix : 15 cent. || A Paris,

chez Montaudon, rue Galande (1812).
In-32.

Publication de colportage, avec calendrier, dont
le titre rappelle les expériences de l'homme-volant auxquelles tout Paris s'était intéressé.

3406. — ALMANACH DIABOLIQUE
dédié au beau sexe, ou Manuel du jeu du
Diable. || A Paris, chez A. Garnier, Li-
braire, 4, rue de Sorbonne (1813). In-18.

Almanach accompagné de 6 figures, et consacré
au jeu du Diable, alors fort à la mode. Voir, à ce
sujet, le Diable couleur de Rose, publié en 1815,
également sur le même jeu, et dont la description
figure plus haut (nº 1728).

3407. — ALMANACH PORTATIF pour
l'an 1813. || A Paris, chez Caillot, Impr.-
Libraire, rue Pavée-Saint-André. In-24.

Petit almanach avec les renseignements d'un
usage journalier.

3408. — C'EST LE CŒUR QUI VOUS
LE DONNE. Almanach chantant pour
1813. || Paris, chez Marcilly, rue Saint-
Julien-le-Pauvre. In-18.

Frontispice enluminé. Chansons joyeuses. Publication de colportage, avec calendrier pour 1813.

3409. — LE CONSEIL D'AMOUR, OU
L'AMOUR ET LE MONDE. Almanach
contenant des Chansons de table, Romances, Bouquets, Charades, Énigmes,
et Logogriphes. || A Paris, chez Demo-
raine, Libraire, rue du Petit-Pont, nº 18.
(1813). In-32.

Frontispice colorié (bergère aux côtés d'un
Amour). Recueil populaire de chansons joyeuses :

Le monde doit faire l'amour
Puisque l'Amour a fait le monde;
Sans les jeux du folâtre Amour
A quoi s'amuserait le monde !

Calendrier.

[Coll. Félix Meunié.]

3410. — LA DÉCLARATION D'AMOUR.
Almanach chantant pour la présente
année. || A Paris, chez Caillot, Libraire,
rue Pavée-Saint-André, 19. (1813). In-32.

Frontispice enluminé. Recueil de chansons dans
la note sentimentale et amoureuse. Publication
de colportage pour 1813.

3411. — LE DOUBLE ALMANACH JOURNALIER, très régulier, pour l'année 1813. || A Paris, chez Tiger [puis chez Caillot]. In-24.

Almanach-calendrier pour les inscriptions journalières.

3412. — LE DOUBLE ALMANACH pour l'année 1813. || A Paris, chez Tiger [puis chez Denuyon, 14, rue du Pot-de-Fer]. 1813-1820. In-24.

Simple almanach, avec renseignements d'ordre divers.

3413. — LA DOUCE RÊVERIE. Almanach chantant pour la présente année. || A Paris, chez Caillot, libraire, rue Pavée-Saint-André, n° 19. (1813). In-32.

Frontispice enluminé. Recueil de chansons dans le sentimentalisme du jour. Publication de colportage, avec calendrier pour 1813.

3414. — LA FLEUR DES CHAMPS. Calendrier pour 1813. || A Paris, chez Janet. In-64.

[D'après le *Journal de la Librairie*.]

3415. — LE JEU DU DIABLE, en vaudevilles, son origine et la manière de le jouer; almanach pour l'an 1813. Prix : 10 cent. || A Paris, chez Aubry, Libraire, au Palais de Justice. In-32.

Encore une publication consacrée au jeu du Diable.

3416. — PORTEFEUILLE, avec le Calendrier pour l'an 1813. || A Paris, chez Caillot, Libraire, rue Pavée-Saint-André, n° 19. In-64.

Petit agenda de poche accompagné d'un calendrier.

3417. — LA PROMENADE AGRÉABLE. Chansonnier nouveau pour la présente année. || A Paris, chez Caillot, libraire, rue Pavée-Saint-André, n° 19, (1813). In-32.

Frontispice enluminé. Publication de colportage, avec calendrier pour 1813.

3418. — MES RÊVERIES. Almanach chantant orné de jolies gravures. || A Paris, chez Janet. (1813). In-64.

Titre gravé et 12 gravures non signées, répondant à des poésies du recueil. 1. Le petit Jardinier. — 2. Le petit Rémouleur. — 3. L'Amour endormi. — 4. Philémon et Baucis. — 5. Zéphir et Psyché. — 6. Hommage aux Grâces. — 7. La Bergère instruite. — 8. Vénus liant les ailes de l'Amour. — 9. L'Amour Ermite. — 10. L'Amour et l'Abeille. — 11. L'Amour et l'Amitié. — 12. Apollon et Daphné.

Avec calendrier pour 1813.

[Coll. Félix Meunié.]

3419. — LE ROI DAGOBERT. Almanach chantant pour la présente année. || A Paris, chez Aubry, Libraire, au Palais de Justice. 1813. In-32.

Comme Fanchon la Vielleuse, comme la Petite Cendrillon, le roi Dagobert, jouit, alors, d'une popularité telle qu'il donna son nom à plusieurs almanachs.

3420. — LE SOMMEIL FAVORABLE. Almanach chantant pour la présente année. || A Paris, chez Caillot, Libraire, rue Pavée-Saint-André, 19. (1813). In-32.

Frontispice enluminé. Choix de chansons dans tous les domaines. Publication de colportage, avec calendrier pour 1813.

3421. — SOUVENIR pour l'an 1813. || A Paris, chez Caillot, Impr.-Libraire, rue Pavée-Saint-André. In-64.

Petit almanach de poche dans le genre de ceux que publieront, par la suite, les Susse et les Giroux.

3422. — AGENDA GÉNÉRAL, ou Mémorial portatif universel pour l'année 18... (1). Livret-Pratique d'emploi du temps, composé de tablettes utiles et commodes, d'un usage journalier. Par M. M.-A. Julien, chevalier de la Légion d'honneur, auteur de l'*Essai sur l'emploi du tems et du Biomètre*, ou Mémorial Horaire, instrument pour mesurer la vie. Troisième édition. (1814). || A Paris, chez J.-J. Paschoud, libraire, rue Mazarine, n° 22, et

_____

(1). Cet almanach servant pour plusieurs années le chiffre restait en blanc et se plaçait par le possesseur.

à Genève, chez le même Imprimeur-Libraire. In-12.

Almanach-agenda, avec longue notice explicative destinée à l'inscription des dépenses et des notes usuelles. Il a été conçu, comme l'explique son auteur-inventeur, pour les six grandes divisions de la vie, courante et journalière, économique, sociale, épistolaire, littéraire et bibliographique, mnémonique, comprenant les souvenirs et les projets personnels à la famille, les souvenirs et les projets d'utilité générale, les souvenirs historiques ou de dates et d'époques, et les souvenirs nécrologiques, concernant les personnes qu'on a connues et qui ont péri.

[B. N. — V, 42.918.]

3423. — LA COQUETTE PUNIE, OU LE DÉSIR DE PLAIRE. Almanach contenant de très jolies Chansons, Romances, Bouquets, Énigmes, Charades, Logogriphes. ||Paris,'chez Demoraine, Impr.-Libr., rue du Petit-Pont, n° 18. (1814). In-32.

Frontispice gravé et colorié: une belle à la mode du jour, assise, les jupes relevées; un petit Amour à ses pieds. Chansons diverses.

[Coll. Gabriel Cottreau.]

3424. — LES COSAQUES, OU LES BRIGANDS DU NORD, Almanach chantant pour la présente année (1814). || A Paris, chez Aubry, Libraire, au Palais de Justice. In-32.

Frontispice colorié. Publication de colportage, avec chanson d'actualité sur les Cosaques (voir, plus haut, les Cosaques, n° 1695).

3425. — ÉTRENNES DE LEUR PRÉ-POSÉ à MM. les Distillateurs, Limonadiers, Vinaigriers, Détailleurs d'Eaux-de-vie et de Liqueurs ; Pâtissiers, Restaurateurs, Traiteurs et Rôtisseurs, pour l'année 1814. Chez Jean Hébray, préposé au Placement des Ouvriers des dits États, rue Montorgueil, n° 71, au coin du Passage du Saumon. || A Paris, de l'Imprimerie de J. Smith. 1814. In-12.

Extraits des lois et règlements. Calendrier. Bureaux des communautés, délégués, électeurs. Devait paraître annuellement. Devint ensuite : — Almanach contenant les adresses de MM. les limonadiers, restaurateurs, traiteurs, pâtissiers, etc., 1824.

[B. N. — V, 27.827.]

3426. — LE PLUS UTILE DES ALMA-NACHS, ou le véritable Démonstrateur du calcul décimal. || A Paris, chez Davi et Locard. (1814). In-18.

Almanach destiné à populariser le système décimal, publié pendant la première Restauration.

3427. — TABLEAU DES MARCHANDS BOUCHERS de la Ville de Paris, avec l'indication de l'année de leur admission, de la situation de leurs échaudoirs, fondoirs, étaux, et de la classe du cautionnement dans laquelle ils se trouvent rangés. Année 1814. || A Paris, de l'imprimerie de Lebègue, rue des Rats, près la place Maubert. (1814). In-8.

Donne l'organisation du bureau du commerce de la boucherie et la liste des bouchers. Avec un calendrier. Parut ainsi pendant plusieurs années et fut remplacé, ensuite, par l'Almanach du Commerce de la Boucherie puis par l'Annuaire de la Boucherie.

[B. N.]

3428. — CALENDRIER PORTATIF pour 1815. || A Paris, chez Vauquelin. In-16 et in-18.

Calendrier avec les indications officielles et les renseignements usuels.

3429. — ÉTRENNES DU PETIT SOR-CIER, ou almanach utile et amusant pour l'année 1815, contenant les Pyramides Égyptiennes, etc. || A Paris, chez Leblond, rue Quincampoix, n° 9, et chez Martinot. (1814). In-16.

Publication dans le genre du Petit Magicien (voir, plus haut, n° 3394), avec une série de tours de société.

3430. — LES MŒURS DU JOUR. || A Paris, chez Janet, Libraire, rue St-Jacques, n° 59. (Vers 1815.) In-32.

Almanach entièrement gravé, avec un cahier de chansons imprimé. Sur le titre, femme se regardant dans une psyché. 8 figures dont voici les légendes : — 1. Les conditions ou promesses de mariage. — 2. Réponse (homme que l'on habille devant une glace : à ses côtés, femme assise). — 3. Le malheureux troubadour. — 4. L'enfant sans conséquence (Amour lançant une flèche sur une

femme qui cueille une fleur dans un vase). — 5.
Le prisonnier (on lui passe des vivres dans sa
prison). — 6. Le mendiant. — 7. Éloge de la jalousie. — 8. Le sommeil de Corine (un élégant
qui veille sur elle chasse un papillon qui allait la
réveiller).

Gravures et poésies intéressantes au point de
vue des mœurs de l'époque.

[Coll. Félix Meunié.]

3431. — LE NOUVEAU GESSNER. ||
Paris, chez Janet, Libraire, rue Saint-
Jacques, n° 59. (1815). In-32.

Titre gravé, avec petite vignette de circonstance.
Recueil d'églogues en prose et de romances s'ouvrant par une épître à l'ombre de Gessner, donnant
la biographie du poète de la vie champêtre. Six figures de personnages, costumés à l'antique, accompagnant les récits suivants: 1. Climène et Damon.
—2. Damète et Milon. — 3. Glycère et Nycias. —
4. Idas et Micon. — 5. Licas et Milon.— 6. Philis
et Chloé.

[Coll. de l'auteur.]

[Cat. 6 fr.]

3432.— LE PETIT CHANSONNIER DU
DIX-HUITIÈME SIÈCLE. || A Paris, chez
Le Fuel, Libraire-Relieur, rue St-Jacques,
54. (1815). In-32.

Recueil de poésies fugitives sorties de la plume
des gens de Cour et concernant des personnes en
place ou distinguées qui commandaient l'attention
au siècle précédent : Barruel, Champcenets, Car-
raccioli, Custines, Duclos, Lattaignant, Laus de
Boissy, de Nerciat, Rivarol, Roucher, Seguier,
Ximénès. Titre gravé et 5 figures dessinées par
Séb. Le Roy. — 1. Le Bonheur du Mariage. — 2.
La Vaporeuse. — 3. Le Pénitent et le Confes-
seur. — 4. La Beauté de Lisette. — 5. Pétrarque.
— Souvenir et calendrier se dépliant.

[Cat. 7 fr.]

3433. — TABLEAU DES BOULAN-
GERS DE PARIS autorisés pour l'exer-
cice de l'an 1815. || A Paris, de l'Impri-
merie de Lebègue. In-8.

Avec les arrêtés, ordonnances et institutions
concernant le commerce de la boulangerie.

3434. — L'ACCORD DE LA LYRE, OU
L'INTERPRÉTATION. Almanach conte-
nant des Chansons de table, Romances,
Bouquets, Charades, Énigmes et Logo-
griphes. || A Paris, chez Demoraine,

Libraire, rue du Petit-Pont, n° 18.
(vers 1816). In-32.

Recueil de chansons galantes et légères au milieu desquelles se trouve une romance patriotique,
Le Troubadour parisien :

Vive la France
Lieu de vaillance !
Honneur aux lis !

[Cat. 4 fr.]

3435. — ALMANACH DES MAR-
CHANDS DE VINS ET VIGNERONS,
contenant les meilleurs procédés pour
soigner la vigne, couper les vins, refaire
ceux qui sont vieux ; avec une recette
éprouvée contre la petite vérole. || Paris,
imp. de Demonville. (1816). In-32.

Publication de recettes et indications pratiques.
[D'après la *Bibliographie de la France*.]

3436. — ÉTRENNES PARTICULIÈ-
RES ET UNIVERSELLES. Almanach
comme il n'y en a point. Année 1816. || A
Paris, chez Tiger, imprimeur-libraire,
rue du Petit-Pont-Saint-Jacques, au coin
de celle de la Huchette, au Pilier Litté-
Littéraire, et chez les Marchands de
Nouveautés. In-32.

En tête portraits de la famille royale et carte se
dépliant.
En outre du calendrier et des renseignements
habituels à ces sortes d'almanachs, cette publication
contient une description de l'île Sainte-Hélène,
différents articles d'actualité, des anecdotes et des
poésies.

[Coll. Gabriel Cottreau.]

3437. — LISTE ARRÊTÉE PAR LE
ROI DES OFFICIERS MILITAIRES QUI
COMPOSENT LE CORPS DE LA MARI-
NE; conforme à celle imprimée à l'Imprimerie royale et précédée de l'ordonnance du 29 novembre 1815, en exécution
de laquelle la présente Liste a été arrê-
tée. || Paris, chez Bachelier, Libraire pour
la Marine, quai des Augustins, n° 65.
Janvier 1816. In-12.

Liste qui a dû paraître annuellement jusqu'en
1830.

[Coll. Gabriel Cottreau.]

3438. — LES ROSES DE LA MYTHO-
LOGIE. Étrennes à Émilie. || A Paris,

chez Janet, Libraire, 59, rue St-Jacques. (Vers 1816.) In-32.

Recueil de chansons. Sur le titre, Amour tenant à la main un bouquet de roses. Six figures de Lafitte gravées par François Janet, sans légendes, se rapportant aux poésies du volume. — 1. L'Enlèvement de Psyché. — 2. La curiosité de Psyché. — 3. Vénus et Cupidon, ou les délices de l'amour maternel. — 4. Le Papillon et la Rose. — 5. Les ailes d'Adonis, ou les dangers de l'amour. — 6. Psyché dans le palais de l'Amour.

Ces compositions, plus artistiques qu'à l'ordinaire, sont dans le goût de l'école académique de David.

[Coll. Félix Meunié.]

3439. — L'AMI DE LA TREILLE, DES RIS ET DES AMOURS, ou le Délire bachique. Almanach chantant. || A Paris, chez Tiger, Imprimeur-Libraire, rue du Petit-Pont-Saint-Jacques. (1817). In-32.

Frontispice enluminé. Recueil de chansons et de rondes de table. Publication de colportage, avec calendrier pour 1817.

3440. — LES AMANS EN VOYAGES (sic), ou l'Amour satisfait. Almanach chantant. || A Paris, chez Tiger, Imprimeur-Libraire, rue du Petit-Pont-Saint-Jacques. (1817). In-32.

Frontispice enluminé. Recueil de chansons joyeuses. Publication de colportage, avec calendrier pour 1817.

3441. — DOUBLE ALMANACH LIÉGEOIS, pour l'an 1817. || Se trouve à Liège ; et à Paris, chez Tiger, Imprimeur-Libraire, rue du Petit-Pont-St-Jacques, n° 10. In-32.

Sur le titre, astrologue en plein air observant les astres. Calendrier. Prédictions de Nostradamus, et de Mathieu Laensberg. Foires, Événements remarquables, Testament du bonhomme Richard, Charte constitutionnelle, Famille royale, Anecdotes. Bois pour les vents, les étoiles, la lune, mais pas de petites vignettes.

[B. N. — V. 868.]

3442. — ÉTAT DES GARDES DU ROI, des Cent-Suisses, des Gardes de la Prévôté et des Gardes-du-Corps de Monsieur. Année 1817. || A Paris, chez Ballard, Imprimeur du Roi, de S. A. R.

Monsieur et Mgr Duc de Berry, rue J.-J. Rousseau, n° 8. In-24.

Annuaire avec calendrier, qui, très certainement, dut paraître en 1816, donnant l'état-major général et la composition des 4 Compagnies des gardes du corps, portant le nom de leur capitaine (compagnie d'Havré, compagnie de Gramont, compagnie de Noailles, compagnie de Luxembourg), des gardes de la prévôté de l'hôtel du Roi, des gardes-du-corps de Monsieur (compagnie d'Escars et compagnie de Puységur), et les ordonnances du Roi relatives à l'organisation de sa garde.

[Coll. Gabriel Cottreau.]

[Ex. mar., cat. 25 fr.]

3443. — ÉTRENNES A MES PETITS ENFANS pour l'année 1817. || A Paris, chez Le Fuel. In-128.

Almanach minuscule, avec 12 petites figures gravées dans le goût de l'époque et calendrier pour 1817.

[Coll. de Mᵐᵉ Patinot.]

3444. — LE FAUX PAS, ou Leçon aux belles. Almanach chantant. || A Paris, chez Tiger, Imprimeur-Libraire, rue du Petit-Pont-Saint-Jacques. (1817). In-32.

Frontispice enluminé. Choix de chansons amoureuses. Publication de colportage, avec calendrier pour 1817.

3445. — LA FILLE A TÊTE DE MORT. Almanach chantant pour l'An 1817. || A Paris, chez Bruyère, 63, rue Galande. In-24.

Sorte de canard, en prose et en vers, avec « Calendrier économique » pour 1817. Tout à la fois gasconnade et charge contre les mariages à argent qui, à cette époque bienheureuse, amenaient encore des charivaris. Et le frontispice donne, en une mauvaise gravure sur bois, le portrait de la beauté à figure hideuse, c'est-à-dire de la « fille à tête de mort », dont les 100,000 francs avaient fait accourir de nombreux prétendants.

[B. N.]

3446 — L'HÉROINE DE BORDEAUX. || A Paris, chez Janet, Libraire, Rue Saint-Jacques, n° 59. (1817). In-32.

Sur le titre, vignette représentant la duchesse d'Angoulême, sabre en main, appuyée contre son cheval. Biographie historique de cette princesse avec quatre gravures, dues très certainement à Couché, et représentant les épisodes suivants : 1. Louis XVI donnant la bénédiction à sa fille, lors de sa première communion : « Ma chère fille, vous me demandez ma bénédiction, je vous la donne de tout mon cœur ! » — 2. Madame sortant en calèche découverte, pour se promener aux environs de Bordeaux (Mars 1815) : « On se presse en foule sur son passage, autour de sa voiture... son chemin est couvert de fleurs. » — 3. Madame s'embarquant à Paulliac (1815). « Quelques-uns de ses rubans sont partagés... elle détache même les plumes blanches de son chapeau pour les distribuer. » — 4. Madame visitant l'hospice des Ménages : « Non, mes bons amis, je n'oublierai jamais ce jour. » Le volume se termine par des poésies, avec un calendrier pour 1817.

[Coll. Gabriel Cottreau.]
[Ex. mar. r., armoiries, cat. 16 fr.]

3447. — L'HEUREUX SOUVENIR, ou le Retour à ses premières années. Almanach chantant. || A Paris, chez Tiger, Imprimeur-Libraire, rue du Petit-Pont-Saint-Jacques (1817). In-32.

Frontispice enluminé. Recueil de chansons amoureuses. Publication de colportage, avec calendrier pour 1817.

3448. — L'ORIGINE DES FLEURS, par M. A. D. || A Paris, chez Le Fuel, Libraire, rue St-Jacques, n° 54. (1817). In-32.

Titre gravé avec vignette (Amours), et 6 gravures en médaillon, reposant sur des attributs signés Ch. Chasselat, del., C. Johannot, sc. compositions très gentiment gravées. — 1. Le songe d'Alboulkasem. — 2. Histoire de l'Anémone. — 3. Histoire de l'Héliotrope. — 4. Histoire du Narcisse. — 5. Histoire de l'Hyacinthe. — 6. Ulysse.

Fables, mélange de prose et de vers suivis de notes, avec morceaux choisis sur les fleurs.
Calendrier gravé, par trimestre, avec en-têtes champêtres.

[Coll. Félix Meunié.]

3449. — ALMANACH CHANTANT, OU LES ÉTRENNES D'UN CHIEN, écrites et publiées par un de ses amis ; manuscrit trouvé dans une niche. || A Paris, chez Chassaignon. (1818). In-32.

Publication pleine de sous-entendus comme nombre de pamphlets de l'époque publiés sous forme d'almanach.

3450. — CALENDRIER POUR L'AN 1818. || Imprimerie de Fain, à Paris. In-18.

Simple calendrier, avec les indications nécessaires aux gens d'affaires.

3451. — HYLAS ET CÉLIMÈNE, ou l'Amour et l'Estime. Almanach chantant pour 1818. || Paris, chez Tiger, Imprimeur-libraire, rue du Petit-Pont. In-32.

Frontispice enluminé. Recueil de chansons amoureuses. Publication de colportage, avec calendrier pour 1818.

3452. — LE PARTERRE DE FLORE, par Bouillet. || A Paris, chez Marcilly, 21, rue St-Jacques. (1818). In-32.

Recueil de poésies. Titre gravé avec vignette représentant Flore assise. 6 figures répondant au texte, et dont voici les légendes : — 1. Les Fleurs. — 2. Les Mœurs patriarcales. — 3. L'occasion fait le larron. — 4. L'Amour prisonnier. — 5. C'est elle. — 6. Hymne au mois de mai.
Gravures d'un burin pénible.

[Coll. Félix Meunié.]

3453. — LE PETIT SORCIER, OU ESPOIR ET CRAINTE. || A Paris, chez Janet, Libraire, rue St-Jacques, n° 59. (1818). In-32.

Titre gravé (petit sorcier traçant un cercle avec sa baguette). 6 figures sans légendes, se rapportant à des chansons, signées : Séb. Leroy del., François Janet, sc. : 1. Madame de Maintenon. — 2. Le jeune page. — 3. Mlle de Clermont. — 4. Daphnis et Chloé. — 5. La pécheresse. — 6. Le sinistre passage.
Avec petit Souvenir des Dames et calendrier.

[Coll. Félix Meunié.]

3454. — LE RODEUR, chansonnier des ponts, des quais et des halles. || A Paris, chez Tiger, Impr.-Libr., rue du Petit-Pont, n° 10. (vers 1818). In-18.

Chansonnier populaire, avec frontispice grossièrement enluminé. La même publication que le *Chansonnier des Boulevards* de 1814 (voir, plus haut, n° 1693).

[Cat. 3 fr. 50.]

3455. — LES ROSES DU PARNASSE, ou Choix des plus jolis Morceaux des poètes Érotiques de l'Antiquité. Orné de jolies gravures. Prix 4 fr. || A Paris, chez Rosa, Libraire, Grande Cour du Palais Royal. 1818. In-18.

Choix de poésies, avec titre gravé et titre imprimé. Calendrier pour 1818. Les gravures dessinées par Desenne ont été terminées par Bovinet, ce sont des sujets antiques, d'un fort beau nu, qui se retrouvent dans le *Dictionnaire de l'Amour*.

[B. N.]

3456. — LE SECRET DES BELLES, ou Naissance et portrait de l'Amour. Almanach chantant pour 1818. Prix : 3o cent. || Paris, Tiger, Imprimeur-Libraire, rue du Petit-Pont. In-32.

Frontispice enluminé. Recueil de chansons amoureuses. Calendrier pour 1818.

[Ex. broché, cat. 3 fr.]

3457. — THÉATRE DU MONDE, OU MES LOISIRS. Almanach chantant, pour 1818. || A Paris, chez Tiger, imprimeur-libraire, rue du Petit-Pont-St-Jacques. In-32.

Publication de colportage. Frontispice grossièrement enluminé. Recueil de chansons, avec calendrier.

3458. — AGENDA MIGNON, pour l'année 1819. || A Paris, chez Lelong, au Palais-Royal, galerie de Bois, côté des cours, n° 233 ; et chez Damiens, garnisseur, rue Meslée, n° 67. In-32.

Chaque mois forme un cahier de 32 pages, qui est destiné à être mis dans un portefeuille. Les douze cahiers, dorés sur tranche, avec portefeuille en maroquin, ayant poche et crayon (le tout renfermé dans un étui), coûtaient 8 fr.

Un avis de l'éditeur annonçait qu'on pouvait se compléter, toute l'année, les parties que l'on perdrait.

3459. — ALMANACH DE L'IMPRIMERIE ET DE LA LIBRAIRIE, pour 1819, contenant l'état actuel de l'Imprimerie et de la Librairie en France ; les Noms des Imprimeurs en lettres, Imprimeurs lithographes et Libraires brevetés de Paris et des départemens ; — le Tableau des Cabinets de lecture autorisés ;

— l'Indication des Journaux politiques et Feuilles d'annonces des départemens ; et le Texte des Lois et Ordonnances sur l'Imprimerie et la Librairie actuellement en vigueur, rédigé sur des documens authentiques. Par R. M. C**, employé à la Librairie. || Paris, A. Eymery, libraire de La Minerve Française, rue Mazarine, n° 3o. (1819). In-12.

Publication faisant suite à l'*Annuaire de l'Imprimerie* de 1813 (voir, plus haut, n° 1671). L'éditeur dit que, depuis longtemps, on sentait le besoin d'un ouvrage pouvant servir de guide aux gens du métier dans leurs relations administratives et leurs opérations commerciales.

Donne les noms des imprimeurs, libraires et lithographes de Paris et des départements, la nomenclature des cabinets de lecture autorisés, les lois en vigueur sur la presse.

Devait paraître tous les ans, le 1ᵉʳ janvier.

[B. N. — Q. 4492.]

3460. — ALMANACH DES JEUNES DEMOISELLES. || A Paris, chez Louis Janet, Libraire, successeur de son Père, rue St-Jacques, n° 59. (1819). In-32.

Recueil de poésies (petite fille tenant en main un oiseau que guigne un chat). Titre gravé ; 6 figures, non signées, se rapportant au texte : 1. Le Dessin. — 2. Lecture d'Atala. — 3. Le Miroir. — 4. Tombeau d'une jeune fille. — 5. La sœur de lait. — 6. Portrait d'une vierge.

Poésies de Demoustier, A. Mouffle, Andrieux, de Murville, de Mesdames Gervais, Simon, Perrier.

Calendrier et *Petit Souvenir des Dames*.

(Coll. Félix Meunié.]

3461. — L'ASTROLOGUE FRANÇAIS, OU LE PETIT HOMME BLEU ; contenant les prédictions de ce petit homme, pour chaque mois de l'année 1819 : Ses prophéties sur la politique, les théâtres, la littérature, etc... *Le Spectre*, nouvelle incroyable, mais prouvée, etc., orné de figures. Par E. F. G. H. || A Paris, chez Caillot, libraire-éditeur, rue St-André-des-Arcs, n° 57, Et chez les Marchands de Nouveautés. (1819). In-24.

Frontispice gravé, représentant l'Astrologue Français, voyant, au bout de sa lunette, le journal la *Minerve*. Concurrence à l'*Astrologue Pari-sien*, et comme ce précédent, almanach plein de sous-entendus à l'égard des hommes et des choses de la Restauration. (Voir, plus haut, n° 1641.)

Dans une introduction l'éditeur s'exprime comme suit, au sujet de la .publication de son almanach : « C'est mon Petit Homme Bleu qui m'a annoncé la chute de Robespierre et l'impéni-tence de ses collègues ; la fermeture des clubs et la persévérance de leurs membres ; la déconfiture de Bonaparte et les *regrets* de ses créatures ; le retour du Roi et les *idées libérales* ; tous les jours il me fait voir des métamorphoses étonnantes, il me prédit des événements imprévus ; j'en ai pour un demi-siècle, ce qui promet au moins cinquante vo-lumes à l'*Astrologue Français*. Or, considérant que mon Petit Homme Bleu ne m'a jamais trompé, j'en conclus qu'il ne peut avoir l'intention de tromper les autres, et c'est dans cette confiance que je livre au public la première partie des choses surpre-nantes qu'il m'a dites, ou qu'il m'a fait voir dans sa lunette véritablement magique. On pourra trouver quelques fois un peu d'obscurité dans ses prédictions ; mais il aura cela de commun avec tous les oracles passés, présens et futurs. »

En fait de collection je ne connais que l'année ici décrite.

[B. N.]

3462. — LE DOUBLE LIÉGEOIS,

Almanach journalier pour 1819. Supputé par Mʳ Math. Lænsberg, suivi de ses vé-ritables Prophéties. ‖ Se trouve à Liège et à Paris, chez Stahl, rue Galande, n° 61, et rue du Cloître-Notre-Dame, [puis, quai Napoléon, n° 6.] 1819 et suite. In-32.

Sur le titre, astrologue mesurant une sphère (vignette ovale). Calendrier, signes du zodiaque, foires, prédictions, avec bois populaires.

[B. N. — V. 868.]

3463. — ORACLES DE FLORE par

C. F. P. Del... ‖ Paris, chez Janet, Li-braire, rue Saint-Jacques, n° 59. (1819). In-32.

Petit recueil d'oracles par les fleurs, chaque fleur ayant, à ses côtés, la mention de l'objet dont elle est l'emblème. Divisé en deux parties : 1. Un choix de 36 fabliaux se rapportant aux 36 fleurs décri-tes, chacun d'eux ayant invariablement six nom-bres, au bas. 2. Une série d'oracles (en tout 216) auxquels renvoient les nombres des fabliaux.

Le jeu des fleurs emblématiques était, alors, fort à la mode et s'appelait *le moïranthe*.

Ce gentil volume est accompagné de planches co-loriées reproduisant les fleurs décrites.

[Coll. Félix Meunié.]

[Cat. 20 fr.]

3464. — LE PETIT CHANSONNIER

DES DESSERTS. ‖ A Paris, chez Le Fuel, Rel.-Libraire, rue Sᵗ-Jacques, n° 54, (Vers 1819.) In-32.

Poésies de Armand Gouffé, Armand Séville, Brazier, Charrin, Désaugiers, Edmond de Roche-fort, Étienne Jourdan, Jacquelin, de Rouge-mont, etc.

5 figures, sans légendes, signées Bosselman *del. et sculp.*, se rapportant aux chansons suivantes : 1. L'Amour en chanson. — 2. Chacun a sa ma-rote. — 3. Appel à la gaieté. — 4. Le Cadran bleu (impromptu chanté à table, au Cadran-Bleu, bou-levard du Temple, dans un dîner des gardes na-tionaux). — 5. Histoire de M. Réjoui, ou on n'est pas plus heureux que ça.

[Coll. Félix Meunié.]

3465. — LE PETIT SILÈNE EN AC-

TION. Almanach chantant pour 1819. ‖ A Paris, chez Tiger, Imprimeur-libraire, rue du Petit-Pont-St-Jacques. Prix : 20 cen-times. In-32.

Frontispice enluminé. Recueil de chansons ba-chiques et autres. Publication de colportage, avec calendrier pour 1819.

3466. — TABLEAU DES MAITRES ET

MARCHANDS, FABRICANS, CORDON-NIERS ET BOTTIERS DE LA VILLE DE PARIS, par le préposé au placement. 1819. ‖ Paris, Imprimerie de Stahl. In-12.

Annuaire officiel qui deviendra, en 1827, l'*Al-manach des Maîtres et Marchands*.

3467. — TABLETTES MILITAIRES,

ÉTRENNES AUX BRAVES, avec un ca-lendrier militaire ; par MM. Gouriet et Baudoin Jⁿᵉ, orné de huit gravures. ‖ A Paris, chez Louis Janet, libraire, succes-seur de son père, rue St-Jacques, n° 59. M.DCCC.XIX. In-18.

Les auteurs expliquent ainsi, en une préface, le but de leur publication : « Si la France a cru devoir, pendant quelque temps, écarter le souvenir de ses triomphes militaires, de plus nombreux hommages, il faut en convenir, ne pouvaient à la fois dédommager nos Braves du sacrifice momen-tané qu'ils ont fait au repos et à la liberté. Les monuments littéraires, en l'honneur de nos armées, se sont tout à coup succédé avec une étonnante ra-pidité. Après le grand ouvrage des *Victoires et Conquêtes*, entreprise magnifique et courageuse qui a, en quelque sorte, ouvert la carrière et donné le signal, s'est présenté le *Manuel des Braves*, second appel de la gloire auquel on aussitôt répondu, l'*Histoire des Batailles*, le *Dictionnaire des Batailles*, l'*Éloquence Militaire*, la *Galerie Militaire*, les *Éphémérides Militaires*, les *Fastes de la Gloire*, les *Traits Mémorables*, les *Archives de l'Honneur*, les *Archives Françaises d'actions honorables*. Combien ne pourrions-nous pas en citer encore, sans étonner le lecteur, sans qu'il cessât d'applaudir à cette lutte toute patriotique et vraiment française !

« Il nous a semblé qu'au milieu de tous les grands ouvrages de bibliothèque, qui venaient d'être publiés, il pouvait manquer encore, comme objet d'utilité générale, une édition peu coûteuse, et qui réunit à la fois l'avantage d'un format commode et portatif à l'abondance des matières contenues dans un seul volume. »

D'où la publication des *Tablettes Militaires* contenant, en outre d'un coup d'œil sur les campagnes modernes, un *Calendrier militaire* dans lequel chaque mois se trouve consacré à un ou deux corps ou personnages qui lui appartiennent, chaque jour à des événements militaires et à quelque Brave. La Sainte-Alliance des peuples, de Béranger, sert de conclusion à l'ouvrage.

Les gravures représentent : 1. Charles Martel et le duc d'Aquitaine. — 2. Jeanne d'Arc en prison déclarant au comte de Ligny que les Anglais n'auront jamais le royaume de France. — 3. Les enrôlements volontaires. — 4. Le convoi sauvé des corsaires, 1er avril an IV (action d'éclat d'un jeune adjudant-général à l'armée de l'Ouest). — 5. Le grenadier devant Kehl, an IV. — 6. Le général Marceau et la jeune Vendéenne. — 7. Le lieutenant d'artillerie Conrad à Marengo. — 8. Le général polonais Sokolnicki devant Paris (20 mars 1814).

[Coll. Gabriel Cottreau.]

[Cat. 8 fr.]

3468. — LE VÉRITABLE AMI DE BACCHUS ET DE L'AMOUR. Almanach chantant pour 1819. Prix : 20 centimes. || A Paris, chez Tiger, imprimeur-libraire, rue du Petit-Pont-St-Jacques. In-32.

Frontispice enluminé. Recueil de chansons bachiques et autres. Publication de colportage, avec calendrier pour 1819.

3469. — ALMANACH DES BOLIVARS pour l'année 1820. || A Paris, chez Gauthier, rue de Seine, 73. In-24.

Almanach qui, par son titre, sacrifiait doublement à l'actualité, rappelant le nom de Bolivar et consacrant le succès des chapeaux dits *bolivars*.

[N'existe pas à la B. N.]

3470. — AMOUR ET ROSE. || A Paris, chez Louis Janet, Libraire, successeur de son père, rue St-Jacques n° 59. (1820). In-32.

Titre gravé. (Amour cueillant une rose.) — 8 figures non signées : 1. La nourrice de l'Amour. — 2. Portrait de l'Amour. — 3. Montagne d'Amour (un amoureux emportant sa bien-aimée sur ses épaules). — 4. L'Amante du Ministre. — 5. La rose et l'Hortensia. — 6. La Rose volée — 7. Les Épines changées en roses. — 8. L'épreuve de la Rose.

Almanach entièrement gravé, avec cahier imprimé de chansons nouvelles.

Calendrier se dépliant.

[Coll. Félix Meunié.]

3471. — LA GALERIE LYRIQUE DES SPECTACLES. || Paris, chez Janet, 59, rue Saint-Jacques. (vers 1820). In-32.

Recueil de couplets et ariettes empruntés aux pièces du jour, avec un choix de jolies figures, qu'il ne faut point confondre avec la *Galerie lyrique* publiée chez le même éditeur (voir, plus haut, n° 1773).

3472. — LA PETITE MONTAGNARDE, chansonnier nouveau pour la présente année. (1820). || A Paris, chez J. Stahl. In-32.

Frontispice enluminé. Recueil de chansons diverses. Publication de colportage, avec calendrier pour 1820.

3473. — ALMANACH DE LA BANLIEUE, pour l'année 1821... publié par les soins de la direction du journal *La Presse de la banlieue*... || Paris, chez tous les principaux libraires. In-18.

Almanach donnant des renseignements et des notes sur les communes de la banlieue qui devaient, plus tard, faire partie de l'agglomération parisienne. Intéressant à ce point de vue.

[B. N.]

3474. — ÉTRENNES COMMERCIALES ET GÉOGRAPHIQUES, pour l'année 1821. || Paris, Saint-Michel, et Lyon, Ayné. In-24.

Publication ornée de cartes et figures dont 4 planches de modes et coiffures.

[Cat. Techener. Ex. mar. r. 60 fr.]

3475. — ÉTRENNES SANS PRÉTEN-TION, ou un peu de tout. Almanach désiré des Français pour 1821. || Paris, chez Delarue, libraire, quai des Grands-Augustins, 15. In-32.

Almanach annuel dans le goût de toutes les petites publications de l'époque.

3476. — MIROIR DES GRACES, Dé-dié aux Dames, ou Dictionnaire de Parure et de toilette; par C. Mazeret et A. M. Perrot; contenant le nom et la défini-tion de tous les objets qui servent à l'ha-billement, la parure et la toilette des Dames; Étoffes, Fourrures, Bijoux, Pierres fines, Cosmétiques, etc., indiquant les pays, manufactures et fabriques d'où sor-tent les meilleurs et les plus beaux pro-duits, avec la manière de les reconnaître, et les adresses des Marchands les mieux assortis de Paris, etc., etc. || A Paris, chez V. Lefuel, libraire-éditeur, rue Saint-Jacques, n° 54. (Vers 1821.) In-32.

Publication destinée à opposer, pour ainsi dire, aux caprices éphémères de la mode, aux goûts changeants du jour, une sorte de dictionnaire et de grammaire des choses usuelles, accompagnée de quelques planches coloriées donnant des types de divers objets usuels; tels l'acier, les boucles, les bourses, les colliers de corail, les éventails, les fleurs, les jarretières, les peignes, les pierreries, les plumes, les rubans, les sacs-gibecières, soit en tout quinze planches.

[Coll. Gabriel Cottreau.]

[Ex. avec cart. 20 fr.]

3477. — LE PETIT COLIFICHET DES DAMES. Année 1821. || Paris. In-128.

Almanach minuscule; poésies et 8 figures.

[Coll. de Mme Patinot.]

3478. — LE PORTRAIT CHÉRI, OU LE GAGE D'AMOUR. Almanach conte-nant des chansons de table, Romances, Bouquets, etc. || A Paris, chez Demoraine et Thébaud, libraires, rue du Petit-Pont. (1821). In-32.

Frontispice enluminé : Amour ceignant d'une couronne de lauriers, un homme et une femme qui se tiennent par la taille. Chansons et roman-ces d'amour. Calendrier.

Publication de colportage.

[Coll. Félix Meunié.]

3479. — CHANSONNIER DE TOUS LES GOUTS. || Paris, 1822. In-12.

Recueil de chansons populaires sur l'amour, la table et le vin.

[D'après le cat. de la vente Sapin.]

3480. — LES JEUX FLORAUX. || A Paris, chez Louis Janet, Libraire, succes-seur de son Père, Rue St-Jacques, n° 59. (1822). In-32.

Titre gravé, avec fleurs; l'almanach lui-même est entièrement gravé. 6 figures signées, Séb. Leroy del. — 1. Les Jeux floraux. — 2. Le bouquet de Jasmin. — 3. Le Perce-neige. — 4. La margue-rite. — 5. Le lis. — 6. Zéphir et Rose. — Recueil de poésies, avec Petit Souvenir des Dames. Ca-lendrier se dépliant, pour 1822.

(Coll. Félix Meunié, ex. avec couverture sous verre, et appliques de cuivre.]

[Cat. 38 fr.]

3481. — L'OISEAU BLEU. || A Paris, chez Louis Janet, Libraire, rue St-Jac-ques, n° 59. (1822). In-32.

Titre gravé et 8 figures, signées Seb. Leroy del. Rouargue sculp., répondant à des poésies sur des oiseaux. 1 L'Oiseau Bleu. — 2. L'Abeille et le Bouton de rose. — 3 Le Papillon. — 4 La tour-terelle et l'Étourneau. — 5. Le Pinçon. — 6. L'A-mour et les Abeilles. — Les oiseaux de Sylvie. — 8. Le Ramier. — Les personnages des vignettes sont des bergers et des bergères ou des femmes en costume moyen-âge.

Almanach entièrement gravé, accompagné d'un cahier de chansons nouvelles.

Calendrier se dépliant.

[Coll. Félix Meunié.]

[Ex. avec cart. 12 fr.]

3482. — LE PETIT MÉNESTREL. || A Paris, chez Le Fuel, Libraire, rue St-Jacques n° 54. (1822). In-32.

Recueil de poésies. Titre gravé dans un enca-drement et 7 figures de Bosselmann, composi-tions ovales assez gentiment gravées dans un en-cadrement à tailles de burin. — 1. Le tombeau des vrais Amans. — 2. L'Amour et L'Espérance — 3. La Bascule. — 4. Le Badinage. — 5. Le retour du Paladin. — 6. La feuille. — 7. Alnone abandonnée.

Calendrier se dépliant.

[Coll. Félix Meunié.]

3483. — L'ABEILLE DES JARDINS, par M. Brès. ‖ A Paris, chez Lefuel, rue St-Jacques, 54. (1823.) In-24.

Le titre, composition gravée, signée Brès *del*, Desaulx, A.F.Aubert jeune, *sc.* se lit sur un rocher. Comme frontispice, « jardin sur la fenêtre. » Série de planches dues aux mêmes, et représentant : 1. La fontaine de Jouvence. — 2. La volière. — 3. L'escarpolette. — 4. Jardin d'enfant. — 5. La montagne. — 6. La grotte. — 7. L'arbre à maison — 8. Le pont. — 9. La montre solaire de Flore. — 10. Le pavillon. Le texte, composé d'une série d'articles, est une intéressante étude sur la décoration des jardins à différentes époques et sur le goût et l'ornementation des jardins romantiques (labyrinthe, ermitage, volière, grotte, pavillon, escarpolette, montre solaire de Flore, belvédère, pont, cascade, fontaine de Jouvence, berceau, cabinet de verdure, etc.). Comme à la plupart des publications de l'époque, on ajoutait un calendrier.

[Coll. de l'auteur.]

[Cat. Techener : ex. avec cartonnage, 10 fr.]

3484. — AGENDA A L'USAGE DE LA COUR ROYALE DE PARIS et des Tribunaux de son ressort. ‖ Paris, B. Warée aîné, Libraire-Éditeur des Codes français, Au Palais de Justice [puis Marchal et Billard, 27, place Dauphine]. 1823 à ce jour. In-18.

Agenda de notes dont le titre a simplement varié suivant les régimes : *Cour d'Appel, Cour Impériale, Cour d'Appel* à nouveau, depuis 1872, et dont il existe deux sortes d'exemplaires, maroquin et cartonné ou en cahier soie.

[N. B.]

3485. — ANNUAIRE A L'USAGE DE LA COUR ROYALE DE PARIS ET DES TRIBUNAUX DE SON RESSORT. ‖ Paris, B. Warée aîné, Libraire-éditeur des Codes français. Au Palais de Justice. 1823. In-18.

Sur le titre petit bois ; la Justice assise, sceptre et balance en main, deux lions devant elle. Calendrier avec les noms et les adresses de tout le personnel judiciaire. L'année 1841 donne les lois et décrets sur l'organisation judiciaire.

Devint en 1849 :
— *Annuaire à l'usage de la Cour d'Appel de Paris.*

Puis, de 1853 à 1870 :
— *Annuaire à l'usage de la Cour Impériale de Paris.* — A partir de 1872 a repris le titre de :

Annuaire de la Cour d'Appel de Paris. Cosse, Marchal, Billard, impr.-éditeurs, rue Dauphine 27.

Il y existe également, depuis l'année 1823 aussi, un *Petit Annuaire à l'usage de la Cour d'Appel de Paris*, même publication, moins volumineuse.

[La B. N. ne possède la collection qu'à partir de 1840.]

3486. — L'HISTORIEN VERTUEUX, ou le modèle de l'Adolescence et de la Jeunesse. Dédié au jeune âge. ‖ A Paris, chez Janet, Libraire, successeur de son père, rue St-Jacques. (1823). In-32.

Recueil d'histoires classées par ordre alphabétique, traits d'avarice, de bonté, de charité, de désintéressement, d'ingratitude, etc., accompagné de 8 figures, non signées. — 1. Le chevalier Cutler. — 2. Bienfaisance de Marie-Antoinette. — 3. Désintéressement de Curius. — 4. L'Emir Almar. — 5. l'Humanité récompensée. — 6. L'Excès de misère. — 7. Ruse d'un Indien. — 8. Louis XIV et Condé.
Calendrier pour 1823.

[Coll. Félix Meunié.]

3487. — LE PORTEFEUILLE DU TROUBADOUR, ou Choix des plus jolies romances. ‖ A Paris, au Palais-Royal, chez les Marchands de nouveautés. (1823). In-32.

Frontispice enluminé : le prix de l'inconstance (hommes et femmes dansant autour de la statue de l'Amour).

Poésies variées dans la note du jour : Les mœurs de mon village ; Conseils à une jeune mariée ; Le chiffonnier observateur ; Les quatre âges des femmes ; La rose d'amour ; Mort d'Atala. — Pensées et calendrier.

[Coll. Félix Meunié.]

3488. — ANNUAIRE DE L'ACADÉMIE [ROYALE puis IMPÉRIALE] DE MÉDECINE pour 1824. ‖ Paris, chez Béchet jeune, Libraire de l'Académie de Médecine, place de l'École de Médecine, [puis J.-B. Baillière, puis à l'Académie de Médecine]. In-18.

Calendrier. Ordonnances constitutives, Règlements de l'Académie et liste générale des membres de la Compagnie et des correspondants, à l'étranger et en province. A partir de 1830, le calendrier disparaît. A partir de 1848, l'Annuaire donne l'énumération des prix décernés par l'Académie depuis sa fondation, puis à partir de 1860, le sommaire des publications éditées par elle. Plus tard, il sera fait mention des donations et des legs.

3489. — LE NOUVEAU CHANSON-NIER THÉATRAL pour l'an 1824. ‖ Paris, 1824-1825; 2 années. In-18.

Recueil de chansons diverses provenant des pièces à la mode. Avec figure.

[D'après le cat. de la vente Sapin.]

3490. — LE PETIT MARMONTEL DES DEMOISELLES. ‖ A Paris, chez Marcilly fils aîné, rue St-Jacques, n° 21. (1824). In-32.

Sur le titre gravé, jeune fille et homme âgé lisant, devant une table, sur laquelle se trouve une mappemonde. 6 vignettes, non signées, et sans légendes, se rapportant aux récits du volume : 1 L'Aveugle et le soldat (nouvelle). — 2 et 3. Les deux sœurs (conte). — 4. Les enfans (idylle). — 5. Les humeurs en ménage (nouvelle). — 6. Le souhait singulier (conte).

Calendrier et Souvenir des Dames.

[Coll. Félix Meunié.]

3491. — ALMANACH DES COURS PUBLICS ET PARTICULIERS, par J.-L. Prix : 60 cent. ‖ A Paris, chez Gobelet, rue Soufflot, n° 4. In-18.

Comptes rendus et renseignements spéciaux.

[D'après le Journal de l'Imprimerie.]

3492. — ANNUAIRE DE LA SOCIÉTÉ DU BON HENRI. ‖ Imprimerie de Belin, à Paris, 1825. In-8.

Annuaire publié par la Société de ce nom, fondée sous la Restauration.

3493. — LE CONTEUR MORALISTE. ‖ A Paris, chez Louis Janet, libraire, rue St-Jacques, n° 59. (1825). In-24.

Titre gravé avec sujet: personnage assis contant des histoires. Titre et 4 gravures : 1. La première Communion, signé Deveria, inv., Pourvoyeur, sc. — 2. Piété filiale. — 3. Le Prix de l'étude, signé Deveria, inv., Lefèvre, sc. — 4. La Bienfaisance Colin del., West sc.

Les gravures sont dans le style des compositions de Kepseake. Contes moraux. Calendrier se dépliant.

[Coll. Félix Meunié.]

3494. — LES LOISIRS D'APOLLON. ‖ A Paris, chez Marcilly fils aîné, Libraire, rue St-Jacques, n° 21. (1825). In-32.

Recueil de poésies. Sur le titre gravé, Apollon assis, jouant de la lyre. 6 figures, non signées,

répondant au texte, et dont voici les légendes — 1. Le Rendez-vous. — 2. Le mari âgé. — 3. Les aveugles. — 4. Pygmalion. — 5. La Femme. — 6. Les adieux.

Gravures d'un burin pénible. Avec Souvenir des Dames, et calendrier.

[Coll. Félix Meunié.]

3495. — L'ANACRÉON DES DAMES. ‖ Paris, Louis Janet, Libraire, rue St-Jacques, n° 59. (1826). In-32.

Recueil de poésies de Louis Aug. Mouffle, Armand Gouffé, Charles Mulot, Alexandre Desjardins, Patras, dans la note érotico-anacréontique de l'époque : Adèle, ou la Rose; le Baiser; Baiser ou Rose; l'Oiseau de Lesbie, etc... 6 figures, non signées : 1. C'est un baiser. — 2. Un regard de ma mie. — 3. L'éloignement. — 4. Le rendez-vous nocturne. — 5. Célimène. — 6. Les genoux de ma maitresse. — Calendrier se dépliant.

Antérieurement, Janet avait publié l'Anacréon des Demoiselles (voir, plus haut, n° 1639).

[Coll. Félix Meunié, ex. avec couverture sous verre et appliques en cuivre.]

[Cat. 40 fr.]

3496. — LE DOCTEUR DE CYTHÈRE, Gravé par A. Legrand. ‖ A Paris, chez Marcilly fils, Rue St-Jacques, n° 21. (1826). In-32.

Titre gravé (Amours musiciens). 12 figures : 1. La Bergère inquiète. — 2. Conseils érotiques (l'Amour donnant des conseils à une jeune femme). — 3. Le portrait de Zelmire. — 4. Les heureux Amants. — 5. Bacchus et l'Amour. — 6. La bonne fille. — 7. Le docteur de Cythère (l'Amour, en bonnet et en toge, enseignant u groupe de jeunes femmes):

Mes séances ne sont pas chères,
Il est aisé de me payer;
Je ne prends pour mes honoraires
Que le don d'un simple baiser.

— 8. Le plaisir et la peine. — 9. La femme bel esprit. — 10. L'Amant discret. — 11. Les feuilles. — 12. Le vray bonheur.

Recueil de poésies dans la note amoureuse. Calendrier et Souvenir.

Le même titre fut pris par un petit recueil populaire de 1846 (voir, plus haut, n° 2445.)

[Cat. 10 fr.]

[Coll. Félix Meunié.]

3497. — LE PETIT PHILOSOPHE, par Bouillet. ‖ A Paris, chez Marcilly, rue St-Jacques, n° 21. (1826). In-32.

Recueil de poésies et romances sentimentales. Sur le titre : Amour assis sur un rocher et lisant. 6 figures, non signées, dont voici les légendes : — 1. La mort de Socrate. — 2. Madame La Vallière. — 3. Héloïse pleurant au Paraclet. — 4. Le Troubadour. — 5. Hymne au mois de mai. — 6. Invention de la lyre.

Calendrier et *Souvenir des Dames*.

[Coll. Félix Meunié.]

3498. — ALMANACH A L'USAGE DES ISRAÉLITES pour l'année du monde 5588, avec les mois et les jours correspondans du calendrier commun. ‖ Paris, rue de Richelieu, 47 bis. 1827-1828. In-12.

Almanach d'ordre purement confessionnel.

[D'après la *Bibliographie de la France*.]

3499. — ALMANACH DES MAITRES ET MARCHANDS, FABRICANS, CORDONNIERS ET BOTTIERS de la ville de Paris. Première année. 1827. ‖ Paris, Imprimerie de David, boulevard Poissonnière, nº 6. In-12.

S'ouvre par une circulaire du « Bureau général des Cordonniers-Bottiers patentés », les arrêtés officiels et les règlements du bureau de placement autorisé par l'État, puis donne la liste des noms des maîtres et marchands.

[B. N. — V. 27.933.]

3500. — ANNUAIRE DE LA SOCIÉTÉ TYPO-BIBLIOGRAPHIQUE. 1828. ‖ Paris. Imprimerie d'Huzard-Courcier. In-8.

Annuaire de société, avec quelques documents.

3501. — AGENDA DU COMMERCE. 1829. ‖ A Paris, chez Joseph Janet, rue de Sorbonne. In-18.

Agenda pour l'inscription des notes et des comptes, avec les indications les plus essentielles. Se vendait relié de différentes façons ; en demi-reliure, en veau, en maroquin, de 3 à 6 francs.

3502. — BLANCHE MARGUERITE. ‖ Paris, Louis Janet, libraire, Rue St-Jacques, nº 59. (1829). In-32.

Titre gravé, avec sujet (jeune bergère assise au pied d'un arbre). — 4 figures. 1. Le chevalier et

la bergère. — 2. La pauvre mère. — 3. Le nid et la rose. — 4. L'amour ermite.

Mélange de prose et de vers. Romances signées : Alex. Dumas, Ch. Malo, Armand Gouffé, Catelin, etc. — Calendrier.

[Coll. Félix Meunié.]

3503. — ÉTRENNES DÉDIÉES AUX DAMES. Almanach pour la présente année. ‖ A Paris, au Palais-Royal. (1831). In-32.

Frontispice colorié, un homme et une femme auxquels l'Amour, du haut du ciel, lance des traits.

Poésies et romances : Ce n'est plus Lisette ; Le jeu de billard ; Les leçons d'Épicure ; Ma nacelle. Histoire et contes en prose. — Calendrier.

[Coll. Félix Meunié.]

3504. — ANNUAIRE DES IMPRIMEURS ET DES LIBRAIRES DE PARIS, des Départements et de l'Étranger. Statistique de la littérature et de la librairie française. Première année. Par M. H.-B. Dutertre, [sous-chef du bureau de la Librairie au Ministère de l'Intérieur]. ‖ Paris, V. Magen, 21, quai des Augustins ; Léautier, rue des Saints-Pères, 75. [Puis, Leriche, libraire, place de la Bourse]. 1832 et suite. In-32.

S'ouvre par une introduction donnant les titres des ouvrages exécutés par les premiers imprimeurs qui exercèrent en France. Suivent : la législation, la statistique des produits de l'intelligence sortis des presses françaises, depuis le 1ᵉʳ janvier 1814, jusqu'au 31 décembre 1833, la liste des bibliothèques publiques, des établissements scientifiques et littéraires, la liste des journaux de Paris et des départements, la liste des imprimeurs et libraires, un dictionnaire des hommes de lettres et des femmes auteurs ayant publié des ouvrages à Paris et dans les départements, durant l'année écoulée.

La couverture porte pour titre : *Statistique de la Littérature et de la Librairie françaises*.

Devint, en 1837 :

— *Annuaire de l'Imprimerie et de la Librairie françaises et étrangères*. ‖ Paris, chez Souverain, rue des Beaux-Arts. In-32, puis in-12.

Simple annuaire de renseignements, ne contenant plus de notices intéressantes : cependant 1845 donne la liste des ouvrages condamnés, de 1830 à 1843.

Reprit, en 1844, le titre *Annuaire des Imprimeurs et des Libraires de France et de l'Étranger*.

[B. N. — Q. 4539.]

3505. ALMANACH POPULAIRE DE LA FRANCE. [Épigraphes :] Savoir, c'est pouvoir! Bacon. — Le droit se mesure à l'intelligence. L'Herminier. — Un droit connu est un droit conquis. La Mennais. »|| Paris, Pagnerre, rue de Seine. 1834-1849. Arras, bureau du *Progrès*.

Calendrier avec éphémérides diverses (tantôt les principaux événements survenus en Europe depuis 1830 ; tantôt les victoires et avantages remportés par les Français, depuis 1792 ; tantôt les hommes politiques depuis 1830). Almanach composé d'articles inédits de MM. Degeorge, rédacteur en chef du *Progrès*, F. Lamennais, Timon, Garnier-Pagès, Laurent, Mathieu, de l'Institut, N. Gallois, Bastide, Timon, George Sand, Armand Carrel, les Arago, Michel de Bourges, Félix Pyat, Armand Marrast, Dupoty, Altaroche. A signaler :

Année 1836, Carnaval de St-Pol, cinquante courtes biographie d'illustres prolétaires français depuis Jacques Cœur, physiologie du riflard avec un dessin censuré.

Année 1847 : L'histoire au crayon, par Albert Aubert, premier essai d'histoire par l'image. Notices diverses, vignettes. Quelques années ont des frontispices lithographiés, et on y trouve de nombreuses reproductions des médaillons de David d'Angers.

Almanach fort intéressant à parcourir pour l'histoire du développement des idées démocratiques sous le règne du Louis-Philippe. Comme l'*Almanach Démocratique de la France* (voir n° 2265) et comme l'*Almanach de la France Démocratique* il est imprimé sur deux colonnes.

3506. — AGENDA MUSICAL pour l'année 1835. Contenant tous les renseignements utiles aux amateurs de musique et aux artistes, publié par un ancien élève du Conservatoire. || Paris, au bureau du *Recueil des Beaux-Arts*, rue Neuve-des-Capucines, 13 *bis*, chez les marchands de musique. In-16.

Agenda de renseignements : Sociétés de musique, Conservatoire, Académie de France à Rome, Musique du Roi, Théâtres lyriques, Catalogues des partitions des opéras nouveaux, Concerts, Noms des professeurs de musique, imprimeurs, relieurs, etc. Journaux de musique, de théâtres. A la fin est un calendrier.

La 3ᵉ année porte : « Par Planque, accordeur de Pianos ». Cet annuaire est plus complet, il commence par de petites anecdotes et faits musicaux, et il donne tous les prix des instruments de musique.

3507. — LES ENFANS DU CAVEAU. Première année. [Épigraphes :]

> Aime, ris, chante et bois
> Tu ne vivras qu'une fois.
>
> DÉSAUGIERS.

> Tout chansonnier peut atteindre au Parnasse,
> Car c'est monter que descendre au Caveau.
>
> BOUILLY.

|| Paris, Terry, libraire-éditeur, Palais-Royal, galeries d'Orléans, 185. 1835. In-12.

Chansons des membres de la Société : Albert Montémont, de Berruyer, Désaugiers, Edmond d'Ocagne, Justin Cabassol, Randon du Thil, Bouilly et Frédéric de Courcy, ces deux derniers membres honoraires.

[Coll. de l'auteur.]

3508. — ANNUAIRE DES ARMÉES DE TERRE ET DE MER, pour l'année 1836, publié sur les documents fournis par les officiers des armées Françaises et étrangères, par J. Corréard jeune, directeur du journal des *Sciences Militaires*. || Paris, J. Corréard jeune, éditeur, rue de Tournon, n° 20. 1836. In-8.

Renseignements complémentaires de la fiche 2208.

« Il manquait un annuaire à l'armée, » dit l'éditeur, dans une introduction : « c'est une lacune que nous prétendons remplir. L'esquisse que nous présentons, aujourd'hui, toute imparfaite qu'elle est, rendra, nous l'espérons, d'importants services, en initiant tous les militaires à une foule de connaissances générales qui peuvent, seules, jeter une vive lumière sur leurs études spéciales, et qu'ils chercheraient vainement dans leurs théories particulières.

. . . .

« Jusqu'à ce jour, les encouragements sont venus des particuliers, jamais des gouvernements.

« Les aide-mémoires, les albums, les carnets, les souvenirs, ouvrages plus ou moins bien faits, où l'on a cherché à réunir, sous un petit volume, les connaissances diverses qu'il est utile à un officier de posséder, ont tous été le fruit d'une pensée individuelle. C'est un tort que le gouvernement national de juillet est digne de réparer. Mais dans l'attente, nous poursuivons notre but, celui de l'amélioration morale et intellectuelle de l'armée. Cet annuaire y contribuera, nous l'espérons. C'est au public militaire à nous apprendre si nous avon réussi. »

Contient, en plus de l'organisation militaire de la France et de l'étranger, une série d'études techniques parmi lesquelles il faut citer : Des vicissitudes et de l'état de l'infanterie chez les principales puissances, par le général Bardin. — De la cavalerie depuis le xive siècle, par le lieutenant-général de la Roche-Aymon. — Précis des événements militaires survenus en Europe depuis 1815, par le général de Vaudoncourt. — Science de la guerre au xve siècle, en Italie, par le général de Vaudoncourt. — L'annuaire se termine par des notices sur les journaux militaires de l'Europe.

[Coll. Gabriel Cottreau.]

3509. — LE DOUBLE ALMANACH FRANÇAIS, ou le Nouveau Nostradamus. || A Paris, Pagnerre, Éditeur, rue de Seine, 14 bis. 1837. In-32.

Vignette d'astrologue sur le titre. Almanach populaire destiné aux campagnes, conservant la forme ancienne, mais rédigé dans un esprit plus conforme aux idées modernes. Sous le couvert de Nostradamus, l'éditeur Pagnerre cherchait à faire pénétrer dans les masses des notions plus saines.

3510. — ANNUAIRE GÉNÉRAL DU COMMERCE, DE l'INDUSTRIE ET DE L'AGRICULTURE DE FRANCE et des principales villes du monde, comprenant: 1° La liste générale des adresses de Paris ; 2° L'indication pour Paris, les Départements et les principales villes du monde, des Négocians, Manufacturiers, Fabricans, Inventeurs et Agriculteurs classés par catégories de marchandises, fabrications ou inventions, et par ordre géographique et départemental. Avec notes succinctes, indiquant leur domicile, inventions, fabrications nouvelles, écrits ou travaux en faveur du commerce, de l'industrie ou de l'agriculture, décorations, médailles et récompenses honorifiques ; 3° L'indication de tous les électeurs et éligibles de la France ; 4° L'état nominatif des membres composant les principales divisions des ordres législatif, judiciaire et administratif; 5° Notices statistiques, mention des Académies et Sociétés savantes ; Chambres, Bourses, Cercles, Bibliothèques et Musées, Journaux, Théâtres, Bureaux de poste aux lettres, Postes aux chevaux, Messageries, etc. ; 6° Une Table géographique, avec indication de tous les bureaux de poste en France, de leur distance de Paris, et pour l'Étranger, de la nature de l'affranchissement ; Et terminé par une Bibliographie indiquant par ordre alphabétique tous les

ouvrages français ou étrangers, relatifs au commerce, à l'industrie et à l'agriculture, qui auront paru dans le cours de l'année; avec une carte Routière de France. Rédigé sous la direction de M. P. Henrichs, directeur des Archives du Commerce, et Fondateur-gérant de la Société des Annuaires. || Paris, au Siège de la Société des Annuaires, rue du Mont-Blanc, N° 8. (1838). In-8.

Annuaire créé par une société au capital de 200,000 francs. Les difficultés inhérentes à l'exécution de toute entreprise de ce genre, les frais qu'elle nécessite eurent, bientôt, absorbé le capital versé, et dès la seconde année, l'annuaire dut cesser sa publication. En 1840 le fond et le matériel furent adjugés, à la diligence des créanciers, à M. Lamy dont MM. Firmin-Didot devinrent cessionnaires dès 1841.

Chaque page contenait une quantité de matières double de celle des pages de l'Almanach-Bottin.

[Voir, pour la suite, le n° 3513.]

3511. — LE PETIT LIÉGEOIS, Almanach pour l'an 1838. || Paris, Pagnerre, Éditeur, rue de Seine, 14 bis. In-32.

Renseignements complémentaires du n° 2519.

Frontispice gravé; astrologue ayant sur les genoux un livre d'astronomie, ouvert. Avec calendrier. Principes d'astronomie, économie domestique, variétés, anecdotes. A la fin est un avis de l'Éditeur dont nous extrayons les passages suivants : « Une foule de mensonges éhontés, de prédictions absurdes, d'anecdotes où la sottise le dispute à l'immoralité, tels sont les déplorables enseignements offerts au peuple, chaque année, dans les almanachs de Mathieu Laënsberg, Nostradamus, Larivey, Messager boiteux, et autres spéculations honteuses de l'ignorance sur la crédulité. Déjà, cependant, de louables efforts ont été tentés pour déshériter ces dangereuses publications de la faveur dont elles jouissent. Plusieurs almanachs nouveaux ont été publiés ; mais ces petits livres, bien qu'ils continssent d'excellentes choses, n'ont pu atteindre le but qu'on se proposait. En sacrifiant le fond du vieil almanach qui est mauvais, il fallait respecter la forme, qui est connue, et ne rien changer au prix. On ne l'a point fait : cette conservation de la forme et du prix nous semble l'une des principales conditions a remplir pour arriver plus sûrement entre les mains des habitants des campagnes et des ouvriers des villes. C'est ce qui nous a déterminé à donner à notre publication le titre de Triple Liégeois ou le nouveau Mathieu Laënsberg, et à conserver le format, la couverture, les vignettes et le prix de l'ancien almanach, seuls emprunts que nous ayons voulu faire à sa vieille popularité. »

3512. — ANNUAIRE DES SOCIÉTÉS PAR ACTIONS, anonymes, civiles et en commandite, contenant; des renseignements sur le fonds social des sociétés, l'adresse du siège de chacune d'elles, la date de leur fondation, la valeur nominale des actions, leur nature, les conditions pour être admis aux assemblées générales, les noms des administrateurs, directeurs, gérants, etc., etc. fondé et publié par Jacques Bresson. Année 1839. || Paris, au bureau du *Cours général des actions*, 16 rue Notre-Dame-des-Victoires. In-16.

S'ouvre par un aperçu sur les sociétés par actions, et par le projet de loi présenté à la Chambre, en 1838.

3513. — ANNUAIRE GÉNÉRAL DU COMMERCE, JUDICIAIRE ET ADMINISTRATIF, DE FRANCE et des principales villes du monde. Rédigé sous la direction de Ch. Lamy, ancien employé des contributions directes. || Au siège de la Société des Annuaires, 13, rue du faubourg Montmartre. 1839 et suite. In-8.

Suite de l'*Annuaire* décrit plus haut (voir n° 3510). Dans un avis au public les éditeurs font ressortir la supériorité de leur publication : netteté des caractères, plus du double de la matière des autres almanachs, liste des éligibles et électeurs.

Les années 1839 et 1840 donnent la statistique générale de la France : l'année 1841 contient le rapport du jury central de l'Exposition des produits de l'industrie nationale (1839), un dictionnaire des rues, la description des villes, bourgs et villages. L'année 1842 publie une notice sur les principales productions littéraires, scientifiques et artistiques, de tous ceux qui se sont fait un nom dans les sciences et les arts ; l'année 1843 une bibliographie des journaux et écrits périodiques.

En 1845, MM. Firmin-Didot deviennent acquéreurs de la propriété et du matériel de l'Annuaire qui donne les adresses des habitants de Paris, par rues et numéros de maisons.

En 1847, il modifie comme suit son titre qui, désormais, ne changera plus jusqu'à la fusion avec l'Almanach Bottin : *Annuaire général du Commerce, de l'Industrie, de la magistrature et de l'administration, ou Almanach des 500,000 adresses publié par Firmin-Didot frères.*

3514. — ANNUAIRE MILITAIRE, Topographique, Statistique et Anecdotique, par une Société de Militaires et de gens de Lettres, sous la direction de M. le capitaine Sicard. Année 1839. || Paris, au bureau de la direction, rue Plumet, 4 *bis*. In-8.

Détails complémentaires de la fiche 2240.

Suite de l'*Annuaire des Armées de terre et de Mer* ayant dû paraître très probablement antérieurement, et s'ouvrant par des fastes militaires, calendrier contenant sept cent trente faits d'armes ou deux victoires par jour, donnant également, pour chaque mois, les traités de paix, conclus durant cette période, et les noms des rois et généraux célèbres.

Cet annuaire, fait avec un soin tout particulier, contient l'historique de tous les corps et régiments militaires, — état-major, infanterie, cavalerie, artillerie, génie, gendarmerie, sapeurs-pompiers, train des équipages, intendance militaire, service de santé, hôpitaux, habillement, subsistances militaires. — Des notices donnent également l'histoire des ordres militaires, du recrutement, des tribunaux militaires. Toute une partie est consacrée à l'organisation militaire des anciens peuples, tandis qu'une autre division contient la statistique civile, financière, commerciale et militaire des principales puissances de l'Europe. Le volume se termine par une série d'anecdotes militaires; traits de courage, saillies, actes de désintéressement.

L'année 1839 se trouve accompagnée de huit planches gravées au trait, reproduisant les différents types historiques de l'armée française : soldat Franc sous Clovis; arquebusier Louis XII; carabinier Louis XIV; dragon, règne de Henri II; lancier, au temps des Croisades; chasseur à cheval (1795); hussard sous le règne de Louis XIV; artilleur sous les règnes de François Ier et de Henri II.

La partie « *Variétés* » contient les études suivantes : Institutions militaires en France, depuis leur création jusqu'en 1840 ; Grades, titres et emplois en usage dans les armées françaises (depuis leur création également), — publiées toutes les deux sous forme de dictionnaire, — une notice chronologique sur Napoléon, depuis sa naissance jusqu'à sa mort, et une notice chronologique des traités de paix célèbres.

[Coll. Gabriel Cottreau.]

3515. — AGENDA-PANTHÉON, pour 1840, ou Memento biographique universel, indiquant à côté du nom du Saint de chaque jour, un personnage célèbre, mort ce jour-là, le lieu et l'année de sa naissance, etc. Précédé du système métrique décimal, en vers techniques ; par Michel Chor. Prix : 2 fr. || A Paris, rue Richer, 40. In-8 (format agenda).

Sorte de calendrier des grands hommes.

3516. — ALMANACH-BOTTIN DU COMMERCE DE PARIS, des départements de la France et des principales villes du monde contenant [suit l'énumération des matières], par Seb. Bottin, auteur du premier Annuaire statistique qui ait été publié en France [suit une longue énumération de titres]. || A Paris, au bureau de l'Almanach du Commerce, 26, rue J.-J.-Rousseau. 1840 à ce jour. In-8.

Suite de l'*Almanach du Commerce* (voir, plus haut, n°1248). En un avis préliminaire, l'éditeur se plaint que des individus, abusant d'une « presque similitude de titre et de format, étudiés à dessein », se présentent dans les études, les comptoirs, les boutiques, pour y glisser sous l'annonce *Almanach du Commerce Bottin*, en se servant pour cela de bulletins de souscription, un tout autre volume, de même format. Cet avis qui vise l'*Annuaire général du Commerce* se trouve répété, en termes plus explicites encore, en tête de l'année 1841, et l'éditeur se livre à toute une comparaison entre sa publication et celle de son concurrent : « la table des matières de l'*Annuaire général du Commerce Bottin* » y lit-on, « est riche de 4735 articles, tandis que celle de l'*Almanach Général du Commerce* n'en compte que 2834, c'est-à-dire plus de deux cinquièmes de moins. »

L'historique de cet annuaire, depuis son origine, se trouve tout au long en tête de l'année 1860. Rappelons que la publication avait englobé successivement en elle l'*Annuaire général du Commerce et de l'Industrie*, de Henrichs (1840), l'*Almanach général de la France et de l'étranger* (1845).

Voici, d'autre part, le titre actuel :

— *Annuaire-Almanach du Commerce, de l'industrie, de la magistrature et de l'administration, ou Almanach des 1,500,000 adresses de Paris, des départements et des pays étrangers* (Didot-Bottin), avec annuaire illustré des fabricants et marques de fabrique et de commerce. 1895 (93° année de la publication.) — Première partie : Paris et département de la Seine, et annuaire illustré des fabricants, XVI-2886 p. — Deuxième partie : départements et pays étrangers, IV-3280 p., avec cartes des départements et pays étrangers, et annuaire illustré des fabricants, avec suppléments divers. Les deux parties brochées 26 fr. ; cartonnées toile, 30 fr. ; séparément (Paris et départements), brochées, 16 fr. ; cartonnées toile, 18 fr. || Paris, imprimerie Firmin-Didot et Cie, 54, rue Jacob. In-4.

[B. N. — V 27,096.]

3517. — LE PORTEFEUILLE DE POLICHINELLE. || Paris, A. Marcilly,

libraire, rue St-Jacques, n° 10. (Vers 1840.) In-64.

Volume d'historiettes pour les enfants, par Adolphe de Resbecq. Titre gravé : Polichinelle écrivant ses récits. Avec de ravissantes petites illustrations gravées sur acier. Certains exemplaires se rencontrent avec calendrier.

[Coll. Gabriel Cottreau.

3518. — ANNUAIRE DE LA TYPOGRAPHIE PARISIENNE [ET DÉPARTEMENTALE]. 1re année, 1844. Contenant les noms des Maîtres-Imprimeurs et leurs adresses, la spécialité de leurs travaux, le nombre des ouvriers employés, les Noms et adresses des Libraires, Fondeurs, Graveurs etc., par E. M. Prétot. || Paris, chez l'auteur, rue Rochechouart, 23, et chez Krabbe, rue St-André-des-Arts, 1844. In-32.

L'auteur, typographe, avait fondé une agence spéciale typographique. Pur recueil de noms et d'adresses.

[B. N. — V 27,824.]

3519. — ALMANACH THÉORIQUE ET PRATIQUE DE L'ÉCLAIRAGE PAR LE GAZ. Contenant : l'instruction la plus propre à étendre toutes les connaissances du système d'Éclairage par le gaz courant, et un calendrier perpétuel ; ouvrage utile à toutes les personnes qui emploient le gaz, ainsi qu'aux employés des administrations de cette matière ; par Joseph Kiener, auteur d'un Calendrier Perpétuel, employé à la compagnie parisienne pour l'éclairage par le gaz. — [Épigraphe :] Les voleurs craignent la lumière encore plus que la garde ; il était impossible d'introduire une mesure de police plus efficace que l'éclairage au gaz hydrogène. Prix 1 fr. || A Paris, chez l'Auteur, place Maubert, n° 41. (1844) In-16.

En tête une préface de l'auteur dans laquelle il explique aux lecteurs le but de son almanach. Calendrier. Histoire de l'éclairage par le gaz, et instructions sur ce sujet. — Statistique de l'éclairage des quartiers de Paris.

[B. N. — V 43, 064.]

3520. — INDISPENSABLE DOUBLE LIÉGEOIS. Almanach quotidien pour l'année 1844. || Se vend à Liège et à Paris, au Dépôt, chez Derche, quai du Marché-Neuf, 34. In-32.

Sur le titre : astrologue regardant les astres à travers une fenêtre. Calendriers. Prédictions générales. Pronostics particuliers. Foires. Anecdotes curieuses (les hommes de lettres en travail). Horoscopes. Population de la France. Puissances de l'Europe. Prédictions pour chaque mois de l'année, avec vignettes modernes. Rois de France, avec petits portraits dans des médaillons octogones. Anecdotes diverses.

{B. N. — V. 868.}

3521. — AGENDA ALGÉRIEN, ou Memento de Cabinet. || A Paris, chez Dubos, rue Ste-Marguerite, 18. (1845). Gr. in-8.

Agenda pour l'inscription des notes et des comptes qui montre, par son titre, combien les choses de l'Algérie étaient, alors, à la mode. Le même fut publié dans un format plus réduit, avec le sous-titre : *Tablettes de poche*.

3522. — ALMANACH DES MAIRES ET DES CONSEILLERS MUNICIPAUX, pour 1845. || A Paris, chez Mme Louis Janet, rue St-Jacques, 59. In-32.

Règlements et instructions officielles.

3523. — ALMANACH TOM-POUCE. || A Paris, chez Desloges, rue St-André-des-Arts. 1845. In-32.

Petit almanach qui se plaça, pour mieux conquérir la faveur du public, sous le vocable du nain qui faisait alors courir tout Paris.

3524. — ANNUAIRE MUSICAL 1845, contenant les noms et adresses des amateurs, artistes et commerçants de Paris, départements et de l'étranger, par une Société de Musiciens. 1re année. Prix : 3 fr. || Paris, cité d'Orléans, 3, boulevard St-Denis. Et chez tous les Libraires et marchands de musique de la France et de l'Étranger. In-12.

Simple annuaire de noms et d'adresses, donnant également les membres de certaines sociétés de chant et de musique.

[B. N. — V. 30, 426.]

3525. — ASTROLOGUE OMNIBUS, le plus gros des almanachs liégeois pour 1845. || A Paris, chez Demoraine et Boucquin, 18, rue du Petit-Pont. In-32.

Sur le titre, la classique vignette de l'astrologue. Prédictions, foires, et tout ce qui se trouve, ordinairement, dans les publications de ce genre.

3526. — CALENDRIER ILLUSTRÉ DES CONNAISSANCES UTILES. 1845. || Paris. In-16.

Almanach populaire ; 300 recettes diverses, traités et indications dans tous les domaines.

3527. — LE DIORAMA MYTHOLOGIQUE. Almanach chantant pour la présente année. || A Paris, chez Vieillot, rue Notre-Dame-de-Nazareth, 32. (1845). In-32.

Publication de colportage, la première chanson ayant donné son nom à l'almanach.

3528. — LE PETIT MARCHAND DE CHANSONS. Almanach chantant pour la présente année. || A Paris, chez Vieillot, rue Notre-Dame-de-Nazareth. (1845). In-32.

Publication de colportage ; chansons du jour, dans tous les domaines.

3529. — DOUBLE ALMANACH LIÉGEOIS journalier, de Mathieu Læensberg, pour l'an de grâce 1847. || Se trouve à Liège, et à Paris, chez Boucquin, libraire, ancienne maison Demoraine, successeur de Tiger, rue du Petit-Pont, 18. In-32.

Sur le titre astrologue avec lunette et compas : mappemonde devant lui.
Calendrier. Pronostics sur les variations du temps. Prédictions de Mathieu Læensberg. Clairs de lune de 1848. Horoscopes. Prophéties diverses. Foires. Certaines couvertures portent « Almanach à l'usage des marchands forains » ; d'autres : « Gros et véritable Liégeois à l'usage des habitués des villes et des campagnes. » — Couvertures en papier bleu ou rouge.

[B. N.]

3530 — ALMANACH DE POCHE, dit à la religieuse, pour l'an de grâce 1853. || A Paris, chez Boucquin. In-32.

Petit calendrier, avec les renseignements les plus essentiels et quelques feuilles pour inscrire les notes et rendez-vous.

3531. — ALMANACH DU BON AGRO-
NOME ET DES AMIS DE L'HUMANITÉ,
pour 1853. ‖ A Paris, au bureau de l'a-
mélioration du sort des Aliénés, rue
d'Enfer, 45. In-18.

Avec un calendrier et 8 planches.

[D'après la *Bibliographie de la France.*]

3532. — CALENDRIER DES THÉA-
TRES. Chantant et analytique, le seul
donnant l'analyse des pièces en vogue
des Théatres de Paris ; contenant les
7 merveilles du monde, Georges et Marie,
La prière des Naufragés, Les Filles de
marbre, suivi de 10 chansons nouvelles.
Orné de jolies gravures. ‖ Paris, chez
Durand, rue Rambutteau, 34. 1853. In-8.

Vignette sur la page servant de titre. Les « jolies
gravures» ne sont que de vieux clichés. En somme,
publication populaire.

[B. N.]

3533. — AGENDA SPÉCIAL DES AR-
CHITECTES ET DES ENTREPRE-
NEURS DE BATIMENTS pour l'année
1854. Tablettes de poche pour tous les
jours de l'année. 10.000 renseignements.
‖ Paris, à la librairie d'architecture de
Bance 13, rue Bonaparte [puis May et
Motteroz]. 1854 à ce jour. In-18.

Memento-portefeuille avec tablettes, indispensable à tous ceux qui s'occupent de construction,
contenant une infinité de détails techniques, dispositions règlementaires les plus usuelles et tarifs
relatifs à la construction, ordonnances sur les eaux
et l'éclairage par le gaz, sur la liberté et la commodité de la circulation, tarifs divers arrêtés par
l'administration publique, tarifs des glaces, mesures légales, mesures des corps, tableau des nombres,
diamètres, circonférences, matériaux et objets
fabriqués employés dans la construction, résistance
des matériaux, tableau des proportions adoptées
dans divers monuments antiques, etc., etc.

3534. — ALMANACH DE MONSIEUR
LE CURÉ ET DE SES PAROISSIENS.
Année 1854. [Épigraphe :] Bien-être et
progrès universel. ‖ A Paris, Chez Desloges, 4, rue Croix-des-Petits-Champs. In-16.

Publication populaire.

3535. — ALMANACH DES BELLES
MANIÈRES, ou l'Art du bon ton, de la

politesse, etc., à la Cour, à la ville et à
la campagne, par Marc Constantin. ‖ A
Paris, chez Desloges, rue Croix-des-
Petits-Champs. (1854). In-16.

Publication populaire contenant une partie
identique à l'*Almanach de la bonne Société*, du même
auteur (voir, plus haut, nᵒ 2689), et vendue à nouveau, sous forme d'almanach, par la simple adjonction d'un calendrier.

3536. — ALMANACH DES DAMES
DE PARIS, historique, anecdotique et
musical. ‖ A Paris, chez l'auteur, 16, rue
Sainte-Marguerite-St-Germain. (1854).
In-8.

Publication populaire, contenant une notice historique sur Jeanne Hachette. Poésies de L. de
Chaumont, et Ad. Joly. Sur la couverture, vignette
représentant l'héroïsme des dames de Beauvais.

3537. — ALMANACH DE LA CUISI-
NIÈRE pour 1855. 50 cent. ‖ Paris, Imprimerie et Librairie de Charles Noblet,
rue Soufflot, [puis, Librairie des Villes et des Campagnes, 13, rue Cujas].
In-16.

Recettes culinaires, avec vignettes. Publication
populaire.

3538. — LE GRAND ALBERT. Alma-
nach pour 1856. Prix : 50 cent. ‖ En vente,
rue du Four St-Germain, 10. In-18.

Recueil de secrets, remèdes et conseils.

3539. — L'ANNÉE LITTÉRAIRE ET
DRAMATIQUE, ou Revue annuelle des
principales productions de la littérature
française et des traductions les plus importantes des littératures étrangères, classées et étudiées par genres, avec l'indication des événements les plus remarquables, appartenant à l'histoire littéraire,
dramatique et bibliographique de l'année,
par G. Vapereau, auteur du *Dictionnaire Universel des Contemporains.* Première année (1858). ‖ Paris, Librairie de
L. Hachette et Cⁱᵉ, rue Pierre-Sarrazin.
1859-1869. In-12.

Publication annuelle, classant les ouvrages sous
les rubriques suivantes : Poésie, Romans, Théâtre, Critique et histoire littéraire, Histoire et
études anciennes, Sciences morales et politiques

Esthétique, Philologie, Variétés, Recueils périodiques. Choix judicieusement fait qui constitue, en quelque sorte, l'histoire littéraire du second Empire.

3540. — PORTE-BONHEUR pour l'année 1854 édité par Alph. Giroux et Ci°. ‖ Paris. In-32, en hauteur.

Calendrier de poche ayant, en plus du calendrier, la famille impériale, les ministères, les mairies, des notices sur les musées, bibliothèques, voitures, etc.

3541. — ALMANACH DE 40,000 ADRESSES des Fabricants de Paris et du Département, contenant les noms et domiciles des principaux fabricants de Paris et de la banlieue, les noms et demeures précises de messieurs les commissionnaires en marchandises de Paris et des départements, avec leurs spécialités, par A. Cambon. ‖ Paris, Bureaux de l'Almanach, rue Campagne-Première, 17. (Cité d'Enfer 1). (1856-1875). In-8.

Simple recueil d'adresses conçu en vue des souscripteurs. Devint en 1864 : *Almanach des 100,000 adresses des fabricants et commerçants de Paris et des départements souscripteurs, suivi d'un dictionnaire des rues de Paris.*

Cet annuaire, continué après la mort de M. Cambon par sa veuve, parait avoir surtout vécu par les annonces : au point de vue du document il est nul.

[B. N. — collection à partir de 1861.]

3542. — LE DOUBLE LIÉGEOIS. Almanach journalier de Mathieu Lænsberg, pour l'année bissextile 1856. ‖ Paris, E. Moronval, Impr. Libraire, rue Galande, 65. (1856-1876). In-32.

Publie les prédictions de Moult. Calendrier sur les règles du jardinage, fêtes patronales, foires, noms, titres, population des départements. Variétés historiques et autres.

[B. N. — V. 868.]

3543. — L'ANNÉE SCIENTIFIQUE ET INDUSTRIELLE, ou exposé annuel des travaux scientifiques, des inventions et principales applications de la science à l'industrie et aux arts, qui ont attiré l'attention publique en France et à l'étranger. Accompagné d'une nécrologie scientifique, par Louis Figuier. 1re année, 1856.

Paris, librairie Hachette et Ci°, rue Pierre-Sarrazin, 10. 1857 à ce jour. In-12.

Précieuse revue de l'année, embrassant l'astronomie, la physique, la mécanique, l'art des constructions, les arts industriels, la chimie, l'histoire naturelle, l'hygiène publique, la médecine et la physiologie, l'agriculture, les expositions universelles, les académies et sociétés savantes. C'est, en quelque sorte, le résumé de tous les travaux, de toutes les recherches dans le domaine de la vie pratique.

D'emblée, cette publication obtint un très réel succès, et elle fut le point de départ de toute une série de revues annuelles analogues qui se créèrent par la suite. Depuis la mort de Louis Figuier (1894), l'*Année scientifique* se trouve rédigée par M. G. Planchon.

3544. — L'ANTI-ROUGE, Almanach anti-socialiste, anti-communiste, contenant : Histoire du Communisme, — Doctrines des principaux chefs des écoles socialistes et communistes, — Mélanges, — Variétés, — Anecdotes, — Poésies, — Pensées, etc., etc., publié par un ami de l'ordre. [Épigraphe :] « Ne nous endormons pas, car ils veillent. » ‖ Paris, Garnier frères, Libraires, Palais-National, 215 bis, rue Richelieu, 10. 1857. In-18.

Almanach publié par Julien Travers, le même à qui l'on doit l'*Almanach historique de la République française* (Voir, plus haut, n° 2597) ayant, comme frontispice, la croix placée sur un globe qu'enserre le tortueux serpent de la sédition, allusion au Christ et à Proudhon. Extraits d'articles de Proudhon, de Barante, Guizot, Victor Hugo, Léon Faucher, Bonjean, Lamartine, Ad. Franck, Th. Muret, etc.

3545. — AGENDA A L'USAGE DES COMMISSAIRES-PRISEURS, à Paris, [puis au département de la Seine] pour l'année 1857. ‖ Paris, Maulde et Cie, rue de Rivoli, 144, imprimeurs de la Compagnie des commissaires-priseurs. In-18.

Agenda de poche, format portefeuille, pour les notes journalières, avec un calendrier, la liste, par ordre de réception, des commissaires-priseurs, les adresses de tous les fonctionnaires ou officiers publics pouvant être utiles aux commissaires-priseurs.

3546. — POLICHINELLE. Almanach perpétuel des petits enfants. Prix : 50

centimes. || Paris, Delarue, libraire-éditeur. (1857). In-16.

Les 12 mois de l'année, avec vignettes et conseil pour les enfants, un alphabet, un A. B. C. (lettres formées par des animaux) et plusieurs vignettes de Guignol. — Sur la couverture polichinelle colorié, par Henry Émy.

[B. N.]

3547. — ALMANACH DES BONNES GENS. 1859. 1ʳᵉ année. || Paris, Librairie Richard. In-8.

Publication populaire.

[D'après la *Bibliographie de la France*.]

3548. — ALMANACH DU FOYER DOMESTIQUE. 1859. Prix : 25 centimes. || Paris, au Bureau central des Almanachs, 18, *rue de Seine*. 1859 et suite. In-16.

Épisodes et anecdotes dans tous les domaines, accompagnés de gravures sérieuses et comiques provenant de diverses publications . En tête de l'année 1859, est un article assez intéressant : les almanachs avant l'Imprimerie. Couverture illustrée et calendrier.

[B. N.]

3549. — ALMANACH ILLUSTRÉ DE L'HISTOIRE DE FRANCE. || Paris, Delarue, Libraire-éditeur. 1858 et suite. In-16.

Portraits de tous les Souverains de France, y compris Napoléon III, qui se réédite chaque année, sans changements, par l'adjonction simplement d'un nouveau calendrier.

[B. N.]

3550. — PETIT ALMANACH PERPÉTUEL DES GASTRONOMES. || Paris, Oudot, rue Larrey, 8, École de médecine. 1859. In-32.

Simple calendrier, avec petites vignettes extraites de différentes publications et quelques notices sur la gastronomie.

[B. N.]

3551. — ALMANACH D'AUJOURD'HUI POUR TOUT LE MONDE. 1860. Illustrations par Gavarni, Célestin Nanteuil, Henri Monnier, Bertall, Émile Bayard, Vernier et Veyrassat Prix : 50 cent. || Paris, Martinon, libraire, 14, rue de Grenelle-Saint-Honoré. In-4.

Titre dessiné par Célestin Nanteuil. (Un pierrot, en chiffonnier, tenant un papier sur lequel se lit le titre de l'almanach : transperçant la feuille, une tête de personnage). Recueil de lithographies et de petites vignettes sur bois provenant du *Charivari*. Articles : La guerre d'Italie. Paris démoli. L'autre monde. Exposition des Beaux-Arts.

[B. N. — L c ³³ 16.]

3552. — ALMANACH DES CHANSONNIERS CÉLÈBRES. Panard, Armand Gouffé, Désaugiers, Émile Debraux, avec chansons dédiées à la mémoire de Béranger. || Paris, Roger, éditeur. 1860. In-8.

Recueil de chansons de ces différents auteurs, avec un choix de pièces inédites de Béranger. Publication populaire.

3553. — PARIS-ALMANACH ILLUSTRÉ, pour 1860. Prix : 50 cent. || Au Bureau Central des Almanachs, rue de Seine, 18. In-4.

Contient l'histoire de Paris en 1859, une revue intitulée *Petits mystères de Paris*, l'historique des agrandissements successifs de la capitale, etc.

[B. N.]

3554. — ALMANACH ILLUSTRÉ DU ROSIER DE MARIE pour 1860. || Paris, au bureau du *Rosier de Marie*, 16, passage Colbert. In-18.

Sur la couverture un énorme rosier au milieu de rochers, et, au-dessus, la légende suivante : « Planté sur le roc de Pierre, il ne peut se flétrir. »
Almanach de propagande religieuse, avec différentes notices sur les saints.

[B. N. — D 23,176.]

3555. — L'ANNÉE MUSICALE, ou Revue annuelle des Théâtres lyriques et des Concerts, des publications littéraires relatives à la musique et des événements remarquables appartenant à l'histoire de l'art musical, par P. Scudo. Première année. || Paris, Librairie de Hachette et Cⁱᵉ, rue Pierre-Sarazin, 14. 1860-1861. In-18.

Figurent parmi les théâtres lyriques, l'Opéra, l'Opéra-comique, le Théâtre Italien, le Théâtre Lyrique. Le volume contient également une nécrologie, et une étude sur les théâtres et la musique en Europe.

[B. N.]

3556. — ANNUAIRE DE LA LIBRAIRIE, DE L'IMPRIMERIE, DE LA PAPE-

TERIE [du commerce de la musique et des estampes] et des professions qui concourent à la publication des œuvres de la littérature, des sciences et des arts. Année 1860.|| Paris, Cercle de la Librairie, de l'Imprimerie, de la Papeterie, 1, rue Bonaparte. 1860 à ce jour. In-12.

Annuaire publié par le *Journal de la Librairie*, précédé d'un résumé succinct de la législation spéciale, puis de la liste des libraires et imprimeurs de Paris et des départements. S'est augmenté, par la suite, de la liste des Journaux et Écrits périodiques et de la liste des libraires étrangers.

3557. — ANNUAIRE DE L'ARCHIVISTE DES PRÉFECTURES, DES MAIRIES, ET DES HOSPICES, 1859-60, pour faire suite au *Manuel de l'archiviste* contenant les lois, décrets, ordonnances, etc., relatifs au service des archives; par M. Aimé Champollion-Figeac. || Paris, imprimerie et librairie Paul Dupont; librairie Dumoulin. In-8.

Cette publication donnant tout ce qui est relatif aux archives départementales, communales, des hospices et aux bibliothèques administratives, permet de suivre les phases d'améliorations diverses des Archives depuis 1838. En outre du personnel et des documents officiels, chaque année contient des notices historiques sur les archives de chaque département.

3558. — ANNUAIRE DES ARTISTES ET DES AMATEURS, publié par Paul Lacroix, Conservateur de la Bibliothèque de l'Arsenal. Avec la collaboration de MM. Bellier de la Chavignerie. — A. Bonnardot. — Willem Burger. — Gustave Brunet. — Paul Chéron. — Marquis de Chennevières. — Horsin Déon. — Comte Léon de Laborde. — Prosper Mérimée. — Anatole de Montaiglon. 1860, 1re année. || Paris, Vve Jules Renouard, 6, rue de Tournon. M. DCCC LX. (1860 et suite.) In-8.

Annuaire précieux, contenant en outre des renseignements officiels des adresses utiles aux artistes et amateurs, une série de notices sur les beaux-arts, dues aux écrivains spécialistes dont les noms figurent sur le sommaire. A signaler, notamment, une notice sur les principaux recueils de dessins et estampes relatifs à la topographie et à l'histoire de Paris, du XVIe au XVIIIe siècles, par M. Bonnardot (A. 1861.)

3559. — ANNUAIRE DES FAITS. Résumé universel, chronologique et alphabétique des événements de 1861, par J. Mavidal [sous-bibliothécaire (1) du Corps Législatif.] || Paris, Benjamin Duprat, Libraire de l'Institut, de la Bibliothèque Impériale et du Sénat, rue Fontanes, 7. 1861-1865. In-18.

Annuaire de tous les faits, classés, sans commentaires, dans leur ordre chronologique, avec indication de la source. Table alphabétique des matières de l'année. L'année 1866 était annoncée comme devant paraître avec le concours de M. Houdiard, avocat. Elle n'existe pas à la Bibl. Nat.

3560. — CAUSERIES SCIENTIFIQUES. Découvertes et inventions. Progrès de la science et de l'industrie, par Henri de Parville, rédacteur scientifique du *Constitutionnel* et du *Pays*. Première année. Prix : 3 fr. 50. [Suit le détail des principaux articles contenus dans le volume.] || Paris, F. Savy, libraire-éditeur, 29, rue Bonaparte, [puis J. Rothschild, 13, rue des Saints-Pères.] 1862 à ce jour. In-18.

Découvertes les plus *intéressantes*, questions d'utilité générale, travaux les plus remarquables et faits nouveaux qui se sont produits dans le courant de l'année. Par la suite, les articles ont été classés, comme dans le Figuier, en grandes divisions : Astronomie, Physique, Mécanique, Chimie, Médecine et Physiologie, Arts de construction, Histoire naturelle, Variétés.

Le tome XXIX se trouve, tout entier, consacré à l'Exposition de 1889.

3561. ALMANACH DE L'INSTITUTEUR, rédigé à l'aide des documents les plus récents et les plus authentiques. 1863. Prix : 50 cent. || Paris, Dezobry, F. Tandou et Cie, rue des Écoles, 78, et Pagnerre, rue de Seine. In-16.

Calendrier administratif, éphémérides historiques, scolaires, personnel de l'administration de l'enseignement, à Paris et dans les départements, législation de l'instruction primaire en 1862.

[B.N. — Le 25-262.]

3562. — ANNUAIRE DE LA SOCIÉTÉ DES COMPOSITEURS DE MUSIQUE,

pour 1863. || Paris, au siège de la So-
ciété, 22, rue Rochechouart. In-8.

Annuaire donnant la liste des œuvres des sociétaires, éditées ou exécutées pour la première fois
dans l'année, avec les noms et adresses des
membres et le compte rendu de l'exercice écoulé.

3563. — L'ANNÉE GÉOGRAPHIQUE.
Revue annuelle des voyages de terre et
de mer ainsi que des explorations, missions, relations et publications diverses,
relatives aux sciences géographiques et
ethnographiques, par M. Vivien de Saint-
Martin, vice-président de la Société de
géographie de Paris, membre des Sociétés géographiques de Berlin, de Saint-
Pétersbourg, de Darmstadt, etc. || Paris,
librairie Hachette et Cⁱᵉ, boulevard Saint-
Germain, 77 (1863-1879). In-12.

Publication annuelle, entreprise, dit l'auteur, « en
vue de secouer l'apathie du public au point de vue
géographique, » et consacrée au mouvement tout entier des travaux géographiques. De 1863 à 1875
sous la direction de M. Vivien de Saint-Martin :
à partir de 1876 et jusqu'en 1878 par MM. C.
Maunoir et H. Duveyrier.

**3564. — ALMANACH DU CODE NA-
POLÉON,** pour 1864, contenant un formulaire d'actes, sous-seings privés, en
matière de vente, échange, bail à loyer,
partage, compromis, bornage, procuration, billet d'apprentissage, quittance,
billets, etc., etc., suivi d'un traité des
honoraires dus aux notaires pour tous
les actes qui relèvent de leur ministère,
par un ancien principal clerc de notaire.
|| Paris, Pagnerre, 18, rue de Seine ;
Sauquin, 5, rue de la Sainte Chapelle ;
Paul Dupont, 45, rue Grenelle-Saint-
Honoré. In-32.

Almanach avec calendrier, destiné au foyer domestique.

[B. N.]

**3565. — ALMANACH GÉNÉRAL DES
CHEMINS DE FER,** par Évariste Thé-
venin. 1ʳᵉ année. 1864. Avec la collaboration de MM. Babinet, de l'Institut, Perdon-
net, Barral, etc. || Paris, Gosselin, li-

braire-éditeur, 17, boulevard Sébastopol.
1864 et suite. In-16.

En tête calendrier, renseignements et anecdotes
sur les chemins de fer, différentes vues et cartes,
itinéraires d'excursions. Donne l'histoire générale
des chemins de fer et un répertoire technologique
de toutes les publications y relatives.
A signaler comme articles : Les chemins de fer
et l'instruction publique. Influence des chemins
de fer sur les mœurs. Les chemins de fer de l'avenir, par Nadar. La vie de l'homme augmentée par
les chemins de fer. La photographie et les chemins de fer.

[B. N. — V. 53,822.]

**3566. — ALMANACH VULGARISA-
TEUR DES CONNAISSANCES ARTIS-
TIQUES** pour 1864. || Paris. In-16.

[D'après la *Bibliographie de la France*.]

3567. — ANNUAIRE DES DOUANES,
pour l'année 1864. || Paris, librairie
Dentu, Palais-Royal (puis 3, place de
Valois). In-18.

Annuaire s'ouvrant par un aperçu historique et
donnant les noms du personnel de l'administration
des douanes.

**3568. — ANNUAIRE DU « JOURNAL
POUR TOUS. »** 1ʳᵉ année. Prix: 4 francs.
Publication de Ch. Lahure, imprimeur,
à Paris. || Paris, librairie Hachette et Cⁱᵉ.
boul. Saint-Germain. (1864). In-18.

Calendrier, avec éphémérides de 1789 au 21 janvier 1793. Revue historique et nécrologie de l'année. Bibliographie. Progrès de l'art des ingénieurs.
Épisodes de la Révolution.

[B. N.]

**3569. — ALMANACH DE LA SALLE
A MANGER,** rédigé par des Gourmets
littéraires et des maîtres de bouche.
Année 1865. || Paris, au bureau de la
Salle à manger, 23 quai Voltaire. In-18.

Dans un avant propos les éditeurs estiment que
leur almanach « vivra par ce qu'il fera vivre,
étant le manuel des heureux de la civilisation
contemporaine. » Indications gastronomiques et
menus pour chaque mois. S'ouvre par des lettres
du bibliophile Jacob, d'Arsène Houssaye, de Méry,
de Roger de Beauvoir, de Gustave Nadaud, de

Charles Coligny. Variétés : le cuisinier évêque, les maîtres d'hôtels des petits seigneurs, classement des vignobles de France, itinéraire nutritif dans Paris. Restaurateurs, etc.

[B. N.]

3570. — PETIT ANNUAIRE DE PARIS, contenant : tous les services administratifs, classés par arrondissements municipaux. Tableaux dressés par Henri de Saint-Père, architecte-vérificateur. || Paris, chez l'auteur, rue de Sèvres, 1867. (1865.) Gr. in-8.

Annuaire de renseignements officiels.

3571. — ALMANACH CHANTANT GALINISTE. Première année, 1866. || Paris, Vᵛᵉ Berger Levrault ; Nancy, même maison. In-16.

Almanach avec chansons chiffrées, conformément à la méthode de chant Galin-Paris-Chevé.

3572. — ALMANACH ILLUSTRÉ DU LUXE DES FEMMES, publié par Arthur Delanoue. || Paris, Passard, éditeur, 7, rue des Grands-Augustins. (1866.) In-16.

Publication factice de Passard qui profita de la popularité des satires de M. Dupin contre le luxe des femmes, pour mettre en vente, avec un calendrier, une plaquette de sa librairie : *Les mille et une anecdotes sur les femmes, l'amour et le mariage.*

[D'après la *Bibliographie de la France.*]

3573. — ALMANACH DES ASSURANCES pour 1867. || Paris, librairie des Assurances, 48, rue Laffite. In-16.

Calendrier. Articles divers destinés à répandre l'emploi de l'assurance sous toutes ses formes.

En dehors de cette publication conçue dans un esprit général, plusieurs compagnies d'assurances ont eu recours à l'almanach comme moyen de publicité — pour mieux dire, beaucoup ont présenté sous ce titre leurs réclames ; *Almanach de la Sécurité Générale,*—*Almanach de la Foncière,*—*Almanach de la New-York,* etc.

[B. N. — V. 29,989.]

3574. — ANNUAIRE DES NOTABLES COMMERÇANTS DE LA VILLE DE PARIS, contenant : leurs noms et adres-ses, les spécialités de leur commerce, la date de leurs établissements, les distinctions honorifiques qu'ils ont obtenues, etc., accompagné de la composition de la Chambre de Commerce. Publié par J. Techener père, d'après les documents officiels de la préfecture de la Seine. || Se trouve à Paris, à la librairie Techener, rue de l'Arbre-Sec, 52. 1867. In-12.

Dans une introduction, l'éditeur dit que si, autrefois, les Bourgeois de Paris étaient nobles et portaient des armoiries, aujourd'hui, leur noblesse est inscrite en caractères ineffaçables sur le registre des bienfaiteurs de l'humanité, exportant dans les deux hémisphères, non seulement des marchandises, mais encore la civilisation et le progrès.

Les Annuaires suivants devaient publier les édits, ordonnances et décrets relatifs au commerce, un essai historique sur l'origine et les progrès du commerce de Paris, en général, et de quelques industries spéciales. — Publié à 3 fr.

3575. — ALMANACH ANTHOLOGIQUE POUR TOUS LES ANS, en réponse à ces quatre questions : 1° Où sommes-nous? 2° D'où venons-nous? 3° Où allons-nous ? 4° Pourquoi sommes-nous? par Antoine-Joseph Francallet. || Paris, librairie Dentu, Palais-Royal. In-8.

[D'après la *Bibliographie de la France.*]

3576. — ALMANACH-BOUQUET, pour 1868. || Librairie du *Petit-Journal.* In-32.

Calendrier et petit récit parisien, intitulé : *La journée d'une jolie femme,* avec de gentilles vignettes de Bénassit, intéressantes pour les modes et l'attitude de la Parisienne, en 1868. Couverture servant de titre, dans le goût des petits almanachs de parfumeurs. S'ouvre par la préface suivante :

« En vous offrant l'*Almanach-Bouquet,* Mesdames, nous avons voulu protester contre les calendriers parfumés qui, depuis quelques années, se créent à votre intention. Ils se contentent de sentir bon, comme vous vous contentez d'être belles. Mais il nous a semblé que, de même que l'esprit et la grâce parent la beauté, ces sachets littéraires gagneraient à passer par la main de véritables artistes. Voilà pourquoi nous vous présentons un bijou typographique, dessiné par Émile Bénassit, gravé par Ecosse et Sautejau, écrit par le Grand Jacques, ce qui n'ôte ᶜrien à ses qualités odorantes, car en dehors de ses mérites intelligents, il a passé par les mains d'un habile industriel, ce qui vous obligera d'avouer, sans doute, que « c'est comme un bouquet de fleurs. »

[B. N. — Z. 40,176.]

3577. — ALMANACH CHRÉTIEN ILLUSTRÉ, pour 1868. || Paris, Librairie Tolra et Haton, 68, rue Bonaparte. In-16.

Calendrier et règlements religieux. Historiettes religieuses, avec quelques gravures, vues de chapelles, portraits et autres.

[B. N.]

3578. — ALMANACH DE L'IMMACULÉE CONCEPTION pour 1868. || Paris, librairie Leloup, successeur de P.-J. Camus, rue Madame, 15. In-16.

Calendrier dédié, dans son entier, au Très-Saint-Sacré-Cœur de Marie. Prières et histoires religieuses. Visites à la Sainte-Vierge.

[B. N. — D. 58156, r]

3579. — ALMANACH DES HOMMES CÉLÈBRES, contenant le jour de leur naissance et la date de leur mort, au lieu des noms des Saints, pour 1868. || Paris, Librairie Cretté, 17, rue de Grenelle-Saint-Honoré, et passage Véro-Dodat. In-8.

Dans une préface au public l'auteur, C. Barbou, explique, comme suit, le but de son almanach :
« Mes colonnes renferment les noms de personnages illustres à des titres bien différents; les premiers, tels que les Jenner, les Newton, les Pascal, les Kepler, les Voltaire, etc. sont appelés à vivre dans la mémoire des peuples jusqu'à l'époque la plus reculée; les travaux, les découvertes et la philanthropie des seconds méritent notre reconnaissance et notre admiration. »
Devait également paraître en 1869.

[B. N.]

3580. — ALMANACH DU ROSAIRE pour l'année 1868. 1ʳᵉ année. A l'usage des directeurs et des membres de la confrérie du Rosaire, de l'association du Rosaire perpétuel et du Rosaire vivant. || Nouvelle maison Périsse frères, Régis-Ruffet et Cie, successeurs, 38, rue Saint-Sulpice, Paris. In-16.

Calendrier religieux mentionnant toutes les fêtes de l'Église. Bibliographie du Rosaire. Notions générales et indulgences. Faits et légendes.

[B. N. — D. 59094.]

3581. — ALMANACH CHANTANT pour 1869. 50 cent. || Paris, Imprimerie et Librairie de Ch. Noblet, [puis, Librairie des Villes et des Campagnes, 13, rue Cujas.] In-16.

En tête calendrier et carte de France. Recueil de chansons populaires de différents auteurs : Belton, Durand, Boursin, A. Sallé, H. Gaboriau, J. Choux ; mais le plus grand nombre sont signées Jules Célès, Largent et Hardy. A partir de 1876, petites vignettes comiques pour les chansons.
La couverture est ornée, chaque année, d'une gravure différente.

[B. N. — Collection à partir de 1869.]

3582. — ALMANACH COMIQUE ET ANECDOTIQUE pour 1866. 50 cent. || Paris, Imprimerie et Librairie de Charles Noblet, [puis, Librairie des Villes et des Campagnes, 13, rue Cujas.] In-16.

Recueil d'anecdotes et d'histoires populaires accompagnées de vignettes. La couverture est ornée, chaque année, d'une gravure différente.

3583. — ALMANACH DE L'ANNÉE ILLUSTRÉE. 1869. || Paris, Librairie Pagnerre, bureaux de l'Année Illustrée, 106, rue Richelieu. Gr. in-8.

Couverture illustrée par Lix. Publication populaire, avec illustrations provenant des journaux. Nécrologie accompagnée de portraits. En tête, calendrier.

[B. N.]

3584. — ALMANACH DE LA VIGNE ET DU VIN, par Charles Tondeur, avec le concours des principaux collaborateurs du journal La Vigne, seul autorisé à publier les probabilités du temps, pour chaque mois de l'année, de Nick le prophète. 1869. || Paris, Librairie V. Masson et fils. In-16.

[D'après la Bibliographie de la France.]

3585. — ALMANACH DU RESSUSCITÉ pour 1869. Avec vignettes. || Paris, Librairie Plataut, Roy et Cie. In-8.

Selon toute probabilité, cet almanach devait s'appliquer au zouave Jacob.

[D'après la Bibliographie de la France.]

3586. — ANNUAIRE DE LA SOCIÉTÉ DES AUTEURS ET COMPOSITEURS DRAMATIQUES [fondée le 21 février 1869] Tome premier. Exercice 1866-1869. Présidents de la Commission : 1866-67: M. Lockroy. — 1867-69: M. Henri de Saint-Georges. || Paris, Commission des auteurs et compositeurs dramatiques, 30, rue Saint-Marc [puis, 8, rue Hippolyte-Lebas]. 1869. 14 années à ce jour. In-8.

Publication précieuse pour l'histoire du théâtre à la fin du XIXᵉ siècle, contenant, en outre de la liste des membres, les documents officiels relatifs à la propriété littéraire en matière dramatique, depuis la loi de 1791, les traités passés avec les directeurs, les programmes relatifs à des concours musicaux, des notices nécrologiques, la liste des pièces jouées à Paris, puis en province, durant l'année. Sous le titre de *Bibliographie théâtrale* il a été fait de cette partie, en 1892, un tirage à part.

3587. — LA POUPÉE, Almanach des petites filles. || Paris, Delarue, libraire-éditeur, rue des Grands-Augustins. (1869.) In-16.

Les 12 mois de l'année avec vignettes et conseils pour les enfants ; alphabet et historiettes illustrées.
Sur la couverture, vignette coloriée de Henri Émy : petites filles tenant des poupées.

[B. N.]

3588. — AGENDA ET ANNUAIRE DES COURS ET TRIBUNAUX, du barreau, des notaires, des officiers ministériels et de l'enregistrement (France et colonies) paraissant annuellement le 1ᵉʳ Décembre. Prix : 5 fr. 1870. || Paris, imprimerie Cosse et Dumaine [puis 13, rue Bonaparte, May et Motteroz.] Gr. in-8.

Annuaire avec agenda, carnet de notes, calendrier, listes donnant les noms de tout le personnel judiciaire en France.

3589. — ALMANACH DE LA LIBRE CONSCIENCE pour l'année 1870. || Paris, aux bureaux de *la Libre Conscience*, rue Gay-Lussac, 25, et à la librairie Joël Cherbuliez. In-16.

Le journal *La Libre Conscience*, organe du protestantisme libéral, avait pour principal rédacteur le pasteur Athanase Coquerel. Quant à l'almanach

il est l'œuvre de M. Henri Carle qui explique, en une préface, le but poursuivi par ses auteurs : « réclamer pour toute conscience le droit de se manifester librement, le droit d'être respectée quelle que soit sa croyance, ou même son opinion ». Signalons parmi les articles : La religion de Dieu, d'après Garibaldi ; Deux jours de condamnation à mort, profession de foi de Barbès ; Protestation de Bernardin de Saint-Pierre contre l'athéisme, à l'Institut ; Abd-el-Kader franc-maçon ; Senancour, par Jules Levallois.

[B. N. — D² 13270.]

3590. — ALMANACH DE LA LANTERNE, BIOGRAPHIQUE ET ARTISTIQUE pour 1872, par Théodore Labourieu. Prix : 50 cent. || Paris, Librairie Centrale, 9, rue des Beaux-Arts. In-16.

Publication, avec calendrier et prédictions biographiques et fantaisistes, du dictionnaire biographico-satirique des contemporains que l'auteur avait, lui-même, baptisé du qualificatif de : *Petit Vapereau*. 96 pages avec portraits de Rochefort, Gustave Flourens, Barbès, Ledru-Rollin, Gustave Courbet, Victor Hugo.

[B. N.]

3591. — ALMANACH DE LA VÉRITÉ POUR TOUS. Prix : 1 fr. [Épigraphe :] La Vérité. Toute la vérité, rien que la vérité (droit criminel). — Il y a une arme plus puissante que la force, c'est le droit, plus terrible que la calomnie, c'est la vérité. La vérité toujours et quand même. — La vérité n'a rien à craindre du contrôle de la Raison. — Meurs s'il le faut, mais dis la vérité. La vérité est toute à vous. — Le Triomphe de la Vérité sur l'Ane, le Bélier, la Chimère, symbolisant l'Ignorance, la Brutalité, la Superstition. || Paris, Librairie Fayard. 1872. In-4.

Almanach anti-catholique, s'ouvrant par une préface satirique à Monseigneur de Ségur. « Nouveaux Martyrs que nous proposons aux faiseurs de calendriers catholiques, en général, et à Mgr de Ségur, en particulier, pour remplacer le nom de leurs saints dits par trop usés et qui ne font plus d'effet ». L'auteur propose de remplacer le nom des saints par celui des frères condamnés aux travaux forcés. — Portraits et petites vignettes sur bois.

[B. N.]

3592. — ALMANACH DES AMIS DE L'ÉGLISE PERSÉCUTÉE, à Rome et en

France, pour l'an de grâce 1872, par
l'abbé Ant. Ricard, chanoine honoraire.
Illustré de 12 gravures. Prix : 40 cent.
|| Paris, Librairie Ruffet et Cie. In-32.

[D'après la *Bibliographie de la France*.]

3593. — ALMANACH DES DAMES ET
DES DEMOISELLES. Conseiller intime
donnant les réponses à toutes les questions sur les événements de la vie. Suivi
des variations de la cartomancie. || Paris,
chez Delarue, Libraire-Éditeur, rue des
Grands-Augustins. In-16.

Recueil d'horoscopes et de cartomancie mis en
vente avec un calendrier. Publication populaire
qui doit être la suite de l'*Almanach de l'Oracle des
Dames* (Voir, plus haut, nº 2834).

3594. — ALMANACH DES IMPOTS
NOUVEAUX. Guide de l'imposé pour
l'année 1872, par un contribuable. Prix :
30 cent. || Paris, Amyot, éditeur, 8, rue
de la Paix. In-16.

En tête, un calendrier. Préface critiquant
l'augmentation des impôts, et différents renseignements sur les nouveaux impôts. — Comparaison
entre les budgets de la République et de l'Empire. Comme conclusion, l'auteur s'élève contre les
hommes du 4 septembre, et les accuse de dilapi-
dation.— Il annonçait une nouvelle édition devant
renfermer les impôts destinés à figurer au budget
général de 1873. J'ignore si elle a paru.

[B. N.]

3595. — ALMANACH DES FARCEURS
ET DES AMIS DE LA JOIE, choix cocasse de farces, calembourgs, parades,
discours joyeux, destinées, pronostics,
bons mots, précédés d'un calendrier co-
mique. || Paris, Librairie Lebailly, rue
de l'Abbaye-Saint-Germain-des-Prés.
(1872). In-18.

Publication populaire, avec mauvaises vignettes
sur bois. Comme frontispice : l'Homme universel
(Mangin).

3596. — ALMANACH HISTORIQUE
ET ANECDOTIQUE DE LA RÉPUBLI-
QUE FRANÇAISE pour 1872. 50 cent.
|| Paris, librairie des Villes et des Cam-
pagnes, 13, rue Cujas. 1872 à ce jour.
In-16.

En tête carte de France, calendrier, portrait du
président, et ministres.
Revue de l'année ; récits et faits historiques.

3597. — ALMANACH DES VALEURS
A LOTS. Guide indispensable du capitaliste par M. Barral, rédacteur de *l'Ordre
financier*. || Paris, à la Caisse du journal
l'Ordre financier et librairie Vve Pagnerre. In-16.

Almanach financier, donnant la liste des lots,
et les dates des tirages.

3598. — ALMANACH DE LA FRONDE
1re année. 50 centimes. 1884. Illustré
par Bertall, V. Morland, A. Humbert,
Edw. Ancourt, O. Boissin, etc. || Paris,
au dépôt central des almanachs, et à la
librairie de *la Fronde*, 27 rue Bergère.
(2 années). In-18.

Almanach publié par Georges Pétilleau directeur du journal *La Fronde*. Articles et gravures
du journal. Calendrier.

3599. — ALMANACH DE M. THIERS,
OU LE TRIPLE ALMANACH BOUR-
GEOIS, par George Pétilleau. Illustrations par Cham, Grévin, Bertall, Hadol,
Bernay, Humbert. 1874. || Dépôt principal,
chez Madre, 20 rue du Croissant. In-16.

Couverture tricolore, avec portrait de M. Thiers.
Dans un avant-propos au lecteur, l'éditeur dit
que s'il a épinglé, quoique non thiériste, le nom de
M. Thiers, en tête de son almanach, c'est parce
que l'ex-président a puissamment contribué, par
égoïsme encore plus que patriotisme, à rendre la
France politique à elle-même.
Biographie satirique de M. Thiers ; Le petit
bourgeois, chanson sur l'air *Il était un roi d'Yvetot* ; Les litanies de M. Thiers ; M. Thiers en
robe de chambre, etc.
Ce même almanach a été publié sous le titre de :
Almanach de la Liberté.

3600. — ALMANACH DU CALEM-
BOUR pour 1873. 50 cent. || Paris, li-
brairie des Villes et des Campagnes, 13,
rue Cujas [puis : librairie Ch. Noblet, 18,
rue Soufflot]. In-16.

Comme toutes les publications de ce genre, choix
de bons mots, coqs-à-l'âne et autres fadaises. Plus
il en paraissait, plus c'était toujours la même chose.
En tête se trouve une étude sur les calembours à
travers les âges, textuellement reproduite chaque
année. Calendrier et carte de France. A partir
de 1880, l'almanach est illustré de petites vignettes. — Chaque année, une gravure différente
orne la couverture.

[B. N. — collection à partir de 1873.]

3601.—L'ALMANACH DU FACTEUR, Recueil de chansons par Paul Poyand. || Paris, imprimerie Vert ; l'auteur, 143, rue de Charonne. (1873). In-12.

[D'après la *Bibliographie de la France.*]

3602. — ALMANACH D'ÉTAT, à l'usage des chefs de gouvernements, des Ministres, de la diplomatie, de l'armée, de la magistrature et du haut clergé. Annuaire. Agenda de poche et de bureau. Guide Administratif. 1874. || A Paris, dans toutes les capitales, chez les principaux libraires [puis, chez Plon]. M.DCCC.LXXIV. 1874-1879. In-16.

Calendrier, Statistique générale, Statistique nationale, Corps diplomatique. Cahier de pages blanches pour les notes du lecteur.

Prend pour sous-titre, à partir de 1876 : *Annuaire des puissances et du Monde officiel.*

[B. N. — Lc 22,509.]

3603. — ALMANACH DE LA CHANSONNETTE. Paroles de Francis Tourte, Musique de Georges Douay. || Paris, Delarue, Libraire-Éditeur, 3, rue des Grands-Augustins. (1874.) In-16.

Frontispice : le marchand de coucous, et quelques vignettes de Telory, Chansons de cafés-concerts.

[B. N. — Vc. 33,995.]

3604. — ALMANACH ILLUSTRÉ DU SURNATUREL pour l'année 1874. || Paris, Victor Palmé, éditeur, 25, rue de Grenelle-Saint-Germain. 1874 et suite. In-16.

Mgr Dupanloup visait cette publication dans sa Lettre du 23 mars 1874, sur les *Prophéties publiées en ces derniers temps*, et il disait : « On va jusqu'à mettre le surnaturel en almanach! J'ai sous les yeux, anonyme et, bien entendu, sans *imprimatur*, *l'almanach du surnaturel* ». En tête de l'année 1875, les éditeurs protestèrent de leur « respect pour le surnaturel, dans la sage mesure commandée par l'Église. » Et en fait, cet almanach ne contient que des articles sur les apparitions de la Sainte Vierge, sur les stigmatisées, sur les pèlerinages et les prodiges de Lourdes, sur Berguille, la voyante de Fontet, sur les croix mystérieuses de Bade et d'Alsace-Lorraine, sur le surnaturel en tous lieux.

[B. N. — D, 63315.]

3605. — ALMANACH-RÉPERTOIRE DU THÉÂTRE FRANÇAIS. Le mariage de Figaro; par H. A. Caron de Beaumarchais. || Paris, chez Delarue, libraire-éditeur, rue des Grands-Augustins. 1874. Gr. in-8.

Publication de pièces de théâtre entreprise par ce fécond éditeur sous forme d'almanach, c'est-à-dire avec un calendrier.

3606. — ALMANACH-RÉPERTOIRE DU THÉÂTRE FRANÇAIS. Tartufe, comédie en cinq actes; par J. B. Poquelin de Molière. || Paris, chez Delarue, libraire-éditeur, rue des Grands-Augustins. 1874. Gr. in-8.

Même publication que le numéro précédent.

3607. — ALMANACH BÉRANGER pour l'année 1875. || Paris, Librairie Duchesne. In-4.

Cet almanach n'étant ni à la bibliothèque Nationale, ni dans aucune collection particulière, j'ignore si c'est une publication nouvelle ou la reprise, sous une autre forme, des articles de l'*Almanach Béranger* précédemment publié par M. Paul Boiteau. (Voir plus haut, n° 2845.)

[D'après la *Bibliographie de la France.*]

3608. — ALMANACH DE LA COMÈTE. Choix de chansons en vogue, avec un calendrier pour l'année 1875. || Paris, Librairie Valadier. In-4.

Chansons diverses publiées sous un titre d'actualité.

[D'après la *Bibliographie de la France.*]

3609. — ALMANACH DE LA RICHESSE, 1875. [Épigraphe :] « Tout par la science. » — Prix : 30 centimes. | Paris, Bibliothèque de la *Réforme Économique*, et au dépôt central des almanachs, 10, rue Garancière. 1875 et suite. In-16.

Almanach publié par M. Ménier qui venait de fonder les journaux *Le Bien Public* et *La Réforme économique*. Contient des articles sur l'économie politique, le commerce, le travail, les finances, dus à MM. Ménier, Louis Asseline, Yves Guyot, Paul Beurdeley, A. Buisson, Sigismond Lacroix, Georges Bertrand, etc.

[Coll. de l'auteur.]

3610. — ALMANACH DE PIERRE JOIGNEAUX pour 1875. || Paris, Au dépôt central des Almanachs publiés à Paris, Librairie de E. Plon et Cⁱᵉ. In-4.

Calendrier. Hygiène des campagnes. Économie rurale. Pronostis, dictons, proverbes. Légumes et fruits. Curiosités et préjugés. Les hommes utiles. (Jacquas Bujault et Appert). Histoire naturelle. Petites connaissances utiles. Choses de la cuisine.

Almanach conçu dans un excellent esprit, destiné à combattre, dans les campagnes, l'influence néfaste de tous les « Liège » et autres astrologues.

[B. N. — S. 7,724.]

3611. — ALMANACH DU PÈLERIN pour 1875. Orné de nombreuses vignettes, publié sous la direction de M. Gondry du Jardinet, rédacteur en chef du *Pèlerin*. (Suit un sommaire). 5o cent. || Paris, au dépôt central des almanachs publiés à Paris, E. Plon et Cⁱᵉ, puis aux bureaux du *Pèlerin*, 8, rue François Iᵉʳ. 1875 à ce jour. In-8.

Calendrier ordinaire et calendrier des pèlerinages.

Sur le titre intérieur on lit : « Bonne Année. Allons à la crèche du roi Jésus : on y trouve paix et bonheur ». Articles de guérisons miraculeuses, avec illustrations. Les dernières années ont des caricatures empruntées à diverses publications.

3612. — ALMANACH DU THÉATRE COMIQUE. || Paris, chez Delarue, libraire-éditeur, 3, rue des Grands-Augustins. 1875. In-16.

Couverture illustrée, coloriée, représentant un colleur d'affiches en train de coller une affiche sur laquelle est écrit : « Programme : Voilà Madame Angot. — Le banquier de ma femme. — Le Pommier des Amours. — La Noce à Grandmanche. — Quatre pièces par Francis Tourte. — Prix : 5o centimes. »

Calendrier. L'almanach est tout simplement composé des 4 saynettes annoncées sur le titre, ayant, chacune, une illustration.

[B. N. — Yf. 12,020.]

3613. — ANNUAIRE DES BEAUX-ARTS, 1875. Notes et Eaux-fortes, par A. P. Martial. || Paris, Imprimerie Beillet, 35, quai de la Tournelle. In-4.

Annuaire gravé à l'eau-forte, texte et vignettes, divisé en deux parties, Janvier à Juin, Juillet à Décembre. Contient, mois par mois, la nomenclature des faits intéressant les beaux-arts dans tous les domaines (expositions, ventes diverses), avec croquis des œuvres les plus célèbres et un certain nombre de planches hors texte. Une des publications curieuses de notre époque.

[B. N.]

3614. — LA VEDETTE, almanach illustré pour l'année 1874. [Épigraphe :] « Sentinelles, prenez garde à vous ! » || Paris, Victor Palmé, éditeur, 25, rue de Grenelle-St-Germain. 1875. In-16.

Almanach rédigé par M. Bathild Boussiol, composé de récits et d'anecdotes dans un but élevé, récréatif et instructif, tout à la fois.

3615. — ANNUAIRE DE L'ENSEIGNEMENT LIBRE, pour l'année 1876, contenant la cour de Rome, l'Épiscopat français par provinces ecclésiastiques, les grands séminaires et les écoles ecclésiastiques, les Collèges libres par diocèses, les Services divers du Ministère de l'Instruction publique, les Commissions, les circonscriptions académiques, les Facultés de l'État, les grandes Écoles spéciales, les Universités libres de Paris, d'Angers, de Lille, de Lyon, les lois des 15 mars 1850 et 12 juillet 1875. || Paris, Gaume et Cⁱᵉ, éditeurs, 3, rue de l'Abbaye. 1876 à ce jour. In-18.

Dans un avant-propos, reproduit durant plusieurs années, les éditeurs rendent hommage à la loi de 1875 qui « a réellement rendu l'instruction libre, à tous les degrés ». Les diverses écoles ecclésiastiques se trouvent classées dans les métropoles, alors reconnues, de l'enseignement libre (celles qui figurent sur le titre), et dans deux métropoles désignées, Bordeaux et Toulouse (depuis élevées ce rang) lesquelles tiennent ainsi la place, pour cet enseignement spécial, des 17 académies de l'État. A partir de la 3ᵉ année l'Annuaire se trouve augmenté d'un calendrier et d'une carte de la France, par provinces ecclésiastiques. Les dernières années donnent aussi, en plus, une bibliographie des publications spéciales et la reproduction des principaux établissements. L'annuaire qui, à l'origine, avait 2o4 pages, en compte, aujourd'hui, 752.

[B. N. — Collection.]

3616. — AGENDA DU CHIMISTE publié par Georges Salet. 1ʳᵉ année. [A partir de 1894, par MM. A. Combes, Ch. Girard, Directeur du Laboratoire munici-

pal, G. Grimer et A. Pabst.] Prix : 2 fr. 5o.
‖ Paris, Librairie Hachette et Cᵢₑ,
79, boulevard Saint-Germain. 1877 à
ce jour. In-16.

Série de renseignements et de documents relatifs aux sciences physiques et mathématiques, à la
chimie pure et à la chimie appliquée, condensés
en une succession de tableaux et destinés à tous
ceux qui s'occupent de travaux pratiques afférents
à la chimie. Cet agenda, présenté au public par le
maître illustre, Ad. Wurtz, est précédé d'un
calendrier avec une place pour l'inscription des
notes. On y trouve quelques articles, notamment
sur le diamant, les parfums artificiels, etc.

3617. — ALMANACH DES FRANCS
BUVEURS, pour 1878. Guide illustré du
Pochard. ‖ Paris, imprimerie Malverge
et Dubourg. 1877. In-4.

Publication populaire, dans le genre de l'*Almanach des Pochards* (voir, plus haut, nº 3028.)

3618. — ALMANACH DES INONDA-
TIONS, pour 1878. ‖ Paris, imprimerie
et librairie de Ch. Noblet, 18 rue Soufflot.
In-16.

Articles divers sur les inondations de 1875 (*sic*)
avec mauvaises vignettes provenant de publications
antérieures.

3619. — ALMANACH SAINT-CHÉ-
RON pour 1880. 1ʳᵉ année. ‖ Paris,
Blond et Barral. 1880 et suite. In-16.

Almanach publié par M. de Saint-Chéron, directeur de la correspondance monarchique qui
portait son nom.

3620. — ALMANACH DU GIL BLAS
pour 1881, par la rédaction de *Gil Blas*.
‖ Paris, en vente à la librairie de *Gil
Blas*, 10, boulevard des Capucines. In-8.

Couverture chromolithographiée (Gil Blas, un
fouet à la main, sur une colonne, prêt à fustiger
des petits amours, coiffés de la toque de juge, qui
montent les marches d'un escalier).
Calendrier, avec compositions d'Émile Cohl. —
La statue de Rabelais. Histoires légères, illustrées
de vignettes. Nécrologie illustrée. Articles sur
les théâtres, etc.

[B. N. — Lc 611.]

3621. — LE LIVRE D'OR DES SA-
LONS. 1882. Carnet des visites. Liste alphabétique des Rues. ‖ E. Bender et T.

Rousseau, éditeurs, 90, rue de Lauriston
(place de l'Étoile). ‖ Paris. 1882 et suite.
In-18.

Publication imprimée avec luxe, donnant, par
rues, les noms des gens du grand monde. Avec
calendrier, et feuilles blanches pour l'inscription
des jours de réception.

3622. — LA SOCIÉTÉ ET LE HIGH-
LIFE. Adresses à Paris et en province.
1883. ‖ Nancy, Imprimerie Berger-Levrault et Cie, 11, rue Jean-Lamour. 1883.
In-8.

Annuaire publié par un papetier, M. G. Ehret,
donnant les noms des membres des premières familles françaises et des personnes étrangères de
marque, connues dans la Société parisienne, indiquant, le plus exactement possible, les titres,
fonctions, grades, dignités, nom de famille des
dames. Publié sous deux formes : édition complète, tirée à 600 exemplaires et non mise dans le
commerce, et extrait de l'édition complète.

3623. — ALMANACH DES SOLDATS,
pratique et amusant, illustré par Henriot
‖ Paris, Paul Ollendorff ,éditeur 28, rue
de Richelieu. 1884. In-16.

Calendriers et renseignements officiels. Histoires comiques et militaires, avec vignettes; quelques-
unes extraites des ouvrages publiés dans ce domaine, par la librairie Ollendorff.

3624. — ALMANACH ILLUSTRÉ DE
LA PETITE RÉPUBLIQUE FRANÇAISE.
Année 1884.‖ Bureaux de la *Petite République française*, 53, rue de la Chaussée-
d'Antin. In-8.

Calendrier, avec éphémérides historiques et biographiques. Articles et illustrations provenant de
différentes sources.

3625. — ALMANACH ILLUSTRÉ DE
TERRE-SAINTE, publié sous la direction de M. L. B. Missionnaire apostolique de Terre-Sainte. ‖ A la librairie Per-
risse frères, Bourguet-Calas, successeur,
rue St-Sulpice, Paris. (1884). In-12.

Couverture illustrée, calendrier et notes intéressant l'œuvre des Pélerinages en Terre-Sainte,
l'État du personnel du diocèse patriarcal de
Jérusalem et des communautés religieuses. Descriptions et voyages, Légendes et variétés. La 2ᵉ année
porte le titre de *Annuaire illustré*.

[B. N. — O2 f, 672.]

3627. — ALMANACH ROYALISTE, illustré. ‖ Aux bureaux du *Journal de Paris*. 1885. In-18.

Publication de propagande monarchique.

3628. — ANNUAIRE DE L'ARISTO-CRATIE ET DU MONDE ÉLÉGANT. 1ʳᵉ partie : Paris, Province. 2ᵉ partie : Carnet de visites. ‖ Paris, Lunandi, 3, rue de Sfax. (1886). In-8.

Annuaire d'adresses triées sur le volet. Document intéressant lorsqu'on voudra tracer le cercle de la « Société » à la fin du xixᵉ siècle.

3629. — AGENDA DE LA MÈRE DE FAMILLE ET DE LA MODE. Prix 2 fr. ‖ Paris, Librairie O. Drouin. In-18.

Renseignements pratiques sur l'intérieur et la toilette.

3630. — AGENDA DE LA CURIOSITÉ, DES ARTISTES ET DES AMATEURS, par Auguste Dalligny, directeur du *Journal des Arts*. Prix : 3 fr. ‖ Paris, ancienne librairie Renouard, Laurens libraire-éditeur, rue de Tournon. In-18.

Agenda d'adresses et des renseignements pratiques.

3631. — ANNUAIRE DES TRADI-TIONS POPULAIRES. ‖ Paris, Émile Lechevalier, 39, quai des Grands-Augustins ; Ernest Leroux, 28, rue Bonaparte. 1886 à ce jour. In-18.

Annuaire faisant suite à l'*Almanach des Traditions populaires* (voir, plus haut, nᵒ 3125). Les trois premiers, 1886, 1887 et 1888 contiennent, en outre des noms, adresses et spécialités des traditionnistes, un certain nombre de documents intéressants : contes, chansons, monographies diverses, avec airs notés et illustrations. Ceux de 1889 et de 1890 ne contiennent que des noms et documents. Celui de 1894 (le sixième), rédigé par M. Paul Sébillot, donne les noms des Sociétés de traditions populaires, des revues et journaux, des musées et collections, la nécrologie des traditionnistes décédés de 1880 à 1893, et se termine par un choix d'images en rapport avec les traditions, provenant de la *Revue des Traditions populaires*.

3632. — ANNUAIRE DES BIBLIO-THÈQUES ET ARCHIVES pour 1886, publié sous les auspices du Ministère de l'Instruction publique. 1ʳᵉ année. ‖ Paris, Librairie Hachette et Cⁱᵉ, 79, boulevard Saint-Germain. 1886 à ce jour. In-12.

Annuaire rédigé avec soin par M. Ulysse Robert, inspecteur général des bibliothèques et archives, donnant le nom de tous les bibliothécaires et archivistes de France et la bibliographie complète de tous les catalogues et ouvrages relatifs à chaque dépôt public de Paris ou des départements.

3633. — ALMANACH ILLUSTRÉ DU PETIT MONITEUR UNIVERSEL. 1886. 50 cent. ‖ Paris, au *Petit Moniteur*, 13-15 quai Voltaire. In-18.

Sur la couverture reproduction de l'affiche : petit vendeur criant *Le Moniteur*. Calendrier avec éphémérides contemporaines. Revue de l'année, biographies, nécrologies, avec portraits.

TABLE DES GRAVURES

I. — PLANCHES HORS TEXTE COLORIÉES

II. — GRAVURES DANS LE TEXTE

* Les illustrations ont été groupées ici de façon à répondre exactement aux pages sur lesquelles elles se trouvent ; mais le nombre total des vignettes dans le texte est bien de 306, chiffre donné sur le titre.

TABLE ALPHABÉTIQUE DES ALMANACHS

A

(1) Avec des sous-titres différents :
1° « Contenant plusieurs rondes ; »
2° « Suivi de l'Electricité allégorique. »

I

N

T

W

Y

Z

TABLE ALPHABÉTIQUE GÉNÉRALE

DES

NOMS CITÉS AU COURS DE L'OUVRAGE

I. — ÉDITEURS ET AUTEURS D'ALMANACHS, COLLABORATEURS, GENS EN VUE CITÉS OU AYANT ÉTÉ L'OBJET D'ARTICLES DANS DES ALMANACHS.

A

Ackermann (Mme L.), n° 2994. — Acollas (E.), n° 3074. — Adam, littérateur, n° 1577. — Aderer, n° 2976. — Affre (Mgr). Biographie dans le Martyr de Paris (1849), nᵒˢ 2514, 2591. — Agnus (H.), auteur du Guide de l'Acheteur, n° 2748. — Aigre, docteur-médecin, n° 3085. — Albins (d'), auteur de l'almanach les Adieux de Marie-Thérèse-Charlotte de Bourbon (1795), n° 1222. — Alcan (Michel), n° 2952. — Alexandre (Arsène), n° 3166. — Alexandre (Nicolas), éditeur de l'Almanach des Abusés (1615), 1.° 7. — Algarotti (Comte), auteur de l'Amour juge, n° 735. — Alhoy (Maurice), nᵒˢ 2019, 2296. — Allard (P.-J.-H.), éditeur de l'Annuaire administratif de Paris (1805), n° 1457. — Allemane (J.), n° 3235. — Alletz (Pons-Aug.), fondateur des almanachs le Bon Jardinier (1755), n° 221; Alm. parisien en faveur des étrangers (1761), nᵒˢ 307, 388, 983. — Allisson de Chazet (René), n° 377. — Alq (Mme L. d'), éditeur de l'Almanach des Modes et de la Saison (1871), n° 2986. — Altaroche, n° 3505. — Amigues (Jules), auteur de l'Almanach de l'Appel au peuple (1880), n° 3097. — Ampère, n° 1912. — Ancelot, nᵒˢ 377, 1836. — André, auteur de l'Almanach historique et révolutionnaire (1791), n° 1172. — André (E.), n° 3203. — Andrieux, nᵒˢ 377, 654, 820, 1585, 1602, 1912, 3460. — Angot, libraire-éditeur, n° 82. — Angot des Rotours (Noël-François-Mathieu), auteur de l'Almanach des Monnaies (1784), n° 762. — Anthyme Saint-Paul, auteur de l'Annuaire de l'Archéologue français (1876), n° 3061. — Antignac nᵒˢ 1572, 1585, 1705, 2017. — Aquin de Château-

Lyon (d'), éditeur de l'Almanach littéraire (1777), n° 574. — Arago (Notices scientifiques d'), dans l'Annuaire du Bureau des longitudes, nᵒˢ 1227, 3505. — Arago (Etienne), nᵒˢ 1712, 2550, 2554, 2649. — Arago (Fr.), membre du gouvernement provisoire (1848), n° 2616. — Arc (Jeanne d'), (Almanach consacré à), n° 3240. — Arduini (Ch.), représentant du peuple à Rome, n° 2608. — Arenberg (d'), n° 3136. — Argyriadès (P.), auteur de l'Almanach de la Question sociale (1891), n° 3235. — Ariste (Louis), directeur de l'Almanach de la Fraternité (1865), n° 2892. — Arlandes (Marquis d'), n° 759. — Arlincourt (vicomte d'), n° 1910. — Arnaud, janséniste, n° 124. — Arnaud, auteur de l'Indicateur général des spectacles de Paris (1819), n° 1863. — Arnault, n° 2021. — Arney (J.-H.), publiciste anglais, n° 2608. — Arnoud (d'), poète, n° 797. — Arnould-Mussot, n° 493. — Arnoul (Honoré), auteur de l'almanach le Petit Vieux (1846), n° 2427. — Ash (Comtesse d'), nᵒˢ 2631, 2662. — Ashbee (H.-S.), bibliographe, n° 3112. — Asseline (Louis), nᵒˢ 2952, 3034, 3609. — Attaignant (de l'), n° 1577. — Aubeau (A.), docteur, professeur à l'Ecole dentaire, n° 3148. — Aubert (Albert), n° 3505. — Aubert (Alfred), n° 3111. — Aublet de Maubuy, auteur de l'Almanach des Ruelles (1752), n° 86. — Audebrand (Ph.), n° 2686. — Aud'houi (Dr Victor), auteur du Nouveau Guide-Annuaire du médecin-praticien, n° 3231. — Audiffret (Hippolyte), auteur de l'Annuaire dramatique (1805), n° 1458, et de l'Almanach des Spectacles de Paris (1809), n° 1557. — Audot (L.-Eustache), n° 221. — Auriac (Eugène d'), n° 2861. — Autereau, poète, n° 774. — Auvra, poète, n° 774.— Avenel (Henri), auteur de l'*Annuaire de la Presse française* (1880), n° 3102. — Avernes (Michel d'), auteur du *Calendrier de l'Impératrice* (1855), n° 2746. — Avril (L.), représentant du peuple, n° 2608.— Aycard (Marie), n° 2454.

B

Babeuf (Gracchus), auteur du *Nouveau Calendrier de la République* (1793), n° 1148, 3235.— Babinet, de l'Institut, n° 2271, 3565.— Bachelin-Deflorenne, auteur de l'*État présent de la noblesse française* (1866), n° 2906 et des *Étrennes à la noblesse* (1884), n° 3146. — Badouillard, auteur de l'*Almanach de l'homme-femme* (1872), n° 3013.— Baget, instituteur, n° 2743. — Baillet (Ed.), n° 2616. — Bailleul (Antoine), membre de la Convention, auteur de l'*Almanach des bizarreries humaines* (1795), n° 1223. — Balaguer, littérateur, n° 3074. — Balzac (H. de), n° 2296, 2417, 2954. — Bancel (D.), n° 2965, 2976. — Banville (de), n° 2486, 2029. — Baour-Lormian, n° 377, 1585, 1809. — Barral, auteur de l'*Almanach des valeurs à lots*, n° 3565, 3597. — Barral (J.-A.), auteur de l'*Almanach de l'Agriculture* (1866), n° 2910. — Barré, n° 797, 1495, 1572, 1577, 1619, 1705. — Barthélemy, n° 2554, 2662. — Barthet (Armand), n° 2848. — Bassanville (C° de), n° 3002. — Bastiat, n° 2358. — Bastide, n° 350². — Battanchon, n° 3161. — Baudelaire (Charles), n° 2616, 2829, 2954. — Baudoin, auteur des *Tablettes Militaires* (1819), n° 3467. — Baudry de Saunier, auteur de l'*Histoire générale de la Vélocipédie*, n° 3261. — Baugin, poète, n° 761. — Baugeart (Alfr.), n° 2686. — Beauchesne (de), poète, n° 761, 1740. — Beauharnais (M° de), poète, n° 1602. — Beaumarchais (A. Caron de), n° 543, 654, 820, 1901, 3605. — Beaunier (D.), éditeur de l'*État des Archevéchés, Evêchés de France* (1743), n° 153. — Beauplan (Amédée de), n° 1732, 1831. — Beaurain, auteur du *Calendrier perpétuel ecclésiastique et civil* (1724), n° 105. — Beauvarlet-Charpentier, musicien, rédacteur du *Chansonnier des Grâces* (1796) n° 1777; du *Troubadour* (1809), n° 1224, 1831. — Beauvoir (Roger de), auteur de l'*Annuaire illustré de l'armée française* (1889), n° 3205. — Beauvoir (Roger de), n° 2602, 2861, 3569. — Bédollière (E. de la), rédacteur du *Siècle*, n° 2560, 2626, 2686, 2829, 2855, 2861. — Bégis (Alfred), n° 3112. — Belan, n° 2666. — Belanger, librettiste, auteur de l'*Almanach historico-physique* (1764), n° 560. — Beleurgey de Raymond (E.), auteur de l'*Agenda photographique* (1893), n° 3271. — Bellaigue (Camille), auteur de l'*Année musicale* (1884), n° 3142. — Bellaire (Henry), n° 2994, 3022. — Belle, poète, n° 1711. — Bellier de la Chavignerie, n° 3558. — Belloy (de), n° 2417. — Belmontet (Louis), n° 1836. — Belot (Jean), curé de

Milmont, auteur d'almanachs du XVIIᵉ siècle, n° 12, 51, 61. — Belton, chansonnier, n° 3581. — Béranger, n° 1711, 1712, 1836, 2019, 2129, 2784, 2845, 3552. — Berchoux, auteur de *la Gastronomie*, n° 377, 1495. — Berger fils, n° 1800. — Bern (J.), commandant l'armée hongroise, n° 2555. — Bernard, n° 1577. — Bernardin de Saint-Pierre, n° 3112, 3145. — Berne (D°), n° 3018. — Berquin, n° 377. — Beruyer (de), poète, n° 3507. — Bertin, romancier, n° 1522. — Bertillon (D°), n° 2952. — Berton père, surintendant de la musique du Roi, n° 1712, 1831. — Bertrand, secrétaire perpétuel de l'Académie des sciences, n° 3250. — Bertrand (Georges), n° 3609. — Berty (A.), éditeur de l'*Annuaire de l'Archéologue* (1862), n° 2850. — Bescherelle ainé, auteur de l'*Almanach de l'instituteur primaire* (1838), n° 2226 et 2227. — Bessé (D.), n° 3155. — Beurdeley (Paul), n° 3609. — Beyerlé (J.-P.-L.), auteur de l'*Almanach des femmes célèbres* (1796), n° 1243, et du *Calendrier de Rome* (1798), n° 1279. — Bienvenu (Léon), n° 2963. — Bièvre (Marquis de), auteur de l'*Almanach des Calembours* (1770), n° 423, et de l'*Almanach svelte* (1779), n° 335b. — Bilhaud (Paul), texte pour l'*Almanach Henri-Boutet*, n° 3166. — Billy (Imbert de), auteur de prédictions en 1602, n° 4. — Blanc (H.), auteur de l'*Almanach républicain* (1794), n° 1175. — Blanc auteur du *Pandemonium français* (1846), n° 2426. — Blanc (Louis), n° 2487, 2492, 2495, 2501, 2550, 2554, 2555, 2581, 2591, 2624, 2969, 2996. — Blanchard (Jean), imprimeur troyen, n° 23, 53, 64. — Blangini, n° 1831. — Blessebois (Pierre-Corneille), auteur de l'*Almanach des Belles* (1676), n° 73. — Blismon (Anagramme), auteur du *Molierana et Fontainiana* (1855), n° 2750, 2761. — Bloch (Louis), n° 3111. — Block (Maurice), rédacteur de l'*Annuaire de l'Économie politique*, n° 2358. — Blondeau (Amédée), directeur du *Hanneton*, n° 2920. — Blondeau (A., docteur), n° 3085. — Blondet (Émile), n° 2963. — Blot, auteur de l'*Almanach militaire* (1840), n° 2252; (1852), n° 2702. — Bœckel (J.), auteur de *Maître Pierre* (1833), n° 2163. — Boichot, représentant du peuple, n° 2608. — Boieldieu, n° 1712, 1831, 2072. — Boinvilliers, poète, n° 761. — Bois (Louis du), éditeur des *Étrennes libérales* (1822), n° 1947. — Boischevalier (Hulin de), auteur du *Répertoire ou Almanach historique de la Révolution française* (1798), n° 1290. — Boisléger (Je), poète, n° 761. — Boisset, avocat, auteur du *Vade Mecum* (1779), n° 3359. — Boitard (Pierre), n° 221. — Boiteau (Paul), auteur de l'*Almanach de Béranger* (1862), n° 2845, 3607. — Bonald (de), n° 377. — Bonhomme (Paul), texte pour l'*Almanach Boutet*, n° 3166. — Bonjean, n° 3544. — Bonnardot, n° 3558. — Bonnières (Robert de), n° 3120. — Bonnin (A.), éditeur de l'*Almanach des Écoles* (1844), n° 2843. — Bordelon (L'abbé), auteur de l'*Almanach terrestre* (1714), n° 101. — Bordes (Gabriel), éditeur des *Éphémérides politiques* (1808), n° 1539. — Borel d'Hauterive, auteur de l'*Annuaire de la noblesse de France* (1843), n° 2326. — Bosc (Ph.), n° 2483. — Bosquet (Alf.), n° 2631. — Bossu (D° A.), éditeur de l'*Agenda formulaire des médecins praticiens* (1852), n° 2650. — Bottin (Sébastien), éditeur de l'*Almanach du commerce* puis de l'*Almanach Bottin*, n° 1248, 3516. — Boucha-

Girard (Ch.), n° 3616. — Girardin (Émile de), n°⁵ 2155, 2551, 2581, 3299. — Giroux (Alph.), n° 3540. — Glatigny (Albert), n°⁵ 2686, 2829. — Godard (Benjamin), n° 3120. — Godard, n° 761. — Godard (Eugène), n° 2440. — Godefroy (Ragonot), n° 2668. — Godefroy, n° 1982. — Godin, astronome, n° 77. — Godin, n° 3274. — Golowine (J.), n° 2608. — Gombault, n° 1800. — Goncourt (Edmond de), n° 3120. — Goncourt (Jules de), n° 2848. — Gondry du Jardinet (J.), n°⁵ 3109, 3011. — Gorsas, n° 634. — Gosford, n° 177. — Gossec, n° 1712. — Gosselin (N.), n° 66. — Goudeau (Émile), n° 3317. — Gouffé (Armand), n°⁵ 1461, 1405, 1572, 1577, 1585, 1634, 1680, 1694, 1705, 1711, 1712, 1901, 1910, 3464, 3495, 3502, 3552, 3771. — Goulin, médecin, n° 564. — Gounod, n°⁵ 3120, 3220. — Gouriet, n° 3167. — Gournay, n° 439. — Goury de Champgran, éditeur de l'Almanach du Chasseur (1772), n° 463. — Gozlan (Léon), n°⁵ 2417, 2558, 2631, 2848, 2954. — Grace (Thomas-François de), rédacteur du Bon Jardinier, n° 221. — Grand, libraire, n°⁵ 3023, 3026, 3031, 3066. — Granval, auteur de l'Almanach des proverbes (1745), n° 156. — Grandvoinnet, n° 3161. — Gras (J. Le), n° 66. — Gras (Félix), n° 3074. — Grécourt, n°⁵ 792, 857, 1577. — Greppo, n° 2555. — Greslan (de), n° 1777. — Gressent, n° 2922. — Gresset, n° 433. — Grétry neveu, n° 1712. — Grévy (Jules), auteur d'un Traité de la législation des paroisses, n° 2170. — Griffart, n° 189. — Grimer, n° 3616. — Grimod de la Reynière, n° 108. — Grisier (Louis), n° 3203. — Gromier (M.-A.), n° 2892. — Gronlier (J.), auteur de l'Almanach de la République (1848), n° 2482. — Gros (Antoine), n° 3135. — Guizot, n° 3544. — Gros (L'abbé Le), n° 142. — Gross, n° 2743. — Gudin, n° 3254. — Guébriant (de), n° 165. — Guenet (Fabien), auteur de l'Almanach pour l'an 1642, n° 28. — Guérard (Ad.), auteur de l'Annuaire napoléonien (1844), n° 2365, et de l'Étoile de l'Empire, n° 2747. — Guérin (Jean), n° 14. — Guéroult (Constant), n° 2887. — Guichard (J.), n° 1572. — Guigard (Joannis), n°⁵ 2686, 2861. — Guignard (J.), n° 66. — Guilbert (Anaxagore), auteur de l'Almanach Républicain (1848), n° 2464. — Guillain (E.), n° 66. — Guillard, n° 1585. — Guillaume, maître de danse, auteur de l'Almanach Dansant (1769), n° 404. — Guillaume (Charles), n° 113. — Guillaumin, rédacteur de l'Annuaire de l'Économie politique, n° 2358. — Guillemin, n° 2952. — Guillemot, directeur de l'Almanach du Mois (1843), n° 2323. — Guillois (Le), n° 3056. — Guillon de Montléon, auteur des Étrennes aux amis du dix-huit (1798), n° 1282. — Guinot (Eugène), n° 2454. — Guizot, n°⁵ 1912, 3544. — Guy (Pol de), n° 2887. — Guyon, n° 1777. — Guyot (Yves), n° 3609. — Guyot, n° 797. — Guyot, directeur au bureau général des Postes, éditeur du Guide des Lettres (1763), n° 360. — Guyot de Fère, auteur de l'Annuaire biographique des Artistes (1841), n° 2273.

H

Hachette (Jeanne), n° 3536. — Hadamard, n° 2549. — Halévy, n° 377. — Hamel (Ernest), n° 2952. — Hamilton, n° 3136. — Hardy (Victor), n° 2483. — Hardivilliers (J.), n° 1914. — Hardy, chansonnier, n° 3581. — Harel, n° 1900. — Harvant, n° 1694. — Hauset de Nengui, médecin, auteur des Étrennes de santé (1769), n° 418. — Hautefeuille, n° 3204. — Hautpoul (Mⁿᵉ d'), n° 1740. — Haüy, n°⁵ 879, 3145. — Haydn, n° 1550. — Haÿs (Charles du), n° 3215. — Hébert, un des rédacteurs de l'Almanach parisien en faveur des étrangers (1761), n° 307, fondateur de l'Alm. des Beaux-Arts (1762), n° 321, et de l'Almanach pittoresque des riches monuments, n° 609. — Hébrail (L'abbé d'), un des auteurs de la France littéraire, n° 203. — Hébray (Jean), n° 3425. — Hénault (président), n° 820. — Hendlé, n° 2911. — Henrichs (P.), Almanach manuel pour 1838, n° 2229; Annuaire général judiciaire, n° 2231; Annuaire général du Commerce (1838), n°⁵ 3510, 3516. — Henriquez, auteur des Épîtres et Évangiles des Républicains (1793), n° 1126. — Héquet (Gustave), n° 2616. — Hérault, n° 3224. — Héricault (Charles D'), éditeur de l'Almanach de la Révolution (1886), n° 3179. — Hérissant, éditeur, n°⁵ 82, 92. — Hérald, n° 1831. — Hervé (Louis), n° 3070. — Hervieu (Paul), n° 3120. — Hervilly (Ernest d'), n°⁵ 2659, 2963, 2965, 3135, 3164. — Hettmann, n° 2265. — Hirth (G.), n° 3240. — Hocdé (Léon), n° 2544. — Hoffmann, poète, n°⁵ 1495, 1585. — Hoffmann, musicien, n° 1712. — Hohenlohe, n° 3136. — Holyoaké (G.-J.), n° 3274. — Horn, médecin, n° 564. — Horn, n° 2911. — Horsin-Déon, n° 3558. — Houdetot (Comte d'), n° 2631. — Houdiard, n° 3559. — Houry (Laurent d'), n° 91. — Houssaye (Henry), n° 3154. — Houssaye (Arsène), n°⁵ 2417, 2558, 2829, 2861, 3569. — Hovelacque (Ab.), n° 3235. — Howard, n° 3136. — Hoyle (Edmond), auteur de l'Almanach du Whisk (1765), n° 377. — Huart (Louis), articles pour le Comic Almanack (1842), n° 2296. — Huber (L.), auteur de l'Almanach général de Médecine (1827), n° 2055. — Hubert (Charles), n° 2020. — Hugnin (Al. Fr.), auteur du Calendrier perpétuel (1756), n° 222. — Hugo (Victor), n°⁵ 2129, 2983, 3112, 3152, 3544. — Hugo (François-Victor), n° 2983. — Hugo (Charles), n° 2983. — Hugues (J.-P.), auteur de l'Almanach protestant (1841), n° 2272. — Hugues (Clovis), n° 3150. — Huguet (le R.-P.), n° 3053. — Humbert (A.), n° 3050.

I

Ibsen (Henrick), n° 3154. — Imbert, n° 593. — Imbert, auteur des Annales poétiques (1778), n° 1577. — Imbert, n° 2020. — Isle (Guillaume de l'), n° 77.

J

Jaclard (V.), n° 3235. — Jacob, bibliophile, n° 3569. — Jacquelin (J.-A.), auteur de l'Almanach des Grâces (1804), n° 1430; de la Lyre maçonique, n°⁵ 1572, 1585, 1694, 1705, 1725, 3464. — Jacquemart, auteur des Étrennes aux Émigrés (1793), n° 1128. — Jacques (cousin), auteur de les Soirées chantantes (1806), n° 1475.

n° 250, *Etrennes de l'amitié*, n° 549, *Le Parfait Modèle*, n° 583, *Almanach chantant ou Etrennes lyriques*, n°ˢ 304, 774, 3325. — Naudin (Ch.), n° 221. — Navarreux (M.-P.-H. de), n° 3335. — Neale, n° 3274. — Nerciat (de), n° 3432. — Nestor, n° 3139. — Neufville-Montador (de), auteur de l'*Almanach nocturne* (1738), n° 144. — Neumann, n° 221. — Newton, n° 3579. — Nick, n° 3584. — Nicole, n° 124. — Nicolo, n° 1831. — Ninette (Mᶫˡᵉ), n° 1740. — Nivernais (de), n° 1577. — Nocé (de), n° 113. — Nodier (Charles), n°ˢ 73, 1907, 2021. — Noël (Eustache), n°ˢ 21, 24, 25, 26, 27. — Noël (François), auteur de l'*Almanach des prosateurs* (1801), n° 1341. — Noël (Edouard), n° 3047. — Nogaret (Félix), n°ˢ 654, 878. — Noir (le), architecte, n° 734. — Noirot (Dʳ L.), n° 2773. — Noisette (L.), n° 221. — Noll (Ned), n° 3295. — Normand (Jacques), n° 2994. — Normand (J.-F.), auteur de l'*Annuaire ou Tableau du Palais du Tribunat* (1801), n° 1354. — Nostradamus (Michel), n° 72. — Nougaret, auteur de l'*Almanach forain*, *Les spectacles des foires et les petits spectacles de Paris* (1750-86), n°ˢ 493, 568, 834.

O

Ocagne (d'), n° 3507. — Odry, n° 2129. — Ollivier (R. père), n° 3309. — Orain (A.), n° 3275. — Ormesson (d'), n° 134. — Orneval (d'), n° 820. — Osmont (C.), n° 66. — Oudot (Achille), n° 2431. — Oudot (Jacques), imprimeur, n° 24. — Ourliac, n° 2296. — Ourry, n°ˢ 1585, 1680, 1705, 1711, 1712, 1766, 1865, 2020. — Outrepont (E.-G. d'), auteur de l'*Almanach des guerriers français* (1819), n° 1852. — Owen (Robert), n° 2551, 3274. — Ozanneaux, n° 2129.

P

Pabst (A.), n° 3616. — Pacini, n°ˢ 1712, 1930. — Pacotte, n° 3155. — Paepe (Dʳ César de), n°ˢ 3074, 3274. — Paër, n°ˢ 1831, 1930. — Paësiello, musicien, n° 1690. — Pagès (L.), n° 2879. — Pailleron (G.), n° 2825. — Paillet (Eugène), n° 3112. — Pain (Joseph), n°ˢ 1461, 1585. — Pajot (Dʳ), n° 3232. — Palianti, directeur de l'*Almanach des spectacles* (1852), n° 2628. — Panard, n°ˢ 837, 1577, 1619, 2765, 3552. — Pannard (Charles-François), auteur des *Etrennes logographes du Théâtre* (1734), n° 128. — Pape-Theun, n° 132. — Papillon (J.-M.), auteur du *Petit almanach de Paris* (1727), n° 112. — Papillon de la Tapy, directeur des Messageries royales, auteur de l'*Almanach des Diligences* (1784), n°ˢ 760, 844. — Paquet (V.), éditeur de l'*Almanach horticole* (1844), n° 2352. — Parent-Aubert, auteur des publications : *Grand almanach de Santé* (1845), n°ˢ 2402, 2583, et *Almanach des Mystères de l'Amour conjugal*, n° 2585. — Parfaict (frères), auteurs de l'*Almanach du Parnasse* (1728) et de l'*Agenda historique des théâtres de Paris* (1735), n°ˢ 114, 129. — Parfait (Paul), n° 2963. — Parny (chevalier de), n°ˢ 1585, 1777. — Parran (A.), n° 3112. — Parville (Henri de), n° 3560. — Pascal, n° 3579. — Pasquier, n° 124. — Passard, éditeur de l'*Almanach du Mérite des Femmes* (1870), n° 2931. — Passy (Frédéric), n°ˢ 2994, 3022, 3194. — Pa-

tras, n° 3495. — Patz, n° 132. — Paulet (Georges), n° 3301. — Pauliat (Louis), 3034. — Paulon (Alfred), n° 3087. — Pautex, n° 2743. — Paul (Constantin), n° 3232. — Paulon (A.), n° 3099. — Péan (Em.), n° 2616. — Pédone (Aug.), n° 3143. — Pelletan (Eugène), n°ˢ 2965, 2969, 2976. — Pelletier, n° 890. — Pelloquet, n° 2829. — Percy, n° 3136. — Perdiguier (Agricol), n°ˢ 2495, 2630, 2634, 2649. — Perdonnet, n° 3565. — Périvier (A.), n° 3055. — Perrotte, éditeur de l'*Annuaire de la Légion d'honneur* (1805), n° 1458. — Perrier (Mᵐᵉ), n° 3460. — Perrin, n° 1274. — Perrin (Ant.), éditeur de l'*Almanach de la librairie* (1777), n° 588. — Perrot (A.-M.), n° 3476. — Person, auteur des *Chants Républicains*, n° 1183. — Pesselier (Joseph), auteur des *Etrennes d'une jeune muse au public* (1739), n° 145. — Pessey, n° 1572. — Péteaux (J.), n° 3270. — Pétilleau (Georges), auteur de l'*Almanach illustré de Madame Angot* (1874), n° 3033 ; *Almanach de la Fronde* (1884), n° 3598 ; *Almanach de M. Thiers ou le Triple Almanach bourgeois* (1874), n° 3599. — Pétin, n° 2635. — Petit (Jean), astrologue, auteur de *Prédictions du XVIIᵉ siècle*, n°ˢ 6, 20, 22. — Petit-Senn, n° 1836. — Petit de Coupray, n° 2441. — Peut (Hippolyte), n° 2541. — Peyrat (Napoléon), n° 3074. — Peyssonnel, n° 2616. — Philippon la Madelaine, n°ˢ 1461, 1495, 1577, 1585, 1705. — Picard, n° 1619. — Picard (A.), astronome, n° 77. — Pichard (A.), n° 2993. — Pick (E.), de l'Isère, éditeur, auteur d'almanachs, n°ˢ 2771, 2808, 2831, 2842, 2843. — Pierotti, n° 2987. — Piis (de), n°ˢ 377, 654, 784, 797, 820, 1461, 1550, 1572, 1577, 1585, 1619, 1705, 1901, 3380 ; auteur de *le Ménestrel français* (1816), n° 1777. — Pilâtre de Rozier, n° 759. — Pilgrim (Lord), n° 2558. — Piliet (Fabien), auteur des *Etrennes dramatiques* (1793), n° 1130, de l'*Indicateur dramatique* (1798), 1287 ; de l'*Année théâtrale* (1801), n° 1350. — Pillet, auteur de *le Petit Charadiste* (1808), n° 1457. — Pillon (F.), n° 3223. — Pinard, n° 2893. — Pingré (Père), n° 95. — Pinon, n° 2854. — Pipelet (Mᵐᵉ), depuis princesse de Salm, n°ˢ 377, 1680, 1836. — Pirolle, n° 221. — Piron, n°ˢ 377, 820, 1577, 1901. — Piteaux (J.), n° 3270. — Pitel, n° 1736. — Piton (William), n° 3056. — Pitou (Louis-Ange), auteur de *le Chanteur Parisien* (1808), n° 1537. — Pixérécourt (Guilbert de), n°ˢ 180, 1522. — Pfeffer, n° 1428. — Plain (Virginie), auteur de l'*Almanach du Magnétisme* (1847), n° 2439. — Planchon (M.-G.), n° 3543. — Plantade, n°ˢ 1550, 1831, 1930. — Planque, n° 3506. — Pleyel (Camille), n° 1831. — Plouvié, n° 761. — Poinsinet, n° 396. — Poli (Oscar de), n° 3186. — Polignac (Armand-Jules-François, duc de), n° 843. — Pollet (J.-B.), musicien, n° 1777. — Pollet, auteur de l'*Almanach grammatical* (1788), n° 862. — Polyte, n° 132. — Pompery (E. de), n° 2487. — Pompignan fils (de), n° 1602. — Ponce, n° 574. — Poncelin de la Roche-Tilhac, n° 659. — Poncet, n° 3161. — Pongerville, n° 377. — Pons (de Verdun), n°ˢ 377, 1585, 1901. — Ponson du Terrail, n° 2948. — Pontécoulant (A. de), n° 2861. — Popelin (Claudius), n° 3135. — Poquelin (J.-B.), n° 3606. — Portalis (Roger), n° 3112. — Pottier (Eugène), n° 3388. — Pougin (Arthur), n° 177. — Poullin de Fleins, auteur de l'*Almanach Dauphin* (1784), n° 757. — Pouy,

T

U

Ulbach (Louis), auteur de l'*Almanach de Victor Hugo* (1885), nᵒˢ 2969, 3152, 3154. — Uzanne (Octave), nᵒˢ 3112, 3154.

V

Vachette (E.), nᵒ 2666. — Vachon (Marius), nᵒ 3120. — Vacquerie (Auguste), nᵒ 2983. — Vadé, *Etrennes à MM. les Ribauteurs* (1749), nᵒˢ 171, 231, 232, 792, 820, 853. — Vadé (Le petit neveu de), auteur des *Nouvelles Étrennes poissardes* (1795), nᵒ 1216. — Valabrègue (Antony), nᵒˢ 3120, 3135. — Valade (Léon), nᵒ 3135. — Valcourt (docteur de), nᵒ 3232. — Valette (père Jean-Philippe), auteur des *Etrennes de Salomon* (1841), nᵒ 3324. — Valhébert (S.-M. de), auteur de l'*Agenda du Voyageur* (1727), nᵒ 111. — Vallat-la-Chapelle, éditeur du *Calendrier des Lois* (1762), nᵒ 329. — Vallès (Jules), nᵒ 3121. — Vallières (Louis de), nᵒ 3145. — Valory (Mᵐᵉ de), nᵒ 1740. — Vanes (De), médecin, nᵒ 4. — Vansittart, nᵒ 3274. — Vander-Burch (Em.), nᵒ 2722. — Vapereau (G.), auteur de l'*Année littéraire et dramatique* (1858), nᵒ 3539. — Varin, (J.), nᵒ 2783. — Vasbenter (L.), nᵒ 2544. — Vaudin (J.-F.), nᵒ 2861. — Vaudoncourt, nᵒ 3508. — Vaulabrée (de), nᵒ 165. — Vaultier (François le), auteur de l'*Almanach de la Cour* (1649), nᵒ 37. — Vavasseur (Augustin le), auteur d'éphémérides du xvɪɪᵉ siècle, nᵒˢ 25, 27. — Vemar (A.), auteur de l'*Almanach des Misérables*, nᵒ 2873, et de l'*Almanach de l'Homme qui rit*, nᵒ 2968. — Venture (Mardochée), auteur de l'*Almanach des Juifs* (1779), nᵒ 3355. — Veradamus (Gabriel), nᵒ 3326. — Verardi (Louis), nᵒ 2656. — Verdier (Ju), nᵒ 52. — Verlaine (Paul), nᵒ 2959. — Vermersch (Eugène), auteur de l'*Almanach du Quartier Latin* (1869), nᵒˢ 2892, 2950. — Vermont (Louis), nᵒ 3111. — Vermorel (E.), auteur de l'*Agenda viticole et agricole* (1885), nᵒ 3161. — Verneuil, nᵒ 1602. — Vernier (Jules), nᵒ 2789. — Véron (Pierre), nᵒ 2848. — Verronais, éditeur de l'*Almanach des militaires français* (1859), nᵒ 2548. — Vertot (Jean), auteur de l'*Almanach démoc.-soc.* (1850), nᵒˢ 2542, 2560. — Veuillot (L'abbé), auteur de l'*Annuaire ecclésiastique* (1834), nᵒ 2176. — Vezon, nᵒ 3139. — Vial, nᵒ 1602. — Viard (Jules), auteur de l'*Almanach des Cocus*, nᵒ 2435. — Vicaire (Georges), nᵒ 3127. — Vidal (Fr.), nᵒ 2555. — Viennet, nᵒ 1809, 1836. — Viéville (de la), nᵒ 761. — Vigeant, auteur de l'*Almanach de l'escrime* (1889), nᵒ 3193. — Vigée (Etienne), directeur de l'*Almanach des Muses*, nᵒ 377. — Vigny (Alfred de), nᵒ 1634. — Villagre (Ch.), nᵒ 2454. — Villemain, nᵒ 1912. — Villemain d'Abancourt, auteur de l'*Almanach des Enfants* (1767), nᵒ 394. — Villemessant (H. de), nᵒ 2644. — Villers (Dʳ E. Verrier de), nᵒ 3065. — Villette, auteur des *Étrennes chronologiques*, nᵒ 798. — Villiers, auteur de *Le portefeuille d'un chouan* (1796), nᵒ 1240, et de *La Constitution en vaudeville* (1799), nᵒˢ 1306, 1522. — Vilmorin (Louis), nᵒ 231. — Vimont (Eugène), nᵒ 3275. — Vinçard, auteur de l'*Almanach des hommes de lettres* (1809), nᵒˢ 1556, 2555. — Vinçard (Pierre), nᵒˢ 2186, 2649. — Vincent (Charles), nᵒ 2686. — Vinot, nᵒ 2743. — Vitou de Saint-Allais, éditeur de l'*Almanach administratif* (1814), nᵒ 1686; de l'*Almanach législatif* (1814), nᵒ 1689; de l'*Almanach ministériel* (1814), nᵒˢ 1691, 1722. — Vitu (Aug.), nᵒˢ 2454, 2547. — Vivetières (de), nᵒ 1712. — Volgar, nᵒ 761. — Voltaire, nᵒˢ 840, 2765, 3579. — Vos (Camille), nᵒ 2861. — Voyard (Élise), nᵒ 1831. — Vuibert (H.), auteur de l'*Annuaire de la Jeunesse* (1891), nᵒ 3244. — Vulpes, nᵒ 2990.

W

Wagner (J.-B.), auteur de l'*Almanach historique* (1832), nᵒ 2144. — Wahn (Dʳ A.), éditeur de l'*Annuaire de médecine et de chirurgie* (1846), nᵒ 2422. — Warée (B.), auteur de l'*Almanach du Palais de Justice* (1864), nᵒ 2870. — Warez, rédacteur du *Mémorial dramatique* (1807), nᵒ 1521. — Warner, nᵒ 2020. — Waroquier de Méricourt de Combles, auteur de l'*Etat de la France* (1689), nᵒ 744. — Watteville (Th. Eugène de), nᵒ 3186. — Weil (Alexandre), nᵒ 2593. — Wey (Francis), nᵒ 2547. — Widerinck, nᵒ 3392. — Wihl (Ludwig), nᵒ 2881. — Wurtz (Ad.), nᵒ 3616.

X

Ximénès, nᵒˢ 377, 3432.

Z

Zeiller (Paul), nᵒ 3038. — Zeller, nᵒ 3155. — Zola (Emile), nᵒ 3121.

II. — ARTISTES DESSINATEURS ET GRAVEURS DONT IL SE TROUVE DES ŒUVRES DANS LES ALMANACHS, A TITRE DE COMPOSITIONS OU DE REPRODUCTIONS.

(Les noms imprimés en caractères gras sont ceux des Artistes ayant exécuté des œuvres originales pour les Almanachs.)

A

Abbéma (Louise), n° 3055. — Abeillé (Jacques), dessinateur, n° 3253. — Achard, dessinateur-lithographe, n° 1983. — **Adam (Victor)**. Frontispice et 6 figures pour *Petites Étrennes récréations de la mode* (1821), n° 193 ; lithographies sur la Révolution de février 1848 dans l'*Almanach de la République* (1849), n° 2482. — Alliamet, graveur, n° 379. — Alliaumet, n° 220. — Alma-Tadéma (Mme), n° 3120. — Ancourt (Edw.), n° 3598. — Andrieux, dessinateur, n° 2686. — Arrivet, dessinateur-graveur, n° 830. — Asper (Hans), peintre, n° 1932. — Aubert jeune (A.-F.), graveur, n° 3483. — Augrand (Parfait), graveur, n° 1508.

B

Bachelier, n° 739. — Bachis, n° 3123. — Bailly (Léon), n° 2829. — Balluriau (Paul), n° 3253. — Baquoy, n°s 379, 506, 3334. — Barabandy, n° 3106. — Baric, dessinateur, auteur de *Nos Toquades*, n°s 2878, 2917. — Baron, graveur, n° 396. — Bayard (Émile), n° 3551. — Beaucé. Vignettes dans l'*Almanach Comique* (1842), n°s 2282, 2816, 2836. — Beaumont (de), n° 2558. — Beauvais. Frontispice pour l'*Almanach de Polymnie* (1749), n° 3326. — Beauvais (Lubin de), n° 3253. — Bellangé, n° 3205. — Bénassit (Émile). Frontispices et vignettes, n°s 2829, 2937, 2939, 2941, 3576. — **Bérainville (P. de)**. Composition pour l'*Almanach du bon Français* (1781), n° 645. — Bergeret, dessinateur-graveur, n° 1711. — Berlureau, n° 3182. — Bernay, dessinateur, n°s 3028, 3599. — **Bertall**. Vignette pour l'*Almanach de l'Illustration*, n°s 2377, 2417 ; l'*Almanach de l'Année*, n°s 2478, 2493, 2564, 2565, 2585, 2757, 2799, 2816, 3598, 3599, 3551. Couverture pour l'*Almanach de la Paix*, n° 2994. — Berthault, graveur, n° 404. — Berthe, graveur, n° 1446. — Berthet, dessinateur-graveur. *Les Jeux de Polymnie et d'Érato* (1797), 6 figures, n° 1259. Frontispice pour l'*Almanach galant, moral et critique en vaudevilles* (1786), n° 813. — Berton (P.), dessinateur, n° 1712. — Bertrand (Albert), aquafortiste, n° 3140. — Bessa (P.), dessinateur-graveur ; plantes, n° 1785. — Bigaut (J.-B.), n° 1308. — Bin (Émile), n° 3127. — **Binet**, dessinateur. *Les Aventures Parisiennes* (1784), 12 fig., n° 767 ; *les bords rians de la Seine* (1788), titre et 12 fig., n° 868 ; *les Intrigues de la capitale* (1788), 12 fig., n° 876 ; *le Trottoir du Permesse* (1788), titre et 12 fig., n° 881 ; *le Microscope des visionnaires ou le Hochet des incrédules* (1789), titre et 12 fig., n° 929 ; *les Suppositions de l'enjouement ou les Épisodes mythologiques* (1789), titre et 12 fig., n° 950 ; *le Narcotique des Sages* (1791), titre et 12 fig., n° 1026. Frontispices pour *le Bouquet de roses* (1798), n° 1278 ; *Melpomène et Thalie vengées* (1798), n° 1288 ; *le Chansonnier des Grâces*, n° 1359 ; *l'Indispensable ou le Manuel des jolies femmes* (1801), n° 1367 ; *les Petites Heures de Cythère* (1798), n° 3385.

Blanchard, graveur, n° 1435. — Blanchard fils, dessinateur-graveur, figures pour l'*Almanach des Modes* (1814), n° 1687. — **Blass (J.)**, caricaturiste, n°s 3055, 3233, 3237. — Boissin (O.), n° 3598. — Bonvin, peintre, n° 2829. — Borel, dessinateur. Frontispice pour *les caprices de l'Amour et de Bacchus* (1780), n° 820. — Boret (A. de), n° 2882. — Bosselman, dessinateur-graveur. Figures et frontispices, n°s 1673, 1761, 1902, 3464, 3482. — Boucher (D'après), n° 984. — **Boulanger (Louis)**, n° 1980. — Boulard fils, graveur, n° 3120. — **Boutet (Henri)**, graveur à l'eau-forte, n°s 3164, 3165, 3290. — Boutrois, graveur, n° 1400. — **Bovinet**, graveur. Frontispices, n°s 1278, 1288, 1325, 1367, 1369, 1443, 1679, 1839, 1873, 1876, 3385, 3455. — Boyer (Ph.), n° 2954. — Brès, n° 3483. — Breton (L.), n° 2816. — **Brion**, dessinateur. Frontispice pour l'*Almanach du bon Français* (1781), n° 645 ; pour *le Bréviaire de Momus*, n° 1410 ; figures pour le *Petit Manuel mythologique* (1783), n° 753 ; pour *le Papillon* (1802), n° 1393. — Brouillet, n° 3203. — Bull (René), n°s 3220, 3200.

C

Cabriol, n° 3123. — Canu, graveur. Frontispices, pour l'*Almanach des gens de bien* (1797), n° 1272 ; pour *le Chansonnier des Muses*, n° 1360 ; pour les *Étrennes dramatiques*, n° 1363. — Capy (Marcel), n° 3253. — Caran d'Ache, n° 3220. — Carjat (Étienne), n° 2757. — Casano, n° 2829. — Cattelain, n° 3112. — **Caudin (de)**, dessinateur. Frontispice, n° 2551. — **Challiou**, dessinateur. Frontispices, n°s 1325, 1443. — Cham. Caricatures sur les chemins de fer, n° 2562 ; 2673 ; *Calendrier pour 1853*, n° 3599 ; couverture pour l'*Almanach* *d'illustrations modernes*, n° 2792 ; pour l'*Almanach du Charivari*, n°ˢ 2827 ; 2869. — **Charles,** dessinateur, n° 1401. — **Charlet.** Frontispices pour *le Gymnase lyrique* (1825), n° 2024 ; illustrations pour l'*Almanach de Napoléon* (1849), n°ˢ 2485, 2802. — **Charlin,** graveur, n° 1589. — **Chartran,** peintre, n° 3193. — **Chasselat.** Frontispices : n°ˢ 377, 1228, 1609, 1618 ; pour *les Soirées de Momus*, n°ˢ 1847, 1865, 1873, 1922, 3448. Compositions pour *Le souvenir des Ménestrels* (1814), n° 1712. — **Chaudet,** n° 3112. — **Chéret,** n°ˢ 3055, 3133. — **Cherrier,** graveur sur bois, n° 2477. — **Chevalier (J.-A.),** dessinateur-graveur. Figures pour les *Fables choisies d'Ésope*, n° 631. — **Chevalier,** lieutenant d'infanterie. Figures pour l'*Almanach des Trois règnes*, n° 509 — **Chollard,** dessinateur-graveur. *Almanach iconologique*, n° 379 ; frontispice pour l'*Almanach du Chasseur* ; n°ˢ 291, 463. — **Choquet,** dessinateur, n°ˢ 1679, 1711, 1839, 1865. — **Cochin.** *Étrennes mignonnes* (1725), n° 107 ; *Étrennes galantes* (1778), n° 598 ; *Étrennes lyriques anacréontiques*(1781),n°654;compositions pour l'*Almanach iconologique* (1768), n° 379. — **Coequelle,** graveur (xviiiᵉ siècle), n° 392. — **Cohl** (Émile), n° 3620. — **Coindre** (V.), n° 2895. — **Coiny,** graveur, n° 1042. — **Colin,** dessinateur, n° 3493. — **Colin** (Mᵐᵉ). Frontispice, n° 2018. — **Comba** (Pierre), n° 3206. — **Compagnie,** graveur. Frontispices : *Almanach des Prosateurs*, n°ˢ 1741, 1601. — **Couché fils.** La place et le jardin du Palais-Royal, figures pour le *Guide dans le choix des Étrennes* (1824), n°ˢ 1711 ; 1907 ; figures pour l'*Héroïne de Bordeaux* (1817), n° 3446. — **Coulubrier,** graveur en lettres. *Calendrier de l'Université* (1765), n° 380. — **Courbet** (Gustave), n° 2829. — **Courtry** (Charles), aquafortiste, n° 3193. — **Crafty,** n°ˢ 3132, 3215.

D

Dambrun, dessinateur-graveur, n° 766. *Époques les plus intéressantes des Révolutions de Paris* (1790), 14 fig., n° 977 ; *les Délices du Palais-Royal* (1786), 12 fig., n° 823. — **Damourette,** n° 2616. — **Danarceau,** n° 179. — **Dargent** (Yan), n° 3010. — **Darjou,** dessinateur, n°ˢ 2900, 2985. — **Dathe,** graveur, n° 1901. — **Daudenarde,** graveur sur bois, n° 3018. — **Daumier** (Honoré). Vignettes dans l'*Almanach illustré pour 1841*, n° 2270 ; dans l'*Almanach comique* (1842), n° 2182 ; sur l'*Almanach chantant*, n° 2431 ; dans l'*Almanach des Rieurs* (1847), n° 2438. — **Davault,** coiffeur ; modèles de coiffures (1774), n° 512. — **David** (D'après). Costumes, n° 1201. — **David,** dessinateur-lithographe. Lithographies pour *le Gymnase lyrique* (1825), n° 2024. — **David d'Angers.** Médaillon des quatre sergents de La Rochelle, n°ˢ 2380, 2555, 2640. Titre pour l'*Almanach du Mois*, n° 2523. — **De Sève.** Frontispice pour *Étrennes de la Noblesse*, n° 433, et pour *Présents spirituels donnés par la piété* (1779), n° 3334. — **Debucourt** (D'après), n°ˢ 904, 1053. — **Defehrt,** graveur, n°ˢ 220, 337. — **Defresne,** dessinateur, n° 1694. — **Delignon,** graveur, n°ˢ 1443, 1694. — **Delort,**

n° 3055. — **Delvaux,** dessinateur, n°ˢ 1700, 1712. — **Delvaux** (Sophie), dessinateur, n° 1420. — **Demare** (Henri).Couverture pour l'*Alm. de l'Homme-Femme*,n°ˢ 2918,3013. — **De Penne,**n° 3135. — **Demant,** dessinateur. Frontispices pour l'*Almanach des Gourmands*(1803),n° 1401.—**Desaulx,**graveur. n° 3483. — **Desenne,** dessinateur. Frontispices pour les *Annales romantiques*, n° 2015. Figures pour les *Roses du Parnasse* (1818), n° 3455. — **Deshayes,** dessinateur-graveur. Frontispices, n°ˢ 1328, 1358. — **Desraïs,** dessinateur-graveur. Frontispice pour *le Secrétaire des Messieurs* (1772), n° 489 ; pour *le Bijou de la Reine* (1778), n° 594 ; coiffures n°ˢ 640, 647 ; *Petit Chansonnier* (1784), 10 fig., n° 775 ; *Almanach pour 1786*, n° 814 ; *Étrennes de toute saison* (1780), 7 fig , n° 913 ; *le Petit Manuel du Boudoir* (1805), 6 fig., n° 1471; *les 4 Saisons et les 4 heures du jour* (1773). titre et 8 fig., n° 3349. — **Desrochers** (Stephan). Portraits gravés par lui dans l'*Alm. Dauphin de 1751*, n° 178. — **Detaille** (Edouard), n° 3267 (dessin inédit), 3368. — **Devéria** (Compositions gravées par). Frontispices pour *le Chansonnier des Grâces*, n° 1228 ; pour les *Annales romantiques* (1825), n° 2015 ; figures pour le *Conteur moraliste* (1825),n° 3493. — **Devilly,** dessinateur, n° 2271. — **Dhardiviller,** dessinateur-lithographe. n° 1712. — **Dick de Lonlay,** dessinateur, n° 3024. — **Dillon** (H.-Patrice), n° 3317. — **Donjean,** n° 2014. — **Doré** (Gustave), n° 3112. — **Doré** (E.), dessinateur, n° 2918. — **Dorgez,** dessinateur-graveur. La*Fleur des Plaisirs* (1783), 12 fig., n°748 ; *la Veillée de Vénus* (1784), titre, 11 fig., n° 784 ; *les Trophées de l'Amour* (1785), titre et 12 fig., n° 805 ; *les Amusemens de Paris* (1786), titre et 12 fig., n° 818 ; *l'Amour à l'Olympe* (1787), titre et 12 fig., n° 839 ; *les Bigarrures de Cythère ou les Caprices de l'amour* (1787), titre et 12 fig., n° 841 ; *les Colifichets lirico-galants ou la Folie amoureuse d'un peintre* (1787), titre et 12 fig., n° 842 ; *les Fariboles du Parnasse* (1788), titre et 12 fig., n° 875 ; gravure des figures : *les Intrigues de la capitale* (1788), n° 876 ; *l'Optimisme des nouveautés* (1788), titre et 12 fig., n° 879 ; gravure des figures : *le Trottoir du Permesse* (1788), n° 881 ; *le Chansonnier périodique ou tous les ans meilleur ou pire* (1789), titre et 12 fig., n° 901 ; *le Jardin des âmes sensibles* (1789), titre et 12 fig., n° 922 ; *le Calendrier, de Minerve* (1790), front. et 12 fig, n° 972 ; *la Cocarde citoyenne* (1790), 7 fig., n° 974 ; *l'Esprit du siècle* (1790), front. et 12 fig., n° 978 ; *le Fanal des patriotes* (1791), titre et 6 fig., n° 1023 ; *le Panthéon des philantropes* (1791), 8 fig., n° 1028 ; *la Civilogie portative* (1792), titre et 12 fig., n° 1052 ; *les Perfidies supposées* (1792), 12 fig., n° 1068 ; *le Trésor des devinations* (1792), 10 fig., n° 1074 ; *les Mystères dévoilés* (1793), 12 fig., n° 1147 ; *les Tableaux de l'expérience* (1793), 12 fig., n° 1158 ; *les Rêveries orientales* (1794), 12 fig, n° 1206 ; *les Bucoliques de Cythère* (1794), n° 1179 ; *les Charmes de la sensibilité* (1796), 9 fig., n° 1229 ; *les Fastes républicains* (1796), 12 fig., n° 1235 ; *Toujours de l'amour* (1797), 12 fig., n° 1268 ; *les Étrennes de l'âge d'or ou les Muses bergères* (1798), 12 fig., n° 1283 ; *les Nœuds de l'hymen serrés par la*

Nanteuil (Paul). Couverture pour l'*Almanach du Siège de Paris*, n° 3oo3. — Nargeot, dessinateur-graveur, n°ˢ 1673, 2896. — Nayel (A.), n° 3295. — Née, graveur, n° 379, 607. — Neviance, dessinateur-graveur, n° 446. — Nicollet, graveur, n° 379. — Nino, dessinateur, n° 2994. — Noël jeune, graveur, n°ˢ 1672, 1745, 1952. — Noury (Gaston), n° 3261.

O

Oudry. Figures pour l'*Almanach de rébus* (1716), n° 102.

P

Papéty. Vignette pour l'*Almanach phalanstérien* (1845), n° 2393. — **Papillon**, dessinateur-graveur en bois. Figures pour le *Petit Almanach de Paris* (1727), n° 112; *Étrennes spirituelles*, frontispices (1765), n°ˢ 383, 1529. — Pasquin, n° 3150. — Pastelot, dessinateur. n°ˢ 2564, 2565, 2800. — Patas, graveur, n°ˢ 814, 3349. — Patras, dessinateur, n° 1712. — Pauquet. Vignettes dans l'almanach *la Toilette* (1843), n° 2336; couverture pour l'*Almanach du siècle illustré*, n° 2960. — Pépin, dessinateur-caricaturiste. n°ˢ 2909, 2943, 2957, 3050, 3088. — Perrot, dessinateur, n° 2599. — Pessé (H.), dessinateur, n° 2599. — Petit (Léonce), n° 3095. — Piguet (Rodolphe), peintre-graveur, n° 3127. — Pille (Henri), peintre-dessinateur, n°ˢ 3055, 3121, 3261, 3308. — Pinelais (de la), n° 3140. — Poirson, n°ˢ 3055, 3261. — Poisson, dessinateur-graveur. Titres gravés pour l'*Alm. des Muses*, n° 377. — Pomel, graveur, n°ˢ 1377, 1744, 1957. — Ponce, graveur, n° 379. — Porret. Vignettes pour le *Pandemonium français* (1846), n° 2426. — Pothey, graveur sur bois, n° 2757. — Pourvoyeur, n° 3493. — Prot, graveur, n° 1772. — Prévost, graveur, n° 379. — — Prudhon (Frontispices ou vignettes d'après), n°ˢ 1113, 1228, 1602, 1634.

Q

Queverdo. *Les Plaisirs de la ville et de la campagne* (1777), 12 fig., n° 584; *Étrennes galantes des promenades et amusements de Paris* (1781), titre et 12 fig., n° 653; *Almanach des marchés de Paris* (1782), titre et 12 fig., n° 666; *Almanach sur l'heureux accouchement de la Reine* (1782), 12 vignettes, n° 672; *l'Amour hermite ou le joujou de l'Amour* (1782), 12 fig., n° 675; *l'Amour juge ou le congrès de Cythère* (1783), frontispice, n° 735; *les Belles Marchandes* (1783), titre et 12 fig., n° 737; *l'Amour parmi les jeux* (1784), titre et 12 fig., n° 766; *Étrennes de l'Amour, des Ris, des Jeux et des Plaisirs* (1784), titre et 12 fig., n° 769; *Figaro, Blaise et Babet* (1784), titre et 12 fig., n° 773; *Almanach anacréontique ou les ruses de l'amour* (1785), titre et 12 fig., n° 785; *Almanach galant, moral et critique* (1786), titre et 12 fig., n° 813; *les Délices du Palais Royal* (1786), frontispice, n° 823; *le Babillard instruit* (1787), 10 fig.,

n° 840; *la Fête des bonnes gens ou les Mœurs champêtres* (1787), titre et 12 fig., n° 848; *la Vie pastorale* (1788), titre et 12 fig., n° 882; *Galathée pastorale* (1790), titre et 12 fig., n° 986; *le Prix dû à l'amour, je l'offre à vous que j'aime* (1790), titre et 12 fig., n° 991; *Almanach dédié aux bons citoyens* (1793), 12 fig., n° 1079; *Étrennes patriotiques aux armées françaises* (1793), frontispice, n° 1136; *Almanach d'Aristide ou du vertueux Républicain* (1794), frontispice, n° 1161; *Almanach de la Convention nationale* (1794), n° 1162; *les Concerts républicains* (1794), 4 fig., n° 1186; *la Lyre de la raison* (1794), frontispice, n° 1196; *Manuel des autorités constituées*, (1797), frontispice, n° 1261. — *Étrennes patriotico-comiques de Cadet Roussel* (1793), front., n° 3381; *le Bijou du Républicain* (1794), front., n° 3382,

Quillenbois (M. de Sarcus), n°ˢ 2561, 2599, 2653.

R

Racine (J.-B.), graveur, n° 3381. — Raffet, illustrations dans l'*Almanach de Napoléon* (1849), n° 3206. — Randon, caricaturiste, n° 2816. — **Ransonnette** (N.), graveur ordinaire de Monsieur. Frontispice pour *Étrennes aux belles* (1783), n° 745, et pour *le Choix du sentiment* (1788), n° 870. — Raspail fils, n° 2513. — Ratel, dessinateur, n° 2994. — **Régamey** (Félix). Vignettes et couvertures d'almanachs, n°ˢ 2933, 2937, 2940, 2956, 2957, 2999, 3000. — **Régamey** (Frédéric), n°ˢ 3042, 3087, 3120, 3140. Illustrations pour l'*Almanach de l'escrime*, n°ˢ 3193, 3203, 3308. — Régnier, n° 2848. — Reiber, n° 3308. — Rivière, n° 3055. — Robert (A.), dessinateur, n° 3203. — Robida (Albert), n° 2956. — Rochegrosse, n° 3055. — Rochu, dessinateur, n° 1545. — Rœhn, dessinateur, n° 1550. — **Roger**, dessinateur. Frontispices et planches pour l'*Alm. des fabulistes*, n° 1718. — Rops (Félicien), n°ˢ 3112, 3135. — Rosé (A.), dessinateur, n° 3095. — **Rouargue**, graveur. Frontispices, n°ˢ 2018, 3480. — Rousseau, graveur, n° 379. — Roy (Ulysse), n°ˢ 3055, 3308. — Ruotte, graveur. Frontispice, n° 1228.

S

Saint-Aubin (Je), n° 379. — Salmson (Jules), n° 2555. — Sampier, graveur en écriture, n° 1629. — Sandoz, dessinateur, n° 985. — Sauffray. Frontispice pour l'*Almanach folichon* (1756), n° 218. — Saunier (N.), n° 3135. — Sautejau, n° 3576. — Sauvage (Georges), n° 3140. — Savart, graveur, n° 426. Schett (Henri), n° 3235. — Scotin, n° 175, 4 figures pour l'*Almanach conteur* (1782), n° 660. — Seigneurgens. Vignettes dans l'*Almanach astrologique* (1848), n° 2454. — Simonet, graveur, n°ˢ 379, 1042. — **Simonet jeune.** 6 figures pour le *Tribut des Muses* (1827), n° 2073. — Smith (d'après), n° 984. — Staal (G.), dessinateur, n°ˢ 2686, 2829. — Stop, dessinateur-caricaturiste, n° 2769; couverture pour le *Petit Almanach impérial*, n°ˢ 2816, 2880.

T

Tardieu (Ambroise), graveur, n° 1947. — Tardieu (xviiiᵉ siècle), graveur, nᵒˢ 264, 3326. — Tellier, dessinateur, n° 2477. — Télory, dessinateur-caricaturiste, nᵒˢ 2618, 2971, 3603. — Topart (A.), aquafortiste, n° 3140. — Tourcaty, dessinateur, n° 1515. — Trimolet, 12 eaux-fortes pour le *Comic-Almanach* (1842), n° 2296.

U

Ulm, n° 2882. — Ulmann (Benjamin), n° 3308.

V

Valcourt (A. de), dessinateur, n° 1687. — Valentin, dessinateur, n° 2757. — Valin (Nanine), dessinateur. Frontispices, nᵒˢ 1359, 1430. — Vallet (Louis), n° 3206. — Vandenberghe, graveur, n° 1771. — Vauvillé, graveur, n° 379. — Vernet (d'après Carle). Costumes, n° 1334. — Vernet (Horace). Figures pour

l'*Almanach des Modes* (1815), nᵒˢ 1687, 1712, 3206; pour l'*Empire de la Mode* (1817), nᵒˢ 1796, 2816. — Vernier (Charles), vignettes pour l'*Almanach des Enfants* (1842), n° 2284; le *Comic-Almanach* (1842), n° 2296; l'*Annuaire désopilatif*, n° 2469; 3551; l'*Almanach astrologique*, n° 2454. — Veyrassat, n° 3551. — Vierge (D.), nᵒˢ 2985, 3135. — Vigné, frontispices pour le *Gymnase lyrique* (1825), n° 2024. — Vignola, caricaturiste, n° 3233. — Vogel, peintre-dessinateur, n° 3055. — Voysard (E.), graveur, nᵒˢ 594, 645. — Vuillier (Gaston), n° 3121.

W

Wallaert, graveur, n° 489. — Wattier (E.), n° 2599. — West, n° 3493. — Wexelberg, graveur, n° 1764. — Willette, dessinateur, nᵒˢ 3055, 3298. — Williams (d'après), n° 984.

Y

Yundt, n° 3308.

III. — PORTRAITS DE PERSONNAGES OU ESTAMPES RELATIVES A DES PERSONNALITÉS QUI SE TROUVENT DANS LES ALMANACHS.

A

Abeilard. Portrait et estampes, n° 1049. — Abrantès (V.ᵐᵉ d'), n° 1377. — — Adam (Mᵐᵉ), nᵒˢ 3112, 3120. — Affre (Mᵍʳ), n° 2736. — Aguesseau (d'), n° 1480. — Aissé (Mˡˡᵉ), n° 1807. — Alexiowna (Catherine), n° 1807. — Ancelot, n° 1980. — Ancelot (Mᵐᵉ), n° 1377. — Andilly (Armand d'), n° 141. — Angoulême (Duc d'). Portraits : nᵒˢ 1525, 1818, 1838. Estampes : n° 1857. — Arnauld (Angélique), n° 141. — Arnaud (Antoine), n° 141. — Artois (comtesse d'), n° 594. — Astrologues (Portraits d') sur les almanachs du xviiᵉ siècle. Jean Petit, nᵒˢ 8, 20, 22, 34; Augustin Le Vavasseur, n° 27; Mathurin Questier, nᵒˢ 33, 53, 62, 65; François Commelet, nᵒˢ 48, 63, 64; Armande des Jardins, n° 71. — Aumale (duc d'), nᵒˢ 3112, 3136. — Autriche (Empereur d'), n° 594. — Autriche (Impératrice d'), n° 3136.

B

Bailly. Portrait : n° 985. Estampe : n° 977. — Balzac (Honoré de), n° 2954. — Barbès (Armand), nᵒˢ 2486, 2501, 3590. — Barra, nᵒˢ 1120, 1135. — Barré. Buste, n° 495. — Bauër (Henri), n° 3102. — Bauvais, n° 1120. — Bayard (Le chevalier). Portrait : n° 1480. Estampes : Bayard et Mᵐᵉ de Randant, n° 1640. Bayard mourant, n° 1926. —

Beaufort-Somerset, n° 3136. — Beauharnais (Fanny), n° 1392. — Becquerel (Edmond), n° 3256. — Belmont (Mᵐᵉ), n° 1521. — Benoist (Mᵐᵉ), n° 1377. — Béranger, n° 2845. — Berry (La duchesse de). Portraits, nᵒˢ 1525, 1809, 1818, 1857, 1838. — Berri (duc de). Portraits : nᵒˢ 1818, 1838. Estampe : n° 1857. — Bertin (Mˡˡᵉ), n° 1377. — Bigottini (Mˡˡᵉ), nᵒˢ 1458, 1822. — Bluysen (Paul), n° 3102. — Bocage (Mᵐᵉ du), nᵒˢ 1377, 1425. — Bordeaux (duc de), n° 1966. — Boulanger (Général), nᵒˢ 3169, 3178, 3181, 3192. — Bourbon (duc de), n° 1818. — Bourgoin (Mˡˡᵉ), n° 1458. — Branchut (Mᵐᵉ), n° 1458. — Brienne, n° 959. — Brisson (Henri), n° 3102. — Briquet (Fortunée), n° 1392. — Buloz, n° 3102. — Burey (de), n° 3186. — Buzot, n° 985.

C

Cabet, nᵒˢ 2486, 2501. — Caillon (Henri), n° 3186. — Calonne, n° 959. — Calvin, n° 1534. — Campan (Mᵐᵉ), n° 1377. — Candeille (Julie), n° 1377. — Carle (H.), n° 2881. — Carnot, n° 3102. — Carrier. Frontispice satirique sur lui pour l'*Almanach des Gens de bien* (1795), n° 1209; 2492. — Cassagnac (Paul de), nᵒˢ 3043, 3102, 3233. — Castillꝫ (Blanche de), n° 1377. Épisodes de sa vie : nᵒˢ 1761, 1835. — Catalani (Mᵐᵉ), n° 1458. — Catherine II, impératrice de Russie, n° 1425. — Catinat, n° 1480. — Cavaignac

TABLE GÉNÉRALE ANALYTIQUE

DES

MATIÈRES CONTENUES DANS LES ALMANACHS

Cette table a été conçue dans un double esprit, de façon à grouper ensemble tout ce qui touche à un même sujet et tous les Almanachs traitant de matières identiques. Après l'ordre alphabétique on trouvera donc ici le groupement par spécialités. Les chiffres, soit isolés, soit à la suite des indications de matières, renvoient aux numéros des Almanachs.

A

Actions de bienfaisance, de vertu. — 629, 732, 809. — Nombre des individus secourus à Paris, de 1780 à 1792, 819. — Sociétés de bienfaisance en 1790, 969, 1468. — Les souffrances de la faim et les actes de charité accomplis par la Société gastronomique (1808), 1535. — Philanthropie, asiles, fourneaux, depuis 1810, 1605. — Hospices et associations de charité en 1812, 1652. — Moyens pour soulager l'humanité souffrante (1819), 1857. — Les prix de vertu décernés par l'Académie de 1820 à 1828, 2034. — Sociétés et institutions de bienfaisance en 1827, 2059. — Liste des œuvres de charité consacrées à l'enfance en 1851, 2591. — Institutions fondées pour les malades, 3069.

Actualité (Titres d'). — 2928, 2929, 2939, 2995.

Administration et personnel administratif. — Listes des autorités. — 1004. Municipalité de Paris en 1791, 1009, 1046, 1097. — Paris et départements en 1793, 1098. — 1261, 1273, 1274, 1327, 1330, 1333, 1433, 1436, 1441, 1472, 1480, 1491, 1492, 1513, 1525, 1542, 1573, 1594, 1601, 1624, 1625, 1653, 1659, 1682, 1684, 1686, 1688, 1703, 1707, 1724, 1727, 1730, 1731, 1732, 1735, 1736, 1737, 1738, 1741, 1747, 1748, 1758, 1769, 1782, 1969, 2003, 2104, 2106, 2108, 2182. — Manuel de l'état civil et du solliciteur, 2229. — 2232. — Enregistrement et domaines, 2241, 2394, 2707. — Conseil d'État, 2275, 2278, 2598, 2613, 2667,

2690, 2691. — Ministère de l'agriculture et du commerce, 2724, 3285. — Administration de la sûreté générale, 2745. — Liste des percepteurs, 2766, 3006. — Ministère des Travaux publics, 3224. — Ministère des finances, 3228. — Ministère des affaires étrangères, 3230. — Ministère de l'intérieur, 3286. — Annuaire général des fonctionnaires, 3305. — Maires et conseillers municipaux, 3522. — Archives des préfectures, des mairies et des hospices, 3557. — Douanes, 3567.

Adresses du grand monde. — Amateurs-collectionneurs au XVIII⁰ siècle, 66. — Personnes de qualité au XVIII⁰ siècle, 492. — 2305, 2403. — Adresses de la noblesse en 1866, 2893. — 3160. — Châteaux et départements, 3185. — Jours de réception, 3248. — 3621, 3622, 3628.

Agendas. — Année 1780, 623. — 1629, 1669, 3163, 3411, 3412, 3416, 3421. — Almanach-agenda pour les notes usuelles de la vie, 3422 — 3428, 3450. — Agenda mignon, 3458 — 3501. — Agenda algérien, 3521 — 3530, 3540.

Agriculture. Art des Jardins Histoire naturelle. — 175, 221, 491. — Le règne de Flore (1774), 509 — 558, 560. — Ouvrages les plus estimés en agriculture (1790), 996. — Almanach perpétuel des cultivateurs, 1103. — Conseils aux habitants des campagnes pour cultiver avec fruit et aimer l'agriculture, 1164. — Annuaire du cultivateur destiné aux écoles de la République, 1176. — Plantes et herbo-

merce de Paris, 3516. — 40 000 adresses des fabricants de Paris et du département, 3541.

Culte révolutionnaire (fêtes décadaires). — Epîtres et évangiles pour les décades, 1126. — Apologie par la poésie, des martyrs de la Révolution, 1135, 1137. — Evangile républicain, 1139. — 1178. — Hymnes, cantiques, odes, stances, chansons propres à former la jeunesse aux vertus civiques, 1191, 1193. — Hymnes chantés sur l'autel de la Patrie, couplets, impromptus chantés sur les théâtres, hymnes à l'Éternel, 1196, 1197. — Prières du temple de la Raison, 1200, 1205, 1212, 1848. — Catéchisme républicain, 2483.

Curiosités parisiennes. — Passe-temps agréable à Paris en 1769, 413. — Pyramide de neige élevée pendant l'hiver de 1784, à Paris, en l'honneur de Louis XVI et de Marie-Antoinette, 802. — Horloge de la Samaritaine, sa disparition (1787), 838. — Mœurs parisiennes et endroits à la mode, 1413. — Plaisirs de la capitale, bals, jardins, etc., en 1815, 1720. — Fêtes et réunions des environs de la capitale, 1641. — Amusements et curiosités de Paris en 1819, 1863 — 1893. — Le bal du Ranelagh, 2022. — Le bœuf gras, 2052. — Les curiosités de la rive gauche, 2283. — Les mystères de Paris, 2345. — Les métiers inconnus de Paris, 2404. — Personnages appartenant au monde interlope parisien, 2585. — Vocabulaire spécial à l'usage des débiteurs, 2585. — Curiosités parisiennes, 2704. — Les petits métiers de Paris, 2739. — Théâtres, bals et plaisirs du pays latin, 2451, 2843. — Notes sur les bals de Paris, 2459. — La grande chaumière, le père Lahire et les célébrités chorégraphiques, 2498. — Hommes et choses de Paris, curiosités diverses, 2829, 2872. — Types et scènes de mœurs, 2898. — Les pièges de la vie parisienne, 2971. — Musée Grévin, 3133. — Auberge du Chat-Noir, 3196. — Modes et plaisirs du jour à Paris, 3311, 3317.

D

Décorations et ordres. — Constitution, charges et offices de l'ordre de Malte (1769), 406. — Noms et qualités des chevaliers des ordres existant en Europe (1784), 782. — Légion d'honneur, 1458, 1698, 2254, 2432, 2639, 2912, 3171. — Précis historique sur les Templiers, 1483. — Notices sur les membres de la Légion d'honneur morts en 1807, 1506. — Ordre du Saint-Sépulcre de Jérusalem, 1824. — Mérite agricole, 3258. — Annuaire des décorations, 3260.

Découvertes et inventions. — Arme à feu nouvelle (1776), 107. — Idée de l'électricité (1753), 194. — Platterie anglaise (1768), 401. — Lampe à gaz (1782), 401. — Premières tentatives aérostatiques, 759. — Précis historique de l'origine des globes aérostatiques et expériences de 1784, 764. Expériences aérostatiques, 781, 786, 787. — Histoire de tous les voyages aériens faits dans toutes les parties du monde depuis le 1er janvier 1784, 791.

— Satire sur les ballons, le magnétisme, et autres folies à la mode, 810. — Le langage des signaux à feu et du télégraphe (1794), 1162. — Nouveaux poids et mesures, 1175, 1201. — Chansons aéronautiques (1795), 1220. — Brevets d'invention de 1806 à 1808, 1533. — Inventions nouvelles en 1819, 1867. — La découverte de la vaccine et Rabaut-Pommier, 1932. — Les nouvelles conquêtes de l'industrie en 1811, 1614. — Magnétisme, somnambulisme, magie, 2334, 2420, 2433. — Le magnétisme hygiénique et populaire, 2439. — Ascensions d'Eugène Godard en 1851, 2440. — Magnétisme, physiognomonie, électricité, locomotion aérienne, 2454. — 2635. — Notices pour la vulgarisation des nouvelles pompes à incendie (1854), 2692. — Études diverses sur le magnétisme, 2697, avec des anecdotes plaisantes, 2701. — Traité du magnétisme, 2727. — Tours de physique, 2782. — Les secrets de la physique amusante dévoilés, 2876. — Divination, chiromancie populaire, 2913. — Spiritisme, 2924. — Les miracles du zouave Jacob, 2943. — Photographie, 3051, 3256, 3267, 3271, 3307. — Spiritisme, 3083. — Histoire de l'éclairage par le gaz, 3519. — Tours, expériences, secrets curieux, 3348, 3394, 3429. — Le démonstrateur du calcul décimal, 3426.

Députés et sénateurs. — Adresses des députés à l'Assemblée nationale (1789), 956, 957, 958. — Liste des députés, 969. — Membres des départements et des municipalités, 969. — Liste des députés, 985. — Notes critiques sur les membres de l'Assemblée nationale, 1020. — Satires violentes contre les députés classés par départements, 1043. — Les députés classés en serpents, 1048. — Liste des membres de la Convention nationale, 1156, 1162. — Liste exacte des députés qui ont voté pour la mort de Louis XVI, 1225, 1244, 1245, 1297. — Liste des députés et sénateurs en 1799-1800, 1308. — Liste des membres du Conseil des Anciens et du Conseil des Cinq-Cents, 1326, 1327. — Histoire des 750 souverains dont la France s'honore (1797), 1263. — Notes sur les conventionnels qui votèrent la mort de Louis XVI, 1297. — Sénat, tribunat, corps législatif, 1330. — Renseignements sur les assemblées législatives dont l'origine de la monarchie, 1689. — Listes, 1717, 1890, 1984. — Notice historique sur les électeurs de Paris et votes des députés sortants (1818), 1825. — Le plaisir que l'on peut trouver à être député (1819), 1867. — La vérité en riant sur nos députés (1820), 1900, 1916. — Biographies de députés, 1947. — Loi sur les élections (1823), 1985. — Députés et pairs en 1827, 2086. — Loi sur les élections du 19 avril 1834, noms des pairs et conseillers généraux, 2192. — Adresses et documents relatifs aux deux Chambres (1836), 2210. — Eligibles et électeurs, 2305. — Devoirs et droits électoraux, 2321. — Revue législative de 1844, 2356. — Pairs de France de 1814 à 1830, 2326. — Représentants du peuple en 1848, 2481. — Elections du 10 mai 1849, 2489. — Les paysans et le suffrage uni-

3

M

TABLE ANALYTIQUE DES GRAVURES

CONTENUES DANS LES ALMANACHS

Comme pour la table précédente, les chiffres renvoient également aux numéros.

gras et l'abbé maigre (Autrefois; Aujourd'hui), 993. — Série de vignettes dans la note intime et patriotique, 999, 1016. — Le Père Duchesne observant le ciel, 1012. — L'arrivée des députés, le pacte fédératif, Louis XVI couronné par la Nation, etc., 1023. — Targinette en goguette (allusion à la Constitution), 1025. — Paoli à l'Assemblée nationale, oraison funèbre de Franklin, le Cabinet des patriotes, analyse de la Révolution, Louis XVI acceptant la Constitution, etc., 1028. — Image de la France en 1793 (vignette contre-révolutionnaire), 1033. — Le Père Duchesne appuyé sur son fourneau (1793), 1037. — Le Père Gérard expliquant la Constitution, 1039, 1065. — Vignettes d'actualité pour l'*Almanach du Père Gérard*, 1040. — La Vérité mettant en fuite la réaction. Les titres de noblesse brûlés devant les figures de la Liberté, de l'Égalité, de la Loi, 1041. — Le génie de la Liberté, 1042. — Figures retraçant les premiers événements de la Révolution, 1042. — Le cabinet des patriotes, 1048. — La Constitution française représentée par une série de boules de neige, 1050. — Série de vignettes dans la note intime et patriotique, 1052. — Patriote s'amusant au jeu de l'émigrette, 1053. — La Constitution triomphant de l'ancien régime, 1059. — Aristocrate prenant une marotte placée à côté d'un poignard, 1061. — Personnages occupés à dépendre les écussons royaux, 1063. — Les troupes de la Nation sortant du temple de la Constitution et ayant, en face d'elles, les troupes de la Réaction, 1065. — La France implorant à genoux la vengeance du Ciel, qui d'un coup de tonnerre détruit la Constitution (vignette contre-révolutionnaire), 1072. — Personnage assis devant un tableau sur lequel sont tracées les trois premières lettres de l'alphabet, 1077. — La Mère Gérard instruisant ses filles, 1081. — La Liberté foudroyant les abus et l'Ignorance, 1083. — La Justice, la Religion, la Vérité se retirant au ciel et laissant la terre livrée aux horreurs de la guerre, 1087. — Noble et prêtre passant sous le niveau égalitaire que tiennent la République et un sans-culotte, 1094. — Le temple de l'année dédié aux mois et aux jours. Sur le devant la Liberté et la Raison, 1108. — Le Génie de la France présentant les Droits de l'homme et la Constitution, 1119. — Sans-culottes discutant entre eux, 1131. — La constitution au Club des Jacobins, 1133. — La Liberté ayant à ses côtés un garde-française, 1136. — Hercule sur un piédestal couronnant de lauriers la République, tandis qu'à ses pieds gisent enchaînés, rois, nobles, évêques, 1139. — La France couronnée par la Liberté, 1154. — Sans-culotte dansant la carmagnole, 1157. — Aristide expliquant les principes de la morale, 1161. — Le génie des Français apportant des nouvelles, 1162. — Sanson se guillotinant lui-même après avoir jonché de cadavres la place de la Révolution, 1166. — Le vertueux sans-culotte se délassant des travaux de la journée en chantant dans le sein de sa famille, 1169. — La nuit du 9 au 10 thermidor, 1172. — Cincinnatus donné comme modèle aux républicains français, 1176. —

Amours coiffés du bonnet phrygien aux côtés de l'autel de la Patrie. Le serment des Français, 1186. — Laboureur invoquant le soleil personnifié par le triangle égalitaire orné d'un œil, 1193. — Personnages à genoux rendant hommage à la statue de la Liberté, 1197. — La Victoire appelant les sans-culottes sur ses traces glorieuses, 1198. — Le bonhomme Misère et un nouveau riche, 1226. — Série de vignettes allégoriques portant les qualificatifs des nouveaux mois et se rapportant aux actions militaires et maritimes des armées républicaines, 1235. — L'attaque du camp de Grenelle par les *Enfants perdus de Drouet*, 1244. — La République, torche et poignard en mains, vêtue d'une robe couverte de têtes de morts : à ses côtés le bourreau et une église en flammes, 1245. — La Saint-Barthélemy et le 13 vendémiaire, 1246. — Le Temps se préparant à inscrire sur un livre ouvert les noms des défenseurs de la Patrie, 1261. — Les Français en 1788, en 1789, en 1793, en 1798 (femme, la corne d'abondance à la main, s'appuyant sur la Constitution de l'an III), 1272. — Députés quittant le Temple, 1276. — Un vautour (financier) rendant les écus par lui indûment amassés, 1295. — Femme à la mode du jour portant dans un ridicule la nouvelle Constitution (1799), 1306. — La République appuyée sur un faisceau de licteurs, lançant des foudres sur le sceptre et la tiare, 1308. — Personnage assis en train de lire une gazette. Légende : « C'est de la viande creuse! » — Vignette allégorique sur le Directoire et le Consulat, l'un représenté en singe, l'autre personnifié par un lion, 1340. — La Folie conduite par la Sagesse et arrachée au sans-culottisme, 1345.

Reproduction d'estampes de la Révolution, 2606, 3179.

Vignettes romantiques, sentimentales et amoureuses. — 1228, 2017, 1320, 1325, 1335, 1359, 1404, 1497, 1511, 1512, 1767, 1772, 1816, 1988, 1989, 1990, 1991, 1994.

Vignettes sur l'Amour. — XVIIIe siècle. — Avec personnages contemporains 601, 604, 652, 785, 827, 854, 855, 870, 997, 1128. — Muses et Amours, 1360, 1435, 1364, 1377, 1443. — Amour coiffé au goût du jour, 1454, 1466. — L'Amour costumé en différents métiers, 1648, 1794, 1808, 1651, 1662, 1664, 1657, 1672. — L'éducation de l'Amour, 1674, 1675, 1780, 1854, 1892. — Amour en ramoneur, 1942 — 1960, 1961, 1963, 1965, 1974, 2008, 2010, 2014, 1989, 1990, 1991, 3397, 3398, 3409, 3418, 3438, 1510. — L'Amour sous toutes ses faces depuis sa naissance, 1548. — 1574. — L'amour en diverses postures, 1585. — Femmes et Amours, 1589. — L'Amour en conducteur de char romain, 1597. — 1603. — Amour en général, 1619. — 1620, 1634, 1704, 1710, 1767, 2008, 2010, 2077, 2114, 2185, 2225, 3391, 3397, 3398, 3400, 3409, 3438, 3470, 3478, 3496, 3497, 3502, 3503.

Vignettes sur la femme. — Femmes entourées de fleurs et d'amours, 1295. — Femmes jouant de la guitare, 1591. — La femme à tous les âges, dans la vie intime, 1881. — Empire, talents de la femme, 1887. — Vignettes sur les mères et les enfants, 1895. — Intérieur de grisette, 2235.

Vignettes sur la mythologie et sur des sujets de l'antiquité. — Figures en pied des Dieux de la mythologie, 1010, 1280. — Apollon et les neuf Muses, 1508. — 1604. — Amours d'Héloïse et d'Abeilard, 1049. — Personnages et choses orientales, 1206. — Personnages de l'antiquité grecque, 1207. — Personnages et sujets indiens, arabes et chinois, 1214. — Personnages idylliques dans la note pastorale, 1215. — Nymphes et personnages de l'antiquité, 1563. — Les sept sages de la Grèce, 1567. — Mythologie antique, 1604. — Phèdre et Hippolyte, 1749. — Figurines champêtres à l'antique, 3431.

Vignettes troubadour. — Scènes de chevalerie, 1310, 1550, 1673, 1712, 1713, 1831, 1836, 1840, 1921, 2017.
Figures pour ariettes et romances de 1800 à 1815. — 1232, 1314, 1331, 1463, 1469, 1486 1505, 1593, 1690, 1742.

TABLE DES CHAPITRES

TYPOGRAPHIE

EDMOND MONNOYER

AU MANS (Sarthe)

www.ingramcontent.com/pod-product-compliance
Lightning Source LLC
Chambersburg PA
CBHW070612270326
41926CB00011B/1662